LEGISLAÇÃO DE DIREITO INTERNACIONAL

Constituição Federal • Legislação

As atualizações de 2013 encontram-se destacadas em negrito e itálico.

Para acesso exclusivo as atualizações *on-line*, realize seu cadastro no site: **www.apprideel.com.br** e insira o código (serial de segurança, impresso abaixo):

ISBN: 97885339XXXX-X

SERIAL: E18767A5-9B44-4471-AD77-E105AD16F702

LEGISLAÇÃO DE DIREITO INTERNACIONAL

Constituição Federal • Legislação

Organização **Aziz Tuffi Saliba**

9ª Edição

2014

Expediente

Presidente e Editor	Italo Amadio
Diretora Editorial	Katia F. Amadio
Equipe Técnica	Kim Vieira
	Patrícia Carvalho
Projeto Gráfico	Sergio A. Pereira
Diagramação	Sheila Fahl/Projeto e Imagem
Produção Gráfica	Hélio Ramos
Impressão	RR Donnelley

Dados Internacionais de Catalogação na Publicação (CIP)
Angélica Ilacqua CRB-8/7057

Brasil
  [Leis etc.]
  Legislação de direito internacional / Aziz Tuffi Saliba, organização. – 9. ed. – São Paulo : Rideel, 2014. – (Coleção de leis Rideel. Série compacta)

  Inclui: Constituição Federal
  ISBN 978-85-339-2932-6

  1. Direito internacional – Legislação – Brasil I. Saliba, Aziz Tuffi. II. Título. III. Série.

13-1019   CDU-341(81)(094)

Índice para catálogo sistemático:
1. Brasil : Legislação : Direito internacional

Edição Atualizada até 3-1-2014

© Copyright - Todos os direitos reservados à

Av. Casa Verde, 455 – Casa Verde
CEP 02519-000 – São Paulo – SP
e-mail: sac@rideel.com.br
www.editorarideel.com.br

Proibida qualquer reprodução, mecânica ou eletrônica,
total ou parcial, sem prévia permissão por escrito do editor.

1 3 5 7 9 8 6 4 2
0 1 1 4

Índice Geral da Obra

Apresentação... VII

Lista de Abreviaturas.. VIII

Índice Cronológico da Legislação de Direito Internacional............................ IX

Índice Temático da Legislação de Direito Internacional................................. XIII

Constituição Federal

Índice Sistemático da Constituição da República Federativa do Brasil................. 3
Constituição da República Federativa do Brasil... 7
Ato das Disposições Constitucionais Transitórias... 106
Índice Alfabético-Remissivo da Constituição da República Federativa do Brasil
e de suas Disposições Transitórias... 127

Legislação Internacional

Parte 1. Direito Internacional Público.. 157
Parte 2. Direito Internacional Privado... 717

Súmulas

Vinculantes do Supremo Tribunal Federal... 789
Supremo Tribunal Federal.. 791
Tribunal Federal de Recursos... 792
Superior Tribunal de Justiça... 792

Índice por Assuntos da Legislação de Direito Internacional......................... 793

Apresentação

A Editora Rideel, reconhecida no mercado editorial pela excelência de suas publicações, oferece, em 2014, a nova Série Compacta.

Esta série contém 16 títulos:

- Constituição Federal
- Código Civil
- Código de Processo Civil
- Código Penal
- Código de Processo Penal
- Código Penal Militar e Código de Processo Penal Militar
- Código Comercial (contendo os Livros I a III do Código Civil de 2002)
- Código de Defesa do Consumidor
- Código Tributário Nacional
- Código Eleitoral
- Código de Trânsito Brasileiro
- Consolidação das Leis do Trabalho
- Legislação de Direito Previdenciário
- Legislação de Direito Administrativo
- Legislação de Direito Ambiental
- Legislação de Direito Internacional

A edição 2014 traz seu conteúdo rigorosamente revisto e atualizado, e mantém cada título organizado por conceituados nomes do cenário jurídico, preservando a tradicional qualidade Rideel.

Seu formato e projeto gráfico conjugam praticidade e comodidade e os diversos facilitadores de consulta continuam sendo um diferencial da obra, apreciados pelos profissionais, professores e acadêmicos do Direito, a saber:

- Índice Cronológico Geral, contendo todos os diplomas legais publicados na obra
- Notas remissivas a outros artigos, diplomas legais e súmulas
- Índices Sistemático e Alfabético-Remissivo para cada Código
- Índices por assuntos da legislação extravagante
- Atualizações de 2013 em destaque e apontamento especial para todas as novas normas inseridas no produto
- Tarjas laterais identificativas
- Indicação do número dos artigos no cabeçalho dos Códigos e do número das leis no cabeçalho da legislação

Todos os diplomas legais estão rigorosamente atualizados, e a Rideel oferece, gratuitamente, as atualizações publicadas até 31 de outubro de 2014, em seu *site* **www.apprideel.com.br**, disponíveis para *download* até 31 de dezembro de 2014.

Esta Editora, sempre empenhada em oferecer o melhor, continua seguindo seus objetivos de constante aprimoramento e atualização, mantendo-se sempre receptiva às críticas e sugestões pelo *e-mail*: sac@rideel.com.br.

O Editor

Lista de Abreviaturas Utilizadas nas Notas

ADCT	Ato das Disposições Constitucionais Transitórias	ER	Emenda Regimental
		IN	Instrução Normativa
ADECON	Ação Declaratória de Constitucionalidade	LC	Lei Complementar
		LCP	Lei das Contravenções Penais
ADIN	Ação Direta de Inconstitucionalidade	LEP	Lei de Execução Penal
AGNU	Assembleia-Geral das Nações Unidas	LICC	Lei de Introdução ao Código Civil, cuja ementa foi alterada para Lei de Introdução às normas do Direito Brasileiro pela Lei nº 12.376, de 30-12-2010
Art.	Artigo		
Arts.	Artigos		
CADE	Conselho Administrativo de Defesa Econômica		
c/c	combinado com	MP	Medida Provisória
CC/1916	Código Civil de 1916	OAB	Ordem dos Advogados do Brasil
CC/2002	Código Civil de 2002	Port.	Portaria
CCom.	Código Comercial	Res.	Resolução
CDC	Código de Defesa do Consumidor	Res. Adm.	Resolução Administrativa
CE	Código Eleitoral	Res. Norm.	Resolução Normativa
CEF	Caixa Econômica Federal	RFB	Secretaria da Receita Federal do Brasil
CF	Constituição Federal de 1988		
CLT	Consolidação das Leis do Trabalho	RISTF	Regimento Interno do Supremo Tribunal Federal
CP	Código Penal		
CPM	Código Penal Militar	RISTJ	Regimento Interno do Superior Tribunal de Justiça
CPP	Código de Processo Penal		
CPPM	Código de Processo Penal Militar	SDE	Secretaria de Direito Econômico
CTB	Código de Trânsito Brasileiro	SEAE	Secretaria de Acompanhamento Econômico
CTN	Código Tributário Nacional		
CTVV	Convenção de Viena sobre Trânsito Viário	SECEX	Secretaria de Comércio Exterior
		STF	Supremo Tribunal Federal
CVM	Comissão de Valores Mobiliários	STJ	Superior Tribunal de Justiça
Dec.	Decreto	STM	Superior Tribunal Militar
Dec.-lei	Decreto-lei	Súm.	Súmula
Del.	Deliberação	TFR	Tribunal Federal de Recursos
DOU	Diário Oficial da União	TRF	Tribunal Regional Federal
EC	Emenda Constitucional	TRT	Tribunal Regional do Trabalho
ECA	Estatuto da Criança e do Adolescente	TSE	Tribunal Superior Eleitoral
ECR	Emenda Constitucional de Revisão	TST	Tribunal Superior do Trabalho

Índice Cronológico da Legislação de Direito Internacional

- 1919 Pacto da Sociedade das Nações ... 601
- 1925 Protocolo de Genebra sobre Proibição do Emprego na Guerra de Gases Asfixiantes, Tóxicos ou Similares e de meios Bacteriológicos de Guerra ... 673
- 1928 Convenção de Direito Internacional Privado (Código de Bustamante) ... 744
- 1928 Convenção sobre os Estrangeiros ... 453
- 1928 Tratado de Renúncia à Guerra ... 676
- 1920 Convenção de Havana sobre Tratados ... 643
- 1933 Convenção sobre Direitos e Deveres dos Estados ... 415
- 1940 Decreto-Lei nº 2.848, de 7 de dezembro – Código Penal (Excertos) ... 280
- 1942 Decreto-Lei nº 4.657, de 4 de setembro – Lei de Introdução às normas do Direito Brasileiro ... 775
- 1944 Convenção de Aviação Civil Internacional ... 286
- 1945 Carta das Nações Unidas ... 530
- 1945 Estatuto da Corte Internacional de Justiça ... 560
- 1946 Constituição da Organização Internacional do Trabalho (OIT) e seu anexo (Declaração de Filadélfia) ... 541
- 1947 Tratado Interamericano de Assistência Recíproca ... 676
- 1948 Carta da Organização dos Estados Americanos ... 517
- 1948 Convenção para a Prevenção e Repressão do Crime de Genocídio ... 217
- 1948 Declaração Universal dos Direitos Humanos (Resolução nº 217 – Assembleia-Geral da ONU) ... 238
- 1949 Lei nº 818, de 18 de setembro – Regula a aquisição, a perda e a reaquisição da nacionalidade, e a perda dos direitos políticos ... 483
- 1950 Convenção sobre os Privilégios e Imunidades das Nações Unidas ... 550
- 1950 Convenção Relativa ao Estatuto dos Refugiados ... 616
- 1950 Princípios de Direito Internacional reconhecidos no Estatuto e nas decisões do Tribunal de Nuremberg ... 278
- 1951 Constituição da Organização Internacional para as Migrações ... 611
- 1951 Estatuto Emendado da Conferência da Haia de Direito Internacional Privado ... 769
- 1954 Convenção sobre Asilo Diplomático ... 224
- 1954 Convenção sobre Asilo Territorial ... 226
- 1958 Convenção sobre o Reconhecimento e a Execução de Sentenças Arbitrais Estrangeiras ... 723
- 1959 Tratado da Antártida ... 710
- 1961 Convenção de Viena sobre Relações Diplomáticas ... 637
- 1963 Convenção de Viena sobre Relações Consulares ... 625
- 1963 Convenção Relativa às Infrações e a certos outros atos cometidos a Bordo de Aeronaves ... 297
- 1963 Tratado de Proscrição das Experiências com Armas Nucleares na Atmosfera, no Espaço Cósmico e sob a Água ... 675
- 1965 Convenção sobre a Prestação de Alimentos no Estrangeiro ... 719
- 1966 Lei nº 5.172, de 25 de outubro – Dispõe sobre o Sistema Tributário Nacional e institui normas gerais de direito tributário aplicáveis à União, Estados e Municípios (Excertos) ... 281
- 1966 Pacto Internacional sobre Direitos Civis e Políticos ... 241
- 1966 Pacto Internacional sobre Direitos Econômicos, Sociais e Culturais ... 249
- 1966 Protocolo Facultativo Relativo ao Pacto Internacional de Direitos Civis e Políticos ... 261
- 1967 Tratado para a Proscrição das Armas Nucleares na América Latina e no Caribe (Tratado de Tlatelolco) ... 679
- 1967 Tratado sobre Princípios Reguladores das Atividades dos Estados na Exploração e uso do Espaço Cósmico, inclusive a Lua e demais Corpos Celestes ... 304
- 1968 Tratado sobre a Não Proliferação de Armas Nucleares ... 688
- 1969 Convenção Americana sobre Direitos Humanos (Pacto de São José da Costa Rica) ... 195

- 1969 Convenção de Viena sobre o Direito dos Tratados 644
- 1972 Protocolo Relativo ao Estatuto dos Refugiados 622
- 1972 Convenção sobre Responsabilidade Internacional por Danos Causados por Objetos Espaciais 301
- 1973 Lei nº 5.869, de 11 de janeiro – Institui o Código de Processo Civil (Excertos) 732
- 1974 Resolução da Assembleia-Geral da ONU nº 3314 (XXIX), de 14 de dezembro 262
- 1975 Convenção Interamericana sobre Arbitragem Comercial Internacional 730
- 1975 Convenção Interamericana sobre Cartas Rogatórias 735
- 1978 Convenção de Viena sobre Sucessão de Estados em Matéria de Tratados 405
- 1978 Tratado de Cooperação Amazônica 424
- 1979 Convenção sobre a Eliminação de Todas as Formas de Discriminação contra a Mulher 218
- 1979 Lei nº 6.634, de 2 de maio – Dispõe sobre a Faixa de Fronteira, altera o Decreto-Lei nº 1.135, de 3 de dezembro de 1970, e dá outras providências 397
- 1979 Convenção Interamericana sobre Prova e Informação Acerca do Direito Estrangeiro 737
- 1979 Protocolo Adicional à Convenção Interamericana sobre Cartas Rogatórias 738
- 1979 Convenção Interamericana sobre Normas Gerais de Direito Internacional Privado 766
- 1979 Estatuto da Comissão Interamericana de Direitos Humanos 553
- 1979 Estatuto da Corte Interamericana de Direitos Humanos 556
- 1980 Lei nº 6.815, de 19 de agosto – Define a situação jurídica do estrangeiro no Brasil, cria o Conselho Nacional de Imigração e dá outras providências 471
- 1980 Regimento Interno do Supremo Tribunal Federal (Excertos) 281
- 1981 Decreto nº 86.715, de 10 de dezembro – Regulamenta a Lei nº 6.815, de 19 de agosto de 1980, que define a situação jurídica do estrangeiro no Brasil, cria o Conselho Nacional de Imigração e dá outras providências 453
- 1982 Convenção das Nações Unidas sobre o Direito do Mar (Convenção de Montego Bay) 308
- 1984 Convenção Interamericana sobre Personalidade e Capacidade de Pessoas Jurídicas no Direito Internacional Privado 767
- 1984 Convenção contra a Tortura e outros Tratamentos ou Penas Cruéis, Desumanos ou Degradantes 205
- 1985 Convenção Interamericana para Prevenir e Punir a Tortura 215
- 1986 Convenção de Viena sobre o Direito dos Tratados entre Estados e Organizações Internacionais ou entre Organizações Internacionais 657
- 1986 Declaração sobre o Direito ao Desenvolvimento 236
- 1988 Protocolo Adicional à Convenção Americana sobre Direitos Humanos em Matéria de Direitos Econômicos, Sociais e Culturais 254
- 1989 Convenção Interamericana sobre Obrigação Alimentar 717
- 1989 Convenção sobre os Direitos da Criança 227
- 1991 Protocolo ao Tratado da Antártida sobre Proteção ao Meio Ambiente 691
- 1991 Tratado para a Constituição de um Mercado Comum entre a República Argentina, a República Federativa do Brasil, a República do Paraguai e a República Oriental do Uruguai 448
- 1992 Convenção-Quadro das Nações Unidas sobre Mudança do Clima 157
- 1992 Convenção sobre Diversidade Biológica 167
- 1992 Declaração do Rio de Janeiro sobre Meio Ambiente e Desenvolvimento 178
- 1993 Lei nº 8.617, de 4 de janeiro – Dispõe sobre o mar territorial, a zona contígua, a zona econômica exclusiva e a plataforma continental brasileiros, e dá outras providências 395
- 1993 Estatuto Orgânico do Instituto Internacional para a Unificação do Direito Privado (UNIDROIT) 771
- 1994 Protocolo Adicional ao Tratado de Assunção sobre a Estrutura Institucional do MERCOSUL (Protocolo de Ouro Preto) 428
- 1994 Protocolo de Buenos Aires sobre Jurisdição Internacional em Matéria Contratual 438
- 1995 Acordo Constitutivo da Organização Mundial do Comércio 499
- 1996 Decreto nº 1.983, de 14 de agosto – Institui, no âmbito do Departamento de Polícia Federal do Ministério da Justiça e da Diretoria-Geral de Assuntos Consulares, Jurídicos e de Assistência a Brasileiros no Exterior do Ministério das Relações Exteriores, o Programa de Modernização, Agilização, Aprimoramento

e Segurança da Fiscalização do Tráfego Internacional e do Passaporte Brasileiro (PROMASP), e aprova o Regulamento de Documentos de Viagem 467

- 1996 Lei nº 9.307, de 23 de setembro – Dispõe sobre a arbitragem 725
- 1997 Lei nº 9.474, de 22 de julho – Define mecanismos para a implementação do Estatuto dos Refugiados de 1951, e determina outras providências... 488
- 1997 Protocolo de Quioto à Convenção-Quadro das Nações Unidas sobre Mudança do Clima 180
- 1998 Estatuto de Roma do Tribunal Penal Internacional... 565
- 1998 Protocolo de Emenda ao Tratado de Cooperação Amazônica... 424
- 1998 Protocolo de Medidas Cautelares (Decreto nº 2.626, de 15-6-1998)... 740
- 1999 Protocolo Facultativo à Convenção sobre a Eliminação de todas as Formas de Discriminação contra a Mulher.. 258
- 2000 Decreto nº 3.447, de 5 de maio – Delega competência ao Ministro de Estado da Justiça para resolver sobre a expulsão de estrangeiro do País e sua revogação, na forma do art. 66 da Lei nº 6.815, de 19 de agosto de 1980, republicada por determinação do art. 11 da Lei nº 6.964, de 9 de dezembro de 1981 ... 471
- 2000 Tratado de Amizade, Cooperação e Consulta entre a República Federativa do Brasil e a República Portuguesa.. 492
- 2001 Projeto da Comissão de Direito Internacional das Nações Unidas sobre Responsabilidade Internacional dos Estados... 419
- 2001 Resolução do Conselho de Segurança da ONU nº 1.373, de 28 de setembro.. 673
- 2002 Decreto nº 4.463, de 8 de novembro – Promulga a Declaração de Reconhecimento da Competência Obrigatória da Corte Interamericana de Direitos Humanos, sob reserva de reciprocidade, em consonância com o art. 62 da Convenção Americana sobre Direitos Humanos (Pacto de São José), de 22 de novembro de 1969... 241
- 2002 Lei nº 10.406, de 10 de janeiro de 2002 – Institui o Código Civil (Excertos) 283
- 2002 Protocolo de Olivos para a Solução de Controvérsias no MERCOSUL... 440
- 2004 Protocolo Adicional ao Acordo Quadro sobre Meio Ambiente do Mercosul em matéria de Cooperação e Assistência frente a Emergências Ambientais... 450
- 2005 Convenção das Nações Unidas sobre as Imunidades Jurisdicionais dos Estados e dos seus bens.......... 399
- 2005 Convenção Interamericana contra o Terrorismo 211
- 2005 Protocolo Constitutivo do Parlamento do MERCOSUL... 433
- 2005 Resolução do STJ nº 9, de 4 de maio de 2005 – Dispõe, em caráter transitório, sobre competência acrescida ao Superior Tribunal de Justiça pela Emenda Constitucional nº 45/2004 774
- 2006 Princípios Orientadores Aplicáveis às Declarações Unilaterais dos Estados, Capazes de Gerar Obrigações Jurídicas... 416
- 2006 Projeto da Comissão de Direito Internacional das Nações Unidas sobre Proteção Diplomática............. 417
- 2006 Projeto da Comissão de Direito Internacional das Nações Unidas sobre Princípios relativos à alocação de perdas em caso de dano transfronteiriço decorrente de atividades de risco ambiental................... 192
- 2009 Convenção sobre os Direitos das Pessoas com Deficiência... 264
- 2011 Tratado Constitutivo da União de Nações Sul-Americanas 605
- 2012 Lei nº 12.663, de 5 de junho de 2012 – Dispõe sobre as medidas relativas à Copa das Confederações FIFA 2013, à Copa do Mundo FIFA 2014 e à Jornada Mundial da Juventude – 2013, que serão realizadas no Brasil; altera as Leis nºs 6.815, de 19 de agosto de 1980, e 10.671, de 15 de maio de 2003; e estabelece concessão de prêmio e de auxílio especial mensal aos jogadores das seleções campeãs do mundo em 1958, 1962 e 1970.. 777

Índice Temático da Legislação de Direito Internacional

Parte 1. Direito Internacional Público

Direito Internacional Ambiental

- Convenção-Quadro das Nações Unidas sobre Mudança do Clima 157
- Convenção sobre Diversidade Biológica 167
- Declaração do Rio de Janeiro sobre Meio Ambiente e Desenvolvimento 178
- Protocolo de Quioto à Convenção-Quadro das Nações Unidas sobre Mudança do Clima 180
- Projeto da Comissão de Direito Internacional das Nações Unidas sobre Princípios relativos à alocação de perdas em caso de dano transfronteiriço decorrente de atividades de risco ambiental 192

Direitos Humanos

- Convenção Americana sobre Direitos Humanos (Pacto de São José da Costa Rica) 195
- Convenção contra a Tortura e outros Tratamentos ou Penas Cruéis, Desumanos ou Degradantes 205
- Convenção Interamericana contra o Terrorismo 211
- Convenção Interamericana para Prevenir e Punir a Tortura 215
- Convenção para a Prevenção e Repressão do Crime de Genocídio 217
- Convenção sobre a Eliminação de todas as Formas de Discriminação contra a Mulher 218
- Convenção sobre Asilo Diplomático 224
- Convenção sobre Asilo Territorial 226
- Convenção sobre os Direitos da Criança 227
- Declaração sobre o Direito ao Desenvolvimento 236
- Declaração Universal dos Direitos Humanos (Resolução nº 217 – Assembleia-Geral da ONU) 238
- Decreto nº 4.463, de 8 de novembro de 2002 – Promulga a Declaração de Reconhecimento da Competência Obrigatória da Corte Interamericana de Direitos Humanos, sob reserva de reciprocidade, em consonância com o art. 62 da Convenção Americana sobre Direitos Humanos (Pacto de São José), de 22 de novembro de 1969 ... 241
- Pacto Internacional sobre Direitos Civis e Políticos 241
- Pacto Internacional sobre Direitos Econômicos, Sociais e Culturais 249
- Protocolo Adicional à Convenção Americana sobre Direitos Humanos em Matéria de Direitos Econômicos, Sociais e Culturais 254
- Protocolo Facultativo à Convenção sobre a Eliminação de todas as Formas de Discriminação contra a Mulher 258
- Protocolo Facultativo Relativo ao Pacto Internacional de Direitos Civis e Políticos 261
- Resolução da Assembleia-Geral da ONU nº 3314 (XXIX), de 14 de dezembro de 1974 262
- Convenção sobre os Direitos das Pessoas com Deficiência 264
- Princípios de Direito Internacional reconhecidos no Estatuto e nas decisões do Tribunal de Nuremberg 278

Disposições de Direito Interno Brasileiro

- Código Penal – Decreto-Lei nº 2.848, de 7 de dezembro de 1940 (Excertos) 280
- Código Tributário Nacional – Lei nº 5.172, de 25 de outubro de 1966 (Excertos) 281
- Regimento Interno do Supremo Tribunal Federal (Excertos) 281
- Código Civil – Lei nº 10.406, de 10 de janeiro de 2002 (Excertos) 283

Espaço Aéreo e Cósmico

- Convenção de Aviação Civil Internacional 286
- Convenção Relativa às Infrações e a certos outros Atos Cometidos a Bordo de Aeronaves 297
- Convenção sobre Responsabilidade Internacional por Danos Causados por Objetos Espaciais 301

- Tratado sobre Princípios Reguladores das Atividades dos Estados na Exploração e uso do Espaço Cósmico, inclusive a Lua e demais Corpos Celestes 304

Espaços Marítimos

- Convenção das Nações Unidas sobre o Direito do Mar (Convenção de Montego Bay) 308
- Lei nº 8.617, de 4 de janeiro de 1993 – Dispõe sobre o mar territorial, a zona contígua, a zona econômica exclusiva e a plataforma continental brasileiros, e dá outras providências 395

Espaço Terrestre

- Lei nº 6.634, de 2 de maio de 1979 – Dispõe sobre a Faixa de Fronteira, altera o Decreto-Lei nº 1.135, de 3 de dezembro de 1970, e dá outras providências 397

Estado e Direito Internacional

- Convenção das Nações Unidas sobre as Imunidades Jurisdicionais dos Estados e dos seus bens 399
- Convenção de Viena sobre Sucessão de Estados em Matéria de Tratados 405
- Convenção sobre Direitos e Deveres dos Estados 415
- Princípios Orientadores aplicáveis às Declarações Unilaterais dos Estados, Capazes de Gerar Obrigações Jurídicas 416
- Projeto da Comissão de Direito Internacional das Nações Unidas sobre Proteção Diplomática 417
- Projeto da Comissão de Direito Internacional das Nações Unidas sobre Responsabilidade Internacional dos Estados 419
- Protocolo de Emenda ao Tratado de Cooperação Amazônica 424
- Tratado de Cooperação Amazônica 424

Mercosul

- Protocolo Adicional ao Tratado de Assunção sobre a Estrutura Institucional do MERCOSUL (Protocolo de Ouro Preto) 428
- Protocolo Constitutivo do Parlamento do MERCOSUL 433
- Protocolo de Buenos Aires sobre Jurisdição Internacional em Matéria Contratual 438
- Protocolo de Olivos para a Solução de Controvérsias no MERCOSUL 440
- Tratado para a Constituição de um Mercado Comum entre a República Argentina, a República Federativa do Brasil, a República do Paraguai e a República Oriental do Uruguai 448
- Protocolo Adicional ao Acordo Quadro sobre Meio Ambiente do Mercosul em matéria de Cooperação e Assistência frente a Emergências Ambientais 450

Nacionalidade e Estrangeiros

- Convenção sobre os Estrangeiros 453
- Decreto nº 86.715, de 10 de dezembro de 1981 – Regulamenta a Lei nº 6.815, de 19 de agosto de 1980, que define a situação jurídica do estrangeiro no Brasil, cria o Conselho Nacional de Imigração e dá outras providências ... 453
- Decreto nº 1.983, de 14 de agosto de 1996 – Institui, no âmbito do Departamento de Polícia Federal do Ministério da Justiça e da Diretoria-Geral de Assuntos Consulares, Jurídicos e de Assistência a Brasileiros no Exterior do Ministério das Relações Exteriores, o Programa de Modernização, Agilização, Aprimoramento e Segurança da Fiscalização do Tráfego Internacional e do Passaporte Brasileiro (PROMASP), e aprova o Regulamento de Documentos de Viagem 467
- Decreto nº 3.447, de 5 de maio de 2000 – Delega competência ao Ministro de Estado da Justiça para resolver sobre a expulsão de estrangeiro do País e sua revogação, na forma do art. 66 da Lei nº 6.815, de 19 de agosto de 1980, republicada por determinação do art. 11 da Lei nº 6.964, de 9 de dezembro de 1981 471
- Estatuto do Estrangeiro (Lei nº 6.815, de 19 de agosto de 1980 – Define a situação jurídica do estrangeiro no Brasil, cria o Conselho Nacional de Imigração e dá outras providências) 471
- Lei nº 818, de 18 de setembro de 1949 – Regula a aquisição, a perda e a reaquisição da nacionalidade, e a perda dos direitos políticos. 483
- Lei nº 9.474, de 22 de julho de 1997 – Define mecanismos para a implementação do Estatuto dos Refugiados de 1951, e determina outras providências. 488
- Tratado de Amizade, Cooperação e Consulta entre a República Federativa do Brasil e a República Portuguesa 492

Organizações Internacionais

- Acordo Constitutivo da Organização Mundial de Comércio 499
- Carta da Organização dos Estados Americanos 517
- Carta das Nações Unidas 530
- Constituição da Organização Internacional do Trabalho (OIT) e seu anexo (Declaração de Filadélfia) 541
- Convenção sobre os Privilégios e Imunidades das Nações Unidas 550
- Estatuto da Comissão Interamericana de Direitos Humanos 553
- Estatuto da Corte Interamericana de Direitos Humanos 556
- Estatuto da Corte Internacional de Justiça 560
- Estatuto de Roma do Tribunal Penal Internacional 565
- Pacto da Sociedade das Nações 601
- Tratado Constitutivo da União de Nações Sul-Americanas 605
- Constituição da Organização Internacional para as Migrações 611

Refugiados

- Convenção Relativa ao Estatuto dos Refugiados 616
- Protocolo Relativo ao Estatuto dos Refugiados 622

Relações Diplomáticas e Consulares

- Convenção de Viena sobre Relações Consulares 625
- Convenção de Viena sobre Relações Diplomáticas 637

Tratados

- Convenção de Havana sobre Tratados 643
- Convenção de Viena sobre o Direito dos Tratados 644
- Convenção de Viena sobre o Direito dos Tratados entre Estados e Organizações Internacionais ou entre Organizações Internacionais 657

Uso da Força e Desarmamento

- Protocolo de Genebra sobre Proibição do Emprego na Guerra de Gases Asfixiantes, Tóxicos ou Similares e de meios Bacteriológicos de Guerra 673
- Resolução do Conselho de Segurança da ONU nº 1.373, de 28 de setembro de 2001 673
- Tratado de Proscrição das Experiências com Armas Nucleares na Atmosfera, no Espaço Cósmico e sob a Água 675
- Tratado de Renúncia à Guerra 676
- Tratado Interamericano de Assistência Recíproca 676
- Tratado para a Proscrição das Armas Nucleares na América Latina e no Caribe (Tratado de Tlatelolco) 679
- Tratado sobre a Não Proliferação de Armas Nucleares 688

Zonas Polares

- Protocolo ao Tratado da Antártida sobre Proteção ao Meio Ambiente 691
- Tratado da Antártida 710

Parte 2. Direito Internacional Privado

Alimentos

- Convenção Interamericana sobre Obrigação Alimentar 717
- Convenção sobre a Prestação de Alimentos no Estrangeiro 719

Arbitragem

- Convenção sobre o Reconhecimento e a Execução de Sentenças Arbitrais Estrangeiras 723

- Lei nº 9.307, de 23 de setembro de 1996 – Dispõe sobre a arbitragem........... 725
- Convenção Interamericana sobre Arbitragem Comercial Internacional........... 730

Direito Processual
- Código de Processo Civil – Lei nº 5.869, de 11 de janeiro de 1973 (Excertos)........... 732
- Convenção Interamericana sobre Cartas Rogatórias........... 735
- Convenção Interamericana sobre Prova e Informação Acerca do Direito Estrangeiro........... 737
- Protocolo Adicional à Convenção Interamericana sobre Cartas Rogatórias........... 738
- Protocolo de Medidas Cautelares (Decreto nº 2.626, de 15-6-1998)........... 740

Normas Gerais
- Convenção de Direito Internacional Privado (Código de Bustamante)........... 744
- Convenção Interamericana sobre Normas Gerais de Direito Internacional Privado........... 766
- Convenção Interamericana sobre Personalidade e Capacidade de Pessoas Jurídicas do Direito Internacional Privado........... 767
- Estatuto Emendado da Conferência da Haia de Direito Internacional Privado........... 769
- Estatuto Orgânico do Instituto Internacional para a Unificação do Direito Privado – UNIDROIT........... 771
- Homologação de sentença estrangeira (Resolução do STJ nº 9, de 4 de maio de 2005) – Dispõe, em caráter transitório, sobre competência acrescida ao Superior Tribunal de Justiça pela Emenda Constitucional nº 45/2004........... 774
- Lei de Introdução às normas do Direito Brasileiro (Decreto-Lei nº 4.657, de 4 de setembro de 1942)........... 775
- Lei nº 12.663, de 5 de junho de 2012 – Dispõe sobre as medidas relativas à Copa das Confederações FIFA 2013, à Copa do Mundo FIFA 2014 e à Jornada Mundial da Juventude – 2013, que serão realizadas no Brasil; altera as Leis nºs 6.815, de 19 de agosto de 1980, e 10.671, de 15 de maio de 2003; e estabelece concessão de prêmio e de auxílio especial mensal aos jogadores das seleções campeãs do mundo em 1958, 1962 e 1970........... 777

Constituição Federal

Índice Sistemático da Constituição da República Federativa do Brasil

PREÂMBULO

TÍTULO I
DOS PRINCÍPIOS FUNDAMENTAIS

Arts. 1º a 4º 7

TÍTULO II
DOS DIREITOS E GARANTIAS FUNDAMENTAIS

Arts. 5º a 17 8
Capítulo I – Dos direitos e deveres individuais e coletivos – art. 5º 8
Capítulo II – Dos direitos sociais – arts. 6º a 11 16
Capítulo III – Da nacionalidade – arts. 12 e 13 20
Capítulo IV – Dos direitos políticos – arts. 14 a 16 21
Capítulo V – Dos partidos políticos – art. 17 22

TÍTULO III
DA ORGANIZAÇÃO DO ESTADO

Arts. 18 a 43 23
Capítulo I – Da organização político-administrativa – arts. 18 e 19 23
Capítulo II – Da União – arts. 20 a 24 23
Capítulo III – Dos Estados federados – arts. 25 a 28 30
Capítulo IV – Dos Municípios – arts. 29 a 31 31
Capítulo V – Do Distrito Federal e dos Territórios – arts. 32 e 33 33
    Seção I – Do Distrito Federal – art. 32 33
    Seção II – Dos Territórios – art. 33 33
Capítulo VI – Da intervenção – arts. 34 a 36 34
Capítulo VII – Da administração pública – arts. 37 a 43 34
    Seção I – Disposições gerais – arts. 37 e 38 35
    Seção II – Dos servidores públicos – arts. 39 a 41 38
    Seção III – Dos Militares dos Estados, do Distrito Federal e dos Territórios – art. 42 41
    Seção IV – Das regiões – art. 43 41

TÍTULO IV
DA ORGANIZAÇÃO DOS PODERES

Arts. 44 a 135 42
Capítulo I – Do Poder Legislativo – arts. 44 a 75 42
    Seção I – Do Congresso Nacional – arts. 44 a 47 42
    Seção II – Das atribuições do Congresso Nacional – arts. 48 a 50 42
    Seção III – Da Câmara dos Deputados – art. 51 43
    Seção IV – Do Senado Federal – art. 52 44
    Seção V – Dos Deputados e dos Senadores – arts. 53 a 56 44
    Seção VI – Das reuniões – art. 57 45
    Seção VII – Das comissões – art. 58 46
    Seção VIII – Do processo legislativo – arts. 59 a 69 46
    Subseção I – Disposição geral – art. 59 46
    Subseção II – Da Emenda à Constituição – art. 60 47
    Subseção III – Das leis – arts. 61 a 69 47
    Seção IX – Da fiscalização contábil, financeira e orçamentária – arts. 70 a 75 49
Capítulo II – Do Poder Executivo – arts. 76 a 91 50
    Seção I – Do Presidente e do Vice-Presidente da República – arts. 76 a 83 50
    Seção II – Das atribuições do Presidente da República – art. 84 51
    Seção III – Da responsabilidade do Presidente da República – arts. 85 e 86 52
    Seção IV – Dos Ministros de Estado – arts. 87 e 88 52
    Seção V – Do Conselho da República e do Conselho de Defesa Nacional – arts. 89 a 91 53

Subseção I – Do Conselho da República – arts. 89 e 90 53
Subseção II – Do Conselho de Defesa Nacional – art. 91 53
Capítulo III – Do Poder Judiciário – arts. 92 a 126 53
   Seção I – Disposições gerais – arts. 92 a 100 53
   Seção II – Do Supremo Tribunal Federal – arts. 101 a 103-B 57
   Seção III – Do Superior Tribunal de Justiça – arts. 104 e 105 60
   Seção IV – Dos Tribunais Regionais Federais e dos juízes federais – arts. 106 a 110 61
   Seção V – Dos Tribunais e Juízes do Trabalho – arts. 111 a 117 63
   Seção VI – Dos Tribunais e Juízes Eleitorais – arts. 118 a 121 64
   Seção VII – Dos Tribunais e Juízes Militares – arts. 122 a 124 65
   Seção VIII – Dos Tribunais e Juízes dos Estados – arts. 125 e 126 65
Capítulo IV – Das funções essenciais à justiça – arts. 127 a 135 66
   Seção I – Do Ministério Público – arts. 127 a 130-A 66
   Seção II – Da Advocacia Pública – arts. 131 e 132 68
   Seção III – Da Advocacia e da Defensoria Pública – arts. 133 a 135 69

TÍTULO V
DA DEFESA DO ESTADO E DAS INSTITUIÇÕES DEMOCRÁTICAS

Arts. 136 a 144 69
Capítulo I – Do estado de defesa e do estado de sítio – arts. 136 a 141 69
   Seção I – Do estado de defesa – art. 136 69
   Seção II – Do estado de sítio – arts. 137 a 139 69
   Seção III – Disposições gerais – arts. 140 e 141 70
Capítulo II – Das Forças Armadas – arts. 142 e 143 70
Capítulo III – Da segurança pública – art. 144 71

TÍTULO VI
DA TRIBUTAÇÃO E DO ORÇAMENTO

Arts. 145 a 169 72
Capítulo I – Do sistema tributário nacional – arts. 145 a 162 72
   Seção I – Dos princípios gerais – arts. 145 a 149-A 72
   Seção II – Das limitações do poder de tributar – arts. 150 a 152 73
   Seção III – Dos impostos da União – arts. 153 e 154 74
   Seção IV – Dos impostos dos Estados e do Distrito Federal – art. 155 76
   Seção V – Dos impostos dos Municípios – art. 156 78
   Seção VI – Da repartição das receitas tributárias – arts. 157 a 162 78
Capítulo II – Das finanças públicas – arts. 163 a 169 80
   Seção I – Normas gerais – arts. 163 e 164 80
   Seção II – Dos orçamentos – arts. 165 a 169 80

TÍTULO VII
DA ORDEM ECONÔMICA E FINANCEIRA

Arts. 170 a 192 83
Capítulo I – Dos princípios gerais da atividade econômica – arts. 170 a 181 83
Capítulo II – Da política urbana – arts. 182 e 183 86
Capítulo III – Da política agrícola e fundiária e da reforma agrária – arts. 184 a 191 87
Capítulo IV – Do sistema financeiro nacional – art. 192 88

TÍTULO VIII
DA ORDEM SOCIAL

Arts. 193 a 232 88
Capítulo I – Disposição geral – art. 193 88
Capítulo II – Da seguridade social – arts. 194 a 204 88
   Seção I – Disposições gerais – arts. 194 e 195 88
   Seção II – Da saúde – arts. 196 a 200 90
   Seção III – Da previdência social – arts. 201 e 202 91
   Seção IV – Da assistência social – arts. 203 e 204 93
Capítulo III – Da educação, da cultura e do desporto – arts. 205 a 217 94
   Seção I – Da educação – arts. 205 a 214 94
   Seção II – Da cultura – arts. 215 a 216-A 96
   Seção III – Do desporto – art. 217 98

Capítulo IV — Da ciência e tecnologia – arts. 218 e 219 98
Capítulo V — Da comunicação social – arts. 220 a 224 99
Capítulo VI — Do meio ambiente – art. 225 100
Capítulo VII — Da família, da criança, do adolescente, do jovem e do idoso – arts. 226 a 230 101
Capítulo VIII — Dos índios – arts. 231 e 232 103

TÍTULO IX
DAS DISPOSIÇÕES CONSTITUCIONAIS GERAIS

Arts. 233 a 250 104

ATO DAS DISPOSIÇÕES
CONSTITUCIONAIS TRANSITÓRIAS

Arts. 1º a 97 106

CONSTITUIÇÃO DA REPÚBLICA FEDERATIVA DO BRASIL

PREÂMBULO

Nós, representantes do povo brasileiro, reunidos em Assembleia Nacional Constituinte para instituir um Estado Democrático, destinado a assegurar o exercício dos direitos sociais e individuais, a liberdade, a segurança, o bem-estar, o desenvolvimento, a igualdade e a justiça como valores supremos de uma sociedade fraterna, pluralista e sem preconceitos, fundada na harmonia social e comprometida, na ordem interna e internacional, com a solução pacífica das controvérsias, promulgamos, sob a proteção de Deus, a seguinte CONSTITUIÇÃO DA REPÚBLICA FEDERATIVA DO BRASIL.

▶ Publicada no *DOU* nº 191-A, de 5-10-1988.

TÍTULO I – DOS PRINCÍPIOS FUNDAMENTAIS

Art. 1º A República Federativa do Brasil, formada pela união indissolúvel dos Estados e Municípios e do Distrito Federal, constitui-se em Estado Democrático de Direito e tem como fundamentos:

- No plebiscito realizado em 21-4-1993, disciplinado na EC nº 2, de 25-8-1992, foram mantidos a república e o presidencialismo, como forma e sistema de governo, respectivamente.
▶ Arts.18, *caput*, e 60, § 4º, I e II, desta Constituição.

I – a soberania;

▶ Arts. 20, VI, 21, I e III, 84, VII, VIII, XIX e XX, desta Constituição.
▶ Arts. 201, 202, 210 e 211 do CPC.
▶ Arts. 780 a 790 do CPP.
▶ Arts. 215 a 229 do RISTF.

II – a cidadania;

▶ Arts. 5º, XXXIV, LIV, LXXI, LXXIII e LXXVII, e 60, § 4º, desta Constituição.
▶ Lei nº 9.265, de 12-2-1996, estabelece a gratuidade dos atos necessários ao exercício da cidadania.
▶ Lei nº 10.835, de 8-1-2004, institui a renda básica da cidadania.

III – a dignidade da pessoa humana;

▶ Arts. 5º, XLII, XLIII, XLVIII, XLIX, L, 34, VII, *b*, 226, § 7º, 227 e 230 desta Constituição.
▶ Art. 8º, III, da Lei nº 11.340, de 7-8-2006 (Lei que Coíbe a Violência Doméstica e Familiar Contra a Mulher).
▶ Dec. nº 41.721, de 25-6-1957, promulgou a Convenção nº 29 da OIT, sobre Trabalho Forçado ou Obrigatório.
▶ Dec. nº 58.822, de 14-7-1966, promulgou a Convenção nº 105 da OIT, sobre Abolição do Trabalho Forçado.
▶ Súmulas Vinculantes nº 6, 11 e 14 do STF.

IV – os valores sociais do trabalho e da livre iniciativa;

▶ Arts. 6º a 11 e 170 desta Constituição.

V – o pluralismo político.

▶ Art. 17 desta Constituição.
▶ Lei nº 9.096, de 19-9-1995 (Lei dos Partidos Políticos).

Parágrafo único. Todo o poder emana do povo, que o exerce por meio de representantes eleitos ou diretamente, nos termos desta Constituição.

▶ Arts. 14, 27, § 4º, 29, XIII, 60, § 4º, II, e 61, § 2º, desta Constituição.
▶ Art. 1º da Lei nº 9.709, de 19-11-1998, regulamenta a execução do disposto nos incisos I, II e III do art. 14 desta Constituição.

Art. 2º São Poderes da União, independentes e harmônicos entre si, o Legislativo, o Executivo e o Judiciário.

▶ Art. 60, § 4º, III, desta Constituição.
▶ Súm. nº 649 do STF.

Art. 3º Constituem objetivos fundamentais da República Federativa do Brasil:

I – construir uma sociedade livre, justa e solidária;

▶ Art. 29, 1, *d*, do Dec. nº 99.710, de 21-11-1990, que promulga a convenção sobre os direitos das crianças.
▶ Art. 10, 1, do Dec. nº 591, de 6-7-1992, que promulga o Pacto Internacional Sobre Direitos Econômicos, Sociais e Culturais.

II – garantir o desenvolvimento nacional;

▶ Arts. 23, parágrafo único, e 174, § 1º, desta Constituição.

III – erradicar a pobreza e a marginalização e reduzir as desigualdades sociais e regionais;

▶ Arts. 23, X, e 214 desta Constituição.
▶ Arts. 79 a 81 do ADCT.
▶ LC nº 111, de 6-7-2001, dispõe sobre o Fundo de Combate e Erradicação da Pobreza.

IV – promover o bem de todos, sem preconceitos de origem, raça, sexo, cor, idade e quaisquer outras formas de discriminação.

▶ Art. 4º, VIII, desta Constituição.
▶ Lei nº 7.716, de 5-1-1989 (Lei do Racismo).
▶ Lei nº 8.081, de 21-9-1990, dispõe sobre os crimes e penas aplicáveis aos atos discriminatórios ou de preconceito de raça, cor, religião, etnia ou procedência nacional, praticados pelos meios de comunicação ou por publicação de qualquer natureza.
▶ Lei nº 11.340, de 7-8-2006 (Lei que Coíbe a Violência Doméstica e Familiar Contra a Mulher).
▶ Lei nº 12.288, de 20-7-2010 (Estatuto da Igualdade Racial).
▶ Dec. nº 62.150, de 19-1-1968, promulga a Convenção nº 111 da OIT sobre discriminação em matéria de emprego e profissão.
▶ Dec. nº 3.956, de 8-10-2001, promulga a Convenção Interamericana para Eliminação de Todas as Formas de Discriminação contra as Pessoas Portadoras de Deficiência.
▶ Dec. nº 4.377, de 13-9-2002, promulga a Convenção sobre a Eliminação de Todas as Formas de Discriminação contra a Mulher, de 1979.
▶ Dec. nº 4.886, de 20-11-2003, dispõe sobre a Política Nacional de Promoção de Igualdade Racial – PNPIR.

▶ Dec. nº 5.397, de 22-3-2005, dispõe sobre a composição, competência e funcionamento do Conselho Nacional de Combate à Discriminação – CNCD.

▶ O STF, por unanimidade de votos, julgou procedentes a ADPF nº 132 (como ação direta de inconstitucionalidade) e a ADIN nº 4.277, com eficácia *erga omnes* e efeito vinculante, para dar ao art. 1.723 do CC interpretação conforme à CF para dele excluir qualquer significado que impeça o reconhecimento da união contínua, pública e duradoura entre pessoas do mesmo sexo como entidade familiar (*DOU* de 13-5-2011).

Art. 4º A República Federativa do Brasil rege-se nas suas relações internacionais pelos seguintes princípios:

▶ Arts. 21, I, e 84, VII e VIII, desta Constituição.

▶ Art. 39, V, da Lei nº 9.082 de 25-7-1995, que dispõe sobre a intensificação das relações internacionais do Brasil com os seus parceiros comerciais, em função de um maior apoio do Banco do Brasil S.A. ao financiamento dos setores exportador e importador.

I – independência nacional;

▶ Arts. 78, *caput*, e 91, § 1º, III e IV, desta Constituição.

▶ Lei nº 8.183, de 11-4-1991, dispõe sobre a organização e o funcionamento do Conselho de Defesa Nacional, regulamentada pelo Dec. nº 893, de 12-8-1993.

II – prevalência dos direitos humanos;

▶ Dec. nº 678, de 6-11-1992, promulga a Convenção Americana sobre Direitos Humanos – Pacto de São José da Costa Rica.

▶ Dec. nº 4.463, de 8-11-2002, dispõe sobre a declaração de reconhecimento da competência obrigatória da Corte Interamericana em todos os casos relativos à interpretação ou aplicação da Convenção Americana sobre Diretos Humanos.

▶ Dec. nº 6.980, de 13-10-2009, dispõe sobre a estrutura regimental da Secretaria Especial dos Direitos Humanos da Presidência da República, transformada em Secretaria de Direitos Humanos da Presidência da República pelo art. 3º, I, da Lei nº 12.314, de 19-8-2010.

III – autodeterminação dos povos;
IV – não intervenção;
V – igualdade entre os Estados;
VI – defesa da paz;
VII – solução pacífica dos conflitos;
VIII – repúdio ao terrorismo e ao racismo;

▶ Art. 5º, XLII e XLIII, desta Constituição.

▶ Lei nº 7.716, de 5-1-1989 (Lei do Racismo).

▶ Lei nº 8.072, de 25-7-1990 (Lei dos Crimes Hediondos).

▶ Dec. nº 5.639, de 26-12-2005, promulga a Convenção Interamericana contra o Terrorismo.

IX – cooperação entre os povos para o progresso da humanidade;
X – concessão de asilo político.

▶ Lei nº 9.474, de 22-7-1997, define mecanismos para a implementação do Estatuto dos Refugiados de 1951.

▶ Dec. nº 55.929, de 14-4-1965, promulgou a Convenção sobre Asilo Territorial.

▶ Art. 98, II, do Dec. nº 99.244, de 10-5-1990, que dispõe sobre a reorganização e o funcionamento dos órgãos da Presidência da República.

Parágrafo único. A República Federativa do Brasil buscará a integração econômica, política, social e cultural dos povos da América Latina, visando à formação de uma comunidade latino-americana de nações.

▶ Dec. nº 350, de 21-11-1991, promulgou o Tratado de Assunção que estabeleceu o Mercado Comum entre o Brasil, Paraguai, Argentina e Uruguai – MERCOSUL.

▶ Dec. nº 922, de 10-9-1993, promulga o Protocolo para Solução de Controvérsias no âmbito do Mercado Comum do Sul – MERCOSUL.

TÍTULO II – DOS DIREITOS E GARANTIAS FUNDAMENTAIS

CAPÍTULO I

DOS DIREITOS E DEVERES INDIVIDUAIS E COLETIVOS

Art. 5º Todos são iguais perante a lei, sem distinção de qualquer natureza, garantindo-se aos brasileiros e aos estrangeiros residentes no País a inviolabilidade do direito à vida, à liberdade, à igualdade, à segurança e à propriedade, nos termos seguintes:

▶ Arts. 5º, §§ 1º e 2º, 14, *caput*, e 60, § 4º, IV, desta Constituição.

▶ Lei nº 1.542, de 5-1-1952, dispõe sobre o casamento dos funcionários da carreira de diplomata com pessoa de nacionalidade estrangeira.

▶ Lei nº 5.709, de 7-10-1971, regula a aquisição de imóvel rural por estrangeiro residente no país ou pessoa jurídica estrangeira autorizada a funcionar no Brasil.

▶ Lei nº 6.815, de 19-8-1980 (Estatuto do Estrangeiro), regulamentada pelo Dec. nº 86.715, de 10-12-1981.

▶ Arts. 4º e 24 do Pacto de São José da Costa Rica.

▶ Dec. nº 58.819, de 14-7-1966, promulgou a Convenção nº 97 da OIT, sobre Trabalhadores Migrantes.

▶ Súmulas Vinculantes nºs 6 e 11 do STF.

▶ Súm. nº 683 do STF.

I – homens e mulheres são iguais em direitos e obrigações, nos termos desta Constituição;

▶ Arts. 143, § 2º, e 226, § 5º, desta Constituição.

▶ Art. 372 da CLT.

▶ Art. 4º da Lei nº 8.159, de 8-1-1991, que dispõe sobre a política nacional de arquivos públicos e privados.

▶ Lei nº 9.029, de 13-4-1995, proíbe a exigência de atestado de gravidez e esterilização e outras práticas discriminatórias, para efeitos admissionais ou de permanência da relação jurídica de trabalho.

▶ Lei nº 12.318, de 26-8-2010 (Lei da Alienação Parental).

▶ Dec. nº 41.721, de 25-6-1957, promulgou a Convenção nº 100 da OIT, sobre Igualdade de Remuneração de Homens e Mulheres Trabalhadores por Trabalho de Igual Valor.

▶ Dec. nº 86.715, de 10-12-1981, que regulamenta a Lei nº 6.815, de 19-8-1980 (Estatuto do Estrangeiro).

▶ Dec. nº 678, de 6-11-1992, promulga a Convenção Americana sobre Direitos Humanos – Pacto de São José da Costa Rica.

▶ Dec. nº 4.377, de 13-9-2002, promulga a Convenção sobre a Eliminação de todas as Formas de Discriminação contra a Mulher, de 1979.

▶ Port. do MTE nº 1.246, de 28-5-2010, orienta as empresas e os trabalhadores em relação à testagem relacionada ao vírus da imunodeficiência adquirida – HIV.

II – ninguém será obrigado a fazer ou deixar de fazer alguma coisa senão em virtude de lei;

▶ Arts. 14, § 1º, I, e 143 desta Constituição.

Constituição Federal – Art. 5º   9

- Súmulas nºs 636 e 686 do STF.

III – ninguém será submetido a tortura nem a tratamento desumano ou degradante;

- Incisos XLIII, XLVII, e, XLIX, LXII, LXIII, LXV e LXVI deste artigo.
- Art. 4º, b, da Lei nº 4.898, de 9-12-1965 (Lei do Abuso de Autoridade).
- Arts. 2º e 8º da Lei nº 8.072, de 25-7-1990 (Lei dos Crimes Hediondos).
- Lei nº 9.455, de 7-4-1997 (Lei dos Crimes de Tortura).
- Lei nº 12.847, de 2-8-2013, institui o Sistema Nacional de Prevenção e Combate à Tortura; cria o Comitê Nacional de Prevenção e Combate à Tortura e o Mecanismo Nacional de Prevenção e Combate à Tortura.
- Dec. nº 40, de 15-2-1991, promulga a Convenção contra a Tortura e Outros Tratamentos ou Penas Cruéis, Desumanos ou Degradantes.
- Art. 5º, nº 2, do Pacto de São José da Costa Rica.
- Súm. Vinc. nº 11 do STF.

IV – é livre a manifestação do pensamento, sendo vedado o anonimato;

- Art. 220, § 1º, desta Constituição.
- Art. 6º, XIV, e, da LC nº 75, de 20-5-1993 (Lei Orgânica do Ministério Público da União).
- Art. 1º da Lei nº 7.524 de 17-7-1986, que dispõe sobre a manifestação, por militar inativo, de pensamento e opinião políticos e filosóficos.
- Art. 2º, a, da Lei nº 8.389, de 30-12-1991, que institui o Conselho Nacional de Comunicação Social.
- Art. 13 do Pacto de São José da Costa Rica.

V – é assegurado o direito de resposta, proporcional ao agravo, além da indenização por dano material, moral ou à imagem;

- Art. 220, § 1º, desta Constituição.
- Lei nº 7.524, de 17-7-1986, dispõe sobre a manifestação, por militar inativo, de pensamento e opinião políticos ou filosóficos.
- Art. 6º da Lei nº 8.159, de 8-1-1991, que dispõe sobre a Política Nacional de arquivos públicos e privados.
- Dec. nº 1.171, de 22-6-1994, aprova o código de ética profissional do servidor público civil do Poder Executivo Federal.
- Art. 14 do Pacto de São José da Costa Rica.
- Súmulas nºs 37, 227, 362, 387, 388 e 403 do STJ.

VI – é inviolável a liberdade de consciência e de crença, sendo assegurado o livre exercício dos cultos religiosos e garantida, na forma da lei, a proteção aos locais de culto e a suas liturgias;

- Arts. 208 a 212 do CP.
- Art. 24 da LEP.
- Arts. 16, II, e 124, XIV, do ECA.
- Art. 3º, d, e e, da Lei nº 4.898, de 9-12-1965 (Lei do Abuso de Autoridade).
- Art. 39 da Lei nº 8.313, de 23-12-1991, que restabelece princípios da Lei nº 7.505, de 2-7-1986, institui o Programa Nacional de Apoio a Cultura – PRONAC.
- Arts. 23 a 26 da Lei nº 12.288, de 20-7-2010 (Estatuto da Igualdade Racial).
- Art. 12, 1, do Pacto de São José da Costa Rica.

VII – é assegurada, nos termos da lei, a prestação de assistência religiosa nas entidades civis e militares de internação coletiva;

- Art. 24 da LEP.

- Art. 124, XIV, do ECA.
- Lei nº 6.923, de 29-6-1981, dispõe sobre o serviço de assistência religiosa nas Forças Armadas.
- Lei nº 9.982, de 14-7-2000, dispõe sobre prestação de assistência religiosa nas entidades hospitalares públicas e privadas, bem como nos estabelecimentos prisionais civis e militares.

VIII – ninguém será privado de direitos por motivo de crença religiosa ou de convicção filosófica ou política, salvo se as invocar para eximir-se de obrigação legal a todos imposta e recusar-se a cumprir prestação alternativa, fixada em lei;

- Arts. 15, IV, e 143, §§ 1º e 2º, desta Constituição.
- Lei nº 7.210 de 11-7-1984 (Lei de Execução Penal).
- Lei nº 8.239, de 4-10-1991, dispõe sobre a prestação de serviço alternativo ao serviço militar obrigatório.
- Dec.-lei nº 1.002, de 21-10-1969 (Código de Processo Penal Militar).
- Art. 12 do Pacto de São José da Costa Rica.

IX – é livre a expressão da atividade intelectual, artística, científica e de comunicação, independentemente de censura ou licença;

- Art. 220, § 2º, desta Constituição.
- Art. 5º, d, da LC nº 75, de 20-5-1993 (Lei Orgânica do Ministério Público da União).
- Art. 39 da Lei nº 8.313, de 23-12-1991, que restabelece princípios da Lei nº 7.505, de 2-7-1986, institui o Programa Nacional de Apoio a Cultura – PRONAC.
- Lei nº 9.456, de 25-4-1997, institui a Lei de Proteção de Cultivares.
- Lei nº 9.609, de 19-2-1998, dispõe sobre a proteção da propriedade intelectual de programa de computador e sua comercialização no país.
- Lei nº 9.610, de 19-2-1998 (Lei de Direitos Autorais).

X – são invioláveis a intimidade, a vida privada, a honra e a imagem das pessoas, assegurado o direito à indenização pelo dano material ou moral decorrente de sua violação;

- Art. 37, § 3º, II, desta Constituição.
- Arts. 4º e 6º da Lei nº 8.159, de 8-1-1981, que dispõe sobre a Política Nacional de Arquivos Públicos e Privados.
- Art. 30, V, da Lei nº 8.935, de 18-11-1994 (Lei dos Serviços Notariais e de Registro).
- Art. 101, § 1º, da Lei nº 11.101, de 9-2-2005 (Lei de Recuperação de Empresas e Falências).
- Art. 11, 2, do Pacto de São José da Costa Rica.
- Súm. Vinc. nº 11 do STF.
- Súm. nº 714 do STF.
- Súmulas nºs 227, 387, 388, 403 e 420 do STJ.

XI – a casa é asilo inviolável do indivíduo, ninguém nela podendo penetrar sem consentimento do morador, salvo em caso de flagrante delito ou desastre, ou para prestar socorro, ou, durante o dia, por determinação judicial;

- Art. 172, § 2º, do CPC.
- Art. 150, §§ 1º a 5º, do CP.
- Art. 283 do CPP.
- Art. 226, §§ 1º a 5º, do CPM.
- Art. 11 do Pacto de São José da Costa Rica.

XII – é inviolável o sigilo da correspondência e das comunicações telegráficas, de dados e das comunicações telefônicas, salvo, no último caso, por ordem judicial, nas hipóteses e na forma que a lei estabelecer para fins de investigação criminal ou instrução processual penal;

- Arts.136, § 1º, I, b e c, e 139, III, desta Constituição.
- Arts. 151 a 152 do CP.
- Art. 233 do CPP.
- Art. 227 do CPM.
- Art. 6º, XVIII, a, da LC nº 75, de 20-5-1993 (Lei Orgânica do Ministério Público da União).
- Arts. 55 a 57 da Lei nº 4.117, de 24-8-1962 (Código Brasileiro de Telecomunicações).
- Art. 3º, c, da Lei nº 4.898, de 9-12-1965 (Lei do Abuso de Autoridade).
- Lei nº 6.538, de 22-6-1978, dispõe sobre os serviços postais.
- Art. 7º, II, da Lei nº 8.906, de 4-7-1994 (Estatuto da Advocacia e da OAB).
- Lei nº 9.296, de 24-7-1996 (Lei das Interceptações Telefônicas).
- Art. 11 do Pacto de São José da Costa Rica.
- Dec. nº 3.505, de 13-6-2000, institui a Política de Segurança da Informação nos órgãos e entidades da Administração Pública Federal.
- Res. do CNJ nº 59, de 9-9-2008, disciplina e uniformiza as rotinas visando ao aperfeiçoamento do procedimento de interceptação de comunicações telefônicas e de sistemas de informática e telemática nos órgãos jurisdicionais do Poder Judiciário.

XIII – é livre o exercício de qualquer trabalho, ofício ou profissão, atendidas as qualificações profissionais que a lei estabelecer;

- Arts. 170 e 220, § 1º, desta Constituição.
- Art. 6º do Pacto de São José da Costa Rica.
- O STF, a julgar o RE nº 511.961, considerou não recepcionado pela Constituição de 1988 o art. 4º, V, do Dec.-lei nº 972/1969, que exigia diploma de curso superior para o exercício da profissão de jornalista.

XIV – é assegurado a todos o acesso à informação e resguardado o sigilo da fonte, quando necessário ao exercício profissional;

- Art. 220, § 1º, desta Constituição.
- Art. 154 do CP.
- Art. 8º, § 2º, da LC nº 75, de 20-5-1993 (Lei Orgânica do Ministério Público da União).
- Art. 6º da Lei nº 8.394, de 30-12-1991, que dispõe sobre a preservação, organização e proteção dos acervos documentais privados dos Presidentes da República.
- O STF, ao julgar a ADPF nº 130, declarou como não recepcionada pela Constituição de 1988 a Lei de Imprensa (Lei nº 5.250/1967).

XV – é livre a locomoção no território nacional em tempo de paz, podendo qualquer pessoa, nos termos da lei, nele entrar, permanecer ou dele sair com seus bens;

- Arts. 109, X, e 139 desta Constituição.
- Art. 3º, a, da Lei nº 4.898, de 9-12-1965 (Lei do Abuso de Autoridade).
- Art. 2º, III, da Lei nº 7.685, de 2-12-1988, que dispõe sobre o registro provisório para o estrangeiro em situação ilegal em território nacional.
- Art. 22 do Pacto de São José da Costa Rica.

XVI – todos podem reunir-se pacificamente, sem armas, em locais abertos ao público, independentemente de autorização, desde que não frustrem outra reunião anteriormente convocada para o mesmo local, sendo apenas exigido prévio aviso à autoridade competente;

- Arts. 109, X, 136, § 1º, I, a, e 139, IV, desta Constituição.
- Art. 3º, a, da Lei nº 4.898, de 9-12-1965 (Lei do Abuso de Autoridade).
- Art. 2º, III, da Lei nº 7.685, de 2-12-1988, que dispõe sobre o registro provisório para o estrangeiro em situação ilegal em território nacional.
- Art. 21 do Dec. nº 592, de 6-7-1992, que promulga o Pacto Internacional sobre Direitos Civis e Políticos.
- Art. 15 do Pacto de São José da Costa Rica.

XVII – é plena a liberdade de associação para fins lícitos, vedada a de caráter paramilitar;

- Arts. 8º, 17, § 4º, e 37, VI, desta Constituição.
- Art. 199 do CP.
- Art. 3º, f, da Lei nº 4.898, de 9-12-1965 (Lei do Abuso de Autoridade).
- Art. 117, VII, da Lei nº 8.112, de 11-12-1990 (Estatuto dos Servidores Públicos Civis da União, Autarquias e Fundações Públicas Federais).
- Art. 16 do Pacto de São José da Costa Rica.

XVIII – a criação de associações e, na forma da lei, a de cooperativas independem de autorização, sendo vedada a interferência estatal em seu funcionamento;

- Arts. 8º, I, e 37, VI, desta Constituição.
- Lei nº 5.764, de 16-12-1971 (Lei das Cooperativas).
- Lei nº 9.867, de 10-11-1999, dispõe sobre a criação e o funcionamento de Cooperativas Sociais, visando à integração social dos cidadãos.

XIX – as associações só poderão ser compulsoriamente dissolvidas ou ter suas atividades suspensas por decisão judicial, exigindo-se, no primeiro caso, o trânsito em julgado;

XX – ninguém poderá ser compelido a associar-se ou a permanecer associado;

- Arts. 4º, II, a, e 5º, V, do CDC.
- Art. 117, VII, da Lei nº 8.112, de 11-12-1990 (Estatuto dos Servidores Públicos Civis da União, Autarquias e Fundações Públicas Federais).
- Art. 16 do Pacto de São José da Costa Rica.
- O STF, ao julgar a ADIN nº 3.464, declarou a inconstitucionalidade do art. 2º, IV, a, b, e c, da Lei nº 10.779/2003, por condicionar a habilitação ao seguro-desemprego na hipótese descrita na lei à filiação à colônia de pescadores.

XXI – as entidades associativas, quando expressamente autorizadas, têm legitimidade para representar seus filiados judicial ou extrajudicialmente;

- Art. 82, VI, do CDC.
- Art. 210, III, do ECA.
- Art. 5º da Lei nº 7.347, de 24-7-1985 (Lei da Ação Civil Pública).
- Arts. 3º e 5º, I e III, da Lei nº 7.853, de 24-10-1989 (Lei de Apoio às Pessoas Portadoras de Deficiência), regulamentada pelo Dec. nº 3.298, de 20-12-1999.
- Súm. nº 629 do STF.

XXII – é garantido o direito de propriedade;

- Art. 243 desta Constituição.
- Arts. 1.228 a 1.368 do CC.
- Lei nº 4.504, de 30-10-1964 (Estatuto da Terra).

▶ Arts. 1º, 4º e 15 da Lei nº 8.257, de 26-10-1991, que dispõe sobre a expropriação das glebas nas quais se localizem culturas ilegais de plantas psicotrópicas.

XXIII – a propriedade atenderá a sua função social;

▶ Arts.156, § 1º, 170, III, 182, § 2º, e 186 desta Constituição.
▶ Art. 5º do Dec.-lei nº 4.657, de 4-9-1942 (Lei de Introdução às normas do Direito Brasileiro).
▶ Arts. 2º, 12, 18, a, e 47, I, da Lei nº 4.504, de 30-10-1964 (Estatuto da Terra).
▶ Art. 2º, I, da Lei nº 8.171, de 17-1-1991 (Lei da Política Agrícola).
▶ Arts. 2º, § 1º, 5º, § 2º, e 9º, da Lei nº 8.629, de 25-2-1993, que regula os dispositivos constitucionais relativos à reforma agrária.
▶ Arts. 27 a 37 da Lei nº 12.288, de 20-7-2010 (Estatuto da Igualdade Racial).
▶ Art. 1º da Lei nº 12.529, de 30-11-2011 (Lei do Sistema Brasileiro de Defesa da Concorrência).

XXIV – a lei estabelecerá o procedimento para desapropriação por necessidade ou utilidade pública, ou por interesse social, mediante justa e prévia indenização em dinheiro, ressalvados os casos previstos nesta Constituição;

▶ Arts. 22, II, 182, § 4º, 184, caput, e 185, I e II,desta Constituição.
▶ Art. 1.275, V, do CC.
▶ LC nº 76, de 6-7-1993 (Lei de Desapropriação de Imóvel Rural para fins de Reforma Agrária).
▶ Lei nº 4.132, de 10-9-1962 (Lei da Desapropriação por Interesse Social).
▶ Arts. 17, a, 18, 19, §§ 1º a 4º, 31, IV, e 35, caput, da Lei nº 4.504, de 30-11-1964 (Estatuto da Terra).
▶ Lei nº 6.602, de 7-12-1978, altera a redação do art. 5º do Dec.-lei nº 3.365, de 21-6-1941 (Lei das Desapropriações).
▶ Arts. 2º, § 1º, 5º, § 2º, e 7º, IV, da Lei nº 8.629, de 25-2-1993, que regula os dispositivos constitucionais relativos à reforma agrária.
▶ Art. 10 da Lei nº 9.074, de 7-7-1995, que estabelece normas para outorga e prorrogações das concessões e permissões de serviços públicos.
▶ Art. 34, IV, da Lei nº 9.082, de 25-7-1995, que dispõe sobre as diretrizes para a elaboração da lei orçamentária de 1996.
▶ Dec.-lei nº 1.075, de 22-1-1970 (Lei da Imissão de Posse).
▶ Dec.-lei nº 3.365, de 21-6-1941 (Lei das Desapropriações).
▶ Súmulas nºˢ 23, 111, 157, 164, 218, 345, 378, 416, 561, 618 e 652 do STF.
▶ Súmulas nºˢ 56, 69, 70, 113, 114 e 119 do STJ.

XXV – no caso de iminente perigo público, a autoridade competente poderá usar de propriedade particular, assegurada ao proprietário indenização ulterior, se houver dano;

XXVI – a pequena propriedade rural, assim definida em lei, desde que trabalhada pela família, não será objeto de penhora para pagamento de débitos decorrentes de sua atividade produtiva, dispondo a lei sobre os meios de financiar o seu desenvolvimento;

▶ Art. 185 desta Constituição.
▶ Art. 4º, I, da LC nº 76, de 6-7-1993 (Lei de Desapropriação de Imóvel Rural para fins de Reforma Agrária).
▶ Lei nº 4.504, de 30-11-1964 (Estatuto da Terra).

▶ Art. 19, IX, da Lei nº 4.595, de 31-12-1964 (Lei do Sistema Financeiro Nacional).
▶ Art. 4º, § 2º, da Lei nº 8.009, de 29-3-1990 (Lei da Impenhorabilidade do Bem de Família);
▶ Art. 4º, II, e parágrafo único, da Lei nº 8.629, de 25-2-1993, que regula os dispositivos constitucionais relativos à reforma agrária.
▶ Súm. nº 364 do STJ.

XXVII – aos autores pertence o direito exclusivo de utilização, publicação ou reprodução de suas obras, transmissível aos herdeiros pelo tempo que a lei fixar;

▶ Art. 842, § 3º, do CPC.
▶ Art. 184 do CP.
▶ Art. 30 da Lei nº 8.977, de 6-1-1995, que dispõe sobre o serviço de TV a cabo, regulamentado pelo Dec. nº 2.206, de 8-4-1997.
▶ Lei nº 9.456, de 25-4-1997, institui a Lei de Proteção de Cultivares.
▶ Lei nº 9.609, de 19-2-1998, dispõe sobre a proteção da propriedade intelectual de programa de computador e sua comercialização no país.
▶ Lei nº 9.610, de 19-2-1998 (Lei de Direitos Autorais).
▶ Súm. nº 386 do STF.

XXVIII – são assegurados, nos termos da lei:

a) a proteção às participações individuais em obras coletivas e à reprodução da imagem e voz humanas, inclusive nas atividades desportivas;

▶ Lei nº 6.533 de 24-5-1978, dispõe sobre a regulamentação das profissões de Artista e de Técnico em Espetáculos de Diversões.
▶ Lei nº 9.610, de 19-2-1998 (Lei de Direitos Autorais).
▶ Art. 42 da Lei nº 9.615, de 24-3-1998, que institui normas gerais sobre desporto, regulamentado pelo Dec. nº 7.984, de 8-4-2013.

b) o direito de fiscalização do aproveitamento econômico das obras que criarem ou de que participarem aos criadores, aos intérpretes e às respectivas representações sindicais e associativas;

XXIX – a lei assegurará aos autores de inventos industriais privilégio temporário para sua utilização, bem como proteção às criações industriais, à propriedade das marcas, aos nomes de empresas e a outros signos distintivos, tendo em vista o interesse social e o desenvolvimento tecnológico e econômico do País;

▶ Art. 4º, VI, do CDC.
▶ Lei nº 9.279, de 14-5-1996 (Lei da Propriedade Industrial).
▶ Lei nº 9.456, de 25-4-1997, institui a Lei de Proteção de Cultivares.
▶ Art. 48, IV, da Lei nº 11.101, de 9-2-2005 (Lei de Recuperação de Empresas e Falências).

XXX – é garantido o direito de herança;

▶ Arts. 1.784 a 2.027 do CC.
▶ Arts. 856, § 2º, 1.138 e 1.158 do CPC.
▶ Lei nº 6.858, de 24-11-1980, dispõe sobre o pagamento aos dependentes ou sucessores, de valores não recebidos em vida pelos respectivos titulares.
▶ Lei nº 8.971, de 29-12-1994, regula o direito dos companheiros a alimentos e sucessão.
▶ Lei nº 9.278, de 10-5-1996 (Lei da União Estável).

XXXI – a sucessão de bens de estrangeiros situados no País será regulada pela lei brasileira em benefício do cônjuge ou dos filhos brasileiros, sempre que não lhes seja mais favorável a lei pessoal do *de cujus*;

- Art. 10, §§ 1º e 2º, do Dec.-lei nº 4.657, de 4-9-1942 (Lei de Introdução às normas do Direito Brasileiro).

XXXII – o Estado promoverá, na forma da lei, a defesa do consumidor;

- Art. 48 do ADCT.
- Lei nº 8.078, de 11-9-1990 (Código de Defesa do Consumidor).
- Art. 4º da Lei nº 8.137, de 27-12-1990 (Lei dos Crimes contra a Ordem Tributária, Econômica e contra as Relações de Consumo).
- Lei nº 8.178, de 1º-3-1991, estabelece regras sobre preços e salários.
- Lei nº 12.529, de 30-11-2011 (Lei do Sistema Brasileiro de Defesa da Concorrência).

XXXIII – todos têm direito a receber dos órgãos públicos informações de seu interesse particular, ou de interesse coletivo ou geral, que serão prestadas no prazo da lei, sob pena de responsabilidade, ressalvadas aquelas cujo sigilo seja imprescindível à segurança da sociedade e do Estado;

- Arts. 5º, LXXII, e 37, § 3º, II, desta Constituição.
- Lei nº 12.527, de 18-11-2011, regula o acesso a informações previsto neste inciso.
- Súm. Vinc. nº 14 do STF.
- Súm. nº 202 do STJ.

XXXIV – são a todos assegurados, independentemente do pagamento de taxas:

a) o direito de petição aos Poderes Públicos em defesa de direitos ou contra ilegalidade ou abuso de poder;

- Súm. Vinc. nº 21 do STF.
- Súm. nº 373 do STJ.
- Súm. nº 424 do TST.
- Ao julgar a ADPF nº 156, o Plenário do STF declarou não recepcionada pela Constituição de 1988 a exigência de depósito prévio do valor correspondente à multa por infração trabalhista como condição de admissibilidade de recurso administrativo interposto junto à autoridade trabalhista, constante do § 1º do art. 636 da CLT. No mesmo sentido, o Plenário do STF, ao julgar a ADIN nº 1.976, concluiu pela inconstitucionalidade da regra constante do art. 32 da MP nº 1.699-41, convertida na Lei nº 10.522, de 19-7-2002, que exigia depósito ou arrolamento prévio de bens e direitos como condição de admissibilidade de recurso administrativo.

b) a obtenção de certidões em repartições públicas, para defesa de direitos e esclarecimento de situações de interesse pessoal;

- Art. 6º do Dec.-lei nº 4.657, de 4-9-1942 (Lei de Introdução às normas do Direito Brasileiro).
- Lei nº 9.051, de 18-5-1995, dispõe sobre a expedição de certidões para defesa de direitos e esclarecimentos de situações.
- Lei nº 9.307, de 23-9-1996 (Lei da Arbitragem).
- Art. 40 da Lei nº 11.101, de 9-2-2005 (Lei de Recuperação de Empresas e Falências).

XXXV – a lei não excluirá da apreciação do Poder Judiciário lesão ou ameaça a direito;

- Lei nº 9.307, de 23-9-1996 (Lei da Arbitragem).
- Súm. Vinc. nº 28 do STF.
- Súm. nº 667 do STF.

- OJ da SBDI-I nº 391 do TST.
- O Plenário do STF, ao julgar as cautelares das Ações Diretas de Inconstitucionalidade nºs 2.139 e 2.160 deram interpretação conforme à Constituição ao art. 625-D da CLT, para declararem que a submissão do litígio à Comissão de Conciliação Prévia não constitui fase administrativa obrigatória e antecedente ao exercício do direito de ação.
- Ao julgar a ADC nº 4, o Plenário do STF declarou a constitucionalidade do art. 1º da Lei nº 9.494, de 10-9-1997, a restringir o poder geral de cautela do juiz nas ações contra a Fazenda Pública.

XXXVI – a lei não prejudicará o direito adquirido, o ato jurídico perfeito e a coisa julgada;

- Art. 6º, *caput*, do Dec.-lei nº 4.657, de 4-9-1942 (Lei de Introdução às normas do Direito Brasileiro).
- Súmulas Vinculantes nºs 1 e 9 do STF.
- Súmulas nºs 654, 667, 678 e 684 do STF.
- Súm. nº 315 do TST.

XXXVII – não haverá juízo ou tribunal de exceção;
XXXVIII – é reconhecida a instituição do júri, com a organização que lhe der a lei, assegurados:

- Arts. 406 a 432 do CPP.
- Arts. 18 e 19 da Lei nº 11.697, de 13-6-2008 (Lei da Organização Judiciária do Distrito Federal e dos Territórios).

a) a plenitude de defesa;

- Súmulas nºs 156 e 162 do STF.

b) o sigilo das votações;
c) a soberania dos veredictos;
d) a competência para o julgamento dos crimes dolosos contra a vida;

- Arts. 74, § 1º, e 406 a 502 do CPP.
- Súmulas nºs 603, 713 e 721 do STF.

XXXIX – não há crime sem lei anterior que o defina, nem pena sem prévia cominação legal;

- Art. 1º do CP.
- Art. 1º do CPM.
- Art. 9º do Pacto de São José da Costa Rica.

XL – a lei penal não retroagirá, salvo para beneficiar o réu;

- Art. 2º, parágrafo único, do CP.
- Art. 2º, § 1º, do CPM.
- Art. 66, I, da LEP.
- Art. 9º do Pacto de São José da Costa Rica.
- Súmulas Vinculantes nºs 3, 5, 14, 21, 24 e 28 do STF.
- Súmulas nºs 611 e 711 do STF.

XLI – a lei punirá qualquer discriminação atentatória dos direitos e liberdades fundamentais;

- Lei nº 7.716, de 5-1-1989 (Lei do Racismo).
- Lei nº 8.081, de 21-9-1990, estabelece os crimes e as penas aplicáveis aos atos discriminatórios ou de preconceito de raça, cor, religião, etnia ou procedência de qualquer natureza.
- Lei nº 9.029, de 13-4-95, proíbe a exigência de atestados de gravidez e esterilização e outras práticas discriminatórias, para efeitos admissionais ou de permanência da relação jurídica de trabalho.
- Dec. nº 3.956, de 8-10-2001, promulga a Convenção Interamericana para eliminação de todas as Formas de Discriminação contra as Pessoas Portadoras de Deficiência.

Constituição Federal – Art. 5º   13

- Dec. nº 4.377, de 13-9-2002, promulga a Convenção Sobre a Eliminação de Todas as Formas de Discriminação Contra a Mulher, de 1979.
- Dec. nº 4.886, de 20-11-2003, institui a Política Nacional de Promoção da Igualdade Racial – PNPIR.
- Dec. nº 5.397, de 22-3-2005, dispõe sobre a composição, competência e funcionamento do Conselho Nacional de Combate à Discriminação – CNCD.

XLII – a prática do racismo constitui crime inafiançável e imprescritível, sujeito à pena de reclusão, nos termos da lei;

- Art. 323, I, do CPP.
- Lei nº 7.716, de 5-1-1989 (Lei do Racismo).
- Lei nº 10.678, de 23-5-2003, cria a Secretaria Especial de Políticas de Promoção da Igualdade Racial, da Presidência da República.
- Lei nº 12.288, de 20-7-2010 (Estatuto da Igualdade Racial).

XLIII – a lei considerará crimes inafiançáveis e insuscetíveis de graça ou anistia a prática da tortura, o tráfico ilícito de entorpecentes e drogas afins, o terrorismo e os definidos como crimes hediondos, por eles respondendo os mandantes, os executores e os que, podendo evitá-los, se omitirem;

- Lei nº 8.072, de 25-7-1990 (Lei dos Crimes Hediondos).
- Lei nº 9.455, de 7-4-1997 (Lei dos Crimes de Tortura).
- Lei nº 11.343, de 23-8-2006 (Lei Antidrogas).
- Lei nº 12.847, de 2-8-2013, institui o Sistema Nacional de Prevenção e Combate à Tortura; cria o Comitê Nacional de Prevenção e Combate à Tortura e o Mecanismo Nacional de Prevenção e Combate à Tortura.
- Dec. nº 5.639, de 29-12-2005, promulga a Convenção Interamericana contra o Terrorismo.
- Súm. Vinc. nº 26 do STF.

XLIV – constitui crime inafiançável e imprescritível a ação de grupos armados, civis ou militares, contra a ordem constitucional e o Estado Democrático;

- Lei nº 12.850, de 2-8-2013 (Nova Lei do Crime Organizado).

XLV – nenhuma pena passará da pessoa do condenado, podendo a obrigação de reparar o dano e a decretação do perdimento de bens ser, nos termos da lei, estendidas aos sucessores e contra eles executadas, até o limite do valor do patrimônio transferido;

- Arts. 932 e 935 do CC.
- Arts. 32 a 52 do CP.
- Art. 5º, nº 3, do Pacto de São José da Costa Rica.

XLVI – a lei regulará a individualização da pena e adotará, entre outras, as seguintes:

- Arts. 32 a 52 do CP.
- Súm. Vinc. nº 26 do STF.

a) privação ou restrição da liberdade;

- Arts. 33 a 42 do CP.

b) perda de bens;

- Art. 43, II, do CP.

c) multa;

- Art. 49 do CP.

d) prestação social alternativa;

- Arts. 44 e 46 do CP.

e) suspensão ou interdição de direitos;

- Art. 47 do CP.

XLVII – não haverá penas:

- Art. 60, § 4º, IV, desta Constituição.
- Arts. 32 a 52 do CP.
- Súm. Vinc. nº 26 do STF.

a) de morte, salvo em caso de guerra declarada, nos termos do artigo 84, XIX;

- Arts. 55 a 57 do CPM.
- Arts. 707 e 708 do CPPM.
- Art. 4º, nºs 2 a 6, do Pacto de São José da Costa Rica.

b) de caráter perpétuo;
c) de trabalhos forçados;

- Art. 6º, nº 2, do Pacto de São José da Costa Rica.
- Dec. nº 41.721, de 25-6-1957, promulga a Convenção nº 29 da OIT sobre trabalho forçado ou obrigatório.
- Dec. nº 58.822, de 14-7-1966, promulga a Convenção nº 105 da OIT sobre Abolição do trabalho forçado.
- Dec. nº 58.821, de 14-7-1966, promulga a Convenção nº 104 da OIT sobre Abolição das sanções penais (trabalhadores indígenas).

d) de banimento;
e) cruéis;

- Art. 7º, 7, do Pacto de São José da Costa Rica.
- Súmulas nºs 280, 309 e 419 do STJ.

XLVIII – a pena será cumprida em estabelecimentos distintos, de acordo com a natureza do delito, a idade e o sexo do apenado;

- Arts. 32 a 52 do CP.
- Arts. 82 a 104 da LEP.

XLIX – é assegurado aos presos o respeito à integridade física e moral;

- Art. 5º, III, desta Constituição.
- Art. 38 do CP.
- Art. 40 da LEP.
- Lei nº 8.653, de 10-5-1993, dispõe sobre o transporte de presos.
- Art. 5º, nº 1, do Pacto de São José da Costa Rica.
- Súm. Vinc. nº 11 do STF.

L – às presidiárias serão asseguradas condições para que possam permanecer com seus filhos durante o período de amamentação;

- Art. 89 da LEP.

LI – nenhum brasileiro será extraditado, salvo o naturalizado, em caso de crime comum, praticado antes da naturalização, ou de comprovado envolvimento em tráfico ilícito de entorpecentes e drogas afins, na forma da lei;

- Art. 12, II, desta Constituição.
- Arts. 76 a 94 da Lei nº 6.815, de 19-8-1980 (Estatuto do Estrangeiro).
- Lei nº 11.343, de 23-8-2006 (Lei Antidrogas).
- Art. 110 do Dec. nº 86.715, de 10-12-1981, que regulamenta a Lei nº 6.815, de 19-8-1980 (Estatuto do Estrangeiro).
- Súm. nº 421 do STF.

LII – não será concedida extradição de estrangeiro por crime político ou de opinião;

- Arts. 76 a 94 da Lei nº 6.815, de 19-8-1980 (Estatuto do Estrangeiro).
- Art. 100 do Dec. nº 86.715, de 10-12-1981, que regulamenta a Lei nº 6.815, de 19-8-1980 (Estatuto do Estrangeiro).

LIII – ninguém será processado nem sentenciado senão pela autoridade competente;

- Art. 8º, nº 1, do Pacto de São José da Costa Rica.
- Súm. nº 704 do STF.

LIV – ninguém será privado da liberdade ou de seus bens sem o devido processo legal;

- Súmulas Vinculantes nºs 3 e 14 do STF.
- Súm. nº 704 do STF.
- Súmulas nºs 255 e 347 do STJ.

LV – aos litigantes, em processo judicial ou administrativo, e aos acusados em geral são assegurados o contraditório e ampla defesa, com os meios e recursos a ela inerentes;

- Lei nº 8.112, de 11-12-1990 (Estatuto dos Servidores Públicos Civis da União, Autarquias e Fundações Públicas Federais).
- Lei nº 9.784, de 29-1-1999 (Lei do Processo Administrativo Federal).
- Súmulas Vinculantes nºs 3, 5, 14, 21, 24 e 28 do STF.
- Súmulas nºs 523, 701, 704, 705, 707, 708 e 712 do STF.
- Súmulas nºs 196, 255, 312, 347 e 373 do STJ.

LVI – são inadmissíveis, no processo, as provas obtidas por meios ilícitos;

- Arts. 332 a 443 do CPC.
- Art. 157 do CPP.
- Lei nº 9.296, de 24-7-1996 (Lei das Interceptações Telefônicas).

LVII – ninguém será considerado culpado até o trânsito em julgado de sentença penal condenatória;

- Art. 8º, nº 2, do Pacto de São José da Costa Rica.
- Súm. nº 9 do STJ.

LVIII – o civilmente identificado não será submetido à identificação criminal, salvo nas hipóteses previstas em lei;

- Lei nº 12.037, de 1º-10-2009, regulamenta este inciso.
- Art. 6º, VIII, do CPP.
- Súm. nº 568 do STF.

LIX – será admitida ação privada nos crimes de ação pública, se esta não for intentada no prazo legal;

- Art. 100, § 3º, do CP.
- Art. 29 do CPP.

LX – a lei só poderá restringir a publicidade dos atos processuais quando a defesa da intimidade ou o interesse social o exigirem;

- Art. 93, IX, desta Constituição.
- Arts. 155, caput, I e II, e 444 do CPC.
- Art. 20 do CPP.
- Art. 770 da CLT.
- Lei nº 9.800, de 26-5-1999, dispõe sobre sistemas de transmissão de dados para a prática de atos processuais.
- Art. 8º, nº 5, do Pacto de São José da Costa Rica.

- Súm. nº 708 do STF.
- Súm. nº 427 do TST.

LXI – ninguém será preso senão em flagrante delito ou por ordem escrita e fundamentada de autoridade judiciária competente, salvo nos casos de transgressão militar ou crime propriamente militar, definidos em lei;

- Art. 93, IX, desta Constituição.
- Art. 302 do CPP.
- Dec.-lei nº 1.001, de 21-10-1969 (Código Penal Militar).
- Art. 244 do CPPM.
- Lei nº 6.880, de 9-12-1980 (Estatuto dos Militares).
- Art. 7º, nº 2, do Pacto de São José da Costa Rica.
- Súmulas nºs 9 e 280 do STJ.

LXII – a prisão de qualquer pessoa e o local onde se encontre serão comunicados imediatamente ao juiz competente e à família do preso ou à pessoa por ele indicada;

- Art. 136, § 3º, IV, desta Constituição.

LXIII – o preso será informado de seus direitos, entre os quais o de permanecer calado, sendo-lhe assegurada a assistência da família e de advogado;

- Art. 289-A, § 4º, do CPP.
- Art. 8º, nº 2, g, do Pacto de São José da Costa Rica.

LXIV – o preso tem direito à identificação dos responsáveis por sua prisão ou por seu interrogatório policial;

- Art. 306, § 2º, do CPP.

LXV – a prisão ilegal será imediatamente relaxada pela autoridade judiciária;

- Art. 310, I, do CPP.
- Art. 224 do CPPM.
- Art. 7º, nº 6, do Pacto de São José da Costa Rica.
- Súm. nº 697 do STF.

LXVI – ninguém será levado à prisão ou nela mantido, quando a lei admitir a liberdade provisória, com ou sem fiança;

- Art. 310, III, do CPP.
- Arts. 270 e 271 do CPPM.

LXVII – não haverá prisão civil por dívida, salvo a do responsável pelo inadimplemento voluntário e inescusável de obrigação alimentícia e a do depositário infiel;

- Art. 652 do CC.
- Art. 733, § 1º, do CPC.
- Arts. 466 a 480 do CPPM.
- Arts. 19 e 22 da Lei nº 5.478, de 25-7-1968 (Lei da Ação de Alimentos).
- Lei nº 8.866, de 11-4-1994 (Lei do Depositário Infiel).
- Dec.-lei nº 911, de 1-10-1969 (Lei das Alienações Fiduciárias).
- Art. 7º, 7, do Pacto de São José da Costa Rica.
- Súm. Vinc. nº 25 do STF.
- Súmulas nºs 280, 309 e 419 do STJ.
- Orientações Jurisprudenciais da SBDI-II nºs 89 e 143 do TST.

LXVIII – conceder-se-á habeas corpus sempre que alguém sofrer ou se achar ameaçado de sofrer violência ou coação em sua liberdade de locomoção, por ilegalidade ou abuso de poder;

- Art. 142, § 2º, desta Constituição.
- Arts. 647 a 667 do CPP.

Constituição Federal – Art. 5º   15

▶ Arts. 466 a 480 do CPPM.
▶ Art. 5º da Lei nº 9.289, de 4-7-1996 (Regimento de Custas da Justiça Federal).
▶ Súmulas nºˢ 693 a 695 do STF.
▶ OJ da SBDI-II nº 156 do TST.

LXIX – conceder-se-á mandado de segurança para proteger direito líquido e certo, não amparado por *habeas corpus* ou *habeas data*, quando o responsável pela ilegalidade ou abuso de poder for autoridade pública ou agente de pessoa jurídica no exercício de atribuições do Poder Público;

▶ Lei nº 9.507, de 12-11-1997 (Lei do *Habeas Data*).
▶ Lei nº 12.016, de 7-8-2009 (Lei do Mandado de Segurança Individual e Coletivo).
▶ Súmulas nºˢ 266, 268, 271, 510, 512, 625 e 632 do STF.
▶ Súmulas nºˢ 33, 414, 415, 416, 417 e 418 do TST.

LXX – o mandado de segurança coletivo pode ser impetrado por:

▶ Súm. nº 630 do STF.

a) partido político com representação no Congresso Nacional;
b) organização sindical, entidade de classe ou associação legalmente constituída e em funcionamento há pelo menos um ano, em defesa dos interesses de seus membros ou associados;

▶ Art. 5º da Lei nº 7.347, de 24-7-1985 (Lei da Ação Civil Pública).
▶ Súmulas nºˢ 629 e 630 do STF.

LXXI – conceder-se-á mandado de injunção sempre que a falta de norma regulamentadora torne inviável o exercício dos direitos e liberdades constitucionais e das prerrogativas inerentes à nacionalidade, à soberania e à cidadania;

▶ Lei nº 9.265, de 12-2-1996, estabelece a gratuidade dos atos necessários ao exercício da cidadania.

LXXII – conceder-se-á *habeas data*:

▶ Art. 5º da Lei nº 9.289, de 4-7-1996 (Regimento de Custas da Justiça Federal).
▶ Lei nº 9.507, de 12-11-1997 (Lei do *Habeas Data*).
▶ Súm. nº 368 do STJ.

a) para assegurar o conhecimento de informações relativas à pessoa do impetrante, constantes de registros ou bancos de dados de entidades governamentais ou de caráter público;

▶ Súm. nº 2 do STJ.

b) para a retificação de dados, quando não se prefira fazê-lo por processo sigiloso, judicial ou administrativo;

▶ Súm. nº 368 do STJ.

LXXIII – qualquer cidadão é parte legítima para propor ação popular que vise a anular ato lesivo ao patrimônio público ou de entidade de que o Estado participe, à moralidade administrativa, ao meio ambiente e ao patrimônio histórico e cultural, ficando o autor, salvo comprovada má-fé, isento de custas judiciais e do ônus da sucumbência;

▶ Lei nº 4.717, de 29-6-1965 (Lei da Ação Popular).
▶ Lei nº 6.938, de 31-8-1981 (Lei da Política Nacional do Meio Ambiente).
▶ Súm. nº 365 do STF.

LXXIV – o Estado prestará assistência jurídica integral e gratuita aos que comprovarem insuficiência de recursos;

▶ Art. 134 desta Constituição.
▶ LC nº 80, de 12-1-1994 (Lei da Defensoria Pública).
▶ Lei nº 1.060, de 5-2-1950 (Lei de Assistência Judiciária).
▶ Art. 8º, nº 2, e, do Pacto de São José da Costa Rica.
▶ Súm. nº 102 do STJ.

LXXV – o Estado indenizará o condenado por erro judiciário, assim como o que ficar preso além do tempo fixado na sentença;

▶ Art. 10 do Pacto de São José da Costa Rica.

LXXVI – são gratuitos para os reconhecidamente pobres, na forma da lei:

▶ Art. 30 da Lei nº 6.015, de 31-12-1973 (Lei dos Registros Públicos).
▶ Art. 45 da Lei nº 8.935, de 18-11-1994 (Lei dos Serviços Notariais e de Registro).
▶ Lei nº 9.265, de 12-2-1996, estabelece a gratuidade dos atos necessários ao exercício da cidadania.
▶ Dec. nº 6.190, de 20-8-2007, regulamenta o disposto no art. 1º do Decreto-Lei nº 1.876, de 15-7-1981, para dispor sobre a isenção do pagamento de foros, taxas de ocupação e laudêmios, referentes a imóveis de propriedade da União, para as pessoas consideradas carentes ou de baixa renda.

a) o registro civil de nascimento;

▶ Art. 46 da Lei nº 6.015, de 31-12-1973 (Lei dos Registros Públicos).

b) a certidão de óbito;

▶ Arts. 77 a 88 da Lei nº 6.015, de 31-12-1973 (Lei dos Registros Públicos).

LXXVII – são gratuitas as ações de *habeas corpus* e *habeas data* e, na forma da lei, os atos necessários ao exercício da cidadania;

▶ Lei nº 9.265, de 12-2-1996, estabelece a gratuidade dos atos necessários ao exercício da cidadania.
▶ Lei nº 9.507, de 12-11-1997 (Lei do *Habeas Data*).

LXXVIII – a todos, no âmbito judicial e administrativo, são assegurados a razoável duração do processo e os meios que garantam a celeridade de sua tramitação.

▶ Inciso LXXVIII acrescido pela EC nº 45, de 8-12-2004.
▶ Art. 75, parágrafo único, da Lei nº 11.101, de 9-2-2005 (Lei de Recuperação de Empresas e Falências).
▶ Art. 7º, nº 5º, do Pacto de São José da Costa Rica.

§ 1º As normas definidoras dos direitos e garantias fundamentais têm aplicação imediata.

§ 2º Os direitos e garantias expressos nesta Constituição não excluem outros decorrentes do regime e dos princípios por ela adotados, ou dos tratados internacionais em que a República Federativa do Brasil seja parte.

▶ Súm. Vinc. nº 25 do STF.

§ 3º Os tratados e convenções internacionais sobre direitos humanos que forem aprovados, em cada Casa do Congresso Nacional, em dois turnos, por três quintos dos votos dos respectivos membros, serão equivalentes às emendas constitucionais.

▶ Dec. nº 6.949, de 25-8-2009, promulga a Convenção Internacional sobre os Direitos das Pessoas com Deficiência.

§ 4º O Brasil se submete à jurisdição de Tribunal Penal Internacional a cuja criação tenha manifestado adesão.
▶ §§ 3º e 4º acrescidos pela EC nº 45, de 8-12-2004.
▶ Dec. nº 4.388, de 25-9-2002, promulga o Estatuto de Roma do Tribunal Penal Internacional.

CAPÍTULO II
DOS DIREITOS SOCIAIS

Art. 6º São direitos sociais a educação, a saúde, a alimentação, o trabalho, a moradia, o lazer, a segurança, a previdência social, a proteção à maternidade e à infância, a assistência aos desamparados, na forma desta Constituição.
▶ Artigo com a redação dada pela EC nº 64, de 4-2-2010.
▶ Arts. 208, 212, § 4º, e 227 desta Constituição.
▶ Lei nº 10.689, de 13-6-2003, cria o Programa Nacional de Acesso à Alimentação – PNAA.
▶ Lei nº 10.836, de 9-1-2004, cria o programa "Bolsa-Família", que tem por finalidade a unificação dos procedimentos da gestão e execução das ações de transferência de renda do Governo Federal, incluindo o "Bolsa-Alimentação".
▶ Art. 6º da Lei nº 12.288, de 20-7-2010 (Estatuto da Igualdade Racial).
▶ MP nº 2.206-1, de 6-9-2001, que até o encerramento desta edição não havia sido convertida em Lei, cria o Programa Nacional de Renda Mínima vinculado à saúde: "Bolsa-Alimentação", regulamentada pelo Dec. nº 3.934, de 30-9-2001.
▶ Dec. nº 58.820, de 14-7-1966, promulgou a Convenção nº 103 da OIT, sobre Proteção à maternidade.
▶ Dec. nº 66.467, de 27-4-1970, promulgou a Convenção nº 118, sobre Igualdade de tratamento dos nacionais e não nacionais em matéria de previdência social.
▶ Dec. nº 66.496, de 27-4-1970, promulgou a Convenção nº 117 da OIT, sobre os objetivos e as normas básicas da política social.
▶ Dec. nº 3.964, de 10-10-2001, dispõe sobre o Fundo Nacional de Saúde.
▶ Decreto Legislativo nº 269, 18-9-2008, aprova a Convenção nº 102 da OIT sobre normas mínimas da seguridade social.

Art. 7º São direitos dos trabalhadores urbanos e rurais, além de outros que visem à melhoria de sua condição social:
▶ Lei nº 9.799, de 26-5-1999, insere na CLT regras de acesso da mulher ao mercado de trabalho.
▶ Arts. 38 e 39 da Lei nº 12.288, de 20-7-2010 (Estatuto da Igualdade Racial).
▶ Declaração sobre Princípios e Direitos Fundamentais no Trabalho e seu seguimento, aprovada pela Conferência Internacional do Trabalho da OIT, em 1998.

I – relação de emprego protegida contra despedida arbitrária ou sem justa causa, nos termos de lei complementar, que preverá indenização compensatória, dentre outros direitos;
▶ Art. 10 do ADCT.

II – seguro-desemprego, em caso de desemprego involuntário;
▶ Art. 201, IV, desta Constituição.
▶ Art. 12 da CLT.
▶ Leis nºs 7.998, de 11-1-1990; 8.019, de 11-4-1990; 8.178, de 1º-3-1991; e 8.900, de 30-6-1994, dispõem sobre seguro-desemprego.
▶ Lei nº 10.779, de 25-11-2003, dispõe sobre a concessão do benefício de seguro-desemprego, durante o período de defeso, ao pescador profissional que exerce a atividade pesqueira de forma artesanal.
▶ Dec. nº 2.682, de 21-7-1998, promulga a Convenção nº 168 da OIT sobre promoção do emprego e à proteção contra o desemprego.
▶ Súm. nº 389 do TST.

III – Fundo de Garantia do Tempo de Serviço;
▶ Arts. 7º, 477, 478 e 492 da CLT.
▶ LC nº 110, de 29-6-2001, institui contribuições sociais, autoriza créditos de complementos de atualização monetária em contas vinculadas do FGTS, regulamentada pelos Decretos nº 3.913, de 11-9-2001, e 3.914, de 11-9-2001.
▶ Lei nº 8.036, de 11-5-1990, Dec. nº 99.684, de 8-11-1990 (Regulamento), e Lei nº 8.844, de 20-1-1994, dispõem sobre o FGTS.
▶ Súm. nº 353 do STJ.
▶ Súmulas nºs 63, 98, 206, 305, 362, 363 e 426 do TST.
▶ Orientações Jurisprudenciais da SBDI-I nºs 42, 125, 195, 232, 302, 341, 344, 362, 370 e 394 do TST.

IV – salário mínimo, fixado em lei, nacionalmente unificado, capaz de atender a suas necessidades vitais básicas e às de sua família com moradia, alimentação, educação, saúde, lazer, vestuário, higiene, transporte e previdência social, com reajustes periódicos que lhe preservem o poder aquisitivo, sendo vedada sua vinculação para qualquer fim;
▶ Art. 39, § 3º, desta Constituição.
▶ Lei nº 6.205, de 29-4-1975, estabelece a descaracterização do salário mínimo como fator de correção monetária.
▶ Dec. nº 41.721, de 25-6-1957 promulga as Convenções da OIT nº 26 sobre Instituição de métodos de fixação de salários mínimos e nº 99 sobre Métodos de fixação do salário mínimo na agricultura.
▶ Dec. nº 89.686, de 22-5-1984, promulga a Convenção nº 131 da OIT sobre Fixação de salários mínimos, com referências especial aos países em desenvolvimento.
▶ Súmulas Vinculantes nºs 4, 6, 15 e 16 do STF.
▶ Súm. nº 201 do STJ.
▶ Súm. nº 356 do TST.
▶ Orientações Jurisprudenciais da SBDI-I nº 272, 358 e 393 do TST.
▶ Orientações Jurisprudenciais da SBDI-II nºs 2 e 71 do TST.
▶ Ao julgar a ADIN nº 4.568, o Plenário do STF declarou a constitucionalidade da Lei nº 12.382, de 25-2-2011, que estipula os parâmetros para fixação do salário mínimo, cabendo ao Presidente da República aplicar os índices definidos para reajuste e aumento e divulgá-los por meio de decreto.

V – piso salarial proporcional à extensão e à complexidade do trabalho;
▶ LC nº 103, de 14-7-2000, autoriza os Estados e o Distrito Federal a instituir o piso salarial a que se refere este inciso.
▶ OJ da SBDI-I nº 358 do TST.

VI – irredutibilidade do salário, salvo o disposto em convenção ou acordo coletivo;
▶ Súm. nº 391 do TST.
▶ Orientações Jurisprudenciais da SBDI-I nºs 358 e 396 do TST.

Constituição Federal – Art. 7º

VII – garantia de salário, nunca inferior ao mínimo, para os que percebem remuneração variável;
- Art. 39, § 3º, desta Constituição.
- Lei nº 8.716, de 11-10-1993, dispõe sobre a garantia do salário mínimo.
- Lei nº 9.032, de 28-4-1995, dispõe sobre o valor do salário mínimo.

VIII – décimo terceiro salário com base na remuneração integral ou no valor da aposentadoria;
- Arts. 39, § 3º, e 142, § 3º, VIII, desta Constituição.
- Leis nºs 4.090, de 13-7-1962; 4.749, de 12-8-1965; Decretos nºs 57.155, de 3-11-1965; e 63.912, de 26-12-1968, dispõem sobre o 13º salário.
- OJ da SBDI-I nº 358 do TST.
- Súm. nº 349 do STJ.

IX – remuneração do trabalho noturno superior à do diurno;
- Art. 39, § 3º, desta Constituição.
- Art. 73, §§ 1º a 5º, da CLT.
- Dec. nº 5.005, de 8-3-2004, promulga a Convenção nº 171 da OIT, sobre trabalho noturno.
- Súmulas nºs 60, 140, 265 e 354 do TST.
- Orientações Jurisprudenciais da SBDI-I nºs 97, 265 e 388 do TST.

X – proteção do salário na forma da lei, constituindo crime sua retenção dolosa;
- Dec. nº 41.721, de 25-6-1957, promulga a Convenção nº 95 da OIT, sobre proteção do salário.

XI – participação nos lucros, ou resultados, desvinculada da remuneração, e, excepcionalmente, participação na gestão da empresa, conforme definido em lei;
- Arts. 543 e 621 da CLT.
- Lei nº 10.101, de 19-12-2000 (Lei da Participação nos Lucros e Resultados).
- OJ da SBDI-I nº 390 do TST.
- OJ da SBDI-I Transitória nº 73 do TST.

XII – salário-família pago em razão do dependente do trabalhador de baixa renda nos termos da lei;
- Inciso XII com a redação dada pela EC nº 20, de 15-12-1998.
- Arts. 39, § 3º, e 142, § 3º, VIII, desta Constituição.
- Art. 12 da CLT.
- Leis nºs 4.266, de 3-10-1963; 5.559, de 11-12-1968; e Dec. nº 53.153, de 10-12-1963, dispõem sobre salário-família.
- Arts. 18, 26, 28, 65 a 70 da Lei nº 8.213, de 24-7-1991 (Lei dos Planos de Benefícios da Previdência Social).
- Arts. 5º, 25, 30 a 32, 42, 81 a 92, 173, 217, § 6º, 218, 225 e 255 do Dec. nº 3.048, de 6-5-1999 (Regulamento da Previdência Social).
- OJ da SBDI-I nº 358 do TST.

XIII – duração do trabalho normal não superior a oito horas diárias e quarenta e quatro semanais, facultada a compensação de horários e a redução da jornada, mediante acordo ou convenção coletiva de trabalho;
- Art. 39, § 3º, desta Constituição.
- Arts. 57 a 75 e 224 a 350 da CLT.
- Súmulas nºs 85 e 445 do TST.
- OJ da SBDI-I nº 323 do TST.

XIV – jornada de seis horas para o trabalho realizado em turnos ininterruptos de revezamento, salvo negociação coletiva;
- Art. 58 da CLT.
- Súm. nº 675 do STF.
- Súmulas nºs 360 e 423 do TST.
- Orientações Jurisprudenciais da SBDI-I nºs 360 e 395 do TST.

XV – repouso semanal remunerado, preferencialmente aos domingos;
- Art. 39, §§ 2º e 3º, desta Constituição.
- Art. 67 da CLT.
- Lei nº 605, de 5-1-1949 (Lei do Repouso Semanal Remunerado).
- Dec. nº 27.048, de 12-8-1949, regulamenta a Lei nº 605, de 5-1-1949 (Lei do Repouso Semanal Remunerado).
- Dec. nº 58.823, de 14-7-1966, promulga a Convenção nº 106 da OIT, sobre repouso semanal no comércio e nos escritórios.
- Súm. nº 27 do TST.
- Orientações Jurisprudenciais da SBDI-I nºs 394 e 410 do TST.

XVI – remuneração do serviço extraordinário superior, no mínimo, em cinquenta por cento à do normal;
- Art. 39, §§ 2º e 3º, desta Constituição.
- Art. 59 da CLT.

XVII – gozo de férias anuais remuneradas com, pelo menos, um terço a mais do que o salário normal;
- Art. 39, §§ 2º e 3º, desta Constituição.
- Arts. 7º e 129 a 153 da CLT.
- Dec. nº 3.168, de 14-9-1999, promulga a Convenção nº 146 da OIT sobre férias remuneradas anuais da gente do mar.
- Dec. nº 3.197, de 5-10-1999, promulgou a Convenção nº 132 da OIT sobre férias anuais remuneradas.
- Súm. nº 386 do STJ.
- Súmulas nºs 171 e 328 do TST.

XVIII – licença à gestante, sem prejuízo do emprego e do salário, com a duração de cento e vinte dias;
- O STF, por unanimidade de votos, julgou parcialmente procedente a ADIN nº 1.946-5, para dar, ao art. 14 da EC nº 20, de 15-12-1998, interpretação conforme a CF, excluindo-se sua aplicação ao salário da licença gestante, a que se refere este inciso (DJU de 16-5-2003 e DOU de 3-6-2003).
- Art. 39, §§ 2º e 3º, desta Constituição.
- Art. 10, II, b, do ADCT.
- Arts. 391 e 392 da CLT.
- Arts. 71 a 73 da Lei nº 8.213, de 24-7-1991 (Lei dos Planos de Benefícios da Previdência Social).
- Lei nº 10.421, de 15-4-2002, estende à mãe adotiva o direito à licença-maternidade e ao salário-maternidade.
- Lei nº 11.770, de 9-9-2008 (Lei do Programa Empresa Cidadã), regulamentada pelo Dec. nº 7.052, de 23-12-2009.
- Dec. nº 58.820, de 14-7-1966, promulgou a Convenção nº 103 da OIT, sobre proteção à maternidade.
- Dec. nº 4.377, de 13-9-2002, promulga a Convenção Sobre a Eliminação de Todas as Formas de Discriminação Contra a Mulher, de 1979.
- Súm. nº 244 do TST.
- OJ da SBDI-I nº 44 do TST.

XIX – licença-paternidade, nos termos fixados em lei;
- Art. 39, §§ 2º e 3º, desta Constituição.
- Art. 10, § 1º, do ADCT.

XX – proteção do mercado de trabalho da mulher, mediante incentivos específicos, nos termos da lei;
- Art. 39, §§ 2º e 3º, desta Constituição.
- Arts. 372 a 401 da CLT.
- Dec. nº 41.721, de 25-6-1957, promulga a Convenção nº 100 da OIT sobre igualdade de remuneração para a mão de obra masculina e a mão de obra feminina por um trabalho de igual valor.
- Dec. nº 4.377, de 13-9-2002, promulga a Convenção sobre a Eliminação de Todas as Formas de Discriminação contra a Mulher, de 1979.

XXI – aviso prévio proporcional ao tempo de serviço, sendo no mínimo de trinta dias, nos termos da lei;
- Arts. 7º e 487 a 491 da CLT.
- Lei nº 12.506, de 11-10-2011 (Lei do Aviso Prévio).
- Súm. nº 441 do TST.

XXII – redução dos riscos inerentes ao trabalho, por meio de normas de saúde, higiene e segurança;
- Art. 39, §§ 2º e 3º, desta Constituição.
- Arts. 154 a 159 e 192 da CLT.
- Dec. nº 62.151, de 19-1-1968, promulga a Convenção nº 115 da OIT sobre proteção contra as radiações ionizantes.
- Dec. nº 66.498, de 27-4-1970, promulga a Convenção nº 120 da OIT relativa à higiene no comércio e escritórios.
- Dec. nº 67.339, de 5-10-1970, promulga a Convenção nº 127 da OIT sobre peso máximo das cargas.
- Dec. nº 93.413, de 15-10-1986, promulga a Convenção nº 148 da OIT sobre proteção dos trabalhadores contra os riscos profissionais devidos à poluição do ar, ao ruído e às vibrações nos locais de trabalho.
- Dec. nº 99.534, de 19-9-1990, promulga a Convenção nº 152 da OIT sobre segurança e higiene (trabalho portuário).
- Dec. nº 127, de 22-5-1991, promulga a Convenção nº 161 da OIT sobre serviços de saúde do trabalho.
- Dec. nº 126, de 22-5-1991, promulga a Convenção nº 162 da OIT sobre utilização do asbesto com segurança.
- Dec. nº 157, de 2-7-1991, promulga a Convenção nº 139 da OIT sobre prevenção e controle de riscos profissionais causados pelas substâncias ou agentes cancerígenos.
- Dec. nº 1.237, de 29-9-1994, promulga a Convenção nº 133 da OIT sobre alojamento a bordo de navios (disposições complementares).
- Dec. nº 1.253, de 27-9-1994, promulga a Convenção nº 136 da OIT sobre proteção contra os riscos de intoxicação provocados pelo benzeno.
- Dec. nº 1.254, de 29-9-1994, promulga a Convenção nº 155 da OIT sobre segurança e saúde dos trabalhadores e o meio ambiente de trabalho.
- Dec. nº 2.420, de 16-12-1997, promulga a Convenção nº 126 da OIT sobre alojamento a bordo dos navios de pesca.
- Dec. nº 2.657, de 3-7-1998, promulga a Convenção nº 170 da OIT sobre segurança na utilização de produtos químicos no trabalho.
- Dec. nº 2.669, de 15-7-1998, promulga a Convenção nº 163 da OIT sobre bem-estar dos trabalhadores marítimos no mar e no porto.
- Dec. nº 2.671, de 15-7-1998, promulga a Convenção nº 164 da OIT sobre proteção à saúde e assistência médica aos trabalhadores marítimos.
- Dec. nº 3.251, de 17-11-1999, promulga a Convenção nº 134 da OIT sobre acidentes do trabalho dos marítimos.
- Dec. nº 4.085, de 15-1-2002, promulga a Convenção nº 174 da OIT sobre prevenção de acidentes industriais maiores.
- Dec. nº 6.270, de 22-11-2007, promulga a Convenção nº 176 da OIT sobre a segurança e saúde nas minas.
- Dec. nº 6.271, de 22-11-2007, promulga a Convenção nº 167 da OIT sobre segurança e saúde na construção.
- Súm. nº 736 do STF.

XXIII – adicional de remuneração para as atividades penosas, insalubres ou perigosas, na forma da lei;
- Art. 39, § 2º, desta Constituição.
- Arts. 189 a 197 da CLT.
- Súm. Vinc. nº 4 do STF.
- Orientações Jurisprudenciais nºs 385 e 406 do TST.

XXIV – aposentadoria;
- Art. 154 da CLT.
- Arts. 42 a 58 da Lei nº 8.213, de 24-7-1991 (Lei dos Planos de Benefícios da Previdência Social).
- Lei nº 9.477, de 24-7-1997, instituiu o Fundo de Aposentadoria Programa Individual – FAPI e o Plano de Incentivo à Aposentadoria Programa Individual.
- Arts. 25, 29, 30, 43 a 70, 120, 135, 167, 168, 173, 180, 181-A, 181-B, 183, 184, 187, 188, 188-A, 189, parágrafo único, e 202 do Dec. nº 3.048, de 6-5-1999 (Regulamento da Previdência Social).

XXV – assistência gratuita aos filhos e dependentes desde o nascimento até 5 (cinco) anos de idade em creches e pré-escolas;
- Inciso XXV com a redação dada pela EC nº 53, de 19-12-2006.
- Art. 208, IV, desta Constituição.

XXVI – reconhecimento das convenções e acordos coletivos de trabalho;
- Arts. 611 a 625 da CLT.
- Dec. nº 1.256, de 29-9-1994, promulga a Convenção nº 154 da OIT sobre fomento à negociação coletiva.
- Súmulas nºs 277 e 374 do TST.
- Orientações Jurisprudenciais da SBDI-I Transitória nºs 61 e 73 do TST.

XXVII – proteção em face da automação, na forma da lei;
- Dec. nº 1.255, de 16-12-1991, promulga a Convenção nº 119 da OIT sobre proteção das máquinas.

XXVIII – seguro contra acidentes de trabalho, a cargo do empregador, sem excluir a indenização a que este está obrigado, quando incorrer em dolo ou culpa;
- Art. 114, VI, desta Constituição.
- Art. 154 da CLT.
- Lei nº 6.338, de 7-6-1976, inclui as ações de indenização por acidentes do trabalho entre as que têm curso nas férias forenses.
- Lei nº 8.212, de 24-7-1991 (Lei Orgânica da Seguridade Social).
- Lei nº 8.213, de 24-7-1991 (Lei dos Planos de Benefícios da Previdência Social).

► Lei nº 9.307, de 23-9-1996 (Lei da Arbitragem).
► Art. 40 da Lei nº 11.101, de 9-2-2005 (Lei de Recuperação de Empresas e Falências).
► Dec. nº 1.361, de 12-1-1937, promulga a Convenção nº 42 da OIT sobre indenização por enfermidade profissional.
► Dec. nº 41.721, de 25-6-1957, promulga a Convenção nº 19 da OIT sobre igualdade de tratamento dos trabalhadores estrangeiros e nacionais em matéria de indenização por acidentes no trabalho.
► Dec. nº 3.048, de 6-5-1999 (Regulamento da Previdência Social).
► Súm. Vinc. nº 22 do STF.
► Súm. nº 378 do TST.

XXIX – ação, quanto aos créditos resultantes das relações de trabalho, com prazo prescricional de cinco anos para os trabalhadores urbanos e rurais, até o limite de dois anos após a extinção do contrato de trabalho;

► Inciso XXIX com a redação dada pela EC nº 28, de 25-5-2000.
► Art. 11, I e II, da CLT.
► Art. 10 da Lei nº 5.889, de 8-6-1973 (Lei do Trabalho Rural).
► Súmulas nºs 206, 294, 308, 362 e 409 do TST.
► Orientações Jurisprudenciais da SBDI-I nºs 271, 359, 399 e 417 do TST.

a e b) Revogadas. EC nº 28, de 25-5-2000.

XXX – proibição de diferença de salários, de exercício de funções e de critério de admissão por motivo de sexo, idade, cor ou estado civil;

► Art. 39, § 3º, desta Constituição.
► Lei nº 9.029, de 13-4-1995, proíbe a exigência de atestados de gravidez e esterilização, e outras práticas discriminatórias, para efeitos admissionais ou de permanência da relação jurídica de trabalho.
► Dec. nº 41.721, de 25-6-1957 promulga a Convenção nº 100 da OIT sobre igualdade de remuneração para a mão de obra masculina e a mão de obra feminina por um trabalho de igual valor.
► Dec. nº 62.150, de 19-1-1968, promulga a Convenção nº 111 da OIT sobre discriminação em matéria de emprego e ocupação.
► Dec. nº 4.377, de 13-9-2002, promulga a Convenção sobre a Eliminação de Todas as Formas de Discriminação contra a Mulher, de 1979.
► Port. do MTE nº 1.246, de 28-5-2010, orienta as empresas e os trabalhadores em relação à testagem relacionada ao vírus da imunodeficiência adquirida – HIV.
► Súm. nº 683 do STF.
► Súmulas nºs 6 e 443 do TST.
► OJ da SBDI-I nº 383 do TST.
► Orientações Jurisprudenciais da SDC nºs 25 e 26 do TST.

XXXI – proibição de qualquer discriminação no tocante a salário e critérios de admissão do trabalhador portador de deficiência;

► Dec. nº 129, de 22-5-1991, promulga a Convenção nº 159 da OIT sobre reabilitação profissional e emprego de pessoas deficientes.

► Dec. nº 3.298, de 20-12-1999, dispõe sobre a Política Nacional para Integração da Pessoa Portadora de Deficiência e consolida as normas de proteção.

XXXII – proibição de distinção entre trabalho manual, técnico e intelectual ou entre os profissionais respectivos;

► Súm. nº 84 do TST.

XXXIII – proibição de trabalho noturno, perigoso ou insalubre a menores de dezoito e de qualquer trabalho a menores de dezesseis anos, salvo na condição de aprendiz, a partir de quatorze anos;

► Inciso XXXIII com a redação dada pela EC nº 20, de 15-12-1998.
► Art. 227 desta Constituição.
► Arts. 192, 402 a 410 e 792 da CLT.
► Arts. 60 a 69 do ECA.
► Arts. 27, V, e 78, XVIII, da Lei nº 8.666, de 21-6-1993 (Lei de Licitações e Contratos Administrativos).
► Art. 13 da Lei nº 11.685, de 2-6-2008 (Estatuto do Garimpeiro).
► Dec. nº 3.597, de 12-9-2000, promulga a Convenção nº 182 da OIT sobre proibição das piores formas de trabalho infantil e ação imediata para sua eliminação.
► Dec. nº 4.134, de 15-2-2002, promulga a Convenção nº 138 e a Recomendação nº 146 da OIT sobre Idade Mínima de Admissão ao Emprego.

XXXIV – igualdade de direitos entre o trabalhador com vínculo empregatício permanente e o trabalhador avulso.

Parágrafo único. São assegurados à categoria dos trabalhadores domésticos os direitos previstos nos incisos IV, VI, VII, VIII, X, XIII, XV, XVI, XVII, XVIII, XIX, XXI, XXII, XXIV, XXVI, XXX, XXXI e XXXIII e, atendidas as condições estabelecidas em lei e observada a simplificação do cumprimento das obrigações tributárias, principais e acessórias, decorrentes da relação de trabalho e suas peculiaridades, os previstos nos incisos I, II, III, IX, XII, XXV e XXVIII, bem como a sua integração à previdência social.

► Parágrafo único com a redação dada pela EC nº 72, de 3-4-2013.
► Art. 7º da CLT.
► Leis nºs 5.859, de 11-12-1972, e 7.195, de 12-6-1984; Decretos nºs 71.885, de 9-3-1973, e 1.197, de 14-7-1994, dispõem sobre empregado doméstico.

Art. 8º É livre a associação profissional ou sindical, observado o seguinte:

► Arts. 511 a 515, 524, 537, 543, 553, 558 e 570 da CLT.

I – a lei não poderá exigir autorização do Estado para a fundação de sindicato, ressalvado o registro no órgão competente, vedadas ao Poder Público a interferência e a intervenção na organização sindical;

► Dec. nº 1.703, de 17-11-1995, promulga a Convenção nº 141 da OIT sobre organizações de trabalhadores rurais e sua função no desenvolvimento econômico e social.
► Port. do MTE nº 186, de 10-4-2008, trata de procedimentos administrativos de registro sindical.
► Súm. nº 677 do STF.
► OJ da SDC nº 15 do TST.

II – é vedada a criação de mais de uma organização sindical, em qualquer grau, representativa de categoria profissional ou econômica, na mesma base territorial, que será definida pelos trabalhadores ou empregadores interessados, não podendo ser inferior à área de um município;

▶ Súm. nº 677 do STF.

III – ao sindicato cabe a defesa dos direitos e interesses coletivos ou individuais da categoria, inclusive em questões judiciais ou administrativas;

▶ Orientações Jurisprudenciais da SBDI-I nºs 359 e 365 do TST.
▶ OJ da SDC nº 22 do TST.

IV – a assembleia-geral fixará a contribuição que, em se tratando de categoria profissional, será descontada em folha, para custeio do sistema confederativo da representação sindical respectiva, independentemente da contribuição prevista em lei;

▶ Súm. nº 666 do STF.
▶ Súm. nº 396 do STJ.
▶ OJ da SDC nº 17 do TST.
▶ Precedente Normativo da SDC nº 119 do TST.
▶ Ao julgar a ADIN nº 4.033, o Plenário do STF julgou constitucional a isenção de contribuição sindical patronal das microempresas e empresas de pequeno porte, optantes do regime SIMPLES NACIONAL, constante do art. 13, § 3º, da LC nº 123, 14-12-2006.
▶ No julgamento da ADIN nº 2.522, o Plenário do STF julgou constitucional o art. 47 da Lei nº 8.906, de 4-7-1994, (Estatuto da OAB) a isentar o recolhimento da contribuição sindical obrigatória aos advogados inscritos na Ordem dos Advogados do Brasil.
▶ Súm. nº 396 do STJ.

V – ninguém será obrigado a filiar-se ou manter-se filiado a sindicato;

▶ Art. 199 do CP.
▶ Dec. nº 33.196, de 29-6-1953, promulga a Convenção nº 98 da OIT sobre direito de sindicalização e de negociação coletiva.
▶ OJ da SDC nº 20 do TST.

VI – é obrigatória a participação dos sindicatos nas negociações coletivas de trabalho;

▶ O STF, ao julgar as Ações Diretas de Inconstitucionalidade nºs 1.861 e 1.361, declararam a inconstitucionalidade de regra constante da MP nº 1.698-46, de 30-6-1998 e art. 2º da MP nº 1.136, de 26-9-1995, que previam a possibilidade de negociação coletiva para instituição de participação nos lucros, por meio de comissão de trabalhadores integrada por um representante indicado pelo sindicato, em alternativa ao acordo coletivo ou convenção coletiva de trabalho.

VII – o aposentado filiado tem direito a votar e ser votado nas organizações sindicais;

VIII – é vedada a dispensa do empregado sindicalizado, a partir do registro da candidatura a cargo de direção ou representação sindical e, se eleito, ainda que suplente, até um ano após o final do mandato, salvo se cometer falta grave nos termos da lei.

▶ Art. 543 da CLT.
▶ Dec. nº 131, de 22-5-2001, promulga a Convenção nº 135 da OIT sobre proteção de representantes de trabalhadores.
▶ Súm. nº 197 do STF.

▶ Súmulas nºs 369 e 379 do TST.
▶ Orientações Jurisprudenciais da SBDI-I nºs 365 e 369 do TST.

Parágrafo único. As disposições deste artigo aplicam-se à organização de sindicatos rurais e de colônias de pescadores, atendidas as condições que a lei estabelecer.

▶ Lei nº 11.699, de 13-6-2008, dispõe sobre as Colônias, Federações e Confederação Nacional dos Pescadores, regulamentando este parágrafo.

Art. 9º É assegurado o direito de greve, competindo aos trabalhadores decidir sobre a oportunidade de exercê-lo e sobre os interesses que devam por meio dele defender.

▶ Arts. 37, VII, 114, II, e 142, § 3º, IV, desta Constituição.
▶ Lei nº 7.783, de 28-6-1989 (Lei de Greve).

§ 1º A lei definirá os serviços ou atividades essenciais e disporá sobre o atendimento das necessidades inadiáveis da comunidade.

§ 2º Os abusos cometidos sujeitam os responsáveis às penas da lei.

▶ Súm. nº 316 do STF.
▶ OJ da SDC nº 10 do TST.

Art. 10. É assegurada a participação dos trabalhadores e empregadores nos colegiados dos órgãos públicos em que seus interesses profissionais ou previdenciários sejam objeto de discussão e deliberação.

Art. 11. Nas empresas de mais de duzentos empregados, é assegurada a eleição de um representante destes com a finalidade exclusiva de promover-lhes o entendimento direto com os empregadores.

▶ Art. 543 da CLT.
▶ Precedente Normativo da SDC nº 86 do TST.

CAPÍTULO III

DA NACIONALIDADE

▶ Art. 5º, LXXI, desta Constituição.
▶ Dec. nº 4.246, de 22-5-2002, promulga a Convenção sobre o Estatuto dos Apátridas.

Art. 12. São brasileiros:

I – natos:
a) os nascidos na República Federativa do Brasil, ainda que de pais estrangeiros, desde que estes não estejam a serviço de seu país;
b) os nascidos no estrangeiro, de pai brasileiro ou mãe brasileira, desde que qualquer deles esteja a serviço da República Federativa do Brasil;
c) os nascidos no estrangeiro de pai brasileiro ou de mãe brasileira, desde que sejam registrados em repartição brasileira competente ou venham a residir na República Federativa do Brasil e optem, em qualquer tempo, depois de atingida a maioridade, pela nacionalidade brasileira;

▶ Alínea c com a redação dada pela EC nº 54, de 20-9-2007.
▶ Art. 95 do ADCT.

II – naturalizados:

▶ Lei nº 818, de 18-9-1949 (Lei da Nacionalidade Brasileira).
▶ Arts. 111 a 121 da Lei nº 6.815, de 19-8-1980 (Estatuto do Estrangeiro).

▶ Arts. 119 a 134 do Dec. nº 86.715, de 10-12-1981, que regulamenta a Lei nº 6.815, de 19-8-1980 (Estatuto do Estrangeiro).

▶ Dec. nº 3.453, de 9-5-2000, delega competência ao Ministro de Estado da Justiça para declarar a perda e a reaquisição da nacionalidade Brasileira.

a) os que, na forma da lei, adquiram a nacionalidade brasileira, exigidas aos originários de países de língua portuguesa apenas residência por um ano ininterrupto e idoneidade moral;
b) os estrangeiros de qualquer nacionalidade, residentes na República Federativa do Brasil há mais de quinze anos ininterruptos e sem condenação penal, desde que requeiram a nacionalidade brasileira.

▶ Alínea b com a redação dada pela ECR nº 3, de 7-6-1994.

§ 1º Aos portugueses com residência permanente no País, se houver reciprocidade em favor de brasileiros, serão atribuídos os direitos inerentes ao brasileiro, salvo os casos previstos nesta Constituição.

▶ § 1º com a redação dada pela ECR nº 3, de 7-6-1994.

§ 2º A lei não poderá estabelecer distinção entre brasileiros natos e naturalizados, salvo nos casos previstos nesta Constituição.

§ 3º São privativos de brasileiro nato os cargos:

I – de Presidente e Vice-Presidente da República;
II – de Presidente da Câmara dos Deputados;
III – de Presidente do Senado Federal;
IV – de Ministro do Supremo Tribunal Federal;
V – da carreira diplomática;
VI – de oficial das Forças Armadas;

▶ LC nº 97, de 9-6-1999, dispõe sobre as normas gerais para organização, o preparo e o emprego das Forças Armadas.

VII – de Ministro de Estado da Defesa.

▶ Inciso VII acrescido pela EC nº 23, de 2-9-1999.
▶ LC nº 97, de 9-6-1999, dispõe sobre a criação do Ministério de Defesa.

§ 4º Será declarada a perda da nacionalidade do brasileiro que:

I – tiver cancelada sua naturalização, por sentença judicial, em virtude de atividade nociva ao interesse nacional;
II – adquirir outra nacionalidade, salvo nos casos:
a) de reconhecimento de nacionalidade originária pela lei estrangeira;
b) de imposição de naturalização, pela norma estrangeira, ao brasileiro residente em Estado estrangeiro, como condição para permanência em seu território ou para o exercício de direitos civis.

▶ Inciso II, alíneas a e b, com a redação dada pela ECR nº 3, de 7-6-1994.
▶ Lei nº 818, de 18-9-1949 (Lei da Nacionalidade Brasileira).
▶ Dec. nº 3.453, de 9-5-2000, delega competência ao Ministro de Estado da Justiça para declarar a perda e a reaquisição da nacionalidade brasileira.

Art. 13. A língua portuguesa é o idioma oficial da República Federativa do Brasil.

▶ Dec. nº 5.002, de 3-3-2004, promulga a Declaração Constitutiva e os Estatutos da Comunidade dos Países de Língua Portuguesa.

§ 1º São símbolos da República Federativa do Brasil a bandeira, o hino, as armas e o selo nacionais.

▶ Lei nº 5.700, de 1º-9-1971, dispõe sobre a forma e a apresentação dos Símbolos Nacionais.
▶ Dec. nº 98.068, de 18-8-1989, dispõe sobre o hasteamento da bandeira nacional nas repartições públicas federais e nos estabelecimentos de ensino.

§ 2º Os Estados, o Distrito Federal e os Municípios poderão ter símbolos próprios.

Capítulo IV
DOS DIREITOS POLÍTICOS

▶ Art. 5º, LXXI, desta Constituição.

Art. 14. A soberania popular será exercida pelo sufrágio universal e pelo voto direto e secreto, com valor igual para todos, e, nos termos da lei, mediante:

▶ Lei nº 4.737, de 15-7-1965 (Código Eleitoral).
▶ Lei nº 9.709, de 18-11-1998, regulamenta a execução do disposto nos incisos I, II e III do artigo supratranscrito.

I – plebiscito;

▶ Arts. 18, §§ 3º e 4º, e 49, XV, desta Constituição.
▶ Art. 2º do ADCT.

II – referendo;

▶ Arts. 1º, II, 2º, § 2º, 3º, 6º, 8º e 10 a 12 da Lei nº 9.709, de 18-11-1998, que regulamenta a execução do disposto nos incisos I, II e III deste artigo.

III – iniciativa popular.

▶ Art. 61, § 2º, desta Constituição.
▶ Arts. 1º, III, 13 e 14 da Lei nº 9.709, de 18-11-1998, que regulamenta a execução do disposto nos incisos I, II e III deste artigo.

§ 1º O alistamento eleitoral e o voto são:

▶ Arts. 42 a 81 e 133 a 157 do CE.

I – obrigatórios para os maiores de dezoito anos;

▶ Lei nº 9.274, de 7-5-1996, dispõe sobre anistia relativamente às eleições de 3 de outubro e de 15 de novembro dos anos de 1992 e 1994.

II – facultativos para:
a) os analfabetos;
b) os maiores de setenta anos;
c) os maiores de dezesseis e menores de dezoito anos.

§ 2º Não podem alistar-se como eleitores os estrangeiros e, durante o período do serviço militar obrigatório, os conscritos.

§ 3º São condições de elegibilidade, na forma da lei:

I – a nacionalidade brasileira;
II – o pleno exercício dos direitos políticos;

▶ Art. 47, I, do CP.

III – o alistamento eleitoral;
IV – o domicílio eleitoral na circunscrição;
V – a filiação partidária;

▶ Lei nº 9.096, de 19-9-1995 (Lei dos Partidos Políticos).

▶ Res. do TSE nº 23.282, de 22-6-2010, disciplina a criação, organização, fusão, incorporação e extinção de partidos políticos.

VI – a idade mínima de:

a) trinta e cinco anos para Presidente e Vice-Presidente da República e Senador;
b) trinta anos para Governador e Vice-Governador de Estado e do Distrito Federal;
c) vinte e um anos para Deputado Federal, Deputado Estadual ou Distrital, Prefeito, Vice-Prefeito e juiz de paz;

▶ Dec.-lei nº 201, de 27-2-1967 (Lei de Responsabilidade dos Prefeitos e Vereadores).

d) dezoito anos para Vereador.

▶ Dec.-lei nº 201, de 27-2-1967 (Lei de Responsabilidade dos Prefeitos e Vereadores).

§ 4º São inelegíveis os inalistáveis e os analfabetos.

§ 5º O Presidente da República, os Governadores de Estado e do Distrito Federal, os Prefeitos e quem os houver sucedido ou substituído no curso dos mandatos poderão ser reeleitos para um único período subsequente.

▶ § 5º com a redação dada pela EC nº 16, de 4-6-1997.
▶ Súm. nº 8 do TSE.

§ 6º Para concorrerem a outros cargos, o Presidente da República, os Governadores de Estado e do Distrito Federal e os Prefeitos devem renunciar aos respectivos mandatos até seis meses antes do pleito.

§ 7º São inelegíveis, no território de jurisdição do titular, o cônjuge e os parentes consanguíneos ou afins, até o segundo grau ou por adoção, do Presidente da República, de Governador de Estado ou Território, do Distrito Federal, de Prefeito ou de quem os haja substituído dentro dos seis meses anteriores ao pleito, salvo se já titular de mandato eletivo e candidato à reeleição.

▶ Súm. Vinc. nº 18 do STF.
▶ Súmulas nºˢ 6 e 12 do TSE.

§ 8º O militar alistável é elegível, atendidas as seguintes condições:

I – se contar menos de dez anos de serviço, deverá afastar-se da atividade;
II – se contar mais de dez anos de serviço, será agregado pela autoridade superior e, se eleito, passará automaticamente, no ato da diplomação, para a inatividade.

▶ Art. 42, § 1º, desta Constituição.

§ 9º Lei complementar estabelecerá outros casos de inelegibilidade e os prazos de sua cessação, a fim de proteger a probidade administrativa, a moralidade para o exercício do mandato, considerada a vida pregressa do candidato, e a normalidade e legitimidade das eleições contra a influência do poder econômico ou o abuso do exercício de função, cargo ou emprego na administração direta ou indireta.

▶ § 9º com a redação dada pela ECR nº 4, de 7-6-1994.
▶ Art. 37, § 4º, desta Constituição.
▶ LC nº 64, de 18-5-1990 (Lei dos Casos de Inelegibilidade).
▶ Súm. nº 13 do TSE.

§ 10. O mandato eletivo poderá ser impugnado ante a Justiça Eleitoral no prazo de quinze dias contados da diplomação, instruída a ação com provas de abuso do poder econômico, corrupção ou fraude.

▶ O STF, ao julgar as Ações Diretas de Inconstitucionalidade nºˢ 3.999 e 4.086, confirmou a constitucionalidade da Res. do TSE nº 22.610, de 25-10-2007, que disciplina o processo de perda do mandato eletivo por infidelidade partidária.

§ 11. A ação de impugnação de mandato tramitará em segredo de justiça, respondendo o autor, na forma da lei, se temerária ou de manifesta má-fé.

Art. 15. É vedada a cassação de direitos políticos, cuja perda ou suspensão só se dará nos casos de:

▶ Lei nº 9.096, de 19-9-1995 (Lei dos Partidos Políticos).

I – cancelamento da naturalização por sentença transitada em julgado;
II – incapacidade civil absoluta;
III – condenação criminal transitada em julgado, enquanto durarem seus efeitos;

▶ Art. 92, I e parágrafo único, do CP.
▶ Súm. nº 9 do TSE.

IV – recusa de cumprir obrigação a todos imposta ou prestação alternativa, nos termos do artigo 5º, VIII;

▶ Art. 143 desta Constituição.
▶ Lei nº 8.239, de 4-10-1991, dispõe sobre a prestação de serviço alternativo ao Serviço Militar Obrigatório.

V – improbidade administrativa, nos termos do artigo 37, § 4º.

Art. 16. A lei que alterar o processo eleitoral entrará em vigor na data de sua publicação, não se aplicando à eleição que ocorra até um ano da data de sua vigência.

▶ Artigo com a redação dada pela EC nº 4, de 14-9-1993.
▶ Lei nº 9.504, de 30-9-1997 (Lei das Eleições).

CAPÍTULO V

DOS PARTIDOS POLÍTICOS

Art. 17. É livre a criação, fusão, incorporação e extinção de partidos políticos, resguardados a soberania nacional, o regime democrático, o pluripartidarismo, os direitos fundamentais da pessoa humana e observados os seguintes preceitos:

▶ Lei nº 9.096, de 19-9-1995 (Lei dos Partidos Políticos).
▶ Lei nº 9.504, de 30-9-1997 (Lei das Eleições).
▶ Res. do TSE nº 23.282, de 22-6-2010, disciplina a criação, organização, fusão, incorporação e extinção de partidos políticos.

I – caráter nacional;
II – proibição de recebimento de recursos financeiros de entidade ou governo estrangeiros ou de subordinação a estes;
III – prestação de contas à Justiça Eleitoral;

▶ Lei nº 9.096, de 19-9-1995 (Lei dos Partidos Políticos).

IV – funcionamento parlamentar de acordo com a lei.

§ 1º É assegurada aos partidos políticos autonomia para definir sua estrutura interna, organização e funcionamento e para adotar os critérios de escolha e o regime de suas coligações eleitorais, sem obrigatoriedade de vinculação entre as candidaturas em âmbito nacional, estadual, distrital ou municipal, devendo seus estatutos estabelecer normas de disciplina e fidelidade partidária.

▶ § 1º com a redação dada pela EC nº 52, de 8-3-2006.

▶ O STF, por maioria de votos, julgou procedente a ADIN nº 3.685-8, para fixar que este parágrafo, com a redação dada pela EC nº 52, de 8-3-2006, não se aplica às eleições de 2006, remanescendo aplicável a tal eleição a redação original (*DOU* de 31-3-2006 e *DJU* de 10-8-2006).

§ 2º Os partidos políticos, após adquirirem personalidade jurídica, na forma da lei civil, registrarão seus estatutos no Tribunal Superior Eleitoral.

§ 3º Os partidos políticos têm direito a recursos do fundo partidário e acesso gratuito ao rádio e à televisão, na forma da lei.

▶ Art. 241 do CE.

§ 4º É vedada a utilização pelos partidos políticos de organização paramilitar.

TÍTULO III – DA ORGANIZAÇÃO DO ESTADO

Capítulo I
DA ORGANIZAÇÃO POLÍTICO-ADMINISTRATIVA

Art. 18. A organização político-administrativa da República Federativa do Brasil compreende a União, os Estados, o Distrito Federal e os Municípios, todos autônomos, nos termos desta Constituição.

§ 1º Brasília é a Capital Federal.

§ 2º Os Territórios Federais integram a União, e sua criação, transformação em Estado ou reintegração ao Estado de origem serão reguladas em lei complementar.

§ 3º Os Estados podem incorporar-se entre si, subdividir-se ou desmembrar-se para se anexarem a outros, ou formarem novos Estados ou Territórios Federais, mediante aprovação da população diretamente interessada, através de plebiscito, e do Congresso Nacional, por lei complementar.

▶ Arts. 3º e 4º da Lei nº 9.709, de 18-11-1998, que dispõe sobre a convocação do plebiscito e o referendo nas questões de relevância nacional, de competência do Poder Legislativo ou do Poder Executivo.

§ 4º A criação, a incorporação, a fusão e o desmembramento de Municípios, far-se-ão por lei estadual, dentro do período determinado por lei complementar federal, e dependerão de consulta prévia, mediante plebiscito, às populações dos Municípios envolvidos, após divulgação dos Estudos de Viabilidade Municipal, apresentados e publicados na forma da lei.

▶ § 4º com a redação dada pela EC nº 15, de 12-9-1996.
▶ Art. 5º da Lei nº 9.709, de 18-11-1998, que dispõe sobre o plebiscito destinado à criação, à incorporação, à fusão e ao desmembramento de Municípios.
▶ Lei nº 10.521, de 18-7-2002, assegura a instalação de Municípios criados por lei estadual.

Art. 19. É vedado à União, aos Estados, ao Distrito Federal e aos Municípios:

I – estabelecer cultos religiosos ou igrejas, subvencioná-los, embaraçar-lhes o funcionamento ou manter com eles ou seus representantes relações de dependência ou aliança, ressalvada, na forma da lei, a colaboração de interesse público;

II – recusar fé aos documentos públicos;

III – criar distinções entre brasileiros ou preferências entre si.

▶ Art. 325 da CLT.

Capítulo II
DA UNIÃO

Art. 20. São bens da União:

▶ Art. 176, §§ 1º a 4º, desta Constituição.
▶ Art. 99 do CC.
▶ Dec.-lei nº 9.760, de 5-9-1946 (Lei dos Bens Imóveis da União).

I – os que atualmente lhe pertencem e os que lhe vierem a ser atribuídos;

▶ Súm. nº 650 do STF.

II – as terras devolutas indispensáveis à defesa das fronteiras, das fortificações e construções militares, das vias federais de comunicação e à preservação ambiental, definidas em lei;

▶ Lei nº 4.504, de 30-11-1964 (Estatuto da Terra).
▶ Lei nº 6.383, de 7-12-1976 (Lei das Ações Discriminatórias).
▶ Lei nº 6.431, de 11-7-1977, autoriza a doação de porções de terras devolutas a Municípios incluídos na região da Amazônia Legal, para os fins que especifica.
▶ Lei nº 6.634, de 2-5-1979, dispõe sobre a faixa de fronteira.
▶ Lei nº 6.938, de 31-8-1981 (Lei da Política Nacional do Meio Ambiente).
▶ Dec.-lei nº 227, de 28-2-1967 (Código de Mineração).
▶ Dec.-lei nº 1.135, de 3-12-1970, dispõe sobre a organização, a competência e o funcionamento do Conselho de Segurança Nacional.
▶ Dec.-lei nº 1.414, de 18-8-1975, dispõe sobre o processo de ratificação das concessões e alterações de terras devolutas na faixa de fronteiras.
▶ Súm. nº 477 do STF.

III – os lagos, rios e quaisquer correntes de água em terrenos de seu domínio, ou que banhem mais de um Estado, sirvam de limites com outros países, ou se estendam a território estrangeiro ou dele provenham, bem como os terrenos marginais e as praias fluviais;

▶ Dec. nº 1.265, de 11-10-1994, aprova a Política Marítima Nacional – PMN.

IV – as ilhas fluviais e lacustres nas zonas limítrofes com outros países; as praias marítimas; as ilhas oceânicas e as costeiras, excluídas, destas, as que contenham a sede de Municípios, exceto aquelas áreas afetadas ao serviço público e a unidade ambiental federal, e as referidas no art. 26, II;

▶ Inciso IV com a redação dada pela EC nº 46, de 5-5-2005.
▶ Dec. nº 1.265, de 11-10-1994, aprova a Política Marítima Nacional – PMN.

V – os recursos naturais da plataforma continental e da zona econômica exclusiva;

▶ Lei nº 8.617, de 4-1-1993, dispõe sobre o mar territorial, a zona contígua, a zona econômica exclusiva e a plataforma continental brasileiros.
▶ Dec. nº 1.265, de 11-10-1994, aprova a Política Marítima Nacional – PMN.

VI – o mar territorial;
▶ Lei nº 8.617, de 4-1-1993, dispõe sobre o mar territorial, a zona contígua, a zona econômica exclusiva e a plataforma continental brasileira.
▶ Dec. nº 1.265, de 11-10-1994, aprova a Política Marítima Nacional – PMN.

VII – os terrenos de marinha e seus acrescidos;
▶ Súm nº 496 do STJ.

VIII – os potenciais de energia hidráulica;
IX – os recursos minerais, inclusive os do subsolo;
X – as cavidades naturais subterrâneas e os sítios arqueológicos e pré-históricos;
XI – as terras tradicionalmente ocupadas pelos índios.
▶ Súm. nº 650 do STF.

§ 1º É assegurada, nos termos da lei, aos Estados, ao Distrito Federal e aos Municípios, bem como a órgãos da administração direta da União, participação no resultado da exploração de petróleo ou gás natural, de recursos hídricos para fins de geração de energia elétrica e de outros recursos minerais no respectivo território, plataforma continental, mar territorial ou zona econômica exclusiva, ou compensação financeira por essa exploração.
▶ Art. 177 desta Constituição.
▶ Lei nº 7.990, de 28-12-1989, institui, para os Estados, Distrito Federal e Municípios, compensação financeira pelo resultado da exploração de petróleo ou gás natural, de recursos hídricos para fins de geração de energia elétrica, de recursos minerais em seus respectivos territórios, plataforma continental, mar territorial ou zona econômica exclusiva.
▶ Lei nº 8.001, de 13-3-1990, define os percentuais da distribuição da compensação financeira instituída pela Lei nº 7.990, de 28-12-1989.
▶ Lei nº 9.427, de 26-12-1996, institui a Agência Nacional de Energia Elétrica (ANEEL), e disciplina o regime de concessões de serviços públicos de energia elétrica.
▶ Lei nº 9.478, de 6-8-1997, dispõe sobre a Política Energética Nacional, as atividades relativas ao monopólio do petróleo, institui o Conselho Nacional de Política Energética e a Agência Nacional do Petróleo – ANP.
▶ Lei nº 9.984, de 17-7-2000, dispõe sobre a Agência Nacional de Águas – ANA.
▶ Lei nº 12.858, de 9-9-2013, dispõe sobre a destinação para as áreas de educação e saúde de parcela da participação no resultado ou da compensação financeira pela exploração de petróleo e gás natural, com a finalidade de cumprimento da meta prevista no inciso VI do caput do art. 214 e no art. 196 desta Constituição.
▶ Dec. nº 1, de 11-1-1991, regulamenta o pagamento da compensação financeira instituída pela Lei nº 7.990, de 28-12-1989.

§ 2º A faixa de até cento e cinquenta quilômetros de largura, ao longo das fronteiras terrestres, designada como faixa de fronteira, é considerada fundamental para defesa do território nacional, e sua ocupação e utilização serão reguladas em lei.
▶ Lei nº 6.634, de 2-5-1979, dispõe sobre a faixa de fronteira.
▶ Art. 10, § 3º, da Lei nº 11.284, de 2-3-2006 (Lei de Gestão de Florestas Públicas).
▶ Dec.-lei nº 1.135, de 3-12-1970, dispõe sobre a organização, a competência e o funcionamento do Conselho de Segurança Nacional.

Art. 21. Compete à União:
I – manter relações com Estados estrangeiros e participar de organizações internacionais;
II – declarar a guerra e celebrar a paz;
III – assegurar a defesa nacional;
IV – permitir, nos casos previstos em lei complementar, que forças estrangeiras transitem pelo território nacional ou nele permaneçam temporariamente;
▶ LC nº 90, de 1º-10-1997, regulamenta este inciso e determina os casos em que forças estrangeiras possam transitar pelo território nacional ou nele permanecer temporariamente.
▶ Dec. nº 97.464, de 20-1-1989, estabelece procedimentos para a entrada no Brasil e o sobrevoo de seu território por aeronaves civis estrangeiras, que não estejam em serviço aéreo internacional regular.

V – decretar o estado de sítio, o estado de defesa e a intervenção federal;
VI – autorizar e fiscalizar a produção e o comércio de material bélico;
VII – emitir moeda;
VIII – administrar as reservas cambiais do País e fiscalizar as operações de natureza financeira, especialmente as de crédito, câmbio e capitalização, bem como as de seguros e de previdência privada;
▶ LC nº 108, de 29-5-2001, dispõe sobre a relação entre União, os Estados o Distrito Federal e os Municípios, suas autarquias, fundações, sociedades de economia mista e outras entidades públicas e suas respectivas entidades fechadas de previdência complementar.
▶ LC nº 109, de 29-5-2001 (Lei do Regime de Previdência Complementar).
▶ Lei nº 4.595, de 31-12-1964 (Lei do Sistema Financeiro Nacional).
▶ Lei nº 4.728, de 14-7-1965 (Lei do Mercado de Capitais).
▶ Dec. nº 73, de 21-11-1966, regulamentado pelo Dec. nº 60.459, de 13-3-1967, dispõe sobre o sistema nacional de seguros privados e regula as operações de seguros e resseguros.

IX – elaborar e executar planos nacionais e regionais de ordenação do território e de desenvolvimento econômico e social;
▶ Lei nº 9.491, de 9-9-1997, altera procedimentos relativos ao programa nacional de desestatização.

X – manter o serviço postal e o correio aéreo nacional;
▶ Lei nº 6.538, de 22-6-1978, dispõe sobre os serviços postais.

XI – explorar, diretamente ou mediante autorização, concessão ou permissão, os serviços de telecomunicações, nos termos da lei, que disporá sobre a organização dos serviços, a criação de um órgão regulador e outros aspectos institucionais;
▶ Inciso XI com a redação dada pela EC nº 8, de 15-8-1995.
▶ Art. 246 desta Constituição.
▶ Lei nº 8.987, de 13-2-1995 (Lei da Concessão e Permissão da Prestação de Serviços Públicos).
▶ Lei nº 9.295, de 19-7-1996, dispõe sobre serviços de telecomunicações, organizações e órgão regulador.
▶ Lei nº 9.472, de 16-7-1997, dispõe sobre a organização dos serviços de telecomunicações, a criação e funcionamento de um Órgão Regulador e outros aspectos institucionais.

Constituição Federal – Art. 21

▶ Lei nº 10.052, de 28-11-2000, institui o Fundo para o Desenvolvimento Tecnológico das Telecomunicações – FUNTTEL.
▶ Dec. nº 3.896, de 23-8-2001, dispõe sobre a regência dos serviços de telecomunicações.

XII – explorar, diretamente ou mediante autorização, concessão ou permissão:

▶ Lei nº 4.117, de 24-8-1962 (Código Brasileiro de Telecomunicações).
▶ Dec. nº 2.196, de 8-4-1997, aprova o Regulamento de Serviços Especiais.
▶ Dec. nº 2.197, de 8-4-1997, aprova o Regulamento de Serviços Limitados.
▶ Dec. nº 2.198, de 8-4-1997, aprova o Regulamento de Serviços Público-Restritos.

a) os serviços de radiodifusão sonora e de sons e imagens;

▶ Alínea a com a redação dada pela EC nº 8, de 15-8-1995.
▶ Art. 246 desta Constituição.
▶ Lei nº 9.472, de 16-7-1997, dispõe sobre a organização dos serviços de telecomunicações, a criação e funcionamento de um Órgão Regulador e outros aspectos institucionais.
▶ Lei nº 10.052, de 28-11-2000, institui o Fundo para o Desenvolvimento Tecnológico das Telecomunicações – FUNTTEL.

b) os serviços e instalações de energia elétrica e o aproveitamento energético dos cursos de água, em articulação com os Estados onde se situam os potenciais hidroenergéticos;

▶ Lei nº 9.427, de 26-12-1996, institui a Agência Nacional de Energia Elétrica – ANEEL e disciplina o regime de concessão de serviços públicos de energia elétrica.
▶ Lei nº 9.648, de 27-5-1998, regulamentada pelo Dec. nº 2.655, de 2-7-1998, autoriza o Poder Executivo a promover a reestruturação da Centrais Elétricas Brasileiras – ELETROBRÁS e de suas subsidiárias.
▶ Lei nº 12.111, de 9-12-2009, dispõe sobre os serviços de energia elétrica nos Sistemas Isolados.

c) a navegação aérea, aeroespacial e a infraestrutura aeroportuária;

▶ Lei nº 7.565, de 19-12-1986 (Código Brasileiro de Aeronáutica).
▶ Lei nº 9.994, de 24-7-2000, institui o Programa de Desenvolvimento Científico e Tecnológico do Setor Espacial.

d) os serviços de transporte ferroviário e aquaviário entre portos brasileiros e fronteiras nacionais, ou que transponham os limites de Estado ou Território;

▶ Lei nº 9.277, de 10-5-1996, autoriza a União a delegar aos Municípios, Estados da Federação e ao Distrito Federal a Administração e Exploração de Rodovias e Portos Federais.

e) os serviços de transporte rodoviário interestadual e internacional de passageiros;
f) os portos marítimos, fluviais e lacustres;

▶ Lei nº 10.233, de 5-6-2001, dispõe sobre a reestruturação dos transportes aquaviário e terrestre, cria o Conselho Nacional de Integração de Políticas de Transporte, a Agência Nacional de Transportes Terrestres, a Agência Nacional de Transportes Aquaviários e o Departamento Nacional de Infraestrutura de Transportes.

▶ Dec. nº 1.265, de 11-10-1994, aprova a Política Marítima Nacional – PMN.
▶ Dec. nº 1.574, de 31-7-1995, promulga a Convenção nº 137 da OIT sobre repercussões sociais dos novos métodos de manipulação de cargas nos portos.

XIII – organizar e manter o Poder Judiciário, o Ministério Público do Distrito Federal e dos Territórios e a Defensoria Pública dos Territórios;

▶ Inciso XIII com a redação dada pela EC nº 69, de 29-3-2012, em vigor na data de sua publicação, produzindo efeitos após 120 dias de sua publicação oficial (DOU de 30-3-2012).

XIV – organizar e manter a polícia civil, a polícia militar e o corpo de bombeiros militar do Distrito Federal, bem como prestar assistência financeira ao Distrito Federal para a execução de serviços públicos, por meio de fundo próprio;

▶ Inciso XIV com a redação dada pela EC nº 19, de 4-6-1998.
▶ Art. 25 da EC nº 19, de 4-6-1998 (Reforma Administrativa).
▶ Lei nº 10.633, de 27-12-2002, institui o Fundo Constitucional do Distrito Federal – FCDF, para atender o disposto neste inciso.
▶ Dec. nº 3.169, de 14-9-1999, institui Comissão de Estudo para criação do fundo de que trata este inciso.
▶ Súm. nº 647 do STF.

XV – organizar e manter os serviços oficiais de estatística, geografia, geologia e cartografia de âmbito nacional;

▶ Art. 71, § 3º, da Lei nº 11.355, de 19-10-2006, que dispõe sobre plano de carreiras e cargos do Instituto Brasileiro de Geografia e Estatística – IBGE.
▶ Dec. nº 243, de 28-2-1967, fixa as diretrizes e bases da Cartografia Brasileira.

XVI – exercer a classificação, para efeito indicativo, de diversões públicas e de programas de rádio e televisão;

▶ Art. 23 do ADCT.

XVII – conceder anistia;
XVIII – planejar e promover a defesa permanente contra as calamidades públicas, especialmente as secas e as inundações;
XIX – instituir sistema nacional de gerenciamento de recursos hídricos e definir critérios de outorga de direitos de seu uso;

▶ Lei nº 9.433, de 8-1-1997, institui a Política Nacional de Recursos Hídricos, cria o Sistema Nacional de Gerenciamento de Recursos Hídricos e regulamenta o inciso acima transcrito.

XX – instituir diretrizes para o desenvolvimento urbano, inclusive habitação, saneamento básico e transportes urbanos;

▶ Lei nº 5.318, de 26-9-1967, institui a Política Nacional de Saneamento e cria o Conselho Nacional de Saneamento.
▶ Lei nº 7.196, de 13-6-1984, institui o Plano Nacional de Moradia – PLAMO.
▶ Lei nº 10.188, de 12-2-2001, cria o Programa de Arrendamento Residencial e institui o arrendamento residencial com opção de compra.
▶ Lei nº 10.233, de 5-6-2001, dispõe sobre a reestruturação dos transportes aquaviário e terrestre, cria o Conselho Nacional de Integração de Políticas de Transporte, a Agência Nacional de Transportes Terrestres, a

Agência Nacional de Transportes Aquaviários e o Departamento Nacional de Infraestrutura de Transportes.
► Lei nº 11.445, de 5-1-2007, estabelece diretrizes nacionais para o saneamento básico, regulamentada pelo Dec. nº 7.217, de 21-6-2010.
► Lei nº 12.587, de 3-1-2012 (Lei da Política Nacional de Mobilidade Urbana).

XXI – estabelecer princípios e diretrizes para o sistema nacional de viação;

► Lei nº 10.233, de 5-6-2001, dispõe sobre a reestruturação dos transportes aquaviário e terrestre, cria o Conselho Nacional de Integração de Políticas de Transporte, a Agência Nacional de Transportes Terrestres, a Agência Nacional de Transportes Aquaviários e o Departamento Nacional de Infraestrutura de Transportes.

XXII – executar os serviços de polícia marítima, aeroportuária e de fronteiras;

► Inciso XXII com a redação dada pela EC nº 19, de 4-6-1998.

XXIII – explorar os serviços e instalações nucleares de qualquer natureza e exercer monopólio estatal sobre a pesquisa, a lavra, o enriquecimento e reprocessamento, a industrialização e o comércio de minérios nucleares e seus derivados, atendidos os seguintes princípios e condições:

► Lei nº 10.308, de 20-11-2001, estabelece normas para o destino final dos rejeitos radioativos produzidos em território nacional, incluídos a seleção de locais, a construção, o licenciamento, a operação, a fiscalização, os custos, a indenização e a responsabilidade civil.
► Dec.-lei nº 1.982, de 28-12-1982, dispõe sobre o exercício das atividades nucleares incluídas no monopólio da União e o controle do desenvolvimento de pesquisas no campo da energia nuclear.

a) toda atividade nuclear em Território Nacional somente será admitida para fins pacíficos e mediante aprovação do Congresso Nacional;

► Dec.-lei nº 1.809, de 7-10-1980, regulamentado pelo Dec. nº 2.210, de 22-4-1997, instituiu o Sistema de Proteção ao Programa Nuclear Brasileiro – SIPRON.

b) sob regime de permissão, são autorizadas a comercialização e a utilização de radioisótopos para a pesquisa e usos médicos, agrícolas e industriais;
c) sob regime de permissão, são autorizadas a produção, comercialização e utilização de radioisótopos de meia-vida igual ou inferior a duas horas;

► Alíneas b e c com a redação dada pela EC nº 49, de 8-2-2006.
► Lei nº 10.308, de 20-11-2001, dispõe sobre a seleção de locais, a construção, o licenciamento, a operação, a fiscalização, os custos, a indenização, a responsabilidade civil e as garantias referentes aos depósitos de rejeitos radioativos.

d) a responsabilidade civil por danos nucleares independe da existência de culpa;

► Alínea d acrescida pela EC nº 49, de 8-2-2006.
► Lei nº 6.453, de 17-10-1977, dispõe sobre a responsabilidade civil por danos nucleares e responsabilidade criminal por atos relacionados a atividades nucleares.
► Lei nº 9.425, de 24-12-1996, dispõe sobre a concessão de pensão especial às vítimas do acidente nuclear ocorrido em Goiânia, Goiás.

► Lei nº 10.308, de 20-11-2001, estabelece normas para o destino final dos rejeitos radioativos produzidos em território nacional, incluídos a seleção de locais, a construção, o licenciamento, a operação, a fiscalização, os custos, a indenização, a responsabilidade civil.

XXIV – organizar, manter e executar a inspeção do trabalho;

► Art. 174 desta Constituição.
► Dec. nº 41.721, de 25-6-1957, promulga a Convenção nº 81 da OIT sobre Inspeção do trabalho na indústria e no comércio.
► Dec. nº 58.816, de 14-7-1966, promulga a Convenção nº 21 da OIT sobre simplificação da inspeção dos emigrantes a bordo de navios.
► Dec. nº 6.766, de 10-2-2009, promulga a Convenção nº 178 da OIT sobre inspeção das condições de vida e de trabalho dos trabalhadores marítimos.

XXV – estabelecer as áreas e as condições para o exercício da atividade de garimpagem, em forma associativa.

► Lei nº 7.805, de 18-7-1989, regulamentada pelo Dec. nº 98.812, de 9-1-1990, disciplina o regime de permissão de lavra garimpeira.

Art. 22. Compete privativamente à União legislar sobre:

I – direito civil, comercial, penal, processual, eleitoral, agrário, marítimo, aeronáutico, espacial e do trabalho;

► Lei nº 556, de 25-6-1850 (Código Comercial).
► Lei nº 4.504, de 30-11-1964 (Estatuto da Terra).
► Lei nº 4.737, de 15-7-1965 (Código Eleitoral).
► Lei nº 4.947, de 6-4-1966, fixa normas de direito agrário, dispõe sobre o sistema de organização e funcionamento do Instituto Brasileiro de Reforma Agrária – IBRA.
► Lei nº 5.869, de 11-1-1973 (Código de Processo Civil).
► Lei nº 7.565, de 19-12-1986 (Código Brasileiro de Aeronáutica).
► Lei nº 10.406, de 10-1-2002 (Código Civil).
► Dec.-lei nº 2.848, de 7-12-1940 (Código Penal).
► Dec.-lei nº 3.689, de 3-10-1941 (Código de Processo Penal).
► Dec.-lei nº 5.452, de 1-5-1943 (Consolidação das Leis do Trabalho).
► Dec.-lei nº 1.001, de 21-10-1969 (Código Penal Militar).
► Dec.-lei nº 1.002, de 21-10-1969 (Código de Processo Penal Militar).
► Dec. nº 1.265, de 11-10-1994, aprova a Política Marítima Nacional – PMN.
► Súm. nº 722 do STF.

II – desapropriação;

► Arts. 184 e 185, I e II, desta Constituição.
► Arts. 1.228, § 3º, e 1.275, V, do CC.
► LC nº 76, de 6-7-1993 (Lei de Desapropriação de Imóvel Rural para fins de Reforma Agrária).
► Leis nº 4.132, de 10-9-1962, 8.257, de 26-11-1991, e 8.629, de 25-2-1993, dispõem sobre desapropriação por interesse social.
► Dec.-lei nº 3.365, de 21-6-1941 (Lei das Desapropriações).
► Dec.-lei nº 1.075, de 22-1-1970 (Lei da Imissão de Posse).

III – requisições civis e militares, em caso de iminente perigo e em tempo de guerra;
IV – águas, energia, informática, telecomunicações e radiodifusão;

▶ Lei nº 4.117, de 24-8-1962 (Código Brasileiro de Telecomunicações).
▶ Lei nº 9.295, de 19-7-1996, dispõe sobre os serviços de telecomunicações e sua organização e sobre o órgão regulador.
▶ Lei nº 9.472, de 16-7-1997, dispõe sobre a organização dos serviços de telecomunicações, a criação e funcionamento de um Órgão Regulador e outros aspectos institucionais.
▶ Lei nº 9.984, de 17-7-2000, dispõe sobre a criação da Agência Nacional de Águas – ANA.
▶ Dec. nº 2.196, de 8-4-1997, aprova o Regulamento de Serviços Especiais.
▶ Dec. nº 2.197, de 8-4-1997, aprova o Regulamento de Serviços Limitados.
▶ Dec. nº 2.198, de 8-4-1997, aprova o regulamento de Serviços Público-Restritos.

V – serviço postal;

▶ Lei nº 6.538, de 22-6-1978, dispõe sobre serviços postais.

VI – sistema monetário e de medidas, títulos e garantias dos metais;

▶ Leis nº 9.069, de 26-9-1995, e 10.192, de 14-2-2001, dispõem sobre o Plano Real.

VII – política de crédito, câmbio, seguros e transferência de valores;
VIII – comércio exterior e interestadual;
IX – diretrizes da política nacional de transportes;

▶ Decretos nºs 4.122, de 13-2-2002, e 4.130, de 13-2-2002, dispõem sobre o Conselho Nacional de Integração de Políticas de Transportes.

X – regime dos portos, navegação lacustre, fluvial, marítima, aérea e aeroespacial;

▶ Lei nº 9.277, de 10-5-1996, autoriza a União a delegar aos Municípios, Estados da Federação e ao Distrito Federal a Administração e Exploração de Rodovias e Portos Federais.
▶ Lei nº 9.994, de 24-7-2000, institui o Programa de Desenvolvimento Científico e Tecnológico do Setor Espacial.

XI – trânsito e transporte;

▶ Lei nº 9.503, de 23-9-1997 (Código de Trânsito Brasileiro).

XII – jazidas, minas, outros recursos minerais e metalurgia;

▶ Dec.-lei nº 227, de 28-2-1967 (Código de Mineração).

XIII – nacionalidade, cidadania e naturalização;

▶ Lei nº 6.815, de 19-8-1980 (Estatuto do Estrangeiro).
▶ Dec. nº 86.715, de 10-12-1981, cria o Conselho Nacional de Imigração.

XIV – populações indígenas;

▶ Art. 231 desta Constituição.
▶ Lei nº 6.001, de 19-12-1973 (Estatuto do Índio).

XV – emigração e imigração, entrada, extradição e expulsão de estrangeiros;

▶ Lei nº 6.815, de 19-8-1980 (Estatuto do Estrangeiro).
▶ Dec. nº 840, de 22-6-1993, dispõe sobre a organização e o funcionamento do Conselho Nacional de Imigração.

XVI – organização do sistema nacional de emprego e condições para o exercício de profissões;
XVII – organização judiciária, do Ministério Público do Distrito Federal e dos Territórios e da Defensoria Pública dos Territórios, bem como organização administrativa destes;

▶ Inciso XVII com a redação dada pela EC nº 69, de 29-3-2012, em vigor na data de sua publicação, produzindo efeitos após 120 dias de sua publicação oficial (DOU de 30-3-2012).
▶ LC nº 75, de 20-5-1993 (Lei Orgânica do Ministério Público da União).
▶ LC nº 80, de 12-1-1994 (Lei da Defensoria Pública).

XVIII – sistema estatístico, sistema cartográfico e de geologia nacionais;

▶ Art. 71, § 3º, da Lei nº 11.355, de 19-10-2006, que dispõe sobre plano de carreiras e cargos do Instituto Brasileiro de Geografia e Estatística – IBGE.

XIX – sistemas de poupança, captação e garantia da poupança popular;

▶ Leis nºs 8.177, de 1º-3-1991, 9.069, de 29-6-1995, e 10.192, de 14-2-2001, dispõem sobre regras para a remuneração das cadernetas de poupança.
▶ Dec.-lei nº 70, de 21-11-1966 (Lei de Execução de Cédula Hipotecária).

XX – sistemas de consórcios e sorteios;

▶ Lei nº 5.768, de 20-12-1971, regulamentada pelo Dec. nº 70.951, de 9-8-1972, dispõe sobre a distribuição gratuita de prêmios, mediante sorteio, vale-brinde ou concurso, a título de propaganda, e estabelece normas de proteção à poupança popular.
▶ Súm. Vinc. nº 2 do STF.

XXI – normas gerais de organização, efetivos, material bélico, garantias, convocação e mobilização das Polícias Militares e Corpos de Bombeiros Militares;
XXII – competência da Polícia Federal e das Polícias Rodoviária e Ferroviária Federais;

▶ Lei nº 9.654, de 2-6-1998, cria a carreira de Policial Rodoviário Federal.

XXIII – seguridade social;

▶ Lei nº 8.212, de 24-7-1991 (Lei Orgânica da Seguridade Social).

XXIV – diretrizes e bases da educação nacional;

▶ Lei nº 9.394, de 20-12-1996 (Lei das Diretrizes e Bases da Educação Nacional).

XXV – registros públicos;

▶ Lei nº 6.015, de 31-12-1973 (Lei dos Registros Públicos).

XXVI – atividades nucleares de qualquer natureza;

▶ Lei nº 10.308, de 20-11-2001, dispõe sobre a seleção de locais, a construção, o licenciamento, a operação, a fiscalização, os custos, a indenização, a responsabilidade civil e as garantias referentes aos depósitos de rejeitos radioativos.

XXVII – normas gerais de licitação e contratação, em todas as modalidades, para as administrações públicas diretas, autárquicas e fundacionais da União, Estados, Distrito Federal e Municípios, obedecido o disposto no artigo 37, XXI, e para as empresas públicas e sociedades de economia mista, nos termos do artigo 173, § 1º, III;

▶ Inciso XXVII com a redação dada pela EC nº 19, de 4-6-1998.
▶ Art. 37, XXI, desta Constituição.
▶ Lei nº 8.666, de 21-6-1993 (Lei de Licitações).
▶ Lei nº 10.520, de 17-7-2002 (Lei do Pregão), regulamentada pelo Dec. nº 3.555, de 8-8-2000.

XXVIII – defesa territorial, defesa aeroespacial, defesa marítima, defesa civil e mobilização nacional;

▶ Lei nº 12.340, de 1º-12-2010, dispõe sobre o Sistema Nacional de Defesa Civil – SINDEC, sobre as transferências de recursos para ações de socorro, assistência às vítimas, restabelecimento de serviços essenciais e reconstrução nas áreas atingidas por desastre, e sobre o Fundo Especial para Calamidades Públicas.
▶ Dec. nº 5.376, de 17-2-2005, dispõe sobre o Sistema Nacional de Defesa Civil – SINDEC e o Conselho Nacional de Defesa Civil.
▶ Dec. nº 7.294, de 6-9-2010, dispõe sobre a Política de Mobilização Nacional.

XXIX – propaganda comercial.

▶ Lei nº 8.078, de 11-9-1990 (Código de Defesa do Consumidor).

Parágrafo único. Lei complementar poderá autorizar os Estados a legislar sobre questões específicas das matérias relacionadas neste artigo.

▶ LC nº 103, de 14-7-2000, autoriza os Estados e o Distrito Federal a instituir o piso salarial a que se refere o inciso V do art. 7º desta Constituição.

Art. 23. É competência comum da União, dos Estados, do Distrito Federal e dos Municípios:

I – zelar pela guarda da Constituição, das leis e das instituições democráticas e conservar o patrimônio público;

II – cuidar da saúde e assistência pública, da proteção e garantia das pessoas portadoras de deficiência;

▶ Art. 203, V, desta Constituição.
▶ Lei nº 10.436, de 24-4-2002, dispõe sobre a Língua Brasileira de Sinais – LIBRAS.
▶ Lei nº 12.319, de 1º-9-2010, regulamenta a profissão de Tradutor e Intérprete da Língua Brasileira de Sinais – LIBRAS.
▶ Dec. nº 3.956, de 8-10-2001, promulga a Convenção Interamericana para eliminação de todas as Formas de Discriminação contra as Pessoas Portadoras de Deficiência.
▶ Dec. nº 3.964, de 10-10-2001, dispõe sobre o Fundo Nacional de Saúde.

III – proteger os documentos, as obras e outros bens de valor histórico, artístico e cultural, os monumentos, as paisagens naturais notáveis e os sítios arqueológicos;

▶ LC nº 140, de 8-12-2011, fixa normas, nos termos deste inciso, para a cooperação entre a União, os Estados, o Distrito Federal e os Municípios nas ações administrativas decorrentes do exercício da competência comum relativas à proteção das paisagens naturais notáveis, à proteção do meio ambiente, ao combate à poluição em qualquer de suas formas e à preservação das florestas, da fauna e da flora.

▶ Dec.-lei nº 25, de 30-11-1937, organiza a Proteção do Patrimônio Histórico e Artístico Nacional.

IV – impedir a evasão, a destruição e a descaracterização de obras de arte e de outros bens de valor histórico, artístico ou cultural;

V – proporcionar os meios de acesso à cultura, à educação e à ciência;

VI – proteger o meio ambiente e combater a poluição em qualquer de suas formas;

▶ LC nº 140, de 8-12-2011, fixa normas, nos termos deste inciso, para a cooperação entre a União, os Estados, o Distrito Federal e os Municípios nas ações administrativas decorrentes do exercício da competência comum relativas à proteção das paisagens naturais notáveis, à proteção do meio ambiente, ao combate à poluição em qualquer de suas formas e à preservação das florestas, da fauna e da flora.
▶ Lei nº 6.938, de 31-8-1981 (Lei da Política Nacional do Meio Ambiente).
▶ Lei nº 9.605, de 12-2-1998 (Lei dos Crimes Ambientais).
▶ Lei nº 9.966, de 28-4-2000, dispõe sobre a prevenção, o controle e a fiscalização da poluição causada por lançamento de óleo e outras substâncias nocivas ou perigosas em águas sob jurisdição nacional.
▶ Lei nº 11.284, de 2-3-2006 (Lei de Gestão de Florestas Públicas).
▶ Lei nº 12.305, de 2-8-2010 (Lei da Política Nacional de Resíduos Sólidos).
▶ Dec. nº 4.297, de 10-7-2002, regulamenta o inciso II do art. 9º da Lei nº 6.938, de 31-8-1981 (Lei da Política Nacional do Meio Ambiente), estabelecendo critério para o Zoneamento Ecológico-Econômico do Brasil – ZEE.
▶ Dec. nº 6.514, de 22-7-2008, dispõe sobre as infrações e sanções administrativas ao meio ambiente e estabelece o processo administrativo federal para apuração destas infrações.

VII – preservar as florestas, a fauna e a flora;

▶ LC nº 140, de 8-12-2011, fixa normas, nos termos deste inciso, para a cooperação entre a União, os Estados, o Distrito Federal e os Municípios nas ações administrativas decorrentes do exercício da competência comum relativas à proteção das paisagens naturais notáveis, à proteção do meio ambiente, ao combate à poluição em qualquer de suas formas e à preservação das florestas, da fauna e da flora.
▶ Lei nº 5.197, de 3-1-1967 (Lei de Proteção à Fauna).
▶ Lei nº 11.284, de 2-3-2006 (Lei de Gestão de Florestas Públicas).
▶ Lei nº 12.651, de 25-5-2012 (Novo Código Florestal).
▶ Dec.-lei nº 221, de 28-2-1967 (Lei de Proteção e Estímulos à Pesca).
▶ Dec. nº 3.420, de 20-4-2000, cria o Programa Nacional de Florestas.

VIII – fomentar a produção agropecuária e organizar o abastecimento alimentar;

▶ Lei nº 10.836, de 9-1-2004, cria o programa "Bolsa-Família", que tem por finalidade a unificação dos procedimentos da gestão e execução das ações de transferência de renda do Governo Federal, incluindo o "Bolsa-Alimentação".
▶ MP nº 2.206-1, de 6-9-2001, que até o encerramento desta edição não havia sido convertida em Lei, cria o programa Nacional de Renda Mínima vinculado a saúde: "bolsa-alimentação", regulamentada pelo Dec. nº 3.934, de 30-9-2001.

IX – promover programas de construção de moradias e a melhoria das condições habitacionais e de saneamento básico;

► Lei nº 10.188, de 12-2-2001, cria o Programa de Arrendamento Residencial e institui o arrendamento residencial com opção de compra.
► Lei nº 11.445, de 5-1-2007, estabelece diretrizes nacionais para o saneamento básico, regulamentada pelo Dec. nº 7.217, de 21-6-2010.

X – combater as causas da pobreza e os fatores de marginalização, promovendo a integração social dos setores desfavorecidos;

► EC nº 31, de 14-12-2000, altera o ADCT, introduzindo artigos que criam o Fundo de Combate e Erradicação da Pobreza.
► LC nº 111, de 6-7-2001, dispõe sobre o Fundo de Combate e Erradicação da Pobreza, na forma prevista nos arts. 19, 80 e 81 do ADCT.

XI – registrar, acompanhar e fiscalizar as concessões de direitos de pesquisa e exploração de recursos hídricos e minerais em seus territórios;

► Lei nº 9.433, de 8-1-1997, institui a Política Nacional de Recursos Hídricos, e cria o Sistema Nacional de Gerenciamento de Recursos Hídricos.

XII – estabelecer e implantar política de educação para a segurança do trânsito.

Parágrafo único. Leis complementares fixarão normas para a cooperação entre a União e os Estados, o Distrito Federal e os Municípios, tendo em vista o equilíbrio do desenvolvimento e do bem-estar em âmbito nacional.

► Parágrafo único com a redação dada pela EC nº 53, de 19-12-2006.
► LC nº 140, de 8-12-2011, fixa normas, nos termos deste parágrafo único, para a cooperação entre a União, os Estados, o Distrito Federal e os Municípios nas ações administrativas decorrentes do exercício das competências comuns relativas à proteção das paisagens naturais notáveis, à proteção do meio ambiente, ao combate à poluição em qualquer de suas formas e à preservação das florestas, da fauna e da flora.

Art. 24. Compete à União, aos Estados e ao Distrito Federal legislar concorrentemente sobre:

I – direito tributário, financeiro, penitenciário, econômico e urbanístico;

► Lei nº 4.320, de 17-3-1964, estatui normas gerais de direito financeiro para elaboração e controle dos orçamentos e balanços da União, dos Estados, dos Municípios e do Distrito Federal.
► Lei nº 5.172, de 25-10-1966 (Código Tributário Nacional).
► Lei nº 7.210, de 11-7-1984 (Lei de Execução Penal).

II – orçamento;
III – juntas comerciais;

► Lei nº 8.934, de 18-11-1994 (Lei do Registro Público de Empresas Mercantis), regulamentado pelo Dec. nº 1.800, de 30-1-1996.

IV – custas dos serviços forenses;

► Lei nº 9.289, de 4-7-1996 (Regimento de Custas da Justiça Federal).
► Súm. nº 178 do STJ.

V – produção e consumo;

VI – florestas, caça, pesca, fauna, conservação da natureza, defesa do solo e dos recursos naturais, proteção do meio ambiente e controle da poluição;

► Lei nº 5.197, de 3-1-1967 (Lei de Proteção à Fauna).
► Lei nº 9.605, de 12-2-1998 (Lei dos Crimes Ambientais).
► Lei nº 9.795, de 27-4-1999, dispõe sobre a educação ambiental e institui a Política Nacional de Educação Ambiental.
► Lei nº 9.966, de 24-4-2000, dispõe sobre a prevenção, o controle e a fiscalização da poluição causada por lançamentos de óleo e outras substâncias nocivas ou perigosas em águas sob jurisdição nacional.
► Lei nº 12.651, de 25-5-2012 (Novo Código Florestal).
► Dec.-lei nº 221, de 28-2-1967 (Lei de Proteção e Estímulos à Pesca).
► Dec. nº 3.420, de 20-4-2000, cria o Programa Nacional de Florestas.
► Dec. nº 6.514, de 22-7-2008, dispõe sobre as infrações e sanções administrativas ao meio ambiente e estabelece o processo administrativo federal para apuração destas infrações.

VII – proteção ao patrimônio histórico, cultural, artístico, turístico e paisagístico;

► Lei nº 5.197, de 3-1-1967 (Lei de Proteção à Fauna).
► Dec.-lei nº 221, de 28-2-1967 (Lei de Proteção e Estímulos à Pesca).

VIII – responsabilidade por dano ao meio ambiente, ao consumidor, a bens e direitos de valor artístico, estético, histórico, turístico e paisagístico;

► Arts. 6º, VII, b, e 37, II, da LC nº 75, de 20-5-1993 (Lei Orgânica do Ministério Público da União).
► Lei nº 7.347, de 24-7-1985 (Lei da Ação Civil Pública).
► Art. 25, VI, a, da Lei nº 8.625, de 12-2-1993 (Lei Orgânica Nacional do Ministério Público).
► Lei nº 9.605, de 12-2-1998 (Lei de Crimes Ambientais).
► Dec. nº 1.306, de 9-11-1994, regulamenta o Fundo de Defesa de Direitos Difusos, e seu conselho gestor.
► Dec nº 2.181, de 20-3-1997, dispõe sobre a organização do Sistema Nacional de Defesa do Consumidor – SNDC, e estabelece as normas gerais de aplicação das sanções administrativas previstas no CDC.
► Dec. nº 6.514, de 22-7-2008, dispõe sobre as infrações e sanções administrativas ao meio ambiente, estabelece o processo administrativo federal para apuração destas infrações.

IX – educação, cultura, ensino e desporto;

► Lei nº 9.394, de 20-12-1996 (Lei das Diretrizes e Bases da Educação Nacional).
► Lei nº 9.615, de 24-3-1998, que institui normas gerais sobre desporto, regulamentado pelo Dec. nº 7.984, de 8-4-2013.

X – criação, funcionamento e processo do juizado de pequenas causas;

► Art. 98, I, desta Constituição.
► Lei nº 9.099, de 26-9-1995 (Lei dos Juizados Especiais).
► Lei nº 10.259, de 12-7-2001 (Lei dos Juizados Especiais Federais).

XI – procedimentos em matéria processual;

► Art. 98, I, desta Constituição.
► Lei nº 9.099, de 26-9-1995 (Lei dos Juizados Especiais).
► Lei nº 10.259, de 12-7-2001 (Lei dos Juizados Especiais Federais).

XII – previdência social, proteção e defesa da saúde;

▶ Lei nº 8.080, de 19-9-1990, dispõe sobre as condições para a promoção, proteção e recuperação da saúde e a organização e o funcionamento dos serviços correspondentes.
▶ Lei nº 8.213, de 24-7-1991 (Lei dos Planos de Benefícios da Previdência Social).
▶ Lei nº 9.273, de 3-5-1996, torna obrigatória a inclusão de dispositivo de segurança que impeça a reutilização das seringas descartáveis.
▶ Dec. nº 3.048, de 6-5-1999 (Regulamento da Previdência Social).

XIII – assistência jurídica e defensoria pública;

▶ LC nº 80, de 12-1-1994 (Lei da Defensoria Pública).
▶ Lei nº 1.060, de 5-2-1950 (Lei de Assistência Judiciária).

XIV – proteção e integração social das pessoas portadoras de deficiência;

▶ Art. 203, V, desta Constituição.
▶ Lei nº 7.853, de 24-10-1989 (Lei de Apoio às Pessoas Portadoras de Deficiência), regulamentada pelo Dec. nº 3.298, de 20-12-1999.
▶ Dec. nº 6.949, de 25-8-2009, promulga a Convenção Internacional sobre os Direitos das Pessoas com Deficiência.

XV – proteção à infância e à juventude;

▶ Lei nº 8.069, de 13-7-1990 (Estatuto da Criança e do Adolescente).
▶ Lei nº 10.515, de 11-7-2002, que institui o 12 de agosto como Dia Nacional da Juventude.

XVI – organização, garantias, direitos e deveres das polícias civis.

§ 1º No âmbito da legislação concorrente, a competência da União limitar-se-á a estabelecer normas gerais.

§ 2º A competência da União para legislar sobre normas gerais não exclui a competência suplementar dos Estados.

§ 3º Inexistindo lei federal sobre normas gerais, os Estados exercerão a competência legislativa plena, para atender a suas peculiaridades.

§ 4º A superveniência de lei federal sobre normas gerais suspende a eficácia da lei estadual, no que lhe for contrário.

Capítulo III

DOS ESTADOS FEDERADOS

Art. 25. Os Estados organizam-se e regem-se pelas Constituições e leis que adotarem, observados os princípios desta Constituição.

▶ Súm. nº 681 do STF.

§ 1º São reservadas aos Estados as competências que não lhes sejam vedadas por esta Constituição.

▶ Art. 19 desta Constituição.

§ 2º Cabe aos Estados explorar diretamente, ou mediante concessão, os serviços locais de gás canalizado, na forma da lei, vedada a edição de medida provisória para a sua regulamentação.

▶ § 2º com a redação dada pela EC nº 5, de 15-8-1995.
▶ Art. 246 desta Constituição.
▶ Lei nº 9.478, de 6-8-1997, dispõe sobre a Política Nacional, as atividades relativas ao monopólio do petróleo, institui o Conselho Nacional de Política Energética e a Agência Nacional do Petróleo – ANP.

§ 3º Os Estados poderão, mediante lei complementar, instituir regiões metropolitanas, aglomerações urbanas e microrregiões, constituídas por agrupamentos de municípios limítrofes, para integrar a organização, o planejamento e a execução de funções públicas de interesse comum.

Art. 26. Incluem-se entre os bens dos Estados:

I – as águas superficiais ou subterrâneas, fluentes, emergentes e em depósito, ressalvadas, neste caso, na forma da lei, as decorrentes de obras da União;

▶ Lei nº 9.984, de 17-7-2000, dispõe sobre a criação da Agência Nacional de Águas – ANA.
▶ Art. 29 do Dec. nº 24.643, de 10-7-1934 (Código de Águas).

II – as áreas, nas ilhas oceânicas e costeiras, que estiverem no seu domínio, excluídas aquelas sob domínio da União, Municípios ou terceiros;

▶ Art. 20, IV, desta Constituição.

III – as ilhas fluviais e lacustres não pertencentes à União;

IV – as terras devolutas não compreendidas entre as da União.

Art. 27. O número de Deputados à Assembleia Legislativa corresponderá ao triplo da representação do Estado na Câmara dos Deputados e, atingido o número de trinta e seis, será acrescido de tantos quantos forem os Deputados Federais acima de doze.

▶ Art. 32 desta Constituição.

§ 1º Será de quatro anos o mandato dos Deputados Estaduais, aplicando-se-lhes as regras desta Constituição sobre sistema eleitoral, inviolabilidade, imunidades, remuneração, perda de mandato, licença, impedimentos e incorporação às Forças Armadas.

§ 2º O subsídio dos Deputados Estaduais será fixado por lei de iniciativa da Assembleia Legislativa, na razão de, no máximo, setenta e cinco por cento daquele estabelecido, em espécie, para os Deputados Federais, observado o que dispõem os artigos 39, § 4º, 57, § 7º, 150, II, 153, III, e 153, § 2º, I.

▶ § 2º com a redação dada pela EC nº 19, de 4-6-1998.

§ 3º Compete às Assembleias Legislativas dispor sobre seu regimento interno, polícia e serviços administrativos de sua Secretaria, e prover os respectivos cargos.

▶ Art. 6º da Lei nº 9.709, de 18-11-1998, que dispõe sobre a convocação de plebiscitos e referendos pelos Estados, Distrito Federal e Municípios.

§ 4º A lei disporá sobre a iniciativa popular no processo legislativo estadual.

▶ Art. 6º da Lei nº 9.709, de 18-11-1998, regulamenta a execução do disposto nos incisos I, II e III do art. 14 desta Constituição.

Art. 28. A eleição do Governador e do Vice-Governador de Estado, para mandato de quatro anos, realizar-se-á no primeiro domingo de outubro, em primeiro turno, e no último domingo de outubro, em segundo turno, se houver, do ano anterior ao do término do mandato de seus antecessores, e a posse ocorrerá no dia 1º de janeiro do ano subsequente, observado, quanto ao mais, o disposto no artigo 77.

▶ *Caput* com a redação dada pela EC nº 16, de 4-6-1997.
▶ Lei nº 9.504, de 30-9-1997 (Lei das Eleições).

§ 1º Perderá o mandato o Governador que assumir outro cargo ou função na administração pública direta ou indireta, ressalvada a posse em virtude de concurso público e observado o disposto no artigo 38, I, IV e V.

▶ Parágrafo único transformado em § 1º pela EC nº 19, de 4-6-1998.
▶ Art. 29, XIV, desta Constituição.

§ 2º Os subsídios do Governador, do Vice-Governador e dos Secretários de Estado serão fixados por lei de iniciativa da Assembleia Legislativa, observado o que dispõem os artigos 37, XI, 39, § 4º, 150, II, 153, III, e 153, § 2º, I.

▶ § 2º acrescido pela EC nº 19, de 4-6-1998.

CAPÍTULO IV
DOS MUNICÍPIOS

Art. 29. O Município reger-se-á por lei orgânica, votada em dois turnos, com o interstício mínimo de dez dias, e aprovada por dois terços dos membros da Câmara Municipal, que a promulgará, atendidos os princípios estabelecidos nesta Constituição, na Constituição do respectivo Estado e os seguintes preceitos:

I – eleição do Prefeito, do Vice-Prefeito e dos Vereadores, para mandato de quatro anos, mediante pleito direto e simultâneo realizado em todo o País;

▶ Lei nº 9.504, de 30-9-1997 (Lei das Eleições).

II – eleição do Prefeito e do Vice-Prefeito realizada no primeiro domingo de outubro do ano anterior ao término do mandato dos que devam suceder, aplicadas as regras do artigo 77 no caso de Municípios com mais de duzentos mil eleitores;

▶ Inciso II com a redação dada pela EC nº 16, de 4-6-1997.

III – posse do Prefeito e do Vice-Prefeito no dia 1º de janeiro do ano subsequente ao da eleição;
IV – para a composição das Câmaras Municipais, será observado o limite máximo de:

▶ *Caput* do inciso IV com a redação dada pela EC nº 58, de 23-9-2009 (*DOU* de 24-9-2009), produzindo efeitos a partir do processo eleitoral de 2008.
▶ O STF, por maioria de votos, referendou as medidas cautelares concedidas nas Ações Diretas de Inconstitucionalidade nºs 4.307 e 4.310, com eficácia *ex tunc*, para sustar os efeitos do art. 3º, I, da EC nº 58, de 23-9-2009, que altera este inciso IV (*DJE* de 8-10-2009).

a) 9 (nove) Vereadores, nos Municípios de até 15.000 (quinze mil) habitantes;
b) 11 (onze) Vereadores, nos Municípios de mais de 15.000 (quinze mil) habitantes e de até 30.000 (trinta mil) habitantes;
c) 13 (treze) Vereadores, nos Municípios com mais de 30.000 (trinta mil) habitantes e de até 50.000 (cinquenta mil) habitantes;

▶ Alíneas a a c com a redação dada pela EC nº 58, de 23-9-2009 (*DOU* de 24-9-2009), produzindo efeitos a partir do processo eleitoral de 2008.

d) 15 (quinze) Vereadores, nos Municípios de mais de 50.000 (cinquenta mil) habitantes e de até 80.000 (oitenta mil) habitantes;
e) 17 (dezessete) Vereadores, nos Municípios de mais de 80.000 (oitenta mil) habitantes e de até 120.000 (cento e vinte mil) habitantes;
f) 19 (dezenove) Vereadores, nos Municípios de mais de 120.000 (cento e vinte mil) habitantes e de até 160.000 (cento e sessenta mil) habitantes;
g) 21 (vinte e um) Vereadores, nos Municípios de mais de 160.000 (cento e sessenta mil) habitantes e de até 300.000 (trezentos mil) habitantes;
h) 23 (vinte e três) Vereadores, nos Municípios de mais de 300.000 (trezentos mil) habitantes e de até 450.000 (quatrocentos e cinquenta mil) habitantes;
i) 25 (vinte e cinco) Vereadores, nos Municípios de mais de 450.000 (quatrocentos e cinquenta mil) habitantes e de até 600.000 (seiscentos mil) habitantes;
j) 27 (vinte e sete) Vereadores, nos Municípios de mais de 600.000 (seiscentos mil) habitantes e de até 750.000 (setecentos e cinquenta mil) habitantes;
k) 29 (vinte e nove) Vereadores, nos Municípios de mais de 750.000 (setecentos e cinquenta mil) habitantes e de até 900.000 (novecentos mil) habitantes;
l) 31 (trinta e um) Vereadores, nos Municípios de mais de 900.000 (novecentos mil) habitantes e de até 1.050.000 (um milhão e cinquenta mil) habitantes;
m) 33 (trinta e três) Vereadores, nos Municípios de mais de 1.050.000 (um milhão e cinquenta mil) habitantes e de até 1.200.000 (um milhão e duzentos mil) habitantes;
n) 35 (trinta e cinco) Vereadores, nos Municípios de mais de 1.200.000 (um milhão e duzentos mil) habitantes e de até 1.350.000 (um milhão e trezentos e cinquenta mil) habitantes;
o) 37 (trinta e sete) Vereadores, nos Municípios de mais de 1.350.000 (um milhão e trezentos e cinquenta mil) habitantes e de até 1.500.000 (um milhão e quinhentos mil) habitantes;
p) 39 (trinta e nove) Vereadores, nos Municípios de mais de 1.500.000 (um milhão e quinhentos mil) habitantes e de até 1.800.000 (um milhão e oitocentos mil) habitantes;
q) 41 (quarenta e um) Vereadores, nos Municípios de mais de 1.800.000 (um milhão e oitocentos mil) habitantes e de até 2.400.000 (dois milhões e quatrocentos mil) habitantes;
r) 43 (quarenta e três) Vereadores, nos Municípios de mais de 2.400.000 (dois milhões e quatrocentos mil) habitantes e de até 3.000.000 (três milhões) de habitantes;
s) 45 (quarenta e cinco) Vereadores, nos Municípios de mais de 3.000.000 (três milhões) de habitantes e de até 4.000.000 (quatro milhões) de habitantes;
t) 47 (quarenta e sete) Vereadores, nos Municípios de mais de 4.000.000 (quatro milhões) de habitantes e de até 5.000.000 (cinco milhões) de habitantes;
u) 49 (quarenta e nove) Vereadores, nos Municípios de mais de 5.000.000 (cinco milhões) de habitantes e de até 6.000.000 (seis milhões) de habitantes;

v) 51 (cinquenta e um) Vereadores, nos Municípios de mais de 6.000.000 (seis milhões) de habitantes e de até 7.000.000 (sete milhões) de habitantes;

w) 53 (cinquenta e três) Vereadores, nos Municípios de mais de 7.000.000 (sete milhões) de habitantes e de até 8.000.000 (oito milhões) de habitantes; e

x) 55 (cinquenta e cinco) Vereadores, nos Municípios de mais de 8.000.000 (oito milhões) de habitantes;

▶ Alíneas *d* a *x* acrescidas pela EC nº 58, de 23-9-2009 (DOU de 24-9-2009), produzindo efeitos a partir do processo eleitoral de 2008.

V – subsídios do Prefeito, do Vice-Prefeito e dos Secretários municipais fixados por lei de iniciativa da Câmara Municipal, observado o que dispõem os artigos 37, XI, 39, § 4º, 150, II, 153, III, e 153, § 2º, I;

▶ Inciso V com a redação dada pela EC nº 19, de 4-6-1998.

VI – o subsídio dos Vereadores será fixado pelas respectivas Câmaras Municipais em cada legislatura para a subsequente, observado o que dispõe esta Constituição, observados os critérios estabelecidos na respectiva Lei Orgânica e os seguintes limites máximos:

a) em Municípios de até dez mil habitantes, o subsídio máximo dos Vereadores corresponderá a vinte por cento do subsídio dos Deputados Estaduais;

b) em Municípios de dez mil e um a cinquenta mil habitantes, o subsídio máximo dos Vereadores corresponderá a trinta por cento do subsídio dos Deputados Estaduais;

c) em Municípios de cinquenta mil e um a cem mil habitantes, o subsídio máximo dos Vereadores corresponderá a quarenta por cento do subsídio dos Deputados Estaduais;

d) em Municípios de cem mil e um a trezentos mil habitantes, o subsídio máximo dos Vereadores corresponderá a cinquenta por cento do subsídio dos Deputados Estaduais;

e) em Municípios de trezentos mil e um a quinhentos mil habitantes, o subsídio máximo dos Vereadores corresponderá a sessenta por cento do subsídio dos Deputados Estaduais;

f) em Municípios de mais de quinhentos mil habitantes, o subsídio máximo dos Vereadores corresponderá a setenta e cinco por cento do subsídio dos Deputados Estaduais;

▶ Inciso VI com a redação dada pela EC nº 25, de 14-2-2000.

VII – o total da despesa com a remuneração dos Vereadores não poderá ultrapassar o montante de cinco por cento da receita do Município;

▶ Inciso VII acrescido pela EC nº 1, de 31-3-1992, renumerando os demais.

VIII – inviolabilidade dos Vereadores por suas opiniões, palavras e votos no exercício do mandato e na circunscrição do Município;

▶ Inciso VIII renumerado pela EC nº 1, de 31-3-1992.

IX – proibições e incompatibilidades, no exercício da vereança, similares, no que couber, ao disposto nesta Constituição para os membros do Congresso Nacional e, na Constituição do respectivo Estado, para os membros da Assembleia Legislativa;

▶ Inciso IX renumerado pela EC nº 1, de 31-3-1992.

X – julgamento do Prefeito perante o Tribunal de Justiça;

▶ Inciso X renumerado pela EC nº 1, de 31-3-1992.
▶ Dec.-lei nº 201, de 27-2-1967 (Lei de Responsabilidade dos Prefeitos e Vereadores).
▶ Súmulas nºs 702 e 703 do STF.
▶ Súm. nº 209 do STJ.

XI – organização das funções legislativas e fiscalizadoras da Câmara Municipal;

▶ Inciso XI renumerado pela EC nº 1, de 31-3-1992.
▶ Lei nº 9.452, de 20-3-1997, determina que as Câmaras Municipais sejam obrigatoriamente notificadas da liberação de recursos federais para os respectivos Municípios.

XII – cooperação das associações representativas no planejamento municipal;

▶ Inciso XII renumerado pela EC nº 1, de 31-3-1992.

XIII – iniciativa popular de projetos de lei de interesse específico do Município, da cidade ou de bairros, através de manifestação de, pelo menos, cinco por cento do eleitorado;

▶ Inciso XIII renumerado pela EC nº 1, de 31-3-1992.

XIV – perda do mandato do Prefeito, nos termos do artigo 28, parágrafo único.

▶ Inciso XIV renumerado pela EC nº 1, de 31-3-1992.

Art. 29-A. O total da despesa do Poder Legislativo Municipal, incluídos os subsídios dos Vereadores e excluídos os gastos com inativos, não poderá ultrapassar os seguintes percentuais, relativos ao somatório da receita tributária e das transferências previstas no § 5º do artigo 153 e nos artigos 158 e 159, efetivamente realizado no exercício anterior:

▶ Artigo acrescido pela EC nº 25, de 14-2-2000.

I – 7% (sete por cento) para Municípios com população de até 100.000 (cem mil) habitantes;

II – 6% (seis por cento) para Municípios com população entre 100.000 (cem mil) e 300.000 (trezentos mil) habitantes;

III – 5% (cinco por cento) para Municípios com população entre 300.001 (trezentos mil e um) e 500.000 (quinhentos mil) habitantes;

IV – 4,5% (quatro inteiros e cinco décimos por cento) para Municípios com população entre 500.001 (quinhentos mil e um) e 3.000.000 (três milhões) de habitantes;

▶ Incisos I a IV com a redação dada pela EC nº 58, de 23-9-2009 (DOU de 24-9-2009), para vigorar na data de sua promulgação, produzindo efeitos a partir de 1º de janeiro do ano subsequente ao da promulgação desta Emenda.

V – 4% (quatro por cento) para Municípios com população entre 3.000.001 (três milhões e um) e 8.000.000 (oito milhões) de habitantes;

VI – 3,5% (três inteiros e cinco décimos por cento) para Municípios com população acima de 8.000.001 (oito milhões e um) habitantes.

▶ Incisos V e VI acrescidos pela EC nº 58, de 23-9-2009 (DOU de 24-9-2009), para vigorar na data de sua promulgação, produzindo efeitos a partir de 1º de janeiro do ano subsequente ao da promulgação desta Emenda.

§ 1º A Câmara Municipal não gastará mais de setenta por cento de sua receita com folha de pagamento, incluído o gasto com o subsídio de seus Vereadores.

§ 2º Constitui crime de responsabilidade do Prefeito Municipal:
I – efetuar repasse que supere os limites definidos neste artigo;
II – não enviar o repasse até o dia vinte de cada mês; ou
III – enviá-lo a menor em relação à proporção fixada na Lei Orçamentária.

§ 3º Constitui crime de responsabilidade do Presidente da Câmara Municipal o desrespeito ao § 1º deste artigo.

▶ §§ 1º a 3º acrescidos pela EC nº 25, de 14-2-2000.

Art. 30. Compete aos Municípios:
I – legislar sobre assuntos de interesse local;

▶ Súm. nº 645 do STF.

II – suplementar a legislação federal e a estadual no que couber;
III – instituir e arrecadar os tributos de sua competência, bem como aplicar suas rendas, sem prejuízo da obrigatoriedade de prestar contas e publicar balancetes nos prazos fixados em lei;

▶ Art. 156 desta Constituição.

IV – criar, organizar e suprimir distritos, observada a legislação estadual;
V – organizar e prestar, diretamente ou sob regime de concessão ou permissão, os serviços públicos de interesse local, incluído o de transporte coletivo, que tem caráter essencial;
VI – manter, com a cooperação técnica e financeira da União e do Estado, programas de educação infantil e de ensino fundamental;

▶ Inciso VI com a redação dada pela EC nº 53, de 19-12-2006.

VII – prestar, com a cooperação técnica e financeira da União e do Estado, serviços de atendimento à saúde da população;

▶ Dec. nº 3.964, de 10-10-2001, dispõe sobre o Fundo Nacional de Saúde.

VIII – promover, no que couber, adequado ordenamento territorial, mediante planejamento e controle do uso, do parcelamento e da ocupação do solo urbano;

▶ Art. 182 desta Constituição.

IX – promover a proteção do patrimônio histórico-cultural local, observada a legislação e a ação fiscalizadora federal e estadual.

Art. 31. A fiscalização do Município será exercida pelo Poder Legislativo Municipal, mediante controle externo, e pelos sistemas de controle interno do Poder Executivo Municipal, na forma da lei.

§ 1º O controle externo da Câmara Municipal será exercido com o auxílio dos Tribunais de Contas dos Estados ou do Município ou dos Conselhos ou Tribunais de Contas dos Municípios, onde houver.

§ 2º O parecer prévio, emitido pelo órgão competente sobre as contas que o Prefeito deve anualmente prestar, só deixará de prevalecer por decisão de dois terços dos membros da Câmara Municipal.

§ 3º As contas dos Municípios ficarão, durante sessenta dias, anualmente, à disposição de qualquer contribuinte, para exame e apreciação, o qual poderá questionar-lhes a legitimidade, nos termos da lei.

§ 4º É vedada a criação de Tribunais, Conselhos ou órgãos de Contas Municipais.

Capítulo V

DO DISTRITO FEDERAL E DOS TERRITÓRIOS

Seção I

DO DISTRITO FEDERAL

Art. 32. O Distrito Federal, vedada sua divisão em Municípios, reger-se-á por lei orgânica, votada em dois turnos com interstício mínimo de dez dias, e aprovada por dois terços da Câmara Legislativa, que a promulgará, atendidos os princípios estabelecidos nesta Constituição.

§ 1º Ao Distrito Federal são atribuídas as competências legislativas reservadas aos Estados e Municípios.

▶ Súm. nº 642 do STF.

§ 2º A eleição do Governador e do Vice-Governador, observadas as regras do artigo 77, e dos Deputados Distritais coincidirá com a dos Governadores e Deputados Estaduais, para mandato de igual duração.

§ 3º Aos Deputados Distritais e à Câmara Legislativa aplica-se o disposto no artigo 27.

§ 4º Lei federal disporá sobre a utilização, pelo Governo do Distrito Federal, das Polícias Civil e Militar e do Corpo de Bombeiros Militar.

▶ Lei nº 6.450, de 14-10-1977, dispõe sobre a organização básica da Polícia Militar do Distrito Federal.
▶ Lei nº 7.289, de 18-12-1984, dispõe sobre o Estatuto dos Policiais Militares da Polícia Militar do Distrito Federal.
▶ Lei nº 7.479, de 2-6-1986, aprova o Estatuto dos Bombeiros Militares do Corpo de Bombeiros do Distrito Federal.
▶ Lei nº 12.086, de 6-11-2009, dispõe sobre os militares da Polícia Militar do Distrito Federal e do Corpo de Bombeiros Militar do Distrito Federal.
▶ Dec.-lei nº 667, de 2-7-1969, reorganiza as Polícias Militares e os Corpos de Bombeiros Militares dos Estados, dos Territórios e do Distrito Federal.

Seção II

DOS TERRITÓRIOS

Art. 33. A lei disporá sobre a organização administrativa e judiciária dos Territórios.

▶ Lei nº 8.185, de 14-5-1991 (Lei de Organização Judiciária do Distrito Federal).

§ 1º Os Territórios poderão ser divididos em Municípios, aos quais se aplicará, no que couber, o disposto no Capítulo IV deste Título.

§ 2º As contas do Governo do Território serão submetidas ao Congresso Nacional, com parecer prévio do Tribunal de Contas da União.

§ 3º Nos Territórios Federais com mais de cem mil habitantes, além do Governador nomeado na forma desta Constituição, haverá órgãos judiciários de primeira e segunda instância, membros do Ministério Público e defensores públicos federais; a lei disporá sobre as eleições para a Câmara Territorial e sua competência deliberativa.

CAPÍTULO VI

DA INTERVENÇÃO

Art. 34. A União não intervirá nos Estados nem no Distrito Federal, exceto para:

I – manter a integridade nacional;

▶ Art. 1º desta Constituição.

II – repelir invasão estrangeira ou de uma Unidade da Federação em outra;

III – pôr termo a grave comprometimento da ordem pública;

IV – garantir o livre exercício de qualquer dos Poderes nas Unidades da Federação;

▶ Art. 36, I, desta Constituição.

V – reorganizar as finanças da Unidade da Federação que:

a) suspender o pagamento da dívida fundada por mais de dois anos consecutivos, salvo motivo de força maior;

b) deixar de entregar aos Municípios receitas tributárias fixadas nesta Constituição, dentro dos prazos estabelecidos em lei;

▶ Art. 10 da LC nº 63, de 11-1-1990, que dispõe sobre critérios e prazos de crédito das parcelas do produto da arrecadação de impostos de competência dos Estados e de transferências por estes recebidas, pertencentes aos Municípios.

VI – prover a execução de lei federal, ordem ou decisão judicial;

▶ Art. 36, § 3º, desta Constituição.
▶ Súm. nº 637 do STF.

VII – assegurar a observância dos seguintes princípios constitucionais:

▶ Art. 36, III e § 3º, desta Constituição.

a) forma republicana, sistema representativo e regime democrático;
b) direitos da pessoa humana;
c) autonomia municipal;
d) prestação de contas da administração pública, direta e indireta;
e) aplicação do mínimo exigido da receita resultante de impostos estaduais, compreendida a proveniente de transferências, na manutenção e desenvolvimento do ensino e nas ações e serviços públicos de saúde.

▶ Alínea e com a redação dada pela EC nº 29, de 13-9-2000.
▶ Art. 212 desta Constituição.

Art. 35. O Estado não intervirá em seus Municípios, nem a União nos Municípios localizados em Território Federal, exceto quando:

▶ Súm. nº 637 do STF.

I – deixar de ser paga, sem motivo de força maior, por dois anos consecutivos, a dívida fundada;

II – não forem prestadas contas devidas, na forma da lei;

III – não tiver sido aplicado o mínimo exigido da receita municipal na manutenção e desenvolvimento do ensino e nas ações e serviços públicos de saúde;

▶ Inciso III com a redação dada pela EC nº 29, de 13-9-2000.
▶ Art. 212 desta Constituição.

IV – o Tribunal de Justiça der provimento a representação para assegurar a observância de princípios indicados na Constituição Estadual, ou para prover a execução de lei, de ordem ou de decisão judicial.

Art. 36. A decretação da intervenção dependerá:

I – no caso do artigo 34, IV, de solicitação do Poder Legislativo ou do Poder Executivo coacto ou impedido, ou de requisição do Supremo Tribunal Federal, se a coação for exercida contra o Poder Judiciário;

II – no caso de desobediência a ordem ou decisão judiciária, de requisição do Supremo Tribunal Federal, do Superior Tribunal de Justiça ou do Tribunal Superior Eleitoral;

▶ Arts. 19 a 22 da Lei nº 8.038, de 28-5-1990, que institui normas procedimentais para os processos que especifica, perante o STJ e o STF.

III – de provimento, pelo Supremo Tribunal Federal, de representação do Procurador-Geral da República, na hipótese do art. 34, VII, e no caso de recusa à execução de lei federal.

▶ Inciso III com a redação dada pela EC nº 45, de 8-12-2004.
▶ Lei nº 12.562, de 23-12-2011, regulamenta este inciso para dispor sobre o processo e julgamento da representação interventiva perante o STF.

IV – *Revogado*. EC nº 45, de 8-12-2004.

§ 1º O decreto de intervenção, que especificará a amplitude, o prazo e as condições de execução e que, se couber, nomeará o interventor, será submetido à apreciação do Congresso Nacional ou da Assembleia Legislativa do Estado, no prazo de vinte e quatro horas.

§ 2º Se não estiver funcionando o Congresso Nacional ou a Assembleia Legislativa, far-se-á convocação extraordinária, no mesmo prazo de vinte e quatro horas.

§ 3º Nos casos do artigo 34, VI e VII, ou do artigo 35, IV, dispensada a apreciação pelo Congresso Nacional ou pela Assembleia Legislativa, o decreto limitar-se-á a suspender a execução do ato impugnado, se essa medida bastar ao restabelecimento da normalidade.

§ 4º Cessados os motivos da intervenção, as autoridades afastadas de seus cargos a estes voltarão, salvo impedimento legal.

CAPÍTULO VII

DA ADMINISTRAÇÃO PÚBLICA

▶ Lei nº 8.112, de 11-12-1990 (Estatuto dos Servidores Públicos Civis da União, Autarquias e Fundações Públicas Federais).
▶ Lei nº 8.727, de 5-11-1993, estabelece diretrizes para consolidação e o reescalonamento pela União, de dívidas internas da administração direta e indireta dos Estados, do Distrito Federal e dos Municípios.
▶ Lei nº 9.784, de 29-1-1999 (Lei do Processo Administrativo Federal).

Seção I

DISPOSIÇÕES GERAIS

Art. 37. A administração pública direta e indireta de qualquer dos Poderes da União, dos Estados, do Distrito Federal e dos Municípios obedecerá aos princípios de legalidade, impessoalidade, moralidade, publicidade e eficiência e, também, ao seguinte:

▶ Caput com a redação dada pela EC nº 19, de 4-6-1998.
▶ Art. 19 do ADCT.
▶ Arts. 3º e 5º, I a VI, §§ 1º e 2º, da Lei nº 8.112, de 11-12-1990 (Estatuto dos Servidores Públicos Civis da União, Autarquias e Fundações Públicas Federais).
▶ Lei nº 8.727, de 5-11-1993, estabelece diretrizes para a consolidação e o reescalonamento, pela União, de dívidas internas das administrações direta e indireta dos Estados, do Distrito Federal e dos Municípios.
▶ Lei nº 8.730, de 10-11-1993, estabelece a obrigatoriedade da declaração de bens e rendas para o exercício de cargos, empregos, e funções nos Poderes Executivo, Legislativo e Judiciário.
▶ Súm. Vinc. nº 13 do STF.
▶ Súmulas nºs 346 e 473 do STF.

I – os cargos, empregos e funções públicas são acessíveis aos brasileiros que preencham os requisitos estabelecidos em lei, assim como aos estrangeiros, na forma da lei;

▶ Inciso I com a redação dada pela EC nº 19, de 4-6-1998.
▶ Art. 7º da CLT.
▶ Arts. 3º a 5º, I a VI, §§ 1º e 2º, da Lei nº 8.112, de 11-12-1990 (Estatuto dos Servidores Públicos Civis da União, Autarquias e Fundações Públicas Federais).
▶ Lei nº 8.730, de 10-11-1993, estabelece a obrigatoriedade da declaração de bens e rendas para o exercício de cargos, empregos e funções nos Poderes Executivo, Legislativo e Judiciário.
▶ Súmulas nºs 683, 684 e 686 do STF.
▶ Súm. nº 266 do STJ.

II – a investidura em cargo ou emprego público depende de aprovação prévia em concurso público de provas ou de provas e títulos, de acordo com a natureza e a complexidade do cargo ou emprego, na forma prevista em lei, ressalvadas as nomeações para cargo em comissão declarado em lei de livre nomeação e exoneração;

▶ Inciso II com a redação dada pela EC nº 19, de 4-6-1998.
▶ Art. 7º da CLT.
▶ Arts. 11 e 12 da Lei nº 8.112, de 11-12-1990 (Estatuto dos Servidores Públicos Civis da União, Autarquias e Fundações Públicas Federais).
▶ Lei nº 9.962, de 22-2-2000, disciplina o regime de emprego público do pessoal da administração federal direta, autárquica e fundacional.
▶ Dec. nº 7.203, de 4-6-2010, dispõe sobre a vedação do nepotismo no âmbito da administração pública federal.
▶ Súm. nº 685 do STF.
▶ Súmulas nºs 331 e 363 do TST.
▶ Orientações Jurisprudenciais da SBDI-I nºs 321, 338 e 366 do TST.

III – o prazo de validade do concurso público será de até dois anos, prorrogável uma vez, por igual período;

▶ Art. 12 da Lei nº 8.112, de 11-12-1990 (Estatuto dos Servidores Públicos Civis da União, Autarquias e Fundações Públicas Federais).
▶ Lei nº 12.562, de 23-12-2011, regulamenta este inciso para dispor sobre o processo e julgamento da representação interventiva perante o STF.

IV – durante o prazo improrrogável previsto no edital de convocação, aquele aprovado em concurso público de provas ou de provas e títulos será convocado com prioridade sobre novos concursados para assumir cargo ou emprego, na carreira;

▶ Art. 7º da CLT.

V – as funções de confiança, exercidas exclusivamente por servidores ocupantes de cargo efetivo, e os cargos em comissão, a serem preenchidos por servidores de carreira nos casos, condições e percentuais mínimos previstos em lei, destinam-se apenas às atribuições de direção, chefia e assessoramento;

▶ Inciso V com a redação dada pela EC nº 19, de 4-6-1998.

VI – é garantido ao servidor público civil o direito à livre associação sindical;

VII – o direito de greve será exercido nos termos e nos limites definidos em lei específica;

▶ Inciso VII com a redação dada pela EC nº 19, de 4-6-1998.
▶ Dec. nº 1.480, de 3-5-1995, dispõe sobre os procedimentos a serem adotados em casos de paralisações dos serviços públicos federais.
▶ Ao julgar os MIs nºs 708 e 712, o Plenário do Supremo Tribunal deferiu injunção e regulamentou provisoriamente o exercício do direito de greve pelos servidores públicos, com base nas Leis nºs 7.701, de 21-12-1988 e 7.783, 28-6-1989, no que for compatível.

VIII – a lei reservará percentual dos cargos e empregos públicos para as pessoas portadoras de deficiência e definirá os critérios de sua admissão;

▶ Lei nº 7.853, de 24-10-1989 (Lei de Apoio às Pessoas Portadoras de Deficiência), regulamentada pelo Dec. nº 3.298, de 20-12-1999.
▶ Art. 5º, § 2º, da Lei nº 8.112, de 11-12-1990 (Estatuto dos Servidores Públicos Civis da União, Autarquias e Fundações Públicas Federais).
▶ Dec. nº 6.949, de 25-8-2009, promulga a Convenção Internacional sobre os Direitos das Pessoas com Deficiência.
▶ Súm. nº 377 do STJ.

IX – a lei estabelecerá os casos de contratação por tempo determinado para atender a necessidade temporária de excepcional interesse público;

▶ Lei nº 8.745, de 9-12-1993, dispõe sobre a contratação de servidor público por tempo determinado, para atender a necessidade temporária de excepcional interesse público.
▶ Art. 30 da Lei nº 10.871, de 20-5-2004, dispõe sobre a criação de carreiras e organização de cargos efetivos das autarquias especiais denominadas Agências Reguladoras.
▶ MP nº 2.165-36, de 23-8-2001, que até o encerramento desta edição não havia sido convertida em Lei, institui o auxílio-transporte.

X – a remuneração dos servidores públicos e o subsídio de que trata o § 4º do artigo 39 somente poderão ser fixados ou alterados por lei específica, observada a iniciativa privativa em cada caso, assegurada revisão geral anual, sempre na mesma data e sem distinção de índices;

▶ Inciso X com a redação dada pela EC nº 19, de 4-6-1998.
▶ Arts. 39, § 4º, 95, III, e 128, § 5º, I, c, desta Constituição.
▶ Lei nº 7.706, de 21-12-1988, dispõe sobre a revisão dos vencimentos, salários, soldos e proventos dos servidores, civis e militares, da Administração Federal Direta, das Autarquias, dos extintos Territórios Federais e das Fundações Públicas.
▶ Lei nº 10.331, de 18-12-2001, regulamenta este inciso.
▶ Súmulas nºs 672 e 679 do STF.

XI – a remuneração e o subsídio dos ocupantes de cargos, funções e empregos públicos da administração direta, autárquica e fundacional, dos membros de qualquer dos Poderes da União, dos Estados, do Distrito Federal e dos Municípios, dos detentores de mandato eletivo e dos demais agentes políticos e os proventos, pensões ou outra espécie remuneratória, percebidos cumulativamente ou não, incluídas as vantagens pessoais ou de qualquer outra natureza, não poderão exceder o subsídio mensal, em espécie, dos Ministros do Supremo Tribunal Federal, aplicando-se como limite, nos Municípios, o subsídio do Prefeito, e nos Estados e no Distrito Federal, o subsídio mensal do Governador no âmbito do Poder Executivo, o subsídio dos Deputados Estaduais e Distritais no âmbito do Poder Legislativo e o subsídio dos Desembargadores do Tribunal de Justiça, limitado a noventa inteiros e vinte e cinco centésimos por cento do subsídio mensal, em espécie, dos Ministros do Supremo Tribunal Federal, no âmbito do Poder Judiciário, aplicável este limite aos membros do Ministério Público, aos Procuradores e aos Defensores Públicos;

▶ Inciso XI com a redação dada pela EC nº 41, de 19-12-2003.
▶ O STF, por maioria de votos, concedeu a liminar na ADIN nº 3.854-1, para dar interpretação conforme a CF ao art. 37, XI e § 12, o primeiro dispositivo com a redação dada pela EC nº 41, de 19-12-2003, e o segundo introduzido pela EC nº 47, de 5-7-2005, excluindo a submissão dos membros da magistratura estadual ao subteto de remuneração (DOU de 8-3-2007).
▶ Arts. 27, § 2º, 28, § 2º, 29, V e VI, 39, §§ 4º e 5º, 49, VII, e VIII, 93, V, 95, III, 128, § 5º, I, c, e 142, § 3º, VIII, desta Constituição.
▶ Art. 3º, § 3º, da EC nº 20, de 15-12-1998 (Reforma Previdenciária).
▶ Arts. 7º e 8º da EC nº 41, de 19-12-2003.
▶ Art. 4º da EC nº 47, de 5-7-2005.
▶ Lei nº 8.112, de 11-12-1990 (Estatuto dos Servidores Públicos Civis da União, Autarquias e Fundações Públicas Federais).
▶ Leis nº 8.448, de 21-7-1992, e 8.852, de 4-2-1994, dispõem sobre este inciso.
▶ Art. 3º da Lei nº 10.887, de 18-6-2004, que dispõe sobre a aplicação de disposições da EC nº 41, de 19-12-2003.
▶ Lei nº 12.770, de 28-12-2012, dispõe sobre o subsídio do Procurador-Geral da República.

▶ Lei Delegada nº 13, de 27-8-1982, institui Gratificações de Atividade para os servidores civis do Poder Executivo, revê vantagens.
▶ OJ da SBDI-I nº 339 do TST.

XII – os vencimentos dos cargos do Poder Legislativo e do Poder Judiciário não poderão ser superiores aos pagos pelo Poder Executivo;

▶ Art. 135 desta Constituição.
▶ Art. 42 da Lei nº 8.112, de 11-12-1990 (Estatuto dos Servidores Públicos Civis da União, Autarquias e Fundações Públicas Federais).
▶ Lei nº 8.852, de 4-2-1994, dispõe sobre a aplicação deste inciso.

XIII – é vedada a vinculação ou equiparação de quaisquer espécies remuneratórias para o efeito de remuneração de pessoal do serviço público;

▶ Inciso XIII com a redação dada pela EC nº 19, de 4-6-1998.
▶ Art. 142, § 3º, VIII, desta Constituição.
▶ Orientações Jurisprudenciais da SBDI-I nºs 297 e 353 do TST.

XIV – os acréscimos pecuniários percebidos por servidor público não serão computados nem acumulados para fins de concessão de acréscimos ulteriores;

▶ Inciso XIV com a redação dada pela EC nº 19, de 4-6-1998.
▶ Art. 142, § 3º, VIII, desta Constituição.

XV – o subsídio e os vencimentos dos ocupantes de cargos e empregos públicos são irredutíveis, ressalvado o disposto nos incisos XI e XIV deste artigo e nos artigos 39, § 4º, 150, II, 153, III, e 153, § 2º, I;

▶ Inciso XV com a redação dada pela EC nº 19, de 4-6-1998.
▶ Art. 142, § 3º, VIII, desta Constituição.

XVI – é vedada a acumulação remunerada de cargos públicos, exceto, quando houver compatibilidade de horários, observado em qualquer caso o disposto no inciso XI:

▶ Inciso XVI com a redação dada pela EC nº 19, de 4-6-1998.

a) a de dois cargos de professor;
b) a de um cargo de professor com outro, técnico ou científico;

▶ Alíneas a e b com a redação dada pela EC nº 19, de 4-6-1998.

c) a de dois cargos ou empregos privativos de profissionais de saúde, com profissões regulamentadas;

▶ Alínea c com a redação dada pela EC nº 34, de 13-12-2001.
▶ Arts. 118 a 120 da Lei nº 8.112, de 11-12-1990 (Estatuto dos Servidores Públicos Civis da União, Autarquias e Fundações Públicas Federais).

XVII – a proibição de acumular estende-se a empregos e funções e abrange autarquias, fundações, empresas públicas, sociedades de economia mista, suas subsidiárias, e sociedades controladas, direta ou indiretamente, pelo Poder Público;

▶ Inciso XVII com a redação dada pela EC nº 19, de 4-6-1998.

▶ Art. 118, § 1º, da Lei nº 8.112, de 11-12-1990 (Estatuto dos Servidores Públicos Civis da União, Autarquias e Fundações Públicas Federais).

XVIII – a administração fazendária e seus servidores fiscais terão, dentro de suas áreas de competência e jurisdição, precedência sobre os demais setores administrativos, na forma da lei;

XIX – somente por lei específica poderá ser criada autarquia e autorizada a instituição de empresa pública, de sociedade de economia mista e de fundação, cabendo à lei complementar, neste último caso, definir as áreas de sua atuação;

▶ Inciso XIX com a redação dada pela EC nº 19, de 4-6-1998.

XX – depende de autorização legislativa, em cada caso, a criação de subsidiárias das entidades mencionadas no inciso anterior, assim como a participação de qualquer delas em empresa privada;

XXI – ressalvados os casos especificados na legislação, as obras, serviços, compras e alienações serão contratados mediante processo de licitação pública que assegure igualdade de condições a todos os concorrentes, com cláusulas que estabeleçam obrigações de pagamento, mantidas as condições efetivas da proposta, nos termos da lei, o qual somente permitirá as exigências de qualificação técnica e econômica indispensáveis à garantia do cumprimento das obrigações;

▶ Art. 22, XXVII, desta Constituição.
▶ Lei nº 8.666, de 21-6-1993 (Lei de Licitações e Contratos Administrativos).
▶ Lei nº 10.520, de 17-7-2002 (Lei do Pregão).
▶ Dec. nº 3.555, de 8-8-2000, regulamenta a modalidade de licitação denominada pregão.
▶ Súm. nº 333 do STJ.
▶ Súm. nº 331 do TST.

XXII – as administrações tributárias da União, dos Estados, do Distrito Federal e dos Municípios, atividades essenciais ao funcionamento do Estado, exercidas por servidores de carreiras específicas, terão recursos prioritários para a realização de suas atividades e atuarão de forma integrada, inclusive com o compartilhamento de cadastros e de informações fiscais, na forma da lei ou convênio.

▶ Inciso XXII acrescido pela EC nº 42, de 19-12-2003.
▶ Art. 137, IV, desta Constituição.

§ 1º A publicidade dos atos, programas, obras, serviços e campanhas dos órgãos públicos deverá ter caráter educativo, informativo ou de orientação social, dela não podendo constar nomes, símbolos ou imagens que caracterizem promoção pessoal de autoridades ou servidores públicos.

▶ Lei nº 8.389, de 30-12-1991, institui o Conselho de Comunicação Social.
▶ Dec. nº 4.799, de 4-8-2003, dispõe sobre a comunicação de Governo do Poder Executivo Federal.

§ 2º A não observância do disposto nos incisos II e III implicará a nulidade do ato e a punição da autoridade responsável, nos termos da lei.

▶ Arts. 116 a 142 da Lei nº 8.112, de 11-12-1990 (Estatuto dos Servidores Públicos Civis da União, Autarquias e Fundações Públicas Federais).
▶ Lei nº 8.429, de 2-6-1992 (Lei da Improbidade Administrativa).

▶ Súm. nº 466 do STJ.
▶ Súm. nº 363 do TST.

§ 3º A lei disciplinará as formas de participação do usuário na administração pública direta e indireta, regulando especialmente:

I – as reclamações relativas à prestação dos serviços públicos em geral, asseguradas a manutenção de serviços de atendimento ao usuário e a avaliação periódica, externa e interna, da qualidade dos serviços;

II – o acesso dos usuários a registros administrativos e a informações sobre atos de governo, observado o disposto no artigo 5º, X e XXXIII;

▶ Lei nº 12.527, de 18-11-2011, regula o acesso a informações previsto neste inciso.

III – a disciplina da representação contra o exercício negligente ou abusivo de cargo, emprego ou função na administração pública.

▶ § 3º e incisos I a III com a redação dada pela EC nº 19, de 4-6-1998.

§ 4º Os atos de improbidade administrativa importarão a suspensão dos direitos políticos, a perda da função pública, a indisponibilidade dos bens e o ressarcimento ao erário, na forma e gradação previstas em lei, sem prejuízo da ação penal cabível.

▶ Art. 15, V, desta Constituição.
▶ Arts. 312 a 327 do CP.
▶ Lei nº 8.026, de 12-4-1990, dispõe sobre a aplicação de pena de demissão a funcionário publico.
▶ Lei nº 8.027, de 12-4-1990, dispõe sobre normas de conduta dos servidores públicos civis da União, das Autarquias e das Fundações Públicas.
▶ Lei nº 8.112, de 11-12-1990 (Estatuto dos Servidores Públicos Civis da União, Autarquias e Fundações Públicas Federais).
▶ Art. 3º da Lei nº 8.137, de 27-12-1990 (Lei dos Crimes Contra a Ordem Tributária, Econômica e Contra as Relações de Consumo).
▶ Lei nº 8.429, de 2-6-1992 (Lei da Improbidade Administrativa).
▶ Dec.-lei nº 3.240, de 8-5-1941 sujeita a sequestro os bens de pessoas indiciadas por crimes de que resulta prejuízo para a Fazenda Pública.
▶ Dec. nº 4.410, de 7-10-2002, promulga a Convenção Interamericana contra a Corrupção.

§ 5º A lei estabelecerá os prazos de prescrição para ilícitos praticados por qualquer agente, servidor ou não, que causem prejuízos ao erário, ressalvadas as respectivas ações de ressarcimento.

▶ Lei nº 8.112, de 11-12-1990 (Estatuto dos Servidores Públicos Civis da União, Autarquias e Fundações Públicas Federais).
▶ Lei nº 8.429, de 2-6-1992 (Lei da Improbidade Administrativa).

§ 6º As pessoas jurídicas de direito público e as de direito privado prestadoras de serviços públicos responderão pelos danos que seus agentes, nessa qualidade, causarem a terceiros, assegurado o direito de regresso contra o responsável nos casos de dolo ou culpa.

▶ Art. 43 do CC.
▶ Lei nº 6.453, de 17-10-1977, dispõe sobre a responsabilidade civil por danos nucleares e a responsabilidade criminal por atos relacionados com atividades nucleares.

► Dec. nº 58.818, de 14-7-1966, promulga a Convenção nº 94 da OIT, sobre cláusulas de trabalho em contratos com órgãos públicos.

§ 7º A lei disporá sobre os requisitos e as restrições ao ocupante de cargo ou emprego da administração direta e indireta que possibilite o acesso a informações privilegiadas.

§ 8º A autonomia gerencial, orçamentária e financeira dos órgãos e entidades da administração direta e indireta poderá ser ampliada mediante contrato, a ser firmado entre seus administradores e o poder público, que tenha por objeto a fixação de metas de desempenho para o órgão ou entidade, cabendo à lei dispor sobre:

I – o prazo de duração do contrato;
II – os controles e critérios de avaliação de desempenho, direitos, obrigações e responsabilidade dos dirigentes;
III – a remuneração do pessoal.

§ 9º O disposto no inciso XI aplica-se às empresas públicas e às sociedades de economia mista, e suas subsidiárias, que receberem recursos da União, dos Estados, do Distrito Federal ou dos Municípios para pagamento de despesas de pessoal ou de custeio em geral.

► §§ 7º a 9º acrescidos pela EC nº 19, de 4-6-1998.

§ 10. É vedada a percepção simultânea de proventos de aposentadoria decorrentes do artigo 40 ou dos artigos 42 e 142 com a remuneração de cargo, emprego ou função pública, ressalvados os cargos acumuláveis na forma desta Constituição, os cargos eletivos e os cargos em comissão declarados em lei de livre nomeação e exoneração.

► § 10 acrescido pela EC nº 20, de 15-12-1998.

§ 11. Não serão computadas, para efeito dos limites remuneratórios de que trata o inciso XI do *caput* deste artigo, as parcelas de caráter indenizatório previstas em lei.

► Art. 4º da EC nº 47, de 5-7-2005.

§ 12. Para os fins do disposto no inciso XI do *caput* deste artigo, fica facultado aos Estados e ao Distrito Federal fixar, em seu âmbito, mediante emenda às respectivas Constituições e Lei Orgânica, como limite único, o subsídio mensal dos Desembargadores do respectivo Tribunal de Justiça, limitado a noventa inteiros e vinte e cinco centésimos por cento do subsídio mensal dos Ministros do Supremo Tribunal Federal, não se aplicando o disposto neste parágrafo aos subsídios dos Deputados Estaduais e Distritais e dos Vereadores.

► §§ 11 e 12 acrescidos pela EC nº 47, de 5-7-2005.
► O STF, por maioria de votos, concedeu a liminar na ADIN nº 3.854-1, para dar interpretação conforme a CF ao art. 37, XI e § 12, o primeiro dispositivo com a redação dada pela EC nº 41, de 19-12-2003, e o segundo introduzido pela EC nº 47, de 5-7-2005, excluindo a submissão dos membros da magistratura estadual ao subteto de remuneração (*DOU* de 8-3-2007).

Art. 38. Ao servidor público da administração direta, autárquica e fundacional, no exercício de mandato eletivo, aplicam-se as seguintes disposições:

► *Caput* com a redação dada pela EC nº 19, de 4-6-1998.
► Art. 28 desta Constituição.

► Lei nº 8.112, de 11-12-1990 (Estatuto dos Servidores Públicos Civis da União, Autarquias e Fundações Públicas Federais).

I – tratando-se de mandato eletivo federal, estadual ou distrital, ficará afastado de seu cargo, emprego ou função;

► Art. 28, § 1º, desta Constituição.

II – investido no mandato de Prefeito será afastado do cargo, emprego ou função, sendo-lhe facultado optar pela sua remuneração;
III – investido no mandato de Vereador, havendo compatibilidade de horários, perceberá as vantagens de seu cargo, emprego ou função, sem prejuízo da remuneração do cargo eletivo, e, não havendo compatibilidade, será aplicada a norma do inciso anterior;
IV – em qualquer caso que exija o afastamento para o exercício de mandato eletivo, seu tempo de serviço será contado para todos os efeitos legais, exceto para promoção por merecimento;

► Art. 28, § 1º, desta Constituição.

V – para efeito de benefício previdenciário, no caso de afastamento, os valores serão determinados como se no exercício estivesse.

► Art. 28, § 1º, desta Constituição.

Seção II
DOS SERVIDORES PÚBLICOS

► Denominação desta Seção dada pela EC nº 18, de 5-2-1998.
► Lei nº 8.026, de 12-4-1990, dispõe sobre a aplicação de pena de demissão a funcionário público.
► Lei nº 8.027, de 12-4-1990, dispõe sobre normas de conduta dos servidores públicos civis da União, das autarquias e das fundações públicas.
► Lei nº 8.112, de 11-12-1990 (Estatuto dos Servidores Públicos Civis da União, Autarquias e Fundações Públicas Federais).
► Súm. nº 378 do STJ.

Art. 39. A União, os Estados, o Distrito Federal e os Municípios instituirão conselho de política de administração e remuneração de pessoal, integrado por servidores designados pelos respectivos Poderes.

► *Caput* com a redação dada pela EC nº 19, de 4-6-1998.
► O STF, por maioria de votos, deferiu parcialmente a medida cautelar na ADIN nº 2.135-4, para suspender, com efeitos *ex nunc*, a eficácia do *caput* deste artigo, razão pela qual continuará em vigor a redação original: "Art. 39. A União, os Estados, o Distrito Federal e os Municípios instituirão, no âmbito de sua competência, regime jurídico único e planos de carreira para os servidores da administração pública direta, das autarquias e das fundações públicas" (*DOU* de 14-8-2007).
► Art. 24 do ADCT.
► Lei nº 8.026, de 12-4-1990, dispõe sobre a aplicação de pena de demissão a funcionário público.
► Lei nº 8.027, de 12-4-1990, dispõe sobre normas de conduta dos servidores públicos civis da União, das Autarquias e das Fundações Públicas.
► Lei nº 8.112, de 11-12-1990 (Estatuto dos Servidores Públicos Civis da União, Autarquias e Fundações Públicas Federais).
► Súm. Vinc. nº 4 do STF.
► Súm. nº 97 do STJ.

§ 1º A fixação dos padrões de vencimento e dos demais componentes do sistema remuneratório observará:

I – a natureza, o grau de responsabilidade e a complexidade dos cargos componentes de cada carreira;
II – os requisitos para a investidura;
III – as peculiaridades dos cargos.

▶ Art. 41, § 4º, da Lei nº 8.112, de 11-12-1990 (Estatuto dos Servidores Públicos Civis da União, Autarquias e Fundações Públicas Federais).
▶ Lei nº 8.448, de 21-7-1992, regulamenta este parágrafo.
▶ Lei nº 8.852, de 4-2-1994, dispõe sobre a aplicação deste parágrafo.
▶ Lei nº 9.367, de 16-12-1996, fixa critérios para a progressiva unificação das tabelas de vencimentos dos servidores.
▶ Súm. Vinc. nº 4 do STF.
▶ Súm. nº 339 do STF.

§ 2º A União, os Estados e o Distrito Federal manterão escolas de governo para a formação e o aperfeiçoamento dos servidores públicos, constituindo-se a participação nos cursos um dos requisitos para a promoção na carreira, facultada, para isso, a celebração de convênios ou contratos entre os entes federados.

▶ §§ 1º e 2º com a redação dada pela EC nº 19, de 4-6-1998.

§ 3º Aplica-se aos servidores ocupantes de cargo público o disposto no artigo 7º, IV, VII, VIII, IX, XII, XIII, XV, XVI, XVII, XVIII, XIX, XX, XXII e XXX, podendo a lei estabelecer requisitos diferenciados de admissão quando a natureza do cargo o exigir.

▶ Dec.-lei nº 5.452, de 1-5-1943 (Consolidação das Leis do Trabalho).
▶ Decreto Legislativo nº 206, de 7-4-2010, aprova a ratificação da Convenção nº 151 da OIT sobre direito de sindicalização e relações de trabalho na administração pública.
▶ Súmulas Vinculantes nºs 4, 15 e 16 do STF.
▶ Súmulas nºs 683 e 684 do STF.
▶ Súm. nº 243 do TST.

§ 4º O membro de Poder, o detentor de mandato eletivo, os Ministros de Estado e os Secretários Estaduais e Municipais serão remunerados exclusivamente por subsídio fixado em parcela única, vedado o acréscimo de qualquer gratificação, adicional, abono, prêmio, verba de representação ou outra espécie remuneratória, obedecido, em qualquer caso, o disposto no artigo 37, X e XI.

▶ Arts. 27, § 2º, 28, § 2º, 29, V, e VI, 37, XV, 48, XV, 49, VII e VIII, 93, V, 95, III, 128, § 5º, I, c, e 135 desta Constituição.
▶ Lei nº 11.144, de 26-7-2005, dispõe sobre o subsídio do Procurador-Geral da República.
▶ Lei nº 12.770, de 28-12-2012, dispõe sobre o subsídio do Procurador-Geral da República.

§ 5º Lei da União, dos Estados, do Distrito Federal e dos Municípios poderá estabelecer a relação entre a maior e a menor remuneração dos servidores públicos, obedecido, em qualquer caso, o disposto no artigo 37, XI.

§ 6º Os Poderes Executivo, Legislativo e Judiciário publicarão anualmente os valores do subsídio e da remuneração dos cargos e empregos públicos.

§ 7º Lei da União, dos Estados, do Distrito Federal e dos Municípios disciplinará a aplicação de recursos orçamentários provenientes da economia com despesas correntes em cada órgão, autarquia e fundação, para aplicação no desenvolvimento de programas de qualidade e produtividade, treinamento e desenvolvimento, modernização, reaparelhamento e racionalização do serviço público, inclusive sob a forma de adicional ou prêmio de produtividade.

§ 8º A remuneração dos servidores públicos organizados em carreira poderá ser fixada nos termos do § 4º.

▶ §§ 3º a 8º acrescidos pela EC nº 19, de 4-6-1998.

Art. 40. Aos servidores titulares de cargos efetivos da União, dos Estados, do Distrito Federal e dos Municípios, incluídas suas autarquias e fundações, é assegurado regime de previdência de caráter contributivo e solidário, mediante contribuição do respectivo ente público, dos servidores ativos e inativos e dos pensionistas, observados critérios que preservem o equilíbrio financeiro e atuarial e o disposto neste artigo.

▶ *Caput* com a redação dada pela EC nº 41, de 19-12-2003.
▶ Arts. 37, § 10, 73, § 3º, e 93, VI, desta Constituição.
▶ Arts. 4º e 6º da EC nº 41, de 19-12-2003.
▶ Art. 3º da EC nº 47, de 5-7-2005.

§ 1º Os servidores abrangidos pelo regime de previdência de que trata este artigo serão aposentados, calculados os seus proventos a partir dos valores fixados na forma dos §§ 3º e 17:

▶ § 1º com a redação dada pela EC nº 41, de 19-12-2003.
▶ Art. 2º, § 5º, da EC nº 41, de 19-12-2003.
▶ Súm. nº 726 do STF.

I – por invalidez permanente, sendo os proventos proporcionais ao tempo de contribuição, exceto se decorrente de acidente em serviço, moléstia profissional ou doença grave, contagiosa ou incurável, na forma da lei;

▶ Inciso I com a redação dada pela EC nº 41, de 19-12-2003.

II – compulsoriamente, aos setenta anos de idade, com proventos proporcionais ao tempo de contribuição;

▶ Arts. 2º, § 5º, e 3º, § 1º, da EC nº 41, de 19-12-2003.

III – voluntariamente, desde que cumprido tempo mínimo de dez anos de efetivo exercício no serviço público e cinco anos no cargo efetivo em que se dará a aposentadoria, observadas as seguintes condições:

▶ Incisos II e III acrescidos pela EC nº 20, de 15-12-1998.
▶ Arts. 2º e 6º-A da EC nº 41, de 19-12-2003.

a) sessenta anos de idade e trinta e cinco de contribuição, se homem, e cinquenta e cinco anos de idade e trinta de contribuição, se mulher;

▶ Art. 3º, III, da EC nº 47, de 5-7-2005.

b) sessenta e cinco anos de idade, se homem, e sessenta anos de idade, se mulher, com proventos proporcionais ao tempo de contribuição.

▶ Alíneas *a* e *b*, acrescidas pela EC nº 20, de 15-12-1998.

§ 2º Os proventos de aposentadoria e as pensões, por ocasião de sua concessão, não poderão exceder a remuneração do respectivo servidor, no cargo efetivo em que se deu a aposentadoria ou que serviu de referência para a concessão da pensão.

▶ § 2º com a redação dada pela EC nº 20, de 15-12-1998.

§ 3º Para o cálculo dos proventos de aposentadoria, por ocasião da sua concessão, serão consideradas as remunerações utilizadas como base para as contribuições do servidor aos regimes de previdência de que tratam este artigo e o art. 201, na forma da lei.

▶ § 3º com a redação dada pela EC nº 41, de 19-12-2003.
▶ Art. 2º da EC nº 41, de 19-12-2003.
▶ Art. 1º da Lei nº 10.887, de 18-6-2004, que dispõe sobre a aplicação de disposições da EC nº 41, de 19-12-2003.

§ 4º É vedada a adoção de requisitos e critérios diferenciados para a concessão de aposentadoria aos abrangidos pelo regime de que trata este artigo, ressalvados, nos termos definidos em leis complementares, os casos de servidores:

▶ Caput do § 4º com a redação dada pela EC nº 47, de 5-7-2005.
▶ Súm. nº 680 do STF.

I – portadores de deficiência;
II – que exerçam atividades de risco;
III – cujas atividades sejam exercidas sob condições especiais que prejudiquem a saúde ou integridade física.

▶ Incisos I a III acrescidos pela EC nº 47, de 5-7-2005.

§ 5º Os requisitos de idade e de tempo de contribuição serão reduzidos em cinco anos, em relação ao disposto no § 1º, III, a, para o professor que comprove exclusivamente tempo de efetivo exercício das funções de magistério na educação infantil e no ensino fundamental e médio.

▶ Arts. 2º, § 1º, e 6º, caput, da EC nº 41, de 19-12-2003.
▶ Art. 67, § 2º, da Lei nº 9.394, de 20-12-1996 (Lei das Diretrizes e Bases da Educação Nacional).
▶ Súm. nº 726 do STF.

§ 6º Ressalvadas as aposentadorias decorrentes dos cargos acumuláveis na forma desta Constituição, é vedada a percepção de mais de uma aposentadoria à conta do regime de previdência previsto neste artigo.

▶ §§ 5º e 6º com a redação dada pela EC nº 20, de 15-12-1998.

§ 7º Lei disporá sobre a concessão do benefício de pensão por morte, que será igual:

▶ Art. 42, § 2º, desta Constituição.

I – ao valor da totalidade dos proventos do servidor falecido, até o limite máximo estabelecido para os benefícios do regime geral de previdência social de que trata o art. 201, acrescido de setenta por cento da parcela excedente a este limite, caso aposentado à data do óbito; ou

II – ao valor da totalidade da remuneração do servidor no cargo efetivo em que se deu o falecimento, até o limite máximo estabelecido para os benefícios do regime geral de previdência social de que trata o art. 201, acrescido de setenta por cento da parcela excedente a este limite, caso em atividade na data do óbito.

▶ § 7º com a redação dada pela EC nº 41, de 19-12-2003.

§ 8º É assegurado o reajustamento dos benefícios para preservar-lhes, em caráter permanente, o valor real, conforme critérios estabelecidos em lei.

▶ § 8º com a redação dada pela EC nº 41, de 19-12-2003.
▶ Arts. 2º, § 6º, e 6º-A da EC nº 41, de 19-12-2003.
▶ Súm. Vinc. nº 20 do STF.

§ 9º O tempo de contribuição federal, estadual ou municipal será contado para efeito de aposentadoria e o tempo de serviço correspondente para efeito de disponibilidade.

▶ Art. 42, § 1º, desta Constituição.

§ 10. A lei não poderá estabelecer qualquer forma de contagem de tempo de contribuição fictício.

▶ Art. 4º da EC nº 20, de 15-12-1998 (Reforma Previdenciária).

§ 11. Aplica-se o limite fixado no artigo 37, XI, à soma total dos proventos de inatividade, inclusive quando decorrentes da acumulação de cargos ou empregos públicos, bem como de outras atividades sujeitas a contribuição para o regime geral de previdência social, e ao montante resultante da adição de proventos de inatividade com remuneração de cargo acumulável na forma desta Constituição, cargo em comissão declarado em lei de livre nomeação e exoneração, e de cargo eletivo.

§ 12. Além do disposto neste artigo, o regime de previdência dos servidores públicos titulares de cargo efetivo observará, no que couber, os requisitos e critérios fixados para o regime geral de previdência social.

§ 13. Ao servidor ocupante, exclusivamente, de cargo em comissão declarado em lei de livre nomeação e exoneração bem como de outro cargo temporário ou de emprego público, aplica-se o regime geral de previdência social.

▶ Lei nº 9.962, de 22-2-2000, disciplina o regime de emprego público do pessoal da administração federal direta, autárquica e fundacional.

§ 14. A União, os Estados, o Distrito Federal e os Municípios, desde que instituam regime de previdência complementar para os seus respectivos servidores titulares de cargo efetivo, poderão fixar, para o valor das aposentadorias e pensões a serem concedidas pelo regime de que trata este artigo, o limite máximo estabelecido para os benefícios do regime geral de previdência social de que trata o artigo 201.

▶ §§ 9º a 14 acrescidos pela EC nº 20, de 15-12-1998.
▶ LC nº 108, de 29-5-2001, dispõe sobre a relação entre a União, e os Estados, o Distrito Federal e os Municípios, suas autarquias, fundações, sociedades de economia mista e outras entidades públicas e suas respectivas entidades fechadas de previdência complementar.
▶ Lei nº 12.618, de 30-4-2012, institui o regime de previdência complementar para os servidores públicos federais titulares de cargo efetivo.

§ 15. O regime de previdência complementar de que trata o § 14 será instituído por lei de iniciativa do respectivo Poder Executivo, observado o disposto no art. 202 e seus parágrafos, no que couber, por intermédio de entidades fechadas de previdência complementar, de natureza pública, que oferecerão aos respectivos participantes planos de benefícios somente na modalidade de contribuição definida.

▶ § 15 com a redação dada pela EC nº 41, de 19-12-2003.

► Lei nº 12.618, de 30-4-2012, institui o regime de previdência complementar para os servidores públicos federais titulares de cargo efetivo.

§ 16. Somente mediante sua prévia e expressa opção, o disposto nos §§ 14 e 15 poderá ser aplicado ao servidor que tiver ingressado no serviço público até a data da publicação do ato de instituição do correspondente regime de previdência complementar.

► § 16 acrescido pela EC nº 20, de 15-12-1998.
► Lei nº 9.717, de 27-11-1998, dispõe sobre regras gerais para a organização e o funcionamento dos regimes próprios de previdência social dos servidores públicos da União, dos Estados, do Distrito Federal e dos Municípios, bem como dos militares dos Estados e do Distrito Federal.
► Lei nº 10.887, de 18-6-2004, dispõe sobre a aplicação de disposições da EC nº 41, de 19-12-2003.
► Lei nº 12.618, de 30-4-2012, institui o regime de previdência complementar para os servidores públicos federais titulares de cargo efetivo.

§ 17. Todos os valores de remuneração considerados para o cálculo do benefício previsto no § 3º serão devidamente atualizados, na forma da lei.

► Arts. 2º e 6º-A da EC nº 41, de 19-12-2003.

§ 18. Incidirá contribuição sobre os proventos de aposentadorias e pensões concedidas pelo regime de que trata este artigo que superem o limite máximo estabelecido para os benefícios do regime geral de previdência social de que trata o art. 201, com percentual igual ao estabelecido para os servidores titulares de cargos efetivos.

► Art. 4º, I e II, da EC nº 41, de 19-12-2003.

§ 19. O servidor de que trata este artigo que tenha completado as exigências para aposentadoria voluntária estabelecidas no § 1º, III, a, e que opte por permanecer em atividade fará jus a um abono de permanência equivalente ao valor da sua contribuição previdenciária até completar as exigências para aposentadoria compulsória contidas no § 1º, II.

§ 20. Fica vedada a existência de mais de um regime próprio de previdência social para os servidores titulares de cargos efetivos, e de mais de uma unidade gestora do respectivo regime em cada ente estatal, ressalvado o disposto no art. 142, § 3º, X.

► §§ 17 a 20 acrescidos pela EC nº 41, de 19-12-2003.
► Art. 28 da EC nº 19, de 4-6-1998 (Reforma Administrativa).

§ 21. A contribuição prevista no § 18 deste artigo incidirá apenas sobre as parcelas de proventos de aposentadoria e de pensão que superem o dobro do limite máximo estabelecido para os benefícios do regime geral de previdência social de que trata o artigo 201 desta Constituição, quando o beneficiário, na forma da lei, for portador de doença incapacitante.

► § 21 acrescido pela EC nº 47, de 5-7-2005, em vigor na data de sua publicação, com efeitos retroativos à data de vigência da EC nº 41, de 19-12-2003 (DOU de 6-7-2005).

Art. 41. São estáveis após três anos de efetivo exercício os servidores nomeados para cargo de provimento efetivo em virtude de concurso público.

► Súm. nº 390 do TST.

§ 1º O servidor público estável só perderá o cargo:

I – em virtude de sentença judicial transitada em julgado;
II – mediante processo administrativo em que lhe seja assegurada ampla defesa;

► Súmulas nºs 18, 19, 20 e 21 do STF.
► OJ da SBDI-I nº 247 do TST.

III – mediante procedimento de avaliação periódica de desempenho, na forma de lei complementar, assegurada ampla defesa.

► Art. 247 desta Constituição.

§ 2º Invalidada por sentença judicial a demissão do servidor estável, será ele reintegrado, e o eventual ocupante da vaga, se estável, reconduzido ao cargo de origem, sem direito a indenização, aproveitado em outro cargo ou posto em disponibilidade com remuneração proporcional ao tempo de serviço.

§ 3º Extinto o cargo ou declarada a sua desnecessidade, o servidor estável ficará em disponibilidade, com remuneração proporcional ao tempo de serviço, até seu adequado aproveitamento em outro cargo.

► Súmulas nºs 11 e 39 do STF.

§ 4º Como condição para a aquisição da estabilidade, é obrigatória a avaliação especial de desempenho por comissão instituída para essa finalidade.

► Art. 41 com a redação dada pela EC nº 19, de 4-6-1998.
► Art. 28 da EC nº 19, de 4-6-1998 (Reforma Administrativa).

Seção III

DOS MILITARES DOS ESTADOS, DO DISTRITO FEDERAL E DOS TERRITÓRIOS

► Denominação desta Seção dada pela EC nº 18, de 5-2-1998.

Art. 42. Os membros das Polícias Militares e Corpos de Bombeiros Militares, instituições organizadas com base na hierarquia e disciplina, são militares dos Estados, do Distrito Federal e dos Territórios.

► *Caput* com a redação dada pela EC nº 18, de 5-2-1998.
► Art. 37, § 10, desta Constituição.
► Art. 89 do ADCT.

§ 1º Aplicam-se aos militares dos Estados, do Distrito Federal e dos Territórios, além do que vier a ser fixado em lei, as disposições do artigo 14, § 8º; do artigo 40, § 9º; e do artigo 142, §§ 2º e 3º, cabendo a lei estadual específica dispor sobre as matérias do artigo 142, § 3º, X, sendo as patentes dos oficiais conferidas pelos respectivos governadores.

► § 1º com a redação dada pela EC nº 20, de 15-12-1998.
► Súm. Vinc. nº 4 do STF.

§ 2º Aos pensionistas dos militares dos Estados, do Distrito Federal e dos Territórios aplica-se o que for fixado em lei específica do respectivo ente estatal.

► § 2º com a redação dada pela EC nº 41, de 19-12-2003.

Seção IV

DAS REGIÕES

Art. 43. Para efeitos administrativos, a União poderá articular sua ação em um mesmo complexo geoeconômico e social, visando a seu desenvolvimento e à redução das desigualdades regionais.

§ 1º Lei complementar disporá sobre:

I – as condições para integração de regiões em desenvolvimento;

II – a composição dos organismos regionais que executarão, na forma da lei, os planos regionais, integrantes dos planos nacionais de desenvolvimento econômico e social, aprovados juntamente com estes.

▶ LC nº 124, de 3-1-2007, institui a Superintendência do Desenvolvimento da Amazônia – SUDAM.

▶ LC nº 125, de 3-1-2007, institui a Superintendência do Desenvolvimento do Nordeste – SUDENE.

▶ LC nº 134, de 14-1-2010, dispõe sobre a composição do Conselho de Administração da Superintendência da Zona Franca de Manaus – SUFRAMA.

§ 2º Os incentivos regionais compreenderão, além de outros, na forma da lei:

I – igualdade de tarifas, fretes, seguros e outros itens de custos e preços de responsabilidade do Poder Público;

II – juros favorecidos para financiamento de atividades prioritárias;

III – isenções, reduções ou diferimento temporário de tributos federais devidos por pessoas físicas ou jurídicas;

IV – prioridade para o aproveitamento econômico e social dos rios e das massas de água represadas ou represáveis nas regiões de baixa renda, sujeitas a secas periódicas.

§ 3º Nas áreas a que se refere o § 2º, IV, a União incentivará a recuperação de terras áridas e cooperará com os pequenos e médios proprietários rurais para o estabelecimento, em suas glebas, de fontes de água e de pequena irrigação.

TÍTULO IV – DA ORGANIZAÇÃO DOS PODERES

CAPÍTULO I

DO PODER LEGISLATIVO

SEÇÃO I

DO CONGRESSO NACIONAL

Art. 44. O Poder Legislativo é exercido pelo Congresso Nacional, que se compõe da Câmara dos Deputados e do Senado Federal.

Parágrafo único. Cada legislatura terá a duração de quatro anos.

Art. 45. A Câmara dos Deputados compõe-se de representantes do povo, eleitos, pelo sistema proporcional, em cada Estado, em cada Território e no Distrito Federal.

§ 1º O número total de Deputados, bem como a representação por Estado e pelo Distrito Federal, será estabelecido por lei complementar, proporcionalmente à população, procedendo-se aos ajustes necessários, no ano anterior às eleições, para que nenhuma daquelas Unidades da Federação tenha menos de oito ou mais de setenta Deputados.

▶ Arts. 1º a 3º da LC nº 78, de 30-12-1993, que disciplina a fixação do número de Deputados, nos termos deste parágrafo.

§ 2º Cada Território elegerá quatro Deputados.

Art. 46. O Senado Federal compõe-se de representantes dos Estados e do Distrito Federal, eleitos segundo o princípio majoritário.

§ 1º Cada Estado e o Distrito Federal elegerão três Senadores, com mandato de oito anos.

§ 2º A representação de cada Estado e do Distrito Federal será renovada de quatro em quatro anos, alternadamente, por um e dois terços.

§ 3º Cada Senador será eleito com dois suplentes.

Art. 47. Salvo disposição constitucional em contrário, as deliberações de cada Casa e de suas Comissões serão tomadas por maioria dos votos, presente a maioria absoluta de seus membros.

SEÇÃO II

DAS ATRIBUIÇÕES DO CONGRESSO NACIONAL

Art. 48. Cabe ao Congresso Nacional, com a sanção do Presidente da República, não exigida esta para o especificado nos artigos 49, 51 e 52, dispor sobre todas as matérias de competência da União, especialmente sobre:

I – sistema tributário, arrecadação e distribuição de rendas;

II – plano plurianual, diretrizes orçamentárias, orçamento anual, operações de crédito, dívida pública e emissões de curso forçado;

III – fixação e modificação do efetivo das Forças Armadas;

IV – planos e programas nacionais, regionais e setoriais de desenvolvimento;

V – limites do território nacional, espaço aéreo e marítimo e bens do domínio da União;

VI – incorporação, subdivisão ou desmembramento de áreas de Territórios ou Estados, ouvidas as respectivas Assembleias Legislativas;

▶ Art. 4º da Lei nº 9.709, de 18-11-1998, que regulamenta o art. 14 desta Constituição.

VII – transferência temporária da sede do Governo Federal;

VIII – concessão de anistia;

▶ Art. 187 da LEP.

IX – organização administrativa, judiciária, do Ministério Público e da Defensoria Pública da União e dos Territórios e organização judiciária e do Ministério Público do Distrito Federal;

▶ Inciso IX com a redação dada pela EC nº 69, de 29-3-2012, em vigor na data de sua publicação, produzindo efeitos após 120 dias de sua publicação oficial (*DOU* de 30-3-2012).

X – criação, transformação e extinção de cargos, empregos e funções públicas, observado o que estabelece o art. 84, VI, *b*;

XI – criação e extinção de Ministérios e órgãos da administração pública;
▶ Incisos X e XI com a redação dada pela EC nº 32, de 11-9-2001.

XII – telecomunicações e radiodifusão;
▶ Lei nº 9.295, de 19-7-1996, dispõe sobre serviços de telecomunicações, organizações e órgão regulador.
▶ Lei nº 9.472, de 16-7-1997, dispõe sobre a organização dos serviços de telecomunicações, a criação e funcionamento de um órgão regulador e outros aspectos institucionais.
▶ Lei nº 9.612, de 19-2-1998, institui o serviço de radiodifusão comunitária.

XIII – matéria financeira, cambial e monetária, instituições financeiras e suas operações;
XIV – moeda, seus limites de emissão, e montante da dívida mobiliária federal;
XV – fixação do subsídio dos Ministros do Supremo Tribunal Federal, observado o que dispõem os arts. 39, § 4º; 150, II; 153, III; e 153, § 2º, I.

▶ Inciso XV com a redação dada pela EC nº 41, de 19-12-2003.
▶ Lei nº 12.771, de 28-12-2012, dispõe sobre o subsídio de Ministro do Supremo Tribunal Federal.

Art. 49. É da competência exclusiva do Congresso Nacional:
▶ Art. 48 desta Constituição.

I – resolver definitivamente sobre tratados, acordos ou atos internacionais que acarretem encargos ou compromissos gravosos ao patrimônio nacional;
II – autorizar o Presidente da República a declarar guerra, a celebrar a paz, a permitir que forças estrangeiras transitem pelo território nacional ou nele permaneçam temporariamente, ressalvados os casos previstos em lei complementar;
III – autorizar o Presidente e o Vice-Presidente da República a se ausentarem do País, quando a ausência exceder a quinze dias;
IV – aprovar o estado de defesa e a intervenção federal, autorizar o estado de sítio, ou suspender qualquer uma dessas medidas;
V – sustar os atos normativos do Poder Executivo que exorbitem do poder regulamentar ou dos limites de delegação legislativa;
VI – mudar temporariamente sua sede;
VII – fixar idêntico subsídio para os Deputados Federais e os Senadores, observado o que dispõem os artigos 37, XI, 39, § 4º, 150, II, 153, III, e 153, § 2º, I;
VIII – fixar os subsídios do Presidente e do Vice-Presidente da República e dos Ministros de Estado, observado o que dispõem os artigos 37, XI, 39, § 4º, 150, II, 153, III, e 153, § 2º, I;

▶ Incisos VII e VIII com a redação dada pela EC nº 19, de 4-6-1998.

IX – julgar anualmente as contas prestadas pelo Presidente da República e apreciar os relatórios sobre a execução dos planos de governo;
X – fiscalizar e controlar, diretamente, ou por qualquer de suas Casas, os atos do Poder Executivo, incluídos os da administração indireta;
XI – zelar pela preservação de sua competência legislativa em face da atribuição normativa dos outros Poderes;
XII – apreciar os atos de concessão e renovação de concessão de emissoras de rádio e televisão;
XIII – escolher dois terços dos membros do Tribunal de Contas da União;

▶ Dec. Legislativo nº 6, de 22-4-1993, regulamenta a escolha de Ministro do Tribunal de Contas da União pelo Congresso Nacional.

XIV – aprovar iniciativas do Poder Executivo referentes a atividades nucleares;
XV – autorizar referendo e convocar plebiscito;

▶ Arts. 1º a 12 da Lei nº 9.709, de 18-11-1998, que regulamenta o art. 14 desta Constituição.

XVI – autorizar, em terras indígenas, a exploração e o aproveitamento de recursos hídricos e a pesquisa e lavra de riquezas minerais;
XVII – aprovar, previamente, a alienação ou concessão de terras públicas com área superior a dois mil e quinhentos hectares.

Art. 50. A Câmara dos Deputados e o Senado Federal, ou qualquer de suas Comissões, poderão convocar Ministro de Estado ou quaisquer titulares de órgãos diretamente subordinados à Presidência da República para prestarem, pessoalmente, informações sobre assunto previamente determinado, importando em crime de responsabilidade a ausência sem justificação adequada.

▶ Caput com a redação dada pela ECR nº 2, de 7-6-1994.

§ 1º Os Ministros de Estado poderão comparecer ao Senado Federal, à Câmara dos Deputados, ou a qualquer de suas Comissões, por sua iniciativa e mediante entendimentos com a Mesa respectiva, para expor assunto de relevância de seu Ministério.

§ 2º As Mesas da Câmara dos Deputados e do Senado Federal poderão encaminhar pedidos escritos de informação a Ministros de Estado ou a qualquer das pessoas referidas no caput deste artigo, importando em crime de responsabilidade a recusa, ou o não atendimento, no prazo de trinta dias, bem como a prestação de informações falsas.

▶ § 2º com a redação dada pela ECR nº 2, de 7-6-1994.

SEÇÃO III

DA CÂMARA DOS DEPUTADOS

Art. 51. Compete privativamente à Câmara dos Deputados:
▶ Art. 48 desta Constituição.

I – autorizar, por dois terços de seus membros, a instauração de processo contra o Presidente e o Vice-Presidente da República e os Ministros de Estado;
II – proceder à tomada de contas do Presidente da República, quando não apresentadas ao Congresso Nacional dentro de sessenta dias após a abertura da sessão legislativa;
III – elaborar seu regimento interno;
IV – dispor sobre sua organização, funcionamento, polícia, criação, transformação ou extinção dos cargos,

empregos e funções de seus serviços, e a iniciativa de lei para fixação da respectiva remuneração, observados os parâmetros estabelecidos na lei de diretrizes orçamentárias;

▶ Inciso IV com a redação dada pela EC nº 19, de 4-6-1998.

V – eleger membros do Conselho da República, nos termos do artigo 89, VII.

SEÇÃO IV

DO SENADO FEDERAL

Art. 52. Compete privativamente ao Senado Federal:

▶ Art. 48 desta Constituição.

I – processar e julgar o Presidente e o Vice-Presidente da República nos crimes de responsabilidade, bem como os Ministros de Estado e os Comandantes da Marinha, do Exército e da Aeronáutica nos crimes da mesma natureza conexos com aqueles;

▶ Inciso I com a redação dada pela EC nº 23, de 2-9-1999.

▶ Art. 102, I, c, desta Constituição.

▶ Lei nº 1.079, de 10-4-1950 (Lei dos Crimes de Responsabilidade).

II – processar e julgar os Ministros do Supremo Tribunal Federal, os membros do Conselho Nacional de Justiça e do Conselho Nacional do Ministério Público, o Procurador-Geral da República e o Advogado-Geral da União nos crimes de responsabilidade;

▶ Inciso II com a redação dada pela EC nº 45, de 8-12-2004.

▶ Arts. 103-B, 130-A, 131 e 132 desta Constituição.

▶ Art. 5º da EC nº 45, de 8-12-2004 (Reforma do Judiciário).

III – aprovar previamente, por voto secreto, após arguição pública, a escolha de:

a) magistrados, nos casos estabelecidos nesta Constituição;
b) Ministros do Tribunal de Contas da União indicados pelo Presidente da República;
c) Governador de Território;
d) presidente e diretores do Banco Central;
e) Procurador-Geral da República;
f) titulares de outros cargos que a lei determinar;

IV – aprovar previamente, por voto secreto, após arguição em sessão secreta, a escolha dos chefes de missão diplomática de caráter permanente;

V – autorizar operações externas de natureza financeira, de interesse da União, dos Estados, do Distrito Federal, dos Territórios e dos Municípios;

VI – fixar, por proposta do Presidente da República, limites globais para o montante da dívida consolidada da União, dos Estados, do Distrito Federal e dos Municípios;

VII – dispor sobre limites globais e condições para as operações de crédito externo e interno da União, dos Estados, do Distrito Federal e dos Municípios, de suas autarquias e demais entidades controladas pelo Poder Público Federal;

VIII – dispor sobre limites e condições para a concessão de garantia da União em operações de crédito externo e interno;

IX – estabelecer limites globais e condições para o montante da dívida mobiliária dos Estados, do Distrito Federal e dos Municípios;

X – suspender a execução, no todo ou em parte, de lei declarada inconstitucional por decisão definitiva do Supremo Tribunal Federal;

XI – aprovar, por maioria absoluta e por voto secreto, a exoneração, de ofício, do Procurador-Geral da República antes do término de seu mandato;

XII – elaborar seu regimento interno;

XIII – dispor sobre sua organização, funcionamento, polícia, criação, transformação ou extinção dos cargos, empregos e funções de seus serviços, e a iniciativa de lei para fixação da respectiva remuneração, observados os parâmetros estabelecidos na lei de diretrizes orçamentárias;

▶ Inciso XIII com a redação dada pela EC nº 19, de 4-6-1998.

XIV – eleger membros do Conselho da República, nos termos do artigo 89, VII;

XV – avaliar periodicamente a funcionalidade do Sistema Tributário Nacional, em sua estrutura e seus componentes, e o desempenho das administrações tributárias da União, dos Estados e do Distrito Federal e dos Municípios.

▶ Inciso XV acrescido pela EC nº 42, de 19-12-2003.

Parágrafo único. Nos casos previstos nos incisos I e II, funcionará como Presidente o do Supremo Tribunal Federal, limitando-se a condenação, que somente será proferida por dois terços dos votos do Senado Federal, à perda do cargo, com inabilitação, por oito anos, para o exercício de função pública, sem prejuízo das demais sanções judiciais cabíveis.

SEÇÃO V

DOS DEPUTADOS E DOS SENADORES

▶ Lei nº 9.504, de 30-9-1997 (Lei das Eleições).

Art. 53. Os Deputados e Senadores são invioláveis, civil e penalmente, por quaisquer de suas opiniões, palavras e votos.

▶ Caput com a redação dada pela EC nº 35, de 20-12-2001.

▶ Súm. nº 245 do STF.

§ 1º Os Deputados e Senadores, desde a expedição do diploma, serão submetidos a julgamento perante o Supremo Tribunal Federal.

▶ Art. 102, I, b, desta Constituição.

§ 2º Desde a expedição do diploma, os membros do Congresso Nacional não poderão ser presos, salvo em flagrante de crime inafiançável. Nesse caso, os autos serão remetidos dentro de vinte e quatro horas à Casa respectiva, para que, pelo voto da maioria de seus membros, resolva sobre a prisão.

▶ Arts. 43, III, e 301 do CPP.

§ 3º Recebida a denúncia contra o Senador ou Deputado, por crime ocorrido após a diplomação, o Supremo Tribunal Federal dará ciência à Casa respectiva, que, por iniciativa de partido político nela representado e pelo voto da maioria de seus membros, poderá, até a decisão final, sustar o andamento da ação.

§ 4º O pedido de sustação será apreciado pela Casa respectiva no prazo improrrogável de quarenta e cinco dias do seu recebimento pela Mesa Diretora.

§ 5º A sustação do processo suspende a prescrição, enquanto durar o mandato.

§ 6º Os Deputados e Senadores não serão obrigados a testemunhar sobre informações recebidas ou prestadas em razão do exercício do mandato, nem sobre as pessoas que lhes confiaram ou deles receberam informações.

§ 7º A incorporação às Forças Armadas de Deputados e Senadores, embora militares e ainda que em tempo de guerra, dependerá de prévia licença da Casa respectiva.

▶ §§ 1º a 7º com a redação dada pela EC nº 35, de 20-12-2001.

§ 8º As imunidades de Deputados ou Senadores subsistirão durante o estado de sítio, só podendo ser suspensas mediante o voto de dois terços dos membros da Casa respectiva, nos casos de atos praticados fora do recinto do Congresso Nacional, que sejam incompatíveis com a execução da medida.

▶ § 8º acrescido pela EC nº 35, de 20-12-2001.
▶ Arts. 137 a 141 desta Constituição.
▶ Arts. 138 a 145 do CP.

Art. 54. Os Deputados e Senadores não poderão:

I – desde a expedição do diploma:

a) firmar ou manter contrato com pessoa jurídica de direito público, autarquia, empresa pública, sociedade de economia mista ou empresa concessionária de serviço público, salvo quando o contrato obedecer a cláusulas uniformes;

b) aceitar ou exercer cargo, função ou emprego remunerado, inclusive os de que sejam demissíveis *ad nutum*, nas entidades constantes da alínea anterior;

II – desde a posse:

a) ser proprietários, controladores ou diretores de empresa que goze de favor decorrente de contrato com pessoa jurídica de direito público, ou nela exercer função remunerada;

b) ocupar cargo ou função de que sejam demissíveis *ad nutum*, nas entidades referidas no inciso I, *a*;

c) patrocinar causa em que seja interessada qualquer das entidades a que se refere o inciso I, *a*;

d) ser titulares de mais de um cargo ou mandato público eletivo.

Art. 55. Perderá o mandato o Deputado ou Senador:

I – que infringir qualquer das proibições estabelecidas no artigo anterior;

▶ Art. 1º do Dec. Legislativo nº 16, de 24-3-1994, que submete à condição suspensiva a renúncia de parlamentar contra o qual pende procedimento fundado nos termos deste inciso.

II – cujo procedimento for declarado incompatível com o decoro parlamentar;

▶ Art. 1º do Dec. Legislativo nº 16, de 24-3-1994, que submete à condição suspensiva a renúncia de parlamentar contra o qual pende procedimento fundado nos termos deste inciso.

III – que deixar de comparecer, em cada sessão legislativa, à terça parte das sessões ordinárias da Casa a que pertencer, salvo licença ou missão por esta autorizada;

IV – que perder ou tiver suspensos os direitos políticos;

V – quando o decretar a Justiça Eleitoral, nos casos previstos nesta Constituição;

VI – que sofrer condenação criminal em sentença transitada em julgado.

▶ Art. 92, I, do CP.

§ 1º É incompatível com o decoro parlamentar, além dos casos definidos no regimento interno, o abuso das prerrogativas asseguradas a membro do Congresso Nacional ou a percepção de vantagens indevidas.

§ 2º *Nos casos dos incisos I, II e VI, a perda do mandato será decidida pela Câmara dos Deputados ou pelo Senado Federal, por maioria absoluta, mediante provocação da respectiva Mesa ou de partido político representado no Congresso Nacional, assegurada ampla defesa.*

▶ § 2º com a redação dada pela EC nº 76, de 28-11-2013.

§ 3º Nos casos previstos nos incisos III a V, a perda será declarada pela Mesa da Casa respectiva, de ofício ou mediante provocação de qualquer de seus membros, ou de partido político representado no Congresso Nacional, assegurada ampla defesa.

§ 4º A renúncia de parlamentar submetido a processo que vise ou possa levar à perda do mandato, nos termos deste artigo, terá seus efeitos suspensos até as deliberações finais de que tratam os §§ 2º e 3º.

▶ § 4º acrescido pela ECR nº 6, de 7-6-1994.

Art. 56. Não perderá o mandato o Deputado ou Senador:

I – investido no cargo de Ministro de Estado, Governador de Território, Secretário de Estado, do Distrito Federal, de Território, de Prefeitura de Capital ou chefe de missão diplomática temporária;

II – licenciado pela respectiva Casa por motivo de doença, ou para tratar, sem remuneração, de interesse particular, desde que, neste caso, o afastamento não ultrapasse cento e vinte dias por sessão legislativa.

§ 1º O suplente será convocado nos casos de vaga, de investidura em funções previstas neste artigo ou de licença superior a cento e vinte dias.

§ 2º Ocorrendo vaga e não havendo suplente, far-se-á eleição para preenchê-la se faltarem mais de quinze meses para o término do mandato.

§ 3º Na hipótese do inciso I, o Deputado ou Senador poderá optar pela remuneração do mandato.

SEÇÃO VI

DAS REUNIÕES

Art. 57. O Congresso Nacional reunir-se-á, anualmente, na Capital Federal, de 2 de fevereiro a 17 de julho e de 1º de agosto a 22 de dezembro.

▶ *Caput* com a redação dada pela EC nº 50, de 14-2-2006.

§ 1º As reuniões marcadas para essas datas serão transferidas para o primeiro dia útil subsequente, quando recaírem em sábados, domingos ou feriados.

§ 2º A sessão legislativa não será interrompida sem a aprovação do projeto de lei de diretrizes orçamentárias.

§ 3º Além de outros casos previstos nesta Constituição, a Câmara dos Deputados e o Senado Federal reunir-se-ão em sessão conjunta para:

I – inaugurar a sessão legislativa;
II – elaborar o regimento comum e regular a criação de serviços comuns às duas Casas;
III – receber o compromisso do Presidente e do Vice-Presidente da República;
IV – conhecer do veto e sobre ele deliberar.

§ 4º Cada uma das Casas reunir-se-á em sessões preparatórias, a partir de 1º de fevereiro, no primeiro ano da legislatura, para a posse de seus membros e eleição das respectivas Mesas, para mandato de 2 (dois) anos, vedada a recondução para o mesmo cargo na eleição imediatamente subsequente.

▶ § 4º com a redação dada pela EC nº 50, de 14-2-2006.

§ 5º A Mesa do Congresso Nacional será presidida pelo Presidente do Senado Federal, e os demais cargos serão exercidos, alternadamente, pelos ocupantes de cargos equivalentes na Câmara dos Deputados e no Senado Federal.

§ 6º A convocação extraordinária do Congresso Nacional far-se-á:

▶ § 6º com a redação dada pela EC nº 50, de 14-2-2006.

I – pelo Presidente do Senado Federal, em caso de decretação de estado de defesa ou de intervenção federal, de pedido de autorização para a decretação de estado de sítio e para o compromisso e a posse do Presidente e do Vice-Presidente da República;
II – pelo Presidente da República, pelos Presidentes da Câmara dos Deputados e do Senado Federal ou a requerimento da maioria dos membros de ambas as Casas, em caso de urgência ou interesse público relevante, em todas as hipóteses deste inciso com a aprovação da maioria absoluta de cada uma das Casas do Congresso Nacional.

▶ Inciso II com a redação dada pela EC nº 50, de 14-2-2006.

§ 7º Na sessão legislativa extraordinária, o Congresso Nacional somente deliberará sobre a matéria para a qual foi convocado, ressalvada a hipótese do § 8º deste artigo, vedado o pagamento de parcela indenizatória, em razão da convocação.

▶ § 7º com a redação dada pela EC nº 50, de 14-2-2006.

§ 8º Havendo medidas provisórias em vigor na data de convocação extraordinária do Congresso Nacional, serão elas automaticamente incluídas na pauta da convocação.

▶ § 8º acrescido pela EC nº 32, de 11-9-2001.

Seção VII

DAS COMISSÕES

Art. 58. O Congresso Nacional e suas Casas terão comissões permanentes e temporárias, constituídas na forma e com as atribuições previstas no respectivo regimento ou no ato de que resultar sua criação.

§ 1º Na constituição das Mesas e de cada Comissão, é assegurada, tanto quanto possível, a representação proporcional dos partidos ou dos blocos parlamentares que participam da respectiva Casa.

§ 2º Às comissões, em razão da matéria de sua competência, cabe:

I – discutir e votar projeto de lei que dispensar, na forma do regimento, a competência do Plenário, salvo se houver recurso de um décimo dos membros da Casa;
II – realizar audiências públicas com entidades da sociedade civil;
III – convocar Ministros de Estado para prestar informações sobre assuntos inerentes a suas atribuições;
IV – receber petições, reclamações, representações ou queixas de qualquer pessoa contra atos ou omissões das autoridades ou entidades públicas;
V – solicitar depoimento de qualquer autoridade ou cidadão;
VI – apreciar programas de obras, planos nacionais, regionais e setoriais de desenvolvimento e sobre eles emitir parecer.

§ 3º As comissões parlamentares de inquérito, que terão poderes de investigação próprios das autoridades judiciais, além de outros previstos nos regimentos das respectivas Casas, serão criadas pela Câmara dos Deputados e pelo Senado Federal, em conjunto ou separadamente, mediante requerimento de um terço de seus membros, para a apuração de fato determinado e por prazo certo, sendo suas conclusões, se for o caso, encaminhadas ao Ministério Público, para que promova a responsabilidade civil ou criminal dos infratores.

▶ Lei nº 1.579, de 18-3-1952 (Lei das Comissões Parlamentares de Inquérito).
▶ Lei nº 10.001, de 4-9-2000, dispõe sobre a prioridade nos procedimentos a serem adotados pelo Ministério Público e por outros órgãos a respeito das conclusões das Comissões Parlamentares de Inquérito.

§ 4º Durante o recesso, haverá uma Comissão Representativa do Congresso Nacional, eleita por suas Casas na última sessão ordinária do período legislativo, com atribuições definidas no regimento comum, cuja composição reproduzirá, quanto possível, a proporcionalidade da representação partidária.

Seção VIII

DO PROCESSO LEGISLATIVO

Subseção I

DISPOSIÇÃO GERAL

Art. 59. O processo legislativo compreende a elaboração de:

I – emendas à Constituição;
II – leis complementares;
III – leis ordinárias;
IV – leis delegadas;
V – medidas provisórias;

▶ Arts. 70 e 73 do ADCT.

VI – decretos legislativos;

▶ Art. 3º da Lei nº 9.709, de 18-11-1998, que dispõe sobre a convocação do plebiscito e o referendo nas questões de relevância nacional, de competência do Poder Legislativo ou do Poder Executivo.

VII – resoluções.

Parágrafo único. Lei complementar disporá sobre a elaboração, redação, alteração e consolidação das leis.

▶ LC nº 95, de 26-2-1998, trata do disposto neste parágrafo único.

▶ Dec. nº 4.176, de 28-3-2002, estabelece normas e diretrizes para a elaboração, a redação, a alteração, a consolidação e o encaminhamento ao Presidente da República de projetos de atos normativos de competência dos órgãos do Poder Executivo Federal.

SUBSEÇÃO II

DA EMENDA À CONSTITUIÇÃO

Art. 60. A Constituição poderá ser emendada mediante proposta:

I – de um terço, no mínimo, dos membros da Câmara dos Deputados ou do Senado Federal;
II – do Presidente da República;
III – de mais da metade das Assembleias Legislativas das Unidades da Federação, manifestando-se, cada uma delas, pela maioria relativa de seus membros.

§ 1º A Constituição não poderá ser emendada na vigência de intervenção federal, de estado de defesa ou de estado de sítio.

▶ Arts. 34 a 36, e 136 a 141 desta Constituição.

§ 2º A proposta será discutida e votada em cada Casa do Congresso Nacional, em dois turnos, considerando-se aprovada se obtiver, em ambos, três quintos dos votos dos respectivos membros.

§ 3º A emenda à Constituição será promulgada pelas Mesas da Câmara dos Deputados e do Senado Federal, com o respectivo número de ordem.

§ 4º Não será objeto de deliberação a proposta de emenda tendente a abolir:

I – a forma federativa de Estado;
▶ Arts. 1º e 18 desta Constituição.
II – o voto direto, secreto, universal e periódico;
▶ Arts. 1º, 14 e 81, § 1º, desta Constituição.
▶ Lei nº 9.709, de 18-11-1998, regulamenta o art. 14 desta Constituição.
III – a separação dos Poderes;
▶ Art. 2º desta Constituição.
IV – os direitos e garantias individuais.
▶ Art. 5º desta Constituição.

§ 5º A matéria constante de proposta de emenda rejeitada ou havida por prejudicada não pode ser objeto de nova proposta na mesma sessão legislativa.

SUBSEÇÃO III

DAS LEIS

Art. 61. A iniciativa das leis complementares e ordinárias cabe a qualquer membro ou Comissão da Câmara dos Deputados, do Senado Federal ou do Congresso Nacional, ao Presidente da República, ao Supremo Tribunal Federal, aos Tribunais Superiores, ao Procurador-Geral da República e aos cidadãos, na forma e nos casos previstos nesta Constituição.

§ 1º São de iniciativa privativa do Presidente da República as leis que:

I – fixem ou modifiquem os efetivos das Forças Armadas;
II – disponham sobre:
▶ Súmulas nºs 679 e 681 do STF.

a) criação de cargos, funções ou empregos públicos na administração direta e autárquica ou aumento de sua remuneração;
▶ Súm. nº 679 do STF.
b) organização administrativa e judiciária, matéria tributária e orçamentária, serviços públicos e pessoal da administração dos Territórios;
c) servidores públicos da União e Territórios, seu regime jurídico, provimento de cargos, estabilidade e aposentadoria;
▶ Alínea c com a redação dada pela EC nº 18, de 5-2-1998.
d) organização do Ministério Público e da Defensoria Pública da União, bem como normas gerais para a organização do Ministério Público e da Defensoria Pública dos Estados, do Distrito Federal e dos Territórios;
e) criação e extinção de Ministérios e órgãos da administração pública, observado o disposto no artigo 84, VI;
▶ Alínea e com a redação dada pela EC nº 32, de 11-9-2001.
f) militares das Forças Armadas, seu regime jurídico, provimento de cargos, promoções, estabilidade, remuneração, reforma e transferência para a reserva.
▶ Alínea f acrescida pela EC nº 18, de 5-2-1998.

§ 2º A iniciativa popular pode ser exercida pela apresentação à Câmara dos Deputados de projeto de lei subscrito por, no mínimo, um por cento do eleitorado nacional, distribuído pelo menos por cinco Estados, com não menos de três décimos por cento dos eleitores de cada um deles.
▶ Arts.1º, III, 13 e 14 da Lei nº 9.709, de 18-11-1998, que regulamenta o art. 14 desta Constituição.

Art. 62. Em caso de relevância e urgência, o Presidente da República poderá adotar medidas provisórias, com força de lei, devendo submetê-las de imediato ao Congresso Nacional.
▶ Caput com a redação dada pela EC nº 32, de 11-9-2001.
▶ Arts. 167, § 3º, e 246 desta Constituição.
▶ Art. 2º da EC nº 32, de 11-9-2001.
▶ Súm. nº 651 do STF.

§ 1º É vedada a edição de medidas provisórias sobre matéria:

I – relativa a:
a) nacionalidade, cidadania, direitos políticos, partidos políticos e direito eleitoral;
b) direito penal, processual penal e processual civil;
c) organização do Poder Judiciário e do Ministério Público, a carreira e a garantia de seus membros;
d) planos plurianuais, diretrizes orçamentárias, orçamento e créditos adicionais e suplementares, ressalvado o previsto no artigo 167, § 3º;

II – que vise a detenção ou sequestro de bens, de poupança popular ou qualquer outro ativo financeiro;
III – reservada a lei complementar;
IV – já disciplinada em projeto de lei aprovado pelo Congresso Nacional e pendente de sanção ou veto do Presidente da República.

§ 2º Medida provisória que implique instituição ou majoração de impostos, exceto os previstos nos artigos 153, I, II, IV, V, e 154, II, só produzirá efeitos no exercício financeiro seguinte se houver sido convertida em lei até o último dia daquele em que foi editada.

§ 3º As medidas provisórias, ressalvado o disposto nos §§ 11 e 12 perderão eficácia, desde a edição, se não forem convertidas em lei no prazo de sessenta dias, prorrogável, nos termos do § 7º, uma vez por igual período, devendo o Congresso Nacional disciplinar, por decreto legislativo, as relações jurídicas delas decorrentes.

§ 4º O prazo a que se refere o § 3º contar-se-á da publicação da medida provisória, suspendendo-se durante os períodos de recesso do Congresso Nacional.

§ 5º A deliberação de cada uma das Casas do Congresso Nacional sobre o mérito das medidas provisórias dependerá de juízo prévio sobre o atendimento de seus pressupostos constitucionais.

§ 6º Se a medida provisória não for apreciada em até quarenta e cinco dias contados de sua publicação, entrará em regime de urgência, subsequentemente, em cada uma das Casas do Congresso Nacional, ficando sobrestadas, até que se ultime a votação, todas as demais deliberações legislativas da Casa em que estiver tramitando.

§ 7º Prorrogar-se-á uma única vez por igual período a vigência de medida provisória que, no prazo de sessenta dias, contado de sua publicação, não tiver a sua votação encerrada nas duas Casas do Congresso Nacional.

§ 8º As medidas provisórias terão sua votação iniciada na Câmara dos Deputados.

§ 9º Caberá a comissão mista de Deputados e Senadores examinar as medidas provisórias e sobre elas emitir parecer, antes de serem apreciadas, em sessão separada, pelo plenário de cada uma das Casas do Congresso Nacional.

§ 10. É vedada a reedição, na mesma sessão legislativa, de medida provisória que tenha sido rejeitada ou que tenha perdido sua eficácia por decurso de prazo.

§ 11. Não editado o decreto legislativo a que se refere o § 3º até sessenta dias após a rejeição ou perda de eficácia de medida provisória, as relações jurídicas constituídas e decorrentes de atos praticados durante sua vigência conservar-se-ão por ela regidas.

§ 12. Aprovado projeto de lei de conversão alterando o texto original da medida provisória, esta manter-se-á integralmente em vigor até que seja sancionado ou vetado o projeto.

▶ §§ 1º a 12 acrescidos pela EC nº 32, de 11-9-2001.

Art. 63. Não será admitido aumento da despesa prevista:

I – nos projetos de iniciativa exclusiva do Presidente da República, ressalvado o disposto no artigo 166, §§ 3º e 4º;

II – nos projetos sobre organização dos serviços administrativos da Câmara dos Deputados, do Senado Federal, dos Tribunais Federais e do Ministério Público.

Art. 64. A discussão e votação dos projetos de lei de iniciativa do Presidente da República, do Supremo Tribunal Federal e dos Tribunais Superiores terão início na Câmara dos Deputados.

§ 1º O Presidente da República poderá solicitar urgência para apreciação de projetos de sua iniciativa.

§ 2º Se, no caso do § 1º, a Câmara dos Deputados e o Senado Federal não se manifestarem sobre a proposição, cada qual sucessivamente, em até quarenta e cinco dias, sobrestar-se-ão todas as demais deliberações legislativas da respectiva Casa, com exceção das que tenham prazo constitucional determinado, até que se ultime a votação.

▶ § 2º com a redação dada pela EC nº 32, de 11-9-2001.

§ 3º A apreciação das emendas do Senado Federal pela Câmara dos Deputados far-se-á no prazo de dez dias, observado quanto ao mais o disposto no parágrafo anterior.

§ 4º Os prazos do § 2º não correm nos períodos de recesso do Congresso Nacional, nem se aplicam aos projetos de código.

Art. 65. O projeto de lei aprovado por uma Casa será revisto pela outra, em um só turno de discussão e votação, e enviado à sanção ou promulgação, se a Casa revisora o aprovar, ou arquivado, se o rejeitar.

Parágrafo único. Sendo o projeto emendado, voltará à Casa iniciadora.

Art. 66. A Casa na qual tenha sido concluída a votação enviará o projeto de lei ao Presidente da República, que, aquiescendo, o sancionará.

§ 1º Se o Presidente da República considerar o projeto, no todo ou em parte, inconstitucional ou contrário ao interesse público, vetá-lo-á total ou parcialmente, no prazo de quinze dias úteis, contados da data do recebimento, e comunicará, dentro de quarenta e oito horas, ao Presidente do Senado Federal os motivos do veto.

§ 2º O veto parcial somente abrangerá texto integral de artigo, de parágrafo, de inciso ou de alínea.

§ 3º Decorrido o prazo de quinze dias, o silêncio do Presidente da República importará aprovação.

§ 4º O veto será apreciado em sessão conjunta, dentro de trinta dias a contar de seu recebimento, só podendo ser rejeitado pelo voto da maioria absoluta dos Deputados e Senadores.

▶ § 4º com a redação dada pela EC nº 76, de 28-11-2013.

§ 5º Se o veto não for mantido, será o projeto enviado, para promulgação, ao Presidente da República.

§ 6º Esgotado sem deliberação o prazo estabelecido no § 4º, o veto será colocado na ordem do dia da sessão imediata, sobrestadas as demais proposições, até sua votação final.

▶ § 6º com a redação dada pela EC nº 32, de 11-9-2001.

§ 7º Se a lei não for promulgada dentro de quarenta e oito horas pelo Presidente da República, nos casos dos §§ 3º e 5º, o Presidente do Senado a promulgará, e, se este não o fizer em igual prazo, caberá ao Vice-Presidente do Senado fazê-lo.

Art. 67. A matéria constante de projeto de lei rejeitado somente poderá constituir objeto de novo projeto, na mesma sessão legislativa, mediante proposta da maioria absoluta dos membros de qualquer das Casas do Congresso Nacional.

Art. 68. As leis delegadas serão elaboradas pelo Presidente da República, que deverá solicitar a delegação ao Congresso Nacional.

§ 1º Não serão objeto de delegação os atos de competência exclusiva do Congresso Nacional, os de competência privativa da Câmara dos Deputados ou do Senado Federal, a matéria reservada à lei complementar, nem a legislação sobre:

I – organização do Poder Judiciário e do Ministério Público, a carreira e a garantia de seus membros;

II – nacionalidade, cidadania, direitos individuais, políticos e eleitorais;

III – planos plurianuais, diretrizes orçamentárias e orçamentos.

§ 2º A delegação ao Presidente da República terá a forma de resolução do Congresso Nacional, que especificará seu conteúdo e os termos de seu exercício.

§ 3º Se a resolução determinar a apreciação do projeto pelo Congresso Nacional, este a fará em votação única, vedada qualquer emenda.

Art. 69. As leis complementares serão aprovadas por maioria absoluta.

Seção IX

DA FISCALIZAÇÃO CONTÁBIL, FINANCEIRA E ORÇAMENTÁRIA

▶ Dec. nº 3.590, de 6-9-2000, dispõe sobre o Sistema de Administração Financeira Federal.

▶ Dec. nº 3.591, de 6-9-2000, dispõe sobre o Sistema de Controle Interno do Poder Executivo Federal.

▶ Dec. nº 6.976, de 7-10-2009, dispõe sobre o Sistema de Contabilidade Federal.

Art. 70. A fiscalização contábil, financeira, orçamentária, operacional e patrimonial da União e das entidades da administração direta e indireta, quanto à legalidade, legitimidade, economicidade, aplicação das subvenções e renúncia de receitas, será exercida pelo Congresso Nacional, mediante controle externo, e pelo sistema de controle interno de cada Poder.

Parágrafo único. Prestará contas qualquer pessoa física ou jurídica, pública ou privada, que utilize, arrecade, guarde, gerencie ou administre dinheiros, bens e valores públicos ou pelos quais a União responda, ou que, em nome desta, assuma obrigações de natureza pecuniária.

▶ Parágrafo único com a redação dada pela EC nº 19, de 4-6-1998.

Art. 71. O controle externo, a cargo do Congresso Nacional, será exercido com o auxílio do Tribunal de Contas da União, ao qual compete:

▶ Lei nº 8.443, de 16-7-1992, dispõe sobre a Lei Orgânica do Tribunal de Contas da União – TCU.

I – apreciar as contas prestadas anualmente pelo Presidente da República, mediante parecer prévio que deverá ser elaborado em sessenta dias a contar de seu recebimento;

II – julgar as contas dos administradores e demais responsáveis por dinheiros, bens e valores públicos da administração direta e indireta, incluídas as fundações e sociedades instituídas e mantidas pelo Poder Público federal, e as contas daqueles que derem causa a perda, extravio ou outra irregularidade de que resulte prejuízo ao erário público;

III – apreciar, para fins de registro, a legalidade dos atos de admissão de pessoal, a qualquer título, na administração direta e indireta, incluídas as fundações instituídas e mantidas pelo Poder Público, excetuadas as nomeações para cargo de provimento em comissão, bem como a das concessões de aposentadorias, reformas e pensões, ressalvadas as melhorias posteriores que não alterem o fundamento legal do ato concessório;

▶ Súm. Vinc. nº 3 do STF.

IV – realizar, por iniciativa própria, da Câmara dos Deputados, do Senado Federal, de Comissão técnica ou de inquérito, inspeções e auditorias de natureza contábil, financeira, orçamentária, operacional e patrimonial, nas unidades administrativas dos Poderes Legislativo, Executivo e Judiciário, e demais entidades referidas no inciso II;

V – fiscalizar as contas nacionais das empresas supranacionais de cujo capital social a União participe, de forma direta ou indireta, nos termos do tratado constitutivo;

VI – fiscalizar a aplicação de quaisquer recursos repassados pela União mediante convênio, acordo, ajuste ou outros instrumentos congêneres, a Estado, ao Distrito Federal ou a Município;

VII – prestar as informações solicitadas pelo Congresso Nacional, por qualquer de suas Casas, ou por qualquer das respectivas Comissões, sobre a fiscalização contábil, financeira, orçamentária, operacional e patrimonial e sobre resultados de auditorias e inspeções realizadas;

VIII – aplicar aos responsáveis, em caso de ilegalidade de despesa ou irregularidade de contas, as sanções previstas em lei, que estabelecerá, entre outras cominações, multa proporcional ao dano causado ao erário;

IX – assinar prazo para que o órgão ou entidade adote as providências necessárias ao exato cumprimento da lei, se verificada ilegalidade;

X – sustar, se não atendido, a execução do ato impugnado, comunicando a decisão à Câmara dos Deputados e ao Senado Federal;

XI – representar ao Poder competente sobre irregularidades ou abusos apurados.

§ 1º No caso de contrato, o ato de sustação será adotado diretamente pelo Congresso Nacional, que solicitará, de imediato, ao Poder Executivo as medidas cabíveis.

§ 2º Se o Congresso Nacional ou o Poder Executivo, no prazo de noventa dias, não efetivar as medidas previstas no parágrafo anterior, o Tribunal decidirá a respeito.

§ 3º As decisões do Tribunal de que resulte imputação de débito ou multa terão eficácia de título executivo.

§ 4º O Tribunal encaminhará ao Congresso Nacional, trimestral e anualmente, relatório de suas atividades.

Art. 72. A Comissão mista permanente a que se refere o artigo 166, § 1º, diante de indícios de despesas não autorizadas, ainda que sob a forma de investimentos não programados ou de subsídios não aprovados, poderá solicitar à autoridade governamental responsável que, no prazo de cinco dias, preste os esclarecimentos necessários.

▶ Art. 16, § 2º, do ADCT.

§ 1º Não prestados os esclarecimentos, ou considerados estes insuficientes, a Comissão solicitará ao Tribunal pronunciamento conclusivo sobre a matéria, no prazo de trinta dias.

§ 2º Entendendo o Tribunal irregular a despesa, a Comissão, se julgar que o gasto possa causar dano irreparável ou grave lesão à economia pública, proporá ao Congresso Nacional sua sustação.

Art. 73. O Tribunal de Contas da União, integrado por nove Ministros, tem sede no Distrito Federal, quadro próprio de pessoal e jurisdição em todo o Território Nacional, exercendo, no que couber, as atribuições previstas no artigo 96.

▶ Art. 84, XV, desta Constituição.
▶ Lei nº 8.443, de 16-7-1992, dispõe sobre a Lei Orgânica do Tribunal de Contas da União –TCU.

§ 1º Os Ministros do Tribunal de Contas da União serão nomeados dentre brasileiros que satisfaçam os seguintes requisitos:

I – mais de trinta e cinco e menos de sessenta e cinco anos de idade;
II – idoneidade moral e reputação ilibada;
III – notórios conhecimentos jurídicos, contábeis, econômicos e financeiros ou de administração pública;
IV – mais de dez anos de exercício de função ou de efetiva atividade profissional que exija os conhecimentos mencionados no inciso anterior.

▶ Dec. Legislativo nº 6, de 22-4-1993, dispõe sobre a escolha de Ministro do Tribunal de Contas da União.

§ 2º Os Ministros do Tribunal de Contas da União serão escolhidos:

▶ Súm. nº 653 do STF.

I – um terço pelo Presidente da República, com aprovação do Senado Federal, sendo dois alternadamente dentre auditores e membros do Ministério Público junto ao Tribunal, indicados em lista tríplice pelo Tribunal, segundo os critérios de antiguidade e merecimento;
II – dois terços pelo Congresso Nacional.

▶ Dec. Legislativo nº 6, de 22-4-1993, dispõe sobre a escolha de Ministro do Tribunal de Contas da União.

§ 3º Os Ministros do Tribunal de Contas da União terão as mesmas garantias, prerrogativas, impedimentos, vencimentos e vantagens dos Ministros do Superior Tribunal de Justiça, aplicando-se-lhes, quanto à aposentadoria e pensão, as normas constantes do art. 40.

▶ § 3º com a redação dada pela EC nº 20, de 15-12-1998.

§ 4º O auditor, quando em substituição a Ministro, terá as mesmas garantias e impedimentos do titular e, quando no exercício das demais atribuições da judicatura, as de juiz de Tribunal Regional Federal.

Art. 74. Os Poderes Legislativo, Executivo e Judiciário manterão, de forma integrada, sistema de controle interno com a finalidade de:

I – avaliar o cumprimento das metas previstas no plano plurianual, a execução dos programas de governo e dos orçamentos da União;

II – comprovar a legalidade e avaliar os resultados, quanto à eficácia e eficiência, da gestão orçamentária, financeira e patrimonial nos órgãos e entidades da administração federal, bem como da aplicação de recursos públicos por entidades de direito privado;
III – exercer o controle das operações de crédito, avais e garantias, bem como dos direitos e haveres da União;
IV – apoiar o controle externo no exercício de sua missão institucional.

§ 1º Os responsáveis pelo controle interno, ao tomarem conhecimento de qualquer irregularidade ou ilegalidade, dela darão ciência ao Tribunal de Contas da União, sob pena de responsabilidade solidária.

§ 2º Qualquer cidadão, partido político, associação ou sindicato é parte legítima para, na forma da lei, denunciar irregularidades ou ilegalidades perante o Tribunal de Contas da União.

▶ Arts. 1º, XVI, e 53, da Lei nº 8.443, de 16-7-1992, que dispõe sobre a Lei Orgânica do Tribunal de Contas da União – TCU.

Art. 75. As normas estabelecidas nesta seção aplicam-se, no que couber, à organização, composição e fiscalização dos Tribunais de Contas dos Estados e do Distrito Federal, bem como dos Tribunais e Conselhos de Contas dos Municípios.

▶ Súm. nº 653 do STF.

Parágrafo único. As Constituições estaduais disporão sobre os Tribunais de Contas respectivos, que serão integrados por sete Conselheiros.

CAPÍTULO II

DO PODER EXECUTIVO

SEÇÃO I

DO PRESIDENTE E DO VICE-PRESIDENTE DA REPÚBLICA

▶ Lei nº 10.683, de 28-5-2003, dispõe sobre a organização da Presidência da República e dos Ministérios.

Art. 76. O Poder Executivo é exercido pelo Presidente da República, auxiliado pelos Ministros de Estado.

Art. 77. A eleição do Presidente e do Vice-Presidente da República realizar-se-á, simultaneamente, no primeiro domingo de outubro, em primeiro turno, e no último domingo de outubro, em segundo turno, se houver, do ano anterior ao do término do mandato presidencial vigente.

▶ Caput com a redação dada pela EC nº 16, de 4-6-1997.
▶ Arts. 28, 29, II, 32, § 2º, desta Constituição.
▶ Lei nº 9.504, de 30-9-1997 (Lei das Eleições).

§ 1º A eleição do Presidente da República importará a do Vice-Presidente com ele registrado.

§ 2º Será considerado eleito Presidente o candidato que, registrado por partido político, obtiver a maioria absoluta de votos, não computados os em branco e os nulos.

§ 3º Se nenhum candidato alcançar maioria absoluta na primeira votação, far-se-á nova eleição em até vinte dias após a proclamação do resultado, concorrendo os dois candidatos mais votados e considerando-se eleito aquele que obtiver a maioria dos votos válidos.

§ 4º Se, antes de realizado o segundo turno, ocorrer morte, desistência ou impedimento legal de candidato, convocar-se-á, dentre os remanescentes, o de maior votação.

§ 5º Se, na hipótese dos parágrafos anteriores, remanescer, em segundo lugar, mais de um candidato com a mesma votação, qualificar-se-á o mais idoso.

Art. 78. O Presidente e o Vice-Presidente da República tomarão posse em sessão do Congresso Nacional, prestando o compromisso de manter, defender e cumprir a Constituição, observar as leis, promover o bem geral do povo brasileiro, sustentar a união, a integridade e a independência do Brasil.

Parágrafo único. Se, decorridos dez dias da data fixada para a posse, o Presidente ou o Vice-Presidente, salvo motivo de força maior, não tiver assumido o cargo, este será declarado vago.

Art. 79. Substituirá o Presidente, no caso de impedimento, e suceder-lhe-á, no de vaga, o Vice-Presidente.

Parágrafo único. O Vice-Presidente da República, além de outras atribuições que lhe forem conferidas por lei complementar, auxiliará o Presidente, sempre que por ele convocado para missões especiais.

Art. 80. Em caso de impedimento do Presidente e do Vice-Presidente, ou vacância dos respectivos cargos, serão sucessivamente chamados ao exercício da Presidência o Presidente da Câmara dos Deputados, o do Senado Federal e o do Supremo Tribunal Federal.

Art. 81. Vagando os cargos de Presidente e Vice-Presidente da República, far-se-á eleição noventa dias depois de aberta a última vaga.

§ 1º Ocorrendo a vacância nos últimos dois anos do período presidencial, a eleição para ambos os cargos será feita trinta dias depois da última vaga, pelo Congresso Nacional, na forma da lei.

§ 2º Em qualquer dos casos, os eleitos deverão completar o período de seus antecessores.

Art. 82. O mandato do Presidente da República é de quatro anos e terá início em primeiro de janeiro do ano subsequente ao da sua eleição.

▶ Artigo com a redação dada pela EC nº 16, de 4-6-1997.

Art. 83. O Presidente e o Vice-Presidente da República não poderão, sem licença do Congresso Nacional, ausentar-se do País por período superior a quinze dias, sob pena de perda do cargo.

Seção II

DAS ATRIBUIÇÕES DO PRESIDENTE DA REPÚBLICA

Art. 84. Compete privativamente ao Presidente da República:

▶ Arts. 55 a 57 do CPM.
▶ Arts. 466 a 480 do CPPM.

I – nomear e exonerar os Ministros de Estado;
II – exercer, com o auxílio dos Ministros de Estado, a direção superior da administração federal;
III – iniciar o processo legislativo, na forma e nos casos previstos nesta Constituição;
IV – sancionar, promulgar e fazer publicar as leis, bem como expedir decretos e regulamentos para sua fiel execução;
V – vetar projetos de lei, total ou parcialmente;

▶ Art. 66, §§ 1º a 7º, desta Constituição.

VI – dispor, mediante decreto, sobre:

▶ Art. 61, § 1º, II, e, desta Constituição.

a) organização e funcionamento da administração federal, quando não implicar aumento de despesa nem criação ou extinção de órgãos públicos;
b) extinção de funções ou cargos públicos, quando vagos;

▶ Inciso VI com a redação dada pela EC nº 32, de 11-9-2001.
▶ Art. 48, X, desta Constituição.

VII – manter relações com Estados estrangeiros e acreditar seus representantes diplomáticos;
VIII – celebrar tratados, convenções e atos internacionais, sujeitos a referendo do Congresso Nacional;
IX – decretar o estado de defesa e o estado de sítio;
X – decretar e executar a intervenção federal;
XI – remeter mensagem e plano de governo ao Congresso Nacional por ocasião da abertura da sessão legislativa, expondo a situação do País e solicitando as providências que julgar necessárias;
XII – conceder indulto e comutar penas, com audiência, se necessário, dos órgãos instituídos em lei;

▶ Dec. nº 1.860, de 11-4-1996, concede indulto especial e condicional.
▶ Dec. nº 2.002, de 9-9-1996, concede indulto e comuta penas.

XIII – exercer o comando supremo das Forças Armadas, nomear os Comandantes da Marinha, do Exército e da Aeronáutica, promover seus oficiais-generais e nomeá-los para os cargos que lhes são privativos;

▶ Inciso XIII com a redação dada pela EC nº 23, de 2-9-1999.
▶ Art. 49, I, desta Constituição.
▶ LC nº 97, de 9-6-1999, dispõe sobre as normas gerais para a organização, o preparo e o emprego das Forças Armadas.

XIV – nomear, após aprovação pelo Senado Federal, os Ministros do Supremo Tribunal Federal e dos Tribunais Superiores, os Governadores de Territórios, o Procurador-Geral da República, o presidente e os diretores do Banco Central e outros servidores, quando determinado em lei;
XV – nomear, observado o disposto no artigo 73, os Ministros do Tribunal de Contas da União;
XVI – nomear os magistrados, nos casos previstos nesta Constituição, e o Advogado-Geral da União;

▶ Arts. 131 e 132 desta Constituição.
▶ Súm. nº 627 do STF.

XVII – nomear membros do Conselho da República, nos termos do artigo 89, VII;
XVIII – convocar e presidir o Conselho da República e o Conselho de Defesa Nacional;
XIX – declarar guerra, no caso de agressão estrangeira, autorizado pelo Congresso Nacional ou referendado por ele, quando ocorrida no intervalo das sessões le-

gislativas, e, nas mesmas condições, decretar, total ou parcialmente, a mobilização nacional;
▶ Art. 5º, XLVII, a, desta Constituição.
▶ Dec. nº 7.294, de 6-9-2010, dispõe sobre a Política de Mobilização Nacional.

XX – celebrar a paz, autorizado ou com o referendo do Congresso Nacional;
XXI – conferir condecorações e distinções honoríficas;
XXII – permitir, nos casos previstos em lei complementar, que forças estrangeiras transitem pelo Território Nacional ou nele permaneçam temporariamente;
▶ LC nº 90, de 1º-10-1997, regulamenta este inciso e determina os casos em que forças estrangeiras possam transitar pelo território nacional ou nele permanecer temporariamente.

XXIII – enviar ao Congresso Nacional o plano plurianual, o projeto de lei de diretrizes orçamentárias e as propostas de orçamento previstos nesta Constituição;
XXIV – prestar anualmente, ao Congresso Nacional, dentro de sessenta dias após a abertura da sessão legislativa, as contas referentes ao exercício anterior;
XXV – prover e extinguir os cargos públicos federais, na forma da lei;
XXVI – editar medidas provisórias com força de lei, nos termos do artigo 62;
XXVII – exercer outras atribuições previstas nesta Constituição.

Parágrafo único. O Presidente da República poderá delegar as atribuições mencionadas nos incisos VI, XII e XXV, primeira parte, aos Ministros de Estado, ao Procurador-Geral da República ou ao Advogado-Geral da União, que observarão os limites traçados nas respectivas delegações.

Seção III

DA RESPONSABILIDADE DO PRESIDENTE DA REPÚBLICA

Art. 85. São crimes de responsabilidade os atos do Presidente da República que atentem contra a Constituição Federal e, especialmente, contra:

▶ Lei nº 1.079, de 10-4-1950 (Lei dos Crimes de Responsabilidade).
▶ Lei nº 8.429, de 2-6-1992 (Lei da Improbidade Administrativa).

I – a existência da União;
II – o livre exercício do Poder Legislativo, do Poder Judiciário, do Ministério Público e dos Poderes Constitucionais das Unidades da Federação;
III – o exercício dos direitos políticos, individuais e sociais;
IV – a segurança interna do País;
▶ LC nº 90, de 1º-10-1997, determina os casos em que forças estrangeiras possam transitar pelo território nacional ou nele permanecer temporariamente.

V – a probidade na administração;
▶ Art. 37, § 4º, desta Constituição.

VI – a lei orçamentária;
VII – o cumprimento das leis e das decisões judiciais.

Parágrafo único. Estes crimes serão definidos em lei especial, que estabelecerá as normas de processo e julgamento.
▶ Lei nº 1.079, de 10-4-1950 (Lei dos Crimes de Responsabilidade).
▶ Súm. nº 722 do STF.

Art. 86. Admitida a acusação contra o Presidente da República, por dois terços da Câmara dos Deputados, será ele submetido a julgamento perante o Supremo Tribunal Federal, nas infrações penais comuns, ou perante o Senado Federal, nos crimes de responsabilidade.

§ 1º O Presidente ficará suspenso de suas funções:
I – nas infrações penais comuns, se recebida a denúncia ou queixa-crime pelo Supremo Tribunal Federal;
II – nos crimes de responsabilidade, após a instauração do processo pelo Senado Federal.

§ 2º Se, decorrido o prazo de cento e oitenta dias, o julgamento não estiver concluído, cessará o afastamento do Presidente, sem prejuízo do regular prosseguimento do processo.

§ 3º Enquanto não sobrevier sentença condenatória, nas infrações comuns, o Presidente da República não estará sujeito à prisão.

§ 4º O Presidente da República, na vigência de seu mandato, não pode ser responsabilizado por atos estranhos ao exercício de suas funções.

Seção IV

DOS MINISTROS DE ESTADO

▶ Lei nº 10.683, de 28-5-2003, e Dec. nº 4.118, de 7-2-2002, dispõem sobre a organização da Presidência da República e dos Ministérios.

Art. 87. Os Ministros de Estado serão escolhidos dentre brasileiros maiores de vinte e um anos e no exercício dos direitos políticos.

Parágrafo único. Compete ao Ministro de Estado, além de outras atribuições estabelecidas nesta Constituição e na lei:

I – exercer a orientação, coordenação e supervisão dos órgãos e entidades da administração federal na área de sua competência e referendar os atos e decretos assinados pelo Presidente da República;
II – expedir instruções para a execução das leis, decretos e regulamentos;
III – apresentar ao Presidente da República relatório anual de sua gestão no Ministério;
IV – praticar os atos pertinentes às atribuições que lhe forem outorgadas ou delegadas pelo Presidente da República.

Art. 88. A lei disporá sobre a criação e extinção de Ministérios e órgãos da administração pública.
▶ Artigo com a redação dada pela EC nº 32, de 11-9-2001.

SEÇÃO V
DO CONSELHO DA REPÚBLICA E DO CONSELHO DE DEFESA NACIONAL

SUBSEÇÃO I
DO CONSELHO DA REPÚBLICA

▶ Lei nº 8.041, de 5-6-1990, dispõe sobre a organização e o funcionamento do Conselho da República.
▶ Art. 14 do Dec. nº 4.118, de 7-2-2002, que dispõe sobre a organização da Presidência da República e dos Ministérios.

Art. 89. O Conselho da República é órgão superior de consulta do Presidente da República, e dele participam:

▶ Lei nº 8.041, de 5-6-1990, dispõe sobre a organização e o funcionamento do Conselho da República.

I – o Vice-Presidente da República;
II – o Presidente da Câmara dos Deputados;
III – o Presidente do Senado Federal;
IV – os líderes da maioria e da minoria na Câmara dos Deputados;
V – os líderes da maioria e da minoria no Senado Federal;
VI – o Ministro da Justiça;
VII – seis cidadãos brasileiros natos, com mais de trinta e cinco anos de idade, sendo dois nomeados pelo Presidente da República, dois eleitos pelo Senado Federal e dois eleitos pela Câmara dos Deputados, todos com mandato de três anos, vedada a recondução.

▶ Arts. 51, V, 52, XIV, e 84, XVII, desta Constituição.

Art. 90. Compete ao Conselho da República pronunciar-se sobre:

I – intervenção federal, estado de defesa e estado de sítio;
II – as questões relevantes para a estabilidade das instituições democráticas.

§ 1º O Presidente da República poderá convocar Ministro de Estado para participar da reunião do Conselho, quando constar da pauta questão relacionada com o respectivo Ministério.

§ 2º A lei regulará a organização e o funcionamento do Conselho da República.

▶ Lei nº 8.041, de 5-6-1990, dispõe sobre a organização e o funcionamento do Conselho da República.

SUBSEÇÃO II
DO CONSELHO DE DEFESA NACIONAL

▶ Lei nº 8.183, de 11-4-1991, dispõe sobre a organização e o funcionamento do Conselho de Defesa Nacional.
▶ Dec. nº 893, de 12-8-1993, aprova o regulamento do Conselho de Defesa Nacional.
▶ Art. 15 do Dec. nº 4.118, de 7-2-2002, que dispõe sobre o Conselho de Defesa Nacional.

Art. 91. O Conselho de Defesa Nacional é órgão de consulta do Presidente da República nos assuntos relacionados com a soberania nacional e a defesa do Estado democrático, e dele participam como membros natos:

▶ Lei nº 8.183, de 11-4-1991, dispõe sobre a organização e o funcionamento do Conselho de Defesa Nacional.
▶ Dec. nº 893, de 12-8-1993, aprova o regulamento do Conselho de Defesa Nacional.

I – o Vice-Presidente da República;
II – o Presidente da Câmara dos Deputados;
III – o Presidente do Senado Federal;
IV – o Ministro da Justiça;
V – o Ministro de Estado da Defesa;

▶ Inciso V com a redação dada pela EC nº 23, de 2-9-1999.

VI – o Ministro das Relações Exteriores;
VII – o Ministro do Planejamento;
VIII – os Comandantes da Marinha, do Exército e da Aeronáutica.

▶ Inciso VIII acrescido pela EC nº 23, de 2-9-1999.

§ 1º Compete ao Conselho de Defesa Nacional:

I – opinar nas hipóteses de declaração de guerra e de celebração da paz, nos termos desta Constituição;
II – opinar sobre a decretação do estado de defesa, do estado de sítio e da intervenção federal;
III – propor os critérios e condições de utilização de áreas indispensáveis à segurança do território nacional e opinar sobre seu efetivo uso, especialmente na faixa de fronteira e nas relacionadas com a preservação e a exploração dos recursos naturais de qualquer tipo;
IV – estudar, propor e acompanhar o desenvolvimento de iniciativas necessárias a garantir a independência nacional e a defesa do Estado democrático.

§ 2º A lei regulará a organização e o funcionamento do Conselho de Defesa Nacional.

▶ Lei nº 8.183, de 11-4-1991, dispõe sobre a organização e o funcionamento do Conselho de Defesa Nacional.
▶ Dec. nº 893, de 12-8-1993, aprova o Regulamento do Conselho de Defesa Nacional.

CAPÍTULO III
DO PODER JUDICIÁRIO

SEÇÃO I
DISPOSIÇÕES GERAIS

Art. 92. São órgãos do Poder Judiciário:

I – o Supremo Tribunal Federal;
I-A – O Conselho Nacional de Justiça;

▶ Inciso I-A acrescido pela EC nº 45, de 8-12-2004.
▶ Art. 103-B desta Constituição.
▶ Art. 5º da EC nº 45, de 8-12-2004 (Reforma do Judiciário).
▶ O STF, ao julgar a ADIN nº 3.367, considerou constitucional a criação do CNJ, como órgão interno de controle administrativo, financeiro e disciplinar da magistratura, inovação trazida com a EC nº 45, 8-12-2004.

II – o Superior Tribunal de Justiça;
III – os Tribunais Regionais Federais e Juízes Federais;
IV – os Tribunais e Juízes do Trabalho;
V – os Tribunais e Juízes Eleitorais;
VI – os Tribunais e Juízes Militares;
VII – os Tribunais e Juízes dos Estados e do Distrito Federal e Territórios.

§ 1º O Supremo Tribunal Federal, o Conselho Nacional de Justiça e os Tribunais Superiores têm sede na Capital Federal.

▶ Art. 103-B desta Constituição.

§ 2º O Supremo Tribunal Federal e os Tribunais Superiores têm jurisdição em todo o território nacional.

▶ §§ 1º e 2º acrescidos pela EC nº 45, de 8-12-2004.

Art. 93. Lei complementar, de iniciativa do Supremo Tribunal Federal, disporá sobre o Estatuto da Magistratura, observados os seguintes princípios:

▶ LC nº 35, de 14-3-1979 (Lei Orgânica da Magistratura Nacional).

▶ Lei nº 5.621, de 4-11-1970, dispõe sobre organização e divisão judiciária.

I – ingresso na carreira, cujo cargo inicial será o de juiz substituto, mediante concurso público de provas e títulos, com a participação da Ordem dos Advogados do Brasil em todas as fases, exigindo-se do bacharel em direito, no mínimo, três anos de atividade jurídica e obedecendo-se, nas nomeações, à ordem de classificação;

▶ Inciso I com a redação dada pela EC nº 45, de 8-12-2004.

II – promoção de entrância para entrância, alternadamente, por antiguidade e merecimento, atendidas as seguintes normas:

a) é obrigatória a promoção do juiz que figure por três vezes consecutivas ou cinco alternadas em lista de merecimento;

b) a promoção por merecimento pressupõe dois anos de exercício na respectiva entrância e integrar o juiz a primeira quinta parte da lista de antiguidade desta, salvo se não houver com tais requisitos quem aceite o lugar vago;

c) aferição do merecimento conforme o desempenho e pelos critérios objetivos de produtividade e presteza no exercício da jurisdição e pela frequência e aproveitamento em cursos oficiais ou reconhecidos de aperfeiçoamento;

d) na apuração de antiguidade, o tribunal somente poderá recusar o juiz mais antigo pelo voto fundamentado de dois terços de seus membros, conforme procedimento próprio, e assegurada ampla defesa, repetindo-se a votação até fixar-se a indicação;

▶ Alíneas c e d com a redação dada pela EC nº 45, de 8-12-2004.

e) não será promovido o juiz que, injustificadamente, retiver autos em seu poder além do prazo legal, não podendo devolvê-los ao cartório sem o devido despacho ou decisão;

▶ Alínea e acrescida pela EC nº 45, de 8-12-2004.

III – o acesso aos tribunais de segundo grau far-se-á por antiguidade e merecimento, alternadamente, apurados na última ou única entrância;

IV – previsão de cursos oficiais de preparação, aperfeiçoamento e promoção de magistrados, constituindo etapa obrigatória do processo de vitaliciamento a participação em curso oficial ou reconhecido por escola nacional de formação e aperfeiçoamento de magistrados;

▶ Incisos III e IV com a redação dada pela EC nº 45, de 8-12-2004.

V – o subsídio dos Ministros dos Tribunais Superiores corresponderá a noventa e cinco por cento do subsídio mensal fixado para os Ministros do Supremo Tribunal Federal e os subsídios dos demais magistrados serão fixados em lei e escalonados, em nível federal e estadual, conforme as respectivas categorias da estrutura judiciária nacional, não podendo a diferença entre uma e outra ser superior a dez por cento ou inferior a cinco por cento, nem exceder a noventa e cinco por cento do subsídio mensal dos Ministros dos Tribunais Superiores, obedecido, em qualquer caso, o disposto nos artigos 37, XI, e 39, § 4º;

▶ Inciso V com a redação dada pela EC nº 19, de 4-6-1998.

▶ Lei nº 9.655, de 2-6-1998, altera o percentual de diferença entre a remuneração dos cargos de Ministros do Superior Tribunal de Justiça e dos Juízes da Justiça Federal de Primeiro e Segundo Graus.

VI – a aposentadoria dos magistrados e a pensão de seus dependentes observarão o disposto no artigo 40;

▶ Inciso VI com a redação dada pela EC nº 20, de 15-12-1998.

VII – o juiz titular residirá na respectiva comarca, salvo autorização do tribunal;

VIII – o ato de remoção, disponibilidade e aposentadoria do magistrado, por interesse público, fundar-se-á em decisão por voto de maioria absoluta do respectivo tribunal ou do Conselho Nacional de Justiça, assegurada ampla defesa;

▶ Incisos VII e VIII com a redação dada pela EC nº 45, de 8-12-2004.

▶ Arts. 95, II, e 103-B desta Constituição.

▶ Art. 5º da EC nº 45, de 8-12-2004 (Reforma do Judiciário).

VIII-A – a remoção a pedido ou a permuta de magistrados de comarca de igual entrância atenderá, no que couber, ao disposto nas alíneas a, b, c e e do inciso II;

▶ Inciso VIII-A acrescido pela EC nº 45, de 8-12-2004.

IX – todos os julgamentos dos órgãos do Poder Judiciário serão públicos, e fundamentadas todas as decisões, sob pena de nulidade, podendo a lei limitar a presença, em determinados atos, às próprias partes e a seus advogados, ou somente a estes, em casos nos quais a preservação do direito à intimidade do interessado no sigilo não prejudique o interesse público à informação;

▶ Súm. nº 123 do STJ.

X – as decisões administrativas dos tribunais serão motivadas e em sessão pública, sendo as disciplinares tomadas pelo voto da maioria absoluta de seus membros;

XI – nos tribunais com número superior a vinte e cinco julgadores, poderá ser constituído órgão especial, com o mínimo de onze e o máximo de vinte e cinco membros, para o exercício das atribuições administrativas e jurisdicionais delegadas da competência do tribunal pleno, provendo-se metade das vagas por antiguidade e a outra metade por eleição pelo tribunal pleno;

▶ Incisos IX a XI com a redação dada pela EC nº 45, de 8-12-2004.

XII – a atividade jurisdicional será ininterrupta, sendo vedado férias coletivas nos juízos e tribunais de segundo grau, funcionando, nos dias em que não houver expediente forense normal, juízes em plantão permanente;

XIII – o número de juízes na unidade jurisdicional será proporcional à efetiva demanda judicial e à respectiva população;
XIV – os servidores receberão delegação para a prática de atos de administração e atos de mero expediente sem caráter decisório;
XV – a distribuição de processos será imediata, em todos os graus de jurisdição.

▶ Incisos XII a XV acrescidos pela EC nº 45, de 8-12-2004.

Art. 94. Um quinto dos lugares dos Tribunais Regionais Federais, dos Tribunais dos Estados, e do Distrito Federal e Territórios será composto de membros, do Ministério Público, com mais de dez anos de carreira, e de advogados de notório saber jurídico e de reputação ilibada, com mais de dez anos de efetiva atividade profissional, indicados em lista sêxtupla pelos órgãos de representação das respectivas classes.

▶ Arts. 104, II, e 115, II, desta Constituição.

Parágrafo único. Recebidas as indicações, o Tribunal formará lista tríplice, enviando-a ao Poder Executivo, que, nos vinte dias subsequentes, escolherá um de seus integrantes para nomeação.

Art. 95. Os juízes gozam das seguintes garantias:

I – vitaliciedade, que, no primeiro grau, só será adquirida após dois anos de exercício, dependendo a perda do cargo, nesse período, de deliberação do Tribunal a que o juiz estiver vinculado, e, nos demais casos, de sentença judicial transitada em julgado;

▶ Súm. nº 36 do STF.

II – inamovibilidade, salvo por motivo de interesse público, na forma do artigo 93, VIII;
III – irredutibilidade de subsídio, ressalvado o disposto nos artigos 37, X e XI, 39, § 4º, 150, II, 153, III, e 153, § 2º, I.

▶ Inciso III com a redação dada pela EC nº 19, de 4-6-1998.

Parágrafo único. Aos juízes é vedado:

I – exercer, ainda que em disponibilidade, outro cargo ou função, salvo uma de magistério;
II – receber, a qualquer título ou pretexto, custas ou participação em processo;
III – dedicar-se à atividade político-partidária;
IV – receber, a qualquer título ou pretexto, auxílios ou contribuições de pessoas físicas, entidades públicas ou privadas, ressalvadas as exceções previstas em lei;
V – exercer a advocacia no juízo ou tribunal do qual se afastou, antes de decorridos três anos do afastamento do cargo por aposentadoria ou exoneração.

▶ Incisos IV e V acrescidos pela EC nº 45, de 8-12-2004.
▶ Art. 128, § 6º, desta Constituição.

Art. 96. Compete privativamente:

▶ Art. 4º da EC nº 45, de 8-12-2004.

I – aos Tribunais:
a) eleger seus órgãos diretivos e elaborar seus regimentos internos, com observância das normas de processo e das garantias processuais das partes, dispondo sobre a competência e o funcionamento dos respectivos órgãos jurisdicionais e administrativos;
b) organizar suas secretarias e serviços auxiliares e os dos juízos que lhes forem vinculados, velando pelo exercício da atividade correicional respectiva;
c) prover, na forma prevista nesta Constituição, os cargos de juiz de carreira da respectiva jurisdição;
d) propor a criação de novas varas judiciárias;
e) prover, por concurso público de provas, ou de provas e títulos, obedecido o disposto no artigo 169, parágrafo único, os cargos necessários à administração da Justiça, exceto os de confiança assim definidos em lei;

▶ De acordo com a alteração processada pela EC nº 19, de 4-6-1998, a referência passa a ser ao art. 169, § 1º.

f) conceder licença, férias e outros afastamentos a seus membros e aos juízes e servidores que lhes forem imediatamente vinculados;

II – ao Supremo Tribunal Federal, aos Tribunais Superiores e aos Tribunais de Justiça propor ao Poder Legislativo respectivo, observado o disposto no artigo 169:

a) a alteração do número de membros dos Tribunais inferiores;
b) a criação e a extinção de cargos e a remuneração dos seus serviços auxiliares e dos juízos que lhes forem vinculados, bem como a fixação do subsídio de seus membros e dos juízes, inclusive dos tribunais inferiores, onde houver;

▶ Alínea b com a redação dada pela EC nº 41, de 19-12-2003.
▶ Lei nº 11.416, de 15-12-2006, dispõe sobre as carreiras dos servidores do Poder Judiciário da União.

c) a criação ou extinção dos Tribunais inferiores;
d) a alteração da organização e da divisão judiciárias;

III – aos Tribunais de Justiça julgar os juízes estaduais e do Distrito Federal e Territórios, bem como os membros do Ministério Público, nos crimes comuns e de responsabilidade, ressalvada a competência da Justiça Eleitoral.

Art. 97. Somente pelo voto da maioria absoluta de seus membros ou dos membros do respectivo órgão especial poderão os Tribunais declarar a inconstitucionalidade de lei ou ato normativo do Poder Público.

▶ Súm. Vinc. nº 10 do STF.

Art. 98. A União, no Distrito Federal e nos Territórios, e os Estados criarão:

I – juizados especiais, providos por juízes togados, ou togados e leigos, competentes para a conciliação, o julgamento e a execução de causas cíveis de menor complexidade e infrações penais de menor potencial ofensivo, mediante os procedimentos oral e sumaríssimo, permitidos, nas hipóteses previstas em lei, a transação e o julgamento de recursos por turmas de juízes de primeiro grau;

▶ Lei nº 9.099, de 26-9-1995 (Lei dos Juizados Especiais).
▶ Lei nº 10.259, de 12-7-2001 (Lei dos Juizados Especiais Federais).
▶ Lei nº 12.153, 22-12-2009 (Lei dos Juizados Especiais da Fazenda Pública).
▶ Súm. Vinc. nº 27 do STF.
▶ Súm. nº 376 do STJ.

II – justiça de paz, remunerada, composta de cidadãos eleitos pelo voto direto, universal e secreto, com mandato de quatro anos e competência para, na forma da lei, celebrar casamentos, verificar, de ofício ou em face de impugnação apresentada, o processo de habilitação e exercer atribuições conciliatórias, sem caráter jurisdicional, além de outras previstas na legislação.

► Art. 30 do ADCT.

§ 1º Lei federal disporá sobre a criação de juizados especiais no âmbito da Justiça Federal.

► Antigo parágrafo único renumerado para § 1º pela EC nº 45, de 8-12-2004.
► Lei nº 10.259, de 12-7-2001 (Lei dos Juizados Especiais Federais).
► Súm. nº 428 do STJ.

§ 2º As custas e emolumentos serão destinados exclusivamente ao custeio dos serviços afetos às atividades específicas da Justiça.

► § 2º acrescido pela EC nº 45, de 8-12-2004.

Art. 99. Ao Poder Judiciário é assegurada autonomia administrativa e financeira.

§ 1º Os Tribunais elaborarão suas propostas orçamentárias dentro dos limites estipulados conjuntamente com os demais Poderes na lei de diretrizes orçamentárias.

► Art. 134, § 2º, desta Constituição.

§ 2º O encaminhamento da proposta, ouvidos os outros Tribunais interessados, compete:

► Art. 134, § 2º, desta Constituição.

I – no âmbito da União, aos Presidentes do Supremo Tribunal Federal e dos Tribunais Superiores, com a aprovação dos respectivos Tribunais;

II – no âmbito dos Estados e no do Distrito Federal e Territórios, aos Presidentes dos Tribunais de Justiça, com a aprovação dos respectivos Tribunais.

§ 3º Se os órgãos referidos no § 2º não encaminharem as respectivas propostas orçamentárias dentro do prazo estabelecido na lei de diretrizes orçamentárias, o Poder Executivo considerará, para fins de consolidação da proposta orçamentária anual, os valores aprovados na lei orçamentária vigente, ajustados de acordo com os limites estipulados na forma do § 1º deste artigo.

§ 4º Se as propostas orçamentárias de que trata este artigo forem encaminhadas em desacordo com os limites estipulados na forma do § 1º, o Poder Executivo procederá aos ajustes necessários para fins de consolidação da proposta orçamentária anual.

§ 5º Durante a execução orçamentária do exercício, não poderá haver a realização de despesas ou a assunção de obrigações que extrapolem os limites estabelecidos na lei de diretrizes orçamentárias, exceto se previamente autorizadas, mediante a abertura de créditos suplementares ou especiais.

► §§ 3º a 5º acrescidos pela EC nº 45, de 8-12-2004.

Art. 100. Os pagamentos devidos pelas Fazendas Públicas Federal, Estaduais, Distrital e Municipais, em virtude de sentença judiciária, far-se-ão exclusivamente na ordem cronológica de apresentação dos precatórios e à conta dos créditos respectivos, proibida a designação de casos ou de pessoas nas dotações orçamentárias e nos créditos adicionais abertos para este fim.

► *Caput* com a redação dada pela EC nº 62, de 9-12-2009.
► Arts. 33, 78, 86, 87 e 97 do ADCT.
► Art. 4º da EC nº 62, de 9-12-2009.

► Art. 6º da Lei nº 9.469, de 10-7-1997, que regula os pagamentos devidos pela Fazenda Pública em virtude de sentença judiciária.
► Res. do CNJ nº 92, de 13-10-2009, dispõe sobre a Gestão de Precatórios no âmbito do Poder Judiciário.
► Súmulas nºs 655 e 729 do STF.
► Súmulas nºs 144 e 339 do STJ.
► Orientações Jurisprudenciais do Tribunal Pleno nºs 12 e 13 do TST.

§ 1º Os débitos de natureza alimentícia compreendem aqueles decorrentes de salários, vencimentos, proventos, pensões e suas complementações, benefícios previdenciários e indenizações por morte ou por invalidez, fundadas em responsabilidade civil, em virtude de sentença judicial transitada em julgado, e serão pagos com preferência sobre todos os demais débitos, exceto sobre aqueles referidos no § 2º deste artigo.

§ 2º Os débitos de natureza alimentícia cujos titulares tenham 60 (sessenta) anos de idade ou mais na data de expedição do precatório, ou sejam portadores de doença grave, definidos na forma da lei, serão pagos com preferência sobre todos os demais débitos, até o valor equivalente ao triplo do fixado em lei para os fins do disposto no § 3º deste artigo, admitido o fracionamento para essa finalidade, sendo o restante será pago na ordem cronológica de apresentação do precatório.

► Art. 97, § 17, do ADCT.
► ADIN nº 4.425 (*DJE* de 18-12-2013) julgada parcialmente procedente.

§ 3º O disposto no *caput* deste artigo relativamente à expedição de precatórios não se aplica aos pagamentos de obrigações definidas em leis como de pequeno valor que as Fazendas referidas devam fazer em virtude de sentença judicial transitada em julgado.

► Art. 87 do ADCT.
► Lei nº 10.099, de 19-12-2000, regulamenta este parágrafo.
► Art. 17, § 1º, da Lei nº 10.259, de 12-7-2001 (Lei dos Juizados Especiais Federais).
► Art. 13 da Lei nº 12.153, de 22-12-2009 (Lei dos Juizados Especiais da Fazenda Pública).

§ 4º Para os fins do disposto no § 3º, poderão ser fixados, por leis próprias, valores distintos às entidades de direito público, segundo as diferentes capacidades econômicas, sendo o mínimo igual ao valor do maior benefício do regime geral de previdência social.

► Art. 97, § 12º, do ADCT.
► Orientações Jurisprudenciais nºs 1 e 9 do Tribunal Pleno do TST.

§ 5º É obrigatória a inclusão, no orçamento das entidades de direito público, de verba necessária ao pagamento de seus débitos, oriundos de sentenças transitadas em julgado, constantes de precatórios judiciários apresentados até 1º de julho, fazendo-se o pagamento até o final do exercício seguinte, quando terão seus valores atualizados monetariamente.

► Súm. Vinc. nº 17 do STF.

§ 6º As dotações orçamentárias e os créditos abertos serão consignados diretamente ao Poder Judiciário, cabendo ao Presidente do Tribunal que proferir a decisão exequenda determinar o pagamento integral e autorizar, a requerimento do credor e exclusivamente para os casos de preterimento de seu direito de precedência ou de não alocação orçamentária do valor necessário à satisfação do seu débito, o sequestro da quantia respectiva.

▶ §§ 1º a 6º com a redação dada pela EC nº 62, de 9-12-2009.
▶ Súm. nº 733 do STF.

§ 7º O Presidente do Tribunal competente que, por ato comissivo ou omissivo, retardar ou tentar frustrar a liquidação regular de precatórios incorrerá em crime de responsabilidade e responderá, também, perante o Conselho Nacional de Justiça.

▶ Lei nº 1.079, de 10-4-1950 (Lei dos Crimes de Responsabilidade).

§ 8º É vedada a expedição de precatórios complementares ou suplementares de valor pago, bem como o fracionamento, repartição ou quebra do valor da execução para fins de enquadramento de parcela do total ao que dispõe o § 3º deste artigo.

▶ Art. 87 do ADCT.

§ 9º No momento da expedição dos precatórios, independentemente de regulamentação, deles deverá ser abatido, a título de compensação, valor correspondente aos débitos líquidos e certos, inscritos ou não em dívida ativa e constituídos contra o credor original pela Fazenda Pública devedora, incluídas parcelas vincendas de parcelamentos, ressalvados aqueles cuja execução esteja suspensa em virtude de contestação administrativa ou judicial.

▶ Orient. Norm. do CJF nº 4, de 8-6-2010, estabelece regra de transição para os procedimentos de compensação previstos neste inciso.
▶ ADIN nº 4.425 (DJE de 18-12-2013) julgada parcialmente procedente.

§ 10. Antes da expedição dos precatórios, o Tribunal solicitará à Fazenda Pública devedora, para resposta em até 30 (trinta) dias, sob pena de perda do direito de abatimento, informação sobre os débitos que preencham as condições estabelecidas no § 9º, para os fins nele previstos.

▶ Orient. Norm. do CJF nº 4, de 8-6-2010, estabelece regra de transição para os procedimentos de compensação previstos neste inciso.
▶ ADIN nº 4.425 (DJE de 18-12-2013) julgada parcialmente procedente.

§ 11. É facultada ao credor, conforme estabelecido em lei da entidade federativa devedora, a entrega de créditos em precatórios para compra de imóveis públicos do respectivo ente federado.

§ 12. A partir da promulgação desta Emenda Constitucional, a atualização de valores de requisitórios, após sua expedição, até o efetivo pagamento, independentemente de sua natureza, será feita pelo índice oficial de remuneração básica da caderneta de poupança, e, para fins de compensação da mora, incidirão juros simples no mesmo percentual de juros incidentes sobre a caderneta de poupança, ficando excluída a incidência de juros compensatórios.

▶ OJ do Tribunal Pleno nº 7 do TST.
▶ OJ da SBDI-I nº 382 do TST.
▶ ADIN nº 4.425 (DJE de 18-12-2013) julgada parcialmente procedente.

§ 13. O credor poderá ceder, total ou parcialmente, seus créditos em precatórios a terceiros, independen-

temente da concordância do devedor, não se aplicando ao cessionário o disposto nos §§ 2º e 3º.

▶ Art. 5º da EC nº 62, de 9-12-2009, que convalida todas as cessões de precatórios efetuadas antes da sua promulgação, independentemente da concordância da entidade devedora.
▶ Arts. 286 a 298 do CC.

§ 14. A cessão de precatórios somente produzirá efeitos após comunicação, por meio de petição protocolizada, ao tribunal de origem e à entidade devedora.

§ 15. Sem prejuízo do disposto neste artigo, lei complementar a esta Constituição Federal poderá estabelecer regime especial para pagamento de crédito de precatórios de Estados, Distrito Federal e Municípios, dispondo sobre vinculações à receita corrente líquida e forma e prazo de liquidação.

▶ Art. 97, caput, do ADCT.

§ 16. A seu critério exclusivo e na forma de lei, a União poderá assumir débitos, oriundos de precatórios, de Estados, Distrito Federal e Municípios, refinanciando-os diretamente.

▶ §§ 7º a 16 acrescidos pela EC nº 62, de 9-12-2009.

Seção II

DO SUPREMO TRIBUNAL FEDERAL

Art. 101. O Supremo Tribunal Federal compõe-se de onze Ministros, escolhidos dentre cidadãos com mais de trinta e cinco anos e menos de sessenta e cinco anos de idade, de notável saber jurídico e reputação ilibada.

▶ Lei nº 8.038, de 28-5-1990, institui normas procedimentais para os processos que especifica, perante o STJ e o STF.

Parágrafo único. Os Ministros do Supremo Tribunal Federal serão nomeados pelo Presidente da República, depois de aprovada a escolha pela maioria absoluta do Senado Federal.

Art. 102. Compete ao Supremo Tribunal Federal, precipuamente, a guarda da Constituição, cabendo-lhe:

I – processar e julgar, originariamente:

▶ Res. do STF nº 427, de 20-4-2010, regulamenta o processo eletrônico no âmbito do Supremo Tribunal Federal.

a) a ação direta de inconstitucionalidade de lei ou ato normativo federal ou estadual e a ação declaratória de constitucionalidade de lei ou ato normativo federal;

▶ Alínea a com a redação dada pela EC nº 3, de 17-3-1993.
▶ Lei nº 9.868, de 10-11-1999 (Lei da ADIN e da ADECON).
▶ Dec. nº 2.346, de 10-10-1997, consolida as normas de procedimentos a serem observadas pela administração pública federal em razão de decisões judiciais.
▶ Súmulas nºs 360, 642 e 735 do STF.

b) nas infrações penais comuns, o Presidente da República, o Vice-Presidente, os membros do Congresso Nacional, seus próprios Ministros e o Procurador-Geral da República;

c) nas infrações penais comuns e nos crimes de responsabilidade, os Ministros de Estado e os Comandantes da Marinha, do Exército e da Aeronáutica, ressalvado o disposto no artigo 52, I, os membros dos Tribunais Superiores, os do Tribunal de Contas

da União e os chefes de missão diplomática de caráter permanente;
- Alínea c com a redação dada pela EC nº 23, de 2-9-1999.
- Lei nº 1.079, de 10-4-1950 (Lei dos Crimes de Responsabilidade).

d) o *habeas corpus*, sendo paciente qualquer das pessoas referidas nas alíneas anteriores; o mandado de segurança e o *habeas data* contra atos do Presidente da República, das Mesas da Câmara dos Deputados e do Senado Federal, do Tribunal de Contas da União, do Procurador-Geral da República e do próprio Supremo Tribunal Federal;
- Lei nº 9.507, de 12-11-1997 (Lei do *Habeas Data*).
- Lei nº 12.016, de 7-8-2009 (Lei do Mandado de Segurança Individual e Coletivo).
- Súm. nº 624 do STF.

e) o litígio entre Estado estrangeiro ou organismo internacional e a União, o Estado, o Distrito Federal ou o Território;

f) as causas e os conflitos entre a União e os Estados, a União e o Distrito Federal, ou entre uns e outros, inclusive as respectivas entidades da administração indireta;

g) a extradição solicitada por Estado estrangeiro;
- Súmulas nºs 367, 421 e 692 do STF.

h) Revogada. EC nº 45, de 8-12-2004;

i) o *habeas corpus*, quando o coator for Tribunal Superior ou quando o coator ou o paciente for autoridade ou funcionário cujos atos estejam sujeitos diretamente à jurisdição do Supremo Tribunal Federal, ou se trate de crime sujeito à mesma jurisdição em uma única instância;
- Alínea *i* com a redação dada pela EC nº 22, de 18-3-1999.
- Súmulas nºs 606, 691, 692 e 731 do STF.

j) a revisão criminal e a ação rescisória de seus julgados;
- Arts. 485 a 495 do CPC.
- Arts. 621 a 631 do CPP.

l) a reclamação para a preservação de sua competência e garantia da autoridade de suas decisões;
- Arts. 13 a 18 da Lei nº 8.038, de 28-5-1990, que institui normas procedimentais para os processos que especifica, perante o STJ e o STF.
- Súm. 734 do STF.

m) a execução de sentença nas causas de sua competência originária, facultada a delegação de atribuições para a prática de atos processuais;

n) a ação em que todos os membros da magistratura sejam direta ou indiretamente interessados, e aquela em que mais da metade dos membros do Tribunal de origem estejam impedidos ou sejam direta ou indiretamente interessados;
- Súmulas nº 623 e 731 do STF.

o) os conflitos de competência entre o Superior Tribunal de Justiça e quaisquer Tribunais, entre Tribunais Superiores, ou entre estes e qualquer outro Tribunal;
- Arts. 105, I, *d*, 108, I, *e*, e 114, V, desta Constituição.

p) o pedido de medida cautelar das ações diretas de inconstitucionalidade;

q) o mandado de injunção, quando a elaboração da norma regulamentadora for atribuição do Presidente da República, do Congresso Nacional, da Câmara dos Deputados, do Senado Federal, das Mesas de uma dessas Casas Legislativas, do Tribunal de Contas da União, de um dos Tribunais Superiores, ou do próprio Supremo Tribunal Federal;

r) as ações contra o Conselho Nacional de Justiça e contra o Conselho Nacional do Ministério Público;
- Alínea *r* acrescida pela EC nº 45, de 8-12-2004.
- Arts. 103-A e 130-B desta Constituição.

II – julgar, em recurso ordinário:

a) o *habeas corpus*, o mandado de segurança, o *habeas data* e o mandado de injunção decididos em única instância pelos Tribunais Superiores, se denegatória a decisão;
- Lei nº 9.507, de 12-11-1997 (Lei do *Habeas Data*).
- Lei nº 12.016, de 7-8-2009 (Lei do Mandado de Segurança Individual e Coletivo).

b) o crime político;

III – julgar, mediante recurso extraordinário, as causas decididas em única ou última instância, quando a decisão recorrida:
- Lei nº 8.658, de 26-5-1993, dispõe sobre a aplicação, nos Tribunais de Justiça e nos Tribunais Regionais Federais, das normas da Lei nº 8038, de 28-5-1990.
- Súmulas nºs 279, 283, 634, 635, 637, 640, 727 e 733 do STF.

a) contrariar dispositivo desta Constituição;
- Súmulas nºs 400 e 735 do STF.

b) declarar a inconstitucionalidade de tratado ou lei federal;

c) julgar válida lei ou ato de governo local contestado em face desta Constituição;

d) julgar válida lei local contestada em face de lei federal.
- Alínea *d* acrescida pela EC nº 45, de 8-12-2004.

§ 1º A arguição de descumprimento de preceito fundamental decorrente desta Constituição será apreciada pelo Supremo Tribunal Federal, na forma da lei.
- Parágrafo único transformado em § 1º pela EC nº 3, de 17-3-1993.
- Lei nº 9.882, de 3-12-1999 (Lei da Ação de Descumprimento de Preceito Fundamental).

§ 2º As decisões definitivas de mérito, proferidas pelo Supremo Tribunal Federal, nas ações diretas de inconstitucionalidade e nas ações declaratórias de constitucionalidade, produzirão eficácia contra todos e efeito vinculante, relativamente aos demais órgãos do Poder Judiciário e à administração pública direta e indireta, nas esferas federal, estadual e municipal.
- § 2º com a redação dada pela EC nº 45, de 8-12-2004.
- Lei nº 9.868, de 10-11-1999 (Lei da ADIN e da ADECON).

§ 3º No recurso extraordinário o recorrente deverá demonstrar a repercussão geral das questões constitucionais discutidas no caso, nos termos da lei, a fim de que o Tribunal examine a admissão do recurso, somente podendo recusá-lo pela manifestação de dois terços de seus membros.

▶ § 3º acrescido pela EC nº 45, de 8-12-2004.
▶ Lei nº 11.418, de 19-12-2006, regulamenta este parágrafo.
▶ Arts. 543-A e 543-B do CPC.

Art. 103. Podem propor a ação direta de inconstitucionalidade e a ação declaratória de constitucionalidade:

▶ *Caput* com a redação dada pela EC nº 45, de 8-12-2004.
▶ Arts. 2º, 12-A e 13 da Lei nº 9.868, de 10-11-1999 (Lei da ADIN e da ADECON).

I – o Presidente da República;
II – a Mesa do Senado Federal;
III – a Mesa da Câmara dos Deputados;
IV – a Mesa de Assembleia Legislativa ou da Câmara Legislativa do Distrito Federal;
V – o Governador de Estado ou do Distrito Federal;

▶ Incisos IV e V com a redação dada pela EC nº 45, de 8-12-2004.

VI – o Procurador-Geral da República;
VII – o Conselho Federal da Ordem dos Advogados do Brasil;
VIII – partido político com representação no Congresso Nacional;
IX – confederação sindical ou entidade de classe de âmbito nacional.

§ 1º O Procurador-Geral da República deverá ser previamente ouvido nas ações de inconstitucionalidade e em todos os processos de competência do Supremo Tribunal Federal.

§ 2º Declarada a inconstitucionalidade por omissão de medida para tornar efetiva norma constitucional, será dada ciência ao Poder competente para a adoção das providências necessárias e, em se tratando de órgão administrativo, para fazê-lo em trinta dias.

▶ Art. 12-H da Lei nº 9.868, de 10-11-1999 (Lei da ADIN e da ADECON).

§ 3º Quando o Supremo Tribunal Federal apreciar a inconstitucionalidade, em tese, de norma legal ou ato normativo, citará, previamente, o Advogado-Geral da União, que defenderá o ato ou texto impugnado.

§ 4º *Revogado.* EC nº 45, de 8-12-2004.

Art. 103-A. O Supremo Tribunal Federal poderá, de ofício ou por provocação, mediante decisão de dois terços dos seus membros, após reiteradas decisões sobre matéria constitucional, aprovar súmula que, a partir de sua publicação na imprensa oficial, terá efeito vinculante em relação aos demais órgãos do Poder Judiciário e à administração pública direta e indireta, nas esferas federal, estadual e municipal, bem como proceder à sua revisão ou cancelamento, na forma estabelecida em lei.

▶ Art. 8º da EC nº 45, de 8-12-2004 (Reforma do Judiciário).
▶ Lei nº 11.417, de 19-12-2006 (Lei da Súmula Vinculante), regulamenta este artigo.

§ 1º A súmula terá por objetivo a validade, a interpretação e a eficácia de normas determinadas, acerca das quais haja controvérsia atual entre órgãos judiciários ou entre esses e a administração pública que acarrete grave insegurança jurídica e relevante multiplicação de processos sobre questão idêntica.

§ 2º Sem prejuízo do que vier a ser estabelecido em lei, a aprovação, revisão ou cancelamento de súmula poderá ser provocada por aqueles que podem propor a ação direta de inconstitucionalidade.

§ 3º Do ato administrativo ou decisão judicial que contrariar a súmula aplicável ou que indevidamente a aplicar, caberá reclamação ao Supremo Tribunal Federal que, julgando-a procedente, anulará o ato administrativo ou cassará a decisão judicial reclamada, e determinará que outra seja proferida com ou sem a aplicação da súmula, conforme o caso.

▶ Art. 103-A acrescido pela EC nº 45, de 8-12-2004.

Art. 103-B. O Conselho Nacional de Justiça compõe-se de 15 (quinze) membros com mandato de 2 (dois) anos, admitida 1 (uma) recondução, sendo:

▶ *Caput* com a redação dada pela EC nº 61, de 11-11-2009.
▶ Art. 5º da EC nº 45, de 8-12-2004 (Reforma do Judiciário).
▶ Lei nº 11.364, de 26-10-2006, dispõe sobre as atividades de apoio ao Conselho Nacional de Justiça.

I – o Presidente do Supremo Tribunal Federal;

▶ Inciso I com a redação dada pela EC nº 61, de 11-11-2009.

II – um Ministro do Superior Tribunal de Justiça, indicado pelo respectivo tribunal;
III – um Ministro do Tribunal Superior do Trabalho, indicado pelo respectivo tribunal;
IV – um desembargador de Tribunal de Justiça, indicado pelo Supremo Tribunal Federal;
V – um juiz estadual, indicado pelo Supremo Tribunal Federal;
VI – um juiz de Tribunal Regional Federal, indicado pelo Superior Tribunal de Justiça;
VII – um juiz federal, indicado pelo Superior Tribunal de Justiça;
VIII – um juiz de Tribunal Regional do Trabalho, indicado pelo Tribunal Superior do Trabalho;
IX – um juiz do trabalho, indicado pelo Tribunal Superior do Trabalho;
X – um membro do Ministério Público da União, indicado pelo Procurador-Geral da República;
XI – um membro do Ministério Público estadual, escolhido pelo Procurador-Geral da República dentre os nomes indicados pelo órgão competente de cada instituição estadual;
XII – dois advogados, indicados pelo Conselho Federal da Ordem dos Advogados do Brasil;
XIII – dois cidadãos, de notável saber jurídico e reputação ilibada, indicados um pela Câmara dos Deputados e outro pelo Senado Federal.

▶ Incisos II a XIII acrescidos pela EC nº 45, de 8-12-2004.

§ 1º O Conselho será presidido pelo Presidente do Supremo Tribunal Federal e, nas suas ausências e impedimentos, pelo Vice-Presidente do Supremo Tribunal Federal.

§ 2º Os demais membros do Conselho serão nomeados pelo Presidente da República, depois de aprovada a escolha pela maioria absoluta do Senado Federal.

▶ §§ 1º e 2º com a redação dada pela EC nº 61, de 11-11-2009.

§ 3º Não efetuadas, no prazo legal, as indicações previstas neste artigo, caberá a escolha ao Supremo Tribunal Federal.

§ 4º Compete ao Conselho o controle da atuação administrativa e financeira do Poder Judiciário e do cumprimento dos deveres funcionais dos juízes, cabendo-lhe, além de outras atribuições que lhe forem conferidas pelo Estatuto da Magistratura:

I – zelar pela autonomia do Poder Judiciário e pelo cumprimento do Estatuto da Magistratura, podendo expedir atos regulamentares, no âmbito de sua competência, ou recomendar providências;

II – zelar pela observância do art. 37 e apreciar, de ofício ou mediante provocação, a legalidade dos atos administrativos praticados por membros ou órgãos do Poder Judiciário, podendo desconstituí-los, revê-los ou fixar prazo para que se adotem as providências necessárias ao exato cumprimento da lei, sem prejuízo da competência do Tribunal de Contas da União;

III – receber e conhecer das reclamações contra membros ou órgãos do Poder Judiciário, inclusive contra seus serviços auxiliares, serventias e órgãos prestadores de serviços notariais e de registro que atuem por delegação do poder público ou oficializados, sem prejuízo da competência disciplinar e correicional dos tribunais, podendo avocar processos disciplinares em curso e determinar a remoção, a disponibilidade ou a aposentadoria com subsídios ou proventos proporcionais ao tempo de serviço e aplicar outras sanções administrativas, assegurada ampla defesa;

IV – representar ao Ministério Público, no caso de crime contra a administração pública ou de abuso de autoridade;

V – rever, de ofício ou mediante provocação, os processos disciplinares de juízes e membros de tribunais julgados há menos de um ano;

VI – elaborar semestralmente relatório estatístico sobre processos e sentenças prolatadas, por unidade da Federação, nos diferentes órgãos do Poder Judiciário;

VII – elaborar relatório anual, propondo as providências que julgar necessárias, sobre a situação do Poder Judiciário no País e as atividades do Conselho, o qual deve integrar mensagem do Presidente do Supremo Tribunal Federal a ser remetida ao Congresso Nacional, por ocasião da abertura da sessão legislativa.

§ 5º O Ministro do Superior Tribunal de Justiça exercerá a função de Ministro-Corregedor e ficará excluído da distribuição de processos no Tribunal, competindo-lhe, além das atribuições que lhe forem conferidas pelo Estatuto da Magistratura, as seguintes:

I – receber as reclamações e denúncias, de qualquer interessado, relativas aos magistrados e aos serviços judiciários;

II – exercer funções executivas do Conselho, de inspeção e de correição geral;

III – requisitar e designar magistrados, delegando-lhes atribuições, e requisitar servidores de juízos ou tribunais, inclusive nos Estados, Distrito Federal e Territórios.

§ 6º Junto ao Conselho oficiarão o Procurador-Geral da República e o Presidente do Conselho Federal da Ordem dos Advogados do Brasil.

§ 7º A União, inclusive no Distrito Federal e nos Territórios, criará ouvidorias de justiça, competentes para receber reclamações e denúncias de qualquer interessado contra membros ou órgãos do Poder Judiciário, ou contra seus serviços auxiliares, representando diretamente ao Conselho Nacional de Justiça.

▶ §§ 3º a 7º acrescidos pela EC nº 45, de 8-12-2004.

▶ Res. do CNJ nº 103, de 24-2-2010, dispõe sobre as atribuições da Ouvidoria do Conselho Nacional de Justiça e determina a criação de ouvidorias no âmbito dos Tribunais.

Seção III

DO SUPERIOR TRIBUNAL DE JUSTIÇA

▶ Lei nº 8.038, de 28-5-1990, institui normas procedimentais para os processos que especifica, perante o STJ e o STF.

Art. 104. O Superior Tribunal de Justiça compõe-se de, no mínimo, trinta e três Ministros.

Parágrafo único. Os Ministros do Superior Tribunal de Justiça serão nomeados pelo Presidente da República, dentre brasileiros com mais de trinta e cinco e menos de sessenta e cinco anos, de notável saber jurídico e reputação ilibada, depois de aprovada a escolha pela maioria absoluta do Senado Federal, sendo:

▶ Parágrafo único com a redação dada pela EC nº 45, de 8-12-2004.

▶ Lei nº 8.038, de 28-5-1990, institui normas procedimentais para os processos que especifica, perante o STJ e o STF.

I – um terço dentre juízes dos Tribunais Regionais Federais e um terço dentre desembargadores dos Tribunais de Justiça, indicados em lista tríplice elaborada pelo próprio Tribunal;

II – um terço, em partes iguais, dentre advogados e membros do Ministério Público Federal, Estadual, do Distrito Federal e Territórios, alternadamente, indicados na forma do artigo 94.

Art. 105. Compete ao Superior Tribunal de Justiça:

I – processar e julgar, originariamente:

a) nos crimes comuns, os Governadores dos Estados e do Distrito Federal, e, nestes e nos de responsabilidade, os desembargadores dos Tribunais de Justiça dos Estados e do Distrito Federal, os membros dos Tribunais de Contas dos Estados e do Distrito Federal, os dos Tribunais Regionais Federais, dos Tribunais Regionais Eleitorais e do Trabalho, os membros dos Conselhos ou Tribunais de Contas dos Municípios e os do Ministério Público da União que oficiem perante tribunais;

b) os mandados de segurança e os *habeas data* contra ato de Ministro de Estado, dos Comandantes da Marinha, do Exército e da Aeronáutica ou do próprio Tribunal;

▶ Alínea *b* com a redação dada pela EC nº 23, de 2-9-1999.

▶ Lei nº 9.507, de 12-11-1997 (Lei do *Habeas Data*).

▶ Lei nº 12.016, de 7-8-2009 (Lei do Mandado de Segurança Individual e Coletivo).

▶ Súm. nº 41 do STJ.

c) os *habeas corpus*, quando o coator ou paciente for qualquer das pessoas mencionadas na alínea *a*, ou quando o coator for tribunal sujeito à sua jurisdição, Ministro de Estado ou Comandante da Marinha, do Exército ou da Aeronáutica, ressalvada a competência da Justiça Eleitoral;

▶ Alínea c com a redação dada pela EC nº 23, de 2-9-1999.

d) os conflitos de competência entre quaisquer tribunais, ressalvado o disposto no artigo 102, I, o, bem como entre Tribunal e juízes a ele não vinculados e entre juízes vinculados a Tribunais diversos;

▶ Súm. nº 22 do STJ.

e) as revisões criminais e as ações rescisórias de seus julgados;

▶ Arts. 485 a 495 do CPC.
▶ Arts. 621 a 631 do CPP.

f) a reclamação para a preservação de sua competência e garantia da autoridade de suas decisões;

▶ Arts. 13 a 18 da Lei nº 8.038, de 28-5-1990, que institui normas procedimentais para os processos que especifica, perante o STJ e o STF.

g) os conflitos de atribuições entre autoridades administrativas e judiciárias da União, ou entre autoridades judiciárias de um Estado e administrativas de outro ou do Distrito Federal, ou entre as deste e da União;

h) o mandado de injunção, quando a elaboração da norma regulamentadora for atribuição de órgão, entidade ou autoridade federal, da administração direta ou indireta, excetuados os casos de competência do Supremo Tribunal Federal e dos órgãos da Justiça Militar, da Justiça Eleitoral, da Justiça do Trabalho e da Justiça Federal;

▶ Art. 109 desta Constituição.
▶ Arts. 483 e 484 do CPC.

i) a homologação de sentenças estrangeiras e a concessão de *exequatur* às cartas rogatórias;

▶ Alínea i acrescida pela EC nº 45, de 8-12-2004.
▶ Art. 109, X, desta Constituição.
▶ Arts. 483 e 484 do CPC.

II – julgar, em recurso ordinário:

a) os *habeas corpus* decididos em única ou última instância pelos Tribunais Regionais Federais ou pelos Tribunais dos Estados, do Distrito Federal e Territórios, quando a decisão for denegatória;

b) os mandados de segurança decididos em única instância pelos Tribunais Regionais Federais ou pelos Tribunais dos Estados, do Distrito Federal e Territórios, quando denegatória a decisão;

▶ Lei nº 12.016, de 7-8-2009 (Lei do Mandado de Segurança Individual e Coletivo).

c) as causas em que forem partes Estado estrangeiro ou organismo internacional, de um lado, e, do outro, Município ou pessoa residente ou domiciliada no País;

III – julgar, em recurso especial, as causas decididas, em única ou última instância, pelos Tribunais Regionais Federais ou pelos Tribunais dos Estados, do Distrito Federal e Territórios, quando a decisão recorrida:

▶ Lei nº 8.658, de 26-5-1993, dispõe sobre a aplicação, nos Tribunais de Justiça e nos Tribunais Regionais Federais, das normas da Lei nº 8038, de 28-5-1990.
▶ Súmulas nºs 5, 7, 86, 95, 203, 207, 320 e 418 do STJ.

a) contrariar tratado ou lei federal, ou negar-lhes vigência;

b) julgar válido ato de governo local contestado em face de lei federal;

▶ Alínea b com a redação dada pela EC nº 45, de 8-12-2004.

c) der a lei federal interpretação divergente da que lhe haja atribuído outro Tribunal.

▶ Súm. nº 13 do STJ.

Parágrafo único. Funcionarão junto ao Superior Tribunal de Justiça:

▶ Parágrafo único com a redação dada pela EC nº 45, de 8-12-2004.

I – a escola nacional de formação e aperfeiçoamento de magistrados, cabendo-lhe, dentre outras funções, regulamentar os cursos oficiais para o ingresso e promoção na carreira;

II – o Conselho da Justiça Federal, cabendo-lhe exercer, na forma da lei, a supervisão administrativa e orçamentária da Justiça Federal de primeiro e segundo graus, como órgão central do sistema e com poderes correicionais, cujas decisões terão caráter vinculante.

▶ Incisos I e II acrescidos pela EC nº 45, de 8-12-2004.

SEÇÃO IV

DOS TRIBUNAIS REGIONAIS FEDERAIS E DOS JUÍZES FEDERAIS

Art. 106. São órgãos da Justiça Federal:

▶ Lei nº 7.727, de 9-1-1989, dispõe sobre a composição inicial dos Tribunais Regionais Federais e sua instalação, cria os respectivos quadros de pessoal.

I – os Tribunais Regionais Federais;
II – os Juízes Federais.

Art. 107. Os Tribunais Regionais Federais compõem-se de, no mínimo, sete juízes, recrutados, quando possível, na respectiva região e nomeados pelo Presidente da República dentre brasileiros com mais de trinta anos e menos de sessenta e cinco anos, sendo:

I – um quinto dentre advogados com mais de dez anos de efetiva atividade profissional e membros do Ministério Público Federal com mais de dez anos de carreira;

II – os demais, mediante promoção de juízes federais com mais de cinco anos de exercício, por antiguidade e merecimento, alternadamente.

▶ Art. 27, § 9º, do ADCT.
▶ Lei nº 9.967, de 10-5-2000, dispõe sobre as reestruturações dos Tribunais Regionais Federais das cinco Regiões.

§ 1º A lei disciplinará a remoção ou a permuta de juízes dos Tribunais Regionais Federais e determinará sua jurisdição e sede.

▶ Parágrafo único transformado em § 1º pela EC nº 45, de 8-12-2004.

▶ Art. 1º da Lei nº 9.967, de 10-5-2000, que dispõe sobre as reestruturações dos Tribunais Regionais Federais das cinco regiões.
▶ Lei nº 9.968, de 10-5-2000, dispõe sobre a reestruturação do Tribunal Regional Federal da 3ª Região.

§ 2º Os Tribunais Regionais Federais instalarão a justiça itinerante, com a realização de audiências e demais funções da atividade jurisdicional, nos limites territoriais da respectiva jurisdição, servindo-se de equipamentos públicos e comunitários.

§ 3º Os Tribunais Regionais Federais poderão funcionar descentralizadamente, constituindo Câmaras regionais, a fim de assegurar o pleno acesso do jurisdicionado à justiça em todas as fases do processo.

▶ §§ 2º e 3º acrescidos pela EC nº 45, de 8-12-2004.

Art. 108. Compete aos Tribunais Regionais Federais:

I – processar e julgar, originariamente:

a) os juízes federais da área de sua jurisdição, incluídos os da Justiça Militar e da Justiça do Trabalho, nos crimes comuns e de responsabilidade, e os membros do Ministério Público da União, ressalvada a competência da Justiça Eleitoral;
b) as revisões criminais e as ações rescisórias de julgados seus ou dos juízes federais da região;

▶ Arts. 485 a 495 do CPC.
▶ Arts. 621 a 631 do CPP.

c) os mandados de segurança e os *habeas data* contra ato do próprio Tribunal ou de juiz federal;

▶ Lei nº 9.507, de 12-11-1997 (Lei do *Habeas Data*).
▶ Lei nº 12.016, de 7-8-2009 (Lei do Mandado de Segurança Individual e Coletivo).

d) os *habeas corpus*, quando a autoridade coatora for juiz federal;
e) os conflitos de competência entre juízes federais vinculados ao Tribunal;

▶ Súmulas nºs 3 e 428 do STJ.

II – julgar, em grau de recurso, as causas decididas pelos juízes federais e pelos juízes estaduais no exercício da competência federal da área de sua jurisdição.

▶ Súm. nº 55 do STJ.

Art. 109. Aos juízes federais compete processar e julgar:

▶ Lei nº 7.492, de 16-6-1986 (Lei dos Crimes Contra o Sistema Financeiro Nacional).
▶ Lei nº 9.469, de 9-7-1997, dispõe sobre a intervenção da União nas causas em que figurarem, como autores ou réus, entes da Administração indireta.
▶ Lei nº 10.259, de 12-7-2001 (Lei dos Juizados Especiais Federais).
▶ Art. 70 da Lei nº 11.343, de 23-8-2006 (Lei Antidrogas).
▶ Súmulas nºs 15, 32, 42, 66, 82, 150, 173, 324, 349 e 365 do STJ.

I – as causas em que a União, entidade autárquica ou empresa pública federal forem interessadas na condição de autoras, rés, assistentes ou oponentes, exceto as de falência, as de acidentes de trabalho e as sujeitas à Justiça Eleitoral e à Justiça do Trabalho;

▶ Súmulas Vinculantes nºs 22 e 27 do STF.
▶ Súmulas nºs 15, 32, 42, 66, 82, 150, 173, 324, 365, 374 e 489 do STJ.

II – as causas entre Estado estrangeiro ou organismo internacional e Município ou pessoa domiciliada ou residente no País;
III – as causas fundadas em tratado ou contrato da União com Estado estrangeiro ou organismo internacional;

▶ Súm. nº 689 do STF.

IV – os crimes políticos e as infrações penais praticadas em detrimento de bens, serviços ou interesse da União ou de suas entidades autárquicas ou empresas públicas, excluídas as contravenções e ressalvada a competência da Justiça Militar e da Justiça Eleitoral;

▶ Art. 9º do CPM.
▶ Súmulas nºs 38, 42, 62, 73, 104, 147, 165 e 208 do STJ.

V – os crimes previstos em tratado ou convenção internacional, quando, iniciada a execução no País, o resultado tenha ou devesse ter ocorrido no estrangeiro, ou reciprocamente;
V-A – as causas relativas a direitos humanos a que se refere o § 5º deste artigo;

▶ Inciso V-A acrescido pela EC nº 45, de 8-12-2004.

VI – os crimes contra a organização do trabalho e, nos casos determinados por lei, contra o sistema financeiro e a ordem econômico-financeira;

▶ Arts. 197 a 207 do CP.
▶ Lei nº 7.492, de 16-6-1986 (Lei dos Crimes contra o Sistema Financeiro Nacional).
▶ Lei nº 8.137, de 27-12-1990 (Lei dos Crimes Contra a Ordem Tributária, Econômica e contra as Relações de Consumo).
▶ Lei nº 8.176, de 8-2-1991 (Lei dos Crimes contra a Ordem Econômica).

VII – os *habeas corpus*, em matéria criminal de sua competência ou quando o constrangimento provier de autoridade cujos atos não estejam diretamente sujeitos a outra jurisdição;
VIII – os mandados de segurança e os *habeas data* contra ato de autoridade federal, excetuados os casos de competência dos Tribunais federais;

▶ Lei nº 9.507, de 12-11-1997 (Lei do *Habeas Data*).
▶ Lei nº 12.016, de 7-8-2009 (Lei do Mandado de Segurança Individual e Coletivo).

IX – os crimes cometidos a bordo de navios ou aeronaves, ressalvada a competência da Justiça Militar;

▶ Art. 125, § 4º, desta Constituição.
▶ Art. 9º do CPM.

X – os crimes de ingresso ou permanência irregular de estrangeiro, a execução de carta rogatória, após o *exequatur*, e de sentença estrangeira após a homologação, as causas referentes à nacionalidade, inclusive a respectiva opção, e à naturalização;

▶ Art. 105, I, *i*, desta Constituição.
▶ Art. 484 do CPC.

XI – a disputa sobre direitos indígenas.

▶ Súm. nº 140 do STJ.

§ 1º As causas em que a União for autora serão aforadas na seção judiciária onde tiver domicílio a outra parte.

§ 2º As causas intentadas contra a União poderão ser aforadas na seção judiciária em que for domiciliado o autor, naquela onde houver ocorrido o ato ou fato que deu origem à demanda ou onde esteja situada a coisa, ou, ainda, no Distrito Federal.

§ 3º Serão processadas e julgadas na justiça estadual, no foro do domicílio dos segurados ou beneficiários, as causas em que forem parte instituição de previdência social e segurado, sempre que a comarca não seja sede de vara do juízo federal, e, se verificada essa condição, a lei poderá permitir que outras causas sejam também processadas e julgadas pela justiça estadual.

▶ Lei nº 5.010, de 30-5-1966 (Lei de Organização da Justiça Federal).
▶ Súmulas nºs 11, 15 e 32 do STJ.

§ 4º Na hipótese do parágrafo anterior, o recurso cabível será sempre para o Tribunal Regional Federal na área de jurisdição do juiz de primeiro grau.

▶ Súm. nº 32 do STJ.

§ 5º Nas hipóteses de grave violação de direitos humanos, o Procurador-Geral da República, com a finalidade de assegurar o cumprimento de obrigações decorrentes de tratados internacionais de direitos humanos dos quais o Brasil seja parte, poderá suscitar, perante o Superior Tribunal de Justiça, em qualquer fase do inquérito ou processo, incidente de deslocamento de competência para a Justiça Federal.

▶ § 5º acrescido pela EC nº 45, de 8-12-2004.

Art. 110. Cada Estado, bem como o Distrito Federal, constituirá uma seção judiciária que terá por sede a respectiva Capital, e varas localizadas segundo o estabelecido em lei.

▶ Lei nº 5.010, de 30-5-1966 (Lei de Organização da Justiça Federal).

Parágrafo único. Nos Territórios Federais, a jurisdição e as atribuições cometidas aos juízes federais caberão aos juízes da justiça local, na forma da lei.

▶ Lei nº 9.788, de 19-2-1999, dispõe sobre a reestruturação da Justiça Federal de Primeiro Grau, nas cinco regiões, com a criação de cem Varas Federais.

SEÇÃO V

DOS TRIBUNAIS E JUÍZES DO TRABALHO

▶ Art. 743 e seguintes da CLT.
▶ Lei nº 9.957, de 12-1-2000, institui o procedimento sumaríssimo no processo trabalhista.
▶ Lei nº 9.958, de 12-1-2000, criou as Comissões de Conciliação Prévia no âmbito na Justiça do Trabalho.

Art. 111. São órgãos da Justiça do Trabalho:

I – o Tribunal Superior do Trabalho;
II – os Tribunais Regionais do Trabalho;
III – Juízes do Trabalho.

▶ Inciso III com a redação dada pela EC nº 24, de 9-12-1999.

§§ 1º a 3º *Revogados*. EC nº 45, de 8-12-2004.

Art. 111-A. O Tribunal Superior do Trabalho compor-se-á de vinte e sete Ministros, escolhidos dentre brasileiros com mais de trinta e cinco e menos de sessenta e cinco anos, nomeados pelo Presidente da República após aprovação pela maioria absoluta do Senado Federal, sendo:

I – um quinto dentre advogados com mais de dez anos de efetiva atividade profissional e membros do Ministério Público do Trabalho com mais de dez anos de efetivo exercício, observado o disposto no art. 94;
II – os demais dentre juízes do Trabalho dos Tribunais Regionais do Trabalho, oriundos da magistratura de carreira, indicados pelo próprio Tribunal Superior.

§ 1º A lei disporá sobre a competência do Tribunal Superior do Trabalho.

§ 2º Funcionarão junto ao Tribunal Superior do Trabalho:

I – a Escola Nacional de Formação e Aperfeiçoamento de Magistrados do Trabalho, cabendo-lhe, dentre outras funções, regulamentar os cursos oficiais para o ingresso e promoção na carreira;

II – o Conselho Superior da Justiça do Trabalho, cabendo-lhe exercer, na forma da lei, a supervisão administrativa, orçamentária, financeira e patrimonial da Justiça do Trabalho de primeiro e segundo graus, como órgão central do sistema, cujas decisões terão efeito vinculante.

▶ Art. 111-A acrescido pela EC nº 45, de 8-12-2004.
▶ Art. 6º da EC nº 45, de 8-12-2004 (Reforma do Judiciário).

Art. 112. A lei criará varas da Justiça do Trabalho, podendo, nas comarcas não abrangidas por sua jurisdição, atribuí-la aos juízes de direito, com recurso para o respectivo Tribunal Regional do Trabalho.

▶ Artigo com a redação dada pela EC nº 45, de 8-12-2004.

Art. 113. A lei disporá sobre a constituição, investidura, jurisdição, competência, garantias e condições de exercício dos órgãos da Justiça do Trabalho.

▶ Artigo com a redação dada pela EC nº 24, de 9-12-1999.
▶ Arts. 643 a 673 da CLT.
▶ LC nº 35, de 14-3-1979 (Lei Orgânica da Magistratura Nacional).

Art. 114. Compete à Justiça do Trabalho processar e julgar:

▶ *Caput* com a redação dada pela EC nº 45, de 8-12-2004.
▶ Art. 651 da CLT.
▶ Art. 6º, § 2º, da Lei nº 11.101, de 9-2-2005 (Lei de Recuperação de Empresas e Falências).
▶ Súm. Vinc. nº 22 do STF.
▶ Súmulas nºs 349 e 736 do STF.
▶ Súmulas nºs 57, 97, 137, 180, 222, 349 e 363 do STJ.
▶ Súmulas nºs 300, 389 e 392 do TST.

I – as ações oriundas da relação de trabalho, abrangidos os entes de direito público externo e da administração pública direta e indireta da União, dos Estados, do Distrito Federal e dos Municípios;

▶ O STF, por maioria de votos, referendou a liminar concedida na ADIN nº 3.395-6, com efeito *ex tunc*, para dar interpretação conforme a CF a este inciso, com a redação dada pela EC nº 45, de 8-12-2004, suspendendo toda e qualquer interpretação dada a este inciso que inclua, na competência da Justiça do Trabalho, a "(...) apreciação (...) de causas que (...) sejam instauradas entre o Poder Público e seus servidores, a ele vinculados por típica relação de ordem estatutária ou

de caráter jurídico-administrativo" (*DJU* de 4-2-2005 e 10-11-2006).
▶ OJ da SBDI-I nº 26 do TST.

II – as ações que envolvam exercício do direito de greve;
▶ Art. 9º desta Constituição.
▶ Lei nº 7.783, de 28-6-1989 (Lei de Greve).
▶ Súm. Vinc. nº 23 do STF.
▶ Súm. nº 189 do TST.

III – as ações sobre representação sindical, entre sindicatos, entre sindicatos e trabalhadores, e entre sindicatos e empregadores;
▶ Lei nº 8.984, de 7-2-1995, estende a competência da Justiça do Trabalho.

IV – os mandados de segurança, *habeas corpus* e *habeas data*, quando o ato questionado envolver matéria sujeita à sua jurisdição;
▶ Arts. 5º, LXVIII, LXIX, LXXII, 7º, XXVIII, desta Constituição.
▶ Lei nº 9.507, de 12-11-1997 (Lei do *Habeas Data*).
▶ Lei nº 12.016, de 7-8-2009 (Lei do Mandado de Segurança Individual e Coletivo).
▶ OJ da SBDI-II nº 156 do TST.

V – os conflitos de competência entre órgãos com jurisdição trabalhista, ressalvado o disposto no art. 102, I, o;
▶ Arts. 803 a 811 da CLT.
▶ Súm. nº 420 do TST.
▶ OJ da SBDI-II nº 149 do TST.

VI – as ações de indenização por dano moral ou patrimonial, decorrentes da relação de trabalho;
▶ Arts. 186, 927, 949 a 951 do CC.
▶ Art. 8º da CLT.
▶ Súmulas nos 227, 362, 370, 376 e 387 do STJ.
▶ Súm. nº 392 do TST.

VII – as ações relativas às penalidades administrativas impostas aos empregadores pelos órgãos de fiscalização das relações de trabalho;
▶ OJ da SBDI-II nº 156 do TST.

VIII – a execução, de ofício, das contribuições sociais previstas no art. 195, I, *a*, e II, e seus acréscimos legais, decorrentes das sentenças que proferir;
▶ Súm. nº 368 do TST.
▶ Orientações Jurisprudenciais da SBDI-I nos 363, 368, 398 e 400 do TST.

IX – outras controvérsias decorrentes da relação de trabalho, na forma da lei.
▶ Incisos I a IX acrescidos pela EC nº 45, de 8-12-2004.
▶ O STF, por unanimidade de votos, concedeu a liminar na ADIN nº 3.684-0, com efeito *ex tunc*, para dar interpretação conforme a CF ao art. 114, I, IV e IX, com a redação dada pela EC nº 45, de 8-12-2004, no sentido de que não se atribui à Justiça do Trabalho competência para processar e julgar ações penais (*DJU* de 3-8-2007).
▶ Súm. nº 736 do STF.
▶ Súm. nº 389 do TST.

§ 1º Frustrada a negociação coletiva, as partes poderão eleger árbitros.

§ 2º Recusando-se qualquer das partes à negociação coletiva ou à arbitragem, é facultado às mesmas, de comum acordo, ajuizar dissídio coletivo de natureza econômica, podendo a Justiça do Trabalho decidir o conflito, respeitadas as disposições mínimas legais de proteção ao trabalho, bem como as convencionadas anteriormente.

§ 3º Em caso de greve em atividade essencial, com possibilidade de lesão do interesse público, o Ministério Público do Trabalho poderá ajuizar dissídio coletivo, competindo à Justiça do Trabalho decidir o conflito.
▶ §§ 2º e 3º com a redação dada pela EC nº 45, de 8-12-2004.
▶ Art. 9º, § 1º, desta Constituição.
▶ Lei nº 7.783, de 28-6-1989 (Lei de Greve).
▶ Súm. nº 190 do TST.

Art. 115. Os Tribunais Regionais do Trabalho compõem-se de, no mínimo, sete juízes, recrutados, quando possível, na respectiva região, e nomeados pelo Presidente da República dentre brasileiros com mais de trinta e menos de sessenta e cinco anos, sendo:
▶ *Caput* com a redação dada pela EC nº 45, de 8-12-2004.
▶ Súm. nº 628 do STF.

I – um quinto dentre advogados com mais de dez anos de efetiva atividade profissional e membros do Ministério Público do Trabalho com mais de dez anos de efetivo exercício, observado o disposto no art. 94;
II – os demais, mediante promoção de juízes do trabalho por antiguidade e merecimento, alternadamente.
▶ Incisos I e II acrescidos pela EC nº 45, de 8-12-2004.

§ 1º Os Tribunais Regionais do Trabalho instalarão a justiça itinerante, com a realização de audiências e demais funções de atividade jurisdicional, nos limites territoriais da respectiva jurisdição, servindo-se de equipamentos públicos e comunitários.

§ 2º Os Tribunais Regionais do Trabalho poderão funcionar descentralizadamente, constituindo Câmaras regionais, a fim de assegurar o pleno acesso do jurisdicionado à justiça em todas as fases do processo.
▶ §§ 1º e 2º acrescidos pela EC nº 45, de 8-12-2004.

Art. 116. Nas Varas do Trabalho, a jurisdição será exercida por um juiz singular.
▶ *Caput* com a redação dada pela EC nº 24, de 9-12-1999.

Parágrafo único. *Revogado.* EC nº 24, de 9-12-1999.

Art. 117. *Revogado.* EC nº 24, de 9-12-1999.

SEÇÃO VI

DOS TRIBUNAIS E JUÍZES ELEITORAIS
▶ Arts. 12 a 41 do CE.

Art. 118. São órgãos da Justiça Eleitoral:

I – o Tribunal Superior Eleitoral;
II – os Tribunais Regionais Eleitorais;
III – os Juízes Eleitorais;
IV – as Juntas Eleitorais.

Art. 119. O Tribunal Superior Eleitoral compor-se-á, no mínimo, de sete membros, escolhidos:

I – mediante eleição, pelo voto secreto:

a) três juízes dentre os Ministros do Supremo Tribunal Federal;

b) dois juízes dentre os Ministros do Superior Tribunal de Justiça;

II – por nomeação do Presidente da República, dois juízes dentre seis advogados de notável saber jurídico e idoneidade moral, indicados pelo Supremo Tribunal Federal.

Parágrafo único. O Tribunal Superior Eleitoral elegerá seu Presidente e o Vice-Presidente dentre os Ministros do Supremo Tribunal Federal, e o Corregedor Eleitoral dentre os Ministros do Superior Tribunal de Justiça.

Art. 120. Haverá um Tribunal Regional Eleitoral na Capital de cada Estado e no Distrito Federal.

§ 1º Os Tribunais Regionais Eleitorais compor-se-ão:

I – mediante eleição, pelo voto secreto:

a) de dois juízes dentre os desembargadores do Tribunal de Justiça;
b) de dois juízes, dentre juízes de direito, escolhidos pelo Tribunal de Justiça;

II – de um juiz do Tribunal Regional Federal com sede na Capital do Estado ou no Distrito Federal, ou, não havendo, de juiz federal, escolhido, em qualquer caso, pelo Tribunal Regional Federal respectivo;

III – por nomeação, pelo Presidente da República, de dois juízes dentre seis advogados de notável saber jurídico e idoneidade moral, indicados pelo Tribunal de Justiça.

§ 2º O Tribunal Regional Eleitoral elegerá seu Presidente e o Vice-Presidente dentre os desembargadores.

Art. 121. Lei complementar disporá sobre a organização e competência dos Tribunais, dos juízes de direito e das juntas eleitorais.

▶ Arts. 22, 23, 29, 30, 34, 40 e 41 do CE.
▶ Súm. nº 368 do STJ.

§ 1º Os membros dos Tribunais, os juízes de direito e os integrantes das juntas eleitorais, no exercício de suas funções, e no que lhes for aplicável, gozarão de plenas garantias e serão inamovíveis.

§ 2º Os juízes dos Tribunais eleitorais, salvo motivo justificado, servirão por dois anos, no mínimo, e nunca por mais de dois biênios consecutivos, sendo os substitutos escolhidos na mesma ocasião e pelo mesmo processo, em número igual para cada categoria.

§ 3º São irrecorríveis as decisões do Tribunal Superior Eleitoral, salvo as que contrariarem esta Constituição e as denegatórias de *habeas corpus* ou mandado de segurança.

§ 4º Das decisões dos Tribunais Regionais Eleitorais somente caberá recurso quando:

I – forem proferidas contra disposição expressa desta Constituição ou de lei;
II – ocorrer divergência na interpretação de lei entre dois ou mais Tribunais eleitorais;
III – versarem sobre inelegibilidade ou expedição de diplomas nas eleições federais ou estaduais;
IV – anularem diplomas ou decretarem a perda de mandatos eletivos federais ou estaduais;
V – denegarem *habeas corpus*, mandado de segurança, *habeas data* ou mandado de injunção.

SEÇÃO VII

DOS TRIBUNAIS E JUÍZES MILITARES

Art. 122. São órgãos da Justiça Militar:

▶ Lei nº 8.457, de 4-9-1992, organiza a Justiça Militar da União e regula o funcionamento de seus Serviços Auxiliares.
▶ Art. 90-A da Lei nº 9.099, de 26-9-1995 (Lei dos Juizados Especiais).

I – o Superior Tribunal Militar;
II – os Tribunais e Juízes Militares instituídos por lei.

Art. 123. O Superior Tribunal Militar compor-se-á de quinze Ministros vitalícios, nomeados pelo Presidente da República, depois de aprovada a indicação pelo Senado Federal, sendo três dentre oficiais-generais da Marinha, quatro dentre oficiais-generais do Exército, três dentre oficiais-generais da Aeronáutica, todos da ativa e do posto mais elevado da carreira, e cinco dentre civis.

Parágrafo único. Os Ministros civis serão escolhidos pelo Presidente da República dentre brasileiros maiores de trinta e cinco anos, sendo:

I – três dentre advogados de notório saber jurídico e conduta ilibada, com mais de dez anos de efetiva atividade profissional;
II – dois, por escolha paritária, dentre juízes auditores e membros do Ministério Público da Justiça Militar.

Art. 124. À Justiça Militar compete processar e julgar os crimes militares definidos em lei.

▶ Dec.-lei nº 1.002, de 21-10-1969 (Código de Processo Penal Militar).
▶ Art. 90-A da Lei nº 9.099, de 26-9-1995 (Lei dos Juizados Especiais).

Parágrafo único. A lei disporá sobre a organização, o funcionamento e a competência da Justiça Militar.

▶ Lei nº 8.457, de 4-9-1992, organiza a Justiça Militar da União e regula o funcionamento de seus Serviços Auxiliares.

SEÇÃO VIII

DOS TRIBUNAIS E JUÍZES DOS ESTADOS

Art. 125. Os Estados organizarão sua Justiça, observados os princípios estabelecidos nesta Constituição.

▶ Art. 70 do ADCT.
▶ Súm. nº 721 do STF.

§ 1º A competência dos Tribunais será definida na Constituição do Estado, sendo a lei de organização judiciária de iniciativa do Tribunal de Justiça.

▶ Súm. Vinc. nº 27 do STF.
▶ Súm. nº 721 do STF.
▶ Súm. nº 238 do STJ.

§ 2º Cabe aos Estados a instituição de representação de inconstitucionalidade de leis ou atos normativos estaduais ou municipais em face da Constituição Estadual, vedada a atribuição da legitimação para agir a um único órgão.

§ 3º A lei estadual poderá criar, mediante proposta do Tribunal de Justiça, a Justiça Militar estadual, constituída, em primeiro grau, pelos juízes de direito e pelos Conselhos de Justiça e, em segundo grau, pelo próprio Tribunal de Justiça, ou por Tribunal de Justiça Militar nos Estados em que o efetivo militar seja superior a vinte mil integrantes.

§ 4º Compete à Justiça Militar estadual processar e julgar os militares dos Estados, nos crimes militares definidos em lei e as ações judiciais contra atos disciplinares militares, ressalvada a competência do júri quando a vítima for civil, cabendo ao tribunal competente decidir sobre a perda do posto e da patente dos oficiais e da graduação das praças.

▶ **§§ 3º e 4º** com a redação dada pela EC nº 45, de 8-12-2004.
▶ Súm. nº 673 do STF.
▶ Súmulas nºs 6, 53 e 90 do STJ.

§ 5º Compete aos juízes de direito do juízo militar processar e julgar, singularmente, os crimes militares cometidos contra civis e as ações judiciais contra atos disciplinares militares, cabendo ao Conselho de Justiça, sob a presidência de juiz de direito, processar e julgar os demais crimes militares.

§ 6º O Tribunal de Justiça poderá funcionar descentralizadamente, constituindo Câmaras regionais, a fim de assegurar o pleno acesso do jurisdicionado à justiça em todas as fases do processo.

§ 7º O Tribunal de Justiça instalará a justiça itinerante, com a realização de audiências e demais funções da atividade jurisdicional, nos limites territoriais da respectiva jurisdição, servindo-se de equipamentos públicos e comunitários.

▶ **§§ 5º a 7º** acrescidos pela EC nº 45, de 8-12-2004.

Art. 126. Para dirimir conflitos fundiários, o Tribunal de Justiça proporá a criação de varas especializadas, com competência exclusiva para questões agrárias.

▶ *Caput* com a redação dada pela EC nº 45, de 8-12-2004.

Parágrafo único. Sempre que necessário à eficiente prestação jurisdicional, o juiz far-se-á presente no local do litígio.

CAPÍTULO IV

DAS FUNÇÕES ESSENCIAIS À JUSTIÇA

SEÇÃO I

DO MINISTÉRIO PÚBLICO

▶ LC nº 75, de 20-5-1993 (Lei Orgânica do Ministério Público da União).
▶ Lei nº 8.625, de 12-2-1993 (Lei Orgânica do Ministério Público).

Art. 127. O Ministério Público é instituição permanente, essencial à função jurisdicional do Estado, incumbindo-lhe a defesa da ordem jurídica, do regime democrático e dos interesses sociais e individuais indisponíveis.

§ 1º São princípios institucionais do Ministério Público a unidade, a indivisibilidade e a independência funcional.

§ 2º Ao Ministério Público é assegurada autonomia funcional e administrativa, podendo, observado o disposto no artigo 169, propor ao Poder Legislativo a criação e extinção de seus cargos e serviços auxiliares, provendo-os por concurso público de provas ou de provas e títulos, a política remuneratória e os pla-

nos de carreira; a lei disporá sobre sua organização e funcionamento.

▶ **§ 2º** com a redação dada pela EC nº 19, de 4-6-1998.
▶ Lei nº 12.770, de 28-12-2012, dispõe sobre o subsídio do Procurador-Geral da República.

§ 3º O Ministério Público elaborará sua proposta orçamentária dentro dos limites estabelecidos na lei de diretrizes orçamentárias.

§ 4º Se o Ministério Público não encaminhar a respectiva proposta orçamentária dentro do prazo estabelecido na lei de diretrizes orçamentárias, o Poder Executivo considerará, para fins de consolidação da proposta orçamentária anual, os valores aprovados na lei orçamentária vigente, ajustados de acordo com os limites estipulados na forma do § 3º.

§ 5º Se a proposta orçamentária de que trata este artigo for encaminhada em desacordo com os limites estipulados na forma do § 3º, o Poder Executivo procederá aos ajustes necessários para fins de consolidação da proposta orçamentária anual.

§ 6º Durante a execução orçamentária do exercício, não poderá haver a realização de despesas ou a assunção de obrigações que extrapolem os limites estabelecidos na lei de diretrizes orçamentárias, exceto se previamente autorizadas, mediante a abertura de créditos suplementares ou especiais.

▶ **§§ 4º a 6º** acrescidos pela EC nº 45, de 8-12-2004.

Art. 128. O Ministério Público abrange:

▶ LC nº 75, de 20-5-1993 (Lei Orgânica do Ministério Público da União).

I – o Ministério Público da União, que compreende:

a) o Ministério Público Federal;
b) o Ministério Público do Trabalho;
c) o Ministério Público Militar;
d) o Ministério Público do Distrito Federal e Territórios;

II – os Ministérios Públicos dos Estados.

§ 1º O Ministério Público da União tem por chefe o Procurador-Geral da República, nomeado pelo Presidente da República dentre integrantes da carreira, maiores de trinta e cinco anos, após a aprovação de seu nome pela maioria absoluta dos membros do Senado Federal, para mandato de dois anos, permitida a recondução.

§ 2º A destituição do Procurador-Geral da República, por iniciativa do Presidente da República, deverá ser precedida de autorização da maioria absoluta do Senado Federal.

§ 3º Os Ministérios Públicos dos Estados e o do Distrito Federal e Territórios formarão lista tríplice dentre integrantes da carreira, na forma da lei respectiva, para escolha de seu Procurador-Geral, que será nomeado pelo Chefe do Poder Executivo, para mandato de dois anos, permitida uma recondução.

§ 4º Os Procuradores-Gerais nos Estados e no Distrito Federal e Territórios poderão ser destituídos por deliberação da maioria absoluta do Poder Legislativo, na forma da lei complementar respectiva.

§ 5º Leis complementares da União e dos Estados, cuja iniciativa é facultada aos respectivos Procuradores-Gerais, estabelecerão a organização, as atribuições e o estatuto de cada Ministério Público, observadas, relativamente a seus membros:

I – as seguintes garantias:

a) vitaliciedade, após dois anos de exercício, não podendo perder o cargo senão por sentença judicial transitada em julgado;
b) inamovibilidade, salvo por motivo de interesse público, mediante decisão do órgão colegiado competente do Ministério Público, pelo voto da maioria absoluta de seus membros, assegurada ampla defesa;

▶ Alínea b com a redação dada pela EC nº 45, de 8-12-2004.

c) irredutibilidade de subsídio, fixado na forma do artigo 39, § 4º, e ressalvado o disposto nos artigos 37, X e XI, 150, II, 153, III, 153, § 2º, I;

▶ Alínea c com a redação dada pela EC nº 19, de 4-6-1998.
▶ Lei nº 12.770, de 28-12-2012, dispõe sobre o subsídio do Procurador-Geral da República.

II – as seguintes vedações:

a) receber, a qualquer título e sob qualquer pretexto, honorários, percentagens ou custas processuais;
b) exercer a advocacia;
c) participar de sociedade comercial, na forma da lei;
d) exercer, ainda que em disponibilidade, qualquer outra função pública, salvo uma de magistério;
e) exercer atividade político-partidária;

▶ Alínea e com a redação dada pela EC nº 45, de 8-12-2004.

f) receber, a qualquer título ou pretexto, auxílios ou contribuições de pessoas físicas, entidades públicas ou privadas, ressalvadas as exceções previstas em lei.

▶ Alínea f acrescida pela EC nº 45, de 8-12-2004.

§ 6º Aplica-se aos membros do Ministério Público o disposto no art. 95, parágrafo único, V.

▶ § 6º acrescido pela EC nº 45, de 8-12-2004.

Art. 129. São funções institucionais do Ministério Público:

I – promover, privativamente, a ação penal pública, na forma da lei;

▶ Art. 100, § 1º, do CP.
▶ Art. 24 do CPP.
▶ Lei nº 8.625, de 12-2-1993 (Lei Orgânica Nacional do Ministério Público).
▶ Súm. nº 234 do STJ.

II – zelar pelo efetivo respeito dos Poderes Públicos e dos serviços de relevância pública aos direitos assegurados nesta Constituição, promovendo as medidas necessárias a sua garantia;
III – promover o inquérito civil e a ação civil pública, para a proteção do patrimônio público e social, do meio ambiente e de outros interesses difusos e coletivos;

▶ Lei nº 7.347, de 24-7-1985 (Lei da Ação Civil Pública).
▶ Súm. nº 643 do STF.
▶ Súm. nº 329 do STJ.

IV – promover a ação de inconstitucionalidade ou representação para fins de intervenção da União e dos Estados, nos casos previstos nesta Constituição;

▶ Arts. 34 a 36 desta Constituição.

V – defender judicialmente os direitos e interesses das populações indígenas;

▶ Art. 231 desta Constituição.

VI – expedir notificações nos procedimentos administrativos de sua competência, requisitando informações e documentos para instruí-los, na forma da lei complementar respectiva;

▶ Súm. nº 234 do STJ.

VII – exercer o controle externo da atividade policial, na forma da lei complementar mencionada no artigo anterior;

▶ LC nº 75, de 20-5-1993 (Lei Orgânica do Ministério Público da União).

VIII – requisitar diligências investigatórias e a instauração de inquérito policial, indicados os fundamentos jurídicos de suas manifestações processuais;
IX – exercer outras funções que lhe forem conferidas, desde que compatíveis com sua finalidade, sendo-lhe vedada a representação judicial e a consultoria jurídica de entidades públicas.

§ 1º A legitimação do Ministério Público para as ações civis previstas neste artigo não impede a de terceiros, nas mesmas hipóteses, segundo o disposto nesta Constituição e na lei.

▶ Lei nº 7.347, de 24-7-1985 (Lei da Ação Civil Pública).

§ 2º As funções do Ministério Público só podem ser exercidas por integrantes da carreira, que deverão residir na comarca da respectiva lotação, salvo autorização do chefe da instituição.

§ 3º O ingresso na carreira do Ministério Público far-se-á mediante concurso público de provas e títulos, assegurada a participação da Ordem dos Advogados do Brasil em sua realização, exigindo-se do bacharel em direito, no mínimo, três anos de atividade jurídica e observando-se, nas nomeações, a ordem de classificação.

§ 4º Aplica-se ao Ministério Público, no que couber, o disposto no art. 93.

▶ §§ 2º a 4º com a redação dada pela EC nº 45, de 8-12-2004.

§ 5º A distribuição de processos no Ministério Público será imediata.

▶ § 5º acrescido pela EC nº 45, de 8-12-2004.

Art. 130. Aos membros do Ministério Público junto aos Tribunais de Contas aplicam-se as disposições desta seção pertinentes a direitos, vedações e forma de investidura.

Art. 130-A. O Conselho Nacional do Ministério Público compõe-se de quatorze membros nomeados pelo Presidente da República, depois de aprovada a escolha pela maioria absoluta do Senado Federal, para um mandato de dois anos, admitida uma recondução, sendo:

▶ Art. 5º da EC nº 45, de 8-12-2004 (Reforma do Judiciário).

I – o Procurador-Geral da República, que o preside;

II – quatro membros do Ministério Público da União, assegurada a representação de cada uma de suas carreiras;
III – três membros do Ministério Público dos Estados;
IV – dois juízes, indicados um pelo Supremo Tribunal Federal e outro pelo Superior Tribunal de Justiça;
V – dois advogados, indicados pelo Conselho Federal da Ordem dos Advogados do Brasil;
VI – dois cidadãos de notável saber jurídico e reputação ilibada, indicados um pela Câmara dos Deputados e outro pelo Senado Federal.

§ 1º Os membros do Conselho oriundos do Ministério Público serão indicados pelos respectivos Ministérios Públicos, na forma da lei.

▶ Lei nº 11.372, de 28-11-2006, regulamenta este parágrafo.

§ 2º Compete ao Conselho Nacional do Ministério Público o controle da atuação administrativa e financeira do Ministério Público e do cumprimento dos deveres funcionais de seus membros, cabendo-lhe:

I – zelar pela autonomia funcional e administrativa do Ministério Público, podendo expedir atos regulamentares, no âmbito de sua competência, ou recomendar providências;
II – zelar pela observância do art. 37 e apreciar, de ofício ou mediante provocação, a legalidade dos atos administrativos praticados por membros ou órgãos do Ministério Público da União e dos Estados, podendo desconstituí-los, revê-los ou fixar prazo para que se adotem as providências necessárias ao exato cumprimento da lei, sem prejuízo da competência dos Tribunais de Contas;
III – receber e conhecer das reclamações contra membros ou órgãos do Ministério Público da União ou dos Estados, inclusive contra seus serviços auxiliares, sem prejuízo da competência disciplinar e correicional da instituição, podendo avocar processos disciplinares em curso, determinar a remoção, a disponibilidade ou a aposentadoria com subsídios ou proventos proporcionais ao tempo de serviço e aplicar outras sanções administrativas, assegurada ampla defesa;
IV – rever, de ofício ou mediante provocação, os processos disciplinares de membros do Ministério Público da União ou dos Estados julgados há menos de um ano;
V – elaborar relatório anual, propondo as providências que julgar necessárias sobre a situação do Ministério Público no País e as atividades do Conselho, o qual deve integrar a mensagem prevista no art. 84, XI.

§ 3º O Conselho escolherá, em votação secreta, um Corregedor nacional, dentre os membros do Ministério Público que o integram, vedada a recondução, competindo-lhe, além das atribuições que lhe forem conferidas pela lei, as seguintes:

I – receber reclamações e denúncias, de qualquer interessado, relativas aos membros do Ministério Público e dos seus serviços auxiliares;
II – exercer funções executivas do Conselho, de inspeção e correição geral;
III – requisitar e designar membros do Ministério Público, delegando-lhes atribuições, e requisitar servidores de órgãos do Ministério Público.

§ 4º O Presidente do Conselho Federal da Ordem dos Advogados do Brasil oficiará junto ao Conselho.

§ 5º Leis da União e dos Estados criarão ouvidorias do Ministério Público, competentes para receber reclamações e denúncias de qualquer interessado contra membros ou órgãos do Ministério Público, inclusive contra seus serviços auxiliares, representando diretamente ao Conselho Nacional do Ministério Público.

▶ Art. 130-A acrescido pela EC nº 45, de 8-12-2004.

SEÇÃO II

DA ADVOCACIA PÚBLICA

▶ Denominação da Seção dada pela EC nº 19, de 4-6-1998.
▶ LC nº 73, de 10-2-1993 (Lei Orgânica da Advocacia-Geral da União).
▶ Lei nº 9.028, de 12-4-1995, dispõe sobre o exercício das atribuições institucionais da Advocacia-Geral da União, em caráter emergencial e provisório.
▶ Dec. nº 767, de 5-3-1993, dispõe sobre as atividades de controle interno da Advocacia-Geral da União.

Art. 131. A Advocacia-Geral da União é a instituição que, diretamente ou através de órgão vinculado, representa a União, judicial e extrajudicialmente, cabendo-lhe, nos termos da lei complementar que dispuser sobre sua organização e funcionamento, as atividades de consultoria e assessoramento jurídico do Poder Executivo.

▶ LC nº 73, de 10-2-1993 (Lei Orgânica da Advocacia-Geral da União).
▶ Lei nº 9.028, de 12-4-1995, dispõe sobre o exercício das atribuições institucionais da Advocacia-Geral da União, em caráter emergencial e provisório.
▶ Dec. nº 767, de 5-3-1993, dispõe sobre as atividades de controle interno da Advocacia-Geral da União.
▶ Dec. nº 7.153, de 9-4-2010, dispõe sobre a representação e a defesa extrajudicial dos órgãos e entidades da administração federal junto ao Tribunal de Contas da União, por intermédio da Advocacia-Geral da União.
▶ Súm. nº 644 do STF.

§ 1º A Advocacia-Geral da União tem por chefe o Advogado-Geral da União, de livre nomeação pelo Presidente da República dentre cidadãos maiores de trinta e cinco anos, de notável saber jurídico e reputação ilibada.

§ 2º O ingresso nas classes iniciais das carreiras da instituição de que trata este artigo far-se-á mediante concurso público de provas e títulos.

§ 3º Na execução da dívida ativa de natureza tributária, a representação da União cabe à Procuradoria-Geral da Fazenda Nacional, observado o disposto em lei.

▶ Súm. nº 139 do STJ.

Art. 132. Os Procuradores dos Estados e do Distrito Federal, organizados em carreira, na qual o ingresso dependerá de concurso público de provas e títulos, com a participação da Ordem dos Advogados do Brasil em todas as suas fases, exercerão a representação judicial e a consultoria jurídica das respectivas unidades federadas.

Parágrafo único. Aos procuradores referidos neste artigo é assegurada estabilidade após três anos de efetivo exercício, mediante avaliação de desempenho perante os órgãos próprios, após relatório circunstanciado das corregedorias.

▶ Art. 132 com a redação dada pela EC nº 19, de 4-6-1998.

SEÇÃO III

DA ADVOCACIA E DA DEFENSORIA PÚBLICA

Art. 133. O advogado é indispensável à administração da justiça, sendo inviolável por seus atos e manifestações no exercício da profissão, nos limites da lei.

▶ Art. 791 da CLT.
▶ Lei nº 8.906, de 4-7-1994 (Estatuto da Advocacia e da OAB).
▶ Súm. Vinc. nº 14 do STF.
▶ Súm. nº 219, 329 e 425 do TST.
▶ O STF, ao julgar a ADIN nº 1.194, deu interpretação conforme à Constituição ao art. 21 e parágrafo único da Lei nº 8.906, de 4-7-1994 (Estatuto da OAB), no sentido da preservação da liberdade contratual quanto à destinação dos honorários de sucumbência fixados judicialmente.

Art. 134. A Defensoria Pública é instituição essencial à função jurisdicional do Estado, incumbindo-lhe a orientação jurídica e a defesa, em todos os graus, dos necessitados, na forma do artigo 5º, LXXIV.

▶ LC nº 80, de 12-1-1994 (Lei da Defensoria Pública).
▶ Súm. Vinc. nº 14 do STF.

§ 1º Lei complementar organizará a Defensoria Pública da União e do Distrito Federal e dos Territórios e prescreverá normas gerais para sua organização nos Estados, em cargos de carreira, providos, na classe inicial, mediante concurso público de provas e títulos, assegurada a seus integrantes a garantia da inamovibilidade e vedado o exercício da advocacia fora das atribuições institucionais.

▶ Parágrafo único transformado em § 1º pela EC nº 45, de 8-12-2004.
▶ Súm. nº 421 do STJ.

§ 2º Às Defensorias Públicas Estaduais é assegurada autonomia funcional e administrativa, e a iniciativa de sua proposta orçamentária dentro dos limites estabelecidos na lei de diretrizes orçamentárias e subordinação ao disposto no art. 99, § 2º.

▶ § 2º acrescido pela EC nº 45, de 8-12-2004.

§ 3º Aplica-se o disposto no § 2º às Defensorias Públicas da União e do Distrito Federal.

▶ § 3º acrescido pela EC nº 74, de 6-8-2013.

Art. 135. Os servidores integrantes das carreiras disciplinadas nas Seções II e III deste Capítulo serão remunerados na forma do artigo 39, § 4º.

▶ Artigo com a redação dada pela EC nº 19, de 4-6-1998.
▶ Art. 132 desta Constituição.

TÍTULO V – DA DEFESA DO ESTADO E DAS INSTITUIÇÕES DEMOCRÁTICAS

CAPÍTULO I

DO ESTADO DE DEFESA E DO ESTADO DE SÍTIO

SEÇÃO I

DO ESTADO DE DEFESA

Art. 136. O Presidente da República pode, ouvidos o Conselho da República e o Conselho de Defesa Nacional, decretar estado de defesa para preservar ou prontamente restabelecer, em locais restritos e determinados, a ordem pública ou a paz social ameaçadas por grave e iminente instabilidade institucional ou atingidas por calamidades de grandes proporções na natureza.

▶ Arts. 89 a 91 desta Constituição.
▶ Lei nº 8.041, de 5-6-1990, dispõe sobre a organização e o funcionamento do Conselho da República.
▶ Lei nº 8.183, de 11-4-1991, dispõe sobre a organização e o funcionamento do Conselho de Defesa Nacional.
▶ Dec. nº 893, de 12-8-1993, aprova o regulamento do Conselho de Defesa Nacional.

§ 1º O decreto que instituir o estado de defesa determinará o tempo de sua duração, especificará as áreas a serem abrangidas e indicará, nos termos e limites da lei, as medidas coercitivas a vigorarem, dentre as seguintes:

I – restrições aos direitos de:

a) reunião, ainda que exercida no seio das associações;
b) sigilo de correspondência;
c) sigilo de comunicação telegráfica e telefônica;

II – ocupação e uso temporário de bens e serviços públicos, na hipótese de calamidade pública, respondendo a União pelos danos e custos decorrentes.

§ 2º O tempo de duração do estado de defesa não será superior a trinta dias, podendo ser prorrogado uma vez, por igual período, se persistirem as razões que justificaram a sua decretação.

§ 3º Na vigência do estado de defesa:

I – a prisão por crime contra o Estado, determinada pelo executor da medida, será por este comunicada imediatamente ao juiz competente, que a relaxará, se não for legal, facultado ao preso requerer exame de corpo de delito à autoridade policial;
II – a comunicação será acompanhada de declaração, pela autoridade, do estado físico e mental do detido no momento de sua autuação;
III – a prisão ou detenção de qualquer pessoa não poderá ser superior a dez dias, salvo quando autorizada pelo Poder Judiciário;
IV – é vedada a incomunicabilidade do preso.

§ 4º Decretado o estado de defesa ou sua prorrogação, o Presidente da República, dentro de vinte e quatro horas, submeterá o ato com a respectiva justificação ao Congresso Nacional, que decidirá por maioria absoluta.

§ 5º Se o Congresso Nacional estiver em recesso, será convocado, extraordinariamente, no prazo de cinco dias.

§ 6º O Congresso Nacional apreciará o decreto dentro de dez dias contados de seu recebimento, devendo continuar funcionando enquanto vigorar o estado de defesa.

§ 7º Rejeitado o decreto, cessa imediatamente o estado de defesa.

SEÇÃO II

DO ESTADO DE SÍTIO

Art. 137. O Presidente da República pode, ouvidos o Conselho da República e o Conselho de Defesa Nacional, solicitar ao Congresso Nacional autorização para decretar o estado de sítio nos casos de:

I – comoção grave de repercussão nacional ou ocorrência de fatos que comprovem a ineficácia de medida tomada durante o estado de defesa;

II – declaração de estado de guerra ou resposta a agressão armada estrangeira.

Parágrafo único. O Presidente da República, ao solicitar autorização para decretar o estado de sítio ou sua prorrogação, relatará os motivos determinantes do pedido, devendo o Congresso Nacional decidir por maioria absoluta.

Art. 138. O decreto do estado de sítio indicará sua duração, as normas necessárias a sua execução e as garantias constitucionais que ficarão suspensas, e, depois de publicado, o Presidente da República designará o executor das medidas específicas e as áreas abrangidas.

§ 1º O estado de sítio, no caso do artigo 137, I, não poderá ser decretado por mais de trinta dias, nem prorrogado, de cada vez, por prazo superior; no do inciso II, poderá ser decretado por todo o tempo que perdurar a guerra ou a agressão armada estrangeira.

§ 2º Solicitada autorização para decretar o estado de sítio durante o recesso parlamentar, o Presidente do Senado Federal, de imediato, convocará extraordinariamente o Congresso Nacional para se reunir dentro de cinco dias, a fim de apreciar o ato.

§ 3º O Congresso Nacional permanecerá em funcionamento até o término das medidas coercitivas.

Art. 139. Na vigência do estado de sítio decretado com fundamento no artigo 137, I, só poderão ser tomadas contra as pessoas as seguintes medidas:

I – obrigação de permanência em localidade determinada;

II – detenção em edifício não destinado a acusados ou condenados por crimes comuns;

III – restrições relativas à inviolabilidade da correspondência, ao sigilo das comunicações, à prestação de informações e à liberdade de imprensa, radiodifusão e televisão, na forma da lei;

▶ Lei nº 9.296, de 24-7-1996 (Lei das Interceptações Telefônicas).

IV – suspensão da liberdade de reunião;

▶ Lei nº 9.296, de 24-7-1996 (Lei das Interceptações Telefônicas).

V – busca e apreensão em domicílio;

VI – intervenção nas empresas de serviços públicos;

VII – requisição de bens.

Parágrafo único. Não se inclui nas restrições do inciso III a difusão de pronunciamentos de parlamentares efetuados em suas Casas Legislativas, desde que liberada pela respectiva Mesa.

Seção III

DISPOSIÇÕES GERAIS

Art. 140. A Mesa do Congresso Nacional, ouvidos os líderes partidários, designará Comissão composta de cinco de seus membros para acompanhar e fiscalizar a execução das medidas referentes ao estado de defesa e ao estado de sítio.

Art. 141. Cessado o estado de defesa ou o estado de sítio, cessarão também seus efeitos, sem prejuízo da responsabilidade pelos ilícitos cometidos por seus executores ou agentes.

Parágrafo único. Logo que cesse o estado de defesa ou o estado de sítio, as medidas aplicadas em sua vigência serão relatadas pelo Presidente da República, em mensagem ao Congresso Nacional, com especificação e justificação das providências adotadas, com relação nominal dos atingidos, e indicação das restrições aplicadas.

Capítulo II

DAS FORÇAS ARMADAS

▶ Dec. nº 3.897, de 24-8-2001, fixa as diretrizes para o emprego das Forças Armadas na garantia da Lei e da Ordem.

Art. 142. As Forças Armadas, constituídas pela Marinha, pelo Exército e pela Aeronáutica, são instituições nacionais permanentes e regulares, organizadas com base na hierarquia e na disciplina, sob a autoridade suprema do Presidente da República, e destinam-se à defesa da Pátria, à garantia dos poderes constitucionais e, por iniciativa de qualquer destes, da lei e da ordem.

▶ Art. 37, X, desta Constituição.
▶ LC nº 69, de 23-7-1991, dispõe sobre a organização e emprego das Forças Armadas.
▶ Lei nº 8.071, de 17-7-1990, dispõe sobre os efetivos do Exército em tempo de paz.

§ 1º Lei complementar estabelecerá as normas gerais a serem adotadas na organização, no preparo e no emprego das Forças Armadas.

▶ LC nº 97, de 9-6-1999, dispõe sobre as normas gerais para a organização, o preparo e o emprego das Forças Armadas.

§ 2º Não caberá *habeas corpus* em relação a punições disciplinares militares.

▶ Art. 42, § 1º, desta Constituição.
▶ Dec.-lei nº 1.001, de 21-10-1969 (Código Penal Militar).
▶ Dec. nº 76.322, de 22-9-1975 (Regulamento Disciplinar da Aeronáutica).
▶ Dec. nº 88.545, de 26-7-1983 (Regulamento Disciplinar para a Marinha).
▶ Dec. nº 4.346, de 26-8-2002 (Regulamento Disciplinar do Exército).

§ 3º Os membros das Forças Armadas são denominados militares, aplicando-se-lhes, além das que vierem a ser fixadas em lei, as seguintes disposições:

▶ § 3º acrescido pela EC nº 18, de 5-2-1998.
▶ Art. 42, § 1º, desta Constituição.
▶ Lei nº 9.786, de 8-2-1999, dispõe sobre o ensino do Exército Brasileiro.
▶ Dec. nº 3.182, de 23-9-1999, regulamenta a Lei nº 9.786, de 8-2-1999, que dispõe sobre o ensino do Exército Brasileiro.

I – as patentes, com prerrogativas, direitos e deveres a elas inerentes, são conferidas pelo Presidente da República e asseguradas em plenitude aos oficiais da ativa, da reserva ou reformados, sendo-lhes privativos os títulos e postos militares e, juntamente com os demais membros, o uso dos uniformes das Forças Armadas;

II – o militar em atividade que tomar posse em cargo ou emprego público civil permanente será transferido para a reserva, nos termos da lei;

III – o militar da ativa que, de acordo com a lei, tomar posse em cargo, emprego ou função pública civil temporária, não eletiva, ainda que da administração indireta, ficará agregado ao respectivo quadro e somente poderá, enquanto permanecer nessa situação, ser promovido por antiguidade, contando-se-lhe o tempo de serviço apenas para aquela promoção e transferência para a reserva, sendo depois de dois anos de afastamento, contínuos ou não, transferido para a reserva, nos termos da lei;

IV – ao militar são proibidas a sindicalização e a greve;

V – o militar, enquanto em serviço ativo, não pode estar filiado a partidos políticos;

VI – o oficial só perderá o posto e a patente se for julgado indigno do oficialato ou com ele incompatível, por decisão de Tribunal militar de caráter permanente, em tempo de paz, ou de Tribunal especial, em tempo de guerra;

VII – o oficial condenado na justiça comum ou militar a pena privativa de liberdade superior a dois anos, por sentença transitada em julgado, será submetido ao julgamento previsto no inciso anterior;

VIII – aplica-se aos militares o disposto no artigo 7º, VIII, XII, XVII, XVIII, XIX e XXV e no artigo 37, XI, XIII, XIV e XV;

▶ Súm. Vinc. nº 6 do STF.

IX – *Revogado*. EC nº 41, de 19-12-2003;

X – a lei disporá sobre o ingresso nas Forças Armadas, os limites de idade, a estabilidade e outras condições de transferência do militar para a inatividade, os direitos, os deveres, a remuneração, as prerrogativas e outras situações especiais dos militares, consideradas as peculiaridades de suas atividades, inclusive aquelas cumpridas por força de compromissos internacionais e de guerra.

▶ Incisos I a X acrescidos pela EC nº 18, de 5-2-1998.
▶ Arts. 40, § 20, e 42, § 1º, desta Constituição.
▶ Súm. Vinc. nº 4 do STF.

Art. 143. O serviço militar é obrigatório nos termos da lei.

▶ Lei nº 4.375, de 17-8-1964 (Lei do Serviço Militar), regulamentada pelo Dec. nº 57.654, de 20-1-1966.
▶ Dec. nº 3.289, de 15-12-1999, aprova o Plano Geral de Convocação para o Serviço Militar Inicial nas Forças Armadas em 2001.

§ 1º Às Forças Armadas compete, na forma da lei, atribuir serviço alternativo aos que, em tempo de paz, após alistados, alegarem imperativo de consciência, entendendo-se como tal o decorrente de crença religiosa e de convicção filosófica ou política, para se eximirem de atividades de caráter essencialmente militar.

▶ Art. 5º, VIII, desta Constituição.

§ 2º As mulheres e os eclesiásticos ficam isentos do serviço militar obrigatório em tempo de paz, sujeitos, porém, a outros encargos que a lei lhes atribuir.

▶ Lei nº 8.239, de 4-10-1991, regulamenta os §§ 1º e 2º deste artigo.
▶ Súm. Vinc. nº 6 do STF.

CAPÍTULO III

DA SEGURANÇA PÚBLICA

▶ Dec. nº 5.289, de 29-11-2004, disciplina a organização e o funcionamento da administração pública federal, para o desenvolvimento do programa de cooperação federativa denominado Força Nacional de Segurança Pública.

Art. 144. A segurança pública, dever do Estado, direito e responsabilidade de todos, é exercida para a preservação da ordem pública e da incolumidade das pessoas e do patrimônio, através dos seguintes órgãos:

▶ Dec. nº 4.332, de 12-8-2002, estabelece normas para o planejamento, a coordenação e a execução de medidas de segurança a serem implementadas durante as viagens presidenciais em território nacional, ou em eventos na capital federal.

I – polícia federal;

II – polícia rodoviária federal;

▶ Dec. nº 1.655, de 3-10-1995, define a competência da Polícia Rodoviária Federal.

III – polícia ferroviária federal;

IV – polícias civis;

V – polícias militares e corpos de bombeiros militares.

§ 1º A polícia federal, instituída por lei como órgão permanente, organizado e mantido pela União e estruturado em carreira, destina-se a:

▶ § 1º com a redação dada pela EC nº 19, de 4-6-1998.

I – apurar infrações penais contra a ordem política e social ou em detrimento de bens, serviços e interesses da União ou de suas entidades autárquicas e empresas públicas, assim como outras infrações cuja prática tenha repercussão interestadual ou internacional e exija repressão uniforme, segundo se dispuser em lei;

▶ Lei nº 8.137, de 27-12-1990 (Lei dos Crimes contra a Ordem Tributária, Econômica e contra as Relações de Consumo).
▶ Lei nº 10.446, de 8-5-2002, dispõe sobre infrações penais de repercussão interestadual ou internacional que exigem repressão uniforme, para os fins de aplicação do disposto neste inciso.

II – prevenir e reprimir o tráfico ilícito de entorpecentes e drogas afins, o contrabando e o descaminho, sem prejuízo da ação fazendária e de outros órgãos públicos nas respectivas áreas de competência;

▶ Lei nº 11.343, de 23-8-2006 (Lei Antidrogas).
▶ Dec. nº 2.781, de 14-9-1998, institui o Programa Nacional de Combate ao Contrabando e o Descaminho.

III – exercer as funções de polícia marítima, aeroportuária e de fronteiras;

▶ Inciso III com a redação dada pela EC nº 19, de 4-6-1998.

IV – exercer, com exclusividade, as funções de polícia judiciária da União.

§ 2º A polícia rodoviária federal, órgão permanente, organizado e mantido pela União e estruturado em carreira, destina-se, na forma da lei, ao patrulhamento ostensivo das rodovias federais.

▶ Lei nº 9.654, de 2-3-1998, cria a carreira de Policial Rodoviário Federal.

§ 3º A polícia ferroviária federal, órgão permanente, organizado e mantido pela União e estruturado em carreira, destina-se, na forma da lei, ao patrulhamento ostensivo das ferrovias federais.

▶ §§ 2º e 3º com a redação dada pela EC nº 19, de 4-6-1998.

§ 4º Às polícias civis, dirigidas por delegados de polícia de carreira, incumbem, ressalvada a competência da União, as funções de polícia judiciária e a apuração de infrações penais, exceto as Militares.

▶ Art. 9º do CPM.
▶ Art. 7º do CPPM.

§ 5º Às polícias militares cabem a polícia ostensiva e a preservação da ordem pública; aos corpos de bombeiros militares, além das atribuições definidas em lei, incumbe a execução de atividades de defesa civil.

▶ Dec.-lei nº 667, de 2-7-1969, reorganiza as Polícias Militares e os Corpos de Bombeiros Militares dos Estados, dos Território e do Distrito Federal.

§ 6º As polícias militares e corpos de bombeiros militares, forças auxiliares e reserva do Exército, subordinam-se, juntamente com as polícias civis, aos Governadores dos Estados, do Distrito Federal e dos Territórios.

§ 7º A lei disciplinará a organização e o funcionamento dos órgãos responsáveis pela segurança pública, de maneira a garantir a eficiência de suas atividades.

▶ Dec. nº 6.950, de 26-8-2009, dispõe sobre o Conselho Nacional de Segurança Pública – CONASP.

§ 8º Os Municípios poderão constituir guardas municipais destinadas à proteção de seus bens, serviços e instalações, conforme dispuser a lei.

§ 9º A remuneração dos servidores policiais integrantes dos órgãos relacionados neste artigo será fixada na forma do § 4º do artigo 39.

▶ § 9º acrescido pela EC nº 19, de 4-6-1998.

TÍTULO VI – DA TRIBUTAÇÃO E DO ORÇAMENTO

▶ Lei nº 5.172, de 27-12-1990 (Código Tributário Nacional).

Capítulo I

DO SISTEMA TRIBUTÁRIO NACIONAL

▶ Lei nº 8.137, de 27-12-1990 (Lei de Crimes contra a Ordem Tributária, Econômica e contra as Relações de Consumo).
▶ Lei nº 8.176, de 8-2-1991, define crimes contra a ordem econômica e cria o sistema de estoque de combustíveis.
▶ Dec. nº 2.730, de 10-8-1998, dispõe sobre o encaminhamento ao Ministério Público da representação fiscal para os crimes contra a ordem tributária.

Seção I

DOS PRINCÍPIOS GERAIS

Art. 145. A União, os Estados, o Distrito Federal e os Municípios poderão instituir os seguintes tributos:

▶ Arts. 1º a 5º do CTN.
▶ Súm. nº 667 do STF.

I – impostos;

▶ Arts. 16 a 76 do CTN.

II – taxas, em razão do exercício do poder de polícia ou pela utilização, efetiva ou potencial, de serviços públicos específicos e divisíveis, prestados ao contribuinte ou postos a sua disposição;

▶ Arts. 77 a 80 do CTN.
▶ Súm. Vinc. nº 19 do STF.
▶ Súmulas nos 665 e 670 do STF.

III – contribuição de melhoria, decorrente de obras públicas.

▶ Arts. 81 e 82 do CTN.
▶ Dec.-lei nº 195, de 24-2-1967 (Lei da Contribuição de Melhoria).

§ 1º Sempre que possível, os impostos terão caráter pessoal e serão graduados segundo a capacidade econômica do contribuinte, facultado à administração tributária, especialmente para conferir efetividade a esses objetivos, identificar, respeitados os direitos individuais e nos termos da lei, o patrimônio, os rendimentos e as atividades econômicas do contribuinte.

▶ Lei nº 8.021, de 12-4-1990, dispõe sobre a identificação dos contribuintes para fins fiscais.
▶ Súmulas nos 656 e 668 do STF.

§ 2º As taxas não poderão ter base de cálculo própria de impostos.

▶ Art. 77, parágrafo único, do CTN.
▶ Súm. Vinc. nº 29 do STF.
▶ Súm. nº 665 do STF.

Art. 146. Cabe à lei complementar:

I – dispor sobre conflitos de competência, em matéria tributária, entre a União, os Estados, o Distrito Federal e os Municípios;

▶ Arts. 6º a 8º do CTN.

II – regular as limitações constitucionais ao poder de tributar;

▶ Arts. 9º a 15 do CTN.

III – estabelecer normas gerais em matéria de legislação tributária, especialmente sobre:

▶ Art. 149 desta Constituição.

a) definição de tributos e de suas espécies, bem como, em relação aos impostos discriminados nesta Constituição, a dos respectivos fatos geradores, bases de cálculo e contribuintes;
b) obrigação, lançamento, crédito, prescrição e decadência tributários;

▶ Súm. Vinc. nº 8 do STF.

c) adequado tratamento tributário ao ato cooperativo praticado pelas sociedades cooperativas;
d) definição de tratamento diferenciado e favorecido para as microempresas e para as empresas de pequeno porte, inclusive regimes especiais ou simplificados no caso do imposto previsto no art. 155, II, das contribuições previstas no art. 195, I e §§ 12 e 13, e da contribuição a que se refere o art. 239.

▶ Alínea d acrescida pela EC nº 42, de 19-12-2003.
▶ Art. 94 do ADCT.
▶ LC nº 123, de 14-12-2006 (Estatuto Nacional da Microempresa e da Empresa de Pequeno Porte).

Parágrafo único. A lei complementar de que trata o inciso III, d, também poderá instituir um regime único de arrecadação dos impostos e contribuições da União, dos Estados, do Distrito Federal e dos Municípios, observado que:

I – será opcional para o contribuinte;
II – poderão ser estabelecidas condições de enquadramento diferenciadas por Estado;
III – o recolhimento será unificado e centralizado e a distribuição da parcela de recursos pertencentes aos respectivos entes federados será imediata, vedada qualquer retenção ou condicionamento;
IV – a arrecadação, a fiscalização e a cobrança poderão ser compartilhadas pelos entes federados, adotado cadastro nacional único de contribuintes.

▶ Parágrafo único acrescido pela EC nº 42, de 19-12-2003.

Art. 146-A. Lei complementar poderá estabelecer critérios especiais de tributação, com o objetivo de prevenir desequilíbrios da concorrência, sem prejuízo da competência de a União, por lei, estabelecer normas de igual objetivo.

▶ Art. 146-A acrescido pela EC nº 42, de 19-12-2003.

Art. 147. Competem à União, em Território Federal, os impostos estaduais e, se o Território não for dividido em Municípios, cumulativamente, os impostos municipais; ao Distrito Federal cabem os impostos municipais.

Art. 148. A União, mediante lei complementar, poderá instituir empréstimos compulsórios:

I – para atender a despesas extraordinárias, decorrentes de calamidade pública, de guerra externa ou sua iminência;
II – no caso de investimento público de caráter urgente e de relevante interesse nacional, observado o disposto no artigo 150, III, b.

▶ Art. 34, § 12, do ADCT.

Parágrafo único. A aplicação dos recursos provenientes de empréstimo compulsório será vinculada à despesa que fundamentou sua instituição.

Art. 149. Compete exclusivamente à União instituir contribuições sociais, de intervenção no domínio econômico e de interesse das categorias profissionais ou econômicas, como instrumento de sua atuação nas respectivas áreas, observado o disposto nos artigos 146, III, e 150, I e III, e sem prejuízo do previsto no artigo 195, § 6º, relativamente às contribuições a que alude o dispositivo.

▶ Lei nº 10.336, de 19-12-2001, institui a Contribuição de Intervenção no Domínio Econômico incidente sobre a importação e a comercialização de petróleo e seus derivados, gás natural e seus derivados e álcool etílico combustível – CIDE a que se refere este artigo.

§ 1º Os Estados, o Distrito Federal e os Municípios instituirão contribuição, cobrada de seus servidores, para o custeio, em benefício destes, do regime previdenciário de que trata o art. 40, cuja alíquota não será inferior à da contribuição dos servidores titulares de cargos efetivos da União.

▶ § 1º com a redação dada pela EC nº 41, de 19-12-2003.

§ 2º As contribuições sociais e de intervenção no domínio econômico de que trata o *caput* deste artigo:

I – não incidirão sobre as receitas decorrentes de exportação;

II – incidirão também sobre a importação de produtos estrangeiros ou serviços;

▶ Inciso II com a redação dada pela EC nº 42, de 19-12-2003.
▶ Lei nº 10.336, de 19-12-2001, institui Contribuição de Intervenção no Domínio Econômico incidente sobre a importação e a comercialização de petróleo e seus derivados, e álcool etílico combustível – CIDE.
▶ Lei nº 10.865, de 30-4-2004, dispõe sobre o PIS/PASEP-Importação e a COFINS-Importação.

III – poderão ter alíquotas:

a) *ad valorem*, tendo por base o faturamento, a receita bruta ou o valor da operação e, no caso de importação, o valor aduaneiro;
b) específica, tendo por base a unidade de medida adotada.

§ 3º A pessoa natural destinatária das operações de importação poderá ser equiparada a pessoa jurídica, na forma da lei.

§ 4º A lei definirá as hipóteses em que as contribuições incidirão uma única vez.

▶ §§ 2º a 4º acrescidos pela EC nº 33, de 11-12-2001.

Art. 149-A. Os Municípios e o Distrito Federal poderão instituir contribuição, na forma das respectivas leis, para o custeio do serviço de iluminação pública, observado o disposto no art. 150, I e III.

Parágrafo único. É facultada a cobrança da contribuição a que se refere o *caput*, na fatura de consumo de energia elétrica.

▶ Art. 149-A acrescido pela EC nº 39, de 19-12-2002.

SEÇÃO II

DAS LIMITAÇÕES DO PODER DE TRIBUTAR

Art. 150. Sem prejuízo de outras garantias asseguradas ao contribuinte, é vedado à União, aos Estados, ao Distrito Federal e aos Municípios:

▶ Lei nº 5.172 de 25-10-1966 (Código Tributário Nacional).

I – exigir ou aumentar tributo sem lei que o estabeleça;

▶ Arts. 3º e 97, I e II, do CTN.

II – instituir tratamento desigual entre contribuintes que se encontrem em situação equivalente, proibida qualquer distinção em razão de ocupação profissional ou função por eles exercida, independentemente da denominação jurídica dos rendimentos, títulos ou direitos;

▶ Art. 5º, *caput*, desta Constituição.
▶ Súm. nº 658 do STF.

III – cobrar tributos:

a) em relação a fatos geradores ocorridos antes do início da vigência da lei que os houver instituído ou aumentado;

▶ Art. 9º, II, do CTN.

b) no mesmo exercício financeiro em que haja sido publicada a lei que os instituiu ou aumentou;

▶ Art. 195, § 6º, desta Constituição.

c) antes de decorridos noventa dias da data em que haja sido publicada a lei que os instituiu ou aumentou, observado o disposto na alínea *b*;

▶ Alínea c acrescida pela EC nº 42, de 19-12-2003.

IV – utilizar tributo com efeito de confisco;
V – estabelecer limitações ao tráfego de pessoas ou bens, por meio de tributos interestaduais ou intermunicipais, ressalvada a cobrança de pedágio pela utilização de vias conservadas pelo Poder Público;

▶ Art. 9º, III, do CTN.

VI – instituir impostos sobre:

a) patrimônio, renda ou serviços, uns dos outros;

▶ Art. 9º, IV, *a*, do CTN.

b) templos de qualquer culto;

▶ Art. 9º, IV, *b*, do CTN.

c) patrimônio, renda ou serviços dos partidos políticos, inclusive suas fundações, das entidades sindicais dos trabalhadores, das instituições de educação e de assistência social, sem fins lucrativos, atendidos os requisitos da lei;

▶ Art. 9º, IV, c, e 14 do CTN.
▶ Lei nº 3.193, de 4-7-1957, dispõe sobre isenção de impostos em templos de qualquer culto, bens e serviços de partidos políticos e instituições de educação e assistência social.
▶ Súmulas nos 724 e 730 do STF.

d) livros, jornais, periódicos e o papel destinado à sua impressão;

▶ Lei nº 10.753, de 30-10-2003, institui a Política Internacional do Livro.
▶ Art. 1º, *caput*, I e II, da Lei nº 11.945, de 4-6-2009, que dispõe sobre o Registro Especial na Secretaria da Receita Federal do Brasil.
▶ Súm. nº 657 do STF.

e) *fonogramas e videofonogramas musicais produzidos no Brasil contendo obras musicais ou literomusicais de autores brasileiros e/ou obras em geral interpretadas por artistas brasileiros bem como os suportes materiais ou arquivos digitais que os contenham, salvo na etapa de replicação industrial de mídias ópticas de leitura a laser.*

▶ Alínea e acrescida pela EC nº 75, de 15-10-2013.

§ 1º A vedação do inciso III, *b*, não se aplica aos tributos previstos nos arts. 148, I, 153, I, II, IV e V; e 154, II; e a vedação do inciso III, *c*, não se aplica aos tributos previstos nos arts. 148, I, 153, I, II, III e V; e 154, II, nem à fixação da base de cálculo dos impostos previstos nos arts. 155, III, e 156, I.

▶ § 1º com a redação dada pela EC nº 42, de 19-12-2003.

§ 2º A vedação do inciso VI, *a*, é extensiva às autarquias e às fundações instituídas e mantidas pelo Poder Público, no que se refere ao patrimônio, à renda e aos serviços, vinculados a suas finalidades essenciais ou às delas decorrentes.

§ 3º As vedações do inciso VI, *a*, e do parágrafo anterior não se aplicam ao patrimônio, à renda e aos serviços, relacionados com exploração de atividades econômicas regidas pelas normas aplicáveis a empreendimentos privados, ou em que haja contraprestação ou pagamento de preços ou tarifas pelo usuário, nem exonera o promitente comprador da obrigação de pagar imposto relativamente ao bem imóvel.

§ 4º As vedações expressas no inciso VI, alíneas *b* e *c*, compreendem somente o patrimônio, a renda e os serviços, relacionados com as finalidades essenciais das entidades nelas mencionadas.

§ 5º A lei determinará medidas para que os consumidores sejam esclarecidos acerca dos impostos que incidam sobre mercadorias e serviços.

▶ Lei nº 12.741, de 8-12-2012, dispõe sobre as medidas de esclarecimento ao consumidor, de que trata este parágrafo.

§ 6º Qualquer subsídio ou isenção, redução de base de cálculo, concessão de crédito presumido, anistia ou remissão, relativos a impostos, taxas ou contribuições, só poderá ser concedido mediante lei específica, federal, estadual ou municipal, que regule exclusivamente as matérias acima enumeradas ou o correspondente tributo ou contribuição, sem prejuízo do disposto no artigo 155, § 2º, XII, *g*.

§ 7º A lei poderá atribuir a sujeito passivo de obrigação tributária a condição de responsável pelo pagamento de imposto ou contribuição, cujo fato gerador deva ocorrer posteriormente, assegurada a imediata e preferencial restituição da quantia paga, caso não se realize o fato gerador presumido.

▶ §§ 6º e 7º acrescidos pela EC nº 3, de 17-3-1993.

Art. 151. É vedado à União:

I – instituir tributo que não seja uniforme em todo o Território Nacional ou que implique distinção ou preferência em relação a Estado, ao Distrito Federal ou a Município, em detrimento de outro, admitida a concessão de incentivos fiscais destinados a promover o equilíbrio do desenvolvimento socioeconômico entre as diferentes regiões do País;

▶ Art. 10 do CTN.
▶ Lei nº 9.440, de 14-3-1997, estabelece incentivos fiscais para o desenvolvimento regional.
▶ Lei nº 11.508, de 20-7-2007 (Lei das Zonas de Processamento de Exportação).

II – tributar a renda das obrigações da dívida pública dos Estados, do Distrito Federal e dos Municípios, bem como a remuneração e os proventos dos respectivos agentes públicos, em níveis superiores aos que fixar para suas obrigações e para seus agentes;
III – instituir isenções de tributos da competência dos Estados, do Distrito Federal ou dos Municípios.

▶ Súm. nº 185 do STJ.

Art. 152. É vedado aos Estados, ao Distrito Federal e aos Municípios estabelecer diferença tributária entre bens e serviços, de qualquer natureza, em razão de sua procedência ou destino.

▶ Art. 11 do CTN.

Seção III

DOS IMPOSTOS DA UNIÃO

Art. 153. Compete à União instituir impostos sobre:

I – importação de produtos estrangeiros;

▶ Arts. 60, § 2º, e 154, I, desta Constituição.
▶ Lei nº 7.810, de 30-8-1989, dispõe sobre a redução de impostos na importação.

Constituição Federal – Art. 153

- Lei nº 8.032, de 12-4-1990, dispõe sobre a isenção ou redução de imposto de importação.
- Lei nº 9.449, de 14-3-1997, reduz o Imposto de Importação para os produtos que especifica.

II – exportação, para o exterior, de produtos nacionais ou nacionalizados;

- Art. 60, § 2º, desta Constituição.

III – renda e proventos de qualquer natureza;

- Arts. 27, § 2º, 28, § 2º, 29, V e VI, 37, XV, 48, XV, 49, VII e VIII, 95, III, 128, § 5º, I, c, desta Constituição.
- Art. 34, § 2º, I, do ADCT.
- Lei nº 8.166, de 11-1-1991, dispõe sobre a não incidência do imposto de renda sobre lucros ou dividendos distribuídos a residentes ou domiciliados no exterior, doados a instituições sem fins lucrativos.
- Lei nº 9.430, de 27-12-1996, dispõe sobre a legislação tributária federal, as contribuições para a Seguridade Social, o processo administrativo de consulta.
- Dec. nº 3.000, de 26-3-1999, regulamenta a tributação, fiscalização, arrecadação e administração do Imposto sobre a Renda e proventos de qualquer natureza.
- Súmulas nºs 125, 136 e 386 do STJ.

IV – produtos industrializados;

- Art. 60, § 2º, desta Constituição.
- Art. 34, § 2º, I, do ADCT.
- Lei nº 9.363, de 13-12-1996, dispõe sobre a instituição de crédito presumido do Imposto sobre Produtos Industrializados, para ressarcimento do valor do PIS/PASEP e COFINS nos casos que especifica.
- Lei nº 9.493, de 10-9-1997, concede isenção do Imposto sobre Produtos Industrializados – IPI na aquisição de equipamentos, máquinas, aparelhos e instrumentos, dispõe sobre período de apuração e prazo de recolhimento do referido imposto para as microempresas e empresas de pequeno porte, e estabelece suspensão do IPI na saída de bebidas alcoólicas, acondicionadas para venda a granel, dos estabelecimentos produtores e dos estabelecimentos equiparados a industrial.
- Dec. nº 7.212, de 15-6-2010, regulamenta a cobrança, fiscalização, arrecadação e administração do Imposto sobre Produtos Industrializados – IPI.

V – operações de crédito, câmbio e seguro, ou relativas a títulos ou valores mobiliários;

- Art. 60, § 2º, desta Constituição.
- Arts. 63 a 67 do CTN.
- Lei nº 8.894, de 21-6-1994, dispõe sobre o Imposto sobre Operações de Crédito, Câmbio e Seguro, ou relativas a Títulos e Valores Mobiliários.
- Dec. nº 6.306, de 14-12-2007, regulamenta o imposto sobre Operações de Crédito, Câmbio e Seguro, ou relativas a Títulos e Valores Mobiliários – IOF.
- Sum. Vinc. nº 32 do STF.
- Súm. nº 664 do STF.

VI – propriedade territorial rural;

- Lei nº 8.847, de 28-1-1994, dispõe sobre o Imposto sobre a Propriedade Territorial Rural – ITR.
- Lei nº 9.393, de 19-12-1996, dispõe sobre a Propriedade de Territorial Rural – ITR, e sobre o pagamento da dívida representada por Títulos da Dívida Agrária – TDA.
- Dec. nº 4.382, de 19-9-2002, regulamenta a tributação, fiscalização, arrecadação e administração do Imposto sobre a Propriedade Territorial Rural – ITR.
- Súm. nº 139 do STJ.

VII – grandes fortunas, nos termos de lei complementar.

- LC nº 111, de 6-7-2001, dispõe sobre o Fundo de Combate e Erradicação da Pobreza, na forma prevista nos arts. 79 a 81 do ADCT.

§ 1º É facultado ao Poder Executivo, atendidas as condições e os limites estabelecidos em lei, alterar as alíquotas dos impostos enumerados nos incisos I, II, IV e V.

- Art. 150, § 1º, desta Constituição.
- Lei nº 8.088, de 30-10-1990, dispõe sobre a atualização do Bônus do Tesouro Nacional e dos depósitos de poupança.

§ 2º O imposto previsto no inciso III:

I – será informado pelos critérios da generalidade, da universalidade e da progressividade, na forma da lei;

- Arts. 27, § 2º, 28, § 2º, 29, V e VI, 37, XV, 48, XV, 49, VII e VIII, 95, III, e 128, § 5º, I, c, desta Constituição.

II – *Revogado*. EC nº 20, de 15-12-1998.

§ 3º O imposto previsto no inciso IV:

I – será seletivo, em função da essencialidade do produto;
II – será não cumulativo, compensando-se o que for devido em cada operação com o montante cobrado nas anteriores;
III – não incidirá sobre produtos industrializados destinados ao exterior;
IV – terá reduzido seu impacto sobre a aquisição de bens de capital pelo contribuinte do imposto, na forma da lei.

- Inciso IV acrescido pela EC nº 42, de 19-12-2003.

§ 4º O imposto previsto no inciso VI do *caput*:

- *Caput* com a redação dada pela EC nº 42, de 19-12-2003.
- Lei nº 8.629, de 25-2-1993, regula os dispositivos constitucionais relativos à reforma agrária.

I – será progressivo e terá suas alíquotas fixadas de forma a desestimular a manutenção de propriedades improdutivas;
II – não incidirá sobre pequenas glebas rurais, definidas em lei, quando as explore o proprietário que não possua outro imóvel;
III – será fiscalizado e cobrado pelos Municípios que assim optarem, na forma da lei, desde que não implique redução do imposto ou qualquer outra forma de renúncia fiscal.

- Incisos I a III acrescidos pela EC nº 42, de 19-12-2003.
- Lei nº 11.250, de 27-12-2005, regulamenta este inciso.

§ 5º O ouro, quando definido em lei como ativo financeiro ou instrumento cambial, sujeita-se exclusivamente à incidência do imposto de que trata o inciso V do *caput* deste artigo, devido na operação de origem; a alíquota mínima será de um por cento, assegurada a transferência do montante da arrecadação nos seguintes termos:

- Art. 74, § 2º, do ADCT.
- Lei nº 7.766, de 11-5-1989, dispõe sobre o ouro, ativo financeiro e sobre seu tratamento tributário.

I – trinta por cento para o Estado, o Distrito Federal ou o Território, conforme a origem;

II – setenta por cento para o Município de origem.
► Arts. 72, § 3º, 74, § 2º, 75 e 76, § 1º, do ADCT.
► Lei nº 7.766, de 11-5-1989, dispõe sobre o ouro, ativo financeiro e sobre seu tratamento tributário.

Art. 154. A União poderá instituir:

I – mediante lei complementar, impostos não previstos no artigo anterior, desde que sejam não cumulativos e não tenham fato gerador ou base de cálculo próprios dos discriminados nesta Constituição;
► Art. 195, § 4º, desta Constituição.
► Arts. 74, § 2º, e 75 do ADCT.

II – na iminência ou no caso de guerra externa, impostos extraordinários, compreendidos ou não em sua competência tributária, os quais serão suprimidos, gradativamente, cessadas as causas de sua criação.
► Arts. 62, § 2º, 150, § 1º, desta Constituição.

Seção IV

DOS IMPOSTOS DOS ESTADOS E DO DISTRITO FEDERAL

Art. 155. Compete aos Estados e ao Distrito Federal instituir impostos sobre:
► *Caput* com a redação dada pela EC nº 3, de 17-3-1993.

I – transmissão *causa mortis* e doação de quaisquer bens ou direitos;
II – operações relativas à circulação de mercadorias e sobre prestações de serviços de transporte interestadual e intermunicipal e de comunicação, ainda que as operações e as prestações se iniciem no exterior;
► Art. 60, § 2º, do ADCT.
► LC nº 24, de 7-1-1975, dispõe sobre os convênios para a concessão de isenções do imposto sobre operações relativas à circulação de mercadorias.
► LC nº 87, de 13-9-1996 (Lei Kandir – ICMS).
► Súm. nº 662 do STF.
► Súmulas nºs 334 e 457 do STJ.

III – propriedade de veículos automotores;
► Incisos I a III acrescidos pela EC nº 3, de 17-3-1993.

§ 1º O imposto previsto no inciso I:
► § 1º com a redação dada pela EC nº 3, de 17-3-1993.

I – relativamente a bens imóveis e respectivos direitos, compete ao Estado da situação do bem, ou ao Distrito Federal;
II – relativamente a bens móveis, títulos e créditos, compete ao Estado onde se processar o inventário ou arrolamento, ou tiver domicílio o doador, ou ao Distrito Federal;
III – terá a competência para sua instituição regulada por lei complementar:

a) se o doador tiver domicílio ou residência no exterior;
b) se o *de cujus* possuía bens, era residente ou domiciliado ou teve o seu inventário processado no exterior;

IV – terá suas alíquotas máximas fixadas pelo Senado Federal;

§ 2º O imposto previsto no inciso II atenderá ao seguinte:
► *Caput* do § 2º com a redação dada pela EC nº 3, de 17-3-1993.
► LC nº 24, de 7-1-1975, dispõe sobre os convênios para a concessão de isenções do imposto sobre operações relativas à circulação de mercadorias.
► LC nº 101, de 4-5-2000 (Lei da Responsabilidade Fiscal).
► Dec.-lei nº 406, de 31-12-1968, estabelece normas gerais de direito financeiro, aplicáveis aos Impostos sobre Operações relativas à Circulação de Mercadorias e sobre Serviços de Qualquer Natureza.

I – será não cumulativo, compensando-se o que for devido em cada operação relativa à circulação de mercadorias ou prestação de serviços com o montante cobrado nas anteriores pelo mesmo ou outro Estado ou pelo Distrito Federal;
II – a isenção ou não incidência, salvo determinação em contrário da legislação:
► LC nº 24, de 7-1-1975, dispõe sobre os convênios para concessão para isenções do Imposto sobre Obrigações Relativas a Circulação de Mercadorias.
► LC nº 87, de 13-9-1996 (Lei Kandir – ICMS).
► Súm. nº 662 do STF.

a) não implicará crédito para compensação com o montante devido nas operações ou prestações seguintes;
b) acarretará a anulação do crédito relativo às operações anteriores;

III – poderá ser seletivo, em função da essencialidade das mercadorias e dos serviços;
IV – resolução do Senado Federal, de iniciativa do Presidente da República ou de um terço dos Senadores, aprovada pela maioria absoluta de seus membros, estabelecerá as alíquotas aplicáveis às operações e prestações, interestaduais e de exportação;
V – é facultado ao Senado Federal:

a) estabelecer alíquotas mínimas nas operações internas, mediante resolução de iniciativa de um terço e aprovada pela maioria absoluta de seus membros;
b) fixar alíquotas máximas nas mesmas operações para resolver conflito específico que envolva interesse de Estados, mediante resolução de iniciativa da maioria absoluta e aprovada por dois terços de seus membros;

VI – salvo deliberação em contrário dos Estados e do Distrito Federal, nos termos do disposto no inciso XII, *g*, as alíquotas internas, nas operações relativas à circulação de mercadorias e nas prestações de serviços, não poderão ser inferiores às previstas para as operações interestaduais;
VII – em relação às operações e prestações que destinem bens e serviços a consumidor final localizado em outro Estado, adotar-se-á:

a) a alíquota interestadual, quando o destinatário for contribuinte do imposto;
b) a alíquota interna, quando o destinatário não for contribuinte dele;

VIII – na hipótese da alínea *a* do inciso anterior, caberá ao Estado da localização do destinatário o imposto correspondente à diferença entre a alíquota interna e a interestadual;

Constituição Federal – Art. 155

IX – incidirá também:
▶ Súmulas nºs 660 e 661 do STF.
▶ Súm. nº 155 do STJ.

a) sobre a entrada de bem ou mercadoria importados do exterior por pessoa física ou jurídica, ainda que não seja contribuinte habitual do imposto, qualquer que seja a sua finalidade, assim como sobre o serviço prestado no exterior, cabendo o imposto ao Estado onde estiver situado o domicílio ou o estabelecimento do destinatário da mercadoria, bem ou serviço;
▶ Alínea a com a redação dada pela EC nº 33, de 11-12-2001.
▶ Súmulas nºs 660 e 661 do STF.
▶ Súm. nº 198 do STJ.

b) sobre o valor total da operação, quando mercadorias forem fornecidas com serviços não compreendidos na competência tributária dos Municípios;

X – não incidirá:

a) sobre operações que destinem mercadorias para o exterior, nem sobre serviços prestados a destinatários no exterior, assegurada a manutenção e o aproveitamento do montante do imposto cobrado nas operações e prestações anteriores;
▶ Alínea a com a redação dada pela EC nº 42, de 19-12-2003.
▶ Súm. nº 433 do STJ.

b) sobre operações que destinem a outros Estados petróleo, inclusive lubrificantes, combustíveis líquidos e gasosos dele derivados, e energia elétrica;

c) sobre o ouro, nas hipóteses definidas no artigo 153, § 5º;
▶ Lei nº 7.766, de 11-5-1989, dispõe sobre o ouro, ativo financeiro, e sobre seu tratamento tributário.

d) nas prestações de serviço de comunicação nas modalidades de radiodifusão sonora e de sons e imagens de recepção livre e gratuita;
▶ Alínea d acrescida pela EC nº 42, de 19-12-2003.

XI – não compreenderá, em sua base de cálculo, o montante do imposto sobre produtos industrializados, quando a operação, realizada entre contribuintes e relativa a produto destinado à industrialização ou à comercialização, configure fato gerador dos dois impostos;

XII – cabe à lei complementar:
▶ Art. 4º da EC nº 42, de 19-12-2003.

a) definir seus contribuintes;
b) dispor sobre substituição tributária;
c) disciplinar o regime de compensação do imposto;
d) fixar, para efeito de sua cobrança e definição do estabelecimento responsável, o local das operações relativas à circulação de mercadorias e das prestações de serviços;
e) excluir da incidência do imposto, nas exportações para o exterior, serviços e outros produtos além dos mencionados no inciso X, a;
f) prever casos de manutenção de crédito, relativamente à remessa para outro Estado e exportação para o exterior, de serviços e de mercadorias;

g) regular a forma como, mediante deliberação dos Estados e do Distrito Federal, isenções, incentivos e benefícios fiscais serão concedidos e revogados;
▶ Art. 22, parágrafo único, da LC nº 123, de 14-12-2006 (Estatuto Nacional da Microempresa e da Empresa de Pequeno Porte).

h) definir os combustíveis e lubrificantes sobre os quais o imposto incidirá uma única vez, qualquer que seja a sua finalidade, hipótese em que não se aplicará o disposto no inciso X, b;
▶ Alínea h acrescida pela EC nº 33, de 11-12-2001.
▶ Conforme o art. 4º da EC nº 33, de 11-12-2001, enquanto não entrar em vigor a lei complementar de que trata esta alínea, os Estados e o Distrito Federal, mediante convênio celebrado nos termos do § 2º, XII, g, deste artigo, fixarão normas para regular provisoriamente a matéria.

i) fixar a base de cálculo, de modo que o montante do imposto a integre, também na importação do exterior de bem, mercadoria ou serviço.
▶ Alínea i acrescida pela EC nº 33, de 11-12-2001.
▶ Súm. nº 457 do STJ.

§ 3º À exceção dos impostos de que tratam o inciso II do caput deste artigo e o artigo 153, I e II, nenhum outro imposto poderá incidir sobre operações relativas a energia elétrica, serviços de telecomunicações, derivados de petróleo, combustíveis e minerais do País.
▶ § 3º com a redação dada pela EC nº 33, de 11-12-2001.
▶ Súm. nº 659 do STF.

§ 4º Na hipótese do inciso XII, h, observar-se-á o seguinte:

I – nas operações com os lubrificantes e combustíveis derivados de petróleo, o imposto caberá ao Estado onde ocorrer o consumo;
II – nas operações interestaduais, entre contribuintes, com gás natural e seus derivados, e lubrificantes e combustíveis não incluídos no inciso I deste parágrafo, o imposto será repartido entre os Estados de origem e de destino, mantendo-se a mesma proporcionalidade que ocorre nas operações com as demais mercadorias;
III – nas operações interestaduais com gás natural e seus derivados, e lubrificantes e combustíveis não incluídos no inciso I deste parágrafo, destinadas a não contribuinte, o imposto caberá ao Estado de origem;
IV – as alíquotas do imposto serão definidas mediante deliberação dos Estados e Distrito Federal, nos termos do § 2º, XII, g, observando-se o seguinte:

a) serão uniformes em todo o território nacional, podendo ser diferenciadas por produto;
b) poderão ser específicas, por unidade de medida adotada, ou ad valorem, incidindo sobre o valor da operação ou sobre o preço que o produto ou seu similar alcançaria em uma venda em condições de livre concorrência;
c) poderão ser reduzidas e restabelecidas, não se lhes aplicando o disposto no artigo 150, III, b.

§ 5º As regras necessárias à aplicação do disposto no § 4º, inclusive as relativas à apuração e à destinação do imposto, serão estabelecidas mediante deliberação dos Estados e do Distrito Federal, nos termos do § 2º, XII, g.
▶ §§ 4º e 5º acrescidos pela EC nº 33, de 11-12-2001.

§ 6º O imposto previsto no inciso III:

I – terá alíquotas mínimas fixadas pelo Senado Federal;
II – poderá ter alíquotas diferenciadas em função do tipo e utilização.
▶ § 6º acrescido pela EC nº 42, de 19-12-2003.

Seção V
DOS IMPOSTOS DOS MUNICÍPIOS
Art. 156. Compete aos Municípios instituir impostos sobre:
▶ Art. 167, § 4º, desta Constituição.

I – propriedade predial e territorial urbana;
▶ Arts. 32 a 34 do CTN.
▶ Súm. nº 589 do STF.
▶ Súm. nº 399 do STJ.

II – transmissão *inter vivos*, a qualquer título, por ato oneroso, de bens imóveis, por natureza ou acessão física, e de direitos reais sobre imóveis, exceto os de garantia, bem como cessão de direitos à sua aquisição;
▶ Arts. 34 a 42 do CTN.
▶ Súm. nº 656 do STF.

III – serviços de qualquer natureza, não compreendidos no artigo 155, II, definidos em lei complementar.
▶ Inciso III com a redação dada pela EC nº 3, de 17-3-1993.
▶ LC nº 116, de 31-4-2003 (Lei do ISS).
▶ Súm. Vinc. nº 31 do STF.
▶ Súm. nº 424 do STJ.

IV – *Revogado*. EC nº 3, de 17-3-1993.

§ 1º Sem prejuízo da progressividade no tempo a que se refere o artigo 182, § 4º, inciso II, o imposto previsto no inciso I poderá:
▶ Arts. 182, §§ 2º e 4º, e 186 desta Constituição.
▶ Súm. nº 589 do STF.

I – ser progressivo em razão do valor do imóvel; e
II – ter alíquotas diferentes de acordo com a localização e o uso do imóvel.
▶ § 1º com a redação dada pela EC nº 29, de 13-9-2000.
▶ Lei nº 10.257, de 10-7-2001 (Estatuto da Cidade).

§ 2º O imposto previsto no inciso II:

I – não incide sobre a transmissão de bens ou direitos incorporados ao patrimônio de pessoa jurídica em realização de capital, nem sobre a transmissão de bens ou direitos decorrentes de fusão, incorporação, cisão ou extinção de pessoa jurídica, salvo se, nesses casos, a atividade preponderante do adquirente for a compra e venda desses bens ou direitos, locação de bens imóveis ou arrendamento mercantil;
II – compete ao Município da situação do bem.

§ 3º Em relação ao imposto previsto no inciso III do *caput* deste artigo, cabe à lei complementar:
▶ § 3º com a redação dada pela EC nº 37, de 12-6-2002.

I – fixar as suas alíquotas máximas e mínimas;
▶ Inciso I com a redação dada pela EC nº 37, de 12-6-2002.
▶ Art. 88 do ADCT.

II – excluir da sua incidência exportações de serviços para o exterior;
▶ Inciso II com a redação dada pela EC nº 3, de 17-3-1993.

III – regular a forma e as condições como isenções, incentivos e benefícios fiscais serão concedidos e revogados.
▶ Inciso III acrescido pela EC nº 37, de 12-6-2002.
▶ Art. 88 do ADCT.

§ 4º *Revogado*. EC nº 3, de 17-3-1993.

Seção VI
DA REPARTIÇÃO DAS RECEITAS TRIBUTÁRIAS
Art. 157. Pertencem aos Estados e ao Distrito Federal:
▶ Art. 167, § 4º, desta Constituição.

I – o produto da arrecadação do imposto da União sobre renda e proventos de qualquer natureza, incidente na fonte, sobre rendimentos pagos, a qualquer título, por eles, suas autarquias e pelas fundações que instituírem e mantiverem;
▶ Art. 159, § 1º, desta Constituição.
▶ Art. 76, § 1º, do ADCT.
▶ Dec. nº 3.000, de 26-3-1999, regulamenta a tributação, fiscalização, arrecadação e administração do Imposto sobre a Renda e proventos de qualquer natureza.
▶ Súm. nº 447 do STJ.

II – vinte por cento do produto da arrecadação do imposto que a União instituir no exercício da competência que lhe é atribuída pelo artigo 154, I.
▶ Art. 72, § 3º, do ADCT.

Art. 158. Pertencem aos Municípios:
▶ Art. 167, IV, desta Constituição.
▶ LC nº 63, de 11-1-1990, dispõe sobre critérios e prazos de crédito das parcelas do produto da arrecadação de impostos de competência dos Estados e de transferências por estes recebidas, pertencentes aos Municípios.

I – o produto da arrecadação do imposto da União sobre renda e proventos de qualquer natureza, incidente na fonte, sobre rendimentos pagos, a qualquer título, por eles, suas autarquias e pelas fundações que instituírem e mantiverem;
▶ Art. 159, § 1º, desta Constituição.
▶ Art. 76, § 1º, do ADCT.

II – cinquenta por cento do produto da arrecadação do imposto da União sobre a propriedade territorial rural, relativamente aos imóveis neles situados, cabendo a totalidade na hipótese da opção a que se refere o art. 153, § 4º, III;
▶ Inciso II com a redação dada pela EC nº 42, de 19-12-2003.
▶ Arts. 72, § 4º, e 76, § 1º, do ADCT.
▶ Súm. nº 139 do STJ.

III – cinquenta por cento do produto da arrecadação do imposto do Estado sobre a propriedade de veículos automotores licenciados em seus territórios;
▶ Art. 1º da LC nº 63, de 11-1-1990, que dispõe sobre critérios e prazos de crédito das parcelas do produto da arrecadação de impostos de competência dos Estados e de transferências por estes recebidas, pertencentes aos Municípios.

IV – vinte e cinco por cento do produto da arrecadação do imposto do Estado sobre operações relativas à circulação de mercadorias e sobre prestações de serviços de transporte interestadual e intermunicipal e de comunicação.

▶ Arts. 60, § 2º, e 82, § 1º, do ADCT.

▶ Art. 1º da LC nº 63, de 11-1-1990, que dispõe sobre critérios e prazos de crédito das parcelas do produto da arrecadação de impostos de competência dos Estados e de transferências por estes recebidas, pertencentes aos Municípios.

Parágrafo único. As parcelas de receita pertencentes aos Municípios, mencionadas no inciso IV, serão creditadas conforme os seguintes critérios:

I – três quartos, no mínimo, na proporção do valor adicionado nas operações relativas à circulação de mercadorias e nas prestações de serviços, realizadas em seus territórios;

II – até um quarto, de acordo com o que dispuser lei estadual ou, no caso dos Territórios, lei federal.

Art. 159. A União entregará:

▶ Art. 167, IV, desta Constituição.

▶ Arts. 72, §§ 2º e 4º, e 80, § 1º, do ADCT.

▶ LC nº 62, de 28-12-1989, dispõe sobre normas para cálculo, entrega e controle de liberações de recursos dos Fundos de Participação.

I – do produto da arrecadação dos impostos sobre renda e proventos de qualquer natureza e sobre produtos industrializados quarenta e oito por cento na seguinte forma:

▶ Inciso I com a redação dada pela EC nº 55, de 20-9-2007.

▶ Art. 3º da EC nº 17, de 22-11-1997.

▶ Art. 2º da EC nº 55, de 20-9-2007, que determina que as alterações inseridas neste artigo somente se aplicam sobre a arrecadação dos impostos sobre renda e proventos de qualquer natureza e sobre produtos industrializados realizada a partir de 1º-9-2007.

▶ Art. 60, § 2º, do ADCT.

a) vinte e um inteiros e cinco décimos por cento ao Fundo de Participação dos Estados e do Distrito Federal;

▶ Arts. 34, § 2º, II e 60, § 2º, 76, § 1º, do ADCT.

▶ LC nº 62, de 28-12-1989, estabelece normas sobre o cálculo, a entrega e o controle das liberações dos recursos dos fundos de participação dos Estados, do Distrito Federal e dos Municípios.

b) vinte e dois inteiros e cinco décimos por cento ao Fundo de Participação dos Municípios;

▶ Art. 76, § 1º, do ADCT.

▶ LC nº 62, de 28-12-1989, estabelece normas sobre o cálculo, a entrega e o controle das liberações dos recursos dos fundos de participação dos Estados, do Distrito Federal e dos Municípios.

▶ LC nº 91, de 22-12-1997, dispõe sobre a fixação dos coeficientes do Fundo de Participação dos Municípios.

c) três por cento, para aplicação em programas de financiamento ao setor produtivo das Regiões Norte, Nordeste e Centro-Oeste, através de suas instituições financeiras de caráter regional, de acordo com os planos regionais de desenvolvimento, ficando assegurada ao semiárido do Nordeste a metade dos recursos destinados à Região, na forma que a lei estabelecer;

▶ Lei nº 7.827, de 22-9-1989, regulamenta esta alínea.

d) um por cento ao Fundo de Participação dos Municípios, que será entregue no primeiro decêndio do mês de dezembro de cada ano;

▶ Alínea d acrescida pela EC nº 55, de 20-9-2007.

▶ Art. 2º da EC nº 55, de 20-9-2007, estabelece que as alterações inseridas neste artigo somente se aplicam sobre a arrecadação dos impostos sobre renda e proventos de qualquer natureza e sobre produtos industrializados realizada a partir de 1º-9-2007.

II – do produto da arrecadação do imposto sobre produtos industrializados, dez por cento aos Estados e ao Distrito Federal, proporcionalmente ao valor das respectivas exportações de produtos industrializados;

▶ Arts. 60, § 2º, e 76, § 1º, do ADCT.

▶ Art. 1º da LC nº 63, de 11-1-1990, que dispõe sobre critérios e prazos de crédito das parcelas do produto da arrecadação de impostos de competência dos Estados e de transferências por estes recebidas, pertencentes aos Municípios.

▶ Lei nº 8.016, de 8-4-1990, dispõe sobre a entrega das quotas de participação dos Estados e do Distrito Federal na arrecadação do Imposto sobre Produtos Industrializados – IPI, a que se refere este inciso.

III – do produto da arrecadação da contribuição de intervenção no domínio econômico prevista no art. 177, § 4º, 29% (vinte e nove por cento) para os Estados e o Distrito Federal, distribuídos na forma da lei, observada a destinação a que se refere o inciso II, c, do referido parágrafo.

▶ Inciso III com a redação dada pela EC nº 44, de 30-6-2004.

▶ Art. 93 do ADCT.

§ 1º Para efeito de cálculo da entrega a ser efetuada de acordo com o previsto no inciso I, excluir-se-á a parcela da arrecadação do imposto de renda e proventos de qualquer natureza pertencente aos Estados, ao Distrito Federal e aos Municípios, nos termos do disposto nos artigos 157, I, e 158, I.

§ 2º A nenhuma unidade federada poderá ser destinada parcela superior a vinte por cento do montante a que se refere o inciso II, devendo o eventual excedente ser distribuído entre os demais participantes, mantido, em relação a esses, o critério de partilha nele estabelecido.

▶ LC nº 61, de 26-12-1989, dispõe sobre normas para participação dos Estados e do Distrito Federal no produto de arrecadação do Imposto sobre Produtos Industrializados – IPI, relativamente às exportações.

§ 3º Os Estados entregarão aos respectivos Municípios vinte e cinco por cento dos recursos que receberem nos termos do inciso II, observados os critérios estabelecidos no artigo 158, parágrafo único, I e II.

▶ LC nº 63, de 11-1-1990, dispõe sobre critérios e prazos de crédito das parcelas do produto da arrecadação de impostos de competência dos Estados e de transferências por estes recebidas, pertencentes aos Municípios.

§ 4º Do montante de recursos de que trata o inciso III que cabe a cada Estado, vinte e cinco por cento serão destinados aos seus Municípios, na forma da lei a que se refere o mencionado inciso.

▶ § 4º acrescido pela EC nº 42, de 19-12-2003.

▶ Art. 93 do ADCT.

Art. 160. É vedada a retenção ou qualquer restrição à entrega e ao emprego dos recursos atribuídos, nesta seção, aos Estados, ao Distrito Federal e aos Municípios, neles compreendidos adicionais e acréscimos relativos a impostos.

▶ Art. 3º da EC nº 17, de 22-11-1997.

Parágrafo único. A vedação prevista neste artigo não impede a União e os Estados de condicionarem a entrega de recursos:

▶ *Caput* do parágrafo único com a redação dada pela EC nº 29, de 13-9-2000.

I – ao pagamento de seus créditos, inclusive de suas autarquias;

II – ao cumprimento do disposto no artigo 198, § 2º, incisos II e III.

▶ Incisos I e II acrescidos pela EC nº 29, de 13-9-2000.

Art. 161. Cabe à lei complementar:

I – definir valor adicionado para fins do disposto no artigo 158, parágrafo único, I;

▶ LC nº 63, de 11-1-1990, dispõe sobre critérios e prazos de crédito das parcelas do produto da arrecadação de impostos de competência dos Estados e de transferências por estes recebidas, pertencentes aos Municípios.

II – estabelecer normas sobre a entrega dos recursos de que trata o artigo 159, especialmente sobre os critérios de rateio dos fundos previstos em seu inciso I, objetivando promover o equilíbrio socioeconômico entre Estados e entre Municípios;

▶ Art. 34, § 2º, do ADCT.

▶ LC nº 62, de 28-12-1989, estabelece normas sobre o cálculo, a entrega e o controle das liberações dos recursos dos fundos de participação dos Estados, do Distrito Federal e dos Municípios.

III – dispor sobre o acompanhamento, pelos beneficiários, do cálculo das quotas e da liberação das participações previstas nos artigos 157, 158 e 159.

▶ LC nº 62, de 28-12-1989, estabelece normas sobre o cálculo, a entrega e o controle das liberações dos recursos dos fundos de participação dos Estados, do Distrito Federal e dos Municípios.

Parágrafo único. O Tribunal de Contas da União efetuará o cálculo das quotas referentes aos fundos de participação a que alude o inciso II.

Art. 162. A União, os Estados, o Distrito Federal e os Municípios divulgarão, até o último dia do mês subsequente ao da arrecadação, os montantes de cada um dos tributos arrecadados, os recursos recebidos, os valores de origem tributária entregues e a entregar e a expressão numérica dos critérios de rateio.

Parágrafo único. Os dados divulgados pela União serão discriminados por Estado e por Município; os dos Estados, por Município.

CAPÍTULO II

DAS FINANÇAS PÚBLICAS

Seção I

NORMAS GERAIS

Art. 163. Lei complementar disporá sobre:

▶ Art. 30 da EC nº 19, de 4-6-1998.

▶ Lei nº 4.320, de 17-3-1964, estatui normas gerais de direito financeiro para elaboração e controle dos orçamentos e balanços da União, dos Estados, dos Municípios e do Distrito Federal.

▶ Lei nº 6.830, de 22-9-1980 (Lei das Execuções Fiscais).

I – finanças públicas;

▶ LC nº 101, de 4-5-2000 (Lei da Responsabilidade Fiscal).

II – dívida pública externa e interna, incluída a das autarquias, fundações e demais entidades controladas pelo Poder Público;

▶ Lei nº 8.388, de 30-12-1991, estabelece diretrizes para que a União possa realizar a consolidação e o reescalonamento de dívidas das administrações direta e indireta dos Estados, do Distrito Federal e dos Municípios.

III – concessão de garantias pelas entidades públicas;

IV – emissão e resgate de títulos da dívida pública;

▶ Art. 34, § 2º, I, do ADCT.

V – fiscalização financeira da administração pública direta e indireta;

▶ Inciso V com a redação dada pela EC nº 40, de 29-5-2003.

▶ Lei nº 4.595, de 31-12-1964 (Lei do Sistema Financeiro Nacional).

VI – operações de câmbio realizadas por órgãos e entidades da União, dos Estados, do Distrito Federal e dos Municípios;

▶ Lei nº 4.131, de 3-9-1962, disciplina a aplicação do capital estrangeiro e as remessas de valores para o exterior.

▶ Dec.-lei nº 9.025, de 27-2-1946, dispõe sobre as operações de câmbio e regulamenta o retorno de capitais estrangeiros.

▶ Dec.-lei nº 9.602, de 16-8-1946, e Lei nº 1.807, de 7-1-1953, dispõem sobre operações de câmbio.

VII – compatibilização das funções das instituições oficiais de crédito da União, resguardadas as características e condições operacionais plenas das voltadas ao desenvolvimento regional.

▶ Art. 30 da EC nº 19, de 4-6-1998 (Reforma Administrativa).

▶ LC nº 101, de 4-5-2000 (Lei da Responsabilidade Fiscal).

▶ Lei nº 4.595, de 31-12-1964 (Lei do Sistema Financeiro Nacional).

Art. 164. A competência da União para emitir moeda será exercida exclusivamente pelo Banco Central.

§ 1º É vedado ao Banco Central conceder, direta ou indiretamente, empréstimos ao Tesouro Nacional e a qualquer órgão ou entidade que não seja instituição financeira.

§ 2º O Banco Central poderá comprar e vender títulos de emissão do Tesouro Nacional, com o objetivo de regular a oferta de moeda ou a taxa de juros.

§ 3º As disponibilidades de caixa da União serão depositadas no Banco Central; as dos Estados, do Distrito Federal, dos Municípios e dos órgãos ou entidades do Poder Público e das empresas por ele controladas, em instituições financeiras oficiais, ressalvados os casos previstos em lei.

Seção II

DOS ORÇAMENTOS

Art. 165. Leis de iniciativa do Poder Executivo estabelecerão:

I – o plano plurianual;

II – as diretrizes orçamentárias;

III – os orçamentos anuais.

§ 1º A lei que instituir o plano plurianual estabelecerá, de forma regionalizada, as diretrizes, os objetivos e metas da administração pública federal para as despesas de capital e outras delas decorrentes e para as relativas aos programas de duração continuada.

§ 2º A lei de diretrizes orçamentárias compreenderá as metas e prioridades da administração pública federal, incluindo as despesas de capital para o exercício financeiro subsequente, orientará a elaboração da lei orçamentária anual, disporá sobre as alterações na legislação tributária e estabelecerá a política de aplicação das agências financeiras oficiais de fomento.

▶ Art. 4º da LC nº 101, de 4-5-2000 (Lei da Responsabilidade Fiscal).

§ 3º O Poder Executivo publicará, até trinta dias após o encerramento de cada bimestre, relatório resumido da execução orçamentária.

§ 4º Os planos e programas nacionais, regionais e setoriais previstos nesta Constituição serão elaborados em consonância com o plano plurianual e apreciados pelo Congresso Nacional.

▶ Lei nº 9.491, de 9-9-1997, altera procedimentos relativos ao Programa Nacional de Desestatização.

§ 5º A lei orçamentária anual compreenderá:

I – o orçamento fiscal referente aos Poderes da União, seus fundos, órgãos e entidades da administração direta e indireta, inclusive fundações instituídas e mantidas pelo Poder Público;

II – o orçamento de investimento das empresas em que a União, direta ou indiretamente, detenha a maioria do capital social com direito a voto;

III – o orçamento da seguridade social, abrangendo todas as entidades e órgãos a ela vinculados, da administração direta ou indireta, bem como os fundos e fundações instituídos e mantidos pelo Poder Público.

§ 6º O projeto de lei orçamentária será acompanhado de demonstrativo regionalizado do efeito, sobre as receitas e despesas, decorrente de isenções, anistias, remissões, subsídios e benefícios de natureza financeira, tributária e creditícia.

§ 7º Os orçamentos previstos no § 5º, I e II, deste artigo, compatibilizados com o plano plurianual, terão entre suas funções a de reduzir desigualdades inter-regionais, segundo critério populacional.

▶ Art. 35 do ADCT.

§ 8º A lei orçamentária anual não conterá dispositivo estranho à previsão da receita e à fixação da despesa, não se incluindo na proibição a autorização para abertura de créditos suplementares e contratação de operações de crédito, ainda que por antecipação de receita, nos termos da lei.

▶ Art. 167, IV, desta Constituição.

§ 9º Cabe à lei complementar:

▶ Art. 168 desta Constituição.
▶ Art. 35, § 2º, do ADCT.
▶ Lei nº 4.320, de 17-3-1964, estatui normas gerais de direito financeiro para elaboração e controle dos orçamentos e balanços da União, dos Estados, dos Municípios e do Distrito Federal.
▶ Dec.-lei nº 200, de 25-2-1967, dispõe sobre a organização da Administração Federal, estabelece diretrizes para a Reforma Administrativa.

I – dispor sobre o exercício financeiro, a vigência, os prazos, a elaboração e a organização do plano plurianual, da lei de diretrizes orçamentárias e da lei orçamentária anual;

II – estabelecer normas de gestão financeira e patrimonial da administração direta e indireta, bem como condições para a instituição e funcionamento de fundos.

▶ Arts. 35, § 2º, 71, § 1º, e 81, § 3º, do ADCT.
▶ LC nº 89, de 18-2-1997, institui o Fundo para Aparelhamento e Operacionalização das Atividades-fim da Polícia Federal – FUNAPOL.
▶ LC nº 101, de 4-5-2000 (Lei da Responsabilidade Fiscal).

Art. 166. Os projetos de lei relativos ao plano plurianual, às diretrizes orçamentárias, ao orçamento anual e aos créditos adicionais serão apreciados pelas duas Casas do Congresso Nacional, na forma do regimento comum.

§ 1º Caberá a uma Comissão mista permanente de Senadores e Deputados:

I – examinar e emitir parecer sobre os projetos referidos neste artigo e sobre as contas apresentadas anualmente pelo Presidente da República;

II – examinar e emitir parecer sobre os planos e programas nacionais, regionais e setoriais previstos nesta Constituição e exercer o acompanhamento e a fiscalização orçamentária, sem prejuízo da atuação das demais comissões do Congresso Nacional e de suas Casas, criadas de acordo com o artigo 58.

§ 2º As emendas serão apresentadas na Comissão mista, que sobre elas emitirá parecer, e apreciadas, na forma regimental, pelo Plenário das duas Casas do Congresso Nacional.

§ 3º As emendas ao projeto de lei do orçamento anual ou aos projetos que o modifiquem somente podem ser aprovadas caso:

I – sejam compatíveis com o plano plurianual e com a lei de diretrizes orçamentárias;

II – indiquem os recursos necessários, admitidos apenas os provenientes de anulação de despesa, excluídas as que incidam sobre:

a) dotações para pessoal e seus encargos;
b) serviço da dívida;
c) transferências tributárias constitucionais para Estados, Municípios e Distrito Federal; ou

III – sejam relacionadas:

a) com a correção de erros ou omissões; ou
b) com os dispositivos do texto do projeto de lei.

§ 4º As emendas ao projeto de lei de diretrizes orçamentárias não poderão ser aprovadas quando incompatíveis com o plano plurianual.

▶ Art. 63, I, desta Constituição.

§ 5º O Presidente da República poderá enviar mensagem ao Congresso Nacional para propor modificação nos projetos a que se refere este artigo enquanto não iniciada a votação, na Comissão mista, da parte cuja alteração é proposta.

§ 6º Os projetos de lei do plano plurianual, das diretrizes orçamentárias e do orçamento anual serão enviados pelo Presidente da República ao Congresso

Nacional, nos termos da lei complementar a que se refere o artigo 165, § 9º.

§ 7º Aplicam-se aos projetos mencionados neste artigo, no que não contrariar o disposto nesta seção, as demais normas relativas ao processo legislativo.

§ 8º Os recursos que, em decorrência de veto, emenda ou rejeição do projeto de lei orçamentária anual, ficarem sem despesas correspondentes poderão ser utilizados, conforme o caso, mediante créditos especiais ou suplementares, com prévia e específica autorização legislativa.

Art. 167. São vedados:

I – o início de programas ou projetos não incluídos na lei orçamentária anual;

II – a realização de despesas ou a assunção de obrigações diretas que excedam os créditos orçamentários ou adicionais;

III – a realização de operações de créditos que excedam o montante das despesas de capital, ressalvadas as autorizadas mediante créditos suplementares ou especiais com finalidade precisa, aprovados pelo Poder Legislativo por maioria absoluta;

▶ Art. 37 do ADCT.

▶ Art. 38, § 1º, da LC nº 101, de 4-5-2000 (Lei da Responsabilidade Fiscal).

IV – a vinculação de receita de impostos a órgão, fundo ou despesa, ressalvadas a repartição do produto da arrecadação dos impostos a que se referem os arts. 158 e 159, a destinação de recursos para as ações e serviços públicos de saúde, para manutenção e desenvolvimento do ensino e para realização de atividades da administração tributária, como determinado, respectivamente, pelos arts. 198, § 2º, 212 e 37, XXII, e a prestação de garantias às operações de crédito por antecipação de receita, previstas no art. 165, § 8º, bem como o disposto no § 4º deste artigo;

▶ Inciso IV com a redação dada pela EC nº 42, de 19-12-2003.

▶ Art. 80, § 1º, do ADCT.

▶ Art. 2º, parágrafo único, da LC nº 111, de 6-7-2001, que dispõe sobre o Fundo de Combate e Erradicação da Pobreza, na forma prevista nos arts. 79 a 81 do ADCT.

V – a abertura de crédito suplementar ou especial sem prévia autorização legislativa e sem indicação dos recursos correspondentes;

VI – a transposição, o remanejamento ou a transferência de recursos de uma categoria de programação para outra ou de um órgão para o outro, sem prévia autorização legislativa;

VII – a concessão ou utilização de créditos ilimitados;

VIII – a utilização, sem autorização legislativa específica, de recursos dos orçamentos fiscal e da seguridade social para suprir necessidade ou cobrir déficit de empresas, fundações e fundos, inclusive dos mencionados no artigo 165, § 5º;

IX – a instituição de fundos de qualquer natureza, sem prévia autorização legislativa;

X – a transferência voluntária de recursos e a concessão de empréstimos, inclusive por antecipação de receita, pelos Governos Federal e Estaduais e suas instituições financeiras, para pagamento de despesas com pessoal ativo, inativo e pensionista, dos Estados, do Distrito Federal e dos Municípios;

▶ Inciso X acrescido pela EC nº 19, de 4-6-1998.

XI – a utilização dos recursos provenientes das contribuições sociais de que trata o artigo 195, I, a, e II, para realização de despesas distintas do pagamento de benefícios do regime geral de previdência social de que trata o artigo 201.

▶ Inciso XI acrescido pela EC nº 20, de 15-12-1998.

§ 1º Nenhum investimento cuja execução ultrapasse um exercício financeiro poderá ser iniciado sem prévia inclusão no plano plurianual, ou sem lei que autorize a inclusão, sob pena de crime de responsabilidade.

§ 2º Os créditos especiais e extraordinários terão vigência no exercício financeiro em que forem autorizados, salvo se o ato de autorização for promulgado nos últimos quatro meses daquele exercício, caso em que, reabertos nos limites de seus saldos, serão incorporados ao orçamento do exercício financeiro subsequente.

§ 3º A abertura de crédito extraordinário somente será admitida para atender a despesas imprevisíveis e urgentes, como as decorrentes de guerra, comoção interna ou calamidade pública, observado o disposto no artigo 62.

§ 4º É permitida a vinculação de receitas próprias geradas pelos impostos a que se referem os artigos 155 e 156, e dos recursos de que tratam os artigos 157, 158 e 159, I, a e b, e II, para a prestação de garantia ou contra garantia à União e para pagamento de débitos para com esta.

▶ § 4º acrescido pela EC nº 3, de 17-3-1993.

Art. 168. Os recursos correspondentes às dotações orçamentárias, compreendidos os créditos suplementares e especiais, destinados aos órgãos dos Poderes Legislativo e Judiciário, do Ministério Público e da Defensoria Pública, ser-lhes-ão entregues até o dia 20 de cada mês, em duodécimos, na forma da lei complementar a que se refere o art. 165, § 9º.

▶ Artigo com a redação dada pela EC nº 45, de 8-12-2004.

Art. 169. A despesa com pessoal ativo e inativo da União, dos Estados, do Distrito Federal e dos Municípios não poderá exceder os limites estabelecidos em lei complementar.

▶ Arts. 96, II, e 127, § 2º, desta Constituição.

▶ Arts. 19 a 23 da LC nº 101, de 4-5-2000 (Lei da Responsabilidade Fiscal).

▶ Lei nº 9.801, de 14-6-1999, dispõe sobre normas gerais para a perda de cargo público por excesso de despesa.

§ 1º A concessão de qualquer vantagem ou aumento de remuneração, a criação de cargos, empregos e funções ou alteração de estrutura de carreiras, bem como a admissão ou contratação de pessoal, a qualquer título, pelos órgãos e entidades da administração direta ou indireta, inclusive fundações instituídas e mantidas pelo poder público, só poderão ser feitas:

▶ Art. 96, I, e, desta Constituição.

I – se houver prévia dotação orçamentária suficiente para atender às projeções de despesa de pessoal e aos acréscimos dela decorrentes;

II – se houver autorização específica na lei de diretrizes orçamentárias, ressalvadas as empresas públicas e as sociedades de economia mista.

▶ § 1º com a redação dada pela EC nº 19, de 4-6-1998.

§ 2º Decorrido o prazo estabelecido na lei complementar referida neste artigo para a adaptação aos parâmetros ali previstos, serão imediatamente suspensos todos os repasses de verbas federais ou estaduais aos Estados, ao Distrito Federal e aos Municípios que não observarem os referidos limites.

§ 3º Para o cumprimento dos limites estabelecidos com base neste artigo, durante o prazo fixado na lei complementar referida no caput, a União, os Estados, o Distrito Federal e os Municípios adotarão as seguintes providências:

I – redução em pelo menos vinte por cento das despesas com cargos em comissão e funções de confiança;
II – exoneração dos servidores não estáveis.

▶ Art. 33 da EC nº 19, de 4-6-1998 (Reforma Administrativa).

§ 4º Se as medidas adotadas com base no parágrafo anterior não forem suficientes para assegurar o cumprimento da determinação da lei complementar referida neste artigo, o servidor estável poderá perder o cargo, desde que ato normativo motivado de cada um dos Poderes especifique a atividade funcional, o órgão ou unidade administrativa objeto da redução de pessoal.

▶ Art. 198, § 6º, desta Constituição.

§ 5º O servidor que perder o cargo na forma do parágrafo anterior fará jus à indenização correspondente a um mês de remuneração por ano de serviço.

§ 6º O cargo objeto da redução prevista nos parágrafos anteriores será considerado extinto, vedada a criação de cargo, emprego ou função com atribuições iguais ou assemelhadas pelo prazo de quatro anos.

§ 7º Lei federal disporá sobre as normas gerais a serem obedecidas na efetivação do disposto no § 4º.

▶ §§ 2º a 7º acrescidos pela EC nº 19, de 4-6-1998.
▶ Art. 247 desta Constituição.
▶ Lei nº 9.801, de 14-6-1999, dispõe sobre as normas gerais para a perda de cargo público por excesso de despesa.

TÍTULO VII – DA ORDEM ECONÔMICA E FINANCEIRA

Capítulo I

DOS PRINCÍPIOS GERAIS DA ATIVIDADE ECONÔMICA

▶ Lei nº 8.137, de 27-12-1990 (Lei dos Crimes contra a Ordem Tributária, Econômica e contra as Relações de Consumo).
▶ Lei nº 8.176, de 8-2-1991, define crimes contra a ordem econômica e cria o sistema de estoque de combustíveis.
▶ Lei nº 12.529, de 30-11-2011 (Lei do Sistema Brasileiro de Defesa da Concorrência).

Art. 170. A ordem econômica, fundada na valorização do trabalho humano e na livre iniciativa, tem por fim assegurar a todos existência digna, conforme os ditames da justiça social, observados os seguintes princípios:

I – soberania nacional;

▶ Art. 1º, I, desta Constituição.

II – propriedade privada;

▶ Art. 5º, XXII, desta Constituição.
▶ Arts. 1.228 a 1.368 do CC.

III – função social da propriedade;

▶ Lei nº 12.529, de 30-11-2011 (Lei do Sistema Brasileiro de Defesa da Concorrência).

IV – livre concorrência;

▶ Lei nº 12.529, de 30-11-2011 (Lei do Sistema Brasileiro de Defesa da Concorrência).
▶ Art. 52 do Dec. nº 2.594, de 15-4-1998, que dispõe sobre a defesa da concorrência na desestatização.
▶ Súm. nº 646 do STF.

V – defesa do consumidor;

▶ Lei nº 8.078, de 11-9-1990 (Código de Defesa do Consumidor).
▶ Lei nº 10.504, de 8-7-2002, instituiu o Dia Nacional do Consumidor, que é comemorado anualmente, no dia 15 de março.
▶ Dec. nº 2.181, de 20-3-1997, dispõe sobre a organização do Sistema Nacional de Defesa do Consumidor – SNDC e estabelece normas gerais de aplicação das sanções administrativas previstas no CDC.
▶ Súm. nº 646 do STF.

VI – defesa do meio ambiente, inclusive mediante tratamento diferenciado conforme o impacto ambiental dos produtos e serviços e de seus processos de elaboração e prestação;

▶ Inciso VI com a redação dada pela EC nº 42, de 19-12-2003.
▶ Art. 5º, LXXIII, desta Constituição.
▶ Lei nº 7.347, de 24-7-1985 (Lei da Ação Civil Pública).
▶ Lei nº 9.605, de 12-2-1998 (Lei dos Crimes Ambientais).
▶ Dec. nº 6.514, de 22-7-2008, dispõe sobre as infrações e sanções administrativas ao meio ambiente e estabelece o processo administrativo federal para apuração destas infrações.
▶ Res. do CONAMA nº 369, de 28-3-2006, dispõe sobre os casos excepcionais, de utilidade pública, interesse social ou baixo impacto ambiental, que possibilitam a intervenção ou supressão de vegetação em Área de Preservação Permanente – APP.

VII – redução das desigualdades regionais e sociais;

▶ Art. 3º, III, desta Constituição.

VIII – busca do pleno emprego;

▶ Arts. 6º e 7º desta Constituição.
▶ Art. 47 da Lei nº 11.101, de 9-2-2005 (Lei de Recuperação de Empresas e Falências).
▶ Dec. nº 41.721, de 25-6-1957 promulga a Convenção nº 88 da OIT sobre organização do serviço de emprego.
▶ Dec. nº 66.499, de 27-4-1970, promulga a Convenção nº 122 da OIT sobre política de emprego.

IX – tratamento favorecido para as empresas de pequeno porte constituídas sob as leis brasileiras e que tenham sua sede e administração no País.

▶ Inciso IX com a redação dada pela EC nº 6, de 15-8-1995.
▶ Art. 246 desta Constituição.

- LC nº 123, de 14-12-2006 (Estatuto Nacional da Microempresa e da Empresa de Pequeno Porte).
- Lei nº 6.174, de 1-8-2007, institui e regulamenta o Fórum Permanente das Microempresas de Pequeno Porte.

Parágrafo único. É assegurado a todos o livre exercício de qualquer atividade econômica, independentemente de autorização de órgãos públicos, salvo nos casos previstos em lei.

- Súm. nº 646 do STF.

Art. 171. *Revogado.* EC nº 6, de 15-8-1995.

Art. 172. A lei disciplinará, com base no interesse nacional, os investimentos de capital estrangeiro, incentivará os reinvestimentos e regulará a remessa de lucros.

- Lei nº 4.131, de 3-9-1962, disciplina a aplicação do capital estrangeiro e as remessas de valores para o exterior.
- Dec.-lei nº 37, de 18-11-1966 (Lei do Imposto de Importação).

Art. 173. Ressalvados os casos previstos nesta Constituição, a exploração direta de atividade econômica pelo Estado só será permitida quando necessária aos imperativos da segurança nacional ou a relevante interesse coletivo, conforme definidos em lei.

- OJ da SBDI-I nº 364 do TST.

§ 1º A lei estabelecerá o estatuto jurídico da empresa pública, da sociedade de economia mista e de suas subsidiárias que explorem atividade econômica de produção ou comercialização de bens ou de prestação de serviços, dispondo sobre:

- § 1º com a redação dada pela EC nº 19, de 4-6-1998.

I – sua função social e formas de fiscalização pelo Estado e pela sociedade;

II – a sujeição ao regime jurídico próprio das empresas privadas, inclusive quanto aos direitos e obrigações civis, comerciais, trabalhistas e tributários;

- OJ da SBDI-I nº 353 do TST.

III – licitação e contratação de obras, serviços, compras e alienações, observados os princípios da administração pública;

- Art. 22, XXVII, desta Constituição.
- Súm. nº 333 do STJ.

IV – a constituição e o funcionamento dos conselhos de administração e fiscal, com a participação de acionistas minoritários;

V – os mandatos, a avaliação de desempenho e a responsabilidade dos administradores.

- Incisos I a V com a redação dada pela EC nº 19, de 4-6-1998.

§ 2º As empresas públicas e as sociedades de economia mista não poderão gozar de privilégios fiscais não extensivos às do setor privado.

§ 3º A lei regulamentará as relações da empresa pública com o Estado e a sociedade.

§ 4º A lei reprimirá o abuso do poder econômico que vise à dominação dos mercados, à eliminação da concorrência e ao aumento arbitrário dos lucros.

- Lei nº 8.137, de 27-12-1990 (Lei dos Crimes Contra a Ordem Tributária, Econômica e Contra as Relações de Consumo).
- Lei nº 8.176, de 8-2-1991 (Lei dos Crimes Contra a Ordem Econômica).
- Lei nº 9.069, de 29-6-1995, dispõe sobre o Plano Real, o Sistema Monetário Nacional, estabelece as regras e condições de emissão do Real e os critérios para conversão das obrigações para o Real.
- Lei nº 12.529, de 30-11-2011 (Lei do Sistema Brasileiro de Defesa da Concorrência).
- Súm. nº 646 do STF.

§ 5º A lei, sem prejuízo da responsabilidade individual dos dirigentes da pessoa jurídica, estabelecerá a responsabilidade desta, sujeitando-a às punições compatíveis com sua natureza, nos atos praticados contra a ordem econômica e financeira e contra a economia popular.

- Lei Delegada nº 4, de 26-9-1962, dispõe sobre a intervenção no domínio econômico para assegurar a livre distribuição de produtos necessários ao consumo do povo.

Art. 174. Como agente normativo e regulador da atividade econômica, o Estado exercerá, na forma da lei, as funções de fiscalização, incentivo e planejamento, sendo este determinante para o setor público e indicativo para o setor privado.

§ 1º A lei estabelecerá as diretrizes e bases do planejamento do desenvolvimento nacional equilibrado, o qual incorporará e compatibilizará os planos nacionais e regionais de desenvolvimento.

§ 2º A lei apoiará e estimulará o cooperativismo e outras formas de associativismo.

- Lei nº 5.764, de 16-12-1971 (Lei das Cooperativas).
- Lei nº 9.867, de 10-11-1999, dispõe sobre a criação e o funcionamento de Cooperativas Sociais, visando à integração social dos cidadãos.

§ 3º O Estado favorecerá a organização da atividade garimpeira em cooperativas, levando em conta a proteção do meio ambiente e a promoção econômico-social dos garimpeiros.

- Dec.-lei nº 227, de 28-2-1967 (Código de Mineração).

§ 4º As cooperativas a que se refere o parágrafo anterior terão prioridade na autorização ou concessão para pesquisa e lavra dos recursos e jazidas de minerais garimpáveis, nas áreas onde estejam atuando, e naquelas fixadas de acordo com o artigo 21, XXV, na forma da lei.

Art. 175. Incumbe ao Poder Público, na forma da lei, diretamente ou sob regime de concessão ou permissão, sempre através de licitação, a prestação de serviços públicos.

- Lei nº 8.987, de 13-2-1995 (Lei da Concessão e Permissão da Prestação de Serviços Públicos).
- Lei nº 9.074, de 7-7-1995, estabelece normas para outorga e prorrogações das concessões e permissões de serviços públicos.
- Lei nº 9.427, de 26-12-1996, institui a Agência Nacional de Energia Elétrica – ANEEL e disciplina o regime das concessões de serviços públicos de energia elétrica.
- Lei nº 9.791, de 24-3-1999, dispõe sobre a obrigatoriedade de as concessionárias de serviços públicos estabelecerem ao consumidor e ao usuário datas opcionais para o vencimento de seus débitos.
- Dec. nº 2.196, de 8-4-1997, aprova o Regulamento de Serviços Especiais.

Parágrafo único. A lei disporá sobre:

I – o regime das empresas concessionárias e permissionárias de serviços públicos, o caráter especial de seu contrato e de sua prorrogação, bem como as condições de caducidade, fiscalização e rescisão da concessão ou permissão;
II – os direitos dos usuários;
III – política tarifária;

▶ Súm. nº 407 do STJ.

IV – a obrigação de manter serviço adequado.

Art. 176. As jazidas, em lavra ou não, e demais recursos minerais e os potenciais de energia hidráulica constituem propriedade distinta da do solo, para efeito de exploração ou aproveitamento, e pertencem à União, garantida ao concessionário a propriedade do produto da lavra.

§ 1º A pesquisa e a lavra de recursos minerais e o aproveitamento dos potenciais a que se refere o *caput* deste artigo somente poderão ser efetuados mediante autorização ou concessão da União, no interesse nacional, por brasileiros ou empresa constituída sob as leis brasileiras e que tenha sua sede e administração no País, na forma da lei, que estabelecerá as condições específicas quando essas atividades se desenvolverem em faixa de fronteira ou terras indígenas.

▶ § 1º com a redação dada pela EC nº 6, de 15-8-1995.
▶ Art. 246 desta Constituição.
▶ Dec.-lei nº 227, de 28-2-1967 (Código de Mineração).

§ 2º É assegurada participação ao proprietário do solo nos resultados da lavra, na forma e no valor que dispuser a lei.

▶ Lei nº 8.901, de 30-6-1995, regulamenta este parágrafo.
▶ Dec.-lei nº 227, de 28-2-1967 (Código de Mineração).

§ 3º A autorização de pesquisa será sempre por prazo determinado, e as autorizações e concessões previstas neste artigo não poderão ser cedidas ou transferidas, total ou parcialmente, sem prévia anuência do poder concedente.

§ 4º Não dependerá de autorização ou concessão o aproveitamento do potencial de energia renovável de capacidade reduzida.

Art. 177. Constituem monopólio da União:

▶ Lei nº 9.478, de 6-8-1997, dispõe sobre a política energética nacional, as atividades relativas ao monopólio do petróleo, institui o Conselho Nacional de Política Energética e a Agência Nacional do Petróleo – ANP.

I – a pesquisa e a lavra das jazidas de petróleo e gás natural e outros hidrocarbonetos fluidos;

▶ Lei nº 12.304, de 2-8-2010, autoriza o Poder Executivo a criar a empresa pública denominada Empresa Brasileira de Administração de Petróleo e Gás Natural S.A. – Pré-Sal Petróleo S.A. (PPSA).

II – a refinação do petróleo nacional ou estrangeiro;

▶ Art. 45 do ADCT.

III – a importação e exportação dos produtos e derivados básicos resultantes das atividades previstas nos incisos anteriores;

▶ Lei nº 11.909, de 4-3-2009, dispõe sobre as atividades relativas a importação, exportação, transporte por meio de condutos, tratamento, processamento, estocagem, liquefação, regaseificação e comercialização de gás natural.

IV – o transporte marítimo do petróleo bruto de origem nacional ou de derivados básicos de petróleo produzidos no País, bem assim o transporte, por meio de conduto, de petróleo bruto, seus derivados e gás natural de qualquer origem;

▶ Lei nº 11.909, de 4-3-2009, dispõe sobre as atividades relativas a importação, exportação, transporte por meio de condutos, tratamento, processamento, estocagem, liquefação, regaseificação e comercialização de gás natural.

V – a pesquisa, a lavra, o enriquecimento, o reprocessamento, a industrialização e o comércio de minérios e minerais nucleares e seus derivados, com exceção dos radioisótopos cuja produção, comercialização e utilização poderão ser autorizadas sob regime de permissão, conforme as alíneas *b* e *c* do inciso XXIII do *caput* do art. 21 desta Constituição Federal.

▶ Inciso V com a redação dada pela EC nº 49, de 8-2-2006.

§ 1º A União poderá contratar com empresas estatais ou privadas a realização das atividades previstas nos incisos I a IV deste artigo, observadas as condições estabelecidas em Lei.

▶ § 1º com a redação dada pela EC nº 9, de 9-11-1995.
▶ Lei nº 12.304, de 2-8-2010, autoriza o Poder Executivo a criar a empresa pública denominada Empresa Brasileira de Administração de Petróleo e Gás Natural S.A. – Pré-Sal Petróleo S.A. (PPSA).

§ 2º A lei a que se refere o § 1º disporá sobre:

▶ Lei nº 9.478, de 6-8-1997, dispõe sobre a Política Energética Nacional, as atividades relativas ao monopólio do petróleo, institui o Conselho Nacional de Política Energética e a Agência Nacional de Petróleo – ANP.
▶ Lei nº 9.847, de 26-10-1999, dispõe sobre a fiscalização das atividades relativas ao abastecimento nacional de combustíveis de que trata a Lei nº 9.478, de 6-8-1997, e estabelece sanções administrativas.

I – a garantia do fornecimento dos derivados de petróleo em todo o Território Nacional;
II – as condições de contratação;
III – a estrutura e atribuições do órgão regulador do monopólio da União.

▶ § 2º acrescido pela EC nº 9, de 9-11-1995.
▶ Lei nº 9.478, de 6-8-1997, dispõe sobre a política energética nacional, as atividades relativas ao monopólio do petróleo, que institui o Conselho Nacional de Política Energética e a Agência Nacional de Petróleo – ANP.

§ 3º A lei disporá sobre transporte e a utilização de materiais radioativos no Território Nacional.

▶ Antigo § 2º transformado em § 3º pela EC nº 9, de 9-11-1995.
▶ Art. 3º da EC nº 9, de 9-11-1995.

§ 4º A lei que instituir contribuição de intervenção no domínio econômico relativa às atividades de importação ou comercialização de petróleo e seus derivados, gás natural e seus derivados e álcool combustível deverá atender aos seguintes requisitos:

I – a alíquota da contribuição poderá ser:

a) diferenciada por produto ou uso;

b) reduzida e restabelecida por ato do Poder Executivo, não se lhe aplicando o disposto no artigo 150, III, *b*;

II – os recursos arrecadados serão destinados:

a) ao pagamento de subsídios a preços ou transporte de álcool combustível, gás natural e seus derivados e derivados de petróleo;

► Lei nº 10.453, de 13-5-2002, dispõe sobre subvenções ao preço e ao transporte do álcool combustível e subsídios ao preço do gás liquefeito de petróleo – GLP.

b) ao financiamento de projetos ambientais relacionados com a indústria do petróleo e do gás;
c) ao financiamento de programas de infraestrutura de transportes.

► § 4º acrescido pela EC nº 33, de 11-12-2001.

► O STF, por maioria de votos, julgou parcialmente procedente a ADIN nº 2.925-8, para dar interpretação conforme a CF, no sentido de que a abertura de crédito suplementar deve ser destinada às três finalidades enumeradas nas alíneas a a c, deste inciso (DJ de 4-3-2005).

► Lei nº 10.336, de 19-12-2001, instituiu Contribuição de Intervenção no Domínio Econômico incidente sobre a importação e a comercialização de petróleo e seus derivados, gás natural e seus derivados, e álcool etílico combustível – CIDE.

► Art. 1º da Lei nº 10.453, de 13-5-2002, que dispõe sobre subvenções ao preço e ao transporte do álcool combustível e subsídios ao preço do gás liquefeito de petróleo – GLP.

Art. 178. A lei disporá sobre a ordenação dos transportes aéreo, aquático e terrestre, devendo, quanto à ordenação do transporte internacional, observar os acordos firmados pela União, atendido o princípio da reciprocidade.

► Art. 246 desta Constituição.
► Lei nº 7.565, de 19-15-1986, dispõe sobre o Código Brasileiro de Aeronáutica.
► Lei nº 11.442, de 5-1-2007, dispõe sobre o transporte rodoviário de cargas por conta de terceiros e mediante remuneração.
► Dec.-lei nº 116, de 25-1-1967, dispõe sobre as operações inerentes ao transporte de mercadorias por via d'água nos portos brasileiros, delimitando suas responsabilidades e tratando das faltas e avarias.

Parágrafo único. Na ordenação do transporte aquático, a lei estabelecerá as condições em que o transporte de mercadorias na cabotagem e a navegação interior poderão ser feitos por embarcações estrangeiras.

► Art. 178 com a redação dada pela EC nº 7, de 15-8-1995.
► Art. 246 desta Constituição.
► Lei nº 10.233, de 5-6-2001, dispõe sobre a reestruturação dos transportes aquaviário e terrestre, cria o Conselho Nacional de Integração de Políticas de Transporte, a Agência Nacional de Transportes Terrestres, a Agência Nacional de Transportes Aquaviários e o Departamento Nacional de Infraestrutura de Transportes.
► Dec. nº 4.130, de 13-2-2002, aprova o Regulamento e o Quadro Demonstrativo dos Cargos Comissionados e dos Cargos Comissionados Técnicos da Agência Nacional de Transporte Terrestre – ANTT.
► Dec. nº 4.244, de 22-5-2002, dispõe sobre o transporte aéreo, no País, de autoridades em aeronave do comando da aeronáutica.

Art. 179. A União, os Estados, o Distrito Federal e os Municípios dispensarão às microempresas e às empresas de pequeno porte, assim definidas em lei, tratamento jurídico diferenciado, visando a incentivá-las pela simplificação de suas obrigações administrativas, tributárias, previdenciárias e creditícias, ou pela eliminação ou redução destas por meio de lei.

► Art. 47, § 1º, do ADCT.
► LC nº 123, de 14-12-2006 (Estatuto Nacional da Microempresa e da Empresa de Pequeno Porte).

Art. 180. A União, os Estados, o Distrito Federal e os Municípios promoverão e incentivarão o turismo como fator de desenvolvimento social e econômico.

Art. 181. O atendimento de requisição de documento ou informação de natureza comercial, feita por autoridade administrativa ou judiciária estrangeira, a pessoa física ou jurídica residente ou domiciliada no País dependerá de autorização do Poder competente.

Capítulo II

DA POLÍTICA URBANA

► Lei nº 10.257, de 10-7-2001 (Estatuto da Cidade).

Art. 182. A política de desenvolvimento urbano, executada pelo Poder Público municipal, conforme diretrizes gerais fixadas em lei, tem por objetivo ordenar o pleno desenvolvimento das funções sociais da cidade e garantir o bem-estar de seus habitantes.

► Lei nº 10.257, de 10-7-2001 (Estatuto da Cidade), regulamenta este artigo.
► Lei nº 12.587, de 3-1-2012 (Lei da Política Nacional de Mobilidade Urbana).

§ 1º O plano diretor, aprovado pela Câmara Municipal, obrigatório para cidades com mais de vinte mil habitantes, é o instrumento básico da política de desenvolvimento e de expansão urbana.

§ 2º A propriedade urbana cumpre sua função social quando atende às exigências fundamentais de ordenação da cidade expressas no plano diretor.

► Art. 186 desta Constituição.
► Súm. nº 668 do STF.

§ 3º As desapropriações de imóveis urbanos serão feitas com prévia e justa indenização em dinheiro.

► Art. 46 da LC nº 101, de 4-5-2000 (Lei da Responsabilidade Fiscal).
► Dec.-lei nº 3.365, de 21-6-1941 (Lei das Desapropriações).
► Súmulas nºs 113 e 114 do STJ.

§ 4º É facultado ao Poder Público municipal, mediante lei específica para área incluída no plano diretor, exigir, nos termos da lei federal, do proprietário do solo urbano não edificado, subutilizado ou não utilizado, que promova seu adequado aproveitamento, sob pena, sucessivamente, de:

I – parcelamento ou edificação compulsórios;
II – imposto sobre a propriedade predial e territorial urbana progressivo no tempo;

► Art. 156, § 1º, desta Constituição.
► Súm. nº 668 do STF.

III – desapropriação com pagamento mediante títulos da dívida pública de emissão previamente aprovada pelo Senado Federal, com prazo de resgate de até dez

anos, em parcelas anuais, iguais e sucessivas, assegurados o valor real da indenização e os juros legais.
▶ Lei nº 10.257, de 10-7-2001 (Estatuto da Cidade).
▶ Dec.-lei nº 3.365, de 21-6-1941 (Lei das Desapropriações).

Art. 183. Aquele que possuir como sua área urbana de até duzentos e cinquenta metros quadrados, por cinco anos, ininterruptamente e sem oposição, utilizando-a para sua moradia ou de sua família, adquirir-lhe-á o domínio, desde que não seja proprietário de outro imóvel urbano ou rural.
▶ Arts. 1.238 e 1.240 do CC.
▶ Lei nº 10.257, de 10-7-2001 (Estatuto da Cidade), regulamenta este artigo.

§ 1º O título de domínio e a concessão de uso serão conferidos ao homem ou à mulher, ou a ambos, independentemente do estado civil.
▶ MP nº 2.220, de 4-9-2001, que até o encerramento desta edição não havia sido convertida em Lei, dispõe sobre a concessão de uso especial de que trata este parágrafo.

§ 2º Esse direito não será reconhecido ao mesmo possuidor mais de uma vez.

§ 3º Os imóveis públicos não serão adquiridos por usucapião.
▶ Lei nº 10.257, de 10-7-2001 (Estatuto da Cidade), regulamenta este artigo.

Capítulo III
DA POLÍTICA AGRÍCOLA E FUNDIÁRIA E DA REFORMA AGRÁRIA
▶ LC nº 93, de 4-2-1998, cria o Fundo de Terras e da Reforma Agrária – Banco da Terra, e seu Dec. regulamentador nº 2.622, de 9-6-1998.
▶ Lei nº 4.504, de 30-11-1964 (Estatuto da Terra).
▶ Lei nº 8.174, de 30-1-1991, dispõe sobre princípios de política agrícola, estabelecendo atribuições ao Conselho Nacional de Política Agrícola – CNPA, tributação compensatória de produtos agrícolas, amparo ao pequeno produtor e regras de fixação e liberação dos estoques públicos.
▶ Lei nº 8.629, de 25-2-1993, regulamenta os dispositivos constitucionais relativos à reforma agrária.
▶ Lei nº 9.126, de 10-11-1995, dispõe sobre a concessão de subvenção econômica nas operações de crédito rural.
▶ Lei nº 9.138, de 29-11-1995, dispõe sobre o crédito rural.
▶ Lei nº 9.393, de 19-12-1996, dispõe sobre o ITR.

Art. 184. Compete à União desapropriar por interesse social, para fins de reforma agrária, o imóvel rural que não esteja cumprindo sua função social, mediante prévia e justa indenização em títulos da dívida agrária, com cláusula de preservação do valor real, resgatáveis no prazo de até vinte anos, a partir do segundo ano de sua emissão, e cuja utilização será definida em lei.
▶ Lei nº 8.629, de 25-2-1993, regula os dispositivos constitucionais relativos à reforma agrária.

§ 1º As benfeitorias úteis e necessárias serão indenizadas em dinheiro.

§ 2º O decreto que declarar o imóvel como de interesse social, para fins de reforma agrária, autoriza a União a propor a ação de desapropriação.

§ 3º Cabe à lei complementar estabelecer procedimento contraditório especial, de rito sumário, para o processo judicial de desapropriação.
▶ LC nº 76, de 6-7-1993 (Lei de Desapropriação de Imóvel Rural para fins de Reforma Agrária).

§ 4º O orçamento fixará anualmente o volume total de títulos da dívida agrária, assim como o montante de recursos para atender ao programa de reforma agrária no exercício.

§ 5º São isentas de impostos federais, estaduais e municipais as operações de transferência de imóveis desapropriados para fins de reforma agrária.

Art. 185. São insuscetíveis de desapropriação para fins de reforma agrária:
▶ Lei nº 8.629, de 25-2-1993, regula os dispositivos constitucionais relativos à reforma agrária.

I – a pequena e média propriedade rural, assim definida em lei, desde que seu proprietário não possua outra;
II – a propriedade produtiva.

Parágrafo único. A lei garantirá tratamento especial à propriedade produtiva e fixará normas para o cumprimento dos requisitos relativos à sua função social.

Art. 186. A função social é cumprida quando a propriedade rural atende, simultaneamente, segundo critérios e graus de exigência estabelecidos em lei, aos seguintes requisitos:
▶ Lei nº 8.629, de 25-2-1993, regula os dispositivos constitucionais relativos à reforma agrária.

I – aproveitamento racional e adequado;
II – utilização adequada dos recursos naturais disponíveis e preservação do meio ambiente;
▶ Res. do CONAMA nº 369, de 28-3-2006, dispõe sobre os casos excepcionais, de utilidade pública, interesse social ou baixo impacto ambiental, que possibilitam a intervenção ou supressão de vegetação em Área de Preservação Permanente – APP.

III – observância das disposições que regulam as relações de trabalho;
IV – exploração que favoreça o bem-estar dos proprietários e dos trabalhadores.

Art. 187. A política agrícola será planejada e executada na forma da lei, com a participação efetiva do setor de produção, envolvendo produtores e trabalhadores rurais, bem como dos setores de comercialização, de armazenamento e de transportes, levando em conta, especialmente:
▶ Lei nº 8.171, de 17-1-1991 (Lei da Política Agrícola).
▶ Lei nº 8.174, de 30-1-1991, dispõe sobre princípios de política agrícola, estabelecendo atribuições ao Conselho Nacional de Política Agrícola – CNPA, tributação compensatória de produtos agrícolas, amparo ao pequeno produtor e regras de fixação e liberação dos estoques públicos.
▶ Súm. nº 298 do STJ.

I – os instrumentos creditícios e fiscais;
II – os preços compatíveis com os custos de produção e a garantia de comercialização;
III – o incentivo à pesquisa e à tecnologia;
IV – a assistência técnica e extensão rural;
V – o seguro agrícola;
VI – o cooperativismo;

VII – a eletrificação rural e irrigação;
VIII – a habitação para o trabalhador rural.

§ 1º Incluem-se no planejamento agrícola as atividades agroindustriais, agropecuárias, pesqueiras e florestais.

§ 2º Serão compatibilizadas as ações de política agrícola e de reforma agrária.

Art. 188. A destinação de terras públicas e devolutas será compatibilizada com a política agrícola e com o plano nacional de reforma agrária.

§ 1º A alienação ou a concessão, a qualquer título, de terras públicas com área superior a dois mil e quinhentos hectares a pessoa física ou jurídica, ainda que por interposta pessoa, dependerá de prévia aprovação do Congresso Nacional.

§ 2º Excetuam-se do disposto no parágrafo anterior as alienações ou as concessões de terras públicas para fins de reforma agrária.

Art. 189. Os beneficiários da distribuição de imóveis rurais pela reforma agrária receberão títulos de domínio ou de concessão de uso, inegociáveis, pelo prazo de dez anos.

▶ Lei nº 8.629, de 25-2-1993, regula os dispositivos constitucionais relativos à reforma agrária.
▶ Art. 6º, II, da Lei nº 11.284, de 2-3-2006 (Lei de Gestão de Florestas Públicas).

Parágrafo único. O título de domínio e a concessão de uso serão conferidos ao homem ou à mulher, ou a ambos, independentemente do estado civil, nos termos e condições previstos em lei.

Art. 190. A lei regulará e limitará a aquisição ou o arrendamento de propriedade rural por pessoa física ou jurídica estrangeira e estabelecerá os casos que dependerão de autorização do Congresso Nacional.

▶ Lei nº 5.709, de 7-10-1971, regula a aquisição de imóveis rurais por estrangeiro residente no País ou pessoa jurídica estrangeira autorizada a funcionar no Brasil.
▶ Lei nº 8.629, de 25-2-1993, regula os dispositivos constitucionais relativos à reforma agrária.

Art. 191. Aquele que, não sendo proprietário de imóvel rural ou urbano, possua como seu, por cinco anos ininterruptos, sem oposição, área de terra, em zona rural, não superior a cinquenta hectares, tornando-a produtiva por seu trabalho ou de sua família, tendo nela sua moradia, adquirir-lhe-á a propriedade.

▶ Art. 1.239 do CC.
▶ Lei nº 6.969, de 10-12-1981 (Lei do Usucapião Especial).

Parágrafo único. Os imóveis públicos não serão adquiridos por usucapião.

CAPÍTULO IV

DO SISTEMA FINANCEIRO NACIONAL

Art. 192. O sistema financeiro nacional, estruturado de forma a promover o desenvolvimento equilibrado do País e a servir aos interesses da coletividade, em todas as partes que o compõem, abrangendo as cooperativas de crédito, será regulado por leis complementares que disporão, inclusive, sobre a participação do capital estrangeiro nas instituições que o integram.

▶ *Caput* com a redação dada pela EC nº 40, de 29-5-2003.

I a VIII – *Revogados*. EC nº 40, de 29-5-2003.
§§ 1º a 3º *Revogados*. EC nº 40, de 29-5-2003.

TÍTULO VIII – DA ORDEM SOCIAL

CAPÍTULO I

DISPOSIÇÃO GERAL

Art. 193. A ordem social tem como base o primado do trabalho, e como objetivo o bem-estar e a justiça sociais.

CAPÍTULO II

DA SEGURIDADE SOCIAL

▶ Lei nº 8.212, de 24-7-1991 (Lei Orgânica da Seguridade Social).
▶ Lei nº 8.213, de 24-7-1991 (Lei dos Planos de Benefícios da Previdência Social).
▶ Lei nº 8.742, de 7-12-1993 (Lei Orgânica da Assistência Social).
▶ Dec. nº 3.048, de 6-5-1999 (Regulamento da Previdência Social).

SEÇÃO I

DISPOSIÇÕES GERAIS

Art. 194. A seguridade social compreende um conjunto integrado de ações de iniciativa dos Poderes Públicos e da sociedade, destinadas a assegurar os direitos relativos à saúde, à previdência e à assistência social.

▶ Lei nº 8.212, de 24-7-1991 (Lei Orgânica da Seguridade Social).
▶ Lei nº 8.213, de 24-7-1991 (Lei dos Planos de Benefícios da Previdência Social).

Parágrafo único. Compete ao Poder Público, nos termos da lei, organizar a seguridade social, com base nos seguintes objetivos:

I – universalidade da cobertura e do atendimento;
II – uniformidade e equivalência dos benefícios e serviços às populações urbanas e rurais;
III – seletividade e distributividade na prestação dos benefícios e serviços;
IV – irredutibilidade do valor dos benefícios;
V – equidade na forma de participação no custeio;
VI – diversidade da base de financiamento;
VII – caráter democrático e descentralizado da administração, mediante gestão quadripartite, com participação dos trabalhadores, dos empregadores, dos aposentados e do Governo nos órgãos colegiados.

▶ Inciso VII com a redação dada pela EC nº 20, de 15-12-1998.

Art. 195. A seguridade social será financiada por toda a sociedade, de forma direta e indireta, nos termos da lei, mediante recursos provenientes dos orçamentos da União, dos Estados, do Distrito Federal e dos Municípios, e das seguintes contribuições sociais:

▶ Art. 12 da EC nº 20, de 15-12-1998 (Reforma Previdenciária).
▶ LC nº 70, de 30-12-1991, institui contribuição para financiamento da Seguridade Social, eleva a alíquota da contribuição social sobre o lucro das instituições financeiras.
▶ Lei nº 7.689, de 15-12-1988 (Lei da Contribuição Social Sobre o Lucro das Pessoas Jurídicas).

► Lei nº 7.894, de 24-11-1989, dispõe sobre as contribuições para o Finsocial e PIS/PASEP.

► Lei nº 9.363, de 13-12-1996, dispõe sobre a instituição de crédito presumido do Imposto sobre Produtos Industrializados, para ressarcimento do valor do PIS/PASEP e COFINS nos casos que especifica.

► Lei nº 9.477, de 24-7-1997, institui o Fundo de Aposentadoria Programada Individual – FAPI e o plano de incentivo à aposentadoria programada individual.

► Súmulas nºs 658, 659 e 688 do STF.

► Súm. nº 423 do STJ.

I – do empregador, da empresa e da entidade a ela equiparada na forma da lei, incidentes sobre:

► Súm. nº 688 do STF.

a) a folha de salários e demais rendimentos do trabalho pagos ou creditados, a qualquer título, à pessoa física que lhe preste serviço, mesmo sem vínculo empregatício;

► Art. 114, VIII, desta Constituição.

b) a receita ou o faturamento;
c) o lucro;

► Alíneas a a c acrescidas pela EC nº 20, de 15-12-1998.
► Art. 195, § 9º, desta Constituição.
► LC nº 70, de 30-12-1991, institui contribuição para o funcionamento da Seguridade Social e eleva alíquota da contribuição social sobre o lucro das instituições financeiras.

II – do trabalhador e dos demais segurados da previdência social, não incidindo contribuição sobre aposentadoria e pensão concedidas pelo regime geral de previdência social de que trata o artigo 201;

► Incisos I e II com a redação dada pela EC nº 20, de 15-12-1998.
► Arts. 114, VIII, e 167, IX, desta Constituição.
► Lei nº 9.477, de 24-7-1997, institui o Fundo de Aposentadoria Programada Individual – FAPI e o Plano de Incentivo à Aposentadoria Programada Individual.

III – sobre a receita de concursos de prognósticos;

► Art. 4º da Lei nº 7.856, de 24-10-1989, que dispõe sobre a destinação da renda de concursos de prognósticos.

IV – do importador de bens ou serviços do exterior, ou de quem a lei a ele equiparar.

► Inciso IV acrescido pela EC nº 42, de 19-12-2003.
► Lei nº 10.865, de 30-4-2004, dispõe sobre o PIS/PASEP-Importação e a COFINS-Importação.

§ 1º As receitas dos Estados, do Distrito Federal e dos Municípios destinadas à seguridade social constarão dos respectivos orçamentos, não integrando o orçamento da União.

§ 2º A proposta de orçamento da seguridade social será elaborada de forma integrada pelos órgãos responsáveis pela saúde, previdência social e assistência social, tendo em vista as metas e prioridades estabelecidas na lei de diretrizes orçamentárias, assegurada a cada área a gestão de seus recursos.

§ 3º A pessoa jurídica em débito com o sistema da seguridade social, como estabelecido em lei, não poderá contratar com o Poder Público nem dele receber benefícios ou incentivos fiscais ou creditícios.

► Lei nº 8.212, de 24-7-1991 (Lei Orgânica da Seguridade Social).

§ 4º A lei poderá instituir outras fontes destinadas a garantir a manutenção ou expansão da seguridade social, obedecido o disposto no artigo 154, I.

► Lei nº 9.876, de 26-11-1999, dispõe sobre a contribuição previdenciária do contribuinte individual e o cálculo do benefício.

§ 5º Nenhum benefício ou serviço da seguridade social poderá ser criado, majorado ou estendido sem a correspondente fonte de custeio total.

► Art. 24 da LC nº 101, de 4-5-2000 (Lei da Responsabilidade Fiscal).

§ 6º As contribuições sociais de que trata este artigo só poderão ser exigidas após decorridos noventa dias da data da publicação da lei que as houver instituído ou modificado, não se lhes aplicando o disposto no artigo 150, III, b.

► Art. 74, § 4º, do ADCT.
► Súm. nº 669 do STF.

§ 7º São isentas de contribuição para a seguridade social as entidades beneficentes de assistência social que atendam às exigências estabelecidas em lei.

► Súm. nº 659 do STF.
► Súm. nº 352 do STJ.

§ 8º O produtor, o parceiro, o meeiro e o arrendatário rurais e o pescador artesanal, bem como os respectivos cônjuges, que exerçam suas atividades em regime de economia familiar, sem empregados permanentes, contribuirão para a seguridade social mediante a aplicação de uma alíquota sobre o resultado da comercialização da produção e farão jus aos benefícios nos termos da lei.

► § 8º com a redação dada pela EC nº 20, de 15-12-1998.
► Súm. nº 272 do STJ.

§ 9º As contribuições sociais previstas no inciso I do caput deste artigo poderão ter alíquotas ou bases de cálculo diferenciadas, em razão da atividade econômica, da utilização intensiva de mão de obra, do porte da empresa ou da condição estrutural do mercado de trabalho.

► § 9º com a redação dada pela EC nº 47, de 5-7-2005, para vigorar a partir da data de sua publicação, produzindo efeitos retroativos a partir da data de vigência da EC nº 41, de 19-12-2003 (DOU de 31-12-2003).

§ 10. A lei definirá os critérios de transferência de recursos para o sistema único de saúde e ações de assistência social da União para os Estados, o Distrito Federal e os Municípios, e dos Estados para os Municípios, observada a respectiva contrapartida de recursos.

§ 11. É vedada a concessão de remissão ou anistia das contribuições sociais de que tratam os incisos I, a, e II deste artigo, para débitos em montante superior ao fixado em lei complementar.

► §§ 10 e 11 acrescidos pela EC nº 20, de 15-12-1998.

§ 12. A lei definirá os setores de atividade econômica para os quais as contribuições incidentes na forma dos incisos I, b; e IV do caput, serão não cumulativas.

§ 13. Aplica-se o disposto no § 12 inclusive na hipótese de substituição gradual, total ou parcial, da contribuição incidente na forma do inciso I, a, pela incidente sobre a receita ou o faturamento.
▶ §§ 12 e 13 acrescidos pela EC nº 42, de 19-12-2003.

Seção II

DA SAÚDE

▶ Lei nº 8.147, de 28-12-1990, dispõe sobre a alíquota do Finsocial.
▶ Lei nº 9.790, de 23-3-1999, dispõe sobre a qualificação de pessoas jurídicas de direito privado, sem fins lucrativos, como organizações da sociedade civil de interesse público e institui e disciplina o termo de parceria.
▶ Lei nº 9.961, de 28-1-2000, cria a Agência Nacional de Saúde Suplementar – ANS, regulamentada pelo Dec. nº 3.327, de 5-1-2000.
▶ Lei nº 10.216, de 6-4-2001, dispõe sobre a proteção e os direitos das pessoas portadoras de transtornos mentais e redireciona o modelo assistencial em saúde mental.
▶ Dec. nº 3.964, de 10-10-2001, dispõe sobre o Fundo Nacional de Saúde.

Art. 196. A saúde é direito de todos e dever do Estado, garantido mediante políticas sociais e econômicas que visem à redução do risco de doença e de outros agravos e ao acesso universal e igualitário às ações e serviços para sua promoção, proteção e recuperação.

▶ Lei nº 9.273, de 3-5-1996, torna obrigatória a inclusão de dispositivo de segurança que impeça a reutilização das seringas descartáveis.
▶ Lei nº 9.313, de 13-11-1996, dispõe sobre a distribuição gratuita de medicamentos aos portadores do HIV e doentes de AIDS.
▶ Lei nº 9.797, de 5-6-1999, Dispõe sobre a obrigatoriedade da cirurgia plástica reparadora da mama pela rede de unidades integrantes do Sistema Único de Saúde – SUS nos casos de mutilação decorrentes de tratamento de câncer.
▶ Lei nº 12.858, de 9-9-2013, dispõe sobre a destinação para as áreas de educação e saúde de parcela da participação no resultado ou da compensação financeira pela exploração de petróleo e gás natural, com a finalidade de cumprimento da meta prevista no inciso VI do *caput* do art. 214 e no art. 196 desta Constituição.

Art. 197. São de relevância pública as ações e serviços de saúde, cabendo ao Poder Público dispor, nos termos da lei, sobre sua regulamentação, fiscalização e controle, devendo sua execução ser feita diretamente ou através de terceiros e, também, por pessoa física ou jurídica de direito privado.

▶ Lei nº 8.080, de 19-9-1990, dispõe sobre as condições para a promoção, proteção e recuperação da saúde, a organização e o funcionamento dos serviços correspondentes.
▶ Lei nº 9.273, de 3-5-1996, torna obrigatória a inclusão de dispositivo de segurança que impeça a reutilização das seringas descartáveis.

Art. 198. As ações e serviços públicos de saúde integram uma rede regionalizada e hierarquizada e constituem um sistema único, organizado de acordo com as seguintes diretrizes:

I – descentralização, com direção única em cada esfera de governo;
▶ Lei nº 8.080, de 19-9-1990, dispõe sobre as condições para a promoção, proteção e recuperação da saúde, a organização e o funcionamento dos serviços correspondentes.

II – atendimento integral, com prioridade para as atividades preventivas, sem prejuízo dos serviços assistenciais;
III – participação da comunidade.

§ 1º O sistema único de saúde será financiado, nos termos do artigo 195, com recursos do orçamento da seguridade social, da União, dos Estados, do Distrito Federal e dos Municípios, além de outras fontes.

▶ Parágrafo único transformado em § 1º pela EC nº 29, de 13-9-2000.

§ 2º União, os Estados, o Distrito Federal e os Municípios aplicarão, anualmente, em ações e serviços públicos de saúde recursos mínimos derivados da aplicação de percentuais calculados sobre:

▶ Art. 167, IV, desta Constituição.

I – no caso da União, na forma definida nos termos da lei complementar prevista no § 3º;
II – no caso dos Estados e do Distrito Federal, o produto da arrecadação dos impostos a que se refere o artigo 155 e dos recursos de que tratam os artigos 157 e 159, inciso I, alínea *a* e inciso II, deduzidas as parcelas que forem transferidas aos respectivos Municípios;
III – no caso dos Municípios e do Distrito Federal, o produto da arrecadação dos impostos a que se refere o artigo 156 e dos recursos de que tratam os artigos 158 e 159, inciso I, alínea *b* e § 3º.

§ 3º Lei complementar, que será reavaliada pelo menos a cada cinco anos, estabelecerá:
I – os percentuais de que trata o § 2º;
II – os critérios de rateio dos recursos da União vinculados à saúde destinados aos Estados, ao Distrito Federal e aos Municípios, e dos Estados destinados a seus respectivos Municípios, objetivando a progressiva redução das disparidades regionais;
III – as normas de fiscalização, avaliação e controle das despesas com saúde nas esferas federal, estadual, distrital e municipal;
IV – as normas de cálculo do montante a ser aplicado pela União.

▶ §§ 2º e 3º acrescidos pela EC nº 29, de 13-9-2000.
▶ LC nº 141, de 13-1-2012, regulamenta este parágrafo para dispor sobre os valores mínimos a serem aplicados anualmente pela União, Estados, Distrito Federal e Municípios em ações e serviços públicos de saúde.

§ 4º Os gestores locais do sistema único de saúde poderão admitir agentes comunitários de saúde e agentes de combate às endemias por meio de processo seletivo público, de acordo com a natureza e complexidade de suas atribuições e requisitos específicos para sua atuação.

▶ § 4º acrescido pela EC nº 51, de 14-2-2006.
▶ Art. 2º da EC nº 51, de 14-2-2006, que dispõe sobre a contratação dos agentes comunitários de saúde e de combate às endemias.

§ 5º Lei federal disporá sobre o regime jurídico, o piso salarial profissional nacional, as diretrizes para os Planos de Carreira e a regulamentação das atividades de agente comunitário de saúde e agente de combate às endemias, competindo à União, nos termos da lei, prestar assistência financeira complementar aos Estados, ao Distrito Federal e aos Municípios, para o cumprimento do referido piso salarial.

▶ § 5º com a redação dada pela EC nº 63, de 4-2-2010.
▶ Lei nº 11.350, de 5-10-2006, regulamenta este parágrafo.

§ 6º Além das hipóteses previstas no § 1º do art. 41 e no § 4º do art. 169 da Constituição Federal, o servidor que exerça funções equivalentes às de agente comunitário de saúde ou de agente de combate às endemias poderá perder o cargo em caso de descumprimento dos requisitos específicos, fixados em lei, para o seu exercício.

▶ § 6º acrescido pela EC nº 51, de 14-2-2006.

Art. 199. A assistência à saúde é livre à iniciativa privada.

▶ Lei nº 9.656, de 3-6-1998 (Lei dos Planos e Seguros Privados de Saúde).

§ 1º As instituições privadas poderão participar de forma complementar do sistema único de saúde, segundo diretrizes deste, mediante contrato de direito público ou convênio, tendo preferência as entidades filantrópicas e as sem fins lucrativos.

§ 2º É vedada a destinação de recursos públicos para auxílios ou subvenções às instituições privadas com fins lucrativos.

§ 3º É vedada a participação direta ou indireta de empresas ou capitais estrangeiros na assistência à saúde no País, salvo nos casos previstos em lei.

▶ Lei nº 8.080, de 19-9-1990, dispõe sobre as condições para a promoção, proteção e recuperação da saúde, a organização e o funcionamento dos serviços correspondentes.

§ 4º A lei disporá sobre as condições e os requisitos que facilitem a remoção de órgãos, tecidos e substâncias humanas para fins de transplante, pesquisa e tratamento, bem como a coleta, processamento e transfusão de sangue e seus derivados, sendo vedado todo tipo de comercialização.

▶ Lei nº 8.501, de 30-11-1992, dispõe sobre a utilização de cadáver não reclamado, para fins de estudos ou pesquisas científicas.
▶ Lei nº 9.434, de 4-2-1997 (Lei de Remoção de Órgãos e Tecidos), regulamentada pelo Dec. nº 2.268, de 30-6-1997.
▶ Lei nº 10.205, de 21-3-2001, regulamenta este parágrafo, relativo à coleta, processamento, estocagem, distribuição e aplicação do sangue, seus componentes e derivados.
▶ Lei nº 10.972, de 2-12-2004, autoriza o Poder Executivo a criar a empresa pública denominada Empresa Brasileira de Hemoderivados e Biotecnologia – HEMOBRÁS.
▶ Dec. nº 5.402, de 28-5-2005, aprova o Estatuto da Empresa Brasileira de Hemoderivados e Biotecnologia – HEMOBRÁS.

Art. 200. Ao sistema único de saúde compete, além de outras atribuições, nos termos da lei:

▶ Lei nº 8.080, de 19-9-1990, dispõe sobre as condições para a promoção, proteção e recuperação da saú-de e a organização e o funcionamento dos serviços correspondentes.
▶ Lei nº 8.142, de 28-12-1990, dispõe sobre a participação da comunidade na gestão do Sistema Único de Saúde – SUS e sobre as transferências intergovernamentais de recursos financeiros na área da saúde.

I – controlar e fiscalizar procedimentos, produtos e substâncias de interesse para a saúde e participar da produção de medicamentos, equipamentos, imunobiológicos, hemoderivados e outros insumos;

▶ Lei nº 9.431, de 6-1-1997, dispõe sobre a obrigatoriedade da manutenção de programa de controle de infecções hospitalares pelos hospitais do País.
▶ Lei nº 9.677, de 2-7-1998, dispõe sobre a obrigatoriedade da cirurgia plástica reparadora da mama pela rede de unidades integrantes do Sistema Único de Saúde – SUS, nos casos de mutilação decorrente do tratamento de câncer.
▶ Lei nº 9.695, de 20-8-1998, incluíram na classificação dos delitos considerados hediondos determinados crimes contra a saúde pública.

II – executar as ações de vigilância sanitária e epidemiológica, bem como as de saúde do trabalhador;
III – ordenar a formação de recursos humanos na área de saúde;
IV – participar da formulação da política e da execução das ações de saneamento básico;
V – incrementar em sua área de atuação o desenvolvimento científico e tecnológico;
VI – fiscalizar e inspecionar alimentos, compreendido o controle de seu teor nutricional, bem como bebidas e águas para consumo humano;
VII – participar do controle e fiscalização da produção, transporte, guarda e utilização de substâncias e produtos psicoativos, tóxicos e radioativos;

▶ Lei nº 7.802, de 11-7-1989, dispõe sobre a pesquisa, a experimentação, a produção, a embalagem e rotulagem, o transporte, o armazenamento, a comercialização, a propaganda comercial, a utilização, a importação, a exportação, o destino final dos resíduos e embalagens, o registro, a classificação, o controle, a inspeção e a fiscalização, de agrotóxicos, seus componentes, e afins.

VIII – colaborar na proteção do meio ambiente, nele compreendido o do trabalho.

Seção III

DA PREVIDÊNCIA SOCIAL

▶ Lei nº 8.147, de 28-12-1990, dispõe sobre a alíquota do Finsocial.
▶ Lei nº 8.213, de 24-7-1991 (Lei dos Planos de Benefícios da Previdência Social).
▶ Lei nº 9.796, de 5-5-1999, dispõe sobre a compensação financeira entre o Regime Geral de Previdência Social e os Regimes de previdência dos servidores da União, dos Estados, do Distrito Federal e dos Municípios, nos casos de contagem recíproca de tempo de contribuição para efeito de aposentadoria.
▶ Dec. nº 3.048, de 6-5-1999 (Regulamento da Previdência Social).

Art. 201. A previdência social será organizada sob a forma de regime geral, de caráter contributivo e de filiação obrigatória, observados critérios que preservem o equilíbrio financeiro e atuarial, e atenderá, nos termos da lei, a:

▶ Caput com a redação dada pela EC nº 20, de 15-12-1998.
▶ Arts. 40, 167, XI e 195, II, desta Constituição.
▶ Art. 14 da EC nº 20, de 15-12-1998 (Reforma Previdenciária).
▶ Arts. 4º, parágrafo único, I e II, e 5º, da EC nº 41, de 19-12-2003.
▶ Lei nº 8.212, de 24-7-1991 (Lei Orgânica da Seguridade Social).
▶ Lei nº 8.213, de 24-7-1991 (Lei dos Planos de Benefícios da Previdência Social).
▶ Dec. nº 3.048, de 6-5-1999 (Regulamento da Previdência Social).

I – cobertura dos eventos de doença, invalidez, morte e idade avançada;
II – proteção à maternidade, especialmente à gestante;
III – proteção ao trabalhador em situação de desemprego involuntário;

▶ Lei nº 7.998, de 11-1-1990 (Lei do Seguro-Desemprego).
▶ Lei nº 10.779, de 25-11-2003, dispõe sobre a concessão do benefício de seguro-desemprego, durante o período de defeso, ao pescador profissional que exerce a atividade pesqueira de forma artesanal.

IV – salário-família e auxílio-reclusão para os dependentes dos segurados de baixa renda;
V – pensão por morte do segurado, homem ou mulher, ao cônjuge ou companheiro e dependentes, observado o disposto no § 2º.

▶ Incisos I a V com a redação dada pela EC nº 20, de 15-12-1998.

§ 1º É vedada a adoção de requisitos e critérios diferenciados para a concessão de aposentadoria aos beneficiários do regime geral de previdência social, ressalvados os casos de atividades exercidas sob condições especiais que prejudiquem a saúde ou a integridade física e quando se tratar de segurados portadores de deficiência, nos termos definidos em lei complementar.

▶ § 1º com a redação dada pela EC nº 47, de 5-7-2005.
▶ Art. 15 da EC nº 20, de 15-12-1998 (Reforma Previdenciária).
▶ LC nº 142, de 8-5-2013 (DOU de 9.5.2013), regulamenta este parágrafo para vigorar seis meses após a data de sua publicação.

§ 2º Nenhum benefício que substitua o salário de contribuição ou o rendimento do trabalho do segurado terá valor mensal inferior ao salário mínimo.

§ 3º Todos os salários de contribuição considerados para o cálculo de benefício serão devidamente atualizados, na forma da lei.

▶ Súm. nº 456 do STJ.

§ 4º É assegurado o reajustamento dos benefícios para preservar-lhes, em caráter permanente, o valor real, conforme critérios definidos em lei.

§ 5º É vedada a filiação ao regime geral de previdência social, na qualidade de segurado facultativo, de pessoa participante de regime próprio de previdência.

§ 6º A gratificação natalina dos aposentados e pensionistas terá por base o valor dos proventos do mês de dezembro de cada ano.

▶ §§ 2º a 6º com a redação dada pela EC nº 20, de 15-12-1998.
▶ Leis nºs 4.090, de 13-7-1962; 4.749, de 12-8-1965; e Decretos nºs 57.155, de 3-11-1965; e 63.912, de 26-12-1968, dispõem sobre o 13º salário.
▶ Súm. nº 688 do STF.

§ 7º É assegurada aposentadoria no regime geral de previdência social, nos termos da lei, obedecidas as seguintes condições:

▶ Caput com a redação dada pela EC nº 20, de 15-12-1998.

I – trinta e cinco anos de contribuição, se homem, e trinta anos de contribuição, se mulher;
II – sessenta e cinco anos de idade, se homem, e sessenta anos de idade, se mulher, reduzido em cinco anos o limite para os trabalhadores rurais de ambos os sexos e para os que exerçam suas atividades em regime de economia familiar, nestes incluídos o produtor rural, o garimpeiro e o pescador artesanal.

▶ Incisos I e II acrescidos pela EC nº 20, de 15-12-1998.

§ 8º Os requisitos a que se refere o inciso I do parágrafo anterior serão reduzidos em cinco anos, para o professor que comprove exclusivamente tempo de efetivo exercício das funções de magistério na educação infantil e no ensino fundamental e médio.

▶ § 8º com a redação dada pela EC nº 20, de 15-12-1998.
▶ Art. 67, § 2º, da Lei nº 9.394, de 20-12-1996 (Lei das Diretrizes e Bases da Educação Nacional).

§ 9º Para efeito de aposentadoria, é assegurada a contagem recíproca do tempo de contribuição na administração pública e na atividade privada, rural e urbana, hipótese em que os diversos regimes de previdência social se compensarão financeiramente, segundo critérios estabelecidos em lei.

▶ Lei nº 9.796, de 5-5-1999, dispõe sobre a compensação financeira entre o Regime Geral de Previdência Social e os Regimes de Previdência dos Servidores da União, dos Estados, do Distrito Federal e dos Municípios, nos casos de contagem recíproca de tempo de contribuição para efeito de aposentadoria.
▶ Dec. nº 3.112, de 6-7-1999, regulamenta a Lei nº 9.796, de 5-5-1999.

§ 10. Lei disciplinará a cobertura do risco de acidente do trabalho, a ser atendida concorrentemente pelo regime geral de previdência social e pelo setor privado.

§ 11. Os ganhos habituais do empregado, a qualquer título, serão incorporados ao salário para efeito de contribuição previdenciária e consequente repercussão em benefícios, nos casos e na forma da lei.

▶ §§ 9º a 11 acrescidos pela EC nº 20, de 15-12-1998.
▶ Art. 3º da EC nº 20, de 15-12-1998 (Reforma Previdenciária).
▶ Lei nº 8.213, de 24-7-1991 (Lei dos Planos de Benefícios da Previdência Social).
▶ Dec. nº 3.048, de 6-5-1999 (Regulamento da Previdência Social).

§ 12. Lei disporá sobre sistema especial de inclusão previdenciária para atender a trabalhadores de baixa renda e àqueles sem renda própria que se dediquem exclusivamente ao trabalho doméstico no âmbito de sua residência, desde que pertencentes a famílias de baixa renda, garantindo-lhes acesso a benefícios de valor igual a um salário mínimo.

▶ § 12 com a redação dada pela EC nº 47, de 5-7-2005.

§ 13. O sistema especial de inclusão previdenciária de que trata o § 12 deste artigo terá alíquotas e carências inferiores às vigentes para os demais segurados do regime geral de previdência social.

▶ § 13 acrescido pela EC nº 47, de 5-7-2005.

Art. 202. O regime de previdência privada, de caráter complementar e organizado de forma autônoma em relação ao regime geral de previdência social, será facultativo, baseado na constituição de reservas que garantam o benefício contratado, e regulado por lei complementar.

▶ *Caput* com a redação dada pela EC nº 20, de 15-12-1998.
▶ Art. 40, § 15, desta Constituição.
▶ Art. 7º da EC nº 20, de 15-12-1998 (Reforma Previdenciária).
▶ LC nº 109, de 29-5-2001 (Lei do Regime de Previdência Complementar), regulamentada pelo Dec. nº 4.206, de 23-4-2002.
▶ Lei nº 9.656, de 3-6-1998 (Lei dos Planos e Seguros Privados de Saúde).
▶ Lei nº 10.185, de 12-2-2001, dispõe sobre a especialização das sociedades seguradoras em planos privados de assistência à saúde.
▶ Dec. nº 3.745, de 5-2-2001, institui o Programa de Interiorização do Trabalho em Saúde.
▶ Dec. nº 7.123, de 3-3-2010, dispõe sobre o Conselho Nacional de Previdência Complementar – CNPC e sobre a Câmara de Recursos de Previdência Complementar – CRPC.
▶ Súm. nº 149 do STJ.

§ 1º A lei complementar de que trata este artigo assegurará ao participante de planos de benefícios de entidades de previdência privada o pleno acesso às informações relativas à gestão de seus respectivos planos.

§ 2º As contribuições do empregador, os benefícios e as condições contratuais previstas nos estatutos, regulamentos e planos de benefícios das entidades de previdência privada não integram o contrato de trabalho dos participantes, assim como, à exceção dos benefícios concedidos, não integram a remuneração dos participantes, nos termos da lei.

▶ §§ 1º e 2º com a redação dada pela EC nº 20, de 15-12-1998.

§ 3º É vedado o aporte de recursos a entidade de previdência privada pela União, Estados, Distrito Federal e Municípios, suas autarquias, fundações, empresas públicas, sociedades de economia mista e outras entidades públicas, salvo na qualidade de patrocinador, situação na qual, em hipótese alguma, sua contribuição normal poderá exceder a do segurado.

▶ Art. 5º da EC nº 20, de 15-12-1998 (Reforma Previdenciária).
▶ LC nº 108, de 29-5-2001, regulamenta este parágrafo.

§ 4º Lei complementar disciplinará a relação entre a União, Estados, Distrito Federal ou Municípios, inclusive suas autarquias, fundações, sociedades de economia mista e empresas controladas direta ou indiretamente, enquanto patrocinadoras de entidades fechadas de previdência privada, e suas respectivas entidades fechadas de previdência privada.

▶ Art. 40, § 14, desta Constituição.
▶ LC nº 108, de 29-5-2001, regulamenta este parágrafo.

§ 5º A lei complementar de que trata o parágrafo anterior aplicar-se-á, no que couber, às empresas privadas permissionárias ou concessionárias de prestação de serviços públicos, quando patrocinadoras de entidades fechadas de previdência privada.

▶ LC nº 108, de 29-5-2001, regulamenta este parágrafo.

§ 6º A lei complementar a que se refere o § 4º deste artigo estabelecerá os requisitos para a designação dos membros das diretorias das entidades fechadas de previdência privada e disciplinará a inserção dos participantes nos colegiados e instâncias de decisão em que seus interesses sejam objeto de discussão e deliberação.

▶ §§ 3º a 6º acrescidos pela EC nº 20, de 15-12-1998.
▶ LC nº 108, de 29-5-2001, regulamenta este parágrafo.
▶ LC nº 109, de 29-5-2001 (Lei do Regime de Previdência Complementar).

Seção IV

DA ASSISTÊNCIA SOCIAL

▶ Lei nº 8.147, de 28-12-1990, dispõe sobre a alíquota do Finsocial.
▶ Lei nº 8.742, de 7-12-1993 (Lei Orgânica da Assistência Social).
▶ Lei nº 8.909, de 6-7-1994, dispõe sobre a prestação de serviços por entidades de assistência social, entidades beneficentes de assistência social e entidades de fins filantrópicos e estabelece prazos e procedimentos para o recadastramento de entidades junto ao Conselho Nacional de Assistência Social.
▶ Lei nº 9.790, de 23-3-1999, dispõe sobre a promoção da assistência social por meio de organizações da sociedade civil de interesse público.

Art. 203. A assistência social será prestada a quem dela necessitar, independentemente de contribuição à seguridade social, e tem por objetivos:

▶ Lei nº 8.213, de 24-7-1991 (Lei dos Planos de Benefícios da Previdência Social).
▶ Lei nº 8.742, de 7-12-1993 (Lei Orgânica da Assistência Social).
▶ Lei nº 8.909, de 6-7-1994, dispõe, em caráter emergencial, sobre a prestação de serviços por entidades de assistência social, entidades beneficentes de assistência social e entidades de fins filantrópicos e estabelece prazos e procedimentos para o recadastramento de entidades junto ao Conselho Nacional de Assistência Social.
▶ Lei nº 9.429, de 26-12-1996, dispõe sobre prorrogação de prazo para renovação de Certificado de Entidades de Fins Filantrópicos e de recadastramento junto ao Conselho Nacional de Assistência Social – CNAS e anulação de atos emanados do Instituto Nacional do Seguro Social – INSS contra instituições que gozavam de isenção da contribuição social, pela não apresentação do pedido de renovação do certificado em tempo hábil.

I – a proteção à família, à maternidade, à infância, à adolescência e à velhice;

II – o amparo às crianças e adolescentes carentes;

III – a promoção da integração ao mercado de trabalho;

IV – a habilitação e reabilitação das pessoas portadoras de deficiência e a promoção de sua integração à vida comunitária;

▶ Dec. nº 6.949, de 25-8-2009, promulga a Convenção Internacional sobre os Direitos das Pessoas com Deficiência.

V – a garantia de um salário mínimo de benefício mensal à pessoa portadora de deficiência e ao idoso que comprovem não possuir meios de prover à própria manutenção ou de tê-la provida por sua família, conforme dispuser a lei.

▶ Lei nº 10.741, de 1º-10-2003 (Estatuto do Idoso).

Art. 204. As ações governamentais na área da assistência social serão realizadas com recursos do orçamento da seguridade social, previstos no artigo 195, além de outras fontes, e organizadas com base nas seguintes diretrizes:

I – descentralização político-administrativa, cabendo a coordenação e as normas gerais à esfera federal e a coordenação e a execução dos respectivos programas às esferas estadual e municipal, bem como a entidades beneficentes e de assistência social;

II – participação da população, por meio de organizações representativas, na formulação das políticas e no controle das ações em todos os níveis.

Parágrafo único. É facultado aos Estados e ao Distrito Federal vincular a programa de apoio à inclusão e promoção social até cinco décimos por cento de sua receita tributária líquida, vedada a aplicação desses recursos no pagamento de:

I – despesas com pessoal e encargos sociais;

II – serviço da dívida;

III – qualquer outra despesa corrente não vinculada diretamente aos investimentos ou ações apoiados.

▶ Parágrafo único acrescido pela EC nº 42, de 19-12-2003.

CAPÍTULO III

DA EDUCAÇÃO, DA CULTURA E DO DESPORTO

SEÇÃO I

DA EDUCAÇÃO

▶ Lei nº 9.394, de 20-12-1996 (Lei das Diretrizes e Bases da Educação Nacional).

▶ Lei nº 9.424, de 24-12-1996, dispõe sobre o fundo de manutenção e desenvolvimento e de valorização do magistério.

▶ Lei nº 9.766, de 18-12-1998, altera a legislação que rege o salário-educação.

▶ Lei nº 10.219, de 11-4-2001, cria o Programa Nacional de Renda Mínima vinculado à educação – "Bolsa-Escola", regulamentada pelo Dec. nº 4.313, de 24-7-2002.

▶ Lei nº 10.558, de 13-11-2002, cria o Programa Diversidade na Universidade.

▶ Art. 27, X, g, da Lei nº 10.683, de 28-5-2003, que dispõe sobre a organização da Presidência da República e dos Ministérios.

▶ Lei nº 11.096, de 13-1-2005, institui o Programa Universidade para Todos – PROUNI.

▶ Lei nº 11.274, de 6-2-2006, fixa a idade de seis anos para o início do ensino fundamental obrigatório e altera para nove anos seu período de duração.

▶ Lei nº 12.089, de 11-11-2009, proíbe que uma mesma pessoa ocupe 2 (duas) vagas simultaneamente em instituições públicas de ensino superior.

Art. 205. A educação, direito de todos e dever do Estado e da família, será promovida e incentivada com a colaboração da sociedade, visando ao pleno desenvolvimento da pessoa, seu preparo para o exercício da cidadania e sua qualificação para o trabalho.

▶ Lei nº 8.147, de 28-12-1990, dispõe sobre a alíquota do Finsocial.

▶ Lei nº 9.394, de 20-12-1996 (Lei das Diretrizes e Bases da Educação Nacional).

Art. 206. O ensino será ministrado com base nos seguintes princípios:

I – igualdade de condições para o acesso e permanência na escola;

II – liberdade de aprender, ensinar, pesquisar e divulgar o pensamento, a arte e o saber;

III – pluralismo de ideias e de concepções pedagógicas, e coexistência de instituições públicas e privadas de ensino;

IV – gratuidade do ensino público em estabelecimentos oficiais;

▶ Art. 242 desta Constituição.

▶ Súm. Vinc. nº 12 do STF.

V – valorização dos profissionais da educação escolar, garantidos, na forma da lei, planos de carreira, com ingresso exclusivamente por concurso público de provas e títulos, aos das redes públicas;

▶ Inciso V com a redação dada pela EC nº 53, de 19-12-2006.

▶ Lei nº 9.424, de 24-12-1996, dispõe sobre o Fundo de Manutenção e Desenvolvimento do Ensino Fundamental e de Valorização do Magistério.

VI – gestão democrática do ensino público, na forma da lei;

▶ Lei nº 9.394, de 20-12-1996 (Lei das Diretrizes e Bases da Educação Nacional).

VII – garantia de padrão de qualidade;

VIII – piso salarial profissional nacional para os profissionais da educação escolar pública, nos termos de lei federal.

▶ Inciso VIII acrescido pela EC nº 53, de 19-12-2006.

Parágrafo único. A lei disporá sobre as categorias de trabalhadores considerados profissionais da educação básica e sobre a fixação de prazo para a elaboração ou adequação de seus planos de carreira, no âmbito da União, dos Estados, do Distrito Federal e dos Municípios.

▶ Parágrafo único acrescido pela EC nº 53, de 19-12-2006.

Art. 207. As universidades gozam de autonomia didático-científica, administrativa e de gestão financeira e patrimonial, e obedecerão ao princípio de indissociabilidade entre ensino, pesquisa e extensão.

§ 1º É facultado às universidades admitir professores, técnicos e cientistas estrangeiros, na forma da lei.

§ 2º O disposto neste artigo aplica-se às instituições de pesquisa científica e tecnológica.

▶ §§ 1º e 2º acrescidos pela EC nº 11, de 30-4-1996.

Constituição Federal – Arts. 208 a 212

Art. 208. O dever do Estado com a educação será efetivado mediante a garantia de:

I – educação básica obrigatória e gratuita dos 4 (quatro) aos 17 (dezessete) anos de idade, assegurada inclusive sua oferta gratuita para todos os que a ela não tiveram acesso na idade própria;

▶ Inciso I com a redação dada pela EC nº 59, de 11-11-2009.
▶ Art. 6º da EC nº 59, de 11-11-2009, determina que o disposto neste inciso deverá ser implementado progressivamente, até 2016, nos termos do Plano Nacional de Educação, com apoio técnico e financeiro da União.

II – progressiva universalização do ensino médio gratuito;

▶ Inciso II com a redação dada pela EC nº 14, de 12-9-1996.
▶ Art. 6º da EC nº 14, de 12-9-1996.

III – atendimento educacional especializado aos portadores de deficiência, preferencialmente na rede regular de ensino;

▶ Lei nº 7.853, de 24-10-1989 (Lei de Apoio às Pessoas Portadoras de Deficiência), regulamentada pelo Dec. nº 3.298, de 20-12-1999.
▶ Lei nº 10.436, de 24-4-2002, dispõe sobre a Língua Brasileira de Sinais – LIBRA.
▶ Lei nº 10.845, de 5-3-2004, institui o Programa de Complementação ao Atendimento Educacional Especializado às Pessoas Portadoras de Deficiência – PAED.
▶ Dec. nº 3.956, de 8-10-2001, promulga a Convenção Interamericana para a Eliminação de todas as Formas de Discriminação contra as Pessoas Portadoras de Deficiências.
▶ Dec. nº 6.949, de 25-8-2009, promulga a Convenção Internacional sobre os Direitos das Pessoas com Deficiência.

IV – educação infantil, em creche e pré-escola, às crianças até 5 (cinco) anos de idade;

▶ Inciso IV com a redação dada pela EC nº 53, de 19-12-2006.
▶ Art. 7º, XXV, desta Constituição.

V – acesso aos níveis mais elevados do ensino, da pesquisa e da criação artística, segundo a capacidade de cada um;

▶ Lei nº 10.260, de 10-7-2001, dispõe sobre o Fundo de Financiamento ao Estudante do Ensino Superior.
▶ Lei nº 12.089, de 11-11-2009, proíbe que uma mesma pessoa ocupe 2 (duas) vagas simultaneamente em instituições públicas de ensino superior.

VI – oferta de ensino noturno regular, adequado às condições do educando;

VII – atendimento ao educando, em todas as etapas da educação básica, por meio de programas suplementares de material didático-escolar, transporte, alimentação e assistência à saúde.

▶ Inciso VII com a redação dada pela EC nº 59, de 11-11-2009.
▶ Arts. 6º e 212, § 4º, desta Constituição.

§ 1º O acesso ao ensino obrigatório e gratuito é direito público subjetivo.

§ 2º O não oferecimento do ensino obrigatório pelo Poder Público, ou sua oferta irregular, importa responsabilidade da autoridade competente.

§ 3º Compete ao Poder Público recensear os educandos no ensino fundamental, fazer-lhes a chamada e zelar, junto aos pais ou responsáveis, pela frequência à escola.

Art. 209. O ensino é livre à iniciativa privada, atendidas as seguintes condições:

I – cumprimento das normas gerais da educação nacional;

II – autorização e avaliação de qualidade pelo Poder Público.

Art. 210. Serão fixados conteúdos mínimos para o ensino fundamental, de maneira a assegurar formação básica comum e respeito aos valores culturais e artísticos, nacionais e regionais.

§ 1º O ensino religioso, de matrícula facultativa, constituirá disciplina dos horários normais das escolas públicas de ensino fundamental.

§ 2º O ensino fundamental regular será ministrado em língua portuguesa, assegurada às comunidades indígenas também a utilização de suas línguas maternas e processos próprios de aprendizagem.

Art. 211. A União, os Estados, o Distrito Federal e os Municípios organizarão em regime de colaboração seus sistemas de ensino.

▶ Art. 60 do ADCT.
▶ Art. 6º da EC nº 14, de 12-9-1996.

§ 1º A União organizará o sistema federal de ensino e o dos Territórios, financiará as instituições de ensino públicas federais e exercerá, em matéria educacional, função redistributiva e supletiva, de forma a garantir equalização de oportunidades educacionais e padrão mínimo de qualidade de ensino mediante assistência técnica e financeira aos Estados, ao Distrito Federal e aos Municípios.

§ 2º Os Municípios atuarão prioritariamente no ensino fundamental e na educação infantil.

▶ §§ 1º e 2º com a redação dada pela EC nº 14, de 12-9-1996.

§ 3º Os Estados e o Distrito Federal atuarão prioritariamente no ensino fundamental e médio.

▶ § 3º acrescido pela EC nº 14, de 12-9-1996.

§ 4º Na organização de seus sistemas de ensino, a União, os Estados, o Distrito Federal e os Municípios definirão formas de colaboração, de modo a assegurar a universalização do ensino obrigatório.

▶ § 4º com a redação dada pela EC nº 59, de 11-11-2009.

§ 5º A educação básica pública atenderá prioritariamente ao ensino regular.

▶ § 5º acrescido pela EC nº 53, de 19-12-2006.

Art. 212. A União aplicará, anualmente, nunca menos de dezoito, e os Estados, o Distrito Federal e os Municípios vinte e cinco por cento, no mínimo, da receita resultante de impostos, compreendida a proveniente de transferências, na manutenção e desenvolvimento do ensino.

▶ Arts. 34, VII, e 35, III, e 167, IV, desta Constituição.
▶ Arts. 60, caput, § 6º, 72, §§ 2º e 3º, e 76, § 3º, do ADCT.

► Lei nº 9.424, de 24-12-1996, dispõe sobre o Fundo de Manutenção e Desenvolvimento do Ensino Fundamental e de Valorização do Magistério.

§ 1º A parcela da arrecadação de impostos transferida pela União aos Estados, ao Distrito Federal e aos Municípios, ou pelos Estados aos respectivos Municípios, não é considerada, para efeito do cálculo previsto neste artigo, receita do governo que a transferir.

§ 2º Para efeito do cumprimento do disposto no *caput* deste artigo, serão considerados os sistemas de ensino federal, estadual e municipal e os recursos aplicados na forma do artigo 213.

§ 3º A distribuição dos recursos públicos assegurará prioridade ao atendimento das necessidades do ensino obrigatório, no que se refere a universalização, garantia de padrão de qualidade e equidade, nos termos do plano nacional de educação.

► § 3º com a redação dada pela EC nº 59, de 11-11-2009.

§ 4º Os programas suplementares de alimentação e assistência à saúde previstos no artigo 208, VII, serão financiados com recursos provenientes de contribuições sociais e outros recursos orçamentários.

§ 5º A educação básica pública terá como fonte adicional de financiamento a contribuição social do salário-educação, recolhida pelas empresas na forma da lei.

► § 5º com a redação dada pela EC nº 53, de 19-12-2006.
► Art. 76, § 2º, do ADCT.
► Lei nº 9.424, de 24-12-1996, dispõe sobre o Fundo de Manutenção e Desenvolvimento do Ensino Fundamental e de Valorização do Magistério.
► Lei nº 9.766, de 18-12-1998, dispõe sobre o salário-educação.
► Dec. nº 3.142, de 16-8-1999, regulamenta a contribuição social do salário-educação.
► Dec. nº 6.003, de 28-12-2006, regulamenta a arrecadação, a fiscalização e a cobrança da contribuição social do salário-educação.
► Súm. nº 732 do STF

§ 6º As cotas estaduais e municipais da arrecadação da contribuição social do salário-educação serão distribuídas proporcionalmente ao número de alunos matriculados na educação básica nas respectivas redes públicas de ensino.

► § 6º acrescido pela EC nº 53, de 19-12-2006.

Art. 213. Os recursos públicos serão destinados às escolas públicas, podendo ser dirigidos a escolas comunitárias, confessionais ou filantrópicas, definidas em lei, que:

► Art. 212 desta Constituição.
► Art. 61 do ADCT.
► Lei nº 9.394, de 20-12-1996 (Lei das Diretrizes e Bases da Educação Nacional).

I – comprovem finalidade não lucrativa e apliquem seus excedentes financeiros em educação;
II – assegurem a destinação de seu patrimônio à outra escola comunitária, filantrópica ou confessional, ou ao Poder Público, no caso de encerramento de suas atividades.

► Art. 61 do ADCT.

§ 1º Os recursos de que trata este artigo poderão ser destinados a bolsas de estudo para o ensino fundamental e médio, na forma da lei, para os que demonstrarem insuficiência de recursos, quando houver falta de vagas e cursos regulares da rede pública na localidade da residência do educando, ficando o Poder Público obrigado a investir prioritariamente na expansão de sua rede na localidade.

► Lei nº 9.394, de 20-12-1996 (Lei das Diretrizes e Bases da Educação Nacional).

§ 2º As atividades universitárias de pesquisa e extensão poderão receber apoio financeiro do Poder Público.

► Lei nº 8.436, de 25-6-1992, institucionaliza o Programa de Crédito Educativo para estudantes carentes.

Art. 214. A lei estabelecerá o plano nacional de educação, de duração decenal, com o objetivo de articular o sistema nacional de educação em regime de colaboração e definir diretrizes, objetivos, metas e estratégias de implementação para assegurar a manutenção e desenvolvimento do ensino em seus diversos níveis, etapas e modalidades por meio de ações integradas dos poderes públicos das diferentes esferas federativas que conduzam a:

► *Caput* com a redação dada pela EC nº 59, de 11-11-2009.

I – erradicação do analfabetismo;
II – universalização do atendimento escolar;
III – melhoria da qualidade do ensino;
IV – formação para o trabalho;
V – promoção humanística, científica e tecnológica do País;

► Lei nº 10.172, de 9-1-2001, aprova o Plano Nacional de Educação.

VI – estabelecimento de meta de aplicação de recursos públicos em educação como proporção do produto interno bruto.

► Inciso VI acrescido pela EC nº 59, de 11-11-2009.
► Lei nº 9.394, de 20-12-1996 (Lei das Diretrizes e Bases da Educação Nacional).
► Lei nº 10.172, de 9-1-2001, aprova o Plano Nacional de Educação.
► Lei nº 12.858, de 9-9-2013, dispõe sobre a destinação para as áreas de educação e saúde de parcela da participação no resultado ou da compensação financeira pela exploração de petróleo e gás natural, com a finalidade de cumprimento da meta prevista no inciso VI do *caput* do art. 214 e no art. 196 desta Constituição.

Seção II

DA CULTURA

Art. 215. O Estado garantirá a todos o pleno exercício dos direitos culturais e acesso às fontes da cultura nacional, e apoiará e incentivará a valorização e a difusão das manifestações culturais.

► Lei nº 8.313, de 23-12-1991, institui o Programa Nacional de Apoio à Cultura – PRONAC, regulamentada pelo Dec. nº 5.761, de 27-4-2002.
► Lei nº 8.685, de 20-7-1993, cria mecanismos de fomento à atividade audiovisual.
► Lei nº 10.454, de 13-5-2002, dispõe sobre remissão da Contribuição para o Desenvolvimento da Indústria Cinematográfica – CONDECINE.

Constituição Federal – Arts. 216 e 216-A

▶ MP nº 2.228-1, de 6-9-2001, que até o encerramento desta edição não havia sido convertida em Lei, cria a Agência Nacional do Cinema – ANCINE.
▶ Dec. nº 2.290, de 4-8-1997, regulamenta o art. 5º, VIII, da Lei nº 8.313, de 23-12-1991.

§ 1º O Estado protegerá as manifestações das culturas populares, indígenas e afro-brasileiras, e das de outros grupos participantes do processo civilizatório nacional.

§ 2º A lei disporá sobre a fixação de datas comemorativas de alta significação para os diferentes segmentos étnicos nacionais.

§ 3º A lei estabelecerá o Plano Nacional de Cultura, de duração plurianual, visando ao desenvolvimento cultural do País e à integração das ações do poder público que conduzem à:

▶ Lei nº 12.343, de 2-12-2010, institui o Plano Nacional de Cultura – PNC e cria o Sistema Nacional de Informações e Indicadores Culturais – SNIIC.

I – defesa e valorização do patrimônio cultural brasileiro;
II – produção, promoção e difusão de bens culturais;
III – formação de pessoal qualificado para a gestão da cultura em suas múltiplas dimensões;
IV – democratização do acesso aos bens de cultura;
V – valorização da diversidade étnica e regional.

▶ § 3º acrescido pela EC nº 48, de 10-8-2005.

Art. 216. Constituem patrimônio cultural brasileiro os bens de natureza material e imaterial, tomados individualmente ou em conjunto, portadores de referência à identidade, à ação, à memória dos diferentes grupos formadores da sociedade brasileira, nos quais se incluem:

I – as formas de expressão;
II – os modos de criar, fazer e viver;
III – as criações científicas, artísticas e tecnológicas;

▶ Lei nº 9.610, de 19-2-1998 (Lei de Direitos Autorais).

IV – as obras, objetos, documentos, edificações e demais espaços destinados às manifestações artístico-culturais;
V – os conjuntos urbanos e sítios de valor histórico, paisagístico, artístico, arqueológico, paleontológico, ecológico e científico.

▶ Lei nº 3.924, de 26-7-1961 (Lei dos Monumentos Arqueológicos e Pré-Históricos).
▶ Arts. 1º, 20, 28, I, II e parágrafo único, da Lei nº 7.542, de 26-9-1986, que dispõe sobre a pesquisa, exploração, remoção e demolição de coisas ou bens afundados, submersos, encalhados e perdidos em águas sob jurisdição nacional, em terreno de marinha e seus acrescidos e em terrenos marginais, em decorrência de sinistro, alijamento ou fortuna do mar.

§ 1º O Poder Público, com a colaboração da comunidade, promoverá e protegerá o patrimônio cultural brasileiro, por meio de inventários, registros, vigilância, tombamento e desapropriação, e de outras formas de acautelamento e preservação.

▶ Lei nº 7.347, de 24-7-1985 (Lei da Ação Civil Pública).
▶ Lei nº 8.394, de 30-12-1991, dispõe sobre a preservação, organização e proteção dos acervos documentais privados dos presidentes da República.
▶ Dec. nº 3.551, de 4-8-2000, institui o registro de bens culturais de natureza imaterial que constituem Patrimônio Cultural Brasileiro e cria o Programa Nacional do Patrimônio Imaterial.

§ 2º Cabem à administração pública, na forma da lei, a gestão da documentação governamental e as providências para franquear sua consulta a quantos dela necessitem.

▶ Lei nº 8.159, de 8-1-1991, dispõe sobre a Política Nacional de arquivos públicos e privados.
▶ Lei nº 12.527, de 18-11-2011, regula o acesso a informações previsto neste parágrafo.

§ 3º A lei estabelecerá incentivos para a produção e o conhecimento de bens e valores culturais.

▶ Lei nº 7.505, de 2-7-1986, dispõe sobre benefícios fiscais na área do imposto de renda concedidos a operações de caráter cultural ou artístico.
▶ Lei nº 8.313, de 23-12-1991, dispõe sobre benefícios fiscais concedidos a operações de caráter cultural ou artístico e cria o Programa Nacional de Apoio a Cultura – PRONAC.
▶ Lei nº 8.685, de 20-7-1993, cria mecanismos de fomento à atividade audiovisual.
▶ Lei nº 10.454, de 13-5-2002, dispõe sobre remissão da Contribuição para o Desenvolvimento da Indústria Cinematográfica – CONDECINE.
▶ MP nº 2.228-1, de 6-9-2001, que até o encerramento desta edição não havia sido convertida em Lei, cria a Agência Nacional do Cinema – ANCINE.

§ 4º Os danos e ameaças ao patrimônio cultural serão punidos, na forma da lei.

▶ Lei nº 3.924, de 26-7-1961 (Lei dos Monumentos Arqueológicos e Pré-Históricos).
▶ Lei nº 4.717, de 29-6-1965 (Lei da Ação Popular).
▶ Lei nº 7.347, de 24-7-1985 (Lei da Ação Civil Pública).

§ 5º Ficam tombados todos os documentos e os sítios detentores de reminiscências históricas dos antigos quilombos.

§ 6º É facultado aos Estados e ao Distrito Federal vincular a fundo estadual de fomento à cultura até cinco décimos por cento de sua receita tributária líquida, para o financiamento de programas e projetos culturais, vedada a aplicação desses recursos no pagamento de:

I – despesas com pessoal e encargos sociais;
II – serviço da dívida;
III – qualquer outra despesa corrente não vinculada diretamente aos investimentos ou ações apoiados.

▶ § 6º acrescido pela EC nº 42, de 19-12-2003.

Art. 216-A. O Sistema Nacional de Cultura, organizado em regime de colaboração, de forma descentralizada e participativa, institui um processo de gestão e promoção conjunta de políticas públicas de cultura, democráticas e permanentes, pactuadas entre os entes da Federação e a sociedade, tendo por objetivo promover o desenvolvimento humano, social e econômico com pleno exercício dos direitos culturais.

§ 1º O Sistema Nacional de Cultura fundamenta-se na política nacional de cultura e nas suas diretrizes, estabelecidas no Plano Nacional de Cultura, e rege-se pelos seguintes princípios:

I – diversidade das expressões culturais;
II – universalização do acesso aos bens e serviços culturais;

III – fomento à produção, difusão e circulação de conhecimento e bens culturais;
IV – cooperação entre os entes federados, os agentes públicos e privados atuantes na área cultural;
V – integração e interação na execução das políticas, programas, projetos e ações desenvolvidas;
VI – complementaridade nos papéis dos agentes culturais;
VII – transversalidade das políticas culturais;
VIII – autonomia dos entes federados e das instituições da sociedade civil;
IX – transparência e compartilhamento das informações;
X – democratização dos processos decisórios com participação e controle social;
XI – descentralização articulada e pactuada da gestão, dos recursos e das ações;
XII – ampliação progressiva dos recursos contidos nos orçamentos públicos para a cultura.

§ 2º Constitui a estrutura do Sistema Nacional de Cultura, nas respectivas esferas da Federação:

I – órgãos gestores da cultura;
II – conselhos de política cultural;
III – conferências de cultura;
IV – comissões intergestores;
V – planos de cultura;
VI – sistemas de financiamento à cultura;
VII – sistemas de informações e indicadores culturais;
VIII – programas de formação na área da cultura; e
IX – sistemas setoriais de cultura.

§ 3º Lei federal disporá sobre a regulamentação do Sistema Nacional de Cultura, bem como de sua articulação com os demais sistemas nacionais ou políticas setoriais de governo.

§ 4º Os Estados, o Distrito Federal e os Municípios organizarão seus respectivos sistemas de cultura em leis próprias.

► Art. 216-A acrescido pela EC nº 71, de 29-11-2012.

Seção III

DO DESPORTO

► Lei nº 9.615, de 24-3-1998, institui normas gerais sobre desporto, regulamentada pelo Dec. nº 7.984, de 8-4-2013.
► Lei nº 10.891, de 9-7-2004, institui a Bolsa-Atleta.

Art. 217. É dever do Estado fomentar práticas desportivas formais e não formais, como direito de cada um, observados:

I – a autonomia das entidades desportivas dirigentes e associações, quanto a sua organização e funcionamento;
II – a destinação de recursos públicos para a promoção prioritária do desporto educacional e, em casos específicos, para a do desporto de alto rendimento;
III – o tratamento diferenciado para o desporto profissional e o não profissional;
IV – a proteção e o incentivo às manifestações desportivas de criação nacional.

§ 1º O Poder Judiciário só admitirá ações relativas à disciplina e às competições desportivas após esgotarem-se as instâncias da justiça desportiva, regulada em lei.

§ 2º A justiça desportiva terá o prazo máximo de sessenta dias, contados da instauração do processo, para proferir decisão final.

§ 3º O Poder Público incentivará o lazer, como forma de promoção social.

CAPÍTULO IV

DA CIÊNCIA E TECNOLOGIA

► Lei nº 9.257, de 9-1-1996, dispõe sobre o Conselho Nacional de Ciência e Tecnologia.
► Lei nº 10.168, de 29-12-2000, institui Contribuição de Intervenção de Domínio Econômico destinado a financiar o Programa de Estímulo à Interação Universidade-Empresa para o apoio à inovação.
► Lei nº 10.332, de 19-12-2001, institui mecanismo de financiamento para o Programa de Ciência e Tecnologia para o Agronegócio, para o Programa de Fomento à Pesquisa em Saúde, para o Programa Biotecnologia e Recursos Genéticos, para o Programa de Ciência e Tecnologia para o Setor Aeronáutico e para o Programa de Inovação para Competitividade.

Art. 218. O Estado promoverá e incentivará o desenvolvimento científico, a pesquisa e a capacitação tecnológicas.

► Lei nº 10.973, de 2-12-2004, estabelece medidas de incentivo à inovação e à pesquisa científica e tecnológica no ambiente produtivo, com vistas à capacitação e ao alcance da autonomia tecnológica e ao desenvolvimento industrial do país, nos termos deste artigo e do art. 219.

§ 1º A pesquisa científica básica receberá tratamento prioritário do Estado, tendo em vista o bem público e o progresso das ciências.

§ 2º A pesquisa tecnológica voltar-se-á preponderantemente para a solução dos problemas brasileiros e para o desenvolvimento do sistema produtivo nacional e regional.

§ 3º O Estado apoiará a formação de recursos humanos nas áreas de ciência, pesquisa e tecnologia, e concederá aos que delas se ocupem meios e condições especiais de trabalho.

§ 4º A lei apoiará e estimulará as empresas que invistam em pesquisa, criação de tecnologia adequada ao País, formação e aperfeiçoamento de seus recursos humanos e que pratiquem sistemas de remuneração que assegurem ao empregado, desvinculada do salário, participação nos ganhos econômicos resultantes da produtividade de seu trabalho.

► Lei nº 9.257, de 9-1-1996, dispõe sobre o Conselho Nacional de Ciência e Tecnologia.

§ 5º É facultado aos Estados e ao Distrito Federal vincular parcela de sua receita orçamentária a entidades públicas de fomento ao ensino e à pesquisa científica e tecnológica.

► Lei nº 8.248, de 23-10-1991, dispõe sobre a capacitação e competitividade do setor de informática e automação.

Art. 219. O mercado interno integra o patrimônio nacional e será incentivado de modo a viabilizar o desenvolvimento cultural e socioeconômico, o bem-estar da população e a autonomia tecnológica do País, nos termos de lei federal.

► Lei nº 10.973, de 2-12-2004, estabelece medidas de incentivo à inovação e à pesquisa científica e tecnológica no ambiente produtivo, com vistas à capacitação e ao alcance da autonomia tecnológica e ao desenvolvimento industrial do país, nos termos deste artigo e do art. 218.

Capítulo V
DA COMUNICAÇÃO SOCIAL

Art. 220. A manifestação do pensamento, a criação, a expressão e a informação, sob qualquer forma, processo ou veículo não sofrerão qualquer restrição, observado o disposto nesta Constituição.

- Arts. 1º, III e IV, 3º, III e IV, 4º, II, 5º, IX, XII, XIV, XXVII, XXVIII e XXIX, desta Constituição.
- Arts. 36, 37, 43 e 44 do CDC.
- Lei nº 4.117, de 24-8-1962 (Código Brasileiro de Telecomunicações).
- Art. 1º da Lei nº 7.524, de 17-7-1986, que dispõe sobre a manifestação, por militar inativo, de pensamento e opinião políticos ou filosóficos.
- Art. 2º da Lei nº 8.389, de 30-12-1991, que institui o Conselho de Comunicação Social.
- Lei nº 9.472, de 16-7-1997, dispõe sobre a organização dos serviços de telecomunicações, a criação e funcionamento de um Órgão Regulador e outros aspectos institucionais.
- Art. 7º da Lei nº 9.610, de 19-2-1998 (Lei de Direitos Autorais).

§ 1º Nenhuma lei conterá dispositivo que possa constituir embaraço à plena liberdade de informação jornalística em qualquer veículo de comunicação social, observado o disposto no artigo 5º, IV, V, X, XIII e XIV.

- Art. 45 da Lei nº 9.504, de 30-9-1997 (Lei das Eleições).

§ 2º É vedada toda e qualquer censura de natureza política, ideológica e artística.

§ 3º Compete à lei federal:

I – regular as diversões e espetáculos públicos, cabendo ao Poder Público informar sobre a natureza deles, as faixas etárias a que não se recomendem, locais e horários em que sua apresentação se mostre inadequada;

- Art. 21, XVI, desta Constituição.
- Arts. 74, 80, 247 e 258 do ECA.

II – estabelecer os meios legais que garantam à pessoa e à família a possibilidade de se defenderem de programas ou programações de rádio e televisão que contrariem o disposto no artigo 221, bem como da propaganda de produtos, práticas e serviços que possam ser nocivos à saúde e ao meio ambiente.

- Arts. 9º e 10 do CDC.
- Art. 5º da Lei nº 8.389, de 30-12-1991, que institui o Conselho de Comunicação Social.

§ 4º A propaganda comercial de tabaco, bebidas alcoólicas, agrotóxicos, medicamentos e terapias estará sujeita a restrições legais, nos termos do inciso II do parágrafo anterior, e conterá, sempre que necessário, advertência sobre os malefícios decorrentes de seu uso.

- Lei nº 9.294, de 15-7-1996, dispõe sobre as restrições ao uso e à propaganda de produtos fumígenos, bebidas alcoólicas, medicamentos, terapias e defensivos agrícolas referidos neste parágrafo.
- Lei nº 10.359, de 27-12-2001, dispõe sobre a obrigatoriedade de os novos aparelhos de televisão conterem dispositivo que possibilite o bloqueio temporário da recepção de programação inadequada.

§ 5º Os meios de comunicação social não podem, direta ou indiretamente, ser objeto de monopólio ou oligopólio.

- Arts. 36 e segs. da Lei nº 12.529, de 30-11-2011 (Lei do Sistema Brasileiro de Defesa da Concorrência).

§ 6º A publicação de veículo impresso de comunicação independe de licença de autoridade.

- Art. 114, parágrafo único, da Lei nº 6.015, de 31-12-1973 (Lei dos Registros Públicos).

Art. 221. A produção e a programação das emissoras de rádio e televisão atenderão aos seguintes princípios:

I – preferência a finalidades educativas, artísticas, culturais e informativas;

- Dec. nº 4.901, de 26-11-2003, institui o Sistema Brasileiro de Televisão Digital – SBTVD.

II – promoção da cultura nacional e regional e estímulo à produção independente que objetive sua divulgação;

- Art. 2º da MP nº 2.228-1, de 6-9-2001, cria a Agência Nacional do Cinema – ANCINE.
- Lei nº 10.454, de 13-5-2002, dispõe sobre remissão da Contribuição para o Desenvolvimento da Indústria Cinematográfica – CONDECINE.

III – regionalização da produção cultural, artística e jornalística, conforme percentuais estabelecidos em lei;

- Art. 3º, III, desta Constituição.

IV – respeito aos valores éticos e sociais da pessoa e da família.

- Arts. 1º, III, 5º, XLII, XLIII, XLVIII, XLIX, L, 34, VII, *b*, 225 a 227 e 230 desta Constituição.
- Art. 8º, III, da Lei nº 11.340, de 7-8-2006 (Lei que Coíbe a Violência Doméstica e Familiar Contra a Mulher).

Art. 222. A propriedade de empresa jornalística e de radiodifusão sonora e de sons e imagens é privativa de brasileiros natos ou naturalizados há mais de dez anos, ou de pessoas jurídicas constituídas sob as leis brasileiras e que tenham sede no País.

- *Caput* com a redação dada pela EC nº 36, de 28-5-2002.

§ 1º Em qualquer caso, pelo menos setenta por cento do capital total e do capital votante das empresas jornalísticas e de radiodifusão sonora e de sons e imagens deverá pertencer, direta ou indiretamente, a brasileiros natos ou naturalizados há mais de dez anos, que exercerão obrigatoriamente a gestão das atividades e estabelecerão o conteúdo da programação.

§ 2º A responsabilidade editorial e as atividades de seleção e direção da programação veiculada são privativas de brasileiros natos ou naturalizados há mais de dez anos, em qualquer meio de comunicação social.

- §§ 1º e 2º com a redação dada pela EC nº 36, de 28-5-2002.

§ 3º Os meios de comunicação social eletrônica, independentemente da tecnologia utilizada para a prestação do serviço, deverão observar os princípios enunciados no art. 221, na forma de lei específica, que também garantirá a prioridade de profissionais brasileiros na execução de produções nacionais.

§ 4º Lei disciplinará a participação de capital estrangeiro nas empresas de que trata o § 1º.

► Lei nº 10.610, de 20-12-2002, dispõe sobre a participação de capital estrangeiro nas empresas jornalísticas e de radiodifusão sonora e de sons e imagens.

§ 5º As alterações de controle societário das empresas de que trata o § 1º serão comunicadas ao Congresso Nacional.

► §§ 3º a 5º acrescidos pela EC nº 36, de 28-5-2002.

Art. 223. Compete ao Poder Executivo outorgar e renovar concessão, permissão e autorização para o serviço de radiodifusão sonora e de sons e imagens, observado o princípio da complementaridade dos sistemas privado, público e estatal.

► Lei nº 9.612, de 19-2-1998, institui o serviço de radiodifusão comunitária.

► Arts. 2º, 10 e 32 do Dec. nº 52.795, de 31-10-1963, que aprova regulamento dos serviços de radiodifusão.

§ 1º O Congresso Nacional apreciará o ato no prazo do artigo 64, §§ 2º e 4º, a contar do recebimento da mensagem.

§ 2º A não renovação da concessão ou permissão dependerá de aprovação de, no mínimo, dois quintos do Congresso Nacional, em votação nominal.

§ 3º O ato de outorga ou renovação somente produzirá efeitos legais após deliberação do Congresso Nacional, na forma dos parágrafos anteriores.

§ 4º O cancelamento da concessão ou permissão, antes de vencido o prazo, depende de decisão judicial.

§ 5º O prazo da concessão ou permissão será de dez anos para as emissoras de rádio e de quinze para as de televisão.

Art. 224. Para os efeitos do disposto neste Capítulo, o Congresso Nacional instituirá, como seu órgão auxiliar, o Conselho de Comunicação Social, na forma da lei.

► Lei nº 6.650, de 23-5-1979, dispõe sobre a criação, na Presidência da República, da Secretaria de Comunicação Social.

► Lei nº 8.389, de 30-12-1991, institui o Conselho de Comunicação Social.

► Dec. nº 4.799, de 4-8-2003, dispõe sobre a comunicação de Governo do Poder Executivo Federal.

CAPÍTULO VI
DO MEIO AMBIENTE

► Lei nº 7.802, de 11-7-1989, dispõe sobre a pesquisa, a experimentação, a produção, a embalagem e rotulagem, o transporte, o armazenamento, a comercialização, a propaganda comercial, a utilização, a importação, a exportação, o destino final dos resíduos e embalagens, o registro, a classificação, o controle, a inspeção e a fiscalização, de agrotóxicos, seus componentes, e afins.

► Lei nº 9.605, de 12-2-1998 (Lei dos Crimes Ambientais).

► Arts. 25, XV, 27, XV, e 29, XV, da Lei nº 10.683, de 28-5-2003, que dispõem sobre a organização do Ministério do Meio Ambiente.

► Dec. nº 4.339, de 22-8-2002, institui princípios e diretrizes para a implementação Política Nacional da Biodiversidade.

► Dec. nº 4.411, de 7-10-2002, dispõe sobre a atuação das Forças Armadas e da Polícia Federal nas unidades de conservação.

Art. 225. Todos têm direito ao meio ambiente ecologicamente equilibrado, bem de uso comum do povo e essencial à sadia qualidade de vida, impondo-se ao Poder Público e à coletividade o dever de defendê-lo e preservá-lo para as presentes e futuras gerações.

► Lei nº 7.735, de 22-2-1989, dispõe sobre a extinção de órgão e de entidade autárquica, cria o Instituto Brasileiro do Meio Ambiente e dos Recursos Naturais Renováveis.

► Lei nº 7.797, de 10-7-1989 (Lei do Fundo Nacional de Meio Ambiente).

► Lei nº 11.284, de 2-3-2006 (Lei de Gestão de Florestas Públicas).

► Dec. nº 4.339, de 22-8-2002, institui princípios e diretrizes para a implementação Política Nacional da Biodiversidade.

§ 1º Para assegurar a efetividade desse direito, incumbe ao Poder Público:

► Lei nº 9.985, de 18-7-2000 (Lei do Sistema Nacional de Unidades de Conservação da Natureza).

I – preservar e restaurar os processos ecológicos essenciais e prover o manejo ecológico das espécies e ecossistemas;

► Lei nº 9.985, de 18-7-2000 (Lei do Sistema Nacional de Unidades de Conservação da Natureza), regulamentada pelo Dec. nº 4.340, de 22-8-2002.

II – preservar a diversidade e a integridade do patrimônio genético do País e fiscalizar as entidades dedicadas à pesquisa e manipulação de material genético;

► Inciso regulamentado pela MP nº 2.186-16, de 23-8-2001, que até o encerramento desta edição não havia sido convertida em Lei.

► Lei nº 9.985, de 18-7-2000 (Lei do Sistema Nacional de Unidades de Conservação da Natureza), regulamentada pelo Dec. nº 4.340, de 22-8-2002.

► Lei nº 11.105, de 24-3-2005 (Lei de Biossegurança), regulamenta este inciso.

► Dec. nº 5.705, de 16-2-2006, promulga o Protocolo de Cartagena sobre Biossegurança da Convenção sobre Diversidade Biológica.

III – definir, em todas as Unidades da Federação, espaços territoriais e seus componentes a serem especialmente protegidos, sendo a alteração e a supressão permitidas somente através de lei, vedada qualquer utilização que comprometa a integridade dos atributos que justifiquem sua proteção;

► Lei nº 9.985, de 18-7-2000 (Lei do Sistema Nacional de Unidades de Conservação da Natureza), regulamentada pelo Dec. nº 4.340, de 22-8-2002.

► Res. do CONAMA nº 369, de 28-3-2006, dispõe sobre os casos excepcionais, de utilidade pública, interesse social ou baixo impacto ambiental, que possibilitam a intervenção ou supressão de vegetação em Área de Preservação Permanente – APP.

IV – exigir, na forma da lei, para instalação de obra ou atividade potencialmente causadora de significativa degradação do meio ambiente, estudo prévio de impacto ambiental, a que se dará publicidade;

► Lei nº 11.105, de 24-3-2005 (Lei de Biossegurança), regulamenta este inciso.

V – controlar a produção, a comercialização e o emprego de técnicas, métodos e substâncias que comportem risco para a vida, a qualidade de vida e o meio ambiente;

▶ Lei nº 7.802, de 11-7-1989, dispõe sobre a pesquisa, a experimentação, a produção, a embalagem e rotulagem, o transporte, o armazenamento, a comercialização, a propaganda comercial, a utilização, a importação, a exportação, o destino final dos resíduos e embalagens, o registro, a classificação, o controle, a inspeção e a fiscalização, de agrotóxicos, seus componentes, e afins.

▶ Lei nº 9.985, de 18-7-2000 (Lei do Sistema Nacional de Unidades de Conservação da Natureza), regulamentada pelo Dec. nº 4.340, de 22-8-2002.

▶ Lei nº 11.105, de 24-3-2005 (Lei de Biossegurança), regulamenta este inciso.

VI – promover a educação ambiental em todos os níveis de ensino e a conscientização pública para a preservação do meio ambiente;

▶ Lei nº 9.795, de 27-4-1999, dispõe sobre a educação ambiental e a instituição da Política Nacional de Educação Ambiental.

VII – proteger a fauna e a flora, vedadas, na forma da lei, as práticas que coloquem em risco sua função ecológica, provoquem a extinção de espécies ou submetam os animais à crueldade.

▶ Lei nº 5.197, de 3-1-1967 (Lei de Proteção à Fauna).

▶ Lei nº 7.802, de 11-7-1989, dispõe sobre a pesquisa, a experimentação, a produção, a embalagem e rotulagem, o transporte, o armazenamento, a comercialização, a propaganda comercial, a utilização, a importação, a exportação, o destino final dos resíduos e embalagens, o registro, a classificação, o controle, a inspeção e a fiscalização, de agrotóxicos, seus componentes, e afins.

▶ Lei nº 9.605, de 12-2-1998 (Lei dos Crimes Ambientais).

▶ Lei nº 9.985, de 18-7-2000 (Lei do Sistema Nacional de Unidades de Conservação da Natureza), regulamentada pelo Dec. nº 4.340, de 22-8-2002.

▶ Lei nº 12.651, de 25-5-2012 (Novo Código Florestal).

▶ Dec.-lei nº 221, de 28-2-1967 (Lei de Proteção e Estímulos à Pesca).

▶ Lei nº 11.794, de 8-10-2008, regulamenta este inciso, estabelecendo procedimentos para o uso científico de animais.

§ 2º Aquele que explorar recursos minerais fica obrigado a recuperar o meio ambiente degradado, de acordo com solução técnica exigida pelo órgão público competente, na forma da lei.

▶ Dec.-lei nº 227, de 28-2-1967 (Código de Mineração).

§ 3º As condutas e atividades consideradas lesivas ao meio ambiente sujeitarão os infratores, pessoas físicas ou jurídicas, a sanções penais e administrativas, independentemente da obrigação de reparar os danos causados.

▶ Art. 3º, caput, e parágrafo único, da Lei nº 9.605, de 12-2-1998 (Lei dos Crimes Ambientais).

▶ Dec. nº 6.514, de 22-7-2008, dispõe sobre as infrações e sanções administrativas ao meio ambiente e estabelece o processo administrativo federal para apuração destas infrações.

§ 4º A Floresta Amazônica brasileira, a Mata Atlântica, a Serra do Mar, o Pantanal Mato-Grossense e a Zona Costeira são patrimônio nacional, e sua utilização far-se-á, na forma da lei, dentro de condições que assegurem a preservação do meio ambiente, inclusive quanto ao uso dos recursos naturais.

▶ Lei nº 6.902, de 27-4-1981 (Lei das Estações Ecológicas e das Áreas de Proteção Ambiental).

▶ Lei nº 6.938, de 31-8-1981 (Lei da Política Nacional do Meio Ambiente).

▶ Lei nº 7.347, de 24-7-1985 (Lei da Ação Civil Pública).

▶ Dec. nº 4.297, de 10-7-2002, regulamenta o inciso II do art. 9º da Lei nº 6.938, de 31-8-1981 (Lei da Política Nacional do Meio Ambiente), estabelecendo critério para o Zoneamento Ecológico-Econômico do Brasil – ZEE.

▶ Res. do CONAMA nº 369, de 28-3-2006, dispõe sobre os casos excepcionais, de utilidade pública, interesse social ou baixo impacto ambiental, que possibilitam a intervenção ou supressão de vegetação em Área de Preservação Permanente – APP.

§ 5º São indisponíveis as terras devolutas ou arrecadadas pelos Estados, por ações discriminatórias, necessárias à proteção dos ecossistemas naturais.

▶ Lei nº 6.383, de 7-12-1976 (Lei das Ações Discriminatórias).

▶ Dec.-lei nº 9.760, de 5-9-1946 (Lei dos Bens Imóveis da União).

▶ Dec.-lei nº 1.414, de 18-8-1975, dispõe sobre o processo de ratificação das concessões e alterações de terras devolutas na faixa de fronteiras.

▶ Arts. 1º, 5º e 164 do Dec. nº 87.620, de 21-9-1982, que dispõe sobre o procedimento administrativo para o reconhecimento da aquisição, por usucapião especial, de imóveis rurais compreendidos em terras devolutas.

▶ Res. do CONAMA nº 369, de 28-3-2006, dispõe sobre os casos excepcionais, de utilidade pública, interesse social ou baixo impacto ambiental, que possibilitam a intervenção ou supressão de vegetação em Área de Preservação Permanente – APP.

§ 6º As usinas que operem com reator nuclear deverão ter sua localização definida em lei federal, sem o que não poderão ser instaladas.

▶ Dec.-lei nº 1.809, de 7-10-1980, institui o Sistema de Proteção ao Programa Nuclear Brasileiro – SIPRON.

Capítulo VII

DA FAMÍLIA, DA CRIANÇA, DO ADOLESCENTE, DO JOVEM E DO IDOSO

▶ Capítulo VII com a denominação dada pela EC nº 65, de 13-7-2010.

▶ Lei nº 8.069, de 13-7-1990 (Estatuto da Criança e do Adolescente).

▶ Lei nº 8.842, de 4-1-1994, dispõe sobre a composição, estruturação, competência e funcionamento do Conselho Nacional dos Direitos do Idoso – CNDI.

▶ Lei nº 10.741, de 1º-10-2003 (Estatuto do Idoso).

▶ Lei nº 12.010, de 3-8-2009 (Lei da Adoção).

▶ Lei nº 12.852, de 5-8-2013 (Estatuto da Juventude).

Art. 226. A família, base da sociedade, tem especial proteção do Estado.

▶ Arts. 1.533 a 1.542 do CC.

▶ Lei nº 6.015, de 31-12-1973 (Lei dos Registros Públicos).

▶ Lei nº 8.069, de 13-7-1990 (Estatuto da Criança e do Adolescente).

§ 1º O casamento é civil e gratuita a celebração.

▶ Arts. 1.511 a 1.570 do CC.

▶ Arts. 67 a 76 da Lei nº 6.015, de 31-12-1973 (Lei dos Registros Públicos).

§ 2º O casamento religioso tem efeito civil, nos termos da lei.
► Lei nº 1.110, de 23-5-1950, regula o reconhecimento dos efeitos civis ao casamento religioso.
► Arts. 71 a 75 da Lei nº 6.015, de 31-12-1973 (Lei dos Registros Públicos).
► Lei nº 9.278, de 10-5-1996 (Lei da União Estável).
► Art. 5º do Dec.-lei nº 3.200, de 19-4-1941, que dispõe sobre a organização e proteção da família.

§ 3º Para efeito da proteção do Estado, é reconhecida a união estável entre o homem e a mulher como entidade familiar, devendo a lei facilitar sua conversão em casamento.
► Arts. 1.723 a 1.727 do CC.
► Lei nº 8.971, de 29-12-1994, regula o direito dos companheiros a alimentos e sucessão.
► Lei nº 9.278, de 10-5-1996 (Lei da União Estável).
► O STF, por unanimidade de votos, julgou procedentes a ADPF nº 132 (como ação direta de inconstitucionalidade) e a ADIN nº 4.277, com eficácia *erga omnes* e efeito vinculante, para dar ao art. 1.723 do CC interpretação conforme à CF para dele excluir qualquer significado que impeça o reconhecimento da união contínua, pública e duradoura entre pessoas do mesmo sexo como entidade familiar (*DOU* de 13-5-2011).

§ 4º Entende-se, também, como entidade familiar a comunidade formada por qualquer dos pais e seus descendentes.

§ 5º Os direitos e deveres referentes à sociedade conjugal são exercidos igualmente pelo homem e pela mulher.
► Arts. 1.511 a 1.570 do CC.
► Arts. 2º a 8º da Lei nº 6.515, de 26-12-1977 (Lei do Divórcio).

§ 6º O casamento civil pode ser dissolvido pelo divórcio.
► § 6º com a redação dada pela EC nº 66, de 13-7-2010.
► Lei nº 6.515, de 26-12-1977 (Lei do Divórcio).

§ 7º Fundado nos princípios da dignidade da pessoa humana e da paternidade responsável, o planejamento familiar é livre decisão do casal, competindo ao Estado propiciar recursos educacionais e científicos para o exercício desse direito, vedada qualquer forma coercitiva por parte de instituições oficiais ou privadas.
► Lei nº 9.263, de 12-1-1996 (Lei do Planejamento Familiar), regulamenta este parágrafo.

§ 8º O Estado assegurará a assistência à família na pessoa de cada um dos que a integram, criando mecanismos para coibir a violência no âmbito de suas relações.
► Lei nº 11.340, de 7-8-2006 (Lei que Coíbe a Violência Doméstica e Familiar Contra a Mulher).

Art. 227. É dever da família, da sociedade e do Estado assegurar à criança, ao adolescente e ao jovem, com absoluta prioridade, o direito à vida, à saúde, à alimentação, à educação, ao lazer, à profissionalização, à cultura, à dignidade, ao respeito, à liberdade e à convivência familiar e comunitária, além de colocá-los a salvo de toda forma de negligência, discriminação, exploração, violência, crueldade e opressão.
► *Caput* com a redação dada pela EC nº 65, de 13-7-2010.
► Arts. 6º, 208 e 212, § 4º, desta Constituição.
► Lei nº 8.069, de 13-7-1990 (Estatuto da Criança e do Adolescente).
► Lei nº 12.318, de 26-8-2010 (Lei da Alienação Parental).

► Dec. nº 3.413, de 14-4-2000, promulga a Convenção sobre os Aspectos Civis do Sequestro Internacional de Crianças, concluída na cidade de Haia, em 25-10-1980.
► Dec. nº 3.597, de 12-9-2000, promulga a Convenção 182 e a Recomendação 190 da Organização Internacional do Trabalho – OIT sobre a proibição das piores formas de trabalho infantil e a ação imediata para sua eliminação, concluídas em Genebra em 17-6-1999.
► Dec. nº 3.951, de 4-10-2001, designa a Autoridade Central para dar cumprimento às obrigações impostas pela Convenção sobre os Aspectos Civis do Sequestro Internacional de Crianças, cria o Conselho da Autoridade Central Administrativa Federal Contra o Sequestro Internacional de Crianças e institui o Programa Nacional para Cooperação no Regresso de Crianças e Adolescentes Brasileiros Sequestrados Internacionalmente.
► Dec. Legislativo nº 79, de 15-9-1999, aprova o texto da Convenção sobre os Aspectos Civis do Sequestro Internacional de Crianças, concluída na cidade de Haia, em 25-10-1980, com vistas a adesão pelo governo brasileiro.
► Res. do CNJ nº 94, de 27-10-2009, determina a criação de Coordenadorias da Infância e da Juventude no âmbito dos Tribunais de Justiça dos Estados e do Distrito Federal.

§ 1º O Estado promoverá programas de assistência integral à saúde da criança, do adolescente e do jovem, admitida a participação de entidades não governamentais, mediante políticas específicas e obedecendo aos seguintes preceitos:
► § 1º com a redação dada pela EC nº 65, de 13-7-2010.
► Lei nº 8.642, de 31-3-1993, dispõe sobre a instituição do Programa Nacional de Atenção à Criança e ao Adolescente – PRONAICA.

I – aplicação de percentual dos recursos públicos destinados à saúde na assistência materno-infantil;
II – criação de programas de prevenção e atendimento especializado para as pessoas portadoras de deficiência física, sensorial ou mental, bem como de integração social do adolescente e do jovem portador de deficiência, mediante o treinamento para o trabalho e a convivência, e a facilitação do acesso aos bens e serviços coletivos, com a eliminação de obstáculos arquitetônicos e de todas as formas de discriminação.
► Inciso II com a redação dada pela EC nº 65, de 13-7-2010.
► Lei nº 7.853, de 24-10-1989 (Lei de Apoio às Pessoas Portadoras de Deficiência), regulamentada pelo Dec. nº 3.298, de 20-12-1999.
► Lei nº 8.069, de 13-7-1990 (Estatuto da Criança e do Adolescente).
► Lei nº 10.216, de 6-4-2001, dispõe sobre a proteção e os direitos das pessoas portadoras de transtornos mentais e redireciona o modelo assistencial em saúde mental.
► Dec. nº 3.956, de 8-10-2001, promulga a Convenção Interamericana para Eliminação de Todas as Formas de Discriminação contra as Pessoas Portadoras de Deficiência.
► Dec. nº 6.949, de 25-8-2009, promulga a Convenção Internacional sobre os Direitos das Pessoas com Deficiência.

§ 2º A lei disporá sobre normas de construção dos logradouros e dos edifícios de uso público e de fabricação de veículos de transporte coletivo, a fim de garantir acesso adequado às pessoas portadoras de deficiência.
► Art. 244 desta Constituição.

► Art. 3º da Lei nº 7.853, de 24-10-1989 (Lei de Apoio às Pessoas Portadoras de Deficiência), regulamentada pelo Dec. nº 3.298, de 20-12-1999.
► Dec. nº 6.949, de 25-8-2009, promulga a Convenção Internacional sobre os Direitos das Pessoas com Deficiência.

§ 3º O direito a proteção especial abrangerá os seguintes aspectos:

I – idade mínima de quatorze anos para admissão ao trabalho, observado o disposto no artigo 7º, XXXIII;

► O art. 7º, XXXIII, desta Constituição, foi alterado pela EC nº 20, de 15-12-1998, e agora fixa em dezesseis anos a idade mínima para admissão ao trabalho.

II – garantia de direitos previdenciários e trabalhistas;
III – garantia de acesso do trabalhador adolescente e jovem à escola;

► Inciso III com a redação dada pela EC nº 65, de 13-7-2010.

IV – garantia de pleno e formal conhecimento da atribuição de ato infracional, igualdade na relação processual e defesa técnica por profissional habilitado, segundo dispuser a legislação tutelar específica;
V – obediência aos princípios de brevidade, excepcionalidade e respeito à condição peculiar de pessoa em desenvolvimento, quando da aplicação de qualquer medida privativa da liberdade;
VI – estímulo do Poder Público, através de assistência jurídica, incentivos fiscais e subsídios, nos termos da lei, ao acolhimento, sob a forma de guarda, de criança ou adolescente órfão ou abandonado;

► Arts. 33 a 35 do ECA.

VII – programas de prevenção e atendimento especializado à criança, ao adolescente e ao jovem dependente de entorpecentes e drogas afins.

► Inciso VII com a redação dada pela EC nº 65, de 13-7-2010.
► Lei nº 11.343, de 23-8-2006 (Lei Antidrogas).

§ 4º A lei punirá severamente o abuso, a violência e a exploração sexual da criança e do adolescente.

► Arts. 217-A a 218-B e 224 do CP.
► Arts. 225 a 258 do ECA.

§ 5º A adoção será assistida pelo Poder Público, na forma da lei, que estabelecerá casos e condições de sua efetivação por parte de estrangeiros.

► Arts. 1.618 e 1.619 do CC.
► Arts. 39 a 52 do ECA.
► Lei nº 12.010, de 3-8-2009 (Lei da Adoção).
► Dec. nº 3.087, de 21-6-1999, promulga a Convenção Relativa a Proteção das Crianças e a Cooperação em Matéria de Adoção Internacional, concluída em Haia, em 29-5-1993.

§ 6º Os filhos, havidos ou não da relação do casamento, ou por adoção, terão os mesmos direitos e qualificações, proibidas quaisquer designações discriminatórias relativas à filiação.

► Art. 41, §§ 1º e 2º, do ECA.
► Lei nº 8.560, de 29-12-1992 (Lei de Investigação de Paternidade).
► Lei nº 10.317, de 6-12-2001, dispõe sobre a gratuidade no exame de DNA nos casos que especifica.
► Lei nº 12.010, de 3-8-2009 (Lei da Adoção).

§ 7º No atendimento dos direitos da criança e do adolescente levar-se-á em consideração o disposto no artigo 204.

§ 8º A lei estabelecerá:

I – o estatuto da juventude, destinado a regular os direitos dos jovens;
II – o plano nacional de juventude, de duração decenal, visando à articulação das várias esferas do poder público para a execução de políticas públicas.

► § 8º acrescido pela EC nº 65, de 13-7-2010.

Art. 228. São penalmente inimputáveis os menores de dezoito anos, sujeitos às normas da legislação especial.

► Art. 27 do CP.
► Arts. 101, 104 e 112 do ECA.

Art. 229. Os pais têm o dever de assistir, criar e educar os filhos menores, e os filhos maiores têm o dever de ajudar e amparar os pais na velhice, carência ou enfermidade.

► Art. 22 do ECA.

Art. 230. A família, a sociedade e o Estado têm o dever de amparar as pessoas idosas, assegurando sua participação na comunidade, defendendo sua dignidade e bem-estar e garantindo-lhes o direito à vida.

► Lei nº 8.842, de 4-1-1994, dispõe sobre a política nacional do idoso.
► Lei nº 10.741, de 1º-10-2003 (Estatuto do Idoso).

§ 1º Os programas de amparo aos idosos serão executados preferencialmente em seus lares.

§ 2º Aos maiores de sessenta e cinco anos é garantida a gratuidade dos transportes coletivos urbanos.

Capítulo VIII

DOS ÍNDIOS

Art. 231. São reconhecidos aos índios sua organização social, costumes, línguas, crenças e tradições, e os direitos originários sobre as terras que tradicionalmente ocupam, competindo à União demarcá-las, proteger e fazer respeitar todos os seus bens.

► Lei nº 6.001, de 19-12-1973 (Estatuto do Índio).
► Dec. nº 26, de 4-2-1991, dispõe sobre a educação indígena no Brasil.
► Dec. nº 1.141, de 19-5-1994, dispõe sobre ações de proteção ambiental, saúde e apoio às atividades produtivas para as comunidades indígenas.
► Dec. nº 1.775, de 8-1-1996, dispõe sobre o procedimento administrativo de demarcação de terras indígenas.
► Dec. nº 3.156, de 7-10-1999, dispõe sobre as condições para a prestação de assistência à saúde dos povos indígenas, no âmbito do Sistema Único de Saúde.
► Dec. nº 4.412, de 7-10-2002, dispõe sobre a atuação das Forças Armadas e da Polícia Federal nas terras indígenas.
► Dec. nº 5.051, de 19-4-2004, promulga a Convenção nº 169 da OIT sobre povos indígenas e tribais.
► Dec. nº 6.040, de 7-2-2007, institui a Política Nacional de Desenvolvimento Sustentável dos Povos e Comunidades Tradicionais.

§ 1º São terras tradicionalmente ocupadas pelos índios as por eles habitadas em caráter permanente, as utilizadas para suas atividades produtivas, as imprescindíveis à preservação dos recursos ambientais necessários a seu bem-estar e as necessárias a sua reprodução física e cultural, segundo seus usos, costumes e tradições.

§ 2º As terras tradicionalmente ocupadas pelos índios destinam-se a sua posse permanente, cabendo-lhes o usufruto exclusivo das riquezas do solo, dos rios e dos lagos nelas existentes.

§ 3º O aproveitamento dos recursos hídricos, incluídos os potenciais energéticos, a pesquisa e a lavra das riquezas minerais em terras indígenas só podem ser efetivados com autorização do Congresso Nacional, ouvidas as comunidades afetadas, ficando-lhes assegurada participação nos resultados da lavra, na forma da lei.

§ 4º As terras de que trata este artigo são inalienáveis e indisponíveis, e os direitos sobre elas, imprescritíveis.

§ 5º É vedada a remoção dos grupos indígenas de suas terras, salvo, ad referendum do Congresso Nacional, em caso de catástrofe ou epidemia que ponha em risco sua população, ou no interesse da soberania do País, após deliberação do Congresso Nacional, garantindo, em qualquer hipótese, o retorno imediato logo que cesse o risco.

§ 6º São nulos e extintos, não produzindo efeitos jurídicos, os atos que tenham por objeto a ocupação, o domínio e a posse das terras a que se refere este artigo, ou a exploração das riquezas naturais do solo, dos rios e dos lagos nelas existentes, ressalvado relevante interesse público da União, segundo o que dispuser lei complementar, não gerando a nulidade e a extinção direito a indenização ou ações contra a União, salvo, na forma da lei, quanto às benfeitorias derivadas da ocupação de boa-fé.

▶ Art. 62 da Lei nº 6.001, de 19-12-1973 (Estatuto do Índio).

§ 7º Não se aplica às terras indígenas o disposto no artigo 174, §§ 3º e 4º.

Art. 232. Os índios, suas comunidades e organizações são partes legítimas para ingressar em juízo em defesa de seus direitos e interesses, intervindo o Ministério Público em todos os atos do processo.

▶ Lei nº 6.001, de 19-12-1973 (Estatuto do Índio).

TÍTULO IX – DAS DISPOSIÇÕES CONSTITUCIONAIS GERAIS

Art. 233. Revogado. EC nº 28, de 25-5-2000.

§§ 1º a 3º Revogados. EC nº 28, de 25-5-2000.

Art. 234. É vedado à União, direta ou indiretamente, assumir, em decorrência da criação de Estado, encargos referentes a despesas com pessoal inativo e com encargos e amortizações da dívida interna ou externa da administração pública, inclusive da indireta.

▶ Art. 13, § 6º, do ADCT.

Art. 235. Nos dez primeiros anos da criação de Estado, serão observadas as seguintes normas básicas:

I – a Assembleia Legislativa será composta de dezessete Deputados se a população do Estado for inferior a seiscentos mil habitantes, e de vinte e quatro, se igual ou superior a esse número, até um milhão e quinhentos mil;

II – o Governo terá no máximo dez Secretarias;

III – o Tribunal de Contas terá três membros, nomeados, pelo Governador eleito, dentre brasileiros de comprovada idoneidade e notório saber;

IV – o Tribunal de Justiça terá sete Desembargadores;

V – os primeiros Desembargadores serão nomeados pelo Governador eleito, escolhidos da seguinte forma:

a) cinco dentre os magistrados com mais de trinta e cinco anos de idade, em exercício na área do novo Estado ou do Estado originário;

b) dois dentre promotores, nas mesmas condições, e advogados de comprovada idoneidade e saber jurídico, com dez anos, no mínimo, de exercício profissional, obedecido o procedimento fixado na Constituição;

VI – no caso de Estado proveniente de Território Federal, os cinco primeiros Desembargadores poderão ser escolhidos dentre juízes de direito de qualquer parte do País;

VII – em cada Comarca, o primeiro Juiz de Direito, o primeiro Promotor de Justiça e o primeiro Defensor Público serão nomeados pelo Governador eleito após concurso público de provas e títulos;

VIII – até a promulgação da Constituição Estadual, responderão pela Procuradoria-Geral, pela Advocacia-Geral e pela Defensoria-Geral do Estado advogados de notório saber, com trinta e cinco anos de idade, no mínimo, nomeados pelo Governador eleito e demissíveis ad nutum;

IX – se o novo Estado for resultado de transformação de Território Federal, a transferência de encargos financeiros da União para pagamento dos servidores optantes que pertenciam à Administração Federal ocorrerá da seguinte forma:

a) no sexto ano de instalação, o Estado assumirá vinte por cento dos encargos financeiros para fazer face ao pagamento dos servidores públicos, ficando ainda o restante sob a responsabilidade da União;

b) no sétimo ano, os encargos do Estado serão acrescidos de trinta por cento e, no oitavo, dos restantes cinquenta por cento;

X – as nomeações que se seguirem às primeiras, para os cargos mencionados neste artigo, serão disciplinadas na Constituição Estadual;

XI – as despesas orçamentárias com pessoal não poderão ultrapassar cinquenta por cento da receita do Estado.

Art. 236. Os serviços notariais e de registro são exercidos em caráter privado, por delegação do Poder Público.

▶ Art. 32 do ADCT.

▶ Lei nº 8.935, de 18-11-1994 (Lei dos Serviços Notariais e de Registro).

§ 1º Lei regulará as atividades, disciplinará a responsabilidade civil e criminal dos notários, dos oficiais de registro e de seus prepostos, e definirá a fiscalização de seus atos pelo Poder Judiciário.

§ 2º Lei federal estabelecerá normas gerais para fixação de emolumentos relativos aos atos praticados pelos serviços notariais e de registro.

▶ Lei nº 10.169, de 29-12-2000, dispõe sobre normas gerais para a fixação de emolumentos relativos aos atos praticados pelos serviços notariais e de registro.

§ 3º O ingresso na atividade notarial e de registro depende de concurso público de provas e títulos, não se permitindo que qualquer serventia fique vaga, sem abertura de concurso de provimento ou de remoção, por mais de seis meses.

Art. 237. A fiscalização e o controle sobre o comércio exterior, essenciais à defesa dos interesses fazendários nacionais, serão exercidos pelo Ministério da Fazenda.

▶ Dec. nº 2.781, de 14-9-1998, institui o Programa Nacional de Combate ao Contrabando e ao Descaminho.

▶ Dec. nº 4.732, de 10-6-2003, dispõe sobre a CAMEX – Câmara de Comércio Exterior, que tem por objetivo a formulação, a doação, implementação e a coordenação das políticas e atividades relativas ao comércio exterior de bens de serviço, incluindo o turismo.

Art. 238. A lei ordenará a venda e revenda de combustíveis de petróleo, álcool carburante e outros combustíveis derivados de matérias-primas renováveis, respeitados os princípios desta Constituição.

▶ Lei nº 9.478, de 6-8-1997, dispõe sobre a Política Energética Nacional, as atividades relativas ao monopólio do petróleo, institui o Conselho Nacional de Política Energética e a Agência Nacional de Petróleo – ANP.

▶ Lei nº 9.847, de 26-10-1999, disciplina a fiscalização das atividades relativas ao abastecimento nacional de combustíveis, de que trata a Lei nº 9.478, de 6-8-1997, e estabelece sanções.

Art. 239. A arrecadação decorrente das contribuições para o Programa de Integração Social, criado pela Lei Complementar nº 7, de 7 de setembro de 1970, e para o Programa de Formação do Patrimônio do Servidor Público, criado pela Lei Complementar nº 8, de 3 de dezembro de 1970, passa, a partir da promulgação desta Constituição, a financiar, nos termos que a lei dispuser, o programa do seguro-desemprego e o abono de que trata o § 3º deste artigo.

▶ Art. 72, §§ 2º e 3º, do ADCT.

▶ Lei nº 7.998, de 11-1-1990 (Lei do Seguro-Desemprego).

▶ Lei nº 9.715, de 25-11-1998, dispõe sobre as contribuições para os Programas de Integração Social e de Formação do Patrimônio do Servidor Público – PIS/PASEP.

§ 1º Dos recursos mencionados no *caput* deste artigo, pelo menos quarenta por cento serão destinados a financiar programas de desenvolvimento econômico, através do Banco Nacional de Desenvolvimento Econômico e Social, com critérios de remuneração que lhes preservem o valor.

▶ Dec. nº 4.418, de 11-10-2002, aprovou novo Estatuto Social da empresa pública Banco Nacional de Desenvolvimento Econômico e Social – BNDES.

§ 2º Os patrimônios acumulados do Programa de Integração Social e do Programa de Formação do Patrimônio do Servidor Público são preservados, mantendo-se os critérios de saque nas situações previstas nas leis específicas, com exceção da retirada por motivo de casamento, ficando vedada a distribuição da arrecadação de que trata o *caput* deste artigo, para depósito nas contas individuais dos participantes.

§ 3º Aos empregados que percebam de empregadores que contribuem para o Programa de Integração Social ou para o Programa de Formação do Patrimônio do Servidor Público, até dois salários mínimos de remuneração mensal, é assegurado o pagamento de um salário mínimo anual, computado neste valor o rendimento das contas individuais, no caso daqueles que já participavam dos referidos programas, até a data da promulgação desta Constituição.

▶ Lei nº 7.859, de 25-10-1989, regula a concessão e o pagamento de abono previsto neste parágrafo.

§ 4º O financiamento do seguro-desemprego receberá uma contribuição adicional da empresa cujo índice de rotatividade da força de trabalho superar o índice médio da rotatividade do setor, na forma estabelecida por lei.

▶ Lei nº 7.998, de 11-1-1990 (Lei do Seguro-Desemprego).

▶ Lei nº 8.352, de 28-12-1991, dispõe sobre as disponibilidades financeiras do Fundo de Amparo ao Trabalhador – FAT.

Art. 240. Ficam ressalvadas do disposto no artigo 195 as atuais contribuições compulsórias dos empregadores sobre a folha de salários, destinadas às entidades privadas de serviço social e de formação profissional vinculadas ao sistema sindical.

▶ Art. 13, § 3º, da LC nº 123, de 14-12-2006 (Estatuto Nacional da Microempresa e da Empresa de Pequeno Porte).

Art. 241. A União, os Estados, o Distrito Federal e os Municípios disciplinarão por meio de lei os consórcios públicos e os convênios de cooperação entre os entes federados, autorizando a gestão associada de serviços públicos, bem como a transferência total ou parcial de encargos, serviços, pessoal e bens essenciais à continuidade dos serviços transferidos.

▶ Artigo com a redação dada pela EC nº 19, de 4-6-1998.

▶ Lei nº 11.107, de 6-4-2005 (Lei de Consórcios Públicos), regulamenta este artigo.

Art. 242. O princípio do artigo 206, IV, não se aplica às instituições educacionais oficiais criadas por lei estadual ou municipal e existentes na data da promulgação desta Constituição, que não sejam total ou preponderantemente mantidas com recursos públicos.

§ 1º O ensino da História do Brasil levará em conta as contribuições das diferentes culturas e etnias para a formação do povo brasileiro.

§ 2º O Colégio Pedro II, localizado na cidade do Rio de Janeiro, será mantido na órbita federal.

Art. 243. As glebas de qualquer região do País onde forem localizadas culturas ilegais de plantas psicotrópicas serão imediatamente expropriadas e especificamente destinadas ao assentamento de colonos, para o cultivo de produtos alimentícios e medicamentosos, sem qualquer indenização ao proprietário e sem prejuízo de outras sanções previstas em lei.

▶ Lei nº 8.257, de 26-11-1991, dispõe sobre a expropriação das glebas nas quais se localizem culturas ilegais de plantas psicotrópicas, regulamentada pelo Dec. nº 577, de 24-6-1992.

Parágrafo único. Todo e qualquer bem de valor econômico apreendido em decorrência do tráfico ilícito de entorpecentes e drogas afins será confiscado e reverterá em benefício de instituições e pessoal especializados no tratamento e recuperação de viciados e no aparelhamento e custeio de atividades de fiscalização, controle, prevenção e repressão do crime de tráfico dessas substâncias.

▶ Lei nº 11.343, de 23-8-2006 (Lei Antidrogas).

Art. 244. A lei disporá sobre a adaptação dos logradouros, dos edifícios de uso público e dos veículos de transporte coletivo atualmente existentes a fim de garantir acesso adequado às pessoas portadoras de deficiência, conforme o disposto no art. 227, § 2º.

▶ Lei nº 7.853, de 24-10-1989 (Lei de Apoio às Pessoas Portadoras de Deficiência), regulamentada pelo Dec. nº 3.298, de 20-12-1999.

▶ Lei nº 8.899, de 29-6-1994, concede passe livre às pessoas portadoras de deficiência, no sistema de transporte coletivo interestadual.

▶ Lei nº 10.098, de 19-12-2000, estabelece normas gerais e critérios básicos para a promoção da acessibilidade das pessoas portadoras de deficiência ou com mobilidade reduzida.

▶ Dec. nº 6.949, de 25-8-2009, promulga a Convenção Internacional sobre os Direitos das Pessoas com Deficiência.

Art. 245. A lei disporá sobre as hipóteses e condições em que o Poder Público dará assistência aos herdeiros e dependentes carentes de pessoas vitimadas por crime doloso, sem prejuízo da responsabilidade civil do autor do ilícito.

▶ LC nº 79, de 7-1-1994, cria o Fundo Penitenciário Nacional – FUNPEN.

Art. 246. É vedada a adoção de medida provisória na regulamentação de artigo da Constituição cuja redação tenha sido alterada por meio de emenda promulgada entre 1º de janeiro de 1995 até a promulgação desta emenda, inclusive.

▶ Artigo com a redação dada pela EC nº 32, de 11-9-2001.

▶ Art. 62 desta Constituição.

Art. 247. As leis previstas no inciso III do § 1º do artigo 41 e no § 7º do artigo 169 estabelecerão critérios e garantias especiais para a perda do cargo pelo servidor público estável que, em decorrência das atribuições de seu cargo efetivo, desenvolva atividades exclusivas de Estado.

Parágrafo único. Na hipótese de insuficiência de desempenho, a perda do cargo somente ocorrerá mediante processo administrativo em que lhe sejam assegurados o contraditório e a ampla defesa.

▶ Art. 247 acrescido pela EC nº 19, de 4-6-1998.

Art. 248. Os benefícios pagos, a qualquer título, pelo órgão responsável pelo regime geral de previdência social, ainda que à conta do Tesouro Nacional, e os não sujeitos ao limite máximo de valor fixado para os benefícios concedidos por esse regime observarão os limites fixados no artigo 37, XI.

Art. 249. Com o objetivo de assegurar recursos para o pagamento de proventos de aposentadoria e pensões concedidas aos respectivos servidores e seus dependentes, em adição aos recursos dos respectivos tesouros, a União, os Estados, o Distrito Federal e os Municípios poderão constituir fundos integrados pelos recursos provenientes de contribuições e por bens, direitos e ativos de qualquer natureza, mediante lei que disporá sobre a natureza e administração desses fundos.

Art. 250. Com o objetivo de assegurar recursos para o pagamento dos benefícios concedidos pelo regime geral de previdência social, em adição aos recursos de sua arrecadação, a União poderá constituir fundo integrado por bens, direitos e ativos de qualquer natureza, mediante lei que disporá sobre a natureza e administração desse fundo.

▶ Arts. 248 a 250 acrescidos pela EC nº 20, de 15-12-1998.

ATO DAS DISPOSIÇÕES CONSTITUCIONAIS TRANSITÓRIAS

Art. 1º O Presidente da República, o Presidente do Supremo Tribunal Federal e os membros do Congresso Nacional prestarão o compromisso de manter, defender e cumprir a Constituição, no ato e na data de sua promulgação.

Art. 2º No dia 7 de setembro de 1993 o eleitorado definirá, através de plebiscito, a forma (república ou monarquia constitucional) e o sistema de governo (parlamentarismo ou presidencialismo) que devem vigorar no País.

▶ EC nº 2, de 25-8-1992.

▶ Lei nº 8.624, de 4-2-1993, dispõe sobre o plebiscito que definirá a Forma e o Sistema de Governo, regulamentando este artigo.

▶ No plebiscito realizado em 21-4-1993, disciplinado pela EC nº 2, de 25-8-1992, foram mantidos a República e o Presidencialismo, como forma e sistema de Governo, respectivamente.

§ 1º Será assegurada gratuidade na livre divulgação dessas formas e sistemas, através dos meios de comunicação de massa cessionários de serviço público.

§ 2º O Tribunal Superior Eleitoral, promulgada a Constituição, expedirá as normas regulamentadoras deste artigo.

Art. 3º A revisão constitucional será realizada após cinco anos, contados da promulgação da Constituição, pelo voto da maioria absoluta dos membros do Congresso Nacional, em sessão unicameral.

▶ Emendas Constitucionais de Revisão nºs 1 a 6.

Art. 4º O mandato do atual Presidente da República terminará em 15 de março de 1990.

§ 1º A primeira eleição para Presidente da República após a promulgação da Constituição será realizada no dia 15 de novembro de 1989, não se lhe aplicando o disposto no artigo 16 da Constituição.

§ 2º É assegurada a irredutibilidade da atual representação dos Estados e do Distrito Federal na Câmara dos Deputados.

§ 3º Os mandatos dos Governadores e dos Vice-Governadores eleitos em 15 de novembro de 1986 terminarão em 15 de março de 1991.

§ 4º Os mandatos dos atuais Prefeitos, Vice-Prefeitos e Vereadores terminarão no dia 1º de janeiro de 1989, com a posse dos eleitos.

Art. 5º Não se aplicam às eleições previstas para 15 de novembro de 1988 o disposto no artigo 16 e as regras do artigo 77 da Constituição.

§ 1º Para as eleições de 15 de novembro de 1988 será exigido domicílio eleitoral na circunscrição pelo menos durante os quatro meses anteriores ao pleito, podendo os candidatos que preencham este requisito, atendidas as demais exigências da lei, ter seu registro efetivado pela Justiça Eleitoral após a promulgação da Constituição.

§ 2º Na ausência de norma legal específica, caberá ao Tribunal Superior Eleitoral editar as normas necessárias à realização das eleições de 1988, respeitada a legislação vigente.

§ 3º Os atuais parlamentares federais e estaduais eleitos Vice-Prefeitos, se convocados a exercer a função de Prefeito, não perderão o mandato parlamentar.

§ 4º O número de vereadores por município será fixado, para a representação a ser eleita em 1988, pelo respectivo Tribunal Regional Eleitoral, respeitados os limites estipulados no artigo 29, IV, da Constituição.

§ 5º Para as eleições de 15 de novembro de 1988, ressalvados os que já exercem mandato eletivo, são inelegíveis para qualquer cargo, no território de jurisdição do titular, o cônjuge e os parentes por consanguinidade ou afinidade, até o segundo grau, ou por adoção, do Presidente da República, do Governador de Estado, do Governador do Distrito Federal e do Prefeito que tenham exercido mais da metade do mandato.

Art. 6º Nos seis meses posteriores à promulgação da Constituição, parlamentares federais, reunidos em número não inferior a trinta, poderão requerer ao Tribunal Superior Eleitoral o registro de novo partido político, juntando ao requerimento o manifesto, o estatuto e o programa devidamente assinados pelos requerentes.

§ 1º O registro provisório, que será concedido de plano pelo Tribunal Superior Eleitoral, nos termos deste artigo, defere ao novo partido todos os direitos, deveres e prerrogativas dos atuais, entre eles o de participar, sob legenda própria, das eleições que vierem a ser realizadas nos doze meses seguintes à sua formação.

§ 2º O novo partido perderá automaticamente seu registro provisório se, no prazo de vinte e quatro meses, contados da sua formação, não obtiver registro definitivo no Tribunal Superior Eleitoral, na forma que a lei dispuser.

Art. 7º O Brasil propugnará pela formação de um Tribunal Internacional dos Direitos Humanos.

► Dec. nº 4.388, de 25-9-2002, promulga o Estatuto de Roma do Tribunal Penal Internacional.
► Dec. nº 4.463, de 8-11-2002, promulga a Declaração de Reconhecimento da Competência Obrigatória da Corte Interamericana em todos os casos relativos à interpretação ou aplicação da Convenção Americana sobre Direitos Humanos.

Art. 8º É concedida a anistia aos que, no período de 18 de setembro de 1946 até a data da promulgação da Constituição, foram atingidos, em decorrência de motivação exclusivamente política, por atos de exceção, institucionais ou complementares, aos que foram abrangidos pelo Decreto Legislativo nº 18, de 15 de dezembro de 1961, e aos atingidos pelo Decreto-Lei nº 864, de 12 de setembro de 1969, asseguradas as promoções, na inatividade, ao cargo, emprego, posto ou graduação a que teriam direito se estivessem em serviço ativo, obedecidos os prazos de permanência em atividade previstos nas leis e regulamentos vigentes, respeitadas as características e peculiaridades das carreiras dos servidores públicos civis e militares e observados os respectivos regimes jurídicos.

► Lei nº 10.559, de 13-11-2002, regulamenta este artigo.
► Lei nº 12.528, de 18-11-2011, cria a Comissão Nacional da Verdade no âmbito da Casa Civil da Presidência da República.

► Súm. nº 674 do STF.

§ 1º O disposto neste artigo somente gerará efeitos financeiros a partir da promulgação da Constituição, vedada a remuneração de qualquer espécie em caráter retroativo.

§ 2º Ficam assegurados os benefícios estabelecidos neste artigo aos trabalhadores do setor privado, dirigentes e representantes sindicais que, por motivos exclusivamente políticos, tenham sido punidos, demitidos ou compelidos ao afastamento das atividades remuneradas que exerciam, bem como aos que foram impedidos de exercer atividades profissionais em virtude de pressões ostensivas ou expedientes oficiais sigilosos.

§ 3º Aos cidadãos que foram impedidos de exercer, na vida civil, atividade profissional específica, em decorrência das Portarias Reservadas do Ministério da Aeronáutica nº S-50-GM5, de 19 de junho de 1964, e nº S-285-GM5 será concedida reparação de natureza econômica, na forma que dispuser lei de iniciativa do Congresso Nacional e a entrar em vigor no prazo de doze meses a contar da promulgação da Constituição.

§ 4º Aos que, por força de atos institucionais, tenham exercido gratuitamente mandato eletivo de vereador serão computados, para efeito de aposentadoria no serviço público e Previdência Social, os respectivos períodos.

§ 5º A anistia concedida nos termos deste artigo aplica-se aos servidores públicos civis e aos empregados em todos os níveis de governo ou em suas fundações, empresas públicas ou empresas mistas sob controle estatal, exceto nos Ministérios militares, que tenham sidos punidos ou demitidos por atividades profissionais interrompidas em virtude de decisão de seus trabalhadores, bem como em decorrência do Decreto-lei nº 1.632, de 4 de agosto de 1978, ou por motivos exclusivamente políticos, assegurada a readmissão dos que foram atingidos a partir de 1979, observado o disposto no § 1º.

► O referido Decreto-lei foi revogado pela Lei nº 7.783, de 28-6-1989 (Lei de Greve).

Art. 9º Os que, por motivos exclusivamente políticos, foram cassados ou tiveram seus direitos políticos suspensos no período de 15 de julho a 31 de dezembro de 1969, por ato do então Presidente da República, poderão requerer ao Supremo Tribunal Federal o reconhecimento dos direitos e vantagens interrompidos pelos atos punitivos, desde que comprovem terem sido estes eivados de vício grave.

Parágrafo único. O Supremo Tribunal Federal proferirá a decisão no prazo de cento e vinte dias, a contar do pedido do interessado.

Art. 10. Até que seja promulgada a lei complementar a que se refere o artigo 7º, I, da Constituição:

I – fica limitada a proteção nele referida ao aumento, para quatro vezes, da porcentagem prevista no artigo 6º, *caput* e § 1º, da Lei nº 5.107, de 13 de setembro de 1966;

► A referida Lei foi revogada pela Lei nº 7.839, de 12-10-1989, e essa pela Lei nº 8.036, de 11-5-1990.
► Art. 18 da Lei nº 8.036, de 11-5-1990 (Lei do FGTS).

II – fica vedada a dispensa arbitrária ou sem justa causa:

a) do empregado eleito para cargo de direção de comissões internas de prevenção de acidentes, desde o registro de sua candidatura até um ano após o final de seu mandato;
► Súm. nº 676 do STF.
► Súm. nº 339 do TST.

b) da empregada gestante, desde a confirmação da gravidez até cinco meses após o parto.
► Súm. nº 244 do TST.
► OJ da SDC nº 30 do TST.

§ 1º Até que a lei venha a disciplinar o disposto no artigo 7º, XIX, da Constituição, o prazo da licença-paternidade a que se refere o inciso é de cinco dias.

§ 2º Até ulterior disposição legal, a cobrança das contribuições para o custeio das atividades dos sindicatos rurais será feita juntamente com a do imposto territorial rural, pelo mesmo órgão arrecadador.

§ 3º Na primeira comprovação do cumprimento das obrigações trabalhistas pelo empregador rural, na forma do artigo 233, após a promulgação da Constituição, será certificada perante a Justiça do Trabalho a regularidade do contrato e das atualizações das obrigações trabalhistas de todo o período.
► O referido art. 233 foi revogado pela EC nº 28, de 25-5-2000.

Art. 11. Cada Assembleia Legislativa, com poderes constituintes, elaborará a Constituição do Estado, no prazo de um ano, contado da promulgação da Constituição Federal, obedecidos os princípios desta.

Parágrafo único. Promulgada a Constituição do Estado, caberá à Câmara Municipal, no prazo de seis meses, votar a Lei Orgânica respectiva, em dois turnos de discussão e votação, respeitado o disposto na Constituição Federal e na Constituição Estadual.

Art. 12. Será criada, dentro de noventa dias da promulgação da Constituição, Comissão de Estudos Territoriais, com dez membros indicados pelo Congresso Nacional e cinco pelo Poder Executivo, com a finalidade de apresentar estudos sobre o território nacional e anteprojetos relativos a novas unidades territoriais, notadamente na Amazônia Legal e em áreas pendentes de solução.

§ 1º No prazo de um ano, a Comissão submeterá ao Congresso Nacional os resultados de seus estudos para, nos termos da Constituição, serem apreciados nos doze meses subsequentes, extinguindo-se logo após.

§ 2º Os Estados e os Municípios deverão, no prazo de três anos, a contar da promulgação da Constituição, promover, mediante acordo ou arbitramento, a demarcação de suas linhas divisórias atualmente litigiosas, podendo para isso fazer alterações e compensações de área que atendam aos acidentes naturais, critérios históricos, conveniências administrativas e comodidade das populações limítrofes.

§ 3º Havendo solicitação dos Estados e Municípios interessados, a União poderá encarregar-se dos trabalhos demarcatórios.

§ 4º Se, decorrido o prazo de três anos, a contar da promulgação da Constituição, os trabalhos demarcatórios não tiverem sido concluídos, caberá à União determinar os limites das áreas litigiosas.

§ 5º Ficam reconhecidos e homologados os atuais limites do Estado do Acre com os Estados do Amazonas e de Rondônia, conforme levantamentos cartográficos e geodésicos realizados pela Comissão Tripartite integrada por representantes dos Estados e dos serviços técnico-especializados do Instituto Brasileiro de Geografia e Estatística.

Art. 13. É criado o Estado do Tocantins, pelo desmembramento da área descrita neste artigo, dando-se sua instalação no quadragésimo sexto dia após a eleição prevista no § 3º, mas não antes de 1º de janeiro de 1989.

§ 1º O Estado do Tocantins integra a Região Norte e limita-se com o Estado de Goiás pelas divisas norte dos Municípios de São Miguel do Araguaia, Porangatu, Formoso, Minaçu, Cavalcante, Monte Alegre de Goiás e Campos Belos, conservando a leste, norte e oeste as divisas atuais de Goiás com os Estados da Bahia, Piauí, Maranhão, Pará e Mato Grosso.

§ 2º O Poder Executivo designará uma das cidades do Estado para sua Capital provisória até a aprovação da sede definitiva do governo pela Assembleia Constituinte.

§ 3º O Governador, o Vice-Governador, os Senadores, os Deputados Federais e os Deputados Estaduais serão eleitos, em um único turno, até setenta e cinco dias após a promulgação da Constituição, mas não antes de 15 de novembro de 1988, a critério do Tribunal Superior Eleitoral, obedecidas, entre outras, as seguintes normas:

I – o prazo de filiação partidária dos candidatos será encerrado setenta e cinco dias antes da data das eleições;

II – as datas das convenções regionais partidárias destinadas a deliberar sobre coligações e escolha de candidatos, de apresentação de requerimento de registro dos candidatos escolhidos e dos demais procedimentos legais serão fixadas em calendário especial, pela Justiça Eleitoral;

III – são inelegíveis os ocupantes de cargos estaduais ou municipais que não se tenham deles afastado, em caráter definitivo, setenta e cinco dias antes da data das eleições previstas neste parágrafo;

IV – ficam mantidos os atuais diretórios regionais dos partidos políticos do Estado de Goiás, cabendo às Comissões Executivas Nacionais designar comissões provisórias no Estado do Tocantins, nos termos e para os fins previstos na lei.

§ 4º Os mandatos do Governador, do Vice-Governador, dos Deputados Federais e Estaduais eleitos na forma do parágrafo anterior extinguir-se-ão concomitantemente aos das demais Unidades da Federação; o mandato do Senador eleito menos votado extinguir-se-á nessa mesma oportunidade, e os dos outros dois, juntamente com os dos Senadores eleitos em 1986 nos demais Estados.

§ 5º A Assembleia Estadual Constituinte será instalada no quadragésimo sexto dia da eleição de seus integrantes, mas não antes de 1º de janeiro de 1989, sob a presidência do Presidente do Tribunal Regional Eleitoral do Estado de Goiás, e dará posse, na mesma data, ao Governador e ao Vice-Governador eleitos.

§ 6º Aplicam-se à criação e instalação do Estado do Tocantins, no que couber, as normas legais disciplinadoras da divisão do Estado de Mato Grosso, observado o disposto no artigo 234 da Constituição.

§ 7º Fica o Estado de Goiás liberado dos débitos e encargos decorrentes de empreendimentos no território do novo Estado, e autorizada a União, a seu critério, a assumir os referidos débitos.

Art. 14. Os Territórios Federais de Roraima e do Amapá são transformados em Estados Federados, mantidos seus atuais limites geográficos.

§ 1º A instalação dos Estados dar-se-á com a posse dos Governadores eleitos em 1990.

§ 2º Aplicam-se à transformação e instalação dos Estados de Roraima e Amapá as normas e critérios seguidos na criação do Estado de Rondônia, respeitado o disposto na Constituição e neste Ato.

§ 3º O Presidente da República, até quarenta e cinco dias após a promulgação da Constituição, encaminhará à apreciação do Senado Federal os nomes dos Governadores dos Estados de Roraima e do Amapá que exercerão o Poder Executivo até a instalação dos novos Estados com a posse dos Governadores eleitos.

§ 4º Enquanto não concretizada a transformação em Estados, nos termos deste artigo, os Territórios Federais de Roraima e do Amapá serão beneficiados pela transferência de recursos prevista nos artigos 159, I, a, da Constituição, e 34, § 2º, II, deste Ato.

Art. 15. Fica extinto o Território Federal de Fernando de Noronha, sendo sua área reincorporada ao Estado de Pernambuco.

Art. 16. Até que se efetive o disposto no artigo 32, § 2º, da Constituição, caberá ao Presidente da República, com a aprovação do Senado Federal, indicar o Governador e o Vice-Governador do Distrito Federal.

§ 1º A competência da Câmara Legislativa do Distrito Federal, até que se instale, será exercida pelo Senado Federal.

§ 2º A fiscalização contábil, financeira, orçamentária, operacional e patrimonial do Distrito Federal, enquanto não for instalada a Câmara Legislativa, será exercida pelo Senado Federal, mediante controle externo, com o auxílio do Tribunal de Contas do Distrito Federal, observado o disposto no artigo 72 da Constituição.

§ 3º Incluem-se entre os bens do Distrito Federal aqueles que lhe vierem a ser atribuídos pela União na forma da lei.

Art. 17. Os vencimentos, a remuneração, as vantagens e os adicionais, bem como os proventos de aposentadoria que estejam sendo percebidos em desacordo com a Constituição serão imediatamente reduzidos aos limites dela decorrentes, não se admitindo, neste caso, invocação de direito adquirido ou percepção de excesso a qualquer título.

▶ Art. 9º da EC nº 41, de 19-12-2003, dispõe sobre a Reforma Previdenciária.

§ 1º É assegurado o exercício cumulativo de dois cargos ou empregos privativos de médico que estejam sendo exercidos por médico militar na administração pública direta ou indireta.

§ 2º É assegurado o exercício cumulativo de dois cargos ou empregos privativos de profissionais de saúde que estejam sendo exercidos na administração pública direta ou indireta.

Art. 18. Ficam extintos os efeitos jurídicos de qualquer ato legislativo ou administrativo, lavrado a partir da instalação da Assembleia Nacional Constituinte, que tenha por objeto a concessão de estabilidade a servidor admitido sem concurso público, da administração direta ou indireta, inclusive das fundações instituídas e mantidas pelo Poder Público.

Art. 19. Os servidores públicos civis da União, dos Estados, do Distrito Federal e dos Municípios, da administração direta, autárquica e das fundações públicas, em exercício na data da promulgação da Constituição, há pelo menos cinco anos continuados, e que não tenham sido admitidos na forma regulada no artigo 37, da Constituição, são considerados estáveis no serviço público.

▶ OJ da SBDI-I nº 364 do TST.

§ 1º O tempo de serviço dos servidores referidos neste artigo será contado como título quando se submeterem a concurso para fins de efetivação, na forma da lei.

§ 2º O disposto neste artigo não se aplica aos ocupantes de cargos, funções e empregos de confiança ou em comissão, nem aos que a lei declare de livre exoneração, cujo tempo de serviço não será computado para os fins do *caput* deste artigo, exceto se se tratar de servidor.

§ 3º O disposto neste artigo não se aplica aos professores de nível superior, nos termos da lei.

Art. 20. Dentro de cento e oitenta dias, proceder-se-á à revisão dos direitos dos servidores públicos inativos e pensionistas e à atualização dos proventos e pensões a eles devidos, a fim de ajustá-los ao disposto na Constituição.

▶ EC nº 41, de 19-12-2003, dispõe sobre a Reforma Previdenciária.

▶ Lei nº 8.112, de 11-12-1990 (Estatuto dos Servidores Públicos Civis da União, Autarquias e Fundações Públicas Federais).

Art. 21. Os juízes togados de investidura limitada no tempo, admitidos mediante concurso público de provas e títulos e que estejam em exercício na data da promulgação da Constituição, adquirem estabilidade, observado o estágio probatório, e passam a compor quadro em extinção, mantidas as competências, prerrogativas e restrições da legislação a que se achavam submetidos, salvo as inerentes à transitoriedade da investidura.

Parágrafo único. A aposentadoria dos juízes de que trata este artigo regular-se-á pelas normas fixadas para os demais juízes estaduais.

Art. 22. É assegurado aos defensores públicos investidos na função até a data de instalação da Assembleia Nacional Constituinte o direito de opção pela carreira, com a observância das garantias e vedações previstas no artigo 134, parágrafo único, da Constituição.

▶ O referido parágrafo único foi renumerado para § 1º, pela EC nº 45, de 8-12-2004.

Art. 23. Até que se edite a regulamentação do artigo 21, XVI, da Constituição, os atuais ocupantes do cargo de Censor Federal continuarão exercendo funções com este compatíveis, no Departamento de Polícia Federal, observadas as disposições constitucionais.

▶ Lei nº 9.688, de 6-7-1998, dispõe sobre a extinção dos cargos de Censor Federal e o enquadramento de seus ocupantes.

Parágrafo único. A lei referida disporá sobre o aproveitamento dos Censores Federais, nos termos deste artigo.

Art. 24. A União, os Estados, o Distrito Federal e os Municípios editarão leis que estabeleçam critérios para a compatibilização de seus quadros de pessoal ao disposto no artigo 39 da Constituição e à reforma administrativa dela decorrente, no prazo de dezoito meses, contados da sua promulgação.

Art. 25. Ficam revogados, a partir de cento e oitenta dias da promulgação da Constituição, sujeito este prazo a prorrogação por lei, todos os dispositivos legais que atribuam ou deleguem a órgão do Poder Executivo competência assinalada pela Constituição ao Congresso Nacional, especialmente no que tange à:

I – ação normativa;

II – alocação ou transferência de recursos de qualquer espécie.

§ 1º Os decretos-leis em tramitação no Congresso Nacional e por este não apreciados até a promulgação da Constituição terão seus efeitos regulados da seguinte forma:

I – se editados até 2 de setembro de 1988, serão apreciados pelo Congresso Nacional no prazo de até cento e oitenta dias a contar da promulgação da Constituição, não computado o recesso parlamentar;

II – decorrido o prazo definido no inciso anterior, e não havendo apreciação, os decretos-leis ali mencionados serão considerados rejeitados;

III – nas hipóteses definidas nos incisos I e II, terão plena validade os atos praticados na vigência dos respectivos decretos-leis, podendo o Congresso Nacional, se necessário, legislar sobre os efeitos deles remanescentes.

§ 2º Os decretos-leis editados entre 3 de setembro de 1988 e a promulgação da Constituição serão convertidos, nesta data, em medidas provisórias, aplicando-se-lhes as regras estabelecidas no artigo 62, parágrafo único.

▶ Art. 62, § 3º, desta Constituição.

Art. 26. No prazo de um ano a contar da promulgação da Constituição, o Congresso Nacional promoverá, através de Comissão Mista, exame analítico e pericial dos atos e fatos geradores do endividamento externo brasileiro.

§ 1º A Comissão terá a força legal de Comissão Parlamentar de Inquérito para os fins de requisição e convocação, e atuará com o auxílio do Tribunal de Contas da União.

§ 2º Apurada irregularidade, o Congresso Nacional proporá ao Poder Executivo a declaração de nulidade do ato e encaminhará o processo ao Ministério Público Federal, que formalizará, no prazo de sessenta dias, a ação cabível.

Art. 27. O Superior Tribunal de Justiça será instalado sob a Presidência do Supremo Tribunal Federal.

§ 1º Até que se instale o Superior Tribunal de Justiça, o Supremo Tribunal Federal exercerá as atribuições e competências definidas na ordem constitucional precedente.

§ 2º A composição inicial do Superior Tribunal de Justiça far-se-á:

I – pelo aproveitamento dos Ministros do Tribunal Federal de Recursos;

II – pela nomeação dos Ministros que sejam necessários para completar o número estabelecido na Constituição.

§ 3º Para os efeitos do disposto na Constituição, os atuais Ministros do Tribunal Federal de Recursos serão considerados pertencentes à classe de que provieram, quando de sua nomeação.

§ 4º Instalado o Tribunal, os Ministros aposentados do Tribunal Federal de Recursos tornar-se-ão, automaticamente, Ministros aposentados do Superior Tribunal de Justiça.

§ 5º Os Ministros a que se refere o § 2º, II, serão indicados em lista tríplice pelo Tribunal Federal de Recursos, observado o disposto no artigo 104, parágrafo único, da Constituição.

§ 6º Ficam criados cinco Tribunais Regionais Federais, a serem instalados no prazo de seis meses a contar da promulgação da Constituição, com a jurisdição e sede que lhes fixar o Tribunal Federal de Recursos, tendo em conta o número de processos e sua localização geográfica.

▶ Lei nº 7.727, de 9-1-1989, dispõe sobre a composição inicial dos Tribunais Regionais Federais e sua instalação, cria os respectivos quadros de pessoal.

§ 7º Até que se instalem os Tribunais Regionais Federais, o Tribunal Federal de Recursos exercerá a competência a eles atribuída em todo o território nacional, cabendo-lhe promover sua instalação e indicar os candidatos a todos os cargos da composição inicial, mediante lista tríplice, podendo desta constar juízes federais de qualquer região, observado o disposto no § 9º.

§ 8º É vedado, a partir da promulgação da Constituição, o provimento de vagas de Ministros do Tribunal Federal de Recursos.

§ 9º Quando não houver juiz federal que conte o tempo mínimo previsto no artigo 107, II, da Constituição, a promoção poderá contemplar juiz com menos de cinco anos no exercício do cargo.

§ 10. Compete à Justiça Federal julgar as ações nela propostas até a data da promulgação da Constituição, e aos Tribunais Regionais Federais bem como ao Superior Tribunal de Justiça julgar as ações rescisórias das decisões até então proferidas pela Justiça Federal, inclusive daquelas cuja matéria tenha passado à competência de outro ramo do Judiciário.

▶ Súmulas nºs 38, 104, 147 e 165 do STJ.

§ 11. São criados, ainda, os seguintes Tribunais Regionais Federais: o da 6ª Região, com sede em Curitiba, Estado do Paraná, e jurisdição nos Estados do Paraná, Santa Catarina e Mato Grosso do Sul; o da 7ª Região, com sede em Belo Horizonte, Estado de Minas Gerais, e jurisdição no Estado de Minas Gerais; o da 8ª Região, com sede em Salva-

dor, *Estado da Bahia, e jurisdição nos Estados da Bahia e Sergipe; e o da 9ª Região, com sede em Manaus, Estado do Amazonas, e jurisdição nos Estados do Amazonas, Acre, Rondônia e Roraima.*

▶ § 11 acrescido pela EC nº 73, de 6-6-2013.

▶ O STF, na ADIN nº 5.017, deferiu, em caráter excepcional e sujeita ao referendo do Colegiado, medida cautelar para suspender os efeitos da EC nº 73, de 6-6-2013 (*DJe* 1º-8-2013).

Art. 28. Os juízes federais de que trata o artigo 123, § 2º, da Constituição de 1967, com a redação dada pela Emenda Constitucional nº 7, de 1977, ficam investidos na titularidade de varas na Seção Judiciária para a qual tenham sido nomeados ou designados; na inexistência de vagas, proceder-se-á ao desdobramento das varas existentes.

▶ Dispunha o artigo citado: "A lei poderá atribuir a juízes federais exclusivamente funções de substituição, em uma ou mais seções judiciárias e, ainda, as de auxílio a juízes titulares de Varas, quando não se encontrarem no exercício de substituição".

Parágrafo único. Para efeito de promoção por antiguidade, o tempo de serviço desses juízes será computado a partir do dia de sua posse.

Art. 29. Enquanto não aprovadas as leis complementares relativas ao Ministério Público e à Advocacia-Geral da União, o Ministério Público Federal, a Procuradoria-Geral da Fazenda Nacional, as Consultorias Jurídicas dos Ministérios, as Procuradorias e Departamentos Jurídicos de autarquias federais com representação própria e os membros das Procuradorias das Universidades fundacionais públicas continuarão a exercer suas atividades na área das respectivas atribuições.

▶ LC nº 73, de 10-2-1993 (Lei Orgânica da Advocacia-Geral da União).

▶ LC nº 75, de 20-5-1993 (Lei Orgânica do Ministério Público da União).

▶ Dec. nº 767, de 5-3-1993, dispõe sobre as atividades de controle interno da Advocacia-Geral da União.

§ 1º O Presidente da República, no prazo de cento e vinte dias, encaminhará ao Congresso Nacional projeto de lei complementar dispondo sobre a organização e o funcionamento da Advocacia-Geral da União.

§ 2º Aos atuais Procuradores da República, nos termos da lei complementar, será facultada a opção, de forma irretratável, entre as carreiras do Ministério Público Federal e da Advocacia-Geral da União.

§ 3º Poderá optar pelo regime anterior, no que respeita às garantias e vantagens, o membro do Ministério Público admitido antes da promulgação da Constituição, observando-se, quanto às vedações, a situação jurídica na data desta.

§ 4º Os atuais integrantes do quadro suplementar dos Ministérios Públicos do Trabalho e Militar que tenham adquirido estabilidade nessas funções passam a integrar o quadro da respectiva carreira.

§ 5º Cabe à atual Procuradoria-Geral da Fazenda Nacional, diretamente ou por delegação, que pode ser ao Ministério Público Estadual, representar judicialmente a União nas causas de natureza fiscal, na área de respectiva competência, até a promulgação das leis complementares previstas neste artigo.

Art. 30. A legislação que criar a Justiça de Paz manterá os atuais juízes de paz até a posse dos novos titulares, assegurando-lhes os direitos e atribuições conferidos a estes, e designará o dia para a eleição prevista no artigo 98, II, da Constituição.

Art. 31. Serão estatizadas as serventias do foro judicial, assim definidas em lei, respeitados os direitos dos atuais titulares.

▶ Lei nº 8.935, de 18-11-1994 (Lei dos Serviços Notariais e de Registro).

Art. 32. O disposto no artigo 236 não se aplica aos serviços notariais e de registro que já tenham sido oficializados pelo Poder Público, respeitando-se o direito de seus servidores.

Art. 33. Ressalvados os créditos de natureza alimentar, o valor dos precatórios judiciais pendentes de pagamento na data da promulgação da Constituição, incluído o remanescente de juros e correção monetária, poderá ser pago em moeda corrente, com atualização, em prestações anuais, iguais e sucessivas, no prazo máximo de oito anos, a partir de 1º de julho de 1989, por decisão editada pelo Poder Executivo até cento e oitenta dias da promulgação da Constituição.

▶ Res. do CNJ nº 92, de 13-10-2009, dispõe sobre a Gestão de Precatórios no âmbito do Poder Judiciário.

▶ Art. 97, § 15, deste Ato.

Parágrafo único. Poderão as entidades devedoras, para o cumprimento do disposto neste artigo, emitir, em cada ano, no exato montante do dispêndio, títulos de dívida pública não computáveis para efeito do limite global do endividamento.

▶ Súm. nº 144 do STJ.

Art. 34. O sistema tributário nacional entrará em vigor a partir do primeiro dia do quinto mês seguinte ao da promulgação da Constituição, mantido, até então, o da Constituição de 1967, com a redação dada pela Emenda nº 1, de 1969, e pelas posteriores.

§ 1º Entrarão em vigor com a promulgação da Constituição os artigos 148, 149, 150, 154, I, 156, III, e 159, I, *c*, revogadas as disposições em contrário da Constituição de 1967 e das Emendas que a modificaram, especialmente de seu artigo 25, III.

§ 2º O Fundo de Participação dos Estados e do Distrito Federal e o Fundo de Participação dos Municípios obedecerão às seguintes determinações:

I – a partir da promulgação da Constituição, os percentuais serão, respectivamente, de dezoito por cento e de vinte por cento, calculados sobre o produto da arrecadação dos impostos referidos no artigo 153, III e IV, mantidos os atuais critérios de rateio até a entrada em vigor da lei complementar a que se refere o artigo 161, II;

II – o percentual relativo ao Fundo de Participação dos Estados e do Distrito Federal será acrescido de um ponto percentual no exercício financeiro de 1989 e, a partir de 1990, inclusive, à razão de meio ponto por exercício, até 1992, inclusive, atingindo em 1993 o percentual estabelecido no artigo 159, I, *a*;

III – o percentual relativo ao Fundo de Participação dos Municípios, a partir de 1989, inclusive, será elevado à razão de meio ponto percentual por exercício financeiro, até atingir o estabelecido no artigo 159, I, *b*.

§ 3º Promulgada a Constituição, a União, os Estados, o Distrito Federal e os Municípios poderão editar as leis necessárias à aplicação do sistema tributário nacional nela previsto.

§ 4º As leis editadas nos termos do parágrafo anterior produzirão efeitos a partir da entrada em vigor do sistema tributário nacional previsto na Constituição.

§ 5º Vigente o novo sistema tributário nacional, fica assegurada a aplicação da legislação anterior, no que não seja incompatível com ele e com a legislação referida nos §§ 3º e 4º.

▶ Súm. nº 663 do STF.
▶ Súm. nº 198 do STJ.

§ 6º Até 31 de dezembro de 1989, o disposto no artigo 150, III, b, não se aplica aos impostos de que tratam os artigos 155, I, a e b, e 156, II e III, que podem ser cobrados trinta dias após a publicação da lei que os tenha instituído ou aumentado.

▶ Com a alteração determinada pela EC nº 3, de 17-3-1993, a referência ao art. 155, I, b, passou a ser ao art. 155, II.

§ 7º Até que sejam fixadas em lei complementar, as alíquotas máximas do imposto municipal sobre vendas a varejo de combustíveis líquidos e gasosos não excederão a três por cento.

§ 8º Se, no prazo de sessenta dias contados da promulgação da Constituição, não for editada a lei complementar necessária à instituição do imposto de que trata o artigo 155, I, b, os Estados e o Distrito Federal, mediante convênio celebrado nos termos da Lei Complementar nº 24, de 7 de janeiro de 1975, fixarão normas para regular provisoriamente a matéria.

▶ De acordo com a nova redação dada pela EC nº 3, de 17-3-1993, a referência ao art. 155, I, b passou a ser art. 155, II.
▶ LC nº 24, de 7-1-1975, dispõe sobre os convênios para a concessão de isenções de imposto sobre operações relativas à circulação de mercadorias.
▶ LC nº 87, de 13-9-1996 (Lei Kandir – ICMS).
▶ Súm. nº 198 do STJ.

§ 9º Até que lei complementar disponha sobre a matéria, as empresas distribuidoras de energia elétrica, na condição de contribuintes ou de substitutos tributários, serão as responsáveis, por ocasião da saída do produto de seus estabelecimentos, ainda que destinado a outra Unidade da Federação, pelo pagamento do Imposto sobre Operações Relativas à Circulação de mercadorias incidente sobre energia elétrica, desde a produção ou importação até a última operação, calculado o imposto sobre o preço então praticado na operação final e assegurado seu recolhimento ao Estado ou ao Distrito Federal, conforme o local onde deva ocorrer essa operação.

§ 10. Enquanto não entrar em vigor a lei prevista no artigo 159, I, c, cuja promulgação se fará até 31 de dezembro de 1989, é assegurada a aplicação dos recursos previstos naquele dispositivo da seguinte maneira:

▶ Lei nº 7.827, de 27-9-1989, regulamenta o art. 159, inciso I, alínea c, desta Constituição, institui o Fundo Constitucional de Financiamento do Norte – FNO, o Fundo Constitucional de Financiamento do Nordeste – FNE e o Fundo Constitucional de Financiamento do Centro-Oeste – FCO.

I – seis décimos por cento na Região Norte, através do Banco da Amazônia S/A;
II – um inteiro e oito décimos por cento na Região Nordeste, através do Banco do Nordeste do Brasil S/A;
III – seis décimos por cento na Região Centro-Oeste, através do Banco do Brasil S/A.

§ 11. Fica criado, nos termos da lei, o Banco de Desenvolvimento do Centro-Oeste, para dar cumprimento, na referida região, ao que determinam os artigos 159, I, c, e 192, § 2º, da Constituição.

▶ O referido § 2º foi revogado pela EC nº 40, de 29-5-2003.

§ 12. A urgência prevista no artigo 148, II, não prejudica a cobrança do empréstimo compulsório instituído, em benefício das Centrais Elétricas Brasileiras S/A (ELETROBRÁS), pela Lei nº 4.156, de 28 de novembro de 1962, com as alterações posteriores.

Art. 35. O disposto no artigo 165, § 7º, será cumprido de forma progressiva, no prazo de até dez anos, distribuindo-se os recursos entre as regiões macroeconômicas em razão proporcional à população, a partir da situação verificada no biênio 1986/1987.

§ 1º Para aplicação dos critérios de que trata este artigo, excluem-se das despesas totais as relativas:

I – aos projetos considerados prioritários no plano plurianual;
II – à segurança e defesa nacional;
III – à manutenção dos órgãos federais no Distrito Federal;
IV – ao Congresso Nacional, ao Tribunal de Contas da União e ao Poder Judiciário;
V – ao serviço da dívida da administração direta e indireta da União, inclusive fundações instituídas e mantidas pelo Poder Público Federal.

§ 2º Até a entrada em vigor da lei complementar a que se refere o artigo 165, § 9º, I e II, serão obedecidas as seguintes normas:

I – o projeto do plano plurianual, para vigência até o final do primeiro exercício financeiro do mandato presidencial subsequente, será encaminhado até quatro meses antes do encerramento do primeiro exercício financeiro e devolvido para sanção até o encerramento da sessão legislativa;
II – o projeto de lei de diretrizes orçamentárias será encaminhado até oito meses e meio antes do encerramento do exercício financeiro e devolvido para sanção até o encerramento do primeiro período da sessão legislativa;
III – o projeto de lei orçamentária da União será encaminhado até quatro meses antes do encerramento do exercício financeiro e devolvido para sanção até o encerramento da sessão legislativa.

Art. 36. Os fundos existentes na data da promulgação da Constituição, excetuados os resultantes de isenções fiscais que passem a integrar patrimônio privado e os que interessem à defesa nacional, extinguir-se-ão, se não forem ratificados pelo Congresso Nacional no prazo de dois anos.

Art. 37. A adaptação ao que estabelece o artigo 167, III, deverá processar-se no prazo de cinco anos, reduzindo-se o excesso à base de, pelo menos, um quinto por ano.

Art. 38. Até a promulgação da lei complementar referida no artigo 169, a União, os Estados, o Distrito Federal e os Municípios não poderão despender com pessoal mais do que sessenta e cinco por cento do valor das respectivas receitas correntes.

Parágrafo único. A União, os Estados, o Distrito Federal e os Municípios, quando a respectiva despesa de pessoal exceder o limite previsto neste artigo, deverão retornar àquele limite, reduzindo o percentual excedente à razão de um quinto por ano.

Art. 39. Para efeito do cumprimento das disposições constitucionais que impliquem variações de despesas e receitas da União, após a promulgação da Constituição, o Poder Executivo deverá elaborar e o Poder Legislativo apreciar projeto de revisão da lei orçamentária referente ao exercício financeiro de 1989.

Parágrafo único. O Congresso Nacional deverá votar no prazo de doze meses a lei complementar prevista no artigo 161, II.

Art. 40. É mantida a Zona Franca de Manaus, com suas características de área livre de comércio, de exportação e importação, e de incentivos fiscais, pelo prazo de vinte e cinco anos, a partir da promulgação da Constituição.

▶ Art. 92 deste Ato.
▶ Dec. nº 205, de 5-9-1991, dispõe sobre a apresentação de guias de importação ou documento de efeito equivalente, na Zona Franca de Manaus e suspende a fixação de limites máximos globais anuais de importação, durante o prazo de que trata este artigo.

Parágrafo único. Somente por lei federal podem ser modificados os critérios que disciplinaram ou venham a disciplinar a aprovação dos projetos na Zona Franca de Manaus.

Art. 41. Os Poderes Executivos da União, dos Estados, do Distrito Federal e dos Municípios reavaliarão todos os incentivos fiscais de natureza setorial ora em vigor, propondo aos Poderes Legislativos respectivos as medidas cabíveis.

▶ Arts. 151, I, 155, XII, g, 195, § 3º, e 227, § 3º, VI, desta Constituição.
▶ Lei nº 8.402, de 8-1-1992, restabelece os incentivos fiscais que menciona.

§ 1º Considerar-se-ão revogados após dois anos, a partir da data da promulgação da Constituição, os incentivos que não forem confirmados por lei.

§ 2º A revogação não prejudicará os direitos que já tiverem sido adquiridos, àquela data, em relação a incentivos concedidos sob condição e com prazo certo.

§ 3º Os incentivos concedidos por convênio entre Estados, celebrados nos termos do artigo 23, § 6º, da Constituição de 1967, com a redação da Emenda nº 1, de 17 de outubro de 1969, também deverão ser reavaliados e reconfirmados nos prazos deste artigo.

Art. 42. Durante 25 (vinte e cinco) anos, a União aplicará, dos recursos destinados à irrigação:

▶ Caput com a redação dada pela EC nº 43, de 15-4-2004.

I – vinte por cento na Região Centro-Oeste;
II – cinquenta por cento na Região Nordeste, preferencialmente no semiárido.

Art. 43. Na data da promulgação da lei que disciplinar a pesquisa e a lavra de recursos e jazidas minerais, ou no prazo de um ano, a contar da promulgação da Constituição, tornar-se-ão sem efeito as autorizações, concessões e demais títulos atributivos de direitos minerários, caso os trabalhos de pesquisa ou de lavra não hajam sido comprovadamente iniciados nos prazos legais ou estejam inativos.

▶ Lei nº 7.886, de 20-11-1989, regulamenta este artigo.

Art. 44. As atuais empresas brasileiras titulares de autorização de pesquisa, concessão de lavra de recursos minerais e de aproveitamento dos potenciais de energia hidráulica em vigor terão quatro anos, a partir da promulgação da Constituição, para cumprir os requisitos do artigo 176, § 1º.

§ 1º Ressalvadas as disposições de interesse nacional previstas no texto constitucional, as empresas brasileiras ficarão dispensadas do cumprimento do disposto no artigo 176, § 1º, desde que, no prazo de até quatro anos da data da promulgação da Constituição, tenham o produto de sua lavra e beneficiamento destinado a industrialização no território nacional, em seus próprios estabelecimentos ou em empresa industrial controladora ou controlada.

§ 2º Ficarão também dispensadas do cumprimento do disposto no artigo 176, § 1º, as empresas brasileiras titulares de concessão de energia hidráulica para uso em seu processo de industrialização.

§ 3º As empresas brasileiras referidas no § 1º somente poderão ter autorizações de pesquisa e concessões de lavra ou potenciais de energia hidráulica, desde que a energia e o produto da lavra sejam utilizados nos respectivos processos industriais.

Art. 45. Ficam excluídas do monopólio estabelecido pelo artigo 177, II, da Constituição as refinarias em funcionamento no País amparadas pelo artigo 43 e nas condições do artigo 45 da Lei nº 2.004, de 3 de outubro de 1953.

▶ A referida Lei foi revogada pela Lei nº 9.478, de 6-8-1997.

Parágrafo único. Ficam ressalvados da vedação do artigo 177, § 1º, os contratos de risco feitos com a Petróleo Brasileiro S/A (PETROBRAS), para pesquisa de petróleo, que estejam em vigor na data da promulgação da Constituição.

Art. 46. São sujeitos à correção monetária desde o vencimento, até seu efetivo pagamento, sem interrupção ou suspensão, os créditos junto a entidades submetidas aos regimes de intervenção ou liquidação extrajudicial, mesmo quando esses regimes sejam convertidos em falência.

▶ Súm. nº 304 do TST.

Parágrafo único. O disposto neste artigo aplica-se também:

I – às operações realizadas posteriormente à decretação dos regimes referidos no caput deste artigo;
II – às operações de empréstimo, financiamento, refinanciamento, assistência financeira de liquidez, cessão ou sub-rogação de créditos ou cédulas hipotecárias, efetivação de garantia de depósitos do público ou de compra de obrigações passivas, inclusive as realizadas com recursos de fundos que tenham essas destinações;
III – aos créditos anteriores à promulgação da Constituição;

IV – aos créditos das entidades da administração pública anteriores à promulgação da Constituição, não liquidados até 1º de janeiro de 1988.

Art. 47. Na liquidação dos débitos, inclusive suas renegociações e composições posteriores, ainda que ajuizados, decorrentes de quaisquer empréstimos concedidos por bancos e por instituições financeiras, não existirá correção monetária desde que o empréstimo tenha sido concedido:

I – aos micro e pequenos empresários ou seus estabelecimentos no período de 28 de fevereiro de 1986 a 28 de fevereiro de 1987;

II – aos mini, pequenos e médios produtores rurais no período de 28 de fevereiro de 1986 a 31 de dezembro de 1987, desde que relativos a crédito rural.

§ 1º Consideram-se, para efeito deste artigo, microempresas as pessoas jurídicas e as firmas individuais com receitas anuais de até dez mil Obrigações do Tesouro Nacional, e pequenas empresas as pessoas jurídicas e as firmas individuais com receita anual de até vinte e cinco mil Obrigações do Tesouro Nacional.

▶ Art. 179 desta Constituição.

§ 2º A classificação de mini, pequeno e médio produtor rural será feita obedecendo-se às normas de crédito rural vigentes à época do contrato.

§ 3º A isenção da correção monetária a que se refere este artigo só será concedida nos seguintes casos:

I – se a liquidação do débito inicial, acrescido de juros legais e taxas judiciais, vier a ser efetivada no prazo de noventa dias, a contar da data da promulgação da Constituição;

II – se a aplicação dos recursos não contrariar a finalidade do financiamento, cabendo o ônus da prova à instituição credora;

III – se não for demonstrado pela instituição credora que o mutuário dispõe de meios para o pagamento de seu débito, excluído desta demonstração seu estabelecimento, a casa de moradia e os instrumentos de trabalho e produção;

IV – se o financiamento inicial não ultrapassar o limite de cinco mil Obrigações do Tesouro Nacional;

V – se o beneficiário não for proprietário de mais de cinco módulos rurais.

§ 4º Os benefícios de que trata este artigo não se estendem aos débitos já quitados e aos devedores que sejam constituintes.

§ 5º No caso de operações com prazos de vencimento posteriores à data-limite de liquidação da dívida, havendo interesse do mutuário, os bancos e as instituições financeiras promoverão, por instrumento próprio, alteração nas condições contratuais originais de forma a ajustá-las ao presente benefício.

§ 6º A concessão do presente benefício por bancos comerciais privados em nenhuma hipótese acarretará ônus para o Poder Público, ainda que através de refinanciamento e repasse de recursos pelo Banco Central.

§ 7º No caso de repasse a agentes financeiros oficiais ou cooperativas de crédito, o ônus recairá sobre a fonte de recursos originária.

Art. 48. O Congresso Nacional, dentro de cento e vinte dias da promulgação da Constituição, elaborará Código de Defesa do Consumidor.

▶ Lei nº 8.078, de 11-9-1990 (Código de Defesa do Consumidor).

Art. 49. A lei disporá sobre o instituto da enfiteuse em imóveis urbanos, sendo facultada aos foreiros, no caso de sua extinção, a remição dos aforamentos mediante aquisição do domínio direto, na conformidade do que dispuserem os respectivos contratos.

▶ Dec.-lei nº 9.760, de 5-9-1946 (Lei dos Bens Imóveis da União).

§ 1º Quando não existir cláusula contratual, serão adotados os critérios e bases hoje vigentes na legislação especial dos imóveis da União.

§ 2º Os direitos dos atuais ocupantes inscritos ficam assegurados pela aplicação de outra modalidade de contrato.

▶ Lei nº 9.636, de 15-5-1998, regulamenta este parágrafo.

§ 3º A enfiteuse continuará sendo aplicada aos terrenos de marinha e seus acrescidos, situados na faixa de segurança, a partir da orla marítima.

▶ Art. 2.038, § 2º, do CC.
▶ Dec.-lei nº 9.760, de 5-9-1946 (Lei dos Bens Imóveis da União).

§ 4º Remido o foro, o antigo titular do domínio direto deverá, no prazo de noventa dias, sob pena de responsabilidade, confiar à guarda do registro de imóveis competente toda a documentação a ele relativa.

Art. 50. Lei agrícola a ser promulgada no prazo de um ano disporá, nos termos da Constituição, sobre os objetivos e instrumentos de política agrícola, prioridades, planejamento de safras, comercialização, abastecimento interno, mercado externo e instituição de crédito fundiário.

▶ Lei nº 8.171, de 17-1-1991 (Lei da Política Agrícola).

Art. 51. Serão revistos pelo Congresso Nacional, através de Comissão Mista, nos três anos a contar da data da promulgação da Constituição, todas as doações, vendas e concessões de terras públicas com área superior a três mil hectares, realizadas no período de 1º de janeiro de 1962 a 31 de dezembro de 1987.

§ 1º No tocante às vendas, a revisão será feita com base exclusivamente no critério de legalidade da operação.

§ 2º No caso de concessões e doações, a revisão obedecerá aos critérios de legalidade e de conveniência do interesse público.

§ 3º Nas hipóteses previstas nos parágrafos anteriores, comprovada a ilegalidade, ou havendo interesse público, as terras reverterão ao patrimônio da União, dos Estados, do Distrito Federal ou dos Municípios.

Art. 52. Até que sejam fixadas as condições do art. 192, são vedados:

▶ Caput com a redação dada pela EC nº 40, de 29-5-2003.

I – a instalação, no País, de novas agências de instituições financeiras domiciliadas no exterior;

II – o aumento do percentual de participação, no capital de instituições financeiras com sede no País, de pessoas físicas ou jurídicas residentes ou domiciliadas no exterior.

Parágrafo único. A vedação a que se refere este artigo não se aplica às autorizações resultantes de acordos internacionais, de reciprocidade, ou de interesse do Governo brasileiro.

Art. 53. Ao ex-combatente que tenha efetivamente participado de operações bélicas durante a Segunda Guerra Mundial, nos termos da Lei nº 5.315, de 12 de setembro de 1967, serão assegurados os seguintes direitos:

▶ Lei nº 8.059, de 4-7-1990, dispõe sobre a pensão especial devida aos ex-combatentes da Segunda Guerra Mundial e a seus dependentes.

I – aproveitamento no serviço público, sem a exigência de concurso, com estabilidade;
II – pensão especial correspondente à deixada por segundo-tenente das Forças Armadas, que poderá ser requerida a qualquer tempo, sendo inacumulável com quaisquer rendimentos recebidos dos cofres públicos, exceto os benefícios previdenciários, ressalvado o direito de opção;
III – em caso de morte, pensão à viúva ou companheira ou dependente, de forma proporcional, de valor igual à do inciso anterior;
IV – assistência médica, hospitalar e educacional gratuita, extensiva aos dependentes;
V – aposentadoria com proventos integrais aos vinte e cinco anos de serviço efetivo, em qualquer regime jurídico;
VI – prioridade na aquisição da casa própria, para os que não a possuam ou para suas viúvas ou companheiras.

Parágrafo único. A concessão da pensão especial do inciso II substitui, para todos os efeitos legais, qualquer outra pensão já concedida ao ex-combatente.

Art. 54. Os seringueiros recrutados nos termos do Decreto-Lei nº 5.813, de 14 de setembro de 1943, e amparados pelo Decreto-Lei nº 9.882, de 16 de setembro de 1946, receberão, quando carentes, pensão mensal vitalícia no valor de dois salários mínimos.

▶ Lei nº 7.986, de 28-12-1989, dispõe sobre a concessão do benefício previsto neste artigo.
▶ Lei nº 9.882, de 3-12-1999 (Lei da Ação de Descumprimento de Preceito Fundamental).
▶ Dec.-lei nº 5.813, de 14-9-1943, aprova o acordo relativo ao recrutamento, encaminhamento e colocação de trabalhadores para a Amazônia.

§ 1º O benefício é estendido aos seringueiros que, atendendo a apelo do Governo brasileiro, contribuíram para o esforço de guerra, trabalhando na produção de borracha, na Região Amazônica, durante a Segunda Guerra Mundial.

§ 2º Os benefícios estabelecidos neste artigo são transferíveis aos dependentes reconhecidamente carentes.

§ 3º A concessão do benefício far-se-á conforme lei a ser proposta pelo Poder Executivo dentro de cento e cinquenta dias da promulgação da Constituição.

Art. 55. Até que seja aprovada a lei de diretrizes orçamentárias, trinta por cento, no mínimo, do orçamento da seguridade social, excluído o seguro-desemprego, serão destinados ao setor de saúde.

Art. 56. Até que a lei disponha sobre o artigo 195, I, a arrecadação decorrente de, no mínimo, cinco dos seis décimos percentuais correspondentes à alíquota da contribuição de que trata o Decreto-Lei nº 1.940, de 25 de maio de 1982, alterada pelo Decreto-Lei nº 2.049, de 1º de agosto de 1983, pelo Decreto nº 91.236, de 8 de maio de 1985, e pela Lei nº 7.611, de 8 de julho de 1987, passa a integrar a receita da seguridade social, ressalvados, exclusivamente no exercício de 1988, os compromissos assumidos com programas e projetos em andamento.

▶ LC nº 70, de 30-12-1991, institui contribuição para financiamento da Seguridade Social e eleva alíquota da contribuição social sobre o lucro das instituições financeiras.
▶ Dec.-lei nº 1.940, de 25-5-1982, institui contribuição social para financiamento da Seguridade Social e cria o Fundo de Investimento Social – FINSOCIAL.
▶ Súm. nº 658 do STF.

Art. 57. Os débitos dos Estados e dos Municípios relativos às contribuições previdenciárias até 30 de junho de 1988 serão liquidadas, com correção monetária, em cento e vinte parcelas mensais, dispensados os juros e multas sobre eles incidentes, desde que os devedores requeiram o parcelamento e iniciem seu pagamento no prazo de cento e oitenta dias a contar da promulgação da Constituição.

§ 1º O montante a ser pago em cada um dos dois primeiros anos não será inferior a cinco por cento do total do débito consolidado e atualizado, sendo o restante dividido em parcelas mensais de igual valor.

§ 2º A liquidação poderá incluir pagamentos na forma de cessão de bens e prestação de serviços, nos termos da Lei nº 7.578, de 23 de dezembro de 1986.

§ 3º Em garantia do cumprimento do parcelamento, os Estados e os Municípios consignarão, anualmente, nos respectivos orçamentos as dotações necessárias ao pagamento de seus débitos.

§ 4º Descumprida qualquer das condições estabelecidas para concessão do parcelamento, o débito será considerado vencido em sua totalidade, sobre ele incidindo juros de mora; nesta hipótese, parcela dos recursos correspondentes aos Fundos de Participação, destinada aos Estados e Municípios devedores, será bloqueada e repassada à Previdência Social para pagamento de seus débitos.

Art. 58. Os benefícios de prestação continuada, mantidos pela Previdência Social na data da promulgação da Constituição, terão seus valores revistos, a fim de que seja restabelecido o poder aquisitivo, expresso em número de salários mínimos, que tinham na data de sua concessão, obedecendo-se a esse critério de atualização até a implantação do plano de custeio e benefícios referidos no artigo seguinte.

▶ Súm. nº 687 do STF.

Parágrafo único. As prestações mensais dos benefícios atualizadas de acordo com este artigo serão devidas e pagas a partir do sétimo mês a contar da promulgação da Constituição.

Art. 59. Os projetos de lei relativos à organização da seguridade social e aos planos de custeio e de benefício serão apresentados no prazo máximo de seis meses da promulgação da Constituição ao Congresso Nacional, que terá seis meses para apreciá-los.

Parágrafo único. Aprovados pelo Congresso Nacional, os planos serão implantados progressivamente nos dezoito meses seguintes.

▶ Lei nº 8.212, de 24-7-1991 (Lei Orgânica da Seguridade Social).
▶ Lei nº 8.213, de 24-7-1991 (Lei dos Planos de Benefícios da Previdência Social).

Art. 60. Até o 14º (décimo quarto) ano a partir da promulgação desta Emenda Constitucional, os Estados, o Distrito Federal e os Municípios destinarão parte dos recursos a que se refere o *caput* do art. 212 da Constituição Federal à manutenção e desenvolvimento da educação básica e à remuneração condigna dos trabalhadores da educação, respeitadas as seguintes disposições:

▶ *Caput* com a redação dada pela EC nº 53, de 19-12-2006.
▶ Lei nº 11.494, de 20-6-2007, regulamenta o Fundo de Manutenção e Desenvolvimento da Educação Básica e de Valorização dos Profissionais da Educação – FUNDEB, regulamentada pelo Dec. nº 6.253, de 13-11-2007.

I – a distribuição dos recursos e de responsabilidades entre o Distrito Federal, os Estados e seus Municípios é assegurada mediante a criação, no âmbito de cada Estado e do Distrito Federal, de um Fundo de Manutenção e Desenvolvimento da Educação Básica e de Valorização dos Profissionais da Educação – FUNDEB, de natureza contábil;
II – os Fundos referidos no inciso I do *caput* deste artigo serão constituídos por 20% (vinte por cento) dos recursos a que se referem os incisos I, II e III do art. 155; o inciso II do *caput* do art. 157; os incisos II, III e IV do *caput* do art. 158; e as alíneas *a* e *b* do inciso I e o inciso II do *caput* do art. 159, todos da Constituição Federal, e distribuídos entre cada Estado e seus Municípios, proporcionalmente ao número de alunos das diversas etapas e modalidades da educação básica presencial, matriculados nas respectivas redes, nos respectivos âmbitos de atuação prioritária estabelecidos nos §§ 2º e 3º do art. 211 da Constituição Federal;
III – observadas as garantias estabelecidas nos incisos I, II, III e IV do *caput* do art. 208 da Constituição Federal e as metas de universalização da educação básica estabelecidas no Plano Nacional de Educação, a lei disporá sobre:

a) a organização dos Fundos, a distribuição proporcional de seus recursos, as diferenças e as ponderações quanto ao valor anual por aluno entre etapas e modalidades da educação básica e tipos de estabelecimento de ensino;
b) a forma de cálculo do valor anual mínimo por aluno;
c) os percentuais máximos de apropriação dos recursos dos Fundos pelas diversas etapas e modalidades da educação básica, observados os arts. 208 e 214 da Constituição Federal, bem como as metas do Plano Nacional de Educação;
d) a fiscalização e o controle dos Fundos;
e) prazo para fixar, em lei específica, piso salarial profissional nacional para os profissionais do magistério público da educação básica;

▶ Lei nº 11.738, de 16-7-2008, regulamenta esta alínea.

IV – os recursos recebidos à conta dos Fundos instituídos nos termos do inciso I do *caput* deste artigo serão aplicados pelos Estados e Municípios exclusivamente nos respectivos âmbitos de atuação prioritária, conforme estabelecido nos §§ 2º e 3º do art. 211 da Constituição Federal;
V – a União complementará os recursos dos Fundos a que se refere o inciso II do *caput* deste artigo sempre que, no Distrito Federal e em cada Estado, o valor por aluno não alcançar o mínimo definido nacionalmente, fixado em observância ao disposto no inciso VII do *caput* deste artigo, vedada a utilização desses recursos a que se refere o § 5º do art. 212 da Constituição Federal;
VI – até 10% (dez por cento) da complementação da União prevista no inciso V do *caput* deste artigo poderá ser distribuída para os Fundos por meio de programas direcionados para a melhoria da qualidade da educação, na forma da lei a que se refere o inciso III do *caput* deste artigo;
VII – a complementação da União de que trata o inciso V do *caput* deste artigo será de, no mínimo:

a) R$ 2.000.000.000,00 (dois bilhões de reais), no primeiro ano de vigência dos Fundos;
b) R$ 3.000.000.000,00 (três bilhões de reais), no segundo ano de vigência dos Fundos;
c) R$ 4.500.000.000,00 (quatro bilhões e quinhentos milhões de reais), no terceiro ano de vigência dos Fundos;
d) 10% (dez por cento) do total dos recursos a que se refere o inciso II do *caput* deste artigo, a partir do quarto ano de vigência dos Fundos;

VIII – a vinculação de recursos à manutenção e desenvolvimento do ensino estabelecida no art. 212 da Constituição Federal suportará, no máximo, 30% (trinta por cento) da complementação da União, considerando-se para os fins deste inciso os valores previstos no inciso VII do *caput* deste artigo;
IX – os valores a que se referem as alíneas *a*, *b*, e *c* do inciso VII do *caput* deste artigo serão atualizados, anualmente, a partir da promulgação desta Emenda Constitucional, de forma a preservar, em caráter permanente, o valor real da complementação da União;
X – aplica-se à complementação da União o disposto no art. 160 da Constituição Federal;
XI – o não cumprimento do disposto nos incisos V e VII do *caput* deste artigo importará crime de responsabilidade da autoridade competente;
XII – proporção não inferior a 60% (sessenta por cento) de cada Fundo referido no inciso I do *caput* deste artigo será destinada ao pagamento dos profissionais do magistério da educação básica em efetivo exercício.

▶ Incisos I a XII acrescidos pela EC nº 53, de 19-12-2006.

§ 1º A União, os Estados, o Distrito Federal e os Municípios deverão assegurar, no financiamento da educação básica, a melhoria da qualidade de ensino, de forma a garantir padrão mínimo definido nacionalmente.

§ 2º O valor por aluno do ensino fundamental, no Fundo de cada Estado e do Distrito Federal, não poderá ser inferior ao praticado no âmbito do Fundo de Manutenção e Desenvolvimento do Ensino Fundamental e de Valorização do Magistério – FUNDEF, no ano anterior à vigência desta Emenda Constitucional.

§ 3º O valor anual mínimo por aluno do ensino fundamental, no âmbito do Fundo de Manutenção e Desenvolvimento da Educação Básica e de Valorização dos Profissionais da Educação – FUNDEB, não poderá ser inferior ao valor mínimo fixado nacionalmente no ano anterior ao da vigência desta Emenda Constitucional.

§ 4º Para efeito de distribuição de recursos dos Fundos a que se refere o inciso I do *caput* deste artigo, levar-se-á em conta a totalidade das matrículas no ensino fundamental e considerar-se-á para a educação infantil, para o ensino médio e para a educação de jovens e adultos 1/3 (um terço) das matrículas no primeiro ano, 2/3 (dois terços) no segundo ano e sua totalidade a partir do terceiro ano.

▶ §§ 1º a 4º com a redação dada pela EC nº 53, de 19-12-2006.

§ 5º A porcentagem dos recursos de constituição dos Fundos, conforme o inciso II do *caput* deste artigo, será alcançada gradativamente nos primeiros 3 (três) anos de vigência dos Fundos, da seguinte forma:

▶ *Caput* do § 5º com a redação dada pela EC nº 53, de 19-12-2006.

I – no caso dos impostos e transferências constantes do inciso II do *caput* do art. 155; do inciso IV do *caput* do art. 158; e das alíneas *a* e *b* do inciso I e do inciso II do *caput* do art. 159 da Constituição Federal:

a) 16,66% (dezesseis inteiros e sessenta e seis centésimos por cento), no primeiro ano;
b) 18,33% (dezoito inteiros e trinta e três centésimos por cento), no segundo ano;
c) 20% (vinte por cento), a partir do terceiro ano;

II – no caso dos impostos e transferências constantes dos incisos I e III do *caput* do art. 155; do inciso II do *caput* do art. 157; e dos incisos II e III do *caput* do art. 158 da Constituição Federal:

a) 6,66% (seis inteiros e sessenta e seis centésimos por cento), no primeiro ano;
b) 13,33% (treze inteiros e trinta e três centésimos por cento), no segundo ano;
c) 20% (vinte por cento), a partir do terceiro ano.

▶ Incisos I e II acrescidos pela EC nº 53, de 19-12-2006.

§§ 6º e 7º *Revogados*. EC nº 53, de 19-12-2006.

Art. 61. As entidades educacionais a que se refere o artigo 213, bem como as fundações de ensino e pesquisa cuja criação tenha sido autorizada por lei, que preencham os requisitos dos incisos I e II do referido artigo e que, nos últimos três anos, tenham recebido recursos públicos, poderão continuar a recebê-los, salvo disposição legal em contrário.

Art. 62. A lei criará o Serviço Nacional de Aprendizagem Rural (SENAR) nos moldes da legislação relativa ao Serviço Nacional de Aprendizagem Industrial (SENAI) e ao Serviço Nacional de Aprendizagem do Comércio (SENAC), sem prejuízo das atribuições dos órgãos públicos que atuam na área.

▶ Lei nº 8.315, de 13-12-1991, dispõe sobre a criação do Serviço Nacional de Aprendizagem Rural – SENAR.

Art. 63. É criada uma Comissão composta de nove membros, sendo três do Poder Legislativo, três do Poder Judiciário e três do Poder Executivo, para promover as comemorações do centenário da proclamação da República e da promulgação da primeira Constituição republicana do País, podendo, a seu critério, desdobrar-se em tantas subcomissões quantas forem necessárias.

Parágrafo único. No desenvolvimento de suas atribuições, a Comissão promoverá estudos, debates e avaliações sobre a evolução política, social, econômica e cultural do País, podendo articular-se com os governos estaduais e municipais e com instituições públicas e privadas que desejem participar dos eventos.

Art. 64. A Imprensa Nacional e demais gráficas da União, dos Estados, do Distrito Federal e dos Municípios, da administração direta ou indireta, inclusive fundações instituídas e mantidas pelo Poder Público, promoverão edição popular do texto integral da Constituição, que será posta à disposição das escolas e dos cartórios, dos sindicatos, dos quartéis, das igrejas e de outras instituições representativas da comunidade, gratuitamente, de modo que cada cidadão brasileiro possa receber do Estado um exemplar da Constituição do Brasil.

Art. 65. O Poder Legislativo regulamentará, no prazo de doze meses, o artigo 220, § 4º.

Art. 66. São mantidas as concessões de serviços públicos de telecomunicações atualmente em vigor, nos termos da lei.

▶ Lei nº 9.472, de 16-7-1997, dispõe sobre a organização dos serviços de telecomunicações, a criação e funcionamento de um Órgão Regulador e outros aspectos institucionais.

Art. 67. A União concluirá a demarcação das terras indígenas no prazo de cinco anos a partir da promulgação da Constituição.

Art. 68. Aos remanescentes das comunidades dos quilombos que estejam ocupando suas terras é reconhecida a propriedade definitiva, devendo o Estado emitir-lhes os títulos respectivos.

▶ Dec. nº 4.887, de 20-11-2003, regulamenta o procedimento para identificação, reconhecimento, delimitação, demarcação e titulação das terras ocupadas por remanescentes das comunidades dos quilombos de que trata este artigo.

▶ Dec. nº 6.040, de 7-2-2007, institui a Política Nacional de Desenvolvimento Sustentável dos Povos e Comunidades Tradicionais.

Art. 69. Será permitido aos Estados manter consultorias jurídicas separadas de suas Procuradorias-Gerais ou Advocacias-Gerais, desde que, na data da promulgação da Constituição, tenham órgãos distintos para as respectivas funções.

Art. 70. Fica mantida a atual competência dos tribunais estaduais até que a mesma seja definida na Constituição do Estado, nos termos do artigo 125, § 1º, da Constituição.

▶ Art. 4º da EC nº 45, de 8-12-2004 (Reforma do Judiciário).

Art. 71. É instituído, nos exercícios financeiros de 1994 e 1995, bem assim nos períodos de 1º de janeiro de 1996 a 30 de junho de 1997 e 1º de julho de 1997 a 31 de dezembro de 1999, o Fundo Social de Emergência, com o objetivo de saneamento financeiro da Fazenda Pública Federal e de estabilização econômica, cujos recursos serão aplicados prioritariamente no custeio das ações dos sistemas de saúde e educação, incluindo a complementação de recursos de que trata o § 3º do artigo 60 do Ato das Disposições Constitucionais Transitórias, benefícios previdenciários e auxílios assistenciais de prestação continuada, inclusive liquidação de passivo previdenciário, e despesas orçamentárias associadas a programas de relevante interesse econômico e social.

▶ Caput com a redação dada pela EC nº 17, de 22-11-1997.

§ 1º Ao Fundo criado por este artigo não se aplica o disposto na parte final do inciso II do § 9º do artigo 165 da Constituição.

§ 2º O Fundo criado por este artigo passa a ser denominado Fundo de Estabilização Fiscal a partir do início do exercício financeiro de 1996.

§ 3º O Poder Executivo publicará demonstrativo da execução orçamentária, de periodicidade bimestral, no qual se discriminarão as fontes e usos do Fundo criado por este artigo.

▶ §§ 1º a 3º acrescidos pela EC nº 10, de 4-3-1996.

Art. 72. Integram o Fundo Social de Emergência:

▶ Art. 72 acrescido pela ECR nº 1, de 1º-3-1994.

I – o produto da arrecadação do imposto sobre renda e proventos de qualquer natureza incidente na fonte sobre pagamentos efetuados, a qualquer título, pela União, inclusive suas autarquias e fundações;
II – a parcela do produto da arrecadação do imposto sobre renda e proventos de qualquer natureza e do imposto sobre operações de crédito, câmbio e seguro, ou relativas a títulos e valores mobiliários, decorrente das alterações produzidas pela Lei nº 8.894, de 21 de junho de 1994, e pelas Leis nºs 8.849 e 8.848, ambas de 28 de janeiro de 1994, e modificações posteriores;
III – a parcela do produto da arrecadação resultante da elevação da alíquota da contribuição social sobre o lucro dos contribuintes a que se refere o § 1º do artigo 22 da Lei nº 8.212, de 24 de julho de 1991, a qual, nos exercícios financeiros de 1994 e 1995, bem assim no período de 1º de janeiro de 1996 a 30 de junho de 1997, passa a ser de trinta por cento, sujeita a alteração por lei ordinária, mantidas as demais normas da Lei nº 7.689, de 15 de dezembro de 1988;
IV – vinte por cento do produto da arrecadação de todos os impostos e contribuições da União, já instituídos ou a serem criados, excetuado o previsto nos incisos I, II e III, observado o disposto nos §§ 3º e 4º;

▶ Incisos II a IV com a redação dada pela EC nº 10, de 4-3-1996.

V – a parcela do produto da arrecadação da contribuição de que trata a Lei Complementar nº 7, de 7 de setembro de 1970, devida pelas pessoas jurídicas a que se refere o inciso III deste artigo, a qual será calculada, nos exercícios financeiros de 1994 a 1995, bem assim nos períodos de 1º de janeiro de 1996 a 30 de junho de 1997 e de 1º de julho de 1997 a 31 de dezembro de 1999, mediante a aplicação da alíquota de setenta e cinco centésimos por cento, sujeita a alteração por lei ordinária posterior, sobre a receita bruta operacional, como definida na legislação do imposto sobre renda e proventos de qualquer natureza;

▶ Inciso V com a redação dada pela EC nº 17, de 22-11-1997.

VI – outras receitas previstas em lei específica.

§ 1º As alíquotas e a base de cálculo previstas nos incisos III e IV aplicar-se-ão a partir do primeiro dia do mês seguinte aos noventa dias posteriores à promulgação desta Emenda.

§ 2º As parcelas de que tratam os incisos I, II, III e V serão previamente deduzidas da base de cálculo de qualquer vinculação ou participação constitucional ou legal, não se lhes aplicando o disposto nos artigos 159, 212 e 239 da Constituição.

§ 3º A parcela de que trata o inciso IV será previamente deduzida da base de cálculo das vinculações ou participações constitucionais previstas nos artigos 153, § 5º, 157, II, 212 e 239 da Constituição.

§ 4º O disposto no parágrafo anterior não se aplica aos recursos previstos nos artigos 158, II, e 159 da Constituição.

§ 5º A parcela dos recursos provenientes do imposto sobre renda e proventos de qualquer natureza, destinada ao Fundo Social de Emergência, nos termos do inciso II deste artigo, não poderá exceder a cinco inteiros e seis décimos por cento do total do produto da sua arrecadação.

▶ §§ 2º a 5º acrescidos pela EC nº 10, de 4-3-1996.

Art. 73. Na regulação do Fundo Social de Emergência não poderá ser utilizado o instrumento previsto no inciso V do artigo 59 da Constituição.

▶ Artigo acrescido pela ECR nº 1, de 1º-3-1994.

Art. 74. A União poderá instituir contribuição provisória sobre movimentação ou transmissão de valores e de créditos e direitos de natureza financeira.

▶ Art. 84 deste Ato.

§ 1º A alíquota da contribuição de que trata este artigo não excederá a vinte e cinco centésimos por cento, facultado ao Poder Executivo reduzi-la ou restabelecê-la, total ou parcialmente, nas condições e limites fixados em lei.

▶ Alíquota alterada pela EC nº 21, de 18-3-1999.

§ 2º À contribuição de que trata este artigo não se aplica o disposto nos artigos 153, § 5º, e 154, I, da Constituição.

§ 3º O produto da arrecadação da contribuição de que trata este artigo será destinado integralmente ao Fundo Nacional de Saúde, para financiamento das ações e serviços de saúde.

§ 4º A contribuição de que trata este artigo terá sua exigibilidade subordinada ao disposto no artigo 195, § 6º, da Constituição, e não poderá ser cobrada por prazo superior a dois anos.

▶ Art. 74 acrescido pela EC nº 12, de 15-8-1996.
▶ Lei nº 9.311 de 24-10-1996, institui a Contribuição Provisória sobre Movimentação ou Transmissão de Valores e de Créditos e Direitos de Natureza Financeira – CPMF.

Art. 75. É prorrogada, por trinta e seis meses, a cobrança da contribuição provisória sobre movimentação ou transmissão de valores e de créditos e direitos de natureza financeira de que trata o artigo 74, instituída pela Lei nº 9.311, de 24 de outubro de 1996, modificada pela Lei nº 9.539, de 12 de dezembro de 1997, cuja vigência é também prorrogada por idêntico prazo.

▶ Arts. 80, I, e 84 deste Ato.

§ 1º Observado o disposto no § 6º do artigo 195 da Constituição Federal, a alíquota da contribuição será de trinta e oito centésimos por cento, nos primeiros doze meses, e de trinta centésimos, nos meses subsequentes, facultado ao Poder Executivo reduzi-la total ou parcialmente, nos limites aqui definidos.

§ 2º O resultado do aumento da arrecadação, decorrente da alteração da alíquota, nos exercícios financeiros de 1999, 2000 e 2001, será destinado ao custeio da Previdência Social.

§ 3º É a União autorizada a emitir títulos da dívida pública interna, cujos recursos serão destinados ao custeio da saúde e da Previdência Social, em montante equivalente ao produto da arrecadação da contribuição, prevista e não realizada em 1999.

▶ Art. 75 acrescido pela EC nº 21, de 18-3-1999.

▶ O STF, por maioria de votos, julgou parcialmente procedente a ADIN nº 2.031-5, para declarar a inconstitucionalidade deste parágrafo, acrescido pela EC nº 21, de 18-3-1999 (DOU de 5-11-2003).

▶ LC nº 111, de 6-7-2001, dispõe sobre o Fundo de Combate e Erradicação da Pobreza, na forma prevista nos arts. 79, 80 e 81 do ADCT.

Art. 76. São desvinculados de órgão, fundo ou despesa, até 31 de dezembro de 2015, 20% (vinte por cento) da arrecadação da União de impostos, contribuições sociais e de intervenção no domínio econômico, já instituídos ou que vierem a ser criados até a referida data, seus adicionais e respectivos acréscimos legais.

§ 1º O disposto no *caput* não reduzirá a base de cálculo das transferências a Estados, Distrito Federal e Municípios, na forma do § 5º do art. 153, do inciso I do art. 157, dos incisos I e II do art. 158 e das alíneas *a*, *b* e *d* do inciso I e do inciso II do art. 159 da Constituição Federal, nem a base de cálculo das destinações a que se refere a alínea *c* do inciso I do art. 159 da Constituição Federal.

§ 2º Excetua-se da desvinculação de que trata o *caput* a arrecadação da contribuição social do salário-educação a que se refere o § 5º do art. 212 da Constituição Federal.

§ 3º Para efeito do cálculo dos recursos para manutenção e desenvolvimento do ensino de que trata o art. 212 da Constituição Federal, o percentual referido no *caput* será nulo.

▶ Art. 76 com a redação dada pela EC nº 68, de 21-12-2011.

Art. 77. Até o exercício financeiro de 2004, os recursos mínimos aplicados nas ações e serviços públicos de saúde serão equivalentes:

I – no caso da União:

a) no ano 2000, o montante empenhado em ações e serviços públicos de saúde no exercício financeiro de 1999 acrescido de, no mínimo, cinco por cento;

b) do ano de 2001 ao ano de 2004, o valor apurado no ano anterior, corrigido pela variação nominal do Produto Interno Bruto – PIB;

II – no caso dos Estados e do Distrito Federal, doze por cento do produto da arrecadação dos impostos a que se refere o artigo 155 e dos recursos de que tratam os artigos 157 e 159, inciso I, alínea a e inciso II, deduzidas as parcelas que forem transferidas aos respectivos Municípios; e

III – no caso dos Municípios e do Distrito Federal, quinze por cento do produto da arrecadação dos impostos a que se refere o artigo 156 e dos recursos de que tratam os artigos 158 e 159, inciso I, alínea *b* e § 3º.

§ 1º Os Estados, o Distrito Federal e os municípios que apliquem percentuais inferiores aos fixados nos incisos II e III deverão elevá-los gradualmente, até o exercício financeiro de 2004, reduzida a diferença à razão de, pelo menos, um quinto por ano, sendo que, a partir de 2000, a aplicação será de pelo menos sete por cento.

§ 2º Dos recursos da União apurados nos termos deste artigo, quinze por cento, no mínimo, serão aplicados nos Municípios, segundo o critério populacional, em ações e serviços básicos de saúde, na forma da lei.

§ 3º Os recursos dos Estados, do Distrito Federal e dos Municípios destinados às ações e serviços públicos de saúde e os transferidos pela União para a mesma finalidade serão aplicados por meio de Fundo de Saúde que será acompanhado e fiscalizado por Conselho de Saúde, sem prejuízo do disposto no artigo 74 da Constituição Federal.

§ 4º Na ausência da lei complementar a que se refere o artigo 198, § 3º, a partir do exercício financeiro de 2005, aplicar-se-á à União, aos Estados, ao Distrito Federal e aos Municípios o disposto neste artigo.

▶ Art. 77 acrescido pela EC nº 29, de 13-9-2000.

Art. 78. Ressalvados os créditos definidos em lei como de pequeno valor, os de natureza alimentícia, os de que trata o artigo 33 deste Ato das Disposições Constitucionais Transitórias e suas complementações e os que já tiverem os seus respectivos recursos liberados ou depositados em juízo, os precatórios pendentes na data da publicação desta Emenda e os que decorram de ações iniciais ajuizadas até 31 de dezembro de 1999 serão liquidados pelo seu valor real, em moeda corrente, acrescido de juros legais, em prestações anuais, iguais e sucessivas, no prazo máximo de dez anos, permitida a cessão dos créditos.

▶ O STF, por maioria de votos, deferiu as cautelares, nas Ações Diretas de Inconstitucionalidade nºs 2.356 e 2.362, para suspender a eficácia do art. 2º da EC nº 30/2000, que introduziu este artigo ao ADCT (DOU de 7-12-2010).

▶ Arts. 86, 87 e 97, § 15, do ADCT.

▶ Res. do CNJ nº 92, de 13-10-2009, dispõe sobre a Gestão de Precatórios no âmbito do Poder Judiciário.

§ 1º É permitida a decomposição de parcelas, a critério do credor.

§ 2º As prestações anuais a que se refere o *caput* deste artigo terão, se não liquidadas até o final do exercício a que se referem, poder liberatório do pagamento de tributos da entidade devedora.

▶ Art. 6º da EC nº 62, de 9-12-2009, que convalidou todas as compensações de precatórios com tributos vencidos até 31-10-2009 da entidade devedora, efetuadas na forma deste parágrafo, realizadas antes da promulgação desta Emenda Constitucional.

§ 3º O prazo referido no *caput* deste artigo fica reduzido para dois anos, nos casos de precatórios judiciais originários de desapropriação de imóvel residencial do credor, desde que comprovadamente único à época da imissão na posse.

§ 4º O Presidente do Tribunal competente deverá, vencido o prazo ou em caso de omissão no orçamento, ou preterição ao direito de precedência, a requerimento do credor, requisitar ou determinar o sequestro de recursos financeiros da entidade executada, suficientes à satisfação da prestação.

▶ Art. 78 acrescido pela EC nº 30, de 13-12-2000.

Art. 79. É instituído, para vigorar até o ano de 2010, no âmbito do Poder Executivo Federal, o Fundo de Combate e Erradicação da Pobreza, a ser regulado por lei complementar com o objetivo de viabilizar a todos os brasileiros acesso a níveis dignos de subsistência, cujos recursos serão aplicados em ações suplementares de nutrição, habitação, educação, saúde, reforço de renda familiar e outros programas de relevante interesse social voltados para melhoria da qualidade de vida.

▶ Art. 4º da EC nº 42, de 19-12-2003.
▶ EC nº 67, de 22-12-2010, prorroga, por tempo indeterminado, o prazo de vigência do Fundo de Combate e Erradicação da Pobreza.

Parágrafo único. O Fundo previsto neste artigo terá Conselho Consultivo e de Acompanhamento que conte com a participação de representantes da sociedade civil, nos termos da lei.

▶ Art. 79 acrescido pela EC nº 31, de 14-12-2000.
▶ LC nº 111, de 6-7-2001, dispõe sobre o Fundo de Combate e Erradicação da Pobreza, na forma prevista nos arts. 79 a 81 do ADCT.
▶ Dec. nº 3.997, de 1º-11-2001, define o órgão gestor do Fundo de Combate e Erradicação da Pobreza, e regulamenta a composição e o funcionamento do seu Conselho Consultivo e de Acompanhamento.

Art. 80. Compõem o Fundo de Combate e Erradicação da Pobreza:

▶ Art. 31, III, do Dec. nº 6.140, de 3-7-2007, que regulamenta a Contribuição Provisória sobre Movimentação ou Transmissão de Valores e de Créditos e Direitos de Natureza Financeira – CPMF.

I – a parcela do produto da arrecadação correspondente a um adicional de oito centésimos por cento, aplicável de 18 de junho de 2000 a 17 de junho de 2002, na alíquota da contribuição social de que trata o art. 75 do Ato das Disposições Constitucionais Transitórias;

▶ Art. 84 deste Ato.
▶ Art. 4º da EC nº 42, de 19-12-2003.

II – a parcela do produto da arrecadação correspondente a um adicional de cinco pontos percentuais na alíquota do Imposto sobre Produtos Industrializados – IPI, ou do imposto que vier a substituí-lo, incidente sobre produtos supérfluos e aplicável até a extinção do Fundo;
III – o produto da arrecadação do imposto de que trata o artigo 153, inciso VII, da Constituição;
IV – dotações orçamentárias;
V – doações, de qualquer natureza, de pessoas físicas ou jurídicas do País ou do exterior;
VI – outras receitas, a serem definidas na regulamentação do referido Fundo.

§ 1º Aos recursos integrantes do Fundo de que trata este artigo não se aplica o disposto nos artigos 159 e 167, inciso IV, da Constituição, assim como qualquer desvinculação de recursos orçamentários.

§ 2º A arrecadação decorrente do disposto no inciso I deste artigo, no período compreendido entre 18 de junho de 2000 e o início da vingência da lei complementar a que se refere o artigo 79, será integralmente repassada ao Fundo, preservando o seu valor real, em títulos públicos federais, progressivamente resgatáveis após 18 de junho de 2002, na forma da lei.

▶ Art. 80 acrescido pela EC nº 31, de 14-12-2000.
▶ LC nº 111, de 6-7-2001, dispõe sobre o Fundo de Combate e Erradicação da Pobreza, na forma prevista nos arts. 79 a 81 do ADCT.

Art. 81. É instituído Fundo constituído pelos recursos recebidos pela União em decorrência da desestatização de sociedades de economia mista ou empresas públicas por ela controladas, direta ou indiretamente, quando a operação envolver a alienação do respectivo controle acionário a pessoa ou entidade não integrante da Administração Pública, ou de participação societária remanescente após a alienação, cujos rendimentos, gerados a partir de 18 de junho de 2002, reverterão ao Fundo de Combate e Erradicação da Pobreza.

▶ Art. 31, III, do Dec. nº 6.140, de 3-7-2007, que regulamenta a Contribuição Provisória sobre Movimentação ou Transmissão de Valores e de Créditos e Direitos de Natureza Financeira – CPMF.

§ 1º Caso o montante anual previsto nos rendimentos transferidos ao Fundo de Combate e Erradicação da Pobreza, na forma deste artigo, não alcance o valor de quatro bilhões de reais, far-se-á complementação na forma do artigo 80, inciso IV, do Ato das Disposições Constitucionais Transitórias.

§ 2º Sem prejuízo do disposto no § 1º, o Poder Executivo poderá destinar o Fundo a que se refere este artigo outras receitas decorrentes da alienação de bens da União.

§ 3º A constituição do Fundo a que se refere o *caput*, a transferência de recursos ao Fundo de Combate e Erradicação da Pobreza e as demais disposições referentes ao § 1º deste artigo serão disciplinadas em lei, não se aplicando o disposto no artigo 165, § 9º, inciso II, da Constituição.

▶ Art. 81 acrescido pela EC nº 31, de 13-12-2000.
▶ LC nº 111, de 6-7-2001, dispõe sobre o Fundo de Combate e Erradicação da Pobreza, na forma prevista nos arts. 79 a 81 do ADCT.

Art. 82. Os Estados, o Distrito Federal e os Municípios devem instituir Fundos de Combate à Pobreza, com os recursos de que trata este artigo e outros que vierem a destinar, devendo os referidos Fundos ser geridos por entidades que contém com a participação da sociedade civil.

▶ Artigo acrescido pela EC nº 31, de 14-12-2000.
▶ Art. 4º da EC nº 42, de 19-12-2003.

§ 1º Para o financiamento dos Fundos Estaduais e Distrital, poderá ser criado adicional de até dois pontos percentuais na alíquota do Imposto sobre Circulação de Mercadorias e Serviços – ICMS, sobre os produtos e serviços supérfluos e nas condições definidas na lei complementar de que trata o art. 155, § 2º, XII, da Constituição, não se aplicando, sobre este percentual, o disposto no art. 158, IV, da Constituição.

▶ § 1º com a redação dada pela EC nº 42, de 19-12-2003.

§ 2º Para o financiamento dos Fundos Municipais, poderá ser criado adicional de até meio ponto percentual na alíquota do Imposto sobre serviços ou do imposto que vier a substituí-lo, sobre os serviços supérfluos.

▶ § 2º acrescido pela EC nº 31, de 14-12-2000.

Art. 83. Lei federal definirá os produtos e serviços supérfluos a que se referem os arts. 80, II, e 82, § 2º.

▶ Artigo com a redação dada pela EC nº 42, de 19-12-2003.

Art. 84. A contribuição provisória sobre movimentação ou transmissão de valores e de créditos e direitos de natureza financeira, prevista nos arts. 74, 75 e 80, I, deste Ato das Disposições Constitucionais Transitórias, será cobrada até 31 de dezembro de 2004.

▶ Art. 90 deste Ato.

▶ Dec. nº 6.140, de 3-7-2007, regulamenta a Contribuição Provisória sobre Movimentação ou Transmissão de Valores e de Créditos e Direitos de Natureza Financeira – CPMF.

§ 1º Fica prorrogada, até a data referida no *caput* deste artigo, a vigência da Lei nº 9.311, de 24 de outubro de 1996, e suas alterações.

§ 2º Do produto da arrecadação da contribuição social de que trata este artigo será destinada a parcela correspondente à alíquota de:

▶ Art. 31 do Dec. nº 6.140, de 3-7-2007, que regulamenta a Contribuição Provisória sobre Movimentação ou Transmissão de Valores e de Créditos e Direitos de Natureza Financeira – CPMF.

I – vinte centésimos por cento ao Fundo Nacional de Saúde, para financiamento das ações e serviços de saúde;

II – dez centésimos por cento ao custeio da previdência social;

III – oito centésimos por cento ao Fundo de Combate e Erradicação da Pobreza, de que tratam os arts. 80 e 81 deste Ato das Disposições Constitucionais Transitórias.

§ 3º A alíquota da contribuição de que trata este artigo será de:

I – trinta e oito centésimos por cento, nos exercícios financeiros de 2002 e 2003;

II – *Revogado*. EC nº 42, de 19-12-2003.

▶ Art. 84 acrescido pela EC nº 37, de 12-6-2002.

Art. 85. A contribuição a que se refere o art. 84 deste Ato das Disposições Constitucionais Transitórias não incidirá, a partir do trigésimo dia da data de publicação desta Emenda Constitucional, nos lançamentos:

▶ Art. 3º do Dec. nº 6.140, de 3-7-2007, que regulamenta a Contribuição Provisória sobre Movimentação ou Transmissão de Valores e de Créditos e Direitos de Natureza Financeira – CPMF.

I – em contas correntes de depósito especialmente abertas e exclusivamente utilizadas para operações de:

▶ Art. 2º da Lei nº 10.892, de 13-7-2004, que dispõe sobre multas nos casos de utilização diversa da prevista na legislação das contas correntes de depósitos beneficiarias da alíquota 0 (zero), bem como da inobservância de normas baixadas pelo BACEN que resultem na falta de cobrança do CPMF devida.

a) câmaras e prestadoras de serviços de compensação e de liquidação de que trata o parágrafo único do art. 2º da Lei nº 10.214, de 27 de março de 2001;
b) companhias securitizadoras de que trata a Lei nº 9.514, de 20 de novembro de 1997;
c) sociedades anônimas que tenham por objeto exclusivo a aquisição de créditos oriundos de operações praticadas no mercado financeiro;

▶ Art. 2º, § 3º, da Lei nº 10.892, de 13-7-2004, que altera os arts. 8º e 16 da Lei nº 9.311, de 24-10-1996, que institui a Contribuição Provisória sobre Movimentação ou Transmissão de Valores e de Créditos e Direitos de Natureza Financeira – CPMF.

II – em contas correntes de depósito, relativos a:

a) operações de compra e venda de ações, realizadas em recintos ou sistemas de negociação de bolsas de valores e no mercado de balcão organizado;
b) contratos referenciados em ações ou índices de ações, em suas diversas modalidades, negociados em bolsas de valores, de mercadorias e de futuros;

III – em contas de investidores estrangeiros, relativos a entradas no País e a remessas para o exterior de recursos financeiros empregados, exclusivamente, em operações e contratos referidos no inciso II deste artigo.

§ 1º O Poder Executivo disciplinará o disposto neste artigo no prazo de trinta dias da data de publicação desta Emenda Constitucional.

§ 2º O disposto no inciso I deste artigo aplica-se somente às operações relacionadas em ato do Poder Executivo, dentre aquelas que constituam o objeto social das referidas entidades.

§ 3º O disposto no inciso II deste artigo aplica-se somente a operações e contratos efetuados por intermédio de instituições financeiras, sociedades corretoras de títulos e valores mobiliários, sociedades distribuidoras de títulos e valores mobiliários e sociedades corretoras de mercadorias.

▶ Art. 85 acrescido pela EC nº 37, de 12-6-2002.

Art. 86. Serão pagos conforme disposto no art. 100 da Constituição Federal, não se lhes aplicando a regra de parcelamento estabelecida no *caput* do art. 78 deste Ato das Disposições Constitucionais Transitórias, os débitos da Fazenda Federal, Estadual, Distrital ou Municipal oriundos de sentenças transitadas em julgado, que preencham, cumulativamente, as seguintes condições:

I – ter sido objeto de emissão de precatórios judiciários;

▶ Res. do CNJ nº 92, de 13-10-2009, dispõe sobre a Gestão de Precatórios no âmbito do Poder Judiciário.

II – ter sido definidos como de pequeno valor pela lei de que trata o § 3º do art. 100 da Constituição Federal ou pelo art. 87 deste Ato das Disposições Constitucionais Transitórias;

III – estar, total ou parcialmente, pendentes de pagamento na data da publicação desta Emenda Constitucional.

§ 1º Os débitos a que se refere o *caput* deste artigo, ou os respectivos saldos, serão pagos na ordem cronológica de apresentação dos respectivos precatórios, com precedência sobre os de maior valor.

▶ Res. do CNJ nº 92, de 13-10-2009, dispõe sobre a Gestão de Precatórios no âmbito do Poder Judiciário.

§ 2º Os débitos a que se refere o *caput* deste artigo, se ainda não tiverem sido objeto de pagamento parcial, nos termos do art. 78 deste Ato das Disposições Constitucionais Transitórias, poderão ser pagos em duas parcelas anuais, se assim dispuser a lei.

§ 3º Observada a ordem cronológica de sua apresentação, os débitos de natureza alimentícia previstos neste artigo terão precedência para pagamento sobre todos os demais.

▶ Art. 86 acrescido pela EC nº 37, de 12-6-2002.

Art. 87. Para efeito do que dispõem o § 3º do art. 100 da Constituição Federal e o art. 78 deste Ato das Disposições Constitucionais Transitórias serão considerados de pequeno valor, até que se dê a publicação oficial das respectivas leis definidoras pelos entes da Federação, observado o disposto no § 4º do art. 100 da Constituição Federal, os débitos ou obrigações consignados em precatório judiciário, que tenham valor igual ou inferior a:

I – quarenta salários mínimos, perante a Fazenda dos Estados e do Distrito Federal;

II – trinta salários mínimos, perante a Fazenda dos Municípios.

Parágrafo único. Se o valor da execução ultrapassar o estabelecido neste artigo, o pagamento far-se-á, sempre, por meio de precatório, sendo facultada à parte exequente a renúncia ao crédito do valor excedente, para que possa optar pelo pagamento do saldo sem o precatório, da forma prevista no § 3º do art. 100.

▶ Art. 87 acrescido pela EC nº 37, de 12-6-2002.
▶ Res. do CNJ nº 92, de 13-10-2009, dispõe sobre a Gestão de Precatórios no âmbito do Poder Judiciário.

Art. 88. Enquanto lei complementar não disciplinar o disposto nos incisos I e III do § 3º do art. 156 da Constituição Federal, o imposto a que se refere o inciso III do *caput* do mesmo artigo:

I – terá alíquota mínima de dois por cento, exceto para os serviços a que se referem os itens 32, 33 e 34 da Lista de Serviços anexa ao Decreto-Lei nº 406, de 31 de dezembro de 1968;

II – não será objeto de concessão de isenções, incentivos e benefícios fiscais, que resulte, direta ou indiretamente, na redução da alíquota mínima estabelecida no inciso I.

▶ Art. 88 acrescido pela EC nº 37, de 12-6-2002.

Art. 89. Os integrantes da carreira policial militar e os servidores municipais do ex-Território Federal de Rondônia que, comprovadamente, se encontravam no exercício regular de suas funções prestando serviço àquele ex-Território na data em que foi transformado em Estado, bem como os servidores e os policiais militares alcançados pelo disposto no art. 36 da Lei Complementar nº 41, de 22 de dezembro de 1981, e aqueles admitidos regularmente nos quadros do Estado de Rondônia até a data de posse do primeiro Governador eleito, em 15 de março de 1987, constituirão, mediante opção, quadro em extinção da administração federal, assegurados os direitos e as vantagens a eles inerentes, vedado o pagamento, a qualquer título, de diferenças remuneratórias.

▶ *Caput* com a redação dada pela EC nº 60, de 11-11-2009.
▶ Art. 1º da EC nº 60, de 11-11-2009, que veda o pagamento, a qualquer título, em virtude da alteração pela referida Emenda, de ressarcimentos ou indenizações, de qualquer espécie, referentes a períodos anteriores à data de sua publicação (*DOU* de 12-11-2009).

§ 1º Os membros da Polícia Militar continuarão prestando serviços ao Estado de Rondônia, na condição de cedidos, submetidos às corporações da Polícia Militar, observadas as atribuições de função compatíveis com o grau hierárquico.

§ 2º Os servidores a que se refere o *caput* continuarão prestando serviços ao Estado de Rondônia na condição de cedidos, até seu aproveitamento em órgão ou entidade da administração federal direta, autárquica ou fundacional.

▶ §§ 1º e 2º acrescidos pela EC nº 60, de 11-11-2009.

Art. 90. O prazo previsto no *caput* do art. 84 deste Ato das Disposições Constitucionais Transitórias fica prorrogado até 31 de dezembro de 2007.

§ 1º Fica prorrogada, até a data referida no *caput* deste artigo, a vigência da Lei nº 9.311, de 24 de outubro de 1996, e suas alterações.

§ 2º Até a data referida no *caput* deste artigo, a alíquota da contribuição de que trata o art. 84 deste Ato das Disposições Constitucionais Transitórias será de trinta e oito centésimos por cento.

▶ Art. 90 acrescido pela EC nº 42, de 19-12-2003.

Art. 91. A União entregará aos Estados e ao Distrito Federal o montante definido em lei complementar, de acordo com critérios, prazos e condições nela determinados, podendo considerar as exportações para o exterior de produtos primários e semielaborados, a relação entre as exportações e as importações, os créditos decorrentes de aquisições destinadas ao ativo permanente e a efetiva manutenção e aproveitamento do crédito do imposto a que se refere o art. 155, § 2º, X, *a*.

§ 1º Do montante de recursos que cabe a cada Estado, setenta e cinco por cento pertencem ao próprio Estado, e vinte e cinco por cento, aos seus Municípios, distribuídos segundo os critérios a que se refere o art. 158, parágrafo único, da Constituição.

§ 2º A entrega de recursos prevista neste artigo perdurará, conforme definido em lei complementar, até que o imposto a que se refere o art. 155, II, tenha o produto de sua arrecadação destinado predominantemente, em proporção não inferior a oitenta por cento, ao Estado onde ocorrer o consumo das mercadorias, bens ou serviços.

§ 3º Enquanto não for editada a lei complementar de que trata o *caput*, em substituição ao sistema de entrega de recursos nele previsto, permanecerá vigente o sistema de entrega de recursos previsto no art. 31 e Anexo da Lei Complementar nº 87, de 13 de setembro de 1996, com a redação dada pela Lei Complementar nº 115, de 26 de dezembro de 2002.

§ 4º Os Estados e o Distrito Federal deverão apresentar à União, nos termos das instruções baixadas pelo Ministério da Fazenda, as informações relativas ao imposto de que trata o art. 155, II, declaradas pelos contribuintes que realizarem operações ou prestações com destino ao exterior.

▶ Art. 91 acrescido pela EC nº 42, de 19-12-2003.

Art. 92. São acrescidos dez anos ao prazo fixado no art. 40 deste Ato das Disposições Constitucionais Transitórias.

▶ Artigo acrescido pela EC nº 42, de 19-12-2003.

Art. 93. A vigência do disposto no art. 159, III, e § 4º, iniciará somente após a edição da lei de que trata o referido inciso III.

▶ Artigo acrescido pela EC nº 42, de 19-12-2003.

Art. 94. Os regimes especiais de tributação para microempresas e empresas de pequeno porte próprios da União, dos Estados, do Distrito Federal e dos Municípios cessarão a partir da entrada em vigor do regime previsto no art. 146, III, *d*, da Constituição.

▶ Artigo acrescido pela EC nº 42, de 19-12-2003.

Art. 95. Os nascidos no estrangeiro entre 7 de junho de 1994 e a data da promulgação desta Emenda Constitucional, filhos de pai brasileiro ou mãe brasileira, poderão ser registrados em repartição diplomática ou consular brasileira competente ou em ofício de registro, se vierem a residir na República Federativa do Brasil.

▶ Artigo acrescido pela EC nº 54, de 20-9-2007.
▶ Art. 12 desta Constituição.

Art. 96. Ficam convalidados os atos de criação, fusão, incorporação e desmembramento de Municípios, cuja lei tenha sido publicada até 31 de dezembro de 2006, atendidos os requisitos estabelecidos na legislação do respectivo Estado à época de sua criação.

▶ Artigo acrescido pela EC nº 57, de 18-12-2008.

Art. 97. Até que seja editada a Lei Complementar de que trata o § 15 do art. 100 da Constituição Federal, os Estados, o Distrito Federal e os Municípios que, na data de publicação desta Emenda Constitucional, estejam em mora na quitação de precatórios vencidos, relativos às suas administrações direta e indireta, inclusive os emitidos durante o período de vigência do regime especial instituído por este artigo, farão esses pagamentos de acordo com as normas a seguir estabelecidas, sendo inaplicável o disposto no art. 100 desta Constituição Federal, exceto em seus §§ 2º, 3º, 9º, 10, 11, 12, 13 e 14, e sem prejuízo dos acordos de juízos conciliatórios já formalizados na data de promulgação desta Emenda Constitucional.

▶ Art. 3º da EC nº 62, de 9-12-2009, estabelece que a implantação do regime de pagamento criado por este artigo deverá ocorrer no prazo de até 90 (noventa dias), contados da data de sua publicação (*DOU* de 10-12-2009).

§ 1º Os Estados, o Distrito Federal e os Municípios sujeitos ao regime especial de que trata este artigo optarão, por meio de ato do Poder Executivo:

▶ Art. 4º da EC nº 62, de 9-12-2009, que estabelece os casos em que a entidade federativa voltará a observar somente o disposto no art. 100 da CF.

I – pelo depósito em conta especial do valor referido pelo § 2º deste artigo; ou
II – pela adoção do regime especial pelo prazo de até 15 (quinze) anos, caso em que o percentual a ser depositado na conta especial a que se refere o § 2º deste artigo corresponderá, anualmente, ao saldo total dos precatórios devidos, acrescido do índice oficial de remuneração básica da caderneta de poupança e de juros simples no mesmo percentual de juros incidentes sobre a caderneta de poupança para fins de compensação da mora, excluída a incidência de juros compensatórios, diminuído das amortizações e dividido pelo número de anos restantes no regime especial de pagamento.

§ 2º Para saldar os precatórios, vencidos e a vencer, pelo regime especial, os Estados, o Distrito Federal e os Municípios devedores depositarão mensalmente, em conta especial criada para tal fim, 1/12 (um doze avos) do valor calculado percentualmente sobre as respectivas receitas correntes líquidas, apuradas no segundo mês anterior ao mês de pagamento, sendo que esse percentual, calculado no momento de opção pelo regime e mantido fixo até o final do prazo a que se refere o § 14 deste artigo, será:

I – para os Estados e para o Distrito Federal:

a) de, no mínimo, 1,5% (um inteiro e cinco décimos por cento), para os Estados das regiões Norte, Nordeste e Centro-Oeste, além do Distrito Federal, ou cujo estoque de precatórios pendentes das suas administrações direta e indireta corresponder a até 35% (trinta e cinco por cento) do total da receita corrente líquida;

b) de, no mínimo, 2% (dois por cento), para os Estados das regiões Sul e Sudeste, cujo estoque de precatórios pendentes das suas administrações direta e indireta corresponder a mais de 35% (trinta e cinco por cento) da receita corrente líquida;

II – para Municípios:

a) de, no mínimo, 1% (um por cento), para Municípios das regiões Norte, Nordeste e Centro-Oeste, ou cujo estoque de precatórios pendentes das suas administrações direta e indireta corresponder a até 35% (trinta e cinco por cento) da receita corrente líquida;

b) de, no mínimo, 1,5% (um inteiro e cinco décimos por cento), para Municípios das regiões Sul e Sudeste, cujo estoque de precatórios pendentes das suas administrações direta e indireta corresponder a mais de 35 % (trinta e cinco por cento) da receita corrente líquida.

§ 3º Entende-se como receita corrente líquida, para os fins de que trata este artigo, o somatório das receitas tributárias, patrimoniais, industriais, agropecuárias, de contribuições e de serviços, transferências correntes e outras receitas correntes, incluindo as oriundas do § 1º do art. 20 da Constituição Federal, verificado no período compreendido pelo mês de referência e os 11 (onze) meses anteriores, excluídas as duplicidades, e deduzidas:

I – nos Estados, as parcelas entregues aos Municípios por determinação constitucional;
II – nos Estados, no Distrito Federal e nos Municípios, a contribuição dos servidores para custeio do seu sistema de previdência e assistência social e as receitas provenientes da compensação financeira referida no § 9º do art. 201 da Constituição Federal.

§ 4º As contas especiais de que tratam os §§ 1º e 2º serão administradas pelo Tribunal de Justiça local, para pagamento de precatórios expedidos pelos tribunais.

§ 5º Os recursos depositados nas contas especiais de que tratam os §§ 1º e 2º deste artigo não poderão retornar para Estados, Distrito Federal e Municípios devedores.

§ 6º Pelo menos 50% (cinquenta por cento) dos recursos de que tratam os §§ 1º e 2º deste artigo serão utilizados para pagamento de precatórios em ordem cronológica de apresentação, respeitadas as preferências definidas no § 1º, para os requisitórios do mesmo ano e no § 2º do art. 100, para requisitórios de todos os anos.

§ 7º Nos casos em que não se possa estabelecer a precedência cronológica entre 2 (dois) precatórios, pagar-se-á primeiramente o precatório de menor valor.

§ 8º A aplicação dos recursos restantes dependerá de opção a ser exercida por Estados, Distrito Federal e Municípios devedores, por ato do Poder Executivo, obedecendo à seguinte forma, que poderá ser aplicada isoladamente ou simultaneamente:

I – destinados ao pagamento dos precatórios por meio do leilão;
II – destinados a pagamento a vista de precatórios não quitados na forma do § 6º e do inciso I, em ordem única e crescente de valor por precatório;
III – destinados a pagamento por acordo direto com os credores, na forma estabelecida por lei própria da entidade devedora, que poderá prever criação e forma de funcionamento de câmara de conciliação.

§ 9º Os leilões de que trata o inciso I do § 8º deste artigo:

I – serão realizados por meio de sistema eletrônico administrado por entidade autorizada pela Comissão de Valores Mobiliários ou pelo Banco Central do Brasil;
II – admitirão a habilitação de precatórios, ou parcela de cada precatório indicada pelo seu detentor, em relação aos quais não esteja pendente, no âmbito do Poder Judiciário, recurso ou impugnação de qualquer natureza, permitida por iniciativa do Poder Executivo a compensação com débitos líquidos e certos, inscritos ou não em dívida ativa e constituídos contra devedor originário pela Fazenda Pública devedora até a data da expedição do precatório, ressalvados aqueles cuja exigibilidade esteja suspensa nos termos da legislação, ou que já tenham sido objeto de abatimento nos termos do § 9º do art. 100 da Constituição Federal;
III – ocorrerão por meio de oferta pública a todos os credores habilitados pelo respectivo ente federativo devedor;
IV – considerarão automaticamente habilitado o credor que satisfaça o que consta no inciso II;
V – serão realizados tantas vezes quanto necessário em função do valor disponível;
VI – a competição por parcela do valor total ocorrerá a critério do credor, com deságio sobre o valor desta;
VII – ocorrerão na modalidade deságio, associado ao maior volume ofertado cumulado ou não com o maior percentual de deságio, pelo maior percentual de deságio, podendo ser fixado valor máximo por credor, ou por outro critério a ser definido em edital;
VIII – o mecanismo de formação de preço constará nos editais publicados para cada leilão;
IX – a quitação parcial dos precatórios será homologada pelo respectivo Tribunal que o expediu.

§ 10. No caso de não liberação tempestiva dos recursos de que tratam o inciso II do § 1º e os §§ 2º e 6º deste artigo:

I – haverá o sequestro de quantia nas contas de Estados, Distrito Federal e Municípios devedores, por ordem do Presidente do Tribunal referido no § 4º, até o limite do valor não liberado;
II – constituir-se-á, alternativamente, por ordem do Presidente do Tribunal requerido, em favor dos credores de precatórios, contra Estados, Distrito Federal e Municípios devedores, direito líquido e certo, autoaplicável e independentemente de regulamentação, à compensação automática com débitos líquidos lançados por esta contra aqueles, e, havendo saldo em favor do credor, o valor terá automaticamente poder liberatório do pagamento de tributos de Estados, Distrito Federal e Municípios devedores, até onde se compensarem;
III – o chefe do Poder Executivo responderá na forma da legislação de responsabilidade fiscal e de improbidade administrativa;
IV – enquanto perdurar a omissão, a entidade devedora:

a) não poderá contrair empréstimo externo ou interno;
b) ficará impedida de receber transferências voluntárias;

V – a União reterá os repasses relativos ao Fundo de Participação dos Estados e do Distrito Federal e ao Fundo de Participação dos Municípios, e os depositará nas contas especiais referidas no § 1º, devendo sua utilização obedecer ao que prescreve o § 5º, ambos deste artigo.

§ 11. No caso de precatórios relativos a diversos credores, em litisconsórcio, admite-se o desmembramento do valor, realizado pelo Tribunal de origem do precatório, por credor, e, por este, a habilitação do valor total a que tem direito, não se aplicando, neste caso, a regra do § 3º do art. 100 da Constituição Federal.

§ 12. Se a lei a que se refere o § 4º do art. 100 não estiver publicada em até 180 (cento e oitenta) dias, contados da data de publicação desta Emenda Constitucional, será considerado, para os fins referidos, em relação a Estados, Distrito Federal e Municípios devedores, omissos na regulamentação, o valor de:

I – 40 (quarenta) salários mínimos para Estados e para o Distrito Federal;
II – 30 (trinta) salários mínimos para Municípios.

§ 13. Enquanto Estados, Distrito Federal e Municípios devedores estiverem realizando pagamentos de precatórios pelo regime especial, não poderão sofrer sequestro de valores, exceto no caso de não liberação tempestiva dos recursos de que tratam o inciso II do § 1º e o § 2º deste artigo.

§ 14. O regime especial de pagamento de precatório previsto no inciso I do § 1º vigorará enquanto o valor dos precatórios devidos for superior ao valor dos recursos vinculados, nos termos do § 2º, ambos deste artigo, ou pelo prazo fixo de até 15 (quinze) anos, no caso da opção prevista no inciso II do § 1º.

§ 15. Os precatórios parcelados na forma do art. 33 ou do art. 78 deste Ato das Disposições Constitucionais Transitórias e ainda pendentes de pagamento ingressarão no regime especial com o valor atualizado das parcelas não pagas relativas a cada precatório, bem como o saldo dos acordos judiciais e extrajudiciais.

§ 16. A partir da promulgação desta Emenda Constitucional, a atualização de valores de requisitórios, até o efetivo pagamento, independentemente de sua natureza, será feita pelo índice oficial de remuneração básica da caderneta de poupança, e, para fins de compensação da mora, incidirão juros simples no mesmo percentual de juros incidentes sobre a caderneta de poupança, ficando excluída a incidência de juros compensatórios.

§ 17. O valor que exceder o limite previsto no § 2º do art. 100 da Constituição Federal será pago, durante a vigência do regime especial, na forma prevista nos §§ 6º e 7º ou nos incisos I, II e III do § 8º deste artigo, devendo os valores dispendidos para o atendimento do disposto no § 2º do art. 100 da Constituição Federal serem computados para efeito do § 6º deste artigo.

§ 18. Durante a vigência do regime especial a que se refere este artigo, gozarão também da preferência a que se refere o § 6º os titulares originais de precatórios que tenham completado 60 (sessenta) anos de idade até a data da promulgação desta Emenda Constitucional.

▶ Art. 97 acrescido pela EC nº 62, de 9-12-2009.

Brasília, 5 de outubro de 1988.

Ulysses Guimarães – Presidente,
Mauro Benevides – 1º Vice-Presidente,
Jorge Arbage – 2º Vice-Presidente,
Marcelo Cordeiro – 1º Secretário,
Mário Maia – 2º Secretário,
Arnaldo Faria de Sá – 3º Secretário,
Benedita da Silva – 1º Suplente de Secretário,
Luiz Soyer – 2º Suplente de Secretário,
Sotero Cunha – 3º Suplente de Secretário,
Bernardo Cabral – Relator Geral,
Adolfo Oliveira – Relator Adjunto,
Antônio Carlos Konder Reis – Relator Adjunto,
José Fogaça – Relator Adjunto.

Índice Alfabético-Remissivo da Constituição da República Federativa do Brasil e de suas Disposições Transitórias

A

ABASTECIMENTO ALIMENTAR: art. 23, VIII, CF

ABUSO DE PODER
- concessão de *habeas corpus*: art. 5º, LXVIII, CF; Súms. 693 a 695, STF
- concessão de mandado de segurança: art. 5º, LXIX, CF; Súm. 632, STF
- direito de petição: art. 5º, XXXIV, a, CF; Súm. Vinc. 21, STF; Súm. 373, STJ

ABUSO DE PRERROGATIVAS: art. 55, § 1º, CF

ABUSO DO DIREITO DE GREVE: art. 9º, § 2º, CF

ABUSO DO EXERCÍCIO DE FUNÇÃO: art. 14, § 9º, *in fine*, CF; Súm. 13, TSE

ABUSO DO PODER ECONÔMICO: art. 173, § 4º, CF; Súm. 646, STF

AÇÃO CIVIL PÚBLICA: art. 129, III e § 1º, CF; Súm. 643, STF; Súm. 329, STJ

AÇÃO DE GRUPOS ARMADOS CONTRA O ESTADO: art. 5º, XLIV, CF

AÇÃO DE *HABEAS CORPUS*: art. 5º, LXXVII, CF

AÇÃO DE *HABEAS DATA*: art. 5º, LXXVII, CF

AÇÃO DE IMPUGNAÇÃO DE MANDATO ELETIVO: art. 14, §§ 10 e 11, CF

AÇÃO DECLARATÓRIA DE CONSTITUCIONALIDADE (ADECON)
- eficácia de decisões definitivas de mérito proferidas pelo STF: art. 102, § 2º, CF
- legitimação ativa: art. 103, CF
- processo e julgamento: art. 102, I, a, CF; Súms. 642 e 735, STF

AÇÃO DIRETA DE INCONSTITUCIONALIDADE (ADIN)
- audiência prévia do Procurador-Geral da República: art. 103, § 1º, CF
- citação prévia do Advogado-Geral da União: art. 103, § 3º, CF
- competência do STF: art. 102, I, a, CF; Súms. 642 e 735, STF
- legitimação ativa: arts. 103 e 129, IV, CF
- omissão de medida: art. 103, § 2º, CF
- processo e julgamento I: art. 102, I, a, CF; Súms. 642 e 735, STF
- recurso extraordinário: art. 102, III, CF
- suspensão da execução de lei: art. 52, X, CF

AÇÃO PENAL: art. 37, § 4º, CF

AÇÃO PENAL PRIVADA: art. 5º, LIX, CF

AÇÃO PENAL PÚBLICA: art. 129, I, CF; Súm. 234, STJ

AÇÃO POPULAR: art. 5º, LXXIII, CF

AÇÃO PÚBLICA: art. 5º, LIX, CF

AÇÃO RESCISÓRIA
- competência originária; STF: art. 102, I, j, CF
- competência originária; STJ: art. 105, I, e, CF
- competência originária; TRF: art. 108, I, b, CF
- de decisões anteriores à promulgação da CF: art. 27, § 10, ADCT; Súms. 38, 104, 147 e 165, STJ

ACESSO À CULTURA, À EDUCAÇÃO E À CIÊNCIA: art. 23, V, CF

ACESSO À INFORMAÇÃO: art. 5º, XIV, CF

ACIDENTES DO TRABALHO
- cobertura pela previdência social: art. 201, I e § 10, CF
- seguro: art. 7º, XXVIII, CF; Súm. Vinc. 22, STF

AÇÕES TRABALHISTAS: arts. 7º, XXIX, e 114, CF; Súm. Vinc. 22, STF; Súm. 349, STF; Súms. 308, 392 e 409, TST

ACORDOS COLETIVOS DE TRABALHO: art. 7º, XXVI, CF

ACORDOS INTERNACIONAIS: arts. 49, I, e 84, VIII, CF

ACRE: art. 12, § 5º, ADCT

ADICIONAIS: art. 17, ADCT

ADICIONAL DE REMUNERAÇÃO: art. 7º, XXIII, CF; Súm. Vinc. 4, STF

ADMINISTRAÇÃO PÚBLICA: arts. 37 a 43, CF; Súm. Vinc. 13, STF
- acumulação de cargos públicos: art. 37, XVI e XVII, CF
- aposentadoria de servidor; casos: art. 40, § 1º, CF; Súm. 726, STF
- atos; fiscalização e controle: art. 49, X, CF
- cargo em comissão: art. 37, II, *in fine*, e V, CF; Súm. 685, STF; Súms. 331 e 363, TST
- cômputo de tempo de serviço: art. 40, § 9º, CF
- concurso público: art. 37, II, III e IV, CF; Súm. 685, STF; Súm. 363, TST
- contas: art. 71, CF
- contratação de servidores por prazo determinado: art. 37, IX, CF
- controle interno: art. 74, CF
- despesas com pessoal: art. 169; art. 38, par. ún., ADCT
- empresa pública: art. 37, XIX, CF
- estabilidade de servidores: art. 41, CF; Súm. 390, TST
- extinção de cargo: art. 41, § 3º, CF
- federal: arts. 84, VI, a, 87, par. ún., e 165, §§ 1º e 2º, CF
- função de confiança: art. 37, V e XVII, CF
- gestão da documentação governamental: art. 216, § 2º, CF
- gestão financeira e patrimonial: art. 165, § 9º, CF; art. 35, § 2º, ADCT
- improbidade administrativa: art. 37, § 4º, CF
- incentivos regionais: art. 43, § 2º, CF
- militares: art. 42, CF
- Ministérios e órgãos: arts. 48, XI, 61, § 1º, II, e, CF
- pessoas jurídicas; responsabilidade: art. 37, § 6º, CF
- princípios: art. 37, CF; Súm. Vinc. 13, STF
- profissionais de saúde: art. 17, § 2º, ADCT
- publicidade: art. 37, § 1º, CF
- regiões: art. 43, CF
- reintegração de servidor estável: art. 41, § 2º, CF
- remuneração de servidores: art. 37, X, CF
- servidor público: arts. 38 a 41, CF; Súm. 390, TST
- sindicalização de servidores públicos: art. 37, VI, CF
- tributárias: arts. 37, XXII, XV, e 167, IV, CF
- vencimentos: art. 37, XII e XIII, CF

ADOÇÃO: art. 227, §§ 5º e 6º, CF

ADOLESCENTE: art. 227, CF
- assistência social: art. 203, I e II, CF
- imputabilidade penal: art. 228, CF
- proteção: art. 24, XV, CF

ADVOCACIA E DEFENSORIA PÚBLICA: arts. 133 a 135, CF; Súm. 421, STJ; Súms. 219 e 329, TST

ADVOCACIA-GERAL DA UNIÃO
- *vide* ADVOCACIA PÚBLICA
- defesa de ato ou texto impugnado em ação de inconstitucionalidade: art. 103, § 3º, CF
- organização e funcionamento: art. 29, § 1º, ADCT
- Procuradores da República: art. 29, § 2º, ADCT

ADVOCACIA PÚBLICA: arts. 131 e 132, CF
- *vide* ADVOGADO-GERAL DA UNIÃO
- crimes de responsabilidade: art. 52, II, CF
- organização e funcionamento: art. 29, *caput*, e § 1º, ADCT

ADVOGADO
- assistência ao preso: art. 5º, LXIII, CF
- composição STJ: art. 104, par. ún., II, CF
- composição STM: art. 123, par. ún., I, CF

- composição TREs: art. 120, § 1º, III, CF
- composição TRF: arts. 94 e 107, I, CF
- composição Tribunais do DF, dos Estados e dos Territórios: art. 94, CF
- composição TSE: art. 119, II, CF
- composição TST: art. 111-A, I, CF
- inviolabilidade de seus atos e manifestações: art. 133, CF
- necessidade na administração da Justiça: art. 133, CF
- OAB; proposição de ADIN e ADECON: art. 103, VII, CF

ADVOGADO-GERAL DA UNIÃO
- *vide* ADVOCACIA PÚBLICA
- citação prévia pelo STF: art. 103, § 3º, CF
- crimes de responsabilidade: art. 52, II, CF
- estabilidade: art. 132, par. ún., CF
- ingresso na carreira: art. 131, § 2º, CF
- nomeação: arts. 84, XVI, e 131, § 1º, CF

AEROPORTOS: art. 21, XII, c, CF

AGÊNCIAS FINANCEIRAS OFICIAIS DE FOMENTO: art. 165, § 2º, CF

AGROPECUÁRIA: art. 23, VIII, CF

AGROTÓXICOS: art. 220, § 4º, CF; e art. 65, ADCT

ÁGUAS
- *vide* RECURSOS HÍDRICOS
- bens dos Estados: art. 26, I a III, CF
- competência privativa da União: art. 22, IV, CF
- fiscalização: art. 200, VI, CF

ÁLCOOL CARBURANTE: art. 238, CF

ALIENAÇÕES: art. 37, XXI, CF

ALIMENTAÇÃO
- *vide* ALIMENTOS
- abastecimento: art. 23, VIII, CF
- direito social: art. 6º, CF
- fiscalização: art. 200, VI, CF
- programas suplementares: art. 212, § 4º, CF

ALIMENTOS
- pagamento por precatórios: art. 100, *caput*, e §§ 1º e 2º, CF; Súm. 655, STF; Súm. 144, STJ
- prisão civil: art. 5º, LXVII, CF; Súm. Vinc. 25, STF; Súms. 280 e 419, STJ

ALÍQUOTAS: art. 153, § 1º, CF

ALISTAMENTO ELEITORAL: art. 14, §§ 1º e 2º e 3º, III, CF

AMAMENTAÇÃO: art. 5º, L, CF

AMAPÁ: art. 14, ADCT

AMAZÔNIA LEGAL: art. 12, ADCT

AMEAÇA A DIREITO: art. 5º, XXXV, CF

AMÉRICA LATINA: art. 4º, par. ún., CF

AMPLA DEFESA: art. 5º, LV, CF; Súms. Vincs. 3, 5, 14, 21 e 24, STF; Súms. 701, 704, 705, 707 e 712, STF; Súms. 196, 312 e 373, STJ

ANALFABETISMO: art. 214, I, CF; e art. 60, § 6º, ADCT

ANALFABETO
- alistamento e voto: art. 14, § 1º, II, a, CF
- inelegibilidade: art. 14, § 4º, CF

ANISTIA
- competência da União: art. 21, XVII, CF
- concessão: art. 48, VIII, CF
- fiscal: art. 150, § 6º, CF
- punidos por razões políticas: arts. 8º e 9º, ADCT; Súm. 674, STF

APOSENTADO SINDICALIZADO: art. 8º, VII, CF

APOSENTADORIA
- cálculo do benefício: art. 201, CF
- contagem recíproca do tempo de contribuição: art. 201, § 9º, CF
- direito social: art. 7º, XXIV, CF
- ex-combatente: art. 53, V, ADCT
- homem e da mulher: art. 201, § 7º, CF
- juízes togados; art. 21, par. ún., ADCT
- magistrado: art. 93, VI e VIII, CF
- percepção simultânea de proventos: art. 37, § 10, CF
- professores: arts. 40, § 5º, e 201, § 8º, CF; Súm. 726, STF
- proporcional: arts. 3º e 9º da EC no 20/1998
- proventos em desacordo com a CF: art. 17, ADCT
- requisitos e critérios diferenciados; vedação: art. 40, § 4º, CF; Súm. 680, STF
- servidor público: art. 40, CF
- tempo de contribuição: art. 201, §§ 7º a 9º, CF
- trabalhadores rurais: art. 201, § 7º, II, CF

APRENDIZ: art. 7º, XXXIII, CF

ARGUIÇÃO DE DESCUMPRIMENTO DE PRECEITO FUNDAMENTAL (ADPF): art. 102, § 1º, CF

ASILO POLÍTICO: art. 4º, X, CF

ASSEMBLEIA ESTADUAL CONSTITUINTE
- elaboração da Constituição Estadual: art. 11, ADCT
- Tocantins: art. 13, §§ 2º e 5º, ADCT

ASSEMBLEIAS LEGISLATIVAS
- ADIN: art. 103, IV, CF
- competência: art. 27, § 3º, CF
- composição: arts. 27, *caput*, e 235, I, CF
- elaboração da Constituição Estadual: art. 11, ADCT
- emendas à CF Federal: art. 60, III, CF
- incorporação de Estados: art. 48, VI, CF
- intervenção estadual: art. 36, §§ 1º a 3º, CF

ASSISTÊNCIA
- desamparados: art. 6º, CF
- filhos e dependentes do trabalhador: art. 7º, XXV, CF
- gratuita dever do Estado: art. 5º, CF
- jurídica: arts. 5º, LXXIV, 24, XIII, e 227, § 3º, VI, CF
- médica; ex-combatente: art. 53, IV, ADCT
- pública: arts. 23, II, e 245, CF
- religiosa: art. 5º, VII, CF
- saúde: art. 212, § 4º, CF
- social: arts. 150, VI, c, 203 e 204, CF

ASSOCIAÇÃO
- apoio e estímulo: art. 174, § 2º, CF
- atividade garimpeira: arts. 21, XXV, e 174, §§ 3º e 4º, CF
- colônias de pescadores: art. 8º, par. ún., CF
- compulsória: art. 5º, XX, CF
- criação: art. 5º, XVIII, CF
- denúncia: art. 74, § 2º, CF
- desportiva: art. 217, I, CF
- dissolução: art. 5º, XIX, CF
- filiados: art. 5º, XXI, CF
- fiscalização: art. 5º, XXVIII, *b*, CF
- mandado de segurança coletivo: art. 5º, LXX, *b*, CF; Súm. 629, STF
- paramilitar: art. 5º, XVII, CF
- profissional: art. 8º, CF
- sindicatos rurais: art. 8º, par. ún., CF

ASSOCIAÇÃO PROFISSIONAL OU SINDICAL: art. 8º, CF; Súm. 4, STJ
- filiados: art. 5º, XXI, CF
- sindical de servidor público civil: art. 37, VI, CF
- sindical de servidor público militar: art. 142, § 3º, IV, CF

ATIVIDADE
- desportiva: art. 5º, XXVIII, a, *in fine*, CF
- econômica: arts. 170 a 181, CF
- essencial: art. 9º, § 1º, CF
- exclusiva do Estado: art. 247, CF
- garimpeira associação: arts. 21, XXV, e 174, §§ 3º e 4º, CF
- insalubre: art. 7º, XXIII, CF
- intelectual: art. 5º, IX, CF
- nociva ao interesse nacional: art. 12, § 4º, I, CF
- notarial e de registro: art. 236, CF
- nuclear: arts. 21, XXIII, 22, XXVI, 49, XIV, 177, V, e 225, § 6º, CF
- penosa: art. 7º, XXIII, CF
- perigosa: art. 7º, XXIII, CF

Índice Alfabético-Remissivo da CF e ADCT

ATO
- administrativo: art. 103-A, § 3º, CF
- governo local: art. 105, III, b, CF
- internacional: arts. 49, I, e 84, VIII, CF
- jurídico perfeito: art. 5º, XXXVI, CF; Súms. Vincs. 1 e 9, STF; Súm. 654, STF
- mero expediente: art. 93, XIV, CF
- normativo: arts. 49, V, e 102, I, a, CF
- processual: art. 5º, LX, CF
- remoção: art. 93, VIII e VIII-A, CF

B

BANCO CENTRAL: art. 164, CF
- Presidente e diretores: arts. 52, III, d, e 84, XIV, CF

BANDEIRA NACIONAL: art. 13, § 1º, CF

BANIMENTO: art. 5º, XLVII, d, CF

BENEFÍCIOS PREVIDENCIÁRIOS
- vide PREVIDÊNCIA SOCIAL
- contribuintes: art. 201, CF
- fundos: art. 250, CF
- irredutibilidade de seu valor: art. 194, par. ún., IV, CF
- limites: art. 248, CF

BENS
- competência para legislar sobre responsabilidade por dano: art. 24, VIII, CF
- confisco: art. 243, par. ún., CF
- Distrito Federal: art. 16, § 3º, ADCT
- Estados federados: art. 26, CF
- estrangeiros: art. 5º, XXXI, CF
- indisponibilidade: art. 37, § 4º, CF
- limitações ao tráfego: art. 150, V, CF
- móveis e imóveis: arts. 155, § 1º, I e II, e 156, II e § 2º, CF; Súm. 656, STF
- ocupação e uso temporário: art. 136, § 1º, II, CF
- perda: art. 5º, XLV, e XLVI, b, CF
- privação: art. 5º, LIV, CF
- requisição: art. 139, VII, CF
- União: arts. 20, 48, V, e 176, caput, CF
- valor artístico: arts. 23, III, IV, e 24, VIII, CF
- valor: art. 24, VIII, CF

BRASILEIRO: art. 12, CF
- adoção por estrangeiros: art. 227, § 5º, CF
- cargos, empregos e funções públicas: art. 37, I, CF; Súm. 686, STF; Súm. 266, STJ
- direitos fundamentais: art. 5º, CF; Súm. 683, STF
- Ministro de Estado: art. 87, CF
- nascidos no estrangeiro: art. 12, I, b e c, CF
- recursos minerais e energia hidráulica: art. 176, § 1º, CF

BRASILEIRO NATO
- caracterização: art. 12, I, CF
- cargos privativos: art. 12, § 3º, CF
- Conselho da República: art. 89, VII, CF
- distinção: art. 12, § 2º, CF
- perda da nacionalidade: art. 12, § 4º, CF
- propriedade de empresas jornalísticas: art. 222, § 2º, CF

BRASILEIRO NATURALIZADO
- cancelamento de naturalização: art. 15, I, CF
- caracterização: art. 12, II, CF
- distinção: art. 12, § 2º, CF
- extradição: art. 5º, LI, CF
- perda da nacionalidade: art. 12, § 4º, CF
- propriedade de empresa jornalística: art. 222, § 2º, CF

C

CALAMIDADE PÚBLICA
- empréstimo compulsório: art. 148, I, CF
- estado de defesa: art. 136, § 1º, II, CF
- planejamento e promoção da defesa: art. 21, XVIII, CF

CÂMARA DOS DEPUTADOS
- acusação contra o Presidente da República: art. 86, caput, CF

- ADECON: art. 103, III, CF
- ADIN: art. 103, III, CF
- cargo privativo de brasileiro nato: art. 12, § 3º, II, CF
- CPI: art. 58, § 3º, CF
- comissões permanentes e temporárias: art. 58, CF
- competência privativa: arts. 51 e 68, § 1º, CF
- composição: art. 45, CF
- Congresso Nacional: art. 44, caput, CF
- Conselho da República: art. 89, II, IV e VII, CF
- Conselho de Defesa Nacional: art. 91, II, CF
- despesa: art. 63, II, CF
- emenda constitucional: art. 60, I, CF
- emendas em projetos de lei: art. 64, § 3º, CF
- estado de sítio: art. 53, § 8º, CF
- exercício da Presidência da República: art. 80, CF
- informações a servidores públicos: art. 50, § 2º, CF
- iniciativa de leis: art. 61, CF
- irredutibilidade da representação dos Estados e do DF na: art. 4º, § 2º, ADCT
- legislatura: art. 44, par. ún., CF
- licença prévia a Deputados: art. 53, § 7º, CF
- Mesa; CF: art. 58, § 1º, CF
- Ministros de Estado: art. 50, CF
- projetos de lei: art. 64, CF
- quorum: art. 47, CF
- reunião em sessão conjunta com o Senado Federal: art. 57, § 3º, CF

CÂMARA LEGISLATIVA: art. 32, CF; art. 16, §§ 1º e 2º, ADCT

CÂMARA MUNICIPAL
- composição: art. 29, IV, CF
- controle externo: art. 31, §§ 1º e 2º, CF
- despesas: art. 29-A, CF
- funções legislativas e fiscalizadoras: art. 29, XI, CF
- iniciativa de lei: art. 29, V, CF
- lei orgânica: art. 11, par. ún., ADCT
- plano diretor: art. 182, § 1º, CF
- quorum: art. 29, caput, CF
- subsídios dos Vereadores: art. 29, VI, CF

CAPITAL
- estrangeiro: arts. 172 e 199, § 3º, CF
- social de empresa jornalística ou de radiodifusão: art. 222, §§ 1º, 2º e 4º, CF

CAPITAL FEDERAL: art. 18, § 1º, CF

CARGOS PRIVATIVOS DE BRASILEIROS NATOS: art. 12, § 3º, CF

CARGOS PÚBLICOS
- acesso por concurso: art. 37, I a IV, e § 2º, CF; Súm. 266, STJ; Súm. 363, TST
- acumulação: art. 37, XVI e XVII; art. 17, §§ 1º e 2º, ADCT
- comissão: art. 37, V, CF
- criação, transformação e extinção: arts. 48, X, 61, § 1º, II, a, e 96, II, b, CF
- deficiência física: art. 37, VIII, CF; Súm. 377, STJ
- estabilidade: art. 41, CF, art. 19, ADCT; Súm. 390, TST
- Estado: arts. 235, X, CF
- extinção: art. 41, § 3º, CF
- federais: art. 84, XXV, CF
- perda: arts. 41, § 1º, e 247, CF
- Poder Judiciário: art. 96, I, c e e, CF
- subsídios: art. 37, X e XI, CF

CARTAS ROGATÓRIAS: arts. 105, I, i, e 109, X, CF
- inadmissibilidade: art. 5º, IX, CF
- proibição: art. 220, caput e § 2º, CF

CIDADANIA
- atos necessários ao exercício: art. 5º, LXXVII, CF
- competência privativa da União para legislar: arts. 22, XIII, e 68, § 1º, II, CF
- fundamento da República Federativa do Brasil: art. 1º, II, CF
- mandado de injunção: art. 5º, LXXI, CF

CIDADÃO
- direito a um exemplar da CF: art. 64, ADCT

- direito de denúncia: art. 74, § 2º, CF
- iniciativa de leis: art. 61, *caput* e § 2º, CF

COISA JULGADA: art. 5º, XXXVI, CF; Súm. 315, TST

COMANDANTES DA MARINHA, EXÉRCITO E AERONÁUTICA
- Conselho de Defesa Nacional: art. 91, VIII, CF
- crimes comuns e de responsabilidade: art. 102, I, c, CF
- crimes conexos: art. 52, I, CF
- mandados de segurança, *habeas data* e *habeas corpus*: art. 105, I, *b* e c, CF

COMBUSTÍVEIS
- imposto municipal: art. 34, § 7º, ADCT
- tributos: art. 155, XII, *h*, e §§ 3º a 5º, CF; Súm. 659, STF
- venda e revenda: art. 238, CF

COMÉRCIO EXTERIOR
- competência privativa da União: art. 22, VIII, CF
- fiscalização e controle: art. 237, CF

COMÉRCIO INTERESTADUAL: art. 22, VIII, CF

COMISSÃO DE ESTUDOS TERRITORIAIS: art. 12, ADCT

COMISSÃO DO CONGRESSO NACIONAL
- competência: art. 58, § 2º, CF
- constituição: art. 58, *caput* e § 1º, CF
- mistas: arts. 26 e 51, ADCT
- mista permanente orçamentária: arts. 72 e 166, §§ 1º a 5º, CF
- parlamentares de inquérito (CPI): art. 58, § 3º, CF
- representativa durante o recesso: art. 58, § 4º, CF

COMISSÃO ESPECIAL
- mista; instalação pelo Congresso Nacional: art. 7º, da EC nº 45/2004
- mista do Congresso Nacional: art. 72; art. 51, ADCT

COMISSÃO INTERNA DE PREVENÇÃO DE ACIDENTES: art. 10, II, *a*, ADCT

COMPENSAÇÃO DE HORÁRIOS DE TRABALHO: art. 7º, XIII, CF

COMPETÊNCIA
- comum da União, dos Estados, do DF e dos Municípios: art. 23, CF
- concorrente: art. 24, CF
- Congresso Nacional: arts. 48 e 49, CF
- Conselho da República: art. 90, CF
- Conselho de Defesa Nacional: art. 91, CF
- Conselho Nacional de Justiça: art. 103-B, § 4º, CF
- Conselho Nacional do Ministério Público: art. 130-A, § 2º, CF
- DF: art. 32, § 1º, CF; Súm. 642, STF
- Júri: art. 5º, XXXVIII, *d*, CF; Súm. 721, STF
- juízes federais: art. 109, CF; Súms. 32, 66, 82, 150, 173, 324, 349 e 365, STJ
- Justiça do Trabalho: art. 114, CF; Súm. Vinc. 22, STF; Súms. 349 e 736, STF; Súms. 57, 97, 180, STJ; Súm. 392, TST
- Justiça Federal: art. 27, § 10, ADCT; Súms. 38, 104, 147 e 165, STJ
- Justiça Militar: art. 124, CF
- Justiça Militar estadual: art. 125, § 4º, CF; Súm. 90, STJ
- Municípios: art. 30, CF
- Municípios; interesse local: art. 30, I, CF; Súm. 645, STF
- privativa da Câmara dos Deputados: art. 51, CF
- privativa da União: art. 22, CF
- privativa do Presidente da República: art. 84, CF
- privativa do Senado Federal: art. 52, CF
- privativa dos Tribunais: art. 96, CF
- STJ: art. 105, CF
- STF: art. 102, CF; art. 27, § 10, ADCT
- STF até a instalação do STJ: art. 27, § 1º, ADCT
- TCU: art. 71, CF
- Tribunais Estaduais: art. 125, § 1º, CF; art. 70, ADCT; Súms. 104 e 137, STJ
- Tribunais Federais: art. 27, § 10, ADCT; Súms. 32, 66, 147, 150 e 165, STJ
- TRE: art. 121, CF
- TRF: art. 108, CF
- União: arts. 21 e 184, CF

COMUNICAÇÃO: arts. 220 a 224, CF
- *vide* ORDEM SOCIAL
- impostos sobre prestações de serviços: art. 155, II, e § 2º, CF; Súm. 662, STF; Súm. 334, STJ
- propaganda comercial: art. 220, § 4º, CF, art. 65, ADCT
- serviço de radiodifusão: arts. 49, XII, e 223, CF
- sigilo: arts. 5º, XII, 136, § 1º, I, c, e 139, III, CF

CONCESSÃO DE ASILO POLÍTICO: art. 4º, X, CF
CONCUBINATO
- *vide* UNIÃO ESTÁVEL

CONCURSO PÚBLICO
- ingresso na atividade notarial e de registro: art. 236, § 3º, CF
- ingresso no magistério público: art. 206, V, CF
- ingresso no Poder Judiciário: art. 96, I, e, CF
- investidura em cargo ou emprego público; exigência: art. 37, II, e § 2º, CF; Súm. 685, STF; Súm. 363, TST
- prazo de convocação dos aprovados: art. 37, IV, CF
- prazo de validade: art. 37, III, CF

CONGRESSO NACIONAL: arts. 44 a 50, CF
- apresentação de estudos territoriais: art. 12, § 1º, ADCT
- CDC: art. 48, ADCT
- comissões de estudos territoriais: art. 12, ADCT
- comissões permanentes: art. 58, CF
- competência assinalada pela CF; revogação: art. 25, II, ADCT
- compromisso de seus membros: art. 1º, ADCT
- Conselho de Comunicação Social: art. 224, CF
- convocação extraordinária: arts. 57, § 6º, 136, § 5º, e 138, § 2º, CF
- CPI: art. 58, § 3º, CF
- doações: art. 51, ADCT
- estado de defesa: art. 136, § 5º, e 140, CF
- estado de sítio: art. 138, § 3º e 140, CF
- fiscalização pelo Congresso Nacional: art. 70, CF
- fundos existentes: art. 36, ADCT
- intervenção federal: art. 36, §§ 2º e 3º, CF
- irregularidades; apuração: art. 26, § 2º, ADCT
- membros: art. 102, I, *b* e 1º, ADCT
- posse de seus membros: art. 57, § 4º, CF
- presidência da mesa: art. 57, § 5º, CF
- projetos de lei: art. 59, ADCT
- recesso: art. 58, § 4º, CF
- representação partidária: art. 58, § 1º, CF
- reuniões: art. 57, CF
- revisão constitucional: art. 3º, ADCT
- Senado Federal; convocação de Ministro de estado: art. 50, §§ 1º e 2º, CF
- sessão extraordinária: art. 57, § 7º, CF

CONSELHO DA JUSTIÇA FEDERAL: art. 105, par. ún., CF

CONSELHO DA REPÚBLICA
- convocação e presidência: art. 84, XVIII, CF
- eleição de membros: arts. 51, V, e 52, XIV, CF
- estado de defesa: arts. 90, I, e 136, *caput*, CF
- estado de sítio: arts. 90, I, e 137, *caput*, CF
- intervenção federal: art. 90, I, CF
- membros: arts. 51, V, 89 e 84, XVII, CF

CONSELHO DE DEFESA NACIONAL
- convocação e presidência: art. 84, XVIII, CF
- estado de defesa: art. 91, § 1º, II, CF
- estado de sítio: arts. 91, § 1º, II, e 137, *caput*, CF
- função: art. 91, *caput*, CF
- intervenção federal: art. 91, § 1º, II, CF
- membros: art. 91, CF
- organização e funcionamento: art. 91, § 2º, CF

CONSELHO FEDERAL DA OAB: art. 103, VII, CF

CONSELHO NACIONAL DE JUSTIÇA: art. 103-B, CF
- ação contra: art. 102, I, *r*, CF
- órgãos do Poder Judiciário: art. 92, CF

CONSELHO NACIONAL DO MINISTÉRIO PÚBLICO: art. 130-A, CF

CONSELHO SUPERIOR DA JUSTIÇA DO TRABALHO: art. 111-A, § 2º, II, CF

- prazo de instalação: art. 6º, da EC nº 45/2004

CONSÓRCIOS: art. 22, XX, CF; Súm. Vinc. 2, STF

CONSULTORIA JURÍDICA DOS MINISTÉRIOS: art. 29, ADCT

CONSUMIDOR
- Código de Defesa: art. 5º, XXXII, CF; e art. 48, ADCT
- dano: art. 24, VIII, CF
- defesa da ordem econômica: art. 170, V, CF; Súm. 646, STF

CONTAS DO PRESIDENTE DA REPÚBLICA: art. 49, IX, CF

CONTRABANDO: art. 144, II, CF

CONTRADITÓRIO: art. 5º, LV, CF; Súms. Vincs. 5 e 21, STF; Súms. 701, 704 e 712, STF; Súms. 196, 312 e 373, STJ

CONTRATAÇÃO
- licitação: art. 37, XXI, CF; Súm. 333, STJ
- normas gerais: art. 22, XXVII, CF
- servidores por tempo determinado: art. 37, IX, CF

CONTRIBUIÇÃO
- compulsória: art. 240, CF
- interesse das categorias profissionais ou econômicas: art. 149, CF
- intervenção no domínio econômico: arts. 149, 159, III, e 177, § 4º, CF
- melhoria: art. 145, III, CF
- previdenciária: art. 249, CF
- provisória: art.75, ADCT
- sindical: art. 8º, IV, CF; Súm. 666, STF; Súm. 396, STJ
- sobre a movimentação ou transmissão de créditos: arts. 74, 75, 80, I, 84 e 85, ADCT
- social: arts. 114, § 3º, 149, 167, XI, 195, CF; art. 34, § 1º, ADCT
- social da União: art. 76, ADCT
- social do salário-educação: art. 212, § 5º, CF; art. 76, § 2º, ADCT; Súm. 732, STF
- subsídio: art. 150, § 6º, CF

CONTRIBUINTE
- capacidade econômica: art. 145, § 1º, CF; Súms. 656 e 668, STF
- definição: art. 155, § 2º, XII, a, CF
- exame das contas do Município: art. 31, § 3º, CF
- tratamento desigual: art. 150, II, CF

CONTROLE EXTERNO
- apoio: art. 74, IV, CF
- competência do Congresso Nacional: art. 71, CF
- Municipal: art. 31, CF

CONTROLE INTERNO
- finalidade: art. 74, CF
- Municipal: art. 31, CF

CONVENÇÕES E ACORDOS COLETIVOS DE TRABALHO: art. 7º, XXVI, CF

CONVENÇÕES INTERNACIONAIS: arts. 49, I, e 84, VIII, CF

CONVÊNIOS DE COOPERAÇÃO: art. 241, CF

CONVICÇÃO FILOSÓFICA OU POLÍTICA: arts. 5º, VIII, e 143, § 1º, CF

COOPERAÇÃO ENTRE OS POVOS: art. 4º, IX, CF

COOPERATIVAS
- atividade garimpeira: arts. 21, XXV, e 174, §§ 3º e 4º, CF
- criação na forma da lei: art. 5º, XVIII, CF
- crédito: art. 192, CF
- estímulo: art. 174, § 2º, CF
- política agrícola: art. 187, VI, CF

CORPO DE BOMBEIROS MILITAR
- competência: arts. 22, XXI, e 144, § 5º, CF
- Distrito Federal: arts. 21, XIV, e 32, § 4º, CF
- organização: art. 42, CF
- órgão da segurança pública: art. 144, V, CF
- subordinação: art. 144, § 6º, CF

CORREÇÃO MONETÁRIA: arts. 46 e 47, ADCT; Súm. 304, TST

CORREIO AÉREO NACIONAL: art. 21, X, CF

CORRESPONDÊNCIA: arts. 5º, XII, 136, § 1º, I, b, e 139, III, CF

CRECHES
- assistência gratuita: art. 7º, XXV, CF
- garantia: art. 208, IV, CF

CRÉDITO(S)
- adicionais: art. 166, caput, CF
- competência privativa da União: art. 22, VII, CF
- controle: art. 74, III, CF
- externo e interno: art. 52, VII e VIII, CF
- extraordinário: art. 167, §§ 2º e 3º, CF
- ilimitados: art. 167, VII, CF
- operações: art. 21, VIII, CF
- pagamentos por precatórios: art. 100, CF; Súm. 655, STF; Súm. 144, STJ
- suplementar ou especial: arts. 165, § 8º, 166, § 8º, 167, III, V, e § 2º, e 168, CF
- União: art. 163, VII, CF
- União e Estados: art. 160, par. ún., I, CF

CRENÇA RELIGIOSA
- liberdade: art. 5º, VI e VII, CF
- restrições de direitos: art. 5º, VIII, CF
- serviço militar: art. 143, § 1º, CF

CRIANÇA: arts. 203, 227 a 229, CF

CRIME(S)
- ação pública: art. 5º, LIX, CF
- cometidos a bordo de navios ou aeronaves: art. 109, IX, CF
- comuns: arts. 86, 105, I, a, 108, I, a, CF
- contra o Estado: art. 136, § 3º, I, CF
- contra o sistema financeiro nacional: art. 109, VI, CF
- dolosos contra a vida: art. 5º, XXXVIII, d, CF; Súm. 721, STF
- hediondos: art. 5º, XLIII, CF
- inafiançável; cometido por Senador ou Deputado: arts. 5º, XLII, XLIV, 53, §§ 2º a 4º, CF
- inexistência de: art. 5º, XXXIX, CF
- ingresso ou permanência irregular de estrangeiro: art. 109, X, CF
- militar: arts. 5º, LXI, 124 e 125, § 4º, CF
- político: arts. 5º, LII, 102, II, b, e 109, IV, CF
- previstos em tratado internacional: art. 109, V, CF
- retenção dolosa de salário: art. 7º, X, CF

CRIME DE RESPONSABILIDADE
- acusação pela Câmara dos Deputados: art. 86, caput e § 1º, II, CF
- competência privativa do Senado Federal: arts. 52, I e par. ún., e 86, CF
- definição em lei especial: art. 85, par. ún., CF; Súm. 722, STF
- desembargadores (TJ/TCE/TRF/TRE/TRT), membros (TCM/MPU): art. 105, I, a, CF
- juízes federais/MPU: art. 108, I, a, CF
- Ministros Estado, Comandantes (Mar./Exérc./Aeron.), membros (Tribunais Superiores/TCU), chefes de missão diplomática: art. 102, I, c, CF
- Ministros Estado: art. 50, CF
- Ministros do STF/PGR/AGU: art. 52, II e par. ún., CF
- Presidente da República: arts. 85 e 86, § 1º, II, CF
- Presidente do Tribunal: art. 100, § 7º, CF
- prisão: art. 86, § 3º, CF

CULTOS RELIGIOSOS
- liberdade de exercício: art. 5º, VI, CF
- limitações constitucionais: art. 19, I, CF

CULTURA(S)
- vide ORDEM SOCIAL
- acesso: art. 23, V, CF
- afro-brasileiras: art. 215, § 1º, CF
- bens de valor cultural: arts. 23, III e IV, e 30, IX, CF
- competência legislativa: art. 24, VII, VIII e IX, CF
- garantia do Estado: art. 215, CF
- ilegais: art. 243, CF
- incentivos: art. 216, § 3º, CF
- indígenas: art. 215, § 1º, CF
- patrimônio cultural: arts. 5º, LXXIII, e 216, CF
- quilombos: art. 216, § 5º, CF

CUSTAS JUDICIAIS
- competência: art. 24, IV, CF

- emolumentos: art. 98, § 2º, CF
- isenção: art. 5º, LXXIII, *in fine*, CF
- vedação: art. 95, par. ún., II, CF

D

DANO
- material, moral ou à imagem: art. 5º, V e X, CF; Súm. Vinc. 11, STF; Súms. 37, 227, 362 e 403, STJ
- meio ambiente: art. 225, § 3º, CF
- moral ou patrimonial: art. 114, VI, CF; Súms. 362 e 376, STJ
- nucleares: art. 21, XXIII, c, CF
- patrimônio cultural: art. 216, § 4º, CF
- reparação: art. 5º, XLV, CF
- responsabilidade: art. 37, § 6º, CF

DATAS COMEMORATIVAS: art. 215, § 2º, CF

DÉBITOS
- Fazenda Federal, Estadual ou Municipal: art. 100, CF; Súm. 655, STF; Súms. 144 e 339, STJ
- natureza alimentícia: art. 100, §§ 1º e 2º, CF
- previdenciários de Estados e Municípios: art. 57, ADCT
- seguridade social: art. 195, § 3º, CF

DÉCIMO TERCEIRO SALÁRIO: arts. 7º, VIII, e 201, § 6º, CF; Súm. 688, STF; Súm. 349, STJ

DECISÃO JUDICIAL: arts. 34, VI, 35, IV, e 36, II, e § 3º, CF; Súm. 637, STF

DECLARAÇÃO DE GUERRA: art. 21, II, CF

DECORO PARLAMENTAR: art. 55, II, e §§ 1º e 2º, CF

DECRETO
- Dec.-leis: art. 25, § 1º, ADCT
- estado de defesa: art. 136, § 1º, CF
- estado de sítio: art. 138, CF
- regulamentadores: art. 84, IV, CF
- legislativo: art. 59, VI, CF

DEFENSORES PÚBLICOS: art. 22, ADCT

DEFENSORIA PÚBLICA: arts. 133 a 135, CF; Súm. 329, TST
- competência: art. 24, XIII, CF
- dos Territórios: arts. 21, XIII, e 22, XVII, CF
- DF e dos Territórios: arts. 21, XIII, e 22, XVII, CF
- iniciativa de lei: arts. 61, § 1º, II, d, e 134, § 1º, CF; Súm. 421, STJ
- opção pela carreira: art. 22, ADCT
- organização nos Estados: art. 134, § 1º, CF; Súm. 421, STJ
- União e dos Territórios: art. 48, IX, CF

DEFESA
- ampla: art. 5º, LV, CF; Súms. Vincs. 5, 21 e 24, STF; Súms. 701, 704 e 712, STF; Súms. 196, 312 e 373, STJ
- civil: art. 144, § 5º, CF
- consumidor: arts. 5º, XXXII, 170, V, CF; e art. 48, ADCT; Súm. 646, STF
- direitos: art. 5º, XXXIV, CF
- júri: art. 5º, XXXVIII, a, CF
- Ministro de Estado: art. 12, § 3º, VII, CF
- nacional: art. 21, III, CF
- pátria: art. 142, *caput*, CF
- paz: art. 4º, VI, CF
- solo: art. 24, VI, CF
- territorial: art. 22, XXVIII, CF

DEFESA DO ESTADO E DAS INSTITUIÇÕES DEMOCRÁTICAS: arts. 136 a 144, CF

DEFICIENTES
- acesso a edifícios públicos e transportes coletivos: art. 227, § 2º, CF
- adaptação de logradouros e veículos de transporte coletivo: art. 244, CF
- cargos e empregos públicos: art. 37, VIII, CF; Súm. 377, STJ
- criação de programas de prevenção e atendimento: art. 227, § 1º, II, CF
- discriminação: art. 7º, XXXI, CF
- educação: art. 208, III, CF
- habilitação e reabilitação: art. 203, IV e V, CF
- integração social: art. 227, § 1º, II, CF
- proteção e garantia: art. 23, II, CF
- proteção e integração social: art. 24, XIV, CF
- salário mínimo garantido: art. 203, V, CF

DELEGAÇÃO LEGISLATIVA: art. 68, CF

DELEGADOS DE POLÍCIA: art. 144, § 4º, CF

DEMARCAÇÃO DE TERRAS: art. 12 e §§, ADCT

DENÚNCIA DE IRREGULARIDADES: art. 74, § 2º, CF

DEPARTAMENTO DE POLÍCIA FEDERAL: art. 54, § 2º, ADCT

DEPOSITÁRIO INFIEL: art. 5º, LXVII, CF; Súm. Vinc. 25, STF; Súms. 280 e 419, STJ

DEPUTADOS DISTRITAIS
- eleição: art. 32, § 2º, CF
- idade mínima: art. 14, § 3º, VI, c, CF
- número: art. 32, § 3º, CF

DEPUTADOS ESTADUAIS: art. 27, CF
- *vide* ASSEMBLEIAS LEGISLATIVAS
- idade mínima: art. 14, § 3º, VI, c, CF
- servidor público: art. 38, I, CF

DEPUTADOS FEDERAIS
- *vide* CÂMARA DOS DEPUTADOS e CONGRESSO NACIONAL
- decoro parlamentar: art. 55, II, e §§ 1º e 2º, CF
- duração do mandato: art. 44, par. ún., CF
- idade mínima: art. 14, § 3º, VI, c, CF
- imunidades: arts. 53 e 139, par. ún., CF
- incorporação às Forças Armadas: art. 53, § 7º, CF
- inviolabilidade: art. 53, CF
- julgamento perante o STF: arts. 53, § 1º, e 102, I, b, d e q, CF
- perda de mandato: arts. 55 e 56, CF
- prisão: art. 53, § 2º, CF
- restrições: art. 54, CF
- servidor público: art. 38, I, CF
- sistema eleitoral: art. 45, *caput*, CF
- subsídio: art. 49, VII, CF
- suplente: art. 56, § 1º, CF
- sustação do andamento da ação: art. 53, §§ 3º a 5º, CF
- testemunho: art. 53, § 6º, CF
- vacância: art. 56, § 2º, CF

DESAPROPRIAÇÃO
- competência: art. 22, II, CF
- glebas com culturas ilegais de plantas psicotrópicas: art. 243, CF
- imóveis urbanos: arts. 182, §§ 3º e 4º, III, e 183, CF
- interesse social: arts. 184 e 185, CF
- necessidade, utilidade pública ou interesse social: art. 5º, XXIV, CF
- requisitos: art. 5º, XXIV, CF

DESCUMPRIMENTO DE PRECEITO FUNDAMENTAL: art. 102, § 1º, CF

DESENVOLVIMENTO
- científico e tecnológico: arts. 200, V, e 218, CF
- cultural e socioeconômico: art. 219, CF
- econômico e social: art. 21, IX, CF
- equilíbrio: art. 23, par. ún., CF
- nacional: arts. 3º, II, 48, IV, 58, § 2º, VI, e 174, § 1º, CF
- regional: arts. 43 e 151, I, CF
- urbano: arts. 21, XX, e 182, CF

DESIGUALDADES SOCIAIS E REGIONAIS: arts. 3º, III, e 170, VII, CF

DESPEDIDA SEM JUSTA CAUSA
- *vide* DISPENSA SEM JUSTA CAUSA

DESPESAS
- aumento: art. 63, CF
- excedam os créditos orçamentários: art. 167, II, CF
- extraordinárias: art. 148, CF
- ilegalidade: art. 71, VIII, CF
- não autorizadas: art. 72, CF
- pessoal: arts. 167, X, 169, e § 1º, I, CF; e art. 38, ADCT
- Poder Legislativo Municipal: art. 29-A, CF
- União: art. 39, ADCT

Índice Alfabético-Remissivo da CF e ADCT

- vinculação de receita de impostos: art. 167, IV, CF

DESPORTO
- *vide* ORDEM SOCIAL
- competência: art. 24, IX, CF
- fomento pelo Estado: art. 217, CF
- imagem e voz humanas: art. 5º, XXVIII, a, CF

DIPLOMATAS
- brasileiro nato: art. 12, § 3º, V, CF
- chefes de missão diplomática: art. 52, IV, CF
- infrações penais: art. 102, I, c, CF

DIREITO
- adquirido: art. 5º, XXXVI, CF; Súms. Vincs. 1 e 9, STF; Súm. 654, STF
- aeronáutico: art. 22, I, CF
- agrário: art. 22, I, CF
- associação: art. 5º, XVII a XXI, CF
- autoral: art. 5º, XXVII e XXVIII, CF; Súm. 386, STF
- civil: art. 22, I, CF
- comercial: art. 22, I, CF
- disposições transitórias: art. 10, ADCT
- econômico: art. 24, I, CF
- eleitoral: arts. 22, I, e 68, § 1º, II, CF
- espacial: art. 22, I, CF
- Estado Democrático de: art. 1º, *caput*, CF
- financeiro: art. 24, I, CF
- fundamentais: arts. 5º a 17, CF
- greve; arts. 9º e 37, VII, CF
- herança; garantia do direito respectivo: art. 5º, XXX, CF
- humanos: arts. 4º, II, 109, § 5º, CF; art. 7º, ADCT
- igualdade: art. 5º, *caput*, e I, CF
- lesão ou ameaça: art. 5º, XXXV, CF
- líquido e certo: art. 5º, LXIX, CF
- marítimo: art. 22, I, CF
- penal: art. 22, I, CF
- penitenciário: art. 24, I, CF
- petição: art. 5º, XXXIV, a, CF; Súm. Vinc. 21, STF; Súm. 373, STJ
- políticos: arts. 14 a 16, CF
- políticos; cassação; condenação criminal: art. 15, III, CF; Súm. 9, TSE
- preso: art. 5º, LXII, LXIII e LXIV, CF
- processual: art. 22, I, CF
- propriedade: art. 5º, XXII, CF; e art. 68, ADCT
- resposta: art. 5º, V, CF
- reunião: arts. 5º, XVI, e 136, § 1º, I, a, CF
- servidores públicos inativos: art. 20, ADCT
- sociais: arts. 6º a 11, CF
- suspensão ou interdição: art. 5º, XLVI, e, CF
- trabalhadores urbanos e rurais: art. 7º, CF
- trabalho: art. 22, I, CF
- tributário: art. 24, I, CF
- urbanístico: art. 24, I, CF

DIRETRIZES E BASES DA EDUCAÇÃO NACIONAL: art. 22, XXIV, CF

DIRETRIZES ORÇAMENTÁRIAS
- atribuição ao Congresso Nacional: art. 48, II, CF
- projetos de lei: art. 166, CF
- seguridade social: art. 195, § 2º, CF
- União: art. 35, § 2º, II, ADCT

DISCIPLINA PARTIDÁRIA: art. 17, § 1º, *in fine*, CF

DISCRIMINAÇÃO
- punição: art. 5º, XLI, CF
- vedação: art. 3º, IV, CF

DISPENSA DE EMPREGADO SINDICALIZADO: art. 8º, VIII, CF

DISPENSA SEM JUSTA CAUSA
- empregada gestante: art. 10, II, b, ADCT
- empregado eleito para cargo de CIPA: art. 10, II, a, ADCT; Súm. 339, TST
- proibição: art. 10, II, ADCT
- proteção contra: art. 7º, I, CF

DISPOSIÇÕES CONSTITUCIONAIS GERAIS: arts. 234 a 250, CF

DISSÍDIOS COLETIVOS E INDIVIDUAIS: art. 114, CF

DISTINÇÕES HONORÍFICAS: art. 84, XXI, CF

DISTRITO FEDERAL: art. 32, CF
- aposentadorias e pensões: art. 249, CF
- autonomia: art. 18, *caput*, CF
- bens: art. 16, § 3º, ADCT
- Câmara Legislativa: art. 16, § 1º, ADCT
- competência comum: art. 23, CF
- competência legislativa: art. 24, CF
- conflitos com a União: art. 102, I, f, CF
- contribuição: art. 149, § 1º, CF
- Defensoria Pública: arts. 22, XVII, e 48, IX, CF
- Deputados distritais: art. 45, CF
- despesa com pessoal: art. 169, CF; art. 38, ADCT
- disponibilidades de caixa: art. 164, § 3º
- dívida consolidada: art. 52, VI, CF
- dívida mobiliária: art. 52, IX, CF
- eleição: art. 32, § 2º, CF
- empresas de pequeno porte: art. 179, CF
- ensino: arts. 212 e 218, § 5º, CF
- fiscalização: arts. 75, *caput*, CF; e 16, § 2º, ADCT
- Fundo de Participação: art. 34, § 2º, ADCT
- fundos; aposentadorias e pensões: art. 249, CF
- Governador e Deputados distritais: art. 14, § 3º, VI, b e c, CF
- Governador e Vice-Governador: art. 16, *caput*, ADCT
- impostos: arts. 147 e 155, CF
- intervenção da União: art. 34, CF
- lei orgânica: art. 32, *caput*, CF
- limitações: art. 19, CF
- litígio com Estado estrangeiro ou organismo internacional: art. 102, I, e, CF
- microempresas: art. 179, CF
- Ministério Público: arts. 22, XVII, 48, IX e 128, I, d, CF
- operações de crédito externo e interno: art. 52, VII, CF
- pesquisa científica e tecnológica: art. 218, § 5º, CF
- petróleo ou gás natural: art. 20, § 1º, CF
- Polícias Civil e Militar e Corpo de Bombeiros Militar: art. 32, § 4º, CF
- princípios: art. 37, CF; Súm. Vinc. 13, STF
- receitas tributárias: arts. 153, § 5º, I, e 157 a 162, CF
- representação judicial e consultoria jurídica: art. 132, CF
- representação na Câmara dos Deputados: art. 4º, § 2º, ADCT
- representação no Senado Federal: art. 46, CF
- Senadores distritais: art. 46, § 1º, CF
- símbolos: art. 13, § 2º, CF
- sistema de ensino: art. 211, CF
- sistema tributário nacional: art. 34, § 3º, ADCT
- sistema único de saúde: art. 198, §§ 1º a 3º, CF
- TCU: art. 73, *caput*, CF
- tributos: arts. 145, 150 e 152, CF
- turismo: art. 180, CF

DIVERSÕES E ESPETÁCULOS PÚBLICOS
- classificação: art. 21, XVI, CF
- lei federal: art. 220, § 3º, I, CF

DÍVIDA AGRÁRIA: art. 184, § 4º, CF

DÍVIDA MOBILIÁRIA
- atribuição ao Congresso Nacional: art. 48, XIV, CF
- limites globais: art. 52, IX, CF

DÍVIDA PÚBLICA
- atribuição ao Congresso Nacional: art. 48, II, CF
- externa e interna: arts. 163, II, e 234, CF
- externa do Brasil: art. 26, ADCT
- limites globais: art. 52, VI, CF
- pagamento: arts. 34, V, a, e 35, I, CF
- títulos: art. 163, IV, CF
- tributação da renda das obrigações da: art. 151, II, CF

DIVÓRCIO: art. 226, § 6º, CF

DOMICÍLIO: art. 6º, CF
- busca e apreensão: art. 139, V, CF
- eleitoral na circunscrição: art. 14, § 3º, IV, CF; art. 5º, § 1º, ADCT

E

ECLESIÁSTICOS: art. 143, § 2º, CF

ECONOMIA POPULAR: art. 173, § 5º, CF

EDUCAÇÃO
- arts. 205 a 214, CF
- *vide* ENSINO e ORDEM SOCIAL
- acesso à: art. 23, V, CF
- alimentação: art. 212, § 4º, CF
- ambiental: art. 225, § 1º, VI, CF
- atividades universitárias: art. 213, § 2º, CF
- autonomia das universidades: art. 207, CF
- bolsas de estudo: art. 213, § 1º, CF
- competência: art. 24, IX, CF
- custeio: art. 71, ADCT
- deficiente: art. 208, III, CF
- dever do Estado: arts. 205, *caput*, e 208, CF
- direito de todos: art. 205, *caput*, CF
- direito social: art. 6º, CF
- ensino obrigatório e gratuito: art. 208, §§ 1º e 2º, CF
- ensino religioso: art. 210, § 1º, CF
- escolas filantrópicas: art. 213, CF; art. 61, ADCT
- escolas públicas: art. 213, CF
- garantia de acesso do trabalhador adolescente e jovem à escola: art. 227, § 3º, III, CF
- garantias: art. 208, CF
- impostos: art. 150, VI, c, e § 4º, CF; Súm. 724, STF
- iniciativa privada: art. 209, CF
- municípios: arts. 30, VI, e 211, § 2º, CF
- nacional: art. 22, XXIV, CF
- plano nacional; distribuição de recursos: arts. 212, § 3º, e 214, CF
- princípios: art. 206, CF
- promoção e incentivo: art. 205, *caput*, CF
- recursos públicos: arts. 212 e 213, CF
- sistemas de ensino: art. 211, CF

ELEIÇÃO
- alistamento eleitoral: art. 14, §§ 1º e 2º, CF
- Câmara Territorial: art. 33, § 3º, CF
- condições de elegibilidade: art. 14, §§ 3º a 8º, CF
- Deputados Federais: art. 45, CF
- exigibilidade: art. 5º, § 1º, ADCT
- Governadores, Vice-Governadores e Deputados Estaduais e Distritais: arts. 28 e 32, § 2º, CF
- inaplicabilidades: art. 5º, ADCT
- inelegibilidade: art. 5º, § 5º, ADCT
- inelegíveis: art. 14, §§ 4º, 7º e 9º, CF; Súm. Vinc. 18, STF; Súm. 13, TSE
- Prefeito; Vice-Prefeito e Vereadores: art. 29, CF
- Presidente da República: art. 4º, § 1º, ADCT
- Presidente e Vice-Presidente da República: art. 77, CF
- processo eleitoral: art. 16, CF
- Senadores: art. 46, CF
- voto direto e secreto: art. 14, *caput*, CF

EMENDAS À CF: arts. 59, I, e 60, CF
- deliberação: art. 60, §§ 4º e 5º, CF
- iniciativa: art. 60, CF
- intervenção federal, estado de defesa ou estado de sítio: art. 60, § 1º, CF
- promulgação: art. 60, § 3º, CF
- rejeição: art. 60, § 5º, CF
- votação e requisito de aprovação: art. 60, § 2º, CF

EMIGRAÇÃO: art. 22, XV, CF

EMPREGADORES
- participação nos colegiados dos órgãos públicos: art. 10, CF
- rurais: art. 10, § 3º, ADCT

EMPREGADOS
- *vide* TRABALHADOR

EMPREGO
- gestante: art. 7º, XVIII, CF; art. 10, II, b, ADCT
- pleno: art. 170, VIII, CF
- proteção: art. 7º, I, CF
- sistema nacional de: art. 22, XVI, CF

EMPREGOS PÚBLICOS
- acumulação: art. 37, XVI e XVII, CF; art. 17, §§ 1º e 2º, ADCT
- concurso: art. 37, I a IV, e § 2º, CF; Súm. 266, STJ; Súm. 363, TST
- criação: arts. 48, X, e 61, § 1º, II, a, CF
- deficiência física: art. 37, VIII, CF; Súm. 377, STJ
- subsídios: art. 37, X e XI, CF; Súm. 672, STF

EMPRESA(S)
- apoio e estímulo: art. 218, § 4º, CF
- concessionárias e permissionárias: art. 175, par. ún., I, CF
- gestão: art. 7º, XI, CF
- mais de 200 empregados: art. 11, CF
- pequeno porte e microempresas: arts. 146, III, d, e par. ún., 170, IX, e 179, CF

EMPRESAS ESTATAIS
- exploração: art. 21, XI, CF
- orçamento de investimento: art. 165, § 5º, II, CF

EMPRESA JORNALÍSTICA E DE RADIODIFUSÃO: art. 222, CF

EMPRESAS PÚBLICAS
- compras e alienações: art. 37, XXI, CF; Súm. 333, STJ
- criação: art. 37, XIX e XX, CF
- disponibilidade de caixa: art. 164, § 3º, CF
- estatuto jurídico: art. 173, § 1º
- federais: art. 109, I, CF
- infrações penais: art. 144, § 1º, I, CF
- licitação: art. 22, XXVII, CF
- licitação e contratação de obras, serviços, compras e alienações: art. 173, § 1º, III, CF; Súm. 333, STJ
- orçamento de investimento: art. 165, § 5º, II, CF
- privilégios fiscais: art. 173, § 2º, CF
- relações com o Estado e a sociedade: art. 173, § 3º, CF
- supranacionais: art. 71, V, CF

EMPRÉSTIMO AO TESOURO NACIONAL: art. 164, § 1º, CF

EMPRÉSTIMO COMPULSÓRIO
- Eletrobrás: art. 34, § 12, ADCT
- instituição e finalidades: art. 148, CF
- vigência imediata: art. 34, § 1º, ADCT

ENERGIA
- competência privativa da União: art. 22, IV, CF
- elétrica; ICMS: art. 155, § 3º, CF; e art. 34, § 9º, ADCT
- elétrica; instalações: art. 21, XII, b, CF
- elétrica; participação no resultado da exploração: art. 20, § 1º, CF
- elétrica; terras indígenas: art. 231, § 3º, CF
- hidráulica; bens da União: art. 20, VIII, CF
- hidráulica; exploração: art. 176, CF; e art. 44, ADCT
- nuclear; competência privativa da União: art. 22, XXVI, CF
- nuclear; iniciativas do Poder Executivo: art. 49, XIV, CF
- nuclear; usinas; localização: art. 225, § 6º, CF

ENFITEUSE EM IMÓVEIS URBANOS: art. 49, ADCT

ENSINO
- *vide* EDUCAÇÃO
- acesso: arts. 206, I, 208, V, e § 1º, CF
- competência concorrente: art. 24, IX, CF
- entidades públicas de fomento: art. 218, § 5º, CF
- fundamental público; salário-educação: art. 212, § 5º, CF; Súm. 732, STF
- fundamental; competência dos Municípios: art. 30, VI, CF
- fundamental; conteúdos: art. 210, *caput*, CF
- fundamental; língua portuguesa: art. 210, § 2º, CF
- fundamental; obrigatoriedade e gratuidade: art. 208, I, CF
- fundamental; programas suplementares: arts. 208, VII, e 212, § 4º, CF
- fundamental; recenseamento dos educandos: art. 208, § 3º, CF
- gratuidade; estabelecimentos oficiais: art. 206, IV, CF; Súm. Vinc. 12, STF
- História do Brasil: art. 242, § 1º, CF
- iniciativa privada: art. 209, CF
- médio gratuito: art. 208, II, CF
- Municípios; áreas de atuação: art. 211, § 2º, CF

- noturno: art. 208, VI, CF
- obrigatório e gratuito: art. 208, §§ 1º e 2º, CF
- obrigatório; prioridade no atendimento: art. 212, § 3º, CF
- percentuais aplicados pela União: art. 212, CF
- princípios: art. 206, CF
- qualidade; melhoria: art. 214, III, CF
- religioso: art. 210, § 1º, CF
- sistemas: art. 211, CF
- superior: art. 207, CF

ENTORPECENTES E DROGAS AFINS
- dependente; criança e adolescente: art. 227, § 3º, VII, CF
- extradição: art. 5º, LI, CF
- tráfico; confisco de bens: art. 243, par. ún., CF
- tráfico; crime inafiançável: art. 5º, XLIII, CF
- tráfico; prevenção: art. 144, § 1º, II, CF

ESTADO DE DEFESA
- apreciação; Congresso Nacional: art. 136, §§ 4º a 7º, CF
- aprovação; Congresso Nacional: art. 49, IV, CF
- cabimento: art. 136, *caput*, CF
- calamidade pública: art. 136, § 1º, II, CF
- cessação dos efeitos: art. 141, CF
- Conselho da República: arts. 90, I, e 136, *caput*, CF
- Conselho de Defesa Nacional: arts. 91, § 1º, II, e 136, *caput*, CF
- decretação: arts. 21, V, e 84, IX, CF
- decreto; conteúdo: art. 136, § 1º, CF
- disposições gerais: arts. 140 e 141, CF
- duração e abrangência territorial: art. 136, §§ 1º e 2º, CF
- emendas à CF na vigência de; vedação: art. 60, § 1º, CF
- fiscalização da execução: art. 140, CF
- medidas coercitivas: art. 136, §§ 1º e 3º, CF
- prisão ou detenção: art. 136, § 3º, CF
- pronunciamento: art. 90, I, CF
- suspensão: art. 49, IV, CF

ESTADO DEMOCRÁTICO DE DIREITO: art. 1º, *caput*, CF

ESTADO DE SÍTIO: arts. 137 a 139, CF
- cabimento: art. 137, CF
- cessação dos efeitos: art. 141, CF
- Congresso Nacional; apreciação: art. 138, §§ 2º e 3º, CF
- Congresso Nacional; aprovação: art. 49, IV, CF
- Congresso Nacional; suspensão: art. 49, IV, CF
- Conselho da República e Conselho de Defesa Nacional: arts. 90, I, 91, § 1º, II, e 137, *caput*, CF
- decretação: arts. 21, V, 84, IX, e 137, *caput*, CF
- decreto; conteúdo: art. 138, CF
- disposições gerais: arts. 140 e 141, CF
- duração máxima: art. 138, § 1º, CF
- emendas à CF; vedação: art. 60, § 1º, CF
- fiscalização da execução: art. 140, CF
- imunidades; Deputados ou Senadores: art. 53, § 8º, CF
- medidas coercitivas: arts. 138, § 3º, e 139, CF
- pronunciamento de parlamentares: art. 139, par. ún., CF
- prorrogação: arts. 137, par. ún., e 138, § 1º, CF

ESTADO ESTRANGEIRO
- cartas rogatórias: arts. 105, I, *i*, e 109, X, CF
- extradição: art. 102, I, *g*, CF
- litígio com os entes federados: art. 102, I, e, CF
- litígio com pessoa residente ou domiciliada no Brasil: arts. 105, II, c, 109, II, CF
- litígio fundado em tratado ou contrato da União: art. 109, III, CF
- relações: arts. 21, I, e 84, VII, CF

ESTADOS FEDERADOS: arts. 25 a 28, CF
- aposentadorias e pensões: art. 249, CF
- autonomia: arts. 18 e 25, CF
- bens: art. 26, CF
- Câmara dos Deputados; representação: art. 4º, § 2º, ADCT
- competência comum: art. 23, CF
- competência legislativa concorrente: art. 24, CF
- competência legislativa plena: art. 24, §§ 3º e 4º, CF
- competência legislativa supletiva: art. 24, § 2º, CF
- competência legislativa; questões específicas: art. 22, par. ún., CF
- competência residual: art. 25, § 1º, CF

- competência; Assembleias Legislativas: art. 27, § 3º, CF
- competência; tribunais: art. 125, § 1º, CF
- conflitos com a União: art. 102, I, *f*, CF
- conflitos fundiários: art. 126, CF
- consultoria jurídica: art. 132, CF
- contribuição; regime previdenciário: art. 149, § 1º, CF
- criação: arts. 18, § 3º, e 235, CF
- Deputados Estaduais: art. 27, CF
- desmembramento: arts. 18, § 3º, e 48, VI, CF
- despesa; limite: art. 169, CF; art. 38, ADCT
- disponibilidades de caixa: art. 164, § 3º, CF
- dívida consolidada: art. 52, VI, CF
- dívida mobiliária: art. 52, IX, CF
- empresas de pequeno porte: art. 179, CF
- encargos com pessoal inativo: art. 234, CF
- ensino; aplicação de receita: art. 212, CF
- ensino; vinculação de receita orçamentária: art. 218, § 5º, CF
- fiscalização: art. 75, *caput*, CF
- Fundo de Participação; determinações: art. 34, § 2º, ADCT
- fundos; aposentadorias e pensões: art. 249, CF
- gás canalizado: art. 25, § 2º, CF
- Governador; eleição: art. 28, CF
- Governador; perda do mandato: art. 28, §§ 1º e 2º, CF
- Governador; posse: art. 28, *caput*, CF
- impostos: arts. 155 e 160, CF
- incentivos fiscais; reavaliação: art. 41, ADCT
- inconstitucionalidade de leis: art. 125, § 2º, CF
- incorporação: arts. 18, § 3º, e 48, VI, CF
- iniciativa popular: art. 27, § 4º, CF
- intervenção da União: art. 34, CF
- intervenção nos Municípios: art. 35, CF
- Juizados Especiais; criação: art. 98, I, CF
- Justiça de Paz; criação: art. 98, II, CF
- Justiça Militar estadual: art. 125, §§ 3º e 4º, CF
- limitações: art. 19, CF
- litígio com Estado estrangeiro ou organismo internacional: art. 102, I, e, CF
- microempresas; tratamento diferenciado: art. 179, CF
- microrregiões: art. 25, § 3º, CF
- Ministério Público: art. 128, II, CF
- normas básicas: art. 235, CF
- operações de crédito externo e interno: art. 52, VII, CF
- organização judiciária: art. 125, CF
- pesquisa científica e tecnológica: art. 218, § 5º, CF
- petróleo ou gás natural; exploração: art. 20, § 1º, CF
- precatórios; pagamento: art. 100, CF; Súm. 655, STF; Súms. 144 e 339, STJ
- princípios; administração pública: art. 37, *caput*, CF; Súm. Vinc. 13, STF
- receitas tributárias: arts. 153, § 5º, I, 157, 158, III, IV, e par. ún., e 159 a 162, CF
- reforma administrativa: art. 24, ADCT
- regiões metropolitanas: art. 25, § 3º, CF
- Senado Federal; representação: art. 46, CF
- símbolos: art. 13, § 2º, CF
- sistema de ensino: art. 211, CF
- sistema tributário nacional: art. 34, § 3º, ADCT
- sistema único de saúde (SUS): art. 198, §§ 1º a 3º, CF
- subdivisão; requisitos: arts. 18, § 3º, e 48, VI, CF
- terras em litígio: art. 12, § 2º, ADCT
- Território; reintegração: art. 18, § 2º, CF
- tributos: arts. 145, 150 e 152, CF
- turismo: art. 180, CF

ESTADO-MEMBRO
- Acre: art. 12, § 5º, ADCT
- Amapá: art. 14, ADCT
- Goiás: art. 13, § 7º, ADCT
- Roraima: art. 14, ADCT
- Tocantins: art. 13, ADCT

ESTADO; ORGANIZAÇÃO: arts. 18 a 43, CF
- administração pública: arts. 37 a 43, CF
- Distrito Federal: art. 32, CF
- estados federados: arts. 25 a 28, CF
- intervenção estadual: arts. 35 e 36, CF

- intervenção federal: arts. 34 e 36, CF
- militares: art. 42, CF
- municípios: arts. 29 a 31, CF
- organização político-administrativa: arts. 18 e 19, CF
- regiões: art. 43, CF
- servidores públicos: arts. 39 a 41, CF; Súm. Vinc. 4, STF; Súm. 390, TST
- Territórios: art. 33, CF
- União: arts. 20 a 24, CF

ESTATUTO DA MAGISTRATURA: art. 93, CF

ESTRANGEIROS
- adoção de brasileiro: art. 227, § 5º, CF
- alistamento eleitoral: art. 14, § 2º, CF
- crimes de ingresso ou permanência irregular: art. 109, X, CF
- emigração, imigração, entrada, extradição e expulsão: art. 22, XV, CF
- entrada no país: art. 22, XV, CF
- extradição: art. 5º, LII, CF
- naturalização: art. 12, II, CF
- originários de países de língua portuguesa: art. 12, II, a, CF
- propriedade rural; aquisição: art. 190, CF
- residentes no País: art. 5º, caput, CF
- sucessão de bens: art. 5º, XXXI, CF

EXPULSÃO DE ESTRANGEIROS: art. 22, XV, CF

EXTRADIÇÃO
- brasileiro nato; inadmissibilidade: art. 5º, LI, CF
- brasileiro naturalizado: art. 5º, LI, CF
- estrangeiro: art. 5º, LII, CF
- estrangeiro; competência privativa: art. 22, XV, CF
- solicitada por Estado estrangeiro; competência originária do STF: art. 102, I, g, CF

F

FAIXA DE FRONTEIRA
- vide FRONTEIRA

FAMÍLIA: arts. 226 a 230, CF
- adoção: art. 227, § 5º, CF
- assistência pelo Estado: art. 226, § 8º, CF
- caracterização: art. 226, §§ 3º, 4º e 6º, CF
- casamento: art. 226, §§ 1º e 2º, CF
- dever; criança e adolescente: art. 227, CF
- dever; filhos maiores: art. 229, CF
- dever; idosos: art. 230, CF
- dever; pais: art. 229, CF
- entidade familiar: art. 226, § 4º, CF
- planejamento familiar: art. 226, § 7º, CF
- proteção do Estado: art. 226, caput, CF
- proteção; objetivo da assistência social: art. 203, I, CF
- sociedade conjugal: art. 226, § 5º, CF
- união estável: art. 226, § 3º, CF
- violência; coibição: art. 226, § 8º, CF

FAUNA
- legislação; competência concorrente: art. 24, VI, CF
- preservação; competência comum: art. 23, VII, CF
- proteção: art. 225, § 1º, VII, CF

FAZENDA FEDERAL, ESTADUAL OU MUNICIPAL: art. 100, CF; arts. 33 e 78, ADCT; Súm. 339, STJ

FILHO
- adoção: art. 227, § 6º, CF
- havidos fora do casamento: art. 227, § 6º, CF
- maiores: art. 229, CF
- menores: art. 229, CF
- pai ou mãe brasileiros; nascimento no estrangeiro: art. 90, ADCT

FILIAÇÃO PARTIDÁRIA: arts. 14, § 3º, V, e 142, § 3º, V, CF

FINANÇAS PÚBLICAS: arts. 163 a 169, CF

FLORA
- preservação: art. 23, VII, CF
- proteção: art. 225, § 1º, VII, CF

FLORESTA
- legislação; competência concorrente: art. 24, VI, CF
- preservação; competência comum: art. 23, VII, CF

FONOGRAMAS MUSICAIS
- art. 150, VI, e, CF

FORÇAS ARMADAS: arts. 142 e 143, CF
- cargo privativo de brasileiro nato: art. 12, § 3º, VI, CF
- comando supremo: arts. 84, XIII, e 142, caput, CF
- conceito: art. 142, CF
- Deputados e Senadores: art. 53, § 7º, CF
- Deputados Estaduais: art. 27, § 1º, CF
- eclesiásticos; isenção: art. 143, § 2º, CF
- efetivo; fixação e modificação: arts. 48, III, e 61, § 1º, I, CF
- mulheres; isenção: art. 143, § 2º, CF
- obrigatório; serviço militar: art. 143, CF
- punições disciplinares: art. 142, § 2º, CF
- serviço alternativo: art. 143, § 1º, CF

FORÇAS ESTRANGEIRAS: arts. 21, IV, 49, II, e 84, XXII, CF

FORMA DE GOVERNO: art. 1º, CF; art. 2º, ADCT

FORMA FEDERATIVA DE ESTADO: arts. 1º e 60, § 4º, I, CF

FRONTEIRA
- faixa; defesa do Território Nacional: arts. 20, § 2º, e 91, § 1º, III, CF
- pesquisa, lavra e aproveitamento de recursos minerais: art. 176, § 1º, CF

FUNÇÃO SOCIAL
- cidade; política urbana: art. 182, CF
- imóvel rural; desapropriação: arts. 184 e 185, CF
- propriedade rural: art. 186, CF
- propriedade urbana: art. 182, § 2º, CF; Súm. 668, STF
- propriedade; atendimento: art. 5º, XXIII, CF

FUNCIONÁRIOS PÚBLICOS
- vide SERVIDOR PÚBLICO

FUNÇÕES ESSENCIAIS À JUSTIÇA: arts. 127 a 135, CF

FUNÇÕES PÚBLICAS
- acesso a todos os brasileiros: art. 37, I, CF
- acumulação: art. 37, XVI e XVII, CF
- confiança: art. 37, V, CF
- criação: arts. 48, X, e 61, § 1º, II, a, CF
- perda; atos de improbidade: art. 37, § 4º, CF
- subsídios: art. 37, X e XI, CF

FUNDAÇÕES
- compras e alienações: art. 37, XXI, CF
- controle externo: art. 71, II, III e IV, CF
- criação: art. 37, XIX e XX, CF
- dívida pública externa e interna: art. 163, II, CF
- educacionais: art. 61, ADCT
- impostos sobre patrimônio; vedação: art. 150, § 2º, CF
- licitação: art. 22, XXVII, CF
- pessoal: art. 169, § 1º, CF
- pública: art. 37, XIX, CF

FUNDO DE COMBATE E ERRADICAÇÃO DA POBREZA: arts. 79 a 83, ADCT

FUNDO DE ESTABILIZAÇÃO FISCAL: art. 71, § 2º, ADCT

FUNDO DE GARANTIA DO TEMPO DE SERVIÇO: art. 7º, III, CF; e art. 3º, da EC nº 45/2004; Súm. 353, STJ

FUNDO DE PARTICIPAÇÃO DOS ESTADOS E DO DISTRITO FEDERAL
- normas: art. 34, § 2º, ADCT
- repartição das receitas tributárias: arts. 159, I, a, e 161, II, III, e par. ún., CF

FUNDO DE PARTICIPAÇÃO DOS MUNICÍPIOS
- normas: art. 34, § 2º, ADCT
- repartição das receitas tributárias: arts. 159, I, b, e 161, II, III, e par. ún., CF

FUNDO INTEGRADO: art. 250, CF

FUNDO NACIONAL DE SAÚDE: art. 74, § 3º, ADCT

FUNDO PARTIDÁRIO: art. 17, § 3º, CF
FUNDO SOCIAL DE EMERGÊNCIA: arts. 71 a 73, ADCT

G

GARANTIAS DA MAGISTRATURA: arts. 95 e 121, § 1º, CF
GARANTIAS FUNDAMENTAIS: art. 5º, § 1º, CF
GARIMPAGEM
- áreas e condições: art. 21, XXV, CF
- organização em cooperativas: art. 174, §§ 3º e 4º, CF

GÁS
- canalizado: art. 25, § 2º, CF
- importação e exportação: art. 177, III, CF
- participação; resultado da exploração: art. 20, § 1º, CF
- pesquisa e lavra: art. 177, I, e § 1º, CF
- transporte: art. 177, IV, CF

GESTANTE
- dispensa sem justa causa; proibição: art. 10, II, b, ADCT
- licença; duração: art. 7º, XVIII, CF
- proteção; previdência social: art. 201, II, CF

GOVERNADOR
- vide ESTADOS FEDERADOS e VICE-GOVERNADOR DE ESTADO
- ADIN; legitimidade: art. 103, V, CF
- crimes comuns: art. 105, I, a, CF
- eleição: art. 28, caput, CF
- habeas corpus: art. 105, I, c, CF
- idade mínima: art. 14, § 3º, VI, b, CF
- inelegibilidade; cônjuge e parentes: art. 14, § 7º, CF; art. 5º, § 5º, ADCT; Súm. Vinc. 18, STF
- mandato; duração: art. 28, caput, CF
- mandato; perda: art. 28, § 1º, CF
- mandatos; promulgação da CF: art. 4º, § 3º, ADCT
- posse: art. 28, caput, CF
- reeleição: art. 14, § 5º, CF
- subsídios: art. 28, § 2º, CF

GOVERNADOR DE TERRITÓRIO
- aprovação: art. 52, III, c, CF
- nomeação: art. 84, XIV, CF

GOVERNADOR DO DISTRITO FEDERAL
- eleição: art. 32, § 2º, CF
- idade mínima: art. 14, § 3º, VI, b, CF

GRATIFICAÇÃO NATALINA: arts. 7º, VIII, e 201, § 6º, CF

GREVE
- competência para julgar: art. 114, II, CF; Súm. Vinc. 23, STF
- direito e abusos: art. 9º, CF
- serviços ou atividades essenciais: art. 9º, § 1º, CF
- servidor público: art. 37, VII, CF
- servidor público militar: art. 142, § 3º, IV, CF

GUERRA
- Congresso Nacional; autorização: art. 49, II, CF
- Conselho de Defesa Nacional; opinião: art. 91, § 1º, CF
- declaração; competência: arts. 21, II, e 84, XIX, CF
- estado de sítio: art. 137, II, CF
- impostos extraordinários: art. 154, II, CF
- pena de morte: art. 5º, XLVII, a, CF
- requisições; tempo de guerra: art. 22, III, CF

H

HABEAS CORPUS
- competência; juízes federais: art. 109, VII, CF
- competência; STF: art. 102, I, d e i, e II, a, CF; Súm. 691, STF
- competência; STJ: art. 105, I, c, e II, a, CF
- competência; TRF: art. 108, I, d, CF
- concessão: art. 5º, LXVIII, CF
- decisão denegatória proferida por TRE: art. 121, § 4º, V, CF
- gratuidade: art. 5º, LXXVII, CF
- inadmissibilidade; militar: art. 142, § 2º, CF

HABEAS DATA
- competência; juízes federais: art. 109, VIII, CF

- competência; STF: art. 102, I, d, e II, a, CF
- competência; STJ: art. 105, I, b, CF
- competência; TRF: art. 108, I, c, CF
- concessão: art. 5º, LXXII, CF
- corretivo: art. 5º, LXXII, b, CF
- decisão denegatória do TRE: art. 121, § 4º, V, CF
- direito à informação: art. 5º, XXXIII e LXXII, CF; Súm. Vinc. 14, STF
- gratuidade da ação: art. 5º, LXXVII, CF
- preventivo: art. 5º, LXXII, a, CF; Súm. 2, STJ

HABITAÇÃO
- competência comum: art. 23, IX, CF
- diretrizes: art. 21, XX, CF

HERANÇA: art. 5º, XXX, CF

HIGIENE E SEGURANÇA DO TRABALHO: art. 7º, XXII, CF

HORA EXTRA: art. 7º, XVI, CF

I

IDADE: art. 3º, IV, CF

IDENTIFICAÇÃO CRIMINAL: art. 5º, LVIII, CF; Súm. 568, STF

IDOSOS
- amparo; filhos: art. 229, CF
- assistência social: art. 203, I, CF
- direitos: art. 230, CF
- salário mínimo: art. 203, V, CF
- transportes coletivos urbanos; gratuidade: art. 230, § 2º, CF

IGUALDADE
- acesso à escola: art. 206, I, CF
- empregado e trabalhador avulso: art. 7º, XXXIV, CF
- Estados; relações internacionais: art. 4º, V, CF
- homens e mulheres: art. 5º, I, CF
- perante a lei: art. 5º, caput, CF

ILEGALIDADE OU ABUSO DE PODER: art. 5º, LXVIII, CF

ILHAS
- fluviais e lacustres: arts. 20, IV, e 26, III, CF
- oceânicas e costeiras: arts. 20, IV, e 26, II, CF

IMIGRAÇÃO: art. 22, XV, CF

IMÓVEIS PÚBLICOS: arts. 183, § 3º, e 191, par. ún., CF

IMÓVEIS RURAIS: arts. 184 e 189, CF

IMÓVEIS URBANOS
- desapropriação: art. 182, §§ 3º e 4º, III, CF
- enfiteuse: art. 49, ADCT

IMPOSTO
- anistia ou remissão: art. 150, § 6º, CF
- capacidade contributiva: art. 145, § 1º, CF; Súms. 656 e 668, STF
- caráter pessoal: art. 145, § 1º, CF
- classificação: art. 145, I, CF
- criação; vigência imediata: art. 34, § 1º, CF
- distribuição da arrecadação; regiões Norte, Nordeste e Centro-Oeste: art. 34, § 1º, ADCT
- Estadual e Distrito Federal: arts. 147 e 155, CF
- imunidades: art. 150, IV, CF
- instituição: art. 145, caput, CF
- isenção; crédito presumido: art. 150, § 6º, CF
- limitações; poder de tributar: arts. 150 a 152, CF
- mercadorias e serviços: art. 150, § 5º, CF
- Municipais: art. 156, CF; e art. 34, § 1º, ADCT
- reforma agrária: art. 184, § 5º, CF
- repartição das receitas tributárias: arts. 157 a 162, CF
- serviços; alíquota: art. 86, ADCT
- telecomunicações: art. 155, § 3º, CF; Súm. 659, STF
- União: arts. 153 e 154, CF

IMPOSTOS EXTRAORDINÁRIOS: arts. 150, § 1º, e 154, II, CF

IMPOSTO SOBRE COMBUSTÍVEIS LÍQUIDOS E GASOSOS: art. 155, §§ 3º a 5º, CF; Súm. 659, CF

IMPOSTO SOBRE DIREITOS REAIS EM IMÓVEIS: art. 156, II, CF

IMPOSTO SOBRE DOAÇÕES: art. 155, I, e § 1º, CF

IMPOSTO SOBRE EXPORTAÇÃO
- alíquotas: art. 153, § 1º, CF
- competência: art. 153, II, CF
- limitações ao poder de tributar: art. 150, § 1º, CF

IMPOSTO SOBRE GRANDES FORTUNAS: art. 153, VII, CF

IMPOSTO SOBRE IMPORTAÇÃO
- alíquotas: art. 153, § 1º, CF
- competência: art. 153, I, CF
- limitações ao poder de tributar: art. 150, § 1º, CF

IMPOSTO SOBRE LUBRIFICANTES: art. 155, §§ 3º a 5º, CF; Súm. 659, STF

IMPOSTO SOBRE MINERAIS: art. 155, § 3º, CF; Súm. 659, STF

IMPOSTO SOBRE OPERAÇÕES DE CRÉDITO, CÂMBIO E SEGURO, OU RELATIVAS A TÍTULOS OU VALORES MOBILIÁRIOS
- alíquotas: art. 153, § 1º, CF
- competência: art. 153, V, e § 5º, CF
- limitações ao poder de tributar: art. 150, § 1º, CF

IMPOSTO SOBRE OPERAÇÕES RELATIVAS À CIRCULAÇÃO DE MERCADORIAS E SOBRE PRESTAÇÕES DE SERVIÇOS DE TRANSPORTE INTERESTADUAL E INTERMUNICIPAL E DE COMUNICAÇÃO: art. 155, II, e §§ 2º a 5º, CF; Súm. 662, STF; Súms. 334 e 457, STJ

IMPOSTO SOBRE PRESTAÇÃO DE SERVIÇOS: art. 155, II, CF

IMPOSTO SOBRE PRODUTOS INDUSTRIALIZADOS
- alíquotas: art. 153, § 1º, CF
- competência: art. 153, IV, e § 3º, CF
- limitações ao poder de tributar: art. 150, § 1º, CF
- repartição das receitas tributárias: art. 159, CF

IMPOSTO SOBRE PROPRIEDADE DE VEÍCULOS AUTOMOTORES: art. 155, III e § 6º, CF

IMPOSTO SOBRE PROPRIEDADE PREDIAL E TERRITORIAL URBANA: arts. 156, I, e § 1º, 182, § 4º, II, CF; Súms. 589 e 668, STF; Súm. 399, STJ

IMPOSTO SOBRE PROPRIEDADE TERRITORIAL RURAL: art. 153, VI, e § 4º, CF; Súm. 139, STJ

IMPOSTO SOBRE RENDA E PROVENTOS DE QUALQUER NATUREZA
- competência: art. 153, III, CF; Súms. 125, 136 e 386, STJ
- critérios: art. 153, § 2º, CF
- limitações: art. 150, VI, a e c, e §§ 2º a 4º, CF; Súm. 730, STF
- repartição das receitas tributárias: arts. 157, I, 158, I, e 159, I, e § 1º, CF; Súm. 447, STJ

IMPOSTO SOBRE SERVIÇOS DE QUALQUER NATUREZA: art. 156, III, § 3º, CF; art. 88, ADCT; Súm. Vinc. 31, STF; Súm. 424, STJ

IMPOSTO SOBRE TRANSMISSÃO *CAUSA MORTIS*: art. 155, I, e § 1º, I a III, CF

IMPOSTO SOBRE TRANSMISSÃO *INTER VIVOS*: art. 156, II, e § 2º, CF; Súm. 656, STF

IMPRENSA NACIONAL: art. 64, ADCT

IMPROBIDADE ADMINISTRATIVA: arts. 15, V, e 37, § 4º, CF

IMUNIDADE: art. 53, CF

INAMOVIBILIDADE
- Defensoria Pública: art. 134, § 1º, CF
- juízes: art. 95, II, CF
- Ministério Público: art. 128, § 5º, I, *b*, CF

INCENTIVOS FISCAIS
- concessão; União: art. 151, I, CF
- Municipais: art. 156, § 3º, III, CF
- reavaliação: art. 41, ADCT
- Zona Franca de Manaus: art. 40, *caput*, ADCT

INCENTIVOS REGIONAIS: art. 43, § 2º, CF

INCONSTITUCIONALIDADE
- ação direta: arts. 102, I, a, e 103, CF; Súm. 642, STF
- declaração pelos Tribunais; *quorum*: art. 97, CF
- legitimação ativa: arts. 103 e 129, IV, CF
- recurso extraordinário: art. 102, III, CF
- representação pelo estado federado: art. 125, § 2º, CF
- suspensão da execução de lei: art. 52, X, CF

INDENIZAÇÃO
- acidente de trabalho: art. 7º, XXVIII, CF; Súm. Vinc. 22, STF
- compensatória do trabalhador: art. 7º, I, CF
- dano material, moral ou à imagem: art. 5º, V e X, CF; Súms. 227, 403 e 420, STJ
- desapropriações: arts. 5º, XXIV, 182, § 3º, 184, *caput* e § 1º, CF; Súms. 378 e 416, STF; Súms. 113, 114 e 119, STJ
- erro judiciário: art. 5º, LXXV, CF
- uso de propriedade particular por autoridade: art. 5º, XXV, CF

INDEPENDÊNCIA NACIONAL: art. 4º, I, CF

ÍNDIOS
- bens; proteção: art. 231, *caput*, CF
- capacidade processual: art. 232, CF
- culturas indígenas: art. 215, § 1º, CF
- direitos e interesses: arts. 129, V, e 231, CF
- disputa; direitos: art. 109, XI, CF; Súm. 140, STJ
- ensino: art. 210, § 2º, CF
- legislação; competência privativa: art. 22, XIV, CF
- ocupação de terras: art. 231, § 6º, CF
- processo; Ministério Público: art. 232, CF
- recursos hídricos: art. 231, § 3º, CF
- remoção: art. 231, § 5º, CF
- terras; bens da União: art. 20, XI, CF; Súm. 650, STF
- terras; especificação: art. 231, § 1º, CF
- terras; inalienabilidade, indisponibilidade e imprescritibilidade: art. 231, § 4º, CF

INDULTO: art. 84, XII, CF

INELEGIBILIDADE
- analfabetos: art. 14, § 4º, CF
- casos; lei complementar: art. 14, § 9º, CF; Súm. 13, TSE
- inalistáveis: art. 14, § 4º, CF
- parentes dos ocupantes de cargos políticos: art. 14, § 7º, CF; Súms. Vincs. 13 e 18, STF

INFÂNCIA
- *vide* ADOLESCENTE e CRIANÇA
- direitos sociais: art. 6º, CF
- legislação; competência concorrente: art. 24, XV, CF
- proteção; assistência social: art. 203, I, CF

INICIATIVA POPULAR: art. 61, *caput*, CF
- âmbito federal: art. 61, § 2º, CF
- âmbito municipal: art. 29, XIII, CF
- Estados: art. 27, § 4º, CF

INICIATIVA PRIVADA: arts. 199 e 209, CF

INICIATIVA PRIVATIVA DO PRESIDENTE DA REPÚBLICA: arts. 61, § 1º, 63, I, e 64, CF

INIMPUTABILIDADE PENAL: art. 228, CF

INQUÉRITO: art. 129, III e VIII, CF

INSALUBRIDADE: art. 7º, XXIII, CF

INSPEÇÃO DO TRABALHO: art. 21, XXIV, CF

INSTITUIÇÕES FINANCEIRAS
- aumento no capital: art. 52, II, ADCT
- Congresso Nacional; atribuição: art. 48, XIII, CF
- domiciliadas no exterior: art. 52, I, ADCT
- fiscalização: art. 163, V, CF
- oficiais: art. 164, § 3º, CF
- vedação: art. 52, par. ún., ADCT

INSTITUTO BRASILEIRO DE GEOGRAFIA E ESTATÍSTICA (IBGE): art. 12, § 5º, ADCT

INTEGRAÇÃO
- povos da América Latina: art. 4º, par. ún., CF
- social dos setores desfavorecidos: art. 23, X, CF

INTERVENÇÃO ESTADUAL: arts. 35 e 36, CF

INTERVENÇÃO FEDERAL: arts. 34 a 36, CF
- Congresso Nacional; aprovação: art. 49, IV, CF
- Congresso Nacional; suspensão: art. 49, IV, CF
- Conselho da República; pronunciamento: art. 90, I, CF
- Conselho de Defesa Nacional; opinião: art. 91, § 1º, II, CF
- decretação; competência da União: art. 21, V, CF
- emendas à Constituição: art. 60, § 1º, CF
- execução; competência privativa do Presidente da República: art. 84, X, CF
- motivos: art. 34, CF
- requisitos: art. 36, CF

INTERVENÇÃO INTERNACIONAL: art. 4º, IV, CF

INTERVENÇÃO NO DOMÍNIO ECONÔMICO
- contribuição de: art. 177, § 4º, CF
- pelo Estado: arts. 173 e 174, CF

INTIMIDADE: art. 5°, X, CF

INVALIDEZ: art. 201, I, CF

INVENTOS INDUSTRIAIS: art. 5º, XXIX, CF

INVESTIMENTOS DE CAPITAL ESTRANGEIRO: art. 172, CF

INVIOLABILIDADE
- advogados: art. 133, CF
- casa: art. 5º, XI, CF
- Deputados e Senadores: art. 53, caput, CF
- intimidade, vida privada, honra e imagem das pessoas: art. 5º, X, CF; Súms. 227 e 403, STJ
- sigilo da correspondência, comunicações telegráficas, dados e comunicações telefônicas: art. 5º, XII, CF
- Vereadores: art. 29, VIII, CF

ISENÇÕES DE CONTRIBUIÇÕES À SEGURIDADE SOCIAL: art. 195, § 7º, CF; Súm. 659, STF; Súm. 352, STJ

ISENÇÕES FISCAIS
- concessão: art. 150, § 6º, CF
- incentivos regionais: art. 43, § 2º, CF
- limitações de sua concessão pela União: art. 151, III, CF
- Municipais: art. 156, § 3º, III, CF

J

JAZIDAS
- legislação; competência privativa: art. 22, XII, CF
- minerais garimpáveis: art. 174, § 3º, CF
- pesquisa e lavra: art. 44, ADCT
- petróleo e gás natural; monopólio da União: art. 177, I, CF
- propriedade: art. 176, caput, CF

JORNADA DE TRABALHO: art. 7º, XIII e XIV, CF; Súm. 675, STF; Súm. 360, TST

JOVEM: art. 227, CF

JUIZ
- recusa pelo Tribunal; casos: art. 93, II, d, CF
- substituto; ingresso na carreira; requisitos: art. 93, I, CF
- vedação: art. 95, par. ún., CF

JUIZ DE PAZ: art. 14, § 3º, VI, c, CF

JUIZADO DE PEQUENAS CAUSAS: arts. 24, X, e 98, I, CF; Súm. 376, STJ

JUIZADOS ESPECIAIS: art. 98, I, e § 1º, CF; Súms. 376 e 428, STJ

JUIZ
- acesso aos tribunais: art. 93, III, CF
- aposentadoria: art. 93, VI e VIII, CF
- aprovação; Senado Federal: art. 52, III, a, CF
- cursos; preparação e aperfeiçoamento: art. 93, IV, CF
- disponibilidade: art. 93, VIII, CF
- eleitoral: arts. 118 a 121, CF
- estadual: arts. 125 e 126, CF
- federal: arts. 106 a 110, CF
- garantia: arts. 95 e 121, § 1º, CF
- ingresso; carreira: art. 93, I, CF
- justiça militar: art. 108, I, a, CF
- militar: arts. 122 a 124, CF
- nomeação: arts. 84, XVI, e 93, I, CF
- pensão: art. 93, VI, CF
- promoção: art. 93, II, CF
- remoção: art. 93, VIII, CF
- subsídio: arts. 93, V, e 95, III, CF
- titular: art. 93, VII, CF
- togado: art. 21, ADCT
- trabalho: arts. 111 a 116, CF
- vedações: art. 95, par. ún., CF

JUÍZO DE EXCEÇÃO: art. 5º, XXXVII, CF

JUNTAS COMERCIAIS: art. 24, III, CF

JÚRI: art. 5º, XXXVIII, d, CF; Súm. 721, STF

JURISDIÇÃO: art. 93, XII, CF

JUROS
- favorecidos: art. 43, § 2º, II, CF
- taxa; controle Banco Central: art. 164, § 2º, CF

JUS SANGUINIS: art. 12, I, b e c, CF

JUS SOLI: art. 12, I, a, CF

JUSTIÇA
- desportiva: art. 217, CF
- eleitoral: arts. 118 a 121, CF
- estadual: arts. 125 e 126, CF
- federal: arts. 106 a 110, CF
- itinerante; direito do trabalho: art. 115, § 1º, CF
- itinerante; instalação: art. 107, § 2º, CF
- militar estadual: art. 125, § 3º, CF
- militar: arts. 122 a 124, CF
- paz: art. 98, II, CF
- social: art. 193, CF
- trabalho: arts. 111 a 116, CF

L

LAGOS: art. 20, III, CF

LEI: arts. 61 a 69, CF

LEI AGRÍCOLA: art. 50, ADCT

LEI COMPLEMENTAR
- aprovação; quorum: art. 69, CF
- incorporação estados federados: art. 18, § 3º, CF
- matéria reservada: art. 68, § 1º, CF
- matéria tributária: art. 146, III, CF
- normas de cooperação: art. 23, par. ún., CF
- processo legislativo: art. 59, II, CF

LEI DE DIRETRIZES ORÇAMENTÁRIAS: art. 165, II, e § 2º, CF

LEI DELEGADA: art. 68, CF
- processo legislativo: art. 59, IV, CF

LEI ESTADUAL
- ADIN: art. 102, I, a, CF; Súm. 642, STF
- suspensão de eficácia: art. 24, §§ 3º e 4º, CF

LEI FEDERAL
- ADECON: art. 102, I, a, CF; Súm. 642, STF
- ADIN: art. 102, I, a, CF; Súms. 642, STF

LEI INCONSTITUCIONAL: art. 52, X, CF

LEI ORÇAMENTÁRIA: arts. 39 e 165, CF

LEI ORÇAMENTÁRIA ANUAL
- critérios; exclusões: art. 35, § 1º, ADCT
- normas aplicáveis: art. 35, § 2º, ADCT

LEI ORDINÁRIA: art. 59, III, CF

LEI ORGÂNICA DE MUNICÍPIOS: art. 29, CF

LEI ORGÂNICA DO DISTRITO FEDERAL: art. 32, CF

LEI PENAL
- anterioridade: art. 5º, XXXIX, CF
- irretroatividade: art. 5º, XL, CF; Súm. Vinc. 24, STF

LESÃO OU AMEAÇA A DIREITO: art. 5º, XXXV, CF

LESÕES AO MEIO AMBIENTE: art. 225, § 3º, CF

LIBERDADE
- aprender, ensinar: art. 206, II, CF
- associação: arts. 5º, XVII e XX, e 8º, CF
- consciência e crença; inviolabilidade: art. 5º, VI, CF
- direito: art. 5º, *caput*, CF
- exercício de trabalho ou profissão: art. 5º, XIII, CF
- expressão da atividade intelectual: art. 5º, IX, CF
- fundamental: art. 5º, XLI, CF
- informação; proibição de censura: art. 220, CF
- iniciativa: art. 1º, IV, CF
- locomoção: arts. 5º, XV e LXVIII, e 139, I, CF
- manifestação do pensamento: art. 5º, IV, CF
- ofício: art. 5º, XIII, CF
- privação ou restrição: art. 5º, XLVI, *a*, e LIV, CF; Súm. Vinc. 14, STF; Súm. 704, STF; Súm. 347, STJ
- provisória: art. 5º, LXVI, CF
- reunião: arts. 5º, XVI, 136, § 1º, I, *a*, e 139, IV, CF

LICENÇA À GESTANTE: arts. 7º, XVIII, e 39, § 3º, CF

LICENÇA-PATERNIDADE: arts. 7º, XIX, e 39, § 3º, CF; art. 10, § 1º, ADCT

LICITAÇÃO: arts. 22, XXVII, 37, XXI, e 175, CF; Súm. 333, STJ

LIMITAÇÕES AO PODER DE TRIBUTAR
- Estados, DF e Municípios: art. 152, CF
- inaplicabilidade: art. 34, § 6º, ADCT
- União: art. 151, CF
- União, Estados, DF e Municípios: art. 150, CF
- vedações; livros, jornais, periódicos e o papel destinado à sua impressão: art. 150, VI, *d*, CF; Súm. 657, STF
- vigência imediata: art. 34, § 1º, ADCT

LIMITES DO TERRITÓRIO NACIONAL
- Congresso Nacional; atribuição: art. 48, V, CF
- outros países: art. 20, III e IV, CF

LÍNGUA INDÍGENA: art. 210, § 2º, CF

LÍNGUA PORTUGUESA
- emprego; ensino fundamental: art. 210, § 2º, CF
- idioma oficial: art. 13, *caput*, CF

M

MAGISTRADOS
- *vide* JUIZ

MAIORES
- 16 anos; alistamento eleitoral: art. 14, § 1º, II, *c*, CF
- 70 anos; alistamento eleitoral: art. 14, § 1º, II, *b*, CF

MANDADO DE INJUNÇÃO
- competência STF: art. 102, I, *q*, e II, *a*, CF
- competência STJ: art. 105, I, *h*, CF
- concessão: art. 5º, LXXI, CF
- decisão denegatória do TRE: art. 121, § 4º, V, CF

MANDADO DE SEGURANÇA
- competência juízes federais: art. 109, VIII, CF
- competência STF: art. 102, I, *d*, e II, *a*, CF; Súm. 624, STF
- competência STJ: art. 105, I, *b*, e II, *b*, CF; Súms. 41 e 177, STJ
- competência TRF: art. 108, I, *c*, CF
- concessão: art. 5º, LXIX, CF
- decisão denegatória do TRE: art. 121, § 4º, V, CF
- decisão denegatória do TSE: art. 121, § 3º, CF

MANDADO DE SEGURANÇA COLETIVO: art. 5º, LXX, CF; Súm. 630, STF

MANDATO
- Deputado Estadual: art. 27, § 1º, CF
- Deputado Federal: art. 44, par. ún., CF
- Deputado ou Senador; perda: arts. 55 e 56, CF
- eletivo; ação de impugnação: art. 14, §§ 10 e 11, CF
- eletivo; servidor público: art. 38, CF
- Governador e Vice-Governador Estadual: art. 28, CF; art. 4º, § 3º, ADCT
- Governador, Vice-Governador e Deputado Distrital: art. 32, §§ 2º e 3º, CF
- Prefeito e Vice-prefeito: art. 4º, § 4º, ADCT
- Prefeito, Vice-Prefeito e Vereadores: art. 29, I e II, CF
- Prefeito; perda: art. 29, XIV, CF
- Presidente da República: art. 82, CF; e art. 4º, ADCT
- Senador: art. 46, § 1º, CF
- Vereador: art. 4º, § 4º, ADCT

MANIFESTAÇÃO DO PENSAMENTO: arts. 5º, IV, e 220, CF

MARGINALIZAÇÃO
- combate aos fatores: art. 23, X, CF
- erradicação: art. 3º, III, CF

MAR TERRITORIAL: art. 20, VI, CF

MATERIAIS RADIOATIVOS: art. 177, § 3º, CF

MATERIAL BÉLICO
- fiscalização; competência da União: art. 21, VI, CF
- legislação; competência privativa: art. 22, XXI, CF

MATERNIDADE
- proteção; direito social: arts. 6º e 7º, XVIII, CF
- proteção; objetivo da assistência social: art. 203, I, CF
- proteção; previdência social: art. 201, II, CF

MEDICAMENTOS
- produção; SUS: art. 200, I, CF
- propaganda comercial: art. 220, § 4º, CF; e art. 65, ADCT

MEDIDA CAUTELAR: art. 102, I, *p*, CF

MEDIDAS PROVISÓRIAS
- Congresso Nacional; apreciação: art. 62, §§ 5º a 9º, CF
- conversão em lei: art. 62, §§ 3º, 4º e 12, CF
- convocação extraordinária: art. 57, § 8º, CF
- edição; competência privativa: art. 84, XXVI, CF
- impostos; instituição ou majoração: art. 62, § 2º, CF
- perda de eficácia: art. 62, § 3º, CF
- reedição: art. 62, § 10, CF
- rejeitadas: art. 62, §§ 3º e 11, CF
- requisitos: art. 62, *caput*, CF
- vedação: arts. 62, §§ 1º e 10, e 246, CF
- votação: art. 62, § 8º, CF

MEIO AMBIENTE
- ato lesivo; ação popular: art. 5º, LXXIII, CF
- bem de uso comum do povo: art. 225, *caput*, CF
- defesa e preservação: art. 225, *caput*, CF
- defesa; ordem econômica: art. 170, VI, CF
- exploração; responsabilidade: art. 225, § 2º, CF
- Floresta Amazônica, Mata Atlântica, Serra do Mar, Pantanal Mato-Grossense e Zona Costeira; uso: art. 225, § 4º, CF
- legislação; competência concorrente: art. 24, VI, CF
- propaganda nociva: art. 220, § 3º, II, CF
- proteção; colaboração do SUS: art. 200, VIII, CF
- proteção; competência: art. 23, VI e VII, CF
- reparação dos danos: arts. 24, VIII; e 225, § 3º, CF
- sanções penais e administrativas: art. 225, § 3º, CF
- usinas nucleares: art. 225, § 6º, CF

MEIOS DE COMUNICAÇÃO SOCIAL: art. 220, § 5º, CF

MENOR
- direitos previdenciários e trabalhistas: art. 227, § 3º, II, CF
- direitos sociais: art. 227, § 3º, CF
- idade mínima para o trabalho: art. 227, § 3º, I, CF
- inimputabilidade penal: art. 228, CF
- trabalho noturno; proibição: art. 7º, XXXIII, CF
- violência: arts. 226, § 8º, e 227, § 4º, CF

MESAS DO CONGRESSO: art. 57, § 4º, CF

MICROEMPRESAS
- débitos: art. 47, ADCT
- tratamento jurídico diferenciado: arts. 146, III, *d*, e par. ún., e 179, CF

MICRORREGIÕES: art. 25, § 3º, CF

MILITAR(ES)
- ativa: art. 142, § 3º, III, CF
- elegibilidade: arts. 14, § 8º, e 42, § 1º, CF
- estabilidade: arts. 42, § 1º, e 142, § 3º, X, CF

- Estados, do Distrito Federal e dos Territórios: art. 42, CF
- filiação a partido político: art. 142, § 3º, V, CF
- Forças Armadas; disposições aplicáveis: art. 142, § 3º, CF
- Forças Armadas; regime jurídico: art. 61, § 1º, II, f, CF
- *habeas corpus;* não cabimento: art. 142, § 2º, CF
- inatividade: art. 142, § 3º, X, CF
- justiça comum ou militar; julgamento: art. 142, § 3º, VII, CF
- limites de idade: art. 142, § 3º, X, CF
- patentes: arts. 42, § 1º, e 142, § 3º, I e X, CF
- perda do posto e da patente: art. 142, § 3º, VI, CF
- prisão; crime propriamente militar: art. 5º, LXI, CF
- prisão; transgressão: art. 5º, LXI, CF
- proventos e pensão: arts. 40, §§ 7º e 8º, e 42, § 2º, CF
- remuneração e subsídios: arts. 39, § 4º, 142, § 3º, X, e 144, § 9º, CF
- reserva: art. 142, § 3º, II e III, CF
- sindicalização e greve; proibição: art. 142, § 3º, IV, CF

MINÉRIOS: art. 23, XI, CF

MINÉRIOS NUCLEARES
- legislação; competência da União: art. 21, XXIII, CF
- monopólio da União: art. 177, V, CF

MINISTÉRIO PÚBLICO: arts. 127 a 130-A, CF
- abrangência: art. 128, CF
- ação civil pública: art. 129, III, CF; Súm. 643, STF; Súm. 329, STJ
- ação penal pública: art. 129, I, CF
- ADIN: art. 129, IV, CF
- atividade policial: art. 129, VII, CF
- aumento da despesa: art. 63, II, CF
- autonomia administrativa e funcional: art. 127, § 2º, CF
- carreira; ingresso: art. 129, § 3º, CF
- consultoria jurídica de entidades públicas: art. 129, IX, CF
- CPI: art. 58, § 3º, CF
- crimes comuns e de responsabilidade: art. 96, III, CF
- diligências investigatórias: art. 129, VIII, CF
- estatuto; princípios: arts. 93, II e VI, e 129, § 4º, CF
- federal; composição dos TRF: art. 107, I, CF
- funções institucionais: art. 129, CF
- funções; exercício: art. 129, § 2º, CF
- garantias: art. 128, § 5º, I, CF
- incumbência: art. 127, CF
- índios: arts. 129, V, e 232, CF
- inquérito civil: art. 129, III, CF
- inquérito policial: art. 129, VIII, CF
- interesses difusos e coletivos; proteção: art. 129, III, CF; Súm. 329, STJ
- intervenção da União e dos Estados: art. 129, IV, CF
- membros; STJ: art. 104, par. ún., II, CF
- membros; Tribunais de Contas: art. 130, CF
- membros; Tribunais: art. 94, CF
- membros; TST: art. 111-A, CF
- notificações: art. 129, VI, CF
- organização, atribuições e estatuto: art. 128, § 5º, CF
- organização; competência da União: art. 21, XIII, CF
- organização; vedação de delegação: art. 68, § 1º, I, CF
- órgãos: art. 128, CF
- princípios institucionais: art. 127, § 1º, CF
- Procurador-Geral da República: art. 128, § 2º, CF
- promoção: art. 129, § 4º, CF
- proposta orçamentária: art. 127, § 3º, CF
- provimento de cargos: art. 127, § 2º, CF
- União: art. 128, § 1º, CF
- vedações: arts. 128, § 5º, II, e 129, IX, CF

MINISTÉRIO PÚBLICO DA UNIÃO
- chefia: art. 128, § 1º, CF
- crimes comuns e responsabilidade: arts. 105, I, a, e 108, I, a, CF
- *habeas corpus:* art. 105, I, c, CF
- organização: arts. 48, IX, e 61, § 1º, II, d, CF
- órgãos: art. 128, I, CF

MINISTÉRIO PÚBLICO DO DISTRITO FEDERAL E TERRITÓRIOS
- organização: arts. 21, XIII, 22, XVII, 48, IX, e 61, § 1º, II, d, CF
- órgão do Ministério Público da União: art. 128, I, d, CF
- Procuradores-Gerais: art. 128, §§ 3º 4º, CF

MINISTÉRIO PÚBLICO DOS ESTADOS: art. 128, II, e §§ 3º e 4º, CF

MINISTÉRIO PÚBLICO DO TRABALHO
- estabilidade: art. 29, § 4º, ADCT
- membros; TRT: art. 115, I e II, CF
- membros; TST: art. 111-A, CF
- organização: art. 61, § 1º, II, d, CF
- órgão do Ministério Público da União: art. 128, I, b, CF

MINISTÉRIO PÚBLICO FEDERAL
- atribuições: art. 29, § 2º, ADCT
- atuais procuradores: art. 29, § 2º, ADCT
- composição dos TRF: art. 107, I, CF
- integrantes dos Ministérios Públicos do Trabalho e Militar: art. 29, § 4º, ADCT
- opção pelo regime anterior: art. 29, § 3º, ADCT
- órgão do Ministério Público da União: art. 128, I, a, CF

MINISTÉRIO PÚBLICO MILITAR
- estabilidade: art. 29, § 4º, ADCT
- membro; Superior Tribunal Militar: art. 123, par. ún., II, CF
- órgão do Ministério Público da União: art. 128, I, c, CF

MINISTÉRIOS
- criação e extinção; disposições em lei: arts. 48, XI, 61, § 1º, II, e, e 88, CF
- Defesa: arts. 52, I, 84, XIII, e 91, I a VIII, CF

MINISTROS
- aposentados; TFR: art. 27, § 4º, ADCT
- Estado: art. 50 e §§ 1º e 2º, CF
- Ministros do TFR para o STJ: art. 27, § 2º, I, ADCT
- STJ; indicação e lista tríplice: art. 27, § 5º, ADCT
- STJ; nomeação: art. 27, § 2º, II, ADCT
- TFR; classe: art. 27, § 3º, ADCT

MINISTRO DA JUSTIÇA: arts. 89, VI, e 91, IV, CF

MINISTRO DE ESTADO: arts. 87 e 88, CF
- atribuições: art. 84, par. ún., CF
- auxílio; Presidente da República: arts. 76 e 84, II, CF
- comparecimento; Senado Federal ou Câmara dos Deputados: art. 50, §§ 1º e 2º, CF
- competência: art. 87, par. ún., CF
- Conselho da República; participação: art. 90, § 1º, CF
- crimes comuns e de responsabilidade: arts. 52, I, e 102, I, b e c, CF
- escolha: art. 87, *caput,* CF
- exoneração: art. 84, I, CF
- *habeas corpus:* art. 102, I, d, CF
- *habeas data:* art. 105, I, b, CF
- nomeação: art. 84, I, CF
- processo contra; autorização: art. 51, I, CF
- requisitos: art. 87, *caput,* CF
- subsídios: art. 49, VIII, CF

MINISTRO DO STF
- brasileiro nato: art. 12, § 3º, VI, CF
- nomeação: art. 84, XIV, CF
- processo e julgamento: art. 52, II, CF

MINISTROS DO TRIBUNAL DE CONTAS DA UNIÃO
- aprovação; Senado Federal: art. 52, III, b, CF
- nomeação: art. 84, XV, CF
- número: art. 73, *caput,* CF
- prerrogativas: art. 73, § 3º, CF
- requisitos: art. 73, §§ 1º e 2º, CF

MISSÃO DIPLOMÁTICA: arts. 52, IV, e 102, I, c, CF

MOEDA
- emissão: arts. 21, VII, e 164, *caput,* CF
- limites: art. 48, XIV, CF

MONUMENTOS: art. 23, III, CF

MORADIAS: art. 23, IX, CF

MULHER
- igualdade em direitos: art. 5º, I, CF
- proteção; mercado de trabalho: art. 7º, XX, CF
- serviço militar obrigatório; isenção: art. 143, § 2º, CF

MUNICÍPIOS: arts. 29 a 31, CF
- aposentadorias e pensões: art. 249, CF
- autonomia: art. 18, caput, CF
- competência: arts. 23 e 30, CF
- Conselhos de Contas: art. 31, § 4º, CF
- contas; apreciação pelos contribuintes: art. 31, § 3º, CF
- contribuição: art. 149, § 1º, CF
- controle externo: art. 31, § 1º, CF
- criação: art. 18, § 4º, CF
- desmembramento: art. 18, § 4º, CF
- despesa; limite: art. 169; art. 38, ADCT
- disponibilidades de caixa: art. 164, § 3º, CF
- Distrito Federal: art. 32, caput, CF
- dívida consolidada: art. 52, VI, CF
- dívida mobiliária: art. 52, IX, CF
- empresas de pequeno porte: art. 179, CF
- ensino: arts. 211, § 2º, e 212, CF
- fiscalização: arts. 31 e 75, CF
- Fundo de Participação: art. 34, § 2º, ADCT
- fusão: art. 18, § 4º, CF
- guardas municipais: art. 144, § 8º, CF
- impostos: arts. 156, 158 e 160, CF
- incentivos fiscais: art. 41, ADCT
- incorporação: art. 18, § 4º, CF
- iniciativa popular: art. 29, XIII, CF
- intervenção: art. 35, CF
- lei orgânica: art. 29, CF; art. 11, par. ún., ADCT
- limitações: art. 19, CF
- microempresas: art. 179, CF
- operações de crédito externo e interno: art. 52, VII, CF
- pensões: 249, CF
- petróleo ou gás natural e outros recursos: art. 20, § 1º, CF
- precatórios: art. 100, CF; Súm. 655, STF; Súm. 144, STJ
- princípios: art. 37, caput, CF; Súm. Vinc. 13, STF
- receita; ITR: art. 158, II, CF; Súm. 139, STJ
- reforma administrativa: art. 24, ADCT
- símbolos: art. 13, § 2º, CF
- sistema tributário nacional: art. 34, § 3º, ADCT
- sistema único de saúde: art. 198, §§ 1º a 3º, CF
- sistemas de ensino: art. 211, CF
- terras em litígio; demarcação: art. 12, § 2º, ADCT
- Tribunal de Contas: art. 31, § 4º, CF
- tributos: arts. 145, 150 e 152, CF
- turismo: art. 180, CF

N

NACIONALIDADE: arts. 12 e 13, CF
- brasileiros natos: art. 12, I, CF
- brasileiros naturalizados: art. 12, II, CF
- cargos privativos de brasileiro nato: art. 12, § 3º, CF
- causas referentes à: 109, X, CF
- delegação legislativa; vedação: art. 68, § 1º, II, CF
- distinção entre brasileiros natos e naturalizados: art. 12, § 2º, CF
- legislação; competência privativa: art. 22, XIII, CF
- perda: art. 12, § 4º, CF
- portugueses: art. 12, II, a, e § 1º, CF

NASCIMENTO
- estrangeiro: art. 95, ADCT
- registro civil: art. 5º, LXXVI, a, CF

NATURALIZAÇÃO
- direitos políticos; cancelamento: art. 15, I, CF
- foro competente: 109, X, CF
- legislação; competência privativa: art. 22, XIII, CF
- perda da nacionalidade: art. 12, § 4º, II, CF
- perda da nacionalidade; cancelamento: art. 12, § 4º, I, CF

NATUREZA
- vide MEIO AMBIENTE

NAVEGAÇÃO
- aérea e aeroespacial: arts. 21, XII, c e 22, X, CF
- cabotagem: art. 178, par. ún., CF
- fluvial: art. 22, X, CF
- lacustre: art. 22, X, CF

- marítima: art. 22, X, CF

NEGOCIAÇÕES COLETIVAS DE TRABALHO: art. 8º, VI, CF

NOTÁRIOS
- atividades: art. 236, § 1º, CF
- carreira: art. 236, § 3º, CF

O

OBRAS
- coletivas: art. 5º, XXVIII, a, CF
- direitos autorais: art. 5º, XXVII e XXVIII, CF; Súm. 386, STF
- patrimônio cultural brasileiro: art. 216, IV, CF
- proteção: art. 23, III e IV, CF
- públicas: art. 37, XXI, CF; Súm. 333, STJ

OBRIGAÇÃO ALIMENTÍCIA: art. 5º, LXVII, CF

OFICIAL
- forças armadas: art. 12, § 3º, VI, CF
- general: art. 84, XIII, CF
- registro: art. 236, CF

OLIGOPÓLIO: art. 220, § 5º, CF

OPERAÇÃO DE CRÉDITO
- adaptação: art. 37, ADCT
- Congresso Nacional; atribuição: art. 48, II, CF
- controle: art. 74, III, CF
- externo e interno: art. 52, VII e VIII, CF

OPERAÇÃO FINANCEIRA
- externas: art. 52, V, CF
- fiscalização: art. 21, VIII, CF

ORÇAMENTO: arts. 165 a 169, CF
- anual: art. 48, II, CF
- delegação legislativa; vedação: art. 68, § 1º, III, CF
- diretrizes orçamentárias: art. 165, II, e § 2º, CF
- legislação; competência concorrente: art. 24, II, CF
- lei orçamentária anual; conteúdo: art. 165, § 5º, CF
- plano plurianual: art. 165, I, e § 1º, CF
- projetos de lei; envio, apreciação e tramitação: arts. 84, XXIII, e 166, CF
- vedações: art. 167, CF

ORDEM DOS ADVOGADOS DO BRASIL: art. 103, VII, CF

ORDEM ECONÔMICA E FINANCEIRA: arts. 170 a 192, CF
- política agrícola e fundiária e reforma agrária: arts. 184 a 191, CF
- política urbana: arts. 182 e 183, CF
- princípios gerais da atividade econômica: arts. 170 a 181, CF
- sistema financeiro nacional: art. 192, CF

ORDEM JUDICIAL: art. 5º, XIII, CF

ORDEM SOCIAL arts. 193 a 232, CF
- assistência social: arts. 203 e 204, CF
- ciência e tecnologia: arts. 218 e 219, CF
- comunicação social: arts. 220 a 224, CF
- cultura: arts. 215 e 216, CF
- desporto: art. 217, CF
- educação: arts. 205 a 214, CF
- família, criança, adolescente e idoso: arts. 226 a 230, CF
- idosos: art. 230, CF
- índios: arts. 231 e 232, CF
- meio ambiente: art. 225, CF
- objetivos: art. 193, CF
- previdência social: arts. 201 e 202, CF
- saúde: arts. 196 a 200, CF
- seguridade social: arts. 194 a 204, CF

ORGANISMOS REGIONAIS: art. 43, § 1º, II, CF

ORGANIZAÇÃO JUDICIÁRIA: art. 22, XVII, CF

ORGANIZAÇÃO POLÍTICO-ADMINISTRATIVA DO ESTADO BRASILEIRO: art. 18, CF

ORGANIZAÇÃO SINDICAL
- criação: art. 8º, II, CF
- interferência: art. 8º, I, CF; Súm. 677, STF

- mandado de segurança coletivo: art. 5º, LXX, b, CF; Súm. 629, STF

ORGANIZAÇÕES INTERNACIONAIS: art. 21, I, CF

ÓRGÃOS PÚBLICOS
- disponibilidades de caixa: art. 164, § 3º, CF
- publicidade dos atos: art. 37, § 1º, CF

OURO: art. 153, § 5º, CF

P

PAGAMENTO
- precatórios judiciais: art. 33, CF

PAÍS: art. 230, CF

PARLAMENTARISMO: art. 2º, ADCT

PARTICIPAÇÃO NOS LUCROS: art. 7º, XI, CF

PARTIDOS POLÍTICOS: art. 17, CF
- ADIN; legitimidade: art. 103, VIII, CF

PATRIMÔNIO: art. 150, VI, c, CF; Súms. 724 e 730, STF

PATRIMÔNIO CULTURAL BRASILEIRO: art. 216, CF

PATRIMÔNIO HISTÓRICO, ARTÍSTICO, CULTURAL E ARQUEOLÓGICO: art. 23, III e IV, CF

PATRIMÔNIO HISTÓRICO, CULTURAL, ARTÍSTICO, TURÍSTICO E PAISAGÍSTICO: art. 24, VII e VIII, CF

PATRIMÔNIO HISTÓRICO E CULTURAL: art. 5º, LXXIII, CF

PATRIMÔNIO NACIONAL
- encargos ou compromissos gravosos: art. 49, I, CF
- Floresta Amazônica, Mata Atlântica, Serra do Mar, Pantanal Mato-Grossense e Zona Costeira: art. 225, § 4º, CF
- mercado interno: art. 219, CF

PATRIMÔNIO PÚBLICO: art. 23, I, CF

PAZ
- Congresso Nacional; autorização: art. 49, II, CF
- Conselho de Defesa Nacional; opinião: art. 91, § 1º, I, CF
- defesa; princípio adotado pelo Brasil: art. 4º, VI, CF
- Presidente da República; competência: art. 84, XX, CF
- União; competência: art. 21, II, CF

PENA(S)
- comutação: art. 84, XII, CF
- cruéis: art. 5º, XLVII, e, CF; Súm. 280, STJ
- espécies adotadas: art. 5º, XLVI, CF
- espécies inadmissíveis: art. 5º, XLVII, CF
- estabelecimentos específicos: art. 5º, XLVIII, CF
- individualização: art. 5º, XLV e XLVI, CF; Súm. Vinc. 26, STF
- morte: art. 5º, XLVII, a, CF
- perpétua: art. 5º, XLVII, b, CF
- prévia cominação legal: art. 5º, XXXIX, CF
- reclusão: art. 5º, XLII, CF

PENSÃO
- especial para ex-combatente da 2ª Guerra Mundial: art. 53, ADCT
- gratificação natalina: art. 201, § 6º, CF
- mensal vitalícia; seringueiros: art. 54, § 3º, ADCT
- militares: art. 42, § 2º, CF
- morte do segurado: art. 201, V, CF
- revisão dos direitos: art. 20, CF
- seringueiros que contribuíram durante a 2ª Guerra Mundial: art. 54, § 1º, ADCT
- seringueiros; benefícios transferíveis: art. 54, § 2º, ADCT
- servidor público: art. 40, §§ 2º, 7º, 8º e 14, CF

PETRÓLEO
- exploração e participação nos resultados: art. 20, § 1º, CF
- pesquisa e lavra: art. 177, I, CF
- refinação; monopólio da União: art. 177, II, e § 1º, CF
- transporte marítimo: art. 177, IV, e § 1º, CF
- venda e revenda: art. 238, CF

PETRÓLEO BRASILEIRO S/A – PETROBRAS: art. 45, par. ún., ADCT

PISO SALARIAL: art. 7º, V, CF

PLANEJAMENTO AGRÍCOLA: art. 187, § 1º, CF

PLANEJAMENTO DO DESENVOLVIMENTO NACIONAL: arts. 21, IX, 48, IV, e 174, § 1º, CF

PLANEJAMENTO FAMILIAR: art. 226, § 7º, CF

PLANO DE CUSTEIO E DE BENEFÍCIO: art. 59, CF

PLANO DIRETOR: art. 182, § 1º, CF

PLANO NACIONAL DE EDUCAÇÃO: arts. 212, § 3º, e 214, CF

PLANO PLURIANUAL
- Congresso Nacional; atribuição: art. 48, II, CF
- elaboração e organização: art. 165, § 9º, I, CF
- estabelecimento em lei: art. 165, I, e § 1º, CF
- lei orçamentária: art. 35, § 1º, I, ADCT
- Presidente da República; competência privativa: art. 84, XXIII, CF
- projeto; encaminhamento: art. 35, § 2º, I, ADCT
- projetos de lei: art. 166, CF

PLANOS DA PREVIDÊNCIA SOCIAL: art. 201, CF

PLEBISCITO
- anexação de estados federados: art. 18, § 3º, CF
- Congresso Nacional; competência: art. 49, XV, CF
- criação, incorporação, fusão e desmembramento de municípios: art. 18, § 4º, CF
- escolha da forma e do regime de governo: art. 2º, ADCT
- incorporação, subdivisão ou desmembramento de estados federados: art. 18, § 3º, CF
- instrumento de exercício da soberania popular: art. 14, I, CF

PLURALISMO POLÍTICO: art. 1º, V, CF

PLURIPARTIDARISMO: art. 17, caput, CF

POBREZA
- combate às causas; competência comum: art. 23, X, CF
- erradicação: art. 3º, III, CF
- Fundo de Combate e Erradicação da Pobreza: arts. 79 a 83, ADCT

PODER DE TRIBUTAR: arts. 150 a 152, CF

PODER ECONÔMICO: art. 14, § 9º, CF; Súm. 13, TSE

PODER EXECUTIVO: arts. 76 a 91, CF
- atividades nucleares; aprovação: art. 49, XIV, CF
- atos normativos regulamentares; sustação: art. 49, V, CF
- atos; fiscalização e controle: art. 49, X, CF
- comissão de estudos territoriais; indicação: art. 12, ADCT
- Conselho da República: arts. 89 e 90, CF
- Conselho de Defesa Nacional: art. 91, CF
- controle interno: art. 74, CF
- exercício; Presidente da República: art. 76, CF
- impostos; alteração da alíquota: art. 153, § 1º, CF
- independência e harmonia com os demais poderes: art. 2º, CF
- Ministros de Estado: arts. 87 e 88, CF
- Presidente da República; atribuições: art. 84, CF
- Presidente da República; autorização de ausência: art. 49, III, CF
- Presidente da República; eleição: art. 77, CF
- Presidente da República; responsabilidade: arts. 85 e 86, CF
- radiodifusão; concessão: art. 223, caput, CF
- reavaliação de incentivos fiscais: art. 41, ADCT
- revisão da lei orçamentária de 1989: art. 39, ADCT
- vencimentos dos cargos do: art. 37, XII, CF

PODER JUDICIÁRIO: arts. 92 a 126, CF
- ações desportivas: art. 217, § 1º, CF
- atos notariais: art. 236, § 1º, CF
- autonomia administrativa e financeira: art. 99, CF
- competência privativa dos tribunais: art. 96, CF
- conflitos fundiários: art. 126, CF
- controle interno: art. 74, CF
- Distrito Federal e Territórios: art. 21, XIII, CF
- Estados federados: art. 125, CF
- Estatuto da Magistratura: art. 93, CF
- garantias da magistratura: art. 95, CF
- independência e harmonia com os demais poderes: art. 2º, CF
- juizados especiais; criação: art. 98, I, CF; Súm. 376, STJ

- juízes; proibições: art. 95, par. ún., CF
- julgamentos; publicidade: art. 93, IX, CF
- justiça de paz: art. 98, II, CF
- Justiça Eleitoral: art. 118, CF
- Justiça Militar: arts. 122 a 124, CF
- órgãos que o integram: art. 92, CF
- quinto constitucional: art. 94, CF
- seções judiciárias: art. 110, caput, CF
- STF: arts. 101 a 103-B, CF
- STJ: arts. 104 e 105, CF
- Superior Tribunal Militar; composição: art. 123, CF
- Territórios Federais: art. 110, par. ún., CF
- Tribunais e Juízes do Trabalho: arts. 111 a 116, CF
- Tribunais e Juízes Eleitorais: arts. 118 a 121, CF
- Tribunais e Juízes Estaduais: arts. 125 a 126, CF; Súm. 721, STF
- Tribunais e Juízes Militares: arts. 122 a 124, CF
- Tribunais Regionais e Juízes Federais: arts. 106 a 110, CF
- vencimentos dos cargos do: art. 37, XII, CF

PODER LEGISLATIVO: arts. 44 a 75, CF
- Câmara dos Deputados: arts. 44, 45 e 51, CF
- comissão mista; dívida externa brasileira: art. 26, ADCT
- comissões permanentes e temporárias: art. 58, CF
- competência exclusiva: art. 68, § 1º, CF
- Congresso Nacional: arts. 44, 48 e 49, CF
- controle interno: art. 74, CF
- delegação legislativa: art. 68, CF
- Deputados: arts. 54 a 56, CF
- fiscalização contábil: arts. 70 a 75, CF
- imunidades: art. 53, CF
- incentivos fiscais: art. 41, ADCT
- independência e harmonia com os demais poderes: art. 2º, CF
- legislatura: art. 44, par. ún., CF
- lei orçamentária de 1989: art. 39, ADCT
- processo legislativo: arts. 59 a 69, CF
- propaganda comercial: art. 65, ADCT
- recesso: art. 58, § 4º, CF
- reuniões: art. 57, CF
- sanção presidencial: art. 48, caput, CF
- Senado Federal: arts. 44, 46 e 52, CF
- Senador: arts. 46, 54 a 56, CF
- sessão legislativa: art. 57, CF
- Territórios: art. 45, § 2º, CF
- vencimentos dos cargos: art. 37, XII, CF

POLÍCIA AEROPORTUÁRIA
- exercício da função pela polícia federal: art. 144, § 1º, III, CF
- serviços; competência da União: art. 21, XXII, CF

POLÍCIA DE FRONTEIRA
- exercício da função pela polícia federal: ar. 144, § 1º, III, CF
- serviços; competência da União: art. 21, XXII, CF

POLÍCIA FEDERAL
- funções: art. 144, § 1º, CF
- legislação; competência privativa: art. 22, XXII, CF
- órgão da segurança pública: art. 144, I, CF

POLÍCIA FERROVIÁRIA
- federal; órgão da segurança pública: art. 144, II, e § 3º, CF
- legislação; competência privativa: art. 22, XXII, CF

POLÍCIA MARÍTIMA
- exercício da função pela polícia federal: art. 144, § 1º, III, CF
- serviços; competência da União: art. 21, XXII, CF

POLÍCIA RODOVIÁRIA
- federal; órgão da segurança pública; funções: art. 144, II, e § 2º, CF
- legislação; competência privativa: art. 22, XXII, CF

POLÍCIAS CIVIS
- Distrito Federal: arts. 21, XIV, e 32, § 4º, CF; Súm. 647, STF
- funções: art. 144, § 4º, CF
- legislação; competência concorrente: art. 24, XVI, CF
- órgão da segurança pública: art. 144, IV, CF
- subordinação: art. 144, § 6º, CF

POLÍCIAS MILITARES
- Distrito Federal: arts. 21, XIV, e 32, § 4º, CF; Súm. 647, STF

- funções: art. 144, § 5º, CF
- legislação; competência privativa: art. 22, XXI, CF
- membros: art. 42, CF
- órgão da segurança pública: art. 144, V, CF
- subordinação: art. 144, § 6º, CF

POLÍTICA AGRÍCOLA E FUNDIÁRIA: arts. 184 a 191, CF

POLÍTICA DE DESENVOLVIMENTO URBANO: art. 182, caput, CF

POLÍTICA NACIONAL DE TRANSPORTES: art. 22, IX, CF

POLÍTICA URBANA: arts. 182 e 183, CF

PORTADORES DE DEFICIÊNCIA FÍSICA: art. 37, VIII, CF; Súm. 377, STJ

PORTOS: arts. 21, XII, f, e 22, X, CF

PRAIAS
- fluviais: art. 20, III, CF
- marítimas: art. 20, IV, CF

PRECATÓRIOS
- assumidos pela união; possibilidade: art. 100, § 16, CF
- complementares ou suplementares; expedição: art. 100, § 8º, CF
- natureza alimentícia: art. 100, caput, e §§ 1º e 2º, CF; Súm. 655, STF; Súm. 144, STJ
- pagamento: art. 100, CF; Súm. 655, STF; Súm. 144, STJ
- pagamento; regime especial: art. 97, ADCT
- pendentes de pagamento: arts. 33, 78 e 86, ADCT; Súm. 144, STJ
- pequeno valor: art. 100, §§ 3º e 4º, CF
- produção de efeitos; comunicação por meio de petição protocolizada: art. 100, § 14, CF
- regime especial para pagamento: art. 100, § 15, CF

PRECONCEITOS: art. 3º, IV, CF

PRÉ-ESCOLA
- assistência gratuita: art. 7º, XXV, CF
- crianças de até seis anos de idade: art. 208, IV, CF

PREFEITO MUNICIPAL
- contas; fiscalização: art. 31, § 2º, CF
- crimes de responsabilidade: art. 29-A, § 2º, CF
- eleição: art. 29, I e II, CF
- idade mínima: art. 14, § 3º, VI, c, CF
- inelegibilidade de cônjuge e de parentes até o segundo grau: art. 14, § 7º, CF; Súm. Vinc. 18, STF
- julgamento: art. 29, X, CF; Súms. 702 e 703, STF; Súm. 209, STJ
- perda do mandato: art. 29, XIV, CF
- posse: art. 29, III, CF
- reeleição: art. 14, § 5º, CF
- servidor público: art. 38, II, CF
- subsídios: art. 29, V, CF

PRESIDENCIALISMO: art. 2º, ADCT

PRESIDENTE DA CÂMARA DOS DEPUTADOS: art. 12, § 3º, II, CF

PRESIDENTE DA REPÚBLICA E VICE-PRESIDENTE: arts. 76 a 86, CF
- ADECON e ADIN; legitimidade: art. 103, I, CF
- afastamento; cessação: art. 86, § 2º, CF
- atos estranhos ao exercício de suas funções: art. 86, § 4º, CF
- ausência do País por mais de 15 dias: art. 49, III, e 83, CF
- cargo privativo de brasileiro nato: art. 12, § 3º, I, CF
- Chefia de Estado: art. 84, VII, VIII, XIX, XX e XXII, CF
- Chefia de Governo: art. 84, I a VI, IX a XVIII, XXI, XXIII a XXVII, CF
- competência privativa: art. 84, CF
- compromisso: art. 1º, ADCT
- Congresso Nacional; convocação extraordinária: art. 57, § 6º, CF
- Conselho da República; órgão de consulta: art. 89, caput, CF
- Conselho de Defesa Nacional; órgão de consulta: art. 91, caput, CF
- contas; apreciação: arts. 49, IX, 51, II, e 71, I, CF
- crimes de responsabilidade: arts. 52, I, e par. ún., 85 e 86, CF
- delegação legislativa: art. 68, CF
- Distrito Federal: art. 16, ADCT
- eleição: art. 77, CF; art. 4º, § 1º, ADCT

- exercício do Poder Executivo: art. 76, CF
- governadores de Roraima e do Amapá; indicação: art. 14, § 3º, ADCT
- habeas corpus e habeas data: art. 102, I, d, CF
- idade mínima: art. 14, § 3º, VI, a, CF
- impedimento: arts. 79, caput, e 80, CF
- inelegibilidade de cônjuge e de parentes até o segundo grau: art. 14, § 7º, CF; Súm. Vinc. 18, STF
- infrações penais comuns: arts. 86 e 102, I, b, CF
- iniciativa de leis: arts. 60, II, 61, § 1º, 63, I, 64, CF
- leis orçamentárias: art. 165, CF
- mandado de injunção: art. 102, I, q, CF
- mandado de segurança: art. 102, I, d, CF
- mandato: art. 82; art. 4º, ADCT
- medidas provisórias: arts. 62 e 84, XXVI, CF; Súm. 651, STF
- morte de candidato, antes de realizado o segundo turno: art. 77, § 4º, CF
- Poder Executivo; exercício: art. 76, CF
- posse: art. 78, caput, CF
- prisão: art. 86, § 3º, CF
- processo contra; autorização da Câmara dos Deputados: arts. 51, I, e 86, CF
- promulgação de lei: art. 66, §§ 5º e 7º, CF
- reeleição: art. 14, § 5º, CF
- responsabilidade: arts. 85 e 86, CF
- sanção: arts. 48, caput, 66, caput e § 3º, CF
- subsídios: art. 49, VIII, CF
- substituição: art. 79, CF
- sucessão: art. 79, CF
- suspensão de suas funções: art. 86, § 1º, CF
- tomada de contas: art. 51, II, CF
- vacância do cargo: arts. 78, par. ún., 79, 80 e 81, CF
- veto: art. 66, §§ 1º a 6º, CF

PRESIDENTE DO BANCO CENTRAL: art. 52, III, d, CF

PRESIDENTE DO SENADO FEDERAL: art. 12, § 3º, III, CF

PREVIDÊNCIA COMPLEMENTAR: art. 5º, XLVI, d, CF

PREVIDÊNCIA PRIVADA
- complementar: art. 202, CF
- fiscalização; competência da União: art. 21, VIII, in fine, CF
- planos de benefícios e serviços: art. 6º da EC no 20/1998
- subvenção oficial: art. 202, § 3º; art. 5º da EC no 20/1998

PREVIDÊNCIA SOCIAL: arts. 201 e 202, CF
- aposentadoria: art. 201, §§ 7º a 9º, CF
- aposentadoria; contagem recíproca do tempo de contribuição: art. 201, § 9º, CF
- benefício; limite: art. 248, CF; art. 14 da EC nº 20/1998
- benefício; reajustamento: art. 201, § 4º, CF
- benefício; revisão dos valores: art. 58, ADCT
- benefício; valor mínimo mensal: art. 201, § 2º, CF
- benefício; vinculação da receita ao pagamento: art. 167, XI, CF
- contribuintes: art. 201, CF
- correção monetária; salários de contribuição: art. 201, § 3º, CF; Súm. 456, STJ
- custeio: art. 149, § 1º, CF
- direito social: art. 6º, CF
- fundos: arts. 249 e 250, CF
- ganhos habituais do empregado; incorporação ao salário: art. 201, § 11, CF
- gratificação natalina de aposentados e pensionistas: art. 201, § 6º, CF
- legislação; competência concorrente: art. 24, XII, CF
- prestação continuada; revisão de valores: art. 58, ADCT; Súm. 687, STF
- prestações mensais dos benefícios atualizadas: art. 58, par. ún., ADCT
- princípios: art. 201, CF
- subvenção a entidade de previdência privada: art. 202, § 3º, CF
- trabalhadores de baixa renda; inclusão previdenciária: art. 201, § 12, CF

PRINCÍPIO
- ampla defesa: art. 5º, LV, CF; Súms. Vincs. 5, 21 e 24, STF; Súms. 701, 704 e 712, STF; Súms. 196, 312 e 373, STJ
- contraditório: art. 5º, LV, CF; Súms. Vincs. 5, 21 e 24, STF; Súms. 701, 704 e 712, STF; Súms. 196, 312 e 373, STJ
- eficiência: art. 37, caput, CF; Súm. Vinc. 13, STF
- fundamentais: arts. 1º a 4º, CF
- impessoalidade: art. 37, caput, CF; Súm. Vinc. 13, STF
- legalidade: arts. 5º, II, e 37, caput, CF; Súm. Vinc. 13, STF; Súms. 636 e 686, STF
- livre concorrência: art. 170, IV, CF; Súm. 646, STF
- moralidade: art. 37, caput, CF; Súm. Vinc. 13, STF
- publicidade: art. 37, caput, CF

PRISÃO
- civil: art. 5º, LXVII, CF; Súm. Vinc. 25, STF; Súms. 280 e 419, STJ
- comunicação ao Judiciário e à família do preso: art. 5º, LXII, CF
- durante o estado de defesa: art. 136, § 3º, III, CF
- flagrante delito: art. 5º, LXI, CF
- ilegal: art. 5º, LXV, CF
- perpétua: art. 5º, XLVII, b, CF

PROCESSO
- autoridade competente: art. 5º, LIII, CF
- distribuição imediata: arts. 93, XV, e 129, § 5º, CF
- inadmissibilidade de provas ilícitas: art. 5º, LVI, CF
- judicial ou administrativo: art. 5º, LV, CF; Súms. Vincs. 5 e 21, STF; Súms. 701, 704 e 712, STF; Súms. 196, 312 e 373, STJ
- julgamento de militares do Estado: art. 125, §§ 4º e 5º, CF; Súms. 6, 53 e 90, STJ
- legislação; competência concorrente: art. 24, XI, CF
- necessidade: art. 5º, LIV, CF
- razoável duração: art. 5º, LXXVIII, CF

PROCESSO ELEITORAL: art. 16, CF

PROCESSO LEGISLATIVO: arts. 59 a 69, CF
- diplomas legais: art. 59, CF
- emenda constitucional: art. 60, CF
- iniciativa popular: art. 61, § 2º, CF
- iniciativa popular; estadual: art. 27, § 4º, CF
- iniciativa; leis complementares e ordinárias: art. 61, CF
- iniciativa; Presidente da República: arts. 61, § 1º, e 84, III, CF
- início; Câmara dos Deputados: art. 64, CF
- leis complementares; quorum: art. 69, CF
- leis delegadas: art. 68, CF
- medidas provisórias: art. 62, CF; Súm. 651, STF
- projetos de codificação: art. 64, § 4º, CF
- promulgação: arts. 65 e 66, §§ 5º e 7º, CF
- sanção presidencial: art. 66, CF
- veto presidencial: art. 66, CF

PROCURADORES DOS ESTADOS E DO DISTRITO FEDERAL: art. 132, CF

PROCURADOR-GERAL DA REPÚBLICA
- ADIN; legitimidade: art. 103, VI, CF
- audiência prévia: art. 103, § 1º, CF
- crimes de responsabilidade: art. 52, II, CF
- destituição: art. 128, § 2º, CF
- habeas corpus e habeas data: art. 102, I, d, CF
- infrações penais comuns: art. 102, I, b, CF
- mandado de segurança: art. 102, I, d, CF
- Ministério Público da União; chefe: art. 128, § 1º, CF
- nomeação; requisitos: art. 128, § 1º, CF
- opção: art. 29, § 2º, CF
- Presidente da República; atribuições: art. 84, par. ún., CF
- Presidente da República; nomeação: art. 84, XIV, CF
- recondução: art. 128, § 1º, CF
- Senado Federal; aprovação: art. 52, III, e, CF
- Senado Federal; exoneração de ofício: art. 52, XI, CF

PROCURADORIA-GERAL DA FAZENDA NACIONAL
- representação da União; causas fiscais: art. 29, § 5º, ADCT
- representação da União; execuções da dívida: art. 131, § 3º, CF; Súm. 139, STJ

PROGRAMA
- formação do patrimônio do servidor público: art. 239, caput, e § 3º, CF
- integração social: art. 239, CF

- nacionais, regionais e setoriais; atribuição do Congresso Nacional: art. 48, IV, CF
- nacionais, regionais e setoriais; elaboração e apreciação: art. 165, § 4º, CF

PROJETO DE LEI
- *vide* PROCESSO LEGISLATIVO

PROPRIEDADE
- direito; garantia: art. 5º, XXII, CF
- função social: arts. 5º, XXIII, e 170, III, CF
- particular: art. 5º, XXV, CF
- predial e territorial urbana; impostos: art. 156, I, CF; Súm. 589, STF; Súm. 399, STJ
- privada: art. 170, II, CF
- produtiva: art. 185, par. ún., CF
- veículos automotores; imposto: art. 155, III, CF

PROPRIEDADE RURAL
- aquisição; pessoa estrangeira: art. 190, CF
- desapropriação para fins de reforma agrária: art. 185, CF
- desapropriação por interesse social: art. 184, CF
- função social: arts. 184 e 186, CF
- média: art. 185, I, CF
- penhora: art. 5º, XXVI, CF
- pequena; definição em lei: art. 5º, XXVI, CF
- pequena; impenhorabilidade: art. 5º, XXVI, CF; Súm. 364, STJ
- usucapião: art. 191, CF

PROPRIEDADE URBANA
- aproveitamento: art. 182, § 4º, CF
- concessão de uso: art. 183, § 1º, CF
- desapropriação: art. 182, §§ 3º e 4º, III, CF; Súms. 113 e 114, STJ
- função social; art. 182, § 2º, CF; Súm. 668, STF
- título de domínio: art. 183, § 1º, CF
- usucapião: art. 183, CF

PUBLICIDADE DE ATOS PROCESSUAIS: art. 5º, LX, CF; Súm. 708, STF

Q

QUILOMBOS
- propriedade de seus remanescentes: art. 68, ADCT
- tombamento: art. 216, § 5º, CF

QUINTO CONSTITUCIONAL: arts. 94, 107, I e 111-A, I, CF

R

RAÇA: art. 3º, IV, CF

RACISMO
- crime inafiançável e imprescritível: art. 5º, XLII, CF
- repúdio: art. 4º, VIII, CF

RÁDIO
- acesso gratuito dos partidos políticos: art. 17, § 3º, CF
- concessão e renovação à emissora: art. 48, XII, CF
- produção e programação: arts. 220, § 3º, II, e 221, CF
- programas; classificação: art. 21, XVI, CF

RADIODIFUSÃO
- dispor; competência do Congresso Nacional: art. 48, XII, CF
- empresa: art. 222, CF
- exploração; competência da União: art. 21, XII, a, CF
- legislação; competência privativa: art. 22, IV, CF
- serviço de: art. 223, CF

RADIOISÓTOPOS
- meia-vida igual ou inferior a duas horas: art. 21, XXIII, b, CF
- utilização; regime de concessão ou permissão: art. 21, XXIII, b, CF

RECEITAS TRIBUTÁRIAS
- Estados e do Distrito Federal: arts. 157, 159, I, a, II, §§ 1º e 2º, CF
- Municípios: arts. 158, 159, I, b, §§ 1º e 3º, CF
- repartição: arts. 157 a 162, CF
- União; exercício 1989: art. 39, ADCT

RECURSO ESPECIAL: art. 105, III, CF

RECURSO EXTRAORDINÁRIO: art. 102, III, CF; Súm. 640, STF

RECURSO ORDINÁRIO
- competência; STJ: art. 105, II, CF
- competência; STF: art. 102, II, CF

RECURSOS HÍDRICOS
- fiscalização; competência comum: art. 23, XI, CF
- participação no resultado da exploração: art. 20, § 1º, CF
- sistema nacional de gerenciamento; competência da União: art. 21, XIX, CF

RECURSOS MINERAIS
- bens da União: art. 20, IX, CF
- exploração: art. 225, § 2º, CF
- fiscalização; competência comum: art. 23, XI, CF
- legislação; competência privativa: art. 22, XII, CF
- participação no resultado da exploração: art. 20, § 1º, CF
- pesquisa e lavra: art. 176, §§ 1º e 3º, CF; art. 43, ADCT
- terras indígenas; exploração: art. 49, XVI, CF

RECURSOS NATURAIS
- bens da União: art. 20, V, CF
- defesa; competência concorrente: art. 24, VI, CF

REELEIÇÃO: art. 14, § 5º, CF

REFERENDO
- autorização; competência do Congresso Nacional: art. 49, XV, CF
- instrumento de exercício da soberania popular: art. 14, I, CF

REFINAÇÃO DE PETRÓLEO: art. 177, II, CF

REFINARIAS: art. 45, ADCT

REFORMA AGRÁRIA
- beneficiários: art. 189, CF
- compatibilização; política agrícola: art. 187, § 2º, CF
- compatibilização; terras públicas: art. 188, CF
- desapropriação: arts. 184 e 185, CF

REGIÕES
- criação; objetivos: art. 43, CF
- metropolitanas: art. 25, § 3º, CF

REGISTRO
- civil de nascimento: art. 5º, LXXVI, a, CF
- filhos nascidos no estrangeiro: art. 90, ADCT
- públicos: art. 22, XXV, CF

RELAÇÕES EXTERIORES: art. 21, I, CF

RELAÇÕES INTERNACIONAIS DO BRASIL: art. 4º, CF

RELAXAMENTO DA PRISÃO ILEGAL: art. 5º, LXV, CF

RELIGIÃO: art. 210, § 1º, CF

RENÚNCIA A CARGOS POLÍTICOS: art. 14, § 6º, CF

REPARAÇÃO DE DANO: art. 5º, XLV, CF

REPARTIÇÃO DAS RECEITAS TRIBUTÁRIAS: arts. 157 a 162, CF

REPOUSO SEMANAL REMUNERADO: art. 7º, XV, CF

REPÚBLICA FEDERATIVA DO BRASIL
- apreciação popular mediante plebiscito: art. 2º, ADCT
- fundamentos: art. 1º, CF
- integração da América Latina: art. 4º, par. ún., CF
- objetivos fundamentais: art. 3º, CF
- organização político-administrativa: art. 18, *caput*, CF
- relações internacionais; princípios: art. 4º, *caput*, CF

RESERVAS CAMBIAIS DO PAÍS: art. 21, VIII, CF

RETROATIVIDADE DA LEI PENAL: art. 5º, XL, CF

REVISÃO CONSTITUCIONAL: art. 3º, ADCT

REVISÃO CRIMINAL
- competência; STJ: art. 105, I, e, CF
- competência; STF: art. 102, I, j, CF
- competência; TRF: art. 108, I, b, CF

S

SALÁRIO(S)
- décimo terceiro: art. 7º, VIII, CF
- de contribuição: art. 201, § 3º, CF; Súm. 456, STJ

- diferença; proibição: art. 7º, XXX, CF
- discriminação: art. 7º, XXXI, CF
- educação: art. 212, § 5º, CF; Súm. 732, STF
- família: art. 7º, XII, CF
- irredutibilidade: art. 7º, VI, CF
- mínimo anual: art. 239, § 3º, CF
- mínimo; garantia: art. 7º, VII, CF
- mínimo; vinculação: art. 7º, IV, CF; Súms. Vincs. 4, 6 e 15, STF; Súm. 201, STJ
- proteção: art. 7º, X, CF

SANEAMENTO BÁSICO
- ações; competência do SUS: art. 200, IV, CF
- diretrizes; competência da União: art. 21, XX, CF
- promoção; competência comum: art. 23, IX, CF

SANGUE: art. 199, § 4º, CF

SAÚDE: arts. 196 a 200, CF
- aplicação de percentual do orçamento da seguridade social: art. 55, ADCT
- cuidar; competência comum: art. 23, II, CF
- custeio do sistema: art. 71, ADCT
- direito da criança e do adolescente: art. 227, § 1º, CF
- direito de todos e dever do Estado: art. 196, CF
- direito social: art. 6º, CF
- diretrizes dos serviços: art. 198, CF
- execução; Poder Público ou terceiros: art. 197, CF
- iniciativa privada: art. 199, CF
- propaganda de produtos, práticas e serviços nocivos à: art. 220, § 3º, II, CF
- proteção e defesa; competência concorrente: art. 24, XII, CF
- regulamentação, fiscalização e controle: art. 197, CF
- serviços; competência dos Municípios: art. 30, VII, CF
- serviços; relevância pública: art. 197, CF
- sistema único: arts. 198 e 200, CF

SEDE DO GOVERNO FEDERAL: art. 48, VII, CF

SEGREDO DE JUSTIÇA: art. 14, § 11, CF

SEGURANÇA
- direito social: arts. 6º e 7º, XXII, CF
- trabalho: art. 7º, XXII, CF

SEGURANÇA PÚBLICA
- corpos de bombeiros militares: art. 144, §§ 5º e 6º, CF
- dever do Estado: art. 144, caput, CF
- direito e responsabilidade de todos: art. 144, caput, CF
- guardas municipais: art. 144, § 8º, CF
- objetivos: art. 144, caput, CF
- órgãos: art. 144, I a V, e § 7º, CF
- polícia civil: art. 144, §§ 5º e 6º, CF
- polícia federal: art. 144, § 1º, CF
- polícia ferroviária federal: art. 144, § 3º, CF
- polícia militar: art. 144, §§ 5º e 6º, CF
- polícia rodoviária federal: art. 144, § 2º, CF

SEGURIDADE SOCIAL: arts. 194 a 204, CF
- arrecadação; integrar a receita: art. 56, ADCT; Súm. 658, STF
- assistência social: arts. 203 e 204, CF
- atividade em regime de economia familiar; alíquota: art. 195, § 8º, CF; Súm. 272, STJ
- benefícios: art. 248, CF
- débito; sanções: art. 195, § 3º, CF
- estrutura: art. 194, CF
- finalidade: art. 194, caput, CF
- financiamento pela sociedade: arts. 195 e 240, CF; Súms. 658 e 659, STF
- isenções de entidades beneficentes: art. 195, § 7º, CF; Súm. 352, STJ
- legislação; competência privativa: art. 22, XXIII, CF
- objetivos: art. 194, par. ún., CF
- orçamento: art. 165, § 5º, III, CF
- orçamento destinado ao serviço de saúde: art. 55, CF
- organização: art. 194, par. ún., CF
- previdência social: arts. 201 e 202, CF
- projeto de lei relativo à organização: art. 59, ADCT
- proposta de orçamento: art. 195, § 2º, CF
- receitas estaduais, municipais e do Distrito Federal: art. 195, § 1º, CF
- saúde: arts. 196 a 200, CF

SEGURO
- contra acidentes do trabalho: art. 7º, XXVIII, CF
- fiscalização; competência da União: art. 21, VIII, CF
- legislação; competência privativa: art. 22, VII, CF
- seguro-desemprego: arts. 7º, II, e 239, caput, e § 4º, CF

SENADO FEDERAL: art. 52, CF
- ADECON; legitimidade: art. 103, § 4º, CF
- Câmara Legislativa do Distrito Federal; competência: art. 16, §§ 1 e 2º, CF
- comissões permanentes e temporárias: art. 58, CF
- competência privativa: art. 52, CF
- competência privativa; vedação de delegação: art. 68, § 1º, CF
- composição: art. 46, CF
- Congresso Nacional; composição: art. 44, caput, CF
- Conselho da República; participação: art. 89, III, V e VII, CF
- Conselho de Defesa Nacional; participação: art. 91, III, CF
- CPI; criação e poderes: art. 58, § 3º, CF
- crimes de responsabilidade; Presidente da República: art. 86, CF
- despesa: art. 63, II, CF
- emenda constitucional; proposta: art. 60, I, CF
- emendas em projetos de lei: art. 64, § 3º, CF
- estado de sítio: art. 53, § 8º, CF
- impostos; alíquotas: art. 155, §§ 1º, IV, e 2º, IV e V, CF
- iniciativa de leis: art. 61, CF
- legislatura: art. 44, par. ún., CF
- licença prévia a Senadores; incorporação às Forças Armadas: art. 53, § 7º, CF
- Mesa: art. 58, § 1º, CF
- Ministros de Estado: art. 50, CF
- Presidente; cargo privativo de brasileiro nato: art. 12, § 3º, III, CF
- Presidente; exercício da Presidência da República: art. 80, CF
- projetos de lei; discussão e votação: art. 64, CF
- promulgação de leis pelo Presidente: art. 66, § 7º, CF
- quorum: art. 47, CF
- reunião; sessão conjunta com a Câmara dos Deputados: art. 57, § 3º, CF

SENADORES
- vide SENADO FEDERAL e CONGRESSO NACIONAL
- decoro parlamentar: art. 55, II, e §§ 1º e 2º, CF
- duração do mandato: art. 46, § 1º, CF
- Forças Armadas; requisito: art. 53, § 7º, CF
- idade mínima: art. 14, § 3º, VI, a, CF
- impedimentos: art. 54, CF
- imunidades: arts. 53, § 8º, e 139, par. ún., CF
- inviolabilidade: art. 53, CF
- julgamento perante o STF: arts. 53, § 1º, e 102, I, b, d e q, CF
- perda de mandato: arts. 55 e 56, CF
- prisão: art. 53, § 2º, CF
- servidor público; afastamento: art. 38, I, CF
- sistema eleitoral: art. 46, caput, CF
- subsídio: art. 49, VII, CF
- suplente; convocação: arts. 46, § 3º, 56, § 1º, CF
- sustação do andamento da ação: art. 53, §§ 3º a 5º, CF
- testemunho: art. 53, § 6º, CF
- vacância: art. 56, § 2º, CF

SENTENÇA
- estrangeira; homologação: art. 105, I, i, CF
- penal condenatória; trânsito em julgado: art. 5º, LVII, CF
- perda do cargo de servidor público estável: art. 41, §§ 1º, I, e 2º, CF
- proferida pela autoridade competente: art. 5º, LIII, CF

SEPARAÇÃO DE PODERES: art. 60, § 4º, III, CF

SEPARAÇÃO JUDICIAL: art. 226, § 6º, CF

SERINGUEIROS: art. 54, ADCT

SERVENTIAS DO FORO JUDICIAL: art. 31, ADCT

SERVIÇO(S)
- energia elétrica: art. 21, XII, b, CF
- essenciais: arts. 9º, § 1º, e 30, V, CF

- forenses: art. 24, IV, CF
- gás canalizado: art. 25, § 2º, CF
- navegação aérea: art. 21, XII, c, CF
- notariais e de registro: art. 236, CF
- nucleares: art. 21, XXIII, CF
- oficiais de estatística: art. 21, XV, CF
- postal: arts. 21, X, e 22, V, CF
- públicos; de interesse local: art. 30, V, CF
- públicos; dever do Poder Público: art. 175, CF
- públicos; licitação: art. 37, XXI, CF; Súm. 333, STJ
- públicos; prestação; política tarifária: art. 175, par. ún., III, CF; Súm. 407, STJ
- públicos; reclamações: art. 37, § 3º, I, CF
- radiodifusão: arts. 21, XII, a, e 223, CF
- registro: art. 236 e §§ 1º a 3º, CF
- saúde: art. 197, CF
- telecomunicações: art. 21, XI, CF
- transporte ferroviário, aquaviário e rodoviário: art. 21, XII, d e e, CF

SERVIÇO EXTRAORDINÁRIO: art. 7º, XVI, CF

SERVIÇO MILITAR
- imperativo de consciência: art. 143, § 1º, CF
- mulheres e eclesiásticos: art. 143, § 2º, CF; Súm. Vinc. 6, STF
- obrigatoriedade: art. 143, caput, CF
- obrigatório; alistamento eleitoral dos conscritos: art. 14, § 2º, CF

SERVIDOR PÚBLICO: arts. 39 a 41, CF; Súm. Vinc. 4, STF; Súms. 683 e 684, STF; Súms. 97 e 378, STJ; Súm. 390, TST
- acréscimos pecuniários: art. 37, XIV, CF
- acumulação remunerada de cargos: art. 37, XVI e XVII, CF
- adicional noturno: art. 39, § 3º, CF
- adicional por serviço extraordinário: art. 39, § 3º, CF
- administração fazendária: art. 37, XVIII, CF
- anistia: art. 8º, § 5º, ADCT
- aposentadoria: art. 40, CF
- aposentadoria; legislação anterior à EC no 20/98: arts. 3º e 8º da EC nº 20/98
- associação sindical: art. 37, VI, CF
- ato de improbidade administrativa: art. 37, § 4º, CF
- ato ilícito: art. 37, § 5º, CF
- avaliação especial de desempenho: art. 41, § 4º, CF
- benefício; atualização: art. 37, § 17, CF
- benefício; limite máximo: art. 14 da EC no 20/98
- cargo efetivo: art. 37, V, CF
- cargo em comissão: art. 40, § 13, CF
- concorrência; prevenção de desequilíbrio: art. 146-A, CF
- contratação por tempo determinado: art. 37, IX, CF
- décimo terceiro salário: art. 39, § 3º, CF
- desnecessidade de cargo: art. 41, § 3º, CF
- direito: art. 39, § 3º, CF
- direito de greve: art. 37, VII, CF
- discriminação: art. 39, § 3º, CF
- disponibilidade remunerada: art. 41, § 3º, CF
- estabilidade: art. 41, CF; art. 19, ADCT; Súm. 390, TST
- exercício de mandato eletivo: art. 38, CF
- extinção de cargo: art. 41, § 3º, CF
- férias e adicional: art. 39, § 3º, CF
- formação e aperfeiçoamento: art. 39, § 2º, CF
- funções de confiança: art. 37, V, CF
- informações privilegiadas; acesso: art. 37, § 7º, CF
- jornada de trabalho: art. 39, § 3º, CF
- licença à gestante: art. 39, § 3º, CF
- licença-paternidade: art. 39, § 3º, CF
- microempresas: art. 146, III, d, e par. ún., CF
- pensão por morte: art. 40, §§ 7º e 8º, CF
- perda do cargo: arts. 41, § 1º, 169, § 4º, e 247, CF
- recursos orçamentários: art. 39, § 7º, CF
- regime de previdência complementar: art. 40, §§ 14, 15 e 16, CF
- regime de previdência de caráter contributivo: arts. 40 e 249, CF
- reintegração: art. 41, § 2º, CF
- remuneração: art. 37, X a XIII, CF; Súm. 672, STF
- repouso semanal remunerado: art. 39, § 3º, CF
- riscos do trabalho; redução: art. 39, § 3º, CF
- salário-família: art. 39, § 3º, CF
- salário mínimo: art. 39, § 3º, CF

- subsídios e vencimentos: art. 37, XV, CF
- subsídios: art. 37, XI, CF
- tempo de contribuição e de serviço: art. 40, § 9º, CF
- tempo de serviço: art. 4º da EC nº 20/98
- Tribunais; licenças e férias: art. 96, I, f, CF
- União e Territórios: art. 61, § 1º, II, c, CF
- vencimento; peculiaridades dos cargos: art. 39, § 1º, III, CF
- vencimento e sistema remuneratório: arts. 37, XI, XII e XIV, e 39, §§ 1º, 4º, 5º e 8º, CF

SESSÃO LEGISLATIVA DO CONGRESSO NACIONAL: art. 57, CF

SIGILO DA CORRESPONDÊNCIA E DAS COMUNICAÇÕES TELEGRÁFICAS E TELEFÔNICAS
- estado de defesa; restrições: art. 136, § 1º, I, b e c, CF
- estado de sítio; restrições: art. 139, III, CF
- inviolabilidade; ressalva: art. 5º, XII, CF

SIGILO DAS VOTAÇÕES: art. 5º, XXXVIII, b, CF

SÍMBOLOS: art. 13, §§ 1º e 2º, CF

SINDICATOS: art. 8º, CF; Súm. 4, STJ
- denúncia de irregularidades; legitimidade: art. 74, § 2º, CF
- direitos; interesses coletivos ou individuais; defesa: art. 8º, III, CF
- impostos; vedação de instituição: art. 150, VI, c, e § 4º, CF
- liberdade de filiação: art. 8º, V, CF
- rurais; normas aplicáveis: art. 8º, par. ún., CF; art. 10, § 2º, ADCT

SISTEMA CARTOGRÁFICO
- legislação; competência privativa: art. 22, XVIII, CF
- manutenção; competência da União: art. 21, XV, CF

SISTEMA DE GOVERNO: art. 2º, ADCT

SISTEMA DE MEDIDAS: art. 22, VI, CF

SISTEMA ESTATÍSTICO: art. 22, XVIII, CF

SISTEMA FEDERAL DE ENSINO: art. 22, VI, CF

SISTEMA FINANCEIRO NACIONAL: art. 192, CF

SISTEMA MONETÁRIO E DE MEDIDAS: art. 22, VI, CF

SISTEMA NACIONAL DE CULTURA: art. 216-A

SISTEMA NACIONAL DE EMPREGO: art. 22, XVI, CF

SISTEMA NACIONAL DE VIAÇÃO: art. 21, XXI, CF

SISTEMA TRIBUTÁRIO NACIONAL: arts. 145 a 162, CF
- administrações tributárias: art. 37, XXII, CF
- Congresso Nacional; atribuição: art. 48, I, CF
- impostos da União: arts. 153 e 154, CF
- impostos dos Estados federados e do Distrito Federal: art. 155, CF
- impostos municipais: art. 156, CF
- limitações do poder de tributar: arts. 150 a 152, CF
- princípios gerais: arts. 145 a 149, CF
- repartição das receitas tributárias: arts. 157 a 162, CF
- Senado Federal; avaliação: art. 52, XV, CF
- vigência; início: art. 34, ADCT

SISTEMA ÚNICO DE SAÚDE: arts. 198 a 200, CF

SÍTIOS ARQUEOLÓGICOS
- bens da União: art. 20, X, CF
- patrimônio cultural brasileiro: art. 216, V, CF
- proteção; competência comum: art. 23, III, CF

SÍTIOS PRÉ-HISTÓRICOS: art. 20, X, CF

SOBERANIA DOS VEREDICTOS DO JÚRI: art. 5º, XXXVIII, c, CF

SOBERANIA NACIONAL
- fundamento do Estado brasileiro: art. 1º, caput, I, CF
- respeitada pelos partidos políticos: art. 17, caput, CF

SOBERANIA POPULAR: art. 14, CF

SOCIEDADE CONJUGAL: art. 226, § 5º, CF

SOCIEDADE DE ECONOMIA MISTA
- criação; autorização: art. 37, XIX e XX, CF
- privilégios fiscais não admitidos: art. 173, § 2º, CF
- regime jurídico: art. 173, § 1º, CF

SOLO: art. 24, VI, CF

SORTEIOS: art. 22, XX, CF

SUBSÍDIOS
- Deputados Estaduais; fixação: art. 27, § 2º, CF
- fiscal: art. 150, § 6º, CF
- fixação; alteração por lei específica: art. 37, X, CF
- fixação; parcela única: art. 39, § 4º, CF
- Governador, Vice-Governador e Secretários de Estado; fixação: art. 28, § 2º, CF
- irredutibilidade: art. 37, XV, CF
- limite: art. 37, XI, CF
- Ministros do STF; fixação: art. 48, XV, CF
- Ministros dos Tribunais Superiores: art. 93, V, CF
- Prefeito, Vice-Prefeito e Secretários municipais; fixação: art. 29, V, CF
- publicação anual: art. 39, § 6º, CF
- revisão geral anual: art. 37, X, CF; Súm. 672, STF
- Vereadores; fixação: art. 29, VI, CF

SUCESSÃO DE BENS DE ESTRANGEIROS: art. 5º, XXXI, CF

SUCUMBÊNCIA: art. 5º, LXXIII, *in fine*, CF

SUFRÁGIO UNIVERSAL: art. 14, *caput*, CF

SÚMULAS
- efeito vinculante: art. 8º, da EC nº 45/2004
- efeito vinculante; objetivo: art. 103-A, §§ 1º e 2º, CF

SUPERIOR TRIBUNAL DE JUSTIÇA: arts. 104 e 105, CF
- ações rescisórias: art. 105, I, e, CF
- competência originária: art. 105, I, CF
- competência privativa: art. 96, I e II, CF
- composição: art. 104, CF; art. 27, § 2º, ADCT
- conflitos de atribuições: art. 105, I, g, CF
- conflitos de competência: art. 105, I, d, CF
- Conselho da Justiça Federal: art. 105, par. ún., CF
- crimes comuns e de responsabilidade: art. 105, I, a, CF
- *exequatur* às cartas rogatórias: art. 105, I, i, CF
- *habeas corpus*: art. 105, I, c e II, a, CF
- *habeas data*: art. 105, I, b, CF
- homologação de sentenças estrangeiras: art. 105, I, i, CF
- iniciativa de leis: art. 61, *caput*, CF
- instalação: art. 27, ADCT
- jurisdição: art. 92, § 2º, CF
- lei federal; interpretação divergente: art. 105, III, c, CF;
- mandado de injunção: art. 105, I, h, CF
- mandado de segurança: art. 105, I, b, e II, b, CF; Súms. 41 e 177, STJ
- Ministros: arts. 84, XIV, e 104, par. ún., CF
- Ministros; processo e julgamento: art. 102, I, c, d e i, CF
- órgão do Poder Judiciário: art. 92, II, CF
- projetos de lei: art. 64, *caput*, CF
- reclamação: art. 105, I, f, CF
- recurso especial: art. 105, III, CF
- recurso ordinário: art. 105, II, CF
- revisões criminais: art. 105, I, e, CF
- sede: art. 92, § 1º, CF

SUPERIOR TRIBUNAL MILITAR
- competência privativa: art. 96, I e II, CF
- composição: art. 123, CF
- iniciativa de leis: art. 61, *caput*, CF
- jurisdição: art. 92, § 2º, CF
- Ministros militares e civis: art. 123, CF
- Ministros; nomeação: arts. 84, XIV, e 123, CF
- Ministros; processo e julgamento: art. 102, I, c, d e i, CF
- organização e funcionamento: art. 124, CF
- órgão da Justiça Militar: art. 122, I, CF
- projetos de lei de iniciativa: art. 64, *caput*, CF
- sede: art. 92, § 1º, CF

SUPREMO TRIBUNAL FEDERAL: arts. 101 a 103, CF
- ação rescisória: art. 102, I, j, CF
- ADECON: art. 102, I, a, e § 2º, CF
- ADIN: arts. 102, I, a, 103, CF; Súm. 642, STF
- ADPF: art. 102, § 1º, CF
- atribuições: art. 27, § 1º, ADCT
- causas e conflitos entre a União e os estados federados: art. 102, I, f, CF

- competência originária: art. 102, I, CF
- competência privativa: art. 96, I e II, CF
- composição: art. 101, CF
- conflitos de competência: art. 102, I, o, CF
- contrariedade à CF: art. 102, III, a, CF; Súm. 400, STF
- crime político: art. 102, II, b, CF
- crimes de responsabilidade: art. 102, I, c, CF
- decisões definitivas de mérito: art. 102, § 2º, CF
- Estatuto da Magistratura: art. 93, CF
- execução de sentença: art. 102, I, m, CF
- extradição: art. 102, I, g, CF
- *habeas corpus*: art. 102, I, d e i, e II, a, CF; Súm. 691, STF
- *habeas data*: art. 102, I, d, e II, a, CF
- inconstitucionalidade em tese: art. 103, § 3º, CF
- inconstitucionalidade por omissão: art. 103, § 2º, CF
- infrações penais comuns: art. 102, I, b e c, CF
- iniciativa de leis: art. 61, *caput*, CF
- jurisdição: art. 92, § 2º, CF
- litígio entre Estado estrangeiro e a União, o Estado, o DF ou Território: art. 102, I, e, CF
- mandado de injunção: art. 102, I, q, e II, a, CF
- mandado de segurança: art. 102, I, d, e II, a, CF; Súm. 624, STF
- medida cautelar na ADIN: art. 102, I, p, CF
- membros da magistratura: art. 102, I, n, CF; Súms. 623 e 731, STF
- Ministro; cargo privativo de brasileiro nato: art. 12, § 3º, IV, CF
- Ministros; crimes de responsabilidade: art. 52, II, e par. ún., CF
- Ministro; idade mínima e máxima: art. 101, CF
- Ministro; nomeação: arts. 101, par. ún., e 84, XIV, CF
- órgão do Poder Judiciário: art. 92, I, CF
- Presidente; compromisso; disposições constitucionais transitórias: art. 1º, ADCT
- Presidente; exercício da Presidência da República: art. 80, CF
- projetos de lei de iniciativa: art. 64, *caput*, CF
- reclamações: art. 102, I, l, CF
- reconhecimento dos direitos: art. 9º, ADCT
- recurso extraordinário: art. 102, III, CF
- recurso ordinário: art. 102, II, CF
- revisão criminal: art. 102, I, j, CF
- sede: art. 92, § 1º, CF
- súmula vinculante: art. 103- A, CF

SUSPENSÃO DE DIREITOS: art. 5º, XLVI, e, CF

SUSPENSÃO DE DIREITOS POLÍTICOS: art. 15, CF

T

TABACO
- propaganda comercial; competência: art. 65, ADCT
- propaganda comercial; restrições legais: art. 220, § 4º, CF

TAXAS
- inexigibilidade: art. 5º, XXXIV, a, CF
- instituição: art. 145, II, e § 2º, CF; Súm. Vinc. 29, STF; Súms. 665 e 670, STF
- subsídio: art. 150, § 6º, CF

TECNOLOGIA: arts. 218 e 219, CF
- *vide* ORDEM SOCIAL

TELECOMUNICAÇÕES
- atribuição; competência do Congresso Nacional: art. 48, XII, CF
- exploração dos serviços: art. 21, XI e XII, a, CF
- legislação; competência privativa: art. 22, IV, CF
- serviços públicos; concessões mantidas: art. 66, ADCT

TELEVISÃO
- concessão; competência exclusiva do Congresso Nacional: art. 48, XII, CF
- partidos políticos; gratuidade: art. 17, § 3º, CF
- produção e programação: arts. 220, § 3º, II, e 221, CF

TEMPLOS DE QUALQUER CULTO: art. 150, VI, b, CF

TERRAS DEVOLUTAS
- bens da União e dos Estados federados: arts. 20, II, e 26, IV, CF; Súm. 477, STF
- destinação: art. 188, CF
- necessárias: art. 225, § 5º, CF

TERRAS INDÍGENAS
- bens da União: art. 20, XI, CF; Súm. 650, STF
- demarcação: art. 231, *caput*, CF; art. 67, ADCT
- exploração; autorização pelo Congresso Nacional: art. 49, XVI, CF
- inalienabilidade, indisponibilidade e imprescritibilidade: art. 231, § 4º, CF
- posse e usufruto: art. 231, §§ 2º e 6º, CF
- recursos hídricos; aproveitamento: art. 231, § 3º, CF
- remoção; grupos indígenas: art. 231, § 5º, CF

TERRAS PÚBLICAS
- alienação ou concessão: art. 188, §§ 1º e 2º, CF
- alienação ou concessão; aprovação pelo Congresso Nacional: art. 49, XVII, CF
- destinação: art. 188, CF
- doações, vendas e concessões: art. 51, ADCT

TERRENOS DE MARINHA
- bens da União: art. 20, VII, CF
- enfiteuse: art. 49, § 3º, ADCT

TERRENOS MARGINAIS: art. 20, III, CF

TERRITÓRIO NACIONAL
- liberdade de locomoção: art. 5º, XV, CF
- limites; atribuição ao Congresso Nacional: art. 48, V, CF
- trânsito ou permanência de forças estrangeiras: art. 49, II, CF

TERRITÓRIOS FEDERAIS: art. 33, CF
- Amapá; transformação em estado federado: art. 14, ADCT
- competência; Câmara Territorial: art. 33, § 3º, *in fine*, CF
- contas; apreciação pelo Congresso Nacional: art. 33, § 2º, CF
- criação; lei complementar: art. 18, § 2º, CF
- defensores públicos federais: art. 33, § 3º, CF
- deputados; número: art. 45, § 2º, CF
- divisão em municípios: art. 33, § 1º, CF
- eleições; Câmara Territorial: art. 33, § 3º, *in fine*, CF
- Fernando de Noronha; extinção: art. 15, ADCT
- Governador; escolha e nomeação: arts. 33, § 3º, 52, III, c, e 84, XIV, CF
- impostos: art. 147, CF
- incorporação; atribuição do Congresso Nacional: art. 48, VI, CF
- integram a União: art. 18, § 2º, CF
- litígio com Estado estrangeiro ou organismo internacional: art. 102, I, e, CF
- Ministério Público: art. 33, § 3º, CF
- organização administrativa e judiciária: arts. 33, *caput*, e 61, § 1º, II, b, CF
- organização administrativa; competência privativa: art. 22, XVII, CF
- órgãos judiciários: art. 33, § 3º, CF
- reintegração ao Estado de origem; lei complementar: art. 18, § 2º, CF
- Roraima: art. 14, ADCT
- sistema de ensino: art. 211, § 1º, CF
- transformação em Estado: art. 18, § 2º, CF

TERRORISMO
- crime inafiançável: art. 5º, XLIII, CF
- repúdio: art. 4º, VIII, CF

TESOURO NACIONAL: art. 164, CF

TÍTULOS
- crédito; impostos: art. 155, § 1º, II, CF
- dívida agrária; indenização; desapropriação para fins de reforma agrária: art. 184, CF
- dívida pública; emissão e resgate: art. 163, IV, CF
- dívida pública; indenização; desapropriação: art. 182, § 4º, III, CF
- domínio ou de concessão de uso: arts. 183, § 1º, e 189, CF
- emitidos pelo Tesouro Nacional: art. 164, § 2º, CF
- impostos; incidência: art. 155, I, e § 1º, II, CF
- legislação; competência privativa: art. 22, VI, CF

TOMBAMENTO: art. 216, § 5º, CF

TORTURA
- crime inafiançável: art. 5º, XLIII, CF
- proibição: art. 5º, III, CF

TRABALHADOR
- ação trabalhista; prescrição: art. 7º, XXIX, CF; Súm. 308, TST
- avulsos: art. 7º, XXXIV, CF
- baixa renda: art. 201, § 12, CF
- direitos sociais: art. 7º, CF
- domésticos: art. 7º, par. ún., CF
- participação nos colegiados de órgãos públicos: art. 10, CF
- sindicalizados: art. 8º, VIII, CF

TRABALHO
- avulso: art. 7º, XXXVI, CF
- direito social: art. 6º, CF
- duração: art. 7º, XIII, CF
- férias; remuneração: art. 7º, XVII, CF; Súm. 386, STJ; Súms. 171 e 328, TST
- forçado: art. 5º, XLVII, c, CF
- inspeção; competência da União: art. 21, XXIV, CF
- intelectual: art. 7º, XXXII, CF
- livre exercício: art. 5º, XIII, CF
- manual: art. 7º XXXII, CF
- noturno, perigoso ou insalubre: art. 7º, XXXIII, CF
- primado; objetivo da ordem social: art. 193, CF
- técnico; distinção proibitiva: art. 7º, XXXII, CF
- turnos ininterruptos de revezamento: art. 7º, XIV, CF; Súm. 675, STF; Súm. 360, TST
- valores sociais: art. 1º, IV, CF

TRÁFICO ILÍCITO DE ENTORPECENTES E DROGAS AFINS
- crime; extradição de brasileiro naturalizado: art. 5º, LI, CF
- crime inafiançável: art. 5º, XLIII, CF
- prevenção e repressão: art. 144, II, CF

TRÂNSITO
- forças estrangeiras no território nacional: art. 21, IV, CF
- legislação; competência privativa: art. 22, XI, CF
- segurança; competência: art. 23, XII, CF

TRANSMISSÃO *CAUSA MORTIS*: art. 155, I, CF

TRANSPORTE
- aéreo, aquático e terrestre: art. 178, CF
- aquaviário e ferroviário: art. 21, XII, d, CF
- coletivo: arts. 30, V , 227, § 2º, e 244, CF
- gás natural, petróleo e derivados; monopólio da União: art. 177, IV, CF
- gratuito aos maiores de 75 anos: art. 230, § 2º, CF
- internacional: art. 178, CF
- legislação; competência privativa: art. 22, IX e XI, CF
- rodoviário interestadual e internacional de passageiros: art. 21, XII, e, CF
- urbano: art. 21, XX, CF

TRATADOS INTERNACIONAIS
- celebração e referendo: arts. 49, I, e 84, VIII, CF
- direitos e garantias constitucionais: art. 5º, § 2º, CF
- equivalente às emendas constitucionais: art. 5º, § 3º, CF

TRATAMENTO DESUMANO OU DEGRADANTE: art. 5º, III, CF

TRIBUNAL DE ALÇADA: art. 4º da EC nº 45/2004

TRIBUNAL DE CONTAS DA UNIÃO
- aplicação; sanções: art. 71, VIII, CF
- auditor substituto de Ministro: art. 73, § 4º, CF
- cálculo de quotas; fundos de participação: art. 161, par. ún., CF
- competência: art. 71, CF
- competência privativa: art. 96, CF
- composição: art. 73, CF
- controle externo: arts. 70 e 71, CF
- débito ou multa; eficácia de título executivo: art. 71, § 3º, CF
- denúncias de irregularidades ou ilegalidades: art. 74, § 2º, CF
- infrações penais comuns e crimes de responsabilidade: art. 102, I, c, CF
- jurisdição: art. 73, CF
- membros; escolha de 2/3 pelo Congresso Nacional: art. 49, XIII, CF
- membros; *habeas corpus*, mandado de segurança, *habeas data* e mandado de injunção: art. 102, I, d e q, CF
- Ministros; escolha: arts. 52, III, b, e 73, § 2º, CF
- Ministros; nomeação: art. 84, XV, CF

- Ministros; número: art. 73, *caput*, CF
- Ministros; prerrogativas: art. 73, § 3º, CF
- Ministros; requisitos: art. 73, § 1º, CF
- parecer prévio: art. 33, § 2º, CF
- prestação de informações: art. 71, VII, CF
- relatório de suas atividades: art. 71, § 4º, CF
- representação: art. 71, XI, CF
- sede: art. 73, CF
- sustação de contrato: art. 71, §§ 1º e 2º, CF

TRIBUNAL DE CONTAS DOS ESTADOS E DO DISTRITO FEDERAL
- crimes comuns e de responsabilidade: art. 105, I, *a*, CF
- organização, composição e fiscalização: art. 75, CF; Súm. 653, STF

TRIBUNAL DE EXCEÇÃO: art. 5º, XXXVII, CF

TRIBUNAL ESTADUAL: arts. 125 e 126, CF; Súm. 721, STF
- competência anterior à CF: art. 70, ADCT
- competência privativa: art. 96, CF
- competência; definição: art. 125, § 1º, CF
- conflitos fundiários: art. 126, CF
- Justiça Militar estadual: art. 125, §§ 3º e 4º, CF; Súm. 673, STF; Súms. 53 e 90, STJ
- órgão do Poder Judiciário: art. 92, VII, CF
- quinto constitucional: art. 94, CF

TRIBUNAL INTERNACIONAL DOS DIREITOS HUMANOS: art. 7º, ADCT

TRIBUNAL MILITAR: arts. 122 a 124, CF

TRIBUNAL PENAL INTERNACIONAL: art. 5º, § 4º, CF

TRIBUNAL REGIONAL DO TRABALHO: arts. 111 a 117, CF
- competência privativa: art. 96, CF
- composição: art. 115, CF
- distribuição pelos Estados e no Distrito Federal: art. 112, CF
- órgãos da Justiça do Trabalho: art. 111, II, CF
- órgãos do Poder Judiciário: art. 92, IV, CF

TRIBUNAL REGIONAL ELEITORAL: arts. 118 a 121, CF
- competência privativa: art. 96, CF
- composição: art. 120, § 1º, CF
- distribuição pelos Estados e o Distrito Federal: art. 120, CF
- garantias de seus membros: art. 121, § 1º, CF
- órgãos da Justiça Eleitoral: art. 118, II, CF
- órgãos do Poder Judiciário: art. 92, V, CF
- prazos: art. 121, § 2º, CF
- recurso; cabimento: art. 121, § 4º, CF

TRIBUNAL REGIONAL FEDERAL: arts. 106 a 108, CF
- competência: art. 108, CF; Súms. 3 e 428, STJ
- competência privativa: art. 96, CF
- composição: art. 107, CF
- conflito de competência: art. 108, I, *e*, CF
- criação: art. 27, §§ 6º e 11, ADCT
- órgão do Poder Judiciário: art. 92, III, CF
- órgãos da Justiça Federal: art. 106, I, CF
- quinto constitucional: arts. 94 e 107, I, CF

TRIBUNAIS SUPERIORES
- competência privativa: art. 96, CF
- conflito de competência: art. 102, I, *o*, CF
- *habeas corpus*, mandado de segurança, *habeas data* e mandado de injunção: art. 102, I, *d*, *i* e *q*, e II, *a*, CF; Súms. 691 e 692, STF
- infrações penais comuns e crimes de responsabilidade: art. 102, I, *c*, CF
- jurisdição: art. 92, § 2º, CF
- Ministros; nomeação: art. 84, XIV, CF
- sede: art. 92, § 1º, CF

TRIBUNAL SUPERIOR DO TRABALHO
- competência: art. 111, § 3º, CF
- competência privativa: art. 96, CF
- composição: art. 111, § 1º, CF
- iniciativa de leis: art. 61, *caput*, CF
- jurisdição: art. 92, § 2º, CF
- Ministro; nomeação: arts. 84, XIV, e 111, § 1º, CF
- Ministro; processo e julgamento: art. 102, I, *c*, *d* e *i*, CF

- órgão da Justiça do Trabalho: art. 111, I, CF
- órgão do Poder Judiciário: art. 92, IV, CF
- projetos de lei de iniciativa: art. 64, *caput*, CF
- quinto constitucional: art. 111, § 2º, CF
- sede: art. 92, § 1º, CF

TRIBUNAL SUPERIOR ELEITORAL
- competência privativa: art. 96, CF
- composição: art. 119, CF
- garantias de seus membros: art. 121, § 1º, CF
- iniciativa de leis: art. 61, *caput*, CF
- irrecorribilidade de suas decisões: art. 121, § 3º, CF
- jurisdição: art. 92, § 2º, CF
- Ministro; nomeação: arts. 84, XIV, e 119, CF
- Ministro; processo e julgamento: art. 102, I, *c*, *d* e *i*, CF
- órgão da Justiça Eleitoral: art. 118, I, CF
- órgão do Poder Judiciário: art. 92, V, CF
- pedido de registro de partido político: art. 6º, ADCT
- projetos de lei de iniciativa: art. 64, *caput*, CF
- sede: art. 92, § 1º, CF

TRIBUTAÇÃO E ORÇAMENTO: arts. 145 a 169, CF
- finanças públicas: arts. 163 a 169, CF
- impostos municipais: art. 156, CF
- impostos; Estados e Distrito Federal: art. 155, CF
- impostos; União: arts. 153 e 154, CF
- limitações ao poder de tributar: arts. 150 a 152, CF
- orçamentos: arts. 165 a 169, CF
- repartição das receitas tributárias: arts. 157 a 162, CF
- sistema tributário nacional: arts. 145 a 162, CF

TRIBUTOS
- efeito de confisco: art. 150, IV, CF
- cobrança vedada: art. 150, III, e § 1º, CF
- espécies que podem ser instituídas: art. 145, CF
- exigência ou aumento sem lei; vedação: art. 150, I, CF
- instituição de impostos; vedação: art. 150, VI, CF
- limitação do tráfego de pessoas ou bens: art. 150, V, CF
- limitações: art. 150, CF
- subsídio, isenção: art. 150, § 6º, CF

TURISMO: art. 180, CF

U

UNIÃO: arts. 20 a 24, CF
- AGU: arts. 131 e 132, CF
- aposentadorias e pensões: art. 249, CF
- autonomia: art. 18, CF
- bens: arts. 20 e 176, CF
- causas contra si: art. 109, § 2º, CF
- causas e conflitos com os Estados e DF: art. 102, I, *f*, CF
- causas em que for autora: art. 109, § 1º, CF
- competência: art. 21, CF
- competência comum: art. 23, CF
- competência concorrente: art. 24, CF
- competência privativa: art. 22, CF
- competência; emissão de moeda: art. 164, CF
- competência; instituição de contribuições sociais: art. 149, CF
- competência; proteção de terras indígenas: art. 231, CF
- despesa com pessoal: art. 38, ADCT
- disponibilidades de caixa: art. 164, § 3º, CF
- dívida consolidada: art. 52, VI, CF
- dívida mobiliária: art. 52, IX, CF
- empresas de pequeno porte: art. 179, CF
- empréstimos compulsórios: art. 148, CF
- encargos com pessoal inativo: art. 234, CF
- encargos de novos Estados federados: art. 234, CF
- ensino: arts. 211 e 212, CF
- fiscalização contábil: arts. 70 a 74, CF
- fundos, aposentadorias e pensões: art. 249, CF
- impostos estaduais e municipais dos Territórios: art. 147, CF
- impostos: arts. 153, 154 e 160, CF
- incentivos fiscais: art. 41, ADCT
- intervenção nos Estados e DF: art. 34, CF
- Juizados Especiais e Justiça de Paz: art. 98, CF
- limitações: art. 19, CF

- limitações ao poder de tributar: arts. 150 e 151, CF
- microempresas: art. 179, CF
- Ministério Público: art. 128, I, CF
- monopólio: art. 177, CF
- operações de crédito externo e interno: art. 52, VII, CF
- poderes; independência e harmonia: art. 2º, CF; Súm. 649, STF
- precatórios: art. 100, CF; Súm. 655, STF; Súm. 144, STJ
- princípios: art. 37, *caput*, CF; Súm. Vinc. 13, STF
- receitas tributárias: arts. 157 a 162, CF
- representação judicial e extrajudicial: art. 131, CF
- sistema tributário nacional: art. 34, § 3º, ADCT
- sistema único de saúde: art. 198, §§ 1º a 3º, CF
- tributos: arts. 145, 150 e 151, CF
- turismo: art. 180, CF

UNIVERSIDADES: art. 207, CF

USINAS NUCLEARES: art. 225, § 6º, CF

USUCAPIÃO
- imóveis públicos: arts. 183, § 3º, e 191, par. ún., CF
- imóvel rural: art. 191, CF
- imóvel urbano: art. 183, CF

V

VARAS DO TRABALHO: art. 116, CF

VEREADOR(ES)
- eleição: art. 29, I, CF
- idade mínima: art. 14, § 3º, VI, *d*, CF
- inviolabilidade: art. 29, VIII, CF
- mandato por força de atos institucionais: art. 8º, § 4º, ADCT
- mandatos: art. 29, I, CF; e art. 4º, § 4º, ADCT
- número proporcional à população do município: art. 29, IV, CF
- proibições e incompatibilidades: art. 29, IX, CF
- servidor público: art. 38, III, CF
- subsídios: art. 29, VI e VII, CF

VEREDICTOS: art. 5º, XXXVIII, c, CF

VERTICALIZAÇÃO: art. 17, § 1º, CF

VETO
- características: art. 66, §§ 1º a 5º, CF
- competência: art. 84, V, CF
- deliberação pelo Congresso Nacional: art. 57, § 3º, IV, CF

VICE-GOVERNADOR DE ESTADO
- eleição: art. 28, *caput*, CF
- idade mínima: art. 14, § 3º, VI, *b*, CF
- mandatos: art. 4º, § 3º, ADCT

- posse: art. 28, *caput*, CF

VICE-GOVERNADOR DO DISTRITO FEDERAL: art. 32, § 2º, CF

VICE-PREFEITO
- eleição: art. 29, I e II, CF
- idade mínima: art. 14, § 3º, VI, c, CF
- inelegibilidade de cônjuge e parentes até o segundo grau: art. 14, § 7º, CF; Súm. Vinc. 18, STF
- mandatos: art. 4º, § 4º, ADCT
- posse: art. 29, III, CF
- reeleição: art. 14, § 5º, CF
- subsídios: art. 29, V, CF

VICE-PRESIDENTE DA REPÚBLICA
- atribuições: art. 79, par. ún., CF
- ausência do País superior a 15 dias: arts. 49, III, e 83, CF
- cargo privativo de brasileiro nato: art. 12, § 3º, I, CF
- crimes de responsabilidade: art. 52, I, e par. ún., CF
- eleição: art. 77, *caput*, e § 1º, CF
- idade mínima: art. 14, § 3º, VI, a, CF
- impedimento: art. 80, CF
- inelegibilidade de cônjuge e parentes até o segundo grau: art. 14, § 7º, CF; Súm. Vinc. 18, STF
- infrações penais comuns: art. 102, I, *b*, CF
- missões especiais: art. 79, par. ún., CF
- posse: art. 78, CF
- processos: art. 51, I, CF
- subsídios: art. 49, VIII, CF
- substituição ou sucessão do Presidente: art. 79, CF
- vacância do cargo: arts. 78, par. ún., 80 e 81, CF

VIDA
- direito: art. 5º, *caput*, CF
- privada: art. 5º, X, CF

VIDEOFONOGRAMAS MUSICAIS
- art. 150, VI, e, CF

VIGILÂNCIA SANITÁRIA E EPIDEMIOLÓGICA: art. 200, II, CF

VOTO
- direto, secreto, universal e periódico: art. 60, § 4º, II, CF
- facultativo: art. 14, § 1º, II, CF
- obrigatório: art. 14, § 1º, I, CF

Z

ZONA COSTEIRA: art. 225, § 4º, CF

ZONA FRANCA DE MANAUS: art. 40, ADCT

Legislação Internacional

Parte 1.
Direito
Internacional
Público

Parte 1.
Direito
Internacional
Público

DIREITO INTERNACIONAL AMBIENTAL

CONVENÇÃO-QUADRO DAS NAÇÕES UNIDAS SOBRE MUDANÇA DO CLIMA

▶ Assinada em Nova York, em 9-5-1992. Aprovada por meio do Dec. Legislativo nº 1, de 3-2-1994. O Governo brasileiro depositou o instrumento de ratificação da Convenção-Quadro das Nações Unidas, em 28-2-1994, passando a mesma a vigorar, para o Brasil, em 29-5-1994. Promulgada pelo Dec. nº 2.652, de 1º-7-1998.

As Partes desta Convenção,

Reconhecendo que a mudança de clima da Terra e seus efeitos negativos são uma preocupação comum da humanidade,

Preocupadas com que atividades humanas estão aumentando substancialmente as concentrações atmosféricas de gases de efeito estufa, com que esse aumento de concentrações está intensificando o efeito estufa natural e com que disso resulte, em média, aquecimento adicional da superfície e da atmosfera da Terra e com que isso possa afetar negativamente os ecossistemas naturais e a humanidade,

Observando que a maior parcela das emissões globais, históricas e atuais, de gases de efeito estufa é originária dos países desenvolvidos, que as emissões per capita dos países em desenvolvimento ainda são relativamente baixas e que a parcela de emissões globais originárias dos países em desenvolvimento crescerá para que eles possam satisfazer suas necessidades sociais e de desenvolvimento,

Cientes do papel e da importância dos sumidouros e reservatórios de gases de efeito estufa nos ecossistemas terrestres e marinhos,

Observando que as previsões relativas à mudança do clima caracterizam-se por muitas incertezas, particularmente no que se refere a sua evolução no tempo, magnitude e padrões regionais,

Reconhecendo que a natureza global da mudança do clima requer a maior cooperação possível de todos os países e sua participação em uma resposta internacional efetiva e apropriada, conforme suas responsabilidades comuns mas diferenciadas e respectivas capacidades e condições sociais e econômicas,

Lembrando as disposições pertinentes da Declaração da Conferência das Nações Unidas sobre o Meio Ambiente Humano, adotada em Estocolmo em 16 de junho de 1972,

Lembrando também que os Estados, em conformidade com a Carta das Nações Unidas e com os princípios do Direito Internacional, têm o direito soberano de explorar seus próprios recursos segundo suas políticas ambientais e de desenvolvimento e a responsabilidade de assegurar que atividades sob sua jurisdição ou controle não causem dano ao meio ambiente de outros Estados ou de áreas além dos limites da jurisdição nacional,

Reafirmando o princípio da soberania dos Estados na cooperação internacional para enfrentar a mudança do clima,

Reconhecendo que os Estados devem elaborar legislação ambiental eficaz, que as normas ambientais, objetivos administrativos e prioridades devem refletir o contexto ambiental e de desenvolvimento aos quais se aplicam e que as normas aplicadas por alguns países podem ser inadequadas e implicar custos econômicos e sociais injustificados para outros países, particularmente para os países em desenvolvimento,

Lembrando os dispositivos da Resolução 44/228 da Assembleia-Geral, de 22 de dezembro de 1989, sobre a Conferência das Nações Unidas Sobre Meio Ambiente e Desenvolvimento, e as Resoluções 43/53 de 6 de dezembro de 1988, 44/207 de 22 de dezembro de 1989, 45/212 de 21 de dezembro de 1990 e 46/169 de 19 de dezembro de 1991 sobre a proteção do clima mundial para as gerações presentes e futuras da humanidade,

Lembrando também as disposições da Resolução 44/206 da Assembleia-Geral, de 22 de dezembro de 1989, sobre os possíveis efeitos negativos da elevação do nível do mar sobre ilhas e zonas costeiras, especialmente zonas costeiras de baixa altitude, e as disposições pertinentes da Resolução 44/172 da Assembleia-Geral, de 19 de dezembro de 1989, sobre a execução do Plano de Ação de Combate à Desertificação,

Lembrando ainda a Convenção de Viena sobre a Proteção da Camada de Ozônio, de 1985, e o Protocolo de Montreal sobre Substâncias que Destroem a Camada de Ozônio, de 1987, conforme ajustado e emendado em 29 de junho de 1990,

Tomando nota da Declaração Ministerial da Segunda Conferência Mundial sobre o Clima, adotada em 7 de novembro de 1990,

Conscientes do valioso trabalho analítico sobre mudança do clima desenvolvido por muitos Estados, das importantes contribuições da Organização Meteorológica Mundial, do Programa das Nações Unidas para o Meio Ambiente e de outros órgãos, organizações e organismos do sistema das Nações Unidas, bem como de outros organismos internacionais e intergovernamentais, para o intercâmbio de resultados de pesquisas científicas e para a coordenação dessas pesquisas,

Reconhecendo que as medidas necessárias à compreensão e à solução da questão da mudança do clima serão ambiental, social e economicamente mais eficazes se fundamentadas em relevantes considerações científicas, técnicas e econômicas e continuamente reavaliadas à luz de novas descobertas nessas áreas,

Reconhecendo que diversas medidas para enfrentar a mudança do clima são por natureza, economicamente justificáveis, e também podem ajudar a solucionar outros problemas ambientais,

Reconhecendo também a necessidade de os países desenvolvidos adotarem medidas imediatas, de maneira flexível, com base em prioridades bem definidas, como primeiro passo visando a estratégias de resposta abrangentes em níveis global, nacional e, caso assim concordado, regional que levem em conta todos os gases de efeito estufa, com devida consideração a suas contribuições relativas para o aumento do efeito estufa,

Reconhecendo ainda que países de baixa altitude e outros pequenos países insulares, os países com zonas costeiras de baixa altitude, regiões áridas e semiáridas e regiões sujeitas a inundações, seca e desertificação, bem como os países em desenvolvimento com ecossistemas montanhosos frágeis são particularmente vulneráveis aos efeitos negativos da mudança do clima,

Reconhecendo as dificuldades especiais desses países, especialmente os países em desenvolvimento, cujas economias são particularmente dependentes da produção, utilização e exportação de combustíveis fósseis, decorrentes de medidas para a limitação de emissões de gases de efeito estufa,

Afirmando que as medidas para enfrentar a mudança do clima devem ser coordenadas, de forma integrada, com o desenvolvimento social e econômico, de maneira a evitar efeitos negativos neste último, levando plenamente em conta as legítimas necessidades prioritárias dos países em desenvolvimento para alcançar um crescimento econômico sustentável e erradicar a pobreza,

Reconhecendo que todas os países, especialmente os países em desenvolvimento, precisam ter acesso aos recursos necessários para alcançar um desenvolvimento social e econômico sustentável e que, para que os países em desenvolvimento progridam em direção a essa meta, seus consumos de energia necessitarão aumentar, levando em conta as possibilidades de alcançar maior eficiência energética e de controlar as emissões de gases de efeito estufa em geral, inclusive mediante a aplicação de novas tecnologias em condições que tornem essa aplicação econômica e socialmente benéfica,

Determinadas a proteger o sistema climático para gerações presentes e futuras,

Convieram no seguinte:

Artigo 1º

Para os propósitos desta Convenção:

1. "Efeitos negativos da mudança do clima" significa as mudanças no meio ambiente físico ou biota resultantes da mudança do clima que tenham efeitos deletérios significativos sobre a composição, resiliência ou produtividade de ecossistemas naturais e administrados, sobre o funcionamento de sistemas socioeconômicos ou sobre a saúde e o bem-estar humanos.
2. "Mudança do clima" significa uma mudança de clima que possa ser direta ou indiretamente atribuída à atividade humana que altere a composição da atmosfera mundial e que se some àquela provocada pela variabilidade climática natural observada ao longo de períodos comparáveis.
3. "Sistema climático" significa a totalidade da atmosfera, hidrosfera, biosfera e geosfera e suas interações.
4. "Emissões" significa a liberação de gases de efeito estufa e/ou seus precursores na atmosfera numa área específica e num período determinado.

5. "Gases de efeito estufa" significa os constituintes gasosos da atmosfera, naturais e antrópicos, que absorvem e reemitem radiação infravermelha.
6. "Organização regional de integração econômica" significa uma organização constituída de Estados soberanos de uma determinada região que tem competência em relação a assuntos regidos por esta Convenção ou seus protocolos, e que foi devidamente autorizada, em conformidade com seus procedimentos internos, a assinar, ratificar, aceitar, aprovar os mesmos ou a eles aderir.
7. "Reservatório" significa um componente ou componentes do sistema climático no qual fica armazenado um gás de efeito estufa ou um precursor de um gás de efeito estufa.
8. "Sumidouro" significa qualquer processo, atividade ou mecanismo que remova um gás de efeito estufa, um aerossol ou um precursor de um gás de efeito estufa da atmosfera.
9. "Fonte" significa qualquer processo ou atividade que libere um gás de efeito estufa, um aerossol ou precursor de gás de efeito estufa na atmosfera.

Artigo 2º

O objetivo final desta Convenção e de quaisquer instrumentos jurídicos com ela relacionados que adote a Conferência das Partes é o de alcançar, em conformidade com as disposições pertinentes desta Convenção, a estabilização das concentrações de gases de efeito estufa na atmosfera num nível que impeça uma interferência antrópica perigosa no sistema climático. Esse nível deverá ser alcançado num prazo suficiente que permita aos ecossistemas adaptarem-se naturalmente à mudança do clima que assegure que a produção de alimentos não seja ameaçada e que permita ao desenvolvimento econômico prosseguir de maneira sustentável.

Artigo 3º

Em suas ações para alcançar o objetivo desta Convenção e implementar suas disposições, as Partes devem orientar-se *inter alia*, pelo seguinte:

1. As Partes devem proteger o sistema climático em benefício das gerações presentes e futuras da humanidade com base na equidade e em conformidade com suas responsabilidades comuns mas diferenciadas e respectivas capacidades. Em decorrência, as Partes países desenvolvidos devem tomar a iniciativa no combate à mudança do clima e a seus efeitos negativos.

2. Devem ser levadas em plena consideração as necessidades específicas e circunstâncias especiais das Partes países em desenvolvimento, em especial aqueles particularmente mais vulneráveis aos efeitos negativos da mudança do clima, e das Partes, em especial Partes países em desenvolvimento, que tenham que assumir encargos desproporcionais e anormais sob esta Convenção.

3. As Partes devem adotar medidas de precaução para prever, evitar ou minimizar as causas da mudança do clima e mitigar seus efeitos negativos. Quando surgirem ameaças de danos sérios ou irreversíveis, a falta de plena certeza científica não deve ser usada como razão para postergar essas medidas, levando em conta que as políticas e medidas adotadas para enfrentar a mudança do clima devem ser eficazes em função dos

custos, de modo a assegurar benefícios mundiais ao menor custo possível. Para esse fim, essas políticas e medidas devem levar em conta os diferentes contextos socioeconômicos, ser abrangentes, cobrir todas as fontes, sumidouros e reservatórios significativos de gases de efeito estufa e adaptações, e abranger todos os setores econômicos. As Partes interessadas podem realizar esforços, em cooperação, para enfrentar a mudança do clima.

4. As Partes têm o direito ao desenvolvimento sustentável e devem promovê-lo. As políticas e medidas para proteger o sistema climático contra mudanças induzidas pelo homem devem ser adequadas às condições específicas de cada Parte e devem ser integradas aos programas nacionais de desenvolvimento, levando em conta que o desenvolvimento econômico é essencial à adoção de medidas para enfrentar a mudança do clima.

5. As Partes devem cooperar para promover um sistema econômico internacional favorável e aberto conducente ao crescimento e ao desenvolvimento econômico sustentáveis de todas as Partes, em especial das Partes países em desenvolvimento, possibilitando-lhes, assim, melhor enfrentar os problemas da mudança do clima. As medidas adotadas para combater a mudança do clima, inclusive as unilaterais, não devem constituir meio de discriminação arbitrária ou injustificável ou restrição velada ao comércio internacional.

Artigo 4º

1. Todas as Partes, levando em conta suas responsabilidades comuns mas diferenciadas e suas prioridades de desenvolvimento, objetivos e circunstâncias específicos, nacionais e regionais, devem:

a) Elaborar, atualizar periodicamente, publicar e por à disposição da Conferência das Partes, em conformidade com o artigo 12, inventários nacionais de emissões antrópicas por fontes e das remoções por sumidouros de todos os gases de efeito estufa não controlados pelo Protocolo de Montreal, empregando metodologias comparáveis a serem adotadas pela Conferência das Partes;

b) Formular, implementar, publicar e atualizar regularmente programas nacionais e, conforme o caso, regionais, que incluam medidas para mitigar a mudança do clima, enfrentando as emissões antrópicas por fontes e remoções por sumidouros de todos os gases de efeito estufa não controlados pelo Protocolo de Montreal, bem como medidas para permitir adaptação adequada à mudança do clima;

c) Promover e cooperar para o desenvolvimento, aplicação e difusão, inclusive transferência de tecnologias, práticas e processos que controlem, reduzam ou previnam as emissões antrópicas de gases de efeito estufa não controlados pelo Protocolo de Montreal em todos os setores pertinentes, inclusive nos setores de energia, transportes, indústria, agricultura, silvicultura e administração de resíduos;

d) Promover a gestão sustentável, bem como promover e cooperar na conservação e fortalecimento, conforme o caso, de sumidouros e reservatórios de todos os gases de efeito estufa não controlados pelo Protocolo de Montreal, incluindo a biomassa, as florestas e os oceanos como também outros ecossistemas terrestres, costeiros e marinhos;

e) Cooperar nos preparativos para a adaptação aos impactos da mudança do clima; desenvolver e elaborar planos adequados e integrados para a gestão de zonas costeiras, recursos hídricos e agricultura, e para a proteção e recuperação de regiões, particularmente na África, afetadas pela seca e desertificação, bem como por inundações;

f) Levar em conta, na medida do possível, os fatores relacionados com a mudança do clima em suas políticas e medidas sociais, econômicas e ambientais pertinentes, bem como empregar métodos adequados, tais como avaliações de impactos, formulados e definidos nacionalmente, com vistas a minimizar os efeitos negativos na economia, na saúde pública e na qualidade do meio ambiente, provocados por projetos ou medidas aplicadas pelas Partes para mitigarem a mudança do clima ou a ela se adaptarem;

g) Promover e cooperar em pesquisas científicas, tecnológicas, técnicas, socioeconômicas e outras, em observações sistemáticas e no desenvolvimento de bancos de dados relativos ao sistema climático, cuja finalidade seja esclarecer e reduzir ou eliminar as incertezas ainda existentes em relação às causas, efeitos, magnitude e evolução no tempo da mudança do clima e as consequências econômicas e sociais de diversas estratégias de resposta;

h) Promover e cooperar no intercâmbio pleno, aberto e imediato de informações científicas, tecnológicas, técnicas, socioeconômicas e jurídicas relativas ao sistema climático e à mudança do clima, bem como às consequências econômicas e sociais de diversas estratégias de resposta;

i) Promover e cooperar na educação, treinamento e conscientização pública em relação à mudança do clima, e estimular a mais ampla participação nesse processo, inclusive a participação de organizações não governamentais; e

j) Transmitir à Conferência da Partes informações relativas à implementação, em conformidade com o artigo 12.

2. As Partes países desenvolvidos e demais Partes constantes do Anexo I se comprometem especificamente com o seguinte:

a) Cada uma dessas Partes deve adotar políticas nacionais e medidas correspondentes para mitigar a mudança do clima, limitando suas emissões antrópicas de gases de efeito estufa e protegendo e aumentando seus sumidouros e reservatórios de gases de efeito estufa. Essas políticas e medidas demonstrarão que os países desenvolvidos estão tomando a iniciativa no que se refere a modificar as tendências de mais longo prazo das emissões antrópicas em conformidade com o objetivo desta Convenção, reconhecendo que contribuiria para tal modificação a volta, até o final da presente década, a níveis anteriores das emissões antrópicas de dióxido de carbono e de outros gases de efeito estufa não controlados pelo Protocolo de Montreal; e lavando em conta as diferentes situações iniciais e enfoques, estruturas econômicas e fontes de recursos dessas Partes, a necessidade de manter um crescimento econômico vigoroso e sustentável, as tecnologias disponíveis e outras circunstâncias individuais, bem como a necessidade de que cada uma dessas Partes contribua equitativa e adequadamente ao esforço mundial voltado para esse objetivo. Essas Partes podem implementar tais políticas e medidas juntamente com outras Partes e podem auxiliar essas outras Partes a contribuírem para que se alcance o objetivo desta Convenção e, particularmente, desta alínea;

b) A fim de promover avanço nesse sentido, cada uma dessas Partes deve apresentar, em conformidade com o artigo 12, dentro de 6 (seis) meses da entrada em vigor para si desta Convenção, e periodicamente a partir de então, informações pormenorizadas sobre as políticas e medidas a que se refere a alínea (a) acima, bem como sobre a projeção de suas emissões antrópicas residuais por fontes e de remoções por sumidouros de gases de efeito estufa não controlados pelo Protocolo de Montreal no período a que se refere a alínea (a) acima, com a finalidade de que essas emissões antrópicas de dióxido de carbono e de outros gases de efeito estufa não controlados pelo Protocolo de Montreal voltem, individual ou conjuntamente, a seus níveis de 1990. Essas informações serão examinadas pela Conferência das Partes em sua primeira sessão e periodicamente a partir de então, em conformidade com o artigo 7;

c) Os cálculos de emissões por fontes e de remoções por sumidouros de gases de efeito estufa para os fins da alínea (b) acima devem levar em conta o melhor conhecimento científico disponível, inclusive o da efetiva capacidade dos sumidouros e as respectivas contribuições de tais gases para a mudança do clima. Em sua primeira sessão e periodicamente a partir de então, a Conferência das Partes deve examinar e definir metodologia a serem empregadas nesses cálculos;

d) Em sua primeira sessão, a Conferência das Partes deve examinar a adequação das alíneas (a) e (b) acima. Esse exame deve ser feito à luz das melhores informações e avaliações científicas disponíveis sobre a mudança do clima e seus efeitos, bem como de informações técnicas, sociais e econômicas pertinentes. Com base nesse exame, a Conferência das Partes deve adotar medidas adequadas, que podem contemplar a adoção de emendas aos compromissos previstos nas alíneas (a) e (b) acima. Em sua primeira sessão, a Conferência das Partes deve também adotar decisões sobre critérios para a implementação conjunta indicada na alínea (a) acima. Um segundo exame das alíneas (a) e (b) deve ser feito no mais tardar até 31 de dezembro de 1998 e posteriormente em intervalos regulares determinados pela Conferência das Partes, até que o objetivo desta Convenção seja alcançado;

e) Cada uma dessas Partes deve:
   i) coordenar-se, conforme o caso, com as demais Partes indicadas a respeito de instrumentos econômicos e administrativos pertinentes visando a alcançar o objetivo desta Convenção; e
   ii) identificar e examinar periodicamente suas próprias políticas e práticas que possam estimular atividades que levem a níveis de emissões antrópicas de gases de efeito estufa não controlados pelo Protocolo de Montreal mais elevados do que normalmente ocorreriam;

f) A Conferência das Partes deve examinar, no mais tardar até 31 de dezembro de 1998, informações disponíveis com vistas a adoção de decisões, caso necessário, sobre as emendas às listas dos Anexos II e III, com a aprovação da Parte interessada;

g) Qualquer Parte não incluída no Anexo I pode, em seu instrumento de ratificação, aceitação, aprovação ou adesão, ou posteriormente, notificar o Depositário de sua intenção de assumir as obrigações previstas nas alíneas (a) e (b) acima. O Depositário deve informar os demais signatários e Partes de tais notificações.

3. As Partes países desenvolvidos e demais Partes desenvolvidas incluídas no Anexo II devem prover recursos financeiros novos e adicionais para cobrir integralmente os custos por elas concordados incorridos por Partes países em desenvolvimento no cumprimento de suas obrigações previstas no artigo 12, parágrafo 1. Também devem prover os recursos financeiros, inclusive para fins de transferência de tecnologias, de que necessitam as Partes países desenvolvimento para cobrir integralmente os custos adicionais por elas concordados decorrentes da implementação de medidas previstas no parágrafo 1 deste artigo e que sejam concordados entre uma Parte país em desenvolvimento e a entidade ou entidades internacionais a que se refere o artigo 11, em conformidade com esse artigo. Para o cumprimento desses compromissos deve ser levada em conta a necessidade de que o fluxo de recursos seja adequado e previsível e a importância de distribuir os custos entre as Partes países desenvolvidos.

4. As Partes países desenvolvidos e demais Partes desenvolvidas incluídas no Anexo II devem também auxiliar as Partes países em desenvolvimento, particularmente vulneráveis efeitos negativos da mudança do clima, a cobrirem os custos de sua adaptação a esses efeitos negativos.

5. As Partes países desenvolvidos e outras Partes desenvolvidas incluídas no Anexo II devem adotar todas as medidas possíveis para promover, facilitar e financiar, conforme o caso, a transferência de tecnologias e de conhecimentos técnicos ambientalmente saudáveis, ou o acesso aos mesmos a outras Partes, particularmente às Partes países em desenvolvimento, a fim de capacitá-las a implementar as disposições desta Convenção. Nesse processo, as Partes países desenvolvidos devem apoiar o desenvolvimento e a melhoria das capacidades e tecnologias endógenas das Partes países em desenvolvimento. Outras Partes e organizações que estejam em condições de fazê-lo podem também auxiliar a facilitar a transferência dessas tecnologias.

6. No cumprimento de seus compromissos previstos no parágrafo 2 acima a Conferência das Partes concederá certa flexibilidade às Partes em processos de transição para uma economia de mercado incluídas no Anexo I, a fim de aumentar a capacidade dessas Partes de enfrentar a mudança do clima, inclusive no que se refere ao nível histórico, tomado como referência, de emissões antrópicas de gases de efeito estufa não controlados pelo Protocolo de Montreal.

7. O grau de efetivo cumprimento dos compromissos assumidos sob esta Convenção das Partes países em desenvolvimento dependerá do cumprimento efetivo dos compromissos assumidos sob esta Convenção pelas Partes países desenvolvidos, no que se refere a recursos financeiros e transferência de tecnologia, e levará plenamente em conta o fato de que o desenvolvimento econômico e social e a erradicação da pobreza são as prioridades primordiais e absolutas das Partes países em desenvolvimento.

8. No cumprimento dos compromissos previstos neste artigo, as Partes devem examinar plenamente que medidas são necessárias tomar sob esta Convenção, inclusive medidas relacionadas a financiamento, seguro e transferência de tecnologias, para entender as necessidades e preocupações específicas das Partes países em desenvolvimento resultantes dos efeitos negativos da mudança do clima e/ou do impacto da implementação de medidas de resposta, em especial:

a) nos pequenos países insulares;
b) nos países com zonas costeiras de baixa altitude;
c) nos países com regiões áridas e semiáridas, áreas de floresta e áreas sujeitas à degradação de florestas;
d) nos países com regiões propensas a desastres naturais;
e) nos países com regiões sujeitas à seca e desertificação;
f) nos países com regiões de alta poluição atmosférica urbana;
g) nos países com regiões de ecossistemas frágeis, inclusive ecossistemas montanhosos;
h) nos países cujas economias dependem fortemente da renda gerada pela produção, processamento, exportação e/ou consumo de combustíveis fósseis e de produtos afins com elevado coeficiente energético; e
i) nos países mediterrâneos e países de trânsito.

Ademais, a Conferência das Partes pode adotar as medidas, conforme o caso, no que se refere a este parágrafo.

9. As Partes devem levar plenamente em conta as necessidades específicas e a situação especial dos países de menor desenvolvimento relativo em suas medidas relativas a financiamento e transferência de tecnologia.

10. Em conformidade com o artigo 10, as Partes devem levar em conta, no cumprimento das obrigações assumidas sob esta Convenção, a situação das Partes países em desenvolvimento, cujas economias sejam vulneráveis aos efeitos negativos das medidas de resposta à mudança do clima. Isto aplica-se em especial às Partes cujas economias sejam altamente dependentes da renda gerada pela produção, processamento, exportação e/ou do consumo de combustíveis fósseis e de produtos afins com elevado coeficiente energético e/ou da utilização de combustíveis fósseis cuja substituição lhes acarrete sérias dificuldades.

Artigo 5º

Ao cumprirem as obrigações previstas no artigo 4 parágrafo 1 alínea (g), as Partes devem:

a) Apoiar e promover o desenvolvimento adicional, conforme o caso, de programas e redes ou organizações internacionais e intergovernamentais que visem a definir, conduzir, avaliar e financiar pesquisas, coletas de dados e observação sistemática, levando em conta a necessidade de minimizar a duplicação de esforços;
b) Apoiar os esforços internacionais e intergovernamentais para fortalecer a observação sistemática, as capacidades e recursos nacionais de pesquisa científica e técnica particularmente nos países em desenvolvimento, e promover o acesso e o intercâmbio de dados e análises obtidas em áreas além dos limites da jurisdição nacional; e
c) levar em conta as preocupações e necessidades particulares dos países em desenvolvimento e cooperar no aperfeiçoamento de suas capacidades e recursos endógenos para que eles possam participar dos esforços a que se referem as alíneas (a) e (b) acima.

Artigo 6º

Ao cumprirem suas obrigações previstas no artigo 4, parágrafo 1, alínea (i), as Partes devem:

a) Promover e facilitar, em níveis nacional e, conforme o caso, subregional e regional, em conformidade com sua legislação e regulamentos nacionais e conforme suas respectivas capacidades:

i) a elaboração e a execução de programas educacionais e de conscientização pública sobre a mudança do clima e seus efeitos;
ii) o acesso público a informações sobre mudança do clima e seus efeitos;
iii) a participação pública no tratamento da mudança do clima e de seus efeitos e na concepção de medidas de resposta adequadas; e
iv) o treinamento de pessoal científico, técnico e de direção.

b) cooperar, em nível internacional e, conforme o caso, por meio de organismos existentes, nas seguintes atividades, e promovê-las:

i) a elaboração e o intercâmbio de materiais educacionais e de conscientização pública sobre a mudança do clima e seus efeitos; e
ii) a elaboração e a execução de programas educacionais e de treinamento, inclusive o fortalecimento de instituições nacionais e o intercâmbio ou recrutamento de pessoal para treinar especialistas nessa área, em particular para os países em desenvolvimento.

Artigo 7º

1. Uma Conferência das Partes é estabelecida por esta Convenção.

2. Como órgão supremo desta Convenção, a Conferência das Partes manterá regularmente sob exame a implementação desta Convenção e de quaisquer de seus instrumentos jurídicos que a Conferência das Partes possa adotar, além de tomar, conforme seu mandato, as decisões necessárias para promover a efetiva implementação desta Convenção. Para tal fim, deve:

a) Examinar periodicamente as obrigações das Partes e os mecanismos institucionais estabelecidos por esta Convenção à luz de seus objetivos, da experiência adquirida em sua implementação e da evolução dos conhecimentos científicos e tecnológicos;

b) Promover e facilitar o intercâmbio de informações sobre medidas dotadas pelas Partes para enfrentar a mudança do clima e seus efeitos, levando em conta as diferentes circunstâncias, responsabilidades e capacidades das Partes e suas respectivas obrigações assumidas sob esta Convenção;
c) Facilitar, mediante solicitação de duas ou mais Partes, a coordenação de medidas por elas adotadas para enfrentar a mudança de clima e seus efeitos, levando em conta as diferentes circunstâncias, responsabilidades e capacidades das Partes e suas respectivas obrigações assumidas sob esta Convenção;
d) Promover e orientar, de acordo com os objetivos e disposições desta Convenção, o desenvolvimento e aperfeiçoamento periódico de metodologias comparáveis, a serem definidas pela Conferência das Partes para, entre outras coisas, elaborar inventários de emissões de gases de efeito estufa por fontes e de remoções por sumidouros e avaliar a eficácia de medidas para limitar as emissões e aumentar a remoção desses gases;
e) Avaliar com base em todas as informações tornadas disponíveis em conformidade com as disposições desta Convenção, sua implementação pelas Partes, os efeitos gerais das medidas adotadas em conformidade com esta Convenção, em particular os efeitos ambientais, econômicos e sociais, assim como seus impactos cumulativos e o grau de avanço alcançado na consecução do objetivo desta Convenção;
f) Examinar e adotar relatórios periódicos sobre a implementação desta Convenção e garantir sua publicação;
g) Fazer recomendações sobre quaisquer assuntos necessários à implementação desta Convenção;
h) Procurar mobilizar recursos financeiros em conformidade com o artigo 4, parágrafos 3, 4 e 5 e com o artigo 11;
i) Estabelecer os órgãos subsidiários considerados necessários à implementação desta Convenção;
j) Examinar relatórios apresentados por seus órgãos subsidiários e dar-lhes orientação;
k) Definir e adotar, por consenso, suas regras de procedimento e regulamento financeiro, bem como os de seus órgãos subsidiários;
l) Solicitar e utilizar, conforme o caso, os serviços e a cooperação de organizações internacionais e de organismos intergovernamentais e não governamentais competentes, bem como as informações por elas fornecidas; e
m) Desempenhar as demais funções necessárias à consecução do objetivo desta Convenção, bem como todas as demais funções a ela atribuídas por esta Convenção.

3. Em sua primeira sessão, a Conferência das Partes deve adotar suas regras de procedimento e as dos órgãos subsidiários estabelecidos por esta Convenção, que devem incluir procedimentos para a tomada de decisão em assuntos não abrangidos pelos procedimentos decisórios previstos nesta Convenção. Esses procedimentos poderão especificar maiorias necessárias à adoção de certas decisões.

4. A primeira sessão da Conferência das Partes deve ser convocada pelo Secretariado interino mencionado no artigo 21, e deverá realizar-se no mais tardar dentro de um ano da entrada em vigor desta Convenção. Subsequentemente, sessões ordinárias da Conferência das Partes devem ser realizadas anualmente, a menos que de outra forma decidido pela Conferência das Partes.

5. Sessões extraordinárias da Conferência das Partes devem ser realizadas quando for considerado pela Conferência, ou por solicitação escrita de qualquer Parte, desde que, dentro de seis meses após a solicitação ter sido comunicada às Partes pelo Secretariado, seja apoiada por pelo menos um terço das Partes.

6. As Nações Unidas, seus organismos especializados e a Agência Internacional de Energia Atômica, bem como qualquer Estado-Membro ou observador junto às mesmas que não seja Parte desta Convenção podem se fazer representar como observadores nas sessões da Conferência das Partes. Qualquer outro órgão ou organismo, nacional ou internacional, governamental ou não governamental, competente em assuntos abrangidos por esta Convenção, que informe ao Secretariado do seu desejo de se fazer representar como observador numa sessão da Conferência das Partes, pode ser admitido, a menos que um terço das Partes apresente objeção. A admissão e participação de observadores deve sujeitar-se às regras de procedimento adotadas pela Conferência das Partes.

Artigo 8º

1. Fica estabelecido um Secretariado.
2. As funções do Secretariado são:

a) Organizar as sessões da Conferência das Partes e dos órgãos subsidiários estabelecidos por esta Convenção, e prestar-lhes os serviços necessários;
b) Reunir e transmitir os relatórios a ele apresentados;
c) Prestar assistência às Partes, em particular às Partes países em desenvolvimento, mediante solicitação, na compilação e transmissão de informações necessárias em conformidade com as disposições desta Convenção;
d) Elaborar relatórios sobre suas atividades e apresentá-los à Conferência das Partes;
e) Garantir a necessária coordenação com os secretariados de outros organismos internacionais pertinentes;
f) Estabelecer, sob a orientação geral da Conferência das Partes, mecanismos administrativos e contratuais necessários ao desempenho eficaz de suas funções; e
g) Desempenhar as demais funções de secretariado definidas nesta Convenção e em quaisquer de seus protocolos e todas as demais funções definidas pela Conferência das Partes.

3. Em sua primeira sessão, a Conferência das Partes deve designar um Secretariado permanente e tomar as providências para seu funcionamento.

Artigo 9º

1. Fica estabelecido um órgão subsidiário de assessoramento científico e tecnológico para prestar, em tempo oportuno, à Conferência das Partes e, conforme o caso, a seus órgãos subsidiários, informações e assessoramento sobre assuntos científicos e tecnológicos relativos a esta Convenção. Esse órgão deve estar aberto à participação de todas as Partes e deve ser multidisciplinar. Deve ser composto por representan-

tes governamentais com competência nos campos de especialização pertinentes. Deve apresentar relatórios regularmente à Conferência das Partes sobre todos os aspectos de seu trabalho.

2. Sob a orientação da Conferência das Partes e recorrendo a organismos internacionais competentes existentes, este órgão deve:
a) Apresentar avaliações do estado do conhecimento científico relativo à mudança do clima e a seus efeitos;
b) Preparar avaliações científicas dos efeitos de medidas adotadas na implementação desta Convenção;
c) Identificar tecnologias e conhecimentos técnicos inovadores, eficientes e mais avançados bem como prestar assessoramento sobre as formas e meios de promover o desenvolvimento e/ou a transferência dessas tecnologias;
d) Prestar assessoramento sobre programas científicos e cooperação internacional em pesquisa e desenvolvimento, relativos à mudança do clima, bem como sobre formas e meios de apoiar a capacitação endógena em países em desenvolvimento; e
e) Responder a questões científicas, tecnológicas e metodológicas que lhe formulem a Conferência das Partes e seus órgãos subsidiários.

3. As funções e o mandato deste órgão podem ser posteriormente melhor definidos pela Conferência das Partes.

Artigo 10

1. Fica estabelecido um órgão subsidiário de implementação para auxiliar a Conferência das Partes na avaliação e exame do cumprimento efetivo desta Convenção. Esse órgão deve ser aberto à participação de todas as Partes, e deve ser composto por representantes governamentais especializados em questões relativas à mudança do clima. Deve apresentar regularmente relatórios à Conferência das Partes sobre todos os aspectos do seu trabalho.

2. Sob a orientação da Conferência das Partes, esse órgão deve:
a) Examinar as informações transmitidas em conformidade com o artigo 12, parágrafo 1, no sentido de avaliar o efeito agregado geral das medidas tomadas pelas Partes à luz das avaliações científicas mais recentes sobre a mudança do clima;
b) Examinar as informações transmitidas em conformidade com o artigo 12, parágrafo 2, no sentido de auxiliar a Conferência das Partes a realizar os exames requeridos no artigo 4, parágrafo 2, alínea (d); e
c) Auxiliar a Conferência das Partes, conforme o caso, na preparação e implementação de suas decisões.

Artigo 11

1. Fica definido um mecanismo para a provisão de recursos financeiros a título de doação ou em base concessional, inclusive para fins de transferência de tecnologia. Esse mecanismo deve funcionar sob a orientação da Conferência das Partes e prestar contas à mesma, a qual deve decidir sobre suas políticas, prioridades programáticas e critérios de aceitabilidade relativos a esta Convenção. Seu funcionamento deve ser confiado a uma ou mais entidades internacionais existentes.

2. O mecanismo financeiro deve ter uma representação equitativa e equilibrada de todas as Partes, num sistema transparente de administração.

3. A Conferência das Partes e a entidade ou entidades encarregadas do funcionamento do mecanismo financeiro devem aprovar os meios para operar os parágrafos precedentes, que devem incluir o seguinte:
a) Modalidades para garantir que os projetos financiados para enfrentar a mudança do clima estejam de acordo com as políticas, prioridades programáticas e critérios de aceitabilidade estabelecidos pela Conferência das Partes;
b) Modalidades pelas quais uma determinada decisão de financiamento possa ser reconsiderada à luz dessas políticas, prioridades programáticas e critérios de aceitabilidade;
c) Apresentação à Conferência das Partes de relatórios periódicos da entidade ou entidades sobre suas operações de financiamento, de forma compatível com a exigência de prestação de contas prevista no parágrafo 1 deste artigo; e
d) Determinação, de maneira previsível e identificável, do valor dos financiamentos necessários e disponíveis para a implementação desta Convenção e das condições sob as quais esse valor deve ser periodicamente reexaminado.

4. Em sua primeira sessão a Conferência das Partes deve definir os meios para implementar as disposições precedentes, reexaminando e levando em conta os dispositivos provisórios mencionados no artigo 21, parágrafo 3, e deve decidir se esses dispositivos provisórios devem ser mantidos. Subsequentemente, dentro de quatro anos, a Conferência das Partes deve reexaminar o mecanismo financeiro e tomar as medidas adequadas.

5. As Partes países desenvolvidos podem também prover recursos financeiros relacionados com a implementação desta Convenção mediante canais bilaterais, regionais e multilaterais e as Partes países em desenvolvimento podem deles beneficiar-se.

Artigo 12

1. Em conformidade com o artigo 4, parágrafo 1, cada Parte deve transmitir à Conferência das Partes por meio do Secretariado, as seguintes informações:
a) Inventário nacional de emissões antrópicas por fontes e de remoções por sumidouros de todos os gases de efeito estufa não controlados pelo Protocolo de Montreal, dentro de suas possibilidades, usando metodologias comparáveis desenvolvidas e aprovadas pela Conferência das Partes;
b) Descrição geral das medidas tomadas ou previstas pela Parte para implementar esta Convenção; e
c) Qualquer outra informação que a Parte considere relevante para a realização do objetivo desta Convenção e apta a ser incluída em sua comunicação, inclusive, se possível, dados pertinentes para cálculos das tendências das emissões mundiais.

2. Cada Parte país desenvolvido e cada uma das demais Partes citadas no Anexo I deve incluir as seguintes informações em sua comunicação:
a) Descrição pormenorizada das políticas e medidas por ela adotadas para implementar suas obriga-

ções assumidas sob o artigo 4, parágrafo 2, alíneas (a) e (b); e

b) Estimativa específica dos efeitos que as políticas e medidas mencionadas na alínea (a) acima terão sobre as emissões antrópicas por fontes e remoções por sumidouros de gases de efeito estufa durante o período a que se refere o artigo 4, parágrafo 2, alínea (a).

3. Ademais, cada Parte país desenvolvido e cada uma das demais Partes desenvolvidas citadas no Anexo II deve incluir pormenores de medidas tomadas em conformidade com o artigo 4, parágrafos 3, 4 e 5.

4. As Partes países desenvolvidos podem, voluntariamente, propor projetos para financiamento, inclusive especificando tecnologias, materiais, equipamentos, técnicas ou práticas necessários à execução desses projetos, juntamente, se possível, com estimativa de todos os custos adicionais, de reduções de emissões e aumento de remoções de gases de efeito estufa, bem como estimativas dos benefícios resultantes.

5. Cada Parte país desenvolvido e cada uma das demais Partes incluídas no Anexo I deve apresentar sua comunicação inicial dentro de seis meses da entrada em vigor desta Convenção para essa Parte. Cada Parte não incluída deve apresentar sua comunicação inicial dentro de três anos da entrada em vigor desta Convenção para essa Parte ou a partir da disponibilidade de recursos financeiros de acordo com o artigo 4, parágrafo 3. As Partes que forem países de menor desenvolvimento relativo podem apresentar sua comunicação inicial quando o desejarem. A frequência das comunicações subsequentes de todas as Partes deve ser determinada pela Conferência das Partes, levando em conta o cronograma diferenciado previsto neste parágrafo.

6. As informações relativas a este artigo apresentadas pelas Partes devem ser transmitidas pelo Secretariado, tão logo possível, à Conferência das Partes e a quaisquer órgãos subsidiários interessados. Se necessário, a Conferência das Partes pode reexaminar os procedimentos para a transmissão de informações.

7. A partir de sua primeira sessão, a Conferência das Partes deve tomar providências, mediante solicitação, no sentido de apoiar técnica e financeiramente as Partes países em desenvolvimento na compilação e apresentação de informações relativas a este artigo, bem como de identificar necessidades técnicas e financeiras relativas a projetos propostos e medidas de resposta previstas no artigo 4. Esse apoio pode ser concedido por outras Partes, por organizações internacionais competentes e pelo Secretariado, conforme o caso.

8. Qualquer grupo de Partes pode, sujeito às diretrizes adotadas pela Conferência das Partes e mediante notificação prévia à Conferência das Partes, apresentar comunicação conjunta no cumprimento de suas obrigações assumidas sob este artigo, desde que essa comunicação inclua informações sobre o cumprimento, por cada uma dessas Partes, de suas obrigações individuais no âmbito desta Convenção.

9. As informações recebidas pelo Secretariado, que sejam classificadas como confidenciais por uma Parte, em conformidade com critérios a serem estabelecidos pela Conferência das Partes, devem ser compiladas pelo Secretariado de modo a proteger seu caráter confidencial antes de serem colocadas à disposição de quaisquer dos órgãos envolvidos na transmissão e no exame de informações.

10. De acordo com o Parágrafo 9 acima, e sem prejuízo da capacidade de qualquer Parte de, a qualquer momento, tornar públicas sua comunicação, o Secretariado deve tornar públicas as comunicações feitas pelas Partes em conformidade com este artigo no momento em que forem apresentadas a Conferência das Partes.

Artigo 13

Em sua primeira sessão, a Conferência das Partes deve considerar o estabelecimento de um mecanismo de consultas multilaterais, ao qual poderão recorrer as Partes mediante solicitação, para a solução de questões relativas à implementação desta Convenção.

Artigo 14

1. No caso de controvérsia entre duas ou mais Partes no que respeita à interpretação ou aplicação desta Convenção, as Partes envolvidas devem procurar resolvê-las por meio de negociação ou qualquer outro meio pacífico de sua própria escolha.

2. Ao ratificar, aceitar, ou aprovar esta Convenção ou a ela aderir, ou em qualquer momento posterior, qualquer Parte que não seja uma organização de integração econômica regional pode declarar, por escrito ao Depositário, que reconhece como compulsório ipso facto, e sem acordo especial, com respeito a qualquer controvérsia relativa à interpretação ou a aplicação desta Convenção e em relação a qualquer Parte que aceite a mesma obrigação:

a) Submissão da controvérsia à Corte Internacional de Justiça e/ou
b) Arbitragem, de acordo com os procedimentos a serem estabelecidos pela Conferência das Partes, o mais breve possível, em anexo sobre arbitragem.

Uma Parte que seja uma organização de integração econômica regional pode fazer uma declaração com efeito similar em relação à arbitragem em conformidade com os procedimentos mencionados na alínea (b) acima.

3. Toda declaração feita de acordo com o parágrafo 2 acima permanecerá em vigor até a data de expiração nela prevista ou, no máximo, durante três meses após o depósito, junto ao Depositário, de um aviso por escrito de sua revogação.

4. Toda nova declaração, todo aviso de revogação ou a expiração da declaração não devem afetar, de forma alguma, processos pendentes na Corte Internacional de Justiça ou no tribunal de arbitragem, a menos que as Partes na controvérsia concordem de outra maneira.

5. De acordo com a aplicação do parágrafo 2 acima, se, doze meses após a notificação de uma Parte por outra de que existe uma controvérsia entre elas, as Partes envolvidas não conseguirem solucionar a controvérsia, recorrendo aos meios a que se refere o parágrafo 1 acima, a controvérsia deve ser submetida à conciliação mediante solicitação de qualquer das Partes em controvérsia.

6. Mediante solicitação de uma das Partes na controvérsia, deve ser criada uma comissão de conciliação, composta por um número igual de membros designados por cada Parte interessada e um presidente escolhi-

do conjuntamente pelos membros designados por cada Parte. A comissão deve emitir decisão recomendatória, que deve ser considerada pelas Partes em boa-fé.

7. A Conferência das Partes deve estabelecer, o mais breve possível, procedimentos adicionais em relação à conciliação, em anexo sobre conciliação.

8. As disposições deste artigo aplicam-se a quaisquer instrumentos jurídicos pertinentes que a Conferência das Partes possa adotar, salvo se de outra maneira disposto nesse instrumento.

Artigo 15

1. Qualquer Parte pode propor emendas a esta Convenção.

2. As emendas a esta Convenção devem ser adotadas em sessão ordinária da Conferência das Partes. O texto de qualquer emenda proposta a esta Convenção deve ser comunicado às Partes pelo Secretariado pelo menos seis meses antes da sessão na qual será proposta sua adoção. Propostas de emenda devem também ser comunicadas pelo Secretariado aos signatários desta Convenção e ao Depositário, para informação.

3. As Partes devem fazer todo o possível para chegar a acordo por consenso sobre as emendas propostas a esta Convenção. Uma vez exauridos todos os esforços para chegar a um consenso sem que se tenha chegado a um acordo, a emenda deve ser adotada, em última instância, por maioria de três quartos das Partes presentes e votantes nessa sessão. As emendas adotadas devem ser comunicadas pelo Secretariado ao Depositário, que deve comunicá-las a todas as Partes para aceitação.

4. Os instrumentos de aceitação de emendas devem ser depositados junto ao Depositário. As emendas adotadas em conformidade com o parágrafo 3 acima devem entrar em vigor para as Partes que a tenham aceito no nonagésimo dia após o recebimento, pelo Depositário, de instrumentos de aceitação de pelo menos três quartos das Partes desta Convenção.

5. As emendas devem entrar em vigor para qualquer outra Parte no nonagésimo dia após a Parte ter depositado seu instrumento de aceitação das emendas.

6. Para os fins deste artigo, "Partes presentes e votantes" significa as Partes presentes e que emitam voto afirmativo ou negativo.

Artigo 16

1. Os anexos desta Convenção constituem parte integrante da mesma e, salvo se expressamente disposto de outro modo, qualquer referência a esta Convenção constitui ao mesmo tempo referência a qualquer de seus anexos. Sem prejuízo do disposto no artigo 14, parágrafo 2, alínea (b) e parágrafo 7, esses anexos devem conter apenas listas, formulários e qualquer outro material descritivo que trate de assuntos científicos, técnicos, processuais ou administrativos.

2. Os anexos desta Convenção devem ser propostos e adotados de acordo com o procedimento estabelecido no artigo 15, parágrafos 2, 3 e 4.

3. Qualquer anexo adotado em conformidade com o parágrafo 2 acima deve entrar em vigor para todas as Partes desta Convenção seis meses após a comunicação a essas Partes, pelo Depositário, da adoção do anexo, à exceção das Partes que notificarem o Depositário, por escrito e no mesmo prazo, de sua não aceitação do anexo. O anexo deve entrar em vigor para as Partes que tenham retirado sua notificação de não aceitação no nonagésimo dia após o recebimento, pelo Depositário, da retirada dessa notificação.

4. A proposta, adoção e entrada em vigor de emendas aos anexos desta Convenção devem estar sujeitas ao mesmo procedimento obedecido no caso de proposta, adoção e entrada em vigor de anexos desta Convenção, em conformidade com os parágrafos 2 e 3 acima.

5. Se a adoção de um anexo ou de uma emenda a um anexo envolver uma emenda a esta Convenção esse anexo ou emenda a um anexo somente deve entrar em vigor quando a emenda à Convenção estiver em vigor.

Artigo 17

1. Em qualquer uma das sessões ordinárias, a Conferência das Partes pode adotar protocolos a esta Convenção.

2. O texto de qualquer proposta de protocolo deve ser comunicado às Partes pelo Secretariado pelo menos seis meses antes dessa sessão da Conferência das Partes.

3. As exigências para a entrada em vigor de qualquer protocolo devem ser estabelecidas por esse instrumento.

4. Somente Partes desta Convenção podem ser Partes de um protocolo.

5. As decisões no âmbito de qualquer protocolo devem ser exclusivamente tomadas pelas Partes desse protocolo.

Artigo 18

1. Cada Parte desta Convenção tem direito da um voto, à exceção do disposto no parágrafo 2 acima.

2. As organizações de integração econômica regional devem exercer, em assuntos de sua competência, seu direito de voto com um número de votos igual ao número de seus Estados-Membros Partes desta Convenção. Essas organizações não devem exercer seu direito de voto se qualquer de seus Estados-Membros exercer esse direito e vice-versa.

Artigo 19

O Secretário-Geral das Nações Unidas será o Depositário desta Convenção e de protocolos adotados em conformidade com o artigo 17.

Artigo 20

Esta Convenção estará aberta, no Rio de Janeiro, à assinatura de Estados-Membros das Nações Unidas ou de quaisquer de seus organismos especializados, ou que sejam Partes do Estatuto da Corte Internacional de Justiça e de organizações de integração econômica regional, durante a realização da Conferência das Nações Unidas sobre Meio Ambiente e Desenvolvimento, e posteriormente na sede das Nações Unidas em Nova York de 20 de junho de 1992 a 19 de junho de 1993.

Artigo 21

1. As funções do Secretariado, a que se refere o artigo 8, devem ser desempenhadas provisoriamente pelo Secretariado estabelecido pela Assembleia-Geral das Nações Unidas em sua Resolução 45/212 de 21 de dezembro de 1990, até que a Conferência das Partes conclua sua primeira sessão.

2. O chefe do Secretariado provisório, a que se refere o parágrafo 1 acima, deve cooperar estreitamente com o Painel Intergovernamental sobre Mudança do Clima, a fim de assegurar que esse Painel preste assessoramento científico e técnico objetivo. Outras instituições científicas pertinentes também podem ser consultadas.

3. O Fundo para o Meio Ambiente Mundial, do Programa das Nações Unidas para o Desenvolvimento, do Programa das Nações Unidas para o Meio Ambiente e do Banco Internacional para a Reconstrução e o Desenvolvimento, será a entidade internacional encarregada provisoriamente do funcionamento do mecanismo financeiro a que se refere o artigo 11. Nesse contexto, o Fundo para o Meio Ambiental Mundial deve ser adequadamente reestruturado e sua composição universalizada para permitir-lhe cumprir os requisitos do artigo 11.

Artigo 22

1. Esta Convenção está sujeita a ratificação, aceitação, aprovação ou adesão de Estados e organizações de integração econômica regional. Estará aberta a adesões a partir do dia seguinte à data em que a Convenção não mais esteja aberta a assinaturas. Os instrumentos de ratificação, aceitação, aprovação ou adesão devem ser depositados junto ao Depositário.

2. Qualquer organização de integração econômica regional que se torne Parte desta Convenção, sem que seja Parte nenhum de seus Estados-Membros, deve ficar sujeita a todas as obrigações previstas nesta Convenção. No caso de um ou mais Estados-Membros dessas organizações serem Parte desta Convenção, a organização e seus Estados-Membros devem decidir sobre suas respectivas responsabilidades para o cumprimento de suas obrigações previstas nesta Convenção. Nesses casos, as organizações e os Estados-Membros não podem exercer simultaneamente direitos estabelecidos pela Convenção.

3. Em seus instrumentos de ratificação, aceitação, aprovação ou adesão, as organizações de integração econômica regional devem declarar o âmbito de suas competências no que respeita a assuntos regidos por esta Convenção. Essas organizações devem também informar ao Depositário de qualquer modificação substancial no âmbito de suas competências, o qual, por sua vez, deve transmitir essas informações às Partes.

Artigo 23

1. Esta Convenção entra em vigor no nonagésimo dia após a data de depósito do quinquagésimo instrumento de ratificação, aceitação, aprovação ou adesão.

2. Para cada Estado ou organização de integração econômica regional que ratifique, aceite ou aprove esta Convenção ou a ela adira após o depósito do quinquagésimo instrumento de ratificação, aceitação, aprovação ou adesão, esta Convenção entra em vigor no nonagésimo dia após a data de depósito do instrumento de ratificação, aceitação, aprovação ou adesão desse Estado ou organização de integração econômica regional.

3. Para os fins dos parágrafos 1 e 2 deste artigo, o instrumento depositado por uma organização de integração econômica regional não deve ser considerado como adicional àqueles depositados por Estados-Membros dessa organização.

Artigo 24

Nenhuma reserva pode ser feita a esta Convenção.

Artigo 25

1. Após três anos da entrada em vigor da Convenção para uma Parte, essa Parte pode, a qualquer momento, denunciá-la por meio de notificação escrita ao Depositário.

2. Essa denúncia tem efeito um ano após à data de seu recebimento pelo Depositário, ou em data posterior se assim for estipulado na notificação de denúncia.

3. Deve ser considerado que qualquer Parte que denuncie esta Convenção denuncia também os protocolos de que é Parte.

Artigo 26

O original desta Convenção, cujos textos em árabe, chinês, espanhol, francês, inglês e russo são igualmente autênticos, deve ser depositado junto ao Secretário-Geral das Nações Unidas.

Em fé do que, os abaixo assinados, devidamente autorizados para esse fim, firmam esta Convenção.

Feita em Nova York aos nove dias de maio de mil novecentos e noventa e dois.

ANEXO I

Alemanha	Federação Russa[A]	Noruega
Austrália	Finlândia	Nova Zelândia
Áustria	França	Países Baixos
Belarus[A]	Grécia	Polônia[A]
Bélgica	Hungria[A]	Portugal
Bulgária[A]	Irlanda	Reino Unido da Grã-Bretanha e Irlanda do Norte
Canadá	Islândia	República Tcheco-Eslovaca
Comunidade Europeia	Itália	Romênia[A]
Dinamarca	Japão	Suécia
Espanha	Letônia[A]	Suíça
Estados Unidos da América	Lituânia[A]	Turquia
Estônia[A]	Luxemburgo	Ucrânia

[A] Países em processo de transição para uma economia de mercado.

ANEXO II

Alemanha	Comunidade Europeia	França	Japão	Portugal
Austrália	Dinamarca	Grécia	Luxemburgo	Reino Unido da Grã-Bretanha e Irlanda do Norte
Áustria	Espanha	Irlanda	Noruega	Suécia
Bélgica	Estados Unidos da América	Islândia	Nova Zelândia	Suíça
Canadá	Finlândia	Itália	Países Baixos	Turquia

CONVENÇÃO SOBRE DIVERSIDADE BIOLÓGICA

► Assinada pelo Governo brasileiro no Rio de Janeiro, em 5-6-1992, entrou em vigor internacional em 29-12-1993. Aprovada pelo Congresso Nacional por meio do Dec. Legislativo nº 2, de 3-2-1994, foi promulgada pelo Dec. nº 2.519, de 16-3-1998.

PREÂMBULO

As Partes Contratantes,

Conscientes do valor intrínseco da diversidade biológica e dos valores ecológico, genético, social, econômico, científico, educacional, cultural, recreativo e estético da diversidade biológica e de seus componentes,

Conscientes, também, da importância da diversidade biológica para a evolução e para a manutenção dos sistemas necessários à vida da biosfera,

Afirmando que a conservação da diversidade biológica é uma preocupação comum à humanidade,

Reafirmando que os Estados têm direito soberanos sobre os seus próprios recursos biológicos,

Reafirmando, igualmente, que os Estados são responsáveis pela conservação de sua diversidade biológica e pela utilização sustentável de seus recursos biológicos,

Preocupados com a sensível redução da diversidade biológica causada por determinadas atividades humanas,

Conscientes da falta geral de informação e de conhecimento sobre a diversidade biológica e da necessidade urgente de desenvolver capacitação científica, técnica e institucional que proporcione o conhecimento fundamental necessário ao planejamento e implementação de medidas adequadas,

Observando que é vital prever, prevenir e combater na origem as causas da sensível redução ou perda da diversidade biológica,

Observando também que quando exista ameaça de sensível redução ou perda de diversidade biológica, a falta de plena certeza científica não deve ser usada como razão para postergar medidas para evitar ou minimizar essa ameaça,

Observando igualmente que a exigência fundamental para a conservação da diversidade biológica é a conservação *in-situ* dos ecossistemas e dos *habitats* naturais e a manutenção e recuperação de populações viáveis de espécies no seu meio natural,

Observando ainda que medidas *ex-situ*, preferivelmente no país de origem, desempenham igualmente um importante papel,

Reconhecendo a estreita e tradicional dependência de recursos biológicos de muitas comunidades locais e populações indígenas como estilos de vida tradicionais, e que é desejável repartir equitativamente os benefícios derivados da utilização do conhecimento tradicional, de inovações e de práticas relevantes à conservação da diversidade biológica e à utilização sustentável de seus componentes,

Reconhecendo, igualmente, o papel fundamental da mulher na conservação e na utilização sustentável da diversidade biológica e afirmando a necessidade da plena participação da mulher em todos os níveis de formulação e execução de políticas para a conservação da diversidade biológica,

Enfatizando a importância e a necessidade de promover a cooperação internacional, regional e mundial entre os Estados e as organizações intergovernamentais e o setor não governamental para a conservação da diversidade biológica e a utilização sustentável de seus componentes,

Reconhecendo que cabe esperar que o aporte de recursos financeiros novos e adicionais e o acesso adequado às tecnologias pertinentes possam modificar sensivelmente a capacidade mundial de enfrentar a perda da diversidade biológica,

Reconhecendo, ademais, que medidas especiais são necessárias para atender as necessidades dos países em desenvolvimento, inclusive o aporte de recursos financeiros novos e adicionais e o acesso adequado às tecnologias pertinentes,

Observando, nesse sentido, as condições especiais dos países de menor desenvolvimento relativo e dos pequenos Estados insulares,

Reconhecendo que investimentos substanciais são necessários para conservar a diversidade biológica e que há expectativa de um amplo escopo de benefícios ambientais, econômicos e sociais resultantes desses investimentos,

Reconhecendo que o desenvolvimento econômico e social e a erradicação da pobreza são as prioridades primordiais e absolutas dos países em desenvolvimento,

Conscientes de que a conservação e a utilização sustentável da diversidade biológica é de importância absoluta para atender as necessidades de alimentação, de saúde e de outra natureza da crescente população mundial, para o que são essenciais o acesso a e a repartição de recursos genéticos e tecnologia,

Observando, enfim, que a conservação e a utilização sustentável da diversidade biológica fortalecerão as relações de amizade entre os Estados e contribuirão para a paz da humanidade,

Desejosas de fortalecer e complementar instrumentos internacionais existentes para a conservação da diversidade biológica e a utilização sustentável de seus componentes, e

Determinadas a conservar e utilizar de forma sustentável a diversidade biológica para benefício das gerações presentes e futuras,

Convieram no seguinte:

Artigo 1º
Objetivos

Os objetivos desta Convenção, a serem cumpridos de acordo com as disposições pertinentes, são a conservação da diversidade biológica, a utilização sustentável de seus componentes e a repartição justa e equitativa dos benefícios derivados da utilização dos recursos genéticos, mediantes, inclusive, o acesso adequado aos recursos genéticos e a transferência adequada de tecnologias pertinentes, levando em conta todos os direitos sobre tais recursos e tecnologias, e mediante financiamento adequado.

Artigo 2º
Utilização de termos

Para os propósitos desta Convenção:

"Área protegida" significa uma área definida geograficamente que é destinada, ou regulamentada, e administrada para alcançar objetivos específicos de conservação.

"Biotecnologia" significa qualquer aplicação tecnológica que utilize sistemas biológicos, organismos vivos, ou seus derivados, para fabricar ou modificar produtos ou processos para utilização específica.

"Condições *in-situ*" significa as condições em que recursos genéticos existem em ecossistemas e *habitats* naturais e, no caso de espécies domesticadas ou cultivadas, nos meios onde tenham desenvolvido suas propriedades características.

"Conservação *ex-situ*" significa a conservação de componentes da diversidade biológica fora de seus *habitats* naturais.

"Conservação *in-situ*" significa a conservação de ecossistemas e *habitats* naturais e a manutenção e recuperação de populações viáveis de espécies em seus meios naturais e, no caso de espécies domesticadas ou cultivadas, nos meios onde tenham desenvolvido suas propriedades características.

"Diversidade biológica" significa a variabilidade de organismos vivos de todas as origens, compreendendo, dentre outros, os ecossistemas terrestres, marinhos e outros ecossistemas aquáticos e os complexos ecológicos de que fazem parte; compreendendo ainda a diversidade dentro de espécies, entre espécies e de ecossistemas.

"Ecossistema" significa um complexo dinâmico de comunidades vegetais, animais e de micro-organismos e o seu meio inorgânico que interagem como uma unidade funcional.

"Espécie domesticada ou cultivada" significa espécie em cujo processo de evolução influiu o ser humano para atender suas necessidades.

"*Habitat*" significa o lugar ou tipo de local onde um organismo ou população ocorre naturalmente.

"Material genético" significa todo material de origem vegetal, animal, microbiana ou outra que contenha unidades funcionais de hereditariedade.

"Organização regional de integração econômica" significa uma organização constituída de Estados soberanos de uma determinada região, a que os Estados-membros transferiram competência em relação a assuntos regidos por esta Convenção, e que foi devidamente autorizada, conforme seus procedimentos internos, a assinar, ratificar, aceitar, aprovar a mesma e a ela aderir.

"País de origem de recursos genéticos" significa o país que possui esses recursos genéticos em condições *in-situ*.

"País provedor de recursos genéticos" significa o país que provê recursos genéticos coletados de fontes *in-situ*, incluindo populações de espécies domesticadas e silvestres, ou obtidas de fontes *ex-situ*, que possam ou não ter sido originados nesse país.

"Recursos biológicos" compreende recursos genéticos, organismos ou partes destes, populações, ou qualquer outro componente biótico de ecossistemas, de real ou potencial utilidade ou valor para a humanidade.

"Recursos genéticos" significa material genético de valor real ou potencial.

"Tecnologia" inclui biotecnologia.

"Utilização sustentável" significa a utilização de componentes da diversidade biológica de modo e em ritmo tais que não levem, no longo prazo, à diminuição da diversidade biológica, mantendo assim seu potencial para atender as necessidades e aspirações das gerações presentes e futuras.

Artigo 3º
Princípio

Os Estados, em conformidade com a Carta das Nações Unidas e com os princípios de Direito internacional, têm o direito soberano de explorar seus próprios recursos segundo suas políticas ambientais, e a responsabilidade de assegurar que atividades sob sua jurisdição ou controle não causem dano ao meio ambiente de outros Estados ou de áreas além dos limites da jurisdição nacional.

Artigo 4º
Âmbito jurisdicional

Sujeito aos direitos de outros Estados, e a não ser que de outro modo expressamente determinado nesta Convenção, as disposições desta Convenção aplicam-se em relação a cada Parte Contratante:

a) No caso de componentes da diversidade biológica, nas áreas dentro dos limites de sua jurisdição nacional; e
b) No caso de processos e atividades realizadas sob sua jurisdição ou controle, independentemente de onde ocorram seus efeitos, dentro da área de sua jurisdição nacional ou além dos limites da jurisdição nacional.

Artigo 5º
Cooperação

Cada Parte Contratante deve, na medida do possível e conforme o caso, cooperar com outras Partes Contratantes, diretamente ou, quando apropriado, mediante organizações internacionais competentes, no que respeita a áreas além da jurisdição nacional e em outros assuntos de mútuo interesse, para a conservação e a utilização sustentável da diversidade biológica.

Artigo 6º
Medidas gerais para a conservação e a utilização sustentável

Cada Parte Contratante deve, de acordo com suas próprias condições e capacidades:

a) desenvolver estratégias, planos ou programas para conservação e a utilização sustentável da diversidade biológica ou adaptar para esse fim estratégias, planos ou programas existentes que devem refletir, entre outros aspectos, as mediadas estabelecidas nesta Convenção concernentes à Parte interessadas; e
b) integrar, na medida possível e conforme o caso, a conservação e a utilização sustentável da diversidade biológica em planos, programas e políticas setoriais ou intersetoriais pertinentes.

Artigo 7º
Identificação e monitoramento

Cada Parte Contratante deve, na medida do possível e conforme o caso, em especial para os propósitos dos artigos 8 a 10:

a) Identificar componentes da diversidade biológica importantes para sua conservação e sua utilização sustentável, levando em conta a lista indicativa de categorias constante no Anexo I;
b) Monitorar, por meio de levantamento de amostras e outras técnicas, os componentes da diversidade biológica identificados em conformidade com a alínea (a) acima, prestando especial atenção aos que requeiram urgentemente medidas de conservação e aos que ofereçam o maior potencial de utilização sustentável;
c) Identificar processos e categorias de atividades que tenham ou possam ter sensíveis efeitos negativos na conservação e na utilização sustentável da diversidade biológica, e monitorar seus efeitos por meio de levantamento de amostras e outras técnicas; e
d) Manter e organizar, por qualquer sistema, dados derivados de atividades de identificação e monitoramento em conformidade com as alíneas (a), (b) e (c) acima.

Artigo 8º
Conservação *in-situ*

Cada Parte Contratante deve, na medida do possível e conforme o caso:

a) Estabelecer um sistema de áreas protegidas ou áreas onde medidas especiais precisem ser tomadas para conservar a diversidade biológica;
b) Desenvolver, se necessário, diretrizes para a seleção, estabelecimento e administração de áreas protegidas ou áreas onde medidas especiais precisem ser tomadas para conservar a diversidade biológica;
c) Regulamentar ou administrar recursos biológicos importantes para a conservação da diversidade biológica, dentro ou fora de áreas protegidas, a fim de assegurar sua conservação e utilização sustentável;
d) Promover a proteção de ecossistemas, *habitats* naturais e manutenção de populações viáveis de espécies em seu meio natural;
e) Promover o desenvolvimento sustentável e ambientalmente sadio em áreas adjacentes às áreas protegidas a fim de reforçar a proteção dessas áreas;
f) Recuperar e restaurar ecossistemas degradados e promover a recuperação de espécies ameaçadas, mediantes, entre outros meios, a elaboração e implementação de planos e outras estratégias de gestão;
g) Estabelecer ou manter meios para regulamentar, administrar ou controlar os riscos associados à utilização e liberação de organismos vivos modificados resultantes da biotecnologia que provavelmente provoquem impacto ambiental negativo que possa afetar a conservação e a utilização sustentável da diversidade biológica, levando também em conta os riscos para a saúde humana;
h) Impedir que se introduzam, controlar ou erradicar espécies exóticas que ameacem os ecossistemas, *habitats* ou espécies;
i) Procurar proporcionar as condições necessárias para compatibilizar as utilizações atuais com a conservação da diversidade biológica e a utilização sustentável de seus componentes;
j) Em conformidade com sua legislação nacional, respeitar, preservar e manter o conhecimento, inovações e práticas das comunidades locais e populações indígenas com estilo de vida tradicionais relevantes à conservação e a utilização sustentável da diversidade biológica e incentivar sua mais ampla aplicação com a aprovação e a participação dos detentores desse conhecimento, inovações e práticas; e encorajar a repartição equitativa dos benefícios oriundos da utilização desse conhecimento, inovações e práticas;
k) Elaborar ou manter em vigor a legislação necessária e/ou outras disposições regulamentares para a proteção de espécies e populações ameaçadas;
l) Quando se verifique um sensível efeito negativo à diversidade biológica, em conformidade, com o artigo 7, regulamentar ou administrar os processos e as categorias de atividades em causa; e

m) Cooperar com o aporte de apoio financeiro e de outra natureza para a conservação *in-situ* a que se referem as alíneas (*a*) a (*l*) acima, particularmente aos países em desenvolvimento.

Artigo 9º
Conservação *ex-situ*

Cada Parte Contratante deve, na medida do possível e conforme o caso, e principalmente a fim de complementar medidas de conservação *in-situ*:

a) Adotar medidas para a conservação *ex-situ* de componentes da diversidade biológica, de preferência no país de origem desses componentes;
b) Estabelecer e manter instalações para a conservação *ex-situ* e pesquisa de vegetais, animais e microorganismos, de preferência no país de origem dos recursos genéticos;
c) Adotar medidas para a recuperação e regeneração de espécies ameaçadas e para sua reintrodução em seu *habitat* natural em condições adequadas;
d) Regulamentar e administrar a coleta de recursos biológicos de *habitats* naturais com a finalidade de conservação *ex-situ* de maneira a não ameaçar ecossistemas e populações *in-situ* de espécies, exceto quando forem necessárias medidas temporárias especiais *ex-situ* de acordo com a alínea (*c*) acima; e
e) Cooperar com a aporte de apoio financeiro e de outra natureza para a conservação *ex-situ* a que se referem as alíneas (*a*) a (*d*) acima; e com o estabelecimento e a manutenção de instalações de conservação *ex-situ* em países em desenvolvimento.

Artigo 10
Utilização sustentável de componentes da diversidade biológica

Cada Parte contratante deve, na medida do possível e conforme o caso:

a) Incorporar o exame da conservação e utilização sustentável de recursos biológicos no processo decisório nacional;
b) Adotar medidas relacionadas à utilização de recursos biológicos para evitar ou minimizar impactos negativos na diversidade biológica;
c) Proteger e encorajar a utilização costumeira de recursos biológicos de acordo com práticas culturais tradicionais compatíveis com as exigências de conservação ou utilização sustentável;
d) Apoiar populações locais na elaboração e aplicação de medidas corretivas em áreas degradadas onde a diversidade biológica tenha sido reduzida; e
e) Estimular a cooperação entre suas autoridades governamentais e seu setor privado na elaboração de métodos de utilização sustentável de recursos biológicos.

Artigo 11
Incentivos

Cada Parte Contratante deve, na medida do possível e conforme o caso, adotar medidas econômica e socialmente racionais que sirvam de incentivo à conservação e utilização sustentável de componentes da diversidade biológica.

Artigo 12
Pesquisa e treinamento

As Partes contratantes, levando em conta as necessidades especiais dos países em desenvolvimento, devem:

a) Estabelecer e manter programas de educação e treinamento científico e técnico sobre medidas para a identificação, conservação e utilização sustentável da diversidade biológica e seus componentes, proporcionar apoio em desenvolvimento;
b) Promover e estimular pesquisas que contribuam para a conservação e a utilização sustentável da diversidade biológica, especialmente nos países em desenvolvimento, conforme, entre outras, as decisões da Conferência das Partes tomadas em consequência das recomendações do órgão Subsidiário de Assessoramento Científico, Técnico e Tecnológico; e
c) Em conformidade com as disposições dos artigos 16, 18 e 20, promover e cooperar na utilização de avanços científicos da pesquisa sobre diversidade biológica para elaborar métodos de conservação e utilização sustentável de recursos biológicos.

Artigo 13
Educação e conscientização pública

As Partes Contratantes devem:

a) Promover e estimular a compreensão da importância da conservação da diversidade biológica e das medidas necessárias a esse fim, sua divulgação pelos meios de comunicação, e a inclusão desses temas nos programas educacionais; e
b) Cooperar, conforme o caso, com outros Estados e organizações internacionais na elaboração de programas educacionais de conscientização pública no que concerne à conservação e à utilização sustentável da diversidade biológica.

Artigo 14
Avaliação de impacto e minimização de impactos negativos

1. Cada Parte Contratante, na medida do possível e conforme o caso, deve:

a) Estabelecer procedimentos adequados que exijam a avaliação de impacto ambiental de seus projetos propostos que possam ter sensíveis efeitos negativos na diversidade biológica, a fim de evitar ou minimizar tais efeitos e, conforme o caso, permitir a participação pública nesses procedimentos;
b) Tomar providências adequadas para assegurar que sejam devidamente levadas em conta as consequências ambientais de seus programas e políticas que possam ter sensíveis efeitos negativos na diversidade biológica;
c) Promover, com base em reciprocidade, notificação, intercâmbio de informação e consulta sobre atividades sob sua jurisdição ou controle que possam ter sensíveis efeitos negativos na diversidade biológica de outros Estados ou áreas além dos limites da jurisdição nacional, estimulando-se a adoção de acordos bilaterais, regionais ou multilaterais, conforme o caso;
d) Notificar imediatamente, no caso em que se originem sob sua jurisdição ou controle, perigo ou dano iminente ou grave à diversidade biológica em área

sob jurisdição de outros Estados ou em áreas além dos limites da jurisdição nacional, os Estados que possam ser afetados por esse perigo ou dano, assim como tomar medidas para prevenir ou minimizar esse perigo ou dano; e

e) Estimular providências nacionais sobre medidas de emergência para o caso de atividades ou acontecimentos de origem natural ou outra que representem perigo grave e iminente à diversidade biológica e promover a cooperação internacional para complementar tais esforços nacionais e, conforme o caso e em acordo com os Estados ou organizações regionais de integração econômica interessados, estabelecer planos conjuntos de contingência.

2. A Conferência das Partes deve examinar, com base em estudos a serem efetuados, as questões da responsabilidade e reparação, inclusive restauração e indenização, por danos causados à diversidade biológica, exceto quando essa responsabilidade for de ordem estritamente interna.

Artigo 15
Acesso a recursos genéticos

1. Em reconhecimento dos direitos soberanos dos Estados sobre seus recursos naturais, a autoridade para determinar o acesso a recursos genéticos pertence aos governos nacionais e está sujeita à legislação nacional.

2. Cada Parte Contratante deve procurar criar condições para permitir o acesso a recursos genéticos para utilização ambientalmente saudável por outras Partes Contratantes e não impor restrições contrárias aos objetivos desta Convenção.

3. Para os propósitos desta Convenção, os recursos genéticos providos por uma Parte Contratante, a que se referem este artigo e os artigos 16 e 19, são apenas aqueles providos por Partes Contratantes que sejam países de origem desses recursos ou por Partes que os tenham adquirido em conformidade com esta Convenção.

4. O acesso, quando concedido, deverá sê-lo de comum acordo e sujeito ao disposto no presente artigo.

5. O acesso aos recursos genéticos deve esta sujeito ao consentimento prévio fundamentado da Parte Contratante provedora desses recursos, a menos que de outra forma determinado por essa Parte.

6. Cada Parte Contratante deve procurar conceber e realizar pesquisas científicas baseadas em recursos genéticos providos por outras Partes Contratantes com sua plena participação e, na medida do possível, no território dessas Partes Contratantes.

7. Cada Parte Contratante deve adotar medidas legislativas, administrativas ou políticas, conforme o caso e em conformidade com os artigos 16 e 19 e, quando necessário, mediante o mecanismo financeiro estabelecido pelos artigos 20 e 21, para compartilhar de forma justa e equitativa os resultados da pesquisa e do desenvolvimento de recursos genéticos e os benefícios derivados de sua utilização comercial e de outra natureza com a Parte Contratante provedora desses recursos. Essa partilha deve dar-se de comum acordo.

Artigo 16
Acesso à tecnologia e transferência de tecnologia

1. Cada Parte Contratante, reconhecendo que a tecnologia inclui biotecnologia, e que tanto o acesso à tecnologia quanto sua transferência entre Partes Contratantes são elementos essenciais para a realização dos objetivos desta Convenção, compromete-se, sujeito ao disposto neste artigo, a permitir e/ou facilitar a outras Partes Contratantes acesso a tecnologias que sejam pertinentes à conservação e utilização sustentável da diversidade biológica ou que utilizem recursos genéticos e não causem dano sensível ao meio ambiente, assim como a transferência dessas tecnologias.

2. O acesso à tecnologia e sua transferência a países em desenvolvimento, a que se refere o parágrafo 1 acima, devem ser permitidos e/ou facilitados em condições justas e as mais favoráveis inclusive em condições concessionais e preferenciais quando de comum acordo, e, caso necessário, em conformidade com o mecanismo financeiro estabelecido nos artigos 20 e 21. No caso de tecnologia sujeita a patentes e outros direitos de propriedade intelectual, o acesso à tecnologia e sua transferência devem ser permitidos em condições que reconheçam e sejam compatíveis com a adequada e efetiva proteção dos direitos de propriedade intelectual. A aplicação deste parágrafo deve ser compatível com os parágrafos 3, 4 e 5 abaixo.

3. Cada Parte Contratante deve adotar medidas legislativas, administrativas ou políticas, conforme o caso, para que as Partes Contratantes, em particular as que são países em desenvolvimento, que proveem recursos genéticos, tenham garantido o acesso à tecnologia que utilize esses recursos e sua transferência, de comum acordo, incluindo tecnologia protegida por patentes e outros direitos de propriedade intelectual, quando necessário, mediante as disposições dos artigos 20 e 21, de acordo com o direito internacional e conforme os parágrafos 4 e 5 abaixo.

4. Cada Parte Contratante deve adotar medidas legislativas, administrativas ou políticas, conforme o caso, para que o setor privado permita o acesso à tecnologia a que se refere o parágrafo 1 acima seu desenvolvimento conjunto e sua transferência em benefício das instituições governamentais e do setor privado de países em desenvolvimento, e a esse respeito deve observar as obrigações constantes dos parágrafos 1, 2 e 3 acima.

5. As Partes Contratantes, reconhecendo que patentes e outros direitos de propriedade intelectual podem influir na implementação desta Convenção, devem cooperar a esse respeito em conformidade com a legislação nacional e o direito internacional para garantir que esses direitos apóiem e não se oponham aos objetivos desta Convenção.

Artigo 17
Intercâmbio de informações

1. As Partes Contratantes devem proporcionar o intercâmbio de informações, de todas as fontes disponíveis do público, pertinentes à conservação e à utilização sustentável da diversidade biológica, levando

em conta as necessidades especiais dos países em desenvolvimento.

2. Esse intercâmbio de informações deve incluir o intercâmbio dos resultados de pesquisas técnicas, científicas, e socioeconômicas, como também informações sobre programas de treinamento e de pesquisa, conhecimento especializado, conhecimento indígena e tradicional como tais e associados às tecnologias a que se refere o parágrafo 1 do artigo 16. Deve também, quando possível, incluir a repatriação das informações.

Artigo 18
Cooperação técnica e científica

1. As Partes Contratantes devem promover a cooperação técnica e científica internacional no campo da conservação e utilização sustentável da diversidade biológica, caso necessário, por meio de instituições nacionais e internacionais competentes.

2. Cada Parte Contratante deve, ao implementar esta Convenção, promover a cooperação técnica e científica com outras Partes Contratantes, em particular países em desenvolvimento, por meio, entre outros, da elaboração e implementação de políticas nacionais. Ao promover essa cooperação, deve ser dada especial atenção ao desenvolvimento e fortalecimento dos meios nacionais mediante a capacitação de recursos humanos e fortalecimento institucional.

3. A Conferência das Partes, em sua primeira sessão, deve determinar a forma de estabelecer um mecanismo de intermediação para promover e facilitar a cooperação técnica e científica.

4. As Partes Contratantes devem, em conformidade com sua legislação e suas políticas nacionais, elaborar e estimular modalidades de cooperação para o desenvolvimento e utilização de tecnologias, inclusive tecnologias indígenas e tradicionais, para alcançar os objetivos desta Convenção. Com esse fim, as Partes Contratantes devem também promover a cooperação para a capacitação de pessoal e o intercâmbio de técnicos.

5. As Partes Contratantes devem, no caso de comum acordo, promover o estabelecimento de programas de pesquisa conjuntos e empresas conjuntas para o desenvolvimento de tecnologias relevantes aos objetivos desta Convenção.

Artigo 19
Gestão da biotecnologia e distribuição de seus benefícios

1. Cada Parte Contratante deve adotar medidas legislativas, administrativas ou políticas, conforme o caso, para permitir a participação efetiva, em atividades de pesquisa biotecnológica, das Partes Contratantes, especialmente países em desenvolvimento, que proveem os recursos genéticos para essa pesquisa, e se possível nessas Partes Contratantes.

2. Cada Parte Contratante deve adotar todas as medidas possíveis para promover e antecipar acesso prioritário, em base justa e equitativa das Partes Contratantes, especialmente países em desenvolvimento, aos resultados e benefícios derivados de biotecnologias baseadas em recursos genéticos providos por essas Partes Contratantes. Esse acesso deve ser de comum acordo.

3. As Partes devem examinar a necessidade e as modalidades de um protocolo que estabeleça procedimentos adequados, inclusive, em especial, a concordância prévia fundamentada, no que respeita à transferência, manipulação e utilização seguras de todo organismo vivo modificado pela biotecnologia, que possa ter efeito negativo para a conservação e utilização sustentável da diversidade biológica.

4. Cada Parte Contratante deve proporcionar, diretamente ou por solicitação, a qualquer pessoa física ou jurídica sob sua jurisdição provedora dos organismos a que se refere o parágrafos 3 acima, à Parte Contratante em que esses organismos devem ser introduzidos, todas as informações disponíveis sobre a utilização e as normas de segurança exigidas por essa Parte Contratante para a manipulação desses organismos, bem como todas as informações disponíveis sobre os potenciais efeitos negativos desses organismos específicos.

Artigo 20
Recursos financeiros

1. Cada Parte Contratante compromete-se a proporcionar, de acordo com a sua capacidade, apoio financeiro e incentivos respectivos às atividades nacionais destinadas a alcançar os objetivos desta Convenção em conformidade com seus planos, prioridades e programas nacionais.

2. As partes países desenvolvidos devem prover recursos financeiros novos e adicionais para que as Partes em desenvolvimento possam cobrir integralmente os custos adicionais por elas concordados decorrentes da implementação de medidas em cumprimento das obrigações desta Convenção, bem como para que se beneficiem de seus dispositivos. Estes custos devem ser determinados de comum acordo entre cada Parte país em desenvolvimento e o mecanismo institucional previsto no artigo 21, de acordo com políticas, estratégias, prioridades programáticas e critérios de aceitabilidade, segundo uma lista indicativa de custos adicionais estabelecida pela Conferência das Partes. Outras Partes, inclusive países em transição para uma economia de mercado, podem assumir voluntariamente as obrigações das Partes países desenvolvidos. Para os fins deste artigo, a Conferência das Partes deve estabelecer, em sua primeira sessão, uma lista de Partes países desenvolvidos e outras Partes que voluntariamente assumam as obrigações das Partes países desenvolvidos. A Conferência das Partes deve periodicamente revisar e, se necessário, alterar a lista. Contribuições voluntárias de outros países e fontes podem ser também estimuladas. Para o cumprimento desses compromissos deve ser levada em conta a necessidade de que o fluxo de recursos seja adequado, previsível e oportuno, e a importância de distribuir os custos entre as Partes contribuintes incluídas na citada lista.

3. As Partes países desenvolvidos podem também prover recursos financeiros relativos à implementação desta Convenção por canais bilaterais, regionais e outros multilaterais.

4. O grau de efetivo cumprimento dos compromissos assumidos sob esta Convenção das Partes países em desenvolvimento dependerá do cumprimento efetivo

dos compromissos assumidos sob esta Convenção pelas Partes desenvolvidos, no que se refere a recursos financeiros e transferência de tecnologia, e levará plenamente em conta o fato de que o desenvolvimento econômico e social e a erradicação da pobreza são as prioridades primordiais e absolutas das Partes países em desenvolvimento.

5. As Partes devem levar plenamente em conta as necessidades específicas e a situação especial dos países de menor desenvolvimento relativo em suas medidas relativas a financiamento e transferência de tecnologia.

6. As Partes Contratantes devem também levar em conta as condições especiais decorrentes da dependência da diversidade biológica, sua distribuição e localização nas Partes países em desenvolvimento, em particular os pequenos Estados insulares.

7. Deve-se também levar em consideração a situação especial dos países em desenvolvimento, inclusive os que são ecologicamente mais vulneráveis, como os que possuem regiões áridas e semiáridas, zonas costeiras e montanhosas.

Artigo 21
Mecanismos financeiros

1. Deve ser estabelecido em mecanismo para prover, por meio de doação ou em bases concessionais, recursos financeiros para os fins desta Convenção, às Partes países em desenvolvimento, cujos elementos essenciais são descritos neste artigo. O mecanismo deve operar, para os fins desta Convenção, sob a autoridade e a orientação da Conferência das Partes, e a ela responder. As operações do mecanismo devem ser realizadas por estrutura institucional a ser decidida pela Conferência das Partes em sua primeira sessão. A Conferência das Partes deve determinar, para os fins desta Convenção, políticas, estratégias, prioridades programáticas e critérios de aceitabilidade relativos ao acesso e à utilização desses recursos. As Contribuições devem levar em conta a necessidade mencionada no artigo 20 de que o fluxo de recursos seja previsível, adequado e oportuno, de acordo com a montante de recursos necessários, a ser decidido periodicamente pela Conferência das Partes, bem como a importância da distribuição de custos entre as partes contribuintes incluídas na lista a que se refere o parágrafo 2 do artigo 20. Contribuições voluntárias podem também ser feitas pelas Partes países desenvolvidos e por outros países e fontes. O mecanismo deve operar sob um sistema de administração democrático e transparente.

2. Em conformidade com os objetivos desta Convenção, a Conferência das Partes deve determinar, em sua primeira sessão, políticas, estratégias e prioridades programáticas, bem como diretrizes e critérios detalhados de aceitabilidade para acesso e utilização dos recursos financeiros, inclusive o acompanhamento e a avaliação periódica de sua utilização. A Conferência das Partes deve decidir sobre as providências para a implementação do parágrafo 1 acima após consulta à estrutura institucional encarregada da operação do mecanismo financeiro.

3. A Conferência das Partes deve examinar a eficácia do mecanismo estabelecido neste artigo, inclusive os critérios e as diretrizes referidas no Parágrafo 2 acima, em não menos que 2 (dois) anos da entrada em vigor desta Convenção, e a partir de então periodicamente. Com base nesse exame, deve, se necessário, tomar medidas adequadas para melhorar a eficácia do mecanismo.

4. As partes Contratantes devem estudar a possibilidade de fortalecer as instituições financeiras existentes para prover recursos financeiros para a conservação e a utilização sustentável da diversidade biológica.

Artigo 22
Relação com outras convenções internacionais

1. As disposições desta Convenção não devem afetar os direitos e obrigações de qualquer Parte Contratante decorrentes de qualquer acordo internacional existente, salvo se o exercício desses direitos e o cumprimento dessas obrigações cause grave dano ou ameaça à diversidade biológica.

2. As Partes Contratantes devem implementar esta Convenção, no que se refere ao meio ambiente marinho, em conformidade com os direitos e obrigações dos Estados decorrentes do direito do mar.

Artigo 23
Conferência das Partes

1. Uma Conferência das Partes é estabelecida por esta Convenção. A primeira sessão da Conferência das Partes deve ser convocada pelo Diretor Executivo do Programa das Nações Unidas para o Meio Ambiente no mais tardar dentro de 1 (um) ano da entrada em vigor desta Convenção. Subsequentemente, sessões ordinárias da Conferência das Partes devem ser realizadas em intervalos a serem determinados pela Conferência em sua primeira sessão.

2. Sessões extraordinárias da Conferência das Partes devem ser realizadas quando for considerado necessário pela Conferência, ou por solicitação escrita de qualquer Parte, desde que, dentro de 6 (seis) meses após a solicitação ter sido comunicada às Partes pelo Secretariado, seja apoiada por pelo menos um terço das Partes.

3. A Conferência das Partes deve aprovar e adotar por consenso suas regras de procedimento e as de qualquer organismo subsidiário que estabeleça, bem como as normas de administração financeira do Secretariado. Em cada sessão ordinária, a Conferência das Partes deve adotar um orçamento para o exercício até seguinte sessão ordinária.

4. A Conferência das Partes deve manter sob exame a implementação desta Convenção, e, com esse fim, deve:

a) Estabelecer a forma e a periodicidade da comunicação das informações a serem apresentadas em conformidade com o artigo 26, e examinar essas informações, bem como os relatórios apresentados por qualquer órgão subsidiário;
b) Examinar os pareceres científicos, técnicos e tecnológicos apresentados de acordo com o artigo 25;
c) Examinar e adotar protocolos, caso necessário, em conformidade com o artigo 28;
d) Examinar e adotar, caso necessário, emendas a esta Convenção e a seus anexos, em conformidade com os artigos 29 e 30;

e) Examinar emendas a qualquer protocolo, bem como a quaisquer de seus anexos e, se assim decidir, recomendar sua adoção às partes desses protocolos;
f) Examinar e adotar, caso necessário, anexos adicionais a esta Convenção, em conformidade com o artigo 30;
g) Estabelecer os órgãos subsidiários, especialmente de consultoria científica e técnica, considerados necessários à implementação desta Convenção;
h) Entrar em contato, por meio do Secretariado, com os órgãos executivos de Convenções que tratem de assuntos objeto desta Convenção, para com eles estabelecer formas adequadas de cooperação; e
i) Examinar e tomar todas as demais medidas que possam ser necessárias para alcançar os fins desta Convenção, à luz da experiência adquirida na sua implementação.

5. As Nações Unidas, seus organismos especializados e a Agência Internacional de Energia Atômica, bem como qualquer Estado que não seja Parte desta Convenção, podem se fazer representar como observadores nas sessões da Conferência das Partes. Qualquer outro órgão ou organismo, governamental ou não governamental, competente no campo da conservação e da utilização sustentável da diversidade biológica, que informe ao Secretario do seu desejo de se fazer representar como observador numa sessão da Conferência das Partes, pode ser admitido, a menos que um terço das Partes apresente objeção. A admissão e participação de observadores deve sujeitar-se às regras de procedimento adotadas pela Conferência das Partes.

Artigo 24
Secretariado

1. Fica estabelecido um Secretariado com as seguintes funções:

a) Organizar as sessões da Conferência das Partes prevista no artigo 23 e prestar-lhes serviço;
b) Desempenhar as funções que lhe atribuam os protocolos;
c) Preparar relatórios sobre o desempenho de suas funções sob esta Convenção e apresentá-los à Conferência das Partes;
d) Assegurar a coordenação com outros organismos internacionais pertinentes e, em particular, tomar as providências administrativas e contratuais necessárias para o desempenho eficaz de suas funções; e
e) Desempenhar as demais funções que lhe forem atribuídas pela Conferência das Partes.

2. Em sua primeira sessão ordinária, a Conferência das Partes deve designar o Secretariado dentre as organizações internacionais competentes que se tenham demonstrado dispostas a desempenhar as funções de secretariado previstas nesta Convenção.

Artigo 25
Órgão subsidiário de assessoramento científico, técnico e tecnológico

1. Fica estabelecido um órgão subsidiário de assessoramento científico, técnico e tecnológico para prestar, em tempo oportuno, à Conferência das Partes e, conforme o caso, aos seus demais órgãos subsidiários, assessoramento sobre a implementação desta Convenção. Este órgão deve estar aberto à participação de todas as Partes e deve ser multidisciplinar. Deve ser composto por representantes governamentais com competências nos campos de especialização pertinentes. Deve apresentar relatórios regularmente à Conferência das Partes sobre todos os aspectos de seu trabalho.

2. Sob a autoridade da Conferência das Partes e de acordo com as diretrizes por ela estabelecidas, e a seu pedido, o órgão deve:

a) Apresentar avaliações científicas e técnicas da situação da diversidade biológica;
b) Preparar avaliações científicas e técnicas dos efeitos dos tipos de medidas adotadas, em conformidade com o previsto nesta Convenção;
c) Identificar tecnologias e conhecimentos técnicos inovadores, eficientes e avançados relacionados à conservação e à utilização sustentável da diversidade biológica e prestar assessoramento sobre as formas e meios de promover o desenvolvimento e/ou a transferência dessas tecnologias;
d) Prestar assessoramento sobre programas científicos e cooperação internacional em pesquisa e desenvolvimento, relativos à conservação e à utilização sustentável da diversidade biológica; e
e) Responder a questões científicas, técnicas, tecnológicas e metodológicas que lhe formulem a Conferência das Partes e seus órgãos subsidiários.

3. As funções, mandato, organização e funcionamento deste órgão podem ser posteriormente melhor definidos pela Conferência das Partes.

Artigo 26
Relatórios

Cada Parte Contratante deve, com a periodicidade a ser estabelecida pela Conferência das Partes, apresentar-lhe relatórios sobre medidas que tenha adotado para a implementação dos dispositivos desta Convenção e sobre sua eficácia para alcançar os seus objetivos.

Artigo 27
Solução de Controvérsias

1. No caso de controvérsia entre Partes Contratantes no que respeita à interpretação ou aplicação desta Convenção, as Partes envolvidas devem procurar resolvê-la por meio de negociação.

2. Se as Partes envolvidas não conseguirem chegar a um acordo por meio de negociação, podem conjuntamente solicitar os bons ofícios ou a mediação de uma terceira Parte.

3. Ao ratificar, aceitar, ou aprovar esta Convenção ou a ela aderir, ou em qualquer momento posterior, um Estado ou organização de integração econômica regional pode declarar por escrito ao Depositário que, no caso de controvérsia não resolvida de acordo com o parágrafo 1 ou o parágrafo 2 acima, aceita como compulsórios um ou ambos dos seguintes meios de solução de controvérsias:

a) Arbitragem de acordo com o procedimento estabelecido na Parte 1 do Anexo II;
b) Submissão da controvérsia à Corte Internacional de Justiça.

4. Se as Partes na controvérsia não tiverem aceito, de acordo com o parágrafo 3 acima, aquele ou qualquer

outro procedimento, a controvérsia deve ser submetida à conciliação de acordo com a Parte 2 do Anexo II, a menos que as Partes concordem de outra maneira.

5. O disposto neste artigo aplica-se a qualquer protocolo salvo se de outra maneira disposto nesse protocolo.

Artigo 28
Adoção dos protocolos

1. As Partes Contratantes devem cooperar na formulação e adoção de protocolos desta Convenção.

2. Os protocolos devem ser adotados em sessão da Conferência das Partes.

3. O texto de qualquer protocolo proposto deve ser comunicado pelo Secretariado às Partes Contratantes pelo menos seis meses antes dessa sessão.

Artigo 29
Emendas à Convenção ou protocolos

1. Qualquer Parte Contratante pode propor emendas a esta Convenção. Emendas a qualquer protocolo podem ser propostas por quaisquer Partes dos mesmos.

2. Emendas a esta Convenção devem ser adotadas em sessão da Conferência das Partes. Emendas a qualquer protocolo devem ser adotadas em sessão das Partes dos protocolos pertinentes. O texto de qualquer emenda proposta a esta Convenção ou a qualquer protocolo, salvo se de outro modo disposto no protocolo, deve ser comunicado às Partes do instrumento pertinente pelo Secretario pelo menos seis meses antes da sessão na qual será proposta sua adoção. Propostas de emenda devem também ser comunicadas pelo Secretariado aos signatários desta Convenção, para informação.

3. As Partes devem fazer todo os possível para chegar a acordo por consenso sobre as emendas propostas a esta Convenção ou a qualquer protocolo. Uma vez exauridos todos os esforços para chegar a um consenso sem que se tenha chegado a um acordo, a emenda deve ser adotada, em última instância, por maioria de dois terços das Partes do instrumento pertinentes presentes e votantes nessa sessão, e deve ser submetida pelo Depositário a todas as Partes para ratificação, aceitação ou aprovação.

4. A ratificação, aceitação ou aprovação de emendas deve ser notificada por escrito ao Depositário. As emendas adotadas em conformidade com o parágrafo 3 acima devem entrar em vigor entre as Partes que as tenham aceito no nonagésimo dia após o depósito dos instrumentos de ratificação, aceitação ou aprovação de pelo menos dois terços das Partes Contratantes desta Convenção ou das Partes do protocolo pertinente, salvo se de outro modo disposto nesse protocolo. A partir de então, as emendas devem entrar em vigor para qualquer outra Parte no nonagésimo dia após a Parte ter depositado seu instrumento de ratificação, aceitação ou aprovação das emendas.

5. Para os fins deste artigo, "Partes presentes e votantes" significa Partes presentes e que emitam voto afirmativo ou negativo.

Artigo 30
Adoção de anexos e emendas a anexos

1. Os anexos a esta Convenção ou a seus protocolos constituem parte integral da Convenção ou do Protocolo pertinente, conforme o caso, e, salvo se expressamente disposto de outro modo, qualquer referência a esta Convenção e a seus protocolos constitui ao mesmo tempo referência a quaisquer de seus anexos. Esses anexos devem restringir-se a assuntos processuais, científicos, técnicos e administrativos.

2. Salvo se disposto de outro modo em qualquer protocolo no que se refere a seus anexos, para a proposta, adoção e entrada em vigor de anexos suplementares a esta Convenção ou de anexos a quaisquer de seus protocolos, deve-se obedecer o seguinte procedimento.

a) Os anexos a esta Convenção ou a qualquer protocolo devem ser propostos e adotados de acordo com o procedimento estabelecido no artigo 29;

b) Qualquer Parte que não possa aceitar um anexo suplementar a esta Convenção ou um anexo a qualquer protocolo do qual é Parte o deve notificar, por escrito, ao Depositário, dentro de um ano da data da comunicação de sua adoção pelo Depositário. O Depositário deve comunicar sem demora a todas as Partes qualquer notificação desse tipo recebida. Uma Parte pode a qualquer momento retirar uma declaração anterior de objeção, e, assim, os anexos devem entrar em vigor para aquela Parte de acordo com o disposto na alínea (c) abaixo;

c) um ano após a data da comunicação pelo Depositário de sua adoção, o anexo deve entrar em vigor para todas as Partes desta Convenção ou de qualquer protocolo pertinente que não tenham apresentado uma notificação de acordo com o disposto na alínea (b) acima.

3. A proposta, adoção a entrada em vigor de emendas aos anexos a esta Convenção ou a qualquer protocolo devem estar sujeitas ao procedimento obedecido no caso da proposta, adoção e entrada em vigor de anexos a esta Convenção ou anexos a qualquer protocolo.

4. Se qualquer anexo suplementar ou uma emenda a um anexo for relacionada a uma emenda a esta Convenção ou qualquer protocolo, este anexo suplementar ou esta emenda somente deve entrar em vigor quando a referida emenda à Convenção ou protocolo estiver em vigor.

Artigo 31
Direito de voto

1. Salvo o disposto no parágrafo 2 abaixo, cada Parte Contratante desta Convenção ou de qualquer protocolo deve ter um voto.

2. Em assuntos de sua competência, organizações de integração econômica regional devem exercer seu direito ao voto com um número de votos igual ao número de seus Estados-membros que sejam Partes Contratantes desta Convenção ou de protocolo pertinentes. Essas organizações não devem exercer seu direito de voto se seus Estados-membros exercerem os seus, e vice-versa.

Artigo 32
Relação entre esta Convenção e seus protocolos

1. Um Estado ou uma organização de integração econômica regional não pode ser Parte de um protocolo salvo se for, ou se tornar simultaneamente, Parte Contratante desta Convenção.

2. Decisões decorrentes de qualquer protocolo devem ser tomadas somente pelas Partes do protocolo pertinente. Qualquer Parte Contratante que não tenha ratificado, aceito ou aprovado um protocolo pode participar como observadora em qualquer sessão das Partes daquele protocolo.

Artigo 33
Assinatura

Esta Convenção está aberta a assinatura por todos os Estados e qualquer organização de integração econômica regional na cidade do Rio de Janeiro de 5 de junho de 1992 a 14 de junho de 1992, e na sede das Nações Unidas em Nova York, de 15 de junho de 1992 a 4 de junho de 1993.

Artigo 34
Ratificação, aceitação ou aprovação

1. Esta Convenção e seus protocolos estão sujeitos a ratificação, aceitação ou aprovação, pelos Estados e por organizações de integração econômica regional. Os instrumentos de ratificação, aceitação ou aprovação devem ser depositados junto ao Depositário.

2. Qualquer organização mencionada no parágrafo 1 acima que se torne Parte Contratante desta Convenção ou de quaisquer de seus protocolos, sem que seja Parte contratante nenhum de seus Estados-membros, deve ficar sujeita a todas as obrigações da Convenção ou do protocolo, conforme o caso. No caso dessas organizações, se um ou mais de seus Estados-membros for uma Parte Contratante desta Convenção ou de protocolo pertinente, a Organização e seus Estados-membros devem decidir sobre suas respectivas responsabilidades para o cumprimento de suas obrigações previstas nesta Convenção ou no protocolo, conforme o caso. Nesses casos, a organização e os Estados-membros não devem exercer simultaneamente direitos estabelecidos por esta Convenção ou pelo protocolo pertinente.

3. Em seus instrumentos de ratificação, aceitação ou aprovação, as organizações mencionadas no parágrafo 1 acima devem declarar o âmbito de sua competência no que respeita a assuntos regidos por esta Convenção ou por protocolo pertinente. Essas organizações devem também informar ao Depositário de qualquer modificação pertinente no âmbito de sua competência.

Artigo 35
Adesão

1. Esta Convenção e quaisquer de seus protocolos está aberta a adesão de Estados e organizações de integração econômica regional a partir da data em que expire o prazo para a assinatura da Convenção ou do protocolo pertinente. Os instrumentos de adesão devem ser depositados junto ao Depositário.

2. Em seus instrumentos de adesão, as organizações mencionadas no parágrafo 1 acima devem declarar o âmbito de suas competências no que respeita aos assuntos regidos por esta Convenção ou pelos protocolos. Essas organizações devem também informar ao Depositário qualquer modificação pertinente no âmbito de suas competências.

3. O disposto no artigo 34, parágrafo 2, deve aplicar-se a organizações de integração econômica regional que adiram a esta Convenção ou a quaisquer de seus protocolos.

Artigo 36
Entrada em vigor

1. Esta Convenção entra em vigor no nonagésimo dia após a data de depósito do trigésimo instrumento de ratificação, aceitação, aprovação ou adesão.

2. Um protocolo deve entrar em vigor no nonagésimo dia após a data do depósito do número de instrumentos de ratificação, aceitação, aprovação ou adesão estipulada nesse protocolo.

3. Para cada Parte Contratante que ratifique, aceite ou aprove esta Convenção ou a ela adira após o depósito do trigésimo instrumento de ratificação, aceitação aprovação ou adesão, esta Convenção entra em vigor no nonagésimo dia após a data de depósito pela Parte Contratante do seu instrumento de ratificação, aceitação, aprovação ou adesão.

4. Um Protocolo, salvo se disposto de outro modo nesse protocolo, deve entrar em vigor para uma Parte Contratante que o ratifique, aceite ou aprove ou a ele adira após sua entrada em vigor de acordo com o parágrafo 2 acima, no nonagésimo dia após a data do depósito do instrumento de ratificação, aceitação, aprovação ou adesão por essa parte Contratante, ou na data em que esta Convenção entre em vigor para essa Parte Contratante, a que for posterior.

5. Para os fins dos parágrafos 1 e 2 acima, os instrumentos depositados por uma organização de integração econômica regional não devem ser contados como adicionais àqueles depositados por Estados-membros dessa organização.

Artigo 37
Reservas

Nenhuma reserva pode ser feita a esta Convenção.

Artigo 38
Denúncias

1. Após dois anos da entrada em vigor desta Convenção para uma Parte Contratante, essa Parte Contratante pode a qualquer momento denunciá-la por meio de notificação escrita ao Depositário.

2. Essa denúncia tem efeito um ano após a data de seu recebimento pelo Depositário, ou em data posterior se assim for estipulado na notificação de denúncia.

3. Deve ser considerado que qualquer Parte Contratante que denuncie esta Convenção denuncia também os protocolos de que é Parte.

Artigo 39
Disposições financeiras provisórias

Desde que completamente reestruturado, em conformidade com o disposto no artigo 21, o Fundo para o Meio Ambiente Mundial, do Programa das Nações Unidas para o Desenvolvimento, do Programa das Nações Unidas para o Meio Ambiente, e do Banco Internacional para a Reconstrução e o Desenvolvimento, deve ser a estrutura institucional provisória a que se refere o artigo 21, no período entre a entrada em vigor desta Convenção e a primeira sessão da Conferência das Partes ou até que a Conferência das Partes designe uma estrutura institucional em conformidade com o artigo 21.

Artigo 40
Disposições transitórias para o Secretariado

O Secretariado a ser provido pelo Diretor Executivo do Programa das Nações Unidas para o Meio Ambiente deve ser o Secretariado a que se refere o artigo 24, parágrafo 2, provisoriamente pelo período entre a entrada em vigor desta Convenção e a primeira sessão da Conferência das Partes.

Artigo 41
Depositário

O Secretário-Geral das Nações Unidas deve assumir as funções de Depositário desta Convenção e de seus protocolos.

Artigo 42
Textos autênticos

O original desta Convenção, cujos textos em árabe, chinês, espanhol, francês, inglês e russo são igualmente autênticos, deve ser depositado junto ao Secretário-Geral das Nações Unidas.

Em fé do que, os abaixo assinados, devidamente autorizados para esse fim, firmam esta Convenção.

Feita no Rio de Janeiro, aos 5 dias de junho de mil novecentos e noventa e dois.

ANEXO I
IDENTIFICAÇÃO E MONITORAMENTO

1. Ecossistemas e *habitats*: compreendendo grande diversidade, grande número de espécies endêmicas ou ameaçadas, ou vida silvestre; os necessários às espécies migratórias; de importância social, econômica, cultural ou científica; ou que sejam representativos, únicos ou associados a processos evolutivos ou outros processos biológicos essenciais.

2. Espécies e comunidades que: estejam ameaçadas; sejam espécies silvestres aparentadas de espécies domesticadas ou cultivadas; tenham valor medicinal, agrícola ou qualquer *outro* valor econômico; sejam de importância social, científica ou cultural; ou sejam de importância para a pesquisa sobre a conservação e a utilização sustentável da diversidade biológica, como as espécies de referência; e

3. Genomas e genes descritos como tendo importância social, científica ou econômica.

ANEXO II

Parte 1 – Arbitragem

Artigo 1º

A Parte demandante deve notificar o Secretariado de que as Partes estão submetendo uma controvérsia a arbitragem em conformidade com o artigo 27. A notificação deve expor o objeto em questão a ser arbitrado, e incluir, em particular, os artigos da Convenção ou do Protocolo de cuja interpretação ou aplicação se tratar a questão. Se as Partes não concordarem no que respeita o objeto da controvérsia, antes de ser o Presidente do tribunal designado, o tribunal de arbitragem deve definir o objeto em questão. O Secretariado deve comunicar a informação assim recebida a todas as partes contratantes desta Convenção ou do protocolo pertinente.

Artigo 2º

1. Em controvérsias entre duas Partes, o tribunal de arbitragem deve ser composto de três membros. Cada uma das Partes da controvérsia deve nomear um árbitro e os dois árbitros assim nomeados devem designar de comum acordo um terceiro árbitro que deve presidir o tribunal. Este último não pode ser da mesma nacionalidade das Partes em controvérsia, nem ter residência fixa em território de uma das Partes; tampouco deve estar a serviço de nenhuma delas, nem ter tratado do caso a qualquer título.

2. Em controvérsias entre mais de duas Partes, as Partes que tenham o mesmo interesse devem nomear um árbitro de comum acordo.

3. Qualquer vaga no tribunal deve ser preenchida de acordo com o procedimento previsto para a nomeação inicial.

Artigo 3º

1. Se o Presidente do tribunal de arbitragem não for designado dentro de dois meses após a nomeação do segundo árbitro, o Secretário-Geral das Nações Unidas, a pedido de uma das partes, deve designar o Presidente no prazo adicional de dois meses.

2. Se uma das Partes em controvérsia não nomear um árbitro no prazo de dois meses após o recebimento da demanda, a outra parte pode disso informar o Secretário-Geral, que deve designá-lo no prazo adicional de dois meses.

Artigo 4º

O tribunal de arbitragem deve proferir suas decisões de acordo com o disposto nesta Convenção, em qualquer protocolo pertinente, e com o direito internacional.

Artigo 5º

Salvo se as Partes em controvérsia de outro modo concordarem, o tribunal de arbitragem deve adotar suas próprias regras de procedimento.

Artigo 6º

O tribunal de arbitragem pode, a pedido de uma das Partes, recomendar medidas provisórias indispensáveis de proteção.

Artigo 7º

As Partes em controvérsia devem facilitar os trabalhos do tribunal de arbitragem e, em particular, utilizando todos os meios a sua disposição:

a) apresentar-lhe todos os documentos, informações e meios pertinentes; e

b) permitir-lhe, se necessário, convocar testemunhas ou especialistas e ouvir seus depoimentos.

Artigo 8º

As Partes e os árbitros são obrigados a proteger a confidencialidade de qualquer informação recebida com esse caráter durante os trabalhos do tribunal de arbitragem.

Artigo 9º
Salvo se decidido de outro modo pelo tribunal de arbitragem devido a circunstâncias particulares do caso, os custos do tribunal devem ser cobertos em proporções iguais pelas Partes em controvérsia. O tribunal deve manter um registro de todos os seus gastos, e deve apresentar uma prestação de contas final às Partes.

Artigo 10
Qualquer Parte Contratante que tenha interesse de natureza jurídica no objeto em questão da controvérsia, que possa ser afetado pela decisão sobre o caso, pode intervir no processo com o consentimento do tribunal.

Artigo 11
O tribunal pode ouvir e decidir sobre contra-argumentações diretamente relacionadas ao objeto em questão da controvérsia.

Artigo 12
As decisões do tribunal de arbitragem tanto em matéria processual quanto sobre o fundo da questão devem ser tomadas por maioria de seus membros.

Artigo 13
Se uma das Partes em controvérsia não comparecer perante o tribunal de arbitragem ou não apresentar defesa de sua causa, a outra Parte pode solicitar ao tribunal que continue o processo e profira seu laudo. A ausência de uma das Partes ou a abstenção de uma parte de apresentar defesa de sua causa não constitui impedimento ao processo. Antes de proferir sua decisão final, o tribunal de arbitragem deve certificar-se de que a demanda está bem fundamentada de fato e de direito.

Artigo 14
O tribunal deve proferir sua decisão final em cinco meses a partir da data em que for plenamente constituído, salvo se considerar necessário prorrogar esse prazo por um período não superior a cinco meses.

Artigo 15
A decisão final do tribunal de arbitragem deve se restringir ao objeto da questão em controvérsia e deve ser fundamentada. Nela devem constar os nomes dos membros que a adotaram e sua data. Qualquer membro do tribunal pode anexar à decisão final um parecer em separado ou um parecer divergente.

Artigo 16
A decisão é obrigatória para as Partes em controvérsia. Dela não há recursos, salvo se as Partes em controvérsia houverem concordado com antecedência sobre um procedimento de apelação.

Artigo 17
As controvérsias que surjam entre as Partes em controvérsia no que respeita a interpretação ou execução da decisão final pode ser submetida por quaisquer uma das Partes à decisão do tribunal que a proferiu.

Parte 2 – Conciliação

Artigo 1º
Uma Comissão de conciliação deve ser criada a pedido de uma das Partes em controvérsia. Essa comissão, salvo se as Partes concordarem de outro modo, deve ser composta de cinco membros, dois nomeados por cada Parte envolvida e um Presidente escolhido conjuntamente pelos membros.

Artigo 2º
Em controvérsias entre mais de duas Partes, as Partes com o mesmo interesse devem nomear, de comum acordo, seus membros na comissão. Quando duas ou mais partes tiverem interesses independentes ou houver discordância sobre o fato de terem ou não o mesmo interesse, as Partes devem nomear seus membros separadamente.

Artigo 3º
Se no prazo de dois meses a partir da data do pedido de criação de uma comissão de conciliação, as Partes não houverem nomeado os membros da comissão, o Secretário-Geral das Nações Unidas, por solicitação da Parte que formulou o pedido, deve nomeá-los no prazo adicional de dois meses.

Artigo 4º
Se o Presidente da comissão de conciliação não for escolhido nos dois meses seguintes à nomeação do último membro da comissão, o Secretário-Geral das Nações Unidas, por solicitação de uma das Partes, deve designá-lo no prazo adicional de dois meses.

Artigo 5º
A comissão de conciliação deverá tomar decisões por maioria de seus membros. Salvo se as Partes em controvérsia concordarem de outro modo, deve definir seus próprios procedimentos. A comissão deve apresentar uma proposta de solução da controvérsia, que as Partes devem examinar em boa-fé.

Artigo 6º
Uma divergência quanto à competência da comissão de conciliação deve ser decidida pela comissão.

DECLARAÇÃO DO RIO DE JANEIRO SOBRE MEIO AMBIENTE E DESENVOLVIMENTO

A Conferência das Nações Unidas sobre Meio Ambiente e Desenvolvimento,

Tendo-se reunido no Rio de Janeiro, de 3 a 14 de junho de 1992,

Reafirmando a Declaração da Conferência das Nações Unidas sobre o Meio Ambiente Humano, adotada em Estocolmo em 16 de junho de 1972, e buscando avançar a partir dela,

Com o objetivo de estabelecer uma nova e justa parceria global por meio do estabelecimento de novos níveis de cooperação entre os Estados, os setores chave da sociedade e os indivíduos,

Trabalhando com vistas à conclusão de acordos internacionais que respeitem os interesses de todos e protejam a integridade do sistema global de meio ambiente e desenvolvimento,

Reconhecendo a natureza interdependente e integral da Terra, nosso lar,

Proclama:

Princípio 1. Os seres humanos estão no centro das preocupações com o desenvolvimento sustentável. Têm direito a uma vida saudável e produtiva, em harmonia com a natureza.

Princípio 2. Os Estados, de conformidade com a Carta das Nações Unidas e com os princípios de Direito Internacional, têm o direito soberano de explorar seus próprios recursos segundo suas próprias políticas de meio ambiente e desenvolvimento, e a responsabilidade de assegurar que atividades sob sua jurisdição ou controle não causem danos ao meio ambiente de outros Estados ou de áreas além dos limites da jurisdição nacional.

Princípio 3. O direito ao desenvolvimento deve ser exercido de modo a permitir que sejam atendidas equitativamente as necessidades de gerações presentes e futuras.

Princípio 4. Para alcançar o desenvolvimento sustentável, a proteção ambiental deve constituir parte integrante do processo de desenvolvimento, e não pode ser considerada isoladamente deste.

Princípio 5. Todos os Estados e todos os indivíduos, como requisito indispensável para o desenvolvimento sustentável, devem cooperar na tarefa essencial de erradicar a pobreza, de forma a reduzir as disparidades nos padrões de vida e melhor atender as necessidades da maioria da população do mundo.

Princípio 6. A situação e necessidades especiais dos países em desenvolvimento relativo e daqueles ambientalmente mais vulneráveis devem receber prioridade especial. Ações internacionais no campo do meio ambiente e do desenvolvimento devem também atender os interesses e necessidades de todos os países.

Princípio 7. Os Estados devem cooperar, em um espírito de parceria global, para a conservação, proteção e restauração da saúde e da integridade do ecossistema terrestre. Considerando as distintas contribuições para a degradação ambiental global, os Estados têm responsabilidades comuns, porém diferenciadas. Os países desenvolvidos reconhecem a responsabilidade que têm na busca internacional do desenvolvimento sustentável, em vista das pressões exercidas por suas sociedades sobre o meio ambiente global e das tecnologias e recursos financeiros que controlam.

Princípio 8. Para atingir o desenvolvimento sustentável e mais alta qualidade de vida para todos, os Estados devem reduzir e eliminar padrões insustentáveis de produção e promover políticas demográficas adequadas.

Princípio 9. Os Estados devem cooperar com vistas ao fortalecimento da capacitação endógena para o desenvolvimento sustentável, pelo aprimoramento da compreensão científica por meio do intercâmbio de conhecimento científico e tecnológico, e pela intensificação do desenvolvimento, adaptação, difusão e transferência de tecnologias, inclusive tecnologias novas e inovadoras.

Princípio 10. A melhor maneira de tratar questões ambientais é assegurar a participação, no nível apropriado, de todos os cidadãos interessados. No nível nacional, cada indivíduo deve ter acesso adequado a informações relativas ao meio de que disponham as autoridades públicas, inclusive informações sobre materiais e atividades perigosas em suas comunidades, bem como a oportunidade de participar em processos de tomada de decisões. Os Estados devem facilitar e estimular a conscientização e a participação pública, colocando a informação à disposição de todos. Deve ser propiciado acesso efetivo a mecanismos judiciais e administrativos, inclusive no que diz respeito à compensação e reparação de danos.

Princípio 11. Os Estados devem adotar legislação ambiental eficaz. Padrões ambientais e objetivos e prioridades em matéria de ordenação do meio ambiente devem refletir o contexto ambiental e de desenvolvimento a que se aplicam. Padrões utilizados por alguns países podem resultar inadequados para outros, em especial países em desenvolvimento, acarretando custos sociais e econômicos injustificados.

Princípio 12. Os Estados devem cooperar para o estabelecimento de um sistema econômico internacional aberto e favorável, propício ao crescimento econômico e ao desenvolvimento sustentável em todos os países, de modo a possibilitar o tratamento mais adequado dos problemas da degradação ambiental. Medidas de política comercial para propósitos ambientais não devem constituir-se em meios para a imposição de discriminações arbitrárias ou injustificáveis ou em barreiras disfarçadas ao comércio internacional. Devem ser evitadas ações unilaterais para o tratamento de questões ambientais fora da jurisdição do país importador. Medidas destinadas a tratar de problemas ambientais transfronteiriços ou globais devem, na medida do possível, basear-se em um consenso internacional.

Princípio 13. Os Estados devem desenvolver legislação nacional relativa a responsabilidade e indenização das vítimas de poluição e outros danos ambientais. Os Estados devem ainda cooperar de forma expedita e determinada para o desenvolvimento de normas de direito ambiental internacional relativas a responsabilidade e indenização por efeitos adversos de danos ambientais causados em áreas fora de sua jurisdição, por atividades dentro de sua jurisdição ou sob seu controle.

Princípio 14. Os Estados devem cooperar de modo efetivo para desestimular ou prevenir a realocação ou transferência para outros Estados de quaisquer atividades ou substâncias que causem degradação ambiental grave ou que sejam prejudiciais à saúde humana.

Princípio 15. De modo a proteger o meio ambiente, o princípio da precaução deve ser amplamente observado pelos Estados, de acordo com suas capacidades. Quando houver ameaça de danos sérios ou irreversíveis, a ausência de absoluta certeza científica não deve ser utilizada como razão para postergar medidas eficazes e economicamente viáveis para prevenir a degradação ambiental.

Princípio 16. Tendo em vista que o poluidor deve, em princípio, arcar com o custo decorrente da poluição, as autoridades nacionais devem promover a internacionalização dos custos ambientais e o uso de instrumentos econômicos, levando na devida conta o interesse público, sem distorcer o comércio e os investimentos internacionais.

Princípio 17. A avaliação de impacto ambiental, como instrumento nacional, deve ser empreendida para as atividades planejadas que possam vir a ter impacto negativo considerável sobre o meio ambiente, e que dependam de uma decisão de autoridade nacional competente.

Princípio 18. Os Estados devem notificar imediatamente outros Estados de quaisquer desastres naturais ou outras emergências que possam gerar efeitos nocivos súbitos sobre o meio ambiente destes últimos. Todos os esforços devem ser empreendidos pela comunidade internacional para auxiliar os Estados afetados.

Princípio 19. Os Estados devem prover oportunamente, a Estados que possam ser afetados, notificação prévia e informações relevantes sobre atividades potencialmente causadoras de considerável impacto transfronteiriço negativo sobre o meio ambiente, e devem consultar-se com estes tão logo quanto possível e de boa-fé.

Princípio 20. As mulheres desempenham papel fundamental na gestão do meio ambiente e no desenvolvimento. Sua participação plena é, portanto, essencial para a promoção do desenvolvimento sustentável.

Princípio 21. A criatividade, os ideais e a coragem dos jovens do mundo devem ser mobilizados para forjar uma parceria global com vistas a alcançar o desenvolvimento sustentável e assegurar um futuro melhor para todos.

Princípio 22. As populações indígenas e suas comunidades, bem como outras comunidades locais, têm papel fundamental na gestão do meio ambiente e no desenvolvimento, em virtude de seus conhecimentos e práticas tradicionais. Os Estados devem reconhecer e apoiar de forma apropriada a identidade, cultura e interesses dessas populações e comunidades, bem como habilitá-las a participar efetivamente da promoção do desenvolvimento sustentável.

Princípio 23. O meio ambiente e os recursos naturais dos povos submetidos a opressão, dominação e ocupação devem ser protegidos.

Princípio 24. A guerra é, por definição, contrária ao desenvolvimento sustentável. Os Estados devem, por conseguinte, respeitar o direito internacional aplicável à proteção do meio ambiente em tempos de conflito armado, e cooperar para seu desenvolvimento progressivo, quando necessário.

Princípio 25. A paz, o desenvolvimento e a proteção ambiental são interdependentes e indivisíveis.

Princípio 26. Os Estados devem solucionar todas as suas controvérsias ambientais de forma pacífica, utilizando meios apropriados, de conformidade com a Carta das Nações Unidas.

Princípio 27. Os Estados e os povos devem cooperar de boa-fé e imbuídos de um espírito de parceria para a realização dos princípios consubstanciados nesta Declaração, e para o desenvolvimento progressivo do direito internacional no campo do desenvolvimento sustentável.

PROTOCOLO DE QUIOTO À CONVENÇÃO-QUADRO DAS NAÇÕES UNIDAS SOBRE MUDANÇA DO CLIMA

▶ Aprovado por meio do Dec. Legislativo nº 144, de 20-6-2002, foi ratificado pelo governo brasileiro em 23-8-2002. Entrou em vigor internacionalmente em 16-2-2005 e foi promulgado pelo Dec. nº 5.445, de 12-5-2005.

As Partes deste Protocolo,

Sendo Partes da Convenção-Quadro das Nações Unidas sobre Mudança do Clima, doravante denominada "Convenção",

Procurando atingir o objetivo final da Convenção, conforme expresso no artigo 2,

Lembrando as disposições da Convenção,

Seguindo as orientações do artigo 3 da Convenção,

Em conformidade com o Mandato de Berlim adotado pela decisão 1/CP.1 da Conferência das Partes da Convenção em sua primeira sessão,

Convieram no seguinte:

Artigo 1

Para os fins deste Protocolo, aplicam-se as definições contidas no artigo 1 da Convenção.

Adicionalmente:

1. "Conferência das Partes" significa a Conferência das Partes da Convenção. "Convenção" significa a Convenção-Quadro das Nações Unidas sobre Mudança do Clima, adotada em Nova York em 9 de maio de 1992.

2. "Painel Intergovernamental sobre Mudança do Clima" significa o Painel Intergovernamental sobre Mudança do Clima estabelecido conjuntamente pela Organização Meteorológica Mundial e pelo Programa das Nações Unidas para o Meio Ambiente em 1988.

3. "Protocolo de Montreal" significa o Protocolo de Montreal sobre Substâncias que Destroem a Camada de Ozônio, adotado em Montreal em 16 de setembro de 1987 e com os ajustes e emendas adotados posteriormente.

4. "Partes presentes e votantes" significa as Partes presentes e que emitam voto afirmativo ou negativo.

5. "Parte" significa uma Parte deste Protocolo, a menos que de outra forma indicado pelo contexto.

6. "Parte incluída no Anexo I" significa uma Parte incluída no Anexo I da Convenção, com as emendas de que possa ser objeto, ou uma Parte que tenha feito uma notificação conforme previsto no artigo 4, parágrafo 2 (g), da Convenção.

Artigo 2

1. Cada Parte incluída no Anexo I, ao cumprir seus compromissos quantificados de limitação e redução de emissões assumidos sob o artigo 3, a fim de promover o desenvolvimento sustentável, deve:

a) Implementar e/ou aprimorar políticas e medidas de acordo com suas circunstâncias nacionais, tais como:

i) O aumento da eficiência energética em setores relevantes da economia nacional;

ii) A proteção e o aumento de sumidouros e reservatórios de gases de efeito estufa não controlados pelo Protocolo de Montreal, levando em conta seus compromissos assumidos em acordos internacionais relevantes sobre o meio ambiente, a promoção de práticas sustentáveis de manejo florestal, florestamento e reflorestamento;
iii) A promoção de formas sustentáveis de agricultura à luz das considerações sobre a mudança do clima;
iv) A pesquisa, a promoção, o desenvolvimento e o aumento do uso de formas novas e renováveis de energia, de tecnologias de sequestro de dióxido de carbono e de tecnologias ambientalmente seguras, que sejam avançadas e inovadoras;
v) A redução gradual ou eliminação de imperfeições de mercado, de incentivos fiscais, de isenções tributárias e tarifárias e de subsídios para todos os setores emissores de gases de efeito estufa que sejam contrários ao objetivo da Convenção e aplicação de instrumentos de mercado;
vi) O estímulo a reformas adequadas em setores relevantes, visando a promoção de políticas e medidas que limitem ou reduzam emissões de gases de efeito estufa não controlados pelo Protocolo de Montreal;
vii) Medidas para limitar e/ou reduzir as emissões de gases de efeito estufa não controlados pelo Protocolo de Montreal no setor de transportes;
viii) A limitação e/ou redução de emissões de metano por meio de sua recuperação e utilização no tratamento de resíduos, bem como na produção, no transporte e na distribuição de energia;
b) Cooperar com outras Partes incluídas no Anexo I no aumento da eficácia individual e combinada de suas políticas e medidas adotadas segundo este artigo, conforme o artigo 4, parágrafo 2 (e)(i), da Convenção. Para esse fim, essas Partes devem adotar medidas para compartilhar experiências e trocar informações sobre tais políticas e medidas, inclusive desenvolvendo formas de melhorar sua comparabilidade, transparência e eficácia. A Conferência das Partes na qualidade de reunião das Partes deste Protocolo deve, em sua primeira sessão ou tão logo seja praticável a partir de então, considerar maneiras de facilitar tal cooperação, levando em conta toda a informação relevante.

2. As Partes incluídas no Anexo I devem procurar limitar ou reduzir as emissões de gases de efeito estufa não controlados pelo Protocolo de Montreal originárias de combustíveis do transporte aéreo e marítimo internacional, conduzindo o trabalho pela Organização de Aviação Civil Internacional e pela Organização Marítima Internacional, respectivamente.

3. As Partes incluídas no Anexo I devem empenhar-se em implementar políticas e medidas a que se refere este artigo de forma a minimizar efeitos adversos, incluindo os efeitos adversos da mudança do clima, os efeitos sobre o comércio internacional e os impactos sociais, ambientais e econômicos sobre outras Partes, especialmente as Partes países em desenvolvimento e em particular as identificadas no artigo 4, parágrafos 8 e 9, da Convenção, levando em conta o artigo 3 da Convenção. A Conferência das Partes na qualidade de reunião das Partes deste Protocolo pode realizar ações adicionais, conforme o caso, para promover a implementação das disposições deste parágrafo.

4. Caso a Conferência das Partes na qualidade de reunião das Partes deste Protocolo considere proveitoso coordenar qualquer uma das políticas e medidas do parágrafo 1(a) acima, levando em conta as diferentes circunstâncias nacionais e os possíveis efeitos, deve considerar modos e meios de definir a coordenação de tais políticas e medidas.

ARTIGO 3

1. As Partes incluídas no Anexo I devem, individual ou conjuntamente, assegurar que suas emissões antrópicas agregadas, expressas em dióxido de carbono equivalente, dos gases de efeito estufa listados no Anexo A não excedam suas quantidades atribuídas, calculadas em conformidade com seus compromissos quantificados de limitação e redução de emissões descritos no Anexo B e de acordo com as disposições deste artigo, com vistas a reduzir suas emissões totais desses gases em pelo menos 5 por cento abaixo dos níveis de 1990 no período de compromisso de 2008 a 2012.

2. Cada Parte incluída no Anexo I deve, até 2005, ter realizado um progresso comprovado para alcançar os compromissos assumidos sob este Protocolo.

3. As variações líquidas nas emissões por fontes e remoções por sumidouros de gases de efeito estufa resultantes de mudança direta, induzida pelo homem, no uso da terra e nas atividades florestais, limitadas ao florestamento, reflorestamento e desflorestamento desde 1990, medidas como variações verificáveis nos estoques de carbono em cada período de compromisso, deverão ser utilizadas para atender os compromissos assumidos sob este artigo por cada Parte incluída no Anexo I. As emissões por fontes e remoções por sumidouros de gases de efeito estufa associadas a essas atividades devem ser relatadas de maneira transparente e comprovável e revistas em conformidade com os artigos 7 e 8.

4. Antes da primeira sessão da Conferência das Partes na qualidade de reunião das Partes deste Protocolo, cada Parte incluída no Anexo I deve submeter à consideração do Órgão Subsidiário de Assessoramento Científico e Tecnológico dados para o estabelecimento do seu nível de estoques de carbono em 1990 e possibilitar a estimativa das suas mudanças nos estoques de carbono nos anos subsequentes. A Conferência das Partes na qualidade de reunião das Partes deste Protocolo deve, em sua primeira sessão ou assim que seja praticável a partir de então, decidir sobre as modalidades, regras e diretrizes sobre como e quais são as atividades adicionais induzidas pelo homem relacionadas com mudanças nas emissões por fontes e remoções por sumidouros de gases de efeito estufa nas categorias de solos agrícolas e de mudança no uso da terra e florestas, que devem ser acrescentadas ou subtraídas da quantidade atribuída para as Partes incluídas no Anexo I, levando em conta as incertezas, a transparência na elaboração de relatório, a comprovação, o trabalho metodológico do Painel Intergovernamental sobre Mudança do Clima, o assessoramento fornecido pelo Órgão Subsidiário de Assessoramento Científico e Tecnológico em conformidade com o artigo 5 e as

decisões da Conferência das Partes. Tal decisão será aplicada a partir do segundo período de compromisso. A Parte poderá optar por aplicar essa decisão sobre as atividades adicionais induzidas pelo homem no seu primeiro período de compromisso, desde que essas atividades tenham se realizado a partir de 1990.

5. As Partes em processo de transição para uma economia de mercado incluídas no Anexo I, cujo ano ou período de base foi estabelecido em conformidade com a decisão 9/CP.2 da Conferência das Partes em sua segunda sessão, devem usar esse ano ou período de base para a implementação dos seus compromissos previstos neste artigo. Qualquer outra Parte em processo de transição para uma economia de mercado incluída no Anexo I que ainda não tenha submetido a sua primeira comunicação nacional, conforme o artigo 12 da Convenção, também pode notificar a Conferência das Partes na qualidade de reunião das Partes deste Protocolo da sua intenção de utilizar um ano ou período históricos de base que não 1990 para a implementação de seus compromissos previstos neste artigo. A Conferência das Partes na qualidade de reunião das Partes deste Protocolo deve decidir sobre a aceitação de tal notificação.

6. Levando em conta o artigo 4, parágrafo 6, da Convenção, na implementação dos compromissos assumidos sob este Protocolo que não os deste artigo, a Conferência das Partes na qualidade de reunião das Partes deste Protocolo concederá um certo grau de flexibilidade às Partes em processo de transição para uma economia de mercado incluídas no Anexo I.

7. No primeiro período de compromissos quantificados de limitação e redução de emissões, de 2008 a 2012, a quantidade atribuída para cada Parte incluída no Anexo I deve ser igual à porcentagem descrita no Anexo B de suas emissões antrópicas agregadas, expressas em dióxido de carbono equivalente, dos gases de efeito estufa listados no Anexo A em 1990, ou o ano ou período de base determinado em conformidade com o parágrafo 5 acima, multiplicado por cinco. As Partes incluídas no Anexo I para as quais a mudança no uso da terra e florestas constituíram uma fonte líquida de emissões de gases de efeito estufa em 1990 devem fazer constar, no seu ano ou período de base de emissões de 1990, as emissões antrópicas agregadas por fontes menos as remoções antrópicas por sumidouros em 1990, expressas em dióxido de carbono equivalente, devidas à mudança no uso da terra, com a finalidade de calcular sua quantidade atribuída.

8. Qualquer Parte incluída no Anexo I pode utilizar 1995 como o ano base para os hidrofluorcarbonos, perfluorcarbonos e hexafluoreto de enxofre, na realização dos cálculos mencionados no parágrafo 7 acima.

9. Os compromissos das Partes incluídas no Anexo I para os períodos subsequentes devem ser estabelecidos em emendas ao Anexo B deste Protocolo, que devem ser adotadas em conformidade com as disposições do artigo 21, parágrafo 7. A Conferência das Partes na qualidade de reunião das Partes deste Protocolo deve dar início à consideração de tais compromissos pelo menos sete anos antes do término do primeiro período de compromisso ao qual se refere o parágrafo 1 acima.

10. Qualquer unidade de redução de emissões, ou qualquer parte de uma quantidade atribuída, que uma Parte adquira de outra Parte em conformidade com as disposições do artigo 6 ou do artigo 17 deve ser acrescentada à quantidade atribuída à Parte adquirente.

11. Qualquer unidade de redução de emissões, ou qualquer parte de uma quantidade atribuída, que uma Parte transfira para outra Parte em conformidade com as disposições do artigo 6 ou do artigo 17 deve ser subtraída da quantidade atribuída à Parte transferidora.

12. Qualquer redução certificada de emissões que uma Parte adquira de outra Parte em conformidade com as disposições do artigo 12 deve ser acrescentada à quantidade atribuída à Parte adquirente.

13. Se as emissões de uma Parte incluída no Anexo I em um período de compromisso forem inferiores a sua quantidade atribuída prevista neste artigo, essa diferença, mediante solicitação dessa Parte, deve ser acrescentada à quantidade atribuída a essa Parte para períodos de compromisso subsequentes.

14. Cada Parte incluída no Anexo I deve empenhar-se para implementar os compromissos mencionados no parágrafo 1 acima de forma que sejam minimizados os efeitos adversos, tanto sociais como ambientais e econômicos, sobre as Partes países em desenvolvimento, particularmente as identificadas no artigo 4, parágrafos 8 e 9, da Convenção. Em consonância com as decisões pertinentes da Conferência das Partes sobre a implementação desses parágrafos, a Conferência das Partes na qualidade de reunião das Partes deste Protocolo deve, em sua primeira sessão, considerar quais as ações se fazem necessárias para minimizar os efeitos adversos da mudança do clima e/ou os impactos de medidas de resposta sobre as Partes mencionadas nesses parágrafos. Entre as questões a serem consideradas devem estar a obtenção de fundos, seguro e transferência de tecnologia.

Artigo 4

1. Qualquer Parte incluída no Anexo I que tenha acordado em cumprir conjuntamente seus compromissos assumidos sob o artigo 3 será considerada como tendo cumprido esses compromissos se o total combinado de suas emissões antrópicas agregadas, expressas em dióxido de carbono equivalente, dos gases de efeito estufa listados no Anexo A não exceder suas quantidades atribuídas, calculadas de acordo com seus compromissos quantificados de limitação e redução de emissões, descritos no Anexo B, e em conformidade com as disposições do artigo 3. O respectivo nível de emissão determinado para cada uma das Partes do acordo deve ser nele especificado.

2. As Partes de qualquer um desses acordos devem notificar o Secretariado sobre os termos do acordo na data de depósito de seus instrumentos de ratificação, aceitação, aprovação ou adesão a este Protocolo. O Secretariado, por sua vez, deve informar os termos do acordo às Partes e aos signatários da Convenção.

3. Qualquer desses acordos deve permanecer em vigor durante o período de compromisso especificado no artigo 3, parágrafo 7.

4. Se as Partes atuando conjuntamente assim o fizerem no âmbito de uma organização regional de integração

econômica e junto com ela, qualquer alteração na composição da organização após a adoção deste Protocolo não deverá afetar compromissos existentes no âmbito deste Protocolo. Qualquer alteração na composição da organização só será válida para fins dos compromissos previstos no artigo 3 que sejam adotados em período subsequente ao dessa alteração.

5. Caso as Partes desses acordos não atinjam seu nível total combinado de redução de emissões, cada Parte desses acordos deve se responsabilizar pelo seu próprio nível de emissões determinado no acordo.

6. Se as Partes atuando conjuntamente assim o fizerem no âmbito de uma organização regional de integração econômica que seja Parte deste Protocolo e junto com ela, cada Estado-Membro dessa organização regional de integração econômica individual e conjuntamente com a organização regional de integração econômica, atuando em conformidade com o artigo 24, no caso de não ser atingido o nível total combinado de redução de emissões, deve se responsabilizar por seu nível de emissões como notificado em conformidade com este artigo.

Artigo 5

1. Cada Parte incluída no Anexo I deve estabelecer, dentro do período máximo de um ano antes do início do primeiro período de compromisso, um sistema nacional para a estimativa das emissões antrópicas por fontes e das remoções antrópicas por sumidouros de todos os gases de efeito estufa não controlados pelo Protocolo de Montreal. As diretrizes para tais sistemas nacionais, que devem incorporar as metodologias especificadas no parágrafo 2 abaixo, devem ser decididas pela Conferência das Partes na qualidade de reunião das Partes deste Protocolo em sua primeira sessão.

2. As metodologias para a estimativa das emissões antrópicas por fontes e das remoções antrópicas por sumidouros de todos os gases de efeito estufa não controlados pelo Protocolo de Montreal devem ser as aceitas pelo Painel Intergovernamental sobre Mudança do Clima e acordadas pela Conferência das Partes em sua terceira sessão. Onde não forem utilizadas tais metodologias, ajustes adequados devem ser feitos de acordo com as metodologias acordadas pela Conferência das Partes na qualidade de reunião das Partes deste Protocolo em sua primeira sessão. Com base no trabalho, inter alia, do Painel Intergovernamental sobre Mudança do Clima e no assessoramento prestado pelo Órgão Subsidiário de Assessoramento Científico e Tecnológico, a Conferência das Partes na qualidade de reunião das Partes deste Protocolo deve rever periodicamente e, conforme o caso, revisar tais metodologias e ajustes, levando plenamente em conta qualquer decisão pertinente da Conferência das Partes. Qualquer revisão das metodologias ou ajustes deve ser utilizada somente com o propósito de garantir o cumprimento dos compromissos previstos no artigo 3 com relação a qualquer período de compromisso adotado posteriormente a essa revisão.

3. Os potenciais de aquecimento global utilizados para calcular a equivalência em dióxido de carbono das emissões antrópicas por fontes e das remoções antrópicas por sumidouros dos gases de efeito estufa listados no Anexo A devem ser os aceitos pelo Painel Intergovernamental sobre Mudança do Clima e acordados pela Conferência das Partes em sua terceira sessão. Com base no trabalho, inter alia, do Painel Intergovernamental sobre Mudança do Clima e no assessoramento prestado pelo Órgão Subsidiário de Assessoramento Científico e Tecnológico, a Conferência das Partes na qualidade de reunião das Partes deste Protocolo deve rever periodicamente e, conforme o caso, revisar o potencial de aquecimento global de cada um dos gases de efeito estufa, levando plenamente em conta qualquer decisão pertinente da Conferência das Partes. Qualquer revisão de um potencial de aquecimento global deve ser aplicada somente aos compromissos assumidos sob o artigo 3 com relação a qualquer período de compromisso adotado posteriormente a essa revisão.

Artigo 6

1. A fim de cumprir os compromissos assumidos sob o artigo 3, qualquer Parte incluída no Anexo I pode transferir para ou adquirir de qualquer outra dessas Partes unidades de redução de emissões resultantes de projetos visando a redução das emissões antrópicas por fontes ou o aumento das remoções antrópicas por sumidouros de gases de efeito estufa em qualquer setor da economia, desde que:

a) O projeto tenha a aprovação das Partes envolvidas;
b) O projeto promova uma redução das emissões por fontes ou um aumento das remoções por sumidouros que sejam adicionais aos que ocorreriam na sua ausência;
c) A Parte não adquira nenhuma unidade de redução de emissões se não estiver em conformidade com suas obrigações assumidas sob os artigos 5 e 7;
d) A aquisição de unidades de redução de emissões seja suplementar às ações domésticas realizadas com o fim de cumprir os compromissos previstos no artigo 3.

2. A Conferência das Partes na qualidade de reunião das Partes deste Protocolo pode, em sua primeira sessão ou assim que seja viável a partir de então, aprimorar diretrizes para a implementação deste artigo, incluindo para verificação e elaboração de relatórios.

3. Uma Parte incluída no Anexo I pode autorizar entidades jurídicas a participarem, sob sua responsabilidade, de ações que promovam a geração, a transferência ou a aquisição, sob este artigo, de unidades de redução de emissões.

4. Se uma questão de implementação por uma Parte incluída no Anexo I das exigências mencionadas neste parágrafo é identificada de acordo com as disposições pertinentes do artigo 8, as transferências e aquisições de unidades de redução de emissões podem continuar a ser feitas depois de ter sido identificada a questão, desde que quaisquer dessas unidades não sejam usadas pela Parte para atender os seus compromissos assumidos sob o artigo 3 até que seja resolvida qualquer questão de cumprimento.

Artigo 7

1. Cada Parte incluída no Anexo I deve incorporar ao seu inventário anual de emissões antrópicas por fontes e remoções antrópicas por sumidouros de gases de efeito estufa não controlados pelo Protocolo de Montreal, submetido de acordo com as decisões pertinentes da Conferência das Partes, as informações suplementares necessárias com o propósito de assegurar

o cumprimento do artigo 3, a serem determinadas em conformidade com o parágrafo 4 abaixo.

2. Cada Parte incluída no Anexo I deve incorporar à sua comunicação nacional, submetida de acordo com o artigo 12 da Convenção, as informações suplementares necessárias para demonstrar o cumprimento dos compromissos assumidos sob este Protocolo, a serem determinadas em conformidade com o parágrafo 4 abaixo.

3. Cada Parte incluída no Anexo I deve submeter as informações solicitadas no parágrafo 1 acima anualmente, começando com o primeiro inventário que deve ser entregue, segundo a Convenção, no primeiro ano do período de compromisso após a entrada em vigor deste Protocolo para essa Parte. Cada uma dessas Partes deve submeter as informações solicitadas no parágrafo 2 acima como parte da primeira comunicação nacional que deve ser entregue, segundo a Convenção, após a entrada em vigor deste Protocolo para a Parte e após a adoção de diretrizes como previsto no parágrafo 4 abaixo. A frequência das submissões subsequentes das informações solicitadas sob este artigo deve ser determinada pela Conferência das Partes na qualidade de reunião das Partes deste Protocolo, levando em conta qualquer prazo para a submissão de comunicações nacionais conforme decidido pela Conferência das Partes.

4. A Conferência das Partes na qualidade de reunião das Partes deste Protocolo deve adotar em sua primeira sessão, e rever periodicamente a partir de então, diretrizes para a preparação das informações solicitadas sob este artigo, levando em conta as diretrizes para a preparação de comunicações nacionais das Partes incluídas no Anexo I, adotadas pela Conferência das Partes. A Conferência das Partes na qualidade de reunião das Partes deste Protocolo deve também, antes do primeiro período de compromisso, decidir sobre as modalidades de contabilização das quantidades atribuídas.

Artigo 8

1. As informações submetidas de acordo com o artigo 7 por cada Parte incluída no Anexo I devem ser revistas por equipes revisoras de especialistas em conformidade com as decisões pertinentes da Conferência das Partes e em consonância com as diretrizes adotadas com esse propósito pela Conferência das Partes na qualidade de reunião das Partes deste Protocolo, conforme o parágrafo 4 abaixo. As informações submetidas segundo o artigo 7, parágrafo 1, por cada Parte incluída no Anexo I devem ser revistas como parte da compilação anual e contabilização dos inventários de emissões e das quantidades atribuídas. Adicionalmente, as informações submetidas de acordo com o artigo 7, parágrafo 2, por cada Parte incluída no Anexo I devem ser revistas como parte da revisão das comunicações.

2. As equipes revisoras de especialistas devem ser coordenadas pelo Secretariado e compostas por especialistas selecionados a partir de indicações das Partes da Convenção e, conforme o caso, de organizações intergovernamentais, em conformidade com a orientação dada para esse fim pela Conferência das Partes.

3. O processo de revisão deve produzir uma avaliação técnica completa e abrangente de todos os aspectos da implementação deste Protocolo por uma Parte. As equipes revisoras de especialistas devem preparar um relatório para a Conferência das Partes na qualidade de reunião das Partes deste Protocolo, avaliando a implementação dos compromissos da Parte e identificando possíveis problemas e fatores que possam estar influenciando a efetivação dos compromissos. Esses relatórios devem ser distribuídos pelo Secretariado a todas as Partes da Convenção. O Secretariado deve listar as questões de implementação indicadas em tais relatórios para posterior consideração pela Conferência das Partes na qualidade de reunião das Partes deste Protocolo.

4. A Conferência das Partes na qualidade de reunião das Partes deste Protocolo deve adotar em sua primeira sessão, e rever periodicamente a partir de então, as diretrizes para a revisão da implementação deste Protocolo por equipes revisoras de especialistas, levando em conta as decisões pertinentes da Conferência das Partes.

5. A Conferência das Partes na qualidade de reunião das Partes deste Protocolo deve, com a assistência do Órgão Subsidiário de Implementação e, conforme o caso, do Órgão de Assessoramento Científico e Tecnológico, considerar:

a) As informações submetidas pelas Partes segundo o artigo 7 e os relatórios das revisões dos especialistas sobre essas informações, elaborados de acordo com este artigo;

b) As questões de implementação listadas pelo Secretariado em conformidade com o parágrafo 3 acima, bem como qualquer questão levantada pelas Partes.

6. A Conferência das Partes na qualidade de reunião das Partes deste Protocolo deve tomar decisões sobre qualquer assunto necessário para a implementação deste Protocolo de acordo com as considerações feitas sobre as informações a que se refere o parágrafo 5 acima.

Artigo 9

1. A Conferência das Partes na qualidade de reunião das Partes deste Protocolo deve rever periodicamente este Protocolo à luz das melhores informações e avaliações científicas disponíveis sobre a mudança do clima e seus impactos, bem como de informações técnicas, sociais e econômicas relevantes. Tais revisões devem ser coordenadas com revisões pertinentes segundo a Convenção, em particular as dispostas no artigo 4, parágrafo 2 (d), e artigo 7, parágrafo 2 (a), da Convenção. Com base nessas revisões, a Conferência das Partes na qualidade de reunião das Partes deste Protocolo deve tomar as providências adequadas.

2. A primeira revisão deve acontecer na segunda sessão da Conferência das Partes na qualidade de reunião das Partes deste Protocolo. Revisões subsequentes devem acontecer em intervalos regulares e de maneira oportuna.

Artigo 10

Todas as Partes, levando em conta suas responsabilidades comuns mas diferenciadas e suas prioridades de desenvolvimento, objetivos e circunstâncias específicos, nacionais e regionais, sem a introdução de qualquer novo compromisso para as Partes não incluídas no Anexo I, mas reafirmando os compromissos existentes no artigo 4, parágrafo 1, da Convenção, e continuando a fazer avançar a implementação desses compromissos a fim de atingir o desenvolvimento sustentável, levando em conta o artigo 4, parágrafos 3, 5 e 7, da Convenção, devem:

a) Formular, quando apropriado e na medida do possível, programas nacionais e, conforme o caso, regionais adequados, eficazes em relação aos custos, para melhorar a qualidade dos fatores de emissão, dados de atividade e/ou modelos locais que reflitam as condições socioeconômicas de cada Parte para a preparação e atualização periódica de inventários nacionais de emissões antrópicas por fontes e remoções antrópicas por sumidouros de todos os gases de efeito estufa não controlados pelo Protocolo de Montreal, empregando metodologias comparáveis a serem acordadas pela Conferência das Partes e consistentes com as diretrizes para a preparação de comunicações nacionais adotadas pela Conferência das Partes;

b) Formular, implementar, publicar e atualizar regularmente programas nacionais e, conforme o caso, regionais, que contenham medidas para mitigar a mudança do clima bem como medidas para facilitar uma adaptação adequada à mudança do clima:

 i) Tais programas envolveriam, entre outros, os setores de energia, transporte e indústria, bem como os de agricultura, florestas e tratamento de resíduos. Além disso, tecnologias e métodos de adaptação para aperfeiçoar o planejamento espacial melhorariam a adaptação à mudança do clima;

 ii) As Partes incluídas no Anexo I devem submeter informações sobre ações no âmbito deste Protocolo, incluindo programas nacionais, em conformidade com o artigo 7; e as outras Partes devem buscar incluir em suas comunicações nacionais, conforme o caso, informações sobre programas que contenham medidas que a Parte acredite contribuir para enfrentar a mudança do clima e seus efeitos adversos, incluindo a redução dos aumentos das emissões de gases de efeito estufa e aumento dos sumidouros e remoções, capacitação e medidas de adaptação;

c) Cooperar na promoção de modalidades efetivas para o desenvolvimento, a aplicação e a difusão, e tomar todas as medidas possíveis para promover, facilitar e financiar, conforme o caso, a transferência ou o acesso a tecnologias, *know-how*, práticas e processos ambientalmente seguros relativos à mudança do clima, em particular para os países em desenvolvimento, incluindo a formulação de políticas e programas para a transferência efetiva de tecnologias ambientalmente seguras que sejam de propriedade pública ou de domínio público e a criação, no setor privado, de um ambiente propício para promover e melhorar a transferência de tecnologias ambientalmente seguras e o acesso a elas;

d) Cooperar nas pesquisas científicas e técnicas e promover a manutenção e o desenvolvimento de sistemas de observação sistemática e o desenvolvimento de arquivos de dados para reduzir as incertezas relacionadas ao sistema climático, os efeitos adversos da mudança do clima e as consequências econômicas e sociais das várias estratégias de resposta e promover o desenvolvimento e o fortalecimento da capacidade e dos recursos endógenos para participar dos esforços, programas e redes internacionais e intergovernamentais de pesquisa e observação sistemática, levando em conta o artigo 5 da Convenção;

e) Cooperar e promover em nível internacional e, conforme o caso, por meio de organismos existentes, a elaboração e a execução de programas de educação e treinamento, incluindo o fortalecimento da capacitação nacional, em particular a capacitação humana e institucional e o intercâmbio ou cessão de pessoal para treinar especialistas nessas áreas, em particular para os países em desenvolvimento, e facilitar em nível nacional a conscientização pública e o acesso público a informações sobre a mudança do clima. Modalidades adequadas devem ser desenvolvidas para implementar essas atividades por meio dos órgãos apropriados da Convenção, levando em conta o artigo 6 da Convenção;

f) Incluir em suas comunicações nacionais informações sobre programas e atividades empreendidos em conformidade com este artigo de acordo com as decisões pertinentes da Conferência das Partes; e

g) Levar plenamente em conta, na implementação dos compromissos previstos neste artigo, o artigo 4, parágrafo 8, da Convenção.

Artigo 11

1. Na implementação do artigo 10, as Partes devem levar em conta as disposições do artigo 4, parágrafos 4, 5, 7, 8 e 9, da Convenção.

2. No contexto da implementação do artigo 4, parágrafo 1, da Convenção, em conformidade com as disposições do artigo 4, parágrafo 3, e do artigo 11 da Convenção, e por meio da entidade ou entidades encarregadas da operação do mecanismo financeiro da Convenção, as Partes países desenvolvidos e as demais Partes desenvolvidas incluídas no Anexo II da Convenção devem:

a) Prover recursos financeiros novos e adicionais para cobrir integralmente os custos por elas acordados incorridos pelas Partes países em desenvolvimento para fazer avançar a implementação dos compromissos assumidos sob o artigo 4, parágrafo 1 (a), da Convenção e previstos no artigo 10, alínea (a);

b) Também prover esses recursos financeiros, inclusive para a transferência de tecnologia, de que necessitem as Partes países em desenvolvimento para cobrir integralmente os custos incrementais para fazer avançar a implementação dos compromissos existentes sob o artigo 4, parágrafo 1, da Convenção e descritos no artigo 10 e que sejam acordados entre uma Parte país em desenvolvimento e a entidade ou entidades internacionais a que se refere o artigo 11 da Convenção, em conformidade com esse artigo. A implementação desses compromissos existentes deve levar em conta a necessidade de que o fluxo de recursos financeiros seja adequado e previsível e a importância da divisão adequada do ônus entre as Partes países desenvolvidos. A orientação para a entidade ou entidades encarregadas da operação do mecanismo financeiro da Convenção em decisões pertinentes da Conferência das Partes, incluindo as acordadas antes da adoção deste Protocolo, aplica-se mutatis mutandis às disposições deste parágrafo.

3. As Partes países desenvolvidos e demais Partes desenvolvidas do Anexo II da Convenção podem também prover recursos financeiros para a implementação do artigo 10 por meio de canais bilaterais, regionais e multilaterais e as Partes países em desenvolvimento podem deles beneficiar-se.

Artigo 12

1. Fica definido um mecanismo de desenvolvimento limpo.

2. O objetivo do mecanismo de desenvolvimento limpo deve ser assistir às Partes não incluídas no Anexo I para que atinjam o desenvolvimento sustentável e contribuam para o objetivo final da Convenção, e assistir às Partes incluídas no Anexo I para que cumpram seus compromissos quantificados de limitação e redução de emissões, assumidos no artigo 3.

3. Sob o mecanismo de desenvolvimento limpo:

a) As Partes não incluídas no Anexo I beneficiar-se-ão de atividades de projetos que resultem em reduções certificadas de emissões;

b) As Partes incluídas no Anexo I podem utilizar as reduções certificadas de emissões, resultantes de tais atividades de projetos, para contribuir com o cumprimento de parte de seus compromissos quantificados de limitação e redução de emissões, assumidos no artigo 3, como determinado pela Conferência das Partes na qualidade de reunião das Partes deste Protocolo.

4. O mecanismo de desenvolvimento limpo deve sujeitar-se à autoridade e orientação da Conferência das Partes na qualidade de reunião das Partes deste Protocolo e à supervisão de um conselho executivo do mecanismo de desenvolvimento limpo.

5. As reduções de emissões resultantes de cada atividade de projeto devem ser certificadas por entidades operacionais a serem designadas pela Conferência das Partes na qualidade de reunião das Partes deste Protocolo, com base em:

a) Participação voluntária aprovada por cada Parte envolvida;

b) Benefícios reais, mensuráveis e de longo prazo relacionados com a mitigação da mudança do clima;

c) Reduções de emissões que sejam adicionais as que ocorreriam na ausência da atividade certificada de projeto.

6. O mecanismo de desenvolvimento limpo deve prestar assistência quanto à obtenção de fundos para atividades certificadas de projetos quando necessário.

7. A Conferência das Partes na qualidade de reunião das Partes deste Protocolo deve, em sua primeira sessão, elaborar modalidades e procedimentos com o objetivo de assegurar transparência, eficiência e prestação de contas das atividades de projetos por meio de auditorias e verificações independentes.

8. A Conferência das Partes na qualidade de reunião das Partes deste Protocolo deve assegurar que uma fração dos fundos advindos de atividades de projetos certificadas seja utilizada para cobrir despesas administrativas, assim como assistir às Partes países em desenvolvimento que sejam particularmente vulneráveis aos efeitos adversos da mudança do clima para fazer face aos custos de adaptação.

9. A participação no mecanismo de desenvolvimento limpo, incluindo nas atividades mencionadas no parágrafo 3 (a) acima e na aquisição de reduções certificadas de emissão, pode envolver entidades privadas e/ou públicas e deve sujeitar-se a qualquer orientação que possa ser dada pelo conselho executivo do mecanismo de desenvolvimento limpo.

10. Reduções certificadas de emissões obtidas durante o período do ano 2000 até o início do primeiro período de compromisso podem ser utilizadas para auxiliar no cumprimento das responsabilidades relativas ao primeiro período de compromisso.

Artigo 13

1. A Conferência das Partes, o órgão supremo da Convenção, deve atuar na qualidade de reunião das Partes deste Protocolo.

2. As Partes da Convenção que não sejam Partes deste Protocolo podem participar como observadoras das deliberações de qualquer sessão da Conferência das Partes na qualidade de reunião das Partes deste Protocolo. Quando a Conferência das Partes atuar na qualidade de reunião das Partes deste Protocolo, as decisões tomadas sob este Protocolo devem ser tomadas somente por aquelas que sejam Partes deste Protocolo.

3. Quando a Conferência das Partes atuar na qualidade de reunião das Partes deste Protocolo, qualquer membro da Mesa da Conferência das Partes representando uma Parte da Convenção mas, nessa ocasião, não uma Parte deste Protocolo, deve ser substituído por um outro membro, escolhido entre as Partes deste Protocolo e por elas eleito.

4. A Conferência das Partes na qualidade de reunião das Partes deste Protocolo deve manter a implementação deste Protocolo sob revisão periódica e tomar, dentro de seu mandato, as decisões necessárias para promover a sua implementação efetiva. Deve executar as funções a ela atribuídas por este Protocolo e deve:

a) Com base em todas as informações apresentadas em conformidade com as disposições deste Protocolo, avaliar a implementação deste Protocolo pelas Partes, os efeitos gerais das medidas tomadas de acordo com este Protocolo, em particular os efeitos ambientais, econômicos e sociais, bem como os seus efeitos cumulativos e o grau de progresso no atendimento do objetivo da Convenção;

b) Examinar periodicamente as obrigações das Partes deste Protocolo, com a devida consideração a qualquer revisão exigida pelo artigo 4, parágrafo 2 (d), e artigo 7, parágrafo 2, da Convenção, à luz do seu objetivo, da experiência adquirida em sua implementação e da evolução dos conhecimentos científicos e tecnológicos, e a esse respeito, considerar e adotar relatórios periódicos sobre a implementação deste Protocolo;

c) Promover e facilitar o intercâmbio de informações sobre medidas adotadas pelas Partes para enfrentar a mudança do clima e seus efeitos, levando em conta as diferentes circunstâncias, responsabilida-

des e recursos das Partes e seus respectivos compromissos assumidos sob este Protocolo;
d) Facilitar, mediante solicitação de duas ou mais Partes, a coordenação de medidas por elas adotadas para enfrentar a mudança do clima e seus efeitos, levando em conta as diferentes circunstâncias, responsabilidades e capacidades das Partes e seus respectivos compromissos assumidos sob este Protocolo;
e) Promover e orientar, em conformidade com o objetivo da Convenção e as disposições deste Protocolo, e levando plenamente em conta as decisões pertinentes da Conferência das Partes, o desenvolvimento e aperfeiçoamento periódico de metodologias comparáveis para a implementação efetiva deste Protocolo, a serem acordadas pela Conferência das Partes na qualidade de reunião das Partes deste Protocolo;
f) Fazer recomendações sobre qualquer assunto necessário à implementação deste Protocolo;
g) Procurar mobilizar recursos financeiros adicionais em conformidade com o artigo 11, parágrafo 2;
h) Estabelecer os órgãos subsidiários considerados necessários à implementação deste Protocolo;
i) Buscar e utilizar, conforme o caso, os serviços e a cooperação das organizações internacionais e dos organismos intergovernamentais e não governamentais competentes, bem como as informações por eles fornecidas; e
j) Desempenhar as demais funções necessárias à implementação deste Protocolo e considerar qualquer atribuição resultante de uma decisão da Conferência das Partes.

5. As regras de procedimento da Conferência das Partes e os procedimentos financeiros aplicados sob a Convenção devem ser aplicados *mutatis mutandis* sob este Protocolo, exceto quando decidido de outra forma por consenso pela Conferência das Partes na qualidade de reunião das Partes deste Protocolo.

6. A primeira sessão da Conferência das Partes na qualidade de reunião das Partes deste Protocolo deve ser convocada pelo Secretariado juntamente com a primeira sessão da Conferência das Partes programada para depois da data de entrada em vigor deste Protocolo. As sessões ordinárias subsequentes da Conferência das Partes na qualidade de reunião das Partes deste Protocolo devem ser realizadas anualmente e em conjunto com as sessões ordinárias da Conferência das Partes a menos que decidido de outra forma pela Conferência das Partes na qualidade de reunião das Partes deste Protocolo.

7. As sessões extraordinárias da Conferência das Partes na qualidade de reunião das Partes deste Protocolo devem ser realizadas em outras datas quando julgado necessário pela Conferência das Partes na qualidade de reunião das Partes deste Protocolo, ou por solicitação escrita de qualquer Parte, desde que, dentro de seis meses após a solicitação ter sido comunicada às Partes pelo Secretariado, receba o apoio de pelo menos um terço das Partes.

8. As Nações Unidas, seus órgãos especializados e a Agência Internacional de Energia Atômica, bem como qualquer Estado-Membro dessas organizações ou observador junto às mesmas que não seja Parte desta Convenção podem se fazer representar como observadores nas sessões da Conferência das Partes na qualidade de reunião das Partes deste Protocolo. Qualquer outro órgão ou agência, nacional ou internacional, governamental ou não governamental, competente em assuntos de que trata este Protocolo e que tenha informado ao Secretariado o seu desejo de se fazer representar como observador numa sessão da Conferência das Partes na qualidade de reunião das Partes deste Protocolo, pode ser admitido nessa qualidade, salvo se pelo menos um terço das Partes presentes objete. A admissão e participação dos observadores devem sujeitar-se às regras de procedimento a que se refere o parágrafo 5 acima.

Artigo 14

1. O Secretariado estabelecido pelo artigo 8 da Convenção deve desempenhar a função de Secretariado deste Protocolo.

2. O artigo 8, parágrafo 2, da Convenção, sobre as funções do Secretariado e o artigo 8, parágrafo 3, da Convenção, sobre as providências tomadas para o seu funcionamento, devem ser aplicados mutatis mutandis a este Protocolo. O Secretariado deve, além disso, exercer as funções a ele atribuídas sob este Protocolo.

Artigo 15

1. O Órgão Subsidiário de Assessoramento Científico e Tecnológico e o Órgão Subsidiário de Implementação estabelecidos nos artigos 9 e 10 da Convenção devem atuar, respectivamente, como o Órgão Subsidiário de Assessoramento Científico e Tecnológico e o Órgão Subsidiário de Implementação deste Protocolo. As disposições relacionadas com o funcionamento desses dois órgãos sob a Convenção devem ser aplicadas *mutatis mutandis* a este Protocolo. As sessões das reuniões do Órgão Subsidiário de Assessoramento Científico e Tecnológico e do Órgão Subsidiário de Implementação deste Protocolo devem ser realizadas conjuntamente com as reuniões do Órgão Subsidiário de Assessoramento Científico e Tecnológico e do Órgão Subsidiário de Implementação da Convenção, respectivamente.

2. As Partes da Convenção que não são Partes deste Protocolo podem participar como observadoras das deliberações de qualquer sessão dos órgãos subsidiários. Quando os órgãos subsidiários atuarem como órgãos subsidiários deste Protocolo, as decisões sob este Protocolo devem ser tomadas somente por aquelas que sejam Partes deste Protocolo.

3. Quando os órgãos subsidiários estabelecidos pelos artigos 9 e 10 da Convenção exerçam suas funções com relação a assuntos que dizem respeito a este Protocolo, qualquer membro das Mesas desses órgãos subsidiários representando uma Parte da Convenção, mas nessa ocasião, não uma Parte deste Protocolo, deve ser substituído por um outro membro escolhido entre as Partes deste Protocolo e por elas eleito.

Artigo 16

A Conferência das Partes na qualidade de reunião das Partes deste Protocolo deve, tão logo seja possível, considerar a aplicação a este Protocolo, e modificação conforme o caso, do processo multilateral de consultas a que se refere o artigo 13 da Convenção, à luz de qualquer decisão pertinente que possa ser tomada pela Conferência das Partes. Qualquer processo multilateral de consultas que possa ser aplicado a este Protocolo deve operar sem prejuízo dos procedimentos e mecanismos estabelecidos em conformidade com o artigo 18.

Artigo 17

A Conferência das Partes deve definir os princípios, as modalidades, regras e diretrizes apropriados, em particular para verificação, elaboração de relatórios e prestação de contas do comércio de emissões. As Partes incluídas no Anexo B podem participar do comércio de emissões com o objetivo de cumprir os compromissos assumidos sob o artigo 3. Tal comércio deve ser suplementar às ações domésticas com vistas a atender os compromissos quantificados de limitação e redução de emissões, assumidos sob esse artigo.

Artigo 18

A Conferência das Partes na qualidade de reunião das Partes deste Protocolo deve, em sua primeira sessão, aprovar procedimentos e mecanismos adequados e eficazes para determinar e tratar de casos de não cumprimento das disposições deste Protocolo, inclusive por meio do desenvolvimento de uma lista indicando possíveis consequências, levando em conta a causa, o tipo, o grau e a frequência do não cumprimento. Qualquer procedimento e mecanismo sob este artigo que acarrete consequências de caráter vinculante deve ser adotado por meio de uma emenda a este Protocolo.

Artigo 19

As disposições do artigo 14 da Convenção sobre a solução de controvérsias aplicam-se *mutatis mutandis* a este Protocolo.

Artigo 20

1. Qualquer Parte pode propor emendas a este Protocolo.

2. As emendas a este Protocolo devem ser adotadas em sessão ordinária da Conferência das Partes na qualidade de reunião das Partes deste Protocolo. O texto de qualquer emenda proposta a este Protocolo deve ser comunicado às Partes pelo Secretariado pelo menos seis meses antes da sessão em que será proposta sua adoção. O texto de qualquer emenda proposta deve também ser comunicado pelo Secretariado às Partes e aos signatários da Convenção e, para informação, ao Depositário.

3. As Partes devem fazer todo o possível para chegar a acordo por consenso sobre qualquer emenda proposta a este Protocolo. Uma vez exauridos todos os esforços para chegar a um consenso sem que se tenha chegado a um acordo, a emenda deve ser adotada, em última instância, por maioria de três quartos dos votos das Partes presentes e votantes na sessão. A emenda adotada deve ser comunicada pelo Secretariado ao Depositário, que deve comunicá-la a todas as Partes para aceitação.

4. Os instrumentos de aceitação em relação a uma emenda devem ser depositados junto ao Depositário. Uma emenda adotada, em conformidade com o parágrafo 3 acima, deve entrar em vigor para as Partes que a tenham aceito no nonagésimo dia após a data de recebimento, pelo Depositário, dos instrumentos de aceitação de pelo menos três quartos das Partes deste Protocolo.

5. A emenda deve entrar em vigor para qualquer outra Parte no nonagésimo dia após a data em que a Parte deposite, junto ao Depositário, seu instrumento de aceitação de tal emenda.

Artigo 21

1. Os anexos deste Protocolo constituem parte integrante do mesmo e, salvo se expressamente disposto de outro modo, qualquer referência a este Protocolo constitui ao mesmo tempo referência a qualquer de seus anexos. Qualquer anexo adotado após a entrada em vigor deste Protocolo deve conter apenas listas, formulários e qualquer outro material de natureza descritiva que trate de assuntos de caráter científico, técnico, administrativo ou de procedimento.

2. Qualquer Parte pode elaborar propostas de anexo para este Protocolo e propor emendas a anexos deste Protocolo.

3. Os anexos deste Protocolo e as emendas a anexos deste Protocolo devem ser adotados em sessão ordinária da Conferência das Partes na qualidade de reunião das Partes deste Protocolo. O texto de qualquer proposta de anexo ou de emenda a um anexo deve ser comunicado às Partes pelo Secretariado pelo menos seis meses antes da reunião em que será proposta sua adoção. O texto de qualquer proposta de anexo ou de emenda a um anexo deve também ser comunicado pelo Secretariado às Partes e aos signatários da Convenção e, para informação, ao Depositário.

4. As Partes devem fazer todo o possível para chegar a acordo por consenso sobre qualquer proposta de anexo ou de emenda a um anexo. Uma vez exauridos todos os esforços para chegar a um consenso sem que se tenha chegado a um acordo, o anexo ou emenda a um anexo devem ser adotados, em última instância, por maioria de três quartos dos votos das Partes presentes e votantes na sessão. Os anexos ou emendas a um anexo adotados devem ser comunicados pelo Secretariado ao Depositário, que deve comunicá-los a todas as Partes para aceitação.

5. Um anexo, ou emenda a um anexo, que não Anexo A ou B, que tenha sido adotado em conformidade com os parágrafos 3 e 4 acima deve entrar em vigor para todas as Partes deste Protocolo seis meses após a data de comunicação a essas Partes, pelo Depositário, da adoção do anexo ou da emenda ao anexo, à exceção das Partes que notificarem o Depositário, por escrito, e no mesmo prazo, de sua não aceitação do anexo ou da emenda ao anexo. O anexo ou a emenda a um anexo devem entrar em vigor para as Partes que tenham retirado sua notificação de não aceitação no nonagésimo dia após a data de recebimento, pelo Depositário, da retirada dessa notificação.

6. Se a adoção de um anexo ou de uma emenda a um anexo envolver uma emenda a este Protocolo, esse anexo ou emenda a um anexo não deve entrar em vigor até que entre em vigor a emenda a este Protocolo.

7. As emendas aos Anexos A e B deste Protocolo devem ser adotadas e entrar em vigor em conformidade com os procedimentos descritos no artigo 20, desde que

qualquer emenda ao Anexo B seja adotada mediante o consentimento por escrito da Parte envolvida.

Artigo 22

1. Cada Parte tem direito a um voto, à exceção do disposto no parágrafo 2 abaixo.

2. As organizações regionais de integração econômica devem exercer, em assuntos de sua competência, seu direito de voto com um número de votos igual ao número de seus Estados-Membros Partes deste Protocolo. Essas organizações não devem exercer seu direito de voto se qualquer de seus Estados-Membros exercer esse direito e vice-versa.

Artigo 23

O Secretário-Geral das Nações Unidas será o Depositário deste Protocolo.

Artigo 24

1. Este Protocolo estará aberto a assinatura e sujeito a ratificação, aceitação ou aprovação de Estados e organizações regionais de integração econômica que sejam Partes da Convenção. Estará aberto a assinatura na sede das Nações Unidas em Nova York de 16 de março de 1998 a 15 de março de 1999. Este Protocolo estará aberto a adesões a partir do dia seguinte à data em que não mais estiver aberto a assinaturas. Os instrumentos de ratificação, aceitação, aprovação ou adesão devem ser depositados junto ao Depositário.

2. Qualquer organização regional de integração econômica que se torne Parte deste Protocolo, sem que nenhum de seus Estados-Membros seja Parte, deve sujeitar-se a todas as obrigações previstas neste Protocolo. No caso de um ou mais Estados-Membros dessas organizações serem Partes deste Protocolo, a organização e seus Estados-Membros devem decidir sobre suas respectivas responsabilidades pelo desempenho de suas obrigações previstas neste Protocolo. Nesses casos, as organizações e os Estados-Membros não podem exercer simultaneamente direitos estabelecidos por este Protocolo.

3. Em seus instrumentos de ratificação, aceitação, aprovação ou adesão, as organizações regionais de integração econômica devem declarar o âmbito de suas competências no tocante a assuntos regidos por este Protocolo. Essas organizações devem também informar ao Depositário qualquer modificação substancial no âmbito de suas competências, o qual, por sua vez, deve transmitir essas informações às Partes.

Artigo 25

1. Este Protocolo entra em vigor no nonagésimo dia após a data em que pelo menos 55 Partes da Convenção, englobando as Partes incluídas no Anexo I que contabilizaram no total pelo menos 55 por cento das emissões totais de dióxido de carbono em 1990 das Partes incluídas no Anexo I, tenham depositado seus instrumentos de ratificação, aceitação, aprovação ou adesão.

2. Para os fins deste artigo, "as emissões totais de dióxido de carbono em 1990 das Partes incluídas no Anexo I" significa a quantidade comunicada anteriormente ou na data de adoção deste Protocolo pelas Partes incluídas no Anexo I em sua primeira comunicação nacional, submetida em conformidade com o artigo 12 da Convenção.

3. Para cada Estado ou organização regional de integração econômica que ratifique, aceite, aprove ou adira a este Protocolo após terem sido reunidas as condições para entrada em vigor descritas no parágrafo 1 acima, este Protocolo entra em vigor no nonagésimo dia após a data de depósito de seu instrumento de ratificação, aceitação, aprovação ou adesão.

4. Para os fins deste artigo, qualquer instrumento depositado por uma organização regional de integração econômica não deve ser considerado como adicional aos depositados por Estados-Membros da organização.

Artigo 26

Nenhuma reserva pode ser feita a este Protocolo.

Artigo 27

1. Após três anos da entrada em vigor deste Protocolo para uma Parte, essa Parte pode, a qualquer momento, denunciá-lo por meio de notificação por escrito ao Depositário.

2. Essa denúncia tem efeito um ano após a data de recebimento pelo Depositário da notificação de denúncia, ou em data posterior se assim nela for estipulado.

3. Deve ser considerado que qualquer Parte que denuncie a Convenção denuncia também este Protocolo.

Artigo 28

O original deste Protocolo, cujos textos em árabe, chinês, inglês, francês, russo e espanhol são igualmente autênticos, deve ser depositado junto ao Secretário-Geral das Nações Unidas.

Feito em Quioto aos onze dias de dezembro de mil novecentos e noventa e sete.

Em fé do que, os abaixo assinados, devidamente autorizados para esse fim, firmam este Protocolo nas datas indicadas.

ANEXO A

Gases de efeito estufa

Dióxido de carbono (CO_2)

Metano (CH_4)

Óxido nitroso (N_2O)

Hidrofluorcarbonos (HFCs)

Perfluorcarbonos (PFCs)

Hexafluoreto de enxofre (SF_6)

Setores/categorias de fontes

Energia

Queima de combustível

Setor energético

Indústrias de transformação e de construção

Transporte

Outros setores

Outros

Emissões fugitivas de combustíveis

Combustíveis sólidos
Petróleo e gás natural
Outros
Processos industriais
Produtos minerais
Indústria química
Produção de metais
Outras produções
Produção de halocarbonos e hexafluoreto de enxofre
Consumo de halocarbonos e hexafluoreto de enxofre
Outros
Uso de solventes e outros produtos
Agricultura
Fermentação entérica
Tratamento de dejetos
Cultivo de arroz
Solos agrícolas
Queimadas prescritas de savana
Queima de resíduos agrícolas
Outros
Resíduos
Disposição de resíduos sólidos na terra
Tratamento de esgoto
Incineração de resíduos
Outros

ANEXO B

PARTE
Compromisso de redução ou limitação quantificada de emissões
(porcentagem do ano-base ou período)

Alemanha	92
Austrália	108
Áustria	92
Bélgica	92
Bulgária*	92
Canadá	94
Comunidade Europeia	92
Croácia*	95
Dinamarca	92
Eslováquia*	92
Eslovênia*	92
Espanha	92
Estados Unidos da América	93
Estônia*	92
Federação Russa	100
Finlândia	92
França	92
Grécia	92
Hungria*	94
Irlanda	92
Islândia	110
Japão	94
Letônia*	92
Liechtenstein	92
Lituânia*	92
Luxemburgo	92
Mônaco	92
Noruega	101
Nova Zelândia	100
Países Baixos	92
Polônia*	94
Portugal	92
Reino Unido da Grã-Bretanha e Irlanda do Norte	92
República Tcheca*	92
Romênia*	92
Suécia	92
Suíça	92
Ucrânia*	100

* Países em processo de transição para uma economia de mercado.

DECISÕES ADOTADAS PELA CONFERÊNCIA DAS PARTES (12ª SESSÃO PLENÁRIA, 11 DE DEZEMBRO DE 1997)

Decisão 1/CP.3

ADOÇÃO DO PROTOCOLO DE QUIOTO À CONVENÇÃO-QUADRO DAS NAÇÕES UNIDAS SOBRE MUDANÇA DO CLIMA

A Conferência das Partes,

Tendo revisto o artigo 4, parágrafo 2 (a) e (b) da Convenção-Quadro das Nações Unidas sobre Mudança do Clima em sua primeira sessão e tendo concluído que essas alíneas não são adequadas,

Lembrando sua decisão 1/CP.1 intitulada "O Mandato de Berlim: revisão da adequação do artigo 4, parágrafo 2 (a) e (b), da Convenção, incluindo propostas relacionadas a um protocolo e decisões sobre acompanhamento", por meio da qual acordou em iniciar um processo que a possibilitasse tomar as ações apropriadas para o período após 2000 por meio da adoção de um protocolo ou outro instrumento legal em sua terceira sessão,

Lembrando ainda que um dos objetivos do processo foi o de fortalecer os compromissos contidos no artigo 4, parágrafo 2 (a) e (b) da Convenção, para que os países desenvolvidos/outras Partes incluídas no Anexo I, tanto elaborassem políticas e medidas como definissem objetivos quantificados de limitação e redução dentro de prazos estabelecidos, como 2005, 2010 e 2020, para suas emissões antrópicas por fontes e remoções antrópicas por sumidouros dos gases de efeito estufa não controlados pelo Protocolo de Montreal,

Lembrando também que, de acordo com o Mandato de Berlim, o processo não introduzirá qualquer novo compromisso para as Partes não incluídas no Anexo I, mas reafirmará os compromissos existentes no artigo 4, parágrafo 1, e continuará fazendo avançar a implementação desses compromissos a fim de atingir o desenvolvimento sustentável, levando em conta o artigo 4, parágrafos 3, 5 e 7,

Observando os relatórios das oito sessões do Grupo Ad Hoc sobre o Mandato de Berlim,

Tendo considerado com reconhecimento o relatório apresentado pelo Presidente do Grupo Ad Hoc sobre o Mandato de Berlim,

Tomando nota com reconhecimento do relatório do Presidente do Comitê Plenário sobre os resultados do trabalho do Comitê,

Reconhecendo a necessidade de preparar a pronta entrada em vigor do Protocolo de Quioto à Convenção-Quadro das Nações Unidas sobre Mudança do Clima,

Ciente da conveniência do início tempestivo dos trabalhos de forma a abrir caminho para o êxito da quarta sessão da Conferência das Partes, que acontecerá em Buenos Aires, Argentina,

1. Decide adotar o Protocolo de Quioto à Convenção-Quadro das Nações Unidas sobre Mudança do Clima, em anexo;
2. Solicita que o Secretário Geral das Nações Unidas seja o Depositário desse Protocolo, abrindo-o para assinatura em Nova York de 16 de março de 1998 a 15 de março de 1999;
3. Convida todas as Partes da Convenção-Quadro das Nações Unidas sobre Mudança do Clima a assinar o Protocolo no dia 16 de março de 1998 ou na primeira oportunidade subsequentemente e depositar instrumentos de ratificação, aceitação ou aprovação, ou instrumentos de adesão, conforme o caso, o mais rápido possível;
4. Convida ainda os Estados que não são Partes da Convenção a ratificar ou a ela aderir, conforme o caso, sem demora, a fim de que possam tornar-se Partes do Protocolo;
5. Solicita ao Presidente do Órgão Subsidiário de Assessoramento Científico e Tecnológico e ao Presidente do Órgão Subsidiário de Implementação, levando em conta o orçamento aprovado por programa para o biênio 1998-1999 e o correspondente programa de trabalho do Secretariado 2, que orientem o Secretariado a respeito do trabalho preparatório necessário para que a Conferência das Partes considere, em sua quarta sessão, as seguintes questões e que distribuam o trabalho aos respectivos órgãos subsidiários conforme o caso:

a) Determinação de modalidades, regras e diretrizes sobre como e quais atividades adicionais induzidas pelo homem relacionadas a variações nas emissões por fontes e remoções por sumidouros de gases de efeito estufa nas categorias de solos agrícolas e de mudança no uso da terra e florestas devem ser adicionadas, ou subtraídas, das quantidades atribuídas para as Partes do Protocolo incluídas no Anexo I da Convenção, como estabelecido no artigo 3, parágrafo 4, do Protocolo;

b) Definição dos princípios, das modalidades, regras e diretrizes apropriados, em particular para verificação, elaboração de relatório e prestação de contas do comércio de emissões, conforme o artigo 17 do Protocolo;

c) Elaboração de diretrizes para que qualquer Parte do Protocolo incluída no Anexo I da Convenção transfira ou adquira de qualquer outra dessas Partes unidades de redução de emissão resultantes de projetos com o objetivo de reduzir emissões antrópicas por fontes ou aumentar remoções antrópicas por sumidouros de gases de efeito estufa em qualquer setor da economia, como estabelecido no artigo 6 do Protocolo;

d) Consideração e, conforme o caso, adoção de ações sobre metodologias apropriadas para tratar da situação das Partes listadas no Anexo B do Protocolo para as quais projetos isolados teriam um efeito proporcional significativo sobre as emissões no período de compromisso;

e) Análise das implicações do artigo 12, parágrafo 10, do Protocolo.

6. Convida o Presidente do Órgão Subsidiário de Assessoramento Científico e Tecnológico e o Presidente do Órgão Subsidiário de Implementação a fazer uma proposta conjunta para esses órgãos, em suas oitavas sessões, sobre a designação a eles de trabalho preparatório para permitir que a Conferência das Partes na qualidade de reunião das Partes do Protocolo, em sua primeira sessão após a entrada em vigor do Protocolo, realize as tarefas a ela atribuídas pelo Protocolo.

DECISÃO 2/CP.3

QUESTÕES METODOLÓGICAS RELACIONADAS AO PROTOCOLO DE QUIOTO

A Conferência das Partes,

Lembrando suas decisões 4/CP.1 e 9/CP.2,

Endossando as conclusões relevantes do Órgão Subsidiário de Assessoramento Científico e Tecnológico em sua quarta sessão,

1. Reafirma que as Partes devem utilizar as Diretrizes Revisadas de 1996 para Inventários Nacionais de Gases de Efeito Estufa do Painel Intergovernamental sobre Mudança do Clima para estimar e relatar as emissões antrópicas por fontes e as remoções antrópicas por sumidouros dos gases de efeito estufa não controlados pelo Protocolo de Montreal;

2. Afirma que as emissões efetivas de hidrofluorcarbonos, perfluorcarbonos e hexafluoreto de enxofre devem ser estimadas, quando houver dados disponíveis, e utilizadas na preparação dos relatórios de emissões. As Partes devem esforçar-se ao máximo para desenvolver as fontes de dados necessárias;

3. Reafirma que os potenciais de aquecimento global utilizados pelas Partes devem ser os fornecidos pelo Painel Intergovernamental sobre Mudança do Clima em seu Segundo Relatório de Avaliação ("1995 IPCC GWP values" – valores do potencial de aquecimento global estabelecidos em 1995 pelo IPCC) com base nos efeitos dos gases de efeito estufa considerados em um

horizonte de 100 anos, levando em conta as incertezas inerentes e complexas envolvidas nas estimativas dos potenciais de aquecimento global. Além disso, apenas a título de informação, as Partes também podem fazer uso de um outro horizonte de tempo, como estipulado no Segundo Relatório de Avaliação;

4. Lembra que, de acordo com a versão revisada de 1996 das Diretrizes para Inventários Nacionais de Gases de Efeito Estufa do Painel Intergovernamental sobre Mudança do Clima, as emissões baseadas em combustível vendido a navios ou aeronaves do transporte internacional não devem ser incluídas nos totais nacionais, mas relatadas separadamente; e incita o Órgão Subsidiário de Assessoramento Científico e Tecnológico a definir melhor a inclusão dessas emissões nos inventários gerais de gases de efeito estufa das Partes;

5. Decide que as emissões resultantes de operações multilaterais conforme a Carta das Nações Unidas não devem ser incluídas nos totais nacionais, mas relatadas separadamente; outras emissões relacionadas a operações devem ser incluídas nos totais nacionais das emissões de uma ou mais Partes envolvidas.

DECISÃO 3/CP.3

IMPLEMENTAÇÃO DO ARTIGO 4, PARÁGRAFOS 8 E 9, DA CONVENÇÃO

A Conferência das Partes,

Observando as disposições do artigo 4, parágrafos 8 e 9, da Convenção-Quadro das Nações Unidas sobre Mudança do Clima,

Observando ainda as disposições do artigo 3 da Convenção e do "Mandato de Berlim" em seu parágrafo 1 (b),1

1. Solicita ao Órgão Subsidiário de Implementação, em sua oitava sessão, que inicie um processo de identificação e determinação de ações necessárias para suprir as necessidades específicas das Partes países em desenvolvimento, especificadas no artigo 4, parágrafos 8 e 9, da Convenção, resultantes de efeitos adversos da mudança do clima e/ou do efeito da implementação de medidas de resposta.

As questões a serem consideradas devem incluir ações relacionadas com a obtenção de fundos, seguro e transferência de tecnologia;

2. Solicita ainda ao Órgão Subsidiário de Implementação que informe à Conferência das Partes, em sua quarta sessão, os resultados desse processo;

3. Convida a Conferência das Partes, em sua quarta sessão, a tomar uma decisão sobre ações com base nas conclusões e recomendações desse processo.

1 DECISÃO 1/CP.1.

RELATÓRIO DA CONFERÊNCIA DAS PARTES EM SUA TERCEIRA SESSÃO

Tabela: Total das emissões de dióxido de carbono das Partes do Anexo I em 1990, para os fins do artigo 25 do Protocolo de Quioto a Parte Emissões (Gg) Porcentagem

Alemanha	1.012.443	7,4
Austrália	288.965	2,1
Áustria	59.200	0,4
Bélgica	113.405	0,8
Bulgária	82.990	0,6
Canadá	457.441	3,3
Dinamarca	52.100	0,4
Eslováquia	58.278	0,4
Espanha	260.654	1,9
Estados Unidos da América	4.957.022	36,1
Estônia	37.797	0,3
Federação Russa	2.388.720	17,4
Finlândia	53.900	0,4
França	366.536	2,7
Grécia	82.100	0,6
Hungria	71.673	0,5
Irlanda	30.719	0,2
Islândia	2.172	0,0
Itália	428.941	3,1
Japão	1.173.360	8,5
Letônia	22.976	0,2
Liechtenstein	208	0,0
Luxemburgo	11.343	0,1
Mônaco	71	0,0
Noruega	35.533	0,3
Nova Zelândia	25.530	0,2
Países Baixos	167.600	1,2
Polônia	414.930	3,0
Portugal	42.148	0,3
Reino Unido da Grã-Bretanha e Irlanda do Norte	584.078	4,3
República Checa	169.514	1,2
Romênia	171.103	1,2
Suécia	61.256	0,4
Suíça	43.600	0,3
Total	13.728.306	100,0

PROJETO DA COMISSÃO DE DIREITO INTERNACIONAL DAS NAÇÕES UNIDAS SOBRE PRINCÍPIOS RELATIVOS À ALOCAÇÃO DE PERDAS EM CASO DE DANO TRANSFRONTEIRIÇO DECORRENTE DE ATIVIDADES DE RISCO AMBIENTAL

Texto adotado pela Comissão de Direito Internacional em sua quinquagésima oitava sessão, em 2006, e submetido à Assembleia-Geral como parte do relatório da Comissão relativo ao trabalho daquela sessão (A/61/10). Tradução de Bruno Herwig Rocha Augustin. Revisão técnica de Aziz Tuffi Saliba.

A Assembleia-Geral,

Reafirmando os Princípios 13 e 16 da Declaração do Rio de Janeiro sobre Meio Ambiente e Desenvolvimento,

Recordando o Projeto de Artigos sobre a Prevenção de Dano Transfronteiriço de Atividades de Risco Ambiental,

Ciente de que incidentes envolvendo atividades de risco ambiental podem ocorrer não obstante o cumprimento, pelo Estado, de suas obrigações relativas à prevenção de dano transfronteiriço de atividades de risco ambiental,

Considerando que as consequências de tais incidentes podem afetar outros Estados e/ou seus nacionais podem sofrer danos e prejuízos sérios,

Enfatizando que medidas apropriadas e efetivas devem estar disponíveis para assegurar àquelas pessoas, naturais e jurídicas, incluindo Estados, que tenham sofrido danos e prejuízos resultantes daqueles incidentes, sejam capazes de receber imediata e adequada compensação,

Preocupada pela necessidade de adotar respostas imediatas e efetivas para minimizar os danos e o prejuízo que possam resultar de tais incidentes,

Tendo em vista que os Estados são responsáveis pela violação de suas obrigações de prevenção, em consonância com o direito internacional,

Recordando a significativa existência de acordos internacionais abrangendo categorias específicas de atividades de risco ambiental e enfatizando a importância da conclusão de acordos posteriores deste tipo,

Desejando contribuir para o desenvolvimento do direito internacional nesta área, (...)

Princípio 1
Escopo de aplicação

O presente projeto de princípios aplica-se em caso de dano transfronteiriço causado por atividades de risco ambiental não proibidas pelo direito internacional.

Princípio 2
Terminologia

Para os propósitos do presente projeto:

a) "dano" significa dano significativo causado a pessoas, propriedade ou o meio ambiente; e inclui:
   i) morte ou dano pessoal;
   ii) perda de, ou dano a, propriedade, incluindo propriedade integrante de patrimônio cultural;
   iii) perda ou dano resultante de deterioração do meio ambiente;
   iv) os custos de medidas razoáveis de restabelecimento da propriedade, ou do meio ambiente, incluindo recursos naturais;
   v) os custos de medidas razoáveis de resposta;
b) "meio ambiente" inclui os recursos naturais, tanto abióticos quanto bióticos, tais como ar, água, solo, fauna e flora e a interação entre estes fatores, e os aspectos característicos da paisagem;
c) "atividade de risco" significa atividade que envolva um risco de causar dano significativo;
d) "Estado de origem" significa o Estado, no território, ou, sob a jurisdição ou controle, do qual a atividade de risco ambiental é realizada;
e) "dano transfronteiriço" significa o dano causado a pessoas, propriedade ou ao meio ambiente no território, ou em outros lugares sob a jurisdição ou controle, de um Estado que não seja o Estado de origem;
f) "vítima" significa qualquer pessoa, natural ou jurídica, ou Estado que sofra um dano;
g) "operador" significa qualquer pessoa que controle ou comande a atividade ao quando da ocorrência do incidente causador do dano fronteiriço.

Princípio 3
Propósitos

Os propósitos deste projeto são:

a) assegurar imediata e adequada compensação às vítimas de dano transfronteiriço; e
b) preservar e proteger o meio ambiente em caso de dano transfronteiriço, especialmente no que diz respeito à mitigação do dano ao meio ambiente e sua restauração e reintegração.

Princípio 4
Compensação imediata e adequada

1. Cada Estado deve tomar todas as medidas necessárias para assegurar a imediata e adequada compensação para as vítimas de dano transfronteiriço causado por atividades de risco ambiental localizadas dentro de seu território ou sob sua jurisdição ou controle.

2. Essas medidas devem incluir a responsabilização do operador ou, quando apropriado, de outra pessoa ou entidade. Essa responsabilização não requer a prova da culpa. Quaisquer condições, limitações ou exceções a essa responsabilização devem ser consistentes com o princípio 3 deste projeto.

3. Essas medidas devem incluir, também, a exigência de o operador, ou, quando apropriado, outra pessoa ou entidade, de constituir e manter seguro, caução ou outras garantias financeiras que assegurem pedidos de reparação.

4. Em determinados casos, essas medidas devem incluir a condição de se estabelecer, em nível nacional, um fundo financiado pelo ramo correspondente de atividade.

5. Caso as medidas constantes nos parágrafos anteriores sejam insuficientes para prover adequada compensação, o Estado de origem deve, também, garantir a disponibilidade de recursos financeiros adicionais.

Princípio 5
Medidas de resposta

Quando da ocorrência de um incidente envolvendo atividades de risco ambiental que resulte, ou que possa resultar, em dano transfronteiriço:

a) o Estado de origem deve, prontamente, notificar todos os Estados afetados, ou que possam ser afetados, pelo incidente dos possíveis efeitos do dano transfronteiriço;
b) o Estado de origem, com a devida participação do operador, deve assegurar que medidas de resposta apropriadas sejam tomadas e deve, para isso, se basear nas mais confiáveis informações científicas e tecnologias disponíveis;
c) o Estado de origem também deve, quando apropriado, consultar e procurar a cooperação de todos os Estados afetados, ou que possam ser afetados,

para mitigar os efeitos do dano transfronteiriço, e, se possível, eliminá-lo;
d) os Estados afetados, ou que possam ser afetados pelo dano transfronteiriço, devem tomar tomas as medidas possíveis para mitigar e, se possível, eliminar os efeitos de tal dano;
e) os Estados envolvidos devem, quando apropriado, procurar a assistência das organizações internacionais competentes e outros Estados, em termos e condições mutuamente consentidos.

Princípio 6
Remédios internacionais e nacionais

1. Os Estados devem atribuir aos seus órgãos judiciais e administrativos a adequada competência e jurisdição, e devem disponibilizar remédios imediatos, adequados e efetivos em caso de dano transfronteiriço causado por atividades de risco ambiental em seus territórios ou sob sua jurisdição ou controle.

2. Vítimas de dano transfronteiriço devem ter acesso, no Estado de origem, a remédios que sejam tão imediatos, adequados e efetivos quanto os disponíveis às vítimas que tenham sofrido danos, relativos ao mesmo incidente, no Estado onde o dano ocorreu.

3. Os parágrafos 1 e 2 não prejudicam o direito das vítimas de procurar remédios além daqueles disponíveis no Estado de origem.

4. Os Estados podem oferecer recurso a procedimentos internacionais de resolução de ações judiciais que sejam efetivos e que requeiram despesas mínimas.

5. Os Estados devem garantir o devido acesso a informações relevantes para a obtenção de remédios, incluindo pedidos de compensação.

Princípio 7
Desenvolvimento de regimes internacionais específicos

1. Quando acordos específicos globais, regionais ou bilaterais referentes a determinadas categorias de atividades de risco ambiental proporcionarem soluções efetivas relativas à compensação, medidas de resposta e remédios internacionais e nacionais, todos os esforços devem ser direcionados para que esses acordos específicos sejam concluídos.

2. Tais acordos devem, quando apropriado, conter mecanismos para que os fundos financeiros da indústria e/ou do Estado possam disponibilizar compensação suplementar, caso os fundos financeiros do operador, incluindo medidas financeiras de segurança, sejam insuficientes para cobrir o dano causado pelo incidente. Quaisquer destes fundos podem ser criados para suplementar ou substituir fundos industriais nacionais.

Princípio 8
Implementação

1. Cada Estado deve adotar as medidas legislativas, regulatórias e administrativas necessárias para a implementação dos princípios do presente projeto.

2. Os princípios do presente projeto e as medidas adotadas para sua implementação serão aplicados sem que haja qualquer tipo de discriminação, tal como a baseada na nacionalidade, domicílio ou residência.

3. Os Estados devem cooperar uns com os outros para implementar este projeto.

DIREITOS HUMANOS

CONVENÇÃO AMERICANA SOBRE DIREITOS HUMANOS (PACTO DE SÃO JOSÉ DA COSTA RICA)

▶ Adotada no âmbito da Organização dos Estados Americanos, em São José da Costa Rica, em 22-11-1969, entrou em vigor internacional em 18-7-1978, na forma do segundo parágrafo de seu art. 74. O Governo brasileiro depositou a Carta de Adesão a essa Convenção em 25-9-1992. Aprovada pelo Dec. Legislativo nº 27, de 25-9-1992 e promulgada pelo Dec. nº 678, de 6-11-1992.

PREÂMBULO

Os Estados americanos signatários da presente Convenção,

Reafirmando seu propósito de consolidar neste Continente, dentro do quadro das instituições democráticas, um regime de liberdade pessoal e de justiça social, fundado no respeito dos direitos essenciais do homem;

Reconhecendo que os direitos essenciais do homem não derivam do fato de ser ele nacional de determinado Estado, mas sim do fato de ter como fundamento os atributos da pessoa humana, razão por que justificam uma proteção internacional, de natureza convencional, coadjuvante ou complementar da que oferece o direito interno dos Estados americanos;

Considerando que esses princípios foram consagrados na Carta da Organização dos Estados Americanos, na Declaração Americana dos Direitos e Deveres do Homem e na Declaração Universal dos Direitos do Homem e que foram reafirmados e desenvolvidos em outros instrumentos internacionais, tanto de âmbito mundial como regional;

Reiterando que, de acordo com a Declaração Universal dos Direitos do Homem, só pode ser realizado o ideal do ser humano livre, isento do temor e da miséria, se forem criadas condições que permitam a cada pessoa gozar dos seus direitos econômicos, sociais e culturais, bem como dos seus direitos civis e políticos; e

Considerando que a Terceira Conferência Interamericana Extraordinária (Buenos Aires, 1967) aprovou a incorporação à própria Carta da Organização de normas mais amplas sobre direitos econômicos, sociais e educacionais e resolveu que uma Convenção Interamericana sobre Direitos Humanos determinasse a estrutura, competência e processo dos órgãos encarregados dessa matéria,

Convieram no seguinte:

PARTE I – DEVERES DOS ESTADOS E DIREITOS PROTEGIDOS

CAPÍTULO I

ENUMERAÇÃO DE DEVERES

ARTIGO 1º
Obrigação de Respeitar os Direitos

1. Os Estados-Partes nesta Convenção comprometem-se a respeitar os direitos e liberdades nela reconhecidos e a garantir seu livre e pleno exercício a toda pessoa que esteja sujeita à sua jurisdição, sem discriminação alguma, por motivo de raça, cor, sexo, idioma, religião, opiniões políticas ou de qualquer outra natureza, origem nacional ou social, posição econômica, nascimento ou qualquer outra condição social.

2. Para os efeitos desta Convenção, pessoa é todo ser humano.

ARTIGO 2º
Dever de Adotar Disposições de Direito Interno

Se o exercício dos direitos e liberdades mencionados no artigo 1º ainda não estiver garantido por disposições legislativas ou de outra natureza, os Estados-Partes comprometem-se a adotar, de acordo com as suas normas constitucionais e com as disposições desta Convenção, as medidas legislativas ou de outra natureza que forem necessárias para tornar efetivos tais direitos e liberdades.

CAPÍTULO II

DIREITOS CIVIS E POLÍTICOS

ARTIGO 3º
Direito ao Reconhecimento da Personalidade Jurídica

Toda pessoa tem direito ao reconhecimento de sua personalidade jurídica.

ARTIGO 4º
Direito à Vida

▶ Art. 5º, *caput* e XLVII, *a*, da CF.

1. Toda pessoa tem o direito de que se respeite sua vida. Esse direito deve ser protegido pela lei e, em geral, desde o momento da concepção. Ninguém pode ser privado da vida arbitrariamente.

2. Nos países que não houverem abolido a pena de morte, esta só poderá ser imposta pelos delitos mais graves, em cumprimento de sentença final de tribunal competente e em conformidade com lei que estabeleça tal pena, promulgada antes de haver o delito sido cometido. Tampouco se estenderá sua aplicação a delitos aos quais não se aplique atualmente.

3. Não se pode restabelecer a pena de morte nos Estados que a hajam abolido.

4. Em nenhum caso pode a pena de morte ser aplicada por delitos políticos, nem por delitos comuns conexos com delitos políticos.

5. Não se deve impor a pena de morte a pessoa que, no momento da perpetração do delito, for menor de dezoito anos, ou maior de setenta, nem aplicá-la a mulher em estado de gravidez.

6. Toda pessoa condenada à morte tem direito a solicitar anistia, indulto ou comutação da pena, os quais podem ser concedidos em todos os casos. Não se pode executar a pena de morte enquanto o pedido estiver pendente de decisão ante a autoridade competente.

Artigo 5º
Direito à Integridade Pessoal

1. Toda pessoa tem o direito de que se respeite sua integridade física, psíquica e moral.
▶ Art. 5º, XLIX, da CF.

2. Ninguém deve ser submetido a torturas, nem a penas ou tratos cruéis, desumanos ou degradantes. Toda pessoa privada da liberdade deve ser tratada com o respeito devido à dignidade inerente ao ser humano.
▶ Art. 5º, III, da CF.

3. A pena não pode passar da pessoa do delinquente.
▶ Art. 5º, XLIX, da CF.

4. Os processados devem ficar separados dos condenados, salvo em circunstâncias excepcionais, e devem ser submetidos a tratamento adequado à sua condição de pessoas não condenadas

5. Os menores, quando puderem ser processados, devem ser separados dos adultos e conduzidos a tribunal especializado, com a maior rapidez possível, para seu tratamento.

6. As penas privativas da liberdade devem ter por finalidade essencial a reforma e a readaptação social dos condenados.

Artigo 6º
Proibição da Escravidão e da Servidão
▶ Art. 5º, XIII e XLVIII, c, da CF.

1. Ninguém pode ser submetido a escravidão ou a servidão, e tanto estas como o tráfico de escravos e o tráfico de mulheres são proibidos em todas as formas.
▶ A Lei nº 11.106, de 28-3-2005, alterou o tipo penal "tráfico de mulheres" para "tráfico internacional de pessoas".

2. Ninguém deve ser constrangido a executar trabalho forçado ou obrigatório. Nos países em que se prescreve, para certos delitos, pena privativa da liberdade acompanhada de trabalhos forçados, esta disposição não pode ser interpretada no sentido de proibir o cumprimento da dita pena, imposta por juiz ou tribunal competente. O trabalho forçado não deve afetar a dignidade nem a capacidade física e intelectual do recluso.

3. Não constituem trabalhos forçados ou obrigatórios para os efeitos deste artigo:

a) os trabalhos ou serviços normalmente exigidos de pessoa reclusa em cumprimento de sentença ou resolução formal expedida pela autoridade judiciária competente. Tais trabalhos ou serviços devem ser executados sob a vigilância e controle das autoridades públicas, e os indivíduos que os executarem não devem ser postos à disposição de particulares, companhias ou pessoas jurídicas de caráter privado;

b) o serviço militar e, nos países onde se admite a isenção por motivo de consciência, o serviço nacional que a lei estabelecer em lugar daquele;

c) o serviço imposto em casos de perigo ou calamidade que ameacem a existência ou o bem-estar da comunidade; e

d) o trabalho ou serviço que faça parte das obrigações cívicas normais.

Artigo 7º
Direito à Liberdade Pessoal

1. Toda pessoa tem direito à liberdade e à segurança pessoais.

2. Ninguém pode ser privado de sua liberdade física, salvo pelas causas e nas condições previamente fixadas pelas constituições políticas dos Estados-Partes ou pelas leis de acordo com elas promulgadas.
▶ Art. 5º, LXI, da CF.

3. Ninguém pode ser submetido a detenção ou encarceramento arbitrários.

4. Toda pessoa detida ou retida deve ser informada das razões da sua detenção e notificada, sem demora, da acusação ou acusações formuladas contra ela.

5. Toda pessoa detida ou retida deve ser conduzida, sem demora, à presença de um juiz ou outra autoridade autorizada pela lei a exercer funções judiciais e tem direito a ser julgada dentro de um prazo razoável ou a ser posta em liberdade, sem prejuízo de que prossiga o processo. Sua liberdade pode ser condicionada a garantias que assegurem o seu comparecimento em juízo.
▶ Art. 5º, LXXVIII, da CF.

6. Toda pessoa privada da liberdade tem direito a recorrer a um juiz ou tribunal competente, a fim de que este decida, sem demora, sobre a legalidade de sua prisão ou detenção e ordene sua soltura se a prisão ou a detenção forem ilegais. Nos Estados-Partes cujas leis preveem que toda pessoa que se vir ameaçada de ser privada de sua liberdade tem direito a recorrer a um juiz ou tribunal competente a fim de que este decida sobre a legalidade de tal ameaça, tal recurso não pode ser restringido nem abolido. O recurso pode ser interposto pela própria pessoa ou por outra pessoa.
▶ Art. 5º, LXV, da CF.

7. Ninguém deve ser detido por dívidas. Este princípio não limita os mandados de autoridade judiciária competente expedidos em virtude de inadimplemento de obrigação alimentar.
▶ Art. 5º, LXVII, da CF.
▶ Art. 11 do Dec. nº 592, de 6-7-1992, que promulga o Pacto Internacional sobre Direitos Civis e Políticos.
▶ Súm. Vinc. nº 25 do STF.
▶ Súmulas nºs 304, 305 e 419 do STJ.

Artigo 8º
Garantias Judiciais

1. Toda pessoa tem direito a ser ouvida, com as devidas garantias e dentro de um prazo razoável, por um juiz ou tribunal competente, independente e imparcial, estabelecido anteriormente por lei, na apuração de qualquer acusação penal formulada contra ela, ou para que se determinem seus direitos ou obrigações de natureza civil, trabalhista, fiscal ou de qualquer outra natureza.
▶ Art. 5º, LIII, da CF.

2. Toda pessoa acusada de delito tem direito a que se presuma sua inocência enquanto não se comprove legalmente sua culpa. Durante o processo, toda pessoa tem direito, em plena igualdade, às seguintes garantias mínimas:
▶ Art. 5º, LVII, da CF.
▶ Súm. nº 444 do STJ.

a) direito do acusado de ser assistido gratuitamente por tradutor ou intérprete, se não compreender ou não falar o idioma do juízo ou tribunal;

b) comunicação prévia e pormenorizada ao acusado da acusação formulada;
c) concessão ao acusado do tempo e dos meios adequados para a preparação de sua defesa;
d) direito do acusado de defender-se pessoalmente ou de ser assistido por um defensor de sua escolha e de comunicar-se, livremente e em particular, com seu defensor;
e) direito irrenunciável de ser assistido por um defensor proporcionado pelo Estado, remunerado ou não, segundo a legislação interna, se o acusado não se defender ele próprio, nem nomear defensor dentro do prazo estabelecido pela lei;

▶ Art. 5º, LXXIV, da CF.

f) direito da defesa de inquirir as testemunhas presentes no Tribunal e de obter o comparecimento, como testemunhas ou peritos, de outras pessoas que possam lançar luz sobre os fatos;
g) direito de não ser obrigado a depor contra si mesma, nem a declarar-se culpada; e

▶ Art. 5º, LXIII, da CF.

h) direito de recorrer da sentença para juiz ou tribunal superior.

3. A confissão do acusado só é válida se feita sem coação de nenhuma natureza.

▶ Art. 1º, I, a, da Lei nº 9.455, de 7-4-1997 (Lei dos Crimes de Tortura).

4. O acusado absolvido por sentença passada em julgado não poderá ser submetido a novo processo pelos mesmos fatos.

5. O processo penal deve ser público, salvo no que for necessário para preservar os interesses da justiça.

▶ Art. 5º, LX, da CF.

Artigo 9º
Princípio da Legalidade e da Retroatividade

▶ Art. 5º, XXXIX e XL, da CF.
▶ Art. 2º, parágrafo único, do CP.
▶ Art. 2º, § 1º, do CPM.
▶ Art. 66, I, da LEP.

Ninguém pode ser condenado por ações ou omissões que, no momento em que forem cometidas, não sejam delituosas, de acordo com o direito aplicável. Tampouco se pode impor pena mais grave que a aplicável no momento da perpetração do delito. Se, depois da perpetração do delito, a lei dispuser a imposição de pena mais leve, o delinquente será por isso beneficiado.

Artigo 10
Direito a Indenização

▶ Art. 5º, LXXV, da CF.
▶ Art. 630 do CPP.

Toda pessoa tem direito de ser indenizada conforme a lei, no caso de haver sido condenada em sentença passada em julgado, por erro judiciário.

Artigo 11
Proteção da Honra e da Dignidade

▶ Art. 5º, X, XI e XII, da CF.

1. Toda pessoa tem direito ao respeito de sua honra e ao reconhecimento de sua dignidade.

2. Ninguém pode ser objeto de ingerências arbitrárias ou abusivas em sua vida privada, na de sua família, em seu domicílio ou em sua correspondência, nem de ofensas ilegais à sua honra ou reputação.

3. Toda pessoa tem direito à proteção da lei contra tais ingerências ou tais ofensas.

Artigo 12
Liberdade de Consciência e de Religião

▶ Art. 5º, VI e VIII, da CF.

1. Toda pessoa tem direito à liberdade de consciência e de religião. Esse direito implica a liberdade de conservar sua religião ou suas crenças, ou de mudar de religião ou de crenças, bem como a liberdade de professar e divulgar sua religião ou suas crenças, individual ou coletivamente, tanto em público como em privado.

2. Ninguém pode ser objeto de medidas restritivas que possam limitar sua liberdade de conservar sua religião ou suas crenças, ou de mudar de religião ou de crenças.

3. A liberdade de manifestar a própria religião e as próprias crenças está sujeita unicamente às limitações prescritas pela lei e que sejam necessárias para proteger a segurança, a ordem, a saúde ou a moral públicas ou os direitos e as liberdades das demais pessoas.

4. Os pais e, quando for o caso, os tutores têm direito a que seus filhos ou pupilos recebam a educação religiosa e moral que esteja acorde com suas próprias convicções.

Artigo 13
Liberdade de Pensamento e de Expressão

▶ Art. 5º, IV, da CF.

1. Toda pessoa tem direito à liberdade de pensamento e de expressão. Esse direito compreende a liberdade de buscar, receber e difundir informações e ideias de toda natureza, sem consideração de fronteiras, verbalmente ou por escrito, ou em forma impressa ou artística, ou por qualquer outro processo de sua escolha.

2. O exercício do direito previsto no inciso precedente não pode estar sujeito a censura prévia, mas a responsabilidades ulteriores, que devem ser expressamente fixadas pela lei e que se façam necessárias para assegurar:
a) o respeito aos direitos ou à reputação das demais pessoas; ou
b) a proteção da segurança nacional, da ordem pública, ou da saúde ou da moral públicas.

3. Não se pode restringir o direito de expressão por vias ou meios indiretos, tais como o abuso de controles oficiais ou particulares de papel de imprensa, de frequências radioelétricas ou de equipamentos e aparelhos usados na difusão de informação, nem por quaisquer outros meios destinados a obstar a comunicação e a circulação de ideias e opiniões.

4. A lei pode submeter os espetáculos públicos a censura prévia, com o objetivo exclusivo de regular o acesso a eles, para proteção moral da infância e da adolescência, sem prejuízo do disposto no inciso 2.

5. A lei deve proibir toda propaganda a favor da guerra, bem como toda apologia ao ódio nacional, racial ou religioso que constitua incitação à discriminação, à hostilidade, ao crime ou à violência.

Artigo 14
Direito de Retificação ou Resposta

▶ Art. 5º, V, da CF.

1. Toda pessoa, atingida por informações inexatas ou ofensivas emitidas em seu prejuízo por meios de difu-

são legalmente regulamentados e que se dirijam ao público em geral tem direito a fazer, pelo mesmo órgão de difusão, sua retificação ou resposta, nas condições que estabeleça a lei.

2. Em nenhum caso a retificação ou a resposta eximirão das outras responsabilidades legais em que se houver incorrido.

3. Para a efetiva proteção da honra e da reputação, toda publicação ou empresa jornalística, cinematográfica, de rádio ou televisão, deve ter uma pessoa responsável, que não seja protegida por imunidades, nem goze de foro especial.

Artigo 15
Direito de Reunião

▶ Art. 5º, XVI, da CF.

É reconhecido o direito de reunião pacífica e sem armas. O exercício de tal direito só pode estar sujeito às restrições previstas pela lei e que sejam necessárias, numa sociedade democrática, no interesse da segurança nacional, da segurança ou da ordem públicas, ou para proteger a saúde ou a moral públicas ou os direitos e liberdades das demais pessoas.

Artigo 16
Liberdade de Associação

▶ Art. 5º, XVII e XX, da CF.

1. Todas as pessoas têm o direito de associar-se livremente com fins ideológicos, religiosos, políticos, econômicos, trabalhistas, sociais, culturais, desportivos ou de qualquer outra natureza.

2. O exercício de tal direito só pode estar sujeito às restrições previstas pela lei que sejam necessárias, numa sociedade democrática, no interesse da segurança nacional, da segurança ou da ordem públicas, ou para proteger a saúde ou a moral públicas ou os direitos e liberdades das demais pessoas.

3. O disposto neste artigo não impede a imposição de restrições legais, e mesmo a privação do exercício do direito de associação, aos membros das forças armadas e da polícia.

Artigo 17
Proteção da Família

1. A família é o elemento natural e fundamental da sociedade e deve ser protegida pela sociedade e pelo Estado.

2. É reconhecido o direito do homem e da mulher de contraírem casamento e de fundarem uma família, se tiverem a idade e as condições para isso exigidas pelas leis internas, na medida em que não afetem estas o princípio da não discriminação estabelecido nesta Convenção.

3. O casamento não pode ser celebrado sem o livre e pleno consentimento dos contraentes.

4. Os Estados-Partes devem tomar medidas apropriadas no sentido de assegurar a igualdade de direitos e a adequada equivalência de responsabilidades dos cônjuges quanto ao casamento, durante o casamento e em caso de dissolução do mesmo. Em caso de dissolução, serão adotadas disposições que assegurem a proteção necessária aos filhos, com base unicamente no interesse e conveniência dos mesmos.

5. A lei deve reconhecer iguais direitos tanto aos filhos nascidos fora do casamento como aos nascidos dentro do casamento.

Artigo 18
Direito ao Nome

Toda pessoa tem direito a um prenome e aos nomes de seus pais ou ao de um destes. A lei deve regular a forma de assegurar a todos esse direito, mediante nomes fictícios, se for necessário.

Artigo 19
Direitos da Criança

Toda criança tem direito às medidas de proteção que a sua condição de menor requer por parte da sua família, da sociedade e do Estado.

Artigo 20
Direito à Nacionalidade

1. Toda pessoa tem direito a uma nacionalidade.

2. Toda pessoa tem direito à nacionalidade do Estado em cujo território houver nascido, se não tiver direito a outra.

3. A ninguém se deve privar arbitrariamente de sua nacionalidade nem do direito de mudá-la.

Artigo 21
Direito à Propriedade Privada

1. Toda pessoa tem direito ao uso e gozo dos seus bens. A lei pode subordinar esse uso e gozo ao interesse social.

2. Nenhuma pessoa pode ser privada de seus bens, salvo mediante o pagamento de indenização justa, por motivo de utilidade pública ou de interesse social e nos casos e na forma estabelecidos pela lei.

3. Tanto a usura como qualquer outra forma de exploração do homem pelo homem devem ser reprimidas pela lei.

Artigo 22
Direito de Circulação e de Residência

▶ Art. 5º, XV, da CF.

1. Toda pessoa que se ache legalmente no território de um Estado tem direito de circular nele e de nele residir em conformidade com as disposições legais.

2. Toda pessoa tem o direito de sair livremente de qualquer país, inclusive do próprio.

3. O exercício dos direitos acima mencionados não pode ser restringido senão em virtude de lei, na medida indispensável, numa sociedade democrática, para prevenir infrações penais ou para proteger a segurança nacional, a segurança ou a ordem públicas, a moral ou a saúde públicas, ou os direitos e liberdades das demais pessoas.

4. O exercício dos direitos reconhecidos no inciso 1 pode também ser restringido pela lei, em zonas determinadas, por motivo de interesse público.

5. Ninguém pode ser expulso do território do Estado do qual for nacional, nem ser privado do direito de nele entrar.

6. O estrangeiro que se ache legalmente no território de um Estado-Parte nesta Convenção só poderá dele ser expulso em cumprimento de decisão adotada de acordo com a lei.

7. Toda pessoa tem o direito de buscar e receber asilo em território estrangeiro, em caso de perseguição por delitos políticos ou comuns conexos com delitos políticos e de acordo com a legislação de cada Estado e com os convênios internacionais.

8. Em nenhum caso o estrangeiro pode ser expulso ou entregue a outro país, seja ou não de origem, onde seu direito à vida ou à liberdade pessoal esteja em risco de violação por causa da sua raça, nacionalidade, religião, condição social ou de suas opiniões políticas.

9. É proibida a expulsão coletiva de estrangeiros.

Artigo 23
Direitos Políticos

1. Todos os cidadãos devem gozar dos seguintes direitos e oportunidades:

a) de participar da direção dos assuntos públicos, diretamente ou por meio de representantes livremente eleitos;
b) de votar e ser eleito em eleições periódicas, autênticas, realizadas por sufrágio universal e igual e por voto secreto que garanta a livre expressão da vontade dos eleitores; e
c) de ter acesso, em condições gerais de igualdade, às funções públicas de seu país.

2. A lei pode regular o exercício dos direitos e oportunidades e a que se refere o inciso anterior, exclusivamente por motivos de idade, nacionalidade, residência, idioma, instrução, capacidade civil ou mental, ou condenação, por juiz competente, em processo penal.

Artigo 24
Igualdade Perante a Lei

▶ Art. 5º, *caput*, da CF.

Todas as pessoas são iguais perante a lei. Por conseguinte, têm direito, sem discriminação, a igual proteção da lei.

Artigo 25
Proteção Judicial

1. Toda pessoa tem direito a um recurso simples e rápido ou a qualquer outro recurso efetivo, perante os juízes ou tribunais competentes, que a proteja contra atos que violem seus direitos fundamentais reconhecidos pela Constituição, pela lei ou pela presente Convenção, mesmo quando tal violação seja cometida por pessoas que estejam atuando no exercício de suas funções oficiais.

2. Os Estados-Partes comprometem-se:

a) a assegurar que a autoridade competente prevista pelo sistema legal do Estado decida sobre os direitos de toda pessoa que interpuser tal recurso;
b) a desenvolver as possibilidades de recurso judicial; e
c) a assegurar o cumprimento, pelas autoridades competentes, de toda decisão em que se tenha considerado procedente o recurso.

Capítulo III
DIREITOS ECONÔMICOS, SOCIAIS E CULTURAIS
Artigo 26
Desenvolvimento Progressivo

Os Estados-Partes comprometem-se a adotar providências, tanto no âmbito interno como mediante cooperação internacional, especialmente econômica e técnica, a fim de conseguir progressivamente a plena efetividade dos direitos que decorrem das normas econômicas, sociais e sobre educação, ciência e cultura, constantes da Carta da Organização dos Estados Americanos, reformada pelo Protocolo de Buenos Aires, na medida dos recursos disponíveis, por via legislativa ou por outros meios apropriados.

Capítulo IV
SUSPENSÃO DE GARANTIAS, INTERPRETAÇÃO E APLICAÇÃO
Artigo 27
Suspensão de Garantias

1. Em caso de guerra, de perigo público, ou de outra emergência que ameace a independência ou segurança do Estado-Parte, este poderá adotar disposições que, na medida e pelo tempo estritamente limitados às exigências da situação, suspendam as obrigações contraídas em virtude desta Convenção, desde que tais disposições não sejam incompatíveis com as demais obrigações que lhe impõe o Direito Internacional e não encerrem discriminação alguma fundada em motivos de raça, cor, sexo, idioma, religião ou origem social.

2. A disposição precedente não autoriza a suspensão dos direitos determinados nos seguintes artigos: 3 (Direito ao Reconhecimento da Personalidade Jurídica), 4 (Direito à Vida), 5 (Direito à Integridade Pessoal), 6 (Proibição da Escravidão e Servidão), 9 (Princípio da Legalidade e da Retroatividade), 12 (Liberdade de Consciência e Religião), 17 (Proteção da Família), 18 (Direito ao Nome), 19 (Direitos da Criança), 20 (Direito à Nacionalidade), e 23 (Direitos Políticos), nem das garantias indispensáveis para a proteção de tais direitos.

3. Todo Estado-Parte que fizer uso do direito de suspensão deverá informar imediatamente os outros Estados-Partes na presente Convenção, por intermédio do Secretário-Geral da Organização dos Estados Americanos, das disposições cuja aplicação haja suspendido, dos motivos determinantes da suspensão e da data em que haja dado por terminada tal suspensão.

Artigo 28
Cláusula Federal

1. Quando se tratar de um Estado-Parte constituído como Estado federal, o governo nacional do aludido Estado-Parte cumprirá todas as disposições da presente Convenção, relacionadas com as matérias sobre as quais exerce competência legislativa e judicial.

2. No tocante às disposições relativas às matérias que correspondem à competência das entidades componentes da federação, o governo nacional deve tomar imediatamente as medidas pertinentes, em conformidade com sua constituição e suas leis, a fim de que as autoridades competentes das referidas entidades possam adotar as disposições cabíveis para o cumprimento desta Convenção.

3. Quando dois ou mais Estados-Partes decidirem constituir entre eles uma federação ou outro tipo de associação, diligenciarão no sentido de que o pacto comunitário respectivo contenha as disposições necessárias para que continuem sendo efetivas no novo Estado, assim organizado, as normas da presente Convenção.

Artigo 29
Normas de Interpretação

Nenhuma disposição desta Convenção pode ser interpretada no sentido de:

a) permitir a qualquer dos Estados-Partes, grupo ou pessoa, suprimir o gozo e exercício dos direitos e liberdades reconhecidos na Convenção ou limitá-los em maior medida do que a nela prevista;
b) limitar o gozo e exercício de qualquer direito ou liberdade que possam ser reconhecidos de acordo com as leis de qualquer dos Estados-Partes ou de acordo com outra convenção em que seja parte um dos referidos Estados;
c) excluir outros direitos e garantias que são inerentes ao ser humano ou que decorrem da forma democrática representativa de governo; e
d) excluir ou limitar o efeito que possam produzir a Declaração Americana dos Direitos e Deveres do Homem e outros atos internacionais da mesma natureza.

Artigo 30
Alcance das Restrições

As restrições permitidas, de acordo com esta Convenção, ao gozo e exercício dos direitos e liberdades nela reconhecidos, não podem ser aplicadas senão de acordo com leis que forem promulgadas por motivo de interesse geral e com o propósito para o qual houverem sido estabelecidas.

Artigo 31
Reconhecimento de Outros Direitos

Poderão ser incluídos no regime de proteção desta Convenção outros direitos e liberdades que forem reconhecidos de acordo com os processos estabelecidos nos artigos 69 e 70.

Capítulo V
DEVERES DAS PESSOAS
Artigo 32
Correlação entre Deveres e Direitos

1. Toda pessoa tem deveres para com a família, a comunidade e a humanidade.

2. Os direitos de cada pessoa são limitados pelos direitos dos demais, pela segurança de todos e pelas justas exigências do bem comum, numa sociedade democrática.

Parte II – Meios da Proteção

Capítulo VI
ÓRGÃOS COMPETENTES
Artigo 33

São competentes para conhecer dos assuntos relacionados com o cumprimento dos compromissos assumidos pelos Estados-Partes nesta Convenção:

a) a Comissão Interamericana de Direitos Humanos, doravante denominada a Comissão; e
b) a Corte Interamericana de Direitos Humanos, doravante denominada a Corte.

Capítulo VII
COMISSÃO INTERAMERICANA DE DIREITOS HUMANOS

Seção 1

ORGANIZAÇÃO
Artigo 34

A Comissão Interamericana de Direitos Humanos compor-se-á de sete membros, que deverão ser pessoas de alta autoridade moral e de reconhecido saber em matéria de direitos humanos.

Artigo 35

A Comissão representa todos os Membros da Organização dos Estados Americanos.

Artigo 36

1. Os membros da Comissão serão eleitos a título pessoal, pela Assembleia-Geral da Organização, de uma lista de candidatos propostos pelos governos dos Estados-Membros.

2. Cada um dos referidos governos pode propor até três candidatos, nacionais do Estado que os propuser ou de qualquer outro Estado-Membro da Organização dos Estados Americanos. Quando for proposta uma lista de três candidatos, pelo menos um deles deverá ser nacional de Estado diferente do proponente.

Artigo 37

1. Os membros da Comissão serão eleitos por quatro anos e só poderão ser reeleitos uma vez, porém o mandato de três dos membros designados na primeira eleição expirará ao cabo de dois anos. Logo depois da referida eleição, serão determinados por sorteio, na Assembleia-Geral, os nomes desses três membros.

2. Não pode fazer parte da Comissão mais de um nacional de um mesmo Estado.

Artigo 38

As vagas que ocorrerem na Comissão, que não se devam à expiração normal do mandato, serão preenchidas pelo Conselho Permanente da Organização, de acordo com o que dispuser o Estatuto da Comissão.

Artigo 39

A Comissão elaborará seu estatuto e submetê-lo-á à aprovação da Assembleia-Geral e expedirá seu próprio regulamento.

Artigo 40

Os serviços de secretaria da Comissão devem ser desempenhados pela unidade funcional especializada que faz parte da Secretaria-Geral da Organização e deve dispor dos recursos necessários para cumprir as tarefas que lhe forem confiadas pela Comissão.

Seção 2

FUNÇÕES
Artigo 41

A Comissão tem a função principal de promover a observância e a defesa dos direitos humanos e, no exercício do seu mandato, tem as seguintes funções e atribuições:

a) estimular a consciência dos direitos humanos nos povos da América;

b) formular recomendações aos governos dos Estados-Membros, quando o considerar conveniente, no sentido de que adotem medidas progressivas em prol dos direitos humanos no âmbito de suas leis internas e seus preceitos constitucionais, bem como disposições apropriadas para promover o devido respeito a esses direitos;
c) preparar os estudos ou relatórios que considerar convenientes para o desempenho de suas funções;
d) solicitar aos governos dos Estados-Membros que lhe proporcionem informações sobre as medidas que adotarem em matéria de direitos humanos;
e) atender às consultas que, por meio da Secretaria-Geral da Organização dos Estados Americanos, lhe formularem os Estados-Membros sobre questões relacionadas com os direitos humanos e, dentro de suas possibilidades, prestar-lhes o assessoramento que lhe solicitarem;
f) atuar com respeito às petições e outras comunicações, no exercício de sua autoridade, de conformidade com o disposto nos artigos 44 a 51 desta Convenção; e
g) apresentar um relatório anual à Assembleia-Geral da Organização dos Estados Americanos.

Artigo 42
Os Estados-Partes devem remeter à Comissão cópia dos relatórios e estudos que, em seus respectivos campos, submetem anualmente às Comissões Executivas do Conselho Interamericano Econômico e Social e do Conselho Interamericano de Educação, Ciência e Cultura, a fim de que aquela zele por que se promovam os direitos decorrentes das normas econômicas, sociais e sobre educação, ciência e cultura, constantes da Carta da Organização dos Estados Americanos, reformada pelo Protocolo de Buenos Aires.

Artigo 43
Os Estados-Partes obrigam-se a proporcionar à Comissão as informações que esta lhes solicitar sobre a maneira pela qual o seu direito interno assegura a aplicação efetiva de quaisquer disposições desta Convenção.

Seção 3

COMPETÊNCIA

Artigo 44
Qualquer pessoa ou grupo de pessoas, ou entidade não governamental legalmente reconhecida em um ou mais Estados-Membros da Organização, pode apresentar à Comissão petições que contenham denúncias ou queixas de violação desta Convenção por um Estado-Parte.

Artigo 45
1. Todo Estado-Parte pode, no momento do depósito do seu instrumento de ratificação desta Convenção, ou de adesão a ela, ou em qualquer momento posterior, declarar que reconhece a competência da Comissão para receber e examinar as comunicações em que um Estado-Parte alegue haver outro Estado-Parte incorrido em violações dos direitos humanos estabelecidos nesta Convenção.

2. As comunicações feitas em virtude deste artigo só podem ser admitidas e examinadas se forem apresentadas por um Estado-Parte que haja feito uma declaração pela qual reconheça a referida competência da Comissão. A Comissão não admitirá nenhuma comunicação contra um Estado-Parte que não haja feito tal declaração.

3. As declarações sobre reconhecimento de competência podem ser feitas para que esta vigore por tempo indefinido, por período determinado ou para casos específicos.

4. As declarações serão depositadas na Secretaria-Geral da Organização dos Estados Americanos, a qual encaminhará cópia das mesmas aos Estados-Membros da referida Organização.

Artigo 46
1. Para que uma petição ou comunicação apresentada de acordo com os artigos 44 ou 45 seja admitida pela Comissão, será necessário:

a) que hajam sido interpostos e esgotados os recursos da jurisdição interna, de acordo com os princípios de direito internacional geralmente reconhecidos;
b) que seja apresentada dentro do prazo de seis meses, a partir da data em que o presumido prejudicado em seus direitos tenha sido notificado da decisão definitiva;
c) que a matéria da petição ou comunicação não esteja pendente de outro processo de solução internacional; e
d) que, no caso do artigo 44, a petição contenha o nome, a nacionalidade, a profissão, o domicílio e a assinatura da pessoa ou pessoas ou do representante legal da entidade que submeter a petição.

2. As disposições das alíneas *a* e *b* do inciso 1 deste artigo não se aplicarão quando:

a) não existir, na legislação interna do Estado de que se tratar, o devido processo legal para a proteção do direito ou direitos que se alegue tenham sido violados;
b) não se houver permitido ao presumido prejudicado em seus direitos o acesso aos recursos da jurisdição interna, ou houver sido ele impedido de esgotá-los; e
c) houver demora injustificada na decisão sobre os mencionados recursos.

Artigo 47
A Comissão declarará inadmissível toda petição ou comunicação apresentada de acordo com os arts. 44 ou 45 quando:

a) não preencher algum dos requisitos estabelecidos no artigo 46;
b) não expuser fatos que caracterizem violação dos direitos garantidos por esta Convenção;
c) pela exposição do próprio peticionário ou do Estado, for manifestamente infundada a petição ou comunicação ou for evidente sua total improcedência; ou
d) for substancialmente reprodução de petição ou comunicação anterior, já examinada pela Comissão ou por outro organismo internacional.

Seção 4

PROCESSO

Artigo 48
1. A Comissão, ao receber uma petição ou comunicação na qual se alegue violação de qualquer dos direitos

consagrados nesta Convenção, procederá da seguinte maneira:

a) se reconhecer a admissibilidade da petição ou comunicação, solicitará informações ao Governo do Estado ao qual pertença a autoridade apontada como responsável pela violação alegada e transcreverá as partes pertinentes da petição ou comunicação. As referidas informações devem ser enviadas dentro de um prazo razoável, fixado pela Comissão ao considerar as circunstâncias de cada caso;
b) recebidas as informações, ou transcorrido o prazo fixado sem que sejam elas recebidas, verificará se existem ou subsistem os motivos da petição ou comunicação. No caso de não existirem ou não subsistirem, mandará arquivar o expediente;
c) poderá também declarar a inadmissibilidade ou a improcedência da petição ou comunicação, com base em informação ou prova superveniente;
d) se o expediente não houver sido arquivado, e com o fim de comprovar os fatos, a Comissão procederá, com conhecimento das partes, a um exame do assunto exposto na petição ou comunicação. Se for necessário e conveniente, a Comissão procederá a uma investigação para cuja eficaz realização solicitará, e os Estados interessados lhe proporcionarão, todas as facilidades necessárias;
e) poderá pedir aos Estados interessados qualquer informação pertinente e receberá, se isso lhe for solicitado, as exposições verbais ou escritas que apresentarem os interessados; e
f) pôr-se-á à disposição das partes interessadas, a fim de chegar a uma solução amistosa do assunto, fundada no respeito aos direitos humanos reconhecidos nesta Convenção.

2. Entretanto, em casos graves e urgentes, pode ser realizada uma investigação, mediante prévio consentimento do Estado em cujo território se alegue haver sido cometida a violação, tão somente com a apresentação de uma petição ou comunicação que reúna todos os requisitos formais de admissibilidade.

Artigo 49

Se se houver chegado a uma solução amistosa de acordo com as disposições do inciso 1, f, do artigo 48, a Comissão redigirá um relatório que será encaminhado ao peticionário e aos Estados-Partes nesta Convenção e, posteriormente transmitido, para sua publicação, ao Secretário-Geral da Organização dos Estados Americanos. O referido relatório conterá uma breve exposição dos fatos e da solução alcançada. Se qualquer das partes no caso o solicitar, ser-lhe-á proporcionada a mais ampla informação possível.

Artigo 50

1. Se não se chegar a uma solução, e dentro do prazo que for fixado pelo Estatuto da Comissão, esta redigirá um relatório no qual exporá os fatos e suas conclusões. Se o relatório não representar, no todo ou em parte, o acordo unânime dos membros da Comissão, qualquer deles poderá agregar ao referido relatório seu voto em separado. Também se agregarão ao relatório as exposições verbais ou escritas que houverem sido feitas pelos interessados em virtude do inciso 1, e, do artigo 48.

2. O relatório será encaminhado aos Estados interessados, aos quais não será facultado publicá-lo.

3. Ao encaminhar o relatório, a Comissão pode formular as proposições e recomendações que julgar adequadas.

Artigo 51

1. Se no prazo de três meses, a partir da remessa aos Estados interessados do relatório da Comissão, o assunto não houver sido solucionado ou submetido à decisão da Corte pela Comissão ou pelo Estado interessado, aceitando sua competência, a Comissão poderá emitir, pelo voto da maioria absoluta dos seus membros, sua opinião e conclusões sobre a questão submetida à sua consideração.

2. A Comissão fará as recomendações pertinentes e fixará um prazo dentro do qual o Estado deve tomar as medidas que lhe competirem para remediar a situação examinada.

3. Transcorrido o prazo fixado, a Comissão decidirá, pelo voto da maioria absoluta dos seus membros, se o Estado tomou ou não medidas adequadas e se publica ou não seu relatório.

Capítulo VIII

CORTE INTERAMERICANA DE DIREITOS HUMANOS

Seção 1

ORGANIZAÇÃO

Artigo 52

1. A Corte compor-se-á de sete juízes, nacionais dos Estados-Membros da Organização, eleitos a título pessoal dentre juristas da mais alta autoridade moral, de reconhecida competência em matéria de direitos humanos, que reúnam as condições requeridas para o exercício das mais elevadas funções judiciais, de acordo com a lei do Estado do qual sejam nacionais, ou do Estado que os propuser como candidatos.

2. Não deve haver dois juízes da mesma nacionalidade.

Artigo 53

1. Os juízes da Corte serão eleitos, em votação secreta e pelo voto da maioria absoluta dos Estados-Partes na Convenção, na Assembleia-Geral da Organização, de uma lista de candidatos propostos pelos mesmos Estados.

2. Cada um dos Estados-Partes pode propor até três candidatos, nacionais do Estado que os propuser ou de qualquer outro Estado-Membro da Organização dos Estados Americanos. Quando se propuser uma lista de três candidatos, pelo menos um deles deverá ser nacional de Estado diferente do proponente.

Artigo 54

1. Os juízes da Corte serão eleitos por um período de seis anos e só poderão ser reeleitos uma vez. O mandato de três dos juízes designados na primeira eleição expirará ao cabo de três anos. Imediatamente depois da referida eleição, determinar-se-ão por sorteio, na Assembleia-Geral, os nomes desses três juízes.

2. O juiz eleito para substituir outro, cujo mandato não haja expirado, completará o período deste.

3. Os juízes permanecerão em suas funções até o término dos seus mandatos. Entretanto, continuarão funcionando nos casos de que já houverem tomado conhecimento e que se encontrem em fase de sentença e, para tais efeitos, não serão substituídos pelos novos juízes eleitos.

Artigo 55

1. O juiz, que for nacional de algum dos Estados-Partes no caso submetido à Corte, conservará o seu direito de conhecer do mesmo.

2. Se um dos juízes chamados a conhecer do caso for de nacionalidade de um dos Estados-Partes, outro Estado-Parte no caso poderá designar uma pessoa de sua escolha para integrar a Corte na qualidade de juiz ad hoc.

3. Se, dentre os juízes chamados a conhecer do caso, nenhum for da nacionalidade dos Estados-Partes, cada um destes poderá designar um juiz ad hoc.

4. O juiz ad hoc deve reunir os requisitos indicados no artigo 52.

5. Se vários Estados-Partes na Convenção tiverem o mesmo interesse no caso, serão considerados como uma só parte, para os fins das disposições anteriores. Em caso de dúvida, a Corte decidirá.

Artigo 56

O *quorum* para as deliberações da Corte é constituído por cinco juízes.

Artigo 57

A Comissão comparecerá em todos os casos perante a Corte.

Artigo 58

1. A Corte terá sua sede no lugar que for determinado, na Assembleia-Geral da Organização, pelos Estados-Partes na Convenção, mas poderá realizar reuniões no território de qualquer Estado-Membro da Organização dos Estados Americanos em que considerar conveniente pela maioria dos seus membros e mediante prévia aquiescência do Estado respectivo. Os Estados-Partes na Convenção podem, na Assembleia-Geral, por dois terços dos seus votos, mudar a sede da Corte.

2. A Corte designará seu Secretário.

3. O Secretário residirá na sede da Corte e deverá assistir às reuniões que ela realizar fora da mesma.

Artigo 59

A Secretaria da Corte será por esta estabelecida e funcionará sob a direção do Secretário-Geral da Organização em tudo o que não for incompatível com a independência da Corte. Seus funcionários serão nomeados pelo Secretário-Geral da Organização, em consulta com o Secretário da Corte.

Artigo 60

A Corte elaborará seu Estatuto e submetê-lo-á à aprovação da Assembleia-Geral e expedirá seu regimento.

Seção 2

COMPETÊNCIA E FUNÇÕES

Artigo 61

1. Somente os Estados-Partes e a Comissão têm direito de submeter um caso à decisão da Corte.

2. Para que a Corte possa conhecer de qualquer caso, é necessário que sejam esgotados os processos previstos nos artigos 48 a 50.

Artigo 62

1. Todo Estado-Parte pode, no momento do depósito do seu instrumento de ratificação desta Convenção ou de adesão a ela, ou em qualquer momento posterior, declarar que reconhece como obrigatória, de pleno direito e sem convenção especial, a competência da Corte em todos os casos relativos à interpretação ou aplicação desta Convenção.

2. A declaração pode ser feita incondicionalmente, ou sob condição de reciprocidade, por prazo determinado ou para casos específicos. Deverá ser apresentada ao Secretário-Geral da Organização, que encaminhará cópias da mesma aos outros Estados-Membros da Organização e ao Secretário da Corte.

3. A Corte tem competência para conhecer de qualquer caso, relativo à interpretação e aplicação das disposições desta Convenção, que lhe seja submetido, desde que os Estados-Partes no caso tenham reconhecido ou reconheçam a referida competência, seja por declaração especial, como preveem os incisos anteriores, seja por convenção especial.

Artigo 63

1. Quando decidir que houve violação de um direito ou liberdade protegidos nesta Convenção, a Corte determinará que se assegure ao prejudicado o gozo do seu direito ou liberdade violados. Determinará também, se isso for procedente, que sejam reparadas as consequências da medida ou situação que haja configurado a violação desses direitos, bem como o pagamento de indenização justa à parte lesada.

2. Em casos de extrema gravidade e urgência, e quando se fizer necessário evitar danos irreparáveis às pessoas, a Corte, nos assuntos de que estiver conhecendo, poderá tomar as medidas provisórias que considerar pertinentes. Se se tratar de assuntos que ainda não estiverem submetidos ao seu conhecimento, poderá atuar a pedido da Comissão.

Artigo 64

1. Os Estados-Membros da Organização poderão consultar a Corte sobre a interpretação desta Convenção ou de outros tratados concernentes à proteção dos direitos humanos nos Estados americanos. Também poderão consultá-la, no que lhes compete, os órgãos enumerados no capítulo X da Carta da Organização dos Estados Americanos, reformada pelo Protocolo de Buenos Aires.

2. A Corte, a pedido de um Estado-Membro da Organização, poderá emitir pareceres sobre a compatibilidade entre qualquer de suas leis internas e os mencionados instrumentos internacionais.

Artigo 65

A Corte submeterá à consideração da Assembleia-Geral da Organização, em cada período ordinário de sessões, um relatório sobre as suas atividades no ano anterior. De maneira especial, e com as recomendações pertinentes, indicará os casos em que um Estado não tenha dado cumprimento a suas sentenças.

Seção 3

PROCESSO

Artigo 66

1. A sentença da Corte deve ser fundamentada.

2. Se a sentença não expressar no todo ou em parte a opinião unânime dos juízes, qualquer deles terá direito a que se agregue à sentença o seu voto dissidente ou individual.

Artigo 67

A sentença da Corte será definitiva e inapelável. Em caso de divergência sobre o sentido ou alcance da sentença, a Corte interpretá-la-á, a pedido de qualquer das partes, desde que o pedido seja apresentado dentro de noventa dias a partir da data da notificação da sentença.

Artigo 68

1. Os Estados-Partes na Convenção comprometem-se a cumprir a decisão da Corte em todo caso em que forem partes.

2. A parte da sentença que determinar indenização compensatória poderá ser executada no país respectivo pelo processo interno vigente para a execução de sentenças contra o Estado.

Artigo 69

A sentença da Corte deve ser notificada às partes no caso e transmitida aos Estados-Partes na Convenção.

Capítulo IX

DISPOSIÇÕES COMUNS

Artigo 70

1. Os juízes da Corte e os membros da Comissão gozam, desde o momento de sua eleição e enquanto durar o seu mandato, das imunidades reconhecidas aos agentes diplomáticos pelo Direito Internacional. Durante o exercício dos seus cargos gozam, além disso, dos privilégios diplomáticos necessários para o desempenho de suas funções.

2. Não se poderá exigir responsabilidade em tempo algum dos juízes da Corte, nem dos membros da Comissão, por votos e opiniões emitidos no exercício de suas funções.

Artigo 71

Os cargos de juiz da Corte ou de membro da Comissão são incompatíveis com outras atividades que possam afetar sua independência ou imparcialidade, conforme o que for determinado nos respectivos estatutos.

Artigo 72

Os juízes da Corte e os membros da Comissão perceberão honorários e despesas de viagem na forma e nas condições que determinarem os seus Estatutos, levando em conta a importância e independência de suas funções. Tais honorários e despesas de viagem serão fixados no orçamento-programa da Organização dos Estados Americanos, no qual devem ser incluídas, além disso, as despesas da Corte e da sua Secretaria. Para tais efeitos, a Corte elaborará o seu próprio projeto de orçamento e submetê-lo-á à aprovação da Assembleia-Geral, por intermédio da Secretaria-Geral. Esta última não poderá nele introduzir modificações.

Artigo 73

Somente por solicitação da Comissão ou da Corte, conforme o caso, cabe à Assembleia-Geral da Organização resolver sobre as sanções aplicáveis aos membros da Comissão ou aos juízes da Corte que incorrerem nos casos previstos nos respectivos estatutos. Para expedir uma resolução, será necessária maioria de dois terços dos votos dos Estados-Membros da Organização, no caso dos membros da Comissão; e, além disso, de dois terços dos votos dos Estados-Partes na Convenção, se se tratar dos juízes da Corte.

Parte III – Disposições Gerais e Transitórias

Capítulo X

ASSINATURA, RATIFICAÇÃO, RESERVA, EMENDA, PROTOCOLO E DENÚNCIA

Artigo 74

1. Esta Convenção fica aberta à assinatura e à ratificação ou adesão de todos os Estados-Membros da Organização dos Estados Americanos.

2. A ratificação desta Convenção ou a adesão a ela efetuar-se-á mediante depósito de um instrumento de ratificação ou de adesão na Secretaria-Geral da Organização dos Estados Americanos. Esta Convenção entrará em vigor logo que onze Estados houverem depositado os seus respectivos instrumentos de ratificação ou de adesão. Com referência a qualquer outro Estado que a ratificar ou que a ela aderir ulteriormente, a Convenção entrará em vigor na data do depósito do seu instrumento de ratificação ou de adesão.

3. O Secretário-Geral informará todos os Estados-Membros da Organização sobre a entrada em vigor da Convenção.

Artigo 75

Esta Convenção só pode ser objeto de reservas em conformidade com as disposições da Convenção de Viena sobre Direito dos Tratados, assinada em 23 de maio de 1969.

Artigo 76

1. Qualquer Estado-Parte, diretamente, e a Comissão ou a Corte, por intermédio do Secretário-Geral, podem submeter à Assembleia-Geral, para o que julgarem conveniente, proposta de emenda a esta Convenção.

2. As emendas entrarão em vigor para os Estados que ratificarem as mesmas na data em que houver sido depositado o respectivo instrumento de ratificação que corresponda ao número de dois terços dos Estados-Partes nesta Convenção. Quanto aos outros Estados-Partes, entrarão em vigor na data em que depositarem eles os seus respectivos instrumentos de ratificação.

Artigo 77

1. De acordo com a faculdade estabelecida no artigo 31, qualquer Estado-Parte e a Comissão podem submeter à consideração dos Estados-Partes reunidos por ocasião da Assembleia-Geral, projetos de protocolos adicionais a esta Convenção, com a finalidade de incluir progressivamente no regime de proteção da mesma outros direitos e liberdades.

2. Cada protocolo deve estabelecer as modalidades de sua entrada em vigor e será aplicado somente entre os Estados-Partes no mesmo.

Artigo 78

1. Os Estados-Partes poderão denunciar esta Convenção depois de expirado um prazo de cinco anos, a partir da data de entrada em vigor da mesma e mediante aviso prévio de um ano, notificando o Secretário-Geral da Organização, o qual deve informar as outras Partes.

2. Tal denúncia não terá o efeito de desligar o Estado-Parte interessado das obrigações contidas nesta Convenção, no que diz respeito a qualquer ato que, podendo constituir violação dessas obrigações, houver sido cometido por ele anteriormente à data na qual a denúncia produzir efeito.

Capítulo XI

DISPOSIÇÕES TRANSITÓRIAS

Seção 1

COMISSÃO INTERAMERICANA DE DIREITOS HUMANOS

Artigo 79

Ao entrar em vigor esta Convenção, o Secretário-Geral pedirá por escrito a cada Estado-Membro da Organização que apresente, dentro de um prazo de noventa dias, seus candidatos a membro da Comissão Interamericana de Direitos Humanos. O Secretário-Geral preparará uma lista por ordem alfabética dos candidatos apresentados e a encaminhará aos Estados-Membros da Organização pelo menos trinta dias antes da Assembleia-Geral seguinte.

Artigo 80

A eleição dos membros da Comissão far-se-á dentre os candidatos que figurem na lista a que se refere o artigo 79, por votação secreta da Assembleia-Geral, e serão declarados eleitos os candidatos que obtiverem maior número de votos e a maioria absoluta dos votos dos representantes dos Estados-Membros. Se, para eleger todos os membros da Comissão, for necessário realizar várias votações, serão eliminados sucessivamente, na forma que for determinada pela Assembleia-Geral, os candidatos que receberem menor número de votos.

Seção 2

CORTE INTERAMERICANA DE DIREITOS HUMANOS

Artigo 81

Ao entrar em vigor esta Convenção, o Secretário-Geral solicitará por escrito a cada Estado-Parte que apresente, dentro de um prazo de noventa dias, seus candidatos a juiz da Corte Interamericana de Direitos Humanos. O Secretário-Geral preparará uma lista por ordem alfabética dos candidatos apresentados e a encaminhará aos Estados-Partes pelo menos trinta dias antes da Assembleia-Geral seguinte.

Artigo 82

A eleição dos juízes da Corte far-se-á dentre os candidatos que figurem na lista a que se refere o artigo 81, por votação secreta dos Estados-Partes, na Assembleia-Geral, e serão declarados eleitos os candidatos que obtiverem maior número de votos e a maioria absoluta dos votos dos representantes dos Estados-Partes. Se, para eleger todos os juízes da Corte, for necessário realizar várias votações, serão eliminados sucessivamente, na forma que for determinada pelos Estados-Partes, os candidatos que receberem menor número de votos.

Em fé do que, os plenipotenciários abaixo assinados, cujos plenos poderes foram encontrados em boa e devida forma, assinam esta Convenção, que se denominará "Pacto de São José da Costa Rica", na cidade de São José, Costa Rica, em vinte e dois de novembro de mil novecentos e sessenta e nove.

DECLARAÇÕES E RESERVAS

DECLARAÇÃO DO CHILE

A Delegação do Chile apõe sua assinatura a esta Convenção, sujeita à sua posterior aprovação parlamentar e ratificação, em conformidade com as normas constitucionais vigentes.

DECLARAÇÃO DO EQUADOR

A Delegação do Equador tem a honra de assinar a Convenção Americana sobre Direitos Humanos. Não crê necessário especificar reserva alguma, deixando a salvo tão somente a faculdade geral constante da mesma Convenção, que deixa aos governos a liberdade de ratificá-la.

RESERVA DO URUGUAI

O artigo 80, parágrafo 2º, da Constituição da República Oriental do Uruguai, estabelece que se suspende a cidadania "pela condição de legalmente processado em causa criminal de que possa resultar pena de penitenciária". Essa limitação ao exercício dos direitos reconhecidos no artigo 23 da Convenção não está prevista entre as circunstâncias que a tal respeito prevê o parágrafo 2 do referido artigo 23, motivo por que a Delegação do Uruguai formula a reserva pertinente.

Em fé do que, os plenipotenciários abaixo-assinados, cujos plenos poderes foram encontrados em boa e devida forma, assinam esta Convenção, que se denominará "Pacto de São José da Costa Rica", na cidade de São José, Costa Rica, em vinte e dois de novembro de mil novecentos e sessenta e nove.

DECLARAÇÃO INTERPRETATIVA DO BRASIL

Ao depositar a Carta de Adesão à Convenção Americana sobre Direitos Humanos (Pacto de São José da Costa Rica), em 25 de setembro de 1992, o Governo brasileiro fez a seguinte declaração interpretativa sobre os artigos 43 e 48, alínea d:

"O Governo do Brasil entende que os artigos 43 e 48, alínea d, não incluem o direito automático de visitas e inspeções in loco da Comissão Interamericana de Direitos Humanos, as quais dependerão da anuência expressa do Estado."

CONVENÇÃO CONTRA A TORTURA E OUTROS TRATAMENTOS OU PENAS CRUÉIS, DESUMANOS OU DEGRADANTES

▶ Adotada pela Res. nº 39/1946 da Assembleia-Geral das Nações Unidas em 10-12-1984. Aprovada no Brasil pelo Dec. Legislativo nº 4, de 23-5-1989, e promulgada pelo Dec. nº 40, de 15-2-1991.

Os Estados-Partes na presente Convenção,

Considerando que, de acordo com os princípios proclamados pela Carta das Nações Unidas, o reconhecimento dos direitos iguais e inalienáveis de todos os membros da família humana é o fundamento da liberdade, da justiça e da paz no mundo,

Reconhecendo que esses direitos emanam da dignidade inerente à pessoa humana,

Considerando a obrigação que incumbe aos Estados, em virtude da Carta, em particular do artigo 55, de promover o respeito universal e a observância dos direitos humanos e das liberdades fundamentais,

Levando em conta o artigo 5º da Declaração Universal dos Direitos do Homem e o artigo 7º do Pacto Internacional sobre Direitos Civis e Políticos, que determinam que ninguém será sujeito a tortura ou a pena ou tratamento cruel, desumano ou degradante,

Levando também em conta a Declaração sobre a Proteção de Todas as Pessoas Contra a Tortura e Outros Tratamentos ou Penas Cruéis, Desumanos ou Degradantes, aprovada pela Assembleia-Geral em 9 de dezembro de 1975,

Desejosos de tornar mais eficaz a luta contra a tortura e outros tratamentos ou penas cruéis, desumanos ou degradantes em todo o mundo,

Acordam o seguinte:

Parte I

Artigo 1º

1. Para fins da presente Convenção, o termo "tortura" designa qualquer ato pelo qual dores ou sofrimentos agudos, físicos ou mentais, são infligidos intencionalmente a uma pessoa a fim de obter, dela ou de terceira pessoa, informações ou confissões; de castigá-la por ato que ela ou terceira pessoa tenha cometido ou seja suspeita de ter cometido; de intimidar ou coagir esta pessoa ou outras pessoas; ou por qualquer motivo baseado em discriminação de qualquer natureza; quando tais dores ou sofrimentos são infligidos por um funcionário público ou outra pessoa no exercício de funções públicas, ou por sua instigação, ou com o seu consentimento ou aquiescência. Não se considerará como tortura as dores ou sofrimentos que sejam consequência unicamente de sanções legítimas, ou que sejam inerentes a tais sanções ou delas decorram.

2. O presente artigo não será interpretado de maneira a restringir qualquer instrumento internacional ou legislação nacional que contenha ou possa conter dispositivos de alcance mais amplo.

Artigo 2º

1. Cada Estado tomará medidas eficazes de caráter legislativo, administrativo, judicial ou de outra natureza, a fim de impedir a prática de atos de tortura em qualquer território sob sua jurisdição.

2. Em nenhum caso poderão invocar-se circunstâncias excepcionais, como ameaça ou estado de guerra, instabilidade política interna ou qualquer outra emergência pública, como justificação para a tortura.

3. A ordem de um funcionário superior ou de uma autoridade pública não poderá ser invocada como justificação para a tortura.

Artigo 3º

1. Nenhum Estado-Parte procederá à expulsão, devolução ou extradição de uma pessoa para outro Estado, quando houver razões substanciais para crer que a mesma corre perigo de ali ser submetida a tortura.

2. A fim de determinar a existência de tais razões, as autoridades competentes levarão em conta todas as considerações pertinentes, inclusive, se for o caso, a existência, no Estado em questão, de um quadro de violações sistemáticas, graves e maciças de direitos humanos.

Artigo 4º

1. Cada Estado-Parte assegurará que todos os atos de tortura sejam considerados crimes segundo a sua legislação penal. O mesmo aplicar-se-á à tentativa de tortura e a todo ato de qualquer pessoa que constitua cumplicidade ou participação na tortura.

2. Cada Estado-Parte punirá esses crimes com penas adequadas que levem em conta a sua gravidade.

Artigo 5º

1. Cada Estado-Parte tomará as medidas necessárias para estabelecer sua jurisdição sobre os crimes previstos no artigo 4º, nos seguintes casos:

a) quando os crimes tenham sido cometidos em qualquer território sob sua jurisdição ou a bordo de navio ou aeronave registrada no Estado em questão;
b) quando o suposto autor for nacional do Estado em questão;
c) quando a vítima for nacional do Estado em questão e este o considerar apropriado.

2. Cada Estado-Parte tomará também as medidas necessárias para estabelecer sua jurisdição sobre tais crimes, nos casos em que o suposto autor se encontre em qualquer território sob sua jurisdição e o Estado não o extradite, de acordo com o artigo 8º, para qualquer dos Estados mencionados no parágrafo 1 do presente artigo.

3. Esta Convenção não exclui qualquer jurisdição criminal exercida de acordo com o direito interno.

Artigo 6º

1. Todo Estado-Parte em cujo território se encontre uma pessoa suspeita de ter cometido qualquer dos crimes mencionados no artigo 4º, se considerar, após o exame das informações de que dispõe, que as circunstâncias o justificam, procederá à detenção de tal pessoa ou tomará outras medidas legais para assegurar sua presença. A detenção e outras medidas legais serão tomadas de acordo com a lei do Estado, mas vigorarão apenas pelo tempo necessário ao início do processo penal ou de extradição.

2. O Estado em questão procederá imediatamente a uma investigação preliminar dos fatos.

3. Qualquer pessoa detida de acordo com o parágrafo 1 terá asseguradas facilidades para comunicar-se imediatamente com o representante mais próximo do Estado de que é nacional ou, se for apátrida, com o representante de sua residência habitual.

4. Quando o Estado, em virtude deste artigo, houver detido uma pessoa, notificará imediatamente os Estados mencionados no artigo 5º, parágrafo 1, sobre tal detenção e sobre as circunstâncias que a justificam. O

Estado que proceder à investigação preliminar, a que se refere o parágrafo 2 do presente artigo, comunicará sem demora os resultados aos Estados antes mencionados e indicará se pretende exercer sua jurisdição.

Artigo 7º

1. O Estado-Parte no território sob a jurisdição do qual o suposto autor de qualquer dos crimes mencionados no artigo 4º for encontrado, se não o extraditar, obrigar-se-á, nos casos contemplados no artigo 5º, a submeter o caso às suas autoridades competentes para o fim de ser o mesmo processado.

2. As referidas autoridades tomarão sua decisão de acordo com as mesmas normas aplicáveis a qualquer crime de natureza grave, conforme a legislação do referido Estado. Nos casos previstos no parágrafo 2 do artigo 5º, as regras sobre prova para fins de processo e condenação não poderão de modo algum ser menos rigorosas do que as que se aplicarem aos casos previstos no parágrafo 1 do artigo 5º.

3. Qualquer pessoa processada por qualquer dos crimes previstos no artigo 4º receberá garantias de tratamento justo em todas as fases do processo.

Artigo 8º

1. Os crimes que se refere o artigo 4º serão considerados como extraditáveis em qualquer tratado de extradição existente entre os Estados-Partes. Os Estados-Partes obrigar-se-ão a incluir tais crimes como extraditáveis em todo tratado de extradição que vierem a concluir entre si.

2. Se um Estado-Parte que condiciona a extradição à existência do tratado receber um pedido de extradição por parte de outro Estado-Parte com o qual não mantém tratado de extradição, poderá considerar a presente Convenção como base legal para a extradição com respeito a tais crimes. A extradição sujeitar-se-á às outras condições estabelecidas pela lei do Estado que receber a solicitação.

3. Os Estados-Partes que não condicionam a extradição à existência de um tratado reconhecerão, entre si, tais crimes como extraditáveis, dentro das condições estabelecidas pela lei do Estado que receber a solicitação.

4. O crime será considerado, para o fim de extradição entre os Estados-Partes, como se tivesse ocorrido não apenas no lugar em que ocorreu mas também nos territórios dos Estados chamados a estabelecerem, sua jurisdição de acordo com o parágrafo1 do artigo 5º.

Artigo 9º

1. Os Estados-Partes prestarão entre si a maior assistência possível, em relação aos procedimentos criminais instaurados relativamente a qualquer dos delitos mencionados no artigo 4º, inclusive no que diz respeito ao fornecimento de todos os elementos de prova necessários para o processo que estejam em seu poder.

2. Os Estados-Partes cumprirão as obrigações decorrentes do parágrafo 1 do presente artigo, conforme quaisquer tratados de assistência judiciária recíproca existentes entre si.

Artigo 10

1. Cada Estado-Parte assegurará que o ensino e a informação sobre a proibição da tortura sejam plenamente incorporados no treinamento do pessoal civil ou militar encarregado da aplicação da lei, do pessoal médico, dos funcionários públicos e de quaisquer outras pessoas que possam participar da custódia, interrogatório ou tratamento de qualquer pessoa submetida a qualquer forma de prisão, detenção ou reclusão.

2. Cada Estado-Parte incluirá a referida proibição nas normas ou instruções relativas aos deveres e funções de tais pessoas.

Artigo 11

Cada Estado-Parte manterá sistematicamente sob exame as normas, instruções, métodos e práticas de interrogatório, bem como as disposições sobre a custódia e o tratamento das pessoas submetidas, em qualquer território sob a sua jurisdição, a qualquer forma de prisão, detenção ou reclusão, com vistas a evitar qualquer caso de tortura.

Artigo 12

Cada Estado-Parte assegurará que suas autoridades competentes procederão imediatamente a uma investigação imparcial, sempre que houver motivos razoáveis para crer que um ato de tortura tenha sido cometido em qualquer território sob sua jurisdição.

Artigo 13

Cada Estado-Parte assegurará, a qualquer pessoa que alegue ter sido submetida a tortura em qualquer território sob sua jurisdição, o direito de apresentar queixa perante as autoridades competentes do referido Estado, que procederão imediatamente e com imparcialidade ao exame do seu caso. Serão tomadas medidas para assegurar a proteção dos queixosos e das testemunhas contra qualquer mau tratamento ou intimidação, em consequência da queixa apresentada ou do depoimento prestado.

Artigo 14

1. Cada Estado-Parte assegurará em seu sistema jurídico, à vítima de um ato de tortura, o direito à reparação e a à indenização justa e adequada, incluídos os meios necessários para a mais completa reabilitação possível. Em caso de morte da vítima como resultado de um ato de tortura, seus dependentes terão direito a indenização.

2. O disposto no presente artigo não afetará qualquer direito a indenização que a vítima ou outra pessoa possam ter em decorrência das leis nacionais.

Artigo 15

Cada Estado-Parte assegurará que nenhuma declaração que se demonstre ter sido prestada como resultado de tortura possa ser invocada como prova em qualquer processo, salvo contra uma pessoa acusada de tortura como prova de que a declaração foi prestada.

Artigo 16

1. Cada Estado-Parte se comprometerá a proibir, em qualquer território sob a sua jurisdição, outros atos que constituam tratamentos ou penas cruéis, desumanos ou degradantes que não constituam tortura tal como definida no artigo 1º, quando tais atos forem cometidos por funcionário público ou outra pessoa no exercício de funções públicas, ou por sua instigação, ou com o seu consentimento ou aquiescência. Aplicar-se-ão, em particular, as obrigações mencionadas nos artigos 10, 11, 12 e 13, com a substituição das referências a

outras formas de tratamentos ou penas cruéis, desumanos ou degradantes.

2. Os dispositivos da presente Convenção não serão interpretados de maneira a restringir os dispositivos de qualquer outro instrumento internacional ou lei nacional que proíba os tratamentos ou penas cruéis, desumanos ou degradantes ou que se refira à extradição ou expulsão.

Parte II

Artigo 17

1. Constituir-se-á um Comitê contra a Tortura (doravante denominado o "Comitê"), que desempenhará as funções descritas adiante. O Comitê será composto por dez peritos de elevada reputação moral e reconhecida competência em matéria de direitos humanos, os quais exercerão suas funções a título pessoal. Os peritos serão eleitos pelos Estados-Partes, levando em conta uma distribuição geográfica equitativa e a utilidade da participação de algumas pessoas com experiência jurídica.

2. Os membros do Comitê serão eleitos em votação secreta, dentre uma lista de pessoas indicadas pelos Estados-Partes. Cada Estado-Parte pode indicar uma pessoa dentre os seus nacionais. Os Estados-Partes terão presente a utilidade da indicação de pessoas que sejam também membros do Comitê de Direitos Humanos, estabelecido de acordo com o Pacto Internacional dos Direitos Civis e Políticos, e que estejam dispostas a servir no Comitê contra a Tortura.

3. Os membros do Comitê serão eleitos em reuniões bienais dos Estados-Partes convocados pelo Secretário Geral das Nações Unidas. Nestas reuniões, nas quais o *quorum* será estabelecido por dois terços dos Estados-Partes, serão eleitos membros do Comitê os candidatos que obtiverem o maior número de votos e a maioria absoluta dos votos representantes dos Estados-Partes presentes e votantes.

4. A primeira eleição se realizará no máximo seis meses após a data da entrada em vigor da presente Convenção. Ao menos quatro meses antes da data de cada eleição, o Secretário Geral da Organização das Nações Unidas enviará uma carta aos Estados-Partes, para convidá-los a apresentar suas candidaturas, no prazo de três meses. O Secretário Geral da Organização das Nações Unidas organizará uma lista por ordem alfabética de todos os candidatos assim designados, com indicações dos Estados-Partes que os tiverem designado, e a comunicará aos Estados-Partes.

5. Os membros do Comitê serão eleitos para um mandato de quatro anos. Poderão, caso suas candidatura sejam apresentadas novamente, ser reeleitos. Entretanto, o mandato de cinco dos membros eleitos na primeira eleição expirará ao final de dois anos; imediatamente após a primeira eleição, o presidente da reunião a que se refere o parágrafo 3 do presente artigo indicará, por sorteio, os nomes desses cinco membros.

6. Se um membro do Comitê vier a falecer, a demitir-se de suas funções ou, por outro motivo qualquer, não puder cumprir com suas obrigações no Comitê, o Estado-Parte que apresentou sua candidatura indicará, entre seus nacionais, outro perito para cumprir o restante de seu mandato, sendo que a referida indicação estará sujeita à aprovação, a menos que a metade ou mais dos Estados-Partes venham a responder negativamente dentro de um prazo de seis semanas, a contar do momento em que o Secretário Geral das Nações Unidas lhes houver comunicado a candidatura proposta.

7. Correrão por conta dos Estados-Partes as despesas em que vierem a incorrer os membros do Comitê no desempenho de suas funções no referido órgão.

Artigo 18

1. O Comitê elegerá sua Mesa para um período de dois anos. Os membros da Mesa poderão ser reeleitos.

2. O próprio Comitê estabelecerá suas regras de procedimento: estas, contudo deverão conter, entre outras, as seguintes disposições:
a) o *quorum* será de seis membros.
b) as decisões do Comitê serão tomadas por maioria dos votos dos membros presentes.

3. O Secretário Geral da Organização das Nações Unidas colocará à disposição do Comitê o pessoal e os serviços necessários ao desempenho eficaz das funções que lhe são atribuídas em virtude da presente Convenção.

4. O Secretário Geral da Organização das Nações Unidas convocará a primeira reunião do Comitê. Após a primeira reunião, o Comitê deverá reunir-se em todas as ocasiões previstas em suas regras de procedimento.

5. Os Estados-Partes serão responsáveis pelos gastos vinculados à realização das reuniões dos Estados-Partes e do Comitê, inclusive o reembolso de quaisquer gastos, tais como os de pessoal e de serviços, em que incorrerem as Nações Unidas, em conformidade com o parágrafo 3 do presente artigo.

Artigo 19

1. Os Estados-Partes submeterão ao Comitê, por intermédio do Secretário Geral das Nações Unidas, relatórios sobre as medidas por eles adotadas no cumprimento das obrigações assumidas, em virtude da presente Convenção, no Estado-Parte interessado. A partir de então, os Estados-Partes deverão apresentar relatórios suplementares a cada quatro anos, sobre todas as novas disposições que houverem adotado, bem como outros relatórios que o Comitê vier a solicitar.

2. O Secretário Geral das Nações Unidas transmitirá os relatórios a todos os Estados-Partes.

3. Cada relatório será examinado pelo Comitê, que poderá fazer os comentários gerais que julgar oportunos e os transmitirá ao Estado-Parte interessado. Este poderá, em resposta ao Comitê, comunicar-lhe todas as observações que deseje formular.

4. O Comitê poderá, a seu critério, tomar a decisão de incluir qualquer comentário que houver feito, de acordo com o que estipula o parágrafo 3 do presente artigo, junto com as observações conexas recebidas do Estado-Parte interessado, em seu relatório anual que apresentará, em conformidade com o artigo 24. Se assim o cogitar o Estado-Parte interessado, o Comitê poderá também incluir cópia do relatório apresentado, em virtude do parágrafo 1 do presente artigo.

Artigo 20

1. O Comitê, no caso de vir a receber informações fidedignas que lhe pareçam indicar, de forma fundamentada, que a tortura é praticada sistematicamente no território de um Estado-Parte, convidará o Estado-Parte em questão a cooperar no exame das informações e, nesse sentido, a transmitir ao Comitê as observações que julgar pertinentes.

2. Levando em consideração todas as observações que houver apresentado o Estado-Parte interessado, bem como quaisquer outras informações pertinentes de que dispuser, o Comitê poderá, se lhe parecer justificável, designar um ou vários de seus membros para que procedam a uma investigação confidencial e informem urgentemente o Comitê.

3. No caso de realizar-se uma investigação nos termos do parágrafo 2 do presente artigo, o Comitê procurará obter a colaboração do Estado-Parte interessado. Com a concordância do Estado-Parte em questão, a investigação poderá incluir uma visita ao seu território.

4. Depois de haver examinado as conclusões apresentadas por um ou vários de seus membros, nos termos do parágrafo 2 do presente artigo, o Comitê as transmitirá ao Estado-Parte interessado, junto com as observações ou sugestões que considerar pertinentes, em vista da situação.

5. Todos os trabalhos do Comitê a que se faz referência nos parágrafos 1 ao 4 do presente artigo serão confidenciais e, em todas as etapas dos referidos trabalhos, procurar-se-á obter a cooperação do Estado-Parte. Quando estiverem concluídos os trabalhos relacionados com uma investigação realizada de acordo com o parágrafo 2, o Comitê poderá, após celebrar consultas com o Estado-Parte interessado, tomar a decisão de incluir um resumo dos resultados da investigação em seu relatório anual, que apresentará em conformidade com o artigo 24.

Artigo 21

1. Com base no presente artigo, todo Estado-Parte na presente Convenção poderá declarar, a qualquer momento, que reconhece a competência do Comitê para receber e examinar as comunicações em que um Estado-Parte alegue que outro Estado-Parte não vem cumprindo as obrigações que lhe impõe a Convenção. As referidas comunicações só serão recebidas e examinadas nos termos do presente artigo, no caso de serem apresentadas por um Estado-Parte que houver feito uma declaração em que reconheça, com relação a si próprio, a competência do Comitê. O Comitê não receberá comunicação alguma relativa a um Estado-Parte que não houver feito uma declaração dessa natureza. As comunicações recebidas em virtude do presente artigo estarão sujeitas ao procedimento que segue:

a) se um Estado-Parte considerar que outro Estado-Parte não vem cumprindo as disposições da presente Convenção poderá, mediante comunicação escrita, levar a questão a conhecimento deste Estado-Parte. Dentro do prazo de três meses, a contar da data de recebimento da comunicação, o Estado destinatário fornecerá ao Estado que enviou a comunicação explicações e quaisquer outras declarações por escrito que esclareçam a questão as quais deverão fazer referência, até onde seja possível e pertinente, aos procedimentos nacionais e aos recursos jurídicos adotados, em trâmite ou disponíveis sobre a questão.

b) se, dentro do prazo de seis meses, a contar da data do recebimento da comunicação original pelo Estado destinatário, a questão não estiver dirimida satisfatoriamente para amos os Estados-Partes interessados, tanto um como o outro terão o direito de submetê-lo ao Comitê, mediante notificação endereçada ao Comitê ou ao outro Estado interessado.

c) o Comitê tratará de todas as questões que se lhe submetam em virtude do presente artigo, somente após ter-se assegurado de que todos os recursos internos disponíveis tenham sido utilizados e esgotados, em conformidade com os princípios do Direito Internacional geralmente reconhecidos. Não se aplicará essa regra quando a aplicação dos mencionados recursos se prolongar injustificadamente ou quando não for provável que a aplicação de tais recursos venha a melhorar realmente a situação da pessoa que seja vítima de violação da presente Convenção.

d) o Comitê realizará reuniões confidenciais quando estiver examinando as comunicações previstas no presente artigo.

e) sem prejuízo das disposições da alínea c, o Comitê colocará seus bons ofícios à disposição dos Estados-Partes interessados no intuito de alcançar uma solução amistosa para a questão, baseada no respeito às obrigações estabelecidas na presente Convenção. Com vistas a atingir estes objetivos, o Comitê poderá constituir, se julgar conveniente, uma comissão de conciliação *ad hoc*.

f) em todas as questões que se lhe submetam em virtude do presente artigo, o Comitê poderá solicitar aos Estados-Partes interessados, a que se faz referência na alínea a, que lhe forneçam quaisquer informações pertinentes.

g) os Estados-Partes interessados, a que se faz referência na alínea b, terão o direito de fazer-se representar quando as questões forem examinadas no Comitê e de apresentar suas observações verbalmente e/ou por escrito.

h) o Comitê, dentro dos doze meses seguintes à data do recebimento da notificação mencionada na alínea b, apresentará relatório em que:

   i) se houver sido alcançada uma solução nos termos da alínea e, o Comitê restringir-se-á, em seu relatório, a uma breve exposição dos fatos e a de solução alcançada

   ii) se não houver sido alcançada solução alguma nos termos da alínea c, o Comitê restringir-se-á, em seu relatório, a uma breve exposição dos fatos, serão anexados ao relatório o texto das observações escritas e das atas das observações orais apresentadas pelos Estados-Partes interessados. Para cada questão, o relatório será encaminhado aos Estados-Partes interessados.

2. As disposições do presente artigo entrarão em vigor a partir do momento em que cinco Estados-Partes no presente Pacto houverem feito as declarações mencionadas no parágrafo 1 deste artigo. As referidas declarações serão depositadas pelos Estados-Partes junto ao Secretário Geral da Organização das Nações Unidas,

que enviará cópia das mesmas aos demais Estados-Partes. Toda declaração poderá ser retira, a qualquer momento, mediante notificação endereçada ao Secretário Geral. Far-se-á essa retira sem prejuízo do exame de quaisquer questões que constituam objeto de uma comunicação já transmitida nos termos deste artigo, em virtude do presente artigo, não se receberá qualquer nova comunicação de um Estado-Parte, uma vez que o Secretário Geral haja recebido a notificação sobre a retirada da declaração, a menos que o Estado-Parte interessado haja feito uma nova declaração.

Artigo 22

1. Todo Estado-Parte na presente Convenção poderá declarar, em virtude do presente artigo, a qualquer momento, que reconhece a competência do Comitê para receber e examinar as comunicações enviadas por pessoas sob sua jurisdição, ou em nome delas, que aleguem ser vítimas de violação, por um Estado-Parte, das disposições da Convenção. O Comitê não receberá comunicação alguma relativa a um Estado-Parte que não houver feito declaração dessa natureza.

2. O Comitê considerará inadmissível qualquer comunicação recebida em conformidade com o presente artigo que seja anônima, ou que, a seu juízo, constitua abuso do direito de apresentar as referidas comunicações, ou que seja incompatível com as disposições da presente Convenção.

3. Sem prejuízo do disposto no parágrafo 2, o Comitê levará todas as comunicações apresentadas, em conformidade com este artigo, ao conhecimento do Estado-Parte na presente Convenção que houver feito uma declaração nos termos do parágrafo 1 e sobre o qual se alegue ter violado qualquer disposição da Convenção. Dentro dos seis meses seguintes, o Estado destinatário submeterá ao Comitê as explicações ou declarações por escrito que elucidem a questão e, se for o caso, que indiquem o recurso jurídico adotado pelo Estado em questão.

4. O Comitê examinará as comunicações recebidas em conformidade com o presente artigo, à luz de todas as informações a ele submetidas pela pessoa interessada, ou em nome dela, e pelo Estado-Parte interessado.

5. O Comitê não examinará comunicação alguma de uma pessoa, nos termos do presente artigo, sem que haja assegurado que:

a) a mesma questão não foi, nem está sendo, examinada perante outra instância internacional de investigação ou solução;

b) a pessoa em questão esgotou todos os recursos jurídicos internos disponíveis; não se aplicará esta regra quando a aplicação dos mencionados recursos se prolongar injustificadamente, ou, quando não for provável que a aplicação de tais recursos venha a melhorar realmente a situação da pessoa que seja vítima de violação da presente Convenção.

6. O Comitê realizará reuniões confidenciais quando estiver examinando as comunicações previstas no presente artigo.

7. O Comitê comunicará seu parecer ao Estado-Parte e à pessoa em questão.

8. As disposições do presente artigo entrarão em vigor a partir do momento em que cinco Estados-Partes na presente Convenção houverem feito as declarações mencionadas no parágrafo 1 deste artigo. As referidas declarações serão depositadas pelos Estados-Partes junto ao Secretário Geral das Nações Unidas, que enviará cópia das mesmas aos demais Estados-Partes. Toda declaração poderá ser retirada, a qualquer momento, mediante notificação endereçada ao Secretário Geral. Far-se-á essa retirada sem prejuízo do exame de quaisquer questões que constituam objeto de uma comunicação já transmitida nos termos deste artigo; em virtude do presente artigo, não se receberá qualquer nova comunicação de uma pessoa, ou em nome dela, uma vez que o Secretário Geral haja recebido a notificação sobre a retirada da declaração, a menos que o Estado-Parte interessado haja feito uma nova declaração.

Artigo 23

Os membros do Comitê e os membros das comissões de conciliação *ad hoc* designados nos termos da alínea e do parágrafo 1 do artigo 21 terão direito às facilidades, privilégios e imunidades que se concedem aos peritos no desempenho de missões para a Organização das Nações Unidas, em conformidade com as seções pertinentes da Convenção sobre Privilégios e Imunidades das Nações Unidas.

Artigo 24

O Comitê apresentará em virtude da presente Convenção, um relatório anual sobre as suas atividades aos Estados-Partes e à Assembleia-Geral das Nações Unidas.

Parte III

Artigo 25

1. A presente Convenção está aberta à assinatura de todos os Estados.

2. A presente Convenção está sujeita à ratificação. Os instrumentos de ratificação serão depositados junto ao Secretário Geral da Organização das Nações Unidas.

Artigo 26

A presente Convenção está aberta à adesão de todos os Estados. Far-se-á a adesão mediante depósito do instrumento de adesão junto ao Secretário Geral das Nações Unidas.

Artigo 27

1. A presente Convenção entrará em vigor no trigésimo dia a contar da data em que o vigésimo instrumento de ratificação ou adesão houver sido depositado junto ao Secretário Geral das Nações Unidas.

2. Para os Estados que vierem a ratificar a presente Convenção ou a ela aderirem após o depósito do vigésimo instrumento de ratificação ou adesão, a Convenção entrará em vigor no trigésimo dia a contar da data em que o Estado em questão houver depositado seu instrumento de ratificação ou adesão.

Artigo 28

1. Cada Estado-Parte poderá declarar, por ocasião da assinatura ou ratificação da presente Convenção ou da adesão a ela, que não reconhece a competência do Comitê quanto ao disposto no artigo 20.

2. Todo Estado-Parte na presente Convenção que houver formulado reserva em conformidade com o pará-

grafo 1 do presente artigo, poderá a qualquer momento tornar sem efeito essa reserva, mediante notificação endereçada ao Secretário Geral das Nações Unidas.

Artigo 29

1. Todo Estado-Parte na presente Convenção poderá propor emendas e depositá-las junto ao Secretário Geral da Organização das Nações Unidas. O Secretário Geral comunicará todas as propostas de emendas aos Estados-Partes, pedindo-lhes que o notifiquem se desejam que se convoque uma conferência dos Estados-Partes destinada a examinar as propostas e submetê-las a votação. Dentro dos quatro meses seguintes à data da referida comunicação, se pelo menos um terço dos Estados-Partes se manifestar a favor da referida convocação, o Secretário Geral convocará a conferência sob os auspícios da Organização das Nações Unidas. Toda emenda adotada pela maioria dos Estados-Partes presentes e votantes na conferência será submetida pelo Secretário Geral à aceitação de todos os Estados-Partes.

2. Toda emenda adotada nos termos da disposição do parágrafo 1 do presente artigo entrará em vigor assim que dois terços dos Estados-Partes na presente Convenção houverem notificado o Secretário Geral das Nações Unidas de que a aceitaram, em conformidade com seus respectivos procedimentos constitucionais.

3. Quando entrarem em vigor, as emendas serão obrigatórias para os Estados-Partes que as aceitaram, ao passo que os demais Estados-Partes permanecem obrigados pelas disposições da Convenção e pelas emendas anteriores por eles aceitas.

Artigo 30

1. As controvérsias entre dois ou mais Estados-Partes, com relação à interpretação ou aplicação da presente Convenção, que não puderem ser dirimidas por meio de negociação, serão, a pedido de um deles, submetidas à arbitragem. Se, durante os seis meses seguintes à data do pedido de arbitragem, as partes não lograrem pôr-se de acordo quanto aos termos do compromisso de arbitragem, qualquer das parte poderá submeter a controvérsia à Corte Internacional de Justiça, mediante solicitação feita em conformidade com o Estatuto da Corte.

2. Cada Estado-Parte poderá declarar, por ocasião da assinatura ou ratificação da presente Convenção, que não se considera obrigado pelo parágrafo 1 deste artigo. Os demais Estados-Partes não estarão obrigados pelo referido parágrafo, com relação a qualquer Estado-Parte que houver formulado reserva dessa natureza.

3. Todo Estado-Parte que houver formulado reserva, em conformidade com o parágrafo 2 do presente artigo poderá, a qualquer momento, tornar sem efeito essa reserva, mediante notificação endereçada ao Secretário Geral das Nações Unidas.

Artigo 31

1. Todo Estado-Parte poderá denunciar a presente Convenção mediante notificação por escrito endereçada ao Secretário Geral das Nações Unidas. A denúncia produzirá efeitos um ano depois da data do recebimento da notificação pelo Secretário Geral.

2. A referida denúncia não eximirá o Estado-Parte das obrigações que lhe impõe a presente Convenção relativamente a qualquer ação ou omissão ocorrida antes da data em que a denúncia venha a produzir efeitos; a denúncia não acarretará, tampouco, a suspensão do exame de quaisquer questões que o Comitê já começara a examinar antes da data em que a denúncia veio a produzir efeitos.

3. A partir da data em que vier a produzir efeitos a denúncia de um Estado-Parte, o Comitê não dará início ao exame de qualquer nova questão referente ao Estado em apreço.

Artigo 32

O Secretário Geral da Organização das Nações Unidas comunicará a todos os Estados-Partes que assinaram a presente Convenção ou a ela aderiram:

a) as assinaturas, ratificações e adesões recebidas em conformidade com os artigos 25 e 26.

b) a data da entrada em vigor da Convenção, nos termos do artigo 27, e a data de entrada em vigor de quaisquer emendas, nos termos do artigo 29.

c) as denúncias recebidas em conformidade com o artigo 31.

Artigo 33

1. A presente Convenção, cujos textos em árabe, chinês, espanhol, francês, inglês e russo são igualmente autênticos, será depositada junto ao Secretário Geral das Nações Unidas.

2. O Secretário Geral da Organização das Nações Unidas encaminhará cópias autenticadas da presente Convenção a todos os Estados.

CONVENÇÃO INTERAMERICANA CONTRA O TERRORISMO

▶ Assinada em Barbados, em 3-6-2002, foi ratificada pelo governo brasileiro em 25-10-2005. Entrou em vigor internacional em 10-7-2003 e, para o Brasil, em 24-11-2005. No Brasil, foi aprovada pelo Dec. Legislativo nº 890, de 1º-9-2005 e promulgada pelo Dec. nº 5.639, de 26-12-2005.

Os Estados-Partes nesta Convenção,

Tendo presente os propósitos e princípios da Carta da Organização dos Estados Americanos e da Carta das Nações Unidas;

Considerando que o terrorismo constitui uma grave ameaça para os valores democráticos e para a paz e a segurança internacionais e é causa de profunda preocupação para todos os Estados membros;

Reafirmando a necessidade de adotar no Sistema Interamericano medidas eficazes para prevenir, punir e eliminar o terrorismo mediante a mais ampla cooperação;

Reconhecendo que os graves danos econômicos aos Estados que podem resultar de atos terroristas são um dos fatores que reforçam a necessidade da cooperação e a urgência dos esforços para erradicar o terrorismo;

Reafirmando o compromisso dos Estados de prevenir, combater, punir e eliminar o terrorismo; e

Levando em conta a resolução RC.23/RES. 1/01 rev. 1 corr. 1, "Fortalecimento da cooperação hemisférica para prevenir, combater e eliminar o terrorismo", adotada na Vigésima Terceira Reunião de Consulta dos Ministros das Relações Exteriores,

Convieram no seguinte:

Artigo 1
Objeto e fins

Esta Convenção tem por objeto prevenir, punir e eliminar o terrorismo. Para esses fins, os Estados-Partes assumem o compromisso de adotar as medidas necessárias e fortalecer a cooperação entre eles, de acordo com o estabelecido nesta Convenção.

Artigo 2
Instrumentos internacionais aplicáveis

1. Para os propósitos desta Convenção, entende-se por "delito" aqueles estabelecidos nos instrumentos internacionais a seguir indicados:

a) Convenção para a Repressão do Apoderamento Ilícito de Aeronaves, assinada na Haia em 16 de dezembro de 1970.
b) Convenção para a Repressão de Atos Ilícitos contra a Segurança da Aviação Civil, assinada em Montreal em 23 de dezembro de 1971.
c) Convenção sobre a Prevenção e Punição de Crimes contra Pessoas que Gozam de Proteção Internacional, Inclusive Agentes Diplomáticos, adotada pela Assembleia-Geral das Nações Unidas em 14 de dezembro de 1973.
d) Convenção Internacional contra a Tomada de Reféns, adotada pela Assembleia-Geral das Nações Unidas em 17 de dezembro de 1979.
e) Convenção sobre a Proteção Física dos Materiais Nucleares, assinada em Viena em 3 de dezembro de 1980.
f) Protocolo para a Repressão de Atos Ilícitos de Violência nos Aeroportos que Prestem Serviços à Aviação Civil Internacional, complementar à Convenção para a Repressão de Atos Ilícitos contra a Segurança da Aviação Civil, assinado em Montreal em 24 de dezembro de 1988.
g) Convenção para a Supressão de Atos Ilegais contra a Segurança da Navegação Marítima, feita em Roma em 10 de dezembro de 1988.
h) Protocolo para a Supressão de Atos Ilícitos contra a Segurança das Plataformas Fixas Situadas na Plataforma Continental, feito em Roma em 10 de dezembro de 1988.
i) Convenção Internacional para a Supressão de Atentados Terroristas a Bomba, adotada pela Assembleia-Geral das Nações Unidas em 15 de dezembro de 1997.
j) Convenção Internacional para a Supressão do Financiamento do Terrorismo, adotada pela Assembleia-Geral das Nações Unidas em 9 de dezembro de 1999.

2. Ao depositar seu instrumento de ratificação desta Convenção, o Estado que não for parte de um ou mais dos instrumentos internacionais enumerados no parágrafo 1 deste artigo poderá declarar que, na aplicação desta Convenção a esse Estado-Parte, aquele instrumento não se considerará incluído no referido parágrafo. A declaração cessará em seus efeitos quando aquele instrumento entrar em vigor para o Estado-Parte, o qual notificará o depositário desse fato.

3. Quando deixe de ser parte de um dos instrumentos internacionais enumerados no parágrafo 1 deste artigo, um Estado-Parte poderá fazer uma declaração relativa àquele instrumento, em conformidade com o disposto no parágrafo 2 deste artigo.

Artigo 3
Medidas internas

Cada Estado-Parte, em conformidade com suas disposições constitucionais, esforçar-se-á para ser parte dos instrumentos internacionais enumerados no Artigo 2, dos quais ainda não seja parte e para adotar as medidas necessárias à sua efetiva aplicação, incluindo o estabelecimento em sua legislação interna de penas aos delitos aí contemplados.

Artigo 4
Medidas para prevenir, combater e erradicar o financiamento do terrorismo

1. Cada Estado-Parte, na medida em que não o tiver feito, deverá estabelecer um regime jurídico e administrativo para prevenir, combater e erradicar o financiamento do terrorismo e lograr uma cooperação internacional eficaz a respeito, a qual deverá incluir:

a) Um amplo regime interno normativo e de supervisão de bancos, outras instituições financeiras e outras entidades consideradas particularmente suscetíveis de ser utilizadas para financiar atividades terroristas. Este regime destacará os requisitos relativos à identificação de clientes, conservação de registros e comunicação de transações suspeitas ou incomuns.
b) Medidas de detecção e vigilância de movimentos transfronteiriços de dinheiro em efetivo, instrumentos negociáveis ao portador e outros movimentos relevantes de valores. Estas medidas estarão sujeitas a salvaguardas para garantir o devido uso da informação e não deverão impedir o movimento legítimo de capitais.
c) Medidas que assegurem que as autoridades competentes dedicadas ao combate dos delitos estabelecidos nos instrumentos internacionais enumerados no Artigo 2 tenham a capacidade de cooperar e intercambiar informações nos planos nacional e internacional, em conformidade com as condições prescritas no direito interno. Com essa finalidade, cada Estado-Parte deverá estabelecer e manter uma unidade de inteligência financeira que seja o centro nacional para coleta, análise e divulgação de informações relevantes sobre lavagem de dinheiro e financiamento do terrorismo. Cada Estado-Parte deverá informar o Secretário-Geral da Organização dos Estados Americanos sobre a autoridade designada como sua unidade de inteligência financeira.

2. Para a aplicação do parágrafo 1 deste artigo, os Estados-Partes utilizarão como diretrizes as recomendações desenvolvidas por entidades regionais ou internacionais especializadas, em particular, o Grupo de Ação Financeira (GAFI) e, quando for cabível, a Comissão Interamericana para o Controle do Abuso de Drogas (CICAD), o Grupo de Ação Financeira do Caribe (GAFIC) e o Grupo de Ação Financeira da América do Sul (GAFISUD).

Artigo 5
Embargo e confisco de fundos ou outros bens

1. Cada Estado-Parte, em conformidade com os procedimentos estabelecidos em sua legislação interna, adotará as medidas necessárias para identificar, congelar, embargar e, se for o caso, confiscar fundos ou outros bens que sejam produto da comissão ou tenham como propósito financiar ou tenham facilitado ou financiado a comissão de qualquer dos delitos estabelecidos nos instrumentos internacionais enumerados no Artigo 2 desta Convenção.

2. As medidas a que se refere o parágrafo 1 serão aplicáveis aos delitos cometidos tanto dentro como fora da jurisdição do Estado-Parte.

Artigo 6
Delitos prévios da lavagem de dinheiro

1. Cada Estado-Parte tomará as medidas necessárias para assegurar que sua legislação penal relativa ao delito da lavagem de dinheiro inclua como delitos prévios da lavagem de dinheiro os delitos estabelecidos nos instrumentos internacionais enumerados no Artigo 2 desta Convenção.

2. Os delitos prévios da lavagem de dinheiro a que se refere o parágrafo 1 incluirão aqueles cometidos tanto dentro como fora da jurisdição do Estado-Parte.

Artigo 7
Cooperação no âmbito fronteiriço

1. Os Estados-Partes, em conformidade com seus respectivos regimes jurídicos e administrativos internos, promoverão a cooperação e o intercâmbio de informações com o objetivo de aperfeiçoar as medidas de controle fronteiriço e aduaneiro para detectar e prevenir a circulação internacional de terroristas e o tráfico de armas ou outros materiais destinados a apoiar atividades terroristas.

2. Neste sentido, promoverão a cooperação e o intercâmbio de informações para aperfeiçoar seus controles de emissão dos documentos de viagem e identidade e evitar sua falsificação, adulteração ou utilização fraudulenta.

3. Essas medidas serão levadas a cabo sem prejuízo dos compromissos internacionais aplicáveis ao livre movimento de pessoas e à facilitação do comércio.

Artigo 8
Cooperação entre autoridades competentes para aplicação da lei

Os Estados-Partes colaborarão estreitamente, de acordo com seus respectivos ordenamentos legais e administrativos internos, a fim de fortalecer a efetiva aplicação da lei e combater os delitos estabelecidos nos instrumentos internacionais enumerados no Artigo 2. Neste sentido, estabelecerão e aperfeiçoarão, se necessário, os canais de comunicação entre suas autoridades competentes, a fim de facilitar o intercâmbio seguro e rápido de informações sobre todos os aspectos dos delitos estabelecidos nos instrumentos internacionais enumerados no Artigo 2 desta Convenção.

Artigo 9
Assistência judiciária mútua

Os Estados-Partes prestar-se-ão mutuamente a mais ampla e expedita assistência judiciária possível com relação à prevenção, investigação e processo dos delitos estabelecidos nos instrumentos internacionais enumerados no Artigo 2 e dos processos a eles relativos, em conformidade com os acordos internacionais aplicáveis em vigor. Na ausência de tais acordos, os Estados-Partes prestar-se-ão essa assistência de maneira expedita em conformidade com sua legislação interna.

Artigo 10
Translado de pessoas sob custódia

1. A pessoa que se encontrar detida ou cumprindo pena em um Estado-Parte e cuja presença seja solicitada em outro Estado-Parte para fins de prestar testemunho, ou de identificação, ou para ajudar na obtenção de provas necessárias para a investigação ou o processo de delitos estabelecidos nos instrumentos internacionais enumerados no Artigo 2, poderá ser transladada se forem atendidas as seguintes condições:

a) A pessoa dê livremente seu consentimento, uma vez informada; e

b) Ambos os Estados estejam de acordo, segundo as condições que considerem apropriadas.

2. Para os efeitos deste artigo:

a) O Estado a que a pessoa for transladada estará autorizado e obrigado a mantê-la sob detenção, a não ser que o Estado do qual foi transladada solicite ou autorize outra medida.

b) O Estado a que a pessoa for transladada cumprirá sem delonga sua obrigação de devolvê-la à custódia do Estado do qual foi transladada, em conformidade com o que as autoridades competentes de ambos os Estados tiverem acordado de antemão ou de outro modo.

c) O Estado a que a pessoa for transladada não poderá exigir do Estado do qual foi transladada que inicie procedimentos de extradição para sua devolução.

d) O tempo que a pessoa permanecer detida no Estado a que foi transladada será computado para fins de dedução da pena que está obrigada a cumprir no Estado do qual tiver sido transladada.

3. A menos que o Estado-Parte do qual uma pessoa vier a ser transladada em conformidade com este artigo esteja de acordo, esta pessoa, qualquer que seja sua nacionalidade, não será processada, detida ou submetida a qualquer outra restrição de sua liberdade pessoal no território do Estado a que seja transladada, por atos ou condenações anteriores à sua saída do território do Estado do qual foi transladada.

Artigo 11
Inaplicabilidade da exceção por delito político

Para os propósitos de extradição ou assistência judiciária mútua, nenhum dos delitos estabelecidos nos instrumentos internacionais enumerados no Artigo 2 será considerado delito político ou delito conexo com um delito político ou um delito inspirado por motivos políticos. Por conseguinte, não se poderá negar um pedido de extradição ou de assistência judiciária mútua pela única razão de que se relaciona com um delito político ou com um delito conexo com um delito político ou um delito inspirado por motivos políticos.

Artigo 12
Denegação da condição de refugiado

Cada Estado-Parte adotará as medidas cabíveis, em conformidade com as disposições pertinentes do direito interno e internacional, para assegurar que não se reconheça a condição de refugiado a pessoas com relação às quais haja motivos fundados para considerar que cometeram um delito estabelecido nos instrumentos internacionais enumerados no Artigo 2 desta Convenção.

Artigo 13
Denegação de asilo

Cada Estado-Parte adotará as medidas cabíveis, em conformidade com as disposições pertinentes do direito interno e internacional, a fim de assegurar que não se conceda asilo a pessoas com relação às quais existam motivos fundados para se considerar que cometeram um delito estabelecido nos instrumentos internacionais enumerados no Artigo 2 desta Convenção.

Artigo 14
Não discriminação

Nenhuma das disposições desta Convenção será interpretada como imposição da obrigação de prestar assistência judiciária mútua se o Estado-Parte requerido tiver razões fundadas para crer que o pedido foi feito com o fim de processar ou punir uma pessoa por motivos de raça, religião, nacionalidade, origem étnica ou opinião política, ou se o cumprimento do pedido for prejudicial à situação dessa pessoa por qualquer destas razões.

Artigo 15
Direitos humanos

1. As medidas adotadas pelos Estados-Partes em decorrência desta Convenção serão levadas a cabo com pleno respeito ao Estado de Direito, aos direitos humanos e às liberdades fundamentais.

2. Nada do disposto nesta Convenção será interpretado no sentido de desconsiderar outros direitos e obrigações dos Estados e das pessoas, nos termos do direito internacional, em particular a Carta das Nações Unidas, a Carta da Organização dos Estados Americanos, o direito internacional humanitário, o direito internacional dos direitos humanos e o direito internacional dos refugiados.

3. A toda pessoa que estiver detida ou com relação à qual se adote quaisquer medidas ou que estiver sendo processada nos termos desta Convenção será garantido um tratamento justo, inclusive o gozo de todos os direitos e garantias em conformidade com a legislação do Estado em cujo território se encontre e com as disposições pertinentes do direito internacional.

Artigo 16
Treinamento

1. Os Estados-Partes promoverão programas de cooperação técnica e treinamento em nível nacional, bilateral, sub-regional e regional e no âmbito da Organização dos Estados Americanos, para fortalecer as instituições nacionais encarregadas do cumprimento das obrigações emanadas desta Convenção.

2. Os Estados-Partes também promoverão, quando for o caso, programas de cooperação técnica e treinamento com outras organizações regionais e internacionais que realizem atividades vinculadas com os propósitos desta Convenção.

Artigo 17
Cooperação por meio da Organização dos Estados Americanos

Os Estados-Partes propiciarão a mais ampla cooperação no âmbito dos órgãos pertinentes da Organização dos Estados Americanos, inclusive o Comitê Interamericano contra o Terrorismo (CICTE), em matérias relacionadas com o objeto e os fins desta Convenção.

Artigo 18
Consulta entre as Partes

1. Os Estados-Partes realizarão reuniões periódicas de consulta, quando as considerarem oportunas, com vistas a facilitar:

a) a plena implementação desta Convenção, incluindo a consideração de assuntos de interesse a ela relativos identificados pelos Estados-Partes; e

b) o intercâmbio de informações e experiências sobre formas e métodos eficazes para prevenir, detectar, investigar e punir o terrorismo.

2. O Secretário-Geral convocará uma reunião de consulta dos Estados-Partes depois de receber o décimo instrumento de ratificação. Sem prejuízo disso, os Estados-Partes poderão realizar as consultas que considerarem apropriadas.

3. Os Estados-Partes poderão solicitar aos órgãos pertinentes da Organização dos Estados Americanos, inclusive ao CICTE, que facilitem as consultas mencionadas nos parágrafos anteriores e proporcionem outras formas de assistência no tocante à aplicação desta Convenção.

Artigo 19
Exercício de jurisdição

Nada do disposto nesta Convenção facultará um Estado-Parte a exercer jurisdição no território de outro Estado-Parte nem a nele exercer funções reservadas exclusivamente às autoridades desse outro Estado-Parte por seu direito interno.

Artigo 20
Depositário

O instrumento original desta Convenção, cujos textos em espanhol, francês, inglês e português são igualmente autênticos, será depositado na Secretaria-Geral da Organização dos Estados Americanos.

Artigo 21
Assinatura e ratificação

1. Esta Convenção está aberta à assinatura de todos os Estados membros da Organização dos Estados Americanos.

2. Esta Convenção está sujeita a ratificação por parte dos Estados signatários, de acordo com seus respectivos procedimentos constitucionais. Os instrumentos de

ratificação serão depositados na Secretaria-Geral da Organização dos Estados Americanos.

Artigo 22
Entrada em vigor

1. Esta Convenção entrará em vigor no trigésimo dia a contar da data em que tiver sido depositado o sexto instrumento de ratificação da Convenção na Secretaria-Geral da Organização dos Estados Americanos.

2. Para cada Estado que ratificar a Convenção após ter sido depositado o sexto instrumento de ratificação, a Convenção entrará em vigor no trigésimo dia a contar da data em que esse Estado tiver depositado o instrumento correspondente.

Artigo 23
Denúncia

1. Qualquer Estado-Parte poderá denunciar esta Convenção mediante notificação escrita dirigida ao Secretário-Geral da Organização dos Estados Americanos. A denúncia surtirá efeito um ano após a data em que a notificação tiver sido recebida pelo Secretário-Geral da Organização.

2. Essa denúncia não afetará nenhum pedido de informação ou de assistência feito no período de vigência da Convenção para o Estado denunciante.

CONVENÇÃO INTERAMERICANA PARA PREVENIR E PUNIR A TORTURA

▶ Adotada e aberta à assinatura no XV Período Ordinário de Sessões da Assembleia-Geral da Organização dos Estados Americanos, em Cartagena das Índias (Colômbia), em 9 de dezembro de 1985 e, promulgada pelo Dec. nº 98.386, de 9-11-1989.

▶ Lei nº 9.455, de 7-4-1997 (Lei dos Crimes de Tortura).

Os Estados Americanos signatários da presente Convenção,

Conscientes do disposto na Convenção Americana sobre Direitos Humanos, no sentido de que ninguém deve ser submetido a torturas, nem a penas ou tratamentos cruéis, desumanos ou degradantes;

Reafirmando que todo ato de tortura ou outros tratamentos ou penas cruéis, desumanos ou degradantes constituem uma ofensa à dignidade humana e uma negação dos princípios consagrados na Carta da Organização dos Estados Americanos e na Carta das Nações Unidas, e são violatórios dos direitos humanos e liberdades fundamentais proclamados na Declaração Americana dos Direitos e Deveres do Homem e na Declaração Universal dos Direitos do Homem;

Assinalando que, para tornar efetivas as normas pertinentes contidas nos instrumentos universais e regionais aludidos, é necessário elaborar uma convenção interamericana que previna e puna a tortura;

Reiterando seu propósito de consolidar neste Continente as condições que permitam o reconhecimento e o respeito da dignidade inerente à pessoa humana e assegurem o exercício pleno das suas liberdades e direitos fundamentais;

Convieram no seguinte:

Artigo 1º

Os Estados-Partes obrigam-se a prevenir e a punir a tortura, nos termos desta Convenção.

Artigo 2º

Para os efeitos desta Convenção, entender-se-á por tortura todo ato pelo qual são infligidos intencionalmente a uma pessoa penas ou sofrimentos físicos ou mentais, com fins de investigação criminal, como meio de intimidação, como castigo pessoal, como medida preventiva, como pena ou com qualquer outro fim. Entender-se-á também como tortura a aplicação, sobre uma pessoa, de métodos tendentes a anular a personalidade da vítima, ou a diminuir sua capacidade física ou mental, embora não causem dor física ou angústia psíquica.

Não estarão compreendidos no conceito de tortura as penas ou sofrimentos físicos ou mentais que sejam unicamente consequência de medidas legais ou inerentes a elas, contanto que não incluam a realização dos atos ou a aplicação dos métodos a que se refere este artigo.

Artigo 3º

Serão responsáveis pelo delito de tortura:

a) Os empregados ou funcionários públicos que, atuando nesse caráter, ordenem sua comissão ou instiguem ou induzam a ele, cometam-no diretamente ou, podendo impedi-lo, não o façam.

b) As pessoas que, por instigação dos funcionários ou empregados públicos a que se refere a alínea a, ordenem sua comissão, instiguem ou induzam a ele, cometam-no diretamente ou nele sejam cúmplices.

Artigo 4º

O fato de haver agido por ordens superiores não eximirá a responsabilidade penal correspondente.

Artigo 5º

Não se invocará nem se admitirá como justificativa do delito de tortura a existência de circunstâncias tais como o estado de guerra, a ameaça de guerra, o estado de sítio ou de emergência, a comoção ou conflito interno, a suspensão das garantias constitucionais, a instabilidade política interna, ou outras emergências ou calamidades públicas.

Nem a periculosidade do detido ou condenado, nem a insegurança do estabelecimento carcerário ou penitenciário podem justificar a tortura.

Artigo 6º

Em conformidade com o disposto no artigo 1º, os Estados-Partes tomarão medidas efetivas a fim de prevenir e punir a tortura no âmbito de sua jurisdição.

Os Estados-Partes assegurar-se-ão de que todos os atos de tortura e as tentativas de praticar atos dessa natureza sejam considerados delitos em seu direito penal, estabelecendo penas severas para sua punição, que levem em conta sua gravidade.

Os Estados-Partes obrigam-se também a tomar medidas efetivas para prevenir e punir outros tratamentos ou penas cruéis, desumanos ou degradantes, no âmbito de sua jurisdição.

Artigo 7º

Os Estados-Partes tomarão medidas para que, no treinamento de agentes de polícia e de outros funcionários públicos responsáveis pela custódia de pessoas privadas de liberdade, provisória ou definitivamente, e nos interrogatórios, detenções ou prisões, se ressalte de maneira especial a proibição do emprego da tortura.

Os Estados-Partes tomarão também medidas semelhantes para evitar outros tratamentos ou penas cruéis, desumanos ou degradantes.

Artigo 8º

Os Estados-Partes assegurarão a qualquer pessoa que denunciar haver sido submetida a tortura, no âmbito de sua jurisdição, o direito de que o caso seja examinado de maneira imparcial.

Quando houver denúncia ou razão fundada para supor que haja sido cometido ato de tortura no âmbito de sua jurisdição, os Estados-Partes garantirão que suas autoridades procederão de ofício e imediatamente à realização de uma investigação sobre o caso e iniciarão, se for cabível, o respectivo processo penal.

Uma vez esgotado o procedimento jurídico interno do Estado e os recursos que este prevê, o caso poderá ser submetido a instâncias internacionais, cuja competência tenha sido aceita por esse Estado.

Artigo 9º

Os Estados-Partes comprometem-se a estabelecer, em suas legislações nacionais, normas que garantam compensação adequada para as vítimas do delito de tortura.

Nada do disposto neste artigo afetará o direito de que possa ter a vítima ou outras pessoas de receber compensação em virtude da legislação nacional existente.

Artigo 10

Nenhuma declaração que se comprove haver sido obtida mediante tortura poderá ser admitida como prova em um processo, salvo em processo instaurado contra a pessoa ou pessoas acusadas de havê-la obtido mediante atos de tortura e unicamente como prova de que, por esse meio, o acusado obteve tal declaração.

Artigo 11

Os Estados-Partes tomarão as medidas necessárias para conceder a extradição de toda pessoa acusada de delito de tortura ou condenada por esse delito, de conformidade com suas legislações nacionais sobre extradição e suas obrigações internacionais nessa matéria.

Artigo 12

Todo Estado-Parte tomará as medidas necessárias para estabelecer sua jurisdição sobre o delito descrito nesta Convenção, nos seguintes casos:

a) quando a tortura houver sido cometida no âmbito de sua jurisdição;
b) quando o suspeito for nacional do Estado-Parte de que se trate;
c) quando a vítima for nacional do Estado-Parte de que se trate e este o considerar apropriado.

Todo Estado-Parte tomará também as medidas necessárias para estabelecer sua jurisdição sobre o delito descrito nesta Convenção, quando o suspeito se encontrar no âmbito de sua jurisdição e o Estado não o extraditar, de conformidade com o artigo 11.

Esta Convenção não exclui a jurisdição penal exercida de conformidade com o direito interno.

Artigo 13

O delito a que se refere o artigo 2º será considerado incluído entre os delitos que são motivo de extradição em todo tratado de extradição celebrado entre Estados-Partes. Os Estados-Partes comprometem-se a incluir o delito de tortura como caso de extradição em todo tratado de extradição que celebrarem entre si no futuro.

Todo Estado-Parte que sujeitar a extradição à existência de um tratado poderá, se receber de outro Estado-Parte, com o qual não tiver tratado, uma solicitação de extradição, considerar esta Convenção como a base jurídica necessária para a extradição referente ao delito de tortura. A extradição estará sujeita às demais condições exigíveis pelo direito do Estado requerido.

Os Estados-Partes que não sujeitarem a extradição à existência de um tratado reconhecerão esses delitos como casos de extradição entre eles, respeitando as condições exigidas pelo direito do Estado requerido.

Não se concederá a extradição nem se procederá à devolução da pessoa requerida quando houver suspeita fundada de que corre perigo sua vida, de que será submetida à tortura, tratamento cruel, desumano ou degradante, ou de que será julgada por tribunais de exceção ou *ad hoc*, no Estado requerente.

Artigo 14

Quando um Estado-Parte não conceder a extradição, submeterá o caso às suas autoridades competentes, como se o delito houvesse sido cometido no âmbito de sua jurisdição, para fins de investigação e, quando for cabível, de ação penal, de conformidade com sua legislação nacional. A decisão tomada por essas autoridades será comunicada ao Estado que houver solicitado a extradição.

Artigo 15

Nada do disposto nesta Convenção poderá ser interpretado como limitação do direito de asilo, quando for cabível, nem como modificação das obrigações dos Estados-Partes em matéria de extradição.

Artigo 16

Esta Convenção deixa a salvo o disposto pela Convenção Americana sobre Direitos Humanos, por outras convenções sobre a matéria e pelo Estatuto da Comissão Interamericana de Direitos Humanos com relação ao delito de tortura.

Artigo 17

Os Estados-Partes comprometem-se a informar a Comissão Interamericana de Direitos Humanos sobre as medidas legislativas, judiciais, administrativas e de outra natureza que adotarem em aplicação desta Convenção.

De conformidade com suas atribuições, a Comissão Interamericana de Direitos Humanos procurará analisar, em seu relatório anual, a situação prevalecente nos Estados membros da Organização dos Estados Americanos, no que diz respeito à prevenção e supressão da tortura.

Artigo 18

Esta Convenção estará aberta à assinatura dos Estados membros da Organização dos Estados Americanos.

Artigo 19

Esta Convenção estará sujeita a ratificação. Os instrumentos de ratificação serão depositados na Secretaria-Geral da Organização dos Estados Americanos.

Artigo 20
Esta Convenção ficará aberta à adesão de qualquer outro Estado Americano. Os instrumentos de adesão serão depositados na Secretaria-Geral da Organização dos Estados Americanos.

Artigo 21
Os Estados-Partes poderão formular reservas a esta Convenção no momento de aprová-la, assiná-la, ratificá-la ou de a ela aderir, contanto que não sejam incompatíveis com o objeto e o fim da Convenção e versem sobre uma ou mais disposições específicas.

Artigo 22
Esta Convenção entrará em vigor no trigésimo dia a partir da data em que tenha sido depositado o segundo instrumento de ratificação. Para cada Estado que ratificar a Convenção ou a ela aderir depois de haver sido depositado o segundo instrumento de ratificação, a Convenção entrará em vigor no trigésimo dia a partir da data em que esse Estado tenha depositado seu instrumento de ratificação ou de adesão.

Artigo 23
Esta Convenção vigorará indefinidamente, mas qualquer dos Estados-Partes poderá denunciá-la. O instrumento de denúncia será depositado na Secretaria-Geral da Organização dos Estados Americanos. Transcorrido um ano, contado a partir da data em depósito do instrumento de denúncia, a Convenção cessará em seus efeitos para o Estado denunciante, ficando subsistente para os demais Estados-Partes.

Artigo 24
O instrumento original desta Convenção, cujos textos em português, espanhol, francês e inglês são igualmente autênticos, será depositado na Secretaria-Geral da Organização dos Estados Americanos, que enviará cópia autenticada do seu texto para registro e publicação à Secretaria das Nações Unidas, de conformidade com o artigo 102º da Carta das Nações Unidas. A Secretaria-Geral da Organização dos Estados Americanos comunicará aos Estados membros da referida Organização e aos Estados que tenham aderido à Convenção as assinaturas e os depósitos de instrumentos de ratificação, adesão e denúncia, bem como as reservas que houver.

CONVENÇÃO PARA A PREVENÇÃO E REPRESSÃO DO CRIME DE GENOCÍDIO

▶ Aprovada e proposta para assinatura e ratificação ou adesão pela Res. 260 A (III) da Assembleia-Geral das Nações Unidas, de 9-12-1948. Entrada em vigor na ordem internacional a 12-1-1951, em conformidade com o artigo XIII. Aprovada pelo Dec. Legislativo nº 2, de 11-4-1951. O instrumento brasileiro de ratificação foi depositado no Secretariado Geral da Organização das Nações Unidas, em Lake Sucess, Nova York, a 15-4-1952. Promulgada pelo Dec. nº 30.822, de 6-5-1952.

As Partes Contratantes:

Considerando que a Assembleia-Geral da Organização das Nações Unidas, na sua Resolução nº 96 (I), de 11 de dezembro de 1946, declarou que o genocídio é um crime de direito dos povos, que está em contradição com o espírito e os fins das Nações Unidas e é condenado por todo o mundo civilizado;

Reconhecendo que em todos os períodos da história o genocídio causou grandes perdas à humanidade;

Convencidas de que, para libertar a humanidade de um flagelo tão odioso, é necessária a cooperação internacional;

Acordam no seguinte:

Artigo I
As Partes Contratantes confirmam que o genocídio, seja cometido em tempo de paz ou em tempo de guerra, é um crime do direito dos povos, que desde já se comprometem a prevenir e a punir.

Artigo II
Na presente Convenção, entende-se por genocídio os atos abaixo indicados, cometidos com a intenção de destruir, no todo ou em parte, um grupo nacional, étnico, racial ou religioso, tais como:

a) assassinato de membros do grupo;
b) atentado grave à integridade física e mental de membros do grupo;
c) submissão deliberada do grupo a condições de existência que acarretarão a sua destruição física, total ou parcial;
d) medidas destinadas a impedir os nascimentos no seio do grupo;
e) transferência forçada das crianças do grupo para outro grupo.

Artigo III
Serão punidos os seguintes atos:

a) o genocídio;
b) o acordo com vista a cometer genocídio;
c) o incitamento, direto e público, ao genocídio;
d) a tentativa de genocídio;
e) a cumplicidade no genocídio.

Artigo IV
As pessoas que tenham cometido genocídio ou qualquer dos outros atos enumerados no artigo III serão punidas, quer sejam governantes, funcionários ou particulares.

Artigo V
As Partes Contratantes obrigam-se a adotar, de acordo com as suas Constituições respectivas, as medidas legislativas necessárias para assegurar a aplicação das disposições da presente Convenção e, especialmente, a prever sanções penais eficazes que recaiam sobre as pessoas culpadas de genocídio ou de qualquer dos atos enumerados no artigo III.

Artigo VI
As pessoas acusadas de genocídio ou de qualquer dos outros atos enumerados no artigo III serão julgadas pelos tribunais competentes do Estado em cujo território o ato foi cometido ou pelo tribunal criminal internacional que tiver competência quanto às Partes Contratantes que tenham reconhecido a sua jurisdição.

Artigo VII
O genocídio e os outros atos enumerados no artigo III não serão considerados crimes políticos, para efeitos de extradição.

Em tal caso, as Partes Contratantes obrigam-se a conceder a extradição de acordo com a sua legislação e com os tratados em vigor.

Artigo VIII

As Partes Contratantes podem recorrer aos órgãos competentes da Organização das Nações Unidas para que estes, de acordo com a Carta das Nações Unidas, tomem as medidas que julguem apropriadas para a prevenção e repressão dos atos de genocídio ou dos outros atos enumerados no artigo III.

Artigo IX

Os diferendos entre as Partes Contratantes relativos à interpretação, aplicação ou execução da presente Convenção, incluindo os diferendos relativos à responsabilidade de um Estado em matéria de genocídio ou de qualquer dos atos enumerados no artigo III, serão submetidos ao Tribunal Internacional de Justiça, a pedido de uma das partes do diferendo.

Artigo X

A presente Convenção, cujos textos em inglês, chinês, espanhol, francês e russo são igualmente válidos, será datada de 9 de dezembro de 1948.

Artigo XI

A presente Convenção estará aberta, até 31 de dezembro de 1949, à assinatura de todos os membros da Organização das Nações Unidas e de todos os Estados que, não sendo membros, tenham sido convidados pela Assembleia-Geral para esse efeito.

A presente Convenção será ratificada e os instrumentos de ratificação serão depositados junto do Secretário-Geral da Organização das Nações Unidas.

Após 1º de janeiro de 1950 poderão aderir à presente Convenção os membros da Organização das Nações Unidas ou os Estados que, não sendo membros, tenham recebido o convite acima mencionado.

Os instrumentos de adesão serão depositados junto do Secretário-Geral da Organização das Nações Unidas.

Artigo XII

As Partes Contratantes poderão, em qualquer momento e por notificação dirigida ao Secretário-Geral da Organização das Nações Unidas, estender a aplicação da presente Convenção a todos os territórios ou a qualquer dos territórios cujas relações exteriores assumam.

Artigo XIII

Quando tiverem sido depositados os primeiros 20 instrumentos de ratificação ou de adesão, o Secretário-Geral registrará o fato em ata. Transmitirá cópia dessa ata a todos os Estados membros da Organização das Nações Unidas e aos Estados não membros referidos no artigo XI.

A presente Convenção entrará em vigor no 90º dia após a data do depósito do 20º instrumento de ratificação ou de adesão.

Todas as ratificações ou adesões efetuadas posteriormente à última data produzirão efeito no 90º dia após o depósito do instrumento de ratificação ou de adesão.

Artigo XIV

A presente Convenção terá uma duração de 10 anos contados da data da sua entrada em vigor.

Após esse período, ficará em vigor por cinco anos, e assim sucessivamente, para as Partes Contratantes que a não tiverem denunciado seis meses pelo menos antes de expirar o termo.

A denúncia será feita por notificação escrita, dirigida ao Secretário-Geral da Organização das Nações Unidas.

Artigo XV

Se, em consequência de denúncias, o número das partes na presente Convenção se achar reduzido a menos de 16, a Convenção deixará de estar em vigor a partir da data em que produzir efeitos a última dessas denúncias.

Artigo XVI

As Partes Contratantes poderão, a todo o tempo, formular um pedido de revisão da presente Convenção, mediante notificação escrita dirigida ao Secretário-Geral.

A Assembleia-Geral deliberará sobre as medidas a tomar, se for o caso, sobre esse pedido.

Artigo XVII

O Secretário-Geral das Nações Unidas notificará todos os Estados membros da Organização e os Estados não membros referidos no artigo XI;

a) das assinaturas, ratificações e adesões recebidas em aplicação do artigo XI;
b) das notificações recebidas em aplicação do artigo XII;
c) da data da entrada em vigor da presente Convenção, em aplicação do artigo XIII;
d) das denúncias recebidas em aplicação do artigo XIV;
e) da ab-rogação da Convenção em aplicação do artigo XV;
f) Das notificações recebidas em aplicação do artigo XVI.

Artigo XVIII

O original da presente Convenção ficará depositado nos arquivos da Organização das Nações Unidas.

A todos os Estados membros da Organização das Nações Unidas e aos Estados não membros referidos no artigo XI serão enviadas cópias autenticadas.

Artigo XIX

A presente Convenção será registrada pelo Secretário-Geral da Organização das Nações Unidas na data da sua entrada em vigor.

CONVENÇÃO SOBRE A ELIMINAÇÃO DE TODAS AS FORMAS DE DISCRIMINAÇÃO CONTRA A MULHER

▶ Aprovada pelo Dec. Legislativo nº 26, de 22-6-1994, e promulgada pelo Dec. nº 4.377, de 13-9-2002.
▶ Arts. 372 e segs. da CLT.

Os Estados-Partes na presente Convenção,

Considerando que a Carta das Nações Unidas reafirma a fé nos direitos fundamentais do homem, na dignidade e no valor da pessoa humana e na igualdade de direitos do homem e da mulher,

Considerando que a Declaração Universal dos Direitos Humanos reafirma o princípio da não discriminação e proclama que todos os seres humanos nascem livres e iguais em dignidade e direitos e que toda pessoa pode invocar todos os direitos e liberdades proclamados nessa Declaração, sem distinção alguma, inclusive de sexo,

Considerando que os Estados-Partes nas Convenções Internacionais sobre Direitos Humanos têm a obrigação de garantir ao homem e à mulher a igualdade de gozo de todos os direitos econômicos, sociais, culturais, civis e políticos,

Observando as convenções internacionais concluídas sob os auspícios das Nações Unidas e dos organismos especializados em favor da igualdade de direitos entre o homem e a mulher,

Observando, ainda, as resoluções, declarações e recomendações aprovadas pelas Nações Unidas e pelas Agências Especializadas para favorecer a igualdade de direitos entre o homem e a mulher,

Preocupados, contudo, com o fato de que, apesar destes diversos instrumentos, a mulher continue sendo objeto de grandes discriminações,

Relembrando que a discriminação contra a mulher viola os princípios da igualdade de direitos e do respeito da dignidade humana, dificulta a participação da mulher, nas mesmas condições que o homem, na vida política, social, econômica e cultural de seu país, constitui um obstáculo ao aumento do bem-estar da sociedade e da família e dificulta o pleno desenvolvimento das potencialidades da mulher para prestar serviço a seu país e à humanidade,

Preocupados com o fato de que, em situações de pobreza, a mulher tem um acesso mínimo à alimentação, à saúde, à educação, à capacitação e às oportunidades de emprego, assim como à satisfação de outras necessidades,

Convencidos de que o estabelecimento da nova ordem econômica internacional baseada na equidade e na justiça contribuirá significativamente para a promoção da igualdade entre o homem e a mulher,

Salientando que a eliminação do apartheid, de todas as formas de racismo, discriminação racial, colonialismo, neocolonialismo, agressão, ocupação estrangeira e dominação e interferência nos assuntos internos dos Estados é essencial para o pleno exercício dos direitos do homem e da mulher,

Afirmando que o fortalecimento da paz e da segurança internacionais, o alívio da tensão internacional, a cooperação mútua entre todos os Estados, independentemente de seus sistemas econômicos e sociais, o desarmamento geral e completo, e em particular o desarmamento nuclear sob um estrito e efetivo controle internacional, a afirmação dos princípios de justiça, igualdade e proveito mútuo nas relações entre países e a realização do direito dos povos submetidos à dominação colonial e estrangeira e a ocupação estrangeira, à autodeterminação e independência, bem como o respeito da soberania nacional e da integridade territorial, promoverão o progresso e o desenvolvimento sociais, e, em consequência, contribuirão para a realização da plena igualdade entre o homem e a mulher,

Convencidos de que a participação máxima da mulher, em igualdade de condições com o homem, em todos os campos, é indispensável para o desenvolvimento pleno e completo de um país, o bem-estar do mundo e a causa da paz,

Tendo presente a grande contribuição da mulher ao bem-estar da família e ao desenvolvimento da sociedade, até agora não plenamente reconhecida, a importância social da maternidade e a função dos pais na família e na educação dos filhos, e conscientes de que o papel da mulher na procriação não deve ser causa de discriminação, mas sim que a educação dos filhos exige a responsabilidade compartilhada entre homens e mulheres e a sociedade como um conjunto,

Reconhecendo que para alcançar a plena igualdade entre o homem e a mulher é necessário modificar o papel tradicional tanto do homem como da mulher na sociedade e na família,

Resolvidos a aplicar os princípios enunciados na Declaração sobre a Eliminação da Discriminação contra a Mulher e, para isto, a adotar as medidas necessárias a fim de suprimir essa discriminação em todas as suas formas e manifestações,

Concordaram no seguinte:

Parte I

Artigo 1º

Para os fins da presente Convenção, a expressão "discriminação contra a mulher" significará toda a distinção, exclusão ou restrição baseada no sexo e que tenha por objeto ou resultado prejudicar ou anular o reconhecimento, gozo ou exercício pela mulher, independentemente de seu estado civil, com base na igualdade do homem e da mulher, dos direitos humanos e liberdades fundamentais nos campos político, econômico, social, cultural e civil ou em qualquer outro campo.

Artigo 2º

Os Estados-Partes condenam a discriminação contra a mulher em todas as suas formas, concordam em seguir, por todos os meios apropriados e sem dilações, uma política destinada a eliminar a discriminação contra a mulher, e com tal objetivo se comprometem a:

a) consagrar, se ainda não o tiverem feito, em suas Constituições nacionais ou em outra legislação apropriada o princípio da igualdade do homem e da mulher e assegurar por lei outros meios apropriados a realização prática desse princípio;

b) adotar medidas adequadas, legislativas e de outro caráter; com as sanções cabíveis e que proíbam toda discriminação contra a mulher;

c) estabelecer a proteção jurídica dos direitos da mulher numa base de igualdade com os do homem e garantir, por meio dos tribunais nacionais competentes e de outras instituições públicas, a proteção efetiva da mulher contra todo ato de discriminação;

d) abster-se de incorrer em todo ato ou prática de discriminação contra a mulher e zelar para que as autoridades e instituições públicas atuem em conformidade com esta obrigação;

e) tomar as medidas apropriadas para eliminar a discriminação contra a mulher praticada por qualquer pessoa, organização ou empresa;

f) adotar todas as medidas adequadas, inclusive de caráter legislativo, para modificar ou derrogar leis, regulamentos, usos e práticas que constituam discriminação contra a mulher;
g) derrogar todas as disposições penais nacionais que constituam discriminação contra a mulher.

Artigo 3º
Os Estados-Partes tomarão, em todas as esferas e, em particular, nas esferas política, social, econômica e cultural, todas as medidas apropriadas, inclusive de caráter legislativo, para assegurar o pleno desenvolvimento e progresso da mulher, com o objetivo de garantir-lhe o exercício e gozo dos direitos humanos e liberdades fundamentais em igualdade de condições com o homem.

Artigo 4º
1. A adoção pelos Estados-Partes de medidas especiais de caráter temporário destinadas a acelerar a igualdade de fato entre o homem e a mulher não se considerará discriminação na forma definida nesta Convenção, mas de nenhuma maneira implicará, como consequência, a manutenção de normas desiguais ou separadas; essas medidas cessarão quando os objetivos de igualdade de oportunidade e tratamento houverem sido alcançados.

2. A adoção pelos Estados-Partes de medidas especiais, inclusive as contidas na presente Convenção, destinadas a proteger a maternidade, não se considerará discriminatória.

Artigo 5º
Os Estados-Partes tornarão todas as medidas apropriadas para:
a) modificar os padrões sócio-culturais de conduta de homens e mulheres, com vistas a alcançar a eliminação dos preconceitos e práticas consuetudinárias e de qualquer outra índole que estejam baseados na ideia da inferioridade ou superioridade de qualquer dos sexos ou em funções estereotipadas de homens e mulheres.
b) garantir que a educação familiar inclua uma compreensão adequada da maternidade como função social e o reconhecimento da responsabilidade comum de homens e mulheres no que diz respeito à educação e ao desenvolvimento de seus filhos, entendendo-se que o interesse dos filhos constituirá a consideração primordial em todos os casos.

Artigo 6º
Os Estados-Partes tomarão todas as medidas apropriadas, inclusive de caráter legislativo, para suprimir todas as formas de tráfico de mulheres e exploração da prostituição da mulher.

▶ A Lei nº 11.106, de 28-3-2005, alterou o tipo penal "tráfico de mulheres" para "tráfico internacional de pessoas".

Parte II

Artigo 7º
Os Estados-Partes tomarão todas as medidas apropriadas para eliminar a discriminação contra a mulher na vida política e pública do país e, em particular, garantirão, em igualdade de condições com os homens, o direito a:

a) votar em todas as eleições e referenda públicos e ser elegível para todos os órgãos cujos membros sejam objeto de eleições públicas;
b) participar na formulação de políticas governamentais e na execução destas, e ocupar cargos públicos e exercer todas as funções públicas em todos os planos governamentais;
c) participar em organizações e associações não governamentais que se ocupem da vida pública e política do país.

Artigo 8º
Os Estados-Partes tomarão todas as medidas apropriadas para garantir, à mulher, em igualdade de condições com o homem e sem discriminação alguma, a oportunidade de representar seu governo no plano internacional e de participar no trabalho das organizações internacionais.

Artigo 9º
1. Os Estados-Partes outorgarão às mulheres direitos iguais aos dos homens para adquirir, mudar ou conservar sua nacionalidade. Garantirão, em particular, que nem o casamento com um estrangeiro, nem a mudança de nacionalidade do marido durante o casamento, modifiquem automaticamente a nacionalidade da esposa, a convertam em apátrida ou a obriguem a adotar a nacionalidade do cônjuge.

2. Os Estados-Partes outorgarão à mulher os mesmos direitos que ao homem no que diz respeito à nacionalidade dos filhos.

Parte III

Artigo 10
Os Estados-Partes adotarão todas as medidas apropriadas para eliminar a discriminação contra a mulher, a fim de assegurar-lhe a igualdade de direitos com o homem na esfera da educação e em particular para assegurarem condições de igualdade entre homens e mulheres:

a) as mesmas condições de orientação em matéria de carreiras e capacitação profissional, acesso aos estudos e obtenção de diplomas nas instituições de ensino de todas as categorias, tanto em zonas rurais como urbanas; essa igualdade deverá ser assegurada na educação pré-escolar, geral, técnica e profissional, incluída a educação técnica superior, assim como todos os tipos de capacitação profissional;
b) acesso aos mesmos currículos e mesmos exames, pessoal docente do mesmo nível profissional, instalações e material escolar da mesma qualidade;
c) a eliminação de todo conceito estereotipado dos papéis masculino e feminino em todos os níveis e em todas as formas de ensino mediante o estímulo à educação mista e a outros tipos de educação que contribuam para alcançar este objetivo e, em particular, mediante a modificação dos livros e programas escolares e adaptação dos métodos de ensino;
d) as mesmas oportunidades para obtenção de bolsas de estudo e outras subvenções para estudos;
e) as mesmas oportunidades de acesso aos programas de educação supletiva, incluídos os programas de alfabetização funcional e de adultos, com vistas a

reduzir, com a maior brevidade possível, a diferença de conhecimentos existentes entre o homem e a mulher;
f) a redução da taxa de abandono feminino dos estudos e a organização de programas para aquelas jovens e mulheres que tenham deixado os estudos prematuramente;
g) as mesmas oportunidades para participar ativamente nos esportes e na educação física;
h) acesso a material informativo específico que contribua para assegurar a saúde e o bem-estar da família, incluída a informação e o assessoramento sobre planejamento da família.

Artigo 11

1. Os Estados-Partes adotarão todas as medidas apropriadas para eliminar a discriminação contra a mulher na esfera do emprego a fim de assegurar, em condições de igualdade entre homens e mulheres, os mesmos direitos, em particular:

a) o direito ao trabalho como direito inalienável de todo ser humano;
b) o direito às mesmas oportunidades de emprego, inclusive a aplicação dos mesmos critérios de seleção em questões de emprego;
c) o direito de escolher livremente profissão e emprego, o direito à promoção e à estabilidade no emprego e a todos os benefícios e outras condições de serviço, e o direito ao acesso à formação e à atualização profissionais, incluindo aprendizagem, formação profissional superior e treinamento periódico;
d) o direito a igual remuneração, inclusive benefícios, e igualdade de tratamento relativa a um trabalho de igual valor, assim como igualdade de tratamento com respeito à avaliação da qualidade do trabalho;
e) o direito à seguridade social, em particular em casos de aposentadoria, desemprego, doença, invalidez, velhice ou outra incapacidade para trabalhar, bem como o direito de férias pagas;
f) o direito à proteção da saúde e à segurança nas condições de trabalho, inclusive a salvaguarda da função de reprodução.

2. A fim de impedir a discriminação contra a mulher por razões de casamento ou maternidade e assegurar a efetividade de seu direito a trabalhar, os Estados-Partes tomarão as medidas adequadas para:

a) proibir, sob sanções, a demissão por motivo de gravidez ou licença-maternidade e a discriminação nas demissões motivadas pelo estado civil;
b) implantar a licença-maternidade, com salário pago ou benefícios sociais comparáveis, sem perda do emprego anterior, antiguidade ou benefícios sociais;
c) estimular o fornecimento de serviços sociais de apoio necessários para permitir que os pais combinem as obrigações para com a família com as responsabilidades do trabalho e a participação na vida pública, especialmente mediante fomento da criação e desenvolvimento de uma rede de serviços destinados ao cuidado das crianças;
d) dar proteção especial às mulheres durante a gravidez nos tipos de trabalho comprovadamente prejudiciais para elas.

3. A legislação protetora relacionada com as questões compreendidas neste artigo será examinada periodicamente à luz dos conhecimentos científicos e tecnológicos e será revista, derrogada ou ampliada conforme as necessidades.

Artigo 12

1. Os Estados-Partes adotarão todas as medidas apropriadas para eliminar a discriminação contra a mulher na esfera dos cuidados médicos a fim de assegurar, em condições de igualdade entre homens e mulheres, o acesso a serviços médicos, inclusive os referentes ao planejamento familiar.

2. Sem prejuízo do disposto no parágrafo 1, os Estados-Partes garantirão à mulher assistência apropriadas em relação à gravidez, ao parto e ao período posterior ao parto, proporcionando assistência gratuita quando assim for necessário, e lhe assegurarão uma nutrição adequada durante a gravidez e a lactância.

Artigo 13

Os Estados-Partes adotarão todas as medidas apropriadas para eliminar a discriminação contra a mulher em outras esferas da vida econômica e social a fim de assegurar, em condições de igualdade entre homens e mulheres, os mesmos direitos, em particular:

a) O direito a benefícios familiares;
b) O direito a obter empréstimos bancários, hipotecas e outras formas de crédito financeiro;
c) O direito a participar em atividades de recreação, esportes e em todos os aspectos da vida cultural.

Artigo 14

1. Os Estados-Partes levarão em consideração os problemas específicos enfrentados pela mulher rural e o importante papel que desempenha na subsistência econômica de sua família, incluído seu trabalho em setores não monetários da economia, e tomarão todas as medidas apropriadas para assegurar a aplicação dos dispositivos desta Convenção à mulher das zonas rurais.

2. Os Estados-Partes adotarão todas as medidas apropriadas para eliminar a discriminação contra a mulher nas zonas rurais a fim de assegurar, em condições de igualdade entre homens e mulheres, que elas participem no desenvolvimento rural e dele se beneficiem, e em particular as segurar-lhes-ão o direito a:

a) participar da elaboração e execução dos planos de desenvolvimento em todos os níveis;
b) ter acesso a serviços médicos adequados, inclusive informação, aconselhamento e serviços em matéria de planejamento familiar;
c) beneficiar-se diretamente dos programas de seguridade social;
d) obter todos os tipos de educação e de formação, acadêmica e não acadêmica, inclusive os relacionados à alfabetização funcional, bem como, entre outros, os benefícios de todos os serviços comunitários e de extensão a fim de aumentar sua capacidade técnica;
e) organizar grupos de autoajuda e cooperativas a fim de obter igualdade de acesso às oportunidades econômicas mediante emprego ou trabalho por conta própria;
f) participar de todas as atividades comunitárias;

g) ter acesso aos créditos e empréstimos agrícolas, aos serviços de comercialização e às tecnologias apropriadas, e receber um tratamento igual nos projetos de reforma agrária e de reestabelecimentos;
h) gozar de condições de vida adequadas, particularmente nas esferas da habitação, dos serviços sanitários, da eletricidade e do abastecimento de água, do transporte e das comunicações.

Parte IV

Artigo 15

1. Os Estados-Partes reconhecerão à mulher a igualdade com o homem perante a lei.

2. Os Estados-Partes reconhecerão à mulher, em matérias civis, uma capacidade jurídica idêntica do homem e as mesmas oportunidades para o exercício dessa capacidade. Em particular, reconhecerão à mulher iguais direitos para firmar contratos e administrar bens e dispensar-lhe-ão um tratamento igual em todas as etapas do processo nas Cortes de Justiça e nos Tribunais.

3. Os Estados-Partes convêm em que todo contrato ou outro instrumento privado de efeito jurídico que tenda a restringir a capacidade jurídica da mulher será considerado nulo.

4. Os Estados-Partes concederão ao homem e à mulher os mesmos direitos no que respeita à legislação relativa ao direito das pessoas à liberdade de movimento e à liberdade de escolha de residência e domicílio.

Artigo 16

1. Os Estados-Partes adotarão todas as medidas adequadas para eliminar a discriminação contra a mulher em todos os assuntos relativos ao casamento e às relações familiares e, em particular, com base na igualdade entre homens e mulheres, assegurarão:

a) o mesmo direito de contrair matrimônio;
b) o mesmo direito de escolher livremente o cônjuge e de contrair matrimônio somente com livre e pleno consentimento;
c) os mesmos direitos e responsabilidades durante o casamento e por ocasião de sua dissolução;
d) os mesmos direitos e responsabilidades como pais, qualquer que seja seu estado civil, em matérias pertinentes aos filhos. Em todos os casos, os interesses dos filhos serão a consideração primordial;
e) os mesmos direitos de decidir livre e responsavelmente sobre o número de filhos e sobre o intervalo entre os nascimentos e a ter acesso à informação, à educação e aos meios que lhes permitam exercer esses direitos;
f) os mesmos direitos e responsabilidades com respeito à tutela, curatela, guarda e adoção dos filhos, ou institutos análogos, quando esses conceitos existirem na legislação nacional. Em todos os casos, os interesses dos filhos serão a consideração primordial;
g) os mesmos direitos pessoais como marido e mulher, inclusive o direito de escolher sobrenome, profissão e ocupação;
h) os mesmos direitos a ambos os cônjuges em matéria de propriedade, aquisição, gestão, administração, gozo e disposição dos bens, tanto a título gratuito quanto a título oneroso.

2. Os esponsais e o casamento de uma criança não terão efeito legal e todas as medidas necessárias, inclusive as de caráter legislativo, serão adotadas para estabelecer uma idade mínima para o casamento e para tornar obrigatória a inscrição de casamentos em registro oficial.

Parte V

Artigo 17

1. Com o fim de examinar os progressos alcançados na aplicação desta Convenção, será estabelecido um Comitê sobre a Eliminação da Discriminação contra a Mulher (doravante denominado o "Comitê") composto, no momento da entrada em vigor da Convenção, de dezoito e, após sua ratificação ou adesão pelo trigésimo quinto Estado-Parte, de vinte e três peritos de grande prestígio moral e competência na área abarcada pela Convenção. Os peritos serão eleitos pelos Estados-Partes entre seus nacionais e exercerão suas funções a título pessoal; será levada em conta uma repartição geográfica equitativa e a representação das formas diversas de civilização, assim como dos principais sistemas jurídicos;

2. Os membros do Comitê serão eleitos em escrutínio secreto de uma lista de pessoas indicadas pelos Estados-Partes. Cada um dos Estados-Partes poderá indicar uma pessoa entre seus próprios nacionais;

3. A eleição inicial realizar-se-á seis meses após a data de entrada em vigor desta Convenção. Pelo menos três meses antes da data de cada eleição, o Secretário-Geral das Nações Unidas dirigirá uma carta aos Estados-Partes convidando-os a apresentar suas candidaturas, no prazo de dois meses. O Secretário-Geral preparará uma lista, por ordem alfabética de todos os candidatos assim apresentados, com indicação dos Estados-Partes que os tenham apresentado, e comunicá-la-á aos Estados-Partes;

4. Os membros do Comitê serão eleitos durante uma reunião dos Estados-Partes convocada pelo Secretário-Geral na sede das Nações Unidas. Nessa reunião, em que o quorum será alcançado com dois terços dos Estados-Partes, serão eleitos membros do Comitê os candidatos que obtiverem o maior número de votos e a maioria absoluta de votos dos representantes dos Estados-Partes presentes e votantes;

5. Os membros do Comitê serão eleitos para um mandato de quatro anos. Entretanto, o mandato de nove dos membros eleitos na primeira eleição expirará ao fim de dois anos; imediatamente após a primeira eleição, os nomes desses nove membros serão escolhidos, por sorteio, pelo Presidente do Comitê;

6. A eleição dos cinco membros adicionais do Comitê realizar-se-á em conformidade com o disposto nos parágrafos 2, 3 e 4 deste artigo, após o depósito do trigésimo quinto instrumento de ratificação ou adesão. O mandato de dois dos membros adicionais eleitos nessa ocasião, cujos nomes serão escolhidos, por sorteio, pelo Presidente do Comitê, expirará ao fim de dois anos;

7. Para preencher as vagas fortuitas, o Estado-Parte cujo perito tenha deixado de exercer suas funções de

membro do Comitê nomeará outro perito entre seus nacionais, sob reserva da aprovação do Comitê;

8. Os membros do Comitê, mediante aprovação da Assembleia-Geral, receberão remuneração dos recursos das Nações Unidas, na forma e condições que a Assembleia-Geral decidir, tendo em vista a importância das funções do Comitê;

9. O Secretário-Geral das Nações Unidas proporcionará o pessoal e os serviços necessários para o desempenho eficaz das funções do Comitê em conformidade com esta Convenção.

Artigo 18

1. Os Estados-Partes comprometem-se a submeter ao Secretário-Geral das Nações Unidas, para exame do Comitê, um relatório sobre as medidas legislativas, judiciárias, administrativas ou outras que adotarem para tornarem efetivas as disposições desta Convenção e sobre os progressos alcançados a esse respeito:

a) No prazo de um ano a partir da entrada em vigor da Convenção para o Estado interessado; e

b) posteriormente, pelo menos a cada quatro anos e toda vez que o Comitê a solicitar.

2. Os relatórios poderão indicar fatores e dificuldades que influam no grau de cumprimento das obrigações estabelecidas por esta Convenção.

Artigo 19

1. O Comitê adotará seu próprio regulamento.

2. O Comitê elegerá sua Mesa por um período de dois anos.

Artigo 20

1. O Comitê se reunirá normalmente todos os anos por um período não superior a duas semanas para examinar os relatórios que lhe sejam submetidos em conformidade com o artigo 18 desta Convenção.

2. As reuniões do Comitê realizar-se-ão normalmente na sede das Nações Unidas ou em qualquer outro lugar que o Comitê determine.

Artigo 21

1. O Comitê, através do Conselho Econômico e Social das Nações Unidas, informará anualmente a Assembleia-Geral das Nações Unidas de suas atividades e poderá apresentar sugestões e recomendações de caráter geral, baseadas no exame dos relatórios e em informações recebidas dos Estados-Partes. Essas sugestões e recomendações de caráter geral serão incluídas no relatório do Comitê juntamente com as observações que os Estados-Partes tenham porventura formulado.

2. O Secretário-Geral transmitirá, para informação, os relatórios do Comitê à Comissão sobre a Condição da Mulher.

Artigo 22

As agências especializadas terão direito a estar representadas no exame da aplicação das disposições desta Convenção que correspondam à esfera de suas atividades. O Comitê poderá convidar as agências especializadas a apresentar relatórios sobre a aplicação da Convenção nas áreas que correspondam à esfera de suas atividades.

Parte VI

Artigo 23

Nada do disposto nesta Convenção prejudicará qualquer disposição que seja mais propícia à obtenção da igualdade entre homens e mulheres e que esteja contida:

a) na legislação de um Estado-Parte; ou

b) em qualquer outra convenção, tratado ou acordo internacional vigente nesse Estado.

Artigo 24

Os Estados-Partes comprometem-se a adotar todas as medidas necessárias em âmbito nacional para alcançar a plena realização dos direitos reconhecidos nesta Convenção.

Artigo 25

1. Esta Convenção estará aberta à assinatura de todos os Estados.

2. O Secretário-Geral das Nações Unidas fica designado depositário desta Convenção.

3. Esta Convenção está sujeita a ratificação. Os instrumentos de ratificação serão depositados junto ao Secretário-Geral das Nações Unidas.

4. Esta Convenção estará aberta à adesão de todos os Estados. A adesão efetuar-se-á através do depósito de um instrumento de adesão junto ao Secretário-Geral das Nações Unidas.

Artigo 26

1. Qualquer Estado-Parte poderá, em qualquer momento, formular pedido de revisão desta Convenção, mediante notificação escrita dirigida ao Secretário-Geral das Nações Unidas.

2. A Assembleia-Geral das Nações Unidas decidirá sobre as medidas a serem tomadas, se for o caso, com respeito a esse pedido.

Artigo 27

1. Esta Convenção entrará em vigor no trigésimo dia a partir da data do depósito do vigésimo instrumento de ratificação ou adesão junto ao Secretário-Geral das Nações Unidas.

2. Para cada Estado que ratificar a presente Convenção ou a ela aderir após o depósito do vigésimo instrumento de ratificação ou adesão, a Convenção entrará em vigor no trigésimo dia após o depósito de seu instrumento de ratificação ou adesão.

Artigo 28

1. O Secretário-Geral das Nações Unidas receberá e enviará a todos os Estados o texto das reservas feitas pelos Estados no momento da ratificação ou adesão.

2. Não será permitida uma reserva incompatível com o objeto e o propósito desta Convenção.

3. As reservas poderão ser retiradas a qualquer momento por uma notificação endereçada com esse objetivo ao Secretário-Geral das Nações Unidas, que informará a todos os Estados a respeito. A notificação surtirá efeito na data de seu recebimento.

Artigo 29

1. Qualquer controvérsia entre dois ou mais Estados-Partes relativa à interpretação ou aplicação desta Convenção e que não for resolvida por negociações será, a pedido de qualquer das Partes na controvérsia, submetida à arbitragem. Se no prazo de seis meses a partir da data do pedido de arbitragem, as Partes não acordarem sobre a forma da arbitragem, qualquer das Partes poderá submeter a controvérsia à Corte Internacional de Justiça, mediante pedido em conformidade com o Estatuto da Corte.

2. Qualquer Estado-Parte, no momento da assinatura ou ratificação desta Convenção ou de adesão a ela, poderá declarar que não se considera obrigado pelo parágrafo anterior. Os demais Estados-Partes não estarão obrigados pelo parágrafo anterior perante nenhum Estado-Parte que tenha formulado essa reserva.

3. Qualquer Estado-Parte que tenha formulado a reserva prevista no parágrafo anterior poderá retirá-la em qualquer momento por meio de notificação ao Secretário-Geral das Nações Unidas.

Artigo 30

Esta Convenção, cujos textos em árabe, chinês, espanhol, francês, inglês e russo são igualmente autênticos, será depositada junto ao Secretário-Geral das Nações Unidas.

Em testemunho do que os abaixo-assinados devidamente autorizados assinaram esta Convenção.

CONVENÇÃO SOBRE ASILO DIPLOMÁTICO

▶ Assinada em Caracas, a 28-3-1954. Ratificada pelo Brasil por carta de 25-6-1957. Depósito a 17-9-1957, junto à União Pan-americana, em Washington, do instrumento brasileiro de ratificação da referida Convenção. Aprovada pelo Dec. Legislativo nº 13, de 11-6-1957. Promulgada pelo Dec. nº 42.628, de 13-11-1957.

Os Governos dos Estados Membros da Organização dos Estados Americanos, desejosos de estabelecer uma Convenção sobre Asilo Diplomático, convieram nos seguintes artigos:

Artigo I

O asilo outorgado em legações, navios de guerra e acampamentos ou aeronaves militares, a pessoas perseguidas por motivos ou delitos políticos, será respeitado pelo Estado territorial, de acordo com as disposições desta Convenção.

Para os fins desta Convenção, legação é a sede de toda missão diplomática ordinária, a residência dos chefes de missão, e os locais por eles destinados para esse efeito, quando o número de asilados exceder a capacidade normal dos edifícios.

Os navios de guerra ou aeronaves militares, que se encontrarem provisoriamente em estaleiros, arsenais ou oficinas para serem reparados, não podem constituir recinto de asilo.

Artigo II

Todo Estado tem o direito de conceder asilo, mas não se acha obrigado a concedê-lo, nem a declarar por que o nega.

Artigo III

Não é lícito conceder asilo a pessoas que, na ocasião em que o solicitem, tenham sido acusadas de delitos comuns, processadas ou condenadas por esse motivo pelos tribunais ordinários competentes, sem haverem cumprido as penas respectivas; nem a desertores das forças de terra, mar e ar, salvo quando os fatos que motivaram o pedido de asilo, seja qual for o caso, apresentem claramente caráter político.

As pessoas mencionadas no parágrafo precedente, que se refugiarem em lugar apropriado para servir de asilo, deverão ser convidadas a retirar-se, ou, conforme o caso, ser entregues ao governo local, o qual não poderá julgá-las por delitos políticos anteriores ao momento da entrega.

Artigo IV

Compete ao Estado asilante a classificação da natureza do delito ou dos motivos da perseguição.

Artigo V

O asilo só poderá ser concedido em casos de urgência e pelo tempo estritamente indispensável para que o asilado deixe o país com as garantias concedidas pelo governo do Estado territorial, a fim de não correrem perigo sua vida, sua liberdade ou sua integridade pessoal, ou para que de outra maneira o asilado seja posto em segurança.

Artigo VI

Entendem-se por casos de urgência, entre outros, aqueles em que o indivíduo é perseguido por pessoas ou multidões que não possam ser contidas pelas autoridades, ou pelas próprias autoridades, bem como quando se encontre em perigo de ser privado de sua vida ou de sua liberdade por motivos de perseguição política e não possa, sem risco, por-se de outro modo em segurança.

Artigo VII

Compete ao Estado asilante julgar se se trata de caso de urgência.

Artigo VIII

O agente diplomático, comandante de navio de guerra, acampamento ou aeronave militar, depois de concedido o asilo, comunicá-lo-á, com a maior brevidade possível, ao Ministro das Relações Exteriores do Estado territorial ou à autoridade administrativa do lugar, se o fato houver ocorrido fora da Capital.

Artigo IX

A autoridade asilante tomará em conta as informações que o governo territorial lhe oferecer para formar seu critério sobre a natureza do delito ou a existência de delitos comuns conexos; porém, será respeitada sua determinação de continuar a conceder asilo ou exigir salvo-conduto para o perseguido.

Artigo X

O fato de não estar o governo do Estado territorial reconhecido pelo Estado asilante não impedirá a observância desta Convenção e nenhum ato executado em virtude da mesma implicará o reconhecimento.

Artigo XI

O Governo do Estado territorial pode, em qualquer momento, exigir que o asilado seja retirado do país, para o que deverá conceder salvo-conduto e as garantias estipuladas no Artigo V.

Artigo XII

Concedido o asilo, o Estado asilante pode pedir a saída do asilado para território estrangeiro, sendo o Estado territorial obrigado a conceder imediatamente, salvo caso de força maior, as garantias necessárias a que se refere o Artigo V e o correspondente salvo-conduto.

Artigo XIII

Nos casos referidos nos artigos anteriores, o Estado asilante pode exigir que as garantias sejam dadas por escrito e tomar em consideração, para a rapidez da viagem, as condições reais de perigo apresentadas para a saída do asilado.

Ao Estado asilante cabe o direito de conduzir o asilado para fora do país. O Estado territorial pode escolher o itinerário preferido para a saída do asilado, sem que isso implique determinar o país de destino.

Se o asilo se verificar a bordo de navio de guerra ou aeronave militar, a saída pode se efetuar nos mesmos, devendo, porém, ser previamente preenchido o requisito da obtenção do salvo-conduto.

Artigo XIV

Não se pode culpar o Estado asilante do prolongamento do asilo, decorrente da necessidade de coligir informações indispensáveis para julgar da procedência do mesmo, ou de fatos circunstanciais que ponham em perigo a segurança do asilado durante o trajeto para um país estrangeiro.

Artigo XV

Quando para a transferência de um asilado para outro país for necessário atravessar o território de um Estado-Parte nesta Convenção, o trânsito será autorizado por este sem outro requisito além da apresentação, por via diplomática, do respectivo salvo-conduto visado e com a declaração, por parte da missão diplomática asilante, da qualidade de asilado.

Durante o mencionado trânsito o asilado ficará sob a proteção do Estado que concede o asilo.

Artigo XVI

Os asilados não poderão ser desembarcados em ponto algum do Estado territorial, nem em lugar que dele esteja próximo, salvo por necessidade de transporte.

Artigo XVII

Efetuada a saída do asilado, o Estado asilante não é obrigado a conceder-lhe permanência no seu território; mas não o poderá mandar de volta ao seu país de origem, salvo por vontade expressa do asilado.

O fato de o Estado territorial comunicar à autoridade asilante a intenção de solicitar a extradição posterior do asilado não prejudicará a aplicação de qualquer dispositivo desta Convenção. Nesse caso, o asilado permanecerá residindo no território do Estado asilante, até que se receba o pedido formal de extradição, segundo as normas jurídicas que regem essa instituição no Estado asilante. A vigilância sobre o asilado não poderá exceder de trinta dias.

As despesas desse transporte e as da permanência preventiva cabem ao Estado do suplicante.

Artigo XVIII

A autoridade asilante não permitirá aos asilados praticar atos contrários à tranquilidade pública, nem intervir na política interna do Estado territorial.

Artigo XIX

Se, por motivo de ruptura de relações, o representante diplomático que concedeu o asilo tiver de abandonar o Estado territorial, sairá com os asilados.

Se o estabelecido no parágrafo anterior não for possível por causas independentes da vontade dos mesmos ou do agente diplomático, deverá entregá-los à representação diplomática de um terceiro Estado, com as garantias estabelecidas nesta Convenção.

Se isto também não for possível, poderá entregá-los a um Estado que não faça parte desta Convenção e concorde em manter o asilo. O Estado territorial deverá respeitar esse asilo.

Artigo XX

O asilo diplomático não estará sujeito à reciprocidade. Toda pessoa, seja qual for sua nacionalidade, pode estar sob proteção.

Artigo XXI

A presente Convenção fica aberta à assinatura dos Estados-Membros da Organização dos Estados Americanos e será ratificada pelos Estados signatários, de acordo com as respectivas normas constitucionais.

Artigo XXII

O instrumento original, cujos textos em português, espanhol, francês e inglês são igualmente autênticos, será depositado na União Pan-Americana, que enviará cópias autenticadas aos Governos, para fins de ratificação. Os instrumentos de ratificação serão depositados na União Pan-Americana, que notificará aos Governos signatários e do referido depósito.

Artigo XXIII

A presente Convenção entrará em vigor entre os Estados que a ratificarem, na ordem em que depositem as respectivas ratificações.

Artigo XXIV

A presente Convenção vigorará indefinidamente, podendo ser denunciada por qualquer dos Estados signatários, mediante aviso prévio de um ano, decorrido o qual cessarão seus efeitos para o denunciante, subsistindo para os demais. A denúncia será enviada à União Pan-Americana, que a comunicará aos demais Estados signatários.

RESERVAS

GUATEMALA

Fazemos reserva expressa ao Artigo II na parte que declara não serem os Estados obrigados a conceder asilo, porque mantemos o conceito amplo e firme do direito de asilo.

URUGUAI

O Governo do Uruguai faz reserva ao Artigo II na parte que estabelece: a autoridade asilante não está em asilo nem a declarar por que o nega. Faz, outrossim, reserva ao Artigo XV na parte que estabelece: "…sem outro requisito além da apresentação, por via diplomática, do respectivo salvo-conduto visado e com a declaração, por parte da missão diplomática asilante, da qualidade de asilado. Durante o mencionado trânsito o asilado ficará sob a proteção do Estado que concede o Asilo".

Finalmente, faz reserva à Segunda alínea do Artigo XX, pois o Governo do Uruguai, entende que tôdas as pessoas, qualquer que seja seu sexo, nacionalidade, opinião ou religião, gozam do direito de asilo.

REPÚBLICA DOMINICANA

A República Dominicana assina a Convenção anterior com as reservas seguintes:

Primeira: A República Dominicana não aceita as disposições contidas nos Artigos VII e seguintes no que concerne à classificação uniltateral da urgência pelo Estado asilante; e

Segunda: As disposições desta Convenção, não são aplicáveis, por conseguinte, no que concerne à República Dominicana, às controvérsias que possam surgir entre o Estado asilante, e que se refiram concretamente à falta de seriedade ou inexistência de uma ação de verdadeira perseguição contra o asilado da parte das autoridades locais.

HONDURAS

A Delegação de Honduras assina a Convenção sobre Asilo Diplomático com as reservas pertinentes aos artigos que se oponham à Constituição e às leis vigentes da República de Honduras.

EM FÉ DO QUE, os Plenipotenciários abaixo assinados, apresentados seus plenos poderes que foram achados em boa e devida forma, firmam a presente Convenção em nome de seus governos, na cidade de Caracas, aos vinte e oito dias de março de mil novecentos e cinquenta e quatro.

CONVENÇÃO SOBRE ASILO TERRITORIAL

▶ Assinada em Caracas, a 28-3-1954, teve seu instrumento de ratificação depositado pelo Brasil, junto à União Pan-americana, a 14-1-1965. Aprovada pelo Dec. Legislativo nº 34, de 20-5-1964, e promulgada pelo Dec. Nº 55.929, de 14-4-1965.

Os governos dos Estados Membros da Organização dos Estados Americanos, desejosos de estabelecer uma Convenção sobre Asilo Territorial, convieram nos seguintes artigos:

Artigo I

Todo Estado tem direito, no exercício de sua soberania, de admitir dentro de seu território as pessoas que julgar conveniente, sem que, pelo exercício desse direito, nenhum outro Estado possa fazer qualquer reclamação.

Artigo II

O respeito que, segundo o Direito Internacional, se deve à jurisdição de cada Estado sobre os habitantes de seu território, deve-se igualmente, sem nenhuma restrição à jurisdição que tem sobre as pessoas que nele entram, procedentes de um Estado, onde sejam perseguidas por suas crenças, opiniões e filiação política ou por atos que possam ser considerados delitos políticos.

Qualquer violação da soberania consistindo em atos de um governo ou de seus agentes contra a vida ou a segurança de uma pessoa, praticados em território de outro Estado, não se pode considerar atenuada pelo fato de ter a perseguição começado fora de suas fronteiras ou de obedecer a motivos políticos ou a razões de Estado.

Artigo III

Nenhum Estado é obrigado a entregar a outro Estado ou a expulsar de seu território pessoas perseguidas por motivos ou delitos políticos.

Artigo IV

A extradição não se aplica, quando se trate de pessoas que, segundo a classificação do Estado suplicado, sejam perseguidas por delitos políticos ou delitos comuns cometidos com fins políticos, nem quando a extradição for solicitada obedecendo a motivos predominantemente políticos.

Artigo V

O fato de o ingresso de uma pessoa na jurisdição territorial de um Estado se ter efetuado clandestina ou irregularmente não atinge as estipulações desta Convenção.

Artigo VI

Sem prejuízo ao disposto nos artigos seguintes, nenhum Estado é obrigado a estabelecer em sua legislação ou em suas disposições ou atos administrativos aplicáveis a estrangeiros, qualquer distinção motivada pelo único fato de se tratar de asilados ou refugiados políticos.

Artigo VII

A liberdade de expressão de pensamento, que o direito interno reconhece a todos os habitantes de um Estado, não pode ser motivo de reclamação por outro Estado, baseada em conceitos que contra este ou seu governo expressem publicamente os asilados ou refugiado, salvo no caso de tais conceitos constituírem propaganda sistemática por meio da qual se incite ao emprego da força ou da violência contra o governo do Estado reclamante.

Artigo VIII

Nenhum Estado tem o direito de pedir a outro Estado que restrinja aos asilados ou refugiados políticos a liberdade de reunião ou associação que a legislação interna deste reconheça a todos os estrangeiros dentro do seu território, salvo se tais reuniões ou associações tiverem por objetivo promover o emprego da força ou da violência contra o governo do Estado suplicante.

Artigo IX

A pedido do Estado interessado, o país que concedeu refúgio ou asilo procederá à vigilância ou ao internamento, em distância prudente de suas fronteiras, dos refugiados ou asilados políticos que forem dirigentes notórios de um movimento subversivo assim como daqueles sobre os quais existam provas de que dispõem a incorporar-se no mesmo movimento.

A determinação da distância prudente das fronteiras para os efeitos de internamento, dependerá do critério das autoridades do Estado suplicado.

As despesas de toda espécie exigidas pelo internamento de asilados e refugiados políticos correrão por conta do Estado que o solicitar.

Artigo X

Os internados políticos, a que se refere o artigo anterior, sempre que desejarem sair do território do Estado em que se encontram, comunicarão esse fato ao respectivo governo. A saída ser-lhes-á concedida, sob a condição de não se dirigirem ao país de sua procedência e mediante aviso ao governo interessado.

Artigo XI

Em todos os casos em que segundo esta Convenção, a apresentação de uma reclamação ou de um requerimento seja procedente, a apreciação da prova apresentada pelo Estado suplicante dependerá do critério do Estado suplicado.

Artigo XII

A presente Convenção fica aberta à assinatura dos Estados Membros da Organização dos Estados Americanos e será ratificada pelos Estados signatários de acordo com as respectivas normas constitucionais.

Artigo XIII

O original da convenção, cujos textos em português, espanhol, francês e inglês são igualmente autênticos, será depositado na União Pan-americana, a qual enviará cópias certificadas aos governos para fins de ratificação. Os instrumentos de ratificação serão depositados na União Pan-americana que notificará os governos signatários do referido depósito.

Artigo XIV

A presente Convenção entrará em vigor entre os Estados que a ratifiquem, à medida que depositarem as respectivas ratificações.

Artigo XV

A presente Convenção regerá indefinidamente, mas poderá ser denunciada por qualquer dos Estados signatários, mediante aviso prévio de um ano, transcorrido o qual cessarão seus efeitos o denunciante continuando em vigor para os demais Estados signatários. A denúncia será transmitida à União Pan-americana e esta comunicá-la-á aos demais Estados signatários.

RESERVAS

GUATEMALA

Fazemos reserva expressa ao Artigo III (terceiro) no que se refere à entrega de pessoas perseguidas por motivos ou delitos políticos; porque, de acordo com as disposições de nossa Constituição política sustentamos que essa entrega de refugiados políticos nunca poderá efetuar-se.

Fazemos constar por outra parte, que entendemos o têrmo "internamento", no artigo IX, como simples afastamento das fronteiras.

REPÚBLICA DOMINICANA

A Delegação da República Dominicana assina a Convenção Sobre Asilo Territorial com as seguintes reservas:

Ao Artigo I

A República Dominicana aceita o princípio geral consagrado no referido artigo no sentido de que "Todo Estado tem direito de admitir dentro do seu território as pessoas que julgar conveniente", mas não renuncia ao direito de efetuar as representações diplomáticas que, por considerações de segurança nacional, julgue conveniente fazer perante outro Estado.

Ao Artigo II

Aceita o segundo parágrafo deste artigo, no entendimento de que o mesmo não afeta as prescrição da polícia de fronteiras.

Ao Artigo X

A República Dominicana não renuncia ao direito de recorrer aos processos de solução pacífica das controvérsias internacionais que possam surgir da prática do asilo territorial.

MÉXICO

A Delegação do México faz reserva expressa dos Artigos IX e X da Convenção sobre asilo Territorial, porque são contrários às garantias individuais de que gozam todos os habitantes da República, de acordo com a Constituição Política dos Estados Unidos Mexicanos.

PERU

A Delegação do Peru faz reserva ao texto do Artigo VIII da Convenção sobre asilo Territorial, na parte em que diverge do artigo VI do projeto do Conselho Interamericano de jurisconsultos, com o qual concorda esta Delegação.

HONDURAS

A Delegação de Honduras subscreve a Convenção sobre Asilo Territorial com as reservas pertinentes a respeito dos artigos que se oponham à Constituição e às leis vigentes da República de Honduras.

ARGENTINA

A Delegação Argentina votou favoravelmente à Convenção sobre asilo territorial, mas formula reserva expressa a respeito do artigo VII, por entender que o mesmo não considera devidamente nem resolve satisfatoriamente o problema oriundo do exercício, por parte dos asilados políticos, do direito de livre expressão do pensamento.

Em fé do que, os Plenipotenciários abaixo assinados, depois de haverem apresentado os seus plenos poderes, que foram achados em boa e devida forma, assinam achados em boa e devida forma, assinam a presente Convenção, em nome de seus respectivos governos, na cidade de Caracas, no dia vinte e oito de março de mil novecentos e cinquenta e quatro.

CONVENÇÃO SOBRE OS DIREITOS DA CRIANÇA

► Aprovada pela Res. nº 44 (XLIV) da Assembleia-Geral das Nações Unidas, em 20-11-1989. No Brasil, foi aprovada pelo Dec. Legislativo nº 28, de 14-9-1990, e promulgada pelo Dec. nº 99.710, de 21-11-1990. Ratificada pelo Brasil em 24-9-1990.

► Lei nº 8.069, de 13-7-1990 (Estatuto da Criança e do Adolescente).

PREÂMBULO

Os Estados-Partes da presente Convenção,

Considerando que, de acordo com os princípios proclamados na Carta das Nações Unidas, a liberdade, a justiça e a paz no mundo se fundamentam no reconhecimento da dignidade inerente e dos direitos iguais e inalienáveis de todos os membros da família humana;

Tendo em conta que os povos das Nações Unidas reafirmaram na Carta sua fé nos direitos fundamentais do homem e na dignidade e no valor da pessoa humana e que decidiram promover o progresso social e a elevação do nível de vida com mais liberdade;

Reconhecendo que as Nações Unidas proclamaram e acordaram na Declaração Universal dos Direitos Humanos e nos Pactos Internacionais de Direitos Humanos que toda pessoa possui todos os direitos e liberdades neles enunciados, sem distinção de qualquer natureza, seja de raça, cor, sexo, idioma, crença, opinião política ou de outra índole, origem nacional ou social, posição econômica, nascimento ou qualquer outra condição;

Recordando que na Declaração Universal dos Direitos Humanos as Nações Unidas proclamaram que a infância tem direito a cuidados e assistência especiais;

Convencidos de que a família, como grupo fundamental da sociedade e ambiente natural para o crescimento e bem-estar de todos os seus membros, e em particular das crianças, deve receber a proteção e assistência necessárias a fim de poder assumir plenamente suas responsabilidades dentro da comunidade;

Reconhecendo que a criança, para o pleno e harmonioso desenvolvimento de sua personalidade, deve crescer no seio da família, em um ambiente de felicidade, amor e compreensão;

Considerando que a criança deve estar plenamente preparada para uma vida independente na sociedade e deve ser educada de acordo com os ideais proclamados na Carta das Nações Unidas, especialmente com espírito de paz, dignidade, tolerância, liberdade, igualdade e solidariedade;

Tendo em conta que a necessidade de proporcionar à criança uma proteção especial foi enunciada na Declaração de Genebra de 1924 sobre os Direitos da Criança e na Declaração dos Direitos da Criança adotada pela Assembleia-Geral em 20 de novembro de 1959, e reconhecida na Declaração Universal dos Direitos Humanos, no Pacto Internacional de Direitos Civis e Políticos (em particular nos artigos 23 e 24), no Pacto Internacional de Direitos Econômicos, Sociais e Culturais (em particular no artigo 10) e nos estatutos e instrumentos pertinentes das Agências Especializadas e das organizações internacionais que se interessam pelo bem-estar da criança;

Tendo em conta que, conforme assinalado na Declaração dos Direitos da Criança, "a criança, em virtude de sua falta de maturidade física e mental, necessita proteção e cuidados especiais, inclusive a devida proteção legal, tanto antes quanto após seu nascimento";

Lembrado e estabelecido na Declaração sobre os Princípios Sociais e Jurídicos Relativos à Proteção e ao Bem-Estar das Crianças, especialmente com Referência à Adoção e à Colocação em Lares de Adoção, nos Planos Nacional e Internacional; as Regras Mínimas das Nações Unidas para a Administração da Justiça Juvenil (Regras de Pequim); e a Declaração sobre a Proteção da Mulher e da Criança em Situações de Emergência ou de Conflito Armado;

Reconhecendo que em todos os países do mundo existem crianças vivendo sob condições excepcionalmente difíceis e que essas crianças necessitam consideração especial;

Tomando em devida conta a importância das tradições e dos valores culturais de cada povo para a proteção e o desenvolvimento harmonioso da criança;

Reconhecendo a importância da cooperação internacional para a melhoria das condições de vida das crianças em todos os países, especialmente nos países em desenvolvimento;

Acordam o seguinte:

PARTE I

ARTIGO 1º

Para efeitos da presente Convenção considera-se como criança todo ser humano com menos de dezoito anos de idade, a não ser que, em conformidade com a lei aplicável à criança, a maioridade seja alcançada antes.

ARTIGO 2º

1. Os Estados-Partes respeitarão os direitos enunciados na presente Convenção e assegurarão sua aplicação a cada criança sujeita à sua jurisdição, sem distinção alguma, independentemente de raça, cor, sexo, idioma, crença, opinião política ou de outra índole, origem nacional, étnica ou social, posição econômica, deficiências físicas, nascimento ou qualquer outra condição da criança, de seus pais ou de seus representantes legais.

2. Os Estados-Partes tomarão todas as medidas apropriadas para assegurar a proteção da criança contra toda forma de discriminação ou castigo por causa da condição, das atividades, das opiniões manifestadas ou das crenças de seus pais, representantes legais ou familiares.

ARTIGO 3º

1. Todas as ações relativas às crianças, levadas a efeito por autoridades administrativas ou órgãos legislativos, devem considerar, primordialmente, o interesse maior da criança.

2. Os Estados-Partes se comprometem a assegurar à criança a proteção e o cuidado que sejam necessários para seu bem-estar, levando em consideração os direitos e deveres de seus pais, tutores ou outras pessoas responsáveis por ela perante a lei e, com essa finalidade, tomarão todas as medidas legislativas e administrativas adequadas.

3. Os Estados-Partes se certificarão de que as instituições, os serviços e os estabelecimentos encarregados do cuidado ou da proteção das crianças cumpram com os padrões estabelecidos pelas autoridades competentes, especialmente no que diz respeito à segurança e à saúde das crianças, ao número e à competência de seu pessoal e à existência de supervisão adequada.

ARTIGO 4º

Os Estados-Partes adotarão todas as medidas administrativas, legislativas e de outra índole com vistas à implementação dos direitos reconhecidos na presente Convenção. Com relação aos direitos econômicos, sociais e culturais, os Estados-Partes adotarão essas medidas utilizando ao máximo os recursos disponíveis e, quando necessário, dentro de um quadro de cooperação internacional.

Artigo 5º

Os Estados-Partes respeitarão as responsabilidades, os direitos e os deveres dos pais ou, onde for o caso, dos membros da família ampliada ou da comunidade, conforme determinem os costumes locais, dos tutores ou de outras pessoas legalmente responsáveis, de proporcionar à criança instrução e orientação adequadas e acordes com a evolução de sua capacidade no exercício dos direitos reconhecidos na presente Convenção.

Artigo 6º

1. Os Estados-Partes reconhecem que toda criança tem o direito inerente à vida.

2. Os Estados-Partes assegurarão ao máximo a sobrevivência e o desenvolvimento da criança.

Artigo 7º

1. A criança será registrada imediatamente após seu nascimento e terá direito, desde o momento em que nasce, a um nome, a uma nacionalidade e, na medida do possível, a conhecer seus pais e a ser cuidada por eles.

2. Os Estados-Partes zelarão pela aplicação desses direitos de acordo com sua legislação nacional e com as obrigações que tenham assumido em virtude dos instrumentos internacionais pertinentes, sobretudo se, de outro modo, a criança se tornaria apátrida.

Artigo 8º

1. Os Estados-Partes se comprometem a respeitar o direito da criança de preservar sua identidade, inclusive a nacionalidade, o nome e as relações familiares, de acordo com a lei, sem interferências ilícitas.

2. Quando uma criança se vir privada ilegalmente de algum ou de todos os elementos que configuram sua identidade, os Estados-Partes deverão prestar assistência e proteção adequadas com vistas a restabelecer rapidamente sua identidade.

Artigo 9º

1. Os Estados-Partes deverão zelar para que a criança não seja separada dos pais contra a vontade dos mesmos, exceto quando, sujeita à revisão judicial, as autoridades competentes determinarem, em conformidade com a lei e os procedimentos legais cabíveis, que tal separação é necessária ao interesse maior da criança. Tal determinação pode ser necessária em casos específicos, por exemplo, nos casos em que a criança sofre maus-tratos ou descuido por parte de seus pais ou quando estes vivem separados e uma decisão deve ser tomada a respeito do local da residência da criança.

2. Caso seja adotado qualquer procedimento em conformidade com o estipulado no parágrafo 1 do presente artigo, todas as Partes interessadas terão a oportunidade de participar e de manifestar suas opiniões.

3. Os Estados-Partes respeitarão o direito da criança que esteja separada de um ou de ambos os pais de manter regularmente relações pessoais e contato direto com ambos, a menos que isso seja contrário ao interesse maior da criança.

4. Quando essa separação ocorrer em virtude de uma medida adotada por um Estado-Parte, tal como detenção, prisão, exílio, deportação ou morte (inclusive falecimento decorrente de qualquer causa enquanto a pessoa estiver sob a custódia do Estado) de um dos pais da criança, ou de ambos, ou da própria criança, o Estado-Parte, quando solicitado, proporcionará aos pais, à criança ou, se for o caso, a outro familiar, informações básicas a respeito do paradeiro do familiar ou familiares ausentes, a não ser que tal procedimento seja prejudicial ao bem-estar da criança. Os Estados-Partes se certificarão, além disso, de que a apresentação de tal petição não acarrete, por si só, consequências adversas para a pessoa ou pessoas interessadas.

Artigo 10

1. De acordo com a obrigação dos Estados-Partes estipulada no parágrafo 1 do artigo 9, toda solicitação apresentada por uma criança, ou por seus pais, para ingressar ou sair de um Estado-Parte com vistas à reunião da família, deverá ser atendida pelos Estados-Partes de forma positiva, humanitária e rápida. Os Estados-Partes assegurarão, ainda, que a apresentação de tal solicitação não acarretará consequências adversas para os solicitantes ou para seus familiares.

2. A criança cujos pais residam em Estados diferentes terá o direito de manter, periodicamente, relações pessoais e contato direto com ambos, exceto em circunstâncias especiais. Para tanto, e de acordo com a obrigação assumida pelos Estados-Partes em virtude do parágrafo 2 do artigo 9, os Estados-Partes respeitarão o direito da criança e de seus pais de sair de qualquer país, inclusive do próprio, e de ingressar no seu próprio país. O direito de sair de qualquer país estará sujeito, apenas, às restrições determinadas pela lei que sejam necessárias para proteger a segurança nacional, a ordem pública, a saúde ou a moral públicas ou os direitos e as liberdades de outras pessoas e que estejam acordes com os demais direitos reconhecidos pela presente Convenção.

Artigo 11

1. Os Estados-Partes adotarão medidas a fim de lutar contra a transferência ilegal de crianças para o exterior e a retenção ilícita das mesmas fora do país.

2. Para tanto, aos Estados-Partes promoverão a conclusão de acordos bilaterais ou multilaterais ou a adesão a acordos já existentes.

Artigo 12

1. Os Estados-Partes assegurarão à criança que estiver capacitada a formular seus próprios juízos o direito de expressar suas opiniões livremente sobre todos os assuntos relacionados com a criança, levando-se devidamente em consideração essas opiniões, em função da idade e maturidade da criança.

2. Com tal propósito, se proporcionará à criança, em particular, a oportunidade de ser ouvida em todo processo judicial ou administrativo que afete a mesma, quer diretamente quer por intermédio de um representante ou órgão apropriado, em conformidade com as regras processuais da legislação nacional.

Artigo 13

1. A criança terá direito à liberdade de expressão. Esse direito incluirá a liberdade de procurar, receber e divulgar informações e ideias de todo tipo, independentemente de fronteiras, de forma oral, escrita ou impressa,

por meio das artes ou por qualquer outro meio escolhido pela criança.

2. O exercício de tal direito poderá estar sujeito a determinadas restrições, que serão unicamente as previstas pela lei e consideradas necessárias:

a) para o respeito dos direitos ou da reputação dos demais, ou

b) para a proteção da segurança nacional ou da ordem pública, ou para proteger a saúde e a moral públicas.

Artigo 14

1. Os Estados-Partes respeitarão o direito da criança à liberdade de pensamento, de consciência e de crença.

2. Os Estados-Partes respeitarão os direitos e deveres dos pais e, se for o caso, dos representantes legais, de orientar a criança com relação ao exercício de seus direitos de maneira acorde com a evolução de sua capacidade.

3. A liberdade de professar a própria religião ou as próprias crenças estará sujeita, unicamente, às limitações prescritas pela lei e necessárias para proteger a segurança, a ordem, a moral, a saúde públicas ou os direitos e liberdades fundamentais dos demais.

Artigo 15

1. Os Estados-Partes reconhecem os direitos da criança à liberdade de associação e à liberdade de realizar reuniões pacíficas.

2. Não serão impostas restrições ao exercício desses direitos, a não ser as estabelecidas em conformidade com a lei e que sejam necessárias numa sociedade democrática, no interesse da segurança nacional ou pública, da ordem pública, da proteção à saúde e à moral públicas ou da proteção aos direitos e liberdades dos demais.

Artigo 16

1. Nenhuma criança será objeto de interferências arbitrárias ou ilegais em sua vida particular, sua família, seu domicílio ou sua correspondência, nem de atentados ilegais à sua honra e à sua reputação.

2. A criança tem direito à proteção da lei contra essas interferências ou atentados.

Artigo 17

Os Estados-Partes reconhecem a função importante desempenhada pelos meios de comunicação e zelarão para que a criança tenha acesso a informações e materiais procedentes de diversas fontes nacionais e internacionais, especialmente informações e materiais que visem a promover seu bem-estar social, espiritual e moral e sua saúde física e mental. Para tanto, os Estados-Partes:

a) incentivarão os meios de comunicação a difundir informações e materiais de interesse social e cultural para a criança, de acordo com o espírito do artigo 29;

b) promoverão a cooperação internacional na produção, no intercâmbio e na divulgação dessas informações e desses materiais procedentes de diversas fontes culturais, nacionais e internacionais;

c) incentivarão a produção e difusão de livros para crianças;

d) incentivarão os meios de comunicação no sentido de, particularmente, considerar as necessidades linguísticas da criança que pertença a um grupo minoritário ou que seja indígena;

e) promoverão a elaboração de diretrizes apropriadas a fim de proteger a criança contra toda informação e material prejudiciais ao seu bem-estar, tendo em conta as disposições dos artigos 13 e 18.

Artigo 18

1. Os Estados-Partes envidarão os seus melhores esforços a fim de assegurar o reconhecimento do princípio de que ambos os pais têm obrigações comuns com relação à educação e ao desenvolvimento da criança. Caberá aos pais ou, quando for o caso, aos representantes legais, a responsabilidade primordial pela educação e pelo desenvolvimento da criança. Sua preocupação fundamental visará ao interesse maior da criança.

2. A fim de garantir e promover os direitos enunciados na presente Convenção, os Estados-Partes prestarão assistência adequada aos pais e aos representantes legais para o desempenho de suas funções no que tange à educação da criança e assegurarão a criação de instituições, instalações e serviços para o cuidado das crianças.

3. Os Estados-Partes adotarão todas as medidas apropriadas a fim de que as crianças cujos pais trabalhem tenham direito a beneficiar-se dos serviços de assistência social e creches a que fazem jus.

Artigo 19

1. Os Estados-Partes adotarão todas as medidas legislativas, administrativas, sociais e educacionais apropriadas para proteger a criança contra todas as formas de violência física ou mental, abuso ou tratamento negligente, maus-tratos ou exploração, inclusive abuso sexual, enquanto a criança estiver sob a custódia dos pais, do representante legal ou de qualquer outra pessoa responsável por ela.

2. Essas medidas de proteção deveriam incluir, conforme apropriado, procedimentos eficazes para a elaboração de programas sociais capazes de proporcionar uma assistência adequada à criança e às pessoas encarregadas de seu cuidado, bem como para outras formas de prevenção, para a identificação, notificação, transferência a uma instituição, investigação, tratamento e acompanhamento posterior dos casos acima mencionados de maus-tratos à criança e, conforme o caso, para a intervenção judiciária.

Artigo 20

1. As crianças privadas temporária ou permanentemente do seu meio familiar, ou cujo interesse maior exija que não permaneçam nesse meio, terão direito à proteção e assistência especiais do Estado.

2. Os Estados-Partes garantirão, de acordo com suas leis nacionais, cuidados alternativos para essas crianças.

3. Esses cuidados poderiam incluir, inter alia, a colocação em lares de adoção, a kafalah do direito islâmico, a adoção ou, caso necessário, a colocação em instituições adequadas de proteção para as crianças. Ao serem consideradas as soluções, deve-se dar especial atenção à origem étnica, religiosa, cultural e linguística

da criança, bem como à conveniência da continuidade de sua educação.

Artigo 21

Os Estados-Partes que reconhecem ou permitem o sistema de adoção atentarão para o fato de que a consideração primordial seja o interesse maior da criança. Dessa forma, atentarão para que:

a) a adoção da criança seja autorizada apenas pelas autoridades competentes, as quais determinarão, consoante as leis e os procedimentos cabíveis e com base em todas as informações pertinentes e fidedignas, que a adoção é admissível em vista da situação jurídica da criança com relação a seus pais, parentes e representantes legais e que, caso solicitado, as pessoas interessadas tenham dado, com conhecimento de causa, seu consentimento à adoção, com base no assessoramento que possa ser necessário;

b) a adoção efetuada em outro país possa ser considerada como outro meio de cuidar da criança, no caso em que a mesma não possa ser colocada em um lar de adoção ou entregue a uma família adotiva ou não logre atendimento adequado em seu país de origem;

c) a criança adotada em outro país goze de salvaguardas e normas equivalentes às existentes em seu país de origem com relação à adoção;

d) todas as medidas apropriadas sejam adotadas, a fim de garantir que, em caso de adoção em outro país, a colocação não permita benefícios financeiros indevidos aos que dela participarem;

e) quando necessário, promover os objetivos do presente artigo mediante ajustes ou acordos bilaterais ou multilaterais, e envidarão esforços, nesse contexto, com vistas a assegurar que a colocação da criança em outro país seja levada a cabo por intermédio das autoridades ou organismos competentes.

Artigo 22

1. Os Estados-Partes adotarão medidas pertinentes para assegurar que a criança que tente obter a condição de refugiada, ou que seja considerada como refugiada de acordo com o direito e os procedimentos internacionais ou internos aplicáveis, receba, tanto no caso de estar sozinha como acompanhada por seus pais ou por qualquer outra pessoa, a proteção e a assistência humanitária adequadas a fim de que possa usufruir dos direitos enunciados na presente Convenção e em outros instrumentos internacionais de direitos humanos ou de caráter humanitário dos quais os citados Estados sejam parte.

2. Para tanto, os Estados-Partes cooperarão, da maneira como julgarem apropriada, com todos os esforços das Nações Unidas e demais organizações intergovernamentais competentes, ou organizações não governamentais que cooperem com as Nações Unidas, no sentido de proteger e ajudar a criança refugiada, e de localizar seus pais ou outros membros de sua família a fim de obter informações necessárias que permitam sua reunião com a família. Quando não for possível localizar nenhum dos pais ou membros da família, será concedida à criança a mesma proteção outorgada a qualquer outra criança privada permanente ou temporariamente de seu ambiente familiar, seja qual for o motivo, conforme o estabelecido na presente Convenção.

Artigo 23

1. Os Estados-Partes reconhecem que a criança portadora de deficiências físicas ou mentais deverá desfrutar de uma vida plena e decente em condições que garantam sua dignidade, favoreçam sua autonomia e facilitem sua participação ativa na comunidade.

2. Os Estados-Partes reconhecem o direito da criança deficiente de receber cuidados especiais e, de acordo com os recursos disponíveis e sempre que a criança ou seus responsáveis reúnam as condições requeridas, estimularão e assegurarão a prestação da assistência solicitada, que seja adequada ao estado da criança e às circunstâncias de seus pais ou das pessoas encarregadas de seus cuidados.

3. Atendendo às necessidades especiais da criança deficiente, a assistência prestada, conforme disposto no parágrafo 2 do presente artigo, será gratuita sempre que possível, levando-se em consideração a situação econômica dos pais ou das pessoas que cuidem da criança, e visará a assegurar à criança deficiente o acesso efetivo à educação, à capacitação, aos serviços de saúde, aos serviços de reabilitação, à preparação para o emprego e às oportunidades de lazer, de maneira que a criança atinja a mais completa integração social possível e o maior desenvolvimento individual factível, inclusive seu desenvolvimento cultural e espiritual.

4. Os Estados-Partes promoverão, com espírito de cooperação internacional, um intercâmbio adequado de informações nos campos da assistência médica preventiva e do tratamento médico, psicológico e funcional das crianças deficientes, inclusive a divulgação de informações a respeito dos métodos de reabilitação e dos serviços de ensino e formação profissional, bem como o acesso a essa informação, a fim de que os Estados-Partes possam aprimorar sua capacidade e seus conhecimentos e ampliar sua experiência nesses campos. Nesse sentido, serão levadas especialmente em conta as necessidades dos países em desenvolvimento.

Artigo 24

1. Os Estados-Partes reconhecem o direito da criança de gozar do melhor padrão possível de saúde e dos serviços destinados ao tratamento das doenças e à recuperação da saúde. Os Estados-Partes envidarão esforços no sentido de assegurar que nenhuma criança se veja privada de seu direito de usufruir desses serviços sanitários.

2. Os Estados-Partes garantirão a plena aplicação desse direito e, em especial, adotarão as medidas apropriadas com vistas a:

a) reduzir a mortalidade infantil;
b) assegurar a prestação de assistência médica e cuidados sanitários necessários a todas as crianças, dando ênfase aos cuidados básicos de saúde;
c) combater as doenças e a desnutrição dentro do contexto dos cuidados básicos de saúde mediante, *inter alia*, a aplicação de tecnologia disponível e o fornecimento de alimentos nutritivos e de água po-

tável, tendo em vista os perigos e riscos da poluição ambiental;
d) assegurar às mães adequada assistência pré-natal e pós-natal;
e) assegurar que todos os setores da sociedade, e em especial os pais e as crianças, conheçam os princípios básicos de saúde e nutrição das crianças, as vantagens da amamentação, da higiene e do saneamento ambiental e das medidas de prevenção de acidentes, e tenham acesso à educação pertinente e recebam apoio para a aplicação desses conhecimentos;
f) desenvolver a assistência médica preventiva, a orientação aos pais e a educação e serviços de planejamento familiar.

3. Os Estados-Partes adotarão todas as medidas eficazes e adequadas para abolir práticas tradicionais que sejam prejudicais à saúde da criança.

4. Os Estados-Partes se comprometem a promover e incentivar a cooperação internacional com vistas a lograr, progressivamente, a plena efetivação do direito reconhecido no presente artigo. Nesse sentido, será dada atenção especial às necessidades dos países em desenvolvimento.

Artigo 25

Os Estados-Partes reconhecem o direito de uma criança que tenha sido internada em um estabelecimento pelas autoridades competentes para fins de atendimento, proteção ou tratamento de saúde física ou mental a um exame periódico de avaliação do tratamento ao qual está sendo submetida e de todos os demais aspectos relativos à sua internação.

Artigo 26

1. Os Estados-Partes reconhecerão a todas as crianças o direito de usufruir da previdência social, inclusive do seguro social, e adotarão as medidas necessárias para lograr a plena consecução desse direito, em conformidade com sua legislação nacional.

2. Os benefícios deverão ser concedidos, quando pertinentes, levando-se em consideração os recursos e a situação da criança e das pessoas responsáveis pelo seu sustento, bem como qualquer outra consideração cabível no caso de uma solicitação de benefícios feita pela criança ou em seu nome.

Artigo 27

1. Os Estados-Partes reconhecem o direito de toda criança a um nível de vida adequado ao seu desenvolvimento físico, mental, espiritual, moral e social.

2. Cabe aos pais, ou a outras pessoas encarregadas, a responsabilidade primordial de propiciar, de acordo com suas possibilidades e meios financeiros, as condições de vida necessárias ao desenvolvimento da criança.

3. Os Estados-Partes, de acordo com as condições nacionais e dentro de suas possibilidades, adotarão medidas apropriadas a fim de ajudar os pais e outras pessoas responsáveis pela criança a tornar efetivo esse direito e, caso necessário, proporcionarão assistência material e programas de apoio, especialmente no que diz respeito à nutrição, ao vestuário e à habitação.

4. Os Estados-Partes tomarão todas as medidas adequadas para assegurar o pagamento da pensão alimentícia por parte dos pais ou de outras pessoas financeiramente responsáveis pela criança, quer residam no Estado-Parte quer no exterior. Nesse sentido, quando a pessoa que detém a responsabilidade financeira pela criança residir em Estado diferente daquele onde mora a criança, os Estados-Partes promoverão a adesão a acordos internacionais ou a conclusão de tais acordos, bem como a adoção de outras medidas apropriadas.

Artigo 28

1. Os Estados-Partes reconhecem o direito da criança à educação e, a fim de que ela possa exercer progressivamente e em igualdade de condições esse direito, deverão especialmente:
a) tornar o ensino primário obrigatório e disponível gratuitamente para todos;
b) estimular o desenvolvimento do ensino secundário em suas diferentes formas, inclusive o ensino geral e profissionalizante, tornando-o disponível e acessível a todas as crianças, e adotar medidas apropriadas tais como a implantação do ensino gratuito e a concessão de assistência financeira em caso de necessidade;
c) tornar o ensino superior acessível a todos com base na capacidade e por todos os meios adequados;
d) tornar a informação e a orientação educacionais e profissionais disponíveis e acessíveis a todas as crianças;
e) adotar medidas para estimular a frequência regular às escolas e a redução do índice de evasão escolar.

2. Os Estados-Partes adotarão todas as medidas necessárias para assegurar que a disciplina escolar seja ministrada de maneira compatível com a dignidade humana da criança e em conformidade com a presente Convenção.

3. Os Estados-Partes promoverão e estimularão a cooperação internacional em questões relativas à educação, especialmente visando a contribuir para a eliminação da ignorância e do analfabetismo no mundo e facilitar o acesso aos conhecimentos científicos e técnicos e aos métodos modernos de ensino. A esse respeito, será dada atenção especial às necessidades dos países em desenvolvimento.

Artigo 29

1. Os Estados-Partes reconhecem que a educação da criança deverá estar orientada no sentido de:
a) desenvolver a personalidade, as aptidões e a capacidade mental e física da criança em todo o seu potencial;
b) imbuir na criança o respeito aos direitos humanos e às liberdades fundamentais, bem como aos princípios consagrados na Carta das Nações Unidas;
c) imbuir na criança o respeito aos seus pais, à sua própria identidade cultural, ao seu idioma e seus valores, aos valores nacionais do país em que reside, aos do eventual país de origem, e aos das civilizações diferentes da sua;
d) preparar a criança para assumir uma vida responsável numa sociedade livre, com espírito de compreensão, paz, tolerância, igualdade de sexos e amizade entre todos os povos, grupos étnicos, nacionais e religiosos e pessoas de origem indígena;

e) imbuir na criança o respeito ao meio ambiente.

2. Nada do disposto no presente artigo ou no artigo 28 será interpretado de modo a restringir a liberdade dos indivíduos ou das entidades de criar e dirigir instituições de ensino, desde que sejam respeitados os princípios enunciados no parágrafo 1 do presente artigo e que a educação ministrada em tais instituições esteja acorde com os padrões mínimos estabelecidos pelo Estado.

Artigo 30

Nos Estados-Partes onde existam minorias étnicas, religiosas ou linguísticas, ou pessoas de origem indígena, não será negado a uma criança que pertença a tais minorias ou que seja indígena o direito de, em comunidade com os demais membros de seu grupo, ter sua própria cultura, professar e praticar sua própria religião ou utilizar seu próprio idioma.

Artigo 31

1. Os Estados-Partes reconhecem o direito da criança ao descanso e ao lazer, ao divertimento e às atividades recreativas próprias da idade, bem como à livre participação na vida cultural e artística.

2. Os Estados-Partes respeitarão e promoverão o direito da criança de participar plenamente da vida cultural e artística e encorajarão a criação de oportunidades adequadas, em condições de igualdade, para que participem da vida cultural, artística, recreativa e de lazer.

Artigo 32

1. Os Estados-Partes reconhecem o direito da criança de estar protegida contra a exploração econômica e contra o desempenho de qualquer trabalho que possa ser perigoso ou interferir em sua educação, ou que seja nocivo para sua saúde ou para seu desenvolvimento físico, mental, espiritual, moral ou social.

2. Os Estados-Partes adotarão medidas legislativas, administrativas, sociais e educacionais com vistas a assegurar a aplicação do presente artigo. Com tal propósito, e levando em consideração as disposições pertinentes de outros instrumentos internacionais, os Estados-Partes, deverão, em particular:

a) estabelecer uma idade ou idades mínimas para a admissão em empregos;
b) estabelecer regulamentação apropriada relativa a horários e condições de emprego;
c) estabelecer penalidades ou outras sanções apropriadas a fim de assegurar o cumprimento efetivo do presente artigo.

Artigo 33

Os Estados-Partes adotarão todas as medidas apropriadas, inclusive medidas legislativas, administrativas, sociais e educacionais, para proteger a criança contra o uso ilícito de drogas e substâncias psicotrópicas descritas nos tratados internacionais pertinentes e para impedir que crianças sejam utilizadas na produção e no tráfico ilícito dessas substâncias.

Artigo 34

Os Estados-Partes se comprometem a proteger a criança contra todas as formas de exploração e abuso sexual. Nesse sentido, os Estados-Partes tomarão, em especial, todas as medidas de caráter nacional, bilateral e multilateral que sejam necessárias para impedir:

a) o incentivo ou a coação para que uma criança se dedique a qualquer atividade sexual ilegal;
b) a exploração da criança na prostituição ou outras práticas sexuais ilegais;
c) a exploração da criança em espetáculos ou materiais pornográficos.

Artigo 35

Os Estados-Partes tomarão todas as medidas de caráter nacional, bilateral e multilateral que sejam necessárias para impedir o sequestro, a venda ou o tráfico de crianças para qualquer fim ou sob qualquer forma.

Artigo 36

Os Estados-Partes protegerão a criança contra todas as demais formas de exploração que sejam prejudiciais para qualquer aspecto de seu bem-estar.

Artigo 37

Os Estados-Partes zelarão para que:

a) nenhuma criança seja submetida a tortura nem a outros tratamentos ou penas cruéis, desumanos ou degradantes. Não será imposta a pena de morte nem a prisão perpétua sem possibilidade de livramento por delitos cometidos por menores de dezoito anos de idade;
b) nenhuma criança seja privada de sua liberdade de forma ilegal ou arbitrária. A detenção, a reclusão ou a prisão de uma criança será efetuada em conformidade com a lei e apenas como último recurso, e durante o mais breve período de tempo que for apropriado;
c) toda criança privada da liberdade seja tratada com a humanidade e o respeito que merece a dignidade inerente à pessoa humana, e levando-se em consideração as necessidades de uma pessoa de sua idade. Em especial, toda criança privada de sua liberdade ficará separada dos adultos, a não ser que tal fato seja considerado contrário aos melhores interesses da criança, e terá direito a manter contato com sua família por meio de correspondência ou de visitas, salvo em circunstâncias excepcionais;
d) toda criança privada de sua liberdade tenha direito a rápido acesso a assistência jurídica e a qualquer outra assistência adequada, bem como direito a impugnar a legalidade da privação de sua liberdade perante um tribunal ou outra autoridade competente, independente e imparcial e a uma rápida decisão a respeito de tal ação.

Artigo 38

1. Os Estados-Partes se comprometem a respeitar e a fazer com que sejam respeitadas as normas do direito humanitário internacional aplicáveis em casos de conflito armado no que digam respeito às crianças.

2. Os Estados-Partes adotarão todas as medidas possíveis a fim de assegurar que todas as pessoas que ainda não tenham completado quinze anos de idade não participem diretamente de hostilidades.

3. Os Estados-Partes abster-se-ão de recrutar pessoas que não tenham completado quinze anos de idade para servir em suas forças armadas. Caso recrutem pessoas que tenham completado quinze anos, mas que tenham menos de dezoito anos, deverão procurar dar priori de aos de mais idade.

4. Em conformidade com suas obrigações de acordo com o direito humanitário internacional para proteção da população civil durante os conflitos armados, os Estados-Partes adotarão todas as medidas necessárias a fim de assegurar a proteção e o cuidado das crianças afetadas por um conflito armado.

Artigo 39

Os Estados-Partes adotarão todas as medidas apropriadas para estimular a recuperação física e psicológica e a reintegração social de toda criança vítima de qualquer forma de abandono, exploração ou abuso; tortura ou outros tratamentos ou penas cruéis, desumanos ou degradantes; ou conflitos armados. Essa recuperação e reintegração serão efetuadas em ambiente que estimule a saúde, o respeito próprio e a dignidade da criança.

Artigo 40

1. Os Estados-Partes reconhecem o direito de toda criança a quem se alegue ter infringido as leis penais ou a quem se acuse ou declare culpada de ter infringido as leis penais de ser tratada de modo a promover e estimular seu sentido de dignidade e de valor e a fortalecer o respeito da criança pelos direitos humanos e pelas liberdades fundamentais de terceiros, levando em consideração a idade da criança e a importância de se estimular sua reintegração e seu desempenho construtivo na sociedade.

2. Nesse sentido, e de acordo com as disposições pertinentes dos instrumentos internacionais, os Estados-Partes assegurarão, em particular:

a) que não se alegue que nenhuma criança tenha infringido as leis penais, nem se acuse ou declare culpada nenhuma criança de ter infringido essas leis, por atos ou omissões que não eram proibidos pela legislação nacional ou pelo direito internacional no momento em que foram cometidos;

b) que toda criança de quem se alegue ter infringido as leis penais ou a quem se acuse de ter infringido essas leis goze, pelo menos, das seguintes garantias:

i) ser considerada inocente enquanto não for comprovada sua culpabilidade conforme a lei;

ii) ser informada sem demora e diretamente ou, quando for o caso, por intermédio de seus pais ou de seus representantes legais, das acusações que pesam contra ela, e dispor de assistência jurídica ou outro tipo de assistência apropriada para a preparação e apresentação de sua defesa;

iii) ter a causa decidida sem demora por autoridade ou órgão judicial competente, independente e imparcial, em audiência justa conforme a lei, com assistência jurídica ou outra assistência e, a não ser que seja considerado contrário aos melhores interesses da criança, levando em consideração especialmente sua idade ou situação e a de seus pais ou representantes legais;

iv) não ser obrigada a testemunhar ou a se declarar culpada, e poder interrogar ou fazer com que sejam interrogadas as testemunhas de acusação bem como poder obter a participação e o interrogatório de testemunhas em sua defesa, em igualdade de condições;

v) se for decidido que infringiu as leis penais, ter essa decisão e qualquer medida imposta em decorrência da mesma submetidas a revisão por autoridade ou órgão judicial superior competente, independente e imparcial, de acordo com a lei;

vi) contar com a assistência gratuita de um intérprete caso a criança não compreenda ou fale o idioma utilizado;

vii) ter plenamente respeitada sua vida privada durante todas as fases do processo.

3. Os Estados-Partes buscarão promover o estabelecimento de leis, procedimentos, autoridades e instituições específicas para as crianças de quem se alegue ter infringido as leis penais ou que sejam acusadas ou declaradas culpadas de tê-las infringido, e em particular:

a) o estabelecimento de uma idade mínima antes da qual se presumirá que a criança não tem capacidade para infringir as leis penais;

b) a adoção sempre que conveniente e desejável, de medidas para tratar dessas crianças sem recorrer a procedimentos judiciais, contando que sejam respeitados plenamente os direitos humanos e as garantias legais.

4. Diversas medidas, tais como ordens de guarda, orientação e supervisão, aconselhamento, liberdade vigiada, colocação em lares de adoção, programas de educação e formação profissional, bem como outras alternativas à internação em instituições, deverão estar disponíveis para garantir que as crianças sejam tratadas de modo apropriado ao seu bem-estar e de forma proporcional às circunstâncias e ao tipo do delito.

Artigo 41

Nada do estipulado na presente Convenção afetará disposições que sejam mais convenientes para a realização dos direitos da criança e que podem constar:

a) das leis de um Estado-Parte;

b) das normas de direito internacional vigentes para esse Estado.

Parte II

Artigo 42

Os Estados-Partes se comprometem a dar aos adultos e às crianças amplo conhecimento dos princípios e disposições da Convenção, mediante a utilização de meios apropriados e eficazes.

Artigo 43

1. A fim de examinar os progressos realizados no cumprimento das obrigações contraídas pelos Estados-Partes na presente Convenção, deverá ser estabelecido um Comitê para os Direitos da Criança que desempenhará as funções a seguir determinadas.

2. O Comitê estará integrado por dez especialistas de reconhecida integridade moral e competência nas áreas cobertas pela presente Convenção. Os membros do Comitê serão eleitos pelos Estados-Partes dentre seus nacionais e exercerão suas funções a título pessoal, tomando-se em devida conta a distribuição geográfica equitativa bem como os principais sistemas jurídicos.

3. Os membros do Comitê serão escolhidos, em votação secreta, de uma lista de pessoas indicadas pelos Estados-Partes. Cada Estado-Parte poderá indicar uma pessoa dentre os cidadãos de seu país.

4. A eleição inicial para o Comitê será realizada, no mais tardar, seis meses após a entrada em vigor da presente Convenção e, posteriormente, a cada dois anos. No mínimo quatro meses antes da data marcada para cada eleição, o Secretário-Geral das Nações Unidas enviará uma carta aos Estados-Partes convidando-os a apresentar suas candidaturas num prazo de dois meses. O Secretário-Geral elaborará posteriormente uma lista da qual farão parte, em ordem alfabética, todos os candidatos indicados e os Estados-Partes que os designaram, e submeterá a mesma aos Estados-Partes presentes à Convenção.

5. As eleições serão realizadas em reuniões dos Estados-Partes convocadas pelo Secretário-Geral na Sede das Nações Unidas. Nessas reuniões, para as quais o quorum será de dois terços dos Estados-Partes, os candidatos eleitos para o Comitê serão aqueles que obtiverem o maior número de votos e a maioria absoluta de votos dos representantes dos Estados-Partes presentes e votantes.

6. Os membros do Comitê serão eleitos para um mandato de quatro anos. Poderão ser reeleitos caso sejam apresentadas novamente suas candidaturas. O mandato de cinco dos membros eleitos na primeira eleição expirará ao término de dois anos; imediatamente após ter sido realizada a primeira eleição, o Presidente da reunião na qual a mesma se efetuou escolherá por sorteio os nomes desses cinco membros.

7. Caso um membro do Comitê venha a falecer ou renuncie ou declare que por qualquer outro motivo não poderá continuar desempenhando suas funções, o Estado-Parte que indicou esse membro designará outro especialista, dentre seus cidadãos, para que exerça o mandato até seu término, sujeito à aprovação do Comitê.

8. O Comitê estabelecerá suas próprias regras de procedimento.

9. O Comitê elegerá a Mesa para um período de dois anos.

10. As reuniões do Comitê serão celebradas normalmente na sede das Nações Unidas ou em qualquer outro lugar que o Comitê julgar conveniente. O Comitê se reunirá normalmente todos os anos. A duração das reuniões do Comitê será determinada e revista, se for o caso, em uma reunião dos Estados-Partes da presente Convenção, sujeita à aprovação da Assembleia-Geral.

11. O Secretário-Geral das Nações Unidas fornecerá o pessoal e os serviços necessários para o desempenho eficaz das funções do Comitê de acordo com a presente Convenção.

12. Com prévia aprovação da Assembleia-Geral, os membros do Comitê estabelecido de acordo com a presente Convenção receberão emolumentos provenientes dos recursos das Nações Unidas, segundo os termos e condições determinados pela assembleia.

Artigo 44

1. Os Estados-Partes se comprometem a apresentar ao Comitê, por intermédio do Secretário-Geral das Nações Unidas, relatórios sobre as medidas que tenham adotado com vistas a tornar efetivos os direitos reconhecidos na Convenção e sobre os progressos alcançados no desempenho desses direitos:

a) num prazo de dois anos a partir da data em que entrou em vigor para cada Estado-Parte a presente Convenção;
b) a partir de então, a cada cinco anos.

2. Os relatórios preparados em função do presente artigo deverão indicar as circunstâncias e as dificuldades, caso existam, que afetam o grau de cumprimento das obrigações derivadas da presente Convenção. Deverão, também, conter informações suficientes para que o Comitê compreenda, com exatidão, a implementação da Convenção no país em questão.

3. Um Estado-Parte que tenha apresentado um relatório inicial ao Comitê não precisará repetir, nos relatórios posteriores a serem apresentados conforme o estipulado no subitem b do parágrafo 1 do presente artigo, a informação básica fornecida anteriormente.

4. O Comitê poderá solicitar aos Estados-Partes maiores informações sobre a implementação da Convenção.

5. A cada dois anos, o Comitê submeterá relatórios sobre suas atividades à Assembleia-Geral das Nações Unidas, por intermédio do Conselho Econômico e Social.

6. Os Estados-Partes tornarão seus relatórios amplamente disponíveis ao público em seus respectivos países.

Artigo 45

A fim de incentivar a efetiva implementação da Convenção e estimular a cooperação internacional nas esferas regulamentadas pela Convenção:

a) os organismos especializados, o Fundo das Nações Unidas para a Infância e outros órgãos das Nações Unidas terão o direito de estar representados quando for analisada a implementação das disposições da presente Convenção que estejam compreendidas no âmbito de seus mandatos. O Comitê poderá convidar as agências especializadas, o Fundo das Nações Unidas para a Infância e outros órgãos competentes que considere apropriados a fornecer assessoramento especializado sobre a implementação da Convenção em matérias correspondentes a seus respectivos mandatos. O Comitê poderá convidar as agências especializadas, o Fundo das Nações Unidas para a Infância e outros órgãos das Nações Unidas a apresentarem relatórios sobre a implementação das disposições da presente Convenção compreendidas no âmbito de suas atividades;
b) conforme julgar conveniente, o Comitê transmitirá às agências especializadas, ao Fundo das Nações Unidas para a Infância e a outros órgãos competentes quaisquer relatórios dos Estados-Partes que contenham um pedido de assessoramento ou de assistência técnica, ou nos quais se indique essa necessidade, juntamente com as observações e sugestões do Comitê, se as houver, sobre esses pedidos ou indicações;
c) o Comitê poderá recomendar à Assembleia-Geral que solicite ao Secretário-Geral que efetue, em seu nome, estudos sobre questões concretas relativas aos direitos da criança;
d) o Comitê poderá formular sugestões e recomendações gerais com base nas informações recebidas nos termos dos artigos 44 e 45 da presente Convenção. Essas sugestões e recomendações g'

deverão ser transmitidas aos Estados-Partes e encaminhadas à Assembleia-geral, juntamente com os comentários eventualmente apresentados pelos Estados-Partes.

Parte III

Artigo 46
A presente Convenção está aberta à assinatura de todos os Estados.

Artigo 47
A presente Convenção está sujeita à ratificação. Os instrumentos de ratificação serão depositados junto ao Secretário-Geral das Nações Unidas.

Artigo 48
A presente convenção permanecerá aberta à adesão de qualquer Estado. Os instrumentos de adesão serão depositados junto ao Secretário-Geral das Nações Unidas.

Artigo 49
1. A presente Convenção entrará em vigor no trigésimo dia após a data em que tenha sido depositado o vigésimo instrumento de ratificação ou de adesão junto ao Secretário-Geral das Nações Unidas.

2. Para cada Estado que venha a ratificar a Convenção ou a aderir a ela após ter sido depositado o vigésimo instrumento de ratificação ou de adesão, a Convenção entrará em vigor no trigésimo dia após o depósito, por parte do Estado, de seu instrumento de ratificação ou de adesão.

Artigo 50
1. Qualquer Estado-Parte poderá propor uma emenda e registrá-la com o Secretário-Geral das Nações Unidas. O Secretário-Geral comunicará a emenda proposta aos Estados-Partes, com a solicitação de que estes o notifiquem caso apoiem a convocação de uma Conferência de Estados-Partes com o propósito de analisar as propostas e submetê-las à votação. Se, num prazo de quatro meses a partir da data dessa notificação, pelo menos um terço dos Estados-Partes se declarar favorável a tal Conferência, o Secretário-Geral convocará Conferência, sob os auspícios das Nações Unidas. Qualquer emenda adotada pela maioria de Estados-Partes presentes e votantes na Conferência será submetida pelo Secretário-Geral à Assembleia-Geral para sua aprovação.

2. Uma emenda adotada em conformidade com o parágrafo 1 do presente artigo entrará em vigor quando aprovada pela Assembleia-Geral das Nações Unidas e aceita por uma maioria de dois terços de Estados-Partes.

3. Quando uma emenda entrar em vigor, ela será obrigatória para os Estados-Partes que as tenham aceito, enquanto os demais Estados-Partes permanecerão obrigados pelas disposições da presente Convenção e pelas emendas anteriormente aceitas por eles.

Artigo 51
1. O Secretário-Geral das Nações Unidas receberá e comunicará a todos os Estados-Partes o texto das reservas feitas pelos Estados no momento da ratificação ou da adesão.

2. Não será permitida nenhuma reserva incompatível com o objetivo e o propósito da presente Convenção.

3. Quaisquer reservas poderão ser retiradas a qualquer momento mediante uma notificação nesse sentido dirigida ao Secretário-Geral das Nações Unidas, que informará a todos os Estados. Essa notificação entrará em vigor a partir da data de recebimento da mesma pelo Secretário-Geral.

Artigo 52
Um Estado-Parte poderá denunciar a presente Convenção mediante notificação feita por escrito ao Secretário-Geral das Nações Unidas. A denúncia entrará em vigor um ano após a data em que a notificação tenha sido recebida pelo Secretário-Geral.

Artigo 53
Designa-se para depositário da presente Convenção o Secretário-Geral das Nações Unidas.

Artigo 54
O original da presente Convenção, cujos textos em árabe, chinês, espanhol, francês, inglês e russo são igualmente autênticos, será depositado em poder do Secretário-Geral das Nações Unidas.

Em fé do que, os plenipotenciários abaixo assinados, devidamente autorizados por seus respectivos Governos, assinaram a presente Convenção.

DECLARAÇÃO SOBRE O DIREITO AO DESENVOLVIMENTO

▶ (Adotada pela Resolução nº 41/128 da Assembleia-Geral das Nações Unidas, de 4-12-1986).

A Assembleia-Geral,

Tendo em mente os propósitos e os princípios da Carta das Nações Unidas relativos à realização da cooperação internacional para resolver os problemas internacionais de caráter econômico, social, cultural ou humanitário, e para promover e encorajar o respeito dos direitos humanos e às liberdades fundamentais para todos, sem distinção de raça, sexo, língua ou religião;

Reconhecendo que o desenvolvimento é um processo econômico, social, cultural e político abrangente, que visa ao constante incremento do bem-estar de toda a população e de todos os indivíduos com base em sua participação ativa, livre e significativa no desenvolvimento e na distribuição justa dos benefícios daí resultantes;

Considerando que sob as disposições da Declaração Universal dos Direitos Humanos todos têm direito a uma ordem social e internacional em que os direitos e as liberdades consagrados nesta Declaração possam ser plenamente realizados;

Recordando os dispositivos do Pacto Internacional sobre Direitos Econômicos, Sociais e

Culturais e do Pacto Internacional sobre Direitos Civis e Políticos;

Recordando ainda os importantes acordos, convenções, resoluções, recomendações e outros instrumentos das Nações Unidas e de suas agências especializadas relativos ao desenvolvimento integral do ser humano, ao progresso econômico e social e desenvolvimento de todos os povos, inclusive os instrumentos relativos à descolonização, à prevenção de discriminação, ao respeito e observância dos direitos humanos e das liberdades fundamentais, à manutenção da paz e segurança internacionais e maior promoção das relações amistosas e cooperação entre os Estados de acordo com a Carta;

Recordando o direito dos povos à autodeterminação, em virtude do qual eles têm o direito de determinar livremente seu *status* político e de buscar seu desenvolvimento econômico, social e cultural;

Recordando também o direito dos povos de exercer, sujeitos aos dispositivos relevantes de ambos os Pactos Internacionais sobre Direitos Humanos, soberania plena e completa sobre todas as suas riquezas e recursos naturais;

Atenta à obrigação dos Estados sob a Carta de promover o respeito e a observância universais aos direitos humanos e às liberdades fundamentais para todos, sem distinção de qualquer natureza, tal como de raça, cor, sexo, língua, religião, política ou outra opinião nacional ou social, propriedade, nascimento ou outro *status*;

Considerando que a eliminação das violações maciças e flagrantes dos direitos humanos dos povos e indivíduos afetados por situações tais como as resultantes do colonialismo, neocolonialismo, *apartheid*, de todas as formas de racismo e discriminação racial, dominação estrangeira e ocupação, agressão e ameaças contra a soberania nacional, unidade nacional e integridade territorial e ameaças de guerra contribuiria para o estabelecimento de circunstâncias propícias para o desenvolvimento de grande parte da humanidade;

Preocupada com a existência de sérios obstáculos ao desenvolvimento, assim como à completa realização dos seres humanos e dos povos, constituídos, *inter alia*, pela negação dos direitos civis, políticos, econômicos, sociais e culturais, e considerando que todos os direitos humanos e as liberdades fundamentais são indivisíveis e interdependentes, e que, para promover o desenvolvimento, devem ser dadas atenção igual e consideração urgente à implementação, promoção e proteção dos direitos civis, políticos, econômicos, sociais e culturais, e que, por conseguinte, a promoção, o respeito e o gozo de certos direitos humanos e liberdades fundamentais não podem justificar a negação de outros direitos humanos e liberdades fundamentais;

Considerando que a paz e a segurança internacionais são elementos essenciais à realização do direito ao desenvolvimento;

Reafirmando que existe uma relação íntima entre desarmamento e desenvolvimento e que o progresso no campo do desarmamento promoveria consideravelmente o progresso no campo do desenvolvimento, e que os recursos liberados pelas medidas de desarmamento deveriam dedicar-se ao desenvolvimento econômico e social e ao bem-estar de todos os povos e, em particular, daqueles dos países em desenvolvimento;

Reconhecendo que a pessoa humana é o sujeito central do processo de desenvolvimento e que essa política de desenvolvimento deveria assim fazer do ser humano o principal participante e beneficiário do desenvolvimento;

Reconhecendo que a criação de condições favoráveis ao desenvolvimento dos povos e indivíduos é a responsabilidade primária de seus Estados;

Ciente de que os esforços em nível internacional para promover e proteger os direitos humanos devem ser acompanhados de esforços para estabelecer uma nova ordem econômica internacional;

Confirmando que o direito ao desenvolvimento é um direito humano inalienável e que a igualdade de oportunidade para o desenvolvimento é uma prerrogativa tanto das nações quanto dos indivíduos que compõem as nações;

Proclama a seguinte Declaração sobre o Direito ao Desenvolvimento:

Artigo 1º

1. O direito ao desenvolvimento é um direito humano inalienável, em virtude do qual toda pessoa humana e todos os povos estão habilitados a participar do desenvolvimento econômico, social, cultural e político, a ele contribuir e dele desfrutar, no qual todos os direitos humanos e liberdades fundamentais possam ser plenamente realizados.

2. O direito humano ao desenvolvimento também implica a plena realização do direito dos povos de autodeterminação que inclui, sujeito às disposições relevantes de ambos os Pactos Internacionais sobre Direitos Humanos, o exercício de seu direito inalienável de soberania plena sobre todas as sua riquezas e recursos naturais.

Artigo 2º

1. A pessoa humana é o sujeito central do desenvolvimento e deveria ser participante ativo e beneficiário do direito ao desenvolvimento.

2. Todos os seres humanos têm responsabilidade pelo desenvolvimento, individual e coletivamente, levando-se em conta a necessidade de pleno respeito aos seus direitos humanos e liberdades fundamentais, bem como seus deveres para com a comunidade, que sozinhos podem assegurar a realização livre e completa do ser humano, e deveriam por isso promover e proteger uma ordem política, social e econômica apropriada para o desenvolvimento.

3. Os Estados têm o direito e o dever de formular políticas nacionais adequadas para o desenvolvimento, que visem ao constante aprimoramento do bem-estar de toda a população e de todos os indivíduos, com base em sua participação ativa, livre e significativa no desenvolvimento e na distribuição equitativa dos benefícios daí resultantes.

Artigo 3º

1. Os Estados têm a responsabilidade primária pela criação das condições nacionais e internacionais favoráveis à realização do direito ao desenvolvimento.

2. A realização do direito ao desenvolvimento requer pleno respeito aos princípios do direito internacional, relativos às relações amistosas e cooperação entre os Estados, em conformidade com a Carta das Nações Unidas.

3. Os Estados têm o dever de cooperar uns com os outros para assegurar o desenvolvimento e eliminar os obstáculos ao desenvolvimento. Os Estados deveriam realizar seus direitos e cumprir suas obrigações, de modo tal a promover uma nova ordem econômica internacional baseada na igualdade soberana, interdependência, interesse mútuo e cooperação entre todos os Estados, assim como a encorajar a observância e a realização dos direitos humanos.

Artigo 4º

1. Os Estados têm o dever de, individual e coletivamente, tomar medidas para formular as políticas internacionais de desenvolvimento, com vistas a facilitar a plena realização do direito ao desenvolvimento.

2. É necessária a ação permanente para promover um desenvolvimento mais rápido dos países em desenvolvimento. Como complemento dos esforços dos países em desenvolvimento, uma cooperação internacional efetiva é essencial para prover esses países de meios e facilidades apropriados para incrementar seu amplo desenvolvimento.

Artigo 5º

Os Estados tomarão medidas resolutas para eliminar as violações maciças e flagrantes dos direitos humanos dos povos e dos seres humanos afetados por situações tais como as resultantes do *apartheid*, de todas as formas de racismo e discriminação racial, colonialismo, dominação estrangeira e ocupação, agressão, interferência estrangeira e ameaças contra a soberania nacional, unidade nacional e integridade territorial, ameaças de guerra e recusas de reconhecimento do direito fundamental dos povos à autodeterminação.

Artigo 6º

1. Todos os Estados devem cooperar com vistas a promover, encorajar e fortalecer o respeito universal pela observância de todos os direito humanos e liberdades fundamentais para todos, sem distinção de raça, sexo, língua ou religião.

2. Todos os direitos humanos e liberdades fundamentais são indivisíveis e interdependentes; atenção igual e consideração urgente devem ser dadas à implementação, promoção e proteção dos direitos civis, políticos, econômicos, sociais e culturais.

3. Os Estados devem tomar providências para eliminar os obstáculos ao desenvolvimento resultantes da falha na observância dos direitos civis e políticos, assim como dos direitos econômicos, sociais e culturais.

Artigo 7º

Todos os Estados devem promover o estabelecimento, a manutenção e o fortalecimento da paz e segurança internacionais e, para este fim, deveriam fazer o máximo para alcançar o desarmamento geral e completo do efetivo controle internacional, assim como assegurar que os recursos liberados por medidas efetivas de desarmamento sejam usados para o desenvolvimento amplo, em particular o dos países em via de desenvolvimento.

Artigo 8º

1. Os Estados devem tomar, em nível nacional, todas as medidas necessárias para a realização do direito ao desenvolvimento e devem assegurar, *inter alia*, igualdade de oportunidade para todos, em seu acesso aos recursos básicos, educação, serviços de saúde, alimentação, habitação, emprego e distribuição equitativa da renda. Medidas efetivas devem ser tomadas para assegurar que as mulheres tenham um papel ativo no processo de desenvolvimento. Reformas econômicas e sociais apropriadas devem ser efetuadas com vistas à erradicação de todas as injustiças sociais.

2. Os Estados devem encorajar a participação popular em todas as esferas, como um fator importante no desenvolvimento e na plena realização de todos os direitos humanos.

Artigo 9º

1. Todos os aspectos do direito ao desenvolvimento estabelecidos na presente Declaração são indivisíveis e interdependentes, e cada um deles deve ser considerado no contexto do todo.

2. Nada na presente Declaração deverá ser tido como sendo contrário aos propósitos e princípios das Nações Unidas, ou como implicando que qualquer Estado, grupo ou pessoa tenha o direito de se engajar em qualquer atividade ou de desempenhar qualquer ato voltado à violação dos direitos consagrados na Declaração Universal dos Direitos Humanos e nos Pactos Internacionais sobre Direitos Humanos,

Artigo 10

Os Estados deverão tomar medidas para assegurar o pleno exercício e fortalecimento progressivo do direito ao desenvolvimento, incluindo a formulação, adoção e implementação de políticas, medidas legislativas e outras, em níveis nacional e internacional.

DECLARAÇÃO UNIVERSAL DOS DIREITOS HUMANOS (RESOLUÇÃO Nº 217 – ASSEMBLEIA-GERAL DA ONU)

► Aprovada pela Res. nº 217, durante a 3ª Sessão Ordinária da Assembleia-Geral da ONU, em Paris, França, em 10-12-1948.

Considerando que o reconhecimento da dignidade inerente a todos os membros da família humana e de seus direitos iguais e inalienáveis é o fundamento da liberdade, da justiça e da paz no mundo,

Considerando que o desprezo e o desrespeito pelos direitos humanos resultaram em atos bárbaros que ultrajaram a consciência da humanidade e que o advento de um mundo em que os homens gozem de liberdade de palavra, de crença e da liberdade de viverem a salvo do temor e da necessidade foi proclamado como a mais alta aspiração do homem comum,

Considerando essencial que os direitos humanos sejam protegidos pelo Estado de Direito, para que o homem não seja compelido, como último recurso, à rebelião contra a tirania e a opressão,

Considerando essencial promover o desenvolvimento de relações amistosas entre as nações,

Considerando que os povos das Nações Unidas reafirmaram, na Carta, sua fé nos direitos humanos fundamentais, na dignidade e no valor da pessoa humana e na igualdade de direitos dos homens e das mulheres, e que decidiram promover o progresso social e melhores condições de vida em uma liberdade mais ampla,

Considerando que os Estados-Membros se comprometeram a promover, em cooperação com as Nações Unidas, o respeito universal aos direitos humanos e liberdades fundamentais da pessoa e a observância desses direitos e liberdades,

Considerando que uma compreensão comum desses direitos e liberdades é da mais alta importância para o pleno cumprimento desse compromisso,

A Assembleia-Geral proclama:

A presente Declaração Universal dos Direitos Humanos como o ideal comum a ser atingido por todos os povos e todas as nações, com o objetivo de que cada indivíduo e cada órgão da sociedade, tendo sempre em mente esta Declaração, se esforce, através do ensino e da educação, por promover o respeito a esses direitos e liberdades, e, pela adoção de medidas progressivas de caráter nacional e internacional, por assegurar o seu reconhecimento e a sua observância universais e efetivos, tanto entre os povos dos próprios Estados-Membros, quanto entre os povos dos territórios sob sua jurisdição.

Artigo 1º

Todas as pessoas nascem livres e iguais em dignidade e direitos. São dotadas de razão e consciência e devem agir em relação umas às outras com espírito de fraternidade.

Artigo 2º

Toda pessoa tem capacidade para gozar os direitos e as liberdades estabelecidas nesta Declaração, sem distinção de qualquer espécie, seja de raça, cor, sexo, língua, religião, opinião política ou de outra natureza, origem nacional ou social, riqueza, nascimento, ou qualquer outra condição.

Não será tampouco feita qualquer distinção fundada na condição política, jurídica ou internacional do país ou território a que pertença uma pessoa, quer se trate de um território independente, sob tutela, sem governo próprio, quer sujeito a qualquer outra limitação de soberania.

Artigo 3º

Toda pessoa tem direito à vida, à liberdade e à segurança pessoal.

▶ Art. 6º do Dec. nº 592, de 6-7-1992, que promulga o Pacto Internacional sobre Direitos Civis e Políticos.

Artigo 4º

Ninguém será mantido em escravidão ou servidão; a escravidão e o tráfico de escravos serão proibidos em todas as suas formas.

▶ Art. 8º do Dec. nº 592, de 6-7-1992, que promulga o Pacto Internacional sobre Direitos Civis e Políticos.

Artigo 5º

Ninguém será submetido à tortura, nem a tratamento ou castigo cruel, desumano ou degradante.

▶ Art. 7º do Dec. nº 592, de 6-7-1992, que promulga o Pacto Internacional sobre Direitos Civis e Políticos.

Artigo 6º

Toda pessoa tem o direito de ser, em todos os lugares, reconhecida como pessoa perante a lei.

▶ Art. 16 do Dec. nº 592, de 6-7-1992, que promulga o Pacto Internacional sobre Direitos Civis e Políticos.

Artigo 7º

Todos são iguais perante a lei e têm direito, sem qualquer distinção, a igual proteção da lei. Todos têm direito a igual proteção contra qualquer discriminação que viole a presente Declaração e contra qualquer incitamento a tal discriminação.

▶ Art. 16 do Dec. nº 592, de 6-7-1992, que promulga o Pacto Internacional sobre Direitos Civis e Políticos.

Artigo 8º

Toda pessoa tem direito a receber dos tribunais nacionais competentes recurso efetivo para os atos que violem os direitos fundamentais que lhe sejam reconhecidos pela constituição ou pela lei.

Artigo 9º

Ninguém será arbitrariamente preso, detido ou exilado.

▶ Arts. 9º e 12, 1, do Dec. nº 592, de 6-7-1992, que promulga o Pacto Internacional sobre Direitos Civis e Políticos.

Artigo 10

Toda pessoa tem direito, em plena igualdade, a uma audiência justa e pública por parte de um tribunal independente e imparcial, para decidir de seus direitos e deveres ou do fundamento de qualquer acusação criminal contra ela.

▶ Art. 14 do Dec. nº 592, de 6-7-1992, que promulga o Pacto Internacional sobre Direitos Civis e Políticos.

Artigo 11

§ 1º Toda pessoa acusada de um ato delituoso tem o direito de ser presumida inocente até que a sua culpabilidade tenha sido provada de acordo com a lei, em julgamento público no qual lhe tenham sido asseguradas todas as garantias necessárias à sua defesa.

▶ Art. 14, 2, do Dec. nº 592, de 6-7-1992, que promulga o Pacto Internacional sobre Direitos Civis e Políticos.

§ 2º Ninguém poderá ser culpado por qualquer ação ou omissão que, no momento, não constituam delito perante o direito nacional ou internacional. Tampouco será imposta pena mais forte do que aquela que, no momento da prática, era aplicável ao ato delituoso.

Artigo 12

Ninguém será sujeito a interferências na sua vida privada, na sua família, no seu lar ou na sua correspondência, nem a ataques à sua honra e reputação. Toda pessoa tem direito à proteção da lei contra tais interferências ou ataques.

▶ Art. 17 do Dec. nº 592, de 6-7-1992, que promulga o Pacto Internacional sobre Direitos Civis e Políticos.

Artigo 13

§ 1º Toda pessoa tem direito à liberdade de locomoção e residência dentro das fronteiras de cada Estado.

§ 2º Toda pessoa tem o direito de deixar qualquer país, inclusive o próprio, e a este regressar.

▶ Art. 12 do Dec. nº 592, de 6-7-1992, que promulga o Pacto Internacional sobre Direitos Civis e Políticos.

Artigo 14

§ 1º Toda pessoa, vítima de perseguição, tem o direito de procurar e de gozar asilo em outros países.

§ 2º Este direito não pode ser invocado em caso de perseguição legitimamente motivada por crimes de direito comum ou por atos contrários aos propósitos e princípios das Nações Unidas.

Artigo 15

§ 1º Toda pessoa tem direito a uma nacionalidade.

§ 2º Ninguém será arbitrariamente privado de sua nacionalidade, nem do direito de mudar de nacionalidade.

Artigo 16

§ 1º Os homens e mulheres de maior idade, sem qualquer restrição de raça, nacionalidade ou religião, têm o direito de contrair matrimônio e fundar uma família. Gozam de iguais direitos em relação ao casamento, sua duração e sua dissolução.

§ 2º O casamento não será válido senão com o livre e pleno consentimento dos nubentes.

§ 3º A família é o núcleo natural e fundamental da sociedade e tem direito à proteção da sociedade e do Estado.

▶ Art. 23 do Dec. nº 592, de 6-7-1992, que promulga o Pacto Internacional sobre Direitos Civis e Políticos.

Artigo 17

§ 1º Toda pessoa tem direito à propriedade, só ou em sociedade com outros.

§ 2º Ninguém será arbitrariamente privado de sua propriedade.

Artigo 18

Toda pessoa tem direito à liberdade de pensamento, consciência e religião; este direito inclui a liberdade de mudar de religião ou crença e a liberdade de manifestar essa religião ou crença, pelo ensino, pela prática, pelo culto e pela observância, isolada ou coletivamente, em público ou em particular.

▶ Art. 18 do Dec. nº 592, de 6-7-1992, que promulga o Pacto Internacional sobre Direitos Civis e Políticos.

Artigo 19

Toda pessoa tem direito à liberdade de opinião e expressão; este direito inclui a liberdade de, sem interferência, ter opiniões e de procurar, receber e transmitir informações e ideias por quaisquer meios e independentemente de fronteiras.

▶ Art. 19 do Dec. nº 592, de 6-7-1992, que promulga o Pacto Internacional sobre Direitos Civis e Políticos.

Artigo 20

§ 1º Toda pessoa tem direito à liberdade de reunião e associação pacíficas.

§ 2º Ninguém pode ser obrigado a fazer parte de uma associação.

▶ Art. 21 do Dec. nº 592, de 6-7-1992, que promulga o Pacto Internacional sobre Direitos Civis e Políticos.

Artigo 21

§ 1º Toda pessoa tem o direito de tomar parte no governo de seu país, diretamente ou por intermédio de representantes livremente escolhidos.

§ 2º Toda pessoa tem igual direito de acesso ao serviço público do seu país.

§ 3º A vontade do povo será a base da autoridade do governo; esta vontade será expressa em eleições periódicas e legítimas, por sufrágio universal, pelo voto secreto ou processo equivalente que assegure a liberdade de voto.

▶ Art. 25 do Dec. nº 592, de 6-7-1992, que promulga o Pacto Internacional sobre Direitos Civis e Políticos.

Artigo 22

Toda pessoa, como membro da sociedade, tem direito à segurança social e à realização, pelo esforço nacional, pela cooperação internacional de acordo com a organização e recursos de cada Estado, dos direitos econômicos, sociais e culturais indispensáveis à sua dignidade e ao livre desenvolvimento da sua personalidade.

Artigo 23

§ 1º Toda pessoa tem direito ao trabalho, à livre escolha de emprego, a condições justas e favoráveis de trabalho e à proteção contra o desemprego.

§ 2º Toda pessoa, sem qualquer distinção, tem direito a igual remuneração por igual trabalho.

§ 3º Toda pessoa que trabalha tem direito a uma remuneração justa e satisfatória, que lhe assegure, assim como à sua família, uma existência compatível com a dignidade humana, e a que se acrescentarão, se necessário, outros meios de proteção social.

§ 4º Toda pessoa tem direito a organizar sindicatos e a neles ingressar para a proteção de seus interesses.

Artigo 24

Toda pessoa tem direito a repouso e lazer, inclusive a limitação razoável das horas de trabalho e a férias periódicas remuneradas.

Artigo 25

§ 1º Toda pessoa tem direito a um padrão de vida capaz de assegurar a si e a sua família saúde e bem-estar, inclusive alimentação, vestuário, habitação, cuidados médicos e os serviços sociais indispensáveis, e direito à segurança em caso de desemprego, doença, invalidez, viuvez, velhice ou outros casos de perda dos meios de subsistência em circunstâncias fora de seu controle.

§ 2º A maternidade e a infância têm direito a cuidados e assistência especiais. Todas as crianças, nascidas dentro ou fora do matrimônio, gozarão da mesma proteção social.

Artigo 26

§ 1º Toda pessoa tem direito à instrução. A instrução será gratuita, pelo menos nos graus elementares e fundamentais. A instrução elementar será obrigatória. A instrução técnico-profissional será acessível a todos, bem como a instrução superior, esta baseada no mérito.

§ 2º A instrução será orientada no sentido do pleno desenvolvimento da personalidade humana e do fortalecimento do respeito pelos direitos humanos e pelas liberdades fundamentais. A instrução promoverá a compreensão, a tolerância e a amizade entre todas as nações e grupos raciais ou religiosos, e coadjuvará as atividades das Nações Unidas em prol da manutenção da paz.

§ 3º Os pais têm prioridade de direito na escolha do gênero de instrução que será ministrada a seus filhos.

Artigo 27

§ 1º Toda pessoa tem o direito de participar livremente da vida cultural da comunidade, de fruir as artes e de participar do progresso científico e de seus benefícios.

§ 2º Toda pessoa tem direito à proteção dos interesses morais e materiais decorrentes de qualquer produção científica, literária ou artística da qual seja autor.

ARTIGO 28

Toda pessoa tem direito a uma ordem social e internacional em que os direitos e liberdades estabelecidos na presente Declaração possam ser plenamente realizados.

ARTIGO 29

§ 1º Toda pessoa tem deveres para com a comunidade, em que o livre e pleno desenvolvimento de sua personalidade é possível.

§ 2º No exercício de seus direitos e liberdades, toda pessoa estará sujeita apenas às limitações determinadas por lei, exclusivamente com o fim de assegurar o devido reconhecimento e respeito dos direitos e liberdades de outrem e de satisfazer às justas exigências da moral, da ordem pública e do bem-estar de uma sociedade democrática.

§ 3º Esses direitos e liberdades não podem, em hipótese alguma, ser exercidos contrariamente aos propósitos e princípios das Nações Unidas.

ARTIGO 30

Nenhuma disposição da presente Declaração pode ser interpretada como o reconhecimento a qualquer Estado, grupo ou pessoa, do direito de exercer qualquer atividade ou praticar qualquer ato destinado à destruição de quaisquer dos direitos e liberdades aqui estabelecidos.

DECRETO Nº 4.463, DE 8 DE NOVEMBRO DE 2002

Promulga a Declaração de Reconhecimento da Competência Obrigatória da Corte Interamericana de Direitos Humanos, sob reserva de reciprocidade, em consonância com o art. 62 da Convenção Americana sobre Direitos Humanos (Pacto de São José), de 22 de novembro de 1969.

▶ Publicado no *DOU* de 11-11-2002.

O Presidente da República, no uso da atribuição que lhe confere o art. 84, inciso IV, da Constituição, e

Considerando que pelo Decreto nº 678, de 6 de novembro de 1992, foi promulgada a Convenção Americana sobre Direitos Humanos (Pacto de São José), de 22 de novembro de 1969;

Considerando que o Congresso Nacional aprovou, pelo Decreto Legislativo nº 89, de 3 de dezembro de 1998, solicitação de reconhecimento da competência obrigatória da Corte Interamericana de Direitos Humanos, em todos os casos relativos à interpretação ou aplicação da Convenção, de acordo com o previsto no art. 62 daquele instrumento;

Considerando que a Declaração de aceitação da competência obrigatória da Corte Interamericana de Direitos Humanos foi depositada junto à Secretaria-Geral da Organização dos Estados Americanos em 10 de dezembro de 1998,

Decreta:

Art. 1º É reconhecida como obrigatória, de pleno direito e por prazo indeterminado, a competência da Corte Interamericana de Direitos Humanos em todos os casos relativos à interpretação ou aplicação da Convenção Americana de Direitos Humanos (Pacto de São José), de 22 de novembro de 1969, de acordo com art. 62 da citada Convenção, sob reserva de reciprocidade e para fatos posteriores a 10 de dezembro de 1998.

Art. 2º Este Decreto entra em vigor na data de sua publicação.

Brasília, 8 de novembro de 2002;
181º da Independência e
114º da República.

Fernando Henrique Cardoso

PACTO INTERNACIONAL SOBRE DIREITOS CIVIS E POLÍTICOS

▶ O texto foi adotado pela XXI Sessão da Assembleia-Geral das Nações Unidas, em 16-12-1966. Em 24-1-1992, o Brasil depositou a Carta de Adesão, entrou em vigor para o Brasil em 24-4-1992. Aprovado por meio do Dec. Legislativo nº 226, de 12-12-1991, foi promulgado pelo Dec. nº 592, de 6-7-1992.

PREÂMBULO

Os Estados-Partes do presente Pacto,

Considerando que, em conformidade com os princípios proclamados na Carta das Nações Unidas, o reconhecimento da dignidade inerente a todos os membros da família humana e de seus direitos iguais e inalienáveis constitui o fundamento da liberdade, da justiça e da paz no mundo,

Reconhecendo que esses direitos decorrem da dignidade inerente à pessoa humana,

Reconhecendo que, em conformidade com a Declaração Universal dos Direitos do Homem, o ideal do ser humano livre, no gozo das liberdades civis e políticas e liberto do temor e da miséria, não pode ser realizado a menos que se criem condições que permitam a cada um gozar de seus direitos civis e políticos, assim como de seus direitos econômicos, sociais e culturais,

Considerando que a Carta das Nações Unidas impõe aos Estados a obrigação de promover o respeito universal e efetivo dos direitos e das liberdades do homem,

Compreendendo que o indivíduo por ter deveres para com seus semelhantes e para com a coletividade a que pertence, tem a obrigação de lutar pela promoção e observância dos direitos reconhecidos no presente Pacto,

Acordam o seguinte:

PARTE I

ARTIGO 1º

1. Todos os povos têm direito à autodeterminação. Em virtude desse direito, determinam livremente seu estatuto político e asseguram livremente seu desenvolvimento econômico, social e cultural.

2. Para a consecução de seus objetivos, todos os povos podem dispor livremente de suas riquezas e de seus recursos naturais, sem prejuízo das obrigações decorrentes da cooperação econômica internacional, baseada no princípio do proveito mútuo e do Direito

internacional. Em caso algum, poderá um povo ser privado de seus meios de subsistência.

3. Os Estados-Partes do presente Pacto, inclusive aqueles que tenham a responsabilidade de administrar territórios não autônomos e territórios sob tutela, deverão promover o exercício do direito à autodeterminação e respeitar esse direito, em conformidade com as disposições da Carta das Nações Unidas.

PARTE II

ARTIGO 2º

1. Os Estados-Partes do presente Pacto comprometem-se a respeitar e a garantir a todos os indivíduos que se achem em seu território e que estejam sujeito à sua jurisdição os direitos reconhecidos no presente Pacto, sem discriminação alguma por motivo de raça, cor, sexo, religião, opinião política ou outra natureza, origem nacional ou social, situação econômica, nascimento ou qualquer outra condição.

2. Na ausência de medidas legislativas ou de outra natureza destinadas a tornar efetivos os direitos reconhecidos no presente Pacto, os Estados-partes comprometem-se a tomar as providências necessárias com vistas a adotá-las, levando em consideração seus respectivos procedimentos constitucionais e as disposições do presente Pacto.

3. Os Estados-Partes do presente Pacto comprometem-se a:

a) garantir que toda pessoa, cujos direitos e liberdades reconhecidos no presente pacto tenham sido violados, possa dispor de um recurso efetivo, mesmo que a violência tenha sido perpetrada por pessoas que agiam no exercício de funções oficiais;
b) garantir que toda pessoa que interpuser tal recurso terá seu direito determinado pela competente autoridade judicial, administrativa ou legislativa ou por qualquer outra autoridade competente prevista no ordenamento jurídico do Estado em questão e a desenvolver as possibilidades de recurso judicial;
c) garantir o cumprimento, pelas autoridades competentes, de qualquer decisão que julgar procedente tal recurso.

ARTIGO 3º

Os Estados-Partes do presente Pacto comprometem-se a assegurar a homens e mulheres igualdade no gozo de todos os direitos civis e políticos enunciados no presente Pacto.

ARTIGO 4º

1. Quando situações excepcionais ameacem a existência da nação e sejam proclamadas oficialmente, os Estados-Partes do presente Pacto podem adotar, na estrita medida exigida pela situação, medidas que suspendam as obrigações decorrentes do presente Pacto, desde que tais medidas não sejam incompatíveis com as demais obrigações que lhes sejam impostas pelo Direito Internacional e não acarretem discriminação alguma apenas por motivo de raça, cor, sexo, língua, religião ou origem social.

2. A disposição precedente não autoriza qualquer suspensão dos artigos 6º, 7º, 8º (parágrafos 1 e 2), 11, 15, 16 e 18.

3. Os Estados-Partes do presente Pacto que fizerem uso do direito de suspensão devem comunicar imediatamente aos outros Estados-Partes do presente Pacto, por intermédio do Secretário-Geral das Nações Unidas, as disposições que tenham suspenso, bem como os motivos de tal suspensão. Os Estados-Partes deverão fazer uma nova comunicação, igualmente por intermédio do Secretário-Geral da Organização das Nações Unidas, na data em que terminar tal suspensão.

ARTIGO 5º

1. Nenhuma disposição do presente Pacto poderá ser interpretada no sentido de reconhecer a um Estado, grupo ou indivíduo qualquer direito de dedicar-se a quaisquer atos que tenham por objetivo destruir os direitos ou liberdades reconhecidos no presente Pacto ou impor-lhes limitações mais amplas do que aquelas nele prevista.

2. Não se admitirá qualquer restrição ou suspensão dos direitos humanos fundamentais reconhecidos ou vigentes em qualquer Estado-Parte do presente Pacto em virtude de leis, convenções, regulamentos ou costumes, sob pretexto de que o presente Pacto não os reconheça ou os reconheça em menor grau.

PARTE III

ARTIGO 6º

▶ Art. 3º da Declaração Universal dos Direitos Humanos.

1. O direito à vida é inerente à pessoa humana. Este direito deverá ser protegido pela lei. Ninguém poderá ser arbitrariamente privado de sua vida.

2. Nos Países em que a pena de morte não tenha sido abolida, esta poderá ser imposta apenas nos casos de crimes mais graves, em conformidade com a legislação vigente na época em que o crime foi cometido e que não esteja em conflito com as disposições do presente Pacto, nem com a Convenção sobre a Prevenção e a Punição do Crime de Genocídio. Poder-se-á aplicar essa pena apenas em decorrência de uma sentença transitada em julgado e proferida por tribunal competente.

3. Quando a privação da vida constituir um crime de genocídio, entende-se que nenhuma disposição do presente artigo autorizará qualquer Estado-Parte do presente Pacto a eximir-se, de modo algum, do cumprimento de quaisquer das obrigações que tenham assumido em virtude das disposições da Convenção sobre a Prevenção e a Punição do Crime de Genocídio.

4. Qualquer condenado à morte terá o direito de pedir indulto ou comutação da pena. A anistia, o indulto ou a comutação de pena poderão ser concedidos em todos os casos.

5. A pena de morte não deverá ser imposta em casos de crimes cometidos por pessoas menores de 18 anos, nem aplicada a mulheres em estado de gravidez.

6. Não se poderá invocar disposição alguma do presente artigo para retardar ou impedir a abolição da pena de morte por um Estado-Parte do presente Pacto.

ARTIGO 7º

▶ Art. 5º da Declaração Universal dos Direitos Humanos.

Ninguém poderá ser submetido à tortura, nem a penas ou tratamentos cruéis, desumanos ou degradantes.

Será proibido, sobretudo, submeter uma pessoa, sem seu livre consentimento, a experiências médicas ou científicas.

Artigo 8º

▶ Art. 4º da Declaração Universal dos Direitos Humanos.

1. Ninguém poderá ser submetido à escravidão; a escravidão e o tráfico de escravos, em todas as suas formas, ficam proibidos.

2. Ninguém poderá ser submetido à servidão.

3. a) Ninguém poderá ser obrigado a executar trabalhos forçados ou obrigatórios;
 b) A alínea a do presente parágrafo não poderá ser interpretada no sentido de proibir, nos países em que certos crimes sejam punidos com prisão e trabalhos forçados, o cumprimento de uma pena de trabalhos forçados, imposta por um tribunal competente;
 c) Para os efeitos do presente parágrafo, não serão considerados "trabalhos forçados ou obrigatórios":
   i) qualquer trabalho ou serviço, não previsto na alínea b, normalmente exigido de um indivíduo que tenha sido encarcerado em cumprimento de decisão judicial ou que, tendo sido objeto de tal decisão, ache-se em liberdade condicional;
   ii) qualquer serviço de caráter militar e, nos países em que se admite a isenção por motivo de consciência, qualquer serviço nacional que a lei venha a exigir daqueles que se oponham ao serviço militar por motivo de consciência;
   iii) qualquer serviço exigido em casos de emergência ou de calamidade que ameacem o bem-estar da comunidade;
   iv) qualquer trabalho ou serviço que faça parte das obrigações cívicas normais.

Artigo 9º

▶ Art. 9º da Declaração Universal dos Direitos Humanos.

1. Toda pessoa tem à liberdade e à segurança pessoais. Ninguém poderá ser preso ou encarcerado arbitrariamente. Ninguém poderá ser privado de sua liberdade, salvo pelos motivos previstos em lei e em conformidade com os procedimentos nela estabelecidos.

2. Qualquer pessoa, ao ser presa, deverá ser informada das razões da prisão e notificada, sem demora, das acusações formuladas contra ela.

3. Qualquer pessoa presa ou encerrada em virtude de infração penal deverá ser conduzida, sem demora, à presença do juiz ou de outra autoridade habilitada por lei a exercer funções e terá o direito de ser julgada em prazo razoável ou de ser posta em liberdade. A prisão preventiva de pessoas que aguardam julgamento não deverá constituir a regra geral, mas a soltura poderá estar condicionada a garantias que assegurem o comparecimento da pessoa em questão à audiência, a todos os atos do processo e, se necessário for, para a execução da sentença.

4. Qualquer pessoa que seja privada de sua liberdade por prisão ou encarceramento terá de recorrer a um tribunal para que este decida sobre a legalidade de seu encarceramento e ordene sua soltura, caso a prisão tenha sido ilegal.

5. Qualquer pessoa vítima de prisão ou encarceramento ilegais terá direito à reparação.

Artigo 10

1. Toda pessoa privada de sua liberdade deverá ser tratada com humanidade e respeito à dignidade inerente à pessoa humana.

2. a) As pessoas processadas deverão ser separadas, salvo em circunstância excepcionais, das pessoas condenadas e receber tratamento distinto, condizente com sua condição de pessoa não condenada.
 b) As pessoas processadas, jovens, deverão ser separadas das adultas e julgadas o mais rápido possível.

3. O regime penitenciário consistirá num tratamento cujo objetivo principal seja a reforma e a reabilitação moral dos prisioneiros. Os delinquentes juvenis deverão ser separados dos adultos e receber tratamento condizente com sua idade e condição jurídica.

Artigo 11

Ninguém poderá ser preso apenas por não poder cumprir com uma obrigação contratual.

▶ Art. 7º, 7, do Pacto de São José da Costa Rica.
▶ Súm. Vinc. nº 25 do STF.
▶ Súmulas nºs 304, 305 e 419 do STJ.

Artigo 12

1. Toda pessoa que se ache legalmente no território de um Estado terá o direito de nele livremente circular e escolher sua residência.

▶ Arts. 9º e 13 da Declaração Universal dos Direitos Humanos.

2. Toda pessoa terá o direito de sair livremente de qualquer país, inclusive de seu próprio país.

3. Os direitos supracitados não poderão constituir objeto de restrição, a menos que estejam previstas em lei e no intuito de proteger a segurança nacional e a ordem, a saúde ou a moral públicas, bem como os direitos e liberdades das demais pessoas, e que sejam compatíveis com os outros direitos reconhecidos no presente Pacto.

4. Ninguém poderá ser privado arbitrariamente do direito de entrar em seu próprio país.

Artigo 13

Um estrangeiro que se ache legalmente no território de um Estado-Parte do presente Pacto só poderá dele ser expulso em decorrência de decisão adotada em conformidade com a lei e, a menos que razões imperativas de segurança nacional a isso se oponham, terá a possibilidade de expor as razões que militem contra sua expulsão e de ter seu caso reexaminado pelas autoridades competentes, ou por uma ou várias pessoas especialmente designadas pelas referidas autoridades, e de fazer-se representar com este objetivo.

Artigo 14

▶ Art. 10 da Declaração Universal dos Direitos Humanos.

1. Todas as pessoas são iguais perante os Tribunais e as Cortes de Justiça. Toda pessoa terá o direito de ser ouvida publicamente e com as devidas garantias por um tribunal competente, independente e imparcial, estabelecido por lei, na apuração de qualquer acusação de caráter penal formulada contra ela ou na determinação de seus direitos e obrigações de caráter civil. A imprensa e o público poderão ser excluídos de parte ou da totalidade de um julgamento, que por motivo

de moral pública, de ordem pública ou de segurança nacional em uma sociedade democrática, quer quando o interesse da vida privada das partes o exija, quer na medida em que isso seja estritamente necessário na opinião da justiça, em circunstâncias específicas, nas quais a publicidade venha a prejudicar os interesses da justiça; entretanto, qualquer sentença proferida em matéria penal ou civil deverá tornar-se pública, a menos que o interesse de menores exija procedimento oposto, ou o processo diga respeito a controvérsias matrimoniais ou à tutela de menores.

2. Toda pessoa acusada de um delito terá direito a que se presuma sua inocência enquanto não for legalmente comprovada sua culpa.

▶ Art. 11 da Declaração Universal dos Direitos Humanos.

3. Toda pessoa acusada de um delito terá direito, em plena igualdade, a, pelo menos, as seguintes garantias:

a) de ser informada, sem demora, numa língua que compreenda e de forma minuciosa, da natureza e dos motivos da acusação contra ela formulada;
b) de dispor do tempo e dos meios necessários à preparação de sua defesa e a comunicar-se com defensor de sua escolha;
c) de ser julgada sem dilações indevidas;
d) de estar presente no julgamento e de defender-se pessoalmente ou por intermédio de defensor de sua escolha; de ser informado, caso não tenha defensor, do direito que lhe assiste de tê-lo e, sempre que o interesse da justiça assim exija, de ter um defensor designado *ex officio* gratuitamente, se não tiver meios para remunerá-lo;
e) de interrogar ou fazer interrogar as testemunhas da acusação e de obter o comparecimento e o interrogatório das testemunhas de defesa nas mesmas condições de que dispõem as de acusação;
f) de ser assistida gratuitamente por um intérprete, caso não compreenda ou não fale a língua empregada durante o julgamento;
g) de não ser obrigada a depor contra si mesma, nem a confessar-se culpada.

4. O processo aplicável a jovens que não sejam maiores nos termos da legislação penal levará em conta a idade dos menores e a importância de promover sua reintegração social.

5. Toda pessoa declarada culpada por um delito terá o direito de recorrer da sentença condenatória e da pena a uma instância superior, em conformidade com a lei.

6. Se uma sentença condenatória passada em julgado for posteriormente anulada ou se um indulto for concedido, pela ocorrência ou descoberta de fatos novos que provem cabalmente a existência de erro judicial, a pessoa que sofreu a pena decorrente dessa condenação deverá ser indenizada, de acordo com a lei, a menos que fique provado que se lhe pode imputar, total ou parcialmente, a não revelação dos fatos desconhecidos em tempo útil.

7. Ninguém poderá ser processado ou punido por um delito pelo qual já foi absolvido ou condenado por sentença passada em julgado, em conformidade com a lei e os procedimentos penais de cada país.

Artigo 15

1. Ninguém poderá ser condenado por atos ou omissões que não constituam delito de acordo com o direito nacional ou internacional, no momento em que foram cometidos. Tampouco poder-se-á impor pena mais grave do que a aplicável no momento da ocorrência do delito. Se, depois de perpetrado o delito, a lei estipular a imposição de pena mais leve, o delinquente deverá beneficiar-se.

2. Nenhuma disposição do presente Pacto impedirá o julgamento ou a condenação de qualquer indivíduo por atos ou omissões que, no momento em que foram cometidos, eram considerados delituosos de acordo com os princípios gerais de direito reconhecidos pela comunidade das nações.

Artigo 16

▶ Art. 6º da Declaração Universal dos Direitos Humanos.

Toda pessoa terá direito, em qualquer lugar, ao reconhecimento de sua personalidade jurídica.

Artigo 17

▶ Art. 12 da Declaração Universal dos Direitos Humanos.

1. Ninguém poderá ser objeto de ingerências arbitrárias ou ilegais em sua vida privada, em sua família, em seu domicílio ou em sua correspondência, nem de ofensas ilegais às suas honra e reputação.

2. Toda pessoa terá direito à proteção da lei contra essas ingerências ou ofensas.

Artigo 18

▶ Art. 18 da Declaração Universal dos Direitos Humanos.

1. Toda pessoa terá direito à liberdade de pensamento, de consciência e de religião. Esse direito implicará a liberdade de ter ou adotar uma religião ou uma crença de sua escolha e a liberdade de professar sua religião ou crença, individual ou coletivamente, tanto pública como privadamente, por meio do culto, da celebração de ritos, de práticas e do ensino.

2. Ninguém poderá ser submetido a medidas coercitivas que possam restringir sua liberdade de ter ou de adotar uma religião ou crença de sua escolha.

3. A liberdade de manifestar a própria religião ou crença estará sujeita apenas a limitações previstas em lei e que se façam necessárias para proteger a segurança, a ordem, a saúde ou a moral públicas ou os direitos e as liberdades das demais pessoas.

4. Os Estados-Partes do presente Pacto comprometem-se a respeitar a liberdade dos pais – e, quando for o caso, dos tutores legais – de assegurar a educação religiosa e moral dos filhos que esteja de acordo com suas próprias convicções.

Artigo 19

▶ Art. 19 da Declaração Universal dos Direitos Humanos.

1. Ninguém poderá ser molestado por suas opiniões.

2. Toda pessoa terá o direito à liberdade de expressão; esse direito incluirá a liberdade de procurar, receber e difundir informações e ideias de qualquer natureza, independentemente de considerações de fronteiras, verbalmente ou por escrito, em forma impressa ou artística, ou qualquer outro meio de sua escolha.

3. O exercício do direito previsto no parágrafo 2 do presente artigo implicará deveres e responsabilidades especiais. Consequentemente, poderá estar sujeito a certas restrições, que devem, entretanto, ser expressamente previstas em lei e que se façam necessárias para:

a) assegurar o respeito dos direitos e da reputação das demais pessoas;
b) proteger a segurança nacional, a ordem, a saúde ou a moral públicas.

Artigo 20

1. Será proibida por lei qualquer propaganda em favor da guerra.

2. Será proibida por lei qualquer apologia ao ódio nacional, racial ou religioso, que constitua incitamento à discriminação, à hostilidade ou à violência.

Artigo 21

▶ Art. 20 da Declaração Universal dos Direitos Humanos.

O direito de reunião pacífica será reconhecido. O exercício desse direito estará sujeito apenas às restrições previstas em lei e que se façam necessárias, em uma sociedade democrática, no interesse da segurança nacional, da segurança ou da ordem públicas, ou para proteger a saúde ou a moral públicas ou os direitos e as liberdades das demais pessoas.

Artigo 22

1. Toda pessoa terá o direito de associar-se livremente a outras, inclusive o direito de constituir sindicatos e de a eles filiar-se, para a proteção de seus interesses.

2. O exercício desse direito estará sujeito apenas às restrições previstas em lei e que se façam necessárias, em uma sociedade democrática, no interesse da segurança nacional, da segurança e da ordem públicas, ou para proteger a saúde ou a moral públicas ou os direitos e as liberdades das demais pessoas. O presente artigo não impedirá que se submeta a restrições legais o exercício desse direito por membros das forças armadas e da polícia.

3. Nenhuma das disposições do presente artigo permitirá que Estados-Partes da Convenção de 1948 da Organização Internacional do Trabalho, relativa à liberdade sindical e à proteção do direito sindical, venham a adotar medidas legislativas que restrinjam – ou a aplicar a lei de maneira a restringir – as garantias previstas na referida Convenção.

Artigo 23

▶ Art. 16 da Declaração Universal dos Direitos Humanos.

1. A família é o elemento natural e fundamental da sociedade e terá o direito de ser protegida pela sociedade e pelo Estado.

2. Será reconhecido o direito do homem e da mulher de, em idade núbil, contrair casamento e constituir família.

3. Casamento algum será sem o consentimento livre e pleno dos futuros esposos.

4. Os Estados-Partes do presente Pacto deverão adotar as medidas apropriadas para assegurar a igualdade de direitos e responsabilidades dos esposos quanto ao casamento, durante o mesmo e por ocasião de sua dissolução. Em caso de dissolução, deverão adotar-se as disposições que assegurem a proteção necessária para os filhos.

Artigo 24

1. Toda criança terá direito, sem discriminação alguma por motivo de cor, sexo, língua, religião, origem nacional ou social, situação econômica ou nascimento, às medidas de proteção que a sua condição de menor requerer por parte de sua família, da sociedade e do Estado.

2. Toda criança deverá ser registrada imediatamente após seu nascimento e deverá receber um nome.

3. Toda criança terá o direito de adquirir uma nacionalidade.

Artigo 25

▶ Art. 21 da Declaração Universal dos Direitos Humanos.

Todo cidadão terá o direito e a possibilidade, sem qualquer das formas de discriminação mencionadas no artigo 2° e sem restrições infundadas:

a) de participar da condução dos assuntos públicos, diretamente ou por meio de representantes livremente escolhidos;
b) de votar e ser eleito em eleições periódicas, autênticas, realizadas por sufrágio universal e igualitário e por voto secreto, que garantam a manifestação da vontade dos eleitores;
c) de ter acesso, em condições gerais de igualdade, às funções públicas de seu país.

Artigo 26

▶ Art. 7º da Declaração Universal dos Direitos Humanos.

Todas as pessoas são iguais perante a lei e têm direito, sem discriminação alguma, a igual proteção da lei. A este respeito, a lei deverá proibir qualquer forma de discriminação e garantir a todas as pessoas proteção igual e eficaz contra qualquer discriminação por motivo de raça, cor, sexo, língua, religião, opinião política ou de outra natureza, origem nacional ou social, situação econômica, nascimento ou qualquer outra situação.

Artigo 27

Nos Estados em que haja minorias étnicas, religiosas ou linguísticas, as pessoas pertencentes a essas minorias não poderão ser privadas do direito de ter, conjuntamente com outros membros de seu grupo, sua própria vida cultural, de professar e praticar sua própria religião e usar sua própria língua.

Parte IV

Artigo 28

1. Constituir-se-á um Comitê de Direitos Humanos (doravante denominado "Comitê" no presente Pacto). O Comitê será composto de dezoito membros e desempenhará as funções descritas adiante.

2. O Comitê será integrado por nacionais dos Estados-Partes do presente Pacto, os quais deverão ser pessoas de elevada reputação moral e reconhecida competência em matéria de direitos humanos, levando-se em consideração a utilidade da participação de algumas pessoas com experiência jurídica.

3. Os membros do Comitê serão eleitos e exercerão suas funções a título pessoal.

Artigo 29

1. Os membros do Comitê serão eleitos em votação secreta dentre uma lista de pessoas que preencham os requisitos previstos no artigo 28 e indicadas, com esse objetivo, pelos Estados-Partes no presente Pacto.

2. Cada Estado-Parte no presente Pacto poderá indicar duas pessoas. Essas pessoas deverão ser nacionais do Estado que as indicou.

3. A mesma pessoa poderá ser indicada mais de uma vez.

Artigo 30

1. A primeira eleição realizar-se-á no máximo seis meses após a data da entrada em vigor do presente Pacto.

2. Ao menos quatro meses antes da data de cada eleição do Comitê, e desde que não seja uma eleição para preencher uma vaga declarada nos termos do artigo 34, o Secretário-Geral da Organização das Nações Unidas convidará, por escrito, os Estados-Partes do presente Pacto a indicar, no prazo de três meses, os candidatos a membro do Comitê.

3. O Secretário-Geral da Organização das Nações Unidas organizará uma lista por ordem alfabética de todos os candidatos assim designados, mencionando os Estados-Partes que os tiverem indicado, e a comunicará aos Estados-Partes do presente Pacto, no máximo um mês antes da data de cada eleição.

4. Os membros do Comitê serão eleitos em reuniões dos Estados-Partes convocadas pelo Secretário-Geral da Organização das Nações Unidas na sede da Organização. Nessas reuniões, em que o quorum será estabelecido por dois terços dos Estados-Partes do presente Pacto, serão eleitos membros do Comitê os candidatos que obtiverem o maior número de votos e a maioria absoluta dos votos dos representantes dos Estados-Partes presentes e votantes.

Artigo 31

1. O Comitê não poderá ter mais de um nacional de um mesmo Estado.

2. Nas eleições do Comitê, levar-se-ão em consideração uma distribuição geográfica equitativa e uma representação das diversas formas de civilização, bem como dos principais sistemas jurídicos.

Artigo 32

1. Os membros do Comitê serão eleitos para um mandato de quatro anos. Poderão, caso suas candidaturas sejam apresentadas novamente, ser reeleitos. Entretanto, o mandato de nove dos membros eleitos na primeira eleição expirará ao final de dois anos; imediatamente após a primeira eleição, o presidente da reunião a que se refere o parágrafo 4 do artigo 30 indicará, por sorteio, os nomes desses nove membros.

2. Ao expirar o mandato dos membros, as eleições se realizarão de acordo com o disposto nos artigos precedentes desta Parte do presente Pacto.

Artigo 33

1. Se, na opinião unânime dos demais membros, um membro do Comitê deixar de desempenhar suas funções por motivos distintos de uma ausência temporária, o Presidente comunicará tal fato ao Secretário-Geral da Organização das Nações Unidas, que declarará vago o lugar que o referido membro ocupava.

2. Em caso de morte ou renúncia de um membro do Comitê, o Presidente comunicará imediatamente tal fato ao Secretário-Geral da Organização das Nações Unidas, que declarará vago o lugar desde a data da morte ou daquela em que a renúncia passe a produzir efeitos.

Artigo 34

1. Quando uma vaga for declarada nos termos do artigo 33 e o mandato do membro a ser substituído não expirar no prazo de seis meses a contar da data em que tenha sido declarada a vaga, o Secretário-Geral das Nações Unidas comunicará tal fato aos Estados-Partes do presente Pacto, que poderão, no prazo de dois meses, indicar candidatos, em conformidade com o artigo 29, para preencher a vaga.

2. O Secretário-Geral da Organização das Nações Unidas organizará uma lista por ordem alfabética dos candidatos assim designados e a comunicará aos Estados-Partes do presente Pacto. A eleição destinada a preencher tal vaga será realizada nos termos das disposições pertinentes desta Parte do presente Pacto.

3. Qualquer membro do Comitê eleito para preencher uma vaga em conformidade com o artigo 33 fará parte do Comitê durante o restante do mandato do membro que deixar vago o lugar do Comitê, nos termos do referido artigo.

Artigo 35

Os membros do Comitê receberão, com a aprovação da Assembleia-Geral da Organização das Nações Unidas, honorários provenientes de recursos da Organização das Nações Unidas, nas condições fixadas, considerando-se a importância das funções do Comitê, pela Assembleia-Geral.

Artigo 36

O Secretário-Geral da Organização das Nações Unidas colocará à disposição do Comitê o pessoal e os serviços necessários ao desempenho eficaz das funções que lhe são atribuídas em virtude do presente Pacto.

Artigo 37

1. O Secretário-Geral da Organização das Nações Unidas convocará os membros do Comitê para a primeira reunião, a realizar-se na sede da Organização.

2. Após a primeira reunião, o Comitê deverá reunir-se em todas as ocasiões previstas em suas regras de procedimento.

3. As reuniões do Comitê serão realizadas normalmente na sede da Organização da Nações Unidas ou no Escritório das Nações Unidas em Genebra.

Artigo 38

Todo membro do Comitê deverá, antes de iniciar suas funções, assumir, em sessão pública, o compromisso solene de que desempenhará suas funções imparcial e conscientemente.

Artigo 39

1. O Comitê elegerá sua Mesa para um período de dois anos. Os membros da Mesa poderão ser reeleitos.

2. O próprio Comitê estabelecerá suas regras de procedimento; esta, contudo, deverão conter, entre outras, as seguintes disposições:
a) o *quorum* será de doze membros;
b) as decisões do Comitê serão tomadas por maioria dos votos dos membros presentes.

Artigo 40

1. Os Estados-Partes do presente Pacto comprometem-se a submeter relatórios sobre as medidas por eles adotadas para tornar efetivos os direitos reconhecidos no presente Pacto e sobre o progresso alcançado no gozo desses direitos:
a) dentro do prazo de um ano, a contar do início da vigência do presente Pacto nos Estados-Partes interessados;
b) a partir de então, sempre que o Comitê vier a solicitar.

2. Todos relatórios serão submetidos ao Secretário-Geral da Organização das Nações Unidas, que os encaminhará, para exame, ao Comitê. Os relatórios deverão sublinhar, caso existam, os fatores e as dificuldades que prejudiquem a implementação do presente Pacto.

3. O Secretário-Geral da Organização das Nações Unidas poderá, após consulta ao Comitê, encaminhar às agências especializadas cópias das partes dos relatórios que digam respeito à sua esfera de competência.

4. O Comitê estudará os relatórios apresentados pelos Estados-Partes do presente Pacto e transmitirá aos Estados-Partes seu próprio relatório, bem como os comentários gerais que julgar oportunos. O Comitê poderá igualmente transmitir ao Conselho Econômico e Social os referidos comentários, bem como cópias dos relatórios que houver recebido dos Estados-Partes do Presente Pacto.

5. Os Estados-Partes no presente Pacto poderão submeter ao Comitê as observações que desejarem formular relativamente aos comentários feitos nos termos do parágrafo 4 do presente artigo.

Artigo 41

1. Com base no presente artigo, todo Estado-Parte do presente Pacto poderá declarar, a qualquer momento, que reconhece a competência do Comitê para receber e examinar as comunicações em que um Estado-Parte alegue que outro Estado-Parte não vem cumprindo as obrigações que lhe impõe a Pacto. As referidas comunicações só serão recebidas e examinadas nos termos do presente artigo no caso de serem apresentadas por um Estado-Parte que houver feito uma declaração em que reconheça, com relação a si próprio, a competência do Comitê. O Comitê não receberá comunicação alguma relativa a um Estado-Parte que não houver feito uma declaração dessa natureza. As comunicações recebidas em virtude do presente artigo estarão sujeitas ao procedimento que se segue:
a) Se um Estado-Parte do presente Pacto considerar que outro Estado-Parte não vem cumprindo as disposições da presente Convenção poderá, mediante comunicação escrita, levar a questão ao conhecimento deste Estado-Parte. Dentro de um prazo de três meses, a contar da data do recebimento da comunicação, o Estado destinatário fornecerá ao Estado que enviou a comunicação explicações ou quaisquer outras declarações por escrito que esclareçam a questão, as quais deverão fazer referência, até onde seja possível e pertinente, aos procedimentos nacionais e aos recursos jurídicos adotados, em trâmite ou disponíveis sobre a questão;
b) Se, dentro de um prazo de seis meses, a contar da data do recebimento da comunicação original pelo Estado destinatário, a questão não estiver dirimida satisfatoriamente para ambos os Estados-Partes interessados, tanto um como o outro terão o direito de submetê-lo ao Comitê, mediante notificação endereçada ao Comitê ou ao outro Estado interessado;
c) O Comitê tratará de todas as questões que se lhe submetam em virtude do presente artigo, somente após ter-se assegurado de que todos os recursos jurídicos internos disponíveis tenham sido utilizados e esgotados, em consonância com os princípios do Direito Internacional geralmente reconhecidos. Não se aplicará esta regra quando a aplicação dos mencionados recursos prolongar-se injustificadamente;
d) O Comitê realizará reuniões confidenciais quando estiver examinando as comunicações previstas no presente artigo;
e) Sem prejuízo das disposições da alínea c, o Comitê colocará seus bons ofícios à disposição dos Estados-Partes interessados no intuito de se alcançar uma solução amistosa para a questão, baseada no respeito aos direitos humanos e liberdades fundamentais reconhecidos no presente Pacto;
f) Em todas as questões que se lhe submetam em virtude do presente artigo, o Comitê poderá solicitar aos Estados-Partes interessados, a que se faz referência na alínea *b*, que lhe forneçam quaisquer informação pertinentes;
g) os Estados-Partes interessados, a que se faz referência na alínea *b*, terão o direito de fazer-se representar quando as questões forem examinadas no Comitê e de apresentar suas observações verbalmente e/ou por escrito;
h) O Comitê, dentro dos doze meses seguintes à data de recebimento da notificação mencionada na alínea *b*, apresentará relatório em que:
   i) se houver sido alcançada uma solução nos termos da alínea *e*, o Comitê restringir-se-á, em seu relatório, a uma breve exposição dos fatos e da solução alcançada;
   ii) se não houver sido alcançada solução alguma nos termos alínea *e*, o Comitê restringir-se-á, em seu relatório, a uma breve exposição dos fatos; serão anexados ao relatório o texto das observações escritas e as atas das observações orais apresentadas pelos Estados-Partes interessados.

Para cada questão, o relatório será encaminhado aos Estados-Partes interessados.

2. As disposições do presente artigo entrarão em vigor a partir do momento em que dez Estados-Partes do presente Pacto houverem feito as declarações mencionadas no parágrafo 1 deste artigo. As referidas declarações serão depositadas pelos Estados-Partes junto ao Secretário-Geral da Organização das Nações Unidas, que enviará cópia das mesmas aos demais Estados-Partes. Toda declaração poderá ser retirada, a

qualquer momento, mediante notificação endereçada ao Secretário-Geral. Far-se-á essa retirada sem prejuízo do exame de quaisquer questões que constituam objeto de uma comunicação já transmitida nos termos deste artigo; em virtude do presente artigo, não se receberá qualquer nova comunicação de um Estado-Parte uma vez que o Secretário-Geral tenha recebido a notificação sobre a retirada da declaração, a menos que o Estado-Parte interessado haja feito uma nova declaração.

Artigo 42

1. a) Se uma questão submetida ao Comitê, nos termos do artigo 41, não estiver dirimida satisfatoriamente para os Estados-Partes interessados, o Comitê poderá, com consentimento prévio dos Estados-Partes interessados, constituir uma Comissão de Conciliação ad hoc (doravante denominada "a Comissão"). A Comissão colocará seus bons ofícios à disposição dos Estados-Partes interessados no intuito de se alcançar uma solução amistosa para a questão baseada no respeito ao presente Pacto;
b) A Comissão será composta de cinco membros designados com o consentimento dos Estados-Partes interessados. Se os Estados-Partes interessados não chegarem a um acordo a respeito da totalidade ou de parte da composição da Comissão dentro do prazo de três meses, os membros da Comissão em relação aos quais não se chegou a acordo serão eleitos pelo Comitê, entre os seus próprios membros, em votação secreta e por maioria de dois terços dos membros do Comitê.

2. Os membros da Comissão exercerão suas funções a título pessoal. Não poderão ser nacionais dos Estados interessados, nem do Estado que não seja Parte do presente Pacto, nem de um Estado-Parte que não tenha feito a declaração prevista no artigo 41.

3. A própria Comissão elegerá seu presidente e estabelecerá suas regras de procedimento.

4. As reuniões da Comissão serão realizadas normalmente na sede da Organização das Nações Unidas ou no Escritório das Nações Unidas em Genebra. Entretanto, poderão realizar-se em qualquer outro lugar apropriado que a Comissão determinar, após consulta ao Secretário-Geral da Organização das Nações Unidas e aos Estados-Partes interessados.

5. O Secretariado referido no artigo 36 também prestará serviços às Comissões designadas em virtude do presente artigo.

6. As informações obtidas e coligidas pelo Comitê serão colocadas à disposição da Comissão, a qual poderá solicitar aos Estados-Partes interessados que lhe forneçam qualquer outra informação pertinente.

7. Após haver estudado a questão sob todos os seus aspectos, mas, em qualquer caso, no prazo de doze meses após dela ter tomado conhecimento, a Comissão apresentará um relatório ao Presidente do Comitê, que o encaminhará aos Estados-Partes interessados:

a) se a Comissão não puder terminar o exame da questão, restringir-se-á, em seu relatório, a uma breve exposição sobre o estágio em que se encontra o exame da questão;

b) se houver sido alcançada uma solução amistosa para a questão, baseada no respeito dos direitos humanos reconhecidos no presente Pacto, a Comissão restringir-se-á, em seu relatório, a uma breve exposição dos fatos e da solução alcançada;

c) se não houver sido alcançada solução nos termos da alínea b, a Comissão incluirá no relatório suas conclusões sobre os fatos relativos à questão debatida entre os Estados-Partes interessados, assim como sua opinião sobre a possibilidade de solução amistosa para a questão; o relatório incluirá as observações escritas e as atas das observações orais feitas pelos Estados-Partes interessados;

d) se o relatório da Comissão for apresentado nos termos da alínea c, os Estados-Partes interessados comunicarão, no prazo de três meses a contar da data do recebimento do relatório, ao presidente do Comitê se aceitam ou não os termos do relatório da Comissão.

8. As disposições do presente artigo não prejudicarão as atribuições do Comitê previstas no artigo 41.

9. Todas as despesas dos membros da Comissão serão repartidas equitativamente entre os Estados-Partes interessados, com base em estimativas a serem estabelecidas pelo Secretário-Geral da Organização das Nações Unidas.

10. Secretário-Geral da Organização das Nações Unidas poderá, caso seja necessário, pagar as despesas dos membros da Comissão antes que sejam reembolsadas pelos Estados-Partes interessados, em conformidade com o parágrafo 9 do presente artigo.

Artigo 43

Os membros do Comitê e os membros da Comissão de Conciliação ad hoc que forem designados nos termos do artigo 42 terão direitos às facilidades, privilégios e imunidades que se concedem aos peritos no desempenho de missões para a Organização das Nações Unidas, em conformidade com as seções pertinentes da Convenção sobre Privilégios e Imunidades das Nações Unidas.

Artigo 44

As disposições relativas à implementação do presente Pacto aplicar-se-ão sem prejuízo dos procedimentos instituídos em matéria de direitos humanos, pelos – ou em virtude dos mesmos – instrumentos constitutivos e pelas Convenções da Organização das Nações Unidas e das agências especializadas, e não impedirão que os Estados-Partes venham a recorrer a outros procedimentos para a solução de controvérsias em conformidade com os acordos internacionais gerais ou especiais vigentes entre eles.

Artigo 45

Comitê submeterá à Assembleia-Geral, por intermédio do Conselho Econômico e Social, um relatório sobre suas atividades.

Parte V

Artigo 46

Nenhuma disposição do presente Pacto poderá ser interpretada em detrimento das disposições da Carta das Nações Unidas e das constituições das agências especializadas, as quais definem as responsabilidades respectivas dos diversos órgãos da Organização das Nações Unidas e das agências especializadas relativamente às questões tratadas no presente Pacto.

ARTIGO 47

Nenhuma disposição do presente Pacto poderá ser interpretada em detrimento do direito inerente a todos os povos de desfrutar e utilizar plena e livremente suas riquezas e seus recursos naturais.

PARTE VI

ARTIGO 48

1. O presente Pacto está aberto à assinatura de todos os Estados-membros da Organização das Nações Unidas ou membros de qualquer de suas agências especializadas, de todo Estado-Parte do Estatuto da Corte Internacional de Justiça, bem como de qualquer outro Estado convidado pela Assembleia-Geral a tornar-se Parte do presente Pacto.

2. O presente Pacto está sujeito à ratificação. Os instrumentos de ratificação serão depositados junto ao Secretário-Geral da Organização das Nações Unidas.

3. O presente Pacto está aberto à adesão de quaisquer dos Estados mencionados no parágrafo 1 do presente artigo.

4. Far-se-á adesão mediante depósito do instrumento de adesão junto ao Secretário-Geral da Organização das Nações Unidas.

5. O Secretário-Geral da Organização das Nações Unidas informará todos os Estados que hajam assinado o presente Pacto, ou a ele aderido, do depósito de cada instrumento de ratificação ou adesão.

ARTIGO 49

1. O presente Pacto entrará em vigor três meses após a data do depósito, junto ao Secretário-Geral da Organização das Nações Unidas, do trigésimo quinto instrumento de ratificação ou adesão.

2. Para os Estados que vierem a ratificar o presente Pacto ou a ele aderir após o depósito do trigésimo quinto instrumento de ratificação ou adesão, o presente Pacto entrará em vigor três meses após a data do depósito, pelo Estado em questão, de seu instrumento de ratificação ou adesão.

ARTIGO 50

Aplicar-se-á as disposições do presente Pacto, sem qualquer limitação ou exceção, a todas as unidades constitutivas dos Estados federativos.

ARTIGO 51

1. Qualquer Estado-Parte do presente Pacto poderá propor emendas e depositá-las junto ao Secretário-Geral da Organização das Nações Unidas. O Secretário-Geral comunicará todas as propostas de emendas aos Estados-Partes do presente Pacto, pedindo-lhes que o notifiquem se desejam que se convoque uma conferência dos Estados-Partes destinada a examinar as propostas e submetê-las a votação. Se pelo menos um terço dos Estados-Partes se manifestar a favor da referida convocação, o Secretário-Geral convocará a conferência sob os auspícios da Organização das Nações Unidas. Qualquer emenda adotada pela maioria dos Estados-Partes presentes e votantes na conferência será submetida à aprovação da Assembleia-Geral das Nações Unidas.

2. Tais emendas entrarão em vigor quando aprovadas pela Assembleia-Geral das Nações Unidas e aceitas em conformidade com seus respectivos procedimentos constitucionais, por uma maioria de dois terços dos Estados-Partes no presente Pacto.

3. Ao entrarem em vigor, tais emendas serão obrigatórias para os Estados-Partes que as aceitaram, ao passo que os demais Estados-Partes permanecem obrigados pelas disposições do presente Pacto e pelas emendas anteriores por eles aceitas.

ARTIGO 52

Independentemente das notificações prevista no parágrafo 5 do artigo 48, o Secretário-Geral da Organização das Nações Unidas comunicará a todos os Estados referidos no parágrafo 1 do referido artigo:

a) as assinaturas, ratificações e adesões recebidas em conformidade com o artigo 48;
b) a data de entrada em vigor do Pacto, nos termos do artigo 49, e a data de entrada em vigor de quaisquer emendas, nos termos do artigo 51.

ARTIGO 53

1. O presente Pacto, cujos textos em chinês, espanhol, francês, inglês e russo são igualmente autênticos, será depositado nos arquivos da Organização das Nações Unidas.

2. O Secretário-Geral da Organização das Nações Unidas encaminhará cópias autênticas do presente Pacto a todos os Estados mencionados no artigo 48.

Em fé do que, os abaixo assinados, devidamente autorizados por seus respectivos Governos, assinaram o presente Pacto, aberto à assinatura em nova York, aos dezenove dias do mês de dezembro do ano de mil novecentos e sessenta e seis.

PACTO INTERNACIONAL SOBRE DIREITOS ECONÔMICOS, SOCIAIS E CULTURAIS

► Adotado pela XXI Sessão da Assembleia-Geral das Nações Unidas, em 19-12-1966. Aprovado no Brasil pelo Dec. Legislativo nº 226, de 12-12-1991, e promulgado pelo Dec. nº 591, de 6-7-1992.

PREÂMBULO

Os Estados-Partes do presente Pacto,

Considerando que, em conformidade com os princípios proclamados na Carta das Nações Unidas, o relacionamento da dignidade inerente a todos os membros da família humana e dos seus direitos iguais e inalienáveis constitui o fundamento da liberdade, da justiça e da paz no mundo,

Reconhecendo que esses direitos decorrem da dignidade inerente à pessoa humana,

Reconhecendo que, em conformidade com a Declaração Universal dos Direitos do Homem. O ideal do ser humano livre, liberto do temor e da miséria. Não pode ser realizado a menos que se criem condições que permitam a cada um gozar de seus direitos econômicos, sociais e culturais, assim como de seus direitos civis e políticos,

Considerando que a Carta das Nações Unidas impõe aos Estados a obrigação de promover o respeito universal e efetivo dos direitos e das liberdades do homem,

Compreendendo que o indivíduo, por ter deveres para com seus semelhantes e para com a coletividade a que pertence, tem a obrigação de lutar pela promoção e observância dos direitos reconhecidos no presente Pacto,

Acordam o seguinte:

PARTE I

ARTIGO 1º

1. Todos os povos têm direito a autodeterminação. Em virtude desse direito, determinam livremente seu estatuto político e asseguram livremente seu desenvolvimento econômico, social e cultural.

2. Para a consecução de seus objetivos, todos os povos podem dispor livremente de suas riquezas e de seus recursos naturais, sem prejuízo das obrigações decorrentes da cooperação econômica internacional, baseada no princípio do proveito mútuo, e do Direito Internacional. Em caso algum, poderá um povo ser privado de seus próprios meios de subsistência.

3. Os Estados-Partes do Presente Pacto, inclusive aqueles que tenham a responsabilidade de administrar territórios não autônomos e territórios sob tutela, deverão promover o exercício do direito à autodeterminação e respeitar esse direito, em conformidade com as disposições da Carta das Nações Unidas.

PARTE II

ARTIGO 2º

1. Cada Estado-Parte do presente Pacto compromete-se a adotar medidas, tanto por esforço próprio como pela assistência e cooperação internacionais, principalmente nos planos econômico e técnico, até o máximo de seus recursos disponíveis, que visem a assegurar, progressivamente, por todos os meios apropriados, o pleno exercício dos direitos reconhecidos no presente Pacto, incluindo, em particular, a adoção de medidas legislativas.

2. Os Estados-Partes do presente Pacto comprometem-se a garantir que os direitos nele enunciados e exercerão em discriminação alguma por motivo de raça, cor, sexo, língua, religião, opinião política ou de outra natureza, origem nacional ou social, situação econômica, nascimento ou qualquer outra situação.

3. Os países em desenvolvimento, levando devidamente em consideração os direitos humanos e a situação econômica nacional, poderão determinar em que garantirão os direitos econômicos reconhecidos no presente Pacto àqueles que não sejam seus nacionais.

ARTIGO 3º

Os Estados-Partes do presente Pacto comprometem-se a assegurar a homens e mulheres igualdade no gozo de todos os direitos econômicos, sociais e culturais enumerados no presente Pacto.

ARTIGO 4º

Os Estados-Partes do presente Pacto reconhecem que, no exercício dos direitos assegurados em conformidade com presente Pacto pelo Estado, este poderá submeter tais direitos unicamente às limitações estabelecidas em lei, somente na medida compatível com a natureza desses direitos e exclusivamente com o objetivo de favorecer o bem-estar geral em uma sociedade democrática.

ARTIGO 5º

1. Nenhuma das disposições do presente Pacto poderá ser interpretada no sentido de reconhecer a um Estado, grupo ou indivíduo qualquer direito de dedicar-se a quaisquer atividades ou de praticar quaisquer atos que tenham por objetivo destruir os direitos ou liberdades reconhecidos no presente Pacto ou impor-lhe limitações mais amplas do que aquelas nele previstas.

2. Não se admitirá qualquer restrição ou suspensão dos direitos humanos fundamentais reconhecidos ou vigentes em qualquer país em virtude de leis, convenções, regulamentos ou costumes, sob pretexto de que o presente Pacto não os reconheça ou os reconheça em menor grau.

PARTE III

ARTIGO 6º

1. Os Estados-Partes do presente Pacto reconhecem o direito ao trabalho, que compreende o direito de toda pessoa de ter a possibilidade de ganhar a vida mediante um trabalho livremente escolhido ou aceito, e tomarão medidas apropriadas para salvaguardar esse direito.

2. As medidas que cada Estado-Parte do presente Pacto tomará a fim de assegurar o pleno exercício desse direito deverão incluir a orientação e a formação técnica e profissional, a elaboração de programas, normas e técnicas apropriadas para assegurar um desenvolvimento econômico, social e cultural constante e o pleno emprego produtivo em condições que salvaguardem aos indivíduos o gozo das liberdades políticas e econômicas fundamentais.

ARTIGO 7º

Os Estados-Partes do presente Pacto reconhecem o direito de toda pessoa de gozar de condições de trabalho justas e favoráveis, que assegurem especialmente:

a) Uma remuneração que proporcione, no mínimo, a todos os trabalhadores:
   i) Um salário equitativo e uma remuneração igual por um trabalho de igual valor, sem qualquer distinção; em particular, as mulheres deverão ter a garantia de condições de trabalho não inferiores às dos homens e perceber a mesma remuneração que eles por trabalho igual;
   ii) Uma existência decente para eles e suas famílias, em conformidade com as disposições do presente Pacto;
b) A segurança e a higiene no trabalho;
c) Igual oportunidade para todos de serem promovidos, em seu Trabalho, à categoria superior que lhes corresponda, sem outras considerações que as de tempo de trabalho e capacidade;

d) O descanso, o lazer, a limitação razoável das horas de trabalho e férias periódicas remuneradas, assim como a remuneração dos feriados.

Artigo 8º

1. Os Estados-Partes do presente Pacto comprometem-se a garantir:

a) O direito de toda pessoa de fundar com outras, sindicatos e de filiar-se ao sindicato de escolha, sujeitando-se unicamente aos estatutos da organização interessada, com o objetivo de promover e de proteger seus interesses econômicos e sociais. O exercício desse direito só poderá ser objeto das restrições previstas em lei e que sejam necessárias, em uma sociedade democrática, no interesse da segurança nacional ou da ordem pública, ou para proteger os direitos e as liberdades alheias;
b) O direito dos sindicatos de formar federações ou confederações nacionais e o direito destas de formar organizações sindicais internacionais ou de filiar-se às mesmas.
c) O direito dos sindicatos de exercer livremente suas atividades, sem quaisquer limitações além daquelas previstas em lei e que sejam necessárias, em uma sociedade democrática, no interesse da segurança nacional ou da ordem pública, ou para proteger os direitos e as liberdades das demais pessoas.
d) O direito de greve, exercido de conformidade com as leis de cada país.

2. O presente artigo não impedirá que se submeta a restrições legais o exercício desses direitos pelos membros das forças armadas, da política ou da administração pública.

3. Nenhuma das disposições do presente artigo permitirá que os Estados-Partes da Convenção de 1948 da Organização Internacional do Trabalho, relativa à liberdade sindical e à proteção do direito sindical, venham a adotar medidas legislativas que restrinjam – ou a aplicar a lei de maneira a restringir as garantias previstas na referida Convenção.

Artigo 9º

Os Estados-Partes do presente Pacto reconhecem o direito de toda pessoa à previdência social, inclusive ao seguro social.

Artigo 10

Os Estados-Partes do presente Pacto reconhecem que:

1. Deve-se conceder à família, que é o elemento natural e fundamental da sociedade, as mais amplas proteção e assistência possíveis, especialmente para a sua constituição e enquanto ele for responsável pela criação e educação dos filhos. O matrimonio deve ser contraído com o livre consentimento dos futuros cônjuges.

2. Deve-se conceder proteção especial às mães por um período de tempo razoável antes e depois do parto. Durante esse período, deve-se conceder às mães que trabalham licença remunerada ou licença acompanhada de benefícios previdenciários adequados.

3. Devem-se adotar medidas especiais de proteção e de assistência em prol de todas as crianças e adolescentes, sem distinção alguma por motivo de filiação ou qualquer outra condição. Devem-se proteger as crianças e adolescentes contra a exploração econômica e social. O emprego de crianças e adolescentes em trabalhos que lhes sejam nocivos à moral e à saúde ou que lhes façam correr perigo de vida, ou ainda que lhes venham a prejudicar o desenvolvimento norma, será punido por lei.

Os Estados devem também estabelecer limites de idade sob os quais fique proibido e punido por lei o emprego assalariado da mão de obra infantil.

Artigo 11

1. Os Estados-Partes do presente Pacto reconhecem o direito de toda pessoa a um nível de vida adequando para si próprio e sua família, inclusive à alimentação, vestimenta e moradia adequadas, assim como a uma melhoria continua de suas condições de vida. Os Estados-Partes tomarão medidas apropriadas para assegurar a consecução desse direito, reconhecendo, nesse sentido, a importância essencial da cooperação internacional fundada no livre consentimento.

2. Os Estados-Partes do presente Pacto, reconhecendo o direito fundamental de toda pessoa de estar protegida contra a fome, adotarão, individualmente e mediante cooperação internacional, as medidas, inclusive programas concretos, que se façam necessárias para:

a) Melhorar os métodos de produção, conservação e distribuição de gêneros alimentícios pela plena utilização dos conhecimentos técnicos e científicos, pela difusão de princípios de educação nutricional e pelo aperfeiçoamento ou reforma dos regimes agrários, de maneira que se assegurem a exploração e a utilização mais eficazes dos recursos naturais;
b) Assegurar uma repartição equitativa dos recursos alimentícios mundiais em relação às necessidades, levando-se em conta os problemas tanto dos países importadores quanto dos exportadores de gêneros alimentícios.

Artigo 12

1. Os Estados-Partes do presente Pacto reconhecem o direito de toda pessoa de desfrutar o mais elevado nível possível de saúde física e mental.

2. As medidas que os Estados-Partes do presente Pacto deverão adotar com o fim de assegurar o pleno exercício desse direito incluirão as medidas que se façam necessárias para assegurar:

a) A diminuição da mortinatalidade e da mortalidade infantil, bem como o desenvolvimento é das crianças;
b) A melhoria de todos os aspectos de higiene do trabalho e do meio ambiente;
c) A prevenção e o tratamento das doenças epidêmicas, endêmicas, profissionais e outras, bem como a luta contra essas doenças;
d) A criação de condições que assegurem a todos assistência médica e serviços médicos em caso de enfermidade.

Artigo 13

1. Os Estados-Partes do presente Pacto reconhecem o direito de toda pessoa à educação. Concordam em que a educação deverá visar ao pleno desenvolvimento da personalidade humana e do sentido de sua dignidade e fortalecer o respeito pelos direitos humanos e liberdades fundamentais. Concordam ainda em que a

educação deverá capacitar todas as pessoas a participar efetivamente de uma sociedade livre, favorecer a compreensão, a tolerância e a amizade entre todas as nações e entre todos os grupos raciais, étnicos ou religiosos e promover as atividades das Nações Unidas em prol da manutenção da paz.

2. Os Estados-Partes do presente Pacto reconhecem que, com o objetivo de assegurar o pleno exercício desse direito:

a) A educação primária deverá ser obrigatória e acessível gratuitamente a todos;
b) A educação secundária em suas diferentes formas, inclusive a educação secundária técnica e profissional, deverá ser generalizada e torna-se acessível a todos, por todos os meios apropriados e, principalmente, pela implementação progressiva do ensino gratuito;
c) A educação de nível superior deverá igualmente torna-se acessível a todos, com base na capacidade de cada um, por todos os meios apropriados e, principalmente, pela implementação progressiva do ensino gratuito;
d) Dever-se-á fomentar e intensificar, na medida do possível, a educação de base para aquelas pessoas que não receberam educação primaria ou não concluíram o ciclo completo de educação primária;
e) Será preciso prosseguir ativamente o desenvolvimento de uma rede escolar em todos os níveis de ensino, implementar-se um sistema adequado de bolsas de estudo e melhorar continuamente as condições materiais do corpo docente.

1. Os Estados-Partes do presente Pacto comprometem-se a respeitar a liberdade dos pais e, quando for o caso, dos tutores legais de escolher para seus filhos escolas distintas daquelas criadas pelas autoridades públicas, sempre que atendam aos padrões mínimos de ensino prescritos ou aprovados pelo Estado, e de fazer com que seus filhos venham a receber educação religiosa ou moral que esteja de acordo com suas próprias convicções.

2. Nenhuma das disposições do presente artigo poderá ser interpretada no sentido de restringir a liberdade de indivíduos e de entidades de criar e dirigir instituições de ensino, desde que respeitados os princípios enunciados no parágrafo 1 do presente artigo e que essas instituições observem os padrões mínimos prescritos pelo Estado.

Artigo 14

Todo Estado-Parte do presente pacto que, no momento em que se tornar Parte, ainda não tenha garantido em seu próprio território ou territórios sob sua jurisdição a obrigatoriedade e a gratuidade da educação primária, se compromete a elaborar e a adotar, dentro de um prazo de dois anos, um plano de ação detalhado destinado à implementação progressiva, dentro de um número razoável de anos estabelecidos no próprio plano, do princípio da educação primária obrigatória e gratuita para todos.

Artigo 15

1. Os Estados-Partes do presente Pacto reconhecem a cada indivíduo o direito de:

a) Participar da vida cultural;
b) Desfrutar o processo científico e suas aplicações;
c) Beneficiar-se da proteção dos interesses morais e materiais decorrentes de toda a produção científica, literária ou artística de que seja autor.

2. As Medidas que os Estados-Partes do Presente Pacto deverão adotar com a finalidade de assegurar o pleno exercício desse direito incluirão aquelas necessárias à convenção, ao desenvolvimento e à difusão da ciência e da cultura.

3. Os Estados-Partes do presente Pacto comprometem-se a respeitar a liberdade indispensável à pesquisa científica e à atividade criadora.

4. Os Estados-Partes do presente Pacto reconhecem os benefícios que derivam do fomento e do desenvolvimento da cooperação e das relações internacionais no domínio da ciência e da cultura.

Parte IV

Artigo 16

1. Os Estados-Partes do presente Pacto comprometem-se a apresentar, de acordo com as disposições da presente parte do Pacto, relatórios sobre as medidas que tenham adotado e sobre o progresso realizado com o objetivo de assegurar a observância dos direitos reconhecidos no Pacto.

2. a) Todos os relatórios deverão ser encaminhados ao Secretário-Geral da Organização das Nações Unidas, o qual enviará cópias dos mesmos ao Conselho Econômico e Social, para exame, de acordo com as disposições do presente Pacto.
b) O Secretário-Geral da Organização das Nações Unidas encaminhará também às agências especializadas cópias dos relatórios – ou de todas as partes pertinentes dos mesmos enviados pelos Estados-Partes do presente Pacto que sejam igualmente membros das referidas agências especializadas, na medida em que os relatórios, ou partes deles, guardem relação com questão que sejam da competência de tais agências, nos termos de seus respectivos instrumentos constitutivos.

Artigo 17

1. Os Estados-Partes do presente Pacto apresentarão seus relatórios por etapas, segundo um programa a ser estabelecido pelo Conselho Econômico e Social no prazo de um ano a contar da data da entrada em vigor do presente Pacto, após consulta aos Estados-Partes e às agências especializadas interessadas.

2. Os relatórios poderão indicar os fatores e as dificuldades que prejudiquem o pleno cumprimento das obrigações previstas no presente Pacto.

3. Caso as informações pertinentes já tenham sido encaminhadas à Organização das Nações Unidas ou a uma agência especializada por um Estado-Parte, não será necessário reproduzir as referidas informações, sendo suficiente uma referência precisa às mesmas.

Artigo 18

Em virtude das responsabilidades que lhe são conferidas pela Carta das Nações Unidas no domínio dos direitos humanos e das liberdades fundamentais, o Conselho Econômico e Social poderá concluir acordos com as agências especializadas sobre a apresentação, por estas, de relatórios relativos aos progressos realizados quanto ao cumprimento das disposições do presente Pacto que correspondam ao seu campo de atividades. Os relatórios poderão, incluir dados sobre as decisões e recomendações referentes ao cumprimento das disposições do presente Pacto adotadas pelos órgãos competentes das agências especializadas.

ARTIGO 19

O Conselho Econômico e Social poderá encaminhar à Comissão de Direitos Humanos, para fins de estudo e de recomendação de ordem geral, ou para informação, caso julgue apropriado, os relatórios concernentes aos direitos humanos que apresentarem os Estados nos termos dos artigos 16 e 17 e aqueles concernentes aos direitos humanos que apresentarem as agências especializadas nos termos do artigo 18.

ARTIGO 20

Os Estados-Partes do presente Pacto e as agências especializadas interessadas poderão encaminhar ao Conselho Econômico e Social comentários sobre qualquer recomendação de ordem geral feita em virtude do artigo 19 ou sobre qualquer referencia a uma recomendação de ordem geral que venha a constar de relatório da Comissão de Direitos Humanos ou de qualquer documento mencionado no referido relatório.

ARTIGO 21

O Conselho Econômico e Social poderá apresentar ocasionalmente à Assembleia-Geral relatórios que contenham recomendações de caráter geral bem como resumo das informações recebidas dos Estados-Partes do presente Pacto e das agências especializadas sobre as medidas adotadas e o progresso realizado com a finalidade de assegurar a observância geral dos direitos reconhecidos no presente Pacto.

ARTIGO 22

O Conselho Econômico e Social poderá levar ao conhecimento de outros órgãos da Organização das Nações Unidas, de seus órgãos subsidiários e das agências especializadas interessadas, às quais incumba a prestação de assistência técnica, quaisquer questões suscitadas nos relatórios mencionados nesta parte do presente Pacto que possam ajudar essas entidades a pronunciar-se, cada uma dentro de sua esfera de competência, sobre a conveniência de medidas internacionais que possam contribuir para a implementação efetiva e progressiva do presente Pacto.

ARTIGO 23

Os Estados-Partes do presente Pacto concordam em que as medidas de ordem internacional destinada a tornar efetivos os direitos reconhecidos no referido Pacto incluem, sobretudo, a conclusão de convenções, a adoção de recomendações, a prestação de assistência técnica e a organização, em conjunto com os governos interessados, e no intuito de efetuar consultas e realizar estudos, de reuniões regionais e de reuniões técnicas.

ARTIGO 24

Nenhuma das disposições do presente Pacto poderá ser interpretada em detrimento das disposições da Carta das Nações Unidas ou das constituições das agências especializadas, as quais definem as responsabilidades respectivas dos diversos órgãos da Organização das Nações Unidas e agências especializadas relativamente às matérias tratadas no presente Pacto.

ARTIGO 25

Nenhuma das disposições do presente Pacto poderá ser interpretada em detrimento do direito inerente a todos os povos de desfrutar e utilizar plena e livremente suas riquezas e seus recursos naturais.

PARTE V

ARTIGO 26

1. O presente Pacto está aberto à assinatura de todos os Estados membros da Organização das Nações Unidas ou membros de qualquer de suas agências especializadas, de todo Estado-Parte do Estatuto da Corte internacional de Justiça, bem como de qualquer outro Estado convidado pela Assembleia-Geral das Nações Unidas a torna-se Parte do presente Pacto.

2. O presente Pacto está sujeito à ratificação. Os instrumentos de ratificação serão depositados junto ao Secretário-Geral da Organização das Nações Unidas.

3. O presente Pacto está aberto à adesão de qualquer dos Estados mencionados no parágrafo 1 do presente artigo.

4. Far-se-á a adesão mediante depósito do instrumento de adesão junto ao Secretário-Geral da Organização das Nações Unidas.

5. O Secretário-Geral da Organização das Nações Unidas informará todos os Estados que hajam assinado o presente Pacto ou a ele aderido, do depósito de cada instrumento de ratificação ou de adesão.

ARTIGO 27

1. O presente Pacto entrará em vigor três meses após a data do depósito, junto ao Secretário-Geral da Organização das Nações Unidas, do trigésimo-quinto instrumento de ratificação ou de adesão.

2. Para os Estados que vierem a ratificar o presente Pacto ou a ele aderir após o depósito do trigésimo-quinto instrumento de ratificação ou de adesão, o presente Pacto entrará em vigor três meses após a data do depósito, pelo Estado em questão, de seu instrumento de ratificação ou de adesão.

ARTIGO 28

Aplicar-se-ão as disposições do presente Pacto, sem qualquer limitação ou exceção, a todas as unidades constitutivas dos Estados Federativos.

ARTIGO 29

1. Qualquer Estado-Parte do presente Pacto poderá propor emendas e depositá-las junto ao Secretário-Geral da Organização das Nações Unidas. O Secretário-Geral comunicará todas as propostas de emenda aos Estados-Partes do presente Pacto, pedindo-lhes que o notifiquem se desejam que se convoque uma conferência dos Estados-Partes destinada a examinar as propostas e submetê-las à votação. Se pelo menos um terço dos Estados-Partes se manifestar a favor da referida convocação, o Secretário-Geral convocará a conferência sob os auspícios da Organização das Nações Unidas. Qualquer emenda adotada pela maioria dos Estados-Partes presentes e votantes na conferên-

cia será submetida à aprovação da Assembleia-Geral das Nações Unidas.

2. Tais emendas entrarão em vigor quando aprovadas pela Assembleia-Geral das Nações Unidas e aceitas, em conformidade com seus respectivos procedimentos constitucionais, por uma maioria de dois terços dos Estados-Partes no presente Pacto.

3. Ao entrarem em vigor, tais emendas serão obrigatórias para os Estados-Partes que as aceitaram, ao passo que os demais Estados-Partes permanecem obrigatórios pelas disposições do presente Pacto e pelas emendas anteriores por eles aceitas.

ARTIGO 30

Independentemente das notificações previstas no parágrafo 5 do artigo 26, o Secretário-Geral da Organização das Nações Unidas comunicará a todos os Estados mencionados no parágrafo 1 do referido artigo:

a) as assinaturas, ratificações e adesões recebidas em conformidade com o artigo 26;
b) a data de entrada em vigor do Pacto, nos termos do artigo 27, e a data de entrada em vigor de quaisquer emendas, nos termos do artigo 29.

ARTIGO 31

1. O presente Pacto, cujos textos em chinês, espanhol, francês, inglês e russo são igualmente autênticos, será depositado nos arquivos da Organização das Nações Unidas.

2. O Secretário-Geral da Organização das Nações Unidas encaminhará cópias autenticadas do presente Pacto a todos os Estados mencionados no artigo 26.

Em fé do quê, os abaixo-assinados, devidamente autorizados por seus respectivos Governos, assinaram o presente Pacto, aberto à assinatura em Nova York, aos 19 dias no mês de dezembro do ano de mil novecentos e sessenta e seis.

PROTOCOLO ADICIONAL À CONVENÇÃO AMERICANA SOBRE DIREITOS HUMANOS EM MATÉRIA DE DIREITOS ECONÔMICOS, SOCIAIS E CULTURAIS

► Adotado pela Assembleia-Geral da Organização dos Estados Americanos em San Salvador, El Salvador, em 17-11-1988. Aprovado no Brasil pelo Dec. Legislativo nº 56, de 19-4-1995, e promulgado pelo Dec. n° 3.321, de 30-12-1999.

PROTOCOLO DE SAN SALVADOR

PREÂMBULO

Os Estados-Partes na Convenção Americana sobre Direitos Humanos (Pacto de San José de Costa Rica),

Reafirmando seu propósito de consolidar neste Continente, dentro do quadro das instituições democráticas, um regime de liberdade pessoal e de justiça social, fundado no respeito dos direitos essenciais do homem;

Reconhecendo que os direitos essenciais do homem não derivam do fato de ser ele nacional de determinado Estado, mas sim do fato de ter como fundamento os atributos da pessoa humana, razão por que justificam uma proteção internacional, de natureza convencional, coadjuvante ou complementar da que oferece o direito interno dos Estados americanos;

Considerando a estreita relação que existe entre a vigência dos direitos econômicos, sociais e culturais e a dos direitos civis e políticos, porquanto as diferentes categorias de direito constituem um todo indissolúvel que encontra sua base no reconhecimento da dignidade da pessoa humana, pelo qual exigem uma tutela e promoção permanente, com o objetivo de conseguir sua vigência plena, sem que jamais possa justificar-se a violação de uns a pretexto da realização de outros;

Reconhecendo os benefícios que derivam do fomento e desenvolvimento da cooperação entre os Estados e das relações internacionais;

Recordando que, de acordo com a Declaração Universal dos Direitos do Homem e a Convenção Americana sobre Direitos Humanos, só pode ser realizado o ideal do ser humano livre, isento de temor e da miséria, se forem criadas condições que permitam a cada pessoa gozar de seus direitos econômicos, sociais e culturais, bem como de seus direitos civis e políticos;

Levando em conta que, embora os direitos econômicos, sociais e culturais fundamentais tenham sido reconhecidos em instrumentos internacionais anteriores, tanto de âmbito universal como regional, é muito importante que estes sejam reafirmados, desenvolvidos, aperfeiçoados e protegidos, a fim de consolidar na América, com base no respeito pleno dos direitos da pessoa, o regime democrático representativo de governo, bem como o direito de seus povos ao desenvolvimento, à livre determinação e a dispor livremente de suas riquezas e recursos naturais; e

Considerando que a Convenção Americana sobre Direitos Humanos estabelece que podem ser submetidos à consideração dos Estados-Partes, reunidos por ocasião da Assembleia-Geral da Organização dos Estados Americanos, projetos de protocolos adicionais a essa Convenção, com a finalidade de incluir progressivamente no regime de proteção da mesma outros direitos e liberdades,

Convieram no seguinte Protocolo Adicional à Convenção Americana sobre Direitos Humanos (Protocolo de San Salvador):

ARTIGO 1º
Obrigação de adotar medidas

Os Estados-Partes neste Protocolo Adicional à Convenção Americana sobre Direitos Humanos comprometem-se a adotar as medidas necessárias, tanto de ordem interna como por meio da cooperação entre os Estados, especialmente econômica e técnica, até o máximo dos recursos disponíveis e levando em conta seu grau de desenvolvimento, a fim de conseguir, progressivamente e de acordo com a legislação interna, a plena efetividade dos direitos reconhecidos neste Protocolo.

ARTIGO 2º
Obrigação de adotar disposições de direito interno

Se o exercício dos direitos estabelecidos neste Protocolo ainda não estiver garantido por disposições legislativas ou de outra natureza, os Estados-Partes comprometem-se a adotar, de acordo com seus processos constitucionais e com as disposições deste Protocolo, as medidas legislativas ou de outra natureza que forem necessárias para tornar efetivos esses direitos.

Artigo 3º
Obrigação de não discriminação

Os Estados-Partes neste Protocolo comprometem-se a garantir o exercício dos direitos nele enunciados, sem discriminação alguma por motivo de raça, cor, sexo, idioma, religião, opiniões políticas ou de qualquer outra natureza, origem nacional ou social, posição econômica, nascimento ou qualquer outra condição social.

Artigo 4º
Não admissão de restrições

Não se poderá restringir ou limitar qualquer dos direitos reconhecidos ou vigentes num Estado em virtude de sua legislação interna ou de convenções internacionais, sob pretexto de que este Protocolo não os reconhece ou os reconhece em menor grau.

Artigo 5º
Alcance das restrições e limitações

Os Estados-Partes só poderão estabelecer restrições e limitações ao gozo e exercício dos direitos estabelecidos neste Protocolo mediante leis promulgadas com o objetivo de preservar o bem-estar geral dentro de uma sociedade democrática, na medida em que não contrariem o propósito e razão dos mesmos.

Artigo 6º
Direito ao trabalho

1. Toda pessoa tem direito ao trabalho, o que inclui a oportunidade de obter os meios para levar uma vida digna e decorosa por meio do desempenho de uma atividade lícita, livremente escolhida ou aceita.

2. Os Estados-Partes comprometem-se a adotar medidas que garantam plena efetividade do direito ao trabalho, especialmente as referentes à consecução do pleno emprego, à orientação vocacional e ao desenvolvimento de projetos de treinamento técnico-profissional, particularmente os destinados aos deficientes. Os Estados-Partes comprometem-se também a executar e a fortalecer programas que coadjuvem um adequado atendimento da família, a fim de que a mulher tenha real possibilidade de exercer o direito ao trabalho.

Artigo 7º
Condições justas, equitativas e satisfatórias de trabalho

Os Estados-Partes neste Protocolo reconhecem que o direito ao trabalho, a que se refere o artigo anterior, supõe que toda pessoa goze do mesmo em condições justas, equitativas e satisfatórias, para o que esses Estados garantirão em suas legislações, de maneira particular:

a) Remuneração que assegure, no mínimo a todos os trabalhadores condições de subsistência digna e decorosa para eles e para suas famílias e um salário equitativo e igual por trabalho igual, sem nenhuma distinção;
b) o direito de todo o trabalhador de seguir sua vocação e de dedicar-se à atividade que melhor atenda a suas expectativas, e a trocar de emprego, de acordo com regulamentação nacional pertinente;
c) O direito do trabalhador à promoção ou avanço no trabalho, para o qual serão levadas em conta suas qualificações, competência, probidade e tempo de serviço;
d) Estabilidade dos trabalhadores em seus empregos, de acordo com as características das indústrias e profissões e com as causas de justa separação. Nos casos de demissão injustificada, o trabalhador terá direito a uma indenização ou à readmissão no emprego ou a quaisquer outras prestações previstas pela legislação nacional;
e) Segurança e higiene no trabalho;
f) Proibição de trabalho noturno ou em atividades insalubres e perigosas para os menores de 18 anos e, em geral, de todo trabalho que possa pôr em perigo sua saúde, segurança ou moral. Quando se tratar de menores de 16 anos, a jornada de trabalho deverá subordinar-se às disposições sobre ensino obrigatório e, em nenhum caso, poderá constituir impedimento à assistência escolar ou limitação para beneficiar-se da instrução recebida;
g) Limitação razoável das horas de trabalho, tanto diárias quanto semanais. As jornadas serão de menor duração quando se tratar de trabalhos perigosos, insalubres ou noturnos;
h) Repouso, gozo do tempo livre, férias remuneradas, bem como remuneração nos feriados nacionais.

Artigo 8º
Direitos sindicais

1. Os Estados-Partes garantirão:

a) O direito dos trabalhadores de organizar sindicatos e de filiar-se ao de sua escolha, para proteger e promover seus interesses. Como projeção desse direito, os Estados-Partes permitirão aos sindicatos formar federações e confederações nacionais e associar-se aos já existentes, bem como formar organizações sindicais internacionais e associar-se à de sua escolha. Os Estados-Partes também permitirão que os sindicatos, federações e confederações funcionem livremente;
b) O direito de greve.

2. O exercício dos direitos enunciados acima só pode estar sujeito às limitações e restrições previstas pela lei que sejam próprias a uma sociedade democrática e necessárias para salvaguardar a ordem pública e proteger a saúde ou a moral pública e os direitos ou liberdades dos demais. Os membros das forças armadas e da polícia, bem como de outros serviços públicos essenciais, estarão sujeitos às limitações e restrições impostas pela lei.

3. Ninguém poderá ser obrigado a pertencer a um sindicato.

Artigo 9º
Direito à previdência social

1. Toda pessoa tem direito à previdência social que a proteja das consequências da velhice e da incapacitação que a impossibilite, física ou mentalmente, de obter os meios de vida digna e decorosa. No caso de morte do beneficiário, as prestações da previdência social beneficiarão seus dependentes.

2. Quando se tratar de pessoas em atividade, o direito à previdência social abrangerá pelo menos o atendimen-

to médico e o subsídio ou pensão em casos de acidentes de trabalho ou de doença profissional e, quando se tratar da mulher, licença remunerada para a gestante, antes e depois do parto.

Artigo 10
Direito à saúde

1. Toda pessoa tem direito à saúde, entendida como o gozo do mais alto nível de bem-estar físico, mental e social.

2. A fim de tornar efetivo o direito à saúde, os Estados-Partes comprometem-se a reconhecer a saúde como bem público e especialmente a adotar as seguintes medidas para garantir este direito:

a) Atendimento primário de saúde, entendendo-se como tal a assistência médica essencial colocada ao alcance de todas as pessoas e famílias da comunidade;
b) Extensão dos benefícios dos serviços de saúde a todas as pessoas sujeitas à jurisdição do Estado;
c) Total imunização contra as principais doenças infecciosas;
d) Prevenção e tratamento das doenças endêmicas, profissionais e de outra natureza;
e) Educação de população sobre a prevenção e tratamento dos problemas de saúde; e
f) Satisfação das necessidades de saúde dos grupos de mais alto risco e que, por suas condições de pobreza, sejam mais vulneráveis.

Artigo 11
Direito a um meio ambiente sadio

1. Toda pessoa tem direito a viver em meio ambiente sadio e a contar com os serviços públicos básicos.

2. Os Estados-Partes promoverão a proteção, preservação e melhoramento do meio ambiente.

Artigo 12
Direito à alimentação

1. Toda pessoa tem direito a uma nutrição adequada que assegure a possibilidade de gozar do mais alto nível de desenvolvimento físico, emocional e intelectual.

2. A fim de tornar efetivo esse direito e de eliminar a desnutrição, os Estados-Partes comprometem-se a aperfeiçoar os métodos de produção, abastecimento e distribuição de alimentos, para o que se comprometem a promover maior cooperação internacional com vistas a apoiar as políticas nacionais referentes à matéria.

Artigo 13
Direito à educação

1. Toda pessoa tem direito à educação.

2. Os Estados-Partes neste Protocolo convêm em que a educação deverá orientar-se para o pleno desenvolvimento da personalidade humana e do sentido de sua dignidade e deverá fortalecer o respeito pelos direitos humanos, pelo pluralismo ideológico, pelas liberdades fundamentais pela justiça e pela paz. Convêm, também, em que a educação deve capacitar todas as pessoas para participar efetivamente de uma sociedade democrática e pluralista, conseguir uma subsistência digna, favorecer a compreensão, a tolerância e a amizade entre todas as nações e todos os grupos raciais, étnicos ou religiosos e promover as atividades em prol da manutenção da paz.

3. Os Estados-Partes neste Protocolo reconhecem que, a fim de conseguir o pleno exercício do direito à educação:

a) O ensino de primeiro grau deve ser obrigatório e acessível a todos gratuitamente;
b) o ensino de segundo grau, em suas diferentes formas, inclusive o ensino técnico e profissional, deve ser generalizado e acessível a todos, pelos meios que forem apropriados e, especialmente, pelo estabelecimento progressivo do ensino gratuito;
c) O ensino superior deve tornar-se igualmente acessível a todos, de acordo com a capacidade de cada um, pelos meios que forem apropriados e, especialmente, pela implantação progressiva do ensino gratuito;
d) Deve-se promover ou intensificar, na medida do possível, o ensino básico para as pessoas que não tiverem recebido ou terminado o ciclo completo de instrução do primeiro grau;
e) Deverão ser estabelecidos programas de ensino diferenciado para os deficientes, a fim de proporcionar instrução especial e formação a pessoas com impedimentos físicos ou deficiência mental.

4. De acordo com a legislação interna dos Estados-Partes, os pais terão direito a escolher o tipo de educação a ser dada aos seus filhos, desde que esteja de acordo com os princípios enunciados acima.

5. Nada do disposto neste Protocolo será interpretado como restrição da liberdade dos particulares e entidades de estabelecer e dirigir instituições de ensino, de acordo com a legislação interna dos Estados-Partes.

Artigo 14
Direito aos benefícios da cultura

1. Os Estados-Partes neste Protocolo reconhecem o direito de toda pessoa a:

a) Participar na vida cultural e artística da comunidade;
b) Gozar dos benefícios do progresso científico e tecnológico;
c) Beneficiar-se da proteção dos interesses morais e materiais que lhe caibam em virtude das produções científicas, literárias ou artísticas de que for autora.

2. Entre as medidas que os Estados-Partes neste Protocolo deverão adotar para assegurar o pleno exercício deste direito, figurarão as necessárias para a conservação, desenvolvimento e divulgação da ciência, da cultura e da arte.

3. Os Estados-Partes neste Protocolo comprometem-se a respeitar a liberdade indispensável para a pesquisa científica e atividade criadora.

4. Os Estados-Partes neste Protocolo reconhecem os benefícios que decorrem da promoção e desenvolvimento da cooperação e das relações internacionais no que diz respeito a assuntos científicos, artísticos e culturais e, nesse sentido, comprometem-se a incentivar maior cooperação internacional nesses campos.

Artigo 15
Direito à constituição e proteção da família

1. A família é o elemento natural e fundamental da sociedade e deve ser protegida pelo Estado, que deverá velar pelo melhoramento de sua situação moral e material.
2. Toda pessoa tem direito a constituir família, o qual exercerá de acordo com as disposições da legislação interna correspondente.
3. Os Estados-Partes comprometem-se mediante este Protocolo, a proporcionar adequada proteção ao grupo familiar e, especialmente, a:
   a) Dispensar atenção e assistência especiais à mãe, por um período razoável, antes e depois do parto;
   b) Garantir às crianças alimentação adequada, tanto no período de lactação quanto na idade escolar;
   c) Adotar medidas especiais de proteção dos adolescentes, a fim de assegurar o pleno amadurecimento de suas capacidades físicas, intelectuais e morais;
   d) Executar programas especiais de formação familiar, a fim de contribuir para a criação de um ambiente estável e positivo no qual as crianças percebam e desenvolvam os valores de compreensão, solidariedade, respeito e responsabilidade.

Artigo 16
Direito da criança

Toda criança, seja qual for sua filiação, tem direito às medidas de proteção que sua condição de menor requer por parte de sua família, da sociedade e do Estado. Toda criança tem direito de crescer ao amparo e sob a responsabilidade de seus pais; salvo em circunstâncias excepcionais, reconhecidas judicialmente, a criança de tenra idade não deve ser separada de sua mãe. Toda criança tem direito à educação gratuita e obrigatória, pelo menos no nível básico, e a continuar sua formação em níveis mais elevados do sistema educacional.

Artigo 17
Proteção de pessoas idosas

Toda pessoa tem direito à proteção especial na velhice. Nesse sentido os Estados-Partes comprometem-se a adotar de maneira progressiva as medidas necessárias a fim de pôr em prática este direito e, especialmente, a:
a) Proporcionar instalações adequadas, bem como alimentação e assistência médica especializada, as pessoas de idade avançada que careçam dela e não estejam em condições de provê-las por meios próprios;
b) Executar programas trabalhistas específicos destinados a dar a pessoas idosas a possibilidade de realizar atividade produtiva adequada às suas capacidades, respeitando sua vocação ou desejos;
c) Promover a formação de organizações sociais destinadas a melhorar a qualidade da vida das pessoas idosas.

Artigo 18
Proteção de deficientes

Toda pessoa afetada por diminuição de suas capacidades físicas e mentais tem direito a receber atenção especial, a fim de alcançar o máximo desenvolvimento de sua personalidade. Os Estados-Partes comprometem-se a adotar as medidas necessárias para esse fim e, especialmente, a:
a) Executar programas específicos destinados a proporcionar aos deficientes os recursos e o ambiente necessário para alcançar esse objetivo, inclusive programas trabalhistas adequados a suas possibilidades e que deverão ser livremente aceitos por eles ou, se for o caso, por seus representantes legais;
b) proporcionar formação especial aos familiares dos deficientes, a fim de ajudá-los a resolver os problemas de convivência e a convertê-los em elementos atuantes do desenvolvimento físico, mental e emocional dos deficientes;
c) Incluir, de maneira prioritária, em seus planos de desenvolvimento urbano a consideração de soluções para os requisitos específicos decorrentes das necessidades deste grupo;
d) Promover a formação de organizações sociais nas quais os deficientes possam desenvolver uma vida plena.

Artigo 19
Meios de proteção

1. Os Estados-Partes neste Protocolo comprometem-se a apresentar, de acordo com o disposto por este artigo e pelas normas pertinentes que a propósito deverão ser elaboradas pela Assembleia-Geral da Organização dos Estados Americanos, relatórios periódicos sobre as medidas progressivas que tiverem adotado a fim de assegurar o devido respeito dos direitos consagrados no mesmo Protocolo.

2. Todos os relatórios serão apresentados ao Secretário-Geral da OEA, que os transmitirá ao Conselho Interamericano Econômico e Social e ao Conselho Interamericano de Educação, Ciência e Cultura, a fim de que os examinem de acordo com o disposto neste artigo. O Secretário-Geral enviará cópia desses relatórios à Comissão Interamericana de Direitos Humanos.

3. O Secretário-Geral da Organização dos Estados Americanos transmitirá também aos organismos especializados do Sistema Interamericano, dos quais sejam membros dos Estados-Partes neste Protocolo, cópias dos relatórios enviados ou das partes pertinentes deles, na medida em que tenham relação com matérias que sejam da competência dos referidos organismos, de acordo com seus instrumentos constitutivos.

4. Os organismos especializados do Sistema Interamericano poderão apresentar ao Conselho Interamericano Econômico e Social e ao Conselho Interamericano de Educação, Ciência e Cultura relatórios sobre o cumprimento das disposições deste Protocolo, no campo de suas atividades.

5. Os relatórios anuais que o Conselho Interamericano Econômico e Social e o Conselho Interamericano de Educação, Ciência e Cultura apresentarem à Assembleia-Geral conterão um resumo da informação recebida dos Estados-Partes neste Protocolo e dos organismos especializados sobre as medidas progressivas adotadas a fim de assegurar o respeito dos direitos reconhecidos neste mesmo Protocolo e as recomendações de caráter geral que a respeito considerarem pertinentes.

6. Caso os direitos estabelecidos na alínea a, do artigo 8 e no artigo 13 forem violados por ação imputável diretamente a um Estado-Parte deste Protocolo, tal situação poderia dar lugar, mediante participação da Comissão Interamericana de Direitos Humanos e, quando cabível, da Corte Interamericana de Direitos Humanos, à aplicação do sistema de petições individuais regulado pelos artigos 44 a 51 e 61 a 69 da Convenção Americana sobre Direitos Humanos.

7. Sem prejuízo do disposto no parágrafo anterior, a Comissão Interamericana de Direitos Humanos poderá formular as observações e recomendações que considerar pertinentes sobre a situação dos direitos econômicos, sociais e culturais estabelecidos neste Protocolo em todos ou em alguns dos Estados-Partes, as quais poderá incluir no Relatório Anual à Assembleia-Geral ou num relatório especial, conforme considerar mais apropriado.

8. No exercício das funções que lhes confere este artigo, os Conselhos e a Comissão Interamericana de Direitos Humanos levarão em conta a natureza progressiva da vigência dos direitos objeto da proteção deste Protocolo.

Artigo 20
Reservas

Os Estados-Partes poderão formular reservas sobre uma ou mais disposições específicas deste Protocolo no momento de aprová-lo, assiná-lo, ratificá-lo ou de a ele aderir, desde que não sejam incompatíveis com o objetivo e o fim do Protocolo.

Artigo 21
Assinatura, ratificação ou adesão.
Entrada em vigor

1. Este Protocolo fica aberto à assinatura e à ratificação ou adesão de todo Estado-Parte da Convenção Americana sobre Direitos Humanos.

2. A ratificação deste Protocolo ou a adesão ao mesmo será efetuada mediante depósito de um instrumento de ratificação ou de adesão na Secretaria-Geral da Organização dos Estados Americanos.

3. O Protocolo entrará em vigor tão logo onze Estados tiverem depositado seus respectivos instrumentos de ratificação ou de adesão.

4. O Secretário-Geral informará a todos os Estados-membros da Organização a entrada em vigor do Protocolo.

Artigo 22
Incorporação de outros direitos e ampliação dos reconhecidos

1. Qualquer Estado-Parte e a Comissão Interamericana de Direitos Humanos poderão submeter à consideração dos Estados-Partes, reunidos por ocasião da Assembleia-Geral, propostas de emendas com o fim de incluir o reconhecimento de outros direitos e liberdades, ou outras destinadas a estender ou ampliar os direitos e liberdades reconhecidos neste Protocolo.

2. As emendas entrarão em vigor para os Estados ratificantes das mesmas na data em que tiverem depositado o respectivo instrumento de ratificação que corresponda a dois terços do número de Estados-Partes neste Protocolo. Quanto aos demais Estados-Partes, entrarão em vigor na data em que depositarem seus respectivos instrumentos de ratificação.

PROTOCOLO FACULTATIVO À CONVENÇÃO SOBRE A ELIMINAÇÃO DE TODAS AS FORMAS DE DISCRIMINAÇÃO CONTRA A MULHER

▶ Adotado em Nova Iorque a 6-10-1999. O Brasil depositou a carta de ratificação em 28-6-2002. O protocolo entrou em vigor internacionalmente em 22-12-2000 e, para o Brasil, em 28-9-2002. Foi aprovado por meio do Dec. Legislativo nº 107, de 6-6-2002 e promulgado pelo Dec. nº 4.316, de 30-7-2002.

PREÂMBULO

A Assembleia-Geral,

Reafirmando a Declaração e Programa de Ação de Viena e a Declaração e Plataforma de Ação de Pequim,

Lembrando que a Plataforma de Ação de Pequim, em seguimento à Declaração e Programa de Ação de Viena, apoiou o processo iniciado pela Comissão sobre a Situação da Mulher com vistas à elaboração de minuta de protocolo facultativo à Convenção sobre a Eliminação de Todas as Formas de Discriminação contra a Mulher que pudesse entrar em vigor tão logo possível, em procedimento de direito a petição,

Observando que a Plataforma de Ação de Pequim exortou todos os Estados que não haviam ainda ratificado ou aderido à Convenção a que o fizessem tão logo possível, de modo que a ratificação universal da Convenção pudesse ser alcançada até o ano 2000,

1. Adota e abre a assinatura, ratificação e adesão o Protocolo Facultativo à Convenção, cujo texto encontra-se anexo à presente resolução;

2. Exorta todos os Estados que assinaram, ratificaram ou aderiram à Convenção a assinar e ratificar ou aderir ao Protocolo tão logo possível;

3. Enfatiza que os Estados-Partes do Protocolo devem comprometer-se a respeitar os direitos e procedimentos dispostos no Protocolo e cooperar com o Comitê para a Eliminação da Discriminação contra a Mulher em todos os estágios de suas ações no âmbito do Protocolo;

4. Enfatiza também que, em cumprimento de seu mandato, bem como de suas funções no âmbito do Protocolo, o Comitê deve continuar a ser pautado pelos princípios de não seletividade, imparcialidade e objetividade;

5. Solicita ao Comitê que realize reuniões para exercer suas funções no âmbito do Protocolo após sua entrada em vigor, além das reuniões realizadas segundo o Artigo 20 da Convenção; a duração dessas reuniões será determinada e, se necessário, reexaminada, por reunião dos Estados-Partes do Protocolo, sujeita à aprovação da Assembleia-Geral;

6. Solicita ao Secretário-Geral que forneça o pessoal e as instalações necessárias para o desempenho efetivo das funções do Comitê segundo o Protocolo após sua entrada em vigor;

7. Solicita, ainda, ao Secretário-Geral que inclua informações sobre a situação do Protocolo em seus relatórios regulares apresentados à Assembleia-Geral sobre a situação da Convenção.

28ª Reunião Plenária, em 6 de outubro de 1999.

Os Estados-Partes do presente Protocolo,

Observando que na Carta das Nações Unidas se reafirma a fé nos direitos humanos fundamentais, na dignidade e no valor da pessoa humana e na igualdade de direitos entre homens e mulheres,

Observando, ainda, que a Declaração Universal dos Direitos Humanos proclama que todos os seres humanos nascem livres e iguais em dignidade e direitos e que cada pessoa tem todos os direitos e liberdades nela proclamados, sem qualquer tipo de distinção, incluindo distinção baseada em sexo,

Lembrando que as Convenções Internacionais de Direitos Humanos e outros instrumentos internacionais de direitos humanos proíbem a discriminação baseada em sexo,

Lembrando, ainda, a Convenção sobre a Eliminação de Todas as Formas de Discriminação Contra a Mulher (doravante denominada "a Convenção"), na qual os Estados-Partes condenam a discriminação contra a mulher em todas as suas formas e concordam em buscar, de todas as maneiras apropriadas e sem demora, uma política de eliminação da discriminação contra a mulher,

Reafirmando sua determinação de assegurar o pleno e equitativo gozo pelas mulheres de todos os direitos e liberdades fundamentais e de agir de forma efetiva para evitar violações desses direitos e liberdades,

Concordaram com o que se segue:

Artigo 1º

Cada Estado-Parte do presente Protocolo (doravante denominado "Estado-Parte") reconhece a competência do Comitê sobre a Eliminação da Discriminação contra a Mulher (doravante denominado "o Comitê") para receber e considerar comunicações apresentadas de acordo com o artigo 2 deste Protocolo.

Artigo 2º

As comunicações podem ser apresentadas por indivíduos ou grupos de indivíduos, que se encontrem sob a jurisdição do Estado-Parte e aleguem ser vítimas de violação de quaisquer dos direitos estabelecidos na Convenção por aquele Estado-Parte, ou em nome desses indivíduos ou grupos de indivíduos. Sempre que for apresentada em nome de indivíduos ou grupos de indivíduos, a comunicação deverá contar com seu consentimento, a menos que o autor possa justificar estar agindo em nome deles sem o seu consentimento.

Artigo 3º

As comunicações deverão ser feitas por escrito e não poderão ser anônimas. Nenhuma comunicação relacionada a um Estado-Parte da Convenção que não seja parte do presente Protocolo será recebida pelo Comitê.

Artigo 4º

1. O Comitê não considerará a comunicação, exceto se tiver reconhecido que todos os recursos da jurisdição interna foram esgotados ou que a utilização desses recursos estaria sendo protelada além do razoável ou deixaria dúvida quanto a produzir o efetivo amparo.

2. O Comitê declarará inadmissível toda comunicação que:
a) se referir a assunto que já tiver sido examinado pelo Comitê ou tiver sido ou estiver sendo examinado sob outro procedimento internacional de investigação ou solução de controvérsias;
b) for incompatível com as disposições da Convenção;
c) estiver manifestamente mal fundamentada ou não suficientemente consubstanciada;
d) constituir abuso do direito de submeter comunicação;
e) tiver como objeto fatos que tenham ocorrido antes da entrada em vigor do presente Protocolo para o Estado-Parte em questão, a não ser no caso de tais fatos terem tido continuidade após aquela data.

Artigo 5º

1. A qualquer momento após o recebimento de comunicação e antes que tenha sido alcançada determinação sobre o mérito da questão, o Comitê poderá transmitir ao Estado-Parte em questão, para urgente consideração, solicitação no sentido de que o Estado-Parte tome as medidas antecipatórias necessárias para evitar possíveis danos irreparáveis à vítima ou vítimas da alegada violação.

2. Sempre que o Comitê exercer seu arbítrio segundo o parágrafo 1 deste artigo, tal fato não implica determinação sobre a admissibilidade ou mérito da comunicação.

Artigo 6º

1. A menos que o Comitê considere que a comunicação seja inadmissível sem referência ao Estado-Parte em questão, e desde que o indivíduo ou indivíduos consintam na divulgação de sua identidade ao Estado-Parte, o Comitê levará confidencialmente à atenção do Estado-Parte em questão a comunicação por ele recebida no âmbito do presente Protocolo.

2. Dentro de seis meses, o Estado-Parte que receber a comunicação apresentará ao Comitê explicações ou declarações por escrito esclarecendo o assunto e o remédio, se houver, que possa ter sido aplicado pelo Estado-Parte.

Artigo 7º

1. O Comitê considerará as comunicações recebidas segundo o presente Protocolo à luz das informações que vier a receber de indivíduos ou grupos de indivíduos, ou em nome destes, ou do Estado-Parte em questão, desde que essa informação seja transmitida às partes em questão.

2. O Comitê realizará reuniões fechadas ao examinar as comunicações no âmbito do presente Protocolo.

3. Após examinar a comunicação, o Comitê transmitirá suas opiniões a respeito, juntamente com sua recomendação, se houver, às partes em questão.

4. O Estado-Parte dará a devida consideração às opiniões do Comitê, juntamente com as recomendações deste último, se houver, e apresentará ao Comitê, dentro de seis meses, resposta por escrito incluindo informações sobre quaisquer ações realizadas à luz das opiniões e recomendações do Comitê.

5. O Comitê poderá convidar o Estado-Parte a apresentar informações adicionais sobre quaisquer medidas que o Estado-Parte tenha tomado em resposta às opiniões e recomendações do Comitê, se houver, incluindo, quando o Comitê julgar apropriado, informações que passem a constar de relatórios subsequentes do Estado-Parte segundo o artigo 18 da Convenção.

Artigo 8º

1. Caso o Comitê receba informação fidedigna indicando graves ou sistemáticas violações por um Estado-Parte dos direitos estabelecidos na Convenção, o Comitê convidará o Estado-Parte a cooperar no exame da informação e, para esse fim, a apresentar observações quanto à informação em questão.

2. Levando em conta quaisquer observações que possam ter sido apresentadas pelo Estado-Parte em questão, bem como outras informações fidedignas das quais disponha, o Comitê poderá designar um ou mais de seus membros para conduzir uma investigação e apresentar relatório urgentemente ao Comitê. Sempre que justificado, e com o consentimento do Estado-Parte, a investigação poderá incluir visita ao território deste último.

3. Após examinar os resultados da investigação, o Comitê os transmitirá ao Estado-Parte em questão juntamente com quaisquer comentários e recomendações.

4. O Estado-Parte em questão deverá, dentro de seis meses do recebimento dos resultados, comentários e recomendações do Comitê, apresentar suas observações ao Comitê.

5. Tal investigação será conduzida em caráter confidencial e a cooperação do Estado-Parte será buscada em todos os estágios dos procedimentos.

Artigo 9º

1. O Comitê poderá convidar o Estado-Parte em questão a incluir em seu relatório, segundo o artigo 18 da Convenção, pormenores de qualquer medida tomada em resposta à investigação conduzida segundo o artigo 18 deste Protocolo.

2. O Comitê poderá, caso necessário, após o término do período de seis meses mencionado no artigo 8.4 deste Protocolo, convidar o Estado-Parte a informá-lo das medidas tomadas em resposta à mencionada investigação.

Artigo 10

1. Cada Estado-Parte poderá, no momento da assinatura ou ratificação do presente Protocolo ou no momento em que a este aderir, declarar que não reconhece a competência do Comitê disposta nos artigos 8 e 9 deste Protocolo.

2. O Estado-Parte que fizer a declaração de acordo com o parágrafo 1 deste artigo 10 poderá, a qualquer momento, retirar essa declaração através de notificação ao Secretário-Geral.

Artigo 11

Os Estados-Partes devem tomar todas as medidas apropriadas para assegurar que os indivíduos sob sua jurisdição não fiquem sujeitos a maus-tratos ou intimidação como consequência de sua comunicação com o Comitê nos termos do presente Protocolo.

Artigo 12

O Comitê incluirá em seu relatório anual, segundo o artigo 21 da Convenção, um resumo de suas atividades nos termos do presente Protocolo.

Artigo 13

Cada Estado-Parte compromete-se a tornar públicos e amplamente conhecidos a Convenção e o presente Protocolo e a facilitar o acesso à informação acerca das opiniões e recomendações do Comitê, em particular sobre as questões que digam respeito ao próprio Estado-Parte.

Artigo 14

O Comitê elaborará suas próprias regras de procedimento a serem seguidas no exercício das funções que lhe são conferidas no presente Protocolo.

Artigo 15

1. O presente Protocolo estará aberto à assinatura por qualquer Estado que tenha ratificado ou aderido à Convenção.

2. O presente Protocolo estará sujeito à ratificação por qualquer Estado que tenha ratificado ou aderido à Convenção. Os instrumentos de ratificação deverão ser depositados junto ao Secretário-Geral das Nações Unidas.

3. O presente Protocolo estará aberto à adesão por qualquer Estado que tenha ratificado ou aderido à Convenção.

4. A adesão será efetivada pelo depósito de instrumento de adesão junto ao Secretário-Geral das Nações Unidas.

Artigo 16

1. O presente Protocolo entrará em vigor três meses após a data do depósito junto ao Secretário-Geral das Nações Unidas do décimo instrumento de ratificação ou adesão.

2. Para cada Estado que ratifique o presente Protocolo ou a ele venha a aderir após sua entrada em vigor, o presente Protocolo entrará em vigor três meses após a data do depósito de seu próprio instrumento de ratificação ou adesão.

Artigo 17

Não serão permitidas reservas ao presente Protocolo.

Artigo 18

1. Qualquer Estado-Parte poderá propor emendas ao presente Protocolo e dar entrada a proposta de emendas junto ao Secretário-Geral das Nações Unidas. O Secretário-Geral deverá, nessa ocasião, comunicar as emendas propostas aos Estados-Partes juntamente com solicitação de que o notifiquem caso sejam favoráveis a uma conferência de Estados-Partes com o propósito de avaliar e votar a proposta. Se ao menos um terço dos Estados-Partes for favorável à conferência, o Secretário-Geral deverá convocá-la sob os auspícios das Nações Unidas. Qualquer emenda adotada pela maioria dos Estados-Partes presentes e votantes na conferência será submetida à Assembleia-Geral das Nações Unidas para aprovação.

2. As emendas entrarão em vigor tão logo tenham sido aprovadas pela Assembleia-Geral das Nações Unidas e aceitas por maioria de dois terços dos Estados-Partes

do presente Protocolo, de acordo com seus respectivos processos constitucionais.

3. Sempre que as emendas entrarem em vigor, obrigarão os Estados-Partes que as tenham aceitado, ficando os outros Estados-Partes obrigados pelas disposições do presente Protocolo e quaisquer emendas anteriores que tiverem aceitado.

Artigo 19

1. Qualquer Estado-Parte poderá denunciar o presente Protocolo a qualquer momento por meio de notificação por escrito endereçada ao Secretário-Geral das Nações Unidas. A denúncia terá efeito seis meses após a data do recebimento da notificação pelo Secretário-Geral.

2. A denúncia não prejudicará a continuidade da aplicação das disposições do presente Protocolo em relação a qualquer comunicação apresentada segundo o artigo 2 deste Protocolo e a qualquer investigação iniciada segundo o artigo 8 deste Protocolo antes da data de vigência da denúncia.

Artigo 20

O Secretário-Geral das Nações Unidas informará a todos os Estados sobre:

a) Assinaturas, ratificações e adesões ao presente Protocolo;
b) Data de entrada em vigor do presente Protocolo e de qualquer emenda feita nos termos do artigo 18 deste Protocolo;
c) Qualquer denúncia feita segundo o artigo 19 deste Protocolo.

Artigo 21

1. O presente Protocolo, do qual as versões em árabe, chinês, inglês, francês, russo e espanhol são igualmente autênticas, será depositado junto aos arquivos das Nações Unidas.

2. O Secretário-Geral das Nações Unidas transmitirá cópias autenticadas do presente Protocolo a todos os Estados mencionados no artigo 25 da Convenção.

PROTOCOLO FACULTATIVO RELATIVO AO PACTO INTERNACIONAL DE DIREITOS CIVIS E POLÍTICOS

▶ Adotado e aberto à assinatura, ratificação e adesão pela Resolução 2.200 A (XXI) da Assembleia-Geral das Nações Unidas, em 16-12-1966.

Os Estados-Partes no presente Protocolo,

Considerando que, para melhor assegurar o cumprimento dos fins do Pacto Internacional sobre Direitos Civis e Políticos (doravante denominado Pacto) e a aplicação das suas disposições, conviria habilitar o Comitê de Direitos Humanos, constituído nos termos da Parte IV do Pacto (a seguir denominado Comitê), a receber e examinar, como se prevê no presente Protocolo, as comunicações de indivíduos particulares que se considerem vítimas de uma violação de quaisquer dos direitos enunciados no Pacto,

Acordaram no seguinte:

Artigo 1º

Os Estados-Partes no Pacto que se tornarem Parte no presente Protocolo reconhecerão que o Comitê tem competência para receber e examinar comunicações provenientes de indivíduos particulares sujeitos à sua jurisdição que aleguem ter sido vítimas de uma violação, por esses Estados-Partes, de quaisquer dos direitos enunciados no Pacto. O Comitê não receberá comunicação alguma relativa a um Estado-Parte no Pacto que não seja parte no presente Protocolo.

Artigo 2º

Ressalvado o disposto no artigo 1º, o indivíduo que se considerar vítima de violação de qualquer dos direitos enunciados no Pacto e que tenha esgotado todos os recursos internos disponíveis, poderá apresentar uma comunicação escrita ao Comitê para que este a examine.

Artigo 3º

O Comitê declarará inadmissíveis as comunicações recebidas em conformidade com o presente Protocolo que sejam anônimas, ou que, a seu juízo, constituam abuso de direito ou sejam incompatíveis com as disposições do Pacto.

Artigo 4º

1. Ressalvado o disposto no artigo 3º, o Comitê levará ao conhecimento dos Estados-Partes no referido Protocolo que tenham alegadamente violado qualquer das disposições do Pacto as comunicações que lhe forem apresentadas em virtude do presente Protocolo.

2. Dentro de seis meses, os Estados destinatários das comunicações submeterão por escrito ao Comitê as explicações ou declarações que esclareçam a questão e o recurso, se existente, que tiver sido adotado por aquele Estado.

Artigo 5º

1. O Comitê examinará as comunicações recebidas em virtude do presente Protocolo tendo em conta todas as informações escritas que lhe forem submetidas pelo indivíduo e pelo Estado-Parte interessado.

2. O Comitê não examinará nenhuma comunicação de indivíduos sem que tenha se assegurado:

a) que a mesma questão já não está sendo examinada por uma outra instância internacional de investigação ou decisão;
b) que o indivíduo esgotou todos os recursos internos disponíveis. Esta regra não é aplicável se os processos de recurso excederem prazos razoáveis.

3. O Comitê realizará as suas sessões a portas fechadas quando examinar as comunicações previstas no presente Protocolo.

4. O Comitê comunicará seu parecer ao Estado-Parte interessado e ao indivíduo.

Artigo 6º

O Comitê incluirá no seu relatório anual, elaborado nos termos do artigo 45 do Pacto, um resumo das suas atividades, previstas no presente Protocolo.

Artigo 7º

Enquanto não forem alcançados os objetivos da Resolução 1.514 (XV), adotada pela Assembleia-Geral das Nações Unidas em 14 de dezembro de 1960, referente à Declaração sobre a Concessão de Independência aos

Países e aos Povos Coloniais, as disposições do presente Protocolo em nada restringirão o direito de petição concedido a esses povos pela Carta das Nações Unidas e outras convenções e instrumentos internacionais concluídos sob os auspícios da Organização das Nações Unidas ou das suas agências especializadas.

Artigo 8º

1. O presente Protocolo está aberto à assinatura dos Estados que tenham assinado o Pacto.

2. O presente Protocolo está sujeito à ratificação dos Estados que ratificaram o Pacto ou a ele aderiram. Os instrumentos de ratificação serão depositados junto ao Secretário-Geral da Organização das Nações Unidas.

3. O presente Protocolo está aberto à adesão dos Estados que tenham ratificado o Pacto ou a ele aderido.

4. A adesão far-se-á através do depósito de um instrumento de adesão junto ao Secretário-Geral da Organização das Nações Unidas.

5. O Secretário-Geral da Organização das Nações Unidas informará a todos os Estados que assinaram o presente Protocolo ou que a ele aderiram do depósito de cada instrumento de ratificação ou adesão.

Artigo 9º

1. Sem prejuízo da entrada em vigor do Pacto, o presente Protocolo entrará em vigor três meses após a data do depósito, junto ao Secretário-Geral da Organização das Nações Unidas, do décimo instrumento de ratificação ou de adesão.

2. Para os Estados que ratificarem o presente Protocolo ou a ele aderirem depois do depósito do décimo instrumento de ratificação ou de adesão, o presente Protocolo entrará em vigor três meses após a data do depósito por esses Estados do seu instrumento de ratificação ou de adesão.

Artigo 10

As disposições do presente Protocolo aplicam-se, sem limitação ou exceção, a todas as unidades constitutivas dos Estados federativos.

Artigo 11

1. Os Estados-Partes no presente Protocolo poderão propor alterações ao mesmo, depositando o respectivo texto junto ao Secretário-Geral da Organização das Nações Unidas. O Secretário-Geral transmitirá todas as propostas de alteração aos Estados-Partes no presente Protocolo, pedindo-lhes que o informem se desejam a convocação de uma conferência dos Estados-Partes para examinar as propostas e submetê-las a votação. Se pelo menos um terço dos Estados-Partes se declararem a favor de tal convocação, o Secretário-Geral convocará a conferência sob os auspícios da Organização das Nações Unidas. As alterações adotadas pela maioria dos Estados-Partes presentes e votantes na conferência serão submetidas, para aprovação, à Assembleia-Geral das Nações Unidas.

2. Tais emendas entrarão em vigor quando forem aprovadas pela Assembleia-Geral das Nações Unidas e aceitas, de acordo com as suas respectivas regras constitucionais, por uma maioria de dois terços dos Estados-Partes no presente Protocolo.

3. Quando as alterações entrarem em vigor, tornar-se-ão obrigatórias para os Estados-Partes que as aceitaram, continuando os demais Estados-Partes obrigados apenas pelas disposições do presente Protocolo e pelas alterações anteriores por eles aceitas.

Artigo 12

1. Os Estados-Partes poderão, a qualquer momento, denunciar o presente Protocolo por notificação escrita dirigida ao Secretário-Geral da Organização das Nações Unidas. A denúncia produzirá efeitos três meses depois da data em que o Secretário-Geral tiver recebido a notificação.

2. A denúncia não impedirá a aplicação das disposições do presente Protocolo às comunicações apresentadas em conformidade com o artigo 2º antes da data em que a denúncia produzir efeitos.

Artigo 13

Independentemente das notificações previstas no parágrafo 5 do artigo 8º do presente Protocolo, o Secretário-Geral da Organização das Nações Unidas informará a todos os Estados mencionados no parágrafo 1 do artigo 48 do Pacto:

a) as assinaturas do presente Protocolo e os instrumentos de ratificação e de adesão depositados de acordo com o artigo 8º;

b) a data da entrada em vigor do presente Protocolo, nos termos do artigo 9º, e a data da entrada em vigor das alterações previstas no artigo 11;

c) as denúncias feitas em conformidade com o artigo 12.

Artigo 14

1. O presente Protocolo, cujos textos em espanhol, francês, inglês, chinês e russo fazem igualmente fé, será depositado nos arquivos da Organização das Nações Unidas.

2. O Secretário-Geral da Organização das Nações Unidas encaminhará uma cópia autenticada do presente Protocolo a todos os Estados referidos no artigo 48 do Pacto.

RESOLUÇÃO DA ASSEMBLEIA-GERAL DA ONU Nº 3314 (XXIX), DE 14 DE DEZEMBRO DE 1974

▶ Disponível em: <http://www.cedin.com.br/site/pdf/legislacao/tratados/resolucao_da_ag_onu_definicao_de_agressao.pdf>. Acesso em 26 out. 2011.

Anexo – Definição de Agressão

A ASSEMBLEIA-GERAL,

Baseando-se no fato de que um dos fins essenciais da Organização das Nações Unidas é a manutenção da paz e segurança internacionais e a adoção de medidas coletivas eficazes para prevenir e afastar as ameaças à paz e reprimir qualquer ato de agressão ou outra ruptura da paz,

Recordando que o Conselho de Segurança, de acordo com o artigo 39 da Carta das Nações Unidas, determina a existência de qualquer ameaça à paz, ruptura da paz ou ato de agressão e faz recomendações ou decide quais medidas serão tomadas de acordo com os artigos 41 e 42, a fim de manter ou restabelecer a paz e a segurança internacionais,

Recordando também o dever dos Estados, nos termos da Carta, de resolver as suas controvérsias internacionais por meios pacíficos, de forma a não colocar em risco a paz, a segurança e a justiça internacionais,

Tendo presente que nada do disposto na presente Definição poderá ser interpretado de forma a afetar o alcance das disposições da Carta relativas às funções e poderes dos órgãos da Organização das Nações Unidas,

Considerando também que a agressão é a forma mais grave e perigosa de uso ilícito da força, e que, dada a existência de armas de destruição em massa de todos os tipos, encerra a possível ameaça de um conflito mundial com todas as suas consequências catastróficas, e que convém por isso, no momento atual, estabelecer uma definição de agressão,

Reafirmando o dever dos Estados de não recorrer ao uso da força armada para privar os povos do seu direito à autodeterminação, liberdade e independência, ou para atingir a sua integridade territorial,

Reafirmando também que o território de um Estado é inviolável e não pode ser objeto, ainda que transitoriamente, de ocupação militar ou de outras medidas de força tomadas por um outro Estado em violação da Carta, e que não poderá ser objeto de aquisição, por parte de outro Estado, como resultado de tais medidas ou da ameaça de a elas recorrer,

Reafirmando também as disposições da Declaração sobre os princípios de direito internacional referentes às relações de amizade e cooperação entre os Estados de acordo com a Carta das Nações Unidas,

Convencida de que a adoção de uma definição da agressão deveria ter como efeito dissuadir um eventual agressor, facilitaria a determinação dos atos de agressão e a aplicação das medidas adequadas à sua repressão e permitiria salvaguardar os direitos e interesses legítimos da vítima e prestar-lhe auxílio,

Considerando ainda que a questão de saber se houve ato de agressão deve ser examinada tendo em conta todas as circunstâncias de cada caso concreto, e não obstante, é desejável a formulação dos princípios fundamentais que servirão de orientação para o determinar,

Adota a seguinte definição de agressão:

Artigo 1º

A agressão é o uso da força armada por um Estado contra a soberania, integridade territorial ou independência política de outro Estado, ou de qualquer forma incompatível com a Carta das Nações Unidas, tal como enunciado na presente Definição.

Nota explicativa: Na presente Definição, o termo "Estado":

a) É utilizado sem prejuízo de questões de reconhecimento ou do Estado ser ou não Membro da Organização das Nações Unidas;
b) Inclui o conceito de "grupos de Estados", quando for o caso.

Artigo 2º

O primeiro uso da força armada por um Estado, em violação da Carta, constitui prova *prima facie* de um ato de agressão, embora o Conselho de Segurança possa concluir, de acordo com a Carta, que não se justifica determinar que foi cometido um ato de agressão, tendo em conta outras circunstâncias pertinentes, incluindo o fato de que os atos em questão ou as suas consequências não são suficientemente graves.

Artigo 3º

Observadas as disposições do artigo 2º e em conformidade com elas, considerar-se-á ato de agressão qualquer um dos atos a seguir enunciados, independentemente de haver declaração de guerra:

a) A invasão ou o ataque do território de um Estado pelas forças armadas de outro Estado, ou qualquer ocupação militar, ainda que temporária, que resulte dessa invasão ou ataque, ou qualquer anexação mediante o uso da força do território ou de parte do território de outro Estado;
b) O bombardeio pelas forças armadas de um Estado, ou o uso de quaisquer armas por um Estado, contra o território de outro Estado;
c) O bloqueio dos portos ou da costa de um Estado pelas forças armadas de outro Estado;
d) O ataque pelas forças armadas de um Estado contra as forças armadas terrestres, navais ou aéreas, ou a marinha e aviação civis de outro Estado;
e) A utilização das forças armadas de um Estado, estacionadas no território de outro com o assentimento do Estado receptor, em violação das condições previstas no acordo, ou o prolongamento da sua presença em tal território, após o término do acordo;
f) O fato de um Estado aceitar que o seu território, posto à disposição de outro Estado, seja utilizado por este para perpetrar um ato de agressão contra um terceiro Estado;
g) O envio por um Estado, ou em seu nome, de bandos ou de grupos armados, de forças irregulares ou de mercenários que pratiquem atos de força armada contra outro Estado de uma gravidade tal que sejam equiparáveis aos atos acima enumerados, ou sua substancial participação em tais atos.

Artigo 4º

A enumeração dos atos mencionados acima não é exaustiva e o Conselho de Segurança poderá qualificar outros atos como atos de agressão de acordo com as disposições da Carta.

Artigo 5º

1. Nenhuma consideração, independentemente da sua natureza, política, econômica, militar ou outra, pode justificar um ato de agressão.

2. A guerra de agressão é um crime contra a paz internacional. A agressão acarreta responsabilidade internacional.

3. Nenhuma aquisição territorial ou vantagem especial resultante de uma agressão é lícita ou será reconhecida como tal.

Artigo 6º

Nada na presente Definição será interpretado no sentido de ampliar ou restringir de qualquer forma o alcance da Carta, incluindo as suas disposições relativas aos casos em que o uso da força é lícito.

Artigo 7º

Nada na presente Definição, e em particular o artigo 3º poderá prejudicar de qualquer forma o direito à autodeterminação, à liberdade e à independência, tal como decorre da Carta, dos povos privados pela força desse direito e aos quais faz referência a Declaração sobre os princípios de direito internacional referentes às relações de amizade e cooperação entre os Estados de acordo com a Carta das Nações Unidas, nomeadamente os povos submetidos a regimes coloniais ou racistas ou a outras formas de domínio estrangeiro, bem como o direito desses mesmos povos de lutar por esse fim e de procurar e obter apoio, em conformidade com os princípios da Carta e da Declaração acima mencionada.

Artigo 8º

No que respeita à sua interpretação e aplicação, as disposições precedentes estão relacionadas entre si e cada uma delas deve ser interpretada no contexto das restantes.

CONVENÇÃO SOBRE OS DIREITOS DAS PESSOAS COM DEFICIÊNCIA

- ▶ No Brasil, foi aprovada pelo Dec. Legislativo nº 186, de 9-7-2008, e promulgada pelo Dec. nº 6.949, de 25-8-2009.
- ▶ Arts. 24, XIV, 37, VIII, 203, IV, 208, III, 227, § 1º, II, e 244 da CF.

PREÂMBULO

Os Estados Partes da presente Convenção,

a) Relembrando os princípios consagrados na Carta das Nações Unidas, que reconhecem a dignidade e o valor inerentes e os direitos iguais e inalienáveis de todos os membros da família humana como o fundamento da liberdade, da justiça e da paz no mundo,

b) Reconhecendo que as Nações Unidas, na Declaração Universal dos Direitos Humanos e nos Pactos Internacionais sobre Direitos Humanos, proclamaram e concordaram que toda pessoa faz jus a todos os direitos e liberdades ali estabelecidos, sem distinção de qualquer espécie,

c) Reafirmando a universalidade, a indivisibilidade, a interdependência e a inter-relação de todos os direitos humanos e liberdades fundamentais, bem como a necessidade de garantir que todas as pessoas com deficiência os exerçam plenamente, sem discriminação,

d) Relembrando o Pacto Internacional dos Direitos Econômicos, Sociais e Culturais, o Pacto Internacional dos Direitos Civis e Políticos, a Convenção Internacional sobre a Eliminação de Todas as Formas de Discriminação Racial, a Convenção sobre a Eliminação de todas as Formas de Discriminação contra a Mulher, a Convenção contra a Tortura e Outros Tratamentos ou Penas Cruéis, Desumanos ou Degradantes, a Convenção sobre os Direitos da Criança e a Convenção Internacional sobre a Proteção dos Direitos de Todos os Trabalhadores Migrantes e Membros de suas Famílias,

e) Reconhecendo que a deficiência é um conceito em evolução e que a deficiência resulta da interação entre pessoas com deficiência e as barreiras devidas às atitudes e ao ambiente que impedem a plena e efetiva participação dessas pessoas na sociedade em igualdade de oportunidades com as demais pessoas,

f) Reconhecendo a importância dos princípios e das diretrizes de política, contidos no Programa de Ação Mundial para as Pessoas Deficientes e nas Normas sobre a Equiparação de Oportunidades para Pessoas com Deficiência, para influenciar a promoção, a formulação e a avaliação de políticas, planos, programas e ações em níveis nacional, regional e internacional para possibilitar maior igualdade de oportunidades para pessoas com deficiência,

g) Ressaltando a importância de trazer questões relativas à deficiência ao centro das preocupações da sociedade como parte integrante das estratégias relevantes de desenvolvimento sustentável,

h) Reconhecendo também que a discriminação contra qualquer pessoa, por motivo de deficiência, configura violação da dignidade e do valor inerentes ao ser humano,

i) Reconhecendo ainda a diversidade das pessoas com deficiência,

j) Reconhecendo a necessidade de promover e proteger os direitos humanos de todas as pessoas com deficiência, inclusive daquelas que requerem maior apoio,

k) Preocupados com o fato de que, não obstante esses diversos instrumentos e compromissos, as pessoas com deficiência continuam a enfrentar barreiras contra sua participação como membros iguais da sociedade e violações de seus direitos humanos em todas as partes do mundo,

l) Reconhecendo a importância da cooperação internacional para melhorar as condições de vida das pessoas com deficiência em todos os países, particularmente naqueles em desenvolvimento,

m) Reconhecendo as valiosas contribuições existentes e potenciais das pessoas com deficiência ao bem-estar comum e à diversidade de suas comunidades, e que a promoção do pleno exercício, pelas pessoas com deficiência, de seus direitos humanos e liberdades fundamentais e de sua plena participação na sociedade resultará no fortalecimento de seu senso de pertencimento à sociedade e no significativo avanço do desenvolvimento humano, social e econômico da sociedade, bem como na erradicação da pobreza,

n) Reconhecendo a importância, para as pessoas com deficiência, de sua autonomia e independência individuais, inclusive da liberdade para fazer as próprias escolhas,

o) Considerando que as pessoas com deficiência devem ter a oportunidade de participar ativamente das decisões relativas a programas e políticas, inclusive aos que lhes dizem respeito diretamente,

p) Preocupados com as difíceis situações enfrentadas por pessoas com deficiência que estão sujeitas a formas múltiplas ou agravadas de discriminação por causa de raça, cor, sexo, idioma, religião, opiniões políticas ou de outra natureza, origem nacional, étnica, nativa ou social, propriedade, nascimento, idade ou outra condição,

q) Reconhecendo que mulheres e meninas com deficiência estão frequentemente expostas a maiores riscos, tanto no lar como fora dele, de sofrer violência, lesões ou abuso, descaso ou tratamento negligente, maus-tratos ou exploração,

r) Reconhecendo que as crianças com deficiência devem gozar plenamente de todos os direitos humanos e liberdades fundamentais em igualdade de oportunidades com as outras crianças e relembrando as obrigações assumidas com esse fim pelos Estados Partes na Convenção sobre os Direitos da Criança,

s) Ressaltando a necessidade de incorporar a perspectiva de gênero aos esforços para promover o pleno exercício dos direitos humanos e liberdades fundamentais por parte das pessoas com deficiência,

t) Salientando o fato de que a maioria das pessoas com deficiência vive em condições de pobreza e, nesse sentido, reconhecendo a necessidade crítica de lidar com o impacto negativo da pobreza sobre pessoas com deficiência,

u) Tendo em mente que as condições de paz e segurança baseadas no pleno respeito aos propósitos e princípios consagrados na Carta das Nações Unidas e a observância dos instrumentos de direitos humanos são indispensáveis para a total proteção das pessoas com deficiência, particularmente durante conflitos armados e ocupação estrangeira,

v) Reconhecendo a importância da acessibilidade aos meios físico, social, econômico e cultural, à saúde, à educação e à informação e comunicação, para possibilitar às pessoas com deficiência o pleno gozo de todos os direitos humanos e liberdades fundamentais,

w) Conscientes de que a pessoa tem deveres para com outras pessoas e para com a comunidade a que pertence e que, portanto, tem a responsabilidade de esforçar-se para a promoção e a observância dos direitos reconhecidos na Carta Internacional dos Direitos Humanos,

x) Convencidos de que a família é o núcleo natural e fundamental da sociedade e tem o direito de receber a proteção da sociedade e do Estado e de que as pessoas com deficiência e seus familiares devem receber a proteção e a assistência necessárias para tornar as famílias capazes de contribuir para o exercício pleno e equitativo dos direitos das pessoas com deficiência,

y) Convencidos de que uma convenção internacional geral e integral para promover e proteger os direitos e a dignidade das pessoas com deficiência prestará significativa contribuição para corrigir as profundas desvantagens sociais das pessoas com deficiência e para promover sua participação na vida econômica, social e cultural, em igualdade de oportunidades, tanto nos países em desenvolvimento como nos desenvolvidos,

Acordaram o seguinte:

Artigo 1º
Propósito

O propósito da presente Convenção é promover, proteger e assegurar o exercício pleno e equitativo de todos os direitos humanos e liberdades fundamentais por todas as pessoas com deficiência e promover o respeito pela sua dignidade inerente.

Pessoas com deficiência são aquelas que têm impedimentos de longo prazo de natureza física, mental, intelectual ou sensorial, os quais, em interação com diversas barreiras, podem obstruir sua participação plena e efetiva na sociedade em igualdades de condições com as demais pessoas.

Artigo 2º
Definições

Para os propósitos da presente Convenção:

"Comunicação" abrange as línguas, a visualização de textos, o braille, a comunicação tátil, os caracteres ampliados, os dispositivos de multimídia acessível, assim como a linguagem simples, escrita e oral, os sistemas auditivos e os meios de voz digitalizada e os modos, meios e formatos aumentativos e alternativos de comunicação, inclusive a tecnologia da informação e comunicação acessíveis;

"Língua" abrange as línguas faladas e de sinais e outras formas de comunicação não falada;

"Discriminação por motivo de deficiência" significa qualquer diferenciação, exclusão ou restrição baseada em deficiência, com o propósito ou efeito de impedir ou impossibilitar o reconhecimento, o desfrute ou o exercício, em igualdade de oportunidades com as demais pessoas, de todos os direitos humanos e liberdades fundamentais nos âmbitos político, econômico, social, cultural, civil ou qualquer outro. Abrange todas as formas de discriminação, inclusive a recusa de adaptação razoável;

"Adaptação razoável" significa as modificações e os ajustes necessários e adequados que não acarretem ônus desproporcional ou indevido, quando requeridos em cada caso, a fim de assegurar que as pessoas com deficiência possam gozar ou exercer, em igualdade de oportunidades com as demais pessoas, todos os direitos humanos e liberdades fundamentais;

"Desenho universal" significa a concepção de produtos, ambientes, programas e serviços a serem usados, na maior medida possível, por todas as pessoas, sem necessidade de adaptação ou projeto específico. O "desenho universal" não excluirá as ajudas técnicas para grupos específicos de pessoas com deficiência, quando necessárias.

Artigo 3º
Princípios gerais

Os princípios da presente Convenção são:

a) O respeito pela dignidade inerente, a autonomia individual, inclusive a liberdade de fazer as próprias escolhas, e a independência das pessoas;
b) A não discriminação;
c) A plena e efetiva participação e inclusão na sociedade;

d) O respeito pela diferença e pela aceitação das pessoas com deficiência como parte da diversidade humana e da humanidade;
e) A igualdade de oportunidades;
f) A acessibilidade;
g) A igualdade entre o homem e a mulher;
h) O respeito pelo desenvolvimento das capacidades das crianças com deficiência e pelo direito das crianças com deficiência de preservar sua identidade.

Artigo 4º
Obrigações gerais

1. Os Estados Partes se comprometem a assegurar e promover o pleno exercício de todos os direitos humanos e liberdades fundamentais por todas as pessoas com deficiência, sem qualquer tipo de discriminação por causa de sua deficiência. Para tanto, os Estados Partes se comprometem a:

a) Adotar todas as medidas legislativas, administrativas e de qualquer outra natureza, necessárias para a realização dos direitos reconhecidos na presente Convenção;
b) Adotar todas as medidas necessárias, inclusive legislativas, para modificar ou revogar leis, regulamentos, costumes e práticas vigentes, que constituírem discriminação contra pessoas com deficiência;
c) Levar em conta, em todos os programas e políticas, a proteção e a promoção dos direitos humanos das pessoas com deficiência;
d) Abster-se de participar em qualquer ato ou prática incompatível com a presente Convenção e assegurar que as autoridades públicas e instituições atuem em conformidade com a presente Convenção;
e) Tomar todas as medidas apropriadas para eliminar a discriminação baseada em deficiência, por parte de qualquer pessoa, organização ou empresa privada;
f) Realizar ou promover a pesquisa e o desenvolvimento de produtos, serviços, equipamentos e instalações com desenho universal, conforme definidos no Artigo 2 da presente Convenção, que exijam o mínimo possível de adaptação e cujo custo seja o mínimo possível, destinados a atender às necessidades específicas de pessoas com deficiência, a promover sua disponibilidade e seu uso e a promover o desenho universal quando da elaboração de normas e diretrizes;
g) Realizar ou promover a pesquisa e o desenvolvimento, bem como a disponibilidade e o emprego de novas tecnologias, inclusive as tecnologias da informação e comunicação, ajudas técnicas para locomoção, dispositivos e tecnologias assistivas, adequados a pessoas com deficiência, dando prioridade a tecnologias de custo acessível;
h) Propiciar informação acessível para as pessoas com deficiência a respeito de ajudas técnicas para locomoção, dispositivos e tecnologias assistivas, incluindo novas tecnologias bem como outras formas de assistência, serviços de apoio e instalações;
i) Promover a capacitação em relação aos direitos reconhecidos pela presente Convenção dos profissionais e equipes que trabalham com pessoas com deficiência, de forma a melhorar a prestação de assistência e serviços garantidos por esses direitos.

2. Em relação aos direitos econômicos, sociais e culturais, cada Estado Parte se compromete a tomar medidas, tanto quanto permitirem os recursos disponíveis e, quando necessário, no âmbito da cooperação internacional, a fim de assegurar progressivamente o pleno exercício desses direitos, sem prejuízo das obrigações contidas na presente Convenção que forem imediatamente aplicáveis de acordo com o direito internacional.

3. Na elaboração e implementação de legislação e políticas para aplicar a presente Convenção e em outros processos de tomada de decisão relativos às pessoas com deficiência, os Estados Partes realizarão consultas estreitas e envolverão ativamente pessoas com deficiência, inclusive crianças com deficiência, por intermédio de suas organizações representativas.

4. Nenhum dispositivo da presente Convenção afetará quaisquer disposições mais propícias à realização dos direitos das pessoas com deficiência, as quais possam estar contidas na legislação do Estado Parte ou no direito internacional em vigor para esse Estado.

Não haverá nenhuma restrição ou derrogação de qualquer dos direitos humanos e liberdades fundamentais reconhecidos ou vigentes em qualquer Estado Parte da presente Convenção, em conformidade com leis, convenções, regulamentos ou costumes, sob a alegação de que a presente Convenção não reconhece tais direitos e liberdades ou que os reconhece em menor grau.

5. As disposições da presente Convenção se aplicam, sem limitação ou exceção, a todas as unidades constitutivas dos Estados federativos.

Artigo 5º
Igualdade e não discriminação

1. Os Estados Partes reconhecem que todas as pessoas são iguais perante e sob a lei e que fazem jus, sem qualquer discriminação, a igual proteção e igual benefício da lei.

2. Os Estados Partes proibirão qualquer discriminação baseada na deficiência e garantirão às pessoas com deficiência igual e efetiva proteção legal contra a discriminação por qualquer motivo.

3. A fim de promover a igualdade e eliminar a discriminação, os Estados Partes adotarão todas as medidas apropriadas para garantir que a adaptação razoável seja oferecida.

4. Nos termos da presente Convenção, as medidas específicas que forem necessárias para acelerar ou alcançar a efetiva igualdade das pessoas com deficiência não serão consideradas discriminatórias.

Artigo 6º
Mulheres com deficiência

1. Os Estados Partes reconhecem que as mulheres e meninas com deficiência estão sujeitas a múltiplas formas de discriminação e, portanto, tomarão medidas para assegurar às mulheres e meninas com deficiência o pleno e igual exercício de todos os direitos humanos e liberdades fundamentais.

2. Os Estados Partes tomarão todas as medidas apropriadas para assegurar o pleno desenvolvimento, o avanço e

o empoderamento das mulheres, a fim de garantir-lhes o exercício e o gozo dos direitos humanos e liberdades fundamentais estabelecidos na presente Convenção.

Artigo 7º
Crianças com deficiência

1. Os Estados Partes tomarão todas as medidas necessárias para assegurar às crianças com deficiência o pleno exercício de todos os direitos humanos e liberdades fundamentais, em igualdade de oportunidades com as demais crianças.

2. Em todas as ações relativas às crianças com deficiência, o superior interesse da criança receberá consideração primordial.

3. Os Estados Partes assegurarão que as crianças com deficiência tenham o direito de expressar livremente sua opinião sobre todos os assuntos que lhes disserem respeito, tenham a sua opinião devidamente valorizada de acordo com sua idade e maturidade, em igualdade de oportunidades com as demais crianças, e recebam atendimento adequado à sua deficiência e idade, para que possam exercer tal direito.

Artigo 8º
Conscientização

1. Os Estados Partes se comprometem a adotar medidas imediatas, efetivas e apropriadas para:

a) Conscientizar toda a sociedade, inclusive as famílias, sobre as condições das pessoas com deficiência e fomentar o respeito pelos direitos e pela dignidade das pessoas com deficiência;
b) Combater estereótipos, preconceitos e práticas nocivas em relação a pessoas com deficiência, inclusive aqueles relacionados ao sexo e idade, em todas as áreas da vida;
c) Promover a conscientização sobre as capacidades e contribuições das pessoas com deficiência.

2. As medidas para esse fim incluem:

a) Lançar e dar continuidade a efetivas campanhas de conscientização públicas, destinadas a:
  i) Favorecer atitude receptiva em relação aos direitos das pessoas com deficiência;
  ii) Promover percepção positiva e maior consciência social em relação às pessoas com deficiência;
  iii) Promover o reconhecimento das habilidades, dos méritos e das capacidades das pessoas com deficiência e de sua contribuição ao local de trabalho e ao mercado laboral;
b) Fomentar em todos os níveis do sistema educacional, incluindo neles todas as crianças desde tenra idade, uma atitude de respeito para com os direitos das pessoas com deficiência;
c) Incentivar todos os órgãos da mídia a retratar as pessoas com deficiência de maneira compatível com o propósito da presente Convenção;
d) Promover programas de formação sobre sensibilização a respeito das pessoas com deficiência e sobre os direitos das pessoas com deficiência.

Artigo 9º
Acessibilidade

1. A fim de possibilitar às pessoas com deficiência viver de forma independente e participar plenamente de todos os aspectos da vida, os Estados Partes tomarão as medidas apropriadas para assegurar às pessoas com deficiência o acesso, em igualdade de oportunidades com as demais pessoas, ao meio físico, ao transporte, à informação e comunicação, inclusive aos sistemas e tecnologias da informação e comunicação, bem como a outros serviços e instalações abertos ao público ou de uso público, tanto na zona urbana como na rural. Essas medidas, que incluirão a identificação e a eliminação de obstáculos e barreiras à acessibilidade, serão aplicadas, entre outros, a:

a) Edifícios, rodovias, meios de transporte e outras instalações internas e externas, inclusive escolas, residências, instalações médicas e local de trabalho;
b) Informações, comunicações e outros serviços, inclusive serviços eletrônicos e serviços de emergência.

2. Os Estados Partes também tomarão medidas apropriadas para:

a) Desenvolver, promulgar e monitorar a implementação de normas e diretrizes mínimas para a acessibilidade das instalações e dos serviços abertos ao público ou de uso público;
b) Assegurar que as entidades privadas que oferecem instalações e serviços abertos ao público ou de uso público levem em consideração todos os aspectos relativos à acessibilidade para pessoas com deficiência;
c) Proporcionar, a todos os atores envolvidos, formação em relação às questões de acessibilidade com as quais as pessoas com deficiência se confrontam;
d) Dotar os edifícios e outras instalações abertas ao público ou de uso público de sinalização em *braille* e em formatos de fácil leitura e compreensão;
e) Oferecer formas de assistência humana ou animal e serviços de mediadores, incluindo guias, ledores e intérpretes profissionais da língua de sinais, para facilitar o acesso aos edifícios e outras instalações abertas ao público ou de uso público;
f) Promover outras formas apropriadas de assistência e apoio a pessoas com deficiência, a fim de assegurar a essas pessoas o acesso a informações;
g) Promover o acesso de pessoas com deficiência a novos sistemas e tecnologias da informação e comunicação, inclusive à Internet;
h) Promover, desde a fase inicial, a concepção, o desenvolvimento, a produção e a disseminação de sistemas e tecnologias de informação e comunicação, a fim de que esses sistemas e tecnologias se tornem acessíveis a custo mínimo.

Artigo 10
Direito à vida

Os Estados Partes reafirmam que todo ser humano tem o inerente direito à vida e tomarão todas as medidas necessárias para assegurar o efetivo exercício desse direito pelas pessoas com deficiência, em igualdade de oportunidades com as demais pessoas.

Artigo 11
Situações de risco e emergências humanitárias

Em conformidade com suas obrigações decorrentes do direito internacional, inclusive do direito humanitário internacional e do direito internacional dos direitos humanos, os Estados Partes tomarão todas as medidas necessárias para assegurar a proteção e a segurança das pessoas com deficiência que se encontrarem em situações de risco, inclusive situações de conflito armado, emergências humanitárias e ocorrência de desastres naturais.

Artigo 12
Reconhecimento igual perante a lei

1. Os Estados Partes reafirmam que as pessoas com deficiência têm o direito de ser reconhecidas em qualquer lugar como pessoas perante a lei.

2. Os Estados Partes reconhecerão que as pessoas com deficiência gozam de capacidade legal em igualdade de condições com as demais pessoas em todos os aspectos da vida.

3. Os Estados Partes tomarão medidas apropriadas para prover o acesso de pessoas com deficiência ao apoio que necessitarem no exercício de sua capacidade legal.

4. Os Estados Partes assegurarão que todas as medidas relativas ao exercício da capacidade legal incluam salvaguardas apropriadas e efetivas para prevenir abusos, em conformidade com o direito internacional dos direitos humanos. Essas salvaguardas assegurarão que as medidas relativas ao exercício da capacidade legal respeitem os direitos, a vontade e as preferências da pessoa, sejam isentas de conflito de interesses e de influência indevida, sejam proporcionais e apropriadas às circunstâncias da pessoa, se apliquem pelo período mais curto possível e sejam submetidas à revisão regular por uma autoridade ou órgão judiciário competente, independente e imparcial. As salvaguardas serão proporcionais ao grau em que tais medidas afetarem os direitos e interesses da pessoa.

5. Os Estados Partes, sujeitos ao disposto neste Artigo, tomarão todas as medidas apropriadas e efetivas para assegurar às pessoas com deficiência o igual direito de possuir ou herdar bens, de controlar as próprias finanças e de ter igual acesso a empréstimos bancários, hipotecas e outras formas de crédito financeiro, e assegurarão que as pessoas com deficiência não sejam arbitrariamente destituídas de seus bens.

Artigo 13
Acesso à justiça

1. Os Estados Partes assegurarão o efetivo acesso das pessoas com deficiência à justiça, em igualdade de condições com as demais pessoas, inclusive mediante a provisão de adaptações processuais adequadas à idade, a fim de facilitar o efetivo papel das pessoas com deficiência como participantes diretos ou indiretos, inclusive como testemunhas, em todos os procedimentos jurídicos, tais como investigações e outras etapas preliminares.

2. A fim de assegurar às pessoas com deficiência o efetivo acesso à justiça, os Estados Partes promoverão a capacitação apropriada daqueles que trabalham na área de administração da justiça, inclusive a polícia e os funcionários do sistema penitenciário.

Artigo 14
Liberdade e segurança da pessoa

1. Os Estados Partes assegurarão que as pessoas com deficiência, em igualdade de oportunidades com as demais pessoas:

a) Gozem do direito à liberdade e à segurança da pessoa; e
b) Não sejam privadas ilegal ou arbitrariamente de sua liberdade e que toda privação de liberdade esteja em conformidade com a lei, e que a existência de deficiência não justifique a privação de liberdade.

2. Os Estados Partes assegurarão que, se pessoas com deficiência forem privadas de liberdade mediante algum processo, elas, em igualdade de oportunidades com as demais pessoas, façam jus a garantias de acordo com o direito internacional dos direitos humanos e sejam tratadas em conformidade com os objetivos e princípios da presente Convenção, inclusive mediante a provisão de adaptação razoável.

Artigo 15
Prevenção contra tortura ou tratamentos ou penas cruéis, desumanos ou degradantes

1. Nenhuma pessoa será submetida à tortura ou a tratamentos ou penas cruéis, desumanos ou degradantes. Em especial, nenhuma pessoa deverá ser sujeita a experimentos médicos ou científicos sem seu livre consentimento.

2. Os Estados Partes tomarão todas as medidas efetivas de natureza legislativa, administrativa, judicial ou outra para evitar que pessoas com deficiência, do mesmo modo que as demais pessoas, sejam submetidas à tortura ou a tratamentos ou penas cruéis, desumanos ou degradantes.

Artigo 16
Prevenção contra a exploração, a violência e o abuso

1. Os Estados Partes tomarão todas as medidas apropriadas de natureza legislativa, administrativa, social, educacional e outras para proteger as pessoas com deficiência, tanto dentro como fora do lar, contra todas as formas de exploração, violência e abuso, incluindo aspectos relacionados a gênero.

2. Os Estados Partes também tomarão todas as medidas apropriadas para prevenir todas as formas de exploração, violência e abuso, assegurando, entre outras coisas, formas apropriadas de atendimento e apoio que levem em conta o gênero e a idade das pessoas com deficiência e de seus familiares e atendentes, inclusive mediante a provisão de informação e educação sobre a maneira de evitar, reconhecer e denunciar casos de exploração, violência e abuso. Os Estados Partes assegurarão que os serviços de proteção levem em conta a idade, o gênero e a deficiência das pessoas.

3. A fim de prevenir a ocorrência de quaisquer formas de exploração, violência e abuso, os Estados Partes assegurarão que todos os programas e instalações destinados a atender pessoas com deficiência sejam efetivamente monitorados por autoridades independentes.

4. Os Estados Partes tomarão todas as medidas apropriadas para promover a recuperação física, cognitiva e psicológica, inclusive mediante a provisão de serviços de proteção, a reabilitação e a reinserção social de pessoas com deficiência que forem vítimas de qualquer forma de exploração, violência ou abuso. Tais recuperação e reinserção ocorrerão em ambientes que promovam a saúde, o bem-estar, o autorrespeito, a dignidade

e a autonomia da pessoa e levem em consideração as necessidades de gênero e idade.

5. Os Estados Partes adotarão leis e políticas efetivas, inclusive legislação e políticas voltadas para mulheres e crianças, a fim de assegurar que os casos de exploração, violência e abuso contra pessoas com deficiência sejam identificados, investigados e, caso necessário, julgados.

Artigo 17
Proteção da integridade da pessoa

Toda pessoa com deficiência tem o direito a que sua integridade física e mental seja respeitada, em igualdade de condições com as demais pessoas.

Artigo 18
Liberdade de movimentação e nacionalidade

1. Os Estados Partes reconhecerão os direitos das pessoas com deficiência à liberdade de movimentação, à liberdade de escolher sua residência e à nacionalidade, em igualdade de oportunidades com as demais pessoas, inclusive assegurando que as pessoas com deficiência:

a) Tenham o direito de adquirir nacionalidade e mudar de nacionalidade e não sejam privadas arbitrariamente de sua nacionalidade em razão de sua deficiência.

b) Não sejam privadas, por causa de sua deficiência, da competência de obter, possuir e utilizar documento comprovante de sua nacionalidade ou outro documento de identidade, ou de recorrer a processos relevantes, tais como procedimentos relativos à imigração, que forem necessários para facilitar o exercício de seu direito à liberdade de movimentação.

c) Tenham liberdade de sair de qualquer país, inclusive do seu; e

d) Não sejam privadas, arbitrariamente ou por causa de sua deficiência, do direito de entrar no próprio país.

2. As crianças com deficiência serão registradas imediatamente após o nascimento e terão, desde o nascimento, o direito a um nome, o direito de adquirir nacionalidade e, tanto quanto possível, o direito de conhecer seus pais e de ser cuidadas por eles.

Artigo 19
Vida independente e inclusão na comunidade

Os Estados Partes desta Convenção reconhecem o igual direito de todas as pessoas com deficiência de viver na comunidade, com a mesma liberdade de escolha que as demais pessoas, e tomarão medidas efetivas e apropriadas para facilitar às pessoas com deficiência o pleno gozo desse direito e sua plena inclusão e participação na comunidade, inclusive assegurando que:

a) As pessoas com deficiência possam escolher seu local de residência e onde e com quem morar, em igualdade de oportunidades com as demais pessoas, e que não sejam obrigadas a viver em determinado tipo de moradia;

b) As pessoas com deficiência tenham acesso a uma variedade de serviços de apoio em domicílio ou em instituições residenciais ou a outros serviços comunitários de apoio, inclusive os serviços de atendentes pessoais que forem necessários como apoio para que as pessoas com deficiência vivam e sejam incluídas na comunidade e para evitar que fiquem isoladas ou segregadas da comunidade;

c) Os serviços e instalações da comunidade para a população em geral estejam disponíveis às pessoas com deficiência, em igualdade de oportunidades, e atendam às suas necessidades.

Artigo 20
Mobilidade pessoal

Os Estados Partes tomarão medidas efetivas para assegurar às pessoas com deficiência sua mobilidade pessoal com a máxima independência possível:

a) Facilitando a mobilidade pessoal das pessoas com deficiência, na forma e no momento em que elas quiserem, e a custo acessível;

b) Facilitando às pessoas com deficiência o acesso a tecnologias assistivas, dispositivos e ajudas técnicas de qualidade, e formas de assistência humana ou animal e de mediadores, inclusive tornando-os disponíveis a custo acessível;

c) Propiciando às pessoas com deficiência e ao pessoal especializado uma capacitação em técnicas de mobilidade;

d) Incentivando entidades que produzem ajudas técnicas de mobilidade, dispositivos e tecnologias assistivas a levarem em conta todos os aspectos relativos à mobilidade de pessoas com deficiência.

Artigo 21
Liberdade de expressão e de opinião e acesso à informação

Os Estados Partes tomarão todas as medidas apropriadas para assegurar que as pessoas com deficiência possam exercer seu direito à liberdade de expressão e opinião, inclusive à liberdade de buscar, receber e compartilhar informações e ideias, em igualdade de oportunidades com as demais pessoas e por intermédio de todas as formas de comunicação de sua escolha, conforme o disposto no Artigo 2º da presente Convenção, entre as quais:

a) Fornecer, prontamente e sem custo adicional, às pessoas com deficiência, todas as informações destinadas ao público em geral, em formatos acessíveis e tecnologias apropriadas aos diferentes tipos de deficiência;

b) Aceitar e facilitar, em trâmites oficiais, o uso de línguas de sinais, braille, comunicação aumentativa e alternativa, e de todos os demais meios, modos e formatos acessíveis de comunicação, à escolha das pessoas com deficiência;

c) Urgir as entidades privadas que oferecem serviços ao público em geral, inclusive por meio da Internet, a fornecer informações e serviços em formatos acessíveis, que possam ser usados por pessoas com deficiência;

d) Incentivar a mídia, inclusive os provedores de informação pela Internet, a tornar seus serviços acessíveis a pessoas com deficiência;

e) Reconhecer e promover o uso de línguas de sinais.

Artigo 22
Respeito à privacidade

1. Nenhuma pessoa com deficiência, qualquer que seja seu local de residência ou tipo de moradia, estará sujeita a interferência arbitrária ou ilegal em sua privacidade, família, lar, correspondência ou outros tipos de comunicação, nem a ataques ilícitos à sua honra e reputação. As pessoas com deficiência têm o direito à proteção da lei contra tais interferências ou ataques.

2. Os Estados Partes protegerão a privacidade dos dados pessoais e dados relativos à saúde e à reabilitação de pessoas com deficiência, em igualdade de condições com as demais pessoas.

Artigo 23
Respeito pelo lar e pela família

1. Os Estados Partes tomarão medidas efetivas e apropriadas para eliminar a discriminação contra pessoas com deficiência, em todos os aspectos relativos a casamento, família, paternidade e relacionamentos, em igualdade de condições com as demais pessoas, de modo a assegurar que:

a) Seja reconhecido o direito das pessoas com deficiência, em idade de contrair matrimônio, de casar-se e estabelecer família, com base no livre e pleno consentimento dos pretendentes;
b) Sejam reconhecidos os direitos das pessoas com deficiência de decidir livre e responsavelmente sobre o número de filhos e o espaçamento entre esses filhos e de ter acesso a informações adequadas à idade e à educação em matéria de reprodução e de planejamento familiar, bem como os meios necessários para exercer esses direitos.
c) As pessoas com deficiência, inclusive crianças, conservem sua fertilidade, em igualdade de condições com as demais pessoas.

2. Os Estados Partes assegurarão os direitos e responsabilidades das pessoas com deficiência, relativos à guarda, custódia, curatela e adoção de crianças ou instituições semelhantes, caso esses conceitos constem na legislação nacional. Em todos os casos, prevalecerá o superior interesse da criança. Os Estados Partes prestarão a devida assistência às pessoas com deficiência para que essas pessoas possam exercer suas responsabilidades na criação dos filhos.

3. Os Estados Partes assegurarão que as crianças com deficiência terão iguais direitos em relação à vida familiar. Para a realização desses direitos e para evitar ocultação, abandono, negligência e segregação de crianças com deficiência, os Estados Partes fornecerão prontamente informações abrangentes sobre serviços e apoios a crianças com deficiência e suas famílias.

4. Os Estados Partes assegurarão que uma criança não será separada de seus pais contra a vontade destes, exceto quando autoridades competentes, sujeitas a controle jurisdicional, determinarem, em conformidade com as leis e procedimentos aplicáveis, que a separação é necessária, no superior interesse da criança. Em nenhum caso, uma criança será separada dos pais sob alegação de deficiência da criança ou de um ou ambos os pais.

5. Os Estados Partes, no caso em que a família imediata de uma criança com deficiência não tenha condições de cuidar da criança, farão todo esforço para que cuidados alternativos sejam oferecidos por outros parentes e, se isso não for possível, dentro de ambiente familiar, na comunidade.

Artigo 24
Educação

1. Os Estados Partes reconhecem o direito das pessoas com deficiência à educação. Para efetivar esse direito sem discriminação e com base na igualdade de oportunidades, os Estados Partes assegurarão sistema educacional inclusivo em todos os níveis, bem como o aprendizado ao longo de toda a vida, com os seguintes objetivos:

a) O pleno desenvolvimento do potencial humano e do senso de dignidade e autoestima, além do fortalecimento do respeito pelos direitos humanos, pelas liberdades fundamentais e pela diversidade humana;
b) O máximo desenvolvimento possível da personalidade e dos talentos e da criatividade das pessoas com deficiência, assim como de suas habilidades físicas e intelectuais;
c) A participação efetiva das pessoas com deficiência em uma sociedade livre.

2. Para a realização desse direito, os Estados Partes assegurarão que:

a) As pessoas com deficiência não sejam excluídas do sistema educacional geral sob alegação de deficiência e que as crianças com deficiência não sejam excluídas do ensino primário gratuito e compulsório ou do ensino secundário, sob alegação de deficiência;
b) As pessoas com deficiência possam ter acesso ao ensino primário inclusivo, de qualidade e gratuito, e ao ensino secundário, em igualdade de condições com as demais pessoas na comunidade em que vivem;
c) Adaptações razoáveis de acordo com as necessidades individuais sejam providenciadas;
d) As pessoas com deficiência recebam o apoio necessário, no âmbito do sistema educacional geral, com vistas a facilitar sua efetiva educação;
e) Medidas de apoio individualizadas e efetivas sejam adotadas em ambientes que maximizem o desenvolvimento acadêmico e social, de acordo com a meta de inclusão plena.

3. Os Estados Partes assegurarão às pessoas com deficiência a possibilidade de adquirir as competências práticas e sociais necessárias de modo a facilitar às pessoas com deficiência sua plena e igual participação no sistema de ensino e na vida em comunidade. Para tanto, os Estados Partes tomarão medidas apropriadas, incluindo:

a) Facilitação do aprendizado do *braille*, escrita alternativa, modos, meios e formatos de comunicação aumentativa e alternativa, e habilidades de orientação e mobilidade, além de facilitação do apoio e aconselhamento de pares;
b) Facilitação do aprendizado da língua de sinais e promoção da identidade linguística da comunidade surda;
c) Garantia de que a educação de pessoas, em particular crianças cegas, surdo-cegas e surdas, seja

ministrada nas línguas e nos modos e meios de comunicação mais adequados ao indivíduo e em ambientes que favoreçam ao máximo seu desenvolvimento acadêmico e social.

4. A fim de contribuir para o exercício desse direito, os Estados Partes tomarão medidas apropriadas para empregar professores, inclusive professores com deficiência, habilitados para o ensino da língua de sinais e/ ou do *braille*, e para capacitar profissionais e equipes atuantes em todos os níveis de ensino. Essa capacitação incorporará a conscientização da deficiência e a utilização de modos, meios e formatos apropriados de comunicação aumentativa e alternativa, e técnicas e materiais pedagógicos, como apoios para pessoas com deficiência.

5. Os Estados Partes assegurarão que as pessoas com deficiência possam ter acesso ao ensino superior em geral, treinamento profissional de acordo com sua vocação, educação para adultos e formação continuada, sem discriminação e em igualdade de condições.

Para tanto, os Estados Partes assegurarão a provisão de adaptações razoáveis para pessoas com deficiência.

Artigo 25
Saúde

Os Estados Partes reconhecem que as pessoas com deficiência têm o direito de gozar do estado de saúde mais elevado possível, sem discriminação baseada na deficiência. Os Estados Partes tomarão todas as medidas apropriadas para assegurar às pessoas com deficiência o acesso a serviços de saúde, incluindo os serviços de reabilitação, que levarão em conta as especificidades de gênero. Em especial, os Estados Partes:

a) Oferecerão às pessoas com deficiência programas e atenção à saúde gratuitos ou a custos acessíveis da mesma variedade, qualidade e padrão que são oferecidos às demais pessoas, inclusive na área de saúde sexual e reprodutiva e de programas de saúde pública destinados à população em geral;

b) Propiciarão serviços de saúde que as pessoas com deficiência necessitam especificamente por causa de sua deficiência, inclusive diagnóstico e intervenção precoces, bem como serviços projetados para reduzir ao máximo e prevenir deficiências adicionais, inclusive entre crianças e idosos;

c) Propiciarão esses serviços de saúde às pessoas com deficiência, o mais próximo possível de suas comunidades, inclusive na zona rural;

d) Exigirão dos profissionais de saúde que dispensem às pessoas com deficiência a mesma qualidade de serviços dispensada às demais pessoas e, principalmente, que obtenham o consentimento livre e esclarecido das pessoas com deficiência concernentes. Para esse fim, os Estados Partes realizarão atividades de formação e definirão regras éticas para os setores de saúde público e privado, de modo a conscientizar os profissionais de saúde acerca dos direitos humanos, da dignidade, autonomia e das necessidades das pessoas com deficiência;

e) Proibirão a discriminação contra pessoas com deficiência na provisão de seguro de saúde e seguro de vida, caso tais seguros sejam permitidos pela legislação nacional, os quais deverão ser providos de maneira razoável e justa;

f) Prevenirão que se neguem, de maneira discriminatória, os serviços de saúde ou de atenção à saúde ou a administração de alimentos sólidos ou líquidos por motivo de deficiência.

Artigo 26
Habilitação e reabilitação

1. Os Estados Partes tomarão medidas efetivas e apropriadas, inclusive mediante apoio dos pares, para possibilitar que as pessoas com deficiência conquistem e conservem o máximo de autonomia e plena capacidade física, mental, social e profissional, bem como plena inclusão e participação em todos os aspectos da vida. Para tanto, os Estados Partes organizarão, fortalecerão e ampliarão serviços e programas completos de habilitação e reabilitação, particularmente nas áreas de saúde, emprego, educação e serviços sociais, de modo que esses serviços e programas:

a) Comecem no estágio mais precoce possível e sejam baseados em avaliação multidisciplinar das necessidades e pontos fortes de cada pessoa;

b) Apoiem a participação e a inclusão na comunidade e em todos os aspectos da vida social, sejam oferecidos voluntariamente e estejam disponíveis às pessoas com deficiência o mais próximo possível de suas comunidades, inclusive na zona rural.

2. Os Estados Partes promoverão o desenvolvimento da capacitação inicial e continuada de profissionais e de equipes que atuam nos serviços de habilitação e reabilitação.

3. Os Estados Partes promoverão a disponibilidade, o conhecimento e o uso de dispositivos e tecnologias assistivas, projetados para pessoas com deficiência e relacionados com a habilitação e a reabilitação.

Artigo 27
Trabalho e emprego

1. Os Estados Partes reconhecem o direito das pessoas com deficiência ao trabalho, em igualdade de oportunidades com as demais pessoas. Esse direito abrange o direito à oportunidade de se manter com um trabalho de sua livre escolha ou aceitação no mercado laboral, em ambiente de trabalho que seja aberto, inclusivo e acessível a pessoas com deficiência. Os Estados Partes salvaguardarão e promoverão a realização do direito ao trabalho, inclusive daqueles que tiverem adquirido uma deficiência no emprego, adotando medidas apropriadas, incluídas na legislação, com o fim de, entre outros:

a) Proibir a discriminação baseada na deficiência com respeito a todas as questões relacionadas com as formas de emprego, inclusive condições de recrutamento, contratação e admissão, permanência no emprego, ascensão profissional e condições seguras e salubres de trabalho;

b) Proteger os direitos das pessoas com deficiência, em condições de igualdade com as demais pessoas, às condições justas e favoráveis de trabalho, incluindo iguais oportunidades e igual remuneração por trabalho de igual valor, condições seguras e salubres de trabalho, além de reparação de injustiças e proteção contra o assédio no trabalho;

c) Assegurar que as pessoas com deficiência possam exercer seus direitos trabalhistas e sindicais, em condições de igualdade com as demais pessoas;
d) Possibilitar às pessoas com deficiência o acesso efetivo a programas de orientação técnica e profissional e a serviços de colocação no trabalho e de treinamento profissional e continuado;
e) Promover oportunidades de emprego e ascensão profissional para pessoas com deficiência no mercado de trabalho, bem como assistência na procura, obtenção e manutenção do emprego e no retorno ao emprego;
f) Promover oportunidades de trabalho autônomo, empreendedorismo, desenvolvimento de cooperativas e estabelecimento de negócio próprio;
g) Empregar pessoas com deficiência no setor público;
h) Promover o emprego de pessoas com deficiência no setor privado, mediante políticas e medidas apropriadas, que poderão incluir programas de ação afirmativa, incentivos e outras medidas;
i) Assegurar que adaptações razoáveis sejam feitas para pessoas com deficiência no local de trabalho;
j) Promover a aquisição de experiência de trabalho por pessoas com deficiência no mercado aberto de trabalho;
k) Promover reabilitação profissional, manutenção do emprego e programas de retorno ao trabalho para pessoas com deficiência.

2. Os Estados Partes assegurarão que as pessoas com deficiência não serão mantidas em escravidão ou servidão e que serão protegidas, em igualdade de condições com as demais pessoas, contra o trabalho forçado ou compulsório.

Artigo 28
Padrão de vida e proteção social adequados

1. Os Estados Partes reconhecem o direito das pessoas com deficiência a um padrão adequado de vida para si e para suas famílias, inclusive alimentação, vestuário e moradia adequados, bem como à melhoria contínua de suas condições de vida, e tomarão as providências necessárias para salvaguardar e promover a realização desse direito sem discriminação baseada na deficiência.

2. Os Estados Partes reconhecem o direito das pessoas com deficiência à proteção social e ao exercício desse direito sem discriminação baseada na deficiência, e tomarão as medidas apropriadas para salvaguardar e promover a realização desse direito, tais como:

a) Assegurar igual acesso de pessoas com deficiência a serviços de saneamento básico e assegurar o acesso aos serviços, dispositivos e outros atendimentos apropriados para as necessidades relacionadas com a deficiência;
b) Assegurar o acesso de pessoas com deficiência, particularmente mulheres, crianças e idosos com deficiência, a programas de proteção social e de redução da pobreza;
c) Assegurar o acesso de pessoas com deficiência e suas famílias em situação de pobreza à assistência do Estado em relação a seus gastos ocasionados pela deficiência, inclusive treinamento adequado, aconselhamento, ajuda financeira e cuidados de repouso;
d) Assegurar o acesso de pessoas com deficiência a programas habitacionais públicos;
e) Assegurar igual acesso de pessoas com deficiência a programas e benefícios de aposentadoria.

Artigo 29
Participação na vida política e pública

Os Estados Partes garantirão às pessoas com deficiência direitos políticos e oportunidade de exercê-los em condições de igualdade com as demais pessoas, e deverão:

a) Assegurar que as pessoas com deficiência possam participar efetiva e plenamente na vida política e pública, em igualdade de oportunidades com as demais pessoas, diretamente ou por meio de representantes livremente escolhidos, incluindo o direito e a oportunidade de votarem e serem votadas, mediante, entre outros:

 i) Garantia de que os procedimentos, instalações e materiais e equipamentos para votação serão apropriados, acessíveis e de fácil compreensão e uso;
 ii) Proteção do direito das pessoas com deficiência ao voto secreto em eleições e plebiscitos, sem intimidação, e a candidatar-se nas eleições, efetivamente ocupar cargos eletivos e desempenhar quaisquer funções públicas em todos os níveis de governo, usando novas tecnologias assistivas, quando apropriado;
 iii) Garantia da livre expressão de vontade das pessoas com deficiência como eleitores e, para tanto, sempre que necessário e a seu pedido, permissão para que elas sejam auxiliadas na votação por uma pessoa de sua escolha;

b) Promover ativamente um ambiente em que as pessoas com deficiência possam participar efetiva e plenamente na condução das questões públicas, sem discriminação e em igualdade de oportunidades com as demais pessoas, e encorajar sua participação nas questões públicas, mediante:

 i) Participação em organizações não governamentais relacionadas com a vida pública e política do país, bem como em atividades e administração de partidos políticos;
 ii) Formação de organizações para representar pessoas com deficiência em níveis internacional, regional, nacional e local, bem como a filiação de pessoas com deficiência a tais organizações.

Artigo 30
Participação na vida cultural e em recreação, lazer e esporte

1. Os Estados Partes reconhecem o direito das pessoas com deficiência de participar na vida cultural, em igualdade de oportunidades com as demais pessoas, e tomarão todas as medidas apropriadas para que as pessoas com deficiência possam:

a) Ter acesso a bens culturais em formatos acessíveis;
b) Ter acesso a programas de televisão, cinema, teatro e outras atividades culturais, em formatos acessíveis; e
c) Ter acesso a locais que ofereçam serviços ou eventos culturais, tais como teatros, museus, cinemas, bibliotecas e serviços turísticos, bem como, tanto

quanto possível, ter acesso a monumentos e locais de importância cultural nacional.

2. Os Estados Partes tomarão medidas apropriadas para que as pessoas com deficiência tenham a oportunidade de desenvolver e utilizar seu potencial criativo, artístico e intelectual, não somente em benefício próprio, mas também para o enriquecimento da sociedade.

3. Os Estados Partes deverão tomar todas as providências, em conformidade com o direito internacional, para assegurar que a legislação de proteção dos direitos de propriedade intelectual não constitua barreira excessiva ou discriminatória ao acesso de pessoas com deficiência a bens culturais.

4. As pessoas com deficiência farão jus, em igualdade de oportunidades com as demais pessoas, a que sua identidade cultural e linguística específica seja reconhecida e apoiada, incluindo as línguas de sinais e a cultura surda.

5. Para que as pessoas com deficiência participem, em igualdade de oportunidades com as demais pessoas, de atividades recreativas, esportivas e de lazer, os Estados Partes tomarão medidas apropriadas para:

a) Incentivar e promover a maior participação possível das pessoas com deficiência nas atividades esportivas comuns em todos os níveis;
b) Assegurar que as pessoas com deficiência tenham a oportunidade de organizar, desenvolver e participar em atividades esportivas e recreativas específicas às deficiências e, para tanto, incentivar a provisão de instrução, treinamento e recursos adequados, em igualdade de oportunidades com as demais pessoas;
c) Assegurar que as pessoas com deficiência tenham acesso a locais de eventos esportivos, recreativos e turísticos;
d) Assegurar que as crianças com deficiência possam, em igualdade de condições com as demais crianças, participar de jogos e atividades recreativas, esportivas e de lazer, inclusive no sistema escolar;
e) Assegurar que as pessoas com deficiência tenham acesso aos serviços prestados por pessoas ou entidades envolvidas na organização de atividades recreativas, turísticas, esportivas e de lazer.

Artigo 31
Estatísticas e coleta de dados

1. Os Estados Partes coletarão dados apropriados, inclusive estatísticos e de pesquisas, para que possam formular e implementar políticas destinadas a pôr em prática a presente Convenção. O processo de coleta e manutenção de tais dados deverá:

a) Observar as salvaguardas estabelecidas por lei, inclusive pelas leis relativas à proteção de dados, a fim de assegurar a confidencialidade e o respeito pela privacidade das pessoas com deficiência;
b) Observar as normas internacionalmente aceitas para proteger os direitos humanos, as liberdades fundamentais e os princípios éticos na coleta de dados e utilização de estatísticas.

2. As informações coletadas de acordo com o disposto neste Artigo serão desagregadas, de maneira apropriada, e utilizadas para avaliar o cumprimento, por parte dos Estados Partes, de suas obrigações na presente Convenção e para identificar e enfrentar as barreiras com as quais as pessoas com deficiência se deparam no exercício de seus direitos.

3. Os Estados Partes assumirão responsabilidade pela disseminação das referidas estatísticas e assegurarão que elas sejam acessíveis às pessoas com deficiência e a outros.

Artigo 32
Cooperação internacional

1. Os Estados Partes reconhecem a importância da cooperação internacional e de sua promoção, em apoio aos esforços nacionais para a consecução do propósito e dos objetivos da presente Convenção e, sob este aspecto, adotarão medidas apropriadas e efetivas entre os Estados e, de maneira adequada, em parceria com organizações internacionais e regionais relevantes e com a sociedade civil e, em particular, com organizações de pessoas com deficiência. Estas medidas poderão incluir, entre outras:

a) Assegurar que a cooperação internacional, incluindo os programas internacionais de desenvolvimento, sejam inclusivos e acessíveis para pessoas com deficiência;
b) Facilitar e apoiar a capacitação, inclusive por meio do intercâmbio e compartilhamento de informações, experiências, programas de treinamento e melhores práticas;
c) Facilitar a cooperação em pesquisa e o acesso a conhecimentos científicos e técnicos;
d) Propiciar, de maneira apropriada, assistência técnica e financeira, inclusive mediante facilitação do acesso a tecnologias assistivas e acessíveis e seu compartilhamento, bem como por meio de transferência de tecnologias.

2. O disposto neste Artigo se aplica sem prejuízo das obrigações que cabem a cada Estado Parte em decorrência da presente Convenção.

Artigo 33
Implementação e monitoramento nacionais

1. Os Estados Partes, de acordo com seu sistema organizacional, designarão um ou mais de um ponto focal no âmbito do Governo para assuntos relacionados com a implementação da presente Convenção e darão a devida consideração ao estabelecimento ou designação de um mecanismo de coordenação no âmbito do Governo, a fim de facilitar ações correlatas nos diferentes setores e níveis.

2. Os Estados Partes, em conformidade com seus sistemas jurídico e administrativo, manterão, fortalecerão, designarão ou estabelecerão estrutura, incluindo um ou mais de um mecanismo independente, de maneira apropriada, para promover, proteger e monitorar a implementação da presente Convenção. Ao designar ou estabelecer tal mecanismo, os Estados Partes levarão em conta os princípios relativos ao status e funcionamento das instituições nacionais de proteção e promoção dos direitos humanos.

3. A sociedade civil e, particularmente, as pessoas com deficiência e suas organizações representativas serão envolvidas e participarão plenamente no processo de monitoramento.

Artigo 34
Comitê sobre os Direitos das Pessoas com Deficiência

1. Um Comitê sobre os Direitos das Pessoas com Deficiência (doravante denominado "Comitê") será estabelecido, para desempenhar as funções aqui definidas.

2. O Comitê será constituído, quando da entrada em vigor da presente Convenção, de doze peritos. Quando a presente Convenção alcançar sessenta ratificações ou adesões, o Comitê será acrescido em seis membros, perfazendo o total de 18 membros.

3. Os membros do Comitê atuarão a título pessoal e apresentarão elevada postura moral, competência e experiência reconhecidas no campo abrangido pela presente Convenção. Ao designar seus candidatos, os Estados Partes são instados a dar a devida consideração ao disposto no Artigo 4.3 da presente Convenção.

4. Os membros do Comitê serão eleitos pelos Estados Partes, observando-se uma distribuição geográfica equitativa, representação de diferentes formas de civilização e dos principais sistemas jurídicos, representação equilibrada de gênero e participação de peritos com deficiência.

5. Os membros do Comitê serão eleitos por votação secreta em sessões da Conferência dos Estados Partes, a partir de uma lista de pessoas designadas pelos Estados Partes entre seus nacionais. Nessas sessões, cujo *quorum* será de dois terços dos Estados Partes, os candidatos eleitos para o Comitê serão aqueles que obtiverem o maior número de votos e a maioria absoluta dos votos dos representantes dos Estados Partes presentes e votantes.

6. A primeira eleição será realizada, o mais tardar, até seis meses após a data de entrada em vigor da presente Convenção. Pelo menos quatro meses antes de cada eleição, o Secretário-Geral das Nações Unidas dirigirá carta aos Estados Partes, convidando-os a submeter os nomes de seus candidatos no prazo de dois meses. O Secretário-Geral, subsequentemente, preparará lista em ordem alfabética de todos os candidatos apresentados, indicando que foram designados pelos Estados Partes, e submeterá essa lista aos Estados Partes da presente Convenção.

7. Os membros do Comitê serão eleitos para mandato de quatro anos, podendo ser candidatos à reeleição uma única vez. Contudo, o mandato de seis dos membros eleitos na primeira eleição expirará ao fim de dois anos; imediatamente após a primeira eleição, os nomes desses seis membros serão selecionados por sorteio pelo presidente da sessão a que se refere o parágrafo 5 deste Artigo.

8. A eleição dos seis membros adicionais do Comitê será realizada por ocasião das eleições regulares, de acordo com as disposições pertinentes deste Artigo.

9. Em caso de morte, demissão ou declaração de um membro de que, por algum motivo, não poderá continuar a exercer suas funções, o Estado Parte que o tiver indicado designará um outro perito que tenha as qualificações e satisfaça aos requisitos estabelecidos pelos dispositivos pertinentes deste Artigo, para concluir o mandato em questão.

10. O Comitê estabelecerá suas próprias normas de procedimento.

11. O Secretário-Geral das Nações Unidas proverá o pessoal e as instalações necessários para o efetivo desempenho das funções do Comitê segundo a presente Convenção e convocará sua primeira reunião.

12. Com a aprovação da Assembleia Geral, os membros do Comitê estabelecido sob a presente Convenção receberão emolumentos dos recursos das Nações Unidas, sob termos e condições que a Assembleia possa decidir, tendo em vista a importância das responsabilidades do Comitê.

13. Os membros do Comitê terão direito aos privilégios, facilidades e imunidades dos peritos em missões das Nações Unidas, em conformidade com as disposições pertinentes da Convenção sobre Privilégios e Imunidades das Nações Unidas.

Artigo 35
Relatórios dos Estados Partes

1. Cada Estado Parte, por intermédio do Secretário-Geral das Nações Unidas, submeterá relatório abrangente sobre as medidas adotadas em cumprimento de suas obrigações estabelecidas pela presente Convenção e sobre o progresso alcançado nesse aspecto, dentro do período de dois anos após a entrada em vigor da presente Convenção para o Estado Parte concernente.

2. Depois disso, os Estados Partes submeterão relatórios subsequentes, ao menos a cada quatro anos, ou quando o Comitê o solicitar.

3. O Comitê determinará as diretrizes aplicáveis ao teor dos relatórios.

4. Um Estado Parte que tiver submetido ao Comitê um relatório inicial abrangente não precisará, em relatórios subsequentes, repetir informações já apresentadas. Ao elaborar os relatórios ao Comitê, os Estados Partes são instados a fazê-lo de maneira franca e transparente e a levar em consideração o disposto no Artigo 4.3 da presente Convenção.

5. Os relatórios poderão apontar os fatores e as dificuldades que tiverem afetado o cumprimento das obrigações decorrentes da presente Convenção.

Artigo 36
Consideração dos relatórios

1. Os relatórios serão considerados pelo Comitê, que fará as sugestões e recomendações gerais que julgar pertinentes e as transmitirá aos respectivos Estados Partes. O Estado Parte poderá responder ao Comitê com as informações que julgar pertinentes. O Comitê poderá pedir informações adicionais ao Estados Partes, referentes à implementação da presente Convenção.

2. Se um Estado Parte atrasar consideravelmente a entrega de seu relatório, o Comitê poderá notificar esse Estado de que examinará a aplicação da presente Convenção com base em informações confiáveis de que disponha, a menos que o relatório devido seja apresentado pelo Estado dentro do período de três meses após a notificação.

O Comitê convidará o Estado Parte interessado a participar desse exame. Se o Estado Parte responder entregando seu relatório, aplicar-se-á o disposto no parágrafo 1 do presente artigo.

3. O Secretário-Geral das Nações Unidas colocará os relatórios à disposição de todos os Estados Partes.

4. Os Estados Partes tornarão seus relatórios amplamente disponíveis ao público em seus países e facilitarão o acesso à possibilidade de sugestões e de recomendações gerais a respeito desses relatórios.

5. O Comitê transmitirá às agências, fundos e programas especializados das Nações Unidas e a outras organizações competentes, da maneira que julgar apropriada, os relatórios dos Estados Partes que contenham demandas ou indicações de necessidade de consultoria ou de assistência técnica, acompanhados de eventuais observações e sugestões do Comitê em relação às referidas demandas ou indicações, a fim de que possam ser consideradas.

ARTIGO 37
Cooperação entre os Estados Partes e o Comitê

1. Cada Estado Parte cooperará com o Comitê e auxiliará seus membros no desempenho de seu mandato.

2. Em suas relações com os Estados Partes, o Comitê dará a devida consideração aos meios e modos de aprimorar a capacidade de cada Estado Parte para a implementação da presente Convenção, inclusive mediante cooperação internacional.

ARTIGO 38
Relações do Comitê com outros órgãos

A fim de promover a efetiva implementação da presente Convenção e de incentivar a cooperação internacional na esfera abrangida pela presente Convenção:

a) As agências especializadas e outros órgãos das Nações Unidas terão o direito de se fazer representar quando da consideração da implementação de disposições da presente Convenção que disserem respeito aos seus respectivos mandatos. O Comitê poderá convidar as agências especializadas e outros órgãos competentes, segundo julgar apropriado, a oferecer consultoria de peritos sobre a implementação da Convenção em áreas pertinentes a seus respectivos mandatos. O Comitê poderá convidar agências especializadas e outros órgãos das Nações Unidas a apresentar relatórios sobre a implementação da Convenção em áreas pertinentes às suas respectivas atividades;

b) No desempenho de seu mandato, o Comitê consultará, de maneira apropriada, outros órgãos pertinentes instituídos ao amparo de tratados internacionais de direitos humanos, a fim de assegurar a consistência de suas respectivas diretrizes para a elaboração de relatórios, sugestões e recomendações gerais e de evitar duplicação e superposição no desempenho de suas funções.

ARTIGO 39
Relatório do Comitê

A cada dois anos, o Comitê submeterá à Assembleia Geral e ao Conselho Econômico e Social um relatório de suas atividades e poderá fazer sugestões e recomendações gerais baseadas no exame dos relatórios e nas informações recebidas dos Estados Partes. Estas sugestões e recomendações gerais serão incluídas no relatório do Comitê, acompanhadas, se houver, de comentários dos Estados Partes.

ARTIGO 40
Conferência dos Estados Partes

1. Os Estados Partes reunir-se-ão regularmente em Conferência dos Estados Partes a fim de considerar matérias relativas à implementação da presente Convenção.

2. O Secretário-Geral das Nações Unidas convocará, dentro do período de seis meses após a entrada em vigor da presente Convenção, a Conferência dos Estados Partes. As reuniões subsequentes serão convocadas pelo Secretário-Geral das Nações Unidas a cada dois anos ou conforme a decisão da Conferência dos Estados Partes.

ARTIGO 41
Depositário

O Secretário-Geral das Nações Unidas será o depositário da presente Convenção.

ARTIGO 42
Assinatura

A presente Convenção será aberta à assinatura de todos os Estados e organizações de integração regional na sede das Nações Unidas em Nova York, a partir de 30 de março de 2007.

ARTIGO 43
Consentimento em comprometer-se

A presente Convenção será submetida à ratificação pelos Estados signatários e à confirmação formal por organizações de integração regional signatárias. Ela estará aberta à adesão de qualquer Estado ou organização de integração regional que não a houver assinado.

ARTIGO 44
Organizações de integração regional

1. "Organização de integração regional" será entendida como organização constituída por Estados soberanos de determinada região, à qual seus Estados membros tenham delegado competência sobre matéria abrangida pela presente Convenção. Essas organizações declararão, em seus documentos de confirmação formal ou adesão, o alcance de sua competência em relação à matéria abrangida pela presente Convenção. Subsequentemente, as organizações informarão ao depositário qualquer alteração substancial no âmbito de sua competência.

2. As referências a "Estados Partes" na presente Convenção serão aplicáveis a essas organizações, nos limites da competência destas.

3. Para os fins do parágrafo 1 do Artigo 45 e dos parágrafos 2 e 3 do Artigo 47, nenhum instrumento depositado por organização de integração regional será computado.

4. As organizações de integração regional, em matérias de sua competência, poderão exercer o direito de voto na Conferência dos Estados Partes, tendo direito ao mesmo número de votos quanto for o número de seus Estados membros que forem Partes da presente Convenção.

Essas organizações não exercerão seu direito de voto, se qualquer de seus Estados membros exercer seu direito de voto, e vice-versa.

Artigo 45
Entrada em vigor

1. A presente Convenção entrará em vigor no trigésimo dia após o depósito do vigésimo instrumento de ratificação ou adesão.

2. Para cada Estado ou organização de integração regional que ratificar ou formalmente confirmar a presente Convenção ou a ela aderir após o depósito do referido vigésimo instrumento, a Convenção entrará em vigor no trigésimo dia a partir da data em que esse Estado ou organização tenha depositado seu instrumento de ratificação, confirmação formal ou adesão.

Artigo 46
Reservas

1. Não serão permitidas reservas incompatíveis com o objeto e o propósito da presente Convenção.

2. As reservas poderão ser retiradas a qualquer momento.

Artigo 47
Emendas

1. Qualquer Estado Parte poderá propor emendas à presente Convenção e submetê-las ao Secretário-Geral das Nações Unidas. O Secretário-Geral comunicará aos Estados Partes quaisquer emendas propostas, solicitando-lhes que o notifiquem se são favoráveis a uma Conferência dos Estados Partes para considerar as propostas e tomar decisão a respeito delas. Se, até quatro meses após a data da referida comunicação, pelo menos um terço dos Estados Partes se manifestar favorável a essa Conferência, o Secretário-Geral das Nações Unidas convocará a Conferência, sob os auspícios das Nações Unidas. Qualquer emenda adotada por maioria de dois terços dos Estados Partes presentes e votantes será submetida pelo Secretário-Geral à aprovação da Assembleia Geral das Nações Unidas e, posteriormente, à aceitação de todos os Estados Partes.

2. Qualquer emenda adotada e aprovada conforme o disposto no parágrafo 1 do presente artigo entrará em vigor no trigésimo dia após a data na qual o número de instrumentos de aceitação tenha atingido dois terços do número de Estados Partes na data de adoção da emenda. Posteriormente, a emenda entrará em vigor para todo Estado Parte no trigésimo dia após o depósito por esse Estado do seu instrumento de aceitação. A emenda será vinculante somente para os Estados Partes que a tiverem aceitado.

3. Se a Conferência dos Estados Partes assim o decidir por consenso, qualquer emenda adotada e aprovada em conformidade com o disposto no parágrafo 1 deste Artigo, relacionada exclusivamente com os artigos 34, 38, 39 e 40, entrará em vigor para todos os Estados Partes no trigésimo dia a partir da data em que o número de instrumentos de aceitação depositados tiver atingido dois terços do número de Estados Partes na data de adoção da emenda.

Artigo 48
Denúncia

Qualquer Estado Parte poderá denunciar a presente Convenção mediante notificação por escrito ao Secretário-Geral das Nações Unidas. A denúncia tornar-se-á efetiva um ano após a data de recebimento da notificação pelo Secretário-Geral.

Artigo 49
Formatos acessíveis

O texto da presente Convenção será colocado à disposição em formatos acessíveis.

Artigo 50
Textos autênticos

Os textos em árabe, chinês, espanhol, francês, inglês e russo da presente Convenção serão igualmente autênticos.

Em fé do que os plenipotenciários abaixo assinados, devidamente autorizados para tanto por seus respectivos Governos, firmaram a presente Convenção.

PROTOCOLO FACULTATIVO À CONVENÇÃO SOBRE OS DIREITOS DAS PESSOAS COM DEFICIÊNCIA

Os Estados Partes do presente Protocolo acordaram o seguinte:

Artigo 1

1. Qualquer Estado Parte do presente Protocolo ("Estado Parte") reconhece a competência do Comitê sobre os Direitos das Pessoas com Deficiência ("Comitê") para receber e considerar comunicações submetidas por pessoas ou grupos de pessoas, ou em nome deles, sujeitos à sua jurisdição, alegando serem vítimas de violação das disposições da Convenção pelo referido Estado Parte.

2. O Comitê não receberá comunicação referente a qualquer Estado Parte que não seja signatário do presente Protocolo.

Artigo 2

O Comitê considerará inadmissível a comunicação quando:

a) A comunicação for anônima;
b) A comunicação constituir abuso do direito de submeter tais comunicações ou for incompatível com as disposições da Convenção;
c) A mesma matéria já tenha sido examinada pelo Comitê ou tenha sido ou estiver sendo examinada sob outro procedimento de investigação ou resolução internacional;
d) Não tenham sido esgotados todos os recursos internos disponíveis, salvo no caso em que a tramitação desses recursos se prolongue injustificadamente, ou seja improvável que se obtenha com eles solução efetiva;
e) A comunicação estiver precariamente fundamentada ou não for suficientemente substanciada; ou
f) Os fatos que motivaram a comunicação tenham ocorrido antes da entrada em vigor do presente Protocolo para o Estado Parte em apreço, salvo se os fatos continuaram ocorrendo após aquela data.

Artigo 3

Sujeito ao disposto no Artigo 2 do presente Protocolo, o Comitê levará confidencialmente ao conhecimento do Estado Parte concernente qualquer comunicação submetida ao Comitê. Dentro do período de seis meses, o Estado concernente submeterá ao Comitê explicações ou declarações por escrito, esclarecendo a matéria e a eventual solução adotada pelo referido Estado.

Artigo 4

1. A qualquer momento após receber uma comunicação e antes de decidir o mérito dessa comunicação, o Comitê poderá transmitir ao Estado Parte concernente, para sua urgente consideração, um pedido para que o Estado Parte tome as medidas de natureza cautelar que forem necessárias para evitar possíveis danos irreparáveis à vítima ou às vítimas da violação alegada.

2. O exercício pelo Comitê de suas faculdades discricionárias em virtude do parágrafo 1 do presente Artigo não implicará prejuízo algum sobre a admissibilidade ou sobre o mérito da comunicação.

Artigo 5

O Comitê realizará sessões fechadas para examinar comunicações a ele submetidas em conformidade com o presente Protocolo.

Depois de examinar uma comunicação, o Comitê enviará suas sugestões e recomendações, se houver, ao Estado Parte concernente e ao requerente.

Artigo 6

1. Se receber informação confiável indicando que um Estado Parte está cometendo violação grave ou sistemática de direitos estabelecidos na Convenção, o Comitê convidará o referido Estado Parte a colaborar com a verificação da informação e, para tanto, a submeter suas observações a respeito da informação em pauta.

2. Levando em conta quaisquer observações que tenham sido submetidas pelo Estado Parte concernente, bem como quaisquer outras informações confiáveis em poder do Comitê, este poderá designar um ou mais de seus membros para realizar investigação e apresentar, em caráter de urgência, relatório ao Comitê. Caso se justifique e o Estado Parte o consinta, a investigação poderá incluir uma visita ao território desse Estado.

3. Após examinar os resultados da investigação, o Comitê os comunicará ao Estado Parte concernente, acompanhados de eventuais comentários e recomendações.

4. Dentro do período de seis meses após o recebimento dos resultados, comentários e recomendações transmitidos pelo Comitê, o Estado Parte concernente submeterá suas observações ao Comitê.

5. A referida investigação será realizada confidencialmente e a cooperação do Estado Parte será solicitada em todas as fases do processo.

Artigo 7

1. O Comitê poderá convidar o Estado Parte concernente a incluir em seu relatório, submetido em conformidade com o disposto no Artigo 35 da Convenção, pormenores a respeito das medidas tomadas em consequência da investigação realizada em conformidade com o Artigo 6 do presente Protocolo.

2. Caso necessário, o Comitê poderá, encerrado o período de seis meses a que se refere o parágrafo 4 do Artigo 6, convidar o Estado Parte concernente a informar o Comitê a respeito das medidas tomadas em consequência da referida investigação.

Artigo 8

Qualquer Estado Parte poderá, quando da assinatura ou ratificação do presente Protocolo ou de sua adesão a ele, declarar que não reconhece a competência do Comitê, a que se referem os Artigos 6 e 7.

Artigo 9

O Secretário-Geral das Nações Unidas será o depositário do presente Protocolo.

Artigo 10

O presente Protocolo será aberto à assinatura dos Estados e organizações de integração regional signatárias da Convenção, na sede das Nações Unidas em Nova York, a partir de 30 de março de 2007.

Artigo 11

O presente Protocolo estará sujeito à ratificação pelos Estados signatários do presente Protocolo que tiverem ratificado a Convenção ou aderido a ela. Ele estará sujeito à confirmação formal por organizações de integração regional signatárias do presente Protocolo que tiverem formalmente confirmado a Convenção ou a ela aderido.

O Protocolo ficará aberto à adesão de qualquer Estado ou organização de integração regional que tiver ratificado ou formalmente confirmado a Convenção ou a ela aderido e que não tiver assinado o Protocolo.

Artigo 12

1. "Organização de integração regional" será entendida como organização constituída por Estados soberanos de determinada região, à qual seus Estados membros tenham delegado competência sobre matéria abrangida pela Convenção e pelo presente Protocolo. Essas organizações declararão, em seus documentos de confirmação formal ou adesão, o alcance de sua competência em relação à matéria abrangida pela Convenção e pelo presente Protocolo. Subsequentemente, as organizações informarão ao depositário qualquer alteração substancial no alcance de sua competência.

2. As referências a "Estados Partes" no presente Protocolo serão aplicáveis a essas organizações, nos limites da competência de tais organizações.

3. Para os fins do parágrafo 1 do Artigo 13 e do parágrafo 2 do Artigo 15, nenhum instrumento depositado por organização de integração regional será computado.

4. As organizações de integração regional, em matérias de sua competência, poderão exercer o direito de voto na Conferência dos Estados Partes, tendo direito ao mesmo número de votos que seus Estados membros que forem Partes do presente Protocolo. Essas organizações não exercerão seu direito de voto se qualquer de seus Estados membros exercer seu direito de voto, e vice-versa.

Artigo 13

1. Sujeito à entrada em vigor da Convenção, o presente Protocolo entrará em vigor no trigésimo dia após

o depósito do décimo instrumento de ratificação ou adesão.

2. Para cada Estado ou organização de integração regional que ratificar ou formalmente confirmar o presente Protocolo ou a ele aderir depois do depósito do décimo instrumento dessa natureza, o Protocolo entrará em vigor no trigésimo dia a partir da data em que esse Estado ou organização tenha depositado seu instrumento de ratificação, confirmação formal ou adesão.

ARTIGO 14

1. Não serão permitidas reservas incompatíveis com o objeto e o propósito do presente Protocolo.

2. As reservas poderão ser retiradas a qualquer momento.

ARTIGO 15

1. Qualquer Estado Parte poderá propor emendas ao presente Protocolo e submetê-las ao Secretário-Geral das Nações Unidas. O Secretário-Geral comunicará aos Estados Partes quaisquer emendas propostas, solicitando-lhes que o notifiquem se são favoráveis a uma Conferência dos Estados Partes para considerar as propostas e tomar decisão a respeito delas. Se, até quatro meses após a data da referida comunicação, pelo menos um terço dos Estados Partes se manifestar favorável a essa Conferência, o Secretário-Geral das Nações Unidas convocará a Conferência, sob os auspícios das Nações Unidas. Qualquer emenda adotada por maioria de dois terços dos Estados Partes presentes e votantes será submetida pelo Secretário-Geral à aprovação da Assembleia Geral das Nações Unidas e, posteriormente, à aceitação de todos os Estados Partes.

2. Qualquer emenda adotada e aprovada conforme o disposto no parágrafo 1 do presente artigo entrará em vigor no trigésimo dia após a data na qual o número de instrumentos de aceitação tenha atingido dois terços do número de Estados Partes na data de adoção da emenda. Posteriormente, a emenda entrará em vigor para todo Estado Parte no trigésimo dia após o depósito por esse Estado do seu instrumento de aceitação. A emenda será vinculante somente para os Estados Partes que a tiverem aceitado.

ARTIGO 16

Qualquer Estado Parte poderá denunciar o presente Protocolo mediante notificação por escrito ao Secretário-Geral das Nações Unidas.

A denúncia tornar-se-á efetiva um ano após a data de recebimento da notificação pelo Secretário-Geral.

ARTIGO 17

O texto do presente Protocolo será colocado à disposição em formatos acessíveis.

ARTIGO 18

Os textos em árabe, chinês, espanhol, francês, inglês e russo do presente Protocolo serão igualmente autênticos.

Em fé do que os plenipotenciários abaixo assinados, devidamente autorizados para tanto por seus respectivos governos, firmaram o presente Protocolo.

PRINCÍPIOS DE DIREITO INTERNACIONAL RECONHECIDOS NO ESTATUTO E NAS DECISÕES DO TRIBUNAL DE NUREMBERG

▶ Texto adotado pela Comissão de Direito Internacional das Nações Unidas na sua segunda sessão, em 1950. Tradução de Aziz Tuffi Saliba e Naiana Magrini Rodrigues Cunha.

PRINCÍPIO I

Qualquer pessoa que cometa um ato que constitua um crime de Direito Internacional é responsável por ele e está sujeita à sanção.

PRINCÍPIO II

O fato de a lei interna não impor uma pena por um ato que constitua um crime de Direito Internacional não exime de responsabilidade no Direito Internacional a quem tenha cometido o ato.

PRINCÍPIO III

O fato de a pessoa que cometeu um ato que constitua crime de Direito Internacional atuar como chefe de Estado ou autoridade governamental não a exime de responsabilidade no Direito Internacional.

PRINCÍPIO IV

O fato de a pessoa agir de acordo com as ordens de seu Governo ou de um superior não afasta dela sua responsabilidade no Direito Internacional, se, efetivamente, uma escolha moral era possível para ela.

PRINCÍPIO V

Qualquer pessoa responsabilizada por um crime de Direito Internacional tem direito a um julgamento justo relativamente aos fatos e o direito.

PRINCÍPIO VI

Os crimes enumerados abaixo são puníveis como crimes de Direito Internacional:

a) Crimes contra a paz:
   i) planejar, preparar, iniciar ou promover uma guerra de agressão ou uma guerra de violação a tratados, acordos ou garantias internacionais;
   ii) participar de um plano comum ou de uma conspiração para o cumprimento de quaisquer dos atos mencionados na alínea i.

b) Crimes de guerra:

Violações de leis ou costumes de guerra os quais incluem, mas não se limitam a, assassinatos, maus-tratos ou deportação para trabalho escravo ou qualquer outro objetivo de população civil em território ocupado, assassinato ou maus-tratos de prisioneiros de guerra ou pessoas nos mares, assassinato de reféns, saque de propriedade pública ou privada, destruição arbitrária de cidades, vilas ou aldeias ou devastação não justificada por necessidade militar.

c) Crimes contra a humanidade:

Assassinato, extermínio, escravização, deportação e outros atos desumanos praticados contra a população civil, ou perseguições de caráter político, racial, ou religioso, quando tais atos ou perseguições forem realizados ao perpetrar qualquer crime contra a paz ou crime de guerra ou conexão com tais crimes.

Princípio VII

Cumplicidade na execução de crimes contra a paz, crimes de guerra ou crimes contra a humanidade, tais como os estabelecidos no Princípio VI, é considerada crime de Direito Internacional.

DISPOSIÇÕES DE DIREITO INTERNO BRASILEIRO

CÓDIGO PENAL
(DECRETO-LEI Nº 2.848, DE 7 DE DEZEMBRO DE 1940)

Código Penal

(EXCERTOS)

▶ Publicado no *DOU* de 31-12-1940 e retificado no *DOU* de 3-1-1941.

PARTE GERAL

▶ Parte Geral com a redação dada pela Lei nº 7.209, de 11-7-1984.

TÍTULO I – DA APLICAÇÃO DA LEI PENAL

Territorialidade

Art. 5º Aplica-se a lei brasileira, sem prejuízo de convenções, tratados e regras de direito internacional, ao crime cometido no território nacional.

▶ Art. 90 do CPP.
▶ Art. 7º do CPM.
▶ Art. 2º da LEP.
▶ Arts. 76 a 94 da Lei nº 6.815, de 19-8-1980 (Estatuto do Estrangeiro).
▶ Lei nº 8.617, de 4-1-1993, dispõe sobre o mar territorial, a zona contígua, a zona econômica exclusiva e a plataforma continental brasileiros.

§ 1º Para os efeitos penais, consideram-se como extensão do território nacional as embarcações e aeronaves brasileiras, de natureza pública ou a serviço do governo brasileiro onde quer que se encontrem, bem como as aeronaves e as embarcações brasileiras, mercantes ou de propriedade privada, que se achem, respectivamente, no espaço aéreo correspondente ou em alto-mar.

§ 2º É também aplicável a lei brasileira aos crimes praticados a bordo de aeronaves ou embarcações estrangeiras de propriedade privada, achando-se aquelas em pouso no território nacional ou em voo no espaço aéreo correspondente, e estas em porto ou mar territorial do Brasil.

Lugar do crime

Art. 6º Considera-se praticado o crime no lugar em que ocorreu a ação ou omissão, no todo ou em parte, bem como onde se produziu ou deveria produzir-se o resultado.

▶ Arts. 70 e 71 do CPP.
▶ Art. 6º do CPM.
▶ Art. 63 da Lei nº 9.099, de 26-9-1995 (Lei dos Juizados Especiais).

Extraterritorialidade

Art. 7º Ficam sujeitos à lei brasileira, embora cometidos no estrangeiro:

▶ Art. 7º do CPM.
▶ Art. 40, I, da Lei nº 11.343, de 23-8-2006 (Lei Antidrogas).

I – os crimes:
a) contra a vida ou a liberdade do Presidente da República;
b) contra o patrimônio ou a fé pública da União, do Distrito Federal, de Estado, de Território, de Município, de empresa pública, sociedade de economia mista, autarquia ou fundação instituída pelo Poder Público;

▶ Art. 109, IV, da CF.

c) contra a administração pública, por quem está a seu serviço;
d) de genocídio, quando o agente for brasileiro ou domiciliado no Brasil;

▶ Art. 1º da Lei nº 2.889, de 1º-10-1956 (Lei do Crime de Genocídio).

II – os crimes:
a) que, por tratado ou convenção, o Brasil se obrigou a reprimir;

▶ Art. 109, V, da CF.

b) praticados por brasileiro;

▶ Art. 12 da CF.

c) praticados em aeronaves ou embarcações brasileiras, mercantes ou de propriedade privada, quando em território estrangeiro e aí não sejam julgados.

▶ Art. 261 do CP.

§ 1º Nos casos do inciso I, o agente é punido segundo a lei brasileira, ainda que absolvido ou condenado no estrangeiro.

§ 2º Nos casos do inciso II, a aplicação da lei brasileira depende do concurso das seguintes condições:
a) entrar o agente no território nacional;

▶ Súm. nº 1 do STF.

b) ser o fato punível também no país em que foi praticado;
c) estar o crime incluído entre aqueles pelos quais a lei brasileira autoriza a extradição;
d) não ter sido o agente absolvido no estrangeiro ou não ter aí cumprido a pena;
e) não ter sido o agente perdoado no estrangeiro ou, por outro motivo, não estar extinta a punibilidade, segundo a lei mais favorável.

▶ Arts. 107 a 120 do CP.

§ 3º A lei brasileira aplica-se também ao crime cometido por estrangeiro contra brasileiro fora do Brasil, se, reunidas as condições previstas no parágrafo anterior:
a) não foi pedida ou foi negada a extradição;
b) houve requisição do Ministro da Justiça.

Pena cumprida no estrangeiro

Art. 8º A pena cumprida no estrangeiro atenua a imposta no Brasil pelo mesmo crime, quando diversas, ou nela é computada, quando idênticas.

▶ Art. 42 deste Código.
▶ Arts. 787 a 790 do CPP.
▶ Art. 8º do CPM.

Eficácia de sentença estrangeira

Art. 9º A sentença estrangeira, quando a aplicação da lei brasileira produz na espécie as mesmas consequências, pode ser homologada no Brasil para:

▶ Art. 105, *i*, da CF.

I – obrigar o condenado à reparação do dano, a restituições e a outros efeitos civis;
II – sujeitá-lo a medida de segurança.

▶ Arts. 96 a 99 deste Código.
▶ Arts. 171 a 179 da LEP.

Parágrafo único. A homologação depende:
a) para os efeitos previstos no inciso I, de pedido da parte interessada;
b) para os outros efeitos, da existência de tratado de extradição com o país de cuja autoridade judiciária emanou a sentença, ou, na falta de tratado, de requisição do Ministro da Justiça.

DISPOSIÇÕES FINAIS

Art. 360. Ressalvada a legislação especial sobre os crimes contra a existência, a segurança e a integridade do Estado e contra a guarda e o emprego da economia popular, os crimes de imprensa e os de falência, os de responsabilidade do Presidente da República e dos Governadores ou Interventores, e os crimes militares, revogam-se as disposições em contrário.

Art. 361. Este Código entrará em vigor no dia 1º de janeiro de 1942.

Rio de Janeiro, 7 de dezembro de 1940;
119º da Independência e
52º da República.

Getúlio Vargas

CÓDIGO TRIBUTÁRIO NACIONAL
(LEI Nº 5.172, DE 25 DE OUTUBRO DE 1966)

Dispõe sobre o Sistema Tributário Nacional e institui normas gerais de direito tributário aplicáveis à União, Estados e Municípios.

(EXCERTOS)

▶ Publicada no *DOU* de 27-10-1966.

LIVRO SEGUNDO – NORMAS GERAIS DE DIREITO TRIBUTÁRIO

TÍTULO I – LEGISLAÇÃO TRIBUTÁRIA

CAPÍTULO I

DISPOSIÇÕES GERAIS

SEÇÃO I

DISPOSIÇÃO PRELIMINAR

Art. 96. A expressão "legislação tributária" compreende as leis, os tratados e as convenções internacionais, os decretos e as normas complementares quer versem, no todo ou em parte, sobre tributos e relações jurídicas a ele pertinentes.

▶ Art. 2º deste Código.

SEÇÃO II

LEIS, TRATADOS E CONVENÇÕES INTERNACIONAIS E DECRETOS

Art. 98. Os tratados e as convenções internacionais revogam ou modificam a legislação tributária interna, e serão observados pela que lhes sobrevenha.

▶ Art. 5º, §§ 2º e 3º, da CF.
▶ EC nº 45, de 8-12-2004 (Reforma do Judiciário).
▶ Súmulas nºˢ 20 e 71 do STJ.

Art. 218. Esta Lei entrará em vigor, em todo o território nacional, no dia 1º de janeiro de 1967, revogadas as disposições em contrário, especialmente a Lei nº 854, de 10 de outubro de 1949.

▶ Antigo art. 217 renumerado pelo Dec.-lei nº 27, de 14-11-1966.

Brasília, 25 de outubro de 1966;
145º da Independência e
78º da República.

H. Castello Branco

REGIMENTO INTERNO DO SUPREMO TRIBUNAL FEDERAL

(EXCERTOS)

▶ Publicado no *DOU* de 27-10-1980.

Art. 5º Compete ao Plenário processar e julgar originariamente.

III – o litígio entre Estados estrangeiros ou organismos internacionais e a União, os Estados, o Distrito Federal ou os Territórios;

Art. 6º Também compete ao Plenário:

I – processar e julgar originariamente:

a) ao *habeas corpus*, quando for coator ou paciente o Presidente da República, a Câmara, o Senado, o próprio Tribunal ou qualquer de seus Ministros, o Conselho Nacional da Magistratura, o Procurador-Geral da República, ou quando a coação provier do Tribunal Superior Eleitoral, ou, nos casos do art. 129, § 2º, da Constituição, do Superior Tribunal Militar, bem assim quando se relacionar com extradição requisitada por Estado estrangeiro;

d a f) *Revogadas*. ER nº 45, de 10-6-2011.

i) *Revogada*. ER nº 45, de 10-6-2011.

Art. 7º Compete ainda ao Plenário:

VIII – decidir, administrativamente, sobre o encaminhamento de solicitação de opinião consultiva ao Tribunal Permanente de Revisão do MERCOSUL, mediante prévio e necessário juízo de admissibilidade do pedido e sua pertinência processual a ser relatado pelo Presidente do Supremo Tribunal Federal.

▶ Inciso VIII acrescido pela ER nº 48, de 3-4-2012 (publicada do *DJE* de 10-4-2012 e retificada no *DJE* de 13-4-2012).

....

Art. 9º Além do disposto no art. 8º, compete às Turmas:

I – processar e julgar originariamente:

....

h) a extradição requisitada por Estado estrangeiro.

▶ Alíneas *d* a *h* acrescidas pela ER nº 45, de 10-6-2011.

....

Art. 13. São atribuições do Presidente:

....

IX – proferir voto de qualidade nas decisões do Plenário, para as quais o Regimento Interno não preveja solução diversa, quando o empate na votação decorra de ausência de Ministro em virtude de:

▶ *Caput* do inciso IX com a redação dada pela ER nº 35, de 2-12-2009.
▶ Arts. 40 e 146, *caput*, deste Regimento.

a) impedimento ou suspeição;
b) vaga ou licença médica superior a 30 (trinta) dias, quando seja urgente a matéria e não se possa convocar o Ministro licenciado.

▶ Alíneas *a* e *b* acrescidas pela ER nº 35, de 2-12-2009.

....

Art. 61. Cabe às partes prover o pagamento antecipado das despesas dos atos que realizem ou requeiram no processo, ficando o vencido, afinal, responsável pelas custas e despesas pagas pelo vencedor.

....

§ 2º Nas causas em que forem partes Estados estrangeiros e organismos internacionais, prevalecerá o que dispuserem os tratados ratificados pelo Brasil.

....

Art. 68. Em *habeas corpus,* mandado de segurança, reclamação, extradição, conflitos de jurisdição e de atribuições, proceder-se-á à redistribuição, se o requerer o interessado, quando o relator estiver licenciado por mais de trinta dias.

Art. 141. O Tribunal reúne-se em sessão solene:

....

IV – para receber Chefe de Estado estrangeiro, em visita oficial ao Brasil;

....

Art. 145. Terão prioridade, no julgamento do Plenário, observados os arts. 128 a 130 e 138:

....

II – os pedidos de extradição;

....

TÍTULO VIII – DOS PROCESSOS ORIUNDOS DE ESTADOS ESTRANGEIROS

CAPÍTULO I

DA EXTRADIÇÃO

Art. 207. Não se concederá extradição sem prévio pronunciamento do Supremo Tribunal Federal sobre a legalidade e a procedência do pedido, observada a legislação a vigente.

Art. 208. Não terá andamento o pedido de extradição sem que o extraditando seja preso e colocado à disposição do Tribunal.

Art. 209. O Relator designará dia e hora para o interrogatório do extraditando e requisitará a sua apresentação.

Art. 210. No interrogatório, ou logo após, intimar-se-á o defensor do extraditando para apresentar defesa escrita no prazo de dez dias.

§ 1º O relator dará advogado ao extraditando que não o tiver, e curador, se for o caso.

§ 2º Será substituído o defensor, constituído ou dativo, que não apresentar a defesa no prazo deste artigo.

Art. 211. É facultado ao relator delegar o interrogatório do extraditando a juiz do local onde estiver preso.

Parágrafo único. Para o fim deste artigo, serão os autos remetidos ao juiz delegado, que os devolverá, uma vez apresentada a defesa ou exaurido o prazo.

Art. 212. Junta a defesa e aberta vista por dez dias ao Procurador-Geral, o relator pedirá dia para julgamento.

Parágrafo único. O Estado requerente da extradição poderá ser representado por advogado para acompanhar o processo perante o Tribunal.

Art. 213. O extraditando permanecerá na prisão, à disposição do Tribunal, até o julgamento final.

Art. 214. No processo de extradição, não se suspende no recesso e nas férias o prazo fixado por lei para o cumprimento de diligência determinada pelo relator ou pelo Tribunal.

....

TÍTULO IX – DAS AÇÕES ORIGINÁRIAS

....

CAPÍTULO VI

DOS LITÍGIOS COM ESTADOS ESTRANGEIROS OU ORGANISMOS INTERNACIONAIS

Art. 273. O processo dos litígios entre Estados estrangeiros e a União, os Estados, o Distrito Federal ou os Territórios observará o rito estabelecido para ação cível originária.

Art. 274. Obedecerão ao mesmo procedimento as ações entre os organismos internacionais, de que o Brasil participe, e as entidades de direito público interno referidas no artigo anterior.

Art. 275. A capacidade processual e a legitimidade de representação dos Estados estrangeiros e dos organismos internacionais regulam-se pelas normas estabelecidas nos tratados ratificados pelo Brasil.

TÍTULO XII – DA EXECUÇÃO

Capítulo III
DA CARTA DE SENTENÇA

Art. 347. Será extraída carta de sentença, a requerimento do interessado, para execução da decisão:

I – quando deferida a homologação de sentença estrangeira;

TÍTULO XIV – DA SOLICITAÇÃO DE OPINIÃO CONSULTIVA AO TRIBUNAL PERMANENTE DE REVISÃO DO MERCOSUL

▶ Título XIV acrescido pela ER nº 48, de 3-4-2012 (publicada do *DJE* de 10-4-2012 e retificada no *DJE* de 13-4-2012).

Art. 354-H. A solicitação de opinião consultiva deve originar-se necessariamente de processo em curso perante o Poder Judiciário brasileiro e restringe-se exclusivamente à vigência ou interpretação jurídica do Tratado de Assunção, do Protocolo de Ouro Preto, dos protocolos e acordos celebrados no âmbito do Tratado de Assunção, das Decisões do Conselho do Mercado Comum – CMC, das Resoluções do Grupo Mercado Comum – GMC e das Diretrizes da Comissão de Comércio do MERCOSUL – CCM.

Art. 354-I. Têm legitimidade para requerer o encaminhamento de solicitação de opinião consultiva ao Tribunal Permanente de Revisão do MERCOSUL, o juiz da causa ou alguma das partes.

Art. 354-J. A solicitação de opinião consultiva indicará:

I – a exposição dos fatos e do objeto da solicitação;
II – a descrição das razões que motivaram a solicitação;
III – a indicação precisa da Normativa MERCOSUL a respeito da qual se realiza a consulta; e
IV – a indicação do juízo e da ação em que originada a solicitação;

Parágrafo único. A solicitação deve ser feita por escrito e poderá estar acompanhada das considerações, se as houver, formuladas pelas partes em litígio e pelo Ministério Público acerca da questão objeto da consulta e de qualquer documentação que possa contribuir para sua instrução.

Art. 354-K. Ao receber a solicitação, o Presidente do Supremo Tribunal Federal iniciará o processo de colheita de votos dos demais Ministros pelo processo virtual ou, se entender conveniente, encaminhará cópias aos demais Ministros antes da sessão administrativa designada para deliberação sobre a presença dos requisitos de admissibilidade do pedido e sua pertinência processual.

Art. 354-L. Uma vez preenchidos os requisitos de admissibilidade, a solicitação será encaminhada ao Tribunal Permanente de Revisão, com cópia para a Secretaria do MERCOSUL, e para as demais Cortes Supremas dos Estados Partes do MERCOSUL.

Art. 354-M. A opinião consultiva emitida pelo Tribunal Permanente de Revisão não terá caráter vinculante nem obrigatório.

▶ Arts. 354-H a 354-M acrescidos pela ER nº 48, de 3-4-2012 (publicada no *DJE* de 10-4-2012 e retificada no *DJE* de 13-4-2012).

Parte IV – Disposições Finais

TÍTULO ÚNICO – DAS EMENDAS REGIMENTAIS E DEMAIS ATOS NORMATIVOS OU INDIVIDUAIS, E DISPOSIÇÕES GERAIS E TRANSITÓRIAS

Capítulo II
DISPOSIÇÕES GERAIS E TRANSITÓRIAS

▶ Capítulo com a denominação dada pela ER nº 1, de 25-11-1981.

Art. 367. Compete ao Presidente o julgamento do pedido de reexame de decisão do Supremo Tribunal Federal, ou de seu Presidente, que houver homologado sentença estrangeira do divórcio de brasileiro com as restrições inerentes ao art. 7º, § 6º, da Lei de Introdução ao Código Civil, na redação anterior à que lhe deu o art. 49 da Lei nº 6.515, de 26 de dezembro de 1977.

▶ A referida Lei de Introdução ao Código Civil teve a sua ementa alterada para Lei de Introdução às normas do Direito Brasileiro pela Lei nº 12.376, de 30-12-2010.

▶ A homologação de sentença estrangeira passou a ser da competência do STJ, conforme art. 105, I, *i*, da CF, com a redação dada pela EC nº 45, de 8-12-2004.

▶ Lei nº 6.515, de 26-12-1977 (Lei do Divórcio).

§ 1º O pedido de reexame poderá ser feito por ambos os cônjuges ou por um deles, devendo processar-se nos próprios autos da homologação.

§ 2º Aplicam-se, no que couber, ao pedido de reexame as normas regimentais do procedimento de homologação, inclusive as pertinentes à execução e ao recurso cabível.

Sala das Sessões, em 15 de outubro de 1980.

Antonio Neder

CÓDIGO CIVIL
(LEI Nº 10.406, DE 10 DE JANEIRO DE 2002)

Institui o Código Civil.

(EXCERTOS)

▶ Publicada no *DOU* de 11-1-2002.

Parte Geral

LIVRO I – DAS PESSOAS

TÍTULO II – DAS PESSOAS JURÍDICAS

Capítulo I
DISPOSIÇÕES GERAIS

Art. 42. São pessoas jurídicas de direito público externo os Estados estrangeiros e todas as pessoas que forem regidas pelo direito internacional público.

TÍTULO III – DO DOMICÍLIO

Art. 70. O domicílio da pessoa natural é o lugar onde ela estabelece a sua residência com ânimo definitivo.

▶ Arts. 94 a 98, 100, I a III, e 111 do CPC.
▶ Arts. 7º, 10 e 12 do Dec.-lei nº 4.657, de 4-9-1942 (Lei de Introdução às normas do Direito Brasileiro).
▶ Art. 127 do CTN.

Art. 77. O agente diplomático do Brasil, que, citado no estrangeiro, alegar extraterritorialidade sem designar onde tem, no país, o seu domicílio, poderá ser demandado no Distrito Federal ou no último ponto do território brasileiro onde o teve.

LIVRO II – DO DIREITO DE EMPRESA

TÍTULO II – DA SOCIEDADE

SUBTÍTULO II – DA SOCIEDADE PERSONIFICADA

Seção III
DA SOCIEDADE ESTRANGEIRA

Art. 1.134. A sociedade estrangeira, qualquer que seja o seu objeto, não pode, sem autorização do Poder Executivo, funcionar no País, ainda que por estabelecimentos subordinados, podendo, todavia, ressalvados os casos expressos em lei, ser acionista de sociedade anônima brasileira.

▶ Lei nº 6.404, de 15-12-1976 (Lei das Sociedades por Ações).
▶ Dec. nº 5.664, de 10-1-2006, delega competência ao Ministro de Estado do Desenvolvimento, Indústria e Comércio Exterior para autorizar o funcionamento no Brasil de sociedade estrangeira, bem como suas alterações estatutárias ou contratuais, nacionalização e cassação da autorização.

§ 1º Ao requerimento de autorização devem juntar-se:

I – prova de se achar a sociedade constituída conforme a lei de seu país;
II – inteiro teor do contrato ou do estatuto;
III – relação dos membros de todos os órgãos da administração da sociedade, com nome, nacionalidade, profissão, domicílio e, salvo quanto a ações ao portador, o valor da participação de cada um no capital da sociedade;
IV – cópia do ato que autorizou o funcionamento no Brasil e fixou o capital destinado às operações no território nacional;
V – prova de nomeação do representante no Brasil, com poderes expressos para aceitar as condições exigidas para a autorização;
VI – último balanço.

▶ Arts. 1.135, parágrafo único, e 1.141, § 1º, deste Código.

§ 2º Os documentos serão autenticados, de conformidade com a lei nacional da sociedade requerente, legalizados no consulado brasileiro da respectiva sede e acompanhados de tradução em vernáculo.

Art. 1.135. É facultado ao Poder Executivo, para conceder a autorização, estabelecer condições convenientes à defesa dos interesses nacionais.

Parágrafo único. Aceitas as condições, expedirá o Poder Executivo decreto de autorização, do qual constará o montante de capital destinado às operações no País, cabendo à sociedade promover a publicação dos atos referidos no art. 1.131 e no § 1º do art. 1.134.

Art. 1.137. A sociedade estrangeira autorizada a funcionar ficará sujeita às leis e aos tribunais brasileiros, quanto aos atos ou operações praticados no Brasil.

▶ Art. 11 do Dec.-lei nº 4.657, de 4-9-1942 (Lei de Introdução às normas do Direito Brasileiro).

Parágrafo único. A sociedade estrangeira funcionará no território nacional com o nome que tiver em seu país de origem, podendo acrescentar as palavras "do Brasil" ou "para o Brasil".

Art. 1.138. A sociedade estrangeira autorizada a funcionar é obrigada a ter, permanentemente, representante no Brasil, com poderes para resolver quaisquer questões e receber citação judicial pela sociedade.

Parágrafo único. O representante somente pode agir perante terceiros depois de arquivado e averbado o instrumento de sua nomeação.

Art. 1.139. Qualquer modificação no contrato ou no estatuto dependerá da aprovação do Poder Executivo, para produzir efeitos no território nacional.

▶ Dec. nº 5.664, de 10-1-2006, delega competência ao Ministro de Estado do Desenvolvimento, Indústria e Comércio Exterior para autorizar o funcionamento no Brasil de sociedade estrangeira, bem como suas alterações estatutárias ou contratuais, nacionalização e cassação da autorização.

Art. 1.141. Mediante autorização do Poder Executivo, a sociedade estrangeira admitida a funcionar no País pode nacionalizar-se, transferindo sua sede para o Brasil.

▶ Dec. nº 5.664, de 10-1-2006, delega competência ao Ministro de Estado do Desenvolvimento, Indústria e Comércio Exterior para autorizar o funcionamento no Brasil de sociedade estrangeira, bem como suas alterações estatutárias ou contratuais, nacionalização e cassação da autorização.

§ 2º O Poder Executivo poderá impor as condições que julgar convenientes à defesa dos interesses nacionais.

LIVRO IV – DO DIREITO DE FAMÍLIA

TÍTULO I – DO DIREITO PESSOAL

SUBTÍTULO I – DO CASAMENTO

Capítulo VI
DAS PROVAS DO CASAMENTO

Art. 1.544. O casamento de brasileiro, celebrado no estrangeiro, perante as respectivas autoridades ou os cônsules brasileiros, deverá ser registrado em cento e oitenta dias, a contar da volta de um ou de ambos os cônjuges ao Brasil, no cartório do respectivo domicílio, ou, em sua falta, no 1º Ofício da Capital do Estado em que passarem a residir.

▶ Art. 32 da Lei nº 6.015, de 31-12-1973 (Lei dos Registros Públicos).

Brasília, 10 de janeiro de 2002;
181º da Independência e
114º da República.

Fernando Henrique Cardoso

ESPAÇO AÉREO E CÓSMICO

CONVENÇÃO DE AVIAÇÃO CIVIL INTERNACIONAL

▶ Promulgada pelo Dec. nº 21.713, de 27-8-1946. O texto aqui apresentado inclui as seguintes emendas: Montreal, 1947 (Dec. nº 27.649/1949); Montreal, 1954 (Dec. nº 51.424/1962); Montreal, 1954 (Dec. nº 51.425/1962); Montreal, 1961 (Dec. nº 64.990/1969); Roma, 1962 (Dec. nº 80.487/1977); Nova York, 1971 (Dec. nº 73.002/1973); Viena, 1971 (Dec. nº 80.486/1977); Montreal, 1974 (Dec. nº 85.705/1981).

PREÂMBULO

Considerando que o desenvolvimento futuro da aviação civil internacional pode contribuir poderosamente para criar e conservar a amizade e a compreensão entre as nações e os povos do mundo, mas que seu abuso pode transformar-se em ameaça ou perigo para a segurança geral, e

Considerando que é aconselhável evitar todo atrito ou desinteligência e estimular entre as nações e os povos a cooperação da qual depende a paz do mundo;

Os Governos abaixo assinados tendo concordado em certos princípios e entendimentos para que a aviação civil internacional se desenvolva de maneira segura e sistemática, e que os serviços de transporte aéreo internacional, se estabeleçam numa base de igualdade de oportunidades, funcionem eficaz e economicamente, concluem a presente Convenção com este objetivo.

PARTE I – NAVEGAÇÃO AÉREA

CAPÍTULO I

PRINCÍPIOS GERAIS E APLICAÇÃO DA CONVENÇÃO

Art. 1º *Soberania*

Os Estados contratantes reconhecem ter cada Estado a soberania exclusiva e absoluta sobre o espaço aéreo sobre seu território.

Art. 2º *Territórios*

Para os fins da presente Convenção considera-se como território de um Estado, a extensão terrestre e as águas territoriais adjacentes, sob a soberania, jurisdição, proteção ou mandato do citado Estado.

Art. 3º *Aeronaves civis e do Estado*

a) Esta Convenção será aplicável unicamente a aeronaves civis, e não a aeronaves de propriedade do Governo.
b) São consideradas aeronaves de propriedade do Governo aquelas usadas para serviços militares, alfandegários ou policiais.
c) Nenhuma aeronave governamental pertencente a um Estado contratante poderá voar sobre o território de outro Estado ou aterrissar no mesmo, sem autorização outorgada por acordo especial ou de outro modo, e de conformidade com as condições nele estipuladas.
d) Os Estados contratantes, quando estabelecerem regulamentos para aeronaves governamentais se comprometem a tomar em devida consideração a segurança da navegação das aeronaves civis.

Art. 4º *Abuso da aviação civil*

Cada Estado contratante concorda em não utilizar a aviação civil para fins incompatíveis com os propósitos desta Convenção.

CAPÍTULO II

VOOS SOBRE TERRITÓRIOS DE ESTADOS CONTRATANTES

Art. 5º *Direito de voos não regulares*

Os Estados contratantes concordam em que, todas as aeronaves dos outros Estados contratantes que não se dediquem a serviços aéreos internacionais regulares, tenham direito nos termos desta Convenção a voar e transitar sem fazer escala sobre seu território, e a fazer escalas para fins não comerciais sem necessidade de obter licença prévia, sujeitos porém ao direito do Estado sobre o qual voem de exigir aterrissagem. Os Estados contratantes se reservam no entanto o direito, por razões de segurança da navegação aérea, de exigir que as aeronaves que desejam voar sobre regiões inacessíveis ou que não contem com as facilidades adequadas para a navegação aérea, de seguir rotas determinadas ou de obter licenças especiais para esses voos.

Tais aeronaves, quando dedicadas ao transporte de passageiros, carga ou correio, remunerada ou fretada, em serviços internacionais não regulares, terão também o privilégio, sujeito ao disposto no artigo 7º, de tomar ou descarregar passageiros, carga ou correio tendo o Estado onde se faça o embarque ou desembarque, o direito de impor os regulamentos, condições e restrições que considerar necessários.

Art. 6º *Serviços aéreos regulares*

Serviços aéreos internacionais regulares não poderão funcionar no território ou sobre o território de um Estado contratante, a não ser com a permissão especial ou outra autorização do mesmo Estado e de conformidade com as condições de tal permissão ou autorização.

Art. 7º *Cabotagem*

Cada um dos Estados contratantes, terá o direito de negar às aeronaves dos demais Estados contratantes permissão para tomar em seu território, contra remuneração ou frete, passageiros, correio ou carga destinados a outro ponto de seu território. Cada um dos Estados contratantes se compromete a não estabelecer acordos que especificamente concedam tal privilégio a título de exclusividade a qualquer outro Estado ou a uma empresa aérea de qualquer outro Estado, e se compromete também a não obter de qualquer outro Estado algum privilégio exclusivo desta natureza.

Art. 8º *Aeronave sem piloto*

Nenhuma aeronave capaz de navegar sem piloto, poderá sobrevoar sem piloto o território de um Estado contratante sem autorização especial do citado Estado e de conformidade com os termos da mesma autorização. Cada Estado contratante se compromete a tomar as disposições necessárias para que o voo sem piloto de tal aeronave nas regiões acessíveis de aeronaves civis seja controlada de modo a evitar todo perigo para as aeronaves civis.

Art. 9ª Zonas proibidas

a) Por razões militares ou de segurança pública, os Estados contratantes poderão limitar ou proibir de maneira uniforme que as aeronaves de outros Estados voem sobre certas zonas do seu território, sempre que não façam distinção entre suas próprias aeronaves fazendo serviços internacionais regulares de transporte aéreo, e as aeronaves dos outros Estados contratantes que se dediquem a serviços idênticos. Estas zonas proibidas terão uma extensão razoável e serão situadas de modo a não prejudicar inutilmente a navegação aérea. Os limites das zonas proibidas situadas no território de um Estado contratante e toda modificação a eles feita posteriormente deverão ser comunicados com a maior brevidade possível aos demais Estados contratantes e a Organização Internacional de Aviação Civil.

b) Os Estados contratantes se reservam também o direito, em circunstâncias excepcionais ou durante um período de emergência, ou ainda no interesse da segurança pública, e para que tenha efeito imediato, de limitar ou proibir temporariamente os voos sobre a totalidade ou parte do seu território, contanto que estas restrições se apliquem às aeronaves de todos os demais Estados sem distinção de nacionalidade.

c) Cada Estado contratante, de conformidade com os regulamentos que venha a estabelecer, pode exigir de toda aeronave que penetre nas zonas referidas nos parágrafos acima (a) ou (b), de aterrissar logo que seja possível em algum aeroporto que designar no seu próprio território.

Art. 10. Pouso em aeroportos aduaneiros

Exceto nos casos em que, de conformidade com as disposições desta Convenção ou com uma autorização especial, aeronaves podem atravessar o território de um Estado contratante sem aterrissar, toda aeronave que penetre em território de um Estado contratante, se os regulamentos do mesmo Estado assim o exigirem, deverá descer ao aeroporto designado por este Estado para inspeção alfandegária e outros exames. A partir do território de um Estado contratante, estas aeronaves deverão fazê-lo de um aeroporto alfandegário, igualmente designado. O Estado publicará os detalhes a respeito dos aeroportos aduaneiros e os comunicará à Organização Internacional de Aviação Civil, instituída na Parte II desta Convenção para que sejam transmitidos a todos os demais Estados contratantes.

Art. 11. Aplicação dos regulamentos de tráfego

De acordo com o disposto nesta Convenção, as leis e regulamentos de um Estado contratante, relativos à entrada no ou saída do seu território, de aeronaves empregadas na navegação aérea internacional, ou relativos à operação e navegação de tais aeronaves enquanto estejam em seu território, se aplicarão às aeronaves de todos os Estados contratantes sem distinção de nacionalidade, e estas aeronaves as observarão ao entrar e ao sair do território deste Estado ou enquanto nele se encontrem.

Art. 12. Regras de tráfego

Cada um dos Estados contratantes se compromete a tomar as medidas necessárias para assegurar que todas as aeronaves que voem seu território, ou manobrem dentro dele, e todas as aeronaves que levem o distintivo de sua nacionalidade, onde quer que se encontrem, observem as regras e regulamentos que regem voos e manobras de aeronaves. Cada um dos Estados contratantes se compromete a manter seus próprios regulamentos tanto quanto possível, semelhantes aos que venham a ser estabelecidos em virtude desta Convenção. No que se refere a voos sobre o mar, os regulamentos serão os estabelecidos em virtude desta Convenção. Cada um dos Estados contratantes se compromete a processar todos os infratores dos regulamentos em vigor.

Art. 13. Regulamentos para entradas e saídas

As leis e regulamentos de um Estado contratante, sobre a entrada ou a saída de seu território de passageiros, tripulação ou carga de aeronaves (tais como regulamentos de entrada, despacho, imigração, passaportes, alfândega e quarentena) deverão ser cumpridas ou observadas pelos passageiros, tripulação ou carga, ou por seu representante, tanto por ocasião de entrada como de saída ou enquanto permanecerem no território desse Estado.

Art. 14. Medidas contra disseminação de doenças

Cada um dos Estados concorda em tomar medidas eficazes para impedir que, por meio da navegação aérea, se propaguem à cólera, tifo (epidêmico), a varíola, a febre amarela, a peste bubônica e qualquer outra enfermidade contagiosa que os Estados contratantes, oportunamente designem; para esse fim, os Estados contratantes farão consultas frequentes às organizações que tratam de regulamentos internacionais relativos a medidas sanitárias aplicáveis às aeronaves. Estas consultas não deverão prejudicar a aplicação de qualquer Convenção internacional existente sobre esta matéria de que façam parte os Estados contratantes.

Art. 15. Taxas de aeroportos e outros impostos

Todo aeroporto de um Estado contratante que esteja aberto ao uso público de suas aeronaves nacionais, estará também aberto, sujeito ao disposto no artigo 68, em condições uniformes de igualdade às aeronaves de todos os Estados contratantes. Essas condições uniformes aplicar-se-ão ao uso pelas aeronaves de todos os Estados contratantes de todas as facilidades de navegação aérea, incluindo os serviços de rádio e meteorologia, que estejam à disposição do público para a segurança e rapidez da navegação aérea.

As taxas exigidas ou permitidas por um Estado contratante para o uso de aeroportos ou facilidades para a navegação aérea por parte das aeronaves de qualquer outro Estado contratante se ajustarão às seguintes normas:

a) No tocante às aeronaves que não se dediquem a serviços aéreos internacionais regulares, não serão mais altas que as pagas por aeronaves nacionais da mesma classe dedicadas a operações similares; e

b) No tocante às aeronaves empregadas em serviços aéreos internacionais as taxas não serão mais altas que as pagas por aeronaves nacionais empregadas em serviços aéreos internacionais similares.

Estas taxas serão divulgadas e comunicadas à Organização Internacional de Aviação Civil, ficando entendido que, se um Estado contratante interessado solicitar as taxas exigidas para o uso de aeroportos e outras instalações, estarão sujeitos a exame pelo Conselho, que opinará a respeito e fará recomendações ao Estado ou aos Estados interessados. Nenhum Estado contratante imporá direitos ou outros impostos simplesmente pelo privilégio de trânsito sobre o seu território, ou de entrada ou saída no mesmo, às aeronaves de outro Estado contratante ou sobre as pessoas ou bens que estejam a bordo das mesmas.

Art. 16. *Busca em aeronaves*

As autoridades competentes de cada um dos Estados contratantes terão direito de busca nas aeronaves dos demais Estados contratantes por ocasião de sua entrada e saída, sem causar demora desnecessária, e de examinar os certificados e outros documentos prescritos por esta Convenção.

CAPÍTULO III

NACIONALIDADE DAS AERONAVES

Art. 17. *Nacionalidade das aeronaves*

As aeronaves terão a nacionalidade do Estado em que estejam registradas.

Art. 18. *Registro duplo*

Nenhuma aeronave poderá registrar-se legalmente em mais de um Estado, podendo entretanto o registro ser mudado de um Estado para outro.

Art. 19. *Legislação nacional sobre o registro*

O registro ou transferência de registro de uma aeronave de um Estado contratante se fará de conformidade com as suas leis e regulamentos.

Art. 20. *Distintivos*

Toda aeronave empregada para a navegação aérea internacional levará distintivos apropriados de sua nacionalidade e registro.

Art. 21. *Informações sobre registros*

A pedido de qualquer outro Estado contratante ou da Organização Internacional de Aviação Civil, cada um dos Estados contratantes se compromete a fornecer informações relativas ao registro e propriedade de qualquer aeronave particular registrada no Estado. Além disso, cada um dos Estados contratantes transmitirá informações à Organização Internacional de Aviação Civil, de conformidade com os regulamentos por esta prescritos, fornecendo os dados pertinentes à propriedade e ao controle de aeronaves registradas no Estado e que se dediquem regularmente à navegação aérea internacional. A Organização Internacional de Aviação Civil manterá à disposição dos outros Estados Contratantes, os dados assim obtidos.

CAPÍTULO IV

MEDIDAS PARA FACILITAR A NAVEGAÇÃO AÉREA

Art. 22. *Simplificação de formalidades*

Cada um dos Estados contratantes concorda em adotar todas as medidas possíveis, mediante regulamentos especiais ou de qualquer outro modo, para facilitar e fomentar a navegação de aeronaves entre os territórios dos Estados contratantes e evitar todo atraso desnecessário às aeronaves, tripulações, passageiros e carga especialmente no que se refere à aplicação das leis de imigração, quarentena, alfândega e despacho.

Art. 23. *Normas alfandegárias e de imigração*

Cada um dos Estados contratantes se compromete, na medida do possível, em adotar regulamentos de alfândega e de imigração que se apliquem à navegação aérea internacional conformes com as normas que venham a ser estabelecidas ou recomendadas oportunamente em virtude desta Convenção. Nada na presente Convenção deverá ser interpretado como empecilho ao estabelecimento de aeroportos francos.

Art. 24. *Direitos de alfândega*

a) As aeronaves em voo para o território de um Estado contratante, saindo deste ou atravessando seu território, serão admitidas temporariamente com isenção de direitos, ficando no entanto sujeitas aos regulamentos alfandegários do Estado. O combustível, óleos lubrificantes, peças sobressalentes, equipamento regular ou provisões normais a bordo das aeronaves de um Estado contratante quando chegar no território de outro Estado contratante, e que continuem a bordo por ocasião de saída da aeronave do território deste Estado, estarão isentos de direitos alfandegários, taxas de inspeção ou outros direitos ou impostos semelhantes nacionais ou locais. Esta isenção não será aplicável às quantidades ou artigos descarregados, da aeronave senão de conformidade com regulamentos de alfândegas do Estado, que poderá exigir que permaneçam debaixo de vigilância da alfândega.

b) As peças sobressalentes e equipamento importados no território de um Estado contratante para serem montados ou utilizados na aeronave de um outro Estado contratante servindo a navegação aérea internacional, serão admitidos com isenção de direitos aduaneiros, sujeitos aos regulamentos do Estado interessado, que poderá exigir que permaneçam debaixo da vigilância e controle da alfândega.

Art. 25. *Aeronaves em perigo*

Os Estados contratantes se comprometem a proporcionar todo auxílio possível às aeronaves que se achem em perigo em seu território e a permitir, sujeito ao controle de suas próprias autoridades, que os donos das aeronaves, ou as autoridades do Estado contratante onde estejam registradas prestem o auxílio que as circunstâncias exigirem. Todos os Estados contratantes, ao empreenderem a busca de aeronaves perdidas, colaborarão de conformidade com medidas coordenadas que tenham sido recomendadas em ocasião oportuna em virtude desta Convenção.

Art. 26. *Investigação de acidentes*

No caso em que uma aeronave de um Estado contratante sofra algum acidente em território de outro Estado contratante, acarretando morte ou ferimentos graves, ou indicando sérios defeitos técnicos na aeronave ou nas facilidades de navegação aérea, o Estado onde tiver ocorrido o acidente procederá a um inquérito sobre as circunstâncias que provocaram o acidente, de conformidade, dentro do permissível por suas próprias leis com o procedimento que possa ser recomendado nas circunstâncias pela Organização Internacional de Aviação Civil. Será oferecido ao Estado de registro da aeronave a oportunidade de designar observadores para assistirem as investigações, e o Estado onde se esteja processando o inquérito transmitirá ao outro Estado as informações e conclusões apuradas.

Art. 27. *Isenção de embargo, por reclamação de patentes*

a) Enquanto empregada na navegação aérea internacional uma aeronave de um Estado contratante, que entrar devidamente autorizada no território de outro Estado contratante, ou trânsito com licença através do seu território, aterrissando ou não, não estará sujeita a embargo ou detenção nem a qualquer reclamação contra o proprietário da empresa que a utilize, nem a interferência de tal Estado ou de pessoa nele domiciliada, sob a alegação de que a construção, o mecanismo, as peças sobressalentes, os acessórios ou a própria utilização da aeronave infrinjam alguma patente, desenho, modelo devidamente patenteado ou registrado ao Estado onde haja penetrado a aeronave; ficando estabelecido que em caso algum se exigirá, ao Estado em que penetra a aeronave, a prestação de algum depósito ligado à citada isenção de embargo ou detenção.

b) As disposições do parágrafo a), deste artigo serão aplicadas também à armazenagem de peças sobressalentes e equipamento sobressalente para aeronaves, e ao direito de usá-los e instalá-los no conserto de aeronaves de um Estado contratante no território de outro Estado contratante, uma vez que qualquer peça ou equipamento patenteado, assim armazenado não seja vendido ou distribuído internamente ou exportado comercialmente do Estado contratante onde penetrou a aeronave.

c) Os benefícios deste artigo se aplicarão somente aos Estados-partes desta Convenção, que (1) façam parte da Convenção Internacional para a proteção da Propriedade Industrial e das emendas da mesma; (2) tenham promulgado legislação de patentes que reconheça e proteja adequadamente as invenções feitas por nacionais de outros Estados que façam parte desta Convenção.

Art. 28. *Auxílio à navegação aérea e sistemas uniformes*

Na medida do possível, cada um dos Estados contratantes se compromete:

a) A estabelecer em seu território aeroportos, serviços de radiocomunicação, serviços de meteorologia e outras facilidades para a navegação aérea internacional, de conformidade com as normas e processos que forem recomendados ou estabelecidos oportunamente em virtude desta Convenção;

b) A adotar e pôr em vigor os sistemas uniformes apropriados de comunicações, processos, código, distintivos, sinais, luzes e outras normas ou regulamentos que se recomendem ou se estabeleçam oportunamente de conformidade com esta Convenção;

c) A colaborar em medidas de caráter internacional, a fim de garantir a publicação de mapas e cartas aeronáuticas conforme com as normas que se recomendam e se estabeleçam em virtude desta Convenção.

CAPÍTULO V

CONDIÇÕES A SEREM CUMPRIDAS RELATIVAS A AERONAVES

Art. 29. *Documentos que as aeronaves devem levar*

Toda aeronave de um Estado contratante que se dedique à navegação internacional, deverá levar os seguintes documentos de conformidade com as condições presentes nesta Convenção:

a) Certificado de registro;
b) Certificado de navegabilidade;
c) Licença apropriada para cada membro da tripulação:
d) Diário de bordo;
e) Se a aeronave estiver equipada com aparelhos de rádio, a licença da estação de rádio da aeronave;
f) Se levar passageiros, uma lista dos nomes e dos lugares de embarque e pontos de destino;
g) Se levar carga, um manifesto e declarações detalhadas da mesma.

Art. 30. *Aparelho de rádio da aeronave*

a) As aeronaves de cada Estado contratante, quando em voo sobre ou no território de outro Estado contratante, poderão ter a bordo aparelho de radiotransmissão somente se as autoridades apropriadas do Estado de registro da aeronave tiverem concedido uma licença para a instalação e operação de tal aparelho. O uso de radiotransmissores no território do Estado contratante sobre o qual voe a aeronave será de acordo com os regulamentos estabelecidos por este Estado.

b) Os aparelhos radiotransmissores poderão ser utilizados apenas pelos membros da tripulação de voo que tenham licença especial para este fim expedida pela autoridade apropriada do Estado de registro da aeronave.

Art. 31. *Certificado de navegabilidade*

Toda aeronave que se dedique à navegação internacional será munida de um certificado de navegabilidade expedido ou declarado válido pelo Estado em que esteja registrada.

Art. 32. *Licenças do pessoal*

a) O piloto e os tripulantes de toda aeronave empregada na navegação internacional, serão munidos de certificado de competência e de licenças expedidas ou declaradas válidas pelo Estado onde esteja registrada a aeronave.

b) Cada Estado contratante se reserva o direito de recusar reconhecer, em se tratando de voos sobre o seu próprio território, certificados de competência e licenças outorgadas a seus nacionais por outro Estado contratante.

Art. 33. *Aceitação de certificados e de licenças*

Os Estados contratantes aceitarão a validade de certificado de navegabilidade, de certificados de competência e licenças expedidas ou declaradas válidas pelo Estado contratante onde esteja registrada a aeronave, sempre que os requisitos conforme os quais foram expedidos declarados válidos estes certificados ou licenças sejam iguais ou superiores às normas mínimas que, periodicamente, se estabeleçam em virtude desta Convenção.

Art. 34. *Diário de bordo*

Toda aeronave que se dedique à navegação internacional, terá um diário de bordo onde serão assentados os detalhes acerca da aeronave, de sua tripulação e de cada viagem na forma que oportunamente se prescrevia em virtude desta Convenção.

Art. 35. *Restrições sobre a carga*

a) As aeronaves que se dediquem à navegação aérea internacional, não levarão munições nem apetrechos de guerra, ao entrar no território de um Estado ou ao voar sobre este, exceto com o consentimento deste Estado. Cada Estado determinará, mediante regulamentos o que se deve entender por munições e apetrechos de guerra para os fins deste artigo, dando a devida consideração às recomendações que com o objetivo de uniformidade venham a ser feitas oportunamente pela Organização Internacional de Aviação Civil.

b) Por razões de ordem pública e de segurança, cada Estado se reserva o direito de regulamentar ou proibir o transporte em seu território ou sobre ele, de artigos adicionais aos enumerados no parágrafo a), ficando entendido que não se estabelecerão neste sentido distinção entre aeronaves nacionais dedicadas à navegação aérea e às aeronaves de outros Estados utilizadas para fins análogos não serão impostas restrições que interfiram com o transporte e uso nas aeronaves de aparelhos necessários para a operação e navegação da mesma ou para a segurança da tripulação ou dos passageiros.

Art. 36. *Aparelhos de fotografia*

Cada Estado contratante poderá proibir ou regulamentar o uso de aparelhos de fotografia em aeronaves voando sobre seu território.

Capítulo VI

NORMAS INTERNACIONAIS E PROGRAMAS RECOMENDADOS

Art. 37. *Adoção de normas e processos internacionais*

Os Estados contratantes se comprometem a colaborar a fim de lograr a maior uniformidade possível em regulamentos, padrões, normas e organização relacionados com as aeronaves, pessoal, aerovias e serviços auxiliares, em todos os casos em que a uniformidade facilite e melhore a navegação aérea.

Para este fim, a Organização Internacional de Aviação Civil adotará e emendará oportunamente, segundo a necessidade, as normas internacionais e as práticas e processos relativos aos pontos seguintes:

a) Sistema de comunicação e auxílio à navegação aérea, inclusive as marcações terrestres;
b) Característicos de aeroportos e áreas de pouso;
c) Regras de tráfego e métodos de controle de tráfego aéreo;
d) Licenças para o pessoal de voo e mecânicos;
e) Navegabilidade das aeronaves;
f) Registro e matrícula de aeronaves;
g) Coleta e troca de dados meteorológicos;
h) Livros de bordo;
i) Mapas e cartas aeronáuticas;
j) Formalidades de alfândega e de imigração;
k) Aeronaves em perigo e investigação de acidentes.

Assim como todas as sugestões relacionadas com a segurança, regularidade e eficiência de navegação aérea que oportunamente forem necessárias.

Art. 38. *Diferenças entre as normas e processos internacionais*

Se um Estado se vê impossibilitado de cumprir em todos os seus detalhes certas normas ou processos internacionais, ou de fazer que seus próprios regulamentos e práticas concordem por completo com as normas e processos internacionais que tenham sido objeto de emendas, ou se o Estado considerar necessário adotar regulamentos e práticas diferentes em algum ponto dos estabelecidos por normas internacionais, informará imediatamente a Organização Internacional de Aviação Civil das diferenças existentes entre suas próprias práticas e as internacionais. Em caso de emendas a estas últimas o Estado que não fizer estas alterações nos seus regulamentos ou práticas deverá informar o Conselho dentro do período de 60 (sessenta) dias a contar da data em que for adotada a emenda às normas internacionais, ou indicará o que fará a esse respeito. Em tal caso o Conselho notificará imediatamente a todos os demais Estados a diferença existente entre as normas internacionais e as normas correspondentes no Estado em apreço.

Art. 39. *Anotações em certificados e licenças*

a) Qualquer aeronave, ou parte desta a respeito da qual exista uma norma internacional de navegabilidade ou de suas características, que deixe de algum modo de satisfazer as normas quando for expedido o certificado levará escrito no dorso do seu certificado de navegabilidade, ou junta a este, a enumeração completa dos detalhes em que difere a citada norma;

b) Qualquer pessoa que tiver uma licença que não satisfaz plenamente as condições presentes pelas normas internacionais respectivas terá sua licença endossada de uma enumeração completa dos pontos em que não satisfaz estas condições.

Art. 40. *Validade de certificados e licenças anotadas*

Aeronaves, ou pessoal com certificados ou licenças assim endossadas, não poderão tomar parte na navegação internacional exceto com licença do Estado ou Estados em cujo território entrem o registro ou o uso de tais aeronaves ou de qualquer parte de aeronave certificada, em qualquer Estado que não seja o que outorgou ou do Estado para o qual a aeronave ou a peça em apreço for importada.

Art. 41. *Aceitação de normas de navegabilidade*

O disposto neste Capítulo não se aplicará às aeronaves e ao equipamento das aeronaves dos tipos cujo protótipo é submetido às autoridades nacionais competentes para homologação nos 3 (três) anos que seguirão à data em que se adote uma norma internacional de navegabilidade para tal equipamento.

Art. 42. *Aceitação de normas de competência do pessoal*

O disposto neste capítulo não se aplicará ao pessoal cuja licença original se haja expedido antes de decorrido 1 (um) ano depois da data em que se adote inicialmente uma norma internacional de qualificação para tal pessoal; elas se aplicarão, entretanto, de qualquer modo ao pessoal cujas licenças são ainda válidas 5 (cinco) anos depois da adoção desta norma.

PARTE II – ORGANIZAÇÃO INTERNACIONAL DE AVIAÇÃO CIVIL

CAPÍTULO VII

A ORGANIZAÇÃO

Art. 43. *Nome e composição*

Esta Convenção estabelece uma organização que se denominará Organização Internacional de Aviação Civil, e será composta de uma Assembleia, de um Conselho e dos demais órgãos julgados necessários.

Art. 44. *Objetivos*

Os fins e objetivos da Organização serão desenvolver os princípios e a técnica da navegação aérea internacional e de favorecer o estabelecimento e estimular o desenvolvimento de transportes aéreos internacionais a fim de poder:

a) Assegurar o desenvolvimento seguro e ordeiro da aviação civil internacional do mundo;
b) Incentivar a técnica de desenhar aeronaves e sua operação para fins pacíficos.
c) Estimular o desenvolvimento de aerovias, aeroportos e facilidade de navegação aérea na aviação civil internacional;
d) Satisfazer às necessidades dos povos do mundo no tocante a transporte aéreo seguro, regular, eficiente e econômico.
e) Evitar o desperdício de recursos econômicos causados por competição desarrazoável;
f) Assegurar que os direitos dos Estados contratantes sejam plenamente respeitados, e que todo o Estado contratante tenha uma oportunidade equitativa de operar empresas aéreas internacionais;
g) Evitar a discriminação entre os Estados contratantes;
h) Contribuir para a segurança dos voos na navegação aérea internacional;
i) Fomentar, de modo geral, o desenvolvimento de todos os aspectos da aeronáutica civil internacional.

Art. 45. *Sede permanente*

A sede permanente da Organização será determinada na sessão final da Assembleia Preliminar da Organização Provisória Internacional de Aviação Civil estabelecida por acordo preliminar sobre a Aviação Civil Internacional, assinado em Chicago, em 7 de dezembro de 1944.

Por decisão do Conselho a sede poderá ser transferida temporariamente para outro lugar, e, não sendo em caráter provisório, por decisão da Assembleia. Para tal decisão será necessário o número de votos fixados pela Assembleia. O número de votos assim fixados não poderá ser inferior a três quintos de número total de Estados contratantes.

Art. 46. *Primeira reunião da Assembleia*

A primeira reunião da Assembleia será convocada pelo Conselho Interino constituído pelo acordo para estabelecer a Organização Provisória Internacional de Aviação Civil Internacional, assinado em Chicago em 7 de dezembro de 1944, logo após a entrada em vigor da Convenção, para reunir-se na data e no lugar que esse Conselho Interino designar.

Art. 47. *Personalidade jurídica*

A Organização gozará, no território de cada um dos Estados contratantes, de capacidade jurídica necessária para o desempenho de suas funções. Ser-lhe-á concedida plena personalidade jurídica sempre que o permitam a Constituição e as leis do Estado interessado.

CAPÍTULO VIII

A ASSEMBLEIA

Art. 48. *Sessões da Assembleia e votação*

a) A Assembleia se reunirá pelo menos uma vez cada 3 (três) anos e será convocada pelo Conselho em data e lugar apropriados. A Assembleia poderá realizar uma reunião extraordinária, a qualquer momento, por convocação do Conselho ou a requerimento dirigido ao Secretário-Geral, de pelo menos, a quinta parte do número total de Estados contratantes.
b) Todos os Estados contratantes terão direito igual a ser representados nas reuniões da Assembleia, e cada Estado contratante terá direito a um voto. Os delegados que representam os Estados contratantes poderão ter o auxílio de assessores técnicos, que terão direito a participar das reuniões, porém sem direito a voto.
c) Nas reuniões da Assembleia, será requerida a maioria dos Estados contratantes para constituir *quorum*. A menos que esta Convenção disponha de modo contrário, as decisões da Assembleia serão tomadas por maioria dos votos consignados.

Art. 49. *Poderes e deveres da Assembleia*

Serão faculdades e funções da Assembleia:

a) Eleger em cada reunião seu Presidente e outros funcionários;
b) Eleger os Estados contratantes que estarão representados no Conselho, de acordo com as disposições do Capítulo IX;
c) Examinar e tomar medidas pertinentes no que se refere aos relatórios do Conselho e decidir qualquer assunto a que este se refira;
d) Determinar o seu próprio regulamento e estabelecer as comissões subsidiárias que julgue necessárias ou aconselháveis;
e) Votar orçamentos anuais e fazer os arranjos financeiros da Organização, de conformidade com as disposições do Capítulo XII;
f) Examinar os gastos e aprovar as contas da Organização;

g) A seu critério, entregar ao Conselho, às comissões auxiliares, ou a qualquer outro órgão, qualquer assunto que esteja dentro da sua esfera;
h) Delegar ao Conselho as faculdades e autoridades necessárias ou aconselháveis para o desempenho das funções da Organização; e revogar ou modificar a qualquer momento tal delegação;
i) Executar as disposições do Capítulo XII que sejam oportunas;
j) Considerar propostas para a modificação ou emenda das disposições desta Convenção e, se as aprovar, recomendá-las aos Estados contratantes de acordo com as disposições do Capítulo XXI;
k) Tratar de qualquer assunto, dentro da esfera de ação da Organização, que não tenha sido atribuído especificamente ao Conselho.

Capítulo IX

O CONSELHO

Art. 50. *Composição e eleição do Conselho*

a) O Conselho será um órgão permanente, responsável perante a Assembleia. Será composto de trinta e três Estados contratantes eleitos pela Assembleia. Uma eleição será feita na primeira reunião da Assembleia, e depois de 3 (três) em 3 (três) anos. Os membros do Conselho assim eleitos desempenharão seus cargos até a próxima eleição.
b) Ao eleger os membros do Conselho, a Assembleia dará a devida representação (1) aos Estados de maior importância em matéria de transporte aéreo; (2) aos Estados que não sejam representados de outro modo, e que mais contribuam a prover facilidades para a navegação aérea civil internacional; e (3) aos Estados que são representados de outro modo, e cuja nomeação assegurar a representação no Conselho de todas as principais regiões geográficas do mundo. Toda vaga no Conselho será preenchida pela Assembleia o mais depressa possível; o Estado contratante assim eleito para o Conselho exercerá suas funções durante o resto do período que corresponda a seu predecessor.
c) Nenhum dos representantes dos Estados contratantes no Conselho poderá estar associado ativamente na operação de algum serviço aéreo internacional, nem interessado financeiramente em tal serviço.

Art. 51. *Presidente do Conselho*

O Conselho elegerá seu Presidente por um período de 3 (três) anos. O Presidente não terá direito a voto. O Conselho elegerá entre os seus membros um ou mais Vice-Presidentes, que conservarão seu direito de voto quando na função de Presidente interino. O Presidente não será necessariamente escolhido entre os representantes dos membros do Conselho; se um deles, entretanto, for eleito, o seu lugar, considerado vago, será preenchido pelo Estado que representava. As funções do Presidente serão:

a) Convocar as reuniões do Conselho do Comitê de Transporte Aéreo e da Comissão de Navegação Aérea;
b) Servir como representante do Conselho; e
c) Desempenhar em nome do Conselho, as funções que lhe atribuir.

Art. 52. *Votação no Conselho*

Para as decisões do Conselho será necessária a aprovação da maioria de seus membros. O Conselho poderá delegar a um Comitê composto de seus membros, plena autoridade relativa a qualquer assunto especial. Qualquer Estado contratante interessado poderá apelar perante o Conselho relativamente às decisões de qualquer Comitê do Conselho.

Art. 53. *Participação sem direito a voto*

Qualquer Estado contratante poderá tomar parte, sem direito a voto, nas deliberações do Conselho e dos seus comitês e comissões sobre qualquer assunto que afete especialmente seus interesses. Nenhum dos membros do Conselho poderá votar no exame pelo Conselho de uma controvérsia da qual seja parte.

Art. 54. *O Conselho deverá:*

a) Apresentar à Assembleia relatórios anuais;
b) Executar as instruções da Assembleia, e desempenhar as funções e assumir as obrigações que lhe sejam atribuídas por esta Convenção;
c) Determinar a sua própria organização e regulamento;
d) Nomear um Comitê de Transporte Aéreo e definir as suas funções. Este comitê será escolhido entre os representantes dos membros do Conselho e será responsável perante ele;
e) Estabelecer uma Comissão de Navegação Aérea, de acordo com as disposições do Capítulo X;
f) Administrar as finanças da Organização de acordo com as disposições dos Capítulos XII e XV;
g) Fixar os vencimentos do Presidente do Conselho;
h) Nomear um funcionário executivo Chefe, que será denominado Secretário Geral; e providenciar para a nomeação do pessoal necessário, de acordo com as disposições do Capítulo XI;
i) Solicitar, compilar, examinar e publicar informações relativas ao progresso da navegação aérea e à operação de serviços aéreos internacionais, incluindo informações acerca do custo de operação e detalhes sobre os subsídios oficiais pagos às empresas aéreas;
j) Informar os Estados contratantes a respeito de qualquer infração desta Convenção e qualquer omissão ocorrida por deixar de executar as recomendações ou determinações do Conselho;
k) Avisar a Assembleia de toda infração desta Convenção no caso em que algum Estado-membro deixe de tomar as medidas necessárias num prazo razoável, depois de ter sido notificado de infração;
l) Adotar de acordo com as disposições do Capítulo VI desta Convenção, as normas internacionais e os processos recomendados; para a maior conveniência designá-los como Anexos a esta Convenção e notificar todos os Estados contratantes da ação tomada;
m) Estudar as recomendações da Comissão de Navegação Aérea relativas às emendas dos Anexos, e agir de acordo com as disposições do Capítulo XX;
n) Examinar qualquer assunto relativo à Convenção que lhe seja submetido por qualquer Estado contratante.

Art. 55. *Funções facultativas do Conselho*

O Conselho poderá:

a) Quando apropriado e quando a experiência indicar sua conveniência, criar comissões de transporte aéreo, subordinadas, sobre base regional ou de outra natureza, e definir os grupos de Estados ou empresas aéreas com as quais ou por meio das quais possa tratar para facilitar o êxito dos objetivos desta Convenção;

b) Delegar à Comissão de Navegação Aérea funções adicionais às estabelecidas na Convenção e revogar ou modificar a qualquer momento tal delegação de autoridade;

c) Fazer pesquisas em todos o setores de transporte e de navegação aérea de importância internacional; transmitir o resultado das pesquisas aos Estados contratantes, e facilitar entre estes o intercâmbio de informações sobre assuntos relativos ao transporte e à navegação aérea;

d) Estudar qualquer questão que afete a organização e operação do transporte aéreo internacional, inclusive a propriedade e a exploração internacional em rotas troncos, e submeter à Assembleia planos relacionados com estes assuntos;

e) Investigar, a pedido de qualquer Estado contratante, toda a situação da qual possam surgir obstáculos evitáveis ao desenvolvimento da navegação aérea internacional e apresentar, depois de tal investigação, o parecer que julgar aconselhável.

Capítulo X

COMISSÃO DE NAVEGAÇÃO AÉREA

Art. 56. *Designação e nomeação de comissão*

A Comissão de Navegação Aérea será composta de quinze membros, nomeados pelo Conselho entre pessoas designadas pelo Estado contratante. Estas pessoas deverão ter qualificação e experiência adequadas na ciência e na prática da aeronáutica. O Conselho solicitará de todos os Estados contratantes que apresentem candidatos. O Conselho nomeará o Presidente da Comissão de Navegação Aérea.

Art. 57. *Funções da Comissão*

Serão funções da Comissão de Navegação Aérea:

a) Considerar modificações aos Anexos desta Convenção e recomendá-las ao Conselho para que sejam adotadas;

b) Estabelecer subcomissões técnicas, nas quais qualquer Estado contratante poderá estar representado, se assim o desejar;

c) Assessorar o Conselho a respeito de coleta, e transmissão aos Estados contratantes, de quaisquer informações que considerar necessárias ou úteis ao progresso da navegação aérea.

Capítulo XI

O PESSOAL

Art. 58. *Nomeação do pessoal*

Sujeito aos regulamentos ditados pela Assembleia e às disposições desta Convenção o Conselho determinará, quanto ao Secretário Geral e o pessoal da Organização, o método de proceder e determinar as nomeações, o licenciamento, os salários, gratificações e condições de serviço, podendo empregar e utilizar os serviços de nacionais de qualquer Estado contratante.

Art. 59. *Caráter internacional do pessoal*

O Presidente do Conselho, o Secretário Geral e o resto do pessoal não solicitarão nem receberão instruções de autoridade alguma não pertencente à Organização relativamente ao desempenho de suas funções. Os Estados contratantes se comprometem a respeitar plenamente o caráter internacional das funções de pessoal e de não procurar exercer influência alguma sobre seus nacionais no desempenho de suas funções.

Art. 60. *Imunidades e prerrogativas do pessoal*

Os Estados contratantes se comprometem, tanto quanto o permitam seus processos constitucionais, a outorgar ao Presidente do Conselho, ao Secretário Geral e demais pessoal da Organização, as imunidades e as prerrogativas que são outorgadas ao pessoal da mesma categoria, de outras organizações públicas internacionais. Na eventualidade de celebrar-se um acordo geral internacional sobre imunidades e privilégios de servidores civis internacionais, as imunidades e prerrogativas concedidas ao Presidente, ao Secretário Geral, e aos demais pessoal da Organização, serão idênticas às concedidas em virtude de tal acordo geral internacional.

Capítulo XII

FINANÇAS

Art. 61. *Orçamento e repartição de gastos*

O Conselho submeterá à Assembleia orçamentos anuais, prestações de contas anuais e estimativas de todas as receitas e despesas. A Assembleia aprovará os orçamentos com as modificações que achar oportunas, e com exceção das participações contidas pelos Estados, em virtude do Capítulo XV, repartirá as despesas da Organização entre os Estados contratantes, em proporções determinadas periodicamente.

Art. 62. *Suspensão do direito de voto*

A Assembleia poderá suspender o direito de voto na Assembleia e no Conselho de qualquer Estado contratante que, dentro de um período de tempo razoável, deixa de cumprir suas obrigações financeiras para com a Organização.

Art. 63. *Gastos de delegações e outros representantes*

Cada Estado contratante tomará a seu cargo os gastos de sua própria delegação na Assembleia e a remuneração, gastos de viagem e outras despesas de qualquer pessoa que nomeia para servir no Conselho, e de seus representantes em quaisquer comitês ou comissões subsidiárias da Organização.

Capítulo XIII

OUTROS ENTENDIMENTOS INTERNACIONAIS

Art. 64. *Acordos de segurança*

Em relação a questões de aviação de sua jurisdição, que afetem diretamente a segurança mundial, a Organização, por voto da Assembleia poderá proceder a entendimentos convenientes com qualquer organização geral estabelecida pelas nações do mundo para a manutenção da paz.

Art. 65. *Entendimentos com outras entidades internacionais*

O Conselho, em nome da Organização, poderá entrar em acordos com outras entidades internacionais para a manutenção de serviços comuns e relativamente a entendimentos conjuntos concernentes ao pessoal, e, com a aprovação da Assembleia, poderá ainda entrar em convênios destinados a facilitar o trabalho da Organização.

Art. 66. *Funções relativas a outros acordos*

a) A Organização deverá desempenhar as funções que lhe forem atribuídas pela Convenção Relativa ao Trânsito dos Serviços Aéreos Internacionais e a Convenção sobre Transporte Aéreo Internacional, elaborados em Chicago, a 7 de dezembro de 1944, de acordo com os termos e condições neles estabelecidas.

b) Os membros da Assembleia e do Conselho que não aceitaram o Acordo de Trânsito do Serviço Internacional Aéreo ou o Acordo de Transporte Internacional Aéreo, feitos em Chicago em 6 de dezembro de 1944, não terão o direito de voto em qualquer questão referida à Assembleia ou ao Conselho de conformidade com as disposições do acordo respectivo.

PARTE III – TRANSPORTE AÉREO INTERNACIONAL

CAPÍTULO XIV
INFORMAÇÕES E RELATÓRIOS

Art. 67. *Relatórios de arquivo com o Conselho*

Cada Estado Contratante se compromete a que suas empresas aéreas internacionais, de conformidade com as disposições estabelecidas pelo Conselho, transmitam a este informações sobre o tráfego, estatísticas de custo, e contabilidade, expondo, entre outras coisas, todas as receitas e a sua fonte.

CAPÍTULO XV
AEROPORTOS E OUTRAS FACILIDADES PARA NAVEGAÇÃO AÉREA

Art. 68. *Determinação de rotas e de aeroportos*

Cada Estado contratante poderá, sujeito às disposições desta Convenção, designar a rota a ser seguida dentro do seu território por qualquer serviço aéreo internacional e os aeroportos utilizados por tais serviços.

Art. 69. *Melhoria de facilidades para a navegação aérea*

Se o Conselho for de opinião que os aeroportos ou outras facilidades para a navegação aérea, incluindo os serviços de rádio e de meteorologia de um Estado contratante, não são razoavelmente adequados para assegurar a segurança, regularidade, eficiência e operação econômica de serviços aéreos internacionais, existentes ou projetados, o Conselho deverá consultar o Estado diretamente interessado, e os demais Estados afetados, com o objetivo de encontrar meios para remediar a situação e poderá fazer recomendações para tal fim. Nenhum Estado contratante será culpado de infração desta Convenção no deixar de executar tais recomendações.

Art. 70. *Financiamento de facilidades para a navegação aérea*

Um Estado Contratante, nas circunstâncias indicadas no artigo 69, poderá concluir um acordo com o Conselho para dar efeito a tais recomendações. O Estado poderá tomar a seu cargo todas as despesas decorrentes de tal acordo. No caso contrário, o Conselho poderá concordar a pedido do Estado, em fornecer a totalidade ou parte dos fundos necessários.

Art. 71. *Fornecimento e manutenção de facilidades pelo Conselho*

Se um Estado contratante o solicitar, o Conselho poderá fornecer, dotar, manter, e administrar um ou todos os aeroportos e demais instalações para facilitar a navegação aérea, inclusive serviços meteorológicos e de rádio, necessários no seu território para o funcionamento seguro, regular, eficiente e econômico dos serviços aéreos internacionais dos outros Estados contratantes, e poderá fixar taxas justas e razoáveis pelo uso dessas facilidades.

Art. 72. *Aquisição ou uso de terrenos*

No caso em que se necessitem terrenos para instalações custeadas totalmente ou em parte pelo Conselho a pedido de um Estado contratante, aquele Estado fornecerá ele próprio o terreno, conservando o título de propriedade se assim o desejar ou permitirá que o Conselho o use em condições justas e razoáveis e de acordo com as leis do Estado interessado.

Art. 73. *Despesas e repartição de fundos*

Dentro do limite dos fundos, que, de acordo com o Capítulo XII, a Assembleia ponha à disposição do Conselho, este poderá proceder a despesas correntes para os objetivos deste artigo por conta dos fundos gerais da Organização. O Conselho deverá repartir os fundos necessários para os fins deste artigo em proporções previamente concordadas, através de um período de tempo razoável, entre os Estados contratantes, que deram seu consentimento, cujas empresas aéreas se utilizem destas facilidades. O Conselho poderá também atribuir a Estados que concordarem, quaisquer fundos correntes que sejam necessários.

Art. 74. *Assistência técnica e utilização das rendas*

Quando o Conselho, a pedido de um Estado contratante, adiantar fundos ou fornecer aeroportos ou outras facilidades, total ou parcialmente, o entendimento poderá incluir, com o consentimento do Estado interessado, assistência técnica na fiscalização e operação dos aeroportos e outras facilidades, e providenciar para o pagamento, por conta da renda procedente da operação dos aeroportos e outras facilidades, das despesas de operação, e dos juros e amortização.

Art. 75. *Posse das instalações*

Um Estado contratante poderá a qualquer momento liquidar qualquer compromisso que tenha assumido em virtude do artigo 70, e tomar a si os aeroportos e outras facilidades que o Conselho tenha fornecido, em seu território, de conformidade com as disposições dos artigos 71 e 72, pagando ao Conselho a soma que na opinião do Conselho seja razoável nas circunstâncias. Se o Estado julgar que a importância fixada pelo Conselho não é razoável, poderá apelar da decisão do

Conselho perante a Assembleia que poderá confirmar ou emendar a decisão do Conselho.

Art. 76. *Reembolsos*

Os fundos obtidos pelo Conselho por reembolso em virtude do artigo 75 ou provimentos de pagamentos de juros e amortização, em virtude do artigo 74, no caso de adiantamentos financiados originalmente por Estados, de conformidade com o artigo 73, serão devolvidos aos Estados entre os quais foram repartidos proporcionalmente de acordo com a sua parte inicial, segundo determinação do Conselho.

CAPÍTULO XVI

ORGANIZAÇÕES CONJUNTAS E SERVIÇOS MÚTUOS

Art. 77. *Permissão de constituição de organizações conjuntas*

Nada nesta Convenção proibirá dois ou mais Estados contratantes constituírem organizações conjuntas de operações de transportes aéreos ou agências de operações internacionais e que fundem os seus serviços aéreos em quaisquer rotas ou regiões. Tais organizações ou agências e tais serviços conjuntos estarão sujeitos a todas as disposições desta Convenção, inclusive as relativas ao registro de acordos com o Conselho.

O Conselho determinará como as cláusulas desta Convenção relativos à nacionalidade de aeronaves se aplicarão às aeronaves que trafeguem sob a direção de agências internacionais de operações.

Art. 78. *Função do Conselho*

O Conselho poderá propor a Estados contratantes interessados que formem organizações conjuntas para operar serviços aéreos em quaisquer rotas ou regiões.

Art. 79. *Participações em organizações de operação*

Um Estado poderá participar em entendimentos de serviços mútuos, organizações conjuntas, operações, seja por intermédio do Governo ou por intermédio de uma empresa ou empresas de navegação aérea designadas por seu Governo.

As empresas, segundo o critério exclusivo do Estado interessado, poderão ser inteira ou parcialmente de propriedade do Estado ou de propriedade particular.

CAPÍTULO XVII

OUTROS ACORDOS E ENTENDIMENTOS AERONÁUTICOS

Art. 80. *Convenções de Paris e de Havana*

As Partes contratantes se comprometem, assim que a presente Convenção entrar em vigor a denunciar a Convenção relativa à Regulamentação da Navegação Aérea, firmada em Paris, a 13 de outubro de 1919, ou a Convenção sobre Aviação Comercial, assinada em Havana, a 20 de fevereiro de 1928, quando fizerem parte de qualquer uma das duas. Entre os Estados contratantes, esta Convenção substitui as referidas Convenções de Paris e de Havana.

Art. 81. *Registro de acordos existentes*

Todos os acordos aeronáuticos existentes por ocasião da entrada em vigor desta, entre um Estado Contratante e qualquer outro Estado ou entre uma empresa de navegação aérea de um Estado Contratante e outro Estado qualquer ou empresa de navegação aérea de qualquer outro Estado, serão imediatamente registrados no Conselho.

Art. 82. *Ab-rogação de ajustes incompatíveis*

As Partes contratantes aceitam esta Convenção como ab-rogando todas as obrigações e entendimentos entre eles incompatíveis com os seus termos, e se comprometem a não assumir obrigações ou entendimentos desta natureza. Um Estado contratante que, antes de tornar-se membro da Organização, tenha assumido com um Estado não contratante ou com um nacional de Estado contratante ou de Estado não contratante compromisso incompatível com as cláusulas desta Convenção, tomará medidas imediatas para se desobrigar do referido compromisso. Se uma empresa de navegação aérea de qualquer Estado contratante houver assumido semelhantes obrigações incompatíveis, o Estado de sua nacionalidade se esforçará na medida do possível para assegurar sua imediata terminação e de qualquer modo, providenciará para a sua terminação logo que for possível fazê-lo depois da entrada em vigor desta Convenção.

Art. 83. *Registro de novos entendimentos*

Sujeito às disposições do artigo anterior qualquer Estado contratante poderá realizar entendimentos compatíveis com as cláusulas desta Convenção. Qualquer entendimento desta natureza deverá ser imediatamente registrado no Conselho que dará publicidade ao mesmo assim que for possível.

CAPÍTULO XVIII

DISPUTA E FALTA DE CUMPRIMENTO

Art. 84. *Solução de disputa*

Qualquer desacordo entre dois ou mais Estados contratantes sobre a interpretação ou a aplicação desta Convenção e seus anexos que não puder ser resolvido por meio de negociações será mediante pedido de qualquer dos Estados, envolvido no desacordo, decidido pelo Conselho. Nenhum membro do Conselho terá direito a voto na solução pelo Conselho de qualquer disputa na qual seja parte interessada. Qualquer Estado contratante poderá, observado o disposto no artigo 85, pedir revisão da decisão do Conselho a um Tribunal Arbitral *Ad Hoc*, aceito pelos demais interessados, ou à Corte Permanente de Justiça Internacional. Qualquer recurso desta ordem será levado ao conhecimento do Conselho dentro do prazo de 30 (trinta) dias, contados a partir da data do recebimento de notificação da decisão do Conselho.

Art. 85. *Processo arbitral*

Se qualquer Estado contratante envolvido em disputa na qual a decisão do Conselho estiver sendo apelada não tiver aceito o Estatuto da Corte Permanente de Justiça Internacional e os Estados contratantes interessados não chegarem a um acordo no tocante à escolha do tribunal arbitral, cada um dos Estados contratantes, parte na disputa nomeará um árbitro e estes indicarão um juiz. Se algum Estado contratante envolvido na disputa deixar de nomear um árbitro dentro de um período de 3 (três) meses, contados a partir da data do apelo, o Presidente do Conselho escolherá, de uma lista de indivíduos qualificados e disponíveis, mantida pelo Conselho, um árbitro para este Estado. Se, dentro de 30 (trinta) dias, os árbitros não chegarem a um acordo sobre o juiz, o Presidente do Conselho escolherá um juiz da referida lista. Os árbitros e o juiz constituirão então conjuntamente, um tribunal arbitral. Qualquer tribunal constituído nos termos deste ou do precedente artigo adotará seu próprio processo e decidirá por maioria de votos, podendo entretanto o Conselho determinar o processo a ser adotado na hipótese de dar-se um atraso excessivo na sua opinião.

Art. 86. *Dos recursos*

Salvo decisão contrária do Conselho, qualquer decisão do Conselho sobre se uma empresa de navegação aérea internacional opera em conformidade com as cláusulas desta Convenção será válida exceto se for modificada em consequência de apelo. Sobre qualquer outro assunto, as decisões do Conselho, se impugnadas, serão suspensas até que o recurso seja julgado. As decisões da Corte Permanente de Justiça Internacional e de um tribunal arbitral serão finais e obrigarão as partes.

Art. 87. *Penas por falta de cumprimento por parte de empresas de navegação aérea*

Cada Estado contratante se compromete a não permitir que uma empresa de navegação aérea de Estado contratante opere no espaço aéreo sobre o seu território se o Conselho tiver resolvido que a empresa em questão não está acatando uma decisão final pronunciada de acordo com o artigo precedente.

Art. 88. *Penalidades por não cumprimento por parte do Estado*

A Assembleia suspenderá o direito de voto na Assembleia e no Conselho de qualquer Estado contratante em falta no tocante às disposições deste Capítulo.

CAPÍTULO XIX

GUERRA

Art. 89. *Guerra e condições de emergência*

Em caso de guerra, as disposições desta Convenção não afetarão a liberdade de ação de qualquer dos Estados contratante atingidos, seja como beligerante ou neutro. O mesmo princípio será aplicado no caso de qualquer Estado contratante que declarar um estado nacional de emergência e que comunique o fato ao Conselho.

CAPÍTULO XX

ANEXOS

Art. 90. *Adoção e emendas de anexos*

a) A adoção pelo Conselho dos Anexos descritos no artigo 54, subparágrafo 1º, necessitará dois terços de votos do Conselho em reunião convocada com tal finalidade e será em seguida, submetida pelo Conselho a cada Estado contratante. Qualquer anexo ou emenda de um anexo, tornar-se-á efetiva dentro de 3 (três) meses, contados a partir da data em que forem submetidos à apreciação dos Estados contratantes, ou findo um período mais extenso que o Conselho possa adotar, salvo se nesse ínterim, uma maioria dos Estados contratantes manifestar sua desaprovação do Conselho.

b) O Conselho comunicará, imediatamente, aos Estados contratantes a entrada em vigor de qualquer anexo ou emenda de anexo.

CAPÍTULO XXI

RATIFICAÇÕES, ADESÕES, EMENDAS E DENÚNCIAS

Art. 91. *Ratificação da Convenção*

a) Esta Convenção deverá ser ratificada pelos Estados signatários. O instrumento de ratificação será depositado nos arquivos do Governo dos Estados Unidos da América, que comunicará a data do depósito a cada Estado que tenha assinado ou aderido à Convenção.

b) Assim que esta Convenção tenha sido ratificada por, ou a ela tenham aderido, vinte seis Estados, ela entrará em vigor entre eles no 30º (trigésimo) dia após o depósito do vigésimo sexto instrumento. Entrará em vigor para os Estados que o ratificarem posteriormente ao 30º (trigésimo) dia depois do depósito do respectivo instrumento de ratificação.

c) Caberá ao Governo dos Estados Unidos da América levar ao conhecimento do Governo de cada Estado ratificante ou aderente a data em que esta Convenção entrar em vigor.

Art. 92. *Adesões à Convenção*

a) Esta Convenção, após a data de encerramento das assinaturas, estará aberta à adesão por parte dos membros das Nações Unidas e dos Estados a eles associados e de Estados que permaneceram neutros durante a atual conflagração mundial.

b) As adesões serão efetuadas por meio da comunicação dirigida ao Governo dos Estados Unidos da América e entrarão em vigor do 30º (trigésimo) dia após o recebimento da comunicação, pelo Governo dos Estados Unidos da América que o comunicará a todos os Estados contratantes.

Art. 93. *Admissão de outros Estados*

Os Estados, além dos mencionados nos artigos 91 e 92 (a), poderão ser admitidos para participar desta Convenção, mediante quatro quintos de votos da Assembleia e sujeitos às condições que a Assembleia prescrever com a aprovação da organização geral internacional constituída pelas Nações do Mundo para a preservação da paz, sendo que em cada caso é necessário o assentimento de qualquer Estado invadido ou agredido durante a presente guerra pelo Estado que solicitar admissão.

Art. 93 *Bis.*

a) Apesar das disposições dos artigos 91, 92 e 93:
   1. Um Estado, cujo Governo for objeto, por parte da Assembleia-Geral das Nações Unidas, de uma recomendação tendente a privá-lo de sua qualidade de membro das instituições internacionais estabelecidas pela Organização das Nações Unidas ou ligadas a esta, deixará automaticamente de ser membro da Organização de Aviação Civil Internacional;
   2. Um Estado excluído da Organização das Nações Unidas deixará automaticamente de ser membro da Organização de Aviação Civil Internacional, a menos que a Assembleia-Geral da Organização

das Nações Unidas inclua em seu ato de exclusão uma recomendação em sentido contrário;

b) Um Estado que, em virtude das disposições do parágrafo a) acima referido, deixe de ser membro da Organização de Aviação Civil Internacional, pode, a seu pedido e de acordo com a Assembleia-Geral da Organização das Nações Unidas e aprovação da maioria do Conselho, ser readmitido na Organização de Aviação Civil Internacional;

c) Os membros da Organização, privados do exercício de seus direitos e privilégios inerentes à qualidade de membros da Organização das Nações Unidas, serão a pedido desta última, privados dos direitos e privilégios como membros da presente Organização.

Art. 94. *Emenda da Convenção*

a) Qualquer proposta de emenda desta Convenção deverá ser aprovada por dois terços de votos da Assembleia e entrará então em vigor no tocante aos Estados que ratificaram a Emenda, quando ratificada pelo número de Estados contratantes especificado pela Assembleia. O número assim especificado não será inferior a dois terços do número total de Estados contratantes.

b) Se na sua opinião a Emenda é de natureza a justificar a medida, a Assembleia, em sua resolução recomendando a adoção, poderá estipular que qualquer Estado que não tiver ratificado dentro de um determinado período depois de sua entrada em vigor, deixará, como resultado, de ser membro da Organização e parte da Convenção.

Art. 95. *Denúncia da Convenção*

a) Qualquer Estado contratante poderá denunciar esta Convenção 3 (três) anos depois de sua entrada em vigor mediante comunicação dirigida ao Governo dos Estados Unidos da América, que informará imediatamente os demais Estados contratantes.

b) A denúncia terá efeito um ano depois da data de recepção da comunicação e só será operante com relação ao Estado que efetuou a denúncia.

CAPÍTULO XXII

DEFINIÇÕES

Art. 96. *Para efeito desta Convenção a expressão:*

a) "Serviço aéreo" (*Air service*) significa qualquer serviço aéreo regular por aeronaves para o transporte público de passageiros, correio ou carga.

b) "Serviço aéreo internacional" (*Internacional Air Service*) significa o serviço aéreo que passa pelo espaço aéreo sobre o território de mais de um Estado.

c) "Empresa de navegação aérea" (*Airline*) significa qualquer organização de transporte aéreo operando um serviço aéreo internacional.

d) "Escala sem fins comerciais" (*stop for non-traffic purposes*) significa um pouso para tomar ou desembarcar passageiros, correio ou carga.

ASSINATURA DA CONVENÇÃO

Em testemunho de que, os Plenipotenciários abaixo assinados, tendo sido devidamente autorizados, assinam esta Convenção em nome dos seus respectivos Governos nas datas que aparecem ao lado das suas assinaturas.

Feito em Chicago, dia 7 de dezembro de 1944, em inglês. Texto em inglês, francês e espanhol, sendo cada um de igual autenticidade, serão abertos para assinatura em Washington, D.C. Ambos os textos serão depositados nos arquivos do Governo dos Estados Unidos da América, e cópias autênticas serão enviadas por este Governo aos governos de todos os Estados que devam assinar ou aderir a esta Convenção.

CONVENÇÃO RELATIVA ÀS INFRAÇÕES E A CERTOS OUTROS ATOS COMETIDOS A BORDO DE AERONAVES

▶ Concluída em Tóquio, em 14-9-1963. Entrou em vigor em 4-12-1969. Foi assinada pelo Brasil em 28-2-1969, tendo o instrumento de ratificação sido depositado em 14-1-1970. Entrou em vigor para o Brasil em 14-4-1970 e foi promulgada pelo Dec. nº 66.520, de 30-4-1970.

Os Estados-Partes na presente Convenção convieram no seguinte:

CAPÍTULO I

CAMPO DE APLICAÇÃO DA CONVENÇÃO

ARTIGO I

1. A presente Convenção será aplicada:

a) às infrações às leis penais;

b) aos atos que, sendo ou não infrações, puderem pôr ou ponham em perigo a segurança da aeronave ou das pessoas e bens a bordo ou que ponham em perigo a boa ordem e a disciplina a bordo.

2. Sem prejuízo do disposto no Capítulo III, esta Convenção será aplicada às infrações cometidas e aos atos praticados por uma pessoa a bordo de qualquer aeronave matriculada num Estado contratante, enquanto se achar, quer em voo, quer na superfície do alto-mar ou na de qualquer outra zona situada fora do território de um Estado.

3. Para os fins da presente Convenção, considera-se que uma aeronave está em voo desde o momento em que se aplica a força motriz para decolar até que termina a operação de aterrissagem.

4. A presente Convenção não será aplicada em serviços militares, de alfândega e de polícia.

ARTIGO II

Sem prejuízo das disposições do artigo 4º e a menos que o exija a segurança da aeronave e das pessoas ou bens a bordo, nenhuma disposição desta Convenção será interpretada no sentido de autorizar ou exigir qualquer medida em virtude de infrações de leis penais de caráter político ou motivadas por discriminação racial ou religiosa.

CAPÍTULO II

JURISDIÇÃO

ARTIGO III

1. O Estado de matrícula da aeronave será competente para exercer a jurisdição sobre infrações e atos praticados a bordo.

2. Cada Estado contratante deverá tomar as medidas necessárias para estabelecer sua jurisdição como Estado de matrícula sobre as infrações cometidas a bordo das aeronaves matriculadas nesse Estado.

3. A presente Convenção não exclui qualquer jurisdição penal exercida de conformidade com as leis nacionais.

Artigo IV

O Estado contratante, que não for o da matrícula, não poderá interferir no voo de uma aeronave a fim de exercer sua jurisdição penal em relação a uma infração cometida a bordo, a menos que:

a) a infração produza efeitos no território desse Estado;
b) a infração tenha sido cometida por ou contra um nacional desse Estado ou pessoa que tenha aí sua residência permanente;
c) a infração afete a segurança desse Estado;
d) a infração constitua uma violação dos regulamentos relativos a voos ou manobras de aeronaves vigentes nesse Estado;
e) seja necessário exercer a jurisdição para cumprir as obrigações desse Estado, em virtude de um acordo internacional multilateral.

Capítulo III

PODERES DO COMANDANTE DA AERONAVE

Artigo V

1. As disposições deste Capítulo não serão aplicadas às infrações nem aos atos praticados ou na iminência de o serem por pessoa a bordo de uma aeronave em voo, quer no espaço aéreo do Estado de matrícula quer sobre o alto-mar ou outra zona situada fora do território de algum Estado, a não ser que o ponto da última decolagem ou o ponto da próxima aterrissagem prevista se acharem num Estado diverso do da matrícula ou se a aeronave voar posteriormente no espaço aéreo de um Estado diverso do da matrícula com a referida pessoa a bordo.

2. Não obstante as disposições do artigo 1º, parágrafo 3º, considerar-se-á, para os fins do presente Capítulo, que uma aeronave está em voo desde o momento em que todas as portas externas forem fechadas, depois de embarque, até o momento em que qualquer das referidas portas for aberta para o desembarque. Em caso de aterrissagem forçada as disposições deste Capítulo continuarão a ser aplicadas às infrações e atos praticados a bordo até que as autoridades competentes de um Estado tomem sob sua responsabilidade a aeronave e as pessoas e bens a bordo.

Artigo VI

1. Quando o comandante da aeronave tiver motivos justificados para crer que uma pessoa cometeu ou está na iminência de cometer a bordo uma infração ou um ato previsto no artigo 1º, parágrafo 1º, poderá impor a essa pessoa as medidas razoáveis inclusive coercitivas, que sejam necessárias:

a) para proteger a segurança da aeronave e das pessoas e bens a bordo;
b) para manter a boa ordem e a disciplina a bordo;
c) para permitir-lhe entregar essa pessoa às autoridades competentes ou desembarcá-las, de conformidade com as disposições do presente Capítulo.

2. O comandante da aeronave poderá exigir ou autorizar a ajuda dos demais membros da tripulação e solicitar ou autorizar, porém não exigir, a ajuda dos passageiros com o fim de tomar medidas coercitivas contra qualquer pessoa em relação a qual tiver esse direito. Qualquer membro da tripulação ou passageiro poderá tomar igualmente medidas preventivas razoáveis sem essa autorização, quando tiver motivos justificados para crer que essas medidas são urgentes para proteger a segurança da aeronave, das pessoas e bens a bordo.

Artigo VII

1. As medidas coercitivas impostas a uma pessoa, de conformidade com o artigo 6º não continuarão a ser aplicadas após qualquer ponto de aterrissagem, a menos que:

a) esse ponto se ache no território de um Estado não contratante e suas autoridades não permitam o desembarque da pessoa em questão, ou as medidas coercitivas sejam aplicadas de conformidade com o artigo 6º, parágrafo 1º, letra c, para permitir sua entrega às autoridades competentes; ou
b) a aeronave faça uma aterrissagem forçada e o comandante não possa entregar a pessoa às autoridades competentes; ou
c) a pessoa aceite continuar a ser transportada submetida às medidas coercitivas.

2. Logo que for viável, e, se for possível, antes de aterrissar num Estado com as pessoas a bordo, submetida às medidas coercitivas que trata o artigo 6º, o comandante da aeronave notificará às autoridades do Estado o fato de que uma pessoa se encontra a bordo submetida às referidas medidas coercitivas e as razões que as motivaram.

Artigo VIII

1. O comandante de uma aeronave poderá, sempre que seja necessário para os fins previstos no artigo 6º, parágrafo 1º, inciso a ou b, desembarcar no território em que aterrissar a aeronave qualquer pessoa em relação à qual tenha motivos justificados para crer que praticou ou está na iminência de praticar, a bordo da aeronave, um ato previsto no artigo 1º, parágrafo 1º, letra b.

2. O comandante da aeronave comunicará às autoridades do Estado onde desembarcar uma pessoa, conforme as disposições do presente artigo, o fato de haver efetuado esse desembarque e as razões que o motivaram.

Artigo IX

1. O comandante de aeronave poderá entregar qualquer pessoa às autoridades do Estado contratante, em cujo território aterrissar a aeronave se tiver motivos justificados para crer que essa pessoa cometeu a bordo da aeronave um ato que, na sua opinião, constitui uma infração grave de conformidade com as leis penais do Estado de matrícula da aeronave.

2. O comandante da aeronave logo que for viável, e, se possível, antes de aterrissar no território de um Estado contratante, tendo a bordo uma pessoa que ele tenciona entregar de conformidade com o parágrafo anterior, notificará às autoridades do referido Estado

sua intenção de entregar essa pessoa e as razões que a motivaram.

Artigo X

Pela aplicação das medidas tomadas de conformidade com o disposto na presente Convenção, o comandante da aeronave, os outros membros da tripulação, os passageiros, o proprietário, o operador da aeronave e a pessoa por conta de quem for realizado o voo não serão responsabilizados em processo instaurado em virtude do tratamento sofrido pela pessoa objeto dessas medidas.

Capítulo IV
SEQUESTRO ILÍCITO DE UMA AERONAVE

Artigo XI

1. Quando uma pessoa a bordo, mediante violência ou intimidação, cometer qualquer ato ilegal de sequestro, interferência ou exercício de controle de uma aeronave em voo ou for iminente a realização desses atos, os Estados contratantes tomarão todas as medidas apropriadas a fim de que o legítimo comandante da aeronave recobre ou mantenha o controle da mesma.

2. Nos casos previstos no parágrafo anterior, o Estado contratante em que aterrissar a aeronave permitirá que seus passageiros e tripulantes continuem sua viagem o mais breve possível e devolverá a sua carga a seus legítimos possuidores.

Capítulo V
PODERES E OBRIGAÇÕES DOS ESTADOS

Artigo XII

Todo Estado contratante permitirá ao comandante de uma aeronave matriculada em outro Estado contratante desembarcar qualquer pessoa, consoante o disposto no artigo 8º, parágrafo 1º.

Artigo XIII

1. Todo Estado contratante deverá receber qualquer pessoa que o comandante da aeronave lhe entregar, de conformidade com o disposto no artigo 9º, parágrafo 1º.

2. Se considerar que as circunstâncias o justificam, um Estado contratante procederá à detenção ou tomará outras medidas para assegurar a presença de qualquer pessoa suspeita de haver cometido um dos atos previstos no artigo 11, parágrafo 1º, assim como de qualquer pessoa que lhe for entregue. A detenção e demais medidas deverão ser adotadas, de conformidade com as leis desse Estado e serão mantidas somente pelo tempo razoavelmente necessário para permitir a instauração de um processo penal ou de extradição.

3. À pessoa detida, de conformidade com o parágrafo anterior, será assegurada toda facilidade para se comunicar imediatamente com o representante correspondente do Estado de sua nacionalidade que se encontrar mais próximo.

4. O Estado contratante a que for entregue uma pessoa em virtude do artigo 9º, parágrafo 1º, ou em cujo território aterrissar uma aeronave depois de praticado um dos atos previstos no artigo 11, parágrafo 1º, procederá imediatamente a um inquérito preliminar sobre os fatos.

5. Quando um Estado detiver uma pessoa em virtude deste artigo, notificará imediatamente ao Estado da matrícula da aeronave e ao Estado da nacionalidade da pessoa detida e, se considerar conveniente, a todos os demais Estados interessados a detenção e os motivos que a justificaram. O Estado que proceder ao inquérito preliminar, previsto no parágrafo 4º do presente artigo, comunicará sem demora seus resultados aos Estados antes mencionados e indicará se pretende exercer sua jurisdição.

Artigo XIV

1. Quando uma pessoa, desembarca de conformidade com o artigo 8º, parágrafo 1º, entregue de conformidade com o artigo 9º, parágrafo 1º, ou desembarcado depois de haver praticado qualquer dos atos previstos no artigo 11, parágrafo 1º, não puder ou não desejar prosseguir viagem, o Estado de aterrissagem, caso se recuse a admiti-la e se trate de pessoa que não seja nacional nem aí tenha residência permanente, poderá enviá-lo ao território do Estado de que seja nacional ou residente permanente ou ao Estado onde iniciou sua viagem aérea.

2. O desembarque, a entrega, a detenção ou a adoção das medidas aludidas no artigo 13, parágrafo 2º, ou o envio da pessoa de conformidade com o parágrafo anterior não serão considerados admissão no território do Estado contratante interessado em face de suas leis relativas à entrada ou admissão de pessoas, e nenhuma disposição da presente Convenção prejudicará as leis de um Estado contratante que regularem a expulsão de pessoas de seu território.

Artigo XV

1. Sem prejuízo do previsto no artigo precedente, qualquer pessoa desembarcada de conformidade com o artigo 8º, parágrafo 1º, entregue de conformidade com o artigo 9º, parágrafo 1º, ou desembarcada depois de haver praticado algum dos atos previstos no artigo 11, parágrafo 1º, que desejar continuar sua viagem, poderá fazê-lo logo que for possível, até o ponto do destino de sua escolha, salvo se sua presença for necessária, de conformidade com as leis do Estado de aterrissagem, para a instrução de um processo penal ou de extradição.

2. Sem prejuízo de suas leis relativas à entrada, admissão, expulsão e extradição o Estado contratante em cujo território for desembarcada uma pessoa, de conformidade com o disposto no artigo 8º, parágrafo 1º, entregue de conformidade com o artigo 9º, parágrafo 1º, e desembarcada e suspeita de haver praticado um dos atos previstos no artigo 11, parágrafo 1º, concederá a essa pessoa um tratamento não menos favorável que o dispensado a seus nacionais nas mesmas circunstâncias.

Capítulo VI
OUTRAS DISPOSIÇÕES

Artigo XVI

1. As infrações cometidas a bordo de aeronaves matriculadas num Estado contratante serão consideradas, para fins de extradição, cometidas, não só no lugar onde houverem ocorrido, mas também no Estado de matrícula da aeronave.

2. Sem prejuízo do disposto no parágrafo anterior, nenhuma disposição da presente Convenção será interpretada no sentido de criar uma obrigação de conceder extradição.

Artigo XVII

Ao empreender qualquer medida de inquérito ou de detenção ou ao exercer, de qualquer outro modo, a jurisdição em relação às infrações cometidas a bordo de uma aeronave, os Estados contratantes deverão levar em conta a segurança e demais interesses da navegação aérea, evitando retardar desnecessariamente a aeronave, os membros da tripulação ou a carga.

Artigo XVIII

Se vários Estados contratantes constituírem organizações de exploração em comum ou organismos internacionais de exploração, que utilizarem aeronaves não matriculadas em um Estado determinado, designarão, de conformidade com as circunstâncias do caso, aquele dentre eles que será considerado como Estado de matrícula para os efeitos da presente Convenção e disso informará à Organização de Aviação Civil Internacional, que notificará todos os Estados-Partes desta Convenção.

Capítulo VII

DISPOSIÇÕES FINAIS

Artigo XIX

Até a data da sua entrada em vigor, de conformidade com o disposto no artigo 21, a presente Convenção ficará aberta à assinatura de qualquer Estado que, nessa data, for membro da Organização das Nações Unidas ou de qualquer Agência Especializada.

Artigo XX

1. A presente Convenção estará sujeita à ratificação dos Estados signatários de conformidade com suas disposições constitucionais.

2. Os instrumentos de ratificação serão depositados junto à Organização de Aviação Civil Internacional.

Artigo XXI

1. Logo que doze Estados houverem depositado seus Instrumentos de ratificação da presente Convenção, esta entrará em vigor, entre eles, no nonagésimo dia, a contar do depósito do décimo segundo instrumento de ratificação. Para cada um dos Estados que ratificar posteriormente, entrará em vigor 90 (noventa) dias após a data do depósito do seu instrumento de ratificação.

2. Logo que entrar em vigor, a presente Convenção será registrada junto ao Secretário Geral das Nações Unidas, pela Organização de Aviação Civil Internacional.

Artigo XXII

1. Após sua entrada em vigor, a presente Convenção ficará aberta à adesão de qualquer membro da Organização das Nações Unidas ou de qualquer Agência Especializada.

2. A adesão de um Estado efetuar-se-á mediante o depósito do correspondente instrumento de adesão junto à Organização de Aviação Civil Internacional e surtirá efeito 90 (noventa) dias após a data do depósito.

Artigo XXIII

1. Os Estados contratantes poderão denunciar a presente Convenção, por uma notificação à Organização de Aviação Civil Internacional.

2. A denúncia surtirá efeito 6 (seis) meses após a data em que a Organização de Aviação Civil Internacional receber a notificação da referida denúncia.

Artigo XXIV

1. As controvérsias que surgirem entre dois ou mais Estados relativas à interpretação ou aplicação da presente Convenção, que não puderem ser solucionadas mediante negociações, serão submetidas a arbitragem, a pedido de um deles. Se no prazo de 6 (seis) meses contados a partir da data de apresentação do pedido de arbitragem as partes não conseguirem pôr-se de acordo sobre a organização da arbitragem, qualquer das Partes poderá submeter a controvérsia à Corte Internacional de Justiça, mediante uma petição apresentada de conformidade com o Estatuto da Corte.

2. Qualquer Estado, no momento da assinatura ou ratificação da presente Convenção ou de sua adesão à mesma, poderá declarar que não se considera obrigado pelo parágrafo anterior. Os demais Estados contratantes não estarão obrigados pelo parágrafo anterior em relação ao Estado que houver formulado tal reserva.

3. Qualquer Estado que houver formulado a reserva prevista no parágrafo 1º poderá retirá-la, a qualquer momento, mediante uma notificação à Organização de Aviação Civil Internacional.

Artigo XXV

Sem prejuízo do disposto no artigo 24, a presente Convenção não poderá ser objeto de reservas.

Artigo XXVI

A Organização de Aviação Civil Internacional notificará todos os Estados membros da Organização das Nações Unidas ou de qualquer Agência Especializada:

a) qualquer assinatura da presente Convenção e a data da mesma;

b) o depósito de qualquer instrumento de ratificação ou adesão e a data desse depósito;

c) a data da entrada em vigor da presente Convenção, de conformidade com o parágrafo 1º do artigo 21;

d) qualquer notificação de denúncia e a data de seu recebimento; e

e) qualquer declaração ou notificação formuladas em virtude do artigo 24 e data do seu recebimento.

Em testemunho do que, os Plenipotenciários abaixo assinados, devidamente autorizados, firmam a presente Convenção.

Feito em Tóquio, aos catorze dias de setembro de mil novecentos e sessenta e três, em três textos autênticos, redigidos nos idiomas espanhol, francês e inglês.

A presente Convenção será depositada na Organização de Aviação Civil Internacional, onde ficará aberta à assinatura, de conformidade com o artigo 19 e a referida Organização remeterá cópias autenticadas de seu texto a todos os Estados membros da Organização das Nações Unidas ou de qualquer de suas Agências Especializadas.

CONVENÇÃO SOBRE RESPONSABILIDADE INTERNACIONAL POR DANOS CAUSADOS POR OBJETOS ESPACIAIS

► Concluída em Londres, Washington e Moscou em 29-3-1972. Aprovada pelo Dec. Legislativo nº 77, de 1º-12-1972. Ratificada pelo Brasil em 31-1-1973. Instrumentos de ratificação depositados em Londres, Washington e Moscou em 9-3-1973. Entrada em vigor internacional em 1º-9-1972. Entrada em vigor para o Brasil em 9-3-1973 (art. 24, § 4º). Promulgada pelo Dec. nº 71.981, de 22-3-1973.

Os Estados-Partes desta Convenção:

Reconhecendo o interesse comum de toda a humanidade em incentivar a exploração e uso do espaço cósmico para fins pacíficos;

Lembrando o Tratado sobre Princípios Reguladores das Atividades dos Estados na Exploração e Uso do Espaço Cósmico, inclusive a Lua e demais Corpos Celestes;

Considerando que, não obstante as medidas de precaução a serem tomadas por Estados e por organizações intergovernamentais internacionais empenhadas no lançamento de objetos espaciais, tais objetos poderão ocasionalmente provocar danos;

Reconhecendo a necessidade de elaborar regras e procedimentos internacionais efetivos referentes à responsabilidade por danos causados por objetos espaciais e para assegurar, em particular, o pronto pagamento, segundo os termos desta Convenção, de uma indenização inteira e equitativa às vítimas de tais danos;

Convencidos de que o estabelecimento de tais regras e procedimentos contribuirá para o fortalecimento da cooperação internacional do domínio da exploração e uso do espaço cósmico para fins pacíficos;

Convieram no que se segue:

Artigo 1º
Para os propósitos da presente Convenção:

a) o termo "dano" significa perda de vida, ferimentos pessoais ou outro prejuízo à saúde; perdas de propriedade de Estado ou de pessoas físicas ou jurídicas ou danos sofridos por tais propriedades, ou danos e perdas no caso de organizações intergovernamentais internacionais;

b) o termo "lançamento" inclui tentativas do lançamento;

c) o termo "Estado lançador" significa:
 (i) um Estado que lança ou promove o lançamento de um objeto espacial;
 (ii) um Estado de cujo território ou de cujas instalações é lançado um objeto espacial;

d) o termo "objeto espacial" inclui peças componentes de um objeto espacial e também o seu veículo de lançamento e peças do mesmo.

Artigo 2º
Um Estado lançador será responsável absoluto pelo pagamento de indenização por danos causados por seus objetos espaciais na superfície da Terra ou à aeronaves em voo.

Artigo 3º
Na eventualidade de danos causados em local fora da superfície da Terra a um objeto espacial de um Estado lançador ou a pessoa ou propriedades a bordo de tal objeto espacial por um objeto espacial de outro Estado lançador, só terá este último responsabilidade se o dano decorrer de culpa sua, ou de culpa de pessoas pelas quais seja responsável.

Artigo 4º
1. Na eventualidade de dano causado fora da superfície da Terra a um objeto espacial de um Estado lançador ou a pessoa ou propriedade a bordo de tal objeto espacial por um objeto espacial de outro Estado lançador, e de danos em consequência sofridos por um terceiro Estado, ou por suas pessoas físicas ou jurídicas, os primeiros dois Estados serão, solidária e individualmente, responsáveis perante o terceiro Estado, na medida indicada pelo seguinte:

a) se o dano tiver sido causado ao terceiro Estado na superfície da Terra ou a aeronave em voo, a sua responsabilidade perante o terceiro Estado será absoluta;

b) se o dano houver sido causado a um objeto espacial de um terceiro Estado ou a pessoas ou propriedades a bordo de tal objeto espacial fora da superfície da Terra, a sua responsabilidade perante o terceiro Estado fundamentar-se-á em culpa por parte de qualquer dos dois primeiros Estados, ou em culpa por parte de pessoas pelas quais qualquer dos dois seja responsável.

2. Em todos os casos de responsabilidade solidária e individual mencionados no parágrafo 1, o ônus da indenização pelo dano será dividido entre os primeiros dois Estados de acordo com o grau de sua culpa; se não for possível estabelecer o grau de culpa de cada um desses Estados, o ônus da indenização deve ser dividido em proporções iguais entre os dois. Tal divisão se fará sem prejuízo do direito que assiste ao terceiro Estado de procurar a indenização total devida nos termos desta Convenção de qualquer ou de todos os Estados lançadores que são, solidária e individualmente, responsáveis.

Artigo 5º
1. Sempre que dois ou mais Estados, juntamente, lancem um objeto espacial, eles serão solidária e individualmente responsáveis por quaisquer danos causados.

2. Um Estado lançador que pagou indenização por danos terá o direito de pedir ressarcimento a outros participantes no lançamento conjunto. Os participantes num lançamento conjunto podem concluir acordos quanto à divisão entre si das obrigações financeiras pelas quais eles são, solidária e individualmente, responsáveis.

3. Um Estado de cujo território ou de cujas instalações é lançado um objeto espacial será considerado como participante no lançamento conjunto.

Artigo 6º
1. Excetuado o que dispõe o parágrafo 2, conceder-se-á exoneração de responsabilidade absoluta na medida em que um Estado lançador provar que o dano resultou total ou parcialmente de negligência grave ou de ato ou omissão com a intenção de causar dano, de parte

de um Estado demandante ou de pessoa jurídica ou física que representar.

2. Não se concederá exoneração em casos em que o dano houver resultado de atividades conduzidas por um Estado lançador que não estejam em conformidade com o direito internacional, inclusive, em particular, com a Carta das Nações Unidas e o Tratado sobre Princípios Reguladores das Atividades dos Estados na Exploração e Uso do Espaço Cósmico, inclusive a Lua e outros Corpos Celestes.

Artigo 7º

As disposições da presente Convenção não se aplicarão a danos causados por objeto espacial de um Estado lançador a:

a) nacionais do mesmo Estado lançador;
b) estrangeiros durante o tempo em que estiverem participando do manejo de tal objeto espacial, a partir do momento de seu lançamento ou em qualquer momento ulterior até a sua descida, ou durante o tempo em que estiverem na vizinhança imediata de uma área prevista para lançamento ou recuperação, em consequência de convite por tal Estado lançador.

Artigo 8º

1. Um Estado que sofrer dano, ou cujas pessoas físicas ou jurídicas sofrerem dano, pode apresentar a um Estado lançador um pedido de pagamento de indenização por tal dano.

2. Se o Estado da nacionalidade da pessoa física ou jurídica que sofreu dano não apresentar a queixa, um outro Estado, em cujo território a mesma pessoa física ou jurídica sofreu o dano, poderá apresentar a queixa ao Estado lançador.

3. Se nem o Estado da nacionalidade nem o Estado em cujo território se efetuou o dano apresentar uma queixa, ou notificar sua intenção de apresentar queixa, um outro Estado poderá, com relação a dano sofrido por pessoa domiciliada em seu território, apresentar a queixa ao Estado lançador.

Artigo 9º

O pedido de indenização por dano deverá ser apresentado a um Estado lançador por via diplomática. Se determinado Estado não mantiver relações diplomáticas com o Estado lançador em questão, pode o primeiro Estado pedir a um outro Estado que apresente sua queixa ao Estado lançador ou, de alguma forma, represente seus interesses conforme esta Convenção. Poderá também apresentar sua queixa através do Secretário-Geral das Nações Unidas, no caso de o Estado demandante e o Estado lançador serem ambos membros das Nações Unidas.

Artigo 10

1. O pedido de indenização por dano poderá ser apresentado ao Estado lançador o mais tardar 1 (um) ano após a data da ocorrência do dano ou da identificação do Estado lançador responsável.

2. Se, contudo, o Estado não tiver conhecimento da ocorrência do dano, ou não tiver podido identificar o Estado lançador responsável, poderá apresentar um pedido de indenização, dentro de um ano a partir da data em que tiver tido conhecimento de tais fatos; não obstante, esse período não deverá em hipótese alguma exceder um ano a partir da data em que se poderia, razoavelmente, esperar que esse Estado tivesse tido conhecimento dos fatos através das investigações cabíveis.

3. As datas-limites especificadas nos parágrafos 1 e 2 serão aplicáveis, mesmo se o dano não puder ter sido conhecido em toda a sua extensão. Nesse caso, contudo, o Estado demandante terá o direito de rever o pedido de indenização e submeter documentação adicional depois da expiração dos prazos mencionados, até um ano após o conhecimento do dano em toda a sua extensão.

Artigo 11

1. Para a apresentação de um pedido de indenização a um Estado lançador por dano com o amparo desta Convenção, não será necessário que se esgotem previamente os recursos locais que possam estar à disposição de um Estado demandante, ou de pessoa física ou jurídica que o Estado represente.

2. Nada na presente Convenção impedirá um Estado, ou pessoas físicas ou jurídicas que represente, de apresentar o seu pedido de indenização aos tribunais de justiça ou aos tribunais ou órgãos administrativos do Estado lançador. Um Estado não poderá, contudo, apresentar um pedido de indenização com amparo desta Convenção por dano que já esteja sendo objeto de um pedido de indenização, no âmbito de tribunais de justiça ou tribunais ou órgãos administrativos de um Estado lançador, ou com o amparo de outro acordo internacional obrigatório para os Estados implicados.

Artigo 12

A indenização que o Estado lançador será obrigado a pagar nos termos desta Convenção será determinada pelo direito internacional e pelos princípios de justiça e equidade, a fim de proporcionar a compensação pelo dano de tal forma que a pessoa física ou jurídica, Estado ou organização internacional em cujo favor tenha sido apresentado o pedido de indenização seja restaurado na condição que teria existido, caso o dano não houvesse ocorrido.

Artigo 13

A menos que o Estado demandante e o Estado que deve pagar a indenização, conforme a presente Convenção, concordem com outra forma de indenização, esta será paga na moeda do Estado demandante ou, a seu pedido, na moeda do Estado que deve pagar a indenização.

Artigo 14

Se não se chegar a um acordo sobre a indenização por via diplomática, como previsto no artigo 9º, no prazo de um ano da data em que o Estado demandante tenha notificado o Estado lançador de que submeteu a documentação a respeito de sua queixa, às partes em questão, a pedido de qualquer uma delas, estabelecerão uma Comissão de Reclamações.

Artigo 15

1. A Comissão de Reclamações será composta de três membros: um nomeado pelo Estado demandante, um pelo Estado lançador, e um terceiro, o Presidente, a ser escolhido pelas duas partes de comum acordo. Cada parte fará a sua nomeação dentro do prazo de dois me-

ses após o pedido para o estabelecimento da Comissão de Reclamações.

2. Se nenhum acordo for alcançado na escolha do Presidente, dentro do prazo de quatro meses após o pedido para estabelecimento da Comissão de Reclamações, qualquer das duas partes poderá pedir ao Secretário-Geral das Nações Unidas para nomear o Presidente dentro de um prazo adicional de 2 (dois) meses.

Artigo 16

1. Se uma das partes não fizer sua nomeação dentro do período estipulado, o Presidente, a pedido da outra parte, constituirá uma Comissão de Reclamações de um só membro.

2. Qualquer vaga que possa surgir na Comissão de Reclamações, por qualquer motivo, será preenchida pelo mesmo processo adotado para a nomeação inicial.

3. A Comissão de Reclamações determinará seu próprio procedimento.

4. A Comissão de Reclamações determinará o local ou locais em que se reunirá, como também todos os outros assuntos administrativos.

5. A não ser no caso de decisões e laudos, por uma Comissão de um só membro, todas as decisões e laudos da Comissão de Reclamações serão adotados por maioria de votos.

Artigo 17

O número de membros da Comissão de Reclamações não será aumentado quando dois ou mais Estados demandantes ou Estados lançadores sejam partes conjuntamente em qualquer procedimento perante a Comissão. Os Estados demandantes que atuem conjuntamente nomearão, coletivamente, um membro da Comissão, da mesma forma e segundo as mesmas condições de que quando se tratar de um só Estado demandante. Quando dois ou mais Estados lançadores atuarem conjuntamente, nomearão, coletivamente, e da mesma forma, um membro da Comissão. Se os Estados demandantes ou os Estados lançadores não fizerem a nomeação dentro do prazo fixado, o Presidente constituirá uma Comissão de um só membro.

Artigo 18

A Comissão de Reclamações decidirá os méritos da reivindicação de indenização e determinará, se for o caso, o valor da indenização a ser paga.

Artigo 19

1. A Comissão atuará de acordo com as disposições do artigo 12.

2. A decisão da Comissão será final e obrigatória se as partes assim tiverem concordado; em caso contrário, a Comissão produzirá um laudo definitivo que terá caráter de recomendações e que as partes levarão em conta com boa-fé. A Comissão fornecerá os motivos de sua decisão ou laudo.

3. A Comissão apresentará sua decisão ou laudo logo que possível, e não depois de um ano a contar da data de seu estabelecimento, a não ser que a Comissão julgue necessário prorrogar esse prazo.

4. A Comissão tornará pública sua decisão ou seu laudo. Fornecerá a cada uma das partes e ao Secretário-Geral das Nações Unidas uma cópia autêntica de sua decisão ou de seu laudo.

Artigo 20

As despesas incorridas com a Comissão de Reclamações serão igualmente divididas entre as partes, a não ser que a Comissão decida diferentemente.

Artigo 21

Se o dano causado por um objeto espacial constituir um perigo em grande escala para a vida humana, ou interferir seriamente nas condições de vida da população, ou com o funcionamento dos centros vitais, os Estados-Partes, e, em particular, o Estado lançador, examinarão a possibilidade de fornecer assistência apropriada e rápida ao Estado que sofreu o dano, quando este assim o solicitar. Contudo, o disposto neste artigo de nenhuma forma afetará os direitos e obrigações previstos nesta Convenção para os Estados-Partes.

Artigo 22

1. Nesta Convenção, com exceção dos artigos 24 e 27, entender-se-á que as referências feitas aos Estados serão consideradas aplicáveis a qualquer organização intergovernamental internacional que se dedique a atividades espaciais, se a organização declarar sua aceitação dos direitos e obrigações previstos nesta Convenção, e se uma maioria dos Estados membros da Organização são Estados-Partes desta Convenção e do Tratado sobre Princípios Reguladores das Atividades dos Estados na Exploração e Uso do Espaço Cósmico, inclusive a Lua e demais Corpos Celestes.

2. Os Estados membros de tal organização que sejam Estados-Partes desta Convenção tomarão todas as medidas apropriadas para que a organização faça a declaração prevista no parágrafo precedente.

3. Se uma organização intergovernamental internacional for responsável por dano em virtude das disposições desta Convenção, essa organização e seus membros que sejam Estados-Partes desta Convenção serão solidários e individualmente responsáveis, observadas, no entanto, as seguintes condições:

a) a apresentação à organização, em primeiro lugar, de qualquer pedido de indenização a respeito de tal dano; e

b) o Estado demandante poderá invocar a responsabilidade dos membros que sejam Estados-Partes desta Convenção para o pagamento da quantia combinada ou determinada e devida como indenização por tal dano somente quando a organização não tiver pago, dentro de 6 (seis) meses, tal quantia.

4. Qualquer pedido de indenização, por força das disposições desta Convenção, para compensação do dano causado a uma organização que fez a declaração prevista no parágrafo 1 deste artigo, deverá ser apresentado por um Estado membro da organização que seja parte desta Convenção.

Artigo 23

1. No que concerne às relações entre Estados-Partes em outros acordos internacionais em vigor, as disposições desta Convenção não deverão afetar tais acordos.

2. Nenhuma disposição da presente Convenção impedirá os Estados de concluírem acordos internacio-

nais que reafirmem, suplementem ou ampliem suas disposições.

Artigo 24

1. Esta Convenção estará aberta à assinatura de todos os Estados. Qualquer Estado que não assinar esta Convenção antes de sua entrada em vigor, conforme o parágrafo 3 deste artigo, poderá a ela aderir em qualquer momento.

2. Esta Convenção estará sujeita à ratificação pelos Estados signatários. Os instrumentos de ratificação e de adesão serão depositados junto aos Governos do Reino Unido da Grã-Bretanha e Irlanda do Norte, da União das Repúblicas Socialistas Soviéticas e dos Estados Unidos da América, daqui por diante designados os Governos Depositários.

3. Esta Convenção entrará em vigor quando efetuado o depósito do quinto instrumento de ratificação.

4. Para os Estados cujos instrumentos de ratificação ou adesão forem depositados após a entrada em vigor desta Convenção, ela passará a vigorar na data do depósito do respectivo instrumento de ratificação ou adesão.

5. Os Governos Depositários deverão informar, logo que possível, os Estados signatários e aderentes da data de cada assinatura, da data de depósito de cada instrumento de ratificação e de adesão a esta Convenção, da data de sua entrada em vigor e de outras modificações.

6. Esta Convenção deverá ser registrada pelos Governos Depositários de acordo com o artigo 102 da Carta das Nações Unidas.

Artigo 25

Qualquer Estado-Parte desta Convenção poderá propor emendas a esta Convenção. As emendas vigorarão para cada Estado-Parte desta Convenção que as aceite, a partir de sua aceitação pela maioria dos Estados-Partes da Convenção e, a partir de então, para cada Estado-Parte restante, na data de sua aceitação.

Artigo 26

Dez anos após a entrada em vigor desta Convenção, incluir-se-á na agenda provisória da Assembleia-Geral das Nações Unidas a questão de um novo exame desta Convenção a fim de estudar, à luz da aplicação no passado, a necessidade de sua revisão. Não obstante, a qualquer momento, após cinco anos de entrada em vigor da Convenção, e a pedido de um terço dos Estados-Partes desta Convenção, e com o consentimento da maioria dos Estados-Partes, reunir-se-á uma conferência dos Estados-Partes para rever esta Convenção.

Artigo 27

Qualquer Estado-Parte nesta Convenção poderá denunciá-la um ano após sua entrada em vigor, por notificação escrita aos Governos Depositários. Tal denúncia terá efeito um ano após a data do recebimento da notificação.

Artigo 28

Esta Convenção, cujos textos em chinês, espanhol, francês, inglês e russo farão igualmente fé, será depositada nos arquivos dos Governos Depositários. Os Governos Depositários transmitirão cópias devidamente autenticadas aos governos dos Estados signatários e aderentes.

Em testemunho do que, os abaixo assinados, devidamente autorizados, assinaram a presente Convenção.

Feito em três exemplares, nas cidades de Londres, Moscou e Washington, aos vinte e nove dias do mês de março de mil novecentos e setenta e dois.

TRATADO SOBRE PRINCÍPIOS REGULADORES DAS ATIVIDADES DOS ESTADOS NA EXPLORAÇÃO E USO DO ESPAÇO CÓSMICO, INCLUSIVE A LUA E DEMAIS CORPOS CELESTES

▶ Aberto à assinatura, em 27-1-1967, em Londres, Moscou e Washington. Assinado pelo Brasil em Moscou em 30-1-1967 e em Londres e Washington em 2-2-1967. Aprovado pelo Dec. Legislativo nº 41, de 2-10-1968. Depósito dos instrumentos brasileiros de ratificação em 5-3-1969, junto aos Governos dos Estados Unidos, da Grã-Bretanha e da União Soviética. Promulgado pelo Dec. nº 64.362, de 17-4-1969.

Os Estados-Partes do presente Tratado:

Inspirando-se nas vastas perspectivas que a descoberta do espaço cósmico pelo homem oferece à humanidade;

Reconhecendo o interesse que apresenta para toda a humanidade o programa da exploração e uso do espaço cósmico para fins pacíficos;

Julgando que a exploração e o uso do espaço cósmico deveriam efetuar-se para o bem de todos os povos, qualquer que seja o estágio de seu desenvolvimento econômico e científico;

Desejosos de contribuir para o desenvolvimento de uma ampla cooperação internacional no que concerne aos aspectos científicos e jurídicos da exploração e uso do espaço cósmico para fins pacíficos;

Julgando que esta cooperação contribuirá para desenvolver a compreensão mútua e para consolidar as relações de amizade entre os Estados e os povos;

Recordando a Resolução nº 1.962 (XVIII), intitulada "Declaração dos Princípios Jurídicos Reguladores das Atividades dos Estados na Exploração e Uso do Espaço Cósmico", adotada por unanimidade pela Assembleia-Geral das Nações Unidas em 13 de dezembro de 1963;

Recordando a Resolução nº 1.884 (XVIII), que insiste junto aos Estados de se absterem de colocar em órbita quaisquer objetos portadores de armas nucleares ou de qualquer outro tipo de arma de destruição em massa e de instalar tais armas em corpos celestes, resolução que a Assembleia-Geral das Nações Unidas adotou, por unanimidade, a 17 de outubro de 1963;

Considerando que a resolução nº 110 (II) da Assembleia-Geral das Nações Unidas, datada de 3 de novembro de 1947, condena a propaganda destinada a ou suscetível de provocar ou encorajar qualquer ameaça à paz, ruptura da paz ou qualquer ato de agressão, e considerando que a referida resolução é aplicável ao espaço cósmico;

Convencidos de que o Tratado sobre os princípios que regem as atividades dos Estados na exploração e uso do espaço cósmico, inclusive a Lua e demais corpos celestes, contribuirá para a realização dos propósitos e princípios da Carta das Nações Unidas;

Convieram no seguinte:

Artigo I

A exploração e o uso do espaço cósmico, inclusive da Lua e demais corpos celestes, só deverão ter em mira o bem e interesse de todos os países, qualquer que seja o estágio de seu desenvolvimento econômico e científico, e são incumbência de toda a humanidade.

O espaço cósmico, inclusive a Lua e demais corpos celestes, poderá ser explorado e utilizado livremente por todos os Estados sem qualquer discriminação, em condições de igualdade e em conformidade com o direito internacional, devendo haver liberdade de acesso a todas as regiões dos corpos celestes.

O espaço cósmico, inclusive a Lua e demais corpos celestes, estará aberto às pesquisas científicas, devendo os Estados facilitar e encorajar a cooperação internacional naquelas pesquisas.

Artigo II

O espaço cósmico, inclusive a Lua e demais corpos celestes, não poderá ser objeto de apropriação nacional por proclamação de soberania, por uso ou ocupação, nem por qualquer outro meio.

Artigo III

As atividades dos Estados-Partes deste Tratado, relativas à exploração e ao uso do espaço cósmico, inclusive da Lua e demais corpos celestes, deverão efetuar-se em conformidade com o direito internacional, inclusive a Carta das Nações Unidas, com a finalidade de manter a paz e a segurança internacional e de favorecer a cooperação e a compreensão internacionais.

Artigo IV

Os Estados-Partes do Tratado se comprometem a não colocar em órbita qualquer objeto portador de armas nucleares ou de qualquer outro tipo de armas de destruição em massa, e a não instalar tais armas sobre os corpos celestes e a não colocar tais armas, de nenhuma maneira, no espaço cósmico.

Todos os Estados-Partes do Tratado utilizarão a Lua e os demais corpos celestes exclusivamente para fins pacíficos. Estarão proibidos nos corpos celestes o estabelecimento de bases, instalações ou fortificações militares, os ensaios de armas de qualquer tipo e a execução de manobras militares. Não se proíbe a utilização de pessoal militar para fins de pesquisas científicas ou para qualquer outro fim pacífico. Não se proíbe, do mesmo modo, a utilização de qualquer equipamento ou instalação necessária à exploração pacífica da Lua e demais corpos celestes.

Artigo V

Os Estados-Partes do Tratado considerarão os astronautas como enviados da humanidade no espaço cósmico e lhes prestarão toda a assistência possível em caso de acidente, perigo ou aterrissagem forçada sobre o território de um outro Estado-Parte do Tratado ou em alto-mar. Em caso de tal aterrissagem, o retorno dos astronautas ao Estado de matrícula do seu veículo espacial deverá ser efetuado prontamente e com toda a segurança.

Sempre que desenvolverem atividades no espaço cósmico e nos corpos celestes, os astronautas de um Estado-Parte do Tratado prestarão toda a assistência possível aos astronautas dos outros Estados-Partes do Tratado.

Os Estados-Partes do Tratado levarão imediatamente ao conhecimento dos outros Estados-Partes do Tratado ou do Secretário-Geral da Organização das Nações Unidas qualquer fenômeno por estes descoberto no espaço cósmico, inclusive a Lua e demais corpos celestes, que possa representar perigo para a vida ou a saúde dos astronautas.

Artigo VI

Os Estados-Partes do Tratado têm a responsabilidade internacional das atividades nacionais realizadas no espaço cósmico, inclusive na Lua e demais corpos celestes, quer sejam elas exercidas por organismos governamentais ou por entidades não governamentais, e de velar para que as atividades nacionais sejam efetuadas de acordo com as disposições anunciadas no presente Tratado. As atividades das entidades não governamentais no espaço cósmico, inclusive na Lua e demais corpos celestes, devem ser objeto de uma autorização e de uma vigilância contínua pelo componente Estado-Parte do Tratado. Em caso de atividades realizadas por uma organização internacional no espaço cósmico, inclusive na Lua e demais corpos celestes, a responsabilidade no que se refere às disposições do presente Tratado caberá a esta organização internacional e aos Estados-Partes do Tratado que fazem parte da referida organização.

Artigo VII

Todo Estado-Parte do Tratado que proceda ou mande proceder ao lançamento de um objeto ao espaço cósmico, inclusive à Lua e demais corpos celestes, e qualquer Estado-Parte, cujo território ou instalações servirem ao lançamento de um objeto, será responsável do ponto de vista internacional pelos danos causados a outro Estado-Parte do Tratado ou a suas pessoas naturais pelo referido objeto ou por seus elementos constitutivos, sobre a Terra, no espaço cósmico ou no espaço aéreo, inclusive na Lua e demais corpos celestes.

Artigo VIII

O Estado-Parte do Tratado em cujo registro figure o objeto lançado ao espaço cósmico conservará sob sua jurisdição e controle o referido objeto e todo o pessoal do mesmo objeto, enquanto se encontrarem no espaço cósmico ou em um corpo celeste. Os direitos de propriedade sobre os objetos lançados no espaço cósmico, inclusive os objetos levados ou construídos num corpo celeste, assim como seus elementos constitutivos, permanecerão inalteráveis enquanto estes objetos ou elementos se encontrarem no espaço cósmico ou em um corpo celeste e durante seu retorno à Terra. Tais objetos ou elementos constitutivos de objetos encontrados além dos limites do Estado-Parte do Tratado em cujo registro estão inscritos deverão ser restituídos a este Estado, devendo este fornecer, sob solicitação, os dados de identificação antes da restituição.

Artigo IX

No que concerne à exploração e ao uso do espaço cósmico, inclusive da Lua e demais corpos celestes, os Estados-Partes do Tratado deverão fundamentar-se sobre os princípios da cooperação e de assistência mútua e exercerão as suas atividades no espaço cósmico, inclusive na Lua e demais corpos celestes, levando devidamente em conta os interesses correspondentes dos demais Estados-Partes do Tratado. Os Estados-Partes do Tratado farão o estudo do espaço cósmico, inclusive da Lua e demais corpos celestes, e procederão à exploração de maneira a evitar os efeitos prejudiciais de sua contaminação, assim como as modificações nocivas no meio ambiente da Terra, resultantes da introdução de substâncias extraterrestres, e, quando necessário, tomarão as medidas apropriadas para este fim. Se um Estado-Parte do Tratado tem razões para crer que uma atividade ou experiência realizada por ele mesmo ou por seus nacionais no espaço cósmico, inclusive na Lua e demais corpos celestes, criaria um obstáculo capaz de prejudicar as atividades dos demais Estados-Partes do Tratado em matéria de exploração e utilização pacífica do espaço cósmico, inclusive da Lua e demais corpos celestes, deverá fazer as consultas internacionais adequadas antes de empreender a referida atividade ou experiência. Qualquer Estado-Parte do Tratado que tenha razões para crer que uma experiência ou atividade realizada por outro Estado-Parte do Tratado no espaço cósmico, inclusive na Lua e demais corpos celestes, criaria um obstáculo capaz de prejudicar as atividades exercidas em matéria de exploração e utilização pacífica do espaço cósmico, inclusive da Lua e demais corpos celestes, poderá solicitar a realização de consultas relativas à referida atividade ou experiência.

Artigo X

A fim de favorecer a cooperação internacional em matéria de exploração e uso do espaço cósmico, inclusive da Lua e demais corpos celestes, em conformidade com os fins do presente Tratado, os Estados-Partes do Tratado examinarão em condições de igualdade as solicitações dos demais Estados-Partes do Tratado no sentido de contarem com facilidades de observação do voo dos objetos espaciais lançados por esses Estados.

A natureza de tais facilidades de observação e as condições em que poderiam ser concedidas serão determinadas de comum acordo pelos Estados interessados.

Artigo XI

A fim de favorecer a cooperação internacional em matéria de exploração e uso do espaço cósmico, os Estados-Partes do Tratado que desenvolvam atividades no espaço cósmico, inclusive na Lua e demais corpos celestes, convieram, na medida em que isto seja possível e realizável, em informar ao Secretário-Geral da Organização das Nações Unidas, assim como ao público e à comunidade científica internacional, sobre a natureza da conduta dessas atividades, o lugar onde serão exercidas e seus resultados. O Secretário-Geral da Organização das Nações Unidas deverá estar em condições de assegurar, assim que as tenha recebido, a difusão efetiva dessas informações.

Artigo XII

Todas as estações, instalações, material e veículos espaciais que se encontrarem na Lua ou nos demais corpos celestes serão acessíveis, nas condições de reciprocidade aos representantes dos demais Estados-Partes do Tratado. Estes representantes notificarão, com antecedência, qualquer visita projetada, de maneira que as consultas desejadas possam realizar-se e que se possa tomar o máximo de precaução para garantir a segurança e evitar perturbações no funcionamento normal da instalação a ser visitada.

Artigo XIII

As disposições do presente Tratado aplicar-se-ão às atividades exercidas pelos Estados-Partes do Tratado na exploração e uso do espaço cósmico, inclusive da Lua e demais corpos celestes, quer estas atividades sejam exercidas por um Estado-Parte do Tratado por si só, quer juntamente com outros Estados, principalmente no quadro das organizações intergovernamentais internacionais.

Todas as questões práticas que possam surgir em virtude das atividades exercidas por organizações intergovernamentais internacionais em matéria de exploração e uso do espaço cósmico, inclusive da Lua e demais corpos celestes, serão resolvidas pelos Estados-Partes do Tratado, seja com a organização competente, seja com um ou vários dos Estados-Membros da referida organização que sejam parte do Tratado.

Artigo XIV

1. O presente Tratado ficará aberto à assinatura de todos os Estados. Qualquer Estado que não tenha assinado o presente Tratado antes de sua entrada em vigor, em conformidade com o § 3º do presente artigo, poderá a ele aderir a qualquer momento.

2. O presente Tratado ficará sujeito à ratificação dos Estados signatários. Os instrumentos de ratificação e os instrumentos de adesão ficarão depositados junto aos governos do Reino Unido da Grã-Bretanha e Irlanda do Norte, dos Estados Unidos da América e da União das Repúblicas Socialistas Soviéticas, que estão, no presente Tratado, designados como governos depositários.

3. O presente Tratado entrará em vigor após o depósito dos instrumentos de ratificação de cinco governos, inclusive daqueles designados depositários nos termos do presente Tratado.

4. Para os Estados cujos instrumentos de ratificação ou adesão forem depositados após a entrada em vigor do presente Tratado, este entrará em vigor na data do depósito de seus instrumentos de ratificação ou adesão.

5. Os governos depositários informarão sem demora todos os Estados signatários do presente Tratado e os que a ele tenham aderido da data de cada assinatura, do depósito de cada instrumento de ratificação ou de adesão ao presente Tratado, da data de sua entrada em vigor, assim como qualquer outra observação.

6. O presente Tratado será registrado pelos governos depositários, em conformidade com o artigo 102 da Carta das Nações Unidas.

Artigo XV

Qualquer Estado-Parte do presente Tratado poderá propor emendas. As emendas entrarão em vigor para cada Estado-Parte do Tratado que as aceite, após a aprovação da maioria dos Estados-Partes do Tratado, na data em que tiver sido recebida.

Artigo XVI

Qualquer Estado-Parte do presente Tratado poderá, um ano após a entrada em vigor do Tratado, comunicar sua intenção de deixar de ser Parte por meio de notificação escrita enviada aos governos depositários. Esta notificação surtirá efeito um ano após a data em que for recebida.

Artigo XVII

O presente Tratado, cujos textos em inglês, russo, espanhol, francês e chinês fazem igualmente fé, será depositado nos arquivos dos governos depositários. Cópias devidamente autenticadas do presente Tratado serão remetidas pelos governos depositários aos governos dos Estados que houverem assinado o Tratado ou que a ele houverem aderido.

Em fé do que, os abaixo assinados, devidamente habilitados para esse fim, assinaram este Tratado.

Feito em três exemplares em Londres, Moscou e Washington, aos vinte e sete dias de janeiro de mil novecentos e sessenta e sete.

ESPAÇOS MARÍTIMOS

CONVENÇÃO DAS NAÇÕES UNIDAS SOBRE O DIREITO DO MAR

Convenção de Montego Bay

► Concluída em Montego Bay, Jamaica, em 10-12-1982, foi ratificada pelo governo brasileiro em 22-12-1988. Entrou em vigor internacional e para o Brasil em 16-11-1994. Aprovada pelo Dec. Legislativo nº 5, de 9-11-1987 e promulgada pelo Dec. nº 1.530, de 22-6-1995.

Os Estados-Partes nesta Convenção:

Animados do desejo de solucionar, num espírito de compreensão e cooperação mútuas, todas as questões relativas ao direito do mar e conscientes do significado histórico desta Convenção como importante contribuição para a manutenção da paz, da justiça e do progresso de todos os povos do mundo;

Verificando que os fatos ocorridos desde as Conferências das Nações Unidas sobre o Direito do Mar, realizadas em Genebra em 1958 e 1960, acentuaram a necessidade de uma nova convenção sobre o direito do mar de aceitação geral;

Conscientes de que os problemas do espaço oceânico estão estreitamente interrelacionados e devem ser considerados como um todo;

Reconhecendo a conveniência de estabelecer por meio desta Convenção, com a devida consideração pela soberania de todos os Estados, uma ordem jurídica para os mares e oceanos que facilite as comunicações internacionais e promova os usos pacíficos dos mares e oceanos, a utilização equitativa e eficiente dos seus recursos, a conservação dos recursos vivos e o estudo, a proteção e a preservação do meio marinho;

Tendo presente que a consecução destes objetivos contribuirá para o estabelecimento de uma ordem econômica internacional justa e equitativa que tenha em conta os interesses e as necessidades da humanidade, em geral, e, em particular, os interesses e as necessidades especiais dos países em desenvolvimento, quer costeiros quer sem litoral;

Desejando desenvolver pela presente Convenção os princípios consagrados na Resolução nº 2.749 (XXV), de 17 de dezembro de 1970, na qual a Assembleia-Geral das Nações Unidas declarou solenemente, *inter alia*, que os fundos marinhos e oceânicos e o seu subsolo para além dos limites da jurisdição nacional, bem como os respectivos recursos, são patrimônio comum da humanidade e que a exploração e o aproveitamento dos mesmos fundos serão feitos em benefício da humanidade em geral, independentemente da situação geográfica dos Estados;

Convencidos de que a codificação e o desenvolvimento progressivo do direito do mar alcançados na presente Convenção contribuirão para o fortalecimento da paz, da segurança, da cooperação e das relações de amizade entre todas as nações, de conformidade com os princípios de justiça e igualdade de direitos, e promoverão o progresso econômico e social de todos os povos do mundo, de acordo com os propósitos e princípios das Nações Unidas, tais como enunciados na Carta;

Afirmando que as matérias não reguladas pela presente Convenção continuarão a ser regidas pelas normas e princípios do direito internacional geral;

Acordaram o seguinte:

PARTE I – INTRODUÇÃO

ARTIGO 1º
Termos utilizados e âmbito de aplicação

1. Para efeitos da presente Convenção:

1) "Área" significa o leito do mar, os fundos marinhos e o seu subsolo além dos limites da jurisdição nacional;

2) "Autoridade" significa a Autoridade Internacional dos Fundos Marinhos;

3) "Atividade na área" significa todas as atividades de exploração e aproveitamento dos recursos na área;

4) "Poluição do meio marinho" significa a introdução pelo homem, direta ou indiretamente, de substâncias ou de energia no meio marinho, incluindo os estuários, sempre que a mesma provoque ou possa vir a provocar efeitos nocivos, tais como danos aos recursos vivos e à vida marinha, riscos à saúde do homem, entrave às atividades marítimas, incluindo a pesca e as outras utilizações legítimas do mar, alteração da qualidade da água do mar, no que se refere à sua utilização e deterioração dos locais de recreio;

5): *a*) "Alijamento" significa:

i) Qualquer lançamento deliberado no mar de detritos e outras matérias, a partir de embarcações, aeronaves, plataformas ou outras construções;

ii) Qualquer afundamento deliberado no mar de embarcações, aeronaves plataformas ou outras construções;

b) O termo "alijamento" não incluirá:

i) O lançamento de detritos ou outras matérias resultantes ou derivadas da exploração normal de embarcações, aeronaves plataformas ou outras construções, bem como o seu equipamento, com excepção dos detritos ou de outras matérias transportadas em embarcações, aeronaves, plataformas ou outras construções no mar ou para ele transferidos que sejam utilizadas para o lançamento destas matérias ou que provenham do tratamento desses detritos ou de matérias a bordo das referidas embarcações, aeronaves, plataformas ou construções;

ii) O depósito de matérias para outros fins que não os do seu simples lançamento desde que tal depósito não seja contrário aos objetivos da presente Convenção.

2. 1) "Estados-Partes" significa os Estados que tenham consentido em ficar obrigados pela Convenção e em relação aos quais a Convenção esteja em vigor.

2) A Convenção aplica-se *mutatis mutandis* às entidades mencionadas nas alíneas b), c), d), e) e f) do parágrafo 1º do artigo 305 que se tenham tornado Partes na presente Convenção de conformidade com as condições relativas a cada uma delas e, nessa medida, a expressão "Estados-Partes" compreende essas entidades.

Parte II – Mar Territorial e Zona Contígua

Seção 1

DISPOSIÇÕES GERAIS

Artigo 2º

Regime jurídico do mar territorial, seu espaço aéreo sobrejacente, leito e subsolo.

1. A soberania do Estado costeiro estende-se além do seu território e das suas águas interiores e, no caso de Estado arquipélago, das suas águas arquipelágicas, a uma zona de mar adjacente designada pelo nome de mar territorial.

2. Esta soberania estende-se ao espaço aéreo sobrejacente ao mar territorial, bem como ao leito e ao subsolo deste mar.

3. A soberania sobre o mar territorial é exercida de conformidade com a presente Convenção e as demais normas de direito internacional.

Seção 2

LIMITES DO MAR TERRITORIAL

Artigo 3º
Largura do mar territorial

Todo Estado tem o direito de fixar a largura do seu mar territorial até um limite que não ultrapasse 12 milhas marítimas, medidas a partir de linhas de base determinadas de conformidade com a presente Convenção.

Artigo 4º
Limite exterior do mar territorial

O limite exterior do mar territorial é definido por uma linha em que cada um dos pontos fica a uma distância do ponto mais próximo da linha de base igual à largura do mar territorial.

Artigo 5º
Linha de base normal

Salvo disposição em contrário da presente Convenção, a linha de base normal para medir a largura do mar territorial é a linha da baixa-mar ao longo da costa, tal como indicada nas cartas marítimas de grande escala, reconhecidas oficialmente pelo Estado costeiro.

Artigo 6º
Recifes

No caso de ilhas situadas em atóis ou de ilhas que têm cadeias de recifes, a linha de base para medir a largura do mar territorial é a linha de baixa-mar do recife que se encontra do lado do mar, tal como indicada por símbolo apropriado nas cartas reconhecidas oficialmente pelo Estado costeiro.

Artigo 7º
Linhas de base rectas

1. Nos locais em que a costa apresente recortes profundos e reentrâncias ou em que exista uma franja de ilhas ao longo da costa na sua proximidade imediata, pode ser adotado o método das linhas de base rectas que unam os pontos apropriados para traçar a linha de base a partir da qual se mede a largura do mar territorial.

2. Nos locais em que, devido à existência de um delta e de outros acidentes naturais, a linha da costa seja muito instável, os pontos apropriados podem ser escolhidos ao longo da linha de baixa-mar mais avançada em direção ao mar e, mesmo que a linha de baixa-mar retroceda posteriormente, essas linhas de base rectas continuarão em vigor até que o Estado costeiro as modifique de conformidade com a presente Convenção.

3. O traçado dessas linhas de base rectas não deve afastar-se consideravelmente da direção geral da costa e as zonas de mar situadas dentro dessas linhas devem estar suficientemente vinculadas ao domínio terrestre para ficarem submetidas ao regime das águas interiores.

4. As linhas de base rectas não serão traçadas em direção aos baixios que emergem na baixa-mar, nem a partir deles, a não ser que sobre os mesmos se tenham construído faróis ou instalações análogas que estejam permanentemente acima do nível do mar, ou a não ser que o traçado de tais linhas de base rectas até àqueles baixios ou a partir destes tenha sido objecto de reconhecimento internacional geral.

5. Nos casos em que o método das linhas de base rectas for aplicável, nos termos do parágrafo 1º, poder-se-á ter em conta, ao traçar determinadas linhas de base, os interesses econômicos próprios da região de que se trate, cuja realidade e importância estejam claramente demonstradas por uso prolongado.

6. O sistema de linhas de base rectas não poderá ser aplicado por um Estado de modo a separar o mar territorial de outro Estado do alto-mar ou de uma zona econômica exclusiva.

Artigo 8º
Águas interiores

1. Exceptuando o disposto na parte IV, as águas situadas no interior da linha de base do mar territorial fazem parte das águas interiores do Estado.

2. Quando o traçado de uma linha de base recta, de conformidade com o método estabelecido no artigo 7º, encerrar, como águas interiores, águas que anteriormente não eram consideradas como tais, aplicar-se-á a essas águas o direito de passagem inofensiva, de acordo com o estabelecido na presente Convenção.

Artigo 9º
Foz de um rio

Se um rio desagua diretamente no mar, a linha de base é uma recta traçada através da foz do rio entre os pontos limites da linha de baixa-mar das suas margens.

Artigo 10
Baías

1. Este artigo refere-se apenas a baías cujas costas pertencem a um único Estado.

2. Para efeitos da presente Convenção, uma baía é uma reentrância bem marcada, cuja penetração em terra, em relação à largura da sua entrada, é tal que contém águas cercadas pela costa e constitui mais que uma

simples inflexão da costa. Contudo, uma reentrância não será considerada como uma baía, se a sua superfície não for igual ou superior à de um semicírculo que tenha por diâmetro a linha traçada através da entrada da referida reentrância.

3. Para efeitos de medição, a superfície de uma reentrância é a compreendida entre a linha de baixa-mar ao longo da costa da reentrância e uma linha que una as linhas de baixa-mar dos seus pontos naturais de entrada. Quando, devido à existência de ilhas, uma reentrância tiver mais do que uma entrada, o semicírculo será traçado tomando como diâmetro a soma dos comprimentos das linhas que fechem as diferentes entradas. A superfície das ilhas existentes dentro de uma reentrância será considerada como fazendo parte da superfície total da água da reentrância, como se essas ilhas fossem parte da mesma.

4. Se a distância entre as linhas de baixa-mar dos pontos naturais de entrada de uma baía não exceder 24 milhas marítimas, poderá ser traçada uma linha de demarcação entre estas duas linhas de baixa-mar e as águas assim encerradas serão consideradas águas interiores.

5. Quando a distância entre as linhas de baixa-mar dos pontos naturais de entrada de uma baía exceder 24 milhas marítimas, será traçada, no interior da baía, uma linha de base recta de 24 milhas marítimas de modo a encerrar a maior superfície de água que for possível abranger por uma linha de tal extensão.

6. As disposições precedentes não se aplicam às baías chamadas "históricas", nem nos casos em que se aplique o sistema de linhas base rectas estabelecido no artigo 7º.

Artigo 11
Portos

Para efeitos de delimitação do mar territorial, as instalações portuárias permanentes mais ao largo da costa que façam parte integrante do sistema portuário são consideradas como fazendo parte da costa. As instalações marítimas situadas ao largo da costa e as ilhas artificiais não são consideradas instalações portuárias permanentes.

Artigo 12
Ancoradouros

Os ancoradouros utilizados habitualmente para carga, descarga e fundeio de navios, os quais estariam normalmente situados, inteira ou parcialmente, fora do traçado geral do limite exterior do mar territorial, são considerados como fazendo parte do mar territorial.

Artigo 13
Baixios a descoberto

1. Um "baixio a descoberto" é uma extensão natural de terra rodeada de água, que, na baixa-mar, fica acima do nível do mar, mas que submerge na preamar. Quando um baixio a descoberto se encontre, total ou parcialmente, a uma distância do continente ou de uma ilha que não exceda a largura do mar territorial, a linha de baixa-mar desse baixio pode ser utilizada como linha de base para medir a largura do mar territorial.

2. Quando um baixio a descoberto estiver, na totalidade, situado a uma distância do continente ou de uma ilha superior à largura do mar territorial, não possui mar territorial próprio.

Artigo 14
Combinação de métodos para determinar as linhas de base

O Estado costeiro poderá, segundo as circunstâncias, determinar as linhas de base por meio de qualquer dos métodos estabelecidos nos artigos precedentes.

Artigo 15
Delimitação do mar territorial entre Estados com costas adjacentes ou situadas frente a frente

Quando as costas de dois Estados são adjacentes ou se encontram situadas frente a frente, nenhum desses Estados tem o direito, salvo acordo de ambos em contrário, de estender o seu mar territorial além da linha mediana cujos pontos são equidistantes dos pontos mais próximos das linhas de base, a partir das quais se mede a largura do mar territorial de cada um desses Estados. Contudo, este artigo não se aplica quando, por motivo da existência de títulos históricos ou de outras circunstâncias especiais, for necessário delimitar o mar territorial dos dois Estados de forma diferente.

Artigo 16
Cartas marítimas e listas de coordenadas geográficas

1. As linhas de base para medir a largura do mar territorial, determinadas de conformidade com os artigos 7º, 9º e 10 ou os limites delas decorrentes, e as linhas de delimitação traçadas de conformidade com os artigos 12 e 15 figurarão em cartas de escala ou escalas adequadas para a determinação da sua posição. Essas cartas poderão ser substituídas por listas de coordenadas geográficas de pontos em que conste especificamente a sua origem geodésica.

2. O Estado costeiro dará a devida publicidade a tais cartas ou listas de coordenadas geográficas e depositará um exemplar de cada carta ou lista junto do Secretário-Geral das Nações Unidas.

Secção 3

PASSAGEM INOFENSIVA PELO MAR TERRITORIAL

Subsecção A

NORMAS APLICÁVEIS A TODOS OS NAVIOS

Artigo 17
Direito de passagem inofensiva

Salvo disposição em contrário da presente Convenção, os navios de qualquer Estado, costeiro ou sem litoral, gozarão do direito de passagem inofensiva pelo mar territorial.

Artigo 18
Significado de passagem

1. "Passagem" significa a navegação pelo mar territorial com o fim de:

a) Atravessar esse mar sem penetrar nas águas interiores nem fazer escala num ancoradouro ou instalação portuária situada fora das águas interiores;
b) Dirigir-se para as águas interiores ou delas sair ou fazer escala num desses ancoradouros ou instalações portuárias.

2. A passagem deverá ser contínua e rápida. No entanto, a passagem compreende o parar e o fundear, mas apenas na medida em que os mesmos constituam incidentes comuns de navegação ou sejam impostos por motivos de força maior ou por dificuldade grave ou tenham por fim prestar auxílio a pessoas, navios ou aeronaves em perigo ou em dificuldade grave.

Artigo 19
Significado de passagem inofensiva

1. A passagem é inofensiva desde que não seja prejudicial à paz, à boa ordem ou à segurança do Estado costeiro. A passagem deve efectuar-se de conformidade com a presente Convenção e demais normas de direito internacional.

2. A passagem de um navio estrangeiro será considerada prejudicial à paz, à boa ordem ou à segurança do Estado costeiro, se esse navio realizar, no mar territorial, alguma das seguintes atividades:

a) Qualquer ameaça ou uso da força contra a soberania, a integridade territorial ou a independência política do Estado costeiro ou qualquer outra acção em violação dos princípios de direito internacional enunciados na Carta das Nações Unidas;
b) Qualquer exercício ou manobra com armas de qualquer tipo;
c) Qualquer ato destinado a obter informações em prejuízo da defesa ou da segurança do Estado costeiro;
d) Qualquer ato de propaganda destinado a atentar contra a defesa ou a segurança do Estado costeiro;
e) O lançamento, pouso ou recebimento a bordo de qualquer aeronave;
f) O lançamento, pouso ou recebimento a bordo de qualquer dispositivo militar;
g) O embarque ou desembarque de qualquer produto, moeda ou pessoa com violação das leis e regulamentos aduaneiros, fiscais, de imigração ou sanitários do Estado costeiro;
h) Qualquer ato intencional e grave de poluição contrário à presente Convenção;
i) Qualquer atividade de pesca;
j) A realização de atividades de investigação ou de levantamentos hidrográficos;
k) Qualquer ato destinado a perturbar quaisquer sistemas de comunicação ou quaisquer outros serviços ou instalações do Estado costeiro;
l) Qualquer outra atividade que não esteja diretamente relacionada com a passagem.

Artigo 20
Submarinos e outros veículos submersíveis

No mar territorial, os submarinos e quaisquer outros veículos submersíveis devem navegar à superfície e arvorar a sua bandeira.

Artigo 21
Leis e regulamentos do Estado costeiro relativos à passagem inofensiva

1. O Estado costeiro pode adotar leis e regulamentos, de conformidade com as disposições da presente Convenção e demais normas de direito internacional, relativos à passagem inofensiva pelo mar territorial sobre todas ou alguma das seguintes matérias:

a) Segurança da navegação e regulamentação do tráfego marítimo;
b) Protecção das instalações e dos sistemas de auxílio à navegação e de outros serviços ou instalações;
c) Protecção de cabos e ductos;
d) Conservação dos recursos vivos do mar;
e) Prevenção de infracções às leis e regulamentos sobre pesca do Estado costeiro;
f) Preservação do meio ambiente do Estado costeiro e prevenção, redacção e controlo da sua poluição;
g) Investigação científica marinha e levantamentos hidrográficos;
h) Prevenção das infracções às leis e regulamentos aduaneiros, fiscais, de imigração ou sanitários do Estado costeiro.

2. Tais leis e regulamentos não serão aplicados ao projecto, construção, tripulação ou equipamentos de navios estrangeiros, a não ser que se destinem à aplicação de regras ou normas internacionais geralmente aceitas.

3. O Estado costeiro dará a devida publicidade a todas estas leis e regulamentos.

4. Os navios estrangeiros que exerçam o direito de passagem inofensiva pelo mar territorial deverão observar todas essas leis e regulamentos, bem como todas as normas internacionais geralmente aceitas relacionadas com a prevenção de abalroamentos no mar.

Artigo 22
Rotas marítimas e sistemas de separação de tráfego no mar territorial

1. O Estado costeiro pode, quando for necessário à segurança da navegação, exigir que os navios estrangeiros que exerçam o direito de passagem inofensiva pelo seu mar territorial utilizem as rotas marítimas e os sistemas de separação de tráfego que esse Estado tenha designado ou prescrito para a regulação da passagem de navios.

2. Em particular, pode ser exigido que os navios-tanques, os navios de propulsão nuclear e outros navios que transportem substâncias ou materiais radioactivos ou outros produtos intrinsecamente perigosos ou nocivos utilizem unicamente essas rotas marítimas.

3. Ao designar as rotas marítimas e ao prescrever sistemas de separação de tráfego, nos termos do presente artigo, o Estado costeiro terá em conta:

a) As recomendações da organização internacional competente;
b) Quaisquer canais que se utilizem habitualmente para a navegação internacional;
c) As características especiais de determinados navios e canais; e
d) A densidade de tráfego.

4. O Estado costeiro indicará claramente tais rotas marítimas e sistemas de separação de tráfego em cartas marítimas a que dará a devida publicidade.

Artigo 23
Navios estrangeiros de propulsão nuclear e navios transportando substâncias radioactivas ou outras substâncias intrinsecamente perigosas ou nocivas

Ao exercer o direito de passagem inofensiva pelo mar territorial, os navios estrangeiros de propulsão nuclear e os navios transportando substâncias radioactivas ou outras substâncias intrinsecamente perigosas ou nocivas devem ter a bordo os documentos e observar as medidas especiais de precaução estabelecidas para esses navios nos acordos internacionais.

Artigo 24
Deveres do Estado costeiro

1. O Estado costeiro não deve pôr dificuldades à passagem inofensiva de navios estrangeiros pelo mar territorial, a não ser de conformidade com a presente Convenção. Em especial, na aplicação da presente Convenção ou de quaisquer leis e regulamentos adotados de conformidade com a presente Convenção, o Estado costeiro não deve:
 a) Impor aos navios estrangeiros obrigações que tenham na prática o efeito de negar ou dificultar o direito de passagem inofensiva; ou
 b) Fazer discriminação de direito ou de fato contra navios de determinado Estado ou contra navios que transportem cargas provenientes de determinado Estado ou a ele destinadas ou por conta de determinado Estado.

2. O Estado costeiro dará a devida publicidade a qualquer perigo de que tenha conhecimento e que ameace a navegação no seu mar territorial.

Artigo 25
Direitos de protecção do Estado costeiro

1. O Estado costeiro pode tomar, no seu mar territorial, as medidas necessárias para impedir toda a passagem que não seja inofensiva.

2. No caso de navios que se dirijam a águas interiores ou a escala numa instalação portuária situada fora das águas interiores, o Estado costeiro tem igualmente o direito de adotar as medidas necessárias para impedir qualquer violação das condições a que está sujeita a admissão desses navios nessas águas interiores ou nessa instalação portuária.

3. O Estado costeiro pode, sem fazer discriminação de direito ou de fato entre navios estrangeiros, suspender temporariamente em determinadas áreas do seu mar territorial o exercício do direito de passagem inofensiva dos navios estrangeiros, se esta medida for indispensável para proteger a sua segurança, entre outras, para lhe permitir proceder a exercícios com armas. Tal suspensão só produzirá efeito depois de ter sido devidamente tornada pública.

Artigo 26
Taxas que podem ser impostas a navios estrangeiros

1. Não podem ser impostas taxas a navios estrangeiros só com fundamento na sua passagem pelo mar territorial.

2. Não podem ser impostas taxas a um navio estrangeiro que passe pelo mar territorial a não ser como remuneração de determinados serviços prestados a esse navio. Estas taxas devem ser impostas sem discriminação.

Subsecção B

NORMAS APLICÁVEIS A NAVIOS MERCANTIS E NAVIOS DE ESTADO UTILIZADOS PARA FINS COMERCIAIS

Artigo 27
Jurisdição penal a bordo de navio estrangeiro

1. A jurisdição penal do Estado costeiro não será exercida a bordo de navio estrangeiro que passe pelo mar territorial com o fim de deter qualquer pessoa ou de realizar qualquer investigação, com relação a infração criminal cometida a bordo desse navio durante a sua passagem, salvo nos seguintes casos:
 a) Se a infração criminal tiver consequências para o Estado costeiro;
 b) Se a infração criminal for de tal natureza que possa perturbar a paz do país ou a ordem no mar territorial;
 c) Se a assistência das autoridades locais tiver sido solicitada pelo capitão do navio ou pelo representante diplomático ou funcionário consular do Estado de bandeira; ou
 d) Se estas medidas forem necessárias para a repressão do tráfico ilícito de estupefacientes ou de substâncias psicotrópicas.

2. As disposições precedentes não afetam o direito do Estado costeiro de tomar as medidas autorizadas pelo seu direito interno, a fim de proceder a apresentamento e investigações a bordo de navio estrangeiro que passe pelo seu mar territorial procedente de águas interiores.

3. Nos casos previstos nos parágrafos 1° e 2°, o Estado costeiro deverá, a pedido do capitão, notificar o representante diplomático ou o funcionário consular do Estado de bandeira antes de tomar quaisquer medidas, e facilitar o contacto entre esse representante ou funcionário e a tripulação do navio. Em caso de urgência, essa notificação poderá ser feita enquanto as medidas estiverem sendo tomadas.

4. Ao considerar se devem ou não proceder a um apresentamento e à forma de o executar, as autoridades locais devem ter em devida conta os interesses da navegação.

5. Salvo em caso de aplicação das disposições da parte XII ou de infração às leis e regulamentos adotados de conformidade com a parte V, o Estado costeiro não poderá tomar qualquer medida a bordo de um navio estrangeiro que passe pelo seu mar territorial, para a detenção de uma pessoa ou para proceder a investigações relacionadas com qualquer infração de caráter penal que tenha sido cometida antes de o navio ter entrado no seu mar territorial, se esse navio, procedente de um porto estrangeiro, se encontrar só de passagem pelo mar territorial sem entrar nas águas interiores.

Artigo 28
Jurisdição civil em relação a navios estrangeiros

1. O Estado costeiro não deve parar nem desviar da sua rota um navio estrangeiro que passe pelo mar territorial, a fim de exercer a sua jurisdição civil em relação a uma pessoa que se encontre a bordo.

2. O Estado costeiro não pode tomar contra esse navio medidas executórias ou medidas cautelares em matéria civil, a não ser que essas medidas sejam tomadas por força de obrigações assumidas pelo navio ou de responsabilidades em que o mesmo haja incorrido durante a navegação ou devido a esta quando da sua passagem pelas águas do Estado costeiro.

3. O parágrafo precedente não prejudica o direito do Estado costeiro de tomar, em relação a um navio estrangeiro que se detenha no mar territorial ou por ele passe procedente das águas interiores, medidas execu-

tórias ou medidas cautelares em matéria civil conforme o seu direito interno.

SUBSEÇÃO C

NORMAS APLICÁVEIS A NAVIOS DE GUERRA E A OUTROS NAVIOS DE ESTADO UTILIZADOS PARA FINS NÃO COMERCIAIS

ARTIGO 29
Definição de navios de guerra

Para efeitos da presente Convenção, "navio de guerra" significa qualquer navio pertencente às forças armadas de um Estado, que ostente sinais exteriores próprios de navios de guerra da sua nacionalidade, sob o comando de um oficial devidamente designado pelo Estado cujo nome figure na correspondente lista de oficiais ou seu equivalente e cuja tripulação esteja submetida às regras da disciplina militar.

ARTIGO 30
Não cumprimento das leis e regulamentos do Estado costeiro pelos navios de guerra

Se um navio de guerra não cumprir as leis e regulamentos do Estado costeiro relativos à passagem pelo mar territorial e não acatar o pedido que lhe for feito para o seu cumprimento, o Estado costeiro pode exigir-lhe que saia imediatamente do mar territorial.

ARTIGO 31
Responsabilidade do Estado de bandeira por danos causados por navio de guerra ou outro navio de Estado utilizado para fins não comerciais

Caberá ao Estado de bandeira a responsabilidade internacional por qualquer perda ou dano causado ao Estado costeiro resultante do não cumprimento por um navio de guerra ou outro navio de Estado utilizado para fins não comerciais das leis e regulamentos do Estado costeiro relativos à passagem pelo mar territorial ou das disposições da presente Convenção ou demais normas de direito internacional.

ARTIGO 32
Imunidades dos navios de guerra e de outros navios de Estado utilizados para fins não comerciais

Com as excepções previstas na subseção A e nos artigos 30 e 31, nenhuma disposição da presente Convenção afetará as imunidades dos navios de guerra e outros navios de Estado utilizados para fins não comerciais.

SEÇÃO 4

ZONA CONTÍGUA

ARTIGO 33
Zona contígua

1. Numa zona contígua ao seu mar territorial, denominada "zona contígua", o Estado costeiro pode tomar as medidas de fiscalização necessárias a:

a) evitar as infracções às leis e regulamentos aduaneiros, fiscais, de imigração ou sanitários no seu território ou no seu mar territorial;
b) reprimir as infracções às leis e regulamentos no seu território ou no seu mar territorial.

2. A zona contígua não pode estender-se além de 24 milhas marítimas, contadas a partir das linhas de base que servem para medir a largura do mar territorial.

PARTE III – ESTREITOS UTILIZADOS PARA A NAVEGAÇÃO INTERNACIONAL

SEÇÃO 1

DISPOSIÇÕES GERAIS

ARTIGO 34
Regime jurídico das águas que formam os estreitos utilizados para a navegação internacional

1. O regime de passagem pelos estreitos utilizados para a navegação internacional estabelecido na presente parte não afetará, noutros aspectos, o regime jurídico das águas que formam esses estreitos, nem o exercício, pelos Estados ribeirinhos do estreito, da sua soberania ou da sua jurisdição sobre essas águas, seu espaço aéreo sobrejacente, leito e subsolo.

2. A soberania ou a jurisdição dos Estados ribeirinhos do estreito é exercida de conformidade com a presente parte e as demais normas de direito internacional.

ARTIGO 35
Âmbito de aplicação da presente parte

Nenhuma das disposições da presente parte afeta:

a) Qualquer área das águas interiores situadas num estreito, exceto quando o traçado de uma linha de base reta, de conformidade com o método estabelecido no artigo 7º, tiver o efeito de englobar nas águas interiores áreas que anteriormente não eram consideradas como tais;
b) O regime jurídico das águas situadas além do mar territorial dos Estados ribeirinhos de um estreito como zonas econômicas exclusivas ou do alto-mar; ou
c) O regime jurídico dos estreitos em que a passagem esteja regulamentada, total ou parcialmente, por convenções internacionais de longa data em vigor que a eles se refiram especificamente.

ARTIGO 36
Rotas de alto-mar ou rotas que atravessem uma zona econômica exclusiva através de estreitos utilizados para a navegação internacional

A presente parte não se aplica a um estreito utilizado para a navegação internacional por esse estreito passar uma rota de alto-mar ou uma rota que atravesse uma zona econômica exclusiva, igualmente convenientes pelas suas características hidrográficas e de navegação; em tais rotas aplicam-se as outras partes pertinentes da Convenção, incluindo as disposições relativas à liberdade de navegação e sobrevoo.

SEÇÃO 2

PASSAGEM EM TRÂNSITO

ARTIGO 37
Âmbito de aplicação da presente seção

A presente seção aplica-se a estreitos utilizados para a navegação internacional entre uma parte do alto-mar ou uma zona econômica exclusiva e uma outra parte do alto-mar ou uma zona econômica exclusiva.

Artigo 38
Direito de passagem em trânsito

1. Nos estreitos a que se refere o artigo 37, todos os navios e aeronaves gozam do direito de passagem em trânsito que não será impedido a não ser que o estreito seja formado por uma ilha de um Estado ribeirinho desse estreito e o seu território continental e do outro lado da ilha exista uma rota de alto-mar ou uma rota que passe por uma zona econômica exclusiva, igualmente convenientes pelas suas características hidrográficas e de navegação.

2. "Passagem em trânsito" significa o exercício, de conformidade com a presente parte, da liberdade de navegação e sobrevoo exclusivamente para fins de trânsito contínuo e rápido pelo estreito entre uma parte do alto-mar ou de uma zona econômica exclusiva e uma outra parte do alto-mar ou uma zona econômica exclusiva. Contudo, a exigência de trânsito contínuo e rápido não impede a passagem pelo estreito para entrar no território do Estado ribeirinho ou dele sair ou a ele regressar sujeito às condições que regem a entrada no território desse Estado.

3. Qualquer atividade que não constitua um exercício do direito de passagem em trânsito por um estreito fica sujeita às demais disposições aplicáveis da presente Convenção.

Artigo 39
Deveres dos navios e aeronaves durante a passagem em trânsito

1. Ao exercer o direito de passagem em trânsito, os navios e aeronaves devem:
   a) Atravessar ou sobrevoar o estreito sem demora;
   b) Abster-se de qualquer ameaça ou uso de força contra a soberania, a integridade territorial ou a independência política dos Estados ribeirinhos do estreito ou de qualquer outra ação contrária aos princípios de direito internacional enunciados na Carta das Nações Unidas;
   c) Abster-se de qualquer atividade que não esteja relacionada com as modalidades normais de trânsito contínuo e rápido, salvo em caso de força maior ou de dificuldade grave;
   d) Cumprir as demais disposições pertinentes da presente parte.

2. Os navios de passagem em trânsito devem:
   a) Cumprir os regulamentos, procedimentos e práticas internacionais de segurança no mar geralmente aceites, inclusive as Regras Internacionais para a Prevenção de Abalroamentos no Mar;
   b) Cumprir os regulamentos, procedimentos e práticas internacionais geralmente aceitas para a prevenção, a redução e o controle da poluição proveniente de navios.

3. As aeronaves de passagem em trânsito devem:
   a) Observar as Normas de Trânsito Aéreo estabelecidas pela Organização da Aviação Civil Internacional aplicáveis às aeronaves civis; as aeronaves do Estado cumprirão normalmente essas medidas de segurança e agirão sempre tendo em conta a segurança da navegação;
   b) Manter sempre sintonizada a radiofrequência atribuída pela autoridade competente de controle de tráfego aéreo designada internacionalmente ou a correspondente radiofrequência internacional de socorro.

Artigo 40
Atividades de investigação e levantamentos hidrográficos

Durante a passagem em trânsito pelos estreitos, os navios estrangeiros, incluindo navios de investigação científica marinha e navios hidrográficos, não podem efetuar quaisquer atividades de investigação ou de levantamentos hidrográficos sem autorização prévia dos Estados ribeirinhos dos estreitos.

Artigo 41
Rotas marítimas e sistemas de separação de tráfego em estreitos utilizados para a navegação internacional

1. Os Estados ribeirinhos de estreitos podem, de conformidade com a disposição da presente parte, designar rotas marítimas e estabelecer sistemas de separação de tráfego para a navegação pelos estreitos, sempre que a segurança da passagem dos navios o exija.

2. Tais Estados podem, quando as circunstâncias o exijam e após terem dado a devida publicidade a esta medida, substituir por outras rotas marítimas ou sistemas de separação de tráfego quaisquer rotas marítimas ou sistemas de separação de tráfego por eles anteriormente designados ou prescritos.

3. Tais rotas marítimas e sistemas de separação de tráfego devem ajustar-se à regulamentação internacional geralmente aceita.

4. Antes de designar ou substituir rotas marítimas ou de estabelecer ou substituir sistemas de separação de tráfego, os Estados ribeirinhos de estreitos devem submeter as suas propostas à organização internacional competente para sua adoção. A organização só pode adotar as rotas marítimas e os sistemas de separação de tráfego que tenham sido acordados com os Estados ribeirinhos dos estreitos, após o que estes Estados poderão designar, estabelecer ou substituir as rotas marítimas ou os sistemas de separação de tráfego.

5. No caso de um estreito, em que se proponham a criação de rotas marítimas ou sistemas de separação de tráfego que atravessem as águas de dois ou mais Estados ribeirinhos do estreito, os Estados interessados cooperarão na formulação de propostas em consulta com a organização internacional competente.

6. Os Estados ribeirinhos de estreitos indicarão claramente todas as rotas marítimas e sistemas de separação de tráfego por eles designados ou prescritos em cartas de navegação, às quais darão a devida publicidade.

7. Os navios de passagem em trânsito respeitarão as rotas marítimas e sistemas de separação de tráfego aplicáveis, estabelecidos de conformidade com as disposições do presente artigo.

Artigo 42
Leis e regulamentos dos Estados ribeirinhos de estreitos relativos à passagem em trânsito

1. Nos termos das disposições da presente seção, os Estados ribeirinhos de estreitos podem adotar leis e

regulamentos relativos à passagem em trânsito pelos estreitos no que respeita a todos ou a alguns dos seguintes pontos:

a) A segurança da navegação e a regulamentação do tráfego marítimo, de conformidade com as disposições do artigo 41;
b) A prevenção, redução e controle da poluição em cumprimento das regulamentações internacionais aplicáveis relativas à descarga no estreito de hidrocarbonetos, de resíduos de petróleo e de outras substâncias nocivas;
c) No caso de embarcações de pesca, a proibição de pesca, incluindo o acondicionamento dos aparelhos de pesca;
d) O embarque ou desembarque de produto, moeda ou pessoa em contravenção das leis e regulamentos aduaneiros, fiscais, de imigração ou sanitários dos Estados ribeirinhos de estreitos.

2. Tais leis e regulamentos não farão discriminação de direito ou de fato entre os navios estrangeiros, nem a sua aplicação terá, na prática, o efeito de negar, dificultar ou impedir o direito de passagem em trânsito tal como definido na presente seção.

3. Os Estados ribeirinhos de estreitos darão a devida publicidade a todas essas leis e regulamentos.

4. Os navios estrangeiros que exerçam o direito de passagem em trânsito cumprirão essas leis e regulamentos.

5. O Estado de bandeira de um navio ou o Estado de registro de uma aeronave que goze de imunidade soberana e atue de forma contrária a essas leis e regulamentos ou a outras disposições da presente parte incorrerá em responsabilidade internacional por qualquer perda ou dano causado aos Estados ribeirinhos de estreitos.

Artigo 43
Instalações de segurança e de auxílio à navegação e outros dispositivos. Prevenção, redução e controle da poluição

Os Estados usuários e os Estados ribeirinhos de um estreito deveriam cooperar mediante acordos para:

a) O estabelecimento e manutenção, no estreito, das instalações de segurança e auxílio necessárias à navegação ou de outros dispositivos destinados a facilitar a navegação internacional; e
b) A prevenção, redução e controle da poluição proveniente de navios.

Artigo 44
Deveres dos Estados ribeirinhos de estreitos

Os Estados ribeirinhos de um estreito não impedirão a passagem em trânsito e darão a devida publicidade a qualquer perigo de que tenham conhecimento e que ameace a navegação no estreito ou o sobrevoo do mesmo. Não haverá nenhuma suspensão da passagem em trânsito.

SEÇÃO 3

PASSAGEM INOFENSIVA

Artigo 45
Passagem inofensiva

1. O regime de passagem inofensiva, de conformidade com a seção 3 da parte II, aplicar-se-á a estreitos utilizados para a navegação internacional:

a) Excluídos da aplicação do regime de passagem em trânsito, em virtude do parágrafo 1º do artigo 38; ou
b) Situados entre uma parte de alto-mar ou uma zona econômica exclusiva e o mar territorial de um Estado estrangeiro.

2. Não haverá nenhuma suspensão da passagem inofensiva por tais estreitos.

PARTE IV – ESTADOS ARQUIPÉLAGOS

Artigo 46
Expressões utilizadas

Para efeitos da presente Convenção:

a) "Estado arquipélago" significa um Estado constituído totalmente por um ou vários arquipélagos, podendo incluir outras ilhas;
b) "Arquipélago" significa um grupo de ilhas, incluindo partes de ilhas, as águas circunjacentes e outros elementos naturais, que estejam tão estreitamente relacionados entre si que essas ilhas, águas e outros elementos naturais formem intrinsecamente uma entidade geográfica, econômica e política ou que historicamente tenham sido considerados como tal.

Artigo 47
Linhas de base arquipelágicas

1. O Estado arquipélago pode traçar linhas de base arquipelágicas retas que unam os pontos extremos das ilhas mais exteriores e dos recifes emergentes do arquipélago, com a condição de que dentro dessas linhas de base estejam compreendidas as principais ilhas e uma zona em que a razão entre a superfície marítima e a superfície terrestre, incluindo os atóis, se situe entre um para um e nove para um.

2. O comprimento destas linhas de base não deve exceder 100 milhas marítimas, admitindo-se, no entanto, que até 3% do número total das linhas de base que encerram qualquer arquipélago possam exceder esse comprimento, até um máximo de 125 milhas marítimas.

3. O traçado de tais linhas de base não se deve desviar consideravelmente da configuração geral do arquipélago.

4. Tais linhas de base não serão traçadas em direção aos baixios a descoberto, nem a partir deles, a não ser que sobre os mesmos se tenham construído faróis ou instalações análogas, que estejam permanentemente acima do nível do mar ou quando um baixio a descoberto esteja total ou parcialmente situado a uma distância da ilha mais próxima que não exceda a largura do mar territorial.

5. O sistema de tais linhas de base não pode ser aplicado por um Estado arquipélago de modo a separar do alto-mar ou de uma zona econômica exclusiva o mar territorial de outro Estado.

6. Se uma parte das águas arquipelágicas de um Estado arquipélago estiver situada entre duas partes de um Estado vizinho imediatamente adjacente, os direitos existentes e quaisquer outros interesses legítimos que este Estado tenha exercido tradicionalmente em tais

águas e todos os direitos estipulados em acordos concluídos entre os dois Estados continuarão em vigor e serão respeitados.

7. Para fins de cálculo da razão entre a superfície marítima e a superfície terrestre, a que se refere o parágrafo 1º, as superfícies podem incluir águas situadas no interior das cadeias de recifes de ilhas e atóis, incluindo a parte de uma plataforma oceânica com face lateral abrupta que se encontre encerrada, ou quase, por uma cadeia de ilhas calcárias e de recifes emergentes situados no perímetro da plataforma.

8. As linhas de base traçadas de conformidade com o presente artigo devem ser apresentadas em cartas de escala ou escalas adequadas para a determinação da sua posição. Tais cartas podem ser substituídas por listas de coordenadas geográficas de pontos em que conste especificamente a origem geodésica.

9. O Estado arquipélago deve dar a devida publicidade a tais cartas ou listas de coordenadas geográficas e deve depositar um exemplar de cada carta ou lista junto do Secretário-Geral das Nações Unidas.

Artigo 48
Medição da largura do mar territorial, da zona contígua, da zona econômica exclusiva e da plataforma continental

A largura do mar territorial, da zona contígua, da zona econômica exclusiva e da plataforma continental é medida a partir das linhas de base arquipelágicas traçadas de conformidade com o artigo 47.

Artigo 49
Regime jurídico das águas arquipelágicas, do espaço aéreo sobre águas arquipelágicas e do leito e subsolo dessas águas arquipelágicas

1. A soberania de um Estado arquipélago estende-se às águas encerradas pelas linhas de base arquipelágicas, traçadas de conformidade com o artigo 47, denominadas "águas arquipelágicas", independentemente da sua profundidade ou da sua distância da costa.

2. Esta soberania estende-se ao espaço aéreo situado sobre as águas arquipelágicas e ao seu leito e subsolo, bem como aos recursos neles existentes.

3. Esta soberania é exercida de conformidade com as disposições da presente parte.

4. O regime de passagem pelas rotas marítimas arquipelágicas, estabelecido na presente parte, não afeta em outros aspectos o regime jurídico das águas arquipelágicas, inclusive o das rotas marítimas, nem o exercício pelo Estado arquipelágico da sua soberania sobre essas águas, seu espaço aéreo sobrejacente e seu leito e subsolo, bem como sobre os recursos neles existentes.

Artigo 50
Delimitação das águas interiores

Dentro das suas águas arquipelágicas, o Estado arquipélago pode traçar linhas de fecho para a delimitação das águas interiores, de conformidade com os artigos 9º, 10 e 11.

Artigo 51
Acordos existentes, direitos de pesca tradicionais e cabos submarinos existentes

1. Sem prejuízo das disposições do artigo 49, os Estados arquipélagos respeitarão os acordos existentes com outros Estados e reconhecerão os direitos de pesca tradicionais e outras atividades legítimas dos Estados vizinhos imediatamente adjacentes em certas áreas situadas nas águas arquipelágicas. As modalidades e condições para o exercício de tais direitos e atividades, incluindo a natureza, o alcance e as áreas em que se aplicam, serão, a pedido de qualquer dos Estados interessados, reguladas por acordos bilaterais entre eles. Tais direitos não poderão ser transferidos a terceiros Estados ou a seus nacionais, nem por eles compartilhados.

2. Os Estados arquipélagos respeitarão os cabos submarinos existentes que tenham sido colocados por outros Estados e que passem pelas suas águas sem tocar terra. Os Estados arquipélagos permitirão a conservação e a substituição de tais cabos, uma vez recebida a devida notificação da sua localização e da intenção de os reparar ou substituir.

Artigo 52
Direito de passagem inofensiva

1. Nos termos do artigo 53 e sem prejuízo do disposto no artigo 50, os navios de todos os Estados gozam do direito de passagem inofensiva pelas águas arquipelágicas, de conformidade com a seção 3 da parte II.

2. O Estado arquipélago pode, sem discriminação de direito ou de fato entre navios estrangeiros, suspender temporariamente, e em determinadas áreas das suas águas arquipelágicas, a passagem inofensiva de navios estrangeiros, se tal suspensão for indispensável para a proteção da sua segurança. A suspensão só produzirá efeito depois de ter sido devidamente publicada.

Artigo 53
Direito de passagem pelas rotas marítimas arquipelágicas

1. O Estado arquipélago pode designar rotas marítimas e rotas aéreas a elas sobrejacentes adequadas à passagem contínua e rápida de navios e aeronaves estrangeiros por ou sobre as suas águas arquipelágicas e o mar territorial adjacente.

2. Todos os navios e aeronaves gozam do direito de passagem pelas rotas marítimas arquipelágicas, em tais rotas marítimas e aéreas.

3. A passagem pelas rotas marítimas arquipelágicas significa o exercício, de conformidade com a presente Convenção, dos direitos de navegação e sobrevoo de modo normal, exclusivamente para fins de trânsito contínuo, rápido e sem entraves entre uma parte do alto-mar ou de uma zona econômica exclusiva e uma outra parte do alto-mar ou de uma zona econômica exclusiva.

4. Tais rotas marítimas e aéreas atravessarão as águas arquipelágicas e o mar territorial adjacente e incluirão todas as rotas normais de passagem utilizadas como tais na navegação internacional através das águas arquipelágicas ou da navegação aérea internacional no espaço aéreo sobrejacente e, dentro de tais rotas, no que se refere a navios, todos os canais normais de navegação, desde que não seja necessário uma duplicação de rotas com conveniência similar entre os mesmos pontos de entrada e de saída.

5. Tais rotas marítimas e aéreas devem ser definidas por uma série de linhas axiais contínuas desde os pontos

de entrada das rotas de passagem até aos pontos de saída. Os navios e aeronaves, na sua passagem pelas rotas marítimas arquipelágicas, não podem afastar-se mais de 25 milhas marítimas para cada lado dessas linhas axiais, ficando estabelecido que não podem navegar a uma distância da costa inferior a 10% da distância entre os pontos mais próximos situados em ilhas que circundam as rotas marítimas.

6. O Estado arquipélago que designe rotas marítimas de conformidade com o presente artigo pode também estabelecer sistemas de separação de tráfego para a passagem segura dos navios através de canais estreitos em tais rotas marítimas.

7. O Estado arquipélago pode, quando as circunstâncias o exijam, e após ter dado a devida publicidade a esta medida, substituir por outras rotas marítimas ou sistemas de separação de tráfego quaisquer rotas marítimas ou sistemas de separação de tráfego por ele anteriormente designados ou prescritos.

8. Tais rotas marítimas e sistemas de separação de tráfego devem ajustar-se à regulamentação internacional geralmente aceita.

9. Ao designar ou substituir rotas marítimas ou estabelecer ou substituir sistemas de separação de tráfego, o Estado arquipélago deve submeter propostas à organização internacional competente para a sua adoção. A organização só pode adotar as rotas marítimas e os sistemas de separação de tráfego acordados com o Estado arquipélago, após o que o Estado arquipélago pode designar, estabelecer ou substituir as rotas marítimas ou os sistemas de separação de tráfego.

10. O Estado arquipélago indicará claramente os eixos das rotas marítimas e os sistemas de separação de tráfego por ele designados ou prescritos em cartas de navegação, às quais dará a devida publicidade.

11. Os navios, durante a passagem pelas rotas marítimas arquipelágicas, devem respeitar as rotas marítimas e os sistemas de separação de tráfego aplicáveis, estabelecidos de conformidade com o presente artigo.

12. Se um Estado arquipélago não designar rotas marítimas ou aéreas, o direito de passagem por rotas marítimas arquipelágicas pode ser exercido através das rotas utilizadas normalmente para a navegação internacional.

Artigo 54
Deveres dos navios e aeronaves durante a passagem, atividades de investigação e levantamentos hidrográficos, deveres do Estado arquipélago e leis e regulamentos do Estado arquipélago relativos a passagem pelas rotas marítimas arquipelágicas

Os artigos 39, 40, 42 e 44 aplicam-se, *mutatis mutandis*, à passagem pelas rotas marítimas arquipelágicas.

Parte V – Zona Econômica Exclusiva

Artigo 55
Regime jurídico específico da zona econômica exclusiva

A zona econômica exclusiva é uma zona situada além do mar territorial e a este adjacente, sujeita ao regime jurídico específico estabelecido na presente parte, segundo o qual os direitos e a jurisdição do Estado costeiro e os direitos e liberdades dos demais Estados são regidos pelas disposições pertinentes da presente Convenção.

Artigo 56
Direitos, jurisdição e deveres do Estado costeiro na zona econômica exclusiva

1. Na zona econômica exclusiva, o Estado costeiro tem:

a) Direitos de soberania para fins de exploração e aproveitamento, conservação e gestão dos recursos naturais, vivos ou não vivos, das águas sobrejacentes ao leito do mar, do leito do mar e seu subsolo e no que se refere a outras atividades com vista à exploração e aproveitamento da zona para fins econômicos, como a produção de energia a partir da água, das correntes e dos ventos;

b) Jurisdição, de conformidade com as disposições pertinentes da presente Convenção, no que se refere a:

 i) Colocação e utilização de ilhas artificiais, instalações e estruturas;
 ii) Investigação científica marinha;
 iii) Proteção e preservação do meio marinho;

c) Outros direitos e deveres previstos na presente Convenção.

2. No exercício dos seus direitos e no cumprimento dos seus deveres na zona econômica exclusiva nos termos da presente Convenção, o Estado costeiro terá em devida conta os direitos e deveres dos outros Estados e agirá de forma compatível com as disposições da presente Convenção.

3. Os direitos enunciados no presente artigo referentes ao leito do mar e ao seu subsolo devem ser exercidos de conformidade com a parte VI da presente Convenção.

Artigo 57
Largura da zona econômica exclusiva

A zona econômica exclusiva não se estenderá além de 200 milhas marítimas das linhas de base a partir das quais se mede a largura do mar territorial.

Artigo 58
Direitos e deveres de outros Estados na zona econômica exclusiva

1. Na zona econômica exclusiva, todos os Estados, quer costeiros quer em litoral, gozam, nos termos das disposições da presente Convenção, das liberdades de navegação e sobrevoo e de colocação de cabos e dutos submarinos, a que se refere o artigo 87, bem como de outros usos do mar internacionalmente lícitos, relacionados com as referidas liberdades, tais como os ligados à operação de navios, aeronaves, cabos e dutos submarinos e compatíveis com as demais disposições da presente Convenção.

2. Os artigos 88 a 115 e demais normas pertinentes de direito internacional aplicam-se à zona econômica exclusiva na medida em que não sejam incompatíveis com a presente parte.

3. No exercício dos seus direitos e no cumprimento dos seus deveres na zona econômica exclusiva, nos

termos da presente Convenção, os Estados terão em devida conta os direitos e deveres do Estado costeiro e cumprirão as leis e regulamentos por ele adotados de conformidade com as disposições da presente Convenção e demais normas de direito internacional, na medida em que não sejam incompatíveis com a presente parte.

Artigo 59
Base para a solução de conflitos relativos à atribuição de direitos e jurisdição na zona econômica exclusiva

Nos casos em que a presente Convenção não atribua direitos ou jurisdição ao Estado costeiro ou a outros Estados na zona econômica exclusiva e surja um conflito entre os interesses do Estado costeiro e os de qualquer outro Estado ou Estados, o conflito deveria ser solucionado numa base de equidade e à luz de todas as circunstâncias pertinentes, tendo em conta a importância respectiva dos interesses em causa para as partes e para o conjunto da comunidade internacional.

Artigo 60
Ilhas artificiais, instalações e estruturas na zona econômica exclusiva

1. Na zona econômica exclusiva, o Estado costeiro tem o direito exclusivo de construir e de autorizar e regulamentar a construção, operação e utilização de:

a) Ilhas artificiais;
b) Instalações e estruturas para os fins previstos no artigo 56 e para outras finalidades econômicas;
c) Instalações e estruturas que possam interferir com o exercício dos direitos do Estado costeiro na zona.

2. O Estado costeiro tem jurisdição exclusiva sobre essas ilhas artificiais, instalações e estruturas, incluindo jurisdição em matéria de leis e regulamentos aduaneiros, fiscais, de imigração, sanitários e de segurança.

3. A construção dessas ilhas artificiais, instalações ou estruturas deve ser devidamente notificada e devem ser mantidos meios permanentes para assinalar a sua presença. As instalações ou estruturas abandonadas ou inutilizadas devem ser retiradas, a fim de garantir a segurança da navegação, tendo em conta as normas internacionais geralmente aceitas que tenham sido estabelecidas sobre o assunto pela organização internacional competente. Para efeitos da remoção, devem ter-se em conta a pesca, a proteção do meio marinho e os direitos e obrigações de outros Estados. Deve dar-se a devida publicidade da localização, dimensão e profundidade das instalações ou estruturas que não tenham sido completamente removidas.

4. O Estado costeiro pode, se necessário, criar em volta dessas ilhas artificiais, instalações e estruturas zonas de segurança de largura razoável, nas quais pode tomar medidas adequadas para garantir tanto a segurança da navegação como a das ilhas artificiais, instalações e estruturas.

5. O Estado costeiro determinará a largura das zonas de segurança, tendo em conta as normas internacionais aplicáveis. Essas zonas de segurança devem ser concebidas de modo a responderem razoavelmente à natureza e às funções das ilhas artificiais, instalações ou estruturas, e não excederão uma distância de 500 metros em volta das ilhas artificiais, instalações ou estruturas, distância essa medida a partir de cada ponto do seu bordo exterior, a menos que o autorizem as normas internacionais geralmente aceitas ou o recomende a organização internacional competente. A extensão das zonas de segurança será devidamente notificada.

6. Todos os navios devem respeitar essas zonas de segurança e cumprir as normas internacionais geralmente aceitas relativas à navegação nas proximidades das ilhas artificiais, instalações, estruturas e zonas de segurança.

7. Não podem ser estabelecidas ilhas artificiais, instalações e estruturas nem zonas de segurança à sua volta, quando interfiram na utilização das rotas marítimas reconhecidas essenciais para a navegação internacional.

8. As ilhas artificiais, instalações e estruturas não têm o estatuto jurídico de ilhas. Não têm mar territorial próprio e a sua presença não afeta a delimitação do mar territorial, da zona econômica exclusiva ou da plataforma continental.

Artigo 61
Conservação dos recursos vivos

1. O Estado costeiro fixará as capturas permissíveis dos recursos vivos na sua zona econômica exclusiva.

2. O Estado costeiro, tendo em conta os melhores dados científicos de que disponha, assegurará, por meio de medidas apropriadas de conservação e gestão, que a preservação dos recursos vivos da sua zona econômica exclusiva não seja ameaçada por um excesso de captura. O Estado costeiro e as organizações competentes sub-regionais, regionais ou mundiais cooperarão, conforme o caso, para tal fim.

3. Tais medidas devem ter também a finalidade de preservar ou estabelecer as populações das espécies capturadas a níveis que possam produzir o máximo rendimento constante, determinado a partir de fatores ecológicos e econômicos pertinentes, incluindo as necessidades econômicas das comunidades costeiras que vivem da pesca e as necessidades especiais dos Estados em desenvolvimento, e tendo em conta os métodos de pesca, a interdependência das populações e quaisquer outras normas mínimas internacionais geralmente recomendadas, sejam elas sub-regionais, regionais ou mundiais.

4. Ao tomar tais medidas, o Estado costeiro deve ter em conta os seus efeitos sobre espécies associadas às espécies capturadas, ou delas dependentes, a fim de preservar ou restabelecer as populações de tais espécies associadas ou dependentes acima de níveis em que a sua reprodução possa ficar seriamente ameaçada.

5. Periodicamente devem ser comunicadas ou trocadas informações científicas disponíveis, estatísticas de captura e de esforço de pesca e outros dados pertinentes para a conservação das populações de peixes, por intermédio das organizações internacionais competentes, sejam elas sub-regionais, regionais ou mundiais, quando apropriado, e com a participação de todos os Estados interessados, incluindo aqueles cujos nacionais estejam autorizados a pescar na zona econômica exclusiva.

Artigo 62
Utilização dos recursos vivos

1. O Estado costeiro deve ter por objetivo promover a utilização ótima dos recursos vivos na zona econômica exclusiva, sem prejuízo do artigo 61.

2. O Estado costeiro deve determinar a sua capacidade de capturar os recursos vivos da zona econômica exclusiva. Quando o Estado costeiro não tiver capacidade para efetuar a totalidade da captura permissível, deve dar a outros Estados acesso ao excedente desta captura, mediante acordos ou outros ajustes e de conformidade com as modalidades, condições e leis e regulamentos mencionados no parágrafo 4º, tendo particularmente em conta as disposições dos artigos 69 e 70, principalmente no que se refere aos Estados em desenvolvimento neles mencionados.

3. Ao dar a outros Estados acesso à sua zona exclusiva nos termos do presente artigo, o Estado costeiro deve ter em conta todos os fatores pertinentes, incluindo, *inter alia*, a importância dos recursos vivos da zona para a economia do Estado costeiro correspondente e para os seus outros interesses nacionais, as disposições dos artigos 69 e 70, as necessidades dos países em desenvolvimento da sub-região ou região no que se refere à captura de parte dos excedentes e a necessidade de reduzir ao mínimo a perturbação da economia dos Estados cujos nacionais venham habitualmente pescando na zona ou venham fazendo esforços substanciais na investigação e identificação de populações.

4. Os nacionais de outros Estados que pesquem na zona econômica exclusiva devem cumprir as medidas de conservação e as outras modalidades e condições estabelecidas nas leis e regulamentos do Estado costeiro. Tais leis e regulamentos devem estar de conformidade com a presente Convenção e podem referir-se, *inter alia*, às seguintes questões:

a) Concessão de licenças a pescadores, embarcações e equipamento de pesca, incluindo o pagamento de taxas e outros encargos que, no caso dos Estados costeiros em desenvolvimento, podem consistir numa compensação adequada em matéria de financiamento, equipamento e tecnologia da indústria da pesca;
b) Determinação das espécies que podem ser capturadas e fixação das quotas de captura, que podem referir-se, seja a determinadas populações ou a grupos de populações, seja à captura por embarcação durante um período de tempo, seja à captura por nacionais de um Estado durante um período determinado;
c) Regulamentação das épocas e zonas de pesca, do tipo, tamanho e número de aparelhos, bem como do tipo, tamanho e número de embarcações de pesca que podem ser utilizados;
d) Fixação da idade e do tamanho dos peixes e de outras espécies que podem ser capturados;
e) Indicação das informações que devem ser fornecidas pelas embarcações de pesca, incluindo estatísticas das capturas e do esforço de pesca e informações sobre a posição das embarcações;
f) Execução, sob a autorização e controle do Estado costeiro, de determinados programas de investigação no âmbito das pescas e regulamentação da realização de tal investigação, incluindo a amostragem de capturas, destino das amostras e comunicação dos dados científicos conexos;
g) Embarque, pelo Estado costeiro, de observadores ou de estagiários a bordo de tais embarcações;
h) Descarga por tais embarcações da totalidade das capturas ou de parte delas nos portos do Estado costeiro;
i) Termos e condições relativos às empresas conjuntas ou a outros ajustes de cooperação;
j) Requisitos em matéria de formação de pessoal e de transferência de tecnologia de pesca, incluindo o reforço da capacidade do Estado costeiro para empreender investigação de pesca;
k) Medidas de execução.

5. Os Estados costeiros devem dar o devido conhecimento das leis e regulamentos em matéria de conservação e gestão.

Artigo 63
Populações existentes dentro das zonas econômicas exclusivas de dois ou mais Estados costeiros ou dentro da zona econômica exclusiva e numa zona exterior e adjacente à mesma

1. No caso de uma mesma população ou populações de espécies associadas se encontrarem nas zonas econômicas exclusivas de dois ou mais Estados costeiros, estes Estados devem procurar, quer diretamente, quer por intermédio das organizações sub-regionais ou regionais apropriadas, concertar as medidas necessárias para coordenar e assegurar a conservação e o desenvolvimento de tais populações, sem prejuízo das demais disposições da presente parte.

2. No caso de uma mesma população ou populações de espécies associadas se encontrarem tanto na zona econômica exclusiva como numa área exterior e adjacente à mesma, o Estado costeiro e os Estados que pesquem essas populações na área adjacente devem procurar, quer diretamente, quer por intermédio das organizações sub-regionais apropriadas, concertar as medidas necessárias para a conservação dessas populações na área adjacente.

Artigo 64
Espécies altamente migratórias

1. O Estado costeiro e os demais Estados cujos nacionais pesquem, na região, as espécies altamente migratórias enumeradas no Anexo I devem cooperar, quer diretamente, quer por intermédio das organizações internacionais apropriadas, com vista a assegurar a conservação e promover o objetivo da utilização ótima de tais espécies em toda a região, tanto dentro como fora da zona econômica exclusiva. Nas regiões em que não exista organização internacional apropriada, o Estado costeiro e os demais Estados cujos nacionais capturem essas espécies na região devem cooperar para criar uma organização deste tipo e devem participar nos seus trabalhos.

2. As disposições do parágrafo 1º aplicam-se conjuntamente com as demais disposições da presente parte.

Artigo 65
Mamíferos marinhos

Nenhuma das disposições da presente parte restringe quer o direito de um Estado costeiro quer eventualmente a competência de uma organização internacional, conforme o caso, para proibir, limitar ou regulamentar o aproveitamento dos mamíferos marinhos de maneira mais estrita que a prevista na presente parte. Os Estados devem cooperar com vista a assegurar a conservação dos mamíferos marinhos e, no caso dos cetáceos, devem trabalhar em particular, por intermédio de organizações internacionais apropriadas, para a sua conservação, gestão e estudo.

Artigo 66
Populações de peixes anádromos

1. Os Estados em cujos rios se originem as populações de peixes anádromos devem ter por tais populações interesse e responsabilidade primordiais.

2. O Estado de origem das populações de peixes anádromos deve assegurar a sua conservação mediante a adoção de medidas apropriadas de regulamentação da pesca em todas as águas situadas dentro dos limites exteriores da sua zona econômica exclusiva, bem como da pesca a que se refere a alínea *b* do parágrafo 3º. O Estado de origem pode, após consulta com os outros Estados mencionados nos parágrafos 3º e 4º que pesquem essas populações, fixar as capturas totais permissíveis das populações originárias dos seus rios.

3. *a)* A pesca das populações de peixes anádromos só pode ser efetuada nas águas situadas dentro dos limites exteriores da zona econômica exclusiva, exceto nos casos em que esta disposição possa acarretar perturbações econômicas para um outro Estado que não o Estado de origem. No que se refere a tal pesca, além dos limites exteriores da zona econômica exclusiva, os Estados interessados procederão a consultas com vista a chegarem a acordo sobre modalidades e condições de tal pesca, tendo em devida consideração as exigências da conservação e as necessidades do Estado de origem no que se refere a tais populações.

b) O Estado de origem deve cooperar para reduzir ao mínimo as perturbações econômicas causadas a outros Estados que pesquem essas populações, tendo em conta a captura normal e o modo de operação utilizado por esses Estados, bem como a todas as zonas em que tal pesca tenha sido efetuada.

c) Os Estados mencionados na alínea *b)* que, por meio de acordos com o Estado de origem, participem em medidas para renovar as populações de peixes anádromos, particularmente com despesas feitas para esse fim, devem receber especial consideração do Estado de origem no que se refere à captura de populações originárias dos seus rios.

d) A aplicação dos regulamentos relativos às populações de peixes anádromos além da zona econômica exclusiva deve ser feita por acordo entre o Estado de origem e os outros Estados interessados.

4. Quando as populações de peixes anádromos migram para ou através de águas situadas dentro dos limites exteriores da zona econômica exclusiva de um outro Estado que não seja o Estado de origem, esse Estado cooperará com o Estado de origem no que se refere à conservação e gestão de tais populações.

5. O Estado de origem das populações de peixes anádromos e os outros Estados que pesquem estas populações devem concluir ajustes para a aplicação das disposições do presente artigo, quando apropriado, por intermédio de organizações regionais.

Artigo 67
Espécies catádromas

1. O Estado costeiro em cujas águas espécies catádromas passem a maior parte do seu ciclo vital deve ser responsável pela gestão dessas espécies e deve assegurar a entrada e a saída dos peixes migratórios.

2. A captura das espécies catádromas deve ser efetuada unicamente nas águas situadas dentro dos limites exteriores das zonas econômicas exclusivas. Quando efetuada nas zonas econômicas exclusivas, a captura deve estar sujeita às disposições do presente artigo e demais disposições da presente Convenção relativas à pesca nessas zonas.

3. Quando os peixes catádromos migrem, antes do estado adulto ou no início desse estado, através da zona econômica exclusiva de outro Estado ou Estados, a gestão dessa espécie, incluindo a sua captura, é regulamentada por acordo entre o Estado mencionado no parágrafo 1º e o outro Estado interessado. Tal acordo deve assegurar a gestão racional das espécies e deve ter em conta as responsabilidades do Estado mencionado no parágrafo 1º no que se refere à conservação destas espécies.

Artigo 68
Espécies sedentárias

A presente parte não se aplica às espécies sedentárias, definidas no parágrafo 4º do artigo 77.

Artigo 69
Direitos dos Estados sem litoral

1. Os Estados sem litoral terão o direito a participar, numa base equitativa, no aproveitamento de uma parte apropriada dos excedentes dos recursos vivos das zonas econômicas exclusivas dos Estados costeiros da mesma sub-região ou região, tendo em conta os fatores econômicos e geográficos pertinentes de todos os Estados interessados e de conformidade com as disposições do presente artigo e dos artigos 61 e 62.

2. Os termos e condições desta participação devem ser estabelecidos pelos Estados interessados por meio de acordos bilaterais, sub-regionais ou regionais, tendo em conta, *inter alia*:

a) A necessidade de evitar efeitos prejudiciais às comunidades de pescadores ou às indústrias de pesca do Estado costeiro;

b) A medida em que o Estado sem litoral, de conformidade com as disposições do presente artigo, participe ou tenha o direito de participar, no aproveitamento dos recursos vivos das zonas econômicas exclusivas de outros Estados costeiros, nos termos de acordos bilaterais, sub-regionais ou regionais existentes;

c) A medida em que outros Estados sem litoral e Estados geograficamente desfavorecidos participem no aproveitamento dos recursos vivos da zona econômica exclusiva do Estado costeiro e a consequente necessidade de evitar uma carga excessiva para qualquer Estado costeiro ou para uma parte deste;

d) As necessidades nutricionais das populações dos respectivos Estados.

3. Quando a capacidade de captura de um Estado costeiro se aproximar de um nível em que lhe seja possível efetuar a totalidade da captura permissível dos recursos vivos da sua zona econômica exclusiva, o Estado costeiro e os demais Estados interessados cooperarão no estabelecimento de ajustes equitativos numa base bilateral, sub-regional ou regional para permitir aos Estados em desenvolvimento sem litoral da mesma sub-região ou região participarem no aproveitamento dos recursos vivos das zonas econômicas exclusivas dos Estados costeiros da sub-região ou região, de acordo com as circunstâncias e em condições satisfatórias para todas as partes. Na aplicação da presente disposição devem ser também tomados em conta os fatores mencionados no parágrafo 2º.

4. Os Estados desenvolvidos sem litoral terão, nos termos do presente artigo, direito a participar no aproveitamento dos recursos vivos só nas zonas econômicas exclusivas dos Estados costeiros desenvolvidos da mesma sub-região ou região, tendo na devida conta a medida em que o Estado costeiro, ao dar acesso aos recursos vivos da sua zona econômica exclusiva a outros Estados, tomou em consideração a necessidade de reduzir ao mínimo os efeitos prejudiciais para as comunidades de pescadores e as perturbações econômicas nos Estados cujos nacionais tenham pescado habitualmente na zona.

5. As disposições precedentes são aplicadas sem prejuízo dos ajustes concluídos nas sub-regiões ou regiões onde os Estados costeiros possam conceder a Estados sem litoral, da mesma sub-região ou região, direitos iguais ou preferenciais para o aproveitamento dos recursos vivos nas zonas econômicas exclusivas.

Artigo 70
Direitos dos Estados geograficamente desfavorecidos

1. Os Estados geograficamente desfavorecidos terão direito a participar, numa base equitativa, no aproveitamento de uma parte apropriada dos excedentes dos recursos vivos das zonas econômicas exclusivas dos Estados costeiros da mesma sub-região ou região, tendo em conta os fatores econômicos e geográficos pertinentes de todos os Estados interessados e de conformidade com as disposições do presente artigo e dos artigos 61 e 62.

2. Para os fins da presente Convenção, "Estados geograficamente desfavorecidos" significa os Estados costeiros, incluindo Estados ribeirinhos de mares fechados ou semifechados, cuja situação geográfica os torne dependentes do aproveitamento dos recursos vivos das zonas econômicas exclusivas de outros Estados da sub-região ou região para permitir um adequado abastecimento de peixe para fins nutricionais da sua população ou de parte dela, e Estados costeiros que não possam reivindicar zonas econômicas exclusivas próprias.

3. Os termos e condições desta participação devem ser estabelecidos pelos Estados interessados por meio de acordos bilaterais, sub-regionais ou regionais, tendo em conta, *inter alia*:

a) A necessidade de evitar efeitos prejudiciais às comunidades de pescadores ou às indústrias de pesca do Estado costeiro;

b) A medida em que o Estado geograficamente desfavorecido, de conformidade com as disposições do presente artigo, participe ou tenha o direito a participar no aproveitamento dos recursos vivos das zonas econômicas exclusivas de outros Estados costeiros nos termos de acordos bilaterais, sub-regionais ou regionais existentes;

c) A medida em que outros Estados geograficamente desfavorecidos e Estados sem litoral participem no aproveitamento dos recursos vivos da zona econômica exclusiva do Estado costeiro e a consequente necessidade de evitar uma carga excessiva para qualquer Estado costeiro ou para uma parte deste;

d) As necessidades nutricionais das populações dos respectivos Estados.

4. Quando a capacidade de captura de um Estado costeiro se aproximar de um nível em que lhe seja possível efetuar a totalidade da captura permissível dos recursos vivos da sua zona econômica exclusiva, o Estado costeiro e os demais Estados interessados cooperarão no estabelecimento de ajustes equitativos numa base bilateral, sub-regional ou regional, para permitir aos Estados em desenvolvimento geograficamente desfavorecidos da mesma sub-região ou região participarem no aproveitamento dos recursos vivos das zonas econômicas exclusivas dos Estados costeiros da sub-região ou região de acordo com as circunstâncias e em condições satisfatórias para todas as partes. Na aplicação da presente disposição devem ser também tomados em conta os fatores mencionados no parágrafo 3º.

5. Os Estados geograficamente desfavorecidos terão, nos termos do presente artigo, direito a participar no aproveitamento dos recursos vivos só nas zonas econômicas exclusivas dos Estados costeiros desenvolvidos da mesma sub-região ou região, tendo na devida conta a medida em que o Estado costeiro, ao dar acesso aos recursos vivos da sua zona econômica exclusiva a outros Estados, tomou em consideração a necessidade de reduzir ao mínimo os efeitos prejudiciais para as comunidades de pescadores e as perturbações econômicas nos Estados cujos nacionais tenham pescado habitualmente na zona.

6. As disposições precedentes serão aplicadas sem prejuízo dos ajustes concluídos nas sub-regiões ou regiões onde os Estados costeiros possam conceder a Estados geograficamente desfavorecidos da mesma sub-região ou região direitos iguais ou preferenciais para o aproveitamento dos recursos vivos nas zonas econômicas exclusivas.

Artigo 71
Não aplicação dos artigos 69 e 70

As disposições dos artigos 69 e 70 não se aplicam a um Estado costeiro cuja economia dependa preponderantemente do aproveitamento dos recursos vivos da sua zona econômica exclusiva.

Artigo 72
Restrições na transferência de direitos

1. Os direitos conferidos nos termos dos artigos 69 e 70 para o aproveitamento dos recursos vivos não serão transferidos direta ou indiretamente a terceiros Estados ou a seus nacionais por concessão ou licença, nem pela constituição de empresas conjuntas, nem por qualquer outro meio que tenha por efeito tal transferência, a não ser que os Estados interessados acordem de outro modo.

2. A disposição anterior não impede que os Estados interessados obtenham assistência técnica ou financeira de terceiros Estados ou de organizações internacionais, a fim de facilitar o exercício dos direitos de acordo com os artigos 69 e 70, sempre que isso não tenha o efeito a que se fez referência no parágrafo 1º.

Artigo 73
Execução de leis e regulamentos do Estado costeiro

1. O Estado costeiro pode, no exercício dos seus direitos de soberania de exploração, aproveitamento, conservação e gestão dos recursos vivos da zona econômica exclusiva, tomar as medidas que sejam necessárias, incluindo visita, inspeção, apresamento e medidas judiciais, para garantir o cumprimento das leis e regulamentos por ele adotados de conformidade com a presente Convenção.

2. As embarcações apresadas e as suas tripulações devem ser libertadas sem demora logo que prestada uma fiança idónea ou outra garantia.

3. As sanções estabelecidas pelo Estado costeiro por violações das leis e regulamentos de pesca na zona econômica exclusiva não podem incluir penas privativas de liberdade, salvo acordo em contrário dos Estados interessados, nem qualquer outra forma de pena corporal.

4. Nos casos de apresamento ou retenção de embarcações estrangeiras, o Estado costeiro deve, pelos canais apropriados, notificar sem demora o Estado de bandeira das medidas tomadas e das sanções ulteriormente impostas.

Artigo 74
Delimitação da zona econômica exclusiva entre Estados com costas adjacentes ou situadas frente a frente

1. A delimitação da zona econômica exclusiva entre Estados com costas adjacentes ou situadas frente a frente deve ser feita por acordo, de conformidade com o direito internacional, a que se faz referência no artigo 38 do Estatuto do Tribunal Internacional de Justiça, a fim de se chegar a uma solução equitativa.

2. Se não se chegar a acordo dentro de um prazo razoável, os Estados interessados devem recorrer aos procedimentos previstos na parte XV.

3. Enquanto não se chegar a um acordo conforme ao previsto no parágrafo 1º, os Estados interessados, num espírito de compreensão e cooperação, devem fazer todos os esforços para chegar a ajustes provisórios de caráter prático e, durante este período de transição, nada devem fazer que possa comprometer ou entravar a conclusão do acordo definitivo. Tais ajustes não devem prejudicar a delimitação definitiva.

4. Quando existir um acordo em vigor entre os Estados interessados, as questões relativas à delimitação da zona econômica exclusiva devem ser resolvidas de conformidade com as disposições desse acordo.

Artigo 75
Cartas e listas de coordenadas geográficas

1. Nos termos da presente parte, as linhas de limite exterior da zona econômica exclusiva e as linhas de delimitação traçadas de conformidade com o artigo 74 devem ser indicadas em cartas de escala ou escalas adequadas para a determinação da sua posição. Quando apropriado, as linhas de limite exterior ou as linhas de delimitação podem ser substituídas por listas de coordenadas geográficas de pontos em que conste especificamente a sua origem geodésica.

2. O Estado costeiro deve dar a devida publicidade a tais cartas ou listas de coordenadas geográficas e deve depositar um exemplar de cada carta ou lista junto do Secretário-Geral das Nações Unidas.

PARTE VI – PLATAFORMA CONTINENTAL

Artigo 76
Definição da plataforma continental

1. A plataforma continental de um Estado costeiro compreende o leito e o subsolo das áreas submarinas que se estendem além do seu mar territorial, em toda a extensão do prolongamento natural do seu território terrestre, até ao bordo exterior da margem continental ou até uma distância de 200 milhas marítimas das linhas de base a partir das quais se mede a largura do mar territorial, nos casos em que o bordo exterior da margem continental não atinja essa distância.

2. A plataforma continental de um Estado costeiro não se deve estender além dos limites previstos nos parágrafos 4º a 6º.

3. A margem continental compreende o prolongamento submerso da massa terrestre do Estado costeiro e é constituída pelo leito e subsolo da plataforma continental, pelo talude e pela elevação continentais. Não compreende nem os grandes fundos oceânicos, com as suas cristas oceânicas, nem o seu subsolo.

4. a) Para os fins da presente Convenção, o Estado costeiro deve estabelecer o bordo exterior da margem continental, quando essa margem se estender além das 200 milhas marítimas das linhas de base, a partir das quais se mede a largura do mar territorial, por meio de:
   i) Uma linha traçada de conformidade com o parágrafo 7º, com referência aos pontos fixos mais exteriores em cada um dos quais a espessura das rochas sedimentares seja pelo menos 1% da distância mais curta entre esse ponto e o pé do talude continental; ou
   ii) Uma linha traçada de conformidade com o parágrafo 7º, com referência a pontos fixos situados a não mais de 60 milhas marítimas do pé do talude continental;

b) Salvo prova em contrário, o pé do talude continental deve ser determinado como o ponto de variação máxima do gradiente na sua base.

5. Os pontos fixos que constituem a linha dos limites exteriores da plataforma continental no leito do mar, traçada de conformidade com as subalíneas *i)* e *ii)* da alínea *a)* do parágrafo 4º, devem estar situados a uma distância que não exceda 350 milhas marítimas da linha de base a partir da qual se mede a largura do mar territorial ou uma distância que não exceda 100 milhas marítimas de isóbata de 2500 m, que é uma linha que une profundidades de 2500 m.

6. Não obstante as disposições do parágrafo 5º, no caso das cristas submarinas, o limite exterior da plataforma continental não deve exceder 350 milhas marítimas das linhas de base a partir das quais se mede a largura do mar territorial. O presente número não se aplica a elevações submarinas que sejam componentes naturais da margem continental, tais como os seus planaltos, elevações continentais, topes, bancos e esporões.

7. O Estado costeiro deve traçar o limite exterior da sua plataforma continental, quando esta se estender além de 200 milhas marítimas das linhas de base a partir das quais se mede a largura do mar territorial, unindo, mediante linhas retas que não excedam 60 milhas marítimas, pontos fixos definidos por coordenadas de latitude e longitude.

8. Informações sobre os limites da plataforma continental, além das 200 milhas marítimas das linhas de base a partir das quais se mede a largura do mar territorial, devem ser submetidas pelo Estado costeiro à Comissão de Limites da Plataforma Continental, estabelecida de conformidade com o anexo II, com base numa representação geográfica equitativa. A Comissão fará recomendações aos Estados costeiros sobre questões relacionadas com o estabelecimento dos limites exteriores da sua plataforma continental. Os limites da plataforma continental estabelecidos pelo Estado costeiro com base nessas recomendações serão definitivos e obrigatórios.

9. O Estado costeiro deve depositar junto do Secretário-Geral das Nações Unidas mapas e informações pertinentes, incluindo dados geodésicos, que descrevam permanentemente os limites exteriores da sua plataforma continental. O Secretário-Geral deve dar a esses documentos a devida publicidade.

10. As disposições do presente artigo não prejudicam a questão da delimitação da plataforma continental entre Estados com costas adjacentes ou situadas frente a frente.

Artigo 77
Direitos do Estado costeiro sobre a plataforma continental

1. O Estado costeiro exerce direitos de soberania sobre a plataforma continental para efeitos de exploração e aproveitamento dos seus recursos naturais.

2. Os direitos a que se refere o parágrafo 1º são exclusivos, no sentido de que, se o Estado costeiro não explora a plataforma continental ou não aproveita os recursos naturais da mesma, ninguém pode empreender estas atividades sem o expresso consentimento desse Estado.

3. Os direitos do Estado costeiro sobre a plataforma continental são independentes da sua ocupação, real ou fictícia, ou de qualquer declaração expressa.

4. Os recursos naturais a que se referem as disposições da presente parte são os recursos minerais e outros recursos não vivos do leito do mar e subsolo, bem como os organismos vivos pertencentes a espécies sedentárias, isto é, aquelas que no período de captura estão imóveis no leito do mar ou no seu subsolo ou só podem mover-se em constante contato físico com esse leito ou subsolo.

Artigo 78
Regime jurídico das águas e do espaço aéreo sobrejacentes e direitos e liberdades de outros Estados

1. Os direitos do Estado costeiro sobre a plataforma continental não afetam o regime jurídico das águas sobrejacentes ou do espaço aéreo acima dessas águas.

2. O exercício dos direitos do Estado costeiro sobre a plataforma continental não deve afetar a navegação ou outros direitos e liberdades dos demais Estados, previstos na presente Convenção, nem ter como resultado uma ingerência injustificada neles.

Artigo 79
Cabos e dutos submarinos na plataforma continental

1. Todos os Estados têm o direito de colocar cabos e dutos submarinos na plataforma continental de conformidade com as disposições do presente artigo.

2. Sob reserva do seu direito de tomar medidas razoáveis para a exploração da plataforma continental, o aproveitamento dos seus recursos naturais e a prevenção, redução e controle da poluição causada por ductos, o Estado costeiro não pode impedir a colocação ou a manutenção dos referidos cabos ou ductos.

3. O traçado da linha para a colocação de tais dutos na plataforma continental fica sujeito ao consentimento do Estado costeiro.

4. Nenhuma das disposições da presente parte afeta o direito do Estado costeiro de estabelecer condições para os cabos e dutos que penetrem no seu território ou no seu mar territorial, nem a sua jurisdição sobre os cabos e dutos construídos ou utilizados em relação com a exploração da sua plataforma continental ou com o aproveitamento dos seus recursos, ou com o funcionamento de ilhas artificiais, instalações ou estruturas sob sua jurisdição.

5. Quando colocarem cabos ou dutos submarinos, os Estados devem ter em devida conta os cabos ou dutos já instalados. Em particular, não devem dificultar a possibilidade de reparar os cabos ou dutos existentes.

Artigo 80
Ilhas artificiais, instalações e estruturas na plataforma continental

O artigo 60 aplica-se, *mutatis mutandis*, às ilhas artificiais, instalações e estruturas sobre a plataforma continental.

Artigo 81
Perfurações na plataforma continental

O Estado costeiro terá o direito exclusivo de autorizar e regulamentar as perfurações na plataforma continental, quaisquer que sejam os fins.

Artigo 82
Pagamentos e contribuições relativos ao aproveitamento da plataforma continental além de 200 milhas marítimas

1. O Estado costeiro deve efetuar pagamentos ou contribuições em espécie relativos ao aproveitamento dos recursos não vivos da plataforma continental além de 200 milhas marítimas das linhas de base, a partir das quais se mede a largura do mar territorial.

2. Os pagamentos e contribuições devem ser efetuados anualmente em relação a toda a produção de um sítio após os primeiros cinco anos de produção nesse sítio. No sexto ano, a taxa de pagamento ou contribuição será de 1% do valor ou volume da produção no sítio. A taxa deve aumentar 1% em cada ano seguinte até ao décimo segundo ano, e daí por diante deve ser mantida em 7%. A produção não deve incluir os recursos utilizados em relação com o aproveitamento.

3. Um Estado em desenvolvimento que seja importador substancial de um recurso mineral extraído da sua plataforma continental fica isento desses pagamentos ou contribuições em relação a esse recurso mineral.

4. Os pagamentos ou contribuições devem ser efetuados por intermédio da Autoridade, que os distribuirá entre os Estados-Partes na presente Convenção na base de critérios de repartição equitativa, tendo em conta os interesses e necessidades dos Estados em desenvolvimento, particularmente entre eles, os menos desenvolvidos e os sem litoral.

Artigo 83
Delimitação da plataforma continental entre Estados com costas adjacentes ou situadas frente a frente

1. A delimitação da plataforma continental entre Estados com costas adjacentes ou situadas frente a frente deve ser feita por acordo, de conformidade com o direito internacional a que se faz referência no artigo 38 do Estatuto do Tribunal Internacional de Justiça, a fim de se chegar a uma solução equitativa.

2. Se não se chegar a acordo dentro de um prazo razoável, os Estados interessados devem recorrer aos procedimentos previstos na parte XV.

3. Enquanto não se chegar a um acordo conforme ao previsto no parágrafo 1º, os Estados interessados, num espírito de compreensão e cooperação, devem fazer todos os esforços para chegar a ajustes provisórios de caráter prático e, durante este período de transição, nada devem fazer que possa comprometer ou entravar a conclusão do acordo definitivo. Tais ajustes não devem prejudicar a delimitação definitiva.

4. Quando existir um acordo em vigor entre os Estados interessados, as questões relativas à delimitação da plataforma continental devem ser resolvidas de conformidade com as disposições desse acordo.

Artigo 84
Cartas e listas de coordenadas geográficas

1. Nos termos da presente parte, as linhas de limite exterior da plataforma continental e as linhas de delimitação traçadas de conformidade com o artigo 83 devem ser indicadas em cartas de escala ou escalas adequadas para a determinação da sua posição. Quando apropriado, as linhas de limite exterior ou as linhas de delimitação podem ser substituídas por listas de coordenadas geográficas de pontos, em que conste especificamente a sua origem geodésica.

2. O Estado costeiro deve dar a devida publicidade a tais cartas ou listas de coordenadas geográficas e deve depositar um exemplar de cada carta ou lista junto do Secretário-Geral das Nações Unidas e, no caso daquelas que indicam as linhas de limite exterior da plataforma continental, junto do Secretário-Geral da Autoridade.

Artigo 85
Escavação de túneis

A presente parte não prejudica o direito do Estado costeiro de aproveitar o subsolo por meio de escavação de túneis, independentemente da profundidade das águas no local considerado.

Parte VII – Alto-mar

Seção 1

DISPOSIÇÕES GERAIS

Artigo 86
Âmbito de aplicação da presente parte

As disposições da presente parte aplicam-se a todas as partes do mar não incluídas na zona econômica exclusiva, no mar territorial ou nas águas interiores de um Estado, nem nas águas arquipelágicas de um Estado arquipélago. O presente artigo não implica limitação alguma das liberdades de que gozam todos os Estados na zona econômica exclusiva de conformidade com o artigo 58.

Artigo 87
Liberdade do alto-mar

1. O alto-mar está aberto a todos os Estados, quer costeiros quer sem litoral. A liberdade do alto-mar é exercida nas condições estabelecidas na presente Convenção e nas demais normas de direito internacional. Compreende, *inter alia*, para os Estados quer costeiros quer sem litoral:

a) Liberdade de navegação;
b) Liberdade de sobrevoo;
c) Liberdade de colocar cabos e dutos submarinos nos termos da parte VI;
d) Liberdade de construir ilhas artificiais e outras instalações permitidas pelo direito internacional, nos termos da parte VI;
e) Liberdade de pesca nos termos das condições enunciadas na seção 2;
f) Liberdade de investigação científica, nos termos das partes VI e XIII.

2. Tais liberdades devem ser exercidas por todos os Estados, tendo em devida conta os interesses de outros

Estados no seu exercício da liberdade do alto-mar, bem como os direitos relativos às atividades na área previstos na presente Convenção.

Artigo 88
Utilização do alto-mar para fins pacíficos

O alto-mar será utilizado para fins pacíficos.

Artigo 89
Ilegitimidade das reivindicações de soberania sobre o alto-mar

Nenhum Estado pode legitimamente pretender submeter qualquer parte do alto-mar à sua soberania.

Artigo 90
Direito de navegação

Todos os Estados, quer costeiros quer sem litoral, têm o direito de fazer navegar no alto-mar navios que arvorem a sua bandeira.

Artigo 91
Nacionalidade dos navios

1. Todo o Estado deve estabelecer os requisitos necessários para a atribuição da sua nacionalidade a navios, para o registo de navios no seu território e para o direito de arvorar a sua bandeira. Os navios possuem a nacionalidade do Estado cuja bandeira estejam autorizados a arvorar. Deve existir um vínculo substancial entre o Estado e o navio.

2. Todo o Estado deve fornecer aos navios a que tenha concedido o direito de arvorar a sua bandeira os documentos pertinentes.

Artigo 92
Estatuto dos navios

1. Os navios devem navegar sob a bandeira de um só Estado e, salvo nos casos excepcionais previstos expressamente em tratados internacionais ou na presente Convenção, devem submeter-se, no alto-mar, à jurisdição exclusiva desse Estado. Durante uma viagem ou em porto de escala, um navio não pode mudar de bandeira, a não ser no caso de transferência efetiva da propriedade ou de mudança de registo.

2. Um navio que navegue sob a bandeira de dois ou mais Estados, utilizando-as segundo as suas conveniências, não pode reivindicar qualquer dessas nacionalidades perante um terceiro Estado e pode ser considerado como um navio sem nacionalidade.

Artigo 93
Navios arvorando a bandeira das Nações Unidas, das agências especializadas das Nações Unidas e da Agência Internacional de Energia Atômica

Os artigos precedentes não prejudicam a questão dos navios que estejam ao serviço oficial das Nações Unidas, das agências especializadas das Nações Unidas e da Agência Internacional de Energia Atômica, arvorando a bandeira da Organização.

Artigo 94
Deveres do Estado de bandeira

1. Todo o Estado deve exercer, de modo efetivo, a sua jurisdição e o seu controle em questões administrativas, técnicas e sociais sobre navios que arvorem a sua bandeira.

2. Em particular, todo o Estado deve:

a) Manter um registo de navios no qual figurem os nomes e as características dos navios que arvorem a sua bandeira, com exceção daqueles que, pelo seu reduzido tamanho, estejam excluídos dos regulamentos internacionais geralmente aceitos; e

b) Exercer a sua jurisdição de conformidade com o seu direito interno sobre todo o navio que arvore a sua bandeira e sobre o capitão, os oficiais e a tripulação, em questões administrativas, técnicas e sociais que se relacionem com o navio.

3. Todo o Estado deve tomar, para os navios que arvorem a sua bandeira, as medidas necessárias para garantir a segurança no mar, no que se refere, *inter alia*, a:

a) Construção, equipamento e condições de navegabilidade do navio;

b) Composição, condições de trabalho e formação das tripulações, tendo em conta os instrumentos internacionais aplicáveis;

c) Utilização de sinais, manutenção de comunicações e prevenção de abalroamentos.

4. Tais medidas devem incluir as que sejam necessárias para assegurar que:

a) Cada navio, antes do seu registo e posteriormente, a intervalos apropriados, seja examinado por um inspetor de navios devidamente qualificado e leve a bordo as cartas, as publicações marítimas e o equipamento e os instrumentos de navegação apropriados à segurança da navegação do navio;

b) Cada navio esteja confiado a um capitão e a oficiais devidamente qualificados, em particular no que se refere à manobra, à navegação, às comunicações e à condução de máquinas, e a competência e o número dos tripulantes sejam os apropriados para o tipo, tamanho, máquinas e equipamento do navio;

c) O capitão, os oficiais e, na medida do necessário, a tripulação conheçam perfeitamente e observem os regulamentos internacionais aplicáveis que se refiram à segurança da vida no mar, à prevenção de abalroamentos, à prevenção, redução e controle da poluição marinha e à manutenção de radiocomunicações.

5. Ao tomar as medidas a que se referem os parágrafos 3º e 4º, todo o Estado deve agir de conformidade com os regulamentos, procedimentos e práticas internacionais geralmente aceites e fazer o necessário para garantir a sua observância.

6. Todo o Estado que tenha motivos sérios para acreditar que a jurisdição e o controle apropriados sobre um navio não foram exercidos pode comunicar os fatos ao Estado de bandeira. Ao receber tal comunicação, o Estado de bandeira investigará o assunto e, se for o caso, deve tomar todas as medidas necessárias para corrigir a situação.

7. Todo o Estado deve ordenar a abertura de um inquérito, efetuado por ou perante uma pessoa ou pessoas devidamente qualificadas, em relação a qualquer acidente marítimo ou incidente de navegação no altomar, que envolva um navio arvorando a sua bandeira e no qual tenham perdido a vida ou sofrido ferimentos graves nacionais de outro Estado, ou se tenham provo-

cado danos graves a navios ou a instalações de outro Estado ou ao meio marinho. O Estado de bandeira e o outro Estado devem cooperar na realização de qualquer investigação que este último efetue em relação a esse acidente marítimo ou incidente de navegação.

Artigo 95
Imunidade dos navios de guerra no alto-mar

Os navios de guerra no alto-mar gozam de completa imunidade de jurisdição relativamente a qualquer outro Estado que não seja o da sua bandeira.

Artigo 96
Imunidade dos navios utilizados unicamente em serviço oficial não comercial

Os navios pertencentes a um Estado ou por ele operados e utilizados unicamente em serviço oficial não comercial gozam, no alto-mar, de completa imunidade de jurisdição relativamente a qualquer Estado que não seja o da sua bandeira.

Artigo 97
Jurisdição penal em caso de abalroamento ou qualquer outro incidente de navegação

1. Em caso de abalroamento ou de qualquer outro incidente de navegação ocorrido a um navio no alto-mar que possa acarretar uma responsabilidade penal ou disciplinar para o capitão ou para qualquer outra pessoa ao serviço do navio, os procedimentos penais e disciplinares contra essas pessoas só podem ser iniciados perante as autoridades judiciais ou administrativas do Estado de bandeira ou perante as do Estado do qual essas pessoas sejam nacionais.

2. Em matéria disciplinar, só o Estado que tenha emitido um certificado de comando ou um certificado de competência ou licença é competente para, após o processo legal correspondente, decretar a retirada desses títulos, ainda que o titular não seja nacional deste Estado.

3. Nenhum apresamento ou retenção do navio pode ser ordenado, nem mesmo como medida de investigação, por outras autoridades que não as do Estado de bandeira.

Artigo 98
Dever de prestar assistência

1. Todo o Estado deverá exigir do capitão de um navio que arvore a sua bandeira, desde que o possa fazer sem acarretar perigo grave para o navio, para a tripulação ou para os passageiros, que:

a) Preste assistência a qualquer pessoa encontrada no mar em perigo de desaparecer;
b) Se dirija, tão depressa quanto possível, em socorro de pessoas em perigo, desde que esteja informado de que necessitam de assistência e sempre que tenha possibilidade razoável de fazê-lo;
c) Preste, em caso de abalroamento, assistência ao outro navio, à sua tripulação e aos passageiros e, quando possível, comunique ao outro navio o nome do seu próprio navio, o porto de registo e o porto mais próximo em que fará escala.

2. Todo o Estado costeiro deve promover o estabelecimento, o funcionamento e a manutenção de um adequado e eficaz serviço de busca e salvamento para garantir a segurança marítima e aérea e, quando as circunstâncias o exigirem, cooperar com esse fim com os Estados vizinhos por meio de ajustes regionais de cooperação mútua.

Artigo 99
Proibição do transporte de escravos

Todo o Estado deve tomar medidas eficazes para impedir e punir o transporte de escravos em navios autorizados a arvorar a sua bandeira e para impedir que, com esse fim, se use ilegalmente a sua bandeira. Todo o escravo que se refugie num navio, qualquer que seja a sua bandeira, ficará, *ipso fato*, livre.

Artigo 100
Dever de cooperar na repressão da pirataria

Todos os Estados devem cooperar em toda a medida do possível na repressão da pirataria no alto-mar ou em qualquer outro lugar que não se encontre sob a jurisdição de algum Estado.

Artigo 101
Definição de pirataria

Constituem pirataria quaisquer dos seguintes atos:

a) Todo o ato ilícito de violência ou de detenção ou todo o ato de depredação cometidos, para fins privados, pela tripulação ou pelos passageiros de um navio ou de uma aeronave privados, e dirigidos contra:
   i) Um navio ou uma aeronave em alto-mar ou pessoas ou bens a bordo dos mesmos;
   ii) Um navio ou uma aeronave, pessoas ou bens em lugar não submetido à jurisdição de algum Estado;
b) Todo o ato de participação voluntária na utilização de um navio ou de uma aeronave, quando aquele que o pratica tenha conhecimento de fatos que deem a esse navio ou a essa aeronave o caráter de navio ou aeronave pirata;
c) Toda a ação que tenha por fim incitar ou ajudar intencionalmente a cometer um dos atos enunciados na alínea a ou b.

Artigo 102
Pirataria cometida por um navio de guerra, um navio de Estado ou uma aeronave de Estado cuja tripulação se tenha amotinado

Os atos de pirataria definidos no artigo 101 perpetrados por um navio de guerra, um navio de Estado ou uma aeronave de Estado, cuja tripulação se tenha amotinado e apoderado do navio ou aeronave, são equiparados a atos cometidos por um navio ou aeronave privados.

Artigo 103
Definição de navio ou aeronave pirata

São considerados navios ou aeronaves piratas os navios ou aeronaves que as pessoas, sob cujo controle efetivo se encontrem, pretendem utilizar para cometer qualquer dos atos mencionados no artigo 101. Também são considerados piratas os navios ou aeronaves que tenham servido para cometer qualquer de tais atos, enquanto se encontrem sob o controle das pessoas culpadas desses atos.

Artigo 104
Conservação ou perda da nacionalidade de um navio ou aeronave pirata

Um navio ou uma aeronave pode conservar a sua nacionalidade, mesmo que se tenha transformado em navio ou aeronave pirata. A conservação ou a perda da nacionalidade deve ser determinada de acordo com a lei do Estado que tenha atribuído a nacionalidade.

Artigo 105
Apresamento de um navio ou aeronave pirata

Todo o Estado pode apresar, no alto-mar ou em qualquer outro lugar não submetido à jurisdição de qualquer Estado, um navio ou aeronave pirata, ou um navio ou aeronave capturados por atos de pirataria e em poder dos piratas e prender as pessoas e apreender os bens que se encontrem a bordo desse navio ou dessa aeronave. Os tribunais do Estado que efetuou o apresamento podem decidir as penas a aplicar e as medidas a tomar no que se refere aos navios, às aeronaves ou aos bens sem prejuízo dos direitos de terceiros de boa-fé.

Artigo 106
Responsabilidade em caso de apresamento sem motivo suficiente

Quando um navio ou uma aeronave for apresado por suspeita de pirataria, sem motivo suficiente, o Estado que o apresou será responsável, perante o Estado de nacionalidade do navio ou da aeronave, por qualquer perda ou dano causado por esse apresamento.

Artigo 107
Navios e aeronaves autorizados a efetuar apresamento por motivo de pirataria

Só podem efetuar apresamento por motivo de pirataria os navios de guerra ou aeronaves militares, ou outros navios ou aeronaves que tragam sinais claros e sejam identificáveis como navios ou aeronaves ao serviço de um governo e estejam para tanto autorizados.

Artigo 108
Tráfico ilícito de estupefacientes e substâncias psicotrópicas

1. Todos os Estados devem cooperar para a repressão do tráfico ilícito de estupefacientes e substâncias psicotrópicas praticado por navios no alto-mar com violação das convenções internacionais.

2. Todo o Estado que tenha motivos sérios para acreditar que um navio arvorando a sua bandeira se dedica ao tráfico ilícito de estupefacientes ou substâncias psicotrópicas poderá solicitar a cooperação de outros Estados para pôr fim a tal tráfico.

Artigo 109
Transmissões não autorizadas a partir do alto-mar

1. Todos os Estados devem cooperar para a repressão das transmissões não autorizadas efetuadas a partir do alto-mar.

2. Para efeitos da presente Convenção, "transmissões não autorizadas" significa as transmissões de rádio ou televisão difundidas a partir de um navio ou instalação no alto-mar e dirigidas ao público em geral com violação dos regulamentos internacionais, excluídas as transmissões de chamadas de socorro.

3. Qualquer pessoa que efetue transmissões não autorizadas pode ser processada perante os tribunais:
a) Do Estado de bandeira do navio;
b) Do Estado de registo da instalação;
c) Do Estado do qual a pessoa é nacional;
d) De qualquer Estado em que possam receber-se as transmissões; ou
e) De qualquer Estado cujos serviços autorizados de radiocomunicação sofram interferências.

4. No alto-mar, o Estado que tenha jurisdição de conformidade com o parágrafo 3º poderá, nos termos do artigo 110, deter qualquer pessoa ou apresar qualquer navio que efetue transmissões não autorizadas e apreender o equipamento emissor.

Artigo 110
Direito de visita

1. Salvo nos casos em que os atos de ingerência são baseados em poderes conferidos por tratados, um navio de guerra que encontre no alto-mar um navio estrangeiro que não goze de completa imunidade de conformidade com os artigos 95 e 96 não terá o direito de visita, a menos que exista motivo razoável para suspeitar que:
a) O navio se dedica à pirataria;
b) O navio se dedica ao tráfico de escravos;
c) O navio é utilizado para efetuar transmissões não autorizadas e o Estado de bandeira do navio de guerra tem jurisdição nos termos do artigo 109;
d) O navio não tem nacionalidade; ou
e) O navio tem, na realidade, a mesma nacionalidade que o navio de guerra, embora arvore uma bandeira estrangeira ou se recuse a içar a sua bandeira.

2. Nos casos previstos no parágrafo 1º, o navio de guerra pode proceder à verificação dos documentos que autorizem o uso da bandeira. Para isso, pode enviar uma embarcação ao navio suspeito, sob o comando de um oficial. Se, após a verificação dos documentos, as suspeitas persistem, pode proceder a bordo do navio a um exame ulterior, que deverá ser efetuado com toda a consideração possível.

3. Se as suspeitas se revelarem infundadas e o navio visitado não tiver cometido qualquer ato que as justifique, esse navio deve ser indenizado por qualquer perda ou dano que possa ter sofrido.

4. Estas disposições aplicam-se, *mutatis mutandis*, às aeronaves militares.

5. Estas disposições aplicam-se também a quaisquer outros navios ou aeronaves devidamente autorizados que tragam sinais claros e sejam identificáveis como navios e aeronaves ao serviço de um governo.

Artigo 111
Direito de perseguição

1. A perseguição de um navio estrangeiro pode ser empreendida quando as autoridades competentes do Estado costeiro tiverem motivos fundados para acreditar que o navio infringiu as suas leis e regulamentos. A perseguição deve iniciar-se quando o navio estrangeiro ou uma das suas embarcações se encontrar nas águas interiores, nas águas arquipelágicas, no mar territorial

ou na zona contígua do Estado perseguidor, e só pode continuar fora do mar territorial ou da zona contígua se a perseguição não tiver sido interrompida. Não é necessário que o navio que dá a ordem de parar a um navio estrangeiro que navega pelo mar territorial ou pela zona contígua se encontre também no mar territorial ou na zona contígua no momento em que o navio estrangeiro recebe a referida ordem. Se o navio estrangeiro se encontrar na zona contígua, como definida no artigo 33, a perseguição só pode ser iniciada se tiver havido violação dos direitos para cuja proteção a referida zona foi criada.

2. O direito de perseguição aplica-se, *mutatis mutandis*, às infrações às leis e regulamentos do Estado costeiro aplicáveis, de conformidade com a presente Convenção, na zona econômica exclusiva ou na plataforma continental, incluindo as zonas de segurança em volta das instalações situadas na plataforma continental, quando tais infrações tiverem sido cometidas nas zonas mencionadas.

3. O direito de perseguição cessa no momento em que o navio perseguido entre no mar territorial do seu próprio Estado ou no mar territorial de um terceiro Estado.

4. A perseguição não se considera iniciada até que o navio perseguidor se tenha certificado, pelos meios práticos de que disponha, de que o navio perseguido ou uma das suas lanchas ou outras embarcações que trabalhem em equipe e utilizando o navio perseguido como navio mãe, se encontram dentro dos limites do mar territorial ou, se for o caso, na zona contígua, na zona econômica exclusiva ou na plataforma continental. Só pode dar-se início à perseguição depois de ter sido emitido sinal de parar, visual ou auditivo, a uma distância que permita ao navio estrangeiro vê-lo ou ouvi-lo.

5. O direito de perseguição só pode ser exercido por navios de guerra ou aeronaves militares, ou por outros navios ou aeronaves que possuam sinais claros e sejam identificáveis como navios e aeronaves ao serviço de um governo e estejam para tanto autorizados.

6. Quando a perseguição for efetuada por uma aeronave:

a) Aplicam-se, mutatis mutandis, as disposições dos parágrafos 1º a 4º;

b) A aeronave que tenha dado a ordem de parar deve continuar ativamente a perseguição do navio até que um navio ou uma outra aeronave do Estado costeiro, alertado pela primeira aeronave, chegue ao local e continue a perseguição, a não ser que a aeronave possa por si só apresar o navio. Para justificar o apresamento de um navio fora do mar territorial, não basta que a aeronave o tenha descoberto a cometer uma infração, ou que seja suspeito de a ter cometido, é também necessário que lhe tenha sido dada ordem para parar e que tenha sido empreendida a perseguição sem interrupção pela própria aeronave ou por outras aeronaves ou navios.

7. Quando um navio for apresado num lugar submetido à jurisdição de um Estado e escoltado até um porto desse Estado para investigação pelas autoridades competentes, não se pode pretender que seja posto em liberdade pelo simples fato de o navio e a sua escolta terem atravessado uma parte da zona econômica exclusiva ou do alto-mar, se as circunstâncias a isso obrigarem.

8. Quando um navio for parado ou apresado fora do mar territorial em circunstâncias que não justifiquem o exercício do direito de perseguição, deve ser indenizado por qualquer perda ou dano que possa ter sofrido em consequência disso.

Artigo 112
Direito de colocação de cabos e dutos submarinos

1. Todos os Estados têm o direito de colocar cabos e dutos submarinos no leito do alto-mar além da plataforma continental.

2. O parágrafo 5º do artigo 79 aplica-se a tais cabos e ductos.

Artigo 113
Ruptura ou danificação de cabos ou dutos submarinos

Todo o Estado deve adotar as leis e regulamentos necessários para que constituam infrações passíveis de sanções a ruptura ou danificação, por um navio arvorando a sua bandeira ou por uma pessoa submetida à sua jurisdição, de um cabo submarino no alto-mar, causadas intencionalmente ou por negligência culposa, de modo que possam interromper ou dificultar as comunicações telegráficas ou telefônicas, bem como a ruptura ou danificação, nas mesmas condições, de um cabo de alta tensão ou de um duto submarino. Esta disposição aplica-se também aos atos que tenham por objeto causar essas rupturas ou danificações ou que possam ter esse efeito. Contudo, esta disposição não se aplica às rupturas ou às danificações cujos autores apenas atuaram com o propósito legítimo de proteger a própria vida ou a segurança dos seus navios, depois de terem tomado todas as precauções necessárias para evitar tal ruptura ou danificação.

Artigo 114
Ruptura ou danificação de cabos ou de dutos submarinos provocados por proprietários de outros cabos ou dutos submarinos

Todo o Estado deve adotar as leis e regulamentos necessários para que pessoas sob sua jurisdição que sejam proprietárias de um cabo ou de um duto submarinos no alto-mar e que, ao colocar ou reparar o cabo ou o duto submarinos, provoquem a ruptura ou a danificação de outro cabo ou de outro duto submarinos, respondam pelo custo da respectiva reparação.

Artigo 115
Indenização por perdas ocorridas para evitar danificações a um cabo ou duto submarinos

Todo o Estado deve adotar as leis e regulamentos necessários para que os proprietários de navios que possam provar ter perdido uma âncora, uma rede ou qualquer outro aparelho de pesca para evitar danificações a um cabo ou um duto submarinos sejam indenizados pelo proprietário do cabo ou do duto submarinos, desde que o proprietário do navio tenha tomado previamente todas as medidas de precaução razoáveis.

Seção 2
CONSERVAÇÃO E GESTÃO DOS RECURSOS VIVOS DO ALTO-MAR

Artigo 116
Direito de pesca em alto-mar

Todos os Estados têm direito a que os seus nacionais se dediquem à pesca no alto-mar, nos termos:
a) Das suas obrigações convencionais;
b) Dos direitos e deveres, bem como dos interesses dos Estados costeiros previstos, *inter alia*, no parágrafo 2º do artigo 63 e nos artigos 64 a 67;
c) Das disposições da presente seção.

Artigo 117
Dever dos Estados de tomar em relação aos seus nacionais medidas para a conservação dos recursos vivos do alto-mar

Todos os Estados têm o dever de tomar ou de cooperar com outros Estados para tomar as medidas que, em relação aos seus respectivos nacionais, possam ser necessárias para a conservação dos recursos vivos do alto-mar.

Artigo 118
Cooperação entre Estados na conservação e gestão dos recursos vivos

Os Estados devem cooperar entre si na conservação e gestão dos recursos vivos nas zonas do alto-mar. Os Estados cujos nacionais aproveitem recursos vivos idênticos, ou recursos vivos diferentes situados na mesma zona, efectuarão negociações para tomar as medidas necessárias à conservação de tais recursos vivos. Devem cooperar, quando apropriado, para estabelecer organizações sub-regionais ou regionais de pesca para tal fim.

Artigo 119
Conservação dos recursos vivos do alto-mar

1. Ao fixar a captura permissível e ao estabelecer outras medidas de conservação para os recursos vivos no alto-mar, os Estados devem:
a) Tomar medidas, com base nos melhores dados científicos de que disponham os Estados interessados, para preservar ou restabelecer as populações das espécies capturadas a níveis que possam produzir o máximo rendimento constante, determinado a partir de fatores ecológicos e econômicos pertinentes, incluindo as necessidades especiais dos Estados em desenvolvimento e tendo em conta os métodos de pesca, a interdependência das populações e quaisquer normas mínimas internacionais geralmente recomendadas, sejam elas sub-regionais, regionais ou mundiais;
b) Ter em conta os efeitos sobre as espécies associadas às espécies capturadas, ou delas dependentes, a fim de preservar ou restabelecer as populações de tais espécies associadas ou dependentes acima de níveis em que a sua reprodução possa ficar seriamente ameaçada.

2. Periodicamente devem ser comunicadas ou trocadas informações científicas disponíveis, estatísticas de captura e de esforço de pesca e outros dados pertinentes para a conservação das populações de peixes, por intermédio das organizações internacionais competentes, sejam elas sub-regionais, regionais ou mundiais, quando apropriado, e com a participação de todos os Estados interessados.

3. Os Estados interessados devem assegurar que as medidas de conservação e a aplicação das mesmas não sejam discriminatórias, nem de direito nem de fato, para os pescadores de nenhum Estado.

Artigo 120
Mamíferos marinhos

O artigo 65 aplica-se também à conservação e gestão dos mamíferos marinhos no alto-mar.

Parte VIII – Regime das Ilhas

Artigo 121
Regime das ilhas

1. Uma ilha é uma formação natural de terra, rodeada de água, que fica a descoberto na preamar.

2. Salvo o disposto no parágrafo 3, o mar territorial, a zona contígua, a zona econômica exclusiva e a plataforma continental de uma ilha serão determinados de conformidade com as disposições da presente Convenção aplicáveis a outras formações terrestres.

3. Os rochedos que, por si próprios, não se prestam à habitação humana ou à vida econômica não devem ter zona econômica exclusiva nem plataforma continental.

Parte IX – Mares Fechados ou Semifechados

Artigo 122
Definição

Para efeitos da presente Convenção, "mar fechado ou semifechado" significa um golfo, bacia ou mar rodeado por dois ou mais Estados e comunicando com outro mar ou com o oceano por uma saída estreita, ou formado inteira ou principalmente por mares territoriais e zonas econômicas exclusivas de dois ou mais Estados costeiros.

Artigo 123
Cooperação entre Estados costeiros de mares fechados ou semifechados

Os Estados costeiros de um mar fechado ou semifechado deverão cooperar entre si no exercício dos seus direitos e no cumprimento dos seus deveres nos termos da presente Convenção. Para esse fim, diretamente ou por intermédio de uma organização regional apropriada, devem procurar:
a) Coordenar a conservação, gestão, exploração e aproveitamento dos recursos vivos do mar;
b) Coordenar o exercício dos seus direitos e o cumprimento dos seus deveres no que se refere à proteção e preservação do meio marinho;
c) Coordenar as suas políticas de investigação científica e empreender, quando apropriado, programas conjuntos de investigação científica na área;
d) Convidar, quando apropriado, outros Estados interessados ou organizações internacionais a cooperar

com eles na aplicação das disposições do presente artigo.

PARTE X – DIREITO DE ACESSO AO MAR E A PARTIR DO MAR DOS ESTADOS SEM LITORAL E LIBERDADE DE TRÂNSITO

Artigo 124
Termos utilizados

1. Para efeitos da presente Convenção:
   a) "Estado sem litoral" significa um Estado que não tenha costa marítima;
   b) "Estado de trânsito" significa um Estado com ou sem costa marítima situado entre um Estado sem litoral e o mar, através de cujo território passa o tráfego em trânsito;
   c) "Tráfego em trânsito" significa a passagem de pessoas, bagagens, mercadorias e meios de transporte através do território de um ou mais Estados de trânsito, quando a passagem através de tal território, com ou sem transbordo, armazenamento, fracionamento da carga ou mudança de modo de transporte, seja apenas uma parte de uma viagem completa que comece ou termine dentro do território do Estado sem litoral;
   d) "Meio de transporte" significa:
      i) O material ferroviário rolante, as embarcações marítimas, lacustres e fluviais e os veículos rodoviários;
      ii) Quando as condições locais o exigirem, os carregadores e animais de carga.

2. Os Estados sem litoral e os Estados de trânsito podem, por mútuo acordo, incluir como meios de transporte dutos e gasodutos e outros meios de transporte diferentes dos incluídos no parágrafo 1º.

Artigo 125
Direito de acesso ao mar e a partir do mar e liberdade de trânsito

1. Os Estados sem litoral têm o direito de acesso ao mar e a partir do mar para exercerem os direitos conferidos na presente Convenção, incluindo os relativos à liberdade do alto-mar e ao patrimônio comum da humanidade. Para tal fim, os Estados sem litoral gozam de liberdade de trânsito através do território dos Estados de trânsito por todos os meios de transporte.

2. Os termos e condições para o exercício da liberdade de trânsito devem ser acordados entre os Estados sem litoral e os Estados de trânsito interessados por meio de acordos bilaterais, sub-regionais ou regionais.

3. Os Estados de trânsito, no exercício da sua plena soberania sobre o seu território, têm o direito de tomar todas as medidas necessárias para assegurar que os direitos e facilidades conferidos na presente parte aos Estados sem litoral não prejudiquem de forma alguma os seus legítimos interesses.

Artigo 126
Exclusão da aplicação da cláusula da nação mais favorecida

As disposições da presente Convenção, bem como acordos especiais relativos ao exercício do direito de acesso ao mar e a partir do mar, que estabeleçam direitos e concedam facilidades em razão da situação geográfica especial dos Estados sem litoral ficam excluídas da aplicação da cláusula da nação mais favorecida.

Artigo 127
Direitos aduaneiros, impostos e outros encargos

1. O tráfego em trânsito não deve estar sujeito a quaisquer direitos aduaneiros, impostos ou outros encargos, com exceção dos encargos devidos por serviços específicos prestados com relação a esse tráfego.

2. Os meios de transporte em trânsito e outras facilidades concedidas aos Estados sem litoral e por eles utilizados não devem estar sujeitos a impostos ou encargos mais elevados que os fixados para o uso dos meios de transporte do Estado de trânsito.

Artigo 128
Zonas francas e outras facilidades aduaneiras

Para facilitar o tráfego em trânsito, podem ser estabelecidas zonas francas ou outras facilidades aduaneiras nos portos de entrada e saída dos Estados de trânsito, mediante acordo entre estes Estados e os Estados sem litoral.

Artigo 129
Cooperação na construção e melhoramentos dos meios de transporte

Quando nos Estados de trânsito não existam meios de transporte que permitam dar efeito ao exercício efetivo da liberdade de trânsito, ou quando os meios existentes, incluindo as instalações e equipamentos portuários, sejam deficientes, sob qualquer aspecto, os Estados de trânsito e Estados sem litoral interessados podem cooperar na construção ou no melhoramento desses meios de transporte.

Artigo 130
Medidas para evitar ou eliminar atrasos ou outras dificuldades de caráter técnico no tráfego em trânsito

1. Os Estados de trânsito devem tomar todas as medidas para evitar ou eliminar atrasos ou outras dificuldades de caráter técnico no tráfego em trânsito.

2. No caso de se verificarem tais atrasos ou dificuldades, as autoridades competentes dos Estados de trânsito e Estados sem litoral interessados devem cooperar para a sua pronta eliminação.

Artigo 131
Igualdade de tratamento nos portos marítimos

Os navios arvorando a bandeira de um Estado sem litoral devem gozar nos portos marítimos do mesmo tratamento que o concedido a outros navios estrangeiros.

Artigo 132
Concessão de maiores facilidades de trânsito

A presente Convenção não implica de modo algum a retirada de facilidades de trânsito que sejam maiores que as previstas na presente Convenção e que tenham sido acordadas entre os Estados-Partes à presente Convenção ou concedidas por um Estado-Parte. A presente Convenção não impede, também, a concessão de maiores facilidades no futuro.

Parte XI – A Área

Seção 1
DISPOSIÇÕES GERAIS

▶ Dec. nº 6.440, de 23-4-2008, promulga o Acordo Relativo à Implementação desta Parte XI.

Artigo 133
Termos utilizados

Para efeitos da presente parte:

a) "Recursos" significa todos os recursos minerais sólidos, líquidos ou gasosos *in situ* na área, no leito do mar ou no seu subsolo, incluindo os nódulos polimetálicos;
b) Os recursos, uma vez extraídos da área, são denominados "minerais".

Artigo 134
Âmbito de aplicação da presente parte

1. A presente parte aplica-se à área.

2. As atividades na área devem ser regidas pelas disposições da presente parte.

3. Os requisitos relativos ao depósito e à publicidade a dar às cartas ou listas de coordenadas geográficas que indicam os limites referidos no parágrafo 1º do artigo 1º são estabelecidos na parte VI.

4. Nenhuma das disposições do presente artigo afeta o estabelecimento dos limites exteriores da plataforma continental de conformidade com a parte VI nem a validade dos acordos relativos à delimitação entre Estados com costas adjacentes ou situadas frente a frente.

Artigo 135
Regime jurídico das águas e do espaço aéreo sobrejacentes

Nem a presente parte nem quaisquer direitos concedidos ou exercidos nos termos da mesma afetam o regime jurídico das águas sobrejacentes à área ou o espaço aéreo acima dessas águas.

Seção 2
PRINCÍPIOS QUE REGEM A ÁREA

Artigo 136
Patrimônio comum da humanidade

A área e seus recursos são patrimônio comum da humanidade.

Artigo 137
Regime jurídico da área e dos seus recursos

1. Nenhum Estado pode reivindicar ou exercer soberania ou direitos de soberania sobre qualquer parte da área ou seus recursos; nenhum Estado ou pessoa jurídica, singular ou coletiva, pode apropriar-se de qualquer parte da área ou dos seus recursos. Não serão reconhecidos tal reivindicação ou exercício de soberania ou direitos de soberania nem tal apropriação.

2. Todos os direitos sobre os recursos da área pertencem à humanidade em geral, em cujo nome atuará a Autoridade. Esses recursos são inalienáveis. No entanto, os minerais extraídos da área só poderão ser alienados de conformidade com a presente parte e com as normas, regulamentos e procedimentos da Autoridade.

3. Nenhum Estado ou pessoa jurídica, singular ou coletiva, poderá reivindicar, adquirir ou exercer direitos relativos aos minerais extraídos da área, a não ser de conformidade com a presente parte. De outro modo, não serão reconhecidos tal reivindicação, aquisição ou exercício de direitos.

Artigo 138
Comportamento geral dos Estados em relação à área

O comportamento geral dos Estados em relação à área deve conformar-se com as disposições da presente parte, com os princípios enunciados na Carta das Nações Unidas e com outras normas de direito internacional, no interesse da manutenção da paz e da segurança e da promoção da cooperação internacional e da compreensão mútua.

Artigo 139
Obrigação de zelar pelo cumprimento e responsabilidade por danos

1. Os Estados-Partes ficam obrigados a zelar por que as atividades na área, realizadas quer por Estados-Partes, quer por empresas estatais ou por pessoas jurídicas, singulares ou coletivas, que possuam a nacionalidade dos Estados-Partes ou se encontrem sob o controle efetivo desses Estados ou dos seus nacionais, sejam realizadas de conformidade com a presente parte. A mesma obrigação incumbe às organizações internacionais por atividades que realizem na área.

2. Sem prejuízo das normas de direito internacional e do artigo 22 do anexo III, os danos causados pelo não cumprimento por um Estado-Parte ou uma organização internacional das suas obrigações, nos termos da presente parte, implicam responsabilidade; os Estados-Partes ou organizações internacionais que atuem em comum serão conjunta e solidariamente responsáveis. No entanto, o Estado-Parte não será responsável pelos danos causados pelo não cumprimento da presente parte por uma pessoa jurídica a quem esse Estado patrocinou nos termos da alínea b) do parágrafo 2º do artigo 153 se o Estado-Parte tiver tomado todas as medidas necessárias e apropriadas para assegurar o cumprimento efetivo do parágrafo 4º do artigo 153 e do parágrafo 4º do artigo 4º do anexo III.

3. Os Estados-Partes que sejam membros de organizações internacionais tomarão medidas apropriadas para assegurar a aplicação do presente artigo no que se refere a tais organizações.

Artigo 140
Benefício da humanidade

1. As atividades da área devem ser realizadas, nos termos do previsto expressamente na presente parte, em benefício da humanidade em geral, independentemente da situação geográfica dos Estados, costeiros ou sem litoral, e tendo particularmente em conta os interesses e as necessidades dos Estados em desenvolvimento e dos povos que não tenham alcançado a plena independência ou outro regime de autonomia reconhecido pelas Nações Unidas de conformidade com a Resolução nº 1.514 (XV) e com as outras resoluções pertinentes da sua Assembleia-Geral.

2. A Autoridade, através de mecanismo apropriado, numa base não discriminatória, deve assegurar a distribuição equitativa dos benefícios financeiros e dos outros benefícios econômicos resultantes das atividades na área, de conformidade com a sub-alínea *i*) da alínea *f* do parágrafo 2º do artigo 160.

Artigo 141
Utilização da área exclusivamente para fins pacíficos

A área está aberta à utilização exclusivamente para fins pacíficos por todos os Estados, costeiros ou sem litoral, sem discriminação e sem prejuízo das outras disposições da presente parte.

Artigo 142
Direitos e interesses legítimos dos Estados costeiros

1. As atividades na área relativas aos depósitos de recursos que se estendem além dos limites da mesma devem ser realizadas tendo em devida conta os direitos e interesses legítimos do Estado costeiro sob cuja jurisdição se encontrem tais extensões daqueles depósitos.

2. Devem ser efetuadas consultas com o Estado interessado, incluindo um sistema de notificação prévia, a fim de se evitar qualquer violação de tais direitos e interesses. Nos casos em que as atividades na área possam dar lugar ao aproveitamento de recursos sob jurisdição nacional, será necessário o consentimento prévio do Estado costeiro interessado.

3. Nem a presente parte nem quaisquer direitos concedidos ou exercidos nos termos da mesma devem afetar os direitos dos Estados costeiros de tomarem medidas compatíveis com as disposições pertinentes da parte XII que sejam necessárias para prevenir, atenuar ou eliminar um perigo grave e iminente para o seu litoral ou interesses conexos, resultantes de poluição ou de ameaça de poluição ou de outros acidentes resultantes de ou causados por quaisquer atividades na área.

Artigo 143
Investigação científica marinha

1. A investigação científica marinha na área deve ser realizada exclusivamente com fins pacíficos e em benefício da humanidade em geral, de conformidade com a parte XIII.

2. A Autoridade pode realizar investigação científica marinha relativa à área e seus recursos e celebrar contratos para tal fim. A Autoridade deve promover e impulsionar a realização da investigação científica marinha na área, coordenar e difundir os resultados de tal investigação e análises, quando disponíveis.

3. Os Estados-Partes podem realizar investigação científica marinha na área. Os Estados-Partes devem promover a cooperação internacional no campo da investigação científica marinha na área:

a) Participando em programas internacionais e incentivando a cooperação no campo da investigação científica marinha pelo pessoal de diferentes países e da Autoridade;

b) Assegurando que os programas sejam elaborados, por intermédio da Autoridade ou de outras organizações internacionais, conforme o caso, em benefício dos Estados em desenvolvimento e dos Estados tecnologicamente menos desenvolvidos, com vista a:

   i) Fortalecer a sua capacidade de investigação;
   ii) Formar o seu pessoal e o pessoal da Autoridade nas técnicas a aplicações de investigação;
   iii) Favorecer o emprego do seu pessoal qualificado na investigação na área;

c) Difundindo efetivamente os resultados de investigação e análises, quando disponíveis, por intermédio da Autoridade ou de outros canais internacionais, quando apropriado.

Artigo 144
Transferência de tecnologia

1. De conformidade com a presente Convenção, a Autoridade deve tomar medidas para:

a) Adquirir tecnologia e conhecimentos científicos relativos às atividades na área;

b) Promover e incentivar a transferência de tal tecnologia e conhecimentos científicos para os Estados em desenvolvimento, de modo que todos os Estados-Partes sejam beneficiados.

2. Para tal fim a Autoridade e os Estados-Partes devem cooperar para promover a transferência de tecnologia e conhecimentos científicos relativos às atividades realizadas na área de modo que a empresa e todos os Estados-Partes sejam beneficiados. Em particular, devem iniciar e promover:

a) Programas para a transferência de tecnologia para a empresa e para os Estados em desenvolvimento no que se refere às atividades na área, incluindo, *inter alia*, facilidades de acesso da empresa e dos Estados em desenvolvimento à tecnologia pertinente em modalidades e condições equitativas e razoáveis;

b) Medidas destinadas a assegurar o progresso da tecnologia da empresa e da tecnologia nacional dos Estados em desenvolvimento e em particular mediante a criação de oportunidades para a formação do pessoal da empresa e dos Estados em desenvolvimento em matéria de ciência e tecnologia marinhas e para a sua plena participação nas atividades na área.

Artigo 145
Proteção do meio marinho

No que se refere às atividades na área devem ser tomadas as medidas necessárias, de conformidade com a presente Convenção, para assegurar a proteção eficaz do meio marinho contra os efeitos nocivos que possam resultar de tais atividades. Para tal fim, a Autoridade adotará normas, regulamentos e procedimentos apropriados para, *inter alia*:

a) Prevenir, reduzir e controlar a poluição e outros perigos para o meio marinho, incluindo o litoral, bem como a perturbação do equilíbrio ecológico do meio marinho, prestando especial atenção à necessidade de proteção contra os efeitos nocivos de atividades, tais como, a perfuração, dragagem, escavações, lançamento de detritos, construção e funcionamento ou manutenção de instalações,

dutos e outros dispositivos relacionados com tais atividades;
b) Proteger e conservar os recursos naturais da área e prevenir danos à flora e à fauna do meio marinho.

Artigo 146
Proteção da vida humana

No que se refere às atividades na área, devem ser tomadas as medidas necessárias para assegurar a proteção eficaz da vida humana. Para tal fim, a Autoridade adotará normas, regulamentos e procedimentos apropriados que complementem o direito internacional existente tal como consagrado nos tratados sobre a matéria.

Artigo 147
Harmonização das atividades na área e no meio marinho

1. As atividades na área devem ser realizadas, tendo razoavelmente em conta outras atividades no meio marinho.

2. As instalações, utilizadas para a realização de atividades na área, devem estar sujeitas às seguintes condições:

a) Serem construídas, colocadas e retiradas exclusivamente de conformidade com a presente parte e segundo as normas, regulamentos e procedimentos da autoridade. A construção, colocação e remoção de tais instalações devem ser devidamente notificadas e, sempre que necessário, devem ser assegurados meios permanentes para assinalar a sua presença;
b) Não serem colocadas onde possam interferir na utilização de rotas marítimas reconhecidas e essenciais para a navegação internacional ou em áreas de intensa atividade pesqueira;
c) Serem estabelecidas zonas de segurança em volta de tais instalações, com sinais de navegação apropriados, para garantir a segurança da navegação e das instalações. A configuração e localização de tais zonas de segurança devem ser tais que não formem um cordão que impeça o acesso lícito dos navios a determinadas zonas marítimas ou a navegação por rotas marítimas internacionais;
d) Serem utilizadas exclusivamente para fins pacíficos;
e) Não terem o estatuto jurídico de ilhas. Estas instalações não têm mar territorial próprio e a sua existência não afeta a delimitação do mar territorial, da zona econômica exclusiva ou da plataforma continental.

3. As demais atividades no meio marinho devem ser realizadas tendo razoavelmente em conta as atividades na área.

Artigo 148
Participação dos Estados em desenvolvimento nas atividades na área

A participação efetiva dos Estados em desenvolvimento nas atividades na área deve ser promovida tal como expressamente previsto na presente parte, tendo em devida conta os seus interesses e necessidades especiais e, em particular, a necessidade especial dos Estados em desenvolvimento sem litoral ou em situação geográfica desfavorecida de superarem os obstáculos resultantes da sua localização desfavorável, incluído o afastamento da área, e a dificuldade de acesso à área e a partir dela.

Artigo 149
Objetos arqueológicos e históricos

Todos os objetos de caráter arqueológico e histórico achados na área serão conservados ou deles se disporá em benefício da humanidade em geral, tendo particularmente em conta os direitos preferenciais do Estado ou país de origem, do Estado de origem cultural ou do Estado de origem histórica e arqueológica.

SEÇÃO 3

APROVEITAMENTO DOS RECURSOS DA ÁREA

Artigo 150
Políticas gerais relativas às atividades na área

As atividades na área devem ser realizadas tal como expressamente previsto na presente parte de modo a fomentar o desenvolvimento harmonioso da economia mundial e o crescimento equilibrado do comércio internacional e a promover a cooperação internacional a favor do desenvolvimento geral de todos os países, especialmente dos Estados em desenvolvimento e com vista a assegurar:

a) O aproveitamento dos recursos da área;
b) A gestão ordenada, segura e racional dos recursos da área, incluindo a realização eficiente de atividades na área e, de conformidade com sãos princípios de conservação, a evitação de desperdícios desnecessários;
c) A ampliação das oportunidades de participação em tais atividades, em particular de forma compatível com os artigos 144 e 148;
d) A participação da Autoridade nas receitas e transferência de tecnologia à empresa e aos Estados em desenvolvimento, tal como disposto na presente Convenção;
e) O aumento da disponibilidade dos minerais provenientes da área, na medida necessária para, juntamente com os obtidos de outras fontes, assegurar o abastecimento aos consumidores de tais minerais;
f) A formação de preços justos e estáveis, remuneradores para os produtores e razoáveis para os consumidores, relativos aos minerais provenientes tanto da área como de outras fontes, e a promoção do equilíbrio a longo prazo entre a oferta e a procura;
g) Maiores oportunidades para que todos os Estados-Partes, independentemente do seu sistema social e econômico ou situação geográfica, participem no aproveitamento dos recursos da área e na prevenção da monopolização das atividades na área;
h) A proteção dos Estados em desenvolvimento no que se refere aos efeitos adversos nas suas economias ou nas suas receitas de exportação, resultantes de uma redução no preço de um mineral afetado ou no volume de exportação desse mineral, na medida em que tal redução seja causada por atividades na área, como previsto no artigo 151;
i) O aproveitamento do patrimônio comum em benefício da humanidade em geral;

j) Que as condições de acesso aos mercados de importação de minerais provenientes dos recursos da área e de importação de produtos básicos obtidos de tais minerais não sejam mais vantajosas que as de caráter mais favorável aplicadas às importações provenientes de outras fontes.

Artigo 151
Políticas de produção

1. a) Sem prejuízo dos objetivos previstos no artigo 150, e para efeitos de aplicação da alínea h) do referido artigo, a Autoridade deve, atuando através das instâncias existentes ou, segundo o caso, no quadro de novos ajustes ou acordos, com a participação de todas as partes interessadas, incluídos produtores e consumidores, tomar as medidas necessárias para promover o crescimento, a eficiência e a estabilidade dos mercados dos produtos básicos obtidos dos minerais provenientes da área, a preços remuneradores para os produtores e razoáveis para os consumidores. Todos os Estados-Partes devem cooperar para tal fim.

b) A Autoridade tem o direito de participar em qualquer conferência sobre produtos básicos, cujos trabalhos se refiram àqueles, e na qual participem todas as partes interessadas, incluídos produtores e consumidores. A Autoridade tem o direito de ser parte em qualquer ajuste ou acordo que resulte de tais conferências. A participação da Autoridade em quaisquer órgãos criados em virtude desses ajustes ou acordos deve ser com respeito à produção na área e efetuar-se de conformidade com as normas pertinentes desses órgãos.

c) A Autoridade deve cumprir as obrigações que tenha contraído em virtude de ajustes ou acordos referidos no presente número de maneira a assegurar a sua aplicação uniforme e não discriminatória em relação à totalidade da produção dos minerais em causa na área. Ao fazê-lo, a Autoridade deve atuar de forma compatível com os termos dos contratos existentes e os planos de trabalho aprovados da empresa.

2. a) Durante o período provisório definido no parágrafo 3º, a produção comercial não deve ser empreendida com base num plano de trabalho aprovado, até que o operador tenha pedido e obtido da Autoridade uma autorização de produção. Essa autorização de produção não pode ser pedida ou emitida antes de cinco anos da data do início previsto para a produção comercial nos termos do plano de trabalho, a menos que, tendo em conta a natureza e o calendário de execução do projeto, outro período seja estabelecido nas normas, regulamentos e procedimentos da Autoridade;

b) No pedido de autorização de produção, o operador deve especificar a quantidade anual de níquel que prevê extrair com base no plano de trabalho aprovado. O pedido deve incluir um plano de despesas a serem feitas pelo operador após o recebimento da autorização, as quais são razoavelmente calculadas para lhe permitir iniciar a produção comercial na data prevista;

c) Para efeitos das alíneas a) e b), a Autoridade deve estabelecer requisitos de execução apropriados, de conformidade com o artigo 17 do Anexo III;

d) A Autoridade deve emitir uma autorização de produção para o volume de produção pedido, a menos que a soma desse volume e dos volumes já autorizados exceda, no decurso de qualquer ano de produção planejada compreendido no período provisório, o limite máximo de produção de níquel, calculado de conformidade com o parágrafo 4º no ano de emissão da autorização.

e) Uma vez emitida a autorização de produção, esta e o pedido aprovado farão parte do plano de trabalho aprovado.

f) Se, em virtude da alínea d), o pedido de autorização feito pelo operador for recusado, este pode submeter um novo pedido à Autoridade em qualquer momento.

3. O período provisório começará cinco anos antes do dia 1º de janeiro do ano no qual está prevista a primeira produção comercial com base num plano de trabalho aprovado. Se o início dessa produção comercial for adiado para além do ano originalmente previsto, o início do período provisório e o texto de produção inicialmente calculado deve ser reajustado em conformidade. O período provisório deve durar 25 anos ou até ao fim da Conferência de Revisão referida no artigo 155 ou até ao dia da entrada em vigor dos novos ajustes ou acordos referidos no parágrafo 1º, prevalecendo o de prazo mais curto. Se os referidos ajustes ou acordos caducarem ou deixarem de ter efeito por qualquer motivo, a Autoridade reassumirá os poderes estipulados no presente artigo para o resto do período provisório.

4. a) O teto de produção para qualquer ano do período provisório é a soma de:
 i) A diferença entre os valores da curva de tendência do consumo de níquel, calculados de conformidade com a alínea b), para o ano imediatamente anterior ao da primeira produção comercial e para o ano imediatamente anterior ao do início do período provisório;
 ii) 60% da diferença entre os valores da curva de tendência do consumo de níquel calculados de conformidade com a alínea b) para o ano para o qual seja pedida a autorização de produção e para o ano imediatamente anterior ao da primeira autorização de produção comercial.

b) Para efeitos da alínea a:
 i) Os valores da curva de tendência utilizados para calcular o teto de produção de níquel devem ser os valores do consumo anual de níquel numa curva de tendência calculada durante o ano no qual foi emitida uma autorização de produção. A curva de tendência deve ser calculada a partir da regressão linear dos logaritmos do consumo real de níquel correspondente ao período de 15 anos mais recente do qual se disponha de dados, sendo o tempo a variável independente. Esta curva de tendência deve ser denominada curva de tendência inicial;
 ii) Se a taxa anual de aumento indicada pela curva de tendência inicial for inferior a 3%, a curva de tendência utilizada para determinar as quantidades mencionadas na alínea a) deve ser uma curva que corte a curva de tendência inicial no

ponto que represente o valor do primeiro ano do período de 15 anos considerado e que aumente à razão de 3% ao ano. No entanto, o teto de produção estabelecido para qualquer ano do período provisório não pode exceder em caso algum a diferença entre o valor da curva de tendência inicial para esse ano e o valor da curva de tendência inicial para o ano imediatamente anterior ao do início do período provisório.

5. A Autoridade deve reservar para a produção inicial da empresa uma quantidade de 38.000 toneladas métricas de níquel da quantidade fixada como teto de produção disponível calculada de conformidade com o parágrafo 4º.

6. a) Um operador pode, em qualquer ano, não alcançar o volume de produção anual de minerais provenientes de nódulos polimetálicos especificado na sua autorização de produção ou pode excedê-lo até 8%, desde que o volume global da produção não exceda o especificado na autorização. Qualquer excedente, compreendido entre 8% e 20% em qualquer ano ou qualquer excedente no primeiro ano e nos anos posteriores a dois anos consecutivos em que houve excedente, deve ser negociado com a Autoridade, a qual pode exigir ao operador que obtenha uma autorização de produção suplementar para cobrir a produção adicional.

b) Os pedidos para tal autorização de produção suplementar só podem ser examinados pela Autoridade quando esta tiver decidido sobre todos os pedidos pendentes submetidos pelos operadores que ainda não tenham recebido autorizações de produção e depois de ter tido devidamente em conta outros prováveis peticionários. A Autoridade deve guiar-se pelo princípio de não exceder a produção total autorizada com base no teto de produção em qualquer ano do período provisório. A Autoridade não deve autorizar, em qualquer plano de trabalho, a produção de uma quantidade que exceda 46.500 toneladas métricas de níquel por ano.

7. Os volumes de produção de outros metais, tais como o cobre, cobalto e manganês, extraídos dos nódulos polimetálicos obtidos de conformidade com uma autorização de produção, não devem ser superiores aos que teriam sido obtidos se o operador tivesse obtido desses nódulos o volume máximo de níquel de conformidade com o presente artigo. A Autoridade deve adotar normas, regulamentos e procedimentos de conformidade com o artigo 17 do Anexo III para a aplicação do presente número.

8. Os direitos e obrigações relativos a práticas econômicas desleais nos acordos comerciais multilaterais pertinentes aplicam-se à exploração e aproveitamento dos minerais da área. Na solução de controvérsias relativas à aplicação da presente disposição, os Estados-Partes que sejam Partes em tais acordos comerciais multilaterais podem recorrer aos procedimentos de solução de controvérsias previstos nesses acordos.

9. A Autoridade tem o poder de limitar o volume de produção de minerais da área, que não sejam os minerais provenientes de nódulos polimetálicos, nas condições e segundo os métodos apropriados, mediante a adoção de regulamentos de conformidade com o parágrafo 8º do artigo 161.

10. Por recomendação do conselho, baseada no parecer da Comissão de Planejamento Econômico, a assembleia deve estabelecer um sistema de compensação ou tomar outras medidas de assistência para o reajuste econômico, incluindo a cooperação com os organismos especializados e outras organizações internacionais, em favor dos países em desenvolvimento cujas receitas de exportação ou cuja economia sofram sérios prejuízos como consequência de uma diminuição no preço ou no volume exportado de um mineral, na medida em que tal diminuição se deva a atividades na área. A Autoridade, quando solicitada, deve iniciar estudos sobre os problemas desses Estados que possam ser mais gravemente afetados, a fim de minimizar as suas dificuldades e prestar-lhes auxílio para o seu reajuste econômico.

Artigo 152
Exercício de poderes e funções pela Autoridade

1. A Autoridade deve evitar qualquer discriminação no exercício dos seus poderes e funções, inclusive na concessão de oportunidades para realização de atividades na área.

2. No entanto, atenção especial pode ser dispensada aos países em desenvolvimento, particularmente àqueles sem litoral ou em situação geográfica desfavorecida, em virtude do expressamente previsto na presente parte.

Artigo 153
Sistema de exploração e aproveitamento

1. As atividades na área devem ser organizadas, realizadas e controladas pela Autoridade em nome da humanidade em geral de conformidade com o presente artigo, bem como com outras disposições pertinentes da presente parte e dos anexos pertinentes e as normas, regulamentos e procedimentos da Autoridade.

2. As atividades na área serão realizadas de conformidade com o parágrafo 3º:

a) Pela empresa;
b) Em associação com a Autoridade, por Estados-Partes ou empresas estatais ou pessoas jurídicas, singulares ou coletivas, que possuam a nacionalidade de Estados-Partes ou sejam efetivamente controladas por eles ou seus nacionais, quando patrocinadas por tais Estados, ou por qualquer grupo dos anteriores que preencha os requisitos previstos na presente parte e no Anexo III.

3. As atividades na área devem ser realizadas de conformidade com um plano de trabalho formal escrito, preparado de conformidade com o Anexo III e aprovado pelo conselho após exame pela Comissão Jurídica e Técnica. No caso das atividades na área, realizadas com autorização da Autoridade pelas entidades ou pessoas especificadas na alínea b) do parágrafo 2º, o plano de trabalho deve ter a forma de um contrato, de conformidade com o artigo 3º do Anexo III. Tal contrato pode prever ajustes conjuntos, de conformidade com o artigo 11 do anexo III.

4. A Autoridade deve exercer, sobre as atividades na área, o controle que for necessário para assegurar o cumprimento das disposições pertinentes da presente parte e dos anexos pertinentes e das normas, regulamentos e procedimentos da Autoridade e dos planos

de trabalho aprovados de conformidade com o parágrafo 3º. Os Estados-Partes devem prestar assistência à Autoridade, tomando todas as medidas necessárias para assegurar tal cumprimento de conformidade com o artigo 139.

5. A Autoridade tem o direito de tomar a todo o momento quaisquer medidas previstas na presente parte para assegurar o cumprimento das suas disposições e o exercício das funções de controle e regulamentação que lhe são conferidas em virtude da presente parte ou de um contrato. A Autoridade tem o direito de inspecionar todas as instalações na área utilizadas para atividades realizadas na mesma.

6. Um contrato celebrado nos termos do parágrafo 3º deve garantir a titularidade do contratante. Por isso, o contrato não deve ser modificado, suspenso ou rescindido senão de conformidade com os artigos 18 e 19 do anexo III.

Artigo 154
Exame periódico

De cinco em cinco anos, a partir da entrada em vigor da presente Convenção, a assembleia deve proceder a um exame geral e sistemático da forma como o regime internacional da área, estabelecido pela Convenção, tem funcionado na prática. À luz desse exame, a assembleia pode tomar ou recomendar a outros órgãos que tomem medidas de conformidade com as disposições e procedimentos da presente parte e dos anexos correspondentes, que permitam aperfeiçoar o funcionamento do regime.

Artigo 155
Conferência de Revisão

1. Quinze anos após o dia 1º de janeiro do ano do início da primeira produção comercial com base num plano de trabalho aprovado, a assembleia convocará uma conferência para revisão das disposições da presente parte e dos anexos pertinentes que regulamentam a exploração e o aproveitamento dos recursos da área. A Conferência de Revisão deve examinar em pormenor, à luz da experiência adquirida durante esse período:

a) Se as disposições da presente parte que regulamentam o sistema de exploração e aproveitamento dos recursos da área atingiram os seus objetivos em todos os aspectos, inclusive se beneficiaram a humanidade em geral;

b) Se, durante o período de 15 anos, as áreas reservadas foram aproveitadas de modo eficaz e equilibrado em comparação com áreas não reservadas;

c) Se o desenvolvimento e a utilização da área e dos seus recursos foram efetuados de modo a favorecer o desenvolvimento harmonioso da economia mundial e o crescimento equilibrado do comércio internacional;

d) Se foi impedida a monopolização das atividades na área;

e) Se foram cumpridas as políticas estabelecidas nos artigos 150 e 151;

f) Se o sistema permitiu a distribuição equitativa de benefícios resultantes das atividades na área, tendo particularmente em conta os interesses e necessidades dos Estados em desenvolvimento.

2. A Conferência de Revisão deve igualmente assegurar a manutenção do princípio do patrimônio comum da humanidade, do regime internacional para o aproveitamento equitativo dos recursos da área em benefício de todos os países, especialmente dos Estados em desenvolvimento, e da existência de uma Autoridade que organize, realize e controle as atividades na área. Deve também assegurar a manutenção dos princípios estabelecidos na presente parte relativos à exclusão de reivindicações ou do exercício de soberania sobre qualquer parte da área, aos direitos dos Estados e seu comportamento geral em relação à área bem como sua participação nas atividades na área de conformidade com a presente Convenção, à prevenção da monopolização de atividades na área, à utilização da área exclusivamente para fins pacíficos, aos aspectos econômicos das atividades na área, à investigação científica marinha, à transferência de tecnologia, à proteção do meio marinho, à proteção da vida humana, aos direitos dos Estados costeiros, o estatuto jurídico das águas sobrejacentes à área e do espaço aéreo acima dessas águas e à harmonização entre as atividades na área e outras atividades no meio marinho.

3. O procedimento para a tomada de decisões aplicável à Conferência de Revisão deve ser o mesmo que o aplicável à Terceira Conferência das Nações Unidas sobre o Direito do Mar. A Conferência deve fazer todo o possível para chegar a acordo sobre quaisquer emendas por consenso, não devendo proceder à votação de tais questões até que se tenham esgotado todos os esforços para chegar a consenso.

4. Se, cinco anos após o seu início, não tiver chegado a acordo sobre o sistema de exploração e aproveitamento dos recursos da área, a Conferência de Revisão pode, nos 12 meses seguintes, por maioria de três quartos dos Estados-Partes, decidir a adoção e apresentação aos Estados-Partes para ratificação ou adesão das emendas que mudem ou modifiquem o sistema que julgue necessárias e apropriadas. Tais emendas entrarão em vigor para todos os Estados-Partes 12 meses após o depósito dos instrumentos de ratificação ou de adesão de dois terços dos Estados-Partes.

5. As emendas adotadas pela Conferência de Revisão, de conformidade com o presente artigo, não afetam os direitos adquiridos em virtude de contratos existentes.

Seção 4

A AUTORIDADE

Subseção A

DISPOSIÇÕES GERAIS

Artigo 156
Criação da Autoridade

1. É criada a Autoridade Internacional dos Fundos Marinhos, que funcionará de conformidade com a presente parte.

2. Todos os Estados-Partes são *ipso fato* membros da Autoridade.

3. Os observadores na Terceira Conferência das Nações Unidas sobre o Direito do Mar que tenham assinado a Ata Final e não estejam referidos nas alíneas c), d), e) ou f) do parágrafo 1º do artigo 305, têm o direito

de participar na Autoridade como observadores de conformidade com as suas normas, regulamentos e procedimentos.

4. A Autoridade terá a sua sede na Jamaica.

5. A Autoridade pode criar os centros ou escritórios regionais que julgue necessários para o exercício das suas funções.

Artigo 157
Natureza e princípios fundamentais da Autoridade

1. A Autoridade é a organização por intermédio da qual os Estados-Partes, de conformidade com a presente parte, organizam e controlam as atividades na área, particularmente com vista à gestão dos recursos da área.

2. A Autoridade tem os poderes e as funções que lhe são expressamente conferidos pela presente Convenção. A Autoridade terá os poderes subsidiários, compatíveis com a presente Convenção que sejam implícitos e necessários ao exercício desses poderes e funções no que se refere às atividades na área.

3. A Autoridade baseia-se no princípio da igualdade soberana de todos os seus membros.

4. Todos os membros da Autoridade devem cumprir de boa-fé as obrigações contraídas de conformidade com a presente parte, a fim de se assegurarem a cada um os direitos e benefícios decorrentes da sua qualidade de membro.

Artigo 158
Órgãos da Autoridade

1. São criados, como órgãos principais da Autoridade, uma assembleia, um conselho e um secretariado.

2. É criada a empresa, órgão por intermédio do qual a Autoridade exercerá as funções mencionadas no parágrafo 1º do artigo 170.

3. Podem ser criados, de conformidade com a presente parte, os órgãos subsidiários considerados necessários.

4. Compete a cada um dos órgãos principais da Autoridade e à empresa exercer os poderes e funções que lhes são conferidos. No exercício de tais poderes e funções, cada órgão deve abster-se de tomar qualquer medida que possa prejudicar ou impedir o exercício dos poderes e funções específicos conferidos a um outro órgão.

Subseção B

A ASSEMBLEIA

Artigo 159
Composição, procedimento e votação

1. A assembleia é composta por todos os membros da Autoridade. Cada membro tem um representante na assembleia o qual pode ser acompanhado por suplentes e assessores.

2. A assembleia reunir-se-á em sessão ordinária anual e em sessão extraordinária quando ela o decidir ou quando for convocada pelo Secretário-Geral a pedido do conselho ou da maioria dos membros da Autoridade.

3. As sessões devem realizar-se na sede da Autoridade, a não ser que a assembleia decida de outro modo.

4. A assembleia adotará o seu regulamento interno. No início de cada sessão ordinária, elege o seu presidente e os demais membros da mesa que considere necessários. Estes devem manter-se em funções até à eleição de um novo presidente e demais membros da mesa na sessão ordinária seguinte.

5. O quórum é constituído pela maioria dos membros da assembleia.

6. Cada membro da assembleia dispõe de um voto.

7. As decisões sobre questões de procedimento, incluindo as decisões de convocação de sessões extraordinárias da assembleia, devem ser tomadas por maioria dos membros presentes e votantes.

8. As decisões sobre questões de fundo serão tomadas por maioria de dois terços dos membros presentes e votantes, desde que tal maioria inclua uma maioria dos membros que participam na sessão. Em caso de dúvida sobre se uma questão é ou não de fundo, essa questão será tratada como questão de fundo, a não ser que a assembleia decida de outro modo, pela maioria requerida para as decisões sobre questões de fundo.

9. Quando uma questão de fundo for submetida a votação pela primeira vez, o presidente pode e deve, se pelo menos uma quinta parte dos membros da assembleia o solicitar, adiar a decisão de submeter essa questão a votação por um período não superior a cinco dias. A presente norma só pode ser aplicada a qualquer questão uma vez e não deve ser aplicada para adiar a questão para além do encerramento da sessão.

10. Quando for apresentada ao presidente uma petição escrita que, apoiada por, pelo menos, um quarto dos membros da Autoridade, solicite um parecer sobre a conformidade com a presente Convenção de uma proposta à assembleia sobre qualquer assunto, a assembleia deve solicitar à Câmara de Controvérsias dos Fundos Marinhos do Tribunal Internacional do Direito do Mar que dê um parecer, e deve adiar a votação sobre tal proposta até que a Câmara emita o seu parecer. Se o parecer não for recebido antes da última semana da sessão em que foi solicitado, a assembleia deve decidir quando se reunirá para votar a proposta adiada.

Artigo 160
Poderes e funções

1. A assembleia, como único órgão da Autoridade composto por todos os seus membros, é considerada o órgão supremo da Autoridade, perante o qual devem responder os outros órgãos principais tal como expressamente previsto na presente Convenção. A assembleia tem o poder de estabelecer a política geral sobre qualquer questão ou assunto da competência da Autoridade de conformidade com as disposições pertinentes da presente Convenção.

2. Além disso, a assembleia tem os seguintes poderes e funções:

a) Eleger os membros do conselho de conformidade com o artigo 161;
b) Eleger o Secretário-Geral de entre os candidatos propostos pelo conselho;

c) Eleger, por recomendação do conselho, os membros do conselho de administração da empresa e o diretor-geral desta;
d) Criar, de conformidade com a presente parte, os órgãos subsidiários que julgue necessários para o exercício das suas funções. Na composição destes órgãos devem ser tomadas em devida conta o princípio da distribuição geográfica equitativa, bem como os interesses especiais e a necessidade de assegurar o concurso de membros qualificados e competentes nas diferentes questões técnicas de que se ocupem tais órgãos;
e) Determinar as contribuições dos membros para o orçamento administrativo da Autoridade de conformidade com uma escala acordada, com base na utilizada para o orçamento ordinário da Organização das Nações Unidas, até que a Autoridade disponha de receitas suficientes provenientes de outras fontes para fazer frente aos seus encargos administrativos;
f): i) Examinar e aprovar, por recomendação do conselho, as normas, regulamentos e procedimentos sobre a distribuição equitativa dos benefícios financeiros e outros benefícios econômicos obtidos das atividades na área, bem como os pagamentos e contribuições feitos de conformidade com o artigo 82, tendo particularmente em conta os interesses e necessidades dos Estados em desenvolvimento e dos povos que não tenham alcançado a plena independência ou outro regime de autonomia. Se a assembleia não aprovar as recomendações do conselho pode devolvê-las a este para reexame à luz das opiniões expressas pela assembleia;
ii) Examinar e aprovar as normas, regulamentos e procedimentos da Autoridade e quaisquer emendas aos mesmos, adotados provisoriamente pelo conselho, de conformidade com a subalínea ii) da alínea o) do parágrafo 2º do artigo 162. Estas normas, regulamentos e procedimentos devem referir-se à prospecção, exploração e aproveitamento na área, à gestão financeira e administração interna da Autoridade e, por recomendação do conselho de administração da empresa, à transferência de fundos da empresa para a Autoridade;
g) Decidir acerca da distribuição equitativa dos benefícios financeiros e outros benefícios econômicos obtidos das atividades na área, de forma compatível com a presente Convenção e com as normas, regulamentos e procedimentos da Autoridade;
h) Examinar e aprovar o projeto de orçamento anual da Autoridade apresentado pelo conselho;
i) Examinar os relatórios periódicos do conselho e da empresa, bem como os relatórios especiais pedidos ao conselho ou a qualquer outro órgão da Autoridade;
j) Proceder a estudos e fazer recomendações para promoção da cooperação internacional relativa às atividades na área e para o encorajamento do desenvolvimento progressivo do direito internacional neste domínio e sua codificação;
k) Examinar os problemas de caráter geral relacionados com as atividades na área, em particular os que se apresentem aos Estados em desenvolvimento, assim como os problemas de caráter geral relacionados com as atividades na área que se apresentem aos Estados em virtude da sua situação geográfica, em particular aos Estados sem litoral ou em situação geográfica desfavorecida;
l) Estabelecer, por recomendação do conselho baseada no parecer da Comissão de Planejamento Econômico, um sistema de compensação ou adotar outras medidas de assistência para o reajuste econômico de conformidade com o parágrafo 10 do artigo 151;
m) Suspender o exercício de direitos e privilégios inerentes à qualidade de membro, nos termos do artigo 185;
n) Examinar qualquer questão ou assunto no âmbito de competência da Autoridade e decidir, de forma compatível com a distribuição de poderes e funções entre os órgãos da Autoridade, qual destes órgãos se deve ocupar de qualquer questão ou assunto que não seja expressamente atribuído a um órgão em particular.

Subseção C

O CONSELHO

Artigo 161
Composição, procedimento e votação

1. O conselho é composto de 36 membros da Autoridade, eleitos pela assembleia na seguinte ordem:

a) Quatro membros dentre os Estados-Partes que, durante os últimos cinco anos para os quais se disponha de estatísticas, tenham absorvido mais de 2% do consumo mundial total ou efetuado importações líquidas de mais de 2% das importações mundiais totais dos produtos básicos obtidos a partir das categorias de minerais que venham a ser extraídos da área e, em qualquer caso, um Estado da região da Europa Oriental (Socialista), bem como o maior consumidor;
b) Quatro membros dentre os oito Estados-Partes que, diretamente ou por intermédio dos seus nacionais, tenham feito os maiores investimentos na preparação e na realização de atividades na área, incluindo, pelo menos, um Estado da região da Europa Oriental (Socialista);
c) Quatro membros dentre os Estados-Partes que, na base da produção nas áreas sob sua jurisdição, sejam grandes exportadores líquidos das categorias de minerais que venham a ser extraídos da área, incluindo, pelo menos, dois Estados em desenvolvimento, cujas exportações de tais minerais tenham importância substancial para a sua economia;
d) Seis membros dentre os Estados-Partes em desenvolvimento que representem interesses especiais. Os interesses especiais a serem representados devem incluir os dos Estados com grande população, os dos Estados sem litoral ou em situação geográfica desfavorecida, os dos Estados que sejam grandes importadores das categorias de minerais que venham a ser extraídos da área, os dos Estados que sejam produtores potenciais de tais minerais, e os dos Estados menos desenvolvidos;
e) Dezoito membros eleitos de modo a assegurar o princípio de uma distribuição geográfica equitativa dos lugares do conselho no seu conjunto, no en-

tendimento de que cada região geográfica conte, pelo menos, com um membro eleito em virtude da presente alínea. Para tal efeito as regiões geográficas devem ser África, América Latina, Ásia, Europa Ocidental e outros Estados e Europa Oriental (Socialista).

2. Na eleição dos membros do conselho de conformidade com o parágrafo 1º, a assembleia deve assegurar que:

a) Os Estados sem litoral e aqueles em situação geográfica desfavorecida tenham uma representação, na medida do razoável, proporcional à sua representação na assembleia;
b) Os Estados costeiros, em particular os Estados em desenvolvimento, que não preencham as condições enunciadas nas alíneas a), b), c) ou d) do parágrafo 1º, tenham uma representação, na medida do razoável, proporcional à sua representação na assembleia;
c) Cada grupo de Estados-Partes que a ser representado no concelho esteja representado pelos membros que sejam eventualmente propostos por esse grupo.

3. As eleições são efetuadas nas sessões ordinárias da assembleia. Cada membro do conselho é eleito por quatro anos. Contudo, na primeira eleição o mandato de metade dos membros de cada um dos grupos previstos no parágrafo 1º é de dois anos.

4. Os membros do conselho podem ser reeleitos, devendo, porém, ter-se em conta a conveniência da rotação de membros.

5. O conselho funciona na sede da Autoridade e deve reunir-se com a frequência requerida pelos trabalhos da Autoridade, mas pelo menos três vezes por ano.

6. O quórum é constituído pela maioria dos membros do conselho.

7. Cada membro do conselho dispõe de um voto.

8. a) As decisões sobre questões de procedimento serão tomadas por maioria dos membros presentes e votantes.
b) As decisões sobre as questões de fundo que surjam em relação às alíneas f), g), h), i), n), p) e v) do parágrafo 2º do artigo 162 e com o artigo 191 serão tomadas por maioria de dois terços dos membros presentes e votantes, desde que tal maioria inclua uma maioria dos membros do conselho.
c) As decisões sobre as questões de fundo que surjam em relação às disposições a seguir enumeradas serão tomadas por maioria de três quartos dos membros presentes e votantes, desde que tal maioria inclua uma maioria dos membros do Conselho: parágrafo 1º do artigo 162; alíneas a), b), c), d), e), l), q), r), s) e t) do parágrafo 2º do artigo 162; alínea u) do parágrafo 2º do artigo 162, nos casos de não cumprimento por parte de um contratante ou de um patrocinador; alínea w) do parágrafo 2º do artigo 162, desde que a obrigatoriedade das ordens dadas nos termos dessa alínea não exceda 30 dias, salvo se confirmadas por uma decisão tomada de conformidade com a alínea d) deste número; alíneas x), y) e z) do parágrafo 2º do artigo 162; parágrafo 2º do artigo 163; parágrafo 3º do artigo 174, e artigo 11 do anexo IV.
d) As decisões sobre as questões de fundo que surjam em relação às alíneas m) e o) do parágrafo 2º do artigo 162, bem como a aprovação de emendas à parte XI serão tomadas por consenso.
e) Para efeitos das alíneas d), f) e g) do presente número, "consenso" significa ausência de qualquer objeção formal. Dentro dos 14 dias seguintes à apresentação de uma proposta ao conselho, o presidente verificará se haveria uma objeção formal à sua aprovação. Se o presidente do conselho constatar que haveria tal objeção criará e convocará nos três dias seguintes uma comissão de conciliação, integrada por não mais de nove membros do conselho cuja presidência assumirá, com o objetivo de conciliar as divergências e preparar uma proposta suscetível de ser aprovada por consenso. A comissão agirá imediatamente e relatará ao conselho nos 14 dias seguintes à sua constituição. Se a comissão não puder recomendar uma proposta suscetível de ser aprovada por consenso, indicará no seu relatório os motivos que levaram à rejeição da proposta.
f) As decisões sobre as questões que não estejam enumeradas nas alíneas precedentes e que o conselho esteja autorizado a tomar em virtude das normas, regulamentos e procedimentos da Autoridade ou a qualquer outro título, serão tomadas de conformidade com as alíneas do presente número especificadas nas normas, regulamentos e procedimentos da Autoridade ou, não sendo aí especificadas, por decisão do conselho tomada por consenso, se possível antecipadamente.
g) Em caso de dúvida sobre se uma questão se inclui nas alíneas a), b), c) ou d), a questão será tratada como se estivesse incluída na alínea que exige a maioria mais elevada ou consenso, segundo o caso, a não ser que o conselho decida de outro modo por tal maioria ou consenso.

9. O conselho estabelecerá um procedimento pelo qual um membro da Autoridade que não esteja representado no conselho possa enviar um representante para assistir a uma sessão deste, quando esse membro o solicitar ou quando o conselho examinar uma questão que o afete particularmente. Tal representante poderá participar nos debates, mas sem direito de voto.

Artigo 162
Poderes e funções

1. O conselho é o órgão executivo da Autoridade. O conselho tem o poder de estabelecer, de conformidade com a presente Convenção e as políticas gerais estabelecidas pela assembleia, as políticas específicas a serem seguidas pela Autoridade sobre qualquer questão ou assunto de sua competência.

2. Além disso, o conselho:

a) Supervisionará e coordenará a aplicação das disposições da presente parte sobre todas as questões e assuntos da competência da Autoridade e alertará a assembleia para os casos de não cumprimento;
b) Proporá à assembleia uma lista de candidatos para a eleição do Secretário-Geral;

c) Recomendará à assembleia candidatos para a eleição dos membros do conselho de administração da empresa e do diretor-geral desta;
d) Estabelecerá, quando apropriado, e tendo em devida conta as exigências de economia e eficiência, os órgãos subsidiários que considere necessários para o exercício das suas funções, de conformidade com a presente parte. Na composição de tais órgãos subsidiários, será dada ênfase à necessidade de se assegurar o consenso de membros qualificados e competentes nas matérias técnicas pertinentes de que se ocupem esses órgãos, tendo em devida conta o princípio da distribuição geográfica equitativa e os interesses especiais;
e) Adotará o seu regulamento interno, incluindo o método de designação do seu presidente;
f) Concluirá, em nome da Autoridade e no âmbito da sua competência, com as Nações Unidas ou com outras organizações internacionais, acordos sujeitos à aprovação da assembleia;
g) Examinará os relatórios da empresa e transmiti-los-á à assembleia com as suas recomendações;
h) Apresentará à assembleia relatórios anuais e os relatórios especiais que esta lhe solicite;
i) Dará diretrizes à empresa de conformidade com o artigo 170;
j) Aprovará os planos de trabalho de conformidade com o artigo 6º do anexo III. O conselho tomará uma decisão sobre cada plano de trabalho nos 60 dias seguintes à sua apresentação pela Comissão Jurídica e Técnica a uma sessão do conselho, de conformidade com os seguintes procedimentos:

  i) Quando a Comissão recomendar a aprovação de um plano de trabalho, este será considerado aprovado pelo conselho, a menos que um membro do conselho apresente ao presidente uma objeção específica por escrito no prazo de 14 dias, na qual se alegue que não foram cumpridos os requisitos do artigo 6º do anexo III. Se houver uma objeção aplicar-se-á o procedimento de conciliação da alínea e) do parágrafo 8º do artigo 161. Se, uma vez concluído o procedimento de conciliação, a objeção ainda se mantiver, o plano de trabalho será considerado como aprovado pelo conselho, a menos que este o não aprove por consenso dos seus membros, excluindo qualquer Estado ou Estados que tenham apresentado o pedido ou patrocinado o peticionário;
  ii) Quando a Comissão recomendar a não aprovação de um plano de trabalho ou não fizer uma recomendação, o conselho pode aprová-lo por maioria de três quartos dos membros presentes e votantes, desde que tal maioria inclua a maioria dos membros participantes na sessão;

k) Aprovará os planos de trabalho apresentados pela empresa de conformidade com o artigo 12 do anexo IV, aplicando, *mutatis mutandis*, os procedimentos previstos na alínea j);
l) Exercerá controle sobre as atividades na área, de conformidade com o parágrafo 4º do artigo 153 e com as normas, regulamentos e procedimentos da Autoridade;
m) Tomará, por recomendação da Comissão de Planejamento Econômico e de conformidade com a alínea h) do artigo 150, as medidas necessárias e apropriadas para proteger os Estados em desenvolvimento dos efeitos econômicos adversos especificados nessa alínea;
n) Fará recomendações à assembleia, com base no parecer da Comissão de Planejamento Econômico, sobre o sistema de compensação ou outras medidas de assistência para o reajuste econômico como previsto no parágrafo 10 do artigo 151;
o): i) Recomendará à assembleia normas, regulamentos e procedimentos sobre a distribuição equitativa dos benefícios financeiros e outros benefícios econômicos derivados das atividades na área e sobre os pagamentos e contribuições feitos nos termos do artigo 82, tendo particularmente em conta os interesses e necessidades dos Estados em desenvolvimento e dos povos que não tenham alcançado a plena independência ou outro estatuto de autonomia;
  ii) Adotará e aplicará provisoriamente, até à sua aprovação pela assembleia, as normas, os regulamentos e os procedimentos da Autoridade, e quaisquer emendas aos mesmos, tendo em conta as recomendações da Comissão Jurídica e Técnica ou de outro órgão subordinado pertinente. Estas normas, regulamentos e procedimentos referir-se-ão à prospecção, exploração e aproveitamento na área e à gestão financeira e administração interna da Autoridade. Será dada prioridade à adoção de normas, regulamentos e procedimentos para a exploração e aproveitamento de nódulos polimetálicos. As normas, regulamentos e procedimentos para a exploração e aproveitamento de qualquer recurso que não nódulos polimetálicos serão adotados dentro dos três anos a contar da data de um pedido feito à Autoridade por qualquer dos seus membros para que os adote. Tais normas, regulamentos e procedimentos permanecerão em vigor, a título provisório, até serem aprovados pela assembleia ou emendados pelo conselho à luz das opiniões expressas pela assembleia;
p) Fiscalizará a cobrança de todos os pagamentos feitos à Autoridade e devidos a esta e relativos às atividades realizadas nos termos da presente parte;
q) Fará a seleção entre os peticionários de autorizações de produção de conformidade com o artigo 7º do anexo III, quando tal seleção for exigida por essa disposição;
r) Apresentará à assembleia, para aprovação, o projeto de orçamento anual da Autoridade;
s) Fará à assembleia recomendações sobre políticas relativas a quaisquer questões ou assuntos da competência da Autoridade;
t) Fará à assembleia, de conformidade com o artigo 185, recomendações sobre a suspensão do exercício dos direitos e privilégios inerentes à qualidade de membro;
u) Iniciará, em nome da Autoridade, procedimentos perante a Câmara de Controvérsias dos Fundos Marinhos nos casos de não cumprimento;
v) Notificará à assembleia da decisão da Câmara de Controvérsias dos Fundos Marinhos relativa aos processos instituídos nos termos da alínea u) e fará as recomendações que julgue apropriadas acerca das medidas a serem tomadas;

w) Emitirá ordens de emergência, inclusive ordens de suspensão ou de reajustamento das operações, a fim de prevenir qualquer dano grave ao meio marinho como consequência das atividades na área;

x) Excluirá certas áreas do aproveitamento por contratantes ou pela empresa, quando provas concludentes indiquem o risco de danos graves ao meio marinho;

y) Criará um órgão subsidiário para a elaboração de projetos de normas, regulamentos e procedimentos financeiros relativos:

 i) À gestão financeira de conformidade com os artigos 171 a 175;
 ii) A questões financeiras de conformidade com o artigo 13 e a alínea c) do parágrafo 1º do artigo 17 do anexo III;

z) Estabelecerá mecanismos apropriados para dirigir e supervisionar um corpo de inspetores que devem fiscalizar as atividades na área para determinar se a presente parte, as normas, regulamentos e procedimentos da Autoridade, bem como as cláusulas e condições de qualquer contrato celebrado com a mesma estão sendo cumpridos.

Artigo 163
Órgãos do conselho

1. São criadas, como órgãos do conselho:

a) Uma Comissão de Planejamento Econômico;
b) Uma Comissão Jurídica e Técnica.

2. Cada Comissão é composta de 15 membros eleitos pelo conselho entre os candidatos apresentados pelos Estados-Partes. Contudo, o conselho pode, se necessário, decidir aumentar o número de membros de qualquer das Comissões, tendo em devida conta as exigências de economia e eficiência.

3. Os membros de uma Comissão devem ter qualificações adequadas no âmbito de competência dessa Comissão. Os Estados-Partes devem propor candidatos da mais alta competência e integridade que possuam qualificações nas matérias pertinentes, de modo a assegurar o funcionamento eficaz das Comissões.

4. Na eleição dos membros das Comissões deve ser tomada em devida conta a necessidade de uma distribuição geográfica equitativa e de uma representação de interesses especiais.

5. Nenhum Estado-Parte pode propor mais de um candidato para a mesma Comissão. Nenhuma pessoa pode ser eleita para mais de uma Comissão.

6. Os membros das Comissões são eleitos por cinco anos. Podem ser reeleitos para um novo mandato.

7. Em caso de falecimento, incapacidade ou renúncia de um membro de uma Comissão antes de ter expirado o seu mandato, o conselho elegerá um membro da mesma região geográfica ou categoria de interesses, que exercerá o cargo até ao termo desse mandato.

8. Os membros das Comissões não devem ter interesses financeiros em qualquer atividade relacionada com a exploração e aproveitamento na área. Sob reserva das suas responsabilidades perante as Comissões a que pertencerem, não revelarão, nem mesmo após o termo das suas funções, qualquer segredo industrial, qualquer dado que seja propriedade industrial e que seja transferido para a Autoridade de conformidade com o artigo 14 do anexo III, bem como qualquer outra informação confidencial que chegue ao seu conhecimento em virtude do desempenho das suas funções.

9. Cada Comissão exercerá as suas funções de conformidade com as orientações e diretrizes adotadas pelo conselho.

10. Cada Comissão deve elaborar e submeter à aprovação do conselho as normas e os regulamentos necessários ao desempenho eficaz das suas funções.

11. Os procedimentos para a tomada de decisões nas Comissões devem ser estabelecidos pelas normas, regulamentos e procedimentos da Autoridade. As recomendações ao conselho devem ser acompanhadas, quando necessário, de um resumo das divergências de opinião nas Comissões.

12. Cada Comissão deve exercer normalmente as suas funções na sede da Autoridade e reunir-se com a frequência requerida pelo desempenho eficaz das suas funções.

13. No exercício das suas funções, cada Comissão pode consultar, quando apropriado, uma outra Comissão, qualquer órgão competente das Nações Unidas ou das suas agências especializadas ou qualquer organização internacional com competência sobre o assunto objeto de consulta.

Artigo 164
Comissão de Planejamento Econômico

1. Os membros da Comissão de Planejamento Econômico devem possuir as qualificações adequadas, designadamente em matéria de atividades mineiras, de gestão de atividades relacionadas com os recursos minerais, de comércio internacional ou de economia internacional. O conselho deve procurar que a composição da Comissão reflita todas as qualificações pertinentes. A Comissão deve incluir pelo menos dois membros dos Estados em desenvolvimento cujas exportações das categorias de minerais a serem extraídas da área tenham consequências importantes nas suas economias.

2. A Comissão deve:

a) Propor, a pedido do conselho, medidas para aplicar as decisões relativas às atividades na área, tomadas de conformidade com a presente Convenção;
b) Examinar as tendências da oferta, da procura e dos preços dos minerais que possam ser extraídos da área, bem como os fatores que os influenciem, tendo em conta os interesses dos países importadores e dos países exportadores e, em particular, dos que entre eles forem Estados em desenvolvimento;
c) Examinar qualquer situação suscetível de provocar os efeitos adversos referidos na alínea b) do artigo 150 e para a qual a sua atenção tenha sido chamada pelo Estado-Parte ou pelos Estados-Partes interessados e fazer as recomendações apropriadas ao conselho;
d) Propor ao conselho, para apresentação à assembleia, nos termos do parágrafo 10 do artigo 151, um sistema de compensação ou outras medidas de assistência para o reajuste econômico em favor dos Estados em desenvolvimento que sofram efeitos adversos como consequência das atividades na área. A Comissão deve fazer ao conselho

as recomendações necessárias para a aplicação do sistema ou das medidas tomadas na assembleia, em casos concretos.

Artigo 165
Comissão Jurídica e Técnica

1. Os membros da Comissão Jurídica e Técnica devem possuir as qualificações adequadas designadamente em matéria de exploração, aproveitamento e tratamento de minerais, oceanologia, proteção do meio marinho ou assuntos econômicos ou jurídicos relativos à mineração oceânica e outros domínios conexos. O conselho deve procurar que a composição da Comissão reflita todas as qualificações pertinentes.

2. A Comissão deve:

a) Fazer, a pedido do conselho, recomendações relativas ao exercício das funções da Autoridade;

b) Examinar os planos de trabalho formais escritos relativos às atividades na área, de conformidade com o parágrafo 3º do artigo 153, bem como fazer recomendações apropriadas ao conselho. A Comissão deve fundamentar as suas recomendações unicamente nas disposições do Anexo III e apresentar relatório completo ao conselho sobre o assunto;

c) Supervisionar, a pedido do conselho, as atividades na área, em consulta e colaboração, quando necessário, com qualquer entidade ou pessoa que realize tais atividades, ou com o Estado ou Estados interessados, e relatar ao conselho;

d) Preparar avaliações das consequências ecológicas das atividades na área;

e) Fazer recomendações ao conselho sobre a proteção do meio marinho, tendo em conta a opinião de peritos reconhecidos na matéria;

f) Elaborar e submeter ao conselho as normas, regulamentos e procedimentos referidos na alínea o do parágrafo 2º do artigo 162 tendo em conta todos os fatores pertinentes, incluindo a avaliação das consequências ecológicas das atividades na área;

g) Examinar continuamente tais normas, regulamentos e procedimentos e, periodicamente, recomendar ao conselho as emendas que julgue necessárias ou desejáveis;

h) Fazer recomendações ao conselho relativas ao estabelecimento de um programa de controle sistemático para, regularmente, observar, medir, avaliar e analisar, mediante métodos científicos reconhecidos, os riscos ou as consequências da poluição do meio marinho, proveniente de atividades na área, assegurar-se de que a regulamentação vigente seja adequada e cumprida, bem como coordenar a execução do programa de controle sistemático aprovado pelo conselho;

i) Recomendar ao conselho, de conformidade com a presente parte e com os anexos pertinentes, o início, em nome da Autoridade, de procedimentos perante a Câmara de Controvérsias dos Fundos Marinhos tendo particularmente em conta o artigo 187;

j) Fazer recomendações ao conselho relativas às medidas a tomar sobre uma decisão da Câmara de Controvérsias dos Fundos Marinhos nos procedimentos iniciados em virtude da alínea i);

k) Recomendar ao conselho que emita ordens de emergência, inclusive ordens de suspensão ou de reajuste de operações, a fim de prevenir qualquer dano grave ao meio marinho decorrente das atividades na área. O conselho deve examinar tais recomendações com caráter prioritário;

l) Recomendar ao conselho que exclua certas áreas do aproveitamento por contratantes ou pela empresa, quando provas concludentes indiquem o risco de danos graves ao meio marinho;

m) Fazer recomendações ao conselho sobre a direção e supervisão de um corpo de inspetores que devem fiscalizar as atividades na área, para determinar se as disposições da presente parte, as normas, regulamentos e procedimentos da Autoridade bem como as cláusulas e condições de qualquer contrato celebrado com a mesma estão sendo cumpridos;

n) Calcular o texto de produção e, em nome da Autoridade, emitir autorizações de produção nos termos dos parágrafos 2º a 7º do artigo 151 depois de o conselho ter feito a necessária seleção entre os peticionários de conformidade com o artigo 7º do anexo III.

3. No desempenho das suas funções de supervisão e inspeção, os membros da Comissão serão acompanhados por um representante desse Estado ou parte interessada, a pedido de qualquer Estado-Parte ou de outra parte interessada.

Subseção D

O SECRETARIADO
Artigo 166
O secretariado

1. O secretariado da Autoridade compreende um Secretário-Geral e o pessoal de que a Autoridade possa necessitar.

2. O Secretário-Geral será eleito pela assembleia para um mandato de quatro anos, dentre os candidatos propostos pelo conselho e podendo ser reeleito.

3. O Secretário-Geral será o mais alto funcionário administrativo da Autoridade e, nessa qualidade, participará em todas as reuniões da assembleia do conselho e de qualquer órgão subsidiário e desempenhará as demais funções administrativas de que for incumbido por esses órgãos.

4. O Secretário-Geral apresentará à assembleia um relatório anual sobre as atividades da Autoridade.

Artigo 167
O pessoal da Autoridade

1. O pessoal da Autoridade é composto de funcionários qualificados nos domínios científico e técnico, e demais pessoal necessário ao desempenho das funções administrativas da Autoridade.

2. A consideração dominante ao recrutar e contratar o pessoal e ao determinar as suas condições de emprego será a necessidade de assegurar o mais alto grau de eficiência, competência e integridade. Ressalvada esta consideração, ter-se-á em devida conta a importância de recrutar o pessoal numa base geográfica tão ampla quanto possível.

3. O pessoal é nomeado pelo Secretário-Geral. As modalidades e condições de nomeação, remuneração e demissão do pessoal devem ser conformes com as normas, regulamentos e procedimentos da Autoridade.

Artigo 168
Caráter internacional do secretariado

1. No cumprimento dos seus deveres, o Secretário-Geral e o pessoal da Autoridade não solicitarão nem receberão instruções de qualquer governo nem de nenhuma outra fonte estranha à Autoridade. Abster-se-ão de qualquer ato que possa afetar a sua condição de funcionários internacionais, responsáveis unicamente perante a Autoridade. Todo o Estado-Parte compromete-se a respeitar o caráter exclusivamente internacional das funções do Secretário-Geral e do pessoal e a não procurar influenciá-los no desempenho das suas funções. Qualquer não cumprimento, por parte de um funcionário, das suas responsabilidades será submetido a um tribunal administrativo apropriado, como previsto nas normas, regulamentos e procedimentos da Autoridade.

2. O Secretário-Geral e o pessoal não devem ter interesses financeiros em quaisquer atividades relacionadas com a exploração e aproveitamento na área. Sob reserva das suas responsabilidades perante a Autoridade, não revelarão, mesmo após o termo das suas funções, qualquer segredo industrial, qualquer dado que seja propriedade industrial e que seja transferido para a Autoridade de conformidade com o artigo 14 do anexo III, bem como qualquer outra informação confidencial que chegue ao seu conhecimento em virtude do desempenho das suas funções.

3. O não cumprimento, por parte de um funcionário da Autoridade, das demais obrigações enunciadas no parágrafo 2º deve ser, a pedido de um Estado-Parte, ou de uma pessoa jurídica, singular ou coletiva, patrocinada por um Estado-Parte nos termos da alínea b) do parágrafo 2º do artigo 153 e lesados por tal não cumprimento, submetido pela Autoridade contra o funcionário em causa perante um tribunal designado pelas normas, regulamentos e procedimentos da Autoridade. A parte lesada terá o direito de participar no processo. Se o tribunal o recomendar, o Secretário-Geral demitirá o funcionário em causa.

4. As normas, regulamentos e procedimentos da Autoridade incluirão as disposições necessárias para a aplicação do presente artigo.

Artigo 169
Consulta e cooperação com as organizações internacionais e não governamentais

1. O Secretário-Geral concluirá, nos assuntos da competência da Autoridade e com a aprovação do conselho, ajustes apropriados para consulta e cooperação com as organizações internacionais e não governamentais reconhecidas pelo Conselho Econômico e Social das Nações Unidas.

2. Qualquer organização com a qual o Secretário-Geral tiver concluído um ajuste, nos termos do parágrafo 1º, pode designar representantes para assistirem como observadores às reuniões dos órgãos da Autoridade, de conformidade com o regulamento interno destes órgãos. Serão estabelecidos procedimentos para que essas organizações deem a conhecer a sua opinião nos casos apropriados.

3. O Secretário-Geral pode distribuir aos Estados-Partes relatórios escritos, apresentados pelas organizações não governamentais referidas no parágrafo 1º, sobre os assuntos que sejam da sua competência especial ou se relacionem com o trabalho da Autoridade.

Subseção E

A EMPRESA

Artigo 170
A empresa

1. A empresa é o órgão da Autoridade que realizará diretamente as atividades na área, em aplicação da alínea a) do parágrafo 2º do artigo 153, bem como o transporte, o processamento e a comercialização dos minerais extraídos da área.

2. No quadro da personalidade jurídica internacional da Autoridade, a empresa terá a capacidade jurídica prevista no Estatuto que figura no anexo IV. A empresa agirá de conformidade com a presente Convenção e com as normas, regulamentos e procedimentos da Autoridade, bem como com as políticas gerais estabelecidas pela assembleia, e estará sujeita às diretrizes e ao controle do conselho.

3. A empresa terá a sua instalação principal na sede da Autoridade.

4. A empresa será dotada, de conformidade com o parágrafo 2º do artigo 173 e o artigo 11 do anexo IV, dos fundos necessários ao desempenho das suas funções e receberá a tecnologia prevista no artigo 144 e nas mais disposições pertinentes da presente Convenção.

Subseção F

RECURSOS FINANCEIROS DA AUTORIDADE

Artigo 171
Recursos financeiros da Autoridade

Os recursos financeiros da Autoridade incluirão:

a) As contribuições dos membros da Autoridade fixadas de conformidade com a alínea e) do parágrafo 2º do artigo 160;
b) As receitas da Autoridade provenientes das atividades na área, de conformidade com o artigo 13 do Anexo III;
c) Os fundos transferidos da empresa, de conformidade com o artigo 10 do Anexo IV;
d) Os empréstimos contraídos nos termos do artigo 174;
e) As contribuições voluntárias dos membros ou de outras entidades;
f) Os pagamentos efetuados, de conformidade com o parágrafo 10 do artigo 151, a um fundo de compensação cujas fontes devem ser recomendadas pela Comissão de Planejamento Econômico.

Artigo 172
Orçamento anual da Autoridade

O Secretário-Geral preparará o projeto de orçamento anual da Autoridade e submetê-lo-á ao conselho. Este examinará o projeto de orçamento anual e submetê-lo-á à assembleia com as respectivas recomendações. A assembleia examinará e aprovará o projeto de orçamento de conformidade com a alínea h) do parágrafo 2º do artigo 160.

Artigo 173
Despesas da Autoridade

1. As contribuições referidas na alínea a) do artigo 171 serão depositadas numa conta especial para satisfazer as despesas administrativas da Autoridade, até que ela disponha de fundos suficientes provenientes de outras fontes para cobrir essas despesas.

2. Os fundos da Autoridade destinar-se-ão, em primeiro lugar, a cobrir as despesas administrativas. À excepção das contribuições referidas na alínea a) do artigo 171, os fundos restantes depois de cobertas as despesas administrativas poderão, *inter alia*:

a) Ser distribuídos de conformidade com o artigo 140 e com a alínea g) do parágrafo 2º do artigo 160;
b) Ser utilizados para proporcionar fundos à empresa, de conformidade com o parágrafo 4º do artigo 170;
c) Ser utilizados para compensar os Estados em desenvolvimento de conformidade com parágrafo 4º do artigo 151 e com alínea e) do parágrafo 2º do artigo 160.

Artigo 174
Capacidade da Autoridade para contrair empréstimos

1. A Autoridade tem capacidade para contrair empréstimos.

2. A assembleia fixará os limites da capacidade da Autoridade para contrair empréstimos, no regulamento financeiro que adotará de conformidade com a alínea f) do parágrafo 2º do artigo 160.

3. O conselho exercerá o poder de contrair os empréstimos da Autoridade.

4. Os Estados-Partes não serão responsáveis pelas dívidas da Autoridade.

Artigo 175
Verificação anual das contas

Os registos, livros e contas da Autoridade, inclusive os relatórios financeiros anuais, serão verificados todos os anos por um auditor independente designado pela assembleia.

Subsecção G
ESTATUTO JURÍDICO, PRIVILÉGIOS E IMUNIDADES

Artigo 176
Estatuto jurídico

A Autoridade tem personalidade jurídica internacional e a capacidade jurídica necessária ao exercício das suas funções e à consecução dos seus objetivos.

Artigo 177
Privilégios e imunidades

A Autoridade, a fim de poder exercer as suas funções, goza, no território de cada Estado-Parte, dos privilégios e imunidades estabelecidos na presente subsecção. Os privilégios e imunidades relativos à empresa são os estabelecidos no artigo 13 do Anexo IV.

Artigo 178
Imunidade de jurisdição e de execução

A Autoridade, os seus bens e haveres gozam de imunidade de jurisdição e de execução, salvo na medida em que a Autoridade renuncie expressamente a esta imunidade num caso particular.

Artigo 179
Imunidade de busca ou de qualquer forma de detenção

Os bens e haveres da Autoridade, onde quer que se encontrem e independentemente de quem os tiver em seu poder, gozam de imunidade de busca, requisição, confiscação, expropriação ou de qualquer outra forma de detenção por acção executiva ou legislativa.

Artigo 180
Isenção de restrições, regulamentação, controle e moratórias

Os bens e haveres da Autoridade estão isentos de qualquer tipo de restrições, regulamentação, controle e moratórias.

Artigo 181
Arquivos e comunicações oficiais da Autoridade

1. Os arquivos da Autoridade são invioláveis, onde quer que se encontrem.

2. Os dados que sejam propriedade industrial, os dados que constituam segredo industrial e as informações análogas, bem como os processos do pessoal, não são colocados em arquivos acessíveis ao público.

3. No que se refere às comunicações oficiais, cada Estado-Parte concederá à Autoridade um tratamento não menos favorável do que o concedido por esse Estado a outras organizações internacionais.

Artigo 182
Privilégios e imunidades de pessoas ligadas à Autoridade

Os representantes dos Estados-Partes que assistam a reuniões da assembleia, do conselho ou dos órgãos da assembleia ou do conselho, bem como o Secretário-Geral e o pessoal da Autoridade, gozam no território de cada Estado-Parte:

a) De imunidade de jurisdição e de execução no que respeita a atos praticados no exercício das suas funções, salvo na medida em que o Estado que representam ou a Autoridade, conforme o caso, renuncie expressamente a esta imunidade num caso particular;
b) Não sendo nacionais desse Estado-Parte, das mesmas isenções relativas a restrições de imigração, a formalidades de inscrição de estrangeiros e a obrigações do serviço nacional, das mesmas facilidades em matéria de restrições cambiais e do mesmo tratamento no que respeita a facilidades de viagem que esse Estado conceder aos representantes, funcionários e empregados de categoria equivalente de outros Estados-Partes.

Artigo 183
Isenção de impostos e de direitos alfandegários

1. No âmbito das suas atividades oficiais, a Autoridade, seus haveres, bens e rendimentos, bem como as suas operações e transações autorizadas pela presente Convenção, ficarão isentos de qualquer imposto directo e os bens importados ou exportados pela Autoridade para seu uso oficial ficarão isentos de qualquer direito aduaneiro. A Autoridade não reivindicará isenção

de taxas correspondentes a encargos por serviços prestados.

2. Quando a compra de bens ou serviços de um valor considerável, necessários às atividades oficiais da Autoridade, for efetuada por esta, ou em seu nome, e quando o preço de tais bens ou serviços incluir impostos ou direitos, os Estados-Partes tomarão, na medida do possível, as medidas apropriadas para conceder a isenção de tais impostos ou direitos ou para assegurar o seu reembolso. As mercadorias importadas ou adquiridas sob o regime de isenção previsto no presente artigo não devem ser vendidas nem de outro modo alienadas no território do Estado-Parte que tiver concedido a isenção, exceto em condições acordadas com esse Estado-Parte.

3. Os Estados-Partes não cobrarão direta ou indiretamente nenhum imposto sobre os vencimentos, emolumentos ou outros pagamentos feitos pela Autoridade ao Secretário-Geral e aos funcionários da Autoridade, bem como aos peritos que realizem missões para a Autoridade, que não sejam nacionais desses Estados.

SUBSEÇÃO H

SUSPENSÃO DO EXERCÍCIO DE DIREITOS E DE PRIVILÉGIOS DOS MEMBROS

ARTIGO 184
Suspensão do exercício do direito de voto

Qualquer Estado-Parte, que esteja em atraso no pagamento das suas contribuições financeiras à Autoridade, não poderá votar quando o montante das suas dívidas for igual ou superior ao total das contribuições devidas para os dois anos anteriores completos. Contudo, a assembleia poderá autorizar esse membro a votar, caso verifique que a mora é devida a circunstâncias alheias à sua vontade.

ARTIGO 185
Suspensão do exercício de direitos e privilégios inerentes à qualidade de membro

1. Qualquer Estado-Parte que tenha violado grave e persistentemente as disposições da presente parte poderá, por recomendação do conselho, ser suspenso pela assembleia do exercício de direitos e privilégios inerentes à qualidade de membro.

2. Nenhuma decisão pode ser tomada nos termos do parágrafo 1º, até que a Câmara de Controvérsias dos Fundos Marinhos tenha determinado que um Estado-Parte violou grave e persistentemente as disposições da presente parte.

SEÇÃO 5

SOLUÇÃO DE CONTROVÉRSIAS E PARECERES CONSULTIVOS

ARTIGO 186
Câmara de Controvérsias dos Fundos Marinhos do Tribunal Internacional do Direito do Mar

O estabelecimento da Câmara de Controvérsias dos Fundos Marinhos e o modo como exercerá a sua competência serão regidos pelas disposições da presente seção, da parte XV e do anexo VI.

ARTIGO 187
Competência da Câmara de Controvérsias dos Fundos Marinhos

A Câmara de Controvérsias dos Fundos Marinhos terá competência, nos termos da presente parte e dos anexos com ela relacionados, para solucionar as seguintes categorias de controvérsias referentes a atividades na área:

a) Controvérsias entre Estados-Partes relativas à interpretação ou aplicação da presente parte e dos anexos com ela relacionados;

b) Controvérsias entre um Estado-Parte e a Autoridade relativas a:

   i) Atos ou omissões da Autoridade ou de um Estado-Parte que se alegue constituírem violação das disposições da presente parte ou dos anexos com ela relacionados ou das normas, regulamentos e procedimentos da Autoridade adotados de conformidade com as mesmas disposições; ou

   ii) Atos de Autoridade que se alegue constituírem abuso ou desvio de poder;

c) Controvérsias entre partes num contrato, quer se trate de Estados-Partes, da Autoridade ou da empresa, de empresas estatais e de pessoas jurídicas, singulares ou coletivas, referidas na alínea b) do parágrafo 2º do artigo 153, relativas a:

   i) Interpretação ou execução de um contrato ou de um plano de trabalho; ou

   ii) Atos ou omissões de uma parte no contrato relacionados com atividades na área que afetem a outra parte ou prejudiquem diretamente os seus legítimos interesses;

d) Controvérsias entre a Autoridade e um candidato a contratante que tenha sido patrocinado por um Estado, nos termos da alínea b) do parágrafo 2º do artigo 153, e preenchido devidamente as condições estipuladas no parágrafo 6º do artigo 4 e no parágrafo 2º do artigo 13 do anexo III, relativas a uma denegação de um contrato ou a uma questão jurídica suscitada na negociação do contrato;

e) Controvérsias entre a Autoridade e um Estado-Parte, uma empresa estatal ou uma pessoa jurídica, singular ou coletiva, patrocinada por um Estado-Parte nos termos da alínea b) do parágrafo 2º do artigo 153, quando se alegue que a Autoridade incorreu em responsabilidade nos termos do artigo 22º do anexo III;

f) Quaisquer outras controvérsias relativamente às quais a jurisdição da Câmara esteja expressamente prevista na presente Convenção.

ARTIGO 188
Submissão de controvérsias a uma câmara especial do Tribunal Internacional do Direito do Mar ou a uma câmara ad hoc da Câmara de Controvérsias dos Fundos Marinhos ou a uma arbitragem comercial obrigatória

1. As controvérsias entre Estados-Partes referidas na alínea a) do artigo 187 podem ser submetidas:

a) A pedido das partes na controvérsia, a uma câmara especial do Tribunal Internacional do Direito do Mar constituída de conformidade com os artigos 15 e 17 do anexo VI; ou *b)* A pedido de qualquer das partes na controvérsia, a uma câmara *ad hoc* da Câmara de Controvérsias dos Fundos Marinhos constituída de conformidade com o artigo 36 do anexo VI.

2. *a)* As controvérsias relativas à interpretação ou execução de um contrato referidas na subalínea *i)* da alínea *c)* do artigo 187 serão submetidas, a pedido de qualquer das partes na controvérsia, a uma arbitragem comercial obrigatória, salvo acordo em contrário das partes. O tribunal arbitral comercial, a que a controvérsia seja submetida, não terá jurisdição para decidir sobre qualquer questão de interpretação da presente Convenção. Quando a controvérsia suscitar também uma questão de interpretação da parte XI e dos anexos com ela relacionados relativamente às atividades na área, essa questão será remetida à Câmara de Controvérsias dos Fundos Marinhos para decisão.

b) Se, no início ou no decurso de tal arbitragem, o tribunal arbitral comercial determinar, a pedido de uma das partes na controvérsia ou por iniciativa própria, que a sua decisão depende de uma decisão da Câmara de Controvérsias dos Fundos Marinhos, o tribunal arbitral remeterá tal questão à Câmara para esta se pronunciar. O tribunal arbitral proferirá em seguida sentença de conformidade com a decisão da Câmara de Controvérsias dos Fundos Marinhos.

c) Na ausência de disposição no contrato sobre o procedimento arbitral a aplicar a uma controvérsia, a arbitragem processar-se-á de conformidade com as Regras de Arbitragem da Comissão das Nações Unidas sobre o Direito Comercial Internacional (UNCITRAL) ou com quaisquer outras regras de arbitragem sobre a matéria estabelecida nas normas, regulamentos e procedimentos da Autoridade, salvo acordo em contrário das partes na controvérsia.

Artigo 189
Limitação da competência relativa a decisões da Autoridade

A Câmara de Controvérsias dos Fundos Marinhos não terá competência para se pronunciar sobre o exercício pela Autoridade dos poderes discricionários que lhe são conferidos pela presente parte; em nenhum caso a Câmara se substituirá à Autoridade no exercício dos poderes discricionários desta. Sem prejuízo do disposto no artigo 191, a Câmara de Controvérsias dos Fundos Marinhos, ao exercer a sua competência nos termos do artigo 187, não se pronunciará sobre a questão da conformidade com a presente Convenção das normas, regulamentos e procedimentos da Autoridade, nem declarará a invalidade de tais normas, regulamentos e procedimentos. A competência da Câmara limitar-se-á a decidir se a aplicação de quaisquer normas, regulamentos e procedimentos da Autoridade em casos particulares estaria em conflito com as obrigações contratuais das partes na controvérsia ou com as obrigações emergentes da presente Convenção, bem como decidir os pedidos relativos a abuso ou desvio de poder e pedidos por perdas e danos ou outras indenizações a serem devidas à parte interessada por não cumprimento pela outra parte das suas obrigações contratuais ou emergentes da presente Convenção.

Artigo 190
Participação e intervenção nos procedimentos pelos Estados-Partes patrocinadores

1. Se uma pessoa jurídica, singular ou coletiva, for parte em qualquer das controvérsias referidas no artigo 187, o Estado patrocinador será disso notificado e terá o direito de participar nos procedimentos por meio de declarações escritas ou orais.

2. Se, numa controvérsia mencionada na alínea *c)* do artigo 187, for intentada uma ação contra um Estado-Parte por pessoa jurídica, singular ou coletiva patrocinada por outro Estado-Parte, o Estado contra o qual a ação for intentada poderá requerer que o Estado que patrocina essa pessoa jurídica intervenha no procedimento em nome da mesma. Não ocorrendo tal intervenção, o Estado contra o qual a ação é intentada poderá fazer-se representar por pessoa coletiva da sua nacionalidade.

Artigo 191
Pareceres consultivos

A Câmara de Controvérsias dos Fundos Marinhos emitirá, a pedido da assembleia ou do conselho, pareceres consultivos sobre questões jurídicas que se suscitem no âmbito das suas atividades. Tais pareceres serão emitidos com caráter de urgência.

PARTE XII – PROTEÇÃO E PRESERVAÇÃO DO MEIO MARINHO

SEÇÃO 1

DISPOSIÇÕES GERAIS
Artigo 192
Obrigação geral

Os Estados têm a obrigação de proteger e preservar o meio marinho.

Artigo 193
Direito de soberania dos Estados para aproveitar os seus recursos naturais

Os Estados têm o direito de soberania para aproveitar os seus recursos naturais de acordo com a sua política em matéria de meio ambiente e de conformidade com o seu dever de proteger e preservar o meio marinho.

Artigo 194
Medidas para prevenir, reduzir e controlar a poluição do meio marinho

1. Os Estados devem tomar, individual ou conjuntamente, como apropriado, todas as medidas compatíveis com a presente Convenção que sejam necessárias para prevenir, reduzir e controlar a poluição do meio marinho, qualquer que seja a sua fonte, utilizando para este fim os meios mais viáveis de que disponham e de conformidade com as suas possibilidades, e devem esforçar-se por harmonizar as suas políticas a esse respeito.

2. Os Estados devem tomar todas as medidas necessárias para garantir que as atividades sob sua jurisdição ou controle se efetuem de modo a não causar prejuízos por poluição a outros Estados e ao seu meio ambiente, e que a poluição causada por incidentes ou atividades sob sua jurisdição ou controle não se estenda além das áreas onde exerçam direitos de soberania, de conformidade com a presente Convenção.

3. As medidas tomadas, de acordo com a presente parte, devem referir-se a todas as fontes de poluição do meio marinho. Estas medidas devem incluir, *inter alia*, as destinadas a reduzir tanto quanto possível:

a) A emissão de substâncias tóxicas, prejudiciais ou nocivas, especialmente as não degradáveis, provenientes de fontes terrestres, da atmosfera ou através dela, ou por alijamento;
b) A poluição proveniente de embarcações, em particular medidas para prevenir acidentes e enfrentar situações de emergência, garantir a segurança das operações no mar, prevenir descargas intencionais ou não e regulamentar o projeto, construção, equipamento, funcionamento e tripulação das embarcações;
c) A poluição proveniente de instalações e dispositivos utilizados na exploração ou aproveitamento dos recursos naturais do leito do mar e do seu subsolo, em particular medidas para prevenir acidentes e enfrentar situações de emergência, garantir a segurança das operações no mar e regulamentar o projeto, construção, equipamento, funcionamento e tripulação de tais instalações ou dispositivos;
d) A poluição proveniente de outras instalações e dispositivos que funcionem no meio marinho, em particular medidas para prevenir acidentes e enfrentar situações de emergência, garantir a segurança das operações no mar e regulamentar o projeto, construção, equipamento, funcionamento e tripulação de tais instalações ou dispositivos.

4. Ao tomar medidas para prevenir, reduzir ou controlar a poluição do meio marinho, os Estados devem abster-se de qualquer ingerência injustificável nas atividades realizadas por outros Estados no exercício de direitos e no cumprimento de deveres de conformidade com a presente Convenção.

5. As medidas tomadas de conformidade com a presente parte devem incluir as necessárias para proteger e preservar os ecossistemas raros ou frágeis, bem como o habitat de espécies e outras formas de vida marinha em vias de extinção, ameaçadas ou em perigo.

Artigo 195
Dever de não transferir danos ou riscos ou de não transformar um tipo de poluição em outro

Ao tomar medidas para prevenir, reduzir e controlar a poluição do meio marinho, os Estados devem agir de modo a não transferir direta ou indiretamente os danos ou riscos de uma zona para outra ou a não transformar um tipo de poluição em outro.

Artigo 196
Utilização de tecnologias ou introdução de espécies estranhas ou novas

1. Os Estados devem tomar todas as medidas necessárias para prevenir, reduzir e controlar a poluição do meio marinho resultante da utilização de tecnologias sob sua jurisdição ou controle, ou a introdução intencional ou acidental num setor determinado do meio marinho de espécies estranhas ou novas que nele possam provocar mudanças importantes e prejudiciais.

2. O disposto no presente artigo não afeta a aplicação da presente Convenção no que se refere à prevenção, redução e controle da poluição do meio marinho.

Seção 2
COOPERAÇÃO MUNDIAL E REGIONAL

Artigo 197
Cooperação no plano mundial ou regional

Os Estados devem cooperar no plano mundial e, quando apropriado, no plano regional, diretamente ou por intermédio de organizações internacionais competentes, na formulação e elaboração de regras e normas, bem como práticas e procedimentos recomendados de caráter internacional que sejam compatíveis com a presente Convenção, para a proteção e preservação do meio marinho, tendo em conta as características próprias de cada região.

Artigo 198
Notificação de danos iminentes ou reais

Quando um Estado tiver conhecimento de casos em que o meio marinho se encontre em perigo iminente de sofrer danos por poluição, ou já os tenha sofrido, deve notificá-lo imediatamente a outros Estados que julgue possam vir a ser afetados por esses danos, bem como às organizações internacionais competentes.

Artigo 199
Planos de emergência contra a poluição

Nos casos mencionados no artigo 198, os Estados da zona afetada, na medida das suas possibilidades, e as organizações internacionais competentes devem cooperar tanto quanto possível para eliminar os efeitos da poluição e prevenir ou reduzir ao mínimo os danos. Para tal fim, os Estados devem elaborar e promover em conjunto planos de emergência para enfrentar incidentes de poluição no meio marinho.

Artigo 200
Estudos, programas de investigação e troca de informações e dados

Os Estados devem cooperar, diretamente ou por intermédio de organizações internacionais competentes, para promover estudos, realizar programas de investigação científica e estimular a troca das informações e dos dados obtidos relativamente à poluição do meio marinho. Os Estados devem procurar participar ativamente nos programas regionais e mundiais, com vista a adquirir os conhecimentos necessários para avaliação da natureza e grau de poluição, efeitos da exposição à mesma, seu trajeto, riscos e soluções aplicáveis.

Artigo 201
Critérios científicos para a regulamentação

À luz das informações e dados adquiridos nos termos do artigo 200, os Estados devem cooperar, diretamente ou por intermédio das organizações internacionais competentes, no estabelecimento de critérios científicos apropriados para a formulação e elaboração de regras e normas, bem como práticas e procedimentos recomendados, para prevenir, reduzir e controlar a poluição do meio marinho.

Seção 3
ASSISTÊNCIA TÉCNICA

Artigo 202
Assistência científica e técnica aos Estados em desenvolvimento

Os Estados, diretamente ou por intermédio das organizações internacionais competentes, devem:

a) Promover programas de assistência científica, educativa, técnica e de outra índole aos Estados em desenvolvimento para proteção e preservação do meio marinho e prevenção, redução e controle da poluição marinha. Essa assistência deve consistir, *inter alia*, em:

  i) Formar pessoal científico e técnico;
  ii) Facilitar a participação desse pessoal em programas internacionais pertinentes;
  iii) Proporcionar-lhes o equipamento e as facilidades necessárias;
  iv) Aumentar a sua capacidade para fabricar esse equipamento;
  v) Fornecer serviços de assessoria e desenvolver meios materiais para os programas de investigação, controle sistemático, educação e outros;

b) Prestar assistência apropriada, especialmente aos Estados em desenvolvimento, para minimizar os efeitos dos acidentes importantes que possam provocar uma poluição grave do meio marinho;
c) Prestar assistência apropriada, especialmente aos Estados em desenvolvimento, no que se refere à preparação de avaliações ecológicas.

Artigo 203
Tratamento preferencial para os Estados em desenvolvimento

A fim de prevenir, reduzir e controlar a poluição do meio marinho ou minimizar os seus efeitos, as organizações internacionais devem dar um tratamento preferencial aos Estados em desenvolvimento no que se refere à:

a) Distribuição de fundos e assistência técnica apropriadas; e
b) Utilização dos seus serviços especializados.

Seção 4
CONTROLO SISTEMÁTICO E AVALIAÇÃO ECOLÓGICA

Artigo 204
Controle sistemático dos riscos de poluição ou efeitos de poluição

1. Os Estados, diretamente ou por intermédio das organizações internacionais competentes, devem procurar, na medida do possível e tomando em consideração os direitos de outros Estados, observar, medir, avaliar e analisar, mediante métodos científicos reconhecidos, os riscos ou efeitos de poluição do meio marinho.

2. Em particular, os Estados devem manter sob vigilância os efeitos de quaisquer atividades por eles autorizadas ou a que se dediquem a fim de determinarem se as referidas atividades são suscetíveis de poluir o meio marinho.

Artigo 205
Publicação de relatórios

Os Estados devem publicar relatórios sobre os resultados obtidos nos termos do artigo 204, ou apresentar tais relatórios, com a periodicidade apropriada, às organizações internacionais competentes, que devem pô-los à disposição de todos os Estados.

Artigo 206
Avaliação dos efeitos potenciais de atividades

Os Estados que tenham motivos razoáveis para acreditar que as atividades projetadas sob sua jurisdição ou controle podem causar uma poluição considerável do meio marinho ou nele provocar modificações significativas e prejudiciais devem avaliar, na medida do possível, os efeitos potenciais dessas atividades para o meio marinho e publicar relatórios sobre os resultados dessas avaliações, nos termos previstos no artigo 205.

Seção 5
REGRAS INTERNACIONAIS E LEGISLAÇÃO NACIONAL PARA PREVENIR, REDUZIR E CONTROLAR A POLUIÇÃO DO MEIO MARINHO

Artigo 207
Poluição de origem terrestre

1. Os Estados devem adotar leis e regulamentos para prevenir, reduzir e controlar a poluição do meio marinho proveniente de fontes terrestres, incluindo rios, estuários, dutos e instalações de descarga, tendo em conta regras e normas, bem como práticas e procedimentos recomendados e internacionalmente acordados.

2. Os Estados devem tomar outras medidas que possam ser necessárias para prevenir, reduzir e controlar tal poluição.

3. Os Estados devem procurar harmonizar as suas políticas a esse respeito ao plano regional apropriado.

4. Os Estados, atuando em especial por intermédio das organizações internacionais competentes ou de uma conferência diplomática, devem procurar estabelecer regras e normas, bem como práticas e procedimentos recomendados, de caráter mundial e regional, para prevenir, reduzir e controlar tal poluição, tendo em conta as características próprias de cada região, a capacidade econômica dos Estados em desenvolvimento e a sua necessidade de desenvolvimento econômico. Tais regras e normas, bem como práticas e procedimentos recomendados devem ser reexaminados com a periodicidade necessária.

5. As leis, regulamentos, medidas, regras e normas, bem como práticas e procedimentos recomendados, referidos nos parágrafos 1º, 2º e 4º, devem incluir disposições destinadas a minimizar, tanto quanto possível, a emissão no meio marinho de substâncias tóxicas, prejudiciais ou nocivas, especialmente as substâncias não degradáveis.

Artigo 208
Poluição proveniente de atividades relativas aos fundos marinhos sob jurisdição nacional

1. Os Estados costeiros devem adotar leis e regulamentos para prevenir, reduzir e controlar a poluição do meio marinho, proveniente direta ou indiretamente de atividades relativas aos fundos marinhos sob sua jurisdição e proveniente de ilhas artificiais, instalações e estruturas sob a sua jurisdição, nos termos dos artigos 60 e 80.

2. Os Estados devem tomar outras medidas que possam ser necessárias para prevenir, reduzir e controlar tal poluição.

3. Tais leis, regulamentos e medidas não devem ser menos eficazes que as regras e normas, bem como práticas e procedimentos recomendados, de caráter internacional.

4. Os Estados devem procurar harmonizar as suas políticas a esse respeito no plano regional apropriado.

5. Os Estados, atuando em especial por intermédio das organizações internacionais competentes ou de uma conferência diplomática, devem estabelecer regras e normas, bem como práticas e procedimentos recomendados, de caráter mundial e regional, para prevenir, reduzir e controlar a poluição do meio marinho a que se faz referência no parágrafo 1º. Tais regras e normas, bem como práticas e procedimentos recomendados, devem ser reexaminados com a periodicidade necessária.

Artigo 209
Poluição proveniente de atividades na área

1. De conformidade com a parte XI, devem estabelecer-se regras e normas, bem como práticas e procedimentos recomendados de caráter internacional, para prevenir, reduzir e controlar a poluição do meio marinho proveniente de atividades na área. Tais regras e normas, bem como práticas e procedimentos recomendados devem ser reexaminados com a periodicidade necessária.

2. Nos termos das disposições pertinentes da presente seção, os Estados devem adotar leis e regulamentos para prevenir, reduzir e controlar a poluição do meio marinho proveniente de atividades na área efetuadas por embarcações ou a partir de instalações, estruturas e outros dispositivos que arvorem a sua bandeira ou estejam registrados no seu território, ou operem sob sua autoridade, segundo o caso. Tais leis e regulamentos não devem ser menos eficazes que as normas, regulamentos e procedimentos internacionais referidos no parágrafo 1º.

Artigo 210
Poluição por alijamento

1. Os Estados devem adotar leis e regulamentos para prevenir, reduzir e controlar a poluição do meio marinho por alijamento.

2. Os Estados devem tomar outras medidas que possam ser necessárias para prevenir, reduzir e controlar tal poluição.

3. Tais leis, regulamentos e medidas devem assegurar que o alijamento não se realize sem autorização das autoridades competentes dos Estados.

4. Os Estados, atuando em especial por intermédio das organizações internacionais competentes ou de uma conferência diplomática, devem procurar estabelecer regras e normas, bem como práticas e procedimentos recomendados, de caráter mundial e regional, para prevenir, reduzir e controlar tal poluição. Tais regras e normas, bem como práticas e procedimentos recomendados devem ser reexaminados com a periodicidade necessária.

5. O alijamento no mar territorial e na zona econômica exclusiva ou na plataforma continental não pode realizar-se sem o consentimento prévio expresso do Estado costeiro que tem o direito de autorizar, regular e controlar esse alijamento, depois de ter examinado devidamente a questão com outros Estados que, devido à sua situação geográfica, possam vir a ser desfavoravelmente afetados por tal alijamento.

6. As leis, regulamentos e medidas nacionais não devem ser menos eficazes que regras e normas de caráter mundial para prevenir, reduzir e controlar tal poluição.

Artigo 211
Poluição proveniente de embarcações

1. Os Estados, atuando por intermédio da organização internacional competente ou de uma conferência diplomática geral, devem estabelecer regras e normas de caráter internacional para prevenir, reduzir e controlar a poluição do meio marinho proveniente de embarcações e devem do mesmo modo promover a adoção, quando apropriado, de sistemas de fixação de tráfego destinados a minimizar o risco de acidentes que possam causar a poluição do meio marinho, incluindo o litoral, e danos de poluição relacionados com os interesses dos Estados costeiros. Tais regras e normas devem, do mesmo modo, ser reexaminadas com a periodicidade necessária.

2. Os Estados devem adotar leis e regulamentos para prevenir, reduzir e controlar a poluição do meio marinho proveniente de embarcações que arvorem a sua bandeira ou estejam registradas no seu território. Tais leis e regulamentos devem ter pelo menos a mesma eficácia que as regras e normas internacionais geralmente aceitas que se estabeleçam por intermédio da organização internacional competente ou de uma conferência diplomática geral.

3. Os Estados que estabeleçam requisitos especiais para prevenir, reduzir e controlar a poluição do meio marinho, como condição para a admissão de embarcações estrangeiras nos seus portos ou nas suas águas interiores ou para fazerem escala nos seus terminais ao largo da costa, devem dar a devida publicidade a esses requisitos e comunicá-los à organização internacional competente. Quando dois ou mais Estados costeiros estabeleçam de forma idêntica os referidos requisitos num esforço para harmonizar a sua política neste setor, a comunicação deve indicar quais os Estados que participam em tais ajustes de cooperação. Todo o Estado deve exigir ao capitão de uma embarcação que arvore a sua bandeira ou esteja registrada no seu território que, quando navegar no mar territorial de um Estado participante nos aludidos ajustes, informe, a pedido desse Estado, se se dirige a um Estado da mesma região que participe em tais ajustes e, em caso afirmativo, indique se a embarcação reúne os requisitos estabelecidos por esse Estado para a admissão nos seus portos. O presente artigo deve ser aplicado sem prejuízo de a embarcação continuar a exercer o seu direito de passagem inofensiva ou da aplicação do parágrafo 2º do artigo 25.

4. Os Estados costeiros podem, no exercício da sua soberania no mar territorial, adotar leis e regulamentos para prevenir, reduzir e controlar a poluição do meio marinho proveniente de embarcações estrangeiras, incluindo as embarcações que exerçam o direito de passagem inofensiva. De conformidade com a Seção 3 da Parte II, tais leis e regulamentos não devem dificultar a passagem inofensiva de embarcações estrangeiras.

5. Os Estados costeiros podem, para fins da execução do estabelecido na Seção 6, adotar, relativamente às suas zonas econômicas exclusivas, leis e regulamentos

para prevenir, reduzir e controlar a poluição proveniente de embarcações, de conformidade com e em aplicação das regras e normas internacionais geralmente aceitas estabelecidas por intermédio da organização internacional competente ou de uma conferência diplomática geral.

6. a) Quando as regras e normas internacionais referidas no parágrafo 1º sejam inadequadas para enfrentar circunstâncias especiais, e os Estados costeiros tenham motivos razoáveis para acreditar que uma área particular e claramente definida das suas respectivas zonas econômicas exclusivas requer a adoção de medidas obrigatórias especiais para prevenir a poluição proveniente de embarcações, por reconhecidas razões técnicas relacionadas com as suas condições oceanográficas e ecológicas, bem como pela sua utilização ou proteção dos seus recursos e o caráter particular do seu tráfego, os Estados costeiros podem, depois de terem devidamente consultado, por intermédio da organização internacional competente, qualquer outro Estado interessado, dirigir uma comunicação sobre essa área a tal organização, apresentando provas científicas e técnicas em seu apoio e informação sobre as instalações de recepção necessárias. Num prazo de 12 meses após a recepção desta comunicação, a organização deve decidir se as condições nessa área correspondem aos requisitos anteriormente enunciados. Se a organização decide favoravelmente, os Estados costeiros podem adotar para essa área leis e regulamentos destinados a prevenir, reduzir e controlar a poluição proveniente de embarcações, aplicando as regras e normas ou práticas de navegação internacionais que por intermédio da organização se tenham tornado aplicáveis às áreas especiais. Essas leis e regulamentos são aplicáveis a embarcações estrangeiras decorrido um prazo de 15 meses a contar da data em que a comunicação tenha sido apresentada à organização.
b) Os Estados costeiros devem publicar os limites de tal área particular e claramente definida.
c) Os Estados costeiros, ao apresentarem tal comunicação, devem notificar ao mesmo tempo a organização se têm intenção de adotar para essa área leis e regulamentos adicionais destinados a prevenir, reduzir e controlar a poluição proveniente de embarcações. Tais leis e regulamentos adicionais podem referir-se às descargas ou práticas de navegação, mas não podem obrigar as embarcações estrangeiras a cumprir normas de projeto, construção, tripulação ou equipamento diferentes das regras e normas internacionais geralmente aceitas: são aplicáveis às embarcações estrangeiras decorrido um prazo de 15 meses a contar da data em que a comunicação tenha sido apresentada à organização, desde que esta as aprove num prazo de 12 meses a contar da data da apresentação da comunicação.

7. As regras e normas internacionais referidas no presente artigo devem incluir, *inter alia*, as relativas à imediata notificação dos Estados costeiros, cujo litoral ou interesses conexos possam ser afetados por incidentes, incluindo acidentes marítimos que originem ou possam originar descargas.

ARTIGO 212
Poluição proveniente da atmosfera ou através dela

1. Os Estados devem adotar leis e regulamentos para prevenir, reduzir e controlar a poluição do meio marinho proveniente da atmosfera ou através dela, aplicáveis ao espaço aéreo sob sua soberania ou a embarcações que arvorem a sua bandeira ou a embarcações ou aeronaves que estejam registradas no seu território, tendo em conta as regras e normas, bem como práticas e procedimentos recomendados, internacionalmente acordados, e a segurança da navegação aérea.

2. Os Estados devem tomar outras medidas que sejam necessárias para prevenir, reduzir e controlar tal poluição.

3. Os Estados, atuando em especial por intermédio das organizações internacionais competentes ou de uma conferência diplomática, devem procurar estabelecer no plano mundial e regional regras e normas, bem como práticas e procedimentos recomendados, para prevenir, reduzir e controlar tal poluição.

SEÇÃO 6

EXECUÇÃO

ARTIGO 213
Execução referente à poluição de origem terrestre

Os Estados devem assegurar a execução das suas leis e regulamentos adotados de conformidade com o artigo 207 e adotar leis e regulamentos e tomar outras medidas necessárias para pôr em prática as regras e normas internacionais aplicáveis, estabelecidas por intermédio das organizações internacionais competentes ou de uma conferência diplomática, para prevenir, reduzir e controlar a poluição do meio marinho de origem terrestre.

ARTIGO 214
Execução referente à poluição proveniente de atividades relativas aos fundos marinhos

Os Estados devem assegurar a execução das suas leis e regulamentos adotados de conformidade com o artigo 208 e adotar leis e regulamentos e tomar outras medidas necessárias para pôr em prática as regras e normas internacionais aplicáveis, estabelecidas por intermédio das organizações internacionais competentes ou de uma conferência diplomática, para prevenir, reduzir e controlar a poluição do meio marinho proveniente direta ou indiretamente de atividades relativas aos fundos marinhos sob sua jurisdição e de ilhas artificiais, instalações e estruturas sob sua jurisdição, nos termos dos artigos 60 e 80.

ARTIGO 215
Execução referente à poluição proveniente de atividades na área

A execução das regras, normas e procedimentos internacionais estabelecidos, de conformidade com a parte XI, para prevenir, reduzir e controlar a poluição do meio marinho proveniente de atividades na área deve ser regida pelas disposições dessa parte.

Artigo 216
Execução referente à poluição por alijamento

1. As leis e regulamentos adotados de conformidade com a presente Convenção e as regras e normas internacionais aplicáveis, estabelecidas por intermédio das organizações internacionais competentes ou de uma conferência diplomática, para prevenir, reduzir e controlar a poluição do meio marinho por alijamento devem ser executados:

a) Pelo Estado costeiro, no que se refere ao alijamento no seu mar territorial ou na sua zona econômica exclusiva ou na sua plataforma continental;

b) Pelo Estado de bandeira, no que se refere às embarcações que arvorem a sua bandeira ou às embarcações ou aeronaves que estejam registradas no seu território;

c) Por qualquer Estado, no que se refere a atos de carga de detritos ou de outras matérias realizados no seu território ou nos seus terminais ao largo da costa.

2. Nenhum Estado é obrigado, em virtude do presente artigo, a iniciar procedimentos quando outro Estado já os tenha iniciado de conformidade com o presente artigo.

Artigo 217
Execução pelos Estados de bandeira

1. Os Estados devem assegurar que as embarcações que arvorem a sua bandeira ou estejam registradas no seu território cumpram as regras e normas internacionais aplicáveis, estabelecidas por intermédio da organização internacional competente ou de uma conferência diplomática geral, bem como as leis e regulamentos adotados de conformidade com a presente Convenção, para prevenir, reduzir e controlar a poluição do meio marinho proveniente de embarcações, e consequentemente adotar as leis e regulamentos e tomar outras medidas necessárias para pô-los em prática. Os Estados de bandeira devem velar pela execução efetiva de tais regras, normas, leis e regulamentos, independentemente do local em que tenha sido cometida a infração.

2. Os Estados devem, em especial, tomar as medidas apropriadas para assegurar que as embarcações que arvorem a sua bandeira ou estejam registradas no seu território sejam proibidas de navegar enquanto não estejam em condições de fazer-se ao mar em cumprimento dos requisitos, das regras e das normas internacionais mencionadas no parágrafo 1º, incluindo os relativos ao projeto, construção, equipamento e tripulação das embarcações.

3. Os Estados devem assegurar que as embarcações que arvorem a sua bandeira ou estejam registradas no seu território tenham a bordo os certificados exigidos pelas regras e normas internacionais mencionadas no parágrafo 1º e emitidos de conformidade com as mesmas. Os Estados devem assegurar que as embarcações que arvorem a sua bandeira sejam inspecionadas periodicamente, a fim de verificar se tais certificados estão de conformidade com as condições reais da embarcação. Tais certificados devem ser aceitos pelos outros Estados como prova das condições da embarcação e ser-lhes reconhecida a mesma validade que aos certificados emitidos por eles próprios, a não ser que existam motivos sérios para acreditar que as condições da embarcação não correspondem substancialmente aos dados que constam dos certificados.

4. Se uma embarcação comete uma infração às regras e normas estabelecidas por intermédio da organização internacional competente ou de uma conferência diplomática geral, o Estado de bandeira, sem prejuízo dos artigos 218, 220 e 228, deve ordenar uma investigação imediata e, se necessário, iniciar procedimentos relativos à alegada infração, independentemente do local em que tenha sido cometida a infração ou do local em que a poluição proveniente de tal infração tenha ocorrido ou tenha sido verificada.

5. Os Estados de bandeira que realizem uma investigação da infração podem solicitar a ajuda de qualquer outro Estado cuja cooperação possa ser útil para esclarecer as circunstâncias do caso. Os Estados devem procurar atender às solicitações apropriadas do Estado de bandeira.

6. Os Estados devem, a pedido, por escrito, de qualquer Estado, investigar qualquer infração que se alegue ter sido cometida pelas embarcações que arvorem a sua bandeira. Uma vez convencidos de que dispõem de provas suficientes para iniciar um procedimento relativo à alegada infração, os Estados de bandeira devem iniciar sem demora esse procedimento de conformidade com o seu direito interno.

7. Os Estados de bandeira devem informar imediatamente o Estado solicitante e a organização internacional competente das medidas tomadas e do resultado obtido. Tal informação deve ser posta à disposição de todos os Estados.

8. As sanções previstas nas leis e regulamentos dos Estados para as embarcações que arvorem a sua bandeira devem ser suficientemente severas para desencorajar as infrações, independentemente do local em que tenham sido cometidas.

Artigo 218
Execução pelo Estado do porto

1. Quando uma embarcação se encontrar voluntariamente num porto ou num terminal ao largo da costa de um Estado, este Estado poderá realizar investigações e, se as provas o justificarem, iniciar procedimentos relativos a qualquer descarga procedente dessa embarcação realizada fora das águas interiores, mar territorial ou zona econômica exclusiva desse Estado, com violação das regras e normas internacionais aplicáveis estabelecidas por intermédio da organização internacional competente ou de uma conferência diplomática geral.

2. Não serão iniciados procedimentos, nos termos do parágrafo 1º, relativos a uma infração por descarga nas águas interiores, mar territorial ou zona econômica exclusiva de outro Estado, a não ser que o solicite esse Estado, o Estado de bandeira ou qualquer Estado prejudicado ou ameaçado pela descarga, ou a não ser que a infração tenha provocado ou possa vir a provocar poluição nas águas interiores, mar territorial ou zona econômica exclusiva do Estado que tenha iniciado os procedimentos.

3. Quando uma embarcação se encontrar voluntariamente num porto ou num terminal ao largo da costa de um Estado, esse Estado deve atender, na medida do possível, às solicitações de qualquer Estado relativas à investigação de uma infração por descarga referida no parágrafo 1º, que se julgue ter sido cometida nas águas interiores, mar territorial ou zona econômica exclusiva do Estado solicitante que tenha causado ou ameace causar danos aos mesmos. O Estado do porto deve igualmente atender, na medida do possível, às solicitações do Estado de bandeira relativas à investigação de tal infração, independentemente do local em que tenha sido cometida.

4. Os elementos da investigação efetuada pelo Estado do porto, nos termos do presente artigo, devem ser transmitidos ao Estado de bandeira ou ao Estado costeiro, a pedido destes. Quaisquer procedimentos iniciados pelo Estado do porto com base em tal investigação podem, salvo disposição em contrário da Seção 7, ser suspensos a pedido do Estado costeiro, quando a infração tiver sido cometida nas águas interiores, mar territorial ou zona econômica exclusiva desse Estado. Em tal situação, as provas e os elementos do caso, assim como qualquer caução ou outra garantia financeira depositada junto das autoridades do Estado do porto, serão transferidos para o Estado costeiro. Esta transferência exclui a possibilidade de os procedimentos prosseguirem no Estado do porto.

Artigo 219
Medidas relativas à navegabilidade das embarcações para evitar a poluição

Salvo disposições em contrário da Seção 7, os Estados que, a pedido de terceiros ou por iniciativa própria, tenham comprovado que uma embarcação que se encontra num dos seus portos ou num dos seus terminais ao largo da costa viola as regras e normas internacionais aplicáveis em matéria de navegabilidade das embarcações e ameaça, em consequência, causar danos ao meio marinho, devem tomar, sempre que possível, medidas administrativas para impedir que a mesma embarcação navegue. Tais Estados apenas podem autorizar a referida embarcação a prosseguir até ao estaleiro de reparações apropriado mais próximo e, eliminadas as causas da infração, permitirão que a embarcação prossiga viagem sem demora.

Artigo 220
Execução pelos Estados costeiros

1. Quando uma embarcação se encontrar voluntariamente num porto ou num terminal ao largo da costa de um Estado, esse Estado pode, tendo em conta o disposto na Seção 7, iniciar procedimentos relativos a qualquer infração às suas leis e regulamentos adotados de conformidade com a presente Convenção ou com as regras e normas internacionais aplicáveis para prevenir, reduzir e controlar a poluição proveniente de embarcações, quando a infração tiver sido cometida no seu mar territorial ou na sua zona econômica exclusiva.

2. Quando um Estado tiver motivos sérios para acreditar que uma embarcação que navegue no seu mar territorial violou, durante a sua passagem pelo mesmo, as leis e regulamentos desse Estado adotados de conformidade com a presente Convenção ou as regras e normas internacionais aplicáveis para prevenir, reduzir e controlar a poluição proveniente de embarcações, esse Estado, sem prejuízo da aplicação das disposição pertinentes da Seção 3 da Parte II, pode proceder à inspeção material da embarcação relativa à infração e, quando as provas o justificarem, iniciar procedimentos, incluindo a detenção da embarcação, de conformidade com o seu direito interno, salvo disposição em contrário da Seção 7.

3. Quando um Estado tiver motivos sérios para acreditar que uma embarcação que navegue na sua zona econômica exclusiva ou no seu mar territorial cometeu, na zona econômica exclusiva, uma violação das regras e normas internacionais aplicáveis para prevenir, reduzir e controlar a poluição proveniente de embarcações ou das leis e regulamentos desse Estado adotadas de conformidade com e que apliquem tais regras e normas, esse Estado pode exigir à embarcação que forneça informações sobre a sua identidade e o porto de registro, a sua última e próxima escala e outras informações pertinentes, necessárias para determinar se foi cometida uma infração.

4. Os Estados devem adotar leis e regulamentos e tomar outras medidas para que as embarcações que arvorem a sua bandeira deem cumprimento aos pedidos de informação feitos nos termos do parágrafo 3º.

5. Quando um Estado tiver motivos sérios para acreditar que uma embarcação que navegue na sua zona econômica exclusiva ou no seu mar territorial cometeu, na zona econômica exclusiva, uma das infrações referidas no parágrafo 3º, que tenha tido como resultado uma descarga substancial que provoque ou ameace provocar uma poluição importante no meio marinho, esse Estado pode proceder à inspeção material da embarcação sobre questões relacionadas com a infração, se a embarcação se tiver negado a fornecer informações ou se as informações fornecidas pela mesma estiverem em manifesta contradição com a situação fatual evidente e as circunstâncias do caso justificarem a referida inspeção.

6. Quando existir prova manifesta e objetiva de que uma embarcação que navegue na zona econômica exclusiva ou no mar territorial de um Estado cometeu, na zona econômica exclusiva, uma das infrações referidas no parágrafo 3º que tenha tido como resultado uma descarga que provoque ou ameace provocar danos importantes para o litoral ou para os interesses conexos do Estado costeiro ou para quaisquer recursos do seu mar territorial ou da sua zona econômica exclusiva, esse Estado pode, tendo em conta o disposto na Seção 7, e quando as provas o justificarem, iniciar procedimentos, incluindo a detenção da embarcação, de conformidade com o seu direito interno.

7. Não obstante as disposições do parágrafo 6º, sempre que tenham sido estabelecidos procedimentos apropriados quer por intermédio da organização internacional competente quer de outra forma acordados para garantir o cumprimento dos requisitos para prestação de caução ou de outra garantia financeira apropriada, o Estado costeiro, se vinculado por esses procedimentos, autorizará a embarcação a prosseguir a sua viagem.

8. As disposições dos parágrafos 3º, 4º, 5º, 6º e 7º também se aplicam às leis e regulamentos nacionais adotados de conformidade com o parágrafo 6º do artigo 211.

Artigo 221
Medidas para evitar a poluição resultante de acidentes marítimos

1. Nenhuma das disposições da presente parte deve prejudicar o direito dos Estados de, nos termos do direito internacional tanto consuetudinário como convencional, tomar e executar medidas além do mar territorial proporcionalmente ao dano efetivo ou potencial a fim de proteger o seu litoral ou interesses conexos, incluindo a pesca, contra a poluição ou a ameaça de poluição resultante de um acidente marítimo ou de atos relacionados com tal acidente, dos quais se possa de forma razoável prever que resultem importantes consequências nocivas.

2. Para efeitos do presente artigo, "acidente marítimo" significa um abalroamento, encalhe ou outro incidente de navegação ou acontecimento a bordo de uma embarcação ou no seu exterior, de que resultem danos materiais ou ameaça iminente de danos materiais à embarcação ou à sua carga.

Artigo 222
Execução relativa à poluição proveniente da atmosfera ou através dela

Os Estados devem assegurar a execução, no espaço aéreo sob sua soberania ou em relação a embarcações que arvorem a sua bandeira ou embarcações ou aeronaves que estejam registadas no seu território, das suas leis e regulamentos adotados de conformidade com o parágrafo 1º do artigo 212 e com outras disposições da presente Convenção, adotar também leis e regulamentos e tomar outras medidas para dar cumprimento às regras e normas internacionais aplicáveis, estabelecidas por intermédio de uma organização internacional competente ou de uma conferência diplomática para prevenir, reduzir e controlar a poluição do meio marinho proveniente da atmosfera ou através dela, de conformidade com todas as regras e normas internacionais pertinentes, relativas à segurança da navegação aérea.

Seção 7
GARANTIAS

Artigo 223
Medidas para facilitar os procedimentos

Nos procedimentos iniciados nos termos da presente parte, os Estados devem tomar medidas para facilitar a audiência de testemunhas e a admissão de provas apresentadas por autoridades de outro Estado ou pela organização internacional competente e facilitar a assistência a esses procedimentos de representantes oficiais da organização internacional competente, do Estado de bandeira ou de qualquer Estado afetado pela poluição resultante de qualquer infração. Os representantes oficiais que assistam a esses procedimentos terão os direitos e deveres previstos no direito interno ou no direito internacional.

Artigo 224
Exercício dos poderes de polícia

Somente os funcionários oficialmente habilitados bem como os navios de guerra ou aeronaves militares ou outros navios ou aeronaves que possuam sinais claros e sejam identificáveis como estando ao serviço de um governo e para tanto autorizados podem exercer poderes de polícia em relação a embarcações estrangeiras em aplicação da presente parte.

Artigo 225
Obrigação de evitar consequências adversas no exercício dos poderes de polícia

No exercício dos seus poderes de polícia previstos na presente Convenção em relação às embarcações estrangeiras, os Estados não devem pôr em perigo a segurança da navegação, nem fazer correr qualquer risco a uma embarcação nem a devem conduzir a um porto ou fundeadouro inseguro nem expor o meio marinho a um risco injustificado.

Artigo 226
Investigação sobre embarcações estrangeiras

1. a) Os Estados não devem reter uma embarcação estrangeira por mais tempo que o indispensável para os efeitos de investigações previstas nos artigos 216, 218 e 220 A inspeção material de uma embarcação estrangeira deve ser limitada a um exame dos certificados, registros e outros documentos que a embarcação é obrigada a ter a bordo de acordo com as regras e normas internacionais geralmente aceitas ou de qualquer outro documento similar que tiver a bordo. Só poderá ser feita uma inspeção material mais pormenorizada da embarcação depois de tal exame e apenas no caso de:

   i) Existirem motivos sérios para acreditar que a condição de embarcação ou do seu equipamento não corresponde essencialmente aos dados que figuram nesses documentos;
   ii) O conteúdo de tais documentos não ser suficiente para confirmar ou verificar uma presumida infração; ou
   iii) A embarcação não ter a bordo certificados nem registros válidos.

b) Se a investigação indicar uma violação das leis e regulamentos aplicáveis ou das regras e normas internacionais para a proteção e preservação do meio marinho, a embarcação será imediatamente liberta após o cumprimento de certas formalidades razoáveis, tais como a prestação de uma caução ou de outra garantia financeira apropriada.

c) Sem prejuízo das regras e normas internacionais aplicáveis relativas à navegabilidade das embarcações, poderá ser negada a libertação de uma embarcação ou ser condicionada ao requisito de a embarcação se dirigir ao estaleiro de reparações apropriado mais próximo, sempre que a mesma libertação represente uma ameaça injustificada de dano para o meio marinho. No caso de a libertação ter sido negada ou condicionada a determinados requisitos, o Estado de bandeira deve ser imediatamente notificado e poderá diligenciar no sentido da libertação da embarcação de conformidade com a parte XV.

2. Os Estados devem cooperar para estabelecer procedimentos que evitem inspeções materiais desnecessárias de embarcações no mar.

Artigo 227
Não discriminação em relação a embarcações estrangeiras

Ao exercer os seus direitos e ao cumprir as suas obrigações nos termos da presente parte, os Estados não devem fazer discriminação de direito ou de fato em relação às embarcações de qualquer outro Estado.

Artigo 228
Suspensão de procedimentos e restrições à sua instauração

1. Os procedimentos para imposição de penalidades decorrentes de qualquer infração às leis e regulamentos aplicáveis ou às regras e normas internacionais relativas à prevenção, redução e controle da poluição proveniente de embarcações, cometida por embarcação estrangeira além do mar territorial do Estado que instaurou tais procedimentos, serão suspensos no prazo de seis meses a contar da data da instauração desses procedimentos quando o Estado de bandeira tiver instaurado procedimentos para imposição de penalidades com base em acusações correspondentes, a menos que aqueles procedimentos se relacionem com um caso de dano grave causado ao Estado costeiro ou o Estado de bandeira em questão tiver reiteradamente faltado ao cumprimento da sua obrigação de assegurar a execução efetiva das regras e normas internacionais aplicáveis, relativas a infrações cometidas por embarcações suas. Sempre que o Estado de bandeira pedir a suspensão dos procedimentos de conformidade com o presente artigo deverá facultar em tempo oportuno ao Estado que primeiro tiver instaurado os procedimentos um dossiê completo do caso, bem como as atas desses procedimentos. Concluídos os procedimentos instaurados pelo Estado de bandeira, os procedimentos suspensos serão extintos. Efetuado o pagamento das custas referentes a tais procedimentos, o Estado costeiro restituirá qualquer caução ou outra garantia financeira prestada em relação com os procedimentos suspensos.

2. Não serão instaurados procedimentos em relação a embarcações estrangeiras, uma vez decorridos três anos a contar da data em que a infração foi cometida, e nenhum Estado poderá instaurar procedimentos quando outro Estado os tiver já instaurado, salvo disposição em contrário do parágrafo 1º.

3. As disposições do presente artigo devem ser aplicadas sem prejuízo do direito do Estado de bandeira de tomar quaisquer medidas, incluindo a instauração de procedimentos de conformidade com o seu direito interno, independentemente dos procedimentos anteriormente instaurados por outro Estado.

Artigo 229
Ação de responsabilidade civil

Nenhuma das disposições da presente Convenção afeta o direito de intentar ação de responsabilidade civil por perdas ou danos causados pela poluição do meio marinho.

Artigo 230
Penas pecuniárias e respeito dos direitos reconhecidos dos acusados

1. Só podem ser impostas penas pecuniárias no caso de infrações às leis e regulamentos nacionais ou às regras e normas internacionais aplicáveis para prevenir, reduzir e controlar a poluição do meio marinho proveniente de embarcações estrangeiras além do mar territorial.

2. Só podem ser impostas penas pecuniárias no caso de infrações às leis e regulamentos nacionais ou às regras e normas internacionais aplicáveis para prevenir, reduzir e controlar a poluição do meio marinho proveniente de embarcações estrangeiras no mar territorial, salvo ato intencional e grave de poluição.

3. No decurso dos procedimentos instaurados para reprimir tais infrações cometidas por embarcação estrangeira, que possam dar lugar à imposição de sanções, devem ser respeitados os direitos reconhecidos dos acusados.

Artigo 231
Notificação ao Estado de bandeira e a outros Estados interessados

Os Estados devem notificar sem demora o Estado de bandeira e qualquer outro Estado interessado das medidas tomadas em relação a embarcações estrangeiras, nos termos da Seção 6, e remeter ao Estado de bandeira todos os relatórios oficiais relativos a tais medidas. Contudo, no caso de infrações cometidas no mar territorial, as referidas obrigações do Estado costeiro restringem-se às medidas que se tomem no decurso dos procedimentos. Os agentes diplomáticos ou funcionários consulares e, na medida do possível, a autoridade marítima do Estado de bandeira devem ser imediatamente informados de tais medidas.

Artigo 232
Responsabilidade dos Estados decorrente de medidas de execução

Os Estados serão responsáveis por perdas ou danos que lhes sejam imputáveis, decorrentes das medidas tomadas nos termos da Seção 6, quando tais medidas forem ilegais ou excederem o razoavelmente necessário à luz das informações disponíveis. Os Estados devem estabelecer meios para recorrer aos seus tribunais através de ações relativas a tais perdas ou danos.

Artigo 233
Garantias relativas aos estreitos utilizados para a navegação internacional

Nenhuma das disposições das Seções 5, 6 e 7 afeta o regime jurídico dos estreitos utilizados para a navegação internacional. Contudo, se um navio estrangeiro que não os mencionados na Seção 10 cometer uma infração às leis e regulamentos mencionados nas alíneas a) e b) do parágrafo 1º do artigo 42, que cause ou ameace causar danos graves ao meio marinho dos estreitos, os Estados ribeirinhos dos estreitos podem tomar todas as medidas de execução apropriadas e, em tal caso, devem respeitar, *mutatis mutandis*, as disposições da presente seção.

Seção 8

ÁREAS COBERTAS DE GELO

Artigo 234
Áreas cobertas de gelo

Os Estados costeiros têm o direito de adotar e aplicar leis e regulamentos não discriminatórios para prevenir, reduzir e controlar a poluição do meio marinho proveniente de embarcações nas áreas cobertas de gelo dentro dos limites da zona econômica exclusiva, quando condições de clima particularmente rigorosas e a presença de gelo sobre tais áreas durante a maior parte do ano criem obstruções ou perigos excepcionais para a navegação e a poluição do meio marinho possa causar danos graves ao equilíbrio ecológico ou alterá-lo de modo irreversível. Tais leis e regulamentos devem ter em devida conta a navegação e a proteção e preservação do meio marinho com base nos melhores dados científicos de que se disponha.

Seção 9

RESPONSABILIDADE

Artigo 235
Responsabilidade

1. Os Estados devem zelar pelo cumprimento das suas obrigações internacionais relativas à proteção e preservação do meio marinho. Serão responsáveis de conformidade com o direito internacional.

2. Os Estados devem assegurar através do seu direito interno meios de recurso que permitam obter uma indenização pronta e adequada ou outra reparação pelos danos resultantes da poluição do meio marinho por pessoas jurídicas, singulares ou coletivas, sob sua jurisdição.

3. A fim de assegurar indenização pronta e adequada por todos os danos resultantes da poluição do meio marinho, os Estados devem cooperar na aplicação do direito internacional vigente e no ulterior desenvolvimento do direito internacional relativo às responsabilidades quanto à avaliação dos danos e à sua indenização e à solução das controvérsias conexas, bem como, se for o caso, na elaboração de critérios e procedimentos para o pagamento de indenização adequada, tais como o seguro obrigatório ou fundos de indenização.

Seção 10

IMUNIDADE SOBERANA

Artigo 236
Imunidade soberana

As disposições da presente Convenção relativas à proteção e preservação do meio marinho não se aplicam a navios de guerra, embarcações auxiliares, outras embarcações ou aeronaves pertencentes ou operadas por um Estado e utilizadas, no momento considerado, unicamente em serviço governamental não comercial. Contudo, cada Estado deve assegurar, através de medidas apropriadas que não dificultem as operações ou a capacidade operacional de tais embarcações ou aeronaves que lhe pertençam ou sejam por ele utilizadas, que tais embarcações ou aeronaves procedam, na medida do possível e razoável, de modo compatível com a presente Convenção.

Seção 11

OBRIGAÇÕES CONTRAÍDAS EM VIRTUDE DE OUTRAS CONVENÇÕES SOBRE PROTEÇÃO E PRESERVAÇÃO DO MEIO MARINHO

Artigo 237
Obrigações contraídas em virtude de outras convenções sobre proteção e preservação do meio marinho

1. As disposições da presente parte não afetam as obrigações específicas contraídas pelos Estados em virtude de convenções e acordos especiais concluídos anteriormente sobre a proteção e preservação do meio marinho, nem os acordos que possam ser concluídos em aplicação dos princípios gerais enunciados na presente Convenção.

2. As obrigações específicas contraídas pelos Estados em virtude de convenções especiais, relativas à proteção e preservação do meio marinho, devem ser cumpridas de modo compatível com os princípios e objetivos gerais da presente Convenção.

Parte XIII – Investigação Científica Marinha

Seção 1

DISPOSIÇÕES GERAIS

Artigo 238
Direito de realizar investigação científica marinha

Todos os Estados, independentemente da sua situação geográfica, e as organizações internacionais competentes têm o direito de realizar investigação científica marinha sem prejuízo dos direitos e deveres de outros Estados tais como definidos na presente Convenção.

Artigo 239
Promoção da investigação científica marinha

Os Estados e as organizações internacionais competentes devem promover e facilitar o desenvolvimento e a realização da investigação científica marinha de conformidade com a presente Convenção.

Artigo 240
Princípios gerais para a realização da investigação científica marinha

Na realização da investigação científica marinha devem ser aplicados os seguintes princípios:

a) A investigação científica marinha deve ser realizada exclusivamente com fins pacíficos;

b) A investigação científica marinha deve ser realizada mediante métodos e meios científicos apropriados compatíveis com a presente Convenção;

c) A investigação científica marinha não deve interferir injustificadamente com outras utilizações legítimas do mar compatíveis com a presente Convenção e será devidamente tomada em consideração no exercício de tais utilizações;

d) A investigação científica marinha deve ser realizada nos termos de todos os regulamentos pertinentes adotados de conformidade com a presente Convenção, incluindo os relativos à proteção e preservação do meio marinho.

Artigo 241
Não reconhecimento da investigação científica marinha como fundamento jurídico para reivindicações

As atividades de investigação científica marinha não devem constituir fundamento jurídico de nenhuma reivindicação de qualquer parte do meio marinho ou de seus recursos.

SEÇÃO 2
COOPERAÇÃO INTERNACIONAL

Artigo 242
Promoção da cooperação internacional

1. Os Estados e as organizações internacionais competentes devem, de conformidade com o princípio do respeito da soberania e da jurisdição e na base de benefício mútuo, promover a cooperação internacional no campo da investigação científica marinha com fins pacíficos.

2. Neste contexto, e sem prejuízo dos direitos e deveres dos Estados em virtude da presente Convenção, um Estado, ao aplicar a presente parte, deve dar a outros Estados, quando apropriado, oportunidade razoável para obter do mesmo, ou mediante a sua cooperação, a informação necessária para prevenir e controlar os danos à saúde e à segurança das pessoas e ao meio marinho.

Artigo 243
Criação de condições favoráveis

Os Estados e as organizações internacionais competentes devem cooperar, mediante a celebração de acordos bilaterais e multilaterais, na criação de condições favoráveis à realização da investigação científica marinha no meio marinho e na integração dos esforços dos cientistas no estudo da natureza e interrelações dos fenómenos e processos que ocorrem no meio marinho.

Artigo 244
Publicação e difusão de informação e conhecimentos

1. Os Estados e as organizações internacionais competentes devem, de conformidade com a presente Convenção, mediante a publicação e difusão pelos canais apropriados, facultar informação sobre os principais programas propostos e seus objetivos, bem como os conhecimentos resultantes da investigação científica marinha.

2. Para tal fim, os Estados, quer individualmente quer em cooperação com outros Estados e com as organizações internacionais competentes, devem promover ativamente a difusão de dados e informações científicos e a transferência dos conhecimentos resultantes da investigação científica marinha, em particular para os Estados em desenvolvimento, bem como o fortalecimento da capacidade autónoma de investigação científica marinha dos Estados em desenvolvimento por meio de, *inter alia*, programas de formação e treino adequados ao seu pessoal técnico e científico.

SEÇÃO 3
REALIZAÇÃO E PROMOÇÃO DA INVESTIGAÇÃO CIENTÍFICA MARINHA

Artigo 245
Investigação científica marinha no mar territorial

Os Estados costeiros, no exercício da sua soberania, têm o direito exclusivo de regulamentar, autorizar e realizar investigação científica marinha no seu mar territorial. A investigação científica marinha no seu mar territorial só deve ser realizada com o consentimento expresso do Estado costeiro e nas condições por ele estabelecidas.

Artigo 246
Investigação científica marinha na zona económica exclusiva e na plataforma continental

1. Os Estados costeiros, no exercício da sua jurisdição, têm o direito de regulamentar, autorizar e realizar investigação científica marinha na sua zona económica exclusiva e na sua plataforma continental de conformidade com as disposições pertinentes da presente Convenção.

2. A investigação científica marinha na zona económica exclusiva e na plataforma continental deve ser realizada com o consentimento do Estado costeiro.

3. Os Estados costeiros, em circunstâncias normais, devem dar o seu consentimento a outros Estados ou organizações internacionais competentes para que executem, de conformidade com a presente Convenção, projetos de investigação científica marinha na sua zona económica exclusiva ou na sua plataforma continental, exclusivamente com fins pacíficos e com o propósito de aumentar o conhecimento científico do meio marinho em benefício de toda a humanidade. Para tal fim, os Estados costeiros devem estabelecer regras e procedimentos para garantir que tal consentimento não seja retardado nem denegado sem justificação razoável.

4. Para os efeitos de aplicação do parágrafo 3º, considera-se que podem existir circunstâncias normais independentemente da ausência de relações diplomáticas entre o Estado costeiro e o Estado que pretende investigar.

5. Os Estados costeiros poderão, contudo, discricionariamente, recusar-se a dar o seu consentimento à realização na sua zona económica exclusiva ou na sua plataforma continental de um projeto de investigação científica marinha de outro Estado ou organização internacional competente se o projeto:

a) Tiver uma influência direta na exploração e aproveitamento dos recursos naturais, vivos ou não vivos;
b) Implicar perfurações na plataforma continental, a utilização de explosivos ou a introdução de substâncias nocivas no meio marinho;
c) Implicar a construção, funcionamento ou utilização das ilhas artificiais, instalações e estruturas referidas nos artigos 60 e 80;
d) Contiver informação prestada nos termos do artigo 248, sobre a natureza e os objetivos do projeto, que seja inexata ou se o Estado ou a organização internacional competente que pretende realizar a investigação tiver obrigações pendentes para com o Estado costeiro decorrentes de um projeto de investigação anterior.

6. Não obstante as disposições do parágrafo 5º, os Estados costeiros não podem exercer o seu poder discricionário de recusar o seu consentimento nos termos da alínea a) do referido número em relação aos projetos de investigação científica marinha, a serem realizados,

de conformidade com as disposições da presente parte, na plataforma continental, além das 200 milhas marítimas das linhas de base, a partir das quais se mede a largura do mar territorial fora das áreas específicas que os Estados costeiros venham a designar publicamente, em qualquer momento, como áreas nas quais se estão a realizar ou venham a realizar-se, num prazo razoável, atividades de aproveitamento ou operações pormenorizadas de exploração sobre essas áreas. Os Estados costeiros devem dar a devida publicidade à designação de tais áreas, bem como a qualquer modificação das mesmas, mas não serão obrigados a dar pormenores das operações realizadas nessas áreas.

7. As disposições do parágrafo 6º não prejudicam os direitos dos Estados costeiros sobre a sua plataforma continental, como estabelecido no artigo 77.

8. As atividades de investigação científica marinha mencionadas no presente artigo não devem interferir injustificadamente com as atividades empreendidas pelos Estados costeiros no exercício dos seus direitos de soberania e da sua jurisdição previstos na presente Convenção.

Artigo 247
Projetos de investigação científica marinha realizados por organizações internacionais ou sob os seus auspícios

Entende-se que um Estado costeiro membro de uma organização internacional ou ligado por acordo bilateral a tal organização, e em cuja zona econômica exclusiva ou plataforma continental essa organização pretende realizar, diretamente ou sob os seus auspícios, um projeto de investigação científica marinha, autorizou a realização do projeto de conformidade com as especificações acordadas se esse Estado tiver aprovado o projeto pormenorizado quando a organização decidiu pela sua realização ou se o Estado costeiro pretende participar no projeto e não tiver formulado qualquer objeção até à expiração do prazo de quatro meses a contar da data em que o projeto lhe tenha sido comunicado pela organização internacional.

Artigo 248
Dever de prestar informação ao Estado costeiro

Os Estados e as organizações internacionais competentes que se proponham realizar investigação científica marinha na zona econômica exclusiva ou na plataforma continental de um Estado costeiro devem fornecer a esse Estado, com a antecedência mínima de seis meses da data prevista para o início do projecto de investigação científica marinha, uma descrição completa de:

a) A natureza e os objetivos do projeto;
b) O método e os meios a utilizar, incluindo o nome, a tonelagem, o tipo e a categoria das embarcações e uma descrição do equipamento científico;
c) As áreas geográficas precisas onde o projeto se vai realizar;
d) As datas previstas da primeira chegada e da partida definitiva das embarcações de investigação, ou da instalação e remoção do equipamento, quando apropriado;
e) O nome da instituição patrocinadora, o do seu diretor e o da pessoa encarregada do projeto;
f) O âmbito em que se considera a eventual participação ou representação do Estado costeiro no projeto.

Artigo 249
Dever de cumprir certas condições

1. Os Estados e as organizações internacionais competentes, quando realizem investigação científica marinha na zona econômica exclusiva ou na plataforma continental de um Estado costeiro, devem cumprir as seguintes condições:

a) Garantir ao Estado costeiro, se este o desejar, o direito de participar ou estar representado no projeto de investigação científica marinha, especialmente, quando praticável, a bordo de embarcações e de outras unidades de investigação ou nas instalações de investigação científica, sem pagar qualquer remuneração aos investigadores do Estado costeiro e sem que este tenha obrigação de contribuir para os custos do projeto;
b) Fornecer ao Estado costeiro, a pedido deste, tão depressa quanto possível, relatórios preliminares, bem como os resultados e conclusões finais, uma vez terminada a investigação;
c) Comprometer-se a dar acesso ao Estado costeiro, a pedido deste, a todos os dados e amostras resultantes do projeto de investigação científica marinha, bem como a fornecer-lhe os dados que possam ser reproduzidos e as amostras que possam ser divididas sem prejuízo do seu valor científico;
d) Fornecer ao Estado costeiro, a pedido deste, uma avaliação de tais dados, amostras e resultados da investigação ou assisti-lo na sua avaliação ou interpretação;
e) Garantir, com ressalva do disposto no parágrafo 2º, que os resultados da investigação estejam disponíveis, tão depressa quanto possível, no plano internacional por intermédio dos canais nacionais e internacionais apropriados;
f) Informar imediatamente o Estado costeiro de qualquer mudança importante no programa de investigação;
g) Salvo acordo em contrário, retirar as instalações ou o equipamento de investigação científica uma vez terminada a investigação.

2. O presente artigo não prejudica as condições estabelecidas pelas leis e regulamentos do Estado costeiro para o exercício de poder discricionário de dar ou recusar o seu consentimento nos termos do parágrafo 5º do artigo 246, incluindo-se a exigência de acordo prévio para a divulgação no plano internacional dos resultados de um projeto de investigação com incidência direta na exploração e aproveitamento dos recursos naturais.

Artigo 250
Comunicações relativas aos projetos de investigação científica marinha

As comunicações relativas aos projetos de investigação científica marinha devem ser feitas por intermédio dos canais oficiais apropriados, salvo acordo em contrário.

Artigo 251
Critérios gerais e diretrizes

Os Estados devem procurar promover, por intermédio das organizações internacionais competentes, o estabelecimento de critérios gerais e diretrizes que os ajudem a determinar a natureza e as implicações da investigação científica marinha.

Artigo 252
Consentimento tácito

Os Estados ou as organizações internacionais competentes podem empreender um projeto de investigação científica marinha seis meses após a data em que tenham sido fornecidas ao Estado costeiro as informações previstas no artigo 248, a não ser que, no prazo de quatro meses após terem sido recebidas essas informações, o Estado costeiro tenha informado o Estado ou a organização que se propõe realizar a investigação de que:

a) Recusa o seu consentimento nos termos do disposto no artigo 246; ou
b) As informações fornecidas pelo Estado ou pela organização internacional competente sobre a natureza ou objetivos do projeto não correspondem a fatos manifestamente evidentes; ou
c) Solicita informação suplementar sobre as condições e as informações previstas nos artigos 248 e 249; ou
d) Existem obrigações pendentes relativamente às condições estabelecidas no artigo 249 a respeito de um projeto de investigação científica marinha anteriormente realizado por esse Estado ou organização.

Artigo 253
Suspensão ou cessação das atividades de investigação científica marinha

1. O Estado costeiro tem o direito de exigir a suspensão de quaisquer atividades de investigação científica marinha em curso na sua zona econômica exclusiva ou na sua plataforma continental, se:

a) As atividades de investigação não se realizarem de conformidade com as informações transmitidas nos termos do artigo 248 e nas quais se tenha fundamentado o consentimento do Estado costeiro; ou
b) O Estado ou a organização internacional competente que realizar as atividades de investigação não cumprir o disposto no artigo 249 no que se refere aos direitos do Estado costeiro relativo ao projeto de investigação científica marinha.

2. O Estado costeiro tem o direito de exigir a cessação de quaisquer atividades de investigação científica marinha em caso de qualquer não cumprimento do disposto no artigo 248 que implique mudança fundamental no projeto ou nas atividades de investigação.

3. O Estado costeiro pode também exigir a cessação das atividades de investigação científica marinha se, num prazo razoável, não forem corrigidas quaisquer das situações previstas no parágrafo 1º.

4. Uma vez notificados pelo Estado costeiro da sua decisão de ordenar a suspensão ou cessação, os Estados ou as organizações internacionais competentes autorizados a realizar as atividades de investigação científica marinha devem pôr fim às atividades de investigação que são objeto de tal notificação.

5. A ordem de suspensão prevista no parágrafo 1º será revogada pelo Estado costeiro e permitida a continuação das atividades de investigação científica marinha quando o Estado ou a organização internacional competente que realizar a investigação tiver cumprido as condições exigidas nos artigos 248 e 249.

Artigo 254
Direitos dos Estados vizinhos sem litoral e dos Estados em situação geográfica desfavorecida

1. Os Estados e as organizações internacionais competentes que tiverem apresentado a um Estado costeiro um projeto para realizar investigação científica marinha referida no parágrafo 3º do artigo 246 devem informar os Estados vizinhos sem litoral e aqueles em situação geográfica desfavorecida do projeto de investigação proposto e devem notificar o Estado costeiro de que deram tal informação.

2. Depois de o Estado costeiro interessado ter dado o seu consentimento ao projeto de investigação científica marinha proposto de conformidade com o artigo 246 e com outras disposições pertinentes da presente Convenção, os Estados e as organizações internacionais competentes que realizem esse projeto devem proporcionar aos Estados vizinhos sem litoral e àqueles em situação geográfica desfavorecida, por solicitação desses Estados e quando apropriado, a informação pertinente especificada no artigo 248 e na alínea f) do parágrafo 1º do artigo 249.

3. Aos referidos Estados vizinhos sem litoral e àqueles em situação geográfica desfavorecida deve ser dada, a seu pedido, a possibilidade de participarem, quando praticável, no projeto de investigação científica marinha proposto, por intermédio de peritos qualificados, nomeados por esses Estados e não recusados pelo Estado costeiro, segundo as condições acordadas para o projeto entre o Estado costeiro interessado e o Estado ou as organizações internacionais competentes que realizem a investigação científica marinha, de conformidade com as disposições da presente Convenção.

4. Os Estados e as organizações internacionais competentes referidos no parágrafo 1º devem prestar aos mencionados Estados sem litoral e àqueles em situação geográfica desfavorecida, a seu pedido, as informações e a assistência especificadas na alínea d) do parágrafo 1º do artigo 249, salvo o disposto no parágrafo 2º do mesmo artigo.

Artigo 255
Medidas para facilitar a investigação científica marinha e prestar assistência às embarcações de investigação

Os Estados devem procurar adotar normas, regulamentos e procedimentos razoáveis para promover e facilitar a investigação científica marinha realizada além do seu mar territorial de conformidade com a presente Convenção e, quando apropriado, facilitar o acesso aos seus portos e promover a assistência às embarcações de investigação científica marinha que cumpram as disposições pertinentes da presente parte, salvo o disposto nas suas leis e regulamentos.

Artigo 256
Investigação científica marinha na área

Todos os Estados, independentemente da sua situação geográfica, bem como as organizações internacionais competentes, têm o direito, de conformidade com as disposições da parte XI, de realizar investigação científica marinha na área.

Artigo 257
Investigação científica marinha na coluna de água além dos limites da zona econômica exclusiva

Todos os Estados, independentemente da sua situação geográfica, bem como as organizações internacionais competentes, têm o direito, de conformidade com a presente Convenção, de realizar investigação científica marinha na coluna de água além dos limites da zona econômica exclusiva.

Seção 4

INSTALAÇÕES E EQUIPAMENTO DE INVESTIGAÇÃO CIENTÍFICA NO MEIO MARINHO

Artigo 258
Colocação e utilização

A colocação e utilização de qualquer tipo de instalação ou equipamento de investigação científica em qualquer área do meio marinho devem estar sujeitas às mesmas condições estabelecidas na presente Convenção para a realização de investigação científica marinha nessa mesma área.

Artigo 259
Estatuto jurídico

As instalações ou o equipamento referidos na presente seção não têm o estatuto jurídico de ilhas. Não têm mar territorial próprio e a sua presença não afeta a delimitação do mar territorial, da zona econômica exclusiva ou da plataforma continental.

Artigo 260
Zonas de segurança

Podem ser estabelecidas em volta das instalações de investigação científica, de conformidade com as disposições pertinentes da presente Convenção, zonas de segurança de largura razoável que não exceda uma distância de 500 m. Todos os Estados devem velar por que as suas embarcações respeitem tais zonas de segurança.

Artigo 261
Não interferência nas rotas de navegação

A colocação e a utilização de qualquer tipo de instalações ou equipamento de investigação científica não devem constituir obstáculo às rotas estabelecidas para a navegação internacional.

Artigo 262
Marcas de identificação e sinais de aviso

As instalações ou o equipamento mencionados na presente seção devem dispor de marcas de identificação que indiquem o Estado de registo ou a organização internacional a que pertencem, bem como dos adequados sinais de aviso internacionalmente acordados para garantir a segurança no mar e a segurança da navegação aérea, tendo em conta as regras e normas estabelecidas pelas organizações internacionais competentes.

Seção 5

RESPONSABILIDADE

Artigo 263
Responsabilidade

1. Cabe aos Estados bem como às organizações internacionais competentes zelar por que a investigação científica marinha, efetuada por eles ou em seu nome, se realize de conformidade com a presente Convenção.

2. Os Estados e as organizações internacionais competentes são responsáveis pelas medidas que tomarem em violação da presente Convenção relativamente à investigação científica marinha realizada por outros Estados, suas pessoas jurídicas, singulares ou coletivas, ou por organizações internacionais competentes, e devem pagar indenizações pelos danos resultantes de tais medidas.

3. Os Estados e as organizações internacionais competentes são responsáveis nos termos do artigo 235, pelos danos causados pela poluição do meio marinho, resultante da investigação científica marinha realizada por eles ou em seu nome.

Seção 6

SOLUÇÃO DE CONTROVÉRSIAS E MEDIDAS PROVISÓRIAS

Artigo 264
Solução de controvérsias

As controvérsias relativas à interpretação ou aplicação das disposições da presente Convenção referentes à investigação científica marinha devem ser solucionadas de conformidade com as Seções 2 e 3 da parte XV.

Artigo 265
Medidas provisórias

Enquanto uma controvérsia não for solucionada de conformidade com as Seções 2 e 3 da parte XV, o Estado ou a organização internacional competente autorizado a realizar um projeto de investigação científica marinha não deve permitir que se iniciem ou continuem as atividades de investigação sem o consentimento expresso do Estado costeiro interessado.

Parte XIV – Desenvolvimento e Transferência de Tecnologia Marinha

Seção 1

DISPOSIÇÕES GERAIS

Artigo 266
Promoção do desenvolvimento e da transferência de tecnologia marinha

1. Os Estados, diretamente ou por intermédio das organizações internacionais competentes, devem cooperar, na medida das suas capacidades, para promover ativamente o desenvolvimento e a transferência da ciência e da tecnologia marinhas segundo modalidades e condições equitativas e razoáveis.

2. Os Estados devem promover o desenvolvimento da capacidade científica e tecnológica marinha dos Estados que necessitem e solicitem assistência técnica neste domínio, particularmente os Estados em desenvolvimento, incluindo os Estados sem litoral e aqueles em situação geográfica desfavorecida, no que se refere à exploração, aproveitamento, conservação e gestão dos recursos marinhos, à proteção e preservação do meio marinho, à investigação científica marinha e outras atividades no meio marinho compatíveis com a presente Convenção, tendo em vista acelerar o desenvolvimento econômico e social dos Estados em desenvolvimento.

3. Os Estados devem procurar favorecer condições econômicas e jurídicas propícias à transferência de tecnologia marinha, numa base equitativa, em benefício de todas as partes interessadas.

Artigo 267
Proteção dos interesses legítimos

Ao promover a cooperação, nos termos do artigo 266, os Estados devem ter em devida conta todos os interesses legítimos, incluindo, *inter alia*, os direitos e deveres dos possuidores, fornecedores e recebedores de tecnologia marinha.

Artigo 268
Objetivos fundamentais

Os Estados, diretamente ou por intermédio das organizações internacionais competentes, devem promover:

a) A aquisição, avaliação e divulgação de conhecimentos de tecnologia marinha, bem como facilitar o acesso a informação e dados pertinentes;
b) O desenvolvimento de tecnologia marinha apropriada;
c) O desenvolvimento da infraestrutura tecnológica necessária para facilitar a transferência da tecnologia marinha;
d) O desenvolvimento dos recursos humanos através da formação e ensino a nacionais dos Estados e países em desenvolvimento e, em especial, dos menos desenvolvidos entre eles;
e) A cooperação internacional em todos os níveis, particularmente em nível regional, sub-regional e bilateral.

Artigo 269
Medidas para atingir os objetivos fundamentais

Para atingir os objetivos mencionados no artigo 268, os Estados, diretamente ou por intermédio das organizações internacionais competentes, devem procurar, *inter alia*:

a) Estabelecer programas de cooperação técnica para a efetiva transferência de todos os tipos de tecnologia marinha aos Estados que necessitem e solicitem assistência técnica nesse domínio, em especial aos Estados em desenvolvimento sem litoral e aos Estados em desenvolvimento em situação geográfica desfavorecida, bem como a outros Estados em desenvolvimento que não tenham podido estabelecer ou desenvolver a sua própria capacidade tecnológica no âmbito da ciência marinha e no da exploração e aproveitamento de recursos marinhos, nem podido desenvolver a infraestrutura de tal tecnologia;
b) Promover condições favoráveis à conclusão de acordos, contratos e outros ajustes similares em condições equitativas e razoáveis;
c) Realizar conferências, seminários e simpósios sobre temas científicos e tecnológicos, em particular sobre políticas e métodos para a transferência de tecnologia marinha;
d) Promover o intercâmbio de cientistas e peritos em tecnologia e outras matérias;
e) Realizar projetos e promover empresas conjuntas e outras formas de cooperação bilateral e multilateral.

Seção 2

COOPERAÇÃO INTERNACIONAL

Artigo 270
Formas de cooperação internacional

A cooperação internacional para o desenvolvimento e a transferência de tecnologia marinha deve ser efetuada, quando praticável e apropriado, através de programas bilaterais, regionais ou multilaterais existentes, bem como através de programas ampliados e de novos programas para facilitar a investigação científica marinha, a transferência de tecnologia marinha, particularmente em novos domínios e o financiamento internacional apropriado da investigação e desenvolvimento dos oceanos.

Artigo 271
Diretrizes, critérios e normas

Os Estados devem promover, diretamente ou por intermédio das organizações internacionais competentes, o estabelecimento de diretrizes, critérios e normas geralmente aceitas para a transferência de tecnologia marinha numa base bilateral ou no âmbito das organizações internacionais e outros organismos, tendo particularmente em conta os interesses e necessidades dos Estados em desenvolvimento.

Artigo 272
Coordenação de programas internacionais

No domínio da transferência de tecnologia marinha, os Estados devem procurar assegurar que as organizações internacionais competentes coordenem as suas atividades, incluindo quaisquer programas regionais ou mundiais, tendo em conta os interesses e necessidades dos Estados em desenvolvimento, em particular dos Estados sem litoral e daqueles em situação geográfica desfavorecida.

Artigo 273
Cooperação com organizações internacionais e com a Autoridade

Os Estados devem cooperar ativamente com as organizações internacionais competentes e com a Autoridade para encorajar e facilitar a transferência de conhecimentos especializados e de tecnologia marinha relativos às atividades na Área aos Estados em desenvolvimento, aos seus nacionais e à empresa.

Artigo 274
Objetivos da Autoridade

Sem prejuízo de todos os interesses legítimos, incluindo, *inter alia*, os direitos e deveres dos possuidores, fornecedores e recebedores de tecnologia, a Autoridade, no que se refere às atividades na área, deve assegurar que:

a) Os nacionais dos Estados em desenvolvimento, costeiros, sem litoral ou em situação geográfica desfavorecida, sejam admitidos para fins de estágio, com base no princípio da distribuição geográfica equitativa, como membros do pessoal de gestão, de investigação e técnico recrutado para as suas atividades;
b) A documentação técnica relativa ao equipamento, maquinaria, dispositivos e processos pertinentes seja posta à disposição de todos os Estados, em particular dos Estados em desenvolvimento que necessitem e solicitem assistência técnica nesse domínio;
c) Sejam tomadas pela Autoridade disposições apropriadas para facilitar a aquisição de assistência técnica no domínio da tecnologia marinha pelos Estados que dela necessitem e a solicitem, em particular os Estados em desenvolvimento, bem como a aquisição pelos seus nacionais dos conhecimentos técnicos e especializados necessários, incluindo a formação profissional;
d) Seja prestada aos Estados a assistência técnica de que necessitem e solicitem nesse domínio, em especial aos Estados em desenvolvimento, bem como assistência na aquisição de equipamento, instalações, processos e outros conhecimentos técnicos necessários, mediante qualquer ajuste financeiro previsto na presente Convenção.

Seção 3

CENTROS NACIONAIS E REGIONAIS DE INVESTIGAÇÃO CIENTÍFICA E TECNOLÓGICA MARINHA

Artigo 275
Estabelecimento de centros nacionais

1. Os Estados devem promover, diretamente ou por intermédio das organizações internacionais competentes e da Autoridade, o estabelecimento, em especial nos Estados costeiros em desenvolvimento, de centros nacionais de investigação científica e tecnológica marinha, bem como o reforço de centros nacionais existentes, a fim de estimular e impulsionar a realização de investigação científica marinha pelos Estados costeiros em desenvolvimento e de aumentar a sua capacidade nacional para utilizar e preservar os seus recursos marinhos em seu próprio benefício econômico.

2. Os Estados devem prestar, por intermédio das organizações internacionais competentes e da Autoridade, apoio adequado para facilitar o estabelecimento e o reforço de tais centros nacionais, a fim de fornecerem serviços de formação avançada, e equipamento e conhecimentos práticos e técnicos necessários, bem como peritos técnicos, aos Estados que necessitem e solicitem tal assistência.

Artigo 276
Estabelecimento de centros regionais

1. Os Estados devem promover, em coordenação com as organizações internacionais competentes, com a Autoridade e com instituições nacionais de investigação científica e tecnológica marinha, o estabelecimento de centros regionais de investigação científica e tecnológica marinha, em especial nos Estados em desenvolvimento, a fim de estimular e impulsionar a realização de investigação científica marinha pelos Estados em desenvolvimento e de favorecer a transferência de tecnologia marinha.

2. Todos os Estados de uma região devem cooperar com os respectivos centros regionais a fim de assegurarem a realização mais eficaz dos seus objetivos.

Artigo 277
Funções dos centros regionais

As funções dos centros regionais devem compreender, *inter alia*:

a) Programas de formação e ensino, em todos os níveis, sobre diversos aspectos da investigação científica e tecnológica marinha, em especial a biologia marinha, incluídas a conservação e a gestão dos recursos vivos, a oceanografia, a hidrografia, a engenharia, a exploração geológica dos fundos marinhos, a extração mineira, bem como a tecnologia de dessalinização;
b) Estudos de gestão;
c) Programas de estudos relacionados com a proteção e preservação do meio marinho e com a prevenção, redução e controle da poluição;
d) Organização de conferências, seminários e simpósios regionais;
e) Aquisição e processamento de dados e informações sobre a ciência e tecnologia marinhas;
f) Disseminação imediata dos resultados da investigação científica e tecnológica marinha por meio de publicações de fácil acesso;
g) Divulgação das políticas nacionais sobre transferência de tecnologia marinha e estudo comparativo sistemático dessas políticas;
h) Compilação e sistematização de informações sobre comercialização de tecnologia e sobre os contratos e outros ajustes relativos a patentes;
i) Cooperação técnica com outros Estados da região.

Seção 4

COOPERAÇÃO ENTRE ORGANIZAÇÕES INTERNACIONAIS

Artigo 278
Cooperação entre organizações internacionais

As organizações internacionais competentes mencionadas na presente parte e na parte XIII devem tomar todas as medidas apropriadas para assegurarem, diretamente ou em estreita cooperação entre si, o cumprimento efetivo das funções e responsabilidades decorrentes da presente parte.

Parte XV – Solução de Controvérsias

Seção 1

DISPOSIÇÕES GERAIS

Artigo 279
Obrigação de solucionar controvérsias por meios pacíficos

Os Estados-Partes devem solucionar qualquer controvérsia entre eles relativa à interpretação ou aplicação da presente Convenção por meios pacíficos, de conformidade com o parágrafo 3º do artigo 2º da Carta da

Nações Unidas e, para tal fim, procurar uma solução pelos meios indicados no parágrafo 1º do artigo 33 da Carta.

Artigo 280
Solução de controvérsias por quaisquer meios pacíficos escolhidos pelas partes

Nenhuma das disposições da presente parte prejudica o direito dos Estados-Partes de, em qualquer momento, acordarem na solução de uma controvérsia entre eles relativa à interpretação ou aplicação da presente Convenção por quaisquer meios pacíficos de sua própria escolha.

Artigo 281
Procedimento aplicável quando as partes não tenham alcançado uma solução

1. Se os Estados-Partes que são partes numa controvérsia relativa à interpretação ou aplicação da presente Convenção tiverem acordado em procurar solucioná-la por um meio pacífico de sua própria escolha, os procedimentos estabelecidos na presente parte só serão aplicados se não tiver sido alcançada uma solução por esse meio e se o acordo entre as partes não excluir a possibilidade de outro procedimento.

2. Se as partes tiverem também acordado num prazo, o disposto no parágrafo 1º só será aplicado depois de expirado esse prazo.

Artigo 282
Obrigações decorrentes de acordos gerais, regionais ou bilaterais

Se os Estados-Partes que são partes numa controvérsia relativa à interpretação ou aplicação da presente Convenção tiverem ajustado, por meio de acordo geral, regional ou bilateral, ou de qualquer outra forma, em que tal controvérsia seja submetida, a pedido de qualquer das partes na mesma, a um procedimento conducente a uma decisão obrigatória, esse procedimento será aplicado em lugar do previsto na presente parte, salvo acordo em contrário das partes na controvérsia.

Artigo 283
Obrigação de trocar opiniões

1. Quando surgir uma controvérsia entre Estados-Partes relativa à interpretação ou aplicação da presente Convenção, as partes na controvérsia devem proceder sem demora a uma troca de opiniões, tendo em vista solucioná-la por meio de negociação ou de outros meios pacíficos.

2. As partes também devem proceder sem demora a uma troca de opiniões quando um procedimento para a solução de tal controvérsia tiver sido terminado sem que esta tenha sido solucionada ou quando se tiver obtido uma solução e as circunstâncias requeiram consultas sobre o modo como será implementada a solução.

Artigo 284
Conciliação

1. O Estado-Parte que é parte numa controvérsia relativa à interpretação ou aplicação da presente Convenção pode convidar a outra ou outras partes a submetê-la a conciliação, de conformidade com o procedimento previsto na Seção 1 do Anexo V ou com outro procedimento de conciliação.

2. Se o convite for aceito e as partes acordarem no procedimento de conciliação a aplicar, qualquer parte pode submeter a controvérsia a esse procedimento.

3. Se o convite não for aceito ou as partes não acordarem no procedimento, o procedimento de conciliação deve ser considerado terminado.

4. Quando uma controvérsia tiver sido submetida a conciliação, o procedimento só se poderá dar por terminado de conformidade com o procedimento de conciliação acordado, salvo acordo em contrário das partes.

Artigo 285
Aplicação da presente seção às controvérsias submetidas nos termos da parte XI

Esta seção aplica-se a qualquer controvérsia que, nos termos da Seção 5 da parte XI da presente Convenção, tenha de ser solucionada de conformidade com os procedimentos previstos na presente parte. Se uma entidade que não um Estado-Parte for parte em tal controvérsia, esta seção aplica-se *mutatis mutandis*.

Seção 2

PROCEDIMENTOS COMPULSÓRIOS CONDUCENTES A DECISÕES OBRIGATÓRIAS

Artigo 286
Aplicação dos procedimentos nos termos da presente seção

Salvo o disposto na Seção 3, qualquer controvérsia relativa à interpretação ou aplicação da presente Convenção, quando não tiver sido solucionada mediante a aplicação da Seção 1, será submetida, a pedido de qualquer das partes na controvérsia, à corte ou tribunal que tenha jurisdição nos termos da presente seção.

Artigo 287
Escolha do procedimento

1. Um Estado ao assinar ou ratificar a presente Convenção ou a ela aderir, ou em qualquer momento ulterior, pode escolher livremente, por meio de declaração escrita, um ou mais dos seguintes meios para a solução das controvérsias relativas à interpretação ou aplicação da presente Convenção:

a) O Tribunal Internacional do Direito do Mar, estabelecido de conformidade com o Anexo VI;
b) O Tribunal Internacional de Justiça;
c) Um tribunal arbitral constituído de conformidade com o Anexo VII;
d) Um tribunal arbitral especial constituído de conformidade com o Anexo VIII, para uma ou mais das categorias de controvérsias especificadas no referido anexo.

2. Uma declaração feita nos termos do parágrafo 1º não deve afetar a obrigação de um Estado-Parte de aceitar, na medida e na forma estabelecidas na Seção 5 da parte XI, a competência da Câmara de Controvérsias dos Fundos Marinhos do Tribunal Internacional do Direito do Mar nem deve ser afetada por essa obrigação.

3. O Estado-Parte que é parte numa controvérsia não abrangida por uma declaração vigente deve ser considerado como tendo aceito a arbitragem, de conformidade com o Anexo VII.

4. Se as partes numa controvérsia tiverem aceito o mesmo procedimento para a solução da controvérsia, esta só poderá ser submetida a esse procedimento, salvo acordo em contrário das partes.

5. Se as partes numa controvérsia não tiverem aceito o mesmo procedimento para a solução da controvérsia, esta só poderá ser submetida a arbitragem, de conformidade com o Anexo VII, salvo acordo em contrário das partes.

6. Uma declaração feita nos termos do parágrafo 1º manter-se-á em vigor até três meses depois de a notificação de revogação ter sido depositada junto do Secretário-Geral das Nações Unidas.

7. Nenhuma nova declaração, notificação de revogação ou expiração de uma declaração afeta de modo algum os procedimentos pendentes numa corte ou tribunal que tenha jurisdição nos termos do presente artigo, salvo acordo em contrário das partes.

8. As declarações e notificações referidas no presente artigo serão depositadas junto do Secretário-Geral das Nações Unidas, que deve remeter cópias das mesmas aos Estados-Partes.

Artigo 288
Jurisdição

1. A corte ou tribunal a que se refere o artigo 287 tem jurisdição sobre qualquer controvérsia relativa à interpretação ou aplicação da presente Convenção que lhe seja submetida de conformidade com a presente parte.

2. A corte ou tribunal a que se refere o artigo 287 tem também jurisdição sobre qualquer controvérsia relativa à interpretação ou aplicação de um acordo internacional relacionado com os objetivos da presente Convenção que lhe seja submetida de conformidade com esse acordo.

3. A Câmara de Controvérsias dos Fundos Marinhos do Tribunal Internacional do Direito do Mar, estabelecida de conformidade com o Anexo VI, ou qualquer outra câmara ou tribunal arbitral a que se faz referência na Seção 5 da parte XI, tem jurisdição sobre qualquer das questões que lhe sejam submetidas de conformidade com esta seção.

4. Em caso de controvérsia sobre jurisdição de uma corte ou tribunal, a questão será resolvida por decisão dessa corte ou tribunal.

Artigo 289
Peritos

A corte ou tribunal, no exercício da sua jurisdição nos termos da presente seção, pode, em qualquer controvérsia em que se suscitem questões científicas ou técnicas, a pedido de uma parte ou por iniciativa própria, selecionar, em consulta com as partes, pelo menos dois peritos em questões científicas ou técnicas, escolhidos de preferência da lista apropriada preparada de conformidade com o artigo 2º do Anexo VIII, para participarem nessa corte ou tribunal, sem direito a voto.

Artigo 290
Medidas provisórias

1. Se uma controvérsia tiver sido devidamente submetida a uma corte ou tribunal que se considere, *prima facie*, com jurisdição nos termos da presente parte ou da Seção 5 da parte XI, a corte ou tribunal poderá decretar quaisquer medidas provisórias que considere apropriadas às circunstâncias, para preservar os direitos respectivos das partes na controvérsia ou impedir danos graves ao meio marinho, até decisão definitiva.

2. As medidas provisórias podem ser modificadas ou revogadas desde que as circunstâncias que as justificaram se tenham modificado ou deixado de existir.

3. As medidas provisórias só podem ser decretadas, modificadas ou revogadas, nos termos do presente artigo, a pedido de uma das partes na controvérsia e após ter sido dada às partes a oportunidade de serem ouvidas.

4. A corte ou tribunal notificará imediatamente as partes na controvérsia e, se julgar apropriado, outros Estados-Partes de qualquer medida provisória ou de qualquer decisão que a modifique ou revogue.

5. Enquanto não estiver constituído o tribunal arbitral ao qual uma controvérsia esteja a ser submetida nos termos da presente seção, qualquer corte ou tribunal, escolhido de comum acordo pelas partes ou, na falta de tal acordo, dentro de duas semanas subsequentes à data do pedido de medidas provisórias, o Tribunal Internacional do Direito do Mar, ou, tratando-se de atividades na área, a Câmara de Controvérsias dos Fundos Marinhos, pode decretar, modificar ou revogar medidas provisórias nos termos do presente artigo, se considerar, *prima facie*, que o tribunal a ser constituído teria jurisdição e que a urgência da situação assim o requer. Logo que estiver constituído, o tribunal ao qual a controvérsia foi submetida pode, atuando de conformidade com os parágrafos 1º a 4º, modificar, revogar ou confirmar essas medidas provisórias.

6. As partes na controvérsia devem cumprir sem demora quaisquer medidas provisórias decretadas nos termos do presente artigo.

Artigo 291
Acesso

1. Os Estados-Partes têm acesso a todos os procedimentos de solução de controvérsias especificadas na presente parte.

2. As entidades que não sejam Estados-Partes têm acesso, apenas nos casos expressamente previstos na presente Convenção, aos procedimentos de solução de controvérsias especificados nesta parte.

Artigo 292
Pronta libertação das embarcações e das suas tripulações

1. Quando as autoridades de um Estado-Parte tiverem apresado uma embarcação que arvore a bandeira de um outro Estado-Parte e for alegado que o Estado que procedeu à detenção não cumpriu as disposições da presente Convenção no que se refere à pronta libertação da embarcação ou da sua tripulação, mediante a prestação de uma caução idônea ou outra garantia financeira, a questão da libertação poderá ser submetida, salvo acordo em contrário das partes, a qualquer corte ou tribunal escolhido por acordo entre as partes ou, não havendo acordo no prazo de 10 dias subsequentes ao momento da detenção, à corte ou tribunal aceite, nos termos do

artigo 287, pelo Estado que fez a detenção ou ao Tribunal Internacional do Direito do Mar.

2. O pedido de libertação só pode ser feito pelo Estado de bandeira da embarcação ou em seu nome.

3. A corte ou tribunal apreciará imediatamente o pedido de libertação e ocupar-se-á exclusivamente da questão da libertação, sem prejuízo do mérito de qualquer ação judicial contra a embarcação, seu armador ou sua tripulação, intentada no foro nacional apropriado. As autoridades do Estado que tiverem efetuado a detenção continuarão a ser competentes para, em qualquer altura, ordenar a libertação da embarcação ou da sua tripulação.

4. Uma vez prestada a caução ou outra garantia financeira fixada pela corte ou tribunal, as autoridades do Estado que tiverem efetuado a detenção cumprirão imediatamente a decisão da corte ou tribunal relativa à libertação da embarcação ou da sua tripulação.

ARTIGO 293
Direito aplicável

1. A corte ou tribunal que tiver jurisdição nos termos desta seção deve aplicar a presente Convenção e outras normas de direito internacional que não forem incompatíveis com esta Convenção.

2. O parágrafo 1º não prejudicará a faculdade da corte ou tribunal que tiver jurisdição nos termos da presente seção de decidir um caso *ex aequo et bono*, se as partes assim o acordarem.

ARTIGO 294
Procedimentos preliminares

1. A corte ou tribunal referido no artigo 287 ao qual tiver sido feito um pedido relativo a uma controvérsia mencionada no artigo 297 decidirá, por solicitação de uma parte, ou poderá decidir, por iniciativa própria, se o pedido constitui utilização abusiva dos meios processuais ou se *prima facie* é bem fundamentado. Se a corte ou tribunal decidir que o pedido constitui utilização abusiva dos meios processuais ou é *prima facie*, infundado, cessará a sua ação no caso.

2. Ao receber o pedido, a corte ou tribunal notificará imediatamente a outra parte ou partes e fixará um prazo razoável durante o qual elas possam solicitar-lhe que decida nos termos do parágrafo 1º.

3. Nada no presente artigo prejudica o direito de qualquer parte numa controvérsia de deduzir excepções preliminares de conformidade com as normas processuais aplicáveis.

ARTIGO 295
Esgotamento dos recursos internos

Qualquer controvérsia entre Estados-Partes relativa à interpretação ou à aplicação da presente Convenção só pode ser submetida aos procedimentos estabelecidos na presente seção depois de esgotados os recursos internos de conformidade com o direito internacional.

ARTIGO 296
Caráter definitivo e força
obrigatória das decisões

1. Qualquer decisão proferida por uma corte ou tribunal com jurisdição nos termos da presente seção será definitiva e deverá ser cumprida por todas as partes na controvérsia.

2. Tal decisão não terá força obrigatória senão para as partes na controvérsia e no que se refere a essa mesma controvérsia.

SEÇÃO 3

LIMITES E EXCEÇÕES À
APLICAÇÃO DA SEÇÃO 2

ARTIGO 297
Limites à aplicação da Seção 2

1. As controvérsias relativas à interpretação ou aplicação da presente Convenção, no concernente ao exercício por um Estado costeiro dos seus direitos soberanos ou de jurisdição previstos na presente Convenção, serão submetidas aos procedimentos estabelecidos na Seção 2 nos seguintes casos:

a) Quando se alegue que um Estado costeiro atuou em violação das disposições da presente Convenção no concernente às liberdades e direitos de navegação ou de sobrevoo ou à liberdade e ao direito de colocação de cabos e dutos submarinos e outros usos do mar internacionalmente lícitos especificados no artigo 58º; ou

b) Quando se alegue que um Estado, ao exercer as liberdades, os direitos ou os usos anteriormente mencionados, atuou em violação das disposições da presente Convenção ou das leis ou regulamentos adotados pelo Estado costeiro, de conformidade com a presente Convenção e com outras normas de direito internacional que não sejam com ela incompatíveis; ou

c) Quando se alegue que um Estado costeiro atuou em violação das regras e normas internacionais específicas para a proteção e preservação do meio marinho aplicáveis ao Estado costeiro e que tenham sido estabelecidas pela presente Convenção ou por intermédio de uma organização internacional competente ou de uma conferência diplomática de conformidade com a presente Convenção.

2. a) As controvérsias relativas à interpretação ou aplicação das disposições da presente Convenção concernentes à investigação científica marinha serão solucionadas de conformidade com a Seção 2, com a ressalva de que o Estado costeiro não será obrigado a aceitar submeter aos procedimentos de solução qualquer controvérsia que se suscite por motivo de:

i) O exercício pelo Estado costeiro de um direito ou poder discricionário de conformidade com o artigo 246; ou

ii) A decisão do Estado costeiro de ordenar a suspensão ou a cessação de um projecto de investigação de conformidade com o artigo 253.

b) A controvérsia suscitada quando o Estado que realiza as investigações alegar que, em relação a um determinado projeto, o Estado costeiro não está a exercer, de modo compatível com a presente Convenção, os direitos que lhe conferem os artigos 246 e 253 será submetida, a pedido de qualquer das partes, ao procedimento de conciliação nos termos da Seção 2 do anexo V, com a ressalva de que a comissão de conciliação não porá em causa o exercício pelo Estado costeiro do seu poder discricionário de designar as áreas específicas referidas no parágrafo 6º do artigo 246, ou do seu poder discricionário de recusar o seu consentimento, de conformidade com o parágrafo 5º do artigo 246.

3. a) As controvérsias relativas à interpretação ou aplicação das disposições da presente Convenção concernentes à pesca serão solucionadas de conformidade com a Seção 2, com a ressalva de que o Estado costeiro não será obrigado a aceitar submeter aos procedimentos de solução qualquer controvérsia relativa aos seus direitos soberanos referentes aos recursos vivos da sua zona econômica exclusiva ou ao exercício desses direitos, incluídos os seus poderes discricionários de fixar a captura permissível, a sua capacidade de captura, a atribuição dos excedentes a outros Estados e as modalidades e condições estabelecidas nas suas leis e regulamentos de conservação e gestão.

b) Se a aplicação das disposições da Seção 1 da presente parte não permitiu chegar a uma solução, a controvérsia será submetida, a pedido de qualquer das partes na controvérsia, ao procedimento de conciliação nos termos da Seção 2 do anexo V, quando se alegue que um Estado costeiro:

i) Tenha manifestamente deixado de cumprir as suas obrigações de assegurar, por meio de medidas apropriadas de conservação e gestão, que a manutenção dos recursos vivos da zona econômica exclusiva não fique seriamente ameaçada;

ii) Tenha arbitrariamente recusado fixar, a pedido de outro Estado, a captura permissível e a sua própria capacidade de captura dos recursos vivos, no que se refere às populações que este outro Estado esteja interessado em pescar; ou

iii) Tenha arbitrariamente recusado atribuir a qualquer Estado, nos termos dos artigos 62, 69 e 70, a totalidade ou parte do excedente que tenha declarado existir, segundo as modalidades e condições estabelecidas pelo Estado costeiro compatíveis com a presente Convenção.

c) Em nenhum caso a comissão de conciliação substituirá o seu poder discricionário pelo do Estado costeiro.

d) O relatório da comissão de conciliação deve ser comunicado às organizações internacionais competentes.

e) Ao negociar um acordo nos termos dos artigos 69 e 70, os Estados-Partes deverão incluir, salvo acordo em contrário, uma cláusula sobre as medidas que tomarão para minimizar a possibilidade de divergência relativa à interpretação ou aplicação do acordo e sobre o procedimento a seguir se, apesar disso, a divergência surgir.

Artigo 298
Exceções de caráter facultativo à aplicação da Seção 2

1. Ao assinar ou ratificar a presente Convenção ou a ela aderir, ou em qualquer outro momento ulterior, um Estado pode, sem prejuízo das obrigações resultantes da Seção 1, declarar por escrito não aceitar um ou mais dos procedimentos estabelecidos na Seção 2, com respeito a uma ou várias das seguintes categorias de controvérsias:

a) i) As controvérsias relativas à interpretação ou aplicação dos artigos 15, 74 e 83 referentes à delimitação de zonas marítimas, ou às baías ou títulos históricos, com a ressalva de que o Estado que tiver feito a declaração, quando tal controvérsia surgir depois da entrada em vigor da presente Convenção e quando não se tiver chegado a acordo dentro de um prazo razoável de negociações entre as partes, aceite, a pedido de qualquer parte na controvérsia, submeter a questão ao procedimento de conciliação nos termos da Seção 2 do anexo V, além disso, fica excluída de tal submissão qualquer controvérsia que implique necessariamente o exame simultâneo de uma controvérsia não solucionada relativa à soberania ou outros direitos sobre um território continental ou insular;

ii) Depois de a comissão de conciliação ter apresentado o seu relatório, no qual exporá as razões em que se fundamenta, as partes negociarão um acordo com base nesse relatório; se essas negociações não resultarem num acordo, as partes deverão, salvo acordo em contrário, submeter, por mútuo consentimento, a questão a um dos procedimentos previstos na Seção 2;

iii) Esta alínea não se aplica a nenhuma controvérsia relativa à delimitação de zonas marítimas que tenha sido definitivamente solucionada por acordo entre as partes, nem a qualquer controvérsia que deva ser solucionada de conformidade com um acordo bilateral ou multilateral obrigatório para essas partes;

b) As controvérsias relativas a atividades militares, incluídas as atividades militares de embarcações e aeronaves de Estado utilizadas em serviços não comerciais, e as controvérsias relativas a atividades destinadas a fazer cumprir normas legais tendo em vista o exercício de direitos soberanos ou da jurisdição excluídas, nos termos dos parágrafos 2º e 3º do artigo 297, da jurisdição de uma corte ou tribunal;

c) As controvérsias a respeito das quais o Conselho de Segurança das Nações Unidas esteja a exercer as funções que lhe são conferidas pela Carta das Nações Unidas, a menos que o Conselho de Segurança retire a questão da sua ordem do dia ou convide as partes a solucioná-la pelos meios previstos na presente Convenção.

2. O Estado-Parte que tiver feito uma declaração nos termos do parágrafo 1º poderá retirá-la em qualquer momento ou convir em submeter a controvérsia, excluída em virtude dessa declaração, a qualquer dos procedimentos estabelecidos na presente Convenção.

3. Um Estado-Parte que tiver feito uma declaração nos termos do parágrafo 1º não pode submeter a controvérsia pertencente à categoria de controvérsias excluídas a qualquer dos procedimentos previstos na presente Convenção sem o consentimento de qualquer outro Estado-Parte com o qual estiver em controvérsia.

4. Se um dos Estados-Partes tiver feito uma declaração nos termos da alínea a) do parágrafo 1º, qualquer outro Estado-Parte poderá submeter, contra a parte declarante, qualquer controvérsia pertencente a uma das

categorias excetuadas ao procedimento especificado em tal declaração.

5. Uma nova declaração ou a retirada de uma declaração não afetará de modo algum os procedimentos em curso numa corte ou tribunal nos termos do presente artigo, salvo acordo em contrário das partes.

6. As declarações e as notificações de retirada das declarações nos termos do presente artigo serão depositadas junto do Secretário-Geral das Nações Unidas, o qual enviará cópias das mesmas aos Estados-Partes.

Artigo 299
Direito de as partes conivrem num procedimento

1. A controvérsia excluída dos procedimentos de solução de controvérsias previstos na Seção 2 nos termos do artigo 297, ou excetuada de tais procedimentos por meio de uma declaração feita de conformidade com o artigo 298, só poderá ser submetida a esses procedimentos por acordo das partes na controvérsia.

2. Nenhuma das disposições da presente seção prejudica o direito de as partes na controvérsia conivrem num outro procedimento para a solução de tal controvérsia ou de chegarem a uma solução amigável.

Parte XVI – Disposições Gerais

Artigo 300
Boa-fé e abuso de direito

Os Estados-Partes devem cumprir de boa-fé as obrigações contraídas nos termos da presente Convenção e exercer os direitos, jurisdição e liberdades reconhecidos na presente Convenção de modo a não constituir abuso de direito.

Artigo 301
Utilização do mar para fins pacíficos

No exercício dos seus direitos e no cumprimento das suas obrigações nos termos da presente Convenção, os Estados-Partes devem abster-se de qualquer ameaça ou uso da força contra a integridade territorial ou a independência política de qualquer Estado, ou de qualquer outra forma incompatível com os princípios de direito internacional incorporados na Carta das Nações Unidas.

Artigo 302
Divulgação de informações

Sem prejuízo do direito de um Estado-Parte de recorrer aos procedimentos de solução de controvérsias estabelecidos na presente Convenção, nada nesta Convenção deve ser interpretado no sentido de exigir que um Estado-Parte, no cumprimento das suas obrigações nos termos da presente Convenção, forneça informações cuja divulgação seja contrária aos interesses essenciais da sua segurança.

Artigo 303
Objetos arqueológicos e históricos achados no mar

1. Os Estados têm o dever de proteger os objetos de caráter arqueológico e histórico achados no mar e devem cooperar para esse fim.

2. A fim de controlar o tráfico de tais objetos, o Estado costeiro pode presumir, ao aplicar o artigo 33, que a sua remoção dos fundos marinhos, na área referida nesse artigo, sem a sua autorização constitui uma infração cometida no seu território ou no seu mar territorial das leis e regulamentos mencionados no referido artigo.

3. Nada no presente artigo afeta os direitos dos proprietários identificáveis, as normas de salvamento ou outras normas do direito marítimo, bem como leis e práticas em matéria de intercâmbios culturais.

4. O presente artigo deve aplicar-se sem prejuízo de outros acordos internacionais e normas de direito internacional relativos à proteção de objetos de caráter arqueológico e histórico.

Artigo 304
Responsabilidade por danos

As disposições da presente Convenção relativas à responsabilidade por danos não prejudicam a aplicação das normas vigentes e a elaboração de novas normas relativas à responsabilidade nos termos do direito internacional.

Parte XVII – Disposições Finais

Artigo 305
Assinatura

1. A presente Convenção está aberta à assinatura de:
a) Todos os Estados;
b) A Namíbia, representada pelo Conselho das Nações Unidas para a Namíbia;
c) Todos os Estados autônomos associados que tenham escolhido este estatuto num ato de autodeterminação fiscalizado e aprovado pelas Nações Unidas de conformidade com a Resolução nº 1.514 (XV), da Assembleia-Geral, e que tenham competência sobre matérias regidas pela presente Convenção, incluindo a de concluir tratados em relação a essas matérias;
d) Todos os Estados autônomos associados que, de conformidade com os seus respectivos instrumentos de associação, tenham competência sobre as matérias regidas pela presente Convenção, incluindo a de concluir tratados em relação a essas matérias;
e) Todos os territórios que gozem de plena autonomia interna, reconhecida como tal pelas Nações Unidas, mas que não tenham alcançado a plena independência de conformidade com a Resolução nº 1.514 (XV), da Assembleia-Geral, e que tenham competência sobre as matérias regidas pela presente Convenção, incluindo a de concluir tratados em relação a essas matérias;
f) As organizações internacionais, de conformidade com o anexo IX.

2. A presente Convenção está aberta à assinatura até 9 de dezembro de 1984 no Ministério dos Negócios Estrangeiros da Jamaica e também, a partir de 1º de Julho de 1983 até 9 de dezembro de 1984, na sede das Nações Unidas em Nova Iorque.

Artigo 306
Ratificação e confirmação formal

A presente Convenção está sujeita à ratificação pelos Estados e outras entidades mencionadas nas alíneas b), c), d) e e) do parágrafo 1º do artigo 305, assim como a confirmação formal, de conformidade com o anexo IX, pelas entidades mencionadas na alínea f) do parágrafo 1º desse artigo. Os instrumentos de ratificação e de confirmação formal devem ser depositados junto do Secretário-Geral das Nações Unidas.

Artigo 307
Adesão

A presente Convenção está aberta à adesão dos Estados e das outras entidades mencionadas no artigo 305. A adesão das entidades mencionadas na alínea f do nº 1 do artigo 305 deve ser efetuada de conformidade com o anexo IX. Os instrumentos de adesão devem ser depositados junto do Secretário-Geral das Nações Unidas.

Artigo 308
Entrada em vigor

1. A presente Convenção entra em vigor 12 meses após a data de depósito do sexagésimo instrumento de ratificação ou de adesão.

2. Para cada Estado que ratifique a presente Convenção ou a ela adira após o depósito do sexagésimo instrumento de ratificação ou de adesão, a Convenção entra em vigor no trigésimo dia seguinte à data de depósito do instrumento de ratificação ou de adesão, com observância do parágrafo 1º.

3. A assembleia da Autoridade deve reunir-se na data da entrada em vigor da presente Convenção e eleger o conselho da Autoridade. Se não for possível a aplicação estrita das disposições do artigo 161, o primeiro conselho será constituído de forma compatível com o objetivo desse artigo.

4. As normas, regulamentos e procedimentos elaborados pela Comissão Preparatória devem aplicar-se provisoriamente até à sua aprovação formal pela Autoridade, de conformidade com a parte XI.

5. A Autoridade e os seus órgãos devem atuar de conformidade com a Resolução II da Terceira Conferência das Nações Unidas sobre o Direito do Mar, relativa aos investimentos preparatórios, e com as decisões tomadas pela Comissão Preparatória na aplicação dessa resolução.

Artigo 309
Reservas e exceções

A presente Convenção não admite quaisquer reservas ou exceções além das por ela expressamente autorizadas noutros artigos.

Artigo 310
Declarações

O artigo 309 não impede um Estado-Parte, quando assina ou ratifica a presente Convenção ou a ela aderir, de fazer declarações, qualquer que seja a sua redação ou denominação, com o fim de, *inter alia*, harmonizar as suas leis e regulamentos com as disposições da presente Convenção, desde que tais declarações não tenham por finalidade excluir ou modificar o efeito jurídico das disposições da presente Convenção na sua aplicação a esse Estado.

Artigo 311
Relação com outras convenções e acordos internacionais

1. A presente Convenção prevalece, nas relações entre os Estados-Partes, sobre as Convenções de Genebra sobre o Direito do Mar, de 29 de Abril de 1958.

2. A presente Convenção não modifica os direitos e as obrigações dos Estados-Partes resultantes de outros acordos compatíveis com a presente Convenção e que não afetam o gozo por outros Estados-Partes dos seus direitos nem o cumprimento das suas obrigações nos termos da mesma Convenção.

3. Dois ou mais Estados-Partes podem concluir acordos, aplicáveis unicamente às suas relações entre si, que modifiquem as disposições da presente Convenção ou suspendam a sua aplicação, desde que tais acordos não se relacionem com nenhuma disposição cuja derrogação seja incompatível com a realização efetiva do objeto e fins da presente Convenção e, desde que tais acordos não afetem a aplicação dos princípios fundamentais nela enunciados e que as disposições de tais acordos não afetem o gozo por outros Estados-Partes dos seus direitos ou o cumprimento das suas obrigações nos termos da mesma Convenção.

4. Os Estados-Partes que pretendam concluir um acordo dos referidos no parágrafo 3º devem notificar os demais Estados-Partes, por intermédio do depositário da presente Convenção, da sua intenção de concluir o acordo, bem como da modificação ou suspensão que tal acordo preveja.

5. O presente artigo não afeta os acordos internacionais expressamente autorizados ou salvaguardados por outros artigos da presente Convenção.

6. Os Estados-Partes convêm em que não podem ser feitas emendas ao princípio fundamental relativo ao patrimônio comum da humanidade estabelecido no artigo 136 e em que não serão partes em nenhum acordo que derrogue esse princípio.

Artigo 312
Emendas

1. Decorridos 10 anos a contar da data de entrada em vigor da presente Convenção, qualquer Estado-Parte pode propor, mediante comunicação escrita ao Secretário-Geral das Nações Unidas, emendas concretas à presente Convenção, exceto as que se refiram a atividades na área, e pode solicitar a convocação de uma conferência para examinar as emendas propostas. O Secretário-Geral deve transmitir tal comunicação a todos os Estados-Partes. Se, nos 12 meses seguintes à data de transmissão de tal comunicação, pelo menos metade dos Estados-Partes responder favoravelmente a esse pedido, o Secretário-Geral deve convocar a conferência.

2. O procedimento de adoção de decisões aplicável na conferência de emendas deve ser o mesmo aplicado na Terceira Conferência das Nações Unidas sobre o Direito do Mar, a menos que a conferência decida de outro modo. A conferência deve fazer todo o possível para chegar a acordo sobre quaisquer emendas por consen-

so, não se devendo proceder à votação das emendas enquanto não se esgotarem todos os esforços para se chegar a consenso.

Artigo 313
Emendas por procedimento simplificado

1. Todo o Estado-Parte pode propor, mediante comunicação escrita ao Secretário-Geral das Nações Unidas, emenda à presente Convenção que não se relacione com atividades na área, para ser adotada pelo procedimento simplificado estabelecido no presente artigo sem a convocação de uma conferência. O Secretário-Geral deve transmitir a comunicação a todos os Estados-Partes.

2. Se, nos 12 meses seguintes a contar da data de transmissão da comunicação, um Estado-Parte apresentar objeção à emenda proposta ou à sua adoção pelo procedimento simplificado, a emenda será considerada rejeitada. O Secretário-Geral deve notificar imediatamente todos os Estados-Partes, em conformidade.

3. Se, nos 12 meses seguintes a contar da data de transmissão da comunicação, nenhum Estado-Parte tiver apresentado qualquer objeção à emenda proposta ou à sua adoção pelo procedimento simplificado, a emenda proposta será considerada adotada. O Secretário-Geral deve notificar todos os Estados-Partes de que a emenda proposta foi adotada.

Artigo 314
Emendas às disposições da presente Convenção relativas exclusivamente a atividades na área

1. Todo o Estado-Parte pode propor, mediante comunicação escrita ao Secretário-Geral da Autoridade, emenda às disposições da presente Convenção relativa exclusivamente a atividades na área, incluindo a Seção 4 do Anexo VI. O Secretário-Geral deve transmitir tal comunicação a todos os Estados-Partes. A emenda proposta fica sujeita à aprovação pela assembleia depois de aprovada pelo conselho. Os representantes dos Estados-Partes nesses órgãos devem ter plenos poderes para examinar e aprovar a emenda proposta. A emenda proposta, tal como aprovada pelo conselho e pela assembleia, considera-se adotada.

2. Antes da aprovação de qualquer emenda nos termos do parágrafo 1º, o conselho e a assembleia devem assegurar-se de que ela não afeta o sistema de exploração e aproveitamento dos recursos da área até à realização da Conferência de Revisão, de conformidade com o artigo 155.

Artigo 315
Assinatura, ratificação das emendas, adesão às emendas e textos autênticos das emendas

1. Uma vez adotadas, as emendas à presente Convenção ficam abertas à assinatura pelos Estados-Partes na presente Convenção nos 12 meses a contar da data da sua adoção, na sede das Nações Unidas em Nova Iorque, salvo disposição em contrário na própria emenda.

2. Os artigos 306, 307 e 320 aplicam-se a todas as emendas à presente Convenção.

Artigo 316
Entrada em vigor das emendas

1. As emendas à presente Convenção, exceto as mencionadas no parágrafo 5º, entram em vigor para os Estados-Partes que as ratifiquem ou a elas adiram no trigésimo dia seguinte ao depósito dos instrumentos de ratificação ou de adesão de dois terços dos Estados-Partes ou de 60 Estados-Partes, se este número for maior. Tais emendas não afetam o gozo por outros Estados-Partes dos seus direitos ou o cumprimento das suas obrigações nos termos da presente Convenção.

2. Uma emenda pode prever, para a sua entrada em vigor, um número de ratificações ou de adesões maior do que o requerido pelo presente artigo.

3. Para qualquer Estado-Parte que ratifique uma emenda referida no parágrafo 1º ou a ela adira, após o depósito do número requerido de instrumentos de ratificação ou de adesão, a emenda entra em vigor no trigésimo dia seguinte ao depósito do seu instrumento de ratificação ou de adesão.

4. Todo o Estado que venha a ser Parte na presente Convenção depois da entrada em vigor de uma emenda de conformidade com o parágrafo 1º, se não manifestar intenção diferente, é considerado:

a) Parte na presente Convenção, tal como emendada; e

b) Parte na presente Convenção não emendada, em relação a qualquer Estado-Parte que não esteja obrigado pela emenda.

5. As emendas relativas exclusivamente a atividades na área e as emendas ao anexo VI entram em vigor para todos os Estados-Partes um ano após o depósito por três quartos dos Estados-Partes dos seus instrumentos de ratificação ou de adesão.

6. Todo o Estado que venha a ser Parte na presente Convenção depois da entrada em vigor de emendas de conformidade com o parágrafo 5º é considerado Parte na presente Convenção, tal como emendada.

Artigo 317
Denúncia

1. Todo o Estado-Parte pode, mediante notificação escrita dirigida ao Secretário-Geral das Nações Unidas, denunciar a presente Convenção e indicar as razões da denúncia. A omissão de tais razões não afeta a validade da denúncia. A denúncia terá efeito um ano após a data do recebimento da notificação, a menos que aquela preveja uma data ulterior.

2. Nenhum Estado fica dispensado, em virtude da denúncia, das obrigações financeiras e contratuais contraídas enquanto Parte na presente Convenção, nem a denúncia afeta nenhum direito, obrigação ou situação jurídica desse Estado decorrentes da aplicação da presente Convenção antes de esta deixar de vigorar em relação a esse Estado.

3. A denúncia em nada afeta o dever de qualquer Estado-Parte de cumprir qualquer obrigação incorporada na presente Convenção a que esteja sujeito nos termos do direito internacional, independentemente da presente Convenção.

Artigo 318
Estatuto dos anexos

Os anexos são parte integrante da presente Convenção e, salvo disposição expressa em contrário, uma referência à presente Convenção ou a uma das suas Partes constitui uma referência aos anexos correspondentes.

Artigo 319
Depositário

1. O Secretário-Geral das Nações Unidas é o depositário da presente Convenção e das emendas a esta.

2. Além das suas funções de depositário, o Secretário-Geral das Nações Unidas deve:

   a) Enviar relatórios a todos os Estados-Partes, à Autoridade e às organizações internacionais competentes relativos a questões de caráter geral que surjam em relação à presente Convenção;
   b) Notificar a Autoridade das ratificações, confirmações formais e adesões relativas à presente Convenção e das emendas a esta, bem como das denúncias da presente Convenção;
   c) Notificar os Estados-Partes dos acordos concluídos, de conformidade com o nº 4 do artigo 311;
   d) Transmitir aos Estados-Partes, para ratificação ou adesão, as emendas adotadas, de conformidade com a presente Convenção;
   e) Convocar as reuniões necessárias dos Estados-Partes, de conformidade com a presente Convenção.

3. a) O Secretário-Geral deve transmitir também aos observadores mencionados no artigo 156:
   i) Os relatórios mencionados na alínea a) do parágrafo 2º;
   ii) As notificações mencionadas nas alíneas b) e c) do parágrafo 2º;
   iii) O texto das emendas mencionadas na alínea d) do parágrafo 2º, para sua informação.

   b) O Secretário-Geral deve convidar igualmente estes observadores a participarem, como observadores, nas reuniões dos Estados-Partes mencionadas na alínea e) do parágrafo 2º.

Artigo 320
Textos autênticos

O original da presente Convenção, cujos textos em árabe, chinês, espanhol, francês, inglês e russo fazem igualmente fé, fica depositado, sem prejuízo do disposto no parágrafo 2º do artigo 305, junto do Secretário-Geral das Nações Unidas.

Em fé do que os plenipotenciários abaixo assinados, devidamente autorizados para o efeito, assinaram a presente Convenção.

Feito em Montego Bay, no dia 10 de dezembro de 1982.

ANEXO I ESPÉCIES ALTAMENTE MIGRATÓRIAS

1. *Thunnus alalunga.*
2. *Thunnus thynnus.*
3. *Thunnus obesus.*
4. *Katsuwonus pelamis.*
5. *Thunnus albacares.*
6. *Thunnus atlanticus.*
7. *Euthynnus alleteratus; Euthynnus affinis.*
8. *Thunnus maccoyii.*
9. *Auxis thazard; Auxis rochei.*
10. Família *Bramidae.*
11. *Tetrapturus augustirostris; Tetrapturus belone; Tetrapturus pfluegeri; Tetrapturus albidus; Tetrapturus audax; Tetrapturus georgei; Makaira mazara; Makaira indica; Makaira nigricans.*
12. *Istiophorus platypterus; Istiophorus albicans.*
13. *Xiphias gladius.*
14. *Scomberesox saurus; Cololabis saira; Cololabis adocetus; Scomberesox saurus scombroides.*
15. *Coryphaena hippurus; Coryphaena equiselis.*
16. *Hexanchus griseus; Cetorhinus ma-ximus;* família *Alopiidae; Rhincondon typus;* família *Carcharhinidae;* família *Sphyrnidae;* família *Isurida.*
17. Família *Physeteridae;* família *Balae-nopteridae;* família *Balaenidae;* família *Eschrichtiidae;* família *Monodontidae;* família *Ziphiidae;* família *Delphinidae.*

ANEXO II COMISSÃO DE LIMITES DA PLATAFORMA CONTINENTAL

Artigo 1º

De acordo com as disposições do artigo 76 da parte VI da presente Convenção, será estabelecida uma Comissão de Limites da Plataforma Continental além das 200 milhas marítimas de conformidade com os artigos seguintes.

Artigo 2º

1. A Comissão será composta por 21 membros, peritos em geologia, geofísica ou hidrografia, eleitos pelos Estados-Partes na presente Convenção entre os seus nacionais, tendo na devida conta a necessidade de assegurar uma representação geográfica equitativa, os quais prestarão serviços a título pessoal.

2. A primeira eleição deve realizar-se o mais cedo possível, mas em qualquer caso dentro de um prazo de 18 meses a contar da entrada em vigor da presente Convenção. Pelo menos três meses antes da data de cada eleição, o Secretário-Geral das Nações Unidas enviará uma carta aos Estados-Partes convidando-os a apresentar candidaturas num prazo de três meses, após consultas regionais apropriadas. O Secretário-Geral preparará, por ordem alfabética, uma lista de todos os candidatos assim eleitos e apresentá-la-á a todos os Estados-Partes.

3. A eleição dos membros da Comissão deve realizar-se numa reunião dos Estados-Partes convocada pelo Secretário-Geral na sede das Nações Unidas. Nessa reunião, cujo quórum será constituído por dois terços dos Estados-Partes, os membros eleitos para a Comissão serão os candidatos que obtiverem a maioria de dois terços dos votos dos representantes dos Estados-Partes presentes e votantes. Serão eleitos, pelo menos, três membros de cada região geográfica.

4. Os membros da Comissão serão eleitos para um mandato de cinco anos. Poderão ser reeleitos.

5. O Estado-Parte que tiver apresentado a candidatura de um membro da Comissão custeará as despesas do mesmo enquanto prestar serviço na Comissão. O Estado costeiro interessado custeará as despesas referentes à assessoria prevista na alínea b) do parágrafo

1º do artigo 3º. O Secretariado da Comissão será assegurado pelo Secretário-Geral das Nações Unidas.

Artigo 3º

1. As funções da Comissão serão as seguintes:

a) Examinar os dados e outros elementos de informação apresentados pelos Estados costeiros sobre os limites exteriores da plataforma continental nas zonas em que tais limites se estenderem além de 200 milhas marítimas e formular recomendações de conformidade com o artigo 76 e a declaração de entendimento adotada em 29 de agosto de 1980 pela Terceira Conferência das Nações Unidas sobre o Direito do Mar;
b) Prestar assessoria científica e técnica, se o Estado costeiro interessado a solicitar, durante a preparação dos dados referidos na alínea a).

2. A Comissão pode cooperar, na medida em que se considere útil e necessário, com a Comissão Oceanográfica Intergovernamental da Unesco, a Organização Hidrográfica Internacional e outras organizações internacionais competentes a fim de trocar informações científicas e técnicas que possam ajudar a Comissão no desempenho das suas responsabilidades.

Artigo 4º

Quando um Estado costeiro tiver intenção de estabelecer, de conformidade com o artigo 76, o limite exterior da sua plataforma continental além de 200 milhas marítimas, apresentará à Comissão, logo que possível, mas em qualquer caso dentro dos 10 anos seguintes à entrada em vigor da presente Convenção para o referido Estado, as características de tal limite, juntamente com informações científicas e técnicas de apoio. O Estado costeiro comunicará ao mesmo tempo os nomes de quaisquer membros da Comissão que lhe tenham prestado assessoria científica e técnica.

Artigo 5º

A não ser que a Comissão decida de outro modo, deve funcionar por intermédio de subcomissões compostas de sete membros, designadas de forma equilibrada tomando em conta os elementos específicos de cada proposta apresentada pelo Estado costeiro. Os membros da Comissão que forem nacionais do Estado costeiro interessado ou que tiverem auxiliado o Estado costeiro prestando-lhe assessoria científica e técnica a respeito da delimitação não serão membros da subcomissão que trate do caso, mas terão o direito a participar, na qualidade de membros, nos trabalhos da Comissão relativos ao caso. O Estado costeiro que tiver apresentado uma proposta à Comissão pode enviar representantes para participarem nos respectivos trabalhos, sem direito de voto.

Artigo 6º

1. A subcomissão deve apresentar as suas recomendações à Comissão.

2. A aprovação das recomendações da subcomissão será feita pela Comissão por maioria de dois terços dos membros presentes e votantes.

3. As recomendações da Comissão devem ser apresentadas por escrito ao Estado costeiro que tenha apresentado a proposta e ao Secretário-Geral das Nações Unidas.

Artigo 7º

Os Estados costeiros estabelecerão o limite exterior da sua plataforma continental de conformidade com as disposições do parágrafo 8º do artigo 76 e de acordo com os procedimentos nacionais apropriados.

Artigo 8º

No caso de o Estado costeiro discordar das recomendações da Comissão, deve apresentar à Comissão dentro de um prazo razoável uma proposta revista ou uma nova proposta.

Artigo 9º

As decisões da Comissão não devem prejudicar os assuntos relacionados com a delimitação entre Estados com costas adjacentes ou situadas frente a frente.

ANEXO III CONDIÇÕES BÁSICAS PARA A PROSPECÇÃO, EXPLORAÇÃO E PROVEITAMENTO

Artigo 1º
Direitos sobre os minerais

Os direitos sobre os minerais serão transferidos no momento da sua extração de conformidade com a presente Convenção.

Artigo 2º
Prospecção

1. a) A Autoridade deve fomentar a prospecção na área;
b) A prospecção só deve ser realizada quando a Autoridade tiver recebido do prospector proponente um compromisso escrito satisfatório de que ele cumprirá com a presente Convenção, bem como com as normas, regulamentos e procedimentos da Autoridade relativos à cooperação nos programas de formação previstos nos artigos 143 e 144 e à proteção do meio marinho, e que aceitará a verificação do cumprimento desse compromisso pela Autoridade. Juntamente com o compromisso, o prospector proponente deve notificar a Autoridade da área ou áreas aproximadas em que a prospecção será realizada.
c) A prospecção pode ser realizada simultaneamente por mais de um prospector na mesma área ou nas mesmas áreas.

2. A prospecção não confere ao prospector qualquer direito sobre os recursos. Contudo, o prospector pode extrair uma quantidade razoável de minerais para fins experimentais.

Artigo 3º
Exploração e aproveitamento

1. A empresa, os Estados-Partes e as demais entidades ou pessoas referidas na alínea b) do parágrafo 2º do artigo 153 podem pedir à Autoridade a aprovação de planos de trabalho relativos a atividades na área.

2. A empresa pode fazer esse pedido em relação a qualquer parte da área, mas os pedidos apresentados por outras entidades ou pessoas relativos a áreas reservadas devem estar sujeitos aos requisitos adicionais do artigo 9º do presente anexo.

3. A exploração e o aproveitamento só devem ser realizados nas áreas especificadas nos planos de trabalho

mencionados no parágrafo 3º do artigo 153 e aprovados pela Autoridade de conformidade com a presente Convenção e com as normas, regulamentos e procedimentos pertinentes da Autoridade.

4. Qualquer plano de trabalho aprovado deve:
a) Estar de conformidade com a presente Convenção e com as normas, regulamentos e procedimentos da Autoridade;
b) Prever o controle pela Autoridade das atividades na área, de conformidade com o parágrafo 4º do artigo 153;
c) Conferir ao operador, de conformidade com as normas, regulamentos e procedimentos da Autoridade, direitos exclusivos para a exploração e aproveitamento, na área coberta pelo plano de trabalho, das categorias de recursos nele especificadas. Contudo, se o peticionário apresentar um plano de trabalho para aprovação que cubra apenas a fase de exploração ou a fase de aproveitamento, o plano de trabalho aprovado conferirá direitos exclusivos apenas em relação a essa fase.

5. Uma vez aprovado pela Autoridade, qualquer plano de trabalho, exceto os apresentados pela empresa, terá a forma de um contrato concluído entre a Autoridade e o peticionário ou os peticionários.

Artigo 4º
Requisitos para a qualificação de peticionários

1. Com exceção da empresa, devem ser qualificados os peticionários que preencherem os requisitos de nacionalidade ou controle e de patrocínio enumerados na alínea b) do parágrafo 2º do artigo 153 e que cumprirem os procedimentos e satisfizerem os critérios de qualificação estabelecidos nas normas, regulamentos e procedimentos da Autoridade.

2. Com exceção do disposto no parágrafo 6º, tais critérios de qualificação dirão respeito à capacidade financeira e técnica do peticionário e ao seu desempenho no cumprimento dos contratos anteriores com a Autoridade.

3. Cada peticionário deve ser patrocinado pelo Estado-Parte do qual seja nacional, a não ser que o peticionário tenha mais de uma nacionalidade, como numa associação ou consórcio de entidades ou de pessoas nacionais de vários Estados, caso em que todos os Estados-Partes em causa devem patrocinar o pedido, ou a não ser que o peticionário seja efetivamente controlado por um outro Estado-Parte ou nacionais deste, caso em que ambos os Estados-Partes devem patrocinar o pedido. Os critérios e procedimentos para a aplicação dos requisitos de patrocínio serão estabelecidos nas normas, regulamentos e procedimentos da Autoridade.

4. O Estado ou os Estados patrocinadores terão, nos termos do artigo 139, a responsabilidade de assegurar, no âmbito dos seus sistemas jurídicos, que o contratante assim patrocinado realize atividades na área, de conformidade com os termos do seu contrato e com as obrigações que lhe incumbem nos termos da presente Convenção. Contudo, um Estado patrocinador não será responsável pelos danos causados pelo não cumprimento dessas obrigações por um contratante por ele patrocinado, quando esse Estado-Parte tiver adotado leis e regulamentos e tomado medidas administrativas que, no âmbito do seu sistema jurídico, forem razoavelmente adequadas para assegurar o cumprimento dessas obrigações pelas pessoas sob a sua jurisdição.

5. Os procedimentos para avaliar as qualificações dos Estados-Partes que forem peticionários devem ter em conta a sua qualidade de Estados.

6. Os critérios de qualificação exigirão que, no seu pedido, qualquer peticionário, sem exceção, se comprometa a:
a) Cumprir as obrigações aplicáveis das disposições da parte XI, as normas, regulamentos e procedimentos da Autoridade, as decisões dos seus órgãos e os termos dos contratos concluídos com a Autoridade e aceitar o seu caráter executório;
b) Aceitar o controle pela Autoridade sobre as atividades na área tal como autorizado pela presente Convenção;
c) Dar à Autoridade garantias por escrito de que cumprirá de boa-fé as obrigações que lhe incumbem em virtude do contrato;
d) Cumprir as disposições relativas à transferência de tecnologia, previstas no artigo 5º do presente anexo.

Artigo 5º
Transferência de tecnologia

1. Ao apresentar um plano de trabalho, qualquer peticionário porá à disposição da Autoridade uma descrição geral do equipamento e dos métodos que serão utilizados na realização de atividades na área e outras informações pertinentes que não sejam propriedade industrial acerca das características de tal tecnologia, bem como informações sobre onde essa tecnologia se encontra disponível.

2. Qualquer operador comunicará à Autoridade as alterações na descrição e nas informações postas à disposição nos termos do parágrafo 1º, sempre que seja introduzida uma modificação ou inovação tecnológica importante.

3. Qualquer contrato para a realização de atividades na área deve incluir os seguintes compromissos da parte do contratante:
a) Pôr à disposição da empresa, segundo modalidades e condições comerciais justas e razoáveis, quando solicitado pela Autoridade, a tecnologia que utiliza na realização de atividades na área, nos termos do contrato e que o contratante esteja legalmente autorizado a transferir. A transferência far-se-á por meio de licenças ou outros ajustes apropriados que o contratante negociará com a empresa e que serão especificados num acordo especial complementar ao contrato. Este compromisso só pode ser invocado se a empresa verificar que não pode obter no mercado livre, segundo modalidades e condições comerciais justas e razoáveis, a mesma tecnologia ou tecnologia igualmente eficiente e apropriada;
b) Obter do proprietário de qualquer tecnologia utilizada na realização de atividades na área nos termos do contrato, e que não esteja geralmente disponível no mercado livre nem prevista na alínea a), a garantia escrita de que, quando solicitado pela Autoridade, porá essa tecnologia à disposição da empresa por meio de licenças ou outros ajustes

apropriados e segundo modalidades e condições comerciais justas e razoáveis, na mesma medida em que esteja à disposição do contratante. Se esta garantia não for obtida, tal tecnologia não poderá ser utilizada pelo contratante na realização de atividades na área;

c) Adquirir do proprietário, por meio de um contrato executório, a pedido da empresa, e, se for possível ao contratante fazê-lo sem custos substanciais, o direito de transferir para a empresa a tecnologia que utiliza na realização de atividades na área nos termos do contrato, e que o contratante não esteja de outro modo legalmente autorizado a transferir nem esteja geralmente disponível no mercado livre. Nos casos em que exista um vínculo empresarial importante entre o contratante e o proprietário da tecnologia, a solidez desse vínculo e o grau de controle ou de influência serão tidos em conta para determinar se foram tomadas todas as medidas possíveis para a aquisição desse direito. Se o contratante exercer um controle efetivo sobre o proprietário, a não aquisição desse direito legal será tida em conta para o exame dos requisitos de qualificação do contratante, quando este solicitar posteriormente a aprovação de um plano de trabalho;

d) Facilitar, a pedido da empresa, a aquisição pela mesma de qualquer tecnologia referida na alínea b), por meio de licença ou outros ajustes apropriados e segundo modalidades e condições comerciais justas e razoáveis, se a empresa decidir negociar diretamente com o proprietário dessa tecnologia;

e) Tomar, em benefício de um Estado em desenvolvimento ou de um grupo de Estados em desenvolvimento que tenha solicitado um contrato nos termos do artigo 9º do presente anexo, as mesmas medidas previstas nas alíneas a), b), c) e d), desde que essas medidas se limitem ao aproveitamento da parte da área proposta pelo contratante que tenha sido reservada, nos termos do artigo 8º do presente anexo, e desde que as atividades previstas pelo contrato solicitado pelo Estado em desenvolvimento ou por um grupo de Estados em desenvolvimento não impliquem transferência de tecnologia para um terceiro Estado ou para os nacionais de um terceiro Estado. A obrigação estabelecida na presente disposição só se aplica em relação ao contratante quando a tecnologia não tiver sido requisitada pela empresa ou por ele transferida à empresa.

4. As controvérsias relativas a compromissos requeridos pelo parágrafo 3º, bem como as relativas a outras cláusulas dos contratos, estarão sujeitas aos procedimentos de solução obrigatória previstos na parte XI e, em caso de inobservância desses compromissos, podem ser impostas penas pecuniárias ou a suspensão e rescisão do contrato, de conformidade com o artigo 18 do presente anexo. As controvérsias sobre a questão de saber se as ofertas do contratante são feitas segundo modalidades e condições comerciais justas e razoáveis podem ser submetidas por qualquer das partes à arbitragem comercial obrigatória de conformidade com as Regras de Arbitragem da Comissão das Nações Unidas sobre o Direito Comercial Internacional (UNCITRAL) ou outros regulamentos de arbitragem previstos nas normas, regulamentos e procedimentos da Autoridade. Quando se verificar que a oferta do contratante não está feita segundo modalidades e condições comerciais justas e razoáveis, será dado ao contratante um prazo de 45 dias para rever a sua oferta, de modo que a mesma seja feita segundo tais modalidades e condições, antes que a Autoridade tome alguma decisão de conformidade com o artigo 18 do presente anexo.

5. Se a empresa não conseguir obter, segundo modalidades e condições comerciais justas e razoáveis, tecnologia apropriada que lhe permita iniciar, em tempo oportuno, a extração e processamento de minerais da área, o conselho ou a assembleia pode convocar um grupo de Estados-Partes composto por Estados que realizam atividades na área, por Estados que patrocinam entidades ou pessoas que realizam atividades na área e por outros Estados-Partes que têm acesso a essa tecnologia. Esse grupo consultar-se-á e tomará medidas eficazes para assegurar que esta tecnologia seja posta à disposição da empresa segundo modalidades e condições comerciais justas e razoáveis. Para este fim, cada um desses Estados-Partes tomará todas as medidas possíveis no âmbito do seu sistema jurídico.

6. No caso de empreendimentos conjuntos com a empresa, a transferência de tecnologia será feita de conformidade com as cláusulas do acordo que rege estes empreendimentos.

7. Os compromissos estabelecidos no parágrafo 3º serão incluídos em cada contrato para a realização de atividades na área, até 10 anos após o início da produção comercial pela empresa, e podem ser invocados durante esse período.

8. Para efeitos do presente artigo, "tecnologia" significa o equipamento especializado e conhecimentos técnicos, incluindo manuais, desenhos, instruções de funcionamento, formação e assessoria e assistência técnicas, necessários para a montagem, manutenção e funcionamento de um sistema viável, e o direito legal de utilizar estes elementos para esse fim numa base não exclusiva.

Artigo 6º
Aprovação de planos de trabalho

1. Seis meses após a entrada em vigor da presente Convenção e, posteriormente, de quatro em quatro meses, a Autoridade examinará os planos de trabalho propostos.

2. Ao examinar um pedido de aprovação de um plano de trabalho sob a forma de contrato, a Autoridade assegurar-se-á em primeiro lugar de que:

a) O peticionário cumpriu os procedimentos estabelecidos para os pedidos, de conformidade com o artigo 4º do presente anexo, e assumiu perante a Autoridade os compromissos e lhe deu as garantias requeridas por esse artigo. No caso de inobservância destes procedimentos ou na falta de qualquer desses compromissos ou garantias, será dado ao peticionário um prazo de 45 dias para suprir estas falhas;

b) O peticionário reúne os requisitos de qualificação previstos no artigo 4º do presente anexo.

3. Todos os planos de trabalho propostos devem ser examinados pela ordem em que são recebidos. Os planos de trabalho propostos deverão cumprir com as disposições pertinentes da presente Convenção e com

as normas, regulamentos e procedimentos da Autoridade, incluindo os requisitos relativos às operações, contribuições financeiras e compromissos referentes à transferência de tecnologia, e devem ser regidos pelos mesmos. Se os planos de trabalho propostos estiverem em conformidade com esses requisitos, a Autoridade aprová-los-á, sempre que estejam de acordo com os requisitos uniformes e não discriminatórios estabelecidos nas normas, regulamentos e procedimentos da Autoridade, a menos que:

a) Uma parte ou a totalidade da área coberta pelo plano de trabalho proposto esteja incluída num plano de trabalho já aprovado ou num plano de trabalho anteriormente proposto sobre o qual a Autoridade não tenha ainda adotado uma decisão definitiva;
b) Uma parte ou a totalidade da área coberta pelo plano de trabalho proposto tenha sido excluída pela Autoridade nos termos da alínea x) do parágrafo 2º do artigo 162; ou
c) O plano de trabalho proposto tenha sido apresentado ou patrocinado por um Estado-Parte que já tenha:
 i) Planos de trabalho para a exploração e aproveitamento de nódulos polimetálicos em áreas não reservadas cuja superfície, juntamente com a de qualquer das partes da área coberta pelo plano de trabalho proposto, exceda 30% da superfície de uma área circular de 400.000 km² cujo centro seja o de qualquer das partes da área coberta pelo plano de trabalho proposto;
 ii) Planos de trabalho para a exploração e aproveitamento de nódulos polimetálicos em áreas não reservadas que, em conjunto, representem 2% da superfície da área total dos fundos marinhos que não esteja reservada nem tenha sido excluída do aproveitamento nos termos da alínea x) do parágrafo 2º do artigo 162.

4. Para efeitos de aplicação do critério estabelecido na alínea c) do parágrafo 3º, um plano de trabalho apresentado por uma associação ou consórcio deve ser atribuído numa base proporcional aos Estados-Partes patrocinadores de conformidade com o parágrafo 3º do artigo 4º do presente anexo. A Autoridade pode aprovar os planos de trabalho referidos na alínea c) do parágrafo 3º se ela determinar que essa aprovação não permitirá que um Estado-Parte ou entidades ou pessoas por ele patrocinadas monopolizem a realização de atividades na área ou impeçam que outros Estados-Partes nela realizem atividades.

5. Não obstante a alínea a) do parágrafo 3º, depois de terminado o período provisório previsto no nº 3 do artigo 151º, a Autoridade pode adotar, por meio de normas, regulamentos e procedimentos, outros procedimentos e critérios compatíveis com a presente Convenção para decidir quais os peticionários cujos planos de trabalho serão aprovados, nos casos em que tenha de ser feita uma seleção entre os peticionários para uma área proposta. Estes procedimentos e critérios assegurarão a aprovação dos planos de trabalho numa base equitativa e não discriminatória.

Artigo 7º
Seleção de peticionários de autorizações de produção

1. Seis meses após a entrada em vigor da presente Convenção e, posteriormente, de quatro em quatro meses, a Autoridade examinará os pedidos de autorizações de produção apresentados durante o período imediatamente anterior. A Autoridade outorgará as autorizações solicitadas, se todos esses pedidos puderem ser aprovados sem se excederem os limites de produção ou sem a infração pela Autoridade das obrigações que contraiu nos termos de um acordo ou ajuste sobre produtos básicos em que seja parte segundo o disposto no artigo 151.

2. Quando tiver de ser feita uma seleção entre peticionários de autorizações de produção em virtude dos limites de produção fixados nos parágrafos 2º a 7º do artigo 151 ou das obrigações contraídas pela Autoridade nos termos de um acordo ou ajuste sobre produtos básicos de que se tenha tornado parte segundo o disposto no parágrafo 1º do artigo 151, a Autoridade deve efetuar a seleção com base em critérios objetivos e não discriminatórios estabelecidos nas suas normas, regulamentos e procedimentos.

3. Ao aplicar o parágrafo 2º, a Autoridade deve dar prioridade aos peticionários que:

a) Ofereçam maiores garantias de execução, tendo em conta a sua capacidade financeira e técnica e, se for o caso, a forma como tenham executado planos de trabalho anteriormente aprovados;
b) Ofereçam à Autoridade a possibilidade de obter benefícios financeiros mais rápidos, tendo em conta a data prevista para o início da produção comercial;
c) Já tenham investido maiores recursos e esforços na prospecção ou exploração.

4. Os peticionários que nunca tenham sido selecionados, em qualquer período, terão prioridade nos períodos subsequentes até receberem uma autorização de produção.

5. A seleção será feita tendo em conta a necessidade de ampliar as oportunidades de todos os Estados-Partes, independentemente dos seus sistemas sociais e económicos ou da sua situação geográfica, de modo a evitar qualquer discriminação contra qualquer Estado no sistema, na participação nas atividades na área, e de impedir a monopolização dessas atividades.

6. Sempre que estiverem em aproveitamento menos áreas reservadas do que áreas não reservadas, terão prioridade os pedidos de autorização de produção relativos a áreas reservadas.

7. As decisões referidas no presente artigo serão tomadas o mais cedo possível após o termo de cada período.

Artigo 8º
Reserva de áreas

Cada pedido, exceutuando os apresentados pela empresa ou por quaisquer outras entidades ou pessoas, relativo a áreas reservadas, deve cobrir uma área total, não necessariamente contínua, com uma superfície e um valor comercial estimativo suficientes para permitir duas operações de mineração. O peticionário deve indicar as coordenadas que permitam dividir a área em duas partes de igual valor comercial estimativo e comunicará todos os dados que tenha obtido respeitantes às duas partes da área. Sem prejuízo dos poderes da Autoridade nos termos do artigo 17 do presente anexo, os dados que devem ser apresentados relativos aos nódulos polimetálicos devem referir-se ao levantamento cartográfico, à amostragem, à concentração dos nódulos e ao seu teor em metais. Nos 45 dias seguintes ao recebimento destes dados, a Autoridade deve designar que parte será reservada exclusivamente para a realização de atividades pela Autoridade por intermédio da empresa ou em associação com Estados em desenvolvimento. Essa designação pode ser diferida por um período adicional de 45 dias se a Autoridade solicitar um perito independente que determine se todos os dados requeridos pelo presente artigo lhe foram apresentados. A área designada tornar-se-á uma área reservada assim que o plano de trabalho para a área não reservada tiver sido aprovado e o contrato assinado.

Artigo 9º
Atividades em áreas reservadas

1. A empresa poderá decidir se pretende realizar atividades em cada área reservada. Esta decisão pode ser tomada em qualquer altura, a não ser que a Autoridade receba uma notificação nos termos do parágrafo 4º, caso em que a empresa tomará a sua decisão num prazo razoável. A empresa pode decidir aproveitar essas áreas por meio de empreendimentos conjuntos com o Estado, a entidade ou a pessoa interessados.

2. A empresa pode celebrar contratos para a execução de uma parte das suas atividades de conformidade com o artigo 12 do anexo IV. Pode também constituir empreendimentos conjuntos para a realização dessas atividades com quaisquer entidades ou pessoas que estejam habilitadas a realizar atividades na área nos termos da alínea b) do parágrafo 2º do artigo 153 Ao considerar tais empreendimentos conjuntos, a empresa deve oferecer a oportunidade de uma participação efetiva aos Estados-Partes que sejam Estados em desenvolvimento e aos nacionais destes.

3. A Autoridade pode prescrever, nas suas normas, regulamentos e procedimentos, requisitos de fundo e de procedimento, bem como condições, relativos a tais contratos e empreendimentos conjuntos.

4. Todo Estado-Parte que seja um Estado em desenvolvimento ou qualquer pessoa jurídica, singular ou coletiva, patrocinada por este e efetivamente controlada por este ou por um outro Estado em desenvolvimento, que seja um peticionário qualificado, ou qualquer grupo dos precedentes, pode notificar à Autoridade o seu desejo de apresentar um plano de trabalho nos termos do artigo 6º do presente anexo, para uma área reservada. O plano de trabalho será examinado se a empresa decidir, nos termos do parágrafo 1º, que não pretende realizar atividades nessa área.

Artigo 10
Preferência e prioridade de certos peticionários

Um operador que tiver um plano de trabalho aprovado unicamente para a realização de atividades de exploração, de conformidade com a alínea c) do parágrafo 4º do artigo 3º do presente anexo, deve ter preferência e prioridade sobre os demais peticionários que tenham apresentado um plano de trabalho para aproveitamento da mesma área e dos mesmos recursos. Contudo, tal preferência ou prioridade pode ser retirada se o operador não tiver executado o seu plano de trabalho de modo satisfatório.

Artigo 11
Ajustes conjuntos

1. Os contratos podem prever ajustes conjuntos entre o contratante e a Autoridade por intermédio da empresa, sob a forma de empreendimentos conjuntos ou de repartição da produção, bem como qualquer outra forma de ajustes conjuntos, que gozarão da mesma proteção em matéria de revisão, suspensão ou rescisão que os contratos celebrados com a Autoridade.

2. Os contratantes que concluam com a empresa esses ajustes conjuntos podem receber incentivos financeiros, tal como previsto no artigo 13 do presente anexo.

3. Os sócios no empreendimento conjunto com a empresa serão responsáveis pelos pagamentos previstos no artigo 13 do presente anexo na proporção da sua participação no empreendimento conjunto, sob reserva de incentivos financeiros, tal como previsto nesse artigo.

Artigo 12
Atividades realizadas pela empresa

1. As atividades na área realizadas pela empresa nos termos da alínea a) do parágrafo 2º do artigo 153 devem ser regidas pela parte XI, pelas normas, regulamentos e procedimentos da Autoridade e decisões pertinentes desta.

2. Qualquer plano de trabalho apresentado pela empresa deve ser acompanhado de provas da sua capacidade financeira e técnica.

Artigo 13
Cláusulas financeiras dos contratos

1. Ao adotar normas, regulamentos e procedimentos relativos aos termos financeiros dos contratos entre a Autoridade e as entidades ou pessoas mencionadas na alínea b) do parágrafo 2º do artigo 153 e ao negociar esses termos financeiros de conformidade com a parte XI e com essas normas, regulamentos e procedimentos, a Autoridade deve guiar-se pelos seguintes objetivos:

a) Assegurar-se à Autoridade a otimização das receitas provenientes da produção comercial;
b) Atrair investimentos e tecnologia para a exploração e aproveitamento da área;
c) Assegurar igualdade de tratamento financeiro e obrigações financeiras comparáveis para os contratantes;
d) Oferecer aos contratantes, numa base uniforme e não discriminatória, incentivos para a conclusão de ajustes conjuntos com a empresa e com os Estados em desenvolvimento ou nacionais destes, para o estímulo da transferência de tecnologia à empresa e a esses Estados e seus nacionais e para a formação do pessoal da Autoridade e dos Estados em desenvolvimento;

e) Permitir à empresa dedicar-se efetivamente à mineração dos fundos marinhos, ao mesmo tempo que as entidades ou pessoas mencionadas na alínea b) do parágrafo 2º do artigo 153;

f) Assegurar que, como resultado dos incentivos financeiros oferecidos a contratantes em virtude do parágrafo 14, dos termos dos contratos revistos de conformidade com o artigo 19 do presente anexo, ou das disposições do artigo 11 do presente anexo relativas aos empreendimentos conjuntos, os contratantes não sejam subsidiados de modo a ser-lhes dada artificialmente uma vantagem competitiva em relação aos produtores terrestres de minérios.

2. Para as despesas administrativas relativas ao estudo dos pedidos de aprovação de um plano de trabalho sob a forma de um contrato, será cobrada uma taxa cujo montante será fixado em 500.000 dólares dos Estados Unidos por pedido. O montante da taxa será revisto periodicamente pelo Conselho a fim de que cubra as despesas administrativas efetuadas. Se as despesas feitas pela Autoridade no estudo de um pedido forem inferiores ao montante fixado, a Autoridade reembolsará a diferença ao peticionário.

3. Cada contratante deve pagar uma taxa anual fixa de 1 milhão de dólares dos Estados Unidos a partir da data de entrada em vigor do contrato. Se a data aprovada para o início da produção comercial for adiada em virtude de um atraso na outorga da autorização de produção de conformidade com o artigo 151, o contratante ficará desobrigado da fração da taxa anual fixa durante o período de adiamento. A partir do início da produção comercial, o contratante pagará o imposto sobre a produção ou a taxa anual fixa, se esta for mais elevada.

4. Num prazo de um ano a contar do início da produção comercial, de conformidade como parágrafo 3º, o contratante deve escolher efetuar a sua contribuição financeira à Autoridade:

a) Quer pagando apenas um imposto sobre a produção;
b) Quer pagando um imposto sobre a produção mais uma parte das receitas líquidas.

5. a) Se um contratante optar por efetuar a sua contribuição financeira à Autoridade, pagando apenas um imposto sobre a produção, o montante deste imposto será fixado a uma percentagem do valor de mercado dos metais processados, obtidos dos nódulos polimetálicos extraídos da área coberta pelo contrato. Esta percentagem será fixada do seguinte modo:

i) Do 1º ao 10º ano de produção comercial – 5%;
ii) Do 11º ano até ao fim do período de produção comercial – 12%.

b) O valor de mercado acima mencionado é o produto da quantidade de metais processados obtidos dos nódulos polimetálicos extraídos da área coberta pelo contrato pelo preço médio desses metais durante o correspondente ano fiscal, tal como definido nos parágrafos 7º a 8º.

6. Se o contratante optar por efetuar a sua contribuição financeira à Autoridade, pagando um imposto sobre a produção mais uma parte das receitas líquidas, o montante destes pagamentos será determinado da seguinte maneira:

a) O montante do imposto sobre a produção será fixado a uma percentagem do valor de mercado, determinado de conformidade com a alínea b), dos metais processados, obtidos dos nódulos polimetálicos extraídos da área coberta pelo contrato. Esta percentagem será fixada do seguinte modo:

i) Primeiro período de produção comercial – 2%;
ii) Segundo período de produção comercial – 4%.

Se durante o segundo período de produção comercial, tal como está definido na alínea d), o rendimento do investimento em qualquer ano fiscal, segundo a definição da alínea m), for inferior a 15% como resultado do pagamento do imposto sobre a produção a 4%, o imposto sobre a produção será nesse ano fiscal de 2% em vez de 4%;

b) O valor de mercado acima mencionado do produto da quantidade de metais processados, obtidos nos nódulos polimetálicos, extraídos da área coberta pelo contrato pelo preço médio desses metais durante o correspondente ano fiscal, tal como definido nos parágrafos 7º a 8º;

c): i) A parte da Autoridade nas receitas líquidas será retirada da parte das receitas líquidas do contratante atribuíveis à mineração dos recursos da área coberta pelo contrato, a partir daqui denominadas receitas líquidas atribuíveis;

ii) A parte da Autoridade nas receitas líquidas atribuíveis será determinada de conformidade com a seguinte tabela progressiva:

Parte das receitas líquidas atribuíveis	Participação da Autoridade	
	Primeiro período de produção comercial	Segundo período de produção comercial
A parte que represente um rendimento do investimento superior a 0%, mas inferior a 10%	35%	40%
A parte que represente um rendimento do investimento igual ou superior a 10%, mas inferior a 20%	42,5%	50%
A parte que represente um rendimento do investimento igual ou superior a 20%	50%	70%

d) i) O primeiro período de produção comercial referido nas alíneas *a* e *c* terá início no primeiro ano fiscal da produção comercial e terminará com o ano fiscal em que os custos de desenvolvimento do contratante, juntamente com os juros sobre a parte não amortizada desses custos, são amortizados na sua totalidade pelo superávit, como a seguir se indica: no primeiro ano fiscal em que ocorrerem os custos de desenvolvimento, os custos de desenvolvimento não amortizados serão iguais aos custos de desenvolvimento menos o superávit nesse ano fiscal. Em cada um dos anos fiscais seguintes, os custos de desenvolvimento não amortizados serão iguais aos custos de desenvolvimento não amortizados no final do ano fiscal precedente, mais um juro anual de 10%, mais os custos de desenvolvimento feitos durante o ano fiscal em curso e menos o superávit do contratante no ano fiscal em curso. O ano fiscal, em que pela primeira vez os custos de desenvolvimento não amortizados forem nulos, será o ano fiscal em que os custos de desenvolvimento do contratante, acrescidos dos juros sobre a parte não amortizada dos referidos custos, sejam amortizados na sua totalidade pelo seu superávit. O superávit do contratante em qualquer ano fiscal será o seu rendimento bruto, menos os custos operacionais e menos os pagamentos feitos por ele à Autoridade nos termos da alínea *c*;

ii) O segundo período de produção comercial terá início no ano fiscal seguinte ao término do primeiro período de produção comercial e continuará até ao fim do contrato;

e) "Receitas líquidas atribuíveis" significa o produto das receitas líquidas do contratante pelo quociente entre os custos de desenvolvimento correspondentes à extração e os custos de desenvolvimento do contratante. No caso de o contratante se dedicar à extração, ao transporte de nódulos polimetálicos e à produção de, basicamente, três metais processados, nomeadamente cobalto, cobre e níquel, as receitas líquidas atribuíveis não serão inferiores a 25% das receitas líquidas do contratante. Salvo o disposto na alínea *n*, em todos os outros casos, incluindo aqueles em que o contratante se dedique à extração, ao transporte de nódulos polimetálicos e à produção de, basicamente, quatro metais processados, nomeadamente cobalto, cobre, manganês e níquel, a Autoridade pode prescrever, nas suas normas, regulamentos e procedimentos, escalões apropriados que mantenham para cada caso a mesma relação que o escalão de 25% para o caso dos três metais;

f) "Receitas líquidas do contratante" significa as receitas brutas do contratante, menos os custos operacionais e menos amortização dos custos de desenvolvimento, tal como estipulado na alínea *j*;

g) i) Se o contratante se dedicar à extração, ao transporte de nódulos polimetálicos e à produção de metais processados, "receitas brutas do contratante" significa o produto bruto da venda de metais processados e quaisquer outras receitas que se considerem razoavelmente atribuíveis a operações realizadas nos termos do contrato, de conformidade com as normas, regulamentos e procedimentos financeiros da Autoridade;

ii) Em todos os casos que não os especificados na subalínea *i)* da alínea *g* e na subalínea *iii)* da alínea *n*, "receitas brutas do contratante" significa o produto bruto da venda de metais semiprocessados obtidos dos nódulos polimetálicos extraídos da área coberta pelo contrato e quaisquer outras receitas que se considerem razoavelmente atribuíveis a operações realizadas nos termos do contrato, de conformidade com as normas, regulamentos e procedimentos financeiros da Autoridade;

h) "Custos de desenvolvimento do contratante" significa:

i) Todos os custos efetuados antes do início da produção comercial que estejam diretamente relacionados com o desenvolvimento da capacidade de produção da área coberta pelo contrato e com atividades conexas nas operações realizadas nos termos do contrato em todos os casos que não os especificados na alínea *n*, de conformidade com princípios de contabilidade geralmente aceitos, incluídos, *inter alia*, custos com maquinaria, equipamento, embarcações, instalações de tratamento, construção, edifícios, terrenos, estradas, prospecção e exploração da área coberta pelo contrato, investigação e desenvolvimento, juros, arrendamentos requeridos, licenças e taxas; e

ii) As despesas similares às referidas na subalínea *i)*, efetuadas após o início da produção comercial e necessárias à execução do plano de trabalho, com exceção das atribuíveis aos custos operacionais;

i) As receitas provenientes da alienação de bens de capital e o valor de mercado desses bens de capital que não sejam necessários para as operações nos termos do contrato e que não tenham sido vendidos serão deduzidos dos custos de desenvolvimento do contratante durante o ano fiscal pertinente. Quando estas deduções forem superiores aos custos de desenvolvimento do contratante, o excedente será adicionado às receitas brutas do contratante.

j) Os custos de desenvolvimento do contratante efetuados antes do início da produção comercial, mencionados na subalínea *i)* da alínea *h* e na subalínea *iv)* da alínea *n*, serão amortizados em 10 anuidades de igual valor a partir da data do início da produção comercial. Os custos de desenvolvimento do contratante efetuados após o início da produção comercial, referidos na subalínea *ii* da alínea *h* e na subalínea *iv* da alínea *n*, serão amortizados em 10 ou menos anuidades de igual valor de modo a garantir a sua amortização total no término do contrato;

k) "Custos operacionais do contratante" significa todas as despesas efetuadas após o início da produção comercial para utilização da capacidade de produção da área coberta pelo contrato e para atividades conexas nas operações realizadas nos termos do contrato, de conformidade com princípios de contabilidade geralmente aceitos, incluídos, *inter alia*, a taxa anual fixa ou o imposto sobre a produção, se este for mais elevado, as despesas com vencimentos, salários, benefícios pagos aos empregados, materiais, serviços, transportes, custos de processamento e comercialização, juros, prestações de serviços públicos, preservação do meio marinho, despesas gerais e administrativas especificamente relacionadas com as operações realizadas nos termos do contrato, e qualquer déficit operacional transportado para anos fiscais anteriores ou para anos fiscais posteriores com o que aqui se especifica. O déficit operacional pode ser transportado para dois anos fiscais posteriores e consecutivos, com exceção dos dois últimos anos do contrato, caso em que pode ser transportado retroativamente para os dois anos fiscais precedentes;

l) Se o contratante se dedicar à extração, ao transporte de nódulos polimetálicos e à produção de metais processados e semiprocessados, "custos de desenvolvimento da extração" significa a parte dos custos de desenvolvimento do contratante diretamente relacionada com a extração dos recursos da área coberta pelo contrato, de conformidade com princípios de contabilidade geralmente aceitos e com as normas, regulamentos e procedimentos financeiros da Autoridade, incluídos, *inter alia*, a taxa pelo pedido, a taxa anual fixa e, se for o caso, os custos de prospecção e exploração da área coberta pelo contrato e uma parte dos custos de investigação e de desenvolvimento;

m) "Rendimento do investimento" num ano fiscal significa o quociente entre as receitas líquidas atribuíveis nesse ano e os custos de desenvolvimento correspondentes à extração. Para o cálculo desse quociente, os custos de desenvolvimento correspondentes à extração incluirão as despesas efetuadas com o equipamento novo ou com a substituição de equipamento utilizado na extração, menos o custo inicial do equipamento substituído;

n) Se o contratante se dedicar unicamente à extração:

  i) "Receitas líquidas atribuíveis" significa a totalidade das receitas líquidas do contratante;

  ii) "Receitas líquidas do contratante" são as definidas na alínea *f*;

  iii) "Receitas brutas do contratante" significa as receitas brutas da venda dos nódulos polimetálicos e quaisquer outras receitas consideradas como razoavelmente atribuíveis às operações realizadas nos termos do contrato, de conformidade com as normas, regulamentos e procedimentos financeiros da Autoridade;

  iv) "Custos de desenvolvimento do contratante" significa todas as despesas efetuadas antes do início da produção comercial nos termos da subalínea *i)* da alínea *h)* e todas as despesas efetuadas depois do início da produção comercial nos termos da subalínea *ii)* da alínea *h)*, que estejam diretamente relacionadas com a extração dos recursos da área coberta pelo contrato, de conformidade com princípios de contabilidade geralmente aceitos;

  v) "Custos operacionais do contratante" significa os custos operacionais do contratante referidos na alínea *k)* que estejam diretamente relacionados com a extração dos recursos da área coberta pelo contrato, de conformidade com princípios de contabilidade geralmente aceitos;

  vi) "Rendimento do investimento" num ano fiscal significa o quociente entre as receitas líquidas do contratante nesse ano e os custos de desenvolvimento do contratante. Para o cálculo desse quociente os custos de desenvolvimento do contratante incluirão as despesas efetuadas com equipamento novo ou com a substituição de equipamento, menos o custo inicial do equipamento substituído;

o) Os custos mencionados nas alíneas *h*, *k*, *l* e *n* relativos aos juros pagos pelo contratante devem ser autorizados, na medida em que, em todas as circunstâncias, a Autoridade, nos termos do parágrafo 1º do artigo 4º do presente anexo, aprova como razoáveis a razão dívida/capital social e as taxas de juro, tendo em conta a prática comercial vigente;

p) Os custos mencionados no presente número não incluirão o pagamento dos impostos sobre os rendimentos das sociedades ou encargos similares cobrados pelos Estados em virtude das operações do contratante.

7. *a)* "Metais processados", referido nos parágrafos 5º e 6º, significa os metais sob a forma mais básica em que são habitualmente comercializados nos mercados terminais internacionais. Para este efeito, a Autoridade especificará nas suas normas, regulamentos e procedimentos financeiros o mercado terminal internacional pertinente. Para os metais que não sejam comercializados nesses mercados, "metais processados" significa os metais sob a forma mais básica em que são habitualmente comercializados em transacções próprias de empresas independentes;

b) Se a Autoridade não puder determinar de outro modo a quantidade de metais processados obtidos de nódulos polimetálicos extraídos da área coberta pelo contrato, referida na alínea *b* do parágrafo 5º e na alínea *b* do parágrafo 6º, essa quantidade será determinada com base nos teores em metais desses nódulos, na eficiência do processamento de recuperação e noutros fatores pertinentes, de conformidade com as normas, regulamentos e procedimentos da Autoridade e com princípios de contabilidade geralmente aceitos.

8. Se um mercado terminal internacional oferece um mecanismo adequado de fixação de preços para os metais processados, para os nódulos polimetálicos e para os metais semiprocessados obtidos de nódulos, deve utilizar-se o preço médio desse mercado. Em todos os outros casos, a Autoridade, depois de consultar o contratante, deve determinar um preço justo para esses produtos, de conformidade com o parágrafo 9º.

9. *a)* Todos os custos, despesas, receitas e rendimentos e todas as determinações de preços e valores mencionados no presente artigo serão o resultado de transações efetuadas em mercado livre ou de acordo com as transações próprias de empresas independentes. Se não for o caso, serão determinados pela Autoridade, depois de consultar o contratante, como se tivessem resultado de transações efetuadas em mercado livre ou de transações próprias de empresas independentes, tendo em conta as transações pertinentes de outros mercados;

b) A fim de assegurar o cumprimento e a execução das disposições do presente número, a Autoridade deve guiar-se pelos princípios adotados e pelas interpretações dadas para as transações próprias de empresas independentes pela Comissão de Empresas Transnacionais das Nações Unidas, pelo Grupo de Peritos em Acordos Fiscais entre países em desenvolvimento e países desenvolvidos, bem como por outras organizações internacionais, e fixará, nas suas normas, regulamentos e procedimentos, normas e procedimentos fiscais uniformes e internacionalmente aceitos, bem como os métodos que o contratante deve seguir para selecionar os contabilistas diplomados e independentes que sejam aceitáveis pela Autoridade para fins de verificação das contas, de conformidade com essas normas, regulamentos e procedimentos.

10. O contratante porá à disposição dos contabilistas, de conformidade com as normas, regulamentos e procedimentos financeiros da Autoridade, os dados financeiros necessários para verificar o cumprimento do presente artigo.

11. Todos os custos, despesas, receitas e rendimentos e todos os preços e valores mencionados no presente artigo serão determinados de conformidade com os princípios de contabilidade geralmente aceites e com as normas, regulamentos e procedimentos financeiros da Autoridade.

12. Os pagamentos à Autoridade em virtude dos parágrafos 5º e 6º serão efetuados em moedas livremente utilizáveis ou em moedas livremente disponíveis e efetivamente utilizáveis nos principais mercados de divisas ou, por escolha do contratante, no seu equivalente em metais processados ao valor de mercado. O valor de mercado deve ser determinado de conformidade com a alínea *b* do parágrafo 5º. As moedas livremente utilizáveis e as moedas livremente disponíveis e efetivamente utilizáveis nos principais mercados de divisas devem ser definidas nas normas, regulamentos e procedimentos da Autoridade, de conformidade com a prática monetária internacional dominante.

13. Todas as obrigações financeiras do contratante para com a Autoridade, assim com todas as taxas, custos, despesas, receitas e rendimentos mencionados no presente artigo devem ser ajustados exprimindo-se em valores constantes relativos a um ano base.

14. A fim de promover a realização dos objetivos enunciados no parágrafo 1º, a Autoridade pode, tendo em conta as recomendações da Comissão de Planejamento Econômico e da Comissão Jurídica e Técnica, adotar normas, regulamentos e procedimentos que estabeleçam incentivos para os contratantes numa base uniforme e não discriminatória.

15. Em caso de controvérsia entre a Autoridade e um contratante relativa à interpretação ou aplicação das cláusulas financeiras de um contrato, qualquer das partes pode submeter a controvérsia a arbitragem comercial obrigatória, a não ser que as duas partes convenham em solucionar a controvérsia por outros meios, de conformidade com o parágrafo 2º do artigo 188.

Artigo 14
Transferência de dados

1. O operador deve transferir para a Autoridade, de conformidade com as normas, regulamentos e procedimentos da mesma e as modalidades e condições do plano de trabalho, em intervalos por ela determinados, todos os dados que sejam ao mesmo tempo necessários e pertinentes ao exercício efetivo dos poderes e funções dos órgãos principais da Autoridade no que se refere à área coberta pelo plano do trabalho.

2. Os dados transferidos relativos à área coberta pelo plano de trabalho, considerados propriedade industrial, só podem ser utilizados para os fins estabelecidos no presente artigo. Os dados necessários para a elaboração pela Autoridade de normas, regulamentos e procedimentos relativos à proteção do meio marinho e à segurança, exceto os dados relativos ao projeto de equipamento, não devem ser considerados propriedade industrial.

3. Os dados transferidos para a Autoridade pelos prospetores, peticionários de contratos ou pelos contratantes e considerados propriedade industrial não devem ser revelados à empresa nem a ninguém estranho à Autoridade, mas os dados sobre as áreas reservadas podem ser revelados à empresa. Estes dados transferidos para a empresa por tais entidades não devem ser revelados pela empresa à Autoridade nem a ninguém estranho à Autoridade.

Artigo 15
Programas de formação

O contratante deve preparar programas práticos para a formação do pessoal da Autoridade e dos Estados em desenvolvimento, incluindo a participação desse pessoal em todas as atividades na área previstas no contrato, de conformidade com o parágrafo 2º do artigo 144.

Artigo 16
Direito exclusivo de exploração e aproveitamento

A Autoridade deve, nos termos da parte XI e das suas normas, regulamentos e procedimentos, outorgar ao operador o direito exclusivo de explorar e aproveitar a área coberta pelo plano de trabalho com respeito a uma categoria especificada de recursos e deve assegurar que nenhuma outra entidade realize na mesma área atividades relativas a uma categoria diferente de recursos de modo que possa interferir com as atividades do operador. A titularidade do operador deve ser garantida de conformidade com o parágrafo 6º do artigo 153.

Artigo 17
Normas, regulamentos e procedimentos da Autoridade

1. A Autoridade deve adotar e aplicar uniformemente normas, regulamentos e procedimentos de conformidade com a subalínea *ii* da alínea *f* do parágrafo 2º do artigo 160 e com a subalínea *ii* da alínea *o* do parágrafo 2º do artigo 162, para o exercício das suas funções enunciadas na parte XI, sobre, *inter alia*, as seguintes questões:

a) Procedimentos administrativos relativos à prospecção, à exploração e ao aproveitamento da área;
b) Operações:
  i) Dimensão da área;
  ii) Duração das operações;
  iii) Requisitos de execução, incluindo as garantias previstas na alínea *c* do parágrafo 6º do artigo 4º do presente anexo;

- *iv)* Categorias de recursos;
- *v)* Renúncia de áreas;
- *vi)* Relatórios sobre o andamento dos trabalhos;
- *vii)* Apresentação de dados;
- *viii)* Inspeção e supervisão das operações;
- *ix)* Prevenção de interferências com outras atividades no meio marinho;
- *x)* Transferência de direitos e obrigações por um contratante;
- *xi)* Procedimentos para a transferência de tecnologia aos Estados em desenvolvimento, de conformidade com o artigo 144º e para a participação direta destes;
- *xii)* Critérios e práticas de mineração, incluídas as referentes à segurança das operações, à conservação dos recursos e à proteção do meio marinho;
- *xiii)* Definição de produção comercial;
- *xiv)* Critérios de qualificação dos peticionários;

c) Questões financeiras:

- *i)* Estabelecimento de normas uniformes e não discriminatórias em matéria de custos e de contabilidade, bem como de métodos de seleção de auditores;
- *ii)* Distribuição das receitas das operações;
- *iii)* Os incentivos mencionados no artigo 13 do presente anexo;

d) Aplicação das decisões tomadas nos termos do parágrafo 4º do artigo 151 e da alínea *d* do parágrafo 2º do artigo 164.

2. As normas, regulamentos e procedimentos sobre as seguintes questões deverão refletir plenamente os critérios objetivos a seguir estabelecidos:

a) Dimensões das áreas:

A Autoridade deve determinar a dimensão apropriada das áreas para exploração, que pode ir até ao dobro da dimensão das áreas para aproveitamento, a fim de se permitirem operações intensivas de exploração. A dimensão das áreas para aproveitamento deve ser calculada de modo a, de conformidade com as cláusulas do contrato, satisfazer os requisitos do artigo 8º do presente anexo sobre reserva de áreas, bem como os requisitos de produção previstos compatíveis com o artigo 151, tendo em conta o grau de desenvolvimento da tecnologia disponível nesse momento para a mineração dos fundos marinhos e as características físicas pertinentes da área. As áreas não serão menores nem maiores que o necessário para satisfazer esse objetivo;

b) Duração das operações:

- *i)* A prospecção não deve estar sujeita a prazo;
- *ii)* A exploração deve ter a duração suficiente para permitir um estudo aprofundado da área determinada, o projeto e a construção de equipamento de extração mineira para a área e o projeto e construção de instalações de processamento de pequena e média dimensão destinadas a testar sistemas de extração e processamento de minerais;
- *iii)* A duração do aproveitamento deve ser em função da vida econômica do projeto de extração mineira, tendo em conta fatores como o esgotamento do depósito, a vida útil do equipamento de extração e das instalações de processamento, bem como a viabilidade comercial. A duração do aproveitamento deve ser suficiente para permitir a extração comercial dos minerais da área e incluir um prazo razoável para a construção de sistemas de extração e processamento de minerais à escala comercial, período durante o qual não deve ser exigida a produção comercial. Contudo, a duração total do aproveitamento deve também ser suficientemente breve para dar à Autoridade a possibilidade de modificar as modalidades e condições do plano de trabalho quando considerar a sua renovação de conformidade com as normas, regulamentos e procedimentos que tenha adoptado depois da aprovação do plano de trabalho;

c) Requisitos de execução:

A Autoridade deve exigir que, durante a fase de exploração, o operador efetue despesas periódicas que mantenham uma relação razoável com a dimensão da área coberta pelo plano de trabalho e com as despesas que sejam de esperar de um operador de boa-fé que pretenda iniciar a produção comercial na área dentro dos prazos fixados pela Autoridade. Essas despesas não devem ser fixadas a um nível que desincentive possíveis operadores que disponham de uma tecnologia menos onerosa que a correntemente utilizada. A Autoridade deve fixar um intervalo máximo entre a conclusão da fase de exploração e o início da produção comercial. Para fixar esse intervalo, a Autoridade deve ter em conta que a construção de sistemas de extração e processamento de minerais em grande escala não pode ser iniciada senão depois da conclusão da fase de exploração e do início da fase de aproveitamento. Em consequência, o intervalo até o início da produção comercial na área deve ter em conta o tempo necessário para a construção desses sistemas depois de completada a fase de exploração e prever um prazo razoável que tenha em conta atrasos inevitáveis no calendário da construção. Uma vez iniciada a produção comercial, a Autoridade, dentro dos limites razoáveis e tendo em conta todos os fatores pertinentes, deve exigir ao operador que mantenha a produção comercial durante a vigência do plano de trabalho;

d) Categorias de recursos: Ao determinar as categorias de recursos a respeito dos quais um plano de trabalho possa ser aprovado, a Autoridade deve dar ênfase, *inter alia*, às seguintes características:

- *i)* Que diferentes recursos requerem a utilização de métodos semelhantes de extração;
- *ii)* Que alguns recursos podem ser aproveitados simultaneamente por vários operadores que aproveitem recursos diferentes na mesma área em que interfiram indevidamente entre si. Nada do disposto na presente alínea deve impedir a Autoridade de aprovar um plano de trabalho relativo a mais de uma categoria de recursos na mesma área a favor do mesmo peticionário;

e) Renúncia de áreas: O operador pode renunciar em qualquer altura, sem sanção, à totalidade ou a uma parte dos seus direitos na área coberta pelo plano de trabalho;

f) Proteção do meio marinho:
Normas, regulamentos e procedimentos devem ser estabelecidos para assegurar a proteção eficaz do meio marinho contra efeitos nocivos resultantes diretamente de atividades na área ou do processamento de minerais procedentes de uma área, de extração mineira a bordo de um navio posicionado sobre tal área, tendo em conta a medida em que tais efeitos nocivos possam resultar diretamente da perfuração, da dragagem, da extração de amostras e da escavação, bem como da eliminação, da imersão e da descarga no meio marinho de sedimentos, detritos ou outros efluentes;

g) Produção comercial: Considera-se iniciada a produção comercial quando um operador se dedicar a operações de extração contínua em grande escala que produza uma quantidade de materiais suficiente para indicar claramente que o objetivo principal é a produção em grande escala e não a destinada a recolher informação, a analisar ou a testar o equipamento ou a instalação.

Artigo 18
Sanções

1. Os direitos de um contratante nos termos do contrato só podem ser suspensos ou extintos nos seguintes casos:

a) Se, apesar das advertências da Autoridade, o contratante tiver realizado as suas atividades de forma a constituir uma violação grave, persistente e dolosa das cláusulas fundamentais do contrato, da parte XI e das normas, regulamentos e procedimentos da Autoridade; ou

b) Se o contratante não tiver cumprido uma decisão definitiva e obrigatória do órgão de solução de controvérsias que for aplicável.

2. Nos casos de qualquer violação do contrato não previstos na alínea a do parágrafo 1º, ou em vez da suspensão ou extinção nos termos da alínea a do parágrafo 1º, a Autoridade pode impor ao contratante sanções monetárias proporcionais à gravidade da violação.

3. Com exceção das ordens em caso de emergência nos termos da alínea w do parágrafo 2º do artigo 162, a Autoridade não pode executar nenhuma decisão que implique sanções monetárias ou suspensão ou extinção até que tenha sido dada ao contratante uma oportunidade razoável de esgotar os meios judiciais de que dispõe, de conformidade com a Seção 5 da parte XI.

Artigo 19
Revisão do contrato

1. Quando tenham surgido ou possam surgir circunstâncias que, na opinião de qualquer das duas partes, tornariam não equitativo o contrato, ou impraticável ou impossível a realização dos seus objetivos ou dos previstos na parte XI, as partes devem iniciar negociações para rever o contrato, em conformidade.

2. Qualquer contrato celebrado de conformidade com o parágrafo 3º do artigo 153 só pode ser revisto com o consentimento das partes.

Artigo 20
Transferência de direitos e obrigações

Os direitos e obrigações resultantes de um contrato só podem ser transferidos com o consentimento da Autoridade e de conformidade com as suas normas, regulamentos e procedimentos. A Autoridade não negará sem causa razoável o seu consentimento à transferência se o cessionário proposto reunir todas as condições exigidas a um peticionário qualificado e assumir todas as obrigações do cedente e se a transferência não conferir ao cessionário um plano de trabalho cuja aprovação estaria proibida pela alínea c) do parágrafo 3º do artigo 6º do presente anexo.

Artigo 21
Direito aplicável

1. O contrato deve ser regido pelas cláusulas do contrato, pelas normas, regulamentos e procedimentos da Autoridade, pela parte XI e por outras normas de direito internacional não incompatíveis com a presente Convenção.

2. Qualquer decisão definitiva de uma corte ou tribunal que tenha jurisdição nos termos da presente Convenção no que se refere aos direitos e obrigações da Autoridade e do contratante deve ser executória no território de qualquer Estado-Parte.

3. Nenhum Estado-Parte pode impor a um contratante condições incompatíveis com a parte XI. Contudo, não deve ser considerada incompatível com a parte XI a aplicação, por um Estado-Parte aos contratantes por ele patrocinados ou aos navios que arvorem a sua bandeira, de leis e regulamentos sobre a proteção do meio marinho ou de outra natureza mais restritos que as normas, regulamentos e procedimentos da Autoridade adotados nos termos da alínea f) do parágrafo 2º do artigo 17 do presente anexo.

Artigo 22
Responsabilidade

O contratante terá responsabilidade pelos danos causados por atos ilícitos cometidos na realização das suas operações, tomando em conta a parte de responsabilidade por atos ou omissões imputáveis à Autoridade. Do mesmo modo, a Autoridade terá responsabilidade pelos danos causados por atos ilícitos cometidos no exercício dos seus poderes e funções, incluindo as violações ao parágrafo 2º do artigo 168, tomando em conta a parte de responsabilidade por atos ou omissões imputáveis ao contratante. Em qualquer caso, a reparação deve corresponder ao dano efetivo.

ANEXO IV
ESTATUTO DA EMPRESA

Artigo 1º
Objetivos

1. A empresa é o órgão da Autoridade que deve realizar diretamente atividades na área, nos termos da alínea a do parágrafo 2º do artigo 153, bem como atividades de transporte, processamento e comercialização de minerais extraídos da área.

2. Na realização dos seus objetivos e no exercício das suas funções, a empresa deve atuar de conformidade

com a presente Convenção e com as normas, regulamentos e procedimentos da Autoridade.

3. Ao aproveitar os recursos da área nos termos do parágrafo 1º, a empresa deve atuar de conformidade com princípios comerciais sólidos, com observância da presente Convenção.

Artigo 2º
Relações com a Autoridade

1. Nos termos do artigo 170, a empresa deve atuar de conformidade com as políticas gerais da assembleia e as diretrizes do conselho.

2. Com observância do parágrafo 1º, a empresa deve gozar de autonomia na realização das suas operações.

3. Nada na presente Convenção deve tornar a empresa responsável pelos atos ou obrigações da Autoridade, nem a Autoridade responsável pelos atos ou obrigações da empresa.

Artigo 3º
Limitação de responsabilidade

Sem prejuízo do disposto no parágrafo 3º do artigo 11 do presente anexo, nenhum membro da Autoridade é responsável pelos atos ou obrigações da empresa, pelo simples fato da sua qualidade de membro.

Artigo 4º
Estrutura

A empresa tem um conselho de administração, um diretor-geral e o pessoal necessário ao exercício das suas funções.

Artigo 5º
Conselho de administração

1. O conselho de administração é composto de 15 membros eleitos pela assembleia, de conformidade com a alínea c) do parágrafo 2º do artigo 160. Na eleição dos membros do conselho de administração deve ser tomado em devida conta o princípio da distribuição geográfica equitativa. Ao apresentarem candidaturas ao conselho de administração, os membros da Autoridade devem ter em conta a necessidade de designar candidatos da mais alta competência e que possuam as qualificações nas matérias pertinentes, de modo a assegurar a viabilidade e o êxito da empresa.

2. Os membros do conselho de administração são eleitos por quatro anos e podem ser reeleitos devendo ser tomado em devida conta o princípio da rotação dos membros.

3. Os membros do conselho de administração devem permanecer em funções até à eleição dos seus sucessores. Se o lugar de um membro do conselho de administração ficar vago, a assembleia deve eleger, de conformidade com a alínea c do parágrafo 2º do artigo 160, um novo membro que exercerá o cargo até ao termo desse mandato.

4. Os membros do conselho de administração devem atuar a título pessoal. No exercício das suas funções não devem solicitar nem receber instruções de qualquer governo, nem de nenhuma outra fonte. Os membros da Autoridade devem respeitar a independência dos membros do conselho de administração e abster-se de qualquer tentativa de influenciar qualquer deles no desempenho das suas funções.

5. Cada membro do conselho de administração recebe uma remuneração custeada pelos fundos da empresa. O montante da remuneração deve ser fixado pela assembleia por recomendação do conselho.

6. O conselho de administração funciona normalmente no escritório principal da empresa e deve reunir-se com a frequência requerida pelos trabalhos da empresa.

7. O quórum é constituído por dois terços dos membros do conselho de administração.

8. Cada membro do conselho de administração dispõe de um voto. Todas as questões submetidas ao conselho de administração serão decididas por maioria dos seus membros. Se um membro tiver um conflito de interesses em relação a uma questão submetida ao conselho de administração deve abster-se de votar nessa questão.

9. Qualquer membro da Autoridade pode pedir ao conselho de administração informações sobre operações que o afetem particularmente. O conselho de administração deve procurar fornecer tais informações.

Artigo 6º
Poderes e funções do conselho de administração

O conselho de administração dirige as operações da empresa. Com observância da presente Convenção, o conselho de administração deve exercer os poderes necessários ao cumprimento dos objetivos da empresa, incluídos os poderes para:

a) Eleger um presidente dentre os seus membros;
b) Adotar o seu regulamento interno;
c) Elaborar e submeter por escrito ao conselho planos formais de trabalho, de conformidade com o parágrafo 3º do artigo 153 e com a alínea j do parágrafo 2º do artigo 162;
d) Elaborar planos de trabalho e programas para realizar as atividades previstas no artigo 170;
e) Preparar e submeter ao conselho pedidos de autorização de produção, de conformidade com os parágrafos 2º a 7º do artigo 151;
f) Autorizar negociações relativas à aquisição de tecnologia, incluindo as previstas nas alíneas a, c e d do parágrafo 3º do artigo 5º do Anexo III, e aprovar os resultados dessas negociações;
g) Estabelecer modalidades e condições e autorizar negociações relativas a empreendimentos conjuntos ou outras formas de ajustes conjuntos referidos nos artigos 9º e 11 do Anexo III e aprovar os resultados dessas negociações;
h) Recomendar à assembleia a parte da receita líquida da empresa que deve ser retida para as reservas desta, de conformidade com a alínea f do parágrafo 2º do artigo 160 e com o artigo 10º do presente anexo;
i) Aprovar o orçamento anual da empresa;
j) Autorizar a aquisição de bens e serviços, de conformidade com o parágrafo 3º do artigo 12 do presente anexo;
k) Apresentar um relatório anual ao conselho, de conformidade com o artigo 9º do presente anexo;
l) Apresentar ao conselho, para aprovação pela assembleia, projetos de normas relativas à organização, administração, nomeação e demissão do

pessoal da empresa, e adotar os regulamentos para aplicação de tais normas;
m) Contrair empréstimos e prestar as garantias ou cauções que possa determinar, de conformidade com o parágrafo 2º do artigo 11 do presente anexo;
n) Participar em quaisquer procedimentos legais, acordos e transações e tomar quaisquer outras medidas, de conformidade com o artigo 13 do presente anexo;
o) Delegar, sujeito à aprovação do conselho, quaisquer poderes não discricionários nas suas comissões ou no diretor-geral.

ARTIGO 7º
Diretor-geral e pessoal da empresa

1. A assembleia elege, por recomendação do conselho e por proposta do conselho de administração, o diretor-geral da empresa que não será membro do conselho de administração. O diretor-geral é eleito por um período determinado, que não deve exceder cinco anos, e pode ser reeleito para novos mandatos.

2. O diretor-geral é o representante legal da empresa e o seu chefe executivo e responde diretamente perante o conselho de administração pela condução das operações da empresa. Tem a seu cargo a organização, administração, nomeação e demissão do pessoal, de conformidade com as normas e regulamentos referidos na alínea l do artigo 6º do presente anexo. Deve participar, sem direito de voto, nas reuniões do conselho de administração e pode participar, sem direito de voto, nas reuniões da assembleia e do conselho quando estes órgãos examinarem questões que interessem à empresa.

3. A consideração dominante ao recrutar e nomear o pessoal e ao determinar as suas condições de emprego deve ser a necessidade de assegurar o mais alto grau de eficiência e competência técnica. Ressalvada esta consideração, deve ter-se em devida conta a importância de recrutar o pessoal numa base geográfica equitativa.

4. No cumprimento dos seus deveres, o diretor-geral e o pessoal da empresa não solicitarão nem receberão instruções de qualquer governo nem de nenhuma outra fonte estranha à empresa. Devem abster-se de qualquer ato que possa afetar a sua condição de funcionários internacionais, responsáveis unicamente perante a empresa. Todo o Estado-Parte compromete-se a respeitar o caráter exclusivamente internacional das funções do diretor-geral e do pessoal e a não procurar influenciá-los no desempenho das suas funções.

5. As responsabilidades estabelecidas no parágrafo 2º do artigo 168 devem aplicar-se igualmente ao pessoal da empresa.

ARTIGO 8º
Localização

A empresa tem o seu escritório principal na sede da Autoridade. A empresa pode abrir outros escritórios e instalações no território de qualquer Estado-Parte, com o consentimento deste.

ARTIGO 9º
Relatórios e balanços financeiros

1. A empresa deve submeter a exame do conselho, nos três meses seguintes ao termo de cada ano fiscal, um relatório anual que contenha um extrato das suas contas, verificado por auditores, e deve enviar ao mesmo conselho, a intervalos adequados, um balanço sumário da sua situação financeira e um balanço de ganhos e perdas que mostre os resultados das suas operações.

2. A empresa deve publicar o seu relatório anual e demais relatórios que considere apropriados.

3. Todos os relatórios e balanços financeiros referidos no presente artigo devem ser distribuídos aos membros da Autoridade.

ARTIGO 10
Distribuição de receitas líquidas

1. Com observância do parágrafo 3º, a empresa deve pagar à Autoridade os montantes devidos nos termos do artigo 13 do anexo III ou seu equivalente.

2. A assembleia, por recomendação do conselho de administração, deve determinar a parte da receita líquida da empresa que deve ser retida para as reservas desta. O remanescente será transferido para a Autoridade.

3. Durante o período inicial necessário para que a empresa se torne autossuficiente, o qual não deve exceder 10 anos, a contar do início da sua produção comercial, a assembleia deve isentar a empresa dos pagamentos referidos no parágrafo 1º e deixar a totalidade da receita líquida da empresa nas reservas desta.

ARTIGO 11
Finanças

1. Os recursos financeiros da empresa devem incluir:
a) Os montantes recebidos da Autoridade de conformidade com a alínea b do parágrafo 2º do artigo 173;
b) As contribuições voluntárias feitas pelos Estados-Partes com o objetivo de financiar atividades da empresa;
c) O montante dos empréstimos contraídos pela empresa de conformidade com os parágrafos 2º e 3º;
d) As receitas provenientes das operações da empresa;
e) Outros fundos postos à disposição da empresa para lhe permitir iniciar as operações o mais cedo possível e desempenhar as suas funções.

2. a) A empresa tem o poder de contrair empréstimos e de prestar as garantias ou cauções que possa determinar. Antes de proceder a uma venda pública das suas obrigações nos mercados financeiros ou na moeda de um Estado-Parte, a empresa deve obter a aprovação desse Estado. O montante total dos empréstimos deve ser aprovado pelo conselho, por recomendação do conselho de administração;
b) Os Estados-Partes devem fazer todos os esforços razoáveis para apoiar os pedidos de empréstimo da empresa nos mercados de capital e instituições financeiras internacionais.

3. a) Devem ser fornecidos à empresa os fundos necessários à exploração e aproveitamento de um setor mineiro e ao transporte, processamento e comercialização dos minerais dele extraídos e o níquel, cobre, cobalto e manganês obtidos, assim como a satisfação das suas despesas administrativas iniciais. A Comissão Preparatória deve indicar o montante desses fundos, bem como os critérios

e fatores para o seu reajustamento, nos projetos de normas, regulamentos e procedimentos da Autoridade.

b) Todos os Estados-Partes devem pôr à disposição da empresa uma soma equivalente a metade dos fundos referidos na alínea a), sob a forma de empréstimos a longo prazo e sem juros, de conformidade com a escala de contribuições para o orçamento ordinário das Nações Unidas em vigor na data de entrega das contribuições, reajustada para ter em conta os Estados que não são membros das Nações Unidas. As dívidas contraídas pela empresa na obtenção da outra metade dos fundos devem ser garantidas pelos Estados-Partes de conformidade com a mesma escala;

c) Se a soma das contribuições financeiras dos Estados-Partes for inferior à dos fundos a serem fornecidos à empresa nos termos da alínea a, a assembleia, na sua primeira sessão, deve considerar o montante da diferença e, tendo em conta a obrigação dos Estados-Partes nos termos das alíneas a e b e as recomendações da Comissão Preparatória, deve adotar, por consenso, medidas para cobrir tal diferença.

d) i) Cada Estado-Parte deve, nos 60 dias seguintes à entrada em vigor da presente Convenção, ou nos 30 dias seguintes ao depósito do seu instrumento de ratificação ou adesão, se esta data for posterior, depositar junto da empresa promissórias sem juros, não negociáveis e irrevogáveis, de montante igual à parte correspondente a esse Estado-Parte dos empréstimos sem juros previstos na alínea b;

ii) Logo que possível após a entrada em vigor da presente Convenção e, após esta data, anualmente ou com a periodicidade apropriada, o conselho de administração deve preparar um programa que indique o montante dos fundos de que necessite para financiar as despesas administrativas da empresa e para a realização de atividades nos termos do artigo 170 e do artigo 12 do presente anexo e as datas em que necessite desses fundos.

iii) Uma vez preparado esse programa, a empresa deve notificar imediatamente os Estados-Partes, por intermédio da Autoridade, das partes respectivas nos fundos previstos na alínea b do presente número e exigidos por tais despesas. A empresa deve cobrar os montantes das promissórias necessários para financiar as despesas indicadas no programa acima referido em relação aos empréstimos sem juro;

iv) Após terem recebido a notificação, os Estados-Partes devem pôr à disposição da empresa as suas partes respectivas das garantias de dívida da empresa, de conformidade com a alínea b.

e) i) Se a empresa o solicitar, os Estados-Partes podem prestar garantias de dívida adicionais às que tenham prestado de conformidade com a escala mencionada na alínea b;

ii) Em vez de uma garantia de dívida, um Estado-Parte pode fazer à empresa uma contribuição voluntária de montante equivalente à fração das dívidas que de outro modo teria obrigação de garantir;

f) O reembolso dos empréstimos com juros tem prioridade sobre o reembolso dos empréstimos sem juros. Os empréstimos sem juros devem ser reembolsados de acordo com um programa adotado pela assembleia, por recomendação do conselho e ouvido o conselho de administração. No exercício dessa função, o conselho de administração deve guiar-se pelas normas, regulamentos e procedimentos da Autoridade, que devem ter em conta a necessidade primordial de assegurar o funcionamento eficaz da empresa e, em particular, a sua independência financeira.

g) Os fundos postos à disposição da empresa serão em moedas livremente utilizáveis ou em moedas livremente disponíveis e efetivamente utilizáveis nos principais mercados de divisas. Estas moedas serão definidas nas normas, regulamentos e procedimentos da Autoridade, de conformidade com a prática monetária internacional dominante. Salvo o disposto no parágrafo 2º, nenhum Estado-Parte deve manter ou impor restrições à detenção, utilização ou câmbio desses fundos pela empresa.

h) "Garantia de dívida" significa a promessa feita por um Estado-Parte aos credores da empresa de cumprir, na medida prevista pela escala apropriada, as obrigações financeiras da empresa cobertas pela garantia, após os credores notificarem o Estado-Parte do seu não cumprimento pela empresa. Os procedimentos para o pagamento dessas obrigações devem estar de conformidade com as normas, regulamentos e procedimentos da Autoridade.

4. Os fundos, haveres e despesas da empresa devem ser mantidos separados dos da Autoridade. O presente artigo não deve impedir que a empresa efetue ajustes com a Autoridade relativos às instalações, pessoal e serviços e ao reembolso das despesas administrativas pagas por uma delas em nome da outra.

5. Os documentos, livros e contas da empresa, inclusive os relatórios financeiros anuais, devem ser verificados todos os anos por um auditor independente designado pelo conselho.

Artigo 12
Operações

1. A empresa deve propor ao conselho projetos para a realização de atividades, de conformidade com o artigo 170. Tais propostas devem incluir um plano de trabalho formal escrito das atividades na área, de conformidade com o parágrafo 3º do artigo 153 e quaisquer outras informações e dados que possam de tempos a tempos ser necessários à avaliação dos referidos projetos pela Comissão Jurídica e Técnica e à sua aprovação pelo conselho.

2. Uma vez aprovado pelo conselho, a empresa deve executar o projeto com base no plano de trabalho formal escrito referido no parágrafo 1º.

3. a) Se a empresa não dispuser dos bens e serviços necessários às suas operações, pode adquiri-los. Para esse fim, deve abrir consultas no mercado e adjudicar contratos aos licitantes que ofereçam a melhor combinação de qualidade, preço e prazo de entrega;

b) Se houver mais de uma oferta com essa combinação, o contrato deve ser adjudicado de conformidade com:
  i) O princípio da não discriminação com base em considerações políticas ou outras não relevantes para a realização com a devida diligência e eficiência das operações;
  ii) As diretrizes aprovadas pelo conselho relativas à preferência a ser dada aos bens e serviços originários de Estados em desenvolvimento, incluindo dentre eles os Estados sem litoral ou em situação geográfica desfavorecida;
c) O conselho de administração pode adotar normas que determinem as circunstâncias especiais em que, no melhor interesse da empresa, o requisito de abertura de consultas ao mercado possa ser dispensado.

4. A empresa tem o direito de propriedade sobre todos os minerais e substâncias processadas que produzir.

5. A empresa deve vender os seus produtos numa base não discriminatória. Não deve conceder descontos não comerciais.

6. Sem prejuízo de quaisquer poderes gerais ou especiais conferidos nos termos de qualquer outra disposição da presente Convenção, a empresa deve exercer todos os poderes acessórios de que necessite para a condução dos seus trabalhos.

7. A empresa não deve interferir nos assuntos políticos de qualquer Estado-Parte, nem se deve deixar influenciar nas suas decisões pela orientação política dos Estados-Partes interessados. As suas decisões devem ser baseadas exclusivamente em considerações de ordem comercial, as quais devem ser ponderadas de uma forma imparcial a fim de que se atinjam os objetivos especificados no artigo 1º do presente anexo.

Artigo 13
Estatuto jurídico, privilégios e imunidades

1. A fim de permitir à empresa o exercício das suas funções, devem ser-lhe concedidos, no território dos Estados-Partes, o estatuto jurídico, os privilégios e as imunidades estabelecidos no presente artigo. Para a aplicação desse princípio, a empresa e os Estados-Partes podem, quando necessário, concluir acordos especiais.

2. A empresa tem a capacidade jurídica necessária ao exercício das suas funções e à consecução dos seus objetivos e tem, em particular, capacidade para:
a) Celebrar contratos, ajustes conjuntos ou outros ajustes, incluídos acordos com Estados e organizações internacionais;
b) Adquirir, arrendar ou alugar, possuir e alienar bens móveis e imóveis;
c) Ser parte em juízo.

3. a) A empresa só pode ser demandada nos tribunais com jurisdição no território de um Estado-Parte em que a empresa:
  i) Possua escritório ou instalação;
  ii) Tenha nomeado um representante para receber citação ou notificação em processos judiciais;
  iii) Tenha celebrado um contrato relativo a bens ou serviços;
  iv) Tenha emitido obrigações; ou
  v) Realize outras atividades comerciais.
b) Os bens e haveres da empresa, onde quer que se encontrem e independentemente de quem os detenha, devem gozar de imunidade de qualquer forma de arresto, embargo ou execução enquanto não seja proferida sentença definitiva contra a empresa.

4. a) Os bens e haveres da empresa, onde quer que se encontrem independentemente de quem os detenha, devem gozar de imunidade de requisição, confisco, expropriação ou qualquer outra forma de apreensão resultante de medida executiva ou legislativa.
b) Os bens e haveres da empresa, onde quer que se encontrem e independentemente de quem os detenha, devem estar isentos de restrições, regulamentação, controle e moratórias discriminatórias de qualquer natureza.
c) A empresa e o seu pessoal devem respeitar as leis e regulamentos de qualquer Estado ou território em que possam realizar atividades comerciais ou de outra natureza.
d) Os Estados-Partes devem assegurar à empresa o gozo de todos os direitos, privilégios e imunidades outorgados por eles a entidades que realizem atividades comerciais nos seus territórios. Estes direitos, privilégios e imunidades outorgados à empresa não serão menos favoráveis do que os autorgados a entidades que realizem atividades comerciais similares. Quando os Estados-Partes outorgarem privilégios especiais a Estados em desenvolvimento ou a entidades comerciais destes, a empresa deve gozar desses privilégios numa base igualmente preferencial.
e) Os Estados-Partes podem conceder incentivos, direitos, privilégios e imunidades especiais à empresa sem a obrigação de os conceder a outras entidades comerciais.

5. A empresa deve negociar a obtenção da isenção de impostos diretos e indiretos com os Estados em cujo território tenha escritórios e instalações.

6. Cada Estado-Parte deve adotar as disposições necessárias para incorporar na sua própria legislação os princípios enunciados no presente anexo e informar a empresa das disposições concretas que tenha tomado.

7. A empresa pode renunciar, na medida e segundo as condições que venha a determinar, a qualquer dos privilégios e imunidades outorgados nos termos do presente artigo ou de acordos especiais mencionados no parágrafo 1º.

ANEXO V
CONCILIAÇÃO

Seção 1

PROCEDIMENTOS DE CONCILIAÇÃO NOS TERMOS DA SEÇÃO 1 DA PARTE XV

Artigo 1º
Início do procedimento

Se as partes numa controvérsia tiverem acordado, de conformidade com o artigo 284, submetê-la ao procedimento de conciliação nos termos da presente seção, qualquer delas poderá, mediante notificação escrita dirigida à outra ou às outras partes na controvérsia, iniciar o procedimento.

Artigo 2º
Lista de conciliadores

O Secretário-Geral das Nações Unidas elaborará e manterá uma lista de conciliadores. Cada Estado-Parte designará quatro conciliadores que devem ser pessoas que gozem da mais elevada reputação pela sua imparcialidade, competência e integridade. A lista será composta pelos nomes das pessoas assim designadas. Se, em qualquer momento, os conciliadores designados por um Estado-Parte para integrar a lista forem menos de quatro, esse Estado-Parte fará as designações suplementares necessárias. O nome de um conciliador permanecerá na lista até ser retirado pelo Estado-Parte que o tiver designado, com a ressalva de que tal conciliador continuará a fazer parte de qualquer comissão de conciliação para a qual tenha sido designado até que tenha terminado o procedimento na referida comissão.

Artigo 3º
Constituição da comissão de conciliação

Salvo acordo em contrário das partes, a comissão de conciliação será constituída da seguinte forma:

a) Salvo o disposto na alínea g, a comissão de conciliação deve ser composta de cinco membros;

b) A parte que inicie o procedimento designará dois conciliadores, escolhidos de preferência da lista mencionada no artigo 2º do presente anexo, dos quais um pode ser seu nacional, salvo acordo em contrário das partes. Essas designações serão incluídas na notificação prevista no artigo 1º do presente anexo;

c) A outra parte na controvérsia designará pela forma prevista na alínea b dois conciliadores nos 21 dias seguintes ao recebimento da notificação prevista no artigo 1º do presente anexo. Se as designações não se efetuam nesse prazo, a parte que tenha iniciado o procedimento pode, na semana seguinte à expiração desse prazo, pôr termo ao procedimento mediante notificação dirigida à outra parte ou pedir ao Secretário-Geral das Nações Unidas que proceda às nomeações de conformidade com a alínea e;

d) Nos 30 dias seguintes à data em que se tenha efetuado a última designação, os quatro conciliadores designarão um quinto conciliador, escolhido da lista mencionada no artigo 2º do presente anexo, que será o presidente. Se a designação não se efetua nesse prazo, qualquer das partes pode, na semana seguinte à expiração desse prazo, pedir ao Secretário-Geral das Nações Unidas que proceda à designação de conformidade com a alínea e;

e) Nos 30 dias seguintes ao recebimento de um pedido nos termos do disposto na alínea c ou d, o Secretário-Geral das Nações Unidas fará, em consulta com as partes na controvérsia, as designações necessárias a partir da lista mencionada no artigo 2º do presente anexo;

f) Qualquer vaga será preenchida pela forma prevista para a designação inicial;

g) Duas ou mais partes que determinem de comum acordo que têm o mesmo interesse designarão conjuntamente dois conciliadores. Quando duas ou mais partes tenham interesses distintos, ou quando não exista acordo sobre se têm ou não o mesmo interesse, as partes designarão conciliadores separadamente;

h) Nas controvérsias em que existam mais de duas partes com interesses distintos, ou quando não haja acordo sobre se têm o mesmo interesse, as partes devem aplicar, na medida do possível, as alíneas a a f.

Artigo 4º
Procedimento

Salvo acordo em contrário das partes, a comissão de conciliação determinará o seu próprio procedimento. A comissão pode, com o consentimento das partes na controvérsia, convidar qualquer Estado-Parte a apresentar as suas opiniões verbalmente ou por escrito. As decisões relativas a questões de procedimento, as recomendações e o relatório da comissão serão adotados por maioria de votos dos seus membros.

Artigo 5º
Solução amigável

A comissão poderá chamar a atenção das partes para quaisquer medidas que possam facilitar uma solução amigável da controvérsia.

Artigo 6º
Funções da comissão

A comissão ouvirá as partes, examinará as suas pretensões e objeções e far-lhes-á propostas para chegarem a uma solução amigável.

Artigo 7º
Relatório

1. A comissão apresentará relatório nos 12 meses seguintes à sua constituição. O relatório conterá todos os acordos concluídos e, se os não houver, as conclusões sobre todas as questões de direito ou de fato relacionadas com a matéria em controvérsia e as recomendações que julgue apropriadas para uma solução amigável. O relatório será depositado junto do Secretário-Geral das Nações Unidas, que o transmitirá imediatamente às partes na controvérsia.

2. O relatório da comissão, incluídas as suas conclusões ou recomendações, não terá força obrigatória para as partes.

Artigo 8º
Extinção do procedimento

Extinguir-se-á o procedimento de conciliação quando a controvérsia tenha sido solucionada, quando as partes tenham aceite ou uma delas tenha rejeitado as recomendações do relatório, por via de notificação escrita dirigida ao Secretário-Geral das Nações Unidas, ou quando tenha decorrido um prazo de três meses a contar da data em que o relatório foi transmitido às partes.

Artigo 9º
Honorários e despesas

Os honorários e despesas da comissão ficarão a cargo das partes na controvérsia.

Artigo 10
Direito de as partes modificarem o procedimento

As partes na controvérsia poderão, mediante acordo aplicável unicamente a essa controvérsia, modificar qualquer disposição do presente anexo.

Seção 2

SUBMISSÃO OBRIGATÓRIA AO PROCEDIMENTO DE CONCILIAÇÃO NOS TERMOS DA SEÇÃO 3 DA PARTE XV

Artigo 11
Início do procedimento

1. Qualquer das partes numa controvérsia que, de conformidade com a Seção 3 da parte XV, possa ser submetida ao procedimento de conciliação nos termos da presente Seção, pode iniciar o procedimento por via de notificação escrita dirigida à outra ou às outras partes na controvérsia.

2. Qualquer das partes na controvérsia que tenha sido notificada nos termos do parágrafo 1º ficará obrigada a submeter-se a tal procedimento.

Artigo 12
Ausência de resposta ou não submissão ao procedimento de conciliação

O fato de uma ou várias partes na controvérsia não responderem à notificação relativa ao início do procedimento, ou de a ele não se submeterem, não constituirá obstáculo ao procedimento.

Artigo 13
Competência

Qualquer desacordo quanto à competência da comissão de conciliação constituída nos termos da presente seção será resolvido por essa comissão.

Artigo 14
Aplicação da Seção I

Os artigos 2º a 10 da Seção 1 do presente anexo aplicar-se-ão salvo o disposto na presente seção.

ANEXO VI ESTATUTO DO TRIBUNAL INTERNACIONAL DO DIREITO DO MAR

Artigo 1º
Disposições gerais

1. O Tribunal Internacional do Direito do Mar é constituído e deve funcionar de conformidade com as disposições desta Convenção e do presente Estatuto.

2. O Tribunal terá a sua sede na Cidade Livre e Hanseática de Hamburgo, na República Federal da Alemanha.

3. O Tribunal pode reunir-se e exercer as suas funções em qualquer outro local, quando o considere desejável.

4. A submissão de qualquer controvérsia ao Tribunal deve ser regida pelas disposições das partes XI e XV.

Seção 1

ORGANIZAÇÃO DO TRIBUNAL

Artigo 2º
Composição

1. O Tribunal é composto por 21 membros independentes, eleitos dentre pessoas que gozem da mais alta reputação pela sua imparcialidade e integridade e sejam de reconhecida competência em matéria de direito do mar.

2. A representação dos principais sistemas jurídicos do mundo e uma distribuição geográfica equitativa devem ser asseguradas na composição global do Tribunal.

Artigo 3º
Membros

1. O Tribunal não pode ter como membros mais de um nacional do mesmo Estado. Para esse efeito, qualquer pessoa que possa ser nacional de mais de um Estado deve ser considerada nacional do Estado em que habitualmente exerce os seus direitos civis e políticos.

2. Não deve haver menos de três membros de cada um dos grupos geográficos estabelecidos pela Assembleia-Geral das Nações Unidas.

Artigo 4º
Candidaturas e eleições

1. Cada Estado-Parte pode designar, no máximo, duas pessoas que reúnam as condições prescritas no artigo 2º do presente anexo. Os membros do Tribunal devem ser eleitos da lista das pessoas assim designadas.

2. Pelo menos três meses antes da data da eleição, o Secretário-Geral das Nações Unidas, no caso da primeira eleição, ou o escrivão do Tribunal, no caso das eleições subsequentes, deve endereçar convite escrito aos Estados-Partes para apresentarem os seus candidatos a membros do Tribunal, num prazo de dois meses. O Secretário-Geral ou o escrivão deve preparar uma lista por ordem alfabética de todas as pessoas assim designadas, com a indicação dos Estados-Partes que os tiverem designado e submetê-la aos Estados-Partes antes do sétimo dia do último mês que anteceder a data da eleição.

3. A primeira eleição deve realizar-se nos seis meses seguintes à data da entrada em vigor da presente Convenção.

4. Os membros do Tribunal são eleitos por escrutínio secreto. As eleições devem realizar-se numa reunião dos Estados-Partes convocada pelo Secretário-Geral das Nações Unidas, no caso da primeira eleição ou segundo procedimento acordado pelos Estados-Partes, no caso das eleições subsequentes. Nessa reunião, o quórum deve ser constituído por dois terços dos Estados-Partes. São eleitos para o Tribunal os candidatos que obtenham o maior número de votos e a maioria de dois terços dos votos dos Estados-Partes presentes e votantes, desde que essa maioria compreenda a maioria dos Estados-Partes.

Artigo 5º
Duração do mandato

1. Os membros do Tribunal são eleitos por nove anos e podem ser reeleitos; contudo, tratando-se dos membros eleitos na primeira eleição, o mandato de sete dentre eles expira ao fim de três anos e o de mais sete expira ao fim de seis anos.

2. Os membros do Tribunal cujos mandatos expiram ao fim dos mencionados períodos iniciais de três e seis anos devem ser escolhidos por sorteio efetuado pelo

Secretário-Geral das Nações Unidas imediatamente após a primeira eleição.

3. Os membros do Tribunal devem continuar no desempenho das suas funções até que tenham sido substituídos. Embora substituídos, devem continuar a conhecer até ao fim quaisquer questões que tenham iniciado antes da data da sua substituição.

4. Em caso de renúncia de um membro do Tribunal, a carta de renúncia deve ser endereçada ao Presidente do Tribunal. O lugar fica vago a partir do momento em que a carta de renúncia é recebida.

Artigo 6º
Vagas

1. As vagas devem ser preenchidas pelo mesmo método seguido na primeira eleição, com a ressalva da seguinte disposição: o escrivão deve, dentro de um mês após a ocorrência da vaga, proceder ao envio dos convites previsto no artigo 4º do presente anexo e o Presidente do Tribunal deve, após consulta com os Estados-Partes, fixar a data da eleição.

2. O membro do Tribunal eleito em substituição de um membro cujo mandato não tenha expirado deve exercer o cargo até ao termo do mandato do seu predecessor.

Artigo 7º
Incompatibilidades

1. Nenhum membro do Tribunal pode exercer qualquer função política ou administrativa ou estar associado ativamente ou interessado financeiramente em qualquer das operações de uma empresa envolvida na exploração ou aproveitamento dos recursos do mar ou dos fundos marinhos ou noutra utilização comercial do mar ou dos fundos marinhos.

2. Nenhum membro do Tribunal pode exercer funções de agente, consultor ou advogado em qualquer questão.

3. Havendo dúvida sobre estes pontos, o Tribunal deve resolvê-la por maioria dos demais membros presentes.

Artigo 8º
Condições relativas à participação dos membros numa questão determinada

1. Nenhum membro do Tribunal pode participar na decisão de qualquer questão em que tenha intervindo anteriormente como agente, consultor ou advogado de qualquer das partes, ou como membro de uma corte ou tribunal nacional ou internacional, ou em qualquer outra qualidade.

2. Se, por alguma razão especial, um membro do Tribunal considera que não deve participar na decisão de uma questão determinada, deve informar disso o Presidente do Tribunal.

3. Se o Presidente considera que, por alguma razão especial, um dos membros do Tribunal não deve conhecer uma questão determinada, deve dar-lhe disso conhecimento.

4. Havendo dúvida sobre estes pontos, o Tribunal deve resolvê-la por maioria dos demais membros presentes.

Artigo 9º
Consequência da perda das condições requeridas

Se, na opinião unânime dos demais membros do Tribunal, um membro tiver deixado de reunir as condições requeridas, o Presidente do Tribunal deve declarar o lugar vago.

Artigo 10
Privilégios e imunidades

No exercício das suas funções, os membros do Tribunal gozam de privilégios e imunidades diplomáticos.

Artigo 11
Declaração solene

Todos os membros do Tribunal devem, antes de assumir as suas funções, fazer, em sessão pública, uma declaração solene de que exercerão as suas atribuições com imparcialidade e em consciência.

Artigo 12
Presidente, Vice-Presidente e Escrivão

1. O Tribunal elegerá, por três anos, o seu Presidente e Vice-Presidente, que podem ser reeleitos.

2. O Tribunal nomeará o seu escrivão e pode providenciar a nomeação dos demais funcionários necessários.

3. O Presidente e o escrivão devem residir na sede do Tribunal.

Artigo 13
Quórum

1. Todos os membros do Tribunal que estejam disponíveis devem estar presentes, sendo exigido um quórum de 11 membros eleitos para constituir o Tribunal.

2. Com observância do artigo 17 do presente anexo, o Tribunal deve determinar quais os membros que estão disponíveis para constituir o Tribunal para o exame de uma determinada controvérsia, tendo em conta a necessidade de assegurar o funcionamento eficaz das câmaras previstas nos artigos 14 e 15 do presente anexo.

3. O Tribunal delibera sobre todas as controvérsias e pedidos que lhe sejam submetidos a menos que o artigo 14 do presente anexo se aplique ou as partes solicitem a aplicação do artigo 15 do presente anexo.

Artigo 14
Câmara de Controvérsias dos Fundos Marinhos

É criada uma Câmara de Controvérsias dos Fundos Marinhos, de conformidade com as disposições da Secção 4 do presente anexo. A sua competência, poderes e funções são os definidos na Seção 5 da parte XI.

Artigo 15
Câmaras especiais

1. O Tribunal pode constituir as câmaras que considere necessárias, compostas de três ou mais dos seus membros eleitos, para conhecerem de determinadas categorias de controvérsias.

2. O Tribunal deve, se as partes assim o solicitarem, constituir uma câmara para conhecer de uma determinada controvérsia que lhe tenha sido submetida.

O Tribunal deve fixar, com a aprovação das partes, a composição de tal câmara.

3. Com o fim de facilitar o andamento rápido dos assuntos, o Tribunal deve constituir anualmente uma câmara de cinco dos seus membros eleitos que pode deliberar sobre controvérsias em procedimento sumário. Devem ser designados dois membros suplentes para substituírem os que não possam participar numa determinada questão.

4. As câmaras previstas no presente artigo devem, se as partes assim o solicitarem, deliberar sobre as controvérsias.

5. A sentença de qualquer das câmaras previstas no presente artigo e no artigo 14 do presente anexo deve ser considerada como proferida pelo Tribunal.

Artigo 16
Regulamento do Tribunal

O Tribunal deve adotar normas para o exercício das suas funções. Deve elaborar, em particular, o seu regulamento interno.

Artigo 17
Nacionalidade dos membros

1. Os membros do Tribunal nacionais de qualquer das partes numa controvérsia mantêm o seu direito de participar como membros do Tribunal.

2. Se o Tribunal, ao examinar uma controvérsia, incluir um membro nacional de uma das partes, qualquer outra parte poderá designar uma pessoa de sua escolha para participar na qualidade de membro do Tribunal.

3. Se o Tribunal, ao examinar uma controvérsia, não incluir um membro nacional das partes, cada uma destas poderá designar uma pessoa de sua escolha para participar na qualidade de membro do Tribunal.

4. O presente artigo aplica-se às câmaras referidas nos artigos 14 e 15 do presente anexo. Em tais casos, o Presidente, em consulta com as partes, deve pedir a determinados membros do Tribunal que constituam a câmara, tantos quantos necessários, que cedam os seus lugares aos membros do Tribunal da nacionalidade das partes interessadas e, se os não houver ou não puderem estar presentes, aos membros especialmente designados pelas partes.

5. Se várias partes tiverem um mesmo interesse, deverão, para efeitos das disposições precedentes, ser consideradas como uma única parte. Havendo dúvida sobre este ponto, o Tribunal deve resolvê-la.

6. Os membros designados de conformidade com os parágrafos 2º, 3º e 4º devem reunir as condições estabelecidas pelos artigos 2º, 8º e 11 do presente anexo. Devem participar na decisão do Tribunal em condições de absoluta igualdade com os seus colegas.

Artigo 18
Remuneração

1. Cada membro eleito do Tribunal recebe um vencimento anual e, por cada dia em que exerça as suas funções, um subsídio especial. A soma total do seu subsídio especial, em cada ano, não excederá o montante do vencimento anual.

2. O Presidente recebe um subsídio anual especial.

3. O Vice-Presidente recebe um subsídio especial por cada dia em que exerça as funções de Presidente.

4. Os membros designados nos termos do artigo 17 do presente anexo, que não sejam membros eleitos do Tribunal, receberão uma compensação por cada dia em que exerçam as suas funções.

5. Os vencimentos, subsídios e compensações serão fixados periodicamente em reuniões dos Estados-Partes, tendo em conta o volume de trabalho do Tribunal. Não podem sofrer redução enquanto durar o mandato.

6. O vencimento do escrivão é fixado em reuniões dos Estados-Partes, por proposta do Tribunal.

7. Nos regulamentos adotados em reuniões dos Estados-Partes, serão fixadas as condições para a concessão de pensões de aposentação aos membros do Tribunal e ao escrivão, bem como as condições para o reembolso, aos membros do Tribunal e ao escrivão, das suas despesas de viagens.

8. Os vencimentos, subsídios e compensações estarão isentos de qualquer imposto.

Artigo 19
Despesas do Tribunal

1. As despesas do Tribunal serão custeadas pelos Estados-Partes e pela Autoridade, nos termos e condições a determinar em reuniões dos Estados-Partes.

2. Quando uma entidade distinta de um Estado-Parte ou da Autoridade for parte numa controvérsia submetida ao Tribunal, este fixará o montante com que a referida parte terá de contribuir para as despesas do Tribunal.

Seção 2

JURISDIÇÃO

Artigo 20
Acesso ao Tribunal

1. Os Estados-Partes terão acesso ao Tribunal.

2. As entidades distintas dos Estados-Partes terão acesso ao Tribunal, em qualquer dos casos expressamente previstos na parte XI ou em qualquer questão submetida nos termos de qualquer outro acordo que confira ao Tribunal jurisdição que seja aceita por todas as partes na questão.

Artigo 21
Jurisdição

A jurisdição do Tribunal compreende todas as controvérsias e pedidos que lhe sejam submetidos de conformidade com a presente Convenção, bem como todas as questões especialmente previstas em qualquer outro acordo que confira jurisdição ao Tribunal.

Artigo 22
Submissão ao Tribunal de controvérsias relativas a outros acordos

Se todas as partes num tratado ou convenção já em vigor sobre matérias cobertas pela presente Convenção assim o acordarem, qualquer controvérsia relativa à interpretação ou aplicação de tal tratado ou convenção pode, de conformidade com tal acordo, ser submetida ao Tribunal.

Artigo 23
Direito aplicável

Todas as controvérsias e pedidos serão decididos pelo Tribunal, de conformidade com o artigo 293.

Seção 3
PROCESSO

Artigo 24
Início do procedimento

1. As controvérsias são submetidas ao Tribunal, conforme o caso, por notificação de um acordo especial ou por pedido escrito dirigido ao escrivão. Em ambos os casos, o objeto da controvérsia e as partes devem ser indicados.

2. O escrivão deve notificar imediatamente todos os interessados do acordo especial ou do pedido.

3. O escrivão deve também notificar todos os Estados-Partes.

Artigo 25
Medidas provisórias

1. De conformidade com o artigo 290, o Tribunal e a sua Câmara de Controvérsias dos Fundos Marinhos têm o poder de decretar medidas provisórias.

2. Se o Tribunal não se encontrar reunido ou o número de membros disponíveis não for suficiente para que haja quórum, as medidas provisórias devem ser decretadas pela Câmara criada nos termos do parágrafo 3º do artigo 15 do presente anexo. Não obstante o disposto no parágrafo 4º do artigo 15 do presente anexo, tais medidas podem ser tomadas a pedido de qualquer das partes na controvérsia. Tais medidas estão sujeitas a exame e revisão pelo Tribunal.

Artigo 26
Audiências

1. As audiências serão dirigidas pelo Presidente ou, na sua ausência, pelo Vice-Presidente; se nenhum deles o puder fazer, presidirá o mais antigo dos juízes presentes do Tribunal.

2. As audiências devem ser públicas, salvo decisão em contrário do Tribunal ou a menos que as partes solicitem audiência à porta fechada.

Artigo 27
Trâmites do processo

O Tribunal deve definir os trâmites do processo, decidir a forma e os prazos em que cada parte deve concluir as suas alegações e tomar as medidas necessárias para a apresentação de provas.

Artigo 28
Revelia

Quando uma das partes não comparecer ante o Tribunal ou não apresentar a sua defesa, a outra parte poderá pedir ao Tribunal que continue os procedimentos e profira a sua decisão. A ausência de uma parte ou a não apresentação da defesa da sua causa não deve constituir impedimento aos procedimentos. Antes de proferir a sua decisão, o Tribunal deve assegurar-se de que não só tem jurisdição sobre a controvérsia, mas também de que a pretensão está de direito e de fato bem fundamentada.

Artigo 29
Maioria requerida para a tomada de decisão

1. Todas as decisões do Tribunal devem ser tomadas por maioria dos membros presentes.

2. Em caso de empate, decidirá o voto do Presidente ou o do membro do Tribunal que o substitua.

Artigo 30
Sentença

1. A sentença deve ser fundamentada.

2. A sentença deve mencionar os nomes dos membros do Tribunal que tomarem parte na decisão.

3. Se, no todo ou em parte, a sentença não representar a opinião unânime dos membros do Tribunal, qualquer membro terá o direito de juntar à sentença a sua opinião individual ou dissidente.

4. A sentença deve ser assinada pelo Presidente e pelo escrivão. Deve ser lida em sessão pública, depois de devidamente notificadas as partes na controvérsia.

Artigo 31
Pedidos de intervenção

1. Se um Estado-Parte considerar que tem um interesse de natureza jurídica que possa ser afetado pela decisão sobre qualquer controvérsia, poderá submeter ao Tribunal um pedido de intervenção.

2. Ao Tribunal compete pronunciar-se sobre o pedido.

3. Se um pedido de intervenção for aceito, a sentença do Tribunal sobre a controvérsia será obrigatória para o Estado-Parte interveniente, em relação às questões nas quais esse Estado-Parte interveio.

Artigo 32
Direito de intervenção em casos de interpretação ou aplicação

1. Sempre que se levantar uma questão de interpretação ou aplicação da presente Convenção, o escrivão notificará imediatamente todos os Estados-Partes.

2. Sempre que, no âmbito dos artigos 21 ou 22 do presente anexo, se levantar uma questão de interpretação ou aplicação de um acordo internacional, o Escrivão notificará todas as partes no acordo.

3. Qualquer parte a que se referem os parágrafos 1º e 2º tem o direito de intervir no processo; se exercer este direito, a interpretação constante da sentença será igualmente obrigatória para essa parte.

Artigo 33
Natureza definitiva e força obrigatória da sentença

1. A sentença do Tribunal será definitiva e deverá ser acatada por todas as partes na controvérsia.

2. A sentença não terá força obrigatória senão para as partes e no que se refere a uma controvérsia determinada.

3. Em caso de desacordo sobre o sentido ou alcance da sentença, compete ao Tribunal interpretá-la, a pedido de qualquer das partes.

Artigo 34
Despesas

Salvo decisão em contrário do Tribunal, cada parte custeará as suas próprias despesas.

SEÇÃO 4
CÂMARA DE CONTROVÉRSIAS DOS FUNDOS MARINHOS

ARTIGO 35
Composição

1. A Câmara de Controvérsias dos Fundos Marinhos referida no artigo 14 do presente anexo é composta por 11 membros, escolhidos pela maioria dos membros eleitos do Tribunal dentre eles.

2. Na escolha dos membros da Câmara a representação dos principais sistemas jurídicos do mundo e uma distribuição geográfica equitativa devem ser assegurados. A assembleia da Autoridade pode adotar recomendações de caráter geral relativas à representação e distribuição referidas.

3. Os membros da Câmara serão escolhidos de três em três anos e poderão ser escolhidos para um segundo mandato.

4. A Câmara elegerá o seu presidente dentre os seus membros; o mandato deste terá a duração do mandato da Câmara.

5. Se, ao fim de um período de três anos para o qual a Câmara tenha sido escolhida, houver processos pendentes, a Câmara deverá terminar esses processos com a sua composição original.

6. Se ocorrer alguma vaga na Câmara, o Tribunal escolherá dentre os seus membros eleitos um sucessor que deverá exercer o cargo até ao fim do mandato do seu predecessor.

7. Para a constituição da Câmara é exigido um quórum de sete membros escolhidos pelo Tribunal.

ARTIGO 36
Câmaras ad hoc

1. A Câmara de Controvérsias dos Fundos Marinhos deve constituir uma câmara ad hoc, composta de três dos seus membros, para conhecer de uma determinada controvérsia que lhe seja submetida de conformidade com a alínea b do parágrafo 1º do artigo 188. A composição de tal câmara deve ser estabelecida pela Câmara de Controvérsias dos Fundos Marinhos com a aprovação das partes.

2. Se as partes não concordarem com a composição da câmara ad hoc cada uma delas designará um membro devendo o terceiro membro ser designado por ambas de comum acordo. Se não chegarem a acordo, ou se qualquer das partes não fizer a designação, o presidente da Câmara de Controvérsias dos Fundos Marinhos deverá proceder sem demora à designação ou designações dentre os membros dessa Câmara após consulta às partes.

3. Os membros da câmara ad hoc não devem estar ao serviço de qualquer das partes na controvérsia, nem ser nacionais destas.

ARTIGO 37
Acesso

Os Estados-Partes, a Autoridade e as outras entidades referidas na Seção 5 da parte XI terão acesso à Câmara.

ARTIGO 38
Direito aplicável

Além das disposições do artigo 293, a Câmara deve aplicar:

a) As normas, os regulamentos e os procedimentos da Autoridade adotados de conformidade com a presente Convenção; e
b) As cláusulas dos contratos relativos a atividades na área, em matérias relacionadas com esses contratos.

ARTIGO 39
Execução das decisões da Câmara

As decisões da Câmara serão executórias nos territórios dos Estados-Partes da mesma maneira que sentenças ou despachos do supremo tribunal do Estado-Parte em cujo território a execução for requerida.

ARTIGO 40
Aplicabilidade das outras Seções do presente anexo

1. As outras seções do presente anexo não incompatíveis com a presente seção aplicam-se à Câmara.

2. No exercício das suas funções consultivas, a Câmara deve guiar-se pelas disposições do presente anexo relativas ao processo ante o Tribunal, na medida em que as considere aplicáveis.

SEÇÃO 5
EMENDAS

ARTIGO 41
Emendas

1. As emendas ao presente anexo, com exceção das relativas à Seção 4, só podem ser adotadas de conformidade com o artigo 313, ou por consenso numa conferência convocada de conformidade com a presente Convenção.

2. As emendas à Seção 4 só podem ser adotadas de conformidade com o artigo 314.

3. O Tribunal pode propor as emendas ao presente Estatuto que considere necessárias, mediante comunicação escrita aos Estados-Partes, para que estes as examinem, de conformidade com os parágrafos 1º e 2º.

ANEXO VII
ARBITRAGEM

ARTIGO 1º
Início do procedimento

Sem prejuízo das disposições da parte XV, qualquer parte numa controvérsia pode submeter a controvérsia ao procedimento de arbitragem previsto no presente anexo, mediante notificação escrita dirigida à outra parte ou partes na controvérsia. A notificação deve ser acompanhada de uma exposição da pretensão e dos motivos em que se fundamenta.

ARTIGO 2º
Lista de árbitros

1. O Secretário-Geral das Nações Unidas deve elaborar e manter uma lista de árbitros. Cada Estado-Parte tem o direito de designar quatro árbitros, que devem

ser pessoas com experiência em assuntos marítimos e gozem da mais elevada reputação pela sua imparcialidade, competência e integridade. A lista deve ser composta pelos nomes das pessoas assim designadas.

2. Se, em qualquer momento, os árbitros designados por um Estado-Parte e que integram a lista assim constituída forem menos de quatro, este Estado-Parte tem o direito de fazer as designações suplementares necessárias.

3. O nome de um árbitro deve permanecer na lista até ser retirado pelo Estado-Parte que o tiver designado, desde que tal árbitro continue a fazer parte de qualquer tribunal arbitral para o qual tenha sido designado até terminar o procedimento ante o referido tribunal.

Artigo 3º
Constituição do tribunal arbitral

Para efeitos dos procedimentos previstos no presente anexo, o tribunal arbitral deve, salvo acordo em contrário das partes, ser constituído da seguinte forma:

a) Sem prejuízo do disposto na alínea g, o tribunal arbitral é composto por cinco membros;
b) A parte que inicie o procedimento deve designar um membro, escolhido de preferência da lista mencionada no artigo 2º do presente anexo, que pode ser seu nacional. A designação deve ser incluída na notificação prevista no artigo 1º do presente anexo;
c) A outra parte na controvérsia deve, nos 30 dias seguintes à data de recebimento da notificação referida no artigo 1º do presente anexo, designar um membro, a ser escolhido de preferência da lista, o qual pode ser seu nacional. Se a designação não se efetuar nesse prazo, a parte que tiver iniciado o procedimento poderá, nas duas semanas seguintes à expiração desse prazo, pedir que a designação seja feita de conformidade com a alínea e;
d) Os outros três membros devem ser designados por acordo entre as partes. Estes devem, salvo acordo em contrário das partes, ser escolhidos de preferência da lista e ser nacionais de terceiros Estados. As partes na controvérsia devem designar o presidente do tribunal arbitral de entre esses três membros. Se, nos 60 dias seguintes ao recebimento da notificação mencionada no artigo 1º do presente anexo, as partes não puderem chegar a acordo sobre a designação de um ou mais dos membros do tribunal que devem ser designados de comum acordo, ou sobre a designação do presidente, a designação ou designações pendentes devem ser feitas de conformidade com a alínea e), a pedido de uma das partes na controvérsia. Tal pedido deve ser apresentado dentro das duas semanas seguintes à expiração do referido prazo de 60 dias;
e) A menos que as partes concordem que qualquer designação nos termos das alíneas c e d seja feita por uma pessoa ou por um terceiro Estado escolhido por elas, o Presidente do Tribunal Internacional do Direito do Mar deve proceder às designações necessárias. Se o Presidente não puder agir de conformidade com a presente alínea ou for nacional de uma das partes na controvérsia, a designação deve ser feita pelo membro mais antigo do Tribunal Internacional do Direito do Mar que esteja disponível e não seja nacional de qualquer das partes. As designações previstas na presente alínea devem ser feitas com base na lista mencionada no artigo 2º do presente anexo no prazo de 30 dias a contar da data de recebimento do pedido e em consulta com as partes. Os membros assim designados devem ser de nacionalidades diferentes e não podem estar ao serviço de qualquer das partes na controvérsia, nem residir habitualmente no território de uma dessas partes nem ser nacionais de qualquer delas;
f) Qualquer vaga deve ser preenchida da maneira estabelecida para a designação inicial;
g) As partes com interesse comum devem designar conjuntamente e por acordo um membro do tribunal. Quando várias partes tiverem interesses distintos, ou haja desacordo sobre se existe ou não interesse comum, cada uma delas deve designar um membro do tribunal. O número de membros do tribunal designados separadamente pelas partes deve ser sempre inferior em um ao número de membros do tribunal designados conjuntamente pelas partes;
h) As disposições das alíneas a a f devem aplicar-se, o máximo possível, nas controvérsias em que estejam envolvidas mais de duas partes.

Artigo 4º
Funções do tribunal arbitral

Um tribunal arbitral constituído nos termos do artigo 3º do presente anexo deve funcionar de conformidade com o presente anexo e com as demais disposições da presente Convenção.

Artigo 5º
Procedimento

Salvo acordo em contrário das partes na controvérsia, o tribunal arbitral deve adotar o seu próprio procedimento garantindo a cada uma das partes plena oportunidade de ser ouvida e de apresentar a sua causa.

Artigo 6º
Obrigações das partes numa controvérsia

As partes numa controvérsia devem facilitar o trabalho do tribunal arbitral e, de conformidade com a sua legislação e utilizando todos os meios à sua disposição, devem, em particular:

a) Fornecer-lhe todos os documentos, meios e informações pertinentes;
b) Permitir-lhe, quando necessário, citar testemunhas ou peritos e receber as suas provas e visitar os lugares relacionados com a causa.

Artigo 7º
Despesas

Salvo decisão em contrário do tribunal arbitral por razões de circunstâncias particulares da causa, as despesas do tribunal, incluindo a remuneração dos seus membros, devem ser custeadas, em montantes iguais, pelas partes na controvérsia.

Artigo 8º
Maioria requerida para a tomada de decisão

As decisões do tribunal arbitral devem ser tomadas por maioria de votos dos seus membros. A ausência ou abstenção de menos de metade dos membros não constitui impedimento à tomada de decisão pelo tribunal. Em caso de empate, decidirá o voto do presidente.

Artigo 9º
Revelia

Quando uma das partes na controvérsia não comparecer ante o tribunal arbitral ou não apresentar a sua defesa, a outra parte poderá pedir ao tribunal que continue os procedimentos e profira o seu laudo. A ausência de uma parte ou a não apresentação da defesa da sua causa não deve constituir impedimento aos procedimentos. Antes de proferir o seu laudo, o tribunal arbitral deve assegurar-se de que não só tem jurisdição sobre a controvérsia, mas também de que a pretensão está, de direito e de fato, bem fundamentada.

Artigo 10
Laudo arbitral

O laudo do tribunal arbitral deve limitar-se ao objeto da controvérsia e ser fundamentado. Deve mencionar os nomes dos membros do tribunal arbitral que tomaram parte no laudo e a data em que foi proferido. Qualquer membro do tribunal terá o direito de juntar ao laudo a sua opinião individual ou dissidente.

Artigo 11
Natureza definitiva do laudo arbitral

O laudo deve ser definitivo e inapelável, a não ser que as partes na controvérsia tenham previamente acordado num procedimento de apelação. Deve ser acatado pelas partes na controvérsia.

Artigo 12
Interpretação ou execução do laudo arbitral

1. Qualquer desacordo que possa surgir entre as partes na controvérsia sobre a interpretação ou o modo de execução do laudo pode ser submetido por qualquer das partes à decisão do tribunal arbitral que proferiu o laudo. Para esse efeito, qualquer vaga no tribunal deve ser preenchida pela forma prevista para as designações iniciais dos membros do tribunal.

2. Qualquer desacordo dessa natureza pode, nos termos do artigo 287, ser submetido a outra corte ou tribunal por acordo de todas as partes na controvérsia.

Artigo 13
Aplicação a entidades distintas de Estados-Partes

As disposições do presente anexo devem aplicar-se, *mutatis mutandis*, a qualquer controvérsia em que estejam envolvidas entidades distintas de Estados-Partes.

ANEXO VIII
ARBITRAGEM ESPECIAL

Artigo 1º
Início do procedimento

Sem prejuízo das disposições da parte XV, qualquer parte numa controvérsia relativa à interpretação ou à aplicação dos artigos da presente Convenção sobre: 1) pescas; 2) proteção e preservação do meio marinho; 3) investigação científica marinha; ou 4) navegação, incluindo a poluição proveniente de embarcações e por alijamento, pode submeter a controvérsia ao procedimento de arbitragem especial previsto no presente anexo, mediante notificação escrita dirigida à outra ou às outras partes na controvérsia. A notificação deve ser acompanhada de uma exposição da pretensão e dos motivos em que esta se fundamenta.

Artigo 2º
Lista de peritos

1. Deve ser elaborada e mantida uma lista de peritos para cada uma das seguintes matérias: 1) pescas; 2) proteção e preservação do meio marinho; 3) investigação científica marinha; e 4) navegação, incluindo a poluição proveniente de embarcações e por alijamento.

2. A elaboração e manutenção de cada lista de peritos deve competir: em matéria de pescas, à Organização das Nações Unidas para a Alimentação e a Agricultura; em matéria de proteção e preservação do meio marinho, ao Programa das Nações Unidas para o Meio Ambiente; em matéria de investigação científica marinha, à Comissão Oceanográfica Intergovernamental; em matéria de navegação, incluindo a poluição proveniente de embarcações e por alijamento, à Organização Marítima Internacional, ou, em cada caso, ao órgão subsidiário apropriado em que tal organização, programa ou comissão tiver investido dessas funções.

3. Cada Estado-Parte tem o direito de designar dois peritos em cada uma dessas matérias, cuja competência jurídica, científica ou técnica na matéria correspondente seja comprovada e geralmente reconhecida e que gozem da mais elevada reputação pela sua imparcialidade e integridade. A lista apropriada deve ser composta dos nomes das pessoas assim designadas em cada matéria.

4. Se, em qualquer momento, os peritos designados por um Estado-Parte e que integram a lista assim constituída, forem menos de dois, esse Estado-Parte tem o direito de fazer as designações suplementares necessárias.

5. O nome de um perito deve permanecer na lista até ser retirado pelo Estado-Parte que o tiver designado, desde que tal perito continue a fazer parte de qualquer tribunal arbitral especial para o qual tenha sido designado até terminar o procedimento ante o referido tribunal.

Artigo 3º
Constituição do tribunal arbitral especial

Para efeitos dos procedimentos previstos no presente anexo, o tribunal arbitral especial deve, salvo acordo em contrário das partes, ser constituído da seguinte forma:

a) Sem prejuízo do disposto na alínea g, o tribunal arbitral especial é composto de cinco membros;

b) A parte que inicie o procedimento deve designar dois membros, escolhidos de preferência da lista ou listas mencionadas no artigo 2º do presente anexo relativas às questões em controvérsia, os quais podem ser seus nacionais. As designações devem ser incluídas na notificação prevista no artigo 2º do presente anexo;

c) A outra parte na controvérsia deve, nos 30 dias seguintes à data de recebimento da notificação referida no artigo 1º do presente anexo, designar dois membros a serem escolhidos de preferência da lista ou listas relativas às questões em controvérsia, um dos quais pode ser seu nacional. Se a designação não se efetuar nesse prazo, a parte que tiver iniciado o procedimento poderá, nas duas semanas seguintes à expiração desse prazo, pedir que as designações sejam feitas de conformidade com a alínea e;

d) As partes na controvérsia devem designar de comum acordo o presidente do tribunal arbitral especial, escolhido preferencialmente da lista apropriada que deve ser nacional de um terceiro Estado, salvo acordo em contrário das partes. Se, nos 30 dias seguintes ao recebimento da notificação mencionada no artigo 1º do presente anexo, as partes não puderem chegar a acordo sobre a designação do presidente, a designação deve ser feita de conformidade com a alínea e), a pedido de uma das partes na controvérsia. Tal pedido deve ser apresentado dentro das duas semanas seguintes à expiração do referido prazo de 30 dias;

e) A menos que as partes concordem que a designação seja feita por uma pessoa ou por um terceiro Estado escolhido por elas, o Secretário-Geral das Nações Unidas deve proceder às designações necessárias nos 30 dias seguintes à data em que o pedido, feito nos termos das alíneas c e d, foi recebido. As designações previstas na presente alínea devem ser feitas com base na lista ou listas apropriadas de peritos mencionadas no artigo 2º do presente anexo, em consulta com as partes na controvérsia e com a organização internacional apropriada. Os membros assim designados devem ser de nacionalidades diferentes, não podem estar ao serviço de qualquer das partes na controvérsia, nem residir habitualmente no território de uma dessas partes, nem ser nacionais de qualquer delas;

f) Qualquer vaga deve ser preenchida da maneira prevista para a designação inicial;

g) As partes com interesse comum devem designar, conjuntamente e por acordo, dois membros do tribunal. Quando várias partes tiverem interesses distintos, ou haja desacordo sobre se existe ou não um mesmo interesse, cada uma delas designará um membro do tribunal;

h) As disposições das alíneas a a f devem aplicar-se, no máximo do possível, nas controvérsias em que estejam envolvidas mais de duas partes.

Artigo 4º
Disposições gerais

Os artigos 4º a 13º do anexo VII, aplicam-se, *mutatis mutandis*, ao procedimento de arbitragem especial, previsto no presente anexo.

Artigo 5º
Determinação dos fatos

1. As partes numa controvérsia relativa à interpretação ou à aplicação das disposições da presente Convenção sobre: 1) pescas; 2) proteção e preservação do meio marinho; 3) investigação científica marinha; ou 4) navegação, incluindo a poluição proveniente de embarcações e por alijamento, podem, em qualquer momento, acordar em solicitar a um tribunal arbitral especial, constituído de conformidade com o artigo 3º do presente anexo, a realização de uma investigação e determinação dos fatos que tenham originado a controvérsia.

2. Salvo acordo em contrário das partes, os fatos apurados pelo tribunal arbitral especial, de conformidade com o parágrafo 1º, devem ser considerados estabelecidos entre as partes.

3. Se todas as partes na controvérsia assim o solicitarem, o tribunal arbitral especial pode formular recomendações que, sem terem força decisória, devem apenas constituir base para um exame pelas partes das questões que originaram a controvérsia.

4. Sem prejuízo do disposto no parágrafo 2º, o tribunal arbitral especial deve, salvo acordo em contrário das partes, atuar de conformidade com as disposições do presente anexo.

ANEXO IX PARTICIPAÇÃO DE ORGANIZAÇÕES INTERNACIONAIS

Artigo 1º
Utilização do termo "organização internacional"

Para efeitos do artigo 305 e do presente anexo, «organização internacional» significa uma organização intergovernamental constituída por Estados à qual os seus Estados-membros tenham transferido competência em matérias regidas pela presente Convenção, incluindo a competência para concluir tratados relativos a essas matérias.

Artigo 2º
Assinatura

Uma organização internacional pode assinar a presente Convenção se a maioria dos seus Estados-membros for signatária da Convenção. No momento da assinatura, uma organização internacional deve fazer uma declaração que especifique as matérias regidas pela Convenção em relação às quais os seus Estados-membros que sejam signatários da presente Convenção lhe tenham transferido competência, bem como a natureza e a extensão dessa competência.

Artigo 3º
Confirmação formal e adesão

1. Uma organização internacional pode depositar o seu instrumento de confirmação formal ou de adesão se a maioria dos seus Estados-membros depositar ou tiver depositado os seus instrumentos de ratificação ou de adesão.

2. Os instrumentos depositados pela organização internacional devem conter os compromissos e declarações exigidos pelos artigos 4º e 5º do presente anexo.

Artigo 4º
Alcance da participação e direitos e obrigações

1. O instrumento de confirmação formal ou de adesão depositado por uma organização internacional deve conter o compromisso desta aceitar os direitos e obrigações dos Estados nos termos da presente Convenção relativos a matérias em relação às quais os seus Estados-membros que sejam Partes na presente Convenção lhe tenham transferido competência.

2. Uma organização internacional será Parte na presente Convenção na medida da competência especificada nas declarações, comunicações ou notificações referidas no artigo 5º do presente anexo.

3. Tal organização internacional exercerá os direitos e cumprirá as obrigações que, de outro modo, competiriam, nos termos da presente Convenção, aos seus Estados-membros que são Partes na Convenção relativos a matéria em relação às quais esses Estados-membros lhe tenham transferido competência. Os Estados-membros dessa organização internacional não exercerão a competência que lhe tenham transferido.

4. A participação de tal organização internacional não implicará em caso algum um aumento na representação a que teriam direito os seus Estados-membros que forem Partes na Convenção, incluindo os direitos em matéria de tomada de decisões.

5. A participação de tal organização internacional não confere, em caso algum, aos seus Estados-membros que não forem Partes na Convenção, quaisquer dos direitos estabelecidos na presente Convenção.

6. Em caso de conflito entre as obrigações de uma organização internacional resultantes da presente Convenção e as que lhe incumbam por virtude do acordo que estabelece a organização ou de quaisquer atos com ele relacionados, prevalecem as obrigações estabelecidas na presente Convenção.

Artigo 5º
Declarações, notificações e comunicações

1. O instrumento de confirmação formal ou de adesão de uma organização internacional deve conter uma declaração que especifique as matérias regidas pela presente Convenção em relação às quais os seus Estados-membros que forem Partes na presente Convenção lhe tenham transferido competência.

2. Um Estado-membro de uma organização internacional deve fazer uma declaração que especifique as matérias regidas pela presente Convenção em relação às quais tenha transferido competência para a organização, no momento da ratificação da Convenção ou de adesão a ela ou no momento do depósito pela organização do seu instrumento de confirmação formal ou de adesão, considerando-se o que for posterior.

3. Presume-se que os Estados-Partes membros de uma organização internacional que for Parte na Convenção têm competência sobre todas as matérias regidas pela presente Convenção em relação às quais transferências de competência para a organização não tenham sido especificamente declaradas, notificadas ou comunicadas nos termos do presente artigo.

4. A organização internacional e seus Estados-membros que forem Partes na presente Convenção notificarão sem demora o depositário da presente Convenção de quaisquer modificações na distribuição da competência especificada nas declarações previstas nos parágrafos 1º e 2º, incluindo novas transferências de competência.

5. Qualquer Estado-Parte pode pedir a uma organização internacional e aos seus Estados-membros, que forem Estados-Partes, que informem sobre quem, se a organização ou os seus Estados-membros, tem competência em relação a qualquer questão específica que tenha surgido. A organização e os Estados-membros interessados devem prestar essa informação num prazo razoável. A organização internacional e os Estados-membros também podem prestar essa informação por iniciativa própria.

6. As declarações, notificações e comunicações de informação a que se refere o presente artigo devem especificar a natureza e o alcance da competência transferida.

Artigo 6º
Responsabilidade

1. As Partes que tiverem competência nos termos do artigo 5º do presente anexo serão responsáveis pelo não cumprimento das obrigações ou por qualquer outra violação desta Convenção.

2. Qualquer Estado-Parte pode pedir a uma organização internacional ou aos seus Estados-membros que forem Estados-Partes que informem sobre quem tem responsabilidade em relação a qualquer matéria específica. A organização e os Estados-membros interessados devem prestar essa informação. Se não o fizerem num prazo razoável ou prestarem informações contraditórias, serão conjunta e solidariamente responsáveis.

Artigo 7º
Solução de controvérsias

1. No momento do depósito do seu instrumento de confirmação formal ou de adesão, ou em qualquer momento ulterior, uma organização internacional é livre de escolher, mediante declaração escrita, um ou vários dos meios previstos nas alíneas a, c ou d do parágrafo 1º do artigo 287, para a solução de controvérsias relativas à interpretação ou à aplicação da presente Convenção.

2. A parte XV aplica-se, *mutatis mutandis*, a qualquer controvérsia entre Partes na presente Convenção quando uma delas ou mais sejam organizações internacionais.

3. Quando uma organização internacional e um ou mais dos seus Estados-membros forem partes conjuntas numa controvérsia, ou forem partes com um interesse comum, considerar-se-á que a organização aceitou os mesmos procedimentos de solução de controvérsias que os escolhidos pelos Estados-membros; no entanto, quando um Estado-membro tiver escolhido unicamente o Tribunal Internacional de Justiça nos termos do artigo 287, considerar-se-á que a organização e o Estado-membro interessado aceitaram a arbitragem de conformidade com o Anexo VII, salvo acordo em contrário das partes na controvérsia.

Artigo 8º
Aplicação da parte XVII

A parte XVII aplica-se, *mutatis mutandis*, a uma organização internacional, com as seguintes exceções:

a) O instrumento de confirmação formal ou de adesão de uma organização internacional não deve ser tomado em conta para efeitos de aplicação do parágrafo 1º do artigo 308:

b) i) Uma organização internacional deve ter capacidade exclusiva no que se refere à aplicação dos artigos 312 a 315, na medida em que, nos termos do artigo 5º do presente anexo, tiver competência sobre a totalidade da matéria a que se refere a emenda;

ii) O instrumento de confirmação formal ou de adesão de uma organização internacional relativo a uma emenda sobre matéria em relação a cuja totalidade a organização tenha competência nos termos do artigo 5º deste anexo, é considerado o instrumento de ratificação ou de adesão de cada um dos seus Estados-membros que sejam Estados-Partes na Convenção, para efeitos de aplicação dos parágrafos 1º, 2º e 3º do artigo 316;

iii) O instrumento de confirmação formal ou de adesão de uma organização internacional não deve ser tomado em conta na aplicação dos parágrafos 1º e 2º do artigo 316 no que se refere a todas as demais emendas;

c) i) Uma organização internacional não poderá denunciar a presente Convenção nos termos do artigo 317, enquanto qualquer dos seus Estados-membros for Parte na Convenção e ela continuar a reunir os requisitos especificados no artigo 1º do presente anexo;

ii) Uma organização internacional deverá denunciar a Convenção quando nenhum dos seus Estados-membros for Parte na Convenção ou a organização internacional deixar de reunir os requisitos especificados no artigo 1º do presente anexo. Tal denúncia terá efeito imediato.

LEI Nº 8.617, DE 4 DE JANEIRO DE 1993

Dispõe sobre o mar territorial, a zona contígua, a zona econômica exclusiva e a plataforma continental brasileiros, e dá outras providências.

▶ Publicada no DOU de 5-1-1993.
▶ Dec. nº 4.810, de 19-8-2003, estabelece normas para operação de embarcações pesqueiras nas zonas brasileiras de pesca, alto mar e por meio de acordos internacionais.

CAPÍTULO I

DO MAR TERRITORIAL

Art. 1º O mar territorial brasileiro compreende uma faixa de doze milhas marítimas de largura, medidas a partir da linha de baixa-mar do litoral continental e insular brasileiro, tal como indicada nas cartas náuticas de grande escala, reconhecidas oficialmente no Brasil.

Parágrafo único. Nos locais em que a costa apresente recortes profundos e reentrâncias ou em que exista uma franja de ilhas ao longo da costa na sua proximidade imediata, será adotado o método das linhas de base retas, ligando pontos apropriados, para o traçado da linha de base, a partir da qual será medida a extensão do mar territorial.

▶ Dec. nº 1.290, de 21-10-1994, estabelece os pontos apropriados para o traçado das linhas de base retas ao longo da costa brasileira de que trata este parágrafo.

Art. 2º A soberania do Brasil estende-se ao mar territorial, ao espaço aéreo sobrejacente, bem como ao seu leito e subsolo.

Art. 3º É reconhecido aos navios de todas as nacionalidades o direito de passagem inocente no mar territorial brasileiro.

§ 1º A passagem será considerada inocente desde que não seja prejudicial à paz, à boa ordem ou à segurança do Brasil, devendo ser contínua e rápida.

§ 2º A passagem inocente poderá compreender o parar e o fundear, mas apenas na medida em que tais procedimentos constituam incidentes comuns de navegação ou sejam impostos por motivos de força maior ou por dificuldade grave, ou tenham por fim prestar auxílio a pessoas, a navios ou aeronaves em perigo ou em dificuldade grave.

§ 3º Os navios estrangeiros no mar territorial brasileiro estarão sujeitos aos regulamentos estabelecidos pelo Governo brasileiro.

CAPÍTULO II

DA ZONA CONTÍGUA

Art. 4º A zona contígua brasileira compreende uma faixa que se estende das doze às vinte e quatro milhas marítimas, contadas a partir das linhas de base que servem para medir a largura do mar territorial.

▶ Dec. nº 4.246, de 22-5-2002, promulga a Convenção sobre o Estatuto dos Apátridas.

Art. 5º Na zona contígua, o Brasil poderá tomar as medidas de fiscalização necessárias para:

I – evitar as infrações às leis e aos regulamentos aduaneiros, fiscais, de imigração ou sanitários, no seu território, ou no seu mar territorial;

II – reprimir as infrações às leis e aos regulamentos, no seu território ou no seu mar territorial.

CAPÍTULO III

DA ZONA ECONÔMICA EXCLUSIVA

Art. 6º A zona econômica exclusiva brasileira compreende uma faixa que se estende das doze às duzentas milhas marítimas, contadas a partir das linhas de base que servem para medir a largura do mar territorial.

Art. 7º Na zona econômica exclusiva, o Brasil tem direitos de soberania para fins de exploração e aproveitamento, conservação e gestão dos recursos naturais, vivos ou não vivos, das águas sobrejacentes ao leito do mar, do leito do mar e seu subsolo, e no que se refere a outras atividades com vistas à exploração e ao aproveitamento da zona para fins econômicos.

Art. 8º Na zona econômica exclusiva, o Brasil, no exercício de sua jurisdição, tem o direito exclusivo de regulamentar a investigação científica marinha, a proteção e preservação do meio marítimo, bem como a construção, operação e uso de todos os tipos de ilhas artificiais, instalações e estruturas.

Parágrafo único. A investigação científica marinha na zona econômica exclusiva só poderá ser conduzida por outros Estados com o consentimento prévio do

Governo brasileiro, nos termos da legislação em vigor que regula a matéria.

Art. 9º A realização por outros Estados, na zona econômica exclusiva, de exercícios ou manobras militares, em particular as que impliquem o uso de armas ou explosivos, somente poderá ocorrer com o consentimento do Governo brasileiro.

Art. 10. É reconhecido a todos os Estados o gozo, na zona econômica exclusiva, das liberdades de navegação e sobrevoo, bem como de outros usos do mar internacionalmente lícitos, relacionados com as referidas liberdades, tais como os ligados à operação de navios e aeronaves.

CAPÍTULO IV

DA PLATAFORMA CONTINENTAL

Art. 11. A plataforma continental do Brasil compreende o leito e o subsolo das áreas submarinas que se estendem além do seu mar territorial, em toda a extensão do prolongamento natural de seu território terrestre, até o bordo exterior da margem continental, ou até uma distância de duzentas milhas marítimas das linhas de base, a partir das quais se mede a largura do mar territorial, nos casos em que o bordo exterior da margem continental não atinja essa distância.

Parágrafo único. O limite exterior da plataforma continental será fixado de conformidade com os critérios estabelecidos no art. 76 da Convenção das Nações Unidas sobre o Direito do Mar, celebrada em Montego Bay, em 10 de dezembro de 1982.

Art. 12. O Brasil exerce direitos de soberania sobre a plataforma continental, para efeitos de exploração dos recursos naturais.

Parágrafo único. Os recursos naturais a que se refere o *caput* são os recursos minerais e outros recursos não vivos do leito do mar e subsolo, bem como os organismos vivos pertencentes a espécies sedentárias, isto é, àquelas que no período de captura estão imóveis no leito do mar ou no seu subsolo, ou que só podem mover-se em constante contato físico com esse leito ou subsolo.

Art. 13. Na plataforma continental, o Brasil, no exercício de sua jurisdição, tem o direito exclusivo de regulamentar a investigação científica marinha, a proteção e preservação do meio marinho, bem como a construção, operação e o uso de todos os tipos de ilhas artificiais, instalações e estruturas.

§ 1º A investigação científica marinha, na plataforma continental, só poderá ser conduzida por outros Estados com o consentimento prévio do Governo brasileiro, nos termos da legislação em vigor que regula a matéria.

§ 2º O Governo brasileiro tem o direito exclusivo de autorizar e regulamentar as perfurações na plataforma continental, quaisquer que sejam os seus fins.

Art. 14. É reconhecido a todos os Estados o direito de colocar cabos e dutos na plataforma continental.

§ 1º O traçado da linha para a colocação de tais cabos e dutos na plataforma continental dependerá do consentimento do Governo brasileiro.

§ 2º O Governo brasileiro poderá estabelecer condições para a colocação dos cabos e dutos que penetrem seu território ou seu mar territorial.

Art. 15. Esta lei entra em vigor na data de sua publicação.

Art. 16. Revogam-se o Decreto-Lei nº 1.098, de 25 de março de 1970, e as demais disposições em contrário.

Brasília, 4 de janeiro de 1993;
172º da Independência e
105º da República.

Itamar Franco

ESPAÇO TERRESTRE

LEI Nº 6.634, DE 2 DE MAIO DE 1979

Dispõe sobre a Faixa de Fronteira, altera o Decreto-Lei nº 1.135, de 3 de dezembro de 1970, e dá outras providências.

► Publicada no *DOU* de 3-5-1979.

Art. 1º É considerada área indispensável à Segurança Nacional a faixa interna de cento e cinquenta quilômetros de largura, paralela à linha divisória terrestre do território nacional, que será designada como Faixa de Fronteira.

Art. 2º Salvo com o assentimento prévio do Conselho de Segurança Nacional, será vedada, na Faixa de Fronteira, a prática dos atos referentes a:

I – alienação e concessão de terras públicas, abertura de vias de transporte e instalação de meios de comunicação destinados à exploração de serviços de radiodifusão de sons ou radiodifusão de sons e imagens;

II – Construção de pontes, estradas internacionais e campos de pouso;

III – estabelecimento ou exploração de indústrias que interessem à Segurança Nacional, assim relacionadas em decreto do Poder Executivo;

IV – instalação de empresas que se dedicarem às seguintes atividades:

a) pesquisa, lavra, exploração e aproveitamento de recursos minerais, salvo aqueles de imediata aplicação na construção civil, assim classificados no Código de Mineração;
b) colonização e loteamento rurais;

V – transações com imóvel rural, que impliquem a obtenção, por estrangeiro, do domínio, da posse ou de qualquer direito real sobre o imóvel;

VI – participação, a qualquer título, de estrangeiro, pessoa natural ou jurídica, em pessoa jurídica que seja titular de direito real sobre imóvel rural;

§ 1º O assentimento prévio, a modificação ou a cassação das concessões ou autorizações serão formalizados em ato da Secretaria-Geral do Conselho de Segurança Nacional, em cada caso.

§ 2º Se o ato da Secretaria-Geral do Conselho de Segurança Nacional for denegatório ou implicar modificação ou cassação de atos anteriores, da decisão caberá recurso ao Presidente da República.

§ 3º Os pedidos de assentimento prévio serão instituídos com o parecer do órgão federal controlador da atividade, observada a legislação pertinente em cada caso.

Art. 3º Na faixa de Fronteira, as empresas que se dedicarem às indústrias ou atividades previstas nos itens III e IV do artigo 2º deverão, obrigatoriamente, satisfazer às seguintes condições:

I – pelo menos cinquenta e um por cento do capital pertencer a brasileiros;

II – pelo menos dois terços de trabalhadores serem brasileiros; e

III – caber a administração ou gerência a maioria de brasileiros, assegurados a estes os poderes predominantes.

Parágrafo único. No caso de pessoa física ou empresa individual, só a brasileiro será permitido o estabelecendo ou exploração das indústrias ou das atividades referidas neste artigo.

Art. 4º As autoridades, entidades e serventuários públicos exigirão prova do assentimento prévio do Conselho de Segurança Nacional para prática de qualquer ato regulado por esta lei.

Parágrafo único. Os tabeliães e Oficiais do Registro de Imóveis, bem como os servidores das Juntas Comerciais, quando não derem fiel cumprimento ao disposto neste artigo, estarão sujeitos à multa de até 10% (dez por cento) sobre o valor do negócio irregularmente realizado, independentemente das sanções civis e penais cabíveis.

Art. 5º As Juntas Comerciais não poderão arquivar ou registrar contrato social, estatuto ou ato constitutivo de sociedade, bem como suas eventuais alterações, quando contrariarem o disposto nesta Lei.

Art. 6º Os atos previstos no artigo 2º, quando praticados sem o prévio assentimento do Conselho de Segurança Nacional, serão nulos de pleno direito e sujeitarão os responsáveis à multa de até vinte por cento do valor declarado do negócio irregularmente realizado.

Art. 7º Competirá à Secretaria-Geral do Conselho de Segurança Nacional solicitar, dos órgãos competentes, a instauração de inquérito destinado a apurar as infrações às disposições desta Lei.

Art. 8º A alienação e a concessão de terras públicas, na faixa de Fronteira, não poderão exceder de três mil hectares, sendo consideradas como uma só unidade as alienações e concessões feitas a pessoas jurídicas que tenham administradores, ou detentores da maioria do capital comuns.

§ 1º O Presidente da República, ouvido o Conselho de Segurança Nacional e mediante prévia autorização do Senado Federal, poderá autorizar a alienação e a concessão de terras públicas acima do limite estabelecido neste artigo, desde que haja manifesto interesse para a economia regional.

§ 2º A alienação e a concessão de terrenos urbanos reger-se-ão por legislação específica.

Art. 9º Toda vez que existir interesse para a Segurança Nacional, a união poderá concorrer com o custo, ou parte deste, para a construção de obras públicas a cargo dos Municípios total ou parcialmente abrangidos pela Faixa de Fronteira.

§ 1º *Revogado*. MP nº 2.216-37, de 31-8-2001. Tinha a seguinte redação: "*A Lei Orçamentária Anual da União consignará, para a Secretaria-Geral do Conse-*

lho de Segurança Nacional, recursos adequados ao cumprimento do disposto neste artigo".

§ 2º Os recursos serão repassados diretamente às Prefeituras Municipais, mediante a apresentação de projetos específicos.

Art. 10. Anualmente, o Desembargador – Corregedor da Justiça Estadual, ou magistrado por ele indicado, realizará correção nos livros dos Tabeliães e Oficiais do Registro de Imóveis, nas comarcas dos respectivos Estados que possuírem municípios abrangidos pelo Faixa de Fronteira, para verificar o cumprimento desta Lei, determinando, de imediato, as providências que forem necessárias.

Parágrafo único. Nos Territórios Federais, a correção prevista neste artigo será realizada pelo Desembargador – Corregedor da Justiça do Distrito Federal e dos Territórios.

Art. 11. O § 3º do artigo 6º do Decreto-lei nº 1.135, de 3 de dezembro de 1970, passa a vigorar com a seguinte redação:

"Art. 6º ....
....

§ 3º Caberá recurso ao Presidente da República dos atos de que trata o parágrafo anterior, quando forem denegatórios ou implicarem a modificação ou cassação de atos já praticados".

Art. 12. Esta Lei entrará em vigor na data de sua publicação, revogadas a Lei nº 2.597, de 12 de setembro de 1955, e demais disposições em contrário.

Brasília, 2 de maio de 1979;
158º da Independência e
91º da República.

João Baptista Figueiredo

ESTADO E DIREITO INTERNACIONAL

CONVENÇÃO DAS NAÇÕES UNIDAS SOBRE AS IMUNIDADES JURISDICIONAIS DOS ESTADOS E DOS SEUS BENS

Os Estados-Partes na presente Convenção:

Considerando que as imunidades jurisdicionais dos Estados e dos seus bens são geralmente aceites como um princípio de direito internacional consuetudinário;

Tendo em conta os princípios de direito internacional consagrados na Carta das Nações Unidas;

Convictos que uma convenção internacional sobre as imunidades jurisdicionais dos Estados e dos seus bens reforçará o princípio do Estado de direito e a segurança jurídica, especialmente nas relações dos Estados com as pessoas singulares ou coletivas, e contribuirá para a codificação e desenvolvimento do direito internacional e para a harmonização da prática nesta área;

Tomando em consideração os desenvolvimentos na prática dos Estados relativamente às imunidades jurisdicionais dos Estados e dos seus bens;

Afirmando que os princípios de direito internacional consuetudinário continuam a reger as matérias não reguladas pelas disposições da presente Convenção;

Acordam no seguinte:

Parte I – Introdução

Artigo 1º
Âmbito da presente Convenção

A presente Convenção aplica-se às imunidades jurisdicionais de um Estado e dos seus bens perante os tribunais de um outro Estado.

Artigo 2º
Definições

1 – Para os efeitos da presente Convenção:

a) "Tribunal" designa qualquer órgão de um Estado, seja qual for a sua denominação, autorizado a exercer funções jurisdicionais;
b) "Estado" designa:
  i) O Estado e os seus vários órgãos governamentais;
  ii) As unidades constitutivas de um Estado federal ou subdivisões políticas do Estado autorizadas a praticar atos no exercício da sua autoridade soberana e que exercem essas funções;
  iii) Serviços, organismos públicos ou outras entidades, na medida em que tenham competência para e pratiquem efetivamente atos no exercício da autoridade soberana do Estado;
  iv) Representantes do Estado no exercício dessas funções;
c) "Transação comercial" designa:
  i) Qualquer contrato ou transação comercial para a venda de bens ou prestação de serviços;
  ii) Qualquer contrato de empréstimo ou outra transação de natureza financeira, incluindo qualquer garantia obrigacional e obrigação de indenização relativamente aos mesmos;
  iii) Qualquer outro contrato ou transação de natureza comercial, industrial ou profissional, excluindo contratos de trabalho.

2 – Para determinar se um contrato ou transação constituem uma "transação comercial", ao abrigo do nº 1 da alínea c), deve ter-se em conta, em primeiro lugar, a natureza do contrato ou transação, devendo o seu objetivo ser também tido em conta se as partes assim o convencionarem no contrato ou transação, ou se, na prática do Estado do foro, esse objetivo for pertinente para determinar a natureza não comercial do contrato ou transação.

3 – As disposições dos nºs 1 e 2 relativamente às definições para os efeitos da presente Convenção não afetam o emprego desses termos nem o significado que lhes possa ser atribuído noutros instrumentos internacionais ou no direito interno de qualquer Estado.

Artigo 3º
Privilégios e imunidades não afetados pela presente Convenção

1 – A presente Convenção não afeta os privilégios e imunidades de que goza um Estado, ao abrigo do direito internacional, relativamente ao exercício das funções:

a) Das suas missões diplomáticas, postos consulares, missões especiais, missões junto de organizações internacionais ou delegações junto de órgãos de organizações internacionais ou de conferências internacionais; e
b) Das pessoas relacionadas com as mesmas.

2 – A presente Convenção não afeta os privilégios e imunidades concedidos *ratione personae*, ao abrigo do direito internacional, aos chefes de Estado.

3 – A presente Convenção não afeta as imunidades de que goza um Estado, ao abrigo do direito internacional, relativamente a aeronaves ou objetos espaciais de que é proprietário ou que explora.

Artigo 4º
Não retroatividade da presente Convenção

Sem prejuízo da aplicação de quaisquer normas previstas na presente Convenção às quais as imunidades jurisdicionais dos Estados e dos seus bens estão sujeitos ao abrigo do direito internacional, independentemente do previsto na presente Convenção, as suas disposições não se aplicarão a qualquer questão de imunidades jurisdicionais dos Estados ou dos seus bens suscitadas num processo judicial instaurado contra um Estado junto de um tribunal de outro Estado antes da entrada em vigor da presente Convenção entre os Estados em questão.

Parte II – Princípios gerais

Artigo 5º
Imunidade dos Estados

Sob reserva das disposições da presente Convenção, um Estado goza, em relação a si próprio e aos seus bens, de imunidade de jurisdição junto dos tribunais de um outro Estado.

Artigo 6º
Modalidades para garantir a imunidade dos Estados

1 – Um Estado garante a imunidade dos Estados prevista no artigo 5º abstendo-se de exercer a sua jurisdição num processo judicial instaurado nos seus tribunais contra outro Estado e, para esse fim, assegurará que os seus tribunais determinem oficiosamente que a imunidade desse outro Estado prevista no artigo 5º seja respeitada.

2 – Um processo judicial instaurado num tribunal de um Estado será considerado como tendo sido instaurado contra um outro Estado se esse outro Estado:
a) For citado como parte nesse processo judicial; ou
b) Não for citado como parte no processo judicial mas o processo visa, com efeito, afetar os bens, direitos, interesses ou atividades desse outro Estado.

Artigo 7º
Consentimento expresso para o exercício da jurisdição

1 – Um Estado não pode invocar a imunidade de jurisdição num processo judicial num tribunal de outro Estado, relativamente a uma questão ou lide, se tiver consentido expressamente no exercício da jurisdição por esse tribunal em relação a essa mesma questão ou lide:
a) Por acordo internacional;
b) Por contrato escrito; ou
c) Por declaração perante o tribunal ou comunicação escrita num determinado processo judicial.

2 – A aceitação por parte de um Estado no que diz respeito à aplicação da lei de um outro Estado não será interpretado como consentimento para o exercício da jurisdição pelos tribunais desse outro Estado.

Artigo 8º
Efeito da participação num processo em tribunal

1 – Um Estado não pode invocar a imunidade de jurisdição num processo num tribunal de outro Estado se:
a) Foi o próprio Estado a instaurar o dito processo; ou
b) Interveio no processo ou fez alguma diligência em relação ao mérito da causa. Todavia, se o Estado demonstrar ao tribunal que não poderia ter tomado conhecimento dos fatos sobre os quais um pedido de imunidade se poderia fundamentar, senão após ter feito tal diligência, pode invocar a imunidade com base nesses fatos desde que o faça com a maior brevidade possível.

2 – Não se considera que um Estado tenha consentido no exercício da jurisdição de um tribunal de um outro Estado se intervier num processo judicial ou tomar quaisquer outras medidas com o único objetivo de:
a) Invocar a imunidade; ou
b) Fazer valer um direito relativo a um bem em causa no processo.

3 – O comparecimento de um representante de um Estado num tribunal de outro Estado como testemunha não será interpretado como consentimento para o exercício da jurisdição pelo tribunal.

4 – O não comparecimento de um Estado num processo num tribunal de outro Estado não será interpretada como consentimento para o exercício da jurisdição pelo tribunal.

Artigo 9º
Pedidos reconvencionais

1 – Um Estado que instaure um processo num tribunal de outro Estado não pode invocar a imunidade de jurisdição perante o mesmo tribunal relativamente a qualquer pedido reconvencional resultante da mesma relação jurídica ou dos mesmos fatos do pedido principal.

2 – Um Estado que intervier para apresentar um pedido num processo num tribunal de outro Estado não pode invocar a imunidade de jurisdição perante o mesmo tribunal relativamente a qualquer pedido reconvencional resultante da mesma relação jurídica ou dos mesmos fatos do pedido apresentado pelo Estado.

3 – Um Estado que apresentar um pedido reconvencional num processo intentado contra si num tribunal de outro Estado não pode invocar a imunidade de jurisdição no dito tribunal relativamente ao pedido principal.

Parte III – Processos judiciais nos quais os Estados não podem invocar imunidade

Artigo 10º
Transações comerciais

1 – Se um Estado realizar uma transação comercial com uma pessoa singular ou coletiva estrangeira e, em resultado das regras aplicáveis de direito internacional privado, as divergências relativas a essa transação comercial forem submetidas à jurisdição de um tribunal de outro Estado, o Estado não pode invocar imunidade de jurisdição num processo judicial relativo à mesma transação comercial.

2 – O nº 1 não se aplica:
a) No caso de uma transação comercial entre Estados; ou
b) Se as partes na transação comercial tiverem acordado expressamente em sentido diverso.

3 – Quando uma empresa pública ou outra entidade criada por um Estado com personalidade jurídica autónoma e tiver a capacidade de:
a) Demandar ou ser demandado em juízo; e
b) Adquirir, ser proprietária, possuir ou dispor de bens, incluindo os bens que esse Estado a autorizou a explorar ou a gerir;

for parte num processo judicial relacionado com uma transação comercial em que essa empresa ou entidade participou, a imunidade de jurisdição de que goza o Estado em questão não será afetada.

Artigo 11º
Contratos de trabalho

1 – Salvo acordo em contrário entre os Estados em questão, um Estado não pode invocar a imunidade de

jurisdição num tribunal de outro Estado que seja competente para julgar o caso num processo judicial que diga respeito a um contrato de trabalho entre o Estado e uma pessoa singular para um trabalho realizado ou que se deveria realizar, no todo ou em parte, no território desse outro Estado.

2 – O n.º 1 não se aplica se:
a) O trabalhador foi contratado para desempenhar funções específicas que decorrem do exercício de poderes públicos;
b) O trabalhador for:
   i) Um agente diplomático, tal como definido na Convenção de Viena sobre as Relações Diplomáticas de 1961;
   ii) Um funcionário consular, tal como definido na Convenção de Viena sobre as Relações Consulares de 1963;
   iii) Um membro do pessoal diplomático das missões permanentes junto de organizações internacionais, de missões especiais, ou se for contratado para representar um Estado numa conferência internacional; ou
   iv) Uma qualquer outra pessoa que goze de imunidade diplomática;
c) O processo judicial se referir à contratação, renovação do contrato ou reintegração do trabalhador;
d) O processo judicial se referir à cessação unilateral do contrato ou ao despedimento do trabalhador e, se assim for determinado pelo chefe de Estado, chefe de governo ou ministro dos negócios estrangeiros do Estado empregador, esse processo puser em causa os interesses de segurança desse Estado;
e) O trabalhador for nacional do Estado empregador no momento da instauração do processo judicial, salvo se a pessoa em causa tiver residência permanente no Estado do foro; ou
f) O Estado empregador e o trabalhador acordaram diversamente por escrito, sob reserva de considerações de ordem pública conferindo aos tribunais do Estado do foro jurisdição exclusiva em função do objeto do processo.

Artigo 12º
Danos causados a pessoas e bens

Salvo acordo em contrário entre os Estados em questão, um Estado não pode invocar a imunidade de jurisdição num tribunal de outro Estado que seja competente para julgar o caso num processo relacionado com uma indenização pecuniária, em caso de morte ou de ofensa à integridade física de uma pessoa, ou em caso de dano ou perda de bens materiais causados por um ato ou omissão alegadamente atribuído ao Estado, se esse ato ou omissão ocorreu, no todo ou em parte, no território desse outro Estado e se o autor do ato ou omissão se encontrava nesse território no momento da prática do ato ou omissão.

Artigo 13º
Propriedade, posse e utilização de bens

Salvo acordo em contrário entre os Estados em questão, um Estado não pode invocar a imunidade de jurisdição num tribunal de outro Estado que seja competente para julgar o caso num processo judicial para a determinação de:

a) Quaisquer direitos do Estado sobre um bem imóvel, a sua posse ou utilização, ou qualquer obrigação do Estado resultante dos seus direitos, posse ou utilização desse bem imóvel situado no Estado do foro;
b) Quaisquer direitos do Estado sobre bens móveis ou imóveis em virtude de uma herança, doação ou *bona vacantia;* ou
c) Quaisquer direitos do Estado na administração de bens, tais como uma propriedade fideicomissária, o patrimônio resultante de uma falência ou os bens de uma sociedade em caso de dissolução.

Artigo 14º
Propriedade intelectual e industrial

Salvo acordo em contrário entre os Estados em questão, um Estado não pode invocar a imunidade de jurisdição num tribunal de outro Estado que seja competente para julgar o caso num processo judicial relacionado com:

a) A determinação de qualquer direito do Estado numa patente, modelo ou *design* industrial, nome comercial ou firma, marca registrada, direitos de autor ou qualquer outra forma de propriedade intelectual ou industrial que beneficie de alguma proteção jurídica, ainda que provisória, no Estado do foro; ou
b) Uma alegada violação pelo Estado, no território do Estado do foro, de um direito do tipo do previsto na alínea a) pertencente a um terceiro e que se encontra protegido no Estado do foro.

Artigo 15º
Participação em sociedades ou outras pessoas coletivas

1 – Um Estado não pode invocar a imunidade de jurisdição num tribunal de outro Estado que seja competente para julgar o caso, num processo judicial relacionado com a sua participação numa sociedade ou outra pessoa coletiva, dotada ou não de personalidade jurídica, quando o processo diga respeito às relações entre o Estado e a sociedade ou outra pessoa coletiva, quando estas:

a) Incluam outros participantes que não Estados ou organizações internacionais; e
b) Estejam registradas ou tenham sido constituídas ao abrigo da lei do Estado do foro ou tenham a sua sede ou atividade principal nesse Estado.

2 – Um Estado pode, todavia, invocar a imunidade de jurisdição num processo deste tipo se os Estados interessados assim o tiverem acordado ou se as partes no diferendo assim o convieram por escrito ou, ainda, se o instrumento que criou ou rege a sociedade ou outra pessoa coletiva em questão contiver disposições para esse efeito.

Artigo 16º
Navios de que um Estado é proprietário ou explora

1 – Salvo acordo em contrário entre os Estados em questão, um Estado que é proprietário ou explora um navio não pode invocar a imunidade de jurisdição num tribunal de outro Estado que seja competente para julgar o caso num processo judicial relacionado com a explora-

ção desse navio se, no momento do fato que deu lugar à ação, o navio estava a ser utilizado para outra finalidade que não a de serviço público sem fins comerciais.

2 – O nº 1 não se aplica a navios de guerra nem a unidades auxiliares da marinha de guerra, nem a outros vasos de que um Estado seja proprietário ou explora e que são, em dado momento, utilizados exclusivamente para serviços públicos sem fins comerciais.

3 – Salvo acordo em contrário entre os Estados em questão, um Estado não pode invocar a imunidade de jurisdição num tribunal de outro Estado que seja competente para julgar o caso num processo judicial relacionado com o transporte de carga a bordo de um navio de que esse Estado é proprietário ou explora se, no momento do fato que deu lugar à ação, o navio estava a ser utilizado para outra finalidade que não a de serviço público sem fins comerciais.

4 – O nº 3 não se aplica a qualquer carga transportada a bordo dos navios a que se refere o nº 2 nem a qualquer carga de que um Estado é proprietário e que é utilizada ou destinada a ser utilizada exclusivamente com a finalidade de serviço público sem fins comerciais.

5 – Os Estados podem invocar todos os meios de defesa, prescrição e limitação de responsabilidade disponíveis para os navios privados e suas cargas e respectivos proprietários.

6 – Se, num processo judicial, surgir uma questão relacionada com a natureza pública e não comercial de um navio de que um Estado é proprietário ou explora ou da carga de que um Estado é proprietário, um certificado assinado por um representante diplomático ou por outra autoridade competente desse Estado, notificando o tribunal, fará prova da natureza do navio ou da carga.

Artigo 17º
Efeito de um acordo de arbitragem

Se um Estado concluir por escrito um acordo com uma pessoa singular ou coletiva estrangeira para submeter a arbitragem as divergências relativas a uma transação comercial, esse Estado não pode invocar, salvo previsão em contrário no acordo de arbitragem, a imunidade de jurisdição num tribunal de outro Estado que seja competente para julgar o caso num processo judicial relativo:

a) À validade, interpretação ou aplicação do acordo de arbitragem;
b) Ao processo de arbitragem; ou
c) À confirmação ou rejeição da decisão arbitral.

PARTE IV – IMUNIDADE DOS ESTADOS RELATIVAMENTE A MEDIDAS CAUTELARES E DE EXECUÇÃO RELACIONADAS COM PROCESSOS JUDICIAIS

Artigo 18º
Imunidade dos Estados relativamente a medidas cautelares anteriores ao julgamento

Não poderão ser tomadas, em conexão com um processo judicial num tribunal de outro Estado, quaisquer medidas cautelares prévias ao julgamento contra os bens de um Estado, tais como o arrolamento ou arresto, salvo se e na medida em que:

a) O Estado consentiu expressamente na aplicação de tais medidas:

i) Por acordo internacional;
ii) Por acordo de arbitragem ou por contrato escrito; ou
iii) Por declaração num tribunal ou por comunicação escrita após o litígio entre as partes ter surgido; ou

b) O Estado reservou ou afetou bens para satisfação do pedido que constitui o objeto desse processo.

Artigo 19º
Imunidade dos Estados relativamente a medidas de execução posteriores ao julgamento

Não poderão ser tomadas, em conexão com um processo judicial num tribunal de outro Estado, quaisquer medidas de execução posteriores ao julgamento contra os bens de um Estado, tais como o arrolamento, arresto ou penhora, salvo se e na medida em que:

a) O Estado consentiu expressamente na aplicação de tais medidas:

i) Por acordo internacional;
ii) Por acordo de arbitragem ou por contrato escrito; ou
iii) Por declaração num tribunal ou por comunicação escrita após o litígio entre as partes ter surgido; ou

b) O Estado reservou ou afetou bens para satisfação do pedido que constitui o objeto desse processo; ou
c) For demonstrado que os bens são especificamente utilizados ou destinados a ser utilizados pelo Estado com outra finalidade que não a do serviço público sem fins comerciais e estão situados no território do Estado do foro, com a condição de que as medidas de execução posteriores ao julgamento sejam tomadas apenas contra os bens relacionados com a entidade contra a qual o processo judicial foi instaurado.

Artigo 20º
Efeito do consentimento para o exercício da jurisdição sobre a adoção de medidas cautelares e de execução

Nos casos em que o consentimento para a adoção de medidas cautelares e de execução seja necessário em virtude dos artigos 18º e 19º, o consentimento para o exercício da jurisdição ao abrigo do artigo 7º não implica que haja consentimento para a adoção de medidas cautelares e de execução.

Artigo 21º
Categorias específicas de bens

1 – As seguintes categorias de bens do Estado, nomeadamente, não são consideradas como bens especificamente utilizados ou destinados a ser utilizados pelo Estado com outra finalidade que não a de serviço público sem fins comerciais ao abrigo da alínea c) do artigo 19º:

a) Os bens, incluindo qualquer conta bancária, utilizados ou destinados a ser utilizados no exercício das funções da missão diplomática do Estado ou dos seus postos consulares, missões especiais, missões junto de organizações internacionais, ou delegações junto de órgãos de organizações internacionais ou de conferências internacionais;

b) Os bens de natureza militar ou utilizados ou destinados a serem utilizados no exercício de funções militares;
c) Os bens do banco central ou de outra autoridade monetária do Estado;
d) Os bens que fazem parte do patrimônio cultural do Estado ou dos seus arquivos e que não estão à venda ou que não são destinados a serem vendidos;
e) Os bens que fazem parte de uma exposição de objetos de interesse científico, cultural ou histórico e que não estão à venda ou que não são destinados a serem vendidos.

2 – O nº 1 aplica-se sem prejuízo do disposto nos artigos 18º e nas alíneas a) e b) do artigo 19º.

PARTE V – DISPOSIÇÕES DIVERSAS

ARTIGO 22º
Citação ou notificação dos atos introdutórios da instância

1 – A citação ou notificação da instauração de um processo contra um Estado deverá ser efetuada:

a) Em conformidade com qualquer convenção internacional aplicável que seja vinculativa para o Estado do foro e para o Estado em questão; ou
b) Em conformidade com qualquer acordo especial em matéria de citação ou notificação entre o autor da ação e o Estado em questão se o direito do Estado do foro não o impedir; ou
c) Na ausência de convenção ou acordo especial:

  i) Por comunicação por via diplomática ao Ministério dos Negócios Estrangeiros do Estado em questão; ou
  ii) Por qualquer outro meio aceite pelo Estado em questão, se a lei do Estado do foro não o impedir.

2 – No caso da subalínea i) da alínea c) do nº 1, considera-se que a citação ou notificação foi efetuada no momento da recepção dos documentos pelo Ministério dos Negócios Estrangeiros.

3 – Estes documentos serão acompanhados, caso necessário, de uma tradução na língua oficial, ou para uma das línguas oficiais, do Estado em questão.

4 – Qualquer Estado que compareça perante um tribunal numa questão de mérito num processo judicial instaurado contra si não poderá doravante alegar que a citação ou notificação não obedeceram ao disposto nos nºs 1 e 3.

ARTIGO 23º
Julgamento à revelia

1 – Um julgamento à revelia não poderá ser realizado contra um Estado salvo se o tribunal se tiver assegurado de que:

a) Os requisitos previstos nos nºs 1 e 3 do artigo 22º foram observados;
b) Decorreu um período de pelo menos quatro meses a partir da data em que a citação ou notificação que deram início ao processo foram entregues ou consideradas como tendo sido entregues em conformidade com os nºs 1 e 2 do artigo 22º; e
c) A presente Convenção não o impeça de exercer a sua jurisdição.

2 – Uma cópia da sentença relativa a qualquer julgamento à revelia contra um Estado, acompanhada caso necessário de uma tradução na língua oficial ou numa das línguas oficiais do Estado em questão, deverá ser comunicada ao mesmo através de um dos meios previstos no nº 1 do artigo 22º e em conformidade com as disposições do mesmo número.

3 – O prazo para recorrer de um julgamento à revelia não será inferior a quatro meses e terá início a partir da data em que a cópia da sentença é recebida, ou considerada como tendo sido recebida, pelo Estado em questão.

ARTIGO 24º
Privilégios e imunidades durante um processo em tribunal

1 – Qualquer descumprimento ou recusa de cumprimento por parte de um Estado de uma decisão de um tribunal de um outro Estado intimando-o a praticar ou a abster-se de praticar um determinado ato, a produzir qualquer documento ou fornecer qualquer outra informação para os efeitos de um processo não terá quaisquer consequências para além das que possam resultar dessa mesma conduta em relação ao mérito da causa. Em particular, nenhuma multa ou sanção será aplicada a esse Estado em resultado do descumprimento ou de recusa do cumprimento.

2 – Um Estado não será obrigado a prestar qualquer caução ou depósito, seja qual for a sua denominação, para garantir o pagamento de custas judiciais ou outras despesas em qualquer processo em que seja réu perante um tribunal de outro Estado.

PARTE VI – DISPOSIÇÕES FINAIS

ARTIGO 25º
Anexo

O anexo à presente Convenção faz parte integral da mesma.

ARTIGO 26º
OUTROS ACORDOS INTERNACIONAIS

Nada na presente Convenção afetará os direitos e as obrigações dos Estados-Partes que decorram de acordos internacionais que tratem de matérias constantes da presente Convenção e que se apliquem nas relações entre as partes.

ARTIGO 27º
Resolução de diferendos

1 – Os Estados-Partes deverão tentar solucionar os diferendos relativos à interpretação ou aplicação da presente Convenção através da negociação.

2 – Qualquer diferendo entre dois ou mais Estados-Partes relativo à interpretação ou aplicação da presente Convenção que não for resolvido através da negociação num prazo de seis meses deverá, a pedido de qualquer desses Estados-Partes, ser submetido a arbitragem. No caso de, seis meses após a data do pedido de arbitragem, os mesmos Estados-Partes não tiverem chegado a um acordo sobre a organização da arbitragem, qualquer desses Estados-Partes poderá levar o diferendo ao Tribunal Internacional de Justiça através

de um pedido feito em conformidade com o Estatuto do Tribunal.

3 – Cada Estado-Parte poderá, no momento da assinatura, ratificação, aceitação ou aprovação, ou adesão à presente Convenção, declarar que não se considera vinculado pelo nº 2 do presente artigo. Os outros Estados-Partes não ficarão vinculados pelo nº 2 do presente artigo relativamente a qualquer Estado-Parte que tenha feito tal declaração.

4 – Qualquer Estado-Parte que tenha feito uma declaração em conformidade com o nº 3 do presente artigo poderá, em qualquer momento, retirar essa declaração por notificação ao Secretário-Geral das Nações Unidas.

Artigo 28º
Assinatura

A presente Convenção está aberta à assinatura por todos os Estados até 17 de Janeiro de 2007 na sede das Nações Unidas, em Nova Iorque.

Artigo 29º
Ratificação, aceitação, aprovação ou adesão

1 – A presente Convenção está sujeita a ratificação, aceitação ou aprovação.

2 – A presente Convenção está aberta à adesão de qualquer Estado.

3 – Os instrumentos de ratificação, aceitação, aprovação ou adesão serão depositados junto do Secretário-Geral das Nações Unidas.

Artigo 30º
Entrada em vigor

1 – A presente Convenção entrará em vigor no 30º dia seguinte à data do depósito do 30º instrumento de ratificação, aceitação, aprovação ou adesão junto do Secretário-Geral das Nações Unidas.

2 – Para cada Estado que ratifique, aceite, aprove ou adira à presente Convenção após o depósito do 30º instrumento de ratificação, aceitação, aprovação ou adesão a Convenção entrará em vigor no 30º dia seguinte ao depósito por esse Estado do seu instrumento de ratificação, aceitação, aprovação ou adesão.

Artigo 31º
Denúncia

1 – Qualquer Estado-Parte poderá denunciar a presente Convenção através de uma notificação escrita ao Secretário-Geral das Nações Unidas.

2 – A denúncia produzirá os seus efeitos um ano após a data de recepção da notificação pelo Secretário-Geral das Nações Unidas. A presente Convenção continuará, todavia, a aplicar-se a qualquer questão de imunidades jurisdicionais dos Estados ou dos seus bens, suscitada num processo instaurado contra um Estado num tribunal de outro Estado antes da data em que a denúncia produz os seus efeitos para qualquer dos Estados em questão.

3 – A denúncia não prejudica o dever de qualquer Estado-Parte de cumprir qualquer obrigação prevista na presente Convenção à qual estaria sujeito ao abrigo do direito internacional independentemente da presente Convenção.

Artigo 32º
Depositário e notificações

1 – O Secretário-Geral das Nações Unidas é designado depositário da presente Convenção.

2 – Na qualidade de depositário da presente Convenção, o Secretário-Geral das Nações Unidas notificará a todos os Estados:

a) As assinaturas da presente Convenção e o depósito de instrumentos de ratificação, aceitação, aprovação ou adesão ou notificações de denúncia, ao abrigo dos artigos 29º e 31º;
b) A data de entrada em vigor da presente Convenção, ao abrigo do artigo 30º;
c) Outros atos, notificações ou comunicações relacionados com a presente Convenção.

Artigo 33º
Textos autênticos

Os textos da presente Convenção em árabe, chinês, inglês, francês, russo e espanhol são igualmente autênticos.

Em fé do que, os abaixo assinados, estando devidamente autorizados pelos respectivos Governos, assinaram a presente Convenção, aberta à assinatura na sede das Nações Unidas, em Nova Iorque, em 17 de janeiro de 2005.

ANEXO
INTERPRETAÇÃO ACORDADA EM RELAÇÃO A DETERMINADAS DISPOSIÇÕES DA CONVENÇÃO

O presente anexo tem o objetivo de estabelecer o entendimento atribuído às disposições a que diz respeito.

Artigo 10º

O termo "imunidade" constante do artigo 10º deve ser compreendido no contexto da presente Convenção no seu todo.

O nº 3 do artigo 10º não prejudica a questão do "levantar o véu da sociedade" nem as questões relacionadas com uma situação na qual uma entidade do Estado deliberadamente falseou a sua situação financeira ou, subsequentemente, reduziu o seu património para evitar satisfazer um pedido ou outras questões conexas.

Artigo 11º

Na alínea d) do nº 2 do artigo 11º, a referência a "interesses de segurança" do Estado empregador visa essencialmente questões de segurança nacional e de segurança das missões diplomáticas e postos consulares.

Nos termos do artigo 41º da Convenção de Viena sobre as Relações Diplomáticas de 1961 e do artigo 55º da Convenção de Viena sobre as Relações Consulares de 1963, todas as pessoas referidas nesses artigos têm o dever de respeitar as leis e os regulamentos do Estado acreditador, incluindo a sua legislação laboral. Ao mesmo tempo, nos termos do artigo 38º da Convenção de Viena sobre as Relações Diplomáticas de 1961 e do artigo 71º da Convenção de Viena sobre as Relações Consulares de 1963, o Estado receptor tem o dever de exercer a sua jurisdição de forma a não interferir indevidamente com o desempenho das funções da missão ou posto consular.

Artigos 13º e 14º

O termo "determinação" designa não só a averiguação ou verificação da existência dos direitos protegidos mas também a avaliação quanto à sua substância, incluindo o conteúdo, âmbito ou extensão desses direitos.

Artigo 17º

A expressão "transação comercial" abrange questões de investimento.

Artigo 19º

O termo "entidade" utilizado na alínea c) significa o Estado como uma pessoa jurídica autônoma, bem como uma unidade constitutiva de um Estado federal, uma subdivisão de um Estado, um serviço ou organismo público ou outra entidade que goze de personalidade jurídica própria.

A expressão "bens relacionados com a entidade" utilizada na alínea c) deve ser entendida num sentido mais amplo do que propriedade ou posse.

O artigo 19º não prejudica a questão do "levantar o véu da sociedade" nem as questões relacionadas com uma situação na qual uma entidade do Estado deliberadamente falseou a sua situação financeira ou, subsequentemente, reduziu o seu patrimônio para evitar satisfazer um pedido ou outras questões conexas.

CONVENÇÃO DE VIENA SOBRE SUCESSÃO DE ESTADOS EM MATÉRIA DE TRATADOS

► Conclusão e assinatura: Viena – Áustria, 23-8-1978.

Os Estados-partes na presente Convenção:

Considerando a profunda transformação da comunidade internacional gerada pelo processo de descolonização;

Considerando também que outros fatores podem dar lugar a casos de sucessão de Estados no futuro;

Convencidos, nessas circunstâncias, da necessidade de codificação e do desenvolvimento progressivo das normas relativas à sucessão de Estados em matéria de tratados como meio de garantir uma maior segurança jurídica nas relações internacionais;

Advertindo que os princípios do livre consentimento, da boa-fé e *pacta sunt servanda* estão universalmente reconhecidos;

Tendo em conta que a constante observância dos tratados multilaterais gerais que versam sobre a codificação e o desenvolvimento progressivo do direito internacional e aqueles cujo objeto e fim são de interesse para a comunidade internacional no seu conjunto é de especial importância para o fortalecimento da paz e da cooperação internacional;

Tendo em conta os princípios de direito internacional incorporados na Carta das Nações Unidas, tais como os princípios da igualdade de direitos e da livre determinação dos povos, da igualdade soberana e da independência de todos os Estados, da não ingerência nos assuntos internos dos Estados, da proibição da ameaça ou do uso da força e do respeito universal pelos direitos humanos e pelas liberdades fundamentais de todos e a efetividade de tais direitos e liberdades;

Recordando que o respeito pela integridade territorial e independência política de qualquer Estado é imposto pela Carta das Nações Unidas;

Tendo presentes as disposições da Convenção de Viena sobre o Direito dos Tratados de 1969;

Tendo, além disso, presente o artigo 73º da dita Convenção;

Afirmando que as questões do direito dos tratados distintas daquelas a que pode dar lugar uma sucessão de Estados se regem pelas normas pertinentes do direito internacional, incluindo aquelas normas de direito internacional consuetudinário que figuram na Convenção de Viena sobre o Direito dos Tratados de 1969;

Afirmando que as normas de direito internacional consuetudinário continuarão regendo as questões não reguladas nas disposições da presente Convenção;

Acordaram o seguinte:

Parte I – Disposições gerais

Artigo 1º
Alcance da presente Convenção

A presente Convenção aplica-se aos efeitos da sucessão de Estados em matéria de tratados entre Estados.

Artigo 2º
Termos empregados

1. Para os efeitos da presente Convenção:

a) Por "tratado" entende-se um acordo internacional celebrado por escrito entre Estados e regido pelo direito internacional, quer conste de um instrumento único ou de dois ou mais instrumentos conexos e qualquer que seja a sua denominação particular;

b) Por "sucessão de Estados" entende-se a substituição de um Estado por outro na responsabilidade das relações internacionais de um território;

c) Por "Estado predecessor" entende-se o Estado que foi substituído por outro Estado por virtude de uma sucessão de Estados;

d) Por "Estado sucessor" entende-se o Estado que substituiu outro Estado por virtude de uma sucessão de Estados;

e) Por "data da sucessão de Estados" entende-se a data em que o Estado sucessor substitui o Estado predecessor na responsabilidade das relações internacionais do território a que se refere a sucessão de Estados;

f) Por "Estado de recente independência" entende-se um Estado sucessor cujo território, imediatamente antes da data da sucessão de Estados, era um território dependente de cujas relações internacionais era responsável o Estado predecessor;

g) Por "notificação de sucessão" entende-se, em relação a um tratado multilateral, toda a notificação, qualquer que seja o seu enunciado ou denominação, feita por um Estado sucessor na qual manifesta o seu consentimento em considerar-se obrigado pelo tratado;

h) Por "plenos poderes" entende-se, em relação a uma notificação de sucessão ou a qualquer outra notificação que se faça com base na presente Convenção, um documento que emana da autoridade competente de um Estado e pelo qual se designa uma ou várias pessoas para representar esse Estado para efeitos de comunicar a notificação de sucessão ou, segundo o caso, a notificação;

i) Por "ratificação", "aceitação" e "aprovação", conforme o caso, o ato internacional assim denominado pelo qual um Estado faz constar no âmbito internacional o seu consentimento em obrigar-se por um tratado;

j) Por "reserva" entende-se uma declaração unilateral, qualquer que seja o seu enunciado ou denominação, feita por um Estado ao assinar, ratificar, aceitar ou aprovar um tratado ou a ele aderir, ou ao fazer uma notificação de sucessão de um tratado com o objetivo de excluir ou modificar os efeitos jurídicos de certas disposições do tratado na sua aplicação a esse Estado;

k) Por "Estado contratante" entende-se um Estado que consentiu em obrigar-se pelo tratado, tenha o tratado entrado em vigor ou não;

l) Por "parte" entende-se um Estado que consentiu em obrigar-se pelo tratado e em relação ao qual o tratado está em vigor;

m) Por "outro Estado-parte" entende-se, em relação a um Estado sucessor, qualquer Estado, distinto do Estado predecessor, que é parte num tratado em vigor na data de uma sucessão de Estados relativo ao território a que se refere esta sucessão de Estados;

n) Por "organização internacional" entende-se uma organização intergovernamental.

2. As disposições do nº 1 sobre os termos empregados na presente Convenção entender-se-ão sem prejuízo do emprego desses termos ou do sentido que se lhes possa dar no direito interno de qualquer Estado.

Artigo 3º
Casos não compreendidos no âmbito da presente Convenção

O fato de a presente Convenção não se aplicar aos efeitos da sucessão de Estados no que respeita aos acordos internacionais celebrados entre Estados e outros sujeitos de direito internacional, nem no que respeita aos acordos não celebrados por escrito não afetará:

a) A aplicação a estes casos de qualquer das normas enunciadas na presente Convenção a que estejam submetidos em virtude do direito internacional independentemente desta Convenção;

b) A aplicação entre Estados da presente Convenção aos efeitos da sucessão de Estados no que respeita aos acordos internacionais em que sejam também partes outros sujeitos de direito internacional.

Artigo 4º
Tratados constitutivos de organizações internacionais e tratados adotados no âmbito de uma organização internacional

A presente Convenção aplicar-se-á aos efeitos da sucessão de Estados a respeito de:

a) Todo o tratado que seja um instrumento constitutivo de uma organização internacional, sem prejuízo das normas relativas à aquisição da qualidade de membro e sem prejuízo de qualquer outra norma pertinente da organização;

b) Todo o tratado adotado no âmbito de uma organização internacional, sem prejuízo de qualquer outra norma pertinente da organização.

Artigo 5º
Obrigações impostas pelo direito internacional independentemente de um tratado

O fato de um tratado não se considerar em vigor relativamente a um Estado em virtude da aplicação da presente Convenção não limitará em nada o dever desse Estado de cumprir toda a obrigação enunciada no tratado a que esteja submetido em virtude do direito internacional, independentemente desse tratado.

Artigo 6º
Casos de sucessão de Estados submetidos à presente Convenção

A presente Convenção aplicar-se-á unicamente aos efeitos de uma sucessão de Estados que se produza em conformidade com o direito internacional e, em particular, com os princípios de direito internacional incorporados na Carta das Nações Unidas.

Artigo 7º
Aplicação da presente Convenção no tempo

1. Sem prejuízo da aplicação de quaisquer normas enunciadas na presente Convenção a que os efeitos de uma sucessão de Estados estejam submetidos em virtude do direito internacional independentemente desta Convenção, a Convenção só se aplicará em relação a uma sucessão de Estados que se tenha produzido depois da entrada em vigor da Convenção, salvo se se tiver convencionado outra coisa.

2. Um Estado sucessor poderá, no momento de expressar o seu consentimento em obrigar-se pela presente Convenção ou em qualquer momento posterior, fazer uma declaração de que aplicará as disposições da presente Convenção relativamente à sua própria sucessão de Estados, produzida antes da entrada em vigor da Convenção, em relação a qualquer outro Estado contratante ou Estado-parte na Convenção que faça uma declaração de que aceita a declaração do Estado sucessor.

Ao entrar em vigor a Convenção entre os Estados que façam as declarações, ou ao fazer-se a declaração de aceitação, se esta for posterior, as disposições da Convenção aplicar-se-ão aos efeitos da sucessão de Estados a partir da data dessa sucessão de Estados.

3. Um Estado sucessor poderá, no momento de assinar ou de manifestar o seu consentimento em obrigar-se pela presente Convenção, fazer uma declaração de que aplicará as disposições da Convenção provisoriamente relativamente à sua própria sucessão de Estados, produzida antes da entrada em vigor da Convenção, em relação a qualquer outro Estado signatário ou contratante que faça uma declaração de que aceita a declaração do Estado sucessor; ao fazer-se a declaração de aceitação essas disposições aplicar-se-ão provisoriamente aos efeitos da sucessão de Estados entre esses dois Estados a partir da data dessa sucessão de Estados.

4. Toda a declaração feita de acordo com o nº 2 ou o nº 3 consignar-se-á numa notificação escrita comunicada ao depositário, que informará as partes e os Estados que tenham direito a passar a ser partes na presente Convenção da comunicação que lhe foi feita da dita notificação e do seu conteúdo.

Artigo 8º
Acordos para a transmissão de obrigações ou direitos, derivados de tratados, de um Estado predecessor a um Estado sucessor

1. As obrigações ou os direitos de um Estado predecessor derivados de tratados em vigor, a respeito de um território, na data de uma sucessão de Estados, não passarão a ser obrigações ou direitos do Estado sucessor para com outros Estados-partes nesse tratado apenas pelo fato de que o Estado predecessor e o Estado sucessor tenham celebrado um acordo pelo qual disponham que tais obrigações ou direitos se transmitirão ao Estado sucessor.

2. Não obstante a celebração de tal acordo, os efeitos de uma sucessão de Estados sobre os tratados que, na data dessa sucessão de Estados, estivessem em vigor relativos ao território de que se trate reger-se-ão pela presente Convenção.

Artigo 9º
Declaração unilateral do Estado sucessor relativa aos tratados do Estado predecessor

1. As obrigações ou os direitos derivados de tratados em vigor relativos a um território, na data de uma sucessão de Estados, não passarão a ser obrigações ou direitos do Estado sucessor nem de outros Estados-partes nesses tratados apenas pelo fato de o Estado sucessor ter formulado uma declaração unilateral em que se preveja a manutenção em vigor dos tratados relativos ao seu território.

2. Em tal caso, os efeitos da sucessão de Estados sobre os tratados que, na data dessa sucessão de Estados, estivessem em vigor, relativos ao território de que se trate, reger-se-ão pela presente Convenção.

Artigo 10
Tratados em que se prevê a participação de um Estado sucessor

1. Quando um tratado disponha que, em caso de uma sucessão de Estados, um Estado sucessor terá a faculdade de considerar-se parte nele, esse Estado poderá notificar a sua sucessão a respeito do tratado, em conformidade com as disposições do tratado ou, na falta de tais disposições, em conformidade com as disposições da presente Convenção.

2. Se um tratado dispõe que, em caso de uma sucessão de Estados, um Estado sucessor será considerado parte nele, esta disposição sortirá efeitos nesse sentido apenas se o Estado sucessor aceitar expressamente, por escrito, ser considerado parte no tratado.

3. Nos casos compreendidos nos nº 1 ou 2, um Estado sucessor que faça constar o seu consentimento em ser parte no tratado será considerado parte desde a data da sucessão de Estados, salvo se no tratado se dispuser ou se convencionar outra coisa.

Artigo 11
Regimes de fronteira

Uma sucessão de Estados não afetará de *per si*:

a) Uma fronteira estabelecida por um tratado; nem
b) As obrigações e os direitos estabelecidos por um tratado e que se refiram ao regime de uma fronteira.

Artigo 12
Outros regimes territoriais

1. Uma sucessão de Estados não afetará de *per si*:

a) As obrigações relativas do uso de qualquer território, ou as restrições ao seu uso, estabelecidas por um tratado em benefício de qualquer território de um Estado estrangeiro e que se considerem vinculadas aos territórios de que se trate;
b) Os direitos estabelecidos por um tratado em benefício de qualquer território e relativos ao uso, ou às restrições do uso, de qualquer território de um Estado estrangeiro e que se considerem vinculados aos territórios de que se trate.

2. Uma sucessão de Estados não afetará de *per si*:

a) As obrigações relativas ao uso de qualquer território, ou as restrições ao seu uso, estabelecidas por um tratado em benefício de um grupo de Estados ou de todos os Estados e que se considerem vinculados a esse território;
b) Os direitos estabelecidos por um tratado em benefício de um grupo de Estados ou de todos os Estados e relativos ao uso de qualquer território, ou às restrições ao seu uso, e que se considerem vinculados a esse território.

3. As disposições do presente artigo não se aplicam às obrigações derivadas de tratados do Estado predecessor que prevejam o estabelecimento de bases militares estrangeiras no território ao qual se refere a sucessão de Estados.

Artigo 13
A presente Convenção e a soberania permanente sobre as riquezas e os recursos naturais

Nada do disposto na presente Convenção afetará os princípios de direito internacional que afirmam a soberania permanente de cada povo e de cada Estado sobre as suas riquezas e recursos naturais.

Artigo 14
Validade dos tratados

Nada do disposto na presente Convenção será entendido de forma a prejudicar de algum modo qualquer questão relativa à validade de um tratado.

Parte II – Sucessão relativa a uma parte do território

Artigo 15
Sucessão relativa a uma parte do território

Quando uma parte do território de um Estado, ou quando qualquer território de cujas relações internacionais seja responsável um Estado e que não seja parte do território desse Estado, passa a ser parte do território de outro Estado:

a) Os tratados do Estado predecessor deixarão de estar em vigor relativamente ao território a que se refira a sucessão de Estados desde a data da sucessão de Estados; e

b) Os tratados do Estado sucessor estarão em vigor relativamente ao território a que se refira a sucessão de Estados desde a data da sucessão de Estados, salvo se se depreender do tratado ou constar de outro modo que a aplicação do tratado a esse território seria incompatível com o objeto e fim do tratado ou alteraria radicalmente as condições da sua execução.

PARTE III – ESTADOS DE RECENTE INDEPENDÊNCIA

SEÇÃO I

REGRA GERAL

ARTIGO 16
Posição relativamente aos tratados do Estado predecessor

Nenhum Estado de recente independência estará obrigado a manter em vigor um tratado ou a passar a ser parte dele pelo fato de, na data da sucessão de Estados, o tratado estar em vigor relativamente ao território a que se refere a sucessão de Estados.

SEÇÃO II

TRATADOS MULTILATERAIS

ARTIGO 17
Participação em tratados em vigor na data da sucessão de Estados

1. Sem prejuízo do disposto nos nos 2 e 3, um Estado de recente independência poderá, mediante uma notificação de sucessão, fazer constar a sua qualidade de parte em qualquer tratado multilateral que, na data da sucessão de Estados, estivesse em vigor relativamente ao território a que se refere a sucessão de Estados.

2. O nº 1 não se aplicará se se depreender do tratado ou constar de outro modo que a aplicação do tratado relativamente ao Estado de recente independência seria incompatível com o objeto e o fim do tratado ou alteraria radicalmente as condições da sua execução.

3. Quando, em virtude das estipulações do tratado ou por força do número reduzido de Estados negociadores e do objeto e fim do tratado, deva entender-se que a participação de qualquer outro Estado requer o consentimento de todas as partes, o Estado de recente independência só poderá fazer constar a sua qualidade com tal consentimento.

ARTIGO 18
Participação em tratados que não estejam em vigor na data da sucessão de Estados

1. Sem prejuízo do disposto nos nº 3 e nº 4, um Estado de recente independência poderá, mediante uma notificação de sua sucessão, fazer constar a sua qualidade de Estado contratante num tratado multilateral, que não estivesse em vigor, se, na data da sucessão de Estados, o Estado predecessor fosse um Estado contratante relativamente ao território a que se refere tal sucessão de Estados.

2. Sem prejuízo do disposto nos nº 3 e nº 4, um Estado de recente independência poderá, mediante notificação de sucessão, fazer constar a sua qualidade de parte num tratado multilateral que entre em vigor posteriormente à data da sucessão de Estados se, na data da sucessão de Estados, o Estado predecessor era um Estado contratante relativamente ao território a que se refere essa sucessão de Estados.

3. Os nº 1 e nº 2 não se aplicarão se se depreender do tratado ou constar de outro modo que a aplicação do tratado relativamente ao Estado de recente independência seria incompatível com o objeto e o fim do tratado ou alteraria radicalmente as condições da sua execução.

4. Quando, em virtude das estipulações do tratado ou por força do número reduzido de Estados negociadores e do objeto e fim do tratado, deva entender-se que a participação de qualquer outro Estado no tratado requer o consentimento de todas as partes ou de todos os Estados contratantes, o Estado de recente independência só poderá fazer constar a sua qualidade de parte ou de Estado contratante no tratado com tal consentimento.

5. Quando um tratado disponha que para a sua entrada em vigor é requerido um número determinado de Estados contratantes, um Estado de recente independência que faça constar a sua qualidade de Estado contratante no tratado, em virtude do nº 1, contar-se-á como Estado contratante para os efeitos de tal disposição, salvo se uma intenção diferente resultar do tratado ou constar de outro modo.

ARTIGO 19
Participação em tratados assinados pelo Estado predecessor sob reserva de ratificação, aceitação ou aprovação

1. Sem prejuízo do disposto nos nº 3 e nº 4, se antes da data da sucessão de Estados o Estado predecessor assinou um tratado multilateral sob reserva da ratificação, aceitação ou aprovação e, ao fazê-lo, a sua intenção foi que o tratado se estendesse ao território a que se refere a sucessão de Estados, o Estado de recente independência poderá ratificar, aceitar ou aprovar o tratado como se o tivesse assinado e passar assim a ser nele parte ou Estado contratante.

2. Para os efeitos do nº 1, entender-se-á que a assinatura de um tratado pelo Estado predecessor expressa a intenção de que o tratado se estenda à totalidade do território de cujas relações internacionais era responsável o Estado predecessor, salvo se uma intenção diferente resultar do tratado ou constar de outro modo.

3. O nº 1 não se aplicará se resultar do tratado ou constar de outro modo que a aplicação do tratado relativamente ao Estado de recente independência seria incompatível com o objeto e o fim do tratado ou alteraria radicalmente as condições da sua execução.

4. Quando em virtude das estipulações de um tratado ou por força do número reduzido de Estados negociadores e do objeto e fim do tratado deva entender-se que a participação de qualquer outro Estado no tratado requer o consentimento de todas as partes ou de todos os Estados contratantes, o Estado de recente independência só poderá passar a ser parte ou Estado contratante no tratado com tal consentimento.

Artigo 20
Reservas

1. Quando um Estado de recente independência faça constar, mediante uma notificação de sucessão, a sua qualidade de parte ou Estado contratante num tratado multilateral, em virtude dos artigos 17º ou 18º, entender-se-á que mantém qualquer reserva a esse tratado que fosse aplicável, na data da sucessão, relativamente ao território a que se refere a sucessão de Estados a menos que, ao fazer a notificação de sucessão, expresse intenção contrária ou formule uma reserva respeitante à mesma matéria que aquela reserva.

2. Ao fazer uma notificação de sucessão pela qual faça constar a sua qualidade de parte ou Estado contratante num tratado multilateral, em virtude dos artigos 17º ou 18º, um Estado de recente independência poderá formular uma reserva, a menos que esta seja uma daquelas cuja formulação ficaria excluída em virtude do disposto nas alíneas a), b) ou c) do artigo 19º da Convenção de Viena sobre o Direito dos Tratados.

3. Quando um Estado de recente independência formula uma reserva em conformidade com o nº 2, aplicar-se-ão, relativamente a essa reserva, as normas enunciadas nos artigos 20º a 23º da Convenção de Viena sobre o Direito dos Tratados.

Artigo 21
Consentimento em obrigar-se relativamente a parte de um tratado e opção entre disposições diferentes

1. Ao fazer uma notificação de sucessão pela qual faça constar a sua qualidade de parte ou de Estado contratante num tratado multilateral, em virtude dos artigos 17º ou 18º, um Estado de recente independência poderá, se o tratado permitir, manifestar o seu consentimento em obrigar-se relativamente a uma parte do tratado ou optar entre disposições diferentes, nas condições estabelecidas no tratado para manifestar tal consentimento ou exercer tal opção.

2. Um Estado de recente independência também poderá exercer, nas mesmas condições que as demais partes ou os demais Estados contratantes, qualquer direito estabelecido no tratado de retirar ou modificar todo o consentimento ou toda a opção que ele mesmo tenha manifestado ou exercido, ou que tenha manifestado ou exercido o Estado predecessor, relativamente ao território a que se refere a sucessão de Estados.

3. Se o Estado de recente independência não manifestar o seu consentimento em conformidade com o nº 1, ou se não retirar ou modificar o consentimento à opção do Estado predecessor em conformidade com o nº 2, entender-se-á que mantém:

a) O consentimento do Estado predecessor, em conformidade com o tratado, em obrigar-se por uma parte desse tratado relativamente ao território a que se refere a sucessão de Estados; ou
b) A opção entre disposições diferentes exercida pelo Estado predecessor, em conformidade com o tratado, em relação à aplicação do tratado relativamente ao território a que se refere a sucessão de Estados.

Artigo 22
Notificação de sucessão

1. Uma notificação de sucessão relativamente a um tratado multilateral com base nos artigos 17º ou 18º deverá fazer-se por escrito.

2. Se a ratificação de sucessão não está assinada pelo Chefe do Estado, Chefe do Governo ou Ministro dos Negócios Estrangeiros, o representante do Estado que a comunique poderá ser convidado a apresentar os seus plenos poderes.

3. Salvo se o tratado dispuser de outro modo, a notificação de sucessão:

a) Será transmitida pelo Estado de recente independência ao depositário, às partes ou aos Estados contratantes;
b) Entender-se-á feita pelo Estado de recente independência na data em que for recebida pelo depositário ou, se não há depositário, na data em que for recebida por todas as partes ou, segundo o caso, todos os Estados contratantes.

4. O nº 3 não afetará nenhuma obrigação que o depositário possa ter, com base no tratado ou por outra causa, de informar as partes ou os Estados contratantes da notificação de sucessão ou de toda a comunicação a ela referente feita pelo Estado de recente independência.

5. Sem prejuízo das disposições do tratado, entender-se-á que a notificação de sucessão ou a comunicação a ela referente foi recebida pelo Estado a que está destinada apenas quando este tenha recebido do depositário a informação correspondente.

Artigo 23
Efeitos de uma notificação de sucessão

1. Salvo se o tratado dispuser ou se tenha convencionado de outro modo, um Estado de recente independência que faça uma notificação de sucessão, com base no artigo 17º ou no nº 2 do artigo 18º, será considerado parte no tratado desde a data da sucessão de Estados, ou desde a data de entrada em vigor do tratado, se esta última for posterior.

2. Não obstante, a aplicação do tratado considerar-se-á suspensa entre o Estado de recente independência e as demais partes no tratado até à data em que se faça a notificação de sucessão, salvo na medida em que esse tratado se aplique provisoriamente em conformidade com o artigo 27º ou se tenha convencionado outra coisa.

3. Salvo se o tratado dispuser ou se tenha convencionado de outro modo, um Estado de recente independência que faça uma notificação de sucessão, com base no nº 1 do artigo 18º, será considerado Estado contratante no tratado desde a data em que tenha sido feita a notificação de sucessão.

Seção III

TRATADOS BILATERAIS

Artigo 24
Condições exigidas para que um tratado seja considerado em vigor em caso de sucessão de Estados

1. Um tratado bilateral que na data de uma sucessão de Estados estivesse em vigor relativamente ao territó-

rio a que se refere a sucessão de Estados considerar-se-á em vigor entre um Estado de recente independência e outro Estado-parte quando esses Estados:

a) Tenham convencionado isso expressamente;
b) Se tenham comportado de tal modo que deva entender-se que convencionaram isso.

2. Um tratado que seja considerado em vigor em conformidade com o nº 1 será aplicável entre o Estado de recente independência e o outro Estado-parte desde a data da sucessão de Estados, salvo se uma intenção diferente resultar do seu acordo ou constar de outro modo.

Artigo 25
Situação entre o Estado predecessor e o Estado de recente independência

Um tratado que em virtude do artigo 24º seja considerado em vigor entre um Estado de recente independência e o outro Estado-parte não deverá, só por esse fato, considerar-se também em vigor nas relações entre o Estado predecessor e o Estado de recente independência.

Artigo 26
Cessação, suspensão da aplicação ou emenda do tratado entre o Estado predecessor e o outro Estado-parte

1. Um tratado que, em virtude do artigo 24º, seja considerado em vigor entre um Estado de recente independência e o outro Estado-parte:

a) Não deixará de estar em vigor entre eles apenas pelo fato de que se tenha dado ulteriormente por cessado nas relações entre o Estado predecessor e o outro Estado-parte;
b) Não ficará suspenso nas relações entre eles apenas pelo fato de a sua aplicação ter sido suspensa ulteriormente nas relações entre o Estado predecessor e o outro Estado-parte;
c) Não ficará emendado nas relações entre eles apenas pelo fato de ter sido emendado ulteriormente nas relações entre o Estado predecessor e o outro Estado-parte.

2. O fato de um tratado ter sido dado por cessado ou de, segundo o caso, ter sido suspensa a sua aplicação nas relações entre o Estado predecessor e outro Estado-parte posteriormente à data da sucessão de Estados não impedirá que o tratado seja considerado em vigor ou, segundo o caso, em aplicação entre o Estado de recente independência e o outro Estado-parte se constar, em conformidade com o artigo 24º, que estes tinham convencionado isso.

3. O fato de um tratado ter sido emendado nas relações entre o Estado predecessor e o outro Estado-parte posteriormente à data da sucessão de Estados não impedirá que o tratado não emendado seja considerado em vigor, em virtude do artigo 24º, entre o Estado de recente independência e o outro Estado-parte, a menos que conste que a intenção deles era aplicar entre si o tratado emendado.

Seção IV
APLICAÇÃO PROVISÓRIA
Artigo 27
Tratados multilaterais

1. Se, na data da sucessão de Estados, um tratado multilateral estava em vigor relativamente ao território a que se refere a sucessão de Estados e o Estado de recente independência expressa a sua intenção de que se aplique provisoriamente relativamente ao seu território, o tratado aplicar-se-á provisoriamente entre o Estado de recente independência e qualquer parte no tratado que convencione nele expressamente ou que se tenha comportado de tal modo que se deva entender que convencionou nele.

2. Não obstante, no caso de um tratado que corresponda à categoria mencionada no nº 3 do artigo 17º, requerer-se-á que todas as partes consintam em tal aplicação provisória.

3. Se, na data da sucessão de Estados, um tratado multilateral que não estava ainda em vigor era aplicado provisoriamente relativamente ao território a que se refere a sucessão de Estados e o Estado de recente independência expressa a sua intenção de que continue a aplicar-se provisoriamente entre o Estado de recente independência e qualquer Estado contratante que convencione nela expressamente ou que se tenha comportado de tal modo que deva entender-se que convencionou nele.

4. Não obstante, no caso de um tratado que corresponda à categoria mencionada no nº 3 do artigo 17º, requerer-se-á que todos os Estados contratantes consintam em tal aplicação provisória.

5. Os nº 1 a nº 4 não se aplicarão se resultar do tratado ou constar de outro modo que a aplicação do tratado relativamente ao Estado de recente independência seria incompatível com o objeto ou fim do tratado ou alteraria radicalmente as condições da sua execução.

Artigo 28
Tratados bilaterais

Um tratado bilateral que na data de uma sucessão de Estados estivesse em vigor ou se aplicasse provisoriamente relativamente ao território a que se refere a sucessão de Estados considerar-se-á que se aplica provisoriamente entre o Estado de recente independência e o Estado interessado quando esses Estados:

a) Convencionem isso expressamente;
b) Se tenham comportado de tal forma que deva entender-se que convencionaram isso.

Artigo 29
Cessação da aplicação provisória

1. Salvo se o tratado dispuser ou tenha convencionado de outra forma, a aplicação provisória de um tratado multilateral com base no artigo 27º poderá dar-se por terminada:

a) Mediante aviso de cessação feito com antecedência razoável pelo Estado de recente independência à parte ou ao Estado contratante que apliquem provisoriamente o tratado e ao expirar o prazo assinalado; ou
b) No caso de um tratado que corresponda à categoria mencionada no nº 3 do artigo 17º, mediante aviso de cessação feito com antecedência razoável pelo Estado de recente independência a todas as partes ou, segundo o caso, todos os Estados contratantes e ao expirar o prazo assinalado.

2. Salvo se o tratado estabelecer ou se tenha convencionado outra coisa, a aplicação provisória de um tra-

tado bilateral com base no artigo 28º poderá dar-se por terminada mediante aviso de cessação feito com antecedência razoável pelo Estado de recente independência ou o outro Estado interessado e ao expirar o prazo assinalado.

3. Salvo se o tratado estabelecer um prazo mais breve para a sua cessação ou se tenha convencionado outra coisa, entender-se-á por aviso de cessação feito com antecedência razoável um prazo de doze meses contados desde a data em que o aviso recebido pelo outro Estado ou os outros Estados que apliquem provisoriamente o tratado.

4. Salvo se o tratado dispuser ou se tenha convencionado outra coisa, a aplicação provisória de um tratado multilateral com base no artigo 27º terminará se o Estado de recente independência expressar a sua intenção de passar a não ser parte no tratado.

Secção V
ESTADOS DE RECENTE INDEPENDÊNCIA FORMADOS POR DOIS OU MAIS TERRITÓRIOS

Artigo 30
Estados de recente independência formados por dois ou mais territórios

1. Os artigos 16º a 29º aplicar-se-ão no caso de um Estado de recente independência formado por dois ou mais territórios.

2. Quando um Estado de recente independência formado por dois ou mais territórios seja considerado ou passe a ser parte de um tratado em virtude dos artigos 17º, 18º ou 24º e na data da sucessão de Estados o tratado estivesse em vigor, ou se tenha manifestado o consentimento em obrigar-se por esse tratado, relativamente a um ou vários desses territórios, mas não de todos eles, o tratado aplicar-se-á relativamente à totalidade do território desse Estado, a menos:

a) Que resulte do tratado ou conste de outro modo que a aplicação do tratado relativamente à totalidade do território seria incompatível com o objeto e o fim do tratado ou alteraria radicalmente as condições da sua execução;

b) Que, no caso de um tratado multilateral que não esteja compreendido no nº 3 do artigo 18º, a notificação de sucessão se circunscreva ao território relativamente ao qual se encontrava em vigor o tratado na data da sucessão de Estados ou se tenha manifestado o consentimento em obrigar-se pelo tratado anteriormente a essa data;

c) Que, no caso de um tratado multilateral compreendido no nº 3 do artigo 17º ou no nº 4 do artigo 18º, o Estado de recente independência e os outros Estados-partes ou, segundo o caso, os outros Estados contratantes tenham convencionado outra coisa; ou

d) Que, no caso de um tratado bilateral, o Estado de recente independência e o outro Estado interessado convencionem outra coisa.

3. Quando um Estado de recente independência formado por dois ou mais territórios passe a ser parte num tratado multilateral em virtude do artigo 19º a a intenção do Estado ou os Estados predecessores ao assinar esse tratado tenha sido que este se estenda a um ou vários desses territórios, mas não a todos eles, o trata-do aplicar-se-á relativamente à totalidade do território do Estado de recente independência, a menos:

a) Que resulte do tratado ou conste de outro modo que a aplicação do tratado relativamente à totalidade do território seria incompatível com o objeto e o fim do tratado ou alteraria radicalmente as condições da sua execução;

b) Que, no caso de um tratado multilateral que não esteja compreendido no nº 4 do artigo 19º, a ratificação, aceitação ou aprovação do tratado se circunscreva ao território ou territórios a que se tinha a intenção de se estender o tratado; ou

c) Que, no caso de um tratado multilateral compreendido no nº 4 do artigo 19º, o Estado de recente independência e os outros Estados-partes ou, segundo o caso, os outros Estados contratantes convencionem outra coisa.

Parte IV – Unificação e separação de Estados

Artigo 31
Efeitos de uma unificação de Estados relativamente aos tratados em vigor na data da sucessão de Estados

1. Quando dois ou mais Estados se unam e formem desse modo um Estado sucessor, todo o tratado em vigor na data da sucessão de Estados relativamente a qualquer deles continuará em vigor relativamente ao Estado sucessor, a menos:

a) Que o Estado sucessor e o outro Estado-parte ou outros Estados-partes convencionem outra coisa; ou

b) Que resulte do tratado ou conste de outro modo que a aplicação do tratado relativamente ao Estado sucessor seria incompatível com o objeto e o fim do tratado ou alteraria radicalmente as condições da sua execução.

2. Todo o tratado que continue em vigor em conformidade com o nº 1, aplicar-se-á somente relativamente à parte do território do Estado sucessor em relação à qual estava em vigor o tratado na data da sucessão de Estados, a menos:

a) Que, no caso de um tratado multilateral que não corresponda à categoria mencionada no nº 3 do artigo 17º, o Estado sucessor faça uma notificação no sentido de que o tratado se aplicará relativamente à totalidade do seu território;

b) Que, no caso de um tratado bilateral, o Estado sucessor e os outros Estados-partes convencionarem outra coisa.

3. A alínea a do nº 2 não se aplicará se resultar do tratado, ou constar de outra forma, que a aplicação do tratado relativamente à totalidade do território do Estado sucessor seria incompatível com o objeto e o fim do tratado ou alteraria radicalmente as condições da sua execução.

Artigo 32
Efeitos de uma unificação de Estados relativamente aos tratados que não estejam em vigor na data da sucessão de Estados

1. Sem prejuízo do disposto nos nº 3 e nº 4, um Estado sucessor a que seja aplicável o artigo 31º poderá,

mediante uma notificação, fazer constar a sua qualidade de Estado contratante num tratado multilateral que não esteja em vigor se, na data da sucessão de Estados, qualquer dos Estados predecessores era um Estado contratante no tratado.

2. Sem prejuízo do disposto nos nº 3 e nº 4, um Estado sucessor a que seja aplicável o artigo 31º poderá, mediante uma notificação, fazer constar a sua qualidade de parte num tratado multilateral que entre em vigor depois da data da sucessão de Estados se, nessa data, qualquer dos Estados predecessores era um Estado contratante no tratado.

3. Os nº 1 e nº 2 não se aplicarão se resultar do tratado ou constar de outro modo que a aplicação do tratado relativamente ao Estado sucessor seria incompatível com o objeto e o fim do tratado ou alteraria radicalmente as condições da sua execução.

4. Se o tratado corresponder à categoria mencionada no nº 3 do artigo 17º, o Estado sucessor poderá fazer constar a sua qualidade de parte ou de Estado contratante no tratado apenas com o consentimento de todas as partes ou de todos os Estados contratantes.

5. Todo o tratado em que o Estado sucessor passe a ser Estado contratante ou parte em conformidade com os nº 1 ou nº 2 aplicar-se-á apenas relativamente à parte do território do Estado sucessor relativamente à qual o consentimento em obrigar-se pelo tratado se tenha manifestado antes da data da sucessão de Estados, a menos:

a) Que, no caso de um tratado multilateral que não corresponda à categoria mencionada no nº 3 do artigo 17º, o Estado sucessor indique na notificação feita em conformidade com os nº 1 ou nº 2 que o tratado se aplicará em relação à totalidade do seu território; ou

b) Que, no caso de um tratado multilateral que corresponda à categoria mencionada no nº 3 do artigo 17º, o Estado sucessor e todas as partes ou, segundo o caso, todos os Estados contratantes convencionem outra coisa.

6. A alínea a) do nº 5 não se aplicará se resultar do tratado ou constar de outro modo que a aplicação do tratado relativamente à totalidade do território do Estado sucessor seria incompatível com o objeto e fim do tratado ou alteraria radicalmente as condições da sua execução.

Artigo 33
Efeitos de uma unificação de Estados relativamente a tratados assinados por um Estado predecessor sob reserva de ratificação, aceitação ou aprovação

1. Sem prejuízo do disposto nos nº 2 e nº 3, se antes da data da sucessão de Estados um dos Estados predecessores tiver assinado um tratado multilateral sob reserva de ratificação, aceitação ou aprovação, um Estado sucessor a que seja aplicável o artigo 31º poderá ratificar, aceitar ou aprovar o tratado como se o tivesse assinado e passar assim a ser parte ou Estado contratante nele.

2. O nº 1 não se aplicará se resultar do tratado ou constar de outro modo que a aplicação do tratado relativamente ao Estado sucessor seria incompatível com o objeto e o fim do tratado ou alteraria radicalmente as condições da sua execução.

3. Se o tratado corresponder à categoria mencionada no nº 3 do artigo 17º, o Estado sucessor poderá passar a ser parte ou Estado contratante no tratado apenas com o consentimento de todas as partes ou de todos os Estados contratantes.

4. Todo o tratado em que o Estado sucessor passe a ser parte ou Estado contratante em conformidade com o nº 1 aplicar-se-á apenas relativamente à parte do território do Estado sucessor a respeito da qual o tratado foi assinado por um dos Estados predecessores, a menos:

a) Que, no caso de um tratado multilateral que não corresponda à categoria mencionada no nº 3 do artigo 17º, o Estado sucessor faça saber, ao ratificar, aceitar ou aprovar o tratado, que o tratado se aplicará relativamente à totalidade do território; ou

b) Que, no caso de um tratado multilateral que corresponda à categoria mencionada no nº 3 do artigo 17º, o Estado sucessor e todas as partes ou, seguindo o caso, todos os Estados contratantes convencionarem outra coisa.

5. A alínea a) do nº 4 não se aplicará se resultar do tratado ou constar de outro modo que a aplicação do tratado relativamente à totalidade do território do Estado sucessor seria incompatível com o objeto e fim do tratado ou alteraria radicalmente as condições da sua execução.

Artigo 34
Sucessão de Estados em caso de separação de partes de um Estado

1. Quando uma parte ou partes do território de um Estado se separarem para formar um ou vários Estados, continue ou não a existir Estado predecessor:

a) Todo o tratado que estivesse em vigor na data da sucessão de Estados relativamente à totalidade do Estado predecessor continuará em vigor relativamente a cada Estado sucessor assim formado;

b) Todo o tratado que estivesse em vigor na data da sucessão do Estado relativamente apenas à parte do território do Estado predecessor que tenha passado a ser um Estado sucessor continuará em vigor apenas relativamente a esse Estado sucessor.

2. O nº 1 não se aplicará:

a) Se os Estados interessados convencionarem outra coisa;

b) Se resultar do tratado ou constar de outro modo que a aplicação do tratado relativamente ao Estado sucessor seria incompatível com o objeto e o fim do tratado ou alteraria radicalmente as condições da sua execução.

Artigo 35
Situação no caso de um Estado continuar a existir depois da separação de parte do seu território

Quando, depois da separação de uma parte do território de um Estado, o Estado predecessor continuar a existir, todo o tratado que na data da sucessão de Estados estivesse em vigor relativamente ao Estado predecessor continuará em vigor relativamente ao resto do seu território, a menos:

a) Que os Estados interessados convencionem outra coisa;
b) Que conste que o tratado se refere apenas ao território que se separou do Estado predecessor;
c) Que resulte do tratado ou conste de outro modo que a aplicação do tratado relativamente ao Estado predecessor seria incompatível com o objeto e fim do tratado ou alteraria radicalmente as condições da sua execução.

Artigo 36
Participação em tratados que não estejam em vigor na data da sucessão de Estados em caso de separação de partes de um Estado

1. Sem prejuízo do disposto nos n° 3 e n° 4, um Estado sucessor a que seja aplicável o n° 1 do artigo 34° poderá, mediante uma notificação, fazer constar a sua qualidade de Estado contratante num tratado multilateral que não esteja em vigor se, na data da sucessão de Estados, o Estado predecessor era um Estado contratante no tratado relativamente ao território a que se refere a sucessão de Estados.

2. Sem prejuízo do disposto nos n°s 3 e 4, um Estado sucessor a que seja aplicável o n° 1 do artigo 34° poderá, mediante uma notificação, fazer constar a sua qualidade de parte num tratado multilateral que entre em vigor posteriormente à data da sucessão de Estados se, nessa data, o Estado predecessor era um Estado contratante no tratado relativamente ao território a que se refere a sucessão de Estados.

3. Os n° 1 e n° 2 não se aplicarão se resultar do tratado ou constar de outro modo que a aplicação do tratado relativamente ao Estado sucessor seria incompatível com o objeto ou fim do tratado ou alteraria radicalmente as condições da sua execução.

4. Se o tratado corresponder à categoria mencionada no n° 3 do artigo 17°, o Estado sucessor poderá fazer constar a sua qualidade de parte ou de Estado contratante no tratado apenas com o consentimento de todas as partes ou de todos os Estados contratantes.

Artigo 37
Participação em caso de separação de partes de um Estado, em tratados assinados pelo Estado predecessor sob reserva de ratificação, aceitação ou aprovação

1. Sem prejuízo do disposto nos n° 2 e n° 3, se antes da data da sucessão de Estados o Estado predecessor assinou um tratado multilateral sob reserva de ratificação, aceitação ou aprovação e o tratado cessa de ter estado em vigor nessa data, se teria aplicado relativamente ao território a que se refere a sucessão de Estados, um Estado sucessor a que seja aplicável o n° 1 do artigo 34° poderá ratificar, aceitar ou aprovar o tratado como se o tivesse assinado e passar assim a ser parte ou Estado contratante nele.

2. O n° 1 não se aplicará se resultar do tratado ou constar de outro modo que a aplicação do tratado relativamente ao Estado sucessor seria incompatível com o objeto e fim do tratado ou alteraria as condições da sua execução.

3. Se o tratado corresponder à categoria mencionada no n° 3 do artigo 17° o Estado sucessor poderá passar a ser parte ou Estado contratante no tratado apenas com o consentimento de todas as partes ou de todos os Estados contratantes.

Artigo 38
Notificação

1. Uma notificação com base nos artigos 31°, 32° ou 36° deverá fazer-se por escrito.

2. Se a notificação não estiver assinada pelo Chefe do Estado, Chefe do Governo ou Ministro dos Negócios Estrangeiros, o representante do Estado que a comunique poderá ser convidado a apresentar os seus plenos poderes.

3. Salvo se o tratado dispuser de outro modo, a notificação:
a) Será transmitida pelo Estado sucessor ao depositário ou, se não houver depositário, às partes ou aos Estados contratantes;
b) Entender-se-á feita pelo Estado sucessor na data em que for recebida pelo depositário ou, se não houver depositário, na data em que for recebida por todas as partes ou, segundo o caso, todos os Estados contratantes.

4. O n° 3 não afetará nenhuma obrigação que o depositário possa ter, com base no tratado ou por outra causa, de informar as partes ou os Estados contratantes da notificação ou de toda a comunicação a ela referente que faça o Estado sucessor.

5. Sem prejuízo das disposições do tratado, entender-se-á que tal notificação ou comunicação foi recebida pelo Estado a que está destinada apenas quando este tenha recebido do depositário a informação correspondente.

PARTE V – DISPOSIÇÕES DIVERSAS

Artigo 39
Casos de responsabilidade de um Estado ou de abertura de hostilidades

As disposições da presente Convenção não prejudicarão nenhuma questão que, em relação aos efeitos de uma sucessão de Estados relativamente a um tratado, possa surgir como consequência da responsabilidade internacional de um Estado ou da abertura de hostilidades entre Estados.

Artigo 40
Casos de ocupação militar

As disposições da presente Convenção não prejudicarão nenhuma questão que relativamente a um tratado possa surgir como consequência da ocupação militar de um território.

PARTE VI – RESOLUÇÃO DE CONTROVÉRSIAS

Artigo 41
Consulta de negociações

Se se suscitar uma controvérsia em relação à interpretação ou aplicação da presente Convenção entre duas ou mais partes na Convenção, estas tratarão, a pedido de qualquer delas, de resolvê-la mediante um processo de consulta e negociação.

Artigo 42
Conciliação

Se a controvérsia não se resolver no prazo de seis meses, desde a data em que se tenha feito a petição a que se refere o artigo 41º, qualquer das partes na controvérsia poderá submetê-la ao processo de conciliação indicado no anexo da presente Convenção apresentando ao Secretário-Geral das Nações Unidas um pedido para esse efeito e informando desse pedido a outra parte ou as outras partes na controvérsia.

Artigo 43
Resolução judicial e arbitragem

Todo o Estado poderá declarar, no momento da assinatura, ratificação ou adesão à presente Convenção, ou em qualquer momento posterior, mediante notificação dirigida ao depositário, que, quando uma controvérsia não se tenha resolvido mediante a aplicação dos procedimentos a que se referem os artigos 41 e 42, essa controvérsia poderá ser submetida à decisão do Tribunal Internacional de Justiça mediante pedido escrito de qualquer das partes na controvérsia, ou alternativamente à arbitragem, sempre que a outra parte na controvérsia tenha feito uma declaração análoga.

Artigo 44
Resolução de comum acordo

Não obstante o disposto nos artigos 41, 42 e 43, se se suscitar uma controvérsia em relação à interpretação ou à aplicação da presente Convenção entre duas ou mais partes na Convenção, estas poderão, de comum acordo, convencionar em submeter a dita controvérsia ao Tribunal Internacional de Justiça, à arbitragem ou a qualquer outro procedimento apropriado para a resolução de controvérsias.

Artigo 45
Outras disposições em vigor para resolução de controvérsias

Nada do disposto nos artigos 41 a 44 afetará os direitos ou as obrigações das partes na presente Convenção que derivem de quaisquer disposições em vigor entre elas relativamente à resolução de controvérsias.

Parte VII – Disposições finais

Artigo 46
Assinatura

A presente Convenção estará aberta à assinatura de todos os Estados até 28 de Fevereiro de 1979, no Ministério Federal dos Negócios Estrangeiros da República da Áustria, e, depois, até 31 de Agosto de 1979, na sede das Nações Unidas, em Nova Iorque.

Artigo 47
Ratificação

A presente Convenção está sujeita a ratificação. Os instrumentos de ratificação depositar-se-ão em poder do Secretário-Geral das Nações Unidas.

Artigo 48
Adesão

A presente Convenção ficará aberta à adesão de qualquer Estado. Os instrumentos de adesão depositar-se-ão em poder do Secretário-Geral das Nações Unidas.

Artigo 49
Entrada em vigor

1. A presente Convenção entrará em vigor no trigésimo dia a partir da data em que tenha sido depositado o décimo quinto instrumento de ratificação ou de adesão.

2. Para cada Estado que ratifique a Convenção ou a ela adira depois de ter sido depositado o décimo quinto instrumento de ratificação ou de adesão, a Convenção entrará em vigor no trigésimo dia a partir da data em que o referido Estado tenha depositado o seu instrumento de ratificação ou adesão.

Artigo 50
Textos autênticos

O original da presente Convenção, cujos textos em árabe, chinês, espanhol, francês, inglês e russo são igualmente autênticos, será depositado em poder do Secretário-Geral das Nações Unidas.

Em testemunho do qual, os plenipotenciários inframencionados, devidamente autorizados pelos seus respectivos Governos, assinaram a presente Convenção.

Feito em Viena no dia 23 de Agosto de 1978.

ANEXO

1. O Secretário-Geral das Nações Unidas estabelecerá e manterá uma lista de conciliadores integrada por juristas qualificados. Para esse eleito, considerar-se-á todo o Estado que seja membro das Nações Unidas ou parte na presente Convenção para que designe dois conciliadores; os nomes das pessoas assim designadas constituirão a lista. A designação dos conciliadores, entre eles os designados para cobrir uma vaga acidental, far-se-á por um período de cinco anos renováveis. Ao expirar o período para que tenham sido designados, os conciliadores continuarão a desempenhar as funções para as quais tenham sido eleitos com base no número seguinte.

2. Quando tenha sido apresentado um pedido, conforme o artigo 42º, ao Secretário-Geral, este submeterá a controvérsia a uma comissão de conciliação composta da seguinte forma.

O Estado ou os Estados que contribuam numa das partes da controvérsia nomearão:

a) Um conciliador, da nacionalidade desse Estado ou de um desses Estados, eleito ou não da lista mencionada no nº 1; e
b) Um conciliador que não tenha a nacionalidade desse Estado nem de nenhum desses Estados, eleito da lista.

O Estado ou os Estados que constituam a outra parte na controvérsia nomearão dois conciliadores do mesmo modo. Os quatro conciliadores eleitos pela parte deverão ser nomeados dentro dos sessenta dias seguintes a data em que o Secretário-Geral tenha recebido o pedido.

Os quatro conciliadores, dentro dos sessenta dias seguintes à data da nomeação do último deles, nomearão um quinto conciliador, eleito da lista, que será o presidente.

Se a nomeação do presidente ou de qualquer dos demais conciliadores não se realizar no prazo anteriormente fixado para ela, efetuá-la-á o Secretário-Geral dentro dos sessenta dias seguintes à expiração do prazo. O Secretário-Geral poderá nomear presidente uma das pessoas da lista ou um dos membros da Comissão de Direito Internacional. Qualquer dos prazos em que deva efetuar-se poderá ser prorrogado por acordo das partes na controvérsia.

Toda a vaga deverá ser preenchida pela forma prescrita para a nomeação inicial.

3. A comissão de conciliação fixará o seu próprio procedimento. A comissão, com prévio consentimento das partes na controvérsia, poderá convidar qualquer das partes na presente Convenção a expor-lhe as suas opiniões verbalmente ou por escrito. As decisões e as recomendações da comissão serão adotadas por maioria de cinco membros.

4. A comissão poderá chamar a atenção das partes na controvérsia para todas as medidas que possam facilitar uma solução amigável.

5. A comissão ouvirá as partes, examinará as pretensões e objeções e fará propostas às partes com vista a que cheguem a uma solução amigável da controvérsia.

6. A comissão apresentará a sua informação dentro dos doze meses seguintes à data da sua constituição. A informação depositar-se-á em poder do Secretário-Geral e transmitir-se-á às partes na controvérsia. A informação da comissão, incluindo quaisquer conclusões que nela se indiquem relativamente aos fatos e às questões de direito, não obrigará as partes nem terá outro sentido para além do enunciado de recomendações apresentadas às partes para sua consideração a fim de facilitar uma solução amistosa da controvérsia.

7. O Secretário-Geral proporcionará à comissão a assistência e facilidades de que necessite. Os gastos da comissão serão suportados pela Organização das Nações Unidas.

CONVENÇÃO SOBRE DIREITOS E DEVERES DOS ESTADOS

▶ Assinada em Montevidéu, Uruguai, em 26-12-1933. No Brasil, foi aprovada pelo Dec. Legislativo nº 18, de 28-8-1936, e promulgada pelo Dec. nº 1.570, de 13-4-1937.

Art. 1º O Estado como pessoa de Direito Internacional deve reunir os seguintes requisitos:

I – população permanente;
II – território determinado;
III – governo;
IV – capacidade de entrar em relações com os demais Estados.

Art. 2º O Estado federal constitui uma só pessoa ante o direito internacional.

Art. 3º A existência política do Estado é independente do seu reconhecimento pelos demais Estados. Ainda antes de reconhecido, tem o Estado o direito de defender sua integridade e independência, prover a sua conservação e prosperidade, e conseguintemente, organizar-se como achar conveniente, legislar sobre seus interesses, administrar seus serviços e determinar a jurisdição e competência dos seus tribunais.

O exercício destes direitos não tem outros limites além do exercício dos direitos de outros Estados de acordo com o direito internacional.

Art. 4º Os Estados são juridicamente iguais, desfrutam iguais direitos e possuem capacidade igual para exercê-los. Os direitos de cada um não dependem do poder de que disponha para assegurar seu exercício, mas do simples fato de sua existência como pessoa de direito internacional.

Art. 5º Os direitos fundamentais dos Estados não são suscetíveis de ser atingidos sob qualquer forma.

Art. 6º O reconhecimento de um Estado apenas significa que aquele que o reconhece aceita a personalidade do outro com todos os direitos e deveres determinados pelo direito internacional. O reconhecimento é incondicional e irrevogável.

Art. 7º O reconhecimento do Estado poderá ser expresso ou tácito. Este último resulta de todo ato que implique a intenção de reconhecer o novo Estado.

Art. 8º Nenhum Estado possui o direito de intervir em assuntos internos ou externos de outro.

Art. 9º A jurisdição dos Estados, dentro dos limites do território nacional, aplica-se a todos os habitantes. Os nacionais e estrangeiros encontram-se sob a mesma proteção da legislação e das autoridades nacionais e os estrangeiros não poderão pretender direitos diferentes, nem mais extensos que os dos nacionais.

Art. 10. É interesse primordial dos Estados a conservação da paz.

As divergências de qualquer espécie que entre eles se levantem deverão resolver-se pelos meios pacíficos reconhecidos.

Art. 11. Os Estados contratantes consagram, em definitivo, como norma de conduta, a obrigação precisa de não reconhecer aquisições territoriais ou de vantagens especiais realizadas pela força, consista esta no emprego de armas, em representações diplomáticas cominatórias ou em qualquer outro meio de coação efetiva. O território dos Estados é inviolável e não pode ser objeto de ocupações militares, nem de outras medidas de força impostas por outro Estado, direta ou indiretamente, por motivo algum, nem sequer de maneira temporária.

Art. 12. A presente Convenção não atinge os compromissos contraídos anteriormente pelas Altas Partes Contratantes em virtude de acordos internacionais.

Art. 13. A presente Convenção será ratificada pelas Altas Partes Contratantes, de acordo com os seus processos constitucionais. O Ministério das Relações Exteriores da República Oriental do Uruguai fica encarregado de enviar cópias devidamente autenticadas aos Governos, para o referido fim. Os instrumentos de ratificação serão depositados nos arquivos da União Pan-americana, em Washington, a qual notificará o referido depósito aos Governos signatários. Tal notificação terá o valor de troca de ratificações.

Art. 14. A presente convenção entrará em vigor entre as Altas Partes Contratantes na ordem em que forem depositando suas respectivas ratificações.

Art. 15. A presente Convenção vigorará indefinidamente, mas poderá ser denunciada mediante aviso prévio de um ano à União pan-americana, que o transmitirá aos demais Governos signatários. Decorrido este prazo, cessarão os efeitos da Convenção para os denunciantes, subsistindo para as demais Altas Partes Contratantes.

Art. 16. A presente Convenção ficará aberta à adesão e acessão dos Estados não signatários. Os instrumentos respectivos serão depositados nos arquivos da União Pan-americana, que dará comunicação dos mesmos às outras Altas Partes Contratantes.

Em fé do que, os Plenipotenciários em seguida indicados firmam e selam a presente Convenção em espanhol, inglês, português e francês, na cidade de Montevidéu, República Oriental do Uruguai, no vigésimo sexto dia do mês de dezembro do ano de mil novecentos e trinta e três.

RESERVAS

Os senhores Delegados do Brasil e do Peru fizeram constar o seguinte voto particular com respeito ao art. 11 da presente Convenção; "Que aceitam a doutrina em princípio; mas não a julgam codificável por haver países que não firmaram ainda o Pacto antibélico do Rio de Janeiro, do qual ela faz parte, não constituindo, portanto, direito internacional positivo pronto para a codificação".

PRINCÍPIOS ORIENTADORES APLICÁVEIS ÀS DECLARAÇÕES UNILATERAIS DOS ESTADOS, CAPAZES DE GERAR OBRIGAÇÕES JURÍDICAS

► Texto adotado pela Comissão de Direito Internacional das Nações Unidas na sua 58ª sessão, em 2006.
► Tradução de Aziz Tuffi Saliba e Geraldo Kennedy Matos.

A Comissão de Direito Internacional,

Observando que os Estados podem se achar obrigados por sua conduta unilateral no plano internacional,

Observando que comportamentos capazes de obrigar os Estados podem tomar a forma de declarações formais ou condutas meramente informais incluindo, em certas situações, o silêncio, do qual outros Estados podem razoavelmente depender,

Observando também que, na prática, muitas vezes, é difícil estabelecer se os efeitos jurídicos oriundos do comportamento unilateral de um Estado são a consequência da intenção que este expressou ou dependem das expectativas que sua conduta criou entre outros sujeitos de Direito Internacional,

Adota os seguintes Princípios Orientadores, os quais dizem respeito a atos unilaterais *stricto sensu*, ou seja, aqueles na forma de declarações formais estabelecidas pelos Estados com o intuito de produzir obrigações sob o Direito Internacional:

1. Declarações feitas publicamente e que manifestem a vontade de se obrigar podem ter o efeito de gerar obrigações jurídicas. Quando as condições para tanto forem satisfeitas, o aspecto obrigacional destas declarações for baseado na boa-fé, os Estados envolvidos podem, então, levá-las em consideração e confiar nelas. Tais Estados têm o direito de requerer que estas declarações sejam respeitadas;
2. Qualquer Estado possui a capacidade de comprometer-se a obrigações legais por meio de declarações unilaterais;
3. Para determinar os efeitos jurídicos de tais declarações, é necessário considerar o seu conteúdo, as circunstâncias fáticas nas quais elas foram feitas e as reações que elas causaram;
4. Uma declaração unilateral obriga o Estado internacionalmente somente se ela é feita por uma autoridade investida de poder para fazê-la. Em virtude de suas funções, chefes de Estado e chefes de Governo e Ministros das Relações Exteriores têm competência para formular tais declarações. Outras pessoas representando o Estado em áreas específicas podem ser autorizadas a comprometê-lo, por meio de suas declarações, em áreas de sua competência;
5. As declarações unilaterais podem ser formuladas oralmente ou por escrito;
6. As declarações unilaterais podem ser endereçadas à comunidade internacional como um todo, a um ou vários Estados ou a outras entidades;
7. Uma declaração unilateral implicará obrigação para o Estado que a formula, somente se for feita em termos claros e específicos. No caso de dúvida quanto ao alcance das obrigações resultantes de tal declaração, elas devem ser interpretadas de maneira restritiva. Ao se interpretar o conteúdo de tais obrigações, deve-se dar importância primeiramente ao texto da declaração, juntamente com o contexto e as circunstâncias nas quais ela foi formulada;
8. Uma declaração unilateral que esteja em conflito com uma norma imperativa de Direito Internacional Geral é nula;
9. Uma declaração unilateral de um Estado não pode gerar obrigações para outros Estados. Contudo, o outro Estado ou os outros Estados envolvidos podem incorrer em obrigações em relação a tal declaração unilateral na medida em que eles claramente aceitem tal declaração;
10. Uma declaração unilateral que gerou obrigações jurídicas para o Estado que a fez não pode ser revogada arbitrariamente. Ao se avaliar se a revogação seria arbitrária, deve-se levar em consideração:
    (i) Qualquer termo específico da declaração relacionado com a revogação;
    (ii) Em que medida aqueles para os quais as obrigações são devidas fiaram-se nas obrigações;
    (iii) Em que medida houve mudança fundamental nas circunstâncias.

PROJETO DA COMISSÃO DE DIREITO INTERNACIONAL DAS NAÇÕES UNIDAS SOBRE PROTEÇÃO DIPLOMÁTICA

▶ Texto adotado pela Comissão de Direito Internacional das Nações Unidas na sua 58ª sessão, em 2006.
▶ Tradução de Aziz Tuffi Saliba e Geraldo Kennedy Matos.

PARTE 1
PROVISÕES GERAIS

Artigo 1º
Definição e Alcance

Para fins do presente projeto de artigos, a proteção diplomática consiste na invocação, por um Estado – através de ação diplomática ou outros meios de resolução pacífica –, da responsabilidade de um outro Estado por um dano causado por ato ilícito internacional do segundo Estado a uma pessoa natural ou jurídica que é nacional do primeiro Estado mencionado, com vista à implementação de tal responsabilidade.

Artigo 2º
Direito de Exercer a Proteção Diplomática

Um Estado tem o direito de exercer proteção diplomática em conformidade com o presente projeto de artigos.

PARTE 2
NACIONALIDADE

Capítulo I
PRINCÍPIOS GERAIS

Artigo 3º
Proteção pelo Estado da Nacionalidade

1 – O Estado que tem o direito de exercer a proteção diplomática é o Estado da Nacionalidade [da pessoa lesada].

2 – Não obstante o descrito no parágrafo 1, a proteção diplomática pode ser exercida por um Estado, em relação a uma pessoa, que não é seu nacional, em conformidade com o artigo 8º.

Capítulo II
PESSOAS NATURAIS

Artigo 4º
Estado Da Nacionalidade Da Pessoa Natural

Para fins de proteção diplomática de uma pessoa natural, o Estado da Nacionalidade significa um Estado cuja nacionalidade esta pessoa adquiriu, em conformidade com a legislação desse Estado, por nascimento, descendência, naturalização, sucessão de Estados ou por qualquer outro modo que não seja contrário ao Direito Internacional.

Artigo 5º
Nacionalidade Contínua de uma Pessoa Natural

1 – Um Estado tem o direito de exercer proteção diplomática em relação a uma pessoa que foi seu nacional, continuamente, desde a data do dano até a data da propositura oficial da ação. A continuidade é presumida se essa nacionalidade existia em ambas as datas.

2 – Não obstante o disposto no parágrafo 1, um Estado pode exercer proteção diplomática em relação a uma pessoa que é seu nacional na data da propositura oficial da ação, mas que não era um nacional na data do dano, contanto que a pessoa tivesse a nacionalidade de um Estado predecessor, ou tenha perdido a sua nacionalidade, ou tenha adquirido, por razão não relacionada com a ação, a nacionalidade do Estado anterior, de um modo que não seja contrário ao Direito Internacional.

3 – O Estado da nacionalidade mais recente não exercerá a proteção diplomática em relação a uma pessoa contra um Estado de nacionalidade anterior desta pessoa, por um dano causado quando essa pessoa era um nacional do Estado de nacionalidade anterior e não do Estado de nacionalidade mais recente.

4 – Um Estado perde o direito de exercer proteção diplomática em relação a uma pessoa que adquire a nacionalidade de Estado contra o qual a ação é movida, depois da data da propositura oficial da ação.

Artigo 6º
Nacionalidade Múltipla e Ação contra um Terceiro Estado

1 – Qualquer Estado que tenha um nacional que possua dupla ou múltipla nacionalidade pode exercer a proteção diplomática em relação a este nacional, contra um Estado do qual esta pessoa não seja um nacional.

2 – Dois ou mais Estados de nacionalidade podem exercer conjuntamente a proteção diplomática em relação a um nacional que tenha dupla ou múltipla nacionalidade.

Artigo 7º
Nacionalidade Múltipla e Ação contra um Estado de Nacionalidade

Um Estado de nacionalidade não pode exercer proteção diplomática em relação a uma pessoa, contra um Estado do qual esta pessoa é também um nacional, a menos que a nacionalidade do Estado anterior seja predominante, tanto na data do dano quanto na data da propositura oficial da ação.

Artigo 8º
Apátridas e Refugiados

1 – Um Estado pode exercer proteção diplomática em relação a um apátrida que, na data do dano e na data da propositura oficial da ação, seja um residente legal e habitual deste Estado.

2 – Um Estado pode exercer proteção diplomática em relação a uma pessoa que seja reconhecida por este Estado como refugiada, de acordo com padrões internacionais, quando essa pessoa é residente legal e habitual naquele Estado na data do dano e na data da propositura oficial da ação.

3 – O Parágrafo 2 não se aplica em relação a um dano causado por um ato ilícito internacional praticado pelo Estado de nacionalidade do refugiado.

Capítulo III
PESSOAS JURÍDICAS

Artigo 9º
Estado de Nacionalidade de uma Empresa

Para fins de proteção diplomática de uma empresa, o Estado de nacionalidade significa o Estado sob cujas leis a empresa foi constituída. Contudo, quando a empresa é controlada por nacionais de um outro Estado ou Estados, não tem atividades econômicas substanciais no Estado em que se constituiu e o gerenciamento e controle financeiro da empresa estão ambos localizados em um outro Estado, este último Estado será considerado o Estado da nacionalidade.

Artigo 10
Nacionalidade Contínua de uma Empresa

1 – Um Estado tem o direito de exercer a proteção diplomática em relação a uma empresa que era nacional daquele Estado ou de seu Estado predecessor, continuamente, desde a data do dano até a data da propositura oficial da ação. A continuidade é presumida se esta nacionalidade existia em ambas estas datas.

2 – Um Estado não tem mais o direito de exercer a proteção diplomática em relação a uma empresa que adquire a nacionalidade do Estado contra o qual a ação é movida depois da propositura da ação.

3 – Não obstante o Parágrafo 1, um Estado continua a ter o direito de exercer a proteção diplomática em relação à empresa que era sua nacional na data do dano e a qual, como resultado do dano, cessou de existir de acordo com a legislação do Estado no qual se constituiu.

Artigo 11
Proteção de Acionistas

Um Estado de nacionalidade dos acionistas de uma empresa não terá direito a exercer a proteção diplomática em relação a tais acionistas no caso de dano à empresa, a menos que:

a) a empresa tenha cessado de existir, de acordo com a legislação do Estado onde se constituiu, por motivo não relacionado ao dano, ou
b) a empresa tivesse, na data do dano, a nacionalidade do Estado supostamente responsável pelo dano, e sua constituição naquele Estado fosse uma exigência deste Estado para que ela pudesse realizar suas atividades naquele lugar.

Artigo 12
Dano Direto a Acionistas

Na medida em que um ato ilícito internacional de um Estado causar dano direto aos direitos dos acionistas como tais, direitos que sejam distintos dos da própria empresa, o Estado de nacionalidade de qualquer dos acionistas tem o direito de exercer a proteção diplomática com relação aos seus nacionais.

Artigo 13
Outras Pessoas Jurídicas

Os princípios contidos neste capítulo serão aplicáveis, no que couber, à proteção diplomática de pessoas jurídicas que não são empresas.

PARTE 3
RECURSOS INTERNOS

Artigo 14
Esgotamento dos Recursos Internos

1 – Um Estado não pode mover uma ação internacional em relação a dano a um nacional ou outra pessoa a que se refere o artigo 8º, antes que a pessoa lesada tenha esgotado todos os recursos internos, ressalvado o disposto no artigo 15.

2 – Entende-se por "recursos internos" as medidas jurídicas que possam ser interpostas pela pessoa que sofreu o dano, diante das cortes ou órgãos judiciais administrativos, ordinários ou especiais, do Estado pretensamente responsável pelo dano.

3 – Os recursos internos devem ser esgotados, quando uma demanda internacional ou pedido de uma sentença declaratória relacionada com a demanda, funde-se, preponderantemente, em um dano a nacional ou outra pessoa referidos no artigo 8º.

Artigo 15
Exceções à Regra do Esgotamento dos Recursos Internos

Os recursos internos não precisam ser esgotados se:

a) não houver recursos internos razoavelmente disponíveis para se prover uma reparação efetiva, ou os recursos internos não proporcionam uma possibilidade razoável de obter tal reparação;
b) no trâmite do recurso houver demora indevida, atribuível ao Estado supostamente responsável pelo dano causado;
c) não houver nexo causal relevante entre a pessoa lesada e o Estado supostamente responsável pelo dano na data do mesmo;
d) a pessoa lesada estiver manifestamente impedida de utilizar os recursos internos, ou
e) o Estado supostamente responsável tiver renunciado ao requisito de esgotar os recursos internos.

PARTE 4
PROVISÕES DIVERSAS

Artigo 16
Ações ou Procedimentos Distintos da Proteção Diplomática

O direito dos Estados, pessoas naturais, pessoas jurídicas ou outras entidades a recorrer, em conformidade com o Direito Internacional, a ações e procedimentos distintos da proteção diplomática, a fim de assegurar a reparação do dano sofrido como resultado de ato ilícito internacional, não é afetado pelo presente projeto de artigos.

Artigo 17
Normas Especiais de Direito Internacional

O presente projeto de artigos não se aplica na medida em que for inconsistente com as normas especiais de Direito Internacional, tais como as provisões de tratados para a proteção de investimentos.

Artigo 18
Proteção da Tripulação de Navios

O direito do Estado de nacionalidade dos membros da tripulação de um navio de exercer a proteção diplomática não é afetado pelo direito do Estado da nacionalidade de um navio para buscar reparação em favor de tais membros da tripulação, independentemente de suas nacionalidades, quando sofrem dano em conexão com dano ao navio, resultante de ato ilícito internacional.

Artigo 19
Prática Recomendada

Um Estado que tem direito de exercer a proteção diplomática de acordo com o presente projeto de artigos, deve:

a) considerar devidamente a possibilidade de se exercer a proteção diplomática, especialmente quando um dano significativo tenha ocorrido;
b) levar em consideração, quando for possível, as opiniões das vítimas no que diz respeito ao uso da proteção diplomática e a reparação que se busca;
c) transferir para a pessoa que sofreu o dano qualquer compensação que se obtenha do Estado responsável pelo dano, sujeita a qualquer dedução razoável.

PROJETO DA COMISSÃO DE DIREITO INTERNACIONAL DAS NAÇÕES UNIDAS SOBRE RESPONSABILIDADE INTERNACIONAL DOS ESTADOS

Parte I – O Ato Internacionalmente Ilícito de um Estado

Capítulo I
PRINCÍPIOS GERAIS

Art. 1º A responsabilidade do Estado por seus atos internacionalmente ilícitos

Todo ato internacionalmente ilícito de um Estado acarreta sua responsabilidade internacional.

Art. 2º Elementos de um ato internacionalmente ilícito do Estado

Há um ato internacionalmente ilícito do Estado quando a conduta, consistindo em uma ação ou omissão:

a) é atribuível ao Estado consoante o Direito Internacional; e
b) constitui uma violação de uma obrigação internacional do Estado.

Art. 3º Caracterização de um ato de um Estado como internacionalmente ilícito

A caracterização de um ato de um Estado, como internacionalmente ilícito, é regida pelo Direito Internacional. Tal caracterização não é afetada pela caracterização do mesmo ato como lícito pelo direito interno.

Capítulo II
ATRIBUIÇÃO DA CONDUTA A UM ESTADO

Art. 4º Conduta dos órgãos de um Estado

1. Considerar-se-á ato do Estado, segundo o Direito Internacional, a conduta de qualquer órgão do Estado que exerça função legislativa, executiva, judicial ou outra – qualquer que seja sua posição na organização do Estado –, e independentemente de se tratar de órgão do governo central ou de unidade territorial do Estado.

2. Incluir-se-á como órgão qualquer pessoa ou entidade que tenha tal *status* de acordo com o direito interno do Estado.

Art. 5º Conduta de pessoas ou entidades exercendo atribuições do poder público

Considerar-se-á ato do Estado, segundo o Direito Internacional, a conduta de uma pessoa ou entidade que não seja um órgão do Estado, consoante o artigo 4º, que, de acordo com a legislação daquele Estado, esteja exercer atribuições do poder público, sempre que a pessoa ou entidade esteja agindo naquela qualidade na situação particular.

Art. 6º Conduta de órgãos colocados à disposição de um Estado por outro Estado

Considerar-se-á ato do Estado, segundo o Direito Internacional, a conduta de um órgão posto à disposição de um Estado por outro, sempre que o órgão estiver exercendo atribuições do poder público do Estado a cuja disposição ele se encontre.

Art. 7º Excesso de autoridade ou contravenção de instruções

A conduta de um órgão do Estado, pessoa ou entidade destinada a exercer atribuições do poder público será considerada um ato do Estado, consoante o Direito Internacional, se o órgão, pessoa ou entidade age naquela capacidade, mesmo que ele exceda sua autoridade ou viole instruções.

Art. 8º Conduta dirigida ou controlada por um Estado

Considerar-se-á ato do Estado, segundo o Direito Internacional, a conduta de uma pessoa ou grupo de pessoas se esta pessoa ou grupo de pessoas estiver de fato agindo por instrução ou sob a direção ou controle daquele Estado, ao executar a conduta.

Art. 9º Conduta realizada na falta ou ausência de autoridades oficiais

Considerar-se-á ato do Estado, segundo o Direito Internacional, a conduta de uma pessoa ou grupo de pessoas se a pessoa ou grupo de pessoas estiver de fato exercendo atribuições do poder público na falta ou ausência de autoridades oficiais e em circunstâncias tais que requeiram o exercício daquelas atribuições.

Art. 10. Conduta de um movimento de insurreição ou outro

1. Considerar-se-á ato do Estado, segundo o Direito Internacional, a conduta de um movimento de insurreição que se torne o novo governo daquele Estado.

2. A conduta de um movimento de insurreição ou outro que for bem-sucedido em estabelecer um novo Estado em parte do território de um Estado preexistente ou

em um território sob sua administração será considerado um ato do novo Estado, e acordo com o Direito Internacional.

3. Este artigo não é prejudicado pela atribuição a um Estado de qualquer conduta, seja qual for sua relação com o movimento em questão, a qual deva ser considerada um ato daquele Estado em virtude dos artigos 4º ao 9º.

Art. 11. Conduta reconhecida e adotada por um Estado como sua própria

Uma conduta que não seja atribuível a um Estado de acordo com os artigos antecedentes, todavia, será considerada um ato daquele Estado, de acordo com o Direito Internacional se e na medida em que aquele Estado reconheça e adote a conduta em questão como sua própria.

Capítulo III
VIOLAÇÃO DE UMA OBRIGAÇÃO INTERNACIONAL

Art. 12. Existência de uma violação de uma obrigação internacional

Há uma violação de uma obrigação internacional por um Estado quando um ato deste Estado não está em conformidade com o que lhe é requerido pela obrigação, seja qual for a origem ou natureza dela.

Art. 13. Obrigação internacional em vigor para um Estado

Um ato de um Estado não constitui uma violação de uma obrigação, a menos que o Estado esteja vinculado pela obrigação em questão no momento em que o ato ocorre.

Art. 14. Extensão no tempo de uma violação de uma obrigação internacional

1. A violação de uma obrigação por um ato de um Estado que não tenha caráter contínuo ocorre no momento em que o ato é realizado, mesmo que seus efeitos perdurem.

2. A violação de uma obrigação internacional por um ato de um Estado que tenha caráter contínuo se estende por todo o período durante o qual o ato continua e permanece em desacordo com a obrigação internacional.

3. A violação de uma obrigação internacional que exija do Estado a prevenção de um certo acontecimento produzir-se-á no momento em que começa esse acontecimento e se estende por todo o período em que o evento continua e permanece em desacordo com aquela obrigação.

Art. 15. Violação proveniente de um ato composto

1. A violação de uma obrigação internacional por um Estado por meio de uma série de ações ou omissões definidas em conjunto como ilícitas, ocorre quando a ação ou omissão que, tomada com as outras ações ou omissões, é suficiente para constituir o ato ilícito.

2. Em tal caso, a violação se estende por todo o período começando com a primeira das ações ou omissões da série e se prolongando, enquanto as ações ou omissões forem repetidas e permanecerem em desacordo com a obrigação internacional.

Capítulo IV
RESPONSABILIDADE DE UM ESTADO EM CONEXÃO COM UM ATO DE OUTRO ESTADO

Art. 16. Auxílio ou assistência no cometimento de um ato internacionalmente ilícito

Um Estado que auxilia ou assiste outro Estado a cometer um ato internacionalmente ilícito é internacionalmente responsável por prestar este auxílio ou assistência se:

a) aquele Estado assim o faz conhecendo as circunstâncias do ato internacionalmente ilícito; e
b) o ato fosse internacionalmente ilícito se cometido por aquele Estado.

Art. 17. Direção e controle exercido ao cometer um ato internacionalmente ilícito

Um Estado que dirige e controla outro Estado no cometimento de um ato internacionalmente ilícito é responsável internacionalmente por aquele ato se:

a) aquele Estado assim o faz com o conhecimento das circunstâncias do ato internacionalmente ilícito; e
b) o ato fosse internacionalmente ilícito se cometido pelo Estado que dirige e controla.

Art. 18. Coação de outro Estado

Um Estado que coage outro Estado a cometer um ato é internacionalmente responsável se:

a) em não havendo coação, tal ato constituísse um ato internacionalmente ilícito do Estado coagido; e
b) o Estado que coage o faz conhecendo as circunstâncias do ato.

Art. 19. Efeito deste Capítulo

Este capítulo não prejudica a responsabilidade internacional, em outras previsões destes artigos, do Estado que comete o ato em questão, ou qualquer outro Estado.

Capítulo V
EXCLUDENTES DE ILICITUDE

Art. 20. Consentimento

Um consentimento válido de um Estado à comissão de um determinado ato por outro Estado exclui a ilicitude daquele ato em relação ao primeiro na medida em que o ato permanece dentro dos limites do mencionado consentimento.

Art. 21. Legítima defesa

A ilicitude de um ato de um Estado é excluída se o ato constitui uma medida lícita de legítima defesa tomada em conformidade com a Carta das Nações Unidas.

Art. 22. Contramedidas em relação a um ato internacionalmente ilícito

A ilicitude de um ato de um Estado em desacordo com uma obrigação internacional em relação a um outro Estado será excluída se e na medida em que o ato constitua uma contramedida tomada contra o último Estado em conformidade com o Capítulo II da Parte Três.

Art. 23. Força maior

1. A ilicitude de um ato de um Estado em desacordo com uma obrigação internacional daquele Estado será excluída se o ato se der em razão de força maior, en-

tendida como a ocorrência de uma força irresistível ou de um acontecimento imprevisível, além do controle do Estado, tornando materialmente impossível, nesta circunstância, a realização da obrigação.

2. O parágrafo 1º não se aplica se:

a) a situação de força maior é devida, por si só ou em combinação com outros fatores, à conduta do Estado que a invoca; ou

b) o Estado assumiu o risco daquela situação ocorrida.

Art. 24. Perigo extremo

1. A ilicitude de um ato de um Estado em desacordo com uma obrigação internacional daquele Estado se extingue se o autor do ato em questão não tem nenhuma alternativa razoável, em uma situação de perigo extremo, de salvar a vida do autor ou vidas de outras pessoas confiadas aos cuidados do autor.

2. O parágrafo 1º não se aplica se:

a) a situação de perigo extremo é devida unicamente, ou em combinação com outros fatores, à conduta do Estado que a invoque; ou

b) for provável que o ato em questão crie um perigo comparável ou maior.

Art. 25. Estado de necessidade

1. Nenhum Estado pode invocar o estado de necessidade como causa de exclusão de ilicitude de um ato em desacordo com uma obrigação internacional daquele Estado, a menos que o ato:

a) seja o único modo para o Estado preservar um interesse essencial contra um perigo grave e iminente; e

b) não afete gravemente a um interesse essencial do Estado ou Estados em relação aos quais exista a obrigação, ou da comunidade internacional como um todo.

2. Em nenhum caso pode o Estado invocar o estado de necessidade como causa de exclusão de ilicitude se:

a) a obrigação internacional em questão exclui a possibilidade de invocar a necessidade, ou

b) o Estado contribuiu para a ocorrência do estado de necessidade.

Art. 26. Cumprimento de normas imperativas

Nada neste Capítulo exclui a ilicitude de qualquer ato de um Estado que não esteja em conformidade com uma obrigação que surja de uma norma imperativa de Direito Internacional geral.

Art. 27. Consequências de invocação de uma circunstância extinguindo a ilicitude

A invocação de uma circunstância que exclua a ilicitude, de acordo com este Capítulo, não prejudica:

a) o cumprimento da obrigação em questão, se e na medida em que a circunstância excludente da ilicitude não mais exista;

b) a questão da indenização por qualquer perda material causada pelo ato em questão.

PARTE II – O CONTEÚDO DA RESPONSABILIDADE INTERNACIONAL DE ESTADO

CAPÍTULO I

PRINCÍPIOS GERAIS

Art. 28. Consequências jurídicas de um ato internacionalmente ilícito

A responsabilidade internacional de um Estado que, em conformidade com as provisões da Parte Um, nasce de um fato internacional ilícito, produz as consequências jurídicas que se enunciam nesta Parte.

Art. 29. Continuidade do dever de cumprir a obrigação

As consequências jurídicas de um ato internacionalmente ilícito de acordo com esta Parte não afetam a continuidade do dever do Estado responsável de cumprir a obrigação violada.

Art. 30. Cessação ou *não repetição*

O Estado responsável pelo ato internacionalmente ilícito tem a obrigação de:

a) cessar aquele ato, se ele continua;

b) oferecer segurança e garantias apropriadas de não repetição, se as circunstâncias o exigirem.

Art. 31. Reparação

1. O Estado responsável tem obrigação de reparar integralmente o prejuízo causado pelo ato internacionalmente ilícito.

2. O prejuízo compreende qualquer dano, material ou moral, causado pelo ato internacionalmente ilícito de um Estado.

Art. 32. Irrelevância da lei interna

O Estado responsável não pode invocar as disposições de seu direito interno como justificativa pela falha em cumprir com as obrigações que lhe são incumbidas de acordo com esta Parte.

Art. 33. Abrangências das obrigações internacionais enunciadas nesta Parte

1. As obrigações do Estado responsável enunciadas nesta Parte podem existir em relação a outro Estado, a vários Estados ou à comunidade internacional como um todo, dependendo, particularmente, da natureza e conteúdo da obrigação internacional e das circunstâncias da violação.

2. Esta parte não prejudica qualquer direito que a responsabilidade internacional de um Estado possa gerar diretamente em benefício de qualquer pessoa ou entidade distinta de um Estado.

CAPÍTULO II

REPARAÇÃO PELO PREJUÍZO

Art. 34. Formas de reparação

A reparação integral do prejuízo causado pelo ato internacionalmente ilícito deverá ser em forma de restituição, indenização e satisfação, individualmente ou em combinação, de acordo com as previsões deste Capítulo.

Art. 35. Restituição

Um Estado responsável por um ato internacionalmente ilícito tem a obrigação de restituir, ou seja, de restabelecer a situação que existia antes que o ato ilícito fosse cometido, desde que e na medida que a restituição:

a) não seja materialmente impossível;
b) não acarrete um ônus totalmente desproporcional com relação ao benefício que derivaria de restituição em vez dada indenização.

Art. 36. Indenização

1. O Estado responsável por um ato internacionalmente ilícito tem obrigação de indenizar pelo dano causado por este, desde que tal dano não seja reparado pela restituição.

2. A indenização deverá cobrir qualquer dano suscetível de mensuração financeira, incluindo lucros cessantes, na medida de sua comprovação.

Art. 37. Satisfação

1. O Estado responsável por um ato internacionalmente ilícito tem a obrigação de dar satisfação pelo prejuízo causado por aquele ato desde que ele não possa ser reparado pela restituição ou indenização.

2. A satisfação pode consistir em um reconhecimento da violação, uma expressão de arrependimento, uma desculpa formal ou outra modalidade apropriada.

3. A satisfação não deverá ser desproporcional ao prejuízo e não pode ser humilhante para o Estado responsável.

Art. 38. Juros

1. Pagar-se-ão juros sobre alguma soma principal devida em virtude deste Capítulo, na medida necessária para assegurar a reparação integral. A taxa de juros e o modo de cálculo deverão ser fixados de maneira que se alcance este resultado.

2. Os juros são computados desde a data em que a soma principal deveria ter sido paga até que a obrigação seja completamente quitada.

Art. 39. Contribuição para o prejuízo

Na determinação da reparação, deve ser levada em conta a contribuição para o prejuízo por ação ou omissão, intencional ou negligente, do Estado lesado ou de qualquer pessoa ou entidade em relação a qual se busca a reparação.

CAPÍTULO III

VIOLAÇÕES GRAVES DE OBRIGAÇÕES DECORRENTES DE NORMAS IMPERATIVAS DE DIREITO INTERNACIONAL GERAL

Art. 40. Aplicação deste Capítulo

1. Este Capítulo se aplica à responsabilidade que é acarretada por uma violação grave por um Estado de uma obrigação decorrente de uma norma imperativa de Direito Internacional geral.

2. Uma violação de tal obrigação é grave se envolve o descumprimento flagrante ou sistemático da obrigação pelo Estado responsável.

Art. 41. Consequências particulares da violação grave de uma obrigação consoante este Capítulo

1. Os Estados deverão cooperar para pôr fim, por meios legais, a toda violação grave no sentido atribuído no artigo 40.

2. Nenhum Estado reconhecerá como lícita uma situação criada por uma violação grave no sentido atribuído no artigo 40 nem prestará auxílio ou assistência para manutenção daquela situação.

3. Este artigo não prejudica as demais consequências referidas nesta Parte bem como outras consequências que uma violação a qual se aplique este Capítulo possa acarretar, de acordo com o Direito Internacional.

PARTE III – IMPLEMENTAÇÃO DA RESPONSABILIDADE INTERNACIONAL DE UM ESTADO

CAPÍTULO I

INVOCAÇÃO DA RESPONSABILIDADE DE UM ESTADO

Art. 42. Invocação da responsabilidade por um Estado lesado

Um Estado terá o direito, como Estado lesado, de invocar a responsabilidade de outro Estado se a obrigação violada existe:

a) em relação a este Estado individualmente; ou
b) em relação a um grupo de Estados, do qual este Estado faça parte, ou a comunidade internacional como um todo, e a violação da obrigação:
  i) especialmente afeta este Estado; ou
  ii) for de tal natureza que modifique radicalmente a situação de todos os outros Estados em relação aos quais exista a obrigação de ulterior cumprimento.

Art. 43. Notificação de uma reclamação por um Estado lesado

1. Um Estado lesado que invoca a responsabilidade de outro Estado deverá notificá-lo da reclamação.

2. O Estado lesado poderá especificar, particularmente:

a) a conduta que o Estado responsável deveria observar para cessar o ato ilícito, se ele continua;
b) a forma de reparação que deveria tomar de acordo com as disposições da Parte Dois.

Art. 44. Admissibilidade de reclamações

A responsabilidade de um Estado não poderá ser invocada se:

a) a reclamação não é apresentada de acordo com as normas aplicáveis em relação à nacionalidade das reclamações;
b) a reclamação se sujeita a norma de esgotamento dos recursos internos e qualquer remédio local e eficaz disponível não foi exaurido.

Art. 45. Perda do direito de invocar a responsabilidade

A responsabilidade de um Estado não pode ser invocada se:

a) o Estado lesado validamente renunciou a reclamação;
b) em razão da conduta do Estado lesado, dever se inferir que este validamente aquiesceu quanto à extinção da reclamação.

Art. 46. Pluralidade de Estados lesados

Quando vários Estados são lesados pelo mesmo ato internacionalmente ilícito, cada Estado lesado pode, separadamente, invocar a responsabilidade do Estado que cometeu o ato internacionalmente ilícito.

Art. 47. Pluralidade de Estados responsáveis

1. Quando vários Estados são responsáveis pelo mesmo ato internacionalmente ilícito, a responsabilidade de cada um poderá ser invocada em relação àquele ato.

2. Parágrafo 1:

a) não é permitido a qualquer Estado lesado receber indenização superior ao dano que sofreu;
b) não há prejuízo de qualquer direito de recurso contra os outros Estados responsáveis.

Art. 48. Invocação de responsabilidade por um Estado que não seja o lesado:

1. Qualquer Estado, além do lesado, pode invocar a responsabilidade de outro Estado de acordo com o parágrafo 2, se:

a) a obrigação violada existe em relação a um grupo de Estados incluindo aquele Estado, e está estabelecida para a proteção de um interesse coletivo do grupo; ou
b) a obrigação violada existe em relação à comunidade internacional como um todo.

2. Qualquer Estado apto a invocar a responsabilidade de acordo com o parágrafo 1º pode reclamar ao Estado responsável:

a) a cessação do ato internacionalmente ilícito e seguranças e garantias de não repetição, consoante o artigo 30; e
b) o cumprimento da obrigação de reparação de acordo com os artigos precedentes, no interesse do Estado lesado ou dos beneficiários da obrigação violada.

3. Os requisitos para a invocação da responsabilidade por um Estado lesado consoante os artigos 43, 44 e 45 se aplicam a uma invocação de responsabilidade por Estado apto a fazê-lo de acordo com o parágrafo 1.

Capítulo II

CONTRAMEDIDAS

Art. 49. Objeto e limites das contramedidas

1. Um Estado lesado somente pode adotar contramedidas contra um Estado que seja responsável por um ato internacionalmente ilícito com o objetivo de induzi-lo a cumprir com suas respectivas obrigações dispostas na Parte Dois.

2. As contramedidas são limitadas ao não cumprimento temporal de obrigações internacionais do Estado que adota as medidas em relação ao Estado responsável.

3. As contramedidas deverão, na medida do possível, ser tomadas de tal modo a permitir a retomada da realização das obrigações em questão.

Art. 50. Obrigações não afetadas pelas contramedidas

1. As contramedidas não deverão afetar:

a) a obrigação de abster-se da ameaça ou uso de força como disposto na Carta da ONU;
b) obrigações estabelecidas para a proteção de direitos humanos fundamentais;
c) obrigações de caráter humanitário proibindo represálias;
d) outras obrigações consoante as normas imperativas de Direito Internacional geral.

2. Um Estado que realize as contramedidas não está isento de cumprir com suas obrigações:

a) de acordo com qualquer procedimento de solução de controvérsias aplicável a ele e ao Estado responsável;
b) de respeitar a inviolabilidade de agentes diplomáticos e consulares, locais, arquivos e documentos.

Art. 51. Proporcionalidade

As contramedidas devem ser estabelecidas de acordo com o prejuízo sofrido, levando em consideração a gravidade do ato internacionalmente ilícito e os direitos em questão.

Art. 52. Condições relativas a recorrer a contramedidas

1. Antes de tomar as contramedidas, um Estado lesado deverá:

a) requerer ao Estado responsável, de acordo com o artigo 43, que cumpra com suas obrigações em conformidade com a Parte Dois;
b) notificar o Estado responsável de qualquer decisão para tomar as contramedidas e oferecer para negociar com aquele Estado.

2. Sem desconsiderar o 1(b), o Estado lesado pode tomar contramedidas urgentes que sejam necessárias para preservar seus direitos.

3. As contramedidas não podem ser tomadas, e se já tomadas devem ser suspensas sem atraso injustificado caso:

a) o ato internacionalmente ilícito tenha cessado; e
b) a disputa esteja pendente perante uma corte ou tribunal que tenha a autoridade para proferir decisões vinculantes para as partes.

4. O parágrafo 3º não se aplicará se o Estado responsável falhar ao implementar os procedimentos de solução da controvérsia de boa-fé.

Art. 53. Término das contramedidas

As contramedidas deverão cessar tão logo o Estado responsável cumpra com suas obrigações em relação ao ato internacionalmente ilícito consoante a Parte Dois.

Art. 54. Medidas tomadas pelos Estados que não sejam o lesado

Este Capítulo não prejudica o direito de qualquer Estado, apto, de acordo com o art. 48, parágrafo 1º, de invocar a responsabilidade de outro Estado para tomar medidas lícitas contra o Estado a fim de assegurar a cessação da violação e a reparação no interesse do Estado lesado ou dos beneficiários da obrigação violada.

Parte IV – Provisões Gerais

Art. 55. *Lex specialis*

Estes artigos não se aplicam se e na medida em que as condições de existência de um ato internacionalmente ilícito, o conteúdo ou a implementação da responsabilidade internacional de um Estado são regidas por normas especiais de Direito Internacional.

Art. 56. Questões de responsabilidade do Estado não reguladas por estes artigos

As normas aplicáveis de Direito Internacional continuam a reger as questões concernentes à responsabilidade de um Estado por ato internacionalmente ilícito na medida em que tais questões não são reguladas por estes artigos.

Art. 57. Responsabilidade de uma organização internacional

Estes artigos não prejudicam qualquer questão de responsabilidade, de acordo com o Direito Internacional, de uma organização internacional, ou de qualquer Estado, pela conduta de uma organização internacional.

Art. 58. Responsabilidade individual

Estes artigos não prejudicam a responsabilidade individual, consoante o Direito Internacional, de qualquer pessoa agindo em nome de um Estado.

Art. 59. Carta das Nações Unidas

Estes artigos não prejudicam o disposto na Carta das Nações Unidas.

PROTOCOLO DE EMENDA AO TRATADO DE COOPERAÇÃO AMAZÔNICA

► Adotado em Caracas, Venezuela, em 14-12-1998, entrou em vigor em 2-8-2002. No Brasil, foi aprovado pelo Dec. Legislativo nº 102, de 28-10-1999, e promulgado pelo Dec. nº 4.387, de 25-9-2002.

As Repúblicas da Bolívia, do Brasil, da Colômbia, do Equador, da Guiana, do Peru, do Suriname e da Venezuela,

Reafirmando os princípios e objetivos do Tratado de Cooperação Amazônica,

Considerando a conveniência de aperfeiçoar e fortalecer, institucionalmente, o processo de cooperação desenvolvido sob a égide do mencionado instrumento,

Acordam:

I – Criar a Organização do Tratado de Cooperação Amazônica (OTCA), dotada de personalidade jurídica, sendo competente para celebrar acordos com as Partes Contratantes, com Estados não Membros e com outras organizações internacionais.

II – Modificar, da seguinte forma, o artigo XXII do texto do Tratado:

A Organização do Tratado de Cooperação Amazônica terá uma Secretaria Permanente com sede em Brasília, encarregada de implementar os objetivos previstos no Tratado em conformidade com as resoluções emanadas das Reuniões de Ministros das Relações Exteriores e do Conselho de Cooperação Amazônica.

§ 1º As competências e funções da Secretaria Permanente e de seu titular serão estabelecidas no seu regulamento, que será aprovado pelos Ministros das Relações Exteriores das Partes Contratantes.

§ 2º A Secretaria Permanente elaborará, em coordenação com as Partes Contratantes, seus planos de trabalho e programa de atividades, bem como formulará o seu orçamento-programa, os quais deverão ser aprovados pelo Conselho de Cooperação Amazônica.

§ 3º A Secretaria Permanente será dirigida por um Secretário-Geral, que poderá assinar acordos, em nome da Organização do Tratado de Cooperação Amazônica, quando as Partes Contratantes assim o autorizarem por unanimidade.

III – Esta emenda estará sujeita ao cumprimento dos requisitos constitucionais internos por parte de todas as Partes Contratantes, e entrará em vigor na data do recebimento, pelo governo da República Federativa do Brasil, da última nota em que seja comunicado haverem sido cumpridos esses requisitos constitucionais.

Firmado em Caracas, aos 14 dias do mês de dezembro de mil novecentos e noventa e oito, em oito exemplares originais, nos idiomas espanhol, inglês, português e holandês, todos igualmente autênticos.

TRATADO DE COOPERAÇÃO AMAZÔNICA

► Adotado em Brasília em 3-7-1978, entrando em vigor em 2-10-1980, entrou em vigor em 2-10-1980. No Brasil, foi aprovado pelo Dec. Legislativo nº 69, de 18-10-1978 e promulgado pelo Dec. nº 85.050, de 18-8-1980.

As Repúblicas da Bolívia, do Brasil, da Colômbia, do Equador, da Guiana, do Peru, do Suriname e da Venezuela,

CONSCIENTES da importância que para cada uma das partes têm suas respectivas regiões amazônicas como parte integrante de seus territórios,

ANIMADAS do propósito comum de conjugar esforços que vêm empreendendo, tanto em seus respectivos territórios como entre si, para promover o desenvolvimento harmônico da Amazônia, que permita uma distribuição equitativa dos benefícios desse desenvolvimento entre as partes contratantes para elevar o nível de vida de seus povos a fim de lograr a plena incorporação de seus territórios amazônicos às respectivas economias nacionais,

CONVENCIDAS da utilidade de compartilhar as experiências nacionais em matéria de promoção do desenvolvimento regional,

CONSIDERANDO que para lograr um desenvolvimento integral dos respectivos territórios da Amazônia é necessário manter o equilíbrio entre o crescimento econômico e a preservação do meio ambiente,

CÔNSCIAS de que tanto o desenvolvimento socioeconômico, como a preservação do meio ambiente são responsabilidades inerentes à soberania de cada Estado e que a cooperação entre as Partes Contratantes servirá para facilitar o cumprimento destas responsabilidades, continuando e ampliando os esforços conjuntos que vêm realizando em matéria de conservação ecológica da Amazônia,

SEGURAS de que a cooperação entre as nações latino-americanas em matérias específicas que lhes são comuns contribui para avançar no caminho da integração e solidariedade de toda a América Latina,

PERSUADIDAS de que o presente Tratado significa o início de um processo de cooperação que redundará em benefício de seus respectivos países e da Amazônia em seu conjunto,

RESOLVEM subscrever o presente Tratado:

Artigo I

As Partes Contratantes convêm em realizar esforços e ações conjuntas, a fim de promover o desenvolvimento de seus respectivos territórios amazônicos, de modo que a essas ações conjuntas produzam resultados equitativos e mutuamente proveitosos, assim como para a preservação do meio ambiente e a conservação e utilização racional dos recursos naturais desses territórios.

Parágrafo único. Para tal fim, trocarão informações e concertarão acordos e entendimentos operativos, assim como os instrumentos jurídicos pertinentes que permitam o cumprimento das finalidades do presente Tratado.

Artigo II

O presente Tratado se aplicará nos territórios das Partes Contratantes na Bacia Amazônica, assim como, também, em qualquer território de uma Parte Contratante, que, pelas características geográficas, ecológicas ou econômicas, se considere estreitamente vinculada à mesma.

Artigo III

De acordo com e sem detrimento dos direitos outorgados por atos unilaterais, do estabelecido nos tratados bilaterais entre as Partes e dos princípios e normas do Direito Internacional, as Partes Contratantes asseguram-se, mutuamente, na base da reciprocidade, a mais ampla liberdade de navegação comercial no curso do Amazonas e demais rios amazônicos internacionais, observando os regulamentos fiscais e de polícia estabelecidos ou que se estabelecerem no território de cada uma delas. Tais regulamentos deverão, na medida do possível, favorecer essa navegação e o comércio e guardar entre si uniformidade.

Parágrafo único. O presente artigo não se aplicará à navegação de cabotagem.

Artigo IV

As Partes Contratantes proclamam que o uso e aproveitamento exclusivo dos recursos naturais em seus respectivos territórios é direito inerente à soberania do Estado e seu exercício não terá outras restrições senão as que resultem do Direito Internacional.

Artigo V

Tendo em vista a importância e a multiplicidade de funções que os rios amazônicos desempenham no processo de desenvolvimento econômico e social da região, as Partes Contratantes procurarão envidar esforços com vistas à utilização racional de seus recursos hídricos.

Artigo VI

Com o objetivo de que os rios amazônicos constituam um vínculo eficaz de comunicação entre as Partes Contratantes e com o Oceano Atlântico, os Estados ribeirinhos interessados num determinado problema que afete a navegação livre e desimpedida empreenderão, conforme for o caso, ações nacionais bilaterais ou multilaterais para o melhoramento e habilitação dessas vias navegáveis.

Parágrafo único. Para tal efeito, estudar-se-ão as formas de eliminar os obstáculos físicos que dificultam ou impedem a referida navegação, assim como os aspectos econômicos e financeiros correspondentes, a fim de concretizar os meios operativos mais adequados.

Artigo VII

Tendo em vista a necessidade de que o aproveitamento da fauna e da flora da Amazônia seja racionalmente planejado, a fim de manter o equilíbrio ecológico da região e preservar as espécies, as Partes Contratantes decidem:

a) promover a pesquisa científica e o intercâmbio de informações e de pessoal técnico entre as entidades competentes dos respectivos países, a fim de ampliar os conhecimentos sobre os recursos da flora e da fauna de seus territórios amazônicos e prevenir e controlar as enfermidades nesses territórios;

b) estabelecer um sistema regular de troca adequada de informações sobre as medidas conservacionistas que cada Estado tenha adotado ou adote em seus territórios amazônicos, as quais serão matéria de um relatório anual apresentado por cada país.

Artigo VIII

As Partes Contratantes decidem promover a coordenação dos atuais serviços de saúde de seus respectivos territórios amazônicos e tomar outras medidas que sejam aconselháveis com vistas à melhoria das condições sanitárias da região e ao aperfeiçoamento dos métodos tendentes a prevenir e combater as epidemias.

Artigo IX

As Partes Contratantes concordam em estabelecer estreita colaboração nos campos da pesquisa científica e tecnológica, com o objetivo de criar condições mais adequadas à aceleração do desenvolvimento econômico e social da região.

§ 1º Para fins do presente Tratado, a cooperação técnica e científica a ser desenvolvida entre as Partes Contratantes poderá assumir as seguintes formas:

a) realização conjunta ou coordenada de programas de pesquisas e desenvolvimento;

b) criação e operação de instituições de pesquisa ou de centros de aperfeiçoamento e produção experimental;

c) organização de seminários e conferências, intercâmbio de informações e documentação e organização de meios destinados à sua difusão.

§ 2º As Partes Contratantes poderão, sempre que julgarem necessário e conveniente, solicitar a participação de organismos internacionais na execução de estudos, programas e projetos resultantes das formas de cooperação técnica e científica definidas no parágrafo primeiro do presente artigo.

Artigo X

As Partes Contratantes coincidem na conveniência de criar uma infraestrutura física adequada entre seus respectivos países, especialmente nos aspectos de transporte e comunicações. Consequentemente, comprometem-se a estudar as formas mais harmônicas de estabelecer ou aperfeiçoar as interconexões rodoviárias, de transportes fluviais, aéreos e de telecomunicações, tendo em conta os planos e programas de cada país para lograr o objetivo prioritário de integrar plenamente seus territórios amazônicos às suas respectivas economias nacionais.

Artigo XI

Com o propósito de incrementar o emprego racional de recursos humanos e naturais de seus respectivos territórios amazônicos, as Partes Contratantes concordam em estimular a realização de estudos e a adoção de medidas conjuntas tendentes a promover o desenvolvimento econômico e social desses territórios e a gerar formas de complementação que reforcem as ações previstas nos planos nacionais para os referidos territórios.

Artigo XII

As Partes Contratantes reconhecem a utilidade de desenvolver, em condições equitativas e de mútuo proveito o comércio a varejo de produtos de consumo local entre as suas respectivas populações amazônicas limítrofes, mediante acordos bilaterais ou multilaterais adequados.

Artigo XIII

As Partes Contratantes cooperarão para incrementar as correntes turísticas nacionais e de terceiros países, em seus respectivos territórios amazônicos, sem prejuízo das disposições nacionais de proteção às culturas indígenas e aos recursos naturais.

Artigo XIV

As Partes Contratantes cooperarão no sentido de lograr a eficácia das medidas que se adotem para a conservação das riquezas etnológicas e arqueológicas da área amazônica.

Artigo XV

As Partes Contratantes se esforçarão por manter um intercâmbio permanente de informações e colaboração entre si e com os órgãos de cooperação latino-americanos, nos campos de ação que se relacionam com as matérias que são objeto deste Tratado.

Artigo XVI

As decisões e compromissos adotados pelas Partes Contratantes na aplicação do presente Tratado não prejudicarão os projetos e empreendimentos que executem em seus respectivos territórios, dentro do respeito ao Direito Internacional e segundo a boa prática entre nações vizinhas e amigas.

Artigo XVII

As Partes Contratantes poderão apresentar iniciativas para a realização de estudos destinados à concretização de projetos de interesse comum, para o desenvolvimento de seus territórios amazônicos e, em geral, que permitam o cumprimento das ações contempladas no presente Tratado.

Parágrafo único. As Partes Contratantes acordam conceder especial atenção à consideração de iniciativa apresentadas por países de menor desenvolvimento que impliquem esforços e ações conjuntas das Partes.

Artigo XVIII

O estabelecido no presente Tratado não significa qualquer limitação a que as Partes Contratantes celebrem acordos bilaterais ou multilaterais sobre temas específicos ou genéricos, desde que não sejam contrários à consecução dos objetivos comuns de cooperação na Amazônia, consagrados neste instrumento.

Artigo XIX

Nem a celebração do presente Tratado, nem a sua execução terão algum efeito sobre quaisquer outros tratados ou atos internacionais vigentes entre as Partes, nem sobre quaisquer divergências sobre limites ou direitos territoriais existentes entre as Partes, nem poderá interpretar-se ou invocar-se a celebração deste Tratado ou sua execução para alegar aceitação ou renúncia, afirmação ou modificação, direta ou indireta, expressa ou tácita, das posições e interpretações que sobre esses assuntos sustente cada Parte Contratante.

Artigo XX

Sem prejuízo de que posteriormente se estabeleça a periodicidade mais adequada, os Ministros das Relações Exteriores das Partes Contratantes realizarão reuniões cada vez que o julgarem conveniente ou oportuno, a fim de fixar as diretrizes básicas da política comum, apreciar e avaliar o andamento geral do processo de cooperação amazônica e adotar as decisões tendentes à realização dos fins propostos neste instrumento.

§ 1º Celebrar-se-ão reuniões dos Ministros das Relações Exteriores por iniciativa de qualquer das Partes Contratantes sempre que conte com o apoio de pelo menos outros quatro Estados-Membros.

§ 2º A primeira reunião de Ministros das Relações Exteriores celebrar-se-á dentro dos 2 (dois) anos seguintes à data de entrada em vigor do presente Tratado. A sede e a data da primeira reunião serão fixadas mediante entendimento entre as Chancelarias das Partes Contratantes.

§ 3º A designação do país-sede das reuniões obedecerá ao critério de rodízio por ordem alfabética.

Artigo XXI

Representantes Diplomáticos de alto nível das Partes Contratantes reunir-se-ão, anualmente, integrando o Conselho de Cooperação Amazônica, com as seguintes atribuições:

1. Velar pelo cumprimento do Tratado;
2. Velar pelo cumprimento das decisões tomadas nas reuniões de Ministros das Relações Exteriores;
3. Recomendar às Partes a conveniência ou oportunidade de celebrar reuniões de Ministros das Relações Exteriores e preparar o temário correspondente;
4. Considerar as iniciativas e os projetos apresentados às Partes e adotar as decisões pertinentes para a realização de estudos e projetos bilaterais ou multilaterais, cuja execução, quando for o caso, estará a cargo das Comissões Nacionais Permanentes;
5. Avaliar o cumprimento dos projetos de interesse bilateral ou multilateral;
6. Adotar as normas para o seu funcionamento.

§ 1º O Conselho poderá celebrar reuniões extraordinárias por iniciativa de qualquer das Partes Contratantes com o apoio da maioria das demais.

§ 2º A sede das reuniões ordinárias obedecerá ao critério de rodízio, por ordem alfabética, entre as Partes Contratantes.

Artigo XXII

As funções de Secretaria serão exercidas, pro tempore, pela Parte Contratante em cujo território deva celebrar-se a reunião ordinária do Conselho de Cooperação Amazônica.

Parágrafo único. A secretaria pro tempore enviará, às Partes Contratantes, a documentação pertinente.

Artigo XXIII

As Partes Contratantes criarão Comissões Nacionais Permanentes encarregadas da aplicação, em seus respectivos territórios, das disposições deste Tratado, assim como da execução das decisões adotadas pelas reuniões dos Ministros das Relações Exteriores e pelo Conselho de Cooperação Amazônica, sem prejuízo de outras atividades que lhes sejam atribuídas por cada Estado.

Artigo XXIV

Sempre que necessário, as Partes Contratantes poderão constituir Comissões Especiais destinadas ao estudo de problemas ou temas específicos relacionados com os fins deste Tratado.

Artigo XXV

As decisões adotadas, em reuniões efetuadas, em conformidade com os artigos XX e XXI, requererão sempre o voto unânime dos Países-Membros do presente Tratado. As decisões adotadas em reuniões efetuadas, em conformidade com o artigo XXIV, requererão sempre o voto unânime dos países participantes.

Artigo XXVI

As Partes Contratantes acordam que o presente Tratado não será susceptível de reservas ou declarações interpretativas.

Artigo XXVII

O presente Tratado terá duração ilimitada e não estará aberto a adesões.

Artigo XXVIII

O presente Tratado será ratificado pelas Partes Contratantes e os instrumentos de ratificação serão depositados junto ao Governo da República Federativa do Brasil.

§ 1º O presente Tratado entrará em vigor 30 (trinta) dias depois de depositado o último instrumento de ratificação das Partes Contratantes.

§ 2º A intenção de denunciar o presente Tratado será comunicada por uma Parte Contratante às demais Partes Contratantes, pelo menos 90 (noventa) dias antes da entrega formal do instrumento de denúncia ao Governo da República Federativa do Brasil. Formalizada a denúncia, os efeitos do Tratado cessarão para a Parte Contratante denunciante, no prazo de 1 (um) ano.

§ 3º O presente Tratado será redigido nos idiomas português, espanhol, holandês e inglês, fazendo todos igualmente fé.

Em fé do que os Chanceleres abaixo-assinados firmaram o presente tratado.

Feito na Cidade de Brasília, aos 3 de julho de 1978, o qual ficará depositado nos arquivos do Ministério das Relações Exteriores do Brasil, que fornecerá cópias autênticas aos demais países signatários.

MERCOSUL

PROTOCOLO ADICIONAL AO TRATADO DE ASSUNÇÃO SOBRE A ESTRUTURA INSTITUCIONAL DO MERCOSUL – PROTOCOLO DE OURO PRETO

▶ Aprovado pelo Dec. Legislativo nº 188, de 15-12-1995, promulgado pelo Dec. nº 1.901, de 9-5-1996.

A República Argentina, a República Federativa do Brasil, a República do Paraguai e a República Oriental do Uruguai, doravante denominadas "Estados-Partes",

Em cumprimento ao disposto no art. 18 do Tratado de Assunção, de 26 de março de 1991;

Conscientes da importância dos avanços alcançados e da implementação da união aduaneira como etapa para a construção do Mercado Comum;

Reafirmando os princípios e objetivos do Tratado de Assunção e atentos à necessidade de uma consideração especial para países e regiões menos desenvolvidos do Mercosul;

Atentos para a dinâmica implícita em todo processo de integração e para a consequente necessidade de adaptar a estrutura institucional do Mercosul às mudanças ocorridas;

Reconhecendo o destacado trabalho desenvolvido pelos órgãos existentes durante o período de transição,

Acordam:

Capítulo I
ESTRUTURA DO MERCOSUL

Artigo 1º
A estrutura institucional do Mercosul contará com os seguintes órgãos:

I – O Conselho do Mercado Comum (CMC);
II – O Grupo Mercado Comum (GMC);
III – A Comissão de Comércio do Mercosul (CCM);
IV – A Comissão Parlamentar Conjunta (CPC);
V – O Foro Consultivo Econômico-Social (FCES);
VI – A Secretaria Administrativa do Mercosul (SAM).

Parágrafo único. Poderão ser criados, nos termos do presente Protocolo, os órgãos auxiliares que se fizerem necessários à consecução dos objetivos do processo de integração.

Artigo 2º
São órgãos com capacidade decisória, de natureza intergovernamental, o Conselho do Mercado Comum, o Grupo Mercado Comum e a Comissão de Comércio do Mercosul.

Seção I
DO CONSELHO DO MERCADO COMUM

Artigo 3º
O Conselho do Mercado Comum é o órgão superior do Mercosul ao qual incumbe a condução política do processo de integração e a tomada de decisões para assegurar o cumprimento dos objetivos estabelecidos pelo Tratado de Assunção e para lograr a constituição final do mercado comum.

Artigo 4º
O Conselho do Mercado Comum será integrado pelos Ministros das Relações Exteriores e pelos Ministro da Economia, ou seus equivalentes, dos Estados-Partes.

Artigo 5º
A Presidência do Conselho do Mercado Comum será exercida por rotação dos Estados-Partes, em ordem alfabética, pelo período de seis meses.

Artigo 6º
O Conselho do Mercado Comum reunir-se-á quantas vezes estime oportuno, devendo fazê-lo pelo menos uma vez por semestre com a participação dos Presidentes dos Estados-Partes.

Artigo 7º
As reuniões do Conselho do Mercado Comum serão coordenadas pelos Ministérios das Relações Exteriores e poderão ser convidados a delas participar outros Ministros ou autoridades de nível ministerial.

Artigo 8º
São funções e atribuições do Conselho do Mercado Comum:

I – velar pelo cumprimento do Tratado de Assunção, de seus Protocolos e dos acordos firmados em seu âmbito;
II – formular políticas e promover as ações necessárias à conformação do mercado comum;
III – exercer a titularidade da personalidade jurídica do Mercosul;
IV – negociar e firmar acordos em nome do Mercosul com terceiros países, grupos de países e organizações internacionais. Estas funções podem ser delegadas ao Grupo Mercado Comum por mandato expresso, nas condições estipuladas no inciso VII do artigo 14;
V – manifestar-se sobre as propostas que lhe sejam levadas pelo Grupo Mercado Comum;
VI – criar reuniões de ministros e pronunciar-se sobre os acordos que lhe sejam remetidos pelas mesmas;
VII – criar órgãos que estime pertinentes, assim como modificá-los ou extingui-los;
VIII – esclarecer, quando estime necessário, o conteúdo e o alcance de suas Decisões;
IX – designar o Diretor da Secretaria Administrativa do Mercosul;
X – adotar Decisões em matéria financeira e orçamentária;
XI – homologar o Regimento Interno do Grupo Mercado Comum.

Artigo 9º
O Conselho do Mercado Comum manifestar-se-á mediante Decisões, as quais serão obrigatórias para os Estados-Partes.

Seção II
DO GRUPO MERCADO COMUM

Artigo 10
O Grupo Mercado Comum é o órgão executivo do Mercosul.

Artigo 11

O Grupo Mercado Comum será integrado por quatro membros titulares e quatro membros alternos por país, designados pelos respectivos Governos, dentre os quais devem constar necessariamente representantes dos Ministérios das Relações Exteriores, dos Ministérios da Economia (ou equivalentes) e dos Bancos Centrais. O Grupo Mercado Comum será coordenado pelos Ministérios das Relações Exteriores.

Artigo 12

Ao elaborar e propor medidas concretas no desenvolvimento de seus trabalhos, o Grupo Mercado Comum poderá convocar, quando julgar conveniente, representantes de outros órgãos da Administração Pública ou da estrutura institucional do Mercosul.

Artigo 13

O Grupo Mercado Comum reunir-se-á de forma ordinária ou extraordinária, quantas vezes se fizerem necessárias, nas condições estipuladas por ou Regimento Interno.

Artigo 14

São funções e atribuições do Grupo Mercado Comum:

I – velar, nos limites de suas competências, pelo cumprimento do Tratado de Assunção, de seus Protocolos e dos acordos firmados em seu âmbito;
II – propor projetos de Decisão ao Conselho do Mercado Comum;
III – tomar as medidas necessárias ao cumprimento das Decisões adotadas pelo Conselho do Mercado Comum;
IV – fixar programas de trabalho que assegurem avanços para o estabelecimento do mercado comum;
V – criar, modificar ou extinguir órgãos tais como subgrupos de trabalho e reuniões especializadas, para o cumprimento de seus objetivos;
VI – manifestar-se sobre as propostas ou recomendações que lhe forem submetidas pelos demais órgãos do Mercosul no âmbito de suas competências;
VII – negociar com a participação de representantes de todos os Estados-Partes, por delegação expressa do Conselho do Mercado Comum e dentro dos limites estabelecidos em mandatos específicos concedidos para esse fim, acordos em nome do Mercosul com terceiros países, grupos de países e organismos internacionais. O Grupo Mercado Comum, quando dispuser de mandato para tal fim, procederá à assinatura dos mencionados acordos. O Grupo Mercado Comum, quando autorizado pelo Conselho do Mercado Comum, poderá delegar os referidos poderes à Comissão de Comércio do Mercosul;
VIII – aprovar o orçamento e a prestação de contas anual apresentada pela Secretaria Administrativa do Mercosul;
IX – adotar resoluções em matéria financeira e orçamentária, com base nas orientações emanadas do Conselho do Mercado Comum;
X – Submeter ao Conselho do Mercado Comum seu Regimento Interno;
XI – organizar as reuniões do Conselho do Mercado Comum e preparar os relatórios e estudos que este lhe solicitar;
XII – eleger o Diretor da Secretaria Administrativa do Mercosul;
XIII – supervisionar as atividades da Secretaria Administrativa do Mercosul;
XIV – homologar os Regimentos Internos da Comissão de Comércio e do Foro Consultivo Econômico-Social.

Artigo 15

O Grupo Mercado Comum manifestar-se-á mediante Resoluções, as quais serão obrigatórias para os Estados-Partes.

Seção III

DA COMISSÃO DE COMÉRCIO DO MERCOSUL

Artigo 16

À Comissão de Comércio do Mercosul, órgão encarregado de assistir o Grupo Mercado Comum, compete velar pela aplicação dos instrumentos de política comercial comum acordados pelos Estados-Partes para o funcionamento da união aduaneira, bem como acompanhar e revisar os temas e matérias relacionados com as políticas comerciais comuns, com o comércio intra-Mercosul e com terceiros países.

Artigo 17

A Comissão de Comércio do Mercosul será integrada por quatro membros titulares e quatro membros alternos por Estado-Parte e será coordenada pelos Ministérios das Relações Exteriores.

Artigo 18

A Comissão de Comércio do Mercosul reunir-se-á pelo menos uma vez por mês ou sempre que solicitado pelo Grupo Mercado Comum ou por qualquer dos Estados-Partes.

Artigo 19

São funções e atribuições da Comissão de Comércio do Mercosul:

I – velar pela aplicação dos instrumentos comuns de política comercial intra-Mercosul e com terceiros países, organismos internacionais e acordos de comércio;
II – considerar e pronunciar-se sobre as solicitações apresentadas pelos Estados-Partes com respeito à aplicação e ao cumprimento da tarifa externa comum e dos demais instrumentos de política comercial comum;
III – acompanhar a aplicação dos instrumentos de política comercial comum nos Estados-Partes;
IV – analisar a evolução dos instrumentos de política comercial comum para o funcionamento da união aduaneira e formular propostas a respeito ao Grupo Mercado Comum;
V – tomar as decisões vinculadas à administração e à aplicação da tarifa externa comum e dos instrumentos de política comercial comum acordados pelos Estados-Partes;
VI – informar ao Grupo Mercado Comum sobre a evolução e a aplicação dos instrumentos de política comercial comum, sobre o trâmite das solicitações recebidas e sobre as decisões adotadas a respeito delas;
VII – propor ao Grupo Mercado Comum novas normas ou modificações às normas existentes referentes à matéria comercial e aduaneira do Mercosul;
VIII – propor a revisão das alíquotas tarifárias de itens específicos da tarifa comum, inclusive para contemplar casos referentes a novas atividades produtivas no âmbito do Mercosul;

IX – estabelecer os comitês técnicos necessários ao adequado cumprimento de suas funções, bem como dirigir e supervisionar as atividades dos mesmos;

X – desempenhar as tarefas vinculadas à política comercial comum que lhe solicite o Grupo Mercado Comum;

XI – adotar o Regimento Interno, que submeterá ao Grupo Mercado Comum para sua homologação.

Artigo 20

A Comissão de Comércio do Mercosul manifestar-se-á mediante Diretrizes ou Propostas. As Diretrizes serão obrigatórias para os Estados-Partes.

Artigo 21

Além das funções e atribuições estabelecidas nos arts. 16 e 19 do presente Protocolo, caberá à Comissão de Comércio do Mercosul considerar reclamações apresentadas pelas Seções Nacionais da Comissão de Comércio do Mercosul, originadas pelos Estados-Partes ou em demandas de particulares – pessoas físicas ou jurídicas, – relacionadas com as situações previstas nos arts. 1º ou 25 do Protocolo de Brasília, quando estiverem em sua área de competência.

§ 1º O exame das referidas reclamações no âmbito da Comissão de Comércio do Mercosul; não obstará a ação do Estado-Parte que efetuou a reclamação ao amparo do Protocolo de Brasília para Solução de Controvérsias.

§ 2º As reclamações originadas nos casos estabelecidos no presente artigo obedecerão o procedimento previsto no anexo deste Protocolo.

Seção IV
DA COMISSÃO PARLAMENTAR CONJUNTA

Artigo 22

A Comissão Parlamentar Conjunta é o órgão representativo dos Parlamentos dos Estados-Partes no âmbito do Mercosul.

Artigo 23

A Comissão Parlamentar Conjunta será integrada por igual número de parlamentares representantes dos Estados-Partes.

Artigo 24

Os integrantes da Comissão Parlamentar Conjunta serão designados pelos respectivos parlamentos nacionais, de acordo com seus procedimentos internos.

Artigo 25

A Comissão Parlamentar Conjunta procurará acelerar os procedimentos internos correspondentes nos Estados-Partes para a pronta entrada em vigor das normas emanadas dos órgãos do Mercosul, previstos no art. 2º deste Protocolo. Da mesma forma, coadjuvará na harmonização de legislações, tal como requerido pelo avanço do processo de integração. Quando necessário, o Conselho do Mercado Comum solicitará à Comissão Parlamentar Conjunta o exame de temas prioritários.

Artigo 26

A Comissão Parlamentar Conjunta encaminhará, por intermédio do Grupo Mercado Comum, recomendações ao Conselho do Mercado Comum.

Artigo 27

A Comissão Parlamentar Conjunta adotará o seu Regimento Interno.

Seção V
DO FORO CONSULTIVO ECONÔMICO-SOCIAL

Artigo 28

O Foro Consultivo Econômico-Social é o órgão de representação dos setores econômicos e sociais e será integrado por igual número de representantes de cada Estado-Parte.

Artigo 29

O Foro Consultivo Econômico-Social terá função consultiva e manifestar-se-á mediante recomendações no Grupo Mercado Comum.

Artigo 30

O Foro Consultivo Econômico-Social submeterá seu Regimento Interno ao Grupo Mercado Comum, para homologação.

Seção VI
DA SECRETARIA ADMINISTRATIVA DO MERCOSUL

Artigo 31

O Mercosul contará com uma Secretaria Administrativa como órgão de apoio operacional. A Secretaria Administrativa do Mercosul será responsável pela prestação de serviços aos demais órgãos do Mercosul e terá sede permanente na cidade de Montevidéu.

Artigo 32

A Secretaria Administrativa do Mercosul desempenhará as seguintes atividades:

I – servir como arquivo oficial da documentação do Mercosul;

II – realizar a publicação e a difusão das decisões adotadas no âmbito do Mercosul. Nesse contexto, lhe corresponderá:

i) realizar, em coordenação como os Estados-Partes, as traduções autênticas para os idiomas espanhol e português de todas as decisões adotadas pelos órgãos da estrutura institucional do Mercosul, conforme previsto no art. 39;

ii) editar o Boletim Oficial do Mercosul;

III – organizar os aspectos logísticos das reuniões do Conselho do Mercado Comum, do Grupo Mercado Comum e da Comissão de Comércio do Mercosul e, dentro de suas possibilidades, dos demais órgãos do Mercosul, quando as mesmas forem realizadas em sua sede permanente. No que se refere às reuniões realizadas fora de sua sede permanente, a Secretaria Administrativa do Mercosul fornecerá apoio ao Estado que sediar o evento;

IV – informar regularmente os Estados-Partes sobre as medidas implementadas por cada país para incorporar em seu ordenamento jurídico as normas emanadas dos órgãos do Mercosul previstos no art. 2ª deste Protocolo;

V – registrar as listas nacionais dos árbitros e especialistas, bem como desempenhar outras tarefas determinadas pelo Protocolo de Brasília, de 17 de dezembro de 1991;

VI – desempenhar as tarefas que lhe sejam solicitadas pelo Conselho do Mercado Comum, pelo Grupo Mercado Comum e pela Comissão do Comércio do Mercosul;

VII – elaborar seu projeto de orçamento e uma vez aprovado pelo Grupo Mercado Comum, praticar todos os atos necessários à sua correta execução;

VIII – apresentar anualmente ao Grupo Mercado Comum a sua prestação de contas, bem como relatórios sobre suas atividades.

Artigo 33

A Secretaria Administrativa do Mercosul estará a cargo de um Diretor, o qual será nacional de um dos Estados-Partes. Será eleito pelo Grupo Mercado Comum, em bases rotativas, prévia consulta aos Estados-Partes, e designado pelo Conselho do Mercado Comum. Terá mandato de dois anos, vedada a reeleição.

Capítulo II

PERSONALIDADE JURÍDICA

Artigo 34

O Mercosul terá personalidade jurídica de Direito Internacional.

Artigo 35

O Mercosul poderá, no uso de suas atribuições, praticar todos os atos necessários à realização de seus objetivos, em especial contratar, adquirir ou alienar bens móveis e imóveis, comparecer em juízo, conservar fundos e fazer transferências.

Artigo 36

O Mercosul celebrará acordos de sede.

Capítulo III

SISTEMA DE TOMADA DE DECISÕES

Artigo 37

As decisões dos órgãos do Mercosul serão tomadas por consenso e com a presença de todos os Estados-Partes.

Capítulo IV

APLICAÇÃO INTERNA DAS NORMAS EMANADAS DOS ÓRGÃOS DO MERCOSUL

Artigo 38

Os Estados-Partes comprometem-se a adotar todas as medidas necessárias para assegurar, em seus respectivos territórios, o cumprimento das normas emanadas dos órgãos do Mercosul previstos no artigo 2º deste Protocolo.

Parágrafo único. Os Estados-Partes informarão à Secretaria Administrativa do Mercosul as medidas adotadas para esse fim.

Artigo 39

Serão publicados no Boletim Oficial do Mercosul, em sua íntegra, nos idiomas espanhol e português, o teor das Decisões do Conselho do Mercado Comum, das Resoluções do Grupo Mercado Comum, das Diretrizes da Comissão de Comércio do Mercosul e dos Laudos Arbitrais de solução de controvérsias, bem como de quaisquer atos aos quais o Conselho do Mercado Comum ou o Grupo Mercado Comum entendam necessário atribuir publicidade oficial.

Artigo 40

A fim de garantir a vigência simultânea nos Estados-Partes das normas emanadas dos órgãos do Mercosul previstos no art. 2º deste Protocolo, deverá ser observado o seguinte procedimento:

i) uma vez aprovada a norma, os Estado-Partes adotarão as medidas necessárias para a sua incorporação ao ordenamento jurídico nacional e comunicarão as mesmas à Secretaria Administrativa do Mercosul;

ii) quando todos os Estados-Partes tiverem informado sua incorporação aos respectivos ordenamentos jurídicos internos, a Secretaria Administrativa do Mercosul comunicará o fato a cada Estado-Parte;

iii) as normas entrarão em vigor simultaneamente nos Estados-Partes 30 dias após a data da comunicação efetuada pela Secretaria Administrativa do Mercosul, nos termos do item anterior. Com esse objetivo, os Estados-Partes, dentro do prazo acima, darão publicidade do início da vigência das referidas normas por intermédio de seus respectivos diários oficiais.

Capítulo V

FONTES JURÍDICAS DO MERCOSUL

Artigo 41

As fontes jurídicas do Mercosul são:

I – o Tratado de Assunção, seus protocolos e os instrumentos adicionais ou complementares;

II – os acordos celebrados no âmbito do Tratado de Assunção e seus protocolos;

III – as Decisões do Conselho do Mercado Comum, as Resoluções do Grupo Mercado Comum e as Diretrizes da Comissão do Mercosul, adotadas deste a entrada em vigor do Tratado de Assunção.

Artigo 42

As normas emanadas dos órgãos do Mercosul previstos no art. 2º deste Protocolo terão caráter obrigatório e deverão, quando necessário, ser incorporadas aos ordenamentos jurídicos nacionais mediante os procedimentos previstos pela legislação de cada país.

Capítulo VI

SISTEMA DE SOLUÇÃO DE CONTROVÉRSIAS

Artigo 43

As controvérsias que surgirem entre os Estados-Partes sobre a interpretação, a aplicação ou o não cumprimento das disposições contidas no Tratado de Assunção, dos acordos celebrados no âmbito do mesmo, bem como das Decisões do Conselho do Mercado Comum, das Resoluções do Grupo Mercado Comum e das Diretrizes da Comissão de Comércio do Mercosul, serão submetidas aos procedimentos de solução estabelecidos no Protocolo de Brasília, de 17 de dezembro de 1991.

Parágrafo único. Ficam também incorporadas aos arts. 19 e 25 do Protocolo de Brasília as Diretrizes da Comissão de Comércio do Mercosul.

Artigo 44

Antes de culminar o processo de convergência da tarifa externa comum, os Estados-Partes efetuarão uma revisão do atual sistema de solução de controvérsias do

Mercosul, com vistas à adoção do sistema permanente a que se refere o item 3 do Anexo III do Tratado de Assunção e o artigo 34 do Protocolo de Brasília.

Capítulo VII

ORÇAMENTO

Artigo 45

A Secretaria Administrativa do Mercosul contará com orçamento para cobrir seus gastos de funcionamento e aqueles que determine o Grupo Mercado Comum. Tal orçamento será financiado, em partes iguais, por contribuições dos Estados-Partes.

Capítulo VIII

IDIOMAS

Artigo 46

Os idiomas oficiais do Mercosul são o espanhol e o português. A versão oficial dos documentos de trabalho será a do idioma do país sede de cada reunião.

Capítulo IX

REVISÃO

Artigo 47

Os Estados-Partes convocarão, quando julgarem oportuno, conferência diplomática com o objetivo de revisar a estrutura institucional do Mercosul estabelecida pelo presente Protocolo, assim como as atribuições específicas de cada um de seus órgãos.

Capítulo X

VIGÊNCIA

Artigo 48

O presente Protocolo, parte integrante do Tratado de Assunção, terá duração indefinida e entrará em vigor 30 dias após a data do depósito do terceiro instrumento de ratificação. O presente Protocolo e seus instrumentos de ratificação serão depositados ante o Governo da República do Paraguai.

Artigo 49

O Governo da República do Paraguai notificará aos Governos dos demais Estados-Partes a data do depósito dos instrumentos de ratificação e da entrada em vigor do presente Protocolo.

Artigo 50

Em matéria de adesão ou denúncia, regerão como um todo, para o presente Protocolo, as normas estabelecidas pelo Tratado de Assunção. A adesão ou denúncia ao Tratado de Assunção ou ao presente Protocolo significam, *ipso iure*, a adesão ou denúncia ao presente Protocolo e ao Tratado de Assunção.

Capítulo XI

DISPOSIÇÃO TRANSITÓRIA

Artigo 51

A estrutura institucional prevista no Tratado de Assunção, de 26 de março de 1991, assim como seus órgãos, será mantida até a data de entrada em vigor do presente Protocolo.

Capítulo XII

DISPOSIÇÕES GERAIS

Artigo 52

O presente Protocolo chamar-se-á "Protocolo de Ouro Preto".

Artigo 53

Ficam revogadas todas as disposições do Tratado de Assunção, de 26 de março de 1991, que conflitem com os termos do presente Protocolo e com o teor das Decisões aprovadas pelo Conselho do Mercado Comum, durante o período de transição.

Feito na cidade de Ouro Preto, República Federativa do Brasil, aos dezessete dias do mês de dezembro de mil novecentos e noventa e quatro, em um original, nos idiomas português e espanhol, sendo ambos os textos igualmente autênticos. O Governo da República do Paraguai enviará cópia devidamente autenticada do presente Protocolo aos Governos dos demais Estados-Partes.

PELA REPÚBLICA ARGENTINA
Carlos Saul
Guido Di Tella
PELA REPÚBLICA FEDERATIVA DO BRASIL
Itamar Franco
Celso L. N. Amorim
PELA REPÚBLICA DO PARAGUAI
Juan Carlos Wasmosy
Luiz Maria Ramirez Boettner
PELA REPÚBLICA ORIENTAL DO URUGUAI
Luiz Alberto Lacalle Herrera
Sergio Abreu

ANEXO AO PROTOCOLO DE OURO PRETO PROCEDIMENTO GERAL PARA RECLAMAÇÕES PERANTE A COMISSÃO DE COMÉRCIO DO MERCOSUL

Artigo 1º

As reclamações apresentadas pelas Seções Nacionais da Comissão do Mercosul, originadas pelos Estados-Partes ou em reclamações de particulares – pessoas físicas ou jurídicas – de acordo com o previsto no Artigo 21 do Protocolo de Ouro Preto, observarão o procedimento estabelecido no presente Anexo.

Artigo 2º

O Estado-Parte reclamante apresentará sua reclamação perante a Presidência *Pro-Tempore* da Comissão de Comércio do Mercosul, a qual tomará as providências necessárias para a incorporação do tema na agenda da primeira reunião subsequente da Comissão do Mercosul, respeitado o prazo mínimo de uma semana de antecedência. Se não for adotada decisão na referida reunião, a Comissão de Comércio do Mercosul remeterá os antecedentes, sem outro procedimento, a um Comitê Técnico.

Artigo 3º

O Comitê Técnico preparará e encaminhará à Comissão de Comércio do Mercosul, no prazo máximo de 30 dias corridos, um parecer conjunto sobre a matéria. Esse parecer, bem como as conclusões dos especialistas integrantes do Comitê Técnico, quando não for adotado parecer, serão levados em consideração pela Comissão do Mercosul, quando esta decidir sobre a reclamação.

Artigo 4º

A Comissão de Comércio do Mercosul decidirá sobre a questão em sua primeira reunião ordinária posterior ao recebimento do parecer conjunto ou, na sua ausência, as conclusões dos especialistas, podendo também ser convocada uma reunião extraordinária com essa finalidade.

Artigo 5º

Se não for alcançado o consenso na primeira reunião mencionada no art. 4º, a Comissão de Comércio do Mercosul encaminhará ao Grupo Mercado Comum as diferentes alternativas propostas, assim como o parecer conjunto ou as conclusões dos especialistas do Comitê Técnico, a fim de que seja tomada uma decisão sobre a matéria. O Grupo Mercado Comum pronunciar-se-á a respeito no prazo de trinta dias corridos, contados do recebimento, pela Presidência Pro-Tempore, das propostas encaminhadas pela Comissão de Comércio do Mercosul.

Artigo 6º

Se houver consenso quanto à procedência de reclamação, o Estado-Parte reclamado deverá tomar as medidas aprovadas na Comissão de Comércio do Mercosul no Grupo Mercado Comum. Em cada caso, a Comissão de Comércio do Mercosul ou, posteriormente, o Grupo Mercado Comum determinarão prazo razoável para a implementação dessas medidas. Decorrido tal prazo sem que o Estado reclamado tenha observado o disposto na decisão alcançada, seja na Comissão de Comércio do Mercosul ou no Grupo Mercado Comum, o Estado reclamante poderá recorrer diretamente ao procedimento previsto no Capítulo IV do Protocolo de Brasília.

Artigo 7º

Se não for alcançado consenso na Comissão de Comércio do Mercosul e, posteriormente, no Grupo Mercado Comum, ou se o Estado reclamado não observar, no prazo previsto no art. 6º, o disposto na decisão alcançada, o Estado reclamante poderá recorrer diretamente ao procedimento previsto no Capítulo IV do Protocolo de Brasília, fato que será comunicado à Secretaria Administrativa do Mercosul.

O Tribunal Arbitral, antes da emissão de seu Laudo, deverá, se assim solicitar o Estado reclamante, manifestar-se, no prazo de até quinze dias após sua constituição, sobre as medidas provisórias que considere apropriadas, nas condições estipuladas pelo art. 18 do Protocolo de Brasília.

PROTOCOLO CONSTITUTIVO DO PARLAMENTO DO MERCOSUL

▶ Promulgado pelo Dec. nº 6.105, de 30-4-2007, aprovado pela Decisão nº 23/05, do Conselho do Mercado Comum, assinado pelos Governos da República Federativa do Brasil, da República Argentina, da República do Paraguai e da República Oriental do Uruguai, em Montevidéu.

A República Argentina, a República Federativa do Brasil, a República do Paraguai e a República Oriental do Uruguai, doravante Estados-Partes;

Tendo em vista o Tratado de Assunção, de 26 de março de 1991 e o Protocolo de Ouro Preto, de 17 de dezembro de 1994 que estabeleceram a Comissão Parlamentar Conjunta e a Decisão CMC nº 49/04, "Parlamento do MERCOSUL".

Recordando o Acordo Interinstitucional entre o Conselho do Mercado Comum e a Comissão Parlamentar Conjunta, assinado em 6 de outubro de 2003.

Considerando sua firme vontade política de fortalecer e de aprofundar o processo de integração do MERCOSUL, contemplando os interesses de todos os Estados-Partes e contribuindo, dessa forma, ao desenvolvimento simultâneo da integração do espaço sul-americano.

Convencidos de que o alcance dos objetivos comuns que foram definidos pelos Estados-Partes, requer um âmbito institucional equilibrado e eficaz, que permita criar normas que sejam efetivas e que garantam um ambiente de segurança jurídica e de previsibilidade no desenvolvimento do processo de integração, a fim de promover a transformação produtiva, a equidade social, o desenvolvimento científico e tecnológico, os investimentos e a criação de emprego, em todos os Estados-Partes em benefício de seus cidadãos.

Conscientes de que a instalação do Parlamento do MERCOSUL, com uma adequada representação dos interesses dos cidadãos dos Estados-Partes, significará uma contribuição à qualidade e equilíbrio institucional do MERCOSUL, criando um espaço comum que reflita o pluralismo e as diversidades da região, e que contribua para a democracia, a participação, a representatividade, a transparência e a legitimidade social no desenvolvimento do processo de integração e de suas normas.

Atentos à importância de fortalecer o âmbito institucional de cooperação inter-parlamentar, para avançar nos objetivos previstos de harmonização das legislações nacionais nas áreas pertinentes e agilizar a incorporação aos respectivos ordenamentos jurídicos internos da normativa do MERCOSUL, que requeira aprovação legislativa.

Reconhecendo a valiosa experiência acumulada pela Comissão Parlamentar Conjunta desde sua criação.

Reafirmando os princípios e objetivos do Protocolo de Ushuaia sobre Compromisso Democrático no MERCOSUL, a República da Bolívia e a República do Chile, de 24 de julho de 1998 e a Declaração Presidencial sobre Compromisso Democrático no MERCOSUL, de 25 de junho de 1996.

Acordam:

Artigo 1
Constituição

Constituir o Parlamento do MERCOSUL, doravante o Parlamento, como órgão de representação de seus povos, independente e autônomo, que integrará a estrutura institucional do MERCOSUL.

O Parlamento substituirá à Comissão Parlamentar Conjunta.

O Parlamento estará integrado por representantes eleitos por sufrágio universal, direto e secreto, conforme a legislação interna de cada Estado-Parte e as disposições do presente Protocolo.

O Parlamento será um órgão unicameral e seus princípios, competências e integração se regem de acordo com o disposto neste Protocolo.

A efetiva instalação do Parlamento realizar-se-á até 31 de dezembro de 2006.

A constituição do Parlamento realizar-se-á através das etapas previstas nas Disposições Transitórias do presente Protocolo.

Artigo 2
Propósitos

São propósitos do Parlamento:

1. Representar os povos do MERCOSUL, respeitando sua pluralidade ideológica e política.
2. Assumir a promoção e defesa permanente da democracia, da liberdade e da paz.
3. Promover o desenvolvimento sustentável da região com justiça social e respeito à diversidade cultural de suas populações.
4. Garantir a participação dos atores da sociedade civil no processo de integração.
5. Estimular a formação de uma consciência coletiva de valores cidadãos e comunitários para a integração.
6. Contribuir para consolidar a integração latino-americana mediante o aprofundamento e ampliação do MERCOSUL.
7. Promover a solidariedade e a cooperação regional e internacional.

Artigo 3
Princípios

São princípios do Parlamento:

1. O pluralismo e a tolerância como garantias da diversidade de expressões políticas, sociais e culturais dos povos da região.
2. A transparência da informação e das decisões para criar confiança e facilitar a participação dos cidadãos.
3. A cooperação com os demais órgãos do MERCOSUL e com os âmbitos regionais de representação cidadã.
4. O respeito aos direitos humanos em todas as suas expressões.
5. O repúdio a todas as formas de discriminação, especialmente às relativas a gênero, cor, etnia, religião, nacionalidade, idade e condição socioeconômica.
6. A promoção do patrimônio cultural, institucional e de cooperação latino-americana nos processos de integração.
7. A promoção do desenvolvimento sustentável no MERCOSUL e o trato especial e diferenciado para os países de economias menores e para as regiões com menor grau de desenvolvimento.
8. A equidade e a justiça nos assuntos regionais e internacionais, e a solução pacífica das controvérsias.

Artigo 4
Competências

O Parlamento terá as seguintes competências:

1. Velar, no âmbito de sua competência, pela observância das normas do MERCOSUL.
2. Velar pela preservação do regime democrático nos Estados-Partes, de acordo com as normas do MERCOSUL, e em particular com o Protocolo de Ushuaia sobre Compromisso Democrático no MERCOSUL, na República da Bolívia e República do Chile.
3. Elaborar e publicar anualmente um relatório sobre a situação dos direitos humanos nos Estados-Partes, levando em conta os princípios e as normas do MERCOSUL.
4. Efetuar pedidos de informações ou opiniões por escrito aos órgãos decisórios e consultivos do MERCOSUL estabelecidos no Protocolo de Ouro Preto sobre questões vinculadas ao desenvolvimento do processo de integração. Os pedidos de informações deverão ser respondidos no prazo máximo de 180 dias.
5. Convidar, por intermédio da Presidência *Pro Tempore* do CMC, representantes dos órgãos do MERCOSUL, para informar e/ou avaliar o desenvolvimento do processo de integração, intercambiar opiniões e tratar aspectos relacionados com as atividades em curso ou assuntos em consideração.
6. Receber, ao final de cada semestre a Presidência *Pro Tempore* do MERCOSUL, para que apresente um relatório sobre as atividades realizadas durante dito período.
7. Receber, ao início de cada semestre, a Presidência *Pro Tempore* do MERCOSUL, para que apresente o programa de trabalho acordado, com os objetivos e prioridades previstos para o semestre.
8. Realizar reuniões semestrais com o Foro Consultivo Econômico-Social a fim de intercambiar informações e opiniões sobre o desenvolvimento do MERCOSUL.
9. Organizar reuniões públicas, sobre questões vinculadas ao desenvolvimento do processo de integração, com entidades da sociedade civil e os setores produtivos.
10. Receber, examinar e se for o caso encaminhar aos órgãos decisórios petições de qualquer particular, sejam pessoas físicas ou jurídicas, dos Estados-Partes, relacionadas com atos ou omissões dos órgãos do MERCOSUL.
11. Emitir declarações, recomendações e relatórios sobre questões vinculadas ao desenvolvimento do processo de integração, por iniciativa própria ou por solicitação de outros órgãos do MERCOSUL.
12. Com o objetivo de acelerar os correspondentes procedimentos internos para a entrada em vigor das normas nos Estados-Partes, o Parlamento elaborará pareceres sobre todos os projetos de normas do MERCOSUL que requeiram aprovação legislativa em um ou vários Estados-Partes, em um prazo de noventa dias (90) a contar da data da consulta. Tais projetos deverão ser encaminhados ao Parlamento pelo órgão decisório do MERCOSUL, antes de sua aprovação.

Se o projeto de norma do MERCOSUL for aprovado pelo órgão decisório, de acordo com os termos do parecer do Parlamento, a norma deverá ser enviada pelo Poder Executivo nacional ao seu respectivo Parlamento, dentro do prazo de quarenta e cinco (45) dias, contados a partir da sua aprovação.

Nos casos em que a norma aprovada não estiver em de acordo com o parecer do Parlamento, ou se este não tiver se manifestado no prazo mencionado no primeiro parágrafo do presente inciso a mesma seguirá o trâmite ordinário de incorporação.

Os Parlamentos nacionais, segundo os procedimentos internos correspondentes, deverão adotar as medidas necessárias para a instrumentalização ou criação de um procedimento preferencial para a consideração das normas do MERCOSUL que tenham sido adotadas de acordo com os termos do parecer do Parlamento mencionado no parágrafo anterior.

O prazo máximo de duração do procedimento previsto no parágrafo precedente, não excederá cento oitenta (180) dias corridos, contados a partir do ingresso da norma no respectivo Parlamento nacional.

Se dentro do prazo desse procedimento preferencial o Parlamento do Estado-Parte não aprovar a norma, esta deverá ser reenviada ao Poder Executivo para que a encaminhe à reconsideração do órgão correspondente do MERCOSUL.

13. Propor projetos de normas do MERCOSUL para consideração pelo Conselho do Mercado Comum, que deverá informar semestralmente sobre seu tratamento.

14. Elaborar estudos e anteprojetos de normas nacionais, orientados à harmonização das legislações nacionais dos Estados-Partes, os quais serão comunicados aos Parlamentos nacionais com vistas a sua eventual consideração.

15. Desenvolver ações e trabalhos conjuntos com os Parlamentos nacionais, a fim de assegurar o cumprimento dos objetivos do MERCOSUL, em particular aqueles relacionados com a atividade legislativa.

16. Manter relações institucionais com os Parlamentos de terceiros Estados e outras instituições legislativas.

17. Celebrar, no âmbito de suas atribuições, com o assessoramento do órgão competente do MERCOSUL, convênios de cooperação ou de assistência técnica com organismos públicos e privados, de caráter nacional ou internacional.

18. Fomentar o desenvolvimento de instrumentos de democracia representativa e participativa no MERCOSUL.

19. Receber dentro do primeiro semestre de cada ano um relatório sobre a execução do orçamento da Secretaria do MERCOSUL do ano anterior.

20. Elaborar e aprovar seu orçamento e informar sobre sua execução ao Conselho do Mercado Comum no primeiro semestre do ano, posterior ao exercício.

21. Aprovar e modificar seu Regimento interno.

22. Realizar todas as ações pertinentes ao exercício de suas competências.

Artigo 5
Integração

1. O Parlamento integrar-se-á de acordo com o critério de representação cidadã.

2. Os integrantes do Parlamento, doravante denominados Parlamentares, terão a qualidade de Parlamentares do MERCOSUL.

Artigo 6
Eleição

1. Os Parlamentares serão eleitos pelos cidadãos dos respectivos Estados-Partes, por meio de sufrágio direto, universal e secreto.

2. O mecanismo de eleição dos Parlamentares e seus suplentes reger-se-á pelo previsto na legislação de cada Estado-Parte, e que procurará assegurar uma adequada representação por gênero, etnias e regiões conforme as realidades de cada Estado.

3. Os Parlamentares serão eleitos conjuntamente com seus suplentes, que os substituirão, de acordo com a legislação eleitoral do Estado-Parte respectivo, nos casos de ausência definitiva ou transitória. Os suplentes serão eleitos na mesma data e forma que os Parlamentares titulares, para idênticos períodos.

4. Por proposta do Parlamento, o Conselho do Mercado Comum estabelecerá o "Dia do MERCOSUL Cidadão", para a eleição dos parlamentares, de forma simultânea em todos os Estados-Partes, por meio de sufrágio direto, universal e secreto dos cidadãos.

Artigo 7
Participação dos Estados Associados

O Parlamento poderá convidar os Estados Associados do MERCOSUL a participar de suas sessões públicas, através de membros de seus Parlamentos nacionais, os que participarão com direito a voz e sem direito a voto.

Artigo 8
Incorporação de novos membros

1. O Parlamento nos termos do artigo 4, literal 12, pronunciar-se-á sobre a adesão de novos Estados-Partes ao MERCOSUL.

2. O instrumento jurídico que formalize a adesão determinará as condições da incorporação dos Parlamentares do Estado aderente ao Parlamento.

Artigo 9
Independência

Os membros do Parlamento não estarão sujeitos a mandato imperativo e atuarão com independência no exercício de suas funções.

Artigo 10
Mandato

Os Parlamentares terão um mandato comum de quatro (4) anos, contados a partir da data de assunção no cargo, e poderão ser reeleitos.

Artigo 11
Requisitos e incompatibilidades

1. Os candidatos a Parlamentares deverão cumprir com os requisitos exigidos para ser deputado nacional, pelo direito do respectivo Estado-Parte.

2. O exercício do cargo de Parlamentar é incompatível com o desempenho de mandato ou cargo legislativo ou executivo nos Estados-Partes, assim como com o desempenho de cargos nos demais órgãos do MERCOSUL.

3. Serão aplicadas, além disso, as demais incompatibilidades para ser legislador, estabelecidas na legislação nacional do Estado-Parte correspondente.

Artigo 12
Prerrogativas e imunidades

1. O regime de prerrogativas e imunidades reger-se-á pelo estabelecido no Acordo Sede mencionado no artigo 21.

2. Os Parlamentares não poderão ser processados civil ou penalmente, em nenhum momento, pelas opiniões e votos emitidos no exercício de suas funções durante ou depois de seu mandato.

3. Os deslocamentos dos membros do Parlamento, para comparecer ao local de reunião e depois de regressar, não serão limitados por restrições legais nem administrativas.

Artigo 13
Opiniões Consultivas

O Parlamento poderá solicitar opiniões consultivas ao Tribunal Permanente de Revisão.

Artigo 14
Aprovação do Regimento Interno

O Parlamento aprovará e modificará seu Regulamento Interno por maioria qualificada.

Artigo 15
Sistema de adoção de decisões

1. O Parlamento adotará suas decisões e atos por maioria simples, absoluta, especial ou qualificada.

2. Para a maioria simples requerer-se-á o voto de mais da metade dos Parlamentares presentes.

3. Para a maioria absoluta requerer-se-á o voto de mais da metade do total dos membros do Parlamento.

4. Para a maioria especial requerer-se-á o voto de dois terços do total dos membros do Parlamento, que inclua também a Parlamentares de todos os Estados-Partes.

5. Para a maioria qualificada requerer-se-á o voto afirmativo da maioria absoluta de integrantes da representação parlamentar de cada Estado-Parte.

6. O Parlamento estabelecerá no seu Regimento Interno as maiorias requeridas para a aprovação dos distintos assuntos.

Artigo 16
Organização

1. O Parlamento contará com uma Mesa Diretora, que se encarregará da condução dos trabalhos legislativos e dos serviços administrativos.

Será composta por um Presidente, e um Vice-presidente de cada um dos demais Estados-Partes, de acordo ao estabelecido pelo Regimento Interno.

Será assistida por um Secretário Parlamentar e um Secretário Administrativo.

2. O mandato dos membros da Mesa Diretora será de 2 (dois) anos, podendo seus membros ser reeleitos por uma só vez.

3. No caso de ausência ou impedimento temporário, o Presidente será substituído por um dos Vice-presidentes, de acordo com o estabelecido no Regimento Interno.

4. O Parlamento contará com uma Secretaria Parlamentar e uma Secretaria Administrativa, que funcionarão em caráter permanente na sede do Parlamento.

5. O Parlamento constituirá comissões, permanentes e temporárias, que contemplem a representação dos Estados-Partes, cuja organização e funcionamento serão estabelecidos no Regimento Interno.

6. O pessoal técnico e administrativo do Parlamento será integrado por cidadãos dos Estados-Partes. Será designado por concurso público internacional e terá estatuto próprio, com um regime jurídico equivalente ao do pessoal da Secretaria do MERCOSUL.

7. Os conflitos em matéria laboral que surjam entre o Parlamento e seus funcionários serão resolvidos pelo Tribunal Administrativo Trabalhista do MERCOSUL.

Artigo 17
Reuniões

1. O Parlamento reunir-se-á em sessão ordinária ao menos uma vez por mês.

A pedido do Conselho do Mercado Comum ou por requerimento de Parlamentares, poderá ser convocado para sessões extraordinárias de acordo com o estabelecido no Regimento Interno.

2. Todas as reuniões do Parlamento e de suas Comissões serão públicas, salvo aquelas que sejam declaradas de caráter reservado.

Artigo 18
Deliberações

1. As reuniões do Parlamento e de suas Comissões poderão iniciar-se com a presença de pelo menos um terço de seus membros, sendo que, todos os Estados-Partes devem estar representados.

2. Cada Parlamentar terá direito a um voto.

3. O Regimento Interno estabelecerá a possibilidade de que o Parlamento, em circunstâncias excepcionais, possa realizar sessão e adotar suas decisões e atos através de meios tecnológicos que permitam reuniões à distância.

Artigo 19
Atos do Parlamento

São atos do Parlamento:

1. Pareceres;

2. Projetos de normas;

3. Anteprojetos de normas;

4. Declarações;

5. Recomendações;

6. Relatórios; e

7. Disposições.

Artigo 20
Orçamento

1. O Parlamento elaborará e aprovará seu orçamento, que será financiado por contribuições dos Estados-Partes, em função do Produto Bruto Interno e do orçamento nacional de cada Estado-Parte.

2. Os critérios de contribuição mencionados no inciso anterior, serão estabelecidos por Decisão do Conselho do Mercado Comum, considerando proposta do Parlamento.

Artigo 21
Sede

1. A sede do Parlamento será a cidade de Montevidéu, República Oriental do Uruguai.

2. O MERCOSUL celebrará com a República Oriental do Uruguai um Acordo Sede que definirá as normas relativas aos privilégios, às imunidades e às isenções do Parlamento, dos parlamentares e demais funcionários, de acordo com as normas de direito internacional vigentes.

Artigo 22
Adesão e denúncia

1. Em matéria de adesão ou denúncia, reger-se-ão como um todo, para o presente Protocolo, as normas estabelecidas no Tratado de Assunção.

2. A adesão ou denúncia ao Tratado de Assunção significa, *ipso jure*, a adesão ou denúncia ao presente Protocolo. A denúncia ao presente Protocolo significa *ipso jure* a denúncia ao Tratado de Assunção.

Artigo 23
Vigência e depósito

1. O presente Protocolo, parte integrante do Tratado de Assunção, entrará em vigor no trigésimo dia contado a partir da data em que o quarto Estado-Parte tenha depositado seu instrumento de ratificação.

2. A República do Paraguai será depositária do presente Protocolo e dos instrumentos de ratificação e notificará aos demais Estados-Partes a data dos depósitos desses instrumentos, enviando cópia devidamente autenticada deste Protocolo aos demais Estados-Partes.

Artigo 24
Cláusula revogatória

Ficam revogadas todas as disposições de caráter institucional do Protocolo de Ouro Preto relacionadas com a Constituição e funcionamento do Parlamento que resultem incompatíveis com os termos do presente Protocolo, com expressa exceção do sistema de tomada de decisão dos demais órgãos do MERCOSUL estabelecido no Art. 37 do Protocolo de Ouro Preto.

DISPOSIÇÕES TRANSITÓRIAS

Primeira
Etapas

Para os fins do previsto no Artigo 1º do presente Protocolo, entender-se-á por:

- "primeira etapa da transição": o período compreendido entre 31 de dezembro de 2006 e 31 de dezembro de 2010.

- "segunda etapa da transição": o período compreendido entre 1º de janeiro de 2011 e 31 de dezembro de 2014.

Segunda
Integração

Na primeira etapa da transição, o Parlamento será integrado por dezoito (18) Parlamentares por cada Estado-Parte.

O previsto no artigo 5, inciso 1, relativo à integração do Parlamento de acordo o critério de representação cidadã aplicável a partir da segunda etapa da transição, será estabelecido por Decisão do Conselho do Mercado Comum, por proposta do Parlamento adotada por maioria qualificada. Tal Decisão deverá ser aprovada até 31 de dezembro de 2007.

Terceira
Eleição

Para a primeira etapa da transição, os Parlamentos nacionais estabelecerão as modalidades de designação de seus respectivos parlamentares, entre os legisladores dos Parlamentos nacionais de cada Estado-Parte, designando os titulares e igual número de suplentes.

Para fins de realizar a eleição direta dos Parlamentares, mencionada no artigo 6, inciso 1, os Estados-Partes, antes da conclusão da primeira etapa da transição, deverão efetuar eleições por sufrágio direto, universal e secreto de Parlamentares, cuja realização dar-se-á de acordo com a agenda eleitoral nacional de cada Estado-Parte.

A primeira eleição prevista no artigo 6, inciso 4, realizar-se-á durante o ano 2014.

A partir da segunda etapa da transição, todos os Parlamentares deverão ter sido eleitos de acordo com o artigo 6, inciso 1.

Quarta
Dia do MERCOSUL Cidadão

O "Dia do MERCOSUL Cidadão", previsto no artigo 6, inciso 4, será estabelecido pelo Conselho do Mercado Comum, por proposta do Parlamento, antes do final do ano 2012.

Quinta
Mandato e incompatibilidades

Na primeira etapa da transição, os Parlamentares designados de forma indireta, cessarão em suas funções: por caducidade ou perda de seu mandato nacional; ao assumir seus sucessores eleitos diretamente ou, no mais tardar, até finalizar essa primeira etapa.

Todos os Parlamentares em exercício de funções no Parlamento durante a segunda etapa da transição, deverão ser eleitos diretamente antes do início da mesma, podendo seus mandatos ter uma duração diferente da estabelecida no artigo 10, por uma única vez.

O previsto no artigo 11, incisos 2 e 3, é aplicável a partir da segunda etapa da transição.

Sexta
Sistema de adoção de decisões

Durante a primeira etapa da transição, as decisões do Parlamento, nos casos mencionados no artigo 4, inciso 12, serão adotadas por maioria especial.

Sétima
Orçamento

Durante a primeira etapa de transição, o orçamento do Parlamento será financiado pelos Estados-Partes mediantes contribuições iguais.

Feito na cidade de Montevidéu, aos nove dias do mês de dezembro do ano dois mil e cinco, em um original nos idiomas espanhol e português, sendo ambos os textos igualmente autênticos.

PELO GOVERNO DA REPÚBLICA ARGENTINA
Néstor Kirchner
Jorge Taiana

PELO GOVERNO DA REPÚBLICA FEDERATIVA DO BRASIL
Luiz Inácio Lula da Silva
Celso Luiz Nunes Amorim

PELO GOVERNO DA REPÚBLICA DO PARAGUAI
Nicanor Duarte Frutos
Leila Rachid

PELO GOVERNO DA REPÚBLICA ORIENTAL DO URUGUAI
Tabaré Vázquez
Reinaldo Gargano

PROTOCOLO DE BUENOS AIRES SOBRE JURISDIÇÃO INTERNACIONAL EM MATÉRIA CONTRATUAL

▶ Concluído em Buenos Aires, em 5-8-1994, entrou em vigor internacional em 6-6-1996. O Governo brasileiro depositou a Carta de Ratificação em 7-5-1996, passando a vigorar para o Brasil em 6-6-1996. Aprovado por meio do Dec. Legislativo nº 129, de 5-10-1995, e promulgado pelo Dec. nº 2.095, de 17-12-1996.

Os Governos da República Argentina, da República Federativa do Brasil, da República do Paraguai e da República Oriental do Uruguai,

Considerando que o Tratado de Assunção, firmado em 26 de março de 1991, estabelece o compromisso dos Estados-Partes de harmonizar suas legislações nas áreas pertinentes;

Reafirmando a vontade dos Estados-Partes de acordar soluções jurídicas comuns para o fortalecimento do processo de integração;

Destacando a necessidade de proporcionar ao setor privado dos Estados-Partes um quadro de segurança jurídica que garanta justas soluções e a harmonia internacional das decisões judiciais e arbitrais vinculadas à contratação no âmbito do Tratado de Assunção;

Convencidos da importância de adotar regras comuns sobre jurisdição internacional em matéria contratual, com o objetivo de promover o desenvolvimento das relações econômicas entre o setor privado dos Estados-Partes;

Conscientes de que, em matéria de negócios internacionais, a contratação é a expressão jurídica do comércio que tem lugar em decorrência do processo de integração.

Acordam:

TÍTULO I – ÂMBITO DE APLICAÇÃO

ARTIGO 1º

O presente Protocolo será aplicado à jurisdição contenciosa internacional relativa aos contratos internacionais de natureza civil ou comercial celebrados entre particulares – pessoas físicas ou jurídicas:

a) com domicílio ou sede social em diferentes Estados-Partes do Tratado de Assunção;

b) quando pelo menos uma das partes do contrato tenha seu domicílio ou sede social em um Estado-Parte do Tratado de Assunção e, além disso, tenha sido feito um acordo de eleição de foro em favor de um juiz de um Estado-Parte e exista uma conexão razoável segundo as normas de jurisdição deste Protocolo.

ARTIGO 2º

O âmbito de aplicação do presente Protocolo exclui:

1. as relações jurídicas entre os falidos e seus credores e demais procedimentos análogos, especialmente as concordatas;

▶ Lei nº 11.101, de 9-2-2005 (Lei de Recuperação de Empresas e Falências).

2. a matéria tratada em acordos no âmbito do direito de família e das sucessões;
3. os contratos de seguridade social;
4. os contratos administrativos;
5. os contratos de trabalho;
6. os contratos de venda ao consumidor;
7. os contratos de transporte;
8. os contratos de seguro;
9. os direitos reais.

TÍTULO II – JURISDIÇÃO INTERNACIONAL

ARTIGO 3º

O requisito processual da jurisdição internacional em matéria de contratos será considerado satisfeito quando o órgão jurisdicional de um Estado-Parte assuma jurisdição de conformidade com o estabelecimento no presente Protocolo.

CAPÍTULO I

ELEIÇÃO DE JURISDIÇÃO

ARTIGO 4º

1. Nos conflitos que decorram dos contratos internacionais em matéria civil ou comercial serão competentes os tribunais do Estado-Parte em cuja jurisdição os contratantes tenham acordado submeter-se por escrito, sempre que tal ajuste não tenha sido obtido de forma abusiva.

2. Pode-se acordar, igualmente, a eleição de tribunais arbitrais.

ARTIGO 5º

1. O acordo de eleição de jurisdição pode realizar-se no momento da celebração do contrato, durante sua vigência ou uma vez suscitado o litígio.

2. A validade e os efeitos de eleição de foro serão regidos pelo direito dos Estados-Partes que teriam jurisdição de conformidade com o estabelecido no presente Protocolo.

3. Em todo caso, será aplicado o direito mais favorável de validade do acordo.

ARTIGO 6º

Eleita ou não a jurisdição, considerar-se-á esta prorrogada em favor do Estado-Parte onde seja proposta ação quando o demandado, depois de interposta esta, a admita voluntariamente, de forma positiva e não ficta.

Capítulo II
JURISDIÇÃO SUBSIDIÁRIA
Artigo 7º

Na ausência de acordo, têm jurisdição à escolha do autor:

a) o juízo do lugar de cumprimento do contrato;
b) o juízo do domicílio do demandado;
c) o juízo de seu domicílio ou sede social, quando demonstrar que cumpriu sua prestação.

Artigo 8º

1. Para os fins do artigo 7, alínea a, será considerado lugar do cumprimento do contrato o Estado-Parte onde tenha sido ou deva ser cumprida a obrigação que sirva de fundamento de demanda.

2. O cumprimento da obrigação reclamada será:

a) nos contratos sobre coisas certas e individualizadas, o lugar onde elas existiam ao tempo de sua celebração;
b) nos contratos sobre coisas determinadas por seu gênero, o lugar do domicílio do devedor ao tempo em que foram celebrados;
c) nos contratos sobre coisas fungíveis, o lugar do domicílio do devedor ao tempo de sua celebração;
d) nos contratos que versem sobre prestação de serviços:
   1. se recaírem sobre coisas, o lugar onde elas existiam ao tempo de sua celebração;
   2. se sua eficácia se relacionar com algum lugar especial, daquele onde houverem de produzir seus efeitos;
   3. fora destes casos, o lugar do domicílio do devedor ao tempo da celebração do contrato.

Artigo 9º

1. Para os fins do artigo 7, alínea b, considerar-se-á domicílio do demandado:

a) quando se tratar de pessoas físicas:
   1. sua residência habitual;
   2. subsidiariamente, o centro principal de seus negócios; e,
   3. na ausência destas circunstâncias, o lugar onde se encontrar – a simples residência;
b) quando se tratar de pessoa jurídica, a sede principal da administração.

2. Se a pessoa jurídica tiver sucursais, estabelecimentos, agências ou qualquer espécie de representação, será considerada domiciliada no lugar onde funcionem, sujeita à jurisdição das autoridades locais, no que concerne às operações que ali pratiquem. Esta qualificação não obsta o direito do autor de interpor a ação junto ao tribunal da sede principal da administração.

Artigo 10

São competentes para conhecer dos litígios que surjam entre os sócios sobre questões societárias, os juízes da sede principal da administração.

Artigo 11

As pessoas jurídicas com sede em um Estado-Parte, que celebrem contratos em outro Estado-Parte, podem ser demandadas perante os juízes deste último.

Artigo 12

1. Se vários forem os demandados, terá jurisdição o Estado-Parte do domicílio de qualquer deles.

2. As demandas sobre obrigações de garantia de caráter pessoal ou para a intervenção de terceiros podem ser propostas perante o tribunal que estiver conhecendo a demanda principal.

Capítulo III
RECONVENÇÃO
Artigo 13

Se a reconvenção se fundamentar em ato ou em fato que serviu de base para a demanda principal, terão jurisdição para conhecê-la os juízes que intervierem na demanda principal.

TÍTULO III – A JURISDIÇÃO COMO REQUISITO PARA O RECONHECIMENTO E EXECUÇÃO DE SENTENÇAS E LAUDOS ARBITRAIS

Artigo 14

A jurisdição internacional regulada pelo artigo 20, alínea c, do Protocolo de Las Leñas sobre Cooperação e Assistência Jurisdicional em Matéria Civil, Comercial, Trabalhista e Administrativa ficará submetida ao disposto no presente Protocolo.

TÍTULO IV – CONSULTA E SOLUÇÃO DE CONTROVÉRSIAS

Artigo 15

1. As controvérsias que surgirem entre os Estados-Partes em decorrência da aplicação, interpretação ou descumprimento das disposições contidas no presente Protocolo serão resolvidas mediante negociações diplomáticas diretas.

2. Se, mediante tais negociações, não se alcançar um acordo ou se a controvérsia só for solucionada parcialmente, aplicar-se-ão os procedimentos previstos no Sistema de Solução de Controvérsias vigentes entre os Estados-Partes do Tratado de Assunção.

TÍTULO V – DISPOSIÇÕES FINAIS

Artigo 16

1. O presente Protocolo, parte integrante do Tratado de Assunção, entrará em vigor 30 (trinta) dias depois do depósito do segundo instrumento de ratificação com relação aos dois primeiros Estados-Partes que o ratifiquem.

2. Para os demais signatários, entrará em vigor no 30º (trigésimo) dia posterior ao depósito do respectivo instrumento de ratificação e na ordem em que forem depositadas as ratificações.

Artigo 17

A adesão por parte de um Estado ao Tratado de Assunção implicará, ipso jure, na adesão ao presente Protocolo.

Artigo 18

1. O Governo da República do Paraguai será o depositário do presente Protocolo e dos instrumentos de

ratificação e enviará cópia devidamente autenticada dos mesmos aos Governos dos demais Estados-Partes.

2. O Governo da República do Paraguai notificará, aos Governos dos demais Estados-Partes, a data de entrada em vigor do presente Protocolo e a data de depósito dos instrumentos de ratificação.

Feito na Cidade de Buenos Aires, em 5 de agosto de 1994, em um original, nos idiomas português e espanhol, sendo ambos os textos igualmente autênticos.

PELO GOVERNO DA REPÚBLICA ARGENTINA
Guido Di Tella

PELO GOVERNO DA REPÚBLICA FEDERATIVA DO BRASIL
Celso L. N. Amorim

PELO GOVERNO DA REPÚBLICA DO PARAGUAI
Luís Maria Ramirez Boettner

PELO GOVERNO DA REPÚBLICA ORIENTAL DO URUGUAI
Sergio Abreu

PROTOCOLO DE OLIVOS PARA A SOLUÇÃO DE CONTROVÉRSIAS NO MERCOSUL

▶ Concluído em Olivos, Argentina, em 18-2-2002, teve seu instrumento de ratificação depositado pelo governo brasileiro em 2-12-2003. Entrou em vigor internacional, e para o Brasil, em 1º-1-2004. No Brasil, foi aprovado pelo Dec. Legislativo nº 712, de 14-10-2003 e promulgado pelo Dec. nº 4.982, de 9-2-2004.

A República Argentina, a República Federativa do Brasil, a República do Paraguai e a República Oriental do Uruguai, doravante denominados "Estados-Partes";

Tendo em conta o Tratado de Assunção, o Protocolo de Brasília e o Protocolo de Ouro Preto;

Reconhecendo que a evolução do processo de integração no âmbito do Mercosul requer o aperfeiçoamento do sistema de solução de controvérsias;

Considerando a necessidade de garantir a correta interpretação, aplicação e cumprimento dos instrumentos fundamentais do processo de integração e do conjunto normativo do Mercosul, de forma consistente e sistemática;

Convencidos da conveniência de efetuar modificações específicas no sistema de solução de controvérsias de maneira a consolidar a segurança jurídica no âmbito do Mercosul;

Acordaram o seguinte:

Capítulo I

CONTROVÉRSIAS ENTRE ESTADOS-PARTES

Artigo 1º
Âmbito de Aplicação

1. As controvérsias que surjam entre os Estados-Partes sobre a interpretação, a aplicação ou o não cumprimento do Tratado de Assunção, do Protocolo de Ouro Preto, dos protocolos e acordos celebrados no marco do Tratado de Assunção, das Decisões do Conselho do Mercado Comum, das Resoluções do Grupo Mercado Comum e das Diretrizes da Comissão de Comércio do Mercosul serão submetidas aos procedimentos estabelecidos no presente Protocolo.

2. As controvérsias compreendidas no âmbito de aplicação do presente Protocolo que possam também ser submetidas ao sistema de solução de controvérsias da Organização Mundial do Comércio ou de outros esquemas preferenciais de comércio de que sejam parte individualmente os Estados-Partes do Mercosul poderão submeter-se a um ou outro foro, à escolha da parte demandante. Sem prejuízo disso, as partes na controvérsia poderão, de comum acordo, definir o foro.

Uma vez iniciado um procedimento de solução de controvérsias de acordo com o parágrafo anterior, nenhuma das partes poderá recorrer a mecanismos de solução de controvérsias estabelecidos nos outros foros com relação a um mesmo objeto, definido nos termos do artigo 14 deste Protocolo.

Não obstante, no marco do estabelecido neste numeral, o Conselho do Mercado Comum regulamentará os aspectos relativos à opção de foro.

Capítulo II

MECANISMOS RELATIVOS A ASPECTOS TÉCNICOS

Artigo 2º
Estabelecimento dos Mecanismos

1. Quando se considere necessário, poderão ser estabelecidos mecanismos expeditos para resolver divergências entre Estados-Partes sobre aspectos técnicos regulados em instrumentos de políticas comerciais comuns.

2. As regras de funcionamento, o alcance desses mecanismos e a natureza dos pronunciamentos a serem emitidos nos mesmos serão definidos e aprovados por Decisão do Conselho do Mercado Comum.

Capítulo III

OPINIÕES CONSULTIVAS

Artigo 3º
Regime de Solicitação

O Conselho do Mercado Comum poderá estabelecer mecanismos relativos à solicitação de opiniões consultivas ao Tribunal Permanente de Revisão definindo seu alcance e seus procedimentos.

Capítulo IV

NEGOCIAÇÕES DIRETAS

Artigo 4º
Negociações

Os Estados-Partes numa controvérsia procurarão resolvê-la, antes de tudo, mediante negociações diretas.

Artigo 5º
Procedimento e Prazo

1. As negociações diretas não poderão, salvo acordo entre as partes na controvérsia, exceder um prazo de quinze dias a partir da data em que uma delas comunicou à outra a decisão de iniciar a controvérsia.

2. Os Estados-Partes em uma controvérsia informarão ao Grupo Mercado Comum, por intermédio da Secretaria Administrativa do Mercosul, sobre as gestões que

se realizarem durante as negociações e os resultados das mesmas.

Capítulo V
INTERVENÇÃO DO GRUPO MERCADO COMUM

Artigo 6º
Procedimento Opcional ante o GMC

1. Se mediante as negociações diretas não se alcançar um acordo ou se a controvérsia for solucionada apenas parcialmente, qualquer dos Estados-Partes na controvérsia poderá iniciar diretamente o procedimento arbitral previsto no Capítulo VI.

2. Sem prejuízo do estabelecido no numeral anterior, os Estados-Partes na controvérsia poderão, de comum acordo, submetê-la à consideração do Grupo Mercado Comum.

I) Nesse caso, o Grupo Mercado Comum avaliará a situação, dando oportunidade às partes na controvérsia para que exponham suas respectivas posições, requerendo, quando considere necessário, o assessoramento de especialistas selecionados da lista referida no artigo 43 do presente Protocolo.

II) Os gastos relativos a esse assessoramento serão custeados em montantes iguais pelos Estados-Partes na controvérsia ou na proporção que determine o Grupo Mercado Comum.

3. A controvérsia também poderá ser levada à consideração do Grupo Mercado Comum se outro Estado, que não seja parte na controvérsia, solicitar, justificadamente, tal procedimento ao término das negociações diretas. Nesse caso, o procedimento arbitral iniciado pelo Estado-Parte demandante não será interrompido, salvo acordo entre os Estados-Partes na controvérsia.

Artigo 7º
Atribuições do GMC

1. Se a controvérsia for submetida ao Grupo Mercado Comum pelos Estados-Partes na controvérsia, este formulará recomendações que, se possível, deverão ser expressas e detalhadas, visando à solução da divergência.

2. Se a controvérsia for levada à consideração do Grupo Mercado Comum a pedido de um Estado que dela não é parte, o Grupo Mercado Comum poderá formular comentários ou recomendações a respeito.

Artigo 8º
Prazo para Intervenção e Pronunciamento do GMC

O procedimento descrito no presente Capítulo não poderá estender-se por um prazo superior a trinta, dias a partir da data da reunião em que a controvérsia foi submetida à consideração do Grupo Mercado Comum.

Capítulo VI

PROCEDIMENTO ARBITRAL *AD HOC*

Artigo 9º
Início da Etapa Arbitral

1. Quando não tiver sido possível solucionar a controvérsia mediante a aplicação dos procedimentos referidos nos Capítulos IV e V, qualquer dos Estados-Partes na controvérsia poderá comunicar à Secretaria Administrativa do Mercosul sua decisão de recorrer ao procedimento arbitral estabelecido no presente Capítulo.

2. A Secretaria Administrativa do Mercosul notificará, de imediato, a comunicação ao outro ou aos outros Estados envolvidos na controvérsia e ao Grupo Mercado Comum.

3. A Secretaria Administrativa do Mercosul se encarregará das gestões administrativas que lhe sejam requeridas para a tramitação dos procedimentos.

Artigo 10
Composição do Tribunal Arbitral *Ad hoc*

1. O procedimento arbitral tramitará ante um Tribunal *Ad hoc* composto de três árbitros.

2. Os árbitros serão designados da seguinte maneira:

I) Cada Estado-Parte na controvérsia designará um árbitro titular da lista prevista no artigo 11.1, no prazo de quinze dias, contado a partir da data em que a Secretaria Administrativa do Mercosul tenha comunicado aos Estados-Partes na controvérsia a decisão de um deles de recorrer à arbitragem.
Simultaneamente, designará da mesma lista, um árbitro suplente para substituir o árbitro titular em caso de incapacidade ou escusa deste em qualquer etapa do procedimento arbitral.

II) Se um dos Estados-Partes na controvérsia não tiver nomeado seus árbitros no prazo indicado no numeral 2 (*I*), eles serão designados por sorteio pela Secretaria Administrativa do Mercosul em um prazo de dois dias, contado a partir do vencimento daquele prazo, dentre os árbitros desse Estado da lista prevista no artigo 11.1.

3. O árbitro Presidente será designado da seguinte forma:

I) Os Estados-Partes na controvérsia designarão, de comum acordo, o terceiro árbitro, que presidirá o Tribunal Arbitral *Ad hoc*, da lista prevista no artigo 11.2 (*III*), em um prazo de quinze dias, contado a partir da data em que a Secretaria Administrativa do Mercosul tenha comunicado aos Estados-Partes na controvérsia a decisão de um deles de recorrer à arbitragem.
Simultaneamente, designarão da mesma lista, um árbitro suplente para substituir o árbitro titular em caso de incapacidade ou escusa deste em qualquer etapa do procedimento arbitral.
O Presidente e seu suplente não poderão ser nacionais dos Estados-Partes na controvérsia.

II) Se não houver acordo entre os Estados-Partes na controvérsia para escolher o terceiro árbitro dentro do prazo indicado, a Secretaria Administrativa do Mercosul, a pedido de qualquer um deles, procederá a sua designação por sorteio da lista do artigo 11.2 (*III*), excluindo do mesmo os nacionais dos Estados-Partes na controvérsia.

III) Os designados para atuar como terceiros árbitros deverão responder, em um prazo máximo de três dias, contado a partir da notificação de sua designação, sobre sua aceitação para atuar em uma controvérsia.

4. A Secretaria Administrativa do Mercosul notificará os árbitros de sua designação.

Artigo 11
Listas de Árbitros

1. Cada Estado-Parte designará doze árbitros, que integrarão uma lista que ficará registrada na Secretaria Administrativa do Mercosul. A designação dos árbitros, juntamente com o *curriculum vitae* detalhado de cada um deles, será notificada simultaneamente aos demais Estados-Partes e à Secretaria Administrativa do Mercosul.

   I) Cada Estado-Parte poderá solicitar esclarecimentos sobre as pessoas designadas pelos outros Estados-Partes para integrar a lista referida no parágrafo anterior, dentro do prazo de trinta dias, contado a partir de tal notificação.

   II) A Secretaria Administrativa do Mercosul notificará aos Estados-Partes a lista consolidada de árbitros do Mercosul, bem como suas sucessivas modificações.

2. Cada Estado-Parte proporá, ademais, quatro candidatos para integrar a lista de terceiros árbitros. Pelo menos um dos árbitros indicados por cada Estado-Parte para esta lista não será nacional de nenhum dos Estados-Partes do Mercosul.

   I) A lista deverá ser notificada aos demais Estados-Partes, por intermédio da Presidência *Pro Tempore*, acompanhada pelo *curriculum vitae* de cada um dos candidatos propostos.

   II) Cada Estado-Parte poderá solicitar esclarecimentos sobre as pessoas propostas pelos demais Estados-Partes ou apresentar objeções justificadas aos candidatos indicados, conforme os critérios estabelecidos no artigo 35, dentro do prazo de trinta dias, contado a partir da notificação dessas propostas.
   As objeções deverão ser comunicadas por intermédio da Presidência *Pro-Tempore* ao Estado-Parte proponente. Se, em um prazo que não poderá exceder a trinta dias contado da notificação, não se chegar a uma solução, prevalecerá a objeção.

   III) A lista consolidada de terceiros árbitros, bem como suas sucessivas modificações, acompanhadas do *curriculum vitae* dos árbitros, será comunicada pela Presidência *Pro Tempore* à Secretaria Administrativa do Mercosul, que a registrará e notificará aos Estados-Partes.

Artigo 12
Representantes e Assessores

Os Estados-Partes na controvérsia designarão seus representantes ante o Tribunal Arbitral *Ad hoc* e poderão ainda designar assessores para a defesa de seus direitos.

Artigo 13
Unificação de Representação

Se dois ou mais Estados-Partes sustentarem a mesma posição na controvérsia, poderão unificar sua representação ante o Tribunal Arbitral e designarão um árbitro de comum acordo, no prazo estabelecido no artigo 10.2(I).

Artigo 14
Objeto da Controvérsia

1. O objeto das controvérsias ficará determinado pelos textos de apresentação e de resposta apresentados ante o Tribunal Arbitral *Ad hoc*, não podendo ser ampliado posteriormente.

2. As alegações que as partes apresentem nos textos mencionados no numeral anterior se basearão nas questões que foram consideradas nas etapas prévias, contempladas no presente Protocolo e no Anexo ao Protocolo de Ouro Preto.

3. Os Estados-Partes na controvérsia informarão ao Tribunal Arbitral *Ad hoc*, nos textos mencionados no numeral 1 do presente artigo, sobre as instâncias cumpridas com anterioridade ao procedimento arbitral e farão uma exposição dos fundamentos de fato e de direito de suas respectivas posições.

Artigo 15
Medidas Provisórias

1. O Tribunal Arbitral *Ad hoc* poderá, por solicitação da parte interessada, e na medida em que existam presunções fundamentadas de que a manutenção da situação poderá ocasionar danos graves e irreparáveis a uma das partes na controvérsia, ditar as medidas provisórias que considere apropriadas para prevenir tais danos.

2. O Tribunal poderá, a qualquer momento, tornar sem efeito tais medidas.

3. Caso o laudo seja objeto de recurso de revisão, as medidas provisórias que não tenham sido deixadas sem efeito antes da emissão do mesmo se manterão até o tratamento do tema na primeira reunião do Tribunal Permanente de Revisão, que deverá resolver sobre sua manutenção ou extinção.

Artigo 16
Laudo Arbitral

O Tribunal Arbitral *Ad hoc* emitirá o laudo num prazo de sessenta dias, prorrogáveis por decisão do Tribunal por um prazo máximo de trinta dias, contado a partir da comunicação efetuada pela Secretaria Administrativa do Mercosul às partes e aos demais árbitros, informando a aceitação pelo árbitro Presidente de sua designação.

Capítulo VII

PROCEDIMENTO DE REVISÃO

Artigo 17
Recurso de Revisão

1. Qualquer das partes na controvérsia poderá apresentar um recurso de revisão do laudo do Tribunal Arbitral *Ad hoc* ao Tribunal Permanente de Revisão, em prazo não superior a quinze dias a partir da notificação do mesmo.

2. O recurso estará limitado a questões de direito tratadas na controvérsia e às interpretações jurídicas desenvolvidas no laudo do Tribunal Arbitral *Ad hoc*.

3. Os laudos dos Tribunais *Ad hoc* emitidos com base nos princípios *ex aequo et bono* não serão suscetíveis de recurso de revisão.

4. A Secretaria Administrativa do Mercosul estará encarregada das gestões administrativas que lhe sejam encomendadas para o trâmite dos procedimentos e manterá informados os Estados-Partes na controvérsia e o Grupo Mercado Comum.

Artigo 18
Composição do Tribunal Permanente de Revisão

1. Tribunal Permanente de Revisão será integrado por cinco árbitros.

2. Cada Estado-Parte do Mercosul designará um árbitro e seu suplente por um período de dois anos, renovável por no máximo dois períodos consecutivos.

3. O quinto árbitro, que será designado por um período de três anos não renovável, salvo acordo em contrário dos Estados-Partes, será escolhido, por unanimidade dos Estados-Partes, da lista referida neste numeral, pelo menos três meses antes da expiração do mandato do quinto árbitro em exercício. Este árbitro terá a nacionalidade de algum dos Estados-Partes do Mercosul, sem prejuízo do disposto no numeral 4 deste Artigo.
Não havendo unanimidade, a designação se fará por sorteio que realizará a Secretaria Administrativa do Mercosul, dentre os integrantes dessa lista, dentro dos dois dias seguintes ao vencimento do referido prazo.
A lista para a designação do quinto árbitro conformar-se-á com oito integrantes. Cada Estado-Parte proporá dois integrantes que deverão ser nacionais dos países do Mercosul.

4. Os Estados-Partes, de comum acordo, poderão definir outros critérios para a designação do quinto árbitro.

5. Pelo menos três meses antes do término do mandato dos árbitros, os Estados-Partes deverão manifestar-se a respeito de sua renovação ou propor novos candidatos.

6. Caso expire o mandato de um árbitro que esteja atuando em uma controvérsia, este deverá permanecer em função até sua conclusão.

7. Aplica-se, no que couber, aos procedimentos descritos neste artigo o disposto no artigo 11.2.

Artigo 19
Disponibilidade Permanente

Os integrantes do Tribunal Permanente de Revisão, uma vez que aceitem sua designação, deverão estar disponíveis permanentemente para atuar quando convocados.

Artigo 20
Funcionamento do Tribunal

1. Quando a controvérsia envolver dois Estados-Partes, o Tribunal estará integrado por três árbitros. Dois árbitros serão nacionais de cada Estado-Parte na controvérsia e o terceiro, que exercerá a Presidência, será designado mediante sorteio a ser realizado pelo Diretor da Secretaria Administrativa do Mercosul, entre os árbitros restantes que não sejam nacionais dos Estados-Partes na controvérsia. A designação do Presidente dar-se-á no dia seguinte à interposição do recurso de revisão, data a partir da qual estará constituído o Tribunal para todos os efeitos.

2. Quando a controvérsia envolver mais de dois Estados-Partes, o Tribunal Permanente de Revisão estará integrado pelos cinco árbitros.

3. Os Estados-Partes, de comum acordo, poderão definir outros critérios para o funcionamento do Tribunal estabelecido neste artigo.

Artigo 21
Contestação do Recurso de Revisão e Prazo para o Laudo

1. A outra parte na controvérsia terá direito a contestar o recurso de revisão interposto, dentro do prazo de quinze dias de notificada a apresentação de tal recurso.

2. O Tribunal Permanente de Revisão pronunciar-se-á sobre o recurso em um prazo máximo de trinta dias, contado a partir da apresentação da contestação a que faz referência o numeral anterior ou do vencimento do prazo para a referida apresentação, conforme o caso. Por decisão do Tribunal, o prazo de trinta dias poderá ser prorrogado por mais quinze dias.

Artigo 22
Alcance do Pronunciamento

1. O Tribunal Permanente de Revisão poderá confirmar, modificar ou revogar a fundamentação jurídica e as decisões do Tribunal Arbitral *Ad hoc*.

2. O laudo do Tribunal Permanente de Revisão será definitivo e prevalecerá sobre o laudo do Tribunal Arbitral *Ad hoc*.

Artigo 23
Acesso direto ao Tribunal Permanente de Revisão

1. As partes na controvérsia, culminado o procedimento estabelecido nos arts. 4º e 5º deste Protocolo, poderão acordar expressamente submeter-se diretamente e em única instância ao Tribunal Permanente de Revisão, caso em que este terá as mesmas competências que um Tribunal Arbitral *Ad hoc*, aplicando-se, no que corresponda, os arts. 9º, 12, 13, 14, 15 e 16 do presente Protocolo.

2. Nessas condições, os laudos do Tribunal Permanente de Revisão serão obrigatórios para os Estados-Partes na controvérsia a partir do recebimento da respectiva notificação, não estarão sujeitos a recursos de revisão e terão, com relação às partes, força de coisa julgada.

Artigo 24
Medidas Excepcionais e de Urgência

O Conselho do Mercado Comum poderá estabelecer procedimentos especiais para atender casos excepcionais de urgência que possam ocasionar danos irreparáveis às Partes.

Capítulo VIII

LAUDOS ARBITRAIS

Artigo 25
Adoção dos Laudos

Os laudos do Tribunal Arbitral *Ad hoc* e os do Tribunal Permanente de Revisão serão adotados por maioria, serão fundamentados e assinados pelo Presidente e pelos demais árbitros. Os árbitros não poderão fundamentar votos em dissidência e deverão manter a confidencialidade da votação. As deliberações também serão confidenciais e assim permanecerão em todo o momento.

Artigo 26
Obrigatoriedade dos Laudos

1. Os laudos dos Tribunais Arbitrais Ad hoc são obrigatórios para os Estados-Partes na controvérsia a partir de sua notificação e terão, em relação a eles, força de coisa julgada se, transcorrido o prazo previsto no artigo 17.1 para interpor recurso de revisão, este não tenha sido interposto.

2. Os laudos do Tribunal Permanente de Revisão são inapeláveis, obrigatórios para os Estados-Partes na controvérsia a partir de sua notificação e terão, com relação a eles, força de coisa julgada.

Artigo 27
Obrigatoriedade do Cumprimento dos Laudos

Os laudos deverão ser cumpridos na forma e com o alcance com que foram emitidos. A adoção de medidas compensatórias nos termos deste Protocolo não exime o Estado-Parte de sua obrigação de cumprir o laudo.

Artigo 28
Recurso de Esclarecimento

1. Qualquer dos Estados-Partes na controvérsia poderá solicitar um esclarecimento do laudo do Tribunal Arbitral Ad hoc ou do Tribunal Permanente de Revisão e sobre a forma com que deverá cumprir-se o laudo, dentro de quinze dias subsequentes à sua notificação.

2. O Tribunal respectivo se expedirá sobre o recurso nos quinze dias subsequentes à apresentação da referida solicitação e poderá outorgar um prazo adicional para o cumprimento do laudo.

Artigo 29
Prazo e Modalidade de Cumprimento

1. Os laudos do Tribunal Ad hoc ou os do Tribunal Permanente de Revisão, conforme o caso, deverão ser cumpridos no prazo que os respectivos Tribunais estabelecerem. Se não for estabelecido um prazo, os laudos deverão ser cumpridos no prazo de trinta dias seguintes à data de sua notificação.

2. Caso um Estado-Parte interponha recurso de revisão, o cumprimento do laudo do Tribunal Arbitral Ad hoc será suspenso durante o trâmite do mesmo.

3. O Estado-Parte obrigado a cumprir o laudo informará à outra parte na controvérsia, assim como ao Grupo Mercado Comum, por intermédio da Secretaria Administrativa do Mercosul, sobre as medidas que adotará para cumprir o laudo, dentro dos quinze dias contados desde sua notificação.

Artigo 30
Divergências sobre o Cumprimento do Laudo

1. Caso o Estado beneficiado pelo laudo entenda que as medidas adotadas não dão cumprimento ao mesmo, terá um prazo de trinta dias, a partir da adoção das mesmas, para levar a situação à consideração do Tribunal Arbitral Ad hoc ou do Tribunal Permanente de Revisão, conforme o caso.

2. O Tribunal respectivo terá um prazo de trinta dias a partir da data que tomou conhecimento da situação para dirimir as questões referidas no numeral anterior.

3. Caso não seja possível a convocação do Tribunal Arbitral Ad hoc que conheceu do caso, outro será conformado com o ou os suplentes necessários mencionados nos arts. 10.2 e 10.3.

Capítulo IX
MEDIDAS COMPENSATÓRIAS

Artigo 31
Faculdade de Aplicar Medidas Compensatórias

1. Se um Estado-Parte na controvérsia não cumprir total ou parcialmente o laudo do Tribunal Arbitral, a outra parte na controvérsia terá a faculdade, dentro do prazo de um ano, contado a partir do dia seguinte ao término do prazo referido no artigo 29.1, e independentemente de recorrer aos procedimentos do artigo 30, de iniciar a aplicação de medidas compensatórias temporárias, tais como a suspensão de concessões ou outras obrigações equivalentes, com vistas a obter o cumprimento do laudo.

2. O Estado-Parte beneficiado pelo laudo procurará, em primeiro lugar, suspender as concessões ou obrigações equivalentes no mesmo setor ou setores afetados. Caso considere impraticável ou ineficaz a suspensão no mesmo setor, poderá suspender concessões ou obrigações em outro setor, devendo indicar as razões que fundamentam essa decisão.

3. As medidas compensatórias a serem tomadas deverão ser informadas formalmente pelo Estado-Parte que as aplicará, com uma antecedência mínima de quinze dias, ao Estado-Parte que deve cumprir o laudo.

Artigo 32
Faculdade de Questionar Medidas Compensatórias

1. Caso o Estado-Parte beneficiado pelo laudo aplique medidas compensatórias por considerar insuficiente o cumprimento do mesmo, mas o Estado-Parte obrigado a cumprir o laudo considerar que as medidas adotadas são satisfatórias, este último terá um prazo de quinze dias, contado a partir da notificação prevista no artigo 31.3, para levar esta situação à consideração do Tribunal Arbitral Ad hoc ou do Tribunal Permanente de Revisão, conforme o caso, o qual terá um prazo de trinta dias desde a sua constituição para se pronunciar sobre o assunto.

2. Caso o Estado-Parte obrigado a cumprir o laudo considere excessivas as medidas compensatórias aplicadas, poderá solicitar, até quinze dias depois da aplicação dessas medidas, que o Tribunal Ad hoc ou o Tribunal Permanente de Revisão, conforme corresponda, se pronuncie a respeito, em um prazo não superior a trinta dias, contado a partir da sua constituição.

   I) O Tribunal pronunciar-se-á sobre as medidas compensatórias adotadas. Avaliará, conforme o caso, a fundamentação apresentada para aplicá-las em um setor distinto daquele afetado, assim como sua proporcionalidade com relação às consequências derivadas do não cumprimento do laudo.

   II) Ao analisar a proporcionalidade, o Tribunal deverá levar em consideração, entre outros elementos, o volume e/ou o valor de comércio no setor afetado, bem como qualquer outro prejuízo ou fator que tenha incidido na determinação do nível ou montante das medidas compensatórias.

3. O Estado-Parte que aplicou as medidas deverá adequá-las à decisão do Tribunal em um prazo máximo de dez dias, salvo se o Tribunal estabelecer outro prazo.

Capítulo X
DISPOSIÇÕES COMUNS AOS CAPÍTULOS VI E VII

Artigo 33
Jurisdição dos Tribunais

Os Estados-Partes declaram reconhecer como obrigatória, *ipso facto* e sem necessidade de acordo especial, a jurisdição dos Tribunais Arbitrais *Ad hoc* que em cada caso se constituam para conhecer e resolver as controvérsias a que se refere o presente Protocolo, bem como a jurisdição do Tribunal Permanente de Revisão para conhecer e resolver as controvérsias conforme as competências que lhe confere o presente Protocolo.

Artigo 34
Direito Aplicável

1. Os Tribunais Arbitrais *Ad hoc* e o Tribunal Permanente de Revisão decidirão a controvérsia com base no Tratado de Assunção, no Protocolo de Ouro Preto, nos protocolos e acordos celebrados no marco do Tratado de Assunção, nas Decisões do Conselho do Mercado Comum, nas Resoluções do Grupo Mercado Comum e nas Diretrizes da Comissão de Comércio do Mercosul, bem como nos princípios e disposições de Direito Internacional aplicáveis à matéria.

2. A presente disposição não restringe a faculdade dos Tribunais Arbitrais *Ad hoc* ou a do Tribunal Permanente de Revisão, quando atue como instância direta e única conforme o disposto no artigo 23, de decidir a controvérsia *ex aequo et bono*, se as partes assim acordarem.

Artigo 35
Qualificação dos Árbitros

1. Os árbitros dos Tribunais Arbitrais *Ad hoc* e os do Tribunal Permanente de Revisão deverão ser juristas de reconhecida competência nas matérias que possam ser objeto das controvérsias e ter conhecimento do conjunto normativo do Mercosul.

2. Os árbitros deverão observar a necessária imparcialidade e independência funcional da Administração Pública Central ou direta dos Estados-Partes e não ter interesses de índole alguma na controvérsia. Serão designados em função de sua objetividade, confiabilidade e bom senso.

Artigo 36
Custos

1. Os gastos e honorários ocasionados pela atividade dos árbitros serão custea-dos pelo país que os designe e os gastos e honorários do Presidente do Tribunal Arbitral *Ad hoc* serão custeados em partes iguais pelos Estados-Partes na controvérsia, a menos que o Tribunal decida distribuí-los em proporção distinta.

2. Os gastos e honorários ocasionados pela atividade dos árbitros do Tribunal Permanente de Revisão serão custeados em partes iguais pelos Estados-partes na controvérsia, a menos que o Tribunal decida distribuí-los em proporção distinta.

3. Os gastos que se referem os incisos anteriores poderão ser pagos por intermédio da Secretaria Administrativa do Mercosul. Os pagamentos poderão ser realizados por intermédio de um Fundo Especial que poderá ser criado pelos Estados-Partes ao depositar as contribuições relativas ao orçamento da Secretaria Administrativa do Mercosul, conforme o artigo 45 do Protocolo de Ouro Preto, ou no momento de iniciar os procedimentos previstos nos Capítulos VI ou VII do presente Protocolo. O Fundo será administrado pela Secretaria Administrativa do Mercosul, a qual deverá anualmente prestar contas aos Estados-Partes sobre sua utilização.

Artigo 37
Honorários e demais Gastos

Os honorários, gastos de transporte, hospedagem, diárias e outros gastos dos árbitros serão determinados pelo Grupo Mercado Comum.

Artigo 38
Sede

A sede do Tribunal Arbitral Permanente de Revisão será a cidade de Assunção. Não obstante, por razões fundamentadas, o Tribunal poderá reunir-se, excepcionalmente, em outras cidades do Mercosul. Os Tribunais Arbitrais *Ad hoc* poderão reunir-se em qualquer cidade dos Estados-Partes do Mercosul.

Capítulo XI

RECLAMAÇÕES DE PARTICULARES

Artigo 39
Âmbito de Aplicação

O procedimento estabelecido no presente Capítulo aplicar-se-á às reclamações efetuadas por particulares (pessoas físicas ou jurídicas) em razão da sanção ou aplicação, por qualquer dos Estados-Partes, de medidas legais ou administrativas de efeito restritivo, discriminatórias ou de concorrência desleal, em violação do Tratado de Assunção, do Protocolo de Ouro Preto, dos protocolos e acordos celebrados no marco do Tratado de Assunção, das Decisões do Conselho do Mercado Comum, das Resoluções do Grupo Mercado Comum e das Diretrizes da Comissão de Comércio do Mercosul.

Artigo 40
Início do Trâmite

1. Os particulares afetados formalizarão as reclamações ante a Seção Nacional do Grupo Mercado Comum do Estado-Parte onde tenham sua residência habitual ou a sede de seus negócios.

2. Os particulares deverão fornecer elementos que permitam determinar a veracidade da violação e a existência ou ameaça de um prejuízo, para que a reclamação seja admitida pela Seção Nacional e para que seja avaliada pelo Grupo Mercado Comum e pelo grupo de especialistas, se for convocado.

Artigo 41
Procedimento

1. A menos que a reclamação se refira a uma questão que tenha motivado o início de um procedimento de Solução de Controvérsias de acordo com os Capítulos

IV a VII deste Protocolo, a Seção Nacional do Grupo Mercado Comum que tenha admitido a reclamação conforme o artigo 40 do presente Capítulo deverá entabular consultas com a Seção Nacional do Grupo Mercado Comum do Estado-Parte a que se atribui a violação, a fim de buscar, mediante as consultas, uma solução imediata à questão levantada. Tais consultas se darão por concluídas automaticamente e sem mais trâmites se a questão não tiver sido resolvida em um prazo de quinze dias contado a partir da comunicação da reclamação ao Estado-Parte a que se atribui a violação, salvo se as partes decidirem outro prazo.

2. Finalizadas as consultas, sem que se tenha alcançado uma solução, a Seção Nacional do Grupo Mercado Comum elevará a reclamação sem mais trâmite ao Grupo Mercado Comum.

Artigo 42
Intervenção do Grupo Mercado Comum

1. Recebida a reclamação, o Grupo Mercado Comum avaliará os requisitos estabelecidos no artigo 40.2, sobre os quais se baseou sua admissão pela Seção Nacional, na primeira reunião subsequente ao seu recebimento. Se concluir que não estão reunidos os requisitos necessários para dar-lhe curso, rejeitará a reclamação sem mais trâmite, devendo pronunciar-se por consenso.

2. Se o Grupo Mercado Comum não rejeitar a reclamação, esta considerar-se-á admitida. Neste caso, o Grupo Mercado Comum procederá de imediato à convocação de um grupo de especialistas que deverá emitir um parecer sobre sua procedência, no prazo improrrogável de trinta dias contado a partir da sua designação.

3. Nesse prazo, o grupo de especialistas dará oportunidade ao particular reclamante e aos Estados envolvidos na reclamação de serem ouvidos e de apresentarem seus argumentos, em audiência conjunta.

Artigo 43
Grupo de Especialistas

1. O grupo de especialistas a que faz referência o artigo 42.2 será composto de três membros designados pelo Grupo Mercado Comum ou, na falta de acordo sobre um ou mais especialistas, estes serão escolhidos por votação que os Estados-Partes realizarão dentre os integrantes de uma lista de vinte e quatro especialistas. A Secretaria Administrativa do Mercosul comunicará ao Grupo Mercado Comum o nome do especialista ou dos especialistas que tiverem recebido o maior número de votos. Neste último caso, e salvo se o Grupo Mercado Comum decidir de outra maneira, um dos especialistas designados não poderá ser nacional do Estado contra o qual foi formulada a reclamação, nem do Estado no qual o particular formalizou sua reclamação, nos termos do artigo 40.

2. Com o fim de constituir a lista dos especialistas, cada um dos Estados-Partes designará seis pessoas de reconhecida competência nas questões que possam ser objeto de reclamação. Esta lista ficará registrada na Secretaria Administrativa do Mercosul.

3. Os gastos derivados da atuação do grupo de especialistas serão custeados na proporção que determinar o Grupo Mercado Comum ou, na falta de acordo, em montantes iguais pelas partes diretamente envolvidas na reclamação.

Artigo 44
Parecer do Grupo de Especialistas

1. O grupo de especialistas elevará seu parecer ao Grupo Mercado Comum.

I) Se, em parecer unânime, se verificar a procedência da reclamação formulada contra um Estado-Parte, qualquer outro Estado-Parte poderá requerer-lhe a adoção de medidas corretivas ou a anulação das medidas questionadas. Se o requerimento não prosperar num prazo de quinze dias, o Estado-Parte que o efetuou poderá recorrer diretamente ao procedimento arbitral, nas condições estabelecidas no Capítulo VI do presente Protocolo.

II) Recebido um parecer que considere improcedente a reclamação por unanimidade, o Grupo Mercado Comum imediatamente dará por concluída a mesma no âmbito do presente Capítulo.

III) Caso o grupo de especialistas não alcance unanimidade para emitir um parecer, elevará suas distintas conclusões ao Grupo Mercado Comum que, imediatamente, dará por concluída a reclamação no âmbito do presente Capítulo.

2. A conclusão da reclamação por parte do Grupo Mercado Comum, nos termos das alíneas (*II*) e (*III*) do numeral anterior, não impedirá que o Estado-Parte reclamante dê início aos procedimentos previstos nos Capítulos IV a VI do presente Protocolo.

Capítulo XII

DISPOSIÇÕES GERAIS
Artigo 45
Acordo ou Desistência

Em qualquer fase dos procedimentos, a parte que apresentou a controvérsia ou a reclamação poderá desistir das mesmas, ou as partes envolvidas no caso poderão chegar a um acordo dando-se por concluída a controvérsia ou a reclamação, em ambos os casos. As desistências e acordos deverão ser comunicados por intermédio da Secretaria Administrativa do Mercosul ao Grupo Mercado Comum, ou ao Tribunal que corresponda, conforme o caso.

Artigo 46
Confidencialidade

1. Todos os documentos apresentados no âmbito dos procedimentos previstos neste Protocolo são de caráter reservado às partes na controvérsia, à exceção dos laudos arbitrais.

2. A critério da Seção Nacional do Grupo Mercado Comum de cada Estado-Parte e quando isso seja necessário para a elaboração das posições a serem apresentadas ante o Tribunal, esses documentos poderão ser dados a conhecer, exclusivamente, aos setores com interesse na questão.

3. Não obstante o estabelecido no numeral 1, o Conselho do Mercado Comum regulamentará a modalidade de divulgação dos textos e apresentações relativos a controvérsias já concluídas.

Artigo 47
Regulamentação

O Conselho do Mercado Comum aprovará a regulamentação do presente Protocolo no prazo de sessenta dias a partir de sua entrada em vigência.

Artigo 48
Prazos

1. Todos os prazos estabelecidos no presente Protocolo são peremptórios e serão contados por dias corridos a partir do dia seguinte ao ato ou fato a que se referem. Não obstante, se o vencimento do prazo para apresentar um texto ou cumprir uma diligência não ocorrer em dia útil na sede da Secretaria Administrativa do Mercosul, a apresentação do texto ou cumprimento da diligência poderão ser feitos no primeiro dia útil imediatamente posterior a essa data.

2. Não obstante o estabelecido no numeral anterior, todos os prazos previstos no presente Protocolo poderão ser modificados de comum acordo pelas partes na controvérsia. Os prazos previstos para os procedimentos tramitados ante os Tribunais Arbitrais *Ad hoc* e ante o Tribunal Permanente de Revisão poderão ser modificados quando as partes na controvérsia o solicitem ao respectivo Tribunal e este o conceda.

Capítulo XIII
DISPOSIÇÕES TRANSITÓRIAS

Artigo 49
Notificações Iniciais

Os Estados-Partes realizarão as primeiras designações e notificações previstas nos artigos 11, 18 e 43.2 em um prazo de trinta dias, contado a partir da entrada em vigor do presente Protocolo.

Artigo 50
Controvérsias em Trâmite

As controvérsias em trâmite iniciadas de acordo com o regime do Protocolo de Brasília continuarão a ser regidas exclusivamente pelo mesmo até sua total conclusão.

Artigo 51
Regras de Procedimento

1. O Tribunal Permanente de Revisão adotará suas próprias regras de procedimento no prazo de trinta dias, contado a partir de sua constituição, as quais deverão ser aprovadas pelo Conselho do Mercado Comum.

2. Os Tribunais Arbitrais *Ad hoc* adotarão suas próprias regras de procedimento, tomando como referência as Regras Modelos a serem aprovadas pelo Conselho do Mercado Comum.

3. As regras mencionadas nos numerais precedentes deste artigo garantirão que cada uma das partes na controvérsia tenha plena oportunidade de ser ouvida e de apresentar seus argumentos e assegurarão que os processos se realizem de forma expedita.

Capítulo XIV
DISPOSIÇÕES FINAIS

Artigo 52
Vigência e depósito

1. O presente Protocolo, parte integrante do Tratado de Assunção, entrará em vigor no trigésimo dia a partir da data em que tenha sido depositado o quarto instrumento de ratificação.

2. A República do Paraguai será depositária do presente Protocolo e dos instrumentos de ratificação e notificará aos demais Estados-Partes a data de depósito desses instrumentos, enviando cópia devidamente autenticada deste Protocolo ao demais Estados-Partes.

Artigo 53
Revisão do Sistema

Antes de culminar o processo de convergência da tarifa externa comum, os Estados-Partes efetuarão uma revisão do atual sistema de solução de controvérsias, com vistas à adoção do Sistema Permanente de Solução de Controvérsias para o Mercado Comum a que se refere o numeral 3 do Anexo III do Tratado de Assunção.

Artigo 54
Adesão ou Denúncia *Ipso Jure*

A adesão ao Tratado de Assunção significará *ipso jure* a adesão ao presente Protocolo.

A denúncia do presente Protocolo significará *ipso jure* a denúncia do Tratado de Assunção.

Artigo 55
Derrogação

1. O presente Protocolo derroga, a partir de sua entrada em vigência, o Protocolo de Brasília para a Solução de Controvérsias, adotado em 17 de dezembro de 1991 e o Regulamento do Protocolo de Brasília, aprovado pela Decisão CMC 17/1998.

2. Não obstante, enquanto as controvérsias iniciadas sob o regime do Protocolo de Brasília não estejam concluídas totalmente e até se completarem os procedimentos previstos no artigo 49, continuará sendo aplicado, no que corresponda, o Protocolo de Brasília e seu Regulamento.

3. As referências ao Protocolo de Brasília que figuram no Protocolo de Ouro Preto e seu Anexo, entendem-se remetidas, no que corresponda, ao presente Protocolo.

Artigo 56
Idiomas

Serão idiomas oficiais em todos os procedimentos previstos no presente Protocolo o português e o espanhol.

Feito na cidade de Olivos, Província de Buenos Aires, República Argentina aos dezoito dias do mês de fevereiro de dois mil e dois, em um original, nos idiomas português e espanhol, sendo ambos os textos igualmente autênticos.

PELA REPÚBLICA ARGENTINA:
Eduardo Duhalde
Carlos Ruckauf

PELA REPÚBLICA FEDERATIVA DO BRASIL:
Fernando Henrique Cardoso
Celso Lafer

PELA REPÚBLICA DO PARAGUAI:
Luiz Gonzales Macchi
José Antonio Moreno Ruffinelli

PELA REPÚBLICA ORIENTAL DO URUGUAI:
Jorge Battle Ibañez
Didier Opertti

TRATADO PARA A CONSTITUIÇÃO DE UM MERCADO COMUM ENTRE A REPÚBLICA ARGENTINA, A REPÚBLICA FEDERATIVA DO BRASIL, A REPÚBLICA DO PARAGUAI E A REPÚBLICA ORIENTAL DO URUGUAI

► Celebrado em Assunção, Paraguai, em 26-3-1991. Aprovado no Brasil pelo Dec. Legislativo nº 197, de 25-9-1991, e promulgado pelo Dec. nº 350, de 21-11-1991.

A República Argentina, a República Federativa do Brasil, a República do Paraguai e a República Oriental do Uruguai, doravante denominados "Estados-Partes".

Considerando que a ampliação das atuais dimensões de seus mercados nacionais, através da integração constitui condição fundamental para acelerar seus processos de desenvolvimento econômico com justiça social;

Entendendo que esse objetivo deve ser alcançado mediante o aproveitamento mais eficaz dos recursos disponíveis, a preservação do meio ambiente, o melhoramento das interconexões físicas, a coordenação de políticas macroeconômica da complementação dos diferentes setores da economia, com base nos princípios de gradualidade, flexibilidade e equilíbrio;

Tendo em conta a evolução dos acontecimentos internacionais, em especial a consolidação de grandes espaços econômicos, e a importância de lograr uma adequada inserção internacional para seus países;

Expressando que este processo de integração constitui uma resposta adequada a tais acontecimentos;

Conscientes de que o presente Tratado deve ser considerado como um novo avanço no esforço tendente ao desenvolvimento progressivo da integração da América Latina, conforme o objetivo do Tratado de Montevidéu de 1980;

Convencidos da necessidade de promover o desenvolvimento científico e tecnológico dos Estados-Partes e de modernizar suas economias para ampliar a oferta e a qualidade dos bens de serviços disponíveis, a fim de melhorar as condições de vida de seus habitantes;

Reafirmando sua vontade política de deixar estabelecidas as bases para uma união cada vez mais estreita entre seus povos, com a finalidade de alcançar os objetivos supramencionados,

Acordam:

Capítulo I

PROPÓSITO, PRINCÍPIOS E INSTRUMENTOS

Artigo 1º

Os Estados-Partes decidem constituir um Mercado Comum, que deverá estar estabelecido a 31 de dezembro de 1994, e que se denominará "Mercado Comum do Sul" (Mercosul).

Este Mercado Comum implica:

A livre circulação de bens, serviços e fatores produtivos entre os países, através, entre outros, da eliminação dos direitos alfandegários e restrições não tarifárias à circulação de mercadorias e de qualquer outra medida de efeito equivalente;

O estabelecimento de uma tarifa externa comum e a adoção de uma política comercial comum em relação a terceiros Estados ou agrupamentos de Estados e a coordenação de posições em foros econômico-comerciais regionais e internacionais;

A coordenação de políticas macroeconômicas e setoriais entre os Estados-Partes: de comércio exterior, agrícola, industrial, fiscal, monetária, cambial e de capitais, de serviços, alfandegária, de transportes e comunicações e outras que se acordem, a fim de assegurar condições adequadas de concorrência entre os Estados-Partes; e

O compromisso dos Estados-Partes de harmonizar suas legislações, nas áreas pertinentes, para lograr o fortalecimento do processo de integração.

Artigo 2º

O Mercado Comum estará fundado na reciprocidade de direitos e obrigações entre os Estados-Partes.

Artigo 3º

Durante o período de transição, que se estenderá desde a entrada em vigor do presente Tratado até 31 de dezembro de 1994, e a fim de facilitar a constituição do Mercado Comum, os Estados-Partes adotam um Regime Geral de Origem, um Sistema de Solução de Controvérsias e Cláusulas de Salvaguarda, que constam como Anexos II, III e IV ao presente Tratado.

Artigo 4º

Nas relações com terceiros países, os Estados-Partes assegurarão condições equitativas de comércio. Para tal fim, aplicarão suas legislações nacionais, para inibir importações cujos preços estejam influenciados por subsídios, *dumping* qualquer outra prática desleal. Paralelamente, os Estados-Partes coordenarão suas respectivas políticas nacionais com o objetivo de elaborar normas comuns sobre concorrência comercial.

Artigo 5º

Durante o período de transição, os principais instrumentos para a constituição do Mercado Comum são:

a) Um Programa de Liberação Comercial, que consistirá em reduções tarifárias progressivas, lineares e automáticas, acompanhadas da eliminação de restrições não tarifárias ou medidas de efeito equivalente, assim como de outras restrições ao comércio entre os Estados-Partes, para chegar a 31 de dezembro de 1994 com tarifa zero, sem barreiras não tarifárias sobre a totalidade do universo tarifário (Anexo I);

b) A coordenação de políticas macroeconômicas que se realizará gradualmente e de forma convergente com os programas de desgravação tarifária e eliminação de restrições não tarifárias, indicados na letra anterior;

c) Uma tarifa externa comum, que incentiva a competitividade externa dos Estados-Partes;

d) A adoção de acordos setoriais, com o fim de otimizar a utilização e mobilidade dos fatores de produção e alcançar escalas operativas eficientes.

Artigo 6º

Os Estados-Partes reconhecem diferenças pontuais de ritmo para a República do Paraguai e para a República Oriental do Uruguai, que constam no Programa de Liberação Comercial (Anexo I).

Artigo 7º

Em matéria de impostos, taxas e outros gravames internos, os produtos originários do território de um Estado-Parte gozarão, nos outros Estados-Partes, do mesmo tratamento que se aplique ao produto nacional.

Artigo 8º

Os Estados-Partes se comprometem a preservar os compromissos assumidos até a data de celebração do presente Tratado, inclusive os Acordos firmados no âmbito da Associação Latino-Americana de Integração, e a coordenar suas posições nas negociações comerciais externas que empreendam durante o período de transição. Para tanto:

a) Evitarão afetar os interesses dos Estados-Partes nas negociações comerciais que realizem entre si até 31 de dezembro de 1994;
b) Evitarão afetar os interesses dos demais Estados-Partes ou os objetivos do Mercado Comum nos Acordos que celebrarem com outros Países-membros da Associação Latino-Americana de Integração durante o período de transição;
c) Realizarão consultas entre si sempre que negociem esquemas amplos de desgravação tarifárias, tendentes à formação de zonas de livre comércio com os demais países membros da Associação Latino-Americana de Integração;
d) Estenderão automaticamente aos demais Estados-Partes qualquer vantagem, favor, franquia, imunidade ou privilégio que concedam a um produto originário de ou destinado a terceiros países não membros da Associação Latino-Americana de Integração.

Capítulo II

ESTRUTURA ORGÂNICA

Artigo 9º

A administração e execução do presente Tratado e dos Acordos específicos e decisões que se adotem no quadro jurídico que o mesmo estabelece durante o período de transição estarão a cargo dos seguintes órgãos:

a) Conselho do Mercado Comum;
b) Grupo do Mercado Comum.

Artigo 10

O Conselho é o órgão superior do Mercado Comum, correspondendo-lhe a condução política do mesmo e a tomada de decisões para assegurar o cumprimento dos objetivos e prazos estabelecidos para a constituição definitiva do Mercado Comum.

Artigo 11

O Conselho estará integrado pelos Ministros de Relações Exteriores e os Ministros de Economia dos Estados-Partes.

Reunir-se-á quantas vezes estime oportuno, e, pelo menos uma vez ao ano, o fará com a participação dos Presidentes dos Estados-Partes.

Artigo 12

A Presidência do Conselho se exercerá por rotação dos Estados-Partes e em ordem alfabética, por períodos de seis meses.

As reuniões do Conselho serão coordenadas pelos Ministros de Relações Exteriores e poderão ser convidados a delas participar outros Ministros ou autoridades de nível Ministerial.

Artigo 13

O Grupo Mercado Comum é o órgão executivo do Mercado Comum e será coordenado pelos Ministérios das Relações Exteriores.

O Grupo Mercado Comum terá faculdade de iniciativa. Suas funções serão as seguintes:

– velar pelo cumprimento do Tratado;
– tomar as providências necessárias ao cumprimento das decisões adotadas pelo Conselho;
– propor medidas concretas tendentes à aplicação do Programa de Liberação Comercial, à coordenação de política macroeconômica e à negociação de Acordos frente a terceiros;
– fixar programas de trabalho que assegurem avanços para o estabelecimento do Mercado Comum.

O Grupo Mercado Comum poderá constituir os Subgrupos de Trabalho que forem necessários para o cumprimento de seus objetivos. Contará inicialmente com os Subgrupos mencionados no Anexo V.

O Grupo Mercado Comum estabelecerá seu regime interno no prazo de 60 dias de sua instalação.

Artigo 14

O Grupo Mercado Comum estará integrado por quatro membros titulares e quatro membros alternos por país, que representem os seguintes órgãos públicos:

– Ministério das Relações Exteriores;
– Ministério da Economia seus equivalentes (áreas de indústria, comércio exterior e/ou coordenação econômica);
– Banco Central.

Ao elaborar e propor medidas concretas no desenvolvimento de seus trabalhos, até 31 de dezembro de 1994, o Grupo Mercado Comum poderá convocar, quando julgar conveniente, representantes de outros órgãos da Administração Pública e do setor privado.

Artigo 15

O Grupo Mercado Comum contará com uma Secretaria Administrativa cujas principais funções consistirão na guarda de documentos e comunicações de atividades do mesmo. Terá sua sede na cidade de Montevidéu.

Artigo 16

Durante o período de transição, as decisões do Conselho do Mercado Comum e do Grupo Mercado Comum serão tomadas por consenso e com a presença de todos os Estados-Partes.

Artigo 17

Os idiomas oficiais do Mercado Comum serão o português e o espanhol e a versão oficial dos documentos de trabalho será a do idioma do país sede de cada reunião.

ARTIGO 18

Antes do estabelecimento do Mercado Comum, a 31 de dezembro de 1994, os Estados-Partes convocarão uma reunião extraordinária com o objetivo de determinar a estrutura institucional definitiva dos órgãos de administração do Mercado Comum, assim como as atribuições específicas de cada um deles e seu sistema de tomada de decisões.

CAPÍTULO III

VIGÊNCIA

ARTIGO 19

O presente Tratado terá duração indefinida e entrará em vigor 30 dias após a data do depósito do terceiro instrumento de ratificação. Os instrumentos de ratificação serão depositados ante o Governo da República do Paraguai, que comunicará a data do depósito aos Governos dos demais Estados-Partes.

O Governo da República do Paraguai notificará ao Governo de cada um dos demais Estados-Partes a data de entrada em vigor do presente Tratado.

CAPÍTULO IV

ADESÃO

ARTIGO 20

O presente Tratado estará aberto à adesão, mediante negociação, dos demais países-membros da Associação Latino-Americana de Integração, cujas solicitações poderão ser examinadas pelos Estados-Partes depois de cinco anos de vigência deste Tratado.

Não obstante, poderão ser consideradas antes do referido prazo as solicitações apresentadas por países membros da Associação Latino-Americana de Integração que não façam parte de esquemas de integração subregional ou de uma associação extrarregional.

A aprovação das solicitações será objeto de decisão unânime dos Estados-Partes.

CAPÍTULO V

DENÚNCIA

ARTIGO 21

O Estado-Parte que desejar desvincular-se do presente Tratado deverá comunicar essa intenção aos demais Estados-Partes de maneira expressa e formal, efetuando no prazo de sessenta dias a entrega do documento de denúncia ao Ministério das Relações Exteriores da República do Paraguai, que o distribuirá; aos demais Estados-Partes.

ARTIGO 22

Formalizada a denúncia, cessarão para o Estado denunciante os direitos e obrigações que correspondam a sua condição de Estado-Parte, mantendo-se os referentes ao programa de liberação do presente Tratado e outros aspectos que os Estados-Partes, juntos com o Estado denunciante, acordem no prazo de sessenta dias após a formalização da denúncia. Esses direitos e obrigações do Estado denunciante continuarão em vigor por um período de dois anos a partir da data da mencionada formalização.

CAPÍTULO VI

DISPOSIÇÕES GERAIS

ARTIGO 23

O presente Tratado se chamará "Tratado de Assunção".

ARTIGO 24

Com o objetivo de facilitar a implementação do Mercado Comum, estabelecer-se-á Comissão Parlamentar Conjunta do MERCOSUL. Os Poderes Executivos dos Estados-Partes manterão seus respectivos Poderes Legislativos informados sobre a evolução do Mercado Comum objeto do presente Tratado.

Feito na cidade de Assunção, aos 26 dias do mês março de mil novecentos e noventa e um, em um original, nos idiomas português e espanhol, sendo ambos os textos igualmente autênticos. O Governo da República do Paraguai será o depositário do presente Tratado e enviará cópia devidamente autenticada do mesmo aos Governos dos demais Estados-Partes signatários e aderentes.

PELO GOVERNO DA REPÚBLICA ARGENTINA
Carlos Saul Menem
Guido Di Tella

PELO GOVERNO DA REPÚBLICA
FEDERATIVA DO BRASIL
Fernando Collor
Francisco Rezek

PELO GOVERNO DA REPÚBLICA DO PARAGUAI
Andres Rodríguez
Alexis Frutos Vaesken

PELO GOVERNO DA REPÚBLICA ORIENTAL DO
URUGUAI
Luis Alberto Lacalle Herrera
Hector Gros Espiel

▶ Optamos por não publicar os Anexos nesta edição.

PROTOCOLO ADICIONAL AO ACORDO QUADRO SOBRE MEIO AMBIENTE DO MERCOSUL EM MATÉRIA DE COOPERAÇÃO E ASSISTÊNCIA FRENTE A EMERGÊNCIAS AMBIENTAIS

▶ Aprovado, no Brasil, pelo Dec. Legislativo nº 150, de 14-6-2011, e promulgado pelo Dec.nº 7.940, de 20-2-2013.

A República Argentina, a República Federativa do Brasil, a República do Paraguai e a República Oriental do Uruguai, a seguir os Estados-Partes;

Considerando a importância de promover a cooperação mútua frente a emergências ambientais no território de um Estado-Parte, que por suas características possam provocar danos ao meio ambiente e às populações;

Reconhecendo a necessidade de proteger de maneira especial os setores pobres, que são os mais afetados pela degradação ambiental e os mais prejudicados em casos de emergências ambientais;

Considerando a necessidade de contar com um instrumento jurídico de cooperação para prevenir, mitigar, responder imediatamente e recuperar em casos de emergências ambientais;

Convencidos de que a cooperação e assistência mútua, o intercâmbio de informações e a definição de riscos comuns entre os Estados-Partes são de vital importância para a segurança regional e que as ações operativas neste âmbito devem realizar-se de forma coordenada e conjunta na ocorrência de emergências ambientais;

Na certeza de que a solidariedade e a boa vizinhança são manifestadas especialmente frente a emergências ambientais e que para isso é preciso estabelecer procedimentos que permitam atuar com maior eficácia, rapidez e previsibilidade;

Acordam:

Artigo 1º
Definições de Termos

Para os efeitos do presente Protocolo, se entenderá por:

a) Emergência ambiental: situação resultante de um fenômeno de origem natural ou antrópica que seja susceptível de provocar graves danos ao meio ambiente ou aos ecossistemas e que, por suas características, requeira assistência imediata.
b) Ponto Focal: o(s) organismo(s) competente(s) que cada Estado-Parte identifique como tal, para intervir em caso de emergências ambientais.

Artigo 2º
Objeto

Os Estados-Partes, por meio de seus Pontos Focais, prestarão cooperação recíproca e assistência quando ocorrer uma emergência que tenha consequências efetivas ou potenciais no meio ambiente ou na população de seu próprio território ou de outro Estado-Parte, de acordo com as disposições gerais e particulares do presente Protocolo.

Artigo 3º
Alcance

Os Estados-Partes desenvolverão ações com vistas a harmonizar procedimentos compatíveis para atuar em caso de emergências ambientais.

Para isso, a cooperação nessa matéria será implementada por meio de:

a) intercâmbio prévio de informações sobre situações que requeiram medidas comuns de prevenção e sobre aquelas que possam resultar em emergência ambiental;
b) intercâmbio de informações e experiências em matéria de prevenção, mitigação, alerta, resposta, reconstrução e recuperação;
c) intercâmbio de informações em matéria de tecnologias aplicáveis;
d) planejamento conjunto para redução de riscos;
e) elaboração de planos, programas e projetos de contingência, para atuação conjunta;
f) incorporação de estatísticas sobre situações de emergências ambientais produzidas na região ao Sistema de Informações Ambientais do MERCOSUL (SIAM);
g) criação de um banco de especialistas em emergências ambientais, para sua inclusão no SIAM;
h) utilização de pessoal e meios de um Estado-Parte por solicitação de outro;
i) prestação de apoio técnico e logístico para atender às emergências ambientais por solicitação de um dos Estados-Partes; e
j) capacitação de recursos humanos.

Artigo 4º
Procedimento de Notificação
de Emergências Ambientais

1. Na ocorrência efetiva ou potencial de um evento, a informação deverá ser transmitida com o emprego do formulário, que consta como Anexo ao presente Protocolo.

2. O Ponto Focal do Estado-Parte em cujo território tenha ocorrido uma emergência ambiental comunicará ao Ponto Focal do Estado ou dos Estados-Partes em cujo território tal emergência ambiental possa ter consequências efetivas ou potenciais, imediatamente após ter tomado conhecimento do evento.

3. O Estado-Parte que origina a notificação convidará os Pontos Focais dos Estados-Partes, efetiva ou potencialmente afetados, a designar especialistas para conformar uma Comissão de Especialistas, que terá por objetivo avaliar a situação inicial, seu desenvolvimento e recomendar soluções técnicas destinadas a minimizar os efeitos danosos.

4. O Estado onde a emergência ocorreu enviará aos demais Estados-Partes um informe final, que contemple os detalhes do ocorrido e as recomendações que considere pertinentes em matéria de prevenção.

Artigo 5º
Procedimento de Assistência

1. Os Pontos Focais que recebam notificação e solicitação de assistência no caso de uma emergência ambiental poderão enviar ao local do evento, para efeito de conhecer o fenômeno *in situ*, uma missão de avaliação de danos e análise de necessidades.

2. Quando a capacidade local de resposta à emergência, com os meios e recursos locais existentes no próprio território, seja excedida, as autoridades competentes de tal território, mediante o uso do formulário que consta no Anexo do presente Protocolo, comunicará, por meio do Ponto Focal, as outras e solicitará, quando for o caso, o tipo de assistência que resulte necessária.

3. Quando a urgência do ocorrido não admita demora, as autoridades de nível operativo local do território afetado poderão efetuar a comunicação diretamente às autoridades de nível operativo do país vizinho, sem prejuízo da solicitação de assistência enviada simultaneamente ao respectivo Ponto Focal nacional. As autoridades locais requeridas somente atuarão mediante a autorização prévia de seu Ponto Focal.

4. Os funcionários do Estado-Parte requerido somente poderão exercer tarefas de colaboração vinculadas às ações que a emergência requeira, mantendo em todo momento sua estrutura operacional, relação de comando e regime disciplinar, conforme estabelecido por suas leis e regulamentos, ficando proibido seu emprego em tarefas de manutenção da ordem pública, bem como sua participação na execução de medidas extraordinárias de caráter administrativo que suponham a suspensão ou restrição de direitos garantidos constitucionalmente pelos Estados-Partes.

Artigo 6º
Informação sobre a Missão

Os Estados-Partes que enviem uma missão de assistência ou avaliação de danos e análise de necessidades, anteciparão aos Pontos Focais que cooperam na emergência ambiental: nome(s) do(s) funcionário(s) responsável(is); seu pessoal; equipamento; organismo(s) a que pertence(m); cargo(s); seu(s) documento(s) de identidade; meio de transporte; lugar, data e hora estimada de chegada.

Artigo 7º
Entrada da Missão

O Estado-Parte que fez a notificação e pedido de assistência facilitará a entrada da missão de avaliação ou assistência, bem como dos materiais e equipamentos a serem empregados. Os materiais e equipamentos estarão sujeitos à legislação vigente no âmbito do MERCOSUL.

Artigo 8º
Financiamento da Assistência

Os gastos resultantes da missão de assistência serão de responsabilidade do Estado-Parte que a solicite, a menos que se acorde outra modalidade.

Artigo 9º
Intercâmbio de Informações e Experiências

1. Os Estados-Partes intercambiarão informações sobre o quadro normativo, tecnologias disponíveis aplicáveis às ações, experiências em matéria de prevenção, mitigação, alerta, resposta e recuperação, bem como a organização existente em suas respectivas jurisdições em matéria de emergências ambientais.

2. Sobre a base da cooperação recíproca que anima o presente Protocolo, os Estados-Partes poderão implementar um programa de estágios, destinado ao treinamento, capacitação e atualização profissional dos funcionários das áreas competentes.

Artigo 10
Pontos Focais

1. Cada Estado-Parte comunicará aos demais e à Secretaria do MERCOSUL, dentro de trinta (30) dias da entrada em vigor do presente Protocolo, o(s) Ponto(s) Focal(is) que deverá(ão) efetuar ou receber as notificações e comunicações em caso de emergências ambientais.

2. Para o caso dos mecanismos de exceção previstos na presente Decisão, cada Estado-Parte poderá informar quais são os organismos nacionais, provinciais/estaduais e municipais/departamentais competentes.

Artigo 11
Disposições Gerais

O presente Protocolo terá duração indefinida e entrará em vigor 30 (trinta) dias depois da data do depósito do quarto instrumento de ratificação.

O Governo da República do Paraguai será o depositário do presente Protocolo e de seus respectivos instrumentos de ratificação.

O Governo da República do Paraguai notificará aos Governos dos demais Estados-Partes e a Secretaria do MERCOSUL a data de depósito dos instrumentos de ratificação e a data de entrada em vigor do presente Protocolo.

Assinado em Porto Iguaçu aos sete dias do mês de julho de dois mil e quatro, em um original nos idiomas espanhol e português, sendo ambos textos igualmente autênticos.

Rafael Bielsa
Pela República Argentina
Celso Amorim
Pela República Federativa do Brasil
Leila Rachid
Pela República do Paraguai
Didier Opertti
Pela República Oriental do Uruguai

▶ Optamos por não publicar o anexo nesta edição.

NACIONALIDADE E ESTRANGEIROS

CONVENÇÃO SOBRE OS ESTRANGEIROS

▶ Promulgada pelo Dec. nº 18.956, de 22-10-1929.

Art. 1º Os Estados têm o direito de estabelecer, por meio de leis, as condições de entrada e residência dos estrangeiros nos seus territórios.

Art. 2º Os estrangeiros estão sujeitos, tanto quanto os nacionais, à jurisdição e leis locais, observadas as limitações estipuladas nas convenções e tratados.

Art. 3º Os estrangeiros não podem ser obrigados ao serviço militar; mas, os domiciliados, a não ser que prefiram sair do país, poderão ser obrigados, nas mesmas condições que os nacionais, ao serviço de polícia, bombeiros ou milícia para a proteção do local dos respectivos domicílios, contra catástrofes naturais ou perigos que não sejam provenientes de guerra.

Art. 4º Os estrangeiros estão obrigados às contribuições ordinárias ou extraordinárias, assim como aos empréstimos forçados, sempre que tais medidas sejam gerais para a população.

Art. 5º Os Estados devem conceder aos estrangeiros domiciliados ou de passagem em seu território todas as garantias individuais que concedem aos seus próprios nacionais e o gozo dos direitos civis essenciais, sem prejuízo, no que concerne aos estrangeiros, das prescrições legais relativas à extensão e modalidades do exercício dos ditos direitos e garantias.

Art. 6º Os Estados podem, por motivo de ordem ou de segurança pública, expulsar o estrangeiro domiciliado, residente ou simplesmente de passagem pelo seu território.

Os Estados são obrigados a receber os seus nacionais que, expulsos do estrangeiro, se dirijam ao seu território.

Art. 7º O estrangeiro não se deve ingerir nas atividades políticas privativas dos cidadãos do país no qual se encontre; se tal fizer, ficará sujeito às sanções previstas na legislação local.

Art. 8º A presente Convenção não atinge os compromissos tomados anteriormente pelas partes contratantes, em virtude de acordos internacionais.

Art. 9º A presente Convenção, depois de assinada, será submetida às ratificações dos Estados signatários. O governo de Cuba fica encarregado de enviar cópias devidamente autenticadas aos governos, para o referido fim da ratificação. O instrumento da ratificação será depositado nos arquivos da União Pan-americana em Washington, que notificará esse depósito aos governos signatários; tal ratificação valerá como troca de ratificações. Esta Convenção ficará aberta à adesão dos Estados não signatários.

Em fé do que, os plenipotenciários mencionados assinam a presente Convenção, em espanhol, inglês, português e francês, na cidade de Havana, no dia 20 de Fevereiro de 1928.

DECRETO Nº 86.715, DE 10 DE DEZEMBRO DE 1981

Regulamenta a Lei nº 6.815, de 19 de agosto de 1980, que define a situação jurídica do estrangeiro no Brasil, cria o Conselho Nacional de Imigração e dá outras providências.

▶ Publicado no *DOU* de 11-12-1981.

Art. 1º Este Decreto regulamenta a situação jurídica do estrangeiro no Brasil, definida na Lei nº 6.815, de 19 de agosto de 1980, e dispõe sobre a composição e atribuições do Conselho Nacional de Imigração.

TÍTULO I – DA ADMISSÃO, ENTRADA E IMPEDIMENTO

Capítulo I

DA ADMISSÃO

Seção I

DO VISTO CONSULAR

Art. 2º A admissão do estrangeiro no território nacional far-se-á mediante a concessão de visto:

I – de trânsito;
II – de turista;
III – temporário;
IV – permanente;
V – de cortesia;
VI – oficial; e
VII – diplomático.

§ 1º Os vistos serão concedidos no exterior, pelas Missões diplomáticas, Repartições consulares de carreira, Vice-Consulados e, quando autorizados pela Secretaria de Estado das Relações Exteriores, pelos Consulados honorários.

§ 2º A Repartição consular de carreira, o Vice-Consulado e o Consulado honorário somente poderão conceder visto de cortesia, oficial e diplomático, quando autorizados pela Secretaria de Estado das Relações Exteriores.

§ 3º No caso de suspensão de relações diplomáticas e consulares, os vistos de entrada no Brasil poderão ser concedidos por Missão diplomática ou Repartição consular do país encarregado dos interesses brasileiros.

Art. 3º A concessão de visto poderá estender-se a dependente legal do estrangeiro, satisfeitas as exigências do artigo 5º e comprovada a dependência.

Parágrafo único. A comprovação de dependência far-se-á através da certidão oficial respectiva ou, na impossibilidade de sua apresentação, por documento idôneo, a critério da autoridade consular.

Art. 4º O apátrida, para a obtenção de visto, deverá apresentar, além dos documentos exigidos neste Regulamento, prova oficial de que poderá regressar ao país de residência ou de procedência, ou ingressar em outro país, salvo impedimento avaliado pelo Ministério das Relações Exteriores.

▶ Dec. nº 4.246, de 22-5-2002, promulga a Convenção sobre o Estatuto dos Apátridas.

Art. 5º Não se concederá visto ao estrangeiro:

I – menor de dezoito anos, desacompanhado do responsável legal ou sem a sua autorização expressa;
II – considerado nocivo à ordem pública ou aos interesses nacionais;
III – anteriormente expulso do País, salvo se a expulsão tiver sido revogada;
IV – condenado ou processado em outro país por crime doloso, passível de extradição segundo a lei brasileira; ou
V – que não satisfaça as condições de saúde estabelecidas pelo Ministério da Saúde.

Parágrafo único. Nos casos de recusa de visto, nas hipóteses previstas nos itens II e V deste artigo, a autoridade consular anotará os dados de qualificação de que dispuser e comunicará o motivo da recusa à Secretaria de Estado das Relações Exteriores que, a respeito, expedirá circular a todas as autoridades consulares brasileiras no exterior e dará conhecimento ao Departamento de Polícia Federal do Ministério da Justiça e à Secretaria de Imigração do Ministério do Trabalho.

Art. 6º A autoridade Consular, ao conceder visto, consignará, no documento de viagem do interessado, o prazo de validade para sua utilização.

Art. 7º A autoridade consular examinará, por todos os meios ao seu alcance, a autenticidade e a legalidade dos documentos que lhe forem apresentados.

Parágrafo único. Os documentos que instruírem os pedidos de visto deverão ser apresentados em português, admitidos, também, os idiomas inglês, francês e espanhol.

Art. 8º O visto é individual e no documento de viagem serão apostos tantos vistos quantos forem os seus beneficiários.

§ 1º A solicitação do visto será feita pelo interessado em formulário próprio.

§ 2º O pedido dirá respeito a uma só pessoa, admitindo-se a inclusão de menores de dezoito anos no formulário de um dos progenitores, quando viajarem na companhia destes.

Art. 9º Ao conceder o visto, a autoridade consular anotará, no documento de viagem, a sua classificação e o prazo de estada do estrangeiro no País.

Parágrafo único. Nos casos de concessão de visto temporário ou permanente, a referida autoridade entregará ao estrangeiro cópia do formulário do pedido respectivo, autenticada, para os fins previstos no § 7º do artigo 23, § 2º do artigo 27 e § 1º do artigo 58.

Art. 10. O estrangeiro, natural de país limítrofe, poderá ser admitido no Brasil, observado o disposto no artigo 37.

Art. 11. O passaporte, ou documento equivalente, não poderá ser visado se não for válido para o Brasil.

Parágrafo único. Consideram-se como equivalentes ao passaporte o *laissez-passer*, o salvo conduto, a permissão de reingresso e outros documentos de viagem emitidos por governo estrangeiro ou organismo internacional reconhecido pelo Governo brasileiro.

Art. 12. O tipo de passaporte estrangeiro, o cargo ou a função do seu titular não determinam, necessariamente, o tipo de visto a ser concedido pela autoridade brasileira, no exterior ou no Brasil.

Art. 13. O Ministério das Relações Exteriores realizará as investigações necessárias à apuração de fraudes praticadas no exterior quanto ao visto consular e dará conhecimento de suas conclusões ao Ministério da Justiça.

SUBSEÇÃO I

DO VISTO DE TRÂNSITO

Art. 14. O visto de trânsito poderá ser concedido ao estrangeiro que, para atingir o país de destino, tenha de entrar em território nacional.

Art. 15. Para obter visto de trânsito, o estrangeiro deverá apresentar:

I – passaporte ou documento equivalente;
II – certificado internacional de imunização, quando necessário; e
III – bilhete de viagem para o país de destino.

§ 1º Do documento de viagem deverá constar, se necessário, o visto aposto pelo representante do país de destino.

§ 2º Os documentos exigidos neste artigo deverão ser apresentados pelo estrangeiro aos órgãos federais competentes, no momento da entrada no território nacional.

Art. 16. Na hipótese de interrupção de viagem contínua do estrangeiro em trânsito, aplicar-se-á o disposto no artigo 42.

SUBSEÇÃO II

DO VISTO DE TURISTA

Art. 17. O visto de turista poderá ser concedido ao estrangeiro que venha ao Brasil em caráter recreativo ou de visita, assim considerado aquele que não tenha finalidade imigratória, nem intuito de exercício de atividade remunerada.

Art. 18. Para obter o visto de turista, o estrangeiro deverá apresentar:

I – passaporte ou documento equivalente;
II – certificado internacional de imunização, quando necessário; e
III – prova de meios de subsistência ou bilhete de viagem que o habilite a entrar no território nacional e dele sair.

§ 1º Para os fins deste artigo, admitem-se, como prova de meios de subsistência, extrato de conta bancária, carta de crédito ou outros documentos que atestem a posse de recursos financeiros, a juízo da autoridade consular.

§ 2º O estrangeiro, titular do visto de turista, deverá apresentar aos órgãos federais competentes os documentos previstos neste artigo, ao entrar no território nacional.

Art. 19. Cabe ao Ministério das Relações Exteriores indicar os países cujos nacionais gozam de isenção do visto de turista.

Parágrafo único. O Departamento Consular e Jurídico do Ministério das Relações Exteriores enviará ao Departamento de Polícia Federal do Ministério da Justiça relação atualizada dos países cujos nacionais estejam isentos do visto de turista.

Art. 20. O turista isento de visto, nos termos do artigo anterior, deverá apresentar aos órgãos federais competentes, no momento da entrada no território nacional:

I – passaporte, documento equivalente ou carteira de identidade, esta quando admitida;

II – certificado internacional de imunização, quando necessário.

§ 1º Em caso de dúvida quanto à legitimidade da condição de turista, o Departamento de Polícia Federal poderá exigir prova de meios de subsistência e bilhete de viagem que o habilite a sair do País.

§ 2º Para os fins do disposto no parágrafo anterior, entende-se como prova de meios de subsistência a posse de numerário ou carta de crédito.

Art. 21. O prazo de estada do turista poderá ser reduzido, em cada caso, a critério do Departamento de Polícia Federal.

SUBSEÇÃO III

DO VISTO TEMPORÁRIO

Art. 22. O visto temporário poderá ser concedido ao estrangeiro que pretenda vir ao Brasil:

I – em viagem cultural ou sem missão de estudos;
II – em viagem de negócios;
III – na condição de artista ou desportista;
IV – na condição de estudante;
V – na condição de cientista, professor, técnico ou profissional de outra categoria, sob regime de contrato ou a serviço do Governo brasileiro;
VI – condição de correspondente de jornal, revista, rádio, televisão ou agência noticiosa estrangeira; e
VII – na condição de ministro de confissão religiosa ou membro de instituto de vida consagrada e de congregação ou ordem religiosa.

Art. 23. Para obter visto temporário, o estrangeiro deverá apresentar:

I – passaporte ou documento equivalente;
II – certificado internacional de imunização, quando necessário;
III – *Revogado*. Dec. nº 87, de 15-4-1991;
IV – prova de meios de subsistência; e
V – atestado de antecedentes penais ou documento equivalente, este a critério da autoridade consular.

§ 1º Os vistos temporários, de que tratam os itens I, II, IV, V e VII do artigo anterior, só poderão ser obtidos, salvo no caso de força maior, na jurisdição consular e que o interessado tenha mantido residência pelo prazo mínimo de um ano imediatamente anterior ao pedido.

§ 2º Nos casos de que tratam os itens III e V do artigo anterior, só será concedido visto, pelo respectivo Consulado no exterior, se o estrangeiro for parte em contrato de trabalho visado pela Secretaria de Imigração do Ministério do Trabalho, salvo no caso de comprovada prestação de serviço ao Governo brasileiro.

§ 3º *Revogado*. Dec. nº 87, de 15-4-1991.

§ 4º A prova de meios de subsistência a que alude o item IV deste artigo, será feita:

I – no caso de viagem cultural ou missão de estudos, mediante a apresentação de convite ou indicação de entidade cultural ou científica, oficial ou particular, ou a exibição de documento idôneo que, a critério da autoridade consular, justifique a viagem do interessado e especifique o prazo de estada e a natureza da função;

II – no caso de viagem de negócios, por meio de declaração da empresa ou entidade a que estiver vinculado o estrangeiro, ou de pessoa idônea, a critério da autoridade consular;

III – no caso de estudante, por meio de documento que credencie o estrangeiro como beneficiário de bolsa de estudos ou convênio cultural celebrado pelo Brasil; se o candidato não se encontrar numa dessas condições, a autoridade consular competente exigir-lhe-á prova de que dispõe de recursos suficientes para manter-se no Brasil;

IV – no caso de ministro de confissão religiosa, membro de instituto de vida consagrada ou de congregação ou ordem religiosa, mediante compromisso da entidade no Brasil, responsável por sua manutenção e saída do território nacional.

§ 5º A Secretaria de Imigração do Ministério do Trabalho encaminhará cópia dos contratos, que visar, aos Departamentos Consular e Jurídico do Ministério das Relações Exteriores e Federal de Justiça do Ministério da Justiça.

§ 6º Independentemente da apresentação do documento de que trata o § 2º deste artigo, poderá ser exigida pela autoridade consular, nos casos dos itens III e V do artigo 22, a prova da condição profissional atribuída ao interessado, salvo na hipótese de prestação de serviço ao Governo brasileiro.

§ 7º No momento da entrada no território nacional, o estrangeiro, titular do visto temporário, deverá apresentar, aos órgãos federais competentes, os documentos previstos no item I deste artigo e no parágrafo único do artigo 9º.

▶ § 7º com a redação dada pelo Dec. nº 87, de 15-4-1991.

Art. 24. O Departamento Consular e Jurídico do Ministério das Relações Exteriores dará ciência, à Secretaria de Imigração do Ministério do Trabalho, da concessão dos vistos de que trata o § 2º do artigo anterior.

Art. 25. Os prazos de estada no Brasil para os titulares de visto temporário serão os seguintes:

I – no caso de viagem cultural ou missão de estudos, até dois anos;
II – no caso de viagem de negócios, até noventa dias;
III – para artista ou desportista, até noventa dias;
IV – para estudante, até um ano;
V – para cientista, professor, técnico ou profissional de outra categoria, sob regime de contrato ou a serviço do Governo brasileiro, até dois anos;
VI – para correspondente de jornal, revista, rádio, televisão, ou agência noticiosa estrangeira, até quatro anos;
VII – para ministro de confissão religiosa, membro de instituto de vida consagrada ou de congregação ou ordem religiosa, até um ano.

Subseção IV

DO VISTO PERMANENTE

Art. 26. O visto permanente poderá ser concedido ao estrangeiro que se pretenda fixar, definitivamente no Brasil.

Art. 27. Para obter visto permanente o estrangeiro deverá satisfazer as exigências de caráter especial, previstas nas normas de seleção de imigrantes, estabelecidas pelo Conselho Nacional de Imigração, e apresentar:

I – passaporte ou documento equivalente;
II – certificado internacional de imunização, quando necessário;
III – *Revogado*. Dec. nº 87, de 15-4-1991;
IV – atestado de antecedentes penais ou documento equivalente, a critério da autoridade consular;
V – prova de residência;
VI – certidão de nascimento ou de casamento; e
VII – contrato de trabalho visado pela Secretaria de Imigração do Ministério do Trabalho, quando for o caso.

§ 1º O visto permanente só poderá ser obtido, salvo no caso de força maior, na jurisdição consular em que o interessado tenha mantido residência pelo prazo mínimo de um ano imediatamente anterior ao pedido.

§ 2º O estrangeiro, titular do visto permanente, deverá apresentar aos órgãos federais competentes, ao entrar no território nacional, os documentos referidos no item I deste artigo, no parágrafo único do artigo 9º.

▶ § 2º com a redação dada pelo Dec. nº 87, de 15-4-1991.

§ 3º *Revogado*. Dec. nº 740, de 3-2-1993.

Art. 28. A concessão do visto permanente poderá ficar condicionada, por prazo não superior a cinco anos, ao exercício de atividade certa e à fixação em região determinada do território nacional.

Parágrafo único. A autoridade consular anotará à margem do visto a atividade a ser exercida pelo estrangeiro e a região em que se deva fixar.

Seção II

DO EXAME DE SAÚDE

Arts. 29 a 35. *Revogados*. Dec. nº 87, de 15-4-1991.

Capítulo II

DA ENTRADA

Art. 36. Para a entrada do estrangeiro no território nacional, será exigido visto concedido na forma deste Regulamento, salvo as exceções legais.

Parágrafo único. No caso de força maior devidamente comprovada, o Departamento de Polícia Federal poderá autorizar a entrada do estrangeiro no território nacional, ainda que esgotado o prazo de validade para utilização do visto.

Art. 37. Ao natural de país limítrofe, domiciliado em cidade contígua ao território nacional, respeitados os interesses da segurança nacional, poder-se-á permitir a entrada nos municípios fronteiriços a seu respectivo país, desde que apresente carteira de identidade válida, emitida por autoridade competente do seu país.

Art. 38. O estrangeiro, ao entrar no território nacional, será fiscalizado pela Polícia Federal, pelo Departamento da Receita Federal e, quando for o caso, pelo órgão competente do Ministério da Saúde, no local de entrada, devendo apresentar os documentos previstos neste Regulamento.

▶ *Caput* com a redação dada pelo Dec. nº 87, de 15-4-1991.

§ 1º No caso de entrada por via terrestre, a fiscalização far-se-á no local reservado, para esse fim, aos órgãos referidos neste artigo.

§ 2º Em se tratando de entrada por via marítima, a fiscalização será feita a bordo, no porto de desembarque.

§ 3º Quando a entrada for por via aérea, a fiscalização será feita no aeroporto do local de destino do passageiro, ou ocorrendo a transformação do voo internacional em doméstico, no lugar onde a mesma se der, a critério do Departamento de Polícia Federal do Ministério da Justiça, ouvidas a Divisão Nacional de Vigilância Sanitária de Portos, Aeroportos e Fronteiras, do Ministério da Saúde e a Secretaria da Receita Federal do Ministério da Fazenda.

Art. 39. Quando o visto consular omitir a sua classificação ou ocorrer engano, o Departamento de Polícia Federal poderá permitir a entrada do estrangeiro, retendo o seu documento de viagem e fornecendo-lhe comprovante.

Parágrafo único. O Departamento de Polícia Federal encaminhará o documento de viagem ao Ministério das Relações Exteriores, para classificação ou correção.

Art. 40. Havendo dúvida quanto à dispensa de visto, no caso de titular de passaporte diplomático, oficial ou de serviço, o Departamento de Polícia Federal consultará o Ministério das Relações Exteriores, para decidir sobre a entrada do estrangeiro.

Art. 41. O Departamento de Polícia Federal do Ministério da Justiça poderá permitir a entrada condicional de estrangeiro impedido na forma do artigo 53, mediante autorização escrita da Divisão Nacional de Vigilância Sanitária de Portos, Aeroportos e Fronteiras, do Ministério da Saúde.

Art. 42. Quando a viagem contínua do estrangeiro tiver que ser interrompida por impossibilidade de transbordo imediato ou por motivo imperioso, o transportador, ou seu agente, dará conhecimento do fato ao Departamento de Polícia Federal, por escrito.

Parágrafo único. O Departamento de Polícia Federal, se julgar procedentes os motivos alegados, determinará o local em que o mesmo deva permanecer e as condições a serem observadas por ele e pelo transportador, não devendo o prazo de estada exceder ao estritamente necessário ao prosseguimento da viagem.

Art. 43. O Departamento de Polícia Federal poderá permitir o transbordo ou desembarque de tripulante que, por motivo imperioso, seja obrigado a interromper a viagem no território nacional.

Parágrafo único. O transportador, ou seu agente, para os fins deste artigo, dará conhecimento prévio do fato ao Departamento de Polícia Federal, fundamentadamente e por escrito, assumindo a responsabilidade pelas despesas decorrentes do transbordo ou desembarque.

Art. 44. Poderá ser permitido o transbordo do clandestino, se requerido pelo transportador, ou seu agente, que assumirá a responsabilidade pelas despesas dele decorrentes.

Art. 45. Nas hipóteses previstas nos artigos 42 e 43, quando o transbordo ou desembarque for solicitado por motivo de doença, deverá esta ser comprovada pela autoridade de saúde.

Art. 46. Quando se tratar de transporte aéreo, relativamente ao transbordo de passageiro e tripulante e ao desembarque deste, aplicar-se-ão as normas e recomendações contidas em anexo à Convenção de Aviação Civil Internacional.

Art. 47. O transportador ou seu agente responderá, a qualquer tempo, pela manutenção e demais despesas do passageiro em viagem contínua ou do tripulante que não estiver presente por ocasião da saída do meio de transporte, bem como pela retirada dos mesmos do território nacional.

Parágrafo único. Para efeito do disposto neste artigo, o Departamento de Polícia Federal exigirá termo de compromisso, assinada pelo transportador ou seu agente.

Art. 48. Nenhum estrangeiro procedente do exterior poderá afastar-se do local de entrada e inspeção sem que o seu documento de viagem e o cartão de entrada e saída hajam sido visados pelo Departamento de Polícia Federal.

Art. 49. Nenhum tripulante estrangeiro, de embarcação marítima de curso internacional, poderá desembarcar no território nacional, ou descer a terra, durante a permanência da embarcação no porto, sem a apresentação da carteira de identidade de marítimo prevista em Convenção da Organização Internacional do Trabalho.

Parágrafo único. A carteira de identidade, de que trata este artigo, poderá ser substituída por documento de viagem que atribua ao titular a condição de marítimo.

Art. 50. Não poderá ser resgatado no Brasil, sem prévia autorização do Departamento de Polícia Federal, o bilhete de viagem do estrangeiro que tenha entrado no território nacional na condição de turista ou em trânsito.

CAPÍTULO III

DO IMPEDIMENTO

Art. 51. Além do disposto no artigo 26 da Lei nº 6.815, de 19 de agosto de 1980, não poderá, ainda, entrar no território nacional quem:

I – não apresentar documento de viagem ou carteira de identidade, quando admitida;

II – apresentar documento de viagem:

a) que não seja válido para o Brasil;
b) que esteja com o prazo de validade vencido;
c) que esteja com rasura ou indício de falsificação;
d) com visto consular concedido sem a observância das condições previstas na Lei nº 6.815, de 19 de agosto de 1980, e neste Regulamento.

Parágrafo único. O impedimento será anotado pelo Departamento de Polícia Federal do Ministério da Justiça no documento de viagem do estrangeiro, ouvida a Divisão Nacional de Vigilância Sanitária de Portos, Aeroportos e Fronteiras do Ministério da Saúde, quando for o caso.

Art. 52. *Revogado*. Dec. nº 87, de 15-4-1991.

Art. 53. O impedimento por motivo de saúde será oposto ou suspenso pela autoridade de saúde.

§ 1º A autoridade de saúde comunicará ao Departamento de Polícia Federal a necessidade da entrada condicional do estrangeiro, titular de visto temporário ou permanente, no caso de documentação médica insuficiente ou quando julgar indicada a complementação de exames médicos para esclarecimento do diagnóstico.

§ 2º O estrangeiro, nos casos previstos no parágrafo anterior, não poderá deixar a localidade de entrada sem a complementação dos exames médicos a que estiver sujeito, cabendo ao Departamento de Polícia Federal reter o seu documento de viagem e fixar o local onde deva permanecer.

§ 3º A autoridade de saúde dará conhecimento de sua decisão, por escrito, ao Departamento de Polícia Federal, para as providências cabíveis.

Art. 54. O Departamento de Polícia Federal anotará no documento de viagem as razões do impedimento definitivo e aporá sobre o visto consular o carimbo de impedido.

Art. 55. A empresa transportadora responde, a qualquer tempo, pela saída do clandestino e do impedido.

§ 1º Na impossibilidade de saída imediata do impedido, o Departamento de Polícia Federal poderá permitir a sua entrada condicional, fixando-lhe o prazo de estada e o local em que deva permanecer.

§ 2º Na impossibilidade de saída imediata do clandestino, o Departamento de Polícia Federal o manterá sob custódia pelo prazo máximo de trinta dias, prorrogável por igual período.

§ 3º A empresa transportadora, ou seu agente, nos casos dos parágrafos anteriores, firmará termo de responsabilidade, perante o Departamento de Polícia Federal, que assegure a manutenção do estrangeiro.

TÍTULO II – DA CONDIÇÃO DE ASILADO

Art. 56. Concedido o asilo, o Departamento Federal de Justiça lavrará termo no qual serão fixados o prazo de estada do asilado no Brasil e, se for o caso, as condições adicionais aos deveres que lhe imponham o Direito Internacional e a legislação vigente, às quais ficará sujeito.

Parágrafo único. O Departamento Federal de Justiça encaminhará cópia do termo de que trata este artigo ao Departamento de Polícia Federal, para fins de registro.

Art. 57. O asilado, que desejar sair do País e nele reingressar sem renúncia à sua condição, deverá obter autorização prévia do Ministro da Justiça, através do Departamento Federal de Justiça.

TÍTULO III – DO REGISTRO E SUAS ALTERAÇÕES

Capítulo I
DO REGISTRO

Art. 58. O estrangeiro admitido na condição de permanente, de temporário (artigo 22, I e de IV a VII), ou de asilado, é obrigado a registrar-se no Departamento de Polícia Federal, dentro dos trinta dias seguintes à entrada ou à concessão do asilo e a identificar-se pelo sistema datiloscópico, observado o disposto neste Regulamento.

§ 1º O registro processar-se-á mediante apresentação do documento de viagem que identifique o registrando, bem como da cópia do formulário do pedido de visto consular brasileiro, ou de certificado consular do país da nacionalidade, este quando ocorrer transformação de visto.

§ 2º Constarão do formulário de registro as indicações seguintes: nome, filiação, cidade e país de nascimento, nacionalidade, data do nascimento, sexo, estado civil, profissão, grau de instrução, local e data da entrada no Brasil, espécie e número do documento de viagem, número e classificação do visto consular, data e local de sua concessão, meio de transporte utilizado, bem como os dados relativos aos filhos menores, e locais de residência, trabalho e estudo.

§ 3º O registro somente será efetivado se comprovada a entrada legal do estrangeiro no País, após a concessão do visto consular respectivo.

§ 4º Quando a documentação apresentada omitir qualquer dado de sua qualificação civil, o registrando deverá apresentar certidões do registro de nascimento ou de casamento, certificado consular ou justificação judicial.

§ 5º O registro do estrangeiro, que houver obtido transformação do visto oficial ou diplomático em temporário ou permanente, só será efetivado após a providência referida no parágrafo único do artigo 73.

§ 6º O estudante, beneficiário de convênio cultural, deverá, ainda, registrar-se no Ministério das Relações Exteriores, mediante a apresentação do documento de identidade fornecido pelo Departamento de Polícia Federal.

Art. 59. O nome e a nacionalidade do estrangeiro, para efeito de registro, serão os constantes do documento de viagem.

§ 1º Se o documento de viagem consignar o nome de forma abreviada, o estrangeiro deverá comprovar a sua grafia por extenso, com documento hábil.

§ 2º Se a nacionalidade foi consignada por organismo internacional ou por autoridade de terceiro país, ela só será anotada no registro à vista da apresentação de documento hábil ou de confirmação da autoridade diplomática ou consular competente.

§ 3º Se o documento de viagem omitir a nacionalidade do titular será ele registrado:

I – como apátrida, em caso de ausência de nacionalidade;
II – como de nacionalidade indefinida, caso ela não possa ser comprovada na forma do parágrafo anterior.

Art. 60. Ao estrangeiro registrado, inclusive ao menor em idade escolar, será fornecido documento de identidade.

Parágrafo único. Ocorrendo as hipóteses dos artigos 18, 37, § 2º, e 97 da Lei nº 6.815, de 19 de agosto de 1980, deverá o documento de identidade delas fazer menção.

Art. 61. O titular de visto diplomático, oficial ou de cortesia, cujo prazo de estada no País seja superior a noventa dias, deverá providenciar seu registro no Ministério das Relações Exteriores.

§ 1º O registro, titular de passaporte diplomático, oficial ou de serviço que haja entrado no Brasil ao amparo de acordo de dispensa de visto, deverá, igualmente, proceder ao registro mencionado neste artigo, sempre que sua estada no Brasil deva ser superior a noventa dias.

§ 2º O registro será procedido em formulário próprio instituído pelo Ministério das Relações Exteriores.

§ 3º Ao estrangeiro de que trata este artigo, o Ministério das Relações Exteriores fornecerá documento de identidade próprio.

Art. 62. O estrangeiro, natural de país limítrofe, domiciliado em localidade contígua ao território nacional, cuja entrada haja sido permitida mediante a apresentação de carteira de identidade e que pretenda exercer atividade remunerada ou frequentar estabelecimento de ensino em município fronteiriço ao local de sua residência, respeitados os interesses da segurança nacional, será cadastrado pelo Departamento de Polícia Federal e receberá documento especial que o identifique e caracterize sua condição.

Parágrafo único. O cadastro será feito mediante os seguintes documentos:

I – carteira de identidade oficial emitida pelo seu país;
II – prova de naturalidade;
III – prova de residência em localidade do seu país contígua ao território nacional;
IV – promessa de emprego, ou de matrícula, conforme o caso;
V – prova de que não possui antecedentes criminais em seu país.

Art. 63. A Delegacia Regional do Trabalho, ao fornecer a Carteira de Trabalho e Previdência Social, nas hipóteses previstas no parágrafo único do artigo 60, quando for o caso, e no artigo 62, nela aporá o carimbo que caracterize as restrições de sua validade ao Município, onde o estrangeiro haja sido cadastrado pelo Departamento de Polícia Federal.

Capítulo II
DA PRORROGAÇÃO DO PRAZO DE ESTADA

Art. 64. Compete ao Ministério da Justiça a prorrogação dos prazos de estada do turista, do temporário e do asilado e ao Ministério das Relações Exteriores, a do titular de visto de cortesia, oficial ou diplomático.

SEÇÃO I

DA PRORROGAÇÃO DA ESTADA DO TURISTA

Art. 65. A prorrogação do prazo de estada do turista não excederá a noventa dias, podendo ser cancelada a critério do Departamento de Polícia Federal.

§ 1º A prorrogação poderá ser concedida pelo Departamento de Polícia Federal, quando solicitada antes de expirado o prazo inicialmente autorizado, mediante prova de:

I – pagamento da taxa respectiva;
II – posse de numerário para se manter no País.

§ 2º A prorrogação será anotada no documento de viagem ou, se admitida a carteira de identidade, no cartão de entrada e saída.

SEÇÃO II

DA PRORROGAÇÃO DA ESTADA DE TEMPORÁRIO

Art. 66. O prazo de estada do titular de visto temporário poderá ser prorrogado:

I – pelo Departamento de Polícia Federal, nos casos dos itens II e III do artigo 22;
II – pelo Departamento Federal de Justiça, nas demais hipóteses, observado o disposto na legislação trabalhista, ouvida a Secretaria de Imigração do Ministério do Trabalho, quando for o caso.

§ 1º A prorrogação será concedida na mesma categoria em que estiver classificado o estrangeiro e não poderá ultrapassar os limites previstos no artigo 25.

§ 2º A apresentação do pedido não impede, necessariamente, as medidas a cargo do Departamento de Polícia Federal destinadas a promover a retirada do estrangeiro que exceder o prazo de estada.

Art. 67. O pedido de prorrogação de estada do temporário deverá ser formulado antes do término do prazo concedido anteriormente e será instruído com:

I – cópia autêntica do documento de viagem;
II – prova:

a) de registro de temporário;
b) de meios próprios de subsistência;
c) do motivo da prorrogação solicitada.

§ 1º A prova de meios de subsistência nas hipóteses do artigo 22 será feita:

I – no caso do item I, mediante a renovação de convite ou indicação de entidade cultural ou científica, oficial ou particular, ou a exibição de documento idôneo que justifique o pedido e especifique o prazo de estada e a natureza da função;
II – no caso do item II, com documento que ateste a idoneidade financeira;
III – no caso dos itens III e V, com o instrumento de prorrogação do contrato inicial ou com novo contrato de trabalho, do qual conste que o empregador assume a responsabilidade de prover o seu regresso;
IV – no caso do item IV, mediante apresentação de escritura de assunção de compromisso de manutenção, salvo hipótese de estudante convênio;
V – no caso do item VI, mediante declaração de entidade a que estiver vinculado o estrangeiro e que justifique a necessidade e o prazo da prorrogação;
VI – no caso do item VII, mediante compromisso de manutenção da entidade a que estiver vinculado.

§ 2º No caso de estudante, o pedido deverá, também, ser instruído com a prova do aproveitamento escolar e da garantia de matrícula.

§ 3º O pedido de prorrogação de que trata o item II do artigo anterior deverá ser apresentado até trinta dias antes do término do prazo de estada concedido.

§ 4º No caso previsto no parágrafo anterior, o pedido poderá ser apresentado diretamente ao Departamento Federal de Justiça ou ao órgão local do Departamento de Polícia Federal, que o encaminhará ao Ministério da Justiça dentro de cinco dias improrrogáveis sob pena de responsabilidade do funcionário.

§ 5º Nas hipóteses do item III, o órgão que conceder a prorrogação dará ciência do fato à Secretaria de Imigração do Ministério do Trabalho.

SEÇÃO III

DA PRORROGAÇÃO DA ESTADA DO ASILADO

Art. 68. A prorrogação do prazo de estada do asilado será concedida pelo Departamento Federal de Justiça.

CAPÍTULO III

DA TRANSFORMAÇÃO DOS VISTOS

Art. 69. Os titulares dos vistos de que tratam os itens V e VII do artigo 22, poderão obter sua transformação para permanente, desde que preencham as condições para a sua concessão.

Parágrafo único. *Revogado.* Dec. nº 740, de 3-2-1993.

Art. 70. Compete ao Departamento Federal de Justiça conceder a transformação:

I – em permanente, dos vistos referidos no artigo 69;
II – dos vistos diplomático ou oficial em:

a) temporário de que tratam os itens I a VI do artigo 22;
b) permanente.

§ 1º O pedido deverá ser apresentado no mínimo trinta dias antes do término do prazo de estada, perante o órgão do Departamento de Polícia Federal do domicílio ou residência do interessado, devendo esse órgão encaminhá-lo ao Departamento Federal de Justiça dentro de cinco dias improrrogáveis, sob pena de responsabilidade do funcionário.

§ 2º A transformação só será concedida se o requerente satisfizer as condições para a concessão do visto permanente.

§ 3º *Revogado.* Dec. nº 87, de 15-4-1991.

§ 4º O Departamento Federal de Justiça comunicará a transformação concedida:

I – ao Departamento de Polícia Federal do Ministério da Justiça e a Secretaria de Imigração do Ministério do Trabalho, no caso do item I deste artigo;

II – ao Departamento Consular e Jurídico do Ministério das Relações Exteriores, no caso do item II deste artigo.

Art. 71. A saída do estrangeiro do território nacional, por prazo não superior a noventa dias, não prejudicará o processamento ou o deferimento do pedido de permanência.

Parágrafo único. O disposto neste artigo não assegura o retorno do estrangeiro ao Brasil sem obtenção do visto consular, quando exigido.

Art. 72. Do despacho que denegar a transformação do visto, caberá pedido de reconsideração ao Departamento Federal de Justiça.

§ 1º O pedido deverá conter os fundamentos de fato e de direito e as respectivas provas, e será apresentado ao órgão do Departamento de Polícia Federal, onde houver sido autuada a inicial, no prazo de quinze dias, contados da publicação, no Diário Oficial da União, do despacho denegatório.

§ 2º O Departamento de Polícia Federal fornecerá ao requerente comprovante da interposição do pedido de reconsideração.

Art. 73. Concedida a transformação do visto, o estrangeiro deverá efetuar o registro, no Departamento de Polícia Federal, no prazo de noventa dias a contar da data de publicação, no Diário Oficial da União, do deferimento do pedido, sob pena de caducidade.

Parágrafo único. O registro do estrangeiro que tenha obtido a transformação na hipótese do item II do artigo 70, somente será efetuado mediante a apresentação ao Departamento de Polícia Federal do documento de viagem com o visto diplomático ou oficial cancelado pelo Ministério das Relações Exteriores.

Art. 74. Compete ao Departamento Consular e Jurídico do Ministério das Relações Exteriores conceder a transformação, para oficial ou diplomático, do visto de trânsito, turista, temporário ou permanente.

§ 1º O disposto neste artigo se aplica, também, ao estrangeiro que entrar no território nacional isento de visto de turista.

§ 2º O Departamento Consular e Jurídico do Ministério das Relações Exteriores comunicará ao Departamento de Polícia Federal do Ministério da Justiça a transformação concedida, fornecendo os dados de qualificação do estrangeiro, inclusive o número e a data de registro de que trata o artigo 58.

Art. 75. O pedido de transformação de visto não impede a aplicação, pelo Departamento de Polícia Federal, do disposto no artigo 98, se o estrangeiro ultrapassar o prazo legal de estada no território nacional.

CAPÍTULO IV

DA ALTERAÇÃO DE ASSENTAMENTOS

Art. 76. Compete ao Ministro da Justiça autorizar a alteração de assentamentos constantes do registro de estrangeiro.

Art. 77. O pedido de alteração de nome, dirigido ao Ministro da Justiça, será instruído com certidões obtidas nas Unidades da Federação onde o estrangeiro haja residido:

I – dos órgãos corregedores das Polícias Federal e Estadual;
II – dos Cartórios de Protestos de Títulos;
III – dos Cartórios de distribuição de ações nas Justiças Federal e Estadual;
IV – das Fazendas Federal, Estadual e Municipal.

§ 1º O pedido será apresentado ao órgão do Departamento de Polícia Federal do local de residência do interessado, devendo o órgão que o receber anexar-lhe cópia do registro, e proceder a investigação sobre o comportamento do requerente.

§ 2º Cumprido o disposto no parágrafo anterior, o Departamento de Polícia Federal remeterá o processo ao Departamento Federal de Justiça que emitirá parecer, encaminhando-o ao Ministro da Justiça.

Art. 78. A expressão nome, para os fins de alteração de assentamento do registro, compreende o prenome e os apelidos de família.

§ 1º Poderá ser averbado no registro o nome abreviado usado pelo estrangeiro como firma comercial registrada ou em qualquer atividade profissional.

§ 2º Os erros materiais serão corrigidos de ofício.

Art. 79. Independem da autorização de que trata o artigo 76 as alterações de assentamentos do nome do estrangeiro resultantes de:

I – casamento realizado perante autoridade brasileira;
II – sentença de anulação e nulidade de casamento, divórcio, separação judicial, proferidas por autoridade brasileira;
III – legitimação por subsequente casamento;
IV – sentença de desquite ou divórcio proferidas por autoridade estrangeira, desde que homologadas pelo Supremo Tribunal Federal.

▶ A competência para homologação de sentença estrangeira passou a ser do STJ, conforme art. 105, I, *i*, da CF.

Art. 80. O estrangeiro, que adquirir nacionalidade diversa da constante do registro, deverá, nos noventa dias seguintes, requerer averbação da nova nacionalidade em seus assentamentos.

§ 1º O pedido de averbação será instruído com documento de viagem, certificado fornecido pela autoridade diplomática ou consular, ou documento que atribua ao estrangeiro a nacionalidade alegada e, quando for o caso, com a prova da perda da nacionalidade constante do registro.

§ 2º Observar-se-á, quanto ao pedido de averbação, o disposto nos §§ 1º e 2º do artigo 77, excluída a investigação sobre o comportamento do requerente.

§ 3º Ao apátrida que adquirir nacionalidade e ao estrangeiro que perder a constante do seu registro aplica-se o disposto neste artigo.

CAPÍTULO V

DA ATUALIZAÇÃO DO REGISTRO

Art. 81. O estrangeiro registrado é obrigado a comunicar ao Departamento de Polícia Federal a mudança do seu domicílio ou da sua residência, nos trinta dias imediatamente seguintes à sua efetivação.

§ 1º A comunicação poderá ser feita pessoalmente ou pelo correio, com aviso de recebimento, e dela deverão constar obrigatoriamente o nome do estrangeiro, o número do documento de identidade e o lugar onde foi emitido, acompanhada de comprovante da nova residência ou domicílio.

§ 2º Quando a mudança de residência ou de domicílio se efetuar de uma para outra Unidade da Federação, a comunicação será feita pessoalmente ao órgão do Departamento de Polícia Federal, do local da nova residência ou novo domicílio.

§ 3º Ocorrendo a hipótese prevista no parágrafo anterior, o órgão que receber a comunicação requisitará cópia do registro respectivo, para processamento da inscrição do estrangeiro e informará ao que procedeu ao registro os fatos posteriores ocorridos.

Art. 82. As entidades de que tratam os artigos 45 a 47 da Lei nº 6.815, de 19 de agosto de 1980, remeterão, ao Departamento de Polícia Federal, os dados ali referidos.

Art. 83. A admissão de estrangeiro a serviço de entidade pública ou privada, ou a matrícula em estabelecimento de ensino de qualquer grau, só se efetivará se o mesmo estiver devidamente registrado ou cadastrado.

§ 1º O protocolo fornecido pelo Departamento de Polícia Federal substitui, para os fins deste artigo, pelo prazo de até sessenta dias, contados da sua emissão, os documentos de identidade previstos nos artigos 60 e 62.

§ 2º As entidades, a que se refere este artigo, remeterão ao Departamento de Polícia Federal, os dado de identificação do estrangeiro, à medida que ocorrer o término do contrato de trabalho, sua rescisão ou prorrogação, bem como a suspensão ou cancelamento da matrícula e a conclusão do curso.

§ 3º O Departamento de Polícia Federal, quando for o caso, dará conhecimento dos dados referidos no parágrafo anterior à Secretaria de Imigração do Ministério do Trabalho.

Art. 84. Os dados a que se referem os artigos 82 e 83 serão fornecidos em formulário próprio a ser instituído pelo Departamento de Polícia Federal.

CAPÍTULO VI

DO CANCELAMENTO E DO RESTABELECIMENTO DE REGISTRO

SEÇÃO I

DO CANCELAMENTO DO REGISTRO

Art. 85. O estrangeiro terá o registro cancelado pelo Departamento de Polícia Federal:

I – se obtiver naturalização brasileira;
II – se tiver decretada sua expulsão;
III – se requerer sua saída do território nacional em caráter definitivo, renunciando expressamente ao direito de retorno a que se refere o artigo 90;
IV – se permanecer ausente do Brasil, por prazo superior a dois anos;
V – se, portador de visto temporário ou permanente, obtiver a transformação dos mesmos para oficial ou diplomático;
VI – se houver transgressão dos artigos 18, 37, § 2º ou 99 a 101 da Lei nº 6.815, de 19 de agosto de 1980;
VII – se temporário ou asilado, no término do prazo de estada no território nacional.

Art. 86. Na hipótese prevista no item III do artigo anterior, o estrangeiro deverá instruir o pedido com a documentação prevista no artigo 77 e anexar-lhe o documento de identidade emitido pelo Departamento de Polícia Federal.

Parágrafo único. Deferido o pedido e efetivado o cancelamento, o estrangeiro será notificado para deixar o território nacional dentro de trinta dias.

Art. 87. O Departamento de Polícia Federal comunicará o cancelamento de registro à Secretaria de Imigração do Ministério do Trabalho, quando for o caso.

SEÇÃO II

DO RESTABELECIMENTO DE REGISTRO

Art. 88. O registro poderá ser restabelecido pelo Departamento de Polícia Federal, se o estrangeiro:

I – tiver cancelada ou anulada a naturalização concedida, desde que não tenha sido decretada a sua expulsão;
II – tiver a expulsão revogada;
III – retornar ao território nacional com visto temporário ou permanente.

§ 1º Em caso de retorno ao território nacional, pedido de restabelecimento de registro deverá ser feito no prazo de trinta dias, a contar da data do reingresso.

§ 2º Na hipótese do item III do artigo 85, se o cancelamento do registro houver importado em isenção de ônus fiscal ou financeiro, o pedido deverá ser instruído com o comprovante da satisfação destes encargos.

§ 3º O restabelecimento implicará a emissão de novo documento de identidade do qual conste, também, quando for o caso, a data de reingresso do estrangeiro no território nacional.

§ 4º Se, ao regressar ao território nacional, o estrangeiro fixar residência em Unidade da Federação diversa daquela em que foi anteriormente registrado, a emissão do novo documento de identidade será precedida da requisição de cópia do registro para inscrição.

§ 5º No caso de estrangeiro que retorne ao Brasil com outro nome ou nacionalidade, o restabelecimento do registro somente se procederá após o cumprimento do disposto nos artigos 77 e 80.

TÍTULO IV – DA SAÍDA E DO RETORNO

Art. 89. No momento de deixar o território nacional, o estrangeiro deverá apresentar ao Departamento de Polícia Federal o documento de viagem e o cartão de entrada e saída.

Parágrafo único. O Departamento de Polícia Federal consignará nos documentos de que trata este artigo a data em que o estrangeiro deixar o território nacional.

Art. 90. O estrangeiro registrado como permanente, que se ausentar do Brasil, poderá regressar independentemente de visto se o fizer dentro de dois anos a contar da data em que tiver deixado o território nacional, observado o disposto no parágrafo único do artigo anterior.

Parágrafo único. Findo o prazo a que se refere este artigo, o reingresso no País, como permanente, dependerá da concessão de novo visto.

Art. 91. O estrangeiro registrado como temporário, nos casos dos itens I e IV a VII do artigo 22, que se ausentar do Brasil, poderá regressar independentemente do novo visto, se o fizer dentro do prazo fixado no documento de identidade emitido pelo Departamento de Polícia Federal.

Art. 92. O estrangeiro titular de visto consular de turista ou temporário (artigo 22, II e III), que se ausentar do Brasil, poderá regressar independentemente de novo visto, se o fizer dentro do prazo de estada no território nacional, fixado no visto.

Art. 93. O prazo de validade do visto temporário a que se refere o art. 22, inciso II, será fixado pelo Ministério das Relações Exteriores e não excederá o período de cinco anos, podendo proporcionar ao titular do visto múltiplas entradas no País, com estadas não excedentes a noventa dias, prorrogáveis por igual período, totalizando, no máximo, cento e oitenta dias por ano.

▶ *Caput* com a redação dada pela pelo Dec. nº 1.455, de 13-4-1995.

Parágrafo único. Na fixação do prazo de validade do visto, permissivo de múltiplas entradas, o Ministério das Relações Exteriores observará o princípio da reciprocidade de tratamento.

▶ Parágrafo único acrescido pelo Dec. nº 1.455, de 13-4-1995.

TÍTULO V – DO DOCUMENTO DE VIAGEM PARA ESTRANGEIRO

Art. 94. O Departamento de Polícia Federal poderá conceder passaporte para estrangeiro nas seguintes hipóteses:

I – ao apátrida e ao de nacionalidade indefinida;
II – ao nacional de país que não tenha representação diplomática ou consular no Brasil, nem representante de outro país encarregado de protegê-lo;
III – ao asilado ou ao refugiado, como tal admitido no Brasil;
IV – ao cônjuge ou viúva de brasileiro que haja perdido a nacionalidade originária em virtude do casamento.

§ 1º A concessão de passaporte dependerá de prévia consulta:

a) ao Ministério das Relações Exteriores, no caso do item I;
b) ao Departamento Federal de Justiça, no caso do item III.

§ 2º As autoridades consulares brasileiras poderão conceder passaporte, no exterior, ao estrangeiro mencionado no item IV.

Art. 95. O *laissez-passer* poderá ser concedido no Brasil pelo Departamento de Polícia Federal, e, no exterior, pelas Missões diplomáticas ou Repartições Consulares brasileiras.

Parágrafo único. A concessão, no exterior, de *laissez-passer* a estrangeiro registrado no Brasil dependerá de prévia audiência:

I – do Departamento de Polícia Federal, no caso de permanente ou temporário;
II – do Departamento Federal de Justiça, no caso de asilado.

Arts. 96 e 97. *Revogados.* Dec. nº 5.978, de 4-12-2006.

TÍTULO VI – DA DEPORTAÇÃO

Art. 98. Nos casos de entrada ou estada irregular, o estrangeiro, notificado pelo Departamento de Polícia Federal, deverá retirar-se do território nacional:

I – no prazo improrrogável de oito dias, por infração ao disposto nos artigos 18, 21, § 2º, 24, 26, § 1º, 37, § 2º, 64, 98 a 101, §§ 1º ou 2º do artigo 104 ou artigos 105 e 125, II da Lei nº 6.815, de 19 de agosto de 1980;
II – no prazo improrrogável de três dias, no caso de entrada irregular, quando não configurado o dolo.

§ 1º Descumpridos os prazos fixados neste artigo, o Departamento de Polícia Federal promoverá a imediata deportação do estrangeiro.

§ 2º Desde que conveniente aos interesses nacionais, a deportação far-se-á independentemente da fixação dos prazos de que tratam os itens I e II deste artigo.

Art. 99. Ao promover a deportação, o Departamento de Polícia Federal lavrará termo, encaminhando cópia ao Departamento Federal de Justiça.

TÍTULO VII – DA EXPULSÃO

Art. 100. O procedimento para a expulsão de estrangeiro do território nacional obedecerá às normas fixadas neste Título.

Art. 101. Os órgãos do Ministério Público remeterão ao Ministério da Justiça, de ofício, até trinta dias após o trânsito em julgado, cópia da sentença condenatória de estrangeiro, autor de crime doloso ou de qualquer crime contra a segurança nacional, a ordem política ou social, a economia popular, a moralidade ou a saúde pública, assim como da folha de antecedentes penais constantes dos autos.

Parágrafo único. O Ministro da Justiça, recebidos os documentos mencionados neste artigo, determinará a instauração de inquérito para expulsão do estrangeiro.

Art. 102. Compete ao Ministro da Justiça, de ofício ou acolhendo solicitação fundamentada, determinar ao Departamento de Polícia Federal a instauração de inquérito para a expulsão de estrangeiro.

Art. 103. A instauração de inquérito para a expulsão do estrangeiro será iniciada mediante Portaria.

§ 1º O expulsando será notificado da instauração do inquérito e do dia e hora fixados para o interrogatório, com antecedência mínima de dois dias úteis.

§ 2º Se o expulsando não for encontrado, será notificado por edital, com o prazo de dez dias, publicado duas vezes, no Diário Oficial da União, valendo a notificação para todos os atos do inquérito.

§ 3º Se o expulsando estiver cumprindo prisão judicial, seu comparecimento será requisitado à autoridade competente.

§ 4º Comparecendo, o expulsando será qualificado, interrogado, identificado e fotografado, podendo nessa oportunidade indicar defensor e especificar as provas que desejar produzir.

§ 5º Não comparecendo o expulsando, proceder-se-á sua qualificação indireta.

§ 6º Será nomeado defensor dativo, ressalvada ao expulsando a faculdade de substituí-lo, por outro de sua confiança:

I – se o expulsando não indicar defensor;
II – se o indicado não assumir a defesa da causa;
III – se notificado, pessoalmente ou por edital, o expulsando não comparecer para os fins previstos no § 4º.

§ 7º Cumprido o disposto nos parágrafos anteriores, ao expulsando e ao seu defensor será dada vista dos autos, em cartório, para a apresentação de defesa no prazo único de seis dias, contados da ciência do despacho respectivo.

§ 8º Encerrada a instrução do inquérito, deverá ser este remetido ao Departamento Federal de Justiça, no prazo de doze dias, acompanhado de relatório conclusivo.

Art. 104. Nos casos de infração contra a segurança nacional, a ordem política ou social e a economia popular, assim como nos casos de comércio, posse ou facilitação de uso indevido de substância entorpecente ou que determine dependência física ou psíquica, ou de desrespeito a proibição especialmente prevista em lei para estrangeiro, o inquérito será sumário e não excederá o prazo de quinze dias, assegurado ao expulsando o procedimento previsto no artigo anterior, reduzidos os prazos à metade.

Art. 105. Recebido o inquérito, será este anexado ao processo respectivo, devendo o Departamento Federal de Justiça encaminhá-lo com parecer ao Ministro da Justiça, que o submeterá à decisão do Presidente da República, quando for o caso.

Art. 106. Publicado o decreto de expulsão, o Departamento de Polícia Federal do Ministério da Justiça remeterá, ao Departamento Consular e Jurídico do Ministério das Relações Exteriores, os dados de qualificação do expulsando.

Art. 107. Ressalvadas as hipóteses previstas no artigo 104, caberá pedido de reconsideração do ato expulsório, no prazo de dez dias, a contar da sua publicação, no *Diário Oficial da União*.

§ 1º O pedido, dirigido ao Presidente da República, conterá os fundamentos de fato e de direito com as respectivas provas e processar-se-á junto ao Departamento Federal de Justiça do Ministério da Justiça.

§ 2º Ao receber o pedido, o Departamento Federal de Justiça emitirá parecer sobre seu cabimento e procedência, encaminhando o processo ao Ministro da Justiça, que o submeterá ao Presidente da República.

Art. 108. Ao efetivar o ato expulsório, o Departamento de Polícia Federal lavrará o termo respectivo, encaminhando cópia ao Departamento Federal de Justiça.

Art. 109. O estrangeiro que permanecer em regime de liberdade vigiada, no lugar que lhe for determinado por ato do Ministro da Justiça, ficará sujeito às normas de comportamento estabelecidas pelo Departamento de Polícia Federal.

TÍTULO VIII – DA EXTRADIÇÃO

Art. 110. Compete ao Departamento de Polícia Federal, por determinação do Ministro da Justiça:

I – efetivar a prisão do extraditando;
II – proceder à sua entrega ao Estado ao qual houver sido concedida a extradição.

Parágrafo único. Da entrega do extraditando será lavrado termo, com remessa de cópia ao Departamento Federal de Justiça.

TÍTULO IX – DOS DIREITOS E DEVERES DO ESTRANGEIRO

Art. 111. O estrangeiro admitido na condição de temporário, sob regime de contrato, só poderá exercer atividade junto à entidade pela qual foi contratado na oportunidade da concessão do visto.

§ 1º Se o estrangeiro pretender exercer atividade junto a entidade diversa daquela para a qual foi contratado deverá requerer autorização ao Departamento Federal de Justiça, mediante pedido fundamentado e instruído com:

I – prova de registro como temporário;
II – cópia de contrato que gerou a concessão do visto consular;
III – anuência expressa da entidade, pela qual foi inicialmente contratado, para o candidato prestar serviços a outra empresa; e
IV – contrato de locação de serviços com a nova entidade, do qual conste que o empregador assume a responsabilidade de prover o regresso do contratado.

§ 2º A Secretaria de Imigração, do Ministério do Trabalho será ouvida sobre o pedido de autorização.

§ 3º A autorização de que trata este artigo só por exceção e motivadamente será concedida.

Art. 112. O estrangeiro admitido no território nacional na condição de permanente, para o desempenho de atividade profissional certa, e a fixação em região determinada, não poderá, dentro do prazo que lhe for fixado na oportunidade da concessão ou da transformação do visto, mudar de domicílio nem de atividade profissional, ou exercê-la fora daquela região.

§ 1º As condições a que se refere este artigo só excepcionalmente poderão ser modificadas, mediante autorização do Departamento Federal de Justiça do Ministério da Justiça, ouvida a Secretaria de Imigração do Ministério do Trabalho, quando necessário.

§ 2º O pedido do estrangeiro, no caso do parágrafo anterior, deverá ser instruído com as provas das razões alegadas.

Art. 113. No exame da conveniência das excepcionalidades referidas nos artigos anteriores, a Secretaria de Imigração do Ministério do Trabalho considerará as condições do mercado de trabalho da localidade na qual se encontra o estrangeiro e daquela para onde deva transferir-se.

Art. 114. O estrangeiro registrado é obrigado a comunicar ao Departamento de Polícia Federal a mudança de seu domicílio ou residência, observado o disposto no artigo 81.

Art. 115. O estrangeiro que perder a nacionalidade constante do registro por ter adquirido outra deverá requerer retificação ou averbação da nova nacionalidade na forma disciplinada no artigo 80.

Art. 116. Ao estrangeiro que tenha entrado no Brasil na condição de turista ou em trânsito é proibido o engajamento como tripulante em porto brasileiro, salvo em navio de bandeira do seu país, por viagem não redonda, a requerimento do transportador ou seu agente, mediante autorização do Departamento de Polícia Federal.

Parágrafo único. O embarque do estrangeiro como tripulante será obstado se:

I – for contratado para engajamento em navio de outra bandeira que não seja a de seu país;
II – constar do contrato de trabalho cláusula que fixe seu término em porto brasileiro;
III – A embarcação em que for engajado tiver que fazer escala em outro porto, antes de deixar as águas brasileiras.

Art. 117. É lícito aos estrangeiros associarem-se para fins culturais, religiosos, recreativos, beneficentes ou de assistência, filiarem-se a clubes sociais e desportivos, e a quaisquer outras entidades com iguais fins, bem como participarem de reunião comemorativa de datas nacionais ou acontecimentos de significação patriótica.

§ 1º As entidades mencionadas neste artigo, se constituídas de mais da metade de associados estrangeiros, somente poderão funcionar mediante autorização do Ministro da Justiça.

§ 2º O pedido de autorização, previsto no parágrafo anterior, será dirigido ao Ministro da Justiça, através do Departamento Federal de Justiça, e conterá:

I – cópia autêntica dos estatutos;
II – indicação de fundo social;
III – nome, naturalidade, nacionalidade, idade e estado civil dos membros da administração, e forma de sua representação judicial e extrajudicial;
IV – designação da sede social e dos locais habituais de reunião ou prestação de serviços;
V – relação nominal dos associados e respectivas nacionalidades;
VI – prova do registro, de que trata o artigo 58, na hipótese de associado e dirigente estrangeiros;
VII – relação com o nome, sede, diretores ou responsáveis por jornal, revista, boletim ou outro órgão de publicidade.

§ 3º Qualquer alteração dos estatutos ou da administração, bem como das sedes e domicílios, a que se refere o parágrafo anterior, deverá ser comunicada ao Departamento Federal de Justiça, no prazo de trinta dias.

Art. 118. O Departamento Federal de Justiça manterá livro especial, destinado ao registro das entidades autorizadas a funcionar e no qual serão averbadas as alterações posteriores.

TÍTULO X – DA NATURALIZAÇÃO

Art. 119. O estrangeiro que pretender naturalizar-se deverá formular petição do Ministro da Justiça, declarando o nome por extenso, naturalidade, nacionalidade, filiação, sexo, estado civil, dia, mês e ano de nascimento, profissão, lugares onde haja residido anteriormente no Brasil e no exterior, se satisfaz o requisito a que alude o item VII do artigo 112 da Lei nº 6.815, de 19 de agosto de 1980, e se deseja ou não traduzir ou adaptar o seu nome à língua portuguesa, devendo instruí-la com os seguintes documentos:

I – cópia autêntica da cédula de identidade para estrangeiro permanente;
II – atestado policial de residência contínua no Brasil, pelo prazo mínimo de quatro anos;
III – atestado policial de antecedentes passado pelo órgão competente do lugar de sua residência no Brasil;
IV – prova de exercício de profissão ou documento hábil que comprove a posse de bens suficientes à manutenção própria e da família;
V – atestado oficial de sanidade física e mental;
VI – certidões ou atestados que provem, quando for o caso, as condições do artigo 113 da Lei nº 6.915, de 19 de agosto de 1980;
VII – certidão negativa do Imposto de Renda, exceto se estiver nas condições previstas nas alíneas b e c do § 2º deste artigo.

§ 1º Se a cédula de identidade omitir qualquer dado relativo à qualificação do naturalizando, deverá ser apresentado outro documento oficial que o comprove.

§ 2º Ter-se-á como satisfeita a exigência do item IV, se o naturalizando:

a) perceber proventos de aposentadoria;
b) sendo estudante, de até vinte e cinco anos de idade, viver na dependência de ascendente, irmão ou tutor;
c) se for cônjuge de brasileiro e tiver a sua subsistência provida por ascendente ou descendente possuidor de recursos bastantes à satisfação do dever legal de prestar alimentos.

§ 3º Quando exigida residência contínua por quatro anos para a naturalização, não obstarão o seu deferimento as viagens do naturalizando ao exterior, se determinadas por motivo relevante, a critério do Ministro da Justiça, e se a soma dos períodos de duração delas não ultrapassar dezoito meses.

§ 4º Dispensar-se-á o requisito de residência, a que se refere o item II deste artigo, exigindo-se apenas a estada no Brasil por trinta dias, quando se tratar:

a) de cônjuge estrangeiro casado há mais de cinco anos com diplomata brasileiro em atividade; ou
b) de estrangeiro que, empregado em missão diplomática ou em repartição consular do Brasil, contar mais de dez anos de serviços ininterruptos.

§ 5º Será dispensado o requisito referido no item V deste artigo, se o estrangeiro residir no País há mais de dois anos.

§ 6º Aos nacionais portugueses não se exigirá o requisito do item IV deste artigo, e, quanto ao item II, bastará a residência ininterrupta por um ano.

§ 7º O requerimento para naturalização será assinado pelo naturalizando, mas, se for de nacionalidade portuguesa, poderá sê-lo por mandatário com poderes especiais.

Art. 120. O estrangeiro admitido no Brasil até a idade de cinco anos, radicado definitivamente no território nacional, poderá, até dois anos após atingida a maioridade, requerer naturalização, mediante petição, instruída com:

I – cédula de identidade para estrangeiro permanente;
II – atestado policial de residência contínua no Brasil, desde a entrada; e
III – atestado policial de antecedentes, passado pelo serviço competente do lugar de residência no Brasil.

Art. 121. O estrangeiro admitido no Brasil durante os primeiros cinco anos de vida, estabelecido definitivamente no território nacional, poderá, enquanto menor, requerer, por intermédio de seu representante legal, a emissão de certificado provisório de naturalização, instruindo o pedido com:

I – prova do dia de ingresso no território nacional;
II – prova da condição de permanente;
III – certidão de nascimento ou documento equivalente;
IV – prova de nacionalidade; e
V – atestado policial de antecedentes, passado pelo serviço competente do lugar de residência no Brasil, se maior de dezoito anos.

Art. 122. O naturalizado na forma do artigo anterior que pretender confirmar a intenção de continuar brasileiro, deverá manifestá-la ao Ministro da Justiça, até dois anos após atingir a maioridade, mediante petição, instruída com:

I – a cópia autêntica da cédula de identidade; e
II – o original do certificado provisório de naturalização.

Art. 123. O estrangeiro que tenha vindo residir no Brasil, antes de atingida a maioridade e haja feito curso superior em estabelecimento nacional de ensino, poderá, até um ano depois da formatura, requerer a naturalização, mediante pedido instruído com os seguintes documentos:

I – cédula de identidade para estrangeiro permanente;
II – atestado policial de residência contínua no Brasil desde a entrada; e
III – atestado policial de antecedentes passado pelo serviço competente do lugar de residência no Brasil.

Art. 124. Os estrangeiros a que se referem as alíneas a e b do § 4º do artigo 119, deverão instruir o pedido de naturalização:

I – no caso da alínea a, com a prova do casamento, devidamente autorizado pelo Governo brasileiro;
II – no caso da alínea b, com documentos fornecidos pelo Ministério das Relações Exteriores que provem estar o naturalizando em efetivo exercício, contar mais de dez anos de serviços ininterruptos e se recomendar a naturalização;
III – em ambos os casos, estando o candidato no exterior, ainda com:

a) documento de identidade em fotocópia autêntica ou pública forma vertida, se não grafada em português;
b) documento que comprove a estada no Brasil por trinta dias;
c) atestado de sanidade física e mental, passado por médico credenciado pela autoridade consular brasileira, na impossibilidade de realizar exame de Saúde no Brasil;
d) três planilhas datiloscópicas tiradas no órgão competente do local de residência ou na repartição consular brasileira, quando inexistir registro do estrangeiro no Brasil, ou não puder comprovar ter sido registrado como estrangeiro no território nacional.

Parágrafo único. A autorização de que trata o item I não será exigida se o casamento tiver ocorrido antes do ingresso do cônjuge brasileiro na carreira diplomática.

Art. 125. A petição de que tratam os artigos 119, 120, 122 e 123, dirigida ao Ministro da Justiça, será apresentada ao órgão local do Departamento de Polícia Federal.

§ 1º No caso do artigo 121, a petição poderá ser apresentada diretamente ao Departamento Federal de Justiça, dispensadas as providências de que trata o § 3º deste artigo.

§ 2º Nos casos do artigo 124, a petição poderá ser apresentada à autoridade consular brasileira, que a remeterá, através do Ministério das Relações Exteriores, ao Departamento Federal de Justiça, para os fins deste artigo.

§ 3º O órgão, de Departamento de Polícia Federal, ao processar o pedido:

I – fará a remessa da planilha datiloscópica do naturalizando ao Instituto Nacional de Identificação, solicitando a remessa da sua folha de antecedentes;
II – investigará a sua conduta;
III – opinará sobre a conveniência da naturalização;
IV – certificará se o requerente lê e escreve a língua portuguesa, considerada a sua condição;
V – anexará ao processo boletim de sindicância em formulário próprio.

§ 4º A solicitação, de que trata o item I do parágrafo anterior, deverá ser atendida dentro de trinta dias.

§ 5º O processo, com a folha de antecedentes, ou sem ela, deverá ultimar-se em noventa dias, findos os quais será encaminhado ao Departamento Federal de Justiça, sob pena de apuração de responsabilidade do servidor culpado pela demora.

Art. 126. Recebido o processo, o Diretor-Geral do Departamento Federal de Justiça determinará o arquivamento do pedido, se o naturalizando não satisfizer, conforme o caso, a qualquer das condições previstas nos artigos 112 e 116 da Lei nº 6.815, de 19 de agosto de 1980.

§ 1º Do despacho que determinar o arquivamento do processo, caberá pedido de reconsideração, no prazo de trinta dias contados da publicação do ato no Diário Oficial da União.

§ 2º Mantido o arquivamento, caberá recurso ao Ministro da Justiça no mesmo prazo do parágrafo anterior.

Art. 127. Não ocorrendo a hipótese prevista no artigo anterior, ou se provido do recurso sem decisão final concedendo a naturalização, o Diretor-Geral do Departamento Federal de Justiça, se o entender necessário, poderá determinar outras diligências.

§ 1º O Departamento Federal de Justiça dará ciência ao naturalizando das exigências a serem por ele cumpridas, no prazo que lhe for fixado.

§ 2º Se o naturalizando não cumprir o despacho no prazo fixado, ou não justificar a omissão, o pedido será arquivado e só poderá ser renovado com o cumprimento de todas as exigências do artigo 119.

§ 3º Se a diligência independer do interessado, o órgão a que for requisitada deverá cumpri-la dentro de trinta dias, sob pena de apuração da responsabilidade do servidor.

Art. 128. Publicada a Portaria de Naturalização no Diário Oficial da União, o Departamento Federal de Justiça emitirá certificado relativo a cada naturalizando.

§ 1º O certificado será remetido ao Juiz Federal da cidade onde tenha domicílio o interessado, para entrega solene em audiência pública, individual ou coletiva, na qual o Magistrado dirá da significação do ato e dos deveres e direitos dele decorrentes.

§ 2º Onde houver mais de um juiz federal, a entrega será feita pelo da Primeira Vara.

§ 3º Quando não houver juiz federal na cidade em que tiverem domicílio os interessados, a entrega será feita através do juiz ordinário da comarca e, na sua falta, pelo da comarca mais próxima.

§ 4º Se o interessado, no curso do processo, mudar de domicílio, poderá requerer lhe seja efetuada a entrega do certificado pelo juiz competente da cidade onde passou a residir.

Art. 129. A entrega do certificado constará de termo lavrado no livro audiência, assinado pelo juiz e pelo naturalizado, devendo este:

I – demonstrar que conhece a língua portuguesa, segundo a sua condição, pela leitura de trechos da Constituição;
II – declarar, expressamente, que renuncia à nacionalidade anterior;
III – assumir o compromisso de bem cumprir os deveres de brasileiro.

§ 1º Ao naturalizado de nacionalidade portuguesa não se aplica o disposto no item I deste artigo.

§ 2º Serão anotados no certificado a data em que o naturalizado prestou compromisso, bem como a circunstância de haver sido lavrado o respectivo termo.

§ 3º O juiz comunicará ao Departamento Federal de Justiça a data de entrega do certificado.

§ 4º O Departamento Federal de Justiça comunicará ao órgão encarregado do alistamento militar e ao Departamento de Polícia Federal as naturalizações concedidas, logo sejam anotadas no livro próprio as entregas dos respectivos certificados.

Art. 130. A entrega do certificado de naturalização, nos casos dos artigos 121 e 122, será feita ao interessado ou ao seu representante legal, conforme o caso, mediante recibo, diretamente pelo Departamento Federal de Justiça ou através dos órgãos regionais do Departamento de Polícia Federal.

Art. 131. A entrega do certificado aos naturalizados, a que se refere o artigo 124, poderá ser feita pelo Chefe da Missão diplomática ou Repartição consular brasileira no país onde estejam residindo, observadas as formalidades previstas no artigo anterior.

Art. 132. O ato de naturalização ficará sem efeito se a entrega do certificado não for solicitada pelo naturalizando, no prazo de doze meses, contados da data da sua publicação, salvo motivo de força maior devidamente comprovado perante o Ministro da Justiça.

Parágrafo único. Decorrido o prazo a que se refere este artigo, deverá o certificado ser devolvido ao Diretor-Geral do Departamento Federal de Justiça, para arquivamento, anotando-se a circunstância no respectivo registro.

Art. 133. O processo, iniciado com o pedido de naturalização, será encerrado com a entrega solene do certificado, na forma prevista nos artigos 129 a 131.

§ 1º No curso do processo de naturalização, qualquer do povo poderá impugná-la, desde que o faça fundamentadamente.

§ 2º A impugnação, por escrito, será dirigida ao Ministro da Justiça e suspenderá o curso do processo até sua apreciação final.

Art. 134. Suspender-se-á a entrega do certificado, quando verificada pelas autoridades federais ou estaduais mudança nas condições que autorizavam a naturalização.

TÍTULO XI – DO PROCEDIMENTO PARA APURAÇÃO DAS INFRAÇÕES

Art. 135. As infrações previstas no artigo 125 da Lei nº 6.815, de 19 de agosto de 1980, punidas com multa, serão apuradas em processo administrativo, que terá por base o respectivo auto.

Art. 136. É competente para lavrar o auto de infração o agente de órgão incumbido de aplicar este Regulamento.

§ 1º O auto deverá relatar, circunstanciadamente, a infração e o seu enquadramento.

§ 2º Depois de assinado pelo agente que o lavrar, o auto será submetido à assinatura do infrator, ou de seu representante legal que assistir à lavratura.

§ 3º Se o infrator, ou seu representante legal, não puder ou não quiser assinar o auto, o fato será nele certificado.

Art. 137. Lavrado o auto de infração, será o infrator notificado para apresentar defesa escrita, no prazo de cinco dias úteis, a contar da notificação.

Parágrafo único. Findo o prazo e certificada a apresentação ou não da defesa, o processo será julgado, sendo o infrator notificado da decisão proferida.

Art. 138. Da decisão que impuser penalidade, o infrator poderá interpor recurso à instância imediatamente superior no prazo de cinco dias úteis, contados da notificação.

§ 1º O recurso somente será admitido se o recorrente depositar o valor da multa aplicada, em moeda corrente, ou prestar caução ou fiança idônea.

§ 2º Recebido o recurso e prestadas as informações pelo recorrido, o processo será remetido à instância imediatamente superior no prazo de três dias úteis.

§ 3º Proferida a decisão final, o processo será devolvido dentro de três dias úteis à repartição de origem para:

I – provido o recurso, autorizar o levantamento da importância depositada, da caução ou da fiança;
II – negado provimento ao recurso, autorizar o recolhimento da importância da multa ao Tesouro Nacional.

Art. 139. No caso de não interposição ou não admissão de recurso, o processo será encaminhado à Procuradoria da Fazenda Nacional, para a apuração e inscrição da dívida.

Art. 140. A saída do infrator do território nacional não interromperá o curso do processo.

Art. 141. Verificado pelo Ministério do Trabalho que o empregador mantém a seu serviço estrangeiro em situação irregular, ou impedido de exercer atividade remunerada, o fato será comunicado ao Departamento de Polícia Federal do Ministério da Justiça, para as providências cabíveis.

TÍTULO XII – DO CONSELHO NACIONAL DE IMIGRAÇÃO

Art. 142. O Conselho Nacional de Imigração, órgão de deliberação coletiva, vinculado ao Ministério do Trabalho, terá sede na Capital Federal.

Art. 143. O Conselho Nacional de Imigração é integrado por um representante do Ministério do Trabalho, que o presidirá, um do Ministério da Justiça, um do Ministério das Relações Exteriores, um do Ministério da Agricultura, um do Ministério da Saúde, um do Ministério da Indústria e do Comércio e um do Conselho Nacional de Desenvolvimento Científico e Tecnológico, todos nomeados pelo Presidente da República, por indicação dos respectivos Ministros de Estado.

Parágrafo único. A Secretaria-Geral do Conselho de Segurança Nacional manterá um observador junto ao Conselho Nacional de Imigração.

Art. 144. O Conselho Nacional de Imigração terá as seguintes atribuições:

I – orientar e coordenar as atividades de imigração;
II – formular objetivos para a elaboração da política imigratória;
III – estabelecer normas de seleção de imigrantes, visando proporcionar mão de obra especializada aos vários setores da economia nacional e à captação de recursos para setores específicos;
IV – promover ou fomentar estudo de problemas relativos à imigração;
V – definir as regiões de que trata o artigo 18 da Lei nº 6.815, de 19 de agosto de 1980, e elaborar os respectivos planos de imigração;
VI – efetuar o levantamento periódico das necessidades de mão de obra estrangeira qualificada, para admissão em caráter permanente ou temporário;
VII – dirimir as dúvidas e solucionar os casos omissos, no que respeita à admissão de imigrantes;
VIII – opinar sobre alteração da legislação relativa à imigração, proposta por órgão federal;
IX – elaborar o seu Regimento Interno, a ser submetido à aprovação do Ministro do Trabalho.

Parágrafo único. As deliberações do Conselho Nacional de Imigração serão fixadas por meio de resoluções.

Art. 145. Este Decreto entra em vigor na data da sua publicação.

Brasília, 10 de dezembro, de 1981;
160º da Independência e
93º da República.

João Figueiredo

DECRETO Nº 1.983, DE 14 DE AGOSTO DE 1996

Institui, no âmbito do Departamento de Polícia Federal do Ministério da Justiça e da Diretoria-Geral de Assuntos Consulares, Jurídicos e de Assistência a Brasileiros no Exterior do Ministério das Relações Exteriores, o Programa de Modernização, Agilização, Aprimoramento e Segurança da Fiscalização do Tráfego Internacional e do Passaporte Brasileiro (PROMASP), e aprova o Regulamento de Documentos de Viagem.

▶ Publicado no *DOU* de 15-8-1996.

Art. 1º Fica instituído, no âmbito do Departamento de Polícia Federal do Ministério da Justiça e da Diretoria-Geral de Assuntos Consulares, Jurídicos e de Assistência a Brasileiros no Exterior do Ministério das Relações Exteriores, o Programa de Modernização, Agilização, Aprimoramento e Segurança da Fiscalização do Tráfego Internacional e do Passaporte Brasileiro (PROMASP).

Art. 2º O programa a que se refere o artigo anterior consiste, especialmente, em:

I – padronizar os requisitos básicos para a criação do passaporte de leitura mecânica, visando à agilização da fiscalização do tráfego internacional;
II – uniformizar o passaporte, dotando-o de padrões de segurança;
III – facilitar e agilizar o atendimento do fluxo de passageiros do tráfego internacional.

Art. 3º Fica aprovado o Regulamento de Documentos de Viagem, na forma constante do Anexo a este Decreto.

Art. 4º Os Ministros de Estado da Justiça e das Relações Exteriores expedirão as instruções e normas necessárias à execução deste Decreto.

Art. 5º Os recursos diretamente arrecadados e destinados ao Departamento de Polícia Federal, provenientes das taxas de expedição de passaportes e demais serviços de imigração no Brasil, e multas decorrentes de infrações ao Estatuto do Estrangeiro, destinam-se ao custeio do PROMASP, podendo estender-se às diversas atividades desenvolvidas pela Polícia Federal.

Art. 6º As disposições do Regulamento aprovado por este Decreto não alteram o prazo de validade dos passaportes anteriormente expedidos.

Art. 7º Este Decreto entra em vigor na data de sua publicação

Art. 8º Ficam revogados os Decretos nºs 86, de 15 de abril de 1991, 637, de 24 de agosto de 1992, e 1.123, de 28 de abril de 1994.

Brasília, 14 de agosto de 1996;
175º da Independência e
108º da República.

Fernando Henrique Cardoso

ANEXO REGULAMENTO DE DOCUMENTOS DE VIAGEM

CAPÍTULO I

DOS DOCUMENTOS DE VIAGEM

Art. 1º Para efeito deste Regulamento, consideram-se documentos de viagem:

I – Passaporte;
II – *Laissez-passer;*
III – Autorização de Retorno ao Brasil;
IV – Salvo-conduto;
V – Cédula de Identidade de Civil;
VI – Certificado de Membro de Tripulação de Transporte Aéreo;
VII – Carteira de Marítimo.

CAPÍTULO II

DO PASSAPORTE

Art. 2º Passaporte é o documento de identificação em viagem internacional, exigível de todos os que tiverem de sair ou entrar no território nacional.

Parágrafo único. O passaporte é documento pessoal e intransferível.

Art. 3º Os passaportes brasileiros classificam-se nas categorias:

I – diplomático;
II – oficial;
III – comum;
IV – para estrangeiro.

Art. 4º Os passaportes diplomático e oficial serão expedidos pelo Ministério das Relações Exteriores, no território nacional; e pelas missões diplomáticas ou repartições consulares brasileiras, no exterior.

Art. 5º Os passaportes comum e para estrangeiro serão expedidos pelo Departamento de Polícia Federal, no território nacional; e pelas missões diplomáticas ou repartições consulares brasileiras, no exterior.

SEÇÃO I

DO PASSAPORTE DIPLOMÁTICO

Art. 6º Conceder-se-á passaporte diplomático:

I – ao Presidente da República, ao Vice-Presidente e aos ex-Presidentes da República;
II – ao Ministro de Estado, aos ocupantes de cargos de natureza especial e aos titulares de Secretarias vinculadas à Presidência da República;
III – aos Governadores dos Estados e do Distrito Federal;
IV – aos Funcionários da Carreira de Diplomata, em atividade ou aposentados, e aos Vice-Cônsules em exercício;
V – aos correios diplomáticos;
VI – aos Adidos das Forças Armadas;
VII – aos chefes de missões diplomáticos especiais e aos chefes de delegações a reuniões de caráter diplomático, desde que designados por decreto;
VIII – aos membros do Congresso Nacional, no exercício do seu mandato;
IX – aos Ministros do Supremo Tribunal Federal e dos Tribunais Superiores da União;
X – ao Procurador-Geral da República;
XI – aos Subprocuradores-Gerais do Ministério Público Federal, pelo prazo de sua missão oficial no Exterior;
XII – aos Juízes brasileiros em Tribunais Arbitrais ou Cortes Internacionais de Justiça.

§ 1º A concessão de passaporte diplomático aos familiares das pessoas indicadas neste artigo será regulada pelo Ministério das Relações Exteriores.

§ 2º A critério do Ministério das Relações Exteriores, e tendo em conta as peculiaridades do país onde estiverem servindo em missão de caráter permanente, poderá ser concedido passaporte diplomático a funcionários de outras categorias.

§ 3º Mediante autorização expressa do Ministro de Estado das Relações Exteriores, conceder-se-á passaporte diplomático às pessoas que, embora não relacionadas no *caput* deste artigo, devam portá-lo em função do interesse para o País.

Art. 7º O passaporte diplomático, expedido no território nacional, será assinado pelo Diretor da Diretoria-Geral de Assuntos Consulares, Jurídicos e de Assistência a Brasileiros no exterior, ou seu substituto legal ou delegado e, no exterior, pelo chefe de missão diplomática ou da repartição consular.

Art. 8º A validade do passaporte diplomático será estabelecida de acordo com a natureza da função de seu titular ou a duração da sua missão.

SEÇÃO II

DO PASSAPORTE OFICIAL

Art. 9º O passaporte oficial será concedido:

I – aos servidores da administração direta ou das autarquias, que viajem em missão oficial ou a serviço dos Governos Federal, Estadual e do Distrito Federal;
II – às pessoas que viajem em missão relevante para o País, a critério do Ministério das Relações Exteriores;
III – aos funcionários do Ministério das Relações Exteriores e aos auxiliares dos Adidos Militares que se encontrem em missão de caráter permanente.

Parágrafo único. A concessão de passaporte oficial aos familiares de pessoas indicadas neste artigo será regulada pelo Ministério das Relações Exteriores.

Art. 10. O passaporte oficial será assinado, no território nacional, pelo Chefe da Divisão de Passaportes dos Ministérios das Relações Exteriores ou seu substituto legal e, no exterior, pelo chefe da missão diplomática ou repartição consular que o conceder.

SEÇÃO III

DO PASSAPORTE COMUM

Art. 11. O passaporte comum será concedido a todo brasileiro que pretenda sair do território nacional, ou a ele retornar.

§ 1º O passaporte comum será assinado no território nacional, pelo chefe do órgão competente do Departamento de Polícia Federal responsável pela sua expedição e, no exterior, pelo chefe da missão diplomática ou da repartição consular que o conceder ou por seus substitutos legais.

§ 2º O passaporte comum será entregue pessoalmente a seu titular, mediante recibo.

SEÇÃO IV

DO PASSAPORTE PARA ESTRANGEIRO

Art. 12. O passaporte para estrangeiro será concedido:

I – pelo Departamento de Polícia Federal, no território nacional:

a) ao apátrida e ao de nacionalidade indefinida;
b) ao asilado e ao refugiado no País, desde que reconhecidos nestas condições pelo Governo Brasileiro;
c) ao nacional de país que não tenha representação no território nacional, nem seja representado por outro país, ouvido, neste caso, o Ministério das Relações Exteriores;
d) ao estrangeiro comprovadamente desprovido de qualquer documento de identidade ou de viagem, e que não tenha como comprovar sua nacionalidade;
e) ao estrangeiro legalmente registrado no Brasil e que necessite deixar o território nacional e a ele retornar, nos casos em que não disponha de documento de viagem;

II – pelas missões diplomáticas ou repartições consulares brasileiras, no exterior:

a) ao cônjuge e à viúva ou ao viúvo de brasileiro que haja perdido a nacionalidade originária em virtude de casamento;
b) ao estrangeiro legalmente registrado no Brasil e que necessite ingressar no território nacional, nos casos em que não disponha de documento de viagem válido, ouvido o órgão competente do Departamento de Polícia Federal.

CAPÍTULO III

DOS DEMAIS DOCUMENTOS DE VIAGEM

SEÇÃO I

DO LAISSEZ-PASSER

Art. 13. Laissez-passer é o documento de viagem concedido pelo Departamento de Polícia Federal, no território nacional, e pelas missões diplomáticas ou repartições consulares brasileiras no exterior, ao estrangeiro portador de documento de viagem não reconhecido pelo Governo Brasileiro, ou que não seja válido para o Brasil.

SEÇÃO II

DA AUTORIZAÇÃO DE RETORNO AO BRASIL

Art. 14. Autorização de Retorno ao Brasil é o documento de viagem concedido pelas missões diplomáticas ou repartições consulares brasileiras, ao nacional brasileiro que, estando no exterior e necessitando regressar ao território nacional, não preencha os requisitos para a obtenção de passaporte.

SEÇÃO III

DO SALVO-CONDUTO

Art. 15. O Salvo-conduto é o documento de viagem expedido pelo Departamento de Polícia Federal, destinado a permitir a saída do território nacional daquele que, no Brasil, obtiver asilo diplomático concedido por Governo estrangeiro.

SEÇÃO IV

DA CÉLULA DE IDENTIDADE CIVIL, DO CERTIFICADO DE MEMBRO DE TRIPULAÇÃO DE TRANSPORTE AÉREO E DA CARTEIRA DE MARÍTIMO

Art. 16. A Cédula de Identidade Civil, expedida pelos órgãos oficiais de identificação das Polícias Civis, substitui o passaporte comum nos casos previstos em acordos internacionais.

Art. 17. O Certificado de Membro de Tripulação de Transporte Aéreo e a Carteira de Marítimo poderão substituir o passaporte para efeito de desembarque e embarque no território nacional, nos casos específicos de acordos internacionais.

CAPÍTULO IV

DAS CONDIÇÕES GERAIS PARA OBTENÇÃO DOS DOCUMENTOS DE VIAGEM

Art. 18. São condições gerais para a obtenção do passaporte comum:

I – ser brasileiro;

II – apresentar, em original:

a) Carteira de Identidade ou, na sua falta, Certidão de Nascimento ou de Casamento;
b) Comprovante de quitação com as obrigações eleitorais;
c) Comprovante de quitação com as obrigações militares, para os solicitantes do sexo masculino entre dezoito e 45 anos de idade, e para os naturalizados de qualquer idade;

III – comprovar o recolhimento da taxa ou emolumento devido;

IV – fornecer duas fotos no tamanho padronizado, datadas, recentes, e que identifiquem plenamente o titular.

§ 1º Quando se tratar de menor de dezoito anos, será exigida autorização dos pais, ou do responsável legal, ou do juiz competente.

§ 2º Salvo nos casos de justificadas razões, nenhum outro documento poderá ser exigido.

Art. 19. O pedido de passaporte comum deverá ser feito em formulário específico, assinado pelo próprio interessado ou, sendo este incapaz, pelo seu representante legal, e entregue ao órgão expedidor, acompanhado dos documentos exigidos, os quais, após conferidos, serão restituídos ao titular.

§ 1º Quando o solicitante não puder ou não souber ler e escrever, no formulário relativo ao pedido, será aposta a impressão digital do polegar direito.

§ 2º Os passaportes concedidos e não retirados no prazo de noventa dias serão cancelados.

Art. 20. Ao possuidor de passaporte brasileiro válido só será concedido outro da mesma categoria quando houver razões devidamente fundamentadas, a critério da autoridade concedente.

Art. 21. Pela concessão dos documentos de viagem serão cobrados taxas e emolumentos, fixados em tabelas aprovadas pelos Ministros de Estado da Justiça e das Relações Exteriores.

Art. 22. No território nacional, os passaportes comuns poderão ser requeridos e recebidos por correspondência registrada, entregue por meio de aviso de recebimento em mãos próprias, conforme as normas do contrato entre o Departamento de Polícia Federal e a Empresa Brasileira de Correios e Telégrafos.

§ 1º Quando o requerimento for enviado ao órgão expedidor por meio dos Correios, toda a documentação constante do art. 18, inciso II, deste Regulamento, será enviada em original, juntamente com o pedido, para o órgão do Departamento de Polícia Federal responsável pela expedição em Brasília, Distrito Federal, e devolvida com o passaporte, quando for o caso.

§ 2º No exterior, atendidas as peculiaridades locais, o recebimento da documentação e a remessa de passaportes por correspondência ficará a critério do chefe da missão diplomática ou repartição consular brasileira.

Capítulo V
NORMAS COMUNS A TODOS OS PASSAPORTES

Art. 23. O passaporte não poderá ser utilizado sem a assinatura, ou na sua impossibilidade, a impressão digital do titular.

Art. 24. Não terá validade o passaporte que contiver emendas ou rasuras.

Art. 25. Ao solicitar novo passaporte deverá o interessado, necessariamente, apresentar para cancelamento o passaporte anterior que possua, válido ou não, o qual poderá ser-lhe devolvido a critério da autoridade concedente.

§ 1º O interessado que não apresentar o passaporte anterior deverá apresentar declaração, na forma da lei, com os motivos pelos quais o documento não está sendo apresentado.

§ 2º A autoridade emitente do passaporte poderá determinar diligências adicionais para a localização do passaporte anterior ou o esclarecimento dos motivos para sua não apresentação.

Capítulo VI
DAS DISPOSIÇÕES GERAIS

Art. 26. Os documentos de viagem constantes do art. 1º, incisos I a VI, deste Regulamento são de propriedade da União, cabendo a seus titulares a posse direta e o uso regular, podendo ser apreendidos em caso de fraude ou uso indevido.

Art. 27. É dever do titular comunicar, imediatamente, por escrito, em formulário próprio, à autoridade expedidora, no Brasil, ou à Seção Consular Brasileira mais próxima de onde estiver, no exterior, a ocorrência de perda, extravio, furto, roubo, adulteração, destruição (total ou parcial) ou inutilização do documento de viagem que detenha, bem como sua recuperação, quando for o caso.

Parágrafo único. A comunicação deverá ser feita pelo titular a qualquer unidade do Departamento de Polícia Federal, no território nacional, missão diplomática ou repartição consular brasileira, no exterior, mediante correspondência, termo de declarações ou preenchimento de formulário específico.

Art. 28. Os passaportes diplomático e oficial terão prazo de validade de até dez anos, podendo ser reduzido a critério do Ministério das Relações Exteriores, tendo em conta a natureza da função ou a duração da missão dos seus titulares.

Art. 29. O passaporte comum é válido por até cinco anos, improrrogáveis.

Parágrafo único. O órgão responsável pela concessão do passaporte comum poderá reduzir o prazo de sua validade, se houver razão que o justifique.

Art. 30. O passaporte para estrangeiro e o *laissez-passer* terão validade de até dois anos, improrrogável.

▶ *Caput* com a redação dada pelo Dec. nº 5.311, de 15-12-2004.

§ 1º O passaporte para estrangeiro é válido para uma única viagem e será recolhido quando do ingresso de seu titular no Brasil.

§ 2º O *laissez-passer* será válido para múltiplas viagens e será recolhido quando expirar seu prazo de validade ou, antes disso, em caso de uso irregular.

▶ §§ 1º e 2º acrescidos pelo Dec. nº 5.311, de 15-12-2004.

Art. 31. A Autorização de Retorno ao Brasil terá validade pelo prazo da viagem de regresso ao território nacional e será recolhida pelo controle imigratório do Departamento de Polícia Federal quando da chegada de seu titular ao País.

Art. 32. Os documentos de viagem de que trata o art. 1º, incisos I a IV, deste Regulamento, obedecerão a modelos fixados em portaria conjunta dos Ministros de Estado da Justiça e das Relações Exteriores, observadas, quando cabíveis, as normas contidas em tratados, acordos e convenções internacionais de que o Brasil seja signatário.

Parágrafo único. Os Ministros de Estado da Justiça e das Relações Exteriores adotarão as providências necessárias à racionalização de procedimentos, padronização de formulários, segurança e salvaguarda da autenticidade dos documentos de viagem brasileiros, previstos no art. 1º, incisos I a IV, deste Regulamento e dos vistos consulares, de acordo com a Norma International Standards Organization (ISO) nº 7.501, de 15 de agosto de 1985, e disciplinará os respectivos sistemas de registro, controle e intercâmbio de dados.

Art. 33. Compete ao Ministério das Relações Exteriores a aquisição das cadernetas de passaporte diplomático, oficial, dos *laissez-passer* e das Autorizações de Retorno ao Brasil.

Art. 34. Compete ao Departamento de Polícia Federal a aquisição das cadernetas de passaporte comum, para estrangeiro e dos salvo-condutos.

DECRETO Nº 3.447, DE 5 DE MAIO DE 2000

Delega competência ao Ministro de Estado da Justiça para resolver sobre a expulsão de estrangeiro do País e sua revogação, na forma do art. 66 da Lei nº 6.815, de 19 de agosto de 1980, republicada por determinação do art. 11 da Lei nº 6.964, de 9 de dezembro de 1981.

▶ Publicado no *DOU* de 8-5-2000.

Art. 1º Fica delegada competência ao Ministro de Estado da Justiça, vedada a subdelegação, para decidir sobre a expulsão de estrangeiro do País e a sua revogação, nos termos do art. 66 da Lei nº 6.815, de 19 de agosto de 1980, republicada por determinação do art. 11 da Lei nº 6.964, de 9 de dezembro de 1981.

Art. 2º Este Decreto entra em vigor na data de sua publicação.

Brasília, 5 de maio de 2000;
179º da Independência e
112º da República.

Fernando Henrique Cardoso

LEI Nº 6.815, DE 19 DE AGOSTO DE 1980

Define a situação jurídica do estrangeiro no Brasil, cria o Conselho Nacional de Imigração e dá outras providências.

▶ Publicada no *DOU* de 21-8-1980 e republicada no *DOU* de 22-8-1980.
▶ Dec. nº 86.715, de 10-12-1981, regulamenta esta Lei.
▶ Res. Norm. do CNI nº 79, de 12-8-2008, regulamenta a concessão de autorização para o trabalho de imigrantes.

Art. 1º Em tempo de paz, qualquer estrangeiro poderá, satisfeitas as condições desta Lei, entrar e permanecer no Brasil e dele sair, resguardados os interesses nacionais.

TÍTULO I – DA APLICAÇÃO

Art. 2º Na aplicação desta Lei atender-se-á precipuamente à segurança nacional, à organização institucional, aos interesses políticos, socioeconômicos e culturais do Brasil, bem assim à defesa do trabalhador nacional.

Art. 3º A concessão do visto, a sua prorrogação ou transformação ficarão sempre condicionadas aos interesses nacionais.

TÍTULO II – DA ADMISSÃO, ENTRADA E IMPEDIMENTO

CAPÍTULO I

DA ADMISSÃO

Art. 4º Ao estrangeiro que pretenda entrar no território nacional poderá ser concedido visto:

I – de trânsito;
II – de turista;
III – temporário;
IV – permanente;
V – de cortesia;
VI – oficial; e
VII – diplomático.

Parágrafo único. O visto é individual e sua concessão poderá estender-se a dependentes legais, observado o disposto no artigo 7º.

Art. 5º Serão fixados em regulamento os requisitos para a obtenção dos vistos de entrada previstos nesta Lei.

Art. 6º A posse ou a propriedade de bens no Brasil não confere ao estrangeiro o direito de obter visto de qualquer natureza, ou autorização de permanência no território nacional.

Art. 7º Não se concederá visto ao estrangeiro:

I – menor de dezoito anos, desacompanhado do responsável legal ou sem a sua autorização expressa;
II – considerado nocivo à ordem pública ou aos interesses nacionais;
III – anteriormente expulso do País, salvo se a expulsão tiver sido revogada;
IV – condenado ou processado em outro país por crime doloso, passível de extradição segundo a lei brasileira;
V – que não satisfaça às condições de saúde estabelecidas pelo Ministério da Saúde.

Art. 8º O visto de trânsito poderá ser concedido ao estrangeiro que, para atingir o país de destino, tenha de entrar em território nacional.

§ 1º O visto de trânsito é válido para uma estada de até dez dias improrrogáveis e uma só entrada.

§ 2º Não se exigirá visto de trânsito ao estrangeiro em viagem contínua, que só se interrompa para as escalas obrigatórias do meio de transporte utilizado.

Art. 9º O visto de turista poderá ser concedido ao estrangeiro que venha ao Brasil em caráter recreativo ou de visita, assim considerado aquele que não tenha finalidade imigratória, nem intuito de exercício de atividade remunerada.

Art. 10. Poderá ser dispensada a exigência de visto, prevista no artigo anterior, ao turista nacional de país que dispense ao brasileiro idêntico tratamento.

Parágrafo único. A reciprocidade prevista neste artigo será, em todos os casos, estabelecida mediante acordo internacional, que observará o prazo de estada do turista fixado nesta Lei.

Art. 11. A empresa transportadora deverá verificar, por ocasião do embarque, no exterior, a documentação exigida, sendo responsável, no caso de irregularidade apurada no momento da entrada, pela saída do estrangeiro, sem prejuízo do disposto no artigo 125, VI.

Art. 12. O prazo de validade do visto de turista será de até cinco anos, fixado pelo Ministério das Relações Exteriores, dentro de critérios de reciprocidade, e proporcionará múltiplas entradas no País, com estadas não excedentes a noventa dias, prorrogáveis por igual período, totalizando o máximo de cento e oitenta dias por ano.

▶ *Caput* com a redação dada pela Lei nº 9.076, de 10-7-1995.

Parágrafo único. O prazo poderá ser reduzido, em cada caso, a critério do Ministério da Justiça.

Art. 13. O visto temporário poderá ser concedido ao estrangeiro que pretenda vir ao Brasil:

I – em viagem cultural ou em missão de estudos;
II – em viagem de negócios;
III – na condição de artista ou desportista;
IV – na condição de estudante;

▶ Res. Norm. do CNI nº 88, de 15-9-2010, disciplina a concessão de visto a estrangeiro que venha ao Brasil para estágio.

V – na condição de cientista, professor, técnico ou profissional de outra categoria, sob regime de contrato ou a serviço do Governo brasileiro;

▶ Res. Norm. do CNI nº 87, de 15-9-2010, disciplina a concessão de visto a estrangeiro, vinculado a empresa estrangeira, para treinamento profissional junto à filial, subsidiária ou matriz brasileira de mesmo grupo econômico.

▶ Res. Norm. do CNI nº 94, de 16-3-2011, disciplina a concessão de visto a estrangeiro, estudante ou recém-formado, que venha ao Brasil no âmbito de programa de intercâmbio profissional.

VI – na condição de correspondente de jornal, revista, rádio, televisão ou agência noticiosa estrangeira; e
VII – na condição de ministro de confissão religiosa ou membro de instituto de vida consagrada e de congregação ou ordem religiosa.

▶ Inciso VII acrescido pela Lei nº 6.964, de 9-12-1981.

Art. 14. O prazo de estada no Brasil, nos casos dos itens II e III do art. 13, será de até noventa dias; no caso do inciso VII, de até um ano; e nos demais, salvo o disposto no parágrafo único deste artigo, o correspondente à duração da missão, do contrato, ou da prestação de serviços, comprovada perante a autoridade consular, observado o disposto na legislação trabalhista.

▶ *Caput* com a redação dada pela Lei nº 6.964, de 9-12-1981.

Parágrafo único. No caso do item IV do artigo 13 o prazo será de até um ano, prorrogável, quando for o caso, mediante prova do aproveitamento escolar e da matrícula.

Art. 15. Ao estrangeiro referido no item III ou V do artigo 13 só se concederá o visto se satisfizer às exigências especiais estabelecidas pelo Conselho Nacional de Imigração e for parte em contrato de trabalho, visado pelo Ministério do Trabalho, salvo no caso de comprovada prestação de serviço ao Governo brasileiro.

Art. 16. O visto permanente poderá ser concedido ao estrangeiro que pretenda se fixar definitivamente no Brasil.

Parágrafo único. A imigração objetivará, primordialmente, propiciar mão de obra especializada aos vários setores da economia nacional, visando à Política Nacional de Desenvolvimento em todos os aspectos e, em especial, ao aumento da produtividade, à assimilação de tecnologia e à captação de recursos para setores específicos.

▶ Parágrafo único com a redação dada pela Lei nº 6.964, de 9-12-1981.

Art. 17. Para obter visto permanente o estrangeiro deverá satisfazer, além dos requisitos referidos no artigo 5º, as exigências de caráter especial previstas nas normas de seleção de imigrantes estabelecidas pelo Conselho Nacional de Imigração.

▶ Dec. nº 840, de 22-6-1993, dispõe sobre a organização e o funcionamento do Conselho Nacional de Imigração.

Art. 18. A concessão do visto permanente poderá ficar condicionada, por prazo não superior a cinco anos, ao exercício de atividade certa e à fixação em região determinada do território nacional.

▶ Art. 1º, IV, do Dec. nº 840, de 22-6-1993, que dispõe sobre a organização e o funcionamento do Conselho Nacional de Imigração.

Art. 19. O Ministério das Relações Exteriores definirá os casos de concessão, prorrogação ou dispensa dos vistos diplomáticos, oficial e de cortesia.

Art. 20. Pela concessão de visto cobrar-se-ão emolumentos consulares, ressalvados:

I – os regulados por acordos que concedam gratuidade;
II – os vistos de cortesia, oficial ou diplomático;
III – os vistos de trânsito, temporário ou de turista, se concedidos a titulares de passaporte diplomático ou de serviço.

Parágrafo único. A validade para a utilização de qualquer dos vistos é de 90 (noventa) dias, contados da data de sua concessão, podendo ser prorrogada pela autoridade consular uma só vez, por igual prazo, cobrando-se os emolumentos devidos, aplicando-se esta exigência somente a cidadãos de países onde seja verificada a limitação recíproca.

▶ Parágrafo único com a redação dada pela Lei nº 12.134, de 18-12-2009.

Art. 21. Ao natural de país limítrofe, domiciliado em cidade contígua ao território nacional, respeitados os interesses da segurança nacional, poder-se-á permitir a entrada nos municípios fronteiriços a seu respectivo país, desde que apresente prova de identidade.

§ 1º Ao estrangeiro, referido neste artigo, que pretenda exercer atividade remunerada ou frequentar estabelecimento de ensino naqueles municípios, será fornecido documento especial que o identifique e caracterize a sua condição, e, ainda, Carteira de Trabalho e Previdência Social, quando for o caso.

§ 2º Os documentos referidos no parágrafo anterior não conferem o direito de residência no Brasil, nem autorizam o afastamento dos limites territoriais daqueles municípios.

Estatuto do Estrangeiro – Lei nº 6.815/1980

CAPÍTULO II

DA ENTRADA

Art. 22. A entrada no território nacional far-se-á somente pelos locais onde houver fiscalização dos órgãos competentes dos Ministérios da Saúde, da Justiça e da Fazenda.

Art. 23. O transportador ou seu agente responderá, a qualquer tempo, pela manutenção e demais despesas do passageiro em viagem contínua ou do tripulante que não estiver presente por ocasião da saída do meio de transporte, bem como pela retirada dos mesmos do território nacional.

Art. 24. Nenhum estrangeiro procedente do exterior poderá afastar-se do local de entrada e inspeção, sem que o seu documento de viagem e o cartão de entrada e saída hajam sido visados pelo órgão competente do Ministério da Justiça.

▶ Artigo com a redação dada pela Lei nº 6.964, de 9-12-1981.

Art. 25. Não poderá ser resgatado no Brasil sem prévia autorização do Ministério da Justiça, o bilhete de viagem do estrangeiro que tenha entrado no território nacional na condição de turista ou em trânsito.

CAPÍTULO III

DO IMPEDIMENTO

Art. 26. O visto concedido pela autoridade consular configura mera expectativa de direito, podendo a entrada, a estada ou o registro do estrangeiro ser obstado ocorrendo qualquer dos casos do artigo 7º, ou a inconveniência de sua presença no território nacional, a critério do Ministério da Justiça.

§ 1º O estrangeiro que se tiver retirado do País sem recolher a multa devida em virtude desta Lei, não poderá reentrar sem efetuar o seu pagamento, acrescido de correção monetária.

§ 2º O impedimento de qualquer dos integrantes da família poderá estender-se a todo o grupo familiar.

Art. 27. A empresa transportadora responde, a qualquer tempo, pela saída do clandestino e do impedido.

Parágrafo único. Na impossibilidade da saída imediata do impedido ou do clandestino, o Ministério da Justiça poderá permitir a sua entrada condicional, mediante termo de responsabilidade firmado pelo representante da empresa transportadora, que lhe assegure a manutenção, fixados o prazo de estada e o local em que deva permanecer o impedido, ficando o clandestino custodiado pelo prazo máximo de trinta dias, prorrogável por igual período.

TÍTULO III – DA CONDIÇÃO DE ASILADO

Art. 28. O estrangeiro admitido no território nacional na condição de asilado político ficará sujeito, além dos deveres que lhe forem impostos pelo Direito Internacional, a cumprir as disposições da legislação vigente e as que o Governo brasileiro lhe fixar.

Art. 29. O asilado não poderá sair do País sem prévia autorização do Governo brasileiro.

Parágrafo único. A inobservância do disposto neste artigo importará na renúncia ao asilo e impedirá o reingresso nessa condição.

TÍTULO IV – DO REGISTRO E SUAS ALTERAÇÕES

CAPÍTULO I

DO REGISTRO

Art. 30. O estrangeiro admitido na condição de permanente, de temporário (incisos I e de IV a VI do art. 13) ou de asilado é obrigado a registrar-se no Ministério da Justiça, dentro dos trinta dias seguintes à entrada ou à concessão do asilo, e a identificar-se pelo sistema datiloscópico, observadas as disposições regulamentares.

▶ Artigo com a redação dada pela Lei nº 6.964, de 9-12-1981.
▶ Art. 43 desta Lei.

Art. 31. O nome e a nacionalidade do estrangeiro, para o efeito de registro, serão os constantes do documento de viagem.

Art. 32. O titular de visto diplomático, oficial ou de cortesia, acreditado junto ao Governo brasileiro ou cujo prazo previsto de estada no País seja superior a noventa dias, deverá providenciar seu registro no Ministério das Relações Exteriores.

Parágrafo único. O estrangeiro titular de passaporte de serviço, oficial ou diplomático, que haja entrado no Brasil ao amparo de acordo de dispensa de visto, deverá, igualmente, proceder ao registro mencionado neste artigo sempre que sua estada no Brasil deva ser superior a noventa dias.

Art. 33. Ao estrangeiro registrado será fornecido documento de identidade.

Parágrafo único. A emissão de documento de identidade, salvo nos casos de asilado ou de titular de visto de cortesia, oficial ou diplomático, está sujeita ao pagamento da taxa prevista na Tabela de que trata o artigo 130.

▶ O citado art. 130 foi renumerado para art. 131 pela Lei nº 6.964, de 9-12-1981.

CAPÍTULO II

DA PRORROGAÇÃO DO PRAZO DE ESTADA

Art. 34. Ao estrangeiro que tenha entrado na condição de turista, temporário ou asilado e aos titulares de visto de cortesia, oficial ou diplomático, poderá ser concedida a prorrogação do prazo de estada no Brasil.

Art. 35. A prorrogação do prazo de estada do turista não excederá a noventa dias, podendo ser cancelada a critério do Ministério da Justiça.

Art. 36. A prorrogação do prazo de estada do titular do visto temporário, de que trata o item VII, do artigo 13, não excederá a um ano.

▶ Artigo acrescido pela Lei nº 6.964, de 9-12-1981, renumerando os demais.

CAPÍTULO III

DA TRANSFORMAÇÃO DOS VISTOS

Art. 37. O titular do visto de que trata o artigo 13, incisos V e VII, poderá obter transformação do mesmo para permanente (art. 16), satisfeitas às condições previstas nesta Lei e no seu Regulamento.

► *Caput* com a redação dada pela Lei nº 6.964, de 9-12-1981.

§ 1º Ao titular do visto temporário previsto no inciso VII do art. 13 só poderá ser concedida a transformação após o prazo de dois anos de residência no País.

§ 2º Na transformação do visto poder-se-á aplicar o disposto no artigo 18 desta Lei.

► §§ 1º e 2º acrescidos pela Lei nº 6.964, de 9-12-1981.

Art. 38. É vedada a legalização da estada de clandestino e de irregular, e a transformação em permanente, dos vistos de trânsito, de turista, temporário (artigo 13, itens I a IV e VI) e de cortesia.

Art. 39. O titular de visto diplomático ou oficial poderá obter transformação desses vistos para temporário (artigo 13, itens I a VI) ou para permanente (artigo 16), ouvido o Ministério das Relações Exteriores, e satisfeitas as exigências previstas nesta Lei e no seu Regulamento.

Parágrafo único. A transformação do visto oficial ou diplomático em temporário ou permanente importará na cessação de todas as prerrogativas, privilégios e imunidades decorrentes daqueles vistos.

Art. 40. A solicitação da transformação de visto não impede a aplicação do disposto no artigo 57, se o estrangeiro ultrapassar o prazo legal de estada no território nacional.

Parágrafo único. Do despacho que denegar a transformação do visto, caberá pedido de reconsideração na forma definida em Regulamento.

Art. 41. A transformação de vistos de que tratam os artigos 37 e 39 ficará sem efeito, se não for efetuado o registro no prazo de noventa dias, contados da publicação, no Diário Oficial, do deferimento do pedido.

Art. 42. O titular de quaisquer dos vistos definidos nos artigos 8º, 9º, 10, 13 e 16, poderá ter os mesmos transformados para oficial ou diplomático.

CAPÍTULO IV

DA ALTERAÇÃO DE ASSENTAMENTOS

Art. 43. O nome do estrangeiro, constante do registro (art. 30), poderá ser alterado:

I – se estiver comprovadamente errado;

II – se tiver sentido pejorativo ou expuser o titular ao ridículo; ou

III – se for de pronunciação e compreensão difíceis e puder ser traduzido ou adaptado à prosódia da língua portuguesa.

§ 1º O pedido de alteração de nome deverá ser instruído com a documentação prevista em Regulamento e será sempre objeto de investigação sobre o comportamento do requerente.

§ 2º Os erros materiais no registro serão corrigidos de ofício.

§ 3º A alteração decorrente de desquite ou divórcio obtido em país estrangeiro dependerá de homologação, no Brasil, da sentença respectiva.

§ 4º Poderá ser averbado no registro o nome abreviado usado pelo estrangeiro como firma comercial registrada ou em qualquer atividade profissional.

Art. 44. Compete ao Ministro da Justiça autorizar a alteração de assentamentos constantes do registro de estrangeiro.

CAPÍTULO V

DA ATUALIZAÇÃO DO REGISTRO

Art. 45. A Junta Comercial, ao registrar firma de que participe estrangeiro, remeterá ao Ministério da Justiça os dados de identificação do estrangeiro e os do seu documento de identidade emitido no Brasil.

Parágrafo único. Tratando-se de sociedade anônima, a providência é obrigatória em relação ao estrangeiro que figure na condição de administrador, gerente, diretor ou acionista controlador.

► Parágrafo único acrescido pela Lei nº 6.964, de 9-12-1981.

Art. 46. Os Cartórios de Registro Civil remeterão, mensalmente, ao Ministério da Justiça cópia dos registros de casamento e de óbito de estrangeiro.

Art. 47. O estabelecimento hoteleiro, a empresa imobiliária, o proprietário, locador, sublocador ou locatário de imóvel e o síndico de edifício remeterão ao Ministério da Justiça, quando requisitados, os dados de identificação do estrangeiro admitido na condição de hóspede, locatário, sublocatário ou morador.

► Artigo com a redação dada pela Lei nº 6.964, de 9-12-1981.

Art. 48. Salvo o disposto no § 1º do artigo 21, a admissão de estrangeiro a serviço de entidade pública ou privada, ou a matrícula em estabelecimento de ensino de qualquer grau, só se efetivará se o mesmo estiver devidamente registrado (art. 30).

Parágrafo único. As entidades, a que se refere este artigo remeterão ao Ministério da Justiça, que dará conhecimento ao Ministério do Trabalho, quando for o caso, os dados de identificação do estrangeiro admitido ou matriculado e comunicarão, à medida que ocorrer, o término do contrato de trabalho, sua rescisão ou prorrogação, bem como a suspensão ou cancelamento da matrícula e a conclusão do curso.

CAPÍTULO VI

DO CANCELAMENTO E DO RESTABELECIMENTO DO REGISTRO

Art. 49. O estrangeiro terá o registro cancelado:

I – se obtiver naturalização brasileira;

II – se tiver decretada sua expulsão;

III – se requerer a saída do território nacional em caráter definitivo, renunciando, expressamente, ao direito de retorno previsto no artigo 51;

IV – se permanecer ausente do Brasil por prazo superior ao previsto no artigo 51;

V – se ocorrer a transformação de visto de que trata o artigo 42;

VI – se houver transgressão do artigo 18, artigo 37, § 2º, ou 99 a 101; e

VII – se temporário ou asilado, no término do prazo de sua estada no território nacional.

§ 1º O registro poderá ser restabelecido, nos casos do item I ou II, se cessada a causa do cancelamento, e, nos demais casos, se o estrangeiro retornar ao território nacional com visto de que trata o artigo 13 ou 16, ou obtiver a transformação prevista no artigo 39.

§ 2º Ocorrendo a hipótese prevista no item III deste artigo, o estrangeiro deverá proceder à entrega do documento de identidade para estrangeiro e deixar o território nacional dentro de trinta dias.

§ 3º Se da solicitação de que trata o item III deste artigo resultar isenção de ônus fiscal ou financeiro, o restabelecimento do registro dependerá, sempre, da satisfação prévia dos referidos encargos.

TÍTULO V – DA SAÍDA E DO RETORNO

Art. 50. Não se exigirá visto de saída do estrangeiro que pretender sair do território nacional.

§ 1º O Ministro da Justiça poderá, a qualquer tempo, estabelecer a exigência de visto de saída, quando razões de segurança interna aconselharem a medida.

§ 2º Na hipótese do parágrafo anterior, o ato que estabelecer a exigência disporá sobre o prazo de validade do visto e as condições para a sua concessão.

§ 3º O asilado deverá observar o disposto no artigo 29.

Art. 51. O estrangeiro registrado como permanente, que se ausentar do Brasil, poderá regressar independentemente de visto se o fizer dentro de dois anos.

Parágrafo único. A prova da data da saída, para os fins deste artigo, far-se-á pela anotação aposta, pelo órgão competente do Ministério da Justiça, no documento de viagem do estrangeiro, no momento em que o mesmo deixar o território nacional.

Art. 52. O estrangeiro registrado como temporário, que se ausentar do Brasil, poderá regressar independentemente de novo visto, se o fizer dentro do prazo de validade de sua estada no território nacional.

Art. 53. *Suprimido.* Lei nº 9.076, de 10-7-1995.

TÍTULO VI – DO DOCUMENTO DE VIAGEM PARA ESTRANGEIRO

Art. 54. São documentos de viagem o passaporte para estrangeiro e o *laissez-passer*.

Parágrafo único. Os documentos de que trata este artigo são de propriedade da União, cabendo a seus titulares a posse direta e o uso regular.

Art. 55. Poderá ser concedido passaporte para estrangeiro:

I – no Brasil:

a) ao apátrida e ao de nacionalidade indefinida;
► Dec. nº 4.246, de 22-5-2002, promulga a Convenção sobre o Estatuto dos Apátridas.
b) a nacional de país que não tenha representação diplomática ou consular no Brasil, nem representante de outro país encarregado de protegê-lo;
c) a asilado ou a refugiado, como tal admitido no Brasil.

II – no Brasil e no exterior, ao cônjuge ou à viúva de brasileiro que haja perdido a nacionalidade originária em virtude do casamento.

Parágrafo único. A concessão de passaporte, no caso da letra b, do item I, deste artigo, dependerá de prévia consulta ao Ministério das Relações Exteriores.

Art. 56. O *laissez-passer* poderá ser concedido, no Brasil ou no exterior, ao estrangeiro portador de documento de viagem emitido por governo não reconhecido pelo Governo brasileiro, ou não válido para o Brasil.

Parágrafo único. A concessão, no exterior, de *laissez-passer* a estrangeiro registrado no Brasil como permanente, temporário ou asilado, dependerá de audiência prévia do Ministério da Justiça.

TÍTULO VII – DA DEPORTAÇÃO

Art. 57. Nos casos de entrada ou estada irregular de estrangeiro, se este não se retirar voluntariamente do território nacional no prazo fixado em Regulamento, será promovida sua deportação.

§ 1º Será igualmente deportado o estrangeiro que infringir o disposto nos artigos 21, § 2º, 24, 37, § 2º, 98 a 101, §§ 1º ou 2º do artigo 104 ou artigo 105.

§ 2º Desde que conveniente aos interesses nacionais, a deportação far-se-á independentemente da fixação do prazo de que trata o *caput* deste artigo.

Art. 58. A deportação consistirá na saída compulsória do estrangeiro.

Parágrafo único. A deportação far-se-á para o país da nacionalidade ou de procedência do estrangeiro, ou para outro que consinta em recebê-lo.

Art. 59. Não sendo apurada a responsabilidade do transportador pelas despesas com a retirada do estrangeiro, nem podendo este ou terceiro por ela responder, serão as mesmas custeadas pelo Tesouro Nacional.

Art. 60. O estrangeiro poderá ser dispensado de quaisquer penalidades relativas à entrada ou estada irregular no Brasil ou formalidade cujo cumprimento possa dificultar a deportação.

Art. 61. O estrangeiro, enquanto não se efetivar a deportação, poderá ser recolhido à prisão por ordem do Ministro da Justiça, pelo prazo de sessenta dias.

Parágrafo único. Sempre que não for possível, dentro do prazo previsto neste artigo, determinar-se a identidade do deportando ou obter-se documento de viagem para promover a sua retirada, a prisão poderá ser prorrogada por igual período, findo o qual será ele posto em liberdade, aplicando-se o disposto no artigo 73.

Art. 62. Não sendo exequível a deportação ou quando existirem indícios sérios de periculosidade ou indesejabilidade do estrangeiro, proceder-se-á à sua expulsão.

Art. 63. Não se procederá à deportação se implicar em extradição inadmitida pela lei brasileira.

Art. 64. O deportado só poderá reingressar no território nacional se ressarcir o Tesouro Nacional, com correção monetária, das despesas com a sua deportação e efetuar, se for o caso, o pagamento da multa devida à época, também corrigida.

TÍTULO VIII – DA EXPULSÃO

Art. 65. É passível de expulsão o estrangeiro que, de qualquer forma, atentar contra a segurança nacional, a ordem política ou social, a tranquilidade ou moralidade pública e a economia popular, ou cujo procedimento o torne nocivo à conveniência e aos interesses nacionais.

▶ Art. 22, XV, da CF.
▶ Dec. nº 98.961, de 15-2-1990, dispõe sobre expulsão de estrangeiro condenado por tráfico de entorpecentes e drogas.
▶ Súm. nº 1 do STF.

Parágrafo único. É passível, também, de expulsão o estrangeiro que:

a) praticar fraude a fim de obter a sua entrada ou permanência no Brasil;
b) havendo entrado no território nacional com infração à lei, dele não se retirar no prazo que lhe for determinado para fazê-lo, não sendo aconselhável a deportação;
c) entregar-se à vadiagem ou à mendicância; ou
d) desrespeitar proibição especialmente prevista em lei para estrangeiro.

Art. 66. Caberá exclusivamente ao Presidente da República resolver sobre a conveniência e a oportunidade da expulsão ou de sua revogação.

Parágrafo único. A medida expulsória ou a sua revogação far-se-á por decreto.

▶ Dec. nº 3.447, de 5-5-2000, delega competência ao Ministro de Estado da Justiça para resolver sobre a expulsão de estrangeiro do País.

Art. 67. Desde que conveniente ao interesse nacional, a expulsão do estrangeiro poderá efetivar-se, ainda que haja processo ou tenha ocorrido condenação.

Art. 68. Os órgãos do Ministério Público remeterão ao Ministério da Justiça, de ofício, até trinta dias após o trânsito em julgado, cópia da sentença condenatória de estrangeiro autor de crime doloso ou de qualquer crime contra a segurança nacional, a ordem política ou social, a economia popular, a moralidade ou a saúde pública, assim como da folha de antecedentes penais constantes dos autos.

Parágrafo único. O Ministro da Justiça, recebidos os documentos mencionados neste artigo, determinará a instauração de inquérito para a expulsão do estrangeiro.

Art. 69. O Ministro da Justiça, a qualquer tempo, poderá determinar a prisão, por noventa dias, do estrangeiro submetido a processo de expulsão e, para concluir o inquérito ou assegurar a execução da medida, prorrogá-la por igual prazo.

Parágrafo único. Em caso de medida interposta junto ao Poder Judiciário que suspenda, provisoriamente, a efetivação do ato expulsório, o prazo de prisão de que trata a parte final do caput deste artigo ficará interrompido, até a decisão definitiva do Tribunal a que estiver submetido o feito.

Art. 70. Compete ao Ministro da Justiça, de ofício ou acolhendo solicitação fundamentada, determinar a instauração de inquérito para a expulsão do estrangeiro.

Art. 71. Nos casos de infração contra a segurança nacional, a ordem política ou social e a economia popular, assim como nos casos de comércio, posse ou facilitação de uso indevido de substância entorpecente ou que determine dependência física ou psíquica, ou de desrespeito à proibição especialmente prevista em lei para estrangeiro, o inquérito será sumário e não excederá o prazo de quinze dias, dentro do qual fica assegurado ao expulsando o direito de defesa.

Art. 72. Salvo as hipóteses previstas no artigo anterior, caberá pedido de reconsideração no prazo de dez dias, a contar da publicação do decreto de expulsão, no *Diário Oficial da União*.

Art. 73. O estrangeiro, cuja prisão não se torne necessária, ou que tenha o prazo desta vencido, permanecerá em liberdade vigiada, em lugar designado pelo Ministério da Justiça, e guardará as normas de comportamento que lhe forem estabelecidas.

Parágrafo único. Descumprida qualquer das normas fixadas de conformidade com o disposto neste artigo ou no seguinte, o Ministro da Justiça, a qualquer tempo, poderá determinar a prisão administrativa do estrangeiro, cujo prazo não excederá a noventa dias.

Art. 74. O Ministro da Justiça poderá modificar, de ofício ou a pedido, as normas de conduta impostas ao estrangeiro e designar outro lugar para a sua residência.

Art. 75. Não se procederá à expulsão:

▶ *Caput* com a redação dada pela Lei nº 6.964, de 9-12-1981.

I – se implicar extradição inadmitida pela lei brasileira; ou
II – quando o estrangeiro tiver:

a) Cônjuge brasileiro do qual não esteja divorciado ou separado, de fato ou de direito, e desde que o casamento tenha sido celebrado há mais de cinco anos; ou
b) filho brasileiro que, comprovadamente, esteja sob sua guarda e dele dependa economicamente.

▶ Incisos I e II com a redação dada pela Lei nº 6.964, de 9-12-1981.
▶ Súm. nº 1 do STJ.

§ 1º Não constituem impedimento à expulsão a adoção ou o reconhecimento de filho brasileiro supervenientes ao fato que o motivar.

§ 2º Verificados o abandono do filho, o divórcio ou a separação, de fato ou de direito, a expulsão poderá efetivar-se a qualquer tempo.

▶ §§ 1º e 2º acrescidos pela Lei nº 6.964, de 9-12-1981.

TÍTULO IX – DA EXTRADIÇÃO

▶ Arts. 5º, LI e LII, 22, XV, e 102, I, g, da CF.
▶ Súm. nº 692 do STF.

Art. 76. A extradição poderá ser concedida quando o governo requerente se fundamentar em tratado, ou quando prometer ao Brasil a reciprocidade.

▶ Artigo com a redação dada pela Lei nº 6.964, de 9-12-1981.
▶ Arts. 5º, LI e LII, e 102, I, g, da CF.
▶ Súm. nº 2 do STF.

Art. 77. Não se concederá a extradição quando:

I – se tratar de brasileiro, salvo se a aquisição dessa nacionalidade verificar-se após o fato que motivar o pedido;
II – o fato que motivar o pedido não for considerado crime no Brasil ou no Estado requerente;
III – o Brasil for competente, segundo suas leis, para julgar o crime imputado ao extraditando;
IV – a lei brasileira impuser ao crime a pena de prisão igual ou inferior a um ano;
V – o extraditando estiver a responder a processo ou já houver sido condenado ou absolvido no Brasil pelo mesmo fato em que se fundar o pedido;
VI – estiver extinta a punibilidade pela prescrição segundo a lei brasileira ou a do Estado requerente;
VII – o fato constituir crime político; e
VIII – o extraditando houver de responder, no Estado requerente, perante Tribunal ou Juízo de exceção.

▶ Súm. nº 421 do STF.

§ 1º A exceção do item VII não impedirá a extradição quando o fato constituir, principalmente, infração da lei penal comum, ou quando o crime comum, conexo ao delito político, constituir o fato principal.

§ 2º Caberá, exclusivamente, ao Supremo Tribunal Federal, a apreciação do caráter da infração.

§ 3º O Supremo Tribunal Federal poderá deixar de considerar crimes políticos os atentados contra Chefes de Estado ou quaisquer autoridades, bem assim os atos de anarquismo, terrorismo, sabotagem, sequestro de pessoa, ou que importem propaganda de guerra ou de processos violentos para subverter a ordem política ou social.

Art. 78. São condições para concessão da extradição:
I – ter sido o crime cometido no território do Estado requerente ou serem aplicáveis ao extraditando as leis penais desse Estado; e
II – existir sentença final de privação de liberdade, ou estar a prisão do extraditando autorizada por juiz, tribunal ou autoridade competente do Estado requerente, salvo o disposto no artigo 82.

Art. 79. Quando mais de um Estado requerer a extradição da mesma pessoa, pelo mesmo fato, terá preferência o pedido daquele em cujo território a infração foi cometida.

§ 1º Tratando-se de crimes diversos, terão preferência, sucessivamente:
I – o Estado requerente em cujo território haja sido cometido o crime mais grave, segundo a lei brasileira;
II – o que em primeiro lugar houver pedido a entrega do extraditando, se a gravidade dos crimes for idêntica; e
III – o Estado de origem, ou, na sua falta, o domiciliar do extraditando, se os pedidos forem simultâneos.

§ 2º Nos casos não previstos decidirá sobre a preferência o Governo brasileiro.

§ 3º Havendo tratado ou convenção com algum dos Estados requerentes, prevalecerão suas normas no que disserem respeito à preferência de que trata este artigo.

▶ § 3º com a redação dada pela Lei nº 6.964, de 9-12-1981.

Art. 80. *A extradição será requerida por via diplomática ou, quando previsto em tratado, diretamente ao Ministério da Justiça, devendo o pedido ser instruído com a cópia autêntica ou a certidão da sentença condenatória ou decisão penal proferida por juiz ou autoridade competente.*

§ 1º O pedido deverá ser instruído com indicações precisas sobre o local, a data, a natureza e as circunstâncias do fato criminoso, a identidade do extraditando e, ainda, cópia dos textos legais sobre o crime, a competência, a pena e sua prescrição.

§ 2º O encaminhamento do pedido pelo Ministério da Justiça ou por via diplomática confere autenticidade aos documentos.

§ 3º Os documentos indicados neste artigo serão acompanhados de versão feita oficialmente para o idioma português.

▶ Art. 80 com a redação dada pela Lei nº 12.878, de 4-11-2013.

Art. 81. *O pedido, após exame da presença dos pressupostos formais de admissibilidade exigidos nesta Lei ou em tratado, será encaminhado pelo Ministério da Justiça ao Supremo Tribunal Federal.*

Parágrafo único. Não preenchidos os pressupostos de que trata o caput, o pedido será arquivado mediante decisão fundamentada do Ministro de Estado da Justiça, sem prejuízo de renovação do pedido, devidamente instruído, uma vez superado o óbice apontado.

▶ Art. 81 com a redação dada pela Lei nº 12.878, de 4-11-2013.

Art. 82. *O Estado interessado na extradição poderá, em caso de urgência e antes da formalização do pedido de extradição, ou conjuntamente com este, requerer a prisão cautelar do extraditando por via diplomática ou, quando previsto em tratado, ao Ministério da Justiça, que, após exame da presença dos pressupostos formais de admissibilidade exigidos nesta Lei ou em tratado, representará ao Supremo Tribunal Federal.*

§ 1º O pedido de prisão cautelar noticiará o crime cometido e deverá ser fundamentado, podendo ser apresentado por correio, fax, mensagem eletrônica ou qualquer outro meio que assegure a comunicação por escrito.

§ 2º O pedido de prisão cautelar poderá ser apresentado ao Ministério da Justiça por meio da Organização Internacional de Polícia Criminal (Interpol), devidamente instruído com a documentação comprobatória da existência de ordem de prisão proferida por Estado estrangeiro.

§ 3º O Estado estrangeiro deverá, no prazo de 90 (noventa) dias contado da data em que tiver sido cientificado da prisão do extraditando, formalizar o pedido de extradição.

§ 4º Caso o pedido não seja formalizado no prazo previsto no § 3º, o extraditando deverá ser posto em liberdade, não se admitindo novo pedido de

prisão cautelar pelo mesmo fato sem que a extradição haja sido devidamente requerida.
▶ Art. 82 com a redação dada pela Lei nº 12.878, de 4-11-2013.

Art. 83. Nenhuma extradição será concedida sem prévio pronunciamento do Plenário do Supremo Tribunal Federal sobre sua legalidade e procedência, não cabendo recurso da decisão.

Art. 84. Efetivada a prisão do extraditando (artigo 81), o pedido será encaminhado ao Supremo Tribunal Federal.

Parágrafo único. A prisão perdurará até o julgamento final do Supremo Tribunal Federal, não sendo admitidas a liberdade vigiada, a prisão domiciliar, nem a prisão-albergue.

Art. 85. Ao receber o pedido, o Relator designará dia e hora para o interrogatório do extraditando e, conforme o caso, dar-lhe-á curador ou advogado, se não o tiver, correndo do interrogatório o prazo de dez dias para a defesa.

▶ Súm. nº 692 do STF.

§ 1º A defesa versará sobre a identidade da pessoa reclamada, defeito de forma dos documentos apresentados ou ilegalidade da extradição.

§ 2º Não estando o processo devidamente instruído, o Tribunal, a requerimento do Procurador-Geral da República, poderá converter o julgamento em diligência para suprir a falta no prazo improrrogável de sessenta dias, decorridos os quais o pedido será julgado independentemente da diligência.

§ 3º O prazo referido no parágrafo anterior correrá da data da notificação que o Ministério das Relações Exteriores fizer à Missão Diplomática do Estado requerente.

Art. 86. Concedida a extradição, será o fato comunicado através do Ministério das Relações Exteriores à Missão Diplomática do Estado requerente que, no prazo de sessenta dias da comunicação, deverá retirar o extraditando do território nacional.

Art. 87. Se o Estado requerente não retirar o extraditando do território nacional no prazo do artigo anterior, será ele posto em liberdade, sem prejuízo de responder a processo de expulsão, se o motivo da extradição o recomendar.

Art. 88. Negada a extradição, não se admitirá novo pedido baseado no mesmo fato.

Art. 89. Quando o extraditando estiver sendo processado, ou tiver sido condenado, no Brasil, por crime punível com pena privativa de liberdade, a extradição será executada somente depois da conclusão do processo ou do cumprimento da pena, ressalvado, entretanto, o disposto no artigo 67.

Parágrafo único. A entrega do extraditando ficará igualmente adiada se a efetivação da medida puser em risco a sua vida por causa de enfermidade grave comprovada por laudo médico oficial.

Art. 90. O Governo poderá entregar o extraditando ainda que responda a processo ou esteja condenado por contravenção.

Art. 91. Não será efetivada a entrega sem que o Estado requerente assuma o compromisso:

I – de não ser o extraditando preso nem processado por fatos anteriores ao pedido;
II – de computar o tempo de prisão que, no Brasil, foi imposta por força da extradição;
III – de comutar em pena privativa de liberdade a pena corporal ou de morte, ressalvados, quanto à última, os casos em que a lei brasileira permitir a sua aplicação;
IV – de não ser o extraditando entregue, sem consentimento do Brasil, a outro Estado que o reclame; e
V – de não considerar qualquer motivo político, para agravar a pena.

Art. 92. A entrega do extraditando, de acordo com as leis brasileiras e respeitado o direito de terceiro, será feita com os objetos e instrumentos do crime encontrados em seu poder.

Parágrafo único. Os objetos e instrumentos referidos neste artigo poderão ser entregues independentemente da entrega do extraditando.

Art. 93. O extraditando que, depois de entregue ao Estado requerente, escapar à ação da Justiça e homiziar-se no Brasil, ou por ele transitar, será detido mediante pedido feito diretamente por via diplomática, e de novo entregue sem outras formalidades.

Art. 94. Salvo motivo de ordem pública, poderá ser permitido, pelo Ministro da Justiça, o trânsito, no território nacional, de pessoas extraditadas por Estados estrangeiros, bem assim o da respectiva guarda, mediante apresentação de documentos comprobatórios de concessão da medida.

TÍTULO X – DOS DIREITOS E DEVERES DO ESTRANGEIRO

Art. 95. O estrangeiro residente no Brasil goza de todos os direitos reconhecidos aos brasileiros, nos termos da Constituição e das leis.

Art. 96. Sempre que lhe for exigido por qualquer autoridade ou seu agente, o estrangeiro deverá exibir documento comprobatório de sua estada legal no território nacional.

Parágrafo único. Para os fins deste artigo e dos artigos 43, 45, 47 e 48, o documento deverá ser apresentado no original.

Art. 97. O exercício de atividade remunerada e a matrícula em estabelecimento de ensino são permitidos ao estrangeiro com as restrições estabelecidas nesta Lei e no seu Regulamento.

Art. 98. Ao estrangeiro que se encontra no Brasil ao amparo de visto de turista, de trânsito ou temporário de que trata o artigo 13, item IV, bem como aos dependentes de titulares de quaisquer vistos temporários é vedado o exercício de atividade remunerada. Ao titular de visto temporário de que trata o artigo 13, item VI, é vedado o exercício de atividade remunerada por fonte brasileira.

Art. 99. Ao estrangeiro titular de visto temporário e ao que se encontre no Brasil na condição do artigo 21, § 1º, é vedado estabelecer-se com firma individual, ou exercer cargo ou função de administrador, gerente ou diretor de sociedade comercial ou civil, bem como inscrever-se em entidade fiscalizadora do exercício de profissão regulamentada.

Parágrafo único. Aos estrangeiros portadores do visto de que trata o inciso V do art. 13 é permitida a inscrição temporária em entidade fiscalizadora do exercício de profissão regulamentada.

▶ Parágrafo único acrescido pela Lei nº 6.964, de 9-12-1981.

Art. 100. O estrangeiro admitido na condição de temporário, sob regime de contrato, só poderá exercer atividade junto à entidade pela qual foi contratado, na oportunidade da concessão do visto, salvo autorização expressa do Ministério da Justiça, ouvido o Ministério do Trabalho.

Art. 101. O estrangeiro admitido na forma do artigo 18, ou do artigo 37, § 2º, para o desempenho de atividade profissional certa, e a fixação em região determinada, não poderá, dentro do prazo que lhe for fixado na oportunidade da concessão ou da transformação do visto, mudar de domicílio nem de atividade profissional, ou exercê-la fora daquela região, salvo em caso excepcional, mediante autorização prévia do Ministério da Justiça, ouvido o Ministério do Trabalho, quando necessário.

Art. 102. O estrangeiro registrado é obrigado a comunicar ao Ministério da Justiça a mudança do seu domicílio ou residência, devendo fazê-lo nos trinta dias imediatamente seguintes à sua efetivação.

Art. 103. O estrangeiro que adquirir nacionalidade diversa da constante do registro (art. 30), deverá, nos noventa dias seguintes, requerer a averbação da nova nacionalidade em seus assentamentos.

Art. 104. O portador de visto de cortesia, oficial ou diplomático só poderá exercer atividade remunerada em favor do Estado estrangeiro, organização ou agência internacional de caráter intergovernamental a cujo serviço se encontre no País, ou do Governo ou de entidade brasileiros, mediante instrumento internacional firmado com outro Governo que encerre cláusula específica sobre o assunto.

§ 1º O serviçal com visto de cortesia só poderá exercer atividade remunerada a serviço particular de titular de visto de cortesia, oficial ou diplomático.

§ 2º A missão, organização ou pessoa, a cujo serviço se encontra o serviçal, fica responsável pela sua saída do território nacional, no prazo de trinta dias, a contar da data em que cessar o vínculo empregatício, sob pena de deportação do mesmo.

§ 3º Ao titular de quaisquer dos vistos referidos neste artigo não se aplica o disposto na legislação trabalhista brasileira.

Art. 105. Ao estrangeiro que tenha entrado no Brasil na condição de turista ou em trânsito é proibido o engajamento como tripulante em porto brasileiro, salvo em navio de bandeira de seu país, por viagem não redonda, a requerimento do transportador ou do seu agente, mediante autorização do Ministério da Justiça.

Art. 106. É vedado ao estrangeiro:

I – ser proprietário, armador ou comandante de navio nacional, inclusive nos serviços de navegação fluvial e lacustre;

II – ser proprietário de empresa jornalística de qualquer espécie, e de empresas de televisão e de radiodifusão, sócio ou acionista de sociedade proprietária dessas empresas;

III – ser responsável, orientador intelectual ou administrativo das empresas mencionadas no item anterior;

IV – obter concessão ou autorização para a pesquisa, prospecção, exploração e aproveitamento das jazidas, minas e demais recursos minerais e dos potenciais de energia hidráulica;

V – ser proprietário ou explorador de aeronave brasileira, ressalvado o disposto na legislação específica;

VI – ser corretor de navios, de fundos públicos, leiloeiro e despachante aduaneiro;

VII – participar da administração ou representação de sindicato ou associação profissional, bem como de entidade fiscalizadora do exercício de profissão regulamentada;

VIII – ser prático de barras, portos, rios, lagos e canais;

IX – possuir, manter ou operar, mesmo como amador, aparelho de radiodifusão, de radiotelegrafia e similar, salvo reciprocidade de tratamento; e

X – prestar assistência religiosa às Forças Armadas e auxiliares, e também aos estabelecimentos de internação coletiva.

§ 1º O disposto no item I deste artigo não se aplica aos navios nacionais de pesca.

§ 2º Ao português, no gozo dos direitos e obrigações previstos no Estatuto da Igualdade, apenas lhe é defeso:

a) assumir a responsabilidade e a orientação intelectual e administrativa das empresas mencionadas no item II deste artigo;

b) ser proprietário, armador ou comandante de navio nacional, inclusive de navegação fluvial e lacustre, ressalvado o disposto no parágrafo anterior; e

c) prestar assistência religiosa às Forças Armadas e auxiliares.

Art. 107. O estrangeiro admitido no território nacional não pode exercer atividade de natureza política, nem se imiscuir, direta ou indiretamente, nos negócios públicos do Brasil, sendo-lhe especialmente vedado:

I – organizar, criar ou manter sociedade ou quaisquer entidades de caráter político, ainda que tenham por fim apenas a propaganda ou a difusão, exclusivamente entre compatriotas, de ideias, programas ou normas de ação de partidos políticos do país de origem;

II – exercer ação individual, junto a compatriotas ou não, no sentido de obter, mediante coação ou constrangimento de qualquer natureza, adesão a ideias, programas ou normas de ação de partidos ou facções políticas de qualquer país;

III – organizar desfiles, passeatas, comícios e reuniões de qualquer natureza, ou deles participar, com os fins a que se referem os itens I e II deste artigo.

Parágrafo único. O disposto no *caput* deste artigo não se aplica ao português beneficiário do Estatuto da Igualdade ao qual tiver sido reconhecido o gozo de direitos políticos.

Art. 108. É lícito aos estrangeiros associarem-se para fins culturais, religiosos, recreativos, beneficentes ou de assistência, filiarem-se a clubes sociais e desportivos, e a quaisquer outras entidades com iguais fins, bem como participarem de reunião comemorativa de datas nacionais ou acontecimentos de significação patriótica.

Parágrafo único. As entidades mencionadas neste artigo, se constituídas de mais da metade de associados estrangeiros, somente poderão funcionar mediante autorização do Ministro da Justiça.

Art. 109. A entidade que houver obtido registro mediante falsa declaração de seus fins ou que, depois de registrada, passar a exercer atividades proibidas ilícitas, terá sumariamente cassada a autorização a que se refere o parágrafo único do artigo anterior e o seu funcionamento será suspenso por ato do Ministro da Justiça, até final julgamento do processo de dissolução, a ser instaurado imediatamente.

▶ Artigo com a redação dada pela Lei nº 6.964, de 9-12-1981.

Art. 110. O Ministro da Justiça poderá, sempre que considerar conveniente aos interesses nacionais, impedir a realização, por estrangeiros, de conferências, congressos e exibições artísticas ou folclóricas.

TÍTULO XI – DA NATURALIZAÇÃO

▶ Art. 12, II, da CF.

CAPÍTULO I

DAS CONDIÇÕES

Art. 111. A concessão da naturalização nos casos previstos no artigo 145, item II, alínea b, da Constituição, é faculdade exclusiva do Poder Executivo e far-se-á mediante portaria do Ministro da Justiça.

▶ Refere-se à CF/1967, com a Emenda nº 1/1969.

Art. 112. São condições para a concessão da naturalização:

▶ Art. 126 do Dec. nº 86.715, de 10-12-1981, que regulamenta esta Lei.

I – capacidade civil, segundo a lei brasileira;
II – ser registrado como permanente no Brasil;
III – residência contínua no território nacional, pelo prazo mínimo de quatro anos, imediatamente anteriores ao pedido de naturalização;
IV – ler e escrever a língua portuguesa, consideradas as condições do naturalizando;
V – exercício de profissão ou posse de bens suficientes à manutenção própria e da família;
VI – bom procedimento;
VII – inexistência de denúncia, pronúncia ou condenação no Brasil ou no exterior por crime doloso a que seja cominada pena mínima de prisão, abstratamente considerada, superior a um ano; e
VIII – boa saúde.

§ 1º não se exigirá a prova de boa saúde a nenhum estrangeiro que residir no País há mais de dois anos.

▶ § 1º acrescido pela Lei nº 6.964, de 9-12-1981.

§ 2º verificada, a qualquer tempo, a falsidade ideológica ou material de qualquer dos requisitos exigidos neste artigo ou nos arts. 113 e 114 desta Lei, será declarado nulo o ato de naturalização sem prejuízo da ação penal cabível pela infração cometida.

▶ § 1º transformado em § 2º com a redação dada pela Lei nº 6.964, de 9-12-1981.

§ 3º A declaração de nulidade a que se refere o parágrafo anterior processar-se-á administrativamente, no Ministério da Justiça, de ofício ou mediante representação fundamentada, concedido ao naturalizado, para defesa, o prazo de quinze dias, contados da notificação.

▶ § 2º transformado em § 3º pela Lei nº 6.964, de 9-12-1981.

Art. 113. O prazo de residência fixado no artigo 112, item III, poderá ser reduzido se o naturalizando preencher quaisquer das seguintes condições:

I – ter filho ou cônjuge brasileiro;
II – ser filho de brasileiro;
III – haver prestado ou poder prestar serviços relevantes ao Brasil, a juízo do Ministro da Justiça;
IV – recomendar-se por sua capacidade profissional, científica ou artística; ou
V – ser proprietário, no Brasil, de bem imóvel, cujo valor seja igual, pelo menos, a mil vezes o Maior Valor de Referência; ou ser industrial que disponha de fundos de igual valor; ou possuir cota ou ações integralizadas de montante, no mínimo, idêntico, em sociedade comercial ou civil, destinada, principal e permanentemente, à exploração de atividade industrial ou agrícola.

Parágrafo único. A residência será, no mínimo, de um ano, nos casos dos itens I a III; de dois anos, no do item IV; e de três anos, no do item V.

Art. 114. Dispensar-se-á o requisito da residência, exigindo-se apenas a estada no Brasil por trinta dias, quando se tratar:

I – de cônjuge estrangeiro casado há mais de cinco anos com diplomata brasileiro em atividade; ou
II – de estrangeiro que, empregado em Missão Diplomática ou em Repartição Consular do Brasil, contar mais de dez anos de serviços ininterruptos.

Art. 115. O estrangeiro que pretender a naturalização deverá requerê-la ao Ministro da Justiça, declarando: nome por extenso, naturalidade, nacionalidade, filiação, sexo, estado civil, dia, mês e ano de nascimento, profissão, lugares onde haja residido anteriormente no Brasil e no exterior, se satisfaz ao requisito a que alude o artigo 112, item VII e se deseja ou não traduzir ou adaptar o seu nome à língua portuguesa.

§ 1º A petição será assinada pelo naturalizando e instruída com os documentos a serem especificados em Regulamento.

§ 2º Exigir-se-á a apresentação apenas de documento de identidade para estrangeiro, atestado policial de residência contínua no Brasil e atestado policial de antecedentes, passado pelo serviço competente do lugar de residência no Brasil, quando se tratar de:

I – estrangeiro admitido no Brasil até a idade de cinco anos, radicado definitivamente no território nacional, desde que requeira a naturalização até dois anos após atingir a maioridade;
II – estrangeiro que tenha vindo residir no Brasil antes de atingida a maioridade e haja feito curso superior em estabelecimento nacional de ensino, se requerida a naturalização até um ano depois da formatura.

▶ §§ 1º e 2º acrescidos pela Lei nº 6.964, de 9-12-1981.

§ 3º Qualquer mudança de nome ou de prenome, posteriormente à naturalização, só por exceção e motivadamente será permitida, mediante autorização do Ministro da Justiça.

▶ Parágrafo único transformado em § 3º pela Lei nº 6.964, de 9-12-1981.

Art. 116. O estrangeiro admitido no Brasil durante os primeiros cinco anos de vida, estabelecido definitivamente no território nacional, poderá, enquanto menor, requerer ao Ministro da Justiça, por intermédio de seu representante legal, a emissão de certificado provisório de naturalização, que valerá como prova de nacionalidade brasileira até dois anos depois de atingida a maioridade.

Parágrafo único. A naturalização se tornará definitiva se o titular do certificado provisório, até dois anos após atingir a maioridade, confirmar expressamente a intenção de continuar brasileiro, em requerimento dirigido ao Ministro da Justiça.

▶ Art. 126 do Dec. nº 86.715, de 10-12-1981, que regulamenta esta Lei.

Art. 117. O requerimento de que trata o artigo 115, dirigido ao Ministro da Justiça, será apresentado, no Distrito Federal, Estados e Territórios, ao órgão competente do Ministério da Justiça, que procederá à sindicância sobre a vida pregressa do naturalizando e opinará quanto à conveniência da naturalização.

Art. 118. Recebido o processo pelo dirigente do órgão competente do Ministério da Justiça, poderá ele determinar, se necessário, outras diligências. Em qualquer hipótese, o processo deverá ser submetido, com parecer, ao Ministro da Justiça.

Parágrafo único. O dirigente do órgão competente do Ministério da Justiça determinará o arquivamento do pedido, se o naturalizando não satisfizer, conforme o caso, a qualquer das condições previstas no artigo 112 ou 116, cabendo reconsideração desse despacho; se o arquivamento for mantido, poderá o naturalizando recorrer ao Ministro da Justiça; em ambos os casos, o prazo é de trinta dias contados da publicação do ato.

Art. 119. Publicada no Diário Oficial a portaria de naturalização, será ela arquivada no órgão competente do Ministério da Justiça, que emitirá certificado relativo a cada naturalizando, o qual será solenemente entregue, na forma fixada em Regulamento, pelo juiz federal da cidade onde tenha domicílio o interessado.

▶ *Caput* com a redação dada pela Lei nº 6.964, de 9-12-1981.

§ 1º Onde houver mais de um juiz federal, a entrega será feita pelo da Primeira Vara.

§ 2º Quando não houver juiz federal na cidade em que tiverem domicílio os interessados, a entrega será feita através do juiz ordinário da comarca e, na sua falta, pelo da comarca mais próxima.

▶ §§ 1º e 2º acrescidos pela Lei nº 6.964, de 9-12-1981.

§ 3º A naturalização ficará sem efeito se o certificado não for solicitado pelo naturalizando no prazo de doze meses contados da data de publicação do ato, salvo motivo de força maior, devidamente comprovado.

▶ Parágrafo único transformado em § 3º pela Lei nº 6.964, de 9-12-1981.

Art. 120. No curso do processo de naturalização, poderá qualquer do povo impugná-la, desde que o faça fundamentadamente.

Art. 121. A satisfação das condições previstas nesta Lei não assegura ao estrangeiro direito à naturalização.

Capítulo II

DOS EFEITOS DA NATURALIZAÇÃO

Art. 122. A naturalização, salvo a hipótese do artigo 116, só produzirá efeitos após a entrega do certificado e confere ao naturalizado o gozo de todos os direitos civis e políticos, excetuados os que a Constituição Federal atribui exclusivamente ao brasileiro nato.

Art. 123. A naturalização não importa aquisição da nacionalidade brasileira pelo cônjuge e filhos do naturalizado, nem autoriza que estes entrem ou se radiquem no Brasil sem que satisfaçam às exigências desta Lei.

Art. 124. A naturalização não extingue a responsabilidade civil ou penal a que o naturalizando estava anteriormente sujeito em qualquer outro país.

TÍTULO XII – DAS INFRAÇÕES, PENALIDADES E SEU PROCEDIMENTO

Capítulo I

DAS INFRAÇÕES E PENALIDADES

Art. 125. Constitui infração, sujeitando o infrator às penas aqui cominadas:

I – entrar no território nacional sem estar autorizado (clandestino):

Pena: deportação.

II – demorar-se no território nacional após esgotado o prazo legal de estada:

Pena: multa de um décimo do maior valor de referência, por dia de excesso, até o máximo de dez vezes o maior valor de referência, e deportação, caso não saia no prazo fixado.

▶ Art. 2º da Lei nº 7.209, de 11-7-1984, que dispõe sobre a pena de multa.

III – deixar de registrar-se no órgão competente, dentro do prazo estabelecido nesta Lei (artigo 30):

Pena: multa de um décimo do maior valor de referência, por dia de excesso, até o máximo de dez vezes o maior valor de referência.

▶ Art. 2º da Lei nº 7.209, de 11-7-1984, que dispõe sobre a pena de multa.

IV – deixar de cumprir o disposto nos artigos 96, 102 e 103:

Pena: multa de duas a dez vezes o maior valor de referência.

▶ Art. 2º da Lei nº 7.209, de 11-7-1984, que dispõe sobre a pena de multa.

V – deixar a empresa transportadora de atender à manutenção ou promover a saída do território nacional do clandestino ou do impedido (artigo 27):

Pena: multa de trinta vezes o maior valor de referência, por estrangeiro.

▶ Art. 2º da Lei nº 7.209, de 11-7-1984, que dispõe sobre a pena de multa.

VI – transportar para o Brasil estrangeiro que esteja sem a documentação em ordem:

Pena: multa de dez vezes o maior valor de referência, por estrangeiro, além da responsabilidade pelas despesas com a retirada deste do território nacional.

▶ Inciso VI com a redação dada pela Lei nº 6.964, de 9-12-1981.

▶ Art. 2º da Lei nº 7.209, de 11-7-1984, que dispõe sobre a pena de multa.

VII – empregar ou manter a seu serviço estrangeiro em situação irregular ou impedido de exercer atividade remunerada:

Pena: multa de trinta vezes o maior valor de referência, por estrangeiro.

▶ Art. 2º da Lei nº 7.209, de 11-7-1984, que dispõe sobre a pena de multa.

VIII – infringir o disposto nos artigos 21, § 2º, 24, 98, 104, §§ 1º ou 2º e 105:

Pena: deportação.

IX – infringir o disposto no artigo 25:

Pena: multa de cinco vezes o maior valor de referência para o resgatador e deportação para o estrangeiro.

▶ Art. 2º da Lei nº 7.209, de 11-7-1984, que dispõe sobre a pena de multa.

X – infringir o disposto nos artigos 18, 37, § 2º, ou 99 a 101:

Pena: cancelamento do registro e deportação.

XI – infringir o disposto no artigo 106 ou 107:

Pena: detenção de um a três anos e expulsão.

XII – introduzir estrangeiro clandestinamente ou ocultar clandestino ou irregular:

Pena: detenção de um a três ano e, se o infrator for estrangeiro, expulsão.

XIII – fazer declaração falsa em processo de transformação de visto, de registro, de alteração de assentamentos, de naturalização, ou para a obtenção de passaporte para estrangeiro, *laissez-passer*, ou, quando exigido, visto de saída:

Pena: reclusão de um a cinco anos e, se o infrator for estrangeiro, expulsão.

XIV – infringir o disposto nos artigos 45 a 48:

Pena: multa de cinco a dez vezes o maior valor de referência.

▶ Art. 2º da Lei nº 7.209, de 11-7-1984, que dispõe sobre a pena de multa.

XV – infringir o disposto no artigo 26, § 1º, ou 64:

Pena: deportação e, na reincidência, expulsão.

▶ Art. 2º da Lei nº 7.209, de 11-7-1984, que dispõe sobre a pena de multa.

XVI – infringir ou deixar de observar qualquer disposição desta Lei ou de seu Regulamento para a qual não seja cominada sanção especial:

Pena: multa de duas a cinco vezes o maior valor de referência.

▶ Art. 2º da Lei nº 7.209, de 11-7-1984, que dispõe sobre a pena de multa.

Parágrafo único. As penalidades previstas no item XI aplicam-se também aos diretores das entidades referidas no item I do artigo 107.

Art. 126. As multas previstas neste Capítulo, nos casos de reincidência, poderão ter os respectivos valores aumentados do dobro ao quíntuplo.

CAPÍTULO II

DO PROCEDIMENTO PARA APURAÇÃO DAS INFRAÇÕES

Art. 127. A infração punida com multa será apurada em processo administrativo, que terá por base o respectivo auto, conforme se dispuser em Regulamento.

Art. 128. No caso do artigo 125, itens XI a XIII, observar-se-á o Código de Processo Penal e, nos casos de deportação e expulsão, o disposto nos Títulos VII e VIII desta Lei, respectivamente.

TÍTULO XIII – DISPOSIÇÕES GERAIS E TRANSITÓRIAS

Art. 129. *Revogado.* Lei nº 8.422, de 13-5-1992.

Art. 130. O Poder Executivo fica autorizado a firmar acordos internacionais pelos quais, observado o princípio da reciprocidade de tratamento a brasileiros e respeitados a conveniência e os interesses nacionais, estabeleçam-se as condições para a concessão, gratuidade, isenção ou dispensa dos vistos estatuídos nesta Lei.

Art. 131. Fica aprovada a Tabela de Emolumentos Consulares e Taxas que integra esta Lei.

§ 1º Os valores das taxas incluídas na tabela terão reajustamento anual na mesma proporção do coeficiente do valor de referência.

§ 2º O Ministro das Relações Exteriores fica autorizado a aprovar, mediante Portaria, a revisão dos valores dos emolumentos consulares, tendo em conta a taxa de câmbio do cruzeiro-ouro com as principais moedas de livre convertibilidade.

Art. 132. Fica o Ministro da Justiça autorizado a instituir modelo único de Cédula de Identidade para estrangeiro, portador de visto temporário ou permanente, a qual terá validade em todo o território nacional e substituirá as carteiras de identidade em vigor.

Parágrafo único. Enquanto não for criada a cédula de que trata este artigo, continuarão válidas:

I – as Carteiras de Identidade emitidas com base no artigo 135 do Decreto nº 3.010, de 20 de agosto de 1938, bem como as certidões de que trata o § 2º do artigo 149 do mesmo Decreto; e

II – as emitidas e as que o sejam, com base no Decreto-Lei nº 670, de 3 de julho de 1969, e nos artigos 57, § 1º, e 60, § 2º, do Decreto nº 66.689, de 11 de junho de 1970.

Art. 133. *Revogado.* Lei nº 7.180, de 20-12-1983.

Art. 134. Poderá ser regularizada, provisoriamente, a situação dos estrangeiros de que trata o artigo anterior.

§ 1º Para os fins deste artigo, fica instituído no Ministério da Justiça o registro provisório de estrangeiro.

§ 2º O registro de que trata o parágrafo anterior implicará na expedição de cédula de identidade, que permitirá ao estrangeiro em situação ilegal o exercício de atividade remunerada e a livre locomoção no território nacional.

§ 3º O pedido de registro provisório deverá ser feito no prazo de cento e vinte dias, a contar da data de publicação desta Lei.

§ 4º A petição, em formulário próprio, será dirigida ao órgão do Departamento de Polícia mais próximo do domicílio do interessado e instruída com um dos seguintes documentos:

I – cópia autêntica do passaporte ou documento equivalente;
II – certidão fornecida pela representação diplomática ou consular do país de que seja nacional o estrangeiro, atestando a sua nacionalidade;
III – certidão do registro de nascimento ou casamento;
IV – qualquer outro documento idôneo que permita à Administração conferir os dados de qualificação do estrangeiro.

§ 5º O registro provisório e a cédula de identidade, de que trata este artigo, terão prazo de validade de dois anos improrrogáveis, ressalvado o disposto no parágrafo seguinte.

§ 6º Firmados, antes de esgotar o prazo previsto no § 5º os acordos bilaterais, referidos no artigo anterior, os nacionais dos países respectivos deverão requerer a regularização de sua situação, no prazo previsto na alínea c, do item II do art. 133.

§ 7º O Ministro da Justiça instituirá modelo especial da cédula de identidade de que trata este artigo.

▶ Art. 134 acrescido pela Lei nº 6.964, de 9-12-1981.

Art. 135. O estrangeiro que se encontre residindo no Brasil na condição prevista no artigo 26 do Decreto-Lei nº 941, de 13 de outubro de 1969, deverá, para continuar a residir no território nacional, requerer permanência ao órgão competente do Ministério da Justiça dentro do prazo de noventa dias improrrogáveis, a contar da data da entrada em vigor desta Lei.

Parágrafo único. Independerá da satisfação das exigências de caráter especial referidas no artigo 17 desta Lei a autorização a que alude este artigo.

Art. 136. Se o estrangeiro tiver ingressado no Brasil até 20 de agosto de 1938, data da entrada em vigor do Decreto nº 3.010, desde que tenha mantido residência contínua no território nacional, a partir daquela data, e prove a qualificação, inclusive a nacionalidade, poderá requerer permanência ao órgão competente do Ministério da Justiça, observado o disposto no parágrafo único do artigo anterior.

Art. 137. Aos processos em curso no Ministério da Justiça, na data de publicação desta Lei, aplicar-se-á o disposto no Decreto-Lei nº 941, de 13 de outubro de 1969, e no seu Regulamento, Decreto nº 66.689, de 11 de junho de 1970.

Parágrafo único. O disposto neste artigo não se aplica aos processos de naturalização, sobre os quais incidirão, desde logo, as normas desta Lei.

▶ Art. 137 com a redação dada pela Lei nº 6.964, de 9-12-1981.

Art. 138. Aplica-se o disposto nesta Lei às pessoas de nacionalidade portuguesa, sob reserva de disposições especiais expressas na Constituição Federal ou nos tratados em vigor.

▶ Artigo acrescido pela Lei nº 6.964, de 9-12-1981.

Art. 139. Fica o Ministro da Justiça autorizado a delegar a competência, que esta lei lhe atribui, para determinar a prisão do estrangeiro, em caso de deportação, expulsão e extradição.

▶ Artigo acrescido pela Lei nº 6.964, de 9-12-1981.

Art. 140. Esta Lei entrará em vigor na data de sua publicação.

▶ Artigo com a redação dada pela Lei nº 6.964, de 9-12-1981.

Art. 141. Revogam-se as disposições em contrário, especialmente o Decreto-Lei nº 406, de 4 de maio de 1938; artigo 69 do Decreto-Lei nº 3.688, de 3 de outubro de 1941; Decreto-Lei nº 5.101, de 17 de dezembro de 1942; Decreto-Lei nº 7.967, de 18 de setembro de 1945; Lei nº 5.333, de 11 de outubro de 1967; Decreto-Lei nº 417, de 10 de janeiro de 1969; Decreto-Lei nº 941, de 13 de outubro de 1969; artigo 2º da Lei nº 5.709, de 7 de outubro de 1971, e Lei nº 6.262, de 18 de novembro de 1975.

▶ Artigo com a redação dada pela Lei nº 6.964, de 9-12-1981.

Brasília, 19 de agosto de 1980;
159º da Independência e
92º da República.

João Figueiredo

▶ Optamos por não publicar o Anexo a esta Lei nesta edição.

LEI Nº 818, DE 18 DE SETEMBRO DE 1949

Regula a aquisição, a perda e a reaquisição da nacionalidade, e a perda dos direitos políticos.

▶ Publicada no DOU de 19-9-1949.

DA NACIONALIDADE

Art. 1º São brasileiros:

I – os nascidos no Brasil, ainda que de pais estrangeiros, desde que não residam estes a serviço de seu país;
II – os filhos de brasileiro ou brasileira, nascidos no estrangeiro se os pais estiverem a serviço do Brasil, ou, não o estando, se vierem residir no país. Neste caso, atingida a maioridade, deverão, para conservar a nacionalidade brasileira, optar por ela dentro em 4 (quatro) anos;
III – os que adquiriram a nacionalidade brasileira, nos termos do artigo 69, nºs 4 e 5, da Constituição de 24 de fevereiro de 1891;

IV – os naturalizados, pela forma estabelecida em lei.

DA OPÇÃO

Art. 2º Quando um dos pais for estrangeiro, residente no Brasil a serviço de seu governo, e o outro for brasileiro, o filho, aqui nascido, poderá optar pela nacionalidade brasileira, na forma do art. 129, nº II, da Constituição Federal.

Art. 3º A opção, a que se referem os arts. 1º, nº II, e 2º, constará do termo assinado pelo optante, ou seu procurador, no Registro Civil de nascimento.

§ 1º A lavratura do termo será requerida ao juízo competente do domicílio do optante, mediante petição instruída com documento comprobatório da nacionalidade brasileira de um dos pais do optante, na data de seu nascimento.

§ 2º Ouvido o representante do Ministério Público Federal no prazo de cinco dias, decidirá o juiz, em igual prazo, e recorrerá de ofício, na hipótese de autorizar a lavratura do termo.

▶ Art. 3º com a redação dada pela Lei nº 5.145, de 20-10-1966.

Art. 4º O filho de brasileiro, ou brasileira, nascido no estrangeiro e cujos pais ali não estejam a serviço do Brasil, poderá após a sua chegada ao País, para nele residir, requerer ao juízo competente do seu domicílio, fazendo-se constar deste e das respectivas certidões que o mesmo o valerá, como prova de nacionalidade brasileira, até quatro anos depois de atingida a maioridade.

▶ Caput com a redação dada pela Lei nº 5.145, de 20-10-1966.

§ 1º O requerimento será instruído com documentos comprobatórios da nacionalidade brasileira de um dos genitores do optante, na data de seu nascimento, e de seu domicílio do Brasil.

§ 2º Ouvido o representante do Ministério Público Federal, no prazo de cinco dias, decidirá o juiz em igual prazo.

▶ §§ 1º e 2º acrescidos pela Lei nº 5.145, de 20-10-1966.

§ 3º Esta decisão estará sujeita ao duplo grau de jurisdição, não produzindo efeito senão depois de confirmada pelo Tribunal.

▶ § 3º com a redação dada pela Lei nº 6.014, de 27-12-1973.

Art. 5º São brasileiros natos os de que tratam os ns. I e II do art. 129 da Constituição Federal.

DA NACIONALIDADE BRASILEIRA DECLARADA JUDICIALMENTE

Art. 6º Os que, até 16 de julho de 1934, hajam adquirido nacionalidade brasileira, nos termos do art. 69, nºs 4 e 5, da Constituição de 24 de fevereiro de 1891, poderão requerer, em qualquer tempo, ao juiz de direito do seu domicílio, o título declaratório.

§ 1º O processo para concessão do título será iniciado mediante petição assinada pelo próprio naturalizado, ou por procurador com poderes especiais, devendo constar dela o seu nome, naturalidade, profissão e domicílio, nome do cônjuge e dos filhos brasileiros, e a indicação precisa do imóvel ou dos imóveis possuídos.

§ 2º Recebida a petição, devidamente instruída com a prova dos requisitos exigidos, conforme o caso, pelo nº 4 ou pelo nº 5 do art. 69 da Constituição de 1891, determinará o juiz a publicação dos editais, para ciência pública, podendo qualquer cidadão impugnar o pedido, no prazo de dez dias, ainda que sem o oferecimento de documentos.

§ 3º Com impugnação ou sem ela, será aberta vista dos autos, por outros dez dias, ao representante do Ministério Público Federal, que, por sua vez, poderá impugnar o pedido, oferecendo documentos ou limitando-se a opinar, em face da prova oferecida.

§ 4º Em seguida serão os autos conclusos ao juiz que decidirá, no prazo de trinta dias, cabendo de sua decisão, dentro de quinze dias, apelação para o Tribunal Federal de Recursos.

▶ § 4º com a redação dada pela Lei nº 6.014, de 27-12-1973.

§ 5º Neste processo, aplicar-se-ão subsidiariamente as regras do Código do Processo Civil, e as partes poderão funcionar pessoalmente, ou por intermédio de advogado, não sendo admissíveis senão provas documentais.

§ 6º Da expedição do título declaratório, o juiz dará ciência ao Ministério da Justiça e Negócios Interiores e ao órgão criado pelo art. 162, parágrafo único, da Constituição Federal.

DA NATURALIZAÇÃO

Art. 7º A concessão da naturalização é de faculdade exclusiva do Presidente da República, em decreto referendado pelo Ministro da Justiça e Negócios Interiores.

Parágrafo único. A naturalização poderá ser concedida mediante decreto coletivo, desde que, no seu texto, fique perfeitamente individualizado cada beneficiário.

▶ Parágrafo único acrescido pela Lei nº 3.192, de 4-7-1957.

Art. 8º São condições para naturalização:

I – capacidade civil do naturalizando, segundo a lei brasileira;

II – residência contínua no território nacional pelo prazo mínimo de 5 (cinco) anos, imediatamente anteriores ao pedido de naturalização;

III – ler e escrever a língua portuguesa, levada em conta a condição do naturalizando;

IV – exercício de profissão ou posse de bens suficientes à manutenção própria e da família;

V – bom procedimento;

VI – ausência de pronúncia ou condenação no Brasil, por crime cuja pena seja superior a um ano de prisão;

VII – sanidade física.

§ 1º A estrangeira, casada com brasileiro, e aos portugueses não se exigirá o requisito do nº IV, bastando aos últimos, quanto aos dos números II e III, a prova de residência ininterrupta durante um ano e uso adequado da língua portuguesa.

▶ § 1º com a redação dada pela Lei nº 5.145, de 20-10-1966.

§ 2º Não se exigirá a prova de sanidade física a nenhum estrangeiro, quando o prazo de residência for superior a 1 (um) ano.

§ 3º Aos filhos menores de brasileiros naturalizados que residam no Brasil, nascidos antes da naturalização do pai ou da mãe, é permitido requerer naturalização desde que atinjam a idade de 18 anos, dispensada, ainda, para os que virem na dependência paterna, a condição do art. 8º, nº IV, e concedida ao requerimento prioridade sobre todos os outros.

▶ § 3º acrescido pela Lei nº 5.145, de 20-10-1966.

Art. 9º O prazo de residência, fixado no art. 8º, nº II, será reduzido quando o naturalizando preencher qualquer das seguintes condições:

I – ter filho ou cônjuge brasileiro;
II – ser filho de brasileiro ou brasileira;
III – ser agricultor ou trabalhador especializado em qualquer setor industrial;
IV – ser agricultor ou trabalhador especializado em qualquer setor industrial;
V – ter prestado ou poder prestar serviços relevantes ao Brasil, a juízo do Governo;
VI – ser ou ter sido empregado em missão diplomática ou repartição consular do Brasil e contar vinte anos de bons serviços.

▶ Inciso VI com a redação dada pela Lei nº 3.192, de 4-7-1957.

VII – ter, no Brasil, bem imóvel, do valor mínimo de Cr$ 100.000,00 (cem mil cruzeiros), ser agricultor ou industrial que disponha de fundos de igual valor, ou possuir cota integralizada de montante, pelo menos, idêntico em sociedade comercial ou civil destinada principal e permanentemente, ao exercício da indústria ou da agricultura.

Parágrafo único. A residência será de 1 (um) ano, no caso do nº II; de dois anos, nos casos dos nos I e VI; e de 3 (três) anos, nos demais.

Art. 10. O estrangeiro que pretender naturalizar-se deverá requerê-lo ao Presidente da República, declarando na petição o nome por extenso, nacionalidade, naturalidade, filiação, estado civil, dia, mês e ano de nascimento profissão e os lugares onde tenha residido anteriormente, aqui ou no estrangeiro.

§ 1º A petição será assinada pelo naturalizando ou, se for português e analfabeto, por procurador com poderes especiais, devendo ter reconhecida a firma e ser instruída com os seguintes documentos:

▶ Parágrafo único transformado em § 1º pela Lei nº 3.192, de 4-7-1957.

I – carteira de identidade para estrangeiro;
II – atestado policial de residência contínua no Brasil (art. 3º, nº II);

III – Atestado policial de bons antecedentes e folha corrida, passados pelos serviços competentes do lugar do Brasil, onde resida.

▶ Inciso III com a redação dada pela Lei nº 3.192, de 4-7-1957.

IV – carteira profissional, diplomas, atestados de associações, sindicatos ou empresas empregadoras (artigo 8º, nº IV);
V – atestado de sanidade física;
VI – certidões ou atestados que provem, quando for o caso, as condições do art. 9º, nos I a VII.

§ 2º Desde que a carteira de identidade, de que trata o nº I, omita qualquer dado relativo à qualificação do naturalizando, deverá ser apresentado documento que o comprove.

▶ § 2º acrescido pela Lei nº 3.192, de 4-7-1957.

Art. 11. Serão exigidas unicamente para a naturalização das estrangeiras, casadas há mais de cinco anos, com diplomatas brasileiros em atividade, as condições estatuídas nas alíneas III e VII do art. 8º, devendo o pedido de naturalização ser instruído com a prova do casamento devidamente autorizado pelo Governo brasileiro, se assim era necessário ao tempo de ser contraído o matrimônio.

Art. 12. A petição de que trata o art. 10 será apresentada, no Distrito Federal, ao Ministério da Justiça e Negócios Interiores, que, depois de lhe examinar a conformidade com os dispositivos desta Lei, a remeterá ao Departamento Federal de Segurança Pública, para a sindicância prevista no § 1º do artigo seguinte.

Art. 13. Nos Estados e Territórios, a petição, dirigida ao Presidente da República, será apresentada à Prefeitura Municipal da localidade em que residir o naturalizando, e daí remetida à Secretaria de Segurança ou órgão correspondente, do Governo do Estado, o qual poderá, entretanto, recebê-la diretamente.

§ 1º A Secretaria de Segurança, antes de opinar sobre a naturalização, fará a remessa das individuais dactiloscópicas do naturalizando aos órgãos congêneres dos Estados, onde tenha ele residido, e fará sindicância sobre a sua vida pregressa.

§ 2º O processo deverá ultimar-se dentro em cento e vinte dias, findos os quais será devolvido imediatamente, no Distrito Federal, ao Ministério da Justiça e Negócios Interiores, e, nos Estados e Territórios, aos respectivos Governadores.

§ 3º O Departamento Federal de Segurança Pública, a Secretaria de Segurança Pública, ou o órgão congênere dos Estados e Territórios quando ouvidos pelo serviço que houver sido inicialmente provocado, deverá prestar as informações dentro em noventa dias, sob pena de responsabilidade dos funcionários culpados pela demora.

§ 4º Recebidas, ou não, as informações, será o processo devolvido diretamente ao Ministério da Justiça e Negócios Interiores, pelo Departamento Federal de Segurança Pública, ou pela repartição correspondente dos Estados ou Territórios, por intermédio do Governador.

Art. 14. Recebido o processo pelo Ministro da Justiça, este, se não julgar necessárias novas diligências, ou depois de realizadas as que determinar, submetê-lo-á, com o seu parecer, ao Presidente da República.

§ 1º Ressalvadas as prioridades decorrentes do art. 9º, os processos serão examinados e informados dentro de cada classe, em ordem cronológica rigorosa, sob pena de responsabilidade.

§ 2º O Ministério da Justiça e Negócios Interiores, quando houver despacho cujo cumprimento dependa do naturalizando, poderá marcar-lhe prazo para esse fim, caso em que, se o mesmo não for observado, o pedido se tornará caduco.

§ 3º Se a diligência determinada independer do interessado, a repartição ou o serviço a que for requisitada, deverá executá-la dentro em sessenta dias.

§ 4º Das exigências feitas, a seção competente do Ministério da Justiça e Negócios Interiores dará conhecimento ao interessado mediante carta registrada.

Art. 15. Uma vez publicado, o decreto de naturalização será arquivado no Ministério da Justiça e Negócios Interiores, onde se extrairá, de ofício, certidão relativa a cada naturalizando, visada pelo Diretor Geral do Departamento competente. Essa certidão será remetida ao juiz de direito do domicílio do interessado, a fim de lhe ser imediata e solenemente entregue, em audiência pública, na qual se explicará a significação do ato, advertindo-se quanto aos deveres e direitos dele decorrentes.

▶ Caput com a redação dada pela Lei nº 3.192, de 4-7-1957.

§ 1º Onde houver mais de um juiz de direito, a entrega será feita pelo competente para os feitos da União; se mais de um houver com essa competência, pelo da 1ª Vara Cível.

§ 2º Caso o Município em que residir o naturalizando não for sede de comarca, a entrega poderá ser feita, mediante autorização do juiz de direito, por substituto togado.

§ 3º Na mesma audiência poderá ser entregue mais de uma certidão.

§ 4º A certidão referida neste artigo conterá, sob o título de "Certificado de Naturalização", os seguintes dizeres e indicações essenciais: "O Diretor Geral do Departamento do Interior e da Justiça do Ministério da Justiça e Negócios Interiores, na conformidade do art. 15 da Lei nº 818, de 18 de setembro de 1949, alterada pela de nº .... (número e data), Certifica que por decreto do Sr. Presidente da República dos Estados Unidos do Brasil, de ... (dia, mês e ano do ato de naturalização) foi concedida, nos termos do art. 1º, nº IV, da citada Lei nº 818, a naturalização que pediu ... (nome do naturalizando, especificando-se país de origem; dia, mês e ano de nascimento; filiação e residência), a fim de que possa gozar dos direitos outorgados pela Constituição e Leis do Brasil.

▶ §§ 3º e 4º com a redação dada pela Lei nº 3.192, de 4-7-1957.

Art. 16. A entrega da certidão constará de termo lavrado no livro de audiências e assinado pelo juiz e pelo naturalizando, devendo este:

▶ Caput com a redação dada pela Lei nº 3.192, de 4-7-1957.

a) demonstrar que sabe ler e escrever a língua portuguesa, seguido a sua condição, pela leitura de trechos da Constituição Federal;
b) declarar expressamente que renuncia à nacionalidade anterior;
c) assumir o compromisso de bem cumprir os deveres de brasileiro.

§ 1º Ao naturalizando de nacionalidade portuguesa, exigir-se-á, quanto ao inciso a, apenas a comprovação do uso adequado da língua.

§ 2º Será anotada na certidão e comunicada, assim ao Ministério da Justiça e Negócios Interiores, como à repartição encarregada do recrutamento militar, a data da entrega, e dela também constará a declaração de haver sido prestado o compromisso e lavrado o termo.

§ 3º O ato de naturalização ficará sem efeito, salvo motivo de força maior devidamente comprovado, se a entrega da certidão não for solicitada no prazo de seis ou doze meses, contados da data da publicação, conforme o naturalizando residir no Distrito Federal, ou noutro ponto do território brasileiro.

§ 4º Decorrido qualquer desses prazos, será a certidão devolvida ao Ministro que, por simples despacho, mandará arquivá-la, apostilando-se-lhe a circunstância no livro especial de registro (art. 43).

§ 5º Se o naturalizando, no curso do processo, mudar de residência, poderá requerer lhe seja efetuada entrega da certidão no lugar para onde se houver mudado.

▶ §§ 2º a 5º com a redação dada pela Lei nº 3.192, de 4-7-1957.

Art. 17. Durante o processo de naturalização, poderá qualquer cidadão brasileiro impugná-la, desde que o faça fundamentadamente, devendo ser junta ao processo a impugnação e os documentos que a acompanharem.

Art. 18. Será suspensa a entrega quando verificada, pelas autoridades federais ou estaduais, mudança das condições que autorizavam a naturalização.

DOS EFEITOS DA NATURALIZAÇÃO

Art. 19. A naturalização só produzirá efeito após a entrega da certidão na forma dos arts. 15 e 16, e confere ao naturalizado o gozo de todos os direitos civis e políticos exceutuados os que a Constituição Federal atribui exclusivamente a brasileiros natos.

▶ Artigo com a redação dada pela Lei nº 3.192, de 4-7-1957.

Art. 20. A naturalização, não importa a aquisição da nacionalidade brasileira pelo cônjuge do naturalizado ou pelos seus filhos.

Art. 21. O Ministro da Justiça e Negócios Interiores, no ato da naturalização, poderá autorizar a tradução do nome do naturalizando, se este o requerer.

DA PERDA DA NACIONALIDADE

Art. 22. Perde a nacionalidade o brasileiro:

I – que, por naturalização voluntária, adquirir outra nacionalidade;

II – que, sem licença do Presidente da República, aceitar, de governo estrangeiro, comissão, emprego ou pensão;

III – que, por sentença judiciária, tiver cancelada naturalização, por exercer atividade nociva ao interesse nacional.

Art. 23. A perda da nacionalidade, nos casos do art. 22, I e II, será decretada pelo Presidente da República, apuradas as causas em processo que, iniciado de ofício, ou mediante representação fundamentada, correrá no Ministério da Justiça e Negócios Interiores, ouvido sempre o interessado.

Art. 24. O processo para cancelamento da naturalização será da atribuição do juiz de direito competente para os feitos da União, do domicílio do naturalizado, e iniciado mediante solicitação do Ministro da Justiça e Negócios Interiores, ou representação de qualquer pessoa.

Art. 25. A representação que deverá mencionar, expressamente, a atividade reputada nociva ao interesse nacional, será dirigida à autoridade policial competente, que mandará instaurar o necessário inquérito.

Art. 26. Ao receber a requisição ou inquérito, o juiz mandará dar vista ao Procurador da República, que opinará, no prazo de 5 (cinco) dias, oferecendo a denúncia ou requerendo o arquivamento.

Parágrafo único. Se o órgão do Ministério Público Federal requerer o arquivamento, o juiz, caso considere improcedentes as razões invocadas, remeterá os autos ao Procurador Geral da República, que oferecerá denúncia, designará outro órgão do Ministério Público, para oferecê-la, ou insistirá no pedido de arquivamento que não poderá, então, ser recusado.

Art. 27. O juiz, ao receber a denúncia, marcará dia e hora para qualificação do denunciado, determinando a citação, que se fará por mandado.

§ 1º Se não for ele encontrado a citação será feita por edital, com o prazo de quinze dias.

§ 2º Se o denunciado não comparecer no dia e hora determinados, prosseguir-se-á, à sua revelia, dando-se-lhe, neste caso, curador.

Art. 28. O denunciado ou seu procurador, a partir da audiência em que for qualificado, terá o prazo de cinco dias, independente de notificação, para oferecer alegações escritas, requerer diligências e indicar o rol de testemunhas.

Parágrafo único. Quando se tratar de revel, o prazo será concedido ao curador nomeado.

Art. 29. Decorrido o prazo do artigo anterior, determinará o juiz a realização das diligências requeridas pelas partes, inclusive inquirição de testemunhas, e outras que lhe parecerem necessárias, tudo no prazo de vinte dias.

Art. 30. O Ministério Público Federal e o denunciado, a seguir, terão o prazo de quarenta e oito horas, cada um, para requerer as diligências, cuja necessidade ou conveniência tenha resultado da instrução.

Art. 31. Esgotados estes prazos, sem requerimento das partes, ou concluídas as diligências requeridas e ordenadas, será aberta vista dos autos ao Ministério Público e ao denunciado, que terão três dias, cada um, para o oferecimento das razões finais.

Art. 32. Findos estes prazos, serão os autos conclusos ao juiz que, dentro de dez dias, em audiência, com a presença do denunciado, e do órgão do Ministério Público, procederá à leitura da sentença.

Art. 33. Da sentença que concluir pelo cancelamento da naturalização caberá a apelação, sem efeito suspensivo, para o Tribunal Federal de Recursos, no prazo de quinze dias, contados da audiência em que se tiver realizado a leitura, independente de notificação.

Parágrafo único. Será, também, de quinze dias, e nas mesmas condições, o prazo para o Ministério Público Federal apelar da sentença absolutória.

▶ Art. 33 com a redação dada pela Lei nº 6.014, de 27-12-1973.

Art. 34. A decisão que concluir pelo cancelamento da naturalização, depois de transitar em julgado, será remetida, por cópia, ao Ministério da Justiça e Negócios Interiores, a fim de ser apostilada a circunstância em livro especial de registro (art. 43).

▶ Artigo-com a redação dada pela Lei nº 3.192, de 4-7-1957.

DA NULIDADE DO ATO DE NATURALIZAÇÃO

▶ Denominação com a redação dada pela Lei nº 3.192, de 4-7-1957.

Art. 35. Será nulo o ato de naturalização se provada a falsidade ideológica ou material de qualquer dos requisitos exigidos pelos arts. 8º e 9º.

▶ Caput com a redação dada pela Lei nº 3.192, de 4-7-1957.

§ 1º A nulidade será declarada em ação, com o rito constante dos artigos 24 a 34, e poderá ser promovida pelo Ministério Público Federal ou por qualquer cidadão.

§ 2º A ação de nulidade deverá ser proposta dentro dos quatro anos que se seguirem à entrega da certidão de naturalização.

▶ § 2º com a redação dada pela Lei nº 3.192, de 4-7-1957.

DA REAQUISIÇÃO DA NACIONALIDADE

Art. 36. O brasileiro que, por qualquer das causas do art. 22, nos I e II, desta Lei, houver perdido a nacionalidade, poderá readquiri-la por decreto, se estiver domiciliado no Brasil.

§ 1º O pedido de reaquisição, dirigido ao Presidente da República, será processado no Ministério da Justiça e Negócios Interiores, ao qual será encaminhado por intermédio dos respectivos Governadores, se o requerente residir nos Estados ou Territórios.

§ 2º A reaquisição, no caso do art. 22, nº I, não será concedida, se se apurar que o brasileiro, ao eleger outra nacionalidade, o fez para se eximir de deveres a cujo cumprimento estaria obrigado, se se conservasse brasileiro.

§ 3º No caso do art. 22, nº II, é necessário tenha renunciado à comissão, ao emprego ou pensão de Governo estrangeiro.

Art. 37. A verificação do disposto nos §§ 2º e 3º, do artigo anterior, quando necessária, será efetuada por intermédio do Ministério das Relações Exteriores.

DOS DIREITOS POLÍTICOS

Art. 38. São direitos políticos aqueles que a Constituição e as leis atribuem a brasileiros, precipuamente o de votar e ser votado.

Art. 39. Os direitos políticos somente se suspendem ou perdem, nos casos previstos no art. 135, §§ 1º e 2º, da Constituição Federal.

Art. 40. O brasileiro que houver perdido direitos políticos, poderá readquiri-los:

a) declarando, em termo lavrado no Ministério da Justiça e Negócios Interiores, se residir no Distrito Federal, ou nas Secretarias congêneres dos Estados e Territórios, se neles residir, que se acha pronto para suportar o ônus de que se havia libertado, contanto que esse procedimento não importe fraude da lei;
b) afirmando, por termo idêntico, ter renunciado a condecoração ou título nobiliário, renúncia que deverá ser comunicada, por via diplomática, ao Governo estrangeiro respectivo.

Art. 41. A perda e a reaquisição dos direitos políticos serão declaradas por decreto, referendado pelo Ministro da Justiça e Negócios Interiores.

DISPOSIÇÕES GERAIS

Art. 42. Serão seladas as petições e os documentos relativos à naturalização e ao título declaratório.

Art. 43. Haverá no Departamento competente do Ministério da Justiça e Negócios Interiores dois livros especiais destinados, um, a servir de índice nominal das naturalizações concedidas e, outro, ao registro dos títulos declaratórios, expedidos na forma do art. 6º.

► *Caput* com a redação dada pela Lei nº 3.192, de 4-7-1957.

Parágrafo único. Este Departamento comunicará ao órgão criado pelo art. 162, parágrafo único, da Constituição Federal as naturalizações efetivadas, para efeito de registro em livros próprios, quer de naturalização, quer de título declaratório.

Art. 44. A naturalização não isenta o naturalizado das responsabilidades a que estava anteriormente obrigado perante o seu país de origem.

Art. 45. Os requerimentos de naturalização que já se encontrarem no Ministério da Justiça e Negócios Interiores serão despachados na conformidade desta Lei.

Art. 46. Esta Lei entrará em vigor na data da sua publicação, revogadas as disposições em contrário.

Rio de Janeiro, 18 de setembro de 1949;
128º da Independência e
61º da República.

Eurico Gaspar Dutra

LEI Nº 9.474, DE 22 DE JULHO DE 1997

Define mecanismos para a implementação do Estatuto dos Refugiados de 1951, e determina outras providências.

► Publicada no *DOU* de 23-7-1997.

TÍTULO I – DOS ASPECTOS CARACTERIZADORES

CAPÍTULO I
DO CONCEITO, DA EXTENSÃO E DA EXCLUSÃO

SEÇÃO I

DO CONCEITO

Art. 1º Será reconhecido como refugiado todo indivíduo que:

I – devido a fundados temores de perseguição por motivos de raça, religião, nacionalidade, grupo social ou opiniões políticas encontre-se fora de seu país de nacionalidade e não possa ou não queira acolher-se à proteção de tal país;
II – não tendo nacionalidade e estando fora do país onde antes teve sua residência habitual, não possa ou não queira regressar a ele, em função das circunstâncias descritas no inciso anterior;
III – devido a grave e generalizada violação de direitos humanos, é obrigado a deixar seu país de nacionalidade para buscar refúgio em outro país.

SEÇÃO II

DA EXTENSÃO

Art. 2º Os efeitos da condição dos refugiados serão extensivos ao cônjuge, aos ascendentes e descendentes, assim como aos demais membros do grupo familiar que do refugiado dependerem economicamente, desde que se encontrem em território nacional.

SEÇÃO III

DA EXCLUSÃO

Art. 3º Não se beneficiarão da condição de refugiado os indivíduos que:

I – já desfrutem de proteção ou assistência por parte de organismos ou instituição das Nações Unidas que não o Alto Comissariado das Nações Unidas para os Refugiados – ACNUR;
II – sejam residentes no território nacional e tenham direitos e obrigações relacionados com a condição de nacional brasileiro;
III – tenham cometido crime contra a paz, crime de guerra, crime contra a humanidade, crime hediondo, participado de atos terroristas ou tráfico de drogas;
IV – sejam considerados culpados de atos contrários aos fins e princípios das Nações Unidas.

CAPÍTULO II
DA CONDIÇÃO JURÍDICA DE REFUGIADO

Art. 4º O reconhecimento da condição de refugiado, nos termos das definições anteriores, sujeitará seu beneficiário ao preceituado nesta Lei, sem prejuízo do disposto em instrumentos internacionais de que o Governo brasileiro seja parte, ratifique ou venha a aderir.

Art. 5º O refugiado gozará de direitos e estará sujeito aos deveres dos estrangeiros no Brasil, ao disposto nesta Lei, na Convenção sobre o Estatuto dos Refugiados de 1951 e no Protocolo sobre o Estatuto dos Refugiados de 1967, cabendo-lhe a obrigação de acatar as leis, regulamentos e providências destinados à manutenção da ordem pública.

Art. 6º O refugiado terá direito, nos termos da Convenção sobre o Estatuto dos Refugiados de 1951, a cédula de identidade comprobatória de sua condição jurídica, carteira de trabalho e documento de viagem.

TÍTULO II – DO INGRESSO NO TERRITÓRIO NACIONAL E DO PEDIDO DE REFÚGIO

Art. 7º O estrangeiro que chegar ao território nacional poderá expressar sua vontade de solicitar reconhecimento como refugiado a qualquer autoridade migratória que se encontre na fronteira, a qual lhe proporcionará as informações necessárias quanto ao procedimento cabível.

§ 1º Em hipótese alguma será efetuada sua deportação para fronteira de território em que sua vida ou liberdade esteja ameaçada, em virtude de raça, religião, nacionalidade, grupo social ou opinião política.

§ 2º O benefício previsto neste artigo não poderá ser invocado por refugiado considerado perigoso para a segurança do Brasil.

Art. 8º O ingresso irregular no território nacional não constitui impedimento para o estrangeiro solicitar refúgio às autoridades competentes.

Art. 9º A autoridade a quem for apresentada a solicitação deverá ouvir o interessado e preparar termo de declaração, que deverá conter as circunstâncias relativas à entrada no Brasil e às razões que o fizeram deixar o país de origem.

Art. 10. A solicitação, apresentada nas condições previstas nos artigos anteriores, suspenderá qualquer procedimento administrativo ou criminal pela entrada irregular, instaurado contra o peticionário e pessoas de seu grupo familiar que o acompanhem.

§ 1º Se a condição de refugiado for reconhecida, o procedimento será arquivado, desde que demonstrado que a infração correspondente foi determinada pelos mesmos fatos que justificaram o dito reconhecimento.

§ 2º Para efeito do disposto no parágrafo anterior, a solicitação de refúgio e a decisão sobre a mesma deverão ser comunicadas à Polícia Federal, que as transmitirá ao órgão onde tramitar o procedimento administrativo ou criminal.

TÍTULO III – DO CONARE

Art. 11. Fica criado o Comitê Nacional para os Refugiados – CONARE, órgão de deliberação coletiva, no âmbito do Ministério da Justiça.

CAPÍTULO I
DA COMPETÊNCIA

Art. 12. Compete ao CONARE, em consonância com a Convenção sobre o Estatuto dos Refugiados de 1951, com o Protocolo sobre o Estatuto dos Refugiados de 1967 e com as demais fontes de direito internacional dos refugiados:

I – analisar o pedido e declarar o reconhecimento, em primeira instância, da condição de refugiado;
II – decidir a cessação, em primeira instância, *ex officio* ou mediante requerimento das autoridades competentes, da condição de refugiado;
III – determinar a perda, em primeira instância, da condição de refugiado;
IV – orientar e coordenar as ações necessárias à eficácia da proteção, assistência e apoio jurídico aos refugiados;
V – aprovar instruções normativas esclarecedoras à execução desta Lei.

Art. 13. O regimento interno do CONARE será aprovado pelo Ministro de Estado da Justiça.

Parágrafo único. O regimento interno determinará a periodicidade das reuniões do CONARE.

CAPÍTULO II
DA ESTRUTURA E DO FUNCIONAMENTO

Art. 14. O CONARE será constituído por:

I – um representante do Ministério da Justiça, que o presidirá;
II – um representante do Ministério das Relações Exteriores;
III – um representante do Ministério do Trabalho;
IV – um representante do Ministério da Saúde;
V – um representante do Ministério da Educação e do Desporto;
VI – um representante do Departamento de Polícia Federal;
VII – um representante de organização não governamental, que se dedique a atividades de assistência e proteção de refugiados no País.

§ 1º O Alto Comissariado das Nações Unidas para Refugiados – ACNUR será sempre membro convidado para as reuniões do CONARE, com direito a voz, sem voto.

§ 2º Os membros do CONARE serão designados pelo Presidente da República, mediante indicações dos órgãos e da entidade que o compõem.

§ 3º O CONARE terá um Coordenador-Geral, com a atribuição de preparar os processos de requerimento de refúgio e a pauta de reunião.

Art. 15. A participação no CONARE será considerada serviço relevante e não implicará remuneração de qualquer natureza ou espécie.

Art. 16. O CONARE reunir-se-á com quorum de quatro membros com direito a voto, deliberando por maioria simples.

Parágrafo único. Em caso de empate, será considerado voto decisivo o do Presidente do CONARE.

TÍTULO IV – DO PROCESSO DE REFÚGIO

Capítulo I

DO PROCEDIMENTO

Art. 17. O estrangeiro deverá apresentar-se à autoridade competente e externar vontade de solicitar o reconhecimento da condição de refugiado.

Art. 18. A autoridade competente notificará o solicitante para prestar declarações, ato que marcará a data de abertura dos procedimentos.

Parágrafo único. A autoridade competente informará o Alto Comissariado das Nações Unidas para Refugiados – ACNUR sobre a existência do processo de solicitação de refúgio e facultará a esse organismo a possibilidade de oferecer sugestões que facilitem seu andamento.

Art. 19. Além das declarações, prestadas se necessário com ajuda de intérprete, deverá o estrangeiro preencher a solicitação de reconhecimento como refugiado, a qual deverá conter identificação completa, qualificação profissional, grau de escolaridade do solicitante e membros do seu grupo familiar, bem como relato das circunstâncias e fatos que fundamentem o pedido de refúgio, indicando os elementos de prova pertinentes.

Art. 20. O registro de declaração e a supervisão do preenchimento da solicitação do refúgio devem ser efetuados por funcionários qualificados e em condições que garantam o sigilo das informações.

Capítulo II

DA AUTORIZAÇÃO DE RESIDÊNCIA PROVISÓRIA

Art. 21. Recebida a solicitação de refúgio, o Departamento de Polícia Federal emitirá protocolo em favor do solicitante e de seu grupo familiar que se encontre no território nacional, o qual autorizará a estada até a decisão final do processo.

§ 1º O protocolo permitirá ao Ministério do Trabalho expedir a carteira de trabalho provisória, para o exercício de atividades remuneradas no País.

§ 2º No protocolo do solicitante de refúgio serão mencionados, por averbamento, os menores de quatorze anos.

Art. 22. Enquanto estiver pendente o processo relativo à solicitação de refúgio, ao peticionário será aplicável a legislação sobre estrangeiros, respeitadas as disposições específicas contidas nesta Lei.

Capítulo III

DA INSTRUÇÃO E DO RELATÓRIO

Art. 23. A autoridade competente procederá a eventuais diligências requeridas pelo CONARE devendo averiguar todos os fatos cujo conhecimento seja conveniente para uma justa e rápida decisão, respeitando sempre o princípio da confidencialidade.

Art. 24. Finda a instrução, a autoridade competente elaborará, de imediato, relatório, que será enviado ao Secretário do CONARE, para inclusão na pauta da próxima reunião daquele Colegiado.

Art. 25. Os intervenientes nos processos relativos às solicitações de refúgio deverão guardar segredo profissional quanto às informações a que terão acesso no exercício de suas funções.

Capítulo IV

DA DECISÃO, DA COMUNICAÇÃO E DO REGISTRO

Art. 26. A decisão pelo reconhecimento da condição de refugiado será considerada ato declaratório e deverá estar devidamente fundamentada.

Art. 27. Proferida a decisão, o CONARE notificará o solicitante e o Departamento de Polícia Federal, para as medidas administrativas cabíveis.

Art. 28. No caso de decisão positiva, o refugiado será registrado junto ao Departamento de Polícia Federal, devendo assinar termo de responsabilidade e solicitar cédula de identidade pertinente.

Capítulo V

DO RECURSO

Art. 29. No caso de decisão negativa, esta deverá ser fundamentada na notificação ao solicitante, cabendo direito de recurso ao Ministro de Estado da Justiça, no prazo de 15 (quinze) dias, contados do recebimento da notificação.

Art. 30. Durante a avaliação do recurso, será permitido ao solicitante de refúgio e aos seus familiares permanecer no território nacional, sendo observado o disposto nos §§ 1º e 2º do art. 21 desta Lei.

Art. 31. A decisão do Ministro de Estado da Justiça não será passível de recurso, devendo ser notificada ao CONARE, para ciência do solicitante, e ao Departamento de Polícia Federal, para as providências devidas.

Art. 32. No caso de recusa definitiva de refúgio, ficará o solicitante sujeito à legislação de estrangeiros, não devendo ocorrer sua transferência para o seu país de nacionalidade ou de residência habitual, enquanto permanecerem as circunstâncias que põem em risco sua vida, integridade física e liberdade, salvo nas situações determinadas nos incisos III e IV do art. 3º desta Lei.

TÍTULO V – DOS EFEITOS DO ESTATUTO DE REFUGIADOS SOBRE A EXTRADIÇÃO E A EXPULSÃO

Capítulo I

DA EXTRADIÇÃO

Art. 33. O reconhecimento da condição de refugiado obstará o seguimento de qualquer pedido de extradição baseado nos fatos que fundamentaram a concessão de refúgio.

Art. 34. A solicitação de refúgio suspenderá, até decisão definitiva, qualquer processo de extradição pendente, em fase administrativa ou judicial, baseado nos fatos que fundamentaram a concessão de refúgio.

Art. 35. Para efeito do cumprimento do disposto nos arts. 33 e 34 desta Lei, a solicitação de reconhecimento como refugiado será comunicada ao órgão onde tramitar o processo de extradição.

CAPÍTULO II
DA EXPULSÃO

Art. 36. Não será expulso do território nacional o refugiado que esteja regularmente registrado, salvo por motivos de segurança nacional ou de ordem pública.

Art. 37. A expulsão de refugiado do território nacional não resultará em sua retirada para país onde sua vida, liberdade ou integridade física possam estar em risco, e apenas será efetivada quando da certeza de sua admissão em país onde não haja riscos de perseguição.

TÍTULO VI – DA CESSAÇÃO E DA PERDA DA CONDIÇÃO DE REFUGIADO

CAPÍTULO I
DA CESSAÇÃO DA CONDIÇÃO DE REFUGIADO

Art. 38. Cessará a condição de refugiado nas hipóteses em que o estrangeiro:

I – voltar a valer-se da proteção do país de que é nacional;
II – recuperar voluntariamente a nacionalidade outrora perdida;
III – adquirir nova nacionalidade e gozar da proteção do país cuja nacionalidade adquiriu;
IV – estabelecer-se novamente, de maneira voluntária, no país que abandonou ou fora do qual permaneceu por medo de ser perseguido;
V – não puder mais continuar a recusar a proteção do país de que é nacional por terem deixado de existir as circunstâncias em consequência das quais foi reconhecido como refugiado;
VI – sendo apátrida, estiver em condições de voltar ao país no qual tinha sua residência habitual, uma vez que tenham deixado de existir as circunstâncias em consequência das quais foi reconhecido como refugiado.

CAPÍTULO II
DA PERDA DA CONDIÇÃO DE REFUGIADO

Art. 39. Implicará perda da condição de refugiado:

I – a renúncia;
II – a prova da falsidade dos fundamentos invocados para o reconhecimento da condição de refugiado ou a existência de fatos que, se fossem conhecidos quando do reconhecimento, teriam ensejado uma decisão negativa;
III – o exercício de atividades contrárias à segurança nacional ou à ordem pública;
IV – a saída do território nacional sem prévia autorização do Governo brasileiro.

Parágrafo único. Os refugiados que perderem essa condição com fundamento nos incisos I e IV deste artigo serão enquadrados no regime geral de permanência de estrangeiros no território nacional, e os que a perderem com fundamento nos incisos II e III estarão sujeitos às medidas compulsórias previstas na Lei nº 6.815, de 19 de agosto de 1980.

CAPÍTULO III
DA AUTORIDADE COMPETENTE E DO RECURSO

Art. 40. Compete ao CONARE decidir em primeira instância sobre cessação ou perda da condição de refugiado, cabendo, dessa decisão, recurso ao Ministro de Estado da Justiça, no prazo de 15 (quinze) dias, contados do recebimento da notificação.

§ 1º A notificação conterá breve relato dos fatos e fundamentos que ensejaram a decisão e cientificará o refugiado do prazo para interposição do recurso.

§ 2º Não sendo localizado o estrangeiro para a notificação prevista neste artigo, a decisão será publicada no Diário Oficial da União, para fins de contagem do prazo de interposição de recurso.

Art. 41. A decisão do Ministro de Estado da Justiça é irrecorrível e deverá ser notificada ao CONARE, que a informará ao estrangeiro e ao Departamento de Polícia Federal, para as providências cabíveis.

TÍTULO VII – DAS SOLUÇÕES DURÁVEIS

CAPÍTULO I
DA REPATRIAÇÃO

Art. 42. A repatriação de refugiados aos seus países de origem deve ser caracterizada pelo caráter voluntário do retorno, salvo nos casos em que não possam recusar a proteção do país de que são nacionais, por não mais subsistirem as circunstâncias que determinaram o refúgio.

CAPÍTULO II
DA INTEGRAÇÃO LOCAL

Art. 43. No exercício de seus direitos e deveres, a condição atípica dos refugiados deverá ser considerada quando da necessidade da apresentação de documentos emitidos por seus países de origem ou por suas representações diplomáticas e consulares.

Art. 44. O reconhecimento de certificados e diplomas, os requisitos para a obtenção da condição de residente e o ingresso em instituições acadêmicas de todos os níveis deverão ser facilitados, levando-se em consideração a situação desfavorável vivenciada pelos refugiados.

CAPÍTULO III
DO REASSENTAMENTO

Art. 45. O reassentamento de refugiados em outros países deve ser caracterizado, sempre que possível, pelo caráter voluntário.

Art. 46. O reassentamento de refugiados no Brasil se efetuará de forma planificada e com a participação coordenada dos órgãos estatais e, quando possível, de organizações não governamentais, identificando áreas de cooperação e de determinação de responsabilidades.

TÍTULO VIII – DAS DISPOSIÇÕES FINAIS

Art. 47. Os processos de reconhecimento da condição de refugiado serão gratuitos e terão caráter urgente.

Art. 48. Os preceitos desta Lei deverão ser interpretados em harmonia com a Declaração Universal dos Direitos do Homem de 1948, com a Convenção sobre o Estatuto dos Refugiados de 1951, com o Protocolo sobre o Estatuto dos Refugiados de 1967 e com todo dispositivo pertinente de instrumento internacional de proteção de direitos humanos com o qual o Governo brasileiro estiver comprometido.

Art. 49. Esta Lei entra em vigor na data de sua publicação.

Brasília, 22 de julho de 1997;
176º da Independência e
109º da República.

Fernando Henrique Cardoso

TRATADO DE AMIZADE, COOPERAÇÃO E CONSULTA ENTRE A REPÚBLICA FEDERATIVA DO BRASIL E A REPÚBLICA PORTUGUESA

▶ Aprovado por meio do Dec. Legislativo nº 165, de 30-5-2001. Promulgado pelo Dec. nº 3.927, de 19-9-2001.

O Governo da República Federativa do Brasil e o Governo da República Portuguesa (adiante denominados "Partes Contratantes"),

Representados pelo Ministro de Estado das Relações Exteriores do Brasil e pelo Ministro dos Negócios Estrangeiros de Portugal, reunidos em Porto Seguro, em 22 de abril de 2000;

Considerando que nesse dia se comemora o quinto centenário do fato histórico do descobrimento do Brasil;

Conscientes do amplo campo de convergência de objetivos e da necessidade de reafirmar, consolidar e desenvolver os particulares e fortes laços que unem os dois povos, fruto de uma história partilhada por mais de três séculos e que exprimem uma profunda comunidade de interesses morais, políticos, culturais, sociais e econômicos;

Reconhecendo a importância de instrumentos similares que precederam o presente Tratado,

Acordam o seguinte:

TÍTULO I – PRINCÍPIOS FUNDAMENTAIS

1. Fundamentos e objetivos do Tratado

Artigo 1º

As Partes Contratantes, tendo em mente a secular amizade que existe entre os dois países, concordam em que suas relações terão por base os seguintes princípios e objetivos:

1. O desenvolvimento econômico, social e cultural alicerçado no respeito dos direitos e liberdades fundamentais, enunciados na Declaração Universal dos Direitos do Homem, no princípio da organização democrática da Sociedade e do Estado, e na busca de uma maior e mais ampla justiça social;

2. O estreitamento dos vínculos entre os dois povos com vistas à garantia da paz e do progresso nas relações internacionais, à luz dos objetivos e princípios consagrados na Carta das Nações Unidas;

3. A consolidação da Comunidade dos Países de Língua Portuguesa, em que Brasil e Portugal se integram, instrumento fundamental na prossecução de interesses comuns;

4. A participação do Brasil e de Portugal em processos de integração regional, como a União Europeia e o Mercosul, almejando permitir a aproximação entre a Europa e a América Latina para a intensificação das suas relações.

Artigo 2º

1. O presente Tratado de Amizade, Cooperação e Consulta define os princípios gerais que hão de reger as relações entre os dois países, à luz dos princípios e objetivos atrás enunciados.

2. No quadro por ele traçado, outros instrumentos jurídicos bilaterais, já concluídos ou a concluir, são ou poderão ser chamados a desenvolver ou regulamentar áreas setoriais determinadas.

2. Cooperação política e estruturas básicas de consulta e cooperação

Artigo 3º

Em ordem a consolidar os laços de amizade e de cooperação entre as Partes Contratantes, serão intensificadas a consulta e a cooperação política sobre questões bilaterais e multilaterais de interesse comum.

Artigo 4º

A consulta e a cooperação política entre as Partes Contratantes terão como instrumentos:

a) visitas regulares dos Presidentes dos dois países;
b) cimeiras anuais dos dois Governos, presididas pelos chefes dos respectivos Executivos;
c) reuniões dos responsáveis pela política externa de ambos os países, a realizar, em cada ano, alternadamente, no Brasil e em Portugal, bem como, sempre que recomendável, no quadro de organizações internacionais, de caráter universal ou regional, em que os dois Estados participem;
d) visitas recíprocas dos membros dos poderes constituídos de ambos os países, para além das referidas nas alíneas anteriores, com especial incidência naquelas que contribuam para o reforço da cooperação interparlamentar;
e) reuniões de consulta política entre altos funcionários do Ministério das Relações Exteriores do Brasil e do Ministério dos Negócios Estrangeiros de Portugal;
f) reuniões da Comissão Permanente criada por este Tratado ao abrigo do artigo 69.

Artigo 5º

A consulta e a cooperação nos domínios cultural e científico, econômico e financeiro e em outros domínios específicos processar-se-ão através dos mecanismos para tanto previstos no presente Tratado e nos acordos setoriais relativos a essas áreas.

TÍTULO II – DOS BRASILEIROS EM PORTUGAL E DOS PORTUGUESES NO BRASIL

1. Entrada e permanência de brasileiros em Portugal e de portugueses no Brasil

Artigo 6º

Os titulares de passaportes diplomáticos, especiais, oficiais ou de serviço válidos do Brasil ou de Portugal poderão entrar no território da outra Parte Contratante ou dela sair sem necessidade de qualquer visto.

Artigo 7º

1. Os titulares de passaportes comuns válidos do Brasil ou de Portugal que desejem entrar no território da outra Parte Contratante para fins culturais, empresariais, jornalísticos ou turísticos por período de até noventa dias são isentos de visto.

2. O prazo referido no parágrafo 1º poderá ser prorrogado segundo a legislação imigratória de cada um dos países, por um período máximo de noventa dias.

Artigo 8º

A isenção de vistos estabelecida no artigo anterior não exime os seus beneficiários da observância das leis e regulamentos em vigor, concernentes à entrada e permanência de estrangeiros no país de ingresso.

Artigo 9º

É vedado aos beneficiários do regime de isenção de vistos estabelecido no artigo 6º o exercício de atividades profissionais cuja remuneração provenha de fonte pagadora situada no país de ingresso.

Artigo 10

As Partes Contratantes trocarão exemplares dos seus passaportes em caso de mudança dos referidos modelos.

Artigo 11

Em regime de reciprocidade, são isentos de toda e qualquer taxa de residência os nacionais de uma das Partes Contratantes residentes no território da outra Parte Contratante.

2. Estatuto de Igualdade entre Brasileiros e Portugueses

Artigo 12

Os brasileiros em Portugal e os portugueses no Brasil, beneficiários do estatuto de igualdade, gozarão dos mesmos direitos e estarão sujeitos aos mesmos deveres dos nacionais desses Estados, nos termos e condições dos artigos seguintes.

Artigo 13

1. A titularidade do Estatuto de Igualdade por brasileiros em Portugal e por portugueses no Brasil não implicará em perda das respectivas nacionalidades.

2. Com a ressalva do disposto no parágrafo 3º do artigo 17, os brasileiros e portugueses referidos no parágrafo 1º continuarão no exercício de todos os direitos e deveres inerentes às respectivas nacionalidades, salvo aqueles que ofenderem a soberania nacional e a ordem pública do Estado de residência.

Artigo 14

Excetuam-se do regime de equiparação previsto no artigo 12 os direitos expressamente reservados pela Constituição de cada uma das Partes Contratantes aos seus nacionais.

Artigo 15

O estatuto de igualdade será atribuído mediante decisão do Ministério da Justiça, no Brasil, e do Ministério da Administração Interna, em Portugal, aos brasileiros e portugueses que o requeiram, desde que civilmente capazes e com residência habitual no país em que ele é requerido.

Artigo 16

O estatuto de igualdade extinguir-se-á com a perda, pelo beneficiário, da sua nacionalidade ou com a cessação da autorização de permanência no território do Estado de residência.

Artigo 17

1. O gozo de direitos políticos por brasileiros em Portugal e por portugueses no Brasil só será reconhecido aos que tiverem três anos de residência habitual e depende de requerimento à autoridade competente.

2. A igualdade quanto aos direitos políticos não abrange as pessoas que, no Estado da nacionalidade, houverem sido privadas de direitos equivalentes.

3. O gozo de direitos políticos no Estado de residência importa na suspensão do exercício dos mesmos direitos no Estado da nacionalidade.

Artigo 18

Os brasileiros e portugueses beneficiários do Estatuto de Igualdade ficam submetidos à lei penal do Estado de residência nas mesmas condições em que os respectivos nacionais e não estão sujeitos à extradição, salvo se requerida pelo Governo do Estado da nacionalidade.

Artigo 19

Não poderão prestar serviço militar no Estado de residência os brasileiros e portugueses nas condições do artigo 12. A lei interna de cada Estado regulará, para esse efeito, a situação dos respectivos nacionais.

Artigo 20

O brasileiro ou português, beneficiário do Estatuto de Igualdade, que se ausentar do território do Estado de residência terá direito à proteção diplomática apenas do Estado da nacionalidade.

Artigo 21

Os Governos do Brasil e de Portugal comunicarão reciprocamente, por via diplomática, a aquisição e perda do Estatuto de Igualdade regulado no presente Tratado.

Artigo 22

Aos brasileiros em Portugal e aos portugueses no Brasil, beneficiários do Estatuto de Igualdade, serão fornecidos, para uso interno, documentos de identidade de modelos iguais aos dos respectivos nacionais, com a menção da nacionalidade do portador e referência ao presente Tratado.

TÍTULO III – COOPERAÇÃO CULTURAL, CIENTÍFICA E TECNOLÓGICA

1. Princípios gerais

Artigo 23

1. Cada Parte Contratante favorecerá a criação e a manutenção, em seu território, de centros e institutos destinados ao estudo, pesquisa e difusão da cultura literária, artística, científica e da tecnologia da outra Parte.

2. Os centros e institutos referidos compreenderão, designadamente, bibliotecas, núcleos de bibliografia e documentação, cinematecas, videotecas e outros meios de informação.

Artigo 24

1. Cada Parte Contratante esforçar-se-á por promover no território da outra Parte o conhecimento do seu património cultural, nomeadamente através de livros, pe-

riódicos e outras publicações, meios audiovisuais e eletrônicos, conferências, concertos, exposições, exibições cinematográficas e teatrais e manifestações artísticas semelhantes, programas radiofônicos e de televisão.

2. À Parte promotora das atividades mencionadas no número ou parágrafo anterior caberá o encargo das despesas delas decorrentes, devendo a Parte em cujo território se realizem as manifestações assegurar toda a assistência e a concessão das facilidades ao seu alcance.

3. A todo o material que fizer parte das referidas manifestações será concedida, para efeito de desembaraço alfandegário, isenção de direitos e demais imposições.

ARTIGO 25

Com o fim de promover a realização de conferências, estágios, cursos ou pesquisas no território da outra Parte, cada Parte Contratante favorecerá e estimulará o intercâmbio de professores, estudantes, escritores, artistas, cientistas, pesquisadores, técnicos e demais representantes de outras atividades culturais.

ARTIGO 26

1. Cada Parte Contratante atribuirá anualmente bolsas de estudo a nacionais da outra Parte possuidores de diploma universitário, profissionais liberais, técnicos, cientistas, pesquisadores, escritores e artistas, a fim de aperfeiçoarem seus conhecimentos ou realizarem pesquisas no campo de suas especialidades.

2. As bolsas de estudo deverão ser utilizadas no território da Parte que as tiver concedido.

ARTIGO 27

1. Cada Parte Contratante promoverá, através de instituições públicas ou privadas, especialmente institutos científicos, sociedades de escritores e artistas, câmaras e institutos de livros, o envio regular de suas publicações e demais meios de difusão cultural com destino às instituições referidas no parágrafo 2 do artigo 23.

2. Cada Parte Contratante estimulará a edição, a coedição e a importação das obras literárias, artísticas, científicas e técnicas de autores nacionais da outra Parte.

3. As Partes Contratantes estimularão entendimentos entre as instituições representativas da indústria do livro, com vista à realização de acordos sobre a tradução de obras estrangeiras para a língua portuguesa e sua edição.

4. As Partes Contratantes organizarão, através de seus serviços competentes, a distribuição coordenada das reedições de obras clássicas e das edições de obras originais feitas em seu território, em número suficiente para a divulgação regular das respectivas culturas entre instituições e pessoas interessadas da outra Parte.

ARTIGO 28

1. As Partes Contratantes comprometem-se a estimular a cooperação nos campos da ciência e da tecnologia.

2. Essa cooperação poderá assumir, nomeadamente, a forma de intercâmbio de informações e de documentação científica, técnica e tecnológica; de intercâmbio de professores, estudantes, cientistas, pesquisadores, peritos e técnicos; de organização de visitas e viagens de estudo de delegações científicas e tecnológicas; de estudo, preparação e realização conjunta ou coordenada de programas ou projetos de pesquisa científica

e de desenvolvimento tecnológico; de apoio à realização, no território de uma das Partes, de exposições de caráter científico, tecnológico e industrial, organizadas pela outra Parte Contratante.

ARTIGO 29

Os conhecimentos tecnológicos adquiridos em conjunto, em virtude da cooperação nos campos da ciência e da tecnologia, concretizados em produtos ou processos que representem invenções, serão considerados propriedade comum e poderão ser patenteados em qualquer das Partes Contratantes, conforme a legislação aplicável.

ARTIGO 30

As Partes Contratantes propõem-se levar a cabo a microfilmagem ou a inclusão em outros suportes eletrônicos de documentos de interesse para a memória nacional do Brasil e de Portugal existentes nos respectivos arquivos e examinarão em conjunto, quando solicitadas, a possibilidade de participação nesse projeto de países de tradição cultural comum.

ARTIGO 31

1. Cada Parte Contratante, com o objetivo de desenvolver o intercâmbio entre os dois países no domínio da cinematografia e outros meios audiovisuais, favorecerá a coprodução de filmes, vídeos e outros meios audiovisuais, nos termos dos parágrafos seguintes.

2. Os filmes cinematográficos de longa ou curta metragem realizados em regime de coprodução serão considerados nacionais pelas autoridades competentes dos dois países e gozarão dos benefícios e vantagens que a legislação de cada Parte Contratante assegurar às respectivas produções.

3. Serão definidas em acordo complementar as condições em que se considera coprodução, para os efeitos do parágrafo anterior, a produção conjunta de filmes cinematográficos, por organizações ou empresas dos dois países, bem como os procedimentos a observar na apresentação e realização dos respectivos projetos.

4. Outras coproduções audiovisuais poderão ser consideradas nacionais pelas autoridades competentes dos dois países e gozar dos benefícios e vantagens que a legislação de cada Parte Contratante assegurar às respectivas produções, em termos a definir em acordo complementar.

2. *Cooperação no domínio da língua portuguesa*

ARTIGO 32

As Partes Contratantes, reconhecendo o seu interesse comum na defesa, no enriquecimento e na difusão da língua portuguesa, promoverão, bilateral ou multilateralmente, em especial no quadro da Comunidade dos Países de Língua Portuguesa, a criação de centros conjuntos para a pesquisa da língua comum e colaborarão na sua divulgação internacional, e nesse sentido apoiarão as atividades do Instituto Internacional de Língua Portuguesa, bem como iniciativas privadas similares.

3. *Cooperação no domínio do ensino e da pesquisa*

ARTIGO 33

As Partes Contratantes favorecerão e estimularão a cooperação entre as respectivas universidades, instituições de ensino superior, museus, bibliotecas, arquivos, cinematecas, instituições científicas e tecnológicas e demais entidades culturais.

ARTIGO 34
Cada Parte Contratante promoverá a criação, nas respectivas universidades, de cátedras dedicadas ao estudo da história, literatura e demais áreas culturais da outra Parte.

ARTIGO 35
Cada Parte Contratante promoverá a inclusão nos seus programas nacionais, nos vários graus e ramos de ensino, do estudo da literatura, da história, da geografia e das demais áreas culturais da outra Parte.

ARTIGO 36
As Partes Contratantes procurarão coordenar as atividades dos leitorados do Brasil e de Portugal em outros países.

ARTIGO 37
Nos termos a definir por acordo complementar, poderão os estudantes brasileiros ou portugueses, inscritos em uma universidade de uma das Partes Contratantes, ser admitidos a realizar uma parte do seu currículo acadêmico em uma universidade da outra Parte Contratante.

ARTIGO 38
Também em acordo complementar será definido o regime de concessão de equivalência de estudos aos nacionais das Partes Contratantes que tenham tido aproveitamento escolar em estabelecimentos de um desses países, para o efeito de transferência e de prosseguimento de estudos nos estabelecimentos da outra Parte Contratante.

4. Reconhecimento de graus e títulos acadêmicos e de títulos de especialização

ARTIGO 39
1. Os graus e títulos acadêmicos de ensino superior concedidos por estabelecimentos para tal habilitados por uma das Partes Contratantes em favor de nacionais de qualquer delas serão reconhecidos pela outra Parte Contratante, desde que certificados por documentos devidamente legalizados.

2. Para efeitos do disposto no artigo anterior, consideram-se graus e títulos acadêmicos os que sancionam uma formação de nível pós-secundário com uma duração mínima de três anos.

ARTIGO 40
A competência para conceder o reconhecimento de um grau ou título acadêmico pertence, no Brasil às universidades e em Portugal às universidades e demais instituições de ensino superior, a quem couber atribuir o grau ou título acadêmico correspondente.

ARTIGO 41
O reconhecimento será sempre concedido, a menos que se demonstre, fundamentadamente, que há diferença substancial entre os conhecimentos e as aptidões atestados pelo grau ou título em questão, relativamente ao grau ou título correspondente no país em que o reconhecimento é requerido.

ARTIGO 42
1. Podem as universidades no Brasil e as universidades e demais instituições de ensino superior em Portugal celebrar convênios tendentes a assegurar o reconhecimento automático dos graus e títulos acadêmicos por elas emitidos em favor dos nacionais de uma e outra Parte Contratante, tendo em vista os currículos dos diferentes cursos por elas ministrados.

2. Tais convênios deverão ser homologados pelas autoridades competentes em cada uma das Partes Contratantes se a legislação local o exigir.

ARTIGO 43
Sem prejuízo do que se achar eventualmente disposto quanto a *numerus clausus*, o acesso a cursos de pós-graduação em universidades no Brasil e em universidades e demais instituições de ensino superior em Portugal é facultado aos nacionais da outra Parte Contratante em condições idênticas às exigidas aos nacionais do país da instituição em causa.

ARTIGO 44
Com as adaptações necessárias, aplica-se por analogia, ao reconhecimento de títulos de especialização, o disposto nos artigos 39 a 41.

ARTIGO 45
1. As universidades no Brasil e as universidades e demais instituições de ensino superior em Portugal, associações profissionais para tal legalmente habilitadas ou suas federações, bem como as entidades públicas para tanto competentes, de cada uma das Partes Contratantes, poderão celebrar convênios que assegurem o reconhecimento de títulos de especialização por elas emitidos, em favor de nacionais de uma e outra Parte.

2. Tais convênios deverão ser homologados pelas autoridades competentes de ambas as Partes Contratantes, se não tiverem sido por elas subscritos.

5. Acesso a profissões e seu exercício

ARTIGO 46
Os nacionais de uma das Partes Contratantes poderão aceder a uma profissão e exercê-la, no território da outra Parte Contratante, em condições idênticas às exigidas aos nacionais desta última.

ARTIGO 47
Se o acesso a uma profissão ou o seu exercício se acharem regulamentados no território de uma das Partes Contratantes por disposições decorrentes da participação desta em um processo de integração regional, poderão os nacionais da outra Parte Contratante aceder naquele território a essa profissão e exercê-la em condições idênticas às prescritas para os nacionais dos outros Estados participantes nesse processo de integração regional.

6. Direitos de autor e direitos conexos

ARTIGO 48
1. Cada Parte Contratante, em harmonia com os compromissos internacionais a que tenham aderido, reconhece e assegura a proteção, no seu território, dos direitos de autor e direitos conexos dos nacionais da outra Parte.

2. Nos mesmos termos e sempre que verificada a reciprocidade, serão reconhecidos e assegurados os direitos sobre bens informáticos.

3. Será estudada a melhor forma de conceder aos beneficiários do regime definido nos dois parágrafos ou nú-

meros anteriores tratamento idêntico ao dos nacionais no que toca ao recebimento dos seus direitos.

TÍTULO IV – COOPERAÇÃO ECONÔMICA E FINANCEIRA

1. Princípios gerais

Artigo 49

As Partes Contratantes encorajarão e esforçar-se-ão por promover o desenvolvimento e a diversificação das suas relações econômicas e financeiras, mediante uma crescente cooperação, tendente a assegurar a dinamização e a modernização das respectivas economias, sem prejuízo dos compromissos internacionais por elas assumidos.

Artigo 50

Tendo em vista o disposto no artigo anterior, as Partes Contratantes procurarão definir, relativamente aos diversos setores de atividade, regimes legais que permitam o acesso das pessoas físicas e jurídicas ou pessoas singulares e coletivas nacionais de cada uma delas a um tratamento tendencialmente unitário.

Artigo 51

Reconhecem as Partes que a realização dos objetivos referidos no artigo 49 requer:

a) a difusão adequada, sistemática e atualizada de informações sobre a capacidade de oferta de bens e de serviços e de tecnologia, bem como de oportunidades de investimentos nos dois países;

b) o acréscimo de colaboração entre empresas brasileiras e portuguesas, através de acordos de cooperação, de associação e outros que concorram para o seu crescimento e o progresso técnico e facilitem o aumento e a valorização do fluxo de trocas entre os dois países;

c) a promoção e realização de projetos comuns de investimentos, de coinvestimento e de transferência de tecnologia com vistas a desenvolver e modernizar as estruturas empresariais no Brasil e em Portugal e facilitar o acesso a novas atividades em termos competitivos no plano internacional.

Artigo 52

Para alcançar os objetivos assinalados nos artigos anteriores propõem-se as Partes, designadamente:

a) estimular a troca de informações e de experiências bem como a realização de estudos e projetos conjuntos de pesquisa e de planejamento ou planeamento entre instituições, empresas e suas organizações, de cada um dos países, em ordem a permitir a elaboração de estratégias de desenvolvimento comum, nas diferentes ramos de atividade econômica, a médio ou a longo prazo;

b) promover ou desenvolver ações conjuntas no domínio da formação científica, profissional e técnica dos intervenientes em atividades econômicas e financeiras nos dois países;

c) fomentar a cooperação entre empresas brasileiras e portuguesas na realização de projetos comuns de investimento tanto no Brasil e em Portugal como em terceiros mercados, designadamente através da constituição de joint-ventures, privilegiando as áreas de integração econômica em que os dois países se enquadram;

d) estabelecer o intercâmbio sistemático de informações sobre concursos públicos ou concorrências públicas nacionais e internacionais e facilitar o acesso dos agentes econômicos brasileiros e portugueses a essas informações;

e) concertar as suas posições em instituições internacionais nas áreas econômicas e financeiras, nomeadamente no que respeita à disciplina dos mercados de matérias-primas e estabilização de preços.

Artigo 53

Entre os domínios abertos à cooperação entre as duas Partes, nos termos e com os objetivos fixados nos artigos 49 a 52, figuram designadamente, agricultura, as pescas, energia, indústria, transportes, comunicações e turismo, em conformidade com acordos setoriais complementares.

2. Cooperação no domínio comercial

Artigo 54

As Partes Contratantes tomarão as medidas necessárias para promover o crescimento e a diversificação do intercâmbio comercial entre os dois países e, sem quebra dos compromissos internacionais a que ambas se encontram obrigadas, instituirão o melhor tratamento possível aos produtos comerciais com interesse no comércio luso-brasileiro.

Artigo 55

As Partes Contratantes concederão entre si todas as facilidades necessárias para a realização de exposições, feiras ou certames semelhantes, comerciais, industriais, agrícolas e artesanais, nomeadamente o benefício de importação temporária, a dispensa do pagamento dos direitos de importação para mostruários e material de propaganda e, de um modo geral, a simplificação das formalidades aduaneiras, nos termos e condições previstos nas respectivas legislações internas.

3. Cooperação no domínio dos investimentos

Artigo 56

1. Cada Parte Contratante promoverá a realização no seu território de investimentos de pessoas físicas e jurídicas ou pessoas singulares e coletivas da outra Parte Contratante.

2. Os investimentos serão autorizados pelas Partes Contratantes de acordo com sua lei interna.

Artigo 57

1. Cada Parte Contratante garantirá, em seu território, tratamento não discriminatório, justo e equitativo aos investimentos realizados por pessoas físicas e jurídicas ou pessoas singulares e coletivas da outra Parte Contratante, bem como à livre transferência das importâncias com eles relacionadas.

2. O tratamento referido no parágrafo 1º deste artigo não será menos favorável do que o outorgado por uma Parte Contratante aos investimentos realizados em seu território, em condições semelhantes, por investidores de um terceiro país, salvo aquele concedido em virtude de participação em processos de integração regional, de acordos para evitar a dupla tributação ou de qualquer outro ajuste em matéria tributária.

3. Cada Parte Contratante concederá aos investimentos de pessoas físicas e jurídicas ou pessoas singulares e coletivas da outra Parte tratamento não menos favorável que o dado aos investimentos de seus nacionais, exceto nos casos previstos pelas respectivas legislações nacionais.

4. Cooperação no domínio financeiro e fiscal

ARTIGO 58

As Partes Contratantes poderão estimular as instituições e organizações financeiras sediadas nos seus territórios a concluírem acordos interbancários e concederem créditos preferenciais, tendo em conta a legislação vigente nos dois Países e os respectivos compromissos internacionais, com vista a facilitar a implementação de projetos de cooperação econômica bilateral.

ARTIGO 59

1. Cada Parte Contratante atuará com base no princípio da não discriminação em matéria fiscal relativamente aos nacionais da outra Parte.

2. As Partes Contratantes desenvolverão laços de cooperação no domínio fiscal, designadamente através da adoção de instrumentos adequados para evitar a dupla tributação e a evasão fiscais.

5. Propriedade industrial e concorrência desleal

ARTIGO 60

Cada Parte Contratante, em harmonia com os compromissos internacionais a que tenha aderido, reconhece e assegura a proteção, no seu território, dos direitos de propriedade industrial dos nacionais da outra Parte, garantindo a estes os recursos aos meios de repressão da concorrência desleal.

TÍTULO V – COOPERAÇÃO EM OUTRAS ÁREAS

1. Meio ambiente e ordenamento do território

ARTIGO 61

As Partes Contratantes comprometem-se a cooperar no tratamento adequado dos problemas relacionados com a defesa do meio ambiente, no quadro do desenvolvimento sustentável de ambos os países, designadamente quanto ao planejamento ou planeamento e gestão de reservas e parques nacionais, bem como quanto à formação em matéria ambiental.

2. Seguridade social ou segurança social

ARTIGO 62

As Partes Contratantes darão continuidade e desenvolverão a cooperação no domínio da seguridade social ou segurança social, a partir dos acordos setoriais vigentes.

3. Saúde

ARTIGO 63

As Partes Contratantes desenvolverão ações de cooperação, designadamente na organização dos cuidados de saúde primários e diferenciados e no controle de endemias e afirmam o seu interesse em uma crescente cooperação em organizações internacionais na área da saúde.

4. Justiça

ARTIGO 64

1. As Partes Contratantes comprometem-se a prestar auxílio mútuo em matéria penal e a combater a produção e o tráfico ilícito de drogas e substâncias psicotrópicas.

2. Propõem-se também desenvolver a cooperação em matéria de extradição e definir um quadro normativo adequado que permita a transferência de pessoas condenadas para cumprimento de pena no país de origem, bem como alargar ações conjuntas no campo da administração da justiça.

5. Forças Armadas

ARTIGO 65

As Partes Contratantes desenvolverão a cooperação militar no domínio da defesa, designadamente através de troca de informações e experiências em temas de atualidade como, entre outros, as Operações de Paz das Nações Unidas.

6. Administração Pública

ARTIGO 66

Através dos organismos competentes e com recurso, se necessário, a instituições e técnicos especializados, as Partes Contratantes desenvolverão a cooperação no âmbito da reforma e modernização administrativa, em temas e áreas entre elas previamente definidos.

7. Ação consular

ARTIGO 67

As Partes Contratantes favorecerão contatos ágeis e diretos entre as respectivas administrações na área consular.

ARTIGO 68

A partir dos acordos setoriais vigentes, as Partes Contratantes desenvolverão os mecanismos de cooperação baseados na complementaridade das redes consulares dos dois países, de modo a estender a proteção consular aos nacionais de cada uma delas, nos locais a serem previamente especificados entre ambas, onde não exista repartição consular brasileira ou posto consular português.

TÍTULO VI – EXECUÇÃO DO TRATADO

ARTIGO 69

Será criada uma Comissão Permanente luso-brasileira para acompanhar a execução do presente Tratado.

ARTIGO 70

A Comissão Permanente será composta por altos funcionários designados pelo Ministro de Estado das Relações Exteriores do Brasil e pelo Ministro dos Negócios Estrangeiros de Portugal, em número não superior a cinco por cada Parte Contratante.

ARTIGO 71

A presidência da Comissão Permanente será assumida, em cada ano, alternadamente, pelo chefe da delegação do Brasil e pelo chefe da delegação de Portugal.

ARTIGO 72

A Comissão Permanente reunir-se-á obrigatoriamente, uma vez por ano, no país do presidente em exercício e poderá ser convocada por iniciativa deste ou a pedido do chefe da delegação da outra Parte, sempre que as circunstâncias o aconselharem.

Artigo 73
Compete à Comissão Permanente acompanhar a execução do presente Tratado, analisar as dificuldades ou divergências surgidas na sua interpretação ou aplicação, propor as medidas adequadas para a solução dessas dificuldades, bem como sugerir as modificações tendentes a aperfeiçoar a realização dos objetivos deste instrumento.

Artigo 74
1. A Comissão Permanente poderá funcionar em pleno ou em subcomissões para a análise de questões relativas a áreas específicas.

2. As propostas das subcomissões serão submetidas ao plenário da Comissão Permanente.

Artigo 75
As dificuldades ou divergências surgidas na interpretação ou aplicação do Tratado serão resolvidas através de consultas, por negociação direta ou por qualquer outro meio diplomático acordado por ambas as Partes.

Artigo 76
A composição das delegações que participam nas reuniões da Comissão Permanente, ou das suas subcomissões, bem como a data, local e respectiva ordem de trabalhos serão estabelecidos por via diplomática.

TÍTULO VII – DISPOSIÇÕES FINAIS

Artigo 77
1. O presente Tratado entrará em vigor trinta dias após a data da recepção da segunda das notas pelas quais as Partes comunicarem reciprocamente a aprovação do mesmo, em conformidade com os respectivos processos constitucionais.

2. O presente Tratado poderá, de comum acordo entre as Partes Contratantes, ser emendado. As emendas entrarão em vigor nos termos do parágrafo 1º.

3. Qualquer das Partes Contratantes poderá denunciar o presente Tratado, cessando os seus efeitos seis meses após o recebimento da notificação de denúncia.

Artigo 78
O presente Tratado revoga ou ab-roga os seguintes instrumentos jurídicos bilaterais:

a) Acordo entre os Estados Unidos do Brasil e Portugal para a Supressão de Vistos em Passaportes Diplomáticos e Especiais, celebrado em Lisboa, aos 15 dias do mês de outubro de 1951, por troca de Notas;

b) Tratado de Amizade e Consulta entre o Brasil e Portugal, celebrado no Rio de Janeiro, aos 16 dias do mês de novembro de 1953;

c) Acordo sobre Vistos em Passaportes Comuns entre o Brasil e Portugal, concluído em Lisboa, por troca de Notas, aos 9 dias do mês de agosto de 1960;

d) Acordo Cultural entre o Brasil e Portugal, celebrado em Lisboa, aos 7 dias do mês de setembro de 1966;

e) Protocolo Adicional ao Acordo Cultural de 7 de setembro de 1966, celebrado em Lisboa, aos 22 dias do mês de abril de 1971;

f) Convenção sobre Igualdade de Direitos e Deveres entre Brasileiros e Portugueses, celebrada em Brasília, aos 7 dias do mês de setembro de 1971;

g) Acordo, por troca de Notas, entre o Brasil e Portugal, para a abolição do pagamento da taxa de residência pelos nacionais de cada um dos países residentes no território do outro, celebrado em Brasília, aos 17 dias do mês de julho de 1979;

h) Acordo Quadro de Cooperação entre o Governo da República Federativa do Brasil e o Governo da República Portuguesa, celebrado em Brasília, aos 7 dias do mês de maio de 1991;

i) Acordo entre o Governo da República Federativa do Brasil e o Governo da República Portuguesa relativo à Isenção de Vistos, celebrado em Brasília, aos 15 dias do mês de abril de 1996.

Artigo 79
Os instrumentos jurídicos bilaterais não expressamente referidos no artigo anterior permanecerão em vigor em tudo o que não for contrariado pelo presente Tratado.

Feito em Porto Seguro, aos 22 dias do mês de abril do ano 2000, em dois exemplares originais em língua portuguesa, sendo ambos igualmente autênticos.

ORGANIZAÇÕES INTERNACIONAIS

ACORDO CONSTITUTIVO DA ORGANIZAÇÃO MUNDIAL DE COMÉRCIO

► Aprovado por meio do Dec. Legislativo nº 30, de 15-12-1994, e promulgado pelo Dec. nº 1.355, de 30-12-94. Assinado em Marrakech em 12-4-1994, entrou em vigor em 1º-1-1995.

As partes do presente Acordo,

Reconhecendo que as suas relações na esfera da atividade comercial e econômica devem objetivar a elevação dos níveis de vida, o pleno emprego e um volume considerável e em constante elevação de receitas reais e demanda efetiva, o aumento da produção e do comércio de bens e de serviços, permitindo ao mesmo tempo a utilização ótima dos recursos mundiais em conformidade com o objetivo de um desenvolvimento sustentável e buscando proteger e preservar o meio ambiente e incrementar os meios para fazê-lo, de maneira compatível com suas respectivas necessidades e interesses segundo os diferentes níveis de desenvolvimento econômico;

Reconhecendo ademais que é necessário realizar esforços positivos para que os países em desenvolvimento, especialmente os de menor desenvolvimento relativo, obtenham uma parte do incremento do comércio internacional que corresponda às necessidades de seu desenvolvimento econômico;

Desejosas de contribuir para a consecução desses objetivos mediante a celebração de acordos destinados a obter, na base da reciprocidade e de vantagens mútuas, a redução substancial das tarifas aduaneiras e dos demais obstáculos ao comércio, assim como a eliminação do tratamento discriminatório nas relações comerciais internacionais;

Resolvidas, por conseguinte, a desenvolver um sistema multilateral de comércio integrado, mais viável e duradouro que compreenda o Acordo Geral sobre Tarifas Aduaneiras e Comércio, os resultados de esforços anteriores de liberalização do comércio e os resultados integrais das Negociações Comerciais Multilaterais da Rodada Uruguai;

Decididas a preservar os princípios fundamentais e a favorecer a consecução dos objetivos que informam este sistema multilateral de comércio, acordam o seguinte:

Artigo I
Estabelecimento da Organização

Constitui-se pelo presente Acordo a Organização Mundial de Comércio (a seguir denominada "OMC").

Artigo II
Escopo da OMC

1 – A OMC constituirá o quadro institucional comum para a condução das relações comerciais entre seus Membros nos assuntos relacionados com os acordos e instrumentos legais conexos incluídos nos anexos ao presente Acordo.

2 – Os acordos e os instrumentos legais conexos incluídos nos Anexos 1, 2 e 3 (denominados a seguir "Acordos Comerciais Multilaterais") formam parte integrante do presente Acordo e obrigam a todos os Membros.

3 – Os acordos e os instrumentos legais conexos incluídos no Anexo 4 (denominados a seguir "Acordos Comerciais Plurilaterais") também formam parte do presente Acordo para os Membros que os tenham aceito e são obrigatórios para estes. Os Acordos Comerciais Plurilaterais não criam obrigações nem direitos para os Membros que não os tenham aceitado.

4 – O Acordo Geral sobre Tarifas Aduaneiras e Comércio de 1994, conforme se estipula no Anexo 1A (denominado a seguir "GATT 1994") é juridicamente distinto do Acordo Geral sobre Tarifas Aduaneiras e Comércio com data de 30 de outubro de 1947, anexo à Ata Final adotada por ocasião do encerramento do segundo período de sessões da Comissão Preparatória da Conferência das Nações Unidas sobre Comércio e Emprego, posteriormente retificado, emendado ou modificado (denominado a seguir "GATT 1947").

Artigo III
Funções da OMC

1 – A OMC facilitará a aplicação, administração e funcionamento do presente Acordo e dos Acordos Comerciais Multilaterais e promoverá a consecução de seus objetivos, e constituirá também o quadro jurídico para a aplicação, administração e funcionamento dos Acordos Comerciais Plurilaterais.

2 – A OMC será o foro para as negociações entre seus Membros acerca de suas relações comerciais multilaterais em assuntos tratados no quadro dos acordos incluídos nos Anexos ao presente Acordo. A OMC poderá também servir de foro para ulteriores negociações entre seus Membros acerca de suas relações comerciais multilaterais, e de quadro jurídico para a aplicação dos resultados dessas negociações, segundo decida a Conferência Ministerial.

3 – A OMC administrará o Entendimento relativo às normas e procedimentos que regem a solução de controvérsias (denominado a seguir "Entendimento sobre Solução de Controvérsias" ou "ESC") que figura no Anexo 2 do presente Acordo.

4 – A OMC administrará o Mecanismo de Exame das Políticas Comerciais (denominado a seguir "TPRM") estabelecido no Anexo 3 do presente Acordo.

5 – Com o objetivo de alcançar uma maior coerência na formulação das políticas econômicas em escala mundial, a OMC cooperará, no que couber, com o Fundo Monetário Internacional e com o Banco Internacional de Reconstrução e Desenvolvimento e com os órgãos a eles afiliados.

Artigo IV
Estrutura da OMC

1 – Estabelecer-se-á uma Conferência Ministerial, composta por representantes de todos os Membros, que se reunirá ao menos uma vez cada dois anos. A

Conferência Ministerial desempenhará as funções da OMC e adotará as disposições necessárias para tais fins. A Conferência Ministerial terá a faculdade de adotar decisões sobre todos os assuntos compreendidos no âmbito de qualquer dos Acordos Comerciais Multilaterais, caso assim o solicite um Membro, em conformidade com o estipulado especificamente em matéria de adoção de decisões no presente Acordo e no Acordo Comercial Multilateral relevante.

2 – Estabelecer-se-á um Conselho Geral, composto por representantes de todos os Membros, que se reunirá quando cabível. Nos intervalos entre reuniões da Conferência Ministerial, o Conselho Geral desempenhará as funções da Conferência. O Conselho Geral cumprirá igualmente as funções que se lhe atribuam no presente Acordo. O Conselho Geral estabelecerá suas regras de procedimento e aprovará as dos Comitês previstos no parágrafo 7.

3 – O Conselho Geral se reunirá quando couber para desempenhar as funções do órgão de Solução de Controvérsias estabelecido no Entendimento sobre Solução de Controvérsias. O órgão de Solução de Controvérsias poderá ter seu próprio presidente, e estabelecerá as regras de procedimento que considere necessárias para o cumprimento de tais funções.

4 – O Conselho Geral se reunirá quando couber para desempenhar as funções do órgão de Exame das Políticas Comerciais estabelecido no TPRM. O órgão de Exame das Políticas Comerciais poderá ter seu próprio presidente, e estabelecerá as regras de procedimento que considere necessárias para o cumprimento de tais funções.

5 – Estabelecer-se-ão um Conselho para o Comércio de Bens, um Conselho para o Comércio de Serviços e um Conselho para os Aspectos dos Direitos de Propriedade intelectual relacionadas com o Comércio (denominado a seguir "Conselho de TPIPS"), que funcionará sob a orientação geral do Conselho Geral. O Conselho para o Comércio de Bens supervisará o funcionamento dos Acordos Comerciais Multilaterais do Anexo 1A. O Conselho para o Comércio de Serviços supervisará o funcionamento do Acordo Geral sobre o Comércio de Serviços (denominado a seguir "GATS"). O Conselho para TRIPS supervisará o funcionamento do Acordo sobre os Aspectos dos Direitos de Propriedade Intelectual relacionados com o Comércio (denominado a seguir "Acordo sobre TRIPS"). Esses Conselhos desempenharão as funções a eles atribuídas nos respectivos Acordos e pelo Conselho Geral. Estabelecerão suas respectivas regras de procedimento, sujeitas a aprovação pelo Conselho Geral. Poderão participar desses Conselhos representantes de todos os Membros. Esses Conselhos se reunirão conforme necessário para desempenhar suas funções.

6 – O Conselho para o Comércio de Bens, o Conselho para o Comércio de Serviços e o Conselho para TRIPS estabelecerão os órgãos subsidiários que sejam necessários. Tais órgãos subsidiários fixarão suas respectivas regras de procedimento, sujeitas à aprovação pelos Conselhos correspondentes.

7 – A Conferência Ministerial estabelecerá um Comitê de Comércio e Desenvolvimento, um Comitê de Restrições por Motivo de Balanço de Pagamentos e um Comitê de Assuntos Orçamentários, Financeiros e Administrativos, que desempenharão as funções a eles atribuídas no presente Acordo e nos Acordos Comerciais Multilaterais, assim como as funções adicionais que lhes atribua o Conselho Geral, e poderá estabelecer Comitês adicionais com as funções que considere apropriadas. O Comitê de Comércio e Desenvolvimento examinará periodicamente, como parte de suas funções, as disposições especiais em favor dos países de menor desenvolvimento relativo Membros contidas nos Acordos Comerciais Multilaterais e apresentará relatório ao Conselho Geral para adoção de disposições apropriadas. Poderão participar desses Comitês representantes de todos os Membros.

8 – Os órgãos estabelecidos em virtude dos Acordos Comerciais Plurilaterais desempenharão as funções a eles atribuídas em consequência de tais Acordos e funcionarão dentro do marco institucional da OMC. Tais órgãos informarão regularmente o Conselho Geral sobre suas respectivas atividades.

Artigo V
Relações com Outras Organizações

1 – O Conselho Geral tomará as providências necessárias para estabelecer cooperação efetiva com outras organizações intergovernamentais que tenham áreas de atuação relacionadas com a da OMC.

2 – O Conselho Geral poderá tomar as providências necessárias para manter consultas e cooperação com organizações não governamentais dedicadas a assuntos relacionados com os da OMC.

Artigo VI
A Secretaria

1 – Fica estabelecida uma Secretaria da OMC (doravante denominada Secretaria), chefiada por um Diretor-Geral.

2 – A Conferência Ministerial indicará o Diretor-Geral e adotará os regulamentos que estabelecem seus poderes, deveres, condições de trabalho e mandato.

3 – O Diretor-Geral indicará os integrantes do pessoal da Secretaria e definirá seus deveres e condições de trabalho, de acordo com os regulamentos adotados pela Conferência Ministerial.

4 – As competências do Diretor-Geral e do pessoal da Secretaria terão natureza exclusivamente internacional. No desempenho de suas funções, o Diretor-Geral e o pessoal da Secretaria não buscarão nem aceitarão instruções de qualquer governo ou de qualquer outra autoridade externa à OMC. Além disso, eles se absterão de toda ação que possa afetar negativamente sua condição de funcionários internacionais. Os Membros da OMC respeitarão a natureza internacional das funções do Diretor-Geral e do pessoal da Secretaria e não buscarão influenciá-los no desempenho dessas funções.

Artigo VII
Orçamento e Contribuições

1 – O Diretor-Geral apresentará a proposta orçamentária anual e o relatório financeiro ao Comitê de Orçamento, Finanças e Administração. Este examinará a proposta orçamentária anual e o relatório financeiro apresentados pelo Diretor-Geral e sobre ambos fará

recomendações ao Conselho Geral. A proposta orçamentária anual será sujeita a aprovação do Conselho Geral.

2 – O Comitê de Orçamento, Finanças e Administração proporá normas financeiras ao Conselho Geral, que incluirão disciplinas sobre:

a) a escala de contribuições à OMC, divididas proporcionalmente entre os Membros; e
b) as medidas que serão tomadas com relação aos Membros em atraso.

As normas financeiras serão baseadas, na medida do possível, nos regulamentos e nas práticas do GATT 1947.

3 – O Conselho Geral adotará as normas financeiras e a proposta orçamentária anual por maioria de dois-terços computados sobre "quorum" de mais da metade dos Membros da OMC.

4 – Cada Membro aportará prontamente sua quota às despesas da OMC, de acordo com as normas financeiras adotadas pelo Conselho Geral.

Artigo VIII
"Status" da OMC

1 – A OMC terá personalidade legal e receberá de cada um de seus Membros a capacidade legal necessária para exercer suas funções.

2 – Cada um dos Membros da OMC lhe acordará os privilégios e imunidades necessárias para o exercício de suas funções.

3 – Cada um dos Membros acordará à OMC e a seus funcionários, assim como aos representantes dos demais Membros, as imunidades e privilégios necessárias para o exercício independente de suas funções, em relação à OMC.

4 – Os privilégios e imunidades acordados por um Membro à OMC, seus funcionárias e representantes dos Membros serão similares aos privilégios e imunidades estabelecidos na Convenção sobre Privilégios e Imunidades das Agências Especializadas, aprovado pela Assembleia-Geral das Nações Unidas em 21 de novembro de 1947.

5 – A OMC poderá concluir acordo de sede.

Artigo IX
Processo Decisório

1 – A OMC continuará a prática de processo decisório de consenso seguida pelo GATT 1947.[1] Salvo disposição em contrário, quando não for possível adotar uma decisão por consenso, a matéria em questão será decidida por votação. Nas reuniões da Conferência Ministerial e do Conselho Geral, cada Membro da OMC terá um voto. Quando as Comunidades Europeias exercerem seu direito de voto, terão o número de votos correspondente ao número de seus Estados-membros[2] que são Membros da OMC. As Decisões da Conferência Ministerial e do Conselho Geral serão tomadas por maioria de votos, salvo disposição em contrário do presente Acordo ou do Acordo Multilateral de Comércio pertinentes[3].

2 – Conferência Ministerial e o Conselho Geral terão autoridade exclusiva para adotar interpretações do presente Acordo e dos Acordos Multilaterais de Comércio. No caso de uma interpretação de um Acordo Multilateral de Comércio do Anexo 1, a Conferência Ministerial e o Conselho Geral exercerão sua autoridade com base em uma recomendação do Conselho responsável pelo funcionamento do Acordo em questão. A decisão de adotar uma interpretação será tomada por maioria de três-quartos dos Membros. O presente parágrafo não será utilizado de maneira a prejudicar as disposições de alteração do Artigo X.

3 – Em circunstâncias excepcionais, a Conferência Ministerial poderá decidir a derrogação de uma obrigação de um Membro em virtude do presente Acordo ou de quaisquer dos Acordos Multilaterais de Comércio, desde que tal decisão seja tomada por três-quartos[4] dos Membros, salvo disposição em contrário no presente parágrafo.

a) Um pedido de derrogação com respeito ao presente Acordo será submetido à Conferência Ministerial para consideração de acordo com a prática de processo decisório por consenso. A Conferência Ministerial estabelecerá um período de tempo, que não deverá exceder a 90 dias, para considerar o pedido. Caso não seja possível alcançar consenso durante o período de tempo estabelecido, qualquer decisão de conceder derrogação será tomada por maioria de três-quartos dos Membros.
b) Um pedido de derrogação com respeito aos Acordos Multilaterais de Comércio dos Anexos 1A, 1B ou 1C e seus anexos será submetido inicialmente ao Conselho para o Comércio de Bens, ao Conselho para o Comércio de Serviços ou ao Conselho para TRIPS, respectivamente, para consideração durante um período de tempo que não excederá a 90 dias. Ao final desse período de tempo, o Conselho pertinente submeterá a um relatório à Conferência Ministerial.

4 – Uma decisão da Conferência Ministerial de conceder derrogação deverá relatar as circunstâncias excepcionais que regulamentam a aplicação da derrogação e a data em que a derrogação deverá terminar. Qualquer derrogação concedida por período superior a um ano será revista pela Conferência Ministerial em prazo não superior a um ano após a concessão, e subsequentemente a cada ano, até o término da derrogação. Em cada revisão, a Conferência Ministerial examinará se as circunstâncias excepcionais que justificam a derrogação ainda existem e se os termos e condições relacionadas à derrogação foram cumpridos. A Conferência

---

(1) Entende-se que o órgão pertinente decidiu por consenso matéria submetida a sua consideração quando nenhum dos Membros presentes à reunião na qual uma decisão for adotada objetar formalmente à proposta de decisão.

(2) O número de votos das Comunidades Europeias e de seus Estados-membros não excederá jamais o número de Estados-membros das Comunidades Europeias.

(3) As decisões do Conselho Geral, quando reunido na qualidade de órgão de Solução de Controvérsias, serão tomadas de acordo com o disposto no parágrafo 4 do Artigo 2 do Entendimento Relativo a Normas e Procedimentos de Solução de Controvérsias.

(4) Deverá ser adotada por consenso a decisão de acordar postergação de qualquer obrigação sujeita a período de transição ou período de implementação por etapas que o Membro não tenha cumprido ao final do período pertinente.

Ministerial, com base na revisão anual, poderá estender, modificar ou terminar a derrogação.

5 – As decisões relativas ao um Acordo de Comércio Plurilateral, incluindo as decisões sobre interpretações e derrogações, serão reguladas pelas disposições daquele Acordo.

Artigo X
Alterações

1 – Qualquer Membro da OMC poderá propor a alteração das disposições do presente Acordo ou dos Acordos Multilaterais de Comércio no Anexo 1 mediante apresentação de tal proposta à Conferência Ministerial. Os Conselhos listados no parágrafo 5 do Artigo IV poderão também apresentar à Conferência Ministerial propostas de alteração de disposições dos Acordos Multilaterais de Comércio do Anexo 1 cujo funcionamento supervisionam. Exceto se a Conferência Ministerial decidir por período mais longo, no período de 90 dias após a apresentação formal de proposta à Conferência Ministerial, qualquer decisão da Conferência Ministerial de apresentar proposta de alteração aos Membros para sua aceitação deverá ser adotada por consenso. Salvo aplicação do disposto aos parágrafos 2, 5 ou 6, tal decisão da Conferência Ministerial deverá especificar-se se aplicam as disposições dos parágrafos 3 ou 4. Caso se alcance o consenso, a Conferência Ministerial apresentará prontamente a proposta de alteração aos Membros para aceitação. Caso não se alcance consenso na reunião da Conferência Ministerial dentro do período estabelecido, a Conferência Ministerial decidirá por maioria de dois-terços dos Membros quanto à apresentação da proposta aos Membros para aceitação. Exceto disposto nos parágrafos 2, 5 e 6, as disposições do parágrafo 3 se aplicarão à alteração proposta, a menos que a Conferência Ministerial decida por maioria de três-quartos dos Membros que o disposto no parágrafo 4 será aplicado.

2 – As alterações das disposições do presente Artigo e das disposições dos seguintes Artigos somente serão efetuadas com a aceitação de todos os Membros:

Artigo IX do presente Acordo;

Artigos I e II do GATT 1994;

Artigo II: 1 do GATS;

Artigo 4 do Acordo sobre TRIPS.

3 – As alterações das disposições do presente Acordo, ou dos Acordos Multilaterais de Comércio dos Anexos 1A e 1C, com exceção das listadas nos parágrafos 2 e 6, cuja natureza poderia alterar os direitos e obrigações dos Membros, serão aplicáveis aos Membros que as aceitaram quando da aceitação por dois-terços dos Membros e, posteriormente, aos outros Membros que as aceitarem quando de sua aceitação. A Conferência Ministerial poderá decidir por maioria de três-quartos dos Membros que qualquer alteração que vigore de acordo com o presente parágrafo é de tal natureza que qualquer Membro que não a tenha aceitado dentro do período especificado pela Conferência Ministerial terá, em todo caso, a liberdade de retirar-se da OMC ou permanecer seu Membro com o consentimento da Conferência Ministerial.

4 – Alterações às disposições deste Acordo ou dos Acordos Multilaterais de Comércio dos Anexos 1A e 1C, exceto os listados nos parágrafos 2 e 6, cuja natureza poderia alterar os direitos e obrigações dos Membros, vigorarão para todos os Membros quando de sua aceitação por dois-terços dos Membros.

5 – Exceto pelo disposto no parágrafo 2 acima, alterações às Partes I, II e III do GATS e dos respectivos anexos vigorarão para os Membros que as aceitaram a partir da aceitação por dois-terços dos Membros e, posteriormente, para outros Membros quando de sua aceitação. A Conferência Ministerial poderá decidir por maioria de três-quartos dos Membros que qualquer alteração que vigore de acordo com a disposição precedente é de tal natureza que qualquer Membro que não a tenha aceitado dentro do período especificado pela Conferência Ministerial poderá em todo caso retirar-se da OMC ou permanecer seu Membro com o consentimento da Conferência Ministerial. Alterações das Partes IV, V e VI do GATS e dos respectivos anexos vigorarão para todos os Membros quando de sua aceitação por dois-terços dos Membros.

6 – A despeito das demais disposições do presente Artigo, alterações ao Acordo de TRIPS que cumpram os requisitos do parágrafo 2 do Artigo 71 daquele Acordo poderão ser adotadas pela Conferência Ministerial sem outro processo formal de aceitação.

7 – Qualquer Membro que aceite uma alteração ao presente Acordo ou a um Acordo Multilateral de Comércio do Anexo 1 deverá depositar um instrumento de aceitação com o Diretor-Geral da OMC dentro do período de aceitação determinado pela Conferência Ministerial.

8 – Qualquer Membro da OMC poderá propor a alteração das disposições dos Acordos Multilaterais de Comércio contidos nos Anexos 2 e 3 mediante apresentação de proposta nesse sentido à Conferência Ministerial. A decisão de aprovar as alterações ao Acordo Multilateral de Comércio contido no Anexo 2 deverá ser tomada por consenso e tais alterações vigorarão para todos os Membros quando da aprovação pela Conferência Ministerial. As decisões de aprovar alterações no Anexo 3 vigorarão para todos os Membros quando de sua aprovação pela Conferência Ministerial.

9 – A pedido dos Membros partes de um acordo comercial, a Conferência Ministerial poderá decidir exclusivamente por consenso incluir o referido acordo no Anexo 4. A Conferência Ministerial, a pedido dos Membros partes de um Acordo Plurilateral de Comércio, poderá decidir retirá-lo do Anexo 4.

10 – Alterações de um Acordo Plurilateral de Comércio serão regidas pelas disposições do Acordo em questão.

Artigo XI
Membro Originário

1 – Tornar-se-ão Membros originários da OMC as partes contratantes do GATT 1947 na data de entrada em vigor deste Acordo, e as Comunidades Europeias, que aceitam este Acordo e os Acordos Comerciais Multilaterais, cujas Listas de Concessões e Compromissos estejam anexadas ao GATT 1994 e cujas Listas de Compromissos Específicos estejam anexadas ao GATS.

2 – Dos países de menor desenvolvimento relativo, assim reconhecidos pelas Nações Unidas, serão requeridos compromissos e concessões apenas na proporção adequada a suas necessidades de desenvolvimento,

financeiras e comerciais ou a sua capacidade administrativa e institucional.

Artigo XII
Acessão

1 – Poderá aceder a este Acordo, nos termos que convencionar com a OMC, qualquer Estado ou território aduaneiro separado que tenha completa autonomia na condução de suas relações comerciais externas e de outros assuntos contemplados neste Acordo e nos Acordos Comerciais Multilaterais. Essa acessão aplica-se a este Acordo e aos Acordos Comerciais Multilaterais a este anexados.
2 – A Conferência Ministerial tomará as decisões relativas à acessão. A aprovação pela Conferência Ministerial do acordo sobre os termos de acessão far-se-á por maioria de dois-terços dos Membros da OMC.
3 – A acessão a um Acordo Comercial Plurilateral reger-se-á pelas disposições daquele referido acordo.

Artigo XIII
Não Aplicação de Acordos Comerciais Multilaterais entre Membros Específicos

1 – Este Acordo e os Acordos Comerciais Multilaterais dos Anexos 1 e 2 não se aplicarão entre dois Membros quaisquer se qualquer um deles, no momento em que se torna Membro, não aceita sua aplicação.
2 – O parágrafo 1 só poderá ser invocado entre Membros originários da OMC que tenham sido partes contratantes do GATT 1947, quando o Artigo XXXV daquele acordo tiver sido invocado anteriormente e tenha estado em vigor entre aquelas partes contratantes no momento da entrada em vigor deste Acordo para elas.
3 – A parágrafo 1 só será aplicado entre um Membro e outro que tenha acedido ao amparo do Artigo XII se o Membro que não aceita a aplicação tiver notificado a Conferência Ministerial desse fato antes da aprovação pela Conferência Ministerial do acordo sobre os termos de acessão.
4 – A Conferência Ministerial poderá rever a aplicação deste artigo em casos específicos, a pedido de qualquer Membro, e fazer as recomendações apropriadas.
5 – A não aplicação de um Acordo Comercial Plurilateral entre partes daquele acordo será disciplinada pelas disposições do acordo.

Artigo XIV
Aceitação, Entrada em Vigor e Depósito

1 – Este Acordo estará aberto à aceitação, por assinatura ou outro meio, das partes contratantes do GATT 1947, e das Comunidades Europeias, que sejam elegíveis a se tornarem Membros originais da OMC de acordo com o Artigo XI do mesmo. Tal aceitação se aplicará a este Acordo e aos Acordos Comerciais Multilaterais anexos. Este Acordo e os Acordos Comerciais Multilaterais anexos entrarão em vigor na data determinada pelos Ministros em conformidade com o parágrafo 3 da Ata Final em que se Incorporam os Resultados da Rodada Uruguai de Negociações Comerciais Multilaterais e permanecerão abertos à aceitação por um período de dois anos subsequentes a essa data salvo decisão diferente dos Ministros. Uma aceitação após a entrada em vigor deste Acordo entrará em vigor 30 dias após a data de tal aceitação.
2 – Um Membro que aceite este Acordo após sua entrada em vigor implementará as concessões e obrigações contidas nos Acordos Comerciais Multilaterais a serem implementados dentro de um prazo que se inicia com a entrada em vigor do presente Acordo como se tivesse aceitado este Acordo na data de sua entrada em vigor.
3 – Até a entrada em vigor deste Acordo, o texto deste Acordo e dos Acordos Comerciais Multilaterais deverão ser depositados com o Diretor-Geral das Partes Contratantes do GATT 1947. O Diretor-Geral deverá fornecer prontamente uma cópia certificada deste Acordo e dos Acordos Comerciais Multilaterais, e uma notificação de cada aceitação dos mesmos, a cada governo e as Comunidades Europeias, que tenham aceito este Acordo. Este Acordo e os Acordos Comerciais Multilaterais, e quaisquer emendas aos mesmos, serão, quando da entrada em vigor da OMC, depositadas junto ao Diretor-Geral da OMC.
4 – A aceitação e entrada em vigor de um Acordo Comercial Plurilateral será governado pelas disposições daquele acordo. Tais acordos serão depositados junto ao Diretor-Geral das Partes Contratantes do GATT 1947. Na entrada em vigor deste Acordo, tais acordos serão depositados com o Diretor-Geral da OMC.

Artigo XV
Retirada

1 – Qualquer Membro poderá retirar-se deste Acordo. Tal retirada aplicar-se-á tanto a este Acordo quanto aos Acordos Comerciais Multilaterais e terá efeito ao fim de seis meses contados da data em que for recebida pelo Diretor-Geral da OMC comunicação escrita da retirada.
2 – A retirada de um Acordo Comercial Plurilateral será governada pelas disposições daquele acordo.

Outras Disposições

1 – Exceto disposição em contrário no presente Acordo ou nos Acordos Multilaterais de Comércio, a OMC será regulada pelas decisões, procedimentos e práticas costumeiras seguidas pelas Partes Contratantes do GATT 1947 e pelos órgãos estabelecidos no âmbito do GATT 1947.
2 – Na medida do praticável, o Secretariado do GATT 1947 tornar-se-á o Secretariado da OMC e o Diretor-Geral das Partes Contratantes do GATT 1947 exercerá o cargo de Diretor-Geral da OMC até que a Conferência Ministerial nomeie Diretor-Geral de acordo com o parágrafo 2 do Artigo VI do presente Acordo.
3 – Na eventualidade de haver conflito entre uma disposição do presente Acordo e uma disposição de qualquer dos Acordos Multilaterais de Comércio, as disposições do presente Acordo prevalecerão no tocante ao conflito.
4 – Todo Membro deverá assegurar a conformidade de suas leis, regulamentos e procedimentos administrativos com as obrigações constantes dos acordos anexos.
5 – Não serão feitas reservas em relação a qualquer disposição do presente Acordo. Reservas com relação a qualquer disposição dos Acordos Multilaterais de Comércio somente poderão ser feitas na medida em que admitidas nos referidos acordos. Reservas com relação a disposições de um Acordo Plurilateral de Comércio serão regidas pelas disposições do acordo pertinente.

6 – O presente Acordo será registrado de acordo com o disposto no Artigo 102 da Carta das Nações Unidas.

Feito em Marraqueche no décimo quinto dia do mês de abril de mil novecentos e noventa e quatro, em uma única cópia, nas línguas inglesa, francesa e espanhola, cada texto sendo autêntico.

Notas Explicativas:

Entende-se que os termos "país" e "países", tais como utilizados no presente Acordo e nos Acordos Multilaterais de Comércio, incluem quaisquer territórios aduaneiros autônomos dos Membros da OMC.

No caso de um território aduaneiro autônomo de um Membro da OMC, quando uma expressão no presente Acordo ou nos Acordos Multilaterais de Comércio for qualificada pelo termo "nacional", tal expressão será entendida como pertencente àquele território aduaneiro, salvo especificação em contrário.

LISTA DE ANEXOS

ANEXO 1

► Deixamos de publicar os Anexos 1, 3 e 4 nesta edição.

ANEXO 1A – Acordos Multilaterais de Comércio de Bens:

Acordo Geral de Tarifas e Comércio de 1994;

Acordo sobre Agricultura;

Acordo sobre Aplicação de Medidas Sanitárias e Fitossanitárias;

Acordo sobre Têxteis e Vestuário;

Acordo sobre Barreiras Técnicas ao Comércio;

Acordo sobre Medidas de Investimento Relacionadas com o Comércio;

Acordo sobre a Implementação do Artigo VI do GATT 1994;

Acordo sobre a Implementação do Artigo VII do GATT 1994;

Acordo sobre Inspeção Pré-Embarque;

Acordo sobre Regras de Origem;

Acordo sobre Procedimentos para o Licenciamento de Importações;

Acordo sobre Subsídios e Medidas Compensatórias;

Acordo sobre Salvaguarda.

ANEXO 1B – Acordo Geral sobre Comércio de Serviços e Anexos.

ANEXO 1C – Acordo sobre Aspectos dos Direitos de Propriedade Intelectual Relacionados ao Comércio.

ANEXO 2

Entendimento Relativo às Normas e Procedimentos sobre Solução de Controvérsias.

ANEXO 3

Mecanismo de Exame de Políticas Comerciais.

ANEXO 4

Acordos de Comércio Plurilaterais:

Acordo sobre Comércio de Aeronaves Civis;

Acordo sobre Compras Governamentais;

Acordo Internacional sobre Produtos Lácteos;

Acordo Internacional sobre Carne Bovina.

ANEXO 2
ENTENDIMENTO RELATIVO ÀS NORMAS E PROCEDIMENTOS SOBRE SOLUÇÃO DE CONTROVÉRSIAS

Os *Membros* pelo presente *acordam* o seguinte:

Artigo 1
Âmbito e Aplicação

1. As regras e procedimentos do presente Entendimento se aplicam às controvérsias pleiteadas conforme as disposições sobre consultas e solução de controvérsias dos acordos enumerados no Apêndice 1 do presente Entendimento (denominados no presente Entendimento "acordos abrangidos"). As regras e procedimentos deste Entendimento se aplicam igualmente às consultas e solução de controvérsias entre Membros relativas a seus direitos ou obrigações ao amparo do Acordo Constitutivo da Organização Mundial de Comércio (denominada no presente Entendimento "Acordo Constitutivo da OMC") e do presente Entendimento, considerados isoladamente ou em conjunto com quaisquer dos outros acordos abrangidos.

2. As regras e procedimentos do presente Entendimento se aplicam sem prejuízo das regras e procedimentos especiais ou adicionais sobre solução de controvérsias contidos nos acordos abrangidos, conforme identificadas no Apêndice 2 do presente Entendimento. Havendo discrepância entre as regras e procedimentos do presente Entendimento e as regras e procedimentos especiais ou adicionais constantes do Apêndice 2, prevalecerão as regras e procedimentos especiais ou adicionais constantes do Apêndice 2. Nas controvérsias relativas a normas e procedimentos de mais de um acordo abrangido, caso haja conflito entre as regras e procedimentos especiais ou adicionais dos acordos em questão, e se as partes em controvérsia não chegarem a acordo sobre as normas e procedimentos dentro dos 20 dias seguintes ao estabelecimento do grupo especial, o Presidente do órgão de Solução de Controvérsias previsto no parágrafo 1 do artigo 2 (denominado no presente Entendimento "OSC"), em consulta com as partes envolvidas na controvérsia, determinará, no prazo de 10 dias contados da solicitação de um dos Membros, as normas e os procedimentos a serem aplicados. O Presidente seguirá o princípio de que normas e procedimentos especiais ou adicionais devem ser aplicados quando possível, e de que normas e procedimentos definidos neste Entendimento devem ser aplicados na medida necessária para evitar conflito de normas.

Artigo 2
Administração

1. Pelo presente Entendimento estabelece-se o órgão de Solução de Controvérsias para aplicar as presentes normas e procedimentos e as disposições em matéria de consultas e solução de controvérsias dos acordos abrangidos, salvo disposição em contrário de um desses acordos. Consequentemente, o OSC tem competên-

cia para estabelecer grupos especiais, acatar relatórios dos grupos especiais e do Órgão de Apelação, supervisionar a aplicação das decisões e recomendações e autorizar a suspensão de concessões e de outras obrigações determinadas pelos acordos abrangidos.

Com relação às controvérsias que surjam no âmbito de um acordo dentre os Acordos Comerciais Plurilaterais, entender-se-á que o termo "Membro" utilizado no presente Entendimento se refere apenas aos Membros integrantes do Acordo Comercial Plurilateral em questão. Quando o OSC aplicar as disposições sobre solução de controvérsias de um Acordo Comercial Plurilateral, somente poderão participar das decisões ou medidas adotadas pelo OSC aqueles Membros que sejam partes do Acordo em questão.

2. O OSC deverá informar os pertinentes Conselhos e Comitês da OMC do andamento das controvérsias relacionadas com disposições de seus respectivos acordos.

3. O OSC se reunirá com a frequência necessária para o desempenho de suas funções dentro dos prazos estabelecidos pelo presente Entendimento.

4. Nos casos em que as normas e procedimentos do presente Entendimento estabeleçam que o OSC deve tomar uma decisão tal procedimento será por consenso.[5]

ARTIGO 3
Disposições Gerais

1. Os Membros afirmam sua adesão aos princípios de solução de controvérsias aplicados até o momento com base nos artigos XXII e XXIII do GATT 1947 e ao procedimento elaborado e modificado pelo presente instrumento.

2. O sistema de solução de controvérsias da OMC é elemento essencial para trazer segurança e previsibilidade ao sistema multilateral de comércio. Os Membros reconhecem que esse sistema é útil para preservar direitos e obrigações dos Membros dentro dos parâmetros dos acordos abrangidos e para esclarecer as disposições vigentes dos referidos acordos em conformidade com as normas correntes de interpretação do direito internacional público. As recomendações e decisões do OSC não poderão promover o aumento ou a diminuição dos direitos e obrigações definidos nos acordos abrangidos.

3. É essencial para o funcionamento eficaz da OMC e para a manutenção de equilíbrio adequado entre os direitos e as obrigações dos Membros a pronta solução das situações em que um Membro considere que quaisquer benefícios resultantes, direta ou indiretamente, dos acordos abrangidos tenham sofrido restrições por medidas adotadas por outro Membro.

4. As recomendações ou decisões formuladas pelo OSC terão por objetivo encontrar solução satisfatória para a matéria em questão, de acordo com os direitos e obrigações emanados pelo presente Entendimento e pelos acordos abrangidos.

5. Todas as soluções das questões formalmente pleiteadas ao amparo das disposições sobre consultas e solução de controvérsias, incluindo os laudos arbitrais, deverão ser compatíveis com aqueles acordos e não deverão anular ou prejudicar os benefícios de qualquer Membro em virtude daqueles acordos, nem impedir a consecução de qualquer objetivo daqueles acordos.

6. As soluções mutuamente acordadas das questões formalmente pleiteadas ao amparo das disposições sobre consultas e solução de controvérsias dos acordos abrangidos serão notificadas ao OSC e aos Conselhos e Comitês correspondentes, onde qualquer Membro poderá levantar tópicos a elas relacionadas.

7. Antes de apresentar uma reclamação, os Membros avaliarão a utilidade de atuar com base nos presentes procedimentos. O objetivo do mecanismo de solução de controvérsias é garantir uma solução positiva para as controvérsias. Deverá ser sempre dada preferência à solução mutuamente aceitável para as partes em controvérsia e que esteja em conformidade com os acordos abrangidos. Na impossibilidade de uma solução mutuamente acordada, o primeiro objetivo do mecanismo de solução de controvérsias será geralmente o de conseguir a supressão das medidas de que se trata, caso se verifique que estas são incompatíveis com as disposições de qualquer dos acordos abrangidos. Não se deverá recorrer à compensação a não ser nos casos em que não seja factível a supressão imediata das medidas incompatíveis com o acordo abrangido e como solução provisória até a supressão dessas medidas. O último recurso previsto no presente Entendimento para o Membro que invoque os procedimentos de solução de controvérsias é a possibilidade de suspender, de maneira discriminatória contra o outro Membro, a aplicação de concessões ou o cumprimento de outras obrigações no âmbito dos acordos abrangidos, caso o OSC autorize a adoção de tais medidas.

8. Nos casos de não cumprimento de obrigações contraídas em virtude de um acordo abrangido, presume-se que a medida constitua um caso de anulação ou de restrição. Isso significa que normalmente existe a presunção de que toda transgressão das normas produz efeitos desfavoráveis para outros Membros que sejam partes do acordo abrangido, e em tais casos a prova em contrário caberá ao Membro contra o qual foi apresentada a reclamação.

9. As disposições do presente Entendimento não prejudicarão o direito dos Membros de buscar interpretação autorizada das disposições de um acordo abrangido através das decisões adotadas em conformidade com o Acordo Constitutivo da OMC ou um acordo abrangido que seja um Acordo Comercial Plurilateral.

10. Fica entendido que as solicitações de conciliação e a utilização dos procedimentos de solução de controvérsias não deverão ser intentados nem considerados como ações contenciosas e que, ao surgir uma controvérsia, todos os Membros participarão dos processos com boa-fé e esforçando-se para resolvê-la. Fica ainda entendido que não deverá haver vinculação entre reclamações e contra-reclamações relativas a assuntos diferentes.

11. O presente Entendimento se aplicará unicamente às novas solicitações de consultas apresentadas conforme as disposições sobre consulta dos acordos abrangidos na data da entrada em vigor do Acordo Constitutivo da OMC ou posteriormente a essa data. Com relação às

---

(5) Considerar-se-á que o OSC decidiu por consenso matéria submetida a sua consideração quando nenhum Membro presente à reunião do OSC na qual a decisão foi adotada a ela se opuser formalmente.

controvérsias cujas solicitações de consultas tenham sido feitas baseadas no GATT 1947 ou em qualquer outro acordo anterior aos acordos abrangidos antes da data de entrada em vigor do Acordo Constitutivo da OMC, continuarão sendo aplicadas as normas e procedimentos de solução de controvérsias vigentes imediatamente antes da data de entrada em vigor do Acordo Constitutivo da OMC.[6]

12. Sem prejuízo das disposições do parágrafo 11, se um país em desenvolvimento Membro apresenta contra um país desenvolvido Membro uma reclamação baseada em qualquer dos acordos abrangidos, a parte reclamante terá o direito de se valer das disposições correspondentes da Decisão de 5 de abril de 1966 (BISD 14S/20), como alternativa às disposições contidos nos Artigos 4, 5, 6 e 12 do presente Entendimento, com a exceção de que, quando o Grupo Especial julgar que o prazo previsto no parágrafo 7 da referida Decisão for insuficiente para elaboração de seu relatório e com aprovação da parte reclamante, esse prazo poderá ser prorrogado. Quando houver diferenças entre normas e procedimentos dos Artigos 4, 5, 6 e 12 e as normas e procedimentos correspondentes da Decisão, prevalecerão estes últimos.

Artigo 4
Consultas

1. Os Membros afirmam sua determinação de fortalecer e aperfeiçoar a eficácia dos procedimentos de consulta utilizados pelos Membros.

2. Cada Membro se compromete a examinar com compreensão a argumentação apresentada por outro Membro e a conceder oportunidade adequada para consulta com relação a medidas adotadas dentro de seu território que afetem o funcionamento de qualquer acordo abrangido.[7]

3. Quando a solicitação de consultas for formulada com base em um acordo abrangido, o Membro ao qual a solicitação for dirigida deverá respondê-la, salvo se mutuamente acordado de outro modo, dentro de um prazo de 10 dias contados a partir da data de recebimento da solicitação, e deverá de boa-fé proceder a consultas dentro de um prazo não superior a 30 dias contados a partir da data de recebimento da solicitação, com o objetivo de chegar a uma solução mutuamente satisfatória. Se o Membro não responder dentro do prazo de 10 dias contados a partir da data de recebimento da solicitação, ou não proceder às consultas dentro de prazo não superior a 30 dias, ou dentro de outro prazo mutuamente acordado contado a partir da data de recebimento da solicitação, o Membro que houver solicitado as consultas poderá proceder diretamente à solicitação de estabelecimento de um grupo especial.

4. Todas as solicitações de consultas deverão ser notificadas ao OSC e aos Conselhos e Comitês pertinentes pelo Membro que as solicite. Todas as solicitações de consultas deverão ser apresentadas por escrito e deverão conter as razões que as fundamentam, incluindo indicação das medidas controversas e do embasamento legal em que se fundamenta a reclamação.

5. Durante as consultas realizadas em conformidade com as disposições de um acordo abrangido, os Membros procurarão obter uma solução satisfatória da questão antes de recorrer a outras medidas previstas no presente Entendimento.

6. As consultas deverão ser confidenciais e sem prejuízo dos direitos de qualquer Membro em quaisquer procedimentos posteriores.

7. Se as consultas não produzirem a solução de uma controvérsia no prazo de 60 dias contados a partir da data de recebimento da solicitação, a parte reclamante poderá requerer o estabelecimento de um grupo especial. A parte reclamante poderá requerer o estabelecimento de um grupo especial dentro do referido prazo de 60 dias se as partes envolvidas na consulta considerarem conjuntamente que as consultas não produzirão solução da controvérsia.

8. Nos casos de urgência, incluindo aqueles que envolvem bens perecíveis, os Membros iniciarão as consultas dentro de prazo não superior a 10 dias contados da data de recebimento da solicitação. Se as consultas não produzirem solução da controvérsia dentro de prazo não superior a 20 dias contados da data de recebimento da solicitação, a parte reclamante poderá requerer o estabelecimento do grupo especial.

9. Em casos de urgência, incluindo aqueles que envolvem bens perecíveis, as partes em controvérsia, os grupos especiais e o Órgão de Apelação deverão envidar todos os esforços possíveis para acelerar ao máximo os procedimentos.

10. Durante as consultas os Membros deverão dar atenção especial aos problemas e interesses específicos dos países em desenvolvimento Membros.

11. Quando um Membro não participante das consultas considerar que tem interesse comercial substancial nas consultas baseadas no parágrafo 1 do Artigo XXII do GATT 1994, parágrafo 1 do Artigo XXII do GATS, ou nas disposições pertinentes de outros acordos abrangidos[8] tal Membro poderá notificar os Membros participantes da consulta e o OSC, dentro de um prazo de 10 dias contados da data da distribuição da solicitação

---

[6] Este parágrafo será igualmente aplicado às controvérsias cujos relatórios dos grupos especiais não tenham sido adotados ou aplicados plenamente.

[7] Quando as disposições de qualquer outro acordo abrangido relativos a medidas adotadas por governos ou autoridades regionais ou locais dentro do território de um Membro forem diferentes dos previstos neste parágrafo, prevalecerão as disposições do acordo abrangido.

[8] Enumeram-se, a seguir, as disposições pertinentes em matéria de consultas de acordos abrangidos: Acordo sobre Agricultura, Artigo 19; Acordo sobre Aplicação de Medidas Sanitárias e Fitossanitárias, parágrafo 1 do Artigo 11; Acordo sobre Têxteis e Vestuário, parágrafo 4 do Artigo 8; Acordo sobre Barreiras Técnicas ao Comércio, parágrafo 1 do Artigo 14; Acordo sobre Medidas de Investimento Relacionadas com o Comércio, Artigo 8; Acordo sobre a Implementação do Artigo VI do GATT 1994, parágrafo 2 do Artigo 17; Acordo sobre a Implementação do Artigo VII do GATT 1994, parágrafo 2 do Artigo 19; Acordo sobre Inspeção Pré-Embarque, Artigo 7; Acordo sobre Regras de Origem, Artigo 7; Acordo sobre Licenças de Importação, Artigo 6; Acordo sobre Subsídios e Medidas Compensatórias, Artigo 30; Acordo sobre Salvaguardas, Artigo 14; Acordo sobre Aspectos de Direito de Propriedade Intelectual Relacionados com o Comércio, parágrafo 1 do Artigo 64; e as disposições pertinentes em matéria de consultas dos Acordos Comerciais Plurilaterais que os órgãos pertinentes de cada acordo determinem e notifiquem ao OSC.

de consultas baseadas em tal Artigo, de seu desejo de integrar-se às mesmas. Tal Membro deverá associar-se às consultas desde que o Membro ao qual a solicitação de consultas foi encaminhada entenda que a pretensão de interesse substancial tenha fundamento. Nesse caso, o OSC deverá ser devidamente informado.

Se a requisição para participação das consultas não for aceita, o Membro requerente poderá solicitar consultas com base no parágrafo 1 do Artigo XXII ou parágrafo 1 do Artigo XXIII do GATT 1994, parágrafo 1 do Artigo XXII ou parágrafo 1 do Artigo XXIII do GATS, ou nas disposições pertinentes dos acordos abrangidos.

ARTIGO 5
Bons Ofícios, Conciliação e Mediação

1. Bons ofícios, conciliação e mediação são procedimentos adotados voluntariamente se as partes na controvérsia assim acordarem.

2. As diligências relativas aos bons ofícios, à conciliação e à mediação, e em especial as posições adotadas durante as mesmas pelas partes envolvidas nas controvérsias, deverão ser confidenciais e sem prejuízo dos direitos de quaisquer das partes em diligências posteriores baseadas nestes procedimentos.

3. Bons ofícios, conciliação ou mediação poderão ser solicitados a qualquer tempo por qualquer das partes envolvidas na controvérsia. Poderão iniciar-se ou encerrar-se a qualquer tempo. Uma vez terminados os procedimentos de bons ofícios, conciliação ou mediação, a parte reclamante poderá requerer o estabelecimento de um grupo especial.

4. Quando bons ofícios, conciliação ou mediação se iniciarem dentro de 60 dias contados da data de recebimento da solicitação, a parte reclamante não poderá requerer o estabelecimento de um grupo especial antes de transcorrido o prazo de 60 dias a partir da data de recebimento da solicitação de consultas. A parte reclamante poderá solicitar o estabelecimento de um grupo especial no correr do prazo de 60 dias se as partes envolvidas na controvérsia considerarem de comum acordo que os bons ofícios, a conciliação e a mediação não foram suficientes para solucionar a controvérsia.

5. Se as partes envolvidas na controvérsia concordarem, os procedimentos para bons ofícios, conciliação e mediação poderão continuar enquanto prosseguirem os procedimentos do grupo especial.

6. O Diretor-Geral, atuando ex officio, poderá oferecer seus bons ofícios, conciliação ou mediação com o objetivo de auxiliar os Membros a resolver uma controvérsia.

ARTIGO 6
Estabelecimento de Grupos Especiais

1. Se a parte reclamante assim o solicitar, um grupo especial será estabelecido no mais tardar na reunião do OSC seguinte àquela em que a solicitação aparece pela primeira vez como item da agenda do OSC, a menos que nessa reunião o OSC decida por consenso não estabelecer o grupo especial.[9]

2. Os pedidos de estabelecimento de grupo especial deverão ser formulados por escrito. Deverão indicar se foram realizadas consultas, identificar as medidas em controvérsia e fornecer uma breve exposição do embasamento legal da reclamação, suficiente para apresentar o problema com clareza. Caso a parte reclamante solicite o estabelecimento do grupo especial com termos de referência diferentes dos termos padrão, o pedido escrito deverá incluir sugestão de texto para os termos de referência especiais.

ARTIGO 7
Termos de referência dos Grupos Especiais

1. Os termos de referência dos grupos especiais serão os seguintes, a menos que as partes envolvidas na controvérsia acordem diferentemente dentro do prazo de 20 dias a partir da data de estabelecimento do grupo especial:

"Examinar, à luz das disposições pertinentes no (indicar o(s) acordo(s) abrangido(s) citado(s) pelas partes em controvérsia), a questão submetida ao OSC por (nome da parte) no documento ... e estabelecer conclusões que auxiliem o OSC a fazer recomendações ou emitir decisões previstas naquele(s) acordo(s)."

2. Os grupos especiais deverão considerar as disposições relevantes de todo acordo ou acordos abrangidos invocados pelas partes envolvidas na controvérsia.

3. Ao estabelecer um grupo especial, o OSC poderá autorizar seu Presidente a redigir os termos de referência do grupo especial com a colaboração das partes envolvidas na controvérsia, de acordo com as disposições do parágrafo 1. Os termos de referência assim redigidos serão distribuídos a todos os Membros. Caso os termos de referência sejam diferentes do padrão, qualquer Membro poderá levantar qualquer ponto a ele relativo no OSC.

ARTIGO 8
Composição dos Grupos Especiais

1. Os grupos especiais serão compostos por pessoas qualificadas, funcionários governamentais ou não, incluindo aquelas que tenham integrado um grupo especial ou a ele apresentado uma argumentação, que tenham atuado como representantes de um Membro ou de uma parte contratante do GATT 1947 ou como representante no Conselho ou Comitê de qualquer acordo abrangido ou do respectivo acordo precedente, ou que tenha atuado no Secretariado, exercido atividade docente ou publicado trabalhos sobre direito ou política comercial internacional, ou que tenha sido alto funcionário na área de política comercial de um dos Membros.

2. Os membros dos grupos especiais deverão ser escolhidos de modo a assegurar a independência dos membros, suficiente diversidade de formações e largo espectro de experiências.

3. Os nacionais de Membros cujos governos[10] sejam parte na controvérsia ou terceiras partes, conforme definido no parágrafo 2 do Artigo 10, não atuarão no

---

[9] Se a parte reclamante assim solicitar, uma reunião do OSC será convocada com tal objetivo dentro dos quinze dias seguintes ao pedido, sempre que se dê aviso com antecedência mínima de 10 dias.

[10] Caso uma união aduaneira ou um mercado comum seja parte em uma controvérsia, esta disposição se aplicará aos nacionais de todos os países membros da união aduaneira ou do mercado comum.

grupo especial que trate dessa controvérsia, a menos que as partes acordem diferentemente.

4. Para auxiliar na escolha dos integrantes dos grupos especiais, o Secretariado manterá uma lista indicativa de pessoas, funcionários governamentais ou não, que reúnem as condições indicadas no parágrafo 1, da qual os integrantes dos grupos especiais poderão ser selecionados adequadamente. Esta lista incluirá a relação de peritos não governamentais elaborada em 30 de novembro de 1984 (BISD 31S/9), e outras relações ou listas indicativas elaboradas em virtude de qualquer acordo abrangido, e manterá os nomes dos peritos que figurem naquelas relações e listas indicativas na data de entrada em vigor do Acordo Constitutivo da OMC. Os Membros poderão periodicamente sugerir nomes de pessoas, funcionários governamentais ou não, a serem incluídos na lista indicativa, fornecendo informação substantiva sobre seu conhecimento de comércio internacional e dos setores ou temas dos acordos abrangidos, e tais nomes serão acrescentados à lista após aprovação pelo OSC. Para cada pessoa que figure na lista, serão indicadas suas áreas específicas de experiência ou competência técnica nos setores ou temas dos acordos abrangidos.

5. Os grupos especiais serão compostos por três integrantes a menos que, dentro do prazo de 10 dias a partir de seu estabelecimento, as partes em controvérsia concordem em compor um grupo especial com cinco integrantes. Os Membros deverão ser prontamente informados da composição do grupo especial.

6. O Secretariado proporá às partes em controvérsia candidatos a integrantes do grupo especial. As partes não deverão se opor a tais candidaturas a não ser por motivos imperiosos.

7. Se não houver acordo quanto aos integrantes do grupo especial dentro de 20 dias após seu estabelecimento, o Diretor-Geral, a pedido de qualquer das partes, em consulta com o Presidente do OSC e o Presidente do Conselho ou Comitê pertinente, determinará a composição do grupo especial, e nomeará os integrantes mais apropriados segundo as normas e procedimentos especiais ou adicionais do acordo abrangido ou dos acordos abrangidos de que trate a controvérsia, após consulta com as partes em controvérsia.

8. Os Membros deverão comprometer-se, como regra geral, a permitir que seus funcionários integrem os grupos especiais.

9. Os integrantes dos grupos especiais deverão atuar a título pessoal e não como representantes de governos ou de uma organização. Assim sendo, os Membros não lhes fornecerão instruções nem procurarão influenciá-los com relação aos assuntos submetidos ao grupo especial.

10. Quando a controvérsia envolver um país em desenvolvimento Membro e um país desenvolvido Membro, o grupo especial deverá, se o país em desenvolvimento Membro solicitar, incluir ao menos um integrante de um país em desenvolvimento Membro.

11. As despesas dos integrantes dos grupos especiais, incluindo viagens e diárias, serão cobertas pelo orçamento da OMC, de acordo com critérios a serem adota-

dos pelo Conselho Geral, baseados nas recomendações do Comitê de Orçamento, Finanças e Administração.

Artigo 9
Procedimento para Pluralidade de Partes Reclamantes

1. Quando mais de um Membro solicitar o estabelecimento de um grupo especial com relação a uma mesma questão, um único grupo especial deverá ser estabelecido para examinar as reclamações, levando em conta os direitos de todos os Membros interessados. Sempre que possível, um único grupo especial deverá ser estabelecido para examinar tais reclamações.

2. O grupo especial único deverá proceder a seus exames da questão e apresentar suas conclusões ao OSC de maneira a não prejudicar os direitos que caberiam às partes em controvérsia se as reclamações tivessem sido examinadas por vários grupos especiais. Se houver solicitação de uma das partes, o grupo especial deverá apresentar relatórios separados sobre a controvérsia examinada. As comunicações escritas de cada parte reclamante deverão estar à disposição das outras partes, e cada parte reclamante deverá ter direito de estar presente quando qualquer outra parte apresentar sua argumentação ao grupo especial.

3. No caso de ser estabelecido mais de um grupo especial para examinar reclamações relativas ao mesmo tema, na medida do possível as mesmas pessoas integrarão cada um dos grupos especiais e os calendários dos trabalhos dos grupos especiais que tratam dessas controvérsias deverão ser harmonizados.

Artigo 10
Terceiros

1. Os interesses das partes em controvérsia e os dos demais Membros decorrentes do acordo abrangido ao qual se refira a controvérsia deverão ser integralmente levados em consideração no correr dos trabalhos dos grupos especiais.

2. Todo Membro que tenha interesse concreto em um assunto submetido a um grupo especial e que tenha notificado esse interesse ao OSC (denominado no presente Entendimento "terceiro") terá oportunidade de ser ouvido pelo grupo especial e de apresentar-lhe comunicações escritas. Estas comunicações serão também fornecidas às partes em controvérsia e constarão do relatório do grupo especial.

3. Os terceiros receberão as comunicações das partes em controvérsia apresentadas ao grupo especial em sua primeira reunião.

4. Se um terceiro considerar que uma medida já tratada por um grupo especial anula ou prejudica benefícios a ele advindos de qualquer acordo abrangido, o referido Membro poderá recorrer aos procedimentos normais de solução de controvérsias definidos no presente Entendimento. Tal controvérsia deverá, onde possível, ser submetida ao grupo especial que tenha inicialmente tratado do assunto.

Artigo 11
Função dos Grupos Especiais

A função de um grupo especial é auxiliar o OSC a desempenhar as obrigações que lhe são atribuídas por este Entendimento e pelos acordos abrangidos. Consequentemente, um grupo especial deverá fazer uma avaliação objetiva do assunto que lhe seja submetido, incluindo uma avaliação objetiva dos fatos, da aplicabilidade e concordância com os acordos abrangidos pertinentes, e formular conclusões que auxiliem o OSC a fazer recomendações ou emitir decisões previstas nos acordos abrangidos. Os grupos especiais deverão regularmente realizar consultas com as partes envolvidas na controvérsia e propiciar-lhes oportunidade para encontrar solução mutuamente satisfatória.

Artigo 12
Procedimento dos Grupos Especiais

1. Os grupos especiais seguirão os Procedimentos de Trabalho do Apêndice 3, salvo decisão em contrário do grupo especial após consulta com as partes em controvérsia.

2. Os procedimentos do grupo especial deverão ser suficientemente flexíveis para assegurar a qualidade de seus relatórios, sem atrasar indevidamente os trabalhos do grupo especial.

3. Os integrantes do grupo especial deverão, após consultar as partes em controvérsia, o quanto antes e se possível dentro da semana seguinte em que sejam acordados a composição e os termos de referência do grupo especial, estabelecer um calendário para seus trabalhos, considerando as disposições do parágrafo 9 do Artigo 4, se pertinente.

4. Ao determinar o calendário para seus trabalhos, o grupo especial deverá estipular prazos suficientes para que as partes em controvérsia preparem suas argumentações escritas.

5. Os grupos especiais deverão definir prazos exatos para que as partes apresentem suas argumentações escritas e as partes deverão respeitar tais prazos.

6. Cada parte em controvérsia deverá consignar suas argumentações escritas ao Secretariado para transmissão imediata ao grupo especial e à outra parte ou às outras partes em controvérsia. A parte reclamante deverá apresentar sua primeira argumentação antes da primeira argumentação da parte demandada, salvo se o grupo especial decidir, ao estabelecer o calendário previsto no parágrafo 3 e após consultar as partes em controvérsia, que as partes deverão apresentar suas argumentações simultaneamente. Quando se houver decidido pela consignação sucessiva das primeiras argumentações, o grupo especial deverá fixar um prazo rígido para recebimento das argumentações da parte demandada. Quaisquer argumentações escritas posteriores deverão ser apresentadas simultaneamente.

7. Nos casos em que as partes envolvidas na controvérsia não consigam encontrar uma solução mutuamente satisfatória, o grupo especial deverá apresentar suas conclusões em forma de relatório escrito ao OSC. Em tais casos, o relatório do grupo especial deverá expor as verificações de fatos, a aplicabilidade de disposições pertinentes e o arrazoado em que se baseiam suas decisões e recomendações. Quando se chegar a uma solução da questão controversa entre as partes, o relatório do grupo especial se limitará a uma breve descrição do caso, com indicação de que a solução foi encontrada.

8. Com o objetivo de tornar o procedimento mais eficaz, o prazo para o trabalho do grupo especial, desde a data na qual seu estabelecimento e termos de referência tenham sido acordados até a data em que seu relatório final tenha sido divulgado para as partes em controvérsia, não deverá, como regra geral, exceder a seis meses. Em casos de urgência, incluídos aqueles que tratem de bens perecíveis, o grupo especial deverá procurar divulgar seu relatório para as partes em controvérsia dentro de três meses.

9. Quando o grupo especial considerar que não poderá divulgar seu relatório dentro de seis meses, ou dentro de três meses em casos de urgência, deverá informar por escrito ao OSC as razões do atraso juntamente com uma estimativa do prazo em que procederá à divulgação do relatório. O período de tempo entre o estabelecimento do grupo especial e a divulgação do relatório para os Membros não poderá, em caso algum, exceder a nove meses.

10. No âmbito de consultas envolvendo medidas tomadas por um país em desenvolvimento Membro, as partes poderão acordar a extensão dos prazos definidos nos parágrafos 7 e 8 do Artigo 4. Se, após expiração do prazo concernente, as partes em consulta não acordarem com a sua conclusão, o Presidente do OSC deverá decidir, após consultar as partes, se o prazo concernente será prorrogado e, em caso positivo, por quanto tempo. Ademais, ao examinar uma reclamação contra um país em desenvolvimento Membro, o grupo especial deverá proporcionar tempo bastante para que o país em desenvolvimento Membro prepare e apresente sua argumentação. As disposições do parágrafo 1 do Artigo 20 e parágrafo 4 do Artigo 21 não serão afetadas por nenhuma ação decorrente deste parágrafo.

11. Quando uma ou mais das partes for um país em desenvolvimento Membro, o relatório do grupo especial indicará explicitamente a maneira pela qual foram levadas em conta as disposições pertinentes sobre tratamento diferenciado e mais favorável para países em desenvolvimento Membros que façam parte dos acordos abrangidos invocados pelo país em desenvolvimento Membros no curso dos trabalhos de solução de controvérsias.

12. O grupo especial poderá suspender seu trabalho a qualquer tempo a pedido da parte reclamante por período não superior a doze meses. Ocorrendo tal suspensão, os prazos fixados nos parágrafos 8 e 9 deste Artigo, parágrafo 1 do Artigo 20, e parágrafo 4 do Artigo 21 deverão ser prorrogados pela mesma extensão de tempo em que forem suspensos os trabalhos. Se o trabalho do grupo especial tiver sido suspenso por mais de 12 meses, a autoridade para estabelecer o grupo especial caducará.

Artigo 13
Direito à Busca de Informação

1. Todo grupo especial terá direito de recorrer à informação e ao assessoramento técnico de qualquer pessoa ou entidade que considere conveniente. Contudo, antes de procurar informação ou assessoramento técnico de pessoa ou entidade submetida à jurisdição de um Membro o grupo especial deverá informar as autoridades de tal Membro. O Membro deverá dar resposta rápida e completa a toda solicitação de informação

que um grupo especial considere necessária e pertinente. A informação confidencial fornecida não será divulgada sem autorização formal da pessoa, entidade ou autoridade que a proporcionou.

2. Os grupos especiais poderão buscar informação em qualquer fonte relevante e poderão consultar peritos para obter sua opinião sobre determinados aspectos de uma questão. Com relação a um aspecto concreto de uma questão de caráter científico ou técnico trazido à controvérsia por uma parte, o grupo especial poderá requerer um relatório escrito a um grupo consultivo de peritos. As normas para estabelecimento de tal grupo e seus procedimentos constam do Apêndice 4.

Artigo 14
Confidencialidade

1. As deliberações do grupo especial serão confidenciais.

2. Os relatórios dos grupos especiais serão redigidos sem a presença das partes em controvérsia, à luz das informações fornecidas e das argumentações apresentadas.

3. As opiniões individuais dos integrantes do grupo especial consignadas em seu relatório serão anônimas.

Artigo 15
Etapa Intermediária de Exame

1. Após consideração das réplicas e apresentações orais, o grupo especial distribuirá os capítulos expositivos (fatos e argumentações) de esboço de seu relatório para as partes em controvérsia. Dentro de um prazo fixado pelo grupo especial, as partes apresentarão seus comentários por escrito.

2. Expirado o prazo estabelecido para recebimento dos comentários das partes, o grupo especial distribuirá às partes um relatório provisório, nele incluindo tanto os capítulos descritivos quanto as determinações e conclusões do grupo especial. Dentro de um prazo fixado pelo grupo especial, qualquer das partes poderá apresentar por escrito solicitação para que o grupo especial reveja aspectos específicos do relatório provisório antes da distribuição do relatório definitivo aos Membros. A pedido de uma parte, o grupo especial poderá reunir-se novamente com as partes para tratar de itens apontados nos comentários escritos. No caso de não serem recebidos comentários de nenhuma das partes dentro do prazo previsto para tal fim, o relatório provisório será considerado relatório final e será prontamente distribuído aos Membros.

3. As conclusões do relatório final do grupo especial incluirão uma análise dos argumentos apresentados na etapa intermediária de exame. Esta etapa deverá ocorrer dentro do prazo estabelecido no parágrafo 8 do Artigo 12.

Artigo 16
Adoção de Relatórios dos Grupos Especiais

1. A fim de que os Membros disponham de tempo suficiente para examinar os relatórios dos grupos especiais, tais relatórios não serão examinados para efeito de aceitação pelo OSC até 20 dias após a data de distribuição aos Membros.

2. Os Membros que opuserem alguma objeção ao relatório do grupo especial deverão apresentar por escrito razões explicativas de suas objeções para serem distribuídas ao menos 10 dias antes da reunião do OSC na qual o relatório do grupo especial será examinado.

3. As partes em controvérsia deverão ter direito de participar plenamente do exame do relatório do grupo especial feito pelo OSC, e suas opiniões serão integralmente registradas.

4. Dentro dos 60 dias seguintes à data de distribuição de um relatório de um grupo especial a seus Membros, o relatório será adotado em uma reunião do OSC[11] a menos que uma das partes na controvérsia notifique formalmente ao OSC de sua decisão de apelar ou que o OSC decida por consenso não adotar o relatório. Se uma parte notificar sua decisão de apelar, o relatório do grupo especial não deverá ser considerado para efeito de adoção pelo OSC até que seja concluído o processo de apelação. O referido procedimento de adoção não prejudicará o direito dos Membros de expressar suas opiniões sobre o relatório do grupo especial.

Artigo 17
Apelação

Órgão Permanente de Apelação

1. O OSC constituirá um Órgão Permanente de Apelação, que receberá as apelações das decisões dos grupos especiais. Será composto por sete pessoas, três das quais atuarão em cada caso. Os integrantes do Órgão de Apelação atuarão em alternância. Tal alternância deverá ser determinada pelos procedimentos do Órgão de Apelação.

2. O OSC nomeará os integrantes do Órgão de Apelação para períodos de quatro anos, e poderá renovar por uma vez o mandato de cada um dos integrantes. Contudo, os mandatos de três das sete pessoas nomeadas imediatamente após a entrada em vigor do Acordo Constitutivo da OMC, que serão escolhidas por sorteio, expirará ao final de dois anos. As vagas serão preenchidas à medida que forem sendo abertas. A pessoa nomeada para substituir outra cujo mandato não tenha expirado exercerá o cargo durante o período que reste até a conclusão do referido mandato.

3. O Órgão de Apelação será composto de pessoas de reconhecida competência, com experiência comprovada em direito, comércio internacional e nos assuntos tratados pelos acordos abrangidos em geral. Tais pessoas não deverão ter vínculos com nenhum governo. A composição do Órgão de Apelação deverá ser largamente representativa da composição da OMC. Todas as pessoas integrantes do Órgão de Apelação deverão estar disponíveis permanentemente e em breve espaço de tempo, e deverão manter-se a par das atividades de solução de controvérsias e das demais atividades pertinentes da OMC. Não deverão participar do exame de quaisquer controvérsias que possam gerar conflito de interesses direto ou indireto.

---

[11] Se não houver uma reunião do OSC prevista dentro desse período em data que permita cumprimento das disposições dos parágrafos 1 e 4 do Artigo 16, será realizada uma reunião do OSC para tal fim.

4. Apenas as partes em controvérsia, excluindo-se terceiros interessados, poderão recorrer do relatório do grupo especial. Terceiros interessados que tenham notificado o OSC sobre interesse substancial consoante o parágrafo 2 do Artigo 10 poderão apresentar comunicações escritas ao Órgão de Apelação e poderão ser por ele ouvidos.

5. Como regra geral, o procedimento não deverá exceder 60 dias contados a partir da data em que uma parte em controvérsia notifique formalmente sua decisão de apelar até a data em que o Órgão de Apelação distribua seu relatório. Ao determinar seu calendário, o Órgão de Apelação deverá levar em conta as disposições do parágrafo 9 do Artigo 4, se pertinente. Quando o Órgão de Apelação entender que não poderá apresentar seu relatório em 60 dias, deverá informar por escrito ao OSC das razões do atraso, juntamente com uma estimativa do prazo dentro do qual poderá concluir o relatório. Em caso algum o procedimento poderá exceder a 90 dias.

6. A apelação deverá limitar-se às questões de direito tratadas pelo relatório do grupo especial e às interpretações jurídicas por ele formuladas.

7. O Órgão de Apelação deverá receber a necessária assistência administrativa e legal.

8. As despesas dos integrantes do Órgão de Apelação, incluindo gastos de viagem e diárias, serão cobertas pelo orçamento da OMC de acordo com critérios a serem adotados pelo Conselho Geral, baseado em recomendações do Comitê de Orçamento, Finanças e Administração.

Procedimentos de Apelação

9. O Órgão de Apelação, em consulta com o Presidente do OSC e com o Diretor-Geral, fixará seus procedimentos de trabalho e os comunicará aos Membros para informação.

10. Os trabalhos do Órgão de Apelação serão confidenciais. Os relatórios do Órgão de Apelação serão redigidos sem a presença das partes em controvérsia e à luz das informações recebidas e das declarações apresentadas.

11. As opiniões expressas no relatório do Órgão de Apelação por seus integrantes serão anônimas.

12. O Órgão de Apelação examinará cada uma das questões pleiteadas em conformidade com o parágrafo 6 durante o procedimento de apelação.

13. O Órgão de Apelação poderá confirmar, modificar ou revogar as conclusões e decisões jurídicas do grupo especial.

Adoção do Relatório do Órgão de Apelação

14. Os relatórios do Órgão de Apelação serão adotados pelo OSC e aceitos sem restrições pelas partes em controvérsia a menos que o OSC decida por consenso não adotar o relatório do Órgão de Apelação dentro do prazo de 30 dias contados a partir da sua distribuição aos Membros[12]. Este procedimento de adoção não prejudicará o direito dos Membros de expor suas opiniões sobre o relatório do Órgão de Apelação.

Artigo 18
Comunicações com o Grupo Especial ou o Órgão de Apelação

1. Não haverá comunicação *ex parte* com o grupo especial ou com o Órgão de Apelação com relação a assuntos submetidos à consideração do grupo especial ou do Órgão de Apelação.

2. As comunicações escritas com o grupo especial ou com o Órgão de Apelação deverão ser tratadas com confidencialidade, mas deverão estar à disposição das partes em controvérsia. Nenhuma das disposições do presente Entendimento deverá impedir uma das partes em controvérsia de publicar suas próprias posições. Os Membros deverão considerar confidenciais as informações fornecidas por outro Membro ao grupo especial ou ao Órgão de Apelação para as quais o referido Membro tenha dado a classificação de confidencial. Uma parte em controvérsia deverá, a pedido de um Membro, fornecer um resumo não confidencial das informações contidas em sua comunicação escrita que possa ser tornado público.

Artigo 19
Recomendações dos Grupos Especiais e do órgão de Apelação

1. Quando um grupo especial ou o Órgão de Apelação concluir que uma medida é incompatível com um acordo abrangido, deverá recomendar que o Membro interessado[13] torne a medida compatível com o acordo[14]. Além de suas recomendações, o grupo especial ou o Órgão de Apelação poderá sugerir a maneira pela qual o Membro interessado poderá implementar as recomendações.

2. De acordo com o parágrafo 2 do Artigo 3, as conclusões e recomendações do grupo especial e do Órgão de Apelação não poderão ampliar ou diminuir os direitos e obrigações derivados dos acordos abrangidos.

Artigo 20
Calendário das Decisões do OSC

Salvo acordado diferentemente pelas partes em controvérsia, o período compreendido entre a data de estabelecimento do grupo especial pelo OSC e a data em que o OSC examinar a adoção do relatório do grupo especial ou do órgão de apelação não deverá, como regra geral, exceder nove meses quando o relatório do grupo especial não sofrer apelação ou 12 meses quando houver apelação. Se o grupo especial ou o Órgão de Apelação, com base no parágrafo 9 do Artigo 12 ou parágrafo 5 do Artigo 17, decidirem pela prorrogação do prazo de entrega de seus relatórios, o prazo adicional será acrescentado aos períodos acima mencionados.

---

[12] Caso não esteja prevista reunião do OSC durante esse período, será realizada uma reunião do OSC para tal fim.

[13] O "Membro interessado" é a parte em controvérsia à qual serão dirigidas as recomendações do grupo especial ou do Órgão de Apelação.

[14] Com relação às recomendações nos casos em que não haja infração das disposições do GATT 1994 nem de nenhum outro acordo abrangido, vide Artigo 26.

Artigo 21
Supervisão da Aplicação das Recomendações e Decisões

1. O pronto cumprimento das recomendações e decisões do OSC é fundamental para assegurar a efetiva solução das controvérsias, em benefício de todos os Membros.

2. As questões que envolvam interesses de países em desenvolvimento Membros deverão receber atenção especial no que tange às medidas que tenham sido objeto da solução de controvérsias.

3. Em reunião do OSC celebrada dentro de 30 dias[15] após a data de adoção do relatório do grupo especial ou do Órgão de Apelação, o membro interessado deverá informar ao OSC suas intenções com relação à implementação das decisões e recomendações do OSC. Se for impossível a aplicação imediata das recomendações e decisões, o Membro interessado deverá para tanto dispor de prazo razoável. O prazo razoável deverá ser:

(a) o prazo proposto pelo Membro interessado, desde que tal prazo seja aprovado pelo OSC; ou, não havendo tal aprovação;

(b) um prazo mutuamente acordado pelas partes em controvérsia dentro de 45 dias a partir da data de adoção das recomendações e decisões; ou, não havendo tal acordo;

(c) um prazo determinado mediante arbitragem compulsória dentro de 90 dias após a data de adoção das recomendações e decisões[16]. Em tal arbitragem, uma diretriz para o árbitro[17] será a de que o prazo razoável para implementar as recomendações do grupo especial ou do órgão de Apelação não deverá exceder a 15 meses da data de adoção do relatório do grupo especial ou do Órgão de Apelação. Contudo, tal prazo poderá ser maior ou menor, dependendo das circunstâncias particulares.

4. A não ser nos casos em que o grupo especial ou o Órgão de Apelação tenham prorrogado o prazo de entrega de seu relatório com base no parágrafo 9 do Artigo 12 ou no parágrafo 5 do Artigo 17, o período compreendido entre a data de estabelecimento do grupo especial pelo OSC e a data de determinação do prazo razoável não deverá exceder a 15 meses, salvo se as partes acordarem diferentemente. Quando um grupo especial ou o Órgão de Apelação prorrogarem o prazo de entrega de seu relatório, o prazo adicional deverá ser acrescentado ao período de 15 meses; desde que o prazo total não seja superior a 18 meses, a menos que as partes em controvérsia convenham em considerar as circunstâncias excepcionais.

5. Em caso de desacordo quanto à existência de medidas destinadas a cumprir as recomendações e decisões ou quanto à compatibilidade de tais medidas com um acordo abrangido, tal desacordo se resolverá conforme os presentes procedimentos de solução de controvérsias, com intervenção, sempre que possível, do grupo especial que tenha atuado inicialmente na questão. O grupo especial deverá distribuir seu relatório dentro de 90 dias após a data em que a questão lhe for submetida. Quando o grupo especial considerar que não poderá cumprir tal prazo, deverá informar por escrito ao OSC as razões para o atraso e fornecer uma nova estimativa de prazo para entrega de seu relatório.

6. O OSC deverá manter sob vigilância a aplicação das recomendações e decisões. A questão da implementação das recomendações e decisões poderá ser arguida por qualquer Membro junto ao OSC em qualquer momento após sua adoção. Salvo decisão em contrário do OSC, a questão da implementação das recomendações e decisões deverá ser incluída na agenda da reunião do OSC seis meses após a data da definição do prazo razoável conforme o parágrafo 3 e deverá permanecer na agenda do OSC até que seja resolvida. Ao menos 10 dias antes de cada reunião, o Membro interessado deverá fornecer ao OSC relatório escrito do andamento da implementação das recomendações e decisões.

7. Se a questão tiver sido levantada por país em desenvolvimento Membro, o OSC deverá considerar quais as outras providências que seriam adequadas às circunstâncias.

8. Se o caso tiver sido submetido por país em desenvolvimento Membro, ao considerar a providência adequada a ser tomada o OSC deverá levar em consideração não apenas o alcance comercial das medidas em discussão mas também seu impacto na economia dos países em desenvolvimento Membros interessados.

Artigo 22
Compensação e Suspensão de Concessões

1. A compensação e a suspensão de concessões ou de outras obrigações são medidas temporárias disponíveis no caso de as recomendações e decisões não serem implementadas dentro de prazo razoável. No entanto, nem a compensação nem a suspensão de concessões ou de outras obrigações é preferível à total implementação de uma recomendação com o objetivo de adaptar uma medida a um acordo abrangido. A compensação é voluntária e, se concedida, deverá ser compatível com os acordos abrangidos.

2. Se o Membro afetado não adaptar a um acordo abrangido a medida considerada incompatível ou não cumprir de outro modo as recomendações e decisões adotadas dentro do prazo razoável determinado conforme o parágrafo 3 do Artigo 21, tal Membro deverá, se assim for solicitado, e em período não superior à expiração do prazo razoável, entabular negociações com quaisquer das partes que hajam recorrido ao procedimento de solução de controvérsias, tendo em vista a fixação de compensações mutuamente satisfatórias. Se dentro dos 20 dias seguintes à data de expiração do prazo razoável não se houver acordado uma compensação satisfatória, quaisquer das partes que hajam recorrido ao procedimento de solução de controvérsias poderá solicitar autorização do OSC para suspender a aplicação de concessões ou de outras obrigações decorrentes dos acordos abrangidos ao Membro interessado.

---

[15] Caso não esteja prevista reunião do OSC durante esse período, será realizada uma reunião do OSC para tal fim.

[16] Caso as partes não cheguem a consenso para a indicação de um árbitro nos 10 dias seguintes à submissão da questão à arbitragem, o árbitro será designado pelo Diretor-Geral em prazo de 10 dias, após consulta com as partes.

[17] Entende-se pela expressão "árbitro" tanto uma pessoa quanto um grupo de pessoas.

3. Ao considerar quais concessões ou outras obrigações serão suspensas, a parte reclamante aplicará os seguintes princípios e procedimentos:

(a) o princípio geral é o de que a parte reclamante deverá procurar primeiramente suspender concessões ou outras obrigações relativas ao(s) mesmo(s) setor(es) em que o grupo especial ou Órgão de Apelação haja constatado uma infração ou outra anulação ou prejuízo;

(b) se a parte considera impraticável ou ineficaz a suspensão de concessões ou outras obrigações relativas ao(s) mesmo(s) setor(es), poderá procurar suspender concessões ou outras obrigações em outros setores abarcados pelo mesmo acordo abrangido;

(c) se a parte considera que é impraticável ou ineficaz suspender concessões ou outras obrigações relativas a outros setores abarcados pelo mesmo acordo abrangido, e que as circunstâncias são suficientemente graves, poderá procurar suspender concessões ou outras obrigações abarcadas por outro acordo abrangido;

(d) ao aplicar os princípios acima, a parte deverá levar em consideração:

(i) o comércio no setor ou regido pelo acordo em que o grupo especial ou Órgão de Apelação tenha constatado uma violação ou outra anulação ou prejuízo, e a importância que tal comércio tenha para a parte;

(ii) os elementos econômicos mais gerais relacionados com a anulação ou prejuízo e as consequências econômicas mais gerais da suspensão de concessões ou outras obrigações;

(e) se a parte decidir solicitar autorização para suspender concessões ou outras obrigações em virtude do disposto nos subparágrafos (b) ou (c), deverá indicar em seu pedido as razões que a fundamentam. O pedido deverá ser enviado simultaneamente ao OSC e aos Conselhos correspondentes e também aos órgãos setoriais correspondentes, em caso de pedido baseado no subparágrafo (b);

(f) para efeito do presente parágrafo, entende-se por "setor":

(i) no que se refere a bens, todos os bens;

(ii) no que se refere a serviços, um setor principal dentre os que figuram na versão atual da "Lista de Classificação Setorial dos Serviços" que identifica tais setores[18];

(iii) no que concerne a direitos de propriedade intelectual relacionados com o comércio, quaisquer das categorias de direito de propriedade intelectual compreendidas nas seções 1, 2, 3, 4, 5, 6 ou 7 da Parte II, ou as obrigações da Parte III ou da Parte IV do Acordo sobre TRIPS;

(g) para efeito do presente parágrafo, entende-se por "acordo":

(i) no que se refere a bens, os acordos enumerados no Anexo 1A do Acordo Constitutivo da OMC, tomados em conjunto, bem como os Acordos Comerciais Plurilaterais na medida em que as partes em controvérsia sejam partes nesses acordos;

(ii) no que concerne a serviços, o GATS;

(iii) no que concerne a direitos de propriedade intelectual, o Acordo sobre TRIPS.

4. O grau da suspensão de concessões ou outras obrigações autorizado pelo OSC deverá ser equivalente ao grau de anulação ou prejuízo.

5. O OSC não deverá autorizar a suspensão de concessões ou outras obrigações se o acordo abrangido proíbe tal suspensão.

6. Quando ocorrer a situação descrita no parágrafo 2, o OSC, a pedido, poderá conceder autorização para suspender concessões ou outras obrigações dentro de 30 dias seguintes á expiração do prazo razoável, salvo se o OSC decidir por consenso rejeitar o pedido. No entanto, se o Membro afetado impugnar o grau da suspensão proposto, ou sustentar que não foram observados os princípios e procedimentos estabelecidos no parágrafo 3, no caso de uma parte reclamante haver solicitado autorização para suspender concessões ou outras obrigações com base no disposto nos parágrafos 3 (b) ou 3 (c), a questão será submetida a arbitragem. A arbitragem deverá ser efetuada pelo grupo especial que inicialmente tratou do assunto, se os membros estiverem disponíveis, ou por um árbitro[19] designado pelo Diretor-Geral, e deverá ser completada dentro de 60 dias após a data de expiração do prazo razoável. As concessões e outras obrigações não deverão ser suspensas durante o curso da arbitragem.

7. O árbitro[20] que atuar conforme o parágrafo 6 não deverá examinar a natureza das concessões ou das outras obrigações a serem suspensas, mas deverá determinar se o grau de tal suspensão é equivalente ao grau de anulação ou prejuízo. O árbitro poderá ainda determinar se a proposta de suspensão de concessões ou outras obrigações é autorizada pelo acordo abrangido. No entanto, se a questão submetida a arbitragem inclui a reclamação de que não foram observados os princípios e procedimentos definidos pelo parágrafo 3, o árbitro deverá examinar a reclamação. No caso de o árbitro determinar que aqueles princípios e procedimentos não foram observados, a parte reclamante os aplicará conforme o disposto no parágrafo 3. As partes deverão aceitar a decisão do árbitro como definitiva e as partes envolvidas não deverão procurar uma segunda arbitragem. O OSC deverá ser prontamente informado da decisão do árbitro e deverá, se solicitado, outorgar autorização para a suspensão de concessões ou outras obrigações quando a solicitação estiver conforme a decisão do árbitro, salvo se o OSC decidir por consenso rejeitar a solicitação.

8. A suspensão de concessões ou outras obrigações deverá ser temporária e vigorar até que a medida considerada incompatível com um acordo abrangido tenha sido suprimida, ou até que o Membro que deva implementar as recomendações e decisões forneça uma solução para a anulação ou prejuízo dos benefícios, ou até que uma solução mutuamente satisfatória seja encontrada. De acordo com o estabelecido no parágrafo 6 do Artigo 21, o OSC deverá manter sob supervisão a implementação

---

(18) Na lista integrante do documento MTN.GNG/W/120 são identificados onze setores.

(19) Entende-se pela expressão "árbitro" indistintamente uma pessoa ou um grupo de pessoas.

(20) Entende-se pela expressão "árbitro" indistintamente uma pessoa, um grupo de pessoas ou os membros do grupo especial que inicialmente tratou do assunto, se atuarem na qualidade de árbitros.

das recomendações e decisões adotadas, incluindo os casos nos quais compensações foram efetuadas ou concessões ou outras obrigações tenham sido suspensas mas não tenham sido aplicadas as recomendações de adaptar uma medida aos acordos abrangidos.

9. As disposições de solução de controvérsias dos acordos abrangidos poderão ser invocadas com respeito às medidas que afetem sua observância, tomadas por governos locais ou regionais ou por autoridades dentro do território de um Membro. Quando o OSC tiver decidido que uma disposição de um acordo abrangido não foi observada, o Membro responsável deverá tomar as medidas necessárias que estejam a seu alcance para garantir sua observância. Nos casos em que tal observância não tenha sido assegurada, serão aplicadas as disposições dos acordos abrangidos e do presente Entendimento relativas à compensação e à suspensão de concessões e outras obrigações.[21]

ARTIGO 23
Fortalecimento do Sistema Multilateral

1. Ao procurar reparar o não cumprimento de obrigações ou outro tipo de anulação ou prejuízo de benefícios resultantes de acordos abrangidos ou um impedimento à obtenção de quaisquer dos objetivos de um acordo abrangido, os Membros deverão recorrer e acatar as normas e procedimentos do presente Entendimento.

2. Em tais casos, os Membros deverão:

(a) não fazer determinação de que tenha ocorrido infração, de que benefícios tenham sido anulados ou prejudicados ou de que o cumprimento de quaisquer dos objetivos de um acordo abrangido tenha sido dificultado, salvo através do exercício da solução de controvérsias segundo as normas e procedimentos do presente Entendimento, e deverão fazer tal determinação consoante as conclusões contidas no relatório do grupo especial ou do Órgão de Apelação adotado pelo OSC ou em um laudo arbitral elaborado segundo este Entendimento;

(b) seguir os procedimentos definidos no Artigo 21 para determinar o prazo razoável para que o Membro interessado implemente as recomendações e decisões; e

(c) observar os procedimentos definidos no Artigo 22 para determinar o grau de suspensão de concessões ou outras obrigações e obter autorização do OSC, conforme aqueles procedimentos, antes de suspender concessões ou outras obrigações resultantes dos acordos abrangidos como resposta à não implementação, por parte do Membro interessado, das recomendações e decisões dentro daquele prazo razoável.

ARTIGO 24
Procedimento Especial para Casos Envolvendo Países de Menor Desenvolvimento Relativo Membros

1. Em todas as etapas da determinação das causas de uma controvérsia ou dos procedimentos de uma solução de controvérsias de casos que envolvam um país de menor desenvolvimento relativo Membro, deverá ser dada atenção especial à situação particular do país de menor desenvolvimento relativo Membro. Neste sentido, os Membros exercerão a devida moderação ao submeter a estes procedimentos matérias envolvendo um país de menor desenvolvimento relativo Membro. Se for verificada anulação ou prejuízo em consequência de medida adotada por país de menor desenvolvimento relativo Membro, as partes reclamantes deverão exercer a devida moderação ao pleitear compensações ou solicitar autorização para suspensão da aplicação de concessões ou outras obrigações nos termos destes procedimentos.

2. Quando, nos casos de solução de controvérsias que envolvam um país de menor desenvolvimento relativo Membro, não for encontrada solução satisfatória no correr das consultas realizadas, o Diretor-Geral ou o Presidente do OSC deverão, a pedido do país de menor desenvolvimento Membro, oferecer seus bons ofícios, conciliação ou mediação com o objetivo de auxiliar as partes a solucionar a controvérsia antes do estabelecimento de um grupo especial. Para prestar a assistência mencionada, o Diretor-Geral ou o Presidente do OSC poderão consultar qualquer fonte que considerem apropriada.

ARTIGO 25
Arbitragem

1. Um procedimento rápido de arbitragem na OMC como meio alternativo de solução de controvérsias pode facilitar a resolução de algumas controvérsias que tenham por objeto questões claramente definidas por ambas as partes.

2. Salvo disposição em contrário deste Entendimento, o recurso à arbitragem estará sujeito a acordo mútuo entre as partes, que acordarão quanto ao procedimento a ser seguido. Os acordos de recurso a arbitragem deverão ser notificados a todos os Membros com suficiente antecedência ao efetivo início do processo de arbitragem.

3. Outros Membros poderão ser parte no procedimento de arbitragem somente com o consentimento das partes que tenham convencionado recorrer à arbitragem. As partes acordarão submeter-se ao laudo arbitral. Os laudos arbitrais serão comunicados ao OSC e ao Conselho ou Comitê dos acordos pertinentes, onde qualquer Membro poderá questionar qualquer assunto a eles relacionados.

4. Os Artigos 21 e 22 do presente Entendimento serão aplicados *mutatis mutantis* aos laudos arbitrais.

ARTIGO 26

1. Reclamações de Não Violação do Tipo Descrito no Parágrafo 1(b) do Artigo XXIII do GATT 1994

Quando as disposições do parágrafo 1(b) do Artigo XXIII do GATT 1994 forem aplicáveis a um acordo abrangido, os grupos especiais ou o Órgão de Apelação somente poderão decidir ou fazer recomendações se uma das partes em controvérsia considera que um benefício resultante direta ou indiretamente do acordo abrangido pertinente está sendo anulado ou prejudicado ou que o cumprimento de um dos objetivos do Acordo está sendo dificultado em consequência da

---

[21] Quando as disposições de qualquer acordo abrangido relativas às medidas adotadas pelos governos ou autoridades regionais ou locais dentro do território de um Membro forem diferentes das enunciadas no presente parágrafo, prevalecerão as disposições do acordo abrangido.

aplicação de alguma medida por um Membro, ocorrendo ou não conflito com as disposições daquele Acordo. Quando e na medida em que tal parte considere, e um grupo especial ou Órgão de Apelação determine, que um caso trate de medida que não seja contraditória com as disposições de um acordo abrangido ao qual as disposições do parágrafo 1(b) do Artigo XXIII do GATT 1994 sejam aplicáveis, deverão ser aplicados os procedimentos previstos no presente Entendimento, observando-se o seguinte:

(a) a parte reclamante deverá apresentar justificativa detalhada em apoio a qualquer reclamação relativa a medida que não seja conflitante com o acordo abrangido relevante;

(b) quando se considerar que uma medida anula ou restringe benefícios resultantes do acordo abrangido pertinente, ou que compromete a realização dos objetivos de tal acordo, sem infração de suas disposições, não haverá obrigação de revogar essa medida. No entanto, em tais casos, o grupo especial ou Órgão de Apelação deverá recomendar que o Membro interessado faça um ajuste mutuamente satisfatório;

(c) não obstante o disposto no Artigo 21, a arbitragem prevista no parágrafo 3 do Artigo 21 poderá incluir, a pedido de qualquer das partes, a determinação do grau dos benefícios anulados ou prejudicados e poderá também sugerir meios e maneiras de se atingir um ajuste mutuamente satisfatório; tais sugestões não deverão ser compulsórias para as parte em controvérsia;

(d) não obstante o disposto no parágrafo 1 do Artigo 22, a compensação poderá fazer parte de um ajuste mutuamente satisfatório como solução final para a controvérsia.

2. Reclamações do Tipo Descrito no Parágrafo 1(c) do Artigo XXIII do GATT 1994

Quando as disposições do parágrafo 1(c) do Artigo XXIII do GATT 1994 forem aplicáveis a um acordo abrangido, o grupo especial apenas poderá formular recomendações e decisões quando uma parte considerar que um benefício resultante direta ou indiretamente do acordo abrangido pertinente tenha sido anulado ou prejudicado ou que o cumprimento de um dos objetivos de tal acordo tenha sido comprometido em consequência de uma situação diferente daquelas às quais são aplicáveis as disposições dos parágrafos 1(a) e 1(b) do Artigo XXIII do GATT 1994. Quando e na medida em que essa parte considere, e um grupo especial determine, que a questão inclui-se neste parágrafo, os procedimentos deste Entendimento serão aplicados unicamente até o momento do processo em que o relatório do grupo especial seja distribuído aos Membros. Serão aplicáveis as normas e procedimentos de solução de controvérsias contidos na Decisão de 12 de abril de 1989 (BISD 36S/61-67) quando da consideração para adoção e supervisão e implementação de recomendações e decisões. Será também aplicável o seguinte:

(a) a parte reclamante deverá apresentar justificativa detalhada como base de qualquer argumentação a respeito de questões tratadas no presente parágrafo;

(b) nos casos que envolvam questões tratadas pelo presente parágrafo, se um grupo especial decidir que tais casos também se referem a outras questões relativas à solução de controvérsias além daquelas previstas neste parágrafo, o grupo especial deverá fornecer ao OSC um relatório encaminhando tais questões e um relatório separado sobre os assuntos compreendidos no âmbito de aplicação do presente parágrafo.

Artigo 27
Responsabilidades do Secretariado

1. O Secretariado terá a responsabilidade de prestar assistência aos grupos especiais, em especial nos aspectos jurídicos, históricos e de procedimento dos assuntos tratados, e de fornecer apoio técnico e de secretaria.

2. Ainda que o Secretariado preste assistência com relação à solução de controvérsias aos Membros que assim o solicitem, poderá ser também necessário fornecer assessoria e assistência jurídicas adicionais com relação à solução de controvérsias aos países em desenvolvimento Membros. Para tal fim, o Secretariado colocará à disposição de qualquer país em desenvolvimento Membro que assim o solicitar um perito legal qualificado dos serviços de cooperação técnica da OMC. Este perito deverá auxiliar o país em desenvolvimento Membro de maneira a garantir a constante imparcialidade do Secretariado.

3. O Secretariado deverá organizar, para os Membros interessados, cursos especiais de treinamento sobre estes procedimentos e práticas de solução de controvérsias a fim de que os especialistas dos Membros estejam melhor informados sobre o assunto.

APÊNDICE 1 – ACORDOS ABRANGIDOS PELO ENTENDIMENTO

A) Acordo Constitutivo da Organização Mundial do Comércio

B) Acordos Comerciais Multilaterais

Anexo 1A: Acordos Multilaterais sobre o Comércio de Mercadorias

Anexo 1B: Acordo geral sobre o Comércio de Serviços

Anexo 1C: Acordo sobre Aspectos de Direito de Propriedade Intelectual Relacionados com o Comércio

Anexo 2: Entendimento Relativo às Normas e Procedimentos sobre Solução de Controvérsias

C) Acordos Comerciais Plurilaterais

Anexo 4: Acordo sobre o Comércio de Aeronaves Civis

Acordo sobre Compras Governamentais

Acordo Internacional de Produtos Lácteos

Acordo Internacional de Carne Bovina

A aplicação do presente Entendimento aos Acordos Comerciais Plurilaterais dependerá da adoção, pelas partes do acordo em questão, de uma decisão na qual se estabeleçam as condições de aplicação do Entendimento ao referido acordo, com inclusão das possíveis normas ou procedimentos especiais ou adicionais para fins de sua inclusão no Apêndice 2, conforme notificado ao OSC.

APÊNDICE 2 – NORMAS E PROCEDIMENTOS ESPECIAIS OU ADICIONAIS CONTIDOS NOS ACORDOS ABRANGIDOS

Acordo	Normas e Procedimentos
Acordo sobre a Aplicação de Medidas Sanitárias e Fitossanitárias	11.2
Acordo sobre Têxteis e Vestuário	2.14, 2.21, 4.4, 5.2, 5.4, 5.6, 6.9, 6.11, 8.1 a 8.12
Acordo sobre Barreiras Técnicas ao Comércio	14.2 a 14.4, Anexo 2
Acordo sobre a Implementação do Artigo VI do GATT 1994	17.4 a 17.7
Acordo sobre a Implementação do Artigo VII do GATT 1994	19.3 a 19.5, Anexo II.2(f) 3, 9, 21
Acordo sobre Subsídios e Medidas Compensatórias	4.2 a 4.12, 6.6, 7.2 a 7.10, 8.5, nota 35, 24.4, 27.7, Anexo V
Acordo Geral sobre o Comércio de Serviços	XXII:3, XXIII:3
Anexo sobre Serviços Financeiros	4
Anexo sobre Serviços de Transporte Aéreo	4
Decisão Relativa a Certos Procedimentos de Solução de Controvérsias para o GATS	1 a 5

A lista de normas e procedimentos deste Apêndice inclui disposições das quais apenas uma parte pode ser pertinente a este contexto.

Quaisquer regras ou procedimentos especiais ou adicionais dos Acordos Comerciais Plurilaterais conforme determinado pelos órgãos competentes de cada acordo e notificado ao OSC.

APÊNDICE 3 – PROCEDIMENTOS DE TRABALHO

1. Em seus procedimentos os grupos especiais deverão observar as disposições pertinentes do presente Entendimento. Ademais, deverão ser aplicados os seguintes procedimentos.

2. O grupo especial deverá deliberar em reuniões fechadas. As partes em controvérsia e as partes interessadas deverão estar presentes às reuniões apenas quando convidadas a comparecer pelo grupo especial.

3. As deliberações do grupo especial e os documentos submetidos à sua consideração deverão ter caráter confidencial. Nenhuma das disposições do presente Entendimento deverá impedir a uma parte em controvérsia de tornar públicas as suas posições. Os Membros deverão considerar confidencial a informação fornecida ao grupo especial por outro Membro quando este a houver considerado como tal. Quando uma parte em controvérsia fornecer uma versão confidencial de suas argumentações escritas ao grupo especial, também deverá fornecer, a pedido de um Membro, um resumo não confidencial da informação contida nessas argumentações que possa ser tornado público.

4. Antes da primeira reunião substantiva do grupo especial com as partes, estas deverão apresentar ao grupo especial argumentações escritas nas quais relatem os fatos em questão e seus respectivos argumentos.

5. Na primeira reunião substantiva com as partes, o grupo especial deverá solicitar à parte que interpôs a reclamação que apresente suas argumentações. Em seguida, ainda na mesma reunião, a parte contrária deverá expor suas posições.

6. Todas as terceiras partes interessadas que tenham notificado ao OSC seu interesse na controvérsia deverão ser convidadas por escrito a apresentar suas opiniões durante a primeira reunião substantiva em sessão especial destinada a essa finalidade. Todas as terceiras partes poderão estar presentes à totalidade desta sessão.

7. As réplicas formais deverão ser apresentadas em uma segunda reunião substantiva do grupo especial. A parte demandada deverá ter direito à palavra em primeiro lugar, sendo seguida pela parte reclamante. Antes da reunião, as partes deverão fornecer ao grupo especial suas réplicas por escrito.

8. O grupo especial poderá a todo momento formular perguntas às partes e pedir-lhes explicações, seja durante uma reunião com elas, seja por escrito.

9. As partes em controvérsia e qualquer terceira parte convidada a expor suas opiniões de acordo com o Artigo 10 deverá colocar à disposição do grupo especial uma versão escrita de suas argumentações orais.

10. No interesse de total transparência, as exposições, réplicas e argumentações citadas nos parágrafos 5 a 9 deverão ser feitas em presença das partes. Além disso, cada comunicação escrita das partes, inclusive quaisquer comentários sobre aspectos expositivos do relatório e as respostas às questões do grupo especial, deverão ser colocadas à disposição da outra parte ou partes.

11. Quaisquer procedimentos adicionais específicos do grupo especial.

12. Proposta de calendário para os trabalhos do grupo especial:

(a)	Recebimento das primeiras argumentações escritas das partes:	
	(1) da parte reclamante	3 a 6 semanas
	(2) da parte demandada	2 a 3 semanas
(b)	Data, hora e local da primeira reunião substantiva com as partes; sessão destinada a terceiras partes:	1 a 2 semanas
(c)	Recebimento das réplicas escritas:	2 a 3 semanas
(d)	Data, hora e local da segunda reunião substantiva com as partes:	1 a 2 semanas
(e)	Distribuição da parte expositiva do relatório às partes:	2 a 4 semanas
(f)	Recebimento de comentários das partes sobre a parte expositiva do relatório:	2 semanas
(g)	Distribuição às partes de relatório provisório, inclusive verificações e decisões:	2 a 4 semanas
(h)	Prazo final para a parte solicitar exame de parte(s) do relatório:	1 semana
(i)	Período de revisão pelo grupo especial, inclusive possível nova reunião com as partes:	2 semanas
(j)	Distribuição do relatório definitivo às partes em controvérsia:	2 semanas
(k)	Distribuição do relatório definitivo aos Membros:	3 semanas

O calendário acima poderá ser alterado à luz de acontecimentos imprevistos. Se necessário, deverão ser programadas reuniões adicionais com as partes.

APÊNDICE 4 – GRUPO CONSULTIVO DE PERITOS

As regras e procedimentos seguintes serão aplicados aos grupos consultivos de peritos estabelecidos consoante as disposições do parágrafo 2 do Artigo 13.

1. Os grupos consultivos de peritos estão sob a autoridade de um grupo especial, ao qual deverão se reportar. Os termos de referência e os pormenores do procedimento de trabalho dos grupos consultivos serão decididos pelo grupo especial.

2. A participação nos grupos consultivos de peritos deverá ser exclusiva das pessoas de destaque profissional e experiência no assunto tratado.

3. Cidadãos dos países partes em uma controvérsia não deverão integrar um grupo consultivo de peritos sem a anuência conjunta das partes em controvérsia, salvo em situações excepcionais em que o grupo especial considere impossível atender de outro modo à necessidade de conhecimentos científicos especializados. Não poderão integrar um grupo consultivo de peritos os funcionários governamentais das partes em controvérsia. Os membros de um grupo consultivo de peritos deverão atuar a título de suas capacidades individuais e não como representantes de governo ou de qualquer organização. Portanto, governos e organizações não deverão dar-lhes instruções com relação aos assuntos submetidos ao grupo consultivo de peritos.

4. Os grupos consultivos de peritos poderão fazer consultas e buscar informações e assessoramento técnico em qualquer fonte que considerem apropriada. Antes de buscar informação ou assessoria de fonte submetida à jurisdição de um Membro, deverão informar ao governo de tal Membro. Todo Membro deverá atender imediata e completamente a qualquer solicitação de informação que um grupo consultivo de peritos considere necessária e apropriada.

5. As partes em controvérsia deverão ter acesso a toda informação pertinente fornecida a um grupo consultivo de peritos, a menos que tenha caráter confidencial. Informação confidencial fornecida ao grupo consultivo de peritos não deverá ser divulgada sem autorização do governo, organização ou pessoa que a forneceu. Quando tal informação for solicitada pelo grupo consultivo de peritos e este não seja autorizado a divulgá-la, um resumo não confidencial da informação será fornecido pelo governo, organização ou pessoa que a forneceu.

6. O grupo consultivo de peritos fornecerá um relatório provisório às partes em controvérsia, com vistas a recolher seus comentários e a levá-los em consideração, se pertinentes, no relatório final, que deverá ser divulgado às partes em controvérsia quando for apresentado ao grupo especial. O relatório final do grupo consultivo de peritos deverá ter caráter meramente consultivo.

CARTA DA ORGANIZAÇÃO DOS ESTADOS AMERICANOS

▶ Aprovada pelo Dec. Legislativo nº 64, de 7-12-1949. Ratificada em 13-3-1950 (União Pan-Americana, Washington). Entrou em vigor em 13-12-1951 e foi promulgada por meio do Dec. nº 30.544, de 14-2-1952.
▶ Carta com a redação dada pelo Dec. nº 2.760, de 27-8-1998.

Em nome dos seus povos, os Estados representados na nona Conferência Internacional Americana,

Convencidos de que a missão histórica da América é oferecer ao Homem uma terra de liberdade e um ambiente favorável ao desenvolvimento de sua personalidade e à realização de suas justas aspirações;

Conscientes de que esta missão já inspirou numerosos convênios e acordos cuja virtude essencial se origina do seu desejo de conviver em paz e de promover, mediante sua mútua compreensão e seu respeito pela soberania de cada um, o melhoramento de todos na independência, na igualdade e no direito;

Seguros de que a democracia representativa é condição indispensável para a estabilidade, a paz e o desenvolvimento da região;

Certos de que o verdadeiro sentido da solidariedade americana e da boa vizinhança não pode ser outro senão o de consolidar neste Continente, dentro do quadro das instituições democráticas, um regime de liberdade individual e de justiça social, fundado no respeito dos direitos essenciais do Homem;

Persuadidos de que o bem-estar de todos eles, assim como sua contribuição ao progresso e à civilização do mundo exigirá, cada vez mais, uma intensa cooperação continental;

Resolvidos a perseverar na nobre empresa que a Humanidade confiou às Nações Unidas, cujos princípios e propósitos reafirmam solenemente;

Convencidos de que a organização jurídica é uma condição necessária à segurança e à paz, baseadas na ordem moral e na justiça; e

De acordo com a Resolução IX da Conferência sobre Problemas da Guerra e da Paz, reunida na cidade do México,

Resolveram

Assinar a seguinte

CARTA DA ORGANIZAÇÃO DOS ESTADOS AMERICANOS

Primeira Parte

Capítulo I

NATUREZA E PROPÓSITOS

Artigo 1º

Os Estados americanos consagram nesta Carta a organização internacional que vêm desenvolvendo para conseguir uma ordem de paz e de justiça, para promover sua solidariedade, intensificar sua colaboração e defender sua soberania, sua integridade territorial e sua independência. Dentro das Nações Unidas, a Organização dos Estados Americanos constitui um organismo regional.

A Organização dos Estados Americanos não tem mais faculdades que aquelas expressamente conferidas por esta Carta, nenhuma de cujas disposições a autoriza a intervir em assuntos da jurisdição interna dos Estados-membros.

Artigo 2º

Para realizar os princípios em que se baseia e para cumprir com suas obrigações regionais, de acordo com a Carta das Nações Unidas, a Organização dos Estados Americanos estabelece como propósitos essenciais os seguintes:

a) Garantir a paz e a segurança continentais;
b) Promover e consolidar a democracia representativa, respeitado o princípio da não intervenção;
c) Prevenir as possíveis causas de dificuldades e assegurar a solução pacífica das controvérsias que surjam entre seus membros;
d) Organizar a ação solidária destes em caso de agressão;
e) Procurar a solução dos problemas políticos, jurídicos e econômicos que surgirem entre os Estados-membros;
f) Promover, por meio da ação cooperativa, seu desenvolvimento econômico, social e cultural;
g) Erradicar a pobreza crítica, que constitui um obstáculo ao pleno desenvolvimento democrático dos povos do Hemisfério; e
h) Alcançar uma efetiva limitação de armamentos convencionais que permita dedicar a maior soma de recursos ao desenvolvimento econômico-social dos Estados-membros.

Capítulo II

PRINCÍPIOS

Artigo 3º

Os Estados americanos reafirmam os seguintes princípios:

a) O direito internacional é a norma de conduta dos Estados em suas relações recíprocas;
b) A ordem internacional é constituída essencialmente pelo respeito à personalidade, a soberania e independência dos Estados e pelo cumprimento fiel das obrigações emanadas dos tratados e de outras fontes do direito internacional;
c) A boa-fé deve reger as relações dos Estados entre si;
d) A solidariedade dos Estados americanos e os altos fins a que ela visa requerem a organização política dos mesmos, com base no exercício efetivo da democracia representativa;
e) Todo Estado tem o direito de escolher, sem ingerências externas, seu sistema político, econômico e social, bem como de organizar-se da maneira que mais lhe convenha, e tem o dever de não intervir nos assuntos de outro Estado. Sujeitos ao acima disposto, os Estados americanos cooperarão amplamente entre si, independentemente da natureza de seus sistemas políticos, econômicos e sociais;
f) A eliminação da pobreza crítica é parte essencial da promoção e consolidação da democracia representativa e constitui responsabilidade comum e compartilhada dos Estados americanos;
g) Os Estados americanos condenam a guerra de agressão: a vitória não dá direitos;
h) A agressão a um Estado americano constitui uma agressão a todos os demais Estados americanos;
i) As controvérsias de caráter internacional, que surgirem entre dois ou mais Estados americanos, deverão ser resolvidas por meio de processos pacíficos;
j) A justiça e a segurança sociais são bases de uma paz duradoura;
k) A cooperação econômica é essencial para o bem-estar e para a prosperidade comuns dos povos do Continente;
l) Os Estados americanos proclamam os direitos fundamentais da pessoa humana, sem fazer distinção de raça, nacionalidade, credo ou sexo;
m) A unidade espiritual do Continente baseia-se no respeito à personalidade cultural dos países americanos e exige a sua estreita colaboração para as altas finalidades da cultura humana;
n) A educação dos povos deve orientar-se para a justiça, a liberdade e a paz.

Capítulo III

MEMBROS

Artigo 4º

São membros da Organização todos os Estados americanos que ratificarem a presente Carta.

Artigo 5º

Na Organização será admitida toda nova entidade política que nasça da união de seus Estados-membros e que, como tal, ratifique esta Carta. O ingresso da nova entidade política na Organização redundará para cada um dos Estados que a constituam em perda da qualidade de membro da Organização.

Artigo 6º

Qualquer outro Estado americano independente que queira ser membro da Organização deverá manifestá-lo mediante nota dirigida ao Secretário-Geral, na qual seja consignado que está disposto a assinar e ratificar a Carta da Organização, bem como a aceitar todas as obrigações inerentes à condição de membro, em especial as referentes à segurança coletiva, mencionadas expressamente nos artigos 28 e 29.

Artigo 7º

A Assembleia-Geral, após recomendação do Conselho Permanente da Organização, determinará se é procedente autorizar o Secretário-Geral a permitir que o Estado solicitante assine a Carta e a aceitar o depósito do respectivo instrumento de ratificação. Tanto a recomendação do Conselho Permanente como a decisão da Assembleia-Geral requererão o voto afirmativo de dois terços dos Estados-membros.

Artigo 8º

A condição de membro da Organização estará restringida aos Estados independentes do Continente que, em 10 de dezembro de 1985, forem membros das Nações Unidas e aos territórios não autônomos mencionados no documento OEA/Ser.P, AG/doc.1939/85, de 5 de novembro de 1985, quando alcançarem a sua independência.

Artigo 9º

Um membro da Organização, cujo governo democraticamente constituído seja deposto pela força, poderá ser suspenso do exercício do direito de participação nas sessões da Assembleia-Geral, da Reunião de Consulta, dos Conselhos da Organização e das Conferências Especializadas, bem como das comissões, grupos de trabalho e demais órgãos que tenham sido criados.

a) A faculdade de suspensão somente será exercida quando tenham sido infrutíferas as gestões diplomáticas que a Organização houver empreendido a fim de propiciar o restabelecimento da democracia representativa no Estado-membro afetado;
b) A decisão sobre a suspensão deverá ser adotada em um período extraordinário de sessões da Assembleia-Geral, pelo voto afirmativo de dois terços dos Estados-membros;
c) A suspensão entrará em vigor imediatamente após sua aprovação pela Assembleia-Geral;
d) Não obstante a medida de suspensão, a Organização procurará empreender novas gestões diplomáticas destinadas a coadjuvar o restabelecimento da democracia representativa no Estado-membro afetado;
e) O membro que tiver sido objeto de suspensão deverá continuar observando o cumprimento de suas obrigações com a Organização;
f) A Assembleia-Geral poderá levantar a suspensão mediante decisão adotada com a aprovação de dois terços dos Estados-membros; e

g) As atribuições a que se refere este artigo se exercerão de conformidade com a presente Carta.

Capítulo IV

DIREITOS E DEVERES FUNDAMENTAIS DOS ESTADOS

Artigo 10

Os Estados são juridicamente iguais, desfrutam de iguais direitos e de igual capacidade para exercê-los, e têm deveres iguais. Os direitos de cada um não dependem do poder de que dispõem para assegurar o seu exercício, mas sim do simples fato da sua existência como personalidade jurídica internacional.

Artigo 11

Todo Estado americano tem o dever de respeitar os direitos dos demais Estados de acordo com o direito internacional.

Artigo 12

Os direitos fundamentais dos Estados não podem ser restringidos de maneira alguma.

Artigo 13

A existência política do Estado é independente do seu reconhecimento pelos outros Estados. Mesmo antes de ser reconhecido, o Estado tem o direito de defender a sua integridade e independência, de promover a sua conservação e prosperidade, e, por conseguinte, de se organizar como melhor entender, de legislar sobre os seus interesses, de administrar os seus serviços e de determinar a jurisdição e a competência dos seus tribunais. O exercício desses direitos não tem outros limites senão o do exercício dos direitos de outros Estados, conforme o direito internacional.

Artigo 14

O reconhecimento significa que o Estado que o outorga aceita a personalidade do novo Estado com todos os direitos e deveres que, para um e outro, determina o direito internacional.

Artigo 15

O direito que tem o Estado de proteger e desenvolver a sua existência não o autoriza a praticar atos injustos contra outro Estado.

Artigo 16

A jurisdição dos Estados nos limites do território nacional exerce-se igualmente sobre todos os habitantes, quer sejam nacionais ou estrangeiros.

Artigo 17

Cada Estado tem o direito de desenvolver, livre e espontaneamente, a sua vida cultural, política e econômica. No seu livre desenvolvimento, o Estado respeitará os direitos da pessoa humana e os princípios da moral universal.

Artigo 18

O respeito e a observância fiel dos tratados constituem norma para o desenvolvimento das relações pacíficas entre os Estados. Os tratados e acordos internacionais devem ser públicos.

Artigo 19

Nenhum Estado ou grupo de Estados tem o direito de intervir, direta ou indiretamente, seja qual for o motivo, nos assuntos internos ou externos de qualquer outro.

Este princípio exclui não somente a força armada, mas também qualquer outra forma de interferência ou de tendência atentatória à personalidade do Estado e dos elementos políticos, econômicos e culturais que o constituem.

Artigo 20

Nenhum Estado poderá aplicar ou estimular medidas coercivas de caráter econômico e político, para forçar a vontade soberana de outro Estado e obter deste vantagens de qualquer natureza.

Artigo 21

O território de um Estado é inviolável; não pode ser objeto de ocupação militar, nem de outras medidas de força tomadas por outro Estado, direta ou indiretamente, qualquer que seja o motivo, embora de maneira temporária. Não se reconhecerão as aquisições territoriais ou as vantagens especiais obtidas pela força ou por qualquer outro meio de coação.

Artigo 22

Os Estados americanos se comprometem, em suas relações internacionais, a não recorrer ao uso da força, salvo em caso de legítima defesa, em conformidade com os tratados vigentes, ou em cumprimento dos mesmos tratados.

Artigo 23

As medidas adotadas para a manutenção da paz e da segurança, de acordo com os tratados vigentes, não constituem violação aos princípios enunciados nos artigos 19 e 21.

Capítulo V

SOLUÇÃO PACÍFICA DE CONTROVÉRSIAS

Artigo 24

As controvérsias internacionais entre os Estados-membros devem ser submetidas aos processos de solução pacífica indicados nesta Carta.

Esta disposição não será interpretada no sentido de prejudicar os direitos e obrigações dos Estados-membros, de acordo com os artigos 34 e 35 da Carta das Nações Unidas.

Artigo 25

São processos pacíficos: a negociação direta, os bons ofícios, a mediação, a investigação e conciliação, o processo judicial, a arbitragem e os que sejam especialmente combinados, em qualquer momento, pelas partes.

Artigo 26

Quando entre dois ou mais Estados americanos surgir uma controvérsia que, na opinião de um deles, não possa ser resolvida pelos meios diplomáticos comuns, as partes deverão convir em qualquer outro processo pacífico que lhes permita chegar a uma solução.

Artigo 27

Um tratado especial estabelecerá os meios adequados para solução das controvérsias e determinará os processos pertinentes a cada um dos meios pacíficos, de forma a não permitir que controvérsia alguma entre os Estados americanos possa ficar sem solução definitiva, dentro de um prazo razoável.

Capítulo VI

SEGURANÇA COLETIVA

Artigo 28

Toda agressão de um Estado contra a integridade ou a inviolabilidade do território, ou contra a soberania, ou a independência política de um Estado americano, será considerada como um ato de agressão contra todos os demais Estados americanos.

Artigo 29

Se a inviolabilidade, ou a integridade do território, ou a soberania, ou a independência política de qualquer Estado americano forem atingidas por um ataque armado, ou por uma agressão que não seja ataque armado, ou por um conflito extracontinental, ou por um conflito entre dois ou mais Estados americanos, ou por qualquer outro fato ou situação que possa pôr em perigo a paz da América, os Estados americanos, em obediência aos princípios de solidariedade continental, ou de legítima defesa coletiva, aplicarão as medidas e processos estabelecidos nos tratados especiais existentes sobre a matéria.

Capítulo VII

DESENVOLVIMENTO INTEGRAL

Artigo 30

Os Estados-membros, inspirados nos princípios de solidariedade e cooperação interamericanas, comprometem-se a unir seus esforços no sentido de que impere a justiça social internacional em suas relações e de que seus povos alcancem um desenvolvimento integral, condições indispensáveis para a paz e a segurança. O desenvolvimento integral abrange os campos econômico, social, educacional, cultural, científico e tecnológico, nos quais devem ser atingidas as metas que cada país definir para alcançá-lo.

Artigo 31

A cooperação interamericana para o desenvolvimento integral é responsabilidade comum e solidária dos Estados-membros, no contexto dos princípios democráticos e das instituições do Sistema Interamericano. Ela deve compreender os campos econômico, social, educacional, cultural, científico e tecnológico, apoiar a consecução dos objetivos nacionais dos Estados-membros e respeitar as prioridades que cada país fixar em seus planos de desenvolvimento, sem vinculações nem condições de caráter político.

Artigo 32

A cooperação interamericana para o desenvolvimento integral deve ser contínua e encaminhar-se, de preferência, por meio de organismos multilaterais, sem prejuízo da cooperação bilateral acordada entre os Estados-membros.

Os Estados-membros contribuirão para a cooperação interamericana para o desenvolvimento integral, de acordo com seus recursos e possibilidades e em conformidade com suas leis.

Artigo 33

O desenvolvimento integral é responsabilidade primordial de cada país e deve constituir um processo integral e continuado para a criação de uma ordem econômica e social justa que permita a plena realização da pessoa humana e para isso contribua.

Artigo 34

Os Estados-membros convêm em que a igualdade de oportunidades, a eliminação da pobreza crítica e a distribuição equitativa da riqueza e da renda, bem como a plena participação de seus povos nas decisões relativas a seu próprio desenvolvimento, são, entre outros, objetivos básicos do desenvolvimento integral. Para alcançá-los convêm, da mesma forma, em dedicar seus maiores esforços à consecução das seguintes metas básicas:

a) Aumento substancial e autossustentado do produto nacional *per capita*;
b) Distribuição equitativa da renda nacional;
c) Sistemas tributários adequados e equitativos;
d) Modernização da vida rural e reformas que conduzam a regimes equitativos e eficazes de posse da terra, maior produtividade agrícola, expansão do uso da terra, diversificação da produção e melhores sistemas para a industrialização e comercialização de produtos agrícolas, e fortalecimento e ampliação dos meios para alcançar esses fins;
e) Industrialização acelerada e diversificada, especialmente de bens de capital e intermediários;
f) Estabilidade do nível dos preços internos, em harmonia com o desenvolvimento econômico sustentado e com a consecução da justiça social;
g) Salários justos, oportunidades de emprego e condições de trabalho aceitáveis para todos;
h) Rápida erradicação do analfabetismo e ampliação, para todos, das oportunidades no campo da educação;
i) Defesa do potencial humano mediante extensão e aplicação dos modernos conhecimentos da ciência médica;
j) Alimentação adequada, especialmente por meio da aceleração dos esforços nacionais no sentido de aumentar a produção e disponibilidade de alimentos;
k) Habitação adequada para todos os setores da população;
l) Condições urbanas que proporcionem oportunidades de vida sadia, produtiva e digna;
m) Promoção da iniciativa e dos investimentos privados em harmonia com a ação do setor público; e
n) Expansão e diversificação das exportações.

Artigo 35

Os Estados-membros devem abster-se de exercer políticas e praticar ações ou tomar medidas que tenham sérios efeitos adversos sobre o desenvolvimento de outros Estados-membros.

Artigo 36

As empresas transnacionais e o investimento privado estrangeiro estão sujeitos à legislação e à jurisdição dos tribunais nacionais competentes dos países receptores, bem como aos tratados e convênios internacionais dos quais estes sejam parte, e devem ajustar-se à política de desenvolvimento dos países receptores.

Artigo 37

Os Estados-membros convêm em buscar, coletivamente, solução para os problemas urgentes ou graves que possam apresentar-se quando o desenvolvimento ou estabilidade econômicos de qualquer Estado-membro se virem seriamente afetados por situações que não puderem ser solucionadas pelo esforço desse Estado.

Artigo 38

Os Estados-membros difundirão entre si os benefícios da ciência e da tecnologia, promovendo, de acordo com os tratados vigentes e as leis nacionais, o intercâmbio e o aproveitamento dos conhecimentos científicos e técnicos.

Artigo 39

Os Estados-membros, reconhecendo a estrita interdependência que há entre o comércio exterior e o desenvolvimento econômico e social, devem envidar esforços, individuais e coletivos, a fim de conseguir:

a) Condições favoráveis de acesso aos mercados mundiais para os produtos dos países em desenvolvimento da região, especialmente por meio da redução ou abolição, por parte dos países importadores, das barreiras alfandegárias e não alfandegárias que afetam as exportações dos Estados-membros da Organização, salvo quando tais barreiras se aplicarem a fim de diversificar a estrutura econômica, acelerar o desenvolvimento dos Estados-membros menos desenvolvidos e intensificar seu processo de integração econômica, ou quando se relacionarem com a segurança nacional ou com as necessidades do equilíbrio econômico;
b) Continuidade do seu desenvolvimento econômico e social, mediante:
 i) Melhores condições para o comércio de produtos básicos por meio de convênios internacionais, quando forem adequados; de processos ordenados de comercialização que evitem a perturbação dos mercados; e de outras medidas destinadas a promover a expansão de mercados e a obter receitas seguras para os produtores, fornecimentos adequados e seguros para os consumidores, e preços estáveis que sejam ao mesmo tempo recompensadores para os produtores e equitativos para os consumidores;
 ii) Melhor cooperação internacional no setor financeiro e adoção de outros meios para atenuar os efeitos adversos das acentuadas flutuações das receitas de exportação que experimentem os países exportadores de produtos básicos;
 iii) Diversificação das exportações e ampliação das oportunidades de exportação dos produtos manufaturados e semimanufaturados de países em desenvolvimento; e
 iv) Condições favoráveis ao aumento das receitas reais provenientes das exportações dos Estados-membros, especialmente dos países em desenvolvimento da região, e ao aumento de sua participação no comércio internacional.

Artigo 40

Os Estados-membros reafirmam o princípio de que os países de maior desenvolvimento econômico, que em acordos internacionais de comércio façam concessões em benefício dos países de menor desenvolvimento econômico no tocante à redução e abolição de tarifas ou outras barreiras ao comércio exterior, não devem solicitar a estes países concessões recíprocas que sejam incompatíveis com seu desenvolvimento econômico e com suas necessidades financeiras e comerciais.

Artigo 41

Os Estados-membros, com o objetivo de acelerar o desenvolvimento econômico, a integração regional, a expansão e a melhoria das condições do seu comércio, promoverão a modernização e a coordenação dos transportes e comunicações nos países em desenvolvimento e entre os Estados-membros.

Artigo 42

Os Estados-membros reconhecem que a integração dos países em desenvolvimento do Continente constitui um dos objetivos do Sistema Interamericano e, portanto, orientarão seus esforços e tomarão as medidas necessárias no sentido de acelerar o processo de integração com vistas à consecução, no mais breve prazo, de um mercado comum latino-americano.

Artigo 43

Com o objetivo de fortalecer e acelerar a integração em todos os seus aspectos, os Estados-membros comprometem-se a dar adequada prioridade à elaboração e execução de projetos multinacionais e a seu financiamento, bem como a estimular as instituições econômicas e financeiras do Sistema Interamericano a que continuem dando seu mais amplo apoio às instituições e aos programas de integração regional.

Artigo 44

Os Estados-membros convêm em que a cooperação técnica e financeira, tendente a estimular os processos de integração econômica regional, deve basear-se no princípio do desenvolvimento harmônico, equilibrado e eficiente, dispensando especial atenção aos países de menor desenvolvimento relativo, de modo que constitua um fator decisivo que os habilite a promover, com seus próprios esforços, o melhor desenvolvimento de seus programas de infraestrutura, novas linhas de produção e a diversificação de suas exportações.

Artigo 45

Os Estados-membros, convencidos de que o Homem somente pode alcançar a plena realização de suas aspirações dentro de uma ordem social justa, acompanhada de desenvolvimento econômico e de verdadeira paz, convêm em envidar os seus maiores esforços na aplicação dos seguintes princípios e mecanismos:

a) Todos os seres humanos, sem distinção de raça, sexo, nacionalidade, credo ou condição social, têm direito ao bem-estar material e a seu desenvolvimento espiritual em condições de liberdade, dignidade, igualdade de oportunidades e segurança econômica;

b) O trabalho é um direito e um dever social; confere dignidade a quem o realiza e deve ser exercido em condições que, compreendendo um regime de salários justos, assegurem a vida, a saúde e um nível econômico digno ao trabalhador e sua família, tanto durante os anos de atividade como na velhice, ou quando qualquer circunstância o prive da possibilidade de trabalhar;

c) Os empregadores e os trabalhadores, tanto rurais como urbanos, têm o direito de se associarem livremente para a defesa e promoção de seus interesses, inclusive o direito de negociação coletiva e o de greve por parte dos trabalhadores, o reconhecimento da personalidade jurídica das associações e a proteção de sua liberdade e independência, tudo de acordo com a respectiva legislação;

d) Sistemas e processos justos e eficientes de consulta e colaboração entre os setores da produção, levada em conta a proteção dos interesses de toda a sociedade;

e) O funcionamento dos sistemas de administração pública, bancário e de crédito, de empresa, e de distribuição e vendas, de forma que, em harmonia com o setor privado, atendam às necessidades e interesses da comunidade;

f) A incorporação e crescente participação dos setores marginais da população, tanto das zonas rurais como dos centros urbanos, na vida econômica, social, cívica, cultural e política da nação, a fim de conseguir a plena integração da comunidade nacional, o aceleramento do processo de mobilidade social e a consolidação do regime democrático. O estímulo a todo esforço de promoção e cooperação populares que tenha por fim o desenvolvimento e o progresso da comunidade;

g) O reconhecimento da importância da contribuição das organizações tais como os sindicatos, as cooperativas e as associações culturais, profissionais, de negócios, vicinais e comunais para a vida da sociedade e para o processo de desenvolvimento;

h) Desenvolvimento de uma política eficiente de previdência social; e

i) Disposições adequadas a fim de que todas as pessoas tenham a devida assistência legal para fazer valer seus direitos.

Artigo 46

Os Estados-membros reconhecem que, para facilitar o processo de integração regional latino-americana, é necessário harmonizar a legislação social dos países em desenvolvimento, especialmente no setor trabalhista e no da previdência social, a fim de que os direitos dos trabalhadores sejam igualmente protegidos, e convêm em envidar os maiores esforços com o objetivo de alcançar essa finalidade.

Artigo 47

Os Estados-membros darão primordial importância, dentro dos seus planos de desenvolvimento, ao estímulo da educação, da ciência, da tecnologia e da cultura, orientadas no sentido do melhoramento integral da pessoa humana e como fundamento da democracia, da justiça social e do progresso.

Artigo 48

Os Estados-membros cooperarão entre si, a fim de atender às suas necessidades no tocante à educação, promover a pesquisa científica e impulsionar o progresso tecnológico para seu desenvolvimento integral. Considerar-se-ão individual e solidariamente comprometidos a preservar e enriquecer o patrimônio cultural dos povos americanos.

Artigo 49

Os Estados-membros empreenderão os maiores esforços para assegurar, de acordo com suas normas constitucionais, o exercício efetivo do direito à educação, observados os seguintes princípios:

a) O ensino primário, obrigatório para a população em idade escolar, será estendido também a todas as outras pessoas a quem possa aproveitar. Quando ministrado pelo Estado, será gratuito;

b) O ensino médio deverá ser estendido progressivamente, com critério de promoção social, à maior parte possível da população. Será diversificado de maneira que, sem prejuízo da formação geral dos educandos, atenda às necessidades do desenvolvimento de cada país; e
c) A educação de grau superior será acessível a todos, desde que, a fim de manter seu alto nível, se cumpram as normas regulamentares ou acadêmicas respectivas.

ARTIGO 50

Os Estados-membros dispensarão especial atenção à erradicação do analfabetismo, fortalecerão os sistemas de educação de adultos e de habilitação para o trabalho, assegurarão a toda a população o gozo dos bens da cultura e promoverão o emprego de todos os meios de divulgação para o cumprimento de tais propósitos.

ARTIGO 51

Os Estados-membros promoverão a ciência e a tecnologia por meio de atividades de ensino, pesquisa e desenvolvimento tecnológico e de programas de difusão e divulgação, estimularão as atividades no campo da tecnologia, com o propósito de adequá-la às necessidades do seu desenvolvimento integral; concertarão de maneira eficaz sua cooperação nessas matérias; e ampliarão substancialmente o intercâmbio de conhecimentos, de acordo com os objetivos e leis nacionais e os tratados vigentes.

ARTIGO 52

Os Estados-membros, dentro do respeito devido à personalidade de cada um deles, convêm em promover o intercâmbio cultural como meio eficaz para consolidar a compreensão interamericana e reconhecem que os programas de integração regional devem ser fortalecidos mediante estreita vinculação nos setores da educação, da ciência e da cultura.

SEGUNDA PARTE

CAPÍTULO VIII

DOS ÓRGÃOS

ARTIGO 53

A Organização dos Estados Americanos realiza os seus fins por intermédio:
a) Da Assembleia-Geral;
b) Da Reunião de Consulta dos Ministros das Relações Exteriores;
c) Dos Conselhos;
d) Da Comissão Jurídica Interamericana;
e) Da Comissão Interamericana de Direitos Humanos;
f) Da Secretaria-Geral;
g) Das Conferências Especializadas; e
h) Dos Organismos Especializados.

Poderão ser criados, além dos previstos na Carta e de acordo com suas disposições, os órgãos subsidiários, organismos e outras entidades que forem julgados necessários.

CAPÍTULO IX

A ASSEMBLEIA-GERAL

ARTIGO 54

A Assembleia-Geral é o órgão supremo da Organização dos Estados Americanos. Tem por principais atribuições, além das outras que lhe confere a Carta, as seguintes:
a) Decidir a ação e a política gerais da Organização, determinar a estrutura e funções de seus órgãos e considerar qualquer assunto relativo à convivência dos Estados americanos;
b) Estabelecer normas para a coordenação das atividades dos órgãos, organismos e entidades da Organização entre si e de tais atividades com as das outras instituições do Sistema Interamericano;
c) Fortalecer e harmonizar a cooperação com as Nações Unidas e seus organismos especializados;
d) Promover a colaboração, especialmente nos setores econômico, social e cultural, com outras organizações internacionais cujos objetivos sejam análogos aos da Organização dos Estados Americanos;
e) Aprovar o orçamento-programa da Organização e fixar as quotas dos Estados-membros;
f) Considerar os relatórios da Reunião de Consulta dos Ministros das Relações Exteriores e as observações e recomendações que, a respeito dos relatórios que deverem ser apresentados pelos demais órgãos e entidades, lhe sejam submetidas pelo Conselho Permanente, conforme o disposto na alínea f, do artigo 91, bem como os relatórios de qualquer órgão que a própria Assembleia-Geral requeira;
g) Adotar as normas gerais que devem reger o funcionamento da Secretaria-Geral; e
h) Aprovar seu regulamento e, pelo voto de dois terços, sua agenda.

A Assembleia-Geral exercerá suas atribuições de acordo com o disposto na Carta e em outros tratados interamericanos.

ARTIGO 55

A Assembleia-Geral estabelece as bases para a fixação da quota com que deve cada um dos governos contribuir para a manutenção da Organização, levando em conta a capacidade de pagamento dos respectivos países e a determinação dos mesmos de contribuir de forma equitativa. Para que possam ser tomadas decisões sobre assuntos orçamentários, é necessária a aprovação de dois terços dos Estados-membros.

ARTIGO 56

Todos os Estados-membros têm direito a fazer-se representar na Assembleia-Geral. Cada Estado tem direito a um voto.

ARTIGO 57

A Assembleia-Geral reunir-se-á anualmente na época que determinar o regulamento e em sede escolhida consoante o princípio do rodízio. Em cada período ordinário de sessões serão determinadas, de acordo com o regulamento, a data e a sede do período ordinário seguinte.

Se, por qualquer motivo, a Assembleia-Geral não se puder reunir na sede escolhida, reunir-se-á na Secretaria-Geral, sem prejuízo de que, se algum dos Estados-membros oferecer oportunamente sede em seu território, possa o Conselho Permanente da Organização acordar que a Assembleia-Geral se reúna nessa sede.

Artigo 58

Em circunstâncias especiais e com a aprovação de dois terços dos Estados-membros, o Conselho Permanente convocará um período extraordinário de sessões da Assembleia-Geral.

Artigo 59

As decisões da Assembleia-Geral serão adotadas pelo voto da maioria absoluta dos Estados-membros, salvo nos casos em que é exigido o voto de dois terços, de acordo com o disposto na Carta, ou naqueles que determinar a Assembleia-Geral, pelos processos regulamentares.

Artigo 60

Haverá uma Comissão Preparatória da Assembleia-Geral, composta de representantes de todos os Estados-membros, a qual desempenhará as seguintes funções:

a) Elaborar o projeto de agenda de cada período de sessões da Assembleia-Geral;
b) Examinar o projeto de orçamento-programa e o de resolução sobre quotas e apresentar à Assembleia-Geral um relatório sobre os mesmos, com as recomendações que julgar pertinentes; e
c) As outras que lhe forem atribuídas pela Assembleia-Geral.

O projeto de agenda e o relatório serão oportunamente encaminhados aos governos dos Estados-membros.

Capítulo X

A REUNIÃO DE CONSULTA DOS MINISTROS DAS RELAÇÕES EXTERIORES

Artigo 61

A Reunião de Consulta dos Ministros das Relações Exteriores deverá ser convocada a fim de considerar problemas de natureza urgente e de interesse comum para os Estados americanos, e para servir de Órgão de Consulta.

Artigo 62

Qualquer Estado-membro pode solicitar a convocação de uma Reunião de Consulta. A solicitação deve ser dirigida ao Conselho Permanente da Organização, o qual decidirá, por maioria absoluta de votos, se é oportuna a reunião.

Artigo 63

A agenda e o regulamento da Reunião de Consulta serão preparados pelo Conselho Permanente da Organização e submetidos à consideração dos Estados-membros.

Artigo 64

Se, em caso excepcional, o Ministro das Relações Exteriores de qualquer país não puder assistir à reunião, far-se-á representar por um delegado especial.

Artigo 65

Em caso de ataque armado ao território de um Estado americano ou dentro da zona de segurança demarcada pelo tratado em vigor, o Presidente do Conselho Permanente reunirá o Conselho, sem demora, a fim de determinar a convocação da Reunião de Consulta, sem prejuízo do disposto no Tratado Interamericano de Assistência Recíproca no que diz respeito aos Estados-Partes no referido instrumento.

Artigo 66

Fica estabelecida uma Comissão Consultiva de Defesa para aconselhar o Órgão de Consulta a respeito dos problemas de colaboração militar, que possam surgir da aplicação dos tratados especiais existentes sobre matéria de segurança coletiva.

Artigo 67

A Comissão Consultiva de Defesa será integrada pelas mais altas autoridades militares dos Estados americanos que participem da Reunião de Consulta. Excepcionalmente, os governos poderão designar substitutos. Cada Estado terá direito a um voto.

Artigo 68

A Comissão Consultiva de Defesa será convocada nos mesmos termos que o Órgão de Consulta, quando este tenha que tratar de assuntos relacionados com a defesa contra agressão.

Artigo 69

Quando a Assembleia-Geral ou a Reunião de Consulta ou os governos lhe cometerem, por maioria de dois terços dos Estados-membros, estudos técnicos ou relatórios sobre temas específicos, a Comissão também se reunirá para esse fim.

Capítulo XI

OS CONSELHOS DA ORGANIZAÇÃO DISPOSIÇÕES COMUNS

Artigo 70

O Conselho Permanente da Organização e o Conselho Interamericano de Desenvolvimento Integral dependem diretamente da Assembleia-Geral e têm a competência conferida a cada um deles pela Carta e por outros instrumentos interamericanos, bem como as funções que lhes forem confiadas pela Assembleia-Geral e pela Reunião de Consulta dos Ministros das Relações Exteriores.

Artigo 71

Todos os Estados-membros têm direito a fazer-se representar em cada um dos Conselhos. Cada Estado tem direito a um voto.

Artigo 72

Dentro dos limites da Carta e dos demais instrumentos interamericanos, os Conselhos poderão fazer recomendações no âmbito de suas atribuições.

Artigo 73

Os Conselhos, em assuntos de sua respectiva competência, poderão apresentar estudos e propostas à Assembleia-Geral e submeter-lhe projetos de instrumentos internacionais e proposições com referência à realização de conferências especializadas e à criação, modificação ou extinção de organismos especializados e outras entidades interamericanas, bem como sobre a coordenação de suas atividades. Os Conselhos poderão também apresentar estudos, propostas e projetos de instrumentos internacionais às Conferências Especializadas.

Artigo 74

Cada Conselho, em casos urgentes, poderá convocar, em matéria de sua competência, Conferências Especializadas, mediante consulta prévia com os

Estados-membros e sem ter de recorrer ao processo previsto no artigo 122.

ARTIGO 75
Os Conselhos, na medida de suas possibilidades e com a cooperação da Secretaria Geral, prestarão aos governos os serviços especializados que estes solicitarem.

ARTIGO 76
Cada Conselho tem faculdades para requerer do outro, bem como dos órgãos subsidiários e dos organismos a eles subordinados, a prestação, nas suas respectivas esferas de competência, de informações e assessoramento. Poderá, também, cada um deles, solicitar os mesmos serviços às demais entidades do Sistema Interamericano.

ARTIGO 77
Com a prévia aprovação da Assembleia-Geral, os Conselhos poderão criar os órgãos subsidiários e os organismos que julgarem convenientes para o melhor exercício de suas funções. Se a Assembleia-Geral não estiver reunida, os referidos órgãos e organismos poderão ser estabelecidos provisoriamente pelo Conselho respectivo. Na composição dessas entidades os Conselhos observarão, na medida do possível, os princípios do rodízio e da representação geográfica equitativa.

ARTIGO 78
Os Conselhos poderão realizar reuniões no território de qualquer Estado-membro, quando o julgarem conveniente e com aquiescência prévia do respectivo governo.

ARTIGO 79
Cada Conselho elaborará seu estatuto, submetê-lo-á à aprovação da Assembleia-Geral e aprovará seu regulamento e os de seus órgãos subsidiários, organismos e comissões.

CAPÍTULO XII

O CONSELHO PERMANENTE DA ORGANIZAÇÃO

ARTIGO 80
O Conselho Permanente da Organização compõe-se de um representante de cada Estado-membro, nomeado especialmente pelo respectivo governo, com a categoria de embaixador. Cada governo poderá acreditar um representante interino, bem como os suplentes e assessores que julgar conveniente.

ARTIGO 81
A Presidência do Conselho Permanente será exercida sucessivamente pelos representantes, na ordem alfabética dos nomes em espanhol de seus respectivos países, e a Vice-Presidência, de modo idêntico, seguida a ordem alfabética inversa.

O Presidente e o Vice-Presidente exercerão suas funções por um período não superior a 6 (seis) meses, que será determinado pelo estatuto.

ARTIGO 82
O Conselho Permanente tomará conhecimento, dentro dos limites da Carta e dos tratados e acordos interamericanos, de qualquer assunto de que o encarreguem a Assembleia-Geral ou a Reunião de Consulta dos Ministros das Relações Exteriores.

ARTIGO 83
O Conselho Permanente agirá provisoriamente como Órgão de Consulta, conforme o estabelecido no tratado especial sobre a matéria.

ARTIGO 84
O Conselho Permanente velará pela manutenção das relações de amizade entre os Estados-membros e, com tal objetivo, ajudá-los-á de maneira efetiva na solução pacífica de suas controvérsias, de acordo com as disposições que se seguem.

ARTIGO 85
De acordo com as disposições da Carta, qualquer parte numa controvérsia, no tocante à qual não esteja em tramitação qualquer dos processos pacíficos previstos na Carta, poderá recorrer ao Conselho Permanente, para obter seus bons ofícios. O Conselho, de acordo com o disposto no artigo anterior, assistirá as partes e recomendará os processos que considerar adequados para a solução pacífica da controvérsia.

ARTIGO 86
O Conselho Permanente, no exercício de suas funções, com a anuência das partes na controvérsia, poderá estabelecer comissões ad hoc.

As comissões ad hoc terão a composição e o mandato que em cada caso decidir o Conselho Permanente, com o consentimento das partes na controvérsia.

ARTIGO 87
O Conselho Permanente poderá também, pelo meio que considerar conveniente, investigar os fatos relacionados com a controvérsia, inclusive no território de qualquer das partes, após consentimento do respectivo governo.

ARTIGO 88
Se o processo de solução pacífica de controvérsias recomendado pelo Conselho Permanente, ou sugerido pela respectiva comissões ad hoc nos termos de seu mandato, não for aceito por uma das partes, ou qualquer destas declarar que o processo não resolveu a controvérsia, o Conselho Permanente informará a Assembleia-Geral, sem prejuízo de que leve a cabo gestões para o entendimento entre as partes ou para o reatamento das relações entre elas.

ARTIGO 89
O Conselho Permanente, no exercício de tais funções, tomará suas decisões pelo voto afirmativo de dois terços dos seus membros, excluídas as partes, salvo as decisões que o regulamento autorize a aprovar por maioria simples.

ARTIGO 90
No desempenho das funções relativas à solução pacífica de controvérsias, o Conselho Permanente e a comissão ad hoc respectiva deverão observar as disposições da Carta e os princípios e normas do direito internacional, bem como levar em conta a existência dos tratados vigentes entre as partes.

ARTIGO 91
Compete também ao Conselho Permanente:
a) Executar as decisões da Assembleia-Geral ou da Reunião de Consulta dos Ministros das Relações

Exteriores, cujo cumprimento não haja sido confiado a nenhuma outra entidade;
b) Velar pela observância das normas que regulam o funcionamento da Secretaria-Geral e, quando a Assembleia-Geral não estiver reunida, adotar as disposições de natureza regulamentar que habilitem a Secretaria-Geral para o cumprimento de suas funções administrativas;
c) Atuar como Comissão Preparatória da Assembleia-Geral nas condições estabelecidas pelo artigo 60 da Carta, a não ser que a Assembleia-Geral decida de maneira diferente;
d) Preparar, a pedido dos Estados-membros e com a cooperação dos órgãos pertinentes da Organização, projetos de acordo destinados a promover e facilitar a colaboração entre a Organização dos Estados Americanos e as Nações Unidas, ou entre a Organização e outros organismos americanos de reconhecida autoridade internacional. Esses projetos serão submetidos à aprovação da Assembleia-Geral;
e) Formular recomendações à Assembleia-Geral sobre o funcionamento da Organização e sobre a coordenação dos seus órgãos subsidiários, organismos e comissões;
f) Considerar os relatórios do Conselho Interamericano de Desenvolvimento Integral, da Comissão Jurídica Interamericana, da Comissão Interamericana de Direitos Humanos, da Secretaria-Geral, dos organismos e conferências especializados e dos demais órgãos e entidades, e apresentar à Assembleia-Geral as observações e recomendações que julgue pertinentes; e
g) Exercer as demais funções que lhe atribui a Carta.

Artigo 92

O Conselho Permanente e a Secretaria-Geral terão a mesma sede.

Capítulo XIII

O CONSELHO INTERAMERICANO DE DESENVOLVIMENTO INTEGRAL

Artigo 93

O Conselho Interamericano de Desenvolvimento Integral compõe-se de um representante titular, no nível ministerial ou seu equivalente, de cada Estado-membro, nomeado especificamente pelo respectivo governo.

Conforme previsto na Carta, o Conselho Interamericano de Desenvolvimento Integral poderá criar os órgãos subsidiários e os organismos que julgar suficiente para o melhor exercício de suas funções.

Artigo 94

O Conselho Interamericano de Desenvolvimento Integral tem como finalidade promover a cooperação entre os Estados americanos, com o propósito de obter seu desenvolvimento integral e, em particular, de contribuir para a eliminação da pobreza crítica, segundo as normas da Carta, principalmente as consignadas no Capítulo VII no que se refere aos campos econômico, social, educacional, cultural, e científico e tecnológico.

Artigo 95

Para realizar os diversos objetivos, particularmente na área específica da cooperação técnica, o Conselho Interamericano de Desenvolvimento Integral deverá:

a) Formular e recomendar à Assembleia-Geral o plano estratégico que articule as políticas, os programas e as medidas de ação em matéria de cooperação para o desenvolvimento integral, no marco da política geral e das prioridades definidas pela Assembleia-Geral;
b) Formular diretrizes para a elaboração do orçamento programa de cooperação técnica, bem como para as demais atividades do Conselho;
c) Promover, coordenar e encomendar a execução de programas e projetos de desenvolvimento aos órgãos subsidiários e organismos correspondentes, com base nas prioridades determinadas pelos Estados-membros, em áreas tais como:

1) Desenvolvimento econômico e social, inclusive o comércio, o turismo, a integração e o meio ambiente;
2) Melhoramento e extensão da educação a todos os níveis, e a promoção da pesquisa científica e tecnológica, por meio da cooperação técnica, bem como do apoio às atividades da área cultural; e
3) Fortalecimento da consciência cívica dos povos americanos, como um dos fundamentos da prática efetiva da democracia e a do respeito aos direitos e deveres da pessoa humana.

Para este fim, contará com mecanismos de participação setorial e com apoio dos órgãos subsidiários e organismos previstos na Carta e outros dispositivos da Assembleia-Geral;

d) Estabelecer relações de cooperação com os órgãos correspondentes das Nações Unidas e outras entidades nacionais e internacionais, especialmente no que diz respeito a coordenação dos programas interamericanos de assistência técnica;
e) Avaliar periodicamente as entidades de cooperação para o desenvolvimento integral, no que tange ao seu desempenho na implementação das políticas, programas e projetos, em termos de seu impacto, eficácia, eficiência, aplicação de recursos e da qualidade, entre outros, dos serviços de cooperação técnica prestados e informar à Assembleia-Geral.

Artigo 96

O Conselho Interamericano de Desenvolvimento Integral realizará, no mínimo, uma reunião por ano, no nível ministerial ou seu equivalente, e poderá convocar a realização de reuniões no mesmo nível para os temas especializados ou setoriais que julgar pertinentes, em áreas de sua competência. Além disso, reunir-se-á, quando for convocado pela Assembleia-Geral, pela Reunião de Consulta dos Ministros das Relações Exteriores, por iniciativa própria, ou para os casos previstos no artigo 37 da Carta.

Artigo 97

O Conselho Interamericano de Desenvolvimento Integral terá as comissões especializadas não permanentes que decidir estabelecer e que forem necessárias para o melhor desempenho de suas funções. Estas Comissões funcionarão e serão constituídas segundo o disposto no Estatuto do mesmo Conselho.

Artigo 98

A execução e, conforme o caso, a coordenação dos projetos aprovados será confiada à Secretaria Executiva de Desenvolvimento Integral, que informará o Conselho sobre o resultado da execução.

Capítulo XIV

A COMISSÃO JURÍDICA INTERAMERICANA

Artigo 99

A Comissão Jurídica Interamericana tem por finalidade servir de corpo consultivo da Organização em assuntos jurídicos; promover o desenvolvimento progressivo e a codificação do direito internacional; e estudar os problemas jurídicos referentes à integração dos países em desenvolvimento do Continente, bem como a possibilidade de uniformizar suas legislações no que parecer conveniente.

Artigo 100

A Comissão Jurídica Interamericana empreenderá os estudos e trabalhos preparatórios de que for encarregada pela Assembleia-Geral, pela Reunião de Consulta dos Ministros das Relações Exteriores e pelos Conselhos da Organização. Pode, além disso, levar a efeito, por sua própria iniciativa, os que julgar convenientes, bem como sugerir a realização de conferências jurídicas e especializadas.

Artigo 101

A Comissão Jurídica Interamericana será composta de onze juristas nacionais dos Estados-membros, eleitos, de listas de três candidatos apresentadas pelos referidos Estados, para um período de quatro anos. A Assembleia-Geral procederá à eleição, de acordo com um regime que leve em conta a renovação parcial e procure, na medida do possível, uma representação geográfica equitativa. Não poderá haver na Comissão mais de um membro da mesma nacionalidade.

As vagas que ocorrerem por razões diferentes da expiração normal dos mandatos dos membros da Comissão serão preenchidas pelo Conselho Permanente da Organização, de acordo com os mesmos critérios estabelecidos no parágrafo anterior.

Artigo 102

A Comissão Jurídica Interamericana representa o conjunto dos Estados-membros da Organização, e tem a mais ampla autonomia técnica.

Artigo 103

A Comissão Jurídica Interamericana estabelecerá relações de cooperação com as universidades, institutos e outros centros de ensino e com as comissões e entidades nacionais e internacionais dedicadas ao estudo, pesquisa, ensino ou divulgação dos assuntos jurídicos de interesse internacional.

Artigo 104

A Comissão Jurídica Interamericana elaborará seu estatuto, o qual será submetido à aprovação da Assembleia-Geral. A Comissão adotará seu próprio regulamento.

Artigo 105

A Comissão Jurídica Interamericana terá sua sede na cidade do Rio de Janeiro, mas, em casos especiais, poderá realizar reuniões em qualquer outro lugar que seja oportunamente designado, após consulta ao Estado-membro correspondente.

Capítulo XV

A COMISSÃO INTERAMERICANA DE DIREITOS HUMANOS

Artigo 106

Haverá uma Comissão Interamericana de Direitos Humanos que terá por principal função promover o respeito e a defesa dos direitos humanos e servir como órgão consultivo da Organização em tal matéria.

Uma convenção interamericana sobre direitos humanos estabelecerá a estrutura, a competência e as normas de funcionamento da referida Comissão, bem como as dos outros órgãos encarregados de tal matéria.

Capítulo XVI

A SECRETARIA-GERAL

Artigo 107

A Secretaria-Geral é o órgão central e permanente da Organização dos Estados Americanos. Exercerá as funções que lhe atribuam a Carta, outros tratados e acordos interamericanos e a Assembleia-Geral, e cumprirá os encargos de que for incumbida pela Assembleia-Geral, pela Reunião de Consulta dos Ministros das Relações Exteriores e pelos Conselhos.

Artigo 108

O Secretário-Geral da Organização será eleito pela Assembleia-Geral para um período de 5 (cinco) anos e não poderá ser reeleito mais de uma vez, nem poderá suceder-lhe pessoa da mesma nacionalidade. Vagando o cargo de Secretário-Geral, o Secretário-Geral Adjunto assumirá as funções daquele até que a Assembleia-Geral proceda à eleição de novo titular para um período completo.

Artigo 109

O Secretário-Geral dirige a Secretaria-Geral, é o representante legal da mesma e, sem prejuízo do estabelecido no artigo 91, alínea b, responde perante a Assembleia-Geral pelo cumprimento adequado das atribuições e funções da Secretaria-Geral.

Artigo 110

O Secretário-Geral ou seu representante poderá participar, com direito a palavra, mas sem voto, de todas as reuniões da Organização.

O Secretário-Geral poderá levar à atenção da Assembleia-Geral ou do Conselho Permanente qualquer assunto que, na sua opinião, possa afetar a paz e a segurança do Continente e o desenvolvimento dos Estados-membros.

As atribuições a que se refere o parágrafo anterior serão exercidas em conformidade com esta Carta.

Artigo 111

De acordo com a ação e a política decididas pela Assembleia-Geral e com as resoluções pertinentes dos Conselhos, a Secretaria-Geral promoverá relações econômicas, sociais, jurídicas, educacionais, científicas e culturais entre todos os Estados-membros da Organização, com especial ênfase na cooperação da pobreza crítica.

Artigo 112

A Secretaria-Geral desempenha também as seguintes funções:

a) Encaminhar ex officio aos Estados-membros a convocatória da Assembleia-Geral, da Reunião de Consulta dos Ministros das Relações Exteriores, do Conselho Interamericano de Desenvolvimento Integral e das Conferências Especializadas;
b) Assessorar os outros órgãos, quando cabível, na elaboração das agendas e regulamentos;
c) Preparar o projeto de orçamento-programa da Organização com base nos programas aprovados pelos Conselhos, organismos e entidades cujas despesas devam ser incluídas no orçamento-programa e, após consulta com esses Conselhos ou suas Comissões Permanentes, submetê-lo à Comissão Preparatória da Assembleia-Geral e em seguida à própria Assembleia;
d) Proporcionar à Assembleia-Geral e aos demais órgãos serviços de secretaria permanentes e adequados, bem como dar cumprimento a seus mandatos e encargos. Dentro de suas possibilidades, atender às outras reuniões da Organização;
e) Custodiar os documentos e arquivos das Conferências Interamericanas, da Assembleia-Geral, das Reuniões de Consulta dos Ministros das Relações Exteriores, dos Conselhos e das Conferências Especializadas;
f) Servir de depositária dos tratados e acordos interamericanos, bem como dos instrumentos de ratificação dos mesmos;
g) Apresentar à Assembleia-Geral, em cada período ordinário de sessões, um relatório anual sobre as atividades e a situação financeira da Organização; e
h) Estabelecer relações de cooperação, consoante o que for decidido pela Assembleia-Geral ou pelos Conselhos, com os Organismos Especializados e com outros organismos nacionais e internacionais.

ARTIGO 113

Compete ao Secretário-Geral:

a) Estabelecer as dependências da Secretaria-Geral que sejam necessárias para a realização de seus fins; e
b) Determinar o número de funcionários e empregados da Secretaria-Geral, nomeá-los, regulamentar suas atribuições e deveres e fixar sua retribuição.

O Secretário-Geral exercerá essas atribuições de acordo com as normas gerais e as disposições orçamentárias que forem estabelecidas pela Assembleia-Geral.

ARTIGO 114

O Secretário-Geral Adjunto será eleito pela Assembleia-Geral para um período de 5 (cinco) anos e não poderá ser reeleito mais de uma vez, nem poderá suceder-lhe pessoa da mesma nacionalidade. Vagando o cargo de Secretário-Geral Adjunto, o Conselho Permanente elegerá um substituto, o qual exercerá o referido cargo até que a Assembleia-Geral proceda à eleição de novo titular para um período completo.

ARTIGO 115

O Secretário-Geral Adjunto é o Secretário do Conselho Permanente. Tem o caráter de funcionário consultivo do Secretário-Geral e atuará como delegado seu em tudo aquilo de que for por ele incumbido. Na ausência temporária ou no impedimento do Secretário-Geral, exercerá as funções deste.

O Secretário-Geral e o Secretário-Geral Adjunto deverão ser de nacionalidades diferentes.

ARTIGO 116

A Assembleia-Geral, com o voto de dois terços dos Estados-membros, pode destituir o Secretário-Geral ou o Secretário-Geral Adjunto, ou ambos, quando o exigir o bom funcionamento da Organização.

ARTIGO 117

O Secretário-Geral designará o Secretário Executivo de Desenvolvimento Integral, com a aprovação do Conselho Interamericano de Desenvolvimento Integral.

ARTIGO 118

No cumprimento de seus deveres, o Secretário-Geral e o pessoal da Secretaria não solicitarão nem receberão instruções de governo algum nem de autoridade alguma estranha à Organização, e abster-se-ão de agir de maneira incompatível com sua condição de funcionários internacionais, responsáveis unicamente perante a Organização.

ARTIGO 119

Os Estados-membros comprometem-se a respeitar o caráter exclusivamente internacional das responsabilidades do Secretário-Geral e do pessoal da Secretaria-Geral e a não tentar influir sobre eles no desempenho de suas funções.

ARTIGO 120

Na seleção do pessoal da Secretaria-Geral levar-se-ão em conta, em primeiro lugar, a eficiência, a competência e a probidade; mas, ao mesmo tempo, dever-se-á dar importância à necessidade de ser o pessoal escolhido, em todas as hierarquias, de acordo com um critério de representação geográfica tão amplo quanto possível.

ARTIGO 121

A sede da Secretaria-Geral é a cidade de Washington, D.C.

CAPÍTULO XVII

AS CONFERÊNCIAS ESPECIALIZADAS

ARTIGO 122

As Conferências Especializadas são reuniões intergovernamentais destinadas a tratar de assuntos técnicos especiais ou a desenvolver aspectos específicos da cooperação interamericana e são realizadas quando o determine a Assembleia-Geral ou a Reunião de Consulta dos Ministros das Relações Exteriores, por iniciativa própria ou a pedido de algum dos Conselhos ou Organismos Especializados.

ARTIGO 123

A agenda e o regulamento das Conferências Especializadas serão elaborados pelos Conselhos competentes, ou pelos Organismos Especializados interessados, e submetidos à consideração dos governos dos Estados-membros.

CAPÍTULO XVIII

ORGANISMOS ESPECIALIZADOS

ARTIGO 124

Consideram-se como Organismos Especializados Interamericanos, para os efeitos desta Carta, os organismos intergovernamentais estabelecidos por acordos multilaterais, que tenham determinadas funções em matérias técnicas de interesse comum para os Estados americanos.

Artigo 125

A Secretaria-Geral manterá um registro dos organismos que satisfaçam as condições estabelecidas no artigo anterior, de acordo com as determinações da Assembleia-Geral e à vista de relatório do Conselho correspondente.

Artigo 126

Os Organismos Especializados gozam da mais ampla autonomia técnica, mas deverão levar em conta as recomendações da Assembleia-Geral e dos Conselhos, de acordo com as disposições da Carta.

Artigo 127

Os Organismos Especializados apresentarão à Assembleia-Geral relatórios anuais sobre o desenvolvimento de suas atividades, bem como sobre seus orçamentos e contas anuais.

Artigo 128

As relações que devem existir entre os Organismos Especializados e a Organização serão definidas mediante acordos celebrados entre cada organismo e o Secretário-Geral, com a autorização da Assembleia-Geral.

Artigo 129

Os Organismos Especializados devem estabelecer relações de cooperação com os organismos mundiais do mesmo caráter, a fim de coordenar suas atividades. Ao entrarem em acordo com os organismos internacionais de caráter mundial, os Organismos Especializados Interamericanos devem manter a sua identidade e posição como parte integrante da Organização dos Estados Americanos, mesmo quando desempenhem funções regionais dos organismos internacionais.

Artigo 130

Na localização dos Organismos Especializados, levar-se-ão em conta os interesses de todos os Estados-membros e a conveniência de que as sedes dos mesmos sejam escolhidas mediante critério de distribuição geográfica tão equitativa quanto possível.

Terceira Parte

Capítulo XIX

NAÇÕES UNIDAS

Artigo 131

Nenhuma das estipulações desta Carta se interpretará no sentido de prejudicar os direitos e obrigações dos Estados-membros, de acordo com a Carta das Nações Unidas.

Capítulo XX

DISPOSIÇÕES DIVERSAS

Artigo 132

A assistência às reuniões dos órgãos permanentes da Organização dos Estados Americanos ou às conferências e reuniões previstas na Carta, ou realizadas sob os auspícios da Organização, obedece ao caráter multilateral dos referidos órgãos, conferências e reuniões e não depende das relações bilaterais entre o governo de qualquer Estado-membro e o governo do país sede.

Artigo 133

A Organização dos Estados Americanos gozará no território de cada um de seus membros da capacidade jurídica, dos privilégios e das imunidades que forem necessários para o exercício das suas funções e a realização dos seus propósitos.

Artigo 134

Os representantes dos Estados-membros nos órgãos da Organização, o pessoal das suas representações, o Secretário-Geral e o Secretário-Geral Adjunto gozarão dos privilégios e imunidades correspondentes a seus cargos e necessários para desempenhar com independência suas funções.

Artigo 135

A situação jurídica dos Organismos Especializados e os privilégios e imunidades que devem ser concedidos aos mesmos e ao seu pessoal, bem como aos funcionários da Secretaria-Geral, serão determinados em acordo multilateral. O disposto neste artigo não impede que se celebrem acordos bilaterais, quando julgados necessários.

Artigo 136

A correspondência da Organização dos Estados Americanos, inclusive impressos e pacotes, sempre que for marcada com o seu selo de franquia, circulará isenta de porte pelos correios dos Estados-membros.

Artigo 137

A Organização dos Estados Americanos não admite restrição alguma, por motivo de raça, credo ou sexo, à capacidade para exercer cargos na Organização e participar de suas atividades.

Artigo 138

Os órgãos competentes buscarão, de acordo com as disposições desta Carta, maior colaboração dos países não membros da Organização em matéria de cooperação para o desenvolvimento.

Capítulo XXI

RATIFICAÇÃO E VIGÊNCIA

Artigo 139

A presente Carta fica aberta à assinatura dos Estados americanos e será ratificada conforme seus respectivos processos constitucionais. O instrumento original, cujos textos em português, espanhol, inglês e francês são igualmente autênticos, será depositado na Secretaria-Geral, a qual enviará cópias autenticadas aos governos, para fins de ratificação. Os instrumentos de ratificação serão depositados na Secretaria-Geral e esta notificará os governos signatários do dito depósito.

Artigo 140

A presente Carta entrará em vigor entre os Estados que a ratificarem, quando dois terços dos Estados signatários tiverem depositado suas ratificações. Quanto aos Estados restantes, entrará em vigor na ordem em que eles depositarem as suas ratificações.

Artigo 141

A presente Carta será registrada na Secretaria das Nações Unidas por intermédio da Secretaria-Geral.

Artigo 142

As reformas da presente Carta só poderão ser adotadas pela Assembleia-Geral, convocada para tal fim. As reformas entrarão em vigor nos mesmos termos e segundo o processo estabelecido no artigo 140.

Artigo 143

Esta Carta vigorará indefinidamente, mas poderá ser denunciada por qualquer dos Estados-membros, mediante uma notificação escrita à Secretaria-Geral, a qual comunicará em cada caso a todos os outros Estados as notificações de denúncia que receber. Transcorridos 2 (dois) anos a partir da data em que a Secretaria-Geral receber uma notificação de denúncia, a presente Carta cessará seus efeitos em relação ao dito Estado denunciante e este ficará desligado da Organização, depois de ter cumprido as obrigações oriundas da presente Carta.

Capítulo XXII

DISPOSIÇÕES TRANSITÓRIAS

Artigo 144

O Comitê Interamericano da Aliança para o Progresso atuará como comissão executiva permanente do Conselho Interamericano Econômico e Social enquanto estiver em vigor a Aliança para o Progresso.

Artigo 145

Enquanto não entrar em vigor a convenção interamericana sobre direitos humanos a que se refere o Capítulo XV, a atual Comissão Interamericana de Direitos Humanos velará pela observância de tais direitos.

Artigo 146

O Conselho Permanente não formulará nenhuma recomendação, nem a Assembleia-Geral tomará decisão alguma sobre pedido de admissão apresentado por entidade política cujo território esteja sujeito, total ou parcialmente e em época anterior à data de 18 de dezembro de 1964, fixada pela Primeira Conferência Interamericana Extraordinária, a litígio ou reclamação entre país extracontinental e um ou mais Estados-membros da Organização, enquanto não se houver posto fim à controvérsia mediante processo pacífico. Este artigo permanecerá em vigor até 10 de dezembro de 1990.

CARTA DAS NAÇÕES UNIDAS

► Assinada em São Francisco, Califórnia, em 26-6-1945, entrou em vigor em 24-10-1945. No Brasil, foi aprovada pelo Dec.-lei nº 7.935, de 4-9-1945, promulgada pelo Dec. nº 19.841, de 22-10-1945.

PREÂMBULO

Nós, os povos das Nações Unidas,

Resolvidos

a preservar as gerações vindouras do flagelo da guerra, que por duas vezes, no espaço da nossa vida, trouxe sofrimentos indizíveis à humanidade, e

a reafirmar a fé nos direitos fundamentais do homem, na dignidade e no valor do ser humano, na igualdade de direito dos homens e das mulheres, assim como das nações grandes e pequenas, e

a estabelecer condições sob as quais a justiça e o respeito às obrigações decorrentes de tratados e de outras fontes do direito internacional possam ser mantidos, e

a promover o progresso social e melhores condições de vida dentro de uma liberdade ampla.

E para tais fins

praticar a tolerância e viver em paz, uns com os outros, como bons vizinhos, e

unir as nossas forças para manter a paz e a segurança internacionais, e a garantir, pela aceitação de princípios e a instituição dos métodos, que a força armada não será usada a não ser no interesse comum,

a empregar um mecanismo internacional para promover o progresso econômico e social de todos os povos.

Resolvemos conjugar nossos esforços para a consecução desses objetivos.

Em vista disso, nossos respectivos Governos, por intermédio de representantes reunidos na cidade de São Francisco, depois de exibirem seus plenos poderes, que foram achados em boa e devida forma, concordaram com a presente Carta das Nações Unidas e estabelecem, por meio dela, uma organização internacional que será conhecida pelo nome de Nações Unidas.

Capítulo I

PROPÓSITOS E PRINCÍPIOS

Artigo 1º

Os propósitos das Nações Unidas são:

1. Manter a paz e a segurança internacionais e, para esse fim: tomar, coletivamente, medidas efetivas para evitar ameaças à paz e reprimir os atos de agressão ou outra qualquer ruptura da paz e chegar, por meios pacíficos e de conformidade com os princípios da justiça e do direito internacional, a um ajuste ou solução das controvérsias ou situações que possam levar a uma perturbação da paz;

► Arts. 24 e 25 desta Carta.
► Capítulos VI e VII desta Carta.

2. Desenvolver relações amistosas entre as nações, baseadas no respeito ao princípio de igualdade de direitos e de autodeterminação dos povos, e tomar outras medidas apropriadas ao fortalecimento da paz universal;

3. Conseguir uma cooperação internacional para resolver os problemas internacionais de caráter econômico, social, cultural ou humanitário, e para promover e estimular o respeito aos direitos humanos e às liberdades fundamentais para todos, sem distinção de raça, sexo, língua ou religião; e

► Arts. 13, 55, 56, 62 e 68 desta Carta.
► Declaração Universal dos Direitos Humanos (Res. da AGNU nº 217, adotada em 10-12-1948).
► Pacto Internacional sobre Direitos Civis e Políticos (1966).
► Pacto Internacional sobre Direitos Econômicos, Sociais e Culturais (1966).
► Convenção sobre os Direitos da Criança (1989).

4. Ser um centro destinado a harmonizar a ação das nações para a consecução desses objetivos comuns.

Artigo 2º

A Organização e seus Membros, para a realização dos propósitos mencionados no artigo 1, agirão de acordo com os seguintes Princípios:

1. A Organização é baseada no princípio da igualdade de todos os seus Membros.

2. Todos os Membros, a fim de assegurarem para todos em geral os direitos e vantagens resultantes de sua qualidade de Membros, deverão cumprir de boa fé as obrigações por eles assumidas de acordo com a presente Carta.

▶ Arts. 26 e 31(1) da Convenção de Viena sobre Direito dos Tratados (1969).

3. Todos os Membros deverão resolver suas controvérsias internacionais por meios pacíficos, de modo que não sejam ameaçadas a paz, a segurança e a justiça internacionais.

4. Todos os Membros deverão evitar em suas relações internacionais a ameaça ou o uso da força contra a integridade territorial ou a independência política de qualquer Estado, ou qualquer outra ação incompatível com os Propósitos das Nações Unidas.

5. Todos os Membros darão às Nações toda assistência em qualquer ação a que elas recorrerem de acordo com a presente Carta e se absterão de dar auxílio a qual Estado contra o qual as Nações Unidas agirem de modo preventivo ou coercitivo.

6. A Organização fará com que os Estados que não são Membros das Nações Unidas ajam de acordo com esses Princípios em tudo quanto for necessário à manutenção da paz e da segurança internacionais.

7. Nenhum dispositivo da presente Carta autorizará as Nações Unidas a intervirem em assuntos que dependam essencialmente da jurisdição de qualquer Estado ou obrigará os Membros a submeterem tais assuntos a uma solução, nos termos da presente Carta; este princípio, porém, não prejudicará a aplicação das medidas coercitivas constantes do Capítulo VII.

▶ Art. 4º, IV, da CF.

Capítulo II
DOS MEMBROS
Artigo 3º

Os Membros originais das Nações Unidas serão os Estados que, tendo participado da Conferência das Nações Unidas sobre a Organização Internacional, realizada em São Francisco, ou, tendo assinado previamente a Declaração das Nações Unidas, de 1 de janeiro de 1942, assinarem a presente Carta, e a ratificarem, de acordo com o artigo 110.

Artigo 4º

1. A admissão como Membro das Nações Unidas fica aberta a todos os Estados amantes da paz que aceitarem as obrigações contidas na presente Carta e que, a juízo da Organização, estiverem aptos e dispostos a cumprir tais obrigações.

2. A admissão de qualquer desses Estados como Membros das Nações Unidas será efetuada por decisão da Assembleia-Geral, mediante recomendação do Conselho de Segurança.

Artigo 5º

O Membro das Nações Unidas, contra o qual for levada a efeito ação preventiva ou coercitiva por parte do Conselho de Segurança, poderá ser suspenso do exercício dos direitos e privilégios de Membro pela Assembleia-Geral, mediante recomendação do Conselho de Segurança. O exercício desses direitos e privilégios poderá ser restabelecido pelo conselho de Segurança.

Artigo 6º

O Membro das Nações Unidas que houver violado persistentemente os Princípios contidos na presente Carta, poderá ser expulso da Organização pela Assembleia-Geral mediante recomendação do Conselho de Segurança.

Capítulo III
ÓRGÃOS
Artigo 7º

1. Ficam estabelecidos como órgãos principais das Nações Unidas: uma Assembleia-Geral, um Conselho de Segurança, um Conselho Econômico e Social, um Conselho de Tutela, uma Corte Internacional de Justiça e um Secretariado.

2. Serão estabelecidos, de acordo com a presente Carta, os órgãos subsidiários considerados de necessidade.

Artigo 8º

As Nações Unidas não farão restrições quanto à elegibilidade de homens e mulheres destinados a participar em qualquer caráter e em condições de igualdade em seus órgãos principais e subsidiários.

Capítulo IV
ASSEMBLEIA-GERAL
COMPOSIÇÃO
Artigo 9º

1. A Assembleia-Geral será constituída por todos os Membros das Nações Unidas.

2. Cada Membro não deverá ter mais de cinco representantes na Assembleia-Geral.

FUNÇÕES E ATRIBUIÇÕES
Artigo 10

A Assembleia-Geral poderá discutir quaisquer questões ou assuntos que estiverem dentro das finalidades da presente Carta ou que se relacionarem com as atribuições e funções de qualquer dos órgãos nela previstos e, com exceção do estipulado no artigo 12, poderá fazer recomendações aos Membros das Nações Unidas ou ao Conselho de Segurança ou a este e àqueles, conjuntamente, com referência a qualquer daquelas questões ou assuntos.

Artigo 11

1. A Assembleia-Geral poderá considerar os princípios gerais de cooperação na manutenção da paz e da segurança internacionais, inclusive os princípios que disponham sobre o desarmamento e a regulamentação dos armamentos, e poderá fazer recomendações relativas a tais princípios aos Membros ou ao Conselho de Segurança, ou a este e àqueles conjuntamente.

2. A Assembleia-Geral poderá discutir quaisquer questões relativas à manutenção da paz e da segurança internacionais, que a ela forem submetidas por qual-

quer Membro das Nações Unidas, ou pelo Conselho de Segurança, ou por um Estado que não seja Membro das Nações Unidas, de acordo com o artigo 35, parágrafo 2, e, com exceção do que fica estipulado no artigo 12, poderá fazer recomendações relativas a quaisquer destas questões ao Estado ou Estados interessados, ou ao Conselho de Segurança ou a ambos. Qualquer destas questões, para cuja solução for necessária uma ação, será submetida ao Conselho de Segurança pela Assembleia-Geral, antes ou depois da discussão.

3. A Assembleia-Geral poderá solicitar a atenção do Conselho de Segurança para situações que possam constituir ameaça à paz e à segurança internacionais.

4. As atribuições da Assembleia-Geral enumeradas neste artigo não limitarão a finalidade geral do artigo 10.

Artigo 12

1. Enquanto o Conselho de Segurança estiver exercendo, em relação a qualquer controvérsia ou situação, as funções que lhe são atribuídas na presente Carta, a Assembleia-Geral não fará nenhuma recomendação a respeito dessa controvérsia ou situação, a menos que o Conselho de Segurança a solicite.

2. O Secretário-Geral, com o consentimento do Conselho de Segurança, comunicará à Assembleia-Geral, em cada sessão, quaisquer assuntos relativos à manutenção da paz e da segurança internacionais que estiverem sendo tratados pelo Conselho de Segurança, e da mesma maneira dará conhecimento de tais assuntos à Assembleia-Geral, ou aos Membros das Nações Unidas se a Assembleia-Geral não estiver em sessão, logo que o Conselho de Segurança terminar o exame dos referidos assuntos.

Artigo 13

1. A Assembleia-Geral iniciará estudos e fará recomendações, destinados a:

a) promover cooperação internacional no terreno político e incentivar o desenvolvimento progressivo do direito internacional e a sua codificação;

b) promover cooperação internacional nos terrenos econômico, social, cultural, educacional e sanitário e favorecer o pleno gozo dos direitos humanos e das liberdades fundamentais, por parte de todos os povos, sem distinção de raça, sexo, língua ou religião.

2. As demais responsabilidades, funções e atribuições da Assembleia-Geral, em relação aos assuntos mencionados no parágrafo 1, b, acima, estão enumeradas nos Capítulos IX e X.

Artigo 14

A Assembleia-Geral, sujeita aos dispositivos do artigo 12, poderá recomendar medidas para a solução pacífica de qualquer situação, qualquer que seja sua origem, que lhe pareça prejudicial ao bem-estar geral ou às relações amistosas entre as nações, inclusive em situações que resultem da violação dos dispositivos da presente Carta que estabelecem os propósitos e princípios das Nações Unidas.

Artigo 15

1. A Assembleia-Geral receberá e examinará os relatórios anuais e especiais do Conselho de Segurança. Esses relatórios incluirão uma relação das medidas que o Conselho de Segurança tenha adotado ou aplicado a fim de manter a paz e a segurança internacionais.

2. A Assembleia-Geral receberá e examinará os relatórios dos outros órgãos das Nações Unidas.

Artigo 16

A Assembleia-Geral desempenhará, com relação ao sistema internacional de tutela, as funções a ela atribuídas nos Capítulos XII e XIII, inclusive a aprovação de acordos de tutela referentes às zonas não designadas como estratégias.

Artigo 17

1. A Assembleia-Geral considerará e aprovará o orçamento da organização.

2. As despesas da Organização serão custeadas pelos Membros, segundo cotas fixadas pela Assembleia-Geral.

3. A Assembleia-Geral considerará e aprovará quaisquer ajustes financeiros e orçamentários com as entidades especializadas, a que se refere o artigo 57, e examinará os orçamentos administrativos de tais instituições especializadas com o fim de lhes fazer recomendações.

VOTAÇÃO

Artigo 18

1. Cada Membro da Assembleia-Geral terá um voto.

2. As decisões da Assembleia-Geral, em questões importantes, serão tomadas por maioria de dois terços dos Membros presentes e votantes. Essas questões compreenderão: recomendações relativas à manutenção da paz e da segurança internacionais; à eleição dos Membros não permanentes do Conselho de Segurança; à eleição dos Membros do Conselho Econômico e Social; à eleição dos Membros do Conselho de Tutela, de acordo como parágrafo 1, c, do artigo 86; à admissão de novos Membros das Nações Unidas; à suspensão dos direitos e privilégios de Membros; à expulsão dos Membros; questões referentes o funcionamento do sistema de tutela e questões orçamentárias.

3. As decisões sobre outras questões, inclusive a determinação de categoria adicionais de assuntos a serem debatidos por uma maioria dos membros presentes e que votem.

Artigo 19

O Membro das Nações Unidas que estiver em atraso no pagamento de sua contribuição financeira à Organização não terá voto na Assembleia-Geral, se o total de suas contribuições atrasadas igualar ou exceder a soma das contribuições correspondentes aos dois anos anteriores completos. A Assembleia-Geral poderá entretanto, permitir que o referido Membro vote, se ficar provado que a falta de pagamento é devida a condições independentes de sua vontade.

PROCESSO

Artigo 20

A Assembleia-Geral reunir-se-á em sessões anuais regulares e em sessões especiais exigidas pelas circunstâncias. As sessões especiais serão convocadas pelo Secretário-Geral, a pedido do Conselho de Segurança ou da maioria dos Membros das Nações Unidas.

ARTIGO 21
A Assembleia-Geral adotará suas regras de processo e elegerá seu presidente para cada sessão.

ARTIGO 22
A Assembleia-Geral poderá estabelecer os órgãos subsidiários que julgar necessários ao desempenho de suas funções.

CAPÍTULO V
CONSELHO DE SEGURANÇA
COMPOSIÇÃO
ARTIGO 23
1. O Conselho de Segurança será composto de quinze Membros das Nações Unidas. A República da China, a França, a União das Repúblicas Socialistas Soviéticas, o Reino Unido da Grã-Bretanha e Irlanda do Norte e os Estados Unidos da América serão membros permanentes do Conselho de Segurança. A Assembleia-Geral elegerá dez outros Membros das Nações Unidas para Membros não permanentes do Conselho de Segurança, tendo especialmente em vista, em primeiro lugar, a contribuição dos Membros das Nações Unidas para a manutenção da paz e da segurança internacionais e para os outros propósitos da Organização e também a distribuição geográfica equitativa.

2. Os membros não permanentes do Conselho de Segurança serão eleitos por um período de dois anos. Na primeira eleição dos Membros não permanentes do Conselho de Segurança, que se celebre depois de haver-se aumentado de onze para quinze o número de membros do Conselho de Segurança, dois dos quatro membros novos serão eleitos por um período de um ano. Nenhum membro que termine seu mandato poderá ser reeleito para o período imediato.

3. Cada Membro do Conselho de Segurança terá um representante.

FUNÇÕES E ATRIBUIÇÕES
ARTIGO 24
1. A fim de assegurar pronta e eficaz ação por parte das Nações Unidas, seus Membros conferem ao Conselho de Segurança a principal responsabilidade na manutenção da paz e da segurança internacionais e concordam em que no cumprimento dos deveres impostos por essa responsabilidade o Conselho de Segurança aja em nome deles.

2. No cumprimento desses deveres, o Conselho de Segurança agirá de acordo com os Propósitos e Princípios das Nações Unidas. As atribuições específicas do Conselho de Segurança para o cumprimento desses deveres estão enumeradas nos Capítulos VI, VII, VIII e XII.

3. O Conselho de Segurança submeterá relatórios anuais e, quando necessário, especiais à Assembleia-Geral para sua consideração.

ARTIGO 25
Os Membros das Nações Unidas concordam em aceitar e executar as decisões do Conselho de Segurança, de acordo com a presente Carta.

ARTIGO 26
A fim de promover o estabelecimento e a manutenção da paz e da segurança internacionais, desviando para armamentos o menos possível dos recursos humanos e econômicos do mundo, o Conselho de Segurança terá o encargo de formular, com a assistência da Comissão de Estado-Maior, a que se refere o artigo 47, os planos a serem submetidos aos Membros das Nações Unidas, para o estabelecimento de um sistema de regulamentação dos armamentos.

VOTAÇÃO
ARTIGO 27
1. Cada membro do Conselho de Segurança terá um voto.

2. As decisões do conselho de Segurança, em questões processuais, serão tomadas pelo voto afirmativo de nove Membros.

3. As decisões do Conselho de Segurança, em todos os outros assuntos, serão tomadas pelo voto afirmativo de nove membros, inclusive os votos afirmativos de todos os membros permanentes, ficando estabelecido que, nas decisões previstas no Capítulo VI e no parágrafo 3 do artigo 52, aquele que for parte em uma controvérsia se absterá de votar.

PROCESSO
ARTIGO 28
1. O Conselho de Segurança será organizado de maneira que possa funcionar continuamente. Cada membro do Conselho de Segurança será, para tal fim, em todos os momentos, representado na sede da Organização.

2. O Conselho de Segurança terá reuniões periódicas, nas quais cada um de seus membros poderá, se assim o desejar, ser representado por um membro do governo ou por outro representante especialmente designado.

3. O Conselho de Segurança poderá reunir-se em outros lugares, fora da sede da Organização, e que, a seu juízo, possam facilitar o seu trabalho.

ARTIGO 29
O Conselho de Segurança poderá estabelecer órgãos subsidiários que julgar necessários para o desempenho de suas funções.

ARTIGO 30
O Conselho de Segurança adotará seu próprio regulamento interno, que incluirá o método de escolha de seu Presidente.

ARTIGO 31
Qualquer membro das Nações Unidas, que não for Membro do Conselho de Segurança, poderá participar, sem direito a voto, na discussão de qualquer questão submetida ao Conselho de Segurança, sempre que este considere que os interesses do referido membro estão especialmente em jogo.

ARTIGO 32
Qualquer Membro das Nações Unidas que não for Membro do Conselho de Segurança, ou qualquer Estado que não for Membro das Nações Unidas será convidado, desde que seja parte em uma controvérsia submetida ao Conselho de Segurança, a participar, sem voto, na discussão dessa controvérsia. O Conselho de Segurança determinará as condições que lhe parecerem justas para a participação de um Estado que não for Membro das Nações Unidas.

Capítulo VI
SOLUÇÃO PACÍFICA DE CONTROVÉRSIAS

Artigo 33

1. As partes em uma controvérsia, que possa vir a constituir uma ameaça à paz e à segurança internacionais, procurarão, antes de tudo, chegar a uma solução por negociação, inquérito, mediação, conciliação, arbitragem, solução judicial, recurso a entidades ou acordos regionais, ou a qualquer outro meio pacífico à sua escolha.

2. O Conselho de Segurança convidará, quando julgar necessário, as referidas partes a resolver, por tais meios, suas controvérsias.

Artigo 34

O Conselho de Segurança poderá investigar sobre qualquer controvérsia ou situação suscetível de provocar atritos entre as Nações ou dar origem a uma controvérsia, a fim de determinar se a continuação de tal controvérsia ou situação pode constituir ameaça à manutenção da paz e da segurança internacionais.

Artigo 35

1. Qualquer Membro das Nações Unidas poderá solicitar a atenção do Conselho de Segurança ou da Assembleia-Geral para qualquer controvérsia, ou qualquer situação, da natureza das que se acham previstas no artigo 34.

2. Um Estado que não for Membro das Nações Unidas poderá solicitar a atenção do Conselho de Segurança ou da Assembleia-Geral para qualquer controvérsia em que seja parte, uma vez que aceite, previamente, em relação a essa controvérsia, as obrigações de solução pacífica previstas na presente Carta.

3. Os atos da Assembleia-Geral, a respeito dos assuntos submetidos à sua atenção, de acordo com este artigo, serão sujeitos aos dispositivos dos artigos 11 e 12.

Artigo 36

1. O Conselho de Segurança poderá, em qualquer fase de uma controvérsia da natureza a que se refere o artigo 33, ou de uma situação de natureza semelhante, recomendar procedimentos ou métodos de solução apropriados.

2. O Conselho de Segurança deverá tomar em consideração quaisquer procedimentos para a solução de uma controvérsia que já tenham sido adotados pelas partes.

3. Ao fazer recomendações, de acordo com este artigo, o Conselho de Segurança deverá tomar em consideração que as controvérsias de caráter jurídico devem, em regra geral, ser submetidas pelas partes à Corte Internacional de Justiça, de acordo com os dispositivos do Estatuto da Corte.

Artigo 37

1. No caso em que as partes em controvérsia da natureza a que se refere o artigo 33 não conseguirem resolvê-la pelos meios indicados no mesmo artigo, deverão submetê-la ao Conselho de Segurança.

2. O Conselho de Segurança, caso julgue que a continuação dessa controvérsia poderá realmente constituir uma ameaça à manutenção da paz e da segurança internacionais, decidirá sobre a conveniência de agir de acordo com o artigo 36 ou recomendar as condições que lhe parecerem apropriadas à sua solução.

Artigo 38

Sem prejuízo dos dispositivos dos artigos 33 a 37, o Conselho de Segurança poderá, se todas as partes em uma controvérsia assim o solicitarem, fazer recomendações às partes, tendo em vista uma solução pacífica da controvérsia.

Capítulo VII
AÇÃO RELATIVA A AMEAÇAS À PAZ, RUPTURA DA PAZ E ATOS DE AGRESSÃO

Artigo 39

O Conselho de Segurança determinará a existência de qualquer ameaça à paz, ruptura da paz ou ato de agressão, e fará recomendações ou decidirá que medidas deverão ser tomadas de acordo com os artigos 41 e 42, a fim de manter ou restabelecer a paz e a segurança internacionais.

▶ Art. 16 do Estatuto de Roma do Tribunal Penal (1998).

Artigo 40

A fim de evitar que a situação se agrave, o Conselho de Segurança poderá, antes de fazer as recomendações ou decidir a respeito das medidas previstas no artigo 39, convidar as partes interessadas a que aceitem as medidas provisórias que lhe pareçam necessárias ou aconselháveis. Tais medidas provisórias não prejudicarão os direitos ou pretensões, nem a situação das partes interessadas. O Conselho de Segurança tomará devida nota do não cumprimento dessas medidas.

Artigo 41

O Conselho de Segurança decidirá sobre as medidas que, sem envolver o emprego de forças armadas, deverão ser tomadas para tornar efetivas suas decisões e poderá conclamar os Membros das Nações Unidas a aplicarem tais medidas. Estas poderão incluir a interrupção completa ou parcial das relações econômicas, dos meios de comunicação ferroviários, marítimos, aéreos, postais, telegráficos, radiofônicos, ou de outra qualquer espécie e o rompimento das relações diplomáticas.

Artigo 42

No caso de o Conselho de Segurança considerar que as medidas previstas no artigo 41 seriam ou demonstraram que são inadequadas, poderá levar a efeito, por meio de forças aéreas, navais ou terrestres, a ação que julgar necessária para manter ou restabelecer a paz e a segurança internacionais. Tal ação poderá compreender demonstrações, bloqueios e outras operações, por parte das forças aéreas, navais ou terrestres dos Membros das Nações Unidas.

Artigo 43

1. Todos os Membros das Nações Unidas, a fim de contribuir para a manutenção da paz e da segurança internacionais, se comprometem a proporcionar ao Conselho de Segurança, a seu pedido e de conformidade com o acordo ou acordos especiais, forças armadas, assistência e facilidades, inclusive direitos de passagem, necessários à manutenção da paz e da segurança internacionais.

2. Tal acordo ou tais acordos determinarão o número e tipo das forças, seu grau de preparação e sua locali-

zação geral, bem como a natureza das facilidades e da assistência a serem proporcionadas.

3. O acordo ou acordos serão negociados o mais cedo possível, por iniciativa do Conselho de Segurança. Serão concluídos entre o Conselho de Segurança e Membros da Organização ou entre o Conselho de Segurança e grupos de Membros e submetidos à ratificação, pelos Estados signatários, de conformidade com seus respectivos processos constitucionais.

Artigo 44

Quando o Conselho de Segurança decidir o emprego de força, deverá, antes de solicitar a um Membro nele não representado o fornecimento de forças armadas em cumprimento das obrigações assumidas em virtude do artigo 43, convidar o referido Membro, se este assim o desejar, a participar das decisões do Conselho de Segurança relativas ao emprego de contingentes das forças armadas do dito Membro.

Artigo 45

A fim de habilitar as Nações Unidas a tomarem medidas militares urgentes, os Membros das Nações Unidas deverão manter, imediatamente utilizáveis, contingentes das forças aéreas nacionais para a execução combinada de uma ação coercitiva internacional. A potência e o grau de preparação desses contingentes, como os planos de ação combinada, serão determinados pelo Conselho de Segurança com a assistência da Comissão de Estado-Maior, dentro dos limites estabelecidos no acordo ou acordos especiais a que se refere o artigo 43.

Artigo 46

O Conselho de Segurança, com a assistência da Comissão de Estado-Maior, fará planos para a aplicação das forças armadas.

Artigo 47

1. Será estabelecia uma Comissão de Estado-Maior destinada a orientar e assistir o Conselho de Segurança, em todas as questões relativas às exigências militares do mesmo Conselho, para manutenção da paz e da segurança internacionais, utilização e comando das forças colocadas à sua disposição, regulamentação de armamentos e possível desarmamento.

2. A Comissão de Estado-Maior será composta dos Chefes de Estado-Maior dos Membros Permanentes do Conselho de Segurança ou de seus representantes. Todo Membro das Nações Unidas que não estiver permanentemente representado na Comissão será por esta convidado a tomar parte nos seus trabalhos, sempre que a sua participação for necessária ao eficiente cumprimento das responsabilidades da Comissão.

3. A Comissão de Estado-Maior será responsável, sob a autoridade do Conselho de Segurança, pela direção estratégica de todas as forças armadas postas à disposição do dito Conselho. As questões relativas ao comando dessas forças serão resolvidas ulteriormente.

4. A Comissão de Estado-Maior, com autorização do Conselho de Segurança e depois de consultar os organismos regionais adequados, poderá estabelecer subcomissões regionais.

Artigo 48

1. A ação necessária ao cumprimento das decisões do Conselho de Segurança para manutenção da paz e da segurança internacionais será levada a efeito por todos os Membros das Nações Unidas ou por alguns deles, conforme seja determinado pelo Conselho de Segurança.

2. Essas decisões serão executas pelos Membros das Nações Unidas diretamente e, por seu intermédio, nos organismos internacionais apropriados de que façam parte.

Artigo 49

Os Membros das Nações Unidas prestar-se-ão assistência mútua para a execução das medidas determinadas pelo Conselho de Segurança.

Artigo 50

No caso de serem tomadas medidas preventivas ou coercitivas contra um Estado pelo Conselho de Segurança, qualquer outro Estado, membro ou não das Nações Unidas, que se sinta em presença de problemas especiais de natureza econômica, resultantes da execução daquelas medidas, terá o direito de consultar o Conselho de Segurança a respeito da solução de tais problemas.

Artigo 51

Nada na presente Carta prejudicará o direito inerente de legítima defesa individual ou coletiva no caso de ocorrer um ataque armado contra um Membro das Nações Unidas, até que o Conselho de Segurança tenha tomado as medidas necessárias para a manutenção da paz e da segurança internacionais. As medidas tomadas pelos Membros no exercício desse direito de legítima defesa serão comunicadas imediatamente ao Conselho de Segurança e não deverão, de modo algum, atingir a autoridade e a responsabilidade que a presente Carta atribui ao Conselho para levar a efeito, em qualquer tempo, a ação que julgar necessária à manutenção ou ao restabelecimento da paz e da segurança internacionais.

Capítulo VIII

ACORDOS REGIONAIS

Artigo 52

1. Nada na presente Carta impede a existência de acordos ou de entidades regionais, destinadas a tratar dos assuntos relativos à manutenção da paz e da segurança internacionais que forem suscetíveis de uma ação regional, desde que tais acordos ou entidades regionais e suas atividades sejam compatíveis com os Propósitos e Princípios das Nações Unidas.

2. Os Membros das Nações Unidas, que forem parte em tais acordos ou que constituírem tais entidades, empregarão todos os esforços para chegar a uma solução pacífica das controvérsias locais por meio desses acordos e entidades regionais, antes de as submeter ao Conselho de Segurança.

3. O Conselho de Segurança estimulará o desenvolvimento da solução pacífica de controvérsias locais mediante os referidos acordos ou entidades regionais, por iniciativa dos Estados interessados ou a instância do próprio Conselho de Segurança.

4. Este artigo não prejudica, de modo algum, a aplicação dos artigos 34 e 35.

Artigo 53

1. O Conselho de Segurança utilizará, quando for o caso, tais acordos e entidades regionais para uma ação coercitiva sob a sua própria autoridade. Nenhuma ação coercitiva será, no entanto, levada a efeito de conformidade com acordos ou entidades regionais sem autorização do Conselho de Segurança, com exceção das medidas contra um Estado inimigo como está definido no parágrafo 2 deste artigo, que forem determinadas em consequência do artigo 107 ou em acordos regionais destinados a impedir a renovação de uma política agressiva por parte de qualquer desses Estados, até o momento em que a Organização possa, a pedido dos Governos interessados, ser incumbida de impedir toda nova agressão por parte de tal Estado.

2. O termo Estado inimigo, usado no parágrafo 1 deste artigo, aplica-se a qualquer Estado que, durante a Segunda Guerra Mundial, foi inimigo de qualquer signatário da presente Carta.

Artigo 54

O Conselho de Segurança será sempre informado de toda ação empreendida ou projetada de conformidade com os acordos ou entidades regionais para manutenção da paz e da segurança internacionais.

Capítulo IX

COOPERAÇÃO INTERNACIONAL ECONÔMICA E SOCIAL

Artigo 55

Com o fim de criar condições de estabilidade e bem-estar, necessárias às relações pacíficas e amistosas entre as Nações, baseadas no respeito ao princípio da igualdade de direitos e da autodeterminação dos povos, as Nações Unidas favorecerão:

a) níveis mais altos de vida, trabalho efetivo e condições de progresso e desenvolvimento econômico e social;

b) a solução dos problemas internacionais econômicos, sociais, sanitários e conexos; a cooperação internacional, de caráter cultural e educacional; e

c) o respeito universal e efetivo dos direitos humanos e das liberdades fundamentais para todos, sem distinção de raça, sexo, língua ou religião.

Artigo 56

Para a realização dos propósitos enumerados no artigo 55, todos os Membros da Organização se comprometem a agir em cooperação com esta, em conjunto ou separadamente.

Artigo 57

1. As várias entidades especializadas, criadas por acordos intergovernamentais e com amplas responsabilidades internacionais, definidas em seus instrumentos básicos, nos campos econômico, social, cultural, educacional, sanitário e conexos, serão vinculadas às Nações Unidas, de conformidade com as disposições do artigo 63.

2. Tais entidades assim vinculadas às Nações Unidas serão designadas, daqui por diante, como entidades especializadas.

Artigo 58

A Organização fará recomendação para coordenação dos programas e atividades das entidades especializadas.

Artigo 59

A Organização, quando julgar conveniente, iniciará negociações entre os Estados interessados para a criação de novas entidades especializadas que forem necessárias ao cumprimento dos propósitos enumerados no artigo 55.

Artigo 60

A Assembleia-Geral e, sob sua autoridade, o Conselho Econômico e Social, que dispões, para esse efeito, da competência que lhe é atribuída no Capítulo X, são incumbidos de exercer as funções da Organização estipuladas no presente Capítulo.

Capítulo X

CONSELHO ECONÔMICO E SOCIAL

COMPOSIÇÃO

Artigo 61

1. O Conselho Econômico e Social será composto de cinquenta e quatro Membros das Nações Unidas eleitos pela Assembleia-Geral.

2. De acordo com os dispositivos do parágrafo 3, dezoito Membros do Conselho Econômico e Social serão eleitos cada ano para um período de três anos, podendo, ao terminar esse prazo, ser reeleitos para o período seguinte.

3. Na primeira eleição a realizar-se depois de elevado de vinte e sete para cinquenta e quatro o número de Membros do Conselho Econômico e Social, além dos Membros que forem eleitos para substituir os nove Membros, cujo mandato expira no fim desse ano, serão eleitos outros vinte e sete Membros. O mandato de nove destes vinte e sete Membros suplementares assim eleitos expirará no fim de um ano e o de nove outros no fim de dois anos, de acordo com o que for determinado pela Assembleia-Geral.

4. Cada Membro do Conselho Econômico e social terá nele um representante.

FUNÇÕES E ATRIBUIÇÕES

Artigo 62

1. O Conselho Econômico e Social fará ou iniciará estudos e relatórios a respeito de assuntos internacionais de caráter econômico, social, cultural, educacional, sanitário e conexos e poderá fazer recomendações a respeito de tais assuntos à Assembleia-Geral, aos Membros das Nações Unidas e às entidades especializadas interessadas.

2. Poderá, igualmente, fazer recomendações destinadas a promover o respeito e a observância dos direitos humanos e das liberdades fundamentais para todos.

3. Poderá preparar projetos de convenções a serem submetidos à Assembleia-Geral, sobre assuntos de sua competência.

4. Poderá convocar, de acordo com as regras estipuladas pelas Nações Unidas, conferências internacionais sobre assuntos de sua competência.

Artigo 63

1. O Conselho Econômico e Social poderá estabelecer acordos com qualquer das entidades a que se refere o artigo 57, a fim de determinar as condições em que a entidade interessada será vinculada às Nações Unidas. Tais acordos serão submetidos à aprovação da Assembleia-Geral.

2. Poderá coordenar as atividades das entidades especializadas, por meio de consultas e recomendações às mesmas e de recomendações à Assembleia-Geral e aos Membros das Nações Unidas.

Artigo 64

1. O Conselho Econômico e Social poderá tomar as medidas adequadas a fim de obter relatórios regulares das entidades especializadas. Poderá entrar em entendimentos com os Membros das Nações Unidas e com as entidades especializadas, a fim de obter relatórios sobre as medidas tomadas para cumprimento de suas próprias recomendações e das que forem feitas pelas Assembleia-Geral sobre assuntos da competência do Conselho.

2. Poderá comunicar à Assembleia-Geral suas observações a respeito desses relatórios.

Artigo 65

O Conselho Econômico e Social poderá fornecer informações ao Conselho de Segurança e, a pedido deste, prestar-lhe assistência.

Artigo 66

1. O Conselho Econômico e Social desempenhará as funções que forem de sua competência em relação ao cumprimento das recomendações da Assembleia-Geral.

2. Poderá mediante aprovação da Assembleia-Geral, prestar os serviços que lhe forem solicitados pelos Membros das Nações Unidas e pelas entidades especializadas.

3. Desempenhará as demais funções específicas em outras partes da presente Carta ou as que forem atribuídas pela Assembleia-Geral.

VOTAÇÃO

Artigo 67

1. Cada Membro do Conselho Econômico e Social terá um voto.

2. As decisões do Conselho Econômico e Social serão tomadas por maioria dos membros presentes e votantes.

PROCESSO

Artigo 68

O Conselho Econômico e Social criará comissões para os assuntos econômicos e sociais e a proteção dos direitos humanos assim como outras comissões que forem necessárias para o desempenho de suas funções.

Artigo 69

O Conselho Econômico e Social poderá convidar qualquer Membro das Nações Unidas a tomar parte, sem voto, em suas deliberações sobre qualquer assunto que interesse particularmente a esse Membro.

Artigo 70

O Conselho Econômico e Social poderá entrar em entendimentos para que representantes das entidades especializadas tomem parte, sem voto, em suas deliberações e nas das comissões por ele criadas, e para que os seus próprios representantes tomem parte nas deliberações das entidades especializadas.

Artigo 71

O Conselho Econômico e Social poderá entrar nos entendimentos convenientes para a consulta com organizações não governamentais, encarregadas de questões que estiverem dentro da sua própria competência. Tais entendimentos poderão ser feitos com organizações internacionais e, quando for o caso, com organizações nacionais, depois de efetuadas consultas com o Membro das Nações Unidas no caso.

Artigo 72

1. O Conselho Econômico e Social adotará seu próprio regulamento, que incluirá o método de escolha de seu Presidente.

2. O Conselho Econômico e Social reunir-se-á quando for necessário, de acordo com o seu regulamento, o qual deverá incluir disposições referentes à convocação de reuniões a pedido da maioria dos Membros.

Capítulo XI

DECLARAÇÃO RELATIVA A TERRITÓRIOS SEM GOVERNO PRÓPRIO

Artigo 73

Os Membros das Nações Unidas, que assumiram ou assumam responsabilidades pela administração de territórios cujos povos não tenham atingido a plena capacidade de se governarem a si mesmos, reconhecem o princípio de que os interesses dos habitantes desses territórios são da mais alta importância, e aceitam, como missão sagrada, a obrigação de promover no mais alto grau, dentro do sistema de paz e segurança internacionais estabelecido na presente Carta, o bem-estar dos habitantes desses territórios e, para tal fim, se obrigam a:

a) assegurar, com o devido respeito à cultura dos povos interessados, o seu progresso político, econômico, social e educacional, o seu tratamento equitativo e a sua proteção contra todo abuso;

b) desenvolver sua capacidade de governo próprio, tomar devida nota das aspirações políticas dos povos e auxiliá-los no desenvolvimento progressivo de suas instituições políticas livres, de acordo com as circunstâncias peculiares a cada território e seus habitantes e os diferentes graus de seu adiantamento;

c) consolidar a paz e a segurança internacionais;

d) promover medidas construtivas de desenvolvimento, estimular pesquisas, cooperar uns com os outros e, quando for o caso, com entidades internacionais especializadas, com vistas à realização prática dos propósitos de ordem social, econômica ou científica enumerados neste artigo; e

e) transmitir regularmente ao Secretário-Geral, para fins de informação, sujeitas às reservas impostas por considerações de segurança e de ordem constitucional, informações estatísticas ou de outro caráter técnico, relativas às condições econômicas, sociais e educacionais dos territórios pelos quais são respectivamente responsáveis e que não estejam compreendidos entre aqueles a que se referem os Capítulos XII e XIII da Carta.

ARTIGO 74

Os Membros das Nações Unidas concordam também em que a sua política com relação aos territórios a que se aplica o presente Capítulo deve ser baseada, do mesmo modo que a política seguida nos respectivos territórios metropolitanos, no princípio geral de boa vizinhança, tendo na devida conta os interesses e o bem-estar do resto do mundo no que se refere às questões sociais, econômicas e comerciais.

CAPÍTULO XII

SISTEMA INTERNACIONAL DE TUTELA

ARTIGO 75

As Nações Unidas estabelecerão sob sua autoridade um sistema internacional de tutela para a administração e fiscalização dos territórios que possam ser colocados sob tal sistema em consequência de futuros acordos individuais. Esses territórios serão, daqui em diante, mencionados como territórios tutelados.

ARTIGO 76

Os objetivos básicos do sistema de tutela, de acordo com os Propósitos das Nações Unidas enumerados no artigo 1 da presente Carta serão:

a) favorecer a paz e a segurança internacionais;
b) fomentar o progresso político, econômico, social e educacional dos habitantes dos territórios tutelados e o seu desenvolvimento progressivo para alcançar governo próprio ou independência, como mais convenha às circunstâncias particulares de cada território e de seus habitantes e aos desejos livremente expressos dos povos interessados e como for previsto nos termos de cada acordo de tutela;
c) estimular o respeito aos direitos humanos e às liberdades fundamentais para todos, sem distinção de raça, sexo língua ou religião e favorecer o reconhecimento da interdependência de todos os povos; e
d) assegurar igualdade de tratamento nos domínios social, econômico e comercial para todos os Membros das Nações Unidas e seus nacionais e, para estes últimos, igual tratamento na administração da justiça, sem prejuízo dos objetivos acima expostos e sob reserva das disposições do artigo 80.

ARTIGO 77

1. O sistema de tutela será aplicado aos territórios das categorias seguintes, que venham a ser colocados sob tal sistema por meio de acordos de tutela:

a) territórios atualmente sob mandato;
b) territórios que possam ser separados de Estados inimigos em consequência da Segunda Guerra Mundial; e
c) territórios voluntariamente colocados sob tal sistema por Estados responsáveis pela sua administração.

2. Será objeto de acordo ulterior a determinação dos territórios das categorias acima mencionadas a serem colocados sob o sistema de tutela e das condições em que o serão.

ARTIGO 78

O sistema de tutela não será aplicado a territórios que se tenham tornado Membros das Nações Unidas, cujas relações mútuas deverão basear-se no respeito ao princípio da igualdade soberana.

ARTIGO 79

As condições de tutela em que cada território será colocado sob este sistema, bem como qualquer alteração ou emenda, serão determinadas por acordo entre os Estados diretamente interessados, inclusive a potência mandatária no caso de território sob mandato de um Membro das Nações Unidas e serão aprovadas de conformidade com as disposições dos artigos 83 e 85.

ARTIGO 80

1. Salvo o que for estabelecido em acordos individuais de tutela, feitos de conformidade com os artigos 77, 79 e 81, pelos quais se coloque cada território sob este sistema e até que tais acordos tenham sido concluídos, nada neste Capítulo será interpretado como alteração de qualquer espécie nos direitos de qualquer Estado ou povo ou dos termos dos atos internacionais vigentes em que os Membros das Nações Unidas forem partes.

2. O parágrafo 1 deste artigo não será interpretado como motivo para demora no adiamento da negociação e conclusão de acordos destinados a colocar territórios dentro do sistema de tutela, conforme as disposições do artigo 77.

ARTIGO 81

O acordo de tutela deverá, em cada caso, incluir as condições sob as quais o território tutelado será administrado e designar a autoridade que exercerá essa administração. Tal autoridade, daqui por diante chamada a autoridade administradora, poderá ser um ou mais Estados ou a própria Organização.

ARTIGO 82

Poderão designar-se, em qualquer acordo de tutela, uma ou várias zonas estratégicas, que compreendam parte ou a totalidade do território tutelado a que o mesmo se aplique, sem prejuízo de qualquer acordo ou acordos especiais feitos de conformidade com o artigo 43.

ARTIGO 83

1. Todas as funções atribuídas às Nações Unidas relativamente às zonas estratégicas, inclusive a aprovação das condições dos acordos de tutela, assim como de sua alteração ou emendas, serão exercidas pelo Conselho de Segurança.

2. Os objetivos básicos enumerados no artigo 76 serão aplicáveis aos habitantes de cada zona estratégica.

3. O Conselho de Segurança, ressalvadas as disposições dos acordos de tutela e sem prejuízo das exigências de segurança, poderá valer-se da assistência do Conselho de Tutela para desempenhar as funções que cabem às Nações Unidas pelo sistema de tutela, relativamente a matérias políticas, econômicas, sociais ou educacionais dentro das zonas estratégicas.

ARTIGO 84

A autoridade administradora terá o dever de assegurar que o território tutelado preste sua colaboração à manutenção da paz e da segurança internacionais. Para tal fim, a autoridade administradora poderá fazer uso de forças voluntárias, de facilidades e da ajuda do território tutelado para o desempenho das obrigações por ele assumidas a este respeito perante o Conselho de Segurança, assim como para a defesa local e para a manutenção da lei e da ordem dentro do território tutelado.

ARTIGO 85

1. As funções das Nações Unidas relativas a acordos de tutela para todas as zonas não designadas como estratégias, inclusive a aprovação das condições dos acordos de tutela e de sua alteração ou emenda, serão exercidas pela Assembleia-Geral.

2. O Conselho de Tutela, que funcionará sob a autoridade da Assembleia-Geral, auxiliará esta no desempenho dessas atribuições.

CAPÍTULO XIII

CONSELHO DE TUTELA

COMPOSIÇÃO

ARTIGO 86

1. O Conselho de Tutela será composto dos seguintes Membros das Nações Unidas:

a) os Membros que administrem territórios tutelados;
b) aqueles dentre os Membros mencionados nominalmente no artigo 23, que não estiverem administrando territórios tutelados; e
c) quantos outros Membros eleitos por um período de três anos, pela Assembleia-Geral, sejam necessários para assegurar que o número total de Membros do Conselho de Tutela fique igualmente dividido entre os Membros das Nações Unidas que administrem territórios tutelados e aqueles que o não fazem.

2. Cada Membro do Conselho de Tutela designará uma pessoa especialmente qualificada para representá-lo perante o Conselho.

FUNÇÕES E ATRIBUIÇÕES

ARTIGO 87

A Assembleia-Geral e, sob a sua autoridade, o Conselho de Tutela, no desempenho de suas funções, poderão:

a) examinar os relatórios que lhes tenham sido submetidos pela autoridade administradora;
b) aceitar petições e examiná-las, em consulta com a autoridade administradora;
c) providenciar sobre visitas periódicas aos territórios tutelados em épocas ficadas de acordo com a autoridade administradora; e
d) tomar estas e outras medidas de conformidade com os termos dos acordos de tutela.

ARTIGO 88

O Conselho de Tutela formulará um questionário sobre o adiantamento político, econômico, social e educacional dos habitantes de cada território tutelado e a autoridade administradora de cada um destes territórios, dentro da competência da Assembleia-Geral, fará um relatório anual à Assembleia, baseado no referido questionário.

VOTAÇÃO

ARTIGO 89

1. Cada Membro do Conselho de Tutela terá um voto.

2. As decisões do Conselho de Tutela serão tomadas por uma maioria dos membros presentes e votantes.

PROCESSO

ARTIGO 90

1. O Conselho de Tutela adotará seu próprio regulamento que incluirá o método de escolha de seu Presidente.

2. O Conselho de Tutela reunir-se-á quando for necessário, de acordo com o seu regulamento, que incluirá uma disposição referente à convocação de reuniões a pedido da maioria dos seus membros.

ARTIGO 91

O Conselho de Tutela valer-se-á, quando for necessário, da colaboração do Conselho Econômico e Social e das entidades especializadas, a respeito das matérias em que estas e aquele sejam respectivamente interessados.

CAPÍTULO XIV

CORTE INTERNACIONAL DE JUSTIÇA

ARTIGO 92

A Corte Internacional de Justiça será o principal órgão judiciário das Nações Unidas. Funcionará de acordo com o Estatuto anexo, que é baseado no Estatuto da Corte Permanente de Justiça Internacional e faz parte integrante da presente Carta.

ARTIGO 93

1. Todos os Membros das Nações Unidas são ipso facto partes do Estatuto da Corte Internacional de Justiça.

2. Um Estado que não for Membro das Nações Unidas poderá tornar-se parte no Estatuto da Corte Internacional de Justiça, em condições que serão determinadas, em cada caso, pela Assembleia-Geral, mediante recomendação do Conselho de Segurança.

ARTIGO 94

1. Cada Membro das Nações Unidas se compromete a se conformar com a decisão da Corte Internacional de Justiça em qualquer caso em que for parte.

2. Se uma das partes num caso deixar de cumprir as obrigações que lhe incumbem em virtude de sentença proferida pela Corte, a outra terá direito de recorrer ao Conselho de Segurança que poderá, se julgar necessário, fazer recomendações ou decidir sobre medidas a serem tomadas para o cumprimento da sentença.

ARTIGO 95

Nada na presente Carta impedirá os Membros das Nações Unidas de confiarem a solução de suas divergências a outros tribunais, em virtude de acordos já vigentes ou que possam ser concluídos no futuro.

ARTIGO 96

1. A Assembleia-Geral ou o Conselho de Segurança poderá solicitar parecer consultivo da Corte Internacional de Justiça, sobre qualquer questão de ordem jurídica.

2. Outros órgãos das Nações Unidas e entidades especializadas, que forem em qualquer época devidamente autorizados pela Assembleia-Geral, poderão também solicitar pareceres consultivos da Corte sobre questões jurídicas surgidas dentro da esfera de suas atividades.

Capítulo XV

O SECRETARIADO

▶ Res. da AGNU nº 11, adotada em 24-1-1946.

Artigo 97

O Secretariado será composto de um Secretário-Geral e do pessoal exigido pela Organização. O Secretário-Geral será indicado pela Assembleia-Geral mediante a recomendação do Conselho de Segurança. Será o principal funcionário administrativo da Organização.

Artigo 98

O Secretário-Geral atuará neste caráter em todas as reuniões da Assembleia-Geral, do Conselho de Segurança, do Conselho Econômico e Social e do Conselho de Tutela e desempenhará outras funções que lhe forem atribuídas por estes órgãos. O Secretário-Geral fará um relatório anual à Assembleia-Geral sobre os trabalhos da Organização.

Artigo 99

O Secretário-Geral poderá chamar a atenção do Conselho de Segurança para qualquer assunto que em sua opinião possa ameaçar a manutenção da paz e da segurança internacionais.

Artigo 100

1. No desempenho de seus deveres, o Secretário-Geral e o pessoal do Secretariado não solicitarão nem receberão instruções de qualquer governo ou de qualquer autoridade estranha à organização. Abster-se-ão de qualquer ação que seja incompatível com a sua posição de funcionários internacionais responsáveis somente perante a Organização.

2. Cada Membro das Nações Unidas se compromete a respeitar o caráter exclusivamente internacional das atribuições do Secretário-Geral e do pessoal do Secretariado e não procurará exercer qualquer influência sobre eles, no desempenho de suas funções.

Artigo 101

1. O pessoal do Secretariado será nomeado pelo Secretário Geral, de acordo com regras estabelecidas pela Assembleia-Geral.

2. Será também nomeado, em caráter permanente, o pessoal adequado para o Conselho Econômico e Social, o conselho de Tutela e, quando for necessário, para outros órgãos das Nações Unidas. Esses funcionários farão parte do Secretariado.

3. A consideração principal que prevalecerá na escolha do pessoal e na determinação das condições de serviço será a a necessidade de assegurar o mais alto grau de eficiência, competência e integridade. Deverá ser levada na devida conta a importância de ser a escolha do pessoal feita dentro do mais amplo critério geográfico possível.

Capítulo XVI

DISPOSIÇÕES DIVERSAS

Artigo 102

1. Todo tratado e todo acordo internacional, concluídos por qualquer Membro das Nações Unidas depois da entrada em vigor da presente Carta, deverão, dentro do mais breve prazo possível, ser registrados e publicados pelo Secretariado.

2. Nenhuma parte em qualquer tratado ou acordo internacional que não tenha sido registrado de conformidade com as disposições do parágrafo 1 deste artigo poderá invocar tal tratado ou acordo perante qualquer órgão das Nações Unidas.

▶ Art. 80 da Convenção de Viena sobre Direito dos Tratados (1969).

Artigo 103

No caso de conflito entre as obrigações dos Membros das Nações Unidas, em virtude da presente Carta e as obrigações resultantes de qualquer outro acordo internacional, prevalecerão as obrigações assumidas em virtude da presente Carta.

Artigo 104

A Organização gozará, no território de cada um de seus Membros, da capacidade jurídica necessária ao exercício de suas funções e à realização de seus propósitos.

Artigo 105

1. A Organização gozará, no território de cada um de seus Membros, dos privilégios e imunidades necessários à realização de seus propósitos.

▶ Convenção sobre Privilégios e Imunidades das Nações Unidas (Dec. nº 27.784, de 16-11-1950).

▶ Convenção sobre os Privilégios e Imunidades das Organizações Especializadas das Nações Unidas (Dec. nº 52.288, de 24-6-1963).

2. Os representantes dos Membros das Nações Unidas e os funcionários da Organização gozarão, igualmente, dos privilégios e imunidades necessários ao exercício independente de suas funções relacionadas com a Organização.

3. A Assembleia-Geral poderá fazer recomendações com o fim de determinar os pormenores da aplicação dos parágrafos 1 e 2 deste artigo ou poderá propor aos Membros das Nações Unidas convenções nesse sentido.

Capítulo XVII

DISPOSIÇÕES TRANSITÓRIAS SOBRE SEGURANÇA

Artigo 106

Antes da entrada em vigor dos acordos especiais a que se refere o artigo 43, que, a juízo do Conselho de Segurança, o habilitem ao exercício de suas funções previstas no artigo 42, as partes na Declaração das Quatro Nações, assinada em Moscou, a 30 de outubro de 1943, e a França, deverão, de acordo com as disposições do parágrafo 5 daquela Declaração, consultar-se entre si e, sempre que a ocasião o exija, com outros Membros das Nações Unidas a fim de ser levada a efeito, em nome da Organização, qualquer ação conjunta que se torne necessária à manutenção da paz e da segurança internacionais.

Artigo 107

Nada na presente Carta invalidará ou impedirá qualquer ação que, em relação a um Estado inimigo de qualquer dos signatários da presente Carta durante a Segunda Guerra Mundial, for levada a efeito ou autorizada em consequência da dita guerra, pelos governos responsáveis por tal ação.

Capítulo XVIII

EMENDAS

Artigo 108

As emendas à presente Carta entrarão em vigor para todos os Membros das Nações Unidas, quando forem adotadas pelos votos de dois terços dos membros da Assembleia-Geral e ratificada de acordo com os seus respectivos métodos constitucionais por dois terços dos Membros das Nações Unidas, inclusive todos os membros permanentes do Conselho de Segurança.

Artigo 109

1. Uma Conferência Geral dos Membros das Nações Unidas, destinada a rever a presente Carta, poderá reunir-se em data e lugar a serem fixados pelo voto de dois terços dos membros da Assembleia-Geral e de nove membros quaisquer do Conselho de Segurança. Cada Membro das Nações Unidas terá voto nessa Conferência.

2. Qualquer modificação à presente Carta, que for recomendada por dois terços dos votos da Conferência, terá efeito depois de ratificada, de acordo com os respectivos métodos constitucionais, por dois terços dos Membros das Nações Unidas, inclusive todos os membros permanentes do Conselho de Segurança.

3. Se essa Conferência não for celebrada antes da décima sessão anual da Assembleia-Geral que se seguir à entrada em vigor da presente Carta, a proposta de sua convocação deverá figurar na agenda da referida sessão da Assembleia-Geral, e a Conferência será realizada, se assim for decidido por maioria de votos dos membros da Assembleia-Geral, e pelo voto de sete membros quaisquer do Conselho de Segurança.

Capítulo XIX

RATIFICAÇÃO E ASSINATURA

Artigo 110

1. A presente Carta deverá ser ratificada pelos Estados signatários, de acordo com os respectivos métodos constitucionais.

2. As ratificações serão depositadas junto ao Governo dos Estados Unidos da América, que notificará de cada depósito todos os Estados signatários, assim como o Secretário-Geral da Organização depois que este for escolhido.

3. A presente Carta entrará em vigor depois do depósito de ratificações pela República da China, França, União das Repúblicas Socialistas Soviéticas, Reino Unido da Grã-Bretanha e Irlanda do Norte e Estados Unidos da América, e pela maioria dos outros Estados signatários. O Governo dos Estados Unidos da América organizará, em seguida, um protocolo das ratificações depositadas, o qual será comunicado, por meio de cópias, aos Estados signatários.

4. Os Estados signatários da presente Carta, que a ratificarem depois de sua entrada em vigor tornar-se-ão membros fundadores das Nações Unidas, na data do depósito de suas respectivas ratificações.

Artigo 111

A presente Carta, cujos textos em chinês, francês, russo, inglês e espanhol fazem igualmente fé, ficará depositada nos arquivos do Governo dos Estados Unidos da América. Cópias da mesma, devidamente autenticadas, serão transmitidas por este último Governo aos Governos dos outros Estados signatários.

Em fé do que, os representantes dos Governos das Nações Unidas assinaram a presente Carta.

Feita na cidade de São Francisco, aos vinte e seis dias do mês de junho de mil novecentos e quarenta e cinco.

CONSTITUIÇÃO DA ORGANIZAÇÃO INTERNACIONAL DO TRABALHO (OIT) E SEU ANEXO

Declaração de Filadélfia.

▶ Aprovado pelo Dec. Legislativo nº 5, de 26-8-1947, e promulgado pelo Dec. nº 25.696, de 20-10-1948.

INSTRUMENTO PARA A EMENDA DA CONSTITUIÇÃO DA ORGANIZAÇÃO INTERNACIONAL DO TRABALHO

A Conferência Geral da Organização Internacional do Trabalho,

Convocada pelo Conselho de Administração da Repartição Internacional do Trabalho e reunida em Montreal a 19 de setembro de 1946, em sua vigésima nona sessão,

Após haver decidido adotar determinadas propostas para a emenda da Constituição da Organização Internacional do Trabalho, questão compreendida no segundo item da ordem do dia da sessão,

Adota, aos nove de outubro de mil novecentos e quarenta e seis, o instrumento seguinte para a emenda da Constituição da Organização Internacional do Trabalho, instrumento que será denominado: Instrumento para a Emenda da Constituição da Organização Internacional do Trabalho, 1946.

Artigo 1º

A partir da data da entrada em vigor do presente instrumento, a Constituição da Organização Internacional do Trabalho, cujo texto se encontra reproduzido na primeira coluna do anexo ao citado instrumento, vigorará na forma emendada que consta da segunda coluna.

Artigo 2º

Dois exemplares autênticos do presente instrumento serão assinados pelo Presidente da Conferência e pelo Diretor-Geral da Repartição Internacional do Trabalho. Um destes exemplares será depositado no arquivo da Repartição Internacional do Trabalho e o outro será entregue ao Secretário-Geral das Nações Unidas para fins de registro, de acordo com o art. 102 da Carta das Nações Unidas. O Diretor-Geral transmitirá uma cópia, devidamente autenticada, desse instrumento a cada um dos Estados-Membros da Organização Internacional do Trabalho.

Artigo 3º

1. As ratificações ou aceitações formais do presente instrumento serão comunicadas ao Diretor-Geral da Repartição Internacional do Trabalho, que dará das

mesmas conhecimento aos Estados-Membros da Organização.

2. O presente instrumento entrará em vigor nas condições previstas pelo art. 36 da Constituição da Organização Internacional do Trabalho.

3. Assim que o presente instrumento entrar em vigor, tal fato será comunicado, pelo Diretor-Geral da Repartição Internacional do Trabalho, a todos os Estados-Membros da referida Organização, ao Secretário-Geral das Nações Unidas e a todos os Estados signatários da Carta das Nações Unidas.

CONSTITUIÇÃO DA ORGANIZAÇÃO INTERNACIONAL DO TRABALHO

PREÂMBULO

Considerando que a paz, para ser universal e duradoura, deve assentar sobre a justiça social;

Considerando que existem condições de trabalho que implicam, para grande número de indivíduos, miséria e privações, e que o descontentamento que daí decorre põe em perigo a paz e a harmonia universais, e considerando que é urgente melhorar essas condições no que se refere, por exemplo, à regulamentação das horas de trabalho, à fixação de uma duração máxima do dia e da semana de trabalho, ao recrutamento da mão de obra, à luta contra o desemprego, à garantia de um salário que assegure condições de existência convenientes, à proteção dos trabalhadores contra as moléstias graves ou profissionais e os acidentes do trabalho, à proteção das crianças, dos adolescentes e das mulheres, às pensões de velhice e de invalidez, à defesa dos interesses dos trabalhadores empregados no estrangeiro, à afirmação do princípio "para igual trabalho, mesmo salário", à afirmação do princípio de liberdade sindical, à organização do ensino profissional e técnico, e outras medidas análogas;

Considerando que a não adoção por qualquer nação de um regime de trabalho realmente humano cria obstáculos aos esforços das outras nações desejosas de melhorar a sorte dos trabalhadores nos seus próprios territórios.

As Altas Partes Contratantes, movidas por sentimentos de justiça e humanidade e pelo desejo de assegurar uma paz mundial duradoura, visando os fins enunciados neste Preâmbulo, aprovam a presente Constituição da Organização Internacional do Trabalho:

Capítulo I

ORGANIZAÇÃO

Artigo 1º

1. É criada uma Organização permanente, encarregada de promover a realização do programa exposto no preâmbulo da presente Constituição e na Declaração referente aos fins e objetivos da Organização Internacional do Trabalho, adotada em Filadélfia a 10 de maio de 1944 e cujo texto figura em anexo à presente Constituição.

2. Serão Membros da Organização Internacional do Trabalho os Estados que já o eram a 1º de novembro de 1945, assim como quaisquer outros que o venham a ser, de acordo com os dispositivos dos parágrafos 3 e 4 do presente artigo.

3. Todo Estado-Membro das Nações Unidas, desde a criação desta instituição e todo Estado que for a ela admitido, na qualidade de Membro, de acordo com as disposições da Carta, por decisão da Assembleia-Geral, podem tornar-se Membros da Organização Internacional do Trabalho, comunicando ao Diretor-Geral da Repartição Internacional do Trabalho que aceitou, integralmente as obrigações decorrentes da Constituição da Organização Internacional do Trabalho.

4. A Conferência Geral da Organização Internacional do Trabalho tem igualmente poderes para conferir a qualidade de Membro da Organização, por maioria de dois terços do conjunto dos votos presentes, se a mesma maioria prevalecer entre os votos dos delegados governamentais. A admissão do novo Estado-Membro tornar-se-á efetiva quando ele houver comunicado ao Diretor-Geral da Repartição Internacional do Trabalho que aceita integralmente as obrigações decorrentes da Constituição da Organização.

5. Nenhum Estado-Membro da Organização Internacional do Trabalho poderá dela retirar-se sem aviso prévio ao Diretor-Geral da Repartição Internacional do Trabalho. A retirada tornar-se-á efetiva dois anos depois que este aviso prévio houver sido recebido pelo Diretor-Geral, sob condição de que o Estado-Membro haja, nesta data, preenchido todas as obrigações financeiras que decorrem da qualidade de Membro. Esta retirada não afetará, para o Estado-Membro que houver ratificado uma convenção, a validez das obrigações desta decorrentes, ou a ela relativas, durante o pedido previsto pela mesma convenção.

6. Quando um Estado houver deixado de ser Membro da Organização, sua readmissão nesta qualidade, far-se-á de acordo com os dispositivos dos parágrafos 3 e 4 do presente artigo.

Artigo 2º

A Organização permanente compreenderá:

a) uma Conferência geral constituída pelos Representantes dos Estados-Membros;
b) um Conselho de Administração composto como indicado no art. 7º;
c) uma Repartição Internacional do Trabalho sob a direção de um Conselho de Administração.

Artigo 3º

1. A Conferência geral dos representantes dos Estados-Membros realizará sessões sempre que for necessário, e, pelo menos, uma vez por ano. Será composta de quatro representantes de cada um dos Membros, dos quais dois serão Delegados do Governo e os outros dois representarão, respectivamente, os empregados e empregadores.

2. Cada Delegado poderá ser acompanhado por consultores técnicos, cujo número será de dois no máximo, para cada uma das matérias inscritas na ordem do dia da sessão. Quando a Conferência discutir questões que interessem particularmente às mulheres, uma ao menos das pessoas designadas como consultores técnicos deverá ser mulher.

3. Todo Estado-Membro responsável pelas relações internacionais de territórios não metropolitanos poderá

designar, a mais, como consultores técnicos suplementares de cada um de seus delegados:

a) pessoas, por ele escolhidas, como representantes do território, em relação às matérias que entram na competência das autoridades do mesmo território;

b) pessoas por ele escolhidas como assistentes de seus delegados em relação às questões de interesse dos territórios que não se governam a si mesmos.

4. Tratando-se de um território colocado sob a autoridade conjunta de dois ou mais Estados-Membros, poder-se-á nomear assistentes para os delegados dos referidos Membros.

5. Os Estados-Membros comprometem-se a designar os delegados e consultores técnicos não governamentais de acordo com as organizações profissionais mais representativas, tanto dos empregadores como dos empregados, se essas organizações existirem.

6. Os consultores técnicos não serão autorizados a tomar a palavra senão por pedido feito pelo delegado a que são adidos e com a autorização especial do Presidente da Conferência. Não poderão votar.

7. Qualquer delegado poderá, por nota escrita dirigida ao Presidente, designar um de seus consultores técnicos como seu substituto, e este, nesta qualidade, poderá tomar parte nas deliberações e votar.

8. Os nomes dos delegados e de seus consultores técnicos serão comunicados à Repartição Internacional do Trabalho pelo Governo de cada Estado-Membro.

9. Os poderes dos delegados e de seus consultores técnicos serão submetidos à verificação da Conferência, que poderá, por dois terços, ou mais, dos votos presentes, recusar admitir qualquer delegado ou consultor técnico que julgue não ter sido designado conforme os termos deste artigo.

ARTIGO 4º

1. Cada delegado terá o direito de votar individualmente em todas as questões submetidas às deliberações da Conferência.

2. No caso em que um dos Estados-Membros não haja designado um dos delegados não governamentais a que tiver direito, cabe ao outro delegado não governamental o direito de tomar parte nas discussões da Conferência, mas não o de votar.

3. Caso a Conferência, em virtude dos poderes que lhe confere o art. 3º, recuse admitir um dos delegados de um dos Estados-Membros, as estipulações deste artigo serão aplicadas como se o dito delegado não tivesse sido designado.

ARTIGO 5º

As sessões da Conferência realizar-se-ão no lugar determinado pelo Conselho de Administração, respeitadas quaisquer decisões que possam haver sido tomadas pela Conferência no decurso de uma sessão anterior.

ARTIGO 6º

Qualquer mudança da sede da Repartição Internacional do Trabalho será decidida pela Conferência por uma maioria de dois terços dos sufrágios dos delegados presentes.

ARTIGO 7º

1. O Conselho de Administração será composto de 56 pessoas: 28 representantes dos Governos, 14 representantes dos empregadores e 14 representantes dos empregados.

2. Dos vinte e oito representantes dos Governos, dez serão nomeados pelos Estados-Membros de maior importância industrial e dezoito serão nomeados pelos Estados-Membros designados para esse fim pelos delegados governamentais da Conferência, excluídos os delegados dos dez Membros acima mencionados.

3. O Conselho de Administração indicará, sempre que julgar oportuno, quais os Estados-Membros de maior importância industrial, e, antes de tal indicação, estabelecerá regras para garantir o exame, por uma comissão imparcial, de todas as questões relativas à referida indicação. Qualquer apelo formulado por um Estado-Membro contra a resolução do Conselho de Administração quanto aos Membros de maior importância industrial, será julgado pela Conferência, sem contudo suspender os efeitos desta resolução, enquanto a Conferência não se houver pronunciado.

4. Os representantes dos empregadores e os dos empregados serão, respectivamente, eleitos pelos delegados dos empregadores e pelos delegados dos trabalhadores à Conferência.

5. O Conselho será renovado de 3 (três) em (três) anos. Se, por qualquer motivo, as eleições para o Conselho de Administração não se realizarem ao expirar este prazo, será mantido o mesmo Conselho de Administração até que se realizem tais eleições.

6. O processo de preencher as vagas, de designar os suplentes, e outras questões da mesma natureza, poderão ser resolvidas pelo Conselho de Administração, sob ressalva da aprovação da Conferência.

7. O Conselho de Administração elegerá entre os seus membros um presidente e dois vice-presidentes. Dentre os três eleitos, um representará um Governo e os dois outros, empregadores e empregados, respectivamente.

8. O Conselho de Administração estabelecerá o seu próprio regulamento e reunir-se-á nas épocas que determinar. Deverá realizar uma sessão especial, sempre que dezesseis dos seus Membros, pelo menos, formularem pedido por escrito para esse fim.

ARTIGO 8º

1. A Repartição Internacional do Trabalho terá um Diretor-Geral, designado pelo Conselho de Administração, responsável, perante este, pelo bom funcionamento da Repartição e pela realização de todos os trabalhos que lhe forem confiados.

2. O Diretor-Geral ou o seu suplente assistirão a todas as sessões do Conselho de Administração.

ARTIGO 9º

1. O pessoal da Repartição Internacional do Trabalho será escolhido pelo Diretor-Geral de acordo com as regras aprovadas pelo Conselho de Administração.

2. A escolha deverá ser feita, pelo Diretor-Geral, sempre que possível, entre pessoas de nacionalidades diversas, visando a maior eficiência no trabalho da Repartição.

3. Dentre essas pessoas deverá existir um certo número de mulheres.

4. O Diretor-Geral e o pessoal, no exercício de suas funções, não solicitarão nem aceitarão instruções de qualquer Governo ou autoridade estranha à Organização. Abster-se-ão de qualquer ato incompatível com sua situação de funcionários internacionais, responsáveis unicamente perante a Organização.

5. Os Estados-Membros da Organização comprometem-se a respeitar o caráter exclusivamente internacional das funções do Diretor-Geral e do pessoal e a não procurar influenciá-los quanto ao modo de exercê-las.

Artigo 10

1. A Repartição Internacional do Trabalho terá por funções a centralização e a distribuição de todas as informações referentes à regulamentação internacional da condição dos trabalhadores e do regime do trabalho e, em particular, o estudo das questões que lhe compete submeter às discussões da Conferência para conclusão das convenções internacionais assim como a realização de todos os inquéritos especiais prescritos pela Conferência, ou pelo Conselho de Administração.

2. A Repartição, de acordo com as diretrizes que possa receber do Conselho de Administração:

a) preparará a documentação sobre os diversos assuntos inscritos na ordem do dia das sessões da Conferência;

b) fornecerá, na medida de seus recursos, aos Governos que o pedirem, todo o auxílio adequado à elaboração de leis, consoante as decisões da Conferência, e, também, ao aperfeiçoamento da prática administrativa e dos sistemas de inspeção;

c) cumprirá, de acordo com o prescrito na presente Constituição, os deveres que lhe incumbem no que diz respeito à fiel observância das convenções;

d) redigirá e trará a lume, nas línguas que o Conselho de Administração julgar conveniente, publicações de interesse internacional sobre assuntos relativos à indústria e ao trabalho.

3. De um modo geral, terá quaisquer outros poderes e funções que a Conferência ou o Conselho de Administração julgarem acertado atribuir-lhe.

Artigo 11

Os Ministérios dos Estados-Membros, encarregados de questões relativas aos trabalhadores, poderão comunicar-se com o Diretor-Geral por intermédio do representante do seu Governo no Conselho de Administração da Repartição Internacional do Trabalho, ou, na falta desse representante, por intermédio de qualquer outro funcionário devidamente qualificado e designado para esse fim pelo Governo interessado.

Artigo 12

1. A Organização Internacional do Trabalho cooperará, dentro da presente Constituição, com qualquer organização internacional de caráter geral encarregada de coordenar as atividades de organizações de direito internacional público de funções especializadas, e também, com aquelas dentre estas últimas organizações, cujas funções se relacionem com as suas próprias.

2. A Organização Internacional do Trabalho poderá tomar as medidas que se impuserem para que os representantes das organizações de direito internacional público participem, sem direito de voto, de suas próprias deliberações.

3. A Organização Internacional do Trabalho poderá tomar todas as medidas necessárias para consultar, a seu alvitre, organizações internacionais não governamentais reconhecidas, inclusive organizações internacionais de empregadores, empregados, agricultores e cooperativistas.

Artigo 13

1. A Organização Internacional do Trabalho poderá concluir com as Nações Unidas quaisquer acordos financeiros e orçamentários que pareçam convenientes.

2. Antes da conclusão de tais acordos, ou, se, em dado momento, não os houver em vigor:

a) cada Membro pagará as despesas de viagem e de estada dos seus delegados, consultores técnicos ou representantes, que tomarem parte, seja nas sessões da Conferência, seja nas do Conselho de Administração;

b) quaisquer outras despesas da Repartição Internacional do Trabalho, ou provenientes das sessões da Conferência ou do Conselho de Administração, serão debitadas pelo Diretor-Geral da Repartição Internacional do Trabalho no orçamento da Organização Internacional do Trabalho;

c) as regras relativas à aprovação do orçamento da Organização Internacional do Trabalho, à distribuição das contribuições entre os Estados-Membros, assim como à arrecadação destas, serão estabelecidas pela Conferência por uma maioria de dois terços dos votos presentes. Tais regras estipularão que o orçamento e os acordos relativos à distribuição das despesas entre os Membros da Organização deverão ser aprovados por uma comissão constituída por representantes governamentais.

3. As despesas da Organização Internacional do Trabalho serão custeadas pelos Estados-Membros, segundo os acordos vigentes em virtude do parágrafo 1 ou do parágrafo 2, letra c, do presente artigo.

4. Qualquer Estado-Membro da Organização, cuja dívida em relação a esta seja, em qualquer ocasião, igual ou superior ao total da contribuição que deveria ter pago nos 2 (dois) anos completos anteriores, não poderá tomar parte nas votações da Conferência, do Conselho de Administração ou de qualquer comissão, ou nas eleições para o Conselho de Administração. A Conferência pode, entretanto, por maioria dos dois terços dos votos presentes, autorizar o Estado em questão a tomar parte na votação, ao verificar que o atraso é devido a motivo de força maior.

5. O Diretor-Geral da Repartição Internacional do Trabalho será responsável perante o Conselho de Administração pelo emprego dos fundos da Organização Internacional do Trabalho.

Capítulo II

FUNCIONAMENTO

Artigo 14

1. O Conselho de Administração elaborará a ordem do dia das sessões da Conferência, depois de ter examinado todas as propostas feitas pelos Governos de

quaisquer dos Membros, por qualquer organização representativa indicada no artigo 3º, ou por qualquer organização de direito internacional público, sobre as matérias a incluir nessa ordem do dia.

2. O Conselho de Administração elaborará diretrizes para que a adoção pela Conferência de uma convenção ou de uma recomendação seja, por meio de uma conferência técnica preparatória ou por qualquer outro meio, precedida de um aprofundado preparo técnico e de uma consulta adequada dos Membros principalmente interessados.

ARTIGO 15

1. O Diretor-Geral exercerá as funções de Secretário-Geral da Conferência e deverá fazer com que cada Estado-Membro receba a ordem do dia, 4 (quatro) meses antes da abertura da sessão. Deverá, também, por intermédio dos referidos Estados-Membros, enviá-la, com essa antecedência, aos delegados não governamentais já nomeados e, ainda, àqueles que o forem dentro desse prazo.

2. Os relatórios sobre cada assunto inscrito na ordem do dia deverão ser comunicados aos Membros de modo a dar-lhes tempo de estudá-los convenientemente, antes da reunião da Conferência. O Conselho de Administração formulará diretrizes para execução deste dispositivo.

ARTIGO 16

1. Cada Estado-Membro terá o direito de impugnar a inscrição, na ordem do dia da sessão, de um, ou diversos dos assuntos previstos. Os motivos justificativos dessa oposição deverão ser expostos numa memória dirigida ao Diretor-Geral, que deverá comunicá-la aos Estados-Membros da Organização.

2. Os assuntos impugnados ficarão, não obstante, incluídos na ordem do dia, se assim a Conferência o decidir por dois terços dos votos presentes.

3. Toda questão, que a Conferência decidir, pelos mesmos dois terços, seja examinada (diversamente do previsto no parágrafo precedente), será incluída na ordem do dia da sessão seguinte.

ARTIGO 17

1. A Conferência elegerá um presidente e três vice-presidentes. Os três vice-presidentes serão, respectivamente, um delegado governamental, um delegado dos empregadores e um delegado dos trabalhadores. A Conferência formulará as regras do seu funcionamento; poderá instituir comissões encarregadas de dar parecer sobre todas as questões que ela julgar conveniente sejam estudadas.

2. As decisões serão tomadas por simples maioria dos votos presentes, exceto nos casos em que outra fórmula não for prescrita pela presente Constituição, por qualquer convenção ou instrumento que confira poderes à Conferência, ou, ainda, pelos acordos financeiros e orçamentários adotados em virtude do artigo 13.

3. Nenhuma votação será válida, se o número dos votos reunidos for inferior à metade dos delegados presentes à sessão.

ARTIGO 18

A Conferência poderá adir às suas comissões consultores técnicos, sem direito de voto.

ARTIGO 19

1. Se a Conferência pronunciar-se pela aceitação de propostas relativas a um assunto na sua ordem do dia, deverá decidir se essas propostas tomarão a forma:

a) de uma convenção internacional;
b) de uma recomendação, quando o assunto tratado, ou um de seus aspectos não permitir a adoção imediata de uma convenção.

2. Em ambos os casos, para que uma convenção ou uma recomendação seja aceita em votação final pela Conferência, são necessários dois terços dos votos presentes.

3. A Conferência deverá, ao elaborar uma convenção ou uma recomendação de aplicação geral, levar em conta os países que se distinguem pelo clima, pelo desenvolvimento incompleto da organização industrial ou por outras circunstâncias especiais relativas à indústria, e deverá sugerir as modificações que correspondem, a seu ver, às condições particulares desses países.

4. Dois exemplares da convenção ou da recomendação serão assinados pelo Presidente da Conferência e pelo Diretor-Geral. Um destes exemplares será depositado nos arquivos da Repartição Internacional do Trabalho e o outro entregue ao Secretário-Geral das Nações Unidas. O Diretor-Geral remeterá a cada um dos Estados-Membros uma cópia autêntica da convenção ou da recomendação.

5. Tratando-se de uma convenção:

a) será dado a todos os Estados-Membros conhecimento da convenção para fins de ratificação;
b) cada um dos Estados-Membros compromete-se a submeter, dentro do prazo de um ano, a partir do encerramento da sessão da Conferência (ou, quando, em razão de circunstâncias excepcionais, tal não for possível, logo que o seja, sem nunca exceder o prazo de 18 meses após o referido encerramento), a convenção à autoridade ou autoridades em cuja competência entre a matéria, a fim de que estas a transformem em lei ou tomem medidas de outra natureza;
c) os Estados-Membros darão conhecimento ao Diretor-Geral da Repartição Internacional do Trabalho das medidas tomadas, em virtude do presente artigo, para submeter a convenção à autoridade ou autoridades competentes, comunicando-lhe, também, todas as informações sobre as mesmas autoridades e sobre as decisões que estas houverem tomado;
d) o Estado-Membro que tiver obtido o consentimento da autoridade, ou autoridades competentes, comunicará ao Diretor-Geral a ratificação formal da convenção e tomará as medidas necessárias para efetivar as disposições da dita convenção;
e) quando a autoridade competente não der seu assentimento a uma convenção, nenhuma obrigação terá o Estado-Membro a não ser a de informar o Diretor-Geral da Repartição Internacional do Trabalho – nas épocas que o Conselho de Administração julgar convenientes – sobre a sua legislação e prática observada relativamente ao assunto de que trata a convenção. Deverá, também, precisar nestas informações até que ponto aplicou, ou pretende aplicar, dispositivos da convenção, por intermédio de leis, por meios administrativos, por força de contratos

coletivos, ou, ainda, por qualquer outro processo, expondo, outrossim, as dificuldades que impedem ou retardam a ratificação da convenção.

6. Em se tratando de uma recomendação:
a) será dado conhecimento da recomendação a todos os Estados-Membros, a fim de que estes a considerem, atendendo à sua efetivação por meio de lei nacional ou por outra qualquer forma;
b) cada um dos Estados-Membros compromete-se a submeter, dentro do prazo de um ano a partir do encerramento da sessão da Conferência (ou, quando, em razão de circunstâncias excepcionais, tal não for possível, logo que o seja, sem nunca exceder o prazo de 18 (dezoito) meses após o referido encerramento), a recomendação à autoridade ou autoridades em cuja competência entre a matéria, a fim de que estas a transformem em lei ou tomem medidas de outra natureza;
c) os Estados-Membros darão conhecimento ao Diretor-Geral da Repartição Internacional do Trabalho das medidas tomadas, em virtude do presente artigo, para submeter a recomendação à autoridade ou autoridades competentes, comunicando-lhe, também as decisões que estas houverem tomado;
d) além da obrigação de submeter a recomendação à autoridade ou autoridades competentes, o Membro só terá a de informar o Diretor-Geral da Repartição Internacional do Trabalho – nas épocas que o Conselho de Administração julgar convenientes – sobre a sua legislação e prática observada relativamente ao assunto de que trata a recomendação. Deverá também precisar nestas informações até que ponto aplicou ou pretende aplicar dispositivos da recomendação, e indicar as modificações destes dispositivos que sejam ou venham a ser necessárias para adotá-los ou aplicá-los.

7. No caso de um Estado federado serão aplicados os dispositivos seguintes:
a) as obrigações do Estado federado serão as mesmas que as dos Membros que o não forem, no tocante às convenções e às recomendações para as quais o Governo Federal considere, de acordo com o seu sistema constitucional, é adequada uma ação federal;
b) no que disser respeito às convenções e recomendações para as quais o Governo Federal considere que, de acordo com o seu sistema constitucional, uma ação da parte dos Estados, das províncias ou dos cantões que o compõem, é – relativamente a alguns ou a todos os pontos – mais adequada do que uma ação federal, o referido Governo deverá:
i) concluir, segundo a sua própria Constituição e as dos Estados componentes, províncias ou cantões interessados, acordos efetivos para que tais convenções ou recomendações sejam, no prazo máximo de 18 (dezoito) meses após o encerramento da sessão da Conferência, submetidas às devidas autoridades federais ou às dos Estados componentes, províncias ou cantões, para fins de uma ação legislativa ou outra de qualquer natureza;
ii) tomar as necessárias medidas – sob reserva do consentimento dos Governos dos Estados componentes, províncias ou cantões interessados

– para que, periodicamente, as autoridades federais, de um lado e de outro, a dos Estados componentes, províncias ou cantões, se consultem reciprocamente, a fim de empreenderem uma ação coordenada no sentido de tornarem efetivos, em todo o país, os dispositivos destas convenções e recomendações;
iii) informar o Diretor-Geral da Repartição Internacional do Trabalho das medidas tomadas, em virtude do presente artigo, para submeter tais convenções e recomendações às devidas autoridades federais, às dos Estados componentes, províncias ou cantões, comunicando-lhe todas as informações sobre as autoridades consideradas como legítimas e sobre as decisões que estas houverem tomado;
iv) relativamente a uma convenção não ratificada, informar o Diretor-Geral da Repartição Internacional do Trabalho, nas épocas que o Conselho de Administração julgar convenientes, sobre a legislação da federação, dos Estados constituintes, das províncias ou dos cantões, e sobre a prática, por umas e outros, observada, relativamente ao assunto de que trata essa convenção. Deverá, também, precisar até que ponto deu-se ou se pretende dar aplicação a dispositivos da mesma convenção, por intermédio de leis, por meios administrativos, por força de contratos coletivos, ou, ainda por qualquer outro processo;
v) relativamente a uma recomendação, informar o Diretor-Geral da Repartição Internacional do Trabalho, nas épocas que o Conselho de Administração julgar convenientes, sobre a legislação da federação, dos Estados constituintes, das províncias ou dos cantões, e sobre a prática, por umas e outros, observada relativamente ao assunto de que trata essa recomendação. Deverá, também, precisar, nestas informações, até que ponto deu-se ou se pretende dar aplicação a dispositivos da recomendação, indicando as modificações destes dispositivos que sejam ou venham a ser necessárias para adotá-los ou aplicá-los.

8. Em caso algum, a adoção, pela Conferência, de uma convenção ou recomendação, ou a ratificação, por um Estado-Membro, de uma convenção, deverão ser consideradas como afetando qualquer lei, sentença, costumes ou acordos que assegurem aos trabalhadores interessados condições mais favoráveis que as previstas pela convenção ou recomendação.

Artigo 20

Qualquer convenção assim ratificada será comunicada pelo Diretor-Geral da Repartição Internacional do Trabalho ao Secretário-Geral das Nações Unidas, para fins de registro, de acordo com o art. 102 da Carta das Nações Unidas, obrigando apenas os Estados-Membros que a tiverem ratificado.

Artigo 21

1. Todo projeto que, no escrutínio final, não obtiver dois terços dos votos presentes, poderá ser objeto de uma convenção particular entre os Membros da Organização que o desejarem.

2. Toda convenção, assim concluída, será comunicada pelos Governos interessados ao Diretor-Geral da Repar-

tição Internacional do Trabalho e ao Secretário-Geral das Nações Unidas para fins de registro, de acordo com os termos do art. 102 da Carta das Nações Unidas.

Artigo 22

Os Estados-Membros comprometem-se a apresentar à Repartição Internacional do Trabalho um relatório anual sobre as medidas por eles tomadas para execução das convenções a que aderiram. Esses relatórios serão redigidos na forma indicada pelo Conselho de Administração e deverão conter as informações pedidas por este Conselho.

Artigo 23

1. O Diretor-Geral apresentará à Conferência, na sessão seguinte, um resumo das informações e dos relatórios que, de acordo com os artigos 19 e 22, lhe houverem sido transmitidos.

2. Os Estados-Membros remeterão às organizações representativas, reconhecidas como tais, para os fins mencionados no art. 3º, cópia das informações e dos relatórios transmitidos ao Diretor-Geral, de acordo com os arts. 19 e 22.

Artigo 24

Toda reclamação, dirigida à Repartição Internacional do Trabalho, por uma organização profissional de empregados ou de empregadores, e segundo a qual um dos Estados-Membros não tenha assegurado satisfatoriamente a execução de uma convenção a que o dito Estado haja aderido, poderá ser transmitida pelo Conselho de Administração ao Governo em questão e este poderá ser convidado a fazer, sobre a matéria, a declaração que julgar conveniente.

Artigo 25

Se nenhuma declaração for enviada pelo Governo em questão, num prazo razoável, ou se a declaração recebida não parecer satisfatória ao Conselho de Administração, este último terá o direito de tornar pública a referida reclamação e, segundo o caso, a resposta dada.

Artigo 26

1. Cada Estado-Membro poderá enviar uma queixa à Repartição Internacional do Trabalho contra outro Estado-Membro que, na sua opinião, não houver assegurado satisfatoriamente a execução de uma convenção que um e outro tiverem ratificado em virtude dos artigos precedentes.

2. O Conselho de Administração poderá, se achar conveniente, antes de enviar a questão a uma comissão de inquérito, segundo o processo indicado adiante, pôr-se em comunicação com o Governo visado pela queixa, do modo indicado no art. 24.

3. Se o Conselho de Administração não julgar necessário comunicar a queixa ao Governo em questão, ou, se essa comunicação, havendo sido feita, nenhuma resposta que satisfaça o referido Conselho, tiver sido recebida dentro de um prazo razoável, o Conselho poderá constituir uma comissão de inquérito que terá a missão de estudar a reclamação e apresentar parecer a respeito.

4. O Conselho também poderá tomar as medidas supramencionadas, quer ex officio, quer baseado em queixa de um delegado à Conferência.

5. Quando uma questão suscitada nos termos dos arts. 25 ou 26, for levada ao Conselho de Administração, o Governo em causa, se não tiver representante junto àquele, terá o direito de designar um delegado para tomar parte nas deliberações do mesmo, relativas ao caso. A data de tais deliberações será comunicada em tempo oportuno ao Governo em questão.

Artigo 27

No caso de ser enviada uma queixa em virtude do art. 26, a uma Comissão de Inquérito, todo Estado-Membro, nela diretamente interessado ou não, comprometer-se-á a pôr à disposição da Comissão todas as informações que se acharem em seu poder relativas ao objeto da queixa.

Artigo 28

A Comissão de Inquérito, após exame aprofundado da queixa, redigirá um relatório do qual constarão não só suas verificações sobre todos os pontos que permitam bem medir o valor da contestação, como, também, as medidas que recomenda para dar satisfação ao Governo queixoso e os prazos, dentro dos quais, as mesmas medidas devam ser postas em execução.

Artigo 29

1. O Diretor-Geral da Repartição Internacional do Trabalho transmitirá o relatório da Comissão de Inquérito ao Conselho de Administração e a cada Governo interessado no litígio, assegurando a sua publicação.

2. Cada Governo interessado deverá comunicar ao Diretor-Geral da Repartição Internacional do Trabalho, dentro do prazo de 3 (três) meses, se aceita ou não as recomendações contidas no relatório da Comissão e, em caso contrário, se deseja que a divergência seja submetida à Corte Internacional de Justiça.

Artigo 30

Caso um dos Estados-Membros não tome, relativamente a uma convenção ou a uma recomendação, as medidas prescritas nos parágrafos 5, b, 6, b, ou 7, b, (i), do art. 19, qualquer outro Estado-Membro terá o direito de levar a questão ao Conselho de Administração. O Conselho de Administração submeterá o assunto à Conferência, na hipótese de julgar que o Membro não tomou as medidas prescritas.

Artigo 31

Será inapelável a decisão da Corte Internacional de Justiça sobre uma queixa ou questão que lhe tenha sido submetida, conforme o art. 29.

Artigo 32

As conclusões ou recomendações eventuais da Comissão de Inquérito poderão ser confirmadas, alteradas ou anuladas pela Corte Internacional de Justiça.

Artigo 33

Se um Estado-Membro não se conformar, no prazo prescrito, com as recomendações eventualmente contidas no relatório da Comissão de Inquérito, ou na decisão da Corte Internacional de Justiça, o Conselho de Administração poderá recomendar à Conferência a adoção de qualquer medida que lhe pareça conveniente para assegurar a execução das mesmas recomendações.

Artigo 34

O Governo culpado poderá, em qualquer ocasião, informar o Conselho de Administração que tomou as medidas necessárias a fim de se conformar com as recomendações da Comissão de Inquérito ou com as da decisão da Corte Internacional de Justiça. Poderá, também, pedir ao Conselho que nomeie uma Comissão de Inquérito para verificar suas afirmações. Neste caso, aplicar-se-ão as estipulações dos arts. 27, 28, 29, 31 e 32, e, se o relatório da Comissão de Inquérito ou a decisão da Corte Internacional de Justiça, for favorável ao referido Governo, o Conselho de Administração deverá imediatamente recomendar que as medidas tomadas de acordo com o art. 33 sejam revogadas.

Capítulo III

DISPOSIÇÕES GERAIS

Artigo 35

1. Excetuados os casos em que os assuntos tratados na convenção não se enquadrem na competência das autoridades do território e aqueles em que a convenção for aplicável, dadas as condições locais, os Estados-Membros comprometem-se a aplicar as convenções que – de acordo com os dispositivos da presente Constituição – houverem ratificado aos territórios não metropolitanos, por cujas relações internacionais forem responsáveis, inclusive aos territórios sob tutela cuja administração lhes competir, admitindo-se reserva quanto às modificações necessárias para se adaptarem tais convenções às condições locais.

2. Todo Estado-Membro deve, no mais breve prazo, após haver ratificado uma convenção, declarar ao Diretor-Geral da Repartição Internacional do Trabalho até que ponto se compromete a aplicá-la aos territórios não visados pelos parágrafos 4 e 5 abaixo, e fornecer-lhe, também, todas as informações que possam ser prescritas pela mesma convenção.

3. Todo Estado-Membro, que tiver formulado uma declaração como previsto no parágrafo precedente, poderá, de acordo com os artigos da convenção, fazer, periodicamente, nova declaração que modifique os termos mencionados no parágrafo precedente.

4. Quando os assuntos tratados na convenção forem da competência das autoridades de um território não metropolitano, o Estado-Membro responsável pelas relações internacionais deste território deverá, no mais breve prazo possível, comunicar a convenção ao Governo do mesmo, para que este Governo promulgue leis ou tome outras medidas. Em seguida poderá o Estado-Membro, de acordo com o mencionado Governo, declarar ao Diretor-Geral da Repartição Internacional do Trabalho que aceita as obrigações da convenção em nome do território.

5. Uma declaração de aceitação das obrigações de uma convenção poderá ser comunicada ao Diretor-Geral da Repartição Internacional do Trabalho:
   a) por dois ou mais Estados-Membros da Organização, em se tratando de um território sob sua autoridade conjunta;
   b) por qualquer autoridade internacional responsável pela administração de um território por força dos dispositivos da Carta das Nações Unidas, ou de qualquer outro dispositivo em vigor que se aplique ao mesmo território.

6. A aceitação das obrigações de uma convenção, segundo os parágrafos 4 e 5, acarretará a aceitação, em nome do território interessado, das obrigações que resultam dos termos da convenção, e, também, daquelas que, de acordo com a Constituição da Organização, decorrem da ratificação. Qualquer declaração de aceitação pode especificar as modificações dos dispositivos da convenção que seriam necessárias para adaptá-las às condições locais.

7. Todo Estado-Membro ou autoridade internacional, que houver feito uma declaração na forma prevista pelos parágrafos 4 e 5 do presente artigo, poderá, de acordo com os artigos da convenção, formular periodicamente nova declaração que modifique os termos de qualquer das anteriores ou que torne sem efeito a aceitação da convenção em nome do território interessado.

8. Se as obrigações decorrentes de uma convenção não forem aceitas quanto a um dos territórios visados pelos parágrafos 4 ou 5 do presente artigo, o Membro, os Membros, ou a autoridade internacional transmitirão ao Diretor-Geral da Repartição Internacional do Trabalho, um relatório sobre a legislação do mesmo território e sobre a prática nele observada, relativamente ao assunto de que trata a convenção. O relatório indicará até que ponto se aplicaram ou se pretendem aplicar dispositivos da convenção, por intermédio de leis, por meios administrativos, por força de contratos coletivos, ou por qualquer outro processo, expondo, outrossim, as dificuldades que impedem ou retardam a ratificação da dita convenção.

Artigo 36

As emendas à presente Constituição, aceitas pela Conferência por dois terços dos votos presentes, entrarão em vigor quando forem ratificadas por dois terços dos Estados-Membros da Organização, incluindo cinco dentre os dez representantes no Conselho de Administração como sendo os de maior importância industrial, de acordo com o disposto no artigo 7, parágrafo 3, da presente Constituição.

Artigo 37

1. Quaisquer questões ou dificuldades relativas à interpretação da presente Constituição e das convenções ulteriores concluídas pelos Estados-Membros, em virtude da mesma, serão submetidas à apreciação da Corte Internacional de Justiça.

2. O Conselho de Administração poderá, não obstante o disposto no parágrafo 1 do presente artigo, formular e submeter à aprovação da Conferência, regras destinadas a instituir um tribunal para resolver com presteza qualquer questão ou dificuldade relativa à interpretação de uma convenção que a ele seja levada pelo Conselho de Administração, ou, segundo o prescrito na referida convenção. O Tribunal instituído, em virtude do presente parágrafo, regulará seus atos pelas decisões ou pareceres da Corte Internacional de Justiça. Qualquer sentença pronunciada pelo referido tribunal será comunicada aos Estados-Membros da Organização, cujas observações, a ela relativas, serão transmitidas à Conferência.

Artigo 38

1. A Organização Internacional do Trabalho poderá convocar conferências regionais e criar instituições do mesmo caráter, quando julgar que umas e outras serão úteis aos seus fins e objetivos.

2. Os poderes, as funções e o regulamento das conferências regionais obedecerão às normas formuladas pelo Conselho de Administração e por ele apresentadas à Conferência Geral para fins de confirmação.

Capítulo IV

DISPOSIÇÕES DIVERSAS

Artigo 39

A Organização Internacional do Trabalho deve ter personalidade jurídica, e, precipuamente, capacidade para:

a) adquirir bens, móveis e imóveis, e dispor dos mesmos;
b) contratar;
c) intentar ações.

Artigo 40

1. A Organização Internacional do Trabalho gozará, nos territórios de seus Membros, dos privilégios e das imunidades necessárias a consecução dos seus fins.

2. Os delegados à Conferência, os membros do Conselho de Administração, bem como o Diretor-Geral e os funcionários da Repartição, gozarão, igualmente, dos privilégios e imunidades necessárias para exercerem, com inteira independência, as funções que lhes competem, relativamente à Organização.

3. Tais privilégios serão especificados por um acordo em separado, que será elaborado pela Organização para fins de aceitação pelos Estados-Membros.

ANEXO

DECLARAÇÃO REFERENTE AOS FINS E OBJETIVOS DA ORGANIZAÇÃO INTERNACIONAL DO TRABALHO

A Conferência Geral da Organização Internacional do Trabalho, reunida em Filadélfia em sua vigésima sexta sessão, adota, aos dez de maio de mil novecentos e quarenta e quatro, a presente Declaração, quanto aos itens e objetivos da Organização Internacional do Trabalho e aos princípios que devem inspirar a política dos seus Membros.

I – A Conferência reafirma os princípios fundamentais sobre os quais repousa a Organização, principalmente os seguintes:

a) o trabalho não é uma mercadoria;
b) a liberdade de expressão e de associação é uma condição indispensável a um progresso ininterrupto;
c) a penúria, seja onde for, constitui um perigo para a prosperidade geral;
d) a luta contra a carência, em qualquer nação, deve ser conduzida com infatigável energia, e por um esforço internacional contínuo e conjugado, no qual os representantes dos empregadores e dos empregados discutam, em igualdade, com os dos Governos, e tomem com eles decisões de caráter democrático, visando o bem comum.

II – A Conferência, convencida de ter a experiência plenamente demonstrado a verdade da declaração contida na Constituição da Organização Internacional do Trabalho, que a paz, para ser duradoura, deve assentar sobre a justiça social, afirma que:

a) todos os seres humanos de qualquer raça, crença ou sexo, têm o direito de assegurar o bem-estar material e o desenvolvimento espiritual dentro da liberdade e da dignidade, da tranquilidade econômica e com as mesmas possibilidades;
b) a realização de condições que permitam o exercício de tal direito deve constituir o principal objetivo de qualquer política nacional ou internacional;
c) quaisquer planos ou medidas, no terreno nacional ou internacional, máxime os de caráter econômico e financeiro, devem ser considerados sob esse ponto de vista e somente aceitos, quando favorecerem, e não entravarem, a realização desse objetivo principal;
d) compete à Organização Internacional do Trabalho apreciar, no domínio internacional, tendo em vista tal objetivo, todos os programas de ação e medidas de caráter econômico e financeiro;
e) no desempenho das funções que lhe são confiadas, a Organização Internacional do Trabalho tem capacidade para incluir em suas decisões e recomendações quaisquer disposições que julgar convenientes, após levar em conta todos os fatores econômicos e financeiros de interesse.

III – A Conferência proclama solenemente que a Organização Internacional do Trabalho tem a obrigação de auxiliar as Nações do Mundo na execução de programas que visem:

a) proporcionar emprego integral para todos e elevar os níveis de vida;
b) dar a cada trabalhador uma ocupação na qual ele tenha a satisfação de utilizar, plenamente, sua habilidade e seus conhecimentos e de contribuir para o bem geral;
c) favorecer, para atingir o fim mencionado no parágrafo precedente, as possibilidades de formação profissional e facilitar as transferências e migrações de trabalhadores e de colonos, dando as devidas garantias a todos os interessados;
d) adotar normas referentes aos salários e às remunerações, ao horário e às outras condições de trabalho, a fim de permitir que todos usufruam do progresso e, também, que todos os assalariados, que ainda não o tenham, percebam, no mínimo, um salário vital;
e) assegurar o direito de ajustes coletivos, incentivar a cooperação entre empregadores e trabalhadores para melhoria contínua da organização da produção e a colaboração de uns e outros na elaboração e na aplicação da política social e econômica;
f) ampliar as medidas de segurança social, a fim de assegurar tanto uma renda mínima e essencial a todos a quem tal proteção é necessária, como assistência médica completa;
g) assegurar uma proteção adequada da vida e da saúde dos trabalhadores em todas as ocupações;
h) garantir a proteção da infância e da maternidade;
i) obter um nível adequado de alimentação, de alojamento, de recreação e de cultura;
j) assegurar as mesmas oportunidades para todos em matéria educativa e profissional.

IV – A Conferência – convencida de que uma utilização mais ampla e completa dos recursos da terra é necessária para a realização dos objetivos enumerados na presente Declaração, e pode ser assegurada por uma ação eficaz nos domínios internacional e nacional, em particular mediante medidas tendentes a promover a expansão da produção e do consumo, a evitar flutuações econômicas graves, a realizar o progresso econômico e social das regiões menos desenvolvidas, a obter maior estabilidade nos preços mundiais de matérias-primas e de produtos, e a favorecer um comércio internacional de volume elevado e constante – promete a inteira colaboração da Organização Internacional do Trabalho a todos os organismos internacionais aos quais possa ser atribuída uma parcela de responsabilidade nesta grande missão, como na melhoria da saúde, no aperfeiçoamento da educação e do bem-estar de todos os povos.

V – A Conferência afirma que os princípios contidos na presente Declaração convêm integralmente a todos os povos e que sua aplicação progressiva, tanto àqueles que são ainda dependentes, como aos que já se podem governar a si próprios, interessa o conjunto do mundo civilizado, embora deva-se levar em conta, nas variedades dessa aplicação, o grau de desenvolvimento econômico e social atingido por cada um.

CONVENÇÃO SOBRE OS PRIVILÉGIOS E IMUNIDADES DAS NAÇÕES UNIDAS

► Dec. nº 27.784, de 16-2-1950, promulga a Convenção sobre Privilégios e Imunidades das Nações Unidas, adotada em Londres, a 13 de fevereiro de 1946, por ocasião da Assembleia-Geral das Nações Unidas.

Considerando que o artigo 104 da Carta das Nações Unidas estabelece que a Organização goza, no território de cada um de seus membros, da capacidade jurídica necessária para exercer as suas funções e atingir os seus objetivos;

Considerando que o artigo 105 da Carta das Nações Unidas estabelece que a Organização goza, no território de cada um de seus membros, dos privilégios e imunidades necessários para atingir os seus objetivos e que os representantes dos membros das Nações Unidas e os funcionários da Organização gozam igualmente dos privilégios e imunidades necessários ao livre exercício de suas funções em relação à Organização;

Consequentemente, por resolução adotada a 13 de fevereiro de 1946, a Assembleia-Geral aprovou a seguinte Convenção e a propôs à adesão de cada um dos membros das Nações Unidas:

Artigo I
Personalidade jurídica

Seção 1. A Organização das Nações Unidas possui personalidade jurídica. Tem a faculdade:

a) de contratar;
b) de adquirir e vender bens móveis e imóveis;
c) de demandar.

Artigo II
Bens, fundos e haveres

Seção 2. A Organização das Nações Unidas, seus bens e haveres, qualquer que seja sua sede ou seu detentor, gozarão da imunidade de jurisdição, salvo na medida em que a Organização a ela tiver renunciado, em determinado caso. Fica, todavia, entendido que a renúncia não pode compreender medidas executivas.

Seção 3. Os locais da organização são invioláveis. Seus bens e haveres, qualquer que seja sua sede ou o seu detentor, estarão isentos de buscas, requisição, confisco, expropriação ou de toda outra forma de coação executiva, administrativa, judiciária ou legislativa.

Seção 4. Os arquivos da Organização e, de um modo geral, todos os documentos a ela pertencentes ou em seu poder, serão invioláveis, seja qual for o local onde se encontrem.

Seção 5. Sem ficar sujeita a nenhum controle, regulamentação ou moratória financeiros:

a) a Organização poderá conservar em seu poder fundos, ouro ou qualquer espécie de divisas, e ter contas em qualquer moeda;
b) a Organização poderá transferir livremente seus fundos, seu ouro ou suas divisas de um a outro país, ou no próprio país e converter todas as divisas em seu poder em qualquer outra moeda.

Seção 6. No exercício dos direitos que lhes são concedidos em virtude da Seção 5 acima, a Organização das Nações Unidas atenderá a toda reclamação feita pelo governo de um Estado membro, na medida em que julgar poder satisfazê-la sem prejuízo de seus próprios interesses.

Seção 7. A Organização das Nações Unidas, seus haveres, benefícios e outros bens serão:

a) isentos de qualquer imposto direto. Fica, todavia, entendido que a Organização não poderá solicitar isenção de impostos que não sejam mais do que uma simples remuneração dos serviços de utilidade pública;
b) isentos de qualquer direito de alfândega, proibição ou restrição de importação ou exportação para objetos importados ou exportados pela Organização das Nações Unidas, para seu uso oficial. Fica entendido, todavia, que os artigos importados com franquia não serão vendidos no território do país em que foram introduzidos, a menos que o sejam de acordo com as condições estabelecidas pelo governo desse país;
c) isentos de todo direito alfândega e de toda proibição ou restrição de importação e exportação para suas publicações.

Seção 8. Ainda que, em princípio, a Organização das Nações Unidas não reivindique a isenção de impostos de consumo e de taxas de venda compreendidos no preço dos bens móveis ou imóveis, quando fizer, entretanto, para seu uso oficial, compras consideráveis em cujo preço estejam compreendidos impostos e taxas dessa natureza, tomarão os membros, sempre que lhes for possível, as disposições administrativas apropriadas para a entrega ou reembolso do montante desses impostos e taxas.

Artigo III
Facilidades de comunicação

Seção 9. A Organização das Nações Unidas gozará, no território de cada membro, para suas comunicações oficiais, de um tratamento não menos favorável que o tratamento por ele concedido a qualquer outro governo, compreendida a sua missão diplomática, no que diz respeito às prioridades, tarifas e taxas de correio, cabogramas, telegramas, radiotelegramas, telefotos, comunicações telefônicas e outros meios de comunicação, assim como sobre as tarifas de imprensa para as informações à imprensa e ao rádio. A correspondência oficial e outras comunicações oficiais da Organização não poderão ser censuradas.

Seção 10. A Organização das Nações Unidas terá o direito de empregar códigos assim como de expedir e de receber sua correspondência por correios ou malas, que gozarão dos mesmos privilégios e imunidades dos correios e malas diplomáticas.

ARTIGO IV
Representantes dos membros

Seção 11. Os representantes dos membros junto aos órgãos principais e subsidiários das Nações Unidas e às conferências convocadas pelas Nações Unidas gozarão, durante o exercício das suas funções e no curso de viagens com destino ou de volta ao local da reunião, dos seguintes privilégios e imunidades:

a) imunidade de arresto pessoal ou de detenção e embargo de suas bagagens pessoais, e, no que diz respeito aos atos por eles praticados na sua qualidade de representantes (inclusive suas palavras e escritos), de imunidades de toda jurisdição;
b) inviolabilidade de quaisquer papéis e documentos;
c) direito de fazer uso de códigos e de receber documentos ou correspondência por correio ou malas seladas;
d) isenção pessoal e para seus cônjuges no que diz respeito a toda medida restritiva referente à imigração, de toda formalidade de registro de estrangeiro e de toda obrigação de serviço nacional nos países por eles visitados ou atravessados no exercício de suas funções;
e) as mesmas facilidades no que diz respeito às regulamentações monetárias ou de câmbio, que as concedidas aos representantes de governos estrangeiros em missão oficial temporária;
f) as mesmas imunidades e facilidades no que diz respeito às suas bagagens pessoais que as concedidas aos agentes diplomáticos; e igualmente;
g) tais outros privilégios, imunidades e facilidades que não sejam incompatíveis com o que precede e de que gozam os agentes diplomáticos, salvo o direito de reclamar isenção dos direitos de alfândega sobre objetos importados (que não façam parte de suas bagagens pessoais) ou de impostos de consumo e taxas de venda.

Seção 12. A fim de assegurar aos representantes dos membros, aos órgãos principais e subsidiários das Nações Unidas e às conferências convocadas pela Organização, uma completa liberdade de palavra e uma completa independência no cumprimento de suas funções, a imunidade de jurisdição no que se refere às palavras ou escritos ou atos provenientes de cumprimento de suas funções continuará a lhes ser concedida mesmo depois que essas pessoas tiverem deixado de ser representantes dos membros.

Seção 13. No caso em que a incidência de qualquer imposto estiver subordinada à residência da pessoa, os períodos durante os quais os representantes dos membros junto aos órgãos principais e subsidiários das Nações Unidas, e as conferências convocadas pela Organização das Nações Unidas estiverem em território de um Estado membro para o exercício de suas funções, não serão considerados como períodos de residência.

Seção 14. Os privilégios e imunidades são concedidos aos representantes dos membros, não como vantagem pessoal, mas sim a fim de assegurar o livre exercício de suas funções no que se refere à Organização. Consequentemente, um membro tem não somente o direito, mas sim o dever de suspender a imunidade de seu representante, em todos os casos em que, a seu juízo, a imunidade impediria a aplicação da justiça e nos quais ela poderia ser suspensa sem prejuízo das finalidades para as quais a imunidade é concedida.

Seção 15. As disposições das seções 11, 12 e 13 não são aplicáveis no caso de um representante perante as autoridades do Estado de que é nacional e do qual é ou foi representante.

Seção 16. Neste artigo o termo "representantes" será considerado como compreendendo todos os delegados, delegados-adjuntos, conselheiros, peritos técnicos e secretários de delegação.

ARTIGO V
Funcionários

Seção 17. O Secretário-Geral determinará as categorias dos funcionários às quais se aplicam as disposições do presente artigo, assim como as do artigo VII. O Secretário-Geral submeterá a lista à Assembleia-Geral e dará conhecimento da mesma aos governos de todos os membros. Os nomes dos funcionários compreendidos nestas categorias serão comunicados periodicamente aos governos dos membros.

Seção 18. Os funcionários da Organização das Nações Unidas:

a) gozarão de imunidade de jurisdição para os atos por eles praticados oficialmente (inclusive palavras e obras);
b) serão isentos de todo imposto sobre os vencimentos e emolumentos pagos pela Organização das Nações Unidas;
c) serão isentos de toda obrigação relativa ao serviço nacional;
d) não estarão sujeitos, assim como seus cônjuges e membros da suas famílias que vivem a suas expensas, às disposições que limitam a imigração e às formalidades do registro de estrangeiros;
e) gozarão, no que diz respeito às facilidades de câmbio, dos mesmos privilégios que os funcionários de categoria comparável pertencentes às missões diplomáticas acreditadas junto ao governo interessado;
f) gozarão, assim como seus cônjuges e os membros de sua família que vivam a suas expensas, das mesmas facilidades de repatriamento que os enviados diplomáticos em período de crise internacional;
g) gozarão do direito de importar livremente seu mobiliário e seus objetos pessoais por ocasião de assumirem, pela primeira vez, as suas funções no país interessado.

Seção 19. Além dos privilégios e imunidades previstos na seção 18, o Secretário-Geral e todos os subsecretários-gerais gozarão assim como seus cônjuges e filhos menores dos privilégios, imunidades, isenções e facilidades concedidos de acordo com o direito internacional, aos enviados diplomáticos.

Seção 20. Os privilégios e imunidades são concedidos aos funcionários unicamente no interesse das Nações Unidas e não em benefício próprio. O Secretário-Geral poderá e deverá suspender a imunidade concedida a um funcionário, sempre que, a seu critério, esta imunidade impedir a aplicação da justiça e puder ser suspensa sem prejuízo dos interesses da Organização. No que diz respeito ao Secretário-Geral, o Conselho de Segurança tem capacidade para pronunciar a suspensão das imunidades.

Seção 21. A Organização das Nações Unidas colaborará, permanentemente, com as autoridades competentes dos Estados membros, a fim de facilitar a boa administração da justiça, assegurar a observância dos regulamentos de polícia e de evitar todo abuso a que pudessem dar lugar os privilégios, imunidades e facilidades enumerados no presente artigo.

Artigo VI
Peritos em missão da Organização das Nações Unidas

Seção 22. Os peritos se não se tratar dos funcionários especificados no artigo V, quando em missão da Organização das Nações Unidas, gozarão, durante o período de sua missão, inclusive o tempo de viagem, dos privilégios e imunidades necessários ao livre exercício de suas funções. Gozarão, especialmente, dos seguintes privilégios e imunidades:

a) imunidade de arresto pessoal ou de detenção e de apreensão de suas bagagens pessoais;
b) imunidade de toda jurisdição no que se refere aos atos por eles efetuados no desempenho de suas missões (compreendidas suas palavras e escritos). Esta imunidade continuará a lhes ser concedida mesmo depois que estas pessoas tiverem deixado de cumprir missões da Organização das Nações Unidas;
c) inviolabilidade de quaisquer papéis e documentos;
d) direito de fazer uso de códigos e de receber documentos e correspondência por correio ou por malas seladas, para as suas comunicações com a Organização das Nações Unidas;
e) as mesmas facilidades, no que se refere às regulamentações monetárias ou de câmbio, que as concedidas aos representantes de governos estrangeiros em missão oficial temporária;
f) as mesmas imunidades e facilidades, no que se refere às suas bagagens pessoais, que as concedidas aos agentes diplomáticos.

Seção 23. Os privilégios e imunidades são concedidos aos peritos no interesse da Organização das Nações Unidas e não em benefício dos mesmos. O Secretário-Geral poderá e deverá suspender a imunidade concedida a um perito em todos os casos em que, a seu critério, esta imunidade impedir a aplicação da justiça e puder ser suspensa sem prejuízo dos interesses da Organização.

Artigo VII
Salvo-conduto das Nações Unidas

Seção 24. A Organização das Nações Unidas poderá conceder salvo-conduto a seus funcionários. Esses salvo-condutos serão reconhecidos e aceitos pelas autoridades dos Estados membros como títulos de viagem válidos, tendo-se em vista as disposições da seção 25.

Seção 25. Os pedidos de vistos (quando estes forem necessários) emanados dos portadores dos salvo-condutos e acompanhados de um certificado atestando que esses funcionários viajam por conta da Organização, deverão ser examinados no mais breve prazo possível. Outrossim, facilidades de viagem rápida serão concedidas aos portadores desses salvo-condutos.

Seção 26. Facilidades análogas às mencionadas na seção 25 serão concedidas aos peritos e outras pessoas que, sem estarem munidos de salvo-condutos das Nações Unidas, foram portadores de um certificado atestando que viajam por conta da Organização.

Seção 27. O Secretário-Geral, os subsecretários-gerais e os diretores que viajem por conta da Organização e que sejam portadores de um salvo-conduto por ela concedido, gozarão das mesmas facilidades que os enviados diplomáticos.

Seção 28. As disposições do presente artigo podem ser aplicadas aos funcionários, de categoria análoga, pertencentes a instituições especializadas, se os acordos que estabelecem as relações das referidas instituições com a Organização, nos termos do artigo 63 da Carta, conterem disposições a esse respeito.

Artigo VIII
Solução das controvérsias

Seção 29. A Organização das Nações Unidas deverá estabelecer processos adequados de solução para:

a) as controvérsias em matéria de contratos ou outros de direito privado, nas quais a Organização seja parte;
b) as controvérsias nas quais estiver implicado um funcionário da Organização que, em virtude de sua situação oficial, gozar de imunidade que não tenha sido suspensa pelo Secretário-Geral.

Seção 30. Toda divergência referente à interpretação ou à aplicação da presente Convenção será submetida à Corte Internacional de Justiça, a menos que, em determinado caso, as partes convenham em recorrer a outro modo de solução. Se surgir uma divergência entre a Organização das Nações Unidas de um membro, será pedido um parecer sobre toda questão de direito, de acordo com o artigo 96 da Carta e do artigo 65 do Estatuto da Corte. O parecer da Corte será decisivo para as partes.

Artigo final

Seção 31. A presente Convenção é submetida à adesão de todos os membros da Organização das Nações Unidas.

Seção 32. A adesão se efetuará por meio do depósito de um instrumento junto ao Secretário-Geral da Organização das Nações Unidas e a Convenção entrará em vigor, com relação a cada Membro, na data do depósito, por esse membro, de seu instrumento de adesão.

Seção 33. O Secretário-Geral informará todos os membros da Organização das Nações Unidas do depósito de cada adesão.

Seção 34. Fica entendido que, quando um instrumento de adesão é depositado por um membro deste, deverá estar em condições de aplicar, de acordo com sua própria lei, as disposições da presente Convenção.

Seção 35. A presente Convenção vigorará entre a Organização das Nações Unidas e todo membro que tiver depositado seu instrumento de adesão, enquanto esse membro for membro da Organização ou até que uma convenção geral revista tenha sido aprovada pela Assembleia-Geral e que o referido membro se tenha tornado parte nesta última Convenção.

Seção 36. O Secretário-Geral poderá concluir, com um ou mais membros, acordos suplementares estabelecendo, no que diz respeito a esse membro ou esses membros, as disposições da presente Convenção. Esses acordos suplementares serão, em cada caso, submetidos à aprovação da Assembleia-Geral.

ESTATUTO DA COMISSÃO INTERAMERICANA DE DIREITOS HUMANOS

► Aprovado pela resolução AG/RES. 447 (IX-O/79), adotada pela Assembleia-Geral da OEA, em seu Nono Período Ordinário de Sessões, realizado em La Paz, Bolívia, em outubro de 1979.

I. NATUREZA E PROPÓSITOS

Artigo 1

1. A Comissão Interamericana de Direitos Humanos é um órgão da Organização dos Estados Americanos criado para promover a observância e a defesa dos direitos humanos e para servir como órgão consultivo da Organização nesta matéria.

2. Para os fins deste Estatuto, entende-se por direitos humanos:

a) os direitos definidos na Convenção Americana sobre Direitos Humanos com relação aos Estados-Partes da mesma;

b) os direitos consagrados na Declaração Americana de Direitos e Deveres do Homem, com relação aos demais Estados Membros.

II. COMPOSIÇÃO E ESTRUTURA

Artigo 2

1. A Comissão compõe-se de sete membros, que devem ser pessoas de alta autoridade moral e de reconhecido saber em matéria de direitos humanos.

2. A Comissão representa todos os Estados Membros da Organização.

Artigo 3

1. Os membros da Comissão serão eleitos a título pessoal, pela Assembleia-Geral da Organização, de uma lista de candidatos propostos pelos Governos dos Estados Membros.

2. Cada Governo pode propor até três candidatos, nacionais do Estado que os proponha ou de qualquer outro Estado Membro da Organização. Quando for proposta uma lista tríplice de candidatos, pelo menos um deles deverá ser nacional de Estado diferente do proponente.

Artigo 4

1. Seis meses antes da realização do período ordinário de sessões da Assembleia-Geral da OEA, antes da expiração do mandato para o qual houverem sido eleitos os membros da Comissão, o Secretário-Geral da OEA pedirá, por escrito, a cada Estado Membro da Organização que apresente, dentro do prazo de 90 dias, seus candidatos.

2. O Secretário-Geral preparará uma lista em ordem alfabética dos candidatos que forem apresentados e a encaminhará aos Estados Membros da Organização pelo menos 30 dias antes da Assembleia-Geral seguinte.

Artigo 5

A eleição dos membros da Comissão será feita dentre os candidatos que figurem na lista a que se refere o artigo 3, parágrafo 2, pela Assembleia-Geral, em votação secreta, e serão declarados eleitos os candidatos que obtiverem maior número de votos e a maioria absoluta dos votos dos Estados Membros. Se, para eleger todos os membros da Comissão for necessário efetuar vários escrutínios, serão eliminados sucessivamente, na forma que a Assembleia-Geral determinar, os candidatos que receberam menor número de votos.

Artigo 6

Os membros da Comissão serão eleitos por quatro anos e só poderão ser reeleitos uma vez. Os mandatos serão contados a partir de 1º de janeiro do ano seguinte ao da eleição.

Artigo 7

Não pode fazer parte da Comissão mais de um nacional de um mesmo Estado.

Artigo 8

1. A condição de membro da Comissão Interamericana de Direitos Humanos é incompatível com o exercício de atividades que possam afetar sua independência e sua imparcialidade, ou a dignidade ou o prestígio do cargo na Comissão.

2. A Comissão considerará qualquer caso em que seja suscitada incompatibilidade nos termos estabelecidos no primeiro parágrafo deste artigo e de acordo com o procedimento previsto no seu Regulamento.

Se, com o voto afirmativo de pelo menos cinco de seus membros, a Comissão determinar que existe incompatibilidade, o caso será submetido, com seus antecedentes, à Assembleia-Geral, que decidirá a respeito.

3. A declaração de incompatibilidade pela Assembleia-Geral será adotada pela maioria de dois terços dos Estados Membros da Organização e resultará na imediata separação do cargo de membro da Comissão sem invalidar, porém, as atuações de que este membro houver participado.

Artigo 9

São deveres dos membros da Comissão:

1. Assistir, salvo impedimento justificado, às reuniões ordinárias e extraordinárias da Comissão, que se rea-

lizarem em sua sede permanente ou na sede à qual houver acordado trasladar-se provisoriamente.

2. Fazer parte, salvo impedimento justificado, das comissões especiais que a Comissão decidir constituir para a realização de observações *in loco* ou para cumprir quaisquer outros deveres de que forem incumbidos.

3. Guardar absoluta reserva sobre os assuntos que a Comissão considerar confidenciais.

4. Manter, nas atividades de sua vida pública e privada, comportamento acorde com a elevada autoridade moral de seu cargo e a importância da missão confiada à Comissão Interamericana de Direitos Humanos.

Artigo 10

1. Se algum membro violar gravemente algum dos deveres a que se refere o artigo nove, a Comissão, com o voto favorável de cinco dos seus membros, submeterá o caso à Assembleia-Geral da Organização, a qual decidirá se procede afastá-lo do seu cargo.

2. A Comissão, antes de tomar sua decisão, ouvirá o membro de que se trata.

Artigo 11

1. Ao verificar-se uma vaga que não se deva à expiração normal de mandato, o Presidente da Comissão notificará imediatamente ao Secretário-Geral da Organização, que, por sua vez, levará a ocorrência ao conhecimento dos Estados Membros da Organização.

2. Para preencher as vagas, cada Governo poderá apresentar um candidato, dentro do prazo de 30 dias, a contar da data de recebimento da comunicação do Secretário-Geral na qual informe da ocorrência de vaga.

3. O Secretário-Geral preparará uma lista, em ordem alfabética, dos candidatos e a encaminhará ao Conselho Permanente da Organização, o qual preencherá a vaga.

4. Quando o mandato expirar dentro dos seis meses seguintes à data em que ocorrer uma vaga, esta não será preenchida.

Artigo 12

1. Nos Estados Membros da Organização que são Partes da Convenção Americana sobre Direitos Humanos, os membros da Comissão gozam, a partir do momento de sua eleição e enquanto durar seu mandato, das imunidades reconhecidas pelo direito internacional aos agentes diplomáticos. Gozam também, no exercício de seus cargos, dos privilégios diplomáticos necessários ao desempenho de suas funções.

2. Nos Estados Membros da Organização que não são Partes da Convenção Americana sobre Direitos Humanos, os membros da Comissão gozarão dos privilégios e imunidades pertinentes aos seus cargos, necessários para desempenhar suas funções com independência.

3. O regime de imunidades e privilégios dos membros da Comissão poderá ser regulamentado ou complementado mediante convênios multilaterais ou bilaterais entre a Organização e os Estados Membros.

Artigo 13

Os membros da Comissão receberão pagamento de despesas de viagens, diárias e honorários, conforme o caso, para participação nas sessões da Comissão ou em outras funções que a Comissão lhes atribua, individual ou coletivamente, de acordo com seu Regulamento. Esses pagamentos de despesas de viagem, diárias e honorários serão incluídos no orçamento da Organização e seu montante e condições serão determinados pela Assembleia-Geral.

Artigo 14

1. A Comissão terá um Presidente, um Primeiro Vice-Presidente e um Segundo Vice-Presidente, que serão eleitos por maioria absoluta dos seus membros por um ano e poderão ser reeleitos somente uma vez em cada período de quatro anos.

2. O Presidente e os Vice-Presidentes constituirão a Diretoria da Comissão, cujas funções serão determinadas pelo Regulamento.

Artigo 15

O Presidente da Comissão poderá trasladar-se à sede da Comissão e nela permanecer o tempo necessário para o cumprimento de suas funções.

III. SEDE E REUNIÕES

Artigo 16

1. A Comissão terá sua sede em Washington, D.C.

2. A Comissão poderá trasladar-se e reunir-se em qualquer Estado americano, quando o decidir por maioria absoluta de votos e com a anuência ou a convite do Governo respectivo.

3. A Comissão reunir-se-á em sessões ordinárias e extraordinárias, de conformidade com seu Regulamento.

Artigo 17

1. A maioria absoluta dos membros da Comissão constitui *quorum*.

2. Com relação aos Estados que são Partes da Convenção, as decisões serão tomadas por maioria absoluta de votos dos membros da Comissão nos casos que estabelecerem a Convenção Americana sobre Direitos Humanos e este Estatuto. Nos demais casos exigir-se-á a maioria absoluta dos membros presentes.

3. Com relação aos Estados que não são Partes da Convenção, as decisões serão tomadas por maioria absoluta de votos dos membros da Comissão, salvo quando se tratar de assuntos de procedimento, caso em que as decisões serão tomadas por maioria simples.

IV. FUNÇÕES E ATRIBUIÇÕES

Artigo 18

A Comissão tem as seguintes atribuições com relação aos Estados Membros da Organização:

a) estimular a consciência dos direitos humanos nos povos da América;

b) formular recomendações aos Governos dos Estados no sentido de que adotem medidas progressivas em prol dos direitos humanos, no âmbito de sua legislação, de seus preceitos constitucionais e de seus compromissos internacionais, bem como disposições apropriadas para promover o respeito a esses direitos;

c) preparar os estudos ou relatórios que considerar convenientes para o desempenho de suas funções;

d) solicitar aos Governos dos Estados que lhe proporcionem informações sobre as medidas que adotarem em matéria de direitos humanos;
e) atender às consultas que, por meio da Secretaria-Geral da Organização, lhe formularem os Estados Membros sobre questões relacionadas com os direitos humanos e, dentro de suas possibilidades, prestar assessoramento que eles lhe solicitarem;
f) apresentar um relatório anual à Assembleia-Geral da Organização no qual se levará na devida conta o regime jurídico aplicável aos Estados-Partes da Convenção Americana sobre Direitos Humanos e aos Estados que não o são;
g) fazer observações *in loco* em um Estado, com a anuência ou a convite do Governo respectivo; e
h) apresentar ao Secretário-Geral o orçamento-programa da Comissão, para que o submeta à Assembleia-Geral.

Artigo 19

Com relação aos Estados-Partes da Convenção Americana sobre Direitos Humanos, a Comissão exercerá suas funções de conformidade com as atribuições previstas na Convenção e neste Estatuto e, além das atribuições estipuladas no artigo 18, terá as seguintes:

a) atuar com respeito às petições e outras comunicações de conformidade com os artigos 44 a 51 da Convenção;
b) comparecer perante a Corte Interamericana de Direitos Humanos nos casos previstos na Convenção;
c) solicitar à Corte Interamericana de Direitos Humanos que tome as medidas provisórias que considerar pertinente sobre assuntos graves e urgentes que ainda não tenham sido submetidos a seu conhecimento, quando se tornar necessário a fim de evitar danos irreparáveis às pessoas;
d) consultar a Corte a respeito da interpretação da Convenção Americana sobre Direitos Humanos ou de outros tratados concernentes à proteção dos direitos humanos nos Estados americanos;
e) submeter à Assembleia-Geral projetos de protocolos adicionais à Convenção Americana sobre Direitos Humanos, com a finalidade de incluir progressivamente no regime de proteção da referida Convenção outros direitos e liberdades; e
f) submeter à Assembleia-Geral para o que considerar conveniente, por intermédio do Secretário-Geral, propostas de emenda à Convenção Americana sobre Direitos Humanos.

Artigo 20

Com relação aos Estados Membros da Organização que não são Partes da Convenção Americana sobre Direitos Humanos, a Comissão terá, além das atribuições assinaladas no artigo 18, as seguintes:

a) dispensar especial atenção à tarefa da observância dos direitos humanos mencionados nos artigos 1, 2, 3, 4, 18, 25 e 26 da Declaração Americana dos Direitos e Deveres do Homem;
b) examinar as comunicações que lhe forem dirigidas e qualquer informação disponível; dirigir-se ao Governo de qualquer dos Estados membros não Partes da Convenção a fim de obter as informações que

considerar pertinentes; e formular-lhes recomendações, quando julgar apropriado, a fim de tornar mais efetiva a observância dos direitos humanos fundamentais; e
c) verificar, como medida prévia ao exercício da atribuição da alínea *b*, anterior, se os processos e recursos internos de cada Estado membro não Parte da Convenção foram devidamente aplicados e esgotados.

V. SECRETARIA

Artigo 21

1. Os serviços de Secretaria da Comissão serão desempenhados por uma unidade administrativa especializada a cargo de um Secretário Executivo. A referida unidade disporá dos recursos e do pessoal necessários para cumprir as tarefas que lhe forem confiadas pela Comissão.

2. O Secretário Executivo, que deverá ser pessoa de alta autoridade moral e reconhecido saber em matéria de direitos humanos, será responsável pela atividade da Secretaria e assistirá à Comissão no exercício de suas funções, de conformidade com o Regulamento.

3. O Secretário Executivo será designado pelo Secretário-Geral da Organização em consulta com a Comissão. Além disso, para que o Secretário-Geral possa dar por terminados os serviços do Secretário Executivo, deverá consultar a Comissão a respeito e comunicar-lhe os motivos que fundamentam sua decisão.

VI. ESTATUTO E REGULAMENTO

Artigo 22

1. Este Estatuto poderá ser modificado pela Assembleia-Geral.

2. A Comissão formulará e adotará seu próprio Regulamento, de acordo com as disposições deste Estatuto.

Artigo 23

1. O Regulamento da Comissão regerá, de acordo com os artigos 44 a 51 da Convenção Americana sobre Direitos Humanos, o procedimento a ser observado nos casos de petições ou comunicações nas quais se alegue a violação de qualquer dos direitos que consagra a mencionada Convenção e nas quais se faça imputação a algum Estado-Parte na mesma.

2. Se não se chegar à solução amistosa referida nos artigos 44 a 51 da Convenção, a Comissão redigirá, dentro do prazo de 180 dias, o relatório requerido pelo artigo 50 da Convenção.

Artigo 24

1. O Regulamento estabelecerá o procedimento a ser observado nos casos de comunicações que contenham denúncias ou queixas de violações de direitos humanos imputáveis a Estados que não são Partes da Convenção Americana sobre Direitos Humanos.

2. Para tal fim, o Regulamento conterá as normas pertinentes estabelecidas no Estatuto da Comissão aprovado pelo Conselho da Organização nas sessões de 25 de maio e 8 de junho de 1960, com as modificações e

emendas introduzidas pela Resolução XXII da Segunda Conferência Interamericana Extraordinária e pelo Conselho da Organização na sessão de 24 de abril de 1968, levando em consideração a Resolução CP/RES. 253 (343/78) "Transição entre a atual Comissão Interamericana de Direitos Humanos e a Comissão prevista na Convenção Americana sobre Direitos humanos", aprovada pelo Conselho Permanente da Organização em 20 de setembro de 1978.

VII. DISPOSIÇÕES TRANSITÓRIAS

Artigo 25

Enquanto a Comissão não adotar seu novo Regulamento, será aplicado com relação a todos os Estados membros da Organização o Regulamento atual (OEA/Ser.L/VII.17 doc. 26, de 2 de maio de 1967).

Artigo 26

§ 1. Este Estatuto entrará em vigor 30 dias depois de sua aprovação pela Assembleia-Geral.

§ 2. O Secretário-Geral determinará a publicação imediata do Estatuto e lhe dará a mais ampla divulgação possível.

ESTATUTO DA CORTE INTERAMERICANA DE DIREITOS HUMANOS

► Aprovado pela Res. AG/RES. nº 448 (IX-O/79), adotada pela Assembleia-Geral da OEA, em seu Nono Período Ordinário de Sessões, realizado em La Paz, Bolívia, outubro de 1979.

Capítulo I

DISPOSIÇÕES GERAIS

Artigo 1
Natureza e regime jurídico

A Corte Interamericana de Direitos humanos é uma instituição judiciária autônoma cujo objetivo é a aplicação e a interpretação da Convenção Americana sobre Direitos Humanos. A Corte exerce suas funções em conformidade com as disposições da citada Convenção e deste Estatuto.

Artigo 2
Competência e funções

A Corte exerce função jurisdicional e consultiva.

1. Sua função jurisdicional se rege pelas disposições dos artigos 61, 62 e 63 da Convenção.

2. Sua função consultiva se rege pelas disposições do artigo 64 da Convenção.

Artigo 3
Sede

1. A Corte terá sua sede em São José, Costa Rica; poderá, entretanto, realizar reuniões em qualquer Estado membro da Organização dos Estados Americanos (OEA), quando a maioria dos seus membros considerar conveniente, e mediante aquiescência prévia do Estado respectivo.

2. A sede da corte pode ser mudada pelo voto de dois terços dos Estados-Partes da Convenção na Assembleia-Geral da OEA.

Capítulo II

COMPOSIÇÃO DA CORTE

Artigo 4
Composição

1. A Corte é composta de sete juízes, nacionais dos Estados membros da OEA, eleitos a título pessoal dentre juristas da mais alta autoridade moral, de reconhecida competência em matéria de direitos humanos, que reúnam as condições requeridas para o exercício das mais elevadas funções judiciais, de acordo com a lei do Estado do qual sejam nacionais, ou do Estado que os propuser como candidatos.

2. Não deve haver mais de um juiz da mesma nacionalidade.

Artigo 5
Mandato dos juízes

1. Os juízes da Corte serão eleitos para um mandato de seis anos e só poderão ser reeleitos uma vez. O juiz eleito para substituir outro cujo mandato não haja expirado, completará o mandato deste.

2. Os mandatos dos juízes serão contados a partir de 1º de janeiro do ano seguinte ao de sua eleição e estender-se-ão até 31 de dezembro do ano de sua conclusão.

3. Os juízes permanecerão em exercício até a conclusão de seu mandato. Não obstante, continuarão conhecendo dos casos a que se tiverem dedicado e que se encontrarem em fase de sentença, para cujo efeito não serão substituídos pelos novos juízes eleitos.

Artigo 6
Data de eleição dos juízes

1. A eleição dos juízes far-se-á, se possível, no decorrer do período de sessões da Assembleia-Geral da OEA, imediatamente anterior à expiração do mandato dos juízes cessantes.

2. As vagas da Corte decorrentes de morte, incapacidade permanente, renúncia ou remoção dos juízes serão preenchidas, se possível, no próximo período de sessões da Assembleia-Geral da OEA. Entretanto, a eleição não será necessária quando a vaga ocorrer nos últimos seis meses do mandato do juiz que lhe der origem.

3. Se for necessário, para preservar o *quorum* da Corte, os Estados-Partes da Convenção, em sessão do Conselho Permanente da OEA, por solicitação do Presidente da Corte, nomearão um ou mais juízes interinos, que servirão até que sejam substituídos pelos juízes eleitos.

Artigo 7
Candidatos

1. Os juízes são eleitos pelos Estados-Partes da Convenção, na Assembleia-Geral da OEA, de uma lista de candidatos propostos pelos mesmos Estados.

2. Cada Estado-Parte pode propor até três candidatos, nacionais do Estado que os propõe ou de qualquer outro Estado membro da OEA.

3. Quando for proposta uma lista tríplice, pelo menos um dos candidatos deve ser nacional de um Estado diferente do proponente.

Artigo 8
Eleição: Procedimento prévio

1. Seis meses antes da realização do período ordinário de sessões da Assembleia-Geral da OEA, antes da expiração do mandato para o qual houverem sido eleitos os juízes da Corte, o Secretário-Geral da OEA solicitará, por escrito, a cada Estado-Parte da Convenção, que apresente seus candidatos dentro do prazo de noventa dias.

2. O Secretário-Geral da OEA preparará uma lista em ordem alfabética dos candidatos apresentados e a levará ao conhecimento dos Estados-Partes, se for possível, pelo menos trinta dias antes do próximo período de sessões da Assembleia-Geral da OEA.

3. Quando se tratar de vagas da Corte, bem como nos casos de morte ou de incapacidade permanente de um candidato, os prazos anteriores serão reduzidos de maneira razoável a juízo do Secretário-Geral da OEA.

Artigo 9
Votação

1. A eleição dos juízes é feita por votação secreta e pela maioria absoluta dos Estados-Partes da Convenção, dentre os candidatos a que se refere o artigo 7 deste Estatuto.

2. Entre os candidatos que obtiverem a citada maioria absoluta, serão considerados eleitos os que receberem o maior número de votos. Se forem necessárias várias votações, serão eliminados sucessivamente os candidatos que receberem menor número de votos, segundo o determinem os Estados-Partes.

Artigo 10
Juízes ad hoc

1. O juiz que for nacional de um dos Estados-Partes num caso submetido à Corte, conservará seu direito de conhecer do caso.

2. Se um dos juízes chamados a conhecer de um caso for da nacionalidade de um dos Estados-Partes no caso, outro Estado-Parte no mesmo caso poderá designar uma pessoa para fazer parte da Corte na qualidade de juiz *ad hoc*.

3. Se dentre os juízes chamados a conhecer do caso, nenhum for da nacionalidade dos Estados-Partes no mesmo, cada um destes poderá designar um juiz *ad hoc*. Se vários Estados tiverem o mesmo interesse no caso, serão considerados como uma única parte para os fins das disposições precedentes.

Em caso de dúvida, a Corte decidirá.

4. Se o Estado com direito a designar um juiz *ad hoc* não o fizer dentro dos trinta dias seguintes ao convite escrito do Presidente da Corte, considerar-se-á que tal Estado renuncia ao exercício desse direito.

5. As disposições dos artigos 4, 11, 15, 16, 18, 19 e 20 deste Estatuto serão aplicáveis aos juízes *ad hoc*.

Artigo 11
Juramento

1. Ao tomar posse de seus cargos, os juízes prestarão o seguinte juramento ou declaração solene: "Juro" – ou – "declaro solenemente que exercerei minhas funções de juiz com honradez, independência e imparcialidade, e que guardarei segredo de todas as deliberações".

2. O juramento será feito perante o Presidente da Corte, se possível na presença de outros juízes.

Capítulo III

ESTRUTURA DA CORTE

Artigo 12
Presidência

1. A Corte elege, dentre seus membros, o Presidente e Vice-Presidente, por dois anos, os quais poderão ser reeleitos.

2. O Presidente dirige o trabalho da Corte, a representa, ordena a tramitação dos assuntos que forem submetidos à Corte e preside suas sessões.

3. O Vice-Presidente substitui o Presidente em suas ausências temporárias e ocupa seu lugar em caso de vaga. Nesse último caso, a Corte elegerá um Vice-Presidente para substituir o anterior pelo resto do seu mandato.

4. No caso de ausência do Presidente e do Vice-Presidente, suas funções serão desempenhadas por outros juízes, na ordem de precedência estabelecida no artigo 13 deste Estatuto.

Artigo 13
Precedência

1. Os juízes titulares terão precedência, depois do Presidente e do Vice-Presidente, de acordo com sua antiguidade no cargo.

2. Quando houver dois ou mais juízes com a mesma antiguidade, a precedência será determinada pela maior idade.

3. Os juízes *ad hoc* e interinos terão precedência depois dos titulares, por ordem de idade. Entretanto, se um juiz *ad hoc* ou interino houver servido previamente como juiz titular, terá precedência sobre os outros juízes *ad hoc* ou interinos.

Artigo 14
Secretaria

1. A Secretaria da Corte funcionará sob a imediata autoridade do Secretário, de acordo com as normas administrativas da Secretaria-Geral da OEA no que não for incompatível com a independência da Corte.

2. O Secretário será nomeado pela Corte. Será funcionário de confiança da Corte, com dedicação exclusiva, terá seu escritório na sede e deverá assistir às reuniões que a Corte realizar fora dela.

3. Haverá um Secretário Adjunto que auxiliará o Secretário em seus trabalhos e o substituirá em suas ausências temporárias.

4. O pessoal da Secretaria será nomeado pelo Secretário-Geral da OEA em consulta com o Secretário da Corte.

Capítulo IV
DIREITOS, DEVERES E RESPONSABILIDADES
Artigo 15
Imunidades e privilégios

1. Os juízes gozam, desde o momento de sua eleição e enquanto durarem os seus mandatos, das imunidades reconhecidas aos agentes diplomáticos pelo direito internacional. No exercício de suas funções gozam também dos privilégios diplomáticos necessários ao desempenho de seus cargos.

2. Não se poderá exigir aos juízes responsabilidades em tempo algum por votos e opiniões emitidos ou por atos desempenhados no exercício de suas funções.

3. A Corte em si e seu pessoal gozam das imunidades e privilégios previstos no Acordo sobre Privilégios e Imunidades da Organização dos Estados Americanos, de 15 de maio de 1949, com as equivalências respectivas, tendo em conta a importância e independência da Corte.

4. As disposições dos parágrafos 1, 2 e 3 deste artigo serão aplicadas aos Estados-Partes da Convenção. Serão também aplicadas aos outros Estados membros da OEA que as aceitarem expressamente, em geral ou para cada caso.

5. O regime de imunidades e privilégios dos juízes da Corte e do seu pessoal poderá ser regulamentado ou complementado mediante convênios multilaterais ou bilaterais entre a Corte, a OEA e seus Estados membros.

Artigo 16
Disponibilidade

1. Os juízes estarão à disposição da Corte e deverão trasladar-se à sede desta ou ao lugar em que realizar suas sessões, quantas vezes e pelo tempo que for necessário, conforme o Regulamento.

2. O Presidente deverá prestar permanentemente seus serviços.

Artigo 17
Honorários

1. Os honorários do Presidente e dos juízes da Corte serão fixados de acordo com as obrigações e incompatibilidades que lhes impõem os artigos 16 e 18, respectivamente, e levando em conta a importância e independência de suas funções.

2. Os juízes *ad hoc* perceberão os honorários que forem estabelecidos regulamentarmente, de acordo com as disponibilidades orçamentárias da Corte.

3. Os juízes perceberão, além disso, diárias e despesas de viagem, quando for cabível.

Artigo 18
Incompatibilidades

1. O exercício do cargo de Juiz da Corte Interamericana de Direitos Humanos é incompatível com o exercício dos seguintes cargos e atividades:

a) membros ou altos funcionários do Poder Executivo, com exceção dos cargos que não impliquem subordinação hierárquica ordinária, bem como agentes diplomáticos que não sejam Chefes de Missão junto à OEA ou junto a qualquer dos seus Estados membros;

b) funcionários de organismos internacionais;

c) quaisquer outros cargos ou atividades que impeçam os juízes de cumprir suas obrigações ou que afetem sua independência ou imparcialidade, ou a dignidade ou o prestígio do seu cargo.

2. A Corte decidirá os casos de dúvida sobre incompatibilidade. Se a incompatibilidade não for eliminada serão aplicáveis as disposições do artigo 73 da Convenção e 20.2 deste Estatuto.

3. As incompatibilidades unicamente causarão a cessação do cargo e das responsabilidades correspondentes, mas não invalidarão os atos e as resoluções em que o juiz em questão houver interferido.

Artigo 19
Impedimentos, escusas e inabilitação

1. Os juízes estarão impedidos de participar em assuntos nos quais eles ou seus parentes tiverem interesse direto ou em que houverem intervindo anteriormente como agentes, conselheiros ou advogados, ou como membros de um tribunal nacional ou internacional ou de uma comissão investigadora, ou em qualquer outra qualidade, a juízo da Corte.

2. Se algum dos juízes estiver impedido de conhecer, ou por qualquer outro motivo justificado, considerar que não deve participar em determinado assunto, apresentará sua escusa ao Presidente. Se este não a acolher, a Corte decidirá.

3. Se o Presidente considerar que qualquer dos juízes tem motivo de impedimento ou por algum outro motivo justificado não deva participar em determinado assunto, assim o fará saber. Se o juiz em questão estiver em desacordo, a Corte decidirá.

4. Quando um ou mais juízes estiverem inabilitados, em conformidade com este artigo, o Presidente poderá solicitar aos Estados-Partes da Convenção que em sessão do Conselho Permanente da OEA designem juízes interinos para substituí-los.

Artigo 20
Responsabilidades e competência disciplinar

1. Os juízes e o pessoal da Corte deverão manter, no exercício de suas funções e fora delas, uma conduta acorde com a investidura dos que participam da função jurisdicional internacional da Corte. Responderão perante a Corte por essa conduta, bem como por qualquer falta de cumprimento, negligência ou omissão no exercício de suas funções.

2. A competência disciplinar com respeito aos juízes caberá à Assembleia-Geral da Corte, somente por solicitação justificada da Corte, constituída para esse efeito pelos demais juízes.

3. A competência disciplinar com respeito ao Secretário cabe à Corte, e com respeito ao resto do pessoal, ao Secretário, com a aprovação do Presidente.

4. O regime disciplinar será regulamentado pela Corte, sem prejuízo das normas administrativas da Secretaria-Geral da OEA, na medida em que forem aplicáveis à Corte em conformidade com o artigo 59 da Convenção.

Artigo 21
Renúncia e incapacidade

1. A renúncia de um juiz deverá ser apresentada por escrito ao Presidente da Corte. A renúncia não se tornará efetiva senão após sua aceitação pela Corte.

2. A incapacidade de um juiz de exercer suas funções será determinada pela Corte.

3. O Presidente da Corte notificará a aceitação da renúncia ou a declaração de incapacidade ao Secretário-Geral da OEA, para os devidos efeitos.

Capítulo V
FUNCIONAMENTO DA CORTE

Artigo 22
Sessões

1. A Corte realizará sessões ordinárias e extraordinárias.

2. Os períodos ordinários de sessões serão determinados regulamentarmente pela Corte.

3. Os períodos extraordinários de sessões serão convocados pelo Presidente ou por solicitação da maioria dos juízes.

Artigo 23
Quorum

1. O *quorum* para as deliberações da Corte é constituído por cinco juízes.

2. As decisões da Corte serão tomadas pela maioria dos juízes presentes.

3. Em caso de empate, o Presidente terá o voto de qualidade.

Artigo 24
Audiências, deliberações e decisões

1. As audiências serão públicas, a menos que a Corte, em casos excepcionais, decidir de outra forma.

2. A Corte deliberará em privado. Suas deliberações permanecerão secretas, a menos que a Corte decida de outra forma.

3. As decisões, juízos e opiniões da Corte serão comunicados em sessões públicas e serão notificados por escrito às partes. Além disso, serão publicados, juntamente com os votos e opiniões separados dos juízes e com quaisquer outros dados ou antecedentes que a Corte considerar convenientes.

Artigo 25
Regulamentos e normas de procedimento

1. A Corte elaborará suas normas de procedimento.

2. As normas de procedimento poderão delegar ao Presidente ou a comissões da própria Corte determinadas partes da tramitação processual, com exceção das sentenças definitivas e dos pareceres consultivos. Os despachos ou resoluções que não forem de simples tramitação, exarados pelo Presidente ou por comissões da Corte, poderão sempre ser apelados ao plenário da Corte.

3. A Corte elaborará também seu Regulamento.

Artigo 26
Orçamento e regime financeiro

1. A Corte elaborará seu próprio projeto de orçamento e submetê-lo-á à aprovação da Assembleia-Geral da OEA, por intermédio da Secretaria-Geral.

Esta última não lhe poderá introduzir modificações.

2. A Corte administrará seu orçamento.

Capítulo VI
RELAÇÕES COM ESTADOS E ORGANISMOS

Artigo 27
Relações com o país sede, Estados e Organismos

1. As relações da Corte com o país sede serão regulamentadas mediante um convênio de sede. A sede da Corte terá caráter internacional.

2. As relações da Corte com os Estados, com a OEA e seus organismos, e com outros organismos internacionais de caráter governamental relacionados com a promoção e defesa dos direitos humanos serão regulamentadas mediante convênios especiais.

Artigo 28
Relações com a Comissão Interamericana de Direitos Humanos

A Comissão Interamericana de Direitos Humanos comparecerá e será tida como parte perante a Corte, em todos os casos relativos à função jurisdicional desta, em conformidade com o artigo 2, parágrafo 1 deste Estatuto.

Artigo 29
Convênios de cooperação

1. A Corte poderá celebrar convênios de cooperação com instituições que não tenham fins lucrativos, tais como faculdades de direito, associações e corporações de advogados, tribunais, academias e instituições educacionais ou de pesquisa em disciplinas conexas, a fim de obter sua colaboração e de fortalecer e promover os princípios jurídicos e institucionais da Convenção em geral, e da Corte em especial.

2. A Corte incluirá em seu relatório anual à Assembleia-Geral da OEA uma relação dos referidos convênios, bem como de seus resultados.

Artigo 30
Relatório à Assembleia-Geral da OEA

A Corte submeterá à Assembleia-Geral da OEA, em cada período ordinário de sessões, um relatório sobre suas atividades no ano anterior. Indicará os casos em que um Estado não houver dado cumprimento a suas sentenças. Poderá submeter à Assembleia-Geral da OEA proposições ou recomendações para o melhoramento do sistema interamericano de direitos humanos, no que diz respeito ao trabalho da Corte.

Capítulo VII
DISPOSIÇÕES FINAIS

Artigo 31
Reforma do Estatuto

Este Estatuto poderá ser modificado pela Assembleia-Geral da OEA por iniciativa de qualquer Estado membro ou da própria Corte.

Artigo 32
Vigência

Este Estatuto entrará em vigor em 1º de janeiro de 1980.

ESTATUTO DA CORTE INTERNACIONAL DE JUSTIÇA

► Aprovado pelo Dec.-lei nº 7.935, de 4-9-1945, e promulgado pelo Dec. nº 19.841, de 22-10-1945. Ratificado em 21-9-1945, entrou em vigor em 24-10-1945.

Artigo 1

A Corte Internacional de Justiça, estabelecida pela Carta das Nações Unidas como o principal órgão judiciário das Nações Unidas, será constituída e funcionará de acordo com as disposições do presente Estatuto.

Capítulo I

ORGANIZAÇÃO DA CORTE

Artigo 2

A Corte será composta de um corpo de juízes independentes, eleitos sem atenção à sua nacionalidade, dentre pessoas que gozem de alta consideração moral e possuam as condições exigidas em seus respectivos países para o desempenho das mais altas funções judiciárias ou que sejam jurisconsultos de reconhecida competência em direito internacional.

Artigo 3

1. A Corte será composta de quinze membros, não podendo figurar entre eles dois nacionais do mesmo Estado.

2. A pessoa que possa ser considerada nacional de mais de um Estado será, para efeito de sua inclusão como membro da Corte, considerada nacional do Estado em que exercer ordinariamente seus direitos civis e políticos.

Artigo 4

1. Os membros da Corte serão eleitos pela Assembleia-Geral e pelo Conselho de Segurança de uma lista de pessoas apresentadas pelos grupos nacionais da Corte Permanente de Arbitragem, de acordo com as disposições seguintes.

2. Quando se tratar de Membros das Nações Unidas não representados na Corte Permanente de Arbitragem, os candidatos serão apresentados por grupos nacionais designados para esse fim pelos seus Governos, nas mesmas condições que as estipuladas para os Membros da Corte Permanente de Arbitragem pelo artigo 44 da Convenção de Haia de 1907, referente à solução pacífica das controvérsias internacionais.

3. As condições pelas quais um Estado, que é parte do presente Estatuto, sem ser Membro das Nações Unidas, poderá participar na eleição dos membros da Corte serão, na falta de acordo especial, determinadas pela Assembleia-Geral mediante recomendação do Conselho de Segurança.

Artigo 5

1. Três meses, pelo menos, antes da data da eleição, o Secretário-Geral das Nações Unidas convidará, por escrito, os membros da Corte Permanente de Arbitragem pertencentes a Estados que sejam partes no presente Estatuto e os membros dos grupos nacionais designados de conformidade com o artigo 4º, § 2º, para que indiquem, por grupos nacionais, dentro de um prazo estabelecido, os nomes das pessoas em condições de desempenhar as funções de membros da Corte.

2. Nenhum grupo deverá indicar mais de quatro pessoas, das quais, no máximo, duas poderão ser de sua nacionalidade. Em nenhum caso, o número dos candidatos indicados por um grupo poderá ser maior do que o dobro dos lugares a serem preenchidos.

Artigo 6

Recomenda-se que, antes de fazer estas indicações, cada grupo nacional consulte sua mais alta Corte de Justiça, suas faculdades e escolas de direito, suas academias nacionais e as seções nacionais de academias internacionais dedicadas ao estudo de direito.

Artigo 7

1. O Secretário-Geral preparará uma lista, por ordem alfabética de todas as pessoas assim indicadas. Salvo o caso previsto no artigo 12, § 2º, serão elas as únicas pessoas elegíveis.

2. O Secretário-Geral submeterá esta lista à Assembleia-Geral e ao Conselho de Segurança.

Artigo 8

A Assembleia-Geral e o Conselho de Segurança procederão, independentemente um do outro, à eleição dos membros da Corte.

Artigo 9

Em cada eleição, os eleitores devem ter presente não só que as pessoas a serem eleitas possuam individualmente as condições exigidas, mas também que, no conjunto desse órgão judiciário, seja assegurada a representação das mais altas formas da civilização e dos principais sistemas jurídicos do mundo.

Artigo 10

1. Os candidatos que obtiverem maioria absoluta de votos na Assembleia-Geral e no Conselho de Segurança serão considerados eleitos.

2. Nas votações do Conselho de Segurança, quer para a eleição dos juízes, quer para a nomeação dos membros da comissão prevista no artigo 12, não haverá qualquer distinção entre membros permanentes e não permanentes do Conselho de Segurança.

3. No caso em que a maioria absoluta de votos, tanto da Assembleia-Geral quanto do Conselho de Segurança, contemple mais de um nacional do mesmo Estado, o mais velho dos dois será considerado eleito.

Artigo 11

Se, depois da primeira reunião convocada para fins de eleição, um ou mais lugares continuarem vagos, deverá ser realizada uma segunda e, se for necessário, uma terceira reunião.

Artigo 12

1. Se, depois da terceira reunião, um ou mais lugares ainda continuarem vagos, uma comissão, composta de seis membros, três indicados pela Assembleia-Geral e três pelo Conselho de Segurança, poderá ser formada em qualquer momento, por solicitação da Assembleia ou do Conselho de Segurança, com o fim de escolher, por maioria absoluta de votos, um nome para cada lugar ainda vago, o qual será submetido à Assembleia-Geral e ao Conselho de Segurança para sua respectiva aceitação.

2. A comissão mista, caso concorde unanimemente com a escolha de uma pessoa que preencha as condições exigidas, poderá incluí-la em sua lista, ainda que a mesma não tenha figurado na lista de indicações a que se refere o artigo 7º.

3. Se a comissão mista chegar à convicção de que não logrará resultados com uma eleição, os membros já eleitos da Corte deverão, dentro de um prazo a ser fixado pelo Conselho de Segurança, preencher os lugares vagos, e o farão por escolha dentre os candidatos que tenham obtido votos na Assembleia-Geral ou no Conselho de Segurança.

4. No caso de um empate na votação dos juízes, o mais velho deles terá voto decisivo.

Artigo 13

1. Os membros da Corte serão eleitos por nove anos e poderão ser reeleitos; fica estabelecido, entretanto, que, dos juízes eleitos na primeira eleição, cinco terminarão suas funções no fim de um período de três anos e outros cinco no fim de um período de seis anos.

2. Os juízes cujas funções deverão terminar no fim dos referidos períodos iniciais de três e seis anos serão escolhidos por sorteio, que será efetuado pelo Secretário Geral imediatamente depois de terminada a primeira eleição.

3. Os membros da Corte continuarão no desempenho de suas funções até que suas vagas tenham sido preenchidas. Ainda depois de substituídos, deverão terminar qualquer questão cujo estudo tenha começado.

4. No caso de renúncia de um membro da Corte, o pedido de demissão deverá ser dirigido ao Presidente da Corte, que o transmitirá ao Secretário-Geral. Esta última notificação significará a abertura de vaga.

Artigo 14

As vagas serão preenchidas pelo método estabelecido para a primeira eleição, de acordo com a seguinte disposição: o Secretário-Geral, dentro de um mês a contar da abertura da vaga, expedirá os convites a que se refere o artigo 5º, e a data da eleição será fixada pelo Conselho de Segurança.

Artigo 15

O membro da Corte eleito na vaga de um membro que não terminou seu mandato completará o período do mandato de seu predecessor.

Artigo 16

1. Nenhum membro da Corte poderá exercer qualquer função política ou administrativa ou dedicar-se a outra ocupação de natureza profissional.

2. Qualquer dúvida a esse respeito será resolvida por decisão da Corte.

Artigo 17

1. Nenhum membro da Corte poderá servir como agente, consultor ou advogado em qualquer questão.

2. Nenhum membro poderá participar da decisão de qualquer questão na qual anteriormente tenha intervindo como agente consultor ou advogado de uma das partes, como membro de um tribunal nacional ou internacional, ou de uma comissão de inquérito, ou em qualquer outro caráter.

3. Qualquer dúvida a esse respeito será resolvida por decisão da Corte.

Artigo 18

1. Nenhum membro da Corte poderá ser demitido, a menos que, na opinião unânime dos outros membros, tenha deixado de preencher as condições exigidas.

2. O Secretário-Geral será disso notificado, oficialmente, pelo Escrivão da Corte.

3. Essa notificação significará a abertura da vaga.

Artigo 19

Os membros da Corte, quando no exercício de suas funções, gozarão dos privilégios e imunidades diplomáticas.

Artigo 20

Todo membro da Corte, antes de assumir as suas funções, fará, em sessão pública, a declaração solene de que exercerá as suas atribuições imparcial e conscienciosamente.

Artigo 21

1. A Corte elegerá, pelo período de três anos, seu Presidente e seu Vice-Presidente que poderão ser reeleitos.

2. A Corte nomeará seu Escrivão e providenciará sobre a nomeação de outros funcionários que sejam necessários.

Artigo 22

1. A sede da Corte será a cidade de Haia. Isto, entretanto, não impedirá que a Corte se reúna e exerça suas funções em qualquer outro lugar que considere conveniente.

2. O Presidente e o Escrivão residirão na sede da Corte.

Artigo 23

1. A Corte funcionará permanentemente, exceto durante as férias judiciárias, cuja data e duração serão por ela fixadas.

2. Os membros da Corte gozarão de licenças periódicas, cujas datas e duração serão fixadas pela Corte, sendo tomadas em consideração as distâncias entre Haia e o domicílio de cada juiz.

3. Os membros da Corte serão obrigados a ficar permanentemente à disposição da Corte, a menos que estejam em licença ou impedidos de comparecer por motivo de doença ou outra séria razão, devidamente justificada perante o Presidente.

Artigo 24

1. Se, por qualquer razão especial, o membro da Corte considerar que não deve tomar parte no julgamento de uma determinada questão, deverá informar disto o Presidente.

2. Se o Presidente considerar que, por uma razão especial, um dos membros da Corte não deve funcionar numa determinada questão, deverá informá-lo disto.

3. Se, em qualquer desses casos, o membro da Corte e o Presidente não estiverem de acordo, o assunto será resolvido por decisão da Corte.

Artigo 25

1. A Corte funcionará em sessão plenária, exceto nos casos previstos em contrário no presente Estatuto.

2. O regulamento da Corte poderá permitir que um ou mais juízes, de acordo com as circunstâncias e rotativamente, sejam dispensados das sessões, contanto que o número de juízes disponíveis para constituir a Corte não seja reduzido a menos de onze.

3. O *quorum* de nove juízes será suficiente para constituir a Corte.

Artigo 26

1. A Corte poderá periodicamente formar uma ou mais Câmaras, compostas de três ou mais juízes, conforme ela mesma determinar, a fim de tratar de questões de caráter especial, como por exemplo, questões trabalhistas e assuntos referentes a trânsito e comunicações.

2. A Corte poderá, em qualquer tempo, formar uma Câmara para tratar de uma determinada questão. O número de juízes que constituirão essa Câmara será determinado pela Corte, com a aprovação das partes.

3. As questões serão consideradas e resolvidas pelas Câmaras a que se refere o presente artigo, se as partes assim o solicitarem.

Artigo 27

Uma sentença proferida por qualquer das Câmaras, a que se referem os artigos 26 e 29, será considerada como sentença emanada da Corte.

Artigo 28

As Câmaras, a que se referem os artigos 26 e 29, poderão, com o consentimento das partes, reunir-se e exercer suas funções fora da cidade de Haia.

Artigo 29

Com o fim de apressar a solução dos assuntos, a Corte formará anualmente uma Câmara, composta de cinco juízes, a qual, a pedido das partes, poderá considerar e resolver sumariamente as questões. Além dos cinco juízes, serão escolhidos outros dois, que atuarão como substitutos, no impedimento de um daqueles.

Artigo 30

1. A Corte estabelecerá regras para o desempenho de suas funções, especialmente as que se refiram aos métodos processuais.

2. O Regulamento da Corte disporá sobre a nomeação de assessores para a Corte ou para qualquer de suas Câmaras, os quais não terão direito a voto.

Artigo 31

1. Os juízes da mesma nacionalidade de qualquer das partes conservam o direito de funcionar numa questão julgada pela Corte.

2. Se a Corte incluir entre os seus membros um juiz de nacionalidade de uma das partes, qualquer outra parte poderá escolher uma pessoa para funcionar como juiz. Essa pessoa deverá, de preferência, ser escolhida dentre os que figuram entre os candidatos a que se referem os artigos 4º e 5º.

3. Se a Corte não incluir entre os seus membros nenhum juiz de nacionalidade das partes, cada uma destas poderá proceder à escolha de um juiz, de conformidade com o § 2º deste artigo.

4. As disposições deste artigo serão aplicadas aos casos previstos nos artigos 26 e 29. Em tais casos, o Presidente solicitará a um ou, se necessário, a dois dos membros da Corte integrantes da Câmara que cedam seu lugar aos membros da Corte de nacionalidade das partes interessadas, e, na falta ou impedimento destes, aos juízes especialmente escolhidos pelas partes.

5. No caso de haver diversas partes interessadas na mesma questão, elas serão, para os fins das disposições precedentes, consideradas como uma só parte. Qualquer dúvida sobre este ponto será resolvida por decisão da Corte.

6. Os juízes escolhidos de conformidade com os §§ 2º, 3º e 4º deste artigo deverão preencher as condições exigidas pelos artigos 2º e 17 (§ 2º), 20 e 24, do presente Estatuto e tomarão parte nas decisões em condições de completa igualdade com seus colegas.

Artigo 32

1. Os membros da Corte perceberão vencimentos anuais.

2. O Presidente receberá, por um ano, um subsídio especial.

3. O Vice-Presidente receberá um subsídio especial, correspondente a cada dia em que funcionar como Presidente.

4. Os juízes escolhidos de conformidade com o artigo 31, que não sejam membros da Corte, receberão uma remuneração correspondente a cada dia em que exerçam suas funções.

5. Esses vencimentos, subsídios e remunerações serão fixados pela Assembleia-Geral e não poderão ser diminuídos enquanto durarem os mandatos.

6. Os vencimentos do Escrivão serão fixados pela Assembleia-Geral, por proposta da Corte.

7. O Regulamento elaborado pela Assembleia-Geral fixará as condições pelas quais serão concedidas pensões aos membros da Corte e ao Escrivão, e as condições pelas quais os membros da Corte e o Escrivão serão reembolsados de suas despesas de viagem.

8. Os vencimentos, subsídios e remuneração acima mencionados estarão livres de qualquer imposto.

Artigo 33

As despesas da Corte serão custeadas pelas Nações Unidas da maneira que for decidida pela Assembleia-Geral.

Capítulo II

COMPETÊNCIA DA CORTE

Artigo 34

1. Só os Estados poderão ser partes em questões perante a Corte.

2. Sobre as questões que forem submetidas, a Corte, nas condições prescritas por seu Regulamento, poderá solicitar informação de organizações públicas internacionais e receberá as informações que lhe forem prestadas, por iniciativa própria, pelas referidas organizações.

3. Sempre que, no julgamento de uma questão perante a Corte, for discutida a interpretação do instrumento constitutivo de uma organização pública internacional ou de uma convenção internacional, adotada em virtude do mesmo, o Escrivão dará conhecimento disso

à organização pública internacional interessada e lhe encaminhará cópias de todo o expediente escrito.

Artigo 35

1. A Corte estará aberta aos Estados que são partes do presente Estatuto.

2. As condições pelas quais a Corte estará aberta a outros Estados serão determinadas pelo Conselho de Segurança, ressalvadas as disposições especiais dos tratados vigentes; em nenhum caso, porém, tais condições colocarão as partes em posição de desigualdade perante a Corte.

3. Quando um Estado que não é Membro das Nações Unidas for parte numa questão, a Corte fixará a importância com que ele deverá contribuir para as despesas da Corte. Esta disposição não será aplicada se tal Estado já contribuir para as referidas despesas.

Artigo 36

1. A competência da Corte abrange todas as questões que as partes lhe submetam, bem como todos os assuntos especialmente previstos na Carta das Nações Unidas ou em tratados e convenções em vigor.

2. Os Estados-partes do presente Estatuto, poderão, em qualquer momento, declarar que reconhecem como obrigatória, *ipso facto* e sem acordo especial, em relação a qualquer outro Estado que aceite a mesma obrigação, a jurisdição da Corte em todas as controvérsias de ordem jurídica que tenham por objeto:

a) a interpretação de um tratado;
b) qualquer ponto de direito internacional;
c) a existência de qualquer fato que, se verificado, constituiria violação de um compromisso internacional;
d) a natureza ou extensão da reparação devida pela ruptura de um compromisso internacional.

3. As declarações acima mencionadas poderão ser feitas pura e simplesmente ou sob condição de reciprocidade da parte de vários ou de certos Estados, ou por prazo determinado.

4. Tais declarações serão depositadas junto ao Secretário-Geral das Nações Unidas que as transmitirá, por cópia, às partes contratantes do presente Estatuto e ao Escrivão da Corte.

5. Nas relações entre as partes contratantes do presente Estatuto, as declarações feitas de acordo com o artigo 36 do Estatuto da Corte Permanente de Justiça Internacional e que ainda estejam em vigor serão consideradas como importando na aceitação da jurisdição obrigatória da Corte Internacional de Justiça, pelo período em que ainda devem vigorar e de conformidade com os seus termos.

6. Qualquer controvérsia sobre a jurisdição da Corte será resolvida por decisão da própria Corte.

Artigo 37

Sempre que um tratado ou convenção em vigor disponha que um assunto deva ser submetido a uma jurisdição a ser instituída pela Liga das Nações ou à Corte Permanente de Justiça Internacional, o assunto deverá, no que respeita às partes contratantes do presente Estatuto, ser submetido à Corte Internacional de Justiça.

Artigo 38

1. A Corte, cuja função é decidir de acordo com o direito internacional as controvérsias que lhe forem submetidas, aplicará:

a) as convenções internacionais, quer gerais, quer especiais, que estabeleçam regras expressamente reconhecidas pelos Estados litigantes;
b) o costume internacional, como prova de uma prática geral aceita como sendo o direito;
c) os princípios gerais de direito, reconhecidos pelas nações civilizadas;
d) sob ressalva da disposição do artigo 59, as decisões judiciárias e a doutrina dos juristas mais qualificados das diferentes nações, como meio auxiliar para a determinação das regras de direito.

2. A presente disposição não prejudicará a faculdade da Corte de decidir uma questão *ex aequo et bono*, se as partes com isto concordarem.

Capítulo III

PROCESSO

Artigo 39

1. As línguas oficiais da Corte serão o francês e o inglês. Se as partes concordarem em que todo o processo se efetue em francês, a sentença será proferida em francês. Se as partes concordarem em que todo o processo se efetue em inglês, a sentença será proferida em inglês.

2. Na ausência de acordo a respeito da língua que deverá ser empregada, cada parte deverá, em suas alegações, usar a língua que preferir; a sentença da Corte será proferida em francês e em inglês. Neste caso, a Corte determinará ao mesmo tempo qual dos dois textos fará fé.

3. A pedido de uma das partes, a Corte poderá autorizá-la a usar uma língua que não seja o francês ou o inglês.

Artigo 40

1. As questões serão submetidas à Corte, conforme o caso, por notificação do acordo especial ou por uma petição escrita dirigida ao Escrivão. Em qualquer dos casos, o objeto da controvérsia e as partes deverão ser indicados.

2. O Escrivão comunicará imediatamente a petição a todos os interessados.

3. Notificará também os Membros das Nações Unidas por intermédio do Secretário-Geral e quaisquer outros Estado com direito a comparecer perante a Corte.

Artigo 41

1. A Corte terá a faculdade de indicar, se julgar que as circunstâncias o exigem, quaisquer medidas provisórias que devam ser tomadas para preservar os direitos de cada parte.

2. Antes que a sentença seja proferida, as partes e o Conselho de Segurança deverão ser informados imediatamente das medidas sugeridas.

Artigo 42

1. As partes serão representadas por agentes.

2. Estes terão a assistência de consultores ou advogados, perante a Corte.

3. Os agentes, os consultores e os advogados das partes perante a Corte gozarão dos privilégios e imunidades necessários ao livre exercício de suas atribuições.

Artigo 43

1. O processo constará de duas fases: uma escrita e outra oral.

2. O processo escrito compreenderá a comunicação à Corte e às partes de memórias, contra-memórias e, se necessário, réplicas assim como quaisquer peças e documentos em apoio das mesmas.

3. Essas comunicações serão feitas por intermédio do Escrivão na ordem e dentro do prazo fixados pela Corte.

4. Uma cópia autenticada de cada documento apresentado por uma das partes será comunicada à outra parte.

5. O processo oral consistirá na audiência, pela Corte, de testemunhas, peritos, agentes, consultores e advogados.

Artigo 44

1. Para citação de outras pessoas que não sejam os agentes, os consultores ou advogados, a Corte dirigir-se-á diretamente ao governo do Estado em cujo território deva ser feita a citação.

2. O mesmo processo será usado sempre que for necessário providenciar para obter quaisquer meios de prova, no lugar do fato.

Artigo 45

Os debates serão dirigidos pelo Presidente, ou, no impedimento deste, pelo Vice-Presidente; se ambos estiverem impossibilitados de presidir, o mais antigo dos juízes presentes ocupará a presidência.

Artigo 46

As audiências da Corte serão públicas, a menos que a Corte decida de outra maneira ou que as partes solicitem a não admissão do público.

Artigo 47

1. Será lavrada ata de cada audiência, assinada pelo Escrivão e pelo Presidente.

2. Só essa ata fará fé.

Artigo 48

A Corte proferirá decisões sobre o andamento do processo, a forma e o tempo em que cada parte terminará suas alegações e tomará todas as medidas relacionadas com a apresentação das provas.

Artigo 49

A Corte poderá, ainda antes do início da audiência, intimar os agentes a apresentarem qualquer documento ou a fornecerem quaisquer explicações. Qualquer recusa deverá constar da ata.

Artigo 50

A Corte poderá, em qualquer momento, confiar a qualquer indivíduo, companhia, repartição, comissão ou outra organização, à sua escolha, a tarefa de proceder a um inquérito ou a uma perícia.

Artigo 51

Durante os debates, todas as perguntas de interesse serão feitas às testemunhas e peritos de conformidade com as condições determinadas pela Corte no Regulamento a que se refere o artigo 30.

Artigo 52

Depois de receber as provas e depoimentos dentro do prazo fixado para esse fim, a Corte poderá recusar-se a aceitar qualquer novo depoimento oral ou escrito que uma das partes deseje apresentar, a menos que as outras partes com isso concordem.

Artigo 53

1. Se uma das partes deixar de comparecer perante a Corte ou de apresentar a sua defesa, a outra parte poderá solicitar à Corte que decida a favor de sua pretensão.

2. A Corte, antes de decidir nesse sentido, deve certificar-se não só de que o assunto é de sua competência, de conformidade com os artigos 36 e 37, mas também de que a pretensão é bem fundada, de fato e de direito.

Artigo 54

1. Quando os agentes consultores e advogados tiverem concluído, sob a fiscalização da Corte, a apresentação de sua causa, o Presidente declarará encerrados os debates.

2. A Corte retirar-se-á para deliberar.

3. As deliberações da Corte serão tomadas privadamente e permanecerão secretas.

Artigo 55

1. Todas as questões serão decididas por maioria dos juízes presentes.

2. No caso de empate na votação, o Presidente ou o juiz que funcionar em seu lugar decidirá com o seu voto.

Artigo 56

1. A sentença deverá declarar as razões em que se funda.

2. Deverá mencionar os nomes dos juízes que tomaram parte na decisão.

Artigo 57

Se a sentença não representar, no todo ou em parte, opinião unânime dos juízes, qualquer um deles terá direito de lhe juntar a exposição de sua opinião individual.

Artigo 58

A sentença será assinada pelo Presidente e pelo Escrivão. Deverá ser lida em sessão pública, depois de notificados, devidamente, os agentes.

Artigo 59

A decisão da Corte só será obrigatória para as partes litigantes e a respeito do caso em questão.

Artigo 60

A Sentença é definitiva e inapelável. Em caso de controvérsia quanto ao sentido e ao alcance da sentença, caberá à Corte interpretá-la a pedido de qualquer das partes.

Artigo 61

1. O pedido de revisão de uma sentença só poderá ser feito em razão do descobrimento de algum fato susceptível de exercer influência decisiva, o qual, na ocasião de ser proferida a sentença, era desconhecido

da Corte e também da parte que solicita a revisão, contanto que tal desconhecimento não tenha sido devido à negligência.

2. O processo de revisão será aberto por uma sentença da Corte, na qual se consignará expressamente a existência do fato novo, com o reconhecimento do caráter que determina a abertura da revisão e a declaração de que é cabível a solicitação nesse sentido.

3. A Corte poderá subordinar a abertura do processo de revisão à prévia execução da sentença.

4. O pedido de revisão deverá ser feito no prazo máximo de seis meses a partir do descobrimento do fato novo.

5. Nenhum pedido de revisão poderá ser feito depois de transcorridos dez anos da data da sentença.

ARTIGO 62

1. Quando um Estado entender que a decisão de uma causa é susceptível de comprometer um interesse seu de ordem jurídica, esse Estado poderá solicitar à Corte permissão para intervir em tal causa.

2. A Corte decidirá sobre esse pedido.

ARTIGO 63

1. Quando se tratar da interpretação de uma convenção, da qual forem partes outros Estados, além dos litigantes, o Escrivão notificará imediatamente todos os Estados interessados.

2. Cada Estado assim notificado terá o direito de intervir no processo; mas, se usar deste direito, a interpretação dada pela sentença será igualmente obrigatória para ele.

ARTIGO 64

A menos que seja decidido em contrário pela Corte, cada parte pagará suas custas no processo.

CAPÍTULO IV

PARECERES CONSULTIVOS

ARTIGO 65

1. A Corte poderá dar parecer consultivo sobre qualquer questão jurídica a pedido do órgão que, de acordo com a Carta das Nações Unidas ou por ela autorizado, estiver em condições de fazer tal pedido.

2. As questões sobre as quais for pedido o parecer consultivo da Corte serão submetidas a ela por meio de petição escrita, que deverá conter uma exposição do assunto sobre o qual é solicitado o parecer e será acompanhada de todos os documentos que possam elucidar a questão.

ARTIGO 66

1. O Escrivão notificará imediatamente todos os Estados, com direito a comparecer perante a Corte, do pedido de parecer consultivo.

2. Além disto, a todo Estado admitido a comparecer perante a Corte e a qualquer organização internacional que, a juízo da Corte ou de seu Presidente, se a Corte não estiver reunida, forem suscetíveis de fornecer informações sobre a questão, o Escrivão fará saber, por comunicação especial e direta, que a Corte estará disposta a receber exposições escritas, dentro de um prazo a ser fixado pelo Presidente, ou a ouvir exposições orais, durante uma audiência pública realizada para tal fim.

3. Se qualquer Estado com direito a comparecer perante a Corte deixar de receber a comunicação especial a que se refere o § 2º deste artigo, tal Estado poderá manifestar o desejo de submeter a ela uma exposição escrita ou oral. A Corte decidirá.

4. Os Estados e organizações que tenham apresentado exposição escrita ou oral, ou ambas, terão a facilidade de discutir as exposições feitas por outros Estados ou organizações, na forma, extensão ou limite de tempo, que a Corte, ou se ela não estiver reunida, o seu Presidente determinar, em cada caso particular. Para esse efeito, o Escrivão deverá, no devido tempo, comunicar qualquer dessas exposições escritas aos Estados e organizações que submeterem exposições semelhantes.

ARTIGO 67

A Corte dará seus pareceres consultivos em sessão pública, depois de terem sido notificados o Secretário-Geral, os representantes dos Membros das Nações Unidas, bem como de outros Estados e das organizações internacionais diretamente interessadas.

ARTIGO 68

No exercício de suas funções consultivas, a Corte deverá guiar-se, além disso, pelas disposições do presente Estatuto, que se aplicam em casos contenciosos, na medida em que, na sua opinião, tais disposições forem aplicáveis.

CAPÍTULO V

EMENDAS

ARTIGO 69

As emendas ao presente Estatuto serão efetuadas pelo mesmo processo estabelecido pela Carta das Nações Unidas para emendas à Carta, ressalvadas, entretanto, quaisquer disposições que a Assembleia-Geral, por determinação do Conselho de Segurança, possa adotar a respeito da participação de Estados que, tendo aceitado o presente Estatuto, não são Membros das Nações Unidas.

ARTIGO 70

A Corte terá a faculdade de propor por escrito ao Secretário-Geral quaisquer emendas ao presente Estatuto que julgar necessárias, a fim de que as mesmas sejam consideradas de conformidade com as disposições do Artigo 69.

ESTATUTO DE ROMA DO TRIBUNAL PENAL INTERNACIONAL

► Aprovado pelo Congresso Nacional por meio do Dec. Legislativo nº 112, de 6-6-2002 e promulgado pelo Dec. nº 4.388, de 25-9-2002, passou a vigorar, para o Brasil, em 1º-9-2002.
► Art. 5º, § 4º, da CF.
► Art. 7º do ADCT da CF.

PREÂMBULO

Os Estados-Partes no presente Estatuto,

Conscientes de que todos os povos estão unidos por laços comuns e de que suas culturas foram construídas sobre uma herança que partilham, e preocupados com o fato deste delicado mosaico poder vir a quebrar-se a qualquer instante,

Tendo presente que, no decurso deste século, milhões de crianças, homens e mulheres têm sido vítimas de atrocidades inimagináveis que chocam profundamente a consciência da humanidade,

Reconhecendo que crimes de uma tal gravidade constituem uma ameaça à paz, à segurança e ao bem-estar da humanidade,

Afirmando que os crimes de maior gravidade, que afetam a comunidade internacional no seu conjunto, não devem ficar impunes e que a sua repressão deve ser efetivamente assegurada através da adoção de medidas em nível nacional e do reforço da cooperação internacional,

Decididos a pôr fim à impunidade dos autores desses crimes e a contribuir assim para a prevenção de tais crimes,

Relembrando que é dever de cada Estado exercer a respectiva jurisdição penal sobre os responsáveis por crimes internacionais,

Reafirmando os objetivos e princípios consignados na Carta das Nações Unidas e, em particular, que todos os Estados se devem abster de recorrer à ameaça ou ao uso da força, contra a integridade territorial ou a independência política de qualquer Estado, ou de atuar por qualquer outra forma incompatível com os objetivos das Nações Unidas,

Salientando, a este propósito, que nada no presente Estatuto deverá ser entendido como autorizando qualquer Estado-Parte a intervir em um conflito armado ou nos assuntos internos de qualquer Estado,

Determinados em perseguir este objetivo e no interesse das gerações presentes e vindouras, a criar um Tribunal Penal Internacional com caráter permanente e independente, no âmbito do sistema das Nações Unidas, e com jurisdição sobre os crimes de maior gravidade que afetem a comunidade internacional no seu conjunto,

Sublinhando que o Tribunal Penal Internacional, criado pelo presente Estatuto, será complementar às jurisdições penais nacionais,

Decididos a garantir o respeito duradouro pela efetivação da justiça internacional,

Convieram no seguinte:

Capítulo I

CRIAÇÃO DO TRIBUNAL

Artigo 1º
O Tribunal

É criado, pelo presente instrumento, um Tribunal Penal Internacional ("o Tribunal"). O Tribunal será uma instituição permanente, com jurisdição sobre as pessoas responsáveis pelos crimes de maior gravidade com alcance internacional, de acordo com o presente Estatuto, e será complementar às jurisdições penais nacionais. A competência e o funcionamento do Tribunal reger-se-ão pelo presente Estatuto.

Artigo 2º
Relação do Tribunal com as Nações Unidas

A relação entre o Tribunal e as Nações Unidas será estabelecida através de um acordo a ser aprovado pela Assembleia dos Estados-Partes no presente Estatuto e, em seguida, concluído pelo Presidente do Tribunal em nome deste.

Artigo 3º
Sede do Tribunal

1. A sede do Tribunal será na Haia, Países Baixos ("o Estado anfitrião").

2. O Tribunal estabelecerá um acordo de sede com o Estado anfitrião, a ser aprovado pela Assembleia dos Estados-Partes e em seguida concluído pelo Presidente do Tribunal em nome deste.

3. Sempre que entender conveniente, o Tribunal poderá funcionar em outro local, nos termos do presente Estatuto.

Artigo 4º
Regime jurídico e poderes do Tribunal

1. O Tribunal terá personalidade jurídica internacional. Possuirá, igualmente, a capacidade jurídica necessária ao desempenho das suas funções e à prossecução dos seus objetivos.

2. O Tribunal poderá exercer os seus poderes e funções nos termos do presente Estatuto, no território de qualquer Estado-Parte e, por acordo especial, no território de qualquer outro Estado.

Capítulo II

COMPETÊNCIA, ADMISSIBILIDADE E DIREITO APLICÁVEL

Artigo 5º
Crimes da competência do Tribunal

1. A competência do Tribunal restringir-se-á aos crimes mais graves, que afetam a comunidade internacional no seu conjunto. Nos termos do presente Estatuto, o Tribunal terá competência para julgar os seguintes crimes:

a) O crime de genocídio;
► Convenção para a Prevenção e Repressão do Crime de Genocídio (1948).
b) Crimes contra a humanidade;
c) Crimes de guerra;
d) O crime de agressão.

2. O Tribunal poderá exercer a sua competência em relação ao crime de agressão desde que, nos termos dos artigos 121 e 123, seja aprovada uma disposição em que se defina o crime e se enunciem as condições em que o Tribunal terá competência relativamente a este crime. Tal disposição deve ser compatível com as disposições pertinentes da Carta das Nações Unidas.

Artigo 6º
Crime de genocídio

Para os efeitos do presente Estatuto, entende-se por "genocídio", qualquer um dos atos que a seguir se enumeram, praticado com intenção de destruir, no todo ou em parte, um grupo nacional, étnico, racial ou religioso, enquanto tal:

a) Homicídio de membros do grupo;

b) Ofensas graves à integridade física ou mental de membros do grupo;
c) Sujeição intencional do grupo a condições de vida com vista a provocar a sua destruição física, total ou parcial;
d) Imposição de medidas destinadas a impedir nascimentos no seio do grupo;
e) Transferência, à força, de crianças do grupo para outro grupo.

Artigo 7º
Crimes contra a humanidade

1. Para os efeitos do presente Estatuto, entende-se por "crime contra a humanidade", qualquer um dos atos seguintes, quando cometido no quadro de um ataque, generalizado ou sistemático, contra qualquer população civil, havendo conhecimento desse ataque:

a) Homicídio;
b) Extermínio;
c) Escravidão;
d) Deportação ou transferência forçada de uma população;
e) Prisão ou outra forma de privação da liberdade física grave, em violação das normas fundamentais de direito internacional;
f) Tortura;
g) Agressão sexual, escravatura sexual, prostituição forçada, gravidez forçada, esterilização forçada ou qualquer outra forma de violência no campo sexual de gravidade comparável;
h) Perseguição de um grupo ou coletividade que possa ser identificado, por motivos políticos, raciais, nacionais, étnicos, culturais, religiosos ou de gênero, tal como definido no parágrafo 3, ou em função de outros critérios universalmente reconhecidos como inaceitáveis no direito internacional, relacionados com qualquer ato referido neste parágrafo ou com qualquer crime da competência do Tribunal;
i) Desaparecimento forçado de pessoas;
j) Crime de apartheid;
k) Outros atos desumanos de caráter semelhante, que causem intencionalmente grande sofrimento, ou afetem gravemente a integridade física ou a saúde física ou mental.

2. Para efeitos do parágrafo 1:

a) Por "ataque contra uma população civil" entende-se qualquer conduta que envolva a prática múltipla de atos referidos no parágrafo 1 contra uma população civil, de acordo com a política de um Estado ou de uma organização de praticar esses atos ou tendo em vista a prossecução dessa política;
b) O "extermínio" compreende a sujeição intencional a condições de vida, tais como a privação do acesso a alimentos ou medicamentos, com vista a causar a destruição de uma parte da população;
c) Por "escravidão" entende-se o exercício, relativamente a uma pessoa, de um poder ou de um conjunto de poderes que traduzam um direito de propriedade sobre uma pessoa, incluindo o exercício desse poder no âmbito do tráfico de pessoas, em particular mulheres e crianças;
d) Por "deportação ou transferência à força de uma população" entende-se o deslocamento forçado de pessoas, através da expulsão ou outro ato coercivo, da zona em que se encontram legalmente, sem qualquer motivo reconhecido no direito internacional;
e) Por "tortura" entende-se o ato por meio do qual uma dor ou sofrimentos agudos, físicos ou mentais, são intencionalmente causados a uma pessoa que esteja sob a custódia ou o controle do acusado; este termo não compreende a dor ou os sofrimentos resultantes unicamente de sanções legais, inerentes a essas sanções ou por elas ocasionadas;
f) Por "gravidez à força" entende-se a privação ilegal de liberdade de uma mulher que foi engravidada à força, com o propósito de alterar a composição étnica de uma população ou de cometer outras violações graves do direito internacional. Esta definição não pode, de modo algum, ser interpretada como afetando as disposições de direito interno relativas à gravidez;
g) Por "perseguição" entende-se a privação intencional e grave de direitos fundamentais em violação do direito internacional, por motivos relacionados com a identidade do grupo ou da coletividade em causa;
h) Por "crime de apartheid" entende-se qualquer ato desumano análogo aos referidos no parágrafo 1º, praticado no contexto de um regime institucionalizado de opressão e domínio sistemático de um grupo racial sobre um ou outros grupos nacionais e com a intenção de manter esse regime;
i) Por "desaparecimento forçado de pessoas" entende-se a detenção, a prisão ou o sequestro de pessoas por um Estado ou uma organização política ou com a autorização, o apoio ou a concordância destes, seguidos de recusa a reconhecer tal estado de privação de liberdade ou a prestar qualquer informação sobre a situação ou a localização dessas pessoas, com o propósito de lhes negar a proteção da lei por um prolongado período de tempo.

3. Para efeitos do presente Estatuto, entende-se que o termo "gênero" abrange os sexos masculino e feminino, dentro do contexto da sociedade, não lhe devendo ser atribuído qualquer outro significado.

Artigo 8º
Crimes de guerra

1. O Tribunal terá competência para julgar os crimes de guerra, em particular quando cometidos como parte integrante de um plano ou de uma política ou como parte de uma prática em larga escala desse tipo de crimes.

2. Para os efeitos do presente Estatuto, entende-se por "crimes de guerra":

a) As violações graves às Convenções de Genebra, de 12 de agosto de 1949, a saber, qualquer um dos seguintes atos, dirigidos contra pessoas ou bens protegidos nos termos da Convenção de Genebra que for pertinente:

　i) Homicídio doloso;
　ii) Tortura ou outros tratamentos desumanos, incluindo as experiências biológicas;
　iii) O ato de causar intencionalmente grande sofrimento ou ofensas graves à integridade física ou à saúde;
　iv) Destruição ou a apropriação de bens em larga escala, quando não justificadas por quaisquer

necessidades militares e executadas de forma ilegal e arbitrária;
v) O ato de compelir um prisioneiro de guerra ou outra pessoa sob proteção a servir nas forças armadas de uma potência inimiga;
vi) Privação intencional de um prisioneiro de guerra ou de outra pessoa sob proteção do seu direito a um julgamento justo e imparcial;
vii) Deportação ou transferência ilegais, ou a privação ilegal de liberdade;
viii) Tomada de reféns;

b) Outras violações graves das leis e costumes aplicáveis em conflitos armados internacionais no âmbito do direito internacional, a saber, qualquer um dos seguintes atos:

i) Dirigir intencionalmente ataques à população civil em geral ou civis que não participem diretamente nas hostilidades;
ii) Dirigir intencionalmente ataques a bens civis, ou seja, bens que não sejam objetivos militares;
iii) Dirigir intencionalmente ataques ao pessoal, instalações, material, unidades ou veículos que participem numa missão de manutenção da paz ou de assistência humanitária, de acordo com a Carta das Nações Unidas, sempre que estes tenham direito à proteção conferida aos civis ou aos bens civis pelo direito internacional aplicável aos conflitos armados;
iv) Lançar intencionalmente um ataque, sabendo que o mesmo causará perdas acidentais de vidas humanas ou ferimentos na população civil, danos em bens de caráter civil ou prejuízos extensos, duradouros e graves no meio ambiente que se revelem claramente excessivos em relação à vantagem militar global concreta e direta que se previa;
v) Atacar ou bombardear, por qualquer meio, cidades, vilarejos, habitações ou edifícios que não estejam defendidos e que não sejam objetivos militares;
vi) Matar ou ferir um combatente que tenha deposto armas ou que, não tendo mais meios para se defender, se tenha incondicionalmente rendido;
vii) Utilizar indevidamente uma bandeira de trégua, a bandeira nacional, as insígnias militares ou o uniforme do inimigo ou das Nações Unidas, assim como os emblemas distintivos das Convenções de Genebra, causando deste modo a morte ou ferimentos graves;
viii) A transferência, direta ou indireta, por uma potência ocupante de parte da sua população civil para o território que ocupa ou a deportação ou transferência da totalidade ou de parte da população do território ocupado, dentro ou para fora desse território;
ix) Dirigir intencionalmente ataques a edifícios consagrados ao culto religioso, à educação, às artes, às ciências ou à beneficência, monumentos históricos, hospitais e lugares onde se agrupem doentes e feridos, sempre que não se trate de objetivos militares;
x) Submeter pessoas que se encontrem sob o domínio de uma parte beligerante a mutilações físicas ou a qualquer tipo de experiências médicas ou científicas que não sejam motivadas por um tratamento médico, dentário ou hospitalar, nem sejam efetuadas no interesse dessas pessoas, e que causem a morte ou coloquem seriamente em perigo a sua saúde;
xi) Matar ou ferir à traição pessoas pertencentes à nação ou ao exército inimigo;
xii) Declarar que não será dado quartel;
xiii) Destruir ou apreender bens do inimigo, a menos que tais destruições ou apreensões sejam imperativamente determinadas pelas necessidades da guerra;
xiv) Declarar abolidos, suspensos ou não admissíveis em tribunal os direitos e ações dos nacionais da parte inimiga;
xv) Obrigar os nacionais da parte inimiga a participar em operações bélicas dirigidas contra o seu próprio país, ainda que eles tenham estado ao serviço daquela parte beligerante antes do início da guerra;
xvi) Saquear uma cidade ou uma localidade, mesmo quando tomada de assalto;
xvii) Utilizar veneno ou armas envenenadas;
xviii) Utilizar gases asfixiantes, tóxicos ou outros gases ou qualquer líquido, material ou dispositivo análogo;
xix) Utilizar balas que se expandem ou achatam facilmente no interior do corpo humano, tais como balas de revestimento duro que não cobre totalmente o interior ou possui incisões;
xx) Utilizar armas, projéteis, materiais e métodos de combate que, pela sua própria natureza, causem ferimentos supérfluos ou sofrimentos desnecessários ou que surtam efeitos indiscriminados, em violação do direito internacional aplicável aos conflitos armados, na medida em que tais armas, projéteis, materiais e métodos de combate sejam objeto de uma proibição geral e estejam incluídos em um anexo ao presente Estatuto, em virtude de uma alteração aprovada em conformidade com o disposto nos artigos 121 e 123;
xxi) Ultrajar a dignidade da pessoa, em particular por meio de tratamentos humilhantes e degradantes;
xxii) Cometer atos de violação, escravidão sexual, prostituição forçada, gravidez à força, tal como definida na alínea f do parágrafo 2 do artigo 7º, esterilização à força e qualquer outra forma de violência sexual que constitua também um desrespeito grave às Convenções de Genebra;
xxiii) Utilizar a presença de civis ou de outras pessoas protegidas para evitar que determinados pontos, zonas ou forças militares sejam alvo de operações militares;
xxiv) Dirigir intencionalmente ataques a edifícios, material, unidades e veículos sanitários, assim como o pessoal que esteja usando os emblemas distintivos das Convenções de Genebra, em conformidade com o direito internacional;
xxv) Provocar deliberadamente a inanição da população civil como método de guerra, privando-a dos bens indispensáveis à sua sobrevivência,

impedindo, inclusive, o envio de socorros, tal como previsto nas Convenções de Genebra;

xxvi) Recrutar ou alistar menores de 15 anos nas forças armadas nacionais ou utilizá-los para participar ativamente nas hostilidades;

▶ Art. 38 da Convenção sobre os Direitos da Criança (1989).

c) Em caso de conflito armado que não seja de índole internacional, as violações graves do artigo 3º comum às quatro Convenções de Genebra, de 12 de agosto de 1949, a saber, qualquer um dos atos que a seguir se indicam, cometidos contra pessoas que não participem diretamente nas hostilidades, incluindo os membros das forças armadas que tenham deposto armas e os que tenham ficado impedidos de continuar a combater devido a doença, lesões, prisão ou qualquer outro motivo:

i) Atos de violência contra a vida e contra a pessoa, em particular o homicídio sob todas as suas formas, as mutilações, os tratamentos cruéis e a tortura;
ii) Ultrajes à dignidade da pessoa, em particular por meio de tratamentos humilhantes e degradantes;
iii) A tomada de reféns;
iv) As condenações proferidas e as execuções efetuadas sem julgamento prévio por um tribunal regularmente constituído e que ofereça todas as garantias judiciais geralmente reconhecidas como indispensáveis;

d) A alínea c do parágrafo 2 do presente artigo aplica-se aos conflitos armados que não tenham caráter internacional e, por conseguinte, não se aplica a situações de distúrbio e de tensão internas, tais como motins, atos de violência esporádicos ou isolados ou outros de caráter semelhante;

e) As outras violações graves das leis e costumes aplicáveis aos conflitos armados que não têm caráter internacional, no quadro do direito internacional, a saber qualquer um dos seguintes atos:

i) Dirigir intencionalmente ataques à população civil em geral ou civis que não participem diretamente nas hostilidades;
ii) Dirigir intencionalmente ataques a edifícios, material, unidades e veículos sanitários, bem como ao pessoal que esteja usando os emblemas distintivos das Convenções de Genebra, em conformidade com o direito internacional;
iii) Dirigir intencionalmente ataques ao pessoal, instalações, material, unidades ou veículos que participem numa missão de manutenção da paz ou de assistência humanitária, de acordo com a Carta das Nações Unidas, sempre que estes tenham direito à proteção conferida pelo direito internacional dos conflitos armados aos civis e aos bens civis;
iv) Atacar intencionalmente edifícios consagrados ao culto religioso, à educação, às artes, às ciências ou à beneficência, monumentos históricos, hospitais e lugares onde se agrupem doentes e feridos, sempre que não se trate de objetivos militares;
v) Saquear um aglomerado populacional ou um local, mesmo quando tomado de assalto;

vi) Cometer atos de agressão sexual, escravidão sexual, prostituição forçada, gravidez à força, tal como definida na alínea f do parágrafo 2 do artigo 7º; esterilização à força ou qualquer outra forma de violência sexual que constitua uma violação grave do artigo 3º comum às quatro Convenções de Genebra;
vii) Recrutar ou alistar menores de 15 anos nas forças armadas nacionais ou em grupos, ou utilizá-los para participar ativamente nas hostilidades;
viii) Ordenar a deslocação da população civil por razões relacionadas com o conflito, salvo se assim o exigirem a segurança dos civis em questão ou razões militares imperiosas;
ix) Matar ou ferir à traição um combatente de uma parte beligerante;
x) Declarar que não será dado quartel;
xi) Submeter pessoas que se encontrem sob o domínio de outra parte beligerante a mutilações físicas ou a qualquer tipo de experiências médicas ou científicas que não sejam motivadas por um tratamento médico, dentário ou hospitalar nem sejam efetuadas no interesse dessa pessoa, e que causem a morte ou ponham seriamente a sua saúde em perigo;
xii) Destruir ou apreender bens do inimigo, a menos que as necessidades da guerra assim o exijam;

f) A alínea e do parágrafo 2 do presente artigo aplicar-se-á aos conflitos armados que não tenham caráter internacional e, por conseguinte, não se aplicará a situações de distúrbio e de tensão internas, tais como motins, atos de violência esporádicos ou isolados ou outros de caráter semelhante; aplicar-se-á, ainda, a conflitos armados que tenham lugar no território de um Estado, quando exista um conflito armado prolongado entre as autoridades governamentais e grupos armados organizados ou entre estes grupos.

3. O disposto nas alíneas c e e do parágrafo 2, em nada afetará a responsabilidade que incumbe a todo o Governo de manter e de restabelecer a ordem pública no Estado, e de defender a unidade e a integridade territorial do Estado por qualquer meio legítimo.

Artigo 9º
Elementos constitutivos dos crimes

1. Os elementos constitutivos dos crimes que auxiliarão o Tribunal a interpretar e a aplicar os artigos 6º, 7º e 8º do presente Estatuto, deverão ser adotados por uma maioria de dois terços dos membros da Assembleia dos Estados-Partes.

2. As alterações aos elementos constitutivos dos crimes poderão ser propostas por:

a) Qualquer Estado-Parte;
b) Os juízes, através de deliberação tomada por maioria absoluta;
c) O Procurador.

As referidas alterações entram em vigor depois de aprovadas por uma maioria de dois terços dos membros da Assembleia dos Estados-Partes.

3. Os elementos constitutivos dos crimes e respectivas alterações deverão ser compatíveis com as disposições contidas no presente Estatuto.

Artigo 10

Nada no presente capítulo deverá ser interpretado como limitando ou afetando, de alguma maneira, as normas existentes ou em desenvolvimento de direito internacional com fins distintos dos do presente Estatuto.

Artigo 11
Competência *ratione temporis*

1. O Tribunal só terá competência relativamente aos crimes cometidos após a entrada em vigor do presente Estatuto.

2. Se um Estado se tornar Parte no presente Estatuto depois da sua entrada em vigor, o Tribunal só poderá exercer a sua competência em relação a crimes cometidos depois da entrada em vigor do presente Estatuto relativamente a esse Estado, a menos que este tenha feito uma declaração nos termos do parágrafo 3 do artigo 12.

Artigo 12
Condições prévias ao exercício da jurisdição

1. O Estado que se torne Parte no presente Estatuto, aceitará a jurisdição do Tribunal relativamente aos crimes a que se refere o artigo 5º.

2. Nos casos referidos nos parágrafos a ou c do artigo 13, o Tribunal poderá exercer a sua jurisdição se um ou mais Estados a seguir identificados forem Partes no presente Estatuto ou aceitarem a competência do Tribunal de acordo com o disposto no parágrafo 3:

a) Estado em cujo território tenha tido lugar a conduta em causa, ou, se o crime tiver sido cometido a bordo de um navio ou de uma aeronave, o Estado de matrícula do navio ou aeronave;
b) Estado de que seja nacional a pessoa a quem é imputado um crime.

3. Se a aceitação da competência do Tribunal por um Estado que não seja Parte no presente Estatuto for necessária nos termos do parágrafo 2, pode o referido Estado, mediante declaração depositada junto do Secretário, consentir em que o Tribunal exerça a sua competência em relação ao crime em questão. O Estado que tiver aceito a competência do Tribunal colaborará com este, sem qualquer demora ou exceção, de acordo com o disposto no Capítulo IX.

Artigo 13
Exercício da jurisdição

O Tribunal poderá exercer a sua jurisdição em relação a qualquer um dos crimes a que se refere o artigo 5º, de acordo com o disposto no presente Estatuto, se:

a) Um Estado-Parte denunciar ao Procurador, nos termos do artigo 14, qualquer situação em que haja indícios de ter ocorrido a prática de um ou vários desses crimes;
b) O Conselho de Segurança, agindo nos termos do Capítulo VII da Carta das Nações Unidas, denunciar ao Procurador qualquer situação em que haja indícios de ter ocorrido a prática de um ou vários desses crimes; ou

c) O Procurador tiver dado início a um inquérito sobre tal crime, nos termos do disposto no artigo 15.

Artigo 14
Denúncia por um Estado-Parte

1. Qualquer Estado-Parte poderá denunciar ao Procurador uma situação em que haja indícios de ter ocorrido a prática de um ou vários crimes da competência do Tribunal e solicitar ao Procurador que a investigue, com vista a determinar se uma ou mais pessoas identificadas deverão ser acusadas da prática desses crimes.

2. O Estado que proceder à denúncia deverá, tanto quanto possível, especificar as circunstâncias relevantes do caso e anexar toda a documentação de que disponha.

Artigo 15
Procurador

1. O Procurador poderá, por sua própria iniciativa, abrir um inquérito com base em informações sobre a prática de crimes da competência do Tribunal.

2. O Procurador apreciará a seriedade da informação recebida. Para tal, poderá recolher informações suplementares junto dos Estados, aos órgãos da Organização das Nações Unidas, às Organizações Intergovernamentais ou Não Governamentais ou outras fontes fidedignas que considere apropriadas, bem como recolher depoimentos escritos ou orais na sede do Tribunal.

3. Se concluir que existe fundamento suficiente para abrir um inquérito, o Procurador apresentará um pedido de autorização nesse sentido ao Juízo de Instrução, acompanhado da documentação de apoio que tiver reunido. As vítimas poderão apresentar representações no Juízo de Instrução, de acordo com o Regulamento Processual.

4. Se, após examinar o pedido e a documentação que o acompanha, o Juízo de Instrução considerar que há fundamento suficiente para abrir um Inquérito e que o caso parece caber na jurisdição do Tribunal, autorizará a abertura do inquérito, sem prejuízo das decisões que o Tribunal vier a tomar posteriormente em matéria de competência e de admissibilidade.

5. A recusa do Juízo de Instrução em autorizar a abertura do inquérito não impedirá o Procurador de formular ulteriormente outro pedido com base em novos fatos ou provas respeitantes à mesma situação.

6. Se, depois da análise preliminar a que se referem os parágrafos 1 e 2, o Procurador concluir que a informação apresentada não constitui fundamento suficiente para um inquérito, o Procurador informará quem a tiver apresentado de tal entendimento. Tal não impede que o Procurador examine, à luz de novos fatos ou provas, qualquer outra informação que lhe venha a ser comunicada sobre o mesmo caso.

Artigo 16
Adiamento do inquérito e do procedimento criminal

Nenhum inquérito ou procedimento crime poderá ter início ou prosseguir os seus termos, com base no presente Estatuto, por um período de 12 (doze) meses a contar da data em que o Conselho de Segurança assim o tiver solicitado em resolução aprovada nos termos do

disposto no Capítulo VII da Carta das Nações Unidas; o pedido poderá ser renovado pelo Conselho de Segurança nas mesmas condições.
► Arts. 39 e 41 da Carta das Nações Unidas.

ARTIGO 17
Questões relativas à admissibilidade

1. Tendo em consideração o décimo parágrafo do preâmbulo e o artigo 1º, o Tribunal decidirá sobre a não admissibilidade de um caso se:
   a) O caso for objeto de inquérito ou de procedimento criminal por parte de um Estado que tenha jurisdição sobre o mesmo, salvo se este não tiver vontade de levar a cabo o inquérito ou o procedimento ou, não tenha capacidade para o fazer;
   b) O caso tiver sido objeto de inquérito por um Estado com jurisdição sobre ele e tal Estado tenha decidido não dar seguimento ao procedimento criminal contra a pessoa em causa, a menos que esta decisão resulte do fato de esse Estado não ter vontade de proceder criminalmente ou da sua incapacidade real para o fazer;
   c) A pessoa em causa já tiver sido julgada pela conduta a que se refere a denúncia, e não puder ser julgada pelo Tribunal em virtude do disposto no parágrafo 3 do artigo 20;
   d) O caso não for suficientemente grave para justificar a ulterior intervenção do Tribunal.

2. A fim de determinar se há ou não vontade de agir num determinado caso, o Tribunal, tendo em consideração as garantias de um processo equitativo reconhecidas pelo direito internacional, verificará a existência de uma ou mais das seguintes circunstâncias:
   a) O processo ter sido instaurado ou estar pendente ou a decisão ter sido proferida no Estado com o propósito de subtrair a pessoa em causa à sua responsabilidade criminal por crimes da competência do Tribunal, nos termos do disposto no artigo 5º;
   b) Ter havido demora injustificada no processamento, a qual, dadas as circunstâncias, se mostra incompatível com a intenção de fazer responder a pessoa em causa perante a justiça;
   c) O processo não ter sido ou não estar sendo conduzido de maneira independente ou imparcial, e ter estado ou estar sendo conduzido de uma maneira que, dadas as circunstâncias, seja incompatível com a intenção de levar a pessoa em causa perante a justiça.

3. A fim de determinar se há incapacidade de agir num determinado caso, o Tribunal verificará se o Estado, por colapso total ou substancial da respectiva administração da justiça ou por indisponibilidade desta, não estará em condições de fazer comparecer o acusado, de reunir os meios de prova e depoimentos necessários ou não estará, por outros motivos, em condições de concluir o processo.

ARTIGO 18
Decisões preliminares sobre admissibilidade

1. Se uma situação for denunciada ao Tribunal nos termos do artigo 13, parágrafo a, e o Procurador determinar que existem fundamentos para abrir um inquérito ou der início a um inquérito de acordo com os artigos 13, parágrafo c e 15, deverá notificar todos os Estados-Partes e os Estados que, de acordo com a informação disponível, teriam jurisdição sobre esses crimes. O Procurador poderá proceder à notificação a título confidencial e, sempre que o considere necessário com vista a proteger pessoas, impedir a destruição de provas ou a fuga de pessoas, poderá limitar o âmbito da informação a transmitir aos Estados.

2. No prazo de 1 (um) mês após a recepção da referida notificação, qualquer Estado poderá informar o Tribunal de que está procedendo, ou já procedeu, a um inquérito sobre nacionais seus ou outras pessoas sob a sua jurisdição, por atos que possam constituir crimes a que se refere o artigo 5º e digam respeito à informação constante na respectiva notificação. A pedido desse Estado, o Procurador transferirá para ele o inquérito sobre essas pessoas, a menos que, a pedido do Procurador, o Juízo de Instrução decida autorizar o inquérito.

3. A transferência do inquérito poderá ser reexaminada pelo Procurador 6 (seis) meses após a data em que tiver sido decidida ou, a todo o momento, quando tenha ocorrido uma alteração significativa de circunstâncias, decorrente da falta de vontade ou da incapacidade efetiva do Estado de levar a cabo o inquérito.

4. O Estado interessado ou o Procurador poderão interpor recurso para o Juízo de Recursos da decisão proferida por um Juízo de Instrução, tal como previsto no artigo 82. Este recurso poderá seguir uma forma sumária.

5. Se o Procurador transferir o inquérito, nos termos do parágrafo 2, poderá solicitar ao Estado interessado que o informe periodicamente do andamento do mesmo e de qualquer outro procedimento subsequente. Os Estados-Partes responderão a estes pedidos sem atrasos injustificados.

6. O Procurador poderá, enquanto aguardar uma decisão a proferir no Juízo de Instrução, ou a todo o momento se tiver transferido o inquérito nos termos do presente artigo, solicitar ao tribunal de instrução, a título excepcional, que o autorize a efetuar as investigações que considere necessárias para preservar elementos de prova, quando exista uma oportunidade única de obter provas relevantes ou um risco significativo de que essas provas possam não estar disponíveis numa fase ulterior.

7. O Estado que tenha recorrido de uma decisão do Juízo de Instrução nos termos do presente artigo poderá impugnar a admissibilidade de um caso nos termos do artigo 19, invocando fatos novos relevantes ou uma alteração significativa de circunstâncias.

ARTIGO 19
Impugnação da jurisdição do Tribunal ou da admissibilidade do caso

1. O Tribunal deverá certificar-se de que detém jurisdição sobre todos os casos que lhe sejam submetidos. O Tribunal poderá pronunciar-se de ofício sobre a admissibilidade do caso em conformidade com o artigo 17.

2. Poderão impugnar a admissibilidade do caso, por um dos motivos referidos no artigo 17, ou impugnar a jurisdição do Tribunal:

a) O acusado ou a pessoa contra a qual tenha sido emitido um mandado ou ordem de detenção ou de comparecimento, nos termos do artigo 58;
b) Um Estado que detenha o poder de jurisdição sobre um caso, pelo fato de o estar investigando ou julgando, ou por já o ter feito antes; ou
c) Um Estado cuja aceitação da competência do Tribunal seja exigida, de acordo com o artigo 12.

3. O Procurador poderá solicitar ao Tribunal que se pronuncie sobre questões de jurisdição ou admissibilidade. Nas ações relativas a jurisdição ou admissibilidade, aqueles que tiverem denunciado um caso ao abrigo do artigo 13, bem como as vítimas, poderão também apresentar as suas observações ao Tribunal.

4. A admissibilidade de um caso ou a jurisdição do Tribunal só poderão ser impugnadas uma única vez por qualquer pessoa ou Estado a que se faz referência no parágrafo 2. A impugnação deverá ser feita antes do julgamento ou no seu início. Em circunstâncias excepcionais, o Tribunal poderá autorizar que a impugnação se faça mais de uma vez ou depois do início do julgamento. As impugnações à admissibilidade de um caso feitas no início do julgamento, ou posteriormente com a autorização do Tribunal, só poderão fundamentar-se no disposto no parágrafo 1, alínea c do artigo 17.

5. Os Estados a que se referem as alíneas b e c do parágrafo 2 do presente artigo deverão deduzir impugnação logo que possível.

6. Antes da confirmação da acusação, a impugnação da admissibilidade de um caso ou da jurisdição do Tribunal será submetida ao Juízo de Instrução e, após confirmação, ao Juízo de Julgamento em Primeira Instância. Das decisões relativas à jurisdição ou admissibilidade caberá recurso para o Juízo de Recursos, de acordo com o artigo 82.

7. Se a impugnação for feita pelo Estado referido nas alíneas b e c do parágrafo 2, o Procurador suspenderá o inquérito até que o Tribunal decida em conformidade com o artigo 17.

8. Enquanto aguardar uma decisão, o Procurador poderá solicitar ao Tribunal autorização para:
a) Proceder às investigações necessárias previstas no parágrafo 6 do artigo 18;
b) Recolher declarações ou o depoimento de uma testemunha ou completar o recolhimento e o exame das provas que tenha iniciado antes da impugnação; e
c) Impedir, em colaboração com os Estados interessados, a fuga de pessoas em relação às quais já tenha solicitado um mandado de detenção, nos termos do artigo 58.

9. A impugnação não afetará a validade de nenhum ato realizado pelo Procurador, nem de nenhuma decisão ou mandado anteriormente emitido pelo Tribunal.

10. Se o Tribunal tiver declarado que um caso não é admissível, de acordo com o artigo 17, o Procurador poderá pedir a revisão dessa decisão, após se ter certificado de que surgiram novos fatos que invalidam os motivos pelos quais o caso havia sido considerado inadmissível nos termos do artigo 17.

11. Se o Procurador, tendo em consideração as questões referidas no artigo 17, decidir transferir um inquérito, poderá pedir ao Estado em questão que o mantenha informado do seguimento do processo. Esta informação deverá, se esse Estado o solicitar, ser mantida confidencial. Se o Procurador decidir, posteriormente, abrir um inquérito, comunicará a sua decisão ao Estado para o qual foi transferido o processo.

Artigo 20
Ne bis in idem

1. Salvo disposição contrária do presente Estatuto, nenhuma pessoa poderá ser julgada pelo Tribunal por atos constitutivos de crimes pelos quais este já a tenha condenado ou absolvido.

2. Nenhuma pessoa poderá ser julgada por outro tribunal por um crime mencionado no artigo 5º, relativamente ao qual já tenha sido condenada ou absolvida pelo Tribunal.

3. O Tribunal não poderá julgar uma pessoa que já tenha sido julgada por outro tribunal, por atos também punidos pelos artigos 6º, 7º ou 8º, a menos que o processo nesse outro tribunal:
a) Tenha tido por objetivo subtrair o acusado à sua responsabilidade criminal por crimes da competência do Tribunal; ou
b) Não tenha sido conduzido de forma independente ou imparcial, em conformidade com as garantias de um processo equitativo reconhecidas pelo direito internacional, ou tenha sido conduzido de uma maneira que, no caso concreto, se revele incompatível com a intenção de submeter a pessoa à ação da justiça.

▶ Art. 14, item 7, do Pacto Internacional sobre Direitos Civis e Políticos (1966).

Artigo 21
Direito aplicável

1. O Tribunal aplicará:
a) Em primeiro lugar, o presente Estatuto, os Elementos Constitutivos do Crime e o Regulamento Processual;
b) Em segundo lugar, se for o caso, os tratados e os princípios e normas de direito internacional aplicáveis, incluindo os princípios estabelecidos no direito internacional dos conflitos armados;
c) Na falta destes, os princípios gerais do direito que o Tribunal retire do direito interno dos diferentes sistemas jurídicos existentes, incluindo, se for o caso, o direito interno dos Estados que exerceriam normalmente a sua jurisdição relativamente ao crime, sempre que esses princípios não sejam incompatíveis com o presente Estatuto, com o direito internacional, nem com as normas e padrões internacionalmente reconhecidos.

2. O Tribunal poderá aplicar princípios e normas de direito tal como já tenham sido por si interpretados em decisões anteriores.

3. A aplicação e interpretação do direito, nos termos do presente artigo, deverá ser compatível com os direitos humanos internacionalmente reconhecidos, sem discriminação alguma baseada em motivos tais como o gênero, definido no parágrafo 3 do artigo 7º, a idade, a raça, a cor, a religião ou o credo, a opinião política ou outra, a origem nacional, étnica ou social, a situação econômica, o nascimento ou outra condição.

Capítulo III
PRINCÍPIOS GERAIS DE DIREITO PENAL

Artigo 22
Nullum crimen sine lege

1. Nenhuma pessoa será considerada criminalmente responsável, nos termos do presente Estatuto, a menos que a sua conduta constitua, no momento em que tiver lugar, um crime da competência do Tribunal.

2. A previsão de um crime será estabelecida de forma precisa e não será permitido o recurso à analogia. Em caso de ambiguidade, será interpretada a favor da pessoa objeto de inquérito, acusada ou condenada.

3. O disposto no presente artigo em nada afetará a tipificação de uma conduta como crime nos termos do direito internacional, independentemente do presente Estatuto.

Artigo 23
Nulla poena sine lege

Qualquer pessoa condenada pelo Tribunal só poderá ser punida em conformidade com as disposições do presente Estatuto.

Artigo 24
Não retroatividade *ratione personae*

1. Nenhuma pessoa será considerada criminalmente responsável, de acordo com o presente Estatuto, por uma conduta anterior à entrada em vigor do presente Estatuto.

2. Se o direito aplicável a um caso for modificado antes de proferida sentença definitiva, aplicar-se-á o direito mais favorável à pessoa objeto de inquérito, acusada ou condenada.

Artigo 25
Responsabilidade criminal individual

1. De acordo com o presente Estatuto, o Tribunal será competente para julgar as pessoas físicas.

2. Quem cometer um crime da competência do Tribunal será considerado individualmente responsável e poderá ser punido de acordo com o presente Estatuto.

3. Nos termos do presente Estatuto, será considerado criminalmente responsável e poderá ser punido pela prática de um crime da competência do Tribunal quem:

a) Cometer esse crime individualmente ou em conjunto ou por intermédio de outrem, quer essa pessoa seja, ou não, criminalmente responsável;

b) Ordenar, solicitar ou instigar à prática desse crime, sob forma consumada ou sob a forma de tentativa;

c) Com o propósito de facilitar a prática desse crime, for cúmplice ou encobridor, ou colaborar de algum modo na prática ou na tentativa de prática do crime, nomeadamente pelo fornecimento dos meios para a sua prática;

d) Contribuir de alguma outra forma para a prática ou tentativa de prática do crime por um grupo de pessoas que tenha um objetivo comum. Esta contribuição deverá ser intencional e ocorrer, conforme o caso:

 i) Com o propósito de levar a cabo a atividade ou o objetivo criminal do grupo, quando um ou outro impliquem a prática de um crime da competência do Tribunal; ou

 ii) Com o conhecimento da intenção do grupo de cometer o crime;

e) No caso de crime de genocídio, incitar, direta e publicamente, à sua prática;

▶ Art. 3º, c, da Convenção para a Prevenção e Repressão do Crime de Genocídio (1948).

f) Tentar cometer o crime mediante atos que contribuam substancialmente para a sua execução, ainda que não se venha a consumar devido a circunstâncias alheias à sua vontade. Porém, quem desistir da prática do crime, ou impedir de outra forma que este se consuma, não poderá ser punido em conformidade com o presente Estatuto pela tentativa, se renunciar total e voluntariamente ao propósito delituoso.

4. O disposto no presente Estatuto sobre a responsabilidade criminal das pessoas físicas em nada afetará a responsabilidade do Estado, de acordo com o direito internacional.

Artigo 26
Exclusão da jurisdição relativamente a menores de 18 anos

O Tribunal não terá jurisdição sobre pessoas que, à data da alegada prática do crime, não tenham ainda completado 18 anos de idade.

Artigo 27
Irrelevância da qualidade oficial

1. O presente Estatuto será aplicável de forma igual a todas as pessoas sem distinção alguma baseada na qualidade oficial. Em particular, a qualidade oficial de Chefe de Estado ou de Governo, de membro de Governo ou do Parlamento, de representante eleito ou de funcionário público, em caso algum eximirá a pessoa em causa de responsabilidade criminal nos termos do presente Estatuto, nem constituirá de per se motivo de redução da pena.

2. As imunidades ou normas de procedimento especiais decorrentes da qualidade oficial de uma pessoa; nos termos do direito interno ou do direito internacional, não deverão obstar a que o Tribunal exerça a sua jurisdição sobre essa pessoa.

Artigo 28
Responsabilidade dos chefes militares e outros superiores hierárquicos

Além de outras fontes de responsabilidade criminal previstas no presente Estatuto, por crimes da competência do Tribunal:

a) O chefe militar, ou a pessoa que atue efetivamente como chefe militar, será criminalmente responsável por crimes da competência do Tribunal que tenham sido cometidos por forças sob o seu comando e controle efetivos ou sob a sua autoridade e controle efetivos, conforme o caso, pelo fato de não exercer um controle apropriado sobre essas forças quando:

 i) Esse chefe militar ou essa pessoa tinha conhecimento ou, em virtude das circunstâncias do momento, deveria ter tido conhecimento de que essas forças estavam a cometer ou preparavam-se para cometer esses crimes; e

ii) Esse chefe militar ou essa pessoa não tenha adotado todas as medidas necessárias e adequadas ao seu alcance para prevenir ou reprimir a sua prática, ou para levar o assunto ao conhecimento das autoridades competentes, para efeitos de inquérito e procedimento criminal;

b) Nas relações entre superiores hierárquicos e subordinados, não referidos na alínea a, o superior hierárquico será criminalmente responsável pelos crimes da competência do Tribunal que tiverem sido cometidos por subordinados sob a sua autoridade e controle efetivos, pelo fato de não ter exercido um controle apropriado sobre esses subordinados, quando:

a) O superior hierárquico teve conhecimento ou deliberadamente não levou em consideração a informação que indicava claramente que os subordinados estavam a cometer ou se preparavam para cometer esses crimes;
b) Esses crimes estavam relacionados com atividades sob a sua responsabilidade e controle efetivos; e
c) O superior hierárquico não adotou todas as medidas necessárias e adequadas ao seu alcance para prevenir ou reprimir a sua prática ou para levar o assunto ao conhecimento das autoridades competentes, para efeitos de inquérito e procedimento criminal.

ARTIGO 29
Imprescritibilidade

Os crimes da competência do Tribunal não prescrevem.

ARTIGO 30
Elementos psicológicos

1. Salvo disposição em contrário, nenhuma pessoa poderá ser criminalmente responsável e punida por um crime da competência do Tribunal, a menos que atue com vontade de o cometer e conhecimento dos seus elementos materiais.

2. Para os efeitos do presente artigo, entende-se que atua intencionalmente quem:

a) Relativamente a uma conduta, se propuser adotá-la;
b) Relativamente a um efeito do crime, se propuser causá-lo ou estiver ciente de que ele terá lugar em uma ordem normal dos acontecimentos.

3. Nos termos do presente artigo, entende-se por "conhecimento" a consciência de que existe uma circunstância ou de que um efeito irá ter lugar, em uma ordem normal dos acontecimentos. As expressões "ter conhecimento" e "com conhecimento" deverão ser entendidas em conformidade.

ARTIGO 31
Causas de exclusão da responsabilidade criminal

1. Sem prejuízo de outros fundamentos para a exclusão de responsabilidade criminal previstos no presente Estatuto, não será considerada criminalmente responsável a pessoa que, no momento da prática de determinada conduta:

a) Sofrer de enfermidade ou deficiência mental que a prive da capacidade para avaliar a ilicitude ou a natureza da sua conduta, ou da capacidade para controlar essa conduta a fim de não violar a lei;
b) Estiver em estado de intoxicação que a prive da capacidade para avaliar a ilicitude ou a natureza da sua conduta, ou da capacidade para controlar essa conduta a fim de não transgredir a lei, a menos que se tenha intoxicado voluntariamente em circunstâncias que lhe permitiam ter conhecimento de que, em consequência da intoxicação, poderia incorrer numa conduta tipificada como crime da competência do Tribunal, ou, de que haveria o risco de tal suceder;
c) Agir em defesa própria ou de terceiro com razoabilidade ou, em caso de crimes de guerra, em defesa de um bem que seja essencial para a sua sobrevivência ou de terceiro ou de um bem que seja essencial à realização de uma missão militar, contra o uso iminente e ilegal da força, de forma proporcional ao grau de perigo para si, para terceiro ou para os bens protegidos. O fato de participar em uma força que realize uma operação de defesa não será causa bastante de exclusão de responsabilidade criminal, nos termos desta alínea;
d) Tiver incorrido numa conduta que presumivelmente constitui crime da competência do Tribunal, em consequência de coação decorrente de uma ameaça iminente de morte ou ofensas corporais graves para si ou para outrem, e em que se veja compelida a atuar de forma necessária e razoável para evitar essa ameaça, desde que não tenha a intenção de causar um dano maior que aquele que se propunha evitar. Essa ameaça tanto poderá:

i) Ter sido feita por outras pessoas; ou
ii) Ser constituída por outras circunstâncias alheias à sua vontade.

2. O Tribunal determinará se os fundamentos de exclusão da responsabilidade criminal previstos no presente Estatuto serão aplicáveis no caso em apreço.

3. No julgamento, o Tribunal poderá levar em consideração outros fundamentos de exclusão da responsabilidade criminal, distintos dos referidos no parágrafo 1, sempre que esses fundamentos resultem do direito aplicável em conformidade com o artigo 21. O processo de exame de um fundamento de exclusão deste tipo será definido no Regulamento Processual.

ARTIGO 32
Erro de fato ou erro de direito

1. O erro de fato só excluirá a responsabilidade criminal se eliminar o dolo requerido pelo crime.

2. O erro de direito sobre se determinado tipo de conduta constitui crime da competência do Tribunal não será considerado fundamento de exclusão de responsabilidade criminal. No entanto, o erro de direito poderá ser considerado fundamento de exclusão de responsabilidade criminal se eliminar o dolo requerido pelo crime ou se decorrer do artigo 33 do presente Estatuto.

ARTIGO 33
Decisão hierárquica e disposições legais

1. Quem tiver cometido um crime da competência do Tribunal, em cumprimento de uma decisão emanada de

um Governo ou de um superior hierárquico, quer seja militar ou civil, não será isento de responsabilidade criminal, a menos que:

a) Estivesse obrigado por lei a obedecer a decisões emanadas do Governo ou superior hierárquico em questão;
b) Não tivesse conhecimento de que a decisão era ilegal; e
c) A decisão não fosse manifestamente ilegal.

2. Para os efeitos do presente artigo, qualquer decisão de cometer genocídio ou crimes contra a humanidade será considerada como manifestamente ilegal.

CAPÍTULO IV
COMPOSIÇÃO E ADMINISTRAÇÃO DO TRIBUNAL

ARTIGO 34
Órgãos do Tribunal

O Tribunal será composto pelos seguintes órgãos:

a) A Presidência;
b) Uma Seção de Recursos, uma Seção de Julgamento em Primeira Instância e uma Seção de Instrução;
c) O Gabinete do Procurador;
d) A Secretaria.

ARTIGO 35
Exercício das funções de juiz

1. Os juízes serão eleitos membros do Tribunal para exercer funções em regime de exclusividade e deverão estar disponíveis para desempenhar o respectivo cargo desde o início do seu mandato.

2. Os juízes que comporão a Presidência desempenharão as suas funções em regime de exclusividade desde a sua eleição.

3. A Presidência poderá, em função do volume de trabalho do Tribunal, e após consulta dos seus membros, decidir periodicamente em que medida é que será necessário que os restantes juízes desempenhem as suas funções em regime de exclusividade. Estas decisões não prejudicarão o disposto no artigo 40.

4. Os ajustes de ordem financeira relativos aos juízes que não tenham de exercer os respectivos cargos em regime de exclusividade serão adotadas em conformidade com o disposto no artigo 49.

ARTIGO 36
Qualificações, candidatura e eleição dos juízes

1. Sob reserva do disposto no parágrafo 2, o Tribunal será composto por 18 juízes.

2. a) A Presidência, agindo em nome do Tribunal, poderá propor o aumento do número de juízes referido no parágrafo 1 fundamentando as razões pelas quais considera necessária e apropriada tal medida. O Secretário comunicará imediatamente a proposta a todos os Estados-Partes;

b) A proposta será seguidamente apreciada em sessão da Assembleia dos Estados-Partes convocada nos termos do artigo 112 e deverá ser considerada adotada se for aprovada na sessão por maioria de dois terços dos membros da Assembleia dos Estados-Partes; a proposta entrará em vigor na data fixada pela Assembleia dos Estados-Partes;

c) i) Logo que seja aprovada a proposta de aumento do número de juízes, de acordo com o disposto na alínea b, a eleição dos juízes adicionais terá lugar no período seguinte de sessões da Assembleia dos Estados-Partes, nos termos dos parágrafos 3 a 8 do presente artigo e do parágrafo 2 do artigo 37;

ii) Após a aprovação e a entrada em vigor de uma proposta de aumento do número de juízes, de acordo com o disposto nas alíneas b e c (i), a Presidência poderá, a qualquer momento, se o volume de trabalho do Tribunal assim o justificar, propor que o número de juízes seja reduzido, mas nunca para um número inferior ao fixado no parágrafo 1. A proposta será apreciada de acordo com o procedimento definido nas alíneas a e b. Caso a proposta seja aprovada, o número de juízes será progressivamente reduzido, à medida que expirem os mandatos e até que se alcance o número previsto.

3. a) Os juízes serão eleitos dentre pessoas de elevada idoneidade moral, imparcialidade e integridade, que reúnam os requisitos para o exercício das mais altas funções judiciais nos seus respectivos países.

b) Os candidatos a juízes deverão possuir:

i) Reconhecida competência em direito penal e direito processual penal e a necessária experiência em processos penais na qualidade de juiz, procurador, advogado ou outra função semelhante; ou

ii) Reconhecida competência em matérias relevantes de direito internacional, tais como o direito internacional humanitário e os direitos humanos, assim como vasta experiência em profissões jurídicas com relevância para a função judicial do Tribunal;

c) Os candidatos a juízes deverão possuir um excelente conhecimento e serem fluentes em, pelo menos, uma das línguas de trabalho do Tribunal.

4. a) Qualquer Estado-Parte no presente Estatuto poderá propor candidatos às eleições para juiz do Tribunal mediante:

i) O procedimento previsto para propor candidatos aos mais altos cargos judiciais do país; ou

ii) O procedimento previsto no Estatuto da Corte Internacional de Justiça para propor candidatos a esse Tribunal.

As propostas de candidatura deverão ser acompanhadas de uma exposição detalhada comprovativa de que o candidato possui os requisitos enunciados no parágrafo 3;

b) Qualquer Estado-Parte poderá apresentar uma candidatura de uma pessoa que não tenha necessariamente a sua nacionalidade, mas que seja nacional de um Estado-Parte;

c) A Assembleia dos Estados-Partes poderá decidir constituir, se apropriado, uma Comissão consultiva para o exame das candidaturas, neste caso, a Assembleia dos Estados-Partes determinará a composição e o mandato da Comissão.

5. Para efeitos da eleição, serão estabelecidas duas listas de candidatos:

A lista A, com os nomes dos candidatos que reúnam os requisitos enunciados na alínea b (i) do parágrafo 3; e

A lista B, com os nomes dos candidatos que reúnam os requisitos enunciados na alínea b (ii) do parágrafo 3.

O candidato que reúna os requisitos constantes de ambas as listas, poderá escolher em qual delas deseja figurar. Na primeira eleição de membros do Tribunal, pelo menos nove juízes serão eleitos entre os candidatos da lista A e pelo menos cinco entre os candidatos da lista B. As eleições subsequentes serão organizadas por forma a que se mantenha no Tribunal uma proporção equivalente de juízes de ambas as listas.

6. a) Os juízes serão eleitos por escrutínio secreto, em sessão da Assembleia dos Estados-Partes convocada para esse efeito, nos termos do artigo 112. Sob reserva do disposto no parágrafo 7, serão eleitos os 18 candidatos que obtenham o maior número de votos e uma maioria de dois terços dos Estados-Partes presentes e votantes;

b) No caso em que da primeira votação não resulte eleito um número suficiente de juízes, proceder-se-á a uma nova votação, de acordo com os procedimentos estabelecidos na alínea a, até provimento dos lugares restantes.

7. O Tribunal não poderá ter mais de um juiz nacional do mesmo Estado. Para este efeito, a pessoa que for considerada nacional de mais de um Estado será considerada nacional do Estado onde exerce habitualmente os seus direitos civis e políticos.

8. a) Na seleção dos juízes, os Estados-Partes ponderarão sobre a necessidade de assegurar que a composição do Tribunal inclua:

i) A representação dos principais sistemas jurídicos do mundo;

ii) Uma representação geográfica equitativa; e

iii) Uma representação justa de juízes do sexo feminino e do sexo masculino;

b) Os Estados-Partes levarão igualmente em consideração a necessidade de assegurar a presença de juízes especializados em determinadas matérias incluindo, entre outras, a violência contra mulheres ou crianças.

9. a) Salvo o disposto na alínea b, os juízes serão eleitos por um mandato de nove anos e não poderão ser reeleitos, salvo o disposto na alínea c e no parágrafo 2 do artigo 37;

b) Na primeira eleição, um terço dos juízes eleitos será selecionado por sorteio para exercer um mandato de três anos; outro terço será selecionado, também por sorteio, para exercer um mandato de seis anos; e os restantes exercerão um mandato de nove anos;

c) Um juiz selecionado para exercer um mandato de três anos, em conformidade com a alínea b, poderá ser reeleito para um mandato completo.

10. Não obstante o disposto no parágrafo 9, um juiz afeto a um Juízo de Julgamento em Primeira Instância ou de Recurso, em conformidade com o artigo 39, permanecerá em funções até a conclusão do julgamento ou do recurso dos casos que tiver a seu cargo.

Artigo 37
Vagas

1. Caso ocorra uma vaga, realizar-se-á uma eleição para o seu provimento, de acordo com o artigo 36.

2. O juiz eleito para prover uma vaga, concluirá o mandato do seu antecessor e, se esse período for igual ou inferior a três anos, poderá ser reeleito para um mandato completo, nos termos do artigo 36.

Artigo 38
A presidência

1. O Presidente, o Primeiro Vice-Presidente e o Segundo Vice-Presidente serão eleitos por maioria absoluta dos juízes. Cada um desempenhará o respectivo cargo por um período de três anos ou até ao termo do seu mandato como juiz, conforme o que expirar em primeiro lugar. Poderão ser reeleitos uma única vez.

2. O Primeiro Vice-Presidente substituirá o Presidente em caso de impossibilidade ou recusa deste. O Segundo Vice-Presidente substituirá o Presidente em caso de impedimento ou recusa deste ou do Primeiro Vice-Presidente.

3. O Presidente, o Primeiro Vice-Presidente e o Segundo Vice-Presidente constituirão a Presidência, que ficará encarregada:

a) Da adequada administração do Tribunal, com exceção do Gabinete do Procurador; e

b) Das restantes funções que lhe forem conferidas de acordo com o presente Estatuto.

4. Embora eximindo-se da sua responsabilidade nos termos do parágrafo 3, a, a Presidência atuará em coordenação com o Gabinete do Procurador e deverá obter a aprovação deste em todos os assuntos de interesse comum.

Artigo 39
Juízos

1. Após a eleição dos juízes e logo que possível, o Tribunal deverá organizar-se nas seções referidas no artigo 34, b. A Seção de Recursos será composta pelo Presidente e quatro juízes, a Seção de Julgamento em Primeira Instância por, pelo menos, seis juízes e a Seção de Instrução por, pelo menos, seis juízes. Os juízes serão adstritos às Seções de acordo com a natureza das funções que corresponderem a cada um e com as respectivas qualificações e experiência, por forma a que cada Seção disponha de um conjunto adequado de especialistas em direito penal e processual penal e em direito internacional. A Seção de Julgamento em Primeira Instância e a Seção de Instrução serão predominantemente compostas por juízes com experiência em processo penal.

2. a) As funções judiciais do Tribunal serão desempenhadas em cada Seção pelos juízos;

b) i) O Juízo de Recursos será composto por todos os juízes da Seção de Recursos;

ii) As funções do Juízo de Julgamento em Primeira Instância serão desempenhadas por três juízes da Seção de Julgamento em Primeira Instância;

iii) As funções do Juízo de Instrução serão desempenhadas por três juízes da Seção de Instrução ou por um só juiz da referida Seção, em conformidade com o presente Estatuto e com o Regulamento Processual;

c) Nada no presente número obstará a que se constituam simultaneamente mais de um Juízo de Julgamento em Primeira Instância ou Juízo de Instrução, sempre que a gestão eficiente do trabalho do Tribunal assim o exigir.

3. a) Os juízes adstritos às Seções de Julgamento em Primeira Instância e de Instrução desempenharão o cargo nessas Seções por um período de 3 (três) anos ou, decorrido esse período, até à conclusão dos casos que lhes tenham sido cometidos pela respectiva Seção;

b) Os juízes adstritos à Seção de Recursos desempenharão o cargo nessa Seção durante todo o seu mandato.

4. Os juízes adstritos à Seção de Recursos desempenharão o cargo unicamente nessa Seção. Nada no presente artigo obstará a que sejam adstritos temporariamente juízes da Seção de Julgamento em Primeira Instância à Seção de Instrução, ou inversamente, se a Presidência entender que a gestão eficiente do trabalho do Tribunal assim o exige; porém, o juiz que tenha participado na fase instrutória não poderá, em caso algum, fazer parte do Juízo de Julgamento em Primeira Instância encarregado do caso.

Artigo 40
Independência dos juízes

1. Os juízes serão independentes no desempenho das suas funções.

2. Os juízes não desenvolverão qualquer atividade que possa ser incompatível com o exercício das suas funções judiciais ou prejudicar a confiança na sua independência.

3. Os juízes que devam desempenhar os seus cargos em regime de exclusividade na sede do Tribunal não poderão ter qualquer outra ocupação de natureza profissional.

4. As questões relativas à aplicação dos parágrafos 2 e 3 serão decididas por maioria absoluta dos juízes. Nenhum juiz participará na decisão de uma questão que lhe diga respeito.

Artigo 41
Impedimento e desqualificação de juízes

1. A Presidência poderá, a pedido de um juiz, declarar seu impedimento para o exercício de alguma das funções que lhe confere o presente Estatuto, em conformidade com o Regulamento Processual.

2. a) Nenhum juiz pode participar num caso em que, por qualquer motivo, seja posta em dúvida a sua imparcialidade. Será desqualificado, em conformidade com o disposto neste número, entre outras razões, se tiver intervindo anteriormente, a qualquer título, em um caso submetido ao Tribunal ou em um procedimento criminal conexo em nível nacional que envolva a pessoa objeto de inquérito ou procedimento criminal. Pode ser igualmente desqualificado por qualquer outro dos motivos definidos no Regulamento Processual;

b) O Procurador ou a pessoa objeto de inquérito ou procedimento criminal poderá solicitar a desqualificação de um juiz em virtude do disposto no presente número;

c) As questões relativas à desqualificação de juízes serão decididas por maioria absoluta dos juízes. O juiz cuja desqualificação for solicitada, poderá pronunciar-se sobre a questão, mas não poderá tomar parte na decisão.

Artigo 42
O Gabinete do Procurador

1. O Gabinete do Procurador atuará de forma independente, enquanto órgão autônomo do Tribunal. Competir-lhe-á recolher comunicações e qualquer outro tipo de informação, devidamente fundamentada, sobre crimes da competência do Tribunal, a fim de os examinar e investigar e de exercer a ação penal junto ao Tribunal. Os membros do Gabinete do Procurador não solicitarão nem cumprirão ordens de fontes externas ao Tribunal.

2. O Gabinete do Procurador será presidido pelo Procurador, que terá plena autoridade para dirigir e administrar o Gabinete do Procurador, incluindo o pessoal, as instalações e outros recursos. O Procurador será coadjuvado por um ou mais Procuradores-Adjuntos, que poderão desempenhar qualquer uma das funções que incumbam àquele, em conformidade com o disposto no presente Estatuto. O Procurador e os Procuradores-Adjuntos terão nacionalidades diferentes e desempenharão o respectivo cargo em regime de exclusividade.

3. O Procurador e os Procuradores-Adjuntos deverão ter elevada idoneidade moral, elevado nível de competência e vasta experiência prática em matéria de processo penal. Deverão possuir um excelente conhecimento e serem fluentes em, pelo menos, uma das línguas de trabalho do Tribunal.

4. O Procurador será eleito por escrutínio secreto e por maioria absoluta de votos dos membros da Assembleia dos Estados-Partes. Os Procuradores-Adjuntos serão eleitos da mesma forma, de entre uma lista de candidatos apresentada pelo Procurador. O Procurador proporá três candidatos para cada cargo de Procurador-Adjunto a prover. A menos que, ao tempo da eleição, seja fixado um período mais curto, o Procurador e os Procuradores-Adjuntos exercerão os respectivos cargos por um período de nove anos e não poderão ser reeleitos.

5. O Procurador e os Procuradores-Adjuntos não deverão desenvolver qualquer atividade que possa interferir com o exercício das suas funções ou afetar a confiança na sua independência e não poderão desempenhar qualquer outra função de caráter profissional.

6. A Presidência poderá, a pedido do Procurador ou de um Procurador-Adjunto, escusá-lo de intervir num determinado caso.

7. O Procurador e os Procuradores-Adjuntos não poderão participar em qualquer processo em que, por qualquer motivo, a sua imparcialidade possa ser posta em causa. Serão recusados, em conformidade com o disposto no presente número, entre outras razões, se tiverem intervindo anteriormente, a qualquer título, num caso submetido ao Tribunal ou num procedimento crime conexo em nível nacional, que envolva a pessoa objeto de inquérito ou procedimento criminal.

8. As questões relativas à recusa do Procurador ou de um Procurador-Adjunto serão decididas pelo Juízo de Recursos.

a) A pessoa objeto de inquérito ou procedimento criminal poderá solicitar, a todo o momento, a recusa do Procurador ou de um Procurador-Adjunto, pelos motivos previstos no presente artigo;
b) O Procurador ou o Procurador-Adjunto, segundo o caso, poderão pronunciar-se sobre a questão.

9. O Procurador nomeará assessores jurídicos especializados em determinadas áreas incluindo, entre outras, as da violência sexual ou violência por motivos relacionados com a pertença a um determinado gênero e da violência contra as crianças.

Artigo 43
A Secretaria

1. A Secretaria será responsável pelos aspectos não judiciais da administração e do funcionamento do Tribunal, sem prejuízo das funções e atribuições do Procurador definidas no artigo 42.

2. A Secretaria será dirigida pelo Secretário, principal responsável administrativo do Tribunal. O Secretário exercerá as suas funções na dependência do Presidente do Tribunal.

3. O Secretário e o Secretário-Adjunto deverão ser pessoas de elevada idoneidade moral e possuir um elevado nível de competência e um excelente conhecimento e domínio de, pelo menos, uma das línguas de trabalho do Tribunal.

4. Os juízes elegerão o Secretário em escrutínio secreto, por maioria absoluta, tendo em consideração as recomendações da Assembleia dos Estados-Partes. Se necessário, elegerão um Secretário-Adjunto, por recomendação do Secretário e pela mesma forma.

5. O Secretário será eleito por um período de 5 (cinco) anos para exercer funções em regime de exclusividade e só poderá ser reeleito uma vez. O Secretário-Adjunto será eleito por um período de 5 (cinco) anos, ou por um período mais curto se assim o decidirem os juízes por deliberação tomada por maioria absoluta, e exercerá as suas funções de acordo com as exigências de serviço.

6. O Secretário criará, no âmbito da Secretaria, uma Unidade de Apoio às Vítimas e Testemunhas. Esta Unidade, em conjunto com o Gabinete do Procurador, adotará medidas de proteção e dispositivos de segurança e prestará assessoria e outro tipo de assistência às testemunhas e vítimas que compareçam perante o Tribunal e a outras pessoas ameaçadas em virtude do testemunho prestado por aquelas. A Unidade incluirá pessoal especializado para atender as vítimas de traumas, nomeadamente os relacionados com crimes de violência sexual.

Artigo 44
O pessoal

1. O Procurador e o Secretário nomearão o pessoal qualificado necessário aos respectivos serviços, nomeadamente, no caso do Procurador, o pessoal encarregado de efetuar diligências no âmbito do inquérito.

2. No tocante ao recrutamento de pessoal, o Procurador e o Secretário assegurarão os mais altos padrões de eficiência, competência e integridade, tendo em consideração, *mutatis mutandis*, os critérios estabelecidos no parágrafo 8 do artigo 36.

3. O Secretário, com o acordo da Presidência e do Procurador, proporá o Estatuto do Pessoal, que fixará as condições de nomeação, remuneração e cessação de funções do pessoal do Tribunal. O Estatuto do Pessoal será aprovado pela Assembleia dos Estados-Partes.

4. O Tribunal poderá, em circunstâncias excepcionais, recorrer aos serviços de pessoal colocado à sua disposição, a título gratuito, pelos Estados-Partes, organizações intergovernamentais e organizações não governamentais, com vista a colaborar com qualquer um dos órgãos do Tribunal. O Procurador poderá anuir a tal eventualidade em nome do Gabinete do Procurador. A utilização do pessoal disponibilizado a título gratuito ficará sujeita às diretivas estabelecidas pela Assembleia dos Estados-Partes.

Artigo 45
Compromisso solene

Antes de assumir as funções previstas no presente Estatuto, os juízes, o Procurador, os Procuradores-Adjuntos, o Secretário e o Secretário-Adjunto declararão solenemente, em sessão pública, que exercerão as suas funções imparcial e conscienciosamente.

Artigo 46
Cessação de funções

1. Um Juiz, o Procurador, um Procurador-Adjunto, o Secretário ou o Secretário-Adjunto cessará as respectivas funções, por decisão adotada de acordo com o disposto no parágrafo 2, nos casos em que:

a) Se conclua que a pessoa em causa incorreu em falta grave ou incumprimento grave das funções conferidas pelo presente Estatuto, de acordo com o previsto no Regulamento Processual; ou
b) A pessoa em causa se encontre impossibilitada de desempenhar as funções definidas no presente Estatuto.

2. A decisão relativa à cessação de funções de um juiz, do Procurador ou de um Procurador-Adjunto, de acordo com o parágrafo 1, será adotada pela Assembleia dos Estados-Partes em escrutínio secreto:

a) No caso de um juiz, por maioria de dois terços dos Estados-Partes, com base em recomendação adotada por maioria de dois terços dos restantes juízes;
b) No caso do Procurador, por maioria absoluta dos Estados-Partes;
c) No caso de um Procurador-Adjunto, por maioria absoluta dos Estados-Partes, com base na recomendação do Procurador.

3. A decisão relativa à cessação de funções do Secretário ou do Secretário-Adjunto será adotada por maioria absoluta de votos dos juízes.

4. Os juízes, o Procurador, os Procuradores-Adjuntos, o Secretário ou o Secretário-Adjunto, cuja conduta ou idoneidade para o exercício das funções inerentes ao cargo em conformidade com o presente Estatuto tiver sido contestada ao abrigo do presente artigo, terão plena possibilidade de apresentar e obter meios de prova e produzir alegações de acordo com o Regula-

mento Processual; não poderão, no entanto, participar, de qualquer outra forma, na apreciação do caso.

Artigo 47
Medidas disciplinares

Os juízes, o Procurador, os Procuradores-Adjuntos, o Secretário ou o Secretário-Adjunto que tiverem cometido uma falta menos grave que a prevista no parágrafo 1 do artigo 46 incorrerão em responsabilidade disciplinar nos termos do Regulamento Processual.

Artigo 48
Privilégios e imunidades

1. O Tribunal gozará, no território dos Estados-Partes, dos privilégios e imunidades que se mostrem necessários ao cumprimento das suas funções.

2. Os juízes, o Procurador, os Procuradores-Adjuntos e o Secretário gozarão, no exercício das suas funções ou em relação a estas, dos mesmos privilégios e imunidades reconhecidos aos chefes das missões diplomáticas, continuando a usufruir de absoluta imunidade judicial relativamente às suas declarações, orais ou escritas, e aos atos que pratiquem no desempenho de funções oficiais após o termo do respectivo mandato.

3. O Secretário-Adjunto, o pessoal do Gabinete do Procurador e o pessoal da Secretaria gozarão dos mesmos privilégios e imunidades e das facilidades necessárias ao cumprimento das respectivas funções, nos termos do acordo sobre os privilégios e imunidades do Tribunal.

4. Os advogados, peritos, testemunhas e outras pessoas, cuja presença seja requerida na sede do Tribunal, beneficiarão do tratamento que se mostre necessário ao funcionamento adequado deste, nos termos do acordo sobre os privilégios e imunidades do Tribunal.

5. Os privilégios e imunidades poderão ser levantados:
a) No caso de um juiz ou do Procurador, por decisão adotada por maioria absoluta dos juízes;
b) No caso do Secretário, pela Presidência;
c) No caso dos Procuradores-Adjuntos e do pessoal do Gabinete do Procurador, pelo Procurador;
d) No caso do Secretário-Adjunto e do pessoal da Secretaria, pelo Secretário.

Artigo 49
Vencimentos, subsídios e despesas

Os juízes, o Procurador, os Procuradores-Adjuntos, o Secretário e o Secretário-Adjunto auferirão os vencimentos e terão direito aos subsídios e ao reembolso de despesas que forem estabelecidos em Assembleia dos Estados-Partes. Estes vencimentos e subsídios não serão reduzidos no decurso do mandato.

Artigo 50
Línguas oficiais e línguas de trabalho

1. As línguas árabe, chinesa, espanhola, francesa, inglesa e russa serão as línguas oficiais do Tribunal. As sentenças proferidas pelo Tribunal, bem como outras decisões sobre questões fundamentais submetidas ao Tribunal, serão publicadas nas línguas oficiais. A Presidência, de acordo com os critérios definidos no Regulamento Processual, determinará quais as decisões que poderão ser consideradas como decisões sobre questões fundamentais, para os efeitos do presente parágrafo.

2. As línguas francesa e inglesa serão as línguas de trabalho do Tribunal. O Regulamento Processual definirá os casos em que outras línguas oficiais poderão ser usadas como línguas de trabalho.

3. A pedido de qualquer Parte ou qualquer Estado que tenha sido admitido a intervir num processo, o Tribunal autorizará o uso de uma língua que não seja a francesa ou a inglesa, sempre que considere que tal autorização se justifica.

Artigo 51
Regulamento processual

1. O Regulamento Processual entrará em vigor mediante a sua aprovação por uma maioria de dois terços dos votos dos membros da Assembleia dos Estados-Partes.

2. Poderão propor alterações ao Regulamento Processual:
a) Qualquer Estado-Parte;
b) Os juízes, por maioria absoluta; ou
c) O Procurador.

Estas alterações entrarão em vigor mediante a aprovação por uma maioria de dois terços dos votos dos membros da Assembleia dos Estados-Partes.

3. Após a aprovação do Regulamento Processual, em casos urgentes em que uma situação concreta suscitada em Tribunal não se encontre prevista no Regulamento Processual, os juízes poderão, por maioria de dois terços, estabelecer normas provisórias a serem aplicadas até que a Assembleia dos Estados-Partes as aprove, altere ou rejeite na sessão ordinária ou extraordinária seguinte.

4. O Regulamento Processual, e respectivas alterações, bem como quaisquer normas provisórias, deverão estar em consonância com o presente Estatuto. As alterações ao Regulamento Processual, assim como as normas provisórias aprovadas em conformidade com o parágrafo 3, não serão aplicadas com caráter retroativo em detrimento de qualquer pessoa que seja objeto de inquérito ou de procedimento criminal, ou que tenha sido condenada.

5. Em caso de conflito entre as disposições do Estatuto e as do Regulamento Processual, o Estatuto prevalecerá.

Artigo 52
Regimento do Tribunal

1. De acordo com o presente Estatuto e com o Regulamento Processual, os juízes aprovarão, por maioria absoluta, o Regimento necessário ao normal funcionamento do Tribunal.

2. O Procurador e o Secretário serão consultados sobre a elaboração do Regimento ou sobre qualquer alteração que lhe seja introduzida.

3. O Regimento do Tribunal e qualquer alteração posterior entrarão em vigor mediante a sua aprovação, salvo decisão em contrário dos juízes. Imediatamente após a adoção, serão circulados pelos Estados-Partes para observações e continuarão em vigor se, dentro de 6 (seis) meses, não forem formuladas objeções pela maioria dos Estados-Partes.

Capítulo V
INQUÉRITO E PROCEDIMENTO CRIMINAL
Artigo 53
Abertura do inquérito

1. O Procurador, após examinar a informação de que dispõe, abrirá um inquérito, a menos que considere que, nos termos do presente Estatuto, não existe fundamento razoável para proceder ao mesmo. Na sua decisão, o Procurador terá em conta se:

a) A informação de que dispõe constitui fundamento razoável para crer que foi, ou está sendo, cometido um crime da competência do Tribunal;
b) O caso é ou seria admissível nos termos do artigo 17; e
c) Tendo em consideração a gravidade do crime e os interesses das vítimas, não existirão, contudo, razões substanciais para crer que o inquérito não serve os interesses da justiça.

Se decidir que não há motivo razoável para abrir um inquérito e se esta decisão se basear unicamente no disposto na alínea c, o Procurador informará o Juízo de Instrução.

2. Se, concluído o inquérito, o Procurador chegar à conclusão de que não há fundamento suficiente para proceder criminalmente, na medida em que:

a) Não existam elementos suficientes, de fato ou de direito, para requerer a emissão de um mandado de detenção ou notificação para comparência, de acordo com o artigo 58;
b) O caso seja inadmissível, de acordo com o artigo 17; ou
c) O procedimento não serviria o interesse da justiça, consideradas todas as circunstâncias, tais como a gravidade do crime, os interesses das vítimas e a idade ou o estado de saúde do presumível autor e o grau de participação no alegado crime, comunicará a sua decisão, devidamente fundamentada, ao Juízo de Instrução e ao Estado que lhe submeteu o caso, de acordo com o artigo 14, ou ao Conselho de Segurança, se se tratar de um caso previsto no parágrafo b do artigo 13.

3. a) A pedido do Estado que tiver submetido o caso, nos termos do artigo 14, ou do Conselho de Segurança, nos termos do parágrafo b do artigo 13, o Juízo de Instrução poderá examinar a decisão do Procurador de não proceder criminalmente em conformidade com os parágrafos 1 ou 2 e solicitar-lhe que reconsidere essa decisão;
b) Além disso, o Juízo de Instrução poderá, oficiosamente, examinar a decisão do Procurador de não proceder criminalmente, se essa decisão se basear unicamente no disposto no parágrafo 1, alínea c, e no parágrafo 2, alínea c. Nesse caso, a decisão do Procurador só produzirá efeitos se confirmada pelo Juízo de Instrução.

4. O Procurador poderá, a todo o momento, reconsiderar a sua decisão de abrir um inquérito ou proceder criminalmente, com base em novos fatos ou novas informações.

Artigo 54
Funções e poderes do Procurador em matéria de inquérito

1. O Procurador deverá:

a) A fim de estabelecer a verdade dos fatos, alargar o inquérito a todos os fatos e provas pertinentes para a determinação da responsabilidade criminal, em conformidade com o presente Estatuto e, para esse efeito, investigar, de igual modo, as circunstâncias que interessem quer à acusação, quer à defesa;
b) Adotar as medidas adequadas para assegurar a eficácia do inquérito e do procedimento criminal relativamente aos crimes da jurisdição do Tribunal e, na sua atuação, o Procurador terá em conta os interesses e a situação pessoal das vítimas e testemunhas, incluindo a idade, o gênero tal como definido no parágrafo 3 do artigo 7º, e o estado de saúde; terá igualmente em conta a natureza do crime, em particular quando envolva violência sexual, violência por motivos relacionados com a pertença a um determinado gênero e violência contra as crianças; e
c) Respeitar plenamente os direitos conferidos às pessoas pelo presente Estatuto.

2. O Procurador poderá realizar investigações no âmbito de um inquérito no território de um Estado:

a) De acordo com o disposto na Parte IX; ou
b) Mediante autorização do Juízo de Instrução, dada nos termos do parágrafo 3, alínea d, do artigo 57.

3. O Procurador poderá:

a) Reunir e examinar provas;
b) Convocar e interrogar pessoas objeto de inquérito e convocar e tomar o depoimento de vítimas e testemunhas;
c) Procurar obter a cooperação de qualquer Estado ou organização intergovernamental ou instrumento intergovernamental, de acordo com a respectiva competência e/ou mandato;
d) Celebrar acordos ou convênios compatíveis com o presente Estatuto, que se mostrem necessários para facilitar a cooperação de um Estado, de uma organização intergovernamental ou de uma pessoa;
e) Concordar em não divulgar, em qualquer fase do processo, documentos ou informação que tiver obtido, com a condição de preservar o seu caráter confidencial e com o objetivo único de obter novas provas, a menos que quem tiver facilitado a informação consinta na sua divulgação; e
f) Adotar ou requerer que se adotem as medidas necessárias para assegurar o caráter confidencial da informação, a proteção de pessoas ou a preservação da prova.

Artigo 55
Direitos das pessoas no decurso do inquérito

1. No decurso de um inquérito aberto nos termos do presente Estatuto:

a) Nenhuma pessoa poderá ser obrigada a depor contra si própria ou a declarar-se culpada;

▶ Art. 14, item 3, g, do Pacto Internacional sobre Direitos Civis e Políticos (1966).

b) Nenhuma pessoa poderá ser submetida a qualquer forma de coação, intimidação ou ameaça, tortura ou outras formas de penas ou tratamentos cruéis, desumanos ou degradantes; e
c) Qualquer pessoa que for interrogada numa língua que não compreenda ou não fale fluentemente, será assistida, gratuitamente, por um intérprete competente e disporá das traduções que são necessárias às exigências de equidade;
d) Nenhuma pessoa poderá ser presa ou detida arbitrariamente, nem ser privada da sua liberdade, salvo pelos motivos previstos no presente Estatuto e em conformidade com os procedimentos nele estabelecidos.

2. Sempre que existam motivos para crer que uma pessoa cometeu um crime da competência do Tribunal e que deve ser interrogada pelo Procurador ou pelas autoridades nacionais, em virtude de um pedido feito em conformidade com o disposto na Parte IX do presente Estatuto, essa pessoa será informada, antes do interrogatório, de que goza ainda dos seguintes direitos:

a) A ser informada antes de ser interrogada de que existem indícios de que cometeu um crime da competência do Tribunal;
b) A guardar silêncio, sem que tal seja tido em consideração para efeitos de determinação da sua culpa ou inocência;
c) A ser assistida por um advogado da sua escolha ou, se não o tiver, a solicitar que lhe seja designado um defensor dativo, em todas as situações em que o interesse da justiça assim o exija e sem qualquer encargo se não possuir meios suficientes para lhe pagar; e
d) A ser interrogada na presença do seu advogado, a menos que tenha renunciado voluntariamente ao direito de ser assistida por um advogado.

ARTIGO 56
Intervenção do juízo de instrução em caso de oportunidade única de proceder a um inquérito

1. a) Sempre que considere que um inquérito oferece uma oportunidade única de recolher depoimentos ou declarações de uma testemunha ou de examinar, reunir ou verificar provas, o Procurador comunicará esse fato ao Juízo de Instrução;
b) Nesse caso, o Juízo de Instrução, a pedido do Procurador, poderá adotar as medidas que entender necessárias para assegurar a eficácia e a integridade do processo e, em particular, para proteger os direitos de defesa;
c) Salvo decisão em contrário do Juízo de Instrução, o Procurador transmitirá a informação relevante à pessoa que tenha sido detida, ou que tenha comparecido na sequência de notificação emitida no âmbito do inquérito a que se refere a alínea a, para que possa ser ouvida sobre a matéria em causa.

2. As medidas a que se faz referência na alínea b do parágrafo 1 poderão consistir em:

a) Fazer recomendações ou proferir despachos sobre o procedimento a seguir;
b) Ordenar que seja lavrado o processo;
c) Nomear um perito;
d) Autorizar o advogado de defesa do detido, ou de quem tiver comparecido no Tribunal na sequência de notificação, a participar no processo ou, no caso dessa detenção ou comparecimento não se ter ainda verificado ou não tiver ainda sido designado advogado, a nomear outro defensor que se encarregará dos interesses da defesa e os representará;
e) Encarregar um dos seus membros ou, se necessário, outro juiz disponível da Seção de Instrução ou da Seção de Julgamento em Primeira Instância, de formular recomendações ou proferir despachos sobre o recolhimento e a preservação de meios de prova e a inquirição de pessoas;
f) Adotar todas as medidas necessárias para reunir ou preservar meios de prova.

3. a) Se o Procurador não tiver solicitado as medidas previstas no presente artigo, mas o Juízo de Instrução considerar que tais medidas serão necessárias para preservar meios de prova que lhe pareçam essenciais para a defesa no julgamento, o Juízo consultará o Procurador a fim de saber se existem motivos poderosos para este não requerer as referidas medidas. Se, após consulta, o Juízo concluir que a omissão de requerimento de tais medidas é injustificada, poderá adotar essas medidas de ofício.
b) O Procurador poderá recorrer da decisão do Juízo de Instrução de ofício, nos termos do presente número. O recurso seguirá uma forma sumária.

4. A admissibilidade dos meios de prova preservados ou recolhidos para efeitos do processo ou o respectivo registro, em conformidade com o presente artigo, reger-se-ão, em julgamento, pelo disposto no artigo 69, e terão o valor que lhes for atribuído pelo Juízo de Julgamento em Primeira Instância.

ARTIGO 57
Funções e poderes do juízo de instrução

1. Salvo disposição em contrário contida no presente Estatuto, o Juízo de Instrução exercerá as suas funções em conformidade com o presente artigo.

2. a) Para os despachos do Juízo de Instrução proferidos ao abrigo dos artigos 15, 18, 19, 54, parágrafo 2, 61, parágrafo 7, e 72, deve concorrer maioria de votos dos juízes que o compõem;
b) Em todos os outros casos, um único juiz do Juízo de Instrução poderá exercer as funções definidas no presente Estatuto, salvo disposição em contrário contida no Regulamento Processual ou decisão em contrário do Juízo de Instrução tomada por maioria de votos.

3. Independentemente das outras funções conferidas pelo presente Estatuto, o Juízo de Instrução poderá:

a) A pedido do Procurador, proferir os despachos e emitir os mandados que se revelem necessários para um inquérito;
b) A pedido de qualquer pessoa que tenha sido detida ou tenha comparecido na sequência de notificação expedida nos termos do artigo 58, proferir despachos, incluindo medidas tais como as indicadas no artigo 56, ou procurar obter, nos termos do disposto na Parte IX, a cooperação necessária para auxiliar essa pessoa a preparar a sua defesa;
c) Sempre que necessário, assegurar a proteção e o respeito pela privacidade de vítimas e testemunhas, a preservação da prova, a proteção de pessoas detidas ou que tenham comparecido na sequência

de notificação para comparecimento, assim como a proteção de informação que afete a segurança nacional;

d) Autorizar o Procurador a adotar medidas específicas no âmbito de um inquérito, no território de um Estado-Parte sem ter obtido a cooperação deste nos termos do disposto na Parte IX, caso o Juízo de Instrução determine que, tendo em consideração, na medida do possível, a posição do referido Estado, este último não está manifestamente em condições de satisfazer um pedido de cooperação face à incapacidade de todas as autoridades ou órgãos do seu sistema judiciário com competência para dar seguimento a um pedido de cooperação formulado nos termos do disposto na Parte IX.

e) Quando tiver emitido um mandado de detenção ou uma notificação para comparecimento nos termos do artigo 58, e levando em consideração o valor das provas e os direitos das partes em questão, em conformidade com o disposto no presente Estatuto e no Regulamento Processual, procurar obter a cooperação dos Estados, nos termos do parágrafo 1, alínea k do artigo 93, para adoção de medidas cautelares que visem à apreensão, em particular no interesse superior das vítimas.

Artigo 58
Mandado de detenção e notificação para comparecimento do juízo de instrução

1. A todo o momento após a abertura do inquérito, o Juízo de Instrução poderá, a pedido do Procurador, emitir um mandado de detenção contra uma pessoa se, após examinar o pedido e as provas ou outras informações submetidas pelo Procurador, considerar que:

a) Existem motivos suficientes para crer que essa pessoa cometeu um crime da competência do Tribunal; e

b) A detenção dessa pessoa se mostra necessária para:

i) Garantir o seu comparecimento em tribunal;
ii) Garantir que não obstruirá, nem porá em perigo, o inquérito ou a ação do Tribunal; ou
iii) Se for o caso, impedir que a pessoa continue a cometer esse crime ou um crime conexo que seja da competência do Tribunal e tenha a sua origem nas mesmas circunstâncias.

2. Do requerimento do Procurador deverão constar os seguintes elementos:

a) O nome da pessoa em causa e qualquer outro elemento útil de identificação;

b) A referência precisa do crime da competência do Tribunal que a pessoa tenha presumivelmente cometido;

c) Uma descrição sucinta dos fatos que alegadamente constituem o crime;

d) Um resumo das provas e de qualquer outra informação que constitua motivo suficiente para crer que a pessoa cometeu o crime; e

e) Os motivos pelos quais o Procurador considere necessário proceder à detenção daquela pessoa.

3. Do mandado de detenção deverão constar os seguintes elementos:

a) O nome da pessoa em causa e qualquer outro elemento útil de identificação;

b) A referência precisa do crime da competência do Tribunal que justifique o pedido de detenção; e

c) Uma descrição sucinta dos fatos que alegadamente constituem o crime.

4. O mandado de detenção manter-se-á válido até decisão em contrário do Tribunal.

5. Com base no mandado de detenção, o Tribunal poderá solicitar a prisão preventiva ou a detenção e entrega da pessoa em conformidade com o disposto na Parte IX do presente Estatuto.

6. O Procurador poderá solicitar ao Juízo de Instrução que altere o mandado de detenção no sentido de requalificar os crimes aí indicados ou de adicionar outros. O Juízo de Instrução alterará o mandado de detenção se considerar que existem motivos suficientes para crer que a pessoa cometeu quer os crimes na forma que se indica nessa requalificação, quer os novos crimes.

7. O Procurador poderá solicitar ao Juízo de Instrução que, em vez de um mandado de detenção, emita uma notificação para comparecimento. Se o Juízo considerar que existem motivos suficientes para crer que a pessoa cometeu o crime que lhe é imputado e que uma notificação para comparecimento será suficiente para garantir a sua presença efetiva em tribunal, emitirá uma notificação para que a pessoa compareça, com ou sem a imposição de medidas restritivas de liberdade (distintas da detenção) se previstas no direito interno. Da notificação para comparecimento deverão constar os seguintes elementos:

a) O nome da pessoa em causa e qualquer outro elemento útil de identificação;

b) A data de comparecimento;

c) A referência precisa ao crime da competência do Tribunal que a pessoa alegadamente tenha cometido; e

d) Uma descrição sucinta dos fatos que alegadamente constituem o crime.

Esta notificação será diretamente feita à pessoa em causa.

Artigo 59
Procedimento de detenção no Estado da detenção

1. O Estado-Parte que receber um pedido de prisão preventiva ou de detenção e entrega, adotará imediatamente as medidas necessárias para proceder à detenção, em conformidade com o respectivo direito interno e com o disposto na Parte IX.

2. O detido será imediatamente levado à presença da autoridade judiciária competente do Estado da detenção que determinará se, de acordo com a legislação desse Estado:

a) O mandado de detenção é aplicável à pessoa em causa;

b) A detenção foi executada de acordo com a lei;

c) Os direitos do detido foram respeitados.

3. O detido terá direito a solicitar à autoridade competente do Estado da detenção autorização para aguardar a sua entrega em liberdade.

4. Ao decidir sobre o pedido, a autoridade competente do Estado da detenção determinará se, em face da gravidade dos crimes imputados, se verificam circunstâncias urgentes e excepcionais que justifiquem a liberdade provisória e se existem as garantias necessárias para que o Estado de detenção possa cumprir a sua obrigação de entregar a pessoa ao Tribunal. Essa autoridade não terá competência para examinar se o mandado de detenção foi regularmente emitido, nos termos das alíneas a e b do parágrafo 1 do artigo 58.

5. O pedido de liberdade provisória será notificado ao Juízo de Instrução, o qual fará recomendações à autoridade competente do Estado da detenção. Antes de tomar uma decisão, a autoridade competente do Estado da detenção terá em conta essas recomendações, incluindo as relativas a medidas adequadas para impedir a fuga da pessoa.

6. Se a liberdade provisória for concedida, o Juízo de Instrução poderá solicitar informações periódicas sobre a situação de liberdade provisória.

7. Uma vez que o Estado da detenção tenha ordenado a entrega, o detido será colocado, o mais rapidamente possível, à disposição do Tribunal.

Artigo 60
Início da fase instrutória

1. Logo que uma pessoa seja entregue ao Tribunal ou nele compareça voluntariamente em cumprimento de uma notificação para comparecimento, o Juízo de Instrução deverá assegurar-se de que essa pessoa foi informada dos crimes que lhe são imputados e dos direitos que o presente Estatuto lhe confere, incluindo o direito de solicitar autorização para aguardar o julgamento em liberdade.

2. A pessoa objeto de um mandado de detenção poderá solicitar autorização para aguardar julgamento em liberdade. Se o Juízo de Instrução considerar verificadas as condições enunciadas no parágrafo 1 do artigo 58, a detenção será mantida. Caso contrário, a pessoa será posta em liberdade, com ou sem condições.

3. O Juízo de Instrução reexaminará periodicamente a sua decisão quanto à liberdade provisória ou à detenção, podendo fazê-lo a todo o momento, a pedido do Procurador ou do interessado. Ao tempo da revisão, o Juízo poderá modificar a sua decisão quanto à detenção, à liberdade provisória ou às condições desta, se considerar que a alteração das circunstâncias o justifica.

4. O Juízo de Instrução certificar-se-á de que a detenção não será prolongada por período não razoável devido a demora injustificada por parte do Procurador. Caso se produza a referida demora, o Tribunal considerará a possibilidade de por o interessado em liberdade, com ou sem condições.

5. Se necessário, o Juízo de Instrução poderá emitir um mandado de detenção para garantir o comparecimento de uma pessoa que tenha sido posta em liberdade.

Artigo 61
Apreciação da acusação antes do julgamento

1. Salvo o disposto no parágrafo 2, e em um prazo razoável após a entrega da pessoa ao Tribunal ou ao seu comparecimento voluntário perante este, o Juízo de Instrução realizará uma audiência para apreciar os fatos constantes da acusação com base nos quais o Procurador pretende requerer o julgamento. A audiência ocorrerá lugar na presença do Procurador e do acusado, assim como do defensor deste.

2. O Juízo de Instrução, de ofício ou a pedido do Procurador, poderá realizar a audiência na ausência do acusado, a fim de apreciar os fatos constantes da acusação com base nos quais o Procurador pretende requerer o julgamento, se o acusado:

a) Tiver renunciado ao seu direito a estar presente; ou

b) Tiver fugido ou não for possível encontrá-lo, tendo sido tomadas todas as medidas razoáveis para assegurar o seu comparecimento em Tribunal e para o informar dos fatos constantes da acusação e da realização de uma audiência para apreciação dos mesmos.

Neste caso, o acusado será representado por um defensor, se o Juízo de Instrução decidir que tal servirá os interesses da justiça.

3. Num prazo razoável antes da audiência, o acusado:

a) Receberá uma cópia do documento especificando os fatos constantes da acusação com base nos quais o Procurador pretende requerer o julgamento; e

b) Será informado das provas que o Procurador pretende apresentar em audiência.

O Juízo de Instrução poderá proferir despacho sobre a divulgação de informação para efeitos da audiência.

4. Antes da audiência, o Procurador poderá reabrir o inquérito e alterar ou retirar parte dos fatos constantes da acusação. O acusado será notificado de qualquer alteração ou retirada em tempo razoável, antes da realização da audiência. No caso de retirada de parte dos fatos constantes da acusação, o Procurador informará o Juízo de Instrução dos motivos da mesma.

5. Na audiência, o Procurador produzirá provas satisfatórias dos fatos constantes da acusação, nos quais baseou a sua convicção de que o acusado cometeu o crime que lhe é imputado. O Procurador poderá basear-se em provas documentais ou um resumo das provas, não sendo obrigado a chamar as testemunhas que irão depor no julgamento.

6. Na audiência, o acusado poderá:

a) Contestar as acusações;

b) Impugnar as provas apresentadas pelo Procurador; e

c) Apresentar provas.

7. Com base nos fatos apreciados durante a audiência, o Juízo de Instrução decidirá se existem provas suficientes de que o acusado cometeu os crimes que lhe são imputados. De acordo com essa decisão, o Juízo de Instrução:

a) Declarará procedente a acusação na parte relativamente à qual considerou terem sido reunidas provas suficientes e remeterá o acusado para o juízo de Julgamento em Primeira Instância, a fim de aí ser julgado pelos fatos confirmados;

b) Não declarará procedente a acusação na parte relativamente à qual considerou não terem sido reunidas provas suficientes;

c) Adiará a audiência e solicitará ao Procurador que considere a possibilidade de:

i) Apresentar novas provas ou efetuar novo inquérito relativamente a um determinado fato constante da acusação; ou

ii) Modificar parte da acusação, se as provas reunidas parecerem indicar que um crime distinto, da competência do Tribunal, foi cometido.

8. A declaração de não procedência relativamente a parte de uma acusação, proferida pelo Juízo de Instrução, não obstará a que o Procurador solicite novamente a sua apreciação, na condição de apresentar provas adicionais.

9. Tendo os fatos constantes da acusação sido declarados procedentes, e antes do início do julgamento, o Procurador poderá, mediante autorização do Juízo de Instrução e notificação prévia do acusado, alterar alguns fatos constantes da acusação. Se o Procurador pretender acrescentar novos fatos ou substituí-los por outros de natureza mais grave, deverá, nos termos do preserve artigo, requerer uma audiência para a respectiva apreciação. Após o início do julgamento, o Procurador poderá retirar a acusação, com autorização do Juízo de Instrução.

10. Qualquer mandado emitido deixará de ser válido relativamente aos fatos constantes da acusação que tenham sido declarados não procedentes pelo Juízo de Instrução ou que tenham sido retirados pelo Procurador.

11. Tendo a acusação sido declarada procedente nos termos do presente artigo, a Presidência designará um Juízo de Julgamento em Primeira Instância que, sob reserva do disposto no parágrafo 9 do presente artigo e no parágrafo 4 do artigo 64, se encarregará da fase seguinte do processo e poderá exercer as funções do Juízo de Instrução que se mostrem pertinentes e apropriadas nessa fase do processo.

Capítulo VI

O JULGAMENTO

Artigo 62
Local do julgamento

Salvo decisão em contrário, o julgamento terá lugar na sede do Tribunal.

Artigo 63
Presença do acusado em julgamento

1. O acusado estará presente durante o julgamento.

2. Se o acusado, presente em tribunal, perturbar persistentemente a audiência, o Juízo de Julgamento em Primeira Instância poderá ordenar a sua remoção da sala e providenciar para que acompanhe o processo e dê instruções ao seu defensor a partir do exterior da mesma, utilizando, se necessário, meios técnicos de comunicação. Estas medidas só serão adotadas em circunstâncias excepcionais e pelo período estritamente necessário, após se terem esgotado outras possibilidades razoáveis.

Artigo 64
Funções e poderes do juízo de julgamento em primeira instância

1. As funções e poderes do Juízo de Julgamento em Primeira Instância, enunciadas no presente artigo, deverão ser exercidas em conformidade com o presente Estatuto e o Regulamento Processual.

2. O Juízo de Julgamento em Primeira Instância zelará para que o julgamento seja conduzido de maneira equitativa e célere, com total respeito dos direitos do acusado e tendo em devida conta a proteção das vítimas e testemunhas.

3. O Juízo de Julgamento em Primeira Instância a que seja submetido um caso nos termos do presente Estatuto:

a) Consultará as partes e adotará as medidas necessárias para que o processo se desenrole de maneira equitativa e célere;

b) Determinará qual a língua, ou quais as línguas, a utilizar no julgamento; e

c) Sob reserva de qualquer outra disposição pertinente do presente Estatuto, providenciará pela revelação de quaisquer documentos ou da informação que não tenha sido divulgada anteriormente, com suficiente antecedência relativamente ao início do julgamento, a fim de permitir a sua preparação adequada para o julgamento.

4. O Juízo de Julgamento em Primeira Instância poderá, se mostrar necessário para o seu funcionamento eficaz e imparcial, remeter questões preliminares ao Juízo de Instrução ou, se necessário, a um outro juiz disponível da Seção de Instrução.

5. Mediante notificação às partes, o Juízo de Julgamento em Primeira Instância poderá, conforme se lhe afigure mais adequado, ordenar que as acusações contra mais de um acusado sejam deduzidas conjunta ou separadamente.

6. No desempenho das suas funções, antes ou no decurso de um julgamento, o Juízo de Julgamento em Primeira Instância poderá, se necessário:

a) Exercer qualquer uma das funções do Juízo de Instrução consignadas no parágrafo 11 do artigo 61;

b) Ordenar a comparência e a audição de testemunhas e a apresentação de documentos e outras provas, obtendo para tal, se necessário, o auxílio de outros Estados, conforme previsto no presente Estatuto;

c) Adotar medidas para a proteção da informação confidencial;

d) Ordenar a apresentação de provas adicionais às reunidas antes do julgamento ou às apresentadas no decurso do julgamento pelas partes;

e) Adotar medidas para a proteção do acusado, testemunhas e vítimas; e

f) Decidir sobre qualquer outra questão pertinente.

7. A audiência de julgamento será pública. No entanto, o Juízo de Julgamento em Primeira Instância poderá decidir que determinadas diligências se efetuem à porta fechada, em conformidade com os objetivos enunciados no artigo 68 ou com vista a proteger informação de caráter confidencial ou restrita que venha a ser apresentada como prova.

8. a) No início da audiência de julgamento, o Juízo de Julgamento em Primeira Instância ordenará a leitura ao acusado, dos fatos constantes da acusação previamente confirmados pelo Juízo de Instrução. O Juízo de Julgamento em Primeira Instância deverá certificar-se de que o acusado compreende a natureza dos fatos que lhe são imputados e dar-lhe a oportunidade de os confessar, de acordo com o disposto no artigo 65, ou de se declarar inocente;
b) Durante o julgamento, o juiz presidente poderá dar instruções sobre a condução da audiência, nomeadamente para assegurar que esta se desenrole de maneira equitativa e imparcial. Salvo qualquer orientação do juiz presidente, as partes poderão apresentar provas em conformidade com as disposições do presente Estatuto.

9. O Juízo de Julgamento em Primeira Instância poderá, inclusive, de ofício ou a pedido de uma das partes, a saber:
a) Decidir sobre a admissibilidade ou pertinência das provas; e
b) Tomar todas as medidas necessárias para manter a ordem na audiência.

10. O Juízo de Julgamento em Primeira Instância providenciará para que o Secretário proceda a um registro completo da audiência de julgamento onde sejam fielmente relatadas todas as diligências efetuadas, registro que deverá manter e preservar.

ARTIGO 65
Procedimento em caso de confissão

1. Se o acusado confessar nos termos do parágrafo 8, alínea a, do artigo 64, o Juízo de Julgamento em Primeira Instância apurará:
a) Se o acusado compreende a natureza e as consequências da sua confissão;
b) Se essa confissão foi feita livremente, após devida consulta ao seu advogado de defesa; e
c) Se a confissão é corroborada pelos fatos que resultam:
   i) Da acusação deduzida pelo Procurador e aceita pelo acusado;
   ii) De quaisquer meios de prova que confirmam os fatos constantes da acusação deduzida pelo Procurador e aceita pelo acusado; e
   iii) De quaisquer outros meios de prova, tais como depoimentos de testemunhas, apresentados pelo Procurador ou pelo acusado.

2. Se o Juízo de Julgamento em Primeira Instância estimar que estão reunidas as condições referidas no parágrafo 1, considerará que a confissão, juntamente com quaisquer provas adicionais produzidas, constitui um reconhecimento de todos os elementos essenciais constitutivos do crime pelo qual o acusado se declarou culpado e poderá condená-lo por esse crime.

3. Se o Juízo de Julgamento em Primeira Instância estimar que não estão reunidas as condições referidas no parágrafo 1, considerará a confissão como não tendo tido lugar e, nesse caso, ordenará que o julgamento prossiga de acordo com o procedimento comum estipulado no presente Estatuto, podendo transmitir o processo a outro Juízo de Julgamento em Primeira Instância.

4. Se o Juízo de Julgamento em Primeira Instância considerar necessária, no interesse da justiça, e em particular no interesse das vítimas, uma explanação mais detalhada dos fatos integrantes do caso, poderá:
a) Solicitar ao Procurador que apresente provas adicionais, incluindo depoimentos de testemunhas; ou
b) Ordenar que o processo prossiga de acordo com o procedimento comum estipulado no presente Estatuto, caso em que considerará a confissão como não tendo tido lugar e poderá transmitir o processo a outro Juízo de Julgamento em Primeira Instância.

5. Quaisquer consultas entre o Procurador e a defesa, no que diz respeito à alteração dos fatos constantes da acusação, à confissão ou à pena a ser imposta, não vincularão o Tribunal.

ARTIGO 66
Presunção de inocência

1. Toda a pessoa se presume inocente até prova da sua culpa perante o Tribunal, de acordo com o direito aplicável.

2. Incumbe ao Procurador o ônus da prova da culpa do acusado.

3. Para proferir sentença condenatória, o Tribunal deve estar convencido de que o acusado é culpado, além de qualquer dúvida razoável.

▶ Art. 14, item 7, do Pacto Internacional sobre Direitos Civis e Políticos (1966).

ARTIGO 67
Direitos do acusado

1. Durante a apreciação de quaisquer fatos constantes da acusação, o acusado tem direito a ser ouvido em audiência pública, levando em conta o disposto no presente Estatuto, a uma audiência conduzida de forma equitativa e imparcial e às seguintes garantias mínimas, em situação de plena igualdade:
a) A ser informado, sem demora e de forma detalhada, numa língua que compreenda e fale fluentemente, da natureza, motivo e conteúdo dos fatos que lhe são imputados;
b) A dispor de tempo e de meios adequados para a preparação da sua defesa e a comunicar-se livre e confidencialmente com um defensor da sua escolha;
c) A ser julgado sem atrasos indevidos;
d) Salvo o disposto no parágrafo 2 do artigo 63, o acusado terá direito a estar presente na audiência de julgamento e a defender-se a si próprio ou a ser assistido por um defensor de sua escolha; se não o tiver, a ser informado do direito de o tribunal lhe nomear um defensor sempre que o interesse da justiça o exija, sendo tal assistência gratuita se o acusado carecer de meios suficientes para remunerar o defensor assim nomeado;
e) A inquirir ou a fazer inquirir as testemunhas de acusação e a obter o comparecimento destas testemunhas de defesa e a inquirição destas nas mesmas condições que as testemunhas de acusação. O acusado terá também direito a apresentar defesa

e a oferecer qualquer outra prova admissível, de acordo com o presente Estatuto;

f) A ser assistido gratuitamente por um intérprete competente e a serem-lhe facultadas as traduções necessárias que a equidade exija, se não compreender perfeitamente ou não falar a língua utilizada em qualquer ato processual ou documento produzido em tribunal;

g) A não ser obrigado a depor contra si próprio, nem a declarar-se culpado, e a guardar silêncio, sem que este seja levado em conta na determinação da sua culpa ou inocência;

h) A prestar declarações não ajuramentadas, oralmente ou por escrito, em sua defesa; e

i) A que não lhe seja imposta quer a inversão do ónus da prova, quer a impugnação.

2. Além de qualquer outra revelação de informação prevista no presente Estatuto, o Procurador comunicará à defesa, logo que possível, as provas que tenha em seu poder ou sob o seu controle e que, no seu entender, revelem ou tendam a revelar a inocência do acusado, ou a atenuar a sua culpa, ou que possam afetar a credibilidade das provas de acusação. Em caso de dúvida relativamente à aplicação do presente número, cabe ao Tribunal decidir.

▶ Art. 14, item 3, do Pacto Internacional sobre Direitos Civis e Políticos (1966).

Artigo 68
Proteção das vítimas e das testemunhas e sua participação no processo

1. O Tribunal adotará as medidas adequadas para garantir a segurança, o bem-estar físico e psicológico, a dignidade e a vida privada das vítimas e testemunhas. Para tal, o Tribunal levará em conta todos os fatores pertinentes, incluindo a idade, o gênero tal como definido no parágrafo 3 do artigo 7º, e o estado de saúde, assim como a natureza do crime, em particular, mas não apenas quando este envolva elementos de agressão sexual, de violência relacionada com a pertença a um determinado gênero ou de violência contra crianças. O Procurador adotará estas medidas, nomeadamente durante o inquérito e o procedimento criminal. Tais medidas não poderão prejudicar nem ser incompatíveis com os direitos do acusado ou com a realização de um julgamento equitativo e imparcial.

2. Enquanto excepção ao princípio do caráter público das audiências estabelecido no artigo 67, qualquer um dos Juízes que compõem o Tribunal poderá, a fim de proteger as vítimas e as testemunhas ou o acusado, decretar que um ato processual se realize, no todo ou em parte, à porta fechada ou permitir a produção de prova por meios eletrônicos ou outros meios especiais. Estas medidas aplicar-se-ão, nomeadamente, no caso de uma vítima de violência sexual ou de um menor que seja vítima ou testemunha, salvo decisão em contrário adotada pelo Tribunal, ponderadas todas as circunstâncias, particularmente a opinião da vítima ou da testemunha.

3. Se os interesses pessoais das vítimas forem afetados, o Tribunal permitir-lhes-á que expressem as suas opiniões e preocupações em fase processual que entenda apropriada e por forma a não prejudicar os direitos do acusado nem a ser incompatível com estes ou com a realização de um julgamento equitativo e imparcial. Os representantes legais das vítimas poderão apresentar as referidas opiniões e preocupações quando o Tribunal o considerar oportuno e em conformidade com o Regulamento Processual.

4. A Unidade de Apoio às Vítimas e Testemunhas poderá aconselhar o Procurador e o Tribunal relativamente a medidas adequadas de proteção, mecanismos de segurança, assessoria e assistência a que se faz referência no parágrafo 6 do artigo 43.

5. Quando a divulgação de provas ou de informação, de acordo com o presente Estatuto, representar um grave perigo para a segurança de uma testemunha ou da sua família, o Procurador poderá, para efeitos de qualquer diligência anterior ao julgamento, não apresentar as referidas provas ou informação, mas antes um resumo das mesmas. As medidas desta natureza deverão ser postas em prática de uma forma que não seja prejudicial aos direitos do acusado ou incompatível com estes e com a realização de um julgamento equitativo e imparcial.

6. Qualquer Estado poderá solicitar que sejam tomadas as medidas necessárias para assegurar a proteção dos seus funcionários ou agentes, bem como a proteção de toda a informação de caráter confidencial ou restrito.

Artigo 69
Prova

1. Em conformidade com o Regulamento Processual e antes de depor, qualquer testemunha se comprometerá a fazer o seu depoimento com verdade.

2. A prova testemunhal deverá ser prestada pela própria pessoa no decurso do julgamento, salvo quando se apliquem as medidas estabelecidas no artigo 68 ou no Regulamento Processual. De igual modo, o Tribunal poderá permitir que uma testemunha preste declarações oralmente ou por meio de gravação em vídeo ou áudio, ou que sejam apresentados documentos ou transcrições escritas, nos termos do presente Estatuto e de acordo com o Regulamento Processual. Estas medidas não poderão prejudicar os direitos do acusado, nem ser incompatíveis com eles.

3. As partes poderão apresentar provas que interessem ao caso, nos termos do artigo 64. O Tribunal será competente para solicitar de ofício a produção de todas as provas que entender necessárias para determinar a veracidade dos fatos.

4. O Tribunal poderá decidir sobre a relevância ou admissibilidade de qualquer prova, tendo em conta, entre outras coisas, o seu valor probatório e qualquer prejuízo que possa acarretar para a realização de um julgamento equitativo ou para a avaliação equitativa dos depoimentos de uma testemunha, em conformidade com o Regulamento Processual.

5. O Tribunal respeitará e atenderá aos privilégios de confidencialidade estabelecidos no Regulamento Processual.

6. O Tribunal não exigirá prova dos fatos do domínio público, mas poderá fazê-los constar dos autos.

7. Não serão admissíveis as provas obtidas com violação do presente Estatuto ou das normas de direitos humanos internacionalmente reconhecidas quando:

a) Essa violação suscite sérias dúvidas sobre a fiabilidade das provas; ou
b) A sua admissão atente contra a integridade do processo ou resulte em grave prejuízo deste.

8. O Tribunal, ao decidir sobre a relevância ou admissibilidade das provas apresentadas por um Estado, não poderá pronunciar-se sobre a aplicação do direito interno desse Estado.

Artigo 70
Infrações contra a administração da justiça

1. O Tribunal terá competência para conhecer das seguintes infrações contra a sua administração da justiça, quando cometidas intencionalmente:
a) Prestação de falso testemunho, quando há a obrigação de dizer a verdade, de acordo com o parágrafo 1 do artigo 69;
b) Apresentação de provas, tendo a parte conhecimento de que são falsas ou que foram falsificadas;
c) Suborno de uma testemunha, impedimento ou interferência no seu comparecimento ou depoimento, represálias contra uma testemunha por esta ter prestado depoimento, destruição ou alteração de provas ou interferência nas diligências de obtenção de prova;
d) Entrave, intimidação ou corrupção de um funcionário do Tribunal, com a finalidade de o obrigar ou o induzir a não cumprir as suas funções ou a fazê-lo de maneira indevida;
e) Represálias contra um funcionário do Tribunal, em virtude das funções que ele ou outro funcionário tenham desempenhado; e
f) Solicitação ou aceitação de suborno na qualidade de funcionário do Tribunal, e em relação com o desempenho das respectivas funções oficiais.

2. O Regulamento Processual estabelecerá os princípios e procedimentos que regularão o exercício da competência do Tribunal relativamente às infrações a que se faz referência no presente artigo. As condições de cooperação internacional com o Tribunal, relativamente ao procedimento que adote de acordo com o presente artigo, reger-se-ão pelo direito interno do Estado requerido.

3. Em caso de decisão condenatória, o Tribunal poderá impor uma pena de prisão não superior a 5 (cinco) anos, ou de multa, de acordo com o Regulamento Processual, ou ambas.

4. a) Cada Estado-Parte tornará extensivas as normas penais de direito interno que punem as infrações contra a realização da justiça às infrações contra a administração da justiça a que se faz referência no presente artigo, e que sejam cometidas no seu território ou por um dos seus nacionais;
b) A pedido do Tribunal, qualquer Estado-Parte submeterá, sempre que o entender necessário, o caso à apreciação das suas autoridades competentes para fins de procedimento criminal. Essas autoridades conhecerão do caso com diligência e acionarão os meios necessários para a sua eficaz condução.

Artigo 71
Sanções por desrespeito ao tribunal

1. Em caso de atitudes de desrespeito ao Tribunal, tal como perturbar a audiência ou recusar-se deliberadamente a cumprir as suas instruções, o Tribunal poderá impor sanções administrativas que não impliquem privação de liberdade, como, por exemplo, a expulsão temporária ou permanente da sala de audiências, a multa ou outra medida similar prevista no Regulamento Processual.

2. O processo de imposição das medidas a que se refere o número anterior reger-se-á pelo Regulamento Processual.

Artigo 72
Proteção de informação relativa à segurança nacional

1. O presente artigo aplicar-se-á a todos os casos em que a divulgação de informação ou de documentos de um Estado possa, no entender deste, afetar os interesses da sua segurança nacional. Tais casos incluem os abrangidos pelas disposições constantes dos parágrafos 2 e 3 do artigo 56, parágrafo 3 do artigo 61, parágrafo 3 do artigo 64, parágrafo 2 do artigo 67, parágrafo 6 do artigo 68, parágrafo 6 do artigo 87 e do artigo 93, assim como os que se apresentem em qualquer outra fase do processo em que uma tal divulgação possa estar em causa.

2. O presente artigo aplicar-se-á igualmente aos casos em que uma pessoa a quem tenha sido solicitada a prestação de informação ou provas, se tenha recusado a apresentá-las ou tenha entregue a questão ao Estado, invocando que tal divulgação afetaria os interesses da segurança nacional do Estado, e o Estado em causa confirme que, no seu entender, essa divulgação afetaria os interesses da sua segurança nacional.

3. Nada no presente artigo afetará os requisitos de confidencialidade a que se referem as alíneas e e f do parágrafo 3 do artigo 54, nem a aplicação do artigo 73.

4. Se um Estado tiver conhecimento de que informações ou documentos do Estado estão a ser, ou poderão vir a ser, divulgados em qualquer fase do processo, e considerar que essa divulgação afetaria os seus interesses de segurança nacional, tal Estado terá o direito de intervir com vista a ver alcançada a resolução desta questão em conformidade com o presente artigo.

5. O Estado que considere que a divulgação de determinada informação poderá afetar os seus interesses de segurança nacional adotará, em conjunto com o Procurador, a defesa, o Juízo de Instrução ou o Juízo de Julgamento em Primeira Instância, conforme o caso, todas as medidas razoavelmente possíveis para encontrar uma solução através da concertação. Estas medidas poderão incluir:
a) A alteração ou o esclarecimento dos motivos do pedido;
b) Uma decisão do Tribunal relativa à relevância das informações ou dos elementos de prova solicitados, ou uma decisão sobre se as provas, ainda que relevantes, não poderiam ser ou ter sido obtidas junto de fonte distinta do Estado requerido;
c) A obtenção da informação ou de provas de fonte distinta ou numa forma diferente; ou
d) Um acordo sobre as condições em que a assistência poderá ser prestada, incluindo, entre outras, a disponibilização de resumos ou exposições, restrições à divulgação, recurso ao procedimento à porta fe-

chada ou à revelia de uma das partes, ou aplicação de outras medidas de proteção permitidas pelo Estatuto ou pelas Regulamento Processual.

6. Realizadas todas as diligências razoavelmente possíveis com vista a resolver a questão por meio de concertação, e se o Estado considerar não haver meios nem condições para que as informações ou os documentos possam ser fornecidos ou revelados sem prejuízo dos seus interesses de segurança nacional, notificará o Procurador ou o Tribunal nesse sentido, indicando as razões precisas que fundamentaram a sua decisão, a menos que a descrição específica dessas razões prejudique, necessariamente, os interesses de segurança nacional do Estado.

7. Posteriormente, se decidir que a prova é relevante e necessária para a determinação da culpa ou inocência do acusado, o Tribunal poderá adotar as seguintes medidas:

a) Quando a divulgação da informação ou do documento for solicitada no âmbito de um pedido de cooperação, nos termos da Parte IX do presente Estatuto ou nas circunstâncias a que se refere o parágrafo 2 do presente artigo, e o Estado invocar o motivo de recusa estatuído no parágrafo 4 do artigo 93:

i) O Tribunal poderá, antes de chegar a qualquer uma das conclusões a que se refere o ponto (ii) da alínea a do parágrafo 7, solicitar consultas suplementares com o fim de ouvir o Estado, incluindo, se for caso disso, a sua realização à porta fechada ou à revelia de uma das partes;

ii) Se o Tribunal concluir que, ao invocar o motivo de recusa estatuído no parágrafo 4 do artigo 93, dadas as circunstâncias do caso, o Estado requerido não está a atuar de harmonia com as obrigações impostas pelo presente Estatuto, poderá remeter a questão nos termos do parágrafo 7 do artigo 87, especificando as razões da sua conclusão; e

iii) O Tribunal poderá tirar as conclusões, que entender apropriadas, em razão das circunstâncias, ao julgar o acusado, quanto à existência ou inexistência de um fato; ou

b) Em todas as restantes circunstâncias:

i) Ordenar a revelação; ou
ii) Se não ordenar a revelação, inferir, no julgamento do acusado, quanto à existência ou inexistência de um fato, conforme se mostrar apropriado.

Artigo 73
Informação ou documentos disponibilizados por terceiros

Se um Estado-Parte receber um pedido do Tribunal para que lhe forneça uma informação ou um documento que esteja sob sua custódia, posse ou controle, e que lhe tenha sido comunicado a título confidencial por um Estado, uma organização intergovernamental ou uma organização internacional, tal Estado-Parte deverá obter o consentimento do seu autor para a divulgação dessa informação ou documento. Se o autor for um Estado-Parte, este poderá consentir em divulgar a referida informação ou documento ou comprometer-se a resolver a questão com o Tribunal, salvaguardando-se o disposto no artigo 72. Se o autor não for um Estado-Parte e não consentir em divulgar a informação ou o documento, o Estado requerido comunicará ao Tribunal que não lhe será possível fornecer a informação ou o documento em causa, devido à obrigação previamente assumida com o respectivo autor de preservar o seu caráter confidencial.

Artigo 74
Requisitos para a decisão

1. Todos os juízes do Juízo de Julgamento em Primeira Instância estarão presentes em cada uma das fases do julgamento e nas deliberações. A Presidência poderá designar, conforme o caso, um ou vários juízes substitutos, em função das disponibilidades, para estarem presentes em todas as fases do julgamento, bem como para substituírem qualquer membro do Juízo de Julgamento em Primeira Instância que se encontre impossibilitado de continuar a participar no julgamento.

2. O Juízo de Julgamento em Primeira Instância fundamentará a sua decisão com base na apreciação das provas e do processo no seu conjunto. A decisão não exorbitará dos fatos e circunstâncias descritos na acusação ou nas alterações que lhe tenham sido feitas. O Tribunal fundamentará a sua decisão exclusivamente nas provas produzidas ou examinadas em audiência de julgamento.

3. Os juízes procurarão tomar uma decisão por unanimidade e, não sendo possível, por maioria.

4. As deliberações do Juízo de Julgamento em Primeira Instância serão e permanecerão secretas.

5. A decisão será proferida por escrito e conterá uma exposição completa e fundamentada da apreciação das provas e as conclusões do Juízo de Julgamento em Primeira Instância. Será proferida uma só decisão pelo Juízo de Julgamento em Primeira Instância. Se não houver unanimidade, a decisão do Juízo de Julgamento em Primeira Instância conterá as opiniões tanto da maioria como da minoria dos juízes. A leitura da decisão ou de uma sua súmula far-se-á em audiência pública.

Artigo 75
Reparação em favor das vítimas

1. O Tribunal estabelecerá princípios aplicáveis às formas de reparação, tais como a restituição, a indenização ou a reabilitação, que hajam de ser atribuídas às vítimas ou aos titulares desse direito. Nesta base, o Tribunal poderá, de ofício ou por requerimento, em circunstâncias excepcionais, determinar a extensão e o nível dos danos, da perda ou do prejuízo causados às vítimas ou aos titulares do direito à reparação, com a indicação dos princípios nos quais fundamentou a sua decisão.

2. O Tribunal poderá lavrar despacho contra a pessoa condenada, no qual determinará a reparação adequada a ser atribuída às vítimas ou aos titulares de tal direito. Esta reparação poderá, nomeadamente, assumir a forma de restituição, indenização ou reabilitação. Se for caso disso, o Tribunal poderá ordenar que a indenização atribuída a título de reparação seja paga por intermédio do Fundo previsto no artigo 79.

3. Antes de lavrar qualquer despacho ao abrigo do presente artigo, o Tribunal poderá solicitar e levar em consideração as pretensões formuladas pela pessoa condenada, pelas vítimas, por outras pessoas interes-

sadas ou por outros Estados interessados, bem como as observações formuladas em nome dessas pessoas ou desses Estados.

4. Ao exercer os poderes conferidos pelo presente artigo, o Tribunal poderá, após a condenação por crime que seja da sua competência, determinar se, para fins de aplicação dos despachos que lavrar ao abrigo do presente artigo, será necessário tomar quaisquer medidas em conformidade com o parágrafo 1 do artigo 93.

5. Os Estados-Partes observarão as decisões proferidas nos termos deste artigo como se as disposições do artigo 109 se aplicassem ao presente artigo.

6. Nada no presente artigo será interpretado como prejudicando os direitos reconhecidos às vítimas pelo direito interno ou internacional.

Artigo 76
Aplicação da pena

1. Em caso de condenação, o Juízo de Julgamento em Primeira Instância determinará a pena a aplicar tendo em conta os elementos de prova e as exposições relevantes produzidos no decurso do julgamento.

2. Salvo nos casos em que seja aplicado o artigo 65 e antes de concluído o julgamento, o Juízo de Julgamento em Primeira Instância poderá, oficiosamente, e deverá, a requerimento do Procurador ou do acusado, convocar uma audiência suplementar, a fim de conhecer de quaisquer novos elementos de prova ou exposições relevantes para a determinação da pena, de harmonia com o Regulamento Processual.

3. Sempre que o parágrafo 2 for aplicável, as pretensões previstas no artigo 75 serão ouvidas pelo Juízo de Julgamento em Primeira Instância no decorrer da audiência suplementar referida no parágrafo 2 e, se necessário, no decorrer de qualquer nova audiência.

4. A sentença será proferida em audiência pública e, sempre que possível, na presença do acusado.

Capítulo VII
AS PENAS

Artigo 77
Penas aplicáveis

1. Sem prejuízo do disposto no artigo 110, o Tribunal pode impor à pessoa condenada por um dos crimes previstos no artigo 5º do presente Estatuto uma das seguintes penas:

a) Pena de prisão por um número determinado de anos, até ao limite máximo de 30 (trinta) anos; ou
b) Pena de prisão perpétua, se o elevado grau de ilicitude do fato e as condições pessoais do condenado o justificarem.

2. Além da pena de prisão, o Tribunal poderá aplicar:

a) Uma multa, de acordo com os critérios previstos no Regulamento Processual;
b) A perda de produtos, bens e haveres provenientes, direta ou indiretamente, do crime, sem prejuízo dos direitos de terceiros que tenham agido de boa-fé.

Artigo 78
Determinação da pena

1. Na determinação da pena, o Tribunal atenderá, em harmonia com o Regulamento Processual, a fatores tais como a gravidade do crime e as condições pessoais do condenado.

2. O Tribunal descontará, na pena de prisão que vier a aplicar, o período durante o qual o acusado esteve sob detenção por ordem daquele. O Tribunal poderá ainda descontar qualquer outro período de detenção que tenha sido cumprido em razão de uma conduta constitutiva do crime.

3. Se uma pessoa for condenada pela prática de vários crimes, o Tribunal aplicará penas de prisão parcelares relativamente a cada um dos crimes e uma pena única, na qual será especificada a duração total da pena de prisão. Esta duração não poderá ser inferior à da pena parcelar mais elevada e não poderá ser superior a 30 (trinta) anos de prisão ou ir além da pena de prisão perpétua prevista no artigo 77, parágrafo 1, alínea b.

Artigo 79
Fundo em favor das vítimas

1. Por decisão da Assembleia dos Estados-Partes, será criado um Fundo a favor das vítimas de crimes da competência do Tribunal, bem como das respectivas famílias.

2. O Tribunal poderá ordenar que o produto das multas e quaisquer outros bens declarados perdidos revertam para o Fundo.

3. O Fundo será gerido em harmonia com os critérios a serem adotados pela Assembleia dos Estados-Partes.

Artigo 80
Não interferência no regime de aplicação de penas nacionais e nos direitos internos

Nada no presente Capítulo prejudicará a aplicação, pelos Estados, das penas previstas nos respectivos direitos internos, ou a aplicação da legislação de Estados que não preveja as penas referidas neste Capítulo.

Capítulo VIII
RECURSO E REVISÃO

Artigo 81
Recurso da sentença condenatória ou absolutória ou da pena

1. A sentença proferida nos termos do artigo 74 é recorrível em conformidade com o disposto no Regulamento Processual nos seguintes termos:

a) O Procurador poderá interpor recurso com base num dos seguintes fundamentos:

i) Vício processual;
ii) Erro de fato; ou
iii) Erro de direito;

b) O condenado ou o Procurador, no interesse daquele, poderá interpor recurso com base num dos seguintes fundamentos:

i) Vício processual;
ii) Erro de fato;
iii) Erro de direito; ou
iv) Qualquer outro motivo suscetível de afetar a equidade ou a regularidade do processo ou da sentença.

2. a) O Procurador ou o condenado poderá, em conformidade com o Regulamento Processual, interpor recurso da pena decretada invocando desproporção entre esta e o crime;

b) Se, ao conhecer de recurso interposto da pena decretada, o Tribunal considerar que há fundamentos suscetíveis de justificar a anulação, no todo ou em parte, da sentença condenatória, poderá convidar o Procurador e o condenado a motivarem a sua posição nos termos da alínea *a* ou *b* do parágrafo 1 do artigo 81, após o que poderá pronunciar-se sobre a sentença condenatória nos termos do artigo 83;

c) O mesmo procedimento será aplicado sempre que o Tribunal, ao conhecer de recurso interposto unicamente da sentença condenatória, considerar haver fundamentos comprovativos de uma redução da pena nos termos da alínea *a* do parágrafo 2.

3. a) Salvo decisão em contrário do Juízo de Julgamento em Primeira Instância, o condenado permanecerá sob prisão preventiva durante a tramitação do recurso;

b) Se o período de prisão preventiva ultrapassar a duração da pena decretada, o condenado será posto em liberdade; todavia, se o Procurador também interpuser recurso, a libertação ficará sujeita às condições enunciadas na alínea c infra;

c) Em caso de absolvição, o acusado será imediatamente posto em liberdade, sem prejuízo das seguintes condições:

i) Em circunstâncias excepcionais e tendo em conta, nomeadamente, o risco de fuga, a gravidade da infração e as probabilidades de o recurso ser julgado procedente, o Juízo de Julgamento em Primeira Instância poderá, a requerimento do Procurador, ordenar que o acusado seja mantido em regime de prisão preventiva durante a tramitação do recurso;

ii) A decisão proferida pelo juízo de julgamento em primeira instância nos termos da subalínea (i), será recorrível em harmonia com as Regulamento Processual.

4. Sem prejuízo do disposto nas alíneas *a* e *b* do parágrafo 3, a execução da sentença condenatória ou da pena ficará suspensa pelo período fixado para a interposição do recurso, bem como durante a fase de tramitação do recurso.

Artigo 82
Recurso de outras decisões

1. Em conformidade com o Regulamento Processual, qualquer uma das Partes poderá recorrer das seguintes decisões:

a) Decisão sobre a competência ou a admissibilidade do caso;

b) Decisão que autorize ou recuse a libertação da pessoa objeto de inquérito ou de procedimento criminal;

c) Decisão do Juízo de Instrução de agir por iniciativa própria, nos termos do parágrafo 3 do artigo 56;

d) Decisão relativa a uma questão suscetível de afetar significativamente a tramitação equitativa e célere do processo ou o resultado do julgamento, e cuja resolução imediata pelo Juízo de Recursos poderia, no entender do Juízo de Instrução ou do Juízo de Julgamento em Primeira Instância, acelerar a marcha do processo.

2. Quer o Estado interessado quer o Procurador poderão recorrer da decisão proferida pelo Juízo de Instrução, mediante autorização deste, nos termos do artigo 57, parágrafo 3, alínea *d*. Este recurso adotará uma forma sumária.

3. O recurso só terá efeito suspensivo se o Juízo de Recursos assim o ordenar, mediante requerimento, em conformidade com o Regulamento Processual.

4. O representante legal das vítimas, o condenado ou o proprietário de boa fé de bens que hajam sido afetados por um despacho proferido ao abrigo do artigo 75 poderá recorrer de tal despacho, em conformidade com o Regulamento Processual.

Artigo 83
Processo sujeito a recurso

1. Para os fins do procedimento referido no artigo 81 e no presente artigo, o Juízo de Recursos terá todos os poderes conferidos ao Juízo de Julgamento em Primeira Instância.

2. Se o Juízo de Recursos concluir que o processo sujeito a recurso padece de vícios tais que afetem a regularidade da decisão ou da sentença, ou que a decisão ou a sentença recorridas estão materialmente afetadas por erros de fato ou de direito, ou vício processual, ela poderá:

a) Anular ou modificar a decisão ou a pena; ou
b) Ordenar um novo julgamento perante um outro Juízo de Julgamento em Primeira Instância.

Para os fins mencionados, poderá o Juízo de Recursos reenviar uma questão de fato para o Juízo de Julgamento em Primeira Instância à qual foi submetida originariamente, a fim de que esta decida a questão e lhe apresente um relatório, ou pedir, ela própria, elementos de prova para decidir. Tendo o recurso da decisão ou da pena sido interposto somente pelo condenado, ou pelo Procurador no interesse daquele, não poderão aquelas ser modificadas em prejuízo do condenado.

3. Se, ao conhecer, do recurso de uma pena, o Juízo de Recursos considerar que a pena é desproporcionada relativamente ao crime, poderá modificá-la nos termos do Capítulo VII.

4. O acórdão do Juízo de Recursos será tirado por maioria dos juízes e proferido em audiência pública. O acórdão será sempre fundamentado. Não havendo unanimidade, deverá conter as opiniões da parte maioria e da minoria de juízes; contudo, qualquer juiz poderá exprimir uma opinião separada ou discordante sobre uma questão de direito.

5. O Juízo de Recursos poderá emitir o seu acórdão na ausência da pessoa absolvida ou condenada.

Artigo 84
Revisão da sentença condenatória ou da pena

1. O condenado ou, se este tiver falecido, o cônjuge sobrevivo, os filhos, os pais ou qualquer pessoa que, em vida do condenado, dele tenha recebido incumbência expressa, por escrito, nesse sentido, ou o Procurador no seu interesse, poderá submeter ao Juízo de Recursos um requerimento solicitando a revisão da sentença condenatória ou da pena pelos seguintes motivos:

a) A descoberta de novos elementos de prova:

i) De que não dispunha ao tempo do julgamento, sem que essa circunstância pudesse ser imputada, no todo ou em parte, ao requerente; e

ii) De tal forma importantes que, se tivessem ficado provados no julgamento, teriam provavelmente conduzido a um veredicto diferente;

b) A descoberta de que elementos de prova, apreciados no julgamento e decisivos para a determinação da culpa, eram falsos ou tinham sido objeto de contrafação ou falsificação;
c) Um ou vários dos juízes que intervieram na sentença condenatória ou confirmaram a acusação hajam praticado atos de conduta reprovável ou de incumprimento dos respectivos deveres de tal forma graves que justifiquem a sua cessação de funções nos termos do artigo 46.

2. O Juízo de Recursos rejeitará o pedido se o considerar manifestamente infundado. Caso contrário, poderá o Juízo, se julgar oportuno:

a) Convocar de novo o Juízo de Julgamento em Primeira Instância que proferiu a sentença inicial;
b) Constituir um novo Juízo de Julgamento em Primeira Instância; ou
c) Manter a sua competência para conhecer da causa, a fim de determinar se, após a audição das partes nos termos do Regulamento Processual, haverá lugar à revisão da sentença.

Artigo 85
Indenização do detido ou condenado

1. Quem tiver sido objeto de detenção ou prisão ilegal terá direito a reparação.

2. Sempre que uma decisão final seja posteriormente anulada em razão de fatos novos ou recentemente descobertos que apontem inequivocamente para um erro judiciário, a pessoa que tiver cumprido pena em resultado de tal sentença condenatória será indenizada, em conformidade com a lei, a menos que fique provado que a não revelação, em tempo útil, do fato desconhecido lhe seja imputável, no todo ou em parte.

3. Em circunstâncias excepcionais e em face de fatos que conclusivamente demonstrem a existência de erro judiciário grave e manifesto, o Tribunal poderá, no uso do seu poder discricionário, atribuir uma indenização, de acordo com os critérios enunciados no Regulamento Processual, à pessoa que, em virtude de sentença absolutória ou de extinção da instância por tal motivo, haja sido posta em liberdade.

Capítulo IX
COOPERAÇÃO INTERNACIONAL E AUXÍLIO JUDICIÁRIO

Artigo 86
Obrigação geral de cooperar

Os Estados-Partes deverão, em conformidade com o disposto no presente Estatuto, cooperar plenamente com o Tribunal no inquérito e no procedimento contra crimes da competência deste.

Artigo 87
Pedidos de cooperação: disposições gerais

1. a) O Tribunal estará habilitado a dirigir pedidos de cooperação aos Estados-Partes. Estes pedidos serão transmitidos pela via diplomática ou por qualquer outra via apropriada escolhida pelo Estado-Parte no momento da ratificação, aceitação, aprovação ou adesão ao presente Estatuto.

Qualquer Estado-Parte poderá alterar posteriormente a escolha feita nos termos do Regulamento Processual.

b) Se for caso disso, e sem prejuízo do disposto na alínea a, os pedidos poderão ser igualmente transmitidos pela Organização internacional de Polícia Criminal (INTERPOL) ou por qualquer outra organização regional competente.

2. Os pedidos de cooperação e os documentos comprovativos que os instruam serão redigidos na língua oficial do Estado requerido ou acompanhados de uma tradução nessa língua, ou numa das línguas de trabalho do Tribunal ou acompanhados de uma tradução numa dessas línguas, de acordo com a escolha feita pelo Estado requerido no momento da ratificação, aceitação, aprovação ou adesão ao presente Estatuto.

Qualquer alteração posterior será feita em harmonia com o Regulamento Processual.

3. O Estado requerido manterá a confidencialidade dos pedidos de cooperação e dos documentos comprovativos que os instruam, salvo quando a sua revelação for necessária para a execução do pedido.

4. Relativamente aos pedidos de auxílio formulados ao abrigo do presente Capítulo, o Tribunal poderá, nomeadamente em matéria de proteção da informação, tomar as medidas necessárias à garantia da segurança e do bem-estar físico ou psicológico das vítimas, das potenciais testemunhas e dos seus familiares. O Tribunal poderá solicitar que as informações fornecidas ao abrigo do presente Capítulo sejam comunicadas e tratadas por forma a que a segurança e o bem-estar físico ou psicológico das vítimas, das potenciais testemunhas e dos seus familiares sejam devidamente preservados.

5. a) O Tribunal poderá convidar qualquer Estado que não seja Parte no presente Estatuto a prestar auxílio ao abrigo do presente Capítulo com base num convênio ad hoc, num acordo celebrado com esse Estado ou por qualquer outro modo apropriado.

b) Se, após a celebração de um convênio ad hoc ou de um acordo com o Tribunal, um Estado que não seja Parte no presente Estatuto se recusar a cooperar nos termos de tal convênio ou acordo, o Tribunal dará conhecimento desse fato à Assembleia dos Estados-Partes ou ao Conselho de Segurança, quando tiver sido este a referenciar o fato ao Tribunal.

6. O Tribunal poderá solicitar informações ou documentos a qualquer organização intergovernamental. Poderá igualmente requerer outras formas de cooperação e auxílio a serem acordadas com tal organização e que estejam em conformidade com a sua competência ou o seu mandato.

7. Se, contrariamente ao disposto no presente Estatuto, um Estado-Parte recusar um pedido de cooperação formulado pelo Tribunal, impedindo-o assim de exercer os seus poderes e funções nos termos do presente Estatuto, o Tribunal poderá elaborar um relatório e remeter a questão à Assembleia dos Estados-Partes ou ao Conselho de Segurança, quando tiver sido este a submeter o fato ao Tribunal.

Artigo 88
Procedimentos previstos no direito interno

Os Estados-Partes deverão assegurar-se de que o seu direito interno prevê procedimentos que permitam responder a todas as formas de cooperação especificadas neste Capítulo.

Artigo 89
Entrega de pessoas ao tribunal

1. O Tribunal poderá dirigir um pedido de detenção e entrega de uma pessoa, instruído com os documentos comprovativos referidos no artigo 91, a qualquer Estado em cujo território essa pessoa se possa encontrar, e solicitar a cooperação desse Estado na detenção e entrega da pessoa em causa. Os Estados-Partes darão satisfação aos pedidos de detenção e de entrega em conformidade com o presente Capítulo e com os procedimentos previstos nos respectivos direitos internos.

2. Sempre que a pessoa cuja entrega é solicitada impugnar a sua entrega perante um tribunal nacional com, base no princípio ne bis in idem previsto no artigo 20, o Estado requerido consultará, de imediato, o Tribunal para determinar se houve uma decisão relevante sobre a admissibilidade. Se o caso for considerado admissível, o Estado requerido dará seguimento ao pedido. Se estiver pendente decisão sobre a admissibilidade, o Estado requerido poderá diferir a execução do pedido até que o Tribunal se pronuncie.

3. a) Os Estados-Partes autorizarão, de acordo com os procedimentos previstos na respectiva legislação nacional, o trânsito, pelo seu território, de uma pessoa entregue ao Tribunal por um outro Estado, salvo quando o trânsito por esse Estado impedir ou retardar a entrega.
b) Um pedido de trânsito formulado pelo Tribunal será transmitido em conformidade com o artigo 87. Do pedido de trânsito constarão:
   i) A identificação da pessoa transportada;
   ii) Um resumo dos fatos e da respectiva qualificação jurídica;
   iii) O mandado de detenção e entrega.
c) A pessoa transportada será mantida sob custódia no decurso do trânsito.
d) Nenhuma autorização será necessária se a pessoa for transportada por via aérea e não esteja prevista qualquer aterrissagem no território do Estado de trânsito.
e) Se ocorrer, uma aterrissagem imprevista no território do Estado de trânsito, poderá este exigir ao Tribunal a apresentação de um pedido de trânsito nos termos previstos na alínea b. O Estado de trânsito manterá a pessoa sob detenção até a recepção do pedido de trânsito e a efetivação do trânsito. Todavia, a detenção ao abrigo da presente alínea não poderá prolongar-se para além das noventa e seis horas subsequentes à aterrissagem imprevista se o pedido não for recebido dentro desse prazo.

4. Se a pessoa reclamada for objeto de procedimento criminal ou estiver cumprindo uma pena no Estado requerido por crime diverso do que motivou o pedido de entrega ao Tribunal, este Estado consultará o Tribunal após ter decidido anuir ao pedido

Artigo 90
Pedidos concorrentes

1. Um Estado-Parte que, nos termos do artigo 89, receba um pedido de entrega de uma pessoa formulado pelo Tribunal, e receba igualmente, de qualquer outro Estado, um pedido de extradição relativo à mesma pessoa, pelos mesmos fatos que motivaram o pedido de entrega por parte do Tribunal, deverá notificar o Tribunal e o Estado requerente de tal fato.

2. Se o Estado requerente for um Estado-Parte, o Estado requerido dará prioridade ao pedido do Tribunal:

a) Se o Tribunal tiver decidido, nos termos do artigo 18 ou 19, da admissibilidade do caso a que respeita o pedido de entrega, e tal determinação tiver levado em conta o inquérito ou o procedimento criminal conduzido pelo Estado requerente relativamente ao pedido de extradição por este formulado; ou
b) Se o Tribunal tiver tomado a decisão referida na alínea a em conformidade com a notificação feita pelo Estado requerido, em aplicação do parágrafo 1.

3. Se o Tribunal não tiver tomado uma decisão nos termos da alínea a do parágrafo 2, o Estado requerido poderá, se assim o entender, estando pendente a determinação do Tribunal nos termos da alínea b do parágrafo 2, dar seguimento ao pedido de extradição formulado pelo Estado requerente sem, contudo, extraditar a pessoa até que o Tribunal decida sobre a admissibilidade do caso. A decisão do Tribunal seguirá a forma sumária.

4. Se o Estado requerente não for Parte no presente Estatuto, o Estado requerido, desde que não esteja obrigado por uma norma internacional a extraditar o acusado para o Estado requerente, dará prioridade ao pedido de entrega formulado pelo Tribunal, no caso de este se ter decidido pela admissibilidade do caso.

5. Quando um caso previsto no parágrafo 4 não tiver sido declarado admissível pelo Tribunal, o Estado requerido poderá, se assim o entender, dar seguimento ao pedido de extradição formulado pelo Estado requerente.

6. Relativamente aos casos em que o disposto no parágrafo 4 seja aplicável, mas o Estado requerido se veja obrigado, por força de uma norma internacional, a extraditar a pessoa para o Estado requerente que não seja Parte no presente Estatuto, o Estado requerido decidirá se procederá à entrega da pessoa em causa ao Tribunal ou se a extraditará para o Estado requerente. Na sua decisão, o Estado requerido terá em conta todos os fatores relevantes, incluindo, entre outros:

a) A ordem cronológica dos pedidos;
b) Os interesses do Estado requerente, incluindo, se relevante, se o crime foi cometido no seu território bem como a nacionalidade das vítimas e da pessoa reclamada; e
c) A possibilidade de o Estado requerente vir a proceder posteriormente à entrega da pessoa ao Tribunal.

7. Se um Estado-Parte receber um pedido de entrega de uma pessoa formulado pelo Tribunal e um pedido de extradição formulado por um outro Estado-Parte relativamente à mesma pessoa, por fatos diferentes dos que constituem o crime objeto do pedido de entrega:

a) O Estado requerido dará prioridade ao pedido do Tribunal, se não estiver obrigado por uma norma internacional a extraditar a pessoa para o Estado requerente;

b) O Estado requerido terá de decidir se entrega a pessoa ao Tribunal ou a extradita para o Estado requerente, se estiver obrigado por uma norma internacional a extraditar a pessoa para o Estado requerente. Na sua decisão, o Estado requerido considerará todos os fatores relevantes, incluindo, entre outros, os constantes do parágrafo 6; todavia, deverá dar especial atenção à natureza e à gravidade dos fatos em causa.

8. Se, em conformidade com a notificação prevista no presente artigo, o Tribunal se tiver pronunciado pela inadmissibilidade do caso e, posteriormente, a extradição para o Estado requerente for recusada, o Estado requerido notificará o Tribunal dessa decisão.

ARTIGO 91
Conteúdo do pedido de detenção e de entrega

1. O pedido de detenção e de entrega será formulado por escrito. Em caso de urgência, o pedido poderá ser feito através de qualquer outro meio de que fique registro escrito, devendo, no entanto, ser confirmado através dos canais previstos na alínea a do parágrafo 1 do artigo 87.

2. O pedido de detenção e entrega de uma pessoa relativamente à qual o Juízo de Instrução tiver emitido um mandado de detenção ao abrigo do artigo 58, deverá conter ou ser acompanhado dos seguintes documentos:
a) Uma descrição da pessoa procurada, contendo informação suficiente que permita a sua identificação, bem como informação sobre a sua provável localização;
b) Uma cópia do mandado de detenção; e
c) Os documentos, declarações e informações necessários para satisfazer os requisitos do processo de entrega pelo Estado requerido; contudo, tais requisitos não deverão ser mais rigorosos dos que os que devem ser observados em caso de um pedido de extradição em conformidade com tratados ou convênios celebrados entre o Estado requerido e outros Estados, devendo, se possível, ser menos rigorosos face à natureza específica de que se reveste o Tribunal.

3. Se o pedido respeitar à detenção e à entrega de uma pessoa já condenada, deverá conter ou ser acompanhado dos seguintes documentos:
a) Uma cópia do mandado de detenção dessa pessoa;
b) Uma cópia da sentença condenatória;
c) Elementos que demonstrem que a pessoa procurada é a mesma a que se refere a sentença condenatória; e
d) Se a pessoa já tiver sido condenada, uma cópia da sentença e, em caso de pena de prisão, a indicação do período que já tiver cumprido, bem como o período que ainda lhe falte cumprir.

4. Mediante requerimento do Tribunal, um Estado-Parte manterá, no que respeite a questões genéricas ou a uma questão específica, consultas com o Tribunal sobre quaisquer requisitos previstos no seu direito interno que possam ser aplicados nos termos da alínea c do parágrafo 2. No decurso de tais consultas, o Estado-Parte informará o Tribunal dos requisitos específicos constantes do seu direito interno.

ARTIGO 92
Prisão preventiva

1. Em caso de urgência, o Tribunal poderá solicitar a prisão preventiva da pessoa procurada até à apresentação do pedido de entrega e os documentos de apoio referidos no artigo 91.

2. O pedido de prisão preventiva será transmitido por qualquer meio de que fique registro escrito e conterá:
a) Uma descrição da pessoa procurada, contendo informação suficiente que permita a sua identificação, bem como informação sobre a sua provável localização;
b) Uma exposição sucinta dos crimes pelos quais a pessoa é procurada, bem como dos fatos alegadamente constitutivos de tais crimes incluindo, se possível, a data e o local da sua prática;
c) Uma declaração que certifique a existência de um mandado de detenção ou de uma decisão condenatória contra a pessoa procurada; e
d) Uma declaração de que o pedido de entrega relativo à pessoa procurada será enviado posteriormente.

3. Qualquer pessoa mantida sob prisão preventiva poderá ser posta em liberdade se o Estado requerido não tiver recebido, em conformidade com o artigo 91, o pedido de entrega e os respectivos documentos no prazo fixado pelo Regulamento Processual. Todavia, essa pessoa poderá consentir na sua entrega antes do termo do período se a legislação do Estado requerido o permitir. Nesse caso, o Estado requerido procede à entrega da pessoa reclamada ao Tribunal, o mais rapidamente possível.

4. O fato de a pessoa reclamada ter sido posta em liberdade em conformidade com o parágrafo 3 não obstará a que seja de novo detida e entregue se o pedido de entrega e os documentos em apoio, vierem a ser apresentados posteriormente.

ARTIGO 93
Outras formas de cooperação

1. Em conformidade com o disposto no presente Capítulo e nos termos dos procedimentos previstos nos respectivos direitos internos, os Estados-Partes darão seguimento aos pedidos formulados pelo Tribunal para concessão de auxílio, no âmbito de inquéritos ou procedimentos criminais, no que se refere a:
a) Identificar uma pessoa e o local onde se encontra, ou localizar objetos;
b) Reunir elementos de prova, incluindo os depoimentos prestados sob juramento, bem como produzir elementos de prova, incluindo perícias e relatórios de que o Tribunal necessita;
c) Interrogar qualquer pessoa que seja objeto de inquérito ou de procedimento criminal;
d) Notificar documentos, nomeadamente documentos judiciários;
e) Facilitar o comparecimento voluntária, perante o Tribunal, de pessoas que deponham na qualidade de testemunhas ou de peritos;
f) Proceder à transferência temporária de pessoas, em conformidade com o parágrafo 7;

g) Realizar inspeções, nomeadamente a exumação e o exame de cadáveres enterrados em fossas comuns;
h) Realizar buscas e apreensões;
i) Transmitir registros e documentos, nomeadamente registros e documentos oficiais;
j) Proteger vítimas e testemunhas, bem como preservar elementos de prova;
k) Identificar, localizar e congelar ou apreender o produto de crimes, bens, haveres e instrumentos ligados aos crimes, com vista à sua eventual declaração de perda, sem prejuízo dos direitos de terceiros de boa-fé; e
l) Prestar qualquer outra forma de auxílio não proibida pela legislação do Estado requerido, destinada a facilitar o inquérito e o julgamento por crimes da competência do Tribunal.

2. O Tribunal tem poderes para garantir à testemunha ou ao perito que perante ele compareça de que não serão perseguidos, detidos ou sujeitos a qualquer outra restrição da sua liberdade pessoal, por fato ou omissão anteriores à sua saída do território do Estado requerido.

3. Se a execução de uma determinada medida de auxílio constante de um pedido apresentado ao abrigo do parágrafo 1 não for permitida no Estado requerido em virtude de um princípio jurídico fundamental de aplicação geral, o Estado em causa iniciará sem demora consultas com o Tribunal com vista à solução dessa questão. No decurso das consultas, serão consideradas outras formas de auxílio, bem como as condições da sua realização. Se, concluídas as consultas, a questão não estiver resolvida, o Tribunal alterará o conteúdo do pedido conforme se mostrar necessário.

4. Nos termos do disposto no artigo 72, um Estado-Parte só poderá recusar, no todo ou em parte, um pedido de auxílio formulado pelo Tribunal se tal pedido se reportar unicamente à produção de documentos ou à divulgação de elementos de prova que atentem contra a sua segurança nacional.

5. Antes de denegar o pedido de auxílio previsto na alínea *l* do parágrafo 1, o Estado requerido considerará se o auxílio poderá ser concedido sob determinadas condições ou se poderá sê-lo em data ulterior ou sob uma outra forma, com a ressalva de que, se o Tribunal ou o Procurador aceitarem tais condições, deverão observá-las.

6. O Estado requerido que recusar um pedido de auxílio comunicará, sem demora, os motivos ao Tribunal ou ao Procurador.

7. *a)* O Tribunal poderá pedir a transferência temporária de uma pessoa detida para fins de identificação ou para obter um depoimento ou outras forma de auxílio. A transferência realizar-se-á sempre que:
i) A pessoa der o seu consentimento, livremente e com conhecimento de causa; e
ii) O Estado requerido concordar com a transferência, sem prejuízo das condições que esse Estado e o Tribunal possam acordar;
b) A pessoa transferida permanecerá detida. Esgotado o fim que determinou a transferência, o Tribunal reenviá-la-á imediatamente para o Estado requerido.

8. *a)* O Tribunal garantirá a confidencialidade dos documentos e das informações recolhidas, exceto se necessários para o inquérito e os procedimentos descritos no pedido;
b) O Estado requerido poderá, se necessário, comunicar os documentos ou as informações ao Procurador a título confidencial. O Procurador só poderá utilizá-los para recolher novos elementos de prova;
c) O Estado requerido poderá, de ofício ou a pedido do Procurador, autorizar a divulgação posterior de tais documentos ou informações; os quais poderão ser utilizados como meios de prova, nos termos do disposto nos Capítulos V e VI e no Regulamento Processual.

9. *a) i)* Se um Estado-Parte receber pedidos concorrentes formulados pelo Tribunal e por um outro Estado, no âmbito de uma obrigação internacional, e cujo objeto não seja nem a entrega nem a extradição, esforçar-se-á, mediante consultas com o Tribunal e esse outro Estado, por dar satisfação a ambos os pedidos adiando ou estabelecendo determinadas condições a um ou outro pedido, se necessário.
ii) Não sendo possível, os pedidos concorrentes observarão os princípios fixados no artigo 90.
b) Todavia, sempre que o pedido formulado pelo Tribunal respeitar a informações, bens ou pessoas que estejam sob o controle de um Estado terceiro ou de uma organização internacional ao abrigo de um acordo internacional, os Estados requeridos informarão o Tribunal em conformidade, este dirigirá o seu pedido ao Estado terceiro ou à organização internacional.

10. *a)* Mediante pedido, o Tribunal cooperará com um Estado-Parte e prestar-lhe-á auxílio na condução de um inquérito ou julgamento relacionado com fatos que constituam um crime da jurisdição do Tribunal ou que constituam um crime grave à luz do direito interno do Estado requerente.
b) i) O auxílio previsto na alínea *a* deve compreender, a saber:
  a. A transmissão de depoimentos, documentos e outros elementos de prova recolhidos no decurso do inquérito ou do julgamento conduzidos pelo Tribunal; e
  b. O interrogatório de qualquer pessoa detida por ordem do Tribunal;
ii) No caso previsto na alínea *b*), i), a;
  a. A transmissão dos documentos e de outros elementos de prova obtidos com o auxílio de um Estado necessita do consentimento desse Estado;
  b. A transmissão de depoimentos, documentos e outros elementos de prova fornecidos quer por uma testemunha, quer por um perito, será feita em conformidade com o disposto no artigo 68.
c) O Tribunal poderá, em conformidade com as condições enunciadas neste número, deferir um pedido de auxílio formulado por um Estado que não seja parte no presente Estatuto.

Artigo 94
Suspensão da execução de um pedido relativamente a um inquérito ou a procedimento criminal em curso

1. Se a imediata execução de um pedido prejudicar o desenrolar de um inquérito ou de um procedimento criminal relativos a um caso diferente daquele a que se reporta o pedido, o Estado requerido poderá suspender a execução do pedido por tempo determinado, acordado com o Tribunal. Contudo, a suspensão não deve prolongar-se além do necessário para que o inquérito ou o procedimento criminal em causa sejam efetuados no Estado requerido. Este, antes de decidir suspender a execução do pedido, verificará se o auxílio não poderá ser concedido de imediato sob determinadas condições.

2. Se for decidida a suspensão de execução do pedido em conformidade com o parágrafo 1, o Procurador poderá, no entanto, solicitar que sejam adotadas medidas para preservar os elementos de prova, nos termos da alínea j do parágrafo 1 do artigo 93.

Artigo 95
Suspensão da execução de um pedido por impugnação de admissibilidade

Se o Tribunal estiver apreciando uma impugnação de admissibilidade, de acordo com os artigos 18 ou 19, o Estado requerido poderá suspender a execução de um pedido formulado ao abrigo do presente Capítulo enquanto aguarda que o Tribunal se pronuncie, a menos que o Tribunal tenha especificamente ordenado que o Procurador continue a reunir elementos de prova, nos termos dos artigos 18 ou 19.

Artigo 96
Conteúdo do pedido sob outras formas de cooperarão previstas no artigo 93

1. Todo o pedido relativo a outras formas de cooperação previstas no artigo 93 será formulado por escrito. Em caso de urgência, o pedido poderá ser feito por qualquer meio que permita manter um registro escrito, desde que seja confirmado através dos canais indicados na alínea a do parágrafo 1 do artigo 87.

2. O pedido deverá conter, ou ser instruído com, os seguintes documentos:
a) Um resumo do objeto do pedido, bem como da natureza do auxílio solicitado, incluindo os fundamentos jurídicos e os motivos do pedido;
b) Informações tão completas quanto possível sobre a pessoa ou o lugar a identificar ou a localizar, por forma a que o auxílio solicitado possa ser prestado;
c) Uma exposição sucinta dos fatos essenciais que fundamentam o pedido;
d) A exposição dos motivos e a explicação pormenorizada dos procedimentos ou das condições a respeitar;
e) Toda a informação que o Estado requerido possa exigir de acordo com o seu direito interno para dar seguimento ao pedido; e
f) Toda a informação útil para que o auxílio possa ser concedido.

3. A requerimento do Tribunal, um Estado-Parte manterá, no que respeita a questões genéricas ou a uma questão específica, consultas com o Tribunal sobre as disposições aplicáveis do seu direito interno, susceptíveis de serem aplicadas em conformidade com a alínea e do parágrafo 2. No decurso de tais consultas, o Estado-Parte informará o Tribunal das disposições específicas constantes do seu direito interno.

4. O presente artigo aplicar-se-á, se for caso disso, a qualquer pedido de auxílio dirigido ao Tribunal.

Artigo 97
Consultas

Sempre que, ao abrigo do presente Capítulo, um Estado-Parte receba um pedido e verifique que este suscita dificuldades que possam obviar à sua execução ou impedi-la, o Estado em causa iniciará, sem demora, as consultas com o Tribunal com vista à solução desta questão. Tais dificuldades podem revestir as seguintes formas:

a) Informações insuficientes para dar seguimento ao pedido;
b) No caso de um pedido de entrega, o paradeiro da pessoa reclamada continuar desconhecido a despeito de todos os esforços ou a investigação realizada permitiu determinar que a pessoa que se encontra no Estado Requerido não é manifestamente a pessoa identificada no mandado; ou
c) O Estado requerido ver-se-ia compelido, para cumprimento do pedido na sua forma atual, a violar uma obrigação constante de um tratado anteriormente celebrado com outro Estado.

Artigo 98
Cooperação relativa à renúncia, à imunidade e ao consentimento na entrega

1. O Tribunal pode não dar seguimento a um pedido de entrega ou de auxílio por força do qual o Estado requerido devesse atuar de forma incompatível com as obrigações que lhe incumbem à luz do direito internacional em matéria de imunidade dos Estados ou de imunidade diplomática de pessoa ou de bens de um Estado terceiro, a menos que obtenha, previamente, a cooperação desse Estado terceiro com vista ao levantamento da imunidade.

2. O Tribunal pode não dar seguimento à execução de um pedido de entrega por força do qual o Estado requerido devesse atuar de forma incompatível com as obrigações que lhe incumbem em virtude de acordos internacionais à luz dos quais o consentimento do Estado de envio é necessário para que uma pessoa pertencente a esse Estado seja entregue ao Tribunal, a menos que o Tribunal consiga, previamente, obter a cooperação do Estado de envio para consentir na entrega.

Artigo 99
Execução dos pedidos apresentados ao abrigo dos artigos 93 e 96

1. Os pedidos de auxílio serão executados de harmonia com os procedimentos previstos na legislação interna do Estado requerido e, a menos que o seu direito interno o proíba, na forma especificada no pedido, aplicando qualquer procedimento nele indicado ou autorizan-

do as pessoas nele indicadas a estarem presentes e a participarem na execução do pedido.

2. Em caso de pedido urgente, os documentos e os elementos de prova produzidos na resposta serão, a requerimento do Tribunal, enviados com urgência.

3. As respostas do Estado requerido serão transmitidas na sua língua e forma originais.

4. Sem prejuízo dos demais artigos do presente Capítulo, sempre que for necessário para a execução com sucesso de um pedido, e não haja que recorrer a medidas coercitivas, nomeadamente quando se trate de ouvir ou levar uma pessoa a depor de sua livre vontade, mesmo sem a presença das autoridades do Estado-Parte requerido se tal for determinante para a execução do pedido, ou quando se trate de examinar, sem proceder a alterações, um lugar público ou um outro local público, o Procurador poderá dar cumprimento ao pedido diretamente no território de um Estado, de acordo com as seguintes modalidades:

a) Quando o Estado requerido for o Estado em cujo território haja indícios de ter sido cometido o crime e existir uma decisão sobre a admissibilidade tal como previsto nos artigos 18 e 19, o Procurador poderá executar diretamente o pedido, depois de ter levado a cabo consultas tão amplas quanto possível com o Estado requerido;

b) Em outros casos, o Procurador poderá executar o pedido após consultas com o Estado-Parte requerido e tendo em conta as condições ou as preocupações razoáveis que esse Estado tenha eventualmente argumentado. Sempre que o Estado requerido verificar que a execução de um pedido nos termos da presente alínea suscita dificuldades, consultará de imediato o Tribunal para resolver a questão.

5. As disposições que autorizam a pessoa ouvida ou interrogada pelo Tribunal ao abrigo do artigo 72, a invocar as restrições previstas para impedir a divulgação de informações confidenciais relacionadas com a segurança nacional, aplicar-se-ão de igual modo à execução dos pedidos de auxílio referidos no presente artigo.

Artigo 100
Despesas

1. As despesas ordinárias decorrentes da execução dos pedidos no território do Estado requerido serão por este suportadas, com exceção das seguintes, que correrão a cargo do Tribunal:

a) As despesas relacionadas com as viagens e a proteção das testemunhas e dos peritos ou com a transferência de detidos ao abrigo do artigo 93;

b) As despesas de tradução, de interpretação e de transcrição;

c) As despesas de deslocação e de estada dos juízes, do Procurador, dos Procuradores-adjuntos, do Secretário, do Secretário-Adjunto e dos membros do pessoal de todos os órgãos do Tribunal;

d) Os custos das perícias ou dos relatórios periciais solicitados pelo Tribunal;

e) As despesas decorrentes do transporte das pessoas entregues ao Tribunal pelo Estado de detenção; e

f) Após consulta, quaisquer despesas extraordinárias decorrentes da execução de um pedido.

2. O disposto no parágrafo 1 aplicar-se-á, sempre que necessário, aos pedidos dirigidos pelos Estados-Partes ao Tribunal. Neste caso, o Tribunal tomará a seu cargo as despesas ordinárias decorrentes da execução.

Artigo 101
Regra da especialidade

1. Nenhuma pessoa entregue ao Tribunal nos termos do presente Estatuto poderá ser perseguida, condenada ou detida por condutas anteriores à sua entrega, salvo quando estas constituam crimes que tenham fundamentado a sua entrega.

2. O Tribunal poderá solicitar uma derrogação dos requisitos estabelecidos no parágrafo 1 ao Estado que lhe tenha entregue uma pessoa e, se necessário, facultar-lhe-á, em conformidade com o artigo 91, informações complementares. Os Estados-Partes estarão habilitados a conceder uma derrogação ao Tribunal e deverão envidar esforços nesse sentido.

Artigo 102
Termos usados

Para os fins do presente Estatuto:

a) Por "entrega", entende-se a entrega de uma pessoa por um Estado ao Tribunal nos termos do presente Estatuto.

b) Por "extradição", entende-se a entrega de uma pessoa por um Estado a outro Estado conforme previsto em um tratado, em uma convenção ou no direito interno.

Capítulo X

EXECUÇÃO DA PENA

Artigo 103
Função dos Estados na execução das penas privativas de liberdade

1. a) As penas privativas de liberdade serão cumpridas num Estado indicado pelo Tribunal a partir de uma lista de Estados que lhe tenham manifestado a sua disponibilidade para receber pessoas condenadas.

b) Ao declarar a sua disponibilidade para receber pessoas condenadas, um Estado poderá formular condições acordadas com o Tribunal e em conformidade com o presente Capítulo.

c) O Estado indicado no âmbito de um determinado caso dará prontamente a conhecer se aceita ou não a indicação do Tribunal.

2. a) O Estado da execução informará o Tribunal de qualquer circunstância, incluindo o cumprimento de quaisquer condições acordadas nos termos do parágrafo 1, que possam afetar materialmente as condições ou a duração da detenção. O Tribunal será informado com, pelo menos, 45 (quarenta e cinco) dias de antecedência sobre qualquer circunstância dessa natureza, conhecida ou previsível. Durante este período, o Estado da execução não tomará qualquer medida que possa ser contrária às suas obrigações ao abrigo do artigo 110.

b) Se o Tribunal não puder aceitar as circunstâncias referidas na alínea a, deverá informar o Estado da execução e proceder em harmonia com o parágrafo 1 do artigo 104.

3. Sempre que exercer o seu poder de indicação em conformidade com o parágrafo 1, o Tribunal levará em consideração:

a) O princípio segundo o qual os Estados-Partes devem partilhar da responsabilidade na execução das penas privativas de liberdade, em conformidade com os princípios de distribuição equitativa estabelecidos no Regulamento Processual;
b) A aplicação de normas convencionais do direito internacional amplamente aceitas, que regulam o tratamento dos reclusos;
c) A opinião da pessoa condenada; e
d) A nacionalidade da pessoa condenada;
e) Outros fatores relativos às circunstâncias do crime, às condições pessoais da pessoa condenada ou à execução efetiva da pena, adequadas à indicação do Estado da execução.

4. Se nenhum Estado for designado nos termos do parágrafo 1, a pena privativa de liberdade será cumprida num estabelecimento prisional designado pelo Estado anfitrião, em conformidade com as condições estipuladas no acordo que determinou o local da sede previsto no parágrafo 2 do artigo 3º. Neste caso, as despesas relacionadas com a execução da pena ficarão a cargo do Tribunal.

Artigo 104
Alteração da indicação do Estado da execução

1. O Tribunal poderá, a qualquer momento, decidir transferir um condenado para uma prisão de um outro Estado.

2. A pessoa condenada pelo Tribunal poderá, a qualquer momento, solicitar-lhe que a transfira do Estado encarregado da execução.

Artigo 105
Execução da pena

1. Sem prejuízo das condições que um Estado haja estabelecido nos termos do artigo 103, parágrafo 1, alínea b, a pena privativa de liberdade é vinculativa para os Estados-Partes, não podendo estes modificá-la em caso algum.

2. Será da exclusiva competência do Tribunal pronunciar-se sobre qualquer pedido de revisão ou recurso. O Estado da execução não obstará a que o condenado apresente um tal pedido.

Artigo 106
Controle da execução da pena e das condições de detenção

1. A execução de uma pena privativa de liberdade será submetida ao controle do Tribunal e observará as regras convencionais internacionais amplamente aceitas em matéria de tratamento dos reclusos.

2. As condições de detenção serão reguladas pela legislação do Estado da execução e observarão as regras convencionais internacionais amplamente aceitas em matéria de tratamento dos reclusos. Em caso algum devem ser menos ou mais favoráveis do que as aplicáveis aos reclusos condenados no Estado da execução por infrações análogas.

3. As comunicações entre o condenado e o Tribunal serão livres e terão caráter confidencial.

Artigo 107
Transferência do condenado depois de cumprida a pena

1. Cumprida a pena, a pessoa que não seja nacional do Estado da execução poderá, de acordo com a legislação desse mesmo Estado, ser transferida para um outro Estado que aceite acolhê-la tendo em conta a vontade expressa pela pessoa em ser transferida para esse Estado; a menos que o Estado da execução autorize essa pessoa a permanecer no seu território.

2. As despesas relativas à transferência do condenado para um outro Estado nos termos do parágrafo 1 serão suportadas pelo Tribunal se nenhum Estado as tomar a seu cargo.

3. Sem prejuízo do disposto no artigo 108, o Estado da execução poderá igualmente, em harmonia com o seu direito interno, extraditar ou entregar por qualquer outro modo a pessoa a um Estado que tenha solicitado a sua extradição ou a sua entrega para fins de julgamento ou de cumprimento de uma pena.

Artigo 108
Restrições ao procedimento criminal ou à condenação por outras infrações

1. A pessoa condenada que esteja detida no Estado da execução não poderá ser objeto de procedimento criminal, condenação ou extradição para um Estado terceiro em virtude de uma conduta anterior à sua transferência para o Estado da execução, a menos que a Tribunal tenha dado a sua aprovação a tal procedimento, condenação ou extradição, a pedido do Estado da execução.

2. Ouvido o condenado, o Tribunal pronunciar-se-á sobre a questão.

3. O parágrafo 1 deixará de ser aplicável se o condenado permanecer voluntariamente no território do Estado da execução por um período superior a trinta dias após o cumprimento integral da pena proferida pelo Tribunal, ou se regressar ao território desse Estado após dele ter saído.

Artigo 109
Execução das penas de multa e das medidas de perda

1. Os Estados-Partes aplicarão as penas de multa, bem como as medidas de perda ordenadas pelo Tribunal ao abrigo do Capítulo VII, sem prejuízo dos direitos de terceiros de boa fé e em conformidade com os procedimentos previstos no respectivo direito interno.

2. Sempre que um Estado-Parte não possa tornar efetiva a declaração de perda, deverá tomar medidas para recuperar o valor do produto, dos bens ou dos haveres cuja perda tenha sido declarada pelo Tribunal, sem prejuízo dos direitos de terceiros de boa-fé.

3. Os bens, ou o produto da venda de bens imóveis ou, se for caso disso, da venda de outros bens, obtidos por um Estado-Parte por força da execução de uma decisão do Tribunal, serão transferidos para o Tribunal.

Artigo 110
Reexame pelo Tribunal da questão de redução de pena

1. O Estado da execução não poderá libertar o recluso antes de cumprida a totalidade da pena proferida pelo Tribunal.

2. Somente o Tribunal terá a faculdade de decidir sobre qualquer redução da pena e, ouvido o condenado, pronunciar-se-á a tal respeito.

3. Quando a pessoa já tiver cumprido dois terços da pena, ou vinte e cinco anos de prisão em caso de pena de prisão perpétua, o Tribunal reexaminará a pena para determinar se haverá lugar a sua redução. Tal reexame só será efetuado transcorrido o período acima referido.

4. No reexame a que se refere o parágrafo 3, o Tribunal poderá reduzir a pena se constatar que se verificam uma ou várias das condições seguintes:

a) A pessoa tiver manifestado, desde o início e de forma contínua, a sua vontade em cooperar com o Tribunal no inquérito e no procedimento;
b) A pessoa tiver, voluntariamente, facilitado a execução das decisões e despachos do Tribunal em outros casos, nomeadamente ajudando-o a localizar bens sobre os quais recaíam decisões de perda, de multa ou de reparação que poderão ser usados em benefício das vítimas; ou
c) Outros fatores que conduzam a uma clara e significativa alteração das circunstâncias suficiente para justificar a redução da pena, conforme previsto no Regulamento Processual;

5. Se, no reexame inicial a que se refere o parágrafo 3, o Tribunal considerar não haver motivo para redução da pena, ele reexaminará subsequentemente a questão da redução da pena com a periodicidade e nos termos previstos no Regulamento Processual.

Artigo 111
Evasão

Se um condenado se evadir do seu local de detenção e fugir do território do Estado da execução, este poderá, depois de ter consultado o Tribunal, pedir ao Estado no qual se encontra localizado o condenado que o entregue em conformidade com os acordos bilaterais ou multilaterais em vigor, ou requerer ao Tribunal que solicite a entrega dessa pessoa ao abrigo do Capítulo IX. O Tribunal poderá, ao solicitar a entrega da pessoa, determinar que esta seja entregue ao Estado no qual se encontrava a cumprir a sua pena, ou a outro Estado por ele indicado.

Capítulo XI
ASSEMBLEIA DOS ESTADOS-PARTES

Artigo 112
Assembleia dos Estados-Partes

1. É constituída, pelo presente instrumento, uma Assembleia dos Estados-Partes. Cada um dos Estados-Partes nela disporá de um representante, que poderá ser coadjuvado por substitutos e assessores. Outros Estados signatários do Estatuto ou da Ata Final poderão participar nos trabalhos da Assembleia na qualidade de observadores.

2. A Assembleia:

a) Examinará e adotará, se adequado, as recomendações da Comissão Preparatória;
b) Promoverá junto à Presidência, ao Procurador e ao Secretário as linhas orientadoras gerais no que toca à administração do Tribunal;
c) Examinará os relatórios e as atividades da Mesa estabelecido nos termos do parágrafo 3 e tomará as medidas apropriadas;
d) Examinará e aprovará o orçamento do Tribunal;
e) Decidirá, se для caso disso, alterar o número de juízes nos termos do artigo 36;
f) Examinará, em harmonia com os parágrafos 5 e 7 do artigo 87, qualquer questão relativa à não cooperação dos Estados;
g) Desempenhará qualquer outra função compatível com as disposições do presente Estatuto ou do Regulamento Processual;

3. a) A Assembleia será dotada de uma Mesa composta por um presidente, dois vice-presidentes e 18 membros por ela eleitos por períodos de três anos;

b) A Mesa terá um caráter representativo, atendendo nomeadamente ao princípio da distribuição geográfica equitativa e à necessidade de assegurar uma representação adequada dos principais sistemas jurídicos do mundo;

c) A Mesa reunir-se-á as vezes que forem necessárias, mas, pelo menos, uma vez por ano. Assistirá a Assembleia no desempenho das suas funções.

4. A Assembleia poderá criar outros órgãos subsidiários que julgue necessários, nomeadamente um mecanismo de controle independente que proceda a inspeções, avaliações e inquéritos em ordem a melhorar a eficiência e economia da administração do Tribunal.

5. O Presidente do Tribunal, o Procurador e o Secretário ou os respectivos representantes poderão participar, sempre que julguem oportuno, nas reuniões da Assembleia e da Mesa.

6. A Assembleia reunir-se-á na sede do Tribunal ou na sede da Organização das Nações Unidas uma vez por ano e, sempre que as circunstâncias o exigirem, reunir-se-á em sessão extraordinária. A menos que o presente Estatuto estabeleça em contrário, as sessões extraordinárias são convocadas pela Mesa, de ofício ou a pedido de um terço dos Estados-Partes.

7. Cada um dos Estados-Partes disporá de um voto. Todos os esforços deverão ser envidados para que as decisões da Assembleia e da Mesa sejam adotadas por consenso. Se tal não for possível, e a menos que o Estatuto estabeleça em contrário:

a) As decisões sobre as questões de fundo serão tomadas por maioria de dois terços dos membros presentes e votantes, sob a condição que a maioria absoluta dos Estados-Partes constitua *quorum* para o escrutínio;
b) As decisões sobre as questões de procedimento serão tomadas por maioria simples dos Estados-Partes presentes e votantes.

8. O Estado-Parte em atraso no pagamento da sua contribuição financeira para as despesas do Tribunal não poderá votar nem na Assembleia nem na Mesa se o total das suas contribuições em atraso igualar ou exceder a soma das contribuições correspondentes

aos dois anos anteriores completos por ele devidos. A Assembleia-Geral poderá, no entanto, autorizar o Estado em causa a votar na Assembleia ou na Mesa se ficar provado que a falta de pagamento é devida a circunstâncias alheias ao controle do Estado-Parte.

9. A Assembleia adotará o seu próprio Regimento.

10. As línguas oficiais e de trabalho da Assembleia dos Estados-Partes serão as línguas oficiais e de trabalho da Assembleia-Geral da Organização das Nações Unidas.

Capítulo XII

FINANCIAMENTO

Artigo 113
Regulamento financeiro

Salvo disposição expressa em contrário, todas as questões financeiras atinentes ao Tribunal e às reuniões da Assembleia dos Estados-Partes, incluindo a sua Mesa e os seus órgãos subsidiários, serão reguladas pelo presente Estatuto, pelo Regulamento Financeiro e pelas normas de gestão financeira adotados pela Assembleia dos Estados-Partes.

Artigo 114
Pagamento de despesas

As despesas do Tribunal e da Assembleia dos Estados-Partes, incluindo a sua Mesa e os seus órgãos subsidiários, serão pagas pelos fundos do Tribunal.

Artigo 115
Fundos do Tribunal e da Assembleia dos Estados-Partes

As despesas do Tribunal e da Assembleia dos Estados-Partes, incluindo a sua Mesa e os seus órgãos subsidiários, inscritas no orçamento aprovado pela Assembleia dos Estados-Partes, serão financiadas:

a) Pelas quotas dos Estados-Partes;
b) Pelos fundos provenientes da Organização das Nações Unidas, sujeitos à aprovação da Assembleia-Geral, nomeadamente no que diz respeito às despesas relativas a questões remetidas para o Tribunal pelo Conselho de Segurança.

Artigo 116
Contribuições voluntárias

Sem prejuízo do artigo 115, o Tribunal poderá receber e utilizar, a título de fundos adicionais, as contribuições voluntárias dos Governos, das organizações internacionais, dos particulares, das empresas e demais entidades, de acordo com os critérios estabelecidos pela Assembleia dos Estados-Partes nesta matéria.

Artigo 117
Cálculo das quotas

As quotas dos Estados-Partes serão calculadas em conformidade com uma tabela de quotas que tenha sido acordada, com base na tabela adotada pela Organização das Nações Unidas para o seu orçamento ordinário, e adaptada de harmonia com os princípios nos quais se baseia tal tabela.

Artigo 118
Verificação anual de contas

Os relatórios, livros e contas do Tribunal, incluindo os balanços financeiros anuais, serão verificados anualmente por um revisor de contas independente.

Capítulo XIII

CLÁUSULAS FINAIS

Artigo 119
Resolução de diferendos

1. Qualquer diferendo relativo às funções judiciais do Tribunal será resolvido por decisão do Tribunal.

2. Quaisquer diferendos entre dois ou mais Estados-Partes relativos à interpretação ou à aplicação do presente Estatuto, que não forem resolvidos pela via negocial num período de três meses após o seu início, serão submetidos à Assembleia dos Estados-Partes. A Assembleia poderá procurar resolver o diferendo ou fazer recomendações relativas a outros métodos de resolução, incluindo a submissão do diferendo à Corte Internacional de Justiça, em conformidade com o Estatuto dessa Corte.

Artigo 120
Reservas

Não são admitidas reservas a este Estatuto.

Artigo 121
Alterações

1. Expirado o período de sete anos após a entrada em vigor do presente Estatuto, qualquer Estado-Parte poderá propor alterações ao Estatuto. O texto das propostas de alterações será submetido ao Secretário-Geral da Organização das Nações Unidas, que o comunicará sem demora a todos os Estados-Partes.

2. Decorridos pelo menos três meses após a data desta notificação, a Assembleia dos Estados-Partes decidirá na reunião seguinte, por maioria dos seus membros presentes e votantes, se deverá examinar a proposta. A Assembleia poderá tratar desta proposta, ou convocar uma Conferência de Revisão se a questão suscitada o justificar.

3. A adoção de uma alteração numa reunião da Assembleia dos Estados-Partes ou numa Conferência de Revisão exigirá a maioria de dois terços dos Estados-Partes, quando não for possível chegar a um consenso.

4. Sem prejuízo do disposto no parágrafo 5, qualquer alteração entrará em vigor, para todos os Estados-Partes, um ano depois que sete oitavos de entre eles tenham depositado os respectivos instrumentos de ratificação ou de aceitação junto do Secretário-Geral da Organização das Nações Unidas.

5. Qualquer alteração ao artigo 5º, 6º, 7º e 8º do presente Estatuto entrará em vigor, para todos os Estados-Partes que a tenham aceitado, um ano após o depósito dos seus instrumentos de ratificação ou de aceitação. O Tribunal não exercerá a sua competência relativamente a um crime abrangido pela alteração sempre que este tiver sido cometido por nacionais de um Estado-Parte que não tenha aceitado a alteração, ou no território desse Estado-Parte.

6. Se uma alteração tiver sido aceita por sete oitavos dos Estados-Partes nos termos do parágrafo 4, qualquer Estado-Parte que não a tenha aceito poderá retirar-se do Estatuto com efeito imediato, não obstante o disposto no parágrafo 1 do artigo 127, mas sem prejuízo do disposto no parágrafo 2 do artigo 127, mediante

notificação da sua retirada o mais tardar um ano após a entrada em vigor desta alteração.

7. O Secretário-Geral da Organização dás Nações Unidas comunicará a todos os Estados-Partes quaisquer alterações que tenham sido adotadas em reunião da Assembleia dos Estados-Partes ou numa Conferência de Revisão.

Artigo 122
Alteração de disposições de caráter institucional

1. Não obstante o artigo 121, parágrafo 1, qualquer Estado-Parte poderá, em qualquer momento, propor alterações às disposições do Estatuto, de caráter exclusivamente institucional, a saber, artigos 35, 36, parágrafos 8 e 9, artigos 37, 38, 39, parágrafos 1 (as primeiras duas frases), 2 e 4, artigo 42, parágrafos 4 a 9, artigo 43, parágrafos 2 e 3 e artigos 44, 46, 47 e 49. O texto de qualquer proposta será submetido ao Secretário-Geral da Organização das Nações Unidas ou a qualquer outra pessoa designada pela Assembleia dos Estados-Partes, que o comunicará sem demora a todos os Estados-Partes e aos outros participantes na Assembleia.

2. As alterações apresentadas nos termos deste artigo, sobre as quais não seja possível chegar a um consenso, serão adotadas pela Assembleia dos Estados-Partes ou por uma Conferência de Revisão, por uma maioria de dois terços dos Estados-Partes. Tais alterações entrarão em vigor, para todos os Estados-Partes, seis meses após a sua adoção pela Assembleia ou, conforme o caso, pela Conferência de Revisão.

Artigo 123
Revisão do Estatuto

1. Sete anos após a entrada em vigor do presente Estatuto, o Secretário-Geral da Organização das Nações Unidas convocará uma Conferência de Revisão para examinar qualquer alteração ao presente Estatuto. A revisão poderá incidir nomeadamente, mas não exclusivamente, sobre a lista de crimes que figura no artigo 5º. A Conferência estará aberta aos participantes na Assembleia dos Estados-Partes, nas mesmas condições.

2. A todo o momento ulterior, a requerimento de um Estado-Parte e para os fins enunciados no parágrafo 1, o Secretário-Geral da Organização das Nações Unidas, mediante aprovação da maioria dos Estados-Partes, convocará uma Conferência de Revisão.

3. A adoção e a entrada em vigor de qualquer alteração ao Estatuto examinada numa Conferência de Revisão serão reguladas pelas disposições do artigo 121, parágrafos 3 a 7.

Artigo 124
Disposição transitória

Não obstante o disposto nos parágrafos 1 e 2 do artigo 12, um Estado que se torne Parte no presente Estatuto, poderá declarar que, durante um período de sete anos a contar da data da entrada em vigor do Estatuto no seu território, não aceitará a competência do Tribunal relativamente à categoria de crimes referidos no artigo 8º, quando haja indícios de que um crime tenha sido praticado por nacionais seus ou no seu território.

A declaração formulada ao abrigo deste artigo poderá ser retirada a qualquer momento. O disposto neste artigo será reexaminado na Conferência de Revisão a convocar em conformidade com o parágrafo 1 do artigo 123.

Artigo 125
Assinatura, ratificação, aceitação, aprovação ou adesão

1. O presente Estatuto estará aberto à assinatura de todos os Estados na sede da Organização das Nações Unidas para a Alimentação e a Agricultura, em Roma, a 17 de julho de 1998, continuando aberto à assinatura no Ministério dos Negócios Estrangeiros de Itália, em Roma, até 17 de outubro de 1998. Após esta data, o Estatuto continuará aberto na sede da Organização das Nações Unidas, em Nova Iorque, até 31 de dezembro de 2000.

2. O presente Estatuto ficará sujeito a ratificação, aceitação ou aprovação dos Estados signatários. Os instrumentos de ratificação, aceitação ou aprovação serão depositados junto do Secretário-Geral da Organização das Nações Unidas.

3. O presente Estatuto ficará aberto à adesão de qualquer Estado. Os instrumentos de adesão serão depositados junto do Secretário-Geral da Organização das Nações Unidas.

Artigo 126
Entrada em vigor

1. O presente Estatuto entrará em vigor no primeiro dia do mês seguinte ao termo de um período de sessenta dias após a data do depósito do sexagésimo instrumento de ratificação, de aceitação, de aprovação ou de adesão junto do Secretário-Geral da Organização das Nações Unidas.

2. Em relação ao Estado que ratifique, aceite ou aprove o Estatuto, ou a ele adira após o depósito do sexagésimo instrumento de ratificação, de aceitação, de aprovação ou de adesão, o Estatuto entrará em vigor no primeiro dia do mês seguinte ao termo de um período de sessenta dias após a data do depósito do respectivo instrumento de ratificação, de aceitação, de aprovação ou de adesão.

Artigo 127
Retirada

1. Qualquer Estado-Parte poderá, mediante notificação escrita e dirigida ao Secretário-Geral da Organização das Nações Unidas, retirar-se do presente Estatuto. A retirada produzirá efeitos um ano após a data de recepção da notificação, salvo se esta indicar uma data ulterior.

2. A retirada não isentará o Estado das obrigações que lhe incumbem em virtude do presente Estatuto enquanto Parte do mesmo, incluindo as obrigações financeiras que tiver assumido, não afetando também a cooperação com o Tribunal no âmbito de inquéritos e de procedimentos criminais relativamente aos quais o Estado tinha o dever de cooperar e que se iniciaram antes da data em que a retirada começou a produzir efeitos; a retirada em nada afetará a prossecução da apreciação das causas que o Tribunal já tivesse come-

çado a apreciar antes da data em que a retirada começou a produzir efeitos.

ARTIGO 128
Textos autênticos

O original do presente Estatuto, cujos textos em árabe, chinês, espanhol, francês, inglês e russo fazem igualmente fé, será depositado junto do Secretário-Geral das Nações Unidas, que enviará cópia autenticada a todos os Estados.

Em fé do que, os abaixo assinados, devidamente autorizados pelos respectivos Governos, assinaram o presente Estatuto.

Feito em Roma, aos dezessete dias do mês de julho de mil novecentos e noventa e oito.

PACTO DA SOCIEDADE DAS NAÇÕES

▶ Tratado de Paz celebrado entre países aliados, associados e Alemanha, assinado em Versalhes, em 28-6-1919.
▶ Aprovado no Brasil pelo Dec. nº 3.875, de 11-11-1919, e promulgado pelo Dec. nº 13.990, de 12-1-1920.

As Altas Partes Contratantes, considerando que, para o desenvolvimento da cooperação entre as nações e para a garantia da paz e da segurança internacionais, importa aceitar certas obrigações de não recorrer à guerra, manter abertamente relações internacionais fundadas sobre a justiça e a honra, observar rigorosamente as prescrições do direito internacional, reconhecidas doravante como norma efetiva de procedimento dos governos, fazer reinar a justiça e respeitar escrupulosamente todas as obrigações dos tratados nas relações mútuas dos povos organizados, adotam o presente Pacto, que institui a Sociedade das Nações.

ARTIGO 1º

1. São membros originários da Sociedade das Nações aqueles entre os signatários cujos nomes figuram no Anexo ao presente Pacto, bem como os Estados, igualmente indicados no Anexo, que tiverem acedido ao referente Pacto sem nenhuma reserva, por meio de declaração depositada no Secretariado dentro dos dois meses seguintes à entrada em vigor do Pacto, e a qual será notificada aos demais membros da Sociedade.

2. Todo Estado, Domínio ou Colônia que se governe livremente e não esteja designado no Anexo, poderá tornar-se membro da Sociedade se sua admissão for aprovada pelos dois terços da Assembleia, contanto que dê garantias efetivas de sua sincera intenção de observar os seus compromissos internacionais e de que aceita as regras estabelecidas pela Sociedade no tocante às suas forças e armamentos militares navais e aéreos.

3. Todo Membro da Sociedade poderá, após aviso prévio de dois anos, retirar-se dela, contanto que nesse momento, tenha preenchido todas as suas obrigações internacionais, inclusive as do presente Pacto.

ARTIGO 2º

A ação da Sociedade, tal como se define no presente Pacto, é exercida por uma Assembleia e por um Conselho, assistidos de um secretário permanente.

ARTIGO 3º

1. A Assembleia será composta de representantes dos membros da Sociedade.

2. Ela se reunirá em épocas fixadas e, em qualquer outra ocasião, quando as circunstâncias os exijam, na sede da Sociedade ou em qualquer outro lugar que possa ser designado.

3. A Assembleia poderá tratar de toda questão que entre na esfera de atividade da Sociedade ou que atinja a paz do mundo.

Cada Membro da Sociedade não poderá contar com mais de três Representantes na Assembleia e só disporá de um voto.

ARTIGO 4º

1. O Conselho será composto de representantes das principais potências aliadas e associadas, bem como de representantes de quatro outros membros da Sociedade. Esses quatro membros da Sociedade serão designados livremente pela Assembleia e nas épocas que lhe aprouver escolher. Até a primeira designação pela Assembleia os representantes da Bélgica, do Brasil, da Espanha e da Grécia serão membros do Conselho.

2. Com aprovação da maioria da Assembleia, o Conselho poderá designar outros membros da Sociedade, cuja representação, no conselho, será desde então permanente. Com a mesma aprovação, ele poderá aumentar o número dos mem-bros da Sociedade a serem escolhidos pela Assembleia para terem representantes no Conselho.

2 bis. A Assembleia fixará, por maioria de dois terços, as regras concernentes às eleições dos membros não permanentes do Conselho e, especialmente, as que digam respeito à duração de seu mandato e às condições de reelegibilidade.

3. O Conselho reunir-se-á quando a circunstâncias o exigirem, e ao menos uma vez por ano, na sede da Sociedade ou em qualquer outro lugar que, porventura, for designado.

4. O Conselho tomará conhecimento de toda questão que entrar na esfera de atividade da Sociedade ou que interessar à paz do mundo.

5. Todo membro da Sociedade, que não for representado no Conselho, será convidado a enviar um representante para ali tomar assento, quando alguma questão que o interesse particularmente for submetida ao Conselho.

6. Cada membro da Sociedade representado no Conselho disporá de um voto e terá apenas um Representante.

ARTIGO 5º

1. Salvo disposição expressamente contrária deste Pacto ou das cláusulas do presente Tratado, as decisões da Assembleia ou Conselho serão tomadas pela unanimidade dos membros da Sociedade representados na reunião.

2. Todas as questões de processo que se suscitarem nas reuniões da Assembleia ou do Conselho, inclusive

a designação das Comissões incumbidas de inquéritos sobre assuntos particulares, serão resolvidas pela Assembleia ou pelo Conselho e decididas pela maioria dos membros da Sociedade representados na reunião.

3. A primeira reunião da Assembleia e a primeira reunião do Conselho serão convocadas pelo Presidente dos Estados Unidos da América.

Artigo 6º

1. O Secretariado permanente será estabelecido na sede da Sociedade, e compreenderá um Secretário geral, bem como os secretários e demais pessoal que forem necessários.

2. O primeiro Secretário geral está designado no Anexo. Depois, o Secretário geral será nomeado pelo Conselho, com a aprovação da maioria da Assembleia.

3. Os secretários e demais pessoal do Secretariado serão nomeados pelo Secretário geral, com aprovação do Conselho.

4. O Secretário geral da Sociedade funcionará nesta qualidade, em todas as reuniões da Assembleia e do Conselho.

5. As despesas da Sociedade serão custeadas pelos Membros da Sociedade, na proporção decidida pela Assembleia.

Artigo 7º

1. A sede da Sociedade será em Genebra.

2. O Conselho poderá, em qualquer momento, decidir estabelecê-la noutro lugar.

3. Todas as funções da Sociedade ou dos serviços que a ela se prendem, inclusive o Secretariado, serão acessíveis igualmente a homens e mulheres.

4. Os representantes dos membros da Sociedade e seus agentes gozarão, no exercício de suas funções, privilégios e imunidades diplomáticas.

5. Os edifícios e terrenos ocupados pela Sociedade a seus serviços ou para suas reuniões serão invioláveis.

Artigo 8º

1. Os membros da Sociedade reconhecem que a manutenção da paz exige a redução dos armamentos nacionais ao mínimo compatível com a segurança nacional e com a execução das obrigações internacionais impostas por uma ação comum.

2. O Conselho, levando em conta a situação geográfica e as condições especiais de cada Estado, preparará os planos dessa redução, para exame e decisão dos diversos governos.

3. Esses planos deverão ser objeto de novo exame e, eventualmente, de revisão, de dez em dez anos, pelo menos.

4. Após sua adoção pelos diversos governos, o limite dos armamentos assim fixado não poderá ser ultrapassado sem o consentimento do Conselho.

5. Considerando que a fabricação privada de munições e de material de guerra suscita grandes objeções, os membros da Sociedade incubirão o Conselho de aconselhar as medidas próprias para o evitar seus maléficos efeitos, levando em conta as necessidades dos membros da Sociedade que não possam fabricar

as munições e o material de guerra necessários para sua segurança.

6. Os membros da Sociedade comprometem-se a permutar, da maneira mais franca e mais completa, todas as informações relativas aos seus armamentos, aos seus programas militares, navais e aéreos, e à condição das suas indústrias suscetíveis de serem utilizadas para a guerra.

Artigo 9º

Será constituída uma Comissão permanente para dar pareceres ao Conselho sobre a execução das disposições dos arts. 1º e 8º e, de modo geral, sobre as questões militares, navais e aéreas.

Artigo 10

Os membros da Sociedade comprometem-se a respeitar e manter contra toda agressão externa a integridade territorial e a independência política atual de todos os membros da Sociedade. Em casos de agressão, de ameaça ou de perigo de agressão, o Conselho recomendará os meios de se assegurar cumprimento dessa obrigação.

Artigo 11

1. Fica expressamente declarado que toda guerra ou ameaça de guerra, atinja diretamente ou não algum dos membros da Sociedade, interessa a toda a Sociedade, e esta deve adotar as medidas apropriadas para salvaguardar eficazmente a paz das nações. Em tal caso, o Secretário geral convocará imediatamente o Conselho, a pedido de qualquer membro da Sociedade.

2. Fica, igualmente declarado que todo membro da Sociedade tem o direito de chamar a atenção da Assembleia ou do Conselho, a título amistoso para toda circunstância suscetível de atingir as relações internacionais e que ameace perturbar a paz ou a boa harmonia entre as nações, da qual a paz depende.

Artigo 12

1. Todos os membros da Sociedade concordam em que, se entre eles surgir uma controvérsia suscetível de produzir uma ruptura, submeterão o caso seja ao processo de arbitragem ou a uma solução judiciária, seja ao exame do Conselho. Concordam, também, em que não deverão, em caso algum, recorrer à guerra, antes da expiração do prazo de três meses após a decisão arbitral ou judiciária, ou o relatório do Conselho.

2. Em todas as hipóteses previstas neste artigo a decisão deverá ser proferida dentro de um prazo razoável, e o relatório do Conselho deverá ser apresentado nos seis meses, a datar do dia em que a controvérsia lhe tenha sido submetida.

Artigo 13

1. Os membros da Sociedade acordam em que se entre eles surgir uma controvérsia, que, na sua opinião, seja suscetível de solução arbitral ou judiciária, e que se não possa resolver de maneira satisfatória, pela via diplomática, a questão será integralmente submetida à solução arbitral ou judiciária.

2. Entre as controvérsias suscetíveis de solução arbitral ou judiciária, declaram-se as relativas à interpretação de um tratado, a qualquer ponto de direito internacional, à realidade de todo fato que, se verificado, constituiria a ruptura de um compromisso internacional,

ou à extensão ou à natureza da reparação devida por semelhante ruptura.

3. A causa será submetida à Corte permanente de Justiça Internacional ou tribunal designado pelas partes ou previsto em suas convenções anteriores.

4. Os membros da Sociedade comprometem-se a executar de boa-fé as sentenças proferidas e a não recorrer à guerra contra nenhum membro da Sociedade que com elas se conformar. Em caso de não execução da sentença, o Conselho proporá as medidas que lhe devam assegurar o efeito.

Artigo 14

O Conselho é incumbido de preparar um projeto de Corte permanente de Justiça internacional e de submetê-lo aos membros da Sociedade. Essa Corte conhecerá de todas as controvérsias de caráter internacional que as partes lhe submetam. Também dará pareceres consultivos sobre toda controvérsia ou questão a ela submetida pelo Conselho ou a Assembleia.

Artigo 15

1. Se entre os membros da Sociedade surgir alguma controvérsia suscetível pro-duzir uma ruptura e se essa controvérsia não for submetida ao processo de arbitragem prevista no art. 13, os membros da Sociedade concordam em que submeterão o caso ao Conselho. Para este fim bastará que um deles dê notícias dessa controvérsia ao Secretário geral, que adotará todas as disposições para a realização de um inquérito e um exame completos.

2. No mais breve prazo possível, as partes deverão comunicar ao Secretário geral exposição da respectiva causa, com todos os fatos pertinentes e documentos justificativos. O Conselho poderá ordenar sua publicação imediata.

3. O Conselho esforçar-se-á por levar a efeito a solução da controvérsia. Se conseguir, publicará, na medida que o julgar útil, uma exposição sobre os fatos, as explicações que estes comportam e os termos da resolução.

4. Se a controvérsia não tiver podido ser resolvida, o Conselho redigirá e publicará um relatório, adotado ou por unanimidade ou por simples maioria de votos, para dar a conhecer as circunstâncias da controvérsia e as soluções que ele recomende como as mais equitativas e as mais apropriadas ao caso.

5. Todo membro da Sociedade representado no Conselho poderá igualmente publicar uma exposição dos fatos da controvérsia e com as suas próprias conclusões.

6. Se o relatório do Conselho for aceito unanimemente, não se contando no cálculo dessa unanimidade o voto dos representantes das partes, os membros da Sociedade comprometem-se a não recorrer à guerra contra a parte que se conformar com as conclusões do relatório.

7. No caso em que o Conselho não consiga fazer aceitar seu relatório por todos os seus membros, exclusive os representantes de qualquer das partes litigantes, os membros da Sociedade reservam-se o direito de proceder como julgarem necessário para a manutenção do direito e da justiça.

8. Se uma das partes pretender e o Conselho reconhecer que a controvérsia versa sobre uma questão que o direito internacional deixa à competência exclusiva dessa Parte, o Conselho o consignará num relatório, mas sem recomendar nenhuma solução.

9. Em todos os casos previstos o Conselho poderá submeter a controvérsia à Assembleia. A Assembleia deverá igualmente tomar conhecimento da controvérsia a requerimento de qualquer das partes; esse requerimento deverá ser apresentado no prazo de quatorze dias, a contar o momento em que a controvérsia tiver sido submetida ao Conselho.

10. Em toda questão submetida à Assembleia, as disposições do presente artigo e do art. 12, relativas à ação e aos poderes do Conselho, aplicar-se-ão igualmente à ação e aos poderes da Assembleia. Fica entendido que um relatório apresentado pela Assembleia, com a aprovação dos representantes dos membros da Sociedade representados no Conselho e da maioria dos outros membros da Sociedade, excluídos, em cada caso, os representantes das partes, terá o mesmo efeito que um relatório do Conselho, adotado pela unanimidade de seus membros, exceptuados os representantes das partes.

Artigo 16

1. Se um membro da Sociedade recorrer à guerra, contrariamente aos compromissos assumidos nos arts. 12, 13 ou 15, ele será *ipso facto* considerado como tendo cometido um ato de guerra contra todos os outros membros da Sociedade. Estes se comprometem a romper imediatamente com ele todas as relações comerciais ou financeiras, a proibir todas as relações entre seus nacionais e os do Estado que tiver rompido o Pacto e a fazer que cessem todas as comunicações financeiras, comerciais ou pessoais entre os nacionais desse Estado e os de qualquer outro Estado, membro ou não da Sociedade.

2. Nesse caso, o Conselho terá o dever de recomendar aos diversos governos interessados os efetivos militares, navais ou aéreos, pelos quais os membros da Sociedade contribuirão, respectivamente, para as forças armadas destinadas a fazer respeitados os compromissos da Sociedade.

3. Os membros da Sociedade concordam, além disto, em prestar, uns aos outros apoio mútuo, na aplicação das medidas econômicas e financeiras a serem tomadas, em virtude do presente artigo, a fim de que se reduzam ao mínimo as perdas e os inconvenientes que daí possam resultar. Eles se prestarão igualmente apoio mútuo na resistência a qualquer medida especial dirigida contra um deles pelo Estado que tiver rompido o Pacto. E tomarão as disposições necessárias para facilitar a passagem, através do seu território, das forças de todo membro da Sociedade que participar de uma ação comum destinada a fazer respeitados os compromissos da Sociedade.

4. Todo membro da Sociedade que se tornar culpado da violação de algum dos compromissos resultantes do Pacto poderá dela ser excluído. A exclusão será pronunciada pelo voto de todos os outros membros da Sociedade representados no Conselho.

Artigo 17

1. Em caso de controvérsia entre dois Estados, dos quais só um seja membro da Sociedade ou dos quais nenhum faça parte desta, o Estado ou os Estados estranhos à Sociedade serão convidados a aceitar as obrigações impostas a seus membros para os fins de solução da controvérsia, nas condições que o Conselho considerar justas. Se tal convite for aceito, as disposições dos arts. 12 a 16 serão aplicadas, com as modificações que o Conselho julgar necessárias.

2. Desde a remessa desse convite, o Conselho abrirá um inquérito sobre as circunstâncias da controvérsia e proporá as medidas que, no caso dado lhe parecerem melhores e mais eficazes.

3. Se o Estado convidado, recusando aceitar as obrigações de membro da Sociedade para os fins de solução da controvérsia, recorrer à guerra contra um membro da Sociedade, as disposições do art. 16 serão aplicáveis.

4. Se as duas partes convidadas recusarem aceitar as obrigações de membro da Sociedade para os fins de solução da controvérsia, o Conselho poderá tomar todas as medidas e fazer todas as propostas suscetíveis de prevenir as hostilidades e determinar a solução do conflito.

Artigo 18

Todo tratado ou compromisso internacional concluído no futuro por um membro da Sociedade deverá ser imediatamente registrado pelo Secretariado e publicado por ele, logo que possível. Nenhum desses tratados ou compromissos internacionais será obrigatório antes de ter sido registrado.

Artigo 19

De tempos a tempos, a Assembleia poderá, convidar os membros da Sociedade a procederem a novo exame dos tratados que se tenham tornados inaplicáveis, bem como das situações internacionais cuja manutenção possa pôr em perigo a paz do mundo.

Artigo 20

1. Os membros da Sociedade reconhecem, cada qual no que lhe diz respeito, que o presente Pacto revoga todas as obrigações ou acordos entre si, incompatíveis com os seus termos, e se comprometem, solenemente, a não contrair, no futuro, outros, semelhantes.

2. Se, antes da sua entrada na Sociedade, algum membro tiver assumido obrigações incompatíveis com os termos do Pacto, esse deverá tomar medidas imediatas para se desligar de tais obrigações.

Artigo 21

Os compromissos internacionais, tais como os tratados de arbitragem, e os acordos regionais, como a doutrina de Monroe destinados a assegurar a manutenção da paz, não serão considerados como incompatíveis com nenhuma das disposições do presente Pacto.

Artigo 22

1. Os seguintes princípios serão aplicados às colônias e territórios que, em consequência da guerra, deixaram de estar sob a soberania dos Estados que os governavam precedentemente e que são habitados por povos ainda não capazes de se dirigir, nas condições particularmente difíceis do mundo moderno. O bem-estar e o desenvolvimento desses povos constituem sagrada missão de civilização, e convém incorporar ao presente Pacto garantias para o desempenho de tal missão.

2. O melhor método de se realizar praticamente esse princípio é confiar a tutela desses povos às nações desenvolvidas que, em razão dos seus recursos, da sua experiência ou da sua posição geográfica, sejam as mais indicadas para assumir tal responsabilidade e que consistam em aceitá-la; elas exerceriam essa tutela na qualidade de mandatários e em nome da Sociedade.

3. O caráter do mandato deverá diferir, conforme o grau de desenvolvimento do povo, a situação geográfica do território, suas condições econômicas e quaisquer outras circunstâncias análogas.

4. Certas comunidades, que outrora pertenciam ao Império Otomano, atingiram tal grau de desenvolvimento que sua existência, como nações independentes, poderá ser reconhecida provisoriamente, sob a condição que os conselhos e o auxílio de um mandatário guiem sua administração até o momento em que sejam capazes de se conduzir sozinhas. Os desejos dessas comunidades deverão ser tomados em consideração na escolha do mandatário.

5. O grau de desenvolvimento em que se acham outros povos, especialmente os da África Central, exige que o mandatário assuma o governo do território, em condições que, com a proibição de abusos, tais como o tráfico de escravos, o comércio de armas e do álcool, garantam a liberdade de consciência e de religião, sem outras limitações, além das que pode exigir a manutenção da ordem pública e dos bons costumes e a proibição de estabelecer fortificações bases militares ou navais e de instruir militarmente os indígenas, a não ser para a polícia ou a defesa do território, e que assegurem aos outros membros da Sociedade condições de igualdade para as trocas e o comércio.

6. Finalmente, há territórios, tais como o Sudoeste africano e certas ilhas do Pacífico austral, que, devido à fraca densidade de sua população, à sua superfície restrita, ao seu afastamento dos centros de civilização, à sua contiguidade geográfica com o território do mandatário, ou a outras circunstâncias, não poderiam ser mais bem administradas do que, sob as leis do mandatário, como parte integrante do território deste, sob ressalva das garantias previstas acima, no interesse da população indígena.

7. Em qualquer desses casos, o mandatário deverá enviar um relatório anual ao Conselho, sobre os territórios de que tenha o encarregado.

8. O grau de autoridade, fiscalização ou administração a ser exercido pelo mandatário, se não tiver constituído objetivo de alguma convenção anterior entre os membros da Sociedade, será expressamente definido em cada caso, pelo Conselho.

9. Uma comissão permanente será incumbida de receber e examinar os relatórios anuais dos mandatários e de dar o seu parecer ao Conselho, sobre todas as questões relativas à execução dos mandatos.

Artigo 23

Sob a reserva e em conformidade das disposições das Convenções internacionais atualmente existentes ou que forem ulteriormente celebradas, os membros da Sociedade:

a) Esforçar-se-ão por assegurar e manter condições de trabalho equitativas e humanas para o homem, a mulher e a criança nos seus próprios territórios, bem como em todos os países aos quais se estendam suas relações de comércio e de indústria e, para este fim, fundarão e manterão as necessárias organizações internacionais;
b) comprometem-se a asegurar o tratamento equitativo das populações indígenas, nos territórios submetidos à sua administração;
c) encarregam a Sociedade da fiscalização geral dos acordos relativos ao tráfico das mulheres e crianças e ao tráfico do ópio e de outras drogas nocivas;
d) encarregam a Sociedade da fiscalização geral do comércio das armas e munições com os países onde a fiscalização desse comércio seja indispensável ao interesse comum;
e) adotarão as disposições necessárias para assegurar e manter a liberdade das comunicações e do trânsito, bem como tratamento equitativo do comércio de todos os membros da Sociedade, ficando entendido que as necessidades especiais das regiões devastadas durante a guerra de 1914 a 1918 deverão ser tomadas em consideração;
f) esforçar-se-ão por tomar medidas de ordem internacional destinadas a prevenir e combater enfermidades.

ARTIGO 24

1. Todas as repartições internacionais anteriormente estabelecidas por tratados coletivos serão postas, se as partes contratantes nisso assentirem, sob a autoridade da Sociedade. Todas as outras repartições internacionais e todas as comissões para a solução de questões de interesse internacional, que forem ulteriormente criadas, serão postas igualmente sob a autoridade da Sociedade.

2. Em todas as questões de interesse internacional reguladas por convenções gerais, mas não submetidas à fiscalização de comissões ou de repartições internacionais, o Secretariado da Sociedade deverá, se as Partes o pedirem e se o Conselho consentir, reunir e distribuir todas as informações úteis e prestar toda a assistência necessária ou desejável.

3. O Conselho poderá decidir a inclusão nas despesas do Secretariado das despesas de toda repartição ou comissão posta sob a autoridade da Sociedade.

ARTIGO 25

Os membros da Sociedade comprometem-se a encorajar e favorecer o estabelecimento e a cooperação das organizações voluntárias nacionais da Cruz Vermelha, devidamente autorizadas, que tenham por fim a melhoria da saúde, a defesa preventiva contra as enfermidades e o alívio dos sofrimentos no mundo.

ARTIGO 26

1. As emendas ao presente Pacto entrarão em vigor desde a sua ratificação pelos membros da Sociedade cujos representantes compõem o Conselho e pela maioria daqueles cujos Representantes formam a Assembleia.

2. Todo membro da Sociedade tem a liberdade de não aceitar as emendas feitas ao Pacto, deixando nesse caso de fazer parte da Sociedade.

ANEXO

I – Membros originários da Sociedade das Nações, signatários do Tratado de Paz

Estados Unidos da América / Bélgica, Bolívia / Brasil / Império Britânico / Canadá / Austrália / África do Sul / Nova Zelândia / Índia / China / Cuba / Equador / França / Grécia / Guatemala / Haiti / Hedjaz / Honduras / Itália / Japão / Libéria / Nicarágua / Panamá / Peru / Polônia / Portugal / Romênia / Estado Servio–Croata–Esloveno / Sião / Tcheco–Eslováquia / Uruguai.

Estados convidados a aderir ao Pacto

Argentina / Chile / Colômbia / Dinamarca / Espanha / Noruega / Paraguai / Países Baixos / Pérsia / Salvador / Suécia / Suíça / Venezuela.

II – Primeiro Secretário geral da Sociedade das Nações, o ilustre Sir James Eric Drummond, K.C. M. G., C.B.

TRATADO CONSTITUTIVO DA UNIÃO DE NAÇÕES SUL-AMERICANAS

► Aprovado pelo Dec. Legislativo nº 159, de 13-7-2011, e promulgado pelo Dec. nº 7.667, de 11-1-2012. Entrou em vigor, no plano jurídico externo, para a República Federativa do Brasil, em 14-8-2011.

A República Argentina, a República da Bolívia, a República Federativa do Brasil, a República do Chile, a República da Colômbia, a República do Equador, a República Cooperativista da Guiana, a República do Paraguai, a República do Peru, a República do Suriname, a República Oriental do Uruguai e a República Bolivariana da Venezuela,

PREÂMBULO

Apoiadas na história compartilhada e solidária de nossas nações, multiétnicas, plurilíngues e multiculturais, que lutaram pela emancipação e unidade sul-americanas, honrando o pensamento daqueles que forjaram nossa independência e liberdade em favor dessa união e da construção de um futuro comum;

Inspiradas nas Declarações de Cusco (8 de dezembro de 2004), Brasília (30 de setembro de 2005) e Cochabamba (9 de dezembro de 2006);

Afirmando sua determinação de construir uma identidade e cidadania sul-americanas e desenvolver um espaço regional integrado no âmbito político, econômico, social, cultural, ambiental, energético e de infraestrutura, para contribuir para o fortalecimento da unidade da América Latina e Caribe;

Convencidas de que a integração e a união sul-americanas são necessárias para avançar rumo ao desenvolvimento sustentável e o bem-estar de nossos povos, assim como para contribuir para resolver os problemas que ainda afetam a região, como a pobreza, a exclusão e a desigualdade social persistentes;

Seguras de que a integração é um passo decisivo rumo ao fortalecimento do multilateralismo e à vigência do direito nas relações internacionais para alcançar um mundo multipolar, equilibrado e justo no qual prevaleça a igualdade soberana dos Estados e uma cultura de paz em um mundo livre de armas nucleares e de destruição em massa;

Ratificando que tanto a integração quanto a união sul-americanas fundam-se nos princípios basilares de: irrestrito respeito à soberania, integridade e inviolabilidade territorial dos Estados; autodeterminação dos povos; solidariedade; cooperação; paz; democracia, participação cidadã e pluralismo; direitos humanos universais, indivisíveis e interdependentes; redução das assimetrias e harmonia com a natureza para um desenvolvimento sustentável;

Entendendo que a integração sul-americana deve ser alcançada através de um processo inovador, que inclua todas as conquistas e avanços obtidos pelo MERCOSUL e pela CAN, assim como a experiência de Chile, Guiana e Suriname, indo além da convergência desses processos;

Conscientes de que esse processo de construção da integração e da união sul-americanas é ambicioso em seus objetivos estratégicos, que deverá ser flexível e gradual em sua implementação, assegurando que cada Estado assuma os compromissos segundo sua realidade;

Ratificando que a plena vigência das instituições democráticas e o respeito irrestrito aos direitos humanos são condições essenciais para a construção de um futuro comum de paz e prosperidade econômica e social e o desenvolvimento dos processos de integração entre os Estados-Membros;

Acordam:

Artigo 1
Constituição da UNASUL

Os Estados-Partes do presente Tratado decidem constituir a União de Nações Sul-americanas (UNASUL) como uma organização dotada de personalidade jurídica internacional.

Artigo 2
Objetivo

A União de Nações Sul-americanas tem como objetivo construir, de maneira participativa e consensuada, um espaço de integração e união no âmbito cultural, social, econômico e político entre seus povos, priorizando o diálogo político, as políticas sociais, a educação, a energia, a infraestrutura, o financiamento e o meio ambiente, entre outros, com vistas a eliminar a desigualdade socioeconômica, alcançar a inclusão social e a participação cidadã, fortalecer a democracia e reduzir as assimetrias no marco do fortalecimento da soberania e independência dos Estados.

Artigo 3
Objetivos Específicos

A União de Nações Sul-americanas tem como objetivos específicos:

a) o fortalecimento do diálogo político entre os Estados-Membros que assegure um espaço de concertação para reforçar a integração sul-americana e a participação da UNASUL no cenário internacional;

b) o desenvolvimento social e humano com equidade e inclusão para erradicar a pobreza e superar as desigualdades na região;

c) a erradicação do analfabetismo, o acesso universal a uma educação de qualidade e o reconhecimento regional de estudos e títulos;

d) a integração energética para o aproveitamento integral, sustentável e solidário dos recursos da região;

e) o desenvolvimento de uma infraestrutura para a interconexão da região e de nossos povos de acordo com critérios de desenvolvimento social e econômico sustentáveis;

f) a integração financeira mediante a adoção de mecanismos compatíveis com as políticas econômicas e fiscais dos Estados-Membros;

g) a proteção da biodiversidade, dos recursos hídricos e dos ecossistemas, assim como a cooperação na prevenção das catástrofes e na luta contra as causas e os efeitos da mudança climática;

h) o desenvolvimento de mecanismos concretos e efetivos para a superação das assimetrias, alcançando assim uma integração equitativa;

i) a consolidação de uma identidade sul-americana através do reconhecimento progressivo de direitos a nacionais de um Estado-Membro residentes em qualquer outro Estado-Membro, com o objetivo de alcançar uma cidadania sul-americana;

j) o acesso universal à segurança social e aos serviços de saúde;

k) a cooperação em matéria de migração, com enfoque integral e baseada no respeito irrestrito aos direitos humanos e trabalhistas para a regularização migratória e a harmonização de políticas;

l) a cooperação econômica e comercial para avançar e consolidar um processo inovador, dinâmico, transparente, equitativo e equilibrado que contemple um acesso efetivo, promovendo o crescimento e o desenvolvimento econômico que supere as assimetrias mediante a complementação das economias dos países da América do Sul, assim como a promoção do bem-estar de todos os setores da população e a redução da pobreza;

m) a integração industrial e produtiva, com especial atenção às pequenas e médias empresas, cooperativas, redes e outras formas de organização produtiva;

n) a definição e implementação de políticas e projetos comuns ou complementares de pesquisa, inovação, transferência e produção tecnológica, com vistas a incrementar a capacidade, a sustentabilidade e o desenvolvimento científico e tecnológico próprios;

o) a promoção da diversidade cultural e das expressões da memória e dos conhecimentos e saberes dos povos da região, para o fortalecimento de suas identidades;

p) a participação cidadã, por meio de mecanismos de interação e diálogo entre a UNASUL e os diversos atores sociais na formulação de políticas de integração sul-americana;

q) a coordenação entre os organismos especializados dos Estados-Membros, levando em conta as normas internacionais, para fortalecer a luta contra o terrorismo, a corrupção, o problema mundial das drogas, o tráfico de pessoas, o tráfico de armas pe-

quenas e leves, o crime organizado transnacional e outras ameaças, assim como para promover o desarmamento, a não proliferação de armas nucleares e de destruição em massa e a deminagem;
r) a promoção da cooperação entre as autoridades judiciais dos Estados-Membros da UNASUL;
s) o intercâmbio de informação e de experiências em matéria de defesa;
t) a cooperação para o fortalecimento da segurança cidadã; e
u) a cooperação setorial como um mecanismo de aprofundamento da integração sul-americana, mediante o intercâmbio de informação, experiências e capacitação.

Artigo 4
Órgãos

Os órgãos da UNASUL são:
1. O Conselho de Chefas e Chefes de Estado e de Governo;
2. O Conselho de Ministras e Ministros das Relações Exteriores;
3. O Conselho de Delegadas e Delegados;
4. A Secretaria-Geral.

Artigo 5
Desenvolvimento da Institucionalidade

Poderão ser convocadas e conformadas Reuniões Ministeriais Setoriais, Conselhos de nível Ministerial, Grupos de Trabalho e outras instâncias institucionais que sejam requeridas, de natureza permanente ou temporária, para dar cumprimento aos mandatos e recomendações dos órgãos competentes. Essas instâncias prestarão conta do desempenho de seus atos por meio do Conselho de Delegadas e Delegados, que o elevará ao Conselho de Chefas e Chefes de Estado e de Governo ou ao Conselho de Ministras e Ministros das Relações Exteriores, conforme o caso.

Os acordos adotados pelas Reuniões Ministeriais Setoriais, Conselhos de nível Ministerial, Grupos de Trabalho e outras instâncias institucionais serão submetidos à consideração do órgão competente que os tenha criado ou convocado.

O Conselho Energético Sul-americano, criado na Declaração de Margarita (17 de abril de 2007), é parte da UNASUL.

Artigo 6
O Conselho de Chefas e Chefes de Estado e de Governo

O Conselho de Chefas e Chefes de Estado e de Governo é o órgão máximo da UNASUL.

Suas atribuições são:
a) estabelecer as diretrizes políticas, os planos de ação, os programas e os projetos do processo de integração sul-americana e decidir as prioridades para sua implementação;
b) convocar Reuniões Ministeriais Setoriais e criar Conselhos de nível Ministerial;
c) decidir sobre as propostas apresentadas pelo Conselho de Ministras e Ministros das Relações Exteriores;
d) adotar as diretrizes políticas para as relações com terceiros.

As reuniões ordinárias do Conselho de Chefas e Chefes de Estado e de Governo terão periodicidade anual. A pedido de um Estado-Membro poderão ser convocadas reuniões extraordinárias, através da Presidência Pro Tempore, com o consenso de todos os Estados Membros da UNASUL.

Artigo 7
A Presidência *Pro Tempore*

A Presidência *Pro Tempore* da UNASUL será exercida sucessivamente por cada um dos Estados-Membros, em ordem alfabética, por períodos anuais.

Suas atribuições são:
a) preparar, convocar e presidir as reuniões dos órgãos da UNASUL;
b) apresentar para consideração do Conselho de Ministras e Ministros das Relações Exteriores e do Conselho de Delegadas e Delegados o Programa anual de atividades da UNASUL, com datas, sedes e agenda das reuniões de seus órgãos, em coordenação com a Secretaria-Geral;
c) representar a UNASUL em eventos internacionais, devendo a delegação ser previamente aprovada pelos Estados-Membros;
d) assumir compromissos e firmar Declarações com terceiros, com prévio consentimento dos órgãos correspondentes da UNASUL.

Artigo 8
O Conselho de Ministras e Ministros das Relações Exteriores

O Conselho de Ministras e Ministros das Relações Exteriores tem as seguintes atribuições:
a) adotar Resoluções para implementar as Decisões do Conselho de Chefas e Chefes de Estado e de Governo;
b) propor projetos de Decisões e preparar as reuniões do Conselho de Chefas e Chefes de Estado e de Governo;
c) coordenar posicionamentos em temas centrais da integração sul-americana;
d) desenvolver e promover o diálogo político e a concertação sobre temas de interesse regional e internacional;
e) realizar o seguimento e a avaliação do processo de integração em seu conjunto;
f) aprovar o Programa anual de atividades e o orçamento anual de funcionamento da UNASUL;
g) aprovar o financiamento das iniciativas comuns da UNASUL;
h) implementar as diretrizes políticas nas relações com terceiros;
i) aprovar resoluções e regulamentos de caráter institucional ou sobre outros temas que sejam de sua competência;
j) criar Grupos de Trabalho no marco das prioridades fixadas pelo Conselho de Chefas e Chefes de Estado e de Governo.

As reuniões ordinárias do Conselho de Ministras e Ministros das Relações Exteriores terão periodicidade semestral, podendo a Presidência *Pro Tempore* convocar reuniões extraordinárias a pedido de metade dos Estados-Membros.

Artigo 9
O Conselho de Delegadas e Delegados

O Conselho de Delegadas e Delegados tem as seguintes atribuições:

a) implementar, mediante a adoção das disposições pertinentes, as Decisões do Conselho de Chefas e Chefes de Estado e de Governo e as Resoluções do Conselho de Ministras e Ministros das Relações Exteriores, com o apoio da Presidência *Pro Tempore* e da Secretaria-Geral;
b) preparar as reuniões do Conselho de Ministras e Ministros das Relações Exteriores;
c) elaborar projetos de Decisões, Resoluções e Regulamentos para a consideração do Conselho de Ministras e Ministros das Relações Exteriores;
d) compatibilizar e coordenar as iniciativas da UNASUL com outros processos de integração regional e sub-regional vigentes, com a finalidade de promover a complementaridade de esforços;
e) conformar, coordenar e dar seguimento aos Grupos de Trabalho;
f) dar seguimento ao diálogo político e à concertação sobre temas de interesse regional e internacional;
g) promover os espaços de diálogo que favoreçam a participação cidadã no processo de integração sul-americana;
h) propor ao Conselho de Ministras e Ministros das Relações Exteriores o projeto de orçamento ordinário anual de funcionamento para sua consideração e aprovação.

O Conselho de Delegadas e Delegados é formado por uma ou um representante acreditado(a) por cada Estado-Membro. Reúne-se com periodicidade preferencialmente bimestral, no território do Estado que exerce a Presidência *Pro Tempore* ou outro lugar que se acorde.

Artigo 10
A Secretaria-Geral

A Secretaria-Geral é o órgão que, sob a condução do Secretário-Geral, executa os mandatos que lhe conferem os órgãos da UNASUL e exerce sua representação por delegação expressa dos mesmos. Tem sua sede em Quito, Equador.

Suas atribuições são:

a) apoiar o Conselho de Chefas e Chefes de Estado e de Governo, o Conselho de Ministras e Ministros das Relações Exteriores, o Conselho de Delegadas e Delegados e a Presidência *Pro Tempore* no cumprimento de suas funções;
b) propor iniciativas e efetuar o seguimento das diretrizes dos órgãos da UNASUL;
c) participar com direito a voz e exercer a função de secretaria nas reuniões dos órgãos da UNASUL;
d) preparar e apresentar a Memória Anual e os informes respectivos aos órgãos correspondentes da UNASUL;
e) servir como depositário dos Acordos no âmbito da UNASUL e disponibilizar sua publicação correspondente;
f) preparar o projeto de orçamento anual para a consideração do Conselho de Delegadas e Delegados e adotar as medidas necessárias para sua boa gestão e execução;
g) preparar os projetos de Regulamento para o funcionamento da Secretaria-Geral e submetê-los à consideração e aprovação dos órgãos correspondentes;
h) coordenar-se com outras entidades de integração e cooperação latino-americanas e caribenhas para o desenvolvimento das atividades que lhe encomendem os órgãos da UNASUL;
i) celebrar, de acordo com os regulamentos, todos os atos jurídicos necessários para a boa administração e gestão da Secretaria-Geral.

O Secretário-Geral será designado pelo Conselho de Chefas e Chefes de Estado e de Governo com base em proposta do Conselho de Ministras e Ministros das Relações Exteriores, por um período de dois anos, renovável apenas uma vez. O Secretário-Geral não poderá ser sucedido por uma pessoa da mesma nacionalidade.

Durante o exercício de suas funções, o Secretário-Geral e os funcionários da Secretaria terão dedicação exclusiva, não solicitarão nem receberão instruções de nenhum Governo, nem de entidade alheia à UNASUL, e se absterão de atuar de forma incompatível com sua condição de funcionários internacionais responsáveis unicamente perante esta organização internacional.

O Secretário-Geral exerce a representação legal da Secretaria-Geral.

Na seleção dos funcionários da Secretaria-Geral será garantida uma representação equitativa entre os Estados-Membros, levando- se em conta, na medida do possível, critérios de gênero, de idiomas, étnicos e outros.

Artigo 11
Fontes Jurídicas

As fontes jurídicas da UNASUL são as seguintes:

1. O Tratado Constitutivo da UNASUL e os demais instrumentos adicionais;
2. Os Acordos que celebrem os Estados-Membros da UNASUL com base nos instrumentos mencionados no parágrafo precedente;
3. As Decisões do Conselho de Chefas e Chefes de Estado e de Governo;
4. As Resoluções do Conselho de Ministras e Ministros das Relações Exteriores; e
5. As Disposições do Conselho de Delegadas e Delegados.

Artigo 12
Aprovação da Normativa

Toda a normativa da UNASUL será adotada por consenso.

As Decisões do Conselho de Chefas e Chefes de Estado e de Governo, as Resoluções do Conselho de Ministras e Ministros das Relações Exteriores e as Disposições do Conselho de Delegadas e Delegados poderão ser adotadas estando presentes ao menos três quartos (3/4) dos Estados-Membros.

As Decisões do Conselho de Chefas e Chefes de Estado e de Governo e as Resoluções do Conselho de Ministras e Ministros das Relações Exteriores acordadas sem a presença de todos os Estados-Membros deverão ser objeto de consultas do Secretário-Geral dirigidas aos Estados ausentes, que deverão pronunciar-se em um prazo máximo de trinta (30) dias corridos, a contar do recebimento do documento no idioma correspondente. No caso do Conselho de Delegadas e Delegados, esse prazo será de quinze (15) dias.

Os Grupos de Trabalho poderão realizar sessão e apresentar propostas sempre que o *quorum* das reuniões seja de metade mais um dos Estados-Membros.

Os atos normativos emanados dos órgãos da UNASUL serão obrigatórios para os Estados-Membros uma vez que tenham sido incorporados no ordenamento jurídico de cada um deles, de acordo com seus respectivos procedimentos internos.

ARTIGO 13
Adoção de Políticas e Criação de Instituições, Organizações e Programas

Um ou mais Estados-Membros poderão submeter à consideração do Conselho de Delegadas e Delegados propostas de adoção de políticas e de criação de instituições, organizações ou programas comuns para serem adotados por consenso, com base em critérios flexíveis e graduais de implementação, segundo os objetivos da UNASUL e o disposto nos artigos 5 e 12 do presente Tratado.

No caso de programas, instituições ou organizações em que participem Estados-Membros antes da entrada em vigor deste Tratado, poderão ser considerados como programas, instituições ou organizações da UNASUL de acordo com os procedimentos assinalados neste artigo e em consonância com os objetivos deste Tratado.

As propostas serão apresentadas ao Conselho de Delegadas e Delegados. Uma vez aprovadas por consenso, serão remetidas ao Conselho de Ministras e Ministros das Relações Exteriores e, subsequentemente, ao Conselho de Chefas e Chefes de Estado e de Governo, para aprovação por consenso. Quando uma proposta não for objeto de consenso, a mesma só poderá ser novamente submetida ao Conselho de Delegadas e Delegados seis meses após sua última inclusão na agenda.

Aprovada uma proposta pela instância máxima da UNASUL, três ou mais Estados-Membros poderão iniciar seu desenvolvimento, sempre e quando se assegurem tanto a possibilidade de incorporação de outros Estados-Membros, quanto a informação periódica sobre seus avanços ao Conselho de Delegadas e Delegados.

Qualquer Estado Membro poderá eximir-se de aplicar total ou parcialmente uma política aprovada, seja por tempo definido ou indefinido, sem que isso impeça sua posterior incorporação total ou parcial àquela política. No caso das instituições, organizações ou programas que sejam criados, qualquer dos Estados-Membros poderá participar como observador ou eximir-se total ou parcialmente de participar por tempo definido ou indefinido.

A adoção de políticas e a criação de instituições, organizações e programas será regulamentada pelo Conselho de Ministras e Ministros das Relações Exteriores, com base em proposta do Conselho de Delegadas e Delegados.

ARTIGO 14
Diálogo Político

A concertação política entre os Estados-Membros da UNASUL será um fator de harmonia e respeito mútuo que afiance a estabilidade regional e sustente a preservação dos valores democráticos e a promoção dos direitos humanos.

Os Estados-Membros reforçarão a prática de construção de consensos no que se refere aos temas centrais da agenda internacional e promoverão iniciativas que afirmem a identidade da região como um fator dinâmico nas relações internacionais.

ARTIGO 15
Relações com Terceiros

A UNASUL promoverá iniciativas de diálogo sobre temas de interesse regional ou internacional e buscará consolidar mecanismos de cooperação com outros grupos regionais, Estados e outras entidades com personalidade jurídica internacional, priorizando projetos nas áreas de energia, financiamento, infraestrutura, políticas sociais, educação e outras a serem definidas.

O Conselho de Delegadas e Delegados é o responsável por dar seguimento às atividades de implementação com o apoio da Presidência *Pro Tempore* e da Secretaria-Geral. Com o propósito de assegurar adequada coordenação, o Conselho de Delegadas e Delegados deverá conhecer e considerar expressamente as posições que sustentará a UNASUL em seu relacionamento com terceiros.

ARTIGO 16
Financiamento

O Conselho de Delegadas e Delegados proporá ao Conselho de Ministras e Ministros das Relações Exteriores, para consideração e aprovação, o Projeto de Orçamento ordinário anual de funcionamento da Secretaria-Geral.

O financiamento do orçamento ordinário de funcionamento da Secretaria-Geral será realizado com base em cotas diferenciadas dos Estados-Membros a serem determinadas por Resolução do Conselho de Ministras e Ministros das Relações Exteriores, por proposta do Conselho de Delegadas e Delegados, levando em conta a capacidade econômica dos Estados-Membros, a responsabilidade comum e o princípio da equidade.

ARTIGO 17
Parlamento

A formação de um Parlamento Sul-americano com sede na cidade de Cochabamba, Bolívia, será matéria de um Protocolo Adicional ao presente Tratado.

ARTIGO 18
Participação Cidadã

Será promovida a participação plena da cidadania no processo de integração e união sul-americanas, por meio do diálogo e da interação ampla, democrática, transparente, pluralista, diversa e independente com os diversos atores sociais, estabelecendo canais efetivos de informação, consulta e seguimento nas diferentes instâncias da UNASUL.

Os Estados-Membros e os órgãos da UNASUL gerarão mecanismos e espaços inovadores que incentivem a discussão dos diferentes temas, garantindo que as propostas que tenham sido apresentadas pela cidadania recebam adequada consideração e resposta.

Artigo 19
Estados Associados

Os demais Estados da América Latina e do Caribe que solicitem sua participação como Estados Associados da UNASUL poderão ser admitidos com a aprovação do Conselho de Chefas e Chefes de Estado e de Governo.

Os direitos e obrigações dos Estados Associados serão objeto de regulamentação por parte do Conselho de Ministras e Ministros das Relações Exteriores.

Artigo 20
Adesão de Novos Membros

A partir do quinto ano da entrada em vigor do presente Tratado e levando em conta o propósito de fortalecer a unidade da América Latina e do Caribe, o Conselho de Chefas e Chefes de Estado e de Governo poderá examinar solicitações de adesão como Estados-Membros por parte de Estados Associados que tenham esse *status* por quatro (4) anos, mediante recomendação por consenso do Conselho de Ministras e Ministros das Relações Exteriores. Os respectivos Protocolos de Adesão entrarão em vigor aos 30 dias da data em que se complete seu processo de ratificação por todos os Estados-Membros e o Estado Aderente.

Artigo 21
Solução de Controvérsias

As controvérsias que puderem surgir entre Estados-Partes a respeito da interpretação ou aplicação das disposições do presente Tratado Constitutivo serão resolvidas mediante negociações diretas.

Em caso de não se alcançar uma solução mediante a negociação direta, os referidos Estados-Membros submeterão a controvérsia à consideração do Conselho de Delegadas e Delegados, o qual, dentro de 60 dias do seu recebimento, formulará as recomendações pertinentes para sua solução.

No caso de não se alcançar uma solução, essa instância elevará a controvérsia ao Conselho de Ministras e Ministros das Relações Exteriores, para consideração em sua próxima reunião.

Artigo 22
Imunidades e Privilégios

A UNASUL gozará, no território de cada um dos Estados-Membros, dos privilégios e imunidades necessários para a realização de seus propósitos.

Os representantes dos Estados-Membros e os funcionários internacionais da UNASUL igualmente gozarão dos privilégios e imunidades necessários para desempenhar com independência suas funções relacionadas a este Tratado.

A UNASUL celebrará com a República do Equador o correspondente Acordo de Sede, que estabelecerá os privilégios e imunidades específicos.

Artigo 23
Idiomas

Os idiomas oficiais da União de Nações Sul-americanas serão o português, o castelhano, o inglês e o neerlandês.

Artigo 24
Duração e Denúncia

O presente Tratado Constitutivo terá duração indefinida. Poderá ser denunciado por qualquer dos Estados-Membros mediante notificação escrita ao depositário, que comunicará a denúncia aos demais Estados-Membros.

A denúncia surtirá efeito uma vez transcorrido o prazo de seis (6) meses da data em que a notificação tenha sido recebida pelo depositário.

A notificação de denúncia não eximirá o Estado-Membro da obrigação de pagar as contribuições ordinárias que estiveram pendentes.

Artigo 25
Emendas

Qualquer Estado-Membro poderá propor emendas ao presente Tratado Constitutivo. As propostas de emenda serão comunicadas à Secretaria-Geral, que as notificará aos Estados-Membros para sua consideração pelos órgãos da UNASUL.

As emendas aprovadas pelo Conselho de Chefas e Chefes de Estado e de Governo seguirão o procedimento estabelecido no artigo 26 para sua posterior entrada em vigor.

Artigo 26
Entrada em Vigor

O presente Tratado Constitutivo da União de Nações Sul-americanas entrará em vigor trinta dias após a data de recepção do nono (9º) instrumento de ratificação.

Os instrumentos de ratificação serão depositados perante o Governo da República do Equador, que comunicará a data de depósito aos demais Estados-Membros, assim como a data de entrada em vigor do presente Tratado Constitutivo.

Para o Estado-Membro que ratifique o Tratado Constitutivo após haver sido depositado o nono instrumento de ratificação, o mesmo entrará em vigor trinta dias após a data em que esse Estado-Membro tenha depositado seu instrumento de ratificação.

Artigo 27
Registro

O presente Tratado Constitutivo e suas emendas serão registrados perante a Secretaria da Organização das Nações Unidas.

Artigo Transitório

As Partes acordam designar uma Comissão Especial, que será coordenada pelo Conselho de Delegadas e Delegados e será integrada por representantes dos Parlamentos Nacionais, Sub-regionais e Regionais com o objetivo de elaborar um Projeto de Protocolo Adicional que será considerado na IV Cúpula de Chefas e Chefes de Estado e de Governo. Essa Comissão se reunirá na cidade de Cochabamba.

Esse Protocolo Adicional estabelecerá a composição, as atribuições e o funcionamento do Parlamento Sul-americano.

Feito em Brasília, República Federativa do Brasil, no dia 23 de maio de 2008, em originais nos idiomas português, castelhano, inglês e neerlandês, sendo os quatro textos igualmente autênticos.

CONSTITUIÇÃO DA ORGANIZAÇÃO INTERNACIONAL PARA AS MIGRAÇÕES

▶ Aprovada, no Brasil, pelo Dec. Legislativo nº 302, de 24-10-2011, e promulgada pelo Dec. nº 8.101, de 6-9-2013.

Preâmbulo

Capítulo I: Objetivos e funções

Capítulo II: Membros

Capítulo III: Órgãos

Capítulo IV: O Conselho

Capítulo V: O Comitê Executivo

Capítulo VI: A Administração

Capítulo VII: Sede central

Capítulo VIII: Finanças

Capítulo IX: Estatuto jurídico

Capítulo X: Disposições de índole diversa

PREÂMBULO

AS ALTAS PARTES CONTRATANTES RECORDANDO a Resolução adotada em 15 de dezembro de 1951 pela Conferência sobre Migrações celebrada em Bruxelas.

RECONHECENDO que para assegurar uma realização harmônica dos movimentos migratórios em todo o mundo e facilitar, nas condições mais favoráveis o assentamento e integração dos migrantes na estrutura econômica e social do país de acolhida, é frequentemente necessário prestar serviços de migração no plano internacional, que podem também vir a ser necessários serviços de migração similares para os movimentos de migração temporária, migração de retorno e migração intrarregional, que a migração compreende também a de refugiados, pessoas removidas e outras que se tenham sido obrigadas a abandonar seu país e que necessitam de serviços internacionais de migração, que é necessário promover a cooperação dos Estados e das organizações internacionais para facilitar a emigração das pessoas que desejem partir para países onde possam, mediante seu trabalho, subjugar as próprias necessidades e levar, juntamente com suas famílias, uma existência digna, no respeito à pessoa humana, que a migração pode estimular a criação de novas oportunidades econômicas nos países de acolhida e que existe uma relação entre a migração e as condições econômicas, sociais e culturais dos países em desenvolvimento, que, na cooperação e demais atividades internacionais sobre migrações, devem ser levadas em conta as necessidade dos países em desenvolvimento, que é necessário promover a cooperação dos Estados e das organizações internacionais, governamentais e não governamentais, em matéria de pesquisas e consultas sobre temas das migrações, não somente no que se refere ao processo migratório, mas também à situação e necessidades específicas do migrante em sua condição de pessoa humana, que o traslado dos migrantes deve ser assegurado, sempre que seja possível, pelos serviços de transporte normais,

mas que, às vezes, se demonstra a necessidade de dispor de meios suplementares ou diferentes, que deve existir uma estreita cooperação e coordenação entre os Estados, as organizações internacionais, governamentais e não governamentais, em matéria de migrações e refugiados, que é necessário o financiamento internacional das atividades relacionadas com a migração internacional,

ESTABELECEM:

a ORGANIZAÇÃO INTERNACIONAL PARA AS MIGRAÇÕES designada no presente ato como a Organização, e ACEITAM A PRESENTE CONSTITUIÇÃO.

CAPÍTULO I

OBJETIVOS E FUNÇÕES

ARTIGO 1

1. Os objetivos e as funções da Organização serão:

a) concertar todos os arranjos adequados para assegurar o traslado organizado dos migrantes para os quais os meios existentes se revelem insuficientes ou que, de outra maneira, não possam estar em condições de trasladar-se sem assistência especial aos países que ofereçam possibilidades de imigração ordenada;

b) ocupar-se do traslado organizado dos refugiados, pessoas removidas e outras necessitadas de serviços internacionais de migração para as quais possam ser realizados arranjos entre a Organização e os Estados interessados, incluídos aqueles Estados que se comprometam a acolher essas pessoas;

c) prestar, conforme solicitação dos Estados interessados e de acordo com os mesmos, serviços de migração, tais como: recrutamento, seleção, tramitação, ensino de idiomas, atividades de orientação, exames médicos, colocação, atividades que facilitem a acolhida e a integração, assessoramento em assuntos migratórios, assim como toda outra ajuda que se encontre de acordo com os objetivos da Organização;

d) prestar serviços similares, conforme solicitação dos Estados ou em cooperação com outras organizações internacionais interessadas, para a migração de retorno voluntária, incluída a repatriação voluntária;

e) por à disposição dos Estados e das organizações internacionais e outras instituições um foro para o intercâmbio de opiniões e experiências e o fomento da cooperação e da coordenação das atividades relativas a questões de Migrações internacionais, incluídos estudos com o objetivo de desenvolver soluções práticas.

2. No cumprimento de suas funções, a Organização cooperará estreitamente com as organizações internacionais, governamentais e não governamentais que se ocupem das Migrações, de refugiados e de recursos humanos, com vistas a, entre outros aspectos, facilitar a coordenação das atividades internacionais na matéria.

No desenvolvimento desta cooperação, se respeitarão mutuamente as competências das mencionadas organizações.

3. A Organização reconhece que as normas de admissão e o número de imigrantes que se devem admitir são questões que correspondem à jurisdição interna

dos Estados, e no cumprimento de suas funções trabalhará em conformidade com as leis, regulamentos e as políticas dos Estados interessados.

Capítulo II

MEMBROS

Artigo 2

Serão Membros da Organização:

a) os Estados que, sendo Membros da Organização, tenham aceitado a presente Constituição de acordo com o artigo 34, ou aqueles aos quais se apliquem as disposições do artigo 35;

b) os outros Estados que tenham provado o interesse que concedem ao princípio da livre circulação das pessoas e que se comprometam pelo menos a aportar com gastos de administração da Organização com uma contribuição financeira cuja porcentagem será convencionada entre o Conselho e o Estado interessado, a reserva de uma decisão do Conselho tomada por maioria de dois terços e a aceitação por dito Estado da presente Constituição.

Artigo 3

Todo Estado-Membro poderá notificar sua retirada da Organização ao final de um exercício anual. Esta notificação deverá ser feita por escrito e chegar ao Diretor-Geral da Organização pelo menos quatro meses antes do final do exercício. As obrigações financeiras com respeito à Organização de um Estado Membro que tenha notificado sua retirada se aplicarão à totalidade do exercício durante o qual a notificação tenha sido recebida.

Artigo 4

1. Se um Estado-Membro não cumpre suas obrigações financeiras com respeito à Organização durante dois exercícios anuais consecutivos, o Conselho, mediante decisão adotada por maioria de dois terços, poderá suspender o direito a voto e, total ou parcialmente, os serviços a que o referido Estado-Membro possa utilizar. O Conselho tem autoridade para restabelecer tais direitos e serviços mediante decisão adotada por maioria simples.

2. Todo Estado-Membro poderá ser suspenso em sua qualidade de Membro, por decisão do Conselho tomada por maioria de dois terços, caso viole persistentemente os princípios da presente Constituição. O Conselho tem autoridade para restabelecer tal qualidade de Membro mediante decisão adotada por maioria simples.

Capítulo III

ÓRGÃOS

Artigo 5

Os órgãos da Organização serão:

a) o Conselho;
b) o Comitê Executivo;
c) A Administração.

Capítulo IV

O CONSELHO

Artigo 6

As funções do Conselho, além das que se indicam em outras disposições da presente Constituição, consistirão em:

a) determinar a política da Organização;
b) revisar os informes, aprovar e dirigir a gestão do Comitê Executivo;
c) revisar os informes, aprovar e dirigir a gestão do Diretor-Geral;
d) revisar e aprovar o programa, o orçamento, os gastos e as contas da Organização;
e) adotar toda outra medida concernente à consecução dos objetivos da Organização.

Artigo 7

1. O Conselho se comporá dos representantes dos Estados-Membros.

2. Cada Estado-Membro designará um representante, assim como os suplentes e assessores que julgue necessário.

3. Cada Estado-Membro terá direito a um voto no Conselho.

Artigo 8

Quando assim o solicitarem, o Conselho poderá admitir como observadores em suas sessões, nas condições que possa prescrever seu regulamento interno, a Estados não membros e a organizações internacionais, governamentais ou não governamentais, que se ocupem de migrações, de refugiados ou de recursos humanos. Tais observadores não terão direito de voto.

Artigo 9

1. O Conselho celebrará sua reunião ordinária uma vez ao ano.

2. O Conselho celebrará reunião extraordinária a petição:

a) de um terço de seus membros;
b) do Comitê Executivo;
c) do Diretor-Geral ou do Presidente do Conselho, em casos urgentes.

3. Ao princípio de cada reunião ordinária, o Conselho elegerá um Presidente e os outros membros da Mesa, cujo mandato será de um ano.

Artigo 10

O Conselho poderá criar quantos sub-comitês sejam necessários para o cumprimento de suas funções.

Artigo 11

O Conselho adotará seu próprio regulamento interno.

Capítulo V

O COMITÊ EXECUTIVO

Artigo 12

As funções do Comitê Executivo consistirão em:

a) examinar e revisar a política, os programas e as atividades da Organização, os informes anuais do Diretor-Geral e quaisquer informes especiais;
b) examinar toda questão financeira ou orçamentária que incumba ao Conselho;

c) considerar toda questão que lhe seja especialmente submetida pelo Conselho, incluída a revisão do orçamento, e adotar a este respeito as medidas que julgue necessárias;
d) assessorar ao Diretor-Geral sobre toda questão que por este lhe seja submetida;
e) adotar, entre as reuniões do Conselho, quaisquer decisões urgentes sobre questões da incumbência do mesmo, que serão submetidas à aprovação do Conselho em sua próxima reunião;
f) apresentar recomendações ou propostas ao Conselho, ou ao Diretor-Geral, por sua própria iniciativa;
g) submeter ao Conselho informes e/ou recomendações sobre as questões tratadas.

ARTIGO 13

1. O Comitê Executivo se comporá dos representantes de nove Estados-Membros. Este número poderá ser aumentado mediante votação por maioria de dois terços do Conselho, não podendo exceder a um terço do número total de Membros da Organização.

2. Estes Estados-Membros serão eleitos pelo Conselho por dois anos, podendo ser reeleitos.

3. Cada membro do Comitê Executivo designará um representante, assim como os suplentes e assessores que julgue necessários.

4. Cada membro do Comitê Executivo terá direito a um voto.

ARTIGO 14

1. O Comitê Executivo celebrará pelo menos uma reunião ao ano. Reunir-se-á, outrossim, em caso necessário, para o cumprimento de suas funções, a petição:
a) de seu Presidente;
b) do Conselho;
c) do Diretor-Geral, previa consulta com o Presidente do Conselho;
d) da maioria de seus membros.

2. O Comitê Executivo elegerá entre seus membros um Presidente e um Vice-presidente, cujo mandato será de um ano.

ARTIGO 15

O Comitê Executivo poderá criar, sujeito a revisão eventual do Conselho, quantos subcomitês sejam necessários para o cumprimento de suas funções.

ARTIGO 16

O Comitê Executivo adotará seu próprio regulamento interno.

CAPÍTULO VI

A ADMINISTRAÇÃO

ARTIGO 17

A Administração compreenderá um Diretor-Geral, um Diretor-Geral Adjunto e o pessoal que o Conselho determine.

ARTIGO 18

1. O Diretor-Geral e o Diretor-Geral Adjunto serão eleitos pelo Conselho, mediante votação por maioria de dois terços, e poderão ser reeleitos. A duração ordinária de seu mandato será de cinco anos, embora, excepcionalmente, possa ser menor, se assim decidir o Conselho mediante votação por maioria de dois terços. Cumpri-

rão suas funções de conformidade com o conteúdo de contratos aprovados pelo Conselho e assinados, em nome da Organização, pelo Presidente do Conselho.

2. O Diretor-Geral será responsável perante o Conselho e o Comitê Executivo. O Diretor-Geral administrará e dirigirá os serviços administrativos e executivos da Organização em conformidade com a presente Constituição, com a política e decisões do Conselho e do Comitê Executivo e com os regulamentos por eles adotados. O Diretor-Geral formulará proposições relativas a medidas que devam ser adotadas pelo Conselho.

ARTIGO 19

O Diretor-Geral nomeará o pessoal da Administração em conformidade com o estatuto do pessoal adotado pelo Conselho.

ARTIGO 20

1. No cumprimento de suas funções, o Diretor-Geral, o Diretor-Geral Adjunto e pessoal não deverão solicitar nem aceitar instruções de nenhum Estado nem de nenhuma autoridade alheia à Organização, e deverão abster-se de todo ato incompatível com sua qualidade de funcionários internacionais.

2. Cada Estado-Membro se comprometerá a respeitar o caráter exclusivamente internacional das funções do Diretor-Geral, do Diretor-Geral Adjunto e do pessoal, e a buscar não influenciá-los no cumprimento de suas funções.

3. Para o recrutamento e emprego do pessoal, deverão ser consideradas como condições primordiais sua eficiência, competência e integridade; exceto em circunstâncias excepcionais, o pessoal deverá ser contratado entre os nacionais dos Estados-Membros da Organização, tomando em conta o princípio da distribuição geográfica equitativa.

ARTIGO 21

O Diretor-Geral estará presente, ou se fará representar pelo Diretor-Geral Adjunto ou por outro funcionário que designe, em todas as reuniões do Conselho, do Comitê Executivo e dos Subcomitês. O Diretor-Geral ou seu representante poderão participar nos debates sem direito a voto.

ARTIGO 22

Em ocasião da reunião ordinária celebrada depois do final de cada exercício anual, o Diretor-Geral apresentará ao Conselho, por intermédio do Comitê Executivo, um informe onde se dê conta completa das atividades da Organização durante o ano transcorrido.

CAPÍTULO VII

SEDE CENTRAL

ARTIGO 23

1. A Organização terá sua Sede central em Genebra. O Conselho poderá decidir a mudança da Sede a outro local, mediante votação por maioria de dois terços.

2. As reuniões do Conselho e do Comitê Executivo terão lugar em Genebra, a menos que dois terços dos membros do Conselho ou, respectivamente, do Comitê Executivo, tenham decidido reunir-se em outro lugar.

Capítulo VIII

FINANÇAS

Artigo 24

O Diretor-Geral submeterá ao Conselho, por intermédio do Comitê Executivo, um orçamento anual cobrindo as necessidades administrativas e operacionais, as receitas previstas, as previsões adicionais que sejam necessárias e os esclarecimentos contábeis anuais ou especiais da Organização.

Artigo 25

1. Os recursos necessários para sufragar os gastos da Organização serão obtidos:

a) no que diz respeito à parcela da Administração no Orçamento, mediante as contribuições em espécie dos Estados-Membros, que serão pagas ao início do correspondente exercício anual e deverão fazer-se efetivas sem demora;

b) no que diz respeito à parcela operacional no Orçamento, mediante as contribuições em espécie ou em forma de prestação de serviços pelos Estados-Membros, por outros Estados, pelas organizações internacionais, governamentais ou não governamentais, por outras entidades jurídicas ou pessoas privadas, que deverão aportar-se tão logo seja possível e integralmente antes do final do exercício anual correspondente.

2. Todo Estado-Membro deverá aportar para a Parte de Administração do Orçamento da Organização uma contribuição sobre a base de uma porcentagem acordada entre o Conselho e o Estado-Membro concernente.

3. As contribuições para os gastos operacionais da Organização serão voluntárias e todo contribuinte à Parte de Operações do Orçamento poderá acordar com a Organização as condições de emprego de sua contribuição, que deverão responder aos objetivos e funções da Organização.

4. a) Os gastos de administração da Sede e os restantes gastos de administração, exceto aqueles em que se incorra para exercer as funções enunciadas no parágrafo 1, alíneas c e d, do artigo 1º, se imputarão à Parte de Administração do Orçamento;

b) Os gastos operacionais, assim como os gastos de administração em que se incorra para exercer as funções enunciadas no parágrafo 1, alíneas c e d, do artigo 1º se imputarão à Parte Operacional do Orçamento.

5. O Conselho velará para que a gestão administrativa seja assegurada de maneira eficaz e econômica.

Artigo 26

O regulamento financeiro será estabelecido pelo Conselho.

Capítulo IX

ESTATUTO JURÍDICO

Artigo 27

A Organização possui personalidade jurídica. Goza da capacidade jurídica necessária para exercer suas funções e alcançar seus objetivos e, em especial, da capacidade, de acordo com as leis do Estado de que se trate, de:

a) contratar;
b) adquirir bens móveis e imóveis e dispor deles;
c) receber e desembolsar fundos públicos e privados, e.
d) comparecer em juízo.

Artigo 28

1. A Organização gozará dos privilégios e imunidades necessários para exercer suas funções e alcançar seus objetivos.

2. Os representantes dos Estados-Membros, o Diretor-Geral, o Diretor-Geral Adjunto e o pessoal da Administração gozarão igualmente dos privilégios e imunidades necessários para o exercício, com independência, de suas funções em conexão com a Organização.

3. Ditos privilégios e imunidades se definirão mediante acordos entre a Organização e os Estados interessados ou mediante outras disposições adotadas por ditos Estados.

Capítulo X

DISPOSIÇÕES DIVERSAS

Artigo 29

1. Salvo disposição contrária na presente Constituição, ou nos regulamentos estabelecidos pelo Conselho ou pelo Comitê Executivo, todas as decisões do Conselho, do Comitê Executivo e de todos os subcomitês, serão tomadas por simples maioria.

2. As maiorias previstas nas disposições da presente Constituição ou dos regulamentos estabelecidos pelo Conselho ou pelo Comitê Executivo se referem aos membros presentes e votantes.

3. Uma votação será válida unicamente quando a maioria dos membros do Conselho, do Comitê Executivo ou do Subcomitê interessado se encontre presente.

Artigo 30

1. Os textos das emendas propostas à presente Constituição serão comunicados pelo Diretor-Geral aos Governos dos Estados-Membros pelo menos três meses antes de serem examinados pelo Conselho.

2. As emendas entrarão em vigor quando tenham sido adotadas por dois terços dos membros do Conselho e aceitas por dois terços dos Estados-Membros, de acordo com suas respectivas regras constitucionais, entendendo-se, não obstante, que as emendas que originem novas obrigações para os Membros não entrarão em vigor para cada Membro em particular senão quando este as tenha aceitado.

Artigo 31

Toda divergência relativa à interpretação ou aplicação da presente Constituição, que não tenha sido resolvida mediante negociação ou mediante decisão do Conselho tomada por maioria de dois terços, será submetida à Corte Internacional de Justiça, em conformidade com o Estatuto da Corte, a menos que os Estados Membros interessados acordem outra forma de resolução da disputa dentro de um intervalo razoável.

Artigo 32

À reserva da aprovação por dois terços dos membros do Conselho, a Organização poderá se encarregar das atividades e objetivos de qualquer outra Instituição Internacional ou Agência, cujos recursos, atividades e obrigações estejam abrangidos pelos objetivos da Organização, desde que possa ser fixado mediante acordo internacional ou arranjo conveniado entre as autoridades competentes das organizações respectivas.

ARTIGO 33

O Conselho pode, mediante votação por maioria de três quartos de seus membros, decidir sobre a dissolução da Organização.

ARTIGO 34

A presente Constituição entrará em vigor para os Governos Membros do Comitê Intergovernamental para as Migrações Europeias que a tenham aceitado, de acordo com suas respectivas regras constitucionais, no dia da primeira reunião de dito Comitê depois de que:

a) dois terços, pelo menos, dos Membros do Comitê, e
b) um número de Membros que representem, pelo menos 75% das contribuições à parte administrativa do orçamento, tenham notificado ao Diretor que aceitam a presente Constituição.

ARTIGO 35

Os Governos Membros do Comitê Intergovernamental para as Migrações Europeias que, na data de entrada em vigor da presente Constituição não tenham notificado o Diretor que aceitam esta Constituição, poderão seguir sendo Membros do Comitê durante um ano, se a partir dessa data contribuírem aos gastos de administração do Comitê, nos termos do parágrafo 2º do artigo 25, conservando durante este período o direito de aceitar a Constituição.

ARTIGO 36

Os textos espanhol, francês e inglês da presente Constituição serão considerados como igualmente autênticos. Organização Internacional para as Migrações Conselho Octogésima Oitava Sessão Resolução nº 1105 (LXXXVIII) (Adotada pelo Conselho em sua 457ª reunião, em 30-11-2004)

REFUGIADOS

CONVENÇÃO RELATIVA AO ESTATUTO DOS REFUGIADOS

▶ Dec. nº 50.215, de 28-1-1961, promulga a Convenção relativa ao Estatuto dos Refugiados, concluída em Genebra, em 28-7-1951.

▶ Adotada em 28 de julho de 1951 pela Conferência das Nações Unidas de Plenipotenciários sobre o Estatuto dos Refugiados e Apátridas, convocada pela Resolução 429 (V) da Assembleia-Geral das Nações Unidas, de 14-12-1950.

As Altas Partes Contratantes,

Considerando que a Carta das Nações Unidas e a Declaração Universal dos Direitos Humanos, aprovada em 10 de dezembro de 1948 pela Assembleia-Geral, afirmaram o princípio de que os seres humanos, sem distinção, devem gozar dos direitos do homem e das liberdades fundamentais,

Considerando que a Organização das Nações Unidas tem repetidamente manifestado sua profunda preocupação pelos refugiados e que tem se esforçado por assegurar-lhes o exercício mais amplo possível dos direitos do homem e das liberdades fundamentais,

Considerando que é desejável rever e codificar os acordos internacionais anteriores relativos ao estatuto dos refugiados e estender a aplicação desses instrumentos e a proteção que eles oferecem por meio de um novo acordo,

Considerando que da concessão do direito de asilo podem resultar encargos indevidamente pesados para certos países e que a solução satisfatória para os problemas cujo alcance e natureza internacionais a Organização das Nações Unidas reconheceu, não pode, portanto, ser obtida sem cooperação internacional,

Exprimindo o desejo de que todos os Estados, reconhecendo o caráter social e humanitário do problema dos refugiados, façam tudo o que esteja ao seu alcance para evitar que esse problema se torne causa de tensão entre os Estados,

Notando que o Alto Comissariado das Nações Unidas para os Refugiados tem a incumbência de zelar para a aplicação das convenções internacionais que assegurem a proteção dos refugiados, e reconhecendo que a coordenação efetiva das medidas tomadas para resolver este problema dependerá da cooperação dos Estados com o Alto Comissário,

Convieram nas seguintes disposições:

Capítulo I

DISPOSIÇÕES GERAIS

Artigo 1º

Definição do termo "refugiado"

A. Para fins da presente Convenção, o termo "refugiado" se aplicará a qualquer pessoa:

1) Que foi considerada refugiada nos termos dos Ajustes de 12 de maio de 1926 e de 30 de junho de 1928, ou das Convenções de 28 de outubro de 1933 e de 10 de fevereiro de 1938 e do Protocolo de 14 de setembro de 1939, ou ainda da Constituição da Organização Internacional dos Refugiados;

As decisões de inabilitação tomadas pela Organização Internacional dos Refugiados durante o período do seu mandato não constituem obstáculo a que a qualidade de refugiado seja reconhecida a pessoas que preencham as condições previstas no parágrafo 2 da presente seção;

2) Que, em consequência dos acontecimentos ocorridos antes de 1º de janeiro de 1951 e temendo ser perseguida por motivos de raça, religião, nacionalidade, grupo social ou opiniões políticas, encontra-se fora do país de sua nacionalidade e que não pode ou, em virtude desse temor, não quer valer-se da proteção desse país, ou que, se não tem nacionalidade encontra-se fora do país no qual tinha sua residência habitual em consequência de tais acontecimentos, não pode ou, devido ao referido temor, não quer voltar a ele.

No caso de uma pessoa que tem mais de uma nacionalidade, a expressão "do país de sua nacionalidade" se refere a cada um dos países dos quais ela é nacional. Uma pessoa que, sem razão válida fundada sobre um temor justificado, não se houver valido da proteção de um dos países de que é nacional, não será considerada privada da proteção do país de sua nacionalidade.

B. 1) Para os fins da presente Convenção, as palavras "acontecimentos ocorridos antes de 1º de janeiro de 1951", do art. 1º, seção A, poderão ser compreendidos no sentido de

a) "acontecimentos ocorridos antes de 1º de janeiro de 1951 na Europa"; ou
b) "acontecimentos ocorridos antes de 1º de janeiro de 1951 na Europa ou alhures".

E cada Estado Contratante fará, no momento da assinatura, da ratificação ou da adesão, uma declaração precisando o alcance que pretende dar a essa expressão do ponto de vista das obrigações assumidas por ele em virtude da presente Convenção.

2) Qualquer Estado Contratante que adotou a fórmula a) poderá em qualquer momento estender as suas obrigações adotando a fórmula b) por meio de uma notificação dirigida ao Secretário-Geral das Nações Unidas.

C. Esta Convenção cessará, nos casos infra, de ser aplicável a qualquer pessoa compreendida nos termos da seção A, retro:

1) se ela voltou a valer-se da proteção do país de que é nacional; ou

2) se havendo perdido a nacionalidade, ela a recuperou voluntariamente; ou

3) se adquiriu nova nacionalidade e goza da proteção do país cuja nacionalidade adquiriu; ou

4) se voltou a estabelecer-se, voluntariamente, no país que abandonou ou fora do qual permaneceu com medo de ser perseguido; ou

5) se por terem deixado de existir as circunstâncias em consequência das quais foi reconhecida como refugiada, ela não pode mais continuar a recusando a proteção do país de que é nacional;

Contanto, porém, que as disposições do presente parágrafo não se apliquem a um refugiado incluído nos termos do parágrafo 1 da seção A do presente artigo, que pode invocar, para recusar a proteção do país de que é nacional, razões imperiosas resultantes de perseguições anteriores;

6) tratando-se de pessoa que não tem nacionalidade, se, por terem deixado de existir as circunstâncias em consequência das quais foi reconhecida como refugiada, ela está em condições de voltar ao país no qual tinha sua residência habitual;

Contanto, porém, que as disposições do presente parágrafo não se apliquem a um refugiado incluído nos termos do parágrafo 1 da seção A do presente artigo que pode invocar, para recusar voltar ao país no qual tinha sua residência habitual, razões imperiosas resultantes de perseguições anteriores.

D. Esta Convenção não será aplicável às pessoas que atualmente se beneficiam de uma proteção ou assistência de parte de um organismo ou de uma instituição das Nações Unidas, que não o Alto Comissariado das Nações Unidas para os refugiados.

Quando esta proteção ou assistência houver cessado, por qualquer razão, sem que a sorte dessas pessoas tenha sido definitivamente resolvida de acordo com as resoluções a ela relativas, adotadas pela Assembleia-Geral das Nações Unidas, essas pessoas se beneficiarão de pleno direito do regime desta Convenção.

E. Esta Convenção não será aplicável a uma pessoa considerada pelas autoridades competentes do país no qual ela instalou sua residência como tendo os direitos e as obrigações relacionadas com a posse da nacionalidade desse país.

F. As disposições desta Convenção não serão aplicáveis às pessoas a respeito das quais houver razões sérias para se pensar que:

a) cometeram um crime contra a paz, um crime de guerra ou um crime contra a humanidade, no sentido dado pelos instrumentos internacionais elaborados para prever tais crimes;
b) cometeram um crime grave de direito comum fora do país de refúgio antes de serem nele admitidas como refugiados;
c) tornaram-se culpadas de atos contrários aos fins e princípios das Nações Unidas.

ARTIGO 2º
Obrigações gerais

Todo refugiado tem deveres para com o país em que se encontra, os quais compreendem notadamente a obrigação de respeitar as leis e regulamentos, assim como às medidas que visam a manutenção da ordem pública.

ARTIGO 3º
Não discriminação

Os Estados Contratantes aplicarão as disposições desta Convenção aos refugiados sem discriminação quanto à raça, à religião ou ao país de origem.

ARTIGO 4º
Religião

Os Estados Contratantes proporcionarão aos refugiados em seu território um tratamento pelo menos tão favorável como o que é proporcionado aos nacionais no que concerne à liberdade de praticar sua religião e no que concerne à liberdade de instrução religiosa dos seus filhos.

ARTIGO 5º
Direitos conferidos independentemente desta Convenção

Nenhuma disposição desta Convenção prejudicará os outros direitos e vantagens concedidos aos refugiados, independentemente desta Convenção.

ARTIGO 6º
A expressão "nas mesmas circunstâncias"

Para os fins desta Convenção, a expressão "nas mesmas circunstâncias" significa que todas as condições – em especial as que se referem à duração e às condições de permanência ou de residência – que o interessado teria de preencher para poder exercer o direito em causa, se ele não fosse refugiado, devem ser preenchidas por ele, com exceção das condições que, em razão da sua natureza, não podem ser preenchidas por um refugiado.

ARTIGO 7º
Dispensa de reciprocidade

1. Ressalvadas as disposições mais favoráveis previstas por esta Convenção, um Estado Contratante concederá aos refugiados o regime que concede aos estrangeiros em geral.

2. Após um prazo de residência de três anos, todos os refugiados se beneficiarão, no território dos Estados Contratantes, da dispensa de reciprocidade legislativa.

3. Cada Estado Contratante continuará a conceder aos refugiados os direitos e vantagens de que já gozavam, na ausência de reciprocidade, na data da entrada em vigor desta Convenção para o referido Estado.

4. Os Estados Contratantes considerarão com benevolência a possibilidade de conceder aos refugiados, na ausência de reciprocidade, direitos e vantagens outros além dos que eles gozam em virtude dos parágrafos 2 e 3, assim como a possibilidade de conceder o benefício da dispensa de reciprocidade a refugiados que não preencham as condições previstas nos parágrafos 2 e 3.

5. As disposições dos parágrafos 2 e 3, supra, aplicam-se assim às vantagens mencionadas nos artigos 13, 18, 19, 21 e 22 desta Convenção, como aos direitos e vantagens que não são previstos pela mesma.

ARTIGO 8º
Dispensa de medidas excepcionais

No que concerne às medidas excepcionais que podem ser tomadas contra a pessoa, bens ou interesses dos nacionais de um Estado, os Estados Contratantes não aplicarão tais medidas a um refugiado que seja formalmente nacional do referido Estado unicamente em razão da sua nacionalidade. Os Estados Contratantes que, pela sua legislação, não podem aplicar o dispositivo geral consagrado neste artigo concederão, nos casos apropriados, dispensas em favor de tais refugiados.

Artigo 9º
Medidas provisórias

Nenhuma das disposições da presente Convenção tem por efeito impedir um Estado Contratante, em tempo de guerra ou em outras circunstâncias graves e excepcionais, de tomar provisoriamente, a propósito de uma determinada pessoa, as medidas que este Estado julgar indispensáveis à segurança nacional, até que o referido Estado determine que essa pessoa é efetivamente um refugiado e que a continuação de tais medidas é necessária a seu propósito no interesse da segurança nacional.

Artigo 10
Continuidade de residência

1. No caso de um refugiado que foi deportado no curso da Segunda Guerra Mundial, transportado para o território de um dos Estados Contratantes e aí resida, a duração dessa permanência forçada será considerada residência regular nesse território.

2. No caso de um refugiado que foi deportado do território de um Estado Contratante no curso da Segunda Guerra Mundial e para ele voltou antes da entrada em vigor desta Convenção para aí estabelecer sua residência, o período que precedeu e o que se seguiu a essa deportação serão considerados, para todos os fins para os quais é necessária uma residência ininterrupta, como constituindo apenas um período ininterrupto.

Artigo 11
Marinheiros refugiados

No caso de refugiados regularmente empregados como membros da tripulação a bordo de um navio que hasteie pavilhão de um Estado Contratante, este Estado examinará com benevolência a possibilidade de autorizar os referidos refugiados a se estabelecerem no seu território e entregar-lhes documentos de viagem ou de os admitir a título temporário no seu território, a fim, notadamente, de facilitar sua fixação em outro país.

Capítulo II
SITUAÇÃO JURÍDICA

Artigo 12
Estatuto pessoal

1. O estatuto pessoal de um refugiado será regido pela lei do país de seu domicílio, ou, na falta de domicílio, pela lei do país de sua residência.

2. Os direitos adquiridos anteriormente pelo refugiado e decorrentes do estatuto pessoal, e principalmente os que resultam do casamento, serão respeitados por um Estado Contratante, ressalvado, sendo o caso, o cumprimento das formalidades previstas pela legislação do referido Estado, entendendo-se, todavia, que o direito em causa deve ser dos que seriam reconhecidos pela legislação do referido Estado se o interessado não houvesse se tornado refugiado.

Artigo 13
Propriedade móvel e imóvel

Os Estados Contratantes concederão a um refugiado um tratamento tão favorável quanto possível, e de qualquer maneira um tratamento que não seja menos favorável do que o que é concedido, nas mesmas circunstâncias, aos estrangeiros em geral, no que concerne à aquisição de propriedade móvel ou imóvel e a outros direitos a ela referentes, ao aluguel e aos outros contratos relativos a propriedade móvel ou imóvel.

Artigo 14
Propriedade intelectual e industrial

Em matéria de proteção da propriedade industrial, especialmente de invenções, desenhos, modelos, marcas de fábrica, nome comercial, e em matéria de proteção da propriedade literária, artística e científica, um refugiado se beneficiará, no país em que tem sua residência habitual, da proteção que é conferida aos nacionais do referido país. No território de qualquer um dos outros Estados Contratantes, ele se beneficiará da proteção dada no referido território aos nacionais do país no qual tem sua residência habitual.

Artigo 15
Direitos de associação

Os Estados Contratantes concederão aos refugiados que residem regularmente em seu território, no que concerne às associações sem fins políticos nem lucrativos e aos sindicatos profissionais, o tratamento mais favorável concedido aos nacionais de um país estrangeiro, nas mesmas circunstâncias.

Artigo 16
Direito de propugnar em juízo

1. Qualquer refugiado terá, no território dos Estados Contratantes, livre e fácil acesso aos tribunais.

2. No Estado Contratante em que tem sua residência habitual, qualquer refugiado gozará do mesmo tratamento que um nacional, no que concerne ao acesso aos tribunais, inclusive a assistência judiciária e a isenção de *cautio judicatum solvi*.

3. Nos Estados Contratantes outros que não aquele em que tem sua residência habitual, e no que concerne às questões mencionadas no parágrafo 2, qualquer refugiado gozará do mesmo tratamento que um nacional do país no qual tem sua residência habitual.

Capítulo III
EMPREGOS REMUNERADOS

Artigo 17
Profissões assalariadas

1. Os Estados Contratantes darão a todo refugiado que resida regularmente no seu território o tratamento mais favorável dado, nas mesmas circunstâncias, aos nacionais de um país estrangeiro no que concerne ao exercício de uma atividade profissional assalariada.

2. Em qualquer caso, as medidas restritivas impostas aos estrangeiros ou ao emprego de estrangeiros para a proteção do mercado nacional do trabalho não serão aplicáveis aos refugiados que já estavam dispensados na data da entrada em vigor desta Convenção pelo Estado Contratante interessado, ou que preencham uma das seguintes condições:

a) contar três anos de residência no país;
b) ter por cônjuge uma pessoa que possua a nacionalidade do país de residência. Um refugiado não po-

derá invocar o benefício desta disposição no caso de haver abandonado o cônjuge;

c) ter um ou vários filhos que possuam a nacionalidade do país de residência.

3. Os Estados Contratantes considerarão com benevolência a adoção de medidas tendentes a assimilar os direitos de todos os refugiados no que concerne ao exercício das profissões assalariadas aos dos seus nacionais, e em particular para os refugiados que entraram no seu território em virtude de um programa de recrutamento de mão de obra ou de um plano de imigração.

ARTIGO 18
Profissões não assalariadas

Os Estados Contratantes darão aos refugiados que se encontrem regularmente no seu território tratamento tão favorável quanto possível e, em todo caso, tratamento não menos favorável do que aquele que é dado, nas mesmas circunstâncias, aos estrangeiros em geral, no que concerne ao exercício de uma profissão não assalariada na agricultura, na indústria, no artesanato e no comércio, bem como à instalação de firmas comerciais e industriais.

ARTIGO 19
Profissões liberais

1. Cada Estado Contratante dará aos refugiados que residam regularmente no seu território e sejam titulares de diplomas reconhecidos pelas autoridades competentes do referido Estado e que desejam exercer uma profissão liberal, tratamento tão favorável quanto possível, e, em todo caso, tratamento não menos favorável do que aquele que é dado, nas mesmas circunstâncias, aos estrangeiros em geral.

2. Os Estados Contratantes farão tudo o que estiver ao seu alcance, conforme as suas leis e constituições, para assegurar a instalação de tais refugiados em territórios outros que não o território metropolitano, de cujas relações internacionais sejam responsáveis.

CAPÍTULO IV

BEM-ESTAR

ARTIGO 20
Racionamento

No caso de existir um sistema de racionamento ao qual esteja submetido o conjunto da população, que regule a repartição geral dos produtos de que há escassez, os refugiados serão tratados como os nacionais.

ARTIGO 21
Alojamento

No que concerne ao alojamento, os Estados Contratantes darão, na medida em que esta questão seja regulada por leis ou regulamentos, ou seja, submetida ao controle das autoridades públicas, aos refugiados que residam regularmente no seu território, tratamento tão favorável quanto possível e, em todo caso, tratamento não menos favorável do que aquele que é dado, nas mesmas circunstâncias, aos estrangeiros em geral.

ARTIGO 22
Educação pública

1. Os Estados Contratantes darão aos refugiados o mesmo tratamento que é dado aos nacionais no que concerne ao ensino primário.

2. Os Estados Contratantes darão aos refugiados um tratamento tão favorável quanto possível, e em todo caso não menos favorável do que aquele que é dado aos estrangeiros em geral, nas mesmas circunstâncias, no que concerne aos graus de ensino superiores ao primário, em particular no que diz respeito ao acesso aos estudos, ao reconhecimento de certificados de estudos, de diplomas e títulos universitários estrangeiros, à isenção de emolumentos alfandegários e taxas e à concessão de bolsas de estudos.

ARTIGO 23
Assistência pública

Os Estados Contratantes darão aos refugiados que residam regularmente no seu território o mesmo tratamento em matéria de assistência e de socorros públicos que é dado aos seus nacionais.

ARTIGO 24
Legislação do trabalho e previdência social

1. Os Estados Contratantes darão aos refugiados que residam regularmente no seu território o mesmo tratamento dado aos nacionais quanto aos seguintes pontos:

a) Na medida em que estas questões são regulamentadas pela legislação ou dependem das autoridades administrativas: remuneração, inclusive abonos familiares quando os mesmos integrarem a remuneração; duração do trabalho; horas suplementares; férias pagas; restrições ao trabalho doméstico; idade mínima para o emprego; aprendizado e formação profissional; trabalho das mulheres e dos adolescentes, e gozo das vantagens proporcionadas pelas convenções coletivas.

b) Previdência social (as disposições legais relativas aos acidentes do trabalho, às moléstias profissionais, à maternidade, à doença, à invalidez, à velhice, à morte, ao desemprego, aos encargos de família, bem como a qualquer outro risco que, conforme a legislação nacional, esteja previsto no sistema de previdência social), observadas as seguintes limitações:

I) existência de medidas apropriadas visando o manutenção dos direitos adquiridos e dos direitos em curso de aquisição;

II) disposições particulares prescritas pela legislação nacional do país de residência concernentes a benefícios ou a frações de benefícios pagáveis exclusivamente por fundos públicos, bem como a pensões pagas a pessoas que não preencham as condições de contribuição exigidas para a concessão de uma pensão normal.

2. Os direitos a um benefício decorrentes da morte de um refugiado em virtude de acidente de trabalho ou de doença profissional não serão afetados pelo fato do beneficiário residir fora do território do Estado Contratante.

3. Os Estados Contratantes estenderão aos refugiados o benefício dos acordos que concluíram ou vierem a concluir entre si, relativamente à manutenção dos direitos adquiridos ou em curso de aquisição em matéria de previdência social, contanto que os refugiados preencham as condições previstas para os nacionais dos países signatários dos acordos em questão.

4. Os Estados Contratantes examinarão com benevolência a possibilidade de estender, na medida do possível, aos refugiados, o benefício de acordos semelhantes que estão ou estarão em vigor entre esses Estados Contratantes e Estados não contratantes.

Capítulo V

MEDIDAS ADMINISTRATIVAS

Artigo 25
Assistência administrativa

1. Quando o exercício de um direito por parte de um refugiado normalmente exigir a assistência de autoridades estrangeiras às quais ele não pode recorrer, os Estados Contratantes em cujo território reside providenciarão para que essa assistência lhe seja dada, quer pelas suas próprias autoridades, quer por uma autoridade internacional.

2. A ou as autoridades mencionadas no parágrafo 1 entregarão ou farão entregar, sob seu controle, aos refugiados, os documentos ou certificados que normalmente seriam entregues a um estrangeiro pelas suas autoridades nacionais ou por seu intermédio.

3. Os documentos ou certificados assim entregues substituirão os documentos oficiais entregues a estrangeiros pelas suas autoridades nacionais ou por seu intermédio, e terão fé pública até prova em contrário.

4. Ressalvadas as exceções que possam ser admitidas em favor dos indigentes, os serviços mencionados no presente artigo poderão ser cobrados; mas estas cobranças serão moderadas e de acordo com o valor que se cobrar dos nacionais por serviços análogos.

5. As disposições deste artigo em nada afetarão os artigos 27 e 28.

Artigo 26
Liberdade de movimento

Cada Estado Contratante dará aos refugiados que se encontrem no seu território o direito de nele escolher o local de sua residência e de nele circular livremente, com as reservas instituídas pela regulamentação aplicável aos estrangeiros em geral nas mesmas circunstâncias.

Artigo 27
Papéis de identidade

Os Estados Contratantes entregarão documentos de identidade a qualquer refugiado que se encontre no seu território e que não possua documento de viagem válido.

Artigo 28
Documentos de viagem

1. Os Estados Contratantes entregarão aos refugiados que residam regularmente no seu território documentos de viagem destinados a permitir-lhes viajar fora desse território, a menos que a isto se oponham razões imperiosas de segurança nacional ou de ordem pública; as disposições do Anexo a esta Convenção se aplicarão a esses documentos. Os Estados Contratantes poderão entregar tal documento de viagem a qualquer outro refugiado que se encontre no seu território; darão atenção especial aos casos de refugiados que se encontrem no seu território e que não estejam em condições de obter um documento de viagem do país onde residem regularmente.

2. Os documentos de viagem entregues nos termos de acordos internacionais anteriores serão reconhecidos pelos Estados Contratantes e tratados como se houvessem sido entregues aos refugiados em virtude do presente artigo.

Artigo 29
Despesas fiscais

1. Os Estados Contratantes não submeterão os refugiados a emolumentos alfandegários, taxas e impostos de qualquer espécie, além ou mais elevados do que aqueles que são ou serão cobrados dos seus nacionais em situações análogas.

2. As disposições do parágrafo anterior não impedem a aplicação aos refugiados das disposições de leis e regulamentos concernentes às taxas relativas à expedição de documentos administrativos para os estrangeiros, inclusive papéis de identidade.

Artigo 30
Transferência de bens

1. Cada Estado Contratante permitirá aos refugiados, conforme as leis e regulamentos do seu país, transferir os bens que trouxeram para o seu território, para o território de um outro país, no qual foram admitidos, a fim de nele se reinstalarem.

2. Cada Estado Contratante considerará com benevolência os pedidos apresentados pelos refugiados que desejarem obter autorização para transferir todos os outros bens necessários a sua reinstalação em um outro país, onde foram admitidos, a fim de nele se reinstalarem.

Artigo 31
Refugiados em situação irregular no país de refúgio

1. Os Estados Contratantes não aplicarão sanções penais aos refugiados que, chegando diretamente de território no qual sua vida ou sua liberdade estava ameaçada, no sentido previsto pelo art. 1º, encontrem-se no seu território sem autorização, contanto que apresentem-se sem demora às autoridades e exponham-lhes razões aceitáveis para a sua entrada ou presença irregulares.

2. Os Estados Contratantes não aplicarão aos deslocamentos de tais refugiados outras restrições que não as necessárias; essas restrições serão aplicadas somente enquanto o estatuto desses refugiados no país de refúgio não houver sido regularizado ou eles não houverem obtido admissão em outro país. À vista desta última admissão, os Estados Contratantes concederão a esses refugiados um prazo razoável, assim como todas as facilidades necessárias.

Artigo 32
Expulsão

1. Os Estados Contratantes não expulsarão um refugiado que esteja regularmente no seu território, senão por motivos de segurança nacional ou de ordem pública.

2. A expulsão desse refugiado somente ocorrerá em consequência de decisão judicial proferida em processo legal. A não ser que a isso se oponham razões

imperiosas de segurança nacional, o refugiado deverá ter permissão de apresentar provas em seu favor, de interpor recurso e de se fazer representar para esse fim perante uma autoridade competente ou perante uma ou várias pessoas especialmente designadas pela autoridade competente.

3. Os Estados Contratantes concederão a tal refugiado um prazo razoável para ele obter admissão legal em um outro país. Os Estados Contratantes podem aplicar, durante esse prazo, a medida de ordem interna que julgarem oportuna.

Artigo 33
Proibição de expulsão ou de rechaço

1. Nenhum dos Estados Contratantes expulsará ou rechaçará, de forma alguma, um refugiado para as fronteiras dos territórios em que sua vida ou liberdade seja ameaçada em decorrência da sua raça, religião, nacionalidade, grupo social a que pertença ou opiniões políticas.

2. O benefício da presente disposição não poderá, todavia, ser invocado por um refugiado que por motivos sérios seja considerado um perigo à segurança do país no qual ele se encontre ou que, tendo sido condenado definitivamente por um crime ou delito particularmente grave, constitua ameaça para a comunidade do referido país.

Artigo 34
Naturalização

Os Estados Contratantes facilitarão, na medida do possível, a assimilação e a naturalização dos refugiados. Esforçar-se-ão, em especial, para acelerar o processo de naturalização e reduzir, também na medida do possível, as taxas e despesas desse processo.

Capítulo VI
DISPOSIÇÕES EXECUTÓRIAS E TRANSITÓRIAS
Artigo 35
Cooperação das autoridades nacionais com as Nações Unidas

1. Os Estados Contratantes comprometem-se a cooperar com o Alto Comissariado das Nações Unidas para os Refugiados, ou qualquer outra instituição das Nações Unidas que lhe suceda, no exercício das suas funções e em particular para facilitar a sua tarefa de supervisionar a aplicação das disposições desta Convenção.

2. A fim de permitir ao Alto Comissariado ou a qualquer outra instituição das Nações Unidas que lhe suceda apresentar relatório aos órgãos competentes das Nações Unidas, os Estados Contratantes se comprometem a fornecer-lhes, pela forma apropriada, as informações e os dados estatísticos solicitados relativos:

a) ao estatuto dos refugiados,
b) à execução desta Convenção, e
c) às leis, regulamentos e decretos que estão ou entrarão em vigor no que concerne aos refugiados.

Artigo 36
Informações sobre as leis e regulamentos nacionais

Os Estados Contratantes comunicarão ao Secretário-Geral das Nações Unidas o texto das leis e dos regulamentos que promulguem para assegurar a aplicação desta Convenção.

Artigo 37
Relações com as convenções anteriores

Sem prejuízo das disposições constantes no parágrafo 2 do artigo 28, esta Convenção substitui, entre as Partes na Convenção, os acordos de 5 de julho de 1922, 31 de maio de 1924, 12 de maio de 1926, 30 de julho de 1928 e 30 de julho de 1935, bem como as Convenções de 28 de outubro de 1933, 10 de fevereiro de 1938, o Protocolo de 14 de setembro de 1939 e o Acordo de 15 de outubro de 1946.

Capítulo VII
CLÁUSULAS FINAIS
Artigo 38
Solução dos dissídios

Qualquer controvérsia entre as Partes nesta Convenção relativa a sua interpretação ou a sua aplicação, que não possa ser resolvida por outros meios, será submetida à Corte Internacional de Justiça, a pedido de uma das Partes na controvérsia.

Artigo 39
Assinatura, ratificação e adesão

1. Esta Convenção ficará aberta à assinatura em Genebra a 28 de julho de 1951 e, após esta data, depositada em poder do Secretário-Geral das Nações Unidas. Ficará aberta à assinatura no Escritório Europeu das Nações Unidas de 28 de julho a 31 de agosto de 1951, e depois será reaberta à assinatura na sede da Organização das Nações Unidas, de 17 de setembro de 1951 a 31 de dezembro de 1952.

2. Esta Convenção ficará aberta à assinatura de todos os Estados membros da Organização das Nações Unidas, bem como de qualquer outro Estado não membro convidado para a Conferência de Plenipotenciários sobre o Estatuto dos Refugiados e dos Apátridas, ou de qualquer Estado ao qual a Assembleia-Geral haja dirigido convite para assinar. Deverá ser ratificada e os instrumentos de ratificação ficarão depositados em poder do Secretário-Geral das Nações Unidas.

3. Os Estados mencionados no parágrafo 2 do presente artigo poderão aderir a esta Convenção a partir de 28 de julho de 1951. A adesão será feita mediante instrumento próprio que ficará depositado em poder do Secretário-Geral das Nações Unidas.

Artigo 40
Cláusula de aplicação territorial

1. Qualquer Estado poderá, no momento da assinatura, ratificação ou adesão, declarar que esta Convenção se estenderá ao conjunto dos territórios que representa no plano internacional, ou a um ou vários dentre eles. Tal declaração produzirá efeitos no momento da entrada em vigor da Convenção para o referido Estado.

2. A qualquer momento posterior a extensão poderá ser feita através de notificação dirigida ao Secretário-Geral das Nações Unidas, e produzirá efeitos a partir do nonagésimo dia seguinte à data na qual o Secretário-Geral das Nações Unidas houver recebido a notificação ou na data de entrada em vigor da Convenção para o referido Estado, se esta última data for posterior.

3. No que concerne aos territórios aos quais esta Convenção não se aplique na data da assinatura, ratificação ou adesão, cada Estado interessado examinará a possibilidade de tomar, logo que possível, todas as medidas necessárias a fim de estender a aplicação desta Convenção aos referidos territórios, ressalvado, sendo necessário por motivos constitucionais, o consentimento do governo de tais territórios.

Artigo 41
Cláusula federal

No caso de um Estado federal ou não unitário, aplicar-se-ão as seguintes disposições:

a) No que concerne aos artigos desta Convenção cuja execução dependa da ação legislativa do poder legislativo federal, as obrigações do governo federal serão, nesta medida, as mesmas que as das partes que não são Estados federais.

b) No que concerne aos artigos desta Convenção cuja aplicação depende da ação legislativa de cada um dos Estados, províncias ou municípios constitutivos, que não são, em virtude do sistema constitucional da federação, obrigados a tomar medidas legislativas, o governo federal levará, o mais cedo possível, e com o seu parecer favorável, os referidos artigos ao conhecimento das autoridades competentes dos Estados, províncias ou municípios.

c) Um Estado federal Parte nesta Convenção fornecerá, mediante solicitação de qualquer outro Estado Contratante que lhe haja sido transmitida pelo Secretário-Geral das Nações Unidas, uma exposição sobre a legislação e as práticas em vigor na federação e em suas unidades constitutivas, no que concerne a qualquer disposição da Convenção, indicando em que medida, por uma ação legislativa ou de outra natureza, tornou-se efetiva a referida disposição.

Artigo 42
Reservas

1. No momento da assinatura, da ratificação ou da adesão, qualquer Estado poderá formular reservas aos artigos da Convenção, que não os artigos 1, 3, 4, 16 (1), 33 e 36 a 46 inclusive.

2. Qualquer Estado Contratante que haja formulado uma reserva conforme o parágrafo 1 desse artigo, poderá retirá-la a qualquer momento mediante comunicação com esse fim dirigida ao Secretário-Geral das Nações Unidas.

Artigo 43
Entrada em vigor

1. Esta Convenção entrará em vigor no nonagésimo dia seguinte à data do depósito do sexto instrumento de ratificação ou de adesão.

2. Para cada um dos Estados que ratificarem a Convenção ou a ela aderirem depois do depósito do sexto instrumento de ratificação ou de adesão, ela entrará em vigor no nonagésimo dia seguinte à data do depósito feito por esse Estado do seu instrumento de ratificação ou de adesão.

Artigo 44
Denúncia

1. Qualquer Estado Contratante poderá denunciar a Convenção a qualquer momento por notificação dirigida ao Secretário-Geral das Nações Unidas.

2. A denúncia entrará em vigor para o Estado interessado um ano depois da data em que tiver sido recebida pelo Secretário-Geral das Nações Unidas.

3. Qualquer Estado que houver feito uma declaração ou notificação conforme o artigo 40, poderá notificar ulteriormente ao Secretário-Geral das Nações Unidas que a Convenção cessará de se aplicar a todo o território designado na notificação. A Convenção cessará, então, de se aplicar ao território em questão, um ano depois da data na qual o Secretário-Geral houver recebido essa notificação.

Artigo 45
Revisão

1. Qualquer Estado Contratante poderá, a qualquer tempo, por uma notificação dirigida ao Secretário-Geral das Nações Unidas, pedir a revisão desta Convenção.

2. A Assembleia-Geral das Nações Unidas recomendará as medidas a serem tomadas, se for o caso, a propósito de tal pedido.

Artigo 46
Notificações pelo Secretário-Geral das Nações Unidas

O Secretário-Geral das Nações Unidas comunicará a todos os Estados membros das Nações Unidas e aos Estados não membros mencionados no artigo 39:

a) as declarações e as notificações mencionadas na seção B do artigo 1;
b) as assinaturas, ratificações e adesões mencionadas no artigo 39;
c) as declarações e as notificações mencionadas no artigo 40;
d) as reservas formuladas ou retiradas mencionadas no artigo 42;
e) a data na qual esta Convenção entrará em vigor, de acordo com o artigo 43;
f) as denúncias e as notificações mencionadas no artigo 44;
g) os pedidos de revisão mencionados no artigo 45.

Em fé do que, os abaixo-assinados, devidamente autorizados, assinaram, em nome de seus respectivos Governos, a presente Convenção.

PROTOCOLO RELATIVO AO ESTATUTO DOS REFUGIADOS

▶ Dec. nº 70.946, de 7-8-1972, promulga o Protocolo sobre o Estatuto dos Refugiados.

Os Estados-Partes no presente Protocolo,

Considerando que a Convenção relativa ao Estatuto dos Refugiados, concluída em Genebra em 28 de julho de 1951 (daqui em diante referida como a Convenção), só cobre aquelas pessoas que se tornaram refugiados em resultado de acontecimentos ocorridos antes de 1º de janeiro de 1951,

Considerando que, desde que a Convenção foi adotada, surgiram novas situações de refugiados e que os refugiados em causa poderão não cair no âmbito da Convenção,

Considerando que é desejável que todos os refugiados abrangidos na definição da Convenção, independentemente do prazo de 1º de janeiro de 1951, possam gozar de igual estatuto,

Concordaram no seguinte:

Artigo I
Disposições gerais

1. Os Estados-Partes no presente Protocolo obrigam-se a aplicar os artigos 2 a 34, inclusive, da Convenção aos refugiados tal como a seguir definidos.

2. Para os efeitos do presente Protocolo, o termo refugiado deverá, exceto em relação à aplicação do parágrafo 3 deste artigo, significar qualquer pessoa que caiba na definição do artigo 1, como se fossem omitidas as palavras como resultado de acontecimentos ocorridos antes de 1º de janeiro de 1951 e... e as palavras ... como resultado de tais acontecimentos, no artigo 1-A (2).

3. O presente Protocolo será aplicado pelos Estados-Partes sem qualquer limitação geográfica, com a exceção de que as declarações existentes feitas por Estados já partes da Convenção de acordo com o artigo 1-B (1) (a) da Convenção deverão, salvo se alargadas nos termos do artigo 1-B (2) da mesma, ser aplicadas também sob o presente Protocolo.

Artigo II
Cooperação das autoridades nacionais com as Nações

1. Os Estados-Partes no presente Protocolo obrigam-se a cooperar com o Alto Comissário das Nações Unidas para os Refugiados, ou com qualquer outra agência das Nações Unidas que lhe possa vir a suceder no exercício das suas funções, e deverão, em especial, facilitar o desempenho do seu dever de vigilância da aplicação das disposições do presente Protocolo.

2. Com vista a habilitar o Alto Comissário, ou qualquer outra agência das Nações Unidas que lhe possa vir a suceder, a fazer relatórios para os órgãos competentes das Nações Unidas, os Estados-Partes no presente Protocolo obrigam-se a fornecer-lhes as informações e dados estatísticos requeridos, na forma apropriada e relativos:

a) À condição de refugiados;
b) À aplicação do presente Protocolo;
c) Às leis, regulamentos e decretos que são ou possam vir a ser aplicáveis em relação aos refugiados.

Artigo III
Informação sobre legislação nacional

Os Estados-Partes no presente Protocolo deverão comunicar ao Secretário Geral das Nações Unidas as leis e regulamentos que possam vir a adotar para assegurar a aplicação do presente Protocolo.

Artigo IV
Resolução de diferendos

Qualquer diferendo entre Estados-Partes no presente Protocolo que esteja relacionado com a sua interpretação ou aplicação e que não possa ser resolvido por outros meios deverá ser submetido ao Tribunal Internacional de Justiça a pedido de qualquer das partes no diferendo.

Artigo V
Adesão

O presente Protocolo ficará aberto à adesão de todos os Estados-Partes na Convenção ou de qualquer outro Estado Membro das Nações Unidas ou Membro de qualquer das agências especializadas ou de qualquer Estado ao qual tenha sido enviado pela Assembleia-Geral das Nações Unidas um convite para aderir ao Protocolo. A adesão será efetuada pelo depósito de um instrumento de adesão junto do Secretário Geral das Nações Unidas.

Artigo VI
Cláusula federal

No caso de um Estado federal ou não unitário, aplicar-se-ão as seguintes disposições:

a) No respeitante aos artigos da Convenção a aplicar de acordo com o artigo I, parágrafo 1, do presente Protocolo que caibam dentro da competência legislativa da autoridade legislativa federal, as obrigações do Governo Federal serão nesta medida as mesmas que as dos Estados-Partes que não forem Estados federais;
b) No respeitante aos artigos da Convenção a aplicar de acordo com o artigo I, parágrafo 1, do Presente Protocolo que caibam dentro da competência legislativa de Estados constituintes, províncias ou cantões que não são, segundo o sistema constitucional da Federação, obrigadas a tomar medidas legislativas, o Governo Federal levará, com a maior brevidade possível, os referidos artigos, com uma recomendação favorável, ao conhecimento das autoridades competentes dos Estados, províncias ou cantões;
c) Um Estado Federal parte no presente Protocolo deverá, a pedido de qualquer outro Estado-Parte, transmitido através do Secretário Geral das Nações Unidas, fornecer uma informação da lei e da prática da Federação e das suas unidades constituintes no tocante a qualquer disposição em particular da Convenção, a aplicar de acordo com o artigo I, parágrafo 1, do presente Protocolo, indicando a medida em que foi dado efeito, por medidas legislativas ou outras, à dita disposição.

Artigo VII
Reservas e declarações

1. No momento de adesão, qualquer Estado poderá formular reservas ao artigo 4 do presente Protocolo e à aplicação de acordo com o artigo I do presente Protocolo de quaisquer disposições da Convenção além das contidas nos artigos 1, 3, 4, 16 (1) e 33, desde que, no caso de um Estado-Parte na Convenção, as reservas feitas ao abrigo deste artigo não abranjam os refugiados aos quais se aplica a Convenção.

2. As reservas formuladas por Estados-Partes na Convenção de acordo com o seu artigo 42 aplicar-se-ão, a menos que sejam retiradas, em relação às suas obrigações decorrentes do presente Protocolo.

3. Qualquer Estado que faça uma reserva de acordo com o parágrafo 1 deste artigo poderá, a qualquer tempo, retirar tal reserva por meio de uma comunicação para esse efeito dirigida ao Secretário-Geral das Nações Unidas.

4. As declarações feitas segundo o artigo 40, parágrafos 1 e 2, da Convenção por um Estado-Parte nela que adira ao presente Protocolo considerar-se-ão aplicáveis sob o regime do presente Protocolo, salvo se, no momento de adesão, for enviada uma notificação em contrário pelo Estado-Parte interessado ao Secretário-Geral das Nações Unidas. As disposições do artigo 40, parágrafos 2 e 3, e do artigo 44, parágrafo 3, da Convenção considerar-se-ão aplicáveis, *mutatis mutandis*, ao presente Protocolo.

Artigo VIII
Entrada em vigor

1. O presente Protocolo entrará em vigor no dia do depósito do sexto instrumento de adesão.

2. Para cada Estado que adira ao Protocolo depois do depósito do sexto instrumento de adesão, o Protocolo entrará em vigor na data do depósito pelo mesmo Estado do seu instrumento de adesão.

Artigo IX
Denúncia

1. Qualquer Estado-Parte poderá, a qualquer tempo, denunciar este Protocolo por meio de uma notificação dirigida ao Secretário-Geral das Nações Unidas.

2. Tal denúncia terá efeito para o Estado-Parte interessado um ano depois da data em que for recebida pelo Secretário-Geral das Nações Unidas.

Artigo X
Notificações pelo Secretário-Geral das Nações Unidas

O Secretário-Geral das Nações Unidas informará os Estados referidos no artigo V, acima, da data de entrada em vigor, adesões, reservas, retiradas de reservas e denúncias do presente Protocolo, e das declarações e notificações com ele relacionadas.

Artigo XI
Depósito nos arquivos do Secretariado das Nações Unidas

Um exemplar do presente Protocolo, cujos textos chinês, inglês, francês, russo e espanhol são igualmente autênticos, assinado pelo presidente da Assembleia-Geral e pelo Secretário-Geral das Nações Unidas, será depositado nos arquivos do Secretariado das Nações Unidas. O Secretário-Geral transmitirá cópias certificadas do mesmo a todos os Estados Membros das Nações Unidas e aos outros Estados referidos no artigo V, acima.

RELAÇÕES DIPLOMÁTICAS E CONSULARES

CONVENÇÃO DE VIENA SOBRE RELAÇÕES CONSULARES

▶ Assinado em Viena (Áustria), em 24 de abril de 1963. Aprovada pelo Dec. Legislativo nº 6, de 5-4-1967 e, promulgada pelo Dec. nº 61.078, de 26-7-1967.

Os Estados-Partes na presente Convenção,

Considerando que, desde tempos remotos, se estabeleceram relações consulares entre os povos,

Conscientes dos propósitos e princípios da Carta das Nações Unidas relativos à igualdade soberana dos Estados, à manutenção da paz e da segurança internacionais e ao desenvolvimento das relações de amizade entre as nações,

Considerando que a Conferência das Nações Unidas sobre as Relações e Imunidades Diplomáticas adotou a Convenção de Viena sobre Relações Diplomáticas, que foi aberta à assinatura no dia 18 de abril de 1961,

Persuadidos de que uma convenção internacional sobre as relações, privilégios e imunidades consulares contribuiria também para o desenvolvimento de relações amistosas entre os países, independentemente de seus regimes constitucionais e sociais,

Convencidos de que a finalidade de tais privilégios e imunidades não é beneficiar indivíduos, mas assegurar o eficaz desempenho das funções das repartições consulares, em nome de seus respectivos Estados,

Afirmando que as normas de direito consuetudinário internacional devem continuar regendo as questões que não tenham sido expressamente reguladas pelas disposições da presente convenção,

Convieram no seguinte:

Artigo 1º
Definições

1. Para os fins da presente Convenção, as expressões abaixo devem ser entendidas como a seguir se explica:

a) por "repartição consular", todo consulado geral, consulado, vice-consulado ou agência consular;

b) por "jurisdição consular" o território atribuído a uma repartição consular para o exercício das funções consulares;

c) por "chefe de repartição consular", a pessoa encarregada de agir nessa qualidade;

d) por "funcionário consular", toda pessoa, inclusive o chefe da repartição consular, encarregada nesta qualidade do exercício de funções consulares;

e) por "empregado consular", toda pessoa empregada nos serviços administrativos ou técnicos de uma repartição consular;

f) por "membro do pessoal de serviço", toda pessoa empregada no serviço doméstico de uma repartição consular;

g) por "membro da repartição consular", os funcionários consulares, empregados consulares, e membros do pessoal de serviço;

h) por "membros do pessoal consular", os funcionários consulares, com exceção do chefe da repartição consular, os empregados consulares e os membros do pessoal de serviço;

i) por "membro do pessoal privado", a pessoa empregada exclusivamente no serviço particular de um membro da repartição consular;

j) por "locais consulares", os edifícios, ou parte dos edifícios, e terrenos anexos, que, qualquer que, seja seu proprietário, sejam utilizados exclusivamente para as finalidades da repartição consular;

k) por "arquivos consulares", todos os papéis, documentos, correspondência, livros, filmes, fitas magnéticas e registros da repartição consular, bem como as cifras e os códigos, os fichários e os móveis destinados a protegê-los e conservá-los.

2. Existem duas categorias de funcionários consulares: os funcionários consulares de carreira e os funcionários consulares honorários. As disposições do capítulo II da presente Convenção aplicam-se às repartições consulares dirigidas por funcionários consulares de carreira; as disposições do capítulo III aplicam-se às repartições consulares dirigidas por funcionários consulares honorários.

3. A situação peculiar dos membros das repartições consulares que são nacionais ou residentes permanentes do Estado receptor rege-se pelo artigo 71 da presente Convenção.

Capítulo I
AS RELAÇÕES CONSULARES EM GERAL

Seção I

ESTABELECIMENTO E EXERCÍCIO DAS RELAÇÕES CONSULARES

Artigo 2º
Estabelecimento de Relações Consulares

1. O estabelecimento de relações consulares entre Estados far-se-á por consentimento mútuo.

2. O consentimento dado para o estabelecimento de relações diplomáticas entre os dois Estados implicará, salvo indicação em contrário, o consentimento para o estabelecimento de relações consulares.

3. A ruptura das relações diplomáticas não acarretará *ipso facto* a ruptura das relações consulares.

Artigo 3º
Exercício das funções consulares

As funções consulares serão exercidas por repartições consulares. Serão também exercidas por missões diplomáticas de conformidade com as disposições da presente Convenção.

Artigo 4º
Estabelecimento de uma repartição consular

1. Uma repartição consular não pode ser estabelecida no território do Estado receptor sem seu consentimento.
2. A sede da repartição consular, sua classe e a jurisdição consular serão fixadas pelo Estado que envia e submetidas à aprovação do Estado receptor.
3. O Estado que envia não poderá modificar posteriormente a sede da repartição consular, sua classe ou sua jurisdição consular, sem o consentimento do Estado receptor.
4. Também será necessário o consentimento do Estado receptor se um consulado geral ou consulado desejar abrir um vice-consulado ou uma agência consular numa localidade diferente daquela onde se situa a própria repartição consular.
5. Não se poderá abrir fora da sede da repartição consular uma dependência que dela faça parte, sem haver obtido previamente o consentimento expresso do Estado receptor.

Artigo 5º
Funções Consulares

As funções consulares consistem em:
a) proteger, no Estado receptor, os interesses do Estado que envia e de seus nacionais, pessoas físicas ou jurídicas, dentro dos limites permitidos pelo direito internacional;
b) fomentar o desenvolvimento das relações comerciais, econômicas, culturais e científicas entre o Estado que envia e o Estado receptor e promover ainda relações amistosas entre eles, de conformidade com as disposições da presente Convenção;
c) informar-se, por todos os meios lícitos, das condições e da evolução da vida comercial, econômica, cultural e científica do Estado receptor, informar a respeito o governo do Estado que envia e fornecer dados às pessoas interessadas;
d) expedir passaportes e documentos de viagem aos nacionais do Estado que envia, bem como vistos e documentos apropriados às pessoas que desejarem viajar para o referido Estado;
e) prestar ajuda e assistência aos nacionais, pessoas físicas ou jurídicas, do Estado que envia;
f) agir na qualidade de notário e oficial de registro civil, exercer funções similares, assim como outras de caráter administrativo, sempre que não contrariem as leis e regulamentos do Estado receptor;
g) resguardar, de acordo com as leis e regulamentos do Estado receptor, os interesses dos nacionais do Estado que envia, pessoas físicas ou jurídicas, nos casos de sucessão por morte verificada no território do Estado receptor;
h) resguardar, nos limites fixados pelas leis e regulamentos do Estado receptor, os interesses dos menores e dos incapazes, nacionais do país que envia, particularmente quando para eles for requerida a instituição de tutela ou curatela;
i) representar os nacionais do país que envia e tomar as medidas convenientes para sua representação perante os tribunais e outras autoridades do Estado receptor, de conformidade com a prática e os procedimentos em vigor neste último, visando conseguir, de acordo com as leis e regulamentos do mesmo, a adoção de medidas provisórias para a salvaguarda dos direitos e interesses destes nacionais, quando, por estarem ausentes ou por qualquer outra causa, não possam os mesmos defendê-los em tempo útil;
j) comunicar decisões judiciais e extrajudiciais e executar comissões rogatórias de conformidade com os acordos internacionais em vigor, ou, em sua falta, de qualquer outra maneira compatível com as leis e regulamentos do Estado receptor;
k) exercer, de conformidade com as leis e regulamentos do Estado que envia, os direitos de controle e de inspeção sobre as embarcações que tenham a nacionalidade do Estado que envia, e sobre as aeronaves nele matriculadas, bem como sobre suas tripulações;
l) prestar assistência às embarcações e aeronaves a que se refere a alínea k do presente artigo e também às tripulações; receber as declarações sobre as viagens dessas embarcações, examinar e visar os documentos de bordo, e, sem prejuízo dos poderes das autoridades do Estado receptor, abrir inquéritos sobre os incidentes ocorridos durante a travessia e resolver todo tipo de litígio que possa surgir entre o capitão, os oficiais e os marinheiros, sempre que autorizado pelas leis e regulamentos do Estado que envia;
m) exercer todas as demais funções confiadas à repartição consular pelo Estado que envia, as quais não sejam proibidas pelas leis e regulamentos do Estado receptor, ou às quais este não se oponha, ou ainda as que lhe sejam atribuídas pelos acordos internacionais em vigor entre o Estado que envia e o Estado receptor.

Artigo 6º
Exercício de funções consulares fora da jurisdição consular

Em circunstâncias especiais, o funcionário consular poderá, com o consentimento do Estado receptor, exercer suas funções fora de sua jurisdição consular.

Artigo 7º
Exercício de funções consulares em terceiros Estados

O Estado que envia poderá, depois de notificação aos Estados interessados, e a não ser que um deles a isso se opuser expressamente, encarregar uma repartição consular estabelecida em um Estado do exercício de funções consulares em outro Estado.

Artigo 8º
Exercício de funções consulares por conta de terceiro Estado

Uma repartição consular do Estado que envia poderá, depois da notificação competente ao Estado receptor e sempre que este não se opuser, exercer funções consulares por conta de um terceiro Estado.

Artigo 9º
Categorias de chefes de repartição consular

1. Os chefes de repartição consular se dividem em quatro categorias, a saber:
a) cônsules-gerais;
b) cônsules;

c) vice-cônsules;
d) agentes consulares;

2. O parágrafo 1º deste artigo não limitará, de modo algum, o direito de qualquer das Partes Contratantes de fixar a denominação dos funcionários consulares que não forem chefes de repartição consular.

Artigo 10
Nomeação e admissão dos chefes de repartição consular

1. Os Chefes de repartição consular serão nomeados pelo Estado que envia e serão admitidos ao exercício de suas funções pelo Estado receptor.

2. Sem prejuízo das disposições desta Convenção, as modalidades de nomeação e admissão do chefe de repartição consular serão determinadas pelas leis, regulamentos e práticas do Estado que envia e do Estado receptor, respectivamente.

Artigo 11
Carta-patente ou notificação da nomeação

1. O chefe da repartição consular será munido, pelo Estado que envia, de um documento, sob a forma de carta-patente ou instrumento similar, feito para cada nomeação, que ateste sua qualidade e que indique, como regra geral, seu nome completo, sua classe e categoria, a jurisdição consular e a sêde da repartição consular.

2. O Estado que envia transmitirá a carta-patente ou instrumento similar, por via diplomática ou outra via apropriada, ao Governo do Estado em cujo território o chefe da repartição consular irá exercer suas funções.

3. Se o Estado receptor o aceitar, o Estado que envia poderá substituir a carta-patente ou instrumento similar por uma notificação que contenha as indicações referidas no parágrafo 1º do presente artigo.

Artigo 12
Exequatur

1. O Chefe da repartição consular será admitido no exercício de suas funções por uma autorização do Estado receptor denominada *exequatur*, qualquer que seja a forma dessa autorização.

2. O Estado que negar a concessão de um *exequatur* não estará obrigado a comunicar ao Estado que envia os motivos dessa recusa.

3. Sem prejuízo das disposições dos artigos 13 e 15, o chefe da repartição consular não poderá iniciar suas funções antes de ter recebido o *exequatur*.

Artigo 13
Admissão provisória do chefe da repartição consular

Até que lhe tenha sido concedido o *exequatur*, o chefe da repartição consular poderá ser admitido provisoriamente no exercício de suas funções. Neste caso, ser-lhe-ão aplicáveis as disposições da presente Convenção.

Artigo 14
Notificação às autoridades da jurisdição consular

Logo que o chefe da repartição consular for admitido, ainda que provisoriamente, no exercício de suas funções, o Estado receptor notificará imediatamente às autoridades competentes da jurisdição consular.

Estará também obrigado a cuidar de que sejam tomadas as medidas necessárias a fim de que o chefe da repartição consular possa cumprir os deveres de seu cargo e beneficiar-se do tratamento previsto pelas disposições da presente Convenção.

Artigo 15
Exercício a título temporário das funções de chefe da repartição consular

1. Se o chefe da repartição consular não puder exercer suas funções ou se seu lugar for considerado vago, um chefe interino poderá atuar, provisoriamente, como tal.

2. O nome completo do chefe interino será comunicado ao Ministério das Relações Exteriores do Estado receptor ou à autoridade designada por esse Ministério, quer pela missão diplomática do Estado que envia, quer, na falta de missão diplomática do Estado que envia no Estado receptor, pelo chefe da repartição consular, ou, se este não o puder fazer, por qualquer autoridade competente do Estado que envia. Como regra geral, esta notificação deverá ser feita previamente. O Estado receptor poderá sujeitar à sua aprovação a admissão, como chefe interino, de pessoa que não for nem agente diplomático nem funcionário consular do Estado que envia no Estado receptor.

3. As autoridades competentes do Estado receptor deverão prestar assistência e proteção ao chefe interino da repartição. Durante sua gestão as disposições da presente Convenção lhe serão aplicáveis como o seriam com referência ao chefe da repartição consular interessada. O Estado receptor, entretanto, não será obrigado a conceder a um chefe interino as facilidades, privilégios e imunidades de que goze o titular, caso não esteja aquele nas mesmas condições que preenche o titular.

4. Quando, nas condições previstas no parágrafo 1º do presente artigo, um membro do pessoal diplomático da representação diplomática do Estado que envia no Estado receptor for nomeado chefe interino de repartição consular pelo Estado que envia, continuará a gozar dos privilégios e imunidades diplomáticas, se o Estado receptor a isso não se opuser.

Artigo 16
Precedência entre os chefes de repartições consulares

1. A ordem de precedência dos chefes de repartição consular será estabelecida, em cada classe, em função da data da concessão do *exequatur*.

2. Se, entretanto, o chefe da repartição consular for admitido provisoriamente no exercício de suas funções antes de obter o *exequatur*, a data desta admissão provisória determinará a ordem de precedência; esta ordem será mantida após a concessão do *exequatur*.

3. A ordem de precedência entre dois ou mais chefes de repartição consular, que obtiveram na mesma data o *exequatur* ou admissão provisória, será determinada pela data da apresentação ao Estado receptor de suas cartas-patentes ou instrumentos similares ou das notificações previstas no parágrafo 3º do artigo 11.

4. Os chefes interinos virão, na ordem de precedência, após todos os chefes de repartição consular. Entre eles, a precedência será determinada pelas datas em que assumirem suas funções como chefes interinos, as quais

tenham sido indicadas nas notificações previstas no parágrafo 2º do artigo 15.

5. Os funcionários consulares honorários que forem chefes de repartição consular virão, na ordem de precedência, em cada classe, após os de carreira, de conformidade com a ordem e as normas estabelecidas nos parágrafos precedentes.

6. Os chefes de repartição consular terão precedência sobre os funcionários consulares que não tenham tal qualidade.

Artigo 17
Prática de atos diplomáticos por funcionários consulares

1. Num Estado em que o Estado que envia não tiver missão diplomática e não estiver representado pela de um terceiro Estado, um funcionário consular poderá ser incumbido, com o consentimento do Estado receptor, e sem prejuízo de seu status consular, de praticar atos diplomáticos. A prática desses atos por um funcionário consular não lhe dará direito a privilégios e imunidades diplomáticas.

2. Um funcionário consular poderá, após notificação ao Estado receptor, atuar como representante do Estado que envia junto a qualquer organização intergovernamental. No desempenho dessas funções, terá direito a todos os privilégios e imunidades que o direito internacional consuetudinário ou os acordos internacionais concedam aos representantes junto a organizações intergovernamentais; entretanto, no desempenho de qualquer função consular, não terá direito a imunidade de jurisdição maior do que a reconhecida a funcionários consulares em virtude da presente Convenção.

Artigo 18
Nomeação da mesma pessoa, como funcionário consular, por dois ou mais Estados

1. Dois ou mais Estados poderão, com o consentimento do Estado receptor, nomear a mesma pessoa como funcionário consular nesse Estado.

Artigo 19
Nomeação de membro do pessoal consular

1. Respeitadas as disposições dos artigos 20, 22 e 23, o Estado que envia poderá nomear livremente os membros do pessoal consular.

2. O Estado que envia comunicará ao Estado receptor o nome completo, a classe e a categoria de todos os funcionários consulares, com exceção do chefe de repartição consular, com a devida antecedência para que o Estado receptor, se o desejar, possa exercer os direitos que lhe confere o parágrafo 3º artigo 23.

3. O Estado que envia poderá, se suas leis e regulamentos o exigirem, pedir ao Estado receptor a concessão de *exequatur* para um funcionário consular que não for chefe de repartição consular.

4. O Estado receptor poderá, se suas leis e regulamentos o exigirem, conceder *exequatur* a um funcionário consular que não for chefe de repartição consular.

Artigo 20
Número de membros da repartição consular

Na ausência de acordo expresso sobre o número de membros da repartição consular, o Estado receptor poderá exigir que este número seja mantido nos limites do que considera razoável e normal, segundo as circunstâncias e condições da jurisdição consular e as necessidades da repartição consular em apreço.

Artigo 21
Precedência entre os funcionários consulares de uma repartição consular

A ordem de precedência entre os funcionários consulares de uma repartição consular e quaisquer modificações à mesma serão comunicadas ao Ministério das Relações Exteriores do Estado receptor, ou à autoridade indicada por este Ministério, pela missão diplomática do Estado que envia ou, na falta de tal missão no Estado receptor, pelo chefe da repartição consular.

Artigo 22
Nacionalidade dos funcionários consulares

1. Os funcionários consulares deverão, em princípio, ter a nacionalidade do Estado que envia.

2. Os funcionários consulares só poderão ser escolhidos dentre os nacionais do Estado receptor com o consentimento expresso desse Estado, o qual poderá retirá-lo a qualquer momento.

3. O Estado receptor poderá reservar-se o mesmo direito em relação aos nacionais de um terceiro Estado que não forem também nacionais do Estado que envia.

Artigo 23
Funcionário declarado *persona non grata*

1. O Estado receptor poderá, a qualquer momento, notificar ao Estado que envia que um funcionário consular é *persona non grata* ou que qualquer outro membro da repartição consular não é aceitável.

Nestas circunstâncias, o Estado que envia, conforme o caso, ou retirará a referida pessoa ou porá termo a suas funções nessa repartição consular.

2. Se o Estado que envia negar-se a executar, ou não executar num prazo razoável, as obrigações que lhe incumbem nos termos do parágrafo 1º do presente artigo, o Estado receptor poderá, conforme o caso, retirar o *exequatur* à pessoa referida ou deixar de considerá-la como membro do pessoal consular.

3. Uma pessoa nomeada membro de uma repartição consular poderá ser declarada inaceitável antes de chegar ao território do Estado receptor ou se aí já estiver, antes de assumir suas funções na repartição consular. O Estado que envia deverá, em qualquer dos casos, retirar a nomeação.

4. Nos casos mencionados nos parágrafos 1º e 3º do presente artigo, o Estado receptor não é obrigado a comunicar ao Estado que envia os motivos da sua decisão.

Artigo 24
Notificação ao Estado receptor das nomeações, chegadas e partidas

1. O Ministério das Relações Exteriores do Estado receptor, ou a autoridade indicada por este Ministério, será notificado de:

a) a nomeação dos membros de uma repartição consular, sua chegada após a nomeação para a mesma, sua partida definitiva ou a cessação de suas funções, bem como de quaisquer outras modificações

que afetem seu status, ocorridas durante o tempo em que servir na repartição consular;
b) a chegada e a partida definitiva de uma pessoa da família de um membro da repartição consular que com ele viva, e, quando for o caso, o fato de uma pessoa se tornar, ou deixar de ser membro da família;
c) a chegada e a partida definitiva dos membros do pessoal privado e, quando for o caso, o término de seus serviços nessa qualidade;
d) a contratação e a dispensa de pessoas residentes no Estado receptor, seja na qualidade de membros da repartição consular ou de membros do pessoal privado, que tiverem direito a privilégios e imunidades.

2. A chegada e a partida definitiva serão notificadas igualmente com antecedência, sempre que possível.

Seção II

TÉRMINO DAS FUNÇÕES CONSULARES

Artigo 25

Término das funções de um membro da repartição consular

As funções de um membro da repartição terminam *inter alia*:

a) pela notificação do Estado que envia ao Estado receptor de que suas funções chegaram ao fim;
b) pela retirada do *exequatur*;
c) pela notificação do Estado receptor ao Estado que envia de que deixou de considerar a pessoa em apreço como membro do pessoal consular.

Artigo 26

Partida do território do Estado receptor

O Estado receptor deverá, mesmo no caso de conflito armado, conceder aos membros da repartição consular e aos membros do pessoal privado, que não forem nacionais do Estado receptor, assim como aos membros de suas famílias que com eles vivam, qualquer que seja sua nacionalidade, o tempo e as facilidades necessárias para preparar sua partida e deixar o território o mais cedo possível depois do término das suas funções. Deverá, especialmente, se for o caso, pôr à sua disposição os meios de transporte necessários para essas pessoas e seus bens, exceto os bens adquiridos no Estado receptor e cuja exportação estiver proibida no momento da saída.

Artigo 27

Proteção dos locais e arquivos consulares e dos interesses do Estado que envia em circunstâncias excepcionais

1. No caso de rompimento das relações consulares entre dois Estados:

a) o Estado receptor ficará obrigado a respeitar e proteger, inclusive em caso de conflito armado, os locais consulares, os bens da repartição consular e seus arquivos;
b) o Estado que envia poderá confiar a custódia dos locais consulares, dos bens que aí se achem e dos arquivos consulares, a um terceiro Estado aceitável ao Estado receptor;
c) o Estado que envia poderá confiar a proteção de seus interesses e dos interesses de seus nacionais a um terceiro Estado aceitável pelo Estado receptor.

2. No caso de fechamento temporário ou definitivo de uma repartição consular, aplicar-se-ão as disposições da alínea *a* do parágrafo 1º do presente artigo.

Além disso:

a) se o Estado que envia, ainda que não estiver representado no Estado receptor por uma missão diplomática, tiver outra repartição consular no território do Estado receptor, esta poderá encarregar-se da custódia dos locais consulares que tenham sido fechados, dos bens que neles se encontrem e dos arquivos consulares e, com o consentimento do Estado receptor, do exercício das funções consulares na jurisdição da referida repartição consular; ou,
b) se o Estado que envia não tiver missão diplomática nem outra repartição consular no Estado receptor, aplicar-se-ão as disposições das alíneas *b* e *c* do parágrafo 1º deste artigo.

Capítulo II

FACILIDADES, PRIVILÉGIOS E IMUNIDADES RELATIVAS ÀS REPARTIÇÕES CONSULARES, AOS FUNCIONÁRIOS CONSULARES DE CARREIRA E A OUTROS MEMBROS DA REPARTIÇÃO CONSULAR

Seção I

FACILIDADES, PRIVILÉGIOS E IMUNIDADES RELATIVAS ÀS REPARTIÇÕES CONSULARES

Artigo 28

Facilidades concedidas à repartição consular em suas atividades

O Estado receptor concederá todas as facilidades para o exercício das funções da repartição consular.

Artigo 29

Uso da bandeira e escudo nacionais

1. O Estado que envia terá direito a utilizar sua bandeira e escudo nacionais no Estado receptor, de acordo com as disposições do presente artigo.

2. O Estado que envia poderá içar sua bandeira nacional e colocar seu escudo no edifício ocupado pela repartição consular, à porta de entrada, assim como na residência do chefe da repartição consular e em seus meios de transporte, quando estes forem utilizados em serviços oficiais.

3. No exercício do direito reconhecido pelo presente artigo, levar-se-ão em conta as leis, os regulamentos e usos do Estado receptor.

Artigo 30

Acomodações

1. O Estado receptor deverá facilitar, de acordo com suas leis e regulamentos, a aquisição, em seu território, pelo Estado que envia, de acomodações necessárias à repartição consular, ou ajudá-la a obter acomodações de outra maneira.

2. Deverá igualmente ajudar, quando necessário, a repartição consular a obter acomodações convenientes para seus membros.

Artigo 31
Inviolabilidade dos locais consulares

1. Os locais consulares serão invioláveis na medida do previsto pelo presente artigo.

2. As autoridades do Estado receptor não poderão penetrar na parte dos locais consulares que a repartição consular utilizar exclusivamente para as necessidades de seu trabalho, a não ser com o consentimento do chefe da repartição consular, da pessoa por ele designada ou do chefe da missão diplomática do Estado que envia. Todavia, o consentimento do chefe da repartição consular poderá ser presumido em caso de incêndio ou outro sinistro que exija medidas de proteção imediata.

3. Sem prejuízo das disposições do parágrafo 2º do presente artigo, o Estado receptor terá a obrigação especial de tomar as medidas apropriadas para proteger os locais consulares contra qualquer invasão ou dano, bem como para impedir que se perturbe a tranquilidade da repartição consular ou se atente contra sua dignidade.

4. Os locais consulares, seus imóveis, os bens da repartição consular e seus meios de transporte não poderão ser objeto de qualquer forma de requisição para fins de defesa nacional ou de utilidade pública.

Se, para tais fins, for necessária a desapropriação, tomar-se-ão as medidas apropriadas para que não se perturbe o exercício das funções consulares, e pagar-se-á ao Estado que envia uma indenização rápida, adequada e efetiva.

Artigo 32
Isenção fiscal dos locais consulares

1. Os locais consulares e a residência do chefe da repartição consular de carreira de que for proprietário o Estado que envia ou pessoa que atue em seu nome, estarão isentos de quaisquer impostos e taxas nacionais, regionais e municipais, excetuadas as taxas cobradas em pagamento de serviços específicos prestados.

2. A isenção fiscal prevista no parágrafo 1º do presente artigo não se aplica aos mesmos impostos e taxas que, de acordo com as leis e regulamentos do Estado receptor, devam ser pagos pela pessoa que contratou com o Estado que envia ou com a pessoa que atue em seu nome.

Artigo 33
Inviolabilidade dos arquivos e documentos consulares

Os arquivos e documentos consulares serão sempre invioláveis, onde quer que estejam.

Artigo 34
Liberdade de movimento

Sem prejuízo de suas leis e regulamentos relativos às zonas cujo acesso for proibido ou limitado por razões de segurança nacional, o Estado receptor assegurará a liberdade de movimento e circulação em seu território a todos os membros da repartição consular.

Artigo 35
Liberdade de comunicação

1. O Estado receptor permitirá e protegerá a liberdade de comunicação da repartição consular para todos os fins oficiais. Ao se comunicar com o Governo, com as missões diplomáticas e outras repartições consulares do Estado que envia, onde quer que estejam, a repartição consular poderá empregar todos os meios de comunicação apropriados, inclusive correios diplomáticos e consulares, malas diplomáticas e consulares e mensagens em código ou cifra. Todavia, a repartição consular só poderá instalar e usar uma emissora de rádio com o consentimento do Estado receptor.

2. A correspondência oficial da repartição consular é inviolável. Pela expressão "correspondência oficial" entender-se-á qualquer correspondência relativa à repartição consular e suas funções.

3. A mala consultar não poderá ser aberta ou retida. Todavia, se as autoridades competentes do Estado receptor tiverem razões sérias para acreditar que a mala contém algo além da correspondência, documentos ou objetos mencionados no parágrafo 4º do presente artigo, poderão pedir que a mala seja aberta em sua presença por representante autorizado do Estado que envia. Se o pedido for recusado pelas autoridades do Estado que envia, a mala será devolvida ao lugar de origem.

4. Os volumes que constituírem a mala consular deverão ser providos de sinais exteriores visíveis, indicadores de seu caráter, e só poderão conter correspondência e documentos oficiais ou objetos destinados exclusivamente a uso oficial.

5. O correio consular deverá estar munido de documento oficial que ateste sua qualidade e que especifique o número de volumes que constituem a mala diplomática. Exceto com o consentimento do Estado receptor, o correio não poderá ser nacional do Estado receptor nem, salvo se for nacional do Estado que envia, residente permanente no Estado receptor. No exercício de suas funções, o correio será protegido pelo Estado receptor. Gozará de inviolabilidade pessoal e não poderá ser objeto de nenhuma forma de prisão ou detenção.

6. O Estado que envia suas missões diplomáticas e suas repartições consulares poderão nomear correios consulares *ad hoc*. Neste caso, aplicar-se-ão as disposições do parágrafo 5º do presente artigo, sob a reserva de que as imunidades mencionadas deixarão de ser aplicáveis no momento em que o correio tiver entregue ao destinatário a mala pela qual é responsável.

7. A mala consular poderá ser confiada ao comandante de um navio ou aeronave comercial, que deverá chegar a um ponto de entrada autorizado. Tal comandante terá um documento oficial em que conste o número de volumes que constituem a mala, mas não será considerado correio consular. Mediante prévio acordo com as autoridades locais competentes, a repartição consular poderá enviar um de seus membros para tomar posse da mala, direta e livremente, das mãos do comandante do navio ou aeronave.

Artigo 36
Comunicação com os nacionais do Estado que envia

1. A fim de facilitar o exercício das funções consulares relativas aos nacionais do Estado que envia:

a) os funcionários consulares terão liberdade de se comunicar com os nacionais do Estado que envia e visitá-los. Os nacionais do Estado que envia terão a mesma liberdade de se comunicarem com os funcionários consulares e de visitá-los;
b) se o interessado lhes solicitar, as autoridades competentes do Estado receptor deverão, sem tardar, informar à repartição consular competente quando, em sua jurisdição, um nacional do Estado que envia for preso, encarcerado, posto em prisão preventiva ou detido de qualquer outra maneira. Qualquer comunicação endereçada à repartição consular pela pessoa detida, encarcerada ou presa preventivamente, deve igualmente ser transmitida sem tardar pelas referidas autoridades. Estas deverão imediatamente informar o interessado de seus direitos nos termos do presente subparágrafo;
c) os funcionários consulares terão direito de visitar o nacional do Estado que envia, o qual estiver detido, encarcerado ou preso preventivamente, conversar e corresponder-se com ele, e providenciar sua defesa perante os tribunais. Terão igualmente o direito de visitar qualquer nacional do Estado que envia encarcerado, preso ou detido em sua jurisdição em virtude de execução de uma sentença. Todavia, os funcionários consulares deverão abster-se de intervir em favor de um nacional encarcerado, preso ou detido preventivamente, sempre que o interessado a isso se opuser expressamente.

2. As prerrogativas a que se refere o parágrafo 1º do presente artigo serão exercidas de acordo com as leis e regulamentos do Estado receptor, devendo, contudo, entender-se que tais leis e regulamentos não poderão impedir o pleno efeito dos direitos reconhecidos pelo presente artigo.

Artigo 37
Informações em caso de morte, tutela, curatela, naufrágio e acidente aéreo

Quando as autoridades competentes do Estado receptor possuírem as informações correspondentes, estarão obrigadas a:
a) em caso de morte de um nacional do Estado que envia, informar sem demora a repartição consular em cuja jurisdição a morte ocorreu;
b) notificar, sem demora, à repartição consular competente, todos os casos em que for necessária a nomeação de tutor ou curador para um menor ou incapaz, nacional do Estado que envia. O fornecimento dessa informação, todavia, não prejudicará a aplicação das leis e regulamentos do Estado receptor, relativas a essas nomeações;
c) informar sem demora à repartição consular mais próxima do lugar do sinistro, quando um navio, que tiver a nacionalidade do Estado que envia, naufragar ou encalhar no mar territorial ou nas águas internas do Estado receptor, ou quando uma aeronave matriculada no Estado que envia sofrer acidente no território do Estado receptor.

Artigo 38
Comunicações com as autoridades do Estado receptor

No exercício de suas funções, os funcionários consulares poderão comunicar-se com:

a) as autoridades locais competentes de sua jurisdição consular;
b) as autoridades centrais competentes do Estado receptor, se e na medida em que o permitirem as leis, regulamentos e usos do Estado receptor, bem como os acordos internacionais pertinentes.

Artigo 39
Direitos e emolumentos consulares

1. A repartição consular poderá cobrar no território do Estado receptor os direitos e emolumentos que as leis e os regulamentos do Estado que envia prescreverem para os atos consulares.

2. As somas recebidas a título de direitos e emolumentos previstos no parágrafo 1º do presente artigo e os recibos correspondentes estarão isentos de quaisquer impostos e taxas no Estado receptor.

Seção II

FACILIDADES, PRIVILÉGIOS E IMUNIDADES RELATIVAS AOS FUNCIONÁRIOS CONSULARES DE CARREIRA E OUTROS MEMBROS DA REPARTIÇÃO CONSULAR

Artigo 40
Proteção aos funcionários consulares

O Estado receptor tratará os funcionários consulares com o devido respeito e adotará todas as medidas adequadas para evitar qualquer atentado a sua pessoa, liberdade ou dignidade.

Artigo 41
Inviolabilidade pessoal dos funcionários consulares

1. Os funcionários consulares não poderão ser detidos ou presos preventivamente, exceto em caso de crime grave e em decorrência de decisão de autoridade judiciária competente.

2. Exceto no caso previsto no parágrafo 1º do presente artigo, os funcionários consulares não podem ser presos nem submetidos a qualquer outra forma de limitação de sua liberdade pessoal, senão em decorrência de sentença judiciária definitiva.

3. Quando se instaurar processo penal contra um funcionário consular, este será obrigado a comparecer perante as autoridades competentes. Todavia, as diligências serão conduzidas com as deferências devidas à sua posição oficial e, exceto no caso previsto no parágrafo 1º deste artigo, de maneira a que perturbe o menos possível o exercício das funções consulares. Quando, nas circunstâncias previstas no parágrafo 1º deste artigo, for necessário decretar a prisão preventiva de um funcionário consular, o processo correspondente deverá iniciar-se sem a menor demora.

Artigo 42
Notificação em caso de detenção, prisão preventiva ou instauração de processo

Em caso de detenção, prisão preventiva de um membro do pessoal consular ou de instauração de processo penal contra o mesmo, o Estado receptor deverá notificar imediatamente o chefe da repartição consular. Se este último for o objeto de tais medidas, o Estado receptor levará o fato ao conhecimento do Estado que enviar, por via diplomática.

Artigo 43
Imunidade de Jurisdição

1. Os funcionários consulares e os empregados consulares não estão sujeitos à Jurisdição das autoridades judiciárias e administrativas do Estado receptor pelos atos realizados no exercício das funções consulares.

2. As disposições do parágrafo 1º do presente artigo não se aplicarão entretanto no caso de ação civil:

a) que resulte de contrato que o funcionário ou empregado consular não tiver realizado implícita ou explicitamente como agente do Estado que envia; ou

b) que seja proposta por terceiro como consequência de danos causados por acidente de veículo, navio ou aeronave, ocorrido no Estado receptor.

Artigo 44
Obrigação de prestar depoimento

1. Os membros de uma repartição consular poderão ser chamados a depor como testemunhas no decorrer de um processo judiciário ou administrativo. Um empregado consular ou um membro do pessoal de serviço não poderá negar-se a depor como testemunha, exceto nos casos mencionados no parágrafo 3º do presente artigo. Se um funcionário consular recusar-se a prestar depoimento, nenhuma medida coercitiva ou qualquer outra sanção ser-lhe-á aplicada.

2. A autoridade que solicitar o testemunho deverá evitar que o funcionário consular seja perturbado no exercício de suas funções. Poderá tomar o depoimento do funcionário consular em seu domicílio ou na repartição consular, ou aceitar sua declaração por escrito, sempre que for possível.

3. Os membros de uma repartição consular não serão obrigados a depor sobre fatos relacionados com o exercício de suas funções, nem a exibir correspondência e documentos oficiais que a elas se refiram.

Poderão, igualmente, recusar-se a depor na qualidade de peritos sobre as leis do Estado que envia.

Artigo 45
Renúncia aos privilégios e imunidades

1. O Estado que envia poderá renunciar, com relação a um membro da repartição consular, aos privilégios e imunidades previstos nos artigos 41, 43 e 44.

2. A renúncia será sempre expressa, exceto no caso do disposto no parágrafo 3º do presente artigo, e deve ser comunicada por escrito ao Estado receptor.

3. Se um funcionário consular, ou empregado consular, propuser ação judicial sobre matéria de que goze de imunidade de jurisdição de acordo com o disposto no artigo 43, não poderá alegar esta imunidade com relação a qualquer pedido de reconvenção diretamente ligado à demanda principal.

4. A renúncia à imunidade de jurisdição quanto a ações civis ou administrativas não implicará na renúncia à imunidade quanto a medidas de execução de sentença, para as quais nova renúncia será necessária.

Artigo 46
Isenção do registro de estrangeiros e da autorização de residência

1. Os funcionários e empregados consulares e os membros de suas famílias que com eles vivam estarão isentos de todas as obrigações previstas pelas leis e regulamentos do Estado receptor relativas ao registro de estrangeiros e à autorização de residência.

2. Todavia, as disposições do parágrafo 1º do presente artigo não se aplicarão aos empregados consulares que não sejam empregados permanentes do Estado que envia ou que exerçam no Estado receptor atividade privada de caráter lucrativo, nem tampouco aos membros da família desses empregados.

Artigo 47
Isenção de autorização de trabalho

1. Os membros da repartição consular estarão isentos, em relação aos serviços prestados ao Estado que envia, de quaisquer obrigações relativas à autorização de trabalho exigida pelas leis e regulamentos do Estado receptor referentes ao emprêgo de mão de obra estrangeira.

2. Os membros do pessoal privado, dos funcionários e empregados consulares, desde que não exerçam outra ocupação de caráter lucrativo no Estado receptor, estarão isentos das obrigações previstas no parágrafo 1º do presente artigo.

Artigo 48
Isenção do regime de previdência social

1. Sem prejuízo do disposto no parágrafo 3º do presente artigo, os membros da repartição consular, com relação aos serviços prestados ao Estado que envia, e os membros de sua família que com eles vivam, estarão isentos das disposições de previdência social em vigor no Estado receptor.

2. A isenção prevista no parágrafo 1º do presente artigo aplicar-se-á também aos membros do pessoal privado que estejam a serviço exclusivo dos membros da repartição consular, sempre que:

a) não sejam nacionais do Estado receptor ou nele não residam permanentemente;

b) estejam protegidos pelas disposições sobre previdência social em vigor no Estado que envia ou num terceiro Estado.

3. Os membros da repartição consular que empreguem pessoas às quais não se aplique a isenção prevista no parágrafo 2º do presente artigo devem cumprir as obrigações impostas aos empregadores pelas disposições de previdência social do Estado receptor.

4. A isenção prevista nos parágrafos 1º e 2º do presente artigo não exclui a participação voluntária no regime de previdência social do Estado receptor, desde que seja permitida por este Estado.

Artigo 49
Isenção fiscal

1. Os funcionários e empregados consulares, assim como os membros de suas famílias que com eles vivam, estarão isentos de quaisquer impostos e taxas, pessoais ou reais, nacionais, regionais ou municipais, com exceção dos:

a) impostos indiretos normalmente incluídos no preço das mercadorias ou serviços;

b) impostos e taxas sobre bens imóveis privados situados no território do Estado receptor sem prejuízo das disposições do artigo 32;

c) impostos de sucessão e de transmissão exigíveis pelo Estado receptor, sem prejuízo das disposições da alínea b do artigo 51;
d) impostos e taxas sobre rendas particulares, inclusive rendas de capital, que tenham origem no Estado receptor, e impostos sobre capital, correspondentes a investimentos realizados em emprêsas comerciais ou financeiras situadas no Estado receptor;
e) impostos e taxas percebidos como remuneração de serviços específicos prestados;
f) direitos de registro, taxas judiciárias, hipoteca e selo, sem prejuízo do disposto no artigo 32.

2. Os membros do pessoal de serviço estarão isentos de impostos e taxas sobre salários que recebam como remuneração de seus serviços.

3. Os membros da repartição consular que empregarem pessoas cujos ordenados ou salários não estejam isentos de imposto de renda no Estado receptor deverão respeitar as obrigações que as leis e regulamentos do referido Estado impuserem aos empregadores em matéria de cobrança do imposto de renda.

Artigo 50
Isenção de impostos e de inspeção Alfandegária

1. O Estado receptor, de acordo com as leis e regulamentos que adotar, permitirá a entrada e concederá isenção de quaisquer impostos alfandegários, tributos e despesas conexas, com exceção das despesas de depósito, de transporte e serviços análogos, para:
a) os artigos destinados ao uso oficial da repartição consular;
b) os artigos destinados ao uso pessoal do funcionário consular e aos membros da família que com ele vivam, inclusive aos artigos destinados à sua instalação. Os artigos de consumo não deverão exceder as quantidades que estas pessoas necessitam para o consumo pessoal.

2. Os empregados consulares gozarão dos privilégios e isenções previstos no parágrafo 1º do presente artigo com relação aos objetos importados quando da primeira instalação.

3. A bagagem pessoal que acompanha os funcionários consulares e os membros da sua família que com eles vivam estará isenta de inspeção alfandegária. A mesma só poderá ser inspecionada se houver sérias razões para se supor que contenha objetos diferentes dos mencionados na alínea b do parágrafo 1º do presente artigo, ou cuja importação ou exportação for proibida pelas leis e regulamentos do Estado receptor ou que estejam sujeitos às suas leis e regulamentos de quarentena. Esta inspeção só poderá ser feita na presença do funcionário consular ou do membro de sua família interessado.

Artigo 51
Sucessão de um membro da repartição consular ou de um membro de sua família

No caso de morte de um membro da repartição consular ou de um membro de sua família que com ele viva o Estado receptor será obrigado a:
a) permitir a exportação dos bens móveis do defunto, exceto dos que, adquiridos no Estado receptor, tiverem a exportação proibida no momento da morte;
b) não cobrar impostos nacionais, regionais ou municipais sobre a sucessão ou a transmissão dos bens móveis que se encontrem no Estado receptor únicamente por ali ter vivido o defundo, como membro da repartição consular ou membro da família de um membro da repartição consular.

Artigo 52
Isenção de prestação de serviços pessoais

O Estado receptor deverá isentar os membros da repartição consular e os membros de sua família que com eles vivam da prestação de qualquer serviço pessoal, de qualquer serviço de interesse público, seja qual for sua natureza, bem como de encargos militares tais como requisição, contribuições e alojamentos militares.

Artigo 53
Começo e fim dos privilégios e imunidades consulares

1. Todo membro da repartição consular gozará dos privilégios e imunidades previstos na presente Convenção desde o momento em que entre no território do Estado receptor para chegar a seu posto, ou, se ele já se encontrar nesse território, desde o momento em que assumir suas funções na repartição consular.

2. Os membros da família de um membro da repartição consular que com ele vivam, assim como, os membros de seu pessoal privado, gozarão dos privilégios e imunidades previstos na presente Convenção, a partir da última das seguintes datas: aquela a partir da qual o membro da repartição consular goze dos privilégios e imunidades de acordo com o parágrafo 1º do presente artigo; a data de sua entrada no território do Estado receptor ou a data em que se tornarem membros da referida família ou do referido pessoal privado.

3. Quando terminarem as funções de um membro da repartição consular, seus privilégios e imunidades, assim como os dos membros de sua família que com eles vivam, ou dos membros de seu pessoal privado, cessarão normalmente na primeira das datas seguintes: no momento em que a referida pessoa abandonar o território do Estado receptor ou na expiração de um prazo razoável que lhe será concedido para esse fim, subsistindo, contudo, até esse momento, mesmo no caso de conflito armado. Quanto às pessoas mencionadas no parágrafo 2º do presente artigo, seus privilégios e imunidades cessarão no momento em que deixarem de pertencer à família de um membro da repartição consular ou de estar a seu serviço. Entretanto, quando essas pessoas se dispuserem a deixar o Estado receptor dentro de um prazo razoável seus privilégios e imunidades subsistirão até o momento de sua partida.

4. Todavia, no que concerne aos atos praticados por um funcionário consular ou um empregado consular no exercício das suas funções, a imunidade de jurisdição subsistirá indefinidamente.

5. No caso de morte de um membro da repartição consular, os membros de sua família que com ele tenha vivido continuarão a gozar dos privilégios e imunidades que lhe correspondiam até a primeira das seguintes datas: a da partida do território do Estado receptor ou a da expiração de um prazo razoável que lhes será concedido para esse fim.

Artigo 54
Obrigação dos terceiros Estados

1. Se um funcionário consular atravessa o território ou se encontra no território de um terceiro Estado que lhe concedeu um visto, no caso deste visto ter sido necessário, para ir assumir ou reassumir suas funções na sua repartição consular ou para voltar ao Estado que envia, o terceiro Estado conceder-lhe-á as imunidades previstas em outros artigos da presente Convenção, necessárias para facilitar-lhe a travessia e o regresso. O terceiro Estado concederá o mesmo tratamento aos membros da família que com ele vivam e que gozem desses privilégios e imunidades, quer acompanhem o funcionário consular quer viajem separadamente para reunir-se a ele ou regressar ao Estado que envia.

2. Em condições análogas àquelas especificadas no parágrafo 1º do presente artigo, os terceiros Estados não deverão dificultar a passagem através do seu território aos demais membros da repartição consular e aos membros de sua família que com ele vivam.

3. Os terceiros Estados concederão à correspondência oficial e a outras comunicações oficiais em trânsito, inclusive às mensagens em código ou cifra, a mesma liberdade e proteção que o Estado receptor estiver obrigado a conceder em virtude da presente Convenção. Concederão aos correios consulares, a quem um visto tenha sido concedido, caso necessário, bem como às malas consulares em trânsito a mesma inviolabilidade e proteção que o Estado receptor for obrigado a conceder em virtude da presente Convenção.

4. As obrigações dos terceiros Estados decorrentes dos parágrafos 1º, 2º e 3º do presente artigo aplicar-se-ão igualmente às pessoas mencionadas nos respectivos parágrafos, assim como às comunicações oficiais e às malas consulares, quando as mesmas se encontrem no território de terceiro Estado por motivo de força maior.

Artigo 55
Respeito às leis e regulamentos do Estado receptor

1. Sem prejuízo de seus privilégios e imunidades todas as pessoas que se beneficiem desses privilégios e imunidades deverão respeitar as lei e regulamentos do Estado receptor. Terão igualmente o dever de não se imiscuir nos assuntos internos do referido Estado.

2. Os locais consulares não devem ser utilizados de maneira incompatível com o exercício das funções consulares.

3. As disposições do parágrafo 2º do presente artigo não excluirão a possibilidade de se instalar, numa parte do edifício onde se encontrem os locais da repartição consular, os escritórios de outros organismos ou agências, contanto que os locais a eles destinados estejam separados dos que utilizem a repartição consular. Neste caso, os mencionados escritórios não serão, para os fins da presente Convenção, considerados como parte integrante dos locais consulares.

Artigo 56
Seguro contra danos causados a terceiros

Os membros da repartição consular deverão cumprir todas as obrigações impostas pelas leis e regulamentos do Estado receptor relativas ao seguro de responsabilidade civil por danos causados a terceiros pela utilização de qualquer veículo, navio ou aeronave.

Artigo 57
Disposições especiais relativas às atividades privadas de caráter lucrativo

1. Os funcionários consulares de carreira não exercerão, em proveito próprio, nenhuma atividade profissional ou comercial no Estado receptor.

2. Os privilégios e imunidades previstas no presente Capítulo não serão concedidos:

a) aos empregados consulares ou membros do pessoal de serviço que exercerem atividade privada de caráter lucrativo no Estado receptor;

b) aos membros da família das pessoas mencionadas na alínea a do presente parágrafo e aos de seu pessoal privado;

c) aos membros da família do membro da repartição consular que exercerem atividade privada de caráter lucrativo no Estado receptor.

Capítulo III
REGIME APLICÁVEL AOS FUNCIONÁRIOS CONSULARES HONORÁRIOS E ÀS REPARTIÇÕES CONSULARES POR ELES DIRIGIDAS

Artigo 58
Disposições gerais relativas às facilidades, privilégios e imunidades

1. Os artigos 28, 29, 30, 34, 35, 36, 37, 38 e 39 parágrafo 3º do artigo 54 e os parágrafos 2º e 3º do artigo 55 aplicar-se-ão às repartições consulares dirigidas por um funcionário consular honorário. Ademais, as facilidades, privilégios e imunidades destas repartições consulares serão reguladas pelos artigos 59, 60, 61 e 62.

2. Os artigos 42 e 43, o parágrafo 3º do artigo 44, os artigos 45 e 53, e o parágrafo 1º do artigo 55, aplicar-se-ão aos funcionários consulares honorários. As facilidades, privilégios e imunidades desses funcionários consulares reger-se-ão outrossim, pelos artigos 63, 64, 65, 66 e 67.

3. Os privilégios e imunidades previstos na presente Convenção não serão concedidos aos membros da família de funcionário consular honorário nem aos da família de empregado consular de repartição consular dirigida por funcionário consular honorário.

4. O intercâmbio de malas consulares entre duas repartições consulares situadas em países diferentes e dirigidas por funcionários consulares honorários só será admitido com o consentimento dos dois Estados receptores.

Artigo 59
Proteção dos locais consulares

O Estado receptor adotará todas as medidas apropriadas para proteger os locais consulares de uma repartição consular dirigida por um funcionário consular honorário contra qualquer intrusão ou dano e para evitar perturbações à tranquilidade da repartição consular ou ofensivas à sua dignidade.

Artigo 60
Isenção fiscal dos locais consulares

1. Os locais consulares de uma repartição consular dirigida por funcionário consular honorário, de que seja

proprietário ou locatário o Estado que envia, estarão isentos de todos os impostos e taxas nacionais, regionais e municipais, exceto os que representem remuneração por serviços específicos prestados.

2. A isenção fiscal, prevista no parágrafo 1º do presente artigo, não se aplicará àqueles impostos e taxas cujo pagamento, de acordo com as leis e regulamentos do Estado receptor couber às pessoas que contratarem com o Estado que envia.

ARTIGO 61
Inviolabilidade dos arquivos e documentos consulares

Os arquivos e documentos consulares de uma repartição consular, cujo chefe for um funcionário consular honorário, serão sempre invioláveis onde quer que se encontrem, desde que estejam separados de outros papéis e documentos e, especialmente, da correspondência particular de chefe da repartição consular, da de qualquer pessoa que com ele trabalhe, bem como dos objetos, livros e documentos relacionados com sua profissão ou negócios.

ARTIGO 62
Isenção de direitos alfandegários

De acordo com as leis e regulamentos que adotar, o Estado receptor permitirá e entrada com isenção de todos os direitos alfandegários, taxas e despesas conexas, com exceção das de depósito, transporte e serviços análogos, dos seguintes artigos, desde que sejam destinados exclusivamente ao uso oficial de uma repartição consular dirigida por funcionário consular honorário; escudos, bandeiras, letreiros, sinetes e selos, livros, impressos oficiais, mobiliário de escritório, material e equipamento de escritório e artigos similares fornecidos à repartição consular pelo Estado que envia ou por solicitação deste.

ARTIGO 63
Processo Penal

Quando um processo penal for instaurado contra funcionário consular honorário, este é obrigado a se apresentar às autoridades competentes. Entretanto, o processo deverá ser conduzido com as deferências devidas ao funcionário consular honorário interessado, em razão de sua posição oficial, e, exceto no caso em que esteja preso ou detido, de maneira a perturbar o menos possível o exercício das funções consulares. Quando for necessário decretar a prisão preventiva de um funcionário consular honorário, o processo correspondente deverá iniciar-se o mais breve possível.

ARTIGO 64
Proteção dos funcionários consulares honorários

O Estado receptor é obrigado a conceder ao funcionário consular honorário a proteção de que possa necessitar em razão de sua posição oficial.

ARTIGO 65
Isenção do registro de estrangeiros e da autorização de residência

O funcionários consulares honorários, com exceção dos que exercerem no Estado receptor atividade profissional ou comercial em proveito próprio, estarão isentos de quaisquer obrigações previstas pelas leis e regulamentos do Estado receptor em matéria de registro de estrangeiros e de autorização de residência.

ARTIGO 66
Isenção Fiscal

Os funcionários consulares honorários estarão isentos de quaisquer impostos e taxas sobre as remunerações e os emolumentos que recebam do Estado que envia em razão do exercício das funções consulares.

ARTIGO 67
Isenção de prestação de serviços pessoais

O Estado receptor isentará os funcionários consulares honorários da prestação de quaisquer serviços pessoais ou de interesse público, qualquer que seja sua natureza, assim como das obrigações de caráter militar, especialmente requisições, contribuições e alojamentos militares.

ARTIGO 68
Caráter facultativo da instituição dos funcionários consulares honorários

Cada Estado poderá decidir livremente se nomeará ou receberá funcionários consulares honorários.

CAPÍTULO IV

DISPOSIÇÕES GERAIS

ARTIGO 69
Agentes consulares que não sejam chefes de repartição consular

1. Cada Estado poderá decidir livremente se estabelecerá ou admitirá agências consulares dirigidas por agentes consulares que não tenham sido designados chefes de repartição consular pelo Estado que envia.

2. As condições em que as Agências consulares poderão exercer suas atividades, de acordo com o parágrafo 1º do presente artigo, assim como os privilégios e imunidades de que poderão gozar os agentes consulares que as dirijam, serão estabelecidas por acordo entre o Estado que envia e o Estado receptor.

ARTIGO 70
Exercício de funções consulares pelas missões diplomáticas

1. As disposições da presente Convenção aplicar-se-ão também, na medida em que o contexto o permitir, ao exercício das funções consulares por missões diplomáticas.

2. Os nomes dos membros da missão diplomática, adidos à seção consular ou encarregados do exercício das funções consulares da missão, serão comunicados ao Ministério das Relações Exteriores do Estado receptor ou à autoridade designada por este Ministério.

3. No exercício de funções consulares, a missão diplomática poderá dirigir-se:

a) às autoridades locais da jurisdição consular;
b) às autoridades centrais do Estado receptor, desde que o permitam as leis, regulamentos e usos desse Estado ou os acordos internacionais pertinentes.

4. Os privilégios e imunidades dos membros da missão diplomática mencionados no parágrafo 2º do presente artigo continuarão a reger-se pelas regras de direito internacional relativas às relações diplomáticas.

Artigo 71
Nacionais ou residentes permanentes do Estado receptor

1. Salvo se o Estado receptor conceder outras facilidades, privilégios e imunidades, os funcionários consulares que sejam nacionais ou residentes permanentes desse Estado somente gozarão de imunidade de jurisdição e de inviolabilidade pessoal pelos atos oficiais realizados no exercício de suas funções e do privilégio estabelecido no parágrafo 3º do artigo 44. No que diz respeito a esses funcionários consulares, o Estado receptor deverá também cumprir a obrigação prevista no artigo 42. Se um processo penal for instaurado contra esses funcionários consulares, as diligências deverão ser conduzidas, exceto no caso em que o funcionário estiver preso ou detido, de maneira a que se perturbe o menos possível o exercício das funções consulares.

2. Os demais membros da repartição consular que sejam nacionais ou residentes permanentes do Estado receptor e os membros de sua família, assim como os membros da família dos funcionários consulares mencionados no parágrafo 1º do presente artigo, só gozarão de facilidades, privilégios e imunidades que lhes forem concedidos pelo Estado receptor. Do mesmo modo, os membros da família de um membro da repartição consular e os membros do pessoal privado que sejam nacionais ou residentes permanentes do Estado receptor só gozarão das facilidades, privilégios e imunidades que lhes forem concedidos pelo Estado receptor. Todavia, o Estado receptor deverá exercer sua jurisdição sobre essas pessoas de maneira a não perturbar indevidamente o exercício das funções da repartição consular.

Artigo 72
Não discriminação entre Estados

1. O Estado receptor não discriminará entre os Estados ao aplicar as disposições da presente Convenção.

2. Todavia, não será considerado discriminatório:
a) que o Estado receptor aplique restritivamente qualquer das disposições da presente Convenção em consequência de igual tratamento às suas repartições consulares no Estado que envia;
b) que, por costume ou acordo, os Estados se concedam reciprocamente tratamento mais favorável que o estabelecido nas disposições da presente Convenção.

Artigo 73
Relação entre a presente Convenção e outros acordos internacionais

1. As disposições da presente Convenção não prejudicarão outros acordos internacionais em vigor entre as partes contratantes dos mesmos.

2. Nenhuma das disposições da presente Convenção impedirá que os Estados concluam acordos que confirmem, completem, estendam ou ampliem suas disposições.

Capítulo V
DISPOSIÇÕES FINAIS

Artigo 74
Assinatura

A presente Convenção ficará aberta à assinatura de todos os Estados-Membros da Organização das Nações Unidas ou de qualquer organização especializada, bem como de todo Estado-Parte do Estatuto da Corte Internacional de Justiça e de qualquer outro Estado convidado pela Assembleia-Geral das Nações Unidas a se tornar parte da Convenção, da seguinte maneira: até 31 de outubro de 1963, no Ministério Federal dos Negócios Estrangeiros da Áustria e depois, até 31 de março de 1964, na Sede da Organização das Nações Unidas, em Nova York.

Artigo 75
Ratificação

A presente Convenção está sujeita a ratificação. Os instrumentos de ratificação serão depositados junto ao Secretário-Geral das Nações Unidas.

Artigo 76
Adesão

A presente Convenção ficará aberta à adesão dos Estados pertencentes a qualquer das quatro categorias mencionadas no artigo 74. Os instrumentos de adesão serão depositados junto ao Secretário-Geral das Nações Unidas.

Artigo 77
Entrada em vigor

1. A presente Convenção entrará em vigor no trigésimo dia que se seguir à data em que seja depositado junto ao Secretário-Geral da Organização das Nações Unidas o vigésimo segundo instrumento de ratificação ou adesão.

2. Para cada um dos Estados que ratificarem a Convenção ou a ela aderirem depois do depósito do vigésimo segundo instrumento de ratificação ou adesão, a Convenção entrará em vigor no trigésimo dia após o depósito, por esse Estado, do instrumento de ratificação ou adesão.

Artigo 78
Notificação pelo Secretário-Geral

O Secretário-Geral da Organização das Nações Unidas notificará a todos os Estados pertencentes a qualquer das quatro categorias mencionadas no artigo 74:
a) as assinaturas apostas à presente Convenção e o depósito dos instrumentos de ratificação ou adesão nos termos dos artigos 74, 75 e 76;
b) a data em que a presente Convenção entrar em vigor nos termos do artigo 77.

Artigo 79
Textos autênticos

O original da presente Convenção, cujos textos em chinês, espanhol, francês, inglês e russo serão igualmente autênticos, será depositado junto ao Secretário-Geral da Organização das Nações Unidas, que enviará cópias autenticadas a todos os Estados pertencentes a qualquer das quatro categorias mencionadas no artigo 74.

Em fé de que, os plenipotenciários abaixo assinados, devidamente autorizados por seus respectivos Governos, assinaram a presente Convenção.

Feito em Viena, aos vinte e quatro de abril de mil novecentos e sessenta e três.

CONVENÇÃO DE VIENA SOBRE RELAÇÕES DIPLOMÁTICAS

▶ Assinada em Viena (Áustria), em 18-4-1961. Aprovada pelo Dec. nº 103, de 18-11-1964, e promulgada pelo Dec. nº 56.435, de 8-6-1965.
▶ Publicada no DOU de 11-6-965.

Os Estados-Partes na presente Convenção,

Considerando que, desde tempos remotos, os povos de todas as Nações têm reconhecido a condição dos agentes diplomáticos;

Conscientes dos propósitos e princípios da Carta das Nações Unidas relativos à igualdade soberana dos Estados, à manutenção da paz e da segurança internacional e ao desenvolvimento das relações de amizade entre as Nações;

Estimando que uma Convenção Internacional sobre relações, privilégios e imunidades diplomáticas contribuirá para o desenvolvimento de relações amistosas entre as Nações, independentemente da diversidade dos seus regimes constitucionais e sociais;

Reconhecendo que a finalidade de tais privilégios e imunidades não é beneficiar indivíduos, mas, sim, a de garantir o eficaz desempenho das funções das Missões diplomáticas, em seu caráter de representantes dos Estados;

Afirmando que as normas de Direito internacional consuetudinário devem continuar regendo as questões que não tenham sido expressamente reguladas nas disposições da presente Convenção,

Convieram no seguinte:

ARTIGO 1º
Para os efeitos da presente Convenção:
a) "Chefe de Missão" é a pessoa encarregada pelo Estado acreditante de agir nessa qualidade;
b) "Membros da Missão" são o Chefe da Missão e os membros do pessoal da Missão;
c) "Membros do Pessoal da Missão" são os membros do pessoal diplomático, do pessoal administrativo e técnico e do pessoal de serviço da Missão;
d) "Membros do Pessoal Diplomático" são os membros do pessoal da Missão que tiverem a qualidade de diplomata;
e) "Agente Diplomático" é o Chefe da Missão ou um membro do pessoal diplomático da Missão;
f) "Membros do Pessoal Administrativo e Técnico" são os membros do pessoal da Missão empregados no serviço administrativo e técnico da Missão;
g) "Membros do Pessoal de Serviço" são os membros do pessoal da Missão empregados no serviço doméstico da Missão;
h) "Criado particular" é a pessoa do serviço doméstico de um membro da Missão que não seja empregado do Estado acreditante;
i) "Locais da Missão" são os edifícios, ou parte dos edifícios, e terrenos anexos, seja quem for o seu proprietário, utilizados para as finalidades da Missão inclusive a residência do Chefe da Missão.

ARTIGO 2º
O estabelecimento de relações diplomáticas entre Estados e o envio de Missões diplomáticas permanentes efetua-se por consentimento mútuo.

ARTIGO 3º
1. As funções de uma Missão diplomática consistem, entre outras, em:
a) representar o Estado acreditante perante o Estado acreditado;
b) proteger no Estado acreditado os interesses do Estado acreditante e de seus nacionais, dentro dos limites permitidos pelo direito internacional;
c) negociar com o Governo do Estado acreditado;
d) inteirar-se por todos os meios lícitos das condições existentes e da evolução dos acontecimentos no Estado acreditado e informar a esse respeito o Governo do Estado acreditante;
e) promover relações amistosas e desenvolver as relações econômicas, culturais e científicas entre o Estado acreditante e o Estado acreditado.

2. Nenhuma disposição da presente Convenção poderá ser interpretada como impedindo o exercício de funções consulares pela Missão diplomática.

ARTIGO 4º
1. O Estado acreditante deverá certificar-se de que a pessoa que pretende nomear como Chefe da Missão perante o Estado acreditado obteve o *agréement* do referido Estado.

2. O Estado acreditado não está obrigado a dar ao Estado acreditante as razões da negação do *agréement*.

ARTIGO 5º
1. O Estado acreditante poderá, depois de haver feito a devida notificação aos Estados acreditados interessados, nomear um Chefe de Missão ou designar qualquer membro do pessoal diplomático perante dois ou mais Estados, a não ser que um dos Estados acreditados a isso se oponha expressamente.

2. Se um Estado acredita um Chefe de Missão perante dois ou mais Estados, poderá estabelecer uma Missão diplomática dirigida por um Encarregado de Negócios *ad interim* em cada um dos Estados onde o Chefe da Missão não tenha a sua sede permanente.

3. O Chefe da Missão ou qualquer membro do pessoal diplomático da Missão poderá representar o Estado acreditante perante uma organização internacional.

ARTIGO 6º
Dois ou mais Estados poderão acreditar a mesma pessoa como Chefe de Missão perante outro Estado, a não ser que o Estado acreditado a isso se oponha.

ARTIGO 7º
Respeitadas as disposições dos artigos 5º, 8º, 9º e 11, o Estado acreditante poderá nomear livremente os membros do pessoal da Missão. No caso dos adidos militar, naval ou aéreo, o Estado acreditado poderá exigir que seus nomes lhes sejam previamente submetidos para efeitos de aprovação.

ARTIGO 8º
1. Os membros do pessoal diplomático da Missão deverão, em princípio, ter a nacionalidade do Estado acreditante.

2. Os membros do pessoal diplomático da Missão não poderão ser nomeados dentre pessoas que tenham a nacionalidade do Estado acreditado, exceto com o consentimento do referido Estado, que poderá retirá-lo em qualquer momento.

3. O Estado acreditado poderá exercer o mesmo direito com relação a nacionais de terceiro Estado que não sejam igualmente nacionais do Estado acreditante.

Artigo 9º

1. O Estado acreditado poderá a qualquer momento, e sem ser obrigado a justificar a sua decisão, notificar ao Estado acreditante que o Chefe da Missão ou qualquer membro do pessoal diplomático da Missão é *persona non grata* ou que outro membro do pessoal da Missão não é aceitável. O Estado acreditante, conforme o caso, retirará a pessoa em questão ou dará por terminadas as suas funções na Missão. Uma pessoa poderá ser declarada non grata ou não aceitável mesmo antes de chegar ao território do Estado acreditado.

2. Se o Estado acreditante se recusar a cumprir, ou não cumpre dentro de um prazo razoável, as obrigações que lhe incumbem, nos termos do parágrafo 1º deste artigo, o Estado acreditado poderá recusar-se a reconhecer tal pessoa como membro da Missão.

Artigo 10

1. Serão notificados ao Ministério das Relações Exteriores do Estado acreditado, ou a outro Ministério em que se tenha convindo:

a) a nomeação dos membros do pessoal da Missão, sua chegada e partida definitiva ou o termo das suas funções na Missão;

b) a chegada e partida definitiva de pessoas pertencentes à família de um membro da missão e, se for o caso, o fato de uma pessoa vir a ser ou deixar de ser membro da família de um membro da Missão;

c) a chegada e a partida definitiva dos criados particulares a serviço das pessoas a que se refere a alínea a) deste parágrafo e, se for o caso, o fato de terem deixado o serviço de tais pessoas;

d) a admissão e a despedida de pessoas residentes no Estado acreditado como membros da Missão ou como criados particulares com direito a privilégios e imunidades.

2. Sempre que possível, a chegada e a partida definitiva deverão também ser previamente notificadas.

Artigo 11

1. Não havendo acordo explícito sobre o número de membros da Missão, o Estado acreditado poderá exigir que o efetivo da Missão seja mantido dentro dos limites que considere razoáveis e normais, tendo em conta as circunstâncias e condições existentes nesse Estado e as necessidades da referida Missão.

2. O Estado acreditado poderá igualmente, dentro dos mesmos limites e sem discriminação, recusar-se a admitir funcionários de uma determinada categoria.

Artigo 12

O Estado acreditado não poderá, sem o consentimento expresso e prévio do Estado acreditado, instalar escritórios que façam parte da Missão em localidades distintas daquela em que a Missão tem a sua sede.

Artigo 13

1. O Chefe da Missão é considerado como tendo assumido as suas funções no Estado acreditado no momento em que tenha entregado suas credenciais ou tenha comunicado a sua chegada e apresentado as cópias figuradas de suas credenciais ao Ministério das Relações Exteriores, ou ao Ministério em que se tenha convindo, de acordo com a prática observada no Estado acreditado, a qual deverá ser aplicada de maneira uniforme.

2. A ordem de entrega das credenciais ou de sua cópia figurada será determinada pela data e hora da chegada do Chefe da Missão.

Artigo 14

1. Os Chefes de Missão dividem-se em três classes:

a) Embaixadores ou Núncios acreditados perante Chefes de Estado, e outros Chefes de Missões de categoria equivalente;

b) Enviados, Ministros ou internúncios, acreditados perante Chefes de Estado;

c) Encarregados de Negócios, acreditados perante Ministro das Relações Exteriores.

2. Salvo em questões de precedência e etiqueta, não se fará nenhuma distinção entre Chefes de Missão em razão de sua classe.

Artigo 15

Os Estados, por acordo, determinarão a classe a que devem pertencer os Chefes de suas Missões.

Artigo 16

1. A procedência dos Chefes de Missão, dentro de cada classe, se estabelecerá de acordo com a data e hora em que tenham assumido suas funções, nos termos do art. 13.

2. As modificações nas credenciais de um Chefe de Missão, desde que não impliquem mudança de classe, não alteram a sua ordem de precedência.

3. O presente artigo não afeta a prática que exista ou venha a existir no Estado acreditado com respeito à precedência do representante da Santa Sé.

Artigo 17

O Chefe da Missão notificará ao Ministério da Relações Exteriores, ou a outro Ministério em que as partes tenham convindo, a ordem de precedência dos Membros do pessoal diplomático da Missão.

Artigo 18

O Cerimonial que se observe em cada Estado para recepção dos Chefes de Missão deverá ser uniforme a respeito de cada classe.

Artigo 19

1. Em caso de vacância do pôsto de Chefe da Missão, ou se um Chefe de Missão estiver impedido de desempenhar suas funções, um Encarregado de Negócios *ad interim* exercerá provisoriamente a chefia da Missão. O nome do Encarregado de Negócios *ad interim* será comunicado ao Ministério das relações Exteriores do Estado acreditado, ou ao Ministério em que as partes tenham convindo, pelo Chefe da Missão ou, se este não puder fazê-lo, pelo Ministério das Relações Exteriores do Estado acreditante.

2. Se nenhum membro do pessoal diplomático estiver presente no Estado acreditado, um membro do pessoal administrativo e técnico poderá, com o consentimento do Estado acreditado, ser designado pelo Estado acreditante para encarregar-se dos assuntos administrativos correntes da Missão.

ARTIGO 20

A missão e seu Chefe terão o direito de usar a bandeira e o escudo do Estado acreditante nos locais da Missão, inclusive na residência do Chefe da Missão e nos seus meios de transporte.

ARTIGO 21

1. O Estado acreditado deverá facilitar a aquisição em seu território, de acordo com as suas leis, pelo Estado acreditado, dos locais necessários à Missão ou ajudá-lo a consegui-los de outra maneira.

2. Quando necessário, ajudará também as Missões a obterem alojamento adequado para seus membros.

ARTIGO 22

1. Os locais da Missão são invioláveis. Os Agentes do Estado acreditado não poderão neles penetrar sem o consentimento do Chefe da Missão.

2. O Estado acreditado tem a obrigação especial de adotar todas as medidas apropriadas para proteger os locais da Missão contra qualquer intrusão ou dano e evitar perturbações à tranquilidade da Missão ou ofensas à sua dignidade.

3. Os locais da Missão, em mobiliário e demais bens neles situados, assim como os meios de transporte da Missão, não poderão ser objeto de busca, requisição, embargo ou medida de execução.

ARTIGO 23

1. O Estado acreditante e o Chefe da Missão estão isentos de todos os impostos e taxas, nacionais, regionais ou municipais, sobre os locais da Missão de que sejam proprietários ou inquilinos, excetuados os que representem o pagamento de serviços específicos que lhes sejam prestados.

2. A isenção fiscal a que se refere este artigo não se aplica aos impostos e taxas cujo pagamento, na conformidade da legislação do Estado acreditado, incumbir às pessoas que contratem com o Estado acreditante ou com o Chefe da Missão.

ARTIGO 24

Os arquivos e documentos da Missão são invioláveis, em qualquer momento e onde quer que se encontrem.

ARTIGO 25

O Estado acreditado dará todas as facilidades para o desempenho das funções da Missão.

ARTIGO 26

Salvo o disposto nas leis e regulamentos relativos a zonas cujo acesso é proibido ou regulamentado por motivos de segurança nacional, o Estado acreditado garantirá a todos os membros da Missão a liberdade de circulação e trânsito em seu território.

ARTIGO 27

1. O Estado acreditado permitirá e protegerá a livre comunicação da Missão para todos os fins oficiais. Para comunicar-se com o Governo e demais Missões e Consulados do Estado acreditante, onde quer que se encontrem, a Missão poderá empregar todos os meios de comunicação adequados, inclusive correios diplomáticos e mensagens em código ou cifra. Não obstante, a Missão só poderá instalar e usar uma emissora de rádio com o consentimento do Estado acreditado.

2. A correspondência oficial da Missão é inviolável. Por correspondência oficial entende-se toda correspondência concernente à Missão e suas funções.

3. A mala diplomática não poderá ser aberta ou retida.

4. Os volumes que constituam a mala diplomática deverão conter sinais exteriores visíveis que indiquem o seu caráter e só poderão conter documentos diplomáticos e objetos destinados a uso oficial.

5. O correio diplomático, que deverá estar munido de um documento oficial que indique sua condição e o número de volumes que constituam a mala diplomática, será, no desempenho das suas funções, protegido pelo Estado acreditado, gozará de inviolabilidade pessoal e não poderá ser objeto de nenhuma forma de detenção ou prisão.

6. O Estado acreditante ou a Missão poderão designar correios diplomáticos ad hoc. Em tal caso, aplicar-se-ão as disposições do parágrafo 5 deste artigo, mas as imunidades nele mencionadas deixarão de se aplicar, desde que o referido correio tenha entregado ao destinatário a mala diplomática que lhe fora confiada.

7. A mala diplomática poderá ser confiada ao comandante de uma aeronave comercial que tenha de aterrissar num aeroporto de entrada autorizada. O comandante será munido de um documento oficial que indique o número de volumes que constituam a mala, mas não será considerado correio diplomático. A Missão poderá enviar um de seus membros para receber a mala diplomática, direta e livremente, das mãos do comandante da aeronave.

ARTIGO 28

Os direitos e emolumentos que a Missão perceba em razão da prática de atos oficiais estarão isentos de todos os impostos ou taxas.

ARTIGO 29

A pessoa do agente diplomático é inviolável. Não poderá ser objeto de nenhuma forma de detenção ou prisão. O Estado acreditado tratá-lo-á com o devido respeito e adotará todas as medidas adequadas para impedir qualquer ofensa à sua pessoa, liberdade ou dignidade.

ARTIGO 30

1. A residência particular do agente diplomático goza da mesma inviolabilidade e proteção que os locais da missão.

2. Seus documentos, sua correspondência e, sob reserva do disposto no parágrafo 3 do artigo 31, seus bens gozarão igualmente de inviolabilidade.

ARTIGO 31

1. O agente diplomático gozará de imunidade de jurisdição penal do Estado acreditado. Gozará também da

imunidade de jurisdição civil e administrativa, a não ser que se trate de:

a) uma ação real sobre imóvel privado situado no território do Estado acreditado, salvo se o agente diplomático o possuir por conta do Estado acreditante para os fins da missão.

b) uma ação sucessória na qual o agente diplomático figure, a titulo privado e não em nome do Estado, como executor testamentário, administrador, herdeiro ou legatário.

c) uma ação referente a qualquer profissão liberal ou atividade comercial exercida pelo agente diplomático no Estado acreditado fora de suas funções oficiais.

2. O agente diplomático não é obrigado a prestar depoimento como testemunha.

3. O agente diplomático não está sujeito a nenhuma medida de execução, a não ser nos casos previstos nas alíneas a, b e c do parágrafo 1 deste artigo e desde que a execução possa realizar-se sem afetar a inviolabilidade de sua pessoa ou residência.

4. A imunidade de jurisdição de um agente diplomático no Estado acreditado não o isenta da jurisdição do Estado acreditante.

Artigo 32

1. O Estado acreditante pode renunciar à imunidade de jurisdição dos seus agentes diplomáticos e das pessoas que gozem de imunidade nos termos do artigo 37.

2. A renúncia será sempre expressa.

3. Se um agente diplomático ou uma pessoa que goza de imunidade de jurisdição nos termos do artigo 37 inicia uma ação judicial, não lhe será permitido invocar a imunidade de jurisdição no tocante a uma reconvenção diretamente ligada à ação principal.

4. A renúncia à imunidade de jurisdição no tocante às ações civis ou administrativas não implica renúncia à imunidade quanto às medidas de execução da sentença, para as quais nova renúncia é necessária.

Artigo 33

1. Salvo o disposto no parágrafo 3 deste artigo o agente diplomático estará no tocante aos serviços prestados ao Estado acreditante, isento das disposições sobre seguro social que possam vigorar no Estado acreditado.

2. A isenção prevista no parágrafo 1 deste artigo aplicar-se-á também aos criados particulares que se acham ao serviço exclusivo do agente diplomático, desde que:

a) Não sejam nacionais do Estado acreditado nem nele tenham residência permanente; e

b) Estejam protegidos pelas disposições sobre seguro social vigentes no Estado acreditante ou em terceiro estado.

3. O agente diplomático que empregue pessoas a quem não se aplique a isenção prevista no parágrafo 2 deste artigo deverá respeitar as obrigações impostas aos patrões pelas disposições sobre seguro social vigentes no Estado acreditado.

4. A isenção prevista nos parágrafos 1 e 2 deste artigo não exclui a participação voluntária no sistema de seguro social do Estado acreditado, desde que tal participação seja admitida pelo referido Estado.

5. As disposições deste artigo não afetam os acordos bilaterais ou multilaterais sobre seguro social já concluídos e não impedem a celebração ulterior de acordos de tal natureza.

Artigo 34

O agente diplomático gozará de isenção de todos os impostos e taxas, pessoais ou reais, nacionais, regionais ou municipais, com as exceções seguintes:

a) os impostos indiretos que estejam normalmente incluídos no preço das mercadorias ou dos serviços;

b) os impostos e taxas sobre bens imóveis privados, situados no território do Estado acreditado, a não ser que o agente diplomático os possua em nome do Estado acreditante e para os fins da missão;

c) os direitos de sucessão percebidos pelo Estado acreditado, salvo o disposto no parágrafo 4 do artigo 39;

d) os impostos e taxas sobre rendimentos privados que tenham a sua origem no Estado acreditado e os impostos sobre o capital, referentes a investimentos em empresas comerciais no Estado acreditado;

e) os impostos e taxas que incidem sobre a remuneração relativa a serviços específicos;

f) os direitos de registro, de hipoteca, custas judiciais e imposto de selo relativos a bens imóveis, salvo o disposto no artigo 23.

Artigo 35

O Estado acreditado devera isentar os agentes diplomáticos de toda prestação pessoal, de todo serviço público, seja qual for a sua natureza, e de obrigações militares tais como requisições, contribuições e alojamento militar.

Artigo 36

1. De acordo com leis e regulamentos que adote, o Estado acreditado permitirá a entrada livre do pagamento de direitos aduaneiros, taxas e gravames conexos, que não constituam despesas de armazenagem, transporte e outras relativas a serviços análogos;

a) dos objetos destinados ao uso oficial da missão;

b) dos objetos destinados ao uso pessoal do agente diplomático ou dos membros da sua família que com ele vivam, incluídos os bens destinados à sua instalação.

2. A bagagem pessoal do agente diplomático não está sujeita a inspeção, salvo se existirem motivos sérios para crer que a mesma contém objetos não previstos nas isenções mencionadas no parágrafo 1 deste artigo, ou objetos cuja importação ou exportação é proibida pela legislação do Estado acreditado, ou sujeitos aos seus regulamentos de quarentena. Nesse caso a inspeção só poderá ser feita em presença de agente diplomático ou de seu representante autorizado.

Artigo 37

1. Os membros da família de um agente diplomático que com ele vivam gozarão dos privilégios e imunidades mencionados nos artigos 29 e 36, desde que não sejam nacionais do Estado acreditado.

2. Os membros do pessoal administrativo e técnico da missão, assim como os membros de suas famílias que com eles vivam, desde que não sejam nacionais do Estado acreditado nem nele tenham residência permanente, gozarão dos privilégios e imunidades mencionados nos artigos 29 a 35 com ressalva de que a imunidade de jurisdição civil e administrativa do Estado acreditado, mencionada no parágrafo 1 do artigo 31, não se estenderá aos atos por eles praticados fora do exercício de suas funções; gozarão também dos privilégios mencionados no parágrafo 1 do artigo 36, no que respeita aos objetos importados para a primeira instalação.

3. Os membros do pessoal de serviço da Missão, que não sejam nacionais do Estado acreditado nem nele tenham residência permanente, gozarão de imunidades quanto aos atos praticados no exercício de suas funções, de isenção de impostos e taxas sobre os salários que perceberem pelos seus serviços e da isenção prevista no artigo 33.

4. Os criados particulares dos membros da Missão, que não sejam nacionais do Estado acreditado nem nele tenham residência permanente, estão isentos de impostos e taxas sobre os salários que perceberem pelos seus serviços. Nos demais casos, só gozarão de privilégios e imunidades na medida reconhecida pelo referido Estado. Todavia, o Estado acreditado deverá exercer a sua jurisdição sobre tais pessoas de modo a não interferir demasiadamente com o desempenho das funções da Missão.

Artigo 38

1. A não ser na medida em que o Estado acreditado conceda outros privilégios e imunidades, o agente diplomático que seja nacional do referido Estado ou nele tenha residência permanente gozará da imunidade de jurisdição e de inviolabilidade apenas quanto aos atos oficiais praticados no desempenho de suas funções.

2. Os demais membros do pessoal da Missão e os criados particulares, que sejam nacionais do Estado acreditado ou nele tenham a sua residência permanente, gozarão apenas dos privilégios e imunidades que lhes forem reconhecidos pelo referido Estado. Todavia, o Estado acreditado deverá exercer a sua jurisdição sobre tais pessoas de maneira a não interferir demasiadamente com o desempenho das funções da Missão.

Artigo 39

1. Toda pessoa que tenha direito a privilégios e imunidades gozará dos mesmos a partir do momento em que entrar no território do Estado acreditado para assumir o seu posto ou, no caso de já se encontrar no referido território, desde que a sua nomeação tenha sido notificada ao Ministério das Relações Exteriores ou ao Ministério em que se tenha convindo.

2. Quando terminarem as funções de uma pessoa que goze de privilégios e imunidades, esses privilégios e imunidades cessarão normalmente no momento em que essa pessoa deixar o país ou quando transcorrido um prazo razoável que lhe tenha sido concedido para tal fim, mas perdurarão até esse momento mesmo em caso de conflito armado. Todavia a imunidade subsiste no que diz respeito aos atos praticados por tal pessoa no exercício de suas funções, como Membro da Missão.

3. Em caso de falecimento de um membro da Missão os membros de sua família continuarão no gozo de privilégios e imunidades a que têm direito até a expiração de um prazo razoável que lhes permita deixar o território do Estado acreditado.

4. Em caso de falecimento de um membro da Missão, que não seja nacional do Estado acreditado nem nele tenha residência permanente, ou de membro de sua família que com ele viva, o Estado acreditado permitirá que os bens móveis do falecido sejam retirados do país, com exceção dos que nele foram adquiridos e cuja exportação seja proibida no momento do falecimento. Não serão cobrados direitos de sucessão sobre os bens móveis cuja situação no Estado acreditado era devida unicamente à presença do falecido no referido Estado, como membro da Missão ou como membro da família de um membro da Missão.

Artigo 40

1. Se o agente diplomático atravessa o território ou se encontra no território de um terceiro Estado, que lhe concedeu visto no passaporte quando esse visto for exigido, a fim de assumir ou reassumir o seu posto ou regressar ao seu país, o terceiro Estado conceder-lhe-á inviolabilidade e todas as outras imunidades necessárias para lhe permitir o trânsito ou o regresso. Esta regra será igualmente aplicável aos membros da família que gozem de privilégios e imunidades, que acompanhem o agente diplomático quer viajem separadamente. Para reunir-se a ele ou regressar ao seu país.

2. Em circunstâncias análogas às previstas no parágrafo 1 deste artigo, os terceiros Estados não deverão dificultar a passagem através do seu território dos membros do pessoal administrativo e técnico ou de serviço da Missão e dos membros de suas famílias.

3. Os terceiros Estados concederão à correspondência e a outras comunicações oficiais em trânsito, inclusive às mensagens em código ou cifra, a mesma liberdade e proteção concedida pelo Estado acreditado. Concederão aos correios diplomáticos a quem um visto no passaporte tenha sido concedido, quando esse visto for exigido, bem como às malas diplomáticas em trânsito, a mesma inviolabilidade e proteção a que se acha obrigado o Estado acreditado.

4. As obrigações dos terceiros Estados em virtude dos parágrafos 1, 2 e 3 deste artigo serão aplicáveis também às pessoas mencionadas respectivamente nesses parágrafos, bem como às comunicações oficiais e às malas diplomáticas quando as mesmas se encontrem no território do terceiro Estado por motivo de força maior.

Artigo 41

1. Sem prejuízo de seus privilégios e imunidades, todas as pessoas que gozem desses privilégios e imunidades deverão respeitar as leis e os regulamentos do Estado acreditado. Têm também o dever de não se imiscuir nos assuntos internos do referido Estado.

2. Todos os assuntos oficiais que o Estado acreditante confiar à Missão para serem tratados com o Estado acreditado deverão sê-lo com o Ministério das Rela-

ções Exteriores, ou por seu intermédio, ou com outro Ministério em que se tenha convindo.

3. Os locais da Missão não devem ser utilizados de maneira incompatível com as funções da Missão, tais como são enunciadas na presente Convenção, em outras normas de direito internacional geral ou em acordos especiais em vigor entre o Estado acreditante e o Estado acreditado.

Artigo 42

O agente diplomático não exercerá no Estado acreditado nenhuma atividade profissional ou comercial em proveito próprio.

Artigo 43

As funções de agente diplomático terminarão, *inter alia*:

a) pela notificação do Estado acreditante ao Estado acreditado de que as funções do agente diplomático terminaram;
b) pela notificação do Estado acreditado ao Estado acreditante de que, nos termos do parágrafo 2 do artigo 9º, se recusa a reconhecer o agente diplomático como membro da Missão.

Artigo 44

O Estado acreditado deverá, mesmo no caso de conflito armado, conceder facilidades para que as pessoas que gozem de privilégios e imunidades, e não sejam nacionais do Estado acreditado, bem como os membros de suas famílias, seja qual for a sua nacionalidade, possam deixar o seu território o mais depressa possível. Especialmente, deverá colocar à sua disposição, se necessário, os meios de transporte indispensáveis para tais pessoas e seus bens.

Artigo 45

Em caso de ruptura das relações diplomáticas entre dois Estados, ou se uma Missão e retirada definitiva ou temporariamente:

a) o Estado acreditado está obrigado a respeitar e a proteger, mesmo em caso de conflito armado, os locais da Missão bem como os seus bens e arquivos;
b) o Estado acreditante poderá confiar a guarda dos locais da Missão bem como de seus bens e arquivos, a um terceiro Estado aceitável para o Estado acreditado;
c) o Estado acreditante poderá confiar a proteção de seus interesses e dos de seus nacionais a um terceiro Estado acreditado.

Artigo 46

Com o consentimento prévio do Estado acreditado e a pedido de um terceiro Estado nele não representado, o Estado acreditante poderá assumir a proteção temporária dos interesses do terceiro Estado e de seus nacionais.

Artigo 47

1. Na aplicação das disposições da presente Convenção, o Estado acreditado não fará nenhuma discriminação entre Estados.

2. Todavia, não será considerada discriminação:

a) o fato de o Estado acreditante aplicar restritivamente uma das disposições da presente Convenção, quando a mesma for aplicada de igual maneira à sua Missão no Estado acreditado;
b) o fato de os Estados em virtude de costume ou convênio se concederem reciprocamente um tratamento mais favorável do que o estipulado pelas disposições da presente Convenção.

Artigo 48

A presente Convenção ficará aberta para assinatura de todos os Estados-Membros das Nações Unidas ou de uma organização especializada bem como dos Estados-Partes no Estatuto da Côrte Internacional de Justiça e de qualquer outro Estado convidado pela Assembleia-Geral das Nações Unidas a tornar-se Parte na Convenção, da maneira seguinte: até 31 de outubro de 1961, no Ministério Federal dos Negócios Estrangeiros da Áustria e, depois, até 13 de março de 1962, na sede das Nações Unidas, em Nova York.

Artigo 49

A presente Convenção será ratificada. Os instrumentos de ratificação serão depositados perante o Secretário-Geral das Nações Unidas.

Artigo 50

A presente Convenção permanecerá aberta à adesão de todo o Estado pertencente a qualquer das quatro categorias mencionadas no artigo 48. Os instrumentos de adesão serão depositados perante o Secretário-Geral das Nações Unidas.

Artigo 51

1. A presente Convenção entrará em vigor no trigésimo dia que se seguir à data do depósito perante o Secretário-Geral das Nações Unidas do vigésimo segundo instrumento de ratificação ou adesão.

2. Para cada um dos Estados que ratificarem a Convenção ou a ela aderirem depois do depósito do vigésimo segundo instrumento de ratificação ou adesão, a Convenção entrará em vigor no trigésimo dia após o depósito, por esse Estado, do instrumento de ratificação ou adesão.

Artigo 52

O Secretário-Geral das Nações Unidas comunicará a todos os Estados pertencentes a qualquer das quatro categorias mencionadas no artigo 48:

a) as assinaturas apostas à presente Convenção e o depósito dos instrumentos de ratificação ou adesão, nos termos dos artigos 48, 49 e 50;
b) a data em que a presente Convenção entrará em vigor, nos termos do artigo 51.

Artigo 53

O original da presente Convenção, cujos textos em chinês, espanhol, francês, inglês e russo, fazem igualmente fé, será depositado perante o Secretário-Geral das Nações Unidas, que enviará cópias certificadas conforme a todos os Estados pertencentes a qualquer das quatro categorias mencionadas no artigo 48.

Em fé do que, os plenipotenciários os abaixo assinados, devidamente autorizados pelos respectivos Governos, assinaram a presente Convenção.

Feito em Viena, aos dezoito dias do mês de abril de mil novecentos e sessenta e um.

TRATADOS

CONVENÇÃO DE HAVANA SOBRE TRATADOS

Artigo 1º
Os tratados serão celebrados pelos poderes competentes dos Estados ou pelos seus representantes, segundo o seu direito interno respectivo.

Artigo 2º
É condição essencial nos tratados a forma escrita. A confirmação, prorrogação, renovação ou recondução serão igualmente feitas por escrito, salvo estipulação em contrário.

Artigo 3º
A interpretação autêntica dos tratados, quando as partes contratantes a julgarem necessária, será, também, formulada por escrito.

Artigo 4º
Os tratados serão publicados imediatamente depois da troca das ratificações.

A omissão, no cumprimento desta obrigação internacional, não prejudicará a vigência dos tratados, nem a exigibilidade das obrigações neles contidas.

Artigo 5º
Os tratados não são obrigatórios senão depois de ratificados pelos Estados contratantes, ainda que esta cláusula não conste nos plenos poderes dos negociadores, nem figure no próprio tratado.

Artigo 6º
A ratificação deve ser dada sem condições e abranger todo o tratado. Será feita por escrito, de conformidade com a legislação do Estado.

Se o Estado que ratifica faz reservas ao tratado, este entrará em vigor, desde que, informada dessas reservas, a outra parte contratante as aceite expressamente, ou, não as havendo rejeitado formalmente, execute atos que impliquem a sua aceitação.

Nos tratados internacionais celebrados entre diversos Estados, a reserva feita por um deles, no ato da ratificação, só atinge a aplicação da cláusula respectiva, nas relações dos demais Estados contratantes com o Estado que faz a reserva.

Artigo 7º
A falta da ratificação ou a reserva são atos inerentes à soberania nacional e, como tais, constituem o exercício de um direito, que não viola nenhuma disposição ou norma internacional. Em caso de negativa, esta será comunicada aos outros contratantes.

Artigo 8º
Os tratados vigorarão desde a troca ou depósito das ratificações, salvo se, por cláusula expressa, outra data tiver sido convencionada.

Artigo 9º
A aceitação ou não aceitação das cláusulas de um tratado, em favor de um terceiro Estado, que não foi parte contratante, depende exclusivamente da decisão deste.

Artigo 10
Nenhum Estado se pode eximir das obrigações do tratado ou modificar as suas estipulações, senão com o acordo, pacificamente obtido, dos outros contratantes.

Artigo 11
Os tratados continuarão a produzir os seus efeitos, ainda que se modifique a constituição interna dos Estados contratantes. Se a organização do Estado mudar, de maneira que a execução seja impossível, por divisão de território ou por outros motivos análogos, os tratados serão adaptados às novas condições.

Artigo 12
Quando o tratado se torna inexequível, por culpa da parte que se obrigou, ou por circunstâncias que, no momento da celebração, dependiam dessa parte e eram ignoradas pela outra parte, aquela é responsável pelos prejuízos resultantes da sua inexecução.

Artigo 13
A execução do tratado pode, por cláusula expressa ou em virtude de convênio especial, ser posta, no todo ou em parte, sob a garantia de um ou mais Estados.

O Estado garante não poderá intervir na execução do tratado, senão em virtude de requerimento de uma das partes interessadas e quando se realizarem as condições sob as quais foi estipulada a intervenção, e ao fazê-lo, só lhe será, lícito empregar meios autorizados pelo direito internacional e sem outras exigências de maior alcance do que as do próprio Estado garantido.

Artigo 14
Os tratados cessam de vigorar:

a) cumprida a obrigação estipulada;
b) decorrido o prazo pelo qual foi celebrado;
c) verificada a condição resolutiva;
d) por acordo entre as partes;
e) com a renúncia da parte a quem aproveita o tratado de modo exclusivo;
f) pela denúncia, total ou parcial, quando proceda;
g) quando se torna inexequível.

Artigo 15
Poderá igualmente declarar-se a caducidade de um tratado, quando este seja permanente e de aplicação não contínua, sempre que as causas que lhe deram origem hajam desaparecido e se possa logicamente deduzir que se não apresentarão no futuro.

A parte contratante que alegar essa caducidade, caso não obtenha o assentimento da outra ou das outras, poderá apelar para a arbitragem, sem cuja decisão favorável e enquanto esta não for pronunciada, continuarão em vigor as obrigações contraídas.

Artigo 16
As obrigações contraídas nos tratados serão sancionadas, nos casos de não cumprimento, e depois de esgotadas sem êxito as negociações diplomáticas, por decisão de uma corte de justiça internacional ou de um

tribunal arbitral, dentro dos limites e com os trâmites que estiverem vigentes no momento em que a infração se alegar.

Artigo 17

Os tratados cuja denúncia haja sido convencionada e os que estabelecem regras de Direito Internacional não podem ser denunciados, senão de acordo com o processo por eles estabelecidos.

Em falta de estipulação, o tratado pode ser denunciado por qualquer Estado contratante, o qual notificará aos outros essa decisão, uma vez que haja cumprido todas as obrigações estabelecidas no mesmo.

Neste caso, o tratado ficará sem efeito, em relação ao denunciante, um ano depois da última notificação, e continuará subsistente para os demais signatários, se os houver.

Artigo 18

Dois ou mais Estados podem convir em que as suas relações se rejam por outras regras que não as estabelecidas em convenções gerais celebradas por eles mesmos com outros Estados.

Este preceito é aplicável não somente aos tratados futuros, senão também aos que estejam em vigor ao tempo desta Convenção.

Artigo 19

Um Estado que não haja tomado parte na celebração de um tratado poderá aderir ao mesmo, se a isso se não opuser alguma das partes contratantes, a todas as quais deve o fato ser comunicado. A adesão será considerada como definitiva, a menos que seja feita com reserva expressa de ratificação.

Artigo 20

A presente Convenção não atinge os compromissos tomados anteriormente pelas partes contratantes, em virtude de acordos internacionais.

Artigo 21

A presente Convenção, depois de firmada, será submetida às ratificações dos Estados signatários. O Governo de Cuba fica encarregado de enviar cópias devidamente autenticadas aos governos, para o referido fim da ratificação. O instrumento de ratificação será depositado nos arquivos da União Pan-Americana, em Washington, que notificará esse depósito aos Governos signatários; tal notificação equivalerá a uma troca de ratificações. Esta Convenção ficará aberta à adesão dos Estados não signatários.

Em fé do que, os plenipotenciários mencionados assinam a presente Convenção, em espanhol, inglês, francês e português, na cidade de Havana, em 20 de fevereiro de 1928.

RESERVA DA DELEGAÇÃ DO MÉXICO

A delegação mexicana, sem levar em conta os votos que deseja emitir contra vários artigos, firmará as diversas convenções de Direito internacional público aprovadas, fazendo como única reserva a relativa ao artigo treze, que não aceita, da Convenção sobre tratados.

RESERVA DA DELEGAÇÃO DO SALVADOR

A delegação do Salvador não só opõe o seu voto negativo ao artigo treze, mas também vota negativamente a Convenção, e não a subscreve.

RESERVA DA DELEGAÇÃO DA BOLÍVIA

No conceito da Delegação da Bolívia, a inexecução a que se refere a alínea g), do artigo 14, ocorre, entre outros, nos seguintes casos:

I. Quando os fatos e circunstâncias que lhe deram origem ou lhe serviram de base, se modificaram fundamentalmente;
II. Quando sua execução se torna contrária à natureza das coisas;
III. Quando se torna incompatível com a existência dum Estado, com sua independência ou dignidade;
IV. Quando se torna ruinoso para sua riqueza ou o seu comércio.

A reserva da Bolívia, sobre o art. 15, tem em vista que sejam suscetíveis de caducidade não só os tratados de aplicação não contínua, como estabelece, o dito artigo, mas ta,bem toda espécie de tratados, qualquer que seja o seu caráter ou denominação, inclusive os chamados definitivos, que como toda convenção humana, são suscetíveis de erro, já que nada há que seja imutável e eterno.

CONVENÇÃO DE VIENA SOBRE O DIREITO DOS TRATADOS

▶ Concluída em Viena, em 23-5-1969. No Brasil, foi aprovada pelo Dec. nº 7.030, de 14-12-2009, ressalvados os arts. 25 e 66.

Os Estados-Partes na presente Convenção,

Considerando o papel fundamental dos tratados na história das relações internacionais;

Reconhecendo a importância cada vez maior dos tratados como fonte do Direito Internacional e como meio de desenvolver a cooperação pacífica entre as nações, quaisquer que sejam seus sistemas constitucionais e sociais;

Constatando que os princípios do livre consentimento e da boa-fé e a regra pacta sunt servanda são universalmente reconhecidos;

Afirmando que as controvérsias relativas aos tratados, tais como outras controvérsias internacionais, devem ser solucionadas por meios pacíficos e de conformidade com os princípios da Justiça e do Direito Internacional;

Recordando a determinação dos povos das Nações Unidas de criar condições necessárias à manutenção da Justiça e do respeito às obrigações decorrentes dos tratados;

Conscientes dos princípios de Direito Internacional incorporados na Carta das Nações Unidas, tais como os princípios da igualdade de direitos e da autodeterminação dos povos, da igualdade soberana e da independência de todos os Estados, da não intervenção nos assuntos internos dos Estados, da proibição da ameaça ou do emprego da força e do respeito universal e observância dos direitos humanos e das liberdades fundamentais para todos;

Acreditando que a codificação e o desenvolvimento progressivo do direito dos tratados alcançados na presente Convenção promoverão os propósitos das Nações Unidas enunciados na Carta, que são a manutenção da paz e da segurança internacionais, o desenvolvimento das relações amistosas e a consecução da cooperação entre as nações;

Afirmando que as regras do Direito Internacional consuetudinário continuarão a reger as questões não reguladas pelas disposições da presente Convenção;

Convieram no seguinte:

PARTE I – INTRODUÇÃO

ARTIGO 1
Âmbito da Presente Convenção
A presente Convenção aplica-se aos tratados entre Estados.

ARTIGO 2
Expressões empregadas
1. Para os fins da presente Convenção:
a) "tratado" significa um acordo internacional concluído por escrito entre Estados e regido pelo Direito Internacional, quer conste de um instrumento único, quer de dois ou mais instrumentos conexos, qualquer que seja sua denominação específica;
b) "ratificação", "aceitação", "aprovação" e "adesão" significam, conforme o caso, o ato internacional assim denominado pelo qual um Estado estabelece no plano internacional o seu consentimento em obrigar-se por um tratado;
c) "plenos poderes" significam um documento expedido pela autoridade competente de um Estado e pelo qual são designadas uma ou várias pessoas para representar o Estado na negociação, adoção ou autenticação do texto de um tratado, para manifestar o consentimento do Estado em obrigar-se por um tratado ou para praticar qualquer outro ato relativo a um tratado;
d) "reserva" significa uma declaração unilateral, qualquer que seja a sua redação ou denominação, feita por um Estado ao assinar, ratificar, aceitar ou aprovar um tratado, ou a ele aderir, com o objetivo de excluir ou modificar o efeito jurídico de certas disposições do tratado em sua aplicação a esse Estado;
e) "Estado negociador" significa um Estado que participou na elaboração e na adoção do texto do tratado;
f) "Estado contratante" significa um Estado que consentiu em se obrigar pelo tratado, tenha ou não o tratado entrado em vigor;
g) "parte" significa um Estado que consentiu em se obrigar pelo tratado e em relação ao qual este esteja em vigor;
h) "terceiro Estado" significa um Estado que não é parte no tratado;
i) "organização internacional" significa uma organização intergovernamental.

2. As disposições do parágrafo 1 relativas às expressões empregadas na presente Convenção não prejudicam o emprego dessas expressões, nem os significados que lhes possam ser dados na legislação interna de qualquer Estado.

ARTIGO 3
Acordos Internacionais Excluídos do Âmbito da Presente Convenção
O fato de a presente Convenção não se aplicar a acordos internacionais concluídos entre Estados e outros sujeitos de Direito Internacional, ou entre estes outros sujeitos de Direito Internacional, ou a acordos internacionais que não sejam concluídos por escrito, não prejudicará:
a) a eficácia jurídica desses acordos;
b) a aplicação a esses acordos de quaisquer regras enunciadas na presente Convenção às quais estariam sujeitos em virtude do Direito Internacional, independentemente da Convenção;
c) a aplicação da Convenção às relações entre Estados, reguladas em acordos internacionais em que sejam igualmente partes outros sujeitos de Direito Internacional.

ARTIGO 4
Irretroatividade da Presente Convenção
Sem prejuízo da aplicação de quaisquer regras enunciadas na presente Convenção a que os tratados estariam sujeitos em virtude do Direito Internacional, independentemente da Convenção, esta somente se aplicará aos tratados concluídos por Estados após sua entrada em vigor em relação a esses Estados.

ARTIGO 5
Tratados Constitutivos de Organizações Internacionais e Tratados Adotados no Âmbito de uma Organização Internacional
A presente Convenção aplica-se a todo tratado que seja o instrumento constitutivo de uma organização internacional e a todo tratado adotado no âmbito de uma organização internacional, sem prejuízo de quaisquer normas relevantes da organização.

PARTE II – CONCLUSÃO E ENTRADA EM VIGOR DE TRATADOS

SEÇÃO 1

CONCLUSÃO DE TRATADOS

ARTIGO 6
Capacidade dos Estados para Concluir Tratados
Todo Estado tem capacidade para concluir tratados.

ARTIGO 7
Plenos Poderes
1. Uma pessoa é considerada representante de um Estado para a adoção ou autenticação do texto de um tratado ou para expressar o consentimento do Estado em obrigar-se por um tratado se:
a) apresentar plenos poderes apropriados; ou
b) a prática dos Estados interessados ou outras circunstâncias indicarem que a intenção do Estado era considerar essa pessoa seu representante para esses fins e dispensar os plenos poderes.

2. Em virtude de suas funções e independentemente da apresentação de plenos poderes, são considerados representantes do seu Estado:
a) os Chefes de Estado, os Chefes de Governo e os Ministros das Relações Exteriores, para a realiza-

ção de todos os atos relativos à conclusão de um tratado;
b) os Chefes de missão diplomática, para a adoção do texto de um tratado entre o Estado acreditante e o Estado junto ao qual estão acreditados;
c) os representantes acreditados pelos Estados perante uma conferência ou organização internacional ou um de seus órgãos, para a adoção do texto de um tratado em tal conferência, organização ou órgão.

Artigo 8
Confirmação Posterior de um Ato Praticado sem Autorização

Um ato relativo à conclusão de um tratado praticado por uma pessoa que, nos termos do artigo 7, não pode ser considerada representante de um Estado para esse fim não produz efeitos jurídicos, a não ser que seja confirmado, posteriormente, por esse Estado.

Artigo 9
Adoção do Texto

1. A adoção do texto do tratado efetua-se pelo consentimento de todos os Estados que participam da sua elaboração, exceto quando se aplica o disposto no parágrafo 2.

2. A adoção do texto de um tratado numa conferência internacional efetua-se pela maioria de dois terços dos Estados presentes e votantes, salvo se esses Estados, pela mesma maioria, decidirem aplicar uma regra diversa.

Artigo 10
Autenticação do Texto

O texto de um tratado é considerado autêntico e definitivo:
a) mediante o processo previsto no texto ou acordado pelos Estados que participam da sua elaboração; ou
b) na ausência de tal processo, pela assinatura, assinatura ad referendum ou rubrica, pelos representantes desses Estados, do texto do tratado ou da Ata Final da Conferência que incorporar o referido texto.

Artigo 11
Meios de Manifestar Consentimento em Obrigar-se por um Tratado

O consentimento de um Estado em obrigar-se por um tratado pode manifestar-se pela assinatura, troca dos instrumentos constitutivos do tratado, ratificação, aceitação, aprovação ou adesão, ou por quaisquer outros meios, se assim acordado.

Artigo 12
Consentimento em Obrigar-se por um Tratado Manifestado pela Assinatura

1. O consentimento de um Estado em obrigar-se por um tratado manifesta-se pela assinatura do representante desse Estado:
a) quando o tratado dispõe que a assinatura terá esse efeito;
b) quando se estabeleça, de outra forma, que os Estados negociadores acordaram em dar à assinatura esse efeito; ou

c) quando a intenção do Estado interessado em dar esse efeito à assinatura decorra dos plenos poderes de seu representante ou tenha sido manifestada durante a negociação.

2. Para os efeitos do parágrafo 1:
a) a rubrica de um texto tem o valor de assinatura do tratado, quando ficar estabelecido que os Estados negociadores nisso concordaram;
b) a assinatura ad referendum de um tratado representante de um Estado, quando confirmada por esse Estado, vale como assinatura definitiva do tratado.

Artigo 13
Consentimento em Obrigar-se por um Tratado Manifestado pela Troca dos seus Instrumentos Constitutivos

1. Consentimento dos Estados em se obrigarem por um tratado, constituído por instrumentos trocados entre eles, manifesta-se por essa troca:
a) quando os instrumentos estabeleçam que a troca produzirá esse efeito; ou
b) quando fique estabelecido, por outra forma, que esses Estados acordaram em que a troca dos instrumentos produziria esse efeito.

Artigo 14
Consentimento em Obrigar-se por um Tratado Manifestado pela Ratificação, Aceitação ou Aprovação

1. O consentimento de um Estado em obrigar-se por um tratado manifesta-se pela ratificação:
a) quando o tratado disponha que esse consentimento se manifeste pela ratificação;
b) quando, por outra forma, se estabeleça que os Estados negociadores acordaram em que a ratificação seja exigida;
c) quando o representante do Estado tenha assinado o tratado sujeito a ratificação; ou
d) quando a intenção do Estado de assinar o tratado sob reserva de ratificação decorra dos plenos poderes de seu representante ou tenha sido manifestada durante a negociação.

2. O consentimento de um Estado em obrigar-se por um tratado manifesta-se pela aceitação ou aprovação em condições análogas às aplicáveis à ratificação.

Artigo 15
Consentimento em Obrigar-se por Um Tratado Manifestado pela Adesão

O consentimento de um Estado em obrigar-se por um tratado manifesta-se pela adesão:
a) quando esse tratado disponha que tal consentimento pode ser manifestado, por esse Estado, pela adesão;
b) quando, por outra forma, se estabeleça que os Estados negociadores acordaram em que tal consentimento pode ser manifestado, por esse Estado, pela adesão; ou
c) quando todas as partes acordaram posteriormente em que tal consentimento pode ser manifestado, por esse Estado, pela adesão.

Artigo 16
Troca ou Depósito dos Instrumentos de Ratificação, Aceitação, Aprovação ou Adesão

A não ser que o tratado disponha diversamente, os instrumentos de ratificação, aceitação, aprovação ou adesão estabelecem o consentimento de um Estado em obrigar-se por um tratado por ocasião:

a) da sua troca entre os Estados contratantes;
b) do seu depósito junto ao depositário; ou
c) da sua notificação aos Estados contratantes ou ao depositário, se assim for convencionado.

Artigo 17
Consentimento em Obrigar-se por Parte de um Tratado e Escolha entre Disposições Diferentes

1. Sem prejuízo do disposto nos artigos 19 a 23, o consentimento de um Estado em obrigar-se por parte de um tratado só produz efeito se o tratado o permitir ou se outros Estados contratantes nisso acordarem.

2. O consentimento de um Estado em obrigar-se por um tratado que permite a escolha entre disposições diferentes só produz efeito se as disposições a que se refere o consentimento forem claramente indicadas.

Artigo 18
Obrigação de Não Frustrar o Objeto e Finalidade de um Tratado antes de sua Entrada em Vigor

Um Estado é obrigado a abster-se da prática de atos que frustrariam o objeto e a finalidade de um tratado, quando:

a) tiver assinado ou trocado instrumentos constitutivos do tratado, sob reserva de ratificação, aceitação ou aprovação, enquanto não tiver manifestado sua intenção de não se tornar parte no tratado; ou
b) tiver expressado seu consentimento em obrigar-se pelo tratado, no período que precede a entrada em vigor do tratado, e com a condição de esta não ser indevidamente retardada.

Seção 2
RESERVAS

Artigo 19
Formulação de Reservas

Um Estado pode, ao assinar, ratificar, aceitar ou aprovar um tratado, ou a ele aderir, formular uma reserva, a não ser que:

a) a reserva seja proibida pelo tratado;
b) o tratado disponha que só possam ser formuladas determinadas reservas, entre as quais não figure a reserva em questão; ou
c) nos casos não previstos nas alíneas a e b, a reserva seja incompatível com o objeto e a finalidade do tratado.

Artigo 20
Aceitação de Reservas e Objeções às Reservas

1. Uma reserva expressamente autorizada por um tratado não requer qualquer aceitação posterior pelos outros Estados contratantes, a não ser que o tratado assim disponha.

2. Quando se infere do número limitado dos Estados negociadores, assim como do objeto e da finalidade do tratado, que a aplicação do tratado na íntegra entre todas as partes, é condição essencial para o consentimento de cada uma delas em obrigar-se pelo tratado, uma reserva requer a aceitação de todas as partes.

3. Quando o tratado é um ato constitutivo de uma organização internacional, a reserva exige a aceitação do órgão competente da organização, a não ser que o tratado disponha diversamente.

4. Nos casos não previstos nos parágrafos precedentes e a menos que o tratado disponha de outra forma:

a) a aceitação de uma reserva por outro Estado contratante torna o Estado autor da reserva parte no tratado em relação àquele outro Estado, se o tratado está em vigor ou quando entrar em vigor para esses Estados;
b) a objeção feita a uma reserva por outro Estado contratante não impede que o tratado entre em vigor entre o Estado que formulou a objeção e o Estado autor da reserva, a não ser que uma intenção contrária tenha sido expressamente manifestada pelo Estado que formulou a objeção;
c) um ato que manifestar o consentimento de um Estado em obrigar-se por um tratado e que contiver uma reserva produzirá efeito logo que pelo menos outro Estado contratante aceitar a reserva.

5. Para os fins dos parágrafos 2 e 4, e a não ser que o tratado disponha diversamente, uma reserva é tida como aceita por um Estado se este não formulou objeção à reserva quer no decurso do prazo de doze meses que se seguir à data em que recebeu a notificação, quer na data em que manifestou o seu consentimento em obrigar-se pelo tratado, se esta for posterior.

Artigo 21
Efeitos Jurídicos das Reservas e das Objeções às Reservas

1. Uma reserva estabelecida em relação a outra parte, de conformidade com os artigos 19, 20 e 23:

a) modifica para o autor da reserva, em suas relações com a outra parte, as disposições do tratado sobre as quais incide a reserva, na medida prevista por esta; e
b) modifica essas disposições, na mesma medida, quanto a essa outra parte, em suas relações com o Estado autor da reserva.

2. A reserva não modifica as disposições do tratado quanto às demais partes no tratado em suas relações inter se.

3. Quando um Estado que formulou objeção a uma reserva não se opôs à entrada em vigor do tratado entre ele próprio e o Estado autor da reserva, as disposições a que se refere a reserva não se aplicam entre os dois Estados, na medida prevista pela reserva.

Artigo 22
Retirada de Reservas e de Objeções às Reservas

1. A não ser que o tratado disponha de outra forma, uma reserva pode ser retirada a qualquer momento, sem que o consentimento do Estado que a aceitou seja necessário para sua retirada.

2. A não ser que o tratado disponha de outra forma, uma objeção a uma reserva pode ser retirada a qualquer momento.

3. A não ser que o tratado disponha ou fique acordado de outra forma:

a) a retirada de uma reserva só produzirá efeito em relação a outro Estado contratante quando este Estado receber a correspondente notificação;
b) a retirada de uma objeção a uma reserva só produzirá efeito quando o Estado que formulou a reserva receber notificação dessa retirada.

Artigo 23
Processo Relativo às Reservas

1. A reserva, a aceitação expressa de uma reserva e a objeção a uma reserva devem ser formuladas por escrito e comunicadas aos Estados contratantes e aos outros Estados que tenham o direito de se tornar partes no tratado.

2. Uma reserva formulada quando da assinatura do tratado sob reserva de ratificação, aceitação ou aprovação, deve ser formalmente confirmada pelo Estado que a formulou no momento em que manifestar o seu consentimento em obrigar-se pelo tratado. Nesse caso, a reserva considerar-se-á feita na data de sua confirmação.

3. Uma aceitação expressa de uma reserva, ou objeção a uma reserva, feita antes da confirmação da reserva não requer confirmação.

4. A retirada de uma reserva ou de uma objeção a uma reserva deve ser formulada por escrito.

Seção 3
ENTRADA EM VIGOR DOS TRATADOS E APLICAÇÃO PROVISÓRIA
Artigo 24
Entrada em vigor

1. Um tratado entra em vigor na forma e na data previstas no tratado ou acordadas pelos Estados negociadores.

2. Na ausência de tal disposição ou acordo, um tratado entra em vigor tão logo o consentimento em obrigar-se pelo tratado seja manifestado por todos os Estados negociadores.

3. Quando o consentimento de um Estado em obrigar-se por um tratado for manifestado após sua entrada em vigor, o tratado entrará em vigor em relação a esse Estado nessa data, a não ser que o tratado disponha de outra forma.

4. Aplicam-se desde o momento da adoção do texto de um tratado as disposições relativas à autenticação de seu texto, à manifestação do consentimento dos Estados em obrigarem-se pelo tratado, à maneira ou à data de sua entrada em vigor, às reservas, às funções de depositário e aos outros assuntos que surjam necessariamente antes da entrada em vigor do tratado.

Artigo 25
Aplicação Provisória

1. Um tratado ou uma parte do tratado aplica-se provisoriamente enquanto não entra em vigor, se:

a) o próprio tratado assim dispuser; ou
b) os Estados negociadores assim acordarem por outra forma.

2. A não ser que o tratado disponha ou os Estados negociadores acordem de outra forma, a aplicação provisória de um tratado ou parte de um tratado, em relação a um Estado, termina se esse Estado notificar aos outros Estados, entre os quais o tratado é aplicado provisoriamente, sua intenção de não se tornar parte no tratado.

Parte III – Observância, Aplicação e Interpretação de Tratados

Seção 1
OBSERVÂNCIA DE TRATADOS
Artigo 26
Pacta sunt servanda

Todo tratado em vigor obriga as partes e deve ser cumprido por elas de boa-fé.

Artigo 27
Direito Interno e Observância de Tratados

Uma parte não pode invocar as disposições de seu direito interno para justificar o inadimplemento de um tratado. Esta regra não prejudica o artigo 46.

Seção 2
APLICAÇÃO DE TRATADOS
Artigo 28
Irretroatividade de Tratados

A não ser que uma intenção diferente se evidencie do tratado, ou seja estabelecida de outra forma, suas disposições não obrigam uma parte em relação a um ato ou fato anterior ou a uma situação que deixou de existir antes da entrada em vigor do tratado, em relação a essa parte.

Artigo 29
Aplicação Territorial de Tratados

A não ser que uma intenção diferente se evidencie do tratado, ou seja, estabelecida de outra forma, um tratado obriga cada uma das partes em relação a todo o seu território.

Artigo 30
Aplicação de Tratados Sucessivos sobre o Mesmo Assunto

1. Sem prejuízo das disposições do artigo 103 da Carta das Nações Unidas, os direitos e obrigações dos Estados-Partes em tratados sucessivos sobre o mesmo assunto serão determinados de conformidade com os parágrafos seguintes.

2. Quando um tratado estipular que está subordinado a um tratado anterior ou posterior ou que não deve ser considerado incompatível com esse outro tratado, as disposições deste último prevalecerão.

3. Quando todas as partes no tratado anterior são igualmente partes no tratado posterior, sem que o tratado anterior tenha cessado de vigorar ou sem que a sua aplicação tenha sido suspensa nos termos do artigo 59, o tratado anterior só se aplica na medida em que as suas disposições sejam compatíveis com as do tratado posterior.

4. Quando as partes no tratado posterior não incluem todas as partes no tratado anterior:

a) nas relações entre os Estados-Partes nos dois tratados, aplica-se o disposto no parágrafo 3;
b) nas relações entre um Estado-parte nos dois tratados e um Estado-parte apenas em um desses tratados, o tratado em que os dois Estados são partes rege os seus direitos e obrigações recíprocos.

5. O parágrafo 4 aplica-se sem prejuízo do artigo 41, ou de qualquer questão relativa à extinção ou suspensão da execução de um tratado nos termos do artigo 60 ou de qualquer questão de responsabilidade que possa surgir para um Estado da conclusão ou da aplicação de um tratado cujas disposições sejam incompatíveis com suas obrigações em relação a outro Estado nos termos de outro tratado.

SEÇÃO 3

INTERPRETAÇÃO DE TRATADOS

ARTIGO 31
Regra Geral de Interpretação

1. Um tratado deve ser interpretado de boa-fé e segundo o sentido comum atribuível aos termos do tratado em seu contexto e à luz de seu objetivo e finalidade.

2. Para os fins de interpretação de um tratado, o contexto compreenderá, além do texto, seu preâmbulo e anexos:
a) qualquer acordo relativo ao tratado e feito entre todas as partes em conexão com a conclusão do tratado;
b) qualquer instrumento estabelecido por uma ou várias partes em conexão com a conclusão do tratado e aceito pelas outras partes como instrumento relativo ao tratado.

3. Serão levados em consideração, juntamente com o contexto:
a) qualquer acordo posterior entre as partes relativo à interpretação do tratado ou à aplicação de suas disposições;
b) qualquer prática seguida posteriormente na aplicação do tratado, pela qual se estabeleça o acordo das partes relativo à sua interpretação;
c) quaisquer regras pertinentes de Direito Internacional aplicáveis às relações entre as partes.

4. Um termo será entendido em sentido especial se estabelecido que essa era a intenção das partes.

ARTIGO 32
Meios Suplementares de Interpretação

Pode-se recorrer a meios suplementares de interpretação, inclusive aos trabalhos preparatórios do tratado e às circunstâncias de sua conclusão, a fim de confirmar o sentido resultante da aplicação do artigo 31 ou de determinar o sentido quando a interpretação, de conformidade com o artigo 31:
a) deixa o sentido ambíguo ou obscuro; ou
b) conduz a um resultado que é manifestamente absurdo ou desarrazoado.

ARTIGO 33
Interpretação de Tratados Autenticados em Duas ou Mais Línguas

1. Quando um tratado foi autenticado em duas ou mais línguas, seu texto faz igualmente fé em cada uma delas, a não ser que o tratado disponha ou as partes concordem que, em caso de divergência, prevaleça um texto determinado.

2. Uma versão do tratado em língua diversa daquelas em que o texto foi autenticado só será considerada texto autêntico se o tratado o previr ou as partes nisso concordarem.

3. Presume-se que os termos do tratado têm o mesmo sentido nos diversos textos autênticos.

4. Salvo o caso em que um determinado texto prevalece nos termos do parágrafo 1, quando a comparação dos textos autênticos revela uma diferença de sentido que a aplicação dos artigos 31 e 32 não elimina, adotar-se-á o sentido que, tendo em conta o objeto e a finalidade do tratado, melhor conciliar os textos.

SEÇÃO 4

TRATADOS E TERCEIROS ESTADOS

ARTIGO 34
Regra Geral com Relação a Terceiros Estados

Um tratado não cria obrigações nem direitos para um terceiro Estado sem o seu consentimento.

ARTIGO 35
Tratados que Criam Obrigações para Terceiros Estados

Uma obrigação nasce para um terceiro Estado de uma disposição de um tratado se as partes no tratado tiverem a intenção de criar a obrigação por meio dessa disposição e o terceiro Estado aceitar expressamente, por escrito, essa obrigação.

ARTIGO 36
Tratados que Criam Direitos para Terceiros Estados

1. Um direito nasce para um terceiro Estado de uma disposição de um tratado se as partes no tratado tiverem a intenção de conferir, por meio dessa disposição, esse direito quer a um terceiro Estado, quer a um grupo de Estados a que pertença, quer a todos os Estados, e o terceiro Estado nisso consentir. Presume-se o seu consentimento até indicação em contrário, a menos que o tratado disponha diversamente.

2. Um Estado que exerce um direito nos termos do parágrafo 1 deve respeitar, para o exercício desse direito, as condições previstas no tratado ou estabelecidas de acordo com o tratado.

ARTIGO 37
Revogação ou Modificação de Obrigações ou Direitos de Terceiros Estados

1. Qualquer obrigação que tiver nascido para um terceiro Estado nos termos do artigo 35 só poderá ser revogada ou modificada com o consentimento das partes no tratado e do terceiro Estado, salvo se ficar estabelecido que elas haviam acordado diversamente.

2. Qualquer direito que tiver nascido para um terceiro Estado nos termos do artigo 36 não poderá ser revogado ou modificado pelas partes, se ficar estabelecido ter havido a intenção de que o direito não fosse revogável ou sujeito a modificação sem o consentimento do terceiro Estado.

Artigo 38
Regras de um Tratado Tornadas Obrigatórias para Terceiros Estados por Força do Costume Internacional

Nada nos artigos 34 a 37 impede que uma regra prevista em um tratado se torne obrigatória para terceiros Estados como regra consuetudinária de Direito Internacional, reconhecida como tal.

Parte IV – Emenda e Modificação de Tratados

Artigo 39
Regra Geral Relativa à Emenda de Tratados

Um tratado poderá ser emendado por acordo entre as partes. As regras estabelecidas na parte II aplicar-se-ão a tal acordo, salvo na medida em que o tratado dispuser diversamente.

Artigo 40
Emenda de Tratados Multilaterais

1. A não ser que o tratado disponha diversamente, a emenda de tratados multilaterais reger-se-á pelos parágrafos seguintes.

2. Qualquer proposta para emendar um tratado multilateral entre todas as partes deverá ser notificada a todos os Estados contratantes, cada um dos quais terá o direito de participar:
a) na decisão quanto à ação a ser tomada sobre essa proposta;
b) na negociação e conclusão de qualquer acordo para a emenda do tratado.

3. Todo Estado que possa ser parte no tratado poderá igualmente ser parte no tratado emendado.

4. O acordo de emenda não vincula os Estados que já são partes no tratado e que não se tornaram partes no acordo de emenda; em relação a esses Estados, aplicar-se-á o artigo 30, parágrafo 4 (b).

5. Qualquer Estado que se torne parte no tratado após a entrada em vigor do acordo de emenda será considerado, a menos que manifeste intenção diferente:
a) parte no tratado emendado; e
b) parte no tratado não emendado em relação às partes no tratado não vinculadas pelo acordo de emenda.

Artigo 41
Acordos para Modificar Tratados Multilaterais somente entre Algumas Partes

1. Duas ou mais partes num tratado multilateral podem concluir um acordo para modificar o tratado, somente entre si, desde que:
a) a possibilidade de tal modificação seja prevista no tratado; ou
b) a modificação em questão não seja proibida pelo tratado; e
  i) não prejudique o gozo pelas outras partes dos direitos provenientes do tratado nem o cumprimento de suas obrigações;
  ii) não diga respeito a uma disposição cuja derrogação seja incompatível com a execução efetiva do objeto e da finalidade do tratado em seu conjunto.

2. A não ser que, no caso previsto na alínea a do parágrafo 1, o tratado disponha de outra forma, as partes em questão notificarão as outras partes sua intenção de concluir o acordo e as modificações que este introduz no tratado.

Parte V – Nulidade, Extinção e Suspensão da Execução de Tratados

Seção 1
DISPOSIÇÕES GERAIS

Artigo 42
Validade e Vigência de Tratados

1. A validade de um tratado ou do consentimento de um Estado em obrigar-se por um tratado só pode ser contestada mediante a aplicação da presente Convenção.

2. A extinção de um tratado, sua denúncia ou a retirada de uma das partes só poderá ocorrer em virtude da aplicação das disposições do tratado ou da presente Convenção. A mesma regra aplica-se à suspensão da execução de um tratado.

Artigo 43
Obrigações Impostas pelo Direito Internacional, Independentemente de um Tratado

A nulidade de um tratado, sua extinção ou denúncia, a retirada de uma das partes ou a suspensão da execução de um tratado em consequência da aplicação da presente Convenção ou das disposições do tratado não prejudicarão, de nenhum modo, o dever de um Estado de cumprir qualquer obrigação enunciada no tratado à qual estaria ele sujeito em virtude do Direito Internacional, independentemente do tratado.

Artigo 44
Divisibilidade das Disposições de um Tratado

1. O direito de uma parte, previsto num tratado ou decorrente do artigo 56, de denunciar, retirar-se ou suspender a execução do tratado, só pode ser exercido em relação à totalidade do tratado, a menos que este disponha ou as partes acordem diversamente.

2. Uma causa de nulidade, de extinção, de retirada de uma das partes ou de suspensão de execução de um tratado, reconhecida na presente Convenção, só pode ser alegada em relação à totalidade do tratado, salvo nas condições previstas nos parágrafos seguintes ou no artigo 60.

3. Se a causa diz respeito apenas a determinadas cláusulas, só pode ser alegada em relação a essas cláusulas e desde que:
a) essas cláusulas sejam separáveis do resto do tratado no que concerne a sua aplicação;
b) resulte do tratado ou fique estabelecido de outra forma que a aceitação dessas cláusulas não constituía para a outra parte, ou para as outras partes no tratado, uma base essencial do seu consentimento em obrigar-se pelo tratado em seu conjunto; e
c) não seja injusto continuar a executar o resto do tratado.

4. Nos casos previstos nos artigos 49 e 50, o Estado que tem o direito de alegar o dolo ou a corrupção pode fazê-lo em relação à totalidade do tratado ou, nos termos do parágrafo 3, somente às determinadas cláusulas.

5. Nos casos previstos nos artigos 51, 52 e 53 a divisão das disposições de um tratado não é permitida.

Artigo 45
Perda do Direito de Invocar Causa de Nulidade, Extinção, Retirada ou Suspensão da Execução de um Tratado

Um Estado não pode mais invocar uma causa de nulidade, de extinção, de retirada ou de suspensão da execução de um tratado, com base nos artigos 46 a 50 ou nos artigos 60 e 62, se, depois de haver tomado conhecimento dos fatos, esse Estado:

a) tiver aceito, expressamente, que o tratado válido permanece em vigor ou continua em execução conforme o caso, ou

b) em virtude de sua conduta, deva ser considerado como tendo concordado em que o tratado é válido, permanece em vigor ou continua em execução, conforme o caso.

Seção 2
NULIDADE DE TRATADOS
Artigo 46
Disposições do Direito Interno sobre Competência para Concluir Tratados

1. Um Estado não pode invocar o fato de que seu consentimento em obrigar-se por um tratado foi expresso em violação de uma disposição de seu direito interno sobre competência para concluir tratados, a não ser que essa violação fosse manifesta e dissesse respeito a uma norma de seu direito interno de importância fundamental.

2. Uma violação é manifesta se for objetivamente evidente para qualquer Estado que proceda, na matéria, de conformidade com a prática normal e de boa-fé.

Artigo 47
Restrições Específicas ao Poder de Manifestar o Consentimento de um Estado

Se o poder conferido a um representante de manifestar o consentimento de um Estado em obrigar-se por um determinado tratado tiver sido objeto de restrição específica, o fato de o representante não respeitar a restrição não pode ser invocado como invalidando o consentimento expresso, a não ser que a restrição tenha sido notificada aos outros Estados negociadores antes da manifestação do consentimento.

Artigo 48
Erro

1. Um Estado pode invocar erro no tratado como tendo invalidado o seu consentimento em obrigar-se pelo tratado se o erro se referir a um fato ou situação que esse Estado supunha existir no momento em que o tratado foi concluído e que constitua uma base essencial de seu consentimento em obrigar-se pelo tratado.

2. O parágrafo 1 não se aplica se o referido Estado contribui para tal erro pela sua conduta ou se as circunstâncias foram tais que o Estado devia ter se apercebido da possibilidade de erro.

3. Um erro relativo somente à redação do texto de um tratado não prejudicará sua validade; neste caso, aplicar-se-á o artigo 79.

Artigo 49
Dolo

Se um Estado foi levado a concluir um tratado pela conduta fraudulenta de outro Estado negociador, o Estado pode invocar a fraude como tendo invalidado o seu consentimento em obrigar-se pelo tratado.

Artigo 50
Corrupção de Representante de um Estado

Se a manifestação do consentimento de um Estado em obrigar-se por um tratado foi obtida por meio da corrupção de seu representante, pela ação direta ou indireta de outro Estado negociador, o Estado pode alegar tal corrupção como tendo invalidado o seu consentimento em obrigar-se pelo tratado.

Artigo 51
Coação de Representante de um Estado

Não produzirá qualquer efeito jurídico a manifestação do consentimento de um Estado em obrigar-se por um tratado que tenha sido obtida pela coação de seu representante, por meio de atos ou ameaças dirigidas contra ele.

Artigo 52
Coação de um Estado pela Ameaça ou Emprego da Força

É nulo um tratado cuja conclusão foi obtida pela ameaça ou ou o emprego da força em violação dos princípios de Direito Internacional incorporados na Carta das Nações Unidas.

Artigo 53
Tratado em Conflito com uma Norma Imperativa de Direito Internacional Geral (*jus cogens*)

É nulo um tratado que, no momento de sua conclusão, conflite com uma norma imperativa de Direito Internacional geral. Para os fins da presente Convenção, uma norma imperativa de Direito Internacional geral é uma norma aceita e reconhecida pela comunidade internacional dos Estados como um todo, como norma da qual nenhuma derrogação é permitida e que só pode ser modificada por norma ulterior de Direito Internacional geral da mesma natureza.

Seção 3
EXTINÇÃO E SUSPENSÃO DA EXECUÇÃO DE TRATADOS
Artigo 54
Extinção ou Retirada de um Tratado em Virtude de suas Disposições ou por consentimento das Partes

A extinção de um tratado ou a retirada de uma das partes pode ter lugar:

a) de conformidade com as disposições do tratado; ou
b) a qualquer momento, pelo consentimento de todas as partes, após consulta com os outros Estados contratantes.

Artigo 55
Redução das Partes num Tratado Multilateral aquém do Número Necessário para sua Entrada em Vigor

A não ser que o tratado disponha diversamente, um tratado multilateral não se extingue pelo simples fato de que o número de partes ficou aquém do número necessário para sua entrada em vigor.

Artigo 56
Denúncia, ou Retirada, de um Tratado que não Contém Disposições sobre Extinção,
Denúncia ou Retirada

1. Um tratado que não contém disposição relativa à sua extinção, e que não prevê denúncia ou retirada, não é suscetível de denúncia ou retirada, a não ser que:

a) se estabeleça terem as partes tencionado admitir a possibilidade da denúncia ou retirada; ou
b) um direito de denúncia ou retirada possa ser deduzido da natureza do tratado.

2. Uma parte deverá notificar, com pelo menos doze meses de antecedência, a sua intenção de denunciar ou de se retirar de um tratado, nos termos do parágrafo 1.

Artigo 57
Suspensão da Execução de um Tratado em Virtude de suas Disposições ou pelo Consentimento das Partes

A execução de um tratado em relação a todas as partes ou a uma parte determinada pode ser suspensa:

a) de conformidade com as disposições do tratado; ou
b) a qualquer momento, pelo consentimento de todas as partes, após consulta com os outros Estados contratantes.

Artigo 58
Suspensão da Execução de Tratado Multilateral por Acordo apenas entre Algumas da Partes

1. Duas ou mais partes num tratado multilateral podem concluir um acordo para suspender temporariamente, e somente entre si, a execução das disposições de um tratado se:

a) a possibilidade de tal suspensão estiver prevista pelo tratado; ou
b) essa suspensão não for proibida pelo tratado e:
   i) não prejudicar o gozo, pelas outras partes, dos seus direitos decorrentes do tratado nem o cumprimento de suas obrigações;
   ii) não for incompatível com o objeto e a finalidade do tratado.

2. Salvo se, num caso previsto no parágrafo 1 (a), o tratado dispuser diversamente, as partes em questão notificarão às outras partes sua intenção de concluir o acordo e as disposições do tratado cuja execução pretendem suspender.

Artigo 59
Extinção ou Suspensão da Execução de um Tratado em Virtude da Conclusão de um Tratado Posterior

1. Considerar-se-á extinto um tratado se todas as suas partes concluírem um tratado posterior sobre o mesmo assunto e:

a) resultar do tratado posterior, ou ficar estabelecido por outra forma, que a intenção das partes foi regular o assunto por este tratado; ou
b) as disposições do tratado posterior forem de tal modo incompatíveis com as do anterior, que os dois tratados não possam ser aplicados ao mesmo tempo.

2. Considera-se apenas suspensa a execução do tratado anterior se se depreender do tratado posterior, ou ficar estabelecido de outra forma, que essa era a intenção das partes.

Artigo 60
Extinção ou Suspensão da Execução de um Tratado em consequência de sua Violação

1. Uma violação substancial de um tratado bilateral por uma das partes autoriza a outra parte a invocar a violação como causa de extinção ou suspensão da execução de tratado, no todo ou em parte.

2. Uma violação substancial de um tratado multilateral por uma das partes autoriza:

a) as outras partes, por consentimento unânime, a suspenderem a execução do tratado, no todo ou em parte, ou a extinguirem o tratado, quer:
   i) nas relações entre elas e o Estado faltoso;
   ii) entre todas as partes;
b) uma parte especialmente prejudicada pela violação a invocá-la como causa para suspender a execução do tratado, no todo ou em parte, nas relações entre ela e o Estado faltoso;
c) qualquer parte que não seja o Estado faltoso a invocar a violação como causa para suspender a execução do tratado, no todo ou em parte, no que lhe diga respeito, se o tratado for de tal natureza que uma violação substancial de suas disposições por parte modifique radicalmente a situação de cada uma das partes quanto ao cumprimento posterior de suas obrigações decorrentes do tratado.

3. Uma violação substancial de um tratado, para os fins deste artigo, consiste:

a) numa rejeição do tratado não sancionada pela presente Convenção; ou
b) na violação de uma disposição essencial para a consecução do objeto ou da finalidade do tratado.

4. Os parágrafos anteriores não prejudicam qualquer disposição do tratado aplicável em caso de violação.

5. Os parágrafos 1 a 3 não se aplicam às disposições sobre a proteção da pessoa humana contidas em tratados de caráter humanitário, especialmente às disposições que proíbem qualquer forma de represália contra pessoas protegidas por tais tratados.

Artigo 61
Impossibilidade Superveniente de Cumprimento

1. Uma parte pode invocar a impossibilidade de cumprir um tratado como causa para extinguir o tratado ou dele retirar-se, se esta possibilidade resultar da destruição ou do desaparecimento definitivo de um objeto indispensável ao cumprimento do tratado. Se a impossibilidade for temporária, pode ser invocada somente como causa para suspender a execução do tratado.

2. A impossibilidade de cumprimento não pode ser invocada por uma das partes como causa para extinguir um tratado, dele retirar-se, ou suspender a execução do mesmo, se a impossibilidade resultar de uma violação, por essa parte, quer de uma obrigação decorrente do tratado, quer de qualquer outra obrigação internacional em relação a qualquer outra parte no tratado.

Artigo 62
Mudança Fundamental de Circunstâncias

1. Uma mudança fundamental de circunstâncias, ocorrida em relação às existentes no momento da conclusão de um tratado, e não prevista pelas partes, não pode ser invocada como causa para extinguir um tratado ou dele retirar-se, salvo se:
a) a existência dessas circunstâncias tiver constituído uma condição essencial do consentimento das partes em obrigarem-se pelo tratado; e
b) essa mudança tiver por efeito a modificação radical do alcance das obrigações ainda pendentes de cumprimento em virtude do tratado.

2. Uma mudança fundamental de circunstâncias não pode ser invocada pela parte como causa para extinguir um tratado ou dele retirar-se:
a) se o tratado estabelecer limites; ou
b) se a mudança fundamental resultar de violação, pela parte que a invoca, seja de uma obrigação decorrente do tratado, seja de qualquer outra obrigação internacional em relação a qualquer outra parte no tratado.

3. Se, nos termos dos parágrafos anteriores, uma parte pode invocar uma mudança fundamental de circunstâncias como causa para extinguir um tratado ou dele retirar-se, pode também invocá-la como causa para suspender a execução do tratado.

Artigo 63
Rompimento de Relações Diplomáticas e Consulares

O rompimento de relações diplomáticas ou consulares entre partes em um tratado não afetará as relações jurídicas estabelecidas entre elas pelo tratado, salvo na medida em que a existência de relações diplomáticas ou consulares for indispensável à aplicação do tratado.

Artigo 64
Superveniência de uma Nova Norma Imperativa de Direito Internacional Geral (*jus cogens*)

Se sobrevier uma nova norma imperativa de Direito Internacional geral, qualquer tratado existente que estiver em conflito com essa norma torna-se nulo e extingue-se.

Seção 4

PROCESSO

Artigo 65
Processo Relativo à Nulidade, Extinção, Retirada ou Suspensão da Execução de um Tratado

1. Uma parte que, nos termos da presente Convenção, invocar quer um vício no seu consentimento em obrigar-se por um tratado, quer uma causa para impugnar a validade de um tratado, extingui-lo, dele retirar-se ou suspender sua aplicação, deve notificar sua pretensão às outras partes. A notificação indicará a medida que se propõe tomar em relação ao tratado e as razões para isso.

2. Salvo em caso de extrema urgência, decorrido o prazo de pelo menos três meses contados do recebimento da notificação, se nenhuma parte tiver formulado objeções, a parte que fez a notificação pode tomar, na forma prevista pelo artigo 67, a medida que propôs.

3. Se, porém, qualquer outra parte tiver formulado uma objeção, as partes deverão procurar uma solução pelos meios previstos no artigo 33 da Carta das Nações Unidas.

4. Nada nos parágrafos anteriores afetará os direitos ou obrigações das partes decorrentes de quaisquer disposições em vigor que obriguem as partes com relação à solução de controvérsias.

5. Sem prejuízo do artigo 45, o fato de um Estado não ter feito a notificação prevista no parágrafo 1 não o impede de fazer tal notificação em resposta a outra parte que exija o cumprimento do tratado ou alegue a sua violação.

Artigo 66
Processo de Solução Judicial, de Arbitragem e de Conciliação

Se, nos termos do parágrafo 3 do artigo 65, nenhuma solução foi alcançada, nos doze meses seguintes à data na qual a objeção foi formulada, o seguinte processo será adotado:
a) qualquer parte na controvérsia sobre a aplicação ou a interpretação dos artigos 53 ou 64 poderá, mediante escrito, submetê-la à decisão da Corte Internacional de Justiça, salvo se as partes decidirem, de comum acordo, submeter a controvérsia a arbitragem;
b) qualquer parte na controvérsia sobre a aplicação ou a interpretação de qualquer um dos outros artigos da Parte V da presente Convenção poderá iniciar o processo previsto no Anexo à Convenção, mediante pedido nesse sentido ao Secretário-Geral das Nações Unidas.

Artigo 67
Instrumentos Declaratórios da Nulidade, da Extinção, da Retirada ou Suspensão da Execução de um Tratado

1. A notificação prevista no parágrafo 1 do artigo 65 deve ser feita por escrito.

2. Qualquer ato que declare a nulidade, a extinção, a retirada ou a suspensão da execução de um tratado, nos termos das disposições do tratado ou dos parágrafos 2 e 3 do artigo 65, será levado a efeito através de um instrumento comunicado às outras partes. Se o instrumento não for assinado pelo Chefe de Estado, Chefe de Governo ou Ministro das Relações Exteriores, o representante do Estado que faz a comunicação poderá ser convidado a exibir plenos poderes.

Artigo 68
Revogação de Notificações e Instrumentos Previstos nos Artigos 65 e 67

Uma notificação ou um instrumento previstos nos artigos 65 ou 67 podem ser revogados a qualquer momento antes que produzam efeitos.

Seção 5
CONSEQUÊNCIAS DA NULIDADE, DA EXTINÇÃO E DA SUSPENSÃO DA EXECUÇÃO DE UM TRATADO

Artigo 69
Consequências da Nulidade de um Tratado

1. É nulo um tratado cuja nulidade resulta das disposições da presente Convenção. As disposições de um tratado nulo não têm eficácia jurídica.

2. Se, todavia, tiverem sido praticados atos em virtude desse tratado:
   a) cada parte pode exigir de qualquer outra parte o estabelecimento, na medida do possível, em suas relações mútuas, da situação que teria existido se esses atos não tivessem sido praticados;
   b) os atos praticados de boa-fé, antes de a nulidade haver sido invocada, não serão tornados ilegais pelo simples motivo da nulidade do tratado.

3. Nos casos previstos pelos artigos 49, 50, 51 ou 52, o parágrafo 2 não se aplica com relação à parte a que é imputado o dolo, o ato de corrupção ou a coação.

4. No caso da nulidade do consentimento de um determinado Estado em obrigar-se por um tratado multilateral, aplicam-se as regras acima nas relações entre esse Estado e as partes no tratado.

Artigo 70
Consequências da Extinção de um Tratado

1. A menos que o tratado disponha ou as partes acordem de outra forma, a extinção de um tratado, nos termos de suas disposições ou da presente Convenção:
   a) libera as partes de qualquer obrigação de continuar a cumprir o tratado;
   b) não prejudica qualquer direito, obrigação ou situação jurídica das partes, criados pela execução do tratado antes de sua extinção.

2. Se um Estado denunciar um tratado multilateral ou dele se retirar, o parágrafo 1 aplica-se nas relações entre esse Estado e cada uma das outras partes no tratado, a partir da data em que produza efeito essa denúncia ou retirada.

Artigo 71
Consequências da Nulidade de um Tratado em Conflito com uma Norma Imperativa de Direito Internacional Geral

1. No caso de um tratado nulo em virtude do artigo 53, as partes são obrigadas a:
   a) eliminar, na medida do possível, as consequências de qualquer ato praticado com base em uma disposição que esteja em conflito com a norma imperativa de Direito Internacional geral; e
   b) adaptar suas relações mútuas à norma imperativa do Direito Internacional geral.

2. Quando um tratado se torne nulo e seja extinto, nos termos do artigo 64, a extinção do tratado:
   a) libera as partes de qualquer obrigação de continuar a cumprir o tratado;
   b) não prejudica qualquer direito, obrigação ou situação jurídica das partes, criados pela execução do tratado, antes de sua extinção; entretanto, esses direitos, obrigações ou situações só podem ser mantidos posteriormente, na medida em que sua manutenção não entre em conflito com a nova norma imperativa de Direito Internacional geral.

Artigo 72
Consequências da Suspensão da Execução de um Tratado

1. A não ser que o tratado disponha ou as partes acordem de outra forma, a suspensão da execução de um tratado, nos termos de suas disposições ou da presente Convenção:
   a) libera as partes, entre as quais a execução do tratado seja suspensa, da obrigação de cumprir o tratado nas suas relações mútuas durante o período de suspensão;
   b) não tem outro efeito sobre as relações jurídicas entre as partes, estabelecidas pelo tratado.

2. Durante o período da suspensão, as partes devem abster-se de atos tendentes a obstruir o reinício da execução do tratado.

Parte VI – Disposições Diversas

Artigo 73
Caso de Sucessão de Estados, de Responsabilidade de um Estado e de Início de Hostilidades

As disposições da presente Convenção não prejulgarão qualquer questão que possa surgir em relação a um tratado, em virtude da sucessão de Estados, da responsabilidade internacional de um Estado ou do início de hostilidades entre Estados.

Artigo 74
Relações Diplomáticas e Consulares e Conclusão de Tratados

O rompimento ou a ausência de relações diplomáticas ou consulares entre dois ou mais Estados não obsta à conclusão de tratados entre os referidos Estados. A conclusão de um tratado, por si, não produz efeitos sobre as relações diplomáticas ou consulares.

Artigo 75
Caso de Estado Agressor

As disposições da presente Convenção não prejudicam qualquer obrigação que, em relação a um tratado, possa resultar para um Estado agressor de medidas tomadas em conformidade com a Carta das Nações Unidas, relativas à agressão cometida por esse Estado.

Parte VII – Depositários, Notificações, Correções e Registro

Artigo 76
Depositários de Tratados

1. A designação do depositário de um tratado pode ser feita pelos Estados negociadores no próprio tratado ou de alguma outra forma. O depositário pode ser um ou mais Estados, uma organização internacional ou o principal funcionário administrativo dessa organização.

2. As funções do depositário de um tratado têm caráter internacional e o depositário é obrigado a agir impar-

cialmente no seu desempenho. Em especial, não afetará essa obrigação o fato de um tratado não ter entrado em vigor entre algumas das partes ou de ter surgido uma divergência, entre um Estado e o depositário, relativa ao desempenho das funções deste último.

Artigo 77
Funções dos Depositários

1. As funções do depositário, a não ser que o tratado disponha ou os Estados contratantes acordem de outra forma, compreendem particularmente:

a) guardar o texto original do tratado e quaisquer plenos poderes que lhe tenham sido entregues;
b) preparar cópias autenticadas do texto original e quaisquer textos do tratado em outros idiomas que possam ser exigidos pelo tratado e remetê-los às partes e aos Estados que tenham direito a ser partes no tratado;
c) receber quaisquer assinaturas ao tratado, receber e guardar quaisquer instrumentos, notificações e comunicações pertinentes ao mesmo;
d) examinar se a assinatura ou qualquer instrumento, notificação ou comunicação relativa ao tratado, está em boa e devida forma e, se necessário, chamar a atenção do Estado em causa sobre a questão;
e) informar as partes e os Estados que tenham direito a ser partes no tratado de quaisquer atos, notificações ou comunicações relativas ao tratado;
f) informar os Estados que tenham direito a ser partes no tratado sobre quando tiver sido recebido ou depositado o número de assinaturas ou de instrumentos de ratificação, de aceitação, de aprovação ou de adesão exigidos para a entrada em vigor do tratado;
g) registrar o tratado junto ao Secretariado das Nações Unidas;
h) exercer as funções previstas em outras disposições da presente Convenção.

2. Se surgir uma divergência entre um Estado e o depositário a respeito do exercício das funções deste último, o depositário levará a questão ao conhecimento dos Estados signatários e dos Estados contratantes ou, se for o caso, do órgão competente da organização internacional em causa.

Artigo 78
Notificações e Comunicações

A não ser que o tratado ou a presente Convenção disponham de outra forma, uma notificação ou comunicação que deva ser feita por um Estado, nos termos da presente Convenção:

a) será transmitida, se não houver depositário, diretamente aos Estados a que se destina ou, se houver depositário, a este último;
b) será considerada como tendo sido feita pelo Estado em causa somente a partir do seu recebimento pelo Estado ao qual é transmitida ou, se for o caso, pelo depositário;
c) se tiver sido transmitida a um depositário, será considerada como tendo sido recebida pelo Estado ao qual é destinada somente a partir do momento em que este Estado tenha recebido do depositário a informação prevista no parágrafo 1 (e) do artigo 77.

Artigo 79
Correção de Erros em Textos ou em Cópias Autenticadas de Tratados

1. Quando, após a autenticação do texto de um tratado, os Estados signatários e os Estados contratantes acordarem em que nele existe erro, este, salvo decisão sobre diferente maneira de correção, será corrigido:

a) mediante a correção apropriada no texto, rubricada por representantes devidamente credenciados;
b) mediante a elaboração ou troca de instrumento ou instrumentos em que estiver consignada a correção que se acordou em fazer; ou
c) mediante a elaboração de um texto corrigido da totalidade do tratado, segundo o mesmo processo utilizado para o texto original.

2. Quando o tratado tiver um depositário, este deve notificar aos Estados signatários e contratantes a existência do erro e a proposta de corrigi-lo e fixar um prazo apropriado durante o qual possam ser formuladas objeções à correção proposta. Se, expirado o prazo:

a) nenhuma objeção tiver sido feita, o depositário deve efetuar e rubricar a correção do texto, lavrar a ata de retificação do texto e remeter cópias da mesma às partes e aos Estados que tenham direito a ser partes no tratado;
b) uma objeção tiver sido feita, o depositário deve comunicá-la aos Estados signatários e aos Estados contratantes.

3. As regras enunciadas nos parágrafos 1 e 2 aplicam-se igualmente quando o texto, autenticado em duas ou mais línguas, apresentar uma falta de concordância que, de acordo com os Estados signatários e contratantes, deva ser corrigida.

4. O texto corrigido substitui ab initio o texto defeituoso, a não ser que os Estados signatários e os Estados contratantes decidam de outra forma.

5. A correção do texto de um tratado já registrado será notificada ao Secretariado das Nações Unidas.

6. Quando se descobrir um erro numa cópia autenticada de um tratado, o depositário deve lavrar uma ata mencionando a retificação e remeter cópia da mesma aos Estados signatários e aos Estados contratantes.

Artigo 80
Registro e Publicação de Tratados

1. Após sua entrada em vigor, os tratados serão remetidos ao Secretariado das Nações Unidas para fins de registro ou de classificação e catalogação, conforme o caso, bem como de publicação.

2. A designação de um depositário constitui autorização para este praticar os atos previstos no parágrafo anterior.

Parte VIII – Disposições Finais

Artigo 81
Assinatura

A presente Convenção ficará aberta à assinatura de todos os Estados Membros das Nações Unidas ou de qualquer das agências especializadas ou da Agência Internacional de Energia Atômica, assim como de todas as partes no Estatuto da Corte Internacional de Justiça e de qualquer outro Estado convidado pela Assembleia-Geral das Nações Unidas a tornar-se parte na Convenção, da seguinte maneira: até 30 de novembro de 1969, no Ministério Federal dos Negócios Estrangeiros da República da Áustria e, posteriormente, até 30 de abril de 1970, na sede das Nações Unidas em Nova York.

Artigo 82
Ratificação

A presente Convenção é sujeita à ratificação. Os instrumentos de ratificação serão depositados junto ao Secretário-Geral das Nações Unidas.

Artigo 83
Adesão

A presente Convenção permanecerá aberta à adesão de todo Estado pertencente a qualquer das categorias mencionadas no artigo 81. Os instrumentos de adesão serão depositados junto ao Secretário-Geral das Nações Unidas.

Artigo 84
Entrada em Vigor

1. A presente Convenção entrará em vigor no trigésimo dia que se seguir à data do depósito do trigésimo quinto instrumento de ratificação ou adesão.

2. Para cada Estado que ratificar a Convenção ou a ela aderir após o depósito do trigésimo quinto instrumento de ratificação ou adesão, a convenção entrará em vigor no trigésimo dia após o depósito, por esse Estado, de seu instrumento de ratificação ou adesão.

Artigo 85
Textos Autênticos

O original da presente convenção, cujos textos em chinês, espanhol, francês, inglês e russo fazem igualmente fé, será depositado junto ao Secretário-Geral das Nações Unidas.

Em fé do que, os plenipotenciários abaixo assinados, devidamente autorizados por seus respectivos Governos, assinaram a presente Convenção.

Feita em Viena, aos vinte e três dias de maio de mil novecentos e sessenta e nove.

ANEXO

1. O Secretário-Geral das Nações Unidas deve elaborar e manter uma lista de conciliadores composta de juristas qualificados. Para esse fim, todo Estado Membro das Nações Unidas ou parte na presente Convenção será convidado a nomear dois conciliadores e os nomes das pessoas assim nomeadas constituirão a lista. A nomeação dos conciliadores, inclusive os nomeados para preencher uma vaga eventual, é feita por um período de cinco anos, renovável. Com a expiração do período para o qual forem nomeados, os conciliadores continuarão a exercer as funções para as quais tiverem sido escolhidos, nos termos do parágrafo seguinte.

2. Quando um pedido é apresentado ao Secretário-Geral nos termos do artigo 66, o Secretário-Geral deve submeter a controvérsia a uma comissão de conciliação, constituída do seguinte modo:

O Estado ou os Estados que constituem uma das partes na controvérsia nomeiam:

a) um conciliador da nacionalidade desse Estado ou de um desses Estados, escolhido ou não da lista prevista no parágrafo 1; e
b) um conciliador que não seja da nacionalidade desse Estado ou de um desses Estados, escolhido da lista.

O Estado ou os Estados que constituírem a outra parte na controvérsia nomeiam dois conciliadores do mesmo modo. Os quatro conciliadores escolhidos pelas partes devem ser nomeados num prazo de sessenta dias a partir da data do recebimento do pedido pelo Secretário-Geral.

1. Nos sessenta dias que se seguirem à última nomeação, os quatro conciliadores nomeiam um quinto, escolhido da lista, que será o presidente. Se a nomeação do presidente ou de qualquer outro conciliador não for feita no prazo acima previsto para essa nomeação, será feita pelo Secretário-Geral nos sessenta dias seguintes a expiração desse prazo. O Secretário-Geral pode nomear como presidente uma das pessoas inscritas na lista ou um dos membros da Comissão de Direito Internacional. Qualquer um dos prazos, nos quais as nomeações devem ser feitas, pode ser prorrogado, mediante acordo das partes na controvérsia.

2. Qualquer vaga deve ser preenchida da maneira prevista para nomeação inicial.

3. A Comissão de Conciliação adotará o seu próprio procedimento. A Comissão, com o consentimento das partes na controvérsia, pode convidar qualquer outra parte no tratado a submeter seu ponto de vista oralmente ou por escrito. A decisão e as recomendações da Comissão serão adotadas por maioria de votos de seus cinco membros.

4. A Comissão pode chamar a atenção das partes na controvérsia sobre qualquer medida suscetível de facilitar uma solução amigável.

5. A Comissão deve ouvir as partes, examinar as pretensões e objeções e fazer propostas às partes a fim de ajudá-las a chegar a uma solução amigável da controvérsia.

6. A Comissão deve elaborar um relatório nos doze meses que se seguirem à sua constituição. Seu relatório deve ser depositado junto ao Secretário-Geral e comunicado às partes na controvérsia. O relatório da Comissão, inclusive todas as conclusões nele contidas quanto aos fatos e às questões de direito, não vincula as partes e não terá outro valor senão o de recomendações submetidas à consideração das partes, a fim de facilitar uma solução amigável da controvérsia.

7. O Secretário-Geral fornecerá à Comissão a assistência e as facilidades de que ela possa necessitar. As despesas da Comissão serão custeadas pelas Nações Unidas.

CONVENÇÃO DE VIENA SOBRE O DIREITO DOS TRATADOS ENTRE ESTADOS E ORGANIZAÇÕES INTERNACIONAIS OU ENTRE ORGANIZAÇÕES INTERNACIONAIS

▶ Feito em Viena, aos 21-3-1986.

As Partes na presente Convenção:

Considerando a função fundamental dos tratados na história das relações internacionais;

Reconhecendo o caráter consensual dos tratados e a sua importância cada vez maior como fonte de direito internacional;

Tendo em conta que os princípios do livre consentimento e da boa fé e da norma *pacta sunt servanda* estão universalmente reconhecidos;

Afirmando a importância de intensificar o processo de codificação e de desenvolvimento progressivo do direito internacional com caráter universal;

Convencidos de que a codificação e o desenvolvimento progressivo das normas relativas aos tratados entre Estados e organizações internacionais ou entre organizações internacionais são meios para fortalecer a ordem jurídica nas relações internacionais e para servir os propósitos das Nações Unidas;

Tendo presentes os princípios de direito internacional incorporados na Carta das Nações Unidas, tais como os princípios da igualdade de direitos e da livre determinação dos povos, da igualdade soberana e da independência de todos os Estados, da não ingerência nos assuntos internos dos Estados, da proibição da ameaça ou do uso da força e do respeito universal pelos direitos humanos e as liberdades fundamentais de todos e a efetivação de tais direitos e liberdades;

Tendo também presentes as disposições da Convenção de Viena sobre o Direito dos Tratados de 1969 e reconhecendo a relação que existe entre o direito dos tratados entre os Estados e o direito dos tratados entre Estados e organizações internacionais ou entre organizações internacionais;

Considerando a importância dos tratados entre Estados e organizações internacionais ou entre organizações internacionais como meios eficazes de desenvolver as relações internacionais e de assegurar as condições para a cooperação pacífica entre as nações, sejam quais forem os seus regimes constitucionais ou sociais;

Tendo presentes as características particulares dos tratados em que sejam partes as organizações internacionais como sujeitos de direito internacional distintos dos Estados;

Tendo em conta que as organizações internacionais possuem a capacidade para celebrar tratados que é necessária para o exercício das suas funções e da realização dos seus propósitos;

Reconhecendo que a prática das organizações internacionais no que respeita à celebração de tratados com Estados ou entre elas deverá ser conforme com os seus instrumentos constitutivos;

Afirmando que nada do disposto na presente Convenção se interpretará de modo que afete as relações entre uma organização internacional e os seus membros, que se regem pelas regras dessa organização;

Afirmando ainda que as controvérsias relativas aos tratados, do mesmo modo que as demais controvérsias internacionais, deverão resolver-se, em conformidade com a Carta das Nações Unidas, por meios pacíficos e segundo os princípios da justiça e do direito internacional;

Afirmando também que as normas de direito internacional consuetudinário continuarão a reger as questões não reguladas nas disposições da presente Convenção;

Convencionaram o seguinte:

PARTE I – INTRODUÇÃO

ARTIGO 1º
Âmbito de aplicação da presente Convenção

A presente Convenção aplica-se:

a) Aos tratados entre um ou vários Estados e uma ou várias organizações internacionais; e
b) Aos tratados entre organizações internacionais.

ARTIGO 2º
Termos empregados

1. Para efeitos da presente Convenção:

a) Por "tratado" entende-se um acordo internacional regido pelo direito internacional e celebrado por escrito:
  i) Entre um ou vários Estados e uma ou várias organizações internacionais; ou
  ii) Entre organizações internacionais, quer esse acordo conste de um instrumento único ou de dois ou mais instrumentos conexos e qualquer que seja a sua denominação particular;

b) Por "ratificação" entende-se o ato internacional assim denominado pelo qual um Estado faz constar no âmbito internacional o seu consentimento em obrigar-se por um tratado;

b) bis) Por "ato de confirmação formal" entende-se um ato internacional que corresponde ao da ratificação por um Estado e pelo qual uma organização internacional faz constar no âmbito internacional o seu consentimento em obrigar-se por um tratado;

b) ter) Por "aceitação", "aprovação" e "adesão" entende-se, segundo o caso, o ato internacional assim denominado pelo qual um Estado ou uma organização internacional faz constar no âmbito internacional o seu consentimento em obrigar-se por um tratado;

c) Por "plenos poderes" entende-se um documento que emana da autoridade competente de um Estado ou do órgão competente de uma organização internacional e pelo qual se designa uma ou várias pessoas para representar o Estado ou a organização na negociação, na adoção ou na autenticação do texto de um tratado, para expressar o consentimento do Estado ou da organização em obrigar-se por um tratado, ou para executar qualquer outro ato relativamente a um tratado;

d) Por "reserva" entende-se uma declaração unilateral, qualquer que seja o seu enunciado ou denominação feita por um Estado ou por uma organização internacional ao assinar, confirmar formalmente, aceitar ou aprovar um tratado ou a ele aderir com objetivo de excluir ou modificar os efeitos jurídicos de certas disposições do tratado na sua aplicação a esse Estado ou a essa organização;
e) Por "Estado negociador" e por "organização negociadora" entende-se, respectivamente:
  i) Um Estado; ou
  ii) Uma organização internacional, que participou na elaboração e adoção do texto do tratado;
f) Por "Estado contratante" e por "organização contratante" entende-se, respectivamente:
  i) Um Estado; ou
  ii) Uma organização internacional, que consentiu em obrigar-se pelo tratado, tenha ou não entrado em vigor o tratado;
g) Por "parte" entende-se um Estado ou uma organização internacional que tenha consentido em obrigar-se pelo tratado e relativamente ao qual ou à qual o tratado esteja em vigor;
h) Por "terceiro Estado" e por "terceira organização" entende-se, respectivamente:
  i) Um Estado; ou
  ii) Uma organização internacional, que não é parte no tratado;
i) Por "organização internacional" entende-se uma organização intergovernamental;
j) Por "regras da organização" entende-se em particular os instrumentos constitutivos da organização, as suas decisões e as resoluções adotadas em conformidade com estes e com a sua prática estabelecida.

2. As disposições do nº 1 sobre os termos empregados na presente Convenção entender-se-ão sem prejuízo do emprego desses termos ou do sentido que se lhes possa dar no direito interno ou nas regras de uma organização internacional.

ARTIGO 3º
Acordos internacionais não compreendidos no âmbito da presente Convenção

O fato de a presente Convenção não se aplicar:
  i) Nem aos acordos internacionais em que sejam partes um ou vários Estados, uma ou várias organizações internacionais e um ou vários sujeitos de direito internacional que não sejam Estados nem organizações;
  ii) Nem aos acordos internacionais em que sejam partes uma ou várias organizações internacionais e um ou vários sujeitos de direito internacional que não sejam Estados nem organizações internacionais;
  iii) Nem aos acordos internacionais não celebrados por escrito entre um ou vários Estados e uma ou várias organizações internacionais ou entre organizações internacionais;
  iv) Nem aos acordos internacionais entre sujeitos de direito internacional quer não sejam Estados nem organizações internacionais;

não afetará:
  a) O valor jurídico de tais acordos;
  b) A aplicação aos mesmos de qualquer das normas enunciadas na presente Convenção a que estiverem submetidas em virtude do direito internacional independentemente desta Convenção;
  c) A aplicação da Convenção às relações entre Estados e organizações internacionais ou às relações das organizações internacionais entre si, quando estas relações se rejam por acordos internacionais em que forem também parte outros sujeitos de direito internacional.

ARTIGO 4º
Irretroatividade da presente Convenção

Sem prejuízo da aplicação de quaisquer normas enunciadas na presente Convenção a que os tratados entre um ou vários Estados e uma ou várias organizações internacionais estejam submetidas em virtude do direito internacional, independentemente da Convenção, esta apenas se aplicará aos tratados dessa índole que sejam celebrados depois da entrada em vigor da presente Convenção relativamente a esses Estados ou a essas organizações.

ARTIGO 5º
Tratados constitutivos de organizações internacionais e tratados adotados no âmbito de uma organização internacional

A presente Convenção aplicar-se-á a todo o tratado entre um ou vários Estados ou entre uma ou várias organizações internacionais que seja instrumento constitutivo de uma organização internacional e a todo o tratado adotado no âmbito de uma organização internacional, sem prejuízo de qualquer regra pertinente da organização.

PARTE II – CONCLUSÃO E ENTRADA EM VIGOR DOS TRATADOS

SEÇÃO I

CONCLUSÃO DOS TRATADOS

ARTIGO 6º
Capacidade das organizações internacionais para concluir tratados

A capacidade de uma organização internacional para concluir tratados rege-se pelas regras dessa organização.

ARTIGO 7º
Plenos poderes

1. Para a adoção ou autenticação de um texto ou para manifestar o consentimento do Estado em obrigar-se por um tratado, considerar-se-á que uma pessoa representa um Estado:
  a) Se apresenta os plenos poderes adequados; ou
  b) Se se deduz da prática ou de outras circunstâncias que a intenção dos Estados e das organizações internacionais de que se trate foi considerar essa pessoa representante do Estado para esses efeitos sem a apresentação dos plenos poderes.

2. Em virtude das suas funções, e sem ter de apresentar plenos poderes, considerar-se-á que representam o seu Estado:

a) Os Chefes de Estado, Chefes de Governo e Ministros dos Negócios Estrangeiros, para a execução de todos os atos relativos à celebração de um tratado entre um ou vários Estados e uma ou várias organizações internacionais;
b) Os representantes acreditados pelos Estados numa conferência internacional, para a adoção do texto de um tratado, entre Estados e organizações internacionais;
c) Os representantes acreditados pelo Estado perante uma organização internacional ou um dos seus órgãos, para a adoção do texto de um tratado em tal organização ou órgão;
d) Os chefes de missões permanentes perante uma organização internacional, para a adoção do texto de um tratado entre os Estados acreditantes e essa organização.

3. Para a adoção ou a autenticação do texto de um tratado ou para manifestar o consentimento de uma organização em obrigar-se por um tratado, considerar-se-á que uma pessoa representa essa organização internacional:

a) Se apresenta os plenos poderes adequados; ou
b) Se se deduz das circunstâncias que a intenção dos Estados e das organizações internacionais de que se trate foi considerar essa pessoa representante da organização para esses efeitos, em conformidade com as regras da organização e sem a apresentação de plenos poderes.

ARTIGO 8º
Confirmação ulterior de um ato executado sem autorização

Um ato relativo à celebração de um tratado executado por uma pessoa que, conforme o artigo 7º, não possa considerar-se autorizada para representar com esse fim um Estado ou uma organização internacional, não produzirá efeitos jurídicos a menos que seja ulteriormente confirmado por esse Estado ou essa organização.

ARTIGO 9º
Adoção do texto

1. A adoção do texto de um tratado efetuar-se-á por consentimento de todos os Estados e de todas as organizações internacionais ou, segundo o caso, de todas as organizações participantes na sua elaboração, salvo o disposto no nº 2.

2. A adoção do texto de um tratado numa conferência internacional efetuar-se-á com base no procedimento acordado entre os participantes nessa conferência. Se, não obstante, não se conseguir um acordo sobre tal procedimento, a adoção do texto efetuar-se-á por maioria de dois terços dos participantes presentes e votantes, a menos que esses participantes decidam por igual maioria aplicar uma regra diferente.

ARTIGO 10
Autenticação do texto

1. O texto de um tratado entre um ou vários Estados e uma ou várias organizações internacionais ficará estabelecido como autêntico e definitivo:

a) Mediante o procedimento que nele se prescrever ou que seja acordado entre os Estados e as organizações que tenham participado na sua elaboração; ou
b) Na falta de tal procedimento, mediante a sua assinatura ad referendum ou a rubrica pelos representantes desses Estados e dessas organizações do texto do tratado ou do ato final de uma conferência em que o texto tenha sido incluído.

2. O texto de um tratado entre organizações internacionais ficará estabelecido como autêntico e definitivo:

a) Mediante o procedimento que nele se prescreva ou que seja acordado pelas organizações que tenham participado na sua elaboração;
b) Na falta de tal procedimento, mediante a assinatura ad referendum ou a rubrica pelos representantes dessas organizações do texto do tratado ou do ato final de uma conferência em que o texto tenha sido incluído.

ARTIGO 11
Manifestação do consentimento a estar vinculado por um tratado

1. O consentimento de um Estado a estar vinculado por um tratado pode manifestar-se pela assinatura, a troca de instrumentos constitutivos de um tratado, a ratificação, a aceitação, a aprovação ou adesão, ou por outro meio convencionado.

2. O consentimento de uma organização internacional a estar vinculada por um tratado pode manifestar-se pela assinatura, a troca de instrumentos constitutivos de um tratado, um ato de confirmação formal, a aceitação, a aprovação ou a adesão, ou por outro meio convencionado.

ARTIGO 12
Expressão, pela assinatura, do consentimento a estar vinculado por um tratado

1. O consentimento de um Estado ou de uma organização internacional a estarem vinculados por um tratado exprime-se pela assinatura do representante desse Estado ou organização internacional:

a) Quando o tratado prevê que a assinatura terá esse efeito;
b) Quando, por outra forma, se estabeleça que os Estados que participaram na negociação, e as organizações negociadoras ou, segundo o caso, as organizações negociadoras estiverem de acordo para dar esse efeito à assinatura;
c) Quando a intenção do Estado ou da organização de dar este efeito à assinatura resulta dos plenos poderes do representante ou foi exprimida no decorrer da negociação.

2. Para fins do nº 1:

a) A rubrica de um texto tem o valor de assinatura do tratado quando se estabeleça que os Estados que participaram na negociação e as organizações negociadoras ou, segundo o caso, as organizações negociadoras assim tinham convencionado entre eles;
b) A assinatura ad referendum de um tratado pelo representante de um Estado, ou de uma organização internacional, se confirmada por este último, vale como assinatura definitiva do tratado.

ARTIGO 13
Expressão, por troca de instrumentos constitutivos de um tratado, do consentimento a estar vinculado por um tratado

O consentimento dos Estados ou das organizações internacionais a estarem vinculados por um tratado

constituído por instrumentos trocados entre eles exprime-se por essa troca:
a) Quando os instrumentos preveem que a respectiva troca produza esse efeito; ou
b) Quando esteja por outra forma estabelecido que esses Estados e essas organizações internacionais ou, segundo o caso, essas organizações internacionais tenham convencionado que a troca de instrumentos produzisse esse efeito.

Artigo 14
Expressão, pela ratificação, ato de confirmação formal, aceitação ou aprovação, do consentimento a estar vinculado por um tratado

1. O consentimento de um Estado a vincular-se por um tratado exprime-se pela ratificação:
a) Quando o tratado prevê que um tal consentimento se exprime pela ratificação;
b) Quando, por outra forma, se estabeleça que os Estados que participaram na negociação convencionaram a necessidade da ratificação;
c) Quando o representante do Estado em questão tenha assinado o tratado sob reserva de ratificação; ou
d) Quando a intenção do Estado de assinar o tratado sob reserva de ratificação se deduza dos plenos poderes do seu representante ou tenha sido expressa no decorrer da negociação.

2. O consentimento de uma organização internacional em obrigar-se por um tratado exprime-se mediante um ato de confirmação formal;
a) Quando o tratado disponha que tal consentimento deve manifestar-se mediante um ato de confirmação formal;
b) Quando, por outra forma, se estabeleça que os Estados negociadores e as organizações negociadoras ou, segundo o caso, as organizações negociadoras convencionaram a necessidade de um ato de confirmação formal;
c) Quando o representante da organização tenha assinado o tratado sob reserva de um ato de confirmação formal; ou
d) Quando a intenção da organização de assinar o tratado sob reserva de um ato de confirmação formal se deduza dos plenos poderes do seu representante ou tenha sido expressa no decorrer da negociação.

3. O consentimento de um Estado a estar vinculado por um tratado exprime-se pela aceitação ou aprovação em condições análogas às que se aplicam à ratificação, ou, segundo o caso, ao de confirmação formal.

Artigo 15
Expressão, pela adesão, do consentimento a estar vinculado por um tratado

O consentimento de um Estado ou de uma organização internacional a estar vinculado por um tratado exprime-se pela adesão:
a) Quando o tratado preveja que o consentimento pode ser expresso por este Estado ou por essa organização pela via da adesão;
b) Quando, por outro lado, se estabeleça que os Estados negociadores e as organizações negociadoras ou, segundo o caso, as organizações internacionais convencionaram que este consentimento poderia ser expresso por este Estado ou por essa organização pela via da adesão; ou
c) Quando todas as partes tenham concordado ulteriormente em aceitar que o consentimento pode ser expresso por esse Estado ou por essa organização pela via da adesão.

Artigo 16
Troca ou depósito dos instrumentos de ratificação, de confirmação formal, de aceitação, de aprovação ou de adesão

1. A menos que o tratado disponha de outro modo, os instrumentos de ratificação, de confirmação formal, de aceitação, de aprovação ou de adesão estabelecem o consentimento de um Estado ou de uma organização internacional a vincular-se por um tratado no momento:
a) Da sua troca entre os Estados contratantes e as organizações contratantes;
b) Do seu depósito junto do depositário; ou
c) Da sua notificação aos Estados contratantes e às organizações contratantes ou ao depositário se assim for convencionado.

2. Salvo se o tratado dispuser de outro modo, os instrumentos relativos a um ato de confirmação formal, ou os instrumentos de aceitação, aprovação ou adesão, expressarão o consentimento de uma organização internacional em obrigar-se por um tratado entre organizações internacionais ao efetuar-se:
a) A sua troca entre as organizações contratantes;
b) O seu depósito junto do depositário; ou
c) A sua notificação às organizações contratantes ou ao depositário, se assim for convencionado.

Artigo 17
Consentimento a estar vinculado por uma parte de um tratado e escolha entre disposições diferentes

1. Sem prejuízo das disposições dos artigos 19 a 23, o consentimento de um Estado ou de uma organização internacional a vincular-se a uma parte de um tratado apenas produz efeito se o tratado o permite ou se os outros Estados contratantes e as organizações contratantes ou, segundo o caso, as organizações contratantes o consentem.

2. O consentimento de um Estado ou de uma organização internacional a obrigar-se a um tratado que permite escolher entre disposições diferentes apenas produz efeito se as disposições a que diz respeito estão claramente indicadas.

Artigo 18
Obrigação de não privar um tratado do seu objeto ou do seu fim antes da sua entrada em vigor

Um Estado de uma organização internacional deve abster-se de atos que privem um tratado do seu objeto ou do seu fim:
a) Se esse Estado ou essa organização assinou o tratado ou trocou os instrumentos que constituem o tratado sob reserva de ratificação, de ato de confirmação formal, de aceitação ou de aprovação, enquanto esse Estado ou essa organização não

tenham manifestado a sua intenção de não chegar a ser parte no tratado;
b) Se esse Estado ou essa organização manifestou o seu consentimento em obrigar-se pelo tratado durante o período que preceda a sua entrada em vigor e sempre que esta não se retarde indevidamente.

Seção II

RESERVAS

Artigo 19
Formulação de reservas

Um Estado ou uma organização internacional pode, no momento da assinatura, ratificação, confirmação formal, aceitação ou aprovação de um tratado ou da adesão a um tratado, formular uma reserva, a menos que:
a) A reserva seja proibida pelo tratado;
b) O tratado apenas autorize determinadas reservas entre as quais não figura a reserva em questão; ou
c) Nos casos não previstos nas alíneas a) e b), a reserva seja incompatível com o objeto e o fim do tratado.

Artigo 20
Aceitação das reservas e objeções às reservas

1. Uma reserva autorizada expressamente por um tratado não tem de ser ulteriormente aceita pelos outros Estados contratantes e pelas organizações contratantes ou, segundo o caso, pelas organizações contratantes, a menos que o tratado o preveja.

2. Quando resulta do número restrito dos Estados negociadores e organizações negociadoras ou, segundo o caso, das organizações negociadoras, assim como do objeto e do fim de um tratado, que a sua aplicação na íntegra entre todas as partes é uma condição essencial para o consentimento de cada uma a vincular-se pelo tratado, a reserva tem de ser aceita por todas as partes.

3. Quando um tratado é um ato constitutivo de uma organização internacional e a menos que disponha diversamente, a reserva exige a aceitação do órgão competente dessa organização.

4. Nos casos não previstos nos números precedentes e a menos que o tratado disponha diversamente:
a) A aceitação de reservas por outro Estado contratante, ou por uma organização contratante, faz do Estado, ou da organização internacional, autor da reserva parte no tratado, em relação ao Estado ou à organização que tenha aceitado a reserva, se o tratado já estiver em vigor ou quando entre em vigor para o autor da reserva e o Estado ou organização que aceitaram a reserva;
b) A objeção feita por um Estado contratante ou por uma organização contratante a uma reserva não impedirá a entrada em vigor do tratado entre o Estado ou a organização internacional que tenha feito a objeção e o Estado ou a organização autor da reserva, a menos que o Estado ou a organização autor da reserva manifeste inequivocamente intenção contrária;
c) Um ato exprimindo o consentimento do Estado ou de uma organização internacional a vincular-se pelo tratado e contendo uma reserva produz efeito desde que, pelo menos, um outro Estado contratan-te ou uma organização contratante tenha aceitado a reserva.

5. Para os fins dos nos 2 e 4, e a menos que o tratado disponha diversamente, uma reserva é tida como aceita por uma organização internacional se o Estado ou a organização internacional não formulou qualquer objeção à reserva, quer até ao decurso dos doze meses que se seguem à data em que recebeu a notificação da reserva, quer no momento em que exprimiu o seu consentimento de se vincular pelo tratado, se o fez posteriormente.

Artigo 21
Efeitos jurídicos das reservas e das objeções às reservas

1. Uma reserva estabelecida em relação a uma outra parte, conforme as disposições dos artigos 19, 20 e 23:
a) Modifica, quanto ao Estado ou organização internacional que formulou a reserva nas suas relações com essa outra parte, as disposições do tratado sobre as quais incide a reserva, na medida do que for previsto por essa reserva; e
b) Modifica essas disposições na mesma medida em relação a essa outra parte nas suas relações com o Estado ou com a organização internacional que formulou a reserva.

2. A reserva não modifica as disposições do tratado quanto às outras partes do tratado nas suas relações *inter se*.

3. Se um Estado ou uma organização internacional que formulou uma objeção a uma reserva não se opõe à entrada em vigor do tratado entre ele ou ela e o Estado ou a organização que formulou a reserva, as disposições sobre que incide a reserva não se aplicam entre o autor da reserva e o Estado ou a organização que formulou a objeção, na medida do que foi previsto pela reserva.

Artigo 22
Revogação das reservas e das objeções às reservas

1. A menos que o tratado disponha diversamente, uma reserva pode em qualquer momento ser revogada sem que o consentimento do Estado ou da organização internacional que a aceitou seja necessário à revogação.

2. A menos que o tratado disponha diversamente, uma objeção a uma reserva pode em qualquer momento ser revogada.

3. A menos que o tratado disponha diversamente ou que tenha sido convencionado por outra forma:
a) A revogação de uma reserva só produz efeitos em relação a outro Estado contratante ou a uma organização contratante quando este Estado ou esta organização tenha dela sido notificado;
b) A revogação de uma objeção a uma reserva só produz efeitos quando o Estado ou a organização internacional que formulou a reserva tenha recebido notificação dessa revogação.

Artigo 23
Processo relativo às reservas

1. A reserva, a aceitação expressa de uma reserva e a objeção a uma reserva devem ser formuladas por

escrito e comunicadas aos Estados contratantes, às organizações contratantes e aos outros Estados e organizações internacionais que tenham o direito de se tornarem parte no tratado.

2. Uma reserva formulada quando da assinatura do tratado sob reserva de ratificação, ato de confirmação formal, aceitação ou aprovação deve ser formalmente confirmada pelo Estado ou organização que a formulou no momento em que exprime o seu consentimento a ficar vinculado pelo tratado. Em tal caso, a reserva considerar-se-á feita na data em que tiver sido confirmada.

3. Uma aceitação expressa de uma reserva ou uma objeção feita a uma reserva, se não anteriores à confirmação desta última, não necessitam de ser elas próprias confirmadas.

4. A revogação de uma reserva e a objeção a uma reserva devem ser formuladas por escrito.

Seção III

ENTRADA EM VIGOR DOS TRATADOS E APLICAÇÃO A TÍTULO PROVISÓRIO

Artigo 24
Entrada em vigor

1. Um tratado entra em vigor segundo as modalidades e na data fixada pelas suas disposições ou convencionadas pelo acordo dos Estados que tenham participado na negociação e as organizações negociadoras ou, segundo o caso, das organizações negociadoras.

2. Na falta de tais disposições ou de um tal acordo, um tratado entra em vigor logo que o consentimento a ficar vinculado pelo tratado seja manifestado por todos os Estados que tenham participado na negociação e todas as organizações negociadoras ou, segundo o caso, por todas as organizações negociadoras.

3. Quando o consentimento de um Estado ou de uma organização internacional a ficar vinculado por um tratado seja manifestado em data posterior à da sua entrada em vigor, o tratado, a menos que disponha diversamente, entra em vigor em relação a esse Estado ou a essa organização nessa data.

4. As disposições de um tratado que regem a autenticação do texto, a manifestação do consentimento dos Estados a ficar vinculados pelo tratado, as modalidades ou a data da entrada em vigor, as reservas, as funções do depositário, bem como as outras questões que se suscitam necessariamente antes da entrada em vigor do tratado, são aplicáveis desde a adoção do texto.

Artigo 25
Aplicação a título provisório

1. Um tratado ou uma parte de um tratado aplica-se a título provisório enquanto não entrar em vigor:
a) Se o próprio tratado assim o dispuser; ou
b) Se os Estados que participaram na negociação e as organizações negociadoras assim acordaram por outra maneira.

2. A menos que o tratado disponha diversamente ou que os Estados ou organizações internacionais que participaram na negociação tenham acordado noutro sentido, a aplicação a título provisório de um tratado ou de uma parte de um tratado em relação a um Estado ou uma organização internacional termina se esse Estado ou essa organização notifica os outros Estados e organizações entre os quais o tratado é aplicado provisoriamente da sua intenção de não se tornar parte no tratado.

Parte III – Observância, Aplicação e Interpretação dos Tratados

Seção I

OBSERVÂNCIA DOS TRATADOS

Artigo 26
Pacta sunt servanda

Todo o tratado em vigor vincula as partes e deve ser por elas executado de boa-fé.

Artigo 27
Direito interno dos Estados, as regras das organizações internacionais e observância dos tratados

1. Um Estado não pode invocar as disposições do seu direito interno para justificar a não execução de um tratado.

2. Uma organização internacional parte num tratado não pode invocar as regras da organização como justificação para o não cumprimento do tratado.

3. As normas enunciadas nos parágrafos precedentes não prejudicam a disposição do artigo 46.

Seção II

APLICAÇÃO DOS TRATADOS

Artigo 28
Não retroatividade dos tratados

A menos que o contrário resulte do tratado ou tenha sido estabelecido de outro modo, as disposições de um tratado não vinculam uma parte no que se refere a um ato ou fato anterior ou a qualquer situação que tenha deixado de existir à data da entrada em vigor desse tratado em relação a essa parte.

Artigo 29
Aplicação territorial dos tratados

Um tratado entre um ou vários Estados e uma ou várias organizações internacionais será obrigatório para cada um dos Estados-partes quanto à totalidade do seu território, salvo se uma intenção diferente resultar dele ou tenha sido estabelecido de outro modo.

Artigo 30
Aplicação de tratados sucessivos sobre a mesma matéria

1. Os direitos e obrigações dos Estados e das organizações internacionais partes em tratados sucessivos sobre a mesma matéria são determinados conforme o estipulado nos números seguintes.

2. Quando um tratado estabelece que está subordinado a um tratado anterior ou posterior ou que não deve ser considerado incompatível com esse outro tratado, as disposições deste prevalecem sobre as daquele.

3. Quando todas as partes no tratado anterior são igualmente partes no tratado posterior, sem que o primeiro tratado tenha cessado de vigorar ou sem que a sua

aplicação tenha sido suspensa por força do artigo 59, o primeiro tratado só se aplica na medida em que as disposições sejam compatíveis com as do segundo tratado.

4. Se as partes no primeiro tratado não são todas partes no segundo:
   a) Nas relações entre duas partes nos dois tratados, a regra aplicável é a enunciada no nº 3;
   b) Nas relações entre uma parte nos dois tratados e uma parte apenas em um desses tratados, o tratado no qual os dois Estados são partes rege os seus direitos e obrigações recíprocos.

5. O nº 4 aplica-se sem prejuízo do artigo 41 e não prejudicará nenhuma questão de extinção ou de suspensão da aplicação de um tratado, nos termos do artigo 60, nem nenhuma questão de responsabilidade que possa nascer para um Estado ou uma organização internacional da conclusão ou da aplicação de um tratado cujas disposições sejam incompatíveis com as obrigações que lhe incumbam em relação a um Estado ou a uma organização internacional em virtude de um outro tratado.

6. Os números precedentes serão entendidos sem prejuízo de, no caso de conflito entre as obrigações contraídas em virtude da Carta das Nações Unidas e as obrigações em virtude de um tratado, prevaleceram as obrigações impostas pela Carta.

SEÇÃO III

INTERPRETAÇÃO DOS TRATADOS

ARTIGO 31

Regra geral de interpretação

1. Um tratado deve ser interpretado de boa-fé, segundo o sentido comum atribuível aos termos do tratado no seu contexto e à luz dos respectivos objeto e fim.

2. Para os fins de interpretação de um tratado, o contexto compreende, além do texto, preâmbulo e anexos inclusos:
   a) Qualquer acordo que tenha relação com o tratado e que se celebrou entre todas as partes na altura da conclusão do tratado;
   b) Qualquer instrumento estabelecido por uma ou várias partes na ocasião da conclusão do tratado e aceito pelas outras partes como instrumento relacionado com o tratado.

3. Ter-se-á em consideração, simultaneamente com o contexto:
   a) Todo o acordo estabelecido entre as partes sobre a interpretação do tratado ou a aplicação das suas disposições;
   b) Toda a prática ulterior na aplicação do tratado pela qual se estabeleça o acordo das partes em relação à interpretação do tratado;
   c) Toda a regra pertinente de direito internacional aplicável às relações entre as partes.

4. Um termo será entendido num sentido particular se estiver estabelecido que tal era a intenção das partes.

ARTIGO 32

Meios complementares de interpretação

Pode recorrer-se a meios complementares de interpretação, e designadamente aos trabalhos preparatórios e às circunstâncias em que foi concluído o tratado, para confirmar o sentido resultante da aplicação do artigo 31, ou para o determinar quanto à interpretação de acordo com o mesmo artigo:
   a) Deixa o sentido ambíguo ou obscuro; ou
   b) Conduz a um resultado que é manifestamente absurdo ou desarrazoado.

ARTIGO 33

Interpretação de tratados autenticados em duas ou mais línguas

1. Quando um tratado foi autenticado em duas ou várias línguas, o seu texto faz fé em cada uma dessas línguas, salvo se o tratado dispuser ou as partes convencionarem que, em caso de divergência, um determinado texto prevalecerá.

2. Uma versão do tratado numa língua que não seja alguma daquelas em que o texto foi autenticado só será considerada como texto autêntico se o tratado o prevír ou as partes o tiverem convencionado.

3. Presume-se que os termos de um tratado têm o mesmo sentido nos diversos textos autênticos.

4. Salvo o caso em que um determinado texto prevalece, nos termos do nº 1, quando a comparação dos textos autênticos faz aparecer uma diferença de sentido que a aplicação dos artigos 31 e 32 não permite remediar, adotar-se-á o sentido que melhor concilie esses textos tendo em conta o objeto e o fim do tratado.

SEÇÃO IV

TRATADOS E TERCEIROS ESTADOS OU TERCEIRAS ORGANIZAÇÕES

ARTIGO 34

Regra geral respeitante aos terceiros Estados e terceiras organizações

Um tratado não cria obrigações nem direitos para um terceiro Estado ou uma terceira organização sem o consentimento desse Estado ou dessa organização.

ARTIGO 35

Tratados prevendo obrigações para terceiros Estados ou terceiras organizações

Uma obrigação nasce para um terceiro Estado ou uma terceira organização de uma disposição de um tratado se as partes nesse tratado entenderem criar a obrigação por meio dessa disposição e se o terceiro Estado ou a terceira organização aceitar expressamente por escrito essa obrigação. A aceitação de tal obrigação pela terceira organização rege-se pelas regras dessa organização.

ARTIGO 36

Tratados prevendo direitos para terceiros Estados ou terceiras organizações

1. Um direito nasce para um terceiro Estado de uma disposição de um tratado se as partes nesse tratado entenderem, por essa disposição, conferir esse direito quer ao Estado terceiro, quer a um grupo de Estados a que ele pertença, quer a todos os Estados, e se esse Estado terceiro o consentir. Presume-se o consentimento enquanto não haja indicação em contrário, a menos que o tratado disponha diversamente.

2. Um direito nasce para uma terceira organização de uma disposição de um tratado se as partes nesse tratado entenderem, por essa disposição, conferir esse direito quer à organização terceira, quer a um grupo de organizações internacionais a que ela pertença, quer a todas as organizações, e se essa terceira organização o consentir. O seu consentimento rege-se pelas regras da organização.

3. Um Estado ou uma organização internacional que exerça um direito em aplicação dos n⁰ˢ 1 ou 2 deve respeitar, para o exercício desse direito, as condições previstas no tratado ou estabelecidas de acordo com as suas disposições.

Artigo 37
Revogação ou modificação de obrigações ou de direitos de terceiros Estados ou de terceiras organizações

1. Nos casos em que uma obrigação tenha nascido para um terceiro Estado ou uma terceira organização de acordo com o artigo 35, essa obrigação só pode ser modificada ou revogada com o consentimento das partes no tratado e do terceiro Estado, ou da terceira organização, a menos que se estabeleça terem convencionado diversamente.

2. No caso em que um direito tenha nascido para um terceiro Estado ou uma terceira organização de acordo com o artigo 36 esse direito não pode ser revogado ou modificado pelas partes se se concluir que era destinado a não ser revogável ou modificável sem o consentimento do terceiro Estado ou da terceira organização.

3. O consentimento de uma organização internacional parte no tratado ou de uma terceira organização nos números precedentes rege-se pelas regras dessa organização.

Artigo 38
Regras de um tratado tornadas obrigatórias para terceiros Estados ou terceiras organizações pela formação de um costume internacional

Nenhuma das disposições dos artigos 34 a 37 se opõe a que uma norma enunciada num tratado se torne obrigatória em relação a terceiros Estados ou terceiras organizações internacionais como norma consuetudinária de direito internacional, reconhecida como tal.

Parte IV – Revisão e Modificação dos Tratados

Artigo 39
Regra geral relativa a revisão dos tratados

Um tratado pode ser revisto por acordo entre as partes. As regras enunciadas na Parte II aplicam-se a um tal acordo, salvo se o tratado dispuser de outro modo.

Artigo 40
Revisão dos tratados multilaterais

1. Quando o tratado não disponha de outro modo, a revisão dos tratados multilaterais é regulada pelos números seguintes.

2. Toda a proposta tendente a rever um tratado multilateral no que diz respeito às relações entre todas as partes deve ser notificada a todos os Estados contratantes e a todas as organizações contratantes e cada um deles tem o direito de participar:

a) Na decisão sobre o destino a dar à proposta;
b) Na negociação e na conclusão de qualquer acordo que tenha por objeto rever o tratado.

3. Todo o Estado e toda a organização internacional que possa tornar-se parte no tratado pode igualmente tornar-se parte no tratado revisto.

4. O acordo que revê o tratado não vincula os Estados nem as organizações internacionais que são já partes no tratado e que não se tornaram partes neste acordo. A alínea b) do n⁰ 4 do artigo 30 aplica-se em relação a estes Estados ou a estas organizações internacionais.

5. Todo o Estado ou toda a organização internacional que se torne parte num tratado depois da entrada em vigor do acordo que o revê, se não tiver exprimido intenção diferente, é considerado como sendo:

a) Parte no tratado revisto;
b) Parte no tratado não revisto em relação às partes do tratado que não estejam vinculados pelo acordo que o revê.

Artigo 41
Acordos tendo por objeto modificar tratados multilaterais somente quanto às relações entre algumas das partes

1. Duas ou mais partes de um tratado multilateral podem concluir um acordo tendo por objeto modificar o tratado somente no que respeita às relações entre si:

a) Se a possibilidade de uma tal modificação estiver prevista no tratado; ou
b) Se a modificação em questão não for proibida pelo tratado, desde que:
   i) Não ofenda o gozo, pelas outras partes, dos direitos que lhes provenham do tratado, nem o cumprimento das suas obrigações;
   ii) Não diga respeito a uma disposição que não possa ser derrogada sem que haja incompatibilidade com a realização efetiva do objeto e dos fins do tratado em geral.

2. Se o tratado, no caso previsto na alínea a) do n⁰ 1, não dispuser de outro modo, as partes em questão devem notificar às outras partes a sua intenção de concluir o acordo e as modificações que este último introduz no tratado.

Parte V – Nulidade, Extinção e Suspensão da Aplicação dos Tratados

Seção 1

DISPOSIÇÕES GERAIS

Artigo 42
Validade e vigência dos tratados

1. A validade de um tratado ou do consentimento de um Estado ou de uma organização internacional a estar vinculado por um tratado só pode ser contestada por aplicação da presente Convenção.

2. A extinção de um tratado, a sua denúncia ou o recesso de uma parte não podem ter lugar senão de harmonia com as disposições do tratado ou da presente

Convenção. A mesma regra vale para a suspensão de aplicação de um tratado.

Artigo 43
Obrigações impostas pelo direito internacional independentemente de um tratado

A nulidade de um tratado, a sua extinção, a sua denúncia, o recesso de uma das partes, a suspensão de um tratado, desde que decorram da aplicação da presente Convenção ou das disposições do tratado, não afetam de nenhum modo o dever de um Estado ou de alguma organização internacional de cumprir todas as obrigações enunciadas no tratado às quais está submetido em virtude do direito internacional independentemente do dito tratado.

Artigo 44
Divisibilidade das disposições de um tratado

1. O direito previsto num tratado ou resultante do artigo 56 para uma parte de o denunciar, de proceder ao recesso ou de suspender a sua aplicação só pode ser exercido em relação ao conjunto do tratado, a não ser que este último disponha ou as partes convenham de outro modo.

2. Uma causa de nulidade, de extinção de um tratado, de recesso ou de suspensão da aplicação de um tratado, reconhecida nos termos da presente Convenção, só pode ser invocada em relação ao conjunto do tratado, salvo nas condições previstas nos parágrafos seguintes ou no artigo 60.

3. Se a causa em questão apenas visa certas cláusulas, só relativamente a elas pode ser invocada, quando:
a) Essas cláusulas sejam separáveis do resto do tratado no que respeita à sua execução;
b) Resulte do tratado ou seja por outra forma estabelecido que a aceitação das referidas cláusulas não tenham constituído para a outra parte ou as outras partes do tratado uma base essencial do seu consentimento a estarem vinculadas pelo tratado no seu conjunto; e
c) Não for injusto continuar a executar o que subsiste do tratado.

4. Nos casos previstos nos artigos 49 e 50, o Estado ou a organização internacional que tem o direito de alegar o dolo ou a corrupção pode fazê-lo quer relativamente ao conjunto do tratado quer, no caso previsto no nº 3, somente a certas cláusulas determinadas.

5. Nos casos previstos nos artigos 51, 52 e 53 a divisão das disposições de um tratado não é admitida.

Artigo 45
Perda do direito de alegar uma causa de nulidade de um tratado ou de um motivo para lhe pôr fim, para deixar de ser parte dele ou para suspender a sua aplicação

Um Estado não pode alegar uma causa de nulidade de um tratado, ou um motivo para lhe pôr fim ou para deixar de ser parte dele ou para suspender a sua aplicação, em virtude dos artigos 46 a 50 ou dos artigos 60 e 62 quando, depois de haver tomado conhecimento dos fatos, esse Estado:

a) Aceitou expressamente considerar que o tratado, conforme os casos, era válido, ficava em vigor ou continuava a ser aplicável; ou

b) Em razão da sua conduta dever considerar-se como tendo aceitado, conforme os casos, a validade do tratado ou a sua manutenção em vigor ou em aplicação.

Seção II
NULIDADE DOS TRATADOS

Artigo 46
Disposições do Direito interno do Estado e regras da organização internacional relativas à competência para a conclusão de tratados

1. A circunstância de o consentimento de um Estado a obrigar-se por um tratado ter sido expresso com violação de um preceito do seu direito interno respeitante à competência para a conclusão dos tratados não pode ser alegada por esse Estado como tendo viciado o seu consentimento, a não ser que essa violação tenha sido manifesta e diga respeito a uma regra do seu direito interno de importância fundamental.

2. O fato de o consentimento de uma organização internacional a obrigar-se por um tratado ter sido expresso com violação das regras da organização respeitantes à competência para celebrar tratados não pode ser alegado por essa organização como tendo viciado o seu consentimento, a menos que essa violação seja manifesta e diga respeito a uma regra de importância fundamental.

3. Uma violação é manifesta se é objetivamente evidente para qualquer Estado ou qualquer organização internacional que proceda, nesse domínio, de acordo com a prática habitual dos Estados e, conforme os casos, das organizações internacionais, e de boa-fé.

Artigo 47
Restrição especial ao poder de exprimir o consentimento de um Estado ou de uma organização internacional

Se o poder conferido a um representante de exprimir o consentimento de um Estado ou de uma organização internacional a obrigar-se por um determinado tratado for objeto de restrição especial, o fato de o representante não a respeitar não pode ser invocado como tendo viciado o consentimento que manifestou, salvo se aquela restrição tiver sido notificada aos Estados negociadores e às organizações negociadoras antes da expressão desse consentimento.

Artigo 48
Erro

1. Um Estado ou uma organização internacional pode invocar um erro num tratado como tendo viciado o seu consentimento de se obrigar pelo tratado se o erro se deu sobre o fato ou uma situação que o Estado ou a organização internacional supunha existir no momento em que o tratado foi concluído e que constituía um motivo essencial do seu consentimento a obrigar-se pelo tratado.

2. O nº 1 não se aplica quando o dito Estado ou a dita organização internacional contribuiu para o erro pela sua conduta ou quando as circunstâncias forem tais que ele se devia ter apercebido da possibilidade de um erro.

3. Um erro apenas respeitante à redação do texto de um tratado não afeta a validade; nesse caso, aplica-se o artigo 80.

Artigo 49
Dolo

Se um Estado ou uma organização internacional foi levado a concluir um tratado pela conduta fraudulenta de um outro Estado que tenha participado na negociação, o Estado ou a organização negociadora pode invocar o dolo como tendo viciado o seu consentimento para se obrigar pelo tratado.

Artigo 50
Corrupção dos representantes de um Estado ou de uma organização internacional

Um Estado ou uma organização internacional cuja manifestação do consentimento a obrigar-se por um tratado foi obtida mediante corrupção do seu representante, efetuada direta ou indiretamente por um Estado negociador ou por uma organização negociadora, pode alegar essa corrupção como tendo viciado o seu consentimento a obrigar-se pelo tratado.

Artigo 51
Coação exercida sobre o representante de um Estado ou de uma organização internacional

A expressão do consentimento de um Estado ou de uma organização internacional a obrigar-se por um tratado obtido pela coação exercida sobre o representante do dito Estado ou da dita organização por meio de atos ou ameaças dirigidas contra ele é desprovida de qualquer efeito jurídico.

Artigo 52
Coação exercida sobre um Estado ou uma organização internacional pela ameaça ou pelo emprego da força

É nulo todo o tratado cuja conclusão tenha sido obtida pela ameaça ou pelo emprego da força com violação dos princípios de direito internacional contidos na Carta das Nações Unidas.

Artigo 53
Tratados incompatíveis com uma norma imperativa de direito internacional geral (*jus cogens*)

É nulo todo o tratado que, no momento da sua conclusão, é incompatível com uma norma imperativa de direito internacional geral. Para os efeitos da presente Convenção, uma norma imperativa de direito internacional geral é a que for aceita e reconhecida pela comunidade internacional dos Estados no seu conjunto como norma à qual nenhuma derrogação é permitida e que só pode ser modificada por uma nova norma de direito internacional geral com a mesma natureza.

Seção III
CESSAÇÃO DA VIGÊNCIA DOS TRATADOS E SUSPENSÃO DA SUA APLICAÇÃO

Artigo 54
Cessação da vigência de um tratado ou recesso por força das disposições do tratado ou por consentimento das partes

O termo da vigência de um tratado ou o recesso de uma das partes pode ter lugar:

a) De harmonia com as disposições do tratado; ou
b) Em qualquer momento, por consentimento de todas as partes, depois de consultados os Estados contratantes e as organizações contratantes.

Artigo 55
Caso em que o número das partes de um tratado multilateral se torna inferior ao número exigido para a sua entrada em vigor

Salvo se dispuser diversamente, um tratado multilateral não deixa de vigorar pela mera circunstância de o número de partes se tornar inferior ao número necessário para a sua entrada em vigor.

Artigo 56
Denúncia ou recesso no caso de um tratado não conter disposições relativas à cessação da sua vigência, à denúncia ou ao recesso

1. Um tratado que não contenha disposições relativas à cessação da sua vigência e não preveja que as partes possam denunciá-lo ou praticar o recesso não é suscetível de denúncia ou de recesso, salvo:

a) Se estiver estabelecido terem as partes admitido a possibilidade de uma denúncia ou de um recesso; ou
b) Se o direito de denúncia ou de recesso puder ser deduzido da natureza do tratado.

2. Uma parte deve notificar, pelo menos com doze meses de antecedência, a sua intenção de proceder à denúncia ou ao recesso do tratado, de acordo com as disposições do nº 1.

Artigo 57
Suspensão da aplicação de um tratado por força das suas disposições ou por consentimento das partes

A aplicação de um tratado em relação a todas as partes ou a uma parte determinada pode ser suspensa:

a) Nos termos estabelecidos no tratado;
b) Em qualquer momento, por consentimento de todas as partes, depois de consultados os Estados contratantes e as organizações contratantes.

Artigo 58
Suspensão da aplicação de um tratado multilateral por acordo estabelecido apenas entre certas partes

1. Duas ou várias partes de um tratado multilateral podem concluir um acordo que tenha por objeto suspender, temporariamente e entre elas somente, a aplicação de disposições do tratado:

a) Se a possibilidade de tal suspensão estiver prevista pelo tratado; ou
b) Se essa suspensão não for proibida pelo tratado, desde que:
   i) Não prejudique o gozo pelas outras partes dos direitos que para elas resultaram do tratado nem o cumprimento das suas obrigações; e
   ii) Não for incompatível com o objeto e o fim do tratado.

2. Salvo se, no caso previsto na alínea a) do nº 1, o tratado dispuser diversamente, as partes em questão devem notificar as outras partes da sua intenção de concluir o acordo e as disposições dos tratados cuja aplicação se propõem suspender.

Artigo 59
Cessação da vigência ou suspensão da aplicação de um tratado pela conclusão de um tratado subsequente

1. Considera-se que cessou a vigência de um tratado quando todas as suas partes concluíram posteriormente um novo tratado sobre a mesma matéria e:

a) Se se depreender do tratado posterior ou se estiver por outra forma estabelecido que segundo a intenção das partes, a matéria deve ser regulada, no futuro, pelo novo tratado; ou

b) Se as disposições do novo tratado forem de tal modo incompatíveis com as do tratado precedente que seja impossível aplicar os dois tratados ao mesmo tempo.

2. O tratado precedente é considerado apenas suspenso quando se depreender do tratado posterior, ou se estiver por outra forma estabelecido que tal era a intenção das partes.

Artigo 60
Cessação da vigência de um tratado ou suspensão da sua aplicação como consequência da sua violação

1. Uma violação substancial de um tratado bilateral, por uma das partes, autoriza a outra parte a invocar a violação como motivo para pôr fim ao tratado ou para suspender a sua aplicação no todo ou em parte.

2. Uma violação substancial de um tratado multilateral, por uma das partes, autoriza:

a) As outras partes, agindo de comum acordo, a suspender a aplicação do tratado total ou parcialmente ou a pôr a fim à sua vigência:
   i) Seja nas relações entre elas e o Estado ou a organização da violação;
   ii) Seja entre todas as partes;

b) Uma parte, especialmente atingida pela violação, a invocá-la como motivo de suspensão da aplicação do tratado, no todo ou em parte, nas relações entre ela própria e o Estado ou a organização internacional autor da violação;

c) Qualquer outra parte, salvo o Estado ou a organização internacional autor da violação, a invocar a violação como motivo para suspender a aplicação do tratado, no todo ou em parte, no que lhe diga respeito, se este tratado for de tal natureza que uma violação substancial das suas disposições, por uma parte, modifique radicalmente a situação de cada uma das partes quanto à execução ulterior das suas obrigações emergentes do tratado.

3. Para os fins deste artigo, constituem violação substancial de um tratado:

a) A rejeição do tratado não autorizada pela presente Convenção; ou

b) A violação de uma disposição essencial para a realização do objeto ou do fim do tratado.

4. Os números precedentes não prejudicam nenhuma disposição do tratado que seja aplicável em caso de violação.

5. Os n.os 1 e 3 não se aplicam às disposições relativas à proteção da pessoa humana contidas nos tratados de natureza humanitária, nomeadamente às disposições que proíbem toda a forma de represália sobre as pessoas protegidas pelos referidos tratados.

Artigo 61
Impossibilidade superveniente da execução

1. Uma parte pode invocar a impossibilidade de executar um tratado como motivo para pôr termo à sua vigência ou para dele se retirar se essa impossibilidade resultar do desaparecimento ou destruição permanente de um objeto indispensável à execução do tratado. Se esta impossibilidade for temporária, apenas pode ser invocada como motivo de suspensão da aplicação do tratado.

2. A impossibilidade de execução não pode ser invocada por uma parte como motivo para pôr termo à vigência do tratado, para dele se retirar ou para suspender a sua aplicação, se essa impossibilidade resultar de uma violação pela parte que a invoca, quer de uma obrigação do tratado, quer de qualquer outra obrigação internacional em relação a qualquer outra parte no tratado.

Artigo 62
Alteração fundamental das circunstâncias

1. Uma alteração fundamental das circunstâncias relativamente às que existiam no momento da conclusão do tratado e que não fora prevista pelas partes não pode ser invocada como motivo para pôr fim a um tratado ou para deixar de ser parte dele, salvo se:

a) A existência dessas circunstâncias tiver constituído uma base essencial do consentimento das partes a obrigarem-se pelo tratado; e

b) Essa alteração tiver por efeito a transformação radical da natureza das obrigações assumidas no tratado.

2. Uma alteração fundamental das circunstâncias não pode ser alegada como motivo para pôr fim à vigência de um tratado entre dois ou mais Estados e uma ou mais organizações internacionais ou para dele se retirar, se o tratado estabelece uma fronteira.

3. Uma alteração fundamental das circunstâncias não pode ser alegada como causa para pôr fim à vigência de um tratado ou para dele se retirar, se a alteração fundamental resultar de uma violação, pela parte que a invoca, de uma obrigação nascida do tratado ou de qualquer outra obrigação internacional em relação a qualquer outra parte no tratado.

4. Se uma parte pode, nos termos dos números precedentes, invocar uma alteração fundamental de circunstâncias como motivo para pôr termo à vigência de um tratado ou para dele se retirar, pode igualmente invocá-la apenas para suspender a aplicação do tratado.

Artigo 63
Ruptura das relações diplomáticas ou consulares

A ruptura das relações diplomáticas ou consulares entre Estados-partes de um tratado, entre dois ou mais Estados e uma ou mais organizações internacionais não produz efeitos nas relações jurídicas estabelecidas entre esses Estados pelo tratado, salvo na medida em que a existência de relações diplomáticas ou consulares seja indispensável à aplicação do tratado.

Artigo 64
Superveniência de uma norma imperativa de direito internacional geral (*jus cogens*)

Se sobrevier uma nova norma imperativa de direito internacional geral todo o tratado existente que seja incompatível com esta norma torna-se nulo e cessa a sua vigência.

Secção IV
PROCESSO

Artigo 65
Processo a seguir quanto à nulidade de um tratado, cessação da sua vigência, recesso ou suspensão da sua aplicação

1. A parte que, com base nas disposições da presente Convenção, invocar quer um vício do seu consentimento a estar vinculada por um tratado, quer um motivo para contestar a validade de um tratado para lhe pôr fim, deixar de fazer parte dele ou suspender a sua aplicação deve notificar a sua pretensão às outras partes. A notificação deve indicar a medida que se propõe tomar quanto ao tratado e o respectivo fundamento.

2. Se depois do decurso de um prazo que, salvo em casos de particular urgência, não deve ser inferior a um período de três meses a contar da recepção da notificação nenhuma parte formular objeções, a parte que faz a notificação pode tomar, as formas previstas pelo artigo 67 a medida que tinha previsto.

3. Se, porém, qualquer outra parte tiver levantado uma objeção, as partes devem procurar uma solução pelos meios indicados no artigo 33 da Carta das Nações Unidas.

4. A notificação ou a objeção feita por uma organização internacional rege-se pelas regras da organização.

5. Nada nos parágrafos precedentes afeta os direitos ou as obrigações das partes que decorram de quaisquer disposições vigentes entre elas sobre solução dos diferendos.

6. Sem prejuízo do artigo 45, o fato de um Estado não ter enviado a notificação prevista nº 1 não o impeça de fazer esta notificação em resposta a uma outra parte que peça a execução do tratado ou que alegue a sua violação.

Artigo 66
Processo de solução judicial, de arbitragem e de conciliação

1. Se, nos doze meses seguintes à data na qual a objeção foi formulada, não tiver sido possível chegar a uma solução em conformidade com o nº 3 do artigo 65 devem seguir-se os processos seguintes.

2. Relativamente a uma controvérsia quanto à aplicação ou à interpretação do artigo 53 ou do artigo 64:

a) Se um Estado é parte numa controvérsia com um ou mais Estados, poderá, mediante solicitação escrita, submeter a controvérsia à decisão do Tribunal Internacional de Justiça;

b) Se um Estado é parte numa controvérsia em que são partes uma ou várias organizações internacionais, o Estado poderá através de um Estado membro das Nações Unidas, se for necessário, pedir à Assembleia-Geral ou ao Conselho de Segurança ou, quando corresponda ao órgão competente de uma organização internacional que seja parte na controvérsia e esteja autorizada em conformidade com o artigo 96 da Carta das Nações Unidas, que solicite ao Tribunal Internacional de Justiça um parecer em conformidade com o artigo 65 do Estatuto do Tribunal;

c) Se as Nações Unidas ou uma organização internacional para isso autorizada de acordo com o artigo 96 da Carta das Nações Unidas for parte numa controvérsia, pode solicitar ao Tribunal Internacional de Justiça um parecer em conformidade com o artigo 65 do Estatuto do Tribunal;

d) Se uma organização internacional não incluída na referida alínea c) for parte numa controvérsia, pode, através de um Estado membro das Nações Unidas, seguir o processo que se indica na alínea b);

e) O parecer emitido de acordo com as alíneas b), c) ou d) será aceite como decisivo por todas as partes na controvérsia em questão;

f) Se se rejeitar o pedido de parecer do Tribunal conforme as alíneas b), c) ou d), qualquer das partes na controvérsia pode submetê-la, mediante notificação escrita dirigida à outra ou outras partes na controvérsia, à arbitragem em conformidade com as disposições do anexo da presente Convenção.

3. As disposições do nº 2 serão aplicadas a menos que todas as partes numa das controvérsias mencionadas nesse número estabeleçam de comum acordo submetê-la a um procedimento de arbitragem, nomeadamente o que se indica no anexo da presente Convenção.

4. Quanto a uma controvérsia relativa à aplicação ou à interpretação de qualquer dos artigos da parte V, salvo os artigos 53 e 64, da presente Convenção, qualquer das partes na controvérsia poderá iniciar o procedimento de conciliação indicado no anexo da Convenção apresentando ao Secretário-Geral das Nações Unidas um pedido para esse efeito.

Artigo 67
Instrumentos que têm por objeto declarar a nulidade de um tratado, pôr-lhe fim, realizar o recesso ou suspender a aplicação do tratado

1. A notificação prevista no nº 1 do artigo 65 deve ser feita por escrito.

2. Todo o ato que tem por objeto declarar a nulidade de um tratado, pondo termo à sua vigência ou realizando o recesso ou a suspensão da sua aplicação, com base numa das suas disposições ou nos nos 2 e 3 do artigo 65 será consignado num instrumento comunicado às outras partes. Se o instrumento não for assinado pelo Chefe do Estado, Chefe do Governo ou Ministro dos Negócios Estrangeiros, o representante do Estado que faz a comunicação pode ser convidado a exibir os seus plenos poderes. Se o instrumento dimana de uma organização internacional, o representante da organização que faça a comunicação pode ser convidado a exibir os seus plenos poderes.

Artigo 68
Revogação das notificações e dos instrumentos previstos nos artigos 65 e 67

A notificação ou os instrumentos previstos nos artigos 65 e 67 podem ser revogados em qualquer momento antes da produção dos seus efeitos.

SEÇÃO V
CONSEQUÊNCIAS DA NULIDADE, DA CESSAÇÃO DA VIGÊNCIA OU DA SUSPENSÃO DA APLICAÇÃO DE UM TRATADO

ARTIGO 69
Consequências da nulidade de um tratado

1. É nulo um tratado cuja nulidade resulta das disposições da presente Convenção. As disposições de um tratado nulo não têm força jurídica.

2. Se, todavia, tiverem sido praticados atos com fundamento num tal tratado:

a) Qualquer parte pode pedir a qualquer outra que restabeleça tanto quanto possível, nas suas relações mútuas, a situação que teria existido se esses atos não tivessem sido praticados;
b) Os atos praticados de boa-fé, antes de a nulidade haver sido invocada, não são afetados pela nulidade do tratado.

3. Nos casos indicados pelos artigos 49, 50, 51 ou 52, o nº 2 não se aplica em relação à parte a que é imputável o dolo, a coação ou a corrupção.

4. Nos casos em que é viciado o consentimento de um Estado ou de uma organização internacional a obrigar-se por um tratado multilateral, aplicam-se as regras que precedem nas relações entre esse Estado ou essa organização e as partes do tratado.

ARTIGO 70
Consequências da extinção de um tratado

1. Salvo disposições em contrário do tratado ou convenção das partes, o fato de um tratado ter cessado a sua vigência por força das suas disposições ou de acordo com os presentes artigos:

a) Liberta as partes da obrigação de continuar a executar o tratado;
b) Não afeta nenhum direito, nenhuma obrigação nem nenhuma situação jurídica das partes criadas pela execução do tratado antes da cessação da sua vigência.

2. Quando um Estado ou uma organização internacional denuncia um tratado multilateral ou se retira dele, o nº 1 aplica-se nas relações entre este Estado ou esta organização e cada uma das outras partes no tratado, a partir da data desta denúncia ou deste recesso.

ARTIGO 71
Consequência da nulidade de um tratado incompatível com uma norma imperativa de direito internacional geral

1. Sempre que um tratado seja nulo, em virtude do artigo 53, as partes são obrigadas:

a) A eliminar, na medida do possível, as consequências de todo o ato praticado com base numa disposição que seja incompatível com a norma imperativa de direito internacional geral; e
b) A tornar as suas relações mútuas conformes à norma imperativa de direito internacional geral.

2. Quando um tratado se torne nulo e cesse a sua vigência em virtude do artigo 64, a cessação da vigência do tratado:

a) Liberta as partes da obrigação de continuar a executar o tratado;
b) Não afeta nenhum direito, nenhuma obrigação, nem nenhuma situação jurídica das partes, criadas pela execução do tratado antes de ele se extinguir; contudo, estes direitos, obrigações ou situações não podem ser mantidos no futuro, salvo na medida em que a sua manutenção não for em si mesma incompatível com a nova norma imperativa de direito internacional geral.

ARTIGO 72
Consequência da suspensão da aplicação de um tratado

1. Salvo disposição do tratado ou acordo das partes em sentido contrário, a suspensão da aplicação de um tratado com base nas suas disposições ou nos termos da presente Convenção:

a) Liberta as partes, entre as quais a aplicação do tratado está suspensa, da obrigação de executar o tratado nas suas relações mútuas durante o período da suspensão;
b) Não tem outro efeito sobre as relações jurídicas estabelecidas pelo tratado entre as partes.

2. Durante o período de suspensão, as partes devem abster-se de qualquer ato tendente a impedir a entrada de novo em vigor do tratado.

PARTE VI – DISPOSIÇÕES DIVERSAS

ARTIGO 73
Relação com a Convenção de Viena sobre o Direito dos Tratados

Entre Estados-partes na Convenção de Viena sobre o Direito dos Tratados de 1969, as relações desses Estados, em virtude de um tratado entre dois ou mais Estados e uma ou várias organizações internacionais, regem-se pela dita Convenção.

ARTIGO 74
Questões não prejudicadas pela presente Convenção

1. As disposições da presente Convenção não prejudicam nenhuma questão que, relativamente a um tratado entre um ou mais Estados e uma ou várias organizações internacionais, possa surgir como consequência de uma sucessão de Estados, da responsabilidade internacional de um Estado ou da abertura de hostilidade entre Estados.

2. As disposições da presente Convenção não prejudicam nenhuma questão que relativamente a um tratado possa surgir como consequência da responsabilidade internacional da organização internacional, da cessação da sua vigência, da cessação da participação de um Estado na qualidade de membro da organização.

3. As disposições da presente Convenção não prejudicam nenhuma questão que possa surgir em relação à criação de obrigações e direitos para os Estados membros de uma organização internacional em virtude de um tratado de que essa organização seja parte.

Artigo 75
Relações diplomáticas e consulares e conclusão de tratados

A ruptura das relações diplomáticas ou das relações consulares ou a inexistência de tais relações entre dois ou mais Estados não obsta à conclusão de tratados entre esses Estados e uma ou mais organizações internacionais. A conclusão de um tratado não produz, por si, efeitos no que respeita a relações diplomáticas ou a relações consulares.

Artigo 76
Caso de um Estado agressor

As disposições da presente Convenção não afetam as obrigações que possam resultar, em virtude de um tratado entre um ou mais Estados e uma ou mais organizações internacionais para um Estado agressor, de medidas tomadas de acordo com a Carta das Nações Unidas a respeito da agressão cometida por esse Estado.

Parte VII – Depositários, Notificações, Retificações e Registros

Artigo 77
Depositários dos tratados

1. A designação do depositário de um tratado pode ser efetuada pelos Estados que participaram na negociação e as organizações negociadoras ou, segundo o caso, as organizações internacionais, quer no próprio tratado quer de qualquer outra maneira. O depositário pode ser um ou vários Estados, uma organização internacional, ou o principal funcionário administrativo de uma tal organização.

2. As funções do depositário de um tratado têm caráter internacional e o depositário é obrigado a agir imparcialmente no cumprimento destas funções. Em especial a circunstância de um tratado não ter entrado em vigor entre algumas das suas partes ou ter surgido uma divergência entre um Estado ou uma organização internacional e um depositário no que respeita ao exercício das funções deste último não deve influir sobre essa obrigação.

Artigo 78
Funções dos depositários

1. Salvo disposições do tratado ou convenção dos Estados contratantes e das organizações contratantes ou, segundo o caso, das organizações internacionais em contrário, as funções do depositário são fundamentalmente as seguintes:

a) Assegurar a guarda do texto original do tratado e dos plenos poderes que lhe tenham sido confiados;
b) Estabelecer cópias autenticadas do texto original ou textos noutras línguas, que possam ser requeridos em virtude do tratado e comunicá-los às partes no tratado e aos Estados e organizações internacionais com capacidade para nele se tornarem partes;
c) Receber todas as assinaturas do tratado, receber e guardar todos os instrumentos e notificações relativos ao tratado;
d) Examinar se uma assinatura, um instrumento, uma notificação ou uma comunicação relativa ao tratado reveste a devida forma e, em caso negativo, chamar a atenção do Estado ou organização internacional em causa para a questão;
e) Informar as partes no tratado e os Estados e as organizações internacionais com capacidade para serem partes no tratado dos atos, comunicações e notificações relativos ao tratado;
f) Informar os Estados e as organizações internacionais com capacidade para serem partes no tratado da data na qual foi recebido ou depositado o número de assinaturas ou de instrumentos de ratificação, confirmação formal, de adesão, de aceitação ou de aprovação necessários para a entrada em vigor do tratado;
g) Assegurar o registro do tratado junto do Secretariado da Organização das Nações Unidas;
h) Exercer as funções especificadas noutras disposições da presente Convenção.

2. Se surgir uma divergência entre um Estado ou uma organização internacional e o depositário acerca do exercício das funções deste último, o depositário deve chamar a atenção para a questão:

a) Dos Estados e das organizações signatárias, assim como dos Estados contratantes e das organizações contratantes;
b) Se for caso disso, do órgão competente da organização interessada.

Artigo 79
Notificações e comunicações

Salvo disposição em contrário do tratado ou da presente Convenção, uma notificação ou comunicação que deva ser feita por um Estado ou por uma organização internacional de acordo com a presente Convenção:

a) Será transmitida, se não houver depositário, diretamente aos Estados e às organizações internacionais a que se destina ou, se houver depositário, a este último;
b) Não será considerada como tendo sido feita pelo Estado ou organização internacional em causa, a não ser a partir do momento da sua recepção pelo Estado ou pela organização que é transmitida ou, se for o caso, pelo depositário;
c) Se tiver sido transmitida a um depositário, só será considerada como tendo sido recebida pelo Estado ou pela organização internacional a quem ela se destina, a partir do momento em que esse Estado ou essa organização tenha recebido do depositário a informação prevista na alínea e) do n° 1 do artigo 78.

Artigo 80
Retificação dos erros dos textos ou das cópias autenticadas dos tratados

1. Se, depois da autenticação do texto de um tratado, os Estados e as organizações internacionais signatárias, os Estados contratantes e as organizações contratantes verificam por comum acordo que nele existe um erro, deve proceder-se, salvo decisão em contrário de tais Estados ou organizações, à retificação desse erro ou um dos meios a seguir estabelecidos:

a) Retificação no próprio texto rubricado pelos representantes devidamente credenciados;
b) Estabelecimento de um instrumento ou troca de instrumentos onde esteja consignada a retificação que se convencionou fazer no texto; ou

c) Estabelecimento de um texto retificado do conjunto do tratado, segundo o processo utilizado para o texto original.

2. Se se tratar de um tratado para o qual exista um depositário, este notifica os Estados e as organizações internacionais signatárias e os Estados contratantes e as organizações contratantes do erro e da proposta de o retificar e fixa um prazo no qual pode ser formulada objeção à retificação proposta. Se, expirado o prazo:

a) Nenhuma objeção tiver sido feita, o depositário efetua e rubrica a retificação do texto, lavra um auto de retificação do texto e comunica desse auto cópia às partes e aos Estados e organizações com capacidade para se tornarem partes;
b) Houver objeção à retificação, o depositário comunica a objeção aos Estados e organizações signatárias e aos Estados contratantes e organizações contratantes.

3. As regras enunciadas nos n⁰ˢ 1 e 2 aplicam-se igualmente quando o texto foi autenticado em duas ou várias línguas e aparece uma falta de concordância que, de acordo com os Estados e as organizações internacionais signatários e os Estados contratantes e as organizações contratantes, deve ser retificada.

4. O texto retificado substitui o texto defeituoso *ab initio*, salvo decisão em contrário dos Estados e das organizações contratantes e dos Estados e organizações internacionais signatários.

5. A retificação do texto de um tratado que foi registrado deve ser notificada ao Secretariado da Organização das Nações Unidas.

6. Quando um erro é notado numa cópia autenticada de um tratado, o depositário deve lavrar um auto de retificação e comunicá-lo aos Estados e organizações internacionais signatários e aos Estados contratantes e as organizações contratantes.

Artigo 81
Registro e publicação dos tratados

1. Depois da respectiva entrada em vigor, os tratados serão transmitidos ao Secretariado da Organização das Nações Unidas, para registro ou classificação e inscrição no repertório, conforme o caso, bem como de publicação.

2. A designação de um depositário constitui autorização para este praticar os atos previstos no número precedente.

PARTE VIII – DISPOSIÇÕES FINAIS

Artigo 82
Assinatura

A presente Convenção ficará aberta, até 31 de Dezembro de 1986, no Ministério Federal dos Negócios Estrangeiros da República da Áustria, e, depois, até 30 de Junho de 1987, na sede das Nações Unidas, em Nova Iorque, à assinatura:

a) De todos os Estados;
b) Da Namíbia, representada pelo Conselho das Nações Unidas para a Namíbia;
c) Das organizações internacionais convidadas a participar na Conferência das Nações Unidas sobre o Direito dos Tratados entre Estados e Organizações Internacionais ou entre Organizações Internacionais.

Artigo 83
Ratificação ou ato de confirmação formal

A presente Convenção está sujeita a ratificação pelos Estados e pela Namíbia, representada pelo Conselho das Nações Unidas para a Namíbia, e a atos de confirmação formal pelas organizações internacionais. Os instrumentos de ratificação e os instrumentos relativos aos atos de confirmação formal serão depositados junto do Secretário-Geral das Nações Unidas.

Artigo 84
Adesão

1. A presente Convenção permanecerá aberta à adesão de todo o Estado, Namíbia, representada pelo Conselho das Nações Unidas para a Namíbia, e de toda a organização internacional que tenha capacidade para celebrar tratados.

2. O instrumento de adesão de uma organização internacional conterá uma declaração pela qual se faça constar que a organização tem capacidade para celebrar tratados.

3. Os instrumentos de adesão serão depositados junto do Secretário-Geral das Nações Unidas.

Artigo 85
Entrada em vigor

1. A presente Convenção entrará em vigor no trigésimo dia que se seguir à data do depósito do trigésimo quinto instrumento de ratificação ou de adesão dos Estados ou da Namíbia, representado pelo Conselho das Nações Unidas para a Namíbia.

2. Em relação a cada Estado ou à Namíbia, representada pelo Conselho das Nações Unidas para a Namíbia, que ratifique a Convenção ou a ela adira depois de ter cumprido a condição prevista no nº 1, a Convenção entrará em vigor no trigésimo dia seguinte à data em que tal Estado ou a Namíbia tenha depositado o seu instrumento de ratificação ou adesão.

3. Em relação a cada organização internacional que deposite um instrumento relativo a um ato de confirmação formal ou um instrumento de adesão, a Convenção entrará em vigor no trigésimo dia seguinte à data em que se tenha efetuado esse depósito, ou na data em que a Convenção entre em vigor, de acordo com o nº 1, se esta última for posterior.

Artigo 86
Textos autênticos

O original da presente Convenção, cujos textos em árabe, chinês, espanhol, francês e russo são igualmente autênticos, será depositado perante o Secretário-Geral das Nações Unidas.

ANEXO PROCEDIMENTO DE ARBITRAGEM E DE CONCILIAÇÃO ESTABELECIDA EM APLICAÇÃO DO ARTIGO 66

I. CONSTITUIÇÃO DO TRIBUNAL ARBITRAL E A COMISSÃO DE CONCILIAÇÃO

1. O Secretário-Geral das Nações Unidas estabelecerá e manterá uma lista, integrada por juristas qualificados, da qual as partes numa controvérsia poderão escolher as pessoas para constituir um tribunal arbitral ou, segundo o caso, uma comissão de conciliação. Para esse efeito,

todos os Estados membros das Nações Unidas e todas as partes na presente Convenção serão convidadas a designar duas pessoas; os nomes das pessoas assim designadas constituirão a lista, cuja cópia será enviada ao Presidente do Tribunal Internacional de Justiça. A designação das pessoas que integram a lista, incluindo os designados para preencher uma vaga eventual, é feita por um período de cinco anos, renovável. Nos termos do período para que foram designadas, essas pessoas continuarão a exercer as funções para que tenham sido escolhidas, nos termos dos números seguintes.

2. Quando se tenha realizado uma notificação nos termos da alínea f) do nº 2 do artigo 66, ou se tenha chegado a um acordo sobre o procedimento no presente anexo nos termos do nº 3, e quando se tenha apresentado um pedido nos termos do nº 4 do artigo 66, ao Secretário-Geral das Nações Unidas, este submeterá a controvérsia ao tribunal arbitral ou a uma Comissão de conciliação.

Os Estados, as organizações internacionais ou, segundo os casos, os Estados e as organizações internacionais que constituam uma das partes na controvérsia nomearão de comum acordo:

a) Um árbitro ou, segundo o caso, um conciliador escolhido ou não da lista mencionada do nº 1; e

b) Um árbitro ou, segundo o caso, um conciliador, escolhido entre os incluídos na lista que não tenha a nacionalidade de nenhum dos Estados, nem tenha sido designado por nenhuma das organizações, que constituam essa parte na controvérsia. Contudo, uma controvérsia entre duas organizações não poderá ficar submetida a nacionais de um mesmo Estado.

Os Estados, as organizações internacionais ou, segundo o caso, os Estados e as organizações que constituam a outra parte na controvérsia nomearão os árbitros, ou, segundo o caso, os conciliadores, do mesmo modo. As quatro pessoas escolhidas pelas partes deverão ser nomeadas dentro dos sessenta dias seguintes à data em que a outra parte na controvérsia tenha recebido a notificação nos termos da alínea f) do nº 2 do artigo 66, em que se tenha chegado a um acordo sobre o procedimento no presente anexo nos termos do nº 3 ou em que o Secretário-Geral tenha recebido o pedido de conciliação.

As quatro pessoas assim escolhidas, nos sessenta dias seguintes à data em que tenha verificado a nomeação da lista, escolherão um quinto árbitro ou conciliador, segundo o caso, que será o presidente.

Se a nomeação do presidente, ou de qualquer dos árbitros e conciliadores, segundo o caso, não se tiver realizado no prazo para ela previsto, o Secretário-Geral das Nações Unidas efetuá-la-á dentro dos sessenta dias seguintes ao termo desse prazo. O Secretário-Geral poderá nomear presidente uma das pessoas da lista ou um dos membros da Comissão de Direito Internacional. Qualquer dos prazos em que devem efetuar-se as nomeações poderá ser prorrogado por acordo das partes na controvérsia. Se as Nações Unidas são parte ou estão incluídas numa das partes na controvérsia, o Secretário-Geral transmitirá o referido pedido ao Presidente do Tribunal Internacional de Justiça o qual desempenhará as funções que segundo este parágrafo cabem ao Secretário-Geral.

Qualquer vaga deve ser preenchida pela forma prevista para a nomeação inicial.

A nomeação de árbitros ou conciliadores por uma organização internacional mencionada nos nºs 1 e 2 rege-se pelas regras da organização.

II. FUNCIONAMENTO DO TRIBUNAL ARBITRAL

3. Salvo disposição em contrário das partes na controvérsia, o tribunal arbitral fixará o seu próprio processo, garantindo a cada uma das partes plena oportunidade de ser ouvida e fazer a defesa da sua causa.

4. O Tribunal Arbitral, com prévio consentimento das partes na controvérsia, poderá convidar qualquer Estado ou organização internacional interessada a expor as suas opiniões, verbalmente ou por escrito.

5. As decisões do tribunal arbitral são adotadas pela maioria dos seus membros. Em caso de empate decide o voto do presidente.

6. Quando uma das partes na controvérsia não compareça perante o tribunal ou se abstenha de fazer a defesa da sua causa, a outra parte pode pedir ao Tribunal que prossiga as diligências e dite o seu laudo. Antes de ditar o laudo, o tribunal deverá assegurar-se não só da sua competência para decidir a controvérsia como também de que a pretensão está bem fundamentada em matéria de fato e de direito.

7. O laudo do tribunal arbitral limitar-se-á ao assunto da controvérsia e será fundamentado. Qualquer membro do tribunal poderá juntar uma opinião em separado ou dissidente do laudo.

8. O laudo será definitivo e inapelável. Todas as partes na controvérsia deverão submeter-se ao laudo.

9. O Secretário-Geral proporcionará ao tribunal a assistência e as facilidades que necessite. As despesas do tribunal são suportadas pelas Nações Unidas.

III. FUNCIONAMENTO DA COMISSÃO DE CONCILIAÇÃO

10. A comissão de conciliação estabelece ela própria o seu processo. A comissão, com o consentimento das partes no diferendo, pode convidar qualquer outra parte no tratado a submeter-lhe o seu ponto de vista oralmente ou por escrito. As decisões e as recomendações da comissão são tomadas pela maioria dos votos dos seus cinco membros.

11. A comissão pode chamar a atenção das partes no diferendo para qualquer medida suscetível de facilitar uma solução por acordo entre elas.

12. A comissão ouve as partes, examina as pretensões e as objeções e faz propostas às partes com vista a ajudá-las a alcançar por acordo uma solução para o diferendo.

13. A comissão apresenta o seu relatório nos doze meses seguintes à sua constituição. O seu relatório é depositado perante o Secretário-Geral e comunicado às partes no diferendo. O relatório da Comissão, incluindo todas as conclusões nele contidas sobre os fatos ou sobre as questões de direito, não vincula as partes e não constitui senão o enunciado de recomendações submetidas ao exame das partes com vista a facilitar uma solução negociada do diferendo.

14. O Secretário-Geral faculta à comissão a assistência e as facilidades de que ela possa necessitar. As despesas da comissão são suportadas pela Organização das Nações Unidas.

USO DA FORÇA E DESARMAMENTO

PROTOCOLO DE GENEBRA SOBRE PROIBIÇÃO DO EMPREGO NA GUERRA DE GASES ASFIXIANTES, TÓXICOS OU SIMILARES E DE MEIOS BACTERIOLÓGICOS DE GUERRA

▶ Assinado em Genebra entre o Brasil e outros países, em 17-6-1925, entrou em vigor para o Brasil em 28-8-1970. Aprovado pelo Dec. Legislativo nº 39, de 1º-7-1970, foi promulgado pelo Dec. nº 67.200, de 15-9-1970.

Os Plenipotenciários abaixo assinados, em nome de seus respectivos Governos:

Considerando que o emprego na guerra de gases asfixiantes, tóxicos ou similares e de todos os líquidos, matérias ou processos análogos foi condenado por motivos justos pela opinião geral do mundo civilizado;

Considerando que a proibição desse emprego foi formulada nos Tratados dos quais a maioria dos Estados do mundo são Partes; e

A fim de tornar universalmente reconhecida como parte do Direito Internacional essa proibição, que se impõe tanto à consciência quanto à prática das nações;

Declaram:

Que as Altas Partes Contratantes, na medida em que ainda não são Partes de Tratados que proíbem esse emprego, reconhecem essa proibição, aceitam estender essa proibição ao emprego de meios bacteriológicos de guerra e concordam em considerar-se reciprocamente obrigados pelos termos desta declaração.

As Altas Partes Contratantes exercerão todos os esforços para induzir outros Estados a aderir ao presente Protocolo. Essa adesão será notificada ao Governo da República Francesa e por este a todos os Estados signatários e aderentes, e entrará em vigor na data da notificação pelo Governo da República Francesa.

O presente Protocolo, cujos textos francês e inglês são autênticos, será ratificado o mais rapidamente possível. Será datado de hoje.

As ratificações do presente Protocolo serão endereçadas ao Governo da República Francesa, que notificará imediatamente o depósito dessas ratificações a cada um dos Estados signatários e aderentes.

Os instrumentos de ratificação e adesão ao presente Protocolo ficarão depositados nos arquivos do Governo da República Francesa.

O presente Protocolo entrará em vigor para cada Estado signatário na data do depósito de sua ratificação e, a partir desse momento, esse Estado estará obrigado com relação aos outros Estados que já tiverem depositado suas ratificações.

Em fé de que, os Plenipotenciários assinaram o presente Protocolo.

Feito em Genebra, em uma única via, aos dezessete dias do mês de junho do ano de mil novecentos e vinte e cinco.

RESOLUÇÃO DO CONSELHO DE SEGURANÇA Nº 1.373, DE 28 DE SETEMBRO DE 2001

▶ O Dec. nº 3.976, de 18-10-2001, dispõe sobre a execução, no território nacional, da Res. nº 1.373/2001, do Conselho de Segurança das Nações Unidas.

O Conselho de Segurança,

Reafirmando as Resoluções 1.269 (1999) de 19 de outubro e 1.368 (2001) de 12 de setembro de 2001,

Reafirmando também a condenação inequívoca dos ataques terroristas ocorridos em Nova York, Washington, D.C. e Pensilvânia em 11 de setembro de 2001, e expressando a determinação de prevenir esses atos,

Reafirmando ademais que tais atos, como quaisquer outros atos de terrorismo internacional, constituem uma ameaça à paz e à segurança internacional,

Reafirmando o direito inerente de legítima defesa individual ou coletiva tal como reconhecido pela Carta das Nações Unidas e reiterado na Resolução 1.368 (2001),

Reafirmando a necessidade de combater por todos os meios, em conformidade com a Carta das Nações Unidas, ameaças à paz e à segurança internacional causadas por atos terroristas,

Profundamente preocupado com o aumento, em várias regiões do mundo, de atos de terrorismo motivados pela intolerância ou o extremismo,

Instando os Estados a trabalhar urgentemente em conjunto para prevenir e reprimir atos terroristas, inclusive por meio de maior cooperação e da implementação integral das convenções internacionais específicas sobre o terrorismo,

Reconhecendo a necessidade de os Estados complementarem a cooperação internacional pela adoção de medidas adicionais para prevenir e reprimir, em seus territórios, por meios legais, o financiamento e a preparação de quaisquer atos de terrorismo,

Reafirmando o princípio estabelecido pela Assembleia-Geral na declaração de outubro de 1970 (Resolução 2.625 (XXV)) e reiterado pelo Conselho de Segurança na Resolução 1.189 (1998) de 13 de agosto de 1998, qual seja o de que todo Estado tem a obrigação de abster-se de organizar, instigar, auxiliar ou participar de atos terroristas em outro Estado ou permitir, em seu território, atividades organizadas com o intuito de promover o cometimento desses atos,

Atuando ao abrigo do Capítulo VII da Carta das Nações Unidas,

1. Decide que todos os Estados devem:

a) prevenir e reprimir o financiamento de atos terroristas;
b) criminalizar o fornecimento ou captação deliberados de fundos por seus nacionais ou em seus territórios, por quaisquer meios, diretos ou indiretos, com a intenção de serem usados ou com o conhecimento de que serão usados para praticar atos terroristas;
c) congelar, sem demora, fundos e outros ativos financeiros ou recursos econômicos de pessoas que perpetram, ou intentam perpetrar, atos terroristas, ou participam em ou facilitam o cometimento desses atos. Devem também ser congelados os ativos de entidades pertencentes ou controladas, direta ou indiretamente, por essas pessoas, bem como os ativos de pessoas e entidades atuando em seu nome ou sob seu comando, inclusive fundos advindos ou gerados por bens pertencentes ou controlados, direta ou indiretamente, por tais pessoas e por seus sócios e entidades;
d) proibir seus nacionais ou quaisquer pessoas e entidades em seus territórios de disponibilizar quaisquer fundos, ativos financeiros ou recursos econômicos ou financeiros ou outros serviços financeiros correlatos, direta ou indiretamente, em benefício de pessoas que perpetram, ou intentam perpetrar, facilitam ou participam da execução desses atos; em benefício de entidades pertencentes ou controladas, direta ou indiretamente, por tais pessoas; em benefício de pessoas e entidades atuando em seu nome ou sob seu comando.

2. Decide também que todos os Estados devem:
a) abster-se de prover qualquer forma de apoio, ativo ou passivo, a entidades ou pessoas envolvidas em atos terroristas, inclusive suprimindo o recrutamento de membros de grupos terroristas e eliminando o fornecimento de armas aos terroristas;
b) tomar as medidas necessárias para prevenir o cometimento de atos terroristas, inclusive advertindo tempestivamente outros Estados mediante intercâmbio de informações;
c) recusar-se a homiziar aqueles que financiam, planejam, apoiam ou perpetram atos terroristas, bem como aqueles que dão homizio a essas pessoas;
d) impedir a utilização de seus respectivos territórios por aqueles que financiam, planejam, facilitam ou perpetram atos terroristas contra outros Estados ou seus cidadãos;
e) assegurar que qualquer pessoa que participe do financiamento, planejamento, preparo ou perpetração de atos terroristas ou atue em apoio destes seja levado a julgamento; assegurar que, além de quaisquer outras medidas contra o terrorismo, esses atos terroristas sejam considerados graves delitos criminais pelas legislações e códigos nacionais e que a punição seja adequada à gravidade desses atos;
f) auxiliar-se mutuamente, da melhor forma possível, em matéria de investigação criminal ou processos criminais relativos ao financiamento ou apoio a atos terroristas, inclusive na cooperação para o fornecimento de provas que detenha necessárias ao processo;
g) impedir a movimentação de terroristas ou grupos terroristas, mediante o efetivo controle de fronteiras e o controle da emissão de documentos de identidade e de viagem, bem como por medidas para evitar a adulteração, a fraude ou o uso fraudulento de documentos de identidade e de viagem;

3. Exorta todos os Estados a:
a) encontrar meios de intensificar e acelerar o intercâmbio de informações operacionais, especialmente com relação às ações ou movimentações de terroristas e de suas redes; com relação à fraude ou falsificação de documentos de viagem; com relação ao tráfico de armas, explosivos ou materiais sensíveis; com relação ao uso de tecnologias de comunicação por grupos terroristas; e com relação à ameaça causada pela posse de armas de destruição em massa por grupos terroristas;
b) intercambiar informações em conformidade com as leis nacionais e o direito internacional e cooperar em assuntos administrativos e judiciários para evitar o cometimento de atos terroristas;
c) cooperar, particularmente por intermédio de arranjos e acordos bilaterais e multilaterais, para prevenir e reprimir o cometimento de ataques terroristas, bem como adotar medidas contra os perpetradores desses atos;
d) tornar-se parte, tão logo quanto possível, das convenções e protocolos internacionais específicos sobre terrorismo, inclusive a Convenção Internacional para a Supressão do Financiamento do Terrorismo de 9 de dezembro de 1999;
e) incrementar a cooperação e implementar integralmente as convenções e protocolos internacionais específicos sobre terrorismo, bem como as Resoluções 1.269 (1999) e 1.368 (2001) do Conselho de Segurança;
f) tomar as medidas apropriadas em conformidade com as disposições das legislações nacionais e do direito internacional, inclusive de acordo com padrões internacionais de direitos humanos, antes de conceder o status de refugiado, de modo a assegurar que o mesmo não seja concedido a solicitante que tenha planejado, facilitado ou participado da execução de atos terroristas;
g) assegurar, em conformidade com o direito internacional, que o instituto do refúgio não seja indevidamente utilizado por perpetradores, organizadores ou cúmplices de atos terroristas, e que a alegação de motivação política do crime não seja reconhecida como fundamento para denegar a extradição de acusados de terrorismo;

4. Ressalta com preocupação a estreita ligação entre o terrorismo internacional e o crime organizado transnacional, o narcotráfico, a lavagem de dinheiro, o contrabando de materiais nucleares, químicos, biológicos e outros materiais potencialmente mortíferos, e, nesse sentido, enfatiza a necessidade de incrementar a coordenação de esforços nos níveis nacional, sub-regional, regional e internacional de modo a fortalecer uma reação global a essa séria ameaça e desafio à segurança internacional;

5. Declara que atos, métodos e práticas de terrorismo são contrários aos propósitos e princípios das Nações Unidas, e que o financiamento, planejamento e incitamento deliberado de atos terroristas são igualmen-

te contrários aos propósitos e princípios das Nações Unidas;

6. Decide estabelecer, nos termos da regra 28 das Regras Provisórias de Procedimento, um Comitê do Conselho de Segurança, constituído por todos os membros do Conselho, com o objetivo de monitorar, com a assistência de peritos, a implementação desta Resolução; e exorta todos os Estados a informar aquele Comitê as medidas adotadas para implementar esta Resolução no prazo de 90 (noventa) dias, a contar da data de sua aprovação, e subsequentemente de acordo com cronograma a ser proposto por aquele Comitê;

7. Instrui o Comitê a definir suas tarefas, submeter um programa de trabalho dentro de 30 (trinta) dias, a contar da adoção desta Resolução, e decidir sobre o auxílio necessário ao desempenho de suas atribuições, em consulta com o Secretário-Geral;

8. Expressa sua determinação de tomar todas as medidas necessárias a fim de assegurar a implementação integral desta Resolução, de acordo com as responsabilidades que lhe confere a Carta;

9. Decide manter essa questão sob sua consideração.

TRATADO DE PROSCRIÇÃO DAS EXPERIÊNCIAS COM ARMAS NUCLEARES NA ATMOSFERA, NO ESPAÇO CÓSMICO E SOB A ÁGUA

▶ Aprovado pelo Dec. Legislativo nº 30, de 5-8-1964, e promulgado pelo Dec. nº 58.256, de 26-4-1966.

Os Governos dos Estados Unidos da América, do Reino Unido da Grã-Bretanha e Irlanda do Norte e da União das Repúblicas Socialistas Soviéticas, daqui por diante designados como "Partes Originais",

Proclamando como seu objetivo principal a conclusão, no mais breve prazo, de um acordo de desarmamento geral e completo sob estrito controle internacional, em conformidade com os objetivos das Nações Unidas, acordo que poria fim à corrida armamentista e eliminaria os incentivos à produção de armas de todo gênero, inclusive as armas nucleares, e às experiências com elas,

Buscando obter a cessação, para sempre, de todas as explosões experimentais de armas nucleares, determinados a prosseguir as negociações com esta finalidade e desejosos de pôr um paradeiro à contaminação do meio natural do homem por substâncias radioativas,

Concordam no seguinte:

Artigo I

1. Cada uma das Partes do presente Tratado se compromete a proibir, impedir e se abster de efetuar qualquer explosão experimental de armas nucleares ou qualquer outra explosão nuclear em qualquer lugar sob sua jurisdição ou controle:

a) na atmosfera; além dos seus limites, inclusive no espaço cósmico; ou sob a água, inclusive águas territoriais e alto-mar; ou

b) em qualquer outro ambiente, desde que uma tal explosão provoque a queda de resíduos radioati-

vos fora dos limites territoriais do Estado sob cuja jurisdição ou controle foi efetuada a explosão. Fica entendido, a este respeito, que as disposições da presente alínea não prejudicam a conclusão de um tratado que resulte na proscrição permanente de todas as explosões nucleares experimentais, inclusive todas as explosões subterrâneas, a cuja conclusão as Partes Contratantes, como declararam no preâmbulo do presente Tratado, procurarão chegar.

2. Cada uma das Partes do presente Tratado se compromete, ademais, a abster-se de provocar ou de encorajar, ou de participar de qualquer maneira na realização de qualquer explosão de arma nuclear ou de qualquer outra explosão nuclear que possa ser efetuada em qualquer dos ambientes indicados acima, ou que tenha as consequências descritas no parágrafo primeiro do presente artigo.

Artigo II

1. Qualquer das Partes pode propor emendas ao presente Tratado. O texto de qualquer emenda proposta será submetido aos Governos Depositários, que comunicarão a todas as Partes Contratantes. Se um terço ou mais das Partes solicitarem, os Governos Depositários convocarão uma conferência a que serão convidadas todas as Partes, para estudar a mencionada emenda.

2. Qualquer emenda ao presente Tratado deverá ser aprovada por maioria de votos das Partes contratantes, incluindo o voto de todas as Partes Originais. A emenda entrará em vigor para todas as Partes após o depósito dos instrumentos de ratificação pela maioria das Partes, incluindo os instrumentos de ratificação de todas as Partes Originais.

Artigo III

1. O presente Tratado estará aberto à assinatura de todos os Estados. Qualquer Estado que não assinar o presente Tratado antes de sua entrada em vigor, segundo as disposições do parágrafo 3 do presente artigo, poderá aderir a ele a qualquer tempo.

2. O presente Tratado será submetido à ratificação dos Estados signatários. Os instrumentos de ratificação e os instrumentos de adesão serão depositados com os Governos das Partes Originais – os Estados Unidos da América, o Reino Unido da Grã-Bretanha e Irlanda do Norte e a União das Repúblicas Socialistas Soviéticas – aqui designados por "Governos Depositários".

3. O presente Tratado entrará em vigor quando tiver sido ratificado por todas as Partes Originais e quando estas tiverem depositado seus instrumentos de ratificação.

4. Para os Estados cujos instrumentos de ratificação ou de adesão forem depositados após a entrada em vigor do presente Tratado, este entrará em vigor na data do depósito dos respectivos instrumentos de ratificação ou de adesão.

5. Os Governos Depositários informarão prontamente todos os Estados signatários ou que tiverem aderido ao Tratado sobre a data de cada assinatura, a data do depósito de cada instrumento de ratificação e de adesão, a data de sua entrada em vigor e a data do recebimento de quaisquer solicitações de conferência ou qualquer outra comunicação.

6. O presente Tratado será registrado pelos Governos Depositários em conformidade com as disposições do artigo 102 da Carta das Nações Unidas.

ARTIGO IV

O presente Tratado terá duração ilimitada.

Cada Parte, no exercício de sua soberania nacional, terá o direito de se retirar do Tratado se decidir que acontecimentos extraordinários, relacionados com a matéria a que se refere o presente Tratado, comprometem os interesses supremos de seu país. Ela deverá notificar sua retirada a todas as outras Partes Contratantes, com 3 (três) meses de antecedência.

ARTIGO V

O presente Tratado, do qual os textos em inglês e russo fazem igualmente fé, será depositado nos arquivos dos Governos Depositários. Cópias devidamente certificadas serão transmitidas pelos Governos Depositários aos Governos dos Estados signatários ou que tiverem aderido ao Tratado.

Em testemunho do que os abaixo-assinados, devidamente autorizados, subscreveram o presente Tratado.

Feito em triplicata, em Moscou, aos cinco dias do mês de agosto de mil novecentos e sessenta e três.

TRATADO DE RENÚNCIA À GUERRA

► Tratado assinado em Paris em 27-8-1928. O Brasil aderiu em 20-2-1934, por nota da Embaixada brasileira em Washington. Essa adesão foi ratificada em 10-4-1934. Depósito da ratificação brasileira em Washington em 10-5-1934. Promulgado pelo Dec. nº 24.557, de 3-7-1934.

PACTO DE PARIS OU BRIAND-KELLOG

O Presidente do Reich Alemão, o Presidente dos Estados Unidos da América, Sua Majestade o Rei dos Belgas, o Presidente da República Francesa, sua Majestade o Rei da Grã-Bretanha, da Irlanda e dos Territórios Britânicos de Além-Mar, Imperador das Índias, Sua Majestade o Rei da Itália, Sua Majestade o Imperador do Japão, o Presidente da República da Polônia, O Presidente da República Tchecoslovaca:

Tendo o profundo sentimento do dever solene que lhes cumpre de desenvolver o bem-estar da humanidade;

Persuadidos de que chegou o momento de proceder a uma franca renúncia à guerra como instrumento de política nacional, a fim de que as relações pacíficas e amistosas que existem atualmente entre os povos, possam ser perpetuadas;

Convencidos de que quaisquer mudanças nas suas relações mútuas não vem ser procuradas senão por meios pacíficos e realizadas dentro da ordem e da paz e que qualquer Potência signatária que procure desenvolver os interesses nacionais recorrendo à guerra, deverá ser privada dos benefícios do presente Tratado;

Esperando que, animadas por seu exemplo, todas as outras nações do mundo se junte nesses esforços humanitários e, aderindo ao presente Tratado, logo que entre em vigor coloquem seus povos em condições de aproveitar de suas benéficas estipulações, unindo, assim, as nações civilizadas do mundo em uma renúncia comum à guerra, como instrumento de sua política nacional;

Resolveram concluir um Tratado e designaram, para esse efeito, seus respectivos plenipotenciários, a saber:

[...]

Os quais, depois de haverem trocado seus plenos poderes, reconhecidos em boa e devida forma, chegaram a um acordo sobre os seguintes artigos:

Art. I. As Altas Partes Contratantes declaram solenemente, em nome dos respectivos povos, que condenam o recurso à guerra para a solução das controvérsias internacionais, e a isso renunciam, como instrumento de política nacional, em suas relações recíprocas.

Art. II. As Altas Partes Contratantes reconhecem que o regulamento ou a solução de todas as controvérsias ou conflitos, quaisquer natureza ou origem, que possam surgir entre elas, jamais deverá ser procurado senão por meios pacíficos.

Art. III. O presente Tratado será ratificado pelas Altas Partes Contratantes, designadas no preâmbulo, de conformidade com as exigências de suas respectivas constituições e produzirá efeito entre elas, logo que todos os instrumentos de ratificação tenham sido depositados em Washington.

O presente Tratado, logo que houver entrado em vigor, como se acha previsto no parágrafo precedente, ficará aberto, no tempo que for necessário à adesão de todas as outras Potências do mundo. Cada instrumento que estabelecer a adesão de uma Potência será depositado em Washington, e o Tratado, imediatamente após esse depósito, entrará em vigor entre a Potência que houver dado, assim, a sua adesão e as outras Potências contratantes.

Caberá ao Governo dos Estados Unidos da América fornecer a cada um dos Governos designados no preâmbulo e a qualquer Governo que que venha a aderir, posteriormente, ao Tratado, uma cópia autêntica do referido Tratado e de cada um dos instrumentos de ratificação ou de adesão. Caberá, igualmente, ao Governo dos Estados Unidos da América notificar telegraficamente aos mencionados Governos, cada instrumento de ratificação ou de adesão, imediatamente após o depósito.

Em fé do que, os respectivos Plenipotenciários assinaram o presente Tratado, redigidos nas línguas francesa e inglesa, ambos os textos tendo igual força, e nele apuseram seus selos.

TRATADO INTERAMERICANO DE ASSISTÊNCIA RECÍPROCA

► Concluído e assinado no Rio de Janeiro em 2-9-1947, entrando em vigor em 3-2-1948. No Brasil, foi aprovado pelo Dec. Legislativo nº 5, de 14-2-1948, e promulgado pelo Dec. nº 25.660, de 13-10-1948.

PACTO DO RIO

Em nome de seus Povos, os Governos representados na Conferência Interamericana para a Manutenção da Paz e da Segurança no Continente, animados pelo desejo de consolidar e fortalecer suas relações de amizade e boa vizinhança e,

Considerando:

Que a Resolução VIII da Conferência Interamericana sobre Problemas da Guerra e da Paz, reunida na Cidade do México, recomendou a celebração de um tratado destinado a prevenir e reprimir as ameaças e os atos de agressão contra qualquer dos países da América;

Que as Altas Partes Contratantes reiteram sua vontade de permanecer unidas dentro de um sistema interamericano compatível com os propósitos e princípios das Nações Unidas, e reafirmam a existência do acordo que celebraram sobre os assuntos relativos à manutenção da paz e da segurança internacionais, que sejam suscetíveis de ação regional;

Que as Altas Partes Contratantes renovam sua adesão aos princípios de solidariedade e cooperação interamericanas e especialmente aos princípios enunciados nos considerandos e declarações do Ato de Chapultepec, todos os quais devem ser tidos por aceitos como normas de suas relações mútuas e como base jurídica do Sistema Interamericano;

Que, a fim de aperfeiçoar os processos de solução pacífica de suas controvérsias, pretendem celebrar o Tratado sobre "Sistema Interamericano de Paz", previsto nas Resoluções IX e XXXIX da Conferência Interamericana sobre Problemas da Guerra e da Paz;

Que a obrigação de auxílio mútuo e de defesa comum das Repúblicas Americanas se acha essencialmente ligada a seus ideais democráticos e à sua vontade de permanente cooperação para realizar os princípios e propósitos de uma política de paz;

Que a comunidade regional americana sustenta como verdade manifesta que a organização jurídica é uma condição necessária para a segurança e a paz, e que a paz se funda na justiça e na ordem moral e, portanto, no reconhecimento e na proteção internacionais dos direitos e liberdades da pessoa humana, no bem-estar indispensável dos povos e na efetividade da democracia, para a realização internacional da justiça e da segurança,

Resolveram – de acordo com os objetivos enunciados – celebrar o seguinte tratado, a fim de assegurar a paz por todos os meios possíveis, prover auxílio recíproco efetivo para enfrentar os ataques armados contra qualquer Estado Americano, e conjurar as ameaças de agressão contra qualquer deles:

ARTIGO 1º

As Altas Partes Contratantes condenam formalmente a guerra e se obrigam, nas suas relações internacionais, a não recorrer à ameaça nem ao uso da força, de qualquer forma incompatível com as disposições da Carta das Nações Unidas ou do presente Tratado.

ARTIGO 2º

Como consequência do princípio formulado no artigo anterior, as Altas Partes Contratantes comprometem-se a submeter toda controvérsia, que entre elas surja, aos métodos de soluções pacíficas e a procurar resolvê-la entre si, mediante os processos vigentes no Sistema Interamericano, antes de a referir à Assembleia-Geral ou ao Conselho de Segurança das Nações Unidas.

ARTIGO 3º

1. As Altas Partes Contratantes concordam em que um ataque armado, por parte de qualquer Estado, contra um Estado Americano, será considerado como um ataque contra todos os Estados Americanos, e, em consequência, cada uma das ditas Partes Contratantes, se compromete a ajudar a fazer frente ao ataque, no exercício do direito imanente de legítima defesa individual ou coletiva que é reconhecido pelo artigo 51 da Carta das Nações Unidas.

2. Por Solicitação do Estado ou dos Estados diretamente atacados, e até decisão do órgão de consulta do Sistema Interamericano, cada uma das Partes Contratantes poderá determinar as medidas imediatas que adote individualmente, em cumprimento da obrigação de que trata o parágrafo precedente e de acordo com o princípio da solidariedade continental. O Órgão de Consulta reunir-se-á sem demora, a fim de examinar essas medidas e combinar as de caráter coletivo que seja conveniente adotar.

3. O estipulado neste artigo aplicar-se-á a todos os casos de ataque armado que se efetue dentro da região descrita no artigo 4º ou dentro do território de um Estado Americano. Quando o ataque se verificar fora das referidas áreas, aplicar-se-á o estipulado no artigo 6º.

4. Poderão ser aplicadas as medidas de legítima defesa de que trata este artigo, até que o Conselho de Segurança das Nações Unidas tenha tomado as medidas necessárias para manter a paz e a segurança internacionais.

ARTIGO 4º

A região a que se refere este Tratado é a compreendida dentro dos seguintes limites: começando no Polo Norte; daí diretamente para o sul, até um ponto a 74 graus de latitude norte e 10 graus de longitude oeste; daí por uma linha loxodrômica até um ponto a 47 graus e 30 minutos de latitude norte e 50 graus de longitude oeste; daí por uma linha loxodrômica até um ponto a 35 graus de latitude norte e 60 graus de longitude oeste; daí diretamente para o sul até um ponto a 20 graus de latitude norte; daí por uma linha loxodrômica até um ponto a 5 graus de latitude norte e 24 graus de longitude oeste; daí diretamente para o sul até o Polo Sul; daí diretamente para o norte até um ponto a 30 graus de latitude sul e 90 graus de longitude oeste; daí por uma linha loxodrômica, até um ponto do Equador a 97 graus de longitude oeste; daí por uma linha loxodrômica até um ponto a 15 graus de latitude norte e 120 graus de longitude oeste; daí por uma linha loxodrômica até um ponto a 50 graus de latitude norte e 170 graus de longitude leste; daí diretamente para o norte até um ponto a 74 graus de latitude norte; daí por uma linha loxodrômica até um ponto a 65 graus e 30 minutos de latitude norte e 168 graus 58 minutos e 5 segundos de longitude oeste; daí diretamente para o norte até o Polo Norte.

ARTIGO 5º

As Altas Partes Contratantes enviarão imediatamente ao Conselho de Segurança das Nações Unidas, de conformidade com os artigos 51 e 54 da Carta de São Francisco, informações completas sobre as atividades desenvolvidas ou projetadas no exercício do direito de legítima defesa ou com o propósito de manter a paz e a segurança interamericanas.

Artigo 6º

Se a inviolabilidade ou integridade do território ou a soberania ou independência política de qualquer Estado Americano for atingida por uma agressão que não seja um ataque armado, ou por um conflito extracontinental ou por qualquer outro fato ou situação que possa pôr em perigo a paz da América, o Órgão de Consulta reunir-se-á imediatamente a fim de acordar as medidas que, em caso de agressão, devam ser tomadas em auxílio do agredido, ou, em qualquer caso, convenha tomar para a defesa comum e para a manutenção da paz e da segurança no Continente.

Artigo 7º

Em caso de conflito entre os dois ou mais Estados Americanos, sem prejuízo do direito de legítima defesa, de conformidade com o artigo 51 da Carta das Nações Unidas, as Altas Partes Contratantes reunidas em consulta instarão com os Estados em litígio para que suspendam as hostilidades e restaurem o statu quo ante bellum, e tomarão, além disso, todas as outras medidas necessárias para se restabelecer ou manter a paz e a segurança interamericanas, e para que o conflito seja resolvido por meios pacíficos. A recusa da ação pacificadora será levada em conta na determinação do agressor e na aplicação imediata das medidas que se acordarem na reunião de consulta.

Artigo 8º

Para os efeitos deste Tratado, as medidas que o órgão de consulta acordar compreenderão uma ou mais das seguintes: a retirada dos chefes de missão; a ruptura de relações diplomáticas; a ruptura de relações consulares; a interrupção parcial ou total das relações econômicas ou das comunicações ferroviárias, marítimas, aéreas, postais, telegráficas, telefônicas, radiotelefônicas ou radiotelegráficas, e o emprego de forças armadas.

Artigo 9º

Além de outros atos que, em reunião de consulta, possam ser caracterizadas como de agressão, serão considerados como tais:

a) O ataque armado, não provocado, por um Estado contra o território, a população ou as forças terrestres, navais ou aéreas de outro Estado;

b) A invasão, pela força armada de um Estado, do território de um Estado Americano, pela travessia das fronteiras demarcadas de conformidade com um tratado, sentença judicial ou laudo arbitral, ou, na falta de fronteiras assim demarcadas, a invasão que afete uma região que esteja sob a jurisdição efetiva de outro Estado.

Artigo 10

Nenhuma das estipulações deste Tratado será interpretada no sentido de prejudicar os direitos e obrigações das Altas Partes Contratantes, de acordo com a Carta das Nações Unidas.

Artigo 11

As consultas a que se refere o presente Tratado serão realizadas mediante a Reunião de Ministros das Relações Exteriores das Repúblicas Americanas que tenham ratificado o Tratado, ou na forma ou pelo órgão que futuramente forem ajustados.

Artigo 12

O Conselho Diretor da União Pan-americana poderá atuar provisoriamente como órgão de consulta, enquanto não se reunir o Órgão de Consulta a que se refere o artigo anterior.

Artigo 13

As consultas serão promovidas mediante solicitação dirigida ao Conselho Diretor da União Pan-americana por qualquer dos Estados signatários que hajam ratificado o Tratado.

Artigo 14

Nas votações a que se refere o presente Tratado, somente poderão tomar parte os representantes dos Estados signatários que o tenham ratificado.

Artigo 15

O Conselho Diretor da União Pan-americana atuará, em tudo o que concerne ao presente Tratado, como órgão de ligação entre os Estados signatários que o tenham ratificado e entre estes e as Nações Unidas.

Artigo 16

As decisões do Conselho Diretor da União Pan-americana a que aludem os artigos 13 e 15 serão adotadas por maioria absoluta dos Membros com direito a voto.

Artigo 17

O Órgão de Consulta adotará suas decisões pelo voto de dois terços dos Estados signatários que tenham ratificado o Tratado.

Artigo 18

Quando se tratar de uma situação ou disputa entre Estados Americanos, serão excluídas das votações a que se referem os dois artigos anteriores as partes diretamente interessadas.

Artigo 19

Para constituir *quorum*, em todas as reuniões a que se referem os artigos anteriores, se exigirá que o número dos Estados representados seja pelo menos igual ao número de votos necessários para adotar a respectiva decisão.

Artigo 20

As decisões que exijam a aplicação das medidas mencionadas no artigo 8º serão obrigatórias para todos os Estados signatários do presente Tratado que o tenham ratificado, com a única exceção de que nenhum Estado será obrigado a empregar a força armada sem seu consentimento.

Artigo 21

As medidas que forem adotadas pelo Órgão de Consulta serão executadas mediante as normas e os órgãos atualmente existentes ou que futuramente venham a ser estabelecidos.

Artigo 22

Este Tratado entrará em vigor, entre os Estados que o ratifiquem, logo que tenham sido depositadas as ratificações de dois terços dos Estados signatários.

Artigo 23

Este Tratado fica aberto à assinatura dos Estados Americanos, na cidade do Rio de Janeiro, e será ratificado pelos Estados signatários com a máxima brevidade, de acordo com as respectivas normas constitucionais. As ratificações serão entregues para depósito à União Panamericana, a qual notificará cada depósito a todos os Estados signatários. Tal notificação será considerada como troca de ratificações.

Artigo 24

O presente Tratado será registrado na Secretaria Geral das Nações Unidas, por intermédio da União Panamericana, desde que sejam depositadas as ratificações de dois terços dos Estados signatários.

Artigo 25

Este Tratado terá duração indefinida, mas poderá ser denunciado por qualquer das Altas Partes Contratantes, mediante notificação escrita à União Panamericana, a qual comunicará a todas as outras Altas Partes Contratantes cada notificação de denúncia que receber. Transcorridos 2 (dois) anos, desde a data do recebimento, pela União Pan-americana, de uma notificação de denúncia de qualquer das Altas Partes Contratantes, o presente Tratado cessará de produzir efeitos com relação a tal Estado, mas substituirá para todas as demais Altas Partes Contratantes.

Artigo 26

Os princípios e as disposições fundamentais deste Tratado serão incorporados ao Pacto Constitutivo do Sistema Interamericano.

Em testemunho do que, os Plenipotenciários abaixo assinados, tendo depositado seus plenos poderes, achados em boa e devida forma, assinam este Tratado, em nome dos respectivos Governos, nas datas indicadas ao lado de suas assinaturas.

Feito na cidade do Rio de Janeiro, em quatro textos, respectivamente nas línguas portuguesa, espanhola, francesa e inglesa, aos dois dias do mês de setembro de mil novecentos e quarenta e sete.

RESERVA DE HONDURAS

A Delegação de Honduras, ao subscrever o presente Tratado e em relação ao artigo 9º, inciso b), declara fazê-lo com a reserva de que a fronteira estabelecida entre Honduras e Nicarágua está demarcada definitivamente pela Comissão Mista de Limites dos anos de mil novecentos e mil novecentos e um, partindo de um ponto no Golfo de Fonseca, no Oceano Pacífico, ao Portilho de Teotecacinte e, deste ponto ao Atlântico, pela linha estabelecida pela sentença arbitral de Sua Majestade o Rei da Espanha, em data de vinte e três de dezembro de mil novecentos e seis.

TRATADO PARA A PROSCRIÇÃO DAS ARMAS NUCLEARES NA AMÉRICA LATINA E NO CARIBE

TRATADO DE TLATELOLCO

▶ Assinado pelo Brasil em 9-5-1967 e aprovado pelo Dec. Legislativo nº 50, de 30-11-1967. O respectivo instrumento de ratificação foi depositado pelo Brasil em 29-1-1968. O Dec. nº 1.246, de 16-9-1994, promulgou o presente Tratado, bem como as Resoluções nºs 267 (E-V), de 3-7-1990, 268 (XII), de 10-5-1991, e 290 (VII), de 26-8-1992, adotadas pela Conferência Geral do Orçamento para a Proscrição das Armas Nucleares na América Latina e no Caribe (OPANAL), na Cidade do México.

PREÂMBULO

Em nome de seus povos e interpretando fielmente seus desejos e aspirações, os Governos dos Estados signatários do Tratado para a Proscrição de Armas Nucleares na América Latina,

Desejosos de contribuir, na medida de suas possibilidades, para pôr termo à corrida armamentista, especialmente de armas nucleares, e para a consolidação da paz no mundo, baseada na igualdade soberana dos Estados, no respeito mútuo e na boa vizinhança;

Recordando que a Assembleia-Geral das Nações Unidas, em sua Resolução nº 808 (IX), aprovou, por unanimidade, como um dos três pontos de um programa coordenado de desarmamento, "a proibição total do emprego e da fabricação de armas nucleares e de todos os tipos de armas de destruição em massa";

Recordando que as zonas militarmente desnuclearizadas não constituem um fim em si mesmas, mas um meio para alcançar, em etapa ulterior, o desarmamento geral e completo;

Recordando a Resolução nº 1.911 (XVIII) da Assembleia-Geral das Nações Unidas, pela qual se estabeleceu que as medidas que se decida acordar para a desnuclearização da América Latina devem ser tomadas "à luz dos princípios da Carta das Nações Unidas e dos acordos regionais";

Recordando a Resolução nº 2.028 (XX) da Assembleia-Geral das Nações Unidas, que estabeleceu o princípio de um equilíbrio aceitável de responsabilidades e obrigações mútuas para as potências nucleares e não nucleares, e

Recordando que a Carta da Organização dos Estados Americanos estabelece, como propósito essencial da Organização, assegurar a paz e a segurança do hemisfério;

Persuadidos de que:

O incalculável poder destruidor das armas nucleares tornou imperativo que seja estritamente observada, na prática, a proscrição jurídica da guerra, a fim de assegurar a sobrevivência da civilização e da própria humanidade;

As armas nucleares, cujos terríveis efeitos atingem, indistinta e inexoravelmente, tanto as forças militares como a população civil, constituem, pela persistência da radioatividade que geram, um atentado à integridade da espécie humana, e ainda podem finalmente tornar inabitável toda a terra;

O desarmamento geral e completo, sob controle internacional eficaz, é uma questão vital, reclamada, igualmente, por todos os povos do mundo;

A proliferação de armas nucleares, que parece inevitável, caso os Estados, no gozo de seus direitos soberanos, não se autolimitem para impedi-la, dificultaria muito qualquer acordo de desarmamento, aumentando o perigo de que chegue a produzir-se uma conflagração nuclear;

O estabelecimento de zonas militarmente desnuclearizadas está intimamente vinculado à manutenção da paz e da segurança nas respectivas regiões;

A desnuclearização militar de vastas zonas geográficas, adotada por decisão soberana dos Estados nelas compreendidos, exercerá benéfica influência em favor de outras regiões, onde existam condições análogas;

A situação privilegiada dos Estados signatários, cujos territórios se encontram totalmente livres de armas nucleares, lhes impõe o dever iniludível de preservar tal situação, tanto em benefício próprio como no da humanidade;

A existência de armas nucleares, em qualquer país da América Latina, convertê-lo-ia em alvo de eventuais ataques nucleares, e provocaria, fatalmente, em toda a região, uma ruinosa corrida armamentista nuclear, resultando no desvio injustificável, para fins bélicos, dos limitados recursos necessários para o desenvolvimento econômico e social;

As razões expostas e a tradicional vocação pacifista da América Latina tornam imprescindível que a energia nuclear seja usada nesta região exclusivamente para fins pacíficos, e que os países latino-americanos utilizem seu direito ao máximo e mais equitativo acesso possível a esta nova fonte de energia para acelerar o desenvolvimento econômico e social de seus povos;

Convencidos, finalmente, de que:

A desnuclearização militar da América Latina, entendendo como tal o compromisso internacionalmente assumido no presente Tratado, de manter seus territórios livres para sempre de armas nucleares constituirá uma medida que evite, para seus povos, a dissipação de seus limitados recursos em armas nucleares e que os proteja contra eventuais ataques nucleares a seus territórios; uma significativa contribuição para impedir a proliferação de armas nucleares, e um valioso elemento a favor do desarmamento geral e completo, e de que

A América Latina, fiel à sua tradição universalista, não somente deve esforçar-se para proscrever o flagelo de uma guerra nuclear, mas também deve empenhar-se na luta pelo bem-estar e progresso de seus povos, cooperando, simultaneamente, para a realização dos ideais da humanidade, ou seja, a consolidação de uma paz permanente, baseada na igualdade de direitos, na equidade econômica e na justiça social para todos, em conformidade com os princípios e objetivos consagrados na Carta das Nações Unidas e na Carta da Organização dos Estados Americanos,

Convieram o seguinte:

OBRIGAÇÕES

ARTIGO 1º

1. As Partes Contratantes comprometem-se a utilizar, exclusivamente com fins pacíficos, o material e as instalações nucleares submetidos à sua jurisdição, a proibir e a impedir nos respectivos territórios:

a) O ensaio, uso, fabricação, produção ou aquisição, por qualquer meio, de toda arma nuclear, por si mesmas, direta ou indiretamente, por mandato de terceiros ou em qualquer outra forma, e

b) a recepção, armazenamento, instalação, colocação ou qualquer forma de posse de qualquer arma nuclear, direta ou indiretamente, por si mesmas, por mandato a terceiros, ou de qualquer outro modo.

2. As Partes Contratantes comprometem-se, igualmente, a abster-ser de realizar, fomentar ou autorizar, direta ou indiretamente, o ensaio, o uso, a fabricação, a produção, a posse ou o domínio de qualquer arma nuclear, ou de participar nisso por qualquer maneira.

DEFINIÇÃO DE PARTES CONTRATANTES

ARTIGO 2º

Para os fins do presente Tratado são Partes Contratantes aquelas para as quais o Tratado esteja em vigor.

DEFINIÇÃO DE TERRITÓRIO

ARTIGO 3º

Para todos os efeitos do presente Tratado, dever-se-á entender que o termo "território" inclui o mar territorial, o espaço aéreo e qualquer outro âmbito sobre, o qual o Estado exerça soberania, de acordo com a sua própria legislação.

ÁREA DE APLICAÇÃO

ARTIGO 4º

1. A área de aplicação do presente Tratado é a soma dos territórios para os quais este mesmo instrumento esteja em vigor.

2. Ao cumprirem-se as condições previstas no artigo 28, parágrafo 1, a área de aplicação do presente Tratado será, assim, a que for situada no hemisfério ocidental dentro dos seguintes limites (exceto a parte do território continental e águas territoriais dos Estados Unidos da América): começando em um ponto situado a 35° latitude norte e 75° longitude oeste; daí, diretamente ao sul até um ponto a 30° latitude norte e 75° longitude oeste; daí, diretamente a leste, até um ponto a 30° latitude norte e 50° longitude oeste; daí, por uma linha loxodrômica, até um ponto a 5° latitude norte e 20° longitude oeste; daí, diretamente ao sul, até um ponto a 60° latitude sul e 20° longitude oeste; daí, diretamente ao oeste, até um ponto a 60° latitude sul e 115° longitude oeste; daí, diretamente ao norte, até um ponto a 0° latitude e 115° longitude oeste; daí, por uma linha loxodrômica, até um ponto a 35° latitude norte e 150° longitude oeste; daí, diretamente a leste, até um ponto a 35° latitude norte e 75° longitude oeste.

DEFINIÇÃO DE ARMAS NUCLEARES

ARTIGO 5º

Para os efeitos do presente Tratado, entende-se por "arma nuclear" qualquer artefato que seja susceptível de liberar energia nuclear de forma não controlada e que tenha um conjunto de características próprias para o emprego com fins bélicos. O instrumento se possa utilizar para o transporte ou a propulsão do artefato não fica compreendido nesta definição se é separável do artefato e não é parte indivisível do mesmo.

REUNIÃO DE SIGNATÁRIOS

ARTIGO 6º

Por solicitação de qualquer dos Estados signatários, ou por decisão da Agência que se estabelece no artigo 7º, poderá ser convocada uma reunião de todos os signatários para considerar, em comum, questões que possam afetar a essência mesma deste instrumento, inclusive sua eventual modificação. Em ambos os casos, a convocação será feita por intermédio do Secretário-Geral.

ORGANIZAÇÃO

ARTIGO 7º

1. A fim de assegurar o cumprimento das obrigações do presente Tratado, as Partes Contratantes estabelecem

um organismo internacional denominado "Agência para a Proscrição de Armas Nucleares na América Latina", que, no presente Tratado, será designado como a "Agência". Suas decisões só poderão afetar as Partes Contratantes.

2. A Agência terá a incumbência de celebrar consultas periódicas ou extraordinárias entre os Estados-membros, no que diz respeito aos propósitos, medidas e procedimentos determinados no presente Tratado, bem como a supervisão do cumprimento das obrigações dele derivadas.

3. As Partes Contratantes convêm em prestar à Agência ampla e pronta colaboração; em conformidade com as disposições do presente Tratado e de acordos que concluam com a Agência, bem como dos que esta última conclua com qualquer outra organização ou organismo internacional.

4. A sede da Agência será a cidade do México.

ÓRGÃOS

Artigo 8º

1. Estabelecem-se como órgãos principais da Agência uma Conferência Geral, um Conselho e uma Secretaria.

2. Poder-se-ão estabelecer, de acordo com as disposições do presente Tratado, os órgãos subsidiários que a Conferência Geral considere necessários.

A Conferência Geral

Artigo 9º

1. A Conferência Geral, órgão supremo da Agência, estará integrada por todas as Partes Contratantes, e celebrará a cada dois anos reuniões ordinárias, podendo, além disso, realizar reuniões extraordinárias, cada vez que assim esteja previsto no presente Tratado, ou que as circunstâncias o requeiram, a juízo do Conselho.

2. A Conferência Geral:

a) Poderá considerar e resolver dentro dos limites do presente Tratado quaisquer assuntos ou questões nele compreendidos, inclusive os que refiram aos poderes e funções de qualquer órgão previsto no mesmo Tratado.

b) Estabelecerá os procedimentos do sistema de controle para a observância do presente Tratado, em conformidade com as disposições do mesmo.

c) Elegerá os Membros do Conselho e o Secretário-Geral.

d) Poderá remover o Secretário-Geral, quando assim o exija o bom funcionamento da Agência.

e) Receberá e apreciará os relatórios bienais ou especiais que lhe sejam submetidos pelo Conselho e pelo Secretário-Geral.

f) Promoverá e apreciará estudos para a melhor realização dos propósitos do presente Tratado, sem que isso impeça que o Secretário-Geral, separadamente, possa efetuar estudos semelhantes para submetê-los ao exame da Conferência.

g) Será o órgão competente para autorizar a conclusão de acordos com Governos e outras organizações ou organismos internacionais.

3. A Conferência Geral aprovará o orçamento da Agência e fixará a escala de contribuições financeiras dos Estados-membros, tomando em consideração os sistemas e critérios utilizados para o mesmo fim pela Organização das Nações Unidas.

4. A Conferência Geral elegerá as suas autoridades para cada reunião, e poderá criar os órgãos subsidiários que julgue necessários para o desempenho de suas funções.

5. Cada Membro da Agência terá um voto. As decisões da Conferência Geral, em questões relativas ao sistema de controle ao artigo 20, à admissão de novos Membros, à eleição e destituição do Secretário-Geral, à aprovação do orçamento e das questões relacionadas ao mesmo, serão tomadas pelo voto de uma maioria de dois terços dos Membros presentes e votantes. As decisões sobre outros assuntos, assim como as questões de procedimento e também a determinação das que devam resolver-se por maioria de dois terços, serão resolvidas pela maioria simples dos Membros presentes e votantes.

6. A Conferência Geral adotará o seu próprio regulamento.

O Conselho

Artigo 10

1. O Conselho será composto de cinco Membros, eleitos pela Conferência Geral dentre as Partes Contratantes, tendo na devida conta uma representação geográfica equitativa.

2. Os Membros do Conselho serão eleitos por um período de 4 (quatro) anos. No entanto, na primeira eleição, três serão eleitos por 2 (dois) anos. Os Membros que acabaram de cumprir um mandato não serão reeleitos para o período seguinte, a não ser que o número de Estados para os quais o Tratado esteja em vigor não o permitir.

3. Cada Membro do Conselho terá um representante.

4. O Conselho será organizado de maneira que possa funcionar continuamente.

5. Além das atribuições que lhe outorgue o presente Tratado e das que lhe confira a Conferência Geral, o Conselho, através do Secretário-Geral, velará pelo bom funcionamento do sistema de controle, de acordo com as disposições deste Tratado e com as decisões adotadas pela Conferência Geral.

6. O Conselho submeterá à Conferência Geral um relatório anual das suas atividades assim como os relatórios especiais que considere convenientes, ou que a Conferência Geral lhe solicite.

7. O Conselho elegerá as suas autoridades para cada reunião.

8. As decisões do Conselho serão tomadas pelo voto de uma maioria simples dos seus Membros presentes e votantes.

9. O Conselho adotará o seu próprio regulamento.

A Secretaria

Artigo 11

1. A Secretaria será composta de um Secretário-Geral, que será o mais alto funcionário administrativo da Agência, e do pessoal que esta necessite. O Secretário-Geral terá um mandato de 4 (quatro) anos, podendo ser reeleito por um período único adicional. O Secretário-

Geral não poderá ser nacional do país-sede da Agência. Em caso de falta absoluta do Secretário-Geral, proceder-se-á a uma nova eleição, para o restante do período.

2. O pessoal da Secretaria será nomeado pelo Secretário-Geral, de acordo com diretrizes da Conferência Geral.

3. Além dos encargos que lhe confere o presente Tratado e dos que lhe atribua a Conferência Geral, o Secretário-Geral velará, em conformidade com o artigo 10, parágrafo 5 pelo bom funcionamento do sistema de controle estabelecido no presente Tratado, de acordo com as disposições deste e com as decisões adotadas pela Conferência Geral.

4. O Secretário-Geral atuará, nessa qualidade, em todas as sessões da Conferência Geral e do Conselho e lhes apresentará um relatório anual sobre as atividades da Agência, assim como relatórios especiais que a Conferência Geral ou o Conselho lhe solicitem, ou que o próprio Secretário-Geral considere oportunos.

5. O Secretário-Geral estabelecerá os métodos de distribuição, a todas as Partes Contratantes, das informações que a Agência receba de fontes governamentais ou não governamentais sempre que as destas últimas sejam de interesse para a Agência.

6. No desempenho de suas funções, o Secretário-Geral e o pessoal da Secretaria não solicitarão nem receberão instruções de nenhum Governo, nem de qualquer autoridade alheia à Agência, e abster-se-ão de atuar de forma incompatível com a condição de funcionários internacionais, responsáveis unicamente ante a Agência; no que respeita a suas responsabilidades para com a Agência, não revelarão nenhum segredo de fabricação, nem qualquer outro dado confidencial que lhes chegue ao conhecimento, em virtude do desempenho de suas funções oficiais na Agência.

7. Cada uma das Partes Contratantes se comprometem a respeitar o caráter, exclusivamente internacional, das funções do Secretário-Geral e do pessoal da Secretaria e a não procurar influenciá-los no desempenho de suas funções.

SISTEMA DE CONTROLE

Artigo 12

1. Com objetivo de verificar o cumprimento das obrigações assumidas pelas Partes Contratantes segundo as disposições do artigo 1, fica estabelecido um Sistema de Controle, que se aplicará de acordo com o estipulado nos artigos 13 a 18 do presente Tratado.

2. O Sistema de Controle terá a finalidade de verificar especialmente:

a) que os artefatos, serviços e instalações destinados ao uso pacífico da energia nuclear não sejam utilizados no ensaio e na fabricação de armas nucleares;
b) que não chegue a realizar-se, no território das Partes Contratantes, qualquer das atividades proibidas no artigo 1 deste Tratado, com materiais ou armas nucleares introduzidos do exterior, e
c) que as explosões com fins pacíficos sejam compatíveis com as disposições do artigo 18 do presente Tratado.

SALVAGUARDAS DA A.I.E.A.

Artigo 13

Cada Parte Contratante negociará acordos – multilaterais ou bilaterais – com a Agência Internacional de Energia Atômica para a aplicação das Salvaguardas da mesma Agência a suas atividades nucleares. Cada Parte Contratante deverá iniciar as negociações dentro do prazo de 180 (cento e oitenta) dias a contar da data de depósito de seu respectivo instrumento de ratificação do presente Tratado. Os referidos acordos deverão entrar em vigor, para cada uma das Partes, em prazo que não exceda 18 (dezoito) meses, a contar da data de início destas negociações, salvo caso fortuito ou de força maior.

RELATÓRIOS DAS PARTES

Artigo 14

1. As Partes Contratantes apresentarão à Agência e à Agência Internacional de Energia Atômica, a informativo, relatórios semestrais nos quais declararão que nenhuma atividade proibida pelas disposições deste Tratado ocorreu nos respectivos territórios.

2. As Partes Contratantes enviarão simultaneamente à Agência cópia de qualquer relatório que enviem à Agência Internacional de Energia Atômica em relação com as matérias objeto do presente Tratado e com a aplicação das Salvaguardas.

3. As Partes Contratantes também transmitirão à Organização dos Estados Americanos, a título informativo, os relatórios que possam interessar a esta, em cumprimento das obrigações estabelecidas pelo Sistema Interamericano.

RELATÓRIOS ESPECIAIS SOLICITADOS PELO SECRETÁRIO-GERAL

Artigo 15

1. O Secretário-Geral, com autorização do Conselho, poderá solicitar, de qualquer das Partes, que proporcione à Agência informação complementar ou suplementar a respeito de qualquer fato ou circunstância relacionado com o cumprimento do presente Tratado, explicando as razões que para isso tiver. As Partes Contratantes comprometem-se a colaborar, pronta e amplamente, com o Secretário-Geral.

2. O Secretário-Geral informará imediatamente ao Conselho e às Partes sobre tais solicitações e respectivas respostas.

INSPEÇÕES ESPECIAIS

Artigo 16

1. A Agência Internacional de Energia Atômica, assim como o Conselho criado pelo presente Tratado, têm a faculdade de efetuar inspeções especiais nos seguintes casos:

a) A Agência Internacional de Energia Atômica, em conformidade com os acordos a que se refere o artigo 13 deste Tratado,
b) o Conselho:

i) quando especificando as razões em que se fundamente, assim o solicite qualquer das Partes, por suspeita de que se realizou ou está em vias de realizar-se, alguma atividade proibida pelo presente Tratado, tanto no território de qualquer outra Parte, como em qualquer outro lugar, por mandato desta última; determinará imediatamente que se efetue a inspeção em conformidade com o artigo 10, parágrafo 5;

ii) quando o solicite qualquer das Partes que tenha sido objeto de suspeita ou de acusação de violação do presente Tratado, determinará imediatamente que se efetue a inspeção especial solicitada, em conformidade com o disposto no artigo 10, parágrafo 5.

As solicitações anteriores serão formuladas ante o Conselho por intermédio do Secretário-Geral.

2. Os custos e gastos de qualquer inspeção especial, efetuada com base no parágrafo 1, alínea b, subdivisões (i) e (ii) deste artigo, correrão por conta da Parte ou das Partes solicitantes, exceto quando o Conselho conclua, com base na informação sobre a inspeção especial, que, em vista das circunstâncias do caso tais custos e gastos correrão por conta da Agência.

3. A Conferência Geral determinará os procedimentos a que se sujeitarão a organização e a execução das inspeções especiais a que se refere o parágrafo 1, alínea b, subdivisões (i) e (ii).

4. As Partes Contratantes concordam em permitir, aos inspetores que levem a cabo tais inspeções especiais, pleno e livre acesso a todos os lugares e a todos os dados necessários para o desempenho de sua comissão e que estejam direta e estreitamente vinculados à suspeita de violação do presente Tratado. Os inspetores designados pela Conferência Geral serão acompanhados por representantes das autoridades da Parte Contratante em cujo território se efetue a inspeção, se estas assim o solicitarem, ficando entendido que isso não atrasará, nem dificultará, de maneira alguma, os trabalhos dos referidos inspetores.

5. O Conselho, por intermédio do Secretário-Geral, enviará imediatamente a todas as Partes cópia de qualquer informação que resulte das inspeções especiais.

6. O Conselho, por intermédio do Secretário-Geral, enviará igualmente ao Secretário-Geral das Nações Unidas, para transmissão ao Conselho de Segurança e à Assembleia-Geral daquela Organização, e para conhecimento do Conselho da Organização dos Estados Americanos, cópia de qualquer informação que resulte de toda inspeção especial efetuada em conformidade com o parágrafo 1, alínea b, subdivisões (i) e (ii) deste artigo.

7. O Conselho poderá acordar, ou qualquer das Partes poderá solicitar, que seja convocada uma reunião extraordinária da Conferência Geral para apreciar os relatórios que resultem de qualquer inspeção especial. Nestes casos o Secretário-Geral procederá imediatamente à convocação da reunião extraordinária solicitada.

8. A Conferência Geral, convocada a reunião extraordinária com base neste artigo, poderá fazer recomendações às Partes e apresentar também informação ao Secretário-Geral das Nações Unidas, para transmissão ao Conselho de Segurança e à Assembleia-Geral dessa Organização,

USO DA ENERGIA NUCLEAR PARA FINS PACÍFICOS

ARTIGO 17

Nenhuma das disposições do presente Tratado restringe os direitos das Partes Contratantes para usar, em conformidade com este instrumento, a energia nuclear para fins pacíficos, particularmente para o seu desenvolvimento econômico e progresso social.

EXPLOSÕES COM FINS PACÍFICOS

ARTIGO 18

1. As Partes Contratantes poderão realizar explosões de dispositivos nucleares com fins pacíficos – inclusive explosões que pressuponham artefatos similares aos empregados em armamento nuclear – ou prestar a sua colaboração a terceiros com o mesmo fim, sempre que não violem as disposições do presente artigo e as demais do presente dos artigos 1 e 5.

2. As Partes Contratantes que tenham a intenção de levar a cabo uma dessas explosões, ou colaborar nelas, deverão notificar à Agência e à Agência Internacional de Energia Atômica, com a antecipação que as circunstâncias o exijam, a data da explosão e apresentar, simultaneamente, as seguintes informações:

a) o caráter do dispositivo nuclear e a origem do mesmo;
b) o lugar e finalidade da explosão projetada;
c) os procedimentos que serão seguidos para o cumprimento do parágrafo 3 deste artigo;
d) a potência que se espera tenha o dispositivo, e
e) os dados mais completos sobre a possível precipitação radioativa, que seja consequência da explosão ou explosões, bem como as medidas que se tomarão para evitar riscos à população, flora, fauna e territórios de outra ou outras Partes.

3. O Secretário-Geral e o pessoal técnico designado pelo Conselho, assim como o da Agência Internacional de Energia Atômica, poderão observar todos os preparativos, inclusive a explosão do dispositivo, e terão acesso irrestrito a toda área vizinha ao lugar da explosão, para assegurar-se de que o dispositivo, assim como os procedimentos seguidos na explosão, se coadunam com a informação apresentada, de acordo com o parágrafo 2 do presente artigo, e as demais disposições do presente Tratado.

4. As Partes Contratantes poderão receber a colaboração de terceiros para o fim previsto no parágrafo 1 deste artigo, de acordo com as disposições dos parágrafos 2 e 3 do mesmo.

RELAÇÕES COM OUTROS ORGANISMOS INTERNACIONAIS

ARTIGO 19

1. A Agência poderá concluir com a Agência Internacional de Energia Atômica os acordos que a Conferência Geral autorize e considere apropriados para facilitar o funcionamento eficaz do Sistema de Controle estabelecido no presente Tratado.

2. A Agência poderá, igualmente, entrar em contato com qualquer organização ou organismo internacional, especialmente com os que venham a criar-se no futuro para supervisionar o desarmamento ou as medidas de controle de armamentos em qualquer parte do mundo.

3. As Partes Contratantes, quando julguem conveniente, poderão solicitar o assessoramento da Comissão Interamericana de Energia Nuclear, em todas as questões de caráter técnico relacionadas com a aplicação do presente Tratado, sempre que assim o permitam

as faculdades conferidas à dita Comissão pelo seu Estatuto.

MEDIDAS EM CASO DE VIOLAÇÃO DO TRATADO

ARTIGO 20

1. A Conferência Geral tomará conhecimento de todos aqueles casos em que, a seu juízo, qualquer das Partes Contratantes não esteja cumprindo as obrigações derivadas do presente Tratado e chamará a atenção da Parte de que se trate, fazendo-lhe as recomendações que julgue adequadas.

2. No caso em que, a seu juízo, a falta de cumprimento em questão constitua uma violação do presente Tratado capaz de pôr em perigo a paz e a segurança, a própria Conferência Geral informará disso, simultaneamente, ao Conselho de Segurança e à Assembleia-Geral das Nações Unidas, por intermédio do Secretário-Geral dessa Organização, bem como ao Conselho da Organização dos Estados Americanos. A Conferência Geral informará, igualmente, à Agência Internacional de Energia Atômica sobre o que julgar pertinente, de acordo com o Estatuto desta.

ORGANIZAÇÃO DAS NAÇÕES UNIDAS E ORGANIZAÇÃO DOS ESTADOS AMERICANOS

ARTIGO 21

Nenhuma estipulação do presente Tratado será interpretada no sentido de restringir os direitos e obrigações das Partes, em conformidade com a Carta das Nações Unidas, nem, no caso dos Estados-membros da Organização dos Estados Americanos, em relação aos Tratados regionais existentes.

PRERROGATIVAS E IMUNIDADES

ARTIGO 22

1. A Agência gozará, no território de cada uma das Partes Contratantes, da capacidade jurídica e das prerrogativas e imunidades que sejam necessárias para o exercício de suas funções e a realização de seus propósitos.

2. Os Representantes das Partes Contratantes acreditados ante a Agência, e os funcionários desta gozarão, igualmente, das prerrogativas e imunidades necessárias para o desempenho de suas funções.

3. A Agência poderá concluir acordos com as Partes Contratantes, com o objetivo de determinar os pormenores de aplicação dos parágrafos 1 e 2 deste Artigo.

NOTIFICAÇÃO DE OUTROS ACORDOS

ARTIGO 23

Uma vez que entre em vigor o presente Tratado, qualquer acordo internacional concluído por uma das Partes Contratantes, sobre matérias relacionadas com este Tratado, será comunicado imediatamente à Secretaria para registro e notificação às demais Partes Contratantes.

SOLUÇÃO DE CONTROVÉRSIAS

ARTIGO 24

A menos que as Partes interessadas convenham em outro meio de solução pacífica, qualquer questão ou controvérsia sobre a interpretação ou aplicação do presente Tratado, que não tenha sido solucionada, poderá ser submetida à Corte Internacional de Justiça com o prévio consentimento das Partes em controvérsia.

ASSINATURA

ARTIGO 25

1. O presente Tratado ficará atento indefinidamente à assinatura de:

a) todas as repúblicas latino-americanas, e
b) os demais Estados soberanos do hemisfério ocidental situados completamente ao sul do paralelo 35° latitude norte, e, salvo o disposto no parágrafo 2 deste artigo, os que venham a ser soberanos, quando admitidos pela Conferência Geral.

2. A Conferência Geral não adotará decisão alguma a respeito da admissão de uma entidade política cujo território esteja sujeito, total ou parcialmente e com anterioridade à data de abertura para assinatura do presente Tratado, a litígio ou reclamação entre um país extracontinental e um ou mais Estados latino-americanos, enquanto não se tenha solucionado a controvérsia, mediante procedimentos pacíficos.

RATIFICAÇÃO E DEPÓSITO

ARTIGO 26

1. O presente Tratado está sujeito à ratificação dos signatários, de acordo com os respectivos procedimentos constitucionais.

2. Tanto o presente Tratado como os instrumentos de ratificação serão entregues para depósito ao Governo dos Estados Unidos Mexicanos, ao qual se designa Governo depositário.

3. O Governo depositário enviará cópias certificadas do presente Tratado aos Governos dos Estados signatários e notificar-lhes-á do depósito de cada instrumento de ratificação.

RESERVAS

ARTIGO 27

O presente Tratado não poderá ser objeto de reservas.

ENTRADA EM VIGOR

ARTIGO 28

1. Salvo o previsto no parágrafo 2 deste artigo, o presente Tratado entrará em vigor, entre os Estados que o tiverem ratificado, tão logo tenham sido cumpridos os seguintes requisitos:

a) entrega ao Governo depositário dos instrumentos de ratificação do presente Tratado, por parte dos Governos dos Estados mencionados no artigo 25 que existam que se abra à assinatura o disposto no parágrafo 2 do próprio artigo 25;
b) assinatura e ratificação do Protocolo Adicional I anexo ao presente Tratado, por parte de todos os Estados extracontinentais ou continentais que tenham, de jure ou de facto, responsabilidade internacional sobre territórios situados na área de aplicação do Tratado;
c) assinatura e ratificação do Protocolo Adicional II anexo ao presente tratado, por parte de todas as potências que possuam armas nucleares;
d) conclusão de acordos – bilaterais ou multilaterais – sobre a aplicação do Sistema de Salvaguardas da Agência Internacional de Energia Atômica, em conformidade com o artigo 13 do presente Tratado.

2. Será faculdade imprescritível de qualquer Estado signatário a dispensa, total ou parcial, dos requisitos

estabelecidos no parágrafo anterior, mediante figurará como anexo ao instrumento de ratificação respectivo e que poderá ser formulada por ocasião do depósito deste, ou posteriormente. Para os Estados que façam uso da referida faculdade, o presente Tratado entrará em vigor com o depósito da declaração, ou tão pronto tenham sido cumpridos os requisitos cuja dispensa não haja sido expressamente declarada.

3. Tão logo o presente Tratado tenha entrado em vigor, em conformidade com o disposto no parágrafo 2, entre onze Estados, o Governo depositário convocará uma reunião preliminar dos referidos Estados para que a Agência seja constituída e inicie atividades.

4. Depois da entrada em vigor do presente Tratado para todos os países da área, o surgimento de uma nova potência possuidora de armas nucleares suspenderá a execução do presente instrumento para os países que o ratificaram sem dispensar o parágrafo 1, inciso c, deste artigo, e que assim o solicitem, até que a nova potência, por si mesma, ou a pedido da Conferência Geral, ratifique o Protocolo Adicional II anexo.

EMENDAS

ARTIGO 29

1. Qualquer Parte poderá propor emendas ao presente Tratado, entregando suas propostas ao Conselho por intermédio do Secretário-Geral, que as transmitirá a todas as outras Partes Contratantes e aos demais signatários, para os efeitos do artigo 6. O Conselho, por intermédio do Secretário-Geral, convocará imediatamente, depois da reunião de signatários, uma reunião extraordinária da Conferência Geral para examinar as propostas formuladas, para cuja aprovação se requererá a maioria de dois terços das Partes Contratantes presentes e votantes.

2. As reformas aprovadas entrarão em vigor tão logo sejam cumpridos os requisitos mencionados no artigo 28 do presente Tratado.

VIGÊNCIA E DENÚNCIA

ARTIGO 30

1. O presente Tratado tem caráter permanente e vigerá por tempo indefinido, mas poderá ser denunciado por qualquer das Partes, mediante notificação enviada ao Secretário-Geral da Agência, se, a juízo do Estado denunciante, hajam ocorrido ou possam ocorrer circunstâncias, relacionadas com o conteúdo do Tratado ou dos Protocolos Adicionais I e II anexos, que afetem o seus interesses supremos, ou à paz e à segurança de uma ou mais Partes Contratantes.

2. A denúncia terá efeito 3 (três) meses depois da entrega da notificação por parte do Governo do Estado signatário interessado, ao Secretário-Geral da Agência. Este, por sua vez, comunicará imediatamente a referida notificação às outras Partes Contratantes, bem como ao Secretário-Geral das Nações Unidas, para que dê conhecimento ao Conselho de Segurança e à Assembleia-Geral das Nações Unidas. Igualmente, haverá de comunicá-la ao Secretário-Geral da Organização dos Estados Americanos.

TEXTOS AUTÊNTICOS E REGISTRO

ARTIGO 31

O presente Tratado, cujos textos em língua espanhola, chinesa, francesa, inglesa, portuguesa e russa, fazem igualmente fé, será registrado pelo Governo depositário, em conformidade com o artigo 102 da Carta das Nações Unidas. O Governo depositário notificará ao Secretário-Geral das Nações Unidas as assinaturas, ratificações e emendas de que seja objeto o presente Tratado, e comunicá-las-á, a título informativo, ao Secretário-Geral da Organização dos Estados Americanos.

ARTIGO TRANSITÓRIO

A denúncia da declaração a que se refere o parágrafo 2 do artigo 28 sujeitar-se-á aos mesmos procedimentos que a denúncia do presente Tratado, com a exceção de que surtirá efeito na data de entrega da respectiva notificação.

Em fé do que, os plenipotenciários abaixo assinados, tendo depositado os seus plenos poderes, que foram encontrados em boa e devida forma, assinam o presente Tratado em nome de seus respectivos Governos.

Feito na Cidade do México, Distrito Federal aos quatorze dias do mês de fevereiro do ano de mil novecentos e sessenta e sete.

PROTOCOLO ADICIONAL I

Os plenipotenciários abaixo assinados, providos de plenos poderes dos seus respectivos Governos, Convencidos de que o Tratado para a Proscrição de Armas Nucleares na América Latina, negociado e assinado em cumprimento das recomendações da Assembleia-Geral das Nações Unidas, constantes da Resolução nº 1.911 (XVIII) de 27 de novembro de 1963, representa um importante passo para assegurar a não proliferação de armas nucleares;

Conscientes de que a não proliferação de armas nucleares não constitui um fim em si mesma, mas um meio para atingir, em etapa ulterior, o desarmamento geral e completo, e

Desejosos de contribuir, na medida de suas possibilidades, para pôr termo à corrida armamentista, especialmente no campo das armas nucleares, e a favorecer a consolidação da paz do mundo, baseada no respeito mútuo e na igualdade soberana dos Estados,

Convieram o seguinte:

ARTIGO 1º

Comprometer-se a aplicar, nos territórios de jure ou de facto estejam sob sua responsabilidade internacional, compreendidos dentro dos limites da área geográfica estabelecida no Tratado para a Proscrição de Armas Nucleares na América Latina, o estatuto de desnuclearização para fins bélicos, que se encontra definido nos artigos 1, 3, 5 e 13 do mencionado Tratado.

ARTIGO 2º

O presente Protocolo terá a mesma duração que o Tratado para a Proscrição de Armas Nucleares na América Latina, do qual é Anexo, aplicando-se a ele as cláusulas referentes à ratificação e à denúncia que figuram no corpo do Tratado.

ARTIGO 3º

O presente Protocolo entrará em vigor, para os Estados que o houverem ratificado, na data em que depositem seus respectivos instrumentos de ratificação.

Em testemunho do que, os Plenipotenciários abaixo assinados, havendo depositado seus Plenos Poderes, que foram achados em boa e devida forma, assinam o presente Protocolo Adicional, em nome de seus respectivos Governos.

PROTOCOLO ADICIONAL II

Os Plenipotenciários abaixo assinados, providos de Plenos Poderes dos seus respectivos Governos,

Convencidos de que o tratado para a proscrição de armas nucleares na América Latina, negociado e assinado em cumprimento das recomendações da Assembleia-Geral das Nações Unidas, constantes da Resolução 1.911 (XVIII), de 27 de novembro de 1963, representa um importante passo para assegurar a não proliferação de armas nucleares;

Conscientes de que a não proliferação de armas nucleares não constitui um fim em si mesmo, mas um meio para atingir, em etapa ulterior, o desarmamento geral e completo, e

Desejosos de contribuir, na medida de suas possibilidades, para pôr termo à corrida armamentista, especialmente no campo das armas nucleares, e a favorecer a consolidação da paz no mundo, baseada no respeito mútuo e na igualdade soberana dos Estados.

Convieram no seguinte:

Artigo 1º

O estatuto de desnuclearização para fins bélicos da América Latina, tal como está definido, delimitado e enunciado nas disposições do Tratado para a Proscrição de Armas Nucleares na América Latina, do qual este instrumento é Anexo, será plenamente respeitado pelas Partes do presente Protocolo, em todos os seus objetivos e disposições expressas.

Artigo 2º

Os Governos representados pelos Plenipotenciários abaixo assinados comprometem-se consequentemente, a não contribuir de qualquer forma para que, nos territórios aos quais se aplica o Tratado, em conformidade com o artigo 4, sejam praticados atos que acarretem uma violação das obrigações enunciadas no artigo 1 do Tratado.

Artigo 3º

Os Governos representados pelos Plenipotenciários abaixo assinados se comprometem, igualmente, a não empregar armas nucleares e a não ameaçar com o seu emprego contra as Partes Contratantes do Tratado para a proscrição da Armas Nucleares na América Latina.

Artigo 4º

O presente Protocolo terá a mesma duração que o tratado para a Proscrição de Armas Nucleares na América Latina, do qual é Anexo, e a ele se aplicam as definições de território e de armas nucleares constantes dos artigos 3 e 5 do Tratado, bem como as disposições relativas à ratificação, reservas e denúncia, textos autênticos e registro que figuram nos artigos 26, 27, 30 e 31 do próprio Tratado.

Artigo 5º

O presente Protocolo entrará em vigor, para os Estados que o houverem ratificado, na data em que depositem seus respectivos instrumentos de ratificação.

Em testemunho do que, os Plenipotenciários abaixo assinados, havendo depositado seus Plenos Poderes, que foram achados em boa e devida forma, assinam o presente Protocolo Adicional, em nome de seus respectivos Governos.

RESOLUÇÃO 267 (E-V)

▶ Aprovada na sessão celebrada em 3-7-1990.

MODIFICAÇÃO AO TRATADO PARA A PROSCRIÇÃO DAS ARMAS NUCLEARES NA AMÉRICA LATINA (TRATADO DE TLATELOLCO)

A Conferência Geral,

Levando em conta a decisão da Primeira Reunião de Signatários do Tratado de Tlatelolco;

Recordando a Resolução 22 Rev. 1 do Conselho da OPANAL e as deliberações que sobre esta Resolução foram tomadas no seio da Reunião;

Levando em consideração a constante reiteração da Conferência Geral da OPANAL, expressa em diversas Resoluções, e em especial na de número 213 (X), de 29 de abril de 1987, de que sendo um dos objetivos principais do Tratado de Tlatelolco manter livre de armas nucleares a área compreendida na Zona de aplicação estabelecida em seu artigo 4, é sua aspiração que todos os Estados latino-americanos e do Caribe sejam Partes, do Tratado e se incorporem à OPANAL como membros de pleno direito;

Recordando ainda a Resolução 207 (IX) DA do Tratado para a Proscrição Conferência Geral, aprovada em 9 de maio de 1985, na qual se reconhece o fato de que a vinculação ao Tratado de Tlatelolco de diversos Estados do Caribe reflete a crescente pluralidade da Agência para a Proscrição das Armas nucleares na América Latina,

Resolve:

1. Adicionar à denominação legal do Tratado para a Proscrição das Armas Nucleares na América Latina os termos "e no Caribe", e, em consequência, fazer esta modificação na denominação legal estabelecida no artigo 7 do Tratado.

2. Pedir ao Conselho que instrua a Comissão de Bons Ofícios a continuar em seus esforços, em consulta com os países diretamente interessados, com o objetivo de resolver o problema existente com relação ao alcance do artigo 25, parágrafo 2, do Tratado de Tlatelolco, e informe ao Conselho sobre o resultado de suas gestões o mais tardar em 15 de agosto próximo.

RESOLUÇÃO 268 (XII)

▶ Aprovada na 71ª Sessão, celebrada em 10-5-1991.

RESOLUÇÃO APROVADA PELA SEGUNDA REUNIÃO DE SIGNATÁRIOS DO TRATADO DE TLATELOLCO – MODIFICAÇÃO AO TRATADO PARA PROSCRIÇÃO DAS ARMAS NUCLEARES NA AMÉRICA LATINA E NO CARIBE

A Conferência Geral,

Recordando a Resolução 267 (E-V) do Quinto Período Extraordinário de Sessões;

Levando em consideração as gestões da Comissão de Bons Ofícios com o objetivo de avançar na modificação do artigo 25, parágrafo 2, do Tratado de Tlatelolco, que permite, a incorporação de outros Estados;

Levando em conta as recomendações da Segunda Reunião de Signatários do Tratado de Tlatelolco em relação a sua possível modificação,

Resolve:

Substituir o parágrafo 2 do artigo 25 do Tratado pela seguinte redação:

"A condição de Estado-Parte do Tratado de Tlatelolco estará restrita aos Estados Independentes compreendidos na Zona de aplicação do Tratado conforme o seu artigo 4 e o parágrafo 1 do presente artigo, que em 10 de dezembro de 1985 eram membros das Nações Unidas, e aos territórios não autônomos mencionados no documento OEA/CER.P, AG/doc. 1939/85, de 5 de novembro de 1985, ao alcançarem sua independência."

RESOLUÇÃO 290 (VII)

▶ Aprovada na 73ª Sessão, celebrada em 26-8-1992.

EMENDAS AO TRATADO PARA A PROSCRIÇÃO DAS ARMAS NUCLEARES NA AMÉRICA LATINA E NO CARIBE

A Conferência Geral,

Recordando que, como está assinalado no preâmbulo do Tratado para a Proscrição das Armas Nucleares na América Latina, aberto à assinatura na Cidade do México em 14 de fevereiro de 1967, e que entrou em vigor em 25 de abril de 1969, as zonas militarmente desnuclearizadas não constituem um fim em si mesmas, mas um meio para avançar em direção conclusão de um desarmamento geral e completo sob controle internacional eficaz, seguindo os critérios estabelecidos sobre a matéria pelos órgãos pertinentes das Nações Unidas;

Destacando a importância de alcançar, com a possível brevidade, a plena aplicação do Tratado de Tlatelolco, uma vez recebida a ratificação da França ao Protocolo Adicional I do dito instrumento internacional, com o que se obtém a vigência dos dois Protocolos Adicionais cujo objetivo é, por um lado, assegurar o estatuto desnuclearizado dos territórios da Zona latino-americana que estão de jure ou de facto sob controle de potências extracontinentais e, por outro, garantir que as potências nucleares respeitem o estatuto desnuclearizado da América Latina;

Expressando sua satisfação pela decisão dos Governos da Argentina, Brasil e Chile de tomar as medidas necessárias, com a possível brevidade, para que o Tratado entre em plena vigência para cada um destes países;

Exortando de forma respeitosa os Estados da América Latina e do Caribe a cuja adesão o Tratado está aberto a que efetuem de imediato os trâmites correspondentes a fim de ser Partes do dito instrumento internacional, contribuindo assim para uma das causas mais nobres a unir o continente latino-americano;

Reafirmando a importância de que qualquer modificação ao Tratado respeite estritamente os objetivos básicos do mesmo e os elementos fundamentais do necessário Sistema de Controle e Inspeção;

Resolve:

Aprovar e abrir à assinatura as seguintes emendas ao Tratado:

Artigo 14

1. As Partes Contratantes apresentarão à Agência e à Agência Internacional de Energia Atômica, a título informativo, relatórios semestrais, nos quais declararão que nenhuma atividade proibida pelas disposições deste Tratado ocorreu nos respectivos territórios.

2. As Partes Contratantes enviarão simultaneamente à Agência cópia dos relatórios enviados à Agência Internacional de Energia Atômica em relação com as matérias objeto do presente Tratado que sejam relevantes para o trabalho da Agência.

3. A informação proporcionada pelas Partes Contratantes não poderá ser divulgada ou comunicada a terceiros, total ou parcialmente, pelos destinatários dos relatórios, salvo quando aquelas o consintam expressamente.

Artigo 15

1. Por solicitação de qualquer das Partes e com a autorização do Conselho, o Secretário-Geral poderá solicitar, de qualquer das Partes, que proporcione à Agência informação complementar ou suplementar a respeito de qualquer fato ou circunstância extraordinários que afetem o cumprimento do presente Tratado, explicando as razões que para isso tiver. As Partes Contratantes se comprometem a colaborar, pronta e, amplamente, com o Secretário-Geral.

2. O Secretário-Geral informará imediatamente ao Conselho e às Partes sobre tais, solicitações e respectivas respostas.

Texto que substitui o artigo 16 em vigor:

Artigo 16

1. A Agência Internacional de Energia Atômica tem a faculdade de efetuar inspeções especiais, em conformidade com o artigo 12 e com os acordos a que se refere o artigo 13 deste Tratado.

2. Por solicitação de qualquer das Partes e seguindo os procedimentos estabelecidos no artigo 15 do presente Tratado, Conselho poderá enviar à consideração da Agência Internacional de Energia Atômica uma solicitação para que desencadeie os mecanismos necessários para efetuar uma inspeção especial.

3. O Secretário-Geral solicitará ao Diretor-Geral da AIEA que lhe transmita oportunamente as informações que envie para conhecimento da Junta de Governadores da AIEA com relação à conclusão de dita inspeção especial. O Secretário-Geral dará pronto conhecimento de ditas informações ao Conselho.

4. O Conselho, por intermédio do Secretário-Geral, transmitirá ditas informações a todas as Partes Contratantes.

Artigo 19

1. A Agência poderá concluir com a Agência Internacional de Energia Atômica os acordos que a Conferência Geral autorize e considere os apropriados para facilitar

o funcionamento eficaz do sistema de controle estabelecido no presente Tratado.
Renumera-se a partir do artigo 20:

Artigo 20

1. A Agência poderá também estabelecer relações com qualquer organização ou organismo internacional, especialmente com os que venham a criar-se no futuro para supervisionar o desarmamento ou as medidas de controle de armamentos em qualquer parte do mundo.

2. As Partes Contratantes, quando julguem conveniente, poderão solicitar o assessoramento da Comissão Interamericana de Energia Nuclear, em todas as questões de caráter técnico relacionadas com a aplicação, do presente Tratado, sempre que assim o permitam as faculdades conferidas à dita Comissão pelo seu estatuto.

DECLARAÇÃO DE DISPENSA

CELSO L. N. AMORIM

Ministro de Estado das Relações Exteriores da República Federativa do Brasil

Faço saber que o Governo da República Federativa do Brasil, de conformidade com o disposto no segundo parágrafo do artigo 28 do Tratado para a Proscrição das Armas Nucleares na América Latina e no Caribe (Tratado de Tlatelolco), concluído na Cidade do México, em 14 de fevereiro de 1967, conforme modificado pela Resolução 267 (E-V) de 3 de julho de 1990, pela Resolução 268 (XII) de 10 de maio de 1991 e emendado pela Resolução 290 (VII) de 26 de agosto de 1992, todas adotadas pelo Organismo para a Proscrição das Armas Nucleares na América Latina e no Caribe (OPANAL), declara que — já tendo sido preenchidos os requisitos nos incisos (b) e (c) do primeiro parágrafo do artigo 28 do Tratado de Tlatelolco — dispensa o preenchimento dos requisitos estabelecidos nos incisos (a) e (d) do primeiro parágrafo do artigo 28 desse Tratado.

Palácio Itamaraty, Brasília, 24 de maio de 1994.

TRATADO SOBRE A NÃO PROLIFERAÇÃO DE ARMAS NUCLEARES

► O Tratado sobre a Não Proliferação de Armas Nucleares foi assinado em Londres, Moscou e Washington, em 1º-7-1968, e entrou em vigor internacional em 5-3-1970. O Governo brasileiro depositou o Instrumento de Adesão do referido Tratado, em 18-9-1998, passando o mesmo a vigorar para o Brasil, em 18-9-1998. O presente Tratado foi aprovado por meio do Dec. Legislativo nº 65, de 2-7-1998, e promulgado pelo Dec. nº 2.864, de 7-12-1998.

Os Estados signatários deste Tratado, designados a seguir como Partes do Tratado;

Considerando a devastação que uma guerra nuclear traria a toda a humanidade e, em consequência, a necessidade de empreender todos os esforços para afastar o risco de tal guerra e de tomar medidas para resguardar a segurança dos povos;

Convencidos de que a proliferação de armas nucleares aumentaria consideravelmente o risco de uma guerra nuclear;

De conformidade com as resoluções da Assembleia-Geral que reclamam a conclusão de um acordo destinado a impedir maior disseminação de armas nucleares;

Comprometendo-se a cooperar para facilitar a aplicação de salvaguardas pela Agência Internacional de Energia Atômica sobre as atividades nucleares pacíficas;

Manifestando seu apoio à pesquisa, ao desenvolvimento e a outros esforços destinados a promover a aplicação, no âmbito do sistema de salvaguardas da Agência Internacional de Energia Atômica, do princípio de salvaguardar de modo efetivo o trânsito de materiais fonte e físseis especiais, por meio do emprego, em certos pontos estratégicos, de instrumentos e outras técnicas;

Afirmando o princípio de que os benefícios das aplicações pacíficas da tecnologia nuclear – inclusive quaisquer derivados tecnológicos que obtenham as potências nuclearmente armadas mediante o desenvolvimento de artefatos nucleares explosivos – devem ser postos, para fins pacíficos, à disposição de todas as Partes do Tratado, sejam elas Estados nuclearmente armados ou não;

Convencidos de que, na promoção deste princípio, todas as Partes têm o direito de participar no intercâmbio mais amplo possível de informações científicas e de contribuir, isoladamente ou em cooperação com outros Estados, para o desenvolvimento crescente das aplicações da energia nuclear para fins pacíficos;

Declarando seu propósito de conseguir, no menor prazo possível, a cessação da corrida armamentista nuclear e de adotar medidas eficazes tendentes ao desarmamento nuclear;

Instando a cooperação de todos os Estados para a consecução desse objetivo;

Recordando a determinação expressa pelas Partes no preâmbulo do Tratado de 1963, que proíbe testes com armas nucleares na atmosfera, no espaço cósmico e sob a água, de procurar obter a cessação definitiva de todos os testes de armas nucleares e de prosseguir negociações com esse objetivo;

Desejando promover a diminuição da tensão internacional e o fortalecimento da confiança entre os Estados, de modo a facilitar a cessação da fabricação de armas nucleares, a liquidação de todos seus estoques existentes e a eliminação dos arsenais nacionais de armas nucleares e dos meios de seu lançamento, consoante um Tratado de Desarmamento Geral e Completo, sob eficaz e estrito controle internacional;

Recordando que, de acordo com a Carta das Nações Unidas, os Estados devem abster-se, em suas relações internacionais, da ameaça ou do uso da força contra a integridade territorial ou a independência política de qualquer Estado, ou agir de qualquer outra maneira contrária aos Propósitos das Nações Unidas, e que o estabelecimento e a manutenção da paz e segurança internacionais devem ser promovidos com o menor desvio possível dos recursos humanos e econômicos mundiais para armamentos.

Convieram no seguinte:

Artigo I

Cada Estado nuclearmente armado, Parte deste Tratado, compromete-se a não transferir, para qualquer recipiendário, armas nucleares ou outros artefatos explosivos nucleares, assim como o controle, direto ou indireto, sobre tais armas ou artefatos explosivos e, sob forma alguma assistir, encorajar ou induzir qualquer Estado não nuclearmente armado a fabricar, ou por outros meios adquirir armas nucleares ou outros artefatos explosivos nucleares, ou obter controle sobre tais armas ou artefatos explosivos nucleares.

Artigo II

Cada Estado não nuclearmente armado, Parte deste Tratado, compromete-se a não receber a transferência, de qualquer fornecedor, de armas nucleares ou outros artefatos explosivos nucleares, ou o controle, direto ou indireto, sobre tais armas ou artefatos explosivos; a não fabricar, ou por outros meios adquirir armas nucleares ou outros artefatos explosivos nucleares, e a não procurar ou receber qualquer assistência para a fabricação de armas nucleares ou outros artefatos explosivos nucleares.

Artigo III

1. Cada Estado não nuclearmente armado, Parte deste Tratado, compromete-se a aceitar salvaguardas – conforme estabelecidas em um acordo a ser negociado e celebrado com a Agência Internacional de Energia Atômica, de acordo com o Estatuto da Agência Internacional de Energia Atômica e com o sistema de salvaguardas da Agência – com a finalidade exclusiva de verificação do cumprimento das obrigações assumidas sob o presente Tratado, e com vistas a impedir que a energia nuclear destinada a fins pacíficos venha a ser desviada para armas nucleares ou outros artefatos explosivos nucleares. Os métodos de salvaguardas previstos neste artigo serão aplicados em relação aos materiais fonte ou físseis especiais, tanto na fase de sua produção, quanto nas de processamento ou utilização, em qualquer instalação nuclear principal ou fora de tais instalações. As salvaguardas previstas neste artigo serão aplicadas a todos os materiais fonte ou físseis especiais usados em todas as atividades nucleares pacíficas que tenham lugar no território de tal Estado, sob sua jurisdição, ou aquelas levadas a efeito sob seu controle, em qualquer outro local.

2. Cada Estado, Parte deste Tratado, compromete-se a não fornecer:

a) material fonte ou físsil especial, ou
b) equipamento ou material especialmente destinado ou preparado para o processamento, utilização ou produção de material físsil especial para qualquer Estado não nuclearmente armado, para fins pacíficos, exceto quando o material fonte ou físsil especial esteja sujeito às salvaguardas previstas neste artigo.

3. As salvaguardas exigidas por este artigo serão implementadas de modo que se cumpra o disposto no artigo IV deste Tratado e se evite entravar o desenvolvimento econômico e tecnológico das Partes ou a cooperação internacional no campo das atividades nucleares pacíficas, inclusive no tocante ao intercâmbio internacional de material nuclear e de equipamentos para o processamento, utilização ou produção de material nuclear para fins pacíficos, de conformidade com o disposto neste artigo e com o princípio de salvaguardas enunciado no Preâmbulo deste Tratado.

4. Cada Estado não nuclearmente armado, Parte deste Tratado, deverá celebrar – isoladamente ou juntamente com outros Estados – acordos com a Agência Internacional de Energia Atômica, com a finalidade de cumprir o disposto neste artigo, de conformidade com o Estatuto da Agência Internacional de Energia Atômica. A negociação de tais acordos deverá começar dentro de cento e oitenta dias a partir do começo da vigência do Tratado. Para os Estados que depositarem seus instrumentos de ratificação ou de adesão após esse período de cento e oitenta dias, a negociação de tais acordos deverá começar em data não posterior à do depósito daqueles instrumentos. Tais acordos entrarão em vigor em data não posterior a dezoito meses depois da data do início das negociações.

Artigo IV

1. Nenhuma disposição deste Tratado será interpretada como afetando o direito inalienável de todas as Partes do Tratado de desenvolverem a pesquisa, a produção e a utilização da energia nuclear para fins pacíficos, sem discriminação, e de conformidade com os artigos I e II deste Tratado.

2. Todas as Partes deste Tratado comprometem-se a facilitar o mais amplo intercâmbio possível de equipamento, materiais e informação científica e tecnológica sobre a utilização pacífica da energia nuclear e dele têm o direito de participar. As Partes do Tratado em condições de o fazerem deverão também cooperar – isoladamente ou juntamente com outros Estados ou Organizações Internacionais – com vistas a contribuir para o desenvolvimento crescente das aplicações da energia nuclear para fins pacíficos, especialmente nos territórios dos Estados não nuclearmente armados, Partes do Tratado, com a devida consideração pelas necessidades das regiões do mundo em desenvolvimento.

Artigo V

Cada Parte deste Tratado compromete-se a tomar as medidas apropriadas para assegurar que, de acordo com este Tratado, sob observação internacional apropriada, e por meio de procedimentos internacionais apropriados, os benefícios potenciais de quaisquer aplicações pacíficas de explosões nucleares serão tornados acessíveis aos Estados não nuclearmente armados, Partes deste Tratado, em uma base não discriminatória, e que o custo para essas Partes, dos explosivos nucleares empregados, será tão baixo quanto possível, com exclusão de qualquer custo de pesquisa e desenvolvimento. Os Estados não nuclearmente armados, Partes deste Tratado, poderão obter tais benefícios mediante acordo ou acordos internacionais especiais, por meio de um organismo internacional apropriado no qual os Estados não nuclearmente armados terão representação adequada. As negociações sobre esse assunto começarão logo que possível, após a entrada em vigor deste Tratado. Os Estados não nuclearmente armados, Partes deste Tratado, que assim o desejem, poderão também obter tais benefícios em decorrência de acordos bilaterais.

Artigo VI

Cada Parte deste Tratado compromete-se a entabular, de boa-fé, negociações sobre medidas efetivas para a cessação em data próxima da corrida armamentista nuclear e para o desarmamento nuclear, e sobre um Tratado de desarmamento geral e completo, sob estrito e eficaz controle internacional.

Artigo VII

Nenhuma cláusula deste Tratado afeta o direito de qualquer grupo de Estados de concluir tratados regionais para assegurar a ausência total de armas nucleares em seus respectivos territórios.

Artigo VIII

1. Qualquer Parte deste Tratado poderá propor emendas ao mesmo. O texto de qualquer emenda proposta deverá ser submetido aos Governos depositários, que o circulará entre todas as Partes do Tratado. Em seguida, se solicitados a fazê-lo por um terço ou mais das Partes, os Governos depositários convocarão uma Conferência, à qual convidarão todas as Partes, para considerar tal emenda.

2. Qualquer emenda a este Tratado deverá ser aprovada pela maioria dos votos de todas as Partes do Tratado, incluindo os votos de todos os Estados nuclearmente armados Partes do Tratado e os votos de todas as outras Partes que, na data em que a emenda foi circulada, sejam membros da Junta de Governadores da Agência Internacional de Energia Atômica. A emenda entrará em vigor para cada Parte que depositar seu instrumento de ratificação da emenda após o depósito dos instrumentos de ratificação por uma maioria de todas as Partes, incluindo os instrumentos de ratificação de todos os Estados nuclearmente armados Partes do Tratado e os instrumentos de ratificação de todas as outras Partes que, na data em que a emenda foi circulada, sejam membros da Junta de Governadores da Agência Internacional de Energia Atômica. A partir de então, a emenda entrará em vigor para qualquer outra Parte quando do depósito de seu instrumento de ratificação da emenda.

3. Cinco anos após a entrada em vigor deste Tratado, uma Conferência das Partes será realizada em Genebra, Suíça, para avaliar a implementação do Tratado, com vistas a assegurar que os propósitos do Preâmbulo e os dispositivos do Tratado estejam sendo executados. A partir desta data, em intervalos de cinco anos, a maioria das Partes do Tratado poderá obter – submetendo uma proposta com essa finalidade aos Governos depositários – a convocação de outras Conferências com o mesmo objetivo de avaliar a implementação do Tratado.

Artigo IX

1. Este Tratado estará aberto à assinatura de todos os Estados. Qualquer Estado que não assine o Tratado antes de sua entrada em vigor, de acordo com o parágrafo 3 deste artigo, poderá a ele aderir a qualquer momento.

2. Este Tratado estará sujeito à ratificação pelos Estados signatários. Os instrumentos de ratificação e os instrumentos de adesão serão depositados junto aos Governos do Reino Unido, dos Estados Unidos da América e da União Soviética, que são aqui designados Governos depositários.

3. Este Tratado entrará em vigor após sua ratificação pelos Estados cujos Governos são designados depositários, e por quarenta outros Estados signatários deste Tratado e após o depósito de seus instrumentos de ratificação. Para fins deste Tratado, um Estado nuclearmente armado é aquele que tiver fabricado ou explodido uma arma nuclear ou outro artefato explosivo nuclear antes de 1º de janeiro de 1967.

4. Para os Estados cujos instrumentos de ratificação ou adesão sejam depositados após a entrada em vigor deste Tratado, o mesmo entrará em vigor na data do depósito de seus instrumentos de ratificação ou adesão.

5. Os Governos depositários informarão prontamente a todos os Estados que tenham assinado ou aderido ao Tratado, a data de cada assinatura, a data do depósito de cada instrumento de ratificação ou adesão, a data de entrada em vigor deste Tratado, a data de recebimento de quaisquer pedidos de convocação de uma Conferência ou outras notificações.

6. Este Tratado será registrado pelos Governos depositários, de acordo com o artigo 102 da Carta das Nações Unidas.

Artigo X

1. Cada Parte tem, no exercício de sua soberania nacional, o direito de denunciar o Tratado se decidir que acontecimentos extraordinários, relacionados com o assunto deste Tratado, põem em risco os interesses supremos do país. Deverá notificar essa denúncia a todas as demais Partes do Tratado e ao Conselho de Segurança das Nações Unidas, com três meses de antecedência. Essa notificação deverá incluir uma declaração sobre os acontecimentos extraordinários que a seu juízo ameaçaram seus interesses supremos.

2. Vinte e cinco anos após a entrada em vigor do Tratado, reunir-se-á uma Conferência para decidir se o Tratado continuará em vigor indefinidamente, ou se será estendido por um ou mais períodos adicionais fixos. Essa decisão será tomada pela maioria das Partes no Tratado.

Artigo XI

Este Tratado – cujos textos em inglês, russo, francês, espanhol e chinês são igualmente autênticos – deverá ser depositado nos arquivos dos Governos depositários. Cópias devidamente autenticadas do presente Tratado serão transmitidas pelos Governos depositários aos Governos dos Estados que o assinem ou a ele adiram.

ZONAS POLARES

PROTOCOLO AO TRATADO DA ANTÁRTIDA SOBRE PROTEÇÃO AO MEIO AMBIENTE

► Assinado em Madri, em 4-10-1991. Aprovado por meio do Dec. Legislativo nº 88, de 6-6-1995. Entrou em vigor internacional em 14-1-1998. Promulgado pelo Dec. nº 2.742, de 20-8-1998.

PREÂMBULO

Os Estados-Partes neste Protocolo ao Tratado da Antártida, doravante denominados as Partes;

Convencidos da necessidade de desenvolver a proteção ao meio ambiente antártico e aos ecossistemas dependentes e associados;

Convencidos da necessidade de reforçar o sistema de Tratado da Antártida de maneira a assegurar que a Antártida seja para sempre exclusivamente utilizada para fins pacíficos e não se converta em cenário ou em objeto de discórdia internacional;

Tendo presente a especial situação jurídica e política da Antártida e a responsabilidade especial das Partes Consultivas do Tratado da Antártida de assegurar que todas as atividades executadas na Antártida estejam de acordo com os propósitos e princípios do Tratado;

Recordando a designação da Antártida como Área de Conservação Especial e outras medidas adotadas no quadro do sistema do Tratado da Antártida para proteger o meio ambiente antártico e os ecossistemas dependentes e associados;

Reconhecendo, também, as oportunidades únicas que a Antártida oferece para o monitoramento científico e para a pesquisa de processos de importância global e regional;

Reafirmando os princípios de conservação contidos na Convenção sobre a Conservação dos Recursos Vivos Marinhos Antárticos;

Convencidos de que o desenvolvimento de um regime abrangente de proteção ao meio ambiente antártico e aos ecossistemas dependentes e associados interessa a toda a humanidade;

Desejando complementar para esse fim o Tratado da Antártida;

Acordam no seguinte:

Artigo 1
Definições

Para os fins deste Protocolo:

a) "Tratado da Antártida" significa o Tratado da Antártida feito em Washington a 1º dezembro de 1959;
b) "Área do Tratado da Antártida" significa a área a qual se aplicam as disposições do Tratado da Antártida, de acordo com o artigo VI do referido Tratado;
c) "Reuniões Consultivas do Tratado da Antártida" significa as reuniões mencionadas no artigo IX do Tratado da Antártida;
d) "Partes Consultivas do Tratado da Antártida" significa as Partes Contratantes do Tratado da Antártida com direito a designar representantes para participar das reuniões mencionadas no artigo IX do referido Tratado;
e) "Sistema do Tratado da Antártida" significa o Tratado da Antártida, as medidas vigentes conforme esse Tratado, os instrumentos internacionais independentes associados ao Tratado e que estejam em vigor, assim como as medidas vigentes conforme esses instrumentos;
f) "Tribunal Arbitral" significa o Tribunal Arbitral constituído de acordo com o Apêndice a este Protocolo, que é parte integrante dele;
g) "Comitê" significa o Comitê para Proteção do Meio Ambiente estabelecido de acordo com o artigo 11.

Artigo 2
Objetivo e designação

As Partes comprometem-se a assegurar a proteção abrangente ao meio ambiente antártico e aos ecossistemas dependentes e associados e, por este Protocolo, designam a Antártida como reserva natural, consagrada à Paz e à ciência.

Artigo 3
Princípios relativos à proteção ao meio ambiente

1. A proteção ao meio ambiente antártico e aos ecossistemas dependentes e associados, assim como a preservação do valor intrínseco da Antártida, inclusive suas qualidades estéticas, seu estado natural e seu valor como área destinada à pesquisa científica, especialmente à pesquisa essencial à compreensão do meio ambiente global, serão considerações fundamentais no planejamento e na execução de todas as atividades que se desenvolverem na área do Tratado da Antártida.

2. Com esse fim:

a) as atividades a serem realizadas na área do Tratado da Antártida deverão ser planejadas e executadas de forma a limitar os impactos negativos sobre o meio ambiente antártico e os ecossistemas dependentes e associados;
b) as atividades a serem realizadas na área do Tratado da Antártida deverão ser planejadas e executadas de forma a evitar:

i) efeitos negativos sobre os padrões de clima ou de tempo;
ii) efeitos negativos significativos sobre a qualidade do ar ou da água;
iii) modificações significativas no meio ambiente atmosférico, terrestre (inclusive aquáticos), glacial ou marinho;
iv) mudanças prejudiciais à distribuição, quantidade ou produtividade de espécies ou populações de espécies animais e vegetais;
v) riscos adicionais para as espécies ou populações de tais espécies animais e vegetais, em perigo ou ameaçados de extinção;

vi) degradação ou sério risco de degradação de áreas com significado biológico, científico, histórico, estético ou natural.

c) as atividades a serem realizadas na área do Tratado da Antártida deverão ser planejadas e executadas com base em informações suficientes que permitam avaliações prévias e uma apreciação fundamentada de seus possíveis impactos no meio ambiente antártico e nos ecossistemas dependentes e associados, assim como na importância da Antártida para a realização da pesquisa científica; essas apreciações deverão levar plenamente em consideração:

i) o alcance da atividade, sua área, duração e intensidade;
ii) o impacto cumulativo da atividade, tanto por seu próprio efeito quanto em conjunto com outras atividades na área do Tratado da Antártida;
iii) o efeito prejudicial que puder eventualmente ter a atividade sobre qualquer outra atividade na área do Tratado da Antártida;
iv) a disponibilidade de meios tecnológicos e procedimentos capazes de garantir que as operações sejam seguras para o meio ambiente;
v) a existência de meios de monitoramento dos principais parâmetros relativos ao meio ambiente, assim como dos elementos dos ecossistemas, de maneira a identificar e assinalar com suficiente antecedência qualquer efeito negativo da atividade e a providenciar as modificações dos processos operacionais que puderem ser necessárias à luz dos resultados do monitoramento ou de um melhor conhecimento do meio ambiente antártico e dos ecossistemas dependentes e associados; e
vi) a existência de meios para intervir rápida e eficazmente em caso de acidentes, especialmente aqueles com efeitos potenciais sobre o meio ambiente;

d) um monitoramento regular e eficaz deverá ser mantido para permitir uma avaliação do impacto das atividades em curso, inclusive a verificação do impacto previsto;

e) um monitoramento regular e eficaz deverá ser mantido para facilitar uma identificação rápida dos eventuais efeitos imprevistos sobre o meio ambiente antártico e os ecossistemas dependentes e associados que resultarem de atividades realizadas dentro ou fora da área do Tratado da Antártida.

3. As atividades deverão ser planejadas e executadas na área do Tratado da Antártida de forma a dar prioridade à pesquisa científica e a preservar o valor da Antártida como área consagrada à pesquisa, inclusive às pesquisas essenciais a compreensão do meio ambiente global.

4. As atividades executadas na área do Tratado da Antártida, em decorrência de programas de pesquisa científica, de turismo e de todas as outras atividades governamentais ou não governamentais, na área do Tratado da Antártida, para as quais o parágrafo 5 do artigo VII do Tratado da Antártida, exija notificação prévia, inclusive as atividades associadas de apoio logístico, deverão:

a) desenvolver-se de maneira coerente com os princípios deste artigo; e
b) ser modificadas, suspensas, ou canceladas se provocarem ou ameaçarem provocar, no meio ambiente antártico ou nos ecossistemas dependentes e associados, impacto incompatível com esses princípios.

Artigo 4
Relações com os outros componentes do sistema do Tratado da Antártida

1. Este Protocolo complementa o Tratado da Antártida, mas não o modifica nem emenda.

2. Nenhuma das disposições deste Protocolo prejudica os direitos e obrigações que, para as Partes no Protocolo, resultem de outros instrumentos internacionais em vigor no âmbito do sistema do Tratado da Antártida.

Artigo 5
Compatibilidade com os outros componentes do sistema do Tratado da Antártida

No intuito de assegurar a realização dos objetivos e princípios deste Protocolo e de evitar qualquer impedimento a realização dos objetivos e princípios de outros instrumentos internacionais em vigor no âmbito do sistema do Tratado da Antártida, ou naquela incompatibilidade entre a aplicação desses instrumentos e a deste Protocolo, as Partes deverão consultar as Partes Contratantes dos ditos instrumentos internacionais e suas respectivas instituições e com elas cooperar.

Artigo 6
Cooperação

1. As Partes deverão cooperar no planejamento e realização de atividades na área do Tratado da Antártida. Com essa finalidade, cada Parte deverá esforçar-se no sentido de:

a) promover programas de cooperação de valor científico, técnico e educativo, relativos à proteção ao meio ambiente antártico e aos ecossistemas dependentes e associados;
b) proporcionar às demais Partes assistência apropriada na preparação das avaliações de impacto ambiental;
c) proporcionar às demais Partes, quando essas o requererem, informação sobre qualquer risco potencial para o meio ambiente e fornecer-lhes assistência com vistas a minimizar os efeitos de acidentes suscetíveis de prejudicar o meio ambiente antártico ou os ecossistemas dependentes e associados;
d) consultar as demais Partes a respeito da escolha de sítios de possíveis estações e outras instalações em projeto, a fim de evitar os impactos cumulativos acarretados por sua concentração excessiva em qualquer local;
e) empreender, quando apropriado, expedições conjuntas e compartilhar a utilização de estações e outras instalações; e
f) executar as medidas que forem acordadas durante as Reuniões Consultivas do Tratado da Antártida.

2. Com a finalidade de proteger o meio ambiente antártico e os ecossistemas dependentes e associados, cada Parte compromete-se, tanto quanto possível, a compartilhar as informações úteis para as demais Par-

tes no planejamento e execução de suas atividades na área do Tratado da Antártida.

3. Com a finalidade de assegurar que as atividades na área do Tratado da Antártida não ocasionem impacto negativo no meio ambiente das zonas adjacentes à área do Tratado da Antártida, as Partes deverão cooperar com aquelas que entre elas, exerçerem jurisdição nessas zonas.

Artigo 7
Proibição das atividades relacionadas com os recursos minerais

É proibida qualquer atividade relacionada com recursos minerais, exceto a de pesquisa científica.

Artigo 8
Avaliação de impacto ambiental

1. As atividades propostas, citadas no parágrafo 2 abaixo, deverão estar sujeitas aos procedimentos previstos no Anexo I para avaliação prévia de seu impacto no meio ambiente antártico ou nos ecossistemas dependentes e associados, se forem identificadas como tendo:

a) um impacto inferior a um impacto menor ou transitório;
b) um impacto menor ou transitório; ou
c) um impacto superior a um impacto menor ou transitório.

2. Cada Parte deverá assegurar que os procedimentos de avaliação previstos no Anexo I sejam aplicados ao processo de planejamento das decisões sobre qualquer atividade realizada na área do Tratado da Antártida em decorrência de programas de pesquisa científica, de turismo e de todas as outras atividades governamentais e não governamentais na área do Tratado da Antártida para as quais o artigo VII, parágrafo 5, do Tratado da Antártida, exija notificação prévia, inclusive as atividades associadas de apoio logístico.

3. Os procedimentos de avaliação previstos no Anexo I serão aplicados a toda mudança ocorrida em uma atividade, seja resultante de aumento ou diminuição da intensidade de uma atividade existente, seja da introdução de uma atividade, da desativação de uma instalação ou de qualquer outra causa.

4. Quando as atividades forem planejadas conjuntamente por mais de uma Parte, as Partes envolvidas deverão indicar uma delas para coordenar a aplicação dos procedimentos de avaliação de impacto ambiental previstos no Anexo I.

Artigo 9
Anexos

1. Os Anexos a este Protocolo constituem parte integrante dele.

2. Anexos posteriores aos Anexos I a IV poderão ser adotados e entrar em vigor de acordo com o artigo IX do Tratado da Antártida.

3. As emendas e modificações aos Anexos poderão ser adotadas e entrar em vigor de acordo com o artigo IX do Tratado da Antártida, mas qualquer Anexo poderá conter disposições que abreviem a entrada em vigor de emendas e modificações.

4. Para uma Parte Contratante do Tratado da Antártida que não for Parte Consultiva deste ou que não o tiver sido no momento da adoção de Anexos ou de emendas ou modificações que tiverem entrado em vigor de acordo com o parágrafo 2 e 3 acima, o Anexo, emenda ou modificação de que se tratar, deverá entrar em vigor quando o Depositário tiver recebido a notificação de sua aprovação por essa Parte Contratante, a menos que o Anexo disponha em contrário com relação à entrada em vigor de qualquer emenda ou modificação a ele mesmo.

5. Exceto na medida em que um Anexo dispuser em contrário, os Anexos deverão estar sujeitos aos procedimentos de solução de controvérsias previstos nos artigos 18 a 20.

Artigo 10
Reuniões Consultivas do Tratado da Antártida

1. Valendo-se dos pareceres científicos e técnicos mais abalizados de que disponham, as Reuniões Consultivas do Tratado da Antártida deverão:

a) definir, de acordo com as disposições deste Protocolo, a política geral de proteção abrangente ao meio ambiente antártico e aos ecossistemas dependentes e associados; e
b) adotar as medidas necessárias para aplicação deste Protocolo conforme o artigo IX do Tratado da Antártida.

2. As Reuniões Consultivas do Tratado da Antártida deverão considerar os trabalhos do Comitê e, para a realização das tarefas mencionadas no parágrafo 1 acima, valer-se plenamente de seus pareceres e recomendações, assim como dos pareceres do Comitê Científico para Pesquisas Antárticas.

Artigo 11
Comitê para Proteção ao Meio Ambiente

1. Fica criado o Comitê para Proteção ao Meio Ambiente.

2. Cada Parte terá o direito de ser membro do Comitê e de designar um representante que poderá fazer-se acompanhar de peritos e assessores.

3. A condição de observador no Comitê deverá estar aberta a qualquer Parte Contratante do Tratado da Antártida, que não for Parte deste Protocolo.

4. O Comitê deverá convidar os Presidente do Comitê Científico para as Pesquisas Antárticas e Presidente do Comitê Científico para a Conservação dos Recursos Vivos Marinhos Antárticos a participar de suas sessões como observadores. Com a aprovação da Reunião Consultiva do Tratado da Antártida, o Comitê poderá, igualmente, convidar a participar de suas sessões como observadores quaisquer outras organizações científicas, ambientais e técnicas relevantes que puderem contribuir para seu trabalho.

5. O Comitê deverá apresentar um relatório sobre cada uma de suas sessões à Reunião Consultiva do Tratado da Antártida, o relatório deverá tratar de todos os assuntos examinados durante a sessão e refletir as opiniões expressadas. O relatório será distribuído às Partes e aos observadores presentes à sessão e, em seguida, deverá ter divulgação pública.

6. O Comitê deverá adotar seu regimento interno, que será submetido à aprovação da Reunião Consultiva do Tratado da Antártida.

Artigo 12
Funções do Comitê

1. O Comitê terá a função de emitir pareceres e formular recomendações às Partes sobre a aplicação deste Protocolo, inclusive seus Anexos, para exame durante as Reuniões Consultivas do Tratado da Antártida, e exercer qualquer outra função a ele confiada pelas Reuniões Consultivas do Tratado da Antártida. Em especial, o Comitê deverá pronunciar-se sobre:

a) a eficácia das medidas tomadas em decorrência deste Protocolo;
b) a necessidade de atualizar, fortalecer ou de qualquer outra forma aperfeiçoar essa medida;
c) a eventual necessidade de medidas adicionais, inclusive novos Anexos;
d) a aplicação e execução dos procedimentos de avaliação de impacto ambiental previstos no artigo 8 e no Anexo I;
e) os meios de minimizar ou de atenuar o impacto ambiental das atividades na área do Tratado da Antártida;
f) os procedimentos relativos às situações que exigirem providências urgentes, inclusive para reagir perante situações de emergência no meio ambiente;
g) o funcionamento e desenvolvimento do Sistema de Áreas Protegidas da Antártida;
h) os procedimentos de inspeção, inclusive os modelos de relatórios e as listas de requisitos para as inspeções;
i) a coleta, o arquivamento, a permuta e a avaliação das informações relativas à proteção ao meio ambiente;
j) a situação do meio ambiente antártico; e
k) a necessidade de realizar pesquisas científicas, inclusive o monitoramento do meio ambiente, relacionadas com a aplicação deste Protocolo.

2. No cumprimento de suas funções, o Comitê deverá consultar-se, se for o caso, com o Comitê Científico para Pesquisas Antárticas, o Comitê Científico para a Conservação dos Recursos Vivos Marinhos Antárticos e outras organizações científicas, ambientais e técnicas relevantes.

Artigo 13
Cumprimento deste Protocolo

1. No âmbito de sua competência, cada Parte deverá tomar as medidas necessárias, inclusive a adoção de leis e regulamentos, atos administrativos e medidas coercivas, para assegurar o cumprimento deste Protocolo.

2. Cada Parte deverá levar a cabo, de acordo com a Carta das Nações Unidas, os esforços necessários a que ninguém empreenda qualquer atividade contrária a este Protocolo.

3. Cada Parte deverá notificar todas as demais Partes das medidas que tomar em decorrência dos parágrafos 1 e 2 acima.

4. Cada Parte deverá alertar todas as demais Partes sobre qualquer atividade que, na sua opinião, afetar a consecução dos objetivos e princípios deste Protocolo.

5. As reuniões Consultivas do Tratado da Antártida deverão alertar qualquer Estado que não seja Parte neste Protocolo sobre qualquer atividade desse Estado, seus órgãos, empresas públicas, pessoas físicas ou jurídicas, navios, aeronaves ou outros meios de transporte, que prejudicarem a consecução dos objetivos e princípios deste Protocolo.

Artigo 14
Inspeção

1. No intuito de promover a proteção ao meio ambiente antártico e aos ecossistemas dependentes e associados, e de assegurar o cumprimento deste Protocolo, as Partes Consultivas do Tratado da Antártida deverão, individual ou coletivamente, providenciar a realização de inspeções a serem efetuadas por observadores, de acordo com o artigo VII do Tratado da Antártida.

2. São observadores:

a) os observadores designados por qualquer Parte Consultiva do Tratado da Antártida, que serão nacionais dessa Parte; e
b) qualquer observador designado durante as Reuniões Consultivas do Tratado da Antártida para realizar inspeções, conforme os procedimentos a serem estabelecidos por uma Reunião Consultiva do Tratado da Antártida.

3. As Partes deverão cooperar plenamente com os observadores que efetuarem inspeções e assegurar que, no seu decurso, tenham eles acesso a todos os locais das estações, instalações, equipamento, navios e aeronaves abertos à inspeção conforme com o parágrafo 3 do artigo VII do Tratado da Antártida, assim como a todos os registros que aí se conservem e sejam exigidos em decorrência deste Protocolo.

4. Os relatórios de inspeção serão remetidos às Partes cujas estações, instalações, equipamentos, navios ou aeronaves forem objeto deles. Depois de as essas Partes terem tido a possibilidade de comentá-los, esses relatórios, assim como todos os comentários a respeito deverão ser distribuídos a todas as Partes e ao próprio Comitê, examinados durante a Reunião Consultiva do Tratado da Antártida seguinte e, posteriormente, deverão ter divulgação pública.

Artigo 15
Reação diante de situações de emergência

1. No intuito de reagir diante de situações de emergência para o meio ambiente na área do Tratado da Antártida, cada Parte acorda:

a) em tomar medidas para atuar de maneira rápida e eficaz para reagir diante das emergências que possam sobrevir na execução de programas de pesquisa científica, de turismo e de qualquer outra atividade governamental ou não governamental na área do Tratado da Antártida para as quais o parágrafo 5 do artigo VII do Tratado da Antártida, exija notificação prévia, inclusive as atividades associadas de apoio logístico; e
b) em estabelecer planos de emergência para reagir em casos de acidentes que possam ocasionar efeito

negativo sobre o meio ambiente antártico ou os ecossistemas dependentes e associados.

2. Com esse propósito, as Partes deverão:

a) cooperar na elaboração e aplicação desses planos de emergência; e

b) estabelecer um procedimento de notificação imediata e de reação conjunta em situações de emergência para o meio ambiente.

3. Para a aplicação deste artigo as Partes deverão valer-se do parecer das organizações internacionais apropriadas.

Artigo 16
Responsabilidade

De acordo com os objetivos deste Protocolo para a proteção abrangente ao meio ambiente antártico e aos ecossistemas dependentes e associados, as Partes comprometem-se a elaborar normas e procedimentos relativos à responsabilidade por danos decorrentes de atividades executadas na área do Tratado da Antártida e cobertas por este Protocolo. Tais normas e procedimentos deverão ser incluídos em um ou mais Anexos a serem adotados de acordo com o parágrafo 2 do artigo 9.

Artigo 17
Relatório anual das partes

1. Cada Parte deverá elaborar um relatório anual sobre as medidas adotadas para a aplicação deste Protocolo. Tais relatórios deverão incluir as notificações feitas de acordo com o parágrafo 3 do artigo 13, os planos de emergência estabelecidos conforme o artigo 15 e todas as outras notificações e informações exigidas por este Protocolo e que não sejam previstas por nenhuma outra disposição relativa a transmissão e à permuta de informação.

2. Os relatórios elaborados de acordo com o parágrafo 1 acima deverão ser distribuídos a todas as Partes e ao Comitê, examinados durante a Reunião Consultiva do Tratado da Antártida seguinte e ter divulgação pública.

Artigo 18
Solução de controvérsias

Em caso de controvérsia relativa a interpretação ou a aplicação deste Protocolo, as partes na controvérsia deverão, a pedido de qualquer uma delas, consultar-se entre si, logo que possível, com a finalidade de resolver a controvérsia mediante negociação, inquérito, mediação, conciliação, arbitragem, decisão judicial ou outro meio pacífico de sua escolha.

Artigo 19
Escolha do procedimento para a solução de controvérsias

1. Na ocasião de assinar, ratificar, aceitar ou aprovar este Protocolo, ou de a ele aderir, ou em qualquer momento posterior, cada Parte pode escolher, mediante declaração escrita, um dos dois meios indicados a seguir, ou ambos, para solucionar as controvérsias relativas à interpretação ou à aplicação dos artigos 7, 8 e 15 e, salvo se um Anexo dispuser em contrário, das disposições de qualquer Anexo e, na medida em que

estiver relacionado com esses artigos e disposições, do artigo 13:

a) a Corte Internacional de Justiça;
b) o Tribunal Arbitral.

2. Uma declaração efetuada de acordo com o parágrafo 1 acima não prejudicará a aplicação do artigo 18 e do parágrafo 2 do artigo 20.

3. Considerar-se-á que uma Parte terá aceito a competência do Tribunal Arbitral se não tiver feito uma declaração conforme o parágrafo 1 acima ou cuja declaração, feita conforme o referido parágrafo, não estiver mais em vigor.

4. Caso as Partes em controvérsia tiverem aceito o mesmo modo de solução, a controvérsia somente poderá ser submetida a esse procedimento, a menos que as Partes decidam em contrário.

5. Caso as Partes em uma controvérsia não tiverem aceito o mesmo modo de solução ou se uma e outra tiverem aceito ambos os modos, a controvérsia somente poderá ser submetida ao Tribunal Arbitral, a mesmos que as Partes decidam em contrário.

6. Uma declaração formulada de acordo com o parágrafo 1 acima continuará em vigor até sua expiração de acordo com seus próprios termos ou até 3 (três) meses após o depósito de uma notificação por escrito da sua revogação junto ao Depositário.

7. Uma nova declaração, uma notificação de revogação ou a expiração de uma declaração não prejudicarão de maneira alguma os processos em curso perante a Corte Internacional de Justiça ou o Tribunal Arbitral, a menos que as Partes na controvérsia decidam em contrário.

8. As declarações e notificações mencionadas neste artigo serão depositadas junto ao Depositário, que delas deverá transmitir cópias a todas as Partes.

Artigo 20
Procedimento para a solução de controvérsias

1. Se as Partes em uma controvérsia relativa à interpretação ou à aplicação dos artigos 7, 8 ou 15 ou, salvo se um Anexo dispuser de outro modo, da disposição de qualquer Anexo ou, na medida em que estiver relacionado com esses artigos e disposições, do artigo 13, não concordarem em um modo de solucioná-la, em um prazo de doze meses a partir da solicitação de consulta prevista no artigo 18, a controvérsia será encaminhada para sua solução, a pedido de qualquer das partes na controvérsia, de acordo com o procedimento previsto nos parágrafos 4 e 5 do artigo 19.

2. O Tribunal Arbitral não terá competência para decidir ou despachar qualquer assunto incluído no Âmbito do artigo IV do Tratado da Antártida. Além disso, nada neste Protocolo deverá ser interpretado no sentido de outorgar competência ou jurisdição à Corte Internacional de Justiça ou a qualquer outro tribunal estabelecido com o fim de solucionar controvérsias entre as Partes para decidir ou emitir laudo sobre qualquer assunto incluído no âmbito do artigo IV do Tratado da Antártida.

Artigo 21
Assinatura

Este Protocolo permanecerá aberto a assinatura de qualquer Estado que seja Parte Contratante do Tratado da Antártida, em Madri, até 4 de outubro de 1991 e, posteriormente, em Washington, até 3 de outubro de 1992.

Artigo 22
Ratificação, aceitação, aprovação ou adesão

1. Este Protocolo está sujeito à ratificação, aceitação ou aprovação dos Estados signatários.

2. Depois de 3 de outubro de 1992 neste Protocolo permanecerá aberto à adesão de qualquer Estado que seja Parte Contratante do Tratado da Antártida.

3. Os instrumentos de ratificação, aceitação, aprovação ou adesão serão depositados junto ao Governo dos Estados Unidos da América, designado como Depositário por este Protocolo.

4. Após a data de entrada em vigor deste Protocolo, as Partes Consultivas do Tratado da Antártida não deverão considerar qualquer notificação relativa ao direito de uma Parte Contratante do Tratado da Antártida de indicar representantes para participar das Reuniões Consultivas do Tratado da Antártida de acordo com o parágrafo 2 do artigo IX do Tratado da Antártida, a menos que essa Parte Contratante tenha previamente ratificado, aceito ou aprovado este Protocolo, ou a ele tiver aderido.

Artigo 23
Entrada em vigor

1. Este Protocolo entrará em vigor no trigésimo dia seguinte a data de depósito dos instrumentos de ratificação, aceitação, aprovação ou adesão por todos os Estados que sejam Partes Consultivas do Tratado da Antártida na data da adoção deste Protocolo.

2. Para cada Parte Contratante do Tratado da Antártida que, posteriormente à data de entrada em vigor deste Protocolo, depositar um instrumento de ratificação, aceitação, aprovação ou adesão, este Protocolo entrará em vigor no trigésimo dia seguinte à data do referido depósito.

Artigo 24
Reservas

Não são permitidas reservas a este Protocolo.

Artigo 25
Modificação ou emenda

1. Sem prejuízo das disposições do artigo 9, este Protocolo pode ser modificado ou emendado a qualquer momento, de acordo com os procedimentos estabelecidos no parágrafo 1, alíneas (a) e (b) do artigo XII, do Tratado da Antártida.

2. Se, depois de um período de 50 (cinquenta) anos, a contar da data de entrada em vigor deste Protocolo, qualquer, das Partes Consultivas do Tratado da Antártida o solicitar, por meio de uma comunicação dirigida ao Depositário, uma conferência será realizada, tão logo possível, para rever a aplicação deste Protocolo.

3. Qualquer modificação ou emenda, proposta no decurso de qualquer Conferência de Revisão convocado em decorrência do parágrafo 2 acima, deverá ser adotada pela maioria das Partes, inclusive as três quartas partes dos Estados que, no momento da adoção deste Protocolo, sejam Partes Consultivas do Tratado da Antártida.

4. Qualquer modificação ou emenda adotada nos termos do parágrafo 3 acima entrará em vigor após a ratificação, aceitação, aprovação ou adesão de três quartas partes das Partes Consultivas, inclusive as ratificações, aceitações, aprovações ou adesões de todos os Estados que, no momento da adoção deste Protocolo, sejam Partes Consultivas do Tratado da Antártida.

5. a) No que diz respeito ao artigo 7, perdurará a proibição nele contida das atividades relativas aos recursos minerais a menos que esteja em vigor um regime jurídico compulsório sobre as atividades relativas aos recursos minerais antárticos que incluir um modo acordado para determinar se essas atividades poderiam ser aceitas e, se assim fosse, em que condições. Esse regime deverá salvaguardar plenamente os interesses de todos os Estados mencionados no artigo IV do Tratado da Antártida e aplicar os princípios que ali se encontram enunciados. Em consequência, se uma modificação ou emenda ao artigo 7 for proposta no decurso da Conferência de Revisão mencionada no parágrafo 2 acima, essa proposta deverá incluir o referido regime jurídico compulsório.

b) Se tais modificações ou emendas não tiverem entrado em vigor no prazo de 3 (três) anos a partir da data de sua adoção, qualquer Parte poderá notificar o Depositário, em qualquer momento posterior àquela data, de sua retirada deste Protocolo, e essa retirada entrará em vigor 2 (dois) anos após o recebimento da notificação por parte do Depositário.

Artigo 26
Notificações pelo depositário

O Depositário deverá notificar todas as Partes Contratantes do Tratado da Antártida:

a) das assinaturas deste Protocolo e do depósito dos instrumentos de ratificação, aceitação, aprovação ou adesão;

b) da data de entrada em vigor deste Protocolo e de qualquer Anexo adicional a ele;

c) da data de entrada em vigor de qualquer modificação ou emenda a este Protocolo;

d) do deposito das declarações e notificações feitas em decorrência do artigo 19; e

e) de qualquer notificação recebida em decorrência do parágrafo 5, alínea (b) do artigo 25.

Artigo 27
Textos autênticos e registro junto às Nações Unidas

1. Este Protocolo, feito nas línguas espanhola, francesa, inglesa e russa, sendo cada versão igualmente autêntica, será depositado nos arquivos do Governo dos Estados Unidos da América, que dele enviar cópias devidamente certificadas a todas as Partes Contratantes do Tratado da Antártida.

2. Este Protocolo será registrado pelo Depositário de acordo com as disposições do artigo 102 da Carta das Nações Unidas.

APÊNDICE AO PROTOCOLO

ARBITRAGEM

Artigo 1

1. O Tribunal Arbitral deverá ser constituído e funcionar de acordo com o Protocolo, inclusive este Apêndice.

2. O Secretário ao qual se faz referência neste Apêndice e o Secretário-Geral da Corte Permanente de Arbitragem.

Artigo 2

1. Cada Parte terá o direito de designar Árbitros até o número de três, dos quais pelo menos um será designado no prazo de 3 (três) meses a partir da entrada em vigor do Protocolo para a referida Parte. Cada Árbitro deverá ter experiência em assuntos antárticos, conhecer direito internacional com profundidade e gozar da mais alta reputação de imparcialidade, competência e integridade. Os nomes das pessoas assim designadas constituirão a lista de Árbitros. Cada Parte deverá manter permanentemente o nome de pelo menos um Árbitro nessa lista.

2. Sem prejuízo do parágrafo 3 abaixo, um Árbitro designado por uma Parte permanecerá na lista durante um período de 5 (cinco) anos e poderá ser novamente designado pela referida Parte por períodos adicionais de 5 (cinco) anos.

3. A Parte que tiver designado um Árbitro poderá retirar o nome deste da lista. Em caso de falecimento de um Árbitro ou se, por uma razão qualquer, uma Parte retirar da lista o nome de um Árbitro de sua designação, a Parte que designou o Árbitro em questão deverá informar o Secretário com a maior brevidade. Um Árbitro cujo nome for retirado da lista continuará atuando no Tribunal Arbitral para o qual tiver sido designado até a conclusão do processo que estiver tramitando no Tribunal Arbitral.

4. O Secretário deverá assegurar a manutenção de uma lista atualizada dos Árbitros designados em decorrência deste artigo.

Artigo 3

1. O Tribunal Arbitral deverá ser composto por três Árbitros designados da seguinte forma:

a) A parte na controvérsia que der início ao processo deverá designar um Árbitro, que poderá ser da sua nacionalidade, escolhido da lista mencionada no artigo 2. Essa designação deverá ser incluída na notificação mencionada no artigo 4.

b) No prazo de 40 (quarenta) dias a partir do recebimento da referida notificação, a outra parte na controvérsia deverá designar o segundo Árbitro, que poderá ser da sua nacionalidade, escolhido da lista mencionada no artigo 2.

c) No prazo de 60 (sessenta) dias a partir da designação do segundo Árbitro, as partes na controvérsia deverão designar de comum acordo o terceiro Árbitro, escolhido da lista mencionada no artigo 2. O terceiro Árbitro não poderá ser nacional de parte alguma na controvérsia, nem ser uma pessoa designada para a lista mencionada no artigo 2 por uma das referidas Partes, nem ter a mesma nacionalidade que qualquer dos dois primeiros Árbitros. O terceiro Árbitro presidirá o Tribunal Arbitral.

d) Se o segundo Árbitro não tiver sido designado no prazo estipulado ou caso as partes na controvérsia não tiverem, no prazo estipulado, chegado a um acordo a respeito da escolha do terceiro Árbitro, o Árbitro ou os Árbitros serão designados pelo Presidente da Corte Internacional de Justiça, a pedido de qualquer das partes na controvérsia e no prazo de 30 (trinta) dias a partir do recebimento de tal solicitação, dentre os nomes da lista mencionada no artigo 2 e sem prejuízo das condições enumeradas nas alíneas (b) e (c) acima. No desempenho das funções que lhe são atribuídas nesta alínea, o Presidente da Corte deverá consultar as partes na controvérsia.

e) Se o Presidente da Corte Internacional de Justiça não puder exercer as funções que lhe são atribuídas na alínea (d) acima, ou for nacional de uma das partes na controvérsia, suas funções serão desempenhadas pelo Vice-Presidente da Corte, salvo no caso em que o Vice-Presidente estiver impedido de exercer essas funções ou for nacional de uma das partes na controvérsia, quando essas funções deverão ser exercidas pelo mais antigo dos membros da Corte que estiver disponível e que não for nacional de uma das partes na controvérsia.

2. Qualquer vaga deverá ser preenchida na forma prevista para a designação inicial.

3. Em qualquer controvérsia que envolver mais de duas Partes, as Partes que defenderem os mesmos interesses deverão de comum acordo, designar um Árbitro no prazo especificado no parágrafo 1, alínea (b) acima.

Artigo 4

A parte na controvérsia que der início ao processo disto deverá notificar, por escrito, a outra parte ou partes na controvérsia, assim como o Secretário. Essa notificação deverá incluir uma exposição do pedido e de suas razões. A notificação deverá ser transmitida pelo Secretário a todas as Partes.

Artigo 5

1. A menos que as Partes decidam em contrário, a arbitragem deverá realizar-se na Haia, onde serão conservados os arquivos do Tribunal Arbitral, o Tribunal Arbitral adotará suas próprias normas de procedimento. Tais normas assegurarão a cada parte na controvérsia a possibilidade de ser ouvida e de apresentar seus argumentos; assegurarão igualmente que o processo seja conduzido de forma expedita.

2. O Tribunal Arbitral poderá tomar conhecimento de pedidos reconvencionais que decorrerem da controvérsia e sobre eles decidir.

Artigo 6

1. Quando se considerar prima facie competente conforme o Protocolo, o Tribunal Arbitral poderá:

a) indicar, a pedido de qualquer das partes na controvérsia, as medidas provisórias que julgar necessárias para preservar os respectivos direitos das partes na controvérsia;

b) prescrever quaisquer medidas provisórias que considerar apropriadas, segundo as circunstâncias, para evitar danos graves ao meio ambiente antártico ou aos ecossistemas dependentes e associados.

2. As partes na controvérsia deverão cumprir prontamente qualquer medida provisória prescrita conforme o parágrafo 1, alínea (b) acima, na expectativa do laudo arbitral previsto no artigo 10.

3. Não obstante o prazo estabelecido no artigo 20 deste protocolo, uma das partes na controvérsia poderá a qualquer momento, mediante notificação à outra parte

ou partes na controvérsia e ao Secretário, e de acordo com o artigo 4, solicitar que o Tribunal Arbitral seja constituído em caráter de urgência excepcional para indicar ou prescrever medidas provisórias urgentes de acordo com este artigo. Nesse caso, o Tribunal Arbitral deverá ser constituído, logo que possível, de acordo com o artigo 3, com a diferença de que os prazos do parágrafo 1, alíneas (b) e (c), do artigo 3 e (d) serão reduzidos a 14 (catorze) dias em cada caso. O Tribunal Arbitral decidirá sobre o pedido de medidas provisórias urgentes no prazo de 2 (dois) meses a partir da designação de seu Presidente.

4. Uma vez que o Tribunal Arbitral se tiver pronunciado sobre um pedido de medidas provisórias urgentes de acordo com o parágrafo 3 acima, a solução da controvérsia prosseguirá de acordo com os artigos 18, 19 e 20 do Protocolo.

ARTIGO 7

Qualquer Parte que julgar ter um interesse jurídico geral ou particular que puder vir a ser prejudicado de maneira substancial pelo laudo de um Tribunal Arbitral poderá intervir no processo, a menos que o Tribunal Arbitral decida em contrário.

ARTIGO 8

As partes na controvérsia deverão facilitar o trabalho do Tribunal Arbitral e em especial, de acordo com suas leis e recorrendo a todos os meios à sua disposição, fornecer-lhe todos os documentos e informações pertinentes e habilitá-lo a, quando necessário, convocar testemunhas ou peritos e receber seu depoimento.

ARTIGO 9

Se uma das partes na controvérsia deixar de comparecer perante o Tribunal Arbitral ou abstiver-se de defender sua causa, qualquer outra parte na controvérsia poderá solicitar ao Tribunal Arbitral que dê continuidade ao processo e que emita o laudo.

ARTIGO 10

1. O Tribunal Arbitral deverá decidir, à luz das disposições do Protocolo e de outras normas e princípios de direito internacional aplicáveis que não sejam incompatíveis com o Protocolo, todas as controvérsias que lhe forem submetidas.

2. Se as partes na controvérsia assim o decidirem, o Tribunal Arbitral poderá decidir ex aequo et bono, uma controvérsia que lhe for submetida.

ARTIGO 11

1. Antes de emitir o laudo, o Tribunal Arbitral deverá certificar-se de que tem competência na matéria de controvérsia e de que o pedido ou a reconversão estão bem fundamentados de fato e de direito.

2. O laudo será acompanhado de uma exposição de motivos da decisão adotada e será comunicado ao Secretário, que o transmitirá a todas as Partes.

3. O laudo será definitivo e compulsório para todas as partes na controvérsia e para toda Parte que tiver intervindo no processo e deverá ser cumprido sem demora. A pedido de qualquer parte na controvérsia ou de qualquer Parte interveniente, o Tribunal Arbitral deverá interpretar o laudo.

4. O laudo só será vinculante para a demanda em que for emitido.

5. A menos que o Tribunal Arbitral decidir em contrário, as partes na controvérsia deverão assumir-lhe em partes iguais os custos, inclusive a remuneração dos Árbitros.

ARTIGO 12

Todas as decisões do Tribunal Arbitral, inclusive as mencionadas nos artigos 5, 6 e 11, serão adotadas pela maioria dos Árbitros, que não poderão abster-se de votar.

ARTIGO 13

1. Este Apêndice pode ser emendado ou modificado por uma medida adotada de acordo com o parágrafo 1 do artigo IX do Tratado da Antártida. Salvo no caso em que a medida dispuser em contrário, a emenda ou modificação será considerada aprovada e entrará em vigor 1 (um) ano após o encerramento da Reunião Consultiva do Tratado da Antártida em que tiver sido adotada, a menos que uma ou mais Partes Consultivas do Tratado da Antártida nesse prazo notifiquem o Depositário de que desejam uma prorrogação do referido prazo ou de que não se encontram em condições de aprovar a medida.

2. Qualquer emenda ou modificação deste Apêndice que entrar em vigor de acordo com o parágrafo 1 acima, entrará em vigor em seguida para qualquer outra Parte quando tiver sido recebido pelo Depositário a notificação da aprovação por esta feita.

ANEXO I

AO PROTOCOLO AO TRATADO DA ANTÁRTIDA SOBRE PROTEÇÃO AO MEIO AMBIENTE

AVALIAÇÃO DE IMPACTO AMBIENTAL

ARTIGO 1

Fase preliminar

1. O impacto ambiental das atividades propostas, mencionadas no artigo 8 do Protocolo, deverá ser considerado antes do início dessas atividades, de acordo com os procedimentos nacionais apropriados.

2. Se for determinado que uma atividade tem um impacto inferior a um impacto menor ou transitório, tal atividade poderá ser iniciada imediatamente.

ARTIGO 2

Avaliação preliminar de impacto ambiental

1. A menos que se verifique que uma atividade deverá ter um impacto inferior a um impacto menor ou transitório ou que uma Avaliação Abrangente de Impacto Ambiental estiver sendo efetuada de acordo com o artigo 3, deverá ser preparada uma Avaliação Preliminar de Impacto Ambiental. Esta deverá ser suficientemente pormenorizada para permitir avaliar se a atividade proposta poderá ter um impacto superior a um impacto menor ou transitório e deverá compreender:

a) uma descrição da atividade proposta, inclusive seu objetivo, localização, duração e intensidade; e

b) um exame das alternativas à atividade proposta e de qualquer impacto que essa atividade puder causar no meio ambiente, inclusive a consideração de impactos cumulativos, à luz das atividades existentes e das atividades planejadas de que haja conhecimento.

2. Se uma Avaliação Preliminar de Impacto Ambiental indicar que uma atividade proposta não deverá ter, provavelmente, um impacto superior a um impacto menor ou transitório, a atividade poderá ser iniciada, sempre que procedimentos apropriados, que poderão incluir o monitoramento, forem estabelecidos para avaliar e verificar o impacto dessa atividade.

Artigo 3
Avaliação abrangente de impacto ambiental

1. Se uma avaliação Preliminar de Impacto Ambiental revelar, ou de outro modo for verificado, que uma atividade proposta deverá provavelmente ter um impacto superior a um impacto menor ou transitório, deverá ser preparada uma Avaliação Abrangente de Impacto Ambiental.

2. Uma Avaliação Abrangente de Impacto Ambiental deverá compreender:

a) uma descrição da atividade proposta, inclusive seu objetivo, localização, duração e intensidade, assim como as alternativas possíveis à atividade, inclusive sua não realização, e as consequências dessas alternativas;

b) uma descrição do estado inicial do meio ambiente que servirá de referência e com o qual deverão comparar-se as mudanças previstas, e um prognóstico de qual seria no futuro, e na ausência da atividade proposta, o estado do meio ambiente que servir de referência;

c) uma descrição dos métodos e dados utilizados para prever os impactos da atividade proposta;

d) uma estimativa da natureza, extensão, duração e intensidade dos impactos diretos prováveis da atividade proposta;

e) um exame dos eventuais impactos indiretos ou secundários da atividade proposta;

f) um exame dos impactos cumulativos da atividade proposta, à luz das atividades existentes e das outras atividades planejadas de que houver conhecimento;

g) a identificação das medidas, inclusive programas de monitoramento, que puderem ser adotadas para reduzir a um nível mínimo ou atenuar os impactos da atividade proposta e para detectar os impactos imprevistos, assim como das que permitirem alertar imediatamente sobre todo efeito negativo da atividade e reagir com rapidez e eficácia aos acidentes;

h) a identificação dos impactos inevitáveis da atividade proposta;

i) uma avaliação dos efeitos da atividade proposta na execução de pesquisa científica e de outros usos e valores existentes;

j) uma identificação das lacunas no conhecimento e das incertezas encontradas na coleta das informações exigidas por este parágrafo;

k) um resumo não técnico das informações fornecidas conforme este parágrafo; e

l) o nome e o endereço da pessoa ou da organização que tiver realizado a Avaliação Abrangente de Impacto Ambiental e o endereço ao qual os comentários a respeito da Avaliação deverão ser dirigidos.

3. O projeto de Avaliação Abrangente de Impacto Ambiental deverá ser divulgado e distribuído para comentários a todas as Partes, as quais, por sua vez, deverão proceder a sua divulgação pública. Um período de noventa dias será concedido para o recebimento dos comentários.

4. O projeto de Avaliação Abrangente de Impacto Ambiental será enviado ao Comitê, ao mesmo tempo em que for distribuído às Partes, pelo menos cento e vinte dias antes da Reunião Consultiva do Tratado da Antártida seguinte, para a devida consideração.

5. Nenhuma decisão definitiva quanto à execução da atividade proposta na área do Tratado da Antártida será tomada antes de o projeto de Avaliação Abrangente de Impacto Ambiental ter sido examinado pela Reunião consultiva do Tratado da Antártida, a instâncias do Comitê, e sempre que nenhuma decisão de executar a atividade proposta sofrer, devido à aplicação deste parágrafo, um atraso superior a quinze meses a contar da data de distribuição do projeto de Avaliação Abrangente do Impacto Ambiental.

6. Uma Avaliação Abrangente de Impacto Ambiental definitiva deverá examinar e incluir ou resumir os comentários recebidos sobre o projeto de Avaliação Abrangente de Impacto Ambiental. A Avaliação Abrangente de Impacto Ambiental definitiva, a notificação de qualquer decisão a seu respeito e qualquer avaliação da importância dos impactos previstos relativamente às vantagens da atividade proposta serão distribuídas a todas as Partes, as quais, por sua vez, deverão proceder a sua divulgação pública, pelo menos sessenta dias antes do começo da atividade proposta na área do Tratado da Antártida.

Artigo 4
Utilização da avaliação abrangente na tomada de decisões

Qualquer decisão de dar ou não início a uma atividade de proposta à qual se aplique o artigo 3, e, no caso afirmativo, se em sua forma original ou modificada, deverá ser fundamentada na Avaliação Abrangente de Impacto Ambiental, bem como em outras considerações pertinentes.

Artigo 5
Monitoramento

1. Deverão ser estabelecidos procedimentos, inclusive de monitoramento apropriado dos indicadores ambientais básicos, para avaliar e verificar o impacto de qualquer atividade realizada após a conclusão de uma Avaliação Abrangente de Impacto Ambiental.

2. Os procedimentos mencionados no parágrafo 1 acima e no parágrafo 2 do artigo 2 deverão ser concebidos para fornecer um registro regular e verificável dos impactos da atividade com a finalidade de *inter alia*:

a) permitir a realização de avaliações que indicarem em que medida esses impactos são compatíveis com o Protocolo; e

b) fornecer informações úteis para reduzir a um nível mínimo ou atenuar os impactos e, quando apropriado, fornecer informações sobre a necessidade, de suspensão, cancelamento ou modificação da atividade.

Artigo 6
Transmissão de informações

1. As seguintes informações deverão ser distribuídas às Partes, enviadas ao Comitê e divulgadas publicamente:

a) uma descrição dos procedimentos mencionados no artigo 1;
b) uma lista anual de todas as avaliações preliminares de impacto ambiental realizadas de acordo com o artigo 2 e de todas as decisões tomadas em consequência dessas avaliações;
c) as informações significativas obtidas com base nos procedimentos estabelecidos de acordo com o parágrafo 2 do artigo 2 e com o artigo 5 e qualquer ação realizada em consequência dessas informações; e
d) as informações mencionadas no parágrafo 6 do artigo 3.

2. Qualquer Avaliação Preliminar de Impacto Ambiental efetuada de acordo com o artigo 2 deverá estar disponível a pedido.

Artigo 7
Situações de emergência

1. Este Anexo não será aplicado em situações de emergência relacionadas com a segurança da vida humana ou de navios, aeronaves ou equipamentos e instalações de alto valor ou com a proteção do meio ambiente, as quais exigirem que uma atividade seja realizada sem aguardar o cumprimento dos procedimentos estabelecidos neste Anexo.

2. Todas as Partes e o próprio Comitê deverão ser imediatamente notificados das atividades realizadas em situações de emergência e que em outras circunstâncias teriam exigido a preparação de uma Avaliação Abrangente de Impacto Ambiental. Uma explicação completa das atividades realizadas deverá ser fornecida no prazo de noventa dias a partir de sua ocorrência.

Artigo 8
Emenda ou modificação

1. Este Anexo pode ser emendado ou modificado por uma medida adotada de acordo com o parágrafo 1 do artigo IX do Tratado da Antártida. Salvo no caso em que a medida dispuser em contrário, a emenda ou modificação será considerada aprovada e entrará em vigor um ano após o encerramento da Reunião Consultiva do Tratado da Antártida em que tiver sido adotada, a menos que uma ou mais Partes Consultivas do Tratado da Antártida nesse prazo notifiquem o Depositário de que desejam uma prorrogação do referido prazo ou de que não se encontram em condições de aprovar a medida.

2. Qualquer emenda ou modificação deste Anexo que entrar em vigor de acordo com o parágrafo 1 acima, entrará em vigor em seguida para qualquer outra Parte quando tiver sido recebida pelo Depositário a ratificação de aprovação por esta feita.

ANEXO II

AO PROTOCOLO AO TRATADO DA ANTÁRTIDA SOBRE PROTEÇÃO AO MEIO AMBIENTE

CONSERVAÇÃO DA FAUNA E DA FLORA DA ANTÁRTIDA

Artigo 1
Definições

Para os fins deste Anexo:
a) "mamífero nativo" significa qualquer membro de qualquer espécie pertencente à classe dos mamíferos, autóctone da área do Tratado da Antártida, ou que possa ali ser encontrada sazonalmente devido a migrações naturais;
b) "ave nativa" significa qualquer membro, em qualquer etapa de seu ciclo de vida (inclusive os ovos), de qualquer espécie pertencente à classe das aves, autóctone da área do Tratado da Antártida, ou que possa ali ser encontrada sazonalmente devido a migrações naturais;
c) "planta nativa" significa qualquer vegetação terrestre ou de água doce, inclusive briófitos, liquens, fungos e algas, em qualquer etapa de seu ciclo de vida (inclusive as sementes e outros propágulos), autóctone da área do Tratado da Antártida;
d) "invertebrado nativo" significa qualquer invertebrado terrestre ou de água doce, em qualquer etapa de seu ciclo de vida, autóctone da área do Tratado da Antártida;
e) "autoridade competente" significa qualquer pessoa ou órgão autorizado por uma Parte a expedir licenças conforme este Anexo;
f) "licença" significa uma permissão formal, por escrito, expedida por uma autoridade competente;
g) "apanhar" ou "apanha" significa matar, ferir, capturar, manipular ou perturbar um mamífero ou ave nativos, ou retirar ou danificar uma tal quantidade de plantas nativas que sua distribuição local ou sua abundância seja prejudicada de maneira significativa;
h) "interferência nociva" significa:
   i) os voos ou aterrissagens de helicópteros ou de outras aeronaves que perturbem as concentrações de aves e focas;
   ii) a utilização de veículos ou navios, inclusive veículos sobre colchão de ar e pequenas embarcações, que perturbe as concentrações de aves e focas;
   iii) a utilização de explosivos e armas de fogo que perturbe as concentrações de aves e focas;
   iv) a perturbação deliberada, por pedestres, de aves em fase de reprodução ou muda, ou das concentrações de aves ou focas;
   v) danos significativos às concentrações de plantas terrestres nativas em decorrência da aterrissagem de aeronaves, condução de veículos ou pisoteio, ou por outro meio;
   vi) qualquer atividade que ocasione uma modificação desfavorável significativa do habitat de qualquer espécie ou população de mamíferos, aves, plantas ou invertebrados nativos;
i) "Convenção Internacional para a Regulamentação da Pesca à Baleia" significa a Convenção de Washington, de 2 de dezembro de 1946.

Artigo 2
Situações de emergência

1. Este Anexo não será aplicado em situações de emergência relacionadas com a segurança da vida humana ou de navios, aeronaves ou equipamentos e instalações de alto valor ou com a proteção ao meio ambiente.

2. Todas as Partes e o Comitê deverão ser imediatamente notificados das atividades realizadas em situações de emergência.

Artigo 3
Proteção da fauna e da flora nativas

1. É proibida a "apanha" ou qualquer interferência nociva, salvo quando objeto de licença.

2. Essa licença deverá especificar a atividade autorizada, inclusive data e lugar, bem como a identidade de quem a executará, e somente será concedida nos seguintes casos:

a) para proporcionar espécimes destinados ao estudo ou à informação científica;
b) para proporcionar espécimes destinados aos museus, herbários, jardins zoológicos ou botânicos ou a outras instituições ou usos de caráter educativo ou cultural;
c) para atender às consequências inevitáveis das atividades científicas não autorizadas conforme as alíneas (a) ou (b) acima ou da construção e do funcionamento de instalações de apoio científico.

3. A concessão dessa licença deverá ser limitada de maneira a assegurar:

a) que não sejam apanhados mais mamíferos, aves ou plantas nativas que os estritamente necessários para cumprir os objetivos estabelecidos no parágrafo 2 acima;
b) que somente se abata um pequeno número de mamíferos ou aves nativos e que em nenhum caso sejam abatidos mais mamíferos ou aves das populações locais que o número que, em combinação com outras "apanhas" autorizadas, puder ser normalmente substituído por reprodução natural na estação seguinte; e
c) que se preserve a diversidade das espécies assim como o habitat essencial à sua existência e à manutenção do equilíbrio dos sistemas ecológicos existentes na área do Tratado da Antártida.

4. Todas as espécies de mamíferos, aves e plantas enumeradas no Apêndice A deste Anexo deverão ser designadas "Espécies Especialmente Protegidas" e deverão receber proteção especial das Partes.

5. Não deverá ser concedida licença alguma de "apanha" de uma Espécie Especialmente Protegida, a menos que:

a) corresponda a um objetivo científico primordial;
b) não coloque em perigo a sobrevivência ou a recuperação dessa espécie ou da população local; e
c) utilize técnicas não letais, sempre que apropriado.

6. Qualquer "apanha" de mamíferos e aves nativos deverá fazer-se do modo a provocar o menor grau de dor e padecimento.

Artigo 4
Introdução de espécies não nativas, parasitas e enfermidades

1. Não deverá ser introduzida quer em terra, quer nas plataformas de gelo, quer nas águas da área do Tratado da Antártida qualquer espécie animal ou vegetal que não seja autóctone da área do Tratado da Antártida, salvo quando objeto de uma licença.

2. Os cães não poderão ser introduzidos em terra ou na plataforma de gelo e aqueles que se encontrem atualmente nessas regiões deverão ser retirados até 1º de abril de 1994.

3. As licenças mencionadas no parágrafo 1 acima somente serão concedidas para permitir a introdução dos animais e plantas enumerados no Apêndice B deste Anexo e deverão especificar as espécies, o número e, se for o caso, a idade e o sexo dos animais e plantas que poderão ser introduzidos, assim como as precauções a serem tomadas para evitar que se evadam ou entrem em contato com a fauna e a flora nativas.

4. Qualquer planta ou animal para o qual se tiver concedido uma licença de acordo com os parágrafos 1 e 3 acima deverá, antes do vencimento da licença, ser retirado da área do Tratado da Antártida ou destruído por incineração ou por qualquer outro meio igualmente eficaz que permitir eliminar os riscos para a fauna e a flora nativas. A licença deverá mencionar essa obrigação. Qualquer outra planta ou animal não nativo, inclusive qualquer descendente seu, introduzido na área do Tratado da Antártida deverá ser retirado ou destruído por incineração ou por meio igualmente eficaz que ocasionar sua esterilização, a menos que se determine não apresentar qualquer risco para a flora e a fauna nativas.

5. Nenhuma disposição deste artigo deverá aplicar-se a importação de alimentos na área do Tratado da Antártida sempre que nenhum animal vivo for importado com essa finalidade e que todas as plantas eu partes e produtos de origem animal forem mantidos em condições cuidadosamente controladas e eliminados de acordo com o Anexo III do Protocolo e o Apêndice C deste Anexo.

6. Cada Parte deverá exigir que, com o intuito de impedir a introdução de micro-organismos (por exemplo vírus, bactérias, parasitas, levedos, fungos) que não façam parte da fauna e flora nativas, sejam tomadas precauções, inclusive as relacionadas no Apêndice C a este Anexo.

Artigo 5
Informação

Com a finalidade de assegurar que todas as pessoas presentes na área do Tratado da Antártida ou que tenham a intenção de nela ingressar compreendam e observem as disposições deste Anexo, cada Parte deverá preparar e tornar acessível a tais pessoas informação que exponha especificamente as atividades proibidas e proporcionar-lhes relações das Espécies Especialmente Protegidas e das áreas protegidas pertinentes.

Artigo 6
Permuta de informações

1. As Partes deverão tomar medidas para:

a) reunir e permutar registros (inclusive registros de licenças) e estatísticas relativas aos números ou quantidades de cada espécie de mamífero, de ave ou planta apanhadas anualmente na área do Tratado da Antártida;
b) obter e permutar informação relativa às condições dos mamíferos, aves, plantas e invertebrados nativos na área do Tratado da Antártida e ao grau de proteção exigido por qualquer espécie ou população;
c) estabelecer um formulário comum no qual, de acordo com o parágrafo 2 abaixo, essas informações sejam apresentadas pelas Partes.

2. Antes do fim de novembro de cada ano, cada Parte deverá informar as outras Partes, bem como o Comitê, das medidas que tiverem sido tomadas em decorrência do parágrafo 1 acima e do número e natureza das licenças concedidas, conforme este Anexo, no período de 1º de julho a 30 de julho anterior.

Artigo 7
Relação com outros acordos fora do sistema do Tratado da Antártida

Disposição alguma deste Anexo prejudica os direitos e obrigações das Partes decorrentes da Convenção Internacional para a Regulamentação da Pesca de Baleia.

Artigo 8
Revisão

As Partes deverão submeter a revisão permanente as medidas destinadas à Conservação da fauna e da flora antárticas levando em conta todas as recomendações do Comitê.

Artigo 9
Emenda ou modificação

1. Este Anexo pode ser emendado ou modificado por uma medida adotada de acordo com o parágrafo 1 do artigo IX do Tratado da Antártida. Salvo no caso em que a medida dispuser em contrário, a emenda ou modificação será considerada aprovada e entrará em vigor 1 (um) ano após o encerramento da Reunião Consultiva do Tratado da Antártida em que tiver sido adotada, a menos que uma ou mais Partes Consultivas do Tratado da Antártida nesse prazo notifiquem o Depositário de que desejam uma prorrogação do referido prazo ou de que não se encontram em condições de aprovar a medida.

2. Qualquer emenda ou modificação deste Anexo que entrar em vigor de acordo com o parágrafo 1 acima, entrará em vigor em seguida para qualquer outra Parte quando tiver sido recebida pelo Depositário a notificação da aprovação por esta feita.

APÊNDICES AO ANEXO II

Apêndice A
ESPÉCIES ESPECIALMENTE PROTEGIDAS

Todas as espécies de gênero Arctocephalus (focas de pelagem austral ou lobos marinhos de dois pelos) Ommatophoca rossii (foca de Ross).

Apêndice B
INTRODUÇÃO DE ANIMAIS E PLANTAS

Poderão ser introduzidos na área do Tratado da Antártida de acordo com licenças concedidas segundo o artigo 4 deste Anexo os seguintes animais e plantas:

a) plantas domésticas; e
b) animais e plantas de laboratório, inclusive vírus, bactérias, levedos e fungos.

Apêndice C
PRECAUÇÕES PARA PREVENIR A INTRODUÇÃO DE MICRO-ORGANISMOS

1. Aves domésticas: nenhuma ave doméstica ou outras aves vivas poderão ser introduzidas na área do Tratado da Antártida. Antes de ser embaladas para envio à área do Tratado da Antártida, as aves preparadas para consumo deverão ser submetidas a uma inspeção para detectar enfermidades, como por exemplo a doença de Newcastle, a tuberculose e a infecção por levedos. Qualquer ave ou parte de ave não consumida deverá ser retirada da área do Tratado da Antártida ou destruída por incineração ou por meios equivalentes que eliminem os riscos para a flora e a fauna nativas.

2. A introdução de solo não estéril será evitada tanto quanto possível.

ANEXO III

AO PROTOCOLO AO TRATADO DA ANTÁRTIDA SOBRE PROTEÇÃO AO MEIO AMBIENTE

ELIMINAÇÃO E GERENCIAMENTO DE RESÍDUOS

Artigo 1
Obrigações gerais

1. Este Anexo deverá aplicar-se às atividades realizadas na área do Tratado da Antártida relativas aos programas de pesquisa científica, ao turismo e a todas as outras atividades governamentais e não governamentais na área do Tratado da Antártida para as quais o parágrafo 5 do artigo VII do Tratado da Antártida exigir notificação prévia, inclusive as atividades associadas de apoio logístico.

2. A quantidade de resíduos produzidos ou eliminados na área do Tratado da Antártida será reduzida tanto quanto possível, de maneira a minimizar seu impacto sobre o meio ambiente antártico e sua interferência nos valores naturais da Antártida, na pesquisa científica e em outros usos da Antártida em conformidade com os termos do Tratado da Antártida.

3. O armazenamento, a eliminação e a retirada dos resíduos da área do Tratado da Antártida, assim como sua reciclagem e sua redução na fonte, serão considerações essenciais no planejamento e na execução de atividades na área do Tratado da Antártida.

4. Os resíduos removidos da área do Tratado da Antártida serão, tanto quanto possível, devolvidos ao país onde se tiverem organizado as atividades que houverem gerado esses resíduos ou a qualquer outro país onde tiverem sido tomadas providências para a eliminação de tais resíduos, de acordo com os acordos internacionais pertinentes.

5. Os sítios antigos e atuais de eliminação de resíduos em terra e os sítios de trabalho de atividades antárticas abandonados deverão ser limpos por quem houver gerado os resíduos e pelo usuário de tais sítios. Esta obrigação não será interpretada de modo a exigir:

a) a retirada de qualquer estrutura designada como sítio histórico ou monumento; ou
b) a retirada de qualquer estrutura ou resíduos, em circunstâncias tais que a retirada por meio de qualquer procedimento prático, acarretará para o meio ambiente um impacto negativo maior do que se a estrutura ou os resíduos fossem deixados no lugar onde se encontrassem.

Artigo 2
Eliminação dos resíduos mediante sua remoção da área do Tratado da Antártida

1. Se forem gerados depois da entrada em vigor deste Anexo, os seguintes resíduos serão removidos da área do Tratado da Antártida por quem os tiver gerado:
   a) materiais radioativos;
   b) baterias elétricas;
   c) combustíveis, tanto líquidos quanto sólidos;
   d) resíduos que contenham níveis perigosos de metais pesados ou compostos persistentes altamente tóxicos ou nocivos.
   e) cloreto de polivinila (PVC), espuma de poliuretano, espuma de polestireno, borracha e óleos lubrificantes, madeiras tratadas e outros produtos que contenham aditivos que possam produzir emissões perigosas caso incinerados.
   f) todos os demais resíduos plásticos, salvo recipientes de polietileno de baixa densidade (como as bolsas destinadas ao armazenamento de resíduos), sempre que tais recipientes sejam incinerados de acordo com o parágrafo 1 do artigo 3;
   g) tambores de combustível; e
   h) outros resíduos sólidos incombustíveis;

Sempre que a obrigação de remover os tambores e os resíduos sólidos incombustíveis contida nas alíneas (g) e (h) acima não se aplique em circunstâncias tais que a retirada desses resíduos, por meio de qualquer procedimento prático, teria para o meio ambiente um impacto negativo maior do que se os resíduos fossem deixados nos lugares onde se encontrarem.

2. Os resíduos líquidos que não estejam incluídos no parágrafo 1 acima, o esgoto e os resíduos líquidos domésticos serão removidos da área do Tratado da Antártida, tanto quanto possível, por quem os tiver gerado.

3. A menos que sejam incinerados ou esterilizados em autoclaves ou de qualquer outra maneira, os seguintes resíduos serão removidos da área do Tratado da Antártida por quem os tiver gerado:
   a) resíduos de carcaças de animais importados;
   b) culturas efetuadas em laboratório, de micro-organismos e de plantas patogênicas; e
   c) produtos avícolas introduzidos na área.

Artigo 3
Eliminação de resíduos por incineração

1. Sem prejuízo do parágrafo 2 abaixo, os resíduos combustíveis que não forem retirados da área do Tratado da Antártida, exceto os mencionados no parágrafo 1 do artigo 2, serão queimados em incineradores que reduzam, tanto quanto possível, as emissões perigosas. Deverão ser levadas em consideração quaisquer normas em matéria de emissões e quaisquer diretrizes relativas aos equipamentos recomendadas, *inter alia*, pelo Comitê e pelo Comitê Científico para Pesquisas Antárticas. Os resíduos sólidos resultantes dessa incineração deverão ser removidos da área do Tratado da Antártida.

2. Toda incineração de resíduos ao ar livre deverá ser eliminada progressivamente, tão logo seja possível, e em nenhum caso deverá ultrapassar o fim da temporada 1998/1999. Até o abandono completo dessa prática, quando for necessário eliminar os resíduos por incineração ao ar livre, e para limitar a deposição de partículas e evitar essa deposição nas áreas de especial interesse biológico, científico, histórico, estético ou natural, inclusive, especialmente, as áreas protegidas em virtude do Tratado da Antártida, dever-se-á levar em conta a direção e a velocidade do vento e a natureza dos resíduos a queimar.

Artigo 4
Outras formas de eliminação de resíduos em terra

1. Os resíduos que não tiverem sido removidos ou eliminados de acordo com os artigos 2 e 3 não serão eliminados em áreas desprovidas de gelo ou em sistemas de água doce.

2. O esgoto, os resíduos líquidos domésticos e outros resíduos líquidos que não tiverem sido removidos da área do Tratado da Antártida de acordo com o artigo 2, não serão, tanto quanto possível, eliminados no gelo do mar, nas plataformas de gelo ou no manto de gelo aterrado, mas os resíduos gerados por estações situadas nas plataformas de gelo ou no manto de gelo aterrado poderão ser eliminados em poços profundos cavados no gelo quando tal forma de eliminação for a única opção possível. Tais poços não poderão situar-se nas linhas de fluxo de gelo conhecidas e que desemboquem em áreas desprovidas de gelo ou em áreas de intensa ablação.

3. Os resíduos produzidos em acampamentos serão, tanto possível, retirados por quem os tiver gerado e levados a estações ou navios de apoio para serem eliminados de acordo com este Anexo.

Artigo 5
Eliminação de resíduos no mar

1. Levando-se em conta a capacidade de assimilação do meio ambiente marinho receptor, o esgoto e os resíduos líquidos domésticos poderão ser descarregados diretamente no mar sempre que:
   a) a descarga ocorrer, sempre que possível, em zonas que ofereçam condições propícias a uma diluição inicial e a uma rápida dispersão; e
   b) as grandes quantidades de tais resíduos (gerados em uma estação cuja ocupação semanal média durante o verão austral seja de aproximadamente 30 pessoas ou mais) sejam tratadas, pelo menos, por maceração.

2. Os subprodutos do tratamento de esgoto, mediante o processo do Interruptor Biológico Giratório ou mediante outros processos similares, poderão ser eliminados no mar sempre que a referida eliminação não prejudique o meio ambiente local, e sempre que tal eliminação no mar se realizar de acordo com o Anexo IV ao Protocolo.

Artigo 6
Armazenamento de resíduos

Todos os resíduos que devam ser retirados da área do Tratado da Antártida ou eliminados de qualquer outra forma deverão ser armazenados de modo a evitar sua dispersão no meio ambiente.

Artigo 7
Produtos proibidos

Não serão introduzidos em terra, nas plataformas de gelo ou nas águas da área do Tratado da Antártida os difenis policlorados (PCBs), os solos não estéreis, as partículas e lascas de poliestireno ou tipos de embalagem similares, ou os pesticidas (exceto os destinados a finalidades científicas, médicas ou higiênicas).

Artigo 8
Plano de gerenciamento dos resíduos

1. Cada Parte que executar atividades na área do Tratado da Antártida deverá estabelecer, no que disser respeito a essas atividades, um sistema de classificação de eliminação de resíduos que sirva de base ao registro de resíduos e facilite os estudos destinados a avaliar os impactos ambientais das atividades científicas e do apoio logístico associado. Para esse fim os resíduos produzidos serão classificados como:
   a) águas residuais e resíduos líquidos domésticos (Grupo 1);
   b) outros resíduos líquidos e químicos, inclusive os combustíveis e lubrificantes (Grupo 2);
   c) resíduos sólidos a serem incinerados (Grupo 3);
   d) outros resíduos sólidos (Grupo 4); e
   e) material radioativo (Grupo 5).

2. No intuito de reduzir ainda mais o impacto dos resíduos no meio ambiente antártico, cada Parte deverá preparar, rever e atualizar anualmente seus planos de gerenciamento de resíduos (inclusive a redução, armazenamento e eliminação de resíduos), especificando para cada sítio prefixado, para os acampamentos em geral e para cada navio (exceto as embarcações pequenas utilizadas nas operações em sítios fixos ou navios e levando em consideração os planos de gerenciamento existentes para navios):
   a) os programas de limpeza dos sítios existentes de eliminação de resíduos e dos sítios de trabalho abandonados;
   b) as disposições atuais e planejamento para o gerenciamento de resíduos, inclusive a eliminação final destes;
   c) as disposições atuais e planejadas para analisar os efeitos ambientais dos resíduos e do gerenciamento de resíduos; e
   d) outras medidas para minimizar qualquer efeito dos resíduos e de seu gerenciamento sobre o meio ambiente.

3. Tanto quanto possível, cada Parte deverá preparar igualmente um inventário dos locais de atividades passadas como trilhas, depósitos de combustível, acampamentos de base, aeronaves acidentadas antes que essas informações se percam, de modo que esses locais possam ser levados em consideração quando do preparo de futuros programas científicos (como os referentes a química da neve, aos poluentes nos líquens, ou as perfurações para obtenção de testemunhos de gelo).

Artigo 9
Distribuição e revisão dos planos de gerenciamento dos resíduos

1. Os planos de gerenciamento de resíduos elaborados de acordo com o artigo 8, os relatórios sobre sua execução e os inventários mencionados no parágrafo 3 do artigo 8, deverão ser incluído na permuta anual de informações efetuada de acordo com os artigos III e VII do Tratado da Antártida e as recomendações pertinentes adotadas conforme o artigo IX do Tratado da Antártida.

2. Cada Parte deverá enviar ao Comitê cópias de seus planos de gerenciamento de resíduos, e relatórios sobre sua execução e revisão.

3. O Comitê poderá examinar os planos de gerenciamento de resíduos e os relatórios sobre tais planos e, para consideração das Partes, formular observações, inclusive sugestões que visarem a minimizar o impacto sobre o meio ambiente, assim como a modificar e aprimorar esses planos.

4. As Partes poderão permutar informações e prestar assessoria, inter alia, sobre tecnologias pouco poluentes disponíveis, reconversão de instalações existentes, exigências particulares aplicáveis aos efluentes e métodos apropriados de eliminação e descarga de resíduos.

Artigo 10
Práticas de gerenciamento

Cada Parte deverá:
   a) designar um responsável pelo gerenciamento de resíduos para que desenvolva planos de gerenciamento de resíduos e vigie sua execução; no local, essa responsabilidade será confiada a uma pessoa competente para cada sítio;
   b) assegurar que os membros de suas expedições recebam treinamento destinado a limitar o impacto de suas operações sobre o meio ambiente antártico e a informá-los das exigências deste Anexo; e
   c) desalentar a utilização de produtos de cloreto de polivilina (PVC) e assegurar que suas expedições na área do Tratado da Antártida estejam advertidas sobre qualquer produto de PVC por elas introduzido na área do Tratado da Antártida, no intuito de que os referidos produtos possam ser depois removidos de acordo com este Anexo.

Artigo 11
Revisão

Este Anexo estará sujeito a revisões periódicas no intuito de refletir os progressos realizados na tecnologia o nos processos de eliminação de resíduos e assim assegurar a máxima proteção ao meio ambiente antártico.

Artigo 12
Situações de emergência

1. Este Anexo não será aplicado em situações de emergências relacionadas com a segurança da vida humana ou de navios, aeronaves ou equipamentos e instalações de alto valor ou com a proteção ao meio ambiente.

2. Todas as Partes e o Comitê deverão ser imediatamente notificados das atividades realizadas em situações de emergência.

Artigo 13
Emenda ou modificação

1. Este Anexo pode ser emendado ou modificado por uma medida adotada de acordo com o parágrafo 1 do artigo IX do Tratado da Antártida. Salvo no caso em que

a medida dispuser em contrário, a emenda ou modificação será considerada aprovada e entrará em vigor um ano após o encerramento da Reunião Consultiva do Tratado da Antártida em que tiver sido adotada, a menos que uma ou mais Partes Consultivas do Tratado da Antártida nesse prazo notifiquem o Depositário de que desejam uma prorrogação do referido prazo ou de que não se encontram em condições de aprovar a medida.

2. Qualquer emenda ou modificações deste Anexo que entrar em vigor de acordo com o parágrafo 1 acima, entrará em vigor em seguida para qualquer outra Parte quando tiver sido recebida pelo Depositário a notificação de aprovação por esta feita.

ANEXO IV

AO PROTOCOLO AO TRATADO DA ANTÁRTIDA SOBRE PROTEÇÃO AO MEIO AMBIENTE

PREVENÇÃO DA POLUIÇÃO MARINHA

Artigo 1
Definições

Para os fins deste Anexo:

a) "descarga" significa qualquer vazão de um navio, qualquer que seja a sua causa, e inclui qualquer escapamento, eliminação, derramamento, vazamento, bombeamento, emissão ou esvaziamento;

b) "lixo" significa todo tipo de resíduos alimentares, domésticos e operacionais provenientes do trabalho de rotina do navio, com a exceção de peixe fresco, e de suas partes, e das substâncias incluídas nos artigos 3 e 4.

c) "MARPOL 73/78" significa a Convenção Internacional para a Prevenção da Poluição Causada por Navios, de 1973, emendada pelo Protocolo de 1978 e pelas emendas posteriores em vigor;

d) "substância líquida nociva" significa qualquer substância líquida nociva definida no Anexo II da MARPOL 73/78;

e) "óleo" significa o petróleo em qualquer forma, inclusive o petróleo cru, o óleo combustível, a borra, os resíduos de óleo e os produtos petrolíferos refinados (exceto os produtos petroquímicos sujeitos às disposições do artigo 4);

f) "mistura oleosa" significa qualquer mistura que contenha óleo; e

g) "navio" significa embarcação de qualquer tipo que opere no meio marinho, inclusive os hidrófilos, os veículos sobre colchão de ar, os submersíveis, os meios flutuantes e as plataformas fixas ou flutuantes.

Artigo 2
Aplicação

Este Anexo aplica-se, com respeito a cada Parte, aos navios autorizados a hastear seu pavilhão e, enquanto to operar na área do Tratado da Antártida, a qualquer outro navio que participar em suas operações na Antártida ou que as apoie.

Artigo 3
Descargas de óleo

1. É proibida qualquer descarga de óleo ou misturas oleosas no mar, salvo nos casos autorizados de acordo com o Anexo 1 da MARPOL 73/78. Enquanto estiverem operando na área do Tratado da Antártida, os navios deverão conservar a bordo toda a borra, lastro sujo, água de lavagem dos tanques e outros resíduos de óleo e misturas oleosas que não puderem ser descarregados no mar. Os navios só descarregarão fora da área do Tratado da Antártida, em instalações de recebimento ou em outra forma autorizada pelo Anexo 1 da MARPOL 73/78.

2. Este artigo não será aplicado:

a) à descarga no mar de óleo ou de misturas oleosas provenientes de uma avaria sofrida por um navio ou por seu equipamento:
   i) sempre que todas as precauções razoáveis tiverem sido tomadas após a avaria ou a descoberta da descarga para impedir ou reduzir tal descarga ao mínimo; e
   ii) salvo se o proprietário ou o capitão tiverem agido seja com a intenção de provocar avaria, seja temerariamente e sabendo ser provável que a avaria se produzisse;

b) à descarga ao mar de substâncias que contenham óleo e que estiverem sendo utilizadas para combater casos concretos de poluição a fim de reduzir o dano resultante de tal poluição.

Artigo 4
Descarga de substâncias líquidas nocivas

É proibida a descarga no mar de toda substância líquida nociva e de qualquer outra substância química ou outra substância em quantidade ou concentração prejudiciais para meio ambiente marinho.

Artigo 5
Eliminação de lixo

1. É proibida a eliminação no mar de qualquer material plástico, incluídos, mas não exclusivamente, as cordas e redes de pesca em fibra sintética e os sacos de lixo de matéria plástica.

2. É proibida a eliminação no mar de qualquer outra forma de lixo, inclusive objetos de papel, trapos, vidros, metais, garrafas, louça doméstica, cinza de incineração, material de estiva, revestimentos e material de embalagem.

3. A eliminação dos restos de comida no mar poderá ser autorizada quando tais restos tiverem sido triturados ou moídos, sempre que essa eliminação, salvo nos casos em que puder ser autorizada conforme o Anexo V da MARPOL 73/78, for feita o mais longe possível da terra e das plataformas de gelo, mas em nenhum caso a menos de 12 milhas marinhas da terra ou da plataforma de gelo mais próxima. Esses restos de comida triturados ou moídos deverão poder passar por uma tela cujas aberturas não ultrapassem 25 milímetros.

4. Quando uma substância ou um material incluído neste artigo estiver Misturado, para fins de descarga ou eliminação, com qualquer outra substância ou material cuja descarga ou eliminação estiver submetida

a exigências diferentes, serão aplicadas as exigências mais rigorosas.

5. As disposições dos parágrafos 1 e 2 acima não serão aplicadas:

a) ao escapamento de lixo resultante de avaria sofridas por um navio por seu equipamento, sempre que todas as precauções razoáveis tiverem sido tomadas, antes e depois da avaria, para impedir ou reduzir o escapamento; ou

b) à perda acidental de redes de pesca em fibra sintética, sempre que todas as precauções razoáveis tiverem sido tomadas para impedir essa perda.

6. As Partes deverão exigir, quando apropriado, a utilização de livros de registro de lixo.

Artigo 6
Descarga de esgoto

1. Salvo quando as operações na Antártida forem indevidamente prejudicadas:

a) cada Parte deverá suprimir toda descarga no mar de esgoto sem tratamento (entendendo-se por "esgoto" a definição dada no Anexo IV da MARPOL 73/78) a menos de 12 milhas marinhas da terra ou das plataformas de gelo;

b) além dessa distância, a descarga de esgoto conservada em um tanque de retenção não será efetuada instantaneamente, mas num ritmo moderado e, tanto quanto possível, quando o navio estiver navegando a uma velocidade igual ou superior a 4 nós.

Este parágrafo não se aplica aos navios autorizados a transportar um máximo de 10 pessoas.

2. As Partes deverão exigir, quando apropriado, a utilização de livros de registro de esgoto.

Artigo 7
Situações de emergência

1. Os artigos 3, 4, 5 e 6 deste Anexo não serão aplicados em situações de emergência relacionadas com a segurança de um navio e das pessoas a bordo ou com o salvamento de vidas no mar.

2. Todas as Partes e o Comitê deverão ser imediatamente notificados das atividades realizadas em situações de emergência.

Artigo 8
Efeito sobre os ecossistemas dependentes e associados

Na aplicação das disposições deste Anexo será devidamente considerada a necessidade de se evitarem efeitos prejudiciais sobre os ecossistemas dependentes e associados fora da área do Tratado da Antártida.

Artigo 9
Capacidade de retenção dos navios e instalações de recebimento

1. Cada Parte deverá tomar todas as medidas necessárias para assegurar que, antes de entrar na área do Tratado da Antártida, todos os navios com direito a hastear seu pavilhão e qualquer outro navio que participar em suas operações na Antártida ou as apóie estejam equipados com um ou vários tanques com capacidade suficiente para reter a bordo toda a borra, o lastro sujo, a água de lavagem dos tanques e outros resíduos de óleo e misturas oleosas, tenham capacidade suficiente para a retenção do lixo a bordo, enquanto estiverem operando na área do Tratado da Antártida, e tenham concluído acordos para descarregar esses resíduos petrolíferos e esse lixo numa instalação de recebimento após sua partida da referida área. Os navios também deverão ter capacidade suficiente para reter a bordo substâncias líquidas nocivas.

2. Cada Parte cujos portos forem utilizados por navios que partam em direção à área do Tratado da Antártida ou dela retornem deverá encarregar-se de assegurar o estabelecimento, tão logo seja possível, de instalações apropriadas para o recebimento de toda a borra, o lastro sujo, a água de lavagem dos tanques, outros resíduos de óleo e misturas oleosas e lixo dos navios, sem causar demora indevida e de acordo com as necessidades dos navios que as utilizem.

3. As Partes cujos navios, partindo em direção à área do Tratado da Antártida ou dela retornando, utilizarem os portos de outras Partes deverão consultar essas Partes para assegurar que o estabelecimento de instalações portuárias de recebimento não imponha uma carga injusta sobre as Partes vizinhas à área do Tratado da Antártida.

Artigo 10
Concepção, construção, provisão e equipamento dos navios

Ao conceber, construir, tripular e equipar os navios que participarem em operações na Antártida ou as apóiem, cada Parte deverá levar em consideração os objetivos deste Anexo.

Artigo 11
Imunidade soberana

1. Este Anexo não deverá ser aplicado aos navios de guerra, nem às unidades navais auxiliares, nem a outros navios que, pertencentes a um Estado ou por ele operados e enquanto em serviço governamental, de caráter não comercial. Não obstante, cada Parte deverá, mediante a adoção de medidas oportunas mas sem prejuízo das operações ou da capacidade operativa dos navios desse tipo que lhe pertencerem ou forem por ela explorados, assegurar que, na medida em que for razoável e possível, tais navios atuem de maneira compatível com este Anexo.

2. Na aplicação do parágrafo 1 acima, cada Parte deverá levar em consideração a importância da proteção ao meio ambiente antártico.

3. Cada Parte deverá informar as demais Partes da forma como aplicar esta disposição.

4. O procedimento de solução de controvérsias estabelecido nos artigos 18 a 20 do Protocolo não se aplicará a este artigo.

Artigo 12
Medidas preventivas, preparação para situações de emergência e reação

1. No intuito de reagir com mais eficácia às situações de emergência de poluição marinha ou à ameaça dessas situações na área do Tratado da Antártida, e de acordo com o artigo 15 do Protocolo, as Partes deverão estabelecer planos de emergência para reagir aos casos de poluição marinha na área do Tratado

da Antártida, inclusive planos de emergência para os navios (exceto embarcações pequenas utilizadas nas operações em sítios fixos ou em navios) que estiverem operando na área do Tratado da Antártida, em particular os que transportarem cargas de óleo, e para o caso de derramamento de óleo, provenientes de instalações costeiras, no meio ambiente marinho. Para esse fim deverão:

a) cooperar na formulação e aplicação de tais planos; e
b) valer-se dos pareceres do Comitê, da Organização Marítima Internacional e de outras organizações internacionais.

2. As Partes deverão estabelecer também procedimentos para cooperar na reação às situações de emergência de poluição e tomar medidas de reação apropriadas de acordo com esses procedimentos.

ARTIGO 13
Revisão

Com a finalidade de alcançar os objetivos deste Anexo, as Partes deverão submeter a revisão permanente as disposições dele e as outras medidas destinadas a prevenir e reduzir a poluição ao meio ambiente marinho da Antártida e a ela reagir, inclusive quaisquer emendas e novas regras adotadas conforme a MARPOL, 73/78.

ARTIGO 14
Relação com a MARPOL 73/78

Com respeito às Partes que sejam também Partes da MARPOL, 73/78, nada neste Anexo prejudica os direitos e deveres específicos que dela resultem.

ARTIGO 15
Emenda ou modificação

1. Este Anexo pode ser emendado ou modificado por uma medida adotada de acordo com o parágrafo 1 do artigo IX do Tratado da Antártida. Salvo no caso em que a medida dispuser em contrário, a emenda ou modificação será considerada aprovada e entrará em vigor um ano após o encerramento da Reunião Consultiva do Tratado da Antártida em que tiver sido adotada, a menos que uma ou mais Partes Consultivas do Tratado da Antártida nesse prazo notifiquem o Depositário de que desejam uma prorrogação do referido prazo ou de que não se encontram em condições de aprovar a medida.

2. Qualquer emenda ou modificação deste Anexo que entrar em vigor de acordo com o parágrafo 1 acima, entrará em vigor em seguida para qualquer outra Parte, quando tiver sido recebida pelo Depositário a notificação da aprovação por esta feita.

ANEXO V

AO PROTOCOLO AO TRATADO DA ANTÁRTIDA SOBRE PROTEÇÃO AO MEIO AMBIENTE

PROTEÇÃO E GERENCIAMENTO DE ÁREAS

ARTIGO 1
Definições

Para os fins deste Anexo:

a) "autoridade competente" significa qualquer pessoa ou órgão autorizado por uma Parte a expedir licenças, em conformidade com este Anexo;
b) "licença" significa autorização formal por escrito expedida por uma autoridade competente;
c) "Plano de Gerenciamento" significa um plano para gerenciar as atividades e proteger o valor ou valores especiais em uma Área Antártica Especialmente Protegida ou em uma Área Antártica Especialmente Gerenciada.

ARTIGO 2
Objetivos

Para os fins estabelecidos neste Anexo, qualquer área, inclusive marinha, poderá ser designada como uma Área Antártica Especialmente Protegida ou uma Área Antártica Especialmente Gerenciada. As atividades nessas Áreas serão proibidas, restringidas ou gerenciadas de acordo com Planos de Gerenciamento adotados de acordo com as disposições deste Anexo.

ARTIGO 3
Áreas antárticas especialmente protegidas

1. Qualquer área, inclusive marinha, poderá ser designada como Área Antártica Especialmente Protegida para proteger valores ambientais, científicos, históricos, estético ou naturais notáveis, qualquer combinação desses valores ou pesquisa científica em curso ou planejada.

2. As Partes deverão procurar identificar, numa estrutura geográfica e ambiental sistemática, e incluir na série de Áreas Antárticas Especialmente Protegidas:

a) áreas que se houverem mantido a salvo de qualquer interferência humana, de modo que seja possível, futuramente, efetuarem-se comparações com localidades que tiverem sido atingidas por atividades humanas;
b) exemplos representativos dos principais ecossistemas terrestres, inclusive glaciais e aquáticos, e ecossistemas marinhos;
c) áreas com comunidades importantes ou incomuns de espécies, inclusive as principais colônias de reprodução de aves e mamíferos nativos;
d) a localidade típica ou o único habitat conhecido de qualquer espécie;
e) áreas de interesse particular para a pesquisa científica em curso ou planejada;
f) exemplos de particularidades geológicas, glaciológicas ou geomorfológicas notáveis;
g) áreas de notável valor estético e natural;
h) sítios ou monumentos de reconhecido valor histórico; e
i) outras áreas conforme apropriado para se protegerem os valores indicados no parágrafo 1 acima.

3. Ficam designadas como Áreas Antárticas Especialmente Protegidas, as Áreas Especialmente Protegidas e os Sítios de Especial Interesse Científico como tais designados por anteriores Reuniões Consultivas do Tratado da Antártida, os quais deverão, assim, ser novamente denominados e numerados.

4. O ingresso em Área Antártica Especialmente Protegida e proibido, salvo de acordo com uma licença expedida conforme o artigo 7.

Artigo 4
Áreas antárticas especialmente gerenciadas

1. Qualquer área, inclusive marinha, onde atividades estiverem sendo efetuadas ou puderem sê-lo no futuro, poderá ser designada como Área Antártica Especialmente Gerenciada para assistir no planejamento e coordenação, de atividades, evitar possíveis conflitos, melhorar a cooperação entre as Partes ou minimizar o impacto ambiental.

2. As Áreas Antárticas Especialmente Gerenciadas poderão incluir:
   a) áreas onde as atividades oferecerem riscos de interferência mútua ou impacto ambiental cumulativo; e
   b) sítios ou monumentos de reconhecido valor histórico.

3. O ingresso em Área Antártica Especialmente Gerenciada não exigirá licença.

4. Não obstante o parágrafo 3 acima, uma Área Antártica Especialmente Gerenciada poderá conter uma ou mais Áreas Antárticas Especialmente Protegidas, nas quais o ingresso seja proibido, salvo de acordo com uma licença expedida conforme o artigo 7.

Artigo 5
Planos de gerenciamento

1. Qualquer Parte, o Comitê, o Comitê Científico para a Pesquisa Antártica ou a Comissão para a Conservação dos Recursos Vivos Marinhos Antárticos poderá propor a designação de uma área como Área Antártica Especialmente Protegida ou Área Antártica Especialmente Gerenciada, submetendo uma proposta de Plano de Gerenciamento à Reunião Consultiva do Tratado da Antártida.

2. A área proposta para designação deverá ser de tamanho suficiente para proteger os valores para os quais a proteção especial ou o gerenciamento forem solicitados.

3. As propostas de Plano de Gerenciamento deverão incluir, conforme o caso:
   a) uma descrição do valor ou valores para os quais a proteção especial ou o gerenciamento forem solicitados;
   b) uma declaração das metas e objetivos do Plano de Gerenciamento para a proteção e gerenciamento desses valores;
   c) as atividades de gerenciamento a serem realizadas para proteger os valores para os quais a proteção especial ou o gerenciamento forem solicitados;
   d) um período de designação, se for o caso;
   e) uma descrição da área, inclusive:
   i) as coordenadas geográficas, os marcos de divisa e as particularidades naturais que delimitem a área;
   ii) acesso à área por terra, mar ou ar, inclusive roteiros marítimos e ancoradouros, caminhos para pedestres e veículos dentro da área e rotas de aeronaves e áreas de aterrissagem;
   iii) a localização de estruturas, inclusive estações científicas, instalações de pesquisas ou refúgio tanto dentro da área quanto em suas proximidades; e
   iv) a localização, dentro da área ou em suas proximidades, de outras Áreas Antárticas Especialmente Protegidas ou Áreas Antárticas Especialmente Gerenciadas designadas de acordo com este Anexo ou de outras áreas protegidas designadas de acordo com medidas adotadas conforme outros componentes do sistema do Tratado da Antártida;
   f) a identificação de zonas dentro da área nas quais as atividades deverão ser proibidas, restringidas ou gerenciadas com o fim de alcançar as metas e objetivos indicados na alínea (b) acima;
   g) mapas e fotografias que mostrem claramente os limites da área em relação às particularidades das redondezas e principais particularidades dentro da área;
   h) documentação de apoio;
   i) com referência a uma área proposta para designação como Área Antártica Especialmente Protegida, uma clara descrição das condições nas quais as licenças poderão ser concedidas pela autoridade competente, com relação:
   i) ao acesso à área e movimentação dentro dela ou sobre ela;
   ii) as atividades que forem ou puderem ser efetuadas dentro da área, inclusive restrições temporais e locais;
   iii) à instalação, modificação ou remoção de estruturas;
   iv) à localização de acampamentos;
   v) às restrições a materiais e organismos que puderem ser introduzidos na área;
   vi) à "apanha" de espécimes ou a interferência nociva com a flora e fauna nativas;
   vii) ao recebimento ou remoção de tudo o que não tiver sido introduzido na área pelo titular da licença;
   viii) à eliminação de resíduos;
   ix) às medidas que puderem ser necessárias para assegurar que as metas e objetivos do plano de gerenciamento continuem a ser alcançados; e
   x) às exigências de que, com relação a visitas à área, sejam feitos relatórios às autoridades competentes;
   j) com referência a uma área proposta para designação como Área Antártica Especialmente Gerenciada, um código de conduta com relação:
   i) ao acesso à área e movimentação dentro dela ou sobre ela;
   ii) às atividades que forem ou puderem ser efetuadas dentro da área, inclusive restrições temporais e locais;
   iii) a instalação, modificação ou remoção de estruturas;
   iv) à localização de acampamentos;
   v) à "apanha" de espécimes ou a interferência nociva com a flora e fauna nativas;
   vi) ao recebimento ou remoção de tudo o que não tiver sido introduzido na área pelo titular da licença;
   vii) à eliminação de resíduos; e
   viii) a quaisquer exigências de que, com relação a visitas à área, sejam feitos relatórios as autoridades competentes; e

k) disposições sobre as circunstâncias em que as Partes devam procurar permutar informações antes do início de atividades a que se propuserem.

Artigo 6
Procedimentos de designação

1. Os Planos de Gerenciamento propostos deverão ser encaminhados ao Comitê, ao Comitê Científico sobre Pesquisa Antártica e, se apropriado, à Comissão para a Conservação dos Recursos Vivos Marinhos Antárticos. Ao formular seu parecer à Reunião Consultiva do Tratado da Antártida, o Comitê deverá levar em consideração quaisquer comentários fornecidos pelo Comitê Científico sobre Pesquisa Antártica e, se apropriado, pela Comissão para Conservação dos Recursos Vivos Marinhos Antárticos. A partir de então, os Planos de Gerenciamento poderão ser aprovados pelas Partes consultivas do Tratado da Antártida através de medida adotada em Reunião Consultiva do Tratado da Antártida, de acordo com o parágrafo 1 do artigo IX do Tratado da Antártida. Salvo nos casos em que a medida dispuser em contrário, o Plano será considerado aprovado noventa dias após o encerramento da Reunião Consultiva do Tratado da Antártida em que tenha sido adotado, a menos que, nesse prazo, uma ou mais Partes Consultivas notifiquem o Depositário de que desejam uma prorrogação do referido prazo ou de que não se encontram em condições de aprovar a medida.

2. Levando em consideração as disposições dos artigos 4 e 5 do Protocolo, nenhuma área marinha deverá ser designada como Área Antártica Especialmente Protegida ou Área Antártica Especialmente Gerenciada sem a aprovação prévia da Comissão para a Conservação dos Recursos Vivos Marinhos Antárticos.

3. A designação de uma Área Antártica Especialmente Protegida ou uma Área Antártica Especialmente Gerenciada deverá vigorar por um período indefinido, a menos que o Plano de Gerenciamento disponha em contrário. Pelo menos cada cinco anos deverá ser iniciada uma revisão dos Planos de Gerenciamento. O Plano deverá ser atualizado de acordo com as necessidades.

4. Os Planos de Gerenciamento poderão ser emendados ou revogados de acordo com o parágrafo 1 acima.

5. Quando aprovados, os Planos de Gerenciamento deverão ser distribuídos prontamente pelo Depositário a todas as Partes. O Depositário deverá manter um registro atualizado de todos os Planos de Gerenciamento aprovados.

Artigo 7
Licenças

1. Cada Parte deverá indicar uma autoridade competente para expedir licenças para ingresso e desempenho de atividades dentro de uma Área Antártica Especialmente Protegida, de acordo com as exigências do Plano de Gerenciamento relativo a essa Área. A licença deverá ser acompanhada das partes relevantes do Plano de Gerenciamento e deverá especificar a extensão e localização da Área, as atividades autorizadas, o tempo e o lugar destas e a identidade de quem as executar, bem como quaisquer outras condições impostas pelo Plano de Gerenciamento.

2. No caso de uma Área Antártica Especialmente Protegida como tal designada por anteriores Reuniões Consultivas do Tratado da Antártida e que não tiver um Plano de Gerenciamento, a autoridade competente poderá expedir uma licença para um fim científico de caráter imprescindível que não puder ser satisfeito alhures e que não puser em perigo o sistema ecológico natural na Área.

3. Cada Parte deverá exigir do titular da licença que traga consigo uma cópia desta enquanto se encontrar na Área Antártica especialmente Protegida em questão.

Artigo 8
Sítios e monumentos históricos

1. Os sítios ou monumentos de reconhecido valor histórico que tiverem sido designados Áreas Antárticas especialmente Protegidas ou Áreas Antárticas Especialmente Gerenciadas ou que estiverem localizados dentro de tais Áreas deverão ser relacionados como Sítios e Monumentos Históricos.

2. Qualquer Parte pode propor seja relacionado como Sítio ou Monumento Histórico um sítio ou monumento de valor histórico reconhecido e que não tiver sido designado Área Antártica Especialmente Protegida ou Área Antártica Especialmente Gerenciada nem estiver localizado dentro de tais Áreas. A proposta de relacionamento poderá ser aprovada pelas Partes Consultivas do Tratado da Antártida através de medida adotada em Reunião Consultiva do Tratado da Antártida, de acordo com o parágrafo 1 do artigo IX do Tratado da Antártida. Salvo nos casos em que a medida dispuser em contrário, a proposta será considerada aprovada 90 (noventa) dias após o encerramento da Reunião Consultiva do Tratado da Antártida na qual tiver sido adotada, a menos que nesse prazo uma ou mais Partes Consultivas notifiquem o Depositário de que desejam uma prorrogação do referido prazo ou de que não se encontram em condições de aprovar a medida.

3. Os Sítios e Monumentos Históricos existentes que tenham sido relacionados como tais por anteriores Reuniões Consultivas do Tratado da Antártida deverão ser incluídos na relação de Sítios e Monumentos Históricos conforme este artigo.

4. Os Sítios e Monumentos Históricos relacionados não deverão ser danificados, removidos ou destruídos.

5. A relação de Sítios e Monumentos Históricos pode ser emendada de acordo com o parágrafo 2 acima. O Depositário deverá manter uma relação atualizada de Sítios e Monumentos Históricos.

Artigo 9
Informação e divulgação

1. Com a finalidade de assegurar que todas as pessoas que visitarem ou se proponham a visitar a Antártida compreendam e observem as disposições deste Anexo, cada Parte deverá tornar acessível informação que exponha especificamente:

a) a localização das Áreas Antárticas Especialmente Protegidas e Áreas Antárticas Especialmente Gerenciadas;
b) a relação e os mapas dessas Áreas;
c) os Planos de Gerenciamento, inclusive listas das proibições referentes a cada Área;
d) a localização dos Sítios e Monumentos Históricos e qualquer proibição ou restrição a eles referentes.

2. Cada Parte deverá assegurar que a localização e, se possível, os limites das Áreas Antárticas Especialmente Protegidas, Áreas Antárticas Especialmente Gerenciadas e Sítios e Monumentos Históricos sejam assinalados em seus mapas topográficos, cartas hidrográficas e outras publicações relevantes.

3. As Partes deverão cooperar para assegurar, quando apropriado, que as divisas das Áreas Antárticas Especialmente Protegidas, Áreas Antárticas Especialmente Gerenciadas e Sítios e Monumentos Históricos sejam convenientemente demarcadas no local.

Artigo 10
Permuta de informações

1. As Partes deverão tomar providências para:

a) coletar e Permutar registros, inclusive registros de licenças e relatórios de visitas, entre as quais visitas de inspeção, às Áreas Antárticas Especialmente Protegidas e relatórios de visitas de inspeção as Áreas Antárticas Especialmente Gerenciadas;

b) obter e permutar informação sobre qualquer mudança significativa ou dano a qualquer Área Antártica Especialmente Gerenciada, Área Antártica Especialmente Protegida ou Sítio ou Monumento Histórico; e

c) estabelecer formulários comuns nos quais, de acordo com o parágrafo 2 abaixo, os registros e informações sejam apresentados pelas Partes.

2. Antes do fim de novembro de cada ano, cada Parte deverá informar as outras Partes e o Comitê do número e da natureza das licenças expedidas conforme este Anexo no período de 1º de julho a 30 de junho anterior.

3. Cada Parte que executar, financiar e ou autorizar a pesquisa ou outras atividades em Áreas Antárticas Especialmente Protegidas ou Áreas Antárticas Especialmente Gerenciadas deverá manter um registro de tais atividades e, na permuta anual de informações de acordo com o Tratado, fornecer descrições sumárias das atividades no ano anterior executadas em tais áreas por pessoas sob sua jurisdição.

4. Antes do fim de novembro de cada ano, cada Parte deverá informar as outras Partes e o Comitê das medidas que tiver tomado para aplicar este Anexo, inclusive qualquer inspeção de local e qualquer medida tomada para tratar de casos de atividades contrárias às disposições do Plano de Gerenciamento aprovado para uma Área Antártica Especialmente Protegida ou Área Antártica Especialmente Gerenciada.

Artigo 11
Situações de emergência

1. As restrições formuladas e autorizadas por este Anexo não serão aplicadas em situações de emergência que envolvam a segurança da vida humana ou de navios, aeronaves ou equipamentos e instalações de alto valor ou a proteção ao meio ambiente.

2. Todas as Partes e o Comitê deverão ser imediatamente notificados das atividades realizadas em situações de emergência.

Artigo 12
Emenda ou modificação

1. Este Anexo pode ser emendado ou modificado por uma medida adotada de acordo com o parágrafo 1 do Anexo IX do Tratado da Antártida. Salvo no caso em que a medida dispuser em contrário, a emenda ou modificação será considerada aprovada e entrará em vigor 1 (um) ano após o encerramento da Reunião Consultiva do Tratado da Antártida em que tiver sido adotada, a menos que uma ou mais Partes Consultivas do Tratado da Antártida nesse prazo notifiquem o Depositário de que desejam uma prorrogação do referido prazo ou de que não se encontram em condições de aprovar a medida.

2. Qualquer emenda ou modificação deste Anexo que entrar em vigor de acordo com o parágrafo 1 acima, entrará em vigor em seguida para qualquer outra Parte, quando tiver sido recebida pelo Depositário na notificação de aprovação por esta feita.

TRATADO DA ANTÁRTIDA

▶ Celebrado em Washington a 1º-12-1959. Entrou em vigor em 23-6-1961. O Brasil aderiu a 16-5-1975, com aprovação pelo Dec. Legislativo nº 56, de 29-6-1975, e promulgação pelo Dec. nº 75.963, de 11-7-1975.

▶ Dec. nº 7.108, de 11-2-2010, promulga o texto da Medida 1 (2003) – Secretariado do Tratado da Antártida, adotado durante a 26ª Reunião Consultiva do Tratado da Antártida (ATCM), realizada em Madri, em 2003.

Os Governos da Argentina, Austrália, Bélgica, Chile, República Francesa, Japão, Nova Zelândia, Noruega, União da África do Sul, União das Repúblicas Socialistas Soviéticas, Reino Unido da Grã-Bretanha e Irlanda do Norte, e Estados Unidos da América.

Reconhecendo ser de interesse de toda a humanidade que a Antártida continue para sempre a ser utilizada exclusivamente para fins pacíficos e não se converta em cenário ou objeto de discórdias internacionais;

Reconhecendo as importantes contribuições dos conhecimentos científicos logrados através da colaboração internacional na pesquisa científica realizada na Antártida;

Convencidos de que o estabelecimento de uma firme base para o prosseguimento e desenvolvimento de tal colaboração com lastro na liberdade de pesquisa científica na Antártida, conforme ocorreu durante o Ano Geofísico Internacional, está de acordo com os interesses da ciência e com progresso de toda a humanidade;

Convencidos, também, de que um tratado que assegure a utilização da Antártida somente para fins pacíficos e de que o prosseguimento da harmonia internacional na Antártida fortalecerão os fins e princípios corporificados na Carta das Nações Unidas;

Concordam no seguinte:

Artigo I

1. A Antártida será utilizada somente para fins pacíficos. Serão proibidas, *inter alia*, quaisquer medidas de natureza militar, tais como o estabelecimento de

bases e fortificações, a realização de manobras militares, assim como as experiências com quaisquer tipos de armas.

2. O presente Tratado não impedirá a utilização de pessoal ou equipamento militar para pesquisa científica ou para qualquer outro propósito pacífico.

ARTIGO II

Persistirá, sujeita às disposições do presente Tratado, a liberdade de pesquisa científica na Antártida e de colaboração para este fim, conforme exercida durante o Ano Geofísico Internacional.

ARTIGO III

1. A fim de promover a cooperação internacional para a pesquisa científica na Antártida, como previsto no artigo II do presente Tratado, as Partes Contratantes concordam, sempre que possível e praticável, em que:

a) a informação relativa a planos para programas científicos, na Antártida, será permutada a fim de permitir a máxima economia e eficiência das operações;
b) o pessoal científico na Antártida, será permutado entre expedições e estações;
c) as observações e resultados científicos obtidos na Antártida serão permutados e tornados livremente utilizáveis.

2. Na implementação deste artigo, será dado todo o estímulo ao estabelecimento de relações de trabalho cooperativo com as agências especializadas das Nações Unidas e com outras organizações internacionais que tenham interesse científico ou técnico na Antártida.

ARTIGO IV

1. Nada que se contenha no presente Tratado poderá ser interpretado como:

a) renúncia, por quaisquer das Partes Contratantes, a direitos previamente invocados ou a pretensões de soberania territorial na Antártida;
b) renúncia ou diminuição, por quaisquer das Partes Contratantes, a qualquer base de reivindicação de soberania territorial na Antártida que possa ter, quer como resultado de suas atividades, ou de seus nacionais, na Antártida, quer por qualquer outra forma;
c) prejulgamento da posição de qualquer das Partes Contratantes quanto ao reconhecimento dos direitos ou reivindicações ou bases de reivindicação de algum outro Estado quanto à soberania territorial na Antártida.

2. Nenhum ato ou atividade que tenha lugar, enquanto vigorar o presente Tratado, constituirá base para programar, apoiar ou contestar reivindicação sobre soberania territorial na Antártida, ou para criar direitos de soberania na Antártida. Nenhuma nova reivindicação, ou ampliação de reivindicação existente, relativa à soberania territorial na Antártida será apresentada enquanto o presente Tratado estiver em vigor.

ARTIGO V

1. Ficam proibidas as explosões nucleares na Antártida, bem como o lançamento ali de lixo ou resíduos radioativos.

2. No caso da conclusão de acordos internacionais sobre a utilização da energia nuclear inclusive as explosões nucleares e o lançamento de resíduos radioativos, de que participem todas as Partes Contratantes, cujos representantes estejam habilitados a participar das reuniões previstas no artigo X, aplicar-se-ão à Antártida as regras estabelecidas em tais acordos.

ARTIGO VI

As disposições do presente Tratado aplicar-se-ão à área situada ao sul de 60 graus de latitude sul, inclusive às plataformas de gelo, porém nada no presente Tratado prejudicará e, de forma alguma, poderá alterar os direitos ou exercícios dos direitos, de qualquer Estado, de acordo com o direito internacional aplicável ao alto-mar, dentro daquela área.

ARTIGO VII

1. A fim de promover os objetivos e assegurar a observância das disposições do presente Tratado, cada Parte Contratante, cujos representantes estiverem habilitados a participar das reuniões previstas no artigo IX, terá o direito de designar observadores para realizarem os trabalhos de inspeção previstos no presente artigo. Os observadores deverão ser nacionais das Partes Contratantes que os designarem. Os nomes dos observadores serão comunicados a todas as outras Partes Contratantes, que tenham o direito de designar observadores e idênticas comunicações serão feitas ao terminarem sua missão.

2. Cada observador, designado de acordo com as disposições do parágrafo 1 deste artigo, terá completa liberdade de acesso, em qualquer tempo a qualquer e a todas as áreas da Antártida.

3. Todas as áreas da Antártida, inclusive todas as estações, instalações e equipamentos existentes nestas áreas, e todos os navios e aeronaves em pontos de embarque ou desembarque na Antártida estarão a todo tempo abertos à inspeção de quaisquer observadores designados de acordo com o parágrafo 1 deste artigo.

4. A observação aérea poderá ser efetuada a qualquer tempo, sobre qualquer das áreas da Antártida, por qualquer das Partes Contratantes que tenha o direito de designar observadores.

5. Cada Parte Contratante no momento em que este Tratado entrar em vigor, informará as outras Partes Contratantes e daí por diante darão notícia antecipada de:

a) todas as expedições com destino à Antártida, por parte de seus navios ou nacionais, e todas as expedições à Antártida organizadas em seu território ou procedentes do mesmo;
b) todas as estações antárticas que estejam ocupadas por súditos de sua nacionalidade; e,
c) todo o pessoal ou equipamento militar que um país pretenda introduzir na Antártida, observadas as condições previstas no parágrafo 2 do artigo I do presente Tratado.

ARTIGO VIII

1. A fim de facilitar o exercício de suas funções, de conformidade com o presente Tratado, e sem prejuízo das respectivas posições das Partes Contratantes relativamente à jurisdição sobre todas as pessoas na Antártida, os observadores designados de acordo com o parágrafo 1 do artigo VII, e o pessoal científico intercambiado de acordo com o subparágrafo 1(b) do artigo

III deste Tratado, e os auxiliares que acompanhem as referidas pessoas, serão sujeitos apenas à jurisdição da Parte Contratante de que sejam nacionais, a respeito de todos os atos ou omissões que realizarem, enquanto permanecerem na Antártida, relacionados com o cumprimento de suas funções.

2. Sem prejuízo das disposições do parágrafo 1 deste artigo, e até que sejam adotadas as medidas previstas no subparágrafo 1(e) do artigo IX, as Partes Contratantes interessadas em qualquer caso de litígio, a respeito do exercício de jurisdição na Antártida, deverão consultar-se conjuntamente com o fim de alcançarem uma solução mutuamente aceitável.

Artigo IX

1. Os representantes das Partes Contratantes, mencionadas no preâmbulo deste Tratado, reunir-se-ão na cidade de Camberra, dentro de 2 dois meses após a entrada em vigor do Tratado, e daí por diante sucessivamente em datas e lugares convenientes, para o propósito de intercambiarem informações, consultarem-se sobre matéria de interesse comum pertinente à Antártida e formularem, considerarem e recomendarem a seus Governos medidas concretizadoras dos princípios e objetivos do Tratado, inclusive as normas relativas ao:

a) uso da Antártida somente para fins pacíficos;
b) facilitação de pesquisas científicas na Antártida;
c) facilitação da cooperação internacional da Antártida;
d) facilitação do exercício do direito de inspeção previsto no artigo VII do Tratado;
e) questões relativas ao exercício de jurisdição na Antártida;
f) preservação e conservação dos recursos vivos na Antártida.

2. Cada Parte Contratante que se tiver tornado membro deste Tratado por adesão, de acordo com o artigo XIII, estará habilitada a designar representantes para comparecerem às reuniões referidas no parágrafo 1 do presente artigo, durante todo o tempo em que a referida Parte Contratante demonstrar seu interesse pela Antártida, pela promoção ali de substancial atividade de pesquisa científica, tal como o estabelecimento de estação científica ou o envio de expedição científica.

3. Os relatórios dos observadores referidos no artigo VII do presente Tratado deverão ser transmitidos aos representantes das Partes Contratantes que participarem das reuniões previstas no parágrafo 1 do presente artigo.

4. As medidas previstas no parágrafo 1 deste artigo tornar-se-ão efetivas quando aprovadas por todas as Partes Contratantes, cujos representantes estiverem autorizados a participar das reuniões em que sejam estudadas tais medidas.

5. Todo e qualquer direito estabelecido no presente Tratado poderá ser exercido a partir da data em que o Tratado entrar em vigor, tenham ou não sido propostas, consideradas, ou aprovadas, conforme as disposições deste artigo, as medidas destinadas a facilitar o exercício de tais direitos.

Artigo X

Cada umas das Partes Contratantes compromete-se a empregar os esforços apropriados, de conformidade com a Carta das Nações Unidas, para que ninguém exerça na Antártida qualquer atividade contrária aos princípios e propósitos do presente Tratado.

Artigo XI

1. Se surgir qualquer controvérsia entre duas ou mais das Partes Contratantes, a respeito da interpretação ou aplicação do presente Tratado, estas Partes Contratantes se consultarão entre si para que o dissídio se resolva por negociação, investigação, conciliação, arbitramento, decisão judicial ou outro meio pacífico de sua escolha.

2. Qualquer controvérsia dessa natureza, que não possa ser resolvida por aqueles meios, será levada à Corte Internacional de Justiça, com o consentimento, em cada caso, de todas as Partes interessadas. Porém se não for obtido um consenso a respeito do encaminhamento da controvérsia à Corte Internacional, as Partes em litígio não se eximirão da responsabilidade de continuar a procurar resolvê-la por qualquer dos vários meios pacíficos referidos no parágrafo 1 deste artigo.

Artigo XII

1. a) O presente Tratado pode ser modificado ou emendado em qualquer tempo, por acordo unânime das Partes Contratantes cujos representantes estiverem habilitados a participar das reuniões previstas no artigo IX. Qualquer modificação ou emenda entrará em vigor quando o Governo depositário tiver recebido comunicação, de todas as Partes Contratantes, de a haverem ratificado.

b) Tal modificação ou emenda, daí por diante, entrará em vigor em relação a qualquer outra Parte Contratante quando o Governo depositário receber notícia de sua ratificação. Qualquer Parte Contratante de que não se tenha notícia de haver ratificado, dentro de dois anos a partir da data da vigência da modificação ou emenda, de acordo com a disposição do subparágrafo 1 (a) deste artigo, será considerada como se tendo retirado do presente Tratado na data da expiração daquele prazo.

2. a) Se, depois de decorridos trinta anos da data da vigência do presente Tratado, qualquer das Partes Contratantes, cujos representantes estiverem habilitados a participar das reuniões previstas no artigo IX, assim o requerer, em comunicação dirigida ao Governo depositário, uma conferência de todas as Partes Contratantes será realizada logo que seja praticável para rever o funcionamento do Tratado.

b) Qualquer modificação ou emenda ao presente Tratado, que for aprovada em tal conferência pela maioria das Partes Contratantes nela representadas, inclusive a maioria daquelas cujos representantes estão habilitados a participar das reuniões previstas no artigo IX, será comunicada pelo Governo depositário a todas as Partes Contratantes imediatamente após o término da conferência e entrará em vigor de acordo com as disposições do parágrafo 1 do presente artigo.

c) Se qualquer modificação ou emenda não tiver entrado em vigor, de acordo com as disposições do subparágrafo 1 (a) deste artigo, dentro do período de dois anos após a data de sua comunicação a todas as Partes Contratantes, qualquer tempo após a expiração daquele prazo, comunicar ao Governo depositário sua retirada do presente Tratado e esta retirada terá efeito dois anos após o recebimento da comunicação pelo Governo depositário.

Artigo XIII

1. O presente Tratado estará sujeito à ratificação por todos os Estados signatários. Ficará aberto à adesão de qualquer Estado que for membro das Nações Unidas, ou de qualquer outro Estado que possa ser convidado a aderir ao Tratado com o consentimento de todas as Partes Contratantes cujos representantes estiverem habilitados a participar das reuniões previstas ao artigo IX do Tratado.

2. A ratificação ou a adesão ao presente Tratado será efetuada por cada Estado de acordo com os seus processos constitucionais.

3. Os instrumentos de ratificação ou de adesão serão depositados junto ao Governo dos Estados Unidos da América, aqui designado Governo depositário.

4. O Governo depositário informará todos os Estados signatários e os aderentes, da data de cada depósito de instrumento de ratificação ou adesão e da data de entrada em vigor do Tratado ou de qualquer emenda ou modificação.

5. Feito o depósito dos instrumentos de ratificação por todos os Estados signatários, o presente Tratado entrará em vigor para esses Estados e para os Estados que tenham depositado instrumentos de adesão. Posteriormente o Tratado entrará em vigor para qualquer Estado aderente na data do depósito de seu instrumento de adesão.

6. O presente Tratado será registrado pelo Governo depositário, de conformidade com o artigo 102 da Carta das Nações Unidas.

Artigo XIV

O presente Tratado, feito nas línguas inglesa, francesa, russa e espanhola, em versões igualmente autênticas, será depositado nos arquivos do Governo dos Estados Unidos da América, que enviará cópias aos Governos dos Estados signatários e aderentes.

Em fé do que, os Plenipotenciários abaixo assinados, devidamente autorizados, firmaram o presente Tratado.

Parte 2.
Direito
Internacional
Privado

ALIMENTOS

CONVENÇÃO INTERAMERICANA SOBRE OBRIGAÇÃO ALIMENTAR

▶ Dec. nº 2.428, de 17-12-1997, promulga a Convenção Interamericana sobre Obrigação Alimentar, concluída em Montevidéu, em 15-7-1989.

▶ (Adotada no Plenário da Quarta Conferência Especializada Interamericana sobre Direito Internacional Privado – IV CIDIP Montevidéu, em 15 de julho de 1989).

ÂMBITO DE APLICAÇÃO

Artigo 1º

Esta Convenção tem como objeto a determinação do direito aplicável à obrigação alimentar, bem como à competência e à cooperação processual internacional, quando o credor de alimentos tiver seu domicílio ou residência habitual num Estado-Parte e o devedor de alimentos tiver seu domicílio ou residência habitual, bens ou renda em outro Estado-Parte.

Esta Convenção aplicar-se-á às obrigações alimentares para menores considerados como tal e às obrigações derivadas das relações matrimoniais entre cônjuges ou ex-cônjuges.

Os Estados poderão declarar, ao assinar ou ratificar esta Convenção, ou a ela aderir, que a mesma limita-se à obrigação alimentar para menores.

Artigo 2º

Para os efeitos desta Convenção, serão consideradas menores as pessoas que não tiverem completado a idade de dezoito anos. Sem prejuízo do antes exposto, os benefícios desta Convenção serão estendidos aos que, havendo completado essa idade continuem a ser credores de prestação de alimentos, de conformidade com a legislação aplicável prevista nos artigos 6º e 7º.

Artigo 3º

Os Estados, ao assinar ou ratificar esta Convenção, ou a ela aderir, bem como depois de a mesma entrar em vigor, poderão declarar que a Convenção aplicar-se-á a obrigações alimentares em favor de outros credores. Poderão declarar também o grau de parentesco ou outros vínculos legais que determinam a qualidade do credor e do devedor de alimentos, em suas respectivas legislações.

Artigo 4º

Toda pessoa tem direito a receber alimentos sem distinção de nacionalidade, raça, sexo, religião, filiação, origem, situação migratória ou qualquer outro tipo de discriminação.

Artigo 5º

As decisões adotadas na aplicação desta Convenção não prejulgam as relações de filiação e de família entre o credor e o devedor de alimentos. No entanto, essas decisões poderão servir de elemento probatório, quando for pertinente.

DIREITO APLICÁVEL

Artigo 6º

A obrigação alimentar, bem como as qualidades de credor e de devedor de alimentos, serão reguladas pela ordem jurídica que, a critério da autoridade competente, for mais favorável ao credor, dentre as seguintes:

a) ordenamento jurídico do Estado de domicílio ou residência habitual do credor;
b) ordenamento jurídico do Estado de domicílio ou residência habitual do devedor.

Artigo 7º

Serão regidas pelo direito aplicável, de conformidade com o artigo 6º, as seguintes matérias:

a) a importância do crédito de alimentos e os prazos e condições para torná-lo efetivo;
b) a determinação daqueles que podem promover a ação de alimentos em favor do credor; e
c) as demais condições necessárias para o exercício do direito a alimentos.

COMPETÊNCIA NA ESFERA INTERNACIONAL

Artigo 8º

Têm competência, na esfera internacional, para conhecer das reclamações de alimentos, a critério do credor:

a) o juiz ou autoridade do Estado de domicílio ou residência habitual do credor;
b) o juiz ou autoridade do Estado de domicílio ou residência habitual do devedor;
c) o juiz ou autoridade do Estado com o qual o devedor mantiver vínculos pessoais, tais como posse de bens, recebimento de renda ou obtenção de benefícios econômicos.

Sem prejuízo do disposto neste artigo, serão consideradas igualmente competentes as autoridades judiciárias ou administrativas de outros Estados, desde que o demandado no processo tenha comparecido sem objetar a competência.

Artigo 9º

Tem competência, para conhecer da ação de aumento de alimentos, qualquer uma das autoridades mencionadas no artigo 8º. Têm competência para conhecer da ação de cessação ou redução da pensão alimentícia, as autoridades que tiverem conhecido da fixação dessa pensão.

Artigo 10

Os alimentos devem ser proporcionais tanto à necessidade do alimentário, como à capacidade financeira do alimentante.

Se o juiz ou a autoridade responsável pela garantia ou pela execução da sentença adotar medidas cautelares ou dispuser a execução num montante inferior ao solicitado, ficarão a salvo os direitos do credor.

COOPERAÇÃO PROCESSUAL INTERNACIONAL

Artigo 11

As sentenças estrangeiras sobre obrigação alimentar terão eficácia extraterritorial nos Estados-Partes, se preencherem os seguintes requisitos:

a) que o juiz ou autoridade que proferiu a sentença tenha tido competência na esfera internacional, de conformidade com os artigos 8º e 9º desta Convenção, para conhecer do assunto e julgá-lo;
b) que a sentença e os documentos anexos, que forem necessários de acordo com esta Convenção, estejam devidamente traduzidos para o idioma oficial do Estado onde devam surtir efeito;
c) que a sentença e os documentos anexos sejam apresentados devidamente legalizados, de acordo com a lei do Estado onde devam surtir efeito, quando for necessário;
d) que a sentença e os documentos anexos sejam revestidos das formalidades externas necessárias para serem considerados autênticos no Estado de onde provenham;
e) que o demandado tenha sido notificado ou citado na devida forma legal, de maneira substancialmente equivalente àquela admitida pela lei do Estado onde a sentença deva surtir efeito;
f) que se tenha assegurado a defesa das partes;
g) que as sentenças tenham caráter executório no Estado em que forem proferidas. Quando existir apelação da sentença, esta não terá efeito suspensivo.

Artigo 12

Os documentos de comprovação indispensáveis para solicitar o cumprimento das sentenças são os seguintes:

a) cópia autenticada da sentença;
b) cópia autenticada das peças necessárias para comprovar que foram cumpridas as alíneas e e f do artigo 11; e
c) cópia autenticada do auto que declarar que a sentença tem caráter executório ou que foi apelada.

Artigo 13

A verificação dos requisitos acima indicados caberá diretamente ao juiz a quem corresponda conhecer da execução, o qual atuará de forma sumária, com audiência da parte obrigada, mediante citação pessoal e com vista do Ministério Público, sem examinar o fundo da questão. Quando a decisão for apelável, o recurso não suspenderá as medidas cautelares, nem a cobrança e execução que estiverem em vigor.

Artigo 14

Do credor de alimentos não poderá ser exigido nenhum tipo de caução por ser de nacionalidade estrangeira ou ter seu domicílio ou residência habitual em outro Estado.

O benefício de justiça gratuita, declarado em favor do credor de alimentos no Estado-Parte onde tiver feito sua reclamação será reconhecido no Estado-Parte onde for efetuado o reconhecimento ou a execução.

Os Estados-Partes comprometem-se a prestar assistência judiciária às pessoas que gozam do benefício de justiça gratuita.

Artigo 15

As autoridades jurisdicionais dos Estados-Partes nesta Convenção ordenarão e executarão, mediante pedido fundamentado de uma das Partes ou através do agente diplomático ou consular correspondente, as medidas cautelares ou de urgência que tenham caráter territorial e cuja finalidade seja assegurar o resultado de uma reclamação de alimentos pendente ou por ser instaurada.

Isso aplicar-se-á a qualquer que seja a jurisdição internacionalmente competente, desde que o bem ou a renda objeto da medida encontrem-se no território onde ela for promovida.

Artigo 16

O cumprimento de medidas cautelares não implicará o reconhecimento da competência na esfera internacional do órgão jurisdicional requerente, nem o compromisso de reconhecer a validez ou de proceder à execução da sentença que for proferida.

Artigo 17

As decisões interlocutórias e as medidas cautelares proferidas com relação a alimentos, inclusive as proferidas pelos juízes que conheçam dos processos de anulação, divórcio ou separação de corpos, ou outros de natureza semelhante, serão executadas pela autoridade competente, embora essas decisões ou medidas cautelares estejam sujeitas a recursos de apelação no Estado onde foram proferidas.

Artigo 18

Os Estados poderão declarar, ao assinar ou ratificar esta Convenção, ou a ela aderir, que será seu direito processual que regerá a competência dos tribunais e o processo de reconhecimento da sentença estrangeira.

DISPOSIÇÕES GERAIS

Artigo 19

Na medida de suas possibilidades, os Estados-Partes procurarão prestar assistência alimentar provisória aos menores de outro Estado que se encontrarem abandonados em seu território.

Artigo 20

Os Estados-Partes comprometem-se a facilitar a transferência dos recursos devidos pela aplicação desta Convenção.

Artigo 21

As disposições desta Convenção não poderão ser interpretadas de modo a restringir os direitos que o credor de alimentos tiver de conformidade com a lei do foro.

Artigo 22

Poderá recusar-se o cumprimento de sentenças estrangeiras ou a aplicação do direito estrangeiro previstos nesta Convenção quando o Estado-Parte do cumprimento ou da aplicação o considerar manifestamente contrário aos princípios fundamentais de sua ordem pública.

DISPOSIÇÕES FINAIS

Artigo 23
Esta Convenção ficará aberta à assinatura dos Estados Membros da Organização dos Estados Americanos.

Artigo 24
Esta Convenção está sujeita à ratificação. Os instrumentos de ratificação serão depositados na Secretaria-Geral da Organização dos Estados Americanos.

Artigo 25
Esta Convenção ficará aberta à adesão de qualquer outro Estado. Os instrumentos de adesão serão depositados na Secretaria-Geral da Organização dos Estados Americanos.

Artigo 26
Cada Estado poderá formular reservas a esta Convenção no momento de assiná-la, de ratificá-la ou de a ela aderir, contanto que a reserva verse sobre uma ou mais disposições específicas e não seja incompatível com o objeto e com os fins fundamentais da Convenção.

Artigo 27
Os Estados-Partes que tiverem duas ou mais unidades territoriais em que vigorem sistemas jurídicos diferentes com relação a questões de que trata esta Convenção poderão declarar, no momento da assinatura, ratificação ou adesão, que a Convenção aplicar-se-á a todas as suas unidades territoriais ou somente a uma ou mais delas.

Tais declarações poderão ser modificadas mediante declarações ulteriores, que especificarão expressamente a unidade ou as unidades territoriais a que se aplicará esta Convenção. Tais declarações ulteriores serão transmitidas à Secretaria-Geral da Organização dos Estados Americanos e surtirão efeito trinta dias depois de recebidas.

Artigo 28
No que se refere a um Estado que, em matéria de obrigação alimentar para menores, tiver dois ou mais sistemas de direito, aplicáveis em unidades territoriais diferentes:
a) qualquer referência à residência habitual nesse Estado diz respeito à residência habitual em uma unidade territorial desse Estado;
b) qualquer referência à lei do Estado da residência habitual diz respeito à lei da unidade territorial na qual o mesmo tem sua residência habitual.

Artigo 29
Esta Convenção regerá os Estados Membros da Organização dos Estados Americanos que forem Partes nesta Convenção e nos convênios da Haia, de 2 de outubro de 1973, sobre Reconhecimento e Eficácia de Sentenças Relacionadas com Obrigação Alimentar para Menores e sobre a Lei Aplicável à Obrigação Alimentar.

Entretanto, os Estados-Partes poderão convir entre si, de forma bilateral, a aplicação prioritária dos Convênios da Haia de 2 de outubro de 1973.

Artigo 30
Esta Convenção não restringirá as disposições de convenções que sobre esta mesma matéria tiverem sido assinadas ou que venham a ser assinadas de forma bilateral ou multilateral pelos Estados-Partes, nem as práticas mais favoráveis que esses Estados observarem sobre a matéria.

Artigo 31
Esta Convenção entrará em vigor no trigésimo dia a partir da data em que houver sido depositado o segundo instrumento de ratificação.

Para cada Estado que ratificar a Convenção ou a ela aderir depois de haver sido depositado o segundo instrumento de ratificação, a Convenção entrará em vigor no trigésimo dia a partir da data em que esse Estado houver depositado o seu instrumento de ratificação ou adesão.

Artigo 32
Esta Convenção vigorará por prazo indefinido, mas qualquer dos Estados-Partes poderá denunciá-la. O instrumento de denúncia será depositado na Secretaria-Geral da Organização dos Estados Americanos. Transcorrido um ano, contado a partir da data do depósito do instrumento de denúncia, cessarão os efeitos da Convenção para o Estado denunciante, continuando ela subsistente para os demais Estados-Partes.

Artigo 33
O instrumento original desta Convenção, cujos textos em espanhol, francês, inglês e português são igualmente autênticos, será depositado na Secretaria-Geral da Organização dos Estados Americanos, que enviará cópia autenticada do seu texto, para registro e publicação, à Secretaria das Nações Unidas, de conformidade com o artigo 102 de sua Carta constitutiva. A Secretaria-Geral da Organização dos Estados Americanos notificará os Estados-Membros desta Organização e os Estados que houverem aderido à Convenção, as assinaturas, depósitos de instrumentos de ratificação, de adesão e de denúncia, bem como as reservas que houver. Também lhes transmitirá as declarações que estiverem previstas nesta Convenção.

Em fé do que, os plenipotenciários abaixo-assinados, devidamente autorizados por seus respectivos Governos, assinam esta Convenção.

Feita na Cidade de Montevidéu, República Oriental do Uruguai, no dia 15 de julho de mil novecentos e oitenta e nove.

CONVENÇÃO SOBRE A PRESTAÇÃO DE ALIMENTOS NO ESTRANGEIRO

▶ Dec. nº 56.826, de 2-9-1965, promulga a Convenção sobre prestação de alimentos no estrangeiro.

PREÂMBULO

Considerando a urgência de uma solução para o problema humanitário surgido pela situação das pessoas sem recursos que dependem, para o seu sustento, de pessoas no estrangeiro,

Considerando que, no estrangeiro, a execução de ações sobre prestação de alimentos ou o cumprimento de decisões relativas ao assunto suscita sérias dificuldades legais e práticas,

Dispostas a prover os meios que permitam resolver estes problemas e vencer estas dificuldades,

As Partes Contratantes convieram nas seguintes disposições:

Artigo I
Objeto de Convenção

1. A presente Convenção tem como objeto facilitar a uma pessoa, doravante designada como demandante, que se encontra no território de uma das Partes Contratantes, a obtenção de alimentos aos quais pretende ter direito por parte de outra pessoa, doravante designada como demandado, que se encontra sob jurisdição de outra Parte Contratante. Os organismos utilizados para este fim serão doravante designados como Autoridades Remetentes e Instituições Intermediárias.

2. Os meios jurídicos previstos na presente Convenção completarão, sem os substituir, quaisquer outros meios jurídicos existentes em direito interno ou internacional.

Artigo II
Designação das Instituições

1. Cada Parte Contratante designará, no momento do depósito do instrumento de ratificação ou de adesão, uma ou mais autoridades administrativas ou judiciárias que exercerão em seu território as funções de Autoridades Remetentes.

2. Cada Parte Contratante designará, no momento do depósito do instrumento de ratificação ou adesão, um organismo público ou particular que exercerá em seu território as funções de Instituição Intermediária.

3. Cada Parte Contratante comunicará, sem demora, ao Secretário-Geral das Nações Unidas, as designações feitas de acordo com as disposições dos parágrafos 1 e 2, bem como qualquer modificação a respeito.

4. As Autoridades Remetentes e as Instituições Intermediárias poderão entrar em contato direto com as Autoridades Remetentes e as Instituições Intermediárias das outras Partes Contratantes.

Artigo III
Apresentação do Pedido à Autoridade Remetente

1. Se o demandante se encontrar no território de uma Parte Contratante, doravante designada como o Estado do demandante, e o demandante se encontrar sob a jurisdição de outra Parte Contratante, doravante designada como o Estado do demandado, o primeiro poderá encaminhar um pedido a uma Autoridade Remetente do Estado onde se encontrar para obter alimentos da parte do demandado.

2. Cada Parte Contratante informará o Secretário-Geral dos elementos de prova normalmente exigidos pela lei do Estado da Instituição Intermediária para justificar os pedidos de prestação de alimentos, assim como das condições em que estes elementos devem ser apresentados para serem admissíveis e das outras condições estabelecidas por lei.

3. O pedido deverá ser acompanhado de todos os documentos pertinentes, inclusive, se necessário for, de uma procuração que autorize a Instituição Intermediária a agir em nome do demandante ou a designar uma pessoa habilitada para o fazer; deverá ser, igualmente, acompanhado de uma fotografia do demandante e, se possível, de uma fotografia do demandado.

4. A Autoridade Remetente tomará todas as medidas que estiverem ao seu alcance para assegurar o cumprimento dos requisitos exigidos pela lei do Estado da Instituição Intermediária; ressalvadas as disposições desta lei, o pedido incluirá as seguintes informações:

a) nome e prenomes, endereços, data de nascimento, nacionalidade e profissão do demandante, bem como, se necessário for, nome e endereço de seu representante legal;

b) nome e prenomes do demandado e, na medida em que o demandante deles tiver conhecimento, os seus endereços sucessivos durante os cinco últimos anos, sua data de nascimento, sua nacionalidade e sua profissão;

c) uma exposição pormenorizada dos motivos nos quais for baseado o pedido, o objeto deste e quaisquer outras informações pertinentes, inclusive as relativas à situação econômica e familiar do demandante e do demandado.

Artigo IV
Transmissão de documentos

1. A Autoridade Remetente transmitirá os documentos à Instituição Intermediária designada pelo Estado do demandado, a menos que considere que o pedido não foi formulado de boa-fé.

2. Antes de transmitir os documentos a Autoridade Remetente certificar-se-á de que estes últimos se encontram, pela lei do Estado do demandante, em boa e devida forma.

3. A Autoridade Remetente poderá manifestar à Instituição Intermediária sua opinião sobre o mérito do pedido e recomendar que se conceda ao demandante assistência judiciária gratuita e isenção de custos.

Artigo V
Transmissão de Sentenças e outros Atos Judiciários

1. A Autoridade Remetente transmitirá, a pedido do demandante e em conformidade com as disposições com o artigo IV, qualquer decisão, em matéria de alimento, provisória ou definitiva ou qualquer outro ato judiciário emanado, em favor do demandante, de tribunal competente de uma das Partes Contratantes, e se necessário e possível, o relatório dos debates durante os quais esta decisão tenha sido tomada.

2. As decisões e atos judiciários referidos no parágrafo precedente poderão substituir ou completar os documentos mencionados no artigo III.

3. O procedimento previsto no artigo VI poderá incluir, conforme a lei do Estado do demandado, o *exequatur* ou o registro, ou ainda uma nova ação, baseada na decisão transmitida em virtude das disposições do parágrafo 1.

Artigo VI
Funções da Instituição Intermediária

1. A Instituição Intermediária, atuando dentro dos limites dos poderes conferidos pelo demandante, tomará, em nome deste, quaisquer medidas apropriadas para

assegurar a prestação dos alimentos. Ela poderá, igualmente, transigir e, quando necessário, iniciar e prosseguir uma ação alimentar e fazer executar qualquer sentença, decisão ou outro ato judiciário.

2. A Instituição Intermediária manterá a Autoridade Remetente informada e, se não puder atuar, a notificará das razões e lhe devolverá a documentação.

3. Não obstante qualquer disposição da presente Convenção, a lei que regerá as ações mencionadas e qualquer questão conexa será a do Estado do demandado, inclusive em matéria de direito internacional privado.

Artigo VII
Cartas Rogatórias

Se a lei das duas Partes Contratantes interessadas admitir cartas rogatórias serão aplicáveis as seguintes disposições:

a) O tribunal ao qual tiver sido submetida a ação alimentar poderá, para obter documentos ou outras provas, pedir a execução de uma carta rogatória, seja ao tribunal competente da outra Parte Contratante em cujo território a carta deverá ser executada.

b) A fim de que as Partes possam assistir a este procedimento ou nele se fazer representar, a autoridade referida deverá informar a Autoridade Remetente e a Instituição Intermediária interessadas, bem como o demandado, da data e do lugar em que se procederá à medida solicitada.

c) A carta rogatória deverá ser executada com toda a diligência desejada; se não houver sido executada dentro de um período de quatro meses a partir da data do recebimento da carta pela autoridade requerida, a autoridade requerente deverá ser informada das razões da não execução ou do atraso.

d) A execução da carta rogatória não poderá dar lugar ao reembolso de taxas ou de despesas de qualquer natureza.

e) Só poderá negar se a execução da carta rogatória:

1) Se a autenticidade do documento não tiver sido provada.

2) Se a Parte Contratante em cujo território a carta rogatória deverá ser executada, julgar que esta última comprometeria a sua soberania ou a sua segurança.

Artigo VIII
Modificação das Decisões Judiciárias

As disposições da presente Convenção serão igualmente aplicáveis aos pedidos de modificação das decisões judiciárias sobre prestação de alimentos.

Artigo IX
Isenções e Facilidades

1. Nos procedimentos previstos na presente Convenção, os demandantes gozarão do tratamento e das isenções de custos e de despesas concedidas aos demandantes residentes no Estado em cujo território for proposta a ação.

2. Dos demandantes estrangeiros ou não residentes não poderá ser exigida uma caução *judicatum solvi*, ou qualquer outro pagamento ou depósito para garantir a cobertura das despesas.

3. As autoridades remetentes e as Instituições intermediárias não poderão perceber remuneração alguma pelos serviços que prestarem em conformidade com as disposições da presente Convenção.

Artigo X
Transferência de Fundos

As Partes Contratantes cuja lei imponha restrições à transferência de fundos para o estrangeiro, concederão a máxima prioridade à transferência de fundos destinados ao pagamento de alimentos ou à cobertura das despesas ocasionadas por qualquer procedimento judicial previsto na presente Convenção.

Artigo XI
Cláusula Federal

No caso de um Estado Federal ou não unitário, serão aplicadas as seguintes disposições:

a) no que concerne aos artigos da presente Convenção cuja execução dependa da ação legislativa do poder legislativo federal, as obrigações do Governo Federal serão, nesta medida, as mesmas que as das Partes que não são Estados federais;

b) no que concerne aos artigos da presente Convenção cuja a aplicação dependa da ação legislativa de cada um dos Estados, províncias ou cantões constitutivos e que não estejam, em virtude do sistema constitucional da Federação, obrigados a tomar medidas legislativas, o Governo Federal levará, no mais breve possível e com parecer favorável, os artigos mencionados ao conhecimento das autoridades competentes dos Estados províncias ou cantões;

c) todo Estado federal que seja Parte na Presente Convenção fornecerá, a pedido de qualquer outra Parte Contratante lhe tenha sido transmitido pelo Secretário-Geral, um relato da legislação e das práticas em vigor na Federação e nas suas unidades constitutivas, no que concerne a determinada disposição da Convenção, indicando a medida em que, por uma ação legislativa ou outra, tal disposição tenha sido aplicada.

Artigo XII
Aplicação Territorial

As disposições da presente Convenção serão aplicadas, nas mesmas condições, aos territórios não autônomos, sob tutela e a qualquer território representado, no plano internacional, por uma Parte Contratante a menos que esta última, ao ratificar a presente Convenção ou a ela aderir, declare que esta não se aplicará a determinado território ou territórios que estejam nestas condições. Qualquer Parte Contratante que tenha feito esta declaração poderá ulteriormente, a qualquer momento, por notificação ao Secretário-Geral, estender a aplicação da Convenção aos territórios assim excluídos ou a qualquer um dentre eles.

Artigo XIII
Assinatura, Ratificação e Adesão

1. A presente Convenção ficará aberta, até 31 de dezembro de 1956, à assinatura de qualquer Estado Membro da Organização das Nações Unidas, de qualquer Estado não membro que seja Parte no Estatuto da Corte Internacional de Justiça ou membro de uma

agência especializada assim de como qualquer outro Estado não membro convidado, pelo Conselho Econômico e Social, a se tornar parte na Convenção.

2. A presente Convenção será ratificada. Os instrumentos de ratificação serão depositados em poder do Secretário-Geral.

3. Qualquer um dos Estados mencionados no parágrafo 1 do presente artigo poderá, a qualquer momento, aderir à presente Convenção. Os instrumentos de adesão serão depositados em poder do Secretário-Geral.

Artigo XIV
Entrada em Vigor

1. A presente Convenção entrará em vigor no trigésimo dia seguinte à data do depósito do terceiro instrumento de ratificação ou de adesão, efetuado em conformidade com as disposições do art. XIII.

2. Para cada um dos Estados que ratificarem ou que a ela aderirem depois do depósito do terceiro instrumento de ratificação ou de adesão, a Convenção entrará em vigor no trigésimo dia seguinte à data do depósito, por este Estado, do seu instrumento de ratificação ou de adesão.

Artigo XV
Denúncia

1. Qualquer Parte Contratante poderá denunciar a presente Convenção, por notificação dirigida ao Secretário-Geral. A denúncia poderá igualmente se aplicar a todos ou a um dos territórios mencionados no art. XII.

2. A denúncia entrará em vigor um ano após a data em que o Secretário-Geral tiver recebido a notificação, com exceção das questões que estiverem sendo tratadas no momento em que ela se tornar efetiva.

Artigo XVI
Solução de Controvérsias

Se surgir entre quaisquer das Partes Contratantes uma controvérsia relativa à interpretação ou à aplicação da presente Convenção, e se esta controvérsia não tiver sido resolvida por outros meios, será submetida à Corte Internacional da Justiça, seja por notificação de um acordo especial, seja a pedido de uma das partes na controvérsia.

Artigo XVII
Reservas

1. Se, no momento da assinatura, da ratificação ou da adesão, um Estado fizer uma reserva a um dos artigos da presente Convenção, o Secretário-Geral comunicará o texto da reserva às demais Partes Contratantes e aos outros Estados referidos no art. XIII; Qualquer Parte Contratante que não aceitar a reserva mencionada poderá, num prazo de noventa dias a contar da data desta comunicação, notificar ao Secretário-Geral que não aceita a reserva e neste caso, a convenção não entrará em vigor entre o Estado que apresentar a objeção e o Estado autor da reserva. Qualquer Estado que posteriormente, aderir à Convenção poderá, no momento do depósito do instrumento de adesão, efetuar uma notificação deste gênero.

2. Uma Parte Contratante poderá, a qualquer momento, retirar uma reserva que tenha formulado anteriormente, e deverá notificar esta decisão ao Secretário-Geral.

Artigo XVIII
Reciprocidade

Uma Parte Contratante poderá invocar as disposições da presente Convenção contra outras Partes Contratantes somente na medida em que ela mesma estiver obrigada pela Convenção.

Artigo XIX
Notificações do Secretário-Geral

O Secretário-Geral notificará a todos os Estados Membros das Nações Unidas e aos Estados não membros referidos no art. XIII:

a) as comunicações previstas no § 3º do art. II;
b) as informações recebidas em conformidade com as disposições do § 2º do art. III;
c) as declarações e notificações feitas em conformidade com as disposições do art. XII;
d) as assinaturas, ratificações e adesões feitas em conformidade com as disposições do art. XIII;
e) a data na qual a Convenção entrou em vigor, em conformidade com o § 1º do art. XIV;
f) as denúncias feitas em conformidade com as disposições do § 1º do art. XV;
g) as reservas e notificações feitas em conformidade com as disposições do art. XVII.

2. O Secretário-Geral notificará a todas as partes Contratantes os pedidos de revisão, bem como as respostas aos mesmos, enviadas em virtude do art. XX.

Artigo XX

1. Qualquer Parte Contratante poderá pedir a qualquer momento por notificação dirigida ao Secretário-Geral, a revisão da presente Convenção.

2. O Secretário-Geral transmitirá esta notificação a cada uma das Partes Contratantes, pedindo-lhes que lhe comuniquem, dentro de um prazo de quatro meses, se desejam a reunião de uma conferência para examinar a revisão proposta. Se a maioria da Partes Contratantes responder afirmativamente, o Secretário-Geral convocará esta conferência.

Artigo XXI
Depósito da Convenção e Línguas

O original da presente Convenção, cujos textos nas línguas inglesa, chinesa, espanhola, francesa e russa fazem igualmente fé, será depositado em poder do Secretário-Geral que enviará cópias autenticadas a todos os Estados referidos no art. XIII.

ARBITRAGEM

CONVENÇÃO SOBRE O RECONHECIMENTO E A EXECUÇÃO DE SENTENÇAS ARBITRAIS ESTRANGEIRAS

▶ Feita em Nova Iorque, em 10-6-1958. Aprovada por meio do Dec. Legislativo nº 52, de 25-4-2002, e promulgada pelo Dec. nº 4.311, de 23-7-2002.

Artigo I

A presente Convenção aplicar-se-á ao reconhecimento e à execução de sentenças arbitrais estrangeiras proferidas no território de um Estado que não o Estado em que se tencione o reconhecimento e a execução de tais sentenças, oriundas de divergências entre pessoas, sejam elas físicas ou jurídicas. A Convenção aplicar-se-á igualmente a sentenças arbitrais não consideradas como sentenças domésticas no Estado onde se tencione o seu reconhecimento e a sua execução.

Entender-se-á por "sentenças arbitrais" não só as sentenças proferidas por árbitros nomeados para cada caso mas também aquelas emitidas por órgãos arbitrais permanentes aos quais as partes se submetam.

Quando da assinatura, ratificação ou adesão à presente Convenção, ou da notificação de extensão nos termos do Artigo X, qualquer Estado poderá, com base em reciprocidade, declarar que aplicará a Convenção ao reconhecimento e à execução de sentenças proferidas unicamente no território de outro Estado signatário. Poderá igualmente declarar que aplicará a Convenção somente a divergências oriundas de relacionamentos jurídicos, sejam eles contratuais ou não, que sejam considerados como comerciais nos termos da lei nacional do Estado que fizer tal declaração.

Artigo II

Cada Estado signatário deverá reconhecer o acordo escrito pelo qual as partes se comprometem a submeter à arbitragem todas as divergências que tenham surgido ou que possam vir a surgir entre si no que diz respeito a um relacionamento jurídico definido, seja ele contratual ou não, com relação a uma matéria passível de solução mediante arbitragem.

Entender-se-á por "acordo escrito" uma cláusula arbitral inserida em contrato ou acordo de arbitragem, firmado pelas partes ou contido em troca de cartas ou telegramas.

O tribunal de um Estado signatário, quando de posse de ação sobre matéria com relação à qual as partes tenham estabelecido acordo nos termos do presente artigo, a pedido de uma delas, encaminhará as partes à arbitragem, a menos que constate que tal acordo é nulo e sem efeitos, inoperante ou inexequível.

Artigo III

Cada Estado signatário reconhecerá as sentenças como obrigatórias e as executará em conformidade com as regras de procedimento do território no qual a sentença é invocada, de acordo com as condições estabelecidas nos artigos que se seguem. Para fins de reconhecimento ou de execução das sentenças arbitrais às quais a presente Convenção se aplica, não serão impostas condições substancialmente mais onerosas ou taxas ou cobranças mais altas do que as impostas para o reconhecimento ou a execução de sentenças arbitrais domésticas.

Artigo IV

A fim de obter o reconhecimento e a execução mencionados no artigo precedente, a parte que solicitar o reconhecimento e a execução fornecerá, quando da solicitação:

a) a sentença original devidamente autenticada ou uma cópia da mesma devidamente certificada;
b) o acordo original a que se refere o Artigo II ou uma cópia do mesmo devidamente autenticada.

Caso tal sentença ou tal acordo não for feito em um idioma oficial do país no qual a sentença é invocada, a parte que solicitar o reconhecimento e a execução da sentença produzirá uma tradução desses documentos para tal idioma. A tradução será certificada por um tradutor oficial ou juramentado ou por um agente diplomático ou consular.

Artigo V

O reconhecimento e a execução de uma sentença poderão ser indeferidos, a pedido da parte contra a qual ela é invocada, unicamente se esta parte fornecer, à autoridade competente onde se tenciona o reconhecimento e a execução, prova de que:

a) as partes do acordo a que se refere o Artigo II estavam, em conformidade com a lei a elas aplicável, de algum modo incapacitadas, ou que tal acordo não é válido nos termos da lei à qual as partes o submeteram, ou, na ausência de indicação sobre a matéria, nos termos da lei do país onde a sentença foi proferida; ou
b) a parte contra a qual a sentença é invocada não recebeu notificação apropriada acerca da designação do árbitro ou do processo de arbitragem, ou lhe foi impossível, por outras razões, apresentar seus argumentos; ou
c) a sentença se refere a uma divergência que não está prevista ou que não se enquadra nos termos da cláusula de submissão à arbitragem, ou contém decisões acerca de matérias que transcendem o alcance da cláusula de submissão, contanto que, se as decisões sobre as matérias suscetíveis de arbitragem puderem ser separadas daquelas não suscetíveis, a parte da sentença que contém decisões sobre matérias suscetíveis de arbitragem possa ser reconhecida e executada; ou
d) a composição da autoridade arbitral ou o procedimento arbitral não se deu em conformidade com o acordado pelas partes ou, na ausência de tal acordo, não se deu em conformidade com a lei do país em que a arbitragem ocorreu; ou
e) a sentença ainda não se tornou obrigatória para as partes ou foi anulada ou suspensa por autoridade competente do país em que, ou conforme a lei do qual, a sentença tenha sido proferida.

O reconhecimento e a execução de uma sentença arbitral também poderão ser recusados caso a autoridade competente do país em que se tenciona o reconhecimento e a execução constatar que:

a) segundo a lei daquele país, o objeto da divergência não é passível de solução mediante arbitragem; ou

b) o reconhecimento ou a execução da sentença seria contrário à ordem pública daquele país.

Artigo VI

Caso a anulação ou a suspensão da sentença tenha sido solicitada à autoridade competente mencionada no Artigo V, 1. (e), a autoridade perante a qual a sentença está sendo invocada poderá, se assim julgar cabível, adiar a decisão quanto a execução da sentença e poderá, igualmente, a pedido da parte que reivindica a execução da sentença, ordenar que a outra parte forneça garantias apropriadas.

Artigo VII

As disposições da presente Convenção não afetarão a validade de acordos multilaterais ou bilaterais relativos ao reconhecimento e à execução de sentenças arbitrais celebrados pelos Estados signatários nem privarão qualquer parte interessada de qualquer direito que ela possa ter de valer-se de uma sentença arbitral da maneira e na medida permitidas pela lei ou pelos tratados do país em que a sentença é invocada.

O Protocolo de Genebra sobre Cláusulas de Arbitragem de 1923 e a Convenção de Genebra sobre a Execução de Sentenças Arbitrais Estrangeiras de 1927 deixarão de ter efeito entre os Estados signatários quando, e na medida em que, eles se tornem obrigados pela presente Convenção.

Artigo VIII

A presente Convenção estará aberta, até 31 de dezembro de 1958, à assinatura de qualquer Membro das Nações Unidas e também de qualquer outro Estado que seja ou que doravante se torne membro de qualquer órgão especializado das Nações Unidas, ou que seja ou que doravante se torne parte do Estatuto da Corte Internacional de Justiça, ou qualquer outro Estado convidado pela Assembleia-Geral das Nações Unidas.

A presente Convenção deverá ser ratificada e o instrumento de ratificação será depositado junto ao Secretário Geral das Nações Unidas.

Artigo IX

A presente Convenção estará aberta para adesão a todos os Estados mencionados no Artigo VIII.

A adesão será efetuada mediante o depósito de instrumento de adesão junto ao Secretário Geral das Nações Unidas.

Artigo X

Qualquer Estado poderá, quando da assinatura, ratificação ou adesão, declarar que a presente Convenção se estenderá a todos ou a qualquer dos territórios por cujas relações internacionais ele é responsável. Tal declaração passará a ter efeito quando a Convenção entrar em vigor para tal Estado.

A qualquer tempo a partir dessa data, qualquer extensão será feita mediante notificação dirigida ao Secretário Geral das Nações Unidas e terá efeito a partir do nonagésimo dia a contar do recebimento pelo Secretário Geral das Nações Unidas de tal notificação, ou a partir da data de entrada em vigor da Convenção para tal Estado, considerada sempre a última data.

Com respeito àqueles territórios aos quais a presente Convenção não for estendida quando da assinatura, ratificação ou adesão, cada Estado interessado examinará a possibilidade de tomar as medidas necessárias a fim de estender a aplicação da presente Convenção a tais territórios, respeitando-se a necessidade, quando assim exigido por razões constitucionais, do consentimento dos Governos de tais territórios.

Artigo XI

No caso de um Estado federativo ou não unitário, aplicar-se-ão as seguintes disposições:

a) com relação aos artigos da presente Convenção que se enquadrem na jurisdição legislativa da autoridade federal, as obrigações do Governo federal serão as mesmas que aquelas dos Estados signatários que não são Estados federativos;

b) com relação àqueles artigos da presente Convenção que se enquadrem na jurisdição legislativa dos estados e das províncias constituintes que, em virtude do sistema constitucional da confederação, não são obrigados a adotar medidas legislativas, o Governo federal, o mais cedo possível, levará tais artigos, com recomendação favorável, ao conhecimento das autoridades competentes dos estados e das províncias constituintes;

c) um Estado federativo Parte da presente Convenção fornecerá, atendendo a pedido de qualquer outro Estado signatário que lhe tenha sido transmitido por meio do Secretário Geral das Nações Unidas, uma declaração da lei e da prática na confederação e em suas unidades constituintes com relação a qualquer disposição em particular da presente Convenção, indicando até que ponto se tornou efetiva aquela disposição mediante ação legislativa ou outra.

Artigo XII

A presente Convenção entrará em vigor no nonagésimo dia após a data de depósito do terceiro instrumento de ratificação ou adesão.

Para cada Estado que ratificar ou aderir à presente Convenção após o depósito do terceiro instrumento de ratificação ou adesão, a presente Convenção entrará em vigor no nonagésimo dia após o depósito por tal Estado de seu instrumento de ratificação ou adesão.

Artigo XIII

Qualquer Estado signatário poderá denunciar a presente Convenção mediante notificação por escrito dirigida ao Secretário Geral das Nações Unidas. A denúncia terá efeito um ano após a data de recebimento da notificação pelo Secretário Geral.

Qualquer Estado que tenha feito uma declaração ou notificação nos termos do Artigo X poderá, a qualquer tempo a partir dessa data, mediante notificação ao Secretário Geral das Nações Unidas, declarar que a presente Convenção deixará de aplicar-se ao território em questão um ano após a data de recebimento da notificação pelo Secretário Geral.

A presente Convenção continuará sendo aplicável a sentenças arbitrais com relação às quais tenham sido instituídos processos de reconhecimento ou de execução antes de a denúncia surtir efeito.

ARTIGO XIV

Um Estado signatário não poderá valer-se da presente Convenção contra outros Estados signatários, salvo na medida em que ele mesmo esteja obrigado a aplicar a Convenção.

ARTIGO XV

O Secretário Geral das Nações Unidas notificará os Estados previstos no Artigo VIII acerca de:

a) assinaturas e ratificações em conformidade com o Artigo VIII;
b) adesões em conformidade com o Artigo IX;
c) declarações e notificações nos termos dos Artigos I, X e XI;
d) data em que a presente Convenção entrar em vigor em conformidade com o Artigo XII;
e) denúncias e notificações em conformidade com o Artigo XIII.

ARTIGO XVI

A presente Convenção, da qual os textos em chinês, inglês, francês, russo e espanhol são igualmente autênticos, será depositada nos arquivos das Nações Unidas.

O Secretário Geral das Nações Unidas transmitirá uma cópia autenticada da presente Convenção aos Estados contemplados no Artigo VIII.

LEI Nº 9.307, DE 23 DE SETEMBRO DE 1996

Dispõe sobre a arbitragem.

► Publicada no *DOU* de 24-9-1996.
► Arts. 851 a 853 do CC.
► Arts. 86 e 301, § 4º, do CPC.
► Súm. nº 485 do STJ.

CAPÍTULO I

DISPOSIÇÕES GERAIS

Art. 1º As pessoas capazes de contratar poderão valer-se da arbitragem para dirimir litígios relativos a direitos patrimoniais disponíveis.

► Arts. 851 e 852 do CC.

Art. 2º A arbitragem poderá ser de direito ou de equidade, a critério das partes.

§ 1º Poderão as partes escolher, livremente, as regras de direito que serão aplicadas na arbitragem, desde que não haja violação aos bons costumes e à ordem pública.

§ 2º Poderão, também, as partes convencionar que a arbitragem se realize com base nos princípios gerais de direito, nos usos e costumes e nas regras internacionais de comércio.

CAPÍTULO II

DA CONVENÇÃO DE ARBITRAGEM E SEUS EFEITOS

Art. 3º As partes interessadas podem submeter a solução de seus litígios ao juízo arbitral mediante convenção de arbitragem, assim entendida a cláusula compromissória e o compromisso arbitral.

Art. 4º A cláusula compromissória é a convenção através da qual as partes em um contrato comprometem-se a submeter à arbitragem os litígios que possam vir a surgir, relativamente a tal contrato.

► Art. 853 do CC.

§ 1º A cláusula compromissória deve ser estipulada por escrito, podendo estar inserta no próprio contrato ou em documento apartado que a ele se refira.

§ 2º Nos contratos de adesão, a cláusula compromissória só terá eficácia se o aderente tomar a iniciativa de instituir a arbitragem ou concordar, expressamente, com a sua instituição, desde que por escrito em documento anexo ou em negrito, com a assinatura ou visto especialmente para essa cláusula.

Art. 5º Reportando-se as partes, na cláusula compromissória, às regras de algum órgão arbitral institucional ou entidade especializada, a arbitragem será instituída e processada de acordo com tais regras, podendo, igualmente, as partes estabelecer na própria cláusula, ou em outro documento, a forma convencionada para a instituição da arbitragem.

Art. 6º Não havendo acordo prévio sobre a forma de instituir a arbitragem, a parte interessada manifestará à outra parte sua intenção de dar início à arbitragem, por via postal ou por outro meio qualquer de comunicação, mediante comprovação de recebimento, convocando-a para, em dia, hora e local certos, firmar o compromisso arbitral.

Parágrafo único. Não comparecendo a parte convocada ou, comparecendo, recusar-se a firmar o compromisso arbitral, poderá a outra parte propor a demanda de que trata o artigo 7º desta Lei, perante o órgão do Poder Judiciário a que, originariamente, tocaria o julgamento da causa.

Art. 7º Existindo cláusula compromissória e havendo resistência quanto à instituição da arbitragem, poderá a parte interessada requerer a citação da outra parte para comparecer em juízo a fim de lavrar-se o compromisso, designando o juiz audiência especial para tal fim.

► Arts. 13, § 2º, e 16, § 2º, desta Lei.

§ 1º O autor indicará, com precisão, o objeto da arbitragem, instruindo o pedido com o documento que contiver a cláusula compromissória.

§ 2º Comparecendo as partes à audiência, o juiz tentará, previamente, a conciliação acerca do litígio. Não obtendo sucesso, tentará o juiz conduzir as partes à celebração, de comum acordo, do compromisso arbitral.

§ 3º Não concordando as partes sobre os termos do compromisso, decidirá o juiz, após ouvir o réu, sobre seu conteúdo, na própria audiência ou no prazo de dez dias, respeitadas as disposições da cláusula compromissória e atendendo ao disposto nos artigos 10 e 21, § 2º, desta Lei.

§ 4º Se a cláusula compromissória nada dispuser sobre a nomeação de árbitros, caberá ao juiz, ouvidas as partes, estatuir a respeito, podendo nomear árbitro único para a solução do litígio.

§ 5º A ausência do autor, sem justo motivo, à audiência designada para a lavratura do compromisso arbitral, importará a extinção do processo sem julgamento de mérito.

§ 6º Não comparecendo o réu à audiência, caberá ao juiz, ouvido o autor, estatuir a respeito do conteúdo do compromisso, nomeando árbitro único.

§ 7º A sentença que julgar procedente o pedido valerá como compromisso arbitral.

Art. 8º A cláusula compromissória é autônoma em relação ao contrato em que estiver inserta, de tal sorte que a nulidade deste não implica, necessariamente, a nulidade da cláusula compromissória.

Parágrafo único. Caberá ao árbitro decidir de ofício, ou por provocação das partes, as questões acerca da existência, validade e eficácia da convenção de arbitragem e do contrato que contenha a cláusula compromissória.

Art. 9º O compromisso arbitral é a convenção através da qual as partes submetem um litígio à arbitragem de uma ou mais pessoas, podendo ser judicial ou extrajudicial.

▶ Art. 851 do CC.

§ 1º O compromisso arbitral judicial celebrar-se-á por termo nos autos, perante o juízo ou tribunal, onde tem curso a demanda.

§ 2º O compromisso arbitral extrajudicial será celebrado por escrito particular, assinado por duas testemunhas, ou por instrumento público.

Art. 10. Constará, obrigatoriamente, do compromisso arbitral:

▶ Art. 7º, § 3º, desta Lei.

I – o nome, profissão, estado civil e domicílio das partes;
II – o nome, profissão e domicílio do árbitro, ou dos árbitros, ou, se for o caso, a identificação da entidade à qual as partes delegaram a indicação de árbitros;
III – a matéria que será objeto da arbitragem; e
IV – o lugar em que será proferida a sentença arbitral.

Art. 11. Poderá, ainda, o compromisso arbitral conter:

I – local, ou locais, onde se desenvolverá a arbitragem;
II – a autorização para que o árbitro ou os árbitros julguem por equidade, se assim for convencionado pelas partes;
III – o prazo para apresentação da sentença arbitral;
IV – a indicação da lei nacional ou das regras corporativas aplicáveis à arbitragem, quando assim convencionarem as partes;
V – a declaração da responsabilidade pelo pagamento dos honorários e das despesas com a arbitragem; e
VI – a fixação dos honorários do árbitro, ou dos árbitros.

Parágrafo único. Fixando as partes os honorários do árbitro, ou dos árbitros, no compromisso arbitral, este constituirá título executivo extrajudicial; não havendo tal estipulação, o árbitro requererá ao órgão do Poder Judiciário que seria competente para julgar, originariamente, a causa que os fixe por sentença.

Art. 12. Extingue-se o compromisso arbitral:

I – escusando-se qualquer dos árbitros, antes de aceitar a nomeação, desde que as partes tenham declarado, expressamente, não aceitar substituto;
II – falecendo ou ficando impossibilitado de dar seu voto algum dos árbitros, desde que as partes declarem, expressamente, não aceitar substituto; e
III – tendo expirado o prazo a que se refere o artigo 11, inciso III, desde que a parte interessada tenha notificado o árbitro, ou o presidente do tribunal arbitral, concedendo-lhe o prazo de dez dias para a prolação e apresentação da sentença arbitral.

▶ Art. 32, VII, desta Lei.

Capítulo III

DOS ÁRBITROS

Art. 13. Pode ser árbitro qualquer pessoa capaz e que tenha a confiança das partes.

§ 1º As partes nomearão um ou mais árbitros, sempre em número ímpar, podendo nomear, também, os respectivos suplentes.

§ 2º Quando as partes nomearem árbitros em número par, estes estão autorizados, desde logo, a nomear mais um árbitro. Não havendo acordo, requererão as partes ao órgão do Poder Judiciário a que tocaria, originariamente, o julgamento da causa a nomeação do árbitro, aplicável, no que couber, o procedimento previsto no artigo 7º desta Lei.

§ 3º As partes poderão, de comum acordo, estabelecer o processo de escolha dos árbitros ou adotar as regras de um órgão arbitral institucional ou entidade especializada.

§ 4º Sendo nomeados vários árbitros, estes, por maioria, elegerão o presidente do tribunal arbitral. Não havendo consenso, será designado presidente o mais idoso.

§ 5º O árbitro ou o presidente do tribunal designará, se julgar conveniente, um secretário, que poderá ser um dos árbitros.

§ 6º No desempenho de sua função, o árbitro deverá proceder com imparcialidade, independência, competência, diligência e discrição.

§ 7º Poderá o árbitro ou o tribunal arbitral determinar às partes o adiantamento de verbas para despesas e diligências que julgar necessárias.

Art. 14. Estão impedidos de funcionar como árbitros as pessoas que tenham, com as partes ou com o litígio que lhes for submetido, algumas das relações que caracterizam os casos de impedimento ou suspeição de juízes, aplicando-se-lhes, no que couber, os mesmos deveres e responsabilidades, conforme previsto no Código de Processo Civil.

▶ Arts. 134 a 138 do CPC.

§ 1º As pessoas indicadas para funcionar como árbitro têm o dever de revelar, antes da aceitação da função, qualquer fato que denote dúvida justificada quanto à sua imparcialidade e independência.

§ 2º O árbitro somente poderá ser recusado por motivo ocorrido após sua nomeação. Poderá, entretanto, ser recusado por motivo anterior à sua nomeação, quando:

a) não for nomeado, diretamente, pela parte; ou

b) o motivo para a recusa do árbitro for conhecido posteriormente à sua nomeação.

Art. 15. A parte interessada em arguir a recusa do árbitro apresentará, nos termos do artigo 20, a respectiva exceção, diretamente ao árbitro ou ao presidente do tribunal arbitral, deduzindo suas razões e apresentando as provas pertinentes.

Parágrafo único. Acolhida a exceção, será afastado o árbitro suspeito ou impedido, que será substituído, na forma do artigo 16 desta Lei.

Art. 16. Se o árbitro escusar-se antes da aceitação da nomeação, ou, após a aceitação, vier a falecer, tornar-se impossibilitado para o exercício da função, ou for recusado, assumirá seu lugar o substituto indicado no compromisso, se houver.

▶ Art. 20, § 1º, desta Lei.

§ 1º Não havendo substituto indicado para o árbitro, aplicar-se-ão as regras do órgão arbitral institucional ou entidade especializada, se as partes as tiverem invocado na convenção de arbitragem.

§ 2º Nada dispondo a convenção de arbitragem e não chegando as partes a um acordo sobre a nomeação do árbitro a ser substituído, procederá a parte interessada da forma prevista no artigo 7º desta Lei, a menos que as partes tenham declarado, expressamente, na convenção de arbitragem, não aceitar substituto.

Art. 17. Os árbitros, quando no exercício de suas funções ou em razão delas, ficam equiparados aos funcionários públicos, para os efeitos da legislação penal.

▶ Arts. 312 a 327 do CP.

Art. 18. O árbitro é juiz de fato e de direito, e a sentença que proferir não fica sujeita a recurso ou a homologação pelo Poder Judiciário.

Capítulo IV

DO PROCEDIMENTO ARBITRAL

Art. 19. Considera-se instituída a arbitragem quando aceita a nomeação pelo árbitro, se for único, ou por todos, se forem vários.

Parágrafo único. Instituída a arbitragem e entendendo o árbitro ou tribunal arbitral que há necessidade de explicitar alguma questão disposta na convenção de arbitragem, será elaborado, juntamente com as partes, um adendo, firmado por todos, que passará a fazer parte integrante da convenção de arbitragem.

Art. 20. A parte que pretender arguir questões relativas à competência, suspeição ou impedimento do árbitro ou dos árbitros, bem como nulidade, invalidade ou ineficácia da convenção de arbitragem, deverá fazê-lo na primeira oportunidade que tiver de se manifestar, após a instituição da arbitragem.

▶ Art. 15 desta Lei.

§ 1º Acolhida a arguição de suspeição ou impedimento, será o árbitro substituído nos termos do artigo 16 desta Lei, reconhecida a incompetência do árbitro ou do tribunal arbitral, bem como a nulidade, invalidade ou ineficácia da convenção de arbitragem, serão as partes remetidas ao órgão do Poder Judiciário competente para julgar a causa.

§ 2º Não sendo acolhida a arguição, terá normal prosseguimento a arbitragem, sem prejuízo de vir a ser examinada a decisão pelo órgão do Poder Judiciário competente, quando da eventual propositura da demanda de que trata o artigo 33 desta Lei.

Art. 21. A arbitragem obedecerá ao procedimento estabelecido pelas partes na convenção de arbitragem, que poderá reportar-se às regras de um órgão arbitral institucional ou entidade especializada, facultando-se, ainda, às partes delegar ao próprio árbitro, ou ao tribunal arbitral, regular o procedimento.

§ 1º Não havendo estipulação acerca do procedimento, caberá ao árbitro ou ao tribunal arbitral discipliná-lo.

§ 2º Serão, sempre, respeitados no procedimento arbitral os princípios do contraditório, da igualdade das partes, da imparcialidade do árbitro e de seu livre convencimento.

▶ Arts. 7º, § 3º, e 32, VIII, desta Lei.

§ 3º As partes poderão postular por intermédio de advogado, respeitada, sempre, a faculdade de designar quem as represente ou assista no procedimento arbitral.

§ 4º Competirá ao árbitro ou ao tribunal arbitral, no início do procedimento, tentar a conciliação das partes, aplicando-se, no que couber, o artigo 28 desta Lei.

Art. 22. Poderá o árbitro ou o tribunal arbitral tomar o depoimento das partes, ouvir testemunhas e determinar a realização de perícias ou outras provas que julgar necessárias, mediante requerimento das partes ou de ofício.

§ 1º O depoimento das partes e das testemunhas será tomado em local, dia e hora previamente comunicados, por escrito, e reduzido a termo, assinado pelo depoente, ou a seu rogo, e pelos árbitros.

§ 2º Em caso de desatendimento, sem justa causa, da convocação para prestar depoimento pessoal, o árbitro ou o tribunal arbitral levará em consideração o comportamento da parte faltosa, ao proferir sua sentença; se a ausência for de testemunha, nas mesmas circunstâncias, poderá o árbitro ou o presidente do tribunal arbitral requerer à autoridade judiciária que conduza a testemunha renitente, comprovando existência da convenção de arbitragem.

§ 3º A revelia da parte não impedirá que seja proferida a sentença arbitral.

§ 4º Ressalvado o disposto no § 2º, havendo necessidade de medidas coercitivas ou cautelares, os árbitros poderão solicitá-las ao órgão do Poder Judiciário que seria, originariamente, competente para julgar a causa.

§ 5º Se, durante o procedimento arbitral, um árbitro vier a ser substituído fica a critério do substituto repetir as provas já produzidas.

Capítulo V

DA SENTENÇA ARBITRAL

Art. 23. A sentença arbitral será proferida no prazo estipulado pelas partes. Nada tendo sido convencionado, o prazo para a apresentação da sentença é de seis meses, contado da instituição da arbitragem ou da substituição do árbitro.

Parágrafo único. As partes e os árbitros, de comum acordo, poderão prorrogar o prazo estipulado.

Art. 24. A decisão do árbitro ou dos árbitros será expressa em documento escrito.

§ 1º Quando forem vários os árbitros, a decisão será tomada por maioria. Se não houver acordo majoritário, prevalecerá o voto do presidente do tribunal arbitral.

§ 2º O árbitro que divergir da maioria poderá, querendo, declarar seu voto em separado.

Art. 25. Sobrevindo no curso da arbitragem controvérsia acerca de direitos indisponíveis e verificando-se que de sua existência, ou não, dependerá o julgamento, o árbitro ou o tribunal arbitral remeterá as partes à autoridade competente do Poder Judiciário, suspendendo o procedimento arbitral.

Parágrafo único. Resolvida a questão prejudicial e juntada aos autos a sentença ou acórdão transitados em julgado, terá normal seguimento a arbitragem.

Art. 26. São requisitos obrigatórios da sentença arbitral:

▶ Arts. 28 e 32, III, desta Lei.

I – o relatório, que conterá os nomes das partes e um resumo do litígio;
II – os fundamentos da decisão, onde serão analisadas as questões de fato e de direito, mencionando-se, expressamente, se os árbitros julgaram por equidade;
III – o dispositivo, em que os árbitros resolverão as questões que lhes forem submetidas e estabelecerão o prazo para o cumprimento da decisão, se for o caso; e
IV – a data e o lugar em que foi proferida.

Parágrafo único. A sentença arbitral será assinada pelo árbitro ou por todos os árbitros. Caberá ao presidente do tribunal arbitral, na hipótese de um ou alguns dos árbitros não poder ou não querer assinar a sentença, certificar tal fato.

Art. 27. A sentença arbitral decidirá sobre a responsabilidade das partes acerca das custas e despesas com a arbitragem, bem como sobre verba decorrente de litigância de má-fé, se for o caso, respeitadas as disposições da convenção de arbitragem, se houver.

▶ Arts. 16 a 18 do CPC.

Art. 28. Se, no decurso da arbitragem, as partes chegarem a acordo quanto ao litígio, o árbitro ou o tribunal arbitral poderá, a pedido das partes, declarar tal fato mediante sentença arbitral, que conterá os requisitos do artigo 26 desta Lei.

▶ Art. 21, § 4º, desta Lei.

Art. 29. Proferida a sentença arbitral, dá-se por finda a arbitragem, devendo o árbitro, ou o presidente do tribunal arbitral, enviar cópia da decisão às partes, por via postal ou por outro meio qualquer de comunicação, mediante comprovação de recebimento, ou, ainda, entregando-a diretamente às partes, mediante recibo.

▶ Art. 30, parágrafo único, desta Lei.

Art. 30. No prazo de cinco dias, a contar do recebimento da notificação ou da ciência pessoal da sentença arbitral, a parte interessada, mediante comunicação à outra parte, poderá solicitar ao árbitro ou ao tribunal arbitral que:

I – corrija qualquer erro material da sentença arbitral;
II – esclareça alguma obscuridade, dúvida ou contradição da sentença arbitral, ou se pronuncie sobre ponto omitido a respeito do qual devia manifestar-se a decisão.

Parágrafo único. O árbitro ou o tribunal arbitral decidirá, no prazo de dez dias, aditando a sentença arbitral e notificando as partes na forma do artigo 29.

Art. 31. A sentença arbitral produz, entre as partes, e seus sucessores, os mesmos efeitos da sentença proferida pelos órgãos do Poder Judiciário e, sendo condenatória, constitui título executivo.

▶ Art. 475-N, IV, do CPC.

Art. 32. É nula a sentença arbitral se:

I – for nulo o compromisso;
II – emanou de quem não podia ser árbitro;
III – não contiver os requisitos do artigo 26 desta Lei;
IV – for proferida fora dos limites da convenção de arbitragem;
V – não decidir todo o litígio submetido à arbitragem;
VI – comprovado que foi proferida por prevaricação, concussão ou corrupção passiva;
VII – proferida fora do prazo, respeitado o disposto no artigo 12, inciso III, desta Lei; e
VIII – forem desrespeitados os princípios de que trata o artigo 21, § 2º, desta Lei.

Art. 33. A parte interessada poderá pleitear ao órgão do Poder Judiciário competente a decretação da nulidade da sentença arbitral, nos casos previstos nesta Lei.

▶ Art. 20, § 2º, desta Lei.

§ 1º A demanda para a decretação de nulidade da sentença arbitral seguirá o procedimento comum, previsto no Código de Processo Civil, e deverá ser proposta no prazo de até noventa dias após o recebimento da notificação da sentença arbitral ou de seu aditamento.

▶ Arts. 270 e segs. do CPC.

§ 2º A sentença que julgar procedente o pedido:
I – decretará a nulidade da sentença arbitral, nos casos do artigo 32, incisos I, II, VI, VII e VIII;
II – determinará que o árbitro ou o tribunal arbitral profira novo laudo, nas demais hipóteses.

§ 3º A decretação da nulidade da sentença arbitral também poderá ser arguida mediante ação de embargos do devedor, conforme o artigo 741 e seguintes do Código de Processo Civil, se houver execução judicial.

▶ Arts. 475-J a 475-M e 475-N, IV, do CPC.

Capítulo VI

DO RECONHECIMENTO E EXECUÇÃO DE SENTENÇAS ARBITRAIS ESTRANGEIRAS

▶ Dec. nº 4.311, de 23-7-2002, promulga a Convenção sobre o Reconhecimento e a Execução de Sentenças Arbitrais Estrangeiras.

Art. 34. A sentença arbitral estrangeira será reconhecida ou executada no Brasil de conformidade com os tratados internacionais com eficácia no ordenamento interno e, na sua ausência, estritamente de acordo com os termos desta Lei.

Parágrafo único. Considera-se sentença arbitral estrangeira a que tenha sido proferida fora do Território Nacional.

Art. 35. Para ser reconhecida ou executada no Brasil, a sentença arbitral estrangeira está sujeita, unicamente, à homologação do Supremo Tribunal Federal.

► A homologação de sentença estrangeira passou a ser da competência do STJ, conforme art. 105, I, *i*, da CF, com a redação dada pela EC nº 45, de 8-12-2004.
► Art. 109, X, da CF.

Art. 36. Aplica-se à homologação para reconhecimento ou execução de sentença arbitral estrangeira, no que couber, o disposto nos artigos 483 e 484 do Código de Processo Civil.

► A homologação de sentença estrangeira passou a ser da competência do STJ, conforme art. 105, I, *i*, da CF, com a redação dada pela EC nº 45, de 8-12-2004.

Art. 37. A homologação de sentença arbitral estrangeira será requerida pela parte interessada, devendo a petição inicial conter as indicações da lei processual, conforme o artigo 282 do Código de Processo Civil, e ser instruída, necessariamente, com:

► A homologação de sentença estrangeira passou a ser da competência do STJ, conforme art. 105, I, *i*, da CF, com a redação dada pela EC nº 45, de 8-12-2004.

I – o original da sentença arbitral ou uma cópia devidamente certificada, autenticada pelo consulado brasileiro e acompanhada de tradução oficial;
II – o original da convenção de arbitragem ou cópia devidamente certificada, acompanhada de tradução oficial.

Art. 38. Somente poderá ser negada a homologação para o reconhecimento ou execução de sentença arbitral estrangeira, quando o réu demonstrar que:

► A homologação de sentença estrangeira passou a ser da competência do STJ, conforme art. 105, I, *i*, da CF, com a redação dada pela EC nº 45, de 8-12-2004.

I – as partes na convenção de arbitragem eram incapazes;
II – a convenção de arbitragem não era válida segundo a lei à qual as partes a submeteram, ou, na falta de indicação, em virtude da lei do país onde a sentença arbitral foi proferida;
III – não foi notificado da designação do árbitro ou do procedimento de arbitragem, ou tenha sido violado o princípio do contraditório, impossibilitando a ampla defesa;
IV – a sentença arbitral foi proferida fora dos limites da convenção de arbitragem, e não foi possível separar a parte excedente daquela submetida à arbitragem;
V – a instituição da arbitragem não está de acordo com o compromisso arbitral ou cláusula compromissória;
VI – a sentença arbitral não se tenha, ainda, tornado obrigatória para as partes, tenha sido anulada, ou, ainda, tenha sido suspensa por órgão judicial do país onde a sentença arbitral for prolatada.

Art. 39. Também será denegada a homologação para o reconhecimento ou execução da sentença arbitral estrangeira, se o Supremo Tribunal Federal constatar que:

► A homologação de sentença estrangeira passou a ser da competência do STJ, conforme art. 105, I, *i*, da CF, com a redação dada pela EC nº 45, de 8-12-2004.

I – segundo a lei brasileira, o objeto do litígio não é suscetível de ser resolvido por arbitragem;
II – a decisão ofende a ordem pública nacional.

Parágrafo único. Não será considerada ofensa à ordem pública nacional a efetivação da citação da parte residente ou domiciliada no Brasil, nos moldes da convenção de arbitragem ou da lei processual do país onde se realizou a arbitragem, admitindo-se, inclusive, a citação postal com prova inequívoca de recebimento, desde que assegure à parte brasileira tempo hábil para o exercício do direito de defesa.

► Súm. nº 429 do STJ.

Art. 40. A denegação da homologação para reconhecimento ou execução de sentença arbitral estrangeira por vícios formais, não obsta que a parte interessada renove o pedido, uma vez sanados os vícios apresentados.

CAPÍTULO VII

DISPOSIÇÕES FINAIS

Art. 41. Os artigos 267, inciso VII; 301, inciso IX; e 584, inciso III, do Código de Processo Civil passam a ter a seguinte redação:

"Art. 267. ....
....
VII – pela convenção de arbitragem;"
"Art. 301. ....
....
IX – convenção de arbitragem;"
"Art. 584. ....
....
III – a sentença arbitral e a sentença homologatória de transação ou de conciliação;"

► O art. 584 foi revogado pela Lei nº 11.232, de 22-12-2005, que altera o CPC, para estabelecer a fase de cumprimento das sentenças no processo de conhecimento e revogar dispositivos relativos à execução fundada em título judicial, e dá outras providências.

Art. 42. O artigo 520 do Código de Processo Civil passa a ter mais um inciso, com a seguinte redação:

"Art. 520. ....
....
VI – julgar procedente o pedido de instituição de arbitragem."

Art. 43. Esta Lei entrará em vigor sessenta dias após a data de sua publicação.

Art. 44. Ficam revogados os artigos 1.037 a 1.048 da Lei nº 3.071, de 1º de janeiro de 1916, Código Civil Brasileiro; os artigos 101 e 1.072 a 1.102 da Lei nº 5.869, de 11 de janeiro de 1973, Código de Processo Civil; e demais disposições em contrário.

► A Lei nº 3.071, de 1º-1-1916, foi revogada pela Lei nº 10.406, de 10-1-2002 (Código Civil).

Brasília, 23 de setembro de 1996;
175º da Independência e
108º da República.

Fernando Henrique Cardoso

CONVENÇÃO INTERAMERICANA SOBRE ARBITRAGEM COMERCIAL INTERNACIONAL

► Dec. nº 1.902, de 9-5-1996, promulga a Convenção Interamericana sobre Arbitragem Comercial Internacional, de 30-1-1975.

Os Governos dos Estados Membros da Organização dos Estados Americanos, desejosos de concluir uma Convenção sobre Arbitragens Comercial Internacional, convieram no seguinte:

ARTIGO 1º

É válido o acordo das partes em virtude do qual se obrigam a submeter a decisão arbitral as divergências que possam surgir ou que hajam surgido entre elas com relação a um negócio de natureza mercantil. O respectivo acordo constará do documento assinado pelas partes, ou de troca de cartas, telegramas ou comunicações por telex.

ARTIGO 2º

A nomeação dos árbitros será feita na forma em que convierem as partes. Sua designação poderá se delegada a um terceiro, seja esta pessoa física ou jurídica.

Os árbitros poderão ser nacionais ou estrangeiros.

ARTIGO 3º

Na falta de acordo expresso entre as Partes, a arbitragem será efetuada de acordo com as normas de procedimento da Comissão Internacional de Arbitragem Comercial.

ARTIGO 4º

As sentenças ou laudos arbitrais não impugnáveis segundo a lei ou as normas processuais aplicáveis terão força de sentença judicial definitiva. Sua execução ou reconhecimento poderá ser exigido da mesma maneira que a das sentenças proferidas por tribunais ordinários nacionais ou estrangeiros, segundo as leis processuais do país onde forem executadas e o que for estabelecido a tal respeito por tratados internacionais.

ARTIGO 5º

1. Somente poderão ser denegados o reconhecimento e a execução da sentença por solicitação da parte contra a qual for invocada, se esta provar perante a autoridade competente do Estado em que forem pedidos o reconhecimento e a execução:

a) que as partes no acordo estavam sujeitas a alguma incapacidade em virtude da lei que lhes é aplicável, ou que tal acordo não é válido perante a lei a que as partes o tenham submetido, ou se nada tiver sido indicado a esse respeito, em virtude da lei do país em que tenha sido proferida a sentença; ou

b) que a parte contra a qual se invocar a sentença arbitral não foi devidamente notificada a designação do árbitro ou do processo de arbitragem ou não pôde, por qualquer outra razão, fazer valer seus meios de defesa; ou

c) que a sentença se refere a uma divergência não prevista no acordo das partes de submissão ao processo arbitral; não obstante, se as disposições da sentença que se referem às questões submetidas à arbitragem puderem ser isoladas das que não foram submetidas à arbitragem, poder-se-á dar reconhecimento e execução às primeiras; ou

d) que a constituição do tribunal arbitral ou o processo arbitral não se ajustaram ao acordo celebrado entre as partes ou, na falta de tal a acordo, que a constituição do tribunal arbitral ou o processo arbitral não se ajustaram à lei do Estado onde se efetuou a arbitragem; ou

e) que a sentença não é ainda obrigatória para as partes ou foi anulada ou suspensa por uma autoridade competente do Estado em que, ou de conformidade com cuja lei, foi proferida essa sentença.

2. Poder-se-á também denegar o reconhecimento e a execução de uma sentença arbitral, se a autoridade competente do Estado em que se pedir o reconhecimento e a execução comprovar:

a) que, segundo a lei desse Estado, o objeto da divergência não é suscetível de solução por meio de arbitragem; ou

b) que o reconhecimento ou a execução da sentença seriam contrárias à ordem pública do mesmo Estado.

ARTIGO 6º

Se se houver pedido à autoridade competente mencionada no art. 5º, parágrafo 1º, e, a anulação ou a suspensão da sentença, a autoridade perante a qual se invocar a referida sentença poderá, se o considerar procedente, adiar a decisão sobre a execução da sentença e, a instância da parte que pedir a execução, poderá também ordenar à outra parte que dê garantias apropriadas.

ARTIGO 7º

Esta Convenção ficará aberta à assinatura dos Estados Membros da Organização dos Estados Americanos.

ARTIGO 8º

Esta Convenção está sujeita à ratificação. Os instrumentos de ratificação serão depositados na Secretaria-Geral da Organização dos Estados Americanos.

ARTIGO 9º

Esta Convenção ficará aberta à adesão de qualquer outro Estado. Os instrumentos de adesão serão depositados na Secretaria-Geral da Organização dos Estados Americanos.

ARTIGO 10

1. Esta convenção entrará em vigor no 30º (trigésimo) dia a partir da data em que haja sido depositado o segundo instrumento de ratificação.

2. Para cada Estado que ratificar a Convenção ou a ela aderir depois de haver sido depositado o segundo instrumento de ratificação, a Convenção entrará em vigor no 30º (trigésimo) dia a partir da data em que tal Estado haja depositado seu instrumento de ratificação ou de adesão.

ARTIGO 11

1. Os Estados-Partes que tenham duas ou mais unidades territoriais em que vigorem sistemas jurídicos diferentes com relação a questões de que trata esta Convenção poderão declarar, no momento da assinatura, ratificação ou adesão, que a Convenção se aplicará

a todas as suas unidades territoriais ou somente a uma ou mais delas.

2. Tais declarações poderão ser modificadas mediante declarações ulteriores, que especificarão expressamente a ou as unidades territoriais a que se aplicará esta Convenção. Tais declarações ulteriores serão transmitidas à Secretaria-Geral da Organização dos Estados Americanos e surtirão efeito 30 (trinta) dias depois de recebidas.

Artigo 12

Esta Convenção vigorará por prazo indefinido, mas qualquer dos Estados-Partes poderá denunciá-la. O instrumento de denúncia será depositado na Secretaria-Geral da Organização dos Estados Americanos. Transcorrido um ano, contado a partir da data do depósito do instrumento de denúncia, cessarão os efeitos da Convenção para o Estado denunciante, continuando ela subsistente para os demais Estados-Partes.

Artigo 13

O instrumento original desta Convenção, cujos textos em português, espanhol, francês e inglês são igualmente autênticos, será depositado na Secretaria-Geral da Organização dos Estados Americanos. A referida Secretaria notificará aos Estados Membros da Organização dos Estados Americanos, e aos Estados que houverem aderido à Convenção, as assinaturas e os depósitos de instrumentos de ratificação, de adesão e de denúncia, bem como as reservas que houver. Outrossim, transmitirá aos mesmos as declarações previstas no art. 11 desta Convenção.

Em fé do que, os plenipotenciários infra-assinados, devidamente autorizados por seus respectivos Governos, firmam esta Convenção.

Feita na Cidade do Panamá, República do Panamá, no dia trinta de janeiro de mil novecentos e setenta e cinco.

DIREITO PROCESSUAL

CÓDIGO DE PROCESSO CIVIL
(LEI Nº 5.869, DE 11 DE JANEIRO DE 1973)

Institui o Código de Processo Civil.

(EXCERTOS)

▶ Publicada no *DOU* de 17-1-1973.

LIVRO I – DO PROCESSO DE CONHECIMENTO

TÍTULO II – DAS PARTES E DOS PROCURADORES

CAPÍTULO I

DA CAPACIDADE PROCESSUAL

Art. 12. Serão representados em juízo, ativa e passivamente:

VIII – a pessoa jurídica estrangeira, pelo gerente, representante ou administrador de sua filial, agência ou sucursal aberta ou instalada no Brasil (artigo 88, parágrafo único);

§ 3º O gerente da filial ou agência presume-se autorizado, pela pessoa jurídica estrangeira, a receber citação inicial para o processo de conhecimento, de execução, cautelar e especial.

▶ Art. 88, parágrafo único, deste Código.

TÍTULO IV – DOS ÓRGÃOS JUDICIÁRIOS E DOS AUXILIARES DA JUSTIÇA

CAPÍTULO II

DA COMPETÊNCIA INTERNACIONAL

Art. 88. É competente a autoridade judiciária brasileira quando:

I – o réu, qualquer que seja a sua nacionalidade, estiver domiciliado no Brasil;

▶ Arts. 70 a 78 do CC.

II – no Brasil tiver de ser cumprida a obrigação;
III – a ação se originar de fato ocorrido ou de fato praticado no Brasil.

Parágrafo único. Para o fim do disposto no nº 1, reputa-se domiciliada no Brasil a pessoa jurídica estrangeira que aqui tiver agência, filial ou sucursal.

▶ Arts. 9º e 12, VIII, e § 3º, deste Código.
▶ Art. 12 do Dec.-lei nº 4.657, de 4-9-1942 (Lei de Introdução às normas do Direito Brasileiro).

Art. 89. Compete à autoridade judiciária brasileira, com exclusão de qualquer outra:

I – conhecer de ações relativas a imóveis situados no Brasil;

▶ Arts. 8º e 12, § 1º, do Dec.-lei nº 4.657, de 4-9-1942 (Lei de Introdução às normas do Direito Brasileiro).

II – proceder a inventário e partilha de bens, situados no Brasil, ainda que o autor da herança seja estrangeiro e tenha residido fora do território nacional.

▶ Arts. 96 e 982 deste Código.
▶ Arts. 7º, 10, 14 e 18 do Dec.-lei nº 4.657, de 4-9-1942 (Lei de Introdução às normas do Direito Brasileiro).

Art. 90. A ação intentada perante tribunal estrangeiro não induz litispendência, nem obsta a que a autoridade judiciária brasileira conheça da mesma causa e das que lhe são conexas.

▶ Arts. 103 e 301, §§ 1º a 3º, deste Código.

CAPÍTULO III

DA COMPETÊNCIA INTERNA

SEÇÃO III

DA COMPETÊNCIA TERRITORIAL

Art. 94. A ação fundada em direito pessoal e a ação fundada em direito real sobre bens móveis serão propostas, em regra, no foro do domicílio do réu.

▶ Art. 111 deste Código.
▶ Arts. 70 a 78 do CC.

§ 1º Tendo mais de um domicílio, o réu será demandado no foro de qualquer deles.

§ 2º Sendo incerto ou desconhecido o domicílio do réu, ele será demandado onde for encontrado ou no foro do domicílio do autor.

§ 3º Quando o réu não tiver domicílio nem residência no Brasil, a ação será proposta no foro do domicílio do autor. Se este também residir fora do Brasil, a ação será proposta em qualquer foro.

§ 4º Havendo dois ou mais réus, com diferentes domicílios, serão demandados no foro de qualquer deles, à escolha do autor.

Art. 95. Nas ações fundadas em direito real sobre imóveis é competente o foro da situação da coisa. Pode o autor, entretanto, optar pelo foro do domicílio ou de eleição, não recaindo o litígio sobre direito de propriedade, vizinhança, servidão, posse, divisão e demarcação de terras e nunciação de obra nova.

▶ Arts. 920 a 981 deste Código.

Art. 96. O foro do domicílio do autor da herança, no Brasil, é o competente para o inventário, a partilha, a arrecadação, o cumprimento de disposições de última vontade e todas as ações em que o espólio for réu, ainda que o óbito tenha ocorrido no estrangeiro.

▶ Arts. 89, II, 982 a 1.045 e 1.125 a 1.158 deste Código.
▶ Súm. nº 58 do TFR.

Parágrafo único. É, porém, competente o foro:

I – da situação dos bens, se o autor da herança não possuía domicílio certo;

II – do lugar em que ocorreu o óbito, se o autor da herança não tinha domicílio certo e possuía bens em lugares diferentes.

CAPÍTULO V
DOS AUXILIARES DA JUSTIÇA

SEÇÃO IV
DO INTÉRPRETE

Art. 151. O juiz nomeará intérprete toda vez que o repute necessário para:

I – analisar documento de entendimento duvidoso, redigido em língua estrangeira;
II – verter em português as declarações das partes e das testemunhas que não conhecerem o idioma nacional;
III – traduzir a linguagem mímica dos surdos-mudos, que não puderem transmitir a sua vontade por escrito.

▶ Arts. 138, IV, e 157 deste Código.

Art. 152. Não pode ser intérprete quem:

I – não tiver a livre administração dos seus bens;
II – for arrolado como testemunha ou servir como perito no processo;
III – estiver inabilitado ao exercício da profissão por sentença penal condenatória, enquanto durar o seu efeito.

Art. 153. O intérprete, oficial ou não, é obrigado a prestar o seu ofício, aplicando-se-lhe o disposto nos artigos 146 e 147.

TÍTULO V – DOS ATOS PROCESSUAIS

CAPÍTULO I
DA FORMA DOS ATOS PROCESSUAIS

SEÇÃO I
DOS ATOS EM GERAL

Art. 156. Em todos os atos e termos do processo é obrigatório o uso do vernáculo.

Art. 157. Só poderá ser junto aos autos documento redigido em língua estrangeira, quando acompanhado de versão em vernáculo, firmada por tradutor juramentado.

▶ Art. 224 do CC.
▶ Súm. nº 259 do STF.

CAPÍTULO IV
DAS COMUNICAÇÕES DOS ATOS

SEÇÃO II
DAS CARTAS

Art. 210. A carta rogatória obedecerá, quanto à sua admissibilidade e modo de seu cumprimento, ao disposto na convenção internacional; à falta desta, será remetida à autoridade judiciária estrangeira, por via diplomática, depois de traduzida para a língua do país em que há de praticar-se o ato.

▶ A concessão de *exequatur* às cartas rogatórias passou a ser da competência do STJ, conforme art. 105, I, *i*, da CF, com a redação dada pela EC nº 45, de 8-12-2004.

Art. 211. A concessão de exequibilidade às cartas rogatórias das justiças estrangeiras obedecerá ao disposto no Regimento Interno do Supremo Tribunal Federal.

▶ A concessão de *exequatur* às cartas rogatórias passou a ser da competência do STJ, conforme art. 105, I, *i*, da CF, com a redação dada pela EC nº 45, de 8-12-2004.
▶ Art. 109, X, da CF.

TÍTULO VIII – DO PROCEDIMENTO ORDINÁRIO

CAPÍTULO VI
DAS PROVAS

SEÇÃO I
DAS DISPOSIÇÕES GERAIS

Art. 337. A parte, que alegar direito municipal, estadual, estrangeiro ou consuetudinário, provar-lhe-á o teor e a vigência, se assim o determinar o juiz.

Art. 338. A carta precatória e a carta rogatória suspenderão o processo, no caso previsto na alínea *b* do inciso IV do art. 265 desta Lei, quando, tendo sido requeridas antes da decisão de saneamento, a prova nelas solicitada apresentar-se imprescindível.

▶ *Caput* com a redação dada pela Lei nº 11.280, de 16-2-2006.
▶ Arts. 202 a 212 e 331, § 2º, deste Código.

Parágrafo único. A carta precatória e a carta rogatória, não devolvidas dentro do prazo ou concedidas sem efeito suspensivo, poderão ser juntas aos autos até o julgamento final.

▶ A concessão de *exequatur* às cartas rogatórias passou a ser da competência do STJ, conforme art. 105, I, *i*, da CF, com a redação dada pela EC nº 45, de 8-12-2004.

TÍTULO VIII – DO PROCEDIMENTO ORDINÁRIO

CAPÍTULO X
DO CUMPRIMENTO DA SENTENÇA

▶ Capítulo acrescido pela Lei nº 11.232, de 22-12-2005.

Art. 475-N. São títulos executivos judiciais:

IV – a sentença arbitral;

▶ Art. 31 da Lei nº 9.307, de 23-9-1996 (Lei de Arbitragem).

VI – a sentença estrangeira, homologada pelo Superior Tribunal de Justiça;
- ▶ A homologação de sentença estrangeira passou a ser da competência do STJ, conforme art. 105, I, *i*, da CF, com a redação dada pela EC nº 45, de 8-12-2004.
- ▶ Arts. 483 e 484 deste Código.

Art. 475-P. O cumprimento da sentença efetuar-se-á perante:

III – o juízo cível competente, quando se tratar de sentença penal condenatória, de sentença arbitral ou de sentença estrangeira.

TÍTULO IX – DO PROCESSO NOS TRIBUNAIS

CAPÍTULO III
DA HOMOLOGAÇÃO DE SENTENÇA ESTRANGEIRA

Art. 483. A sentença proferida por tribunal estrangeiro não terá eficácia no Brasil senão depois de homologada pelo Supremo Tribunal Federal.
- ▶ A homologação de sentença estrangeira passou a ser da competência do STJ, conforme art. 105, I, *i*, da CF, com a redação dada pela EC nº 45, de 8-12-2004.
- ▶ Súm. nº 420 do STF.

Parágrafo único. A homologação obedecerá ao que dispuser o regimento interno do Supremo Tribunal Federal.
- ▶ A homologação de sentença estrangeira passou a ser da competência do STJ, conforme art. 105, I, *i*, da CF, com a redação dada pela EC nº 45, de 8-12-2004.
- ▶ Art. 109, X, da CF.
- ▶ Art. 475-N, VI, deste Código.
- ▶ Art. 37 da Lei nº 9.307, de 23-9-1996 (Lei da Arbitragem).

Art. 484. A execução far-se-á por carta de sentença extraída dos autos da homologação e obedecerá às regras estabelecidas para a execução da sentença nacional da mesma natureza.
- ▶ A homologação de sentença estrangeira passou a ser da competência do STJ, conforme art. 105, I, *i*, da CF, com a redação dada pela EC nº 45, de 8-12-2004.
- ▶ Art. 475-O, § 3º, deste Código.

TÍTULO X – DOS RECURSOS

CAPÍTULO VI
DOS RECURSOS PARA O SUPREMO TRIBUNAL FEDERAL E O SUPERIOR TRIBUNAL DE JUSTIÇA

SEÇÃO I
DOS RECURSOS ORDINÁRIOS

- ▶ Denominação do Capítulo e da Seção dada pela Lei nº 8.950, de 13-12-1994.

Art. 539. Serão julgados em recurso ordinário:
- ▶ *Caput* com a redação dada pela Lei nº 8.950, de 13-12-1994.
- ▶ Arts. 102, II, e 105, II, da CF.

II – pelo Superior Tribunal de Justiça:

b) as causas em que forem partes, de um lado, Estado estrangeiro ou organismo internacional e, do outro, Município ou pessoa residente ou domiciliada no País.
- ▶ Inciso II com a redação dada pela Lei nº 8.950, de 13-12-1994.

Parágrafo único. Nas causas referidas no inciso II, alínea *b*, caberá agravo das decisões interlocutórias.
- ▶ Parágrafo único acrescido pela Lei nº 8.950, de 13-12-1994.

Art. 540. Aos recursos mencionados no artigo anterior aplica-se, quanto aos requisitos de admissibilidade e ao procedimento no juízo de origem, o disposto nos Capítulos II e III deste Título, observando-se, no Supremo Tribunal Federal e no Superior Tribunal de Justiça, o disposto nos seus regimentos internos.
- ▶ Artigo com a redação dada pela Lei nº 8.950, de 13-12-1994.

LIVRO II – DO PROCESSO DE EXECUÇÃO

TÍTULO I – DA EXECUÇÃO EM GERAL

CAPÍTULO III
DOS REQUISITOS NECESSÁRIOS PARA REALIZAR QUALQUER EXECUÇÃO

SEÇÃO II
DO TÍTULO EXECUTIVO

Art. 585. São títulos executivos extrajudiciais:
- ▶ *Caput* com a redação dada pela Lei nº 5.925, de 1º-10-1973.

§ 2º Não dependem de homologação pelo Supremo Tribunal Federal, para serem executados, os títulos executivos extrajudiciais, oriundos de país estrangeiro. O título, para ter eficácia executiva, há de satisfazer aos requisitos de formação exigidos pela lei do lugar de sua celebração e indicar o Brasil como o lugar de cumprimento da obrigação.
- ▶ § 2º com a redação dada pela Lei nº 5.925, de 1º-10-1973.

Livro III – Do Processo Cautelar

TÍTULO ÚNICO – DAS MEDIDAS CAUTELARES

Capítulo II

DOS PROCEDIMENTOS CAUTELARES ESPECÍFICOS

Seção III

DA CAUÇÃO

Art. 835. O autor, nacional ou estrangeiro, que residir fora do Brasil ou dele se ausentar na pendência da demanda, prestará, nas ações que intentar, caução suficiente às custas e honorários de advogado da parte contrária, se não tiver no Brasil bens imóveis que lhes assegurem o pagamento.

Art. 836. Não se exigirá, porém, a caução, de que trata o artigo antecedente:

I – na execução fundada em título extrajudicial;

▶ Art. 585 deste Código.

II – na reconvenção.

▶ Arts. 315 a 318 deste Código.

Livro V – Das Disposições Finais e Transitórias

Art. 1.220. Este Código entrará em vigor no dia 1º de janeiro de 1974, revogadas as disposições em contrário.

▶ Artigo renumerado pela Lei nº 5.925, de 1º-10-1973.

Brasília, 11 de janeiro de 1973; 152º da Independência e 85º da República.

Emílio G. Médici
Alfredo Buzaid

CONVENÇÃO INTERAMERICANA SOBRE CARTAS ROGATÓRIAS

▶ Dec. nº 1.899, de 9-5-1996, promulga a Convenção Interamericana sobre Cartas Rogatórias, de 30-1-1975.

Os Governos dos Estados Membros da Organização dos Estados Americanos, desejosos de concluir uma convenção sobre cartas rogatórias, convieram no seguinte:

I. EMPREGO DE EXPRESSÕES

Artigo 1

Para os efeitos desta Convenção as expressões *exhortos* ou "cartas rogatórias" são empregadas como sinônimos no texto em espanhol. As expressões "cartas rogatórias", *commissions rogatoires* e *letters rogatory*, empregadas nos textos em português, francês e inglês, respectivamente, compreendem tanto os *exhortos* como as "cartas rogatórias".

II. ALCANCE DA CONVENÇÃO

Artigo 2

Esta Convenção aplicar-se-á às cartas rogatórias expedidas em processos relativos a matéria civil ou comercial pelas autoridades judiciárias de um dos Estados-Partes nesta Convenção e que tenham por objeto:

a) a realização de atos processuais de mera tramitação, tais como notificações, citações ou emprazamentos no exterior;

b) o recebimento e obtenção de provas e informações no exterior, salvo reserva expressa a tal respeito.

Artigo 3

Esta Convenção não se aplicará a nenhuma carta rogatória relativa a atos processuais outros que não os mencionados no artigo anterior; em especial, não se aplicará àqueles que impliquem execução coativa.

III. TRANSMISSÃO DE CARTAS ROGATÓRIAS

Artigo 4

As cartas rogatórias poderão ser transmitidas às autoridades requeridas pelas próprias partes interessadas, por via judicial, por intermédio dos funcionários consulares ou agentes diplomáticos ou pela autoridade central do Estado requerente ou requerido, conforme o caso.

Cada Estado-Parte informará a Secretaria-Geral da Organização dos Estados Americanos sobre qual é a autoridade central competente para receber e distribuir cartas rogatórias.

IV. REQUISITOS PARA O CUMPRIMENTO

Artigo 5

As Cartas rogatórias serão cumpridas nos Estados-Partes desde que reúnam os seguintes requisitos:

a) que a carta rogatória esteja legalizada, salvo o disposto nos artigos 6 e 7 desta Convenção. Presumir-se-á que a carta rogatória está devidamente legalizada no Estado requerente quando o houver sido por funcionário consular ou agente diplomático competente;

b) que a carta rogatória e a documentação anexa estejam devidamente traduzidas para o idioma oficial do Estado requerido.

Artigo 6

Quando as cartas rogatórias forem transmitidas por via consular ou diplomática, ou por intermédio da autoridade central, será desnecessário o requisito da legalização.

Artigo 7

As autoridades judiciárias das zonas fronteiriças dos Estados-Partes poderão dar cumprimento, de forma direta, sem necessidade de legalização, às cartas rogatórias previstas nesta Convenção.

Artigo 8

As cartas rogatórias deverão ser acompanhadas dos documentos a serem entregues ao citado, notificado ou emprazado e que serão:

a) cópia autenticada da petição inicial e seus anexos e dos documentos ou decisões que sirvam de fundamento à diligência solicitada;
b) informação escrita sobre qual é a autoridade judiciária requerente, os prazos de que dispõe para agir a pessoa afetada e as advertências que lhe faça a referida autoridade sobre as consequências que adviriam de sua inércia;
c) quando for o caso, informação sobre a existência e domicílio de defensor de ofício ou de sociedade de assistência jurídica competente no Estado requerente.

Artigo 9

O cumprimento de cartas rogatórias não implicará em caráter definitivo o reconhecimento da competência da autoridade judiciária requerente nem o compromisso de reconhecer a validade ou de proceder à execução da sentença que por ela venha a ser proferida.

V. TRAMITAÇÃO

Artigo 10

A tramitação das cartas rogatórias far-se-á de acordo com as leis e normas processuais do Estado requerido.

A pedido da autoridade judiciária requerente poder-se-á dar à carta rogatória tramitação especial, ou aceita a observância de formalidades adicionais no cumprimento da diligência solicitada, desde que aquela tramitação especial ou estas formalidades adicionais não sejam contrárias à legislação do Estado requerido.

Artigo 11

A autoridade judiciária requerida terá competência para conhecer das questões que forem suscitadas por motivo do cumprimento da diligência solicitada.

Caso a autoridade judiciária requerida se declare incompetente para proceder à tramitação da carta rogatória, transmitirá de ofício os documentos e antecedentes do caso à autoridade judiciária competente do seu Estado.

Artigo 12

Na tramitação e cumprimento de cartas rogatórias, as custas e demais despesas correrão por conta dos interessados.

Será facultativo para o Estado requerido dar tramitação à carta rogatória que careça de indicação do interessado que seja responsável pelas despesas e custas que houver. Nas cartas rogatórias, ou por ocasião de sua tramitação, poder-se-á indicar a identidade do procurador do interessado para os fins legais.

O benefício de justiça gratuita será regulado pela lei do Estado requerido.

Artigo 13

Os funcionários consulares ou agentes diplomáticos dos Estados, partes nesta Convenção poderão praticar os atos a que se refere o artigo 2, no Estado em que se achem acreditados, desde que tal prática não seja contrária às leis do mesmo. Na prática dos referidos atos não poderão empregar meios que impliquem coerção.

VI. DISPOSIÇÕES GERAIS

Artigo 14

Os Estados-Partes que pertençam a sistemas de integração econômica poderão acordar diretamente entre si processos e trâmites particulares mais expeditos do que os previstos nesta Convenção. Esses acordos poderão ser estendidos a terceiros Estados na forma em que as partes decidirem.

Artigo 15

Esta Convenção não restringirá as disposições de convenções que em matéria de cartas rogatórias tenham sido subscritas ou que venham a ser subscritas no futuro em caráter bilateral ou multilateral pelos Estados-Partes, nem as práticas mais favoráveis que os referidos Estados possam observar na matéria.

Artigo 16

Os Estados-Partes nesta Convenção poderão declarar que estendem as normas da mesma à tramitação de cartas rogatórias que se refiram a matéria criminal, trabalhista, contencioso-administrativa, juízos arbitrais ou outras matérias objeto da jurisdição especial. Tais declarações serão comunicadas à Secretaria-Geral da Organização dos Estados Americanos.

Artigo 17

O Estado requerido poderá recusar o cumprimento de uma carta rogatória quando ele for manifestamente contrário à sua ordem pública.

Artigo 18

Os Estados-Partes informarão a Secretaria-Geral da Organização dos Estados Americanos sobre os requisitos exigidos por suas leis para a legislação e para a tradução de cartas rogatórias.

VII. Disposições Finais

Artigo 19

Esta Convenção ficará aberta à assinatura dos Estados Membros da Organização dos Estados Americanos.

Artigo 20

Esta Convenção está sujeita a ratificação. Os instrumentos de ratificação serão depositados na Secretaria-Geral da Organização dos Estados Americanos.

Artigo 21

Esta Convenção ficará aberta à adesão de qualquer outro Estado. Os instrumentos de adesão serão depositados na Secretaria-Geral da Organização dos Estados Americanos.

Artigo 22

Esta Convenção entrará em vigor no trigésimo dia a partir da data em que haja sido depositado o segundo instrumento de ratificação.

Para cada Estado que ratificar a Convenção ou a ela aderir depois de haver sido depositado o segundo instrumento de ratificação, a Convenção entrará em vigor no trigésimo dia a partir da data em que tal Estado haja depositado seu instrumento de ratificação ou adesão.

Artigo 23

Os Estados-Partes que tenham duas ou mais unidades territoriais em que vigorem sistemas jurídicos diferentes com relação a questões de que trata esta Convenção poderão declarar, no momento da assinatura, ratificação ou adesão, que a Convenção se aplicará a todas as suas unidades territoriais ou somente a uma ou mais delas.

Tais declarações poderão ser modificadas mediante declarações ulteriores, que especificarão expressamente a ou as unidades territoriais a que se aplicará esta Convenção. Tais declarações ulteriores serão transmitidas à Secretaria-Geral da Organização dos Estados Americanos e surtirão efeito trinta dias depois de recebidas.

Artigo 24

Esta Convenção vigorará por prazo indefinido, mas qualquer dos Estados-Partes poderá denunciá-la. O instrumento de denúncia será depositado na Secretaria-Geral da Organização dos Estados Americanos. Transcorrido um ano, contado a partir da data do depósito do instrumento de denúncia, cessarão os efeitos da Convenção para o Estado denunciante, continuando ela subsistente para os demais Estados-Partes.

Artigo 25

O instrumento original desta Convenção, cujos textos em português, espanhol, francês e inglês são igualmente autênticos, será depositado na Secretaria-Geral da Organização dos Estados Americanos. A referida Secretaria notificará aos Estados Membros da Organização dos Estados Americanos, e aos Estados que houverem aderido à Convenção, as assinaturas e os depósitos de instrumento de ratificação, de adesão e de denúncia, bem como as reservas que houver. Outrossim, transmitirá aos mesmos a informação a que se referem o segundo parágrafo do artigo 4 e o artigo 18, bem como as declarações previstas nos artigos 16 e 23 desta Convenção.

Em fé do que, os plenipotenciários infra-assinados, devidamente autorizados por seus respectivos Governos, firmam esta Convenção.

Feita na Cidade do Panamá, República do Panamá, no dia trinta de janeiro de mil novecentos e setenta e cinco.

CONVENÇÃO INTERAMERICANA SOBRE PROVA E INFORMAÇÃO ACERCA DO DIREITO ESTRANGEIRO

▶ Dec. nº 1.925, de 10-6-1996, promulga a Convenção Interamericana sobre Prova e Informação acerca do Direito Estrangeiro, concluída em Montevidéu, Uruguai, em 8-5-1979.

Os Governos dos Estados Membros da Organização dos Estados Americanos, desejosos de concluir uma convenção sobre prova e informação acerca do direito estrangeiro, convieram no seguinte:

Artigo 1

Esta Convenção tem por objeto estabelecer normas sobre a cooperação internacional entre os Estados-Partes para a obtenção de elementos de prova e informação a respeito do direito de cada um deles.

Artigo 2

De acordo com as disposições desta Convenção, as autoridades de cada um dos Estados-Partes proporcionarão as autoridades dos demais Estados que o solicitarem os elementos de prova ou informação sobre o texto, vigência, sentido e alcance legal do seu direito.

Artigo 3

A cooperação internacional na matéria de que trata esta Convenção será prestada por qualquer dos meios de prova idôneos previstos tanto na lei do Estado requerente como na do Estado requerido.

Serão considerados meios idôneos para os efeitos desta Convenção, entre outros, os seguintes:

a) a prova documental, consistente em cópias autenticadas de textos legais com indicação de sua vigência, ou precedentes judiciais;
b) a prova pericial, consistente em pareceres de advogados ou de técnicos na matéria;
c) as informações do Estado requerido sobre o texto, vigência, sentido e alcance legal do seu direito acerca de aspectos determinados.

Artigo 4

As autoridades jurisdicionais dos Estados-Partes nesta Convenção poderão solicitar as informações a que se refere a alínea c do artigo 3.

Os Estados-Partes poderão estender a aplicação desta Convenção aos pedidos de informações de outras autoridades.

Sem prejuízo do acima estipulado, poder-se-á atender às solicitações de outras autoridades que se refiram aos elementos de prova indicados nas alíneas a e b do artigo 3.

Artigo 5

Das solicitações a que se refere esta Convenção deverá constar o seguinte:

a) autoridade da qual provêm e a natureza do assunto;
b) indicação precisa dos elementos de prova que são solicitados;
c) determinação de cada um dos pontos a que se referir a consulta, com indicação do seu sentido e do seu alcance, acompanhada de uma exposição dos fatos pertinentes para sua devida compreensão.

A autoridade requerida deverá responder a cada um dos pontos que forem objeto da consulta, de conformidade com o que for solicitado e na forma mais completa possível.

As solicitações serão redigidas no idioma oficial do Estado requerido ou serão acompanhadas de tradução para o referido idioma. A resposta será redigida no idioma do Estado requerido.

Artigo 6

Cada Estado-Parte ficará obrigado a responder às consultas dos demais Estados-Partes de acordo com esta Convenção, por intermédio de sua autoridade central, a qual poderá transmitir as referidas consultas a outros órgãos do mesmo Estado.

O Estado que prestar as informações a que se refere o artigo 3, c, não será responsável pelas opiniões emitidas nem ficará obrigado a aplicar ou fazer aplicar o direito segundo o conteúdo da resposta dada.

O Estado que receber as informações a que se refere o artigo 3, c, não ficará obrigado a aplicar ou fazer aplicar o direito segundo o conteúdo da resposta recebida.

Artigo 7

As solicitações a que se refere esta Convenção poderão ser dirigidas diretamente pelas autoridades jurisdicionais ou por intermédio da autoridade central do Estado requerente à correspondente autoridade central do Estado requerido, sem necessidade de legalização.

A autoridade central de cada Estado-Parte recebera as consultas formuladas pelas autoridades do seu Estado e as transmitirá à autoridade central do Estado requerido.

Artigo 8

Esta Convenção não restringirá as disposições de convenções que nesta matéria tenham sido subscritas ou que venham a ser subscritas no futuro em caráter bilateral ou multilateral pelos Estados-Partes, nem as práticas mais favoráveis que os referidos Estados possam observar.

Artigo 9

Para os fins desta Convenção, cada Estado-Parte designará uma autoridade central.

A designação deverá ser comunicada à Secretaria-Geral da Organização dos Estados Americanos no momento do depósito do instrumento de ratificação ou de adesão para que seja comunicada aos demais Estados-Partes.

Os Estados-Partes poderão modificar a qualquer momento a designação de sua autoridade central.

Artigo 10

Os Estados-Partes não ficarão obrigados a responder às consultas de outro Estado-Parte quando os interesses dos referidos Estados estiverem afetados pela questão que der origem ao pedido de informação ou quando a resposta puder afetar a sua segurança ou soberania.

Artigo 11

Esta Convenção ficará aberta à assinatura dos Estados Membros da Organização dos Estados Americanos.

Artigo 12

Esta Convenção está sujeita a ratificação. Os instrumentos de ratificação serão depositados na Secretaria-Geral da Organização dos Estados Americanos.

Artigo 13

Esta Convenção ficará aberta à adesão de qualquer outro Estado. Os instrumentos de adesão serão depositados na Secretaria-Geral da Organização dos Estados Americanos.

Artigo 14

Cada Estado poderá formular reservas a esta Convenção no momento de assiná-la, ratificá-la ou a ela aderir, desde que a reserva verse sobre uma ou mais disposições específicas e que não seja incompatível com o objeto e fim da Convenção.

Artigo 15

Esta Convenção entrará em vigor no trigésimo dia a partir da data em que haja sido depositado o segundo instrumento de ratificação.

Para cada Estado que ratificar a Convenção ou a ela aderir depois de haver sido depositado o segundo instrumento de ratificação, a Convenção entrará em vigor no trigésimo dia a partir da data em que tal Estado haja depositado seu instrumento de ratificação ou de adesão.

Artigo 16

Os Estados-Partes que tenham duas ou mais unidades territoriais em que vigorem sistemas jurídicos diferentes com relação a questões de que trata esta Convenção poderão declarar, no momento da assinatura, ratificação ou adesão, que a Convenção se aplicará a todas as suas unidades territoriais ou somente a uma ou mais delas.

Tais declarações poderão ser modificadas mediante declarações ulteriores que especificarão expressamente a ou às unidades territoriais a que se aplicará esta Convenção. Tais declarações ulteriores serão transmitidas a Secretaria-Geral da Organização dos Estados Americanos e surtirão efeito trinta dias depois de recebidas.

Artigo 17

Esta Convenção vigorará por prazo indefinido, mas qualquer dos Estados-Partes poderá denunciá-la. O instrumento de denúncia será depositado na Secretaria-Geral da Organização dos Estados Americanos.

Transcorrido um ano, contado a partir da data do depósito do instrumento de denúncia, cessarão os efeitos da Convenção para o Estado denunciante, continuando ela subsistente para os demais Estados-Partes.

Artigo 18

O instrumento original desta Convenção, cujos textos em português, espanhol, francês e inglês são igualmente autênticos, será depositado na Secretaria-Geral da Organização dos Estados Americanos, que enviará cópia autenticada do seu texto para o respectivo registro e publicação à Secretaria das Nações Unidas, de conformidade com o artigo 102 da sua Carta constitutiva. A Secretaria-Geral da Organização dos Estados Americanos notificará aos Estados Membros da referida Organização, e aos Estados que houverem aderido a Convenção, as assinaturas e os depósitos de instrumentos de ratificação, de adesão e de denúncia, bem como as reservas que houver. Outrossim, transmitirá aos mesmos a informação a que se refere o artigo 9 e as declarações previstas no artigo 16 desta Convenção.

Em fé do que os plenipotenciários infra-assinados, devidamente autorizados por seus respectivos Governos, firmam esta Convenção.

Feita na Cidade de Montevidéu, República Oriental do Uruguai, no dia oito de maio de mil novecentos e setenta e nove.

PROTOCOLO ADICIONAL À CONVENÇÃO INTERAMERICANA SOBRE CARTAS ROGATÓRIAS

▶ Dec. nº 2.022, de 7-10-1996, promulga o Protocolo Adicional à Convenção Interamericana sobre Cartas Rogatórias, concluído em Montevidéu, em 8-5-1979.

Os Governos dos Estados Membros da Organização dos Estados Americanos, desejosos de fortalecer e facilitar a cooperação internacional em matéria de procedimentos judiciais de acordo com o disposto na Convenção Interamericana sobre Cartas Rogatórias assinada no Panamá em 30 de janeiro de 1975, convieram no seguinte:

Artigo 1
Alcance do Protocolo

Este Protocolo aplicar-se-á exclusivamente aos procedimentos previstos no artigo 2, *a*, da Convenção Interamericana sobre Cartas Rogatórias, doravante denominada "a Convenção", os quais serão entendidos, para os fins deste Protocolo, como a comunicação de atos ou fatos de natureza processual ou pedidos de informação por órgãos jurisdicionais de um Estado-Parte aos de outro, quando tais procedimentos forem objeto de carta rogatória transmitida pela autoridade central do Estado requerente a autoridade central do Estado requerido.

Artigo 2
Autoridade Central

Cada Estado-Parte designará a autoridade central que deverá exercer as funções que lhe são atribuídas na Convenção e neste Protocolo. Os Estados-Partes, ao depositarem seu instrumento de ratificação deste Protocolo ou de adesão a ele, comunicarão a designação a Secretaria-Geral da Organização dos Estados Americanos, a qual distribuirá aos Estados-Partes na Convenção uma lista de que constem as designações que houver recebido. A autoridade central designada por cada Estado-Parte de acordo com o disposto no artigo 4 da Convenção poderá ser mudada a qualquer momento, devendo o Estado-Parte comunicar a mudança a referida Secretaria no prazo mais breve possível.

Artigo 3
Elaboração das Cartas Rogatórias

As cartas rogatórias serão elaboradas em formulários impressos nos quatro idiomas oficiais da Organização dos Estados Americanos ou nos idiomas dos Estados requerente e requerido, de acordo com o Modelo A do Anexo deste Protocolo.

As cartas rogatórias deverão ser acompanhadas de:

a) cópia da petição com que se tiver iniciado o procedimento no qual se expede a carta rogatória, bem como sua tradução para o idioma do Estado-Parte requerido;
b) cópia, sem tradução, dos documentos que se tiverem juntado a petição;
c) cópia, sem tradução, das decisões jurisdicionais que tenham determinado a expedição da carta rogatória;
d) formulário elaborado de acordo com o Modelo B do Anexo deste Protocolo e do qual conste a informação essencial para a pessoa ou autoridade a quem devam ser entregues ou transmitidos os documentos; e
e) formulário elaborado de acordo com o Modelo C do Anexo deste Protocolo e no qual a autoridade central deverá certificar se foi cumprida ou não a carta rogatória.

As cópias serão consideradas autenticadas, para os fins do artigo 8, *a*, da Convenção, quando tiverem o selo do órgão jurisdicional que expedir a carta rogatória.

Uma cópia da carta rogatória, acompanhada do Modelo B bem como das cópias de que tratam as alíneas *a*, *b*, e *c* desde artigo, será entregue a pessoa notificada ou transmitida a autoridade a qual for dirigida a solicitação.

Uma das cópias da carta rogatória, com os seus anexos, ficará em poder do Estado requerido, e o original, sem tradução, bem como o certificado de cumprimento, com seus respectivos anexos, serão devolvidos, pelos canais adequados, a autoridade central requerente.

Se um Estado-Parte tiver mais de um idioma oficial, deverá declarar, no momento da assinatura ou ratificação do Protocolo ou da adesão a ele, qual ou quais idiomas considera oficiais para os fins da Convenção e deste Protocolo. Se um Estado-Parte compreender unidades territoriais com idiomas diferentes, deverá declarar, no momento da assinatura ou ratificação do Protocolo ou da adesão a ele, qual ou quais idiomas deverão ser considerados oficiais em cada unidade territorial para os fins da Convenção e deste Protocolo. A Secretaria-Geral da Organização dos Estados Americanos distribuirá aos Estados-Partes neste Protocolo a informação constante de tais declarações.

Artigo 4
Transmissão e Diligenciamento da Carta Rogatória

Quando a autoridade central de um Estado-Parte receber da autoridade central de outro Estado-Parte uma carta rogatória, transmiti-la-á ao órgão jurisdicional competente, para seu diligenciamento de acordo com a lei interna que for aplicável.

Uma vez cumprida a carta rogatória, o órgão ou os órgãos jurisdicionais que houverem levado a efeito seu diligenciamento deixarão consignado seu cumprimento do modo previsto em sua lei interna e a remeterão a sua autoridade central com os documentos pertinentes. A autoridade central do Estado-Parte requerido certificará o cumprimento da carta rogatória a autoridade central do Estado-Parte requerente de acordo com o Modelo C do Anexo, o qual não necessitará de legalização. Além disso, a autoridade central requerida enviará a documentação respectiva a requerente para que esta a remeta, juntamente com a carta rogatória, ao órgão jurisdicional que houver expedido esta última.

Artigo 5
Custas e Despesas

O diligenciamento da carta rogatória pela autoridade central e pelos órgãos jurisdicionais do Estado-Parte requerido será gratuito. O referido Estado, não obstante, poderá exigir dos interessados o pagamento daquelas atuações que, de conformidade com a sua lei interna, devam ser custeadas diretamente pelos interessados.

O interessado no cumprimento de uma carta rogatória deverá, conforme o preferir, indicar nela a pessoa que será responsável pelas despesas correspondentes às referidas atuações no Estado-Parte requerido, ou então juntar à carta rogatória um cheque da quantia fixada, de acordo com o disposto no artigo 6 deste Protocolo para sua tramitação pelo Estado-Parte requerido, a fim de cobrir o custo de tais atuações, ou documento que comprove que, por qualquer outro meio, a referida importância já tenha sido posta a disposição da autoridade central desse Estado.

A circunstância de que finalmente o custo das atuações exceda a quantia fixada não atrasará nem obstará o diligenciamento ou cumprimento da carta rogatória pela autoridade central e pelos órgãos jurisdicionais do Estado-Parte requerido. No caso de tal custo exceder essa quantia, a autoridade central do referido Estado, ao devolver a carta rogatória diligenciada, poderá solicitar que o interessado complete o pagamento.

Artigo 6

No momento do depósito, na Secretaria-Geral da Organização dos Estados Americanos, do instrumento de ratificação deste Protocolo ou de adesão a ele, cada Estado-Parte apresentará um relatório sobre quais são as atuações que, de acordo com sua lei interna, devam ser custeadas diretamente pelos interessados, especificando as custas e despesas respectivas. Além disso, cada Estado-Parte deverá indicar no mencionado relatório a quantia única que a seu juízo cubra razoavelmente o custo das referidas atuações, qualquer que seja o seu número ou natureza. A referida quantia será aplicada quando o interessado não designar pessoa responsável para fazer o pagamento das mencionadas atuações no Estado requerido e sim optar por pagá-las diretamente na forma estabelecida no artigo 5 deste Protocolo.

A Secretaria-Geral da Organização dos Estados Americanos distribuirá aos Estados-Partes neste Protocolo a informação recebida. Os Estados-Partes poderão, a qualquer momento, comunicar à Secretaria-Geral da Organização dos Estados Americanos as modificações dos mencionados relatórios, devendo aquela levar tais modificações ao conhecimento dos demais Estados-Partes neste Protocolo.

Artigo 7

No relatório mencionado no artigo anterior os Estados-Partes poderão declarar que, desde que se aceite a reciprocidade, não cobrarão aos interessados as custas e despesas das diligências necessárias para o cumprimento das cartas rogatórias, ou que aceitarão como pagamento total de tais diligências a quantia única de que trata o artigo 6 ou outra quantia determinada.

Artigo 8

Este Protocolo ficará aberto à assinatura e sujeito à ratificação ou à adesão dos Estados membros da Organização dos Estados Americanos que tenham assinado a Convenção Interamericana sobre Cartas Rogatórias firmada no Panamá em 30 de janeiro de 1975, ou que a ratificarem ou a ela aderirem.

Este Protocolo ficará aberto à adesão de qualquer outro Estado que haja aderido ou adira a Convenção Interamericana sobre Cartas Rogatórias, nas condições indicadas neste artigo.

Os instrumentos de ratificação e adesão serão depositados na Secretaria-Geral da Organização dos Estados Americanos.

Artigo 9

Este Protocolo entrará em vigor no trigésimo dia a partir da data em que dois Estados-Partes na Convenção hajam depositado seus instrumentos de ratificação do Protocolo ou de adesão a ele.

Para cada Estado que ratificar o Protocolo ou a ele aderir depois da sua entrada em vigência, o Protocolo entrara em vigor no trigésimo dia a partir da data em que tal Estado haja depositado seu instrumento de ratificação ou de adesão, desde que esse Estado seja Parte na Convenção.

Artigo 10

Os Estados-Partes que tenham duas ou mais unidades territoriais em que vigorem sistemas jurídicos diferentes com relação a questões de que trata este Protocolo poderão declarar, no momento da assinatura, ratificação ou adesão, que o Protocolo se aplicará a todas as suas unidades territoriais ou somente a uma ou mais delas.

Tais declarações poderão ser modificadas mediante declarações ulteriores, que especificarão expressamente a ou as unidades territoriais a que se aplicará este Protocolo. Tais declarações ulteriores serão transmitidas à Secretaria-Geral da Organização dos Estados Americanos e surtirão efeito trinta dias depois de recebidas.

Artigo 11

Este Protocolo vigorará por prazo indefinido, mas qualquer dos Estados-Partes poderá denunciá-lo. O instrumento de denúncia será depositado na Secretaria-Geral da Organização dos Estados Americanos. Transcorrido um ano, contado a partir da data do depósito do instrumento de denúncia, cessarão os efeitos do Protocolo para o Estado denunciante, continuando ele subsistente para os demais Estados-Partes.

Artigo 12

O instrumento original deste Protocolo e de seu Anexo (Modelos A, B e C), cujos textos em português, espanhol, francês e inglês são igualmente autênticos, será depositado na Secretaria-Geral da Organização dos Estados Americanos, que enviará cópia autenticada do seu texto, para o respectivo registro e publicação, à Secretaria das Nações Unidas, de conformidade com o artigo 102 da sua Carta constitutiva. A Secretaria-Geral da Organização dos Estados Americanos notificará aos Estados Membros da referida Organização, e aos Estados que tenham aderido ao Protocolo, as assinaturas ou os depósitos de instrumentos de ratificação, de adesão e de denúncia, bem como as reservas que houver. Outrossim, transmitirá aos mesmos as informações a que se referem o artigo 2, o último parágrafo do artigo 3 e o artigo 6, bem como as declarações previstas no artigo 10 deste Protocolo.

Em fé do que, os plenipotenciários infra-assinados, devidamente autorizados por seus respectivos Governos, firmam este Protocolo.

Feito na Cidade de Montevidéu, República Oriental do Uruguai, no dia oito de maio de mil novecentos e setenta e nove.

PROTOCOLO DE MEDIDAS CAUTELARES

▶ Dec. nº 2.626, de 15-6-1998, promulga o Protocolo de Medidas Cautelares, concluído em Ouro Preto, em 16-12-1994.

Os Governos da República Argentina, da República Federativa do Brasil, da República do Paraguai e da República Oriental do Uruguai, doravante denominados Estados-Partes;

Considerando que o Tratado de Assunção, firmado em 26 de março de 1991, estabelece o compromisso dos

Estados-Partes de harmonizar suas legislações nas áreas pertinentes;

Reafirmando a vontade dos Estados-Partes de acordar soluções jurídicas comuns para o fortalecimento do processo de integração;

Convencidos da importância e da necessidade de oferecer ao setor privado dos Estados-Partes, um quadro de segurança jurídica que garanta soluções justas às controvérsias privadas e torne viável a cooperação cautelar entre os Estados-Partes do Tratado de Assunção,

Acordam

OBJETO DO PROTOCOLO

Artigo 1º

O presente Protocolo tem objetivo regulamentar entre os Estados-Partes do Tratado de Assunção o cumprimento de medidas cautelares destinadas a impedir a irreparabilidade de um dano em relação às pessoas, bens e obrigações de dar, de fazer ou de não fazer.

Artigo 2º

A medida cautelar poderá ser solicitada em processos ordinários, de execução, especiais ou extraordinários, de natureza civil, comercial, trabalhista e em processos penais, quanto à reparação civil.

Artigo 3º

Admitir-se-ão medidas cautelares preparatórias, incidentais de uma ação principal e as que garantam a execução de uma sentença.

ÂMBITO DE APLICAÇÃO

Artigo 4º

As autoridades jurisdicionais dos Estados-Partes do Tratado de Assunção darão cumprimento às medidas cautelares decretadas por Juízes ou Tribunais de outros Estados-Partes, competentes na esfera internacional, adotando as providências necessárias, de acordo com a lei do lugar onde sejam situados os bens ou residam as pessoas objeto da medida.

LEI APLICÁVEL

Artigo 5º

A admissibilidade da medida cautelar será regulada pelas leis e julgada pelos Juízes ou Tribunais do Estado requerente.

Artigo 6º

A execução da medida cautelar e sua contracautela ou respectiva garantia serão processadas pelo Juízes ou Tribunais do Estado requerido, segundo suas leis.

Artigo 7°

Serão também regidas pelas leis e julgadas pelos Juízes ou Tribunais do Estado requerido:

a) as modificações que no curso do processo se justificarem para o seu correto cumprimento e, se, for o caso, sua redução ou sua substituição;
b) as sanções em decorrência de litigância de má-fé; e
c) as questões relativas a domínio e demais direitos reais.

Artigo 8º

O Juiz ou Tribunal do Estado requerido poderá recusar cumprimento ou, se for o caso, determinar o levantamento da medida, quando verificada sua absoluta improcedência, nos termos deste Protocolo.

OPOSIÇÃO

Artigo 9º

O presumido devedor da obrigação ou terceiros interessados que se considerarem prejudicados poderão opor-se à medida perante a autoridade judicial requerida. Sem prejuízo da manutenção da medida cautelar, dita autoridade restituirá o procedimento ao Juiz ou Tribunal de origem, para que decida sobre a oposição segundo suas leis, com exceção do disposto na alínea c do artigo 7º.

AUTONOMIA DA COOPERAÇÃO CAUTELAR

Artigo 10

O cumprimento de uma medida cautelar pela autoridade jurisdicional requerida não implica o compromisso de reconhecimento ou execução da sentença definitiva estrangeira proferida no processo principal.

COOPERAÇÃO CAUTELAR NA EXECUÇÃO DA SENTENÇA

Artigo 11

O Juiz ou Tribunal, a quem for solicitado o cumprimento de uma sentença estrangeira, poderá determinar as medidas cautelares garantidoras da execução, de conformidade com as suas leis.

MEDIDAS CAUTELARES EM MATÉRIA DE MENORES

Artigo 12

Quando a medida cautelar se referir à custódia de menores, o Juiz ou Tribunal do Estado requerido poderá limitar o alcance da medida exclusivamente ao seu território, à espera da decisão definitiva do Juiz ou Tribunal do processo principal.

INTERPOSIÇÃO DA DEMANDA NO PROCESSO PRINCIPAL

Artigo 13

A interposição da demanda no processo principal, fora do prazo previsto na legislação do Estado requerente, produzirá a plena ineficácia da medida preparatória concedida.

OBRIGAÇÃO DE INFORMAR

Artigo 14

O Juiz ou Tribunal do Estado requerente comunicará ao do Estado requerido:

a) ao transmitir a rogatória, o prazo – contado a partir da efetivação da medida cautelar – dentro do qual o pedido da ação principal deverá ser apresentado ou interposto;

b) o mais breve possível, a data da apresentação, ou a não apresentação da demanda no processo principal.

Artigo 15

O Juiz ou Tribunal do Estado requerido comunicará, imediatamente, ao Estado requerente, a data em que foi cumprimento à medida cautelar solicitada, ou as razões pelas quais deixou de ser cumprida.

COOPERAÇÃO INTERNA

Artigo 16

Se a autoridade jurisdicional requerida se julgar incompetente para proceder o trâmite da carta rogatória, transmitirá de ofício os documentos e antecedentes do caso à autoridade jurisdicional competente de seu Estado.

ORDEM PÚBLICA

Artigo 17

A autoridade jurisdicional do Estado requerido poderá recusar o cumprimento de uma carta rogatória referente a medidas cautelares, quando estas sejam manifestamente contrárias a sua ordem pública.

MEIO EMPREGADO PARA FORMULAÇÃO DO PEDIDO

Artigo 18

A solicitação de medidas cautelares será formulada através de *exhortos* ou cartas rogatórias, termos equivalentes para os fins do presente Protocolo.

TRANSMISSÃO E DILIGENCIAMENTO

Artigo 19

A carta rogatória relativa ao cumprimento de uma medida cautelar será transmitida pela via diplomática ou consular, por intermédio da respectiva Autoridade Central ou das partes interessadas.

Quando a transmissão for efetuada pela via diplomática ou consular, ou por intermédio das autoridades centrais, não se exigirá o requisito da legalização.

Quando a carta rogatória for encaminhada por intermédio da parte interessada, deverá ser legalizada perante os agentes diplomáticos ou consulares do Estado requerido, salvo se, entre os Estados requerente e requerido, haja sido suprimido o requisito da legalização ou substituído por outra formalidade.

Os Juízes ou Tribunais das zonas fronteiriças dos Estados-Partes poderão transmitir-se, de forma direta, os *exhortos* ou cartas rogatórias previstos neste Protocolo, sem necessidade de legalização.

Não será aplicado no cumprimento das medidas cautelares o procedimento homologatório das sentenças estrangeiras.

AUTORIDADE CENTRAL

Artigo 20

Cada Estado-Parte designará uma Autoridade Central encarregada de receber e transmitir as solicitações de cooperação cautelar.

DOCUMENTOS E INFORMAÇÕES

Artigo 21

As cartas rogatórias conterão:

a) a identificação e o domicílio do juiz ou tribunal que determinou a ordem;
b) cópia autenticada da petição da medida cautelar, e da demanda principal, se houver;
c) documentos que fundamentem a petição;
d) ordem fundamentada que determine a medida cautelar;
e) informação acerca das normas que estabeleçam algum procedimento especial que a autoridade jurisdicional requerida ou solicite que se observe; e
f) indicação da pessoa que no Estado requerido deverá arcar com os gastos e custas judiciais devidas, salvo as exceções previstas no artigo 25. Será facultativa à autoridade do Estado requerido dar tramitação à carta rogatória que careça de indicação acerca da pessoa que deva atender às despesas e custas, quando ocorrerem.

As cartas rogatórias e os documentos que as acompanham deverão estar revestidos das formalidades externas necessárias para serem considerados autênticos no Estado de onde procedem.

A medida cautelar será cumprida, a não ser que lhe faltem requisitos, documentos ou informações consideradas fundamentais, que tornem inadmissível sua procedência. Nesta hipótese, o Juiz ou Tribunal requerido comunicar-se-á imediatamente com o requerente, para que, com urgência, sejam sanados os referidos defeitos.

Artigo 22

Quando as circunstâncias do caso o justifiquem, de acordo com a apreciação do Juiz ou Tribunal requerente, a rogatória informará acerca da existência e do domicílio das defensórias de ofício competentes.

TRADUÇÃO

Artigo 23

As cartas rogatórias e os documentos que as acompanham deverão ser redigidos no idioma do Estado requerente e serão acompanhados de uma tradução no idioma do Estado requerido.

CUSTAS E DESPESAS

Artigo 24

As custas judiciais e demais despesas serão de responsabilidade da parte solicitante da medida cautelar.

Artigo 25

Ficam excetuadas das obrigações estabelecidas no artigo anterior as medidas cautelares requeridas em matéria de alimentos provisionais, localização e restituição de menores e aquelas que solicitem as pessoas que, no Estado requerente, tenham obtido o benefício da justiça gratuita.

DISPOSIÇÕES FINAIS

Artigo 26

Este Protocolo não restringirá a aplicação de disposições mais favoráveis para a cooperação contidas em outras Convenções sobre medidas cautelares que estejam em vigor com caráter bilateral ou multilateral entre os Estados-Partes.

Artigo 27

As Controvérsias que surgirem entre os Estados-Partes em decorrência da aplicação, interpretação ou descumprimento das disposições contidas no presente Protocolo serão resolvidas mediante negociações diplomáticas diretas.

Se, mediante tais negociações, não se alcançar acordo ou se a controvérsia só for solucionada parcialmente, aplicar-se-ão os procedimentos previstos no Sistema de Solução de Controvérsias vigente entre os Estados-Partes do Tratado de Assunção.

Artigo 28

Os Estados-Partes ao depositar o instrumento de ratificação ao presente Protocolo comunicarão a designação da Autoridade Central ao Governo depositário, o qual dará conhecimento aos demais Estados-Partes.

Artigo 29

O presente Protocolo, parte integrante do Tratado de Assunção, será submetido aos procedimentos constitucionais de aprovação de cada Estado-Parte e entrará em vigor 30 (trinta) dias após o depósito do segundo instrumento de ratificação, com relação aos dois primeiros Estados-Partes que o ratifiquem.

Para os demais signatários, entrará em vigor no trigésimo dia posterior ao depósito do respectivo instrumento de ratificação.

Artigo 30

A adesão por parte de um Estado ao Tratado de Assunção implicará de pleno direito a adesão ao presente Protocolo.

Artigo 31

O Governo da República do Paraguai será o depositário do presente Protocolo e dos instrumentos de ratificação e enviará cópias devidamente autenticadas dos mesmos aos Governos dos demais Estados-Partes.

Outrossim, o Governo da República notificará aos Governos dos demais Estados-Partes da data de entrada em vigor do presente Protocolo e a data do depósito dos instrumentos de ratificação.

Feito em Ouro Preto, aos 16 dias do mês de dezembro de 1994, em um original nos idiomas português e espanhol, sendo ambos os mesmos textos igualmente autênticos.

NORMAS GERAIS

CONVENÇÃO DE DIREITO INTERNACIONAL PRIVADO (Código de Bustamante)

► Adotada na Sexta Conferência Internacional Americana, reunida em Havana, Cuba, e assinada a 20-2-1928. Aprovada, no Brasil, pelo Dec. nº 5.647, de 8-1-1929 e promulgada pelo Dec. nº 18.871, de 13-8-1929.

OS PRESIDENTES DAS REPÚBLICAS DO PERU, URUGUAI, PANAMÁ, EQUADOR, MÉXICO, SALVADOR, GUATEMALA, NICARÁGUA, BOLÍVIA, VENEZUELA, COLÔMBIA, HONDURAS, COSTA RICA, CHILE, BRASIL, ARGENTINA, PARAGUAI, HAITI, REPÚBLICA DOMINICANA, ESTADOS UNIDOS DA AMÉRICA E CUBA,

Desejando que os respectivos países se representassem na Sexta Conferência Internacional Americana, a ela enviaram, devidamente autorizados, para aprovar as recomendações, resoluções, convenções e tratados que julgassem úteis aos interesses da América, os seguintes senhores delegados:

PERU:
Jesús Melquiades Salazar, Victor Maúrtua, Enrique Castro Oyanguren, Luis Ernesto Denegri.

URUGUAI:
Jacobo Varela Acevedo, Juan José Amézaga, Leenel Aguirre, Pedro Erasmo Callorda.

PANAMÁ:
Ricardo J. Alfaro, Eduardo Chiari.

EQUADOR:
Gonzalo Zaldumbique, Victor Zevalos, Colón Eloy Alfaro.

MÉXICO:
Julio Garcia, Fernando González Roa, Salvador Urbina, Aquiles Elorduy.

SALVADOR:
Gustavo Guerrero, Héctor David Castro, Eduardo Alvarez.

GUATEMALA:
Carlos Salazar, Bernardo Alvarado Tello, Luis Beltranema, José Azurdia.

NICARÁGUA:
Carlos Cuadra Pazos, Joaquín Gómez, Máximo H. Zepeda.

BOLÍVIA:
José Antezana, Adolfo Costa du Rels.

VENEZUELA:
Santiago Key Ayala, Francisco Geraldo Yanes, Rafael Angel Arraiz.

COLÔMBIA:
Enrique Olaya Herrera, Jesús M. Yepes, Roberto Urdaneta Arbeláez, Ricardo Gutiérrez Lee.

HONDURAS:
Fausto Dávila, Mariano Vásquez.

COSTA RICA:
Ricardo Castro Beeche, J. Rafael Oreamuno, Arturo Tinoco.

CHILE:
Alejandro Lira, Alejandro Alvarez, Carlos Silva Vidósola, Manuel Bianchi.

BRASIL:
Raul Fernandes, Lindolfo Collor, Alarico da Silveira, Sampaio Corrêa, Eduardo Espinola.

ARGENTINA:
Honorio Pueyrredón, Laurentino Olascoaga, Felipe A. Espil.

PARAGUAI:
Lisandro Diaz León.

HAITI:
Fernando Dennis, Charles Riboul.

REPÚBLICA DOMINICANA:
Francisco J. Peynado, Gustavo A. Diaz, Elias Brache, Angel Morales, Tulio M. Cesteros, Ricardo Pérez Alfonseca, Jacinto R. de Castro, Federico C. Alvarez.

ESTADOS UNIDOS DA AMÉRICA:
Charles Evans Hughes, Noble Brandon Judah, Henry P. Flecther, Oscar W. Underwood, Morgan J. O'Brien, Dwight W. Morrow, James Brown Scott, Ray Lyman Wilbur, Leo S. Rowe.

CUBA:
Antonio S. de Bustamante, Orestes Ferrara, Enrique Hernández Cartaya, José Manuel Cortina, Aristides Aguero, José B. Alemán, Manuel Márquez Sterling, Fernando Ortiz, Néstor Carbonell, Jesús Maria Barraqué.

Os quais, depois de se haverem comunicado os seus plenos poderes, achados em boa e devida forma, convieram no seguinte:

Art. 1º As Repúblicas contratantes aceitam e põem em vigor o Código de Direito Internacional Privado, anexo à presente convenção.

Art. 2º As disposições deste Código não serão aplicáveis senão às Repúblicas contratantes e aos demais Estados que a ele aderirem, na forma que mais adiante se consigna.

Art. 3º Cada uma das Repúblicas contratantes, ao ratificar a presente convenção, poderá declarar que faz reserva quanto à aceitação de um ou vários artigos do Código anexo e que não a obrigarão as disposições a que a reserva se referir.

Art. 4º O Código entrará em vigor, para as Repúblicas que o ratifiquem, trinta dias depois do depósito da respectiva ratificação e desde que tenha sido ratificado, pelo menos, por dois países.

Art. 5º As ratificações serão depositadas na Secretaria da União Pan-Americana, que transmitirá cópia delas a cada uma das Repúblicas contratantes.

Art. 6º Os Estados ou pessoas jurídicas internacionais não contratantes, que desejam aderir a esta convenção e, no todo ou em parte, ao Código anexo, notificarão isso à Secretaria da União Pan-Americana, que, por sua vez, o comunicará a todos os Estados até então contratantes ou aderentes. Passados seis meses desde essa comunicação, o Estado ou pessoa jurídica internacional interessado poderá depositar, na Secretaria da União Pan-Americana, o instrumento de adesão e ficará ligado por esta convenção com caráter recíproco, trinta dias depois da adesão, em relação a todos os regidos pela mesma e que não tiverem feito reserva alguma total ou parcial quanto à adesão solicitada.

Art. 7º Qualquer República americana ligada a esta convenção e que desejar modificar, no todo ou em parte, o Código anexo, apresentará a proposta correspondente à Conferência Internacional Americana seguinte, para a resolução que for procedente.

Art. 8º Se alguma das pessoas jurídicas internacionais contratantes ou aderentes quiser denunciar a presente Convenção, notificará a denúncia, por escrito, à União Pan-Americana, a qual transmitirá imediatamente às demais uma cópia literal autentica da notificação, dando-lhes a conhecer a data em que a tiver recebido.

A denúncia não produzirá efeito senão no que respeita ao contratante que a tiver notificado e depois de um ano de recebida na Secretaria da União Pan-Americana.

Art. 9º A Secretaria da União Pan-Americana manterá um registro das datas de depósito das ratificações e recebimento de adesões e denúncias, e expedirá cópias autenticadas do dito registro a todo contratante que o solicitar.

Em fé do que, os plenipotenciários assinam a presente convenção e põem nela o selo da Sexta Conferência Internacional Americana.

Dado na cidade de Havana, no dia vinte de fevereiro de mil novecentos e vinte e oito, em quatro exemplares, escritos respectivamente em espanhol, francês, inglês e português e que se depositarão na Secretaria da União Pan-Americana, com o fim de serem enviadas cópias autenticadas de todos a cada uma das Repúblicas signatárias.

CÓDIGO DE DIREITO INTERNACIONAL PRIVADO

TÍTULO PRELIMINAR

Regras gerais

Art. 1º Os estrangeiros que pertençam a qualquer dos Estados contratantes gozam, no território dos demais, dos mesmos direitos civis que se concedam aos nacionais.

Cada Estado contratante pode, por motivo de ordem pública, recusar ou sujeitar a condições especiais o exercício de determinados direitos civis aos nacionais dos outros, e qualquer desses Estados pode, em casos idênticos, recusar ou sujeitar a condições especiais o mesmo exercício aos nacionais do primeiro.

Art. 2º Os estrangeiros que pertençam a qualquer dos Estados contratantes gozarão também, no território dos demais, de garantias individuais idênticas às dos nacionais, salvo as restrições que em cada um estabeleçam a Constituição e as leis.

As garantias individuais idênticas não se estendem ao desempenho de funções públicas, ao direito de sufrágio e a outros direitos políticos, salvo disposição especial da legislação interna.

Art. 3º Para o exercício dos direitos civis e para o gozo das garantias individuais idênticas, as leis e regras vigentes em cada Estado contratante consideram-se divididas nas três categorias seguintes:

I – As que se aplicam às pessoais em virtude do seu domicílio ou da sua nacionalidade e as seguem, ainda que se mudem para outro país – denominadas pessoas ou de ordem pública interna;

II – As que se obrigam por igual a todos os que residem no território, sejam ou não nacionais – denominadas territoriais, locais ou de ordem pública internacional;

III – As que se aplicam somente mediante a expressão, a interpretação ou a presunção da vontade das partes ou de alguma delas – denominadas voluntárias, supletórias ou de ordem privada.

Art. 4º Os preceitos constitucionais são de ordem pública internacional.

Art. 5º Todas as regras de proteção individual e coletiva, estabelecida pelo direito político e pelo administrativo, são também de ordem pública internacional, salvo o caso de que nelas expressamente se disponha o contrário.

Art. 6º Em todos os casos não previstos por este Código, cada um dos Estados contratantes aplicará a sua própria definição às instituições ou relações jurídicas que tiverem de corresponder aos grupos de leis mencionadas no art. 3º.

Art. 7º Cada Estado contratante aplicará como leis pessoais as do domicílio, as da nacionalidade ou as que tenha adotado ou adote no futuro a sua legislação interna.

Art. 8º Os direitos adquiridos segundo as regras deste Código têm plena eficácia extraterritorial nos Estados contratantes, salvo se se opuser a algum dos seus efeitos ou consequências uma regra de ordem pública internacional.

LIVRO I – DIREITO CIVIL INTERNACIONAL

TÍTULO I – DAS PESSOAS

CAPÍTULO I

DA NACIONALIDADE E NATURALIZAÇÃO

Art. 9º Cada Estado contratante aplicará o seu direito próprio à determinação da nacionalidade de origem de toda pessoa individual ou jurídica e à sua aquisição, perda ou recuperação posterior, realizadas dentro ou fora do seu território, quando uma das nacionalidades sujeitas à controvérsia seja a do dito Estado. Os demais casos serão regidos pelas disposições que se acham estabelecidas nos restantes artigos deste capítulo.

Art. 10. Às questões sobre nacionalidade de origem em que não esteja interessado o Estado em que elas se debatem, aplicar-se-á a lei daquela das nacionalidades discutidas em que tiver domicílio a pessoa de que se trate.

Art. 11. Na falta desse domicílio, aplicar-se-ão ao caso previsto no artigo anterior os princípios aceitos pela lei do julgador.

Art. 12. As questões sobre aquisição individual de uma nova nacionalidade serão resolvidas de acordo com a lei da nacionalidade que se supuser adquirida.

Art. 13. Às naturalizações coletivas, no caso de independência de um Estado, aplicar-se-á a lei do Estado novo, se tiver sido reconhecido pelo Estado julgador, e, na sua falta, a do antigo, tudo sem prejuízo das estipulações contratuais entre os dois Estados interessados, as quais terão sempre preferência.

Art. 14. À perda de nacionalidade deve aplicar-se a lei da nacionalidade perdida.

Art. 15. A recuperação da nacionalidade submete-se à lei da nacionalidade que se readquire.

Art. 16. A nacionalidade de origem das corporações e das fundações será determinada pela lei do Estado que as autorize ou as aprove.

Art. 17. A nacionalidade de origem das associações será a do país em que se constituam, e nele devem ser registradas ou inscritas, se a legislação local exigir esse requisito.

Art. 18. As sociedades civis, mercantis ou industriais, que não sejam anônimas, terão a nacionalidade estipulada na escritura social e, em sua falta, a do lugar onde tenha sede habitualmente a sua gerência ou direção principal.

Art. 19. A nacionalidade das sociedades anônimas será determinada pelo contrato social e, eventualmente, pela lei do lugar em que normalmente se reúne a junta geral de acionistas ou, em sua falta, pela do lugar onde funcione o seu principal Conselho administrativo ou Junta diretiva.

Art. 20. A mudança de nacionalidade das corporações, fundações, associações e sociedades, salvo casos de variação da soberania territorial, terá que se sujeitar às condições exigidas pela sua lei antiga e pela nova.

Se se mudar a soberania territorial, no caso de independência, aplicar-se-á a regra estabelecida no art. 13 para as naturalizações coletivas.

Art. 21. As disposições do art. 9º, no que se referem a pessoas jurídicas, e as dos arts. 16 a 20 não serão aplicadas nos Estados contratantes, que não atribuam nacionalidade às ditas pessoas jurídicas.

CAPÍTULO II

DO DOMICÍLIO

Art. 22. O conceito, aquisição, perda e reaquisição do domicílio geral e especial das pessoas naturais ou jurídicas reger-se-ão pela lei territorial.

Art. 23. O domicílio dos funcionários diplomáticos e o dos indivíduos que residam temporariamente no estrangeiro, por emprego ou comissão de seu governo ou para estudos científicos ou artísticos, será o último que hajam tido em território nacional.

Art. 24. O domicílio legal do chefe da família estende-se à mulher e aos filhos, não emancipados, e o do tutor ou curador, aos menores ou incapazes sob a sua guarda se não se achar disposto o contrário na legislação pessoal, daqueles a quem se atribui o domicílio de outrem.

Art. 25. As questões sobre a mudança de domicílio das pessoas naturais ou jurídicas serão resolvidas de acordo com a lei do tribunal, se este for um dos Estados interessados e, se não, pela do lugar em que se pretenda ter adquirido o último domicílio.

Art. 26. Para as pessoas que não tenham domicílio, entender-se-á como tal o lugar de sua residência, ou aquele em que se encontrem.

CAPÍTULO III

NASCIMENTO, EXTINÇÃO E CONSEQUÊNCIAS DA PERSONALIDADE CIVIL

SEÇÃO I

DAS PESSOAS INDIVIDUAIS

Art. 27. A capacidade das pessoas individuais rege-se pela sua lei pessoal, salvo as restrições fixadas para seu exercício, por este Código ou pelo direito local.

Art. 28. Aplicar-se-á a lei pessoal para decidir se o nascimento determina a personalidade e se o nascituro se tem por nascido, para tudo o que lhe seja favorável, assim como para a viabilidade e os efeitos da prioridade do nascimento, no caso de partos duplos ou múltiplos.

Art. 29. As presunções de sobrevivência ou de morte simultânea, na falta de prova, serão reguladas pela lei pessoal de cada um dos falecidos em relação à sua respectiva sucessão.

Art. 30. Cada Estado aplica a sua própria legislação, para declarar extinta a personalidade civil pela morte natural das pessoas individuais e o desaparecimento ou dissolução oficial das pessoas jurídicas, assim como para decidir se a menoridade, a demência ou imbecilidade, a surdo-mudez, a prodigalidade e a interdição civil são unicamente restrições da personalidade, que permitem direitos e também certas obrigações.

SEÇÃO II

DAS PESSOAS JURÍDICAS

Art. 31. Cada Estado contratante, no seu caráter de pessoa jurídica, tem capacidade para adquirir e exercer direitos civis e contrair obrigações da mesma natureza no território dos demais, sem outras restrições, senão as estabelecidas expressamente pelo direito local.

Art. 32. O conceito e reconhecimento das pessoas jurídicas serão regidos pela lei territorial.

Art. 33. Salvo as restrições estabelecidas nos dois artigos precedentes, a capacidade civil das corporações é regida pela lei que as tiver criado ou reconhecido; a das fundações, pelas regras da sua instituição, aprovadas pela autoridade correspondente, se o exigir o seu direito nacional; e a das associações, pelos seus estatutos, em iguais condições.

Art. 34. Com as mesmas restrições, a capacidade civil das sociedades civis, comerciais ou industriais é regida pelas disposições relativas ao contrato de sociedade.

Art. 35. A lei local aplicar-se-á aos bens das pessoas jurídicas que deixem de existir, a menos que o caso esteja previsto de outro modo, nos seus estatutos, nas suas cláusulas básicas ou no direito em vigor referente às sociedades.

CAPÍTULO IV
DO MATRIMÔNIO E DO DIVÓRCIO

SEÇÃO I
CONDIÇÕES JURÍDICAS QUE DEVEM PRECEDER A CELEBRAÇÃO DO MATRIMÔNIO

Art. 36. Os nubentes estarão sujeitos à sua lei pessoal, em tudo quanto se refira à capacidade para celebrar o matrimônio, ao consentimento ou conselhos paternos, aos impedimentos e à sua dispensa.

Art. 37. Os estrangeiros devem provar, antes de casar, que preencheram as condições exigidas pelas suas leis pessoais, no que se refere ao artigo precedente. Podem fazê-lo mediante certidão dos respectivos funcionários diplomáticos ou agentes consulares ou por outros meios julgados suficientes pela autoridade local, que terá em todo caso completa liberdade de apreciação.

Art. 38. A legislação local é aplicável aos estrangeiros, quanto aos impedimentos que, por sua parte, estabelecer e que não sejam dispensáveis, à forma do consentimento, à força obrigatória ou não dos esponsais, à oposição ao matrimônio ou obrigação de denunciar os impedimentos e às consequências civis da denúncia falsa, à forma das diligências preliminares e à autoridade competente para celebrá-lo.

Art. 39. Rege-se pela lei pessoal comum das partes e, na sua falta, pelo direito local, a obrigação, ou não, de indenização em consequência de promessa de casamento não executada ou de publicação de proclamas, em igual caso.

Art. 40. Os Estados contratantes não são obrigados a reconhecer o casamento celebrado em qualquer deles, pelos seus nacionais ou por estrangeiros, que infrinjam as suas disposições relativas à necessidade da, dissolução de um casamento anterior, aos graus de consanguinidade ou afinidade em relação aos quais exista estorvo absoluto, à proibição de se casar estabelecida em relação aos culpados de adultério que tenha sido motivo de dissolução do casamento de um deles e à própria proibição, referente ao responsável de atentado contra a vida de um dos cônjuges, para se casar com o sobrevivente, ou a qualquer outra causa de nulidade que se não possa remediar.

▶ O crime de adultério foi expressamente revogado pela Lei nº 11.106, de 28-3-2005.

SEÇÃO II
DA FORMA DO MATRIMÔNIO

Art. 41. Ter-se-á em toda parte como válido, quanto à forma, o matrimônio celebrado na que estabeleçam como eficaz as leis do país em que se efetue. Contudo, os Estados, cuja legislação exigir uma cerimônia religiosa, poderão negar validade aos matrimônios contraídos por seus nacionais no estrangeiro sem a observância dessa formalidade.

Art. 42. Nos países em que as leis o permitam, os casamentos contraídos ante os funcionários diplomáticos ou consulares dos dois contraentes ajustar-se-ão à sua lei pessoal, sem prejuízo de que lhes sejam aplicáveis as disposições do art. 40.

SEÇÃO III
DOS EFEITOS DO MATRIMÔNIO QUANTO ÀS PESSOAS DOS CÔNJUGES

Art. 43. Aplicar-se-á o direito pessoal de ambos os cônjuges, e, se for diverso, o do marido, no que toque aos deveres respectivos de proteção e de obediência, à obrigação ou não da mulher de seguir o marido quando mudar de residência, à disposição e administração dos bens comuns e aos demais efeitos especiais do matrimônio.

Art. 44. A lei pessoal da mulher regerá a disposição e administração de seus próprios bens e seu comparecimento em juízo.

Art. 45. Fica sujeita ao direito territorial a obrigação dos cônjuges de viver juntos, guardar fidelidade e socorrer-se mutuamente.

Art. 46. Também se aplica imperativamente o direito local que prive de efeitos civis o matrimônio do bígamo.

SEÇÃO IV
DA NULIDADE DO MATRIMÔNIO E SEUS EFEITOS

Art. 47. A nulidade do matrimônio deve regular-se pela mesma lei a que estiver submetida a condição intrínseca ou extrínseca que a tiver motivado.

Art. 48. A coação, o medo e o rapto, como causas de nulidade do matrimônio, são regulados pela lei do lugar da celebração.

▶ O crime de rapto foi expressamente revogado pela Lei nº 11.106, de 28-3-2005.

Art. 49. Aplicar-se-á a lei pessoal de ambos os cônjuges, se for comum; na sua falta, a do cônjuge que tiver procedido de boa fé, e, na falta de ambas, a do varão, às regras sobre o cuidado dos filhos de matrimônios nulos, nos casos em que os pais não possam ou não queiram estipular nada sobre o assunto.

Art. 50. Essa mesma lei pessoal deve aplicar-se aos demais efeitos civis do matrimônio nulo, exceto os que se referem aos bens dos cônjuges, que seguirão a lei do regime econômico matrimonial.

Art. 51. São de ordem pública internacional as regras que estabelecem os efeitos judiciais do pedido de nulidade.

SEÇÃO V
DA SEPARAÇÃO DE CORPOS E DO DIVÓRCIO

Art. 52. O direito à separação de corpos e ao divórcio regula-se pela lei do domicílio conjugal, mas não se pode fundar em causas anteriores à aquisição do dito domicílio, se as não autorizar, com iguais efeitos, a lei pessoal de ambos os cônjuges.

Art. 53. Cada Estado contratante tem o direito de permitir ou reconhecer, ou não, o divórcio ou o novo casamento de pessoas divorciadas no estrangeiro, em casos, com efeitos ou por causas que não admita o seu direito pessoal.

Art. 54. As causas do divórcio e da separação de corpos submeter-se-ão à lei do lugar em que forem solicitados, desde que nele estejam domiciliados os cônjuges.

Art. 55. A lei do juiz perante quem se litiga determina as consequências judiciais da demanda e as disposições da sentença a respeito dos cônjuges e dos filhos.

Art. 56. A separação de corpos e o divórcio, obtidos conforme os artigos que precedem, produzem efeitos civis, de acordo com a legislação do tribunal que os outorga, nos demais Estados contratantes, salvo o disposto no art. 53.

CAPÍTULO V

DA PATERNIDADE E FILIAÇÃO

Art. 57. São regras de ordem pública interna, devendo aplicar-se a lei pessoal do filho, se for distinta da do pai, as referentes à presunção de legitimidade e suas condições, as que conferem o direito ao apelido e as que determinam as provas de filiação e regulam a sucessão do filho.

Art. 58. Têm o mesmo caráter, mas se lhes aplica a lei pessoal do pai, as regras que outorguem aos filhos legitimados direitos de sucessão.

Art. 59. É de ordem pública internacional a regra que dá ao filho o direito a alimentos.

Art. 60. A capacidade para legitimar rege-se pela lei pessoal do pai e a capacidade para ser legitimado pela lei pessoal do filho, requerendo a legitimação a concorrência das condições exigidas em ambas.

Art. 61. A proibição de legitimar filhos não simplesmente naturais é de ordem pública internacional.

Art. 62. As consequências da legitimação e a ação para a impugnar submetem-se à lei pessoal do filho.

Art. 63. A investigação da paternidade e da maternidade e a sua proibição regulam-se pelo direito territorial.

Art. 64. Dependem da lei pessoal do filho as regras que indicam as condições do reconhecimento, obrigam a fazê-lo em certos casos, estabelecem as ações para esse efeito, concedem ou negam o nome e indicam as causas de nulidade.

Art. 65. Subordinam-se à lei pessoal do pai os direitos de sucessão dos filhos ilegítimos e à pessoal do filho os dos pais ilegítimos.

Art. 66. A forma e circunstâncias do reconhecimento dos filhos ilegítimos subordinam-se ao direito territorial.

CAPÍTULO VI

DOS ALIMENTOS ENTRE PARENTES

Art. 67. Sujeitar-se-ão à lei pessoal do alimento o conceito legal dos alimentos, a ordem da sua prestação, a maneira de os subministrar e a extensão desse direito.

Art. 68. São de ordem pública internacional as disposições que estabelecem o dever de prestar alimentos, seu montante, redução e aumento, a oportunidade em que são devidos e a forma do seu pagamento, assim como as que proíbem renunciar e ceder esse direito.

CAPÍTULO VII

DO PÁTRIO PODER

▶ A Lei nº 10.406, de 10-1-2002, Código Civil, substitui a expressão "pátrio poder" por "poder familiar".

Art. 69. Estão submetidas à lei pessoal do filho a existência e o alcance geral do pátrio poder a respeito da pessoa e bens, assim como as causas da sua extinção e recuperação, e a limitação, por motivo de novas núpcias, do direito de castigar.

▶ A Lei nº 10.406, de 10-1-2002, Código Civil, substitui a expressão "pátrio poder" por "poder familiar".

Art. 70. A existência do direito de usufruto e as demais regras aplicáveis às diferentes classes de pecúlio submetam-se também à lei pessoal do filho, seja qual for a natureza dos bens e o lugar em que se encontrem.

Art. 71. O disposto no artigo anterior é aplicável no território estrangeiro, sem prejuízo dos direitos de terceiro que a lei local outorgue e das disposições locais sobre publicidade e especialização de garantias hipotecárias.

Art. 72. São de ordem pública internacional as disposições que determinem a natureza e os limites da faculdade do pai de corrigir e castigar e o seu recurso às autoridades, assim como os que o privam do pátrio poder por incapacidade, ausência ou sentença.

▶ A Lei nº 10.406, de 10-1-2002, Código Civil, substitui a expressão "pátrio poder" por "poder familiar".

CAPÍTULO VIII

DA ADOÇÃO

Art. 73. A capacidade para adotar e ser adotado e as condições e limitações para adotar ficam sujeitas à lei pessoal de cada um dos interessados.

Art. 74. Pela lei pessoal do adotante, regulam-se seus efeitos, no que se refere à sucessão deste; e, pela lei pessoal do adotado, tudo quanto se refira ao nome, direitos e deveres que conserve em relação à sua família natural, assim como à sua sucessão com respeito ao adotante.

Art. 75. Cada um dos interessados poderá impugnar a adoção, de acordo com as prescrições da sua lei pessoal.

Art. 76. São de ordem pública internacional as disposições que, nesta matéria, regulam o direito a alimentos e as que estabelecem para a adoção formas solenes.

Art. 77. As disposições dos quatro artigos precedentes não se aplicarão aos Estados cujas legislações não reconheçam a adoção.

CAPÍTULO IX

DA AUSÊNCIA

Art. 78. As medidas provisórias em caso de ausência são de ordem pública internacional.

Art. 79. Não obstante o disposto no artigo anterior, designar-se-á a representação do presumido ausente de acordo com a sua lei pessoal.

Art. 80. A lei pessoal do ausente determina a quem compete o direito de pedir a declaração da ausência e rege a curadoria respectiva.

Art. 81. Compete ao direito local decidir quando se faz e surte efeito a declaração de ausência e quando e como deve cessar a administração dos bens do ausente, assim como a obrigação e forma de prestar contas.

Art. 82. Tudo o que se refira à presunção de morte do ausente e a seus direitos eventuais será regulado pela sua lei pessoal.

Art. 83. A declaração de ausência ou de sua presunção, assim como a sua terminação, e a de presunção da morte de ausente têm eficácia extraterritorial, inclusive no que se refere à nomeação e faculdades dos administradores.

CAPÍTULO X

DA TUTELA

Art. 84. Aplicar-se-á a lei pessoal do menor ou incapaz no que se refere ao objeto da tutela ou curatela, sua organização e suas espécies.

Art. 85. Deve observar-se a mesma lei quanto à instituição do protutor.

Art. 86. Às incapacidades e excusas para a tutela, curatela e protutela devem aplicar-se, simultaneamente, as leis pessoais do tutor ou curador e as do menor ou incapaz.

Art. 87. A fiança da tutela ou curatela e as regras para o seu exercício ficam submetidas à lei pessoal do menor ou incapaz. Se a fiança for hipotecária ou pignoratícia, deverá constituir-se na forma prevista pela lei local.

Art. 88. Regem-se também pela lei pessoal do menor ou incapaz as obrigações relativas às contas, salvo as responsabilidades de ordem penal, que são territoriais.

Art. 89. Quanto ao registro de tutelas, aplicar-se-ão simultaneamente a lei local e as pessoais do tutor ou curador e do menor ou incapaz.

Art. 90. São de ordem pública internacional os preceitos que obrigam o Ministério Público ou qualquer funcionário local a solicitar a declaração de incapacidade de dementes e surdos-mudos e os que fixam os trâmites dessa declaração.

Art. 91. São também de ordem pública internacional as regras que estabelecem as consequências da interdição.

Art. 92. A declaração de incapacidade e a interdição civil produzem efeitos extraterritoriais.

Art. 93. Aplicar-se-á a lei local à obrigação do tutor ou curador alimentar o menor ou incapaz e à faculdade de os corrigir só moderadamente.

Art. 94. A capacidade para ser membro de um conselho de família regula-se pela lei pessoal do interessado.

Art. 95. As incapacidades especiais e a organização, funcionamento, direitos e deveres do conselho de família submetem-se à lei pessoal do tutelado.

Art. 96. Em todo caso, as atas e deliberações do conselho de família deverão ajustar-se às formas e solenidades prescritas pela lei do lugar em que se reunir.

Art. 97. Os Estados contratantes que tenham por lei pessoal a do domicílio poderão exigir, no caso de mudança do domicílio dos incapazes de um país para outro, que se ratifique a tutela ou curatela ou se outorgue outra.

CAPÍTULO XI

DA PRODIGALIDADE

Art. 98. A declaração de prodigalidade e seus efeitos subordinam-se à lei pessoal do pródigo.

Art. 99. Apesar do disposto no artigo anterior, a lei do domicílio pessoal não terá aplicação à declaração de prodigalidade das pessoas cujo direito pessoal desconheça esta instituição.

Art. 100. A declaração de prodigalidade, feita num dos Estados contratantes, tem eficácia extraterritorial em relação aos demais, sempre que o permita o direito local.

CAPÍTULO XII

DA EMANCIPAÇÃO E MAIORIDADE

Art. 101. As regras aplicáveis à emancipação e à maioridade são as estabelecidas pela legislação pessoal do interessado.

Art. 102. Contudo, a legislação local pode ser declarada aplicável à maioridade como requisito para se optar pela nacionalidade da dita legislação.

CAPÍTULO XIII

DO REGISTRO CIVIL

Art. 103. As disposições relativas ao registro civil são territoriais, salvo no que se refere ao registro mantido pelos agentes consulares ou funcionários diplomáticos.

Essa prescrição não prejudica os direitos de outro Estado, quanto às relações jurídicas submetidas ao direito internacional público.

Art. 104. De toda inscrição relativa a um nacional de qualquer dos Estados contratantes, que se fizer no registro civil de outro, deve enviar-se, gratuitamente, por via diplomática, certidão literal e oficial, ao país do interessado.

TÍTULO II – DOS BENS

CAPÍTULO I

DA CLASSIFICAÇÃO DOS BENS

Art. 105. Os bens, seja qual for a sua classe, ficam submetidos à lei do lugar.

Art. 106. Para os efeitos do artigo anterior, ter-se-á em conta, quanto aos bens móveis corpóreos e títulos representativos de créditos de qualquer classe, o lugar da sua situação ordinária ou normal.

Art. 107. A situação dos créditos determina-se pelo lugar onde se devem tornar efetivos, e, no caso de não estar fixado, pelo domicílio do devedor.

Art. 108. A propriedade industrial e intelectual e os demais direitos análogos, de natureza econômica, que autorizam o exercício de certas atividades concedidas pela lei, consideram-se situados onde se tiverem registrado oficialmente.

Art. 109. As concessões reputam-se situadas onde houverem sido legalmente obtidas.

Art. 110. Em falta de toda e qualquer outra regra e, além disto, para os casos não previstos neste Código, entender-se-á que os bens móveis de toda classe estão situados no domicílio do seu proprietário, ou, na falta deste, no do possuidor.

Art. 111. Excetuam-se do disposto no artigo anterior as coisas dadas em penhor, que se consideram situadas no domicílio da pessoa em cuja posse tenham sido colocadas.

Art. 112. Aplicar-se-á sempre a lei territorial para se distinguir entre os bens móveis e imóveis, sem prejuízo dos direitos adquiridos por terceiros.

Art. 113. À mesma lei territorial, sujeitam-se as demais classificações e qualificações jurídicas dos bens.

Capítulo II
DA PROPRIEDADE

Art. 114. O bem de família, inalienável e isento de gravames e embargos, regula-se pela lei da situação.

Contudo, os nacionais de um Estado contratante em que se não admita ou regule essa espécie de propriedade, não a poderão ter ou constituir em outro, a não ser que, com isso, não prejudiquem seus herdeiros forçados.

Art. 115. A propriedade intelectual e a industrial regular-se-ão pelo estabelecido nos convênios internacionais especiais, ora existentes, ou que no futuro se venham a celebrar.

Na falta deles, sua obtenção, registro e gozo ficarão submetidos ao direito local que as outorgue.

Art. 116. Cada Estado contratante tem a faculdade de submeter a regras especiais, em relação aos estrangeiros, a propriedade mineira, a dos navios de pesca e de cabotagem, as indústrias no mar territorial e na zona marítima e a obtenção e gozo de concessões e obras de utilidade pública e de serviço público.

Art. 117. As regras gerais sobre propriedade e o modo de a adquirir ou alienar entre vivos, inclusive as aplicáveis a tesouro oculto, assim como as que regem as águas do domínio público e privado e seu aproveitamento, são de ordem pública internacional.

Capítulo III
DA COMUNHÃO DE BENS

Art. 118. A comunhão de bens rege-se, em geral, pelo acordo ou vontade das partes e, na sua falta, pela lei do lugar. Ter-se-á, este último como domicílio da comunhão, na falta do acordo em contrário.

Art. 119. Aplicar-se-á sempre a lei local, com caráter exclusivo, ao direito de pedir a divisão de objeto comum e às formas e condições do seu exercício.

Art. 120. São de ordem pública internacional as disposições sobre demarcação e balizamento, sobre o direito de fechar as propriedades rústicas e as relativas a edifícios em ruína e árvores que ameacem cair.

Capítulo IV
DA POSSE

Art. 121. A posse e os seus efeitos regulam-se pela lei local.

Art. 122. Os modos de adquirir a posse regulam-se pela lei aplicável a cada um deles, segundo a sua natureza.

Art. 123. Determinam-se pela lei do tribunal os meios e os trâmites utilizáveis para se manter a posse do possuidor inquietado, perturbado ou despojado, em virtude de medidas ou decisões judiciais ou em consequência delas.

Capítulo V
DO USUFRUTO, DO USO E DA HABITAÇÃO

Art. 124. Quando o usufruto se constituir por determinação da lei de um Estado contratante, a dita lei regulá-lo-á obrigatoriamente.

Art. 125. Se o usufruto se houver constituído pela vontade dos particulares, manifestada em atos *inter vivos* ou *mortis causa*, aplicar-se-á, respectivamente, a lei do ato ou a da sucessão.

Art. 126. Se o usufruto surgir por prescrição, sujeitar-se-á à lei local que a tiver estabelecido.

Art. 127. Depende da lei pessoal do filho o preceito que dispensa, ou não, da fiança o pai usufrutuário.

Art. 128. Subordinam-se à lei da sucessão a necessidade de prestar fiança o cônjuge sobrevivente, pelo usufruto hereditário, e a obrigação do usufrutuário de pagar certos legados ou dívidas hereditárias.

Art. 129. São de ordem pública internacional as regras que definem o usufruto e as formas da sua constituição, as que fixam as causas legais, pelas quais ele se extingue, e as que o limitam a certo número de anos para as comunidades, corporações ou sociedades.

Art. 130. O uso e a habitação regem-se pela vontade da parte ou das partes que os estabelecerem.

Capítulo VI
DAS SERVIDÕES

Art. 131. Aplicar-se-á o direito local ao conceito e classificação das servidões, aos modos não convencionais de as adquirir e de se extinguirem e aos direitos e obrigações, neste caso, dos proprietários dos prédios dominante e serviente.

Art. 132. As servidões de origem contratual ou voluntária submetem-se à lei do ato ou relação jurídica que as origina.

Art. 133. Excetuam-se do que se dispõe no artigo anterior e estão sujeitos à lei territorial a comunidade de pastos em terrenos públicos e o resgate do aproveitamento de lenhas e demais produtos dos montes de propriedade particular.

Art. 134. São de ordem privada as regras aplicáveis às servidões legais que se impõem no interesse ou por utilidade particular.

Art. 135. Deve aplicar-se o direito territorial ao conceito e enumeração das servidões legais, bem como à regulamentação não convencional das águas, passagens, meações, luz e vista, escoamento de águas de edifícios e distâncias e obras intermédias para construções e plantações.

Capítulo VII
DOS REGISTROS DA PROPRIEDADE

Art. 136. São de ordem pública internacional as disposições que estabelecem e regulam os registros da propriedade e impõem a sua necessidade em relação a terceiros.

Art. 137. Inscrever-se-ão nos registros de propriedade de cada um dos Estados contratantes os documentos ou títulos, suscetíveis de inscrição, outorgados em outro, que tenham força no primeiro, de acordo com este Código, e os julgamentos executórios a que, de acordo com o mesmo, se dê cumprimento no Estado a que o registro corresponda ou tenha nele força de coisa julgada.

Art. 138. As disposições sobre hipoteca legal, a favor do Estado, das províncias ou dos municípios, são de ordem pública internacional.

Art. 139. A hipoteca legal que algumas leis concedem em benefício de certas pessoas individuais somente será exigível quando a lei pessoal concorde com a lei do lugar em que estejam situados os bens atingidos por ela.

TÍTULO III – DE VÁRIOS MODOS DE ADQUIRIR

Capítulo I
REGRA GERAL

Art. 140. Aplica-se o direito local aos modos de adquirir em relação aos quais não haja neste Código disposições em contrário.

Capítulo II
DAS DOAÇÕES

Art. 141. As doações, quando forem de origem contratual, ficarão submetidas, para sua perfeição e efeitos, *inter vivos*, às regras gerais dos contratos.

Art. 142. Sujeitar-se-á às leis pessoais respectivas, do doador e do donatário, a capacidade de cada um deles.

Art. 143. As doações que devam produzir efeito por morte do doador participarão da natureza das disposições de última vontade e se regerão pelas regras internacionais estabelecidas, neste Código, para a sucessão testamentária.

Capítulo III
DAS SUCESSÕES EM GERAL

Art. 144. As sucessões legítimas e as testamentárias, inclusive a ordem de sucessão, a quota dos direitos sucessórios e a validade intrínseca das disposições, reger-se-ão, salvo as exceções adiante estabelecidas, pela lei pessoal do *de cujus*, qualquer que seja a natureza dos bens e o lugar em que se encontrem.

Art. 145. É de ordem pública internacional o preceito em virtude do qual os direitos à sucessão de uma pessoa se transmitem no momento da sua morte.

Capítulo IV
DOS TESTAMENTOS

Art. 146. A capacidade para dispor por testamento regula-se pela lei pessoal do testador.

Art. 147. Aplicar-se-á a lei territorial às regras estabelecidas por cada Estado para prova de que o testador demente está em intervalo lúcido.

Art. 148. São de ordem pública internacional as disposições que não admitem o testamento mancomunado, o ológrafo ou o verbal, e as que o declarem ato personalíssimo.

Art. 149. Também são de ordem pública internacional as regras sobre a forma de papeis privados relativos ao testamento e sobre nulidade do testamento outorgado com violência, dolo ou fraude.

Art. 150. Os preceitos sobre a forma dos testamentos são de ordem pública internacional, com exceção dos relativos ao testamento outorgado no estrangeiro e ao militar e ao marítimo, nos casos em que se outorguem fora do país.

Art. 151. Subordinam-se à lei pessoal do testador a procedência, condições e efeitos da revogação de um testamento, mas a presunção de o haver revogado é determinada pela lei local.

Capítulo V
DA HERANÇA

Art. 152. A capacidade para suceder por testamento ou sem ele regula-se pela lei pessoal do herdeiro ou legatário.

Art. 153. Não obstante o disposto no artigo precedente, são de ordem pública internacional as incapacidades para suceder que os Estados contratantes considerem como tais.

Art. 154. A instituição e a substituição de herdeiros ajustar-se-ão à lei pessoal do testador.

Art. 155. Aplicar-se-á, todavia, o direito local à proibição ou substituições fideicomissárias que passem do segundo grau ou que se façam a favor de pessoas que não vivam por ocasião do falecimento do testador e as que envolvam proibição perpétua de alienar.

Art. 156. A nomeação e as faculdades dos testamenteiros ou executores testamentários dependem da lei pessoal do defunto e devem ser reconhecidas em cada um dos Estados contratantes, de acordo com essa lei.

Art. 157. Na sucessão intestada, quando a lei chamar o Estado a título de herdeiro, na falta de outros, aplicar-se-á a lei pessoal do *de cujus*, mas se o chamar como ocupante de *res nullius* aplicar-se-á o direito local.

Art. 158. As precauções que se devem adotar quando a viúva estiver grávida ajustar-se-ão ao disposto na legislação do lugar em que ela se encontrar.

Art. 159. As formalidades requeridas para aceitação da herança a benefício de inventário, ou para se fazer uso do direito de deliberar, são as estabelecidas na lei do lugar em que a sucessão for aberta, bastando isso para os seus efeitos extraterritoriais.

Art. 160. O preceito que se refira à proindivisão ilimitada da herança ou estabeleça a partilha provisória é de ordem pública internacional.

Art. 161. A capacidade para pedir e levar a cabo a divisão subordina-se à lei pessoal do herdeiro.

Art. 162. A nomeação e as faculdades do contador ou perito partidor dependem da lei pessoal do *de cujus*.

Art. 163. Subordina-se a essa mesma lei o pagamento das dívidas hereditárias. Contudo, os credores que tiverem garantia de caráter real poderão torná-la efetiva, de acordo com a lei que reja essa garantia.

TÍTULO IV – DAS OBRIGAÇÕES E CONTRATOS

Capítulo I

DAS OBRIGAÇÕES EM GERAL

Art. 164. O conceito e a classificação das obrigações subordinam-se à lei territorial.

Art. 165. As obrigações derivadas da lei regem-se pelo direito que as tiver estabelecido.

Art. 166. As obrigações que nascem dos contratos têm força da lei entre as partes contratantes e devem cumprir-se segundo o teor dos mesmos, salvo as limitações estabelecidas neste Código.

Art. 167. As obrigações originadas por delitos ou faltas estão sujeitas ao mesmo direito que o delito ou falta de que procedem.

Art. 168. As obrigações que derivem de atos ou omissões, em que intervenha culpa ou negligência não punida pela lei, reger-se-ão pelo direito do lugar em que tiver ocorrido a negligência ou culpa que as origine.

Art. 169. A natureza e os efeitos das diversas categorias de obrigações, assim como a sua extinção, regem-se pela lei da obrigação de que se trate.

Art. 170. Não obstante o disposto no artigo anterior, a lei local regula as condições do pagamento e a moeda em que se deve fazer.

Art. 171. Também se submete à lei do lugar a determinação de quem deve satisfazer às despesas judiciais que o pagamento originar, assim como a sua regulamentação.

Art. 172. A prova das obrigações subordina-se, quanto à sua admissão e eficácia, à lei que reger a mesma obrigação.

Art. 173. A impugnação da certeza do lugar da outorga de um documento particular, se influir na sua eficácia, poderá ser feita sempre pelo terceiro a quem prejudicar, e a prova ficará a cargo de quem a apresentar.

Art. 174. A presunção de coisa julgada por sentença estrangeira será admissível, sempre que a sentença reunir as condições necessárias para a sua execução no território, conforme o presente Código.

Capítulo II

DOS CONTRATOS EM GERAL

Art. 175. São regras de ordem pública internacional as que vedam o estabelecimento de pactos, cláusulas e condições contrárias às leis, à moral e à ordem pública e as que proíbem o juramento e o considerar sem valor.

Art. 176. Dependem da lei pessoal de cada contratante as regras que determinam a capacidade ou a incapacidade para prestar o consentimento.

Art. 177. Aplicar-se-á a lei territorial ao erro, à violência, à intimidação e ao dolo, em relação ao consentimento.

Art. 178. É também territorial toda regra que proíbe sejam objeto de contrato serviços contrários às leis e aos bons costumes e coisas que estejam fora do comércio.

Art. 179. São de ordem pública internacional as disposições que se referem à causa ilícita nos contratos.

Art. 180. Aplicar-se-ão simultaneamente a lei do lugar do contrato e a da sua execução, à necessidade de outorgar escritura ou documento público para a eficácia de determinados convênios e a de os fazer constar por escrito.

Art. 181. A rescisão dos contratos, por incapacidade ou ausência, determina-se pela lei pessoal do ausente ou incapaz.

Art. 182. As demais causas de rescisão e sua forma e efeitos subordinam-se à lei territorial.

Art. 183. As disposições sobre nulidade dos contratos são submetidas à lei de que dependa a causa da nulidade.

Art. 184. A interpretação dos contratos deve efetuar-se, como regra geral, de acordo com a lei que os rege.

Contudo, quando essa lei for discutida e deva resultar da vontade tácita das partes, aplicar-se-á, por presunção, a legislação que para esse caso se determina nos arts. 185 e 186, ainda que isso leve a aplicar ao contrato uma lei distinta, como resultado da interpretação da vontade.

Art. 185. Fora das regras já estabelecidas e das que no futuro se consignem para os casos especiais, nos contratos de adesão presume-se aceita, na falta de vontade expressa ou tácita, a lei de quem os oferece ou prepara.

Art. 186. Nos demais contratos, e para o caso previsto no artigo anterior, aplicar-se-á em primeiro lugar a lei pessoal comum aos contratantes e, na sua falta, a do lugar da celebração.

Capítulo III

DOS CONTRATOS MATRIMONIAIS EM RELAÇÃO AOS BENS

Art. 187. Os contratos matrimoniais regem-se pela lei pessoal comum aos contratantes e, na sua falta, pela do primeiro domicílio matrimonial.

Essas mesmas leis determinam, nessa ordem, o regime legal supletivo, na falta de estipulação.

Art. 188. É de ordem pública internacional o preceito que veda celebrar ou modificar contratos nupciais na constância do matrimônio, ou que se altere o regime de bens por mudanças de nacionalidade ou de domicílio posteriores ao mesmo.

Art. 189. Têm igual caráter os preceitos que se referem à rigorosa aplicação das leis e dos bons costumes, aos efeitos dos contratos nupciais em relação a terceiros e à sua forma solene.

Art. 190. A vontade das partes regula o direito aplicável às doações por motivo de matrimônio, exceto no que se refere à capacidade dos contratantes, à salvaguarda de direitos dos herdeiros legítimos e à sua nulidade, enquanto o matrimônio subsistir, subordinando-se tudo à lei geral que o regular e desde que a ordem pública internacional não seja atingida.

Art. 191. As disposições relativas ao dote e aos bens parafernais dependem da lei pessoal da mulher.

Art. 192. É de ordem pública internacional o preceito que repudia a inalienabilidade do dote.

Art. 193. É de ordem pública internacional a proibição de renunciar à comunhão de bens adquiridos durante o matrimônio.

Capítulo IV

DA COMPRA E VENDA, CESSÃO DE CRÉDITO E PERMUTA

Art. 194. São de ordem pública internacional as disposições relativas à alienação forçada por utilidade publica.

Art. 195. O mesmo sucede com as disposições que fixam os efeitos da posse e do registro entre vários adquirentes e as referentes à remissão legal.

Capítulo V

DO ARRENDAMENTO

Art. 196. No arrendamento de coisas, deve aplicar-se a lei territorial às medidas para salvaguarda do interesse de terceiros e aos direitos e deveres do comprador de imóvel arrendado.

Art. 197. É de ordem pública internacional, na locação de serviços, a regra que impede contratá-los por toda a vida ou por mais de certo tempo.

Art. 198. Também é territorial a legislação sobre acidentes do trabalho e proteção social do trabalhador.

Art. 199. São territoriais, quanto aos transportes por água, terra e ar, as leis e regulamentos locais e especiais.

Capítulo VI

DOS FOROS

Art. 200. Aplica-se a lei territorial à determinação do conceito e categorias dos foros, seu caráter remissível, sua prescrição e à ação real que deles deriva.

Art. 201. Para o foro enfitêutico, são igualmente territoriais as disposições que fixam as duas condições e formalidades, que lhe impõem um reconhecimento ao fim de certo número de anos e que proíbem a subenfiteuse.

Art. 202. No foro consignativo, é de ordem pública internacional a regra que proíbe que o pagamento em frutos possa consistir em uma parte alíquota do que produza a propriedade aforada.

Art. 203. Tem o mesmo caráter, no foro reservativo, a exigência de que se valorize a propriedade aforada.

Capítulo VII

DA SOCIEDADE

Art. 204. São leis territoriais as que exigem, na sociedade, um objeto lícito, formas solenes, e inventários, quando haja imóveis.

Capítulo VIII

DO EMPRÉSTIMO

Art. 205. Aplica-se a lei local à necessidade do pacto expresso de juros e sua taxa.

Capítulo IX

DO DEPÓSITO

Art. 206. São territoriais as disposições referentes ao depósito necessário e ao sequestro.

Capítulo X

DOS CONTRATOS ALEATÓRIOS

Art. 207. Os efeitos das capacidades, em ações nascidas do contrato de jogo, determinam-se pela lei pessoal do interessado.

Art. 208. A lei local define os contratos dependentes de sorte e determina o jogo e a aposta permitidos ou proibidos.

Art. 209. É territorial a disposição que declara nula a renda vitalícia sobre a vida de uma pessoa, morta na data da outorga, ou dentro de certo prazo, se estiver padecendo de doença incurável.

Capítulo XI

DAS TRANSAÇÕES E COMPROMISSOS

Art. 210. São territoriais as disposições que proíbem transigir ou sujeitar a compromissos determinadas matérias.

Art. 211. A extensão e efeitos do compromisso e a autoridade de coisa julgada da transação dependem também da lei territorial.

Capítulo XII

DA FIANÇA

Art. 212. É de ordem pública internacional a regra que proíbe ao fiador obrigar-se por mais do que o devedor principal.

Art. 213. Correspondem à mesma categoria as disposições relativas à fiança legal ou judicial.

Capítulo XIII

DO PENHOR, DA HIPOTECA E DA ANTICRESE

Art. 214. É territorial a disposição que proíbe ao credor apropriar-se das coisas recebidas como penhor ou hipoteca.

Art. 215. Também o são os preceitos que determinam os requisitos essenciais do contrato de penhor, e eles devem vigorar quando o objeto penhorado se transfira a outro lugar onde as regras sejam diferentes das exigidas ao celebrar-se o contrato.

Art. 216. São igualmente territoriais as prescrições em virtude das quais o penhor deva ficar em poder do credor ou de um terceiro, as que exijam, para valer contra terceiros, que conste, por instrumento público, a data certa e as que fixem o processo para a sua alienação.

Art. 217. Os regulamentos especiais de montes de socorro e estabelecimentos públicos análogos são obrigatórios territorialmente para todas as operações que com eles se realizem.

Art. 218. São territoriais as disposições que fixam o objeto, as condições, os requisitos, o alcance e a inscrição do contrato de hipoteca.

Art. 219. É igualmente territorial a proibição de que o credor adquira a propriedade do imóvel em anticrese, por falta do pagamento da dívida.

Capítulo XIV

DOS QUASE-CONTRATOS

Art. 220. A gestão de negócios alheios é regulada pela lei do lugar em que se efetuar.

Art. 221. A cobrança do indébito submete-se à lei pessoal comum das partes e, na sua falta, à do lugar em que se fizer o pagamento.

Art. 222. Os demais quase-contratos subordinam-se à lei que regule a instituição jurídica que os origine.

Capítulo XV

DO CONCURSO E PREFERÊNCIA DE CRÉDITOS

Art. 223. Se as obrigações concorrentes não têm caráter real e estão submetidas a uma lei comum, a dita lei regulará também a sua preferência.

Art. 224. Ás obrigações garantidas com ação real, aplicar-se-á a lei da situação da garantia.

Art. 225. Fora dos casos previstos nos artigos anteriores, deve aplicar-se à preferência de créditos a lei do tribunal que tiver que a decidir.

Art. 226. Se a questão for apresentada, simultaneamente em mais de um tribunal de Estados diversos, resolver-se-á de acordo com a lei daquele que tiver realmente sob a sua jurisdição os bens ou numerário em que se deva fazer efetiva a preferência.

Capítulo XVI

DA PRESCRIÇÃO

Art. 227. A prescrição aquisitiva de bens móveis ou imóveis é regulada pela lei do lugar em que estiverem situados.

Art. 228. Se as coisas móveis mudarem de situação, estando a caminho de prescrever, será regulada a prescrição pela lei do lugar em que se encontrarem ao completar-se o tempo requerido.

Art. 229. A prescrição extintiva de ações pessoais é regulada pela lei a que estiver sujeita a obrigação que se vai extinguir.

Art. 230. A prescrição extintiva de ações reais é regulada pela lei do lugar em que esteja situada a coisa a que se refira.

Art. 231. Se, no caso previsto no artigo anterior, se tratar de coisas móveis que tiverem mudado de lugar durante o prazo da prescrição, aplicar-se-á a lei do lugar em que se encontrarem ao completar-se o período ali marcado para a prescrição.

Livro II – Direito Comercial Internacional

TÍTULO I – DOS COMERCIANTES E DO COMÉRCIO EM GERAL

Capítulo I

DOS COMERCIANTES

Art. 232. A capacidade para exercer o comércio e para intervir em atos e contratos comerciais é regulada pela lei pessoal de cada interessado.

Art. 233. A essa mesma lei pessoal se subordinam as incapacidades e a sua habilitação.

Art. 234. A lei do lugar em que o comércio se exerce deve aplicar-se às medidas de publicidade necessárias para que se possam dedicar a ele, por meio de seus representantes, os incapazes, ou, por si mesmas, as mulheres casadas.

Art. 235. A lei local deve aplicar-se à incompatibilidade para o exercício do comércio pelos empregados públicos e pelos agentes de comércio e corretores.

Art. 236. Toda incompatibilidade para o comércio, que resultar de leis ou disposições especiais em determinado território, será regida pelo direito desse território.

Art. 237. A dita incompatibilidade, quanto a funcionários diplomáticos e agentes consulares, será regulada pela lei do Estado que os nomear. O país onde residirem tem igualmente o direito de lhes proibir o exercício do comércio.

Art. 238. O contrato social ou a lei a que o mesmo fique sujeito aplica-se à proibição de que os sócios coletivos ou comanditários realizem, por conta própria ou alheia, operações mercantis ou determinada classe destas.

Capítulo II

DA QUALIDADE DE COMERCIANTE E DOS ATOS DE COMÉRCIO

Art. 239. Para todos os efeitos de caráter publico, a qualidade do comerciante é determinada pela lei do lugar em que se tenha realizado o ato ou exercido a indústria de que se trate.

Art. 240. A forma dos contratos e atos comerciais é subordinada à lei territorial.

Capítulo III

DO REGISTRO MERCANTIL

Art. 241. São territoriais as disposições relativas à inscrição, no registro mercantil, dos comerciantes e sociedades estrangeiras.

Art. 242. Têm o mesmo caráter as regras que estabelecem o efeito da inscrição, no dito registro, de créditos ou direitos de terceiros.

Capítulo IV

DOS LUGARES E CASAS DE BOLSA E COTAÇÃO OFICIAL DE TÍTULOS PÚBLICOS E DOCUMENTOS DE CRÉDITO AO PORTADOR

Art. 243. As disposições relativas aos lugares e casas de bolsa e cotação oficial de títulos públicos e documentos de crédito ao portador são de ordem pública internacional.

Capítulo V

DISPOSIÇÕES GERAIS SOBRE OS CONTRATOS DE COMÉRCIO

Art. 244. Aplicar-se-ão aos contratos de comércio as regras gerais estabelecidas para os contratos civis no capítulo segundo, título quarto, livro primeiro deste Código.

Art. 245. Os contratos por correspondência só ficarão perfeitos mediante o cumprimento das condições que para esse efeito indicar a legislação de todos os contratantes.

Art. 246. São de ordem pública internacional as disposições relativas a contratos ilícitos e a prazos de graça, cortesia e outros análogos.

TÍTULO II – DOS CONTRATOS ESPECIAIS DE COMÉRCIO

Capítulo I

DAS COMPANHIAS COMERCIAIS

Art. 247. O caráter comercial de uma sociedade coletiva ou comanditária determina-se pela lei a que estiver submetido o contrato social e, na sua falta, pela do lugar em que tiver o seu domicílio comercial.

Se essas leis não distinguirem entre sociedades comerciais e civis, aplicar-se-á o direito do país em que a questão for submetida a juízo.

Art. 248. O caráter mercantil de uma sociedade anônima depende da lei do contrato social, na falta deste, da do lugar em que se efetuem as assembleias gerais de acionistas, e em sua falta da do em que normalmente resida o seu Conselho ou Junta diretiva.

Se essas leis não distinguirem entre sociedades comerciais e civis, terá um ou outro caráter, conforme esteja ou não inscrita no registro comercial do país onde a questão deva ser julgada. Em falta de registro mercantil, aplicar-se-á o direito local deste último país.

Art. 249. Tudo quanto se relacione com a constituição e maneira de funcionar das sociedades mercantis e com a responsabilidade dos seus órgãos está sujeito ao contrato social, e, eventualmente, à lei que o reja.

Art. 250. A emissão de ações e obrigações em um Estado contratante, as formas e garantias de publicidade e a responsabilidade dos gerentes de agências e sucursais, a respeito de terceiros, submetem-se à lei territorial.

Art. 251. São também territoriais as leis que subordinam a sociedade a um regime especial, em vista das suas operações.

Art. 252. As sociedades mercantis, devidamente constituídas em um Estado contratante, gozarão da mesma personalidade jurídica nos demais, salvas as limitações do direito territorial.

Art. 253. São territoriais as disposições que se referem à criação, funcionamento e privilégios dos bancos de emissão e desconto, companhias de armazéns gerais de depósitos, e outras análogas.

Capítulo II

DA COMISSÃO MERCANTIL

Art. 254. São de ordem pública internacional as prescrições relativas à forma da venda urgente pelo comissário, para salvar, na medida do possível, o valor das coisas em que a comissão consista.

Art. 255. As obrigações do preposto estão sujeitas à lei do domicílio mercantil do mandante.

Capítulo III

DO DEPÓSITO E EMPRÉSTIMO MERCANTIS

Art. 256. As responsabilidades não civis do depositário, regem-se pela lei do lugar do depósito.

Art. 257. A taxa legal e a liberdade dos juros mercantis são de ordem pública internacional.

Art. 258. São territoriais as disposições referentes ao empréstimo com garantia de títulos cotizáveis, negociado em bolsa, com intervenção de agente competente ou funcionário oficial.

Capítulo IV

DO TRANSPORTE TERRESTRE

Art. 259. Nos casos de transporte internacional, há somente um contrato, regido pela lei que lhe corresponda, segundo a sua natureza.

Art. 260. Os prazos e formalidades para o exercício de ações surgidas desse contrato, e não previstas no mesmo, regem-se pela lei do lugar em que se produzam os fatos que as originem.

Capítulo V

DOS CONTRATOS DE SEGURO

Art. 261. O contrato de seguro contra incêndios rege-se pela lei do lugar onde, ao ser efetuado, se ache a coisa segurada.

Art. 262. Os demais contratos de seguros seguem a regra geral, regulando-se pela lei pessoal comum das partes ou, na sua falta, pela do lugar da celebração; mas, as formalidades externas para comprovação de fatos ou omissões, necessárias ao exercício ou conservação de ações ou direitos, ficam sujeitas à lei do lugar em que se produzir o fato ou omissão que as originar.

Capítulo VI

DO CONTRATO E LETRA DE CÂMBIO E EFEITOS MERCANTIS ANÁLOGOS

Art. 263. A forma do saque, endosso, fiança, intervenção, aceite e protesto de uma letra de câmbio submete-se à lei do lugar em que cada um dos ditos atos se realizar.

Art. 264. Na falta de convênio expresso ou tácito, as relações jurídicas entre o sacador e o tomador serão reguladas pela lei do lugar em que a letra se saca.

Art. 265. Em igual caso, as obrigações e direitos entre o aceitante e o portador regulam-se pela lei do lugar em que se tiver efetuado o aceite.

Art. 266. Na mesma hipótese, os efeitos jurídicos que o endosso produz, entre o endossante e o endossado, dependem da lei do lugar em que a letra for endossada.

Art. 267. A maior ou menor extensão das obrigações de cada endossante não altera os direitos e deveres originários do sacador e do tomador.

Art. 268. O aval, nas mesmas condições, é regulado pela lei do lugar em que se presta.

Art. 269. Os efeitos jurídicos da aceitação por intervenção regulam-se, em falta de convenção, pela lei do lugar em que o terceiro intervier.

Art. 270. Os prazos e formalidades para o aceite, pagamento e protesto submetem-se à sua lei local.

Art. 271. As regras deste capítulo são aplicáveis às notas promissórias, vales e cheques.

Capítulo VII
DA FALSIFICAÇÃO, ROUBO, FURTO OU EXTRAVIO DE DOCUMENTOS DE CRÉDITO E TÍTULOS AO PORTADOR

Art. 272. As disposições relativas à falsificação, roubo, furto ou extravio de documentos de crédito e títulos ao portador são de ordem pública internacional.

Art. 273. A adoção das medidas que estabeleça a lei do lugar em que o ato se produz não dispensa os interessados de tomar quaisquer outras determinadas pela lei do lugar em que esses documentos e efeitos tenham cotação e pela do lugar do seu pagamento.

TÍTULO III – DO COMÉRCIO MARÍTIMO E AÉREO

Capítulo I
DOS NAVIOS E AERONAVES

Art. 274. A nacionalidade dos navios prova-se pela patente de navegação e a certidão do registro, e tem a bandeira como sinal distintivo aparente.

Art. 275. A lei do pavilhão regula as formas de publicidade requeridas para a transmissão da propriedade de um navio.

Art. 276. À lei da situação deve submeter-se a faculdade de embargar e vender judicialmente um navio, esteja ou não carregado e despachado.

Art. 277. Regulam-se pela lei do pavilhão os direitos dos credores, depois da venda do navio, e a extinção dos mesmos.

Art. 278. A hipoteca marítima e os privilégios e garantias de caráter real, constituídos de acordo com a lei do pavilhão, têm efeitos extraterritoriais, até nos países cuja legislação não conheça ou não regule essa hipoteca ou esses privilégios.

Art. 279. Sujeitam-se também à lei do pavilhão os poderes e obrigações do capitão e a responsabilidade dos proprietários e armadores pelos seus atos.

Art. 280. O reconhecimento do navio, o pedido de prático e a polícia sanitária dependem da lei territorial.

Art. 281. As obrigações dos oficiais e gente do mar e a ordem interna do navio subordinam-se à lei do pavilhão.

Art. 282. As precedentes disposições deste capítulo aplicam-se também às aeronaves.

Art. 283. São de ordem pública internacional as regras sobre a nacionalidade dos proprietários de navios e aeronaves e dos armadores, assim como dos oficiais e da tripulação.

Art. 284. Também são de ordem pública internacional as disposições sobre nacionalidade de navios e aeronaves para o comércio fluvial, lacustre e de cabotagem e entre determinados lugares do território dos Estados contratantes, assim como para a pesca e outras indústrias submarinas no mar territorial.

Capítulo II
DOS CONTRATOS ESPECIAIS DE COMÉRCIO MARÍTIMO E AÉREO

Art. 285. O fretamento, caso não seja um contrato de adesão, reger-se-á pela lei do lugar de saída das mercadorias.

Os atos de execução do contrato ajustar-se-ão à lei do lugar em que se efetuarem.

Art. 286. As faculdades do capitão para o empréstimo de risco marítimo determinam-se pela lei do pavilhão.

Art. 287. O contrato de empréstimo de risco marítimo, salvo convenção em contrário, subordina-se à lei do lugar em que o empréstimo se efetue.

Art. 288. Para determinar se a avaria é simples ou grossa e a proporção em que devem contribuir para suportar o navio e a carga, aplica-se a lei do pavilhão.

Art. 289. O abalroamento fortuito, em águas territoriais ou no espaço aéreo nacional, submete-se à lei do pavilhão, se este for comum.

Art. 290. No mesmo caso, se os pavilhões diferem, aplica-se a lei do lugar.

Art. 291. Aplica-se essa mesma lei local a todo caso de abalroamento culpável, em águas territoriais ou no espaço aéreo nacional.

Art. 292. A lei do pavilhão aplicar-se-á nos casos de abalroamento fortuito ou culpável, em alto mar ou no livre espaço, se os navios ou aeronaves tiverem o mesmo pavilhão.

Art. 293. Em caso contrário, regular-se-á pelo pavilhão do navio ou aeronave abalroado, se o abalroamento for culpável.

Art. 294. Nos casos de abalroamento fortuito, no alto mar ou no espaço aéreo livre, entre navios ou aeronaves de diferentes pavilhões, cada um suportará a metade da soma total do dano, dividido segundo a lei de um deles, e a metade restante dividida segundo a lei do outro.

TÍTULO IV – DA PRESCRIÇÃO

Art. 295. A prescrição das ações originadas em contratos e atos comerciais ajustar-se-á às regras estabelecidas neste Código, a respeito das ações cíveis.

Livro III – Direito Penal Internacional

Capítulo I
DAS LEIS PENAIS

Art. 296. As leis penais obrigam a todos os que residem no território, sem mais exceções do que as estabelecidas neste capítulo.

Art. 297. Estão isentos das leis penais de cada Estado contratante os chefes de outros Estados que se encontrem no seu território.

Art. 298. Gozam de igual isenção os representantes diplomáticos dos Estados contratantes, em cada um dos demais, assim como os seus empregados estrangeiros, e as pessoas da família dos primeiros, que vivam em sua companhia.

Art. 299. As leis penais de um Estado não são, tão pouco, aplicáveis aos delitos cometidos no perímetro das operações militares, quando esse Estado haja autorizado a passagem, pelo seu território, de um exército de outro Estado contratante, contanto que tais delitos não tenham relação legal com o dito exército.

Art. 300. Aplica-se a mesma isenção aos delitos cometidos em águas territoriais ou no espaço aéreo nacional, a bordo de navios ou aeronaves estrangeiros de guerra.

Art. 301. O mesmo sucede com os delitos cometidos em águas territoriais ou espaço aéreo nacional, em navios ou aeronaves mercantes estrangeiros, se não têm relação alguma com o país e seus habitantes, nem perturbam a sua tranquilidade.

Art. 302. Quando os atos de que se componha um delito se realizem em Estados contratantes diversos, cada Estado pode castigar o ato realizado em seu país, se ele constitui, por si só, um fato punível.

Em caso contrário, dar-se-á preferência ao direito da soberania local em que o delito se tiver consumado.

Art. 303. Se se trata de delitos conexos em territórios de mais de um Estado contratante, só ficará subordinado à lei penal de cada um o que for cometido no seu território.

Art. 304. Nenhum Estado contratante aplicará em seu território as leis penais dos outros.

Capítulo II

DOS DELITOS COMETIDOS EM UM ESTADO ESTRANGEIRO CONTRATANTE

Art. 305. Estão sujeitos, no estrangeiro, às leis penais de cada Estado contratante, os que cometerem um delito contra a segurança interna ou externa do mesmo Estado ou contra o seu crédito público, seja qual for a nacionalidade ou o domicílio do delinquente.

Art. 306. Todo nacional de um Estado contratante ou todo estrangeiro nele domiciliado, que cometa em país estrangeiro um delito contra a independência desse Estado, fica sujeito às suas leis penais.

Art. 307. Também estarão sujeitos às leis penais do Estado estrangeiro em que possam ser detidos e julgados aqueles que cometam fora do território um delito, como o tráfico de mulheres brancas, que esse Estado contratante se tenha obrigado a reprimir por acordo internacional.

▶ A Lei nº 11.106, de 28-3-2005, alterou o tipo penal "tráfico de mulheres" para "tráfico internacional de pessoas".

Capítulo III

DOS DELITOS COMETIDOS FORA DO TERRITÓRIO NACIONAL

Art. 308. A pirataria, o tráfico de negros e o comércio de escravos, o tráfico de mulheres brancas, a destruição ou deterioração de cabos submarinos e os demais delitos da mesma índole, contra o direito internacional, cometidos no alto-mar, no ar livre e em territórios não organizados ainda em Estado, serão punidos pelo captor, de acordo com as suas leis penais.

▶ A Lei nº 11.106, de 28-3-2005, alterou o tipo penal "tráfico de mulheres" para "tráfico internacional de pessoas".

Art. 309. Nos casos de abalroamento culpável, no alto-mar ou no espaço aéreo, entre navios ou aeronaves de pavilhões diversos, aplicar-se-á a lei penal da vítima.

Capítulo IV

QUESTÕES VÁRIAS

Art. 310. Para o conceito legal da reiteração ou da reincidência, será levada em conta a sentença pronunciada num Estado estrangeiro contratante, salvo os casos em que a isso se opuser a legislação local.

Art. 311. A pena de interdição civil terá efeito nos outros Estados, mediante o prévio cumprimento das formalidades de registro ou publicação que a legislação de cada um deles exija.

Art. 312. A prescrição do delito subordina-se à lei do Estado a que corresponda o seu conhecimento.

Art. 313. A prescrição da pena regula-se pela lei do Estado que a tenha imposto.

Livro IV – Direito Processual Internacional

TÍTULO I – PRINCÍPIOS GERAIS

Art. 314. A lei de cada Estado contratante determina a competência dos tribunais, assim como a sua organização, as formas de processo e a execução das sentenças e os recursos contra suas decisões.

Art. 315. Nenhum Estado contratante organizará ou manterá no seu território tribunais especiais para os membros dos demais Estados contratantes.

Art. 316. A competência *ratione loci* subordina-se, na ordem das relações internacionais, à lei do Estado contratante que a estabelece.

Art. 317. A competência *ratione materiae ratione personae*, na ordem das relações internacionais, não se deve basear, por parte dos Estados contratantes, na condição de nacionais ou estrangeiros das pessoas interessadas, em prejuízo destas.

TÍTULO II – DA COMPETÊNCIA

Capítulo I

DAS REGRAS GERAIS DE COMPETÊNCIA NO CÍVEL E NO COMERCIAL

Art. 318. O juiz competente, em primeira instância, para conhecer dos pleitos a que dê origem o exercício das ações cíveis e mercantis de qualquer espécie, será aquele a quem os litigantes se submetam expressa ou tacitamente, sempre que um deles, pelo menos, seja nacional do Estado contratante a que o juiz pertença ou tenha nele o seu domicílio e salvo o direito local, em contrário.

A submissão não será possível para as ações reais ou mistas sobre bens imóveis, se a proibir a lei da sua situação.

Art. 319. A submissão só se poderá fazer ao juiz que exerça jurisdição ordinária e que a tenha para conhecer de igual classe de negócios no mesmo grau.

Art. 320. Em caso algum poderão as partes recorrer, expressa ou tacitamente, para juiz ou tribunal diferente daquele ao qual, segundo as leis locais, estiver subordinado o que tiver conhecido do caso, na primeira instância.

Art. 321. Entender-se-á por submissão expressa a que for feita pelos interessados com renúncia clara e terminante do seu foro próprio e a designação precisa do juiz a quem se submetem.

Art. 322. Entender-se-á que existe a submissão tácita do autor quando este comparece em juízo para propor a demanda, e a do réu quando este pratica, depois de chamado a juízo, qualquer ato que não seja a apresentação formal de declinatório. Não se entenderá que há submissão tácita se o processo correr à revelia.

Art. 323. Fora dos casos de submissão expressa ou tácita, e salvo o direito local, em contrário, será juiz competente, para o exercício de ações pessoais, o do lugar do cumprimento da obrigação, e, na sua falta, o do domicílio dos réus ou, subsidiariamente, o da sua residência.

Art. 324. Para o exercício de ações reais sobre bens móveis, será competente o juiz da situação, e, se esta não for conhecida do autor, o do domicílio, e, na sua falta, o da residência do réu.

Art. 325. Para o exercício de ações reais sobre bens imóveis e para o das ações mistas de limites e divisão de bens comuns, será juiz competente o da situação dos bens.

Art. 326. Se, nos casos a que se referem os dois artigos anteriores, houver bens situados em mais de um Estado contratante, poderá recorrer-se aos juízes de qualquer deles, salvo se a lei da situação, no referente a imóveis, o proibir.

Art. 327. Nos juízos de testamentos ou *ab intestato*, será juiz competente o do lugar em que o finado tiver tido o seu último domicílio.

Art. 328. Nos concursos de credores e no de falência, quando for voluntária a confissão desse estado pelo devedor, será juiz competente o do seu domicílio.

Art. 329. Nas concordatas ou falências promovidas pelos credores, será juiz competente o de qualquer dos lugares que conheça da reclamação que as motiva, preferindo-se, caso esteja entre eles, o do domicílio do devedor, se este ou a maioria dos credores o reclamarem.

► Lei nº 11.101, de 9-2-2005 (Lei de Recuperação de Empresas e Falências).

Art. 330. Para os atos de jurisdição voluntária, salvo também o caso de submissão e respeitado o direito local, será competente o juiz do lugar em que a pessoa que os motivar tenha ou haja tido o seu domicílio, ou, na falta deste, a residência.

Art. 331. Nos atos de jurisdição voluntária em matéria de comércio, fora do caso de submissão, e salvo o direito local, será competente o juiz do lugar em que a obrigação se deva cumprir ou, na sua falta, o do lugar do fato que os origine.

Art. 332. Dentro de cada Estado contratante, a competência preferente dos diversos juízes será regulada pelo seu direito nacional.

Capítulo II

DAS EXCEÇÕES ÀS REGRAS GERAIS DE COMPETÊNCIA NO CÍVEL E NO COMERCIAL

Art. 333. Os juízes e tribunais de cada Estado contratante serão incompetentes para conhecer dos assuntos cíveis ou comerciais em que sejam parte demandada os demais Estados contratantes ou seus chefes, se se trata de uma ação pessoal, salvo o caso de submissão expressa ou de pedido de reconvenção.

Art. 334. Em caso idêntico e com a mesma exceção, eles serão incompetentes quando se exercitem ações reais, se o Estado contratante ou o seu chefe têm atuado no assunto como tais e no seu caráter público, devendo aplicar-se, nessa hipótese, o disposto na última alínea do art. 318.

Art. 335. Se o Estado estrangeiro contratante ou o seu chefe tiverem atuado como particulares ou como pessoas privadas, serão competentes os juízes ou tribunais para conhecer dos assuntos em que se exercitem ações reais ou mistas, se essa competência lhes corresponder em relação a indivíduos estrangeiros, de acordo com este Código.

Art. 336. A regra do artigo anterior será aplicável aos juízos universais, seja qual for o caráter com que neles atue o Estado estrangeiro contratante ou o seu chefe.

Art. 337. As disposições estabelecidas nos artigos anteriores aplicar-se-ão aos funcionários diplomáticos estrangeiros e aos comandantes de navios ou aeronaves de guerra.

Art. 338. Os cônsules estrangeiros não estarão isentos da competência dos juízes e tribunais civis do país em que funcionem, exceto quanto aos seus atos oficiais.

Art. 339. Em nenhum caso poderão os juízes ou tribunais estrangeiros ordenar medidas coercitivas ou de outra natureza que devam ser executadas no interior das legações ou consulados ou em seus arquivos, nem a respeito da correspondência diplomática ou consular, sem o consentimento dos respectivos funcionários diplomáticos ou consulares.

Capítulo III

REGRAS GERAIS DE COMPETÊNCIA EM MATÉRIA PENAL

Art. 340. Para conhecer dos delitos e faltas e os julgar, são competentes os juízes e tribunais do Estado contratante em que tenham sido cometidos.

Art. 341. A competência estende-se a todos os demais delitos e faltas a que se deva aplicar a lei penal do Estado, conforme as disposições deste Código.

Art. 342. Compreende, além disso, os delitos ou faltas cometidos no estrangeiro por funcionários nacionais que gozem do benefício da imunidade.

Capítulo IV

DAS EXCEÇÕES ÀS REGRAS GERAIS DE COMPETÊNCIA EM MATÉRIA PENAL

Art. 343. Não estão sujeitos, em matéria penal, à competência de juízes e tribunais dos Estados contratantes, as pessoas e os delitos ou infrações que não são atingidos pela lei penal do respectivo Estado.

TÍTULO III – DA EXTRADIÇÃO

Art. 344. Para se tornar efetiva a competência judicial internacional em matéria penal, cada um dos Estados contratantes acederá ao pedido de qualquer dos outros, para a entrega de indivíduos condenados ou processados por delitos que se ajustem às disposições deste título, sem prejuízo das disposições dos tratados ou convenções internacionais que contenham listas de infrações penais que autorizem a extradição.

Art. 345. Os Estados contratantes não estão obrigados a entregar os seus nacionais. A nação que se negue a entregar um de seus cidadãos fica obrigada a julgá-lo.

Art. 346. Quando, anteriormente ao recebimento do pedido, um indivíduo processado ou condenado tiver delinquido no país a que se pede a sua entrega, pode adiar-se essa entrega até que seja ele julgado e cumprida a pena.

Art. 347. Se vários Estados contratantes solicitam a extradição de um delinquente pelo mesmo delito, deve ser ele entregue àquele Estado em cujo território o delito se tenha cometido.

Art. 348. Caso a extradição se solicite por atos diversos, terá preferência o Estado contratante em cujo território se tenha cometido o delito mais grave segundo a legislação do Estado requerido.

Art. 349. Se todos os atos imputados tiverem igual gravidade será preferido o Estado contratante que primeiro houver apresentado o pedido de extradição. Sendo simultânea a apresentação, o Estado requerido decidirá, mas deve conceder preferência ao Estado de origem ou, na sua falta, ao do domicílio do delinquente, se for um dos solicitantes.

Art. 350. As regras anteriores sobre preferência não serão aplicáveis, se o Estado contratante estiver obrigado para com um terceiro, em virtude de tratados vigentes, anteriores a este Código, a estabelecê-la de modo diferente.

Art. 351. Para conceder a extradição, é necessário que o delito tenha sido cometido no território do Estado que a peça ou que lhe sejam aplicáveis suas leis penais, de acordo com o livro terceiro deste Código.

Art. 352. A extradição alcança os processados ou condenados como autores, cúmplices ou encobridores do delito.

Art. 353. Para que a extradição possa ser pedida, é necessário que o fato que a motive tenha caráter de delito, na legislação do Estado requerente e na do requerido.

Art. 354. Será igualmente exigido que a pena estabelecida para os fatos incriminados, conforme a sua qualificação provisória ou definitiva, pelo juiz ou tribunal competente do Estado que solicita a extradição, não seja menor de um ano de privação de liberdade e que esteja autorizada ou decidida a prisão ou detenção preventiva do acusado, se não houver ainda sentença final. Esta deve ser de privação de liberdade.

Art. 355. Estão excluídos da extradição os delitos políticos e os com eles relacionados, segundo a definição do Estado requerido.

Art. 356. A extradição também não será concedida, se se provar que a petição de entrega foi formulada, de fato, com o fim de se julgar e castigar o acusado por um delito de caráter político, segundo a mesma definição.

Art. 357. Não será reputado delito político, nem fato conexo, o homicídio ou assassínio do chefe de um Estado contratante, ou de qualquer pessoa que nele exerça autoridade.

Art. 358. Não será concedida a extradição, se a pessoa reclamada já tiver sido julgada e posta em liberdade ou cumprido a pena ou estiver submetida a processo no território do Estado requerido, pelo mesmo delito que motiva o pedido.

Art. 359. Não se deve, tão pouco, aceder ao pedido de extradição, se estiver prescrito o delito ou a pena, segundo as leis do Estado requerente ou as do requerido.

Art. 360. A legislação do Estado requerido posterior ao delito não poderá impedir a extradição.

Art. 361. Os cônsules-gerais, cônsules, vice-cônsules ou agentes consulares podem pedir que se prendam e entreguem, a bordo de um navio ou aeronave de seu país, oficiais, marinheiros ou tripulantes de seus navios ou aeronaves de guerra ou mercantes, que tiverem desertado de uns ou de outras.

Art. 362. Para os efeitos do artigo anterior, eles apresentarão à autoridade local correspondente, deixando-lhe, além disso, cópia autêntica, os registros do navio ou aeronave, rol da tripulação ou qualquer outro documento oficial em que o pedido se basear.

Art. 363. Nos países limítrofes, poderão estabelecer-se regras especiais para a extradição, nas regiões ou localidades da fronteira.

Art. 364. O pedido de extradição deve fazer-se por intermédio dos funcionários devidamente autorizados para esse fim, pelas leis do Estado requerente.

Art. 365. Com o pedido definitivo de extradição, devem apresentar-se:

I – Uma sentença condenatória ou um mandado de auto de captura ou um documento de igual força, ou que obrigue o interessado a comparecer periodicamente ante a jurisdição repressiva, acompanhado das peças do processo que subministrem provas ou, pelo menos, indícios razoáveis da culpabilidade da pessoa de que se trate;

II – A filiação do indivíduo reclamado ou os sinais ou circunstâncias que possam servir para o identificar;

III – A cópia autêntica das disposições que estabeleçam a qualificação legal do fato que motiva o pedido de entrega, definam a participação nele atribuída ao culpado e precisem a pena aplicável.

Art. 366. A extradição pode solicitar-se telegraficamente e, nesse caso, os documentos mencionados no artigo anterior serão apresentados ao país requerido ou à sua legação ou consulado geral no país requerente, dentro nos dois meses seguintes à detenção do indigitado. Na sua falta, este será posto em liberdade.

Art. 367. Se o Estado requerente não dispõe da pessoa reclamada dentro nos três meses seguintes ao momento em que foi colocada à sua disposição, ela será posta, igualmente, em liberdade.

Art. 368. O detido poderá usar, no Estado ao qual se fizer o pedido de extradição, de todos os meios legais concedidos aos nacionais para recuperar a liberdade, baseando-se para isto nas disposições deste Código.

Art. 369. O detido poderá igualmente, depois disso, utilizar os recursos legais que procedam, no Estado que pedir a extradição, contra as qualificações e resoluções em que esta se funda.

Art. 370. A entrega deve ser feita com todos os objetos que se encontrarem em poder da pessoa reclamada, quer sejam produto do delito imputado, quer peças que possam servir para a prova do mesmo, tanto quanto for praticável, de acordo com as leis do Estado que a efetue e respeitando-se devidamente os direitos de terceiros.

Art. 371. A entrega dos objetos, a que se refere o artigo anterior, poderá ser feita, se a pedir o Estado requerente da extradição, ainda que o detido morra ou se evada antes de efetuada esta.

Art. 372. As despesas com a detenção ou entrega serão por conta do Estado requerente, mas este não terá que despender importância alguma com os serviços que prestarem os empregados públicos pagos pelo Governo ao qual se peça a extradição.

Art. 373. A importância dos serviços prestados por empregados públicos ou outros serventuários, que só recebam direitos ou emolumentos, não excederá àquela que habitualmente percebam por essas diligências ou serviços, segundo as leis do país em que residam.

Art. 374. A responsabilidade, que se possa originar do fato da detenção provisória, caberá ao Estado que a solicitar.

Art. 375. O trânsito da pessoa extraditada e de seus guardas pelo território dum terceiro Estado contratante será permitido mediante apresentação do exemplar original ou de uma cópia autêntica do documento que conceda a extradição.

Art. 376. O Estado que obtiver a extradição de um acusado que for logo absolvido ficará obrigado a comunicar ao que a concedeu uma cópia autêntica da sentença.

Art. 377. A pessoa entregue não poderá ser detida em prisão, nem julgada pelo Estado contratante a que seja entregue, por um delito diferente daquele que houver motivado a extradição e cometido antes desta, salvo se nisso consentir o Estado requerido, ou se o extraditado permanecer em liberdade no primeiro, três meses depois de ter sido julgado e absolvido pelo delito que foi origem da extradição, ou de haver cumprido a pena de privação de liberdade que lhe tenha sido imposta.

Art. 378. Em caso algum se imporá ou se executará a pena de morte, por delito que tiver sido causa da extradição.

Art. 379. Sempre que se deva levar em conta o tempo da prisão preventiva, contar-se-á como tal o tempo decorrido desde a detenção do extraditado, no Estado que tenha sido pedida.

Art. 380. O detido será posto em liberdade, se o Estado requerente não apresentar o pedido de extradição em prazo razoável e no menor espaço de tempo possível, depois da prisão provisória, levando-se em conta a distância e as facilidades de comunicações postais entre os dois países.

Art. 381. Negada a extradição de uma pessoa, não se pode voltar a pedi-la pelo mesmo delito.

TÍTULO IV – DO DIREITO DE COMPARECER EM JUÍZO E SUAS MODALIDADES

Art. 382. Os nacionais de cada Estado contratante gozarão, em cada um dos outros, do benefício de assistência judiciária, nas mesmas condições dos naturais.

Art. 383. Não se fará distinção entre nacionais e estrangeiros, nos Estados contratantes, quanto à prestação de fiança para o comparecimento em juízo.

Art. 384. Os estrangeiros pertencentes a um Estado contratante poderão solicitar, nos demais, a ação pública em matéria penal, nas mesmas condições que os nacionais.

Art. 385. Não se exigirá tão pouco a esses estrangeiros que prestem fiança para o exercício de ação privada, nos casos em que se não faça tal exigência aos nacionais.

Art. 386. Nenhum dos Estados contratantes imporá aos nacionais de outro a caução *judicio ou o onus probandi*, nos casos em que não exija uma ou outra aos próprios nacionais.

Art. 387. Não se autorizarão embargos preventivos, nem fianças, nem outras medidas processuais de índole análoga, a respeito de nacionais dos Estados contratantes, só pelo fato da sua condição de estrangeiros.

TÍTULO V – CARTAS ROGATÓRIAS E COMISSÕES ROGATÓRIAS

Art. 388. Toda diligência judicial que um Estado contratante necessite praticar em outro será efetuada mediante carta rogatória ou comissão rogatória, transmitida por via diplomática. Contudo, os Estados contratantes poderão convencionar ou aceitar entre si, em matéria cível ou comercial, qualquer outra forma de transmissão.

Art. 389. Cabe ao juiz deprecante decidir a respeito da sua competência e da legalidade e oportunidade do ato ou prova, sem prejuízo da jurisdição do juiz deprecado.

Art. 390. O juiz deprecado resolverá sobre a sua própria competência *ratione materiae*, para o ato que lhe é cometido.

Art. 391. Aquele que recebe a carta ou comissão rogatória se deve sujeitar, quanto ao seu objeto, à lei do deprecante e, quanto à forma a cumprir, à sua própria lei.

Art. 392. A rogatória será redigida na língua do Estado deprecante e acompanhada de uma tradução na língua do Estado deprecado, devidamente certificada por intérprete juramentado.

Art. 393. Os interessados no cumprimento das cartas rogatórias de natureza privada deverão constituir procuradores, correndo por sua conta as despesas que esses procuradores e as diligências ocasionem.

TÍTULO VI – EXECUÇÕES QUE TÊM CARÁTER INTERNACIONAL

Art. 394. A litispendência, por motivo de pleito em outro Estado contratante poderá ser alegada em matéria cível, quando a sentença, proferida em um deles, deva produzir no outro os efeitos de coisa julgada.

Art. 395. Em matéria penal, não se poderá alegar a exceção de litispendência por causa pendente em outro Estado contratante.

Art. 396. A exceção de coisa julgada, que se fundar em sentença de outro Estado contratante, só poderá ser alegada quando a sentença tiver sido pronunciada com o comparecimento das partes ou de seus representantes legítimos, sem que se haja suscitado questão de competência do tribunal estrangeiro baseada em disposições deste Código.

Art. 397. Em todos os casos de relações jurídicas submetidas a este Código, poderão suscitar-se questões de competência por declinatória fundada em seus preceitos.

TÍTULO VII – DA PROVA

CAPÍTULO I

DISPOSIÇÕES GERAIS SOBRE A PROVA

Art. 398. A lei que rege o delito ou a relação de direito, objeto de ação cível ou comercial, determina a quem incumbe a prova.

Art. 399. Para decidir os meios de prova que se podem utilizar em cada caso, é competente a lei do lugar em que se realizar o ato ou fato que se trate de provar, excetuando-se os não autorizados pela lei do lugar em que corra a ação.

Art. 400. A forma por que se há de produzir qualquer prova regula-se pela lei vigente no lugar em que for feita.

Art. 401. A apreciação da prova depende da lei do julgador.

Art. 402. Os documentos lavrados em cada um dos Estados contratantes terão nos outros o mesmo valor em juízo que os lavrados neles próprios, se reunirem os requisitos seguintes:

I – Que o assunto ou matéria do ato ou contrato seja lícito e permitido pelas leis do país onde foi lavrado e daquele em que o documento deve produzir efeitos;
II – Que os litigantes tenham aptidão e capacidade legal para se obrigar conforme sua lei pessoal;
III – Que ao se lavrar o documento se observem as formas e solenidades estabelecidas no país onde se tenham verificado os atos ou contratos;
IV – Que o documento esteja legalizado e preencha os demais requisitos necessários para a sua autenticidade no lugar onde dele se faça uso.

Art. 403. A força executória de um documento subordina-se ao direito local.

Art. 404. A capacidade das testemunhas e a sua recusa dependem da lei a que se submeta a relação de direito, objeto da ação.

Art. 405. A forma de juramento ajustar-se-á à lei do juiz ou tribunal perante o qual se preste e a sua eficácia à que regula o fato sobre o qual se jura.

Art. 406. As presunções derivadas de um fato subordinam-se à lei do lugar em que se realiza o fato de que nascem.

Art. 407. A prova indiciária depende da lei do juiz ou tribunal.

CAPÍTULO II

REGRAS ESPECIAIS SOBRE A PROVA DE LEIS ESTRANGEIRAS

Art. 408. Os juízes e tribunais de cada Estado contratante aplicarão de ofício, quando for o caso, as leis dos demais, sem prejuízo dos meios probatórios a que este capítulo se refere.

Art. 409. A parte que invoque a aplicação do direito de qualquer Estado contratante em um dos outros, ou dela divirja, poderá justificar o texto legal, sua vigência e sentido mediante certidão, devidamente legalizada, de dois advogados em exercício no país de cuja legislação se trate.

Art. 410. Na falta de prova ou se, por qualquer motivo, o juiz ou o tribunal a julgar insuficiente, um ou outro poderá solicitar de ofício pela via diplomática, antes de decidir, que o Estado, de cuja legislação se trate, forneça um relatório sobre o texto, vigência e sentido do direito aplicável.

Art. 411. Cada Estado contratante se obriga a ministrar aos outros, no mais breve prazo possível, a informação a que o artigo anterior se refere e que deverá proceder de seu mais alto tribunal, ou de qualquer de suas câmaras ou seções, ou da procuradoria-geral ou da Secretaria ou Ministério da Justiça.

TÍTULO VIII – DO RECURSO DE CASSAÇÃO

Art. 412. Em todo Estado contratante onde existir o recurso de cassação, ou instituição correspondente poderá ele interpor-se, por infração, interpretação errônea ou aplicação indevida de uma lei de outro Estado contratante, nas mesmas condições e casos em que o possa quanto ao direito nacional.

Art. 413. Serão aplicáveis ao recurso de cassação as regras estabelecidas no capítulo segundo do título anterior, ainda que o juiz ou tribunal inferior já tenha feito uso delas.

TÍTULO IX – DA FALÊNCIA OU CONCORDATA

▶ Lei nº 11.101, de 9-2-2005 (Lei de Recuperação de Empresas e Falências).

CAPÍTULO I

DA UNIDADE DA FALÊNCIA OU CONCORDATA

Art. 414. Se o devedor concordatário ou falido tem apenas um domicílio civil ou mercantil, não pode haver mais do que um juízo de processos preventivos, de concordata ou falência, ou uma suspensão de pagamentos ou quitação e moratória para todos os seus bens e obrigações nos Estados contratantes.

▶ Arts. 21 a 25 da Lei nº 11.101, de 9-2-2005 (Lei de Recuperação de Empresas e Falências), que dispõem sobre o administrador judicial.

Art. 415. Se uma mesma pessoa ou sociedade tiver em mais de um Estado contratante vários estabelecimentos mercantis, inteiramente separados economicamente, pode haver tantos juízos de processos preventivos e falência quantos estabelecimentos mercantis.

CAPÍTULO II
DA UNIVERSALIDADE DA FALÊNCIA OU CONCORDATA E DOS SEUS EFEITOS

▶ Lei nº 11.101, de 9-2-2005 (Lei de Recuperação de Empresas e Falências).

Art. 416. A declaração de incapacidade do falido ou concordatário tem efeitos extraterritoriais nos Estados contratantes, mediante prévio cumprimento das formalidades de registro ou publicação, que a legislação de cada um deles exija.

Art. 417. A sentença declaratória da falência ou concordata, proferida em um dos Estados contratantes, executar-se-á nos outros Estados, nos casos e forma estabelecidos neste Código para as resoluções judiciais; mas, produzirá, desde que seja definitiva e para as pessoas a respeito das quais o seja, os efeitos de coisa julgada.

Art. 418. As faculdades e funções dos síndicos, nomeados em um dos Estados contratantes, de acordo com as disposições deste Código, terão efeito extraterritorial nos demais, sem necessidade de trâmite algum local.

Art. 419. O efeito retroativo da declaração de falência ou concordata e a anulação de certos atos, em consequência dessas decisões, determinar-se-ão pela lei dos mesmos e serão aplicáveis ao território dos demais Estados contratantes.

Art. 420. As ações reais e os direitos da mesma índole continuarão subordinados, não obstante a declaração de falência ou concordata, à lei da situação das coisas por eles atingidas e à competência dos juízes no lugar em que estas se encontrarem.

CAPÍTULO III
DA CONCORDATA E DA REABILITAÇÃO

▶ Lei nº 11.101, de 9-2-2005 (Lei de Recuperação de Empresas e Falências).

Art. 421. A concordata entre os credores e o falido terá efeitos extraterritoriais nos demais Estados contratantes, salvo o direito dos credores por ação real que a não houverem aceitado.

Art. 422. A reabilitação do falido tem também eficácia extraterritorial nos demais Estados contratantes, desde que se torne definitiva a resolução judicial que a determina e de acordo com os seus termos.

TÍTULO X – DA EXECUÇÃO DE SENTENÇAS PROFERIDAS POR TRIBUNAIS ESTRANGEIROS

CAPÍTULO I
MATÉRIA CÍVEL

Art. 423. Toda sentença civil ou contencioso-administrativa, proferida em um dos Estados contratantes, terá força e poderá executar-se nos demais, se reunir as seguintes condições:

1. Que o juiz ou tribunal que a tiver pronunciado tenha competência para conhecer do assunto e julgá-lo, de acordo com as regras deste Código;
2. Que as partes tenham sido citadas pessoalmente ou por seu representante legal, para a ação;
3. Que a sentença não ofenda a ordem pública ou o direito público do país onde deva ser executada;
4. Que seja executória no Estado em que tiver sido proferida;
5. Que seja traduzida autorizadamente por um funcionário ou intérprete oficial do Estado em que se há de executar, se aí for diferente o idioma empregado;
6. Que o documento que a contém reúna os requisitos para ser considerado como autêntico no Estado de que proceda, e os exigidos, para que faça fé, pela legislação do Estado onde se pretende que a sentença seja cumprida.

Art. 424. A execução da sentença deverá ser solicitada ao juiz do tribunal competente para levar a efeito, depois de satisfeitas as formalidades requeridas pela legislação interna.

Art. 425. Contra a resolução judicial, no caso a que o artigo anterior se refere, serão admitidos todos os recursos que as leis do Estado concedam a respeito das sentenças definitivas proferidas em ação declaratória de maior quantia.

Art. 426. O juiz ou tribunal, ao qual se peça a execução, ouvirá, antes de a decretar ou denegar, e dentro no prazo de vinte dias, a parte contra quem ela seja solicitada e o procurador ou Ministério Público.

Art. 427. A citação da parte, que deve ser ouvida, será feita por meio de carta ou comissão rogatória, segundo o disposto neste Código, se tiver o seu domicílio no estrangeiro e não tiver, no país, procurador bastante, ou, na forma estabelecida pelo direito local, se tiver domicílio no Estado deprecado.

Art. 428. Passado o prazo que o juiz ou tribunal indicar para o comparecimento, prosseguirá o feito, haja ou não comparecido o citado.

Art. 429. Se o cumprimento é denegado, a carta de sentença será devolvida a quem a tiver apresentado.

Art. 430. Quando se acorde cumprir a sentença, a sua execução será submetida aos trâmites determinados pela lei do juiz ou tribunal para as suas próprias sentenças.

Art. 431. As sentenças definitivas, proferidas por um Estado contratante, e cujas disposições não sejam exequíveis, produzirão, nos demais, os efeitos de coisa julgada, caso reúnam as condições que para esse fim determina este Código, salvo as relativas à sua execução.

Art. 432. O processo e os efeitos regulados nos artigos anteriores serão aplicados nos Estados contratantes às sentenças proferidas em qualquer deles por árbitros ou compositores amigáveis, sempre que o assunto que os motiva possa ser objeto de compromisso, nos termos da legislação do país em que a execução se solicite.

Art. 433. Aplicar-se-á também esse mesmo processo às sentenças cíveis, pronunciadas em qualquer dos Estados contratantes, por um tribunal internacional, e que se refiram a pessoas ou interesses privados.

Capítulo II
DOS ATOS DE JURISDIÇÃO VOLUNTÁRIA

Art. 434. As disposições adotadas em ações de jurisdição voluntária, em matéria de comércio, por juízes ou tribunais de um Estado contratante, ou por seus agentes consulares, serão executadas nos demais Estados segundo os trâmites e na forma indicados no capítulo anterior.

Art. 435. As resoluções em atos de jurisdição voluntária, em matéria cível, procedentes de um Estado contratante, serão aceitas pelos demais, se reunirem as condições exigidas por este Código, para as eficácia dos documentos outorgados em país estrangeiro, e procederem de juiz ou tribunal competente, e terão por conseguinte eficácia extraterritorial.

Capítulo III
MATÉRIA PENAL

Art. 436. Nenhum Estado contratante executará as sentenças proferidas em qualquer dos outros em matéria penal, relativamente às sanções dessa natureza que elas imponham.

Art. 437. Poderão, entretanto, executar-se as ditas sentenças, no que toca à responsabilidade civil e a seus efeitos sobre os bens do condenado, se forem proferidas pelo juiz ou tribunal competente, segundo este Código, e com audiência do interessado e se se cumprirem as demais condições formais e processuais que o capítulo primeiro deste título estabelece.

DECLARAÇÕES E RESERVAS

RESERVAS DA DELEGAÇÃO ARGENTINA

A Delegação Argentina faz constar as seguintes reservas, que formula ao Projeto de Convenção de Direito Internacional Privado, submetido ao estudo da Sexta Conferência Internacional Americana:

I – Entende que a codificação do Direito Internacional Privado deve ser "gradual e progressiva", especialmente no que se refere a instituições que, nos Estados americanos, apresentam identidade ou analogia de caracteres fundamentais.

II – Mantém em vigor os Tratados de Direito Civil Internacional, Direito Penal Internacional, Direito Comercial Internacional e Direito Processual Internacional, adotados em Montevidéu no ano de 1889, com os seus convênios e Protocolos respectivos.

III – Não aceita princípios que modifiquem o sistema da "lei do domicílio", especialmente em tudo o que se oponha ao texto e espírito da legislação civil Argentina.

IV – Não aprova disposições que atinjam, direta ou indiretamente, o princípio sustentado pelas legislações civil e comercial da República Argentina, de que "as pessoas jurídicas devem exclusivamente a sua existência à lei do Estado que as autorize e por consequência não são nacionais nem estrangeiras; suas funções se determinam pela dita lei, de conformidade com os preceitos derivados do domicílio que ela lhes reconhece".

V – Não aceita princípios que admitam ou tendam a sancionar o divórcio *ad vinculum*.

VI – Aceita o sistema da "unidade das sucessões", com a limitação derivada da *lex rei sitx*, em matéria de bens imóveis.

VII – Admite todo princípio que tenda a reconhecer, em favor da mulher, os mesmos direitos civis conferidos ao homem de maior idade.

VIII – Não aprova os princípio que modifiquem o sistema do *jus soli*, como meio de adquirir a nacionalidade.

IX – Não admite preceitos que resolvam conflitos relativos à "dupla nacionalidade" com prejuízo da aplicação exclusiva do *jus soli*.

X – Não aceita normas que permitam a intervenção de agentes diplomáticos e consulares, nos juízos e sucessão que interessem a estrangeiros, salvo os preceitos já estabelecidos na República Argentina e que regulam essa intervenção.

XI – No regime da Letra de Câmbio e Cheques em geral, não admite disposições que modifiquem critérios aceitos nas conferências universais, como as da Haia de 1910 e 1912.

XII – Faz reserva expressa da aplicação da "lei do pavilhão" nas questões relativas ao Direito Marítimo, especialmente no que se refere ao contrato de fretamento e suas consequências jurídicas, por considerar que se devem submeter à lei e jurisdição do país do porto de destino.
Este princípio foi sustentado com êxito pela seção Argentina de *International Law Association*, na 31ª sessão desta e atualmente é uma das chamadas "regras de Buenos Aires".

XIII – Reafirma o conceito de que todos os delitos cometidos em aeronaves, dentro do espaço aéreo nacional ou em navios mercantes estrangeiros, se deverão julgar e punir pelas autoridades e leis do Estado em que se encontrem.

XIV – Ratifica a tese aprovada pelo Instituto Americano de Direito Internacional, na sua sessão de Montevidéu de 1927, cujo conteúdo é o seguinte: "A nacionalidade do réu não poderá ser invocada como causa para se denegar a sua extradição".

XV – Não admite princípios que regulamentem as questões internacionais do trabalho e situação jurídica dos operários, pelas razões expostas, quando se discutiu o artigo 198 do Projeto de Convenção de Direito Civil Internacional, na Junta Internacional de Jurisconsultos do Rio de Janeiro, em 1927.

A Delegação Argentina lembra que, como já o manifestou na ilustre Comissão número 3, ratifica, na Sexta Conferência Internacional Americana, os votos emitidos e a atitude assumida pela Delegação Argentina na reunião da Junta Internacional de Jurisconsultos, celebrada na cidade do Rio de Janeiro, nos meses de abril e maio de 1927.

DECLARAÇÃO DA DELEGAÇÃO DOS ESTADOS UNIDOS DA AMÉRICA

Sente muito não poder dar a sua aprovação, deste agora, ao Código Bustamante, por isto que, em face da Constituição dos Estados Unidos da América, das relações entre os Estados membros da União Federal e das atribuições e poderes do Governo Federal, acha muito difícil fazê-lo. O Governo dos Estados Unidos da América mantém firme o propósito de não se desligar da América Latina, e, por isto, de acordo com o artigo

6º da Convenção, que permite a cada Governo a ela aderir mais tarde, fará uso do privilégio desse artigo 6º, afim de que, depois de examinar cuidadosamente o Código em todas as suas cláusulas, possa aderir pelo menos a uma grande parte do mesmo. Por estas razões, a Delegação dos Estados Unidos da América reserva o seu voto, na esperança de poder aderir, como disse, a uma parte ou a considerável número de disposições do Código.

DECLARAÇÃO DA DELEGAÇÃO DO URUGUAI

A Delegação do Uruguai faz reservas tendentes a que o critério dessa Delegação seja coerente com o que sustentou na Junta de Jurisconsultos do Rio de Janeiro o Dr. Pedro Varela, catedrático da Faculdade de Direito do seu país. Mantém tais reservas, declarando que o Uruguai dá a sua aprovação ao Código em geral.

RESERVAS DA DELEGAÇÃO DO PARAGUAI

1. Declara que o Paraguai mantém a sua adesão ao Tratados de Direito Civil Internacional, Direito Comercial Internacional, Direito Penal Internacional e Direito Processual Internacional, que foram adotados em Montevidéu, em 1888 e 1889, com os convênios e Protocolos que os acompanham.

2. Não está de acordo em que se modifique o sistema da "lei do domicílio", consagrado pela legislação civil da República.

3. Mantém a sua adesão ao princípio da sua legislação de que as pessoas jurídicas devem exclusivamente sua existência à lei do Estado que as autoriza e que, por consequência, não são nacionais, nem estrangeiras; as suas funções estão assinaladas pela lei especial, de acordo com os princípios derivados do domicílio.

4. Admite o sistema da unidade das sucessões, com a limitação derivada da *lex rei sitx*, em matéria de bens imóveis.

5. Está de acordo com todo princípio que tende a reconhecer em favor da mulher os mesmos direitos civis concedidos ao homem de maior idade.

6. Não aceita os princípios que modifiquem o sistema do *jus soli* como meio de adquirir a nacionalidade.

7. Não está de acordo com os preceitos que resolverem o problema da "dupla nacionalidade" com prejuízo da aplicação exclusiva do *jus soli*.

8. Adere ao critério aceito nas conferências universais sobre o regime da Letra de Câmbio e Cheque.

9. Faz reserva da aplicação da "lei do pavilhão", em questões relativas ao Direito Marítimo.

10. Está de acordo em que os delitos cometidos em aeronaves dentro do espaço aéreo nacional, ou em navios mercantes, estrangeiros, devem ser julgados pelos tribunais do Estado em que se encontrem.

RESERVA DA DELEGAÇÃO DO BRASIL

Impugnada a emenda substitutiva que propôs para o artigo 53, a Delegação do Brasil nega a sua aprovação ao artigo 52, que estabelece a competência da lei do domicílio conjugal para regular a separação de corpos e o divórcio, assim como também ao artigo 54.

DECLARAÇÕES QUE FAZEM AS DELEGAÇÕES DA COLÔMBIA E COSTA RICA

As Delegações da Colômbia e Costa Rica subscrevem o Código de Direito Internacional Privado em conjunto, com a reserva expressa de tudo quanto possa estar em contradição com a legislação colombiana e a costarriquense.

No tocante a pessoas jurídicas, a nossa opinião é que elas devem estar submetidas à lei local para tudo o que se refira ao "seu conceito e reconhecimento", como sabiamente dispõe o artigo 32 do Código, em contradição (pelo menos aparente) com as outras disposições do mesmo, como os artigos 16 e 21. Para as legislações das duas delegações, as pessoas jurídicas não podem ter nacionalidade, nem de acordo com os princípios científicos, nem em relação com as mais altas e permanentes conveniências da América. Teria sido preferível que, no Código, que vamos aprovar, se tivesse omitido tudo quanto possa servir pra afirmar que as pessoas jurídicas, particularmente as sociedades de capitães, têm nacionalidade.

As delegações abaixo-assinadas, ao aceitarem o compromisso consignado no artigo 7º entre as doutrinas europeias da personalidade do direito e genuinamente americana do domicílio para reger o estado civil e a capacidade das pessoas em direito internacional privado, declaram que aceitam esse compromisso para não retardar a aprovação do Código, que todas as nações da América esperam hoje, como uma das obras mais transcendentais desta Conferência, mas afirmam, enfaticamente, que esse compromisso deve ser transitório, porque a unidade jurídica do Continente se há de verificar em torno da lei do domicílio, única que salvaguarda eficazmente a soberania e independência dos povos da América. Povos imigração, como são ou deverão ser todas estas repúblicas, não podem eles ver, sem grande inquietação, que os imigrantes europeus tragam a pretensão de invocar na América as suas próprias leis de origem, afim de com elas, determinarem, aqui o seu estado civil de capacidade para contratar. Admitir esta possibilidade (que consagra o princípio da lei nacional, reconhecido parcialmente pelo Código) é criar na América um Estado dentro de Estado e pôr-nos quase sob o regime das capitulações, que a Europa impôs durante séculos às nações da Ásia, por ela consideradas como inferiores nas suas relações internacionais. As Delegações abaixo-assinadas fazem votos por que muito breve desapareçam de todas as legislações americanas todos os vestígios das teorias (mais políticas do que jurídicas) preconizadas pela Europa para conservar aqui a jurisdição sobre os seus nacionais estabelecidos nas terras livres da América e esperam que a legislação do Continente se unifique de acordo com os princípios que submetem o estrangeiro imigrante ao império, sem restrições, das leis locais. Com a esperança, pois, de que, em breve a lei do domicílio seja a que reja na América o estado civil e a capacidade das pessoas e na certeza de que ela será um dos aspectos mais característicos de pan-americanismo jurídico que todos aspiramos a criar, as delegações signatárias votam o Código de Direito

Internacional Privado e aceitam o compromisso doutrinário em que o mesmo se inspira.

Referindo-se às disposições sobre o divórcio, a delegação colombiana formula a sua reserva absoluta, relativamente a ser o divórcio regulado pela lei do domicílio conjugal, porque considera que para tais efeitos, e dado o caráter excepcionalmente transcendental o sagrado do matrimônio (base da sociedade e até do Estado), a Colômbia não pode aceitar, dentro do seu território, a aplicação de legislações estranhas.

As Delegações desejam, além disso, manifestar a sua admiração entusiástica pela obra fecunda do Dr. Sánchez de Bustamante, consubstanciadas neste Código, nos seus 500 artigos formulados em cláusulas lapidares, que bem poderiam servir como exemplo para os legisladores de todos os povos. Doravante, o Dr. Sánchez de Bustamante será, não somente um dos filhos mais esclarecidos de Cuba, senão também um dos mais exímios cidadãos da grande pátria americana, que pode, com justiça, ufanar-se de produzir homens de ciência e estadistas tão egrégios, como o autor do Código do Direito Internacional Privado, que estudamos o que a Sexta Conferência Internacional Americana vai adotar em nome de toda a América.

RESERVAS DA DELEGAÇÃO DE SALVADOR

Reserva primeira: especialmente aplicável aos artigos 44, 146, 176, 232 e 233: No que se refere às incapacidades que, segundo a sua lei pessoal, podem ter os estrangeiros, para testar, contratar, comparecer em juízo, exercer o comércio ou intervir em atos ou contratos mercantis, faz a reserva de que, no Salvador, tais incapacidades não serão reconhecidas nos casos em que os atos ou contratos tenham celebrados no Salvador, sem infração da lei salvadorense e para terem efeitos no seu território nacional.

Reserva segunda: aplicável ao artigo 187, parágrafo último:

No caso de comunidade de bens imposta aos casados como lei pessoal por um Estado estrangeiro, ela só será reconhecida no Salvador, se se confirmar por contrato entre as partes interessadas, cumprindo-se todos os requisitos que a lei salvadorense determina, ou venha a determinar no futuro, relativamente a bens situados no Salvador.

Reserva terceira: especialmente aplicável nos artigos 327, 328 e 329:

Faz-se a reserva de que não será admissível, relativamente ao Salvador, a jurisdição de juízes ou tribunais estrangeiros nos juízos ou diligências de sucessões e nas concordatas e falências, sempre que atinjam bens imóveis, situados no Salvador.

RESERVAS DA DELEGAÇÃO DA REPÚBLICA DOMINICANA

▶ Lei nº 11.101, de 9-2-2005 (Lei de Recuperação de Empresas e Falências).

1. A Delegação da República Dominicana deseja manter o predomínio da lei nacional, nas questões que se referem ao estado e capacidade dos Dominicanos, onde quer que estes se encontrem. Por este motivo, não pode aceitar, senão com reservas, as disposições do Projeto de Codificação em que se dá preeminência à lei "do domicílio", ou à lei local; tudo isto, não obstante o princípio conciliador enunciado no artigo 7º do Projeto, do qual é uma aplicação o artigo 53 do mesmo.

2. No que se refere à nacionalidade, título 1º, livro 1º, artigo 9º e seguintes, estabelecemos uma reserva, relativamente, primeiro, à nacionalidade das sociedades, e segundo, muito especialmente, ao princípio geral do nossa Constituição política, pela qual a nenhum Dominicano se reconhecerá outra nacionalidade que não seja a dominicana, enquanto resida em território da República.

3. Quanto ao domicílio das sociedades estrangeiras, quaisquer que sejam os estatutos e o lugar no qual o tenham fixado, ou em que tenham o seu principal estabelecimento etc., reservamos este princípio de ordem pública na República Dominicana: qualquer pessoa que, física ou moralmente, exerça atos da vida jurídica no seu território, terá por domicílio o lugar onde possua um estabelecimento, uma agência ou um representante qualquer. Esse domicílio é atributivo de jurisdição para os tribunais nacionais nas relações jurídicas que se referem a atos ocorridos no país, qualquer que seja a natureza dos mesmos.

DECLARAÇÃO DA DELEGAÇÃO DO EQUADOR

A Delegação do Equador tem a honra de subscrever, na íntegra, a Convenção do Código de Direito Internacional Privado, em homenagem ao Dr. Bustamante. Não crê necessário particularizar reserva alguma, exceturando, somente, a faculdade geral contida na mesma Convenção, que deixa aos Governos a liberdade de a ratificar.

DECLARAÇÃO DA DELEGAÇÃO DE NICARÁGUA

Nicarágua, em assuntos que agora ou no futuro considere de algum modo sujeitos ao Direito Canônico, não poderá aplicar as disposições do Código de Direito Internacional Privado, que estejam em conflito com aquele direito.

Declara que, como manifestou verbalmente em vários casos, durante a discussão, algumas das disposições do Código aprovado estão em desacordo com disposições expressas da legislação de Nicarágua ou com princípios que são básicos nessa legislação; mas, como uma homenagem à obra insigne do ilustre autor daquele Código, prefere, em vez de discriminar reservas, fazer esta declaração e deixar que os poderes públicos de Nicarágua formulem tais reservas ou reformem, até onde seja possível, a legislação nacional, nos casos de incompatibilidade.

DECLARAÇÃO DA DELEGAÇÃO DO CHILE

A Delegação do Chile comprazi-se em apresentar as suas mais calorosas felicitações ao eminente sábio jurisconsulto americano, Sr. Antonio Sánchez de Bustamante, pela magna obra que realizou, redigindo um projeto de Código de Direito Internacional Privado, destinado a reger as relações entre os Estados da América. Esse trabalho é uma contribuição poderosa para o desenvolvimento do pan-americanismo jurídico, que todos os países do Novo Mundo desejam ver fortalecido e desenvolvido. Ainda que esta grandiosa obra de codificação não se possa realizar em breve espaço de tempo, porque precisa da madureza e da reflexão dos Estados que na mesma devem participar, a Delegação de Chile não será um obstáculo para que esta Conferência Pan-americana aprove um Código de Direito Internacional Privado; mas ressalvará o seu voto nas matérias e nos pontos que julgue conveniente, em especial, nos pontos referentes à sua política tradicional ou à sua legislação nacional.

DECLARAÇÃO DA DELEGAÇÃO DO PANAMÁ

Ao emitir o seu voto a favor do projeto de Código de Direito Internacional Privado, na sessão celebrada por esta Comissão, no dia 27 de janeiro último, a Delegação da República do Panamá declarou que, oportunamente, apresentaria as reservas que julgasse necessárias, se esse fosse o caso. Essa atitude da Delegação do Panamá obedeceu a certas dúvidas que tinha sobre o alcance e extensão de algumas disposições contidas no Projeto, especialmente no que se refere à aplicação da lei nacional do estrangeiro residente no país, o que teria dado lugar a um verdadeiro conflito, visto que, na República do Panamá, impera o sistema da lei territorial, desde o momento preciso em que se constituiu como Estado independente. Apesar disto, a Delegação panamense crê que todas as dificuldades que se pudessem apresentar nesta delicada matéria foram previstas e ficaram sabiamente resolvidas por meio do artigo sétimo do Projeto, segundo o qual "cada Estado contratante aplicará como leis pessoais as do domicílio ou as da nacionalidade, segundo o sistema que tenha adotado ou no futuro adote a legislação interna". Como todos os outros Estados que subscrevam e ratifiquem a Convenção respectiva, o Panamá ficará, pois, com plena liberdade de aplicar a sua própria lei, que é a territorial.

Entendidas, assim, as coisas, à Delegação do Panamá é grão declarar, como realmente o faz, que à a sua aprovação, sem a menor reserva, no Projeto de Código do Direito Internacional Privado, ou Código Bustamante, que é como se deveria chamar, em homenagem ao seu autor.

DECLARAÇÃO DA DELEGAÇÃO DE GUATEMALA

Guatemala adotou na sua legislação civil o sistema do domicílio, mas, ainda que assim não fosse, os artigos conciliatórios do Código fazem harmonizar perfeitamente qualquer conflito que se possa suscitar entre os diferentes Estados, segundo as escolas diversas a que tenham sido filiados.

Por consequência, a Delegação de Guatemala está de perfeito acordo com o método que, com tanta ilustração, prudência, genialidade e critério cientifico, se ostenta no Projeto de Código do Direito Internacional Privado e deseja deixar expressa a sua aceitação absoluta e sem reservas de espécie alguma.

(13 de fevereiro de 1928)

CONVENÇÃO INTERAMERICANA SOBRE NORMAS GERAIS DE DIREITO INTERNACIONAL PRIVADO

▶ Dec. nº 1.979, de 9-8-1996, promulga a Convenção Interamericana sobre Normas Gerais de Direito Internacional Privado, concluída em Montevidéu, Uruguai, em 8-5-1979.

Os Governos dos Estados Membros de Organização dos Estados Americanos, desejosos de concluir uma convenção sobre normas gerais de Direito Internacional Privado, convieram no seguinte:

Artigo 1

A determinação da norma jurídica aplicável para reger situações vinculadas com o direito estrangeiro ficará sujeita ao disposto nesta Convenção e nas demais convenções internacionais assinaladas, ou que venham a ser assinadas no futuro, em caráter bilateral ou multinacional, pelos Estados-Partes.

Na falta de norma internacional, os Estados-Partes aplicarão as regras de conflito do seu direito interno.

Artigo 2

Os juízes e as autoridades dos Estados-Partes ficarão obrigados a aplicar o direito estrangeiro tal como o fariam os juízes do Estado cujo direito seja aplicável, sem prejuízo de que as partes possam alegar e provar a existência e o conteúdo da lei estrangeira invocada.

Artigo 3

Quando a lei de um Estado-Parte previr instituições ou procedimentos essenciais para a sua aplicação adequada e que não sejam previstos na legislação de outro Estado-Parte, este poderá negar-se a aplicar a referida lei, desde que tenha instituições ou procedimentos análogos.

Artigo 4

Todos os recursos previstos na lei processual do lugar do processo serão igualmente admitidos para os casos de aplicação da lei de qualquer dos outros Estados-Partes que seja aplicável.

Artigo 5

A lei declarada aplicável por uma convenção de Direito Internacional Privado poderá não ser aplicada no território do Estado-Parte a que considerar manifestamente contrária aos princípios da sua ordem pública.

Artigo 6

Não se aplica como direito estrangeiro o direito de um Estado-Parte quando artificiosamente se tenham burlado os princípios fundamentais da lei do outro Estado-Parte.

Ficará a juízo das autoridades competentes do Estado receptor determinar a intenção fraudulenta das partes interessadas.

Artigo 7

As situações jurídicas validamente constituídas em um Estado-Parte, de acordo com todas as leis com as quais tenham conexão no momento de sua constituição, serão reconhecidas nos Estados-Partes, desde que não contrárias aos princípios da sua ordem pública.

Artigo 8

As questões prévias, preliminares ou incidentes que surjam em decorrência de uma questão principal não devem necessariamente ser resolvidas de acordo com a lei que regula esta última.

Artigo 9

As diversas leis que podem ser competentes para regular os diferentes aspectos de uma mesma relação jurídica serão aplicadas de maneira harmônica, procurando-se realizar os fins colimados por cada uma das referidas legislações. As dificuldades que forem causadas por sua aplicação simultânea serão resolvidas levando-se em conta as exigências impostas pela equidade no caso concreto.

Artigo 10

Esta Convenção ficará aberta à assinatura dos Estados Membros da Organização dos Estados Americanos.

Artigo 11

Esta Convenção está sujeita a ratificação. Os instrumentos de ratificação serão depositados na Secretaria-Geral da Organização dos Estados Americanos.

Artigo 12

Esta Convenção ficará aberta a adesão de qualquer outro Estado. Os instrumentos de adesão serão depositados na Secretaria-Geral da Organização dos Estados Americanos.

Artigo 13

Cada Estado poderá formular reservas a esta Convenção no momento de assiná-la, ratificá-la ou a ela aderir, desde que a reserva verse sobre uma ou mais disposições específicas e que não seja incompatível com o objetivo e fim da Convenção.

Artigo 14

Esta Convenção entrará em vigor no trigésimo dia a partir da data em que haja sido depositado o segundo instrumento de ratificação. Para cada Estado que ratificar a Convenção ou a ela aderir depois de haver sido depositado o segundo instrumento de ratificação, a Convenção entrará em vigor no trigésimo dia a partir da data em que tal Estado haja depositado seu instrumento de ratificação ou adesão.

Artigo 15

Os Estados-Partes que tenham duas ou mais unidades territoriais em que vigorem sistemas jurídicos diferentes com relação a questões de que trata esta Convenção poderão declarar, no momento da assinatura, ratificação ou adesão, que a Convenção se aplicará a todas as suas unidades territoriais ou somente a uma ou mais delas.

Tais declarações poderão ser modificadas mediante declarações ulteriores, que especificarão expressamente a ou as unidades territoriais a que se aplicará esta Convenção. Tais declarações ulteriores serão transmitidas à Secretaria-Geral da Organização dos Estados Americanos e surtirão efeito trinta dias depois de recebidas.

Artigo 16

Esta Convenção vigorará por prazo indefinido, mas qualquer dos Estados-Partes poderá denunciá-la. O instrumento de denúncia será depositado na Secretaria-Geral da Organização dos Estados Americanos. Transcorrido um ano, contado a partir da data do depósito do instrumento de denúncia, cessarão os efeitos da Convenção para o Estado denunciante, continuando ela subsistente para os demais Estados-Partes.

Artigo 17

O instrumento original desta Convenção, cujos textos em português, espanhol, francês e inglês são igualmente autênticos, será depositado na Secretaria-Geral da Organização dos Estados Americanos, que enviará cópia autenticada do seu texto para o respectivo registro e publicação à Secretaria das Nações Unidas, de conformidade com o artigo 102 da sua Carta constitutiva. A Secretaria-Geral da Organização dos Estados Americanos notificará aos Estados membros da referida Organização, e os Estados que houverem aderido à Convenção, as assinaturas e os depósitos de instrumentos de ratificação, de adesão e de denúncia, bem como as reservas que houver. Outrossim, transmitirá aos mesmos as declarações previstas no artigo 15 desta Convenção.

Em fé do que, os plenipotenciários infra-assinados, devidamente autorizados por seus respectivos Governos, firmam esta Convenção.

Feita na cidade de Montevidéu, República Oriental do Uruguai, no dia oito de maio de mil novecentos e setenta e nove.

CONVENÇÃO INTERAMERICANA SOBRE PERSONALIDADE E CAPACIDADE DE PESSOAS JURÍDICAS NO DIREITO INTERNACIONAL PRIVADO

▶ Dec. nº 2.427, de 17-12-1997, promulga a Convenção Interamericana sobre Personalidade e Capacidade de Pessoas Jurídicas no Direito Internacional Privado, concluída em La Paz, em 24-5-1984.

Os Governos dos Estados-Membros da Organização dos Estados Americanos,

Desejosos de concluir uma convenção sobre personalidade e capacidade de pessoas jurídicas no direito internacional privado,

Convieram no seguinte:

Artigo 1

Esta Convenção aplicar-se-á às pessoas jurídicas constituídas em qualquer dos Estados-Partes, entendendo-se por pessoa jurídica toda entidade que tenha existência e responsabilidade próprias, distintas das dos seus membros ou fundadores e que seja qualificada como pessoa jurídica segundo a lei do lugar de sua constituição.

Esta Convenção será aplicada sem prejuízo de convenções específicas que tenham por objetivo categorias especiais de pessoas jurídicas.

Artigo 2

A existência, a capacidade de ser titular de direitos e obrigações, o funcionamento, a dissolução e a fusão das pessoas jurídicas de caráter privado serão regidos pela lei do lugar de sua constituição.

Entender-se-á por "lei do lugar de sua constituição" a do Estado-Parte em que forem cumpridos os requisitos de forma e fundo necessários à criação das referidas pessoas.

Artigo 3

As pessoas jurídicas privadas devidamente constituídas num Estado-Parte serão reconhecidas de pleno direito nos demais Estados-Partes. O reconhecimento de pleno direito não exclui a faculdade do Estado-Parte de exigir comprovação de que a pessoa jurídica existe conforme a lei do lugar de sua constituição.

Em caso algum a capacidade reconhecida às pessoas jurídicas privadas constituídas num Estado-Parte poderá ser maior do que a capacidade que a lei do Estado-Parte que as reconheça outorgue às pessoas jurídicas constituídas neste último.

Artigo 4

À realização de atos compreendidos no objeto social das pessoas jurídicas privadas aplicar-se-á a lei do Estado-Parte em que se realizem tais atos.

Artigo 5

As pessoas jurídicas privadas constituídas num Estado-Parte que pretendam estabelecer a sede efetiva de sua administração em outro Estado-Parte poderão ser obrigadas a cumprir os requisitos estabelecidos na legislação deste último.

Artigo 6

Quando uma pessoa jurídica privada atuar por intermédio de representante em Estado-Parte que não seja o de sua constituição, entender-se-á que esse representante, ou quem o substituir, poderá responder, de pleno direito, às reclamações e demandas que contra a referida pessoa se intentem por motivo dos atos de que se trate.

Artigo 7

Cada Estado-Parte e demais pessoas jurídicas de direito público organizadas de acordo com sua lei gozarão de personalidade jurídica privada de pleno direito e poderão adquirir direitos e contrair obrigações no território dos demais Estados-Partes, com as restrições estabelecidas por essa lei e pelas leis destes últimos, especialmente no que se refere aos atos jurídicos relativos a direitos reais e sem prejuízo de invocar, quando for o caso, imunidade de jurisdição.

Artigo 8

As pessoas jurídicas internacionais criadas por um acordo internacional entre Estados-Partes ou por uma resolução de organização internacional reger-se-ão pelas disposições do acordo ou resolução de sua criação e serão reconhecidas de pleno direito como sujeitos de direito privado em todos os Estados-Partes da mesma forma que as pessoas jurídicas privadas e sem prejuízo de invocar, quando for o caso, imunidade de jurisdição.

Artigo 9

A lei declarada aplicável por esta Convenção poderá não ser aplicada no território do Estado-Parte que a considerar manifestamente contrária à sua ordem pública.

Artigo 10

Esta Convenção ficará aberta à assinatura dos Estados Membros da Organização dos Estados Americanos.

Artigo 11

Esta Convenção está sujeita à ratificação. Os instrumentos de ratificação serão depositados na Secretaria-Geral da Organização dos Estados Americanos.

Artigo 12

Esta Convenção ficará aberta à adesão de qualquer outro Estado. Os instrumentos de adesão serão depositados na Secretaria-Geral da Organização dos Estados Americanos.

Artigo 13

Cada Estado poderá formular reservas a esta Convenção no momento de assiná-la, ratificá-la ou a ela aderir, desde que a reserva se refira a uma ou mais disposições específicas.

Artigo 14

Esta Convenção entrará em vigor no trigésimo dia a partir da data em que haja sido depositado o segundo instrumento de ratificação.

Para cada Estado que ratificar a Convenção ou a ela aderir depois de haver sido depositado o segundo instrumento de ratificação, a Convenção entrará em vigor no trigésimo dia a partir da data em que tal Estado haja depositado seu instrumento de ratificação ou de adesão.

Artigo 15

Os Estados-Partes que tenham duas ou mais unidades territoriais em que vigorem sistemas jurídicos diferentes com relação a questões de que trata esta Convenção poderão declarar, no momento da assinatura, ratificação ou adesão, que a Convenção se aplicará a todas as suas unidades territoriais ou somente a uma ou mais delas.

Tais declarações poderão ser modificadas mediante declarações ulteriores, que especificarão expressamente a unidade ou as unidades territoriais a que se aplicará esta Convenção. Tais declarações ulteriores serão transmitidas à Secretaria-Geral da Organização dos Estados Americanos e surtirão efeito trinta dias depois de recebidas.

Artigo 16

Esta Convenção vigorará por prazo indefinido, mas qualquer dos Estados-Partes poderá denunciá-la. O instrumento de denúncia será depositado na Secretaria-Geral da Organização dos Estados Americanos. Transcorrido um ano da data do depósito do instrumento de denúncia, os efeitos da Convenção cessarão para o Estado denunciante, mas subsistirão para os demais Estados-Partes.

Artigo 17

O instrumento original desta Convenção, cujos textos em português, espanhol, francês e inglês são igualmente autênticos, será depositado na Secretaria-Geral da Organização dos Estados Americanos, que enviará cópia autenticada do seu texto à Secretaria das Nações Unidas, para seu registro e publicação, de conformidade com o artigo 102 da sua Carta constitutiva. A Secretaria-Geral da Organização dos Estados Americanos notificará aos Estados-Membros da referida Organização e aos Estados que houverem aderido à Convenção as assinaturas e os depósitos de instrumentos de ratificação, adesão e denúncia, bem como as reservas que houver. Outrossim, transmitir-lhes-á as declarações previstas no artigo 15 desta Convenção.

Em fé do que, os plenipotenciários infra-assinados, devidamente autorizados por seus respectivos governos, firmam esta Convenção.

Feita na Cidade de La Paz, Bolívia, no dia vinte e quatro de maio de mil novecentos e oitenta e quatro.

ESTATUTO EMENDADO DA CONFERÊNCIA DA HAIA DE DIREITO INTERNACIONAL PRIVADO

▶ Aprovado na VII Conferência, realizada no período de 9 a 31-10-1951, entrou em vigor em 15-7-1955. No Brasil, foi aprovado pelo Dec. Legislativo nº 41, de 14-5-1998, e promulgado pelo Dec. nº 3.832, de 1º-6-2001.

▶ Dec. nº 7.156, de 9-4-2010, promulga o texto do Estatuto Emendado da Conferência da Haia de Direito Internacional Privado, assinado em 30-6-2005.

Os Governos dos Estados a seguir enumerados, República Federal da Alemanha, Áustria, Bélgica, Dinamarca, Espanha, Finlândia, França, Itália, Japão, Luxemburgo, Noruega, Países Baixos, Portugal, Reino Unido da Grã-Bretanha e Irlanda do Norte, Suécia e Suíça;

Considerando o caráter permanente da Conferência da Haia de Direito Internacional Privado;

Desejando acentuar esse caráter;

Tendo, para esse fim, julgado desejável dotar a Conferência de um Estatuto;

Convieram nas seguintes disposições:

Artigo 1º

A Conferência da Haia tem como objetivo trabalhar para a unificação progressiva das regras de direito internacional privado.

Artigo 2º

1. São Membros da Conferência da Haia de Direito Internacional Privado os Estados que participaram de uma ou várias das sessões da Conferência e que aceitem o presente Estatuto.

2. Poderão tornar-se Membros quaisquer outros Estados cuja participação tenha importância jurídica para os trabalhos da Conferência.

A admissão de novos Estados-Membros será decidida pelos Governos dos Estados participantes, por propostas de um ou vários dentre eles, por maioria dos votos expressos, num prazo de seis meses contados da data em que essa proposta for submetida aos Governos.

3. A admissão se efetivará por meio da aceitação do presente Estatuto pelo Estado interessado.

Artigo 3º

1. Os Estados-Membros da Conferência poderão, numa reunião relativa a assuntos gerais e política na qual esteja presente a maioria dos Estados-Membros, por maioria de votos expressos, decidir admitir também como Membro qualquer Organização Regional de Integração Econômica que haja apresentado ao Secretário-Geral solicitação para tornar-se Membro.

As referências aos Membros de acordo com este Estatuto incluirão essas Organizações Membros, exceto quando expressamente disposto de forma diversa. A admissão se efetivará por meio da aceitação do Estatuto pela Organização Regional de Integração Econômica interessada.

2. A fim de estar habilitada a fazer a solicitação para tornar-se Membro da Conferência, a Organização Regional de Integração Econômica deve ser constituída unicamente por Estados soberanos, à qual seus Estados-Membros tenham transferido a competência sobre uma gama de assuntos dentro do campo de ação da Conferência, inclusive a autoridade para tomar decisões vinculantes para seus Estados-Membros com relação àqueles assuntos.

3. Cada Organização Regional de Integração Econômica que fizer a solicitação para tornar-se Membro deverá submeter, por ocasião da solicitação, uma declaração de competência que especifique os assuntos cuja competência lhe tenha sido transferida por seus Estados-Membros.

4. Cada Organização-Membro e seus Estados-Membros zelarão para que qualquer mudança relativa à competência da Organização ou em sua composição seja notificada ao Secretário-Geral, que circulará essa informação aos demais Membros da Conferência.

5. Presumir-se-á que os Estados-Membros da Organização-Membro conservam a competência sobre todos os assuntos a respeito dos quais não tenham sido especificamente declaradas ou notificadas transferências de competência.

6. Qualquer Membro da Conferência poderá requerer à Organização-Membro e a seus Estados-Membros que informem se a Organização-Membro tem competência em relação a qualquer questão específica submetida à Conferência. A Organização-Membro e seus Estados-Membros assegurarão o fornecimento dessa informação quando requerida.

7. A Organização-Membro exercerá seus direitos de Membro alternativamente com seus Estados-Membros que sejam Membros da Conferência, nos campos de suas respectivas competências.

8. A Organização-Membro poderá dispor, nos assuntos de sua competência, em quaisquer reuniões da Conferência em que tenha direito a participar, de um número de votos igual ao número de seus Estados-Membros que lhe tenham transferido competência em relação ao assunto em questão, e que tenham direito a votar e tenham se registrado para tais reuniões. Sempre que a Organização-Membro exercer seu direito de voto, seus Estados-Membros não exercerão os seus, e vice-versa.

9. "Organização Regional de Integração Econômica" significa uma organização internacional que seja constituída unicamente de Estados soberanos e à qual seus Estados-Membros tenham transferido competência sobre uma gama de assuntos, inclusive autoridade para tomar decisões vinculantes para seus Estados-Membros em relação àqueles assuntos.

Artigo 4º

1. O Conselho de Assuntos Gerais e Política, (doravante "o Conselho") composto por todos os Membros, fica encarregado do funcionamento da Conferência. As reuniões do Conselho serão, em princípio, realizadas anualmente.

2. O Conselho assegurará esse funcionamento por meio de uma Secretaria Permanente, cujas atividades dirigirá.

3. O Conselho examinará todas as propostas sugeridas para inscrição na Agenda da Conferência. Terá liberdade para determinar as medidas a serem tomadas em relação a essas propostas.

4. A Comissão de Estado dos Países Baixos, instituída pelo Decreto Real de 20 de fevereiro de 1897 com a finalidade de promover a codificação do direito internacional privado, determinará, após consulta aos Membros da Conferência, a data das Sessões Diplomáticas.

5. A Comissão de Estado se dirigirá ao Governo dos Países Baixos para a convocação dos Membros. O Presidente da Comissão de Estado presidirá as Sessões da Conferência.

6. As Sessões Ordinárias da Conferência serão realizadas, em princípio, a cada quatro anos.

7. Caso necessário, o Conselho poderá, após consulta à Comissão de Estado, solicitar ao Governo dos Países Baixos a convocação de Sessão Extraordinária da Conferência.

8. O Conselho poderá consultar a Comissão de Estado sobre qualquer outro tema relevante para a Conferência.

Artigo 5º

1. A Secretaria Permanente terá sua sede na Haia. Será composta por um Secretário-Geral e quatro Secretários, que serão nomeados pelo Governo dos Países Baixos mediante proposta da Comissão de Estado.

2. O Secretário-Geral e os Secretários devem obrigatoriamente possuir conhecimento jurídico e experiência prática apropriados.

Para sua nomeação também serão levadas em consideração a diversidade de representação geográfica e a experiência jurídica.

3. O número de Secretários poderá ser aumentado após consulta ao Conselho e em conformidade com o Artigo 10.

Artigo 6º

Sob a direção do Conselho, a Secretaria Permanente ficará encarregada:

a) da preparação e organização das Sessões da Conferência da Haia e das reuniões do Conselho e as de quaisquer Comissões Especiais;
b) do trabalho do Secretariado das Sessões e reuniões acima previstas;
c) de todas as tarefas pertinentes às atividades de um secretariado.

Artigo 7º

1. A fim de facilitar a comunicação entre os Membros da Conferência e a Secretaria Permanente, o Governo de cada Estado-Membro designará um órgão nacional e cada Organização-Membro um órgão de contato.

2. A Secretaria Permanente poderá corresponder-se com todos os órgãos assim designados e com as organizações internacionais competentes.

Artigo 8º

1. As Sessões e, no intervalo entre as Sessões, o Conselho, poderão criar Comissões Especiais a fim de elaborar projetos de convenções ou estudar quaisquer questões de direito internacional privado incluídas nos objetivos da Conferência.

2. As Sessões, o Conselho e as Comissões Especiais funcionarão, tanto quanto possível, na base de consenso.

Artigo 9º

1. Os custos da Conferência incluídos no orçamento serão rateados entre os Estados-Membros.

2. Uma Organização-Membro não terá obrigação de contribuir adicionalmente a seus Estados-Membros para o orçamento anual da Conferência, mas pagará uma importância a ser determinada pela Conferência, em consulta à Organização-Membro, para cobrir despesas administrativas adicionais decorrentes de sua atuação como Membro.

3. Em qualquer caso, as despesas de viagem e permanência dos delegados ao Conselho e às Comissões Especiais serão custeadas pelos Membros representados.

Artigo 10

1. O orçamento da Conferência será submetido a cada ano à aprovação do Conselho de Representantes Diplomáticos dos Estados-Membros na Haia.

2. Esses Representantes deverão igualmente ratear entre os Estados-Membros as despesas a estes atribuídas pelo orçamento.

3. Os Representantes Diplomáticos reunir-se-ão, para tal finalidade, sob a presidência do Ministro dos Negócios Estrangeiros do Reino dos Países Baixos.

Artigo 11

1. As despesas decorrentes das Sessões Ordinárias e Extraordinárias da Conferência serão custeadas pelo Governo dos Países Baixos.

2. Em todos os casos as despesas de viagem e de permanência dos delegados serão custeadas pelos respectivos Membros.

Artigo 12

As práticas adotadas pela Conferência continuarão a ser mantidas em relação a tudo que não for contrário ao presente Estatuto ou aos Regulamentos.

Artigo 13

1. As emendas ao Estatuto deverão ser adotadas por consenso dos Estados-Membros presentes a uma reunião sobre assuntos gerais e política.

2. Tais emendas entrarão em vigor, para todos os Membros, três meses depois de serem aprovadas por dois terços dos Estados-Membros, em conformidade com seus respectivos procedimentos internos, porém não antes de nove meses a contar da data de sua adoção.

3. A reunião referida no parágrafo 1º poderá modificar, por consenso, os períodos de tempo mencionados no parágrafo 2º.

Artigo 14

A fim de assegurar sua execução, as disposições do presente Estatuto serão complementadas por Regulamentos. Os Regulamentos serão adotados pela Secretaria Permanente e submetidos a uma Sessão Diplomática, ao Conselho de Representantes Diplomáticos ou ao Conselho de Assuntos Gerais e Política para aprovação.

Artigo 15

1. O presente Estatuto será submetido à aceitação dos Governos dos Estados que tiverem participado de uma ou mais Sessões da Conferência. Entrará em vigor quando tiver sido aceito pela maioria dos Estados representados na Sétima Sessão.

2. A declaração de aceitação será depositada junto ao Governo dos Países Baixos, que a informará aos Governos mencionados no primeiro parágrafo deste Artigo.

3. Em caso de admissão de novo Membro, o Governo dos Países Baixos informará todos os Membros da declaração de aceitação desse novo Membro.

Artigo 16

1. Cada Membro poderá denunciar o presente Estatuto após um período de cinco anos contados da data de sua entrada em vigor, nos termos do artigo 15, parágrafo 1.

2. A notificação da denúncia deverá ser apresentada ao Ministério dos Negócios Estrangeiros do Reino dos Países Baixos pelo menos seis meses antes do término do ano orçamentário da Conferência, e passará a vigorar ao término do referido ano orçamentário, mas somente em relação ao Membro que houver apresentado a mencionada notificação.

Os textos em francês e inglês deste Estatuto, tal como emendados em 1º de janeiro de 2007, são igualmente autênticos.

ESTATUTO ORGÂNICO DO INSTITUTO INTERNACIONAL PARA A UNIFICAÇÃO DO DIREITO PRIVADO – UNIDROIT

► Adotado pela Assembleia-Geral dos Estados-Membros do UNIDROIT em Roma, em 15 de março de 1940. Aprovado, no Brasil, pelo Dec. Legislativo nº 71, de 16-10-1992, e promulgado pelo Dec. nº 884, de 2-8-1993.

O texto ora promulgado incorpora as Emendas adotadas pela Assembleia-Geral, que entraram em vigor em junho de 1957, julho de 1958 e dezembro de 1963, respectivamente)

Artigo I

O Instituto Internacional para a Unificação do Direito Privado tem como objetivo estudar as formas de harmonizar e de coordenar o direito privado entre Estados ou grupos de Estados e preparar gradualmente a adoção, pelos diversos Estados, de uma legislação de direito privado uniforme.

Para este fim o Instituto:

a) prepara projetos de leis ou de convenções visando a estabelecer um direito interno uniforme;

b) prepara projetos de acordos com vistas a facilitar as relações internacionais em matéria de direito privado;
c) empreende estudos de direito comparado nas matérias de direito privado;
d) interessa-se pelas iniciativas já adotadas em todas estas áreas por outras instituições, com as quais ele pode, se necessário, manter contato;
e) organiza conferências e publica estudos que considere dignos de ter ampla difusão.

Artigo II

1. O Instituto Internacional para a Unificação do Direito Privado é uma instituição internacional responsável perante os Governos participantes.

2. Os Governos participantes são aqueles que tenham aderido ao presente Estatuto de conformidade com o artigo 20.

3. O Instituto gozará, no território de cada Governo participante, da capacidade jurídica necessária para exercer sua atividade e para atingir seus fins.

4. Os privilégios e as imunidades de que gozarão o Instituto, seus agentes e seus funcionários serão definidos em acordos a serem concluídos entre os Governos participantes.

Artigo III

O Instituto Internacional para a Unificação do Direito Privado tem sede em Roma.

Artigo IV

Os órgãos do Instituto são:

1) a Assembleia-Geral;
2) o Presidente;
3) o Conselho Diretor;
4) o Comitê Permanente;
5) o Tribunal Administrativo;
6) a Secretaria.

Artigo V

1. A Assembleia-Geral compõe-se de um representante de cada Governo participante. Os Governos, com exceção do Governo italiano, serão nela representados por seus agentes diplomáticos acreditados junto ao Governo italiano, ou seus delegados.

2. A Assembleia se reúne em Roma, em sessão ordinária, pelo menos uma vez por ano, por convocação do Presidente, para aprovar as contas anuais de receitas e de despesas e o orçamento.

3. A cada três anos, ela aprova o programa de trabalho do Instituto, por proposta do Conselho Diretor e, de acordo com o parágrafo 4 do artigo XVI, reavalia, por maioria de dois terços dos membros presentes e votantes, se for o caso, as resoluções adotadas em virtude do parágrafo 3 do citado artigo XVI.

Artigo VI

1. O Conselho Diretor será composto por um Presidente e por dezesseis a vinte e um membros.

2. O Presidente é nomeado pelo Governo italiano.

3. Os membros são nomeados pela Assembleia-Geral. A Assembleia pode nomear um membro além daqueles indicados no parágrafo primeiro, escolhendo-o entre os juízes em função na Corte Internacional de Justiça.

4. O mandato do Presidente e dos membros do Conselho Diretor tem a duração de cinco anos, passível de renovação.

5. O membro do Conselho Diretor, nomeado para substituir um membro cujo mandato não tenha expirado, completa o mandato de seu predecessor.

6. Cada Membro, com o consentimento do Presidente, pode fazer-se representar por uma pessoa de sua escolha.

7. O Conselho Diretor pode convidar para participar de suas sessões, a título consultivo, representantes de instituições ou de organizações internacionais, quando o trabalho do Instituto trate de assuntos relacionados a estas instituições ou organizações.

8. O Conselho Diretor é convocado pelo Presidente, sempre que o julgar conveniente ou pelo menos uma vez por ano.

Artigo VII

1. O Comitê Permanente compõe-se do Presidente e de cinco membros nomeados pelo Conselho Diretor dentre os seus membros.

2. Os membros do Comitê Permanente ficarão em exercício durante cinco anos e serão reelegíveis.

3. O Comitê Permanente é convocado pelo Presidente, cada vez que o julgar útil, em todo caso ao menos uma vez por ano.

Artigo VII-a

1. O Tribunal Administrativo será competente para decidir sobre os litígios entre o Instituto e seus funcionários ou empregados, ou seus representantes, no que se refere especialmente à interpretação ou à aplicação do Regulamento do pessoal. Os litígios que resultem das relações contratuais entre o Instituto e terceiros serão submetidos a este Tribunal desde que esta competência seja expressamente reconhecida pelas partes do contrato que der lugar ao litígio.

2. O Tribunal é composto de três membros titulares e de um membro suplente, escolhidos fora do Instituto e pertencentes, de preferência, a nacionalidades diferentes. Eles serão eleitos pela Assembleia-Geral pelo prazo de cinco anos. Em caso de vaga o Tribunal se completa por cooptação.

3. O Tribunal julgará, em primeira e última instâncias, aplicando as disposições do Estatuto e do Regulamento, bem como os princípios gerais do direito. Poderá também decidir *ex aequo et bono* quando tal faculdade lhe tiver sido atribuída mediante acordo entre as partes.

4. Se o Presidente do Tribunal considerar que um litígio entre o Instituto e um de seus funcionários ou empregados é de importância muito limitada, pode decidir ele mesmo ou confiar a decisão a um só dos juízes do Tribunal.

5. O Tribunal adotará seu próprio regimento.

Artigo VII-B

Os membros do Conselho Diretor, ou do Tribunal Administrativo, cujos mandatos expirem por vencimento de prazo, permanecem na função até a posse dos novos eleitos.

Artigo VIII

1. A Secretaria compõe-se de um Secretário-Geral nomeado pelo Conselho Diretor por proposta do Presidente, de dois Secretários-Gerais adjuntos pertencentes a nacionalidades diferentes, também nomeados pelo Conselho Diretor, e dos funcionários e empregados que serão indicados pelas regras relativas à administração do Instituto e ao seu funcionamento interno, citados no artigo XVII.

2. O Secretário-Geral e os adjuntos são nomeados para um período que não tenha duração superior a cinco anos são reelegíveis.

3. O Secretário-Geral do Instituto é de direito o Secretário da Assembleia-Geral.

Artigo IX

O Instituto possui uma biblioteca sob a direção do Secretário-Geral.

Artigo X

Os idiomas oficiais do Instituto são o italiano, o alemão, o inglês, o espanhol e o francês.

Artigo XI

1. O Conselho Diretor provê os meios de realizar as tarefas enunciadas no artigo I.

2. Prepara o programa de trabalho do Instituto.

3. Aprova o relatório anual sobre a atividade do Instituto.

4. Prepara o projeto de orçamento e submete-o à Assembleia-Geral para aprovação.

Artigo XII

1. Todo Governo participante, assim como toda instituição internacional de caráter oficial, pode fazer ao Conselho Diretor propostas para o estudo de questões pertinentes à unificação, à harmonização ou à coordenação do direito privado.

2. Toda instituição ou associação internacional, que tenha por objetivo o estudo de questões jurídicas, pode apresentar ao Conselho Diretor sugestões sobre os estudos a serem feitos.

3. O Conselho Diretor decide sobre as medidas a serem tomadas com relação às propostas e sugestões assim formuladas.

Artigo XII-A

O Conselho Diretor pode estabelecer com outras organizações intergovernamentais, bem como com os Governos não participantes, relações que garantam uma cooperação consoante com seus respectivos fins.

Artigo XIII

1. O Conselho Diretor pode delegar o exame de questões especiais a comissões de jurisconsultos particularmente versados no estudo destas questões.

2. As Comissões serão presididas, tanto quanto possível, por membros do Conselho Diretor.

Artigo XIV

1. Após o estudo das questões que reservou como objeto de seu trabalho, o Conselho Diretor aprova, se for o caso, anteprojetos a serem submetidos aos Governos.

2. Ele os transmite, seja aos Governos participantes, seja às instituições ou associações que lhe apresenta-

ram propostas ou sugestões, solicitando sua opinião sobre a pertinência e a substância das disposições elaboradas.

3. Com base nas respostas recebidas, o Conselho Diretor aprova, se for o caso, os projetos definitivos.

4. Ele os transmite aos Governos e às instituições ou associações que lhe apresentaram propostas ou sugestões.

5. O Conselho Diretor provê em seguida os meios para garantir a convocação de uma Conferência diplomática convocada para examinar os projetos.

Artigo XV

1. O Presidente representa o Instituto.

2. O poder executivo será exercido pelo Conselho Diretor.

Artigo XVI

1. As despesas anuais relativas ao funcionamento e à manutenção do Instituto serão cobertas pelas receitas previstas no orçamento do Instituto, que compreenderão notadamente a contribuição ordinária básica do Governo italiano, promotor do Instituto, tal como aprovada pelo Parlamento italiano, e que o dito Governo declara fixar, a partir de 1985, em 300 milhões de liras italianas, quantia que poderá ser revista no final de cada período trienal pela lei de aprovação do orçamento do Estado Italiano, assim como pelas contribuições ordinárias anuais dos outros Governos participantes.

2. Para os fins do rateio da quota-parte das despesas anuais não cobertas pela contribuição ordinária do Governo italiano ou por receitas provenientes de outras fontes, entre os outros Governos participantes, estes últimos serão divididos em categorias. A cada categoria corresponderá certo número de unidades.

3. O número de categorias, o número de unidades correspondente a cada categoria, o montante de cada unidade, bem como a classificação de cada Governo dentro de uma categoria, serão fixados por uma resolução da Assembleia-Geral adotada por maioria de dois terços dos membros presentes e votantes, sob proposta de uma Comissão nomeada pela Assembleia. Nessa classificação, a Assembleia levará em conta, entre outras considerações, a renda nacional do país representado.

4. As decisões tomadas pela Assembleia-Geral de acordo com o parágrafo 3 do presente artigo poderão ser revistas a cada três anos por uma nova resolução da Assembleia-Geral, adotada pela mesma maioria de dois terços dos membros presentes e votantes, por ocasião de sua decisão mencionada no parágrafo 3 do artigo V.

5. As resoluções da Assembleia-Geral adotadas de acordo com os parágrafos 3 e 4 do presente artigo serão notificadas pelo Governo italiano a cada Governo participante.

6. Dentro do prazo de um ano a contar da comunicação mencionada no parágrafo 5 do presente artigo, cada Governo participante poderá manifestar suas objeções às resoluções relativas a sua classificação na sessão seguinte da Assembleia-Geral. Esta deverá se pronunciar através de uma resolução adotada pela maioria de dois terços dos membros presentes e votantes, que será notificada pelo Governo italiano ao Governo participante interessado. Este mesmo Governo terá porém a opção de denunciar sua adesão ao Instituto, de acordo com o procedimento previsto no parágrafo 3 do artigo XIX.

7. Os Governos participantes, com atraso de mais de dois anos no pagamento de sua contribuição, perdem o direito de voto na Assembleia-Geral até a regularização de sua situação. Além disso, estes Governos não serão considerados para a formação da maioria requerida pelo artigo XIX do presente Estatuto.

8. Os locais necessários ao funcionamento dos serviços do Instituto serão colocados à sua disposição pelo Governo italiano.

9. Será criado um Fundo circulante do Instituto tendo como objetivo fazer face às despesas correntes, enquanto se aguarda o recebimento das contribuições devidas pelos Governos participantes, assim como às despesas imprevistas.

10. As regras relativas ao Fundo circulante farão parte do Regulamento do Instituto. Elas serão adotadas e modificadas pela Assembleia-Geral por maioria de dois terços dos membros presentes e votantes.

Artigo XVII

1. As normas relativas à administração do Instituto, a seu funcionamento interno e ao estatuto do pessoal serão estabelecidas pelo Conselho Diretor e deverão ser aprovadas pela Assembleia-Geral e comunicadas ao Governo italiano.

2. As despesas com viagens e estada dos membros do Conselho Diretor e das comissões de estudos, assim como os salários do pessoal da Secretaria e qualquer outra despesa administrativa, serão por conta do orçamento do Instituto.

3. A Assembleia-Geral nomeará, por proposta do Presidente, um ou dois auditores de contas encarregados do controle financeiro do Instituto. A duração de suas funções é de cinco anos. No caso de serem nomeados dois auditores de contas, deverão pertencer a nacionalidades diferentes.

4. O Governo italiano não incorrerá em nenhuma responsabilidade, financeira ou de outro gênero, decorrente da administração do Instituto, nem em nenhuma responsabilidade civil decorrente do funcionamento de seus serviços e especialmente em relação ao pessoal do Instituto.

Artigo XVIII

1. O compromisso do Governo italiano no que se refere à subvenção anual e aos locais do Instituto, de que trata o artigo XVI, é estipulado para um período de seis anos. Ele continuará em vigor por um novo período de seis anos se o Governo italiano não tiver notificado aos outros Governos participantes sua intenção de fazer cessar seus efeitos pelo menos dois anos antes do final do período em curso. Neste caso, a Assembleia-Geral será convocada pelo Presidente, se necessário em sessão extraordinária.

2. Caberá à Assembleia-Geral, caso ela decida suprimir o Instituto, sem prejuízo das disposições do Estatuto e do Regulamento relativos ao Fundo circulante, tomar as medidas necessárias no que refere às propriedades adquiridas pelo Instituto durante seu funcionamento e

especialmente os arquivos e coleções de documentos e livros ou periódicos.

3. Fica entendido, entretanto, que neste caso os terrenos, edifícios e objetos móveis colocados à disposição do Instituto pelo Governo italiano voltarão a este último.

ARTIGO XIX

1. As emendas ao presente Estatuto, que forem adotadas pela Assembleia-Geral, entrarão em vigor quando aprovadas pela maioria de dois terços dos Governos participantes.

2. Cada Governo comunicará sua aprovação por escrito ao Governo italiano, que dela dará conhecimento aos outros Governos participantes, assim como ao Presidente do Instituto.

3. Todo Governo que não tenha aprovado uma emenda ao presente Estatuto terá o direito de denunciar sua adesão no prazo de seis meses a partir da entrada em vigor da emenda. A denúncia terá efeito desde a data de sua notificação ao Governo italiano, que dela dará conhecimento aos outros Governos participantes, assim como ao Presidente do Instituto.

ARTIGO XX

1. Todo Governo que pretenda aderir ao presente Estatuto notificará sua adesão por escrito ao Governo italiano.

2. A adesão será feita pelo prazo de seis anos; será tacitamente renovada de seis em seis anos, salvo denúncia por escrito um ano antes da expiração de cada período.

3. As adesões e denúncias serão notificadas aos Governos participantes pelo Governo italiano.

ARTIGO XXI

O presente Estatuto entrará em vigor desde que no mínimo seis Governos tenham notificado sua adesão ao Governo italiano.

ARTIGO XXII

O presente Estatuto, datado de 15 de março de 1940, ficara depositado nos arquivos do Governo italiano. Cópia certificada conforme do texto será enviada, pelo Governo italiano, a cada um dos Governos participantes.

INTERPRETAÇÃO DO ARTIGO VII-A DO ESTATUTO ORGÂNICO, APROVADA NA XI SESSÃO DA ASSEMBLEIA-GERAL – (30 DE ABRIL DE 1953)

A Assembleia-Geral,

Tendo em vista a Resolução que emendou o Estatuto Orgânico do Instituto, adotada pela Assembleia em 18 de janeiro de 1952; considerando que nos termos da segunda frase do primeiro parágrafo do artigo VII-a do Estatuto, relativo à competência do Tribunal Administrativo, "os litígios que resultem das relações contratuais entre o Instituto e terceiros serão submetidos a este Tribunal desde que esta competência seja expressamente reconhecida pelas partes no contrato em causa"; considerando a conveniência de precisar o alcance da competência que pode ser atribuída ao Tribunal Administrativo em virtude da dita disposição, declara:

1. Que a expressão "os litígios que resultem de relações contratuais entre o instituto e terceiros" que poderão ser submetidos ao Tribunal Administrativo do Instituto nas condições previstas no artigo VII-a do Estatuto Orgânico, visa exclusivamente aos litígios relativos às obrigações surgidas de contratos concluídos entre o Instituto e terceiros.

2. Que a competência do Tribunal Administrativo em relação aos litígios surgidos de relações contratuais entre o Instituto e terceiros não poderá ser considerada com "expressamente reconhecida" senão na medida em que este reconhecimento resulte de um ato escrito.

RESOLUÇÃO DO STJ Nº 9, DE 4 DE MAIO DE 2005

Dispõe, em caráter transitório, sobre competência acrescida ao Superior Tribunal de Justiça pela Emenda Constitucional nº 45/2004.

▶ Publicada no *DJU* de 6-5-2005, e republicada no *DJU* de 10-5-2005.

O PRESIDENTE DO SUPERIOR TRIBUNAL DE JUSTIÇA, no uso das atribuições regimentais previstas no art. 21, inciso XX, combinado com o art. 10, inciso V, e com base na alteração promovida pela Emenda Constitucional nº 45/2004 que atribuiu competência ao Superior Tribunal de Justiça para processar e julgar, originariamente, a homologação de sentenças estrangeiras e a concessão de *exequatur* às cartas rogatórias (Constituição Federal, art. 105, inciso I, alínea *i*), ad referendum do Plenário, resolve:

Art. 1º Ficam criadas as classes processuais de Homologação de Sentença Estrangeira e de Cartas Rogatórias no rol dos feitos submetidos ao Superior Tribunal de Justiça, as quais observarão o disposto nesta Resolução, em caráter excepcional, até que o Plenário da Corte aprove disposições regimentais próprias.

Parágrafo único. Fica sobrestado o pagamento de custas dos processos tratados nesta Resolução que entrarem neste Tribunal após a publicação da mencionada Emenda Constitucional, até a deliberação referida no *caput* deste artigo.

Art. 2º É atribuição do Presidente homologar sentenças estrangeiras e conceder *exequatur* a cartas rogatórias, ressalvado o disposto no artigo 9º desta Resolução.

Art. 3º A homologação de sentença estrangeira será requerida pela parte interessada, devendo a petição inicial conter as indicações constantes da lei processual, e ser instruída com a certidão ou cópia autêntica do texto integral da sentença estrangeira e com outros documentos indispensáveis, devidamente traduzidos e autenticados.

Art. 4º A sentença estrangeira não terá eficácia no Brasil sem a prévia homologação pelo Superior Tribunal de Justiça ou por seu Presidente.

§ 1º Serão homologados os provimentos não judiciais que, pela lei brasileira, teriam natureza de sentença.

§ 2º As decisões estrangeiras podem ser homologadas parcialmente.

§ 3º Admite-se tutela de urgência nos procedimentos de homologação de sentenças estrangeiras.

Art. 5º Constituem requisitos indispensáveis à homologação de sentença estrangeira:

I – haver sido proferida por autoridade competente;
II – terem sido as partes citadas ou haver-se legalmente verificado a revelia;
III – ter transitado em julgado; e
IV – estar autenticada pelo cônsul brasileiro e acompanhada de tradução por tradutor oficial ou juramentado no Brasil.

Art. 6º Não será homologada sentença estrangeira ou concedido *exequatur* a carta rogatória que ofendam a soberania ou a ordem pública.

Art. 7º As cartas rogatórias podem ter por objeto atos decisórios ou não decisórios.

Parágrafo único. Os pedidos de cooperação jurídica internacional que tiverem por objeto atos que não ensejem juízo de delibação pelo Superior Tribunal de Justiça, ainda que denominados como carta rogatória, serão encaminhados ou devolvidos ao Ministério da Justiça para as providências necessárias ao cumprimento por auxílio direto.

Art. 8º A parte interessada será citada para, no prazo de 15 (quinze) dias, contestar o pedido de homologação de sentença estrangeira ou intimada para impugnar a carta rogatória.

Parágrafo único. A medida solicitada por carta rogatória poderá ser realizada sem ouvir a parte interessada quando sua intimação prévia puder resultar na ineficácia da cooperação internacional.

Art. 9º Na homologação de sentença estrangeira e na carta rogatória, a defesa somente poderá versar sobre autenticidade dos documentos, inteligência da decisão e observância dos requisitos desta Resolução.

§ 1º Havendo contestação à homologação de sentença estrangeira, o processo será distribuído para julgamento pela Corte Especial, cabendo ao Relator os demais atos relativos ao andamento e à instrução do processo.

§ 2º Havendo impugnação às cartas rogatórias decisórias, o processo poderá, por determinação do Presidente, ser distribuído para julgamento pela Corte Especial.

§ 3º Revel ou incapaz o requerido, dar-se-lhe-á curador especial que será pessoalmente notificado.

Art. 10. O Ministério Público terá vista dos autos nas cartas rogatórias e homologações de sentenças estrangeiras, pelo prazo de dez dias, podendo impugná-las.

Art. 11. Das decisões do Presidente na homologação de sentença estrangeira e nas cartas rogatórias cabe agravo regimental.

Art. 12. A sentença estrangeira homologada será executada por carta de sentença, no Juízo Federal competente.

Art. 13. A carta rogatória, depois de concedido o *exequatur*, será remetida para cumprimento pelo Juízo Federal competente.

§ 1º No cumprimento da carta rogatória pelo Juízo Federal competente cabem embargos relativos a quaisquer atos que lhe sejam referentes, opostos no prazo de 10 (dez) dias, por qualquer interessado ou pelo Ministério Público, julgando-os o Presidente.

§ 2º Da decisão que julgar os embargos, cabe agravo regimental.

§ 3º Quando cabível, o Presidente ou o Relator do Agravo Regimental poderá ordenar diretamente o atendimento à medida solicitada.

Art. 14. Cumprida a carta rogatória, será devolvida ao Presidente do STJ, no prazo de 10 (dez) dias, e por este remetida, no igual prazo, por meio do Ministério da Justiça ou do Ministério das Relações Exteriores, à autoridade judiciária de origem.

Art. 15. Esta Resolução entra em vigor na data de sua publicação, revogados a Resolução nº 22, de 31-12-2004 e o Ato nº 15, de 16-2-2005.

Ministro **EDSON VIDIGAL**

LEI DE INTRODUÇÃO ÀS NORMAS DO DIREITO BRASILEIRO

(DECRETO-LEI Nº 4.657, DE 4 DE SETEMBRO DE 1942)

Lei de Introdução às normas do Direito Brasileiro.

▸ Antiga Lei de Introdução ao Código Civil (LICC), cuja ementa foi alterada pela Lei nº 12.376, de 30-12-2010.
▸ Publicado no *DOU* de 9-9-1942, retificado no *DOU* de 8-10-1942 e 17-6-1943.

O Presidente da República, usando da atribuição que lhe confere o artigo 180 da Constituição, decreta:

Art. 1º Salvo disposição contrária, a lei começa a vigorar em todo o País quarenta e cinco dias depois de oficialmente publicada.

▸ Art. 8º da LC nº 95, de 26-2-1998, que dispõe sobre a elaboração, a redação, a alteração e a consolidação das leis.

§ 1º Nos Estados estrangeiros, a obrigatoriedade da lei brasileira, quando admitida, se inicia três meses depois de oficialmente publicada.

§ 2º *Revogado*. Lei nº 12.036, de 1º-10-2009.

§ 3º Se, antes de entrar a lei em vigor, ocorrer nova publicação de seu texto, destinada à correção, o prazo deste artigo e parágrafos anteriores começará a correr da nova publicação.

§ 4º As correções a texto de lei já em vigor consideram-se lei nova.

Art. 2º Não se destinando à vigência temporária, a lei terá vigor até que outra a modifique ou revogue.

§ 1º A lei posterior revoga a anterior quando expressamente o declare, quando seja com ela incompatível ou quando regule inteiramente a matéria de que tratava a lei anterior.

§ 2º A lei nova, que estabeleça disposições gerais ou especiais a par das já existentes, não revoga nem modifica a lei anterior.

§ 3º Salvo disposição em contrário, a lei revogada não se restaura por ter a lei revogadora perdido a vigência.

Art. 3º Ninguém se escusa de cumprir a lei, alegando que não a conhece.

Art. 4º Quando a lei for omissa, o juiz decidirá o caso de acordo com a analogia, os costumes e os princípios gerais de direito.
► Arts. 126, 127 e 335 do CPC.-

Art. 5º Na aplicação da lei, o juiz atenderá aos fins sociais a que ela se dirige e às exigências do bem comum.

Art. 6º A Lei em vigor terá efeito imediato e geral, respeitados o ato jurídico perfeito, o direito adquirido e a coisa julgada.
► Art. 5º, XXXVI, da CF.
► Súm. Vinc. nº 1 do STF.

§ 1º Reputa-se ato jurídico perfeito o já consumado segundo a lei vigente ao tempo em que se efetuou.

§ 2º Consideram-se adquiridos assim os direitos que o seu titular, ou alguém por ele, possa exercer, como aqueles cujo começo do exercício tenha termo pré-fixo, ou condição preestabelecida inalterável, a arbítrio de outrem.
► Arts. 131 e 135 do CC.

§ 3º Chama-se coisa julgada ou caso julgado a decisão judicial de que já não caiba recurso.
► Art. 6º com a redação dada pela Lei nº 3.238, de 1º-8-1957.
► Art. 467 do CPC.

Art. 7º A lei do país em que for domiciliada a pessoa determina as regras sobre o começo e o fim da personalidade, o nome, a capacidade e os direitos de família.
► Arts. 2º, 6º e 8º do CC.
► Arts. 31, 42 e seguintes da Lei nº 6.815, de 19-8-1980 (Estatuto do Estrangeiro).
► Dec. nº 66.605, de 20-5-1970, promulgou a Convenção sobre Consentimento para Casamento.

§ 1º Realizando-se o casamento no Brasil, será aplicada a lei brasileira quanto aos impedimentos dirimentes e às formalidades da celebração.
► Art. 1.511 e seguintes do CC.

§ 2º O casamento de estrangeiros poderá celebrar-se perante autoridades diplomáticas ou consulares do país de ambos os nubentes.
► § 2º com a redação dada pela Lei nº 3.238, de 1º-8-1957.

§ 3º Tendo os nubentes domicílio diverso, regerá os casos de invalidade do matrimônio a lei do primeiro domicílio conjugal.

§ 4º O regime de bens, legal ou convencional, obedece à lei do país em que tiverem os nubentes domicílio, e, se este for diverso, à do primeiro domicílio conjugal.
► Arts. 1.639 a 1.688 do CC.

§ 5º O estrangeiro casado, que se naturalizar brasileiro, pode, mediante expressa anuência de seu cônjuge, requerer ao juiz, no ato de entrega do decreto de naturalização, se apostile ao mesmo a adoção do regime de comunhão parcial de bens, respeitados os direitos de terceiros e dada esta adoção ao competente registro.
► § 5º com a redação dada pela Lei nº 6.515, de 26-12-1977 (Lei do Divórcio).
► Arts. 1.658 a 1.666 do CC.

§ 6º O divórcio realizado no estrangeiro, se um ou ambos os cônjuges forem brasileiros, só será reconhecido no Brasil depois de 1 (um) ano da data da sentença, salvo se houver sido antecedida de separação judicial por igual prazo, caso em que a homologação produzirá efeito imediato, obedecidas as condições estabelecidas para a eficácia das sentenças estrangeiras no país. O Superior Tribunal de Justiça, na forma de seu regimento interno, poderá reexaminar, a requerimento do interessado, decisões já proferidas em pedidos de homologação de sentenças estrangeiras de divórcio de brasileiros, a fim de que passem a produzir todos os efeitos legais.
► § 6º com a redação dada pela Lei nº 12.036, de 1º-10-2009.
► Art. 226, § 6º, da CF.

§ 7º Salvo o caso de abandono, o domicílio do chefe da família estende-se ao outro cônjuge e aos filhos não emancipados, e o do tutor ou curador aos incapazes sob sua guarda.

§ 8º Quando a pessoa não tiver domicílio, considerar-se-á domiciliada no lugar de sua residência ou naquele em que se encontre.

Art. 8º Para qualificar os bens e regular as relações a eles concernentes, aplicar-se-á a lei do país em que estiverem situados.

§ 1º Aplicar-se-á a lei do país em que for domiciliado o proprietário, quanto aos bens móveis que ele trouxer ou se destinarem a transporte para outros lugares.

§ 2º O penhor regula-se pela lei do domicílio que tiver a pessoa, em cuja posse se encontre a coisa apenhada.

Art. 9º Para qualificar e reger as obrigações, aplicar-se-á a lei do país em que se constituírem.

§ 1º Destinando-se a obrigação a ser executada no Brasil e dependendo de forma essencial, será esta observada, admitidas as peculiaridades da lei estrangeira quanto aos requisitos extrínsecos do ato.

§ 2º A obrigação resultante do contrato reputa-se constituída no lugar em que residir o proponente.

Art. 10. A sucessão por morte ou por ausência obedece à lei do país em que era domiciliado o defunto ou o desaparecido, qualquer que seja a natureza e a situação dos bens.
► Arts. 26 a 39, 1.784 e seguintes do CC.

§ 1º A sucessão de bens de estrangeiros, situados no País, será regulada pela lei brasileira em benefício do cônjuge ou dos filhos brasileiros, ou de quem os represente, sempre que não lhes seja mais favorável a lei pessoal de *de cujus*.
► § 1º com a redação dada pela Lei nº 9.047, de 18-5-1995.
► Art. 5º, XXXI, da CF.

§ 2º A lei do domicílio do herdeiro ou legatário regula a capacidade para suceder.
► Arts. 1.798 a 1.803 do CC.

Art. 11. As organizações destinadas a fins de interesse coletivo, como as sociedades e as fundações, obedecem à lei do Estado em que se constituírem.
► Arts. 40 a 69, 981 e seguintes do CC.-

§ 1º Não poderão, entretanto, ter no Brasil filiais, agências ou estabelecimentos antes de serem os atos constitutivos aprovados pelo Governo brasileiro, ficando sujeitas à lei brasileira.

§ 2º Os Governos estrangeiros, bem como as organizações de qualquer natureza, que eles tenham constituído, dirijam ou hajam investido de funções públicas, não poderão adquirir no Brasil bens imóveis ou suscetíveis de desapropriação.

§ 3º Os Governos estrangeiros podem adquirir a propriedade dos prédios necessários à sede dos representantes diplomáticos ou dos agentes consulares.

Art. 12. É competente a autoridade judiciária brasileira, quando for o réu domiciliado no Brasil ou aqui tiver de ser cumprida a obrigação.

▶ Arts. 88 a 90 do CPC.

§ 1º Só à autoridade judiciária brasileira compete conhecer das ações relativas a imóveis situados no Brasil.

§ 2º A autoridade judiciária brasileira cumprirá, concedido o *exequatur* e segundo a forma estabelecida pela lei brasileira, as diligências deprecadas por autoridade estrangeira competente, observando a lei desta, quanto ao objeto das diligências.

Art. 13. A prova dos fatos ocorridos em país estrangeiro rege-se pela lei que nele vigorar, quanto ao ônus e aos meios de produzir-se, não admitindo os tribunais brasileiros provas que a lei brasileira desconheça.

▶ Arts. 333 e 334 do CPC.

Art. 14. Não conhecendo a lei estrangeira, poderá o juiz exigir de quem a invoca prova do texto e da vigência.

Art. 15. Será executada no Brasil a sentença proferida no estrangeiro, que reúna os seguintes requisitos:

a) haver sido proferida por juiz competente;
b) terem sido as partes citadas ou haver-se legalmente verificado à revelia;
c) ter passado em julgado e estar revestida das formalidades necessárias para a execução no lugar em que foi proferida;
d) estar traduzida por intérprete autorizado;
e) ter sido homologada pelo Supremo Tribunal Federal.

▶ A concessão de *exequatur* às cartas rogatórias passou a ser da competência do STJ, conforme art. 105, I, i, da CF, com a redação dada pela EC nº 45, de 8-12-2004.

Parágrafo único. Revogado. Lei nº 12.036, de 1º-10-2009.

Art. 16. Quando, nos termos dos artigos precedentes, se houver de aplicar a lei estrangeira, ter-se-á em vista a disposição desta, sem considerar-se qualquer remissão por ela feita a outra lei.

Art. 17. As leis, atos e sentenças de outro país, bem como quaisquer declarações de vontade, não terão eficácia no Brasil, quando ofenderem a soberania nacional, a ordem pública e os bons costumes.

Art. 18. Tratando-se de brasileiros, são competentes as autoridades consulares brasileiras para lhes celebrar o casamento e os mais atos de registro civil e de tabelionato, inclusive o registro de nascimento e de óbito dos filhos de brasileiro ou brasileira nascidos no país da sede do consulado.

▶ *Caput* com a redação dada pela Lei nº 3.238, de 1º-8-1957.

§ 1º As autoridades consulares brasileiras também poderão celebrar a separação consensual e o divórcio consensual de brasileiros, não havendo filhos menores ou incapazes do casal e observados os requisitos legais quanto aos prazos, devendo constar da respectiva escritura pública as disposições relativas à descrição e à partilha dos bens comuns e à pensão alimentícia e, ainda, ao acordo quanto à retomada pelo cônjuge de seu nome de solteiro ou à manutenção do nome adotado quando se deu o casamento.

§ 2º É indispensável a assistência de advogado, devidamente constituído, que se dará mediante a subscrição de petição, juntamente com ambas as partes, ou com apenas uma delas, caso a outra constitua advogado próprio, não se fazendo necessário que a assinatura do advogado conste da escritura pública.

▶ §§ 1º e 2º acrescidos pela Lei nº 12.874, de 29-10-2013 (*DOU* de 30-10-2013), para vigorar 120 (cento e vinte) dias após a data de sua publicação.

Art. 19. Reputam-se válidos todos os atos indicados no artigo anterior e celebrados pelos cônsules brasileiros na vigência do Decreto-Lei nº 4.657, de 4 de setembro de 1942, desde que satisfaçam todos os requisitos legais.

Parágrafo único. No caso em que a celebração desses atos tiver sido recusada pelas autoridades consulares, com fundamento no artigo 18 do mesmo Decreto-Lei, ao interessado é facultado renovar o pedido dentro de noventa dias contados da data da publicação desta Lei.

▶ Art. 19 acrescido pela Lei nº 3.238, de 1º-8-1957.

Rio de Janeiro, 4 de setembro de 1942;
121º da Independência e
54º da República.

Getúlio Vargas

LEI Nº 12.663,
DE 5 DE JUNHO DE 2012

Dispõe sobre as medidas relativas à Copa das Confederações FIFA 2013, à Copa do Mundo FIFA 2014 e à Jornada Mundial da Juventude – 2013, que serão realizadas no Brasil; altera as Leis nºs 6.815, de 19 de agosto de 1980, e 10.671, de 15 de maio de 2003; e estabelece concessão de prêmio e de auxílio especial mensal aos jogadores das seleções campeãs do mundo em 1958, 1962 e 1970.

▶ Publicada no *DOU* de 6-6-2012.
▶ Dec. nº 7.783, de 7-8-2012, regulamenta esta Lei.

CAPÍTULO I

DISPOSIÇÕES PRELIMINARES

Art. 1º Esta Lei dispõe sobre as medidas relativas à Copa das Confederações FIFA 2013, à Copa do Mundo FIFA 2014 e aos eventos relacionados, que serão realizados no Brasil.

Art. 2º Para os fins desta Lei, serão observadas as seguintes definições:

I – Fédération Internationale de Football Association (FIFA): associação suíça de direito privado, entidade mundial que regula o esporte de futebol de associação, e suas subsidiárias não domiciliadas no Brasil;
II – Subsidiária FIFA no Brasil: pessoa jurídica de direito privado, domiciliada no Brasil, cujo capital social total pertence à FIFA;
III – Copa do Mundo FIFA 2014 – Comitê Organizador Brasileiro Ltda. (COL): pessoa jurídica de direito privado, reconhecida pela FIFA, constituída sob as leis brasileiras com o objetivo de promover a Copa das Confederações FIFA 2013 e a Copa do Mundo FIFA 2014, bem como os eventos relacionados;
IV – Confederação Brasileira de Futebol (CBF): associação brasileira de direito privado, sendo a associação nacional de futebol no Brasil;
V – Competições: a Copa das Confederações FIFA 2013 e a Copa do Mundo FIFA 2014;
VI – Eventos: as Competições e as seguintes atividades relacionadas às Competições, oficialmente organizadas, chanceladas, patrocinadas ou apoiadas pela FIFA, Subsidiárias FIFA no Brasil, COL ou CBF:

a) os congressos da FIFA, cerimônias de abertura, encerramento, premiação e outras cerimônias, sorteio preliminar, final e quaisquer outros sorteios, lançamentos de mascote e outras atividades de lançamento;
b) seminários, reuniões, conferências, workshops e coletivas de imprensa;
c) atividades culturais, concertos, exibições, apresentações, espetáculos ou outras expressões culturais, bem como os projetos Futebol pela Esperança (Football for Hope) ou projetos beneficentes similares;
d) partidas de futebol e sessões de treino; e
e) outras atividades consideradas relevantes para a realização, organização, preparação, marketing, divulgação, promoção ou encerramento das Competições;

VII – Confederações FIFA: as seguintes confederações:

a) Confederação Asiática de Futebol (Asian Football Confederation – AFC);
b) Confederação Africana de Futebol (Confédération Africaine de Football – CAF);
c) Confederação de Futebol da América do Norte, Central e Caribe (Confederation of North, Central American and Caribbean Association Football – Concacaf);
d) Confederação Sul-Americana de Futebol (Confederación Sudamericana de Fútbol – Conmebol);
e) Confederação de Futebol da Oceania (Oceania Football Confederation – OFC);
f) União das Associações Europeias de Futebol (Union des Associations Européennes de Football – Uefa);

VIII – Associações Estrangeiras Membros da FIFA: as associações nacionais de futebol de origem estrangeira, oficialmente afiliadas à FIFA, participantes ou não das Competições;
IX – Emissora Fonte da FIFA: pessoa jurídica licenciada ou autorizada, com base em relação contratual, para produzir o sinal e o conteúdo audiovisual básicos ou complementares dos Eventos com o objetivo de distribuição no Brasil e no exterior para os detentores de direitos de mídia;

X – Prestadores de Serviços da FIFA: pessoas jurídicas licenciadas ou autorizadas, com base em relação contratual, para prestar serviços relacionados à organização e à produção dos Eventos, tais como:

a) coordenadores da FIFA na gestão de acomodações, de serviços de transporte, de programação de operadores de turismo e dos estoques de Ingressos;
b) fornecedores da FIFA de serviços de hospitalidade e de soluções de tecnologia da informação; e
c) outros prestadores licenciados ou autorizados pela FIFA para a prestação de serviços ou fornecimento de bens;

XI – Parceiros Comerciais da FIFA: pessoas jurídicas licenciadas ou autorizadas com base em qualquer relação contratual, em relação aos Eventos, bem como os seus subcontratados, com atividades relacionadas aos Eventos, excluindo as entidades referidas nos incisos III, IV e VII a X;
XII – Emissoras: pessoas jurídicas licenciadas ou autorizadas com base em relação contratual, seja pela FIFA, seja por nomeada ou licenciada pela FIFA, que adquiram o direito de realizar emissões ou transmissões, por qualquer meio de comunicação, do sinal e do conteúdo audiovisual básicos ou complementares de qualquer Evento, consideradas Parceiros Comerciais da FIFA;
XIII – Agência de Direitos de Transmissão: pessoa jurídica licenciada ou autorizada com base em relação contratual, seja pela FIFA, seja por nomeada ou autorizada pela FIFA, para prestar serviços de representação de vendas e nomeação de Emissoras, considerada Prestadora de Serviços da FIFA;
XIV – Locais Oficiais de Competição: locais oficialmente relacionados às Competições, tais como estádios, centros de treinamento, centros de mídia, centros de credenciamento, áreas de estacionamento, áreas para a transmissão de Partidas, áreas oficialmente designadas para atividades de lazer destinadas aos fãs, localizados ou não nas cidades que irão sediar as Competições, bem como qualquer local no qual o acesso seja restrito aos portadores de credenciais emitidas pela FIFA ou de Ingressos;
XV – Partida: jogo de futebol realizado como parte das Competições;
XVI – Períodos de Competição: espaço de tempo compreendido entre o 20º (vigésimo) dia anterior à realização da primeira Partida e o 5º (quinto) dia após a realização da última Partida de cada uma das Competições;
XVII – Representantes de Imprensa: pessoas naturais autorizadas pela FIFA, que recebam credenciais oficiais de imprensa relacionadas aos Eventos, cuja relação será divulgada com antecedência, observados os critérios previamente estabelecidos nos termos do § 1º do art. 13, podendo tal relação ser alterada com base nos mesmos critérios;
XVIII – Símbolos Oficiais: sinais visivelmente distintivos, emblemas, marcas, logomarcas, mascotes, lemas, hinos e qualquer outro símbolo de titularidade da FIFA; e
XIX – Ingressos: documentos ou produtos emitidos pela FIFA que possibilitam o ingresso em um Evento, inclusive pacotes de hospitalidade e similares.

Parágrafo único. A Emissora Fonte, os Prestadores de Serviços e os Parceiros Comerciais da FIFA referidos nos incisos IX, X e XI poderão ser autorizados ou licenciados diretamente pela FIFA ou por meio de uma de suas autorizadas ou licenciadas.

CAPÍTULO II
DA PROTEÇÃO E EXPLORAÇÃO DE DIREITOS COMERCIAIS

SEÇÃO I
DA PROTEÇÃO ESPECIAL AOS DIREITOS DE PROPRIEDADE INDUSTRIAL RELACIONADOS AOS EVENTOS

Art. 3º O Instituto Nacional da Propriedade Industrial (INPI) promoverá a anotação em seus cadastros do alto renome das marcas que consistam nos seguintes Símbolos Oficiais de titularidade da FIFA, nos termos e para os fins da proteção especial de que trata o art. 125 da Lei nº 9.279, de 14 de maio de 1996:

I – emblema FIFA;
II – emblemas da Copa das Confederações FIFA 2013 e da Copa do Mundo FIFA 2014;
III – mascotes oficiais da Copa das Confederações FIFA 2013 e da Copa do Mundo FIFA 2014; e
IV – outros Símbolos Oficiais de titularidade da FIFA, indicados pela referida entidade em lista a ser protocolada no INPI, que poderá ser atualizada a qualquer tempo.

Parágrafo único. Não se aplica à proteção prevista neste artigo a vedação de que trata o inciso XIII do art. 124 da Lei nº 9.279, de 14 de maio de 1996.

Art. 4º O INPI promoverá a anotação em seus cadastros das marcas notoriamente conhecidas de titularidade da FIFA, nos termos e para os fins da proteção especial de que trata o art. 126 da Lei nº 9.279, de 14 de maio de 1996, conforme lista fornecida e atualizada pela FIFA.

Parágrafo único. Não se aplica à proteção prevista neste artigo a vedação de que trata o inciso XIII do art. 124 da Lei nº 9.279, de 14 de maio de 1996.

Art. 5º As anotações do alto renome e das marcas notoriamente conhecidas de titularidade da FIFA produzirão efeitos até 31 de dezembro de 2014, sem prejuízo das anotações realizadas antes da publicação desta Lei.

§ 1º Durante o período mencionado no *caput*, observado o disposto nos arts. 7º e 8º:

I – o INPI não requererá à FIFA a comprovação da condição de alto renome de suas marcas ou da caracterização de suas marcas como notoriamente conhecidas; e
II – as anotações de alto renome e das marcas notoriamente conhecidas de titularidade da FIFA serão automaticamente excluídas do Sistema de Marcas do INPI apenas no caso da renúncia total referida no art. 142 da Lei nº 9.279, de 14 de maio de 1996.

§ 2º A concessão e a manutenção das proteções especiais das marcas de alto renome e das marcas notoriamente conhecidas deverão observar as leis e regulamentos aplicáveis no Brasil após o término do prazo estabelecido no *caput*.

Art. 6º O INPI deverá dar ciência das marcas de alto renome ou das marcas notoriamente conhecidas de titularidade da FIFA ao Núcleo de Informação e Coordenação do Ponto BR (NIC.br), para fins de rejeição, de ofício, de registros de domínio que empreguem expressões ou termos idênticos às marcas da FIFA ou similares.

Art. 7º O INPI adotará regime especial para os procedimentos relativos a pedidos de registro de marca apresentados pela FIFA ou relacionados à FIFA até 31 de dezembro de 2014.

§ 1º A publicação dos pedidos de registro de marca a que se refere este artigo deverá ocorrer em até 60 (sessenta) dias contados da data da apresentação de cada pedido, ressalvados aqueles cujo prazo para publicação tenha sido suspenso por conta de exigência formal preliminar prevista nos arts. 156 e 157 da Lei nº 9.279, de 14 de maio de 1996.

§ 2º Durante o período previsto no *caput*, o INPI deverá, no prazo de 30 (trinta) dias contados da publicação referida no § 1º, de ofício ou a pedido da FIFA, indeferir qualquer pedido de registro de marca apresentado por terceiros que seja flagrante reprodução ou imitação, no todo ou em parte, dos Símbolos Oficiais, ou que possa causar evidente confusão ou associação não autorizada com a FIFA ou com os Símbolos Oficiais.

§ 3º As contestações aos pedidos de registro de marca a que se refere o *caput* devem ser apresentadas em até 60 (sessenta) dias da publicação.

§ 4º O requerente deverá ser notificado da contestação e poderá apresentar sua defesa em até 30 (trinta) dias.

§ 5º No curso do processo de exame, o INPI poderá fazer, uma única vez, exigências a serem cumpridas em até 10 (dez) dias, durante os quais o prazo do exame ficará suspenso.

§ 6º Após o prazo para contestação ou defesa, o INPI decidirá no prazo de 30 (trinta) dias e publicará a decisão em até 30 (trinta) dias após a prolação.

Art. 8º Da decisão de indeferimento dos pedidos de que trata o art. 7º caberá recurso ao Presidente do INPI, no prazo de 15 (quinze) dias contados da data de sua publicação.

§ 1º As partes interessadas serão notificadas para apresentar suas contrarrazões ao recurso no prazo de 15 (quinze) dias.

§ 2º O Presidente do INPI decidirá o recurso em até 20 (vinte) dias contados do término do prazo referido no § 1º.

§ 3º O disposto no § 5º do art. 7º aplica-se à fase recursal de que trata este artigo.

Art. 9º O disposto nos arts. 7º e 8º aplica-se também aos pedidos de registro de marca apresentados:

I – pela FIFA, pendentes de exame no INPI; e
II – por terceiros, até 31 de dezembro de 2014, que possam causar confusão com a FIFA ou associação não autorizada com a entidade, com os Símbolos Oficiais ou com os Eventos.

Parágrafo único. O disposto neste artigo não se aplica a terceiros que estejam de alguma forma relacionados aos Eventos e que não sejam a FIFA, Subsidiárias FIFA no Brasil, COL ou CBF.

Art. 10. A FIFA ficará dispensada do pagamento de eventuais retribuições referentes a todos os procedimentos no âmbito do INPI até 31 de dezembro de 2014.

SEÇÃO II
DAS ÁREAS DE RESTRIÇÃO COMERCIAL E VIAS DE ACESSO

Art. 11. A União colaborará com os Estados, o Distrito Federal e os Municípios que sediarão os Eventos e com as demais autoridades competentes para assegurar à FIFA e às pessoas por ela indicadas a autorização para, com exclusividade, divulgar suas marcas, distribuir, vender, dar publicidade ou realizar propaganda de produtos e serviços, bem como outras atividades promocionais ou de comércio de rua, nos Locais Oficiais de Competição, nas suas imediações e principais vias de acesso.

§ 1º Os limites das áreas de exclusividade relacionadas aos Locais Oficiais de Competição serão tempestivamente estabelecidos pela autoridade competente, considerados os requerimentos da FIFA ou de terceiros por ela indicados, atendidos os requisitos desta Lei e observado o perímetro máximo de 2 km (dois quilômetros) ao redor dos referidos Locais Oficiais de Competição.

§ 2º A delimitação das áreas de exclusividade relacionadas aos Locais Oficiais de Competição não prejudicará as atividades dos estabelecimentos regularmente em funcionamento, desde que sem qualquer forma de associação aos Eventos e observado o disposto no art. 170 da Constituição Federal.

SEÇÃO III
DA CAPTAÇÃO DE IMAGENS OU SONS, RADIODIFUSÃO E ACESSO AOS LOCAIS OFICIAIS DE COMPETIÇÃO

Art. 12. A FIFA é a titular exclusiva de todos os direitos relacionados às imagens, aos sons e às outras formas de expressão dos Eventos, incluindo os de explorar, negociar, autorizar e proibir suas transmissões ou retransmissões.

Art. 13. O credenciamento para acesso aos Locais Oficiais de Competição durante os Períodos de Competição ou por ocasião dos Eventos, inclusive em relação aos Representantes de Imprensa, será realizado exclusivamente pela FIFA, conforme termos e condições por ela estabelecidos.

§ 1º Até 180 (cento e oitenta) dias antes do início das Competições, a FIFA deverá divulgar manual com os critérios de credenciamento de que trata o caput, respeitados os princípios da publicidade e da impessoalidade.

§ 2º As credenciais conferem apenas o acesso aos Locais Oficiais de Competição e aos Eventos, não implicando o direito de captar, por qualquer meio, imagens ou sons dos Eventos.

Art. 14. A autorização para captar imagens ou sons de qualquer Evento ou das Partidas será exclusivamente concedida pela FIFA, inclusive em relação aos Representantes de Imprensa.

Art. 15. A transmissão, a retransmissão ou a exibição, por qualquer meio de comunicação, de imagens ou sons dos Eventos somente poderão ser feitas mediante prévia e expressa autorização da FIFA.

§ 1º Sem prejuízo da exclusividade prevista no art. 12, a FIFA é obrigada a disponibilizar flagrantes de imagens dos Eventos aos veículos de comunicação interessados em sua retransmissão, em definição padrão (SDTV) ou em alta-definição (HDTV), a critério do veículo interessado, observadas as seguintes condições cumulativas:

I – que o Evento seja uma Partida, cerimônia de abertura das Competições, cerimônia de encerramento das Competições ou sorteio preliminar ou final de cada uma das Competições;

II – que a retransmissão se destine à inclusão em noticiário, sempre com finalidade informativa, sendo proibida a associação dos flagrantes de imagens a qualquer forma de patrocínio, promoção, publicidade ou atividade de marketing;

III – que a duração da exibição dos flagrantes observe os limites de tempo de 30 (trinta) segundos para qualquer Evento que seja realizado de forma pública e cujo acesso seja controlado pela FIFA, exceto as Partidas, para as quais prevalecerá o limite de 3% (três por cento) do tempo da Partida;

IV – que os veículos de comunicação interessados comuniquem a intenção de ter acesso ao conteúdo dos flagrantes de imagens dos Eventos, por escrito, até 72 (setenta e duas) horas antes do Evento, à FIFA ou a pessoa por ela indicada; e

V – que a retransmissão ocorra somente na programação dos canais distribuídos exclusivamente no território nacional.

§ 2º Para os fins do disposto no § 1º, a FIFA ou pessoa por ela indicada deverá preparar e disponibilizar aos veículos de comunicação interessados, no mínimo, 6 (seis) minutos dos principais momentos do Evento, em definição padrão (SDTV) ou em alta-definição (HDTV), a critério do veículo interessado, logo após a edição das imagens e dos sons e em prazo não superior a 2 (duas) horas após o fim do Evento, sendo que deste conteúdo o interessado deverá selecionar trechos dentro dos limites dispostos neste artigo.

§ 3º No caso das redes de programação básica de televisão, o conteúdo a que se refere o § 2º será disponibilizado à emissora geradora de sinal nacional de televisão e poderá ser por ela distribuído para as emissoras que veiculem sua programação, as quais:

I – serão obrigadas ao cumprimento dos termos e condições dispostos neste artigo; e

II – somente poderão utilizar, em sua programação local, a parcela a que se refere o inciso III do § 1º, selecionada pela emissora geradora de sinal nacional.

§ 4º O material selecionado para exibição nos termos do § 2º deverá ser utilizado apenas pelo veículo de comunicação solicitante e não poderá ser utilizado fora do território nacional brasileiro.

§ 5º Os veículos de comunicação solicitantes não poderão, em momento algum:

I – organizar, aprovar, realizar ou patrocinar qualquer atividade promocional, publicitária ou de marketing associada às imagens ou aos sons contidos no conteúdo disponibilizado nos termos do § 2º; e

II – explorar comercialmente o conteúdo disponibilizado nos termos do § 2º, inclusive em programas de entretenimento, documentários, sítios da rede mundial de computadores ou qualquer outra forma de veiculação de conteúdo.

SEÇÃO IV
DAS SANÇÕES CIVIS

Art. 16. Observadas as disposições da Lei nº 10.406, de 10 de janeiro de 2002 (Código Civil), é obrigado a indenizar os danos, os lucros cessantes e qualquer proveito obtido aquele que praticar, sem autorização da FIFA ou de pessoa por ela indicada, entre outras, as seguintes condutas:

I – atividades de publicidade, inclusive oferta de provas de comida ou bebida, distribuição de produtos de marca, panfletos ou outros materiais promocionais ou ainda atividades similares de cunho publicitário nos Locais Oficiais de Competição, em suas principais vias de acesso, nas áreas a que se refere o art. 11 ou em lugares que sejam claramente visíveis a partir daqueles;
II – publicidade ostensiva em veículos automotores, estacionados ou circulando pelos Locais Oficiais de Competição, em suas principais vias de acesso, nas áreas a que se refere o art. 11 ou em lugares que sejam claramente visíveis a partir daqueles;
III – publicidade aérea ou náutica, inclusive por meio do uso de balões, aeronaves ou embarcações, nos Locais Oficiais de Competição, em suas principais vias de acesso, nas áreas a que se refere o art. 11 ou em lugares que sejam claramente visíveis a partir daqueles;
IV – exibição pública das Partidas por qualquer meio de comunicação em local público ou privado de acesso público, associada à promoção comercial de produto, marca ou serviço ou em que seja cobrado Ingresso;
V – venda, oferecimento, transporte, ocultação, exposição à venda, negociação, desvio ou transferência de Ingressos, convites ou qualquer outro tipo de autorização ou credencial para os Eventos de forma onerosa, com a intenção de obter vantagens para si ou para outrem; e
VI – uso de Ingressos, convites ou qualquer outro tipo de autorização ou credencial para os Eventos para fins de publicidade, venda ou promoção, como benefício, brinde, prêmio de concursos, competições ou promoções, como parte de pacote de viagem ou hospedagem, ou a sua disponibilização ou o seu anúncio para esses propósitos.

§ 1º O valor da indenização prevista neste artigo será calculado de maneira a englobar quaisquer danos sofridos pela parte prejudicada, incluindo os lucros cessantes e qualquer proveito obtido pelo autor da infração.

§ 2º Serão solidariamente responsáveis pela reparação dos danos referidos no *caput* todos aqueles que realizarem, organizarem, autorizarem, aprovarem ou patrocinarem a exibição pública a que se refere o inciso IV.

Art. 17. Caso não seja possível estabelecer o valor dos danos, lucros cessantes ou vantagem ilegalmente obtida, a indenização decorrente dos atos ilícitos previstos no art. 16 corresponderá ao valor que o autor da infração teria pago ao titular do direito violado para que lhe fosse permitido explorá-lo regularmente, tomando-se por base os parâmetros contratuais geralmente usados pelo titular do direito violado.

Art. 18. Os produtos apreendidos por violação ao disposto nesta Lei serão destruídos ou doados a entidades e organizações de assistência social, respeitado o devido processo legal e ouvida a FIFA, após a descaracterização dos produtos pela remoção dos Símbolos Oficiais, quando possível.

CAPÍTULO III
DOS VISTOS DE ENTRADA E DAS PERMISSÕES DE TRABALHO

Art. 19. Deverão ser concedidos, sem qualquer restrição quanto à nacionalidade, raça ou credo, vistos de entrada, aplicando-se, subsidiariamente, no que couber, as disposições da Lei nº 6.815, de 19 de agosto de 1980, para:

I – todos os membros da delegação da FIFA, inclusive:
a) membros de comitê da FIFA;
b) equipe da FIFA ou das pessoas jurídicas, domiciliadas ou não no Brasil, de cujo capital total e votante a FIFA detenha ao menos 99% (noventa e nove por cento);
c) convidados da FIFA; e
d) qualquer outro indivíduo indicado pela FIFA como membro da delegação da FIFA;

II – funcionários das Confederações FIFA;
III – funcionários das Associações Estrangeiras Membros da FIFA;
IV – árbitros e demais profissionais designados para trabalhar durante os Eventos;
V – membros das seleções participantes em qualquer das Competições, incluindo os médicos das seleções e demais membros da delegação;
VI – equipe dos Parceiros Comerciais da FIFA;
VII – equipe da Emissora Fonte da FIFA, das Emissoras e das Agências de Direitos de Transmissão;
VIII – equipe dos Prestadores de Serviços da FIFA;
IX – clientes de serviços comerciais de hospitalidade da FIFA;
X – Representantes de Imprensa; e
XI – espectadores que possuam Ingressos ou confirmação de aquisição de Ingressos válidos para qualquer Evento e todos os indivíduos que demonstrem seu envolvimento oficial com os Eventos, contanto que evidenciem de maneira razoável que sua entrada no País possui alguma relação com qualquer atividade relacionada aos Eventos.

§ 1º O prazo de validade dos vistos de entrada concedidos com fundamento nos incisos I a XI encerra-se no dia 31 de dezembro de 2014.

§ 2º O prazo de estada dos portadores dos vistos concedidos com fundamento nos incisos I a X poderá ser fixado, a critério da autoridade competente, até o dia 31 de dezembro de 2014.

§ 3º O prazo de estada dos portadores dos vistos concedidos com fundamento no inciso XI será de até 90 (noventa) dias, improrrogáveis.

§ 4º Considera-se documentação suficiente para obtenção do visto de entrada ou para o ingresso no território nacional o passaporte válido ou documento de viagem equivalente, em conjunto com qualquer instrumento que demonstre a vinculação de seu titular com os Eventos.

§ 5º O disposto neste artigo não constituirá impedimento à denegação de visto e ao impedimento à entrada, nas hipóteses previstas nos arts. 7º e 26 da Lei nº 6.815, de 19 de agosto de 1980.

§ 6º A concessão de vistos de entrada a que se refere este artigo e para os efeitos desta Lei, quando concedidos no exterior, pelas Missões diplomáticas, Repartições consulares de carreira, Vice-Consulares e, quando autorizados pela Secretaria de Estado das Relações Exteriores, pelos Consulados honorários terá caráter prioritário na sua emissão.

§ 7º Os vistos de entrada concedidos com fundamento no inciso XI deverão ser emitidos mediante meio eletrônico, na forma disciplinada pelo Poder Executivo, se na época houver disponibilidade da tecnologia adequada.

Art. 20. Serão emitidas as permissões de trabalho, caso exigíveis, para as pessoas mencionadas nos incisos I a X do art. 19, desde que comprovado, por documento expedido pela FIFA ou por terceiro por ela indicado, que a entrada no País se destina ao desempenho de atividades relacionadas aos Eventos.

§ 1º Em qualquer caso, o prazo de validade da permissão de trabalho não excederá o prazo de validade do respectivo visto de entrada.

§ 2º Para os fins desta Lei, poderão ser estabelecidos procedimentos específicos para concessão de permissões de trabalho.

Art. 21. Os vistos e permissões de que tratam os arts. 19 e 20 serão emitidos em caráter prioritário, sem qualquer custo, e os requerimentos serão concentrados em um único órgão da administração pública federal.

Capítulo IV

DA RESPONSABILIDADE CIVIL

Art. 22. A União responderá pelos danos que causar, por ação ou omissão, à FIFA, seus representantes legais, empregados ou consultores, na forma do § 6º do art. 37 da Constituição Federal.

Art. 23. A União assumirá os efeitos da responsabilidade civil perante a FIFA, seus representantes legais, empregados ou consultores por todo e qualquer dano resultante ou que tenha surgido em função de qualquer incidente ou acidente de segurança relacionado aos Eventos, exceto se e na medida em que a FIFA ou a vítima houver concorrido para a ocorrência do dano.

Parágrafo único. A União ficará sub-rogada em todos os direitos decorrentes dos pagamentos efetuados contra aqueles que, por ato ou omissão, tenham causado os danos ou tenham para eles concorrido, devendo o beneficiário fornecer os meios necessários ao exercício desses direitos.

Art. 24. A União poderá constituir garantias ou contratar seguro privado, ainda que internacional, em uma ou mais apólices, para a cobertura de riscos relacionados aos Eventos.

Capítulo V

DA VENDA DE INGRESSOS

Art. 25. O preço dos Ingressos será determinado pela FIFA.

Art. 26. A FIFA fixará os preços dos Ingressos para cada partida das Competições, obedecidas as seguintes regras:

I – os Ingressos serão personalizados com a identificação do comprador e classificados em 4 (quatro) categorias, numeradas de 1 a 4;

II – Ingressos das 4 (quatro) categorias serão vendidos para todas as partidas das Competições; e

III – os preços serão fixados para cada categoria em ordem decrescente, sendo o mais elevado o da categoria 1.

§ 1º Do total de Ingressos colocados à venda para as Partidas:

I – a FIFA colocará à disposição, para as Partidas da Copa do Mundo FIFA 2014, no decurso das diversas fases de venda, ao menos, 300.000 (trezentos mil) Ingressos para a categoria 4;

II – a FIFA colocará à disposição, para as partidas da Copa das Confederações FIFA 2013, no decurso das diversas fases de venda, ao menos, 50.000 (cinquenta mil) Ingressos da categoria 4.

§ 2º A quantidade mínima de Ingressos da categoria 4, mencionada nos incisos I e II do § 1º deste artigo, será oferecida pela FIFA, por meio de um ou mais sorteios públicos, a pessoas naturais residentes no País, com prioridade para as pessoas listadas no § 5º deste artigo, sendo que tal prioridade não será aplicável:

I – às vendas de Ingressos da categoria 4 realizadas por quaisquer meios que não sejam mediante sorteios;

II – aos Ingressos da categoria 4 oferecidos à venda pela FIFA, uma vez ofertada a quantidade mínima de Ingressos referidos no inciso I do § 1º deste artigo.

§ 3º VETADO.

§ 4º Os sorteios públicos referidos no § 2º serão acompanhados por órgão federal competente, respeitados os princípios da publicidade e da impessoalidade.

§ 5º Em todas as fases de venda, os Ingressos da categoria 4 serão vendidos com desconto de 50% (cinquenta por cento) para as pessoas naturais residentes no País abaixo relacionadas:

I – estudantes;

II – pessoas com idade igual ou superior a 60 (sessenta) anos; e

III – participantes de programa federal de transferência de renda.

§ 6º Os procedimentos e mecanismos que permitam a destinação para qualquer pessoa, desde que residente no País, dos Ingressos da categoria 4 que não tenham sido solicitados por aquelas mencionadas no § 5º deste artigo, sem o desconto ali referido, serão de responsabilidade da FIFA.

§ 7º Os entes federados e a FIFA poderão celebrar acordos para viabilizar o acesso e a venda de Ingressos em locais de boa visibilidade para as pessoas com deficiência e seus acompanhantes, sendo assegurado, na forma do regulamento, pelo menos, 1% (um por cento) do número de Ingressos ofertados, excetuados os acompanhantes, observada a existência de instalações adequadas e específicas nos Locais Oficiais de Competição.

§ 8º O disposto no § 7º deste artigo efetivar-se-á mediante o estabelecimento pela entidade organizadora de período específico para a solicitação de compra, inclusive por meio eletrônico.

§ 9º VETADO.

§ 10. Os descontos previstos na Lei nº 10.741, de 1º de outubro de 2003 (Estatuto do Idoso), aplicam-se à aquisição de Ingressos em todas as categorias, respeitado o disposto no § 5º deste artigo.

§ 11. A comprovação da condição de estudante, para efeito da compra dos Ingressos de que trata o inciso I do § 5º deste artigo é obrigatória e dar-se-á mediante a apresentação da Carteira de Identificação Estudantil, conforme modelo único nacionalmente padronizado pelas entidades nacionais estudantis, com Certificação Digital, nos termos do regulamento, expedida exclusivamente pela Associação Nacional de Pós-Graduandos (ANPG), pela União Nacional dos Estudantes (UNE), pelos Diretórios Centrais dos Estudantes (DCEs) das instituições de ensino superior, pela União Brasileira dos Estudantes Secundaristas (UBES) e pelas uniões estaduais e municipais de estudantes universitários ou secundaristas.

§ 12. Os Ingressos para proprietários ou possuidores de armas de fogo que aderirem à campanha referida no inciso I do art. 29 e para indígenas serão objeto de acordo entre o poder público e a FIFA.

Art. 27. Os critérios para cancelamento, devolução e reembolso de Ingressos, assim como para alocação, realocação, marcação, remarcação e cancelamento de assentos nos locais dos Eventos serão definidos pela FIFA, a qual poderá inclusive dispor sobre a possibilidade:

I – de modificar datas, horários ou locais dos Eventos, desde que seja concedido o direito ao reembolso do valor do Ingresso ou o direito de comparecer ao Evento remarcado;
II – da venda de Ingresso de forma avulsa, da venda em conjunto com pacotes turísticos ou de hospitalidade; e
III – de estabelecimento de cláusula penal no caso de desistência da aquisição do Ingresso após a confirmação de que o pedido de Ingresso foi aceito ou após o pagamento do valor do Ingresso, independentemente da forma ou do local da submissão do pedido ou da aquisição do Ingresso.

CAPÍTULO VI

DAS CONDIÇÕES DE ACESSO E PERMANÊNCIA NOS LOCAIS OFICIAIS DE COMPETIÇÃO

Art. 28. São condições para o acesso e permanência de qualquer pessoa nos Locais Oficiais de Competição, entre outras:

I – estar na posse de Ingresso ou documento de credenciamento, devidamente emitido pela FIFA ou pessoa ou entidade por ela indicada;
II – não portar objeto que possibilite a prática de atos de violência;
III – consentir na revista pessoal de prevenção e segurança;
IV – não portar ou ostentar cartazes, bandeiras, símbolos ou outros sinais com mensagens ofensivas, de caráter racista, xenófobo ou que estimulem outras formas de discriminação;
V – não entoar xingamentos ou cânticos discriminatórios, racistas ou xenófobos;
VI – não arremessar objetos, de qualquer natureza, no interior do recinto esportivo;
VII – não portar ou utilizar fogos de artifício ou quaisquer outros engenhos pirotécnicos ou produtores de efeitos análogos, inclusive instrumentos dotados de raios *laser* ou semelhantes, ou que os possam emitir, exceto equipe autorizada pela FIFA, pessoa ou entidade por ela indicada para fins artísticos;
VIII – não incitar e não praticar atos de violência, qualquer que seja a sua natureza;
IX – não invadir e não incitar a invasão, de qualquer forma, da área restrita aos competidores, Representantes de Imprensa, autoridades ou equipes técnicas; e
X – não utilizar bandeiras, inclusive com mastro de bambu ou similares, para outros fins que não o da manifestação festiva e amigável.

§ 1º É ressalvado o direito constitucional ao livre exercício de manifestação e à plena liberdade de expressão em defesa da dignidade da pessoa humana.

§ 2º O não cumprimento de condição estabelecida neste artigo implicará a impossibilidade de ingresso da pessoa no Local Oficial de Competição ou o seu afastamento imediato do recinto, sem prejuízo de outras sanções administrativas, civis ou penais.

CAPÍTULO VII

DAS CAMPANHAS SOCIAIS NAS COMPETIÇÕES

Art. 29. O poder público poderá adotar providências visando à celebração de acordos com a FIFA, com vistas à:

I – divulgação, nos Eventos:

a) de campanha com o tema social "Por um mundo sem armas, sem drogas, sem violência e sem racismo";
b) de campanha pelo trabalho decente; e
c) dos pontos turísticos brasileiros;

II – efetivação de aplicação voluntária pela referida entidade de recursos oriundos dos Eventos, para:

a) a construção de centros de treinamento de atletas de futebol, conforme os requisitos determinados na alínea *d* do inciso II do § 2º do art. 29 da Lei nº 9.615, de 24 de março de 1998;

▶ Lei nº 9.615, de 24-3-1998, que institui normas gerais sobre desporto, regulamentada pelo Dec. nº 7.984, de 8-4-2013.

b) o incentivo para a prática esportiva das pessoas com deficiência; e
c) o apoio às pesquisas específicas de tratamento das doenças raras;

III – divulgação da importância do combate ao racismo no futebol e da promoção da igualdade racial nos empregos gerados pela Copa do Mundo.

CAPÍTULO VIII

DISPOSIÇÕES PENAIS

Utilização indevida de Símbolos Oficiais

Art. 30. Reproduzir, imitar, falsificar ou modificar indevidamente quaisquer Símbolos Oficiais de titularidade da FIFA:

Pena – detenção, de 3 (três) meses a 1 (um) ano ou multa.

Art. 31. Importar, exportar, vender, distribuir, oferecer ou expor à venda, ocultar ou manter em estoque Símbolos Oficiais ou produtos resultantes da reprodução, imitação, falsificação ou modificação não autorizadas de Símbolos Oficiais para fins comerciais ou de publicidade:

Pena – detenção, de 1 (um) a 3 (três) meses ou multa.

Marketing de Emboscada por Associação

Art. 32. Divulgar marcas, produtos ou serviços, com o fim de alcançar vantagem econômica ou publicitária, por meio de associação direta ou indireta com os Eventos ou Símbolos Oficiais, sem autorização da FIFA ou de pessoa por ela indicada, induzindo terceiros a acreditar que tais marcas, produtos ou serviços são aprovados, autorizados ou endossados pela FIFA:

Pena – detenção, de 3 (três) meses a 1 (um) ano ou multa.

Parágrafo único. Na mesma pena incorre quem, sem autorização da FIFA ou de pessoa por ela indicada, vincular o uso de Ingressos, convites ou qualquer espécie de autorização de acesso aos Eventos a ações de publicidade ou atividade comerciais, com o intuito de obter vantagem econômica.

Marketing de Emboscada por Intrusão

Art. 33. Expor marcas, negócios, estabelecimentos, produtos, serviços ou praticar atividade promocional, não autorizados pela FIFA ou por pessoa por ela indicada, atraindo de qualquer forma a atenção pública nos locais da ocorrência dos Eventos, com o fim de obter vantagem econômica ou publicitária:

Pena – detenção, de 3 (três) meses a 1 (um) ano ou multa.

Art. 34. Nos crimes previstos neste Capítulo, somente se procede mediante representação da FIFA.

Art. 35. Na fixação da pena de multa prevista neste Capítulo e nos arts. 41-B a 41-G da Lei nº 10.671, de 15 de maio de 2003, quando os delitos forem relacionados às Competições, o limite a que se refere o § 1º do art. 49 do Decreto-Lei nº 2.848, de 7 de dezembro de 1940 (Código Penal), pode ser acrescido ou reduzido em até 10 (dez) vezes, de acordo com as condições financeiras do autor da infração e da vantagem indevidamente auferida.

Art. 36. Os tipos penais previstos neste Capítulo terão vigência até o dia 31 de dezembro de 2014.

CAPÍTULO IX

DISPOSIÇÕES PERMANENTES

▶ Art. 71, parágrafo único, desta Lei.

Art. 37. É concedido aos jogadores, titulares ou reservas das seleções brasileiras campeãs das copas mundiais masculinas da FIFA nos anos de 1958, 1962 e 1970:

I – prêmio em dinheiro; e

II – auxílio especial mensal para jogadores sem recursos ou com recursos limitados.

Art. 38. O prêmio será pago, uma única vez, no valor fixo de R$ 100.000,00 (cem mil reais) ao jogador.

Art. 39. Na ocorrência de óbito do jogador, os sucessores previstos na lei civil, indicados em alvará judicial expedido a requerimento dos interessados, independentemente de inventário ou arrolamento, poder-se-ão habilitar para receber os valores proporcionais a sua cota-parte.

Art. 40. Compete ao Ministério do Esporte proceder ao pagamento do prêmio.

Art. 41. O prêmio de que trata esta Lei não é sujeito ao pagamento de Imposto de Renda ou contribuição previdenciária.

Art. 42. O auxílio especial mensal será pago para completar a renda mensal do beneficiário até que seja atingido o valor máximo do salário de benefício do Regime Geral de Previdência Social.

Parágrafo único. Para fins do disposto no *caput*, considera-se renda mensal 1/12 (um doze avos) do valor total de rendimentos tributáveis, sujeitos a tributação exclusiva ou definitiva, não tributáveis e isentos informados na respectiva Declaração de Ajuste Anual do Imposto sobre a Renda da Pessoa Física.

Art. 43. O auxílio especial mensal também será pago à esposa ou companheira e aos filhos menores de 21 (vinte um) anos ou inválidos do beneficiário falecido, desde que a invalidez seja anterior à data em que completaram 21 (vinte um) anos.

§ 1º Havendo mais de um beneficiário, o valor limite de auxílio *per capita* será o constante do art. 42 desta Lei, dividido pelo número de beneficiários, efetivos, ou apenas potenciais devido à renda, considerando-se a renda do núcleo familiar para cumprimento do limite de que trata o citado artigo.

§ 2º Não será revertida aos demais a parte do dependente cujo direito ao auxílio cessar.

Art. 44. Compete ao Instituto Nacional do Seguro Social (INSS) administrar os requerimentos e os pagamentos do auxílio especial mensal.

Parágrafo único. Compete ao Ministério do Esporte informar ao INSS a relação de jogadores de que trata o art. 37 desta Lei.

Art. 45. O pagamento do auxílio especial mensal retroagirá à data em que, atendidos os requisitos, tenha sido protocolado requerimento no INSS.

Art. 46. O auxílio especial mensal sujeita-se à incidência de Imposto sobre a Renda, nos termos da legislação específica, mas não é sujeito ao pagamento de contribuição previdenciária.

Art. 47. As despesas decorrentes desta Lei correrão à conta do Tesouro Nacional.

Parágrafo único. O custeio dos benefícios definidos no art. 37 desta Lei e das respectivas despesas constarão de programação orçamentária específica do Ministério do Esporte, no tocante ao prêmio, e do Ministério da Previdência Social, no tocante ao auxílio especial mensal.

Arts. 48 e 49. VETADOS.

Art. 50. O art. 13-A da Lei nº 10.671, de 15 de maio de 2003, passa a vigorar acrescido do seguinte inciso X:

"Art. 13-A. ....

X – não utilizar bandeiras, inclusive com mastro de bambu ou similares, para outros fins que não o da manifestação festiva e amigável.

CAPÍTULO X

DISPOSIÇÕES FINAIS

Art. 51. A União será obrigatoriamente intimada nas causas demandadas contra a FIFA, as Subsidiárias FIFA no Brasil, seus representantes legais, empregados ou consultores, cujo objeto verse sobre as hipóteses estabelecidas nos arts. 22 e 23, para que informe se possui interesse de integrar a lide.

Art. 52. As controvérsias entre a União e a FIFA, Subsidiárias FIFA no Brasil, seus representantes legais, empregados ou consultores, cujo objeto verse sobre os Eventos, poderão ser resolvidas pela Advocacia-Geral da União, em sede administrativa, mediante conciliação, se conveniente à União e às demais pessoas referidas neste artigo.

Parágrafo único. A validade de Termo de Conciliação que envolver o pagamento de indenização será condicionada:

I – à sua homologação pelo Advogado-Geral da União; e
II – à sua divulgação, previamente à homologação, mediante publicação no *Diário Oficial da União* e a manutenção de seu inteiro teor, por prazo mínimo de 5 (cinco) dias úteis, na página da Advocacia-Geral da União na internet.

Art. 53. A FIFA, as Subsidiárias FIFA no Brasil, seus representantes legais, consultores e empregados são isentos do adiantamento de custas, emolumentos, caução, honorários periciais e quaisquer outras despesas devidas aos órgãos da Justiça Federal, da Justiça do Trabalho, da Justiça Militar da União, da Justiça Eleitoral e da Justiça do Distrito Federal e Territórios, em qualquer instância, e aos tribunais superiores, assim como não serão condenados em custas e despesas processuais, salvo comprovada má-fé.

Art. 54. A União colaborará com o Distrito Federal, com os Estados e com os Municípios que sediarão as Competições, e com as demais autoridades competentes, para assegurar que, durante os Períodos de Competição, os Locais Oficiais de Competição, em especial os estádios, onde sejam realizados os Eventos, estejam disponíveis, inclusive quanto ao uso de seus assentos, para uso exclusivo da FIFA.

Art. 55. A União, observadas a Lei Complementar nº 101, de 4 de maio de 2000, e as responsabilidades definidas em instrumento próprio, promoverá a disponibilização para a realização dos Eventos, sem qualquer custo para o seu Comitê Organizador, de serviços de sua competência relacionados, entre outros, a:

I – segurança;
II – saúde e serviços médicos;
III – vigilância sanitária; e
IV – alfândega e imigração.

§ 1º *Observado o disposto no caput, a União, por intermédio da administração pública federal direta ou indireta, poderá disponibilizar, por meio de instrumento próprio, os serviços de telecomunicação necessários para a realização dos eventos.*

§ 2º *É dispensável a licitação para a contratação pela administração pública federal, direta ou in-* *direta, da Telebrás ou de empresa por ela controlada, para realizar os serviços previstos no § 1º.*

▶ §§ 1º e 2º com a redação dada pela Lei nº 12.833, de 20-6-2013.

Art. 56. Durante a Copa do Mundo FIFA 2014 de Futebol, a União poderá declarar feriados nacionais os dias em que houver jogo da Seleção Brasileira de Futebol.

Parágrafo único. Os Estados, o Distrito Federal e os Municípios que sediarão os Eventos poderão declarar feriado ou ponto facultativo os dias de sua ocorrência em seu território.

Art. 57. O serviço voluntário que vier a ser prestado por pessoa física para auxiliar a FIFA, a Subsidiária FIFA no Brasil ou o COL na organização e realização dos Eventos constituirá atividade não remunerada e atenderá ao disposto neste artigo.

§ 1º O serviço voluntário referido no *caput*:

I – não gera vínculo empregatício, nem obrigação de natureza trabalhista, previdenciária ou afim para o tomador do serviço voluntário; e
II – será exercido mediante a celebração de termo de adesão entre a entidade contratante e o voluntário, dele devendo constar o objeto e as condições de seu exercício.

§ 2º A concessão de meios para a prestação do serviço voluntário, a exemplo de transporte, alimentação e uniformes, não descaracteriza a gratuidade do serviço voluntário.

§ 3º O prestador do serviço voluntário poderá ser ressarcido pelas despesas que comprovadamente realizar no desempenho das atividades voluntárias, desde que expressamente autorizadas pela entidade a que for prestado o serviço voluntário.

Art. 58. O serviço voluntário que vier a ser prestado por pessoa física a entidade pública de qualquer natureza ou instituição privada de fins não lucrativos, para os fins de que trata esta Lei, observará o disposto na Lei nº 9.608, de 18 de fevereiro de 1998.

Arts. 59 e 60. VETADOS.

Art. 61. Durante a realização dos Eventos, respeitadas as peculiaridades e condicionantes das operações militares, fica autorizado o uso de Aeródromos Militares para embarque e desembarque de passageiros e cargas, trânsito e estacionamento de aeronaves civis, ouvidos o Ministério da Defesa e demais órgãos do setor aéreo brasileiro, mediante Termo de Cooperação próprio, que deverá prever recursos para o custeio das operações aludidas.

Art. 62. As autoridades aeronáuticas deverão estimular a utilização dos aeroportos nas cidades limítrofes dos Municípios que sediarão os Eventos.

Parágrafo único. Aplica-se o disposto no art. 22 da Lei nº 6.815, de 19 de agosto de 1980, à entrada de estrangeiro no território nacional fazendo uso de Aeródromos Militares.

Art. 63. Os procedimentos previstos para a emissão de vistos de entrada estabelecidos nesta Lei serão também adotados para a organização da Jornada Mundial da Juventude – 2013, conforme regulamentado por meio de ato do Poder Executivo.

Parágrafo único. As disposições sobre a prestação de serviço voluntário constante do art. 57 também poderão ser adotadas para a organização da Jornada Mundial da Juventude – 2013.

Art. 64. Em 2014, os sistemas de ensino deverão ajustar os calendários escolares de forma que as férias escolares decorrentes do encerramento das atividades letivas do primeiro semestre do ano, nos estabelecimentos de ensino das redes pública e privada, abranjam todo o período entre a abertura e o encerramento da Copa do Mundo FIFA 2014 de Futebol.

Art. 65. Será concedido Selo de Sustentabilidade pelo Ministério do Meio Ambiente às empresas e entidades fornecedoras dos Eventos que apresentem programa de sustentabilidade com ações de natureza econômica, social e ambiental, conforme normas e critérios por ele estabelecidos.

Art. 66. Aplicam-se subsidiariamente as disposições das Leis nos 9.279, de 14 de maio de 1996, 9.609, de 19 de fevereiro de 1998, e 9.610, de 19 de fevereiro de 1998.

Art. 67. Aplicam-se subsidiariamente às Competições, no que couber e exclusivamente em relação às pessoas jurídicas ou naturais brasileiras, exceto às subsidiárias FIFA no Brasil e ao COL, as disposições da Lei nº 9.615, de 24 de março de 1998.

► Lei nº 9.615, de 24-3-1998, que institui normas gerais sobre desporto, regulamentada pelo Dec. nº 7.984, de 8-4-2013.

Art. 68. Aplicam-se a essas Competições, no que couberem, as disposições da Lei nº 10.671, de 15 de maio de 2003.

§ 1º Excetua-se da aplicação supletiva constante do *caput* deste artigo o disposto nos arts. 13-A a 17, 19 a 22, 24 e 27, no § 2º do art. 28, nos arts. 31-A, 32 e 37 e nas disposições constantes dos Capítulos II, III, VIII, IX e X da referida Lei.

§ 2º Para fins da realização das Competições, a aplicação do disposto nos arts. 2º-A, 39-A e 39-B da Lei nº 10.671, de 15 de maio de 2003, fica restrita às pessoas jurídicas de direito privado ou existentes de fato, constituídas ou sediadas no Brasil.

Art. 69. Aplicam-se, no que couber, às Subsidiárias FIFA no Brasil e ao COL, as disposições relativas à FIFA previstas nesta Lei.

Art. 70. A prestação dos serviços de segurança privada nos Eventos obedecerá à legislação pertinente e às orientações normativas da Polícia Federal quanto à autorização de funcionamento das empresas contratadas e à capacitação dos seus profissionais.

Art. 71. Esta Lei entra em vigor na data de sua publicação.

Parágrafo único. As disposições constantes dos arts. 37 a 47 desta Lei somente produzirão efeitos a partir de 1º de janeiro de 2013.

Brasília, 5 de junho de 2012;
191º da Independência e
124º da República.
Dilma Rousseff

Súmulas

SÚMULAS VINCULANTES DO SUPREMO TRIBUNAL FEDERAL

1. Ofende a garantia constitucional do ato jurídico perfeito a decisão que, sem ponderar as circunstâncias do caso concreto, desconsidera a validez e a eficácia de acordo constante de termo de adesão instituído pela Lei Complementar nº 110/2001.

▶ Publicada no *DOU* de 6-6-2007.
▶ Art. 5º, XXXVI, da CF.
▶ LC nº 110, de 29-6-2001, institui contribuições sociais, autoriza créditos de complementos de atualização monetária em contas vinculadas do FGTS.

2. É inconstitucional a lei ou ato normativo estadual ou distrital que disponha sobre sistemas de consórcios e sorteios, inclusive bingos e loterias.

▶ Publicada no *DOU* de 6-6-2007.
▶ Art. 22, XX, da CF.

3. Nos processos perante o Tribunal de Contas da União asseguram-se o contraditório e a ampla defesa quando da decisão puder resultar anulação ou revogação de ato administrativo que beneficie o interessado, excetuada a apreciação da legalidade do ato de concessão inicial de aposentadoria, reforma e pensão.

▶ Publicada no *DOU* de 6-6-2007.
▶ Arts. 5º, LIV, LV, e 71, III, da CF.
▶ Art. 2º da Lei nº 9.784, de 29-1-1999 (Lei do Processo Administrativo Federal).

4. Salvo nos casos previstos na Constituição, o salário mínimo não pode ser usado como indexador de base de cálculo de vantagem de servidor público ou de empregado, nem ser substituído por decisão judicial.

▶ Publicada no *DOU* de 9-5-2008.
▶ Arts. 7º, XXIII, 39, *caput*, § 1º, 42, § 1º, e 142, X, da CF.

5. A falta de defesa técnica por advogado no processo administrativo disciplinar não ofende a Constituição.

▶ Publicada no *DOU* de 16-5-2008.
▶ Art. 5º, LV, da CF.

6. Não viola a Constituição o estabelecimento de remuneração inferior ao salário mínimo para as praças prestadoras de serviço militar inicial.

▶ Publicada no *DOU* de 16-5-2008.
▶ Arts. 1º, III, 7º, IV, e 142, § 5º, VIII, da CF.

7. A norma do § 3º do artigo 192 da Constituição, revogada pela Emenda Constitucional nº 40/2003, que limitava a taxa de juros reais a 12% ao ano, tinha sua aplicação condicionada à edição de lei complementar.

▶ Publicada no *DOU* de 20-6-2008.
▶ Art. 591 do CC.
▶ MP nº 2.172-32, de 23-8-2001, que até o encerramento desta edição não havia sido convertida em lei, estabelece a nulidade das disposições contratuais que mencionana e inverte, nas hipóteses que prevê, o ônus da prova nas ações intentadas para sua declaração.

8. São inconstitucionais o parágrafo único do artigo 5º do Decreto-Lei nº 1.569/1977 e os artigos 45 e 46 da Lei nº 8.212/1991, que tratam de prescrição e decadência de crédito tributário.

▶ Publicada no *DOU* de 20-6-2008.
▶ Art. 146, III, *b*, da CF.
▶ Arts. 173 e 174 do CTN.
▶ Art. 2º, § 3º, da Lei nº 6.830, de 22-9-1980 (Lei das Execuções Fiscais).
▶ Art. 348 do Dec. nº 3.048, de 6-5-1999 (Regulamento da Previdência Social).

9. O disposto no artigo 127 da Lei nº 7.210/1984 (Lei de Execução Penal) foi recebido pela ordem constitucional vigente, e não se lhe aplica o limite temporal previsto no *caput* do artigo 58.

▶ Publicada no *DOU* de 20-6-2008 e republicada no *DOU* de 27-6-2008.
▶ Art. 5º, XXXVI, da CF.

10. Viola a cláusula de reserva de plenário (CF, artigo 97) a decisão de órgão fracionário de Tribunal que, embora não declare expressamente a inconstitucionalidade de lei ou ato normativo do poder público, afasta sua incidência, no todo ou em parte.

▶ Publicada no *DOU* de 27-6-2008.
▶ Art. 97 da CF.

11. Só é lícito o uso de algemas em casos de resistência e de fundado receio de fuga ou de perigo à integridade física própria ou alheia, por parte do preso ou de terceiros, justificada a excepcionalidade por escrito, sob pena de responsabilidade disciplinar, civil e penal do agente ou da autoridade e de nulidade da prisão ou do ato processual a que se refere, sem prejuízo da responsabilidade civil do Estado.

▶ Publicada no *DOU* de 22-8-2008.
▶ Art. 5º, XLIX, da CF.
▶ Arts. 23, III, 329 a 331 e 352 do CP.
▶ Arts. 284 e 292 do CPP.
▶ Arts. 42, 177, 180, 298 a 301 do CPM.
▶ Arts. 234 e 242 do CPPM.
▶ Arts. 3º, *i*, e 4º, *b*, da Lei nº 4.898, de 9-12-1965 (Lei do Abuso de Autoridade).
▶ Art. 40 da LEP.

12. A cobrança de taxa de matrícula nas universidades públicas viola o disposto no art. 206, IV, da Constituição Federal.

▶ Publicada no *DOU* de 22-8-2008.

13. A nomeação de cônjuge, companheiro ou parente em linha reta, colateral ou por afinidade, até o terceiro grau, inclusive, da autoridade nomeante ou de servidor da mesma pessoa jurídica investido em cargo de direção, chefia ou assessoramento, para o exercício de cargo em comissão ou de confiança ou, ainda, de função gratificada na administração pública direta e indireta em qualquer dos Poderes da União, dos Estados, do Distrito Federal e dos Municípios, compreendido o ajuste mediante designações recíprocas, viola a Constituição Federal.

▶ Publicada no *DOU* de 29-8-2008.
▶ Art. 37, *caput*, da CF.
▶ Dec. nº 7.203, de 4-6-2010, dispõe sobre a vedação do nepotismo no âmbito da administração pública federal.

14. É direito do defensor, no interesse do representado, ter acesso amplo aos elementos de prova que, já

documentados em procedimento investigatório realizado por órgão com competência de polícia judiciária, digam respeito ao exercício do direito de defesa.
▶ Publicada no *DOU* de 9-2-2009.
▶ Art. 5º, XXXIII, LIV e LV, da CF.
▶ Art. 9º do CPP.
▶ Arts. 6º, parágrafo único, e 7º, XIII e XIV, da Lei nº 8.906, de 4-7-1994 (Estatuto da Advocacia e da OAB).

15. O cálculo de gratificações e outras vantagens do servidor público não incide sobre o abono utilizado para se atingir o salário mínimo.
▶ Publicada no *DOU* de 1º-7-2009.
▶ Art. 7º, IV, da CF.

16. Os artigos 7º, IV, e 39, § 3º (redação da EC nº 19/1998), da Constituição, referem-se ao total da remuneração percebida pelo servidor público.
▶ Publicada no *DOU* de 1º-7-2009.

17. Durante o período previsto no § 1º do artigo 100 da Constituição, não incidem juros de mora sobre os precatórios que nele sejam pagos.
▶ Publicada no *DOU* de 10-11-2009.
▶ Refere-se ao art. 100, § 5º, com a redação dada pela EC nº 62, de 9-12-2009.

18. A dissolução da sociedade ou do vínculo conjugal, no curso do mandato, não afasta a inelegibilidade prevista no § 7º do artigo 14 da Constituição Federal.
▶ Publicada no *DOU* de 10-11-2009.

19. A taxa cobrada exclusivamente em razão dos serviços públicos de coleta, remoção e tratamento ou destinação de lixo ou resíduos provenientes de imóveis, não viola o artigo 145, II, da Constituição Federal.
▶ Publicada no *DOU* de 10-11-2009.

20. A Gratificação de Desempenho de Atividade Técnico-Administrativa – GDATA, instituída pela Lei nº 10.404/2002, deve ser deferida aos inativos nos valores correspondentes a 37,5 (trinta e sete vírgula cinco) pontos no período de fevereiro a maio de 2002 e, nos termos do artigo 5º, parágrafo único, da Lei nº 10.404/2002, no período de junho de 2002 até a conclusão dos efeitos do último ciclo de avaliação a que se refere o artigo 1º da Medida Provisória nº 198/2004, a partir da qual passa a ser de 60 (sessenta) pontos.
▶ Publicada no *DOU* de 10-11-2009.
▶ Art. 40, § 8º, da CF.

21. É inconstitucional a exigência de depósito ou arrolamento prévios de dinheiro ou bens para admissibilidade de recurso administrativo.
▶ Publicada no *DOU* de 10-11-2009.
▶ Art. 5º, XXXIV, *a*, e LV, da CF.
▶ Art. 33, § 2º, do Dec. nº 70.235, de 6-3-1972 (Lei do Processo Administrativo Fiscal).

22. A Justiça do Trabalho é competente para processar e julgar as ações de indenização por danos morais e patrimoniais decorrentes de acidente de trabalho propostas por empregado contra empregador, inclusive aquelas que ainda não possuíam sentença de mérito em primeiro grau quando da promulgação da Emenda Constitucional nº 45/2004.
▶ Publicada no *DOU* de 11-12-2009.
▶ Arts. 7º, XXVIII, 109, I, e 114 da CF.

▶ Súm. nº 235 do STF.

23. A Justiça do Trabalho é competente para processar e julgar ação possessória ajuizada em decorrência do exercício do direito de greve pelos trabalhadores da iniciativa privada.
▶ Publicada no *DOU* de 11-12-2009.
▶ Art. 114, II, da CF.

24. Não se tipifica crime material contra a ordem tributária, previsto no art. 1º, incisos I a IV, da Lei nº 8.137/1990, antes do lançamento definitivo do tributo.
▶ Publicada no *DOU* de 11-12-2009.
▶ Art. 5º, LV, da CF.
▶ Art. 142, *caput*, do CTN.
▶ Lei nº 8.137, de 27-12-1990 (Lei dos Crimes Contra a Ordem Tributária, Econômica e Contra as Relações de Consumo).
▶ Art. 83 da Lei nº 9.430, de 27-12-1996, que dispõe sobre a legislação tributária federal, as contribuições para a seguridade social e o processo administrativo de consulta.
▶ Art. 9º, § 2º, da Lei nº 10.684, de 30-5-2003, que dispõe sobre parcelamento de débitos junto à Secretaria da Receita Federal, à Procuradoria-Geral da Fazenda Nacional e ao Instituto Nacional do Seguro Social.

25. É ilícita a prisão civil de depositário infiel, qualquer que seja a modalidade do depósito.
▶ Publicada no *DOU* de 23-12-2009.
▶ Art. 5º, § 2º, da CF.
▶ Art. 7º, 7, do Pacto de São José da Costa Rica.
▶ Súmulas nºs 304, 305 e 419 do STJ.

26. Para efeito de progressão de regime no cumprimento de pena por crime hediondo, ou equiparado, o juízo da execução observará a inconstitucionalidade do art. 2º da Lei nº 8.072, de 25 de julho de 1990, sem prejuízo de avaliar se o condenado preenche, ou não, os requisitos objetivos e subjetivos do benefício, podendo determinar, para tal fim, de modo fundamentado, a realização de exame criminológico.
▶ Publicada no *DOU* de 23-12-2009.
▶ Art. 5º, XLVI e XLVII, da CF.
▶ Arts. 33, § 3º, e 59 do CP.
▶ Art. 66, III, *b*, da LEP.
▶ Lei nº 8.072, de 25-7-1990 (Lei dos Crimes Hediondos).
▶ Súmulas nºs 439 e 471 do STJ.

27. Compete à Justiça estadual julgar causas entre consumidor e concessionária de serviço público de telefonia, quando a ANATEL não seja litisconsorte passiva necessária, assistente, nem opoente.
▶ Publicada no *DOU* de 23-12-2009.
▶ Arts. 98, I, e 109, I, da CF.

28. É inconstitucional a exigência de depósito prévio como requisito de admissibilidade de ação judicial na qual se pretenda discutir a exigibilidade de crédito tributário.
▶ Publicada no *DOU* de 17-2-2010.
▶ Art. 5º, XXXV, da CF.
▶ Súm. nº 112 do STJ.

29. É constitucional a adoção, no cálculo do valor de taxa, de um ou mais elementos da base de cálculo

própria de determinado imposto, desde que não haja integral identidade entre uma base e outra.
▶ Publicada no *DOU* de 17-2-2010.
▶ Art. 145, § 2º, da CF.

30. ....
▶ O STF decidiu suspender a publicação da Súmula Vinculante nº 30, em razão de questão de ordem levantada pelo Ministro José Antonio Dias Toffoli, em 4-2-2010.

31. É inconstitucional a incidência do Imposto sobre Serviços de Qualquer Natureza – ISS sobre operações de locação de bens móveis.
▶ Publicada no *DOU* de 17-2-2010.
▶ Art. 156, III, da CF.
▶ LC nº 116, de 31-4-2003 (Lei do ISS).

32. O ICMS não incide sobre alienação de salvados de sinistro pelas seguradoras.
▶ Publicada no *DOU* de 24-2-2011.
▶ Art. 153, V, da CF.
▶ Art. 3º, IX, da LC nº 87, de 13-9-1996 (Lei Kandir – ICMS).
▶ Art. 73 do Dec.-lei nº 73, de 21-11-1966, que dispõe sobre o Sistema Nacional de Seguros Privados, e regula as operações de seguros e resseguros.

SÚMULAS DO SUPREMO TRIBUNAL FEDERAL

1. É vedada a expulsão de estrangeiro casado com brasileira, ou que tenha filho brasileiro dependente da economia paterna.

59. Imigrante pode trazer, sem licença prévia, automóvel que lhe pertença desde mais de seis meses antes do seu embarque para o Brasil.

60. Não pode o estrangeiro trazer automóvel, quando não comprovada a transferência definitiva de sua residência para o Brasil.

61. Brasileiro domiciliado no estrangeiro, que se transfere definitivamente para o Brasil, pode trazer automóvel licenciado em seu nome há mais de seis meses.

62. Não basta a simples estada no estrangeiro por mais de seis meses, para dar direito à trazida de automóvel com fundamento em transferência de residência.

63. É indispensável, para trazida de automóvel, a prova do licenciamento há mais de seis meses no país de origem.

64. É permitido trazer do estrangeiro, como bagagem, objetos de uso pessoal e doméstico, desde que, por sua quantidade e natureza, não induzam finalidade comercial.

85. Não estão sujeitos ao Imposto de Consumo os bens de uso pessoal e doméstico trazidos, como bagagem, do exterior.

86. Não está sujeito ao Imposto de Consumo automóvel usado, trazido do exterior pelo proprietário.

94. É competente a autoridade alfandegária para o desconto, na fonte, do Imposto de Renda correspondente às comissões dos despachantes aduaneiros.

119. É devido o Imposto de Vendas e Consignações sobre a venda de cafés ao instituto Brasileiro do café, embora o lote, originariamente, se destinasse à exportação.

137. A taxa de fiscalização da exportação incide sobre a bonificação cambial concedida ao exportador.

259. Para produzir efeito em juízo não é necessária a inscrição, no Registro Público, de documentos de procedência estrangeira, autenticados por via consular.

262. Não cabe medida possessória liminar para liberação alfandegária de automóvel.

309. A taxa de despacho aduaneiro, sendo adicional do Imposto de Importação, não está compreendida na isenção do Imposto de Consumo para automóvel usado trazido do exterior pelo proprietário.

381. Não se homologa sentença de divórcio obtida por procuração, em país de que os cônjuges não eram nacionais.
▶ Súm. nº 420 do STF.

420. Não se homologa sentença proferida no estrangeiro, sem prova do trânsito em julgado.
▶ Súm. nº 381.

421. Não impede a extradição a circunstância de ser o extraditando casado com brasileira ou ter filho brasileiro.
▶ Art. 75, II, *a* e *b*, da Lei nº 6.815, de 19-8-1980 (Estatuto do Estrangeiro).

477. As concessões de terras devolutas situadas na faixa de fronteira, feitas pelos Estados, autorizam, apenas, o uso, permanecendo o domínio com a União, ainda que se mantenha inerte ou tolerante, em relação aos possuidores.

522. Salvo ocorrência de tráfico para o Exterior, quando, então, a competência será da Justiça Federal, compete à Justiça dos Estados o processo e julgamento dos crimes relativos a entorpecentes.

536. São objetivamente imunes ao Imposto sobre Circulação de Mercadoria os produtos industrializados, em geral, destinados à exportação, além de outros, com a mesma destinação, cuja isenção a lei determinar.

575. À mercadoria importada de país signatário do GATT, ou membro da ALALC, estende-se a isenção do Imposto sobre Circulação de Mercadorias concedida a similar nacional.

661. Na entrada de mercadoria importada do exterior, é legítima a cobrança do ICMS por ocasião do desembaraço aduaneiro.

692. Não se conhece de *habeas corpus* contra omissão de relator de extradição, se fundado em fato ou direito estrangeiro cuja prova não constava dos autos, nem foi ele provocado a respeito.
▶ Arts. 76 a 94 da Lei nº 6.815, de 19-8-1980 (Estatuto do Estrangeiro).

SÚMULAS DO TRIBUNAL FEDERAL DE RECURSOS

► As Súmulas abaixo foram publicadas antes da Constituição Federal de 1988, que extinguiu o TFR. Foram mantidas nesta edição por sua importância histórica.

83. Compete à Justiça Federal processar e julgar reclamação trabalhista movida contra representação diplomática de país estrangeiro, inclusive para decidir sobre a preliminar de imunidade de jurisdição.

100. O lucro obtido com a exportação de açúcar demerara, adquirido e exportado pelo Instituto do Açúcar e do Álcool, está isento do Imposto de Renda.

207. Nas ações executivas regidas pela Lei nº 5.741, de 1971, o praceamento do imóvel penhorado independe de avaliação.

220. As mercadorias oriundas do estrangeiro, com simples trânsito em porto nacional, destinadas a outro País, não estão sujeitas ao pagamento de Taxa de Melhoramento dos Portos (TMP).

221. A Taxa de Melhoramento dos Portos (TMP), referente a mercadoria oriunda do estrangeiro com trânsito em porto nacional e destinada a outro porto nacional, somente é devida no destino.

SÚMULAS DO SUPERIOR TRIBUNAL DE JUSTIÇA

20. A mercadoria importada de país signatário do GATT é isenta do ICM, quando contemplado com esse favor o similar nacional.
► Art. 98 do CTN.

49. Na exportação de café em grão, não se inclui na base de cálculo do ICM a quota de contribuição, a que se refere o artigo 2º do Decreto-Lei nº 2.295, de 21-11-1986.

50. O Adicional de Tarifa Portuária incide apenas nas operações realizadas com mercadorias importadas ou exportadas, objeto do comércio de navegação de longo curso.

100. É devido o Adicional ao Frete para Renovação da Marinha Mercante na importação sob o regime de benefícios fiscais à exportação (BEFIEX).

124. A Taxa de Melhoramento dos Portos tem base de cálculo diversa do Imposto de Importação, sendo legítima a sua cobrança sobre a importação de mercadorias de países signatários do GATT, da ALALC ou ALADI.

129. O exportador adquire o direito de transferência de crédito do ICMS quando realiza a exportação do produto e não ao estocar a matéria-prima.

419. Descabe a prisão civil do depositário judicial infiel.
► Art. 5º, LXVII, da CF.
► Art. 652 do CC.
► Arts. 666, § 3º, 902 a 906 do CPC.
► Art. 4º, §§ 1º e 2º, da Lei nº 8.866, de 11-4-1994 (Lei do Depositário Infiel).
► Art. 4º do Dec.-lei nº 911, de 1º-10-1969 (Lei das Alienações Fiduciárias).
► Art. 11 do Dec. nº 592, de 6-7-1992, que promulga o Pacto Internacional sobre Direitos Civis e Políticos.
► Art. 7º, 7, do Pacto de São José da Costa Rica.
► Súm. Vinc. nº 25 do STF.
► Súmulas nºs 304 e 305 do STJ.

485. A Lei de Arbitragem aplica-se aos contratos que contenham cláusula arbitral, ainda que celebrados antes da sua edição.
► Arts. 267, VII, e 301, IX, do CPC.
► Lei nº 9.307, de 23-9-1996 (Lei da Arbitragem).

499. *As empresas prestadoras de serviços estão sujeitas às contribuições ao Sesc e Senac, salvo se integradas noutro serviço social.*
► Art. 240 da CF.
► Arts. 570 e 577 da CLT.

Índice por Assuntos da Legislação de Direito Internacional

A

ABALROAMENTO
- em navegação: art. 97 da Convenção das Nações Unidas sobre o Direito do Mar

ACORDO
- *vide* TRATADO

AGENTE CONSULAR
- categorias: arts. 1º e 2º da Convenção de Viena sobre Relações Consulares
- imunidade de jurisdição: art. 43 da Convenção de Viena sobre Relações Consulares
- inviolabilidade pessoal dos agentes consulares: art. 41 da Convenção de Viena sobre Relações Consulares
- liberdade de movimento: art. 34 da Convenção de Viena sobre Relações Consulares
- nacionalidade: art. 22 da Convenção de Viena sobre Relações Consulares
- prática de atos diplomáticos por funcionário consular: art. 17 da Convenção de Viena sobre Relações Consulares
- proteção aos funcionários consulares: arts. 40 e 64 da Convenção de Viena sobre Relações Consulares
- seguro contra danos causados a terceiro: art. 56 da Convenção de Viena sobre Relações Consulares

AGENTE DIPLOMÁTICO
- imunidade e ressalvas: arts. 31, 38 e 39 da Convenção de Viena sobre Relações Diplomáticas
- inviolabilidade pessoal e da residência: arts. 28 e 29 da Convenção de Viena sobre Relações Diplomáticas
- isenção de impostos ou taxas: arts. 34 e 36 da Convenção de Viena sobre Relações Diplomáticas
- proibição de exercício de atividades profissionais: art. 42 da Convenção de Viena sobre Relações Diplomáticas
- término das funções: art. 43 da Convenção de Viena sobre Relações Diplomáticas

AGRESSÃO
- Res. da Assembleia-Geral da ONU nº 3.314/1974

ÁGUAS INTERIORES
- disposições atinentes: arts. 8º e 50 da Convenção das Nações Unidas sobre o Direito do Mar

ALTO-MAR
- definição e disposições gerais: arts. 86 a 90 da Convenção das Nações Unidas sobre o Direito do Mar

AMEAÇA AO TERRITÓRIO
- respeito a integridade territorial: arts. 10 do Pacto da Sociedade das Nações e 2º (4) da Carta das Nações Unidas

ARBITRAGEM
- na Sociedade das Nações: arts. 12 e 13 do Pacto da Sociedade das Nações
- no Brasil: Lei nº 9.307, de 23-9-1996

ÁREAS
- cobertas de gelo: art. 234 da Convenção das Nações Unidas sobre o Direito do Mar

ARMAMENTOS
- nacionais; redução exigível; manutenção da paz; planos de redução: art. 8º do Pacto da Sociedade das Nações

ARQUIPÉLAGO
- disposições pertinentes: arts. 46 a 49 da Convenção das Nações Unidas sobre o Direito do Mar

ASILO
- Brasil: art. 4º, X, da Constituição brasileira; Lei nº 9.474, de 22-7-1997; art. 56 do Decreto nº 86.715, de 10-12-1981; arts. 28 e 29 da Lei nº 6.815, de 19-8-1980
- crianças: art. 22 da Convenção sobre os Direitos da Criança
- diplomático: Convenção sobre Asilo Diplomático
- direito humano: art. 14 da Declaração Universal dos Direitos Humanos
- territorial: Convenção sobre Asilo Territorial

ASSEMBLEIA
- da Liga das Nações: art. 3º do Pacto da Sociedade das Nações
- da ONU: arts. 9º a 22 da Carta das Nações Unidas

ASSISTÊNCIA
- dever da prestação: art. 98 da Convenção das Nações Unidas sobre o Direito do Mar

ATA FINAL
- que incorpora os resultados da rodada Uruguai de negociações comerciais multilaterais do GATT: Acordo Constitutivo da Organização Mundial do Comércio

AUTORIDADE
- asilante: art. IX da Convenção sobre Asilo Diplomático
- internacional dos Fundos Marinhos: arts. 156 a 160 da Convenção das Nações Unidas sobre o Direito do Mar

AVIAÇÃO CIVIL INTERNACIONAL
- princípios e disposições gerais: Convenção de Aviação Civil Internacional

B

BAIXIOS A DESCOBERTO
- definição: art. 13 da Convenção das Nações Unidas sobre o Direito do Mar

BANDEIRA
- direito de uso: art. 29 da Convenção de Viena sobre Relações Consulares
- direito de uso pelo Estado creditante: art. 20 da Convenção de Viena sobre Relações Diplomáticas

C

CABOS
- e ductos submarinos; colocação; ruptura ou danificação; indenização: arts. 112 a 115 da Convenção das Nações Unidas sobre o Direito do Mar

CARTA DAS NAÇÕES
- *vide* ONU

CARTA PATENTE
- ou notificação da nomeação do chefe de repartição consular: art. 11 da Convenção de Viena sobre Relações Consulares

CARTAS MARÍTIMAS
- e listas de coordenadas geográficas: art. 16 da Convenção das Nações Unidas sobre o Direito do Mar

CHEFES DE MISSÃO
- classificação: art. 13 da Convenção de Viena sobre Relações Diplomáticas
- conceito: art. 1º, a, da Convenção de Viena sobre Relações Diplomáticas
- direito de uso da bandeira: art. 20 da Convenção de Viena sobre Relações Diplomáticas
- isenção de impostos ou taxas: art. 23 da Convenção de Viena sobre Relações Diplomáticas
- vacância: art. 19 da Convenção de Viena sobre Relações Diplomáticas

COMISSÃO INTERAMERICANA DE DIREITOS HUMANOS
- organização, funções, competência e disposições transitórias: arts. 34 a 51 e 79 a 82 da Convenção Americana sobre Direitos Humanos

COMPETÊNCIA DA CORTE INTERNACIONAL DE JUSTIÇA
- litígios: arts. 34 a 37 do Estatuto da Corte Internacional de Justiça
- pareceres consultivos: art. 65 do Estatuto da Corte Internacional de Justiça

CONARE – COMITÊ NACIONAL PARA OS REFUGIADOS
- competência: art. 12 da Lei nº 9.474, de 22-7-1997
- estrutura e funcionamento: arts. 14 a 16 da Lei nº 9.474, de 22-7-1997
- previsão: art. 11 da Lei nº 9.474, de 2-7-1997

CONCORRÊNCIA DESLEAL
- em contratos de licenças; controle: art. 40 do Acordo Constitutivo da Organização Mundial do Comércio

CONSELHO
- da autoridade internacional do fundo marítimo: arts. 161 a 212 da Convenção das Nações Unidas sobre o Direito do Mar
- da Sociedade das Nações: art. 4º do Pacto da Sociedade das Nações
- de segurança da ONU: arts. 23 a 32 da Carta das Nações Unidas
- de tutela da ONU: arts. 86 a 91 da Carta das Nações Unidas
- econômico e social da ONU: arts. 61 a 72 da Carta das Nações Unidas

CONVENÇÃO
- vide TRATADOS

CONVENÇÃO SOBRE PROPRIEDADE INTELECTUAL
- tratamento nacional; tratamento de nação mais favorecida: arts. 2º a 4º do Acordo Constitutivo da Organização Mundial do Comércio

COOPERAÇÃO INTERNACIONAL
- econômica e social: arts. 55 a 60 da Carta das Nações Unidas

CORTE INTERAMERICANA DE DIREITOS HUMANOS
- organização, competência, funções, processo e outras disposições: arts. 52 a 73 da Convenção Americana sobre Direitos Humanos
- reconhecimento da competência obrigatória: Decreto nº 4.463, de 8-11-2002

CORTE INTERNACIONAL DE JUSTIÇA
- competência: arts. 34 a 37 e 65 do Estatuto da Corte Internacional de Justiça
- disposições atinentes: Estatuto da Corte Internacional de Justiça
- normas de funcionamento, membros, secretariado e disposições diversas: arts. 92 a 105 da Carta das Nações Unidas

CRÉDITOS
- concurso e preferência: arts. 223 a 226 da Convenção de Direito Internacional Privado

CRIMINOSOS POLÍTICOS
- asilo: art. 2º da Convenção sobre Asilo Territorial

CRUZ VERMELHA
- compromisso dos membros das sociedades das nações: art. 25 do Pacto da Sociedade das Nações

D

DELITOS
- classificação e natureza; competência do Estado: arts. IV e VII da Convenção sobre Asilo Diplomático
- cometidos em Estado estrangeiro contratante: arts. 305 a 307 da Convenção de Direito Internacional Privado

DEPORTAÇÃO
- definição legal: art. 58 da Lei nº 6.815, de 19-8-1980
- hipóteses em que é cabível: art. 57 da Lei nº 6.815, de 19-8-1980
- hipóteses em que é vedada: art. 63 da Lei nº 6.815, de 19-8-1980
- possibilidade de reingresso: art. 64 da Lei nº 6.815, de 19-8-1980
- prazos: art. 98 do Decreto nº 86.715, de 10-12-1981

DEPÓSITO
- e empréstimo mercantil; responsabilidades; taxa legal; intervenção do agente: arts. 256 a 258 da Convenção de Direito Internacional Privado
- e sequestro; disposições territoriais: art. 206 da Convenção de Direito Internacional Privado

DESENHOS INDUSTRIAIS
- proteção; requisito: arts. 25 e 26 do Acordo Constitutivo da Organização Mundial do Comércio

DEVERES
- dos Estados e direitos protegidos; enumeração: arts. 1º e 2º da Convenção Americana sobre Direitos Humanos
- dos Estados ribeirinhos de estreitos: art. 44 da Convenção das Nações Unidas sobre o Direito do Mar
- dos navios e aeronaves durante a passagem em trânsito: art. 39 da Convenção das Nações Unidas sobre o Direito do Mar

DIREITO PENAL
- internacional; leis penais; aplicação; isenção dos Estados: arts. 296 a 304 da Convenção de Direito Internacional Privado
- reincidência; ressalva quanto a lei aplicada: art. 310 da Convenção de Direito Internacional Privado

DIREITO PROCESSUAL PENAL
- princípios gerais: arts. 314 a 317 da Convenção de Direito Internacional Privado

DIREITOS
- aduaneiros: art. 127 da Convenção das Nações Unidas sobre o Direito do Mar
- a informação; infração do direito de propriedade intelectual: art. 47 do Acordo Constitutivo da Organização Mundial do Comércio
- alfandegários; isenção: art. 62 da Convenção de Viena sobre Relações Consulares
- civis e políticos; econômicos, sociais e culturais: arts. 3º a 31 da Convenção Americana sobre Direitos Humanos
- de navegação; de acesso ao mar: arts. 90, 124 e 125 da Convenção das Nações Unidas sobre o Direito do Mar
- de passagem em trânsito; navios: art. 38 da Convenção das Nações Unidas sobre o Direito do Mar
- de pesca internacional: arts. 51 a 53 da Convenção das Nações Unidas sobre o Direito do Mar
- de propriedade intelectual; programas de computador; aluguel: arts. 9º a 11 do Acordo Constitutivo da Organização Mundial do Comércio
- de proteção do Estado costeiro: art. 25 da Convenção das Nações Unidas sobre o Direito do Mar
- de visita; exceção; em navios: art. 110 da Convenção das Nações Unidas sobre o Direito do Mar
- dos membros das sociedades das nações; atenção quanto a fatos que ameacem ou perturbem a paz ou o bom acordo: art. 11 do Pacto da Sociedade das Nações
- e deveres do estrangeiro: arts. 95 a 110 da Lei nº 6.815, de 19-8-1980
- e deveres dos Estados em casos de lutas civis: art. 4º da Convenção sobre Asilo Diplomático
- e emolumentos consulares: art. 39 da Convenção de Viena sobre Relações Consulares

DOAÇÕES
- modo de adquirir; disposições: arts. 140 a 143 da Convenção de Direito Internacional Privado

DOCUMENTOS
- de crédito e títulos ao portador; falsificação, roubo, furto ou extravio: arts. 272 e 273 da Convenção de Direito Internacional Privado
- de viagem do estrangeiro: art. 54 da Lei nº 6.815, de 19-8-1980

DOCUMENTOS DE VIAGEM
- autorização de retorno ao Brasil: art. 14 do Decreto nº 1.983, de 14-8-1996
- cédula de identidade civil, certificado de membro de tripulação de transporte aéreo e carteira de marítimo: arts. 16 e 17 do Decreto nº 1.983, de 14-8-1996
- *laissez-passer*: art. 15 do Decreto nº 1.983, de 14-8-1996; arts. 54 e 56 da Lei nº 6.815, de 19-8-1980; art. 11, parágrafo único, do Decreto nº 86.715, de 10-12-1981
- passaporte: *vide* PASSAPORTE
- salvo-conduto: *vide* SALVO-CONDUTO

DOMICÍLIO
- geral e especial; pessoas naturais e jurídicas; perda e aquisição; extensão; regras gerais: arts. 22 a 26 da Convenção de Direito Internacional Privado

DOUTRINA DE MONROE
- e compromissos internacionais, tratados de arbitragem; compatibilidades: art. 21 do Pacto da Sociedade das Nações

E

EDIFÍCIOS
- e terrenos ocupados pela sociedade das nações; inviolabilidade: art. 7º do Pacto da Sociedade das Nações

EFEITOS
- do matrimônio e das pessoas dos cônjuges: arts. 43 a 46 da Convenção de Direito Internacional Privado
- dos Tratados: art. 11 da Convenção de Havana sobre Tratados

EMANCIPAÇÃO
- e maioridade; regras aplicáveis: arts. 101 e 102 da Convenção de Direito Internacional Privado

EMENDAS
- a carta das nações unidas; vigência; votação; revisão; prazo de celebração; efeitos: arts. 108 e 109 da Carta das Nações Unidas
- ao pacto das sociedades das nações; vigência; aceitação; recusa; efeitos: art. 26 do Pacto das Sociedade das Nações

EMOLUMENTOS
- e taxas consulares; tabela: anexo ao art. 131 da Lei nº 6.815, de 19-8-1980

EMPRÉSTIMOS
- juros e taxas expressos: art. 205 da Convenção de Direito Internacional Privado

ESCRAVIDÃO
- crime contra a humanidade: art. 7º, 1, c, do Estatuto de Roma do Tribunal Penal Internacional
- jurisdição extraterritorial do Estado captor: art. 308 da Convenção de Direito Internacional Privado
- proibição da escravidão e da servidão: art. 8º do Pacto Internacional sobre Direitos Civis e Políticos; art. 6º do Pacto de São José da Costa Rica; art. 4º da Declaração Universal dos Direitos Humanos
- proibição de transporte de escravos: art. 99 da Convenção das Nações Unidas sobre o Direito do Mar

ESTADOS
- americanos; terrorismo; prevenção e combate; compromisso: Convenção Interamericana contra o Terrorismo
- convidados a aderir ao pacto das sociedades das nações: Anexo II do art. 26 do Pacto da Sociedade das Nações
- costeiros; deveres: art. 24 da Convenção das Nações Unidas sobre o Direito do Mar
- em litígios; convite à aceitação da resolução do conflito; efeitos: art. 17 do Pacto da Sociedade das Nações
- não participante do Tratado; aceitação ou recusa das cláusulas em favor de um terceiro Estado: art. 9º da Convenção de Havana sobre Tratados
- ribeirinhos; leis e regulamentos: art. 42 da Convenção das Nações Unidas sobre o Direito do Mar
- sem litoral; geograficamente desfavorecidos; direitos: arts. 60 a 70 da Convenção das Nações Unidas sobre o Direito do Mar

ESTATUTO
- da Corte Internacional de Justiça; organização: arts. 2º a 33 da Carta das Nações Unidas
- dos anexos: art. 318 da Convenção das Nações Unidas sobre o Direito do Mar
- dos navios: art. 92 da Convenção das Nações Unidas sobre o Direito do Mar

ESTRANGEIROS
- admissão no Brasil: arts. 4º a 21 da Lei nº 6.815, de 19-8-1980; arts. 2º a 28 do Decreto nº 86.715, de 10-12-1981
- alteração de assentamento: arts. 43 e 44 da Lei nº 6.815, de 19-8-1980; arts. 76 a 80 do Decreto nº 86.715, de 10-12-1981
- concessão de visto para estágio: Res. Norm. do CNI nº 88, de 15-9-2010
- convenção: Convenção sobre Estrangeiros; Lei nº 6.815, de 19-8-1980 (Estatuto do Estrangeiro)
- direitos: arts. 12 e 13 do Pacto Internacional sobre Direitos Civis e Políticos
- direitos e deveres no Brasil: arts. 95 a 110 da Lei nº 6.815, de 19-8-1980, e 111 a 118 do Decreto nº 86.715, de 10-12-1981
- documento de viagem: art. 54 da Lei nº 6.815, de 19-8-1980
- entrada no Brasil: arts. 26 e 27 da Lei nº 6.815, de 19-8-1980; arts. 36 a 50 do Decreto nº 86.715, de 10-12-1981
- situação jurídica no Brasil: Lei nº 6.815, de 19-8-1980; Decreto nº 86.715, de 10-12-1981

ESTRUTURA ORGÂNICA
- do mercado comum: arts. 9º a 24 do Tratado para a Constituição de um Mercado Comum

EXAMES
- novos nos tratados tornados inaplicáveis; intenção de preservar a paz: art. 19 do Pacto da Sociedade das Nações

EXAUSTÃO
- dos direitos de propriedade intelectual: art. 6º do Acordo Constitutivo da Organização Mundial do Comércio

EXCEÇÃO
- ao direito de marca; aos direitos de patente conferidos: arts. 17 e 30 do Acordo Constitutivo da Organização Mundial do Comércio
- às regras gerais em matéria penal: art. 343 da Convenção de Direito Internacional Privado
- às regras gerais no cível e no comercial: arts. 333 a 339 da Convenção de Direito Internacional Privado
- de caráter internacional: arts. 394 a 397 da Convenção de Direito Internacional Privado
- de segurança: art. 73 do Acordo Constitutivo da Organização Mundial do Comércio

EXCLUSÃO
- dos membros das sociedades das nações, culpados em violação de um dos compromissos resultantes do pacto; possibilidade: art. 16 do Pacto da Sociedade das Nações

EXECUÇÃO
- de leis e regulamentos do Estado costeiro: art. 73 da Convenção das Nações Unidas sobre o Direito do Mar
- de sentenças proferidas por tribunais estrangeiros; matéria cível e penal; regras gerais: arts. 423 a 433, 436 e 437 da Convenção de Direito Internacional Privado
- do Tratado: art. 13 da Convenção de Havana sobre Tratados
- referente à poluição: arts. 213 a 222 da Convenção das Nações Unidas sobre o Direito do Mar

EXEQUATUR
- chefe de repartição consular: *vide* art. 12 da Convenção de Viena sobre Relações Consulares
- competência para concessão em cartas rogatórias: art. 105, I, *i*, da CF
- cumprimento de diligências: art. 12, § 2º, da Lei de Introdução às Normas do Direito Brasileiro

EXPLORAÇÃO
- e aproveitamento; sistema; regime periódico: arts. 153 a 155 da Convenção das Nações Unidas sobre o Direito do Mar

EXPULSÃO
- competência: art. 66 da Lei nº 6.815, de 19-8-1980; e Decreto nº 3.447, de 5-5-2000
- hipóteses em que é cabível: art. 65 da Lei nº 6.815, de 19-8-1980
- hipóteses em que é vedada: art. 75 da Lei nº 6.815, de 19-8-1980; arts. 36 e 37 da Lei nº 9.474, de 22-7-1997
- procedimento: arts. 67 a 72 da Lei nº 6.815, de 19-8-1980; arts. 100 a 109 do Decreto nº 86.715, de 10-12-1981

EXTRADIÇÃO
- condições: art. 78 da Lei nº 6.815, de 19-8-1980
- de brasileiro: art. 5º, LI, da Constituição Federal
- disposições gerais: arts. 344 a 381 da Convenção de Direito Internacional Privado
- fundamento: art. 76 da Lei nº 6.815, de 19-8-1980
- hipóteses em que é vedada: art. 77 da Lei nº 6.815, de 19-8-1980; arts. 33 e 34 da Lei nº 9.474, de 22-7-1997

F

FALÊNCIA
- ou concordata; domicílio do concordatário ou falido; juízo; universalidade e seus efeitos: arts. 414 a 420 da Convenção de Direito Internacional Privado

FIANÇA
- inexistência de distinção entre nacionais e estrangeiros: arts. 383 a 387 da Convenção de Direito Internacional Privado
- proibição do fiador em obrigar-se por mais que o devedor principal: arts. 212 e 213 da Convenção de Direito Internacional Privado

FONTES
- do direito brasileiro: art. 4º da Lei de Introdução às Normas do Direito Brasileiro
- do Direito Internacional Público: art. 38 do Estatuto da Corte Internacional de Justiça
- do MERCOSUL: art. 41 do Protocolo de Ouro Preto

FORO
- disposições: arts. 200 a 203 da Convenção de Direito Internacional Privado

G

GARANTIAS INDIVIDUAIS
- contrários às; reservas do México: art. X da Convenção sobre Asilo Territorial

GENEBRA
- sede da sociedade das nações; igualdade de acesso de homens e mulheres; privilégios: art. 7º do Pacto da Sociedade das Nações

GENOCÍDIO
- crime de genocídio: art. 6º do Estatuto de Roma do Tribunal Penal Internacional
- definição e disposições atinentes: Convenção para a Prevenção e Repressão do Crime de Genocídio

GUERRA
- ou ameaça; medidas tomadas para salvaguardar eficazmente a paz; intervenção da sociedade das nações: art. 11 do Pacto da Sociedade das Nações
- proibição de emprego de gases asfixiantes tóxicos ou similares e meios bacteriológicos: Protocolo de Genebra

H

HABITAÇÃO
- uso e usufruto: arts. 124 a 130 da Convenção de Direito Internacional Privado

HERANÇA
- capacidade para suceder; aplicação do direito local; precauções; formalidades; nomeação: arts. 152 a 163 da Convenção de Direito Internacional Privado

HIPOTECA
- legal; disposições; ordem pública: arts. 138 e 139 da Convenção de Direito Internacional Privado
- proibição de apropriação pelo credor, dos bens recebidos como penhor ou hipoteca: arts. 214 a 219 da Convenção de Direito Internacional Privado

I

IMPEDIMENTO
- da entrada do estrangeiro no Brasil: arts. 26 e 27 da Lei nº 6.815, de 19-8-1980

INDENIZAÇÃO
- em caso de violação do direito de propriedade intelectual: arts. 45, 46, 48 e 56 do Acordo Constitutivo da Organização Mundial do Comércio

INEXECUÇÃO
- dos Tratados por culpa daquele que se obrigou; responsabilidade: art. 12 da Convenção de Havana sobre Tratados

INFORMAÇÕES
- confidenciais; proteção: art. 39 do Acordo Constitutivo da Organização Mundial do Comércio
- em caso de morte, tutela, curatela, naufrágio e acidente aéreo: art. 37 da Convenção de Viena sobre Relações Consulares

INFRAÇÕES
- penalidades e seu procedimento: arts. 125 a 128 da Lei nº 6.815, de 19-8-1980

INSPEÇÃO
- direito à: art. 57 do Acordo Constitutivo da Organização Mundial do Comércio

INTEGRIDADE TERRITORIAL
- respeito garantido pelos membros das sociedades das nações: art. 10 do Pacto da Sociedade das Nações

INTERDIÇÃO
- civil; pena; efeitos: art. 311 da Convenção de Direito Internacional Privado

INTERPRETAÇÃO
- autêntica e por escrito: art. 3º da Convenção de Havana sobre Tratados

INVESTIGAÇÃO
- e levantamentos hidrográficos; científica marinha: arts. 40 e 143 da Convenção das Nações Unidas sobre o Direito do Mar

IPSO FACTO
- ou ato de beligerância; efeitos: art. 16 do Pacto da Sociedade das Nações

ISENÇÃO DE IMPOSTOS OU TAXAS
- agente diplomático: arts. 34 e 36 da Convenção de Viena sobre Relações Diplomáticas
- atos oficiais: art. 28 da Convenção de Viena sobre Relações Diplomáticas
- chefe de missão diplomática: art. 23 da Convenção de Viena sobre Relações Diplomáticas
- funcionários, empregados consulares e respectivos familiares: art. 49 da Convenção de Viena sobre Relações Consulares

J

JURISDIÇÃO
- dos Tribunais arbitrais; MERCOSUL; direito aplicável; árbitros; honorários; reclamação particular; disposições gerais; disposições finais: arts. 33 a 56 do Protocolo de Olivos
- imunidade dos funcionários consulares: art. 43 da Convenção de Viena sobre Relações Consulares

- penal a bordo de navio estrangeiro: art. 27 da Convenção das Nações Unidas sobre o Direito do Mar
- renúncia à imunidade: art. 32 da Convenção de Viena sobre Relações Diplomáticas
- voluntária; em matéria comercial, cível; eficácia extraterritorial: arts. 434 e 435 da Convenção de Direito Internacional Privado

JUS COGENS
- disposições pertinentes: arts. 53 e 64 da Convenção de Viena sobre Direito dos Tratados
- vide, ainda, GENOCÍDIO, ESCRAVIDÃO e PIRATARIA

L

LEI DE INTRODUÇÃO ÀS NORMAS DO DIREITO BRASILEIRO
- Dec.-lei nº 4.657, de 4-9-1942

LEI GERAL DA COPA
- Lei nº 12.663/2012

LETRAS DE CÂMBIO
- e contratos; efeitos mercantis análogos: arts. 263 a 271 da Convenção de Direito Internacional Privado

LICENCIAMENTO
- e cessão; marcas: art. 21 do Acordo Constitutivo da Organização Mundial do Comércio

LIMITAÇÕES GEOGRÁFICAS
- proteção; exceções: arts. 22 a 24 do Acordo Constitutivo da Organização Mundial do Comércio

LITÍGIO
- existente entre os membros das sociedades das nações; ausência de submissão à arbitragem; procedimentos: art. 15 do Pacto da Sociedade das Nações

M

MARCAS
- proteção; direitos conferidos: arts. 15, 16 e 18 do Acordo Constitutivo da Organização Mundial do Comércio

MAR TERRITORIAL
- definição e disposições atinentes: arts. 1º a 3º da Lei nº 8.617, de 4-1-1993; arts. 2º a 32 da Convenção das Nações Unidas sobre o Direito do Mar

MATRIMÔNIO
- celebração; condições jurídicas; formas: arts. 36 a 42 da Convenção de Direito Internacional Privado

MEDIDAS
- cautelares; em propriedade intelectual: art. 50 do Acordo Constitutivo da Organização Mundial do Comércio
- de fronteiras: arts. 51 a 55 do Acordo Constitutivo da Organização Mundial do Comércio
- provisórias; compensatórias; MERCOSUL: arts. 15 a 32 do Protocolo de Olivos

MEIO AMBIENTE
- graves danos: Protocolo Adicional ao Acordo Quadro sobre Meio Ambiente do Mercosul em matéria de cooperação e assistência frente a emergências ambientais

MEIO MARINHO
- responsabilidade dos Estados: art. 235 da Convenção das Nações Unidas sobre o Direito do Mar

MEMBROS
- das sociedades das nações; compromisso no cumprimento das decisões do Tribunal de arbitragem; procedimento em caso de falta de cumprimento: art. 13 do Pacto da Sociedade das Nações
- das sociedades das nações; reservas: art. 23 do Pacto da Sociedade das Nações
- originais das Nações Unidas; admissão; direitos; violação: arts. 3º a 6º da Carta das Nações Unidas

MERCADO COMUM
- promulgação do tratado; propósito; princípios e fundamentos: arts. 1º a 8º do Tratado para a Constituição de um Mercado Comum

MERCOSUL
- estrutura; conselho; do grupo; comissão de comércio; foro constitutivo; secretaria: arts. 1º a 32 do Protocolo de Ouro Preto

MIGRAÇÃO
- assistência aos movimentos migratórios: Constituição da Organização Internacional para as Migrações

N

NACIONALIDADE
- aeronaves: art. 17 da Convenção de Aviação Civil Internacional
- brasileira: art. 12 da Constituição brasileira
- direito do indivíduo: Declaração Universal dos Direitos Humanos, art. 15
- navios: art. 91 da Convenção das Nações Unidas sobre o Direito do Mar
- objetos lançados ao espaço: art. VIII do Tratado sobre Princípios Reguladores das Atividades dos Estados na Exploração e Uso do Espaço Cósmico
- perda de nacionalidade: art. 12, § 4º, da Constituição Federal; arts. 22 a 34 da Lei nº 818, de 18-9-1949
- pessoas físicas e jurídicas: arts. 9º a 21 da Convenção de Direito Internacional Privado

NATURALIZAÇÃO
- condições: arts. 111 a 121 da Lei nº 6.815, de 19-8-1980; art. 8º da Lei nº 818, de 18-9-1949
- efeitos: arts. 122 a 124 da Lei nº 6.815, de 19-8-1980; arts. 19 a 21 da Lei nº 818, de 18-9-1949
- previsão constitucional: art. 12, II, da Constituição Federal
- procedimento: arts. 7º a 18 da Lei nº 818, de 18-9-1949

NAVEGAÇÃO
- internacional; disposições gerais: arts. 34 a 37 da Convenção das Nações Unidas sobre o Direito do Mar

NAVIOS
- de guerra utilizados para fins comerciais; leis e regulamentos: arts. 29 e 30 da Convenção das Nações Unidas sobre o Direito do Mar
- de propulsão nuclear; medidas de precauções: art. 23 da Convenção das Nações Unidas sobre o Direito do Mar
- estrangeiros; jurisdição civil: art. 28 da Convenção das Nações Unidas sobre o Direito do Mar
- normas aplicáveis; direito de passagem: art. 17 da Convenção das Nações Unidas sobre o Direito do Mar

NOMEAÇÃO
- funcionário consular; membros; da repartição consular; procedência: arts. 18 a 20 da Convenção de Viena sobre Relações Consulares

NOTIFICAÇÃO
- às autoridades da jurisdição consular; ao Estado receptor das nomeações: arts. 14 e 24 da Convenção de Viena sobre Relações Consulares

NULIDADES
- do matrimônio e seus efeitos: arts. 47 a 51 da Convenção de Direito Internacional Privado

O

OBRIGAÇÕES
- de prestar depoimento: art. 44 da Convenção de Viena sobre Relações Consulares
- dispensa antes de ratificação: art. 5º da Convenção de Havana sobre Tratados
- dos terceiros Estados: art. 54 da Convenção de Viena sobre Relações Consulares
- em geral: arts. 164 a 174 da Convenção de Direito Internacional Privado

- gerais; propriedade intelectual: arts. 41 e 42 do Acordo Constitutivo da Organização Mundial do Comércio
- ou acordos internacionais incompatíveis com o pacto das sociedades das nações; libertação: art. 20 do Pacto da Sociedade das Nações
- sanções por descumprimentos; tribunal arbitral; limites: art. 16 da Convenção de Havana sobre Tratados

OPINIÕES CONSULTIVAS
- da Corte Internacional de Justiça: arts. 65 a 68 do Estatuto

ORGANIZAÇÕES VOLUNTÁRIAS
- da Cruz Vermelha; encorajamento pelos membros das sociedades das nações; fins: art. 25 do Pacto da Sociedade das Nações

ÓRGÃOS
- das Nações Unidas; irrestrição de elegibilidade: arts. 7º e 8º da Carta das Nações Unidas

P

PACTO
- da sociedade das nações: Pacto da Sociedade das Nações

PASSAGEM
- de navios; significado; inofensiva: arts. 18, 19 e 45 da Convenção das Nações Unidas sobre o Direito do Mar

PASSAPORTE
- classificação: art. 3º do Decreto nº 1.983, de 14-8-1996
- definição legal: art. 2º do Decreto nº 1.983, de 14-8-1996
- expedição: arts. 4º e 5º do Decreto nº 1.983, de 14-8-1996; art. 5º da Convenção de Viena sobre Relações Consulares
- passaporte comum: art. 11 do Decreto nº 1.983, de 14-8-1996
- passaporte diplomático: arts. 6º a 8º do Decreto nº 1.983, de 14-8-1996; art. 6º do Tratado de Amizade, Cooperação e Consulta entre a República Federativa do Brasil e a República Portuguesa
- passaporte oficial: arts. 9º e 10 do Decreto nº 1.983, de 14-8-1996; art. 6º do Tratado de Amizade, Cooperação e Consulta entre a República Federativa do Brasil e a República Portuguesa
- passaporte para estrangeiro: art. 12 do Decreto nº 1.983, de 14-8-1996; art. 55 da Lei nº 6.815, de 19-8-1980

PATENTE
- material patenteável; direitos conferidos; condições; vigência: arts. 27 a 29 e 33 do Acordo Constitutivo da Organização Mundial do Comércio

PATERNIDADE
- e filiação; regras de ordem pública; interna e internacional; proibições; investigação; regras: arts. 57 a 66 da Convenção de Direito Internacional Privado

PÁTRIO PODER
- disposições: arts. 69 a 72 da Convenção de Direito Internacional Privado

PERSEGUIÇÃO
- de um navio estrangeiro; direito: art. 111 da Convenção das Nações Unidas sobre o Direito do Mar

PERSONALIDADE JURÍDICA
- do MERCOSUL: arts. 34 e 35 do Protocolo de Ouro Preto

PERSONA NON GRATA
- declaração: art. 23 da Convenção de Viena sobre Relações Consulares

PESCA
- em alto-mar; direito; recursos vivos; conservação: arts. 116 a 123 da Convenção das Nações Unidas sobre o Direito do Mar

PESSOA JURÍDICA
- capacidade do Estado; lei de regência: arts. 31 a 34 da Convenção de Direito Internacional Privado

PIRATARIA
- definição e disposições atinentes: arts. 100 a 107 da Convenção das Nações Unidas sobre o Direito do Mar

- jurisdição extraterritorial do Estado captor: art. 308 da Convenção de Direito Internacional Privado

PLATAFORMA CONTINENTAL
- definição e disposições atinentes: arts. 11 a 14 da Lei nº 8.617, de 4-1-1993; arts. 76 a 85 da Convenção das Nações Unidas sobre o Direito do Mar

PODER DE POLÍCIA
- exercício do: arts. 224 a 227 da Convenção das Nações Unidas sobre o Direito do Mar

POLÍTICA DE PRODUÇÃO
- disposições: art. 151 da Convenção das Nações Unidas sobre o Direito do Mar

POSSE
- efeitos e regras: arts. 121 a 123 da Convenção de Direito Internacional Privado

PRAZO
- de estada do estrangeiro; prorrogação; limite: arts. 34 a 36 da Lei nº 6.815, de 19-8-1980

PRESCRIÇÃO
- aquisitiva de bens; extintiva de ações pessoais e reais; lei que regula: arts. 227 a 231 da Convenção de Direito Internacional Privado
- das ações originadas de contratos e atos comerciais: art. 295 da Convenção de Direito Internacional Privado
- do delito; da pena; lei de regência: arts. 312 e 313 da Convenção de Direito Internacional Privado

PRESTAÇÃO DE SERVIÇOS
- pessoais; isenção: art. 52 da Convenção de Viena sobre Relações Consulares

PREVIDÊNCIA SOCIAL
- isenção ao regime: art. 48 da Convenção de Viena sobre Relações Consulares

PRISÃO PREVENTIVA
- notificação: art. 42 da Convenção de Viena sobre Relações Consulares

PROCEDIMENTO
- administrativo; propriedade intelectual: art. 49 do Acordo Constitutivo da Organização Mundial do Comércio
- arbitral ad hoc; MERCOSUL; composição; árbitros; representantes; disposições comuns: arts. 9º a 32 do Protocolo de Olivos
- cível relativos a patentes; ônus da prova: art. 34 do Acordo Constitutivo da Organização Mundial do Comércio
- da Corte Internacional de Justiça: arts. 39 a 64 do Estatuto
- penal; contrafação voluntária: art. 61 do Acordo Constitutivo da Organização Mundial do Comércio

PROCEDIMENTO DE REFÚGIO
- arts. 17 a 20 da Lei nº 9.474, de 2-7-1997

PROCESSO PENAL
- disposições; proteção; isenções: arts. 63 a 69 da Convenção de Viena sobre Relações Consulares

PRODIGALIDADE
- declaração; efeitos: arts. 98 a 100 da Convenção de Direito Internacional Privado

PROPRIEDADE
- considerações: arts. 114 a 117 da Convenção de Direito Internacional Privado
- intelectual em matéria de circuitos integrados; proteção; inexigências; duração: arts. 35 a 38 do Acordo Constitutivo da Organização Mundial do Comércio

PROTEÇÃO
- acordos multilaterais sobre obtenção ou manutenção; objetivos; princípios; duração; limitações e exceções: arts. 5º a 8º e 11 a 14 do Acordo Constitutivo da Organização Mundial do Comércio
- aos funcionários consulares; inviolabilidade; dos locais: arts. 40, 41 e 59 da Convenção de Viena sobre Relações Consulares
- do meio marinho; da vida humana: arts. 145 a 150 da Convenção das Nações Unidas sobre o Direito do Mar

PROVA
- disposições gerais; meios; forma; apreciação; documentos: arts. 398 a 407 da Convenção de Direito Internacional Privado
- e ordens judiciais em caso de proteção de informações confidenciais: arts. 43 e 44 do Acordo Constitutivo da Organização Mundial do Comércio

Q

QUASE CONTRATO
- gestão; cobrança de débito; lei que o regulamenta: arts. 220 a 222 da Convenção de Direito Internacional Privado

QUESTÕES
- do processo que se aventarem nas reuniões da Assembleia ou do Conselho das Sociedades das Nações; ressalvas; convocação: art. 5º do Pacto da Sociedade das Nações

R

RATIFICAÇÃO
- abrangência total; expressa; reservas; vigência: art. 6º da Convenção de Havana sobre Tratados
- e assinatura da carta das nações unidas; métodos a serem seguidos: arts. 110 e 111 da Carta das Nações Unidas

REABILITAÇÃO
- eficácia extraterritorial: art. 422 da Convenção de Direito Internacional Privado

RECIFES
- linhas de base: arts. 6º e 7º da Convenção das Nações Unidas sobre o Direito do Mar

RECIPROCIDADE
- não sujeição do asilo diplomático: art. XX da Convenção sobre Asilo Diplomático

RECURSO
- de cassação; regras aplicadas: arts. 412 e 413 da Convenção de Direito Internacional Privado
- vivo das zonas econômicas exclusiva; conservação; utilização; população existente: arts. 61 a 68 da Convenção das Nações Unidas sobre o Direito do Mar

REFORMAS
- disposições e propostas: arts. 69 e 70 do Estatuto da Corte Internacional de Justiça

REGIME
- jurídico das águas e do espaço aéreo; da área e dos seus recursos: arts. 135 a 137 da Convenção das Nações Unidas sobre o Direito do Mar

REGISTRO
- civil; disposições territoriais; exceção: arts. 103 e 104 da Convenção de Direito Internacional Privado
- da propriedade; inscrição: arts. 136 a 139 da Convenção de Direito Internacional Privado
- de estrangeiro e da autorização de residência; isenção: art. 46 da Convenção de Viena sobre Relações Consulares
- de estrangeiro ou asilado; alterações; prazo: arts. 30 a 33 da Lei nº 6.815, de 19-8-1980
- de firma em que participa estrangeiro; casamento e óbito; estabelecimento hoteleiro; atualização: arts. 45 a 48 da Lei nº 6.815, de 19-8-1980
- mercantil: arts. 241 e 242 da Convenção de Direito Internacional Privado

REGRAS ESPECIAIS
- sobre a prova de leis estrangeiras: arts. 408 a 411 da Convenção de Direito Internacional Privado

REGULAMENTOS
- respeito aos: art. 55 da Convenção de Viena sobre Relações Consulares

RENÚNCIA
- ao direito de recorrer; inexistência; República Dominicana: art. X da Convenção sobre Asilo Territorial

- ao privilégio e imunidades: art. 45 da Convenção de Viena sobre Relações Consulares

REPATRIAÇÃO
- condições: art. 42 da Lei nº 9.474, de 22-7-1997

RESPONSABILIDADE
- do Estado; danos causados por navio de guerra utilizados para fins comerciais; outras: arts. 31 e 139 da Convenção das Nações Unidas sobre o Direito do Mar

RETIRADA COMPULSÓRIA DO ESTRANGEIRO
- vide DEPORTAÇÃO, EXPULSÃO e EXTRADIÇÃO

RIOS
- foz; baía; portos; ancoradouros: arts. 9º a 12 da Convenção das Nações Unidas sobre o Direito do Mar

ROTAS
- marítimas e sistemas de separação de tráfego do mar territorial: art. 22 da Convenção das Nações Unidas sobre o Direito do Mar

S

SALVO-CONDUTO
- asilado: art. XII da Convenção sobre Asilo Diplomático
- definição legal: art. 15 do Decreto nº 1.983, de 14-8-1996
- equivalência com passaporte: art. 11, parágrafo único, do Decreto nº 86.715, de 10-12-1981

SECRETARIA
- permanente das sociedades das nações; designações; nomeações; aprovações: art. 6º do Pacto da Sociedade das Nações

SEGURANÇA
- disposições transitórias: arts. 106 e 107 da Carta das Nações Unidas
- e auxílio à navegação; poluição: art. 43 da Convenção das Nações Unidas sobre o Direito do Mar

SEPARAÇÃO
- de corpos e do divórcio; permissão; concessão; efeitos civis: arts. 52 a 56 da Convenção de Direito Internacional Privado

SERVIDÕES
- aplicação do direito local; origens; regras de ordem privada: arts. 131 a 135 da Convenção de Direito Internacional Privado

SISTEMA INTERAMERICANO
- adoção de medidas de prevenção e combate ao terrorismo: Convenção Interamericana contra o Terrorismo

SISTEMA INTERNACIONAL DE TUTELA
- objetivos básicos; territórios a ser aplicado; demais regras: arts. 75 a 85 da Carta das Nações Unidas

SOBERANIA NACIONAL
- exercício do direito de falta de ratificação ou reservas: art. 7º da Convenção de Havana sobre Tratados

SOCIEDADE
- com imóveis; forma solene exigida: art. 204 da Convenção de Direito Internacional Privado
- das nações; membros fundadores; admissão; retirada: art. 2º do Pacto da Sociedade das Nações

SOLUÇÃO DE CONTROVÉRSIA
- do mercosul; protocolo de Olivos; âmbito de aplicação; mecanismos; procedimentos e prazos: arts. 1º a 8º do Protocolo de Olivos

SOLUÇÃO PACÍFICA
- de controvérsia que pode constituir ameaça à paz e a segurança nacional; participação do Conselho de Segurança: arts. 33 a 38 da Carta das Nações
- obrigação: arts. 279 a 285 da Convenção das Nações Unidas sobre o Direito do Mar

SUBMARINO
- leis e regulamento: arts. 20 e 21 da Convenção das Nações Unidas sobre o Direito do Mar

SUCESSÃO
- regência pela lei pessoal do *de cujus*: arts. 144 e 145 da Convenção de Direito Internacional Privado

T

TAXAS
- impostas a navios estrangeiros; ressalvas: art. 26 da Convenção das Nações Unidas sobre o Direito do Mar

TECNOLOGIA MARINHA
- disposições gerais: arts. 266 a 277 da Convenção das Nações Unidas sobre o Direito do Mar

TERRORISMO
- prevenção, combate, punição e eliminação: Convenção Interamericana contra o Terrorismo

TESTAMENTO
- aplicação da lei territorial; ordem pública internacional: arts. 146 a 151 da Convenção de Direito Internacional Privado

TRÁFICO ILÍCITO DE ENTORPECENTES
- em navios; dever de cooperar para repressão: art. 108 da Convenção das Nações Unidas sobre o Direito do Mar

TRANSAÇÕES
- e compromissos: arts. 210 e 211 da Convenção de Direito Internacional Privado

TRANSFERÊNCIA
- de direitos; restrições: art. 72 da Convenção das Nações Unidas sobre o Direito do Mar
- de tecnologia: art. 144 da Convenção das Nações Unidas sobre o Direito do Mar
- do asilado; autorização do trânsito: art. XV da Convenção sobre Asilo Diplomático

TRANSMISSÕES
- não autorizadas a partir do alto mar: art. 109 da Convenção das Nações Unidas sobre o Direito do Mar

TRANSPORTE
- de escravos em navio; proibição: art. 99 da Convenção das Nações Unidas sobre o Direito do Mar
- terrestre; internacional; contrato; formas e prazos: arts. 259 e 260 da Convenção de Direito Internacional Privado

TRATADO DE PAZ
- membros fundadores: Anexo I do art. 26 do Pacto da Sociedade das Nações

TRATADOS
- competência no Brasil: para celebrar art. 84, VIII, da CF; para resolver definitivamente art. 49, I, da CF
- conceito: art. 2º, § 1º, alínea *a*, da Convenção de Viena sobre Direito dos Tratados
- conflito com direito interno: arts. 27 e 46 da Convenção de Viena sobre Direito dos Tratados; art. 98 do Código Tributário Nacional
- conflito entre tratados: arts. 30 e 59 da Convenção de Viena sobre Direito dos Tratados; art. 103 da Carta das Nações Unidas
- emendas: arts. 39 a 41 da Convenção de Viena sobre Direito dos Tratados
- imprevisão ou *rebus sic stantibus*: art. 62 da Convenção de Viena sobre Direito dos Tratados
- obrigatoriedade ou *pacta sunt servanda*: preâmbulo e art. 26 da Convenção de Viena sobre Direito dos Tratados
- ordem pública ou *jus cogens*: arts. 53 e 64 da Convenção de Viena sobre Direito dos Tratados
- registro: art. 102 da Carta das Nações Unidas; art. 80 da Convenção de Viena sobre Direito dos Tratados
- reserva: arts. 6º e 7º da Convenção de Havana sobre Direito dos Tratados; arts. 2º, § 1º, *d*, 19, 20, 21, 22 e 23 da Convenção de Viena sobre Direito dos Tratados
- vícios do consentimento: arts. 44, § 4º, 48 a 52 e 69, § 3º, da Convenção de Viena sobre Direito dos Tratados

TRIBUNAL PENAL INTERNACIONAL
- art. 5º, § 3º, da Constituição brasileira; art. 7º do Ato das Disposições Constitucionais Transitórias
- Estatuto de Roma do Tribunal Penal Internacional

TUTELA
- legislação aplicável: arts. 84 a 97 da Convenção de Direito Internacional Privado

U

USO
- da marca; requisito; da patente sem autorização do autor: arts. 19, 20 e 31 do Acordo Constitutivo da Organização Mundial do Comércio

UTILIZAÇÃO DO MAR
- para fins pacíficos: art. 88 da Convenção das Nações Unidas sobre o Direito do Mar

V

VIGÊNCIA
- dos Tratados; cessação: art. 14 da Convenção de Havana sobre Tratados
- dos Tratados; ressalvas: art. 8º da Convenção de Havana sobre Tratados

VISTO
- cobrança de emolumentos consulares: art. 20 da Lei nº 6.815, de 19-8-1980
- concessão dependente de interesse nacional: art. 3º da Lei nº 6.815, de 19-8-1980
- hipóteses em que não se concede: art. 7º da Lei nº 6.815, de 19-8-1980; art. 5º do Decreto nº 86.715, de 10-12-1981
- tipos de visto: art. 4º da Lei nº 6.815, de 19-8-1980; art. 2º do Decreto nº 86.715, de 10-12-1981
- visto de trânsito: art. 8º da Lei nº 6.815, de 19-8-1980; arts. 14 a 16 do Decreto nº 86.715, de 10-12-1981
- visto de turista: arts. 9º a 12 da Lei nº 6.815, de 19-8-1980; arts. 17 a 21 do Decreto nº 86.715, de 10-12-1981
- visto permanente: arts. 16 a 18 da Lei nº 6.815, de 19-8-1980; arts. 26 a 28 do Decreto nº 86.715, de 10-12-1981
- visto temporário: arts. 13 a 15 da Lei nº 6.815, de 19-8-1980; arts. 22 a 25 do Decreto nº 86.715, de 10-12-1981

Z

ZONA CONTÍGUA
- definição e disposições atinentes: arts. 4º e 5º da Lei nº 8.617, de 4-1-1993; art. 33 da Convenção das Nações Unidas sobre o Direito do Mar

ZONA ECONÔMICA EXCLUSIVA
- definição e disposições atinentes: arts. 6º a 10 da Lei nº 8.617, de 4-1-1993; arts. 55 a 75 da Convenção das Nações Unidas sobre o Direito do Mar